2025

소득세법

한국세무사회

발간사

소득세는 재정정책 상 공평 과세를 실현하는 조세로써 정확한 집행이 요구되는 세목입니다. 하지만 시대의 변화에 따라 새로운 업종이 추가됨에 따라 소득의 종류가 다양하고, 용어 및 과세구조가 복잡하여 소득세를 정확하게 이해하고 실무에 적용하는 데에는 다소 어려움이 있습니다.

이에 한국세무사회에서는 소득세에 대한 복잡한 구조를 이해하고, 실무적인 가이드를 제공하기 위해 「2025 소득세법」을 발간하게 되었습니다.

이 책은 2024년 세법 개정사항을 반영하여 새로운 예규·판례, 서식 및 통칙을 체계적으로 정리하였으며, 「저자 Tip」을 활용하여 해설함으로써 실무적인 이해를 높이기 위해 노력했습니다.

특히 감가상각비, 기부금, 주택임대사업자의 간주임대료, 의료비 세액공제 등 주요 개정내용을 상세히 기술하고, 실무에 바로 적용할 수 있는 사례를 제공하여 독자의 이해를 돕고자 하였습니다.

앞으로도 한국세무사회에서는 최신 개정법령 및 새로운 예규·판례 등 다양한 실무 사례를 반영하여 업무수행 시 실질적으로 도움이 되는, 가장 먼저 찾는 실무서를 발간하도록 노력하겠습니다.

끝으로 「2025 소득세법」이 관련 종사자뿐만 아니라 다양한 분야에서 일하시는 분들에게도 유용한 자료가 되길 바라며, 집필에 힘써주신 김두천 세무사님의 노고에 감사를 전합니다.

2025년 5월

한국세무사회 회 장 구 재 이

PREFACE

본서는 소득세법, 조세특례제한법 및 개인지방소득세법 중 종합소득세 실무와 관련한 주요 내용을 담고 있으며, 구성 체계에 대해 간략히 설명 드리면 다음과 같습니다.

1 2024년 귀속 종합소득세의 신고를 앞두고 본서가 발간되므로 본문은 2024년 귀속분에 대한 규정들로 서술되어 있고, 2025년 귀속분부터 적용되는 개정세법 내용은 별도로 해당 조문 바로 아래에 두어 금년 종합소득세 신고뿐만 아니라 2025년 귀속분에 대한 세법적용에도 불편이 없도록 하였습니다.

다만, 실무적용상 신·구조문 대비의 의미가 없다고 판단되는 일부 내용은 별도의 구분 없이 본문에 직접 반영하고 밑줄 등을 통해 개정내용을 알 수 있도록 하였습니다.

2 2025.3.21.까지 공포된 개정세법과 2025.3.31.까지 고시된 내용들은 최대한 반영하였으나, 2025.3.14.에 공포된 조세특례제한법의 후속 시행령은 탈고 시점까지 입법예고(2025.4.30.까지) 중이어서 부득이 일부 내용을 반영한 후 "입법예고중"으로 표시하였으니 추후 내용을 확인하시기 바랍니다.

3 어색한 표현들과 발견된 오류들을 바로잡고 해석에 도움이 되는 새로운 예규, 판례, 도표, 참고사항 및 저자 Tip 등을 추가하고 최근까지 발표된 '삭제예규'들을 제외하였습니다.

4 강의현장에서 수많은 실무 담당자들로부터의 다양한 질문들에 대한 경험과 실무현장에서 느끼고 깨달은 바를 조문과 예규 등의 근거로써 표현하고자 노력하였으며, 조문과 예규로는 부족하다고 생각되는 부분들은 "참고사항"이나 "저자 Tip" 등을 따로 두어 실무적용에 도움을 드리고자 하였습니다.

다만, "저자 Tip" 중 일부는 저자의 주관적 판단에 따른 오류와 본서 발간 이후 과세관청의 해석변경 등 여러 변수가 작용할 수 있으므로 중요한 의사결정에 있어서는 충분히 검토하시기 바랍니다.

5 실무상 주요 내용의 해당 페이지를 빨리 찾을 수 있도록 "주요항목 빨리찾기"를 머리말 바로 뒤에 두었습니다.

6 지난해 너무 두꺼워진 분량에 自省하여, 일부 편의성을 포기하고 두께를 줄였지만 본서 특성상 크게 줄이지 못한 점에 대해서는 양해를 구합니다.

매년 그래왔듯이, 개업세무사로서 소화해야 하는 일정들과 바쁜 법인세 신고업무 기간에 집필할 수밖에 없고, 종합소득세 신고업무 전에 하루라도 빨리 출간해야하는 심적 부담 속에서 시간소요가 많은 집필방식을 택하다보니 올해도 많은 아쉬움과 두려움이 남습니다.

부족함속에 21번째 출간을 맞이할 수 있는 것은 집필기간 동안 인내해준 가족들과 세무법인 정평 가족들 그리고 늘 깨우침을 주시는 선배 및 동료 세무사님들을 비롯해 본서가 무사히 출간될 수 있도록 도와주신 모든 분들 덕분입니다. 늘 감사합니다.

2025년 4월

김 두 천

주요항목 빨리찾기

<주요주제 관련항목>

<계산 관련항목>

일러두기

소　법 … 소득세법
소　령 … 소득세법 시행령
소　칙 … 소득세법 시행규칙
소　통 … 소득세법 기본통칙(2019.12.23. 개정)
소득 집행기준 … 소득세법 집행기준(2012년 7월 국세청 제정, 2022.10.28. 개정)

조특법 … 조세특례제한법
조특령 … 조세특례제한법 시행령
조특칙 … 조세특례제한법 시행규칙
조　통 … 조세특례제한법 기본통칙(2019.12.23. 개정)
조특 집행기준 … 조례특례제한법 집행기준(2012년 12월 국세청 제정, 2022.10.28. 개정)

국기법 … 국세기본법
국기령 … 국세기본법 시행령
국기칙 … 국세기본법 기본통칙

법　법 … 법인세법
법　령 … 법인세법 시행령
법　칙 … 법인세법 시행규칙
법　통 … 법인세법 기본통칙

부가법 … 부가가치세법
부가령 … 부가가치세법 시행령
부가칙 … 부가가치세법 기본통칙

개소법 … 개별소비세법
개소령 … 개별소비세법 시행령

지　법 … 지방세법
지　령 … 지방세법 시행령
지　칙 … 지방세법 시행규칙

지기법 … 지방세기본법
지기령 … 지방세기본법 시행령
지기칙 … 지방세기본법 시행규칙

지특법 … 지방세특례제한법
지특령 … 지방세특례제한법 시행령
지특칙 … 지방세특례제한법 시행규칙

국조법 … 국제조세조정에관한법률
국조령 … 국제조세조정에관한법률 시행령

농특법 … 농어촌특별세법
농특령 … 농어촌특별세법 시행령

소득 해석편람 … 소득세법 해석편람
원천 해석편람 … 원천징수 해석편람
조특 해석편람 … 조세특례제한법 해석편람
법법 해석편람 … 법인세법 해석편람

* 해석편람은 2004년 2월 국세청발간 책자에 의함.

C/O/N/T/E/N/T/S

Part 01 소득세 총칙

CHAPTER 01 우리나라 소득세제의 개요 · 3

C/O/N/T/E/N/T/S

CHAPTER 02 소득세의 납세의무 · 10

Part 02 거주자의 종합소득금액의 계산

CHAPTER 01 이자소득 · 45

CHAPTER 02 배당소득 · 76

CONTENTS

CHAPTER 03 사업소득 · 125

C/O/N/T/E/N/T/S

CHAPTER 4 근로소득 · 433

CONTENTS

CHAPTER 5 연금소득 · 593

CHAPTER 6 기타소득 · 621

CHAPTER 07 소득금액계산의 특례 · 701

C/O/N/T/E/N/T/S

CONTENTS

Part 03 종합소득과세표준의 계산

CHAPTER 01 개 요 · 783

CHAPTER 02 종합소득공제 · 784

CHAPTER 03 조세특례제한법상의 소득공제 · 847

C/O/N/T/E/N/T/S

Part 04 종합소득산출세액의 계산

CHAPTER 01 세율 및 소득세법상의 세액공제 · 919

CONTENTS

CHAPTER 02 조세특례제한법상의 세액공제 · 1027

CHAPTER 03 세액의 감면 · 1154

CHAPTER 04 최저한세와 구분경리 · 1219

CHAPTER 05 세액계산의 특례 · 1225

Part 05 종합소득세의 신고·납부 및 결정 등

CHAPTER 01 과세기간 중도의 신고·납부·결정 및 징수 · 1239

C/O/N/T/E/N/T/S

CHAPTER 02 사업장현황보고와 확인 · 1292

CHAPTER 03 과세표준의 확정신고와 자진납부 · 1299

C/O/N/T/E/N/T/S

CHAPTER 05 가산세 · 1424

Part 06 퇴직소득

C/O/N/T/E/N/T/S

Part 07 보 칙

C/O/N/T/E/N/T/S

Part 08 비거주자 납세의무

C/O/N/T/E/N/T/S

Part 09 개인지방소득세

CHAPTER 01 통 칙 · 1771

CHAPTER 02 거주자의 종합소득·퇴직소득에 대한 지방소득세 · 1775

CONTENTS

CHAPTER 05 보 칙 · 1811

PART 1

소득세 총칙

Chapter

01 우리나라 소득세제의 개요

• 제 1 절 소득세의 의의

I 의 의[1)]

소득세라 함은 소득을 과세물건으로 하여 부과하는 조세를 총칭하는데, 개인이 얻는 소득에 대하여 부과하는 개인소득세와 법인이 얻는 소득에 대하여 부과하는 법인소득세로 구분하는 것이 일반적이다.

현행 세법에서는 개인소득세를 소득세로, 그리고 법인소득세를 법인세로 부르고 있다. 그러므로 이하에서는 소득세를 개인소득세의 의미로 한정하여 사용하기로 한다.

소득세는 각 개인의 부담능력을 가장 직접적으로 나타내는 소득을 과세대상으로 하면서 개인적 사정을 고려하고 누진세율을 적용하기 때문에 응능부담(應能負擔)의 원칙을 실현하기에 가장 적합한 조세라고 할 수 있다.

소득세가 조세체계상 차지하는 위치는 다음과 같다.

첫째, 소득세는 과세권의 주체가 국가이므로 국세에 해당한다. 그리고 소득세는 재화의 수입 등에 부과하는 관세와는 달리 내국세에 속한다.

둘째, 소득세는 입법자가 세액의 전가를 고려하지 아니하고 납세의무자와 담세자가 일치할 것을 예정한 조세이므로 직접세에 해당한다.

셋째, 소득세는 조세수입의 용도를 특정하지 아니한 조세이므로 보통세에 해당한다.

넷째, 소득세는 인적사정을 고려하여 과세하는 조세이므로 인세(人稅)에 해당한다.

다섯째, 소득세는 과세물건을 측정하는 척도가 화폐단위로 표시되는 소득금액이기 때문에 종가세(從價稅)이다.

1) 김완석, 2006, 소득세법론, 광교이택스, p. 25 ~ 26

Ⅱ 목적 및 정의

1 목 적

소득세법은 개인의 소득에 대하여 소득의 성격과 납세자의 부담능력 등에 따라 적정하게 과세함으로써 조세부담의 형평을 도모하고 재정수입의 원활한 조달에 이바지함을 목적으로 한다.(소법 1조, 2009.12.31. 신설)

2 정 의

소득세법에서 사용하는 용어의 뜻은 다음과 같다.(소법 1조의2, 2009.12.31. 신설, 법법 2조 3, 법령 2조 ②)

용 어	용어의 뜻
거주자	국내에 주소를 두거나 183일 이상의 거소(居所)를 둔 개인
비거주자	거주자가 아닌 개인
내국법인	본점, 주사무소 또는 사업의 실질적 관리장소가 국내에 있는 법인
외국법인	본점 또는 주사무소가 외국에 있는 단체(사업의 실질적 관리장소가 국내에 있지 아니하는 경우만 해당한다)로서 다음 중 하나에 해당하는 법인 ① 설립된 국가의 법에 따라 법인격이 부여된 단체 ② 구성원이 유한책임사원으로만 구성된 단체 ③ 그 밖에 해당 외국단체와 동종 또는 유사한 국내의 단체가 상법 등 국내의 법률에 따른 법인인 경우의 그 외국단체
사업자	사업소득이 있는 거주자

• 제 2 절 우리나라 소득세제의 개요

I 소득원천설에 의한 열거주의 및 유형별 포괄주의

1 과세소득에 관한 학설[2)]

(1) 소득원천설(열거주의)

소득원천설은 일정한 원천에서 경상적·계속적으로 발생하는 것만을 과세소득으로 파악하고, 불규칙적·우발적으로 발생하는 것은 과세소득의 범위에서 제외하는 입장이다. 소득원천설에 입각하면 소득은 발생원천별로 구분되며, 그 소득의 종류와 범위를 법에 열거하지 않을 수 없다. 그리하여 법에 열거되지 않는 것은 과세되지 않는다.

(2) 순자산증가설(포괄주의)

순자산증가설은 원칙적으로 모든 순자산증가액을 그 원인과 형태를 불문하고 과세소득으로 파악하는 입장이다. 따라서 경상적·계속적인 것 뿐 아니라 불규칙·우발적으로 발생하는 것도 과세소득에 포함된다. 순자산증가설에 입각하면 소득은 발생원천별로 구별됨 없이 무차별적으로 파악되며, 소득의 개념을 규정함으로써 족하고, 그 구체적인 범위를 법에 열거할 필요가 없다. 따라서 열거되지 않은 것이라도 순자산증가액은 원칙적으로 모두 과세되는 것이다.

2 현행 소득세법[3)]

(1) 열거주의 원칙

소득세법은 순자산증가설을 채택하고 있는 법인세법과는 달리 원칙적으로 소득원천설을 적용하여 근로·재산·사업 등과 같이 특정의 소득원천으로부터 주기적·반복적으로 발생되는 소득을 한정적으로 열거하는 방식으로 과세소득의 범위를 정하고 있다. 다만, 양도소득 또는 기타소득과 같이 계속적·반복적으로 발생하지 아니하는 소득도 과세소득으로 열거하고 있다. 그러나 소득세법상 과세소득의 열거가 한정적이기 때문에 그 열거에 누락된

2) 송재원, 2001, 세법학 I 부, 상경사, p. 253 ~ 254

3) 이준규, 2004, 세법개론, 영화조세통람사, p. 553 ~ 554

소득이 있다면 당연히 과세되지 않는다.

(2) 유형별 포괄주의

과세소득의 개념에 관하여 열거주의방식을 채택할 경우 경제발전에 따라 새로운 거래형태가 등장하고 그에 따른 소득이 발생하더라도 세법을 개정하여 과세소득으로 열거하기 전에는 과세를 할 수 없는 문제가 있다. 따라서 현행 소득세법에서는 이자소득, 배당소득, 사업소득, 근로소득 및 연금소득의 경우 제한적인 포괄주의를 채택하여 새로운 형태의 소득에도 과세할 수 있도록 하고 있다.

Ⅱ 종합과세

소득세의 과세제도에는 종합과세제도와 분류과세제도가 있다. 종합과세제도란 소득의 발생원천에 불문하고 모든 종류의 소득을 종합하여 과세하는 제도이며, 분류과세제도란 소득의 발생원천에 따라 개별적으로 과세하는 제도를 말한다. 현행 소득세법은 8가지의 소득 가운데 이자소득·배당소득·사업소득·근로소득·연금소득 및 기타소득의 6가지 소득을 종합소득으로 합산하여 과세하는 종합과세제도를 채택하고 있다. 이러한 종합과세제도는 누진세율구조와 결합하여 부담능력에 따른 과세를 실현함으로써 소득분배에 기여하기 위한 것이다.

Ⅲ 기간과세

기간과세란 소득이 가득될 때마다 각각 과세하지 않고 과세기간 동안 가득된 소득을 합계하여 과세하는 것을 말한다. 이러한 과세방법은 누진세율구조와 결합하여 부담능력에 따른 과세에 기여한다. 현행 소득세법은 '소득세의 과세기간은 1월 1일부터 12월 31일까지 1년으로 한다'(소법 5조 ①)고 하여 이를 명백히 하고 있다.

그러나 일정한 경우에는 소득이 지급될 때 원천징수로써 과세를 종결하는 예외가 인정되는데, 이러한 경우의 원천징수를 '완납적 원천징수'라 한다.

Ⅳ 개인별 과세[4)]

1 과세의 인적단위

과세의 인적 단위, 즉 종합과세에 있어서 소득을 종합하는 인적 단위를 '과세단위'라 한다. 이러한 과세단위에 관한 입법례는 크게 개인단위주의와 소비단위주의로 나누어지며, 소비단위주의는 다시 부부단위주의와 가족단위주의로 구분된다.

누진세율구조하에서는 이러한 과세단위를 어떻게 설정하는가에 따라 세부담의 크기에 중대한 영향을 미친다. 대체로 개인단위주의보다는 소비단위주의가 부담능력에 따른 과세에 보다 적합하다고 할 수 있다.

2 현행 소득세법

우리나라는 비교적 엄격한 개인주의를 고수하고 있다. 즉 현행 소득세법은 개인을 단위로 하여 소득을 종합하고 있으며, 원칙적으로 생계를 같이하는 동거가족의 소득을 합산하여 과세하지 않는다.

그러나 사업소득에 대하여는 예외적으로 일정요건을 충족하는 경우 거주자와 그 특수관계자를 하나의 단위로 하여 공동사업합산과세를 하고 있다.

Ⅴ 누진과세와 인적공제

소득세는 생활하는 자연인에게 과세되는 것이기 때문에 부담능력에 따른 과세와 소득재분배기능이 매우 강조된다. 이러한 점 때문에 현행 소득세법은 원칙적으로 6%~45%의 초과누진세율구조를 채택하고 있으며, 부양가족 등의 사정을 감안하여 소득공제 방식의 인적공제제도를 채택하고 있다.

4) 송재원, 앞의 책, p. 557

Ⅵ 신고납세제도

현행 소득세는 신고납세방식을 취하고 있는 세목이다. 그러므로 납세의무자가 과세기간의 다음연도 5월 1일부터 5월 31일까지(성실신고확인대상사업자는 6월 30일까지) 과세표준확정신고를 함으로써 그 납세의무가 확정되며, 정부의 결정은 원칙적으로 필요하지 않다.

Ⅶ 원천과세

1 의 의

'원천징수'란 소득을 지급하는 자가 그 지급받는 자의 조세를 징수하여 정부에 납부하는 제도이다. 즉 소득을 지급하는 자가 그 소득에 대한 원천징수세액을 차감한 잔액만을 지급하고 그 원천징수세액을 정부에 납부하는 것이다.

현행 소득세법은 광범위하게 원천징수제도를 적용하고 있다. 즉 이자소득·배당소득·일정한 범위의 사업소득·근로소득·연금소득·기타소득과 퇴직소득의 거의 대부분이 원천징수의 대상이 되며, 단지 사업소득의 대부분과 양도소득의 대부분이 원천징수의 대상에서 제외되어 있을 뿐이다.

이처럼 원천징수제도를 광범위하게 활용하고 있는 것은 소득세가 대중세임을 감안하여 세원의 탈루를 최소화하기 위한 것이다.

2 원천징수의 유형

원천징수제도에는 '완납적 원천징수'와 '예납적 원천징수'의 두 가지 유형이 있다. 완납적 원천징수는 원천징수로써 과세를 종결하고 따로 정산을 하지 않는 방식을 말한다. 이에 반하여 예납적 원천징수는 일단 원천징수는 하되 추후에 납세의무를 확정할 때 이를 정산하는 방식을 말한다. 즉 원천징수의 대상이 된 소득도 과세표준에 포함하여 세액을 계산한 후 이미 원천징수된 세액은 기납부세액으로 공제받는 방식인 것이다.

Ⅷ 주소지 과세

'납세지'란 납세의무자의 납세의무의 이행과 과세관청의 부과징수의 기준이 되는 장소를 말하는데, 현행 소득세법은 납세지를 원칙적으로 납세의무자의 주소지로 규정하고 있다. 이는 사업자의 경우에도 사업소득 이외의 다양한 소득을 얻을 수 있기 때문에 이들을 주소지를 중심으로 종합하여 과세하기 위한데 그 취지가 있다.

Chapter

02 소득세의 납세의무

'납세의무자'란 세법에 의하여 국세를 납부할 의무가 있는 자를 말한다.(국기법 2조 9) 소득세의 납세의무자는 소득세 과세대상이 되는 소득이 귀속된 자연인이며, 거주자와 비거주자로 구분된다.

거주자는 국내원천소득과 국외원천소득 모두에 대하여 소득세의 납세의무를 지지만, 비거주자는 국내원천소득에 대해서만 소득세의 납세의무를 진다.

또한 '법인 아닌 단체'로서 일정한 경우에는 하나의 거주자로 취급되어 비록 자연인은 아니지만 소득세의 납세의무를 지게 된다.

구 분	발생원천	과세여부
거주자	국내원천소득	과세
	국외원천소득	과세*
비거주자	국내원천소득	과세
	국외원천소득	과세제외

* 해당 과세기간 종료일 10년 전부터 국내에 주소나 거소를 둔 기간의 합계가 5년 이하인 외국인 거주자에게는 과세대상 소득 중 국외에서 발생한 소득의 경우 국내에서 지급되거나 국내로 송금된 소득에 대해서만 과세한다.(소법 3조 ① 단서)

• 제 1 절 납세의무자

1 과세소득의 범위(소법 3조)

① 거주자에게는 소득세법에서 규정하는 모든 소득에 대해서 과세한다. 다만, 해당 과세기간 종료일 10년 전부터 국내에 주소나 거소를 둔 기간의 합계가 5년 이하인 외국인

거주자에게는 과세대상 소득 중 국외에서 발생한 소득의 경우 국내에서 지급되거나 국내로 송금된 소득에 대해서만 과세한다.

> ✓ **거주자에 대한 과세소득의 범위**(소통 3-0…1)
> 소득세법 제3조에서 "이 법에 규정하는 모든 소득"이라 함은 국내외에서 발생한 소득세가 과세되는 모든 소득을 말한다

② 비거주자에게는 제119조에 따른 국내원천소득에 대해서만 과세한다.

③ 위 '① 및 ②'을 적용하는 경우 조세특례제한법 제100조의14 제2호의 동업자(☞ 동업기업의 출자자인 거주자, 비거주자, 내국법인 및 외국법인)에게는 같은 법 제100조의18 제1항에 따라 배분받은 소득(☞ 해당 동업자군에 속하는 동업자들에게 손익배분비율에 따라 배분받은 소득) 및 같은 법 제100조의22 제1항에 따라 분배받은 자산의 시가(☞ 동업기업으로부터 분배받은 자산의 시가) 중 분배일의 지분가액을 초과하여 발생하는 소득에 대하여 과세한다.

2 거주자와 비거주자의 구분

① '거주자'란 국내에 주소를 두거나 1과세기간 동안 183일 이상의 거소를 둔 개인을 말하며, '비거주자'란 거주자가 아닌 개인을 말한다.(소법 1조의2 ① 1)

> **개정** 2025.2.28.
>
> ➲ 2026.1.1. 이후 개시하는 과세기간에 발생하는 소득분부터 적용한다.(2025.2.28. 영 부칙 2조 ②)
>
> ① '거주자'란 국내에 주소를 두거나 국내에 거소를 둔 기간이 다음 중 하나에 해당하는 개인을 말하며, '비거주자'란 거주자가 아닌 개인을 말한다.(소법 1조의2 ① 1, 소령 4조 ③, 2025.2.28. 개정)
>
> ㉠ 1과세기간 동안 183일 이상인 경우
>
> ㉡ 2과세기간에 걸쳐 계속하여 183일 이상인 경우(2025.2.28. 신설)

② 주소와 거소의 개념

'주소'는 국내에서 생계를 같이하는 가족 및 국내에 소재하는 자산의 유무 등 생활관계의 객관적 사실에 따라 판정하며, '거소'는 주소지 외의 장소 중 상당기간에 걸쳐 거주하는 장소로서 주소와 같이 밀접한 일반적 생활관계가 형성되지 아니한 장소를 말한다.(소령 2조 ①, ②)

저자TIP '거주자'로 보는 '국내에 거소를 둔 기간'의 개정연혁

소득의 귀속연도	국내에 거소를 둔 기간
~2014.12.31.	2과세기간 동안 1년 이상
2015.1.1. ~2017.12.31.	2과세기간 동안 183일 이상
2018.1.1. ~2025.12.31.	1과세기간 동안 183일 이상
2026.1.1. ~	① 1과세기간 동안 183일 이상인 경우 ② 2과세기간에 걸쳐 계속하여 183일 이상인 경우*

* 2026.1.1. 이후 개시하는 과세기간에 발생하는 소득분부터 적용한다.(2025.2.28. 영 부칙 2조 ②)

3 거주자와 비거주자의 판정기준

(1) 국내에 주소를 가진 것으로 보는 경우

국내에 거주하는 개인이 다음 중 하나에 해당하는 경우에는 국내에 주소를 가진 것으로 본다.(소령 2조 ③)

① 계속하여 183일 이상 국내에 거주할 것을 통상 필요로 하는 직업을 가진 때

② 국내에 생계를 같이하는 가족이 있고, 그 직업 및 자산상태에 비추어 계속하여 183일 이상 국내에 거주할 것으로 인정되는 때

✓ **"국내에 생계를 같이하는 가족"의 의미**(대법원 2013두16876, 2014.11.27.)

'국내에 생계를 같이하는 가족'이란 우리나라에서 생활자금이나 주거장소 등을 함께 하는 가까운 친족을 의미하고, '직업 및 자산상태에 비추어 계속하여 1년(☞ 현행 183일) 이상 국내에 거주할 것으로 인정되는 때'란 거주자를 소득세 납세의무자로 삼는 취지에 비추어 볼 때 1년(☞ 현행 183일) 이상 우리나라에서 거주를 요할 정도로 직장관계 또는 근무관계 등이 유지될 것으로 보이거나 1년(☞ 현행 183일) 이상 우리나라에 머물면서 자산의 관리·처분 등을 하여야 할 것으로 보이는 때와 같이 장소적 관련성이 우리나라와 밀접한 경우를 의미한다.

✓ **거주자의 판단기준**(대법원 2010두22719, 2011.1.27. 선고)

소득세법상 외국으로 출국한 사람이 거주자, 즉 "국내에 주소를 둔 사람"에 해당하는지 여부는 국내에서 생계를 같이하는 가족의 유무, 국내에 소재하는 자산의 유무, 출국의 목적, 직업, 외국의 국적이나 영주권을 얻었는지 여부 등 생활관계의 객관적 사실을 종합하여 판정하여야 한다.

(2) 국내에 주소가 없는 것으로 보는 경우

국외에 거주 또는 근무하는 자가 외국국적을 가졌거나 외국법령에 의하여 그 외국의 영주권을 얻은 자로서 국내에 생계를 같이하는 가족이 없고 그 직업 및 자산상태에 비추어 다시 입국하여 주로 국내에 거주하리라고 인정되지 아니하는 때에는 국내에 주소가 없는 것으로 본다.(소령 2조 ④, 2015.2.3. 개정)

거주자 여부에 따른 세법상의 주요 취급내용

구 분		거주자인 경우	비거주자인 경우
종합소득세	납세의무의 범위	국내원천소득 + 국외원천소득	국내원천소득
	특별소득·세액공제	○	×
양도소득세	1세대 1주택의 비과세	○	×*
상속세 (피상속인 기준)	납세의무의 범위	국내 + 국외의 모든 상속재산	국내의 모든 상속재산
	기초공제	○	○
	그 밖의 인적공제, 일괄공제	○	×
증여세 (수증자 기준)	납세의무의 범위	증여받은 국내·국외의 모든 재산	증여받은 국내의 모든 재산
	배우자증여공제	○	×

* 1세대 1주택자인 거주자가 해외이주 등으로 비거주자가 된 경우에도 출국일로부터 2년 이내에 양도하는 경우에는 비과세규정을 적용한다.(소령 154조 ① 2 나, 다)

✓ **외교관 등 신분에 의한 비거주자**(소통 1-0…3)

다음에 규정하는 자는 국내에 주소가 있는 지 여부 및 국내 거주기간에 불구하고 그 신분에 따라 비거주자로 본다.

① 주한외교관과 그 외교관의 세대에 속하는 가족. 다만, 대한민국 국민은 예외로 한다.

② 한미행정협정(대한민국과 아메리카합중국간의 상호방위조약 제4조에 의한 시설과 구역 및 대한민국에서 합중국 군대의 지위에 관한 협정) 제1조에 규정한 합중국 군대의 구성원·군무원 및 그들의 가족. 다만, 합중국의 소득세를 회피할 목적으로 국내에 주소가 있다고 신고한 경우에는 예외로 한다.

✓ **외국투자가의 배당소득**(소통 2-0…2)

외국인투자촉진법에 의한 외국투자가의 배당소득은 그 외국투자가가 거주자로 되는 경우에는 거주자의 소득으로 보고 과세한다. 이 경우 외국투자가의 자격으로 사용하는 성명과 국내에 거주하면서 사용하는 성명이 상이하여도 동일인의 소득으로 보고 과세한다.

✓ **국내에 주소를 둔 거주자로 볼 수 있는 것으로 판단하는 것은 국내에서의 생활관계 등 여러 사정을 고려해야 함**(대법원 2017두50928, 2017.10.12.)

거주자란 '국내에 주소를 두거나 1년(→ 2015년 귀속분부터는 183일) 이상의 거소를 둔 개인'을 의미하는데, 여기서 '국내에 주소를 둔 자'에 해당하는지 여부를 판단함에 있어서는 주민등록 등 공부상 기재가 아닌 국내에서 생계를 같이하는 가족 및 국내에 소재하는 자산의 유무 등 생활관계의 객관적 사실에 따라 판정해야 함

✓ 쟁점스톡옵션 행사이익이 비거주자가 국외사업장에서 수행한 용역의 대가로서 과세대상 국내원천소득에 해당하지 않는지 여부

쟁점스톡옵션을 행사한 시점에서 청구인은 소득세법 상 국내 거주자인 "대한민국 내에 주소를 두거나 1년 이상 거소를 둔 사람"에 해당하지는 않으나, 쟁점스톡옵션은 전체가 '국내에서 수행한 근로제공'의 대가인바, 퇴직 후 비거주자 상태에서 행사하여 얻은 쟁점스톡옵션 행사이익은 국내에서 과세되는 국내원천소득에 해당함(심사소득 2023-66, 2023.12.13.)

✓ 비거주자의 소득에 대한 과세방법

외국교수가 해외에서 화상을 통하여 국내대학 강의를 하고 지급받는 강의료는 소득세법상 국내원천소득에 해당하지 않는 것임(서면2팀-1225, 2008.6.18.)

✓ 현역병으로서 의무복무가 거주자 판정시 직업에 해당하는지 여부

외국 영주권자의 거주자 판정시 현역병으로서 의무복무는 소득세법 시행령 제2조 제3항 제1호의 "직업"에 포함되지 않는 것임(서면국제세원 2015-685, 2015.6.23.)

✓ 한미행정협정에 규정된 군속에 대한 거주자 여부

한미행정협정(대한민국과 아메리카합중국간의 상호방위조약 제4조에 의한 시설과 구역 및 대한민국에서 합중국군대의 지위에 관한 협정) 제1조에 규정한 합중국군대의 구성원·군무원 및 그들의 가족은 국내에 주소가 있는지 여부 및 국내 거주기간에 불구하고 그 신분에 따라 소득세법 제1조의 2 제1항 제2호의 비거주자로 보는 것임(부동산납세-502, 2014.7.15.)

✓ 해외현지 비거주자 등에게 지급하는 급여의 원천징수

내국법인이 해외에 연락사무소를 설치하고 오로지 현지에서만 활동하는 연락사무소장에 현지인(외국국적의 비거주자)을 고용하여 급여를 지급할 경우 동 급여는 소득세법 제119조 제7항의 규정에 따라 국외원천소득에 해당되어 원천징수의무가 없는 것이나, 만일 고용된 연락사무소의 소장이 소득세법상 거주자에 해당하는 경우, 동 연락사무소의 소장은 소득세법 제3조의 규정에 의하여 국내외의 모든 소득에 대하여 납세의무가 있어 원천징수의무자는 지급하는 급여에 대하여 소득세법상의 근로소득에 대한 원천징수의 규정에 따라 소득세를 원천징수하여 신고·납부하여야 하는 것임(제도 46017-12367, 2001.7.25.)

✓ 비거주자에서 거주자로 전환된 경우 거주자인 신분에서의 보유기간 통산

소득세법 제89조 제1항 제3호 및 같은 법 시행령 제154조 제1항에 따른 1세대 1주택 비과세 규정은 양도일 현재 거주자에게 적용되는 것으로, 해당 주택의 보유기간은 거주자인 신분에서의 보유기간을 통산하는 것임(서면부동산 2016-2927, 2016.5.9.)

✓ 해외파견직원에 대한 급여를 대신 지급하는 경우 원천징수의무 여부

국내지점의 임직원이 파견된 해외관계회사의 업무만을 수행하며, 국내지점에서 그 임직원의 급여를 지급하고 해외관계회사에 청구하여 회수하는 경우 그 급여를 국내지점의 손금으로 계상하지 않는 경우(소법 127조 ① 4 나) 국내지점에서 원천징수의무가 없는 것임(원천-219, 2012.4.23.)

✓ **내국법인의 국외사업장 파견근무자의 1세대1주택 판정시 거주자 해당 여부**

거주자 또는 내국법인의 국외사업장 또는 해외현지법인(100% 출자법인)에 파견된 임원 또는 직원이 생계를 같이 하는 가족이나 자산상태로 보아 파견기간의 종료 후 재입국할 것으로 인정되는 때에는 파견기간이나 외국의 국적 또는 영주권의 취득과는 관계없이 거주자로 보는 것이나, 귀 질의의 경우 파견기간의 종료 후 재입국할 것으로 인정되는지에 대하여는 사실판단할 사항임(부동산거래관리-244, 2011.3.18.)

✓ **외국인 거주자 과세소득의 범위**

해당 과세기간 종료일 10년 전부터 국내에 주소나 거소를 둔 기간의 합계가 5년 이하인 외국인 거주자(이하 '단기 거주 외국인')에게는 소득세법 제3조 제1항 단서에 따라 국내원천소득과 국외에서 발생한 소득의 경우 국내에서 지급되거나 국내로 송금된 소득에 대해서만 과세하는 것임.
단기 거주 외국인이 국외에서 근로를 제공함으로 인하여 외국법인으로부터 부여받은 주식매수선택권을 국내에서 2009.1.1. 이후 행사하여 발생하는 이익(주식매수선택권 행사 당시의 시가와 실제매수가액과의 차액)을 국내로 송금하지 아니하는 경우 동 행사이익 중 국내에서 제공한 근로와 관련된 국내원천소득에 대해서만 소득세법 제3조 제1항에 따라 단기 거주 외국인의 과세소득에 포함하는 것임(국제세원-195, 2010.4.15.)

✓ **미국법인 소속 임직원의 국내활동이 내국법인에게 용역 또는 근로를 제공하는 것에 해당하지 아니하고 국내에서 지급하는 대가가 없는 경우에는 법인세법 제93조 또는 소득세법 제119조에 따른 국내원천소득에 해당되지 아니하는 것임**(법규국조 2011-408, 2011.11.4.)

✓ **중국거주자가 중국내에서 수출알선용역을 수행하고 지급받는 대가의 과세여부**

내국법인이 국내사업장이 없는 중국거주자(중국법인 포함)로부터 중국내에서 수출알선 에이선트용역을 제공받고 지급하는 알선수수료는 비거주자의 국외원천소득으로 우리나라에서 과세하지 아니하는 것이며 원천징수 대상에도 해당하지 아니하는 것임(서면2팀-547, 2008.3.26.)

✓ **비거주자인 체육인이 프로운동경기에 참가하고 지급받는 대가의 과세여부**

국내사업장이 없으며 비거주자에 해당하는 체육인이 국외에서 개최되는 프로운동경기에 참가하고 지급받는 대가는 우리나라에서 과세되지 아니하는 것임(서면2팀-404, 2008.3.6.)

✓ **비거주자의 국외근로소득 과세여부**

내국법인이 비거주자를 채용하여 일본에서 근로를 제공하게 하고 대가를 지급하는 경우 동 대가는 비거주자의 국외원천근로소득에 해당하므로 대한민국과 일본간의 조세협약 제15조 및 소득세법 제3조의 규정에 의하여 대한민국에서 과세되지 않는 것임(서면2팀-1200, 2006.6.23.)

✓ **외국 母회사에서 지급받는 국내파견 비거주자 급여의 과세여부**

거주자에 해당하지 않는 미국거주자가 외국모회사와 고용계약을 체결한 후, 국내에 파견되어 근로를 제공함에 따라 외국모회사로부터 지급받는 급여는, 한·미조세협약에서 별도로 규정한 경우를 제외하고는, 국내원천소득으로 과세되는 것임(서이 46017-10536, 2003.3.18.)

✓ **국제변호사에게 지급하는 수수료의 원천징수 여부**

국내사업장이 없는 비거주자로부터 전적으로 국외에서만 수행되는 인적용역을 제공받고 지급한 대가는 국내원천소득에 해당하지 않음(서면국제세원 2021-4325, 2021.7.20.)

✓ **비거주자가 국외에서 투자유치를 하고 국내업체로부터 받는 성공수당의 소득구분 질의에 대한 회신**

국내에 고정사업장이 없는 비거주자가 국외에서 국내업체를 위하여 투자유치업무를 수행하고 지급받는 대가는 국내원천소득에 해당되지 아니하므로 우리나라에서 과세하지 아니하는 것임(서면2팀-1968, 2006.9.29.)

✓ **비거주자로부터 국외에서 수입알선용역을 제공받고 지급하는 대가의 과세여부**

비거주자의 납세의무는 소득세법 제3조에 따라 국내원천소득에 대하여만 있는 것임. 따라서 내국법인이 멕시코에서 축산물을 수입함에 있어 국내사업장이 없는 비거주자로부터 멕시코에서 멕시코 축산물의 수입알선용역을 제공받고 그 대가로 커미션으로 지급하는 경우 동 커미션이 국외에서 행한 수입알선행위에 대한 대가인 경우에는 국내원천소득에 해당하지 아니하므로 그 대가에 대하여 원천징수는 하지 아니하는 것임. 또한 내국법인은 사업과 관련하여 지출한 비용으로 수익과 직접 관련된 것 등은 법인의 손금으로 인정받는 것이며, 사업과 관련된 거래에 대한 증빙서류는 법인세법 제116조(☞ 지출증빙서류의 수취 및 보관)에 따라 작성 또는 수취하여 보관하여야 하는 것임(서면2팀-446, 2007.3.16.)

✓ **일본거주자가 국내에서 근로를 수행하고 일본법인으로부터 지급받는 대가의 과세여부 등**

① 일본국의 거주자로서 일본법인에 소속된 직원이 국내의 자회사에 파견되어 국내에서 근로를 수행하고 국내사업장이 없는 일본법인으로부터 지급받는 대가는 소득세법 제20조 제1항 제2호에서 규정하는 을종근로소득으로서 소득세법 제119조 제7호의 국내원천소득에 해당하는 것이므로 「한·일 조세조약」 제15조의 규정에 따라 국내체류일수가 183일을 초과하는 경우에는 우리나라에서 과세할 수 있는 것임

② 비거주자의 을종근로소득은 소득세법 제122조의 규정에 따라 거주자에 대한 소득세의 과세표준과 세액의 계산에 관한 규정을 준용하는 것이므로, 근로자 본인이 을종근로납세조합에 가입한 경우에는 을종근로납세조합에서 소득세법 제152조 제2항의 규정에 따라 갑종근로소득에 대한 원천징수의 예에 의하여 징수하는 것이고, 을종근로납세조합에 가입하지 아니한 경우에는 다음 연도 5월의 종합소득 과세표준확정신고기간에 본인이 신고납부를 하여야 하는 것임

③ 거주자인지 비거주자인지의 여부는 소득세법 시행령 제2조 내지 제4조의 규정에 따라 판정하는 것임(서면2팀-2187, 2007.11.30.)

(3) 외항선박·항공기 승무원의 경우

외국을 항행하는 선박 또는 항공기의 승무원의 경우 그 승무원과 생계를 같이하는 가족이 거주하는 장소 또는 그 승무원이 근무기간 외의 기간 중 통상 체재하는 장소가 국내에 있는 때에는 해당 승무원의 주소는 국내에 있는 것으로 보고, 그 장소가 국외에 있는 때에는 해당 승무원의 주소가 국외에 있는 것으로 본다.(소령 2조 ⑤)

✓ **우리나라 국적선사에 승선한 외국인선원의 급여에 관한 과세여부**

인도네시아, 중국, 미얀마의 거주자가 내국법인이 운용하는 외국항행선박에 탑승하여 선원으로서 수행하는 고용에 관한 급여는 한·인도네시아 조세조약 제15조 제3호, 한·중국 조세조약 제15조 제3호, 한·미얀마 조세조약 제15조 제3호와 소득세법 제119조 제7호 및 같은 법 시행령 제179조 제8항의 규정에 의거 국내원천소득에 해당함. 한편, 필리핀 거주자가 지급받는 동 급여는 한·필리핀 조세조약 제15조 제3호에 의거 국내원천소득에 해당하지 않음(서면국제세원 2016-4797, 2016.11.10.)

(4) 해외현지법인 등의 임직원 등에 대한 거주자 판정

다음의 자들은 '계속하여 183일 이상 국외에 거주할 것을 통상 필요로 하는 직업을 가진 때'에도 거주자로 본다.(소령 3조)

① 국외에서 근무하는 공무원

② 거주자나 내국법인의 국외사업장 또는 해외현지법인(내국법인이 발행주식총수 또는 출자지분의 100%를 직접 또는 간접 출자한 경우에 한정한다) 등에 파견된 임원 또는 직원

✓ **국외사업장에 파견된 임원 또는 직원의 거주자·비거주자 판정**(소통 1-3…1)

① 거주자 또는 내국법인의 국외사업장 또는 해외현지법인(100% 출자법인)에 파견된 임원 또는 직원이 생계를 같이하는 가족이나 자산 상태로 보아 파견기간의 종료 후 재입국할 것으로 인정되는 때에는 파견기간이나 외국의 국적 또는 영주권의 취득과는 관계없이 거주자로 본다.

② 제1항의 규정에 준하여 국내에 생활의 근거가 있는 자가 국외에서 거주자 또는 내국법인의 임원 또는 직원이 되는 경우에는 국내에서 파견된 것으로 본다.

✓ **거주자 판정시 내국법인의 국외사업장의 의미**(서울고법 2009누21934, 2010.6.17.)

거주자 판정 특례(소득세법 시행령 제3조)에서 '내국법인의 국외사업장 등'은 국내법인의 해외영업소 또는 해외지점 내지 해외지사를 의미한다고 해석함이 상당하고 더 나아가 현행 시행령 소정의 해외현지법인까지 포함하는 것으로 해석할 수 없음

✓ **해외연수자**(소득 해석편람 1-1-6)

외국(일본)법인의 한국지점에 근무하던 거주자가 회사의 해외연수자로 선발되어 일본에서 거주하게 되는 경우에는 일본의 거주기간 중에도 소득세법 제1조의 규정에 의한 거주자로 보는 것임(소득 46011-2500, 1999.7.1.)

✓ **국외 유학기간 중 외국대학에서 시간강사를 한 경우**(소득 해석편람 1-1-7)

국외에서 유학하는 동안 외국대학의 시간강사로서 직업을 갖고 1년(2015.1.1. 이후 발생하는 소득분부터는 183일) 이상 계속하여 거주하는 때에도 국내에 가족 및 자산의 유무 등과 관련하여 생활의 근거가 국내에 있는 것으로 보는 때에는 거주자에 해당하는 것임(소득 46011-3203, 1999.8.14.)

✓ **국내회사에 취업한 외국인**(소득 해석편람 1-1-8)

외국인이 취업연예인 고유비자를 받고 입국하여 1~2년 계약으로 국내회사에 취업한 경우에는 소

득세법 시행령 제2조 제3항 제1호에 의하여 거주자로 보는 것임(소득 46011－35, 1999.9.14.)

✓ **재일교포**(소득 해석편람 1－1－9)

거주자와 비거주자의 구분은 거주기간·직업·국내에서 생계를 같이하는 가족 및 국내소재 자산유무 등 생활관계의 객관적 사실에 따라 판단하는 것으로서, 영주권을 가진 재일동포가 가족 및 생활근거지를 일본에 두고 있고 국내에 주소가 없으며 국내에 1년(2015.1.1. 이후 발생하는 소득분부터는 183일) 이상 거소를 두지 아니한 경우에는 비거주자에 해당하는 것임(소득 46011－59, 1999.9.18.)

비거주자 판정기준(소득세법 시행규칙 별지 제29호의12 서식)

항 목	예	아니오
1. 국내에 주소를 두고 있습니까?		
2. 국내에 계속하여 183일 이상 거주하고 있습니까?		
3. 최근 1년 동안 국내에 체재한 날이 183일 이상입니까?		
4. 생계를 같이하는 가족(배우자와 자녀 등)이 국내에 계속하여 183일 이상 거주하고 있습니까?		
5. 국내에 계속하여 183일 이상 거주할 것을 필요로 하는 직업이 있습니까?		
6. 대한민국의 공무원입니까?		
7. 대한민국 국민으로서 국내법인의 해외지점, 영업소 또는 해외현지법인에 파견된 직원입니까?		

※ '비거주자 판정기준'의 작성 결과 1번~7번 항목 중 한 가지 항목이라도 "예(YES)"로 표시되면 특별한 사정이 없는 한 거주자로 판정됩니다. 거주자·비거주자에 대한 판정은 외국 국적이나, 영주권 등의 보유 여부를 불문합니다. 다만, 주한외교관과 주한외교관의 세대에 속하는 가족(대한민국 국민 제외) 및 한미 행정협정(SOFA) 제1조에서 규정하는 미합중국 군대의 구성원, 군무원과 그들의 가족은 판정표의 작성내용에 불문하고 비거주자로 판정합니다.(소득세법 시행규칙 별지 제29호의12 서식 작성방법 9.)

▼ 이중거주자인 개인의 거주지국 결정기준

조세조약은 거주자의 개념을 1차적으로 각국의 국내법의 규정에 따르도록 하되, 한 사람이 양 체약국의 거주자에 해당되는 경우에는 아래의 기준을 순차적으로 적용하여 그의 거주지국을 결정하도록 규정하고 있다.

① 항구적 주거(permanent home)
② 중대한 이해관계의 중심지(center of vital interest)
③ 일상적 주소(habitual abode)
④ 국민(national)
⑤ 상호합의(mutual agreement)

▼ 이중거주자라는 사실의 입증책임(대법원 2006두3964, 2008.12.11.)

어느 개인이 소득세법상의 국내 거주자인 동시에 외국의 거주자에도 해당하여 그 외국법상 소득세 등의 납세의무자에 해당하는 경우에는 하나의 소득에 대하여 이중으로 과세될 수도 있게 되는 것이므로, 이를 방지하기 위하여 각국 간 조세조약의 체결을 통해 별도의 규정을 두고 있으며, 납세의무자가 이와 같은 이중거주자에 해당하는 사실이 인정된다면 그 중복되는 국가와 사이에 체결된 조세조약이 정하는 바에 따라 어느 국가의 거주자로 간주될 것인지를 결정하여야 하고 그 조세조약에 따른 거주지국 및 그 세율의 결정은 과세요건에 해당한다고 할 것이나, 국내 거주자인 납세의무자가 동시에 외국의 거주자에도 해당하여 조세조약이 적용되어야 한다는 점에 대하여는 이를 주장하는 납세의무자에게 그 증명책임이 있다고 할 것임

(5) 거주기간의 계산

국내에 183일 이상 거소를 둔 경우에는 거주자로 보게 되는데, 이때의 거주기간은 다음과 같이 계산한다.(소령 4조)

① 국내에 거소를 둔 기간은 입국하는 날의 다음날부터 출국하는 날까지로 한다.
② 국내에 거소를 두고 있던 개인이 출국 후 다시 입국한 경우에 생계를 같이하는 가족의 거주지나 자산소재지 등에 비추어 그 출국목적이 관광, 질병의 치료 등으로서 명백하게 일시적인 것으로 인정되는 때에는 그 출국한 기간도 국내에 거소를 둔 기간으로 본다.

개정 2025.2.28.

➲ 2026.1.1.이 속하는 과세기간에 출국하는 경우부터 적용한다.(2025.2.28. 영 부칙 2조 ①)

② 국내에 거소를 두고 있던 개인이 출국 후 다시 입국한 경우에 생계를 같이하는 가족의 거주지나 자산소재지 등에 비추어 그 출국목적이 다음의 사유에 해당하여 명백하게 일시적인 것으로 인정되는 때에는 그 출국한 기간도 국내에 거소를 둔 기간으로 본다.(소령 4조 ②, 소칙 2조 ①, 2025.3.21. 신설)

ⓐ 단기 관광
ⓑ 질병의 치료
ⓒ 친족 경조사 참석
ⓓ 출장, 연수 등 사업의 경영 또는 업무와 관련된 사유
ⓔ 그 밖에 위 'ⓐ부터 ⓓ까지'의 사유에 준하는 사유

③ 국내에 거소를 둔 기간이 1과세기간 동안 183일 이상인 경우에는 국내에 183일 이상 거소를 둔 것으로 본다.

개정 2025.2.28.

➲ 2026.1.1. 이후 개시하는 과세기간에 발생하는 소득분부터 적용한다.(2025.2.28. 영 부칙 2조 ②)

③ 국내에 거소를 둔 기간이 다음 중 하나에 해당하는 경우에는 국내에 183일 이상 거소를 둔 것으로 본다.(소령 4조 ③, 2025.2.28. 개정)

㉠ 1과세기간 동안 183일 이상인 경우
㉡ 2과세기간에 걸쳐 계속하여 183일 이상인 경우(2025.2.28. 신설)

④ 재외동포의 출입국과 법적 지위에 관한 법률 제2조에 따른 재외동포가 입국한 경우 생계를 같이 하는 가족의 거주지나 자산소재지 등에 비추어 그 입국목적이 단기 관광, 질병의 치료, 병역의무의 이행, 그 밖에 친족 경조사 등 사업의 경영 또는 업무와 무관한 사유에 해당하여 그 입국한 기간이 명백하게 일시적인 것으로서 다음의 방법에 따라 인정되는 때에는 해당 기간은 국내에 거소를 둔 기간으로 보지 아니한다.(소령 4조 ④, 2016.2.17. 신설, 소칙 2조, 2016.3.16. 신설)

㉠ 단기 관광에 해당하는 경우 : 관광시설 이용에 따른 입장권, 영수증 등 입국기간 동안 관광을 한 것을 입증할 수 있는 자료
㉡ 질병의 치료에 해당하는 경우 : 의료법 제17조에 따른 진단서, 증명서, 처방전 등 입국기간 동안 진찰이나 치료를 받은 것을 입증하는 자료

㉢ 병역의무의 이행에 해당하는 경우 : 병역사항이 기록된 주민등록초본 또는 병역법 시행규칙 제8조에 따른 병적증명서 등 입국기간 동안 병역의무를 이행한 것을 입증하는 자료

㉣ 친족 경조사 등 그밖에 사업의 경영 또는 업무와 무관한 사유에 해당하는 경우 : 사업의 경영 또는 업무와 무관하게 일시적으로 입국한 것을 입증하는 자료

(6) 거주자 또는 비거주자가 되는 시기

거주자가 비거주자가 되는 시기 및 비거주자가 거주자로 되는 시기는 다음과 같다.(소령 2조의2)

비거주자 → 거주자	거주자 → 비거주자
① 국내에 주소를 둔 날 ② 국내에 주소를 둔 것으로 보는 사유(소령 2조 ③ 및 ⑤)가 발생한 날 ③ 국내에 거소를 둔 기간이 183일이 되는 날	① 거주자가 주소 또는 거소의 국외이전을 위하여 출국하는 날의 다음 날 ② 국내에 주소가 없는 것으로 보는 사유(소령 2조 ④ 및 ⑤)가 발생한 날의 다음 날

✓ 비거주자가 국내에서 계속 거주할 목적으로 가족과 함께 입국 시 거주자로 되는 시기

비거주자가 국내에 계속 거주할 예정으로 가족과 함께 입국하는 경우 입국한 날을 주소를 가진 것으로 보는 사유가 발생한 날로 보아 그날이 거주자로 되는 시기가 되는 것임(서면국제세원 2019-3824, 2019.11.19.)

✓ 비거주자가 거주자로 되는 시기(소득 해석편람 1-2-1)

비거주자가 계속하여 1년(2015.1.1. 이후 발생하는 소득분부터는 183일) 이상 국내에 거주할 것을 통상 필요로 하는 직업을 가진 때부터 소득세법 제1조 및 같은법 시행령 제2조의 규정에 의하여 거주자로 보는 것임(소득 46011-4405, 1995.12.12.)

✓ 해외이주자가 영주귀국하는 경우 거주자가 되는 시기 등

비거주자가 거주자로 되는 시기를 판단할 때 해외이주법에 따라 해외이주한 자가 같은 법 제12조 및 같은 법 시행규칙 제13조에 따라 영주귀국하는 경우에는 국내에 주소를 둔 날(거주자가 되기 위하여 입국한 날)부터 거주자가 되는 것임(부동산납세-615, 2014.8.22.)

✓ 거주자가 비거주자로 되는 시기

거주자가 비거주자로 되는 시기는 국내에 생계를 같이 하는 가족이 없고 그 직업 및 자산상태에 비추어 다시 입국하여 주로 국내에 거주하리라고 인정되지 아니하는 등 국내에 가족 및 자산의 유무 등과 관련하여 생활의 근거가 국내에 없는 것으로 보는 날의 다음 날임(국제세원-150, 2010.3.22.)

4 거주자 또는 비거주자의 변경에 따른 과세방법

(1) 납세의무의 변경에 대한 과세소득의 범위

① 국내에서 처음으로 주소를 두거나 또는 비거주자가 183일 이상 국내에 거소를 둠으로써 거주자로 되는 경우에는 거주자로 된 전날까지는 소득세법 제119조에 규정하는 국내원천소득에 대하여만 소득세를 과세하고 거주자가 된 날부터는 소득세법에 규정하는 모든 소득에 대하여 소득세를 과세한다.(소통 3-0…2 ①) 다만, 해당 과세기간 종료일 10년 전부터 국내에 주소나 거소를 둔 기간의 합계가 5년 이하인 외국인 거주자에게는 과세대상 소득 중 국외에서 발생한 소득의 경우 국내에서 지급되거나 국내로 송금된 소득에 대해서만 과세한다.(소법 3조 ① 단서)

② 거주자가 주소 또는 거소를 국외에 이전하여 비거주자가 되는 경우에는 출국한 날까지는 법에 규정하는 모든 소득에 대하여 소득세를 과세하며 출국한 날의 다음날 이후에는 소득세법 제119조에 규정하는 국내원천소득에 대하여만 과세한다.(소통 3-0…2 ②)

(2) 납세의무자의 구분이 변경된 경우의 과세방법

① 비거주자가 거주자로 된 때에는 해당 과세기간 개시일부터 과세기간 종료일까지의 비거주자인 기간의 종합과세하는 국내원천소득과 거주자인 기간의 소득세법에 규정하는 모든 소득을 합산하여 과세한다.(소통 3-0…3 ①) 다만, 해당 과세기간 종료일 10년 전부터 국내에 주소나 거소를 둔 기간의 합계가 5년 이하인 외국인 거주자에게는 과세대상 소득 중 국외에서 발생한 소득의 경우 국내에서 지급되거나 국내로 송금된 소득에 대해서만 과세한다.(소법 3조 ① 단서)

② 거주자가 출국 등으로 비거주자가 되었으나 출국한 날의 다음날 이후에 발생한 소득에 종합과세하는 국내원천소득이 있는 경우에는 거주자인 기간의 소득세법에 규정하는 모든 소득과 비거주자인 기간의 종합과세하는 국내원천소득을 합산하여 과세한다. 이 경우에는 거주자로서 납부한 소득세는 기납부세액으로 공제한다.(소통 3-0…3 ②)

저자TIP 한 과세기간에 거주자·비거주자로서의 국내원천소득이 각각 있는 경우

한 과세기간에 거주자로서의 국내원천소득과 비거주자로서의 국내원천소득이 각각 있는 경우에는 「종합소득세 과세표준 확정신고서」를 거주자용(1.1. ~ 출국일의 소득에 대해 출국일 전날까지 신고)과 비거주자용(출국일 다음날 ~ 12.31.)으로 각각 작성·제출하는 것이므로 두 소득이 합산되지 않는다.

5 원천징수한 소득세의 납부의무

원천징수의 대상이 되는 소득금액을 개인에게 지급하는 자는 그 지급금액에 대해 소득세를 원천징수하여 납부할 의무를 진다. 이러한 소득세의 원천징수 여부에 대한 판단은 지급자를 기준으로 판단하는 것이 아니라 지급받는 소득자를 기준으로 판단하는 것이므로 지급자가 개인인 경우는 물론 법인인 경우에도 적용된다. 다음에 해당하는 자는 소득세법에 따라 원천징수한 소득세를 납부할 의무를 진다.(소법 2조 ②)

① 거주자

② 비거주자

③ 내국법인

④ 외국법인의 국내지점 또는 국내영업소(출장소 그 밖에 이에 준하는 것을 포함)

⑤ 그 밖에 소득세법에서 정하는 원천징수의무자

> **✓ 법인지점의 원천징수의무자 해당여부**
>
> 법인이 소득세를 원천징수하는 경우 해당 소득세의 납세지는 법인의 본점 또는 주사무소의 소재지가 되는 것이나 법인의 지점 등이 독립채산제에 의하여 독자적으로 회계사무를 처리하면서 원천징수한 소득세의 납세지는 해당 지점 등의 사업장 소재지가 되는 것이므로 본점 소재지를 지점의 원천징수 납세지로 할 수 있는지는 지점의 회계사무가 독립채산제에 의하여 독자적으로 이루어지는지의 여부에 따라 판단함(법인 46013-506, 2000.2.22.)

6 법인 아닌 단체 등에 대한 과세방법

① 국세기본법 제13조 제1항에 따른 법인 아닌 단체 중 같은 조 제4항에 따른 법인으로 보는 단체(이하 "법인으로 보는 단체"라 한다) 외의 법인 아닌 단체는 국내에 주사무소 또는 사업의 실질적 관리장소를 둔 경우에는 1거주자로, 그 밖의 경우에는 1비거주자로 보아 소득세법을 적용한다.

다만, 다음 중 하나에 해당하는 경우에는 소득구분에 따라 해당 단체의 각 구성원별로 소득세법 또는 법인세법에 따라 소득에 대한 소득세 또는 법인세[해당 구성원이 법인세법에 따른 법인(법인으로 보는 단체를 포함한다)인 경우로 한정한다. 이하에서 같다]를 납부할 의무를 진다.(소법 2조 ③, 2018.12.31. 개정)

㉠ 구성원 간 이익의 분배비율이 정하여져 있고 해당 구성원별로 이익의 분배비율이 확인되는 경우

㉡ 구성원 간 이익의 분배비율이 정하여져 있지 아니하나 사실상 구성원별로 이익이

분배되는 것으로 확인되는 경우

국세기본법 제13조 [법인으로 보는 단체 등]

① 법인(법인세법 제2조 제1호 따른 내국법인 및 같은 조 제3호에 따른 외국법인을 말한다. 이하 같다)이 아닌 사단, 재단, 그 밖의 단체(이하 "법인 아닌 단체"라 한다) 중 다음 중 하나에 해당하는 것으로서 수익을 구성원에게 분배하지 아니하는 것은 법인으로 보아 국세기본법과 세법을 적용한다.(2018.12.31. 개정)

㉠ 주무관청의 허가 또는 인가를 받아 설립되거나 법령에 따라 주무관청에 등록한 사단, 재단, 그 밖의 단체로서 등기되지 아니한 것

㉡ 공익을 목적으로 출연(出捐)된 기본재산이 있는 재단으로서 등기되지 아니한 것

② 위 '①'에 따라 법인으로 보는 사단, 재단, 그 밖의 단체 외의 법인 아닌 단체 중 다음의 요건을 모두 갖춘 것으로서 대표자나 관리인이 관할 세무서장에게 신청하여 승인을 받은 것도 법인으로 보아 국세기본법과 세법을 적용한다. 이 경우 해당 사단, 재단, 그 밖의 단체의 계속성과 동질성이 유지되는 것으로 본다.

㉠ 사단, 재단, 그 밖의 단체의 조직과 운영에 관한 규정(規程)을 가지고 대표자나 관리인을 선임하고 있을 것

㉡ 사단, 재단, 그 밖의 단체 자신의 계산과 명의로 수익과 재산을 독립적으로 소유·관리할 것

㉢ 사단, 재단, 그 밖의 단체의 수익을 구성원에게 분배하지 아니할 것

③ 위 '②'에 따라 법인으로 보는 법인 아닌 단체는 그 신청에 대하여 관할 세무서장의 승인을 받은 날이 속하는 과세기간과 그 과세기간이 끝난 날부터 3년이 되는 날이 속하는 과세기간까지는 소득세법에 따른 거주자 또는 비거주자로 변경할 수 없다. 다만, 위 '②'의 요건을 갖추지 못하게 되어 승인취소를 받는 경우에는 그러하지 아니하다.

④ 위 '①과 ②'에 따라 법인으로 보는 법인 아닌 단체(이하 "법인으로 보는 단체"라 한다)의 국세에 관한 의무는 그 대표자나 관리인이 이행하여야 한다.

② 위 '①'에도 불구하고 해당 단체의 전체 구성원 중 일부 구성원의 분배비율만 확인되거나 일부 구성원에게만 이익이 분배되는 것으로 확인되는 경우에는 다음의 구분에 따라 소득세 또는 법인세를 납부할 의무를 진다.(소법 2조 ④, 2018.12.31. 신설)

㉠ 확인되는 부분 : 해당 구성원별로 소득세 또는 법인세에 대한 납세의무 부담

㉡ 확인되지 아니하는 부분 : 해당 단체를 1거주자 또는 1비거주자로 보아 소득세에 대한 납세의무 부담

③ 위 '① 및 ②'에도 불구하고 법인으로 보는 단체 외의 법인 아닌 단체에 해당하는 국외투자기구(투자권유를 하여 모은 금전 등을 가지고 재산적 가치가 있는 투자대상자산을 취득, 처분하거나 그 밖의 방법으로 운용하고 그 결과를 투자자에게 배분하여

귀속시키는 투자행위를 하는 기구로서 국외에서 설립된 기구를 말한다)를 제119조의2 제1항 제2호에 따라 국내원천소득의 실질귀속자로 보는 경우 그 국외투자기구는 1비거주자로서 소득세를 납부할 의무를 진다.(소법 2조 ⑤, 2018.12.31. 신설)

✓ **법인이 국세기본법 제13조 제2항에 따른 법인으로 보는 단체의 대표자 또는 관리인이 될 수 있는지**

집합건물의 소유 및 관리에 관한 법률에 따라 관리인으로 선임된 법인은 국세기본법 제13조 제2항에 따라 관할 세무서장의 승인을 받아 법인으로 보는 단체의 대표자 또는 관리인이 될 수 있는 것임(기획재정부조세정책-214, 2024.2.1.)

✓ **거주자가 벤처투자조합으로부터 수취한 이익의 소득구분**

이익의 분배비율이 정하여져 있고 해당 구성원별로 이익의 분배비율이 확인되는 경우 또는 구성원간 이익의 분배비율이 정하여져 있지 아니하나 사실상 구성원별로 이익이 분배되는 것으로 확인되는 경우에는 소득구분에 따라 해당 벤처투자조합의 구성원별로 소득세법 또는 법인세법에 따라 소득에 대한 납부할 의무를 지는 것임(사전법규소득 2021-1472, 2022.5.3.)

✓ **법인으로 보는 단체로 승인받기 위해서는 정관 또는 조직과 운영에 관한 규정을 적은 문서는 필수적으로 제출되어야 함**

국세기본법 제13조 제2항의 법인으로 보는 단체로 승인받기 위해서는 같은 법 시행령 제8조 제1항에 규정된 문서를 첨부하여 관할세무서장에게 제출하여야 하는 것으로서, 제6호 "정관 또는 조직과 운영에 관한 규정"을 적은 문서는 필수적으로 제출되어야 하는 것임(서면징세 2021-7528, 2022.4.19.)

✓ **단체가 수익의 전부 또는 일부를 구성원에게 분배하는 경우 국세기본법 제13조 제2항에 의한 법인으로 보는 단체에 해당하지 않는 것임**(서면징세 2022-1127, 2022.4.19.)

✓ **집합건물 주차관리단 주차료 수입의 사업소득 과세대상 여부**

[사실관계]

- 질의자는 ○○구 소재 집합건물에서 주차 관리·운영을 위해 집합건물법 제24조에 따라 당연 설립된 주차관리단을 운영
- 질의자가 운영하는 주차관리단은 주차관리 규정 등에 구성원간 이익 분배 방법이나 분배 비율이 정해져 있지 않음
- 질의자는 소득세 신고시 관리비수입과 주차장수입의 매출 비중에 따라 관리비를 안분하여 필요경비에 산입하고 소득세를 신고·납부

[질의1] 주차료 소득에 대한 납세의무자가 관리단인지 구분소유자인지(1거주자 또는 공동사업자 해당 여부)

[질의2] 주차료 수입의 소득세(사업소득) 과세대상 해당 여부

[질의3] 관리비의 필요경비 공제 가능 여부

[회신]

(질의1) 집합건물의 소유 및 관리에 관한 법률에 따라 설립된 관리단은 소득세법 제2조 제3항에 따라 구성원간 이익의 분배비율이 정하여져 있고 해당 구성원 별로 이익의 분배비율이 확

인되는 경우 또는 구성원간 이익의 분배비율이 정하여져 있지 아니하나 사실상 구성원별로 이익이 분배되는 것으로 확인되는 경우 각 구성원별로 소득에 대한 소득세를 납부할 의무가 있는 것이며, 실제로 이익을 분배하였는지 여부는 사실판단 할 사항임

(질의2) 집합건물의 소유 및 관리에 관한 법률에 따라 설립된 관리단이 입주자에게서 집합건물의 유지·보수 등 관리 목적으로 징수하는 주차료는 소득세 과세대상에서 제외되는 것이나, 입주자가 아닌 자로부터 징수하는 주차료는 사업소득의 총수입금액에 산입되는 것임

(질의3) 사업소득금액을 계산할 때 필요경비에 산입할 금액은 해당 과세기간의 총수입금액에 대응하는 비용으로서 일반적으로 용인되는 통상적인 것의 합계액으로 하는 것이며, 집합건물 주차장의 유지·보수비용 등으로 지출된 관리비를 해당 필요경비로 산입할지 여부는 사실판단 사항임(기획재정부소득-357, 2020.7.7.)

✓ 법인으로 보는 단체의 승인 주체 및 승인사항 정정 방법

위탁관리 하는 공동주택의 관리소장은 국세기본법 제13조 제2항의 '대표자나 관리인'에 포함되지 않으나, 자치관리 하는 공동주택의 관리소장은 위 '대표자나 관리인'에 포함되는 것임.

국세기본법 제13조 제2항의 신청 주체 및 대표자가 아닌 자가 신청하여 법인으로 보는 단체로 승인받은 경우 같은 법 제5항에 따른 '법인으로 보는 단체의 대표자 등의 선임(변경)신고서' 및 부가가치세법 시행령 제14조에 따른 '사업자등록 정정신고서'를 제출하여야 하는 것임(서면법령해석기본2017-3483, 2018.2.19.)

✓ 법인으로 보는 단체 이외의 단체로서 소득이 있는 경우에는 사업자등록을 하여야 하는 것임

법인으로 보는 단체 이외의 단체로서 소득이 있는 경우에는 고유번호를 부여받는 것이 아니고 사업자등록을 하여야 하는 것임(소득-27, 2012.1.10.)

✓ 주택관리업체 관리소장 명의의 고유번호를 부여할 수 있는지 여부

주택관리업체의 직원인 관리소장 명의의 고유번호는 부여할 수 없으며, 입주자대표회의회장 명의로 고유번호를 신청하여 부여받아야 하는 것임(서일 46011-10048, 2001.8.30.)

✓ 복합상가 자치관리위원회가 수익사업을 영위하는 경우 과세방법(소득 해석편람 1-3-1)

복합상가의 입주자들이 건물의 유지관리를 위하여 조직한 복합상가자치관리위원회(이하 "자치관리회"라 함)가 건물의 옥상에 광고탑을 설치하게 하고 대가를 받는 경우 해당 자치관리회가 등기되지 아니하고, 관리인이 선임되어 있으며, 이익의 분배방법 및 비율이 정하여져 있지 아니한 경우에는 소득세법 제1조의 규정에 의하여 자치관리회를 1거주자로 보아 소득세법을 적용하는 것이며, 동 자치관리회의 소득은 자치관리회 대표의 다른 소득과 합산하지 않는 것임(소득 46011-142, 1995.1.16.)

✓ 직장상조회가 자판기를 운영하는 경우 소득세 납세의무(소득 해석편람 1-3-2)

개인으로 보는 법인격 없는 단체가 대표자 또는 관리인이 선임되어 있고 이익의 분배방법 및 비율이 정하여져 있지 아니한 경우에는 그 단체를 거주자로 보고 소득세를 과세하는 것임. 이 경우 그 단체의 소득은 그 대표자나 관리인 개인의 타소득과 합산하지 않는 것임(소득 22601-1194, 1986.4.15.)

✓ 새마을회의 부동산 임대소득에 대한 납세의무 및 필요경비(소득 해석편람 1-3-5)

마을주민 전체로 구성된 새마을회가 해당 새마을회 명의로 건물을 신축하여 부동산임대업을 영위하는 경우 해당 새마을회가 등기되지 아니하고 대표자가 선임되어 있으나 이익의 분배방법이나 분배비율이 정하여져 있지 아니한 경우에는 소득세법 시행규칙 제2조의 규정에 의하여 해당 새마을

회를 1거주자로 보아 소득세를 과세하는 것임. 또한, 새마을회가 마을주민을 위하여 지출하는 각종 사업비는 부동산임대소득의 총수입금액에 대응하는 비용이 아니므로 해당 부동산임대소득금액의 계산에 있어서 필요경비에 산입할 수 없는 것임(소득 46011-1643, 1997.6.19.)

✓ **부녀회의 납세의무**(소득 해석편람 1-3-7)

아파트 부녀회가 아파트관리사무소로부터 청소용역을 도급받아 용역을 제공하고 대가를 받는 경우에 부녀회의 대표자가 선임되어 있고 이익의 분배방법이나 분배비율이 정하여져 있는 때에는 해당 부녀회는 공동사업자에 해당되는 것이므로 해당 부녀회의 회원 각자가 납세의무자가 있는 것이며, 분배방법이나 분배비율 등이 정하여져 있지 아니한 때에는 해당 부녀회를 1거주자로 보아 소득세를 과세함(소득 46011-3249, 1999.8.18.)

• 제 2 절 납세의무의 범위

1 원 칙

거주자는 그에게 귀속되는 소득세법상의 모든 소득에 대하여 납세의무를 지며, 비거주자는 그에게 귀속되는 국내원천소득에 대하여만 소득세의 납세의무를 진다.

✓ **국외사업장 등에 근무하는 비거주자의 납세의무**(소통 3-0…4)

비거주자가 거주자 또는 내국법인의 국외사업장 등에서 근무함으로써 발생한 소득은 납세의무가 없다.

구 분	발생원천	과세여부
거주자	국내원천소득	과세
	국외원천소득	과세*
비거주자	국내원천소득	과세
	국외원천소득	과세제외

* 해당 과세기간 종료일 10년 전부터 국내에 주소나 거소를 둔 기간의 합계가 5년 이하인 외국인 거주자에게는 과세대상 소득 중 국외에서 발생한 소득의 경우 국내에서 지급되거나 국내로 송금된 소득에 대해서만 과세한다.(소법 3조 ① 단서)

2 공동사업자의 납세의무

(1) 원칙 : 공동사업자별 과세

사업자가 사업을 공동으로 경영하는 경우에는 약정된 손익분배비율에 의하여 분배되었거나 분배될 소득금액에 따라 각 거주자 별로 그 소득금액을 계산하여 해당 공동사업자별로 납세의무를 진다.(소법 2조의2 ①, 2013.1.1. 개정, 43조 ②)

(2) 예외 : 공동사업합산과세

거주자 1인과 그의 특수관계인이 공동사업자에 포함되어 있는 경우로서 다음의 사유가 있는 경우에는 그 특수관계인의 소득금액은 그 손익분배비율이 큰 공동사업자(주된 공동사업자)의 소득금액으로 본다.(소법 43조 ③, 소령 100조 ④)

① 공동사업자가 제출한 신고서와 첨부서류에 기재한 사업의 종류, 소득금액내역, 지분율, 약정된 손익분배비율 및 공동사업자간의 관계 등이 사실과 현저하게 다른 경우

② 공동사업자의 경영참가, 거래관계, 손익분배비율 및 자산·부채 등의 재무상태 등을 고려할 때 조세를 회피하기 위하여 공동으로 사업을 경영하는 것이 확인되는 경우

이때 그 합산과세되는 소득금액에 대해서는 주된 공동사업자 외의 특수관계인은 그 손익분배비율에 해당하는 그의 소득금액을 한도로 주된 공동사업자와 연대하여 납세의무를 진다.(소법 2조의2 ① 단서)

✓ 공동사업자로 보는 재건축조합 등의 납세의무(소득 집행기준 2의2-0-3)

① 공동사업으로 보는 재건축 조합의 소득은 각 조합원을 공동사업자로 보아 해당 조합원이 그 출자지분 또는 이익분배비율에 따라 분배되거나 분배될 금액에 대하여 각각 납세의무를 지는 것이고, 이때 사인간의 계약 또는 합의에 따라 그 납세의무가 이전되거나 변경될 수 없으며, 그 실질소득자에게 납세의무가 있다.

* 「도시 및 주거환경정비법」에 따른 정비사업조합은 법인임

② 공동사업자로 보는 주택조합의 조합원이 납입한 건축공사비를 조합장 명의로 일시 예치하여 지급받는 이자소득은 각 조합원들에게 분배되어 각각 납세의무를 지는 것이며 각 조합원별로 금융소득 종합과세 여부를 판단한다.

3 피상속인의 소득금액에 대한 납세의무

① 거주자가 사망한 경우 그 상속인은 그 상속개시일이 속하는 달의 말일부터 6개월이 되는 날(이 기간 중 상속인이 출국하는 경우에는 출국일 전날)까지 사망일이 속하는 과세기간에 대한 그 거주자의 과세표준을 신고하여야 한다.(소법 74조 ①, 2012.1.1. 개정)

② 상속인은 피상속인의 소득금액에 대한 소득세의 납세의무를 지며, 이때 피상속인의 소득금액에 대한 소득세로서 상속인에게 과세할 것과 상속인의 소득금액에 대한 소득세는 구분하여 계산하여야 한다.(소법 2조의2 ②, 44조 ①)

③ 연금계좌의 가입자가 사망하였으나 그 배우자가 연금외수령 없이 해당 연금계좌를 상속으로 승계하는 경우에는 위 '②'에도 불구하고 해당 연금계좌에 있는 피상속인의 소득금액은 상속인의 소득금액으로 보아 소득세를 계산한다.(소법 74조 ① 단서신설, 44조 ②, 2013.1.1. 신설)

④ 상속이 개시된 때에 그 상속인[민법 제1000조, 제1001조, 제1003조 및 제1004조에 따른 상속인을 말하고, 상속세 및 증여세법 제2조 제5호에 따른 수유자(受遺者)를 포함한다. 이하에서 같다] 또는 민법 제1053조에 규정된 상속재산관리인은 피상속인에게 부과되거나 그 피상속인이 납부할 국세 및 강제징수비를 상속으로 받은 재산의 한도에서 납부할 의무를 진다.(국기법 24조 ①, 2014.12.23. 개정, 2020.2.22. 개정)
이때 상속으로 받은 재산은 다음 계산식에 따른 가액(價額)으로 한다.(국기령 11조 ①)

> 상속으로 받은 재산 = 상속받은 자산총액 − (상속받은 부채총액 + 상속으로 인하여 부과되거나 납부할 상속세)

⑤ 위 '④'의 경우에 상속인이 2명 이상일 때에는 각 상속인은 피상속인에게 부과되거나 그 피상속인이 납부할 국세 및 강제징수비를 민법 제1009조·제1010조·제1012조 및 제1013조에 따른 상속분[다음 중 하나에 해당하는 경우에는 각각의 상속인(수유자와 상속포기자를 포함)이 상속으로 받은 재산의 가액을 각각의 상속인이 상속으로 받은 재산 가액의 합계액으로 나누어 계산한 비율로 한다]에 따라 나누어 계산한 국세 및 강제징수비를 상속으로 받은 재산의 한도에서 연대하여 납부할 의무를 진다. 이 경우 각 상속인은 그들 중에서 피상속인의 국세 및 강제징수비를 납부할 대표자를 정하여 상속 개시일부터 30일 이내에 대표자의 성명과 주소 또는 거소, 그 밖에 필요한 사항을 적은 문서(전자문서를 포함)로 관할 세무서장에게 신고하여야 한다.(국기법 24조 ③, 2021.12.21 개정, 국기령 12조 ①)

㉠ 상속인 중 수유자가 있는 경우

㉡ 상속인 중 민법 제1019조 제1항에 따라 상속을 포기한 사람이 있는 경우
㉢ 상속인 중 민법 제1112조에 따른 유류분을 받은 사람이 있는 경우
㉣ 상속으로 받은 재산에 보험금이 포함되어 있는 경우

✓ **사망시 인정상여 처분소득 등의 과세 여부**(소통 2의2－0…1)

소득금액변동통지서를 받기 전에 소득의 귀속자가 사망한 경우에는 이에 대한 소득세를 과세하지 아니한다.

✓ **상속인들이 상속포기한 경우 피상속인이 납부하여야 할 양도소득세의 납부의무**(대법 2004두3335, 2006.6.29.)

상속인들인 적법하게 상속포기를 한 경우 상속포기의 소급효에 의하여 상속개시 당시부터 상속인이 아니었던 것과 같은 지위에 놓이게 되므로 피상속인인 납부하여야 할 양도소득세를 승계하여 납부할 의무가 없는 것임

4 분리과세소득에 대한 납세의무

원천징수되는 소득으로서 종합소득과세표준에 합산되지 않는 소득이 있는 자는 그 원천징수되는 소득세에 대해서 납세의무를 진다.(소법 2조의2 ④)

분리과세소득의 범위(소득 집행기준 14-0-1, 수정)

소득구분	분리과세소득의 범위
근로소득	• 일용근로자의 근로소득
이자소득, 배당소득	• 법원에 납부한 보증금 및 경락대금에서 발생하는 이자소득
	• 실지명의가 확인되지 아니하는 소득
	• 직장공제회 초과반환금(1999.1.1. 이후 최초로 직장공제회에 가입하여 공제회비를 불입한 것부터 과세)
	• 법인으로 보는 단체 외의 단체 중 수익을 구성원에게 배분하지 아니하는 단체로서 단체명을 표기하여 금융거래를 하는 단체가 금융회사 등으로부터 받는 이자·배당
	• 금융소득(비과세 및 분리과세분 제외)으로서 연간 개인 금융소득이 2천만원(종합과세기준금액) 이하이면서 원천징수 된 소득
사업소득	• 소규모 주택임대소득(주거용 건물 임대업에서 발생한 수입금액이 2천만원 이하)
기타소득	• 기타소득금액이 300만원 이하이면서 원천징수가 적용되는 기타소득 * 복권 및 복권기금법 제2조에 따른 복권 당첨금과 이와 유사한 소득, 연금계좌에서 자기부담금 또는 운용실적의 연금외수령 소득 제외 * 계약금이 위약금·배상금으로 대체되는 경우의 위약금·배상금은 원천징수되지 아니하나 분리과세가능 * 납세자의 선택에 따라 해당 거주자가 종합소득 과세표준에 합산할 수 있음
	• 연금계좌에서 세액공제 받은 자기부담금 또는 운용실적을 연금외수령하는 소득
	• 서화, 골동품의 양도로 발생하는 소득
	• 복권 및 복권기금법에 따른 복권 당첨금과 이와 유사한 소득
연금소득	• 원천징수 되지 않은 퇴직소득을 연금수령하는 연금소득
	• 세액공제를 받은 연금계좌 납입액 또는 연금계좌 운용실적에 따라 증가된 금액에서 의료목적, 천재지변이나 그 밖에 부득이한 사유 등 일정 요건을 갖추어 인출하는 사적연금소득
	• 연금소득으로서 사적연금소득이 연 1,500만원 이하인 경우 그 연금소득 * 2013년부터 2023년까지의 귀속분은 사적연금소득이 1,200만원 이하인 경우 그 연금소득 * 납세자의 선택에 따라 해당 거주자가 종합소득 과세표준에 합산할 수 있으며, 연 1,500만원(2023년 귀속분은 연 1,200만원)을 초과하는 경우에도 종합소득 과세표준확정신고 시 분리과세를 선택할 수 있음(소법 64조의4)

5 신탁재산에 귀속되는 소득에 대한 납세의무

① 신탁재산에 귀속되는 소득은 그 신탁의 이익을 받을 수익자(수익자가 사망하는 경우에는 그 상속인)에게 귀속되는 것으로 본다.(소법 2조의3 ①, 2020.12.29. 신설)

② 위 '①'에도 불구하고 다음의 요건을 모두 갖춘 신탁의 경우에는 그 신탁재산에 귀속되는 소득은 위탁자에게 귀속되는 것으로 본다.(소법 2조의3 ②, 2023.12.31. 개정, 소령 4조의2 ④, 2021.2.17. 신설)

㉠ 위탁자가 신탁을 해지할 수 있는 권리, 수익자를 지정하거나 변경할 수 있는 권리,

신탁 종료 후 잔여재산을 귀속 받을 권리를 보유하는 등 신탁재산을 실질적으로 지배·통제할 것

㉡ 신탁재산 원본을 받을 권리에 대한 수익자는 위탁자로, 수익을 받을 권리에 대한 수익자는 그 배우자 또는 같은 주소 또는 거소에서 생계를 같이 하는 직계존비속(배우자의 직계존비속을 포함한다)으로 설정했을 것

③ 위 '②'에 따른 수익자의 특정 여부 또는 존재 여부는 신탁재산과 관련되는 수입 및 지출이 있는 때의 상황에 따른다.(소령 4조의2 ②, 2021.2.17. 개정)

④ 자본시장과 금융투자업에 관한 법률 시행령 제103조 제1호에 따른 특정금전신탁으로서 위 '②'을 적용받는 신탁의 이익에 대한 소득금액은 해당 이익에서 자본시장과 금융투자업에 관한 법률에 따른 각종 보수·수수료 등을 뺀 금액으로 한다.(소령 4조의2 ③, 2021.2.17. 개정, 소칙 2조의2)

⑤ 신탁업을 경영하는 자는 각 과세기간의 소득금액을 계산할 때 신탁재산에 귀속되는 소득과 그 밖의 소득을 구분하여 경리하여야 한다.(소령 4조의2 ①, 2010.2.18. 개정)

• 제 3 절 과세기간

과세기간이란 세법에 의하여 국세의 과세표준의 계산에 기초가 되는 기간을 말한다. 소득세는 과세의 편의 또는 기술상의 필요에 의하여 기간과세의 원칙을 채택하고, 인위적으로 확정한 기간을 단위로 하여 세액을 산정하도록 하고 있다.[5)]

1 원 칙

소득세의 과세기간은 1월 1일부터 12월 31일까지 1년으로 한다.(소법 5조 ①) 따라서 사업자가 사업연도 중에 사업을 개시하거나 폐업한 경우에도 과세기간은 1월 1일부터 12월 31일까지가 되며, 과세기간을 임의로 설정하는 것도 허용되지 아니한다.

5) 김완석, 앞의 책, p. 153

2 예 외

(1) 거주자가 사망한 경우

거주자가 사망한 경우의 과세기간은 1월 1일부터 사망한 날까지로 한다.(소법 5조 ②)

거주자가 사망한 경우의 확정신고

(1) 확정신고기한

구 분	신고대상기간(과세기간)	종합소득세 확정신고기한
해당 과세기간 중 사망	• 2024.1.1. ~ 사망일	사망한 달의 말일부터 6월이 되는 날까지
2025.1.1. ~ 5.31. 기간 중 사망	• 2024.1.1. ~ 2024.12.31. • 2025.1.1. ~ 사망일	사망한 달의 말일부터 6월이 되는 날까지

(2) 상속인이 피상속인의 종합소득세를 신고하는 경우
① 상속인의 소득금액에 대한 소득세와 피상속인의 소득을 구분하여 계산하여야 함
② 종합소득세 신고서식[별지 제40호(1) 3쪽 또는 별지 제40호(4) 등]의 '기본사항'에는 피상속인의 인적사항을 적고, '신고인'에는 상속인의 성명을 적는 것임
③ 전자신고를 할 수 없으므로 우편으로 신고서를 제출하여야 함

(2) 거주자가 출국으로 인하여 비거주자가 되는 경우

거주자가 주소 또는 거소를 국외로 이전(출국)하여 비거주자가 되는 경우의 과세기간은 1월 1일부터 출국한 날까지로 한다.(소법 5조 ③)

✓ **공동상속인의 부동산임대소득에 대한 총수입금액의 계산**
① 부동산임대소득이 있는 거주자가 사망한 경우에는 1.1.부터 사망한 날까지의 해당 소득금액에 대하여 소득세를 과세하는 것이며 피상속인의 소득금액에 대한 소득세를 상속인에게 과세할 것은 상속인의 소득금액에 대한 소득세와 구분하여 계산하는 것임
② 이때 상속재산인 임대부동산을 민법 제1013조의 규정에 의하여 공동상속인간의 협의에 의하여 분할하고 상속등기가 경료된 경우에 상속개시일 이후에 발생한 부동산임대소득에 대한 총수입금액은 각 상속인의 상속분에 따라 계산하는 것임(소득 46011-567, 2000.5.18.)

✓ **출국으로 비거주자가 되는 경우 과세표준확정신고**(소득 집행기준 74-137-1)
① 확정신고를 해야 할 거주자가 주소 또는 거소의 국외이전을 위해 출국하는 경우 출국일이 속하는 과세기간의 과세표준을 출국일 전날까지 신고해야 한다. 이 경우 1.1. ~ 5.31. 사이에 출국하는 경우 출국일이 속하는 과세기간의 직전 과세기간에 대한 과세표준확정신고도 해야 하는 것임

② 사업소득이 있는 거주자가 사업장을 폐업하지 아니하고 이민 등으로 출국하는 경우에 출국일이 속하는 과세기간의 과세표준은 출국일 전에 신고해야 하며, 출국하는 다음날부터 국내사업장을 폐업하는 날까지는 비거주자로서 국내원천소득을 종합하여 신고해야 하는 것임

✓ **법인에 귀속시킨 개인소득에 대한 과세제외**(소통 2-0…1)

법인설립일 전에 생긴 소득을 법인세법 시행령 제4조 제2항의 규정에 의하여 사실상 그 법인의 소득으로 귀속시킨 것은 소득세를 과세하지 아니한다.(2024.3.15. 개정)

• 제 4 절 납세지

납세지란 납세의무자가 소득세에 관한 신고·신청 및 납부 등의 행위를 하거나, 과세관청이 소득세의 결정·경정 및 징수 등의 처분을 하는 경우에 관할관청(관할 세무서장)을 결정하는 기준이 되는 장소를 말한다. 관할을 위반한 과세처분은 위법한 처분이 된다. 소득세는 소득의 종합이라는 과세기술상의 문제로 인하여 편의상 주소지를 원칙적인 납세지로 하고 있다.[6)]

I 거주자의 납세지

1 자연인의 납세지

① 거주자의 소득세 납세지는 그 주소지로 한다. 다만, 주소지가 없는 경우에는 그 거소지로 한다.(소법 6조 ①)

② 납세지가 불분명한 경우로서 납세지가 2 이상인 때에는 주민등록법에 의하여 등록된 곳을 납세지로 하고, 거소지가 2 이상인 때에는 생활관계가 보다 밀접한 곳을 납세지로 한다.(소령 5조 ① 1)

③ 거주자가 취학, 질병의 요양, 근무상 또는 사업상의 형편으로 일시퇴거한 경우에는 본래의 주소지 또는 거소지를 납세지로 본다.(소칙 3조)

6) 정해욱, 2006, 종합소득세실무, 영화조세통람사, p. 25~26

✓ **주민등록이 직권말소된 경우의 납세지**(소통 6-0…2)

거주자에 대한 소득세의 납세지는 법 제6조 제1항에 따라 그 주소지로 하는 것이나, 주민등록이 직권말소된 자로서 실제의 주소지 및 거소지가 확인되지 아니하는 거주자의 납세지는 말소 당시의 주소지로 한다.(2011.3.21. 신설)

✓ **구치소에 수감되어 있는 납세의무자의 소득세 납세지**

거주자에 대한 소득세의 납세지는 주소지로 하는 것이나 주소지가 없는 경우에는 그 거소지로 하는 것이며, 거소지란 "주소지 외의 장소 중 상당기간에 걸쳐 거주하는 장소"를 말하는 것이므로 주소지가 없는 거주자가 일정한 장소에서 상당한 기간에 걸쳐 거주하는 장소를 거소지로 보아 소득세의 납세지로 할 수 있는 것임(소득 46011-10411, 2001.6.16.)

2 법인 아닌 단체의 납세지

① 거주자로 보는 법인 아닌 단체에 대한 소득세의 납세지는 동 단체의 대표자 또는 관리인의 주소지로 한다.(소통 6-0…1)

② 국세청장이나 관할지방국세청장이 납세지를 지정한 경우에는 그 지정받은 장소를 납세지로 한다.(소통 6-0…1 단서)

Ⅱ 비거주자의 납세지

① 비거주자의 소득세 납세지는 국내사업장(소득세법 제120조에 따른 국내사업장)의 소재지로 한다. 다만, 국내사업장이 둘 이상 있는 경우에는 주된 국내사업장의 소재지로 하고, 국내사업장이 없는 경우에는 국내원천소득이 발생하는 장소로 한다.(소법 6조 ②)

② 납세지가 불분명한 경우로서 국내에 2이상의 사업장이 있는 비거주자의 경우 그 주된 사업장을 판단하기가 곤란한 때에는 당해 비거주자가 납세지로 신고한 장소를 납세지로 한다.(소령 5조 ① 2)

③ 국내사업장이 없는 비거주자에게 국내의 2이상의 장소에서 소득세법 제119조 제3호에 따른 국내원천 부동산소득 또는 같은 조 제9호에 따른 국내원천 부동산 등 양도소득이 발생하는 경우에는 그 국내원천소득이 발생하는 장소 중에서 해당 비거주자가 납세지로 신고하는 장소를 납세지로 한다.(소령 5조 ① 3, 2019.2.12. 개정)

④ 비거주자가 위 '② 또는 ③'의 규정에 의한 신고를 하지 아니하는 경우에는 소득상황 및 세무관리의 적정성 등을 참작하여 국세청장 또는 관할지방국세청장이 지정하는 장소를 납세지로 한다.(소령 5조 ① 4)

Ⅲ 납세지의 특례

1 원천징수하는 소득세의 납세지

(1) 원천징수하는 자가 거주자인 경우(소법 7조 ① 1)

① 원칙 : 주된 사업장 소재지

② 주된 사업장 외의 사업장에서 원천징수를 하는 경우 : 그 사업장 소재지

③ 사업장이 없는 경우 : 거주자의 주소지 또는 거소지

(2) 원천징수하는 자가 비거주자인 경우(소법 7조 ① 2)

① 원칙 : 주된 국내사업장 소재지

② 주된 국내사업장 외의 국내사업장에서 원천징수를 하는 경우 : 그 국내사업장 소재지

③ 국내사업장이 없는 경우 : 비거주자의 거류지 또는 체류지

(3) 원천징수하는 자가 법인인 경우(소법 7조 ① 3·4, 소령 5조 ③)

① 원칙 : 법인의 본점 또는 주사무소의 소재지

② 원천징수하는 법인의 지점·영업소 기타 사업장이 독립채산제에 의하여 독자적으로 회계사무를 처리하는 경우 : 그 사업장 소재지(그 사업장의 소재지가 국외에 있는 경우를 제외). 다만, 법인이 다음 중 하나에 해당하는 경우에는 그 법인의 본점 또는 주사무소의 소재지를 소득세 원천징수세액의 납세지로 할 수 있다.

㉠ 법인이 지점, 영업소 또는 그 밖의 사업장에서 지급하는 소득에 대한 원천징수세액을 본점 또는 주사무소에서 전자적 방법 등을 통해 일괄계산 하는 경우로서 본점 또는 주사무소의 관할 세무서장에게 신고한 경우(2020.2.11. 개정)

㉡ 부가가치세법 제8조 제3항 및 제4항에 따라 사업자단위로 등록한 경우

✓ "독립채산제에 의하여 독자적으로 회계사무를 처리하는 경우"의 의미

소득세법 제7조 제1항 제4호 규정의 "독립채산제에 의하여 독자적으로 회계사무를 처리하는 경우"라 함은 법인의 지점 또는 영업소가 당해 사업장과 관련된 일상적인 수입과 지출을 지점장등의 책임 하에 입금 또는 지출처리하고 그 실적을 손익계산서나 원가계산서 등으로 나타내어 본점에 보고하는 경우(자금관리목적 또는 전산시스템에 의한 계산 등의 사유로 지점 등에 근무하는 종업원의 급여는 퇴직금등 대규모 지출항목은 본점에서 직접 지출하고 회계처리는 지점 등에서 처리하는 경우 포함)를 말하는 것임(법인 46013-67, 1996.1.10.)

✓ 법인이 각 사업부문별 본부를 독립채산제에 의하여 운영하는 경우 원천징수의무자의 납세지

[사실관계]

당사는 백화점과 할인점을 운영하고 있는 법인으로 내부적으로 다음과 같이 백화점과 할인점의 영업부문을 분리하여 운영하고 있습니다.

• 조직도

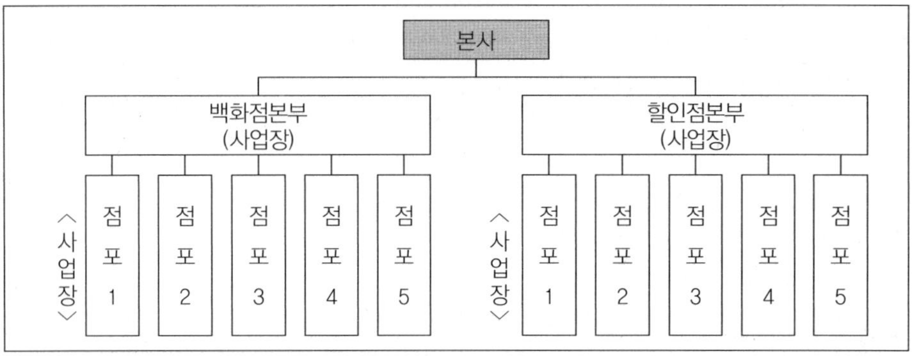

• 조직운영 현황 : 본부별 책임 경영체제

• 부문별 업무 역할 및 범위

구분	업무 역할 및 범위
본 사	• 각 사업본부 결산총괄 기능 • 법인세 신고·납부 • 현재 법인의 본점 소재지로서 원천징수 및 총괄납부 • 부가세법상 총괄납부사업장
각 본부 (사업장)	• 부가세법상 지점 사업장 • 사업본부 내 점포 결산총괄 및 점포손익 관리 – 각 본부집중 회계처리 – 부문총괄 및 점포별 재무제표(손익계산서, 대차대조표) 작성 – 점포별 관리이익 산출 및 점포별 성과 평가 • 전자계산 조직에 의한 사업장별 급여 통합지불(통장이체) • 통합매입 및 거래선 통합 매입대금 지불(어음, 수표 관리) • 본부 집중 자금관리
점 포 (사업장)	• 부가세법상 지점사업장 등록 • 출납기능 – 점포 판매대금의 입출금(입금 및 본부 자금이체) – 점포에서 발생되는 경비·출납 및 전표 작성 및 회계처리 • 점포별 자산 내역 관리(재고자산, 고정자산)

[질의]

상기와 같이 사업장을 운영하고 있는 경우 법인세법 시행령 제7조에 의한 원천징수의무자의 납세지는 어디로 하여야 하는지

〈갑설〉 각 사업본부를 납세지로 하여야 한다.

〈을설〉 각 점포별 사업장을 납세지로 하여야 한다.

〈병설〉 본사를 납세지로 해야 한다.

[회신]
법인이 사업 부문별 본부를 책임경영체제로 운영하면서 동 본부 내 각 점포의 회계사무를 동 본부에서 총괄하여 독립채산제에 의하여 처리하는 경우 각 점포에 대한 원천징수세액의 납세지는 소득세법 제7조 및 법인세법 시행령 제7조의 규정에 따라 각 사업부문별 본부의 소재지가 되는 것이므로, 귀 질의의 경우가 이러한 경우에 해당하는 지는 법인의 사업본부나 점포에서 독립채산제에 의하여 독자적인 회계사무를 처리하는 지에 따라 판단하여 주기 바람(법인 46013-1399, 2000.6.20.)

(4) 기타의 경우(소법 7조 ① 5, 소령 5조 ④, 2019.2.12. 개정)

국내사업장 등이 없는 비거주자에게 소득금액 또는 수입금액을 지급하는 원천징수의무자가 위 '(1), (2), (3)'의 납세지를 가지지 않은 경우에는 다음의 장소로 한다.

① 비거주자의 소득세법 제119조 제9호 나목에 따른 국내원천 부동산 등 양도소득 및 국내원천소득으로 원천징수 대상이 되는 유가증권양도소득(소득세법 시행령 제179조 제11항 각 호에 해당하는 소득)이 있는 경우 : 해당 유가증권을 발행한 내국법인 또는 법인세법 제94조에 따른 외국법인의 국내사업장 소재지

② 위 '①' 외의 경우 : 국세청장이 지정하는 장소

✓ **원천징수의무 위임·대리시 원천징수세액의 납세지**(소통 7-0…1)
소득세법 제127조 제1항의 규정에 의한 원천징수를 하여야 할 자를 대리하거나 원천징수의무를 위임받은 경우 원천징수한 세액의 납세지는 그 대리인 또는 수임인의 납세지로 한다.

2 납세조합이 징수하는 경우의 납세지

그 납세조합의 소재지(소법 7조 ②)

3 상속의 경우의 납세지

① 거주자 또는 비거주자가 사망하여 그 상속인이 피상속인에 대한 소득세의 납세의무자가 된 경우 그 소득세의 납세지는 그 피상속인·상속인 또는 납세관리인의 주소지나 거소지 중 상속인 또는 납세관리인이 관할 세무서장에게 납세지로 신고하는 장소로 한다.(소법 8조 ①)

② 납세지의 신고가 없는 경우에는 일반적인 납세지의 기준에 따르므로 피상속인의 주소지 또는 거소지를 납세지로 한다.(소법 8조 ④)

③ 납세지의 신고를 하고자 하는 자는 「납세지신고서」(별지 제1호 서식)를 관할 세무서장에게 제출(국세정보통신망에 의한 제출을 포함)하여야 한다.(소령 5조 ⑤)

4 비거주자가 납세관리인을 둔 경우의 납세지

비거주자가 납세관리인을 둔 경우 그 비거주자의 소득세 납세지는 그 국내사업장의 소재지 또는 그 납세관리인의 주소지나 거소지 중 납세관리인이 관할 세무서장에게 신고한 장소로 한다.(소법 8조 ②) 납세지의 신고가 없는 경우에는 일반적인 납세지의 규정에 따른다.(소법 8조 ④)

5 국내에 주소가 없는 공무원 등의 납세지

다음의 자에 대한 소득세의 납세지는 그 가족의 생활근거지 또는 그 소속기관의 소재지로 한다.(소법 8조 ⑤, 소령 5조 ⑥)

① 국내에 주소가 없는 공무원

② 거주자나 내국법인의 국외사업장 또는 해외현지법인(내국법인이 발행주식총수 또는 출자지분의 100%를 직접 또는 간접 출자한 경우에 한정한다) 등에 파견된 임원 또는 직원으로서 거주자로 보는 자

Ⅳ 납세지의 지정

1 지정요건

국세청장 또는 관할지방국세청장은 다음 중 하나에 해당하는 경우 납세지를 따로 지정할 수 있다.

(1) 지정신청

사업소득이 있는 거주자가 사업장 소재지를 납세지로 신청한 경우. 이때 납세지 지정신청을 하려는 자는 해당 과세기간의 10월 1일부터 12월 31일까지 「납세지지정신청서」(별지 제2호 서식)를 사업장 관할 세무서장에게 제출(국세정보통신망에 의한 제출 포함)하여야 한다.(소법 9조 ① 1, 소령 6조 ①)

(2) 직권지정

지정신청을 하지 아니한 거주자 또는 비거주자로서 원칙적인 납세지가 그 납세의무자의 소득상황으로 보아 부적당하거나 납세의무를 이행하기가 불편하다고 인정되는 경우(소법 9조 ① 2)

또한 국세청장 또는 관할지방국세청장은 다음의 경우에도 소득상황 및 세무관리의 적정성 등을 참작하여 직권으로 납세지를 지정할 수 있다.(소령 5조 ① 4)

① 국내에 2 이상의 사업장이 있는 비거주자의 경우 그 중 주된 사업장을 판단하기 곤란한 때로서 납세지를 신고하지 아니한 경우(소령 5조 ① 2)

② 국내사업장이 없는 비거주자에게 국내의 2 이상의 장소에서 국내원천 부동산소득 또는 국내원천 부동산등 양도소득이 발생하는 경우로서 그 국내원천소득이 발생하는 장소 중에서 해당 비거주자가 납세지를 신고하지 아니한 경우(소령 5조 ① 3)

저자TIP 개인지방소득세의 납세지 지정

개인지방소득세법에는 납세지의 지정제도가 없으므로 소득세법 제9조에 따라 납세지가 지정되었다 하더라도 해당 납세지가 개인지방소득세의 납세지로 인정되지는 않는다.

2 지정권자

납세지의 지정권자는 관할지방국세청장이다. 다만, 새로 지정할 납세지와 종전의 납세지의 관할지방국세청장이 다른 경우에는 국세청장이 그 납세지를 지정한다.(소령 6조 ②)

3 지정통지

(1) 지정신청의 경우

① 납세지지정신청이 있는 경우 '사업장의 이동이 빈번하거나 기타의 사유로 사업장을 납세지로 지정하는 것이 적당하지 아니하다고 국세청장이 인정하는 경우'를 제외하고는 사업장을 납세지로 지정하여야 하며 다음 연도 2월 말일까지 그 지정여부를 서면으로 통지하여야 한다.(소령 6조 ②, 소칙 5조 3)

② 납세의무자가 신청한 사업장소재지를 납세지로 지정하는 것이 세무관리상 부적절하다고 인정되어 그 신청대로 납세지 지정을 하지 아니한 경우에는 국세청장 또는 관할지방국세청장은 그 뜻을 납세의무자 또는 그 상속인·납세관리인이나 납세조합에 서

면으로 각각 통지하여야 한다.(소법 9조 ②)

③ 다음 연도 2월 말까지 통지를 하지 아니한 경우에는 지정신청한 납세지를 납세지로 한다.(소령 6조 ④)

(2) 직권지정의 경우

국세청장 또는 관할지방국세청장이 납세지를 지정한 때에는 해당 과세기간의 과세표준 확정신고 또는 납부기간 개시일 전에 이를 서면으로 통지하여야 한다. 다만, 중간예납 또는 수시부과의 사유가 있는 때에는 그 납기개시 15일 전에 통지하여야 한다.(소령 6조 ③)

4 지정의 취소

① 납세지의 지정 사유가 소멸한 경우 국세청장 또는 관할 지방국세청장은 납세지의 지정을 취소하여야 한다.(소법 9조 ③)

② 납세지의 지정이 취소된 경우에도 그 취소 전에 한 소득세에 관한 신고, 신청, 청구, 납부, 그 밖의 행위의 효력에는 영향을 미치지 아니한다.(소법 9조 ④)

✓ **납세지 지정을 받은 사업자의 폐업시 납세지**(소득 해석편람 9－1－1)

소득세의 납세지는 원칙적으로 그 주소지로 하는 것이나, 소득세법 제12조 제1항(→ 9조 ①)에 의거 사업장을 납세지로 지정받은 경우에는 그 지정이 취소되지 아니하는 한 지정된 사업장을 납세지로 하는 것임(소득 22601－3023, 1988.10.21.)

V 납세지 지정의 변경

① 납세지가 변경된 때에는 그 변경일로부터 15일 이내에 「납세지변경신고서」(별지 제3호 서식)를 그 변경 후의 납세지 관할 세무서장에게 제출(국세정보통신망에 의한 제출을 포함)하여야 한다.(소법 10조, 소령 7조 ①)

② 납세자의 주소지가 변경됨에 따라 부가가치세법 시행령 제14조에 따른 사업자등록정정을 한 경우에는 납세지의 변경신고를 한 것으로 본다.(소령 7조 ②)

VI 과세관할

① 소득세는 납세지를 관할하는 세무서장 또는 지방국세청장이 과세한다.(소법 11조)

② 위 '①'의 규정에 의하여 지방국세청장이 과세표준과 세액을 결정 또는 경정하는 경우에는 세무서장의 직무권한에 관한 규정을 준용한다.(소령 8조)

저자TIP 개인지방소득세 관련 납세지 판단 사례[7)]

근로소득세분 지방소득세 납세지(지방세법 운영예규 법89－1)

지방세법 제89조 제3항 제1호에서 규정하고 있는 '근무지'라 함은 본래의 소속된 근무지를 말하나 파견근무의 경우에는 급여 등을 본래의 소속된 근무지에서 지급하더라도 그 파견지를 근무지로 본다.(2019.5.31. 제정)

본점에서 원천징수한 소득세의 지방소득세 납세지

'이자·배당소득 등'에는 이자·배당소득은 물론 소득세법 제127조 제1항에서 규정하고 있는 원천징수대상 소득 중 근로소득을 제외한 모든 소득이 포함되는 것이므로 본점에서 사업소득에 대한 소득세를 원천징수 하더라도 지방소득세의 납세지는 그 소득의 지급지를 관할하는 시·군임(행자부세정 13430-99, 2000.1.24.)

파견근무 중인 대학교수의 소득할 납세지

납세의무자(대학교수)가 파견되어 본래의 소속된 근무지(대학)가 아닌 파견지(협력병원)에서만 근무하는 경우라면 사실상의 근무지인 파견지를 납세지로 보아 근로소득세할 주민세(현, 개인지방소득세)를 납부하는 것이 타당하다고 사료됨(행자부지방세정팀-991, 2006.3.14.)

하나의 사업장이 둘이상의 자치단체에 걸쳐있는 경우, 특별징수하는 근로소득 및 퇴직소득분 지방소득세 납세지

[질의] 국내사업자의 하나뿐인 사업장이 A시(市)와 B시(市)에 걸쳐있고 근로자의 작업구역이 A시 구역과 B시 구역으로 구분되는 경우, 특별징수분(근로소득 및 퇴직소득) 지방소득세의 납세지는 "법인의 본점 또는 주사무소 소재지 관할 자치단체(A시)인지", 아니면 "근로자의 작업구역별(건축물 연면적)로 안분한 A시와 B시 인지" 여부

[회신]

하나의 사업장이 둘 이상의 자치단체에 걸쳐있는 경우, 특별징수하는 근로소득 및 퇴직소득분 지방소득세 납세지는 원천징수의무자의 본점 또는 주사무소 소재지 관할 자치단체(그 법인의 등기부상 소재지 관할 자치단체)라 할 것임(행자부지방세운영과-2460, 2013.10.1.)

7) 강진철, 2019, 지방세 실무해설과 사례, 씨에프오아카데미, p. 335~339

PART 2

거주자의 종합소득금액의 계산

종합소득세액의 계산구조

과세제외소득, 비과세소득, 및 분리과세소득을 제외한 종합소득에 대한 소득세액의 구조는 다음과 같다.[1)]

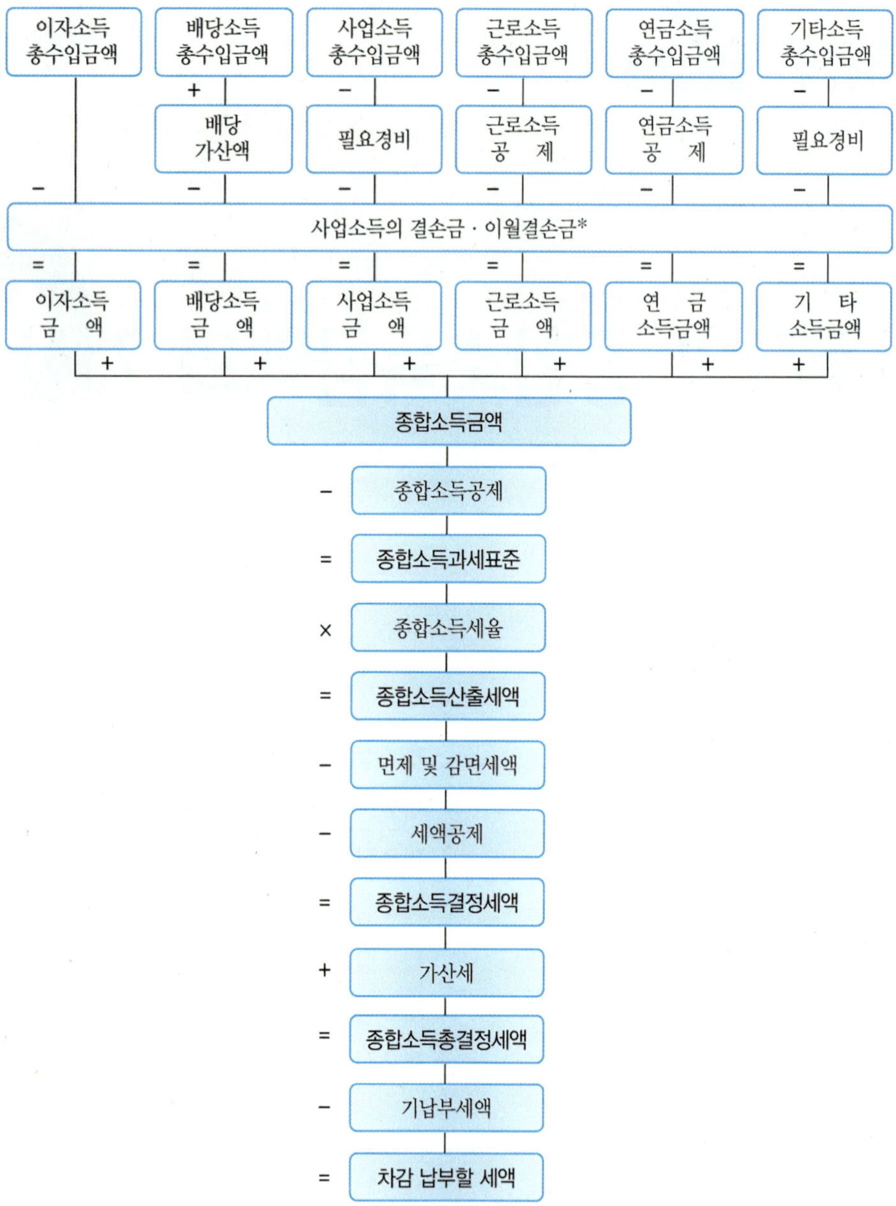

* 부동산임대업(주택임대업은 제외)의 결손금·이월결손금은 부동산임대소득에서만 공제한다.

1) 이준규, 앞의 책, p. 562

Chapter

01 이자소득

I 이자소득의 의의

이자란 금전을 대여하고 받는 대가를 말하며, 법률의 규정에 근거하여 발생하는 이자를 법정이자(法定利子)라 하고 당사자의 계약행위에 근거하여 받는 이자를 약정이자(約定利子)라 한다. 금전대여 등에 따른 대가를 이자라는 명칭 이외에 예금·할부금·수수료·공제금·체당금(替當金)*·소개료 기타의 명목으로 부른다 할지라도 그 명칭여하에 불구하고 모두 이자의 범위에 포함하여야 한다.

소득세의 과세대상이 되는 이자소득의 범위에는 이자부 소비대차(利子附 消費貸借)에 있어서의 이자뿐 아니라 사채(社債)의 이자·유가증권의 할인료·신탁의 이익·상호신용계 또는 상호신용부금으로 인한 이익·저축성보험의 보험차익 및 금전의 사용에 따른 대가의 성격이 있는 일체의 경제적 이익이 포함된다.2)

* 체당금이란 기업에서 퇴직한 근로자가 기업의 도산으로 인하여 임금 및 퇴직금을 지급받지 못한 경우 국가가 추후에 사업주로부터 변제받기로 하고 사업주를 대신하여 지급하는 금액을 말한다. 이러한 체당금은 임금이나 퇴직금을 지급받지 못하고 도산기업에서 퇴직한 근로자 중 일정요건을 충족하는 근로자의 청구에 의해 지급하게 된다.

2) 김완석, 앞의 책, p. 168

Ⅱ 이자소득의 범위

1 이자소득의 범위

이자소득은 해당 과세기간에 발생한 다음의 소득으로 한다.(소법 16조 ①)

(1) 국가나 지방자치단체가 발행한 채권 또는 증권의 이자와 할인액

(2) 내국법인이 발행한 채권 또는 증권의 이자와 할인액

(3) 국내에서 받는 예금(적금·부금·예탁금 및 우편대체를 포함)의 이자

(4) 상호저축은행법에 따른 신용계 또는 신용부금으로 인한 이익

(5) 외국법인의 국내지점 또는 국내영업소에서 발행한 채권 또는 증권의 이자와 할인액

(6) 외국법인이 발행한 채권 또는 증권의 이자와 할인액

(7) 국외에서 받는 예금의 이자

(8) 채권 또는 증권의 환매조건부매매차익

금융회사 등(금융실명거래 및 비밀보장에 관한 법률 제2조 제1호 각 목의 어느 하나에 해당하는 금융회사 등과 법인세법 시행령 제111조 제1항 각 호의 어느 하나에 해당하는 법인을 말한다)이 환매기간에 따른 사전약정이율을 적용하여 환매수 또는 환매도하는 조건으로 매매하는 채권 또는 증권의 매매차익을 말한다.(소령 24조)

여기서의 "사전약정이율을 적용하여 환매수 또는 환매도하는 조건"이란 거래의 형식 여하에 불구하고 환매수 또는 환매도하는 경우에 해당 채권 또는 증권의 시장가격에 의하지 아니하고 사전에 정하여진 이율에 의하여 결정된 가격으로 환매수 또는 환매도하는 조건을 말한다.(소칙 12조 ②)

(9) 저축성보험의 보험차익(2016.12.20. 개정)

➲ 세부내용은 소득세법 시행령 제25조 및 시행규칙 제12조의2 참조

(10) 직장공제회 초과반환금

① "직장공제회"란 민법 제32조 또는 그 밖의 법률에 따라 설립된 공제회·공제조합(이와 유사한 단체를 포함한다)으로서 동일직장이나 직종에 종사하는 근로자들의 생활

안정, 복리증진 또는 상호부조 등을 목적으로 구성된 단체를 말한다.(소령 26조 ①)

② 초과반환금은 근로자가 퇴직하거나 탈퇴하여 그 규약에 따라 직장공제회로부터 받는 반환금에서 납입공제료를 뺀 금액("납입금 초과이익"이라 한다)과 반환금을 분할하여 지급하는 경우 그 지급하는 기간 동안 추가로 발생하는 이익("반환금 추가이익"이라 한다)으로 한다.(소령 26조 ②, 2015.2.3. 개정)

③ 거주자가 일정기간 후에 같은 종류로서 같은 양의 채권을 반환받는 조건으로 채권을 대여하고 해당 채권의 차입자로부터 지급받는 해당 채권에서 발생하는 이자에 상당하는 금액은 이자소득에 포함된다.(소령 26조 ④, 2010.12.30. 신설)

✓ 직장공제회 납입 부담금 중도인출 시 원천징수여부 등

소득세법 제16조 제1항 제10호에 따른 직장공제회 초과반환금은 같은 법 시행령 제45조에 따라 약정에 따른 납입금 초과이익 및 반환금 추가이익의 지급일에 원천징수 의무가 있는 것이며, 근로자가 퇴직 또는 탈퇴 시 직장공제회로부터 초과반환금을 지급받는 경우 같은 법 제63조의 특례규정을 적용할 수 있는 것임(서면원천2021-4385, 2021.11.2.)

(11) 비영업대금의 이익

① "비영업대금(非營業貸金)의 이익"은 금전의 대여를 사업목적으로 하지 아니하는 자가 일시적·우발적으로 금전을 대여함에 따라 지급받는 이자 또는 수수료 등으로 한다.(소령 26조 ③, 2010.2.18. 신설) '영업적'이란 영리를 목적으로 동종의 행위를 계속·반복적으로 행하는 것을 의미하므로 비영업대금은 일시적·비반복적으로 금전을 대여한 경우를 가리킨다.

명칭 또는 명목이 어떠한지는 따지지 아니하며, 금전대여와 대가관계에 있는 이익(이자라는 명칭 외에 수수료·할부금·공제금·소개료 등 일체의 이익을 포함한다)은 모두 비영업대금의 이익을 구성한다. 보통 사채이자(私債利子)라고 부른다.[3)]

② 비영업대금의 이익의 총수입금액을 계산할 때 해당 과세기간에 발생한 비영업대금의 이익에 대하여 과세표준확정신고 전에 해당 비영업대금이 회수할 수 없는 채권에 해당하여 채무자 또는 제3자로부터 원금 및 이자의 전부 또는 일부를 회수할 수 없는 경우에는 회수한 금액에서 원금을 먼저 차감하여 계산한다. 이 경우 회수한 금액이 원금에 미달하는 때에는 총수입금액은 이를 없는 것으로 한다.(소령 51조 ⑦, 2014.2.21. 개정)

③ 비영업대금의 이익과 금융업의 구분(소통 16-26…1)

㉠ 대금업을 하는 거주자임을 대외적으로 표방하고 불특정다수인을 상대로 금전을

3) 김완석, 앞의 책, p. 174

대여하는 사업을 하는 경우에는 금융업으로 본다. 다만, 대외적으로 대금업을 표방하지 아니한 거주자의 금전대여는 비영업대금의 이익으로 본다.

㉡ 일시적으로 사용하는 전화번호만을 신문지상에 공개하는 것은 대금업의 대외적인 표방으로 보지 아니한다.

✓ **사업자금을 은행에 예입하여 받는 이자의 소득구분**(소득 집행기준 16－0－3)

사업소득이 있는 거주자가 사업과 관련한 운영자금을 은행에 예입하여 받는 이자는 사업소득이 아닌 이자소득에 해당한다.

✓ **경매에 따른 배당에 있어 배당요구채권외의 다른 채권이 있는 경우**(서울행정법원 2009구합33119, 2009.11.26.)

원고는 선순위근저당채권인 대여원리금 채권만을 배당요구채권으로 지정하여 배당절차에 참가한 이상 추가 다른 채권이 있다하더라도 배당금액에서 다른 채권을 상계할 수 없으므로 배당금 중 원금채권을 제외한 나머지 금액은 이자소득에 해당함

✓ **청구인이 경매신청시에 기재한 원금이 타당하다고 보이므로, 원금 초과분을 비영업대금으로 본 처분은 정당함**(조심 2011중2083, 2011.8.9.)

쟁점 부동산에 담보된 청구인의 채권 원금은 청구인 스스로 경매신청시에 기재한 2억원이 타당하다고 보이므로, 처분청에서 법원의 배당표에 나타난 채권 원금 2억원을 초과하는 금액을 비영업대금의 이익(이자소득)으로 보아 청구인에게 이 건 종합소득세를 과세한 처분은 달리 잘못이 없다고 판단함

✓ **비영업대금에 대한 이자소득 수입시기**

[사실관계]

채권자와 채무자간에 2000.2.15.에 원금 37,300만원을 대여하고 월이자 1.2%로 하고 다음과 같이 채무변제 기일을 약정한 지불각서 인정서를 작성함

약정에 의한 채무변제 기일			실제 변제일*	
구 분	변제기일	금액	변제일자	금액
1차	2000.5.30.	5,000만원	2002.3.7.	20,000만원
2차	2000.8.30.	3,000만원	2003.5.26.	37,380만원 (원금 및 이자 포함)
3차	2000.11.30.	12,300만원		
4차	2001.1.30.	17,000만원		

* 채무자는 당초 약정된 변제기일에 원금 및 이자를 지급하지 않고 있다가 위와 같이 지급함

[질의]

동 이자소득의 수입시기는?

〈갑설〉 약정한 인정서 채무변제 기일을 기준으로 변제하기로 한 날에 변제한 것으로 보아 각 이자소득을 계산하여 2000년, 2001년 귀속으로 수입시기를 보고 나머지 금액을 지연이자 수입금으로 보고 2003년 귀속으로 과세함

〈을설〉 채권자가 채무자로부터 실제 지급받은 금액에서 원금을 공제한 나머지 금액을 이자소득 수입금액으로 하여 2003년도 귀속으로 봄

[회신]
비영업대금의 이익의 이자소득 수입시기 약정에 의한 이자지급일로 하는 것이며, 약정한 변제기일 이후의 기간에 대한 이자상당액은 실제로 이자를 지급받는 날이 속하는 연도를 귀속연도로 하는 것임(서면1팀-278, 2006.2.28.)

✓ **비영업대금의 수입시기**(국심 2004부1524, 2004.7.8.)

원금반환약정일 전의 이자는 금전차용증서상의 이자지급일이 속하는 연도를 귀속연도로 하고, 원금을 변제하지 못하여 원금반환약정일 이후 법원으로부터 받는 배당금은 배당금을 지급받은 날이 속하는 연도를 귀속연도로 하는 것임

✓ **약정에 의한 이자지급일이 없으므로 실제 지급받은 날을 수입시기로 보아야 함**(서울행법 2012구합31410, 2012.11.30.)

① 차용증에는 "월 1부 5리로 이자를 계산함"이라고 기재되어 있을 뿐 이자지급일을 특정할 수 있는 문구가 없고, 말로 변제기를 정하였다고 주장할 뿐 이를 입증할 증거가 없는 점, ② 소득의 귀속시기는 세법에서 정하는 바에 의하여야 하는데, 소득세법 시행령 제45조 제9호의2는 '약정에 의한 이자지급일'이라고 규정되어 있고, 민법 규정에 의한 변제기 도래만으로 동 시행령에서 정한 '약정'이라고 볼 수 없는 점, ③ 조세법률주의의 원칙상 과세요건이나 비과세요건 또는 조세 감면요건을 막론하고 조세법규의 해석은 특별한 사정이 없는 한 법문대로 하여야 하고 합리적 이유 없이 확장해석하거나 유추해석하는 것은 허용되지 않는 점(대법 2002.7.26. 선고, 2001두5521 판결 등 참조) 등을 고려할 때, 이 사건 이자는 이자지급일에 관한 약정이 있었다고 볼 수 없으므로, 그 수입시기는 소득세법 시행령 제45조 제9호의2 단서에 의하여 이자를 지급받은 날인 2010.2.25.이라고 봄이 타당하다.

✓ **비영업대금이익의 귀속시기 및 원천징수 방법**

비영업대금이익의 소득세법상의 귀속시기는 「약정에 의한 이자지급일」이며, 다만 이자지급일의 약정이 없거나 약정에 의한 이자지급일 전에 이자를 지급받는 경우 또는 소득세법 시행령 제51조 제7항의 규정(☞ 채무자의 파산, 강제집행, 형의 집행, 사업의 폐지, 사망, 실종 또는 행방불명으로 회수할 수 없는 채권에 대한 대손금처리)에 의하여 총수입금액계산에서 제외하였던 이자를 지급받는 경우에는 그 이자지급일로 하는 것임(서면1팀-892, 2005.7.21.)

✓ **채권 회수시 원금 및 이자의 우선변제 순위**

차입금과 이자의 변제에 관한 특별한 약정이 없이 일부 금액만을 변제한 경우에는 이자를 먼저 변제한 것으로 보는 것이며, 비영업대금의 이익은 소득세법 시행령 제51조 제7항의 규정을 준용하는 것임(법인-75, 2012.1.19.)

✓ **개인과 법인으로 구성된 익명조합으로부터 개인인 익명조합원이 받는 이익분배금의 소득구분**

[사실관계]
2010.7.9. 신규 설립한 법인 (주)△△는 샌드위치 전문점의 영업을 위하여 상법 제78조에 따라 개인투자자 8명과 익명조합계약을 하면서 대여금 약정서를 작성함

• 해당 법인은 익명조합에 출자하지 아니하고 개인으로부터 5억원을 출자받은 후 그 영업에서 발생한 법인세차감 전 순이익을 익명조합원의 일정비율(1억원 출자한 자 12.5%, 5천만원 출자한 자 6.25%)에 따라 분배할 예정임
• 해당 법인은 조세특례제한법 제100조의17 규정에 따라 동업기업 과세특례 적용을 신청하지 아

니함

• 익명조합원 출자 금액 (백만원, %)

익명조합원	인 원	1인당 출자금액	총 출자금액
개 인	2명	100	200
개 인	6명	50	300
계			500

[질의]

법인이 자신의 영업을 위하여 상법 제78조에 따라 개인과 익명조합계약을 체결하고 그 개인인 익명조합원으로부터 출자금을 받은 후 그 영업에서 발생한 법인세 차감전 순이익을 익명조합원의 일정비율에 따라 분배하는 경우, 개인인 익명조합원에게 분배하는 이익금의 소득구분은?

[회신]

법인이 자신의 영업을 위하여 개인과 상법 제78조에 따른 익명조합계약을 체결하고 그 개인인 익명조합원으로부터 출자금을 받은 후 그 영업에서 발생한 법인세차감 전 순이익을 익명조합원의 일정비율에 따라 개인인 익명조합원에게 분배하는 경우 해당 이익분배금은 비영업대금의 이익인 이자소득에 해당하는 것임(소득-1065, 2011.12.20.)

※ 참고예규

법인과 개인으로 구성된 익명조합의 경우 소득세법 제43조에 따른 공동사업장의 규정이 적용되지 아니하는 것임(기획재정부소득-189, 2010.4.15.)

※ 참고조문 : [상법] 익명조합

제78조(의의)

익명조합은 당사자의 일방이 상대방의 영업을 위하여 출자하고 상대방은 그 영업으로 인한 이익을 분배할 것을 약정함으로써 그 효력이 생긴다.

제79조(익명조합원의 출자)

익명조합원이 출자한 금전 기타의 재산은 영업자의 재산으로 본다.

제80조(익명조합원의 대외관계)

익명조합원은 영업자의 행위에 관하여서는 제3자에 대하여 권리나 의무가 없다.

제82조(이익배당과 손실분담)

① 익명조합원의 출자가 손실로 인하여 감소된 때에는 그 손실을 전보한 후가 아니면 이익배당을 청구하지 못한다.

② 손실이 출자액을 초과한 경우에도 익명조합원은 이미 받은 이익의 반환 또는 증자할 의무가 없다.

③ 전 2항의 규정은 당사자간에 다른 약정이 있으면 적용하지 아니한다.

제85조(계약종료의 효과)

조합계약이 종료한 때에는 영업자는 익명조합원에게 그 출자의 가액을 반환하여야 한다. 그러나 출자가 손실로 인하여 감소된 때에는 그 잔액을 반환하면 된다.

✓ **금융업을 영위하지 아니하는 거주자가 자금을 대여하고 지급받는 분배금은 비영업대금의 이익임**

금융업을 영위하지 아니하는 거주자가 법인에게 자금을 대여해 주고 "세전 순이익"의 일정비율을 분배금으로 지급받는 경우 당해 소득은 이자소득에 해당하는 것임(서면1팀-988, 2004.7.20.)

✓ **거주자가 법인에 투자하고 받는 금액 및 투자이익금 소득구분**

거주자가 법인에 자금을 투자하고 일정기간 경과 후 원금과 투자수익 명목으로 사전에 확정된 금액 또는 사업이익금의 일부를 지급받기로 한 경우 해당 확정된 금액 또는 사업이익금은 이자소득에 해당하는 것임(서면1팀-864, 2005.7.15.)

✓ **투자이익보장 약정에 따른 투자이익의 소득구분**(소득 집행기준 43-100-3)

손익발생 여부와 관계없이 일정금액을 지급하기로 되어 있고 사업의 위험부담이나 책임이 없이 일정액 이상의 투자이익을 보장하는 약정서는 공동사업약정서가 아닌 금전소비대차약정서에 해당하며 그 투자이익은 비영업대금의 이익에 해당한다.

✓ **차입금 관련이자 해당여부**

법인이 주주 또는 외부의 개인이나 법인으로부터 자금을 투자받으면서 투자의 원금을 보장하고, 투자자는 투자결과에 대하여 투자비율에 따라 그 손실의 책임을 지지 않으며, 투자결과에 대한 이익을 투자비율에 따라 투자대상 사업이 종료하는 때에 배분받으며, 투자에 대한 원금 및 이익의 분배이외에 투자비율에 해당하는 별도의 권리가 없는 경우의 투자는 단순히 이자율이 정하여 지지 않은 자금의 차입거래에 해당하는 것이므로 귀 문의의 관련하여 지급하는 이익의 분배금은 소득세법 제16조(☞ 이자소득) 및 같은법 시행령 제45조(☞ 수입시기)의 규정에 따라 세무처리를 하여야 하는 것임(서면2팀-1980, 2005.12.5.)

✓ **정치인 펀드 이자소득에 대한 원천징수**

[사실관계]

지방선거 중 ○○시장 선거에 출마한 후보가 정치인 펀드를 모집하였으며, 2014년 ○월 ○일부터 연리 3%의 이자를 상환할 예정임

[질의]

- 정치인 펀드를 모금한 사람이 자신의 펀드에 참여한 사람들에게 이자를 지급할 경우 원천징수 의무가 있는지
- 펀드를 대행해준 은행에 원천징수 의무가 있는지

[회신]

정치인이 개인적으로 여러 사람에게 금전을 차입하는 사인간의 차용계약을 체결한 후 차입금에 대한 이자를 지급 시 비영업대금의 이익으로 보아 이자소득세를 원천징수하여야 하며, 은행과 별도로 원천징수 위임계약을 체결하는 경우에는 은행을 통해 원천징수를 할 수 있는 것임(원천-256, 2014.7.10.)

✓ **일시적으로 매입한 부실채권의 매매차익 과세 여부**

거주자가 일시적으로 매입한 부실채권 매매차익은 과세대상 소득이 아니나, 사업자가 사업의 일부로 채권을 매매하였거나 사업과 관련된 경우는 사업소득에 해당하는 것임(서면1팀-1130, 2005.9.27.)

✓ **채권상환이익의 소득구분**

부실채권 매매를 업으로 하지 아니하는 개인이 민법상 채권양도의 방식으로 부실채권을 매수하였다가 매각함에 따라 발생한 처분이익은 과세 대상소득에 해당되지 않는 것이나, 상기 개인이 민법상 채권양도의 방식으로 외형상으로 부실채권을 매수했으나, 실질에 있어 당해 거래가 금전소비대차에 해당되는 것이면 동 금전소비대차로 인하여 발생한 이익은 이자소득에 해당됨. 다만, 귀 질의의 경우 소득 구분은 부실채권의 매매방식이 민법상 채권양도에 해당하는지 여부, 부실채권 매수의 실질이 금전소비대차에 해당하는지 여부 등을 사실판단하여 결정할 사항임(재소득-271, 2006.4.11.)

✓ **대여원금과 대물변제받은 금액과의 차액은 이자소득으로 보는 것임**(서울행법 2009구합50619, 2010.7.22.)

담보부동산을 대물변제한 경우라면, 그 대물변제로써 대여원리금의 액수여하를 불문하고 대여원리금 채무전부에 대한 변제가 된 것으로 보아야 할 것이며, 이러한 경우 그 이자소득을 산정하려면, 대물변제받은 재산의 가액이 그때까지의 원리금을 초과할 때에는 기간에 따른 이율을 곱하여 계산한 금액이 이자소득이 된다고 할 것임

✓ **상업어음 할인료의 소득구분**(소득 집행기준 16-0-5)

금융업을 경영하는 사업자 외의 자가 어음을 할인하고 할인료를 받는 경우 해당 할인료는 비영업대금의 이익으로서 이자소득에 해당하는 것임

✓ **이자채권 포기시 총수입금액의 계산**(소득 집행기준 24-51-4)

대여금 채권자가 담보권실현으로 이자채권의 실현이 가능하였음에도 대여원금이나 이자채권의 일부를 스스로 포기함으로서 실질적으로 이자를 받은 것이 아닌 경우도 대여금의 이자채권은 그 실현 가능성이 확정된 것으로 본다. 따라서 채권자가 약정이자를 포기하였다 하더라도 이는 소득세법상 이미 확정된 청구권의 포기여서 과세대상에서 제외되지 않는 것임

✓ **채무불이행으로 이자지급기간 이후부터 받는 금액은 지연손해금으로 기타소득임**(조심 2008중1140, 2010.12.27.)

당초 변제대상 원리금을 초과하여 수령한 금액은 약정상의 채무변제 불이행으로 인하여 당초 이자지급기간 이후부터 채권의 회수를 통하여 지급받은 금원으로 그 성질상 이자가 아닌 지연손해금으로 기타소득에 해당함

✓ **이자소득의 총수입금액 계산**(소득 해석편람 24-1-2)

채무자의 도산 등으로 채권의 원금과 이자 중 일부만 회수되고 일부는 회수할 수 없게 된 경우에는 그 회수한 금액에서 원금을 먼저 차감하여 이자소득의 총수입금액을 계산하는 것임(국세청소득46011-21038, 2000.7.26.)

✓ **비영업대금이익의 회수금액이 원금에 미달하는 경우**(대법원 2005두5437, 2005.10.28.)

① 소득세는 매년 1.1.부터 12.31.까지 1년분의 소득금액에 대하여 과세하는 이른바 '기간과세'이고, 또 비영업대금의 이익으로 발생한 이자소득금액은 당해 연도의 총수입금액으로 산정되는 것이므로, 채권의 일부 회수가 있는 경우 그 회수 당시를 기준으로 나머지 채권의 회수가 불가능함이 객관적으로 명백하게 된 경우에는 그 회수 금원이 원금에 미달하는 한 당해 과세연도에는 과세요건을 충족시키는 이자소득의 실현이 없는 것으로 보아야 할 것이지만, 회수불능사유

가 발생하기 이전에 이미 구체적으로 실현된 이자소득의 납세의무에 대하여는 어떠한 영향을 미칠 수 없다.

② 채권자가 채무자의 부도로 인하여 대여금채권을 회수할 수 없게 된 경우, 그 회수불능사유가 발생하기 이전의 사업연도에 이미 수령한 이자소득은 비록 그 이후의 사업연도에 채권원리금 전부를 회수할 가능성이 없게 되었다 하더라도 여전히 이자소득세의 과세대상이 된다 할 것이다.

✓ **반복적 거래한 대여금의 비영업대금의 이자소득 과세시 납세의무의 구분**(대법 2014두35010, 2014. 5.29.)

여러건의 대여일과 회수일이 있는 대여금거래에 대하여 이미 회수되어 소멸한 대여원리금 채권이 있다면 특별한 사정이 없는 한 그 채권에 대하여는 이자소득이 있다고 보아야 하고 총 회수금과 대여한 총 원금을 비교하여 이자소득 발생여부를 판정하는 것은 위법함

✓ **쟁점소득의 수입시기를 약정에 의한 이자지급일로 보아 종합소득세를 부과한 처분의 당부**(조심 2023부7342, 2023.8.29.)

[처분청 주장]

① 청구인은 대부업을 등록한 사실이 없고, 일시적·우발적으로 금전을 대여하고 이자를 수령하고 있으며, 쟁점법인과 약정한 투자수익금 OO원은 비영업대금의 이익에 해당하고, 이자지급일의 약정이 있는 비영업대금의 수입시기는 약정에 의한 이자지급일이다.

② 비영업대금을 총수입금액에서 제외하기 위해서는 과세표준 확정신고 전에 법인세법 시행령 제19조의2 제1항 제8호에 따른 채권 즉, 채무자의 파산, 강제집행, 형의 집행, 사업의 폐지, 사망, 실종 및 행방불명 등의 사유로 회수불능한 채권이어야 한다.

㉠ 2014.2.21.자 소득세법 시행령 제51조 제7항 개정은 기간과세를 원칙으로 하는 소득세법의 취지에 부합하도록 규정을 정비하고, 회수불능 사유가 발생한 과세기간에 대해서만 소득세법 시행령 제51조 제7항이 적용됨을 명확하게 하기 위한 것이다.

㉡ 청구인은 소득세법 시행령 제51조 제7항에 따라 회수한 금액이 원금을 초과하여야 이자소득을 과세하도록 규정하고 있으므로, 실제 회수한 금액에 대해서만 과세해야 한다고 주장하나, 이는 동 시행령 개정의 이유를 간과하고 일부 문구만을 유리하게 해석한 것이다.

③ 회수불능채권의 판단시기는 과세표준 확정신고일이고, 회수불능 채권에 해당하는지 여부는 납세자에게 입증책임이 있는바, 청구인이 쟁점법인에 대한 투자수익금이 회수불가능한 상태라는 것에 구체적이고 객관적인 입증자료를 제시하지 아니하고 있으며, 청구인도 쟁점법인의 파산 등이 확정된 사실이 없다는 것을 인정하고 있다.

④ 또한 과세표준 확정신고일 이후에 채권이 회수불능상태라 하더라도 회수불능사유가 발생하기 전에 실현, 확정된 이자인 경우에는 이자소득으로 과세할 수 있는 것이므로, 청구인이 쟁점법인에 가지는 투자수익금에 대해 종합소득세를 과세한 처분은 적법·정당하다.

[판단]

소득세법 시행령 제51조 제7항에서는 "법 제16조 제1항 제11호에 따른 비영업대금의 이익의 총수입금액을 계산할 때 해당 과세기간에 발생한 비영업대금의 이익에 대하여 법 제70조에 따른 과세표준확정신고 전에 해당 비영업대금이법인세법 시행령 제19조의2 제1항 제8호에 따른 채권에 해당하여 채무자 또는 제3자로부터 원금 및 이자의 전부 또는 일부를 회수할 수 없는 경우에는 회수

한 금액에서 원금을 먼저 차감하여 계산한다."고 규정하고 있는바, 청구인은 쟁점소득에 대해 실질적으로 회수가 불가능한 상태이므로, 투자수익금 중 이미 지급받은 금원 외에 이자소득으로 보아 종합소득세를 부과하는 것은 부당하다고 주장하나, 청구인은 2018.5.18. 2017년 귀속 종합소득세 과세표준확정신고를 하였으므로 쟁점소득에 대한 회수불능 여부는 과세표준확정신고일 전인 2018.5.17.을 기준으로 판단하여야 하며, 쟁점법인은 청구인 측에서 제시한 채권추심결과보고서 등 증빙자료로는 위 2018.5.17. 기준으로 쟁점소득에 대한 회수불능이 입증되었다고 볼만한 객관적이고 명백한 근거가 있다고 보기 어려운 점에 비추어 볼 때, 이 건 처분은 달리 잘못이 없다고 판단된다.

✓ **비영업대금의 이익의 총수입금액 계산**(소통 16–26…2)

① 비영업대금의 이익에 대한 총수입금액의 계산은 대금으로 인하여 지급받았거나 지급받기로 한 이자와 할인액상당액으로 한다.(2019.12.23. 개정)

② 금전을 대여하였으나 채무자가 도산으로 재산이 전무하거나 잔여재산 없이 사망한 경우 등 객관적으로 원금과 이자의 전부 또는 일부를 받지 못하게 된 것이 분명한 경우의 받지 아니한 이자소득은 법 제24조 제1항의 "당해연도에 수입하였거나 수입할 금액"으로 보지 아니한다.

✓ **부동산매매대금을 소비대차로 전환하고 받는 금액의 소득구분**(소득 해석편람 16–2–2)

거주자가 부동산을 매매함에 있어서 매수자가 중도금 및 잔금을 약정일까지 지급하지 못하여 그 대금을 소비대차계약으로 전환하고 매도자가 지급받는 금액(당초의 소비대차계약기간 경과 후 원금 미상환으로 지급받는 추가금액 포함)은 소득세법 제16조 제1항 제12호의 규정(→ 비영업대금의 이익)에 의하여 이자소득에 해당하는 것임(소득 46011–1428, 1996.5.15.)

✓ **법인의 운영자금을 거주자로부터 차입하고 지급한 이자의 소득구분**(소득 해석편람 16–2–3)

여신전문금융업법에 의하지 아니하고 상법의 규정에 따라 설립된 금융대부업을 주로 하는 법인이 운영자금을 차입한 거주자에게 지급하는 이자는 해당 거주자가 대금업자인 경우에는 사업소득에 해당하나 그외의 경우에는 비영업대금의 이익에 해당하는 것임(소득 46011–1124, 1998.5.1.)

✓ **대토보상 현금전환시 지급받는 이자상당액의 소득구분 등**

공익사업을 위한 토지 등의 취득 및 보상에 관한 법률 제63조 제4항에 의하여 대토보상을 현금전환하여 보상받는 경우 현금보상액과 함께 지급받는 이자는 이자소득에 해당하는 것이며, 동 이자소득은 14%의 세율로 원천징수하는 것임(소득–966, 2011.11.23.)

✓ **배당할 금액에 포함된 항고보증금의 과세소득 포함 여부**

대여금채권에 따라 채무자의 부동산에 근저당권을 설정한 자가 담보부동산의 강제경매에 따라 법원으로부터 배당받은 배당금(민사집행법에 따라 배당할 금액에 포함되어 배당받은 항고보증금을 포함함) 중 약정된 이자상당액과 원금의 반제 및 이자지급의 기한경과 등의 사유로 지급받는 추가금액은 비영업대금의 이익에 해당하는 것임(소득–1053, 2010.10.6.)

(12) 기타 금전의 사용에 따른 대가의 성격이 있는 이자와 할인액(유사 이자소득)

① 앞의 '(1)부터 (11)까지'의 소득과 유사한 소득으로서 금전의 사용에 따른 대가의 성격이 있는 것을 말한다. 즉 앞의 '(1)부터 (11)까지'에서 열거한 이자소득에 해당하지 않더라도 금전사용에 따른 대가의 성격이 있는 것이라면 그 명칭이 어떠한지를 가리지 않고 모두 여기에 포함한다.

이와 같은 유형의 이자소득에는 상업어음의 할인액·각종 공제회의 공제급여의 이자·파생금융상품의 이자 등이 포함된다.4)

② 다음의 금액은 이러한 유사 이자소득에 포함된다.

㉠ 거주자가 일정기간 후에 같은 종류로서 같은 양의 채권을 반환받는 조건으로 채권을 대여하고 해당 채권의 차입자로부터 지급받는 해당 채권에서 발생하는 이자에 상당하는 금액(소령 26조 ④, 2010.12.30. 신설)

㉡ 거주자가 환매기간에 따른 사전약정이율을 적용하여 환매수하는 조건으로 채권 또는 채권에 준하는 증권(이하에서 "채권등"이라 한다)을 매도하고 환매수하는 날까지 해당 채권등의 매수인으로부터 지급받는 해당 채권등에서 발생하는 이자에 상당하는 금액(소령 26조 ⑥, 2025.2.28. 신설)

➲ 2025.2.28.부터 시행한다.(2025.2.28. 영 부칙 1조)

◎ 소기업·소상공인 공제에 대한 과세체계5)

구 분		취 급
(1) 소기업·소상공인 공제에 납부하는 공제부금		해당 연도 공제부금 납부액을 한도 내에서 소득공제
(2) 나중에 지급받는 경우	• 폐업 등의 사유로 공제금을 받는 경우	소기업·소상공인 공제에서 발생하는 소득 → 이자소득*1으로 과세
	• 폐업 등의 사유가 발생하기 전에 공제계약이 해지된 경우	공제부금 해지일시금 → 기타소득으로 과세*2

* 1. 2016.1.1. 이후 가입분부터 또는 2016.1.1. 전에 가입한 자가 2016.1.1. 전에 중소기업중앙회에 개정규정 적용신청을 한 경우에는 퇴직소득으로 과세한다.(조특법 86조의3 ④, 조특법 부칙 65조)

* 2. ① 해지 전 6개월 이내에 발생한 천재·지변의 발생, 공제가입자의 해외이주 등 사유로 해지된 경우에는 이자소득(2016.1.1. 이후 가입분부터는 퇴직소득)으로 보고 소득세를 부과한다.(조특법 86조의3 ④ 단서)
 ② 2025.3.14. 이후 해지분부터는 경영악화(조특령 80조의3 ⑤)로 인한 경우도 퇴직소득으로 본다.(조특법 86조의3 ④ 2 가)
 ③ 기타소득금액이 300만원을 초과하면 종합과세대상이다.(소법 14조 ③ 8 가)

4) 김완석, 앞의 책, p. 175

5) 임상엽 외 1인, 2011, 세법개론, 상경사, p. 772

✓ **국내 거주자 등이 호주 지방채권에 투자하여 수취하는 이자소득에 대한 국내 과세 여부**

정부 등에 해당하지 아니하는 국내 거주자 등이 호주 지방채권에 투자하여 수취하는 이자소득은 국내에서 소득세 또는 법인세가 과세되는 것임(국제세원-36, 2012.1.25.)

✓ **퇴직연금 지연가산액의 소득구분**

보험회사가 퇴직자에게 지급할 퇴직보험금을 퇴직보험약관규정인 거치연금전환제계약에 따라 연금으로 전환하고 그 연금을 약정지급일 이후에 실지로 지급할 경우에 해당 연금의 약정지급일로부터 실제지급일까지의 기간 중 일정률의 이율로 계산한 금액을 더하여 지급하는 금액은 이자소득에 해당함(소득 46011-481, 1999.12.13.)

✓ **유산스이자의 국내원천소득 해당여부**

국내사업장이 없는 외국법인의 정상적 무역거래로 내국법인으로부터 지급받는 shipper's usance 이자는 사업소득에 해당하나 실질적으로 자금대차거래에 해당하는 경우에는 이자소득에 해당되는 것임. 정상적인 무역거래인지 또는 자금대차거래인지 여부는 건전한 사회통념, 통상적인 국제무역 관행 및 구체적인 정황에 따라 사실 판단할 사항임(서면2팀-977, 2004.5.7.)

✓ **외화예금 관련 선물환차익의 과세여부**

외화예금 거래와 선물환 거래가 하나의 통합된 거래로 운영되어 금융기관에게는 금전사용의 기회가 제공되고, 고객에게는 이에 따른 대가가 지급된다면 해당 외화예금 및 선물환 거래로부터 발생하는 이익 전체는 이자소득에 해당하는 것이며, 귀 문의 건이 이에 해당하는지 여부는 거래금액, 계약기간, 거래동기 등을 종합하여 사실판단할 사항임(서면1팀-370, 2005.4.4.)

(13) 파생상품의 거래 또는 행위로부터의 이익(2012.1.1. 신설)

위 '(1)부터 (12)까지'의 규정 중 어느 하나에 해당하는 소득을 발생시키는 거래 또는 행위와 개인이 이자소득이 발생하는 상품(이하 "이자부상품"이라 한다)과 파생상품을 함께 거래하는 경우로서 다음 중 하나에 해당하는 경우 해당 파생상품의 거래 또는 행위로부터의 이익을 말한다.(소법 16조 ① 13, 소령 26조 ⑤, 2017.2.3. 개정)

① 다음의 요건을 모두 갖추어 실질상 하나의 상품과 같이 운영되는 경우(소령 26조 ⑤ 1, 2017.2.3. 개정)

㉠ 금융회사 등이 직접 개발·판매한 이자부상품의 거래와 해당 금융회사 등의 파생상품 계약이 해당 금융회사 등을 통하여 이루어질 것

㉡ 파생상품이 이자부상품의 원금 및 이자소득의 전부 또는 일부(이하 "이자소득 등"이라 한다)나 이자소득 등의 가격·이자율·지표·단위 또는 이를 기초로 하는 지수 등에 따라 산출된 금전이나 그 밖의 재산적 가치가 있는 것을 거래하는 계약일 것

㉢ 위 '㉠'에 따른 금융회사 등이 이자부상품의 이자소득 등과 파생상품으로부터 이익을 지급할 것

② 다음의 요건을 모두 갖추어 장래의 특정 시점에 금융회사 등이 지급하는 파생상품(자본시장과 금융투자업에 관한 법률 제166조의2 제1항 제1호에 해당하는 경우에 한정한다)으로부터의 이익이 확정되는 경우(소령 26조 ⑤ 2, 2017.2.3. 개정)

㉠ 금융회사 등이 취급한 이자부상품의 거래와 해당 금융회사 등의 파생상품 계약이 해당 금융회사 등을 통하여 이루어질 것(이자부상품의 거래와 파생상품의 계약이 2이상의 금융회사 등을 통하여 별도로 이루어지더라도 파생상품의 계약을 이행하기 위하여 이자부상품을 질권으로 설정하거나 자본시장과 금융투자업에 관한 법률 시행령 제103조에 따른 금전신탁을 통하여 이루어지는 경우를 포함한다)

㉡ 파생상품이 이자부상품의 이자소득 등이나 이자소득 등의 가격·이자율·지표·단위 또는 이를 기초로 하는 지수 등에 따라 산출된 금전이나 그 밖의 재산적 가치가 있는 것을 거래하는 계약일 것

㉢ 파생상품으로부터의 확정적인 이익이 이자부상품의 이자소득보다 클 것

2 이자소득 여부의 판단

1) 다음의 금액은 이자소득으로 보지 아니한다.(소통 16-0…1)

➲ 원칙적으로 사업소득으로 본다.

① 물품을 매입할 때 대금의 결제방법에 따라 에누리되는 금액

② 외상매입금이나 미지급금을 약정기일 전에 지급함으로써 받는 할인액

③ 물품을 판매하고 대금의 결제방법에 따라 추가로 지급받는 금액

④ 외상매출금이나 미수금의 지급기일을 연장하여 주고 추가로 지급받는 금액. 이 경우 그 외상매출금이나 미수금이 소비대차로 전환된 경우에는 예외로 한다.

➲ 소비대차로 전환되어 발생하는 이자는 비영업대금의 이익에 해당한다.

저자TIP 연체이자의 취급 (소법 160조의2 ② 단서, 소령 208조의2 ① 9, 소칙 95조의3 8의5)

① 사업자가 재화나 용역을 공급하고 거래상대방이 대가를 지연 지급함에 따라 해당 사업자가 지급받는 연체료는 부가가치세과세표준의 해당 여부에 불구하고 해당 사업의 총수입금액에 산입하는 것이다.(소득 해석편람 24-3-14)

② 재화공급계약·용역제공계약 등에 의하여 확정된 대가의 지급지연으로 인한 연체이자는 재화나 용역의 공급대가가 아니므로 세금계산서나 계산서의 교부대상이 아니다.

③ 실질적인 소비대차로 전환되기 전에는 이자소득으로 보지 않으므로 원천징수의무도 없다. 따라서 소득세법상 지출증명서류 특례대상으로서 정규증명서류 수취의무가 없다.

⑤ 장기할부조건으로 판매함으로써 현금거래 또는 통상적인 대금의 결제방법에 의한 거래의 경우보다 추가로 지급받는 금액. 다만, 당초 계약내용에 의하여 매입가액이 확정된 후 그 대금의 지급지연으로 실질적인 소비대차로 전환되어 발생되는 이자는 이자소득(비영업대금의 이익)으로 본다.

2) 손해배상금의 법정이자(소통 16-0…2)

법원의 판결 및 화해에 의하여 지급받는 손해배상금에 대한 법정이자는 이자소득으로 보지 아니한다. 다만, 위약 또는 해약을 원인으로 법원의 판결에 의하여 지급받는 손해배상금에 대한 법정이자는 기타소득으로 본다.

손해배상금의 법정이자 ┬ 계약의 위약·해약 ·············· 기타소득
　　　　　　　　　　　 └ 위 이외의 원인 ················· 과세제외

✓ **고객의 동의없이 요금제를 임의 변경함에 따라 과다하게 징수 후 반환하는 정산차액에 따른 이자상당액은 이자소득 및 기타소득에 해당하지 아니하는 것임**(소득-639, 2011.7.22.)

✓ **선납한 중도금을 반환받으면서 추가로 받는 이자상당액은 기타소득임**

아파트분양계약을 체결한 거주자가 계약조건에 따른 중도금 선납할인을 받기 위하여 중도금을 선납하였으나, 선납할인을 포기하고 선납한 중도금을 반환받으면서 이에 더하여 받는 연 5% 이자상당액은 기타소득에 해당하는 것임(소득-654, 2012.8.27.)

✓ **전환보증금 반환 시 가산하여 지급하는 법정이자 상당액의 소득구분**

주택건설사업자가 건설임대주택의 임대차계약기간 만료 후 임대주택을 명도하지 아니한 임차인에게 전환보증금을 반환하면서 가산하여 지급하는 법정이자는 기타소득에 해당하는 것임(소득-714, 2010.6.21.)

✓ **법원판결에 의하여 지급받는 법정이자의 소득 구분**

임대차기간 만료 후 임대인이 임대보증금을 지체하여 반환함으로써 법원의 판결에 따라 임차인이 지급받는 법정이자는 기타소득에 해당하는 것임(기획재정부소득-183, 2010.4.12.)

✓ **토지매매계약의 해약으로 지급받는 법정이자 상당액의 소득구분**

택지매매계약 체결후 매수자의 귀책사유로 해지하고 불입금액의 반환과 함께 지급하는 법정이자상당액은 그 명목여하에 불구하고 기타소득에 해당함(재소득 46073-27, 1999.10.26.)

✓ **보상금에 대한 부당이득반환청구소송 결과 지급받은 법정이자 상당액의 소득구분과 수입시기**

거주자가 소유한 토지가 수용되어 「공익사업을 위한 토지 등의 취득 및 보상에 관한 법률」에 따른 보상협의가 이루어져 협의매수계약이 체결되었으나, 해당 협의매수계약이 착오에 의한 것으로서 취소된 것이라고 법원이 판결하여 토지소유자가 수용된 토지의 소유권을 환원받는 대신 정당한 수

용가액과 당초 수용가액의 차액을 추가로 지급받으면서 이에 더해 법정이자 등을 지급받는 경우 해당 법정이자 등은 기타소득에 해당하며, 해당 기타소득의 수입시기는 그 지급을 받은 날이 되는 것임(소득-522, 2012.6.27.)

✓ **거주자가 주택분양계약의 해지로 인하여 본래의 계약내용에 따라 당초 불입한 금액의 반환금과 함께 지급받는 약정이자상당액은 명목여하를 불문하고 기타소득임**(재정경제부소득 46073-184, 2000.11.22.)

✓ **판결에 따라 청구 인용금액에 더하여 주문에 따라 지급받는 금액은 기타소득임**

소방공무원들이 초과근무수당의 지급을 청구하는 소송을 제기하고 판결에 따라 청구 인용금액에 더하여 "2011.9.2.부터 2011.11.17.까지는 연 5%, 그 다음날부터 다 갚는 날까지는 연 20%의 각 비율에 의한 금원을 각 지급하라"는 주문에 따라 지급받는 금액은 기타소득에 해당하는 것임(소득-106, 2012.2.9.)

✓ **판결에 의하여 지급받는 지연손해금의 소득구분**

부당이득금반환청구소송에 따라 법원의 판결 및 화해에 의하여 지급받는 부당이득금에 대한 지연손해금은 이자소득으로 보지 아니하는 것이며, 이는 기타소득에 해당하는 것임(서면1팀-1535, 2004.11.16.)

✓ **소득세 과세대상 여부**

근로자가 법원의 판결화해 등에 의하여 부당해고기간의 급여를 일시에 지급받는 경우 해고기간에 근로를 제공하고 지급받는 근로소득으로 보며, 법원의 판결에 의하여 지급받은 지연손해배상금 상당액은 기타소득에 해당하는 것임(서면법령해석소득 2015-1976, 2015.12.10.)

✓ **근로자 부당해고에 따라 지급하는 가산보상금 및 지연이자 상당액의 기타소득 해당 여부**

사용자가 근로자와의 단체협약에 따라 근로자에게 부당해고기간 동안의 임금 상당액과는 별도로 지급하는 가산보상금과 이에 대한 지연이자 상당액은 기타소득에 해당하는 것임(서면법규-1551, 2012.12.24.)

✓ **법원 판결에 의한 소급급여 및 지급지연 이자지급시 원천징수 방법**

법원판결에 의해 지급받는 직권면직기간의 소급급여는 동 기간의 근로소득이며, 본래의 지급기일을 초과하여 추가로 지급받는 지연이자는 기타소득으로 판결이 있는 날이 속하는 달의 다음달 말일까지 원천징수 하여야 함(서면1팀-877, 2007.6.26.)

✓ **채무불이행으로 이자지급기간 이후부터 받는 금액은 지연손해금으로 기타소득임**

당초 변제대상 원리금을 초과하여 수령한 금액은 약정상의 채무변제 불이행으로 인하여 당초 이자지급기간 이후부터 채권의 회수를 통하여 지급받은 금원으로 그 성질상 이자가 아닌 지연손해금으로 기타소득에 해당함(조심 2008중1140, 2010.12.27.)

✓ **아파트 분양대금 반환소송에 따른 승소금에 대한 소득구분**

부동산 분양계약 후 법원의 판결에 의하여 받는 분양대금 반환금은 과세소득에 해당하지 않고 분양대금 반환금에 대한 법정이자 및 지연손해금은 기타소득에 해당하며, 이에 해당하는지 여부는 사실관계를 종합하여 판단할 사항임(소득-2713, 2008.8.5.)

3) 보증금 등에 대한 예금이자(소통 25-53…1)

사업자가 부동산 또는 부동산상의 권리 등을 대여하고 보증금 또는 전세금을 받아 은행에 예입하거나 채권을 취득하여 받는 이자 등은 이자소득으로 본다.

✓ 주택임대보증금의 선급에 따른 이자상당액의 소득구분 등

임차인이 보증금지급약정일보다 먼저 보증금을 지급하고 약정에 따라 임대주택사업자로부터 소정의 이자를 지급받거나 보증금에서 할인받는 경우 그 이자상당액은 이자소득에 해당하는 것임. 원천징수의무자가 이자소득(비영업대금의 이익)을 지급하는 때에는 그 소득금액에 25%의 원천징수세율을 적용하여 계산한 소득세를 원천징수하는 것임(소득 46011-401, 2000.3.30.)

4) 부당이득 반환 시 지급받는 이자

계약의 위약 또는 해약으로 인하여 받는 소득으로서 부당이득 반환 시 지급받는 이자는 기타소득에 해당한다.(소법 21조 ① 10 다, 2014.12.23. 신설)

부당이득금에 대한 소득세법상의 취급

구 분	소득세법상의 취급	근 거
부당이득반환금	과세대상 아님	(법규소득 2014-230, 2014.7.29.), (서면1팀-1354, 2005.11.8.), (소득 46011-02967, 1993.10.2.)
부당이득반환금 관련 이자	기타소득	소득세법 21조 ① 10 다
부당이득반환 소송비용	필요경비 인정	소득세 집행기준 27-55-4 ②

✓ 부당이득금과 부당이득금에 대한 이자상당액의 과세여부

당초 분양대금에 포함될 수 없는 생활기본시설 설치비용과 관련된 분양가액 납부 후 해당 비용과 관련하여 부당이득반환청구의 소에 따라 지급받은 부당이득금과 부당이득금에 대한 이자상당액은 소득세법상 과세대상에 해당하지 않으며, 동 설치비용을 필요경비에 산입한 경우 필요경비에 산입한 과세기간의 필요경비에서 차감하는 것임(기획재정부소득-214, 2020.5.11.)

✓ 부당이득반환 청구 소송 결과 받은 금원의 소득구분

부동산 소유자가 법원의 판결에 따라 부동산을 소유자의 의사에 반하여 정당한 권원 없이 불법으로 점유하여 사용한 자로부터 지급받는 임료 상당의 부당이득금은 과세대상 소득에 해당하지 않는 것임(법규소득 2014-230, 2014.7.29.)

✓ 국가로부터 받는 토지사용료의 부가가치세 과세 여부 및 부동산임대소득 해당여부

토지 소유자가 법원의 판결에 의한 재판상 화해조항에서 정하는 바에 따라 국가에 토지를 사용하게 하고 그 사용료로서 받는 대가는 부가가치세 과세대상 및 소득세법상 부동산임대소득에 해당하는 것이며, 다만 국가로부터 토지 소유자의 의사에 반하여 정당한 권원 없이 불법으로 점유하고 사용한 대가로 지급받는 금전이 부당이득반환 또는 손해배상의 성격을 가지는 경우에는 부가가치세 과세대상 및 소득세법상의 부동산임대소득에 해당하지 아니하는 것임(서면1팀-1354, 2005.11.8.)

✓ **토지불법사용에 대한 부당이득반환금 과세여부**

지방자치단체가 개인소유토지를 불법으로 점유 사용함에 따라 토지소유자의 부당이득금 반환청구 소송에 의한 법원판결로 토지에 대한 불법사용료를 손해배상금으로 지급하였을 경우 동 부당이득금은 소득세 과세대상이 아님(소득 46011-02967, 1993.10.2.)

✓ **부당이득금 소송비용 등의 필요경비 해당여부**(소득 집행기준 27-55-4 ②)

부동산업에서 발생하는 소득에 해당하는 부당이득금을 지급받기 위하여 부담한 일반적으로 용인되는 통상적인 변호사 비용과 관련 수수료 등 소송비용은 필요경비에 해당하며, 그 귀속시기는 해당 비용이 확정된 날이 속하는 연도로 하는 것임

5) 공적연금의 지연이자

공적연금소득을 지급하는 자가 연금소득의 일부 또는 전부를 지연하여 지급하면서 지연지급에 따른 이자를 함께 지급하는 경우 해당 이자는 공적연금소득으로 본다.(소령 40조 ④)

3 비과세 이자소득

(1) 소득세법상의 비과세 이자소득

공익신탁법에 따른 공익신탁의 이익(소법 12조 1, 2014.3.18. 개정)

(2) 조세특례제한법상의 비과세 이자소득

① 주택청약종합저축 등에 대한 소득공제 등(조특법 87조)

➲ 2012.12.31.까지 가입분에 한함

② 청년우대형 주택청약종합저축에서 발생하는 이자소득(500만원 한도)(조특법 87조 ③)

➲ 2025.12.31.까지 가입분에 한함

③ 농어가목돈마련저축(조특법 87조의2)

➲ 2025.12.31.까지 가입분에 한함

④ 비과세종합저축에 대한 과세특례(조특법 88조의2)

➲ 2025.12.31.까지 가입분에 한함

⑤ 조합 등 예탁금에 대한 비과세(조특법 89조의3)

➲ 2007.1.1.~2025.12.31.까지 발생분에 한함

⑥ 재형저축에 대한 비과세(조특법 91조의14)

➲ 2015.12.31.까지 가입분에 한함

⑦ 개인종합자산관리계좌에 대한 과세특례(조특법 91조의18)

➲ 2025.1.1. 전에 가입한 개인종합자산관리계좌를 2025.1.1. 이후 해지하는 경우에도 적용한다.

⑧ 장병내일준비적금에 대한 비과세(조특법 91조의19)

➲ 2026.12.31.까지 가입한 경우에 한함

⑨ 청년희망적금에 대한 비과세(조특법 91조의21)

➲ 2022.12.31.까지 가입하여 2024.12.31.까지 받는 이자소득에 한함

⑩ 청년도약계좌에 대한 비과세(조특법 91조의22, 2022.12.31. 신설)

➲ 2025.12.31.까지 가입분에 한함

Ⅲ 이자소득금액의 계산

소득세법은 이자소득에 대하여 필요경비를 인정하지 아니하므로 이자소득의 총수입금액이 전액 이자소득금액이 된다.(소법 16조 ②) 그러나 사업소득에서 발생한 결손금 또는 이월결손금은 공제순서에 따라 이자소득에서 공제될 수 있다. 이 경우 종합과세되는 금융소득 중 원천징수세율을 적용받는 부분은 결손금 또는 이월결손금의 공제대상에서 제외하며, 기본세율을 적용받는 부분에 대해서는 납세자가 그 소득금액의 범위 안에서 공제여부 및 공제금액을 결정할 수 있다.

한편, 종합소득에 포함되는 이자소득금액을 계산함에 있어서 총수입금액은 비과세이자소득, 분리과세이자소득을 포함하지 아니하며 종합과세 이자수입만을 말한다.

이자소득금액 = 이자소득 총수입금액 − 사업소득의 결손금·이월결손금*

* 원천징수세율을 적용받는 이자소득에서는 공제불가

Ⅳ 이자소득의 수입시기

이자소득 총수입금액의 수입시기(귀속시기)는 다음과 같다.(소령 45조)

구 분	수 입 시 기
(1) 기타 금전의 사용에 따른 대가의 성격이 있는 이자와 할인액 및 파생상품의 거래 또는 행위로부터의 이익	약정에 따른 상환일. 다만, 기일 전에 상환하는 때에는 그 상환일
(2) 채권의 이자와 할인액	① 무기명채권의 이자와 할인액 : 실제 지급받은 날 ② 기명채권의 이자와 할인액 : 약정에 의한 지급일
(3) 보통예금·정기예금·적금 또는 부금의 이자	① 원칙 : 실제로 이자를 지급받는 날 ② 원본에 전입하는 뜻의 특약이 있는 이자 : 원본전입일 ③ 해약으로 인하여 지급되는 이자 : 해약일 ④ 계약기간을 연장하는 경우 : 계약연장일 ⑤ 정기예금연결정기적금의 경우 정기예금의 이자 : 정기예금 또는 정기적금이 해약되거나 정기적금의 저축기간이 만료되는 날
(4) 통지예금의 이자	인출일
(5) 채권 또는 증권의 환매조건부 매매차익	약정에 의한 해당 채권 또는 증권의 환매수일 또는 환매도일. 다만, 기일 전에 환매수 또는 환매도하는 경우에는 그 환매수일 또는 환매도일
(6) 저축성보험의 보험차익	보험금 또는 환급금의 지급일. 다만, 기일 전에 해지하는 경우에는 그 해지일
(7) 직장공제회 초과반환금	약정에 따른 납입금 초과이익 및 반환금 추가이익의 지급일. 다만, 반환금을 분할하여 지급하는 경우 원본에 전입하는 뜻의 특약이 있는 납입금 초과이익은 특약에 따른 원본전입일(소령 45조 9, 2015.2.3. 개정)
(8) 비영업대금의 이익	약정에 의한 이자지급일. 다만, 이자지급일의 약정이 없거나 약정에 의한 이자지급일 전에 이자를 지급받는 경우 또는 회수 불능으로 인하여 총수입금액계산에서 제외하였던 이자를 지급받는 경우에는 그 이자지급일
(9) 채권 등의 보유기간이자 등 상당액	해당 채권의 매도일 또는 이자 등의 지급일
(10) 이자소득이 발생하는 재산의 상속·증여	상속개시일 또는 증여일

✓ **회수한 금액이 원금에 미달하는 때에는 실제로 회수한 이자소득이 있더라도 이자소득세 과세할 수 없음**(대법원 2010두9433, 2012.6.28.)

비영업대금의 이자소득에 대한 과세표준확정신고 또는 과세표준과 세액의 결정·경정 전에 그 원금을 회수할 수 없는 일정한 사유가 발생하여 그때까지 회수한 금액이 원금에 미달하는 때에는 회수불능사유가 발생하기 전의 과세연도에 실제로 회수한 이자소득이 있다고 하더라도 이자소득세의 과세대상이 될 수 없음

✓ **이자소득의 발생시기**(대법원 93누4649, 1993.12.14.)

금원의 대여로 이자 상당의 소득을 얻는 사업소득의 존부와 금액을 확정하여 과세대상으로 삼는 경우 단지 이자약정 아래 금원을 대여하였다는 사정만으로 그 이자지급시기가 도래하기만 하면 소득이 현실적으로 발생한 것으로 보아 과세할 수 없지만 만약 원리금을 초과하는 담보물을 취득하고서 금원을 대여한 경우에는 이자지급기일이 도래하기만 하면 그에 의하여 발생한 이자채권은 특별한 사정이 없는 한 그 소득의 실현이 객관적으로 보아 상당히 높은 것이므로 과세관청으로서도 그 때 소득이 있는 것으로 보아 과세할 수 있고, 그럼에도 불구하고 이자채권을 행사할 수 없는 사정이 있거나 담보물에 의하여서도 그 소득이 실현될 가능성이 전혀 없게 된 것이 객관적으로 명백한 때에는 납세의무자가 그와 같은 사정을 들어 과세할 소득이 없는 경우임을 밝혀야 함

✓ **상속예금의 이자소득 귀속시기 및 원천징수세액 공제방법**

이자소득이 발생하는 상속재산이 상속되는 경우 이자소득의 수입시기는 상속개시일이 되는 것이므로 상속인과 피상속인의 소득세 신고시 상속개시일을 기준으로 각각 구분하여 이자소득으로 신고하는 것이며, 이때 기납부세액으로 공제하는 원천징수세액은 각각의 종합소득 과세표준에 산입된 이자소득에 해당하는 원천징수세액을 말하는 것임(서면1팀-60, 2006.1.17.)

✓ **양도성예금증서의 이자소득 수입시기**(소득 해석편람 24-4-3)

양도성예금증서의 이자소득 수입시기는 약정에 의한 상환일(기일전에 상환하는 때에는 그 상환일)이 됨(재소득 46073-71, 2002.4.13.)

V 이자소득에 대한 과세방법

1 원천징수

(1) 원천징수의 의무

국내에서 거주자나 비거주자에게 이자소득을 지급하는 자는 그 거주나 또는 비거주자에 대한 소득세를 원천징수하여야 한다.(소법 127조 ①)

✓ **원천징수대상이 되는 이자소득의 범위**(소통 127－0…4)

① 채권자가 불분명한 차입금의 이자로서 필요경비불산입된 이자는 원천징수대상이 되는 이자소득으로 한다. 이 경우 가공차입금에 대한 이자임이 명백한 것은 제외한다.

② 법원의 판결에 의하여 지급하는 손해배상금에 대한 법정이자는 원천징수대상이 되는 이자소득에 해당하지 아니하는 것으로 한다.

✓ **공탁 시 소득자가 불분명한 경우 원천징수 방법**

공탁 시 법원의 판결이 확정되기 전까지 그 귀속자를 알 수 없는 경우 판결이 확정되는 날 원천징수하는 것임(원천－363, 2011.6.20.)

✓ **원천징수되지 않은 이자소득의 종합소득세 신고방법**

원천징수되지 않은 이자소득에 대하여는 당해 소득을 종합소득세 과세표준에 합산하여 소득세법 제70조 및 제70조의2의 규정에 따라 종합소득세 확정신고하여야 하는 것임(소득－378, 2014.7.2.)

✓ **과세기간 중 비거주자로 변경된 경우 비거주자로 된 이후 이자소득은 비거주자에 대한 원천징수세율을 적용여부**

국내금융기관 등이 당해 과세기간 중 거주자에서 비거주자로 변경된 자에게 이자를 지급하는 경우 비거주자가 된 이후 지급하는 이자소득금액에 대하여는 소득세법 제156조의 규정에 의한 비거주자에 대한 원천징수세율(조세조약상 제한세율이 적용되는 경우에는 제한세율)을 적용하는 것임(서면1팀－1306, 2005.10.27.)

저자TIP 내국법인에게 이자소득을 지급하는 경우 지방소득세의 특별징수의무

특별징수의무자는 납세의무자별로 「법인지방소득세 특별징수명세서」(별지 제42호의 4의 서식)를 특별징수일이 속하는 해의 다음 해 2월 말일(특별징수의무자가 휴업, 폐업 및 해산한 경우에는 휴업, 폐업 및 해산일이 속하는 달 말일의 다음 날부터 2개월이 되는 날)까지 특별징수의무자 소재지 관할 지방자치단체의 장에게 제출하여야한다.(지령 100조의19 ②, 2018.12.31. 개정) 다만, 미제출에 대한 가산세 규정은 현재까지 없다.

(2) 원천징수의 대리·수임

① 원천징수를 하여야 할 자를 대리하거나 그 위임을 받은 자의 행위는 수권(授權) 또는 위임의 범위에서 본인 또는 위임인의 행위로 보아 원천징수의 규정을 적용한다.(소법 127조 ②)

② 금융회사 등이 내국인이 발행한 어음, 채무증서, 주식 또는 집합투자증권("어음 등"이라 한다)을 인수·매매·중개 또는 대리하는 경우에는 그 금융회사 등과 해당 어음 등을 발행한 자 간에 대리 또는 위임의 관계가 있는 것으로 본다.(소법 127조 ③, 2010.12.27. 개정)

③ 자본시장과 금융투자업에 관한 법률에 따른 신탁업자가 신탁재산을 운용하거나 보관·관리하는 경우에는 해당 신탁업자와 해당 신탁재산에 귀속되는 소득을 지급하는 자 간에 원천징수의무의 대리 또는 위임의 관계가 있는 것으로 본다.(소법 127조 ④, 2010.12.27. 개정)

④ 외국법인이 발행한 채권 또는 증권에서 발생하는 이자소득을 거주자에게 지급하는 경우에는 국내에서 그 지급을 대리하거나 그 지급권한을 위임 또는 위탁받은 자가 그 소득에 대한 소득세를 원천징수하여야 한다.(소법 127조 ⑤, 2010.12.27. 개정)

⑤ 자본시장과 금융투자업에 관한 법률 제294조에 따른 한국예탁결제원에 예탁된 증권 등[같은 조 제1항에 따른 증권 등(소득세법 제127조 제4항이 적용되는 신탁재산은 제외한다)을 말하며, 이하 "증권 등"이라 한다]에서 발생하는 이자 및 배당소득에 대해서는 다음의 구분에 따른 자와 해당 증권 등을 발행한 자 간에 원천징수의무의 대리 또는 위임의 관계가 있는 것으로 보아 원천징수 규정을 적용한다.(소령 184조의4, 2019.2.12 신설)

㉠ 자본시장과 금융투자업에 관한 법률 제309조에 따라 한국예탁결제원에 계좌를 개설한 자(이하 "예탁자"라 한다)가 소유하고 있는 증권 등의 경우 : 한국예탁결제원

㉡ 자본시장과 금융투자업에 관한 법률 제309조에 따라 예탁자가 투자자로부터 예탁받은 증권 등의 경우 : 예탁자

(3) 원천징수의 시기 및 방법

1) 원 칙

원천징수의무자는 원천징수대상 소득금액 또는 수입금액을 지급하는 때에 원천징수세율을 적용하여 계산한 소득세를 원천징수한다. 이때 소득금액 또는 수입금액을 지급하는 때라 함은 현실적으로 소득금액 또는 수입금액을 지급하는 때를 의미하며, 다음의 경우에는 다음에 규정하는 날을 실제 지급하는 때로 한다.(소통 127-0…5)

① 원천징수대상이 되는 소득금액을 어음으로 지급한 때에는 해당 어음이 결제된 날

② 원천징수대상이 되는 소득금액으로 지급할 금액을 채권과 상계하거나 면제받은 때에는 상계한 날 또는 면제받은 날

③ 원천징수대상이 되는 소득금액을 대물로 변제하는 경우에는 그 변제하는 날

④ 원천징수대상이 되는 소득금액을 당사자간의 합의에 의하여 소비대차로 전환한 때에는 그 전환한 날

⑤ 원천징수대상이 되는 소득금액을 법원의 전부명령에 의하여 귀속자가 아닌 제3자에게 지급하는 경우는 그 제3자에게 지급하는 날

2) 이자소득 원천징수시기에 대한 특례(소령 190조)

다음 중 하나에 해당하는 이자소득에 대해서는 다음에 따른 날에 그 소득을 지급한 것으로 보아 소득세를 원천징수한다.

① 금융회사 등이 매출 또는 중개하는 어음, 전자단기사채 등, 은행 및 상호저축은행이 매출하는 표지어음으로서 보관통장으로 거래되는 것(은행이 매출한 표지어음의 경우에는 보관통장으로 거래되지 아니하는 것도 포함)의 이자와 할인액. 다만, 어음 및 전자단기사채 등이 한국예탁결제원에 발행일부터 만기일까지 계속하여 예탁된 경우에는 해당 어음 및 전자단기사채 등의 이자와 할인액을 지급받는 자가 할인매출일에 원천징수하기를 선택한 경우만 해당한다. : 할인매출하는 날(소령 190조 ①, 2013.2.15. 개정)

② 비거주자의 국내원천소득에 대하여 원천징수를 하는 경우에는 소득세법 제119조 제1호 나목에 따른 국내원천 이자소득 : 해당 소득을 지급하는 외국법인 또는 비거주자의 해당 사업연도 또는 과세기간의 소득에 대한 과세표준의 신고기한의 종료일(신고기한을 연장한 경우에는 그 연장한 기한의 종료일)

③ 동업기업과세특례에 따라 배분받는 소득으로서 해당 동업기업의 과세기간 종료 후 3개월이 되는 날까지 지급하지 아니한 소득 : 해당 동업기업의 과세기간 종료 후 3개월이 되는 날

④ 직장공제회 반환금을 분할하여 지급하는 경우 납입금 초과이익 : 납입금 초과이익을 원본에 전입하는 뜻의 특약에 따라 원본에 전입된 날(2015.2.3. 신설)

⑤ 그 밖의 이자소득 : 이자소득의 수입시기(소득세법 시행령 제45조)에 해당하는 날

3) 특정금전신탁 등의 원천징수의 특례

다음의 특정금전신탁을 제외한 신탁의 경우에는 원천징수를 대리하거나 위임을 받은 자가 이자소득이 신탁에 귀속된 날부터 3개월 이내의 특정일(동일 귀속연도 이내로 한정한다)에 그 소득에 대한 소득세를 원천징수하여야 한다.(소법 155조의2, 2024.12.31. 개정, 4조 ②)

① 법인세법 제5조 제2항에 따라 신탁재산에 귀속되는 소득에 대하여 그 신탁의 수탁자가 법인세를 납부하는 신탁

② 자본시장과 금융투자업에 관한 법률 제9조 제18항 제1호에 따른 투자신탁. 다만, 2022.12.31.까지는 소득세법 제17조 제1항 제5호에 따른 집합투자기구로 한정한다.

③ 자본시장과 금융투자업에 관한 법률 제251조 제1항에 따른 집합투자업겸영보험회사의 특별계정

④ 금전이 아닌 재산의 신탁계약에 의한 수익권이 표시된 수익증권이 발행된 신탁(2024.12.31. 신설) ➲ 2025.7.1. 이후 지급받는 소득분부터 적용한다.(2024.12.31. 법 부칙 2조)

4) 집합투자기구의 원천징수 특례

이자소득금액이 자본시장과 금융투자업에 관한 법률에 따른 집합투자재산에 귀속되는 시점에는 그 소득금액이 지급된 것으로 보지 아니한다.(소법 155조의3)

(4) 원천징수 세율(소법 129조)

① 장기채권의 이자와 할인액으로서 그 장기채권을 3년 이상 계속하여 보유한 거주자가 해당 금융회사 등 또는 그 지급자에게 분리과세를 신청한 경우 해당 거주자가 그 장기채권을 매입한 날부터 3년이 지난 후에 발생하는 이자와 할인액 : 30%

➲ 2013.1.1. 이후 발행되는 채권에서 지급받는 분부터 적용한다.(2013.1.1. 법 부칙 15조 ①)

➲ 2017.12.19. 세법개정으로 삭제된 규정이며, 2018.1.1. 전에 발행된 장기채권의 이자와 할인액에 대해서는 개정규정에도 불구하고 종전의 규정에 따른다.(2017.12.9. 법 부칙 14조)

② 비영업대금의 이익 : 25%. 다만, 온라인투자연계금융업 및 이용자 보호에 관한 법률에 따라 금융위원회에 등록한 온라인투자연계금융업자를 통하여 지급받는 이자소득에 대해서는 14%로 한다.(소법 129조 ① 1 나, 2020.12.29. 단서개정)

③ 직장공제회 초과반환금 : 기본세율(소법 129조 ① 1 다)

④ 법원에 납부한 보증금 및 경락대금에서 발생하는 이자소득 : 14%(소법 129조 ② 1)

⑤ 비실명이자소득 : 45%(금융실명거래 및 비밀보장에 관한 법률 적용분은 90%)(소법 129조 ④ 2)

➲ 2023.1.1. 전에 지급한 이자소득으로서 실지명의가 확인되지 아니한 소득에 대한 원천징수세율에 관하여는 개정규정에도 불구하고 종전의 규정(42%)에 따른다.(2022.12.31. 법 부칙 20조)

✓ 실지명의가 확인되기 전 발생한 이자·배당소득의 원천징수 세율

소득세법 제129조제2항 제2호단서의 원천징수세율이 적용되지 아니하는 경우로서 실지명의가 확인되지 아니한 계좌에 보유하고 있는 금융자산에서 이자·배당소득이 발생한 후 해당 계좌의 실제 소유자와 계좌 명의자가 동일인으로 확인되는 경우, 실지명의가 확인되기 전 발생 한 이자·배당소득에 대해서는 소득세법 제129조 제2항 제1호 본문에 따른 45%의 원천징수세율을 적용하는 것임 (기획재정부금융세제-537, 2024.10.17.)

⑥ 세금우대종합저축이자 : 9%(조특법 89조)

⑦ 조합 등 예탁금 중 2021년에 발생한 이자소득 : 5%(조특법 89조의3 ①)

⑧ 그 밖의 이자소득금액 : 14%

(5) 외국납부세액이 있는 경우의 원천징수

원천징수세액을 계산할 때 이자소득에 대해서 외국에서 외국소득세액을 납부한 경우에는 원천징수세액에서 그 외국소득세액을 뺀 금액을 원천징수세액으로 한다. 이 경우 외국소득세액이 원천징수세액을 초과할 때에는 그 초과하는 금액은 없는 것으로 한다.(소법 129조 ④)

(6) 비실명자산소득에 대한 원천징수 특례(2018.12.31. 신설)

① 원천징수의무자가 금융실명거래 및 비밀보장에 관한 법률 제5조에 따른 차등과세가 적용되는 이자소득에 대하여 고의 또는 중대한 과실 없이 같은 조에서 정한 세율이 아닌 14%로 원천징수한 경우에는 해당 계좌의 실질 소유자가 소득세 원천징수 부족액(원천징수 등 납부지연가산세를 포함)을 납부하여야 한다.(소법 155조의7 ①, 2018.12.31. 신설)

② 위 '①'에 따른 소득세 원천징수 부족액에 관하여는 해당 계좌의 실질 소유자를 원천징수의무자로 본다.(소법 155조의7 ②, 2018.12.31. 신설)

(7) 원천징수세액의 납부

원천징수의무자는 원천징수한 소득세를 그 징수일이 속하는 달의 다음달 10일까지 원천징수 관할세무서·한국은행 또는 체신관서에 납부하여야 한다.(소법 128조 ①)

(8) 원천징수영수증의 발급

① 국내에서 이자소득을 지급하는 원천징수의무자는 이를 지급할 때 소득을 받는 자에게 그 이자소득의 금액과 그 밖에 필요한 사항을 적은 원천징수영수증을 발급하여야 한다. 다만, 원천징수의무자가 지급한 날이 속하는 과세기간의 다음 연도 3월 31일까지 이자소득을 받는 자에게 그 이자소득의 금액과 그 밖에 필요한 사항을 다음 중 하나에 해당하는 방법으로 통지하는 경우에는 해당 원천징수영수증을 발급한 것으로 본다.(소법 133조 ①) 이 경우 지급받은 이자소득의 연간합계액과 원천징수세액명세 및 원천징수의무자의 사업자등록번호와 그 상호 또는 법인명(이하 "사업자등록번호 등"이라 한다)을 기재하거나 통보하는 때에도 원천징수영수증을 발급한 것으로 본다.(소법 133조 ①, 소령 193조 ③, 2021.1.5. 후단개정)

㉠ 금융회사 등이 이자소득을 받은 자의 통장 또는 금융거래명세서에 그 지급내용과 원천징수의무자의 사업자등록번호 등을 기재하여 통보하는 경우

㉡ 금융회사 등이 이자소득을 받는 자로부터 신청을 받아 그 지급내용과 원천징수의

무자의 사업자등록번호 등을 우편 또는 정보통신망 이용촉진 및 정보보호 등에 관한 법률 제2조 제13호의 전자적 전송매체로 통보하여 주는 경우(2025.2.28. 개정)

정보통신망 이용촉진 및 정보보호 등에 관한 법률 제2조 제13호

"전자적 전송매체"란 정보통신망을 통하여 부호·문자·음성·화상 또는 영상 등을 수신자에게 전자문서 등의 전자적 형태로 전송하는 매체를 말한다.

② 원천징수의무자는 이자소득의 지급금액(계좌별로 1년간 발생한 금액)이 1백만원 이하인 경우에는 원천징수영수증을 발급하지 아니할 수 있다. 다만, 채권 등에 대한 소득금액계산특례규정에 의하여 원천징수영수증을 발급하는 경우 및 이자소득을 받는 자가 원천징수영수증의 발급를 요구하는 경우에는 원천징수영수증을 발급하거나 통지하여야 한다.(소법 133조 ②)

✓ **금융회사 등이 이자소득이나 배당소득을 받는 자로부터 신청을 받아 문자메시지 및 카카오톡을 통한 모바일 보안문서로 통보하는 경우, 소득세법 시행령 제193조 제3항 제2호에 따른 통보에 포함되는 것임**(서면법규소득 2024-3659, 2024.11.20.)

(9) 내국법인에 이자소득을 지급한 경우의 지급명세서 제출의무

내국법인에 이자소득을 지급하는 자(원천징수의무자를 대리하거나 위임을 받아 원천징수하는 자를 포함)는 납세지 관할 세무서장에게 지급명세서를 제출하여야 한다. 이 경우 자본시장과 금융투자업에 관한 법률의 적용을 받는 법인의 신탁재산에 귀속되는 소득은 그 법인에 소득이 지급된 것으로 보아 해당 소득을 지급하는 자는 지급명세서를 제출하여야 한다.(법법 120조 ①, 2020.12.22. 개정)

이는 원천징수 여부와는 상관없이 지급명세서를 제출하여야 한다는 것이다.

(10) 채권 등에 대한 원천징수 특례

거주자 또는 비거주자가 채권 등의 발행법인으로부터 이자 등을 지급받거나 해당 채권 등을 발행법인(국가·지방자치단체 및 외국법인의 국내사업장을 포함하며, 이하 "발행법인 등"이라 한다)에게 매도하는 경우 그 채권 등의 발행일 또는 직전 원천징수일을 시기(始期)로 하고, 이자 등의 지급일 등 또는 매도일 등을 종기(終期)로 하여 원천징수기간의 이자 등 상당액을 이자소득으로 보고, 해당 채권 등의 발행법인 등을 원천징수의무자로 하며, 이자 등의 지급일 또는 채권 등의 매도일을 원천징수하는 때로 하여 원천징수 규정을 적용한다.(소법 133조의2, 2013.1.1. 개정)

2 분리과세 및 종합과세

(1) 분리과세대상 이자소득(무조건 분리과세대상 이자소득)

다음에 해당하는 이자소득은 종합소득과세표준을 계산할 때 합산하지 아니하며 이자소득을 지급받을 때 일정세율로 원천징수됨으로써 납세의무가 종결된다.(소법 14조 ③) 이하에서는 "무조건 분리과세대상 이자소득"이라 부르기로 한다.

1) 분리과세를 신청한 장기채권 등의 이자와 할인액

➲ 2017.12.19. 세법개정으로 삭제된 규정이며, 2018.1.1. 전에 발행된 장기채권의 이자와 할인액에 대해서는 개정규정에도 불구하고 종전의 규정에 따른다.(2017.12.17. 법 부칙 14조)

① 장기채권 등은 발행일부터 원금 전부를 일시에 상환하기로 약정한 날까지의 기간이 10년 이상인 채권 등을 말하며, 그 기간이 지나기 전에 주식으로 전환·교환하거나 중도상환을 할 수 있는 조건부채권은 제외한다.(구 소령 187조 ①, 2018.2.13. 삭제)

② 분리과세를 적용받으려는 자는 수입시기까지 「장기채권이자소득분리과세신청서」(별지 제21호의4 서식)를 해당 금융회사 등 또는 이자 등의 지급자에게 제출하여야 한다. 다만, 이자를 2회 이상 나누어 지급받는 경우에는 해당 금융회사 등 또는 이자 등의 지급자에게 동 신청서를 다시 제출하지 아니하더라도 분리과세적용을 신청한 것으로 보며, 분리과세를 적용받지 아니하려는 때에는 다음 이자소득의 수입시기까지 「장기채권분리과세철회신청서」(별지 제21호의5 서식)를 제출하여야 한다.(구 소령 187조 ②)

➲ 2004.1.1. 당시 기발행되거나 가입된 장기채권 또는 장기저축에 대해서는 최종 수입시기까지 종전규정에 의하여 분리과세를 선택할 수 있다.

➲ 분리과세를 신청하지 아니한 장기채권 등의 이자와 할인액은 후술하는 조건부 종합과세대상 이자소득에 해당된다.

장기채권의 이자와 할인액

구 분	30%로 원천징수·분리과세하는 이자소득의 범위
① 2012.12.31. 이전에 발행된 채권	그 장기채권의 이자와 할인액(보유기간에 관계없음)
② 2013.1.1.~2017.12.31. 발행된 채권	그 장기채권을 매입한 날부터 3년이 지난 후에 발생하는 이자와 할인액* * 그 장기채권을 3년 이상 계속하여 보유한 거주자가 분리과세 신청가능
③ 2018.1.1. 이후에 발행되는 채권	분리과세 되는 이자소득 없음(14%로 원천징수, 조건부 종합과세)

2) 법원에 납부한 보증금 및 경락대금에서 발생하는 이자소득

민사소송법 제113조 및 제142조의 규정에 의하여 법원에 납부한 보증금 및 경락대금에서 발생하는 이자소득을 말한다.

본래 부동산 경매를 통하여 부동산을 경락받고자 하는 자가 법원에 납부하는 경매보증금 또는 경락대금(법원보관금)의 이자는 부동산 소유자에게 귀속되는 것이 원칙이다. 그러나 실제로는 법원의 부동산 경매입찰의 경우 부동산소유자를 확인할 수 없는 것이 보통이고, 설혹 부동산 소유자를 확인할 수 있다 하더라도 그 이자가 실제로 부동산 소유자에게 귀속되는 경우는 거의 없기 때문에 이를 원천징수 분리과세함으로써 간단하게 납세의무를 종결하기 위하여 둔 규정이다.[6)]

3) 비실명이자소득

4) 직장공제회 초과반환금

5) 1거주자로 보는 법인 아닌 단체의 이자소득

법인으로 보는 단체 외의 단체 중 수익을 구성원에게 배분하지 아니하는 단체로서 단체명을 표기하여 금융거래를 하는 단체가 금융회사 등으로부터 받는 이자소득을 말한다.

본래 법인으로 보지 않는 단체 중 수익을 구성원에게 배분하지 않는 단체는 1거주자로 간주되므로, 별도의 규정이 없는 한 그 단체가 얻은 금융소득이 연간 2,000만원을 초과하는 경우에는 종합과세가 적용된다. 예컨대 아파트관리사무소가 아파트관리비 또는 수선충당금을 예치하고 받은 이자소득에 대하여 종합과세가 적용될 수 있다는 것이다. 그러나 단체의 구성원에게 배분되지 않는다면 그 단체에게 종합과세하거나 구성원 개개인에게 개별적으로 과세할 필요는 없을 것이므로 분리과세 대상으로 규정한 것이다.[7)]

6) 조세특례제한법에 의하여 분리과세되는 다음의 이자소득

① 세금우대종합저축의 이자소득(조특법 89조)

② 고위험고수익채권투자신탁 등에 대한 이자소득(조특법 91조의15)

③ 개인종합자산관리계좌(ISA)에 대한 과세특례(조특법 91조의18, 2015.12.15. 신설)

④ 개인투자용국채에 대한 과세특례(조특법 91조의23, 2023.4.11. 신설)

⑤ 기회발전특구집합투자기구 투자자에 대한 과세특례(조특법 121의35, 2023.12.31. 신설)

6) 임상엽·정정운, 2006, 세법개론, 상경사, p. 631

7) 임상엽, 앞의 책, p. 632

(2) 종합과세대상 이자소득

1) 무조건 종합과세대상 이자소득

원천징수되지 않은 이자소득을 말한다.(소법 14조 ③ 6, 2013.1.1. 개정)

금융소득 종합과세 판정대상 금액*이 2,000만원 이하인 경우에도 다음의 이자소득은 무조건 종합과세한다.(소법 14조 ③ 6)

* 배당가산액과 출자공동사업자의 배당소득은 제외한다.

① 국내에서 지급되는 이자소득 중 원천징수되지 않은 소득

② 원천징수 대상이 아닌 국외에서 받은 이자소득(지급대리인이 국내에 있는 경우는 제외) : 무조건 종합과세대상 이자소득을 종합과세 하는 경우에도 무조건 누진세율을 적용하는 것은 아니며 조건부 종합과세대상과 합하여 2,000만원까지는 14%의 세율을 적용한다.

저자TIP 원천징수 하지 않은 금융소득에 대한 과세

2010년 귀속분까지는 금융소득 종합과세 기준금액(당시 4,000만원) 이하인 경우로서 국내에서 지급되는 금융소득(특히 비영업대금의 이익)에 대해 원천징수가 누락된 경우에도 과세당국은 그 소득의 지급자로부터 원천징수세액을 징수할 뿐 소득자에게 직접 부과할 수 있는 근거규정이 없었다. 이러한 문제점을 해결하고자 2011년 귀속분부터는 금융소득이 4,000만원(2013.1.1. 이후 지급분부터는 2,000만원*)을 초과하는지의 여부에 불구하고 원천징수 되지 않은 비영업대금의 이익 등을 종합소득에 합산하여 신고하지 않으면 관할 세무서장이 그 소득자에게 직접 소득세를 부과할 수 있도록 세법을 개정하였다.

* 금융소득 종합과세의 기준금액은 2013.1.1. 이후 지급분부터 4,000만원에서 2,000만원으로 변경되었다. (2013.1.1. 법 부칙 3조 ①)

2) 조건부 종합과세대상 이자소득

이자소득 중 무조건 분리과세대상과 무조건 종합과세대상이 아닌 모든 이자소득은 조건부 종합과세대상 이자소득이다. 조건부 종합과세대상 이자소득은 개인별 조건부 종합과세대상 금융소득의 합계액*이 2,000만원을 초과하면 종합과세하고, 2,000만원 이하이면 분리과세하는 이자소득을 말한다.

금융소득 종합과세 판정대상 금액*이 2,000만원 이하인 경우에도 원천징수되지 않은 금융소득은 종합과세되며, 원천징수세율 14%(비영업대금의 이익은 25%)를 적용한다.

* 배당가산액과 출자공동사업자의 배당소득은 제외한다.

- 개인별 [조건부 금융소득 합계액+국내에서 원천징수하지 않은 금융소득]* > 2천만원
  → 무조건 종합과세대상과 조건부 종합과세대상 이자소득을 종합과세
- 개인별 [조건부 금융소득 합계액+국내에서 원천징수하지 않은 금융소득]* ≦ 2천만원
  → 무조건 종합과세대상만 종합과세

* 배당가산액과 출자공동사업자의 배당소득은 제외한다.

금융소득 종합과세여부의 판단[8)]

<table>
<tr><th colspan="2">구 분</th><th>종합과세 여부</th><th>종합과세시 세율</th></tr>
<tr><td rowspan="2">무조건 종합과세</td><td>출자공동사업자의 배당소득</td><td>종합과세</td><td>기본세율</td></tr>
<tr><td>• 국내에서 원천징수하지 않은 금융소득(A)
• 원천징수 대상이 아닌 국외에서 지급되는 금융소득(A)</td><td>종합과세*</td><td rowspan="2">• 2천만원까지 : 14%
• 2천만원 초과분 : 기본세율</td></tr>
<tr><td colspan="2">조건부 종합과세(B)</td><td>「A+B」가 2천만원 초과시 종합과세, 2천만원 이하시 분리과세</td></tr>
</table>

* 원천징수 대상이지만 원천징수 하지 않은 금융소득은 2,000만원 이하인 경우에도 다른 종합소득에 합산하여 과세한다.

8) 이철재, 2011, 세무회계연습Ⅱ, 탐진, p. 25

이자소득의 분류[9)]

구 분	범 위	원천징수 세 율	종합과세여부	
			과세방법	세율
(1) 무조건 분리과세 대상 이자소득	① 장기채권 등 중 분리과세신청분 ② 민사소송법에 의하여 법원에 납부한 보증금 및 경락대금의 이자 ③ 직장공제회 초과반환금 ④ 비실명금융소득 ⑤ 법인으로 보는 단체 이외의 단체의 이자소득 ⑥ 조세특례제한법상의 이자소득	30% 14% 기본세율 45%[*1](90%) 14% 5%, 9%, 14%	분리과세	–
(2) 무조건 종합과세 대상 이자소득	① 국내에서 지급되는 이자소득 중 원천징수 하지 않은 소득 ② 원천징수 대상이 아닌 국외에서 지급되는 이자소득	–	종합과세[*2]	14% (2천만원 초과분은 기본세율)
(3) 조건부 종합과세 대상 이자소득	① 비영업대금이익 ② 일반적인 이자소득	25% 14%	조건 충족시 종합과세	14% (2천만원 초과분은 기본세율)

*1. 2023.1.1. 이후 소득을 지급하는 분부터 적용한다.(2022.12.31. 법 부칙 2조)

*2. 원천징수 대상이지만 원천징수 하지 않은 금융소득은 2,000만원 이하인 경우에도 다른 종합소득에 합산하여 과세한다.

9) 이철재, 2004, 세무회계연습, 탐진, p. 749

Chapter

02 배당소득

I 배당소득의 의의

배당(配當)이란 영리법인으로서의 회사가 영업활동에서 얻은 이익을 사원(출자자·주주)에게 분배하는 것을 말하며, 주주나 출자자가 이익이나 잉여금을 분배받음으로써 발생하는 소득을 배당소득이라 한다.

일반적으로 기업의 자금조달이 자기자본과 타인자본으로 이루어질 때 타인자본의 대가인 이자는 이자소득에 해당되고 자기자본의 대가인 배당은 배당소득을 구성하게 된다. 상법상 인적회사(합명회사·합자회사)에서는 배당액이나 분배의 표준·방법을 임의로 정할 수 있으며, 법은 보충적 규정을 두고 있는 데 지나지 않으나(상법 195조, 민법 711조), 물적회사(주식회사·유한회사)에서는 일정한 방법으로 산출한 배당가능이익(配當可能利益)의 범위 내에서만 이익배당이 허용된다.(상법 462조, 580조)[10]

II 배당소득의 범위

1 배당소득의 범위

배당소득은 해당 연도에 발생한 다음의 소득으로 한다.(소법 17조 ①)

(1) 내국법인으로부터 받는 이익이나 잉여금의 배당 또는 분배금

내국법인의 사원 또는 주주가 해당 내국법인으로부터 받은 이익이나 잉여금의 배당 또는 분배금을 말한다. 이러한 배당에는 현금배당과 주식배당 모두 포함된다.

10) 정해욱, 앞의 책, p. 75

✓ **하자로 배당이 취소되어 반환한 때의 과세**(소통 17－0…1)

주주총회의 결의에 따라 배당을 받았으나 그 배당결의에 하자가 있어 배당금을 반환한 경우에는 그 배당소득은 없는 것으로 본다.

✓ **이자지급조건과 동일한 상환주식에 대한 배당**(소통 17－0…2)

상환주식에 대한 배당지급조건이 차입금에 대한 이자지급조건과 동일한 경우에도 그 지급금은 배당소득으로 본다.

✓ **배당기준일 이후 주식을 양도한 경우 배당소득의 납세의무자**(소득 집행기준 17－0－8)

비상장법인의 주식을 소유한 거주자가 배당기준일 이후 해당 법인의 잉여금처분결의일 이전에 해당 주식을 양도하면서 양수자에게 배당기준일이 속하는 사업연도의 배당금지급청구권을 함께 이전하기로 계약하여 해당 주식에 대한 배당금을 지급받은 후 원천징수세액을 제외한 금액을 해당 주식의 양수자에게 지급한 경우, 배당소득에 대한 소득세 납세의무자는 배당기준일 현재 주주명부에 기재된 주주인 거주자가 된다.

✓ **재건축 정비사업조합의 원천징수대상 배당소득금액**

조세특례제한법 제104조의7 제2항에 따른 주택재건축 정비사업조합이 수익사업에 해당하는 일반분양 주택분에서 발생한 이익을 조합원에게 분배하는 경우 해당 분배금액은 소득세법 제17조에 따른 배당소득에 해당하는 것이며, 같은 법 제127조 제1항에 따라 소득세를 원천징수하여야 하는 것임(서면원천 2021－4347, 2021.8.5.)

✓ **포괄적 이전차익을 재원으로 금전배당을 실시하는 경우 소득세법 제17조에 따른 배당소득세 과세 여부**

법인세법 시행령 제12조 제1항 각 호의 어느 하나에 해당하지 않는 법인세법 제17조 제1항 제3호의 주식의 포괄적 이전차익에 해당하는 자본준비금을 상법 제461조의2에 따라 감액하여 지급받는 배당은 소득세법 제17조 제1항에 따른 배당소득에 포함하지 아니하는 것임(사전법령해석소득 2021－716, 2021.8.26.)

✓ **배당소득 과세 여부**(소득 해석편람 17－1－2)

비상장법인의 결산시 주주총회의 승인없이 임의로 이익배당을 반영하여 법인세과세표준신고를 하였으나, 정기주주총회에서 이익배당을 승인하지 아니하여 실제로 배당을 하지 아니한 경우에는 그 배당소득은 없는 것으로 보는 것임(소득 46011－441, 1999.12.4.)

✓ **주식발행초과금을 감액하여 금전배당을 실시하는 경우 배당소득 해당여부**

상법 제461조의2에 따라 주식발행초과금을 감액하여 거주자인 주주에게 금전 배당을 실시하는 경우 배당소득에 해당되지 않는 것임(기획재정부금융세제－20, 2021.1.22.)

(2) 법인으로 보는 단체로부터 받는 배당 또는 분배금

여기서의 법인으로 보는 단체란 국세기본법 제13조 제1항 및 제2항에 따라 법인으로 보는 법인 아닌 단체를 가리킨다. 법인으로 보지 아니하고 공동사업자로 보는 단체로부터 받은 분배금 등은 사업소득에 해당한다.

(3) 법인세법 제5조 제2항에 따라 내국법인으로 보는 신탁재산(법인과세 신탁재산)으로부터 받는 배당금 또는 분배금(2020.12.29. 신설)

➲ 2021.1.1. 이후 신탁계약을 체결하는 분부터 적용한다.(2020.12.29. 법 부칙 3조)

(4) 의제배당

의제배당이란 형식상으로는 배당이 아니라도 사실상 회사의 이익이 주주 등에게 귀속되는 경우에 이를 배당으로 간주하는 것을 말한다.

(5) 법인세법에 따라 배당으로 처분된 금액(인정배당)

법인세의 과세표준과 세액을 신고·결정 또는 경정함에 있어서 익금에 산입한 금액이 출자자(출자자인 임원은 제외)에게 귀속된 경우에는 그 출자자에 대한 배당으로 처분한다. 이와 같이 처분된 금액은 그 귀속자의 배당소득에 포함되며, 실무상 이를 '인정배당'이라 부른다.

(6) 국내 또는 국외에서 받는 집합투자기구로부터의 이익

(7) 국내 또는 국외에서 받는 파생결합증권 또는 파생결합사채로부터의 이익

➲ 세부내용은 소득세법 시행령 제26조의3 및 시행규칙 제14조 참조

(8) 금전이 아닌 재산의 신탁계약에 의한 수익권이 표시된 수익증권(☞ 조각투자상품* 인 비금전 신탁 수익증권)으로부터의 이익(소법 17조 ① 5의3, 2024.12.31. 신설)

* 미술품·저작권 등의 권리를 신탁 수익증권 또는 투자계약증권 형태로 분할 발행하여 다수 투자자가 투자·거래할 수 있는 신종 투자상품을 말한다.

➲ 2025.7.1. 이후 지급받는 소득분부터 적용한다.(2024.12.31. 법 부칙 2조)

(9) 자본시장과 금융투자업에 관한 법률 제4조 제6항에 따른 투자계약증권(☞ 조각투자상품*인 투자계약증권)으로부터의 이익(소법 17조 ① 5의4, 2024.12.31. 신설)

* 미술품·저작권 등의 권리를 신탁 수익증권 또는 투자계약증권 형태로 분할 발행하여 다수 투자자가 투자·거래할 수 있는 신종 투자상품을 말한다.

➲ 2025.7.1. 이후 지급받는 소득분부터 적용한다.(2024.12.31. 법 부칙 2조)

(10) 외국법인으로부터 받는 이익이나 잉여금의 배당 또는 분배금

(11) 국제조세조정에 관한 법률 제27조에 따라 배당받은 것으로 간주된 금액

(12) 공동사업에서 발생한 소득금액 중 출자공동사업자의 손익분배비율에 해당하는 금액 (소법 17조 ① 8)

출자공동사업자란 다음 중 하나에 해당하지 아니하는 자로서 공동사업의 경영에 참여하지 아니하고 출자만 하는 자를 말한다.(소법 43조 ①, 소령 100조 ①)

① 공동사업에 성명 또는 상호를 사용하게 한 자

② 공동사업에서 발생한 채무에 대하여 무한책임을 부담하기로 약정한 자

(13) 수익분배의 성격이 있는 것(유사 배당소득)

위의 '(1)부터 (11)까지'에서 열거한 배당소득에 해당하지 않더라도 수익분배의 성격이 있는 것이라면 그 명칭에 불구하고 모두 여기에 포함된다.

① 거주자가 일정기간 후에 같은 종류로서 같은 양의 주식을 반환받는 조건으로 주식을 대여하고 해당 주식의 차입자로부터 지급받는 해당 주식에서 발생하는 배당에 상당하는 금액은 유사 배당소득에 포함된다.(소령 26조의3 ④, 2010.12.30. 신설)

② 상법 제461조의2에 따라 자본준비금을 감액하여 받은 배당(소득세법 제17조 제2항 제2호 각 목에 해당하지 아니하는 자본준비금을 감액하여 받은 배당은 제외한다)은 배당소득에 포함하지 아니한다.(소령 26조의3 ⑥, 2014.2.21. 신설)

(14) 파생상품의 거래 또는 행위로부터의 이익(2012.1.1. 신설)

(15) 동업기업 및 동업자로부터의 배당(조특법 100조의18 ③ 단서)

동업기업의 동업자에게는 동업기업으로부터 배분받은 소득 및 분배받은 자산의 시가 중 분배일의 지분가액을 초과하여 발생하는 소득에 대하여 과세한다.(소법 3조 ③)

2 의제배당

(1) 의제배당의 범위

의제배당이란 다음에 해당하는 금액을 말하며, 그 금액을 해당 주주, 사원, 그 밖의 출자자에게 배당한 것으로 본다.(소법 17조 ②)

1) 주식의 소각·자본의 감소로 인한 의제배당

주식의 소각이나 자본의 감소로 인하여 주주가 취득하는 금전, 그 밖의 재산의 가액 또는 퇴사·탈퇴나 출자의 감소로 인하여 사원이나 출자자가 취득하는 금전, 그 밖의 재산의 가액이 주주·사원이나 출자자가 그 주식 또는 출자지분을 취득하기 위하여 소요된 금액을 초과하는 금액(소법 17조 ② 1, 2024.12.31. 용어개정)

• 의제배당금액 = (주식의 소각 등으로 주주가 취득하는 재산가액) − (해당 소각된 주식 등을 취득하는데 소요된 금액)

• 의제배당금액 = (퇴사, 탈퇴, 출자의 감소로 출자자가 취득하는 재산가액) − (해당 출자지분을 취득하는데 소요된 금액)

✓ **회원 탈퇴시 수령하는 금액의 배당소득 해당여부**(소득 집행기준 17－0－5)

① 사단법인인 시장번영회의 출자자 등에 해당하는 회원으로서 회원 탈퇴시 취득하는 금전 기타 재산의 가액이 해당 시장번영회의 출자 등을 취득하기 위하여 소요된 금액을 초과하는 금액은 배당소득에 해당한다.

② 법무사법 제52조에 따라 법인으로 설립된 지방법무사회가 회원탈회시 해당 회원에게 지급하는 공제금 중 납입공제료를 차감한 금액은 배당소득에 해당한다.

③ 사내근로복지기금법에 따라 설립된 사내근로복지기금이 해산할 때, 근로자가 받은 기금의 잔여재산 분배가액이 해당 기금의 주식 및 출자 또는 자본을 취득하기 위하여 소요된 금액을 초과하는 금액은 의제배당에 해당한다.

✓ **지방법무사회가 회원에게 탈회시 지급하는 금전의 소득구분**

지방법무사회의 회원이 탈회시 청산하여 지급받는 금액이, 납부한 공제회비에서 매년 지급받은 공제회축하금을 차감한 금액을 초과하는 금액은 소득세법 제17조 제1항의 배당소득에 해당하는 것임(서면법령해석소득 2019－2540, 2020.9.23.)

✓ **감자시 발생한 손실과 소득의 상계여부 등**(소득 집행기준 17-0-6)

① 거주자가 보유한 주식이 상법 제343조에 따라 연 2회에 걸쳐 소각되면서 해당연도에 주식의 소각으로 인한 손실과 주식의 소각이나 자본의 감소로 인한 의제배당소득이 각각 발생한 경우, 해당 손실가액은 배당소득의 총수입금액에서 차감하지 않는다.

② 주가연계증권(ELS)으로부터 발생한 배당소득이 있는 거주자가 다른 주가연계증권에서 원금 손실이 발생한 경우, 그 거주자의 배당소득 총수입금액을 계산함에 있어서 그 손실을 차감하지 않는다.

✓ **거주자가 내국법인의 자본준비금을 감액하여 배당을 지급받는 경우 감액 배당금이 주식의 장부가액을 초과하는 경우 배당소득 과세대상에서 제외되는 것임**(기획재정부금융세제－549, 2024.10.23.)

✓ **주식발행초과금을 감액하여 금전배당을 실시하는 경우 배당소득 해당여부**

상법 제461조의2에 따라 주식발행초과금을 감액하여 거주자인 주주에게 금전 배당을 실시하는 경우 배당소득에 해당되지 않는 것임(기획재정부금융세제-20, 2021.1.22.)

✓ **자본준비금 감액 배당시 의제배당 과세제외 적용 여부**

자본준비금과 배당가능 이익잉여금이 있는 내국법인이 상법 제461조의2에 따라 자본준비금을 감액한 금액을 주주총회 결의에 따라 배당하는 경우에 당해 내국법인의 주주는 그 결의에 따라 자본준비금을 감액한 금액을 배당받은 것으로 보는 것이고, 해당 배당금액은 소득세법 시행령 제26조의3 제6항에 따라서 그 지급받은 주주의 배당소득에 포함하지 아니하는 것임(서면소득 2016-6178, 2017.1.16.)

✓ **유한회사 출자임원이 퇴사시 잉여금처분에 의하여 받는 금액의 소득구분**(소득 해석편람 17-2-1)

유한회사의 출자임원이 해당 회사를 퇴사하면서 퇴직급여지급규정에 의하여 지급받는 퇴직금은 소득세법 제22조의 규정에 의하여 퇴직소득에 해당되는 것이나, 잉여금의 처분에 의하여 지급받는 금액은 퇴직금 명목으로 지급받는 경우에도 같은법 제17조의 규정에 의하여 배당소득에 해당된다.(소득 46011-767, 1997.3.17.)

✓ **합병으로 취득한 자기주식 소각으로 주주의 지분율 증가 시 의제배당 해당여부**

법인이 합병으로 취득한 자기주식을 상법 제343조 제1항에 따라 소각함으로써 다른 주주의 소유주식비율이 균등하게 증가한 경우 해당 주식비율 증가는 소득세법 제17조 제2항 제1호에 따른 의제배당에 해당하지 아니하는 것임(소득-846, 2012.11.22.)

✓ **자기주식 소각으로 잔여주주의 지분율 증가시 의제배당 해당여부**

비상장법인이 자본감소 또는 이익소각의 방식으로 공개매수방법에 준하여 소액주주들로부터 자기주식을 취득하여 소각함으로써 잔여주주의 지분 비율이 증가하는 경우 당해 잔여주주의 지분비율 증가는 의제배당에 해당되지 아니하는 것임(서면1팀-1550, 2006.11.15.)

2) 잉여금의 자본전입

법인의 잉여금의 전부 또는 일부를 자본 또는 출자에 전입함으로써 취득하는 주식 또는 출자지분의 가액. 다만, 다음 중 하나에 해당하는 금액을 자본에 전입하는 경우는 제외한다.(소법 17조 ② 2, 2024.12.31. 용어개정, 소령 27조 ④)

① 상법 제459조 제1항에 따른 자본준비금으로서 법인세법 제17조 제1항에서 정하는 주식발행액면초과액, 주식의 포괄적 교환차익, 주식의 포괄적 이전차익(移轉差益), 감자차익(減資差益), 합병차익, 분할차익. 다만, 법인세법 시행령 제12조 제1항 중 하나에 해당하는 금액은 제외한다.(소령 27조 ④, 2012.4.13. 개정, 법법 17조 ①)

② 자산재평가법에 따른 재평가적립금(재평가세율 1%가 적용되는 토지의 재평가차액 상당액은 제외)

이때, 1%의 재평가율이 적용되는 토지의 재평가차액 상당액은 다음 산식에 의하여

계산한다.(소령 27조 ⑤)

$$\text{1\%의 재평가율이 적용되는 토지 재평가차액 상당액} = \text{당해 자본금 또는 출자금에 전입된 재평가적립금} \times \frac{\text{1\%의 재평가율이 적용되는 토지의 재평가차액}}{\text{자산재평가차액}}$$

$$\text{의제배당금액} = \text{교부받은 주식수} \times \text{액면가액}$$

● **자본전입 잉여금별 의제배당 해당여부**(소득 집행기준 17-0-7)

자본전입의 재원			의제배당 여부
자본잉여금	주식발행 초과금	일반적	×
		채무의 출자전환시 채무면제이익	○
	주식의 포괄적 교환차익		×
	주식의 포괄적 이전차익		×
	감자차익	일반적	×
		자기주식 소각이익(원칙)	×
		자기주식 소각이익(예외)*	○
	재평가 적립금	일반적인(3% 세율)	×
		익금에 산입된 토지의 재평가차액 상당액	○
	기타자본잉여금(자기주식처분이익 등)		○
이익잉여금	법정적립금, 임의적립금, 미처분이익잉여금		○

* 소각당시 시가가 취득가액을 초과하는 경우(기간불문) 및 소각일로부터 2년 이내 자본전입분

3) 법인의 해산

해산한 법인(법인으로 보는 단체를 포함)의 주주·사원·출자자 또는 구성원이 그 법인의 해산으로 인한 잔여재산의 분배로 취득하는 금전이나 그 밖의 재산의 가액이 해당 주식·출자지분 또는 자본을 취득하기 위하여 소요된 금액을 초과하는 금액. 다만, 내국법인이 조직변경하는 경우로서 다음 중 하나에 해당하는 경우는 제외한다.(소법 17조 ② 3, 2024.12.31. 용어개정, 소령 27조의2, 2015.2.3. 개정, 법령 121조, 2024.2.29. 조번개정)

① 상법에 따라 조직변경하는 경우

② 특별법에 따라 설립된 법인이 해당 특별법의 개정 또는 폐지에 따라 상법에 따른 회사로 조직변경하는 경우

③ 변호사법에 따라 법무법인이 법무법인(유한)으로 조직변경하는 경우

④ 관세사법에 따라 관세사법인이 관세법인으로 조직변경하는 경우
⑤ 변리사법에 따라 특허법인이 특허법인(유한)으로 조직변경하는 경우
⑥ 협동조합 기본법 제60조의2 제1항에 따라 법인 등이 협동조합으로 조직변경하는 경우
⑦ 지방공기업법 제80조에 따라 지방공사가 지방공단으로 조직변경하거나 지방공단이 지방공사로 조직변경하는 경우(2017.2.3. 신설)

의제배당금액 = (해산법인의 주주가 잔여재산의 분배로 취득하는 재산가액) − (해산법인의 주식 등을 취득하는데 소요된 금액)

✓ 해산으로 인한 잔여재산가액이 확정되기 전에 그 일부를 주주에게 분배한 경우 의제배당 해당 여부(소득 해석편람 17−2−2)

내국법인이 해산에 의한 잔여재산가액이 확정되기 전에 잔여재산의 일부를 주주에게 분배한 경우에 있어서 해당 주주가 해산법인의 잔여재산의 분배로서 취득하는 금전 기타 재산의 가액이 그 해산법인의 주식을 취득하기 위하여 소요된 금액을 초과하는 금액은 배당소득에 해당하는 것이며, 이 경우 해당 배당소득금액의 수입시기는 그 잔여재산의 일부를 주주에게 실제로 분배한 날이 되는 것임(소득 46011−2670, 1999.7.14.)

4) 법인의 합병

합병으로 소멸한 법인의 주주·사원 또는 출자자가 합병 후 존속하는 법인 또는 합병으로 설립된 법인으로부터 그 합병으로 취득하는 주식 또는 출자지분의 가액과 금전 또는 그 밖의 재산가액의 합계액이 그 합병으로 소멸한 법인의 주식 또는 출자지분을 취득하기 위하여 사용한 금액을 초과하는 금액(소법 17조 ④, 2024.12.31. 용어개정)

의제배당금액 = (피합병법인의 주주가 취득하는 합병대가) − (피합병법인의 주식을 취득하는데 사용한 금액)

5) 자기주식 보유상태에서의 자본전입으로 인한 지분증가

법인이 자기주식 또는 자기출자지분을 보유한 상태에서 의제배당으로 보지 아니하는 자본준비금·재평가적립금을 자본전입함에 따라 그 법인 외의 주주 등의 지분비율이 증가한 경우 증가한 지분비율에 상당하는 주식 등의 가액(소법 17조 ② 5)

의제배당금액 = 추가배정받은 무상주 가액

6) 법인의 분할

법인이 분할하는 경우 분할되는 법인(이하 "분할법인"이라 한다) 또는 소멸한 분할합병의 상대방 법인의 주주가 분할로 설립되는 법인 또는 분할합병의 상대방법인으로부터 분할로 취득하는 주식의 가액과 금전, 그 밖의 재산가액의 합계액(이하 "분할대가"라 한다)이 그 분할법인 또는 소멸한 분할합병의 상대방 법인의 주식(분할법인이 존속하는 경우에는 소각 등으로 감소된 주식에 한정한다)을 취득하기 위하여 사용한 금액을 초과하는 금액(소법 17조 ② 6)

> 의제배당금액 = (분할법인 등의 주주가 취득하는 분할대가) − (분할법인의 주식(존속분할의 경우 소각된 주식)을 취득하는데 사용한 금액)

(2) 의제배당금액의 계산

1) 주주 등이 받은 재산가액의 평가

의제배당금액을 계산함에 있어서 주주 등이 취득한 재산 중 금전 외의 재산의 가액은 다음의 구분에 따라 계산한 금액에 따른다.(소령 27조 ①)

① 취득한 재산이 주식 또는 출자지분(이하 "주식 등"이라 한다)인 경우에는 다음 중 하나에 해당하는 금액(소령 27조 ① 1)

㉠ 다음의 주식 등의 경우 : 액면가액 또는 출자금액

ⓐ 법인의 잉여금의 전부 또는 일부를 자본 또는 출자의 금액에 전입함으로써 취득하는 주식 또는 출자지분

ⓑ 법인이 자기주식 또는 자기출자지분을 보유한 상태에서 잉여금의 전부 또는 일부를 자본전입을 함에 따라 그 법인 외의 주주 등의 지분비율이 증가한 경우 증가한 지분비율에 상당하는 주식 또는 출자지분

㉡ 소득세법 제17조 제2항 제4호(합병으로 소멸한 법인의 주주·사원 또는 출자자가 합병 후 존속하는 법인 또는 합병으로 설립된 법인으로부터 그 합병으로 취득하는 주식 또는 출자지분) 또는 제6호[법인이 분할하는 경우 분할되는 법인(이하 "분할법인"이라 한다) 또는 소멸한 분할합병의 상대방 법인의 주주가 분할로 설립되는 법인 또는 분할합병의 상대방 법인으로부터 분할로 취득하는 주식 또는 출자지분]에 따른 주식 등으로서 법인세법 제44조 제2항 제1호 및 제2호(주식 등의 보유와 관련된 부분은 제외) 또는 같은 법 제46조 제2항 제1호 및 제2호(주식 등의 보유와 관련된 부분은 제외)의 요건을 갖추거나 같은 법 제44조 제3항에 해당하는 경우 : 피합병법인, 분할법인 또는 소멸한 분할합병의 상대방법인(이하

"피합병법인 등"이라 한다)의 주식 등의 취득가액(2016.2.17. 개정)

다만, 합병 또는 분할로 소득세법 제17조 제2항 제4호 또는 제6호에 따른 주식 등과 금전, 그 밖의 재산을 함께 받은 경우로서 해당 주식 등의 시가가 피합병법인 등의 주식 등의 취득가액보다 작은 경우에는 시가로 한다.

㉢ 상법 제462조의2 규정에 의한 주식배당의 경우 : 발행금액

㉣ 위 '㉠부터 ㉢까지'의 규정에 해당하지 아니하는 주식 등의 경우 : 취득 당시의 시가

② 위 '①' 외의 경우 : 그 재산의 취득 당시의 시가

✓ **무상단주를 처분하여 현금으로 주주에게 지급시 과세문제**(소통 17-0…3)

잉여금을 자본에 전입하고 무상주를 배당함에 있어서 단주가 발생하여 이를 처분하여 현금으로 주주에게 지급하는 경우에 의제배당의 계산은 해당 주식의 처분에 의한 현금지급액과는 관계없이 잉여금의 자본전입액을 기준으로 하여 계산하는 것이며, 무상단주의 액면가액과 처분가액과의 차이는 소득금액계산에 영향을 미치지 아니한다.

2) 주식 등의 취득가액의 계산

주주 등이 해당 주식을 취득하거나 해당 법인에 출자하기 위하여 소요된 금액은 실제로 지출된 금액에 의한다. 그러나 주주 등이 회사로부터 받은 주식배당 또는 잉여금의 자본전입에 따라 취득한 주식의 취득가액은 다음과 같이 계산한다.

① 주식배당 : 발행가액

② 잉여금의 자본전입

㉠ 무상주 취득 당시에 의제배당으로 과세된 경우 : 해당 무상주의 액면가액

㉡ 무상주 취득 당시에 의제배당으로 과세되지 않은 경우 : 신·구주식 등의 1주 또는 1좌당 장부가액은 다음에 의한다.(소령 27조 ②)

$$1주당(또는\ 1좌당)\ 취득가액 = \frac{구주식\ 등\ 1주(또는\ 1좌당)\ 장부가액}{1+구주식\ 1주당(또는\ 1좌당)\ 신주배정수}$$

㉢ 유상감자로 인한 의제배당액 계산시 단기소각주식 특례 : 자본의 감소 또는 주식의 소각(출자의 감소 또는 출자지분의 소각을 포함하며 이하 "주식소각 등"이라 한다)에 의한 의제배당 총수입금액을 계산함에 있어서 의제배당일부터 역산하여 2년 이내에 자본준비금의 자본전입에 따라 취득한 주식 등으로서 의제배당으로 보지 아니하는 것(법인세법 제17조 제1항 제1호 본문에 따른 주식발행액면초과액의 자본전입에 따라 발행된 주식을 제외하며, 이하 "단기소각주식 등"이라 한다)

이 있는 경우에는 단기소각주식 등이 먼저 감소 또는 소각된 것으로 보며, 해당 단기소각주식 등의 취득가액은 이를 없는 것으로 본다.

이 경우 단기소각주식 등을 취득한 후 의제배당일까지의 기간 중에 주식 등의 일부를 양도하는 경우에는 단기소각주식 등과 다른 주식 등을 각 주식 등의 수에 비례하여 양도되는 것으로 보아 계산하며, 주식소각 등이 있은 이후의 1주 또는 1좌당 장부가액은 다음의 산식에 의한다.(소령 27조 ③, 2013.2.15. 개정)

$$1주\ 또는\ 1좌당\ 장부가액 = \frac{주식소각\ 등이\ 있은\ 이후의\ 취득가액\ 합계}{주식소각\ 등이\ 있은\ 이후의\ 주식\ 등\ 수의\ 합계}$$

③ 주식 등의 취득가액이 불분명한 경우

주식의 소각, 자본의 감소, 법인의 해산·합병 및 분할에 의하여 해당 주식을 취득하기 위하여 소요된 금액을 계산할 때에 주주가 소액주주에 해당하고, 해당 주식을 보유한 주주의 수가 다수이거나 해당 주식의 빈번한 거래 등에 따라 해당 주식을 취득하기 위하여 소요된 금액의 계산이 불분명한 경우에는 액면가액을 해당 주식의 취득에 소요된 금액으로 본다. 다만, 위 '②의 ㉢'의 규정이 적용되는 경우 및 해당 주주가 액면가액이 아닌 다른 가액을 입증하는 경우에는 그렇지 않다.(소령 27조 ⑦, 2021.2.17. 용어개정)

④ 주식매수선택권의 행사로 취득한 벤처기업의 주식인 경우

주식의 소각, 자본의 감소, 법인의 해산·합병 및 분할에 의하여 해당 주식을 취득하기 위하여 소요된 금액을 계산할 때에 해당 주식이 조세특례제한법 제16조의2 또는 제16조의3에 따른 주식매수선택권의 행사로 취득한 벤처기업의 주식인 경우에는 주식매수선택권을 행사하는 당시의 시가를 해당 주식의 취득에 사용된 금액으로 본다.(소령 27조 ⑧, 2025.2.28. 신설)

✓ 의제배당 계산 시 소각된 주식의 취득가액

의제배당금액 계산시 소각된 주식의 개별적 취득가액이 입증이 되는 경우 그 가액을 해당 주식의 취득가액으로 하는 것임(기획재정부금융세제-31, 2017.1.19.)

✓ 의제배당금액 계산방법

외화로 주식을 취득한 경우에도 취득가액은 실제로 주식을 취득하기 위하여 사용한 금액이 되어야 하므로, 투자시점의 환율을 적용하여야 하는 것임(소득-575, 2014.10.21.)

✓ 유상증자, 무상감자, 유상증자 후 잔여주식 일부를 유상감자시 의제배당금액 계산시 취득가액 산정방법

주식발행 법인이 유상증자, 무상감자, 유상증자 후 잔여주식 일부를 유상감자 하는 경우 소득세법

제17조 제2항 제1호에 따라 주식 또는 출자자에 대한 의제배당금액을 계산함에 있어 "주주 또는 출자자가 그 주식 또는 출자를 취득하기 위하여 소요된 금액"이라 함은 주주 또는 출자자가 해당 주식 또는 출자의 취득에 직접 소요된 가액을 말하는 것임(소득-49, 2012.1.17.)

✓ **감자로 인한 의제배당 계산시 개인주주 보유 주식의 취득가액 산정 방법**

매매 또는 단기투자목적으로 주식을 보유하고 있는 사업자가 아닌 자(개인주주 포함)는 총평균법에 의하여 그 주식을 취득하기 위하여 소요된 금액을 계산하는 것임. 다만, 당해 주주가 보유한 주식이 소득세법 시행령 제27조 제3항 및 제7항의 규정에 해당하는 경우에는 동 규정에 따라 그 소요된 금액을 계산하는 것임(서면1팀-711, 2008.5.26.)

✓ **법인분할에 따른 의제배당**(소득 해석편람 17-2-3)

의제배당액은 분할법인의 주주가 분할신설법인으로부터 취득하는 주식의 가액이 그 분할법인의 주식(소각 등에 의하여 감소된 주식에 한함)을 취득하기 위하여 소요된 금액을 초과하는 금액으로 하는 것이며, 분할신설법인으로부터 취득하는 주식의 가액은 법인세법 제46조 제1항 제1호 및 제2호의 요건을 갖춘 경우에는 그 액면가액에 의하여 계산한 금액으로 함(소득 46011-93, 1999.9.28.)

✓ **재평가적립금의 자본전입에 따른 의제배당**(소득 해석편람 17-2-4)

자산재평가법에 의한 재평가적립금의 일부를 자본에 전입하는 경우 의제배당금액은 자산재평가법 제13조 제1항 제1호의 규정을 적용받은 금액과 기타의 금액의 비율에 따라 각각 계산한 것으로 함(소득 46011-157, 1999.10.11, 재경부소득 46073-39, 1999.11.26.)

✓ **유상증자와 관련한 증여의제금액을 주식의 취득가액에 포함하는지 여부**(소득 해석편람 17-2-5)

감자로 인한 의제배당소득금액을 계산함에 있어서 해당 주식의 취득시 유상증자와 관련하여 상속세 및 증여세법 제39조의 규정에 의하여 증여받은 것으로 본 금액은 이를 해당 주식의 취득가액에 포함함(소득 46011-290, 1999.11.2.)

✓ **의제배당소득금액 계산시 상속 등에 의하여 취득한 주식의 취득가액**(소득 해석편람 17-2-6)

의제배당소득금액을 계산함에 있어서 상속 또는 증여에 의하여 해당 주식 등을 취득한 경우에는 상속재산의 가액 또는 증여재산의 가액에 해당 주식 또는 출자를 취득하기 위하여 직접적으로 지출한 부대비용 등의 합계액으로 하는 것이며 이때, 해당 자산에 대하여 납부하였거나 납부할 상속세 또는 증여세 상당액은 포함하지 아니함(소득 46011-346, 1999.11.12, 소득 집행기준 17-27-2 ③)

✓ **법인분할에 따른 의제배당시 취득가액 평가**(소득 해석편람 17-2-7)

법인분할에 따른 의제배당소득 계산을 위한 분할법인의 주식 취득가액은 해당 주식의 취득에 직접 소요된 금액을 말하는 것이며, 취득에 직접 소요된 금액을 알 수 없는 경우로서 취득당시 일반적으로 거래된 가격이 있다면 이를 취득가액으로 볼 수 있을 것임. 다만, 이와 같은 방법으로 취득가액을 산출할 수 없는 경우에는 상속세 및 증여세법 제63조를 준용하여 평가한 금액을 취득가액으로 하되, 장부분실 등의 사유로 평가금액을 확인할 수 없는 때에는 액면가액을 취득가액으로 보아 의제배당소득을 계산함(재경부소득 46073-23, 2000.1.29.)

✓ **합병으로 받는 주식 등의 평가**(소득 해석편람 17-2-10)

의제배당금액 계산시 법인세법 제44조 제1항 제1호 및 제2호의 요건을 갖추지 아니한 합병으로 인하여 소멸한 법인의 주주가 취득한 존속하는 법인의 주식의 가액은 "취득당시의 시가"로 계산하는 것이며, 이 경우 시가가 불분명한 때에는 법인세법 시행령 제89조를 준용하여 계산한 금액으로 함(서일 46011-10996, 2003.7.24.)

PART 2

Ⅲ 배당소득의 비과세

비과세되는 배당소득의 범위는 다음과 같다.

① 공익신탁법에 따른 공익신탁의 이익(소법 12조 1)

② 주택청약종합저축의 배당소득(조특법 87조 ①)

➲ 2012.12.31.까지 가입분에 한함

③ 영농조합법인의 조합원이 받는 일정한 배당소득(조특법 66조 ②)

➲ 2026.12.31.까지 수령분에 한함

④ 영어조합법인의 조합원이 받는 일정한 배당소득(조특법 67조 ②)

➲ 2026.12.31.까지 수령분에 한함

⑤ 농업회사법인의 식량작물재배업소득에서 발생한 배당소득(조특법 68조 ④)

➲ 2026.12.31.까지 수령분에 한함

⑥ 비과세종합저축에 대한 과세특례(조특법 88조의2 ①)

➲ 2025.12.31.까지 가입분에 한함

⑦ 우리사주조합원의 배당소득(조특법 88조의4 ⑨)

⑧ 농업협동조합 자사지분의 배당소득(조특법 88조의4 ⑩)

⑨ 조합 등 출자금에 대한 비과세(조특법 88조의5)

➲ 2025.12.31.까지 수령분에 한함

⑩ 재형저축에 대한 비과세(조특법 91조의14)

➲ 2015.12.31.까지 가입분에 한함

⑪ 개인종합자산관리계좌에 대한 과세특례(조특법 91조의18)

⑫ 청년도약계좌에 대한 비과세(조특법 91조의22, 2022.12.31. 신설)

➲ 2025.12.31.까지 가입분에 한함

Ⅳ 배당소득금액의 계산

1 배당소득금액

소득세법은 이자소득과 마찬가지로 배당소득에 대하여 필요경비를 인정하지 아니한다.
(소법 17조 ③)

그러나 배당소득이 종합소득에 합산되는 경우에는 법인단계에서 부담한 것으로 간주하는 배당가산액을 배당소득 총수입금액에 가산한다.(소법 17조 ③ 단서)

또한 이자소득에서와 같이 배당소득의 총수입금액에는 비과세, 분리과세되는 배당소득을 제외하고 종합과세되는 배당소득만을 포함시키며, 사업소득에서 발생한 결손금 또는 이월결손금은 공제순서에 따라 배당소득(원천징수세율을 적용받는 부분을 제외)에서 공제될 수 있다.

> 배당소득금액 = 배당소득 총수입금액 + 배당가산액 – 사업소득의 결손금·이월결손금*
>
> * 원천징수세율을 적용받는 배당소득에서는 공제불가

Gross–up 제도

1. 이중과세의 조정

법인의 소득에 대해서는 법인단계에서 법인세가 과세되고 법인세를 부담한 후의 소득이 주주들에게 분배될 때 또다시 소득세가 과세됨으로써 동일한 원천의 소득에 대하여 이중과세가 이루어진다. 이러한 이중과세는 조세의 중립성을 저해하므로 이를 해결하기 위하여 현행 소득세법에서는 Gross–up 제도(또는 Imputation 제도)를 채택하고 있다. Gross–up 제도는 주주단계에서 소득세를 과세할 때 해당 배당소득에 대해 과세된 법인세 상당액을 배당소득 총수입금액에 가산하여 소득세를 계산한 다음, 그 배당가산액을 소득세산출세액에서 공제(배당세액공제)하는 방식이다.

이 경우 배당소득에 가산하는 금액을 귀속법인세, 배당가산액, Gross–up금액 등으로 부르고 있는데, 이하에서는 "배당가산액"으로 부르기로 한다.

	배당소득금액	(배당소득총수입금액+배당가산액)
(+)	다른종합소득금액	
(=)	종합소득금액	
(–)	소득공제	
(=)	종합소득과세표준	
(×)	기본세율	
(=)	종합소득산출세액	
(–)	배당세액공제	← 동일한금액 (배당가산액)

2. 배당가산액의 계산

배당가산액은 배당소득의 10%(2009.1.1.부터 2010.12.31.까지의 배당소득은 12%, 2011.1.1.부터 2023.12.31.까지의 배당소득은 11%)에 상당하는 금액으로 한다. 따라서 배당소득금액은 해당연도 배당소득에 대한 총수입금액에 동 배당소득의 10%에 상당하는 금액을 가산한 금액이 된다.(소법 17조 ③, 2023.12.31. 개정) 10%는 법인세부담률을 9%로 보고 다음과 같이 계산한 것이다.

$$\text{배당가산율} = \frac{\text{법인세부담률}}{1-\text{법인세부담률}} = \frac{9\%}{1-9\%} \fallingdotseq 10\%$$

◎ 연도별 법인세 최저세율과 배당가산율

귀속연도	2005	2006	2007	2008	2009	2010	2011~2022	2023	2024~
법인세 최저세율	13%	13%	13%	11%	11%	10%	10%	9%	9%
배당가산율	19%	15%	15%	15%	12%*1	12%	11%*2	11%	10%*3

*1. 2008년에 11%로 과세된 소득은 2009.1.1. 이후에 최초로 배당금으로 지급되므로 2009년 귀속분부터 12%의 배당가산율을 적용한다.
*2. 2010년에 10%로 과세된 소득은 2011.1.1. 이후에 최초로 배당금으로 지급되므로 2011년 귀속분부터 11%의 배당가산율을 적용한다.
*3. 2023년에 9%로 과세된 소득은 2024.1.1. 이후에 최초로 배당금으로 지급되므로 2024년 귀속분부터 10%의 배당가산율을 적용한다.

2 Gross-up 대상 배당소득

Gross-up 대상 배당소득은 다음 세 가지 요건을 모두 갖춘 것에 한한다.

(1) 내국법인으로부터 얻은 배당소득일 것

(2) 법인세가 과세된 소득을 재원으로 하는 배당소득일 것

법인세가 과세된 소득이란 '법인세의 과세대상이 되는 소득'이라는 의미이며, 실제로 법인세가 과세되었는지의 여부는 관계가 없다.

법인세가 과세되지 않은 소득을 재원으로 하여 지급되는 배당소득에 대해서는 소득세만 과세되는 것이므로 이중과세 조정의 문제가 발생하지 아니한다.

(3) 종합과세되고 누진세율이 적용되는 배당소득일 것

금융소득(배당가산액과 출자공동사업자의 배당소득은 제외)이 2,000만원을 초과함으로써 종합과세되는 경우 금융소득 중 2,000만원 범위 내에 포함되어 있는 배당소득에 대해서는 Gross-up을 하지 아니하며, 2,000만원을 초과하는 부분에 포함되어 있는 배당소득에 대하여만 Gross-up 한다.(소법 56조 ④) 따라서 종합과세되는 금융소득 중 어떤 소득이 먼저 2,000만원을 구성하였는지에 관한 순서가 필요한데, 현행 소득세법은 Gross-up 대상 소득이 가급적 2,000만원 초과분에 포함되도록 다음과 같은 순서에 의하도록 규정을 두고 있

다.(소령 116조의2, 2015.2.3. 개정)

> ① 이자소득 → ② 본래 Gross-up 대상이 아닌 배당소득 → ③ 본래 Gross-up 대상인 배당소득*
>
> * 본래 Gross-up 대상인 배당소득이란 국내에서 법인세가 과세된 잉여금을 재원으로 하는 배당을 말한다.

배당가산 대상 배당소득 여부(소득 집행기준 17-0-1)

<table>
<tr><th>구 분</th><th colspan="2">범 위</th></tr>
<tr><td rowspan="5">배당가산 대 상 배당소득</td><td colspan="2">내국법인으로부터 받는 이익이나 잉여금의 배당 또는 분배금</td></tr>
<tr><td colspan="2">법인으로 보는 단체로부터 받는 배당금 또는 분배금</td></tr>
<tr><td colspan="2">배당가산하지 않는 의제배당을 제외한 의제배당</td></tr>
<tr><td colspan="2">법인세법에 따라 배당으로 처분된 금액</td></tr>
<tr><td colspan="2">자본시장과 금융투자업에 관한 법률 제9조 제19항 제1호에 따른 기관전용 사모집합투자기구로부터 받는 배당소득(법인세법 제51조의2, 조세특례제한법 제100조의16, 104조의31, 제63조의2·제121조의2·제121조의4·제121조의8 또는 제121조의9의 규정을 적용 받는 법인 제외)</td></tr>
<tr><td rowspan="11">배당가산 하지 않는 배당소득</td><td rowspan="3">의제 배당</td><td>자기주식 또는 자기출자지분의 소각이익의 자본전입으로 인한 의제배당</td></tr>
<tr><td>토지의 재평가차익의 자본전입으로 인한 의제배당</td></tr>
<tr><td>법인이 자기주식 또는 자기출자지분을 보유한 상태에서 자본전입을 함에 따라 그 법인 외의 주주 등의 지분비율이 증가한 경우 증가한 지분비율에 상당하는 주식 등의 가액에 의한 의제배당</td></tr>
<tr><td colspan="2">국내·외에서 받는 파생결합증권 또는 파생결합사채로부터의 이익</td></tr>
<tr><td colspan="2">외국법인으로부터 받는 배당소득</td></tr>
<tr><td colspan="2">집합투자기구로부터의 이익(위 사모집합투자기구로부터 받는 배당소득 제외)</td></tr>
<tr><td colspan="2">국제조세조정에 관한 법률에 따라 배당받은 것으로 간주된 금액</td></tr>
<tr><td colspan="2">공동사업에서 발생한 소득금액 중 출자공동사업자가 손익분배비율에 따라 받는 금액</td></tr>
<tr><td colspan="2">조세특례제한법 제132조에 따른 최저한세액이 적용되지 아니하는 법인세의 비과세·면제·감면 또는 소득공제(조세특례제한법 외의 법률에 따른 비과세·면제·감면 또는 소득공제를 포함함)를 받은 법인 중 소득세법 시행령 제27조의3 제1항에 따른 법인으로부터 받은 배당소득이 있는 경우에는 그 배당소득의 금액에 아래 산식의 비율을 곱하여 산출한 금액
$\text{비율} = \dfrac{\text{직전 2개 사업연도의 감면대상소득금액의 합계액} \times \text{감면비율}}{\text{직전 2개 사업연도의 총소득금액의 합계}}$</td></tr>
<tr><td colspan="2">배당소득과 유사한 소득으로서 수익분배의 성격이 있는 것</td></tr>
<tr><td colspan="2">종합과세기준금액(2천만원)을 초과하지 않는 배당소득</td></tr>
</table>

✓ 특정금전신탁을 통해 지급받는 배당소득이 Gross-up 적용대상 소득에 해당하는지 여부

[사실관계]

A법인은 자본시장과 금융투자업에 관한 법률(이하 "자본시장법")에 따라 신탁업 운영 인가를 받은 법인으로서, 개인인 고객과 사이에 자본시장법 시행령 103조 1호에 따른 특정금전신탁(위탁자가 신탁재산인 금전의 운용방법을 지정하는 금전신탁, 이하 "특정금전신탁") 계약을 체결하고 있는바, 위탁자별 운용방법(운용대상의 종류·비중·위험도 등), 신탁기간, 신탁보수 및 이익계산방법 등을 개별 계약에 따라 정하고 있어 위탁자별 개별성이 확보되고 있고 신탁재산의 운용에 따라 발생한 수익에 대해서는 그 발생 원천별로 이자·배당소득으로 구분하여 매 분기말(원천징수 대상 소득이 있는 경우), 신탁해지일 또는 이자 지급일(원본가산일 포함) 등 세법에서 정한 시기에 원천징수의무를 이행하고 있음

[특정금전신탁의 구조]

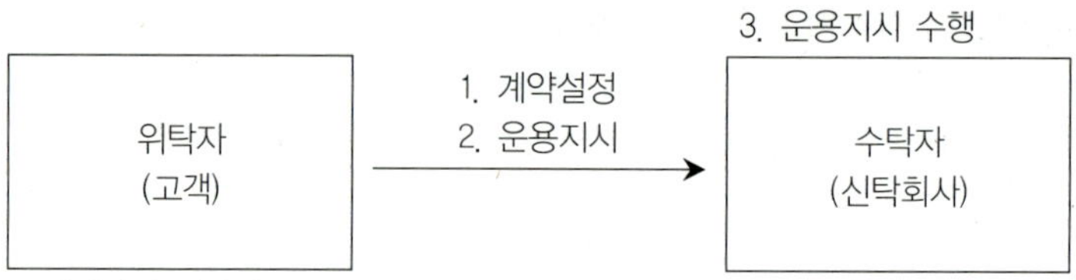

1. 계약설정 : 위탁자는 수탁자와 1:1 계약 설정(특정금전신탁계약)
2. 운용지시 : 위탁자가 투자대상 및 투자비중을 지정
3. 수탁자는 위탁자의 운용지시 수행

[질의]

개인인 위탁자와 특정금전신탁계약을 맺고 운영되는 금전신탁에 편입한 국내주식에서 배당소득이 발생한 경우, 동 소득이 소득세법 17조 ③ 각 호 외의 단서를 충족하는 전제하에 Gross-up 적용대상 소득에 해당하는지 여부

[회신]

개인이 자본시장과 금융투자업에 관한 법률 시행령 제103조 제1호에 따른 특정금전신탁을 위한 계약을 체결한 경우로서 그 소득의 구분이 소득세법 제4조 제2항 각 호 외의 부분에 따르는 경우에 있어서, 동 신탁재산에 귀속되는 소득으로서 같은 법 제17조 제3항 각 호 외의 부분 단서에서 정하는 배당소득에 대해서는 신탁재산 귀속 소득의 납세의무자인 거주자의 해당 과세기간 총수입금액에 그 배당소득의 10%(2009.1.1.부터 2010.12.31.까지의 배당소득은 12%, 2011.1.1.부터 2023.12.31.까지의 배당소득은 11%)에 해당하는 금액을 더한 금액으로 하는 것임(서면법규소득 2021-4592, 2022.12.7.)

3 Gross-up 대상이 아닌 배당소득

위 Gross-up 대상 배당소득의 요건을 충족하지 못하는 다음의 배당소득을 말한다.

(1) 외국법인으로부터의 배당

(2) 국내에서 법인세가 과세되지 아니한 잉여금이 재원인 다음의 배당

① 주식의 소각·자본의 감소로 인한 의제배당(법인의 소득에 법인세가 과세되지 아니한 배당으로서 자본의 감소로 인한 경우로 한정한다)(소령 17조 ③ 1, 2024.12.31. 신설)

➲ 2025.12.31. 이후 자본의 감소로 취득하거나 지급받는 소득분부터 적용한다.(2024.12.31. 법 부칙 5조)

② 자기주식소각익의 자본전입으로 인한 의제배당 중 다음에 해당하는 경우(소법 17조 ③ 2)

㉠ 자기주식의 소각당시 시가가 취득가액을 초과하는 경우

㉡ 자기주식의 소각일로부터 2년 이내에 자본전입하는 경우

➲ 배당의 재원이 익금불산입 항목이므로 법인단계에서 법인세가 과세되지 않는다.

③ 토지의 재평가적립금(1% 세율 적용분)을 자본전입하는 경우의 의제배당(소법 17조 ③ 3)

➲ 배당의 재원인 재평가차액에 대하여 압축기장충당금을 설정함으로써 법인세의 과세가 장기간 유예된다.

④ 자기주식 보유상태에서의 자본잉여금(익금불산입항목)을 자본에 전입함에 따라 다른 주주의 지분비율이 증가한 경우의 의제배당(소법 17조 ③ 4)

➲ 배당의 재원이 익금불산입항목인 자본잉여금이므로 법인단계에서 법인세가 과세되지 않는다.

⑤ 집합투자기구로부터의 이익

➲ 집합투자기구로부터의 이익의 원천은 공·사채의 투자수익과 주식의 투자수익이 혼합되어 있으며, 주식의 투자수익은 다시 매매차익과 주식발행법인으로부터의 배당금으로 혼재되어 있다. 따라서 일부는 법인단계에서 법인세가 과세된 소득을 재원으로 하는 배당소득이 있을 수 있으나 이의 구분이 실무적으로 불편하고, 그 금액이 차지하는 비율이 미미하므로 Gross-up 대상에서 제외하는 것이다.

⑥ 법인세법상 소득공제를 적용받는 다음의 법인으로부터의 배당(소령 27조의3 ① 1, 법법 51조의2)

➲ 배당가능이익의 90% 이상을 배당하는 경우 그 배당액 전액을 소득공제하므로 주주가 받는 배당에 대해서는 법인세가 과세되지 않는다.

㉠ 자산유동화에 관한 법률에 의한 유동화전문회사

㉡ 자본시장과 금융투자업에 관한 법률에 따른 투자회사, 투자목적회사, 투자유한회

PART 2

사 및 투자합자회사(같은 법 제9조 제19항 제1호의 기관전용 사모집합투자기구는 제외한다) 및 투자유한책임회사(법법 51조의2 ① 2, 2021.12.21. 개정, 소령 27조의3 ③)

㉢ 기업구조조정 투자회사법에 따른 기업구조조정투자회사

㉣ 부동산투자회사법에 의한 기업구조조정부동산투자회사 및 위탁관리부동산투자회사

㉤ 선박투자회사법에 의한 선박투자회사

㉥ 임대사업을 목적으로 민간임대주택에 관한 특별법 시행령 제4조 제1항 제3호 다목의 투자회사의 규정에 따른 요건을 갖추어 설립된 법인(법령 86조의2 ②, 2015.12.28. 개정)

㉦ 문화산업진흥 기본법에 따른 문화산업전문회사

㉧ 해외자원개발 사업법에 따른 해외자원개발투자회사

㉨ 프로젝트 금융투자회사 : 위 '㉠부터 ㉧까지'와 유사한 투자회사로서 조세특례제한법 제104조의31의 요건을 갖춘 법인(2020.12.29. 개정)

⑦ 최저한세가 적용되지 아니하는 다음의 감면법인의 소득 중 감면부분을 재원으로 하는 배당(소법 17조 ③ 4, 소령 27조의3 ① 2)

➲ 감면으로 인하여 일부 법인세가 과세되지 않는다.

㉠ 수도권 밖으로 본사를 이전하는 법인에 대한 세액감면 등(조특법 63조의2, 2020.12.29. 제목개정)

㉡ 외국인투자에 대한 조세감면(조특법 121조의2)

㉢ 증자의 조세감면(조특법 121조의4)

㉣ 제주첨단과학기술단지 입주기업에 대한 법인세 등의 감면(조특법 121조의8)

㉤ 제주투자진흥지구 또는 제주자유무역지역 입주기업에 대한 법인세 등의 감면(조특법 121조의9)

배당소득을 지급하는 법인	Gross-up 적용 제외 대상소득 감면비율
• 소득공제를 적용받는 유동화전문회사, 투자회사 등	배당소득금액 × 100%
• 수도권 밖으로 본사를 이전하는 경우 법인세 등의 감면	$\text{배당소득금액} \times \dfrac{\dfrac{\text{직전2개}^{*}\text{사업연도}}{\text{감면대상 소득금액합계}} \times \text{감면비율}}{\text{직전2개}^{*}\text{사업연도 총소득금액합계}}$
• 감면을 적용받는 외국인 투자기업	(위와 같음)

* 감면을 적용받는 사업연도가 1개인 경우에는 해당 사업연도소득금액을 기준으로 한다.

사 례 최저한세 배제대상 감면법인으로부터의 배당소득에 대한 Gross-up 대상 금액산출

2024년도에 '수도권 밖으로 본사를 이전하는 법인세에 대한 세액감면'을 적용받는 (주)정평으로부터 현금배당 10,000,000원을 받았다. 직전연도까지의 감면기간 내용이 다음과 같을 때 본래 Gross-up 대상 배당소득을 구하시오.

구 분	법인의 소득금액	감면소득금액	감면율
2022년	6억원	5억원	100%
2023년	4억원	4억원	50%

해 답 3,000,000원

풀 이 ① 2년 평균 감면비율 $= \frac{5억원 \times 100\% + 4억원 \times 50\%}{6억원 + 4억원} = 70\%$

② 배당금 1,000만원 중 70%인 7,000,000원은 본래 Gross-up 대상 배당소득에서 제외되고(감면으로 인해 실제 법인세를 부담하지 않았으므로), 30%인 3,000,000원이 본래 Gross-up 대상 배당소득이 된다.

⑧ 동업기업과세특례를 적용받는 법인으로부터의 배당(소령 27조의3 ① 1, 조특법 100조의16)

➲ 법인세가 과세되지 않는다.

⑨ 자산재평가법 제28조 제2항(☞ 재평가적립금 처분 규정)을 위반하여 재평가적립금을 감액하여 받은 배당(소법 17조 ③ 6, 2024.12.31. 신설)

➲ 2025.12.31. 이후 재평가적립금으로 취득하거나 지급받는 소득분부터 적용한다.(2024.12.31. 법 부칙 5조)

⑩ 다음에 해당하는 자본준비금을 감액하여 받은 배당(소법 17조 ③ 7, 2024.12.31. 신설, 법법 18조 8 나, 다)

➲ 2025.12.31. 이후 자본준비금의 감액으로 취득하거나 지급받는 소득분부터 적용한다.(2024.12.31. 법 부칙 5조)

㉠ 적격합병에 따른 합병차익 중 피합병법인의 재평가적립금에 상당하는 금액

㉡ 적격분할에 따른 분할차익 중 분할법인의 재평가적립금에 상당하는 금액

⑪ 출자공동사업자에 대한 배당소득

⑫ 유사 배당소득

➲ 유사배당소득(문화펀드 등 신종펀드의 배당)은 해당 지급자(펀드)에 대하여 법인세가 과세되지 않는다.

PART 2

(3) 소득세가 누진세율로 과세되지 아니하는 다음의 배당

① 분리과세대상 배당

② 종합과세대상 배당 중 14%의 세율이 적용되는 배당

● 잉여금의 자본전입으로 인한 의제배당 및 이중과세 조정여부

<table>
<tr><th colspan="4">자본전입의 재원</th><th>의제배당 여부</th><th>Gross－up 여부</th></tr>
<tr><td rowspan="8">(1) 자본잉여금</td><td rowspan="2">① 주식발행초과금</td><td colspan="2">일반적인 주식발행초과금</td><td>×</td><td>×</td></tr>
<tr><td colspan="2">채무의 출자전환시 채무면제이익</td><td>○</td><td>○</td></tr>
<tr><td rowspan="3">② 감자차익</td><td colspan="2">일반적인 감자차익</td><td>×</td><td>×</td></tr>
<tr><td rowspan="2">자기주식소각익</td><td>요건충족 자본전입분*</td><td>○</td><td>×</td></tr>
<tr><td>기타의 자본전입분</td><td>×</td><td>×</td></tr>
<tr><td rowspan="2">③ 재평가적립금</td><td colspan="2">일반적인 재평가적립금(3% 적용분)</td><td>×</td><td>×</td></tr>
<tr><td colspan="2">익금에 산입된 토지의 재평가차액 (1% 적용분)</td><td>○</td><td>×</td></tr>
<tr><td colspan="3">④ 기타자본잉여금</td><td>○</td><td>○</td></tr>
<tr><td colspan="4">(2) 본래 의제배당에 해당하지 않는 잉여금의 자본전입의 경우로서 자기주식 보유상태에서 자본전입을 함으로 인하여 주주의 지분비율이 증가한 경우</td><td>○</td><td>×</td></tr>
<tr><td>(3) 이익잉여금</td><td colspan="3">① 법정적립금, ② 임의적립금, ③ 처분전이익잉여금</td><td>○</td><td>○</td></tr>
</table>

* 소각당시 시가가 취득가액을 초과하는 경우(기간불문) 및 소각일로부터 2년 이내 자본전입분

V 배당소득금액의 수입시기

배당소득에 대한 총수입금액의 수입할 시기는 다음에 규정하는 날로 한다.(소령 46조)

<table>
<tr><th colspan="2">구 분</th><th>수 입 시 기</th></tr>
<tr><td rowspan="2">(1) 실질배당</td><td>① 무기명주식의 이익이나 배당</td><td>• 그 지급을 받은 날</td></tr>
<tr><td>② 잉여금의 처분에 의한 배당</td><td>• 잉여금처분 결의일</td></tr>
<tr><td rowspan="4">(2) 의제배당</td><td>① 자본감소, 퇴사·탈퇴</td><td>• 자본감소결의일, 퇴사·탈퇴일</td></tr>
<tr><td>② 잉여금의 자본전입</td><td>• 자본전입 결정일</td></tr>
<tr><td>③ 해산</td><td>• 잔여재산가액이 확정된 날</td></tr>
<tr><td>④ 합병·분할</td><td>• 합병·분할 등기일</td></tr>
<tr><td>(3) 인정배당</td><td>• 법인세법에 의한 배당 소득처분</td><td>• 해당 법인의 해당 사업연도 결산확정일</td></tr>
</table>

구 분		수 입 시 기
(4) 집합투자 기구로부터의 이익		① 집합투자기구로부터의 이익을 지급받은 날 ② 원본에 전입하는 뜻의 특약이 있는 분배금은 그 특약에 따른 원본전입일
(5) 파생결합증권 또는 파생결합사채로부터의 이익		• 그 이익을 지급받은 날. 다만, 원본에 전입하는 뜻의 특약이 있는 분배금은 그 특약에 따른 원본전입일(2018.2.13. 신설)
(6) 조각투자상품으로부터의 이익(2025.2.28. 신설) ➲ 2025.7.1.부터 시행(2025.2.28. 영 부칙 1조 2)		• 그 이익을 지급받은 날
(7) 기 타	• 출자공동사업자의 배당소득	• 과세기간 종료일
	• 유사배당 • 파생상품의 거래 또는 행위로부터의 이익	• 그 지급을 받은 날

의제배당의 수입시기는 소득세법 시행령 제46조 제4호에 따라 '주식의 소각을 결정한 날'임 (대법원 2015두48433, 2015.12.10.)

- 2000.12.6. 甲회사가 이사회 결의를 거쳐 당시 주주인 A로부터 甲회사 발행주식 40,000주를 주당 ₩200,000에 양수하는 계약을 체결
- 2000.12.21. 甲회사가 A에게 대금을 모두 지급함
- 2010.9.27. 임시주주총회를 개최하여 양수한 주식을 무상소각 하여 자본을 감소하기로 결의함
- 2010.12.9. 공고 등 절차를 거쳐 자본감소의 변경등기를 완료 함

[대법원의 판단과 평석][11)]
위 계약은 단순한 주식의 양도가 아니라 주식소각 방법에 의한 자본감소 절차의 일환으로 이루어진 것으로서 의제배당소득은 일반적인 주식 양도소득과는 달리 소득세법 시행령 제46조 제4호에서 정한 자본감소 결정일에 그 수입시기가 도래하는 것이고, 위 계약에 따른 대금이 지급된 이후에 자본감소 결정이 이루어졌다 하여 달리 볼 수는 없다는 이유로 의제배당의 수입시기를 2010년으로 본 원심의 판결을 수긍하였다.
A의 입장에서는 양도대금을 지급받은 시점에 그로 인한 이익이 확정되었다고 볼 수 있지만 그것이 주식소각이나 자본감소에 따른 이익으로 보는 한 주식소각이나 자본감소가 확정되기 전, 즉 그 결의가 있기 전에는 그 이익이 확정되었다고 보기는 어렵다. 대법원의 판단이 옳다고 하겠다.

11) 강석규, 2020, 조세법쟁론, 삼일인포마인, p. 850

VI 배당소득의 과세방법

1 원천징수

(1) 원천징수의 의무

국내에서 거주자나 비거주자에게 배당소득을 지급하는 자는 그 거주나 또는 비거주자에 대한 소득세를 원천징수하여야 한다.(소법 127조 ①)

내국법인에게 배당소득을 지급하는 경우의 원천징수

내국법인에게 배당소득을 지급하는 경우에는, 배당소득 중 투자신탁이익에 대해서만 원천징수하며, 다른 배당소득에 대해서는 원천징수하지 아니한다.(법법 73조 ① 2)

✓ 재건축 정비사업조합의 원천징수대상 배당소득금액

조세특례제한법 제104조의7 제2항에 따른 주택재건축 정비사업조합이 수익사업에 해당하는 일반분양 주택분에서 발생한 이익을 조합원에게 분배하는 경우 해당 분배금액은 소득세법 제17조에 따른 배당소득에 해당하는 것이며, 같은 법 제127조 제1항에 따라 소득세를 원천징수하여야 하는 것임(서면원천 2021-4347, 2021.8.5.)

(2) 원천징수의 대리·수임

① 원천징수를 하여야 할 자를 대리하거나 그 위임을 받은 자의 행위는 수권(授權) 또는 위임의 범위에서 본인 또는 위임인의 행위로 보아 원천징수의 규정을 적용한다.(소법 127조 ②)

② 자본시장과 금융투자업에 관한 법률 제294조에 따른 한국예탁결제원에 예탁된 증권 등[같은 조 제1항에 따른 증권 등(법 제127조 제4항이 적용되는 신탁재산은 제외)을 말하며, 이하 "증권 등"이라 한다]에서 발생하는 이자 및 배당소득에 대해서는 다음의 구분에 따른 자와 해당 증권 등을 발행한 자 간에 원천징수의무의 대리 또는 위임의 관계가 있는 것으로 보아 법 제127조 제2항을 적용한다.(소령 184조의4, 2019.2.12 신설)

㉠ 자본시장과 금융투자업에 관한 법률 제309조에 따라 한국예탁결제원에 계좌를 개설한 자(이하 "예탁자"라 한다)가 소유하고 있는 증권 등의 경우 : 한국예탁결제원

㉡ 자본시장과 금융투자업에 관한 법률 제309조에 따라 예탁자가 투자자로부터 예탁받은 증권 등의 경우 : 예탁자

(3) 원천징수의 시기 및 방법

1) 원 칙

원천징수의무자는 원천징수대상 배당소득금액을 지급하는 때에 원천징수세율을 적용하여 계산한 소득세를 원천징수한다.(소법 130조)

2) 배당소득 원천징수시기에 대한 특례(소법 131조, 소령 191조)

배당소득금액을 실제로 지급하지 아니한 경우에는 다음에서 정하는 때에 원천징수하여야 한다.

① 미지급배당

㉠ 법인이 이익 또는 잉여금의 처분에 따른 배당 또는 분배금을 그 처분을 결정한 날부터 3개월이 되는 날까지 지급하지 아니한 경우에는 그 3개월이 되는 날에 그 배당소득을 지급한 것으로 보아 소득세를 원천징수한다.

㉡ 11월 1일부터 12월 31일까지의 사이에 결정된 처분에 따라 다음 연도 2월 말일까지 배당소득을 지급하지 아니한 경우에는 그 처분을 결정한 날이 속하는 과세기간의 다음 연도 2월 말일에 그 배당소득을 지급한 것으로 보아 소득세를 원천징수한다.

✓ 중간배당 결의 후 배당취소 결의를 추가로 한 경우 지급시기 특례규정에 따른 원천징수의무 여부

상법 제462조의3의 규정에 따라 적법한 이사회 결의로 중간배당이 확정된 경우, 법인이 중간배당을 결정한 날부터 3개월이 되는 날까지 배당금을 지급하지 않았다면, 소득세법 제131조 제1항의 규정에 따라 그 3개월이 되는 날에 배당소득을 지급한 것으로 보아 소득세를 원천징수하는 것임. 원천징수의무자가 이를 불이행하는 경우 국세기본법 제47조의5에 따른 가산세(☞ 원천징수 등 납부지연가산세)가 적용됨(기획재정부금융세제-107, 2020.4.16.)

② 의제배당

㉠ 주식의 소각 등의 경우 : 자본감소결의일, 퇴사·탈퇴일

㉡ 잉여금의 자본전입의 경우 : 해당 주주총회·사원총회 기타 의결기관에서 잉여금의 자본전입 또는 출자에의 전입을 결정한 날

> **✓ 잉여금의 자본전입에 의한 의제배당 원천징수 시기**
> 법인의 잉여금의 전부 또는 일부를 자본에 전입함으로써 취득하는 주식의 가액으로서 의제배당에 해당하는 경우 동 배당소득에 대한 원천징수 시기는 '자본에의 전입을 결정한 날(다만, 이사회의 결의에 의하는 경우에는 상법 제461조 제3항의 규정에 의하여 정한 날)'이며, 여기서 '자본에의 전입을 결정한 날'이라 함은 "주주총회에서 자본에 전입할 것을 결의한 날"을 말하며, '상법 제461조 제3항의 규정에 의하여 정한 날'이라 함은 "신주배정기준일"을 말하는 것임(서면1팀－1290, 2005.10.26.)

㉢ 해산·합병 또는 분할로 인한 경우

ⓐ 해산으로 소멸한 경우 : 잔여재산가액이 확정된 날

ⓑ 합병으로 소멸한 경우 : 그 합병등기를 한 날

ⓒ 분할 또는 분할합병으로 소멸 또는 존속하는 경우 : 그 분할등기 또는 분할합병등기를 한 날

③ 인정배당

법인세법에 따라 처분되는 배당에 대하여는 다음 중 하나에 해당하는 날에 그 배당소득을 지급한 것으로 보아 소득세를 원천징수한다.(소법 131조 ②)

㉠ 법인세 과세표준을 결정 또는 경정하는 경우 : 소득금액변동통지서를 받은 날

㉡ 법인세 과세표준을 신고하는 경우 : 그 신고일 또는 수정신고일

④ 출자공동사업자의 배당소득

과세기간 종료 후 3개월이 되는 날까지 지급하지 아니한 소득 : 과세기간 종료 후 3개월이 되는 날(소령 191조 2)

⑤ 동업기업과세특례에 따라 동업기업으로부터 배분받은 소득

해당 동업기업의 과세기간 종료 후 3개월이 되는 날까지 지급하지 아니한 소득 : 해당 동업기업의 과세기간 종료 후 3개월이 되는 날(소령 191조 3)

⑥ 위 '②부터 ⑤까지' 외의 배당소득

배당소득의 수입시기(소득세법 시행령 제46조)에 규정된 날

3) 특정금전신탁 등의 원천징수의 특례

다음의 특정금전신탁을 제외한 신탁의 경우에는 원천징수를 대리하거나 위임을 받은 자가 배당소득이 신탁에 귀속된 날부터 3개월 이내의 특정일(동일 귀속연도 이내로 한정한다)에 그 소득에 대한 소득세를 원천징수하여야 한다.(소법 155조의2, 2024.12.31. 개정, 4조 ②)

㉠ 법인세법 제5조 제2항에 따라 신탁재산에 귀속되는 소득에 대하여 그 신탁의 수탁자가 법인세를 납부하는 신탁

㉡ 자본시장과 금융투자업에 관한 법률 제9조 제18항 제1호에 따른 투자신탁. 다만, 2022.12.31.까지는 소득세법 제17조 제1항 제5호에 따른 집합투자기구로 한정한다.

㉢ 자본시장과 금융투자업에 관한 법률 제251조 제1항에 따른 집합투자업겸영보험회사의 특별계정

㉣ 금전이 아닌 재산의 신탁계약에 의한 수익권이 표시된 수익증권이 발행된 신탁 (2024.12.31. 신설) ➲ 2025.7.1. 이후 지급받는 소득분부터 적용한다.(2024.12.31. 법 부칙 2조)

4) 집합투자기구의 원천징수 특례

원천징수대상 소득금액이 자본시장과 금융투자업에 관한 법률에 따른 집합투자재산에 귀속되는 시점에는 그 소득금액이 지급된 것으로 보지 아니한다.(소법 155조의3)

(4) 원천징수 세율(소법 129조)

① 일반적인 배당소득 : 14%

② 출자공동사업자 배당소득 : 25%

③ 비실명배당소득 : 45%(금융실명거래 및 비밀보장에 관한 법률 적용분은 90%)(소법 129조 ④ 2)

➲ 2023.1.1. 전에 지급한 배당소득으로서 실지명의가 확인되지 아니한 소득에 대한 원천징수세율에 관하여는 개정규정에도 불구하고 종전의 규정(42%)에 따른다.(2022.12.31. 법 부칙 20조)

④ 조세특례제한법상의 분리과세 특례세율

㉠ 세금우대종합저축의 배당소득 : 9%(조특법 89조)

㉡ 영농·영어조합법인의 조합원의 배당소득 : 5%(조특법 66조 ③, 67조 ③)

㉢ 선박투자회사로부터의 배당소득 : 9%(액면가액 5천만원 이하)(조특법 87조의5 ②)

㉣ 부동산집합투자기구 등 집합투자증권의 배당소득 : 5%(액면가액 5천만원 이하)(조특법 87조의6 ①)

㉤ 공모부동산집합투자기구의 집합투자증권의 배당소득(2023.12.31.까지의 투자분) : 9%(조특법 87조의7, 2019.12.31. 신설)

㉥ 세금우대종합저축의 배당소득 : 9%(2014.12.31.까지의 가입분)(조특법 89조)

㉦ 해외자원개발투자회사 등의 주식의 배당소득 : 9%(액면가액 5천만원 이하)(조특법 91조의6 ①)

(5) 외국납부세액이 있는 경우의 원천징수

① 원천징수세액을 계산할 때 배당소득 및 금융투자소득에 대해서 외국에서 외국소득세액을 납부한 경우에는 원천징수세액에서 그 외국소득세액을 뺀 금액을 원천징수세액으로 한다. 이 경우 다음 중 하나에 해당하는 것이 해당 소득에 대하여 법인세법에 따른 외국법인세액을 납부한 경우에는 원천징수세액에서 그 외국법인세액을 뺀 금액을 원천징수세액으로 한다.(소법 129조 ④, 2021.12.8. 개정)

㉠ 자본시장과 금융투자업에 관한 법률에 따른 투자회사, 투자목적회사, 투자유한회사, 투자합자회사(같은 법 제9조 제19항 제1호의 기관전용 사모집합투자기구는 제외), 투자유한책임회사, 투자신탁, 투자합자조합 및 투자익명조합

㉡ 부동산투자회사법에 따른 기업구조조정 부동산투자회사 및 위탁관리 부동산투자회사

㉢ 법인세법 제5조 제2항에 따라 내국법인으로 보는 신탁재산

② 위 '①'을 적용할 때 외국소득세액 또는 외국법인세액이 원천징수세액을 초과하는 경우에는 그 초과하는 금액은 없는 것으로 한다.(소법 129조 ⑤, 2021.12.8. 신설)

개정 2024.12.31.

➲ 2025.1.1. 이후 지급받는 소득에 대하여 과세표준을 신고하거나 원천징수하는 경우부터 적용한다.(2021.12.8. 법 부칙 1조 1, 2023.12.31. 1조 2 개정)

(5) 외국납부세액이 있는 경우의 원천징수

① 국내 원천징수세액을 계산할 때 배당소득에 대해서 외국에서 외국소득세액을 납부한 경우에는 국내 원천징수세액에서 그 외국소득세액을 뺀 금액을 원천징수세액으로 한다. 이 경우 외국소득세액이 국내 원천징수세액을 초과하는 경우에는 그 초과하는 금액은 없는 것으로 한다.(소법 129조 ④, 2024.12.31. 개정)

② 국내 원천징수세액을 계산할 때 제57조의2 제1항 각 호의 요건을 갖춘 배당소득에 대해서는 아래의 '㉠－㉡'의 금액을 원천징수세액으로 한다.(소법 129조 ⑤, 2024.12.31. 개정)

㉠ 간접투자회사등으로부터 지급받은 소득(소득세법 제57조의2 제2항 제1호에 따른 금액을 말한다. 이하에서 같다)에 원천징수 세율을 곱하여 계산한 금액

㉡ Min[ⓐ, ⓑ]

ⓐ 거주자별 간접투자외국법인세액에 다음의 계산식에 따라 계산한 율을 곱한 금액(2023.02.28 신설)

㉮ 원천징수세율(129조 ①)이 간접투자외국법인세액에 적용된 외국 원천징수세율(제117조의2 ④에 따라 계산한 율)보다 작은 경우(소령 189조의2 ①, 2023.2.28. 신설, 소령 189조의2 ①, 2023.2.28. 신설)

$$\frac{\text{원천징수세율}}{\text{간접투자외국법인세액에 적용된 외국 원천징수세율}} - \text{원천징수세율}$$

이때 개인종합자산관리계좌로부터 지급받은 소득에 둘 이상의 간접투자회사등으로부터 지급받은 소득이 포함되어 있는 경우에는 해당 간접투자회사등별 간접투자외국법인세액을 합한 금액을 해당 개인종합자산관리계좌의 간접투자외국법인세액으로 하고, 외국 원천징수세율은 14%로 하여 계산한다.(소령 189조의2 ③, 2023.2.28. 신설)

㉯ 원천징수세율이 간접투자외국법인세액에 적용된 외국 원천징수세율보다 크거나 같은 경우

1 - 원천징수세율

ⓑ 공제한도금액 : 배당소득 × 14%(소법 129조 ⑥, 2024.12.31. 개정)

③ 위 '②의 ㉡의 ⓐ'의 금액이 공제한도금액(ⓑ)을 초과하는 경우 그 초과하는 금액은 해당 간접투자외국법인세액을 납부한 날부터 10년이 지난 날이 속하는 연도의 12월 31일까지의 기간 중에 해당 간접투자회사등으로부터 소득을 지급받는 때에 해당 소득에 대한 공제한도금액 내에서 공제할 수 있다. 다만, 간접투자회사등이 발행한 증권의 전부 환매 또는 전부 양도에 따른 소득에 대한 위 '②의 ㉡의 ⓐ'의 금액이 공제한도금액을 초과하는 경우 그 초과하는 금액은 없는 것으로 한다.(소법 129조 ⑦, 2022.12.31. 신설)

소득세법 제57조 제1항 각 호

1. 다음 중 하나에 해당하는 것(이하에서 "간접투자회사등"이라 한다)으로부터 지급받은 소득일 것
   가. 자본시장과 금융투자업에 관한 법률에 따른 투자회사, 투자목적회사, 투자유한회사, 투자합자회사(같은 법 제9조 제19항 제1호의 기관전용 사모집합투자기구는 제외한다), 투자유한책임회사, 투자신탁, 투자합자조합 및 투자익명조합
   나. 부동산투자회사법에 따른 기업구조조정 부동산투자회사 및 위탁관리 부동산투자회사
   다. 법인세법 제5조 제2항에 따라 내국법인으로 보는 신탁재산
2. 간접투자회사등이 거주자에게 지급한 소득에 대하여 법인세법 제57조 제1항 및 제6항에 따른 외국법인세액(간접투자회사등이 다른 간접투자회사등이 발행하는 증권을 취득하는 구조로 투자한 경우로서 그 다른 간접투자회사등이 납부한 같은 규정에 따른 외국법인세액이 있는 경우 해당 세액을 포함하며, "간접투자외국법인세액"이라 한다)을 납부하였을 것

◎ **소득세법 제57조의2 제2항 제1호에 따른 금액**

자본시장과 금융투자업에 관한 법률 제238조 제6항에 따른 기준가격(간접투자외국법인세액이 차감된 가격을 말하며, "세후기준가격"이라 한다)을 기준으로 계산된 금액. 다만, 증권시장에 상장된 간접투자회사등의 증권의 매도에 따라 간접투자회사등으로부터 지급받은 소득은 다음에 따라 계산한 금액으로 한다.

• Min[①, ②]

① (매도 시 과세표준기준가격[*1] - 매수 시 과세표준기준가격[*2]) ± 직전 결산·분배 시 발생한 과세되지 않은 투자자별 손익

② (실제 매도가격 - 실제 매수가격) ± 직전 결산·분배 시 발생한 과세되지 않은 투자자별 손익

*1. 자본시장과 금융투자업에 관한 법률 제238조 제6항에 따른 기준가격에서 제26조의2 제4항 각 호 외의 부분 본문에 따라 집합투자기구로부터의 이익에 포함되지 않는 손익을 제외하여 산정한 금액을 말하며, 자본시장과 금융투자업에 관한 법률 제279조 제1항에 따른 외국 집합투자증권으로서 과세표준기준가격이 없는 경우에는 같은 법 제280조 제4항 본문에 따른 기준가격을 말한다.

*2. 매수 후 결산·분배가 있었던 경우에는 직전 결산·분배 직후를 말한다.

(6) 비실명자산소득에 대한 원천징수 특례(2018.12.31. 신설)

① 원천징수의무자가 금융실명거래 및 비밀보장에 관한 법률 제5조에 따른 차등과세가 적용되는 배당소득에 대하여 고의 또는 중대한 과실 없이 같은 조에서 정한 세율이 아닌 14%로 원천징수한 경우에는 해당 계좌의 실질 소유자가 소득세 원천징수 부족액(원천징수납부불성실가산세를 포함)을 납부하여야 한다.(소법 155조의7 ①, 2018. 12.31. 신설)

② 위 '①'에 따른 소득세 원천징수 부족액에 관하여는 해당 계좌의 실질 소유자를 원천징수의무자로 본다.(소법 155조의7 ②, 2018.12.31. 신설)

(7) 원천징수세액의 납부

① 원천징수의무자는 원천징수한 소득세를 그 징수일이 속하는 달의 다음달 10일까지 원천징수 관할세무서·한국은행 또는 체신관서에 납부하여야 한다.(소법 128조 ①)

② 직전 과세기간(신규로 사업을 개시한 사업자의 경우 신청일이 속하는 반기를 말한다)의 상시고용인원수(직전 과세기간의 1월부터 12월까지의 매월 말일 현재의 상시고용인원의 평균인원수)가 20명 이하인 원천징수의무자(금융 및 보험업을 경영하는 자는 제외)로서 원천징수 관할 세무서장으로부터 원천징수세액을 매 반기별로 납부할 수 있도록 승인을 받거나 국세청장이 정하는 바에 따라 지정을 받은 자는 원천징수한 소득세를 그 징수일이 속하는 반기의 마지막 달의 다음달 10일까지 납부할 수 있다.

(소법 128조 ②, 소령 186조 ①, 2015.2.3. 개정)

㉠ 법인세법 제67조에 따라 처분된 상여·배당 및 기타소득에 대한 원천징수세액

㉡ 국제조세조정에 관한 법률 제13조(☞ 소득금액조정에 따른 소득처분 및 세무조정) 및 제22조(☞ 출자금액 대비 과다차입금 지급이자의 손금불산입)에 따라 처분된 배당소득에 대한 원천징수세액

㉢ 비거주 연예인의 국내원천 인적용역소득, 국내원천 근로소득, 국내원천 기타소득의 원천징수세액(소법 156조의5 ①, ②)

(8) 원천징수영수증의 발급

① 국내에서 배당소득을 지급하는 원천징수의무자는 이를 지급할 때 소득을 받는 자에게 그 이자소득의 금액과 그 밖에 필요한 사항을 적은 원천징수영수증을 발급하여야 한다. 다만, 원천징수의무자가 지급한 날이 속하는 과세기간의 다음 연도 3월 31일까지 배당소득을 받는 자에게 그 배당소득의 금액과 그 밖에 필요한 사항을 다음 중 하나에 해당하는 방법으로 통지하는 경우에는 해당 원천징수영수증을 발급한 것으로 본다.(소법 133조 ①) 이 경우 지급받은 배당소득의 연간합계액과 원천징수세액명세 및 원천징수의무자의 사업자등록번호와 그 상호 또는 법인명(이하에서 "사업자등록번호 등"이라 한다)을 기재하거나 통보하는 때에도 원천징수영수증을 발급한 것으로 본다.(소법 133조 ①, 소령 193조 ③, 2021.1.5. 후단개정)

㉠ 금융회사 등이 이자소득을 받은 자의 통장 또는 금융거래명세서에 그 지급내용과 원천징수의무자의 사업자등록번호 등을 기재하여 통보하는 경우

㉡ 금융회사 등이 이자소득을 받는 자로부터 신청을 받아 그 지급내용과 원천징수의무자의 사업자등록번호 등을 우편 또는 정보통신망 이용촉진 및 정보보호 등에 관한 법률 제2조 제13호의 전자적 전송매체로 통보하여 주는 경우(2025.2.28. 개정)

정보통신망 이용촉진 및 정보보호 등에 관한 법률 제2조 제13호

"전자적 전송매체"란 정보통신망을 통하여 부호·문자·음성·화상 또는 영상 등을 수신자에게 전자문서 등의 전자적 형태로 전송하는 매체를 말한다.

② 원천징수의무자는 배당소득의 지급금액(계좌별 1년간 발생한 금액)이 1백만원 이하인 경우에는 원천징수영수증을 발급하지 아니할 수 있다. 다만, 배당소득을 받는 자가 원천징수영수증의 발급를 요구하는 경우에는 원천징수영수증을 발급하거나 통지하여야 한다.(소법 133조 ②)

(9) 내국법인에 배당소득을 지급한 경우의 지급명세서 제출의무

① 내국법인에 배당소득을 지급하는 자(법인세법 제73조 제4항부터 제6항까지 및 제73조의2에 따라 원천징수를 하여야 하는 자, 즉 원천징수의무자를 대리하거나 위임을 받아 원천징수하는 자를 포함한다)는 납세지 관할 세무서장에게 지급명세서를 제출하여야 한다. 이 경우 자본시장과 금융투자업에 관한 법률의 적용을 받는 법인의 신탁재산에 귀속되는 소득은 그 법인에 소득이 지급된 것으로 보아 해당 소득을 지급하는 자는 지급명세서를 제출하여야 한다.(법법 120조 ①, 2020.12.22. 개정)
이는 원천징수 여부와는 상관없이 지급명세서를 제출하여야 한다는 것이다. 예를 들면, 법인주주에게 배당을 하고 원천징수하지 않은 경우에도 지급명세서는 제출하여야 한다는 뜻이다.

② 원천징수의무자가 우리사주조합원의 배당소득에 대하여 비과세하거나 원천징수세액을 환급하는 경우에는 「우리사주배당비과세 및 원천징수세액환급명세서」를 비과세한 날 또는 환급일이 속하는 사업연도의 다음연도 2월 말일까지 원천징수 관할 세무서장에게 제출하여야 한다.(조특령 82조의4 ⑮, 2019.2.12. 개정)

2 분리과세 및 종합과세

(1) 분리과세대상 배당소득(무조건 분리과세대상 배당소득)

다음에 해당하는 배당소득은 종합소득과세표준을 계산할 때 합산하지 아니하며 배당소득을 지급받을 때 일정세율로 원천징수됨으로써 납세의무가 종결된다.(소법 14조 ③) 이하에서는 "무조건 분리과세대상 배당소득"이라 부르기로 한다.

1) 법인 아닌 단체의 배당소득

법인으로 보는 단체 외의 단체 중 수익을 구성원에게 배분하지 아니하는 단체로서 단체명을 표기하여 금융거래를 하는 단체가 금융회사 등으로부터 받는 배당소득을 말한다.

2) 비실명배당소득

비실명배당소득은 지급받는 자의 실지명의가 확인되지 아니한 배당소득을 말한다. 여기에는 금융실명거래 및 비밀보장에 관한 법률에 의한 비실명금융자산으로서 금융기관을 통해 지급되는 배당소득이 포함된다.

3) 조세특례제한법에 의한 다음의 배당

① 투융자집합투자기구 투자자에 대한 과세특례(조특법 27조, 2020.12.29. 신설)
② 영농·영어조합법인의 배당소득(조특법 66조 ③, 67조 ③)
③ 농업회사법인의 배당소득(식량작물재배업소득 외의 소득)(조특법 68조 ④)
④ 선박투자회사로부터 지급받는 배당소득(조특법 87조의5 ②)
⑤ 부동산집합투자기구 등 집합투자증권의 배당소득(조특법 87조의6 ①)
⑥ 공모부동산집합투자기구의 집합투자증권의 배당소득(2026.12.31.까지의 투자분)(조특법 87조의7, 2019.12.31. 신설)
⑦ 세금우대종합저축의 배당(2014.12.31. 가입분까지)(조특법 89조 ①)
⑧ 해외자원개발투자회사 등의 주식의 배당소득(조특법 91조의6 ①)
⑨ 고위험고수익채권투자신탁의 배당소득(조특법 91조의15)

(2) 종합과세대상 배당소득

1) 무조건 종합과세대상 배당소득

① 원천징수 대상이 아닌 배당소득

금융소득 종합과세 판정대상 금액이 2,000만원 이하인 경우에도 다음의 배당소득은 무조건 종합과세한다.(소법 14조 ③ 6)

㉠ 국내에서 지급되는 배당소득 중 원천징수되지 않은 소득
㉡ 원천징수되지 않은 국외에서 받은 배당소득

② 출자공동사업자에 대한 배당소득

배당소득으로 분류되는 출자공동사업자에 대한 손익분배비율에 상당하는 금액(출자공동사업자에 대한 배당소득)은 25%의 세율로 원천징수하며, 무조건 종합과세한다.(소법 14조 ③ 4) 다만, 출자공동사업자에 대한 배당소득은 비교과세에 의한 세액계산 시 금융소득으로 보지 아니하고, 일반금융소득과 같이 14%의 세율을 기준으로 비교과세한다.

2) 조건부 종합과세대상 배당소득

조건부 종합과세대상 배당소득은 14%로 원천징수한 후, 연간 이자소득과 배당소득(배당가산액과 출자공동사업자의 배당소득을 제외한 금액)의 합계액이 2,000만원을 초과하면 종합과세하고, 2,000만원 이하이면 분리과세하는 배당소득을 말한다.

금융소득 종합과세여부의 판단[12)]

<table>
<tr><th colspan="2">구 분</th><th>종합과세 여부</th><th>종합과세시 세율</th></tr>
<tr><td rowspan="2">무조건 종합과세</td><td>출자공동사업자의 배당소득</td><td>종합과세</td><td>기본세율</td></tr>
<tr><td>• 국내에서 원천징수하지 않은 금융소득(A)
• 원천징수 대상이 아닌 국외에서 지급되는 금융소득(A)</td><td>종합과세*</td><td rowspan="2">• 2천만원까지 : 14%
• 2천만원 초과분 : 기본세율</td></tr>
<tr><td colspan="2">조건부 종합과세(B)</td><td>「A+B」가 2천만원 초과시 종합과세, 2천만원 이하시 분리과세</td></tr>
</table>

* 원천징수 대상이지만 원천징수 하지 않은 금융소득은 2,000만원 이하인 경우에도 다른 종합소득에 합산하여 과세한다.

원천징수영수증(지급명세서)의 작성사례

원천징수의무자는 이자·배당소득자로부터 원천징수세액을 징수하는 때에 당해 소득자가 거주자·비거주자 또는 내국법인·외국법인 여부에 상관없이 원천징수영수증을 교부하여야 한다.(법법 74조, 소법 133조)

〈사례〉 비상장법인 (주)정평은 2025년 3월에 이익잉여금의 배당을 결의하고 4월 8일에 대주주인 김대한씨에게 1,000만원을 현금배당하였다. 이와 관련하여 배당소득에 대한 원천징수영수증을 작성하시오.

* 작성 예는 다음 page에 있음

12) 이철재, 2011, 세무회계연습Ⅱ, 탐진, p. 25

소득세법 시행규칙[별지 제23호 서식(1)](2024.3.22. 개정)

[√] 이자·배당소득 원천징수영수증 [ ] 이자·배당소득 지 급 명 세 서	[√] 소득자 보관용 [ ] 발행자 보관용 [ ] 발행자 보고용

※ 제2쪽, 제3쪽, 4쪽의 작성방법을 읽고 작성하여 주시기 바라며, [ ]에는 해당되는 곳에 √표를 합니다. (4쪽 중 제1쪽)

접수번호	접수일	관리번호	처리기간 즉시

징수의무자				
	① 법인명(상호) (주) 정 평	①-1 영문법인명(상호)	② 대표자(성명) 이 대 로	③ 사업자등록번호 123-81-12345
	④ 주민(법인)등록번호	⑤ 소재지 또는 주소 서울 강남구 역삼동 123		

소득자							
	⑥ 성명(상호) 김 대 한	⑦ 주민(사업자)등록번호 750102-1234567	⑦-1 비거주자 생년월일	⑧ 소득자구분코드 111			
	⑨ 주 소 서울 종로구 삼일대로 30길22	⑩ 거주구분 [√] 거주자 [ ] 비거주자	⑪ 거주지국	⑪-1 거주지국코드	⑫ 계좌번호 (발행번호)	⑬ 신탁이익 여부 [ ] 여 [√] 부	

지 급 명 세

⑭ 지급일			⑮ 귀속연월		⑯ 과세구분	⑰ 소득의 종류	⑱ 조세특례 등	⑲ 금융상품코드	⑳ 유가증권표준코드 (유가증권 발행사업자 등록번호)	㉑ 채권이자구분	㉒ 지급대상기간	㉓ 이자율 등	㉔ 지급액 (소득금액)	㉕ 세율(%)	원천징수세액				
연	월	일	연	월											㉖ 소득세	㉗ 법인세	㉘ 지방소득세	㉙ 농어촌특별세	㉚ 계
2025	4	8	2025	3	G	51	NN	A52	123-81-12345				10,000,000	14	1,400,000		140,000		1,540,000

위의 원천징수세액(수입금액)을 정히 영수(지급)합니다.

2025 년 5 월 10 일

징수(보고)의무자 (주) 정 평 (서명 또는 인)

역 삼 세무서장 귀하

유 의 사 항

※ ⑯ 과세구분란의 코드가 "E, L, H, R, O, B, N"인 경우 종합소득과세표준을 계산할 때 합산하지 않으며, "G"인 경우 「소득세법」 제17조 제3항 단서(Gross-up)의 적용대상 배당소득에 해당합니다.

※ ⑰ 소득의 종류가 "11~49"인 경우 이자소득, "51~99"인 경우 배당소득입니다.

※ ⑳ 유가증권표준코드란은 유가증권표준코드가 없는 경우 소득이 발생한 유가증권을 발행한 사업자의 사업자등록번호 등을 적습니다(제3쪽의 작성방법 참고).

※ 「조세특례제한법」 제21조(국제금융거래에 따른 이자소득 등에 대한 법인세 등의 면제)제1항제1호에 따라 소득세 또는 법인세를 면제하고, 「법인세법 시행령」 제162조의2제1항제1호가목에 따라 지급명세서를 제출할 때, 국외에서 발행하는 외화표시채권의 이자 및 수수료를 외국에 소재하는 국제증권예탁결제기관 등을 통해 지급하면서 외국의 개인정보 보호 규제 등에 따라 최종적으로 소득을 지급받는 자(비거주자, 외국법인 등)의 인적사항 등을 파악할 수 없는 경우에는 이에 대한 기재를 생략하거나, 확인되는 중간 지급자를 소득자로 대신 기재하여 제출할 수 있습니다.

(4쪽 중 제2쪽)

작 성 방 법

1. 서식제목: 해당 자료(이자·배당소득 원천징수영수증 또는 이자·배당소득 지급명세서)명 [ ]안에 "√"표시를 하며, 관리번호란에는 적지 않습니다.
2. ① 법인명(상호)란: 징수의무자가 법인인 경우에는 법인명을 적고, 개인사업자인 경우에는 상호를 적습니다.
3. ①-1 영문법인명(상호)란: 지급받는 자가 비거주자(외국법인을 포함합니다)인 경우에 한정하여 징수의무자의 법인명(상호)을 영문으로 적습니다.
4. ② 대표자(성명)란: 대표자 및 사업자의 성명을 적습니다.
5. ③ 사업자등록번호란: 사업자등록번호를 적습니다.
6. ④ 주민(법인)등록번호란: 징수의무자가 법인인 경우에는 부동산등기용 법인등록번호를 적고, 개인인 경우에는 사업자의 주민등록번호를 적습니다. 다만, 소득자보관용에는 적지 않습니다.
7. ⑤ 소재지 또는 주소란: 징수의무자인 본점(사업장)소재지를 적고, 사업장이 없는 경우에는 주소지를 적습니다.
8. ⑥ 성명(상호)란: 소득을 지급받는 자의 성명을 적고, 소득을 지급받는 자가 법인인 경우에는 법인명을 적습니다. 다만, 외국인은 성명을 영문으로 적되, 여권에 기록된 영문성명 전부를 적어야 합니다. 외국법인인 경우에는 상호 등 명칭을 영문으로 적되, 머리글자(Initial)를 적지 않고 정식 명칭 전부를 적습니다. 일반적으로 머리글자를 사용하는 경우에는 머리글자 뒤에 괄호로 정식 명칭 전부를 적습니다.
9. ⑦ 주민(사업자)등록번호란: 아래의 표를 참조하여 적습니다.

구 분		기 재 번 호
(1)	원 칙	주민등록번호 또는 사업자등록번호
(2)	(1)의 기재번호를 부여받지 않은 경우	[개인] 국내거소신고증상의 국내거소신고번호(외국국적동포인 경우) 또는 외국인등록표상의 외국인등록번호(외국인인 경우)를 적고, 그 번호가 없는 경우 여권상의 여권번호를 적습니다.
(3)	(1),(2)의 기재번호를 부여받지 않은 경우	투자등록증상의 투자등록번호를 적고, 그 번호가 없는 경우 해당 거주지국의 납세번호(Taxpayer Identification Number) 또는 법인식별기호(LEI)를 적습니다.

10. ⑦-1의 생년월일란: 주민등록번호, 국내거소신고번호 또는 외국인등록번호가 없어 여권번호 등을 적은 경우에는 반드시 생년월일을 적어야 합니다. (예: 생년월일이 2006년 1월 1일인 경우는 "20060101"을 적습니다.)
11. ⑧ 소득자구분코드란: 이자·배당소득을 지급받는 자의 유형을 구분하기 위한 것으로서 아래의 표를 참조하여 적습니다.

개인			내 국 인	주민등록번호 부여자	코 드
개인	재외국민 및 외국인 등	주민등록번호 미부여자	성 명	주민등록번호	111
		재외국민등록증 소유자	성 명	의료보호증관리번호	112
	재외국민 및 외국인 등	외국인등록증 소유자	성 명	재외국민등록번호	122
		주민등록증(재외국민) 소유자	성 명	외국인등록번호	131
		국내거소신고증 소유자	성 명	주민등록번호	123
		기타	성 명	국내거소신고번호	141
		기타	성 명	여권번호, 거주지국의 납세번호	121
법인	국내 사업자등록번호(법인으로 보는 단체의 경우 고유번호)가 부여된 내국·외국 법인		법인명	사업자등록번호(고유번호)	211
	국내 사업자등록번호가 미부여된 외국법인		법인명	거주지국의 납세번호	222
				(또는) 법인식별기호	231
단체	개인단체	개인단체 고유번호 부여자	단체명	고유번호	311
	외국단체		단체명	외국단체등록번호 또는 거주지국의 납세번호	321
	기타임의단체	개인으로 보는 단체	대표자성명(단체명)	대표자 주민등록번호	331
기타	비거주 외국인(단체)인 증권거래자		성명, 단체명	투자등록증 고유번호	411
	투자기업설립을 위한 외국인(단체)		성명, 단체명	관련문서번호	413
명의 또는 번호 등이 빈칸 또는 비실명인 경우				빈칸	999

12. ⑨ 주소란: 주소가 외국인 경우 번지(Number), 거리(Street), 시(City), 도(State), 우편번호(Postal Zone), 국가(Country)순으로 영문으로 적습니다. 우편사서함을 적지 않습니다.
13. ⑩ 거주구분란: □안에 "√"표시를 하여 거주자와 비거주자를 구분합니다.
14. ⑪ 거주지국과 ⑪-1 거주지국코드란: 소득자가 비거주자(외국법인을 포함합니다)에 해당하는 경우에만 적으며, 국제표준화기구(ISO)가 정한 국가별 ISO코드 중 국명약어 및 국가코드를 적습니다. 다만, 소득자의 거주지가 말레이시아 라부안인 경우에는 라부안 코드(사전승인을 받은 경우에는 LM, 사전승인을 받지 않은 경우에는 LN)를 적습니다.
15. ⑫ 계좌번호(발행번호)란: 숫자만 적고, 저축과 같이 반복적인 금융거래를 위하여 금융회사별로 부여된 고유관리번호(계좌번호)에 의하여 소득자의 거래명세를 확인할 수 있는 기능을 갖고 있는 번호를 적습니다(배당소득 및 비영업대금의 이익을 소득자의 금융계좌에 입금시키는 경우에도 소득자의 금융계좌번호를 적습니다). 이자·배당소득자가 채권·주권 등을 실물로 보유하는 경우 해당 채권등의 발행번호를 수록하며, 채권등의 종류, 발행일, 이자지급일이 동일하고 보유수량이 다량인 경우에는 대표발행번호를 적습니다.
16. ⑬ 신탁이익 여부란: "[ ]"안에 "√"표시를 하여 「소득세법」 제4조제2항 각 호 외의 신탁의 이익에 해당하는지 여부를 구분합니다.

(4쪽 중 제3쪽)

작 성 방 법

17. ⑭ 지급일란: 이자·배당소득을 지급하는 날짜를 적으며, 「소득세법」 제131조가 적용되는 경우에는 해당 일자를 적습니다.
18. ⑮ 귀속연월란: 이자·배당소득을 지급받은 자의 「소득세법 시행령」 제45조 및 제46조에 따른 이자·배당소득의 수입시기를 적습니다.
19. ⑯ 과세구분, ⑰ 소득의 종류, ⑱ 조세특례 등란: 지급하는 이자·배당소득의 과세유형 및 소득의 종류, 적용되는 조세특례 등을 구분하기 위한 것으로 아래의 표를 참조하여 적고, 아래 표 중 ⑯ 과세구분의 개인 분리과세란은 분리과세로 납세의무가 종결되는 경우에만 적습니다.

⑯ 과세구분

개인									법인					과세제외(「소득세법」상 미열거 소득 / 법인세 납세의무 없는 법인 소득)
비과세, 면제	분리과세					종합과세			원천징수 대상소득(소액 부징수 포함)	원천징수대상 외의 소득				
	저율 과세(<14%)	고율 과세(>14%)	비실명	일반 세율(14%)	기본 세율(6~45%)	일반 과세	일반과세(Gross-up) 기타 세율	일반과세(Gross-up) 일반 세율		비과세, 면제	투자신탁 재산 귀속 소득	신탁재산 귀속 소득	그 밖의 원천징수대상 외의 소득	
E	L	H	R	O	B	T	D	G	C	X	F	I	W	N

⑰ 소득의 종류

이자소득(11~49)		배당소득(51~99)	
국가·지방자치단체가 발행한 채권·증권의 이자와 할인액(소득세법§16①1)	11	내국법인 배당·분배금, 건설이자의 배당(소득세법§17①1)	51
내국법인이 발행한 채권·증권의 이자와 할인액(소득세법§16①2)	12	법인으로 보는 단체로부터 받는 배당·분배금(소득세법§17①2)	52
국내에서 받는 예금(적금·부금·예탁금 등 포함)의 이자(소득세법§16①3)	13	의제배당(소득세법§17①3, 법인세법§16)	53
신용계·신용부금으로 인한 이익(소득세법§16①4)	14	「법인세법」에 따라 배당으로 처분된 금액(소득세법§17①4)	54
외국법인 국내지점 등의 회사채의 이자와 할인액(소득세법§16①5)	15	집합투자기구로부터의 이익(소득세법§17①5)	55
외국법인이 발행한 채권·증권의 이자와 할인액(소득세법§16①6)	16	외국법인 배당·분배금, 건설이자의 배당, 이와 유사한 성질의 배당(소득세법§17①6)	56
국외에서 받는 예금의 이자(소득세법§16①7)	17	「국제조세조정에 관한 법률」 제27조에 따라 배당받은 것으로 간주된 금액(소득세법§17①7)	57
환매조건부 매매차익(소득세법§16①8)	18	「국제조세조정에 관한 법률」 제13조 및 제22조에 따라 배당으로 처분된 금액(소득세법§119 2호, 법인세법§93 2호)	58
저축성보험의 보험차익(10년 미만 등)(소득세법§16①9)	19		
저축성보험의 보험차익(계약기간 10년 이상)(소득세법§164①8)	20	출자공동사업자의 손익분배비율에 해당하는 금액(소득세법§17①8)	59
직장공제회 초과반환금(소득세법§16①10)	21		
비영업대금의 이익(소득세법§16①11)	22	주가연계증권(소득세법 시행령§26의3①1, ELS)	60
채권대차거래에 따른 이자상당액(소득세법 시행령§26④)	23	기타 파생결합증권(소득세법 시행령§26의3①2, DLS)	61
환매조건부채권매매거래에 따른 이자상당액(법인세법 시행령§114의2②)	24	주식대차거래에 따른 배당상당액(소득세법 시행령§26의3②)	62
그 밖에 금전사용에 따른 대가로서의 성격이 있는 것(소득세법§16①12)	25	그 밖에 수익분배의 성격이 있는 것(소득세법§17①9)	63
이자소득을 발생시키는 상품과 결합된 파생상품의 이익(소득세법§16①13)	26	배당소득을 발생시키는 상품과 결합된 파생상품의 이익(소득세법§17①10)	64
외국법인의 이자소득으로 상기 이외에 대금의 이자 및 신탁의 이익(법인세법§93 1호)	27	상장지수증권(소득세법 시행령§26의3①3, ETN)	65
		조각투자상품(비금전 신탁 수익증권)으로부터의 이익(소득세법§17①5의3)	66
		조각투자상품(투자계약증권)으로부터의 이익(소득세법§17①5의4)	67

⑱ 조세특례 등

조세특례 등을 적용받지 않고 원천징수한 경우	NN	벤처투자조합등에 지급하는 배당소득(조특법§14④)	PA
		벤처투자조합등이 조합원에 지급하는 배당소득(조특법§14④)	PB
소기업·소상공인 공제부금(조특법§86의3)	SB	공공차관 도입에 따른 과세특례(조특법§20①)	PC
장기주택마련저축(조특법§87)	SC	외국인투자에 대한 법인세 등의 감면(조특법§121의2③)	PD
주택청약종합저축(조특법§87)	SD	외화표시채권의 이자(조특법§21①1)	PE
농어가목돈마련저축(조특법§87의2)	SE	외국환업무취급기관의 외화채무에 대한 이자(조특법§21①2)	PF
선박투자회사 배당(조특법§87의5)	SF	금융기관 국외발행(매각) 외화표시어음과 예금증서의 이자(조특법§21①3)	PG
부동산집합투자기구·부동산투자회사 배당(조특법§87의6)	SG	비거주자등의 정기외화예금에 대한 이자소득세 비과세(조특법§21의2①)	PU
비과세종합저축(조특법§88의2)	SH	사회기반시설채권 이자(조특법§29)	PH
우리사주조합 배당(조특법§88의4⑨)	SI	영농조합법인 배당(조특법§66②,③)	PI
농협 근로자의 자사지분 배당(조특법§88의4⑩)	SJ	영어조합법인 배당(조특법§67②,③)	PJ
조합 등 출자금(조특법§88의5)	SK	농업회사 배당(조특법§68④)	PK
세금우대종합저축(조특법§89)	SL	동업기업에 지급하는 소득 중 법인세 납세의무가 있는 동업자에 귀속되는 소득	PL
조합 등 예탁금(조특법§89의3)	SM	동업기업에 지급하는 소득 중 법인세 납세의무가 없는 동업자에 귀속되는 소득	PM
재외동포전용 투자신탁(조특법§91의12)	SU	「신탁법」 제65조에 따른 공익신탁의 이익(소득세법§12 1)	PN
재형저축(조특법§91의14)	SW	발행일~상환약정일이 10년 이상으로 분리과세 신청한 장기채권(구 소법§129①1가, 조건부 채권 제외) * 근거법조항 중 "구"는 「소득세법」(2017.12.19., 법률 제15225호로 개정되기 전의 것)에 따른 조항을 의미합니다.	PO
고위험고수익투자신탁(조특법§91의15)	SX		
개인종합자산관리계좌(조특법§91의18)	SZ		
청년우대형 주택청약종합저축(조특법§87)	TA	법원에 납부한 보증금 및 경락대금 이자소득(소득세법§129②1)	PP
장병내일준비적금(조특법§91의19)	TB	실지명의가 확인되지 않는 소득(소득세법§129②2본문)	PQ
공모부동산집합투자기구 집합투자증권 배당 (조특법§87의7)	TC	금융실명거래 및 비밀보장에 관한 법률에 따른 비실명 소득(소득세법§129②2 단서)	PR
청년희망적금(조특법§91의21)	TD	외국소득세액을 뺀 금액을 원천징수한 경우(소득세법§129④)	PS
청년도약계좌(조특법§91의22)	TE	외국법인의 국채등 이자소득에 대한 법인세 비과세(법인세법§93의2)	PV
개인투자용 국채(조특법§91의23)	TF	해외채권으로 "PO"와 "PS"가 동시에 적용되는 경우	PW
		비거주자·외국법인에 대하여 조세조약에 따라 제한세율을 적용한 경우	PT
		비거주자·외국법인에 대하여 조세조약에 따라 비과세·면제한 경우	PY
		거주자·내국법인에 대하여 조세조약에 따라 국내에서 과세되지 않는 경우	PZ
		특정사회기반시설 집합투자기구 투자자에 대한 과세특례(조특법§26의2)	QA
		투융자집합투자기구 투자자에 대한 과세특례(조특법§27)	QB
		기타	ZZ

PART 2

(4쪽 중 제4쪽)

작 성 방 법

20. ⑲ 금융상품코드란: 국세청에서 정한 금융상품코드표를 참조하여 적습니다.
21. ⑳ 유가증권표준코드란: 「소득세법」 제46조(외국법인의 경우에는 「법인세법」 제98조의3제1항)에 따른 채권등의 이자 또는 「소득세법」 제17조 제1항에 따른 배당소득의 원천징수에만 한국거래소, 한국예탁결제원 및 한국금융투자협회에서 부여한 증권 등 관련 상품코드를 적으며, 유가증권표준코드를 부여받지 않은 경우에는 유가증권발행사업자의 사업자등록번호를 적습니다[외국법인 발행 유가증권으로 유가증권표준코드가 없는 경우 해당 국가코드(2자리)와 관리번호(현지 부여번호 등, 10자리)를 적음]. 다만, 「공직자윤리법」 제14조의4에 따라 백지신탁중인 주식은 유가증권표준코드가 아닌 백지신탁코드(BLINDTRUST)를 기입하고, 백지신탁계약이 해지된 이후에 해당 유가증권표준코드를 기재하여 수정 제출합니다.
22. ㉑ 채권이자구분란: 「소득세법」 제46조(외국법인의 경우에는 「법인세법」 제98조의3)에 따른 채권등의 이자의 원천징수인 경우에만 아래와 같이 구분하여 적습니다.

보유기간원천징수 적용 채권등	00	채권등의 이자지급기간 중 매입·매도 시 또는 채권등의 이자지급 시 원천징수한 보유기간 이자상당액
의제원천징수 적용 채권등 ('95.12.31.이전 또는 '01.7.1. ~ '05.6.30. 사이에 취득한 채권의 이자소득을 '05.7.1. 이후 최초로 지급받거나, 매도하는 경우 등)	55	구 「소득세법」(법률 제7319호로 개정되기 전의 것) 제46조제7항에 따른 낮은 세율이 적용되는 채권등으로 금융회사 등이 환급세액을 대신 지급하는 경우
	66	채권등의 이자등을 지급받는 경우 이자등 지급총액[구 「소득세법 시행령」[대통령령 제18705호로 개정되기 전의 것) 제102조제11항제2호]
	77	구 「소득세법」(법률 제7319호로 개정되기 전의 것) 제46조제2항에 따라 채권등의 중도매도 시 원천징수한 것으로 보는 보유기간이자상당액[구 「소득세법 시행령」(대통령령 제18705호로 개정되기 전의 것) 제102조제11항제1호]
	88	구 「소득세법」(법률 제7319호로 개정되기 전의 것) 제46조제3항(외국법인의 경우 「법인세법」 제98조의3제1항)에 따른 높은 세율 적용 시 원천징수한 보유기간이자상당액[구 「소득세법 시행령」(대통령령 제18705호로 개정되기 전의 것) 제102조제11항제1호]
	99	채권등의 이자등을 지급받는 경우에는 해당 채권등의 보유자의 보유기간이자상당액 [구 「소득세법 시행령」(대통령령 제18705호로 개정되기 전의 것) 제102조제11항제2호]

※ 채권이자구분란에 "66"을 적는 경우에는 해당 보유자의 채권등의 보유기간 이자상당액을 "99"로 반드시 적어야 합니다.

23. ㉒ 지급대상기간란: 이자·배당소득 계산 시 사용된 이자·배당소득의 지급대상이 되는 기간을 적습니다. 다만, 집합투자기구로부터의 이익 및 「소득세법 시행령」 제26조의3(파생결합증권)에 따른 배당소득 외의 배당소득의 경우에는 적지 않습니다.
24. ㉓ 이자율 등란: 「소득세법」 제127조제1항제1호 및 제2호에 따른 이자소득 및 배당소득(같은 법 제17조제1항제5호에 따른 집합투자기구로부터의 이익만 해당함) 계산 시 사용된 이자율(할인율, 만기보장수익률 등) 및 「소득세법 시행규칙」 제13조에 따른 좌(주)당 배당소득금액(투자신탁의 경우 1,000좌당 배당소득금액)을 적습니다(㉒지급대상기간에 원금, 이자율 등의 변동이 있는 경우 지급하는 이자소득을 해당 소득 지급 당시의 최종 원금으로 나눈 비율에 100을 곱한 숫자를 연환산하여 소수점 5자리까지 적습니다).
25. ㉕ 세율란: 실제 세액계산 시 적용된 원천징수세율을 적습니다(소액 부징수로 세액이 "0"인 경우에도 0%가 아닌 적용된 세율 등).
26. ㉖ 소득세·㉗ 법인세·㉘ 지방소득세 및 ㉙ 농어촌특별세란은 원단위 이하는 적지 않고, 소액 부징수(거주자인 경우 배당소득 1천원 미만, 내국법인인 경우 이자·배당소득 1천원 미만을 말합니다)에 해당하는 경우에는 세액을 "0"으로 적습니다.

⑲ 금융상품코드

소득의 종류	구분	금융상품코드	코드
13 14 17 (예금 등)	원화 A 외화 B	정기예금	01
		정기적금	02
		상호부금	03
		주택부금	04
		저축예금	05
		기업자유예금	06
		ELD	07
		기타저축성예금	08
		MMDA	09
		CMA	10
		기타요구불예금	11
		조합등 예탁금	12
		일반 예탁금	13
		신용계	14
		신용부금	15
		예금보험공사 개산지급금	16
		기타	17
11 12 15 16 (채권 또는 증권)	원화 A 외화 B (국내 발행) 외화 C (해외 발행)	일반국채*	21
		STRIPS(소령§22의2①)*	22
		물가연동채(소령§22의2③)*	23
		지방채*	24
		특수채(토공,도로공,수공,예보 등)*	25
		지방공사채*	26
		금융채*	27
		유동화SPC채	28
		일반회사채	29
		전환사채(소령§193의2③)	30
		교환사채(소령§193의2③)	31
		신주인수권부사채(소령§193의2③)	32
		상환사채(상법 령§23)	33
		파생결합사채(상법 령§24)	34
		이익참가부사채(상법 령§21)	35
		조건부자본증권(자본법§165의6)	36
		예금증서(소령§102①1)	37
		기업어음	38
		표지어음	39
		발행어음	3A
		상업·무역어음 일반매출	3B
		기타채권	3C
19 20 (저축성 보험)	생명보험 A 손해보험 B 제3보험 C	개인연금보험(조특법§86)	41
		연금보험(조특법§86의2외)	42
		변액보험(보험업법§108①3)	43
		그 외 보험	44
25	원화 A	불특정금전신탁(공·사채)	46

소득의 종류	구분	금융상품코드	코드
51 56 (법인 배당)	대주주* A 소액주주 B	내국법인 상장	51
		내국법인 비상장	52
		외국법인 상장	53
		외국법인 비상장	54
53 (의제 배당)	대주주* A 소액주주 B	감자차익(소법§17②1, 법법§16①1)	61
		자본전입(소법§17②2, 법법§16①2)	62
		해산 잔여재산 분배(소법§17②3, 법법§16①4)	63
		합병차익(소법§17②4, 법법§16①5)	64
		자기주식 보유법인의 자본준비금, 재평가적립금 자본전입에 따른 타 주주 지분비율 증가(소법§17②5, 법법§16①3)	65
		분할차익(소법§17②6, 법법§16①6)	66
55 (집합 투자 기구)	원화 A 외화 B	국내 공모투자신탁·투자(익명)조합	71
		국내 공모투자회사·투자유한(합자)회사	72
		국내 사모투자신탁·투자(익명)조합	73
		국내 사모투자회사·투자유한(합자)회사	74
	ETF의 경우*	국내 사모투자전문회사	75
	원화(국내 상장주식만) C	국내 투자신탁형 ETF	76
		국내 투자회사형 ETF	77
	원화 (기타) D	해외 공모투자신탁·투자(익명)조합	78
		해외 공모투자회사·투자유한(합자)회사	79
	외화(국내 상장주식만) E	해외 사모투자신탁·투자(익명)조합	80
		해외 사모투자회사·투자유한(합자)회사	81
	외화 (기타) F	해외 사모투자전문회사	82
		해외 투자신탁형 ETF	83
		해외 투자회사형 ETF	84
		역외 공모투자신탁·투자(익명)조합	85
		역외 공모투자회사·투자유한(합자)회사	86
		역외 사모투자신탁·투자(익명)조합	87
		역외 사모투자회사·투자유한(합자)회사	88
		역외 사모투자전문회사	89
		역외 투자신탁형 ETF	8A
		역외 투자회사형 ETF	8B
61 (기타 파생 결합 증권)	원화 A 외화 B	증권(소령§26의3①1호 외)	91
		통화	92
		농산물(이를 원료로 제조·가공한 물품 포함, 이하 같음)	93
		축산물	94
		수산물	95
		임산물	96
		광산물	97
		에너지	98
		신용위험의 지표	99
		기타	9A
		복합	9B

* (대주주) 내국법인의 경우 소령 157조 ④에 따른 대주주, 외국법인의 경우 각 조세조약에 따라 제한세율이 달라지는 기준 비율 이상을 소유한 자를 뜻함
* (ETF의 경우) 집합투자기구 중 ETF(□76, □77, □83, □84, □8A, □8B)의 경우 A 또는 B가 아닌 C, D, E, F 중 해당되는 코드를 기재합니다.
* 국채(21,22,23) : 국고채권, 재정증권, 국민주택 1·2·3종, 보상채권 등
* 지방채(24) : 모집지방채, 기타지방채, 지역개발채, 도시철도공채, 상수도공모, 도로채, 보상채권 등
* 특수채(25) : 특수일반(토공, 도로공, 수공, 예보채 등), 장기산업채권, 보상채권 등

* 지방공사채(26) : 지방공사일반, 보상채권 등
* 금융채(27) : 통화안정증권, 산금채, 중금채, 장기산업채, 장기채, 주택채, 은행채, 기타여신금융채, 카드회사채, 금융지주회사채, 상호저축은행채, 보험회사채, 금융투자회사채, 기타투자회사채

거주지국 코드

※ 아래 자료는 국제표준화기구(ISO)의 홈페이지(www.iso.ch)에서 조회할 수 있습니다.

국가명	국가 코드	국가명	국가 코드	국가명	국가 코드
가나	GH	러시아 연방	RU	미얀마	MM
가봉	GA	레바논	LB	바누아투	VU
가이아나	GY	레소토	LS	바레인	BH
감비아	GM	루마니아	RO	바베이도스	BB
건지섬	GG	루안다	RW	바하마	BS
과델로프	GP	룩셈부르그	LU	방글라데시	BD
과테말라	GT	리비아	LY	버뮤다	BM
괌	GU	리투아니아	LT	베네주엘라	VE
교황청	VA	리히텐슈타인	LI	베닝	BJ
그레나다	GD	마다카스카르	MG	베라루스	BY
그루지아	GE	마샬군도	MH	베트남	VN
그리스	GR	마세도니아	MK	벨기에	BE
그린랜드	GL	마이너 아우틀링 합중국 군도	UM	벨리제	BZ
기네비소	GW	마이크로네시아	FM	보빗군도	BV
기니	GN	마카오	MO	보스니아-헤르체고비나	BA
나미비아	NA	마티니크	MQ	보츠와나	BW
나우르	NR	말라위	MW	볼리비아	BO
나이지리아	NG	말레이시아	MY	부룬디	BI
남아프리카	ZA	말레이시아의 라부안	LN	부르키나 파소	BF
남조지아&남샌드위치 군도	GS	말레이시아의 라부안	LM	부탄	BT
네덜란드	NL	(사전승인받은 경우)		북마리아나 군도	MP
네덜란드 열도	AN	말리	ML	북한	KP
네팔	NP	맨섬	IM	불가리아	BG
노르웨이	NO	메요트	YT	불령 가이아나	GF
노폴크 아일랜드	NF	멕시코	MX	불령 남부지역	TF
뉴 칼레도니아	NC	모나코	MC	불령 리유니온,코모도 제도	RE
뉴질랜드	NZ	모로코	MA	불령 폴리네시아	PF
니우에	NU	모리셔스	MU	브라질	BR
니제르	NE	모리타니	MR	브루나이	BN
니카라과	NI	모잠비크	MZ	사모아	WS
대만	TW	몬테네그로	ME	사우디아라비아	SA
덴마크	DK	몬트세라트	MS	사이프러스	CY
도미니카	DM	몰도바	MD	산마리노	SM
도미니카 공화국	DO	몰디브	MV	상토메 프린스페	ST
독일	DE	몰타	MT	서사하라	EH
라오스	LA	몽골	MN	세네갈	SN
라이베리아	LR	미국	US	세르비아	RS
라트비아	LV	미령 버진군도	VI	세이쉘	SC
세인트 루시아	LC	오만	OM	콩고민주공화국	CD
세인트 빈센트 그레나딘	VC	오스트리아	AT	쿠바	CU

국가명	국가코드	국가명	국가코드	국가명	국가코드
세인트 키츠 네비스	KN	온두라스	HN	쿠웨이트	KW
세인트 피레 미켈론	PM	올란드제도	AX	쿡 아일랜드	CK
세인트 헬레나	SH	왈라스 & 퓨투나 군도	WF	크로아티아	HR
소말리아	SO	요르단	JO	크리스마스 아일랜드	CX
솔로몬 군도	SB	우간다	UG	키르기스	KG
수단	SD	우루과이	UY	키리바티	KI
수리남	SR	우즈베크	UZ	타지크	TJ
스리랑카	LK	우크라이나	UA	탄자니아	TZ
스발비드 군도	SJ	유고	YU	태국	TH
스와질랜드	SZ	이디오피아	ET	튀르키예	TR
스웨덴	SE	이라크	IQ	토고	TG
스위스	CH	이란	IR	토켈라우	TK
스페인	ES	이스라엘	IL	통가	TO
슬로바키아	SK	이집트	EG	투르크 & 카이코스 군도	TC
슬로베니아	SI	이탈리아	IT	투르크멘	TM
시리아	SY	인도네시아	ID	투발루	TV
시에라 리온	SL	인디아	IN	튀니지	TN
싱가포르	SG	일본	JP	트리니다드 토바고	TT
아랍에미리트 연합	AE	자마이카	JM	티모르	TL
아루바	AW	자이레	ZR	파나마	PA
아르메니아	AM	잠비아	ZM	파라과이	PY
아르헨티나	AR	저지섬	JE	파로에 군도	FO
아메리칸 사모아	AS	적도 기니	GQ	파키스탄	PK
아이슬란드	IS	중국	CN	파푸아 뉴기니	PG
아이티	HT	중앙아프리카	CF	팔라우	PW
아일랜드	IE	지부티	DJ	팔레스타인	PS
아제르바이잔	AZ	지브랄타	GI	페루	PE
아프카니스탄	AF	짐바브웨	ZW	포루투갈	PT
안도라	AD	차드	TD	포클랜드 군도	FK
안타티카	AQ	체코공화국	CZ	폴란드	PL
안티가 바부다	AG	칠레	CL	푸에르토리코	PR
알바니아	AL	카나다	CA	프랑스	FR
알제리	DZ	카메룬	CM	피지	FJ
앙골라	AO	카보 베르데	CV	피트카이른	PN
앙귈라	AI	카자흐	KZ	핀란드	FI
에리트리아	ER	카타르	QA	필리핀	PH
에스토니아	EE	캄보디아	KH	한국	KR
에쿠아도르	EC	케냐	KE	허드 앤 맥도날드 군도	HM
엘살바도르	SV	코모로스	KM	헝가리	HU
영국	GB	코스 군도	CC	호주	AU
영령 버진군도	VG	코스타리카	CR	홍콩	HK
영령 인도양	IO	코트디봐르	CI	기타	ZZ
영령 캐이맨 군도	KY	콜롬비아	CO		
예맨	YE	콩고	CG		

금융소득 종합과세

1. 금융소득 종합과세의 판정

(1) 금융소득 종합과세 대상의 구분

- 금융소득
  - 비과세 금융소득
  - 과세금융소득
    - 무조건 분리과세대상
    - 종합과세대상
      - 무조건 종합과세대상
      - 조건부 종합과세대상

(2) 금융소득 종합과세 판정대상금액

2,000만원 초과여부를 판정함에 있어서의 금융소득은 다음의 금액으로 한다.

① Gross-up 하기 전의 금액으로 한다. 즉 배당가산액을 제외한 금융소득으로 판정한다.

② 출자공동사업자의 배당소득을 제외한 금융소득으로 판정한다.

구 분	내 용
금융소득 > 2,000만원	무조건 종합과세대상 금융소득과 조건부 종합과세대상 금융소득 전부에 대하여 종합과세한다.
금융소득 ≦ 2,000만원	무조건 종합과세대상 금융소득만 종합과세한다.

(3) 금융소득 종합과세시 세율의 적용

구 분	금 액	적 용 세 율
금융소득	2,000만원 이하분	14% 적용(비영업대금의 이익은 25%)
	2,000만원 초과분	기본세율 적용

금융소득 판정대상금액(배당가산액과 출자공동사업자의 배당소득을 제외)이 2,000만원을 초과하는 경우에는 2,000만원까지에 대한 금융소득과 2,000만원 초과분의 금융소득 전부에 대하여 종합과세하는 것이다. 다만, 종합과세되는 금융소득 전액에 대하여 기본세율을 적용하게 되면 2,000만원을 분기점으로 하여 세부담이 급격히 증가하는 문턱효과(jumping effect)가 발생하므로 2,000만원까지는 분리과세되는 경우와 동일하게 14%의 세율을 적용하고, 2,000만원 초과분만을 다른 종합소득과 합산하여 기본세율을 적용하는 것이다.

(4) 금융거래 내역의 확인

① 국세청 홈택스에서 확인하는 방법 : 금융소득자 본인의 공인인증서를 이용하여 www.hometax.go.kr에 로그인 한 후 금융소득자료의 조회 및 출력이 가능하다.

② 금융기관을 통해 확인하는 방법 : 금융소득자는 본인의 연간 금융소득 내역을 매년 3~4월에 거래 금융기관 등으로부터 통보받은 「원천징수세액명세서」에 의하여 확인할 수 있고, 계좌별 금융소득 내역을 확인받고자 하는 경우에는 거래 금융기관에

요구하면 타지점 거래분을 포함하여 해당 금융기관 전체의 금융소득 내역을 제공받을 수 있다.

2. 비거주자의 금융소득 종합과세[13)]

(1) 종합과세대상 금융소득

국내사업장이 있거나 부동산임대소득이 있는 비거주자로서 금융소득이 해당 국내 사업장 또는 부동산임대소득에 실질적으로 관련되거나 귀속되는 경우 또는 소득세법 제119조 제6호에 따른 국내원천 인적용역소득이 있는 비거주자가 종합소득과세표준 확정신고를 하는 경우(소법 121조 ⑤)에는 과세표준과 세액의 계산, 신고·납부, 과세표준과 세액의 결정과 징수는 거주자에 관한 규정을 준용한다.(소법 122조, 124조, 125조) 다만, 인적공제 중 비거주자 본인 외의 자에 대한 공제와 특별소득공제, 자녀세액공제 및 특별세액공제는 하지 아니한다.(소법 122조 ① 단서, 2018.12.31. 항번개정)

(2) 분리과세대상 금융소득

① 국내사업장 또는 부동산임대소득이 없는 비거주자는 각 소득별로 구분하여 그 발생단계에서 원천징수로 납세의무가 종결되는 분리과세방법이 적용된다.

② 국내사업장 또는 부동산임대소득이 있는 비거주자도 동 금융소득이 해당 국내사업장이나 부동산임대소득에 실질적으로 관련되지 않거나 귀속되지 않는 경우에는 원천징수로 납세의무가 종결되는 분리과세방법이 적용된다. 따라서 금융소득이 2,000만원을 초과하여도 소득세가 종합과세되지 않는다. 다만, 소득세법 제119조 제6호에 따른 국내원천 인적용역소득이 있는 비거주자가 종합소득과세표준 확정신고를 하는 경우에는 금융소득에 대하여 종합과세 할 수 있다.(소법 121조 ⑤)

(3) 조세협약에 의한 과세

국내사업장이나 부동산임대소득에 관련되지 않는 비거주자의 금융소득 또는 국내사업장이 없거나 부동산임대소득이 없는 비거주자의 금융소득은 우리나라와 해당 비거주자의 국가간에 체결된 조세협약에 의한 제한세율이 적용된다.

비거주자의 금융소득 종합과세

구 분	과 세 방 법
• 국내사업장 또는 부동산임대소득과 관련이 있는 금융소득	① 과세표준과 세액의 계산, 신고·납부, 과세표준과 세액의 결정과 징수는 거주자에 관한 규정을 준용 ② 원천징수세율 : 거주자와 동일한 세율적용
• 국내사업장 또는 부동산임대소득과 관련이 없는 기타의 금융소득	① 금융소득의 크기와 관계없이 분리과세·원천징수 ② 원천징수세율 : 조세조약의 제한세율, 조세조약이 없는 경우 20% ③ 인적용역소득이 있는 비거주자가 종합소득과세표준 확정신고를 하는 경우에는 금융소득에 대하여 종합과세 가능

3. 금융소득 종합과세시 세액계산의 특례

(1) 의의[14)]

소득종류간·계층간 세부담의 공평성을 제고하기 위하여 2001.1.1.부터 부활된 금융소득종합과세는 금융소득금액이 일정한 금액을 초과하는 경우에 그 기준초과금액에 대해서 초과누진세율을 적용하여 세액을 산정하도록 하고 있다. 즉 개인단위로 연간금융소득금액이 2천만원을 초과하는 경우에 2천만원(종합과세기준금액)에 대해서는 원천징수세율을 적용하고, 2천만원을 초과하는 금액은 금융소득금액 외의 다른 종합소득과세표준과 합산하여 그 과세표준에 대하여 초과누진세율을 적용하여 각각 세액을 산출하고 이들을 합산하여 소득세산출세액을 계산하도록 하고 있는 것이다.

종합과세제도하에서 종합과세기준금액에 미달하는 이자소득 등과 무조건 분리과세이자소득 등에 대해서는 최소한 14%의 원천징수세율에 의하여 소득세를 완납적으로 원천징수한다. 그런데 이자소득 등에 대하여 종합과세를 하는 경우에도 분리과세하는 경우보다 오히려 세부담이 줄어드는 경우가 있을 수 있다. 예를 들어 이자소득 등 외의 종합소득금액(사업소득)이 결손인 경우 등이 이에 해당한다. 이런 경우 만일 종합과세를 하는 이자소득 등에 대한 산출세액이 분리과세하는 이자소득 등에 대한 세액보다 줄어든다면 금융소득종합과세의 취지에 어긋날 뿐만 아니라 분리과세하는 이자소득 등과의 사이에 조세부담의 형평성이 문제시된다.

따라서 이자소득 등에 대하여 종합과세를 함에 있어서는 세액계산의 특례를 인정하여 이자소득 등을 종합소득에 합산하여 세액을 산정하는 통상적인 방법(종합과세방법)과 이자소득 등에 대해서는 원천징수세율을 곱하여 세액을 산정하는 방법(분리과세방법) 중 그 세액이 많은 방법에 의하여 종합소득산출세액을 계산하도록 하는 비교과세방법을 채택하고 있는 것이다.

(2) 세액계산의 특례(소법 62조)

1) 금융소득(이자소득+배당소득)이 2천만원 이하인 경우

종합소득 산출세액=Max[①, ②]

① 일반산출세액
(국내에서 원천징수되지 않은 금융소득)×14%* +(종합소득과세표준－국내에서 원천징수되지 않은 금융소득)×기본세율

② 비교산출세액
(국내에서 원천징수되지 않은 금융소득+출자공동사업자의 배당소득)×14%* +(종합소득과세표준－국내에서 원천징수되지 않은 금융소득－출자공동사업자의 배당소득)×기본세율

* 비영업대금이익은 25%를 적용한다.

☞ 출자공동사업자의 배당소득이 없으면 ①과 ②의 계산결과는 같다.

종합과세 여부 판정대상금액이 2,000만원 이하인 경우에도 원천징수되지 않은 금융소득만이 종합과세되며, 원천징수되었을 경우를 가정하여 14%(비영업대금이익은 25%의 세율을 적용한다. 이는 원천징수가 되지 않거나 원천징수가 불가능하여 부득이하게 종합

과세를 할 뿐, 그 세부담은 원천징수 된 금융소득과 달라야할 이유가 없기 때문이다.[15)]

2) 금융소득(이자소득+배당소득)이 2천만원을 초과하는 경우

종합소득 산출세액=Max[①, ②]

① 일반산출세액
2,000만원×14%+(종합소득과세표준−2,000만원)×기본세율

② 비교산출세액=Max[ⓐ, ⓑ]+금융소득총수입금액[*1] × 14%[*2]

ⓐ (종합소득과세표준−금융소득금액[*3]) × 기본세율

ⓑ 출자공동사업자의 배당소득×14%+(종합소득과세표준−금융소득금액[*3]−출자공동사업자의 배당소득)×기본세율

*1. 원천징수되지 않은 금융소득을 포함하고 출자공동사업자의 배당소득은 제외하며, 금융소득금액에서 사업소득 결손금이나 종합소득공제를 공제한 경우에도 이를 공제하기 전의 금액을 말한다.
*2. 비영업대금이익은 25%를 적용한다.
*3. 원천징수되지 않은 금융소득과 배당가산액을 포함한 금액이며, 출자공동사업자의 배당소득은 제외한 금액이다.

☞ **출자공동사업자의 배당소득이 없으면 ⓐ과 ⓑ의 계산결과는 같다.**

저자TIP 금융소득 종합과세

농어촌특별세가 과세된 금융소득이 있는 경우
농어촌특별세가 부과된 금융소득은 종합과세 대상 금융소득에서 제외한다. 농어촌특별세가 부과된 경우는 비과세 또는 조세특례제한법상 저율과세가 적용된 것이며 이런 경우는 대부분 분리과세를 규정하고 있기 때문이다.

✓ **임의단체의 금융소득 종합과세**(소득 집행기준 62-116의2-2)

① 법인으로 보는 단체 외의 단체 중 수익을 구성원에게 배분하지 아니하는 단체로서 단체명을 표기하여 금융거래를 하는 단체가 금융기관으로부터 받는 이자소득 및 배당소득에 대해서는 분리과세 한다.

② 1거주자로 보는 법인격 없는 단체 ('임의단체'라 한다)의 이자·배당소득은 해당 단체의 대표자나 관리인의 다른 이자·배당소득과 합산하지 아니하고 해당 임의단체만의 이자·배당소득이 종합과세기준금액(2천만원)을 초과하는 경우 종합과세한다.

13) 국세종합상담센터, 2007, 소득세 확정신고 종합안내, p. 472 ~ 473
14) 정해욱, 앞의 책, p. 797 ~ 798
15) 임상엽, 정정운, 2014, 세법개론, 상경사, p. 704

저자TIP 종합과세대상 금융소득과 감면대상 소형주택임대소득이 있는 경우의 환급

종합과세대상 금융소득과 조세특례제한법 제96조에 따른 감면[(75% 또는 30%), (50% 또는 20%)*]대상 소형주택 임대소득이 함께 있는 경우 종합소득세를 계산해보면 환급이 발생하는 경우가 있다.

* 2021년 귀속분부터 적용

금융소득 세액계산특례(소법 62조)에 따라 계산한 산출세액을 종합소득금액에 대한 감면대상소득금액의 비율로 안분하여 감면세액으로 공제하고, 배당세액공제 적용 후 기납부세액을 빼면 환급세액이 발생하는데, 이 환급세액은 14%로 원천징수 된 금융소득에서 발생한다. 조세특례제한법 제96조는 최저한세(조특법 132조 ② 4)의 적용 대상이므로, 감면 후 세액이 최저한세 이상이기만 하면 전액 환급받아도 문제없을 것으로 보인다.

저자TIP 해외주식 배당소득에 대한 외국납부세액공제 여부

2,000만원을 초과한 해외주식 배당소득을 수령함으로써 2024년 귀속 금융소득 종합과세자가 된 경우에 대해 다음과 같이 구분 설명하기로 한다.
➲ 해외주식의 배당이므로 Gross-up 대상이 아니다.

1) 배당소득이 국내금융기관을 통해 지급된 경우(간접투자한 경우)

이 경우는 1차적으로 해외에서 제한세율에 따른 원천징수를 한 경우로서 다음과 같이 구분할 수 있다.

① 제한세율(예 : 10%) < 14%(국내 원천징수 세율)인 경우 : 이 경우는 해외에서 10%를 원천징수한 이후 국내 금융기관이 배당을 지급할 때 아래의 규정에 따라 4%(14% - 10%)를 원천징수하고, 이 4%의 원천징수금액에 대해 국내 금융기관이 「이자·배당 원천징수영수증」[소득세법 시행규칙 별지 제23호 서식(1)]의 "⑯ 과세구분" 란에 코드 "D"[같은 서식, 작성방법 3쪽 : 종합과세 > 일반과세(Gross-up) > 기타세율(4% 적용이므로)]로 표시 한다.

※ 소득세법 129조 ④ **【원천징수 세율】**
원천징수세액을 계산할 때 배당소득에 대해서 외국에서 외국소득세액을 납부한 경우에는 제1항에 따라 계산한 원천징수세액(☞ 14%를 적용한 세액)에서 그 외국소득세액(☞ 사례에서 10%를 적용한 세액)을 뺀 금액을 원천징수세액으로 한다.

따라서 금융소득 종합과세 신고할 때 10%의 해외 원천징수세액에 대해서는 외국납부세액공제를 적용하면 되고, 국내에서 원천징수된 4% 상당액은 기납부세액으로 공제하면 된다.
만일 2,000만원 이하의 배당소득으로서 종합과세 대상이 아니라면 10%는 해외에서, 4%는 국내에서의 원천징수로써 과세가 종결되므로 이중과세에 해당하지 않아 외국납부세액공제가 적용될 여지는 없다.

② 제한세율(예 : 15%) ≥ 14%(국내 원천징수 세율)인 경우 : 이 경우는 해외에서 지급할 때 원천징수 하고, 국내 금융기관에서 지급할 때에는 아래의 규정에 따라 원천징수하

지 않는다.

> ※ 소득세법 129조 ⑤ 【원천징수 세율】
> 제4항을 적용할 때 외국소득세액 또는 외국법인세액이 제1항에 따라 계산한 원천징수세액을 초과하는 경우에는 그 초과하는 금액은 없는 것으로 한다.

따라서 금융소득 종합과세 신고할 때 15%의 해외 원천징수세액은 외국납부세액공제를 적용하면 되고, 기납부세액으로 공제할 금액은 없다.

2) 배당소득을 해외 법인으로부터 직접 수령한 경우(직접투자한 경우)

해외법인에서 원천징수한 후 직접 배당을 받은 경우에는 금융소득 종합과세 신고시 외국납부세액공제를 적용하면 된다.

➲ 국내에서 원천징수 되지 않은 배당소득이므로 2,000만원 초과여부와 관계없이 금융소득 종합과세 대상이다.

사례1 금융소득이 2,000만원 이하인 경우(2024년 귀속기준)

거주자 홍길동씨의 2024년도 소득자료에 근거하여 종합소득세 산출세액을 구하시오.

(1) 은행예금이자 : 4,000,000원
(2) 국외이자 : 3,000,000원(원천징수되지 않음)
(3) 비상장법인의 배당소득 : 10,000,000원
(4) 출자공동사업자의 배당소득 : 5,000,000원
(5) 사업소득금액 : 25,000,000원
(6) 종합소득공제 : 3,000,000원

해답 3,210,000원

풀이 (1) 금융소득의 2천만원 초과여부의 판단 : (1)+(2)+(3)의 금액이 1,700만원으로서 2천만원 이하이므로 (1)과 (3)은 분리과세하고 (2), (4), (5)의 소득만 종합과세한다. 즉, 2천만원 초과여부를 판단할 때에는 출자공동사업자의 배당소득은 제외하고, 원천징수되지 않은 금융소득은 다른 금융소득과 더하여 판단하는 것이다.

(2) 종합소득금액 : (2)+(4)+(5) = 33,000,000원

(3) 종합소득과세표준 : 33,000,000원 − 3,000,000원 = 30,000,000원

(4) 종합소득산출세액 : Max[①, ②] = 3,210,000원

① 일반산출세액 : 3,000,000×14%+(30,000,000 − 3,000,000)×기본세율(15% − 126만원) = 3,210,000원

② 비교산출세액 : (3,000,000+5,000,000)×14%+(30,000,000 − 3,000,000 − 5,000,000) ×기본세율(15% − 126만원) = 3,160,000원

☞ 출자공동사업자의 배당소득이 없는 경우에는 ①과 ②의 계산결과가 같게 된다.

사례2 금융소득이 2,000만원을 초과하는 경우(2024년 귀속기준)

거주자 홍길동씨의 2024년도 소득자료에 근거하여 종합소득세 산출세액을 구하시오.
(1) 은행예금이자 : 4,000,000원
(2) 외국법인의 배당 : 6,000,000원(원천징수되지 않음)
(3) 비상장법인의 배당소득 : 20,000,000원
(4) 출자공동사업자의 배당소득 : 10,000,000원
(5) 사업소득금액 : 30,000,000원
(6) 종합소득공제 : 3,000,000원

해 답 8,584,000원

풀 이 (1) 금융소득의 2천만원 초과여부의 판단 : (1)+(2)+(3)의 금액이 3,000만원으로서 2,000만원을 초과하므로 (1)~(4)의 금융소득을 종합과세한다. 즉, 2천만원 초과여부를 판단할 때에는 출자공동사업자의 배당소득은 제외하고, 원천징수되지 않은 금융소득은 다른 금융소득과 더하여 판단하는 것이다.

(2) 종합소득금액 : 4,000,000+6,000,000+[10,000,000+(10,000,000×11%)]+10,000,000+30,000,000=71,100,000원

(3) 종합소득과세표준 : 71,100,000원－3,000,000원＝68,100,000원

(4) 종합소득산출세액 : Max[①, ②]＝8,584,000원
① 일반산출세액 : 20,000,000×14%+(68,100,000－20,000,000)×기본세율(24%－576만원)=8,584,000원
② 비교산출세액 : Max[㉠, ㉡]+30,000,000*1 × 14%=8,490,000원
㉠ (68,100,000－31,100,000*2)×기본세율(15%－126만원) = 4,290,000원
㉡ 10,000,000×14%+(68,100,000－31,100,000*2－10,000,000)×기본세율(15%－126만원) = 4,190,000원

*1. 원천징수되지 않은 금융소득을 포함하며, 출자공동사업자의 배당소득은 제외한다.
*2. 원천징수되지 않은 금융소득과 배당가산액을 포함한 금액이며, 출자공동사업자의 배당소득은 제외한 금액이다.

☞ 출자공동사업자의 배당소득이 없는 경우에는 ㉠과 ㉡의 계산결과가 같게 된다.

종합소득산출세액계산서(금융소득자용)[별지 제40호(1) 서식, 제6쪽, 제7쪽]

(35쪽 중 제7쪽)

❻ 배당소득명세서

① 소득구분코드	② 일련번호	배당 지급법인	⑤ 배당액	배당가산액(Gross－Up)		⑧ 배당소득금액 (⑤+⑦)	⑨ 원천징수된 소득세
		③ 법 인 명 / ④ 사업자등록번호		⑥ 대상금액	⑦ 가산액 (⑥×가산율)		

[작성방법 : 종합소득세 과세표준확정신고 및 납부계산서별지 제40호서식(1)의 6쪽 참조]

⑤ 배당액란 : 지급자별로 원천징수세액을 차감하기 전의 총배당액을 적습니다.

⑥ 대상금액란 : "21"코드에 해당하는 배당소득이 다른 코드의 배당소득 및 이자소득과 합산하여 2천만원을 초과하는 경우에는 그 초과하는 배당액만을 적습니다.

(예) 이자소득 1천만원, 배당소득 1천5백만원(Gross-Up 대상)인 경우 ⑤ 배당액란은 1천5백만원을, ⑥ 대상금액란은 5백만원을 적음

⑦ 배당가산액란 : [⑥ 대상금액 × 가산율(2024.1.1. 이후의 배당소득은 10%, 2011.1.1.부터 2023.12.31.까지의 배당소득은 11%)]의 방법으로 산정한 금액을 적습니다.

⑧ 배당소득금액란 : [⑤ 배당액 + ⑦ 배당가산액]의 방법으로 산정한 금액을 적습니다.

⑨ 원천징수된 소득세란 : 배당을 지급하는 자에게 원천징수된 소득세를 적습니다. 지방소득세는 지방소득세법 제95조 및 제96조에 따라 신고하므로 적지 않습니다.

◎ 종합소득산출세액계산서(금융소득자용)[별지 제40호(1) 서식]

(35쪽 중 제23쪽)

⑰ 종합소득산출세액계산서(금융소득자용)

1 금융소득 명세

구 분	금 액	구 분	금 액
① 비영업대금이익(25%)		⑥ 배당가산(Gross-Up)대상배당소득	
ⓐ 비영업대금이익(14%)			
② 원천징수되지 않은 이자소득		⑦ 원천징수되지 않은 배당소득	
③ 원천징수되지 않은 비영업대금이익		⑧ 위 ⑥·⑦ 외의 배당소득	
④ 위 ①·ⓐ·②·③ 외의 이자소득			
⑤ 이자소득 합계(①+ⓐ+②+③+④)		⑨ 배당소득 합계(⑥+⑦+⑧)	

2 금융소득금액(⑤+⑨)이 종합과세기준금액(2,000만원)을 초과하는 경우		**3 금융소득금액(⑤+⑨)이 종합과세기준금액(2,000만원) 이하인 경우**	
구 분	금 액	구 분	금 액
⑩ 금융소득금액(⑤+⑨)		㉜ [(②+⑦)× (14/100)]	
⑪ 종합과세기준금액	20,000,000	㉝ [③× (25/100)]	
⑫ 기준초과금액(⑩-⑪)		㉞ 금융소득 외의 다른 종합소득	
⑬ 배당가산액		㉟ 소득공제	
⑭ 금융소득 외의 다른 종합소득		㊱ 과세표준(㉞-㉟)	
⑮ 기준금액 외의 종합소득금액(⑫+⑬+⑭)		㊲ 기본세율	
⑯ 소득공제		㊳ 산출세액	
⑰ 과세표준(⑮-⑯)		㊴ 종합소득산출세액(㉜+㉝+㊳)	
⑱ 기본세율			
⑲ 산출세액			
⑳ [⑪× (14/100)]			
㉑ 비교산출세액계(⑲+⑳)			
㉒ 비영업대금이익[(①+③)× 25/100 + ⓐ×14/100]			
㉓ 비영업대금이익 외의 금융소득[⑩-(①+ⓐ+③)]			
㉔ [㉓× (14/100)]			
㉕ 금융소득 외의 다른 종합소득(⑭)			
㉖ 소득공제			
㉗ 과세표준(㉕-㉖)			
㉘ 기본세율			
㉙ 산출세액			
㉚ 비교산출세액 계(㉒+㉔+㉙)			
㉛ 종합소득산출세액(㉑와 ㉚ 중 큰 금액)			
4 배당세액공제			
㊵ [⑬와 (㉛-㉚) 중 작은 금액]			

Chapter

03 사업소득

• 제 1 절 사업소득의 의의와 범위

I 사업소득의 의의

사업소득이란 개인이 영리를 목적으로 독립적·계속적으로 영위하는 사회적 활동에서 발생한 소득을 말한다. 현행 소득세법은 사업의 정의에 관하여는 아무런 규정을 두지 않고 단지 사업소득의 유형만을 열거하고 있다.

사업소득은 통상 다음의 특성에 따라 사업소득의 여부를 판단한다.

(1) 독립성

사업과 관련하여 다른 사람에게 종속되지 아니하고 대외적으로 독립하여 자기책임 하에 사업을 영위하는 것을 말한다.

(2) 계속·반복성

동종의 행위를 계속적으로 반복하고자 하는 것을 말한다. 단순히 한두 번 정도의 행위는 사업성이 인정 될 수 없다.

(3) 영리목적성

경제적 이익을 창출하기 위한 의도를 가지고 행동하는 것을 말한다.

Ⅱ 사업소득의 범위

사업소득의 범위에 관하여는 소득세법에 특별한 규정이 있는 경우 외에는 통계법 제22조에 따라 통계청장이 고시하는 한국표준산업분류를 기준으로 한다.(소법 19조 ③)

저자TIP 제11차 한국표준산업분류 개정(통계청 고시 제2024-203호, 2024.4.30.)

① 소득세법 적용 : 제11차 한국표준산업분류는 2024.7.1.부터 시행한다. 다만, 통계법이 아닌 다른 개별 법령 등에서 한국표준산업분류를 인용한 규정이 있는 경우 2025.6.30.까지는 종전(고시 제2017-13호, 2017.1.13.) 제10차 한국표준산업분류를 따를 수 있다.

② 조세특례제한법 적용 : 조세특례제한법에서 사용되는 업종의 분류는 조세특례제한법에 특별한 규정이 있는 경우를 제외하고는 통계법 제22조에 따라 통계청장이 고시하는 한국표준산업분류에 따른다. 다만, 한국표준산업분류가 변경되어 조세특례제한법에 따른 조세특례를 적용받지 못하게 되는 업종에 대해서는 한국표준산업분류가 변경된 과세연도와 그 다음 과세연도까지는 변경 전의 한국표준산업분류에 따른 업종에 따라 조세특례를 적용한다.(조특법 2조 ③)

③ 주요 개정내용 : 제10차 개정내용과 비교하면 중분류, 소분류, 세분류를 신설·변경한 경우는 극히 일부에 불과하고 주로 세세분류단계에서 신설, 세분, 통합 또는 명칭변경한 것이며, 세세분류가 다른 대분류로 이동한 경우는 다음의 경우뿐이다.

제10차 분류		제11차 분류	
K 금융 및 보험업		O 공공행정, 국방 및 사회보장 행정	
65131	건강보험업	84611	건강보험업
65139	산업 재해 및 기타 사회보장 보험업	84619	산업 재해 및 기타 사회보장 보험업
65303	연금업	84620	연금업

따라서 소득세법이나 조세특례제한법에서 한국표준산업분류를 적용하는 경우 실무적으로 기존과 다른 변경사항은 없을 것으로 보인다.

사업소득은 해당 과세기간에 발생한 다음의 소득으로 한다. 다만, 소득세법 제21조 제1항 제8호의2에 따른 기타소득(전자상거래 등에서의 소비자보호에 관한 법률에 따라 통신판매중개를 하는 자를 통하여 물품 또는 장소를 대여하고 연간 수입금액 500만원 이하의 사용료로서 받은 금품)으로 원천징수하거나 과세표준확정신고를 한 경우에는 그러하지 아니하다.(소법 19조 ①, 2018.12.31. 단서신설)

(1) 농업(작물재배업 중 곡물 및 기타 식량작물 재배업은 제외한다)·임업 및 어업에서 발생하는 소득(소법 19조 ① 1, 12조 2 바, 2014.1.1. 개정)

여기서 작물재배업에서 발생하는 소득이란 작물재배업에서 발생하는 소득으로서 해당

과세기간의 수입금액의 합계액이 10억원 이하인 것을 말한다.(소령 9조의4 ①, 2014.2.21. 신설)

➲ 수입금액이 10억원을 초과하는 작물재배업(곡물 및 기타 식량작물 재배업을 제외)의 소득을 사업소득으로 보아 소득세를 과세한다는 의미이다.

저자TIP 곡물 및 기타 식량작물재배업(한국표준산업분류 세분류 코드번호 : 01110)의 범위

➲ 개정 한국표준산업분류(2024.7.1. 시행)에서도 변경내용 없다.(11차 개정 한국표준산업분류 p. 176, 177)

곡물작물, 식량용 뿌리작물, 콩과 작물 및 기타 식량작물을 재배하는 산업활동을 말한다.

〈예시〉

- 벼, 보리, 밀, 수수 재배
- 감자, 고구마, 재배
- 메밀 재배
- 옥수수, 콩, 녹두 재배

〈제외〉

- 종자 및 묘목 생산업(01123) : 노지 또는 시설에서 각종 농작물의 종자, 버섯종균, 묘목 등을 생산하는 산업활동
- 시설작물 재배업(0115) : 일반적으로 노지에서 재배되는 작물을 움막, 온실, 비닐하우스, 수경 재배시설, 공장형 설비 등과 같은 특수 고정시설에서 재배하는 산업활동을 말하며 버섯 및 콩나물을 재배하는 산업활동을 포함한다.
- 기타 작물 재배업(01140) : 노지에서 약용작물, 사료작물, 기름추출용 작물 및 공업용 원료작물 등 달리 분류되지 않은 기타 작물을 재배하는 산업활동
- 과실, 음료용 및 향신용 작물 재배업(0113) : 노지에서 견과(땅콩 제외)를 포함한 각종 과실작물을 재배하는 산업활동

저자TIP 작물재배업의 소득세 과세여부 (2015년 귀속분부터 적용)

구 분	수입금액 10억원 이하	수입금액 10억원 초과
① 곡물 및 기타 식량작물 재배업	비과세	비과세
② 위 '①' 외의 작물재배업	비과세	과 세

✓ **농업 등에서 발생한 소득의 구분**(소통 19-0…1)

① 통계법 제22조의 규정에 의하여 통계청장이 작성·고시하는 한국표준산업분류상의 농업 중 곡물 및 기타작물재배업에서 발생한 소득은 법에서 규정하는 과세소득에 해당되지 아니한다. (2024.3.15. 개정)

② 농지에서 재배한 작물을 판매장을 특설하여 판매하는 경우에는 판매장을 특설하여 판매함으로써 추가로 발생되는 소득은 도매업 또는 소매업에서 발생한 소득으로 본다.

③ 제조장을 특설하여 자기가 재배한 작물을 원료로 하여 제품을 생산하거나 가공하여 판매할 때에는 제조장 특설로 인하여 추가로 발생되는 소득은 제조업에서 발생한 소득으로 본다.

✓ **축산업의 범위**(소통 19－0…2)

① 축산업을 영위하는 사업자가 사업용 고정자산에 속하는 가축을 판매하고 얻은 수입금액은 축산업에서 발생한 수입금액으로 본다.

② 자기사업장에서 사육한 가축을 자기 소유의 도축장에서 도살·해체·냉동 가공한 후 지육으로 판매할 때에는 제조업으로 구분하여 과세한다.

✓ **농업에 종사하는 자가 재배한 작물을 직접 판매하는 경우 계산서발행의무 유무 및 복식부기의무자 해당 여부**

농업에 종사하는 거주자가 작물재배업에서 생산되는 농산품을 직접 판매하는 경우에는 계산서발행 의무가 없는 것이며, 농업(작물재배업*은 제외)에서 발생하는 사업소득이 있는 거주자는 소득금액을 계산할 수 있도록 증빙서류 등을 비치하고 그 사업에 관한 거래사실을 장부에 기록·관리하여야 하는 것임(제도 46011－12356, 2001.7.24.)

* 2015년 귀속분부터는 수입금액이 10억원 이하의 작물재배업을 말하며, "곡물 및 기타 식량작물 재배업"은 수입금액과 무관하게 비과세 한다.

✓ **내수면 가두리양식어업 면허기간 연장불허에 따른 손실보상에 관한 특별법에 따라 보상대상자가 지급받는 손실보상금은 소득세법 제21조 제1항 제7호에 따른 기타소득에 해당하는 것임**(서면법규소득2024- 2265, 2024.8.6.)

(2) 광업에서 발생하는 소득

✓ **토사석 채취업이 광업에 해당하는지 여부**

거주자가 토사석을 채취하여 원석상태로 판매하는 사업과 토사석을 채취분쇄하여 보조기층, 아스콘용자갈, 레미콘용자갈, 석분 등으로 가공, 판매하는 사업은 광업에 해당하는 것임(소득 22601－391, 1992.2.18.)

(3) 제조업에서 발생하는 소득

사업소득에 관한 규정을 적용할 때 자기가 제품을 직접 제조하지 아니하고 제조업체에 의뢰하여 제조하는 경우로서 다음의 요건을 모두 충족하는 경우에는 제조업으로 본다.(소령 31조)

① 생산할 제품을 직접 기획(고안 및 디자인, 견본제작 등을 포함)할 것

② 그 제품을 자기명의로 제조할 것

③ 그 제품을 인수하여 자기 책임 하에 직접 판매할 것

저자 TIP 임가공업에 대한 한국표준산업분류상의 분류 (2017 한국표준산업분류 p143 아.)

> 제조공장설비를 갖추고 수수료 또는 계약에 의하여 타인 또는 타사업체에서 주문받은 특정제품을 제조하여 납품하는 경우는 "섬유제품 염색, 정리 및 마무리 가공업", "인쇄 및 인쇄관련 산업", "금속열처리, 도금 및 기타 금속가공업"을 제외하고는 그 제조되는 제품의 종류에 따라 제조업의 적합한 산업항목에 각각 분류된다.

따라서 위의 요건을 갖춘 임가공업의 경우 사업자등록상으로는 서비스업으로 분류되었더라도 조세특례제한법상의 감면적용이나 성실신고확인대상 기준금액 적용시에는 제조업으로 판단하여야 할 것이다.

➲ 개정 한국표준산업분류(2024.7.1. 시행)에서도 변경내용 없다.(11차 개정 한국표준산업분류 p. 176, 177)

PART 2

✓ **숯굽기의 업종 구분**(소통 19-0…3)

산림지역 외의 지역에서 숯굽기 등 연료를 제조하는 사업은 제조업으로 본다.

✓ **제조업 해당 여부**(소득 해석편람 19-4-5)

소득세법 시행령 제31조 제2호에 규정된 '제조업으로 보는 경우'에는 타인의 상표를 일정기간 사용할 수 있는 권리를 부여받아 그 상표를 부착하여 판매시에는 적용되지 않는 것임(서일 46011-11023, 2002.8.6.)

✓ **판매기계의 소프트웨어개발세팅에 적합한 설계도면만을 외국업체에게 제작의뢰하는 경우 업종구분**

자기가 제품을 직접 제조하지 아니하고 제조업체에 의뢰하여 제조하는 경우로서 생산할 제품을 직접기획(고안 및 디자인, 견본제작 등을 포함한다)하고, 그 제품을 자기명의로 제조하며, 그 제품을 인수하여 자기책임하에 직접판매하는 경우에는 제조업에 해당하는 것임(소득 46011-305, 2000.3.3.)

✓ **위탁자로부터 섬유제품, 제조 기계장치를 무상으로 임차하여 직물임가공을 영위하는 경우 사업구분**

토지, 건물, 건물부대설비, 일부 기계장치 및 집기를 소유하고 있는 사업자가 임가공위탁자로부터 섬유제품, 제조 기계장치를 무상으로 임차하여 직물임가공업을 영위하는 것은 제조업에 해당하는 것임(소득 22601-848, 1991.4.30.)

(4) 전기, 가스, 증기 및 공기조절공급업에서 발생하는 소득(2018.12.31. 개정)

(5) 수도, 하수 및 폐기물 처리, 원료 재생업에서 발생하는 소득(2018.12.31. 개정)

(6) 건설업에서 발생하는 소득(2009.12.31. 개정)

✓ **조경업의 업종구분**(소통 19－0…4)

도로·정원·공원·운동장 등의 조경을 위하여 관상수, 잔디, 관목 및 기타 장식용 식물을 심는 토목공사적인 성격의 조경공사는 조경건설업이며, 조경공사를 위한 설계는 도시계획 및 조경설계 서비스업으로 본다.

한국표준산업분류에 따른 건설업[제10차 및 제11차 개정(2024.7.1. 시행) 내용도 동일함]

① 정의

계약 또는 자기계정에 의하여 지반조성을 위한 발파·시굴·굴착·정지 등의 지반공사, 건설용지에 각종 건물 및 구축물을 신축 및 설치, 증축·재축·개축·수리 및 보수·해체 등을 수행하는 산업활동으로서 임시건물, 조립식 건물 및 구축물을 설치하는 활동도 포함한다. 이러한 건설활동은 도급·자영 건설업자, 종합 또는 전문건설업자에 의하여 수행된다. 직접 건설공사 분야별로 도급 또는 하도급을 주어 전체적으로 건설공사를 관리하는 경우에도 건설활동으로 본다. 건설공사에 대한 총괄적인 책임 및 전체 건설공사를 관리하는 활동은 건설공사와 관련한 인력·자재·장비·자금·시공·품질·안전관리 부문 등을 전체적으로 책임지고 관리하는 경우를 나타낸다.

② 타산업과의 관계

구 분	업종(코드)
• 공원 및 정원 조성을 위한 조경수 식재 및 유지·관리활동	조경관리 및 유지서비스업(74300)
• 계약에 의한 원유 및 천연가스 채굴에 직접 관련된 시굴 및 건설활동	광업지원서비스업(08000)
• 직접 건설활동을 수행하지 않고 전체 공사를 건설업자에게 일괄 도급하여 건축물 또는 부동산(농지, 공장용지, 광산용지 등)을 개발하고 판매, 임대, 분양하는 경우	부동산 임대 및 공급업(681)
• 조립식 건물 구성 부분품, 구조물 및 건물 장치용 기계·장비 등의 제조 또는 판매를 주로 하는 사업체에서 이들을 조립·설치하는 경우	주된 활동에 따라 제조 또는 판매업
• 설치만을 전문적으로 수행하는 특정의 부서를 독립된 사업체로 분리·파악할 수 있을 경우	건설업
• 건축 설계, 감리, 기획,조사,측량 및 기타 건축공학 관련서비스를 제공하는 경우	건축기술, 엔지니어링 및 기타 과학기술서비스업(72)
• 건축 활동을 직접 수행하는 사업체가 건설할 건축물을 직접 설계하는 경우	건설업

(7) 도매 및 소매업에서 발생하는 소득

✓ **동호회 회원이 공동구매 시 지급하는 운영기금은 사업소득에 해당**

인터넷동호회가 회원을 위하여 공동구매에 따른 용역을 제공하고 공동구매 시 상품대금에 더하여 운영기금 등의 명목으로 그 대가를 받는 경우 해당 운영기금은 소득세법 제19조 제1항 제7호에 따른 사업소득으로서 총수입금액에 포함되는 것임(소득-653, 2012.8.27.)

✓ **고정자산 매매소득의 과세 여부**(소득 해석편람 19-4-1)

개인사업자가 쇄석업에 사용 또는 임대하기 위하여 매입한 중고쇄석기의 매매소득은 사업용고정자산의 양도에 해당하여 종합소득세가 과세되지 아니하나 판매목적으로 매입한 중고쇄석기의 매매소득은 종합소득세가 과세됨(소득 46011-65, 1997.1.9.)

✓ **화분에 재배하여 판매하는 화훼류의 과세여부**

관음죽, 란, 소철 등의 화훼류를 토지에 재배하지 아니하고 화분에 재배하여 판매하는 사업에서 발생하는 소득은 판매장특설여부에 불구하고, 도매업 또는 소매업에서 발생하는 소득으로 보는 것임(소득 22601-2307, 1990.12.6.)

✓ **신문·잡지 등을 판매하고 지급받는 수수료의 소득구분**

신문판매업자와 고용관계 없는 신문판매원이 신문판매업자로부터 신문·잡지 등을 인수하여 판매하고 신문판매업자로부터 판매수수료를 지급받는 경우 사업소득에 해당하는 것이며 해당 판매 수수료에 대하여는 부가가치세가 과세되는 것임(소득 46011-1964, 1998.7.16.)

SNS마켓 사업자[16)]

(1) 정의

SNS마켓이란 블로그·카페 등 각종 사회관계망서비스(Social Network Service, SNS) 채널을 이용하여 물품판매, 구매 알선·중개 등을 통해 수익을 얻는 사업활동을 말함

(2) 거래 유형

SNS마켓은 재화 등을 매입하여 판매하거나 상품 홍보를 하고 판매수량에 따라 수수료를 받는 등 다양한 거래유형이 있음

- 블로그·카페 등을 운영하며 홍보성 게시글에 대한 원고료, 배너광고를 게재하여 주고 광고료를 받는 경우
- 오프라인 사업장을 가진 사업자가 온라인 판매채널로 블로그 등을 이용하여 물품 판매
- 개인이 소규모로 SNS 등을 통하여 자기 물품을 판매하거나 구매대행 등 서비스를 제공
- 제조업자·도매업자의 의뢰를 받아 SNS 등을 통하여 상품정보를 제공하고 수수료를 수취

(3) 사업자등록

- 블로그·카페 등 SNS를 이용하여 물품 판매는 물론 알선·중개 등을 통해 수익을 얻는

활동의 경우 업종코드는 '525104'로 등록함
- SNS마켓을 이용한 통신판매업을 기존의 전자상거래 소매업 및 소매중개업과 구분하기 위해 업종코드 신설함[2019.1.1. 이후 신규(정정) 사업자등록 시부터 적용함]

코 드	세분류	세세분류	적 용 범 위
525104	통신판매업	SNS 마켓	**블로그·카페** 등 각종 **사회관계망서비스(소셜네트워크서비스, SNS) 채널을 이용**하여 물품판매, 구매 알선,중개 등을 통해 수익을 얻는 산업활동을 말한다.
525101	통신판매업	전자상거래 소매업	일반 대중을 대상으로 온라인 통신망[**사회관계망서비스(SNS) 채널은 제외한다**]을 통하여 각종 상품을 소매하는 산업활동을 말한다. (예시) 상품 전자상거래 판매(**오픈마켓 판매자 포함**)
525102	통신판매업	기타 통신 판매업	온라인 통신망 이외의 기타 통신수단에 의하여 각종 상품을 소매하는 산업활동을 말한다. (예시) 인쇄물 광고형 소매, 전화소매, TV홈쇼핑, 카탈로그(상품안내서, catalog)형 소매, 우편소매, 통신판매 소매
525103	통신판매업	전자상거래 소매중개업	**개인 또는 소규모업체가 온라인상에서 재화나 용역을 판매할 수 있도록 중개업무를 담당하는 산업활동**을 말한다 (예시) **소셜커머스**(할인쿠폰 공동 구매형 전자상거래중개), 전자상거래 소매중개(**오픈마켓 사업자**) (제외) 오픈마켓 판매자(525101)

(4) 현금영수증 발급의무

SNS마켓 사업자는 판매하는 재화 등이 현금영수증 의무발행업종 재화 등인 경우로 한정하여 2021.1.1. 이후부터 적용함

(5) 참고사항

※ 통신판매업 신고 및 통신판매업자 정보 표기

① 통신판매업 신고(전자상거래법 제12조)
- SNS마켓 판매자도 통신판매업자에 해당하므로, 재화 판매 전에 관할 시·군·구청에 통신판매업 신고*를 해야 함

  * 정부24(https://www.gov.kr)에서 공동인증서 등을 이용하여 신고가능
- 신고사항 : 상호, 주소, 전화번호, 대표자 성명, 주민등록번호, 사업자 등록번호, 법인등록번호, 전자우편주소, 인터넷도메인 이름, 호스트서버 소재지, 판매방식, 취급품목 등
- 구비서류 : 사업자등록증 사본, 법인등기부 등본 등

② 통신판매업자 정보표기(전자상거래법 제13조)
- SNS마켓에서 재화 판매 시 상호, 대표자 성명, 주소, 전화번호, 통신판매 신고번호 등을 표시해야 함

해외직구대행업[17]

(1) 정의

- 해외직구대행업이란 온라인 몰을 통해 해외에서 구매 가능한 재화 등에 대하여 정보를 제공하고 온라인 몰 이용자의 청약을 받아, 해당 재화 등을 이용자의 명의로 대리하여 구매한 후 이용자에게 전달해줌으로써 수수료를 받아 수익을 얻는 산업활동을 말함
- 일반적인 도소매업 형식처럼 상품을 매입하여 판매하는 것이 아닌, 해외상품에 대해 단순 구매를 대행해주는 업종임

(2) 해외직구대행업의 요건

① 해외 물품이 국내 통관될 때 국내 구매자 명의로 통관되어 구매자에게 직배송될 것
② 국내에 창고 등의 보관장소가 없고, 별도로 재고를 보유하지 않을 것
③ 판매 사이트에 해외직구 대행임을 명시할 것
④ 주문 건별로 대행 수수료를 산출하고, 해당 산출근거 및 증빙을 보관할 것

(3) 거래 유형

- 해외직구대행업자는 사이트 전체 판매액이 아닌 수수료 부분만을 매출로 신고하여야 함 예를 들어, 사이트 판매액이 100원이고, 상품구입비 및 배송비 등 80원이 발생했다면 구매대행업의 경우 구매대행 수수료 20원을 매출로 신고하게 됨
- 국세청에서는 일반 전자상거래업 영위 사업자와 동일하게 온라인 전체 판매액 100원을 매출로 파악하게 되므로, 신고 시마다 신고매출액에 대한 적정성 확인이 발생할 수 있으며, 매출액 산정 관련 증빙서류를 보관하여야 하는 주의사항이 있음

(4) 사업자등록

- 일반적인 온라인 쇼핑몰과 달리 해외직구대행업 업종코드 '525105'로 등록함
- 일반 전자상거래 소매 및 전자상거래 소매중개(오픈마켓사업자)업종과 구분하기 위해 2020년도에 해외직구대행업 업종코드 신설함

코 드	세분류	세세분류	적용범위
525105	통신판매업	해외직구 대행업	온라인 몰을 통해 해외에서 구매 가능한 재화 등에 대하여 정보를 제공하고 온라인 몰 이용자의 청약을 받아, 해당 재화 등을 이용자의 명의로 대리하여 구매 한 후 이용자에게 전달해줌으로써 수수료를 받아 수익을 얻는 산업 활동을 말한다.
525104	통신판매업	SNS 마켓	블로그·카페 등 각종 사회관계망서비스(소셜네트워크서비스, SNS) 채널을 이용하여 물품판매, 구매 알선,중개 등을 통해 수익을 얻는 산업활동을 말한다.
525101	통신판매업	전자상거래 소매업	일반 대중을 대상으로 온라인 통신망[사회관계망서비스(SNS) 채널은 제외한다]을 통하여 각종 상품을 소매하는 산업활동을

16) 국세청 홈페이지 > 국세정책/제도 > 신종업종 세무안내 > SNS마켓 사업자

코 드	세분류	세세분류	적용범위
			말한다. (예시) 상품 전자상거래 판매(오픈마켓 판매자 포함)
525102	통신판매업	기타 통신 판매업	온라인 통신망 이외의 기타 통신수단에 의하여 각종 상품을 소매하는 산업활동을 말한다. (예시) 인쇄물 광고형 소매, 전화소매, TV홈쇼핑, 카탈로그(상품안내서, catalog)형 소매, 우편소매, 통신판매 소매
525103	통신판매업	전자상거래 소매중개업	개인 또는 소규모업체가 온라인상에서 재화나 용역을 판매할 수 있도록 중개업무를 담당하는 산업활동을 말한다 (예시) 소셜커머스(할인쿠폰 공동 구매형 전자상거래중개), 전자상거래 소매중개(오픈마켓 사업자) (제외) 오픈마켓 판매자(525101)

(5) 현금영수증 발급의무

해외직구대행업자는 2023.1.1. 이후부터 적용함(다만, 판매하는 재화 등이 현금영수증 의무발행업종의 재화 등인 경우에 한함)

(6) 참고사항

※ 통신판매업 신고 및 통신판매업자 정보 표기

① 통신판매업 신고(전자상거래법 제12조)

- 해외직구대행업자도 통신판매업자에 해당하므로, 재화 판매 전에 관할 시·군·구청에 통신판매업 신고*를 해야 함

  * 정부24(https://www.gov.kr)에서 공동인증서 등을 이용하여 신고가능

- 신고사항 : 상호, 주소, 전화번호, 대표자 성명, 주민등록번호, 사업자 등록번호, 법인등록번호, 전자우편주소, 인터넷도메인 이름, 호스트서버 소재지, 판매방식, 취급품목 등
- 구비서류 : 사업자등록증 사본, 법인등기부 등본 등

② 통신판매업자 정보표기(전자상거래법 제13조)

- 해외직구대행업자가 재화 등의 거래에 관한 청약을 받을 목적으로 표시·광고 할 때에는 상호, 대표자 성명, 주소, 전화번호, 통신판매 신고번호 등을 표시해야 함

17) 국세청 홈페이지 > 국세정책/제도 > 신종업종 세무안내 > 해외직구대행업

(8) 운수 및 창고업에서 발생하는 소득(2018.12.31. 개정)

✓ **공영주차장운영소득의 납세의무**

주차장운영업에서 발생하는 소득은 사업소득에 해당하는 것임(소득 46011-475, 2000.4.22.)

(9) 숙박 및 음식점업에서 발생하는 소득

✓ **신용카드단말기 사용 장려금의 소득구분 및 원천징수 여부**

신용카드가맹점인 음식점을 경영하는 거주가가 용역의 공급에 대한 대가를 신용카드로 받으면서 특정 부가통신사업자(VAN사)의 신용카드단말기를 이용하여 주고, 부가통신사업자의 대리점으로부터 받는 장려금은 사업소득에 해당하는 것으로, 원천징수대상 사업소득에 해당하지 아니하는 것임(소득-594, 2010.5.24.)

✓ **접객시설 없이 빵·생과자 등을 제조·판매하는 경우 업종구분**

사업자가 일정한 장소에 제조시설을 갖추고 빵·식빵·생과자 등을 제조하여 접객시설 없이 최종소비자에게 판매하는 제조업에 해당하며, 접객시설을 갖춘 구내 또는 특정장소에서 판매하는 경우에는 음식점업에 해당하는 것임(소득 46011-394, 2000.3.30.)

공유숙박 사업자[18)]

(1) 정의

• 공유숙박 : 일반인이 여유공간(숙박공간)을 여행객들에게 유상으로 제공하는 것으로, 온라인 중개 플랫폼*에 등록하여 숙박공간을 사용하고자 하는 임차인에게 공간을 공유·사용하게 함으로써 대가를 수령하는 산업활동을 의미함

* 플랫폼은 '정거장'이란 의미로 인터넷을 기반으로 이용자를 연결하고 각종 경제활동을 통해 수익을 창출하는 사업 모델로서, 대표적인 공유숙박 플랫폼으로 에어비앤비(Airbnb)가 있음

(2) 사업자등록

코 드	세분류	세세분류	적용범위
551007	일반 및 생활 숙박시설 운영업	숙박 공유업	일반인이 여유공간(숙박공간)을 여행객들에게 유상으로 제공하는 것으로 **온라인 중개 플랫폼에 등록**하여 숙박공간을 사용하고자 하는 임차인(GUEST)에게 공간을 **공유·사용**하게 함으로써 댓가를 수령하는 산업활동
551005	일반 및 생활 숙박시설 운영업	민박업	단독주택, 다가구주택, 다세대주택, 아파트 등 일반 주거용 주택을 이용하여 숙박 서비스를 제공하는 산업활동을 말한다. 숙박과 함께 취사시설을 제공하거나 식사를 제공하는 경우도 포함한다

• 공유숙박 업종의 추가 구비서류

① 도시지역 : 관광진흥법에 따라 지방자치단체(관할 시·군·구청)에서 발급한 관광사업 등록증(외국인관광 도시민박업)

② 농어촌지역 : 농어촌정비법에 따라 지방자치단체(관할 시·군·구청)에서 발급한 농어촌민박업 신고필증

(3) 현금영수증 발급의무

공유숙박 사업자는 2023.1.1. 이후부터 적용함

(4) 기타소득으로 분리과세 가능한 경우

통신판매중개를 하는 자를 통하여 장소를 대여하고 연 500만원 이하의 사용료를 받는 경우는 기타소득으로 분리과세 가능함(소법 21조 ① 8의2)

➲ 필요경비 60%를 공제하면 기타소득금액이 300만원 이하가 되므로 종합과세와 분리과세를 선택할 수 있다.(소법 14조 ③ 8 가)

18) 국세청 홈페이지 > 국세정책/제도 > 신종업종 세무안내 > 공유숙박 사업자

한국표준산업분류(2017.7.1. 시행)에 따른 음식점업의 구분[19]

• **음식점업(561)*** : 구내에서 직접 소비할 수 있도록 접객시설을 갖추고 조리된 음식을 제공하는 식당, 음식점, 간이 식당, 카페, 다과점, 주점 및 음료점 등을 운영하는 활동과 독립적인 식당차를 운영하는 산업활동을 말한다. 또한 여기에는 접객시설을 갖추지 않고 고객이 주문한 특정 음식물을 조리하여 즉시 소비할 수 있는 상태로 주문자에게 직접 배달(제공)하거나 고객이 원하는 장소에 가서 직접 조리하여 음식물을 제공하는 경우도 포함한다.

➲ 개정 한국표준산업분류(2024.7.1. 시행)에서도 변경내용 없다.

구 분	업 종
• 접객시설을 갖추고 즉시 소비할 수 있는 음식을 조리하여 고객에게 제공하는 경우(회사 등 기관과 계약에 의하여 구내식당을 운영하는 산업활동을 포함)	음식점업
• 접객시설을 갖추고 구입한 음식을 즉시 소비할 수 있는 상태로 고객에게 제공하는 경우	
• 접객시설 없이 고객이 주문한 특정 음식을 즉시 소비할 수 있는 상태로 직접 조리하여 고객에게 제공(배달)하는 경우(접객시설 없이 즉석식 빵, 케이크, 커피 등을 직접 만들어 일반 소비자에게 판매하는 산업활동을 포함)	
• 접객시설 없이 개별 행사(연회) 시에 그 장소에 출장하여 소비할 음식을 직접 조리하여 제공하는 경우	
• 접객시설 없이 음식을 구입하여 판매만 하는 경우	도소매업
• 즉시 소비할 수 있는 음식을 직접 제조하여 음식점 및 유통 사업체에 공급하는 경우	식료품제조업
• 철도 운수 사업체에서 철도 침대차 및 식당차를 직접 운영하는 경우	철도운송업

* 한국표준산업분류(2017.7.1. 시행)에서 커피전문점(56221)이나 주스 전문점, 찻집 등(56229)은 대분류인 "숙박 및 음식점업(I)"에는 포함되지만, 소분류에서 "음식점업(561)"과 구분되어 "비알코올 음료점업(562)"에 속하므로 "음식점업(561)"에는 포함되지 않는다.

(10) 정보통신업에서 발생하는 소득(2018.12.31. 개정)

✓ **출판업의 업종구분**(소득 집행기준 19－0－3)

① 출판관련 업종(서적출판업, 신문·잡지 및 정기간행물 출판업, 기타 인쇄물 출판업)중 자사에서 직접 창작되거나 다른 사람에 의하여 제작된 창작물을 편집, 구입 또는 계약에 의하여 출판하는 출판물의 소득은 '출판, 영상, 방송통신 및 정보서비스업'에 해당한다.

② 출판권 없이 각종 서적이나 정기간행물을 인쇄하는 산업활동은 제조업 중 인쇄업에 해당한다.

19) 통계청, 2017, 한국표준산업분류, 한국세무사회, p. 555~556

1인 미디어 창작자[20)]

(1) 정의

1인 미디어 창작자란 인터넷·모바일 기반의 미디어 플랫폼 환경에서 다양한 주제의 영상 콘텐츠를 제작하고 이를 다수의 시청자와 공유하여 수익을 창출하는 신종 직업을 의미함

(예시) 유튜브, 아프리카TV, 트위치 등에 영상을 공유하는 유튜버, 크리에이터, BJ, 스트리머 등

※ 플랫폼은 '정거장'이란 의미로 인터넷을 기반으로 이용자를 연결하고 각종 경제활동을 통해 수익을 창출하는 사업모델로서, 1인 미디어 관련 플랫폼 사업자는 1인 미디어 창작자가 생산한 영상 콘텐츠를 실시간으로 전송하거나 저장하여 재생하며, 콘텐츠 생산자들과 광고수익 등을 분배함

(2) 거래 유형

- 1인 미디어 창작자의 소득은 플랫폼 운영사로부터 배분받는 광고수익, 시청자가 플랫폼을 통해 지불하는 후원금 등이 있음
- 특정 기업 및 제품의 홍보 영상을 제작하거나 자신의 영상에서 이를 홍보해줌으로써 받는 수입, 행사 및 강연 등으로 얻는 수입 등이 있음
- 1인 미디어 창작자는 다중채널네트워크(Multi Channel Network, MCN) 사업자*와 계약을 맺고 광고수익을 나누는 경우도 있음

* MCN 사업자 : 1인 미디어 창작자의 콘텐츠 유통·판매, 저작권 관리, 광고 유치, 자금 지원 등에 도움을 주고 콘텐츠로부터 나온 수익을 창작자와 나누어 갖는 미디어 사업자

(3) 사업자등록

① 과세사업자인 경우 : 1인 미디어 창작자가 인적 고용관계*1 또는 별도의 사업장 등 물적 시설*2을 갖추고 다양한 콘텐츠의 영상을 영상 플랫폼에 공급하면서 수익이 발생하는 경우는 과세사업자에 해당함

☞ **업종코드 921505, 미디어 콘텐츠 창작업(<u>정보통신업에 해당</u>)**

*1. (예시) 시나리오 작성자나 영상 편집자를 고용한 경우 등

*2. (예시) 전문적인 촬영장비를 보유한 경우, 별도의 방송용 스튜디오를 갖춘 경우 등

※ 부가가치세법 시행규칙 제29조 [물적시설의 범위]
계속적, 반복적으로 사업에만 이용되는 건축물·기계장치 등의 사업설비(임차한 것을 포함)를 말한다.

② 면세사업자인 경우 : 1인 미디어 창작자가 독립된 자격으로 근로자를 고용하지 아니하고 물적시설 없이 다양한 콘텐츠의 영상을 영상 플랫폼에 공급하면서 수익이 발생하는 경우는 면세사업자에 해당함

☞ **업종코드 940306, 1인 미디어 콘텐츠 창작자(<u>인적용역으로서 수리 및 기타 개인서비스업에 해당</u>)**

코 드	세분류	세세분류	적용범위
921505	영화비디오물 및 방송프로그램 제작업	미디어콘텐츠 창작업 (과세)	• 인적 또는 물적시설을 갖추고 인터넷기반으로 다양한 주제의 영상 콘텐츠 등을 창작하고 이를 영상 플랫폼에 업로드하여 시청자에게 유통하는 자로서 수익이 발생하는 산업활동
940306	기타 자영업	1인 미디어 콘텐츠 창작자 (면세)	• 인적시설과 물적시설 없이 인터넷기반으로 다양한 주제의 영상 콘텐츠 등을 창작하고 이를 영상 플랫폼에 업로드하여 시청자에게 유통하는 자로서 수익이 발생하는 산업활동 • 인적용역자의 콘텐츠 창작 등에 따른 수입 포함 (예시) 유튜버, BJ, 크리에이터 등

(4) 외국납부세액공제의 적용

• 미국 Google사는 2021년 6월부터 국내 유튜버가 미국 내 시청자로부터 얻은 수입에 대하여 사용료소득으로 보아 미국에서 원천징수하고 있음

• 유튜브 활동으로 미국에서 원천징수된 세액이 있는 경우 외국납부세액 공제를 위해서는 종합소득세 신고시 관련 명세*를 작성·제출하여야 함

* ① 외국납부세액공제 신청서(소득세법 시행규칙 제11호 서식), ② 국가별 외국납부세액공제 명세서(부표1), ③ 소득종류별 외국납부세액 명세서(부표2)

※ 외국납부세액공제 한도계산 사례(1)

2023년도에 1인 미디어 창작자로 사업(업종코드 : 940306)을 개시한 A씨는 간편장부 신고대상으로서 다른 소득은 없고, 2024년 귀속분에 대해 기준경비율로 소득세 신고를 하려고 할 때, 외국납부세액공제 한도계산은 다음과 같다.

• 총수입금액 : 310,000,000원
• 필요경비 : 52,080,000원
• 소득공제 합계 : 2,920,000원
• 국외원천수입금액 : 110,000,000원
• 국외원천필요경비 : 18,480,000원(= 52,080,000원 × 110,000,000원 / 310,000,000원)
• 외국납부세액 : 11,000,000원
• 산출세액 : 76,960,000원[(310,000,000원 − 52,080,000원 − 2,920,000원) × 38% − 19,940,000원]
• 외국납부세액공제 한도 : 27,308,387원(= 76,960,000원 × 91,520,000원 / 257,920,000원)
• 2024년 귀속 외국납부세액공제액 : 11,000,000원
• 이월 외국납부세액 : 없음

※ 외국납부세액공제 한도계산 사례(2)

2023년도에 미디어 콘텐츠 창작자로 사업(업종코드: 921505)을 개시한 B씨는 간편장부 신고대상으로서 근로소득이 있고, 2024년 귀속분에 대해 간편장부로 소득세 신고를 하려고 할 때, 외국납부세액공제 한도계산은 다음과 같다.

- 총급여 : 24,000,000원(근로소득금액 : 15,150,000원)
- 총수입금액 : 275,000,000원
- 필요경비 : 243,000,000원
- 종합소득금액 : 47,150,000원(275,000,000원 - 243,000,000원 + 15,150,000원)
- 소득공제 합계 : 2,000,000원
- 국외원천수입금액 : 25,000,000원
- 국외원천필요경비 : 22,090,909원(= 243,000,000원 × 25,000,000원 / 275,000,000원)
- 국외원천소득금액 : 2,909,091원
- 외국납부세액 : 2,500,000원
- 산출세액 : 5,512,500원[(275,000,000원 - 243,000,000원 - 2,000,000원 + 15,150,000원) × 15% - 1,260,000원]
- 외국납부세액공제 한도 : 340,113원(= 5,512,500원 × 2,909,091원 / 47,150,000원)
- 2024년 귀속 외국납부세액공제액 : 340,113원
- 이월 외국납부세액 : 2,159,887원(= 2,500,000원 - 340,113원)

(5) 개인계좌 후원금 신고

- 1인 미디어 창작자가 방송화면에 '후원금', '자율구독료' 등의 명목으로 후원계좌번호를 노출하고 계좌이체를 통해 금전 등을 받는 경우 해당하는 명칭에 상관없이 소득세법에 따라 종합소득세 신고납부 대상임
  단, 해당 유튜버의 영상활동이 일시적인 경우라면 소득세법 제21조 제1항 제19호(인적용역을 일시적으로 제공하고 받는 대가)에 따른 기타소득에 해당함
- 사업과 관련하여 콘텐츠 제공에 따른 유상대가 또는 사업과 관련하여 무상으로 받은 자산으로 보아 '총수입금액'에 포함함

- **총수입금액의 계산**(소득세법 시행령 제51조 ③)

4. **사업과 관련하여 무상으로 받은 자산의 가액**과 채무의 면제 또는 소멸로 인하여 발생하는 부채의 감소액은 총수입금액에 산입
5. 그 외의 사업과 관련된 수입금액으로서 해당 사업자에게 귀속되었거나 귀속될 금액은 총수입금액에 산입

20) 국세청 홈페이지 > 국세정책/제도 > 신종업종 세무안내 > 1인 미디어 창작자

(11) 금융 및 보험업에서 발생하는 소득

✓ **국·공채매매업의 소득구분**(소득 해석편람 19－4－9)
거주자가 국·공채를 계속적으로 수집(매입)하여 판매하는 것을 사업으로 하여 발생하는 소득은 사업소득 중 금융 및 보험업에서 발생하는 소득에 해당하는 것이나 귀 질의의 경우 국·공채가 사업소득에 해당하는지 여부는 거래횟수·규모 등 실질내용에 따라 사업성 유무를 판단하는 것임(서일 46011－10596, 2001.12.11.)

✓ **상품권매매업의 소득구분**(소득 해석편람 19－4－8)
사업의 범위는 소득세법 등에 특별한 규정이 있는 것을 제외하고는 한국표준산업분류표를 기준으로 하는 것이고 상품권의 매매(구입 후 재판매)를 주로 하는 사업은 한국표준산업분류표상 금융 및 보험업 중 "그 외 기타금융업"으로 분류되므로 상품권의 매매를 새로이 개시하는 사업자는 소득세법 제168조 제1항의 규정에 의하여 사업자등록을 하는 것임(제도 46011－11710, 2001.6.26.)

✓ **상품권발행자로부터 상품권을 매입하여 판매하는 경우 부가가치세 과세 여부 등**
① 사업자가 상품권발행을 대행하여 주고 수수료를 받는 경우 부가가치세가 과세되는 것이나, 상품권발행자로부터 상품권을 매입하여 판매하는 경우에는 부가가치세법 제1조 제1항의 규정에 의하여 부가가치세가 과세되지 아니하는 것임(부가 46015－4561, 1999.11.11.)
② 상품권을 판매하는 경우 사업자가 재화 또는 용역을 공급하는 경우에 해당하지 않는 것이므로 계산서를 교부할 수 없는 것임(제도 46011－10280, 2001.3.26.)
③ 상품권을 구입하는 경우 「경비 등의 지출증빙 수취보관」의 규정 및 경비 등의 지출증빙 수취관련 가산세가 적용되지 아니함(서일 46011－10695, 2003.5.29.)

(12) 부동산업에서 발생하는 소득(2018.12.31. 개정)

부동산임대업에서 발생하는 소득은 다음과 같다.(소법 45조 ②)

① 부동산 또는 부동산상의 권리를 대여하는 사업. 다만, 공익사업을 위한 토지 등의 취득 및 보상에 관한 법률 제4조에 따른 공익사업과 관련하여 지역권·지상권(지하 또는 공중에 설정된 권리를 포함)을 설정하거나 대여함으로써 발생하는 소득은 제외한다. (소법 19조 ① 12, 2017.12.19. 단서개정)

지역권·지상권의 설정·대여소득	일반적인 지역권·지상권의 설정·대여소득 → 사업소득
	공익사업 관련 지역권·지상권의 설정·대여소득 → 기타소득

② 공장재단 또는 광업재단을 대여하는 사업

③ 채굴에 관한 권리를 대여하는 사업 : 광업권자·조광권자 또는 덕대(이하 "광업권자 등")가 채굴 시설과 함께 광산을 대여하는 사업을 말한다. 다만, 광업권자 등이 자본

적 지출이나 수익적 지출의 일부 또는 전부를 제공하는 것을 조건으로 광업권·조광권 또는 채굴에 관한 권리를 대여하고 덕대 또는 분덕대로부터 분철료를 받는 것은 제외한다.(소령 101조 ②)

✓ **부동산의 범위**(소통 19－0…7)

소득세법 제19조 제1항 제12호 및 같은 법 제45조 제2항 제1호에 따른 부동산에는 미등기 부동산을 포함하는 것으로 한다.

✓ **소유부동산의 담보제공대가**(소통 19－0…8)

자기 소유의 부동산을 타인의 담보물로 사용하게 하고 그 사용대가를 받는 것은 소득세법 제45조 제2항 제1호에 따른 부동산상의 권리를 대여하는 사업에서 발생하는 소득으로 부동산임대업에서 발생하는 소득으로 본다.

✓ **광고용으로 사용되는 토지 등의 대가**(소통 19－0…9)

광고용으로 토지·가옥의 옥상 또는 측면 등을 사용하게 하고 받는 대가는 부동산임대업에서 발생하는 소득으로 본다.

✓ **분양목적 신축주택이 미분양되어 장기임대하다가 양도시 소득구분**

거주자가 주택을 판매목적으로 신축하였으나 장기간 분양되지 않아 임대사업으로 전환하고 상당한 기간 임대 후 당해 주택을 판매(판매되지 아니하여 판매될 때까지 일시적으로 임대한 후 판매하는 경우 제외)한 경우 그 발생된 소득은 판매목적의 사업소득이라기 보다는 사실상 임대목적에 전용한 것으로 양도소득에 해당하는 것이나 주택을 임대목적(판매되지 아니하여 일시적으로 임대하는 경우 제외)으로 사용한 후 당해 주택을 양도하는 것이 사업소득 또는 양도소득인지는 그 부동산매매의 규모 거래횟수, 반복성 등 거래에 관한 제반사항을 종합적으로 사실판단 할 사항임(소득－764, 2011.9.9.)

✓ **주택신축판매업자가 부동산임대업으로 전환시 총수입금액 계산**

주택신축판매업자가 건설한 주택이 분양되지 아니하여 주택신축판매업을 폐업하고 부동산임대업으로 업종 전환 한 경우(분양이 되지 아니하여 일시적으로 임대하는 것은 제외) 동 미분양주택은 사업소득의 총수입금액에 산입하지 아니하는 것(가사용으로 소비하여 총수입금액에 산입한 경우 제외)이며, 이 경우 당해 사업용 고정자산(미분양주택)의 취득가액은 소득세법 시행령 제89조 제1항 제2호에 의하여 계산하는 것임(서일 46011－10052, 2003.4.16.)

✓ **도시철도 건설에 따른 지상권 설정대가 및 토지 사용대가로 토지주가 지급받는 보상금의 소득구분**

지하철 건설과 관련하여 개인소유의 토지를 지상권을 설정치 아니하고 대여함에 따라 지급받는 대가는 소득세법 제18조의 규정에 의한 부동산임대소득에 해당함(소득－674, 2011.8.2.)

✓ **오피스텔 임대소득에 대한 과세여부 등**(소득 집행기준 12-8의2-4)

① 오피스텔을 임대함에 있어 임차인이 항상 주거용(사업을 위한 주거용인 경우는 제외한다)으로 사용하는 경우에는 주택임대소득에 해당한다.

② 조합원입주권은 그 사용검사필증 교부일(사용검사 전 사실상 사용하거나 사용승인을 얻은 경우에는 그 사실상의 사용일 또는 사용승인일) 이후부터 주택으로 본다.

③ 과세기간 중에 일시적으로 주택을 2개 소유하는 자의 2주택 소유기간 동안 발생하는 주택임대 소득은 과세한다.

✓ **임대사업자의 주차장운영 수입금액의 구분**(소득 집행기준 19-0-6)

① 사업자가 기계식 주차장치가 설치된 건물을 임대하고 임대료 외에 유지비·관리비 등의 명목으로 지급받는 주차료 등의 금액은 이를 부동산임대업에서 발생하는 소득으로 본다.

② 주차장운영업이 부동산임대업과 객관적으로 구분되는 경우에는 주차 관련 수입금액은 주차장 운영업의 총수입금액에 산입한다.

✓ **부동산매매의 목적으로 취득한 부동산의 일시적 대여의 소득구분**(소통 19-122…1)

① 부동산매매업 또는 건설업자가 판매를 목적으로 취득한 토지 등의 부동산을 일시적으로 대여하고 얻는 소득은 부동산임대업에서 발생하는 소득으로 본다.

② 제1항의 경우 부동산임대업의 소득금액계산상 필요경비에 산입된 감가상각비 등은 부동산매매업자의 필요경비 계산시 취득가액에서 공제한다.

✓ **판매목적의 신축상가주택에 대한 자본회계처리 및 감가상각 가능 여부**

사업자가 판매목적으로 신축한 상가나 주택이 미분양 되어 일시적으로 임대에 공한 후 판매하는 경우의 동 상가나 주택은 당해 사업자의 사업용 재고자산에 해당하는 것이며, 재고자산은 감가상각자산의 종류에 해당하지 아니하므로 당해 사업의 소득금액 계산상 감가상각비를 계상할 수 없는 것임(소득 22601-1693, 1990.8.27.)

✓ **재고자산인 미분양 주택의 감가상각 여부**(소득 해석편람 27-7-4)

주택 및 업무용상가 등 건축물을 신축 판매하는 개인사업자가 신축한 건축물 중 공실상태의 미분양 주택은 재고자산에 해당하므로 해당 사업에 대한 소득금액을 계산함에 있어 감가상각비를 계상할 수 없음(소득 46011-1470, 1997.5.30.)

✓ **건설중의 자산에 대한 감가상각**(소통 33-70…2 ②)

건설중인 자산 중 그 일부가 완성되어 그 부분이 사업용으로 사용하고 있을 때에는 그 부분은 감가상각대상자산으로 본다.(2024.3.15. 개정)

✓ **부동산매매업 등의 업종구분**(소득 집행기준 19-0-9)

① 부동산매매업의 범위는 다음과 같다.

㉠ 부동산의 매매(건물을 신축하여 판매하는 경우를 포함한다) 또는 그 중개를 사업목적으로 나타내어 부동산(부동산을 취득할 수 있는 권리를 포함한다)을 매매하거나, 사업상의 목적으로 부가가치세법상 1과세기간 내에 1회 이상 부동산을 취득하고 2회 이상 판매하는 경우

㉡ 자기의 토지 위에 상가 등을 신축하여 판매할 목적으로 건축 중인 건축법에 따른 건물과 토지를 제3자에게 양도한 경우

㉢ 토지를 개발하여 주택지·공업단지·상가·묘지 등으로 분할판매하는 경우(공유수면매립법 제26조에 따라 소유권을 취득한 자가 그 취득한 매립지를 분할하여 양도하는 경우를 포함한다)

② 부동산매매·저당·임대 등에 따라 행하는 부동산 감정업무를 수행하는 사업은 부동산 감정평가업으로 본다.

③ 부동산매매업의 구분에 있어 토지의 개발이라 함은 일정한 토지를 정지·분합·조성·변경 등을 함으로써 해당 토지의 효용가치가 합리적이고 효율적으로 증진을 가져오게 되는 일체의 행위를

말한다.

④ 근린생활시설과 주택이 함께 있는 건물을 상속받아 그 건물 전체를 다세대주택으로 증·개축하여 판매함으로써 발생하는 소득은 부동산매매업에서 발생하는 소득에 해당한다.

✓ **임대차계약 중도해지로 원상회복비를 금전으로 지급받는 경우 이를 지급받는 날이 속하는 과세기간에 사업소득 총수입금액에 산입하는 것임**(사전법령해석소득 2020-240, 2020.5.25.)

✓ **임대사업자가 받는 시설비의 소득구분 등**

부동산 임대사업자가 임차인으로부터 반환의무 없이 받는 시설비는 총수입금액에 산입하는 것이며, 당해 시설비로 취득하는 임대사업용 시설물(법인세법 시행령규칙 [별표 5]의 건축물은 제외)에 대하여는 법인세법 시행규칙 [별표 6]의 업종별 자산의 기준내용 수에 따라 감가상각비를 계산하여 필요경비에 산입하는 것임(소득 46011-21069, 2000.8.14.)

✓ **주거용으로 사용되고 있는 오피스텔을 신축·판매한 사업자가 부동산매매업자에 해당하는지 여부**

주거용 오피스텔을 신축하여 판매하는 사업은 부동산매매업에 해당하며, 소득세법 제69조에 따라 토지 등 매매차익예정신고 및 납부를 하여야 하는 것임(서면법령해석소득 2017-2469, 2018.2.2.)

✓ **공장건물을 신축하여 양도하고 받는 대가 등의 소득구분**

부동산을 매매함으로 인하여 발생하는 소득의 구분은 부동산매매의 규모, 거래횟수, 반복성 등을 종합적으로 판단하여 사업적인 경우 사업소득으로, 사업목적 없이 단순히 부동산을 양도하는 경우 양도소득에 해당하는 것임(소득-106, 2010.1.21.)

✓ **공사대금으로 유치권을 설정한 주택을 경락받아 분양하는 경우 소득구분**

건설업을 영위하는 거주자가 주택신축판매업자에게 주택건설공사용역을 제공하고 그에 따른 공사대금을 지급받지 못하여 당해 거주자 본인이 공사한 주택에 대하여 유치권을 설정하고 동 주택에 대한 경매에 참가하여 주택을 경락받은 후 이를 분양함으로써 발생하는 소득은 사업소득(부동산매매업)에 해당하는 것이며, 새로이 사업을 개시하는 사업자는 사업자등록을 하여야 하는 것임(서면1팀-768, 2005.6.29.)

✓ **공사미수금 회수를 위해 설정된 유치권 포기대가의 소득구분**

거주자가 사업에서 발생한 외상매출금·미수금 기타 이에 준하는 채권(이하 "채권 등"이라 함)을 회수하기 위해 자기가 건설 중인 철구조물에 유치권을 행사하던 중에 채무자 등과 합의에 따라 동 유치권을 포기하고 지급받는 금액은 당해 채권 등의 회수로 보는 것임(서면1팀-1386, 2007.10.11.)

(13) 전문, 과학 및 기술서비스업(연구개발업은 제외)에서 발생하는 소득

여기에서 제외되는 연구개발업은 '계약 등에 따라 그 대가를 받고 연구 또는 개발용역을 제공하는 것을 제외한 연구개발업'을 말한다.(소령 33조)

✓ **연구개발업 적용례**(소통 19－33…1)

① 교수·기타 전문지식인 등(이하 "교수 등"이라 한다)이 독립된 자격으로 자기책임하에 학술연구용역 및 기술연구용역(계약 등에 의하여 그 대가를 받고 연구개발용역을 제공하는 사업을 제외한다)을 제공하고 지급받는 연구비에 대하여는 영 제33조의 규정에 의하여 소득세가 과세되지 아니한다.

② 교수 등이 독립된 자격으로 자기의 책임하에 연구용역을 제공하지 아니하고 타인의 연구사업 수행을 보조하고 월정액의 급여 또는 수당을 받는 경우에는 영 제33조에 규정하는 연구개발업에 해당하지 아니한다.

✓ **타기관 소속 연구원이 연구용역을 제공하고 산학협력단으로부터 지급받는 금전의 소득구분**

고용관계 없이 독립된 자격으로 계속적으로 용역을 제공하고 일의 성과에 따라 지급받는 수당·기타 유사한 성질의 금액은 소득세법 제19조에 의하여 사업소득에 해당하는 것이고, 일시적으로 용역을 제공하고 지급받는 수당·기타 유사한 성질의 금액은 같은 법 제21조에 의한 기타소득에 해당하는 것임(사전법령해석소득 2021－1248, 2021.9.27.)

✓ **교수가 연구전문단체에 고용관계 없이 독립적으로 연구용역을 제공하고 받은 대가의 소득구분**

거주자가 사단법인 학회와 고용관계 없이 독립된 자격으로 계속·반복적으로 연구용역을 제공하고 받은 대가는 사업소득에 해당하는 것임. 다만, 일시적으로 연구용역을 제공하고 고용관계 없이 수당 또는 이와 유사한 성질의 대가를 지급받는 경우에는 기타소득에 해당하는 것임(소득－672, 2011.8.2.)

(14) 사업시설관리, 사업 지원 및 임대 서비스업에서 발생하는 소득(2018.12.31. 개정)

✓ **조경업의 업종구분**(소통 19－0…4)

도로·정원·공원·운동장 등의 조경을 위하여 관상수, 잔디, 관목 및 기타 장식용 식물을 심는 토목공사적인 성격의 조경공사는 조경건설업이며, 조경공사를 위한 설계는 도시계획 및 조경설계 서비스업으로 본다.

✓ **지자체의 결산검사수당의 소득구분**(소득 해석편람 19－3－3)

지방자치단체의 조례에 의하여 결산검사위원으로 위촉받은 공인회계사가 공인회계사 보수규정에 따른 일당을 수당으로 지급받는 경우에는 사업서비스업에 해당함(소득 46011－3155, 1998.10.28.)

✓ **졸업앨범을 납품하는 경우 사업구분**(소득 해석편람 19－3－6)

사진관 운영업자가 직접 촬영·현상한 사진으로 졸업앨범을 제조하여 납품하는 경우에는 사업서비스업에 해당함(소득 46011－1403, 1999.4.14.)

✓ **노점상에게 지급하는 손해보상금에 대한 소득구분**(소득 해석편람 19-4-6)

도심재개발사업을 인가받아 건축공사를 시행하는 건설업체가 해당 사업구역 내에서 15~30년간 타인의 토지 등을 불법으로 점유하여 영업을 하는 노점상인에게 해당 노점을 철거하여 이전하는 대가로 지급하는 손해보상금은 해당 노점상인의 사업소득에 해당함(서일 46011-10269, 2003. 3.8.)

✓ **종업원 소유차량을 법인이 임차하여 업무에 사용하고 지급하는 대가 등의 소득구분**

종업원이 회사와 독립적 지위에서 임대차계약을 체결하고 당해 종업원이 그 차량을 직접 운전하지 아니하면서 회사의 업무수행만을 위해 사용되는 경우로서 당해 차량의 임대행위가 계속적·반복적인 경우 지급받는 대가는 사업소득에 해당하는 것이나 이에 해당하는지 여부는 사실판단할 사항임(서면1팀-645, 2007.5.16.)

✓ **거주자가 특허권을 대여하고 지급받는 대가의 소득구분**

특허권의 등록을 한 소득세법상 거주자가 당사자간의 계약에 의하여 해당 특허권을 일정기간 동안 계속적·반복적으로 사용하도록 하고, 그 대가(실시료)를 지급받는 경우에는 그 대가의 지급방식, 지급시기와 관계없이 사업소득에 해당하는 것이며, 일시적인 특허권의 대여로 인한 대가(실시료)를 지급받는 경우에는 기타소득에 해당하는 것임(서면1팀-388, 2005.4.11.)

✓ **배관설계용역의 업종구분**

계약에 의하여 발주자의 사업장 내에서 발주자로부터 설계 및 제도에 필요한 시설을 제공받고 자기의 책임하에 배관설계 등 생산설계도면을 작성해주고 대가를 받는 경우는 사업서비스업 중 건축, 엔지니어링 및 관련기술서비스업에 해당하는 것임(제도 46011-11451, 2001.6.14.)

✓ **의사와 제약회사간의 임상시험용역의 소득구분**

의사가 독립된 자격으로 고용관계가 없는 제약회사와 약정을 체결하여 임상시험용역을 제공하고 받는 수당 기타 이와 유사한 성질의 대가는 사업소득에 해당하여 소득세가 과세되는 것임(제도 46011-10274, 2001.3.27.)

✓ **부동산중개업자에게 지급하는 대출알선수수료의 소득구분**

부동산중개업자(법인 포함)가 금융기관과 업무협약을 체결하고 그 계약내용에 따라 금융기관과 개인고객 사이에 대출알선 후 금융기관으로부터 지급받는 알선수수료는 사업소득으로 보는 것임(소득 46011-581, 2000.5.22.)

✓ **백화점 내 매장에서 제품판매대행 등을 영위하는 업체가 판매실적에 따라 지급받는 대가의 소득구분 및 소득금액산출근거**

거주자가 다른 사업자와 계약에 의하여 백화점 내 매장에서 제품판매 및 관리 등을 대행하고 그 판매실적에 따라 지급받는 대가는 사업소득에 해당하는 것이며, 이때 소득금액은 해당연도에 수입하였거나 수입할 총수입금액에서 이에 대응하는 필요경비의 합계액을 차감하여 계산하는 것임(소득 46011-2772, 1998.9.25.)

✓ **컴퓨터프로그램저작권의 양도로 인해 받은 대가의 소득구분**

컴퓨터프로그램보호법의 규정에 의하여 프로그램저작물에 대한 저작권을 등록한 저작자가 해당 프로그램저작권을 타인에게 양도하고 받은 대가는 사업소득에 해당하는 것임(재경원소득 46073-148,1997.8.21.)

✓ 출퇴근버스의 운행소득의 소득구분

도급계약에 의하여 출퇴근버스를 운행하여 주고 매월 그 사용대가를 받는 것은 사업소득 중 서비스업에 해당하는 것이며, 원천징수하는 사업소득의 범위에 포함되지 아니하는 것으로 세금계산서를 발행하여야 하는 것임(소득 46011-3508, 1993.11.19.)

(15) 교육서비스업에서 발생하는 소득

교육서비스업에는 다음의 것은 포함하지 아니하는 것으로 한다.(소령 35조, 소칙 15조, 2013.2.23. 개정)

① 유아교육법에 따른 유치원

② 초·중등교육법 및 고등교육법에 따른 학교

③ 근로자직업능력 개발법에 의하여 사업주가 소속 근로자의 직업능력의 개발·향상을 위하여 설치·운영하는 직업능력개발훈련시설

④ 한국표준산업분류상의 달리 분류되지 않은 기타 교육기관 중 노인학교

✓ 직업능력개발훈련시설로 지정받은 전산세무회계학원이 사업소득 과세제외대상 교육서비스업 해당 여부

거주자가 근로자직업능력개발법에 따라 직업능력개발훈련시설로 지정받은 전산세무회계학원은 소득세가 과세되지 아니하는 교육서비스업에 해당하지 아니하는 것임(법규소득 2011 282, 2011.7.20.)

✓ 언론기관 부설 평생교육시설 운영업의 소득세 과세대상 여부

평생교육법 제37조에 의해 설치된 '언론기관 부설 평생교육시설'이 제공하는 교육용역은 소득세 과세대상에서 제외하는 교육서비스업의 범위에 포함되지 아니하는 것임(소득-1296, 2010.12.31.)

✓ 방과 후 수업을 하고 받는 강사료의 소득구분

고용관계 없이 독립된 자격으로 계속적으로 용역을 제공하고 지급받는 대가는 사업소득에 해당하는 것이며, 일시적으로 용역을 제공하고 지급받는 대가는 기타소득에 해당하는 것이나, 고용관계나 이와 유사한 계약에 의하여 근로를 제공하고 지급받는 대가는 근로소득에 해당하는 것으로, 이때, 고용관계가 있는지 여부의 판단은 근로제공자가 업무 내지 작업에 대한 거부를 할 수 있는지, 시간적·장소적인 계약을 받는지, 업무수행 과정에 있어서 구체적인 지시를 받는지, 복무규정의 준수의무 등을 종합적으로 판단할 사항임. 또한, 근로소득자 중 강의시간 또는 강의일수에 따라 지급받는 경우로서 3월 이상 계속하여 고용되어 있지 아니하는 때에는 일용근로자에 해당하는 것임(소득-1392, 2009.9.9.)

✓ 방과후학교 외부강사가 받는 강사료 등의 소득구분

교육과학기술부에서 추진하는 방과후학교 운영과 관련하여, 방과후학교 외부강사가 학교장과의 개별계약에 의해 채용되어 방과후학교에서 강의하고 지급받는 강사료와 방과후학교 운영 참여자(학부모 코디네이터, 엄마품 멘토)가 방과후학교 행정업무 보조 및 학습지도 등의 활동을 하고 지급받는 대가는 근로소득에 해당하는 것임(소득-948, 2010.9.1.)

(16) 보건업 및 사회복지서비스업에서 발생하는 소득

보건업 및 사회복지서비스업에는 사회복지사업법 제2조 제1호에 따른 사회복지사업 및 노인장기요양보험법 제2조 제3호에 따른 장기요양사업은 포함하지 아니하는 것으로 한다. (소령 36조, 2013.2.15. 개정)

사회복지서비스업에서 제외되는 사회복지사업법 제2조 제1호의 범위

1. "사회복지사업"이란 다음 각 목의 법률에 따른 보호·선도(善導) 또는 복지에 관한 사업과 사회복지상담, 직업지원, 무료 숙박, 지역사회복지, 의료복지, 재가복지(在家福祉), 사회복지관 운영, 정신질환자 및 한센병력자의 사회복귀에 관한 사업 등 각종 복지사업과 이와 관련된 자원봉사활동 및 복지시설의 운영 또는 지원을 목적으로 하는 사업을 말한다.
   가. 국민기초생활보장법
   나. 아동복지법
   다. 노인복지법
   라. 장애인복지법
   마. 한부모가족지원법
   바. 영유아보육법
   사. 성매매방지 및 피해자보호 등에 관한 법률
   아. 정신보건법
   자. 성폭력 방지 및 피해자보호 등에 관한 법률
   차. 입양특례법
   카. 일제하 일본군 위안부피해자에 대한 생활안정지원 및 기념사업 등에 관한 법률
   타. 사회복지공동모금회법
   파. 장애인·노인·임산부등의 편의증진보장에 관한 법률
   하. 가정폭력방지 및 피해자보호 등에 관한 법률
   거. 농어촌주민의 보건복지증진을 위한 특별법
   너. 식품등기부 활성화에 관한 법률
   더. 의료급여법
   러. 기초연금법
   머. 긴급복지지원법
   버. 다문화가족지원법
   서. 장애인연금법
   어. 장애인활동 지원에 관한 법률
   저. 노숙인 등의 복지 및 자립지원에 관한 법률
   처. 보호관찰 등에 관한 법률
   커. 장애아동 복지지원법

터. 발달장애인 권리보장 및 지원에 관한 법률
퍼. 청소년복지 지원법
허. 그 밖에 대통령령으로 정하는 다음의 법률(사회복지사업법 시행령 1조의2)
㉠ 건강가정기본법
㉡ 북한이탈주민의 보호 및 정착지원에 관한 법률
㉢ 자살예방 및 생명존중문화 조성을 위한 법률
㉣ 장애인·노인 등을 위한 보조기기 지원 및 활용촉진에 관한 법률

사회복지서비스업에서 제외되는 노인장기요양보험법 제2조 제3호의 범위

제2조 【정의】
3. "장기요양사업"이란 장기요양보험료, 국가 및 지방자치단체의 부담금 등을 재원으로 하여 노인 등에게 장기요양급여를 제공하는 사업을 말한다.

✓ **과세제외 대상 사업을 영위하는 자가 지급받은 일자리안정자금의 과세여부**

소득세법 제19조 제1항 제16호 및 같은 법 시행령 제36조에 따라 해당 사업에서 발생하는 소득이 사업소득의 범위에서 제외되는 사회복지사업을 영위하는 자가 고용정책 기본법 시행규칙 제5조에 따른 일자리안정자금을 지급받은 경우, 해당 금원은 사업소득 총수입금액에 산입하지 않는 것임(사전법규소득 2022-614, 2023.2.6.)

✓ **장애아동에게 발달재활서비스를 제공하고 지급받는 대가의 과세제외 여부**

장애아동복지지원법 제21조에 따라 지방자치단체가 지정한 발달재활서비스제공기관이 같은 법 제2조 제1호에 따른 장애아동에게 같은 법 제21조에 따른 발달재활서비스를 제공하고 지급받는 대가는 사업소득에서 제외하는 것임(기획재정부소득-398, 2020.7.31.)

✓ **유료양로시설 운영소득의 소득세과세 여부**(소득 해석편람 19-4-4)

노인복지법에 의한 노인의 보건복지증진에 관한 사업은 사회복지사업법 제2조의 규정에 의하여 사회복지사업에 해당하는 것이므로 소득세법 시행령 제36조의 규정에 의하여 소득세가 과세되는 사업으로 보지 아니하는 것이며, 거주자가 노인복지법에 의한 유료양로시설을 설치하여 운영하는 경우에 있어서 해당 유료양로시설 입소자로부터 유로양로시설 운영에 소요되는 비용을 수납하는 경우에는 소득세가 과세되지 아니하는 것이나, 별도의 부대시설 운영으로 얻는 소득은 소득세과세대상임(소득 46011-221, 1999.10.22.)

✓ **의료보호수입의 총수입금액 산입 여부**(소득 해석편람 24-3-26)

의료보호법 제2조의 규정에 의한 의료보호진료기관인 의료기관 및 약국 등이 의료보호 대상자에게 행한 의료행위는 소득세법 시행령 제36조의 규정에 의한 "사회복지사업법에 의한 사회복지사업"에 해당하지 않는 것임(재경부소득 46073-96, 2001.4.23.)

(17) 예술, 스포츠 및 여가 관련 서비스업에서 발생하는 소득

연예인 및 직업운동선수 등이 사업활동과 관련하여 받는 전속계약금은 사업소득으로 한다.(소령 37조 ①)

> ✓ **방송드라마 작가도 소득세법 시행령 제48조 제8호 단서 규정의 연예인 및 직업운동선수 등에 해당하는지**
> 소득세법 시행령 제48조 제8호 단서에 규정된 '연예인 및 직업운동 선수 등'에는 방송드라마 작가도 포함되는 것임(서면소득 2017-977, 2017.4.24.)

(18) 협회 및 단체, 수리 및 기타 개인서비스업에서 발생하는 소득

① 협회 및 단체에는 한국표준산업분류의 중분류에 따른 협회 및 단체는 제외한다. 다만, 해당 협회 및 단체가 특정사업을 경영하는 경우에는 그 사업의 내용에 따라 분류한다.(소령 37조 ②, 2010.2.18. 개정)

② 수리 및 기타 개인서비스업은 부가가치세법 시행령 제42조 제1호에 따른 인적용역을 포함한다.(소령 37조 ③, 2013.6.28. 개정)

➲ 1인 미디어 콘텐츠 창작자(업종코드 940306)는 인적용역으로서 '수리 및 기타 개인서비스업'에 해당한다.

부가가치세법 시행령 제42조 제1호에 따른 인적용역

개인이 물적시설[계속적·반복적으로 사업에만 이용되는 건축물·기계장치 등의 사업설비(임차한 것을 포함)] 없이 근로자를 고용(고용 외의 형태로 해당 용역의 주된 업무에 대해 타인으로부터 노무 등을 제공받는 경우를 포함)하지 아니하고 독립된 자격으로 용역을 공급하고 대가를 받는 다음의 인적용역(부령 42조 1, 2024.2.29. 개정, 부칙 29조)

➲ 2024.2.29.부터 시행한다.(2024.2.29. 부령 부칙 1조)

(가) 저술·서화·도안·조각·작곡·음악·무용·만화·삽화·만담·배우·성우·가수와 이와 유사한 용역
(나) 연예에 관한 감독·각색·연출·촬영·녹음·장치·조명과 이와 유사한 용역
(다) 건축감독·학술용역과 이와 유사한 용역
(라) 음악·재단·무용(사교무용을 포함)·요리·바둑의 교수와 이와 유사한 용역
(마) 직업운동가·역사·기수·운동지도가(심판을 포함)와 이와 유사한 용역
(바) 접대부·댄서와 이와 유사한 용역
(사) 보험가입자의 모집·저축의 장려 또는 집금 등을 하고, 실적에 따라 보험회사 또는 금

융기관으로부터 모집수당·장려수당·집금수당 또는 이와 유사한 성질의 대가를 받는 용역과 서적·음반 등의 외판원이 판매실적에 따라 대가를 받는 용역
(아) 저작자가 저작권에 의하여 사용료를 받는 용역
(자) 교정·번역·고증·속기·필경·타자·음반취입과 이와 유사한 용역
(차) 고용관계 없는 자가 다수인에게 강연을 하고, 강연료·강사료 등의 대가를 받는 용역
(카) 라디오·텔레비전 방송 등을 통하여 해설·계몽 또는 연기를 하거나 심사를 하고 사례금 또는 이와 유사한 성질의 대가를 받는 용역
(타) 작명·관상·점술 또는 이와 유사한 용역
(파) 개인이 일의 성과에 따라 수당 또는 이와 유사한 성질의 대가를 받는 용역

✓ **외판원 등의 업종구분**(소통 19－0…5)

① 고용됨이 없이 독립된 자격으로 일정한 고정보수를 받지 아니하고 타인으로부터 상품 등의 구매신청을 받아 그 실적에 따라 지급받는 대가는 사업소득으로 본다.
② 고용됨이 없이 독립된 자격으로 골프회원의 모집 및 가입의 권유를 하고 그 실적에 따라 지급받는 수당 기타 이와 유사한 성질의 대가는 사업소득으로 본다.

✓ **부동산중개업자가 영화관 유치용역을 제공하고 받는 대가가 사업소득인지, 기타소득인지**

부동산중개사업자가 복합시설물 분양사업자와 영화관 유치용역계약을 체결하고, 그 분양사업자로부터 지급받는 해당 용역비는 사업소득으로 보는 것이며, 해당 용역비를 수령할 시점의 사업자등록 폐업 여부와 관계없이 사업소득에 해당함(서면소득 2016－2961, 2016.2.26.)

✓ **인터넷사이트에 정보제공하고 받는 수수료의 소득구분 등**

인터넷정보제공 사이트 운영자와의 사전약정에 따라 정보를 직접 등록·게시하고 사이트이용자가 지불한 이용료의 일정비율에 해당하는 금액을 사이트운영자로부터 지급받는 경우 사업소득에 해당하는 것임(서면1팀－50, 2007.1.9.)

✓ **통신망 이용계약으로 정보를 제공하고 받는 정보제공료의 소득구분**(소득 해석편람 19－3－2)

의무 없는 자가 타인을 위하여 일시적으로 정보의 제공 등을 하여 준 대가로 지급받는 금품은 소득세법 제21조 제1항 제17호의 사례금으로 기타소득에 해당하는 것이나, 해당 정보제공자가 영리의 목적으로 독립된 지위에서 계속적으로 정보를 제공하고, 그 대가를 받는 경우에는 소득세법 제19조의 규정에 의한 사업소득에 해당하는 것임(소득 46011－2711, 1998.9.23.)

✓ **예식사진촬영을 허용하고 예식장업자가 지급받는 대가의 소득구분**(소득 해석편람 19－3－5)

예식장업자가 예식사진촬영업자에게 예식사진촬영을 허용하고 지급받는 금액은 소득세법 제19조 제1항 제15호에 규정된 사업소득(예식장업)에 해당하는 것임(소득 46011－570, 1999.2.10.)

✓ **고용관계 없는 강사가 지급받는 강사료의 소득구분**(소득 해석편람 19－3－7)

고용관계가 없는 거주자가 독립된 자격으로 계속적·반복적으로 다수인에게 강연을 하고 지급받는 강연료·강사료 등은 사업소득에 해당하는 것임(소득 46011－1888, 1999.5.19.)

✓ **경영고문료의 소득구분**(소득 해석편람 19－3－8)

거주자가 비영리법인에 경영자문용역을 제공하고 매월 정액으로 받은 경영고문료는 다음의 기준에 따라 소득을 구분하는 것임

① 근로소득 : 거주자가 근로계약에 의한 고용관계에 의하여 비상임자문역으로 근로자의 지위에서 경영자문용역을 제공하고 얻는 소득. 이 경우 고용관계 여부는 근로계약내용 등을 종합적으로 고려하여 판단할 사항임

② 사업소득 : 전문직 또는 컨설팅 등을 전문으로 하는 사업자가 독립적인 지위에서 사업상 또는 부수적인 용역인 경영자문용역을 계속적 또는 일시적으로 제공하고 얻는 소득

③ 기타소득 : 상기 '① 및 ②' 외의 소득으로서 고용관계 없이 일시적으로 경영자문용역을 제공하고 얻는 소득(재경부소득 46073－136, 2000.8.18.)

✓ **보험모집인들이 보험대리법인을 설립하고 임원에게 지급하는 실적수당의 소득구분**

① 독립된 자격으로 보험가입자의 모집 및 이에 부수되는 용역을 제공하고 그 실적에 따라 받는 모집수당 또는 이와 유사한 성질의 대가는 소득세법 제19조 제1항 제15호의 규정에 의하여 사업소득에 해당하는 것임(소득 46011－193, 2000.2.9.)

② 보험모집인 등이 독립된 자격으로 보험가입자 등의 모집을 하고 그 실적에 따라 받는 모집수당 등은 사업소득으로서 3%의 세율을 적용하여 소득세를 원천징수하는 것이며, 내근사원에게 지급하는 모집수당 등은 근로소득에 해당하는 것임(법인 46013－680, 1999.2.22.)

✓ **자동차수리업의 업종분류**

자동차수리업은 소득세법 제19조 제1항 제15호와 같은법 시행령 제29조 및 한국표준산업분류에 의하여 서비스업으로 분류하는 것임(소득 46011－317, 2000.3.7.)

✓ **일정금액 이상 구매시 제공받는 다단계판매원의 적립금 과세 여부**

귀 문의의 사업자형 회원이 다단계 판매업자와 사전약정에 따라 일정금액 이상 구매시 제공받는 적립금(다단계 판매업체의 물품을 무상으로 구매할 수 있는 권리)은 판매장려금품으로 사업소득에 해당하는 것이며, 자가 소비형 회원이 일정금액 이상 구매시 제공받는 적립금은 재판매 목적이 아닌 단순자가소비용으로 최종소비자의 지위에서 받는 경우 과세소득에 해당하지 아니하는 것임(서면1팀－396, 2005.4.12.)

✓ **상가분양 업무를 수행하고 지급받는 대행수수료의 소득구분**

① 거주자가 상가 분양업자 등에게 고용되어 근로를 제공하고 그 대가로 지급받는 금품은 그 지급 방법이나 명칭 여하에 불구하고 근로소득에 해당하는 것이며,

② 또한 고용관계 없는 거주자가 일시적으로 분양을 알선하고 지급받는 금품은 기타소득에 해당하는 것이나, 계속적·전문적으로 분양업무를 수행하고 지급받는 금품은 사업소득에 해당하는 것임. 여기서 일시적인지 계속적·전문적인지 여부는 사업자등록의 유무와 관계없이 규모·횟수 등의 객관적인 사실에 근거하여 판단하는 것임(서면1팀－406, 2005.4.14.)

✓ **부도난 임대아파트 분양전환에 대한 용역제공의 소득구분**

거주자가 부도난 건설회사의 임대아파트를 리모델링 공사하여 분양전환하려는 법인사업자와 분양전환 및 리모델링 공사관련 업무 등에 대한 용역계약을 체결하고 업무보조원을 고용하여 영리를 목적으로 자기의 계산과 책임하에 계속적·반복적으로 용역을 제공하는 경우에는 사업소득에 해당하는 것이나, 이에 해당하는지 여부는 구체적인 사실관계에 따라 판단하는 것임(소득－644, 2011.7.25.)

✓ 엑스트라 및 방청객이 지급받는 방송출연료의 소득구분

고용관계 없는 자가 독립된 자격으로 수시로 방송에 보조출연하여 용역을 제공하고 지급받는 수당 기타 이와 유사한 대가를 받는 사업은 자유직업으로 보는 것이며, 불특정의 방청객들이 일시적으로 지급받는 출연금은 기타소득에 해당됨(소득 46011-3680, 1993.12.2.)

(19) 가구 내 고용활동에서 발생하는 소득

(20) 복식부기의무자의 사업용 유형자산 양도소득

➲ 2018.1.1. 이후 발생하는 소득분부터 적용한다.(2017.12.19. 법 부칙 2조 ①)

복식부기의무자가 다음의 사업용 유형자산을 양도함으로써 발생하는 소득을 말하며, 토지 또는 건물(건물에 부속된 시설물과 구축물을 포함)의 양도에 따른 양도소득에 해당하는 경우는 제외한다. 다만, 건설기계관리법 시행령 [별표 1]에 따른 건설기계는 2018.1.1. 이후 취득한 경우로 한정한다.(소법 19조 ① 20, 2017.12.19. 신설, 소령 37조의2, 2018.2.13. 신설, 2020.2.11. 개정, 소령 62조 ② 1)

① 차량 및 운반구, 공구, 기구 및 비품
② 선박 및 항공기
③ 기계 및 장치
④ 동물과 식물
⑤ 위 '①부터 ④까지'와 유사한 유형자산

건설기계관리법 시행령 [별표 1]에 따른 건설기계의 범위

건설기계의 범위(2021.1.5. 용어개정)

건 설 기 계 명	범 위
1. 불도저	무한궤도 또는 타이어식인 것
2. 굴삭기	무한궤도 또는 타이어식으로 굴삭장치를 가진 자체중량 1톤 이상인 것
3. 로더	무한궤도 또는 타이어식으로 적재장치를 가진 자체중량 2톤 이상인 것. 다만, 차체굴절식 조향장치가 있는 자체중량 4톤 미만인 것은 제외한다.
4. 지게차	타이어식으로 들어올림장치와 조종석을 가진 것. 다만, 전동식으로 솔리드타이어를 부착한 것 중 도로(도로교통법 제2조 제1호에 따른 도로를 말하며, 이하 같다)가 아닌 장소에서만 운행하는 것은 제외한다.
5. 스크레이퍼	흙·모래의 굴삭 및 운반장치를 가진 자주식인 것
6. 덤프트럭	적재용량 12톤 이상인 것. 다만, 적재용량 12톤 이상 20톤 미만의 것으로 화물운송에 사용하기 위하여 자동차관리법에 의한 자동차로 등록된 것을 제외한다.

건 설 기 계 명	범 위
7. 기중기	무한궤도 또는 타이어식으로 강재의 지주 및 선회장치를 가진 것. 다만, 궤도(레일)식인 것을 제외한다.
8. 모터그레이더	정지장치를 가진 자주식인 것
9. 롤러	1. 조종석과 전압장치를 가진 자주식인 것 2. 피견인 진동식인 것
10. 노상안정기	노상안정장치를 가진 자주식인 것
11. 콘크리트 뱃칭플랜트	골재저장통·계량장치 및 혼합장치를 가진 것으로서 원동기를 가진 이동식인 것
12. 콘크리트피니셔	정리 및 사상장치를 가진 것으로 원동기를 가진 것
13. 콘크리트살포기	정리장치를 가진 것으로 원동기를 가진 것
14. 콘크리트 믹서트럭	혼합장치를 가진 자주식인 것(재료의 투입·배출을 위한 보조장치가 부착된 것을 포함한다)
15. 콘크리트펌프	콘크리트배송능력이 매시간당 5세제곱미터 이상으로 원동기를 가진 이동식과 트럭적재식인 것
16. 아스팔트믹싱 플랜트	골재공급장치·건조가열장치·혼합장치·아스팔트공급장치를 가진 것으로 원동기를 가진 이동식인 것
17. 아스팔트피니셔	정리 및 사상장치를 가진 것으로 원동기를 가진 것
18. 아스팔트살포기	아스팔트살포장치를 가진 자주식인 것
19. 골재살포기	골재살포장치를 가진 자주식인 것
20. 쇄석기	20킬로와트 이상의 원동기를 가진 이동식인 것
21. 공기압축기	공기배출출량이 매분당 2.83세제곱미터(매제곱센티미터당 7킬로그램 기준) 이상의 이동식인 것(2021.1.5. 용어개정)
22. 천공기	천공장치를 가진 자주식인 것
23. 항타 및 항발기	원동기를 가진 것으로 헤머 또는 뽑는 장치의 중량이 0.5톤 이상인 것
24. 자갈채취기	자갈채취장치를 가진 것으로 원동기를 가진 것
25. 준설선	펌프식·바켓식·딧퍼식 또는 그래브식으로 비자항식인 것. 다만, 「선박법」에 따른 선박으로 등록된 것은 제외한다.
26. 특수건설기계	제1호부터 제25호까지의 규정 및 제27호에 따른 건설기계와 유사한 구조 및 기능을 가진 기계류로서 국토교통부장관이 따로 정하는 것
27. 타워크레인	수직타워의 상부에 위치한 지브(jib)를 선회시켜 중량물을 상하, 전후 또는 좌우로 이동시킬 수 있는 것으로서 원동기 또는 전동기를 가진 것. 다만, 「산업집적활성화 및 공장설립에 관한 법률」 제16조에 따라 공장등록대장에 등록된 것은 제외한다.

[비고] 위 표 제22호의 천공기로서 2016년 7월 1일 당시 등록하지 않은 천공기(제작 당시에는 등록대상인 자주식 천공기가 아니었으나 개조 등을 통하여 등록대상인 자주식 천공기로 변경한 것만 해당한다)의 소유자는 제3조에도 불구하고 2017년 6월 30일까지 다음 각 호의 서류를 제출하여 천공기를 건설기계로 등록할 수 있다.

1. 법 제32조에 따라 설립된 협회로서 법 제21조에 따라 건설기계대여업의 등록을 한 자를 회원으로 하는 협회에서 발급한 등록지원서류(해당 천공기의 당초 제작 또는 수입 출처를 증명하고 현재의 소유자를 확인하는 서류를 말한다)
2. 법 제14조에 따라 천공기의 검사대행자로 지정받은 자가 작성한 제원표

(21) '(1)부터 (20)까지'의 규정에 따른 소득과 유사한 소득으로서 영리를 목적으로 자기의 계산과 책임 하에 계속적·반복적으로 행하는 활동을 통하여 얻는 소득

• 제 2 절 비과세소득

사업소득 중 다음의 소득에 대해서는 소득세가 과세되지 아니한다.(소법 12조 2)

① 논·밭을 작물 생산에 이용하게 함으로써 발생하는 소득

② 1개의 주택을 소유하는 자의 주택임대소득(기준시가가 12억원을 초과하는 주택 및 국외에 소재하는 주택의 임대소득은 제외)(소법 12조 2 나, 2022.12.31. 개정, 소령 8조의2 ⑥)

➲ 2023.1.1. 전에 발생한 주택임대소득의 비과세기준에 관하여는 개정규정(☞ 12억원)에도 불구하고 종전의 규정(☞ 9억원)에 따른다.(2022.12.31. 법 부칙 11조)

③ 농어가부업소득(2018.12.31. 용어개정)

④ 전통주의 제조에서 발생하는 소득

⑤ 조림기간 5년 이상인 임지(林地)의 임목(林木)의 벌채 또는 양도로 발생하는 소득으로서 연 600만원 이하의 금액

⑥ 해당 과세기간의 수입금액의 합계액이 10억원 이하인 '작물재배업'에서 발생하는 소득과 '곡물 및 기타 식량 작물재배업'에서 발생하는 소득(소법 12조 2 바, 2014.1.1. 신설, 소령 9조의4 ①, 2014.2.21. 신설)

저자TIP 작물재배업의 소득세 과세여부 (2015년 귀속분부터 적용)

구 분	수입금액 10억원 이하	수입금액 10억원 초과
① 곡물 및 기타 식량 작물재배업	비과세	비과세
② 위 '①' 외의 작물재배업	비과세	과 세

✓ 농산물 유통업자가 농작물을 직접 재배하는 경우 농작물 재배에서 발생하는 소득의 비과세 여부

농산물(무) 유통업자가 농산물(무)을 직접 재배하여 유통업체를 통하여 이를 식품업체에 공급하는 경우 작물(곡물 및 기타식량작물 제외) 재배에서 발생하는 소득으로서 해당 과세기간의 수입금액의 합계액이 10억원 이하인 것은 비과세하는 것이며, 사업자등록을 한 사업자가 재화(무)를 공급하는 경우 소득세법 제163조 제1항에 따라 계산서를 발급하여야 하는 것임(사전법령해석소득 2018-491, 2018.12.18.)

저자TIP 곡물 및 기타 식량 작물재배업(한국표준산업분류 세분류 코드번호 : 01110)의 범위

➲ 개정 한국표준산업분류(2024.7.1. 시행)에서도 변경내용 없다.(11차 개정 한국표준산업분류 p. 176, 177)

곡물작물, 식량용 뿌리작물, 콩과 작물 및 기타 식량작물을 재배하는 산업활동을 말한다.
〈예시〉
- 벼, 보리, 밀, 수수 재배
- 감자, 고구마, 재배
- 메밀 재배
- 옥수수, 콩, 녹두 재배

〈제외〉
- 종자 및 묘목 생산업(01123) : 노지 또는 시설에서 각종 농작물의 종자, 버섯종균, 묘목 등을 생산하는 산업활동
- 시설작물 재배업(0115) : 일반적으로 노지에서 재배되는 작물을 움막, 온실, 비닐하우스, 수경 재배시설, 공장형 설비 등과 같은 특수 고정시설에서 재배하는 산업활동을 말하며 버섯 및 콩나물을 재배하는 산업활동을 포함한다.
- 기타 작물 재배업(01140) : 노지에서 약용작물, 사료작물, 기름추출용 작물 및 공업용 원료작물 등 달리 분류되지 않은 기타 작물을 재배하는 산업활동
- 과실, 음료용 및 향신용 작물 재배업(0113) : 노지에서 견과(땅콩 제외)를 포함한 각종 과실작물을 재배하는 산업활동

⑦ 어로어업 또는 양식어업에서 발생하는 소득(2023.12.31. 개정)

➲ 개정규정(☞ 양식어업 추가)은 2024.1.1. 이후 발생하는 소득분부터 적용한다.(2023.12.31. 법 부칙 2조 ①)

I 부동산임대소득의 비과세

1 논·밭의 임대소득에 대한 비과세

논·밭을 작물 생산에 이용하게 함으로써 발생하는 소득에 대하여는 소득세를 과세하지 아니한다.(소법 12조 2)

✓ **농지임대에 따른 소득세 과세 여부**(소득 해석편람 12-1-1)

전답을 이용하게 함으로 인하여 발생하는 소득이란 전답의 본래 목적인 농경에 이용하게 하고 받는 소득을 말하는 것이므로, 전답을 자동차 정류장으로 이용하게 하고 받는 소득은 부동산임대소득으로 과세된다.(소득 22601-658, 1987.3.13.)

PART 2

2 주택임대소득에 대한 비과세

(1) 비과세 주택임대소득의 범위

1개 이하의 주택*을 소유하는 자의 주택임대소득(고가주택 및 국외주택의 임대소득은 제외)에 대해서는 소득세를 과세하지 아니한다.(소법 12조 2 나)

* 주택 부수토지를 포함한다.(소령 8조의2 ①)

저자TIP 소유 주택 수에 따른 과세 여부 (2024년 귀속기준)

구 분	1 주택 소유*1		2주택 소유*1	3주택 이상 소유*1
	기준시가 12억원*2 이하	기준시가 12억원*2 초과		
월세	비과세	과세*3	과세*3	과세*3
임대보증금 간주임대료		비과세	비과세*4	보증금 3억원 초과분 과세*5

*1. 비거주자의 국내소유 주택에 대해서도 동일하게 적용한다.(소법 121조 ①, 122조 ①, 서면법령해석국조 2020-3106, 2020.11.5.)

*2. 2023년 귀속분부터는 12억원을 적용하고, 2009.1.1.부터 2022.12.31.까지는 9억원을 적용하며(소법 12조 2 나, 법 부칙 1조, 2조, 11조), 국외주택의 월세소득은 기준시가와 상관없이 과세한다.(기준시가 없으므로)

*3. 연간 2,000만원(3주택 이상 소유자는 간주임대료 포함) 이하인 경우 종합과세와 분리과세(14%) 중 선택 가능하다.

*4. 2026.1.1.부터는 고가주택이 2주택(주거전용면적 40m^2 이하이면서 기준시가 2억원 이하인 주택은 제외)이면서 주택보증금 합계액이 12억원을 초과하면 간주임대료를 적용한다.(소법 25조 ①, 2023.12.31. 개정, 소령 53조 ①, 2025.2.28. 신설)

*5. 2026년까지 '주거전용면적 40m^2 이하이면서 기준시가 2억원 이하인 주택'을 주택 수에서 제외하고, 간주임대료계산 대상에서도 제외한다.(소법 25조 ① 단서, 2023.12.31. 개정, 서면법규-214, 2014.3.10.) 예를 들어, 소유주택 A(소형, 본인거주), B(임대), C(임대), D(임대)인 경우 A는 간주임대료 계산 시 주택 수에서도 제외하고 간주임대료계산 대상에서도 제외하여, B, C, D에 대해서만 간주임대료를 계산한다는 의미이다.

(2) 주택(주택부수토지 포함)의 범위

① "주택"이란 상시 주거용(사업을 위한 주거용의 경우는 제외)으로 사용하는 건물을 말하고, "주택부수토지"란 주택에 딸린 토지로서 다음 중 하나에 해당하는 면적 중 넓은 면적 이내의 토지를 말한다.(소령 8조의2 ②, 2010.2.18. 신설)

㉠ 건물의 연면적(지하층의 면적, 지상층의 주차용으로 사용되는 면적, 건축법 시행령 제34조 제3항에 따른 피난안전구역의 면적 및 주택건설기준 등에 관한 규정 제2조 제3호에 따른 주민공동시설의 면적은 제외)

주택건설기준 등에 관한 규정 제2조 제3호에 따른 "주민공동시설"

"주민공동시설"이란 해당 공동주택의 거주자가 공동으로 사용하거나 거주자의 생활을 지원하는 시설로서 다음 각 목의 시설을 말한다.

가. 경로당
나. 어린이놀이터
다. 어린이집
라. 주민운동시설
마. 도서실(정보문화시설과 도서관법 제2조 제4호 가목에 따른 작은도서관을 포함한다)
바. 주민교육시설(영리를 목적으로 하지 아니하고 공동주택의 거주자를 위한 교육장소를 말한다)
사. 청소년 수련시설
아. 주민휴게시설
자. 독서실
차. 입주자집회소
카. 공용취사장
타. 공용세탁실
파. 공공주택 특별법 제2조에 따른 공공주택의 단지 내에 설치하는 사회복지시설
하. 아동복지법 제44조의2의 다함께돌봄센터
거. 아이돌봄 지원법 제19조의 공동육아나눔터
너. 그 밖에 가목부터 거목까지의 시설에 준하는 시설로서 주택법 제15조 제1항에 따른 사업계획의 승인권자가 인정하는 시설

㉡ 건물이 정착된 면적에 5배(국토의 계획 및 이용에 관한 법률 제6조 제1호에 따른 도시지역 밖의 토지의 경우에는 10배)를 곱하여 산정한 면적

② 주택과 부가가치세가 과세되는 사업용 건물(이하 "사업용 건물"이라 한다)이 함께 설치되어 있는 경우 그 주택과 주택부수토지의 범위는 다음의 구분에 따른다. 이 경우 주택과 주택부수토지를 2인 이상의 임차인에게 임대한 경우에는 각 임차인의 주택 부분의 면적(사업을 위한 거주용은 제외)과 사업용 건물 부분의 면적을 계산하여 각각 적용한다.(소령 8조의2 ④, 2010.2.18. 신설)

㉠ 주택 부분의 면적이 사업용 건물 부분의 면적보다 큰 때에는 그 전부를 주택으로 본다. 이 경우 해당 주택의 주택부수토지의 범위는 위 '①'과 같다.

㉡ 주택 부분의 면적이 사업용 건물 부분의 면적과 같거나 그 보다 작은 때에는 주택 부분 외의 사업용 건물 부분은 주택으로 보지 아니한다. 이 경우 해당 주택의 주택부수토지의 면적은 총토지면적에 주택 부분의 면적이 총건물면적에서 차지하는 비율을 곱하여 계산하며, 그 범위는 위 '①'과 같다.

구 분	건 물	부 수 토 지
① 주택면적 > 사업용건물면적	전부 주택	전부 주택 부속토지
② 주택면적≤사업용건물면적	주택부분 외의 사업용 건물 부분은 주택으로 보지 않음	총 토지면적 × $\frac{\text{주택부분면적}}{\text{총 건물면적}}$

(3) 고가주택의 범위

고가주택이란 과세기간 종료일 또는 해당 주택의 양도일 현재 소득세법에 의한 기준시가가 12억원을 초과하는 주택을 말한다.(소법 12조 2 나, 2022.12.31. 개정, 소령 8조의2 ⑤, 2023.2.28. 개정)

➲ 2023.1.1. 이후 소득이 발생하는 경우부터 적용하며, 2023.1.1. 전에 발생한 주택임대소득의 비과세 기준에 관하여는 개정규정에도 불구하고 종전의 규정에 따른다.(2022.12.31. 법 부칙 1조, 2조, 11조)

(4) 주택 수의 계산

➲ 2020.2.11.이 속하는 과세기간 전에 발생한 소득분에 대해서는 개정규정에도 불구하고 종전의 규정에 따른다.(2020.2.11. 영 부칙 30조)

주택임대소득의 과세를 판단함에 있어서 주택 수는 다음에 따라 계산한다.(소령 8조의2 ③)

① 다가구주택은 1개의 주택으로 보되, 구분등기된 경우에는 각각을 1개의 주택으로 계산한다.

② 공동소유 하는 주택은 지분이 가장 큰 사람의 소유로 계산한다(지분이 가장 큰 사람이 2명 이상인 경우로서 그들이 합의하여 그들 중 1명을 해당 주택 임대수입의 귀속자로 정한 경우에는 그의 소유로 계산한다).

③ 다음 중 하나에 해당하는 사람은 위 '②'에 따라 공동소유의 주택을 소유하는 것으로 계산되지 않는 경우라도 그의 소유로 계산한다.(소령 8조의2 ③ 2, 2020.2.11. 개정)

㉠ 해당 공동소유 하는 주택의 임대업에서 발생한 총 수입금액(해당 공동소유자가 지분을 보유한 기간에 발생한 것에 한정한다)에 해당 공동소유자가 보유한 해당 주택의 지분율을 곱한 금액이 연간 6백만원 이상인 사람(소령 8조의2 ③ 2 가, 소칙 5조의2, 2020.3.13. 신설)

㉡ 해당 공동소유 하는 주택의 기준시가가 12억원을 초과하는 경우로서 그 주택의 지분을 30% 초과 보유하는 사람

이때 기준시가가 12억원을 초과하는 경우로서 그 주택의 지분을 30% 초과 보유하는 사람은 과세기간의 종료일 또는 해당 주택의 양도일을 기준으로 판단한다.(소령 8조의2 ③ 2 나, 소칙 5조의2 ②, 2023.3.20. 개정)

➲ 기준시가 12억원 규정은 2023.1.1.부터 시행한다.(2023.2.28. 영 부칙 1조)

④ 임차 또는 전세받은 주택을 전대하거나 전전세하는 경우에는 당해 임차 또는 전세받은 주택을 임차인 또는 전세받은 자의 주택으로 계산한다.

⑤ 본인과 배우자가 각각 주택을 소유하는 경우에는 이를 합산한다. 다만, 위 '③'에 따라 공동소유의 주택 하나에 대해 본인과 배우자가 각각 소유하는 주택으로 계산되는 경우에는 다음에 따라 본인과 배우자 중 1명이 소유하는 주택으로 보아 합산한다.(소령 8조의2 ③ 4, 2020.2.11. 개정)

㉠ 본인과 배우자 중 지분이 더 큰 사람의 소유로 계산

㉡ 본인과 배우자의 지분이 같은 경우로서 그들 중 1명을 해당 주택 임대수입의 귀속자로 합의해 정하는 경우에는 그의 소유로 계산

⑥ 국외주택을 포함하여 계산한다.(소법 12조 2 나)

저자TIP 공동소유주택 지분자의 주택 소유여부 판단 (부부 외의 경우)(소령 8조의2 ③ 2)

2020년 귀속분부터 공동소유주택의 소수지분자에 대한 주택 수 판단규정이 변경되었다.

<table>
<tr><th>구 분</th><th colspan="4">주택 수의 판단</th></tr>
<tr><td>① 최대 지분자가 1명인 경우</td><td colspan="4">최대 지분자의 소유주택으로 봄</td></tr>
<tr><td>② 최대 지분자가 2명 이상인 경우</td><td colspan="4">합의하여 임대수입 귀속자로 정한 자의 주택으로 봄</td></tr>
<tr><td rowspan="6">③ 소수지분자[*1]의 주택 수 해당 여부</td><td colspan="3">요 건</td><td rowspan="2">소유주택 해당 여부</td></tr>
<tr><td>총수입금액</td><td>기준시가</td><td>지분율</td></tr>
<tr><td rowspan="3">600만원[*2] 미만</td><td>12억원 이하[*3]</td><td>무관</td><td>×</td></tr>
<tr><td rowspan="2">12억원 초과[*3]</td><td>지분 30% 이하</td><td>×</td></tr>
<tr><td>지분 30% 초과</td><td>○</td></tr>
<tr><td>600만원[*2] 이상</td><td>무관</td><td>무관</td><td>○</td></tr>
</table>

*1. 위 ① 또는 ②에 따라 공동소유주택의 소유로 계산되지 않은 자
*2. 연간 공동소유주택의 임대총수입금액×지분율로 계산한 금액
*3. 비거주자의 국내소유 주택에 대해서도 동일하게 적용(소법 121조 ①, 122조 ①, 서면법령해석국조 2020-3106, 2020.11.5.)하며, 2009년부터 2022년까지는 9억원, 2023.1.1.부터는 12억원을 적용한다.

✓ **오피스텔 임대소득에 대한 과세여부 등**(소득 집행기준 12-8의2-4)

① 오피스텔을 임대함에 있어 임차인이 항상 주거용(사업을 위한 주거용인 경우는 제외한다)으로 사용하는 경우에는 주택임대소득에 해당한다.

② 조합원입주권은 그 사용검사필증 교부일(사용검사 전 사실상 사용하거나 사용승인을 얻은 경우에는 그 사실상의 사용일 또는 사용승인일) 이후부터 주택으로 본다.

③ 과세기간 중에 일시적으로 주택을 2개 소유하는 자의 2주택 소유기간 동안 발생하는 주택임대소득은 과세한다.

✓ **공부상 주택 2채를 소유한 부부가 그 중 1채를 비주거용으로 사용하는 경우 주택임대소득 과세여부**

[사실관계]

- 청구인과 그 배우자는 각각 주택을 1채(고가주택, 국외주택 아님) 소유함
- 청구인의 배우자는 자신의 소유 주택에서 어린이집을 운영하고 청구인 소유의 주택은 주거용으로 임대중임

[질의]

공부상 주택 2채를 소유한 부부가 그 중 1채를 비주거용으로 사용하는 경우 주택임대소득 과세여부

[회신]

부부가 각각 주택을 1채씩 소유하고 소유 주택 중 한 채를 사업을 위한 주거용으로 사용하는 경우 그 1채의 주택은 주택임대소득 비과세 여부를 판단함에 있어 주택 수에 포함하지 아니하는 것임(사전법령해석소득 2020-704, 2020.12.14.)

✓ **1주택소유자의 단독주택을 가내부업장소로 임대하는 경우 임대수입금액의 과세여부**

단독주택의 일부를 주거용이 아니라 사업용(가내부업)으로 임대하였으므로 당해 부업장소의 임대수입금액에 대하여 소득세가 과세됨(소득 46011-1087, 1998.4.29.)

✓ **주택을 임차하여 전대하는 경우 임차인의 주택으로 보는지 여부 및 임차한 주택 외의 다른 주택이 없는 경우 주택임대에 대한 소득세과세 여부**

주택을 임차하여 전대시에는 해당 임차인의 주택으로 보는 것이므로 임차인이 임차한 주택부분의 기준시가가 12억원*을 초과하는 때에는 고가주택에 해당하는 것임(서일 46011-10296, 2003.3.28.)

* 2009년부터 2022년까지는 9억원, 2023년부터 12억원임

✓ **과세기간 중에 고급주택에 해당된 경우 소득세과세 여부**

고급주택의 임대료에 대하여 소득세를 신고함에 있어서 고급주택의 해당 여부는 과세기간종료일 현재를 기준으로 하는 것임(서일 46011-10156, 2002.2.4.)

✓ **주택임대 과세대상 주택보유수의 계산시점은 과세기간 중 어느 한 기간이라도 과세요건에 해당하는 주택수를 보유하고 그 중 1주택 이상을 임대하였을 경우를 말함**(제도 46011- 11336, 2001.6.5.)

✓ **오피스텔을 신축하거나 취득하여 임대한 경우로서 임차인이 상시 주거용으로 사용하는 경우, 2003.2.18. 이후 임대용역의 공급분부터 부가가치세가 면제되는 '주택의 임대용역'에 해당함**

(서삼 46015-10925, 2003.6.10.)

✓ **주택임대소득 비과세 판단 시 주택 수 계산방법**

비과세 주택임대소득을 적용함에 있어 구분등기된 상가와 주택이 연접되었으나 벽을 철거하여 1세대가 하나의 주거공간으로 사용하는 경우 1주택으로 보는 것임(소득-1241, 2010.12.14.)

Ⅱ 농어가부업소득의 비과세

비과세되는 농어가부업소득이란 농·어민이 경영하는 축산·고공품(藁工品)제조·민박[*1]·음식물판매·특산물[*2]제조·전통차[*3]제조 및 그 밖에 이와 유사한 활동에서 발생한 소득 중 다음의 소득을 말한다.(소령 9조 ①, 2018.12.31. 용어개정, 2024.2.29. 개정)

*1. "민박"이라 함은 농어촌정비법에 따른 농어촌민박사업을 말한다.(소령 9조 ②)

*2. "특산물"이란 식품산업진흥법에 따른 전통식품, 수산식품산업의 육성 및 지원에 관한 법률에 따른 수산전통식품 및 농수산물품질관리법에 따른 수산특산물을 말한다.(소령 9조 ③, 2021. 2.19. 개정)

*3. "전통차"란 식품산업진흥법 제22조에 따라 농림축산수산식품부장관이 인증한 차를 말한다.(소령 9조 ④)

➲ 2024.1.1. 전에 발생한 소득에 관하여는 개정규정('부업으로 경영 → 경영', '양어' 삭제)에도 불구하고 종전의 규정에 따른다.(2024. 2.29. 영 부칙 17조)

① [별표 1]의 농어가부업규모의 축산에서 발생하는 소득

[별표 1] 농어가부업규모축산의 범위(2012.2.2. 개정)

가축별	규 모	비 고
젖소	50마리	1. 성축을 기준으로 한다. 다만, 육성우의 경우에는 2마리를 1마리로 본다. 2. 사육두수는 매월말 현황에 의한 평균두수로 한다.
소	50마리	
돼지	700마리	
산양	300마리	
면양	300마리	
토끼	5,000마리	
닭	15,000마리	
오리	15,000마리	
양봉	100군	

② 위 '①' 외의 소득으로서 소득금액의 합계액이 연 3천만원 이하(2012년부터 2015년 귀속분까지는 연 2천만원 이하)인 소득(2016.2.17. 개정)

비과세 농어가부업소득의 사례(소득 집행기준 12-9-1)

농어가부업소득에 해당하지 않는 경우	농어가부업소득에 해당되는 경우
• 농·어민이 아닌 전문양봉업자가 양봉에서 생산한 벌꿀을 판매하여 얻는 소득 • 농·어민이 상설판매장(영업장)을 특설하여 농·축·수산물을 판매하는 경우	• 농·어민이 부업으로 특정고정설비 내에서 버섯 등을 재배하여 발생하는 소득 • 농민이 부업으로 농업용 기계장치(트렉터 등)을 임대하여 받는 소득

✓ **직접 어로행위에 종사하지 아니한 대표자의 어업에서 발생한 소득의 비과세 여부**

한국표준산업분류에 따른 연근해어업·내수면어업을 경영하는 자가 직접 어로행위를 하지 아니하는 경우에도 그 사업에서 발생하는 소득으로서 소득금액의 합계액이 연3천만원 이하의 소득은 소득세법 시행령 제9조 제1항 제2호의 농가부업소득에 해당하는 것임(서면법령해석소득 2018-2500, 2018. 12.10.)

➲ 2020년 귀속분부터 해당 과세기간의 소득금액에 대해 5천만원까지 비과세가 적용됨(소령 9조의5 ①, 2020.2.11. 신설)

✓ **말 사육에서 발생하는 소득이 농가부업규모 축산에서 발생하는 소득에 해당하는지**

축산업자가 말을 사육하는 활동에서 발생하는 소득은 소득세법 시행령 제9조 제1항 제1호에서 규정하는 「별표 1」의 농가부업규모의 축산에서 발생하는 소득에 해당하지 않는 것임(서면소득 2017-200, 2017.4.7.)

✓ **뱀과 개구리를 사육(양식)하여 얻은 소득의 비과세 농가부업 소득 해당 여부**

농·어민이 뱀을 사육하거나 개구리를 양식하여 발생하는 소득은 소득세법 제12조와 소득세법 시행령 제9조 제1항에 따라 소득금액의 합계액이 연 3천만원 이하인 것에 해당하는 경우에는 비과세하는 것임(서면소득 2016-5142, 2016.9.30.)

✓ **농민이 오리를 위탁사육해 주고 수수료를 받는 사업을 축산업으로 보아 농가부업소득을 계산하는지 여부**

농민이 영농조합법인과 위수탁계약을 체결하고 새끼 오리 및 사료 등을 제공받아 오리를 사육해 주고 사육비를 받는 경우 해당 사육비는 축산업에서 발생한 소득으로 비과세하는 것임(서면법규-281, 2014.3.26.)

✓ **농가부업소득 해당 여부**(소득 해석편람 12-2-1)

농민이 부업으로서, 농업용 기계장비(트랙터 등)를 구입하여 자기의 농업용에 공하면서, 일시적으로 타인의 작업을 하여 주고 그 대가를 받는 소득은 "농가부업소득"에 해당하여 소득세가 과세되지 않는 것임(소득 1264-3052, 1984.9.22.)

✓ **농어업을 전업으로 하지 않은 자의 농가부업적 축산업에 대한 비과세 해당 여부**(소득 해석편람 12-2-2)

소득세법 시행령 「별표 1」 게기하는 가축별 사육규모 이하의 축산에 대하여는 "농어민이 부업으로 영위하는 축산"으로 보아 소득세를 비과세하는 것임(소득 22601-2645, 1985.9.2.)

✓ **축산업자에 대한 농가부업소득 비과세규정 적용여부**

농·어민이 소득세법 시행령 「별표1」에 규정한 가축별 사육규모 이하의 축산을 영위하는 경우에는 "농·어민이 부업으로 영위하는 축산"으로 보아 비과세하는 것이며, 당해 농가부업규모를 초과하는 사육두수에서 발생한 소득과 기타의 부업에서 발생한 소득을 합산한 소득금액이 연 1,200만원* 이하인 경우에는 비과세하는 것임(서면1팀-334, 2004.3.8.)

* 2009년부터 2011년까지는 연 1,800만원, 2012년부터 2015년까지는 연 2,000만원, 2016년 귀속분부터는 연 3,000만원 임

✓ **어린가축 농가부업적인 축산범위 포함 여부**(소득 해석편람 12-2-4)

소득세법 시행령 「별표 1」에 게기하는 농가부업적인 축산의 범위는 성축을 기준으로 판단하는 것

이므로 어린가축은 제외되는 것임. 다만, 육성우의 경우에는 2마리를 1마리로 보는 것임(소득 22601－2979, 1986.10.6.)

✓ **농가부업소득 해당 여부**

소득세가 비과세되는 농가부업소득은 농·어민이 축산업 등을 영위하는 경우에 적용하는 것으로서, 근로소득자가 일과 전·후 또는 휴일에 축산업을 영위하는 경우에는 비과세되는 농가부업소득으로 볼 수 없는 것임(서면1팀－1079, 2005.9.12.)

✓ **소득세법상 기장의무 및 단순경비율적용대상자 판정시 직전연도의 수입금액에 비과세소득은 포함하지 않는 것임**

① 기장의무 판정 및 단순경비율적용대상자 판정에 있어 직전연도의 수입금액에는 비과세소득에 해당하는 농가부업소득의 수입금액은 포함되지 아니하는 것임

② 종합소득 과세표준확정신고서를 작성함에 있어서 사업소득 총수입금액에는 소득세법 시행령 제9조 제1항의 비과세되는 소득에 해당하는 수입금액은 포함되지 아니하는 것임(서일－857, 2004.6.25.)

Ⅲ 어로어업 또는 양식어업에서 발생하는 소득의 비과세

"어로어업 또는 양식어업에서 발생하는 소득"이란 한국표준산업분류에 따른 연근해어업, 내수면어업 또는 양식어업에서 발생하는 소득으로서 해당 과세기간의 소득금액의 합계액이 5천만원 이하인 소득을 말한다.(소령 9조의5 ①, 2024.2.29. 개정)

Ⅳ 전통주의 제조에서 발생하는 소득의 비과세

비과세되는 "전통주의 제조에서 발생하는 소득"이란 다음 중 하나에 해당하는 주류를 수도권정비계획법에 따른 수도권 밖의 읍·면지역에서 제조함으로써 발생하는 소득으로서 소득금액의 합계액이 연 1,200만원 이하인 것을 말한다.(소령 9조의2)

① 주세법 제2조 제8호에 따른 전통주(2021.2.21. 개정)

전통주의 범위(주세법 제2조 제8호)

"전통주"란 다음 중 하나에 해당하는 주류를 말한다.(2021.2.21. 개정)

① 무형문화재 보전 및 진흥에 관한 법률 제17조에 따라 인정된 주류부문의 국가무형문화재 보유자 및 같은 법 제32조에 따라 인정된 주류부문의 시·도무형문화재 보유자가 제조하는 주류

② 식품산업진흥법 제14조에 따라 지정된 주류부문의 대한민국식품명인이 제조하는 주류

③ 농업·농촌 및 식품산업 기본법 제3조에 따른 농업경영체 및 생산자단체와 수산업·어촌 발전 기본법 제3조에 따른 어업경영체 및 생산자단체가 직접 생산하거나 주류제조장 소재지 관할 특별자치시·특별자치도 또는 시·군·구(자치구를 말한다) 및 그 인접 특별자치시 또는 시·군·구에서 생산한 농산물을 주원료로 하여 제조하는 주류로서 전통주 등의 산업진흥에 관한 법률 제8조 제1항에 따라 특별시장·광역시장·특별자치시장·도지사·특별자치도지사의 추천을 받아 제조하는 주류

② 관광진흥을 위하여 국토교통부장관이 추전하여 기획재정부령이 정하는 절차를 거친 주류(1991.6.30. 이전에 추천한 것에 한한다). 이때 "기획재정부령이 정하는 절차"라 함은 주세법 시행령 제2조의2의 규정에 의한 주류심의회(대통령령 제16665호 주세법 시행령에 의하여 폐지되기 전의 것을 말한다) 또는 주류심의회 규정에 의한 주류심의회(대통령령 제6356호 주류심의회규정에 의하여 폐지되기 전의 것을 말한다)의 심의를 거친 주류를 말한다.(소칙 6조의2)

③ 종전의 제주도개발특별법에 의하여 제주도지사가 국세청장과 협의하여 제조허가를 한 주류(1999.2.5. 이전에 허가한 것에 한한다)

농어가부업소득과 전통주제조소득의 비교(소득 집행기준 12-9의2-1)

구 분	농어가부업소득	전통주제조소득
비과세 대상	농·어민으로서 농가부업소득이 있는 자	수도권 밖의 읍·면지역에서 전통주를 제조하는 자
비과세 범위	가축별 사육두수 이하 축산소득 + 소득금액 연 3,000만원 이하의 소득	소득금액 연 1,200만원 이하인 경우
비과세 범위 초과시	초과분에 대해 과세	전액 과세
두 개의 소득 함께 있는 경우	각각의 소득에 대하여 비과세 범위 판단	

V 산림소득

➲ 2007년 귀속분부터 산림소득이 사업소득으로 통합되면서 종전의 산림소득공제가 사업소득에 대한 비과세로 전환되었다.

(1) 비과세 대상

조림기간 5년 이상인 임지(林地)의 임목(林木)의 벌채 또는 양도로 발생하는 소득으로서 연 600만원 이하의 금액.

이때 "임지(林地)의 임목(林木)의 벌채 또는 양도로 발생하는 소득으로서 연 600만원 이하의 금액"이란 다음의 총수입금액에서 필요경비를 뺀 소득금액으로서 연 600만원 이하의 금액을 말한다.(소령 9조의3 ②)

① 임지의 임목을 벌채 또는 양도하는 사업의 수입금액을 계산하는 경우 임목을 임지(林地)와 함께 양도한 경우에 그 임지의 양도로 발생하는 소득은 총수입금액 계산시 산입하지 아니한다. 이 경우 임목과 임지의 취득가액 또는 양도가액을 구분할 수 없는 때에는 다음의 기준에 따라 취득가액 또는 양도가액을 계산한다.(소령 51조 ⑧)

㉠ 임목에 대하여는 지방세법 시행령 제4조 제1항 제5호에 따른 시가표준액(2013.2.15. 개정)

㉡ 임지에 대하여는 총취득가액 또는 총양도가액에서 위 '㉠'에 따라 계산한 임목의 취득가액 또는 양도가액을 뺀 금액. 이 경우 빼고 남은 금액이 없는 때에는 임지의 취득가액 또는 양도가액은 없는 것으로 본다.(2013.2.15. 개정)

② 산림의 분수계약에 의한 권리를 양도함으로써 얻는 수입금액과 분수계약의 당사자가 해당 계약의 목적이 된 산림의 벌채 또는 양도에 의한 수입금액을 해당 계약에 의한 분수율에 따라 수입하는 금액은 임지의 임목을 벌채 또는 양도하는 사업의 총수입금액에 산입한다.(소령 51조 ⑨)

(2) 조림기간의 계산

조림기간은 다음에 따라 계산하며(소령 9조의3 ①), 아래 '①과 ②'의 경우에 식림을 완료한 날 또는 인도를 받은 날은 그 식림을 한 산림의 임분[林分 : 임상(林相)이 동일하고 주위의 것과 구분할 수 있는 산림경영상의 단위가 되는 임목의 집단을 말한다]단위로 적용한다.(소령 9조의3 ③)

① 자기가 조림한 임목(林木)에 대하여는 그 식림(植林)을 완료한 날부터 벌채 또는 양도한 날까지의 기간

② 도급(都給)에 의하여 식림한 임목에 대하여는 그 임목을 인도받은 날부터 벌채 또는

양도한 날까지의 기간

③ 다른 사람이 조림한 임목을 매입한 경우에는 그 매입한 날부터 벌채 또는 양도한 날까지의 기간

④ 증여받은 임목에 대하여는 증여를 받은 날부터 벌채 또는 양도한 날까지의 기간

⑤ 상속받은 임목에 대하여는 피상속인의 '①부터 ④까지'에 따른 조림기간의 조림개시일부터 상속인이 벌채 또는 양도한 날까지의 기간

⑥ 분수계약(分收契約 : 산지의 소유자, 비용부담자 및 조림을 하는 자가 당사자가 되어 조림을 하고, 그 조림한 산림의 벌채 또는 양도에 의한 수익을 일정률에 따라 나누기로 하는 계약을 말한다)에 의한 권리를 취득한 경우에는 그 권리의 취득일부터 양도일까지의 기간

• 제 3 절 사업소득금액의 계산

사업소득금액은 해당 과세기간의 총수입금액에서 이에 사용된 필요경비를 공제한 금액으로 한다.(소법 19조 ②) 그러나 실무에서는 법인세법과 마찬가지로 손익계산서상의 당기순이익을 바탕으로 세무조정을 하여 사업소득금액을 계산한다.

손익계산서	세무조정		소득세법
수 익	(+)총수입금액산입 (−)총수입금액불산입	=	총수입금액
|			|
비 용	(+)필요경비산입 (−)필요경비불산입	=	필요경비
‖			‖
결산서상 당기순이익	(+)총수입금액산입 · 필요경비불산입 (−)필요경비산입 · 총수입금액불산입	=	사업소득금액

세무조정[21)]

1. 개 요

기업이 일반적으로 공정·타당하다고 인정되는 기업회계기준에 의하여 작성한 재무제표상의 당기순손익을 기초로 하여 세법의 규정에 따라 총수입금액과 필요경비를 조정함으로써 정확한 과세소득을 계산하기 위한 일련의 절차이다.

2. 세무조정의 절차상 특성에 따른 구분

(1) 결산조정

과세기간의 결산을 통하여 장부에 반영하여야 하는 사항으로 세법에서는 특정한 필요경비에 대하여는 개인의 결산확정에 의하여 필요경비로 계상하여야만 필요경비로 인정하는데 이에 해당하는 주요내용을 예시하면 다음과 같다.

1) 감가상각비
2) 대손충당금
3) 일부 대손금
4) 파손·부패 등의 사유로 정상가액으로 판매할 수 없는 재고자산평가손실
5) 천재지변 등에 의한 유형자산·생산설비의 폐기손실 등

(2) 신고조정

결산서상 당기순손익의 기초가 되는 회계장부에 계상함이 없이 종합소득세 과세표준 및 자진납부계산서에 반영해도 되는 사항이다.

I 총수입금액의 계산

1 원 칙

총수입금액은 해당 과세기간에 수입하였거나 수입할 금액의 합계액으로 한다.(소법 24조 ①)

금전등록기 설치·사용시 특례

영수증을 작성·교부할 수 있는 사업자가 금전등록기를 설치·사용한 경우에 총수입금액은 해당 과세기간에 수입한 금액의 합계액에 따라 계산할 수 있다.(소법 162조 ①, 소령 210조 ①)

21) 한국세무사회, 2004, 법인세 신고안내, p. 18 ~ 21

2 총수입금액 계산

사업소득에 대한 총수입금액의 계산은 다음에 따라 계산한다.(소령 51조 ③)

(1) 매출환입·매출에누리·매출할인금액 ➲ 총수입금액불산입

① 환입된 물품의 가액과 매출에누리는 해당 과세기간의 총수입금액에 산입하지 아니한다. 다만, 거래수량 또는 거래금액에 따라 상대편에게 지급하는 장려금과 그 밖에 이와 유사한 성질의 금액과 대손금은 총수입금액에서 빼지 아니한다.(소령 51조 ③ 1의2)
여기서 "매출에누리"는 다음 중 하나에 해당하는 것으로 한다.(소칙 22조 ①)

㉠ 물품의 판매에 있어서 그 품질·수량 및 인도·판매대금결제 기타 거래조건에 따라 그 물품의 판매당시에 통상의 매출가액에서 일정액을 직접 공제하는 금액

㉡ 매출한 상품 또는 제품에 대한 부분적인 감량·변질·파손 등으로 매출가액에서 직접 공제하는 금액

✓ **수출품의 재수입(환입)시 반품가액 처리방법**(소득 집행기준 24-51-10)

환입된 물품의 가액은 해당연도의 총수입금액에서 상계하는 것이나 해당연도에 수출한 재화가 해당 과세기간을 경과하여 다음 과세연도에 반품, 재수입(면허일 기준)되는 경우에 반품된 물품의 가액은 해당연도의 총수입금액계산에서 상계되지 아니하고 다음 과세연도의 총수입금액에서 상계되는 것이며, 이때에 당초 재화의 수출 및 재수입에 따른 모든 비용은 그 지출이 확정되는 연도의 필요경비에 산입한다.

✓ **당초 확정된 매출가액의 조정에 따라 발생하는 환급금액의 회계처리**(소득 해석편람 24-3-7)

당초 매출가액으로 확정된 금액을 거래처와의 사전약정에 의한 거래조건에 따라 그 후 매출단가 등을 조정함으로써 당초의 매출가액에서 공제 환급하는 금액은 동 환급금액이 확정된 날이 속하는 과세연도의 총수입금액에서 차감함(소득 46011-1220, 1994.4.26.)

② 외상매출금을 결제하는 경우의 매출할인금액은 거래상대방과의 약정에 의한 지급기일(지급기일이 정하여져 있지 아니한 경우에는 지급한 날)이 속하는 과세기간의 총수입금액계산에 있어서 이를 차감한다.(소령 51조 ③ 1의3)
여기서 "매출할인금액"은 외상거래대금을 결제하거나 외상매출금 또는 미수금을 그 약정기일 전에 영수하는 경우 일정액을 할인하는 금액으로 한다.(소칙 22조 ②)

매출에누리와 매출할인[22)]

(1) 매출에누리

매출에누리가 되기 위해서는 당초 재화 또는 용역의 공급 대가로서 확정되었거나 확정될 금액에서 일부가 직접 감액되는 경우여야 한다. '직접 감액'이라는 요건이 매출에누리의 핵심을 이룬다고 할 수 있다. 만일 공급 대가에서 직접 감액된 것이 아니라면 사후나 사전에 별도로 일정한 금액을 공급받는 자에게 지급하는 것에 불과하고, 재화나 용역을 공급하고 직접받는 금액은 공급대가 전액이므로 공급가액에 대한 차감항목으로 보아서는 안 된다는 점에서 판매장려금과 구분된다. 법인세법에서는 수익금액에서 제외, 기업회계기준에서는 매출액에서 차감, 소득세법에서는 총수입금액에 산입하지 않는 취지가 모두 동일하고 그 범위도 동일하게 해석하는 것이 합리적이다.

(2) 매출할인

매출에누리와 별도로 매출할인을 규정하고 있는 것은 매출할인에는 매출에누리와 달리 '직접 감액'이라는 요건이 필요 없다는 점 때문으로 볼 수 있다. 그래서 매출할인은 약정기일 전에 대가를 수령한 후 할인액을 사후에 지급하더라도 이 부분은 공급가액에서 차감될 수 있는 것이다. 매출할인은 그 성격을 엄밀히 분석해 보면 공급가액에 포함되어 있던 금융이익인 이자수입이 사라진 것으로 볼 수 있다. 즉, 이 부분은 공급받는 자에게 대금결제의 기한을 유예하면서 그 유예기간에 대한 이자상당액을 공급가액에 포함시켜 두었다가 조기결제가 됨으로써 그 이자상당액을 받을 수 없게 되어 당초의 공급가액이 그만큼 줄어드는 것이다. 그래서 원래부터 이 부분은 공급가액이라기 보다는 이자수입의 성격이었는데 단지 그것이 공급가액에 포함되어 있었기 때문에 전체금액을 공급가액으로 보았으나 조기결제 시에는 현실적으로 이자수입 상당액이 분리되어 사라졌으므로 그 부분을 제외한 원래의 공급가액만을 공급가액으로 보겠다는 취지이다. 기업회계기준이나 법인세법과 소득세법에서 매출할인을 매출에누리와 마찬가지로 공급가액에서 차감하는 것은 이러한 이유 때문이다.

③ 독립된 자격으로 보험가입자의 모집 및 이에 부수되는 용역을 제공하고 그 실적에 따라 모집수당 등을 받는 사업자가 보험가입자의 모집 및 이에 부수되는 용역을 제공하고 받은 모집수당 등을 반환하는 경우 그 반환 금액은 반환일이 속하는 과세기간의 총수입금액을 계산할 때 차감한다.(소령 51조 ③ 1의4, 2024.2.29. 신설)

④ 사업자나 법인이 생산·공급하는 재화 또는 용역(이하 "자사제품등"이라 한다)을 임원·종업원에게 시가보다 낮은 가격으로 판매 또는 제공할 때, 판매 또는 제공가액과 시가와의 차액은 총수입금액에 산입한다.(소령 51조 ③ 1의5, 2025.2.28. 신설)

➲ 2025.2.28.부터 시행한다.(2025.2.28. 영 부칙 1조)

22) 강석규, 2020, 조세법 쟁론, 삼일인포마인, p. 1125~1128

이때 시가는 건전한 사회 통념 및 상거래 관행과 특수관계인이 아닌 자 간의 정상적인 거래에서 적용되거나 적용될 것으로 판단되는 가격(요율·이자율·임대료 및 교환비율과 그 밖에 이에 준하는 것을 포함)(법법 52조 ②)을 시가로 한다. 다만, 다음 중 하나에 해당하는 경우에는 임원·종업원이 해당 재화 또는 용역을 구입하거나 제공받을 때 지급한 가격을 시가로 한다.(소령 38조 ④, 2025.2.28. 신설)

㉠ 재화의 파손 또는 변질로 인해 임원·종업원이 아닌 자에게 판매할 수 없는 경우

㉡ 탑승권 및 숙박권 등 사용시기가 제한되는 재화 또는 용역의 사용 기한이 임박하여 임원등이 아닌 자에게 판매 또는 제공하는 것이 현저히 곤란한 경우

(2) 장려금 등

거래상대방으로부터 받는 장려금 기타 이와 유사한 성질의 금액은 총수입금액에 이를 산입한다.(소령 51조 ③ 2)

✓ 과세표준에 포함하지 않는 재화공급의 범위 및 소득금액에 포함되지 않는 매출장려금의 판정

① 거주자의 사업소득에 대한 총수입금액의 계산에 있어서 상대편으로부터 받는 장려금 기타 이와 유사한 성질의 금액은 총수입금액에 이를 산입하는 것이나,

② 본사가 방문판매원 등에게 지급하는 판매장려금을 편의상 대리점이 본사로부터 수령하여 대신 지급하는 경우 그 장려금은 대리점의 총수입금액에 산입하지 아니하는 것임(소득 46011-562, 1999.12.31.)

✓ 일정금액 이상 구매시 제공받는 다단계판매원의 적립금 과세 여부

귀 문의의 사업자형 회원이 다단계 판매업자와 사전약정에 따라 일정금액 이상 구매시 제공받는 적립금(다단계 판매업체의 물품을 무상으로 구매할 수 있는 권리)은 판매장려금품으로 사업소득에 해당하는 것이며, 자가 소비형 회원이 일정금액 이상 구매시 제공받는 적립금은 재판매 목적이 아닌 단순자가소비용으로 최종소비자의 지위에서 받는 경우 과세소득에 해당하지 아니하는 것임(서면1팀-396, 2005.4.12.)

(3) 관세환급금 등

관세환급금 등 필요경비로 지출된 세액이 환입되었거나 환입될 경우에 그 금액은 총수입금액에 이를 산입한다.(소령 51조 ③ 3)

✓환급포기한 관세환급금의 총수입금액 산입여부

관세환급금 등 필요경비로 계상된 세액이 환입하였거나 환입될 경우에 한하여 그 금액은 사업소득에 대한 총수입금액에 산입하는 것임(소득 22601 - 1335, 1990.6.26.)

✓ 관세환급금의 귀속연도(소통 39-0…3)

① 세관장으로부터 직접 환급받는 관세환급금의 귀속연도는 환급받을 관세 등이 확정된 과세기간으로 하는 것이며 수출은 완료되었으나 환급받을 관세 등이 확정되지 아니한 경우에는 「수출용 원재료에 대한 관세 등 환급에 관한 특례법」 제13조의 규정에 의하여 환급받을 예상액으로 계상하며 그 후 실지 환급액과의 차액이 발생된 경우에는 동 차액은 실제로 환급받은 과세기간의 총수입금액 또는 필요경비에 산입한다.

② 수출물품의 판매로 인하여 수출업자로부터 받는 관세환급금의 귀속연도는 당해 수출물품의 판매대금의 귀속연도에 따라 처리한다. 이 경우 당해 관세환급금이 수출물품판매대금의 귀속연도까지 확정되지 아니한 경우에는 「수출용 원재료에 대한 관세 등 환급에 관한 특례법」 제13조의 규정에 의하여 환급받을 예상액으로 계상하며 그 후 실지환급금과의 차액이 발생된 경우에는 동 차액은 실제로 환급받을 과세기간의 총수입금액 또는 필요경비에 산입한다.

(4) 사업과 관련된 자산수증이익과 채무면제이익

사업과 관련하여 무상으로 받은 자산의 가액과 채무의 면제 또는 소멸로 인하여 발생하는 부채의 감소액은 총수입금액에 이를 산입한다. 다만, 이월결손금의 보전에 충당된 금액은 해당 과세기간의 소득금액을 계산할 때 총수입금액에 산입하지 아니한다.(소령 51조 ③ 4, 소법 26조 ②)

✓ 광고선전용 자산의 수증익(소득 집행기준 24 - 51 - 12)

① 판매업을 경영하는 거주자가 제조업자 등으로부터 자산을 무상으로 취득한 경우에 해당 제조업자 등의 취득가액(자기제품인 경우에는 판매가격)은 그 취득일이 속하는 과세기간의 총수입금액에 산입한다.

② 광고선전용 간판, 네온사인, 플래카드와 같이 오로지 광고선전용으로 제공되는 경우는 '①'을 적용하지 않고 판매업자 등은 회계처리하지 않으나 이 경우 사업자가 제조업자 등으로부터 광고선전용 자산의 취득과 관련하여 금전을 교부받은 때에는 이를 총수입금액에 산입한다.

✓ 무상 지원받는 인테리어 시설비 상당액의 총수입금액 산입 여부

상가를 분양받은 개인사업자가 분양하는 자로부터 상가 분양촉진과 관련하여 무상으로 지원받는 인테리어 시설비 상당액은 소득세법 시행령 제51조 제3항 제4호에 따라 사업소득의 총수입금액에 산입하는 것임(소득 - 850, 2010.7.27.)

✓ 법인으로 보지 않는 법인격 없는 임의단체가 징수하는 회비에 대한 과세 여부(소득 해석편람 24 - 3 - 3)

법인으로 보는 단체 이외의 단체가 대표자 또는 관리인이 선임되어 있고 이익의 분배방법 및 비율이 정하여져 있지 아니한 경우에는 그 단체를 1거주자로 보는 것으로, 법인으로 보지 않는 임의단체가 사업목적이 아닌 단체의 유지운영을 위하여 그 구성원으로부터 징수하는 회비는 소득세법상 과세대상 소득에 해당하지 아니하는 것이나, 동 임의단체가 하나의 사업자로서 해당 사업과 관련하여 무상으로 받는 자산의 가액은 해당 사업소득에 대한 수입금액의 계산에 있어서 총수입금액에 산입되는 것임(소득 22601－233, 1990.1.23.)

(5) 확정급여형퇴직연금제도의 보험차익 등

다음 중 하나에 해당되는 이익, 분배금 또는 보험차익은 그 소득의 성격에도 불구하고 총수입금액에 산입한다.(소령 51조 ③ 4의2, 2013.2.15. 개정)

① 확정급여형퇴직연금제도의 보험차익과 신탁계약의 이익 또는 분배금

② 사업과 관련하여 해당 사업용 자산의 손실로 취득하는 보험차익

(6) 재고자산 등의 가사용소비 등

거주자가 재고자산 또는 임목을 가사용으로 소비하거나 종업원 또는 타인에게 지급한 경우에도 이를 소비하거나 지급하였을 때의 가액에 해당하는 금액은 그 소비하거나 지급하는 날이 속하는 과세기간의 사업소득금액을 계산할 때 총수입금액에 산입한다.(소법 25조 ②)

✓ **부가가치세에 대한 필요경비의 취급**(소통 33－74…1)

① 부가가치세법에 규정하는 자기생산·취득재화의 공급 등에 대한 매출세액은 다음에 따라 처리한다.(2024.3.15. 개정)

㉠ 부가가치세법 제10조 제1항 및 제2항의 규정에 의한 자가공급에 대한 매출세액은 당해 재화의 매입부대비용으로 처리한다.(2024.3.15. 개정)

㉡ 부가가치세법 제10조 제4항 및 제5항의 규정에 의하여 재고자산을 사업자 또는 종업원의 개인적 목적으로 사용·소비하는 것과 고객이나 불특정다수인에게 증여하는 것에 대한 매출세액은 다음과 같이 한다.(2024.3.15. 개정)

ⓐ 사업자의 개인적 목적으로 사용·소비하는 재고자산에 대한 매출세액은 당해 자산의 사용·소비로 법 제25조 제2항의 규정에 의하여 계산하는 총수입금액에는 산입하지 아니하고 별도로 계산하며 사업자 개인에 대하여는 그 총수입금액과 매출세액의 합계액으로 출자금의 인출로 한다.

ⓑ 종업원의 개인적 목적으로 사용·소비하는 재고자산에 대한 매출세액은 당해 재고자산의 사용·소비로 법 제25조 제2항의 규정에 의하여 계산하는 총수입금액(부당행위계산에 의하여 계산한 금액을 포함한다)에는 산입하지 아니하고 별도로 계산하며 종업원 개인에 대하여는 다음과 같이 한다.

㉮ 종업원의 개인적 목적으로 사용·소비하는 재고자산에 대하여 대가를 받지 아니하는 경우에는 그 총수입금액과 매출세액의 합계액을 당해자의 근로소득으로 한다. 이 경우 재고자산의 사용·소비가 비과세되는 경우에는 제외한다.

㉯ 종업원의 개인적 목적으로 사용·소비하는 재고자산에 대하여 받은 대가와 부당행위계산으로 인하여 계산한 총수입금액과 그 매출세액의 합계액과 차액은 당해자의 근로소득으로 한다.

ⓒ 고객이나 불특정다수인에게 증여한 것에 대한 매출세액은 당해 재고자산의 증여로 인하여 법 제25조 제2항의 규정에 의하여 계산하는 총수입금액에는 산입하지 아니하고 별도로 계산하여 그 증여된 재고자산을 접대비 또는 기부금으로 처리시 그 총수입금액과 매출세액의 합계액으로 계산한다.

② 부동산임대업을 영위하는 사업자(부가가치세법상 일반과세자에 한한다)가 전세금 또는 전세보증금에 대하여 계산한 부가가치세를 임차자로부터 거래징수하지 못하고 자기가 부담하는 경우에 한하여 필요경비에 산입한다.

③ 세금계산서를 제출하지 아니함으로써 공제받지 못한 부가가치세매입세액은 필요경비에 산입하지 아니한다.

④ 간이과세자에 대한 부가가치세는 다음에 따라 처리한다.

㉠ 간이과세자인 사업자가 사업과 관련하여 물품을 매입하거나 용역을 제공받음으로써 부가가치세법에 의하여 거래징수 당한 부가가치세는 당해 물품 또는 용역의 매입부대비용으로 본다.

㉡ 간이과세자인 사업자가 물품을 판매하거나 또는 용역을 제공함으로 인하여 부가가치세법의 규정에 의하여 납부한 부가가치세는 필요경비로 한다.

⑤ 간이과세자가 일반과세자로 변경되어 부가가치세법 시행령 제86조의 규정에 의하여 재고매입세액을 공제받을 경우에는 매입부대비용의 환입으로 보아 당해 재고품가액에서 재고매입세액을 차감한다.(2024.3.15. 개정)

⑥ 일반과세자가 간이과세자로 변경되어 부가가치세법 시행령 제112조의 규정에 의하여 재고납부세액을 납부할 경우에는 당해 재고납부세액은 재고품의 매입부대비용으로 처리한다.(2024.3.15. 개정)

✓ **폐업 등의 경우 재고자산의 총수입금액 계산**(소득 집행기준 24-51-8)

① 사업장을 사업양수도방법에 의하여 법인으로 전환하거나 타인에게 일괄 양도하는 경우 양도자산에 포함된 재고자산은 사업양수도계약 체결일 현재 해당 거주자와 특수관계 없는 자와의 정상적인 거래에서 형성되는 가액을 총수입금액에 산입한다.

② 폐업시 판매되지 아니한 재고자산은 폐업일이 속하는 연도의 총수입금액에 포함하지 않고 이를 처분하는 연도의 총수입금액에 산입한다.

③ 재고자산을 사용인 또는 타인에게 무상으로 지급한 경우에도 그 지급한 때의 가액에 상당하는 금액은 그 지급한 날이 속하는 연도의 총수입금액에 산입한다.

✓ **미분양주택을 가사용으로 소비하는 경우의 수입시기**(소득 집행기준 25-0-1)

① 주택신축판매업자가 폐업시점에 판매하지 아니한 주택을 가사용으로 소비하거나 종업원 또는 타인에게 지급한 경우에는 이를 소비 또는 지급한 때의 가액을 그 소비일 또는 지급일이 속하는 연도의 사업소득 총수입금액에 산입하며, 그 이후에 해당 주택을 양도하고 받는 대가는 양도소득에 해당한다.

② 주택신축판매업자가 폐업시점에 그 주택을 가사용으로 소비하거나 종업원 또는 타인에게 지급한 경우 외의 경우에는 이를 처분한 때의 가액을 그 처분일이 속하는 연도의 사업소득 총수입금액에 산입한다.

✓ **판매목적으로 취득한 부동산의 일시대여소득의 구분**(소득 집행기준 19-0-8)

① 부동산매매업 또는 건설업자가 판매를 목적으로 취득한 토지 등의 부동산을 일시적으로 대여하고 얻는 소득은 부동산임대업에서 발생하는 소득으로 본다.

② 제1항의 경우 부동산임대업의 소득금액계산상 필요경비에 산입된 감가상각비 등은 부동산매매업자의 필요경비 계산시 취득가액에서 공제한다.

✓ **주택신축판매업자인 공동사업장 구성원들이 신축주택을 각각 1주택씩 소유하는 경우, 해당 주택가액의 공동사업장 총수입금액 산입 여부**

공동사업장의 사업자들이 신축된 주택을 자가사용목적으로 1주택씩 소유하는 경우, 해당 주택가액이 공동사업장 총수입금액에 산입되는지 여부는 사실판단할 사항임(기획재정부소득-464, 2022.10.13.)

✓ **분양목적 신축주택이 미분양되어 장기 임대하다가 양도시 소득구분**

거주자가 주택을 판매목적으로 신축하였으나 장기간 분양되지 않아 임대사업으로 전환하고 상당한 기간 임대 후 당해 주택을 판매(판매되지 아니하여 판매될 때까지 일시적으로 임대한 후 판매하는 경우 제외)한 경우 그 발생된 소득은 판매목적의 사업소득이라기 보다는 사실상 임대목적에 전용한 것으로 양도소득에 해당하는 것이나 주택을 임대목적(판매되지 아니하여 일시적으로 임대하는 경우 제외)으로 사용한 후 당해 주택을 양도하는 것이 사업소득 또는 양도소득인지는 그 부동산매매의 규모 거래횟수, 반복성 등 거래에 관한 제반사항을 종합적으로 사실판단 할 사항임(소득-764, 2011.9.9.)

✓ **사업소득과 양도소득의 구분**(대법원 2014두5385, 2014.7.24.)

부동산의 양도로 인한 소득이 소득세법 상 사업소득인지 혹은 양도소득인지는 양도인의 부동산 취득 및 보유현황, 조성의 유무, 양도의 규모, 횟수, 태양, 상대방 등에 비추어 그 양도가 수익을 목적으로 하고 있는지 여부와 사업활동으로 볼 수 있을 정도의 계속성과 반복성이 있는지 등을 고려하여 사회통념에 따라 판단하여야 하고, 그 판단을 함에 있어서는 단지 당해 양도 부동산에 대한 것뿐만 아니라 양도인이 보유하는 부동산 전반에 걸쳐 당해 양도가 행하여진 시기의 전후를 통한 모든 사정을 참작하여야 한다.

✓ **사업자가 폐업시점의 재고자산을 다음 해에 양도하는 경우 소득구분·필요경비**

주택신축판매업자가 폐업시점에 판매하지 아니한 주택을 가사용으로 소비하거나 종업원 또는 타인에게 지급한 경우에는 이를 소비 또는 지급한 때의 가액을 그 소비일 또는 지급일이 속하는 연도의 사업소득 총수입금액에 산입하는 것이고, 그 후에 그 주택을 양도하고 받는 대가는 양도소득에 해당하며, 그 사업자가 폐업시점에 그 주택을 가사용으로 소비하거나 종업원 또는 타인에게 지급한 경우 외의 경우에는 이를 처분한 때의 가액을 그 처분일이 속하는 연도의 사업소득 총수입금액에 산입하는 것임(소득-4960, 2008.12.30.)

✓ **상가신축판매 공동사업자의 공유물 분할등기시 총수입금액계산 및 소득분배**(소득 해석편람 25 -5-2)

공동사업자가 판매목적으로 신축한 상가를 각 공동사업자의 출자지분에 따라 분할등기하는 때에는 소득세법 제25조 제2항의 규정에 의하여 분할등기한 상가의 시가상당액을 그 분할등기한 연도의 해당 공동사업장의 소득금액계산에 있어서 총수입금액에 산입한다. 해당 공동사업장에 대하여는 해당 공동사업장을 1거주자(사업자)로 보고 소득금액을 계산하는 것이며, 각 구성원에 대하여는 그 지분 또는 손익분배의 비율에 의하여 분배되었거나 분배될 소득금액에 따라 각 거주자별로 그 소득금액을 계산하는 것임. 이때의 지분 또는 손익분배의 비율은 당사자간의 약정 등에 따라 실제로 출자된 상황에 의하여 결정된 것을 말함(소득 46011-726, 1997.3.12.)

✓ **판매목적으로 신축한 주택을 증여하는 경우 소득세과세 여부**(소득 해석편람 25-5-3)

거주자가 판매목적으로 신축한 주택을 그의 아들에게 증여한 때에는 그 증여한 때의 주택가액을 거주자의 총수입금액에 산입하는 것임(소득 46011-1337, 1998.5.21.)

✓ **공동사업자의 총수입금액 및 필요경비 계산**

2인 이상의 공동사업자가 판매목적으로 신축한 건물을 공동사업자의 출자지분에 따라 분할등기 하는 경우에는 소득세법 제25조 제2항의 규정에 의하여 분할등기한 주택의 시가상당액을 공동사업장의 총수입금액에 산입하는 것임(소득-14, 2013.1.3.)

✓ **공동사업장의 공유물 분할등기시 과세 여부 및 매매차익 예정신고·납부**(소득 해석편람 25-5-4)

공동사업자가 판매목적으로 신축한 상가를 공동사업자의 출자지분에 따라 분할등기하는 때에는 소득세법 제25조 제2항의 규정에 의하여 그 당시의 분할등기한 상가의 시가상당액을 해당 공동사업장의 부동산매매업 소득금액 계산에 있어서 총수입금액에 산입하는 것이며, 이때 시가는 특수관계에 있지 아니한 자와의 정상적인 거래로 형성되는 가액을 말하는 것으로 그 실례가액이 없는 경우에는 위치, 주변환경, 이용현황 등 개별 요인을 감안하여 합리적으로 산정한 가액으로 하는 것이며, 부동산매매업을 영위하는 거주자는 토지 등을 매매하는 경우 소득세법 제69조 제1항의 규정에 의하여 토지등 매매차익을 매매일이 속하는 달의 말일부터 2월이 되는 날까지 납세지 관할 세무서장에게 예정신고·납부하여야 한다. 또한, 토지 등 매매차익예정신고를 한 자도 종합소득과세표준확정신고기한 내에 해당 토지 등의 실지 매매가액에서 그에 대응하는 비용을 공제하고 소득공제한 금액에 같은법 제55조 제1항의 세율을 적용하여 같은법 제70조 제4항 제3호에서 규정하는 서류를 첨부한 종합소득과세표준확정신고를 납세지 관할 세무서장에게 하여야 함(소득 46011-2468, 1996.9.4.)

※ 참고예규

토지공동소유자 5인이 공동으로 상가를 신축하여 분양하는 사업자가 해당 상가의 일부를 분양하고 미분양된 상가를 공유자 지분별로 분할등기한 후 계속 공동사업을 영위하지 아니하는 경우 해당 지분별 분할등기한 것은 출자지분의 현물반환에 해당하므로 부가가치세법 제6조 제1항의 규정에 의하여 부가가치세가 과세되는 것임(부가 46015-4052, 1999.10.4.)

(7) 임지와 임목을 함께 양도한 경우의 임지의 양도소득

임지의 임목을 벌채 또는 양도하는 사업의 수입금액을 계산하는 경우 임목을 임지(林地)와 함께 양도한 경우에 그 임지의 양도로 발생하는 소득은 총수입금액 계산시 산입하지 아니한다. 이 경우 임목과 임지의 취득가액 또는 양도가액을 구분할 수 없는 때에는 다음의 기준에 따라 취득가액 또는 양도가액을 계산한다.(소령 51조 ⑧)

① 임목에 대하여는 지방세법 시행령 제4조 제1항 제5호에 따른 시가표준액(2013.2.15. 개정)

② 임지에 대하여는 총취득가액 또는 총양도가액에서 '①'에 따라 계산한 임목의 취득가액 또는 양도가액을 뺀 금액. 이 경우 빼고 남은 금액이 없는 때에는 임지의 취득가액 또는 양도가액은 없는 것으로 본다.(2013.2.15. 개정)

✓ **사업성이 인정되지 않는 임목을 임지와 일체로서 양도하여 발생한 소득은 전부가 양도소득세 과세 대상임**(대법원 2013두6909, 2013.10.24.)

임목이 임지와 함께 양도되었더라도 임목을 생산하기 위한 육림활동이 없었거나 육림활동이 있었더라도 사업성이 인정되지 아니하는 경우에는 임목이 임지와 별도의 거래 대상이 되었다고 볼 만한 특별한 사정이 없는 한 그 양도로 발생하는 소득 전부가 양도소득세의 과세 대상이 된다. 여기서 임목이 임지와 별도의 거래 대상이 되었는지는 당사자의 거래 목적, 계약서의 기재 내용, 임목의 가치에 대한 평가 여부, 인근의 임지 등에 대한 거래의 실정 등을 종합적으로 고려하여 객관적으로 판단하여야 한다.(대법 2011누6493, 2013.9.13. 판결 등 참조)

✓ **임목가액을 임야의 양도가액에 합산하여 양도소득세를 과세한 처분의 당부**(조심 2019서3843, 2020.11.6.)

임목이 입목 등기나 명인방법 등의 공시방법을 갖추지 않는 이상 토지의 구성부분을 이루게 되는 점, 청구인들은 임업에 대한 사업자등록을 한 사실이 없고, 임목을 판매한 사업실적도 신고한 사실이 없으므로, 쟁점임야에 식재된 임목이 임야와는 별도의 경제적 가치를 가진다거나 그 판매금액이 사업소득의 수입금액에 해당한다고 보기 어려운 점 등에 비추어 볼 때, 임목가액은 쟁점임야의 양도가액에 합산하는 것이 타당하다 할 것임

✓ **청구인이 쟁점수목을 쟁점토지와 일괄하여 양도한 것으로 보아 쟁점수목의 매매가액을 양도소득세 과세표준에 포함하여 과세한 처분의 당부**(조심 2018서3622, 2019.3.14.)

청구인은 쟁점수목과 쟁점토지를 일괄하여 양도하기로 매수인과 매매계약을 체결하고 양도소득세 등을 절세할 목적으로 수목과 토지를 구분하여 매매계약서를 작성한 것에 불과하다고 보이는 점, 상속인이 상속재산 분할 등을 통하여 쟁점토지와 분리하여 쟁점수목을 상속받았거나 조경수 관련 업종에 종사하는 등 동 수목을 실제 소유·지배하고 있었음을 인정할 만한 증빙자료를 제출하지 못하고 있는 점 등에 비추어 청구인이 쟁점수목과 쟁점토지를 일괄하여 양도한 것으로 보아 양도소득세를 과세한 이 건 처분은 달리 잘못이 없음

✓ **청구인이 형으로부터 쟁점금액을 증여받은 것으로 보아 증여세를 과세한 처분의 당부**(조심 2020중 1286, 2020.10.5.)

청구인의 형이 제기한 심판청구에서 쟁점토지와 쟁점수목은 그 형의 소유로서 양도소득세 부과가 정당하다고 판단한 점, 청구인은 쟁점수목을 등기하지 않았고 명인방법을 갖추지도 않아 쟁점수목은 토지의 구성부분으로서 토지의 일부분이라고 할 것이며, 부동산통합계약서상의 매매대금도 쟁점토지와 쟁점수목을 합한 금액으로 보이는 점 등에 비추어 청구주장을 받아들이기 어려움

✓ **토목공사시 자생하던 임목 매각 대가의 소득세 과세대상 여부**

토지 공사를 하던 중 임야에서 자생하던 임목을 판매하여 발생한 수입금액은 해당 사업연도 총수입금액에 산입하는 것이며, 사업소득금액은 해당 과세기간의 총수입금액에서 이에 사용된 필요경비를 공제하여 계산하는 것임(법규소득 2012-187, 2012.6.8.)

➲ 조림기간 5년 이상인 임지(林地)의 임목(林木)의 벌채 또는 양도로 발생하는 소득으로서 연 600만원 이하의 금액은 비과세되는 것임.(소법 12조의2 마) 이때 "임지(林地)의 임목(林木)의 벌채 또는 양도로 발생하는 소득으로서 연 600만원 이하의 금액"이란 총수입금액(소득세법 시행령 제51조 제8항, 제9항)에서 필요경비(제55조)를 뺀 소득금액으로서 연 600만원 이하의 금액을 말하는 것임(소령 9조의3 ②)

✓ **토지와 수목을 동시에 양도하는 경우 양도가액**

토지와 그 정착물인 수목을 동시에 양도하는 경우 토지의 양도대가는 양도소득으로서 과세하는 것이나, 수목의 양도대가는 그 취득·생립·조림·식재의 태양 및 관련 매매계약서 등 구체적인 사실관계에 따라 사업소득(임업) 또는 양도소득으로 과세하는 것임(서면5팀-1462, 2007.5.4.)

※ 참고예규

- 자산의 양도차익계산시 양도가액은 양도자산의 이전대가로 받은 가액을 말하며 과수(果樹)의 가액을 별도로 평가하여 토지의 양도가액과 구분하여 거래한 경우에는 당해 과수(果樹)가액은 토지의 양도가액에 포함하지 아니하는 것임(서면4팀-314, 2005.3.2.)
- 토지의 양도가액과 별도로 구분하여 사업시행자로부터 지급받는 과수와 농작물 등 손실에 대한 보상금으로서 그 손실의 범위를 초과하지 아니하는 금액은 과세소득에 해당하지 아니하는 것이나, 동 보상금이 당해 토지를 원만하게 명도받기 위하여 「법적 의무 없이 지급하는 합의금」(소득세법 제21조 제1항 제17호)에 해당하는 경우에는 기타소득에 해당하는 것이며, 귀 문의의 보상금이 구체적으로 어디에 해당하는지는 동 보상금의 지급사유, 지급조건, 당사자간 약정내용(매매계약 등), 평가내역 등 관련 사실관계를 종합적으로 조사·확인하여 판단할 사항임을 알려드림(서면1팀-1514, 2005.12.9.)

(8) 분수계약에 의한 소득

산림의 분수계약에 의한 권리를 양도함으로써 얻는 수입금액과 분수계약의 당사자가 해당 계약의 목적이 된 산림의 벌채 또는 양도에 의한 수입금액을 해당 계약에 의한 분수율에 따라 수입하는 금액은 임지의 임목을 벌채 또는 양도하는 사업의 총수입금액에 산입한다.(소령 51조 ⑨)

(9) 그 밖의 사업과 관련된 수입금액으로서 해당 사업자에게 귀속되었거나 귀속될 금액 (소령 51조 ③ 5)

✓ **과세제외대상 사업을 영위하는 자가 지급받은 일자리안정자금의 과세여부**

사업소득의 범위에서 제외되는 사회복지사업을 영위하는 자가 고용정책 기본법 시행규칙 제5조에 따른 일자리안정자금을 지급받은 경우, 해당 금원은 사업소득 총수입금액에 산입하지 않는 것임(사전법규소득 2022-614, 2023.2.6.)

✓ **소상공인방역지원금의 사업소득 총수입금액 산입여부**

사업자가 지급받은 소상공인 방역지원금은 사업소득 총수입금액 계산시 포함하지 아니하는 것임(서면소득 2022-1176, 2022.5.3.)

✓ **소상공인보호 및 지원에 관한 법률에 따른 손실보상금의 소득세 과세대상 여부**

소상공인 보호 및 지원에 관한 법률 제12조의2에 따라 집합금지·영업제한 조치를 받은 개인사업자에게 지급한 손실보상금은 사업소득 총수입금액에 산입하지 않는 것임(기획재정부소득-209, 2022.5.4.)

✓ **코로나19 전담병원 지정으로 수령한 손실 보상금의 사업소득 수입금액 포함여부**

의료업을 영위하는 사업자에게 감염병관리기관의 지정 또는 격리소 등의 설치·운영으로 발생한 손실 등을 보상하기 위해 지급한 손실보상금은 사업소득 총수입금액에 산입하지 않는 것이며, 손실보상금을 통해 보전 받은 직접경비는 사업소득의 필요경비에 산입되지 아니하는 것임(서면법규소득 2022-3013, 2022.10.6.)

✓ **과세제외대상사업을 영위하는 자가 지급받은 일자리안정자금의 과세여부**

사업소득의 범위에서 제외되는 사회복지사업을 영위하는 자가 고용정책 기본법 시행규칙 제5조에 따른 일자리안정자금을 지급받은 경우, 해당 금원은 사업소득 총수입금액에 산입하지 않는 것임(사전법규소득 2022-614, 2023.2.6.)

✓ **임대차계약 중도해지로 원상회복비를 금전으로 지급받는 경우 이를 지급받는 날이 속하는 과세기간에 사업소득 총수입금액에 산입하는 것임**(사전법령해석소득 2020-240, 2020.5.25.)

✓ **소상공인 새희망자금의 사업소득 총수입금액 산입여부**

코로나19 확산으로 어려움을 겪고 있는 소상공인의 경영 안정을 위한 목적으로 사업자가 지급받은 소상공인 새희망자금은 소득세법 시행령 제51조 제3항에 따른 사업소득 총수입금액 계산시 포함하지 아니하는 것임(서면법령해석소득 2021-3058, 2021.5.24.)

✓ **추첨 참여 인증 숙박비가 국민관광상품권 당첨금품의 필요경비에 해당하는지 여부**

「코로나19 파급영향 최소화와 조기극복을 위한 민생·경제 종합대책」으로 관광명소 방문·숙박 인증시 추첨을 통해 지급되는 국민관광상품권은 소득세 과세대상에 해당하지 않음(기획재정부소득-309, 2020.6.15.)

✓ 청년내일채움공제의 만기 지급금 중 정부지원금, 기업기여금을 적립하여 지급하는 부분이 소득세 과세대상인지 여부

고용정책기본법 제25조, 고용보험법 제25조 및 청년고용촉진특별법 제7조 등에 근거하여 고용노동부가 주관하는 청년내일채움공제에 가입한 거주자가 해당 공제의 만기에 지급받는 공제금 중 정부가 부담하는 정부지원금 및 정부가 지급하는 채용유지지원금에서 기업기여금으로 적립한 부분은 소득세 과세대상에 해당하지 않는 것임(기획재정부소득－184, 2019.3.7.)

✓ 다른 의료기관에 검사를 의뢰하고 해당 검사비용을 청구하여 지급받는 경우에 해당 금액의 수입금액 해당 여부

의료업을 하는 거주자가 입원진료 중인 환자를 치료하는 과정에서 다른 의료기관에게 검사를 의뢰하여 의뢰받은 의료기관에서 시행한 검사비용을 관련 의료법령에 따라 해당 거주자가 청구하여 지급받게 되는 경우에 해당 검사비용은 소득세법 제24조에서 규정하는 총수입금액에 포함되는 것임(서면소득 2017－130, 2017.4.27.)

✓ 신용카드사가 약국사업자의 구매카드 결제대금에 대해 지급하는 캐쉬백·마일리지 적립금 등은 약국 사업자의 사업소득 총수입금액에 산입하는 것임

약국을 경영하는 사업자가 자기 사업과 관련하여 구입한 의약품 구매대금을 구매카드로 결제하고 카드회사로부터 그 결제금액의 일정비율을 포인트로 부여받아 이를 캐쉬백·마일리지 적립금 등으로 사용하는 경우, 해당 캐쉬백 상당액 등은 해당 사업소득의 총수입금액 산입대상에 해당하는 것임(소득－338, 2011.4.12.)

✓ 수분양자가 수익보장금을 매월 지급받는 경우 소득세 과세여부

사업자가 상가 등의 분양업자로부터 수익보장금 명목으로 일정기간동안 일정금액을 받는 조건으로 상가 등을 분양받는 경우 구매자인 사업자가 분양업자로부터 수익보장금 명목으로 지급받는 금액의 합계액은 상가 등의 취득가액에서 차감하는 것임(소득－930, 2012.12.21.)

✓ 분양자로부터 수분양자 등이 지원받는 수익보장금의 소득세 과세여부

상가의 초기 활성화를 위하여 일정기간 분양자가 수분양자에게 수익보장금을 지급하되 수분양자의 소유권 양도시 양수인에게 수익보장금을 지급하고, 영업을 개시한 상가에는 더 높은 수익보장금을 지급하는 경우 수분양자 또는 양수인이 지급받는 수익보장금은 소득세법 제19조 제1항 제12호의 사업소득에 해당하는 것으로 총수입금액에 산입하는 것임(서면법령해석소득 2017－225, 2017.6.30.)

✓ 상가의 수분양자가 1년간의 상가 수익보장금을 일시에 지급받아 잔금청산에 사용한 경우 수입금액 계산

신축 상가를 분양하는 분양업체가 상가의 수분양자에게 분양가액의 잔금 납부시점부터 1년 동안 분양가액의 일정률에 해당하는 수익금을 보장해 주는 약정을 해줌에 따라 수분양자가 그 잔금납부시에 수익보장금을 일시에 입금받아 해당 상가의 잔금청산에 사용한 경우로서 해당 수익보장금이 소득세법 시행령 제51조 제3항 제1호의 규정에 따른 선세금에 해당하는 경우에는 위 같은 규정에 따라 선세금을 계약기간의 월수로 나눈 금액의 각 과세기간의 합계액을 사업소득의 총수입금액으로 계산할 수 있는 것이나, 해당 수익보장금이 위와 같은 선세금에 해당하는지 여부는 구체적인 사실관계 등을 종합하여 판단해야 하는 것으로서 귀 질의와 관련해서는 아래 우리청의 기존 해석사례들을 참조하시기 바람(서면소득 2017－1667, 2017.7.26.)

✓ **분양업자가 수분양자에게 임대보장지원제도에 따라 지급하는 임대보장지원금의 소득구분**

임대보장지원 확약에 따라 상가분양사업자가 수분양자에게 임대보장금액을 지급하는 경우, 수분양자가 지급받는 금액은 소득세법 제19조 제1항 제12호의 사업소득에 해당하는 것임(서면법령해석소득 2019-4794, 2020.7.14.)

✓ **분양받은 오피스텔의 임대권한을 분양사업자에게 부여하고 지급받는 소득의 부동산임대소득 해당 여부**

분양사업자가 상가를 분양하면서 미분양상가의 분양촉진을 위해 수분양자들에게 소유권이전을 완료한 후 임대권한을 부여받고 일정금액을 임대수익으로 보장하여 지급하는 경우, 수분양자가 보장받는 해당 임대수익 보장금은 소득세법 제19조 제1항 제12호의 사업소득에 해당하는 것임(서면법규-775, 2014.7.22.)

➲ 기타소득으로 판단했던 기존의 유권해석(서면1팀-1374, 2007.10.8.),(기획재정부소득-69, 2008.4.25.)은 삭제되었다.

✓ **유가환급금의 총수입금액산입 여부**

유가환급금은 사업소득 및 근로소득 총수입금액에 산입하지 않는 것임(소득-278, 2009.1.22.)

✓ **수출대행의 경우 총수입금액계산**(소통 24-51…2)

사업자가 자기가 생산 또는 매입한 물품을 수출업자를 통하여 대행수출한 경우 각자의 수입금액은 다음과 같이 계산한다.

① 해당 사업자의 경우에는 수출금액
② 수출업자의 경우에는 사업자로부터 받은 대행수수료

✓ **봉사료의 총수입금액산입 등**(소통 24-51…3)

음식 및 숙박업이나 개인서비스업을 영위하는 사업자가 용역을 공급하고 그 대가와 함께 받는 종업원의 봉사료를 세금계산서, 영수증 또는 신용카드 가맹사업자의 신용카드매출전표에 그 대가와 구분하여 기재한 경우로서 당해 종업원에게 실제로 지급한 사실이 확인되는 경우 그 봉사료는 총수입금액에 산입하지 아니한다. 다만, 사업자가 봉사료를 자기의 총수입금액으로 계상하는 경우에는 총수입금액에 산입하고 동 봉사료를 봉사용역을 제공한 자에게 지급한 때에는 필요경비에 산입한다.

✓ **창고업의 상·하차임의 총수입금액계산**(소통 24-51…4)

창고업을 영위하는 사업자가 창고에 보관물품을 하차·입고·출고·상차 등을 하여 주고 지급받는 대가를 보관료와 구분하여 계산하여도 이는 창고업에서 발생한 총수입금액으로 본다.

✓ **매출미계상분에 대한 소득금액계산**(소통 24-51…8)

사업자가 판매된 상품을 총수입금액에 산입하지 아니하고 재고자산으로 계상한 때에는 그 판매가격을 총수입금액에 산입하고 판매된 상품의 재고자산가액을 필요경비에 산입한다.

✓ **자산임의평가차익의 총수입금액불산입**(소통 24-51…9)

사업용고정자산을 임의로 평가(공신력 있는 감정기관의 평가를 포함한다)하여 그 평가차익을 장부에 계상한 경우에는 이를 총수입금액에 산입하지 아니한다. 이 경우 해당 자산의 감가상각비 계산은 평가 전의 장부가액에 의한다.

PART 2

✓ 간행물 등의 대가를 회비명목으로 징수하는 경우의 총수입금액 계산(소통 24－51…10)

① 간행물 등을 발간하여 직접적인 대가를 받지 아니하고 회비 등의 명목으로 그 대가를 징수하는 경우에는 다음에 따라 총수입금액을 계산한다.

㉠ 회원으로부터 그 대가를 받지 아니하고 별도의 회비를 징수하는 경우에는 그 회비 중 해당 간행물 등의 대가상당액은 총수입금액으로 본다.

㉡ 회원 외의 자로부터 그 간행물의 대가를 받지 아니하고 기부금의 명목으로 금전을 수수하는 경우에는 그 수수하는 금액을 총수입금액으로 본다.

② '①'에서 "회비 등의 명목으로 그 대가를 징수하는 경우"라 함은 다음에 규정하는 것으로 한다.

㉠ 회원에게 배포한 간행물 등이 독립된 상품적 가치가 있다고 인정되는 것으로서 그 대가 상당액을 별도의 회비 등의 명목으로 징수하는 경우

㉡ 건전한 사회통념에 비추어 보아 소속회원에게 봉사하는 정도를 넘는 회비를 징수하고 간행물 등을 배포하는 경우

✓ 변호사 등이 여비, 숙박료 명목으로 지급받는 금품에 대한 총수입금액계산(소통 24－51…5)

변호사·집달관·의사·조산원·공인회계사·세무사·감정평가사 등이 의뢰인으로부터 업무의 수행을 위하여 숙박비 등으로 지급받는 금품은 해당 사업의 총수입금액에 산입하고 이를 해당 용도에 실질적으로 지출한 금액은 필요경비에 산입한다.

✓ 국선변호인 및 파산관재인의 보수가 법인의 수익금액에 해당하는지 여부

법무법인 소속의 변호사가 별도의 독립된 개인 변호사의 자격으로 수행하고 법원으로부터 받는 보수는 개인의 사업소득 또는 기타소득에 해당하는 것이나, 해당 국선변호인 및 파산관재인에 대한 보수의 귀속자가 법무법인인지 아니면 개인 변호사인지 여부는 변호사 선임계약서나 변호사 수행활동 등의 실질내용에 따라 사실판단할 사항임(서면법규－106, 2014.2.4.)

✓ 판매가격 외에 영수한 공과금의 총수입금액계산(소통 24－51…6)

사업자가 판매가격이나 수량을 기준으로 하여 납부하는 공과금을 거래상대자로부터 판매가격 외에 별도로 영수하여 납부하는 경우에는 이를 해당 사업자의 총수입금액에 산입하고 공과금으로 납부하는 금액은 필요경비에 산입한다.

✓ 법인격 없는 임의단체가 징수하는 회비에 대한 과세여부(소득 집행기준 24－51－16)

1거주자에 해당하는 법인으로 보지 않는 임의단체가 사업목적이 아닌 단체의 유지운영을 위하여 그 구성원으로부터 징수하는 회비는 소득세법상 과세대상 소득에 해당하지 않는 것이나 동 임의단체가 하나의 사업자로서 해당 사업과 관련하여 무상으로 받는 자산의 가액은 총수입금액에 산입한다.

✓ 업종별 총수입금액의 계산(소득 집행기준 24－51－17)

① 화물운송주선업자의 총수입금액 계산

화물운송주선업자가 화주와 화물운송위탁계약을 체결하고 다른 운송업자에게 화물운송을 의뢰하는 경우에는 화주로부터 받은 금액 중 알선용역의 대가인 수수료만을 총수입금액으로 계산하는 것이지만, 자기의 책임하에 타인의 화물을 운송할 것을 약정한 경우로서 실질적으로 화물운송업을 경영하는 것에 해당하는 때에는 화주로부터 계약내용에 따라 지급받은 운임 전액을 총수입금액으로 계산한다.

② 채권매매업 등의 총수입금액

채권 등 증권매매업을 경영하는 사업자의 총수입금액의 계산은 해당 증권의 판매금액 등으로서 해당연도에 수입하였거나 수입할 금액의 합계액에 의하는 것이며, 단순히 채권매매과정에서 발생하는 매매차익만을 총수입금액에 산입하는 것은 아니다.

③ 연예인 등이 방송업 경영 법인으로부터 받은 출연료 등의 총수입금액 범위

방송업을 경영하는 법인이 방송프로그램 제작시 연예인 등 인적용역 사업자로부터 용역을 제공받으면서 지방공연이나 해외촬영과 관련하여 발생하는 숙박비, 항공료, 식대 등을 사규 및 계약에 따라 해당 법인이 호텔, 항공사, 음식점 등에 직접 지급(법인명의 지출증빙 수취)하고 연예인 등에게는 출연료만 지급하는 경우 연예인 등의 사업소득의 수입금액은 지급받는 출연료의 금액으로 한다. 다만, 해당 연예인 등이 부담해야 할 비용을 법인이 대신 부담하는 경우에는 그 금액을 포함하여 사업소득 수입금액으로 한다.

④～⑥ (생략)

⑦ 이동통신업체의 대리점이 지급받는 보증금 및 가입비의 총수입금액 계산

이동통신업체의 대리점이 통신기기를 판매하고 이동통신업체를 대신하여 지급받는 보증금 및 가입비는 통신기기 판매대리점의 총수입금액 및 필요경비에 산입하지 않는다.

⑧ 보험대리점업의 총수입금액

보험대리점업의 총수입금액은 본사로부터 지급받은 수수료 총액으로 하는 것이며, 대리점에서 소속된 보험모집인들에게 지급하는 수수료는 필요경비에 산입한다.

⑨ 의료업의 보험급여 환수금액의 처리방법

의료업을 경영하는 거주자가 사업소득에 대한 총수입금액으로 신고한 금액 중 국민건강보험법 제57조에 따라 환수되는 금액은 그 환수가 확정되는 날이 속하는 과세기간의 총수입금액에서 차감한다.

✓ 필요경비 산입한 퇴직보험료 등의 총수입금액 산입(소득 집행기준 27-55-19)

근로자퇴직급여보장법에 따라 사용자가 부담하는 부담금을 필요경비에 산입한 사업자가 다음 중 어느 하나에 해당하는 경우 해당 금액을 그 사유가 발생한 과세기간의 총수입금액에 산입한다.

① 보험계약 또는 신탁계약이 해지되는 경우 : 사업자에게 귀속되는 금액

② 근로자퇴직급여보장법 시행령에 따라 적립금이 사용자에게 귀속되는 경우 : 해당 적립금

✓ 축산업자가 받은 생계안정자금의 총수입금액 산입 여부

구제역 관련하여 축산사업자가 가축전염병예방법 제49조 및 같은 법 시행령 제12조에 따라 지원받는 생계안정자금은 사업소득의 총수입금액에 산입하지 아니함(기획재정부소득-100, 2011.3.24.)

✓ 사내 외주업체 직원에게 지급하는 사망보험금의 과세대상 여부

사내 외주업체의 직원을 피보험자로 단체보험에 가입한 법인이 업무 중에 사망으로 인해 보험회사로부터 수령한 사망보험금을 해당 외주업체 직원의 유족에게 지급하는 경우, 그 유족이 지급받는 사망보험금 상당액은 소득세 과세대상소득에 해당하지 아니하는 것임(소득-190, 2011.2.25.)

✓ 변리사의 총수입금액 계산(소득 해석편람 24-3-2)

변리사가 의뢰인으로부터 지급받는 금액 중 수임수수료 이외에 의뢰인이 부담하여야 할 공과금을 별도로 지급받아 대리 납부하는 경우에는 이를 변리사의 총수입금액에 산입하지 아니하는 것이나, 공과금 명목으로 지급받은 금액이 공과금 납부액을 초과하는 때에는 그 초과하는 금액은 총수입금

액에 산입하는 것임(소득 22601-2247, 1986.7.14.)

✓ **연체료의 총수입금액 산입 여부**(소득 해석편람 24-3-14)

사업자가 재화나 용역을 공급하고 거래상대방이 대가를 지연 지급함에 따라 해당 사업자가 지급받는 연체료는 부가가치세과세표준의 해당 여부에 불구하고 해당 사업의 총수입금액에 산입하는 것이며, 연체료는 재화 또는 용역의 공급대가에 해당하지 아니하는 것이므로 계산서의 작성·교부는 하지 않는 것임(재경부 소득 46073-71, 1999.5.3, 소득 46011-1724, 1999.5.7.)

저자TIP 연체이자의 증명서류수취의무

연체이자는 재화나 용역의 공급대가가 아니므로 세금계산서나 계산서의 교부대상이 아니다. 그리고 실질적인 소비대차로 전환되기 전에는 이자소득으로 보지 않으므로 원천징수의무도 없다. 따라서 소득세법상 지출증명서류 특례대상으로 정규증명서류 수취의무가 없다.(소법 160조의2 ② 단서, 소령 208조의2 ① 9, 소칙 95조의2 8의5)

✓ **부가가치세 대손세액공제를 받은 금액의 총수입금액 산입 여부**(소득 해석편람 24-3-20)

부가가치세가 과세되는 재화 또는 용역을 공급하는 사업자가 공급받는 자의 파산 등의 사유로 인하여 부가가치세법 제17조의2의 규정에 의한 대손세액공제를 받은 금액상당액은 해당연도 사업소득금액의 계산에 있어서 총수입금액에 산입하지 아니하는 것이며, 또한, 해당 사업자가 대손세액의 전부 또는 일부를 회수한 경우 회수한 대손금액에 관련된 대손세액은 회수한 날이 속하는 부가가치세과세기간의 부가가치세 매출세액에 가산하는 것이므로 회수한 날이 속하는 연도의 사업소득금액 계산에 있어서도 이를 필요경비에 산입하지 않는 것임(소득 46011-2641, 1997.10.15.)

✓ **운송위탁계약에 의한 운송알선업자의 총수입금액 계산**(소득 해석편람 24-3-22)

운송위탁계약에 의하여 화주로부터 화물·운임 및 알선수수료를 받아 운송사업자로 하여금 화물을 운송케하고 그 운임을 지불하는 운송알선사업자는 용역대가인 수수료만을 총수입금액으로 계상하는 것이며, 해당 사업자가 상법 제116조의 규정에 따라 자기의 책임하에 타인의 화물을 직접 운송할 것을 약정하고 다른 운송업자에게 의뢰하여 동 화물을 운송하는 경우에는 운임과 알선수수료를 합한 금액을 총수입금액으로 계상하는 것임(소득 46011-3618, 1998.11.25.)

✓ **오피스텔 신축판매사업자가 받는 위약금의 총수입금액산입 여부**(소득 해석편람 24-3-25)

오피스텔을 신축·판매하는 거주자가 해당 오피스텔을 분양하는 과정에서 매매계약의 해약 또는 위약으로 인하여 분양자로부터 받는 위약금은 해당 거주자의 사업소득금액을 계산함에 있어 총수입금액에 산입하는 것임(재경부 소득 46073-90, 1996.5.27.)

✓ **상품권매매업자의 총수입금액 계산**(소득 해석편람 24-3-27)

한국표준산업분류상 금융 및 보험업 중 "그 외 기타 금융업"으로 분류되는 상품권을 매입하여 판매하는 사업자(상품권 매매업자)의 총수입금액은 상품권의 판매금액이 되는 것임(소득 46011-10398, 2003.9.23.)

✓ **인턴사원채용시 정부로부터 받는 보조금의 총수입금액산입 여부**

거주자의 각 소득에 대한 총수입금액의 계산은 해당연도에 수입하였거나 수입할 금액의 합계액으로 하는 것으로, 고용관리공단을 통하여 인턴사원을 채용하고 정부로부터 지급받는 보조금은 사업소득의 총수입금액에 산입하는 것임(서일 46011-10343, 2001.10.23.)

✓ 근로자직업능력개발훈련을 실시하고 노동부 등으로부터 지급받는 보조금의 소득구분

근로자직업훈련촉진법에 의하여 직업능력개발훈련을 실시하고 노동부 등으로부터 지급받는 보조금은 사업소득의 총수입금액에 산입하는 것임(제도 46011-11535, 2001.6.15.)

✓ 사업장의 조기명도로 지급받는 보상금의 소득구분

음식점업을 영위하는 사업자가 임대인의 요구에 의해 사업장을 임대기한만료 전에 조기명도하고 임대인으로부터 받는 영업손실보상금·사업장이전비용 기타 이와 유사한 성질의 금액은 사업소득의 총수입금액에 산입하는 것임(소득 46011-675, 2000.6.21.)

✓ 영업손실보상금 등의 총수입금액 산입 여부

사업자의 임차건물을 건설회사에서 매입하여 상가를 신축함에 따라 사업자가 건설회사로부터 지급받는 영업손실보상금과 이전보상금 및 기타의 보상금은 사업소득의 총수입금액에 산입하는 것이며, 다만, 사업용 고정자산에 대한 손실보상금은 해당 사업소득의 총수입금액에 산입하지 아니하는 것임(서면1팀-760, 2005.6.28.)

➲ 2017.12.19. 개정세법(소법 19조 ① 20)에 따라 복식부가의무자가 사업용 유형자산(토지와 건물은 제외)의 양도가액을 총수입금액에 산입한 경우에는 해당 사업용 유형자산의 장부가액은 필요경비산입이 가능할 것으로 보인다.

✓ 보험청구 수입금액이 감액되는 경우 수입금액 계산방법(소득 해석편람 24-3-1)

자동차정비업을 영위하는 사업자가 해당 용역대가를 보험회사에서 지급되는 보험금으로 지급받기로 약정한 보험사고 자동차에 대하여 수리용역의 제공을 완료하고, 그 용역대가를 보험금 청구금액으로 하여 수입금액에 계상하였으나, 그 후 보험회사에서 지급이 확정된 보험금이 청구금액보다 감액되는 경우에는 그 지급이 확정된 보험금을 총수입금액으로 하는 것이므로 보험금 지급이 확정되는 때에 당초 계상된 수입금액을 감액 수정하는 것임(소득 22601-3779, 1985.12.17.)

✓ 의료업자의 의료비 경감액의 총수입금액 산입 여부(소득 해석편람 24-3-21)

의료업을 영위하는 거주자가 의료용역을 제공하고 해당 환자들로부터 수령할 금액 중 의료보험 본인 부담분을 일부 경감하여 줌으로써 그 지급받지 아니하는 금액은 해당 의료업자의 총수입금액에 산입하지 않는 것임(소득 46011-10093, 2001.2.5.)

✓ 간이과세자의 부가가치세

① 총수입금액 : 간이과세자의 수입금액은 공급대가로 함. 따라서 공급가액에 부가가치세까지 포함한 금액이 매출이 되는 것임(소득 46011-1129, 1997.4.23.)

② 공제받은 매입부가가치세 및 신용카드매출전표 발행세액공제액의 총수입금액 산입여부 : 원칙적으로 총수입금액에 산입하지 않는 것임. 다만, 소득금액을 추계결정·경정하는 경우에는 총수입금액에 산입함(소득 46011-1463, 1997.5.30.)

③ 필요경비 : 거래징수당한 부가가치세는 해당 물품 등의 매입원가에 산입하고 물품을 판매하거나 용역을 제공함으로써 납부한 부가가치세는 필요경비에 산입함(소득 46011-1129, 1997.4.23.)

PART 2

✓ **총수입금액과 필요경비의 상계 여부**(소득 해석편람 24-3-5)

소득세법에 의한 과세소득금액을 계산함에 있어서 총수입금액과 필요경비는 각각 총액으로 계산하고 부분적으로 상계처리하지 아니함. 따라서 대리점으로부터 받은 이자상당액의 판매장려금은 총수입금액에, 이자지급액은 필요경비에 각각 산입해야 함(재무부소득 46074-328, 1993.7.12.)

✓ **임가공업자의 총수입금액계산**(소득 해석편람 24-3-8)

거주자의 각 소득에 대한 총수입금액의 계산은 해당연도에 수입하였거나 수입할 금액의 합계액에 의하는 것으로서, 나염가공업을 영위하는 사업자가 거래처로부터 공급된 원단을 자기 책임 하에 가공하여 납품하고 대가를 받기로 계약한 경우 약정에 의하여 받기로 한 가공료 총액을 총수입금액에 산입함(소득 46011-1239, 1994.4.29.)

✓ **보험대리점의 총수입금액계산**(소득 해석편람 24-3-9)

거주자의 각 소득에 대한 총수입금액의 계산은 해당연도에 수입하였거나 수입할 금액의 합계액에 의하는 것으로서, 보험대리점업을 영위하는 거주자의 소득금액계산시 본사로부터 지급받은 수수료 총액을 해당 과세연도의 총수입금액으로 하는 것이며 대리점에서 소속된 보험모집인들에게 지급하는 수수료는 필요경비에 산입할 수 있는 것임(소득 46011-1369, 1994.5.12.)

✓ **위탁자가 파견한 직원급료의 수입금액 산입 여부**(소득 해석편람 24-3-6)

위·수탁판매계약에 의하여 위탁자가 파견한 직원을 관리하여 수탁판매업을 영위하고, 위탁자가 파견한 직원의 급료를 포함하여 수탁수수료를 받는 경우에는 전체 수탁수수료금액이 수탁자의 총수입금액이 되는 것이며 위탁자가 파견한 직원의 급료로 지급한 금액은 필요경비에 산입하여 소득금액을 계산하는 것임(소득 46011-2469, 1993.8.20.)

✓ **이전비나 보상금은 원천징수대상소득이 아님**

① 사업자가 사업장을 계속 사용할 수 없어 사업장 이전에 따라 건물주로부터 받는 영업손실보상금, 사업장이전비, 기타 보상금은 소득세법 제21조 제1항 제10호의 "계약의 위약 또는 해약으로 인하여 받는 위약금과 배상금"에 해당하지 아니하여 원천징수대상소득이 아니며,

② 동 보상금은 사업소득의 총수입금액에 산입하고 사업장 이전에 실제 소요된 비용 등은 필요경비에 산입하는 것임. 다만, 건물 등 사업용고정자산의 보상금은 해당 사업소득의 총수입금액에 산입하지 아니하는 것임(법인 46013-2657, 1998.9.18, 서일-1049, 2004.7.29.)

➲ 2017.12.19. 개정세법(소법 19조 ① 20)에 따라 복식부가의무자가 사업용 유형자산(토지와 건물은 제외)의 양도가액을 총수입금액에 산입한 경우에는 해당 사업용 유형자산의 장부가액은 필요경비산입이 가능할 것으로 보인다.

✓ **총수입금액 및 필요경비 포함 여부**

거주자의 사업소득에 대한 총수입금액의 계산은 해당연도에 수입하였거나 수입할 금액의 합계액으로 하는 것이므로 소득금액 계산시 매출액의 일부를 매입액과 상계함으로써 수입금액의 일부를 제외할 수 없는 것이며, 귀 문의의 경우 완성차제조업체로부터 유상으로 공급받은 원자재가액 및 재납품가액을 각각 필요경비 및 총수입금액에 산입하여야 하는 것임(서면1팀-997, 2005.8.22.)

3 금전 외의 것에 대한 수입금액의 계산

금전 외의 것을 수입할 때에는 그 수입금액을 그 거래당시의 가액에 의하여 다음과 같이 계산한다.(소법 24조 ②, 소령 51조 ⑤)

① 제조업자·생산업자 또는 판매업자로부터 그 제조·생산 또는 판매하는 물품을 인도받은 때에는 그 제조업자·생산업자 또는 판매업자의 판매가액

② 제조업자·생산업자 또는 판매업자가 아닌 자로부터 물품을 인도받은 때에는 시가

③ 법인으로부터 이익배당으로 받은 주식은 그 액면가액

④ 주식의 발행법인으로부터 신주인수권을 받은 때(주주로서 받은 경우를 제외)에는 신주인수권에 의하여 납입한 날의 신주가액에서 해당 신주의 발행가액을 공제한 금액. 이 경우 신주가액이 그 납입한 날의 다음날 이후 1월내에 하락한 때에는 그 최저가액을 신주가액으로 한다.(소령 51조 ⑥)

⑤ 그 밖의 경우에는 다음의 시가(소칙 22조의2, 법령 89조)

㉠ 시가*를 적용할 때 해당 거래와 유사한 상황에서 해당 거주자가 특수관계인 외의 불특정다수인과 계속적으로 거래한 가격 또는 특수관계인이 아닌 제3자간에 일반적으로 거래된 가격이 있는 경우에는 그 가격에 따른다.(법령 89조 ①, 2012.2.2. 개정)

* 시가의 정의 : "시가"란 건전한 사회통념 및 상관행과 특수관계인이 아닌 자간의 정상적인 거래에서 적용되거나 적용될 것으로 판단되는 가격(요율·이자율·임대료 및 교환비율 기타 이에 준하는 것을 포함한다)을 말한다.(법법 52조 ②)

㉡ 시가를 적용할 때 시가가 불분명한 경우에는 다음의 규정을 차례로 적용하여 계산한 금액에 따른다.(법령 89조 ②)

ⓐ 감정평가 및 감정평가사에 관한 법률에 따른 감정평가법인등이 감정한 가액이 있는 경우 그 가액(감정한 가액이 2 이상인 경우에는 그 감정한 가액의 평균액). 다만, 주식등 및 가상자산은 제외한다.(법령 89조 ② 1, 2021.2.17. 개정)

➲ 2022.1.1.부터 시행한다.(2021.2.17. 법령 부칙 1조 단서 2)

ⓑ 상속세 및 증여세법 제61조부터 제66조까지의 규정을 준용하여 평가한 가액

㉢ 자산(금전은 제외) 또는 용역을 제공할 때 위 '㉠, ㉡'을 적용할 수 없는 경우에는 다음의 규정에 따라 계산한 금액을 시가로 한다.(법령 89조 ④, 2021.2.17. 개정)

ⓐ 유형 또는 무형의 자산을 제공하거나 제공받는 경우에는 해당 자산 시가의 50%에 상당하는 금액에서 그 자산의 제공과 관련하여 받은 전세금 또는 보증금을 차감한 금액에 정기예금이자율을 곱하여 산출한 금액

시가 = (해당자산의 시가 × 50% − 전세금 또는 보증금) × 정기예금이자율

ⓑ 건설 기타 용역을 제공하거나 제공받는 경우에는 해당 용역의 제공에 소요된 금액(직접비 및 간접비를 포함하며, 이하 "원가"라 한다)과 원가에 해당 사업연도 중 특수관계인 외의 자에게 제공한 유사한 용역제공거래 또는 특수관계인이 아닌 제3자간의 일반적인 용역제공거래를 할 때의 수익률(기업회계기준에 따라 계산한 매출액에서 원가를 차감한 금액을 원가로 나눈 율을 말한다)을 곱하여 계산한 금액을 합한 금액(2021.2.17. 개정)

시가 = 원가 × (1+특수관계인 외의 자에게 제공한 유사거래의 수익률*)

$$* \text{ 수익률} = \frac{\text{기업회계기준에 의하여 계산한 매출액} - \text{원가}}{\text{원 가}}$$

✓ **무상으로 수입한 물품의 총수입금액계산**(소통 24-51…12)

사업자가 사업과 관련하여 해외에서 무상으로 수입한 물품을 사업용으로 사용한 때에는 다음과 같이 처리한다.(2024.3.15. 개정)

① 그 물품이 재산적 가치가 있는 경우 소득금액계산상 총수입금액에 산입한다. 이 경우 총수입금액에 산입할 금액은 해당 물품의 관세과세표준금액으로 하며 관세 및 부대비용은 취득가액에 합산한다.

② 그 물품이 필요경비에 산입할 성질인 경우 관세 및 부대비용은 견본비, 소모품비 등 그 성질에 따라 필요경비에 산입한다.

✓ **공동으로 신축한 건물의 분할등기시 총수입금액 계산**(소득 해석편람 24-3-11)

공동사업자가 판매목적으로 상가건물을 신축하여 분양하고 미분양 된 잔여상가를 각 공동사업자가 출자지분비율에 따라 분할등기하는 때에는 분할등기한 상가의 시가상당액을 그 분할등기한 연도의 해당 공동사업장의 소득금액계산에 있어서 총수입금액에 산입함(소득 46011-84, 1999.9.28.)

✓ **대물변제시의 수입금액 산정**(소득 해석편람 24-3-15)

부동산매매업자가 토지매립 및 정지에 대한 공사비를 대물변제한 경우 토지에 대한 부동산매매업자의 총수입금액은 해당 대물변제한 토지의 소유권 이전등기일 또는 사용수익일 현재의 시가를 말함(재경부 소득 46073-56, 1999.4.7.)

4 총수입금액불산입

다음에 해당하는 금액은 사업소득의 총수입금액에 산입하지 않는다.

1) 소득세 등 환급액

거주자가 소득세 또는 지방소득세 소득분을 환급받았거나 환급받을 금액 중 다른 세액에 충당

한 금액은 해당 과세기간의 소득금액을 계산할 때 총수입금액에 산입하지 아니한다.(소법 26조 ①)

2) 자산수증이익·채무면제이익 중 이월결손금 보전에 충당된 금액

거주자가 무상(無償)으로 받은 자산의 가액(복식부기의무자가 국가, 지방자치단체 또는 공공기관으로부터 무상으로 지급받은 금액으로서 개별 사업용 자산별로 해당 사업용 자산의 가액 중 그 취득 또는 개량에 사용된 국고보조금 등에 상당하는 금액은 제외한다)과 채무의 면제 또는 소멸로 인한 부채의 감소액 중 이월결손금의 보전(補塡)에 충당된 금액은 해당 과세기간의 소득금액을 계산할 때 총수입금액에 산입하지 아니한다. 이때 국고보조금은 다음의 법률에 따른 보조금을 말한다.(소법 26조 ②, 2019.12.31. 개정, 소령 54조 ①, 법령 64조 ② 전단, ⑥)

① 보조금 관리에 관한 법률
② 지방재정법
③ 농어촌 전기공급사업 촉진법
④ 전기사업법
⑤ 사회기반시설에 대한 민간투자법
⑥ 한국철도공사법
⑦ 농어촌정비법
⑧ 도시 및 주거환경정비법
⑨ 산업재해보상보험법
⑩ 환경정책기본법
⑪ 산업기술혁신 촉진법(2024.2.29. 신설)

> **✓채무면제익 등으로 보전하는 이월결손금의 범위**(소통 26－54…1)
> ① 무상으로 받은 자산의 가액과 채무의 면제 또는 소멸로 인한 부채의 감소액(이하 "채무면제익 등"이라 한다) 등으로 이월결손금 보전에 충당되는 그 이월결손금에는 소득세법 제45조 제3항에 규정하는 공제시한이 경과된 이월결손금도 포함한다.
> ② 채무면제익 등으로 보전되는 이월결손금은 먼저 발생한 결손금이 먼저 보전되는 것으로 본다.

3) 이전 과세기간으로부터 이월된 소득금액

거주자의 사업소득금액을 계산할 때 이전 과세기간으로부터 이월된 소득금액은 해당 과세기간의 소득금액을 계산할 때 총수입금액에 산입하지 아니한다.(소법 26조 ③)

여기서 "이전 과세기간으로부터 이월된 소득금액"이란 각 과세기간의 소득으로 이미 과세된 소득을 다시 해당 과세기간의 소득에 산입한 금액을 말한다.(소령 54조 ②)

4) 자기가 생산하는 다른 제품의 원재료 등으로 사용하는 경우

① 농업, 임업, 어업, 광업 또는 제조업을 경영하는 거주자가 자기가 채굴, 포획, 양식, 수확 또는 채취한 농산물, 포획물, 축산물, 임산물, 수산물, 광산물, 토사석이나 자기가 생산한 제품을 자기가 생산하는 다른 제품의 원재료 또는 제조용 연료로 사용한 경우 그 사용된 부분에 상당하는 금액은 해당 과세기간의 소득금액을 계산할 때 총수입금액에 산입하지 아니한다.(소법 26조 ④)

② 건설업을 경영하는 거주자가 자기가 생산한 물품을 자기가 도급받은 건설공사의 자재로 사용한 경우 그 사용된 부분에 상당하는 금액은 해당 과세기간의 소득금액을 계산할 때 총수입금액에 산입하지 아니한다.(소법 26조 ⑤)

③ 전기, 가스, 증기 및 수도사업을 경영하는 거주자가 자기가 생산한 전력·가스·증기 또는 수돗물을 자기가 경영하는 다른 사업의 동력·연료 또는 용수로 사용한 때에는 그 사용한 부분에 상당하는 금액은 해당 과세기간의 소득금액을 계산할 때 총수입금액에 산입하지 아니한다.(소법 26조 ⑥)

✓ **동일사업자 내부거래가액의 총수입금액 불산입**(소득 집행기준 26-0-3)

다음의 거래는 복수의 사업장을 가진 동일 사업자의 내부거래에 해당하는 것으로 총수입금액에 불산입한다.

① 제조장과 별도로 직매장을 설치하여 경영하는 사업자가 자기제조장에서 생산한 제품을 판매하기 위하여 직매장에 반출하는 경우

② 하나의 임가공사업장에서 제조 또는 가공한 물품을 다른 제조사업장에서 제품을 완성하기 위하여 반출하는 경우

③ 하나의 사업장을 폐업하여 판매되지 아니한 재고상품을 타인에게 직접 판매할 목적으로 다른 사업장으로 이전하는 경우

✓ **재고자산을 영업장의 바닥장식재로 사용한 경우의 총수입금액 산입 여부**(소득 해석편람 26-1-3)

사업자가 재고자산을 가사용으로 사용 소비하는 경우에는 그 사용 소비한 가액에 상당하는 금액을 총수입금액에 산입하는 것이나, 재고자산을 영업장의 바닥장식재로 사용한 것이 확인되는 경우에는 이를 총수입금액에 산입하지 아니하고 구축물 등의 자산으로 대체 계상한 후에 동 자산에 대한 감가상각비를 필요경비에 산입함(소득 46011-3563, 1994.12.27.)

✓ **도급자에게 공급하는 건설자재의 총수입금액 산입 여부**(소득 해석편람 26-1-4)

거주자가 공장신축과 관련한 건설자재를 구입하여 해당 공장의 신축을 도급받은 건설회사에게 공급한 것은 고정자산의 취득과 관련된 것으로서, 해당 제조업의 총수입금액에 산입할 사항이 아님(소득 46011-3367, 1999.8.28.)

5) 개별소비세 및 주세

개별소비세 및 주세의 납세의무자인 거주자가 자기의 총수입금액으로 수입하였거나 수입할 금액에 따라 납부하였거나 납부할 개별소비세 및 주세는 해당 과세기간의 소득금액을 계산할 때 총수입금액에 산입하지 아니한다. 다만, 원재료·연료 그 밖의 물품을 매입·수입 또는 사용함에 따라 부담하는 세액은 그러하지 아니하다.(소법 26조 ⑦)

6) 국세 또는 지방세 등의 과오납금의 환급금에 대한 이자

국세기본법 제52조에 따른 국세환급가산금, 지방세기본법 제62조에 따른 지방세환급가산금, 그 밖의 과오납금의 환급금에 대한 이자는 해당 과세기간의 소득금액을 계산할 때 총수입금액에 산입하지 아니한다.(소법 26조 ⑧, 2016.12.20. 개정)

7) 부가가치세의 매출세액

부가가치세의 매출세액은 해당 과세기간의 소득금액을 계산할 때 총수입금액에 산입하지 아니한다.(소법 26조 ⑨)

8) 석유판매업자가 환급받은 세액

조세특례제한법 제106조의2 제2항에 따라 석유판매업자가 환급받은 세액은 해당 과세기간의 소득금액을 계산할 때 총수입금액에 산입하지 아니한다.(소법 26조 ⑩)

✓ 의료업을 영위하는 사업자가 무료로 실시하는 치료·수술 등의 의료용역의 대가의 총수입금액산입 여부와 기부금 해당 여부

의료업을 영위하는 사업자가 무료로 실시하는 치료·수술 등의 의료용역의 대가는 해당 의료업자의 총수입금액에 포함하지 아니하는 것이며, 그 무상으로 제공하는 의료용역상당액은 기부금에 해당하지 않는 것임(서면1팀-1443, 2004.10.26.)

✓ 무환수입한 운용리스 기계장치의 총수입금액 산입 여부

사업자가 사업과 관련하여 해외에서 무상으로 수입한 물품을 사업용으로 공한 때에는 소득금액계산상 통관시 감정가액상당액을 총수입금액에 산입하는 것이나, 리스이용자인 사업자가 운용리스조건으로 사용하기 위하여 또는 운용리스조건으로 사용 중인 기계장치와 교체하기 위하여 리스회사 소유의 기계장치를 무환수입하는 때에는 이를 총수입금액에서 제외하는 것임(소득 22601-419, 1992.2.21.)

Ⅱ 부동산임대소득금액의 계산

(1) 부동산임대소득의 총수입금액 계산

1) 부동산임대소득의 총수입금액

① 부동산임대소득의 총수입금액은 부동산 등을 대여하고 그 대가로 해당 과세기간에 수입하였거나 수입할 금액의 합계액으로 한다.(소법 24조 ①)

② 사업자가 공동사업자인 경우에는 공동사업장에서 발생한 주택임대수입금액의 합계액을 손익분배비율에 의해 공동사업자에게 분배한 금액을 각 사업자의 주택임대수입금액에 합산한다.(소령 8조의2 ⑥, 2019.2.12. 개정)

저자TIP 공동사업자의 주택임대수입금액 분배

① 공동사업자 구성원의 분리과세 여부 판단 : 공동사업자의 공동사업장에서 발생한 주택임대수입금액(주거용 건물 임대업에서 발생한 수입금액)의 합계액을 손익분배비율에 의해 공동사업자에게 분배한 금액을 각 사업자의 주택임대수입금액에 합산한다.(소법 14조 ③ 7, 소령 20조 ②, 8조의2 ⑥, 2019.2.12. 신설)

② 공동사업자 구성원의 세액금액 계산 : 공동명의의 주택임대소득에 대한 각 거주자별 세액계산은 종전과 같이 공동사업의 총수입금액에서 필요경비를 뺀 소득금액 단계의 금액을 손익분배비율로 배분한 후 거주자별로 계산한다.(소법 43조 ②, 소득-174, 2012.3.6, 서면법령해석소득 2016-5179, 2017.6.1.)

➲ 2019년 귀속분부터 적용되는 위 '①'의 개정내용은 '공동명의 주택임대소득에 대해 각 공동사업자 구성원별 분리과세의 판단'을 위해 마련한 근거규정이며, 공동명의 주택임대소득에 대한 각 공동사업자 구성원별 세액계산은 종전과 같이 공동사업의 총수입금액에서 필요경비를 뺀 소득금액 단계의 금액을 손익분배비율로 배분(위 '②'의 내용)한 후 공동사업자 구성원별로 계산하는 것이다.

③ 사업자가 부동산을 임대하고 임대료 외에 유지비나 관리비 등의 명목으로 지급받는 금액이 있는 경우에는 전기료·수도료 등의 공공요금을 제외한 청소비·난방비 등은 부동산임대업에서 발생하는 소득의 총수입금액에 산입한다. 이 경우 청소·난방 등의 사업이 부동산임대업과 객관적으로 구분되는 경우에는 청소 관련 수입금액은 사업시설관리 및 사업지원 서비스업 중 건물·산업설비 청소업, 난방관련 수입금액은 전기, 가스, 증기 및 수도사업 중 증기, 냉온수 및 공기조절공급업의 총수입금액에 산입한다.(소통 24-51…1 ①)

④ 전기료·수도료 등의 공공요금의 명목으로 지급받은 금액이 공공요금의 납부액을 초과하는 금액은 부동산임대소득의 총수입금액에 산입한다.(소통 24-51…1 ②)

✓ **오피스텔 임대소득에 대한 과세여부 등**(소득 집행기준 12-8의2-4)

① 오피스텔을 임대함에 있어 임차인이 항상 주거용(사업을 위한 주거용인 경우는 제외한다)으로 사용하는 경우에는 주택임대소득에 해당한다.

② 조합원입주권은 그 사용검사필증 교부일(사용검사 전 사실상 사용하거나 사용승인을 얻은 경우에는 그 사실상의 사용일 또는 사용승인일) 이후부터 주택으로 본다.

③ 과세기간 중에 일시적으로 주택을 2개 소유하는 자의 2주택 소유기간 동안 발생하는 주택임대소득은 과세한다.

✓ **도시계획시설사업에 따라 지급받은 건물보수비 및 일실임대수입의 소득구분 및 수입시기**

도시계획시설사업의 시행에 따라 부동산임대업에 사용하던 건물의 일부가 수용됨으로서 사업자가 지급받은 건물 미편입 잔여부분 보수비 및 보수공사 기간 중 일실임대수입액은 권리가 확정된 날이 속하는 과세기간의 사업소득에 대한 수입금액으로 하는 것임(사전법규소득 2022-572, 2023.1.13.)

✓ **임차인이 부담한 건물 수리비 등의 총수입금액 산입여부**(소득 집행기준 24-51-6)

① 부동산임대사업자가 임차인으로부터 반환의무 없이 받는 시설비는 총수입금액에 산입하는 것이며, 해당 시설비로 취득하는 임대사업용 시설물(건축물은 제외한다)은 업종별 자산의 기준내용연수에 따라 감가상각비를 계산하여 필요경비에 산입한다.

② 임차인이 임대차계약에 의하여 부담한 자본적 지출에 해당하는 건물 수리비 등은 임차인의 선급비용에 해당하며, 임대인은 해당 자본적 지출액 상당액을 해당 임대자산의 원본에 가산하여 감가상각함과 동시에 선수임대료로 계상한 건물 수리비 등 상당액을 임대기간에 안분하여 총수입금액에 산입한다.

✓ **판매목적으로 취득한 부동산의 일시대여소득의 구분**(소득 집행기준 19-0-8)

① 부동산매매업 또는 건설업자가 판매를 목적으로 취득한 토지 등의 부동산을 일시적으로 대여하고 얻는 소득은 부동산임대업에서 발생하는 소득으로 본다.

② '①'의 경우 부동산임대업의 소득금액계산상 필요경비에 산입된 감가상각비 등은 부동산매매업자의 필요경비 계산시 취득가액에서 공제한다.

✓ **상가 관리단이 입주자 및 입주가가 아닌 자로부터 징수하는 주차료가 사업소득인지**

집합건물의 소유 및 관리에 관한 법률에 따라 설립된 관리단이 입주자에게서 집합건물의 유지·보수 등 관리 목적으로 징수하는 주차료는 소득세 과세대상에서 제외되는 것이나, 입주자가 아닌 자로부터 징수하는 주차료는 소득세법 제24조 및 소득세법 시행령 제51조 제3항에 따른 사업소득의 총수입금액에 산입되는 것임(기획재정부소득-358, 2020.7.6.)

✓ **임차주택의 임차료를 주택임대수입금액에서 차감할 수 있는지**

배우자와 함께 각자 1채씩의 주택을 소유한 거주자가 그 소유한 주택을 임대하고, 임대기간 동안에 별도로 거주하기 위한 주택을 임차한 경우에 해당 거주자가 지급하는 임차주택의 임차료는 그 거주자의 주택임대수입금액에서 차감할 수 없는 것임(서면소득 2017-951, 2017.4.23.)

2) 선세금의 계산

① 부동산을 임대하거나 지역권·지상권을 설정 또는 대여하고 받은 선세금(先貰金)에 대한 총수입금액은 그 선세금을 계약기간의 월수로 나눈 금액의 각 과세기간의 합계액으로 한다.(소령 51조 ③ 1, 2018.2.13. 개정)

② 월수의 계산은 해당 계약기간의 개시일이 속하는 달이 1월 미만인 경우에는 1월로 하고 해당 계약기간의 종료일이 속하는 달이 1월 미만인 경우에는 이를 산입하지 아니한다.(소령 51조 ③ 1, 소칙 21조)

(2) 임대보증금 등에 대한 총수입금액계산의 특례

1) 간주임대료 계산의 개요

거주자가 부동산 또는 그 부동산상의 권리 등을 대여하고 보증금·전세금 또는 이와 유사한 성질의 금액(이하 "보증금 등"이라 한다)을 받은 경우에는 일정한 산식에 따라 계산한 금액을 사업소득금액을 계산할 때에 총수입금액에 산입(算入)한다. 다만, 주택[주거의 용도로만 쓰이는 면적이 1호(戶) 또는 1세대당 40제곱미터 이하인 주택으로서 해당 과세기간의 기준시가가 2억원 이하인 주택은 2026.12.31.까지는 주택 수에 포함하지 아니한다]을 대여하고 보증금등을 받은 경우에는 다음 중 하나에 해당하는 경우를 말한다.(소법 25조 ① 단서, 2023.12.31. 단서개정)

① 3주택 이상을 소유하고 해당 주택의 보증금등의 합계액이 3억원을 초과하는 경우

② 2주택(해당 과세기간의 기준시가가 12억원 이하인 주택은 주택 수에 포함하지 아니한다)을 소유하고 해당 주택의 보증금 등의 합계액이 12억원 이상인 경우(소법 25조 ① 2, 2023. 12.31. 신설, 소령 53조 ①, 2025.2.28. 신설)

➲ 위 '②' 규정은 2026.1.1.부터 시행한다.(2023.12.31. 법 부칙 1조)

저자TIP 소유 주택 수에 따른 과세 여부(2024년 귀속기준)

구 분	1 주택 소유*1		2주택 소유*1	3주택 이상 소유*1
	기준시가 12억원*2 이하	기준시가 12억원*2 초과		
월세	비과세	과세*3	과세*3	과세*3
임대보증금 간주임대료		비과세	비과세*4	보증금 3억원 초과분 과세*5

*1. 비거주자의 국내소유 주택에 대해서도 동일하게 적용한다.(소법 121조 ①, 122조 ①, 서면법령해석국조 2020-3106, 2020.11.5.)

*2. 2023년 귀속분부터는 12억원을 적용하고, 2009.1.1.부터 2022.12.31.까지는 9억원을 적용하며(소법 12조 2 나, 법 부칙 1조, 2조, 11조), 국외주택의 월세소득은 기준시가와 상관없이 과세한다.(기준시가 없으므로)

*3. 연간 2,000만원(3주택 이상 소유자는 간주임대료 포함) 이하인 경우 종합과세와 분리과세(14%) 중 선택 가능하다.

*4. 2026.1.1.부터는 고가주택이 2주택(주거전용면적 40m² 이하이면서 기준시가 2억원 이하인 주택은 제외)이면서 주택보증금 합계액이 12억원을 초과하면 간주임대료를 적용한다.(소법 25조 ①, 2023.12.31. 개정, 소령 53조 ①, 2025.2.28. 신설)

*5. 2026년까지 '주거전용면적 40m² 이하이면서 기준시가 2억원 이하인 주택'을 주택 수에서 제외하고, 간주임대료계산 대상에서도 제외한다.(소법 25조 ① 단서, 2023.12.31. 개정, 서면법규-214, 2014.3.10.) 예를 들어, 소유주택 A(소형, 본인거주), B(임대), C(임대), D(임대)인 경우 A는 간주임대료 계산 시 주택 수에서도 제외하고 간주임대료계산 대상에서도 제외하여, B, C, D에 대해서만 간주임대료를 계산한다는 의미이다.

저자TIP 3주택 이상 소유자의 공동명의주택 임대보증금에 대한 간주임대료 계산(2024년 귀속기준)

(1) 주택 수는 부부 합산하는 것이나, 간주임대료는 거주자별로 계산하는 것이다. 부부 공동명의의 주택은 공동사업장으로 보며 공동사업장은 1거주자로 보는 것이므로, 단독명의의 주택과 부부 공동명의의 주택이 함께 있는 경우에는 단독명의 주택과 공동명의 주택의 간주임대료를 따로 계산하면서 각각 3억원씩을 공제하는 것이다.

따라서 다음 사례의 경우에는 A, B, C주택(3주택 모두 국민주택규모를 초과함) 모두 간주임대료는 없는 것이다.

A주택 : 남편명의(임대보증금 3억원)
B주택 : 부인명의(임대보증금 3억원)
C주택 : 부부 공동명의(임대보증금 3억원)

(2) 간주임대료 계산대상인 부부 공동명의 주택이 2채 이상인 경우로서 주택별 손익분배비율이 각각 다른 경우(예를 들어, A주택의 손익분배비율은 5 : 5이고, B주택의 손익분배비율은 6 : 4 등)에는 보증금 등의 적수가 가장 큰 주택의 보증금 등으로부터 3억원의 적수를 차감하여 주택별로 간주임대료를 계산하고 여기에 필요경비를 차감한 소득금액을 기준으로 공동사업자별 손익분배비율에 따라 안분해야 할 것이다.

PART 2

✓ 공동사업의 경우 공동사업장을 1거주자로 보아 공동사업장별로 그 소득금액을 계산하는 것임

[사실관계]

다세대주택임대업자인 A는 서울 OO구 OO동에서 주택임대 공동사업을 하고 있음

[질의]

주택임대 공동사업장에 대한 간주임대료 계산 시 공동사업장을 하나의 거주자로 보아 3억원을 공제하는지, 공동사업자 개인별로 각각 3억원을 공제하는지

[회신]

소득세법 제43조에 따라 사업소득이 발생하는 사업을 공동으로 경영하고 그 손익을 분배하는 공동사업의 경우에는 공동사업장을 1거주자로 보아 공동사업장별로 그 소득금액을 계산하는 것임(소득-174, 2012.3.6.)

✓ 부부가 부동산임대업을 공동으로 하는 경우 주택의 임대보증금에 대한 간주임대료 계산방법

부부가 단독명의 주택과 공동명의 주택을 임대하는 경우 공동사업장(공동명의주택)에 대한 간주임대료는 공동사업장을 1거주자(구성원이 동일한 공동사업장은 동일 1거주자로 봄)로 보아 소득세법 제25조, 같은 법 시행령 제8조의2 및 제53조에 따라 계산하며, 간주임대료와 월 임대료를 합산하여 공동사업장별로 소득금액을 계산한 후 각 공동사업장의 손익분배비율에 따라 공동사업자별로 분배하는 것임(서면소득 2018-3299, 2019.9.18.)

✓ 간주임대료 계산시 주택 수 계산에서 제외되는 소형주택의 임대보증금 포함 여부

[사실관계]

거주자 A는 다음과 같이 주택을 보유

- 주택1 (85㎡ 이상) : 보증금 2억
- 주택2 (85㎡ 이상) : 보증금 2억
- 주택3 (85㎡ 이상) : 보증금 2억
- 주택4 (85㎡ 이하) : 보증금 1억 (기준시가 3억 이하)

[질의]

간주임대료 계산 시 주택 수 계산에서 제외되는 소형주택의 임대보증금 포함 여부

[회신]

주거의 용도로만 쓰이는 면적이 1호(戶) 또는 1세대당 85제곱미터(☞ 현행 40제곱미터) 이하인 주택으로서 해당 과세기간의 기준시가가 3억원 이하(☞ 현행 2억원 이하) 인 주택은 2016년 12월 31일까지 소득세법 제25조 제1항 및 같은 법 시행령 제53조 규정에 따른 주택임대보증금에 대한 간주임대료를 계산하지 아니하는 것임(서면법규-214, 2014.3.10.)

➲ 소형주택은 간주임대료 대상여부 판단시 주택 수에서 제외할뿐만 아니라 간주임대료 계산에서도 제외한다는 의미이다.

✓ 주택 간주임대료 계산을 위한 주택 수 판정시 주택임대사업 중인 주택 및 주택의 부수토지만 보유한 경우 각 주택 수 포함 여부

[사실관계]

질의인은 다음과 같이 주택 등을 보유 및 임대하고 있음

- A : 아파트, 전세임대 中
- B : 다가구주택(12개 호실, 구분등기 되지 않음), 전세/반전세/월세 등 임대 中 , 장기일반민간임대주택 등록
- C : 상가주택 中 토지지분(1/12)만 소유, 임대수입 없음

[질의]
주택 간주임대료 계산을 위한 주택 수 판정시 주택임대사업 중인 주택 및 주택의 부수토지만 보유한 경우 각 주택 수 포함 여부

[회신]
소득세법 제25조 제1항 단서의 적용을 위한 주택 수 계산은 같은 법 시행령 제8조의2 제3항에 따르는 것이고, 주택부수토지만 임대하고 보증금등을 받은 경우에는 소득세법 제25조 제1항 본문 및 같은 법 시행령 제53조 제3항 제2호 따라 계산한 금액을 총수입금액에 산입하는 것임(서면법령해석소득 2020-6234, 2021.12.17.)

✓ 선수임대보증금에 대한 간주임대료 계산(소통 25-53…2)

임대인이 임대사업 개시 전에 임대용역의 제공이 없는 상태에서 신축부동산이 완공되면 해당 부동산을 사용키로 하는 임대차용역계약을 체결하고 임차인으로부터 받은 선수임대보증금 또는 계약금 등은 임대사업 개시 전까지는 법 제25조 제1항의 규정에 의한 간주임대료의 계산대상이 되지 아니한다.

✓ 임대보증금을 승계한 경우 간주임대료 계산 여부

부동산임대업을 영위하는 거주자의 소득금액을 계산함에 있어서 해당 부동산을 취득하면서 승계받은 임대보증금에 대하여도 간주임대료를 총수입금액에 산입함(소득 46011-1695, 1997.6.23.)

✓ 부동산임대사업자의 임대보증금 운용수입의 범위

[질의]
임대사업용 부동산 취득시 이미 설정되어 있던 보증금(20억원)을 승계하고 취득한 후 임대차계약기간 종료 및 계약갱신에 이르러 당해 보증금을 임차자에게 반환하면서 동시에 동일한 임차자로부터 동일한 가액(20억원)의 임대차보증금을 수령, 이를 금융기관에 예치하여 이자가 발생한 경우 당해 이자가 부동산임대업의 총수입금액 계산시 공제대상인지?

[회신]
소득세법 제25조 및 같은법 시행령 제53조 규정에 의해 부동산임대소득이 있는 거주자에 대한 보증금 등의 총수입금액 계산에 있어 공제되는 [임대사업부분에서 발생한 수입이자·할인료·배당금 등]은 비치·기장한 장부나 증빙서류에 의하여 당해 임대보증금 등으로 취득한 것이 확인되는 금융자산으로부터 발생한 것에 한하는 것인 바,
질의의 경우 전소유자가 임대차계약을 해지하고 임대보증금을 반환한 상태에서 부동산을 취득한 후 임대보증금을 새로이 수취한 것이 아니라 임대보증금을 승계하면서 부동산취득가액에서 임대보증금상당액을 차감한 가액만을 지급하였으므로 당해 임대보증금은 부동산 취득에 사용된 것으로서 그로부터 수입이자 등이 발생할 수 없는 것이며, 설사, 임대보증금을 승계하면서 부동산을 취득한 후 임대보증금상당액을 임차인에게 반환함과 동시에 다시 수취하였다 하더라도 당해 금액은 총수입금액에 산입할 금액 계산시 수입이자 등을 차감하는 임대보증금으로 볼 수 없는 것임(소득 46011-2641, 1998.9.17.)

✓ **간주임대료 계산기간**(소득 해석편람 25-1-1)
거주자가 부동산을 임대하고 보증금 등을 받았을 경우, 간주임대료는 해당 임대용역을 개시하는 날부터 완료되는 날까지의 기간에 대하여 계산함(소득 46011-4109, 1995.11.7.)

✓ **간주임대료 계산**(소득 해석편람 25-1-4)
거주자가 특수관계있는 법인에게 토지를 임대한 경우 임대료수입금액의 계산은 특수관계있는 법인이 건물신축공사 등을 위하여 해당 토지를 사용한 날부터 계산함(소득 46011-1209, 1999.3.31.)

2) 장부 등에 의하여 소득금액을 계산하는 경우

총수입금액에 산입할 금액은 다음의 구분에 따라 계산한다. 이 경우 총수입금액에 산입할 금액이 영보다 적은 때에는 없는 것으로 보며, 적수의 계산은 매월 말 현재의 보증금 등의 잔액에 경과일수를 곱하여 계산할 수 있다.(소령 53조 ③, 2010.2.18. 개정)

① 주택과 주택부수토지를 임대하는 경우(주택부수토지만 임대하는 경우는 제외)

총수입금액에 산입할 금액 =

$$\left(\text{보증금 등} - \text{3억원}^{*1}\right)\text{의 적수} \times 60\% \times \frac{1}{365^{*2}} \times \text{정기예금 이자율} - \text{임대사업부분에서 발생한 수입이자와 할인료 및 배당금의 합계액}$$

*1. ① 보증금 등을 받은 주택이 2주택 이상인 경우에는 보증금 등의 적수가 가장 큰 주택의 보증금 등부터 순서대로 뺀다.
② 주거전용면적이 1호 또는 1세대당 $40m^2$ 이하이면서 기준시가 2억원 이하인 주택은 2026.12.31.까지 주택 수에 포함하지 않는다.

*2. 윤년은 366

② 주택과 주택부수토지 임대 외의 경우

총수입금액에 산입할 금액 =

$$\left(\text{보증금 등의 적수} - \text{임대용부동산 건설비상당액 적수}\right) \times \frac{1}{365^{*}} \times \text{정기예금 이자율} - \text{임대사업부분에서 발생한 수입이자와 할인료 및 배당금의 합계액}$$

* 윤년은 366

③ 건설비 상당액의 계산 : 간주임대료 계산시 보증금 등에서 차감되는 건설비 상당액은 다음의 산식에 의하며, 이때 해당 건축물의 취득가액은 자본적지출액을 포함하고 재평가차액과 토지가액은 제외한 금액으로 한다.(소령 53조 ⑤ 2, 소칙 23조 ②)

㉠ 임대용부동산을 1990.12.31. 이전에 취득·건설한 경우 : 다음의 'ⓐ, ⓑ, ⓒ' 중 큰 금액으로 한다.(소칙 23조 ③)

ⓐ 해당 부동산의 취득가액

ⓑ

$$\text{건설비 상당액} = \frac{\text{1990.12.31. 현재의 임대보증금}}{\text{1990.12.31. 현재 보증금을 받고 임대한 면적}} \times \text{임대보증금을 받고 임대한 면적}$$

ⓒ

$$\text{건설비 상당액} = \frac{\text{1990.12.31. 현재 임대용 부동산의 법 제99조의 규정에 의한 건물기준시가}}{\text{임대용건축물의 연면적}} \times \text{임대보증금을 받고 임대한 면적}$$

㉡ 임대용부동산을 1991.1.1. 이후 취득한 경우(소칙 23조 ② 2)

$$\text{건설비상당액} = \text{임대용 부동산의 매입·건설비} \times \frac{\text{임대면적}}{\text{임대용건축물의 연면적}}$$

㉢ 지하도 건설비 : 지하도를 건설하여 국가 또는 지방자치단체에 기부채납하고 지하도로 점용허가(1차 무상점용 허가기간에 한한다)를 받아 이를 임대하는 경우의 건설비상당액은 다음과 같다.(소령 53조 ⑤ 1, 소칙 23조 ② 1)

$$\text{건실비상당액} = \text{지하도의 건설비} \times \frac{\text{임대면적}}{\text{임대가능면적}}$$

3) 추계신고 또는 추계조사결정하는 경우

다음의 구분에 따라 계산한 금액을 총수입금액에 산입한다.(소령 53조 ④)

① 주택과 주택부수토지를 임대하는 경우(주택부수토지만 임대하는 경우는 제외한다)

$$\text{총수입금액에 산입할 금액} = \left(\text{보증금 등} - \text{3억원}^{*1}\right) \text{의 적수} \times 60\% \times \frac{1}{365^{*2}} \times \text{정기예금 이자율}$$

*1. ① 보증금 등을 받은 주택이 2주택 이상인 경우에는 보증금 등의 적수가 가장 큰 주택의 보증금 등부터 순서대로 뺀다.
② 주거전용면적이 1호 또는 1세대당 40m^2 이하이면서 기준시가 2억원 이하인 주택은 2026.12.31.까지 주택 수에 포함하지 않는다.

*2. 윤년은 366

② 주택과 주택부수토지 임대 외의 경우

$$\text{총수입금액에 산입할 금액} = \text{보증금 등의 적수} \times \frac{1}{365^{*}} \times \text{정기예금 이자율}$$

* 윤년은 366

✓ 공동사업의 경우 공동사업장을 1거주자로 보아 공동사업장별로 그 소득금액을 계산하는 것임

[사실관계]

다세대주택임대업자인 A는 서울 ○○구 ○○동에서 주택임대 공동사업을 하고 있음

[질의]

주택임대 공동사업장에 대한 간주임대료 계산 시 공동사업장을 하나의 거주자로 보아 3억원을 공제하는지, 공동사업자 개인별로 각각 3억원을 공제하는지

[회신]

소득세법 제43조에 따라 사업소득이 발생하는 사업을 공동으로 경영하고 그 손익을 분배하는 공동사업의 경우에는 공동사업장을 1거주자로 보아 공동사업장별로 그 소득금액을 계산하는 것임(소득-174, 2012.3.6.)

✓ 간주임대료 계산시 주택 수 계산에서 제외되는 소형주택의 임대보증금 포함 여부

[사실관계]

거주자 A는 다음과 같이 주택을 보유

- 주택1 (85㎡ 이상) : 보증금 2억
- 주택2 (85㎡ 이상) : 보증금 2억
- 주택3 (85㎡ 이상) : 보증금 2억
- 주택4 (85㎡ 이하) : 보증금 1억 (기준시가 3억 이하)

[질의]

간주임대료 계산 시 주택 수 계산에서 제외되는 소형주택의 임대보증금 포함 여부

[회신]

주거의 용도로만 쓰이는 면적이 1호(戶) 또는 1세대당 85제곱미터(☞ 현행 40제곱미터) 이하인 주택으로서 해당 과세기간의 기준시가가 3억원 이하(☞ 현행 2억원 이하) 인 주택은 2016년 12월 31일까지 소득세법 제25조 제1항 및 같은 법 시행령 제53조 규정에 따른 주택임대보증금에 대한 간주임대료를 계산하지 아니하는 것임(서면법규-214, 2014.3.10.)

➲ 소형주택은 간주임대료 대상여부 판단시 주택 수에서 제외할뿐만 아니라 간주임대료 계산에서도 제외한다는 의미이다.

✓ 주택 간주임대료 계산을 위한 주택 수 판정시 주택임대사업 중인 주택 및 주택의 부수토지만 보유한 경우 각 주택 수 포함 여부

[사실관계]

질의인은 다음과 같이 주택 등을 보유 및 임대하고 있음

- A : 아파트, 전세임대 中
- B : 다가구주택(12개 호실, 구분등기 되지 않음), 전세/반전세/월세 등 임대 中 , 장기일반민간임대주택 등록
- C : 상가주택 中 토지지분(1/12)만 소유, 임대수입 없음

[질의]

주택 간주임대료 계산을 위한 주택 수 판정시 주택임대사업 중인 주택 및 주택의 부수토지만 보유한 경우 각 주택 수 포함 여부

[회신]

소득세법 제25조 제1항 단서의 적용을 위한 주택 수 계산은 같은 법 시행령 제8조의2 제3항에 따르는 것이고, 주택부수토지만 임대하고 보증금등을 받은 경우에는 소득세법 제25조 제1항 본문 및 같은 법 시행령 제53조 제3항 제2호 따라 계산한 금액을 총수입금액에 산입하는 것임(서면법령해석소득 2020-6234, 2021.12.17.)

✓ 주택 간주임대료 계산시 보증금적수가 가장 큰 주택의 보증금 등으로부터 순서대로 3억원을 빼는 방법

[사실관계]

- 질의인은 현재 주거용 건물임대업을 하고 있는 사업자임
- 규모 주택에 해당하지 아니하는 다수의 주택을 다음과 같이 임대

구분	임대계약	보증금	임대기간		
			기산	만료	임대일수
A주택	a	200,000,000	2015-01-01	2015-05-28	148
	b	230,000,000	2015-05-29	2015-12-31	217
B주택	c	200,000,000	2015-01-01	2015-07-24	205
	d	270,000,000	2015-07-25	2015-12-31	160
C주택	e	130,000,000	2015-01-01	2015-12-31	365

[질의]

- 거주자가 부동산등을 임대하고 보증금등을 받는 경우 소득세법 시행령 제53조에 따라 간주임대료를 계산하여 총수입금액에 산입하여야 함
- 해당 과세기간 중 간주임대료 계산대상이 되는 임대주택이 2주택 이상으로서 임대기간 중에 임대보증금등이 변동하는 경우 해당 과세기간의 보증금 등에서 보증금 등의 적수가 가장 큰 주택의 보증금 등부터 순서대로 3억원을 차감한 금액을 계산하는 방법

〈1안〉 해당 과세기간 전체 보증금 적수 합계액이 큰 주택의 보증금부터 3억원을 순서대로 차감

〈2안〉 해당 과세기간 주택의 개별임차인별 보증금 적수가 큰 순서대로 3억원을 차감

〈3안〉 해당 과세기간 내 임차기간별로 구분하여 주택의 임대보증금 적수가 큰 순서대로 3억원을 차감

[회신]
소득세법 시행령 제53조 제3항 및 제4항에 따라 주택과 주택부수토지의 간주임대료 계산시 보증금등을 받은 주택이 2주택 이상인 경우로서 보증금등 합계액이 변동하는 경우에는 보증금등의 합계액이 변동하는 구간별로 보증금등의 적수가 가장 큰 주택의 보증금 등부터 순서대로 3억원을 차감하는 것임(서면법령해석소득 2016-2990, 2017.4.18.)

✓ **부부가 부동산임대업을 공동으로 하는 경우 주택의 임대보증금에 대한 간주임대료 계산방법**

[사실관계]
• 질의인은 2011.2.1. 개업하여 현재까지 건축물 해체업을 영위하고 있는 사업자임
• 사업활동 과정에서 업체는 사업자 본인과 직원에게 중식대 등 식대를 제공함
• 거주하는 주택을 제외하고 임대에 제공하고 있는 갑과 乙 부부의 주택소유 현황과 주택임대 관련 보증금 및 월세액은 다음과 같음

(단위 : 원)

구분	보증금	월세	소유 현황(甲:乙 지분율)
A주택	10,000,000	1,000,000	甲 단독소유
B주택	500,000,000	–	50 : 50
C주택	30,000,000	1,300,000	30 : 70
D주택	170,000,000	–	10 : 90

※ 각 주택은 과세 제외되는 소형주택(85제곱미터 이하이고 기준시가 3억원 이하 주택)은 아니며 해당 과세기간 임대기간은 365일 가정

[질의]
부부가 주택을 공동 및 단독으로 소유하면서 해당 주택을 임대하고 보증금과 월임대료(월세)를 수령하는 경우 각 주택의 보증금에 대한 간주임대료를 계산하는 방법

[회신]
① 부부가 단독명의 주택과 공동명의 주택을 임대하는 경우 간주임대료 계산대상 해당여부는 각 거주자별로 판단하는 것이며, 소득세법 제25조 단서에서 규정하는 '주택수'와 '보증금등의 합계액' 판단시 같은 법 시행령 제8조의2 제3항 제4호에 따라 부부 합산하여 계산하는 것임
② 공동사업장에 대한 간주임대료는 공동사업장을 1거주자(구성원이 동일한 공동사업장은 동일 1거주자로 봄)로 보아 소득세법 제25조, 같은 법 시행령 제8조의2 및 제53조에 따라 계산하며, 간주임대료와 월 임대료를 합산하여 각 공동사업장별 소득금액을 계산한 후 각 공동사업장의 손익분배비율에 따라 각 공동사업자별로 분배하는 것임(서면법령해석소득 2016-5179, 2017.6.12.)

✓ **판매목적으로 취득한 부동산의 일시대여소득의 구분**(소득 집행기준 19-0-8)

① 부동산매매업 또는 건설업자가 판매를 목적으로 취득한 토지 등의 부동산을 일시적으로 대여하고 얻는 소득은 부동산임대업에서 발생하는 소득으로 본다.
② 제1항의 경우 부동산임대업의 소득금액계산상 필요경비에 산입된 감가상각비 등은 부동산매매업자의 필요경비 계산시 취득가액에서 공제한다.

✓ 주택신축판매업자인 공동사업장 구성원들이 신축주택을 각각 1주택씩 소유하는 경우, 해당 주택가액의 공동사업장 총수입금액 산입 여부

공동사업장의 사업자들이 신축된 주택을 자가사용목적으로 1주택씩 소유하는 경우, 해당 주택가액이 공동사업장 총수입금액에 산입되는지 여부는 사실판단할 사항임(기획재정부소득-464, 2022.10.13.)

✓ 부동산임대업에서 발생하는 소득의 총수입금액 계산(소득 집행기준 24－51－5)

① 사업자가 부동산을 임대하고 임대료 외에 유지비나 관리비 등의 명목으로 지급받는 금액이 있는 경우에는 전기료·수도료 등의 공공요금을 제외한 청소비·난방비 등은 부동산임대업에서 발생하는 소득의 총수입금액에 산입하는 것이며, 전기료·수도료 등의 공공요금의 명목으로 지급받은 금액이 공공요금의 납부액을 초과할 때 그 초과하는 금액은 부동산임대업 소득의 총수입금액에 산입한다.

② 청소·난방 등의 사업이 부동산임대업과 객관적으로 구분되는 경우(청소·난방 등의 사업을 독립적으로 운영하면서 자기소유 건물의 세입자에게 청소·난방 등의 용역을 제공하는 경우)에는 청소관련 수입금액은 사업시설관리 및 사업지원 서비스업 중 건물·산업설비 청소업, 난방 관련 수입금액은 전기·가스·증기 및 수도사업 중 증기, 냉온수 및 공기조절공급업의 총수입금액에 산입한다.

③ 부동산임대업자가 임대료 외에 장래에 발생할 수 있는 피해에 따른 분쟁을 사전에 방지하고자 임차인으로부터 지급받는 금액 등은 부동산임대업에서 발생하는 소득의 총수입금액에 산입한다.

✓ 부당행위계산 부인시 건설비상당액의 공제여부(소득 집행기준 41－53－1)

특수관계자에게 부동산을 임대하고 부당행위계산을 하는 경우 임대보증금에 대한 총수입금액에 산입할 금액을 계산하는 때에는 임대용부동산의 건설비상당액을 공제하여 계산한다.

이 경우 법인세법 시행령 제89조 제4항 제1호[(해당 자산 시가의 50%－그 자산의 제공으로 받은 전세금·보증금)×정기예금이자율]에 따라 적정임대료를 계산할 때에는 건설비상당액을 공제할 수 없다.

✓ 취득가액이 불분명한 토지 및 건물의 취득가액 계산방법(소득 집행기준 39－89－6)

거주자가 개별공시지가 고시 이전 취득한 토지에 기준시가 고시 이전에 건물을 신축하여 자가사용하다가 해당 자산을 부동산임대업에 사용하여 장부를 기장하는 경우 취득가액이 불분명한 토지 및 건물의 취득가액 산정방법은 아래의 산식에 의한다.

① 토지

$$\text{1990.1.1. 기준으로 한 개별공시지가} \times \frac{\text{1985.1.1. 당시의 시가표준액}}{\left(\dfrac{\text{1990.8.30. 현재의 시가표준액} + \text{그 직전에 결정된 시가표준액}}{2}\right)}$$

② 건물

$$\text{국세청장이 해당 자산에 대하여 최초로 고시한 기준시가} \times \frac{\text{취득당시의 지방세법 시행령 제80조 제1항의 시가표준액 (동항 단서의 가감산율을 적용하지 아니한 가액으로 함)}}{\text{해당 자산에 대하여 국세청장이 최초로 고시한 기준시가 고시당시의 시가표준액(취득당시의 가액과 최초로 고시한 기준시가 고시당시의 가액이 동일한 경우에는 소득세법 시행령 제164조 제8항을 준용함)}}$$

✓ **임대용부동산을 취득할 때 건물·토지가액의 구분이 불분명한 경우 매입·건설비의 계산**

소득세법 시행규칙 제23조 제2항 제2호에 규정하는 임대용부동산의 매입·건설비라 함은 임대용부동산(토지를 제외함)의 취득(매입·건설을 포함함)에 소요된 금액(자본적지출금액을 포함하고 재평가차액을 제외함)을 말하는 것으로 임대용부동산을 취득하는 때에 건물·토지가액의 구분이 불분명할 때에는 같은 법 제99조에 따른 기준시가에 의하여 안분·계산하는 것임(소득-544, 2009.2.9.)

✓ **간주임대료 계산시 건설비상당액의 인정범위 등**(소득 해석편람 25-3-2)

소득세법 시행규칙 제23조 제2항의 건설비상당액 계산시 임대용부동산의 취득에 소요된 금액이 토지가액으로 구분되어 있지 아니한 경우에는 소득세법 시행령 제164조의 규정에 의한 기준시가로 안분계산하는 것이고, 1991.1.1. 이후 상속·증여에 의하여 취득한 경우의 건설비상당액은 상속세과세가액 또는 증여세과세가액으로 함(재무부 소득 46074-191, 1994.5.25.)

✓ **건설비상당액 계산시 건설비의 범위**(소득 해석편람 25-3-5)

소득세법 시행령 제53조 제3항에 규정된 부동산임대업의 총수입금액계산특례규정을 적용함에 있어 건설비상당액 계산시 건설비에는 건물에 설치된 자동승강기·냉난방시설 등 부대시설의 가액을 포함함(소득 46011-2273, 1999.6.16.)

✓ **건설비상당액 계산시 건물의 기준시가 계산**(소득 해석편람 25-3-6)

① 1990.12.31. 이전에 취득한 건물을 임대한 부동산임대사업자의 2001년 귀속 간주임대료를 계산함에 있어 소득세법 시행규칙 제23조 제3항 제2호에서 규정한 "1990.12.31. 현재 임대용부동산의 법 제99조의 규정에 의한 기준시가"를 적용하는 경우, 건물의 기준시가는 소득세법 제99조 제1항 제1호 나목 및 소득세법 시행령 제164조 제5항의 규정에 의하여 "매년 1회 이상 국세청장이 산정·고시하는 가액"을 기준으로 계산하는 것임

② 1991.1.1. 이후에 취득한 건물을 임대하고 2000년 과세기간까지 장부와 증빙에 의하여 종합소득세를 신고해 오고 있는 부동산임대사업자의 2001년 귀속 간주임대료를 계산함에 있어 소득세법 시행령 제53조 제3항의 "임대부동산의 건설비상당액"은 "임대용부동산의 장부상 취득가액"으로 계산하는 것임(재경부 소득 46073-163, 2002.12.4.)

✓ **임대보증금 및 임대면적의 범위**

부동산(건물과 그 부속토지를 포함한 경우)을 대여하고 임대보증금을 받은 경우에 있어서 산식 중 「임대보증금」은 1990.12.31. 현재 해당 부동산을 임대하고 받은 임대보증금 전액을 말하는 것이며, 「임대보증금을 받고 임대한 면적」은 보증금·전세금 또는 이와 유사한 성질의 금액만을 받고 임대한 면적에 보증금·전세금 등과 그 외의 금액(예 : 월세)을 함께 받고 임대한 면적 전체를 합하여 계산한 면적을 말함(재무부 소득 46074-192, 1994.5.26.)

✓ **부동산건설시 중도금의 지급지연으로 인하여 지급하는 연체이자상당액의 처리방법**

거주자가 임대사업용부동산을 건설함에 있어서 도급금액을 결정한 후 그 대금 중 일부의 지급지연으로 인하여 지급하는 연체이자상당액은 해당 부동산의 취득가액에 산입하는 것임(서일 46011-11232, 2003.9.4.)

✓ **보증금에 대한 간주임대료 계산사례**(소득 집행기준 25-53-5)

〈2024년 귀속 거주자의 사업소득(부동산임대업)금액의 계산사례〉

① 고가주택 임대보증금 2천만원, 월임대료 2백만원(임대기간 : 2023.1.1. ~ 2024.12.31.)

② 상가건물임대 보증금 4억원(2024.8.10. 수령), 월임대료 9백만원(임대기간 : 2024.8.2. ~ 2025.8.1.)

- 임대보증금 수령액 중 3억원은 임대용건물을 취득하기 위하여 차입한 차입금을 상환하는데 사용하였고, 잔액에 대한 운용수익으로 500,000원의 이자소득과 3,000,0000원의 유가증권처분이익이 발생하였다.
- 임대용 건물의 총 건설비는 580,000,000원(이중 토지가액은 3억원)
- 국세청장이 정하는 이자율은 3.5%

③ 필요경비는 기장한 장부에 의하여 확인되며, 세무조정 후 금액은 37,400,000원이다.

풀이 부동산임대업의 소득금액 계산[(1)–(2)] : 32,844,262원

(1) 사업소득(부동산임대업)의 총수입금액 계산 (①+②) : 70,244,262원

① 주택임대 : 임대료 수입 2,000,000원×12 = 24,000,000원

* 3주택이상 보유자 중 전세보증금 3억원 초과분에 대해 간주임대료 계산

② 상가임대 : 46,244,262원

㉠ 상가임대료 수입 : 9,000,000원×5 = 45,000,000원

㉡ 간주임대료 : 1,244,262원

근거 : 임대보증금적수[*1] - 건설비적수[*2] × 정기예금이자율[*3] × 1/365 - 금융수익[*4]

(60,800,000,000 - 42,560,000,000) × 3.5% × 1/366 - 500,000원

= 1,244,262원

*1 : 400,000,000 × 152일(30 + 30 + 31 + 30 + 31) = 60,800,000,000
(보증금수령일자와 무관하게 임대개시일부터 적수를 계산함)

*2 : 건설비상당액의 적수(토지가액을 제외함) : 280,000,000 × 152일 = 42,560,000,000

*3 : 이자율은 일별로 안분계산하지 아니하고 사업연도 종료일 현재의 이자율을 적용한다.

*4 : 소득세법상 금융소득에는 유가증권처분이익은 포함하지 않는다.

(2) 필요경비 : 37,400,000원

4) 정기예금이자율 및 임대사업부분에서 발생한 수입이자의 범위

① 정기예금이자율 : 연간 3.5%(2025년 귀속분은 3.1%)를 말한다.(소칙 23조 ①, 2024.3.22. 개정)

귀 속	정기예금이자율	근 거
2014.1.1. ~ 12.31.	2.9%	소득세법 시행규칙 제23조 제1항
2015.1.1. ~ 12.31.	2.5%	
2016.1.1. ~ 12.31.	1.8%	
2017.1.1. ~ 12.31.	1.6%	
2018.1.1. ~ 12.31.	1.8%	
2019.1.1. ~ 12.31.	2.1%	
2020.1.1. ~ 12.31.	1.8%	
2021.1.1. ~ 12.31.	1.2%	
2022.1.1. ~ 12.31.	1.2%	
2023.1.1. ~ 12.31.	2.9%	
2024.1.1.~12.31.	3.5%	
2025.1.1.~12.31.	3.1%	

② 임대사업부분에서 발생한 수입이자 등의 범위 : 임대사업부분에서 발생한 수입이자·할인료 및 배당금은 비치·기장한 장부나 증빙서류에 의하여 해당 임대보증금 등으로 취득한 것이 확인되는 금융자산으로부터 발생한 것에 한한다.(소령 53조 ⑥) 따라서 보증금으로 투자하거나 예금한 금융자산(정기예금, 투자주식 등)을 반드시 장부에 기장하여 재무상태표에 표기하여야 하며, 그 수익(수입이자 또는 수입배당금 등)을 장부에 기장하여 손익계산서에 표기하여야 한다. 이때 수입이자 등은 부동산임대소득이 아닌 이자나 배당소득에 해당되므로 총수입금액불산입으로 세무조정하여야 한다.

✓ **부동산임대사업자의 임대보증금 운용수입의 범위**

부동산임대소득이 있는 거주자에 대한 보증금 등의 총수입금액 계산에 있어 공제되는 [임대사업부분에서 발생한 수입이자·할인료·배당금 등]은 비치·기장한 장부나 증빙서류에 의하여 당해 임대보증금 등으로 취득한 것이 확인되는 금융자산으로부터 발생한 것에 한함(소득 46011-2641, 1998.9.17.)

✓ **총수입금액계산의 특례**

2 이상의 부동산임대 사업장을 소유한 거주자가 간주임대료를 계산함에 있어서, 그 중 한 사업장의 임대보증금 등으로부터 발생한 수입이자와 할인료 및 배당금은 당해 사업장에 한하여 적용하는 것이며, 이 경우 총수입금액에 산입할 금액이 영보다 적은 때에는 이를 없는 것으로 보는 것임(서일 46011-11773, 2002.12.31.)

✓ **간주임대료계산시 임대사업부분에서 발생한 배당금의 범위**

임대보증금 등의 간주임대료 계산 시 총수입금액에 산입할 금액에서 공제되는 배당금은 당해 과세기간에 배당소득 수입시기에 따른 수입할 금액으로 확정된 것을 말함(소득-2823, 2008.8.18.)

✓ **저축성 보험차익의 임대부분에서 발생한 수입이자 해당 여부**

소득세법 시행령 제53조 제2항에서 규정한 "당해 과세기간의 임대사업 부분에서 발생한 수입이자·할인료 및 배당금의 합계액"이란 비치·기장한 장부나 증빙서류에 의하여 당해 임대보증금 등으로 취득한 것이 확인되는 금융자산으로부터 당해 과세기간 중에 발생한 이자 등을 말하며, 이 이자에는 보험회사로부터 지급받은 저축성보험차익(과세 여부 불문)을 포함하는 것임(소득 46011-2986, 1996.10.26.)

✓ **임대사업부분에서 발생한 수입이자의 범위**

당해 과세기간의 임대사업부분에서 발생한 수입이자는 임대보증금을 운영하여 얻은 이자로서 당해 과세기간 중에 발생한 이자상당액을 말하는 수입시기가 도래하지 아니한 이자 상당액을 포함하는 것임(소득 46011-1992, 1995.7.21.)

사례 4주택 소유자의 간주임대료의 계산(2024년 귀속기준)

〈주택소유 상황〉

- 김상준씨는 2024년도 중 다음과 같은 임대주택 A, B, C와 본인이 거주하는 D주택을 소유하고 있다.(월세수입은 없다)
- 김상준씨는 이에 대해 장부기장을 하고 있고, 2024년도 정기예금이자율은 3.5%이다.
- 주택의 건설비는 A주택이 5천만원, B주택이 3억원, C주택이 4천만원이며, 전세금은 주택 취득시 차입한 대출금 상환에 사용하였다.

다음 자료에 따라 상황별로 임대주택의 총수입금액(간주임대료)을 계산하시오.

〈상황 1〉

구 분	소형주택* 해당여부	전세금	임대일수	전세금적수
A주택	×	2억원	320일	640억원
B주택	×	5억원	100일	500억원
C주택	○	1억원	365일	365억원

〈상황 2〉

구 분	소형주택* 해당여부	전세금	임대일수	전세금적수
A주택	×	2억원	100일	200억원
B주택	×	5억원	320일	1,600억원
C주택	○	1억원	365일	365억원

* 주거전용면적이 40제곱미터 이하이면서 기준시가 2억원 이하인 주택을 말한다.

〈상황 1〉

해답 2,295,081원

풀이 A주택 : (2억원－2억원*)×320일×60%×1/366×3.5%＝0
B주택 : (5억원－1억원*)×100일×60%×1/366×3.5%＝2,295,081원
* 보증금 등의 적수가 큰 주택부터 3억원을 차감한다.

➲ 소형주택은 주택 수에서 제외할뿐만 아니라 간주임대료 계산에서도 제외한다.(서면법규－214, 2014.3.10.)

〈상황 2〉

해답 4,819,671원

풀이 B주택 : (5억원－3억원*)×320일×60%×1/366×3.5%＝3,672,131원
A주택 : (2억원－0*)×100일×60%×1/366×3.5%＝1,147,540원
B주택＋A주택 총수입금액＝3,672,131원＋1,147,540원＝4,819,671원
* 보증금 등의 적수가 큰 주택부터 3억원을 차감한다.

➲ 소형주택은 간주임대료 대상여부 판단시 주택 수에서 제외할뿐만 아니라 간주임대료 계산에서도 제외한다.(서면법규－214, 2014.3.10.)

사 례 공동명의 주택이 있는 경우의 총수입금액 계산(2024년 귀속기준)

남편 甲은 본인 명의의 주택 2채와 부인 乙과의 공동명의 주택 2채를 소유(4채 모두 2024년 기준시가가 2억원을 초과함)하고 있으며, 2023년부터 주택 3채를 다음과 같이 임대해오고 있다. 주택임대에 대한 총수입금액을 계산하시오.(임대사업부분에서 발생한 금융수입금액은 없다)

구 분	甲 : 乙 지분율	보증금	월세	임대일수	보증금적수
A주택(단독명의)	100 : 0	5억원	100만원	366일	1,830억원
B주택(공동명의)	5 : 5	6억원	–	366일	2,196억원
C주택(공동명의)	6 : 4	4억원	200만원	366일	1,464억원

해 답 • 甲의 총수입금액 : 38,790,000원
• 乙의 총수입금액 : 16,110,000원

풀 이

사업장	각 주택별 수입금액			甲의 수입금액	乙의 수입금액
	간주임대료	월세합계	소계		
A주택(단독명의)	420만원[*1]	1,200만원	1,620만원	1,620만원	–
B주택(5 : 5)	630만원[*2]	–	630만원	315만원	315만원
C주택(6 : 4)	840만원[*3]	2,400만원	3,240만원	1,944만원	1,296만원
합 계				3,879만원	1,611만원

*1. 甲 단독명의분 간주임대료의 계산 : $(5억원-3억원)\times 60\%\times\frac{366}{366}\times 3.5\%=4,200,000원$

*2. B주택 간주임대료 : $(6억원-3억원^{*4})\times 60\%\times\frac{366}{366}\times 3.5\%=6,300,000원$

*3. C주택 간주임대료 : $4억원\times 60\%\times\frac{366}{366}\times 3.5\%=8,400,000원$

*4. 보증금을 받은 주택이 2주택 이상인 경우에는 보증금의 적수가 가장 큰 주택의 보증금에서부터 3억원을 순서대로 뺀다.

사례 보증금 등 합계액이 변동하는 경우의 간주임대료 계산(2024년 귀속기준)

단독명의로 임대하고 있는 주택 4채의 임대보증금이 2024년도 중에 다음과 같이 변동한 경우 간주임대료를 계산하시오.(월세수입과 임대사업부분에서 발생한 금융수입금액은 없다)

구 분	소형주택* 해당여부	임대기간	임대일수	보증금
A주택	×	1.1. ~ 5.28.	149일	2억원
		5.29. ~ 12.31.	217일	2.3억원
B주택	×	1.1. ~ 7.24.	206일	2억원
		7.25. ~ 12.31.	160일	2.7억원
C주택	×	1.1. ~ 12.31.	366일	1.3억원
D주택	○	1.1. ~ 12.31.	366일	1억원

* 주거전용면적이 40제곱미터 이하이면서 기준시가 2억원 이하인 주택을 말한다.

해답 5,846,146원

풀이

- 보증금 등 합계액이 변동하는 경우 보증금 등의 합계액이 변동하는 구간별로 보증금 등의 적수가 가장 큰 주택의 보증금 등부터 순서대로 3억원을 차감한다.(서면법령해석소득 2016-2990, 2017.4.18.)

구 분		임대기간			합 계
		1.1. ~ 5.28.(149일)	5.29. ~ 7.24.(57일)	7.25. ~ 12.31.(160일)	
A주택	보증금	2억원	2.3억원	2.3억원	
	적수	298억원	131.1억원	368억원	
B주택	보증금	2억원	2억원	2.7억원	
	적수	298억원	114억원	432억원	
C주택	보증금	1.3억원	1.3억원	1.3억원	
	적수	193.7억원	74.1억원	208억원	
보증금 합계		5.3억원	5.6억원	6.3억원	
간주임대료		1,966,311원*1	850,327원*2	3,029,508원*3	5,846,146원

*1. {(A주택 2억원−2억원*4)+(B주택 2억원−1억원*4)+C주택 1.3억원}× 60% × $\frac{149}{366}$ ×3.5%=1,966,311원

*2. {(A주택 2.3억원−2.3억원*4)+(B주택 2억원−0.7억원*4)+C주택 1.3억원}×60%×$\frac{57}{366}$ ×3.5% =850,327원

*3. {(B주택 2.7억원−2.7억원*4)+(A주택 2.3억원−0.3억원*4)+C주택 1.3억원}×60%×$\frac{160}{366}$ × 3.5% = 3,029,508원

*4. 보증금의 적수가 가장 큰 주택의 보증금에서부터 3억원을 순서대로 뺀다.

➲ 소형주택은 간주임대료 대상여부 판단시 주택 수에서 제외할뿐만 아니라 간주임대료 계산에서도 제외한다.(서면법규-214, 2014.3.10.)

저자TIP 보증금 등 합계액이 변동하는 경우의 간주임대료 계산

위 계산방식은 보증금의 적수가 큰 주택의 보증금에서부터 순서대로 3억원을 뺀다는 원칙을 보여주기 위해 주택별 적수를 구하여 계산한 것이며, 위와 같이 "임대기간별로 구분한 경우"에는 임대기간별 임대일수가 동일하므로 주택별 적수를 따로 구하지 않고 다음과 같이 임대기간별 보증금합계액에서 3억원을 뺀 금액에 대해 적수계산을 하여도 결과는 동일하다.

*1. $(5.3억원 - 3억원) \times 60\% \times \frac{149}{366} \times 3.5\% = 1,966,311원$

*2. $(5.6억원 - 3억원) \times 60\% \times \frac{57}{366} \times 3.5\% = 850,327원$

*3. $(6.3억원 - 3억원) \times 60\% \times \frac{160}{365} \times 3.5\% = 3,029,508원$

(3) 부동산전대인(전전세인)의 총수입금액 계산

전세권자는 전세권을 임대하거나 전세권의 존속기간 내에서 전전세(轉傳貰)할 수 있다. (민법 306조) 그리고 부동산임차인은 임차한 부동산의 전부 또는 일부를 전대(轉貸)할 수 있다. 이와 같이 부동산을 임차하여 다시 제3자에게 전전세(轉傳貰) 또는 전대(轉貸)하는 경우 해당 부동산의 보증금 등에 산입할 금액은 다음 계산식에 따라 계산한 금액으로 한다. (소령 53조 ⑦, 2013.2.15. 개정)

$$\text{보증금 등에 산입할 금액} = \left[\text{전전세 또는 전대하고 받은 보증금 등의 적수} - \left\{ \text{전세 또는 임차받기 위하여 지급한 보증금 등의 적수} \times \frac{\text{전전세 또는 전대한 부분의 면적}^{*1}}{\text{임차받은 부동산의 면적}} \right\} \right] \times \frac{1}{365^{*2}}$$

*1. 사업시설을 포함하여 전전세 또는 전대한 경우 그 가액의 비율

*2. 윤년의 경우에는 366

저자TIP 보증금 등에 산입할 금액이 (−)인 경우 필요경비에 산입할 수 있는지의 여부

건물주에게 임차보증금을 지급한 부동산임차인(전대인)이 전차인에게는 보증금을 받지 않고 월세만 받는 경우, 위의 산식에 따라 계산하면 부동산임차인(전대인)의 총수입금액은 (−)값이 나오게 된다. 그러나 <u>소득세법 시행령 제53조 제3항 각 호 외의 부분에서, 총수입금액에 산입할 금액이 영보다 적은 때에는 없는 것으로 보도록 규정</u>하고 있어서 그 (−) 금액은 부동산임차인(전대인)의 필요경비에 산입할 수 없는 것이다.

2019.1.1. 이후 발생하는 주거용 건물 임대업의 총수입금액 합계액이 2천만원 이하인 경우

➲ 2019.1.1. 이후 발생하는 소득분부터 적용한다.(2018.12.31. 법 부칙 2조 ①)

(1) 주택임대소득에 대한 세액계산의 특례(소법 64조의2, 2020.12.29. 개정)

분리과세 주택임대소득이 있는 거주자의 종합소득 결정세액은 아래의 '①과 ②'의 세액 중 하나를 선택하여 적용한다.(소법 64조의2 ①, 2018.12.31. 개정)

① 주택임대소득에 대해 분리과세를 적용하기 전의 종합소득 결정세액

➲ 분리과세 주택임대소득을 종합소득과세표준에 합산할 경우의 종합소득 결정세액을 의미한다.

② 아래의 ㉠+㉡ 세액

㉠ 아래 'ⓐ 또는 ⓑ'의 계산식에 따라 계산한 분리과세 주택임대소득에 대한 사업소득금액에 14%를 곱하여 산출한 금액. 다만, 조세특례제한법 제96조 제1항에 해당하는 거주자가 같은 항에 따른 임대주택을 임대하는 경우에는 해당 임대사업에서 발생한 분리과세 주택임대소득에 대한 사업소득금액에 14%를 곱하여 산출한 금액에서 감면받는 세액을 차감한 금액으로 한다.

ⓐ 분리과세 주택임대소득에 대한 사업소득금액은 총수입금액에서 필요경비(총수입금액의 50%로 한다)를 차감한 금액으로 하되, 분리과세 주택임대소득을 제외한 해당 과세기간의 종합소득금액이 2천만원 이하인 경우에는 추가로 200만원을 차감한 금액으로 한다.(소법 64조의2 ②)

ⓑ 등록임대주택을 임대하는 경우에는 해당 임대사업에서 발생한 사업소득금액은 총수입금액에서 필요경비(총수입금액의 60%로 한다)를 차감한 금액으로 하되, 분리과세 주택임대소득을 제외한 해당 과세기간의 종합소득금액이 2천만원 이하인 경우에는 추가로 400만원을 차감한 금액으로 한다.(소법 64조의2 ② 단서)

> 분리과세 주택임대소득의 사업소득금액 = (총수입금액 − 총수입금액×50%[*1] − 200만원[*2])
>
> *1. 임대주택 등록자의 등록임대주택은 60%를 적용한다.
>
> *2. '임대사업 미등록자'로서 분리과세 주택임대소득을 제외한 해당 과세기간의 종합소득금액이 2천만원 이하인 경우에 적용하며, '임대주택 등록자'로서 분리과세 주택임대소득을 제외한 해당 과세기간의 종합소득금액이 2천만원 이하인 경우는 400만원을 적용한다.

㉡ 위 '㉠' 외의 종합소득 결정세액

✓ 주택임대소득 신고방법 수정신고 및 경정청구 가능여부

종합소득 결정세액의 계산에 있어 소득세법 제14조 제3항에 따른 분리과세 주택임대소득이 있는 거주자가 동법 제64조의2 제1항 각호의 방법 중 하나의 방법을 선택·적용한 경우, 추후 국세기본법제 45조 및 제45조의2에 따라 수정신고 또는 경정청구를 통해 동법 제64조의2 제1항 각호의 방법 중 다른 방법으로 변경할 수 있는 것임(기획재정부조세법령-610, 2020. 5.14.)

✓ **주택임대소득에 대하여 당초 분리과세신고에서 종합소득합산과세신고로 변경하는 수정신고 시 과소신고가산세**

분리과세 주택임대소득 사업자가 분리과세 방식을 택하여 법정신고기한 내에 신고한 후, 법정신고기한이 지난 시점에서 종합과세 방식으로 수정신고를 하는 경우, 국세기본법 제47조의3에서 규정한 과소신고가산세 부과대상에 해당함(국세기본법 제48조 제2항 제1호의 가산세감면 사유에 해당하는 경우 가산세감면 받을 수 있음)(서면징세 2021-6719, 2022.2.15.)

✓ **비거주자의 주택임대소득에 대하여 분리과세 규정을 적용할 수 있는지 여부**

국내에 기준시가 9억원(☞ 2023년 귀속분부터는 12억원)을 초과하는 1주택을 소유한 비거주자가 해당 주택을 임대하여 소득이 발생한 경우, 해당 소득에 대한 소득세의 과세표준과 세액의 계산에 관하여는 소득세법 제122조 제1항에 따라 거주자에 대한 소득세의 과세표준과 세액의 계산에 관한 규정을 준용하는 것임(서면법령해석국조 2020-3106, 2020.11.5.)

(2) 등록임대주택의 범위

등록임대주택이란 다음의 요건을 모두 충족하는 임대주택을 말한다.(소령 122조의2 ①, 2020.10.7. 개정)

① 다음 중 하나에 해당하는 주택일 것(2020.10.7. 개정)

㉠ 민간임대주택에 관한 특별법 제5조에 따른 임대사업자등록을 한 자가 임대 중인 같은 법 제2조 제4호에 따른 공공지원민간임대주택

㉡ 민간임대주택에 관한 특별법 제5조에 따른 임대사업자등록을 한 자가 임대 중인 같은 법 제2조 제5호에 따른 장기일반민간임대주택[아파트를 임대하는 민간매입임대주택의 경우에는 2020.7.10. 이전에 종전의 민간임대주택에 관한 특별법(법률 제17482호 민간임대주택에 관한 특별법 일부개정법률에 따라 개정되기 전의 것을 말한다. 이하 같다) 제5조에 따라 등록을 신청(임대할 주택을 추가하기 위해 등록사항의 변경 신고를 한 경우를 포함한다)한 것에 한정한다]

㉢ 종전의 민간임대주택에 관한 특별법 제5조에 따른 임대사업자등록을 한 자가 임대중인 같은 법 제2조 제6호에 따른 단기민간임대주택(2020.7.10. 이전에 등록을 신청한 것으로 한정한다)

② 소득세법 제168조에 따라 사업자등록을 한 사업자의 임대주택일 것

③ 임대보증금 또는 임대료(이하 "임대료 등"이라 한다)의 증가율이 5%를 초과하지 않을 것

이 경우 임대료 등의 증액 청구는 임대차계약의 체결 또는 약정한 임대료 등의 증액이 있은 후 1년 이내에는 하지 못하고, 임대사업자가 임대료 등의 증액을 청구하면서 임대보증금과 월임대료를 상호 간에 전환하는 경우에는 민간임대주택에 관한 특별법 제44조 제4항의 전환 규정을 준용한다.(2020.2.11. 개정)

➲ 2020.2.11. 이후 주택 임대차계약을 갱신하거나 새로 체결하는 분부터 적용하고, 임대보증금과 월임대료 상호 간 전환은 2020.2.11. 이후 전환하는 분부터 적용한다.(2020.2.11. 영 부칙 10조)

이때 종전의 민간임대주택에 관한 특별법 제5조에 따라 등록한 단기민간임대주택을 2020.7.11. 이후 공공지원민간임대주택 또는 장기일반민간임대주택(이하 "장기일반민간임대주택등"이라 한다)으로 변경 신고한 주택은 등록임대주택에서 제외한다.(소령 122조의2 ②, 2020.10.7. 신설)

(3) 유형별 계산방법(소령 122조의2 ⑦, 2019.2.12. 개정)

① 수입금액의 계산 : 과세기간 중 일부 기간 동안 등록임대주택을 임대한 경우 등록임대주택의 임대사업에서 발생하는 수입금액은 월수로 계산한다. 이 경우 해당 임대기간의 개시일 또는 종료일이 속하는 달이 15일 이상인 경우에는 1개월로 본다.

② 소득금액의 계산 : 해당 과세기간 중에 임대주택을 등록한 경우 주택임대소득금액은 다음의 계산식에 따라 계산한다.

$$[\text{등록한 기간에 발생한 수입금액} \times (1-0.6)] + [\text{등록하지 않은 기간에 발생한 수입금액} \times (1-0.5)]$$

③ 공제금액의 계산 : 해당 과세기간 동안 등록임대주택과 등록임대주택이 아닌 주택에서 수입금액이 발생한 경우 해당 과세기간의 종합소득금액이 2천만원 이하인 경우에 추가로 차감하는 금액은 다음의 계산식에 따라 계산한다.

$$\left(\frac{\text{등록임대주택에서 발생한 수입금액}}{\text{총 주택임대수입금액}} \times 400\text{만원}\right) + \left(\frac{\text{등록임대주택이 아닌 주택에서 발생한 수입금액}}{\text{총 주택임대수입금액}} \times 200\text{만원}\right)$$

✓ 거주자의 국외주택 임대소득에 대한 필요경비 등 차등 적용 여부

소득세법 시행령 제122조의2 제1항 요건(☞ 분리과세대상 주택임대소득)을 충족하지 못하는 국외주택을 임대하는 경우 소득세법 제64조의2 제2항 단서 규정(☞ 필요경비 60% 차감 및 다른 종합소득금액이 없는 경우 400만원 공제 규정)은 적용되지 않는 것임(기획재정부소-283, 2020.6.1.)

(4) 사후관리

1) 감면세액의 추징

다음 중 하나에 해당하는 경우에는 그 사유가 발생한 날이 속하는 과세연도의 과세표준신고를 할 때 다음의 구분에 따른 금액을 소득세로 납부하여야 한다.(소법 64조의2 ③, 2018.12.31. 개정)

① 조세특례제한법 제96조에 따라 세액을 감면(30% 또는 75%), (20% 또는 50%)받은 사업자가 해당 임대주택을 4년(민간임대주택에 관한 특별법 제2조 제4호에 따른 공공지원민간임대주택 또는 같은 법 제2조 제5호에 따른 장기일반민간임대주택의 경우에는 8년) 이상 임대하지 아니하는 경우 : 감면받은 세액

② 등록임대주택 규정을 적용하여 세액을 계산한 사업자가 해당 임대주택을 4년 이상 임대하지 아니하는 경우 : 등록임대주택 규정을 적용하지 아니하고 계산한 세액과 당초 신고한 세액과의 차액

개정 2020.12.29.

➲ 2020.8.18. 이후 민간임대주택에 관한 특별법 제5조에 따라 등록을 신청하는 민간임대주택부터 적용한다.(2020.12.29. 법 부칙 7조)

➲ 2020.8.18. 전에 민간임대주택에 관한 특별법 제5조에 따라 등록을 신청한 민간임대주택의 경우에는 개정규정에도 불구하고 종전의 규정에 따른다.

① 조세특례제한법 제96조에 따라 세액을 감면(30% 또는 75%), (20% 또는 50%) 받은 사업자가 해당 임대주택을 4년(민간임대주택에 관한 특별법 제2조 제4호에 따른 공공지원민간임대주택 또는 같은 법 제2조 제5호에 따른 장기일반민간임대주택의 경우에는 <u>10년</u>) 이상 임대하지 아니하는 경우 : 감면받은 세액
이때 납부해야 하는 소득세액은 감면받은 세액에 임대기간에 따른 감면율을 적용한 금액으로 한다.(소령 122조의2 ⑤, 2021.2.17. 신설)

또한 임대기간의 산정은 다음의 규정(조특법 96조 ③)에 따른다.(소령 122조의2 ④ 1, 2021.2.17. 신설)

➲ '임대기간 계산'의 신설규정은 2021.2.17. 이후 과세표준을 신고하는 분부터 적용한다.(2021.2.17. 영 부칙 7조)

㉠ 해당 과세연도의 매월말 현재 실제 임대하는 임대주택이 1호 이상인 개월수가 해당 과세연도 개월 수(1호 이상의 임대주택의 임대개시일이 속하는 과세연도의 경우에는 1호 이상의 임대주택의 임대개시일이 속하는 월부터 과세연도 종료일이 속하는 월까지의 개월 수)의 12분의 9 이상인 경우에는 1호 이상의 임대주택을 임대하고 있는 것으로 본다. 다만, 민간임대주택에 관한 특별법 제6조 제1항 제11호에 해당하여 등록이 말소되는 경우에는 등록이 말소되는 날이 속하는 해당 과세연도에 1호 이상의 임대주택을 임대하고 있는 것으로 본다.(조특법 96조 ③ 1, 2021.2.17. 단서신설)

㉡ 1호 이상의 임대주택의 임대개시일부터 4년(장기일반민간임대주택등의 경우에는 10년)이 되는 날이 속하는 달의 말일까지의 기간 중 매월 말 현재 실제 임대하는 임대주택이 1호 이상인 개월 수가 43개월(장기일반민간임대주택등의 경우에는 108개월) 이상인 경우에는 1호 이상의 임대주택을 4년(장기일반 민간임대주택등의 경우에는 10년) 이상 임대하고 있는 것으로 본다.

(조특법 96조 ③ 2, 2021.2.17. 개정)

ⓒ 위 'ⓐ 및 ⓑ'을 적용할 때 기존 임차인의 퇴거일부터 다음 임차인의 입주일까지의 기간으로서 3개월 이내의 기간은 임대한 기간으로 본다.(조특법 96조 ③ 3)

ⓓ 위 'ⓐ 및 ⓑ'을 적용할 때 상속, 합병, 분할, 물적분할, 현물출자로 인하여 피상속인, 피합병법인, 분할법인, 출자법인(이하 "피상속인등"이라 한다)이 임대하던 임대주택을 상속인, 합병법인, 분할신설법인, 피출자법인(이하 "상속인등"이라 한다)이 취득하여 임대하는 경우에는 피상속인등의 임대기간은 상속인등의 임대기간으로 본다.(조특법 96조 ③ 4)

ⓔ 위 'ⓐ 및 ⓑ'을 적용할 때 공익사업을 위한 토지 등의 취득 및 보상에 관한 법률 또는 그 밖의 법률에 따른 수용(협의 매수를 포함한다)으로 임대주택을 처분하거나 임대를 할 수 없는 경우에는 해당 임대주택을 계속 임대하는 것으로 본다.(조특법 96조 ③ 5)

ⓕ 위 'ⓐ 및 ⓑ'을 적용할 때 도시 및 주거환경정비법에 따른 재개발사업·재건축사업, 빈집 및 소규모주택 정비에 관한 특례법에 따른 소규모주택정비사업 또는 주택법에 따른 리모델링의 사유로 임대주택을 처분하거나 임대를 할 수 없는 경우에는 해당 주택의 관리처분계획 인가일(소규모주택정비사업의 경우에는 사업시행계획 인가일, 리모델링의 경우에는 허가일 또는 사업계획승인일) 전 6개월부터 준공일 후 6개월까지의 기간은 임대한 기간으로 본다. 이 경우 임대기간 계산에 관하여는 종합부동산세법 시행령 제3조 제7항 제7호 및 제7호의2를 준용한다.(조특법 96조 ③ 6)

② 등록임대주택 규정을 적용하여 세액을 계산한 사업자가 해당 임대주택을 10년 이상 임대하지 아니하는 경우 : 등록임대주택 규정을 적용하지 아니하고 계산한 세액과 당초 신고한 세액과의 차액

이때 임대기간은 위 '①의 ⓒ부터 ⓕ까지'의 규정을 적용하여 산정한다.(소령 122조의2 ④ 2, 2021.2.17. 신설)

➲ '임대기간 계산'의 신설규정은 2021.2.17. 이후 과세표준을 신고하는 분부터 적용한다.(2021.2.17. 영 부칙 7조)

③ 위 '① 또는 ②'에 따라 소득세액을 납부하는 경우에는 다음의 이자 상당액을 가산한다.(소법 64조의2 ④, 조특법 63조 ③)

감면을 받은 과세연도의 종료일 다음날부터 추가납부 사유가 발생한 과세연도의 종료일까지의 기간×1일 0.022%*

* 2019.2.11.까지는 0.03%, 2019.2.12.부터 2022.2.14.까지는 0.025%, 2022.2.15.부터는 0.022%를 적용한다.(2019.2.12. 조특령 부칙 25조, 2022.2.15. 조특령 부칙 21조)

다만, 다음 중 하나에 해당하는 경우에는 이자상당가산액을 적용하지 않는다.(소법 64조의2 ④ 단서, 소령 122조의2 ②)

㉠ 파산 또는 강제집행에 따라 임대주택을 처분하거나 임대할 수 없는 경우
㉡ 법령상 의무를 이행하기 위해 임대주택을 처분하거나 임대할 수 없는 경우
㉢ 채무자 회생 및 파산에 관한 법률에 따른 회생절차에 따라 법원의 허가를 받아 임대주택을 처분한 경우

2) 감면세액 추징의 배제

➲ 2020.8.18. 이후 등록이 말소되는 분부터 적용한다.(2020.12.29. 법 부칙 7조)
➲ 2021.2.17. 이후 과세표준을 신고하는 분부터 적용한다.(2021.2.17. 영 부칙 7조)

다음 중 하나에 해당하는 경우에는 감면세액을 추징하지 않는다.(소법 64조의2 ③ 단서, 2021.2.17. 신설, 소령 122조의2 ③, 2021.2.17. 신설)

① 민간임대주택에 관한 특별법 제6조 제1항 제11호 또는 같은 조 제5항에 따라 임대사업자 등록이 말소된 경우
② 도시 및 주거환경정비법에 따른 재개발사업·재건축사업, 빈집 및 소규모주택 정비에 관한 특례법에 따른 소규모주택정비사업으로 임대 중이던 당초의 임대주택이 멸실되어 새로 취득하거나 주택법에 따른 리모델링으로 새로 취득한 주택이 아파트(당초의 임대주택이 단기민간임대주택인 경우에는 모든 주택)인 경우
다만, 새로 취득한 주택의 준공일부터 6개월이 되는 날이 2020.7.10. 이전인 경우는 제외한다.

(5) 증명서류의 제출

조세특례제한법 제96조에 따라 소득세를 감면(30% 또는 75%), (20% 또는 50%)받거나 등록임대주택으로 사업소득금액을 계산하려는 자는 해당 과세표준신고를 할 때 다음의 증명서류를 납세지 관할 세무서장에게 제출해야 한다.(소령 122조의2 ⑧, 소칙 63조의3, 2019.3.20. 신설)

① 민간임대주택에 관한 특별법 시행령 제4조 제6항에 따른 임대사업자 등록증 또는 공공주택 특별법 제4조에 따른 공공주택사업자 지정을 증명하는 자료(2024.3.22. 인용조문개정)
② 민간임대주택에 관한 특별법 시행령 제36조 제4항에 따른 임대 조건 신고증명서
③ 민간임대주택에 관한 특별법 제47조 또는 공공주택 특별법 제49조의2에 따른 표준임대차계약서 사본
④ 민간임대주택에 관한 특별법 시행규칙 제19조 제7항에 따른 임대차계약 신고이력 확인서
⑤ 그 밖에 국세청장이 필요하다고 인정하는 서류

PART 2

> ✓ **소형주택 임대사업자 세액감면 신청시 첨부서류를 제출하지 않은 경우 감면신청 가능여부**
> 조세특례제한법 제96조에 따른 세액감면신청시 첨부서류가 제출되지 아니한 경우에도 감면요건에 해당하는 사실이 객관적으로 확인되는 경우에는 세액감면이 가능함(서면법령해석소득 2019-2239, 2021.3.10.)

(6) 확정신고 의무

해당 과세기간에 분리과세 주택임대소득이 있는 경우에도 종합소득과세표준 확정신고를 하여야 한다.(소법 70조 ②, 2014.12.23. 신설)

(7) 사업자등록의무

① 새로 사업을 시작하는 사업자는 사업장마다 사업 개시일부터 20일 이내에 사업장 소재지 관할 세무서장에게 사업자등록을 하여야 한다.(소법 168조 ①, 2018.12.31. 개정, 소령 220조 ①)

- ➲ 분리과세 되는 주택임대소득만 있는 사업자도 소득세법상 사업자등록을 하여야 한다.
- ➲ 2019.1.1. 전에 주택임대사업을 개시하였으나 해당 과세기간에 총수입금액의 합계액이 2천만원 이하인 자(종전에 사업자등록을 한 자는 제외한다)는 2019.12.31.까지 사업자등록을 하여야 한다.(2018.12.31. 법 부칙 20조)
- ➲ 사업자등록을 하려는 자에 대해서는 부가가치세법 시행령 제11조부터 제16조까지의 규정을 준용한다.(소칙 99조의2)

② 주택임대사업을 하려는 자는 사업자등록신청서를 제출할 때 「임대주택명세서」를 첨부해야 한다. 이 경우 「임대주택명세서」에 갈음해 민간임대주택에 관한 특별법 시행령 제4조 제6항에 따른 임대사업자 등록증 사본을 첨부할 수 있다.(소령 220조 ②, 2023.9.26. 개정)

③ 민간임대주택에 관한 특별법 제5조에 따라 특별자치시장·특별자치도지사·시장·군수 또는 구청장(구청장은 자치구의 구청장을 말한다)에게 임대사업자 등록을 신청하면서 사업자등록을 위해 민간임대주택에 관한 특별법 시행령 제4조 제4항에 따른 신청서에 소득세법상의 사업자등록신청서를 함께 제출한 경우에는 소득세법에 따른 사업자등록을 신청한 것으로 본다. 이 경우 부가가치세법 시행령 제11조 제5항 본문에 따른 발급기한(☞ 3일 이내, 5일 이내로 연장 가능)은 사업자등록신청서가 국세정보통신망에 도달한 때부터 기산한다.(소령 220조 ③, 2023.9.26. 개정)

④ 주택임대소득이 있는 사업자가 사업 개시일부터 20일 이내에 사업자등록을 신청하지 아니한 경우에는 사업 개시일부터 등록을 신청한 날의 직전일까지의 주택임대수입금액의 0.2%에 해당하는 금액을 해당 과세기간의 결정세액에 더한다.(소법 81조의12)

주택임대사업자 미등록가산세 = 미등록기간의 주택임대수입금액 × 0.2%

- ➲ 2020.1.1. 이후 주택임대사업을 시작하는 사업자부터 적용한다. 이 경우 2019.12.31. 이전에 주택임대사업을 개시한 경우에는 2020.1.1.을 사업개시일로 보아 가산세 규정을 적용한다.(2018.12.31. 법 부칙 8조 ⑥)

Ⅲ 사업소득의 필요경비의 계산

1 필요경비의 계산

(1) 원 칙

사업소득금액을 계산할 때 필요경비에 산입할 금액은 해당 과세기간의 총수입금액에 대응하는 비용으로서 일반적으로 용인되는 통상적인 것의 합계액으로 한다.(소법 27조 ①)

(2) 예 외

해당 과세기간 전의 총수입금액에 대응하는 비용으로서 그 과세기간에 확정된 것에 대해서는 그 과세기간 전에 필요경비로 계상하지 아니한 것만 그 과세기간의 필요경비로 본다.(소법 27조 ②)

> ✓ **고용보험료 정산차액 보험료의 공제 적용시기는 정산한 연도임**
> 보험료공제는 근로소득이 있는 거주자가 해당 과세기간에 보험료를 지급하는 경우 그 금액을 해당 과세기간에 소득공제를 하는 것으로 정산으로 인한 차액을 추가로 납부하는 고용보험료는 정산한 연도의 고용보험료로 보는 것임(원천-267, 2012.5.15.)

2 필요경비의 범위

사업소득의 각 과세기간의 총수입금액에 대응하는 필요경비는 다음의 것으로 한다.(소법 27조 ③, 소령 55조 ①, ⑥)

(1) 매출원가

① 판매한 상품 또는 제품에 대한 원료의 매입가격(매입에누리 및 매입할인금액을 제외)과 그 부대비용. 이 경우 사업용 외의 목적으로 매입한 것을 사업용으로 사용한 것에 대해서는 해당 사업자가 당초에 매입한 때의 매입가액과 그 부대비용으로 한다.(소령 55조 ① 1)

② 판매한 상품 또는 제품의 보관료, 포장비, 운반비, 판매장려금 및 판매수당 등 판매와 관련한 부대비용(판매장려금 및 판매수당의 경우 사전약정 없이 지급하는 경우를 포함)(소령 55조 ① 1의2)

(2) 부동산의 장부가액

부동산의 양도 당시의 장부가액(건물건설업과 부동산 개발 및 공급업의 경우만 해당한다). 이 경우 사업용 외의 목적으로 취득한 부동산을 사업용으로 사용한 것에 대해서는 해당 사업자가 당초에 취득한 때의 소득세법 시행령 제89조를 준용하여 계산한 취득가액을 그 장부가액으로 한다.(소령 55조 ① 2)

저자TIP 토지의 취득가액이 불분명한 경우 토지의 장부가액 산정

취득시기가 오래되어 실제 취득가액이 확인되지 않는 경우에는 소득세법 시행령 제89조 제1항 제3호, 시행규칙 48조에 따라 법인세법 시행령 제89조의 시가를 적용하도록 하고 있다. 따라서 감정평가법인 등의 감정가액(감정한 가액이 2 이상인 경우에는 그 감정한 가액의 평균액)으로 하는 것이며, 감정가액이 없는 경우에는 상속세 및 증여세법 제61조부터 제64조까지의 규정에 따라 평가한 가액(토지 기준시가 가액)에 토지에 대한 취득부대비용을 더한 가액으로 하는 것이다.

* 법인세법 시행령 제89조 제2항 제1호의 개정으로 2018.2.13. 이후 감정하는 분부터는(2018.12.13. 법령 부칙 12조) 감정가액이 5억원 이하인 경우에 한정하여 개인감정평가사의 감정가액을 인정하는 규정을 두었다가, 2019.2.12. 개정으로써 '5억원 이하'의 규정도 삭제하여 감정가액의 제한없이 감정평가법인등의 감정가액을 인정하도록 하였다.(2019.2.12. 이후 감정분부터 적용, 2019.2.12. 법령 부칙 11조)

➲ 감정가액을 적용하는 경우 소급감정가액은 인정하지 않는다.(소득 집행기준 39－89－5 ② 2)

✓ **고정자산매입대금의 지급지연에 따른 지급이자 처리**(소통 27-55…16)

사업자가 고정자산을 매입함에 있어서 매입가격을 결정한 후 그 대금 중 일부 잔금의 지급지연으로 지급하는 이자상당액은 고정자산의 취득가액에 산입한다. 이 경우 그 잔금이 실질적으로 소비대차로 전환된 경우에 지급하는 이자는 이를 각 과세기간의 소득금액계산상 필요경비에 산입한다.

✓ **폐업 후 재개업시 자산의 취득가액 산정**

사업자가 최초로 장부를 비치·기장하는 경우 당해 사업용자산의 취득가액은 소득세법 시행령 제89조 제1항의 규정에 의하여 산정하는 것이며, 부동산(토지·건물)으로서 취득가액을 계산할 수 없는 경우에는 취득당시의 기준시가로 평가한 가액에 취득당시의 지방세법에 의하여 계산한 취득세·등록세 상당액을 가산한 금액으로 하는 것임(서면1팀－1027, 2005.8.31.)

✓ **토지 취득과 관련된 부수비용 등의 필요경비**(소득 집행기준 27-55-8)

① 주택의 신축분양과 관련하여 지출하는 관리대행 용역비는 그 제공받은 용역의 구체적 내용에 따라 자산의 취득가액 또는 총수입금액에 대응하는 필요경비에 산입하는 것이며, 주택의 신축을 위해 매입한 토지 위의 기존건물 철거비용은 해당 토지의 취득원가에 포함한다.

② 토지를 매입하여 공장용지로 개발·분할·매각하는 과정에서 필수적으로 공동 사용도로에 편입되어 소유권의 행사 불가능하게 된 토지의 가액과 도로공사 비용은 부동산매매업의 필요경비에 산입할 수 있다.

③ 자기소유의 토지상에 새로운 건축물을 건축하기 위하여 기존 건축물을 철거하는 경우 기존 건축물의 장부가액과 철거비용은 새로운 건축물에 대한 자본적지출로 하여 새로운 건축물의 취득원가에 산입한다.

✓ **근저당 설정비용 등 부동산임대업의 필요경비 해당여부**(소득 집행기준 27-55-3)

① 부동산임대업을 경영하기 위한 건물을 취득하는 과정에서 근저당권 설정과 관련된 비용을 지출한 경우 동 비용은 해당 부동산의 취득가액에 가산하며, 임대용 부동산의 매각을 위하여 지출하는 비용(지급수수료 등)은 필요경비에 산입할 수 없다.
② 임대보증금을 투자신탁수익증권에 투자하여 손실이 발생한 경우에도 해당 투자신탁수익증권에서 발생한 손실은 필요경비로 산입할 수 없다.
③ 새마을금고 등 금융권에 예탁한 전세보증금이 금융권의 도산으로 회수불능인 경우에도 해당 전세보증금은 총수입금액에 직접 대응되는 필요경비에 해당되지 않는다.
④ 부동산임대업을 경영하기 위한 건물을 취득시 의무적으로 첨가 취득한 국공채를 양도함으로써 발생한 손실은 필요경비에 산입할 수 없다.

✓ **기존건물의 철거비용이 사업소득의 필요경비에 해당하는지 여부**

[사실관계]
질의인은 AA에서 BB라는 도매업을 영위하고 있는 사업자로, 2022년 2월경 사업용 건물을 매입하여 사용하였으나, 건물의 구조가 사업 용도와 맞지 않은 부분이 있어 장기적인 투자의 관점에서 기존 건물을 11월 말에 철거하고 새로운 건물을 신축 중에 있음

[질의]
사업자가 기존의 건물을 멸실하고 새로운 건물을 신축하는 과성에서 발생한 기존 건물의 철거비용을 사업소득 필요경비에 산입할 수 있는지 여부

[회신]
자기 소유의 토지상에 새로운 건축물을 건축하기 위하여 기존 건축물을 철거하는 경우 기존 건축물의 철거비용은 새로운 건축물에 대한 자본적지출로 하는 것임(사전법규소득 2023-831, 2024.2.13.)

✓ **부동산임대업자가 기존건물 철거 후 신축건물 임대 시 기존건물의 장부가액 및 철거비용의 수익적 지출 여부**

자기 소유의 토지상에 새로운 건축물을 건축하기 위하여 기존 건축물을 철거하는 경우 기존 건축물의 장부가액과 철거비용은 새로운 건축물에 대한 자본적지출로 하는 것임(서면소득 2024-717, 2024.4.16.)

✓ **철거주택 취득가액이 새로운 사업용 건축물의 자본적 지출인지 여부**

거주자가 주거용으로 사용하던 소유주택을 철거하고 임대용 건물을 신축하는 경우에 있어서 철거한 건축물의 취득가액과 철거비용은 당해 토지에 대한 자본적 지출로 하는 것임(서일 46011-10674, 2002.5.18.)

✓ **기존건물과 토지의 일괄취득 후 기존건물 철거시 철거건물의 장부가액 등의 처리**

새로운 건물을 신축하기 위하여 기존건물을 사용하지 않고 철거하는 경우, 철거하는 건물의 취득가액과 철거관련 비용에서 철거건물의 부산물판매수익을 차감한 잔액은, 당해 토지에 대한 자본적 지출로 하는 것임(서이 46012-10549, 2001.11.16.)

✓ 구 건물 장부가액의 신 건물 취득가액 산입여부

개인사업자가 자기소유의 토지상에 새로운 건축물을 건축하기 위하여 기존건축물을 철거하는 경우 기존건축물의 장부가액과 철거비용은 새로운 건축물에 대한 자본적지출로 하여 새로운 건축물의 취득원가에 산입하는 것임(소득-28, 2013.1.11.)

✓ 기존건물 철거 후 건물 신축시 기존건물의 장부가액을 당기비용 처리할 수 있는지 여부

자기 소유의 토지상에 새로운 건축물을 건축하기 위하여 기존 건축물을 철거하는 경우 기존 건축물의 장부가액과 철거비용은 새로운 건축물에 대한 자본적지출로 하는 것임(소득-194, 2014.4.11.)

✓ 자기소유 토지상의 기존건물을 철거하고 신건물을 신축하는 경우 기존건물 장부가액의 처리

부동산임대업을 하던 공동사업자가 부동산매매업을 하기 위하여 소유 토지상의 기존 건축물을 철거하고 새로운 건축물을 건축하는 경우 기존 건물의 장부가액은 새로운 건축물에 대한 자본적 지출로 처리하는 것임(사전법령해석소득 2018-525, 2018.12.19.)

> ※ 국세청 해석사례집 검토내용
>
> 개인이 자기 소유의 토지상에 새로운 건축물을 건축하기 위하여 기존 건물을 철거 하는 경우 기존 건물 장부가액의 처리와 관련한 해석례와 판례
>
> • 해석례는 자기 소유의 토지상에 새로운 건축물을 건축하기 위하여 기존 건물을 철거하는 경우 기존 건물 장부가액을 신축 건물의 자본적 지출로 처리하도록 함(서면인터넷방문상담1팀-24, 2006.1.6, 서면인터넷방문상담1팀-236, 2006.2.21, 서면인터넷방문상담1팀-483, 2006.4.18, 소득세과-194, 2014.4.11, 서면소득-3256, 2006.3.9.)
>
> • 또한, (소득세법 기본통칙 33-67…1 ④) 및 (소득세법 집행기준 27-55…8 ③)에서도 자기 소유의 토지상에 새로운 건축물을 건축하기 위하여 기존 건축물을 철거하는 경우 기존 건축물의 장부가액과 철거비용은 새로운 건축물에 대한 자본적지출로 하도록 규정하고 있고
>
> • 심판원은 다른 사업을 위하여 사업용으로 사용하던 기존건물을 철거하였다면 그 다른 사업의 사업용 자산인지 재고자산인지 여부에 불구하고 기존건물의 장부 가액은 수익비용 대응원칙에 따라 필요경비에 산입하는 것이 합리적이라 보았으며(국심 2007서5290, 2008.7.3.)
>
> • 법원도 "사업소득에 관하여 기존 건축물의 장부가액과 철거비용을 새로운 건축물의 자본적 지출로 하여 이를 새로운 건축물의 취득가액에 산입함과 동시에 새로운 건축물에 대해 감가상각을 한 것으로 보아 감가상각비를 총수입금액에서 공제하는 것으로서, 이는 사업의 계속·반복성에 비추어 볼 때 기존 건축물과 새로운 건축물이 모두 사업소득 발생에 제공되는 고정자산이면서 그러한 사업소득에 대해 과세가 이루어지는 점을 고려한 것"이라고 (소득세법 기본통칙 33-67…1 ④)을 인용하여 판시함(서울고법 2012누22043, 2013.6.28. ⇒ 대법원 2013두18216, 2013.12.27.)
>
> • 따라서 개인이 자기 소유의 토지상에 새로운 건축물을 건축하기 위하여 기존 건물을 철거하는 경우 기존 건물장부가액은 다수의 해석례 등을 따라 신건물의 자본적 지출로 처리함이 타당함

✓ 사업용 고정자산(건물) 철거시 건물잔존가액 및 철거비용의 필요경비 산입여부 등

타인 소유 토지에 건물을 신축하여 병원(이하 "A사업장"이라 함)을 운영하던 거주자가 병원을 폐업하고 본인 소유의 다른 토지에 건물을 신축하여 새로운 병원 (이하 "B사업장"이라 함)을 개업한 후

법원의 판결에 의하여 A사업장의 건물을 철거하는 경우, 철거된 건물의 장부가액은 철거된 연도의 A사업장과 B사업장의 사업소득금액의 계산에 있어서 필요경비에 산입하지 아니하고, B사업장 건물의 자본적지출에도 포함되지 아니하는 것임. 또한, A사업장 건물의 철거비용은 B사업장의 사업소득금액의 계산에 있어서 필요경비에 산입할 수 없는 것임(소득-842, 2009.6.5.)

✓ 수분양자가 수익보장금을 매월 지급받는 경우 소득세 과세여부

사업자가 상가 등의 분양업자로부터 수익보장금 명목으로 일정기간동안 일정금액을 받는 조건으로 상가 등을 분양받는 경우 구매자인 사업자가 분양업자로부터 수익보장금 명목으로 지급받는 금액의 합계액은 상가 등의 취득가액에서 차감하는 것임(소득-930, 2012.12.21.)

✓ 상가의 수분양자가 1년간의 상가 수익보장금을 일시에 지급받아 잔금청산에 사용한 경우 수입금액 계산

신축 상가를 분양하는 분양업체가 상가의 수분양자에게 분양가액의 잔금 납부시점부터 1년 동안 분양가액의 일정률에 해당하는 수익금을 보장해 주는 약정을 해줌에 따라 수분양자가 그 잔금납부시에 수익보장금을 일시에 입금받아 해당 상가의 잔금청산에 사용한 경우로서 해당 수익보장금이 소득세법 시행령 제51조 제3항 제1호의 규정에 따른 선세금에 해당하는 경우에는 위 같은 규정에 따라 선세금을 계약기간의 월수로 나눈 금액의 각 과세기간의 합계액을 사업소득의 총수입금액으로 계산할 수 있는 것이나, 해당 수익보장금이 위와 같은 선세금에 해당하는지 여부는 구체적인 사실관계 등을 종합하여 판단해야 하는 것으로서 귀 질의와 관련해서는 아래 우리청의 기존 해석사례들을 참조하시기 바람.(서면소득 2017-1667, 2017. 7.26.)

✓ 분양받은 오피스텔의 임대권한을 분양사업자에게 부여하고 지급받는 소득의 부동산임대소득 해당 여부

분양사업자가 상가를 분양하면서 미분양상가의 분양촉진을 위해 수분양자들에게 소유권이전을 완료한 후 임대권한을 부여받고 일정금액을 임대수익으로 보장하여 지급하는 경우, 수분양자가 보장받는 해당 임대수익 보장금은 소득세법 제19조 제1항 제12호의 사업소득에 해당하는 것임(서면법규-775, 2014.7.22.)

✓ 분양자로부터 수분양자 등이 지원받는 수익보장금의 소득세 과세여부

상가의 초기 활성화를 위하여 일정기간 분양자가 수분양자에게 수익보장금을 지급하되 수분양자의 소유권 양도시 양수인에게 수익보장금을 지급하고, 영업을 개시한 상가에는 더 높은 수익보장금을 지급하는 경우 수분양자 또는 양수인이 지급받는 수익보장금은 소득세법 제19조 제1항 제12호의 사업소득에 해당하는 것으로 총수입금액에 산입하는 것임(서면법령해석소득 2017-225, 2017.6.30.)

✓ 분양업자가 수분양자에게 임대보장지원제도에 따라 지급하는 임대보장지원금의 소득구분

임대보장지원 확약에 따라 상가분양사업자가 수분양자에게 임대보장금액을 지급하는 경우, 수분양자가 지급받는 금액은 소득세법 제19조 제1항 제12호의 사업소득에 해당하는 것임(서면법령해석소득 2019-4794, 2020.7.14.)

➲ 기타소득으로 판단했던 기존의 유권해석(서면1팀-1374, 2007.10.8.), (기획재정부소득-69, 2008.4.25.)은 삭제되었다.

✓ 개인사업자의 매출채권처분손실 필요경비 산입여부

개인사업을 영위하는 거주자가 특수관계 없는 자에게 당해 사업을 포괄적으로 양도함에 있어서 당해 사업의 자산과 부채를 공정가액으로 평가하여 양도함에 따라 발생하는 매출채권처분손실은 당해 사업의 소득금액계산에 있어서 필요경비에 산입할 수 있는 것임(서면1팀-1135, 2006.8.18.)

✓ 취득가액이 불분명한 토지 및 건물의 취득가액 계산방법(소득 집행기준 39-89-6)

거주자가 개별공시지가 고시 이전 취득한 토지에 기준시가 고시 이전에 건물을 신축하여 자가사용하다가 해당 자산을 부동산임대업에 사용하여 장부를 기장하는 경우 취득가액이 불분명한 토지 및 건물의 취득가액 산정방법은 아래의 산식에 의한다.

① 토지

$$1990.1.1.\ \text{기준으로 한 개별공시지가} \times \frac{1985.1.1.\ \text{당시의 시가표준액}}{\left(\dfrac{\text{1990.8.30. 현재의 시가표준액} + \text{그 직전에 결정된 시가표준액}}{2}\right)}$$

② 건물

$$\text{국세청장이 해당 자산에 대하여 최초로 고시한 기준시가} \times \frac{\text{취득당시의 지방세법 시행령 제80조 제1항의 시가표준액 (동항 단서의 가감산율을 적용하지 아니한 가액으로 함)}}{\text{해당 자산에 대하여 국세청장이 최초로 고시한 기준시가 고시당시의 시가표준액(취득당시의 가액과 최초로 고시한 기준시가 고시당시의 가액이 동일한 경우에는 소득세법 시행령 제164조 제8항을 준용함)}}$$

✓ 대물변제로 취득한 자산가액이 불분명한 경우(소득 집행기준 97-163-4)

채무액에 갈음하여 부동산으로 대물변제하는 경우로서 해당 자산가액이 불분명하여 취득당시의 실지거래가액을 확인할 수 없는 때에는 매매사례가액, 감정가액, 환산가액 등을 취득가액으로 한다.

✓ 포괄취득하는 자산의 자산별 취득가액 계산(소득 해석편람 39-5-3)

거주자가 법원의 경매를 통하여 취득하는 사업용 고정자산의 취득가액은 해당 사업용 고정자산의 경락가액에 취득세·등록세 등 기타 부대비용을 가산하는 금액으로 하는 것이며, 자산의 포괄취득으로 각 자산별 가액의 구분이 불분명한 경우에 자산별 취득가액은 경락가액을 각 자산의 감정평가액을 기준으로 안분계산하는 것임. 또한, 사업자가 토지·건물만을 사용할 목적으로 첨가 취득한 기계장치 등을 양도함으로써 발생하는 차손익은 부동산임대소득·사업소득의 계산이 있어서 총수입금액이나 필요경비에 산입하지 않는 것임(소득 46011-238, 1999.10.25.)

✓ 부동산임대업을 상속받은 상속인의 부동산 취득가액

[사실관계]

부친의 사망으로 부동산임대업을 상속받고, 부동산에 대한 상속세 신고는 상속세 및 증여세법 상 평가금액으로 신고

(단위 : 억원)

	부친 장부가액	상증법상 평가금액
합 계	7.7	40
토 지	4.2	35
건 물	3.5	5

[질의]
부동산임대업을 상속받은 상속인의 부동산 취득가액이 "시가"인지, 피상속인의 최종 "장부가액"인지 여부

[회신]
부동산임대업을 상속받은 거주자가 상속으로 자산을 취득한 경우 소득세법 시행령 제89조 제1항 제3호에 따라 상속이 개시된 날의 시가를 해당 자산의 취득가액으로 하는 것임(기획재정부소득-55, 2014.1.23.)

✓ **공동사업에 사용하던 부동산을 상속 취득한 경우 장부가액**

[사실관계]
- 공동사업을 영위하는 구성원(母, 子) 중 모친이 사망함에 따라 모친 소유 토지를 상속받고, 부동산에 대한 상속세 신고는 상속세 및 증여세법상 평가금액으로 신고함
- 공동사업 자산 소유 현황 : 모친(토지 100%), 자(건물 100%)

[질의]
- 공동사업 구성원인 모친의 사망에 따라 공동사업 소유자산인 토지를 상속받고 단독사업으로 기존 사업을 계속하여 영위하는 경우, 해당 토지의 취득가액은

〈갑설〉 상속인이 상속을 통해 피상속인의 사업을 승계한 경우에 해당되어 피상속인의 최종 과세기간 종료일의 장부가액으로 하는 것임
〈을설〉 사업용 고정자산을 신규 취득하여 사업에 사용한 경우에 해당되어 상속이 개시된 날의 시가를 취득가액으로 하는 것임

[회신]
모(母)와 자(子)가 공동사업을 영위하던 중 모가 사망하여 자가 모의 사업용 고정자산을 상속받아 단독으로 사업을 계속 영위하는 경우 해당 사업용 고정자산의 장부가액은 기존 공동사업의 장부가액을 그대로 적용하는 것임(서면법령해석소득 2015-764, 2016.12.23.)

✓ **상속으로 취득한 사업용 고정자산의 취득가액 및 감가상각방법, 내용연수의 적용**

부동산임대업을 상속받은 거주자가 상속으로 사업용 고정자산을 취득한 경우에 상속이 개시된 날의 시가를 해당 자산의 취득가액으로 하는 것이고, 해당 자산에 대한 감가상각방법, 내용연수의 적용은 소득세법 시행령 제63조, 제63조의3(중고자산의 내용연수), 제64조 및 같은 법 시행규칙 제32조, 제35조에 따라 하는 것임(서면소득 2016-3743, 2016.12.30.)

✓ **부동산임대업을 증여에 의해 포괄적으로 승계받아 임대업을 영위하는 경우 자산의 취득가액 및 감가상각비 계산방법**

부(父)로부터 증여받아 포괄적으로 사업을 승계받은 거주자가 부동산임대업을 계속 영위하는 경우에 증여받은 토지 및 건물의 취득가액은 그 취득 당시에 소득세법 시행령 제89조 제1항 제3호에 따라 계산한 금액으로, 감가상각방법 및 내용연수의 적용은 같은 시행령 제63조, 제63조의3(중고자산의 내용연수), 제64조 및 같은 법 시행규칙 제32조, 제35조에 따라 하는 것임(서면소득 2016-6132, 2016.12.30.)

✓ **사업용부동산의 취득에 따른 회계처리 방법**

거주자가 부동산임대업을 영위하기 위한 건물을 취득하는 과정에서 근저당권 설정과 관련된 비용을 지출한 경우 동 비용은 당해 부동산의 취득가액에 가산하는 것이며, 당해 부동산의 취득시 의무적으로 첨가취득한 유가증권을 양도함으로써 발생한 손실은 부동산임대소득금액 계산시 필요경비에 산입할 수 없는 것임(서일 46011-11603, 2002.11.28.)

✓ **분묘조성비의 필요경비산입**(소통 27-55…29)

① 분묘기지를 개발하여 그 소유권을 포함하여 분할 판매하는 부동산매매업의 경우에는 토지취득가액과 분묘기지 조성비 중에서 묘지판매분에 대응하는 금액상당액을 당해 과세기간의 소득금액계산상 필요경비에 산입한다.

② 토지를 매입하여 분묘기지로 개발한 후 이를 국가·지방자치단체에 기부채납하고 당해 자산을 사용수익함에 있어 분묘기지권의 사용료(지료)를 받는 부동산임대업의 경우에는 국가·지방자치단체에 기부채납한 자산의 가액을 그 사용수익기간에 따라 균등하게 배분하여 해당 과세기간의 필요경비로 산입한다.

③ 토지를 매입하여 분묘기지로 개발한 후 당해 묘지의 소유권 이전 없이 분묘사용기간이 영구적인 분묘기지권을 설정하여 주고 분묘기지권의 사용료(지료)를 받는 경우, 분묘조성비(토지가액 제외)는 묘지 판매시에 받은 분묘기지권의 사용료(지료)에 대응하는 원가이므로 당해 묘지 판매분에 대응하는 금액을 각 과세기간의 필요경비에 산입한다.

✓ **부동산매매업의 의제취득일 이전에 취득한 토지가액은 의제취득일임**

1983.12.31. 이전에 취득한 토지는 1985.1.1.에 취득한 것으로 보아 그 당시의 기준시가를 적용하는 것임(소득 46011-21299, 2000.11.6.)

✓ **아파트가 대물변제되었다 하더라도 필요경비에 산입할 수 없음**

주택신축판매업을 영위하는 원고가 아파트를 신축하여 공사대금으로 대물변제되었다 하더라도 이를 필요경비로 산입할 수 없음(서울고법 2010누22858, 2010.12.16.)

✓ **토지의 이용편의를 위하여 지출한 신설도로가액의 필요경비 계상 여부**(소득 해석편람 27-1-1)

택지를 조성하여 분양하는 부동산매매업자가 토지의 이용편의를 위하여 해당 토지에 도로를 신설한 경우, 도로의 시설비 및 도로로 된 토지의 취득가액은 재고자산의 취득에 소요된 비용에 해당함(소득 22601-1030, 1991.5.24.)

✓ **판매목적으로 신축하여 분양하는 상가의 매출원가 계산방법**(소득 해석편람 27-1-8)

거주자가 판매목적으로 상가를 신축하여 층별 용도별로 분양금액을 달리하여 분양하는 경우 분양되는 상가의 분양원가는 개별원가계산방법 또는 다음 산식 중 거주자가 계속적으로 적용하고 있는 방법에 의하여 계산하는 것임(재경원소득 46073-207, 1997.12.31.)

$$\text{분양되는 상가의 취득가액} = \text{총 취득가액} \times \frac{\text{분양면적}}{\text{총 건축연면적}}$$

✓ **상가 등의 신축분양시 분양원가 산정 방법**

법인이 상가 등을 신축분양함에 있어 층별·위치별·용도별 분양금액을 달리하여 분양하는 경우 분양되는 상가 등에 대한 각 사업연도 소득금액 계산시 취득가액은 원칙적으로 개별원가계산방법 또는 분양면적비율에 의한 안분계산방법에 의하는 것이나, 각 층별·위치별·용도별 분양금액이 다르고 전체 분양가액이 구체적으로 산정되었음이 사전 공시방법 등에 의해 명백히 확인되는 경우에는 총취득가액에 당해 사업연도에 분양된 건물의 분양가액이 총분양예정가액에서 차지하는 비율을 곱하여 계산한 금액으로 할 수 있는 것이며, 이 경우 동 원가계산방법은 당해 건물의 분양이 완료될 때까지 계속 적용하여야 하는 것임(서이 46012-11875, 2003.10.27.)

✓ **매매목적의 신축상가를 분양함에 있어 분양수입금액에 대응하는 분양원가의 결정**

매매목적의 신축상가를 분양함에 있어 분양수입금액에 대응하는 분양원가는 분양 당시의 장부가액으로 하는 것으로서 부분적으로 분양될 경우 용도별, 층별로 분양가액차이가 있는 경우에는 분양예정금액의 비율에 의해 배분할 수 있는 것임(제도 46013-640, 2000.12.28.)

※ 참고예규

매매목적으로 신축한 상가가 분양되지 아니하여 그 중 일부를 일시적으로 임대하는 경우 상가신축을 위하여 차입한 차입금에 대한 건물준공 후의 지급이자는 사업소득과 부동산임대소득의 소득금액계산에 있어서 당해 면적비율로 안분하여 필요경비에 산입하는 것이며, 이 경우 사업소득과 부동산임대소득에 대한 별개의 재무제표를 작성하여 소득금액을 계산하고 종합소득으로 합산하여 소득세과세표준확정신고를 하는 것임(소득 46011-1313, 1999.4.9.)

✓ **층별·용도별 분양금액을 달리하는 경우 취득원가의 배분방법**(소득 해석편람 27-1-9)

거주자가 판매를 목적으로 상가를 신축하여 층별·용도별로 분양금액을 달리하여 분양하는 경우 그 취득원가의 배분은 소득세법 제39조 제3항의 규정에 의하여 일반적으로 공정·타당하다고 인정되는 기업회계의 기준을 적용하여 안분 계산할 수 있는 것이며, 이 경우 동일한 원가배분방법을 계속하여 적용하여야 하는 것임(소득 46011-10175, 2001.2.27.)

✓ **경락받은 사업용 고정자산의 취득가액 계산**(소득 해석편람 27-1-10)

거주자가 법원의 경매를 통하여 취득하는 사업용 고정자산의 취득가액은 해당 사업용 고정자산의 경락가액에 취득세·등록세 등 기타 부대비용을 가산하는 금액으로 하는 것이며, 일괄 구입하는 경우 자산별 취득가액은 경락가액을 각 자산의 상대적 시가를 기준으로 개별자산에 배분하는 것임 이때, 토지·건물만을 사용할 목적으로 첨가 취득한 기계장치 등을 처분 또는 폐기함에 따라 발생한 손실은 이를 해당 토지·건물의 취득가액에 의하여 안분 계산한 금액을 해당 자산에 대한 자본적지출로 하는 것임(소득 46011-1404, 1998.5.27.)

✓ **공사대금의 중간지급 기성금을 미지급하는 경우 회계처리방법**(소득 해석편람 27-1-11)

거주자가 임대사업용 부동산을 건설함에 있어서 도급금액을 결정한 후 그 대금 중 일부의 지급지연으로 인하여 지급하는 연체이자 상당액은 해당 부동산의 취득가액에 산입하는 것임. 다만, 해당금액이 실질적으로 소비대차로 전환된 경우에 지급하는 이자는 "건설이 준공된 날"까지의 기간 중에는 건설자금이자로 보고 건설이 준공된 날 이후의 이자는 각 과세기간의 소득금액계산에 있어서 필요경비에 산입하는 것임(소득 46011-2546, 1998.9.10.)

✓ **공동사업에 현물출자된 토지의 취득가액**(소득 해석편람 27-1-14)

공동사업자인 주택신축판매업자의 총수입금액에 대응하는 필요경비 중 토지가액은 공동사업에 현물출자한 당시의 가액으로 하는 것으로 이 경우 공동사업계약을 체결한 날을 현물출자 시기로 보는 것임(소득 46011－340, 1999.11.12.)

(3) 임업의 경비

종묘 및 비료의 매입비, 식림비, 관리비, 벌채비, 설비비, 개량비, 임목의 매도경비

✓ **산림관리비 등의 회계처리**(소통 27－55…1)

산림의 취득비용과 식림 또는 육림에 소요되는 조림비는 취득가액에 산입하는 것이며, 산림의 유지관리를 위한 비용은 발생한 과세기간의 소득금액계산상 필요경비에 산입한다.

(4) 양잠업의 경비

매입비, 사양비, 관리비, 설비비, 개량비, 매도경비

✓ **상전조성비 등의 필요경비산입**(소통 27－55…2)

생사를 제조하는 사업자가 잠업농가에 대하여 장려금을 지급하거나 상전조성비 및 관리에 필요한 경비를 부담한 경우에는 이를 당해 사업자의 필요경비로 산입한다.

(5) 가축 및 가금비

종란비, 출산비, 사양비, 설비비, 개량비, 매도경비

(6) 종업원의 급여

✓ **경조금의 필요경비산입 등**(소칙 24조)

① 종업원에는 해당 사업자의 사업에 직접 종사하고 있는 그 사업자의 배우자 또는 부양가족을 포함하는 것으로 한다.

② 사업자가 그 종업원에게 지급한 경조금 중 사회통념상 타당하다고 인정되는 범위 내의 금액은 해당연도 소득금액계산에 있어서 이를 필요경비에 산입한다.

✓ **사업주급료의 필요경비불산입**(소통 27－55…3)

개인기업체의 사업주에 대한 급료는 소득금액계산상 필요경비에 산입하지 아니한다. 이 경우 공동사업자의 경우 또한 같다.

✓ **사업주 등에게 지급하는 급여 등의 처리**(소득 집행기준 27-55-11)

개인기업체의 사업주(공동사업자의 경우도 포함한다)의 급료는 필요경비에 산입하지 않으며, 다만 사업주가 그의 배우자 또는 부양가족을 종업원으로 하여 해당 사업에 직접 종사하게 하고 급여를 지급하는 경우 필요경비로 산입할 수 있다.

✓ **특수관계에 있는 종업원 급여의 필요경비산입 여부**(소득 해석편람 27-2-3)

사업을 영위하는 거주자가 그의 배우자 또는 직계 존·비속 및 기타 특수관계에 있는 자를 해당 거주자의 사업에 직접 종사하게 하고 그들에게 급여를 지급하는 경우 그 배우자 또는 직계 존·비속 및 기타 특수관계에 있는 자에 대한 급여는 소득세법 시행령 제55조 제1항 제6호 및 같은법 시행규칙 제24조 제1항의 규정에 의하여 필요경비에 산입할 수 있는 것임(소득 46011-344, 1999.11.12.)

✓ **직업훈련비용의 처리**(소통 27-55…4)

국민 평생 직업능력 개발법에 따라 직업능력개발훈련을 실시하는 사업자가 자기 사업을 위해 필요한 기술자를 확보하기 위하여 부담하는 교재·피복·필기도구 등 훈련경비와 훈련수당 등은 해당 과세연도의 소득금액을 계산함에 있어 필요경비에 산입한다. 이 경우 훈련경비 등의 명목으로 피훈련자에게 지급되는 현금은 이를 지급받은 자의 근로소득으로 본다.(2024.3.15. 개정)

✓ **종업원을 수익자로 하는 보험료의 필요경비산입범위**(소통 27-55…5)

법 또는 영에 특별한 규정이 있는 경우를 제외하고는 종업원을 보험수익자(피보험자)로 하고 사용자가 부담하는 보험료(선원보험료, 단체퇴직보험료에 부가된 재해특약보험, 상해보험료, 선원보증보험료, 신원보증보험료, 퇴직보험료 등)는 이를 해당 종업원의 급여로 본다.

✓ **부임수당의 필요경비산입**(소통 27-55…6)

종업원에게 지급하는 부임수당은 각 과세기간의 소득금액계산상 필요경비에 산입한다. 그 수당 중 이주에 소요되는 비용상당액은 여비교통비로 보며 이를 초과하는 부분은 급여로 본다.

✓ **사용인에게 지급한 경조금의 필요경비 산입**(소득 집행기준 27-55-14)

사업소득이 있는 거주자가 그 사용인에게 지급한 경조금 중 사회통념상 타당하다고 인정되는 범위 안의 금액에 대해서는 해당연도의 소득금액계산에 있어서 필요경비에 산입할 수 있는 것이며, 또한 이를 지급받는 사용인의 급여로 보지 않는다.

✓ **인력파견업체가 인건비 보다 낮은 용역의 대가를 받고 파견하는 경우 인건비 필요경비 산입여부**

인력파견업체가 사용업체로부터 인력 파견 대가로 지급받은 금액 보다 많은 인건비를 파견근로자에게 지급하는 경우로서 그 인건비 수준이 사회통념을 넘지 아니하는 경우 사업소득금액을 계산할 때 필요경비에 산입하는 것임(서면법령해석소득 2017-2917, 2019.1.26.)

✓ **회사가 개인휴대폰사용료의 지급시 소득구분**

① 사업자의 휴대폰을 업무와 관련하여 사용하고 지급하는 휴대폰사용료는 필요경비에 산입함. 다만, 종업원이 업무와 관련없이 사용하여 해당 종업원이 부담하는 부분에 대하여는 그러하지 아니함

② 종업원의 개인휴대폰사용료를 사업자가 부담하는 경우에는 이를 종업원의 근로소득에 포함함. 다만, 종업원이 업무용으로 사용한 부분에 대하여는 그러하지 아니함(소득 46011-659, 2000. 6.19.)

(7) 종업원의 출산 또는 양육 지원을 위해 해당 종업원에게 공통적으로 적용되는 지급기준에 따라 지급하는 금액(소령 55조 ① 6의2, 2024.2.29. 신설)

➲ 2024.2.29.부터 시행한다.(2024.2.29. 영 부칙 1조)

(8) 임원·종업원 할인금액(2024.12.31. 신설)

➲ 2025.2.28.부터 시행한다.(2025.2.18. 영 부칙 1조)

사업자나 법인이 생산·공급하는 재화 또는 용역을 그 사업자의 사업장에 종사하는 종업원에게 시가보다 낮은 가격으로 제공하거나 구입할 수 있도록 지원함으로써 해당 종업원이 얻는 이익에 상당하는 금액(소령 55조 6의3, 2025.2.28. 신설, 소법 20조 ① 6, 소령 38조 ① 17, 2025.2.28. 신설)

(9) 사업용자산에 대한 비용

① 사업용자산(그 사업에 속하는 일부 유휴시설을 포함)의 현상유지를 위한 수선비
② 관리비와 유지비
③ 사업용자산에 대한 임차료
④ 사업용자산의 손해보험료

✓ **부외자산 유지관리비의 필요경비계산**(소통 27－55…9)

사업자가 장부에 등재되어 있지 않은 자산이 해당 사업에 직접 사용되고 있는 경우에는 그 자산의 사용으로 인하여 발생되는 유지관리비는 필요경비에 산입할 수 있다.

✓ **고정자산 매입대금의 지급지연에 따른 지급이자 처리**(소통 27－55…16)

사업자가 고정자산을 매입함에 있어서 매입가격을 결정한 후 그 대금 중 일부 잔금의 지급지연으로 지급하는 이자상당액은 고정자산의 취득가액에 산입한다. 이 경우 그 잔금이 실질적으로 소비대차로 전환된 경우에 지급하는 이자는 이를 각 과세기간의 소득금액계산상 필요경비에 산입한다.

✓ **매출누락 대응원가의 필요경비 산입**(소득 집행기준 27-55-1)

과세표준과 세액을 조사결정 하는 과정에서 매출누락이 밝혀진 경우 해당 매출누락분에 대응되는 필요경비가 이미 장부상에 반영되어 있는 때에는 해당 매출누락 전액을, 매출누락분에 대한 필요경비도 함께 누락시킨 경우에는 해당 매출누락분에 대응하여 객관적으로 입증되는 필요경비를 공제한 금액을 각각 소득금액에 가산한다.

✓ **부당이득금의 과세여부와 소송비용 등의 필요경비 해당여부**(소득 집행기준 27-55-4)

① 개인소유의 토지를 토지 소유자의 의사에 반하여 정당한 권원없이 불법으로 점유하고 사용한 대가로 법원판결에 의하여 지급받는 금전이 부당이득반환 또는 손해배상의 성격을 가지는 경우에는 과세대상 소득에 해당하지 않는다. 다만 토지소유자가 법원의 판결에 의한 '재판상 화해조

항'에서 정하는 바에 따라 토지를 사용하게 하고 그 사용료로서 받는 대가는 부동산임대업에서 발생하는 소득에 해당한다.

② 부동산업에서 발생하는 소득에 해당하는 부당이득금을 지급받기 위하여 부담한 일반적으로 용인되는 통상적인 변호사 비용과 관련 수수료 등 소송비용은 필요경비에 해당하며, 그 귀속시기는 해당 비용이 확정된 날이 속하는 연도로 한다.

✓ 임대용 건물 재건축 관련 비용의 필요경비 산입 시기

임대용 건물의 재건축이 취소된 경우 기지급한 재건축 관련 비용은 해당 재건축이 취소된 날이 속하는 과세기간의 필요경비에 산입하는 것이나, 재건축이 실제로 취소되었는지 여부는 사실판단할 사항임(서면소득 2021-5549, 2021.8.31.)

✓ 사업용·비사업용 주택을 함께 보유한 자의 종합부동산세 필요경비 산입방법

전체 주택의 공시가격을 합산한 금액에서 사업에 사용하는 주택의 공시가격이 차지하는 비율만큼의 금액은 소득세법 시행령 제55조 제1항 제8호에 따라 사업소득의 필요경비에 해당하는 것임(서면법규소득 2022-3538, 2022.10.26.)

✓ 사업자 사망시 사업용 부동산에 부과되는 지방세·종합부동산세의 필요경비 귀속주체

지방세법 제114조 및 종합부동산세법 제3조에 따른 과세기준일이 사망자의 과세기간에 속하는 경우에는 해당 사업자(사망자)의 필요경비로 산입할 수 있는 것임(서면법규소득 2021-8490, 2022.10.20.)

✓ 임차주택의 임차료를 주택임대수입금액에서 차감할 수 있는지

배우자와 함께 각자 1채씩의 주택을 소유한 거주자가 그 소유한 주택을 임대하고, 임대기간 동안에 별도로 거주하기 위한 주택을 임치한 경우에 해당 거주자가 지급하는 임차주택의 임차료는 그 거주자의 주택임대수입금액에서 차감할 수 없는 것임(서면소득 2017-951, 2017.4.23.)

✓ 사업용 자산에 부과되는 제세공과금 등의 필요경비 산입여부(소득 집행기준 27-55-16 ④)

주택임대사업자가 소유하는 주택이 지방세법 제190조에 따른 재산세 과세기준일(매년 6월 1일) 현재 사업용 자산에 해당되지 않는 경우에는 해당 주택에 대한 재산세 및 종합부동산세를 부동산임대업의 필요경비에 산입하지 않는다.

✓ 무상수입자산의 통관비용 등의 처리(소통 27-55…7)

반환할 것이 약정된 무상수입자산의 통관비용 등은 그 효익이 미치는 기간에 안분하여 필요경비에 산입한다. 다만, 그 효익이 미치는 기간이 규칙 기준내용연수를 초과할 때에는 그 기준내용연수기간에 안분하여 필요경비에 산입한다.

✓ 납세자가 코로나19피해지역에 소재한 경우 관할 세무서장이 일괄하여 직권으로 납부기한등의 연장을 할 수 있는지 여부

코로나19의 대유행과 이에 따른 감염병 확산 방지를 위한 장기간의 영업제한 등의 조치가 있는 경우는 국세징수법 제13조 제1항 제1호 및 제2호, 동법 시행령 제11조 제5호의 납부기한 등의 연장 사유에 해당하며, 관할 세무서장은 직권으로 해당 납세자들에 대해 일괄적으로 납부기한 등의 연장을 실시할 수 있는 것임(기획재정부조세법령-931, 2021.11.1.)

✓ 사업용 자산의 사용대가로 임대인의 채무변제시 필요경비 산입 여부(소득 해석편람 27-3-2)

개인사업자가 특정사업자의 토지·건물·기계장치 및 기타 사업용 자산을 사용하면서 특정사업자의 채무

PART 2

의 일부를 변제하는 조건으로 사용하고 지급하는 그 채무변제액은 해당 사업자의 임차료로서 해당 과세기간의 사업소득금액계산에 있어서 필요경비에 산입할 수 있음(소득 46011-539, 1998.3.4.)

✓ **토지사용 변상금에 대한 필요경비 산입 여부**(소득 해석편람 27-3-3)

국유재산의 무단점유 등으로 법원의 판결에 따라 국유재산법 제51조의 규정에 의하여 부과되는 토지사용에 대한 변상금 중 정상사용료 상당액은 해당 사업에 대한 소득금액 계산 시 필요경비에 산입할 수 있는 것이며, 이 경우 동 사용료상당액을 그 판결이 확정된 날이 속하는 연도 전에 필요경비로 계상하지 아니한 때에는 그 판결이 확정된 날이 속하는 연도를 필요경비의 귀속연도로 하는 것임(서일 46011-11602, 2002.11.28.)

✓ **금융리스와 운용리스의 구분**(소통 27-55…18)

금융리스와 운용리스의 구분은 기업회계기준에 따른다.

✓ **리스이용자의 회계처리**(소통 27-55…19)

① 금융리스에 의하는 경우의 회계처리는 다음에 의한다.

㉠ 당해 리스물건의 리스실행일 현재의 취득가액상당액을 리스회사로부터 차입하여 동 리스물건을 구입(설치비 등 취득부대비용 포함)한 것으로 보아 소유자산과 동일한 방법으로 감가상각한 당해 리스자산의 감가상각비와 대금결제조건에 따라 지급하기로 한 리스료 중 차입금에 대한 이자상당액을 각 과세기간소득금액계산상 필요경비에 산입한다. 이 경우 동 이자상당액은 금융보험업자에게 지급하는 이자로 보아 이자소득에 대한 원천징수를 하지 아니한다.

㉡ ㉠의 적용에 있어 각 과세기간소득금액계산상 필요경비에 산입할 이자상당액은 리스실행일 현재의 리스계약과 관련하여 리스이용자가 리스회사에게 지급해야 하는 금액(이하 "최소리스료"라 한다) 중 이자율법에 의하여 계산한 이자상당액과 금액이 확정되지는 않았지만 기간경과 외의 요소의 미래발생분을 기초로 결정되는 리스료 부분(이하 "조정리스료"라 한다)로 한다.

② 운용리스에 의하는 경우의 회계처리는 다음에 의한다.

㉠ 대금결제조건에 따라 지급할 최소리스료와 조정리스료를 각 과세기간소득금액계산상 필요경비에 산입한다.

㉡ ㉠을 적용함에 있어 각 과세기간소득금액계산상 필요경비에 산입할 최소리스료는 최소리스료 총액이 리스기간 동안 균등하게 배분되도록 계산한 금액으로 한다.

㉢ ㉡의 규정을 적용함에 있어 외화로 표시된 리스계약의 경우 최소리스료는 외화금액을 기준으로 한다.

㉣ 리스이용자가 리스물건 취득가액의 일부를 부담할 경우 리스이용자는 동 금액을 선급비용으로 계상하고, 리스기간에 안분하여 필요경비에 산입한다.

③ 리스계약 당사자의 변동 없이 리스기간이 연장되는 재리스의 경우 동 연장기간중의 리스료에 대한 처리는 지급하기로 한 때의 필요경비에 산입한다.

④ 리스에 관련한 외화자산 및 부채의 평가는 영 제97조의 규정에 의하여 처리한다.

⑤ 금융리스를 운용리스로 또는 운용리스를 금융리스로 처리한 경우에는 다음과 같이 한다.

㉠ 금융리스를 운용리스로 처리한 경우에는 리스물건의 취득가액상당액을 자산으로 계상하고, 필요경비에 산입한 리스료 중 제1항에 따라 필요경비에 산입할 금액을 초과하는 금액은 이를 감가상각한 것으로 보아 시부인한다.

㉡ 운용리스를 금융리스로 처리한 경우에는 리스료지급액 전액을 필요경비에 산입하고, 당해

자산에 대하여 필요경비에 산입한 감가상각비는 이를 필요경비에 산입하지 아니한다.

✓ **사업용 유형자산을 판매후 재리스한 경우 손익처리 방법**

복식부기사업자인 개인사업자가 사업용 유형고정자산을 판매후 리스거래를 하여 발생한 처분손익은 리스자산의 감가상각 기간 동안 이연하여 균등하게 상각 또는 환입하는 것임(기준법령해석소득 2019-574, 2019.10.29.)

> [국세청 해석사례집 검토내용]
> - 개인사업자가 사업용 유형고정자산을 양도함으로써 발생하는 소득은 2017.12.31. 이전까지는 과세대상이 아니었으나* 세법의 개정으로 2018.1.1.부터 복식부기의무자인 개인 사업자가 사업용 유형 고정자산을 양도함으로써 발생하는 소득은 과세대상 소득으로 열거되었음
>   * 양도소득으로 열거된 자산(예 : 부동산)만 양도소득으로 과세
> - 소득세법에서는 2017.12.31. 이전까지는 사업용 유형고정자산(양도소득세 과세대상 자산 제외)의 처분 시 발생하는 손익이 과세대상이 아니었기 때문에 소득세법 기본통칙에서는 법인세법과 달리 자산을 양도하고 리스하는 경우 처분 손익을 이연하여 인식하도록 하는 규정이 불필요 하였으나 소득세법도 2018.1.1. 이후 처분하는 사업용 유형고정자산의 처분손익에 대해 과세대상 소득으로 열거함에 따라 두 세법령에서 사업용 유형고정자산의 처분에 대한 규정이 동일하게 되었으므로 개인 사업자의 경우도 판매 후 금융리스 거래에서 발생하는 처분손익을 법인 사업자와 마찬가지로 이연하여 인식할 필요가 있음
> - 판매후 리스거래에서의 자산 처분손익에 대해서는 ① 법인세법도 법령에 규정하고 있지는 않지만 기업회계기준을 수용하여 기본통칙에 반영하고 있으므로 법령상 법인세법과 동일하게 규정하고 있는 소득세법이 법인세법과 달리 해석할 필요가 없고 오히려 동일하게 해석함으로써 세법상 전반적 통일성을 유지할 수 있는 점, ② 판매후 리스가 법형식상으로 양도 거래이지만 본질적 성질은 담보차입이며 자산의 이동조차 없이 계속해서 사용하기 때문에 처분이익 및 처분손실을 즉시 인식하는 것이 현실과 맞지 않는 점, ③ 세법에서 특별한 규정이 없는 경우 납세의무자가 계속하여 적용하고 있는 기업 회계의 기준 또는 관행으로서 일반적으로 공정·타당하다고 인정되는 것은 존중 하도록 규정한 세법해석 적용의 원칙(국기법 20조)을 따르는 경우 개인사업자도 판매후 리스 거래에서 발생한 처분손익을 이연하여 인식할 수 있는 점을 고려하면, 소득세법도 판매후 금융리스 거래에서 발생한 처분손익을 즉시 인식하기보다 오히려 (법인세법 기본통칙 23-24…1 ⑦ 1)을 차용하여 적용함이 타당함

✓ **지형 구입비 및 제조비의 필요경비산입**(소통 27-55…20)

도서출판업을 영위하는 사업자가 소유하는 지형은 내구성 있는 소모품이므로 그 효익이 미치는 기간에 안분하여 필요경비에 산입한다.

✓ **일정기간 사용수익후 무상양도 조건부자산의 필요경비계산**(소통 27-55…21)

일정기간 사용 후에 소유권을 무상양도할 것을 조건으로 타인의 토지 위에 건축물을 신축한 경우 그 건축물의 취득가액은 사용계약기간에 안분하여 필요경비에 산입한다. 다만, 사용기간을 연장할 수 있거나 사용기간이 정하여지지 아니한 경우에는 당해 건축물의 기준내용연수를 사용기간으로 한다.

✓ **운용리스 중도해지시 임차인이 부담한 자본적지출의 필요경비 산입**(소득 해석편람 27-3-1)

운용리스에 의한 선박임차에 있어 임차인이 개수하는 조건으로 리스계약을 체결한 경우에 임차인이 부담한 개수비(자본적지출에 한함)는 선급비용으로 계상하고 리스기간에 안분계산하여 필요경비에 산입하는 것이나, 동 선박의 사고로 인하여 리스계약이 중도에 해지되는 경우에는 필요경비에 산입하지 못한 개수비잔액을 계약해지일이 속하는 연도의 필요경비에 산입할 수 있는 것임(소득 46011-576, 1994.2.25.)

✓ **금융리스자산의 감가상각방법**(소득 해석편람 27-7-2)

금융리스조건으로 사업용 고정자산을 리스한 사업자의 경우 해당 리스물건에 대한 감가상각을 리스실행일 현재의 해당 리스물건의 취득가액상당액을 리스회사로부터 차입하여 해당 리스물건을 구입(설치비 등 취득부대비용 포함)한 것으로 보아 소유자산과 동일한 방법으로 감가상각하는 것임(소득 46011-1128, 1997.4.23.)

✓ **장기손해보험계약에 관련된 보험료의 필요경비산입 범위**(소통 27-55…10)

사업자가 보험기간만료 후에 만기반환금을 지급하겠다는 뜻의 약정이 있는 손해보험에 대한 보험료를 지급한 경우에는 그 지급한 보험료액 가운데 적립보험료에 상당하는 부분의 금액은 자산으로 처리하고 기타 부분의 금액은 이를 기간의 경과에 따라 필요경비에 산입한다.

✓ **임차건물 등을 보험에 가입한 경우의 보험료 필요경비산입 범위**(소통 27-55…11)

① 임차자가 보험계약자로 되어 있는 임차건물에 대한 보험료는 임차료로 보고 임차자의 필요경비에 산입한다. 다만, 임차자가 보험수익자(피보험자)가 된 경우에는 통칙 27-55…1에 의한다.

② 해당 건물 등의 소유자가 보험계약자 및 보험수익자(피보험자)로 되어 있는 경우에 임차자가 부담한 보험료는 해당 건물 등의 임차료의 추가지급으로 본다.

✓ **보험사고의 발생에 의한 적립보험료의 처리**(소통 27-55…12)

적립보험료에 상당하는 부분의 금액은 보험사고의 발생에 의하여 보험금의 지급을 받은 경우에 있어서도 그 지급에 의하여 해당 손해보험계약이 실효되지 아니하는 경우에는 이를 필요경비에 산입할 수 없다.

(10) 사업용 유형자산의 양도당시 장부가액

복식부기의무자가 사업용 유형자산의 양도가액을 총수입금액에 산입한 경우 해당 사업용 유형자산의 양도 당시 장부가액(감가상각비 중 업무사용금액에 해당하지 않는 금액이 있는 경우에는 그 금액을 차감한 금액을 말한다)(소령 55조 ① 7의2, 2018.2.13. 개정, 2020.2.11. 용어개정)

➲ 2018.2.13.이 속하는 과세기간에 양도하는 분부터 적용한다.(2018.2.13. 영 부칙 4조)

(11) 사업과 관련이 있는 제세공과금

① 사업과 관련 있는 제세공과금은 필요경비에 산입하되, 소득세법 및 같은 법 시행령에 의하여 필요경비에 산입하지 아니하는 것을 제외한다.

② 외국납부세액공제를 적용하지 않는 경우의 외국소득세액을 포함한다.(소령 55조 ① 8, 2021.2.17. 개정)

✓ **부가가치세에 대한 필요경비의 취급**(소통 33－74…1 ③, ⑤, ⑥)

① 세금계산서를 제출하지 아니함으로써 공제받지 못한 부가가치세매입세액은 필요경비에 산입하지 아니한다.

② 간이과세자가 일반과세자로 변경되어 부가가치세법 시행령 제86조의 규정에 의하여 재고매입세액을 공제받을 경우에는 매입부대비용의 환입으로 보아 당해 재고품가액에서 재고매입세액을 차감한다.(2024.3.15. 개정)

③ 일반과세자가 간이과세자로 변경되어 부가가치세법 시행령 제112조의 규정에 의하여 재고납부세액을 납부할 경우에는 당해 재고납부세액은 재고품의 매입부대비용으로 처리한다.(2024.3.15. 개정)

✓ **간이과세자의 부가가치세 처리**(소득 집행기준 33-74-2)

① 간이과세자에 대한 부가가치세는 다음에 따라 처리한다.

㉠ 간이과세자인 사업지기 사업과 관련하여 물품을 매입하거나 용역을 제공받음으로써 부가가치세법에 따라 거래징수당한 부가가치세는 해당 물품 또는 용역의 매입부수비용으로 본다.

㉡ 간이과세자인 사업자가 물품을 판매하거나 또는 용역을 제공함으로 인하여 부가가치세법에 따라 납부한 부가가치세는 필요경비로 한다.

② 간이과세자가 일반과세자로 변경되어 부가가치세법 시행령 제86조에 따라 재고매입세액을 공제받을 경우에는 위 '①'에 따라 처리한 매입부수비용의 환입으로 보아 해당 재고품가액에서 재고매입세액을 차감한다.

③ 일반과세자가 간이과세자로 변경되어 부가가치세법 시행령 제112조에 따라 재고납부세액을 납부할 경우에는 해당 재고납부세액은 재고품의 매입부수비용으로 처리한다.

✓ **매매목적물인 토지 등에 대한 재산세의 처리**(소통 27－55…8)

사업자가 매매를 목적으로 취득한 토지 등에 부과되는 재산세 등은 각 과세기간의 소득금액계산상 필요경비에 산입한다. 다만, 취득세와 등록세(등록세에 부가되는 교육세 포함)는 해당 토지 등의 취득가액에 산입한다.

✓ **사업자 사망시 사업용 부동산에 부과되는 지방세·종합부동산세의 필요경비 귀속주체**

사업자가 사망한 경우의 과세기간은 소득세법 제5조 제2항에 따라 1월 1일부터 사망한 날까지이므로, 해당 사업자가 납부하는 재산세 및 종합부동산세 중 당해 사업과 직접 관련이 있는 세액으로서, 지방세법 제114조 및 종합부동산세법 제3조에 따른 과세기준일이 위 과세기간에 속하는 경우에는 해당 사업자의 필요경비로 산입할 수 있는 것임(서면법규소득 2021-8490, 2022.10.20.)

✓ **사업용 자산에 부과되는 제세공과금 등의 필요경비 산입여부**(소득 집행기준 27-55-16)

① 사업자가 매매를 목적으로 취득한 토지 등에 부과되는 재산세 등은 필요경비에 산입한다. 다만 취득세와 등록세(등록세에 부가되는 교육세를 포함한다)는 해당 토지 등의 취득가액에 산입한다.

② 부동산 임대업자가 납부할 의무가 있는 재산세·종합토지세·취득세중과분은 필요경비에 산입하며, 임차인이 부담하기로 약정한 경우에도 해당 재산세 등은 부동산임대업자의 총수입금액으로 계산하는 한편 필요경비로 산입한다.

③ 종합부동산세 중 해당 사업과 직접 관련이 있는 세액은 자진신고납부일(종합부동산세법에 따라 결정 경정하는 경우에는 고지일)이 속하는 과세기간의 필요경비로 산입할 수 있다.

④ 주택임대사업자가 소유하는 주택이 지방세법 제190조에 따른 재산세 과세기준일(매년 6월 1일) 현재 사업용 자산에 해당되지 않는 경우에는 해당 주택에 대한 재산세 및 종합부동산세를 부동산임대업의 필요경비에 산입하지 않는다.

✓ **재산세의 필요경비 산입**(소득 해석편람 27-4-1)

부동산소득금액의 계산에 있어서 해당연도 전의 총수입금액에 대응하는 비용으로서 해당연도에 확정된 것에 대하여는 해당연도 전에 필요경비로 계상하지 아니한 것에 한하여 해당연도의 필요경비로 계상할 수 있는 것임(소득 22601-2433, 1987.9.8.)

(12) 각종 근로복지기금에 출연하는 금품(2021.2.17. 신설)

다음 중 하나에 해당하는 기금에 출연하는 금품을 말한다.(소령 55조 ② 9)

① 해당 사업자가 설립한 근로복지기본법 제50조에 따른 사내근로복지기금

② 해당 사업자와 다른 사업자 간에 공동으로 설립한 근로복지기본법 제86조의2에 따른 공동근로복지기금

③ 해당 사업자의 조세특례제한법 제8조의3 제1항 제1호에 따른 협력중소기업이 설립한 근로복지기본법 제50조에 따른 사내근로복지기금

④ 해당 사업자의 조세특례제한법 제8조의3 제1항 제1호에 따른 협력중소기업 간에 공동으로 설립한 근로복지기본법 제86조의2에 따른 공동근로복지기금

(13) 건설근로자의 고용개선 등에 관한 법률에 따라 공제계약사업주가 건설근로자퇴직공제회에 납부한 공제부금

(14) 근로자퇴직급여 보장법에 따라 사용자가 부담하는 부담금

① 근로자퇴직급여 보장법에 따라 사용자가 부담하는 필요경비에 산입할 부담금 중 사용자가 퇴직연금계좌에 납부한 부담금은 전액 필요경비에 산입하고, 확정급여형퇴직연금제도에 납부한 부담금은 퇴직금 추계액에서 다음의 금액을 순서에 따라 공제한 금액을 한도로 하며, 둘 이상의 부담금이 있는 경우에는 먼저 계약이 체결된 퇴직연

금의 부담금부터 필요경비에 산입한다.(소령 55조 ③, 2013.2.15. 개정)

㉠ 해당 과세기간 종료일 현재의 퇴직급여충당금

㉡ 직전 과세기간 종료일까지 지급한 부담금

② 부담금을 필요경비에 산입한 사업자는 과세표준확정신고서에 「퇴직연금부담금조정명세서」를 첨부하여 납세지 관할 세무서장에게 제출하여야 한다.(소령 55조 ④)

③ 사용자가 종업원에 대하여 확정기여형퇴직연금 등을 설정하면서 설정 전의 근무기간분에 대한 부담금을 지출한 경우 그 지출금액은 퇴직급여충당금의 누적액에서 차감된 퇴직급여충당금에서 먼저 지출한 것으로 본다.(소칙 24조의2 ①)

④ 부담금을 필요경비에 산입한 사업자가 다음 중 하나에 해당하는 경우에는 다음의 각각에서 규정하는 금액을 그 사유가 발생한 과세기간의 소득금액계산에 있어서 총수입금액에 산입한다.(소령 55조 ⑤, 2013.2.15. 개정)

㉠ 보험계약 또는 신탁계약이 해지되는 경우 : 사업자에게 귀속되는 금액(2013.2.15. 개정)

㉡ 근로자퇴직급여 보장법 시행령 제24조 각 호에 따라 적립금이 사용자에게 귀속되는 경우 : 당해 적립금

(15) 중소기업 인력지원 특별법 제35조의3(☞ 성과보상기금) 제1호에 따른 중소기업이 부담하는 기여금(2014.2.21. 신설)

(16) 국민건강보험법, 고용보험법 및 노인장기요양 보험법에 의하여 사용자로서 부담하는 보험료 또는 부담금

✓ 직장가입자가 추가로 부담하는 건강보험 소득월액보험료의 필요경비 산입 여부

2012.9.1. 이후 직장가입자인 사업주가 추가로 납부하는 국민건강보험료는 필요경비에 산입하는 것이며, 직장가입자인 근로자가 추가로 납부하는 국민건강보험료는 근로소득에서 공제하는 것임(서면법규-182, 2013.2.18.)

(17) 국민건강보험법 및 노인장기요양 보험법에 의한 직장가입자로서 부담하는 사용자 본인의 보험료

(18) 국민건강보험법 및 노인장기요양 보험법에 따른 지역가입자로서 부담하는 보험료

국민건강보험료 등의 필요경비 산입범위(소득 집행기준 27-55-17)

국민건강보험법, 노인장기요양 보험법, 고용보험법에 따른 다음의 보험료 또는 부담금은 필요경비에 산입한다.

관 련 법	필요경비 산입 범위	귀속연도
국민건강보험법 노인장기요양 보험법	사용자로서 부담하는 보험료 또는 부담금	• 고지분 : 고지일이 속하는 과세연도
	직장가입자로서 부담하는 사용자 본인 보험료	
	사업주가 지역가입자로서 부담하는 건강보험료(세대주인 배우자 명의로 부과된 건강보험료를 포함한다 : 2009년 납세의무 발생분부터 적용)	
고용보험법	사용자로서 부담하는 보험료 또는 부담금	• 정산으로 인한 차액 추가납부분 : 추가금액이 확정된 날이 속하는 과세연도
	예술인, 노무제공자, 자영업자가 피보험자로서 부담하는 보험료(사용자 본인 보험료)	
산업재해보상보험법	노무제공자, 중·소기업 사업주가 피보험자로서 부담하는 보험료(사용자 본인 보험료)	
고용보험 및 산업재해보상보험의 보험료징수 등에 관한 법률	개산보험료 및 확정보험료 추가납부분	
	연체금, 보험급여액 징수금	

✓ 1인 사업주가 지역가입자로서 부담하는 건강보험료의 필요경비

1인 사업주인 거주자가 지역가입자로서 부담하는 보험료(세대주인 배우자의 명의로 부과된 건강보험료 포함)는 필요경비 산입대상에 해당하는 것임(소득-307, 2010.3.10.)

✓ 공동사업 구성원의 국민건강보험료에 대한 필요경비 산입 가능 여부

사업을 공동으로 경영하고 그 손익을 분배하는 공동사업장의 소득금액 계산 시 공동사업자의 건강보험료는 소득세법 시행령 제55조 제1항 제11호의2 및 제11호의3에 따라 공동사업장의 필요경비에 산입하는 것임(기획재정부소득-443, 2017.9.18.)

✓ 사업소득이 있는 거주자가 지출한 본인 중식대는 필요경비에 불산입되며, 직장가입자로서 부담하는 사용자 본인의 보험료는 필요경비에 산입되는 것임

사업소득이 있는 거주자가 지출한 본인의 중식대 및 조세에 관한 법률에 의한 징수의무의 불이행으로 인하여 납부하였거나 납부할 종업원에 대한 소득세 등은 필요경비에 산입되지 아니하는 것이나, 국민건강보험법에 의한 직장가입자로서 부담하는 사용자 본인의 보험료에 대하여는 필요경비에 산입되는 것임(서면1팀-890, 2004.7.2.)

(19) 고용보험법 제2조 제1호 가목에 따른 예술인 또는 노무제공자나 같은 호 나목에 따른 자영업자가 같은 법에 따라 피보험자로서 부담하는 보험료(소령 55조 ① 11의4, 2024.2.29. 신설)

➲ 2024.2.29.이 속하는 과세기간에 납부하는 보험료부터 적용한다.(2024.2.29. 영 부칙 5조)

(20) 산업재해보상보험법 제91조의15에 따른 노무제공자 또는 같은 법 제124조 제1항에 따른 중소기업 사업주가 같은 법에 따라 피보험자로서 부담하는 보험료(소령 55조 ① 11의5, 2024.2.29. 신설)

➲ 2024.2.29.이 속하는 과세기간에 납부하는 보험료부터 적용한다.(2024.2.29. 영 부칙 5조)

(21) 단체순수보장성보험 및 단체환급부보장성보험의 보험료

사용자가 부담하는 보험료의 필요경비 산입범위(소득 집행기준 27-55-18)

종업원을 피보험자로 종업원의 사망·상해·질병 등을 지급사유로 하고 계약자는 사용자로 하여 사용자가 부담하는 보험료의 필요경비산입 범위는 수익자에 따라 다음과 같이 구분된다.

<table>
<tr><th>피보험자</th><th>수익자</th><th>보험내용(지급사유)</th><th>필요경비 해당여부</th></tr>
<tr><td rowspan="4">종업원</td><td rowspan="3">종업원</td><td>종업원의 사망·상해질·병을 지급 사유로 하는 다음의 보험</td><td rowspan="3">보험료 : 필요경비 산입
(해당 종업원의 근로소득)
다만, ① 〈단체순수보장성보험〉과
② 〈단체환급부보장성보험〉의 경우 해당 보험료 중 연간 70만원 이하 금액은 근로소득으로 보지 않음</td></tr>
<tr><td>① 만기에 납입보험료를 환급하지 않는 〈단체순수보장성보험〉
② 만기에 환급보험료가 납입보험료를 초과하지 않는 〈단체환급부보장성보험〉</td></tr>
<tr><td>③ 선원보험료, 상해보험료, 신원보증보험료, 선원보증보험료, 퇴직보험료, 단체퇴직보험에 부가된 특약보험 등</td></tr>
<tr><td>회 사</td><td>종업원의 사망·상해·질병을 지급사유로 하는 보험</td><td>• 보험료 납입시 : 필요경비 불산입(자산처리)
• 보험금 수령시 : 총수입금액 산입
• 보험금 종업원에 지급시 : 필요경비 산입(근로소득)
• 보험계약자 및 수익자를 종업원으로 변경시 : 필요경비 산입(근로소득)</td></tr>
</table>

단체보장성보험의 소득세법상의 취급

구 분		피보험자	수익자	보험금 납입금	환급시점
단체순수 보장성보험[*1]	연70만원 이하 납입분	종업원	종업원	비과세	-
	연70만원 초과 납입분			과세	-
단체환급부 보장성보험[*2]	연70만원 이하 납입분			비과세	과세[*3]
	연70만원 초과 납입분			과세	비과세

* 1. 종업원의 사망·상해 또는 질병을 보험금의 지급사유로 하고 종업원을 피보험자와 수익자로 하는 보험으로서 만기에 납입보험료를 환급하지 않는 보험(소령 17조의4 3 가)
* 2. 종업원의 사망·상해 또는 질병을 보험금의 지급사유로 하고 종업원을 피보험자와 수익자로 하는 보험으로서 만기에 납입보험료를 초과하지 않는 범위에서 환급하는 보험(소령 17조의4 3 가)
* 3. 단체환급부보장성보험의 환급금은 「단체환급부보장성보험의 환급금 × 납입보험료 중 연 70만원 이하 금액의 합계액÷납입보험료의 합계액」으로 하여 근로소득에 포함된다.(서면1팀-921, 2004.7.7.) 예를 들어 종업원 1인당 연간 100만원을 납입하여 50만원의 환급금이 발생한 경우 35만원(50만원 × 70만원 / 100만원)이 해당 종업원의 근로소득으로 과세되는 것이다.

(22) 총수입금액을 얻기 위하여 직접 사용된 부채에 대한 지급이자

✓ **원자재구입에 따른 지급이자의 처리**(소통 27 - 55…14)

사업자가 원자재의 구입을 위하여 금융지원을 받았을 경우에 동 자금에 대한 지급이자는 해당 과세기간의 필요경비로 본다. 다만, 영 제89조 제2항 제2호에 규정하는 연지급수입의 경우에 취득가액과 구분하여 지급이자로 계상한 금액을 제외하고 D/A수입자재에 대한 이자 및 유산스이자는 해당 수입자재의 매입부대비로 한다.

✓ **어음할인료의 필요경비산입범위**(소통 27 - 55…15)

사업자가 사업과 관련하여 어음을 할인하고 지급하는 할인료는 지급처가 분명한 경우에 한하여 영 제55조 제1항 제13호의 규정에 의한 지급이자로 보아 필요경비에 산입한다.

✓ **자산매입대가로 인수한 차입금에 대한 지급이자 처리**(소통 27 - 55…17)

사업을 포괄적으로 양수하는 과정에서 자산매입대가의 일부 또는 전부로 양도자의 부채를 인수하는 경우 인수일 이후에 발생된 지급이자는 각 과세기간의 필요경비로 한다.

✓ **부동산임대업을 겸영하는 사업소득자의 사업장에서 발생한 지급이자의 안분계산 방법 등**

거주자가 부동산을 취득하여 일부 층은 도·소매업의 사업장으로 사용하고 나머지 층은 부동산임대사업에 사용하는 경우로서 층별·호수별 취득가액을 구분할 수 없는 경우 사업소득과 부동산임대소득의 소득금액계산에 있어 해당 사업장을 취득하기 위하여 차입한 차입금에 대한 지급이자는 해당 사용면적비율로 안분하여 필요경비에 산입하는 것임(서면법규-505, 2013.5.2.)

✓ **기장·신고 누락한 지급이자의 필요경비 산입 여부**(소득 해석편람 27 - 6 - 1)

사업자가 은행차입금에 대한 이자를 지출하였으나, 기장누락하여 소득세과세표준확정신고시 필요경비에 산입하지 아니한 경우 동 차입금의 이자가 제증빙에 의해 총수입금액에 대응하는 비용임이 확인된 때에는 정부조사결정시 필요경비에 산입하는 것임(소득 22601 - 238, 1991.2.5.)

✓ **사업에 자기자본 투입 후 자금을 차입하여 인출·사용함에 따른 이자의 필요경비 여부**

개인사업자가 사업을 위하여 자기자본 투입 후 그 자본을 회수하기 위해 금융기관으로부터 자금을 차입하여 그 차입금을 자본인출금으로 사용한 경우로서 초과인출금이 발생하지 않는 때에는 그 지급이자를 필요경비에 산입함(소득-4633, 2008.12.10.)

✓ **부동산임대사업을 영위하던 중 대환대출을 위해 부담한 중도상환수수료가 필요경비에 해당하는지**

사업소득금액을 계산할 때 필요경비에 산입할 금액은 소득세법 제27조 제1항에 따라 해당 과세기간의 총수입금액에 대응하는 비용으로서 일반적으로 용인되는 통상적인 것의 합계액을 의미하는 것으로서, 본 건 중도상환수수료가 그러한 비용에 해당하는지 여부는 지출의 경위와 목적, 형태, 액수, 효과 등을 종합적으로 고려하여 사실판단할 사항임(사전법규소득 2022-601, 2023.2.2.)

✓ **종합소득세 납부를 위한 차입금 지급이자의 필요경비 산입 여부**

공동사업장이 차입한 차입금을 자본인출금으로 사용한 경우 당해 차입금으로 인하여 초과인출금이 발생하지 아니하는 한 당해 차입금의 지급이자는 필요경비에 산입할 수 있음(기획재정부소득 - 256, 2008.7.25.)

✓ **사업용 고정자산의 취득에 사용된 차입금 지급이자의 필요경비 산입 여부**(소득 해석편람 27 - 6 - 2)

거주자가 금융기관 등으로부터 차입한 차입금 중 사업용 고정자산의 취득에 직접 사용된 차입금에 대한 지급이자는 해당 사업용 고정자산의 취득일까지는 이를 자본적지출로 하여 고정자산의 취득가액에 산입하는 것이며, 취득일 이후 발생된 이자는 해당 사업에 대한 소득금액을 계산함에 있어서 필요경비에 산입할 수 있는 것임(소득 46011 - 615, 1997.2.27.)

✓ **사업용 자산의 취득차입금을 갚기 위해 다른 차입금을 빌린 경우 지급이자의 필요경비 산입 여부** (소득 해석편람 27 - 6 - 3)

사업용 자산의 취득과 관련하여 은행으로부터 대출받은 차입금을 상환하기 위하여 새로운 차입금을 차입하여 이를 기존차입금의 상환에 사용한 경우에는 새로운 차입금에 대한 지급이자는 필요경비에 산입할 수 있음(소득 46011 - 3972, 1998.12.18.)

✓ **미분양상가의 일시 임대시 지급이자의 필요경비 계산**(소득 해석편람 27 - 6 - 4)

매매목적으로 신축한 상가가 분양되지 아니하여 그 중 일부를 일시적으로 임대하는 경우 상가신축을 위하여 차입한 차입금에 대한 건물 준공 후의 지급이자는 사업소득과 부동산임대소득의 소득금액계산에 있어서 해당 면적비율로 안분하여 필요경비에 산입하는 것이며, 이 경우 사업소득과 부동산임대소득에 대한 별개의 재무제표를 작성하여 소득금액을 계산하고 종합소득으로 합산하여 소득세 과세표준확정신고를 함(소득 46011 - 1313, 1999.4.9.)

✓ **쟁점이자비용이 청구인들의 사업소득 산정시 필요경비에 해당하는지 여부**(조심2019서1569, 2019.9.3.)

쟁점대출금은 피상속인 OOO으로부터 쟁점부동산이 포함한 상속재산을 상속받으면서 쟁점부동산에 대한 상속세를 납부할 목적으로 차입한 것인데 청구인들이 납부한 상속세 자체는 부동산임대업의 소득금액 산정시 필요경비로 공제되지 아니하는 '가사관련경비'에 해당한다고 할 것이나, 거주자가 부동산임대업을 자기 자본에 의하여 경영할 것인지 차입금에 의하여 경영할 것인지는 거주자 개인의 선택에 달린 문제이므로, 거주자의 부동산임대소득금액을 계산함에 있어서, 임대용 부동산의 취득비용으로 사용된 당초의 차입금을 그 후 다른 차입금으로 상환한 경우는 물론이고, 당초 자기 자본으로 임대용 부동산을 취득하였다가 그 후 투하자본의 회수를 위하여 새로 차입한 금원을 자본인출금으로 사용한 경우에도, 앞서 본 초과인출금 상당의 부채에 해당한다는 등의 특별한 사정이 없는 한, 그 차입금채무는 부동산임대업을 영위하는 데 필요한 자산에 대응한 부채로서 사업에 직접 사용된 부채에 해당한다고 보아야 할 것이고, 따라서 그 차입금의 지급이자는 총수입금액을 얻기 위하여 직접 사용된 부채에 대한 지급이자로서 필요경비에 해당한다고 보아야 할 것(대법원 2002.1.11. 선고 2000두1799판결, 참조)인 바,
청구인들은 부동산임대업에 공하던 쟁점부동산을 상속받아 자신들의 부동산임대업을 영위하기 위하여 공동으로 출자하여 공동사업을 영위할 목적으로 쟁점대출금을 새로이 대출받았는데, 이는 출자 자산 중 일부를 자본회수하기 위한 목적도 있다고 할 것이고, 쟁점대출금에 따른 지급이자가 달리 소득세법 제33조 제1항 제5호 및 같은 법 시행령 제61조 제1항 제2호에 따른 초과인출금의 지급이자 등에 해당하지 아니하는 이상 이를 필요경비에 산입할 수 있는 것이므로, 청구인들의 사업소득의 필요경비로 쟁점지급이자를 인정하여야 한다는 내용의 경정청구를 거부한 처분청의 당초 처분은 잘못이 있다고 판단된다.

➲ 상속세 납부를 위한 차입금에 대한 지급이자는 가사관련비용으로 보아 부동산임대업의 필요경비불산입 한다는 예규(소득-3889, 2008.10.24.)는 2020년 7월에 삭제되었다.

✓ **공동사업자의 출자와 관련한 차입금이자의 필요경비 산입 여부**(소득 해석편람 27-6-6)

거주가가 부동산임대업의 공동사업에 출자하기 위하여 차입한 금액의 지급이자는 해당 공동사업장의 부동산임대소득금액의 계산에 있어서 필요경비에 산입할 금액에 해당되지 않는 것임(재경부소득 46073-90, 2000.5.1.)

✓ **증여세를 납부하기 위한 차입금을 총수입금액을 얻기 위하여 사용된 부채로 볼 수 있는지 여부**

증여세를 납부하기 위해 임대용 부동산을 담보로 자금을 차입하는 경우 그 차입금으로 인하여 초과인출금이 발생하지 않는 때에는 그 차입금을 총수입금액을 얻기 위하여 직접 사용된 부채로 보는 것임(기준법령해석소득 2019-624, 2020.2.27.)

※ 예규정비 요지
임대용 부동산을 담보로 자금을 차입하는 경우 그 차입금으로 인하여 초과인출금이 발생하지 않는 때에는 그 차입금을 총수입금액을 얻기 위하여 직접 사용된 부채로 보는 것이고 해당 차입금에 대응하는 지급이자는 필요경비로 볼 수 있음(국세법령정보시스템 > 세법해석례 > 세법해석정비 > 105번 요약정보)

✓ **증여세 납부 목적 차입금에 대한 지급이자를 공동사업장의 필요경비에 산입할 수 있는지**

비주거용 건물임대업을 영위하던 거주자 甲이 해당 사업에 공하던 부동산 지분 일부를 자녀인 거주자 乙에게 증여한 후 해당 사업장을 공동사업장(공동사업자 甲·乙)으로 전환한 경우로서 공동사업자 乙이 증여세를 납부하기 위하여 위 부동산 지분을 담보로 자금을 차입하는 경우 그 차입금으로 인하여 초과인출금이 발생하지 않는 때에는 그 차입금을 비주거용 건물임대업의 총수입금액을 얻기 위하여 직접 사용된 부채로 보는 것임(서면법규소득 2022-5401, 2024.3.5.)

✓ 차입금에 대한 지급이자를 주택임대사업장의 필요경비에 산입할수 있는지

부동산임대업에 사용하던 부동산을 담보로 자금을 차입하는 경우 그 차입금으로 인하여 초과인출금이 발생하지 않는 때에는 그 차입금을 부동산임대업의 총수입금액을 얻기 위하여 직접 사용된 부채로 보는 것임(사전법규소득2024-265, 2024.4.30.)

✓ 부동산매매업자의 경락대금 지급지연으로 지급하는 이자상당액의 필요경비 인정 여부(소득 해석편람 27－6－8)

부동산매매업자가 판매용의 주택을 경락받아 경락대금을 지급함에 있어서 잔금의 지연지급으로 인하여 이자상당액을 추가 지급하는 경우 그 이자상당액은 해당연도의 부동산임대소득금액 또는 사업소득금액의 계산에 있어서 필요경비에 산입함(소득 46011－10158, 2001.2.21.)

✓ 부담부증여받은 부동산을 부동산임대업에 사용시 해당 부동산에 담보된 채무에 대한 지급이자의 필요경비 여부

부동산임대사업에 공하는 부동산을 부담부증여로 취득한 경우 해당 부동산에 담보된 채무액은 사업용고정자산의 취득에 직접 사용된 차입금에 해당하는 것이므로, 해당 채무인수액에 대한 지급이자는 초과인출금이 발생하지 않는 한 이를 필요경비에 산입하는 것임(서일 46011－11447, 2003.10.15.)

✓ 부담부증여받은 채무에 대한 지급이자를 공동사업의 필요경비에 산입할 수 있는지

[사실관계]

질의인은 모친이 임대하고 있는 20억 상당의 상가 지분의 50%(10억)를 증여받으면서 질의자의 모친이 당해 상가를 담보로 금융기관으로부터 대출받은 기존 채무 총 5억원은 수증자인 질의자가 모두 승계하는 부담부증여가 이루어짐. 이로 인해 질의인과 질의인의 모친이 각 50% 지분으로 부동산임대 공동사업 영위함

[질의]

기존 채무가 있는 임대용 부동산을 모친으로부터 지분의 50%만큼 부담부증여받은 질의자가 부동산에 담보된 기존 채무는 모두 승계하고 모친과 함께 부동산임대업을 공동으로 영위하는 경우에 수증자가 인수한 채무에 대한 지급이자를 공동사업의 필요경비에 산입할 수 있는지

[회신]

거주자가 공동사업에 출자하기 위하여 차입한 금액에 대한 지급이자는 당해 공동사업장의 총수입금액을 얻기 위하여 직접 사용된 부채에 대한 지급이자로 볼 수 없으므로 당해 공동사업장의 소득금액 계산상 필요경비에 산입할 수 없는 것이며, 이에 해당하는지 여부는 공동사업 구성원 간에 정한 동업계약의 내용 등에 따라 판단해야 하는 것임(서면소득 2018－3990, 2018.12.21.)

✓ 근저당권 등에 의하여 담보되는 차입금에서 발생하는 지급이자 및 초과인출금에 대한 지급이자의 필요경비산입 여부

공동사업을 해지하고 반환받은 부동산으로 단독사업을 영위하는 경우 해당 부동산에 설정된 근저당권 등에 의하여 담보되는 차입금에서 발생하는 지급이자는 필요경비에 산입되는 것이나, 초과인출금에 상당하는 지급이자는 필요경비불산입하는 것임(서일 46011－10603, 2003.5.15.)

저자TIP 부동산임대업 계속사업 중 추가 대출받은 경우 대출이자의 필요경비 인정 여부

1) 대법원 판결문

거주자가 부동산임대업을 자기 자본에 의하여 경영할 것인지 차입금에 의하여 경영할 것인지는 거주자 개인의 선택에 달린 문제이므로, 거주자의 부동산임대소득금액을 계산함에 있어서, 임대용 부동산의 취득비용으로 사용된 당초의 차입금을 그 후 다른 차입금으로 상환한 경우는 물론이고, 당초 자기 자본으로 임대용 부동산을 취득하였다가 그 후 투하자본의 회수를 위하여 새로 차입한 금원을 자본인출금으로 사용한 경우에도, 초과인출금 상당의 부채에 해당한다는 등의 특별한 사정이 없는 한, 그 차입금채무는 부동산임대업을 영위하는 데 필요한 자산에 대응한 부채로서 사업에 직접 사용된 부채에 해당한다고 보아야 할 것이다. 따라서 그 차입금의 지급이자는 총수입금액을 얻기 위하여 직접 사용된 부채에 대한 지급이자로서 필요경비에 해당한다고 보아야 한다.(대법 2000두1799, 2002.1.11, 같은 뜻 대법원 2017두59932, 2017.12.21.)

2) 추계의 경우에는 필요경비불산입 한다는 예규

> **✓ 차입금을 자본인출금으로 사용한 것인지가 불분명한 경우 차입금 이자의 필요경비 인정 여부**
>
> 부동산임대업을 영위하는 개인사업자가 차입금이 발생한 과세기간에 장부를 기장하지 아니하여 자산·부채 및 자본의 변동내역을 확인할 수 없어 차입금을 자본인출금으로 회계처리하였는지가 불분명한 경우로서 해당 차입금이 개인적 목적을 위해 사용된 경우에는 해당 차입금에 대한 지급이자는 필요경비에 산입할 수 없는 것임(서면법규-1249, 2013.11.14.)

3) 추계신고 후 경정청구 시에 필요경비로 인정한 판례(서울행법 2013구합57150, 2014.5.23.)

① 피고는 원고가 이 사건 지급이자와 해당 차입금을 장부에 기장하지 아니하였으므로 필요경비로 인정할 수 없다고 주장한다. 그러나 위 소득세법령은 필요경비로 산입하기 위한 지급이자의 요건으로 수익과의 관련성 및 통상성을 요구하고 있을 뿐 대차대조표나 손익계산서 등 회계장부에 이를 계상할 것을 규정하고 있지 아니하다. 따라서 원고가 실제로 이 사건 지급이자를 지출하였고, 그 발생원인이 된 차입금이 임대용 자산에 대한 투하자본의 회수로서 수익과의 관련성 및 통상성이 인정되는 이상 필요경비로 공제하여야 할 것이므로, 피고의 위 주장은 이유 없다.

② 피고(과세관청)는 원고가 이 사건 지급이자의 발생원인이 된 차입금을 개인적인 용도로 사용하였는지, 다른 사업이나 기업을 위해 사용하였는지 등이 전혀 밝혀지지 아니하였으므로 총수입금액을 얻기 위해 직접 사용된 부채로 볼 수 없다고 주장한다.
그러나 임대용 부동산을 자기 자본으로 취득한 사람이 이를 담보로 대출을 받아 투하자본을 회수하면 이로써 임대용 부동산을 타인 자본으로 보유하는 결과가 되므로 그 대출금은 그 자체로 총수입금액을 얻기 위하여 사용한 것이라 볼 것이고, 이후 회수한 자본을 어디에 사용하였는지는 지급이자의 필요경비 공제와는 전혀 무관한 것이다. 이와 다른 전제에 선 피고(과세관청)의 위 주장 역시 이유 없다.

(23) 사업용 유형자산 및 무형자산의 감가상각비

(24) 자산의 평가차손

(25) 대손금

부가가치세매출세액의 미수금으로서 회수할 수 없는 것 중 대손세액공제를 받지 아니한 것을 포함한다.

(26) 장려금 등

거래수량 또는 거래금액에 따라 상대편에게 지급하는 장려금(사전약정 없이 지급하는 경우를 포함) 기타 이와 유사한 성질의 금액(소령 55조 ① 2)

(27) 재해로 인하여 멸실된 것의 원가

매입한 상품·제품·부동산 및 산림 중 재해로 인하여 멸실된 것의 원가를 그 재해가 발생한 과세기간의 소득금액을 계산할 때 필요경비에 산입한 경우의 그 원가

> ✓ **재해손실가액의 필요경비 산입 여부 및 재해손실세액공제 여부**(소득 해석편람 27－9－1)
>
> 개인사업자가 재해로 인하여 사업용 재고자산 및 고정자산이 파손되거나 멸실된 경우에는 소득세법 제27조 및 같은법 시행령 제55조의 규정에 의하여 해당 재해손실가액을 필요경비에 산입할 수 있는 것이며, 해당연도 중 재해로 인하여 자산총액의 30%* 이상에 해당하는 자산을 상실한 때에는 재해손실세액공제를 받을 수 있는 것임(소득 46011－1567, 1997.6.12.)
>
> * 2008년 귀속분부터는 20%를 적용함

(28) 종업원을 위하여 직장체육비·직장문화비·가족계획사업지원비·직원회식비 등으로 지출한 금액(2017.2.3. 개정)

(29) 보건복지부장관이 정하는 무료진료권에 의하여 행한 무료진료의 가액

> ✓ **무료진료비의 필요경비**(소통 27－55…22)
>
> 의료업을 영위하는 사업자가 병원개설 허가조건에 따라 행하는 무료진료에 지출된 비용은 이를 필요경비에 산입한다.

(30) 업무와 관련이 있는 해외시찰·훈련비

✓ **해외여비의 필요경비산입 기준**(소통 27－55…23)

사업자 또는 종업원의 해외여행에 관련하여 지급하는 여비는 그 해외여행이 해당 사업의 업무수행 상 통상 필요하다고 인정되는 부분의 금액에 한한다. 따라서 사업의 업무수행 상 필요하다고 인정되지 아니하는 해외여행의 여비와 해당 사업의 업무수행 상 필요하다고 인정되는 금액을 초과하는 부분의 금액은 원칙적으로 사업자에 대하여는 출자금의 인출로 하며 종업원에 대하여는 해당 종업원의 급여로 한다. 다만, 그 해외여행이 여행기간의 거의 전 기간을 통하여 분명히 해당 사업의 업무수행 상 필요하다고 인정되는 것인 경우에는 그 해외여행을 위해 지급하는 여비는 사회통념상 합리적인 기준에 의하여 계산하고 또한 부당하게 다액이 아니라고 인정되는 한 전액을 해당 사업의 필요경비로 한다.

✓ **업무수행 상 필요한 해외여행의 판정**(소통 27－55…24)

① 사업자 또는 종업원의 해외여행이 사업상 필요한 것인가는 그 여행의 목적·여행지·여행경로·여행기간 등을 참작하여 판정한다. 다만, 다음에 해당하는 여행은 원칙적으로 해당 사업의 업무수행 상 필요한 해외여행으로 보지 아니한다.
  ㉠ 관광여행의 허가를 얻어 행하는 여행
  ㉡ 여행알선업자 등이 행하는 단체여행에 응모하여 행하는 여행
  ㉢ 동업자단체·기타 이에 준하는 단체가 주최하여 행하는 단체여행으로서 주로 관광목적이라고 인정되는 것

② 사업자 또는 종업원의 해외여행이 위 '①'의 각 호에 해당하는 경우에도 그 해외여행 기간 중에 있어서의 여행지, 수행한 업무의 내용 등으로 보아 사업과 직접 관련이 있는 것이 있다고 인정되는 때에는 그 여비 가운데 해당 사업에 직접 관련 있는 부분에 직접 소요된 비용(왕복 교통비는 제외)은 여비로서 필요경비에 산입한다.

✓ **해외여행 동반자의 여비처리**(소통 27－55…25)

사업자 또는 종업원의 업무수행 상 필요하다고 인정되는 해외여행에 그 친족 또는 그 업무에 상시 종사하고 있지 아니하는 자를 동반한 경우에 그 동반자와의 여비를 사업자가 부담하는 때에는 그 여비는 사업자에 대하여는 출자금의 인출로 하며 종업원에 대하여는 해당 자의 급여로 한다. 다만, 그 동반이 다음에 해당되는 경우와 같이 해외여행의 목적을 달성하기 위하여 필요한 동반이라고 인정되는 때에는 그러하지 아니한다.

① 사업자 또는 종업원이 상시 보좌를 필요로 하는 신체장애인인 경우
② 국제회의의 참석 등에 배우자를 필수적으로 동반하도록 하는 경우
③ 그 여행의 목적을 수행하기 위하여 외국어에 능숙한 자 또는 고도의 전문적 지식을 갖춘 자를 필요로 하는 경우에 그러한 적임자가 종업원 가운데 없기 때문에 수시로 위촉한 자를 동반하는 경우

✓ **여행여비의 용인범위**(소통 27－55…26)

사업자 또는 종업원의 해외여행에 있어서 그 해외여행기간에 걸쳐 해당 사업의 업무수행 상 필요하다고 인정되는 여행과 인정할 수 없는 여행을 겸한 때에는 그 여행기간의 비율에 의해 안분하여

업무 수행과 관련 없는 여비는 이를 사업자에 대하여는 출자금의 인출로 하며 종업원의 여비는 해당 종업원의 급여로 한다. 이 경우 해외여행의 직접 동기가 특정의 거래처와의 상담·계약의 체결 등 업무 수행을 위한 것인 때에는 그 해외여행을 기회로 관광을 병행할 경우에도 왕복교통비(해당 거래처의 소재지 등 그 업무를 수행하는 장소까지의 것에 한함)는 업무 수행에 관련된 것으로 본다.

✓ **국내여비의 필요경비산입 기준**(소통 27－55…27)

① 사업자 또는 종업원의 국내여행에 관련하여 지급하는 여비는 해당 사업의 업무수행 상 통상 필요하다고 인정되는 부분의 금액에 한하여 필요경비에 산입하며, 초과되는 부분은 해당 사업자에 대하여는 출자금의 인출로, 종업원에 대하여는 해당 종업원의 급여로 한다.

② 이 경우 국내여비는 사업자의 업무수행 상 필요하다고 인정되는 범위 안에서 지급규정·사규 등의 합리적인 기준에 의하여 계산하고 거래증빙과 객관적인 자료에 의하여 지급사실을 입증하여야 한다. 다만, 사회통념상 부득이 하다고 인정되는 범위 내의 비용과 해당 사업자의 내부통제기능을 감안하여 인정할 수 있는 범위 내의 금액은 그러하지 아니한다.

(31) 초·중등교육법에 의하여 설치된 근로청소년을 위한 특별학급 또는 산업체부설 중·고등학교의 운영비

(32) 영유아보육법에 의하여 설치된 직장어린이집의 운영비

(33) 광물의 탐광을 위한 지질조사·시추 또는 갱도의 굴진을 위하여 지출한 비용과 그 개발비

(34) 광고·선전을 목적으로 견본품·달력·수첩·컵·부채 기타 이와 유사한 물품을 불특정다수인에게 기증하기 위하여 지출한 비용[특정인에게 기증한 물품(개당 3만원 이하의 물품은 제외한다)의 경우에는 연간 5만원 이내의 금액에 한정한다](2021. 2.17. 개정)

➲ 2021.1.1. 이후 지출하는 분부터 적용한다.(2021.2.17. 영 부칙 3조)

✓ **광고선전비와 유사비용의 구분**(소득 집행기준 27-55-28)

구 분	광고선전비	유사비용	유사비용처리
지출대상	불특정 다수인	특정인	-
지출목적	판매촉진, 구매의욕 자극	거래처와의 원활한 관계 지속	접대비
업무관련성	업무와 관련	사업목적과 무관	기부금
지급대상	사전약정없이 불특정 다수인에게 지급	매입처에게 판매수당·장려금 지급 (사전약정없이 지급하는 경우 포함)	판매장려금

✓ **판매부대비용의 범위**(소통 27-55…32)

필요경비에 산입하는 판매한 상품 또는 제품에 대한 부대비용은 건전한 사회통념과 상관행에 비추어 정상적인 거래라고 인정될 수 있는 범위안의 금액으로 하는 것으로서 그 범위를 예시하면 다음과 같다.

① 사전약정에 따라 협회에 지급하는 판매수수료
② 수탁자와의 거래에 있어서 실제로 지급하는 비용
③ 관광사업 및 여행알선업을 영위하는 사업자가 고객에게 통상 무료로 증정하는 수건, 모자, 쇼핑백 등의 가액
④ 용역대가에 포함되어 있는 범위 내에서 자가시설의 이용자에게 동 시설의 이용시에 부수하여 제공하는 음료 등의 가액
⑤ 일정액 이상의 자기상품 매입자에게 자기출판물인 월간지를 일정기간 무료로 증정하는 경우의 동 월간지의 가액 상당액
⑥ 판매촉진을 위하여 경품부 판매를 실시하는 경우 경품으로 제공하는 제품 또는 상품 등의 가액
⑦ 기타 ① 내지 ⑥과 유사한 성질의 금액

✓ **무상으로 제공되는 판촉물의 회계처리**(소득 해석편람 27-10-1)

대리점 등이 업무와 관련하여 그 대리점의 거래처인 소매상에게 무상으로 제공하고, 제공받은 소매상들이 다시 불특정 다수인인 고객들에게 무상으로 제공하는 판촉물(가제수건, 유리컵, 스타킹 등)은 접대비로 볼 수 없는 것이며, 총수입금액에 대응하는 필요경비에 해당하는 것임(소득 46011-3388, 1993.11.8.)

✓ **주유소에서 제공하는 사은품 등의 판매부대비용 해당 여부**(소득 해석편람 27-10-2)

주유소업을 영위하는 사업자가 해당 주유소의 유류를 구입하는 고객 중 거래실적이 많은 특정고객을 선정하여 사은품 등을 제공하는 것은 접대비에 해당하는 것이나, 사전에 광고 등을 통하여 공시하고 해당 고객의 구매비율에 따라 차등적으로 제공하는 사은품 등은 판매부대비용으로 보는 것임. 또한, 자기의 상호 등이 기재된 판촉물 등을 해당 주유소의 판매촉진을 위하여 불특정고객에게 제공한 때에는 광고선전비에 해당하나, 상호 등이 기재되지 아니한 판촉물 등을 제공하는 경우에는 판매부대비용에 해당함(소득 46011-679, 1998.3.20.)

✓ **가스충전소에서 고객에게 지급하는 금전의 판매부대비용 해당 여부**(소득 해석편람 27-10-3)

가스충전소를 운영하는 사업자가 판매촉진을 위하여 가스를 구매하는 불특정다수의 개인택시업자에게 신문, 방송 및 기타 광고방법(현수막, 광고탑, 팜플렛) 등을 통하여 사전에 공시하고 해당 개인

택시업자의 구매비율에 따라 차등적으로 지급하는 금액은 판매부대비용으로 보는 것이며, 이 경우에 개인택시기사에게 일정금액을 선지급하고 대여금으로 처리하는 경우, 사전 공시된 바에 의하여 구매비율에 따라 지급받는 금액을 대여금과 상계하는 때에는 그 구매비율에 따라 상계하는 금액을 판매부대비용으로 보는 것임(소득 46011-821, 1999.3.5.)

✓ **인터넷회선 모집인이 제공하는 사은품 등의 비용 구분**

인터넷회선 판매 모집인이 회원 모집을 목적으로 불특정다수에게 사전 약정이나 공시를 하고 가입자에게 판촉물로 사은품 등을 제공하거나 가입비 지원 목적으로 일정금액을 지급하는 경우 건전한 사회통념과 상관행에 비추어 정상적인 거래라고 인정될 수 있는 범위 내의 금액으로서 기업회계기준에 따라 계상한 금액은 소득세법상 판매부대비용으로 보는 것이나, 특정 고객에게 사은품 등을 제공하는 것은 접대비에 해당함(서면1팀-780, 2005.7.1.)

(35) 종업원의 사망 이후 유족에게 학자금 등 일시적으로 지급하는 금액(2015.2.3. 신설)

이는 종업원 사망 전에 결정되어 종업원에게 공통적으로 적용되는 지급기준에 따라 지급되는 것을 말한다.(소칙 24조의3, 2015.3.13. 신설)

(36) 영업자가 조직한 단체로서 법인이거나 주무관청에 등록된 조합 또는 협회에 지급하는 회비

✓ **보험목적으로 지급한 공제회회비 필요경비산입**(소통 27-55…13)

사업자가 임의로 조직한 공제회 등에 보험목적으로 지급한 금액은 보험업법에 의한 보험료에 해당하지 아니하므로 소득금액계산상 필요경비에 산입하지 아니한다. 다만, 주무부장관의 허가를 받은 공제회에 지급한 금액으로서 만기 또는 해약시 납입금을 반환받지 아니하는 경우 동 지급액은 지급일이 속하는 과세기간의 소득금액을 계산함에 있어 필요경비에 산입한다.

(37) 잉여식품의 장부가액

식품 등 기부 활성화에 관한 법률 제2조 제1호 및 제1호의2에 따른 식품 및 생활용품(이하 "식품 등"이라 한다)의 제조업·도매업 또는 소매업을 경영하는 거주자가 해당 사업에서 발생한 잉여 식품 등을 같은 법 제2조 제5호에 따른 사업자 또는 그 사업자가 지정하는 자에게 무상으로 기증하는 경우 그 기증한 식품 등의 장부가액을 필요경비에 산입한다. 이 경우 그 금액은 기부금에 포함하지 아니한다.(소령 55조 ⑥, 2017.2.3. 개정)

(38) 시설의 개체 등에 따른 필요경비산입

다음 중 하나에 해당하는 경우에는 그 자산의 장부가액과 처분가액의 차액을 해당 과세기간의 필요경비에 산입할 수 있다.(소령 67조 ⑥, 2017.2.3. 개정)

① 시설의 개체(改替) 또는 기술의 낙후로 생산설비의 일부를 폐기한 경우

② 사업의 폐지 또는 사업장의 이전으로 임대차계약에 따라 임차한 사업장의 원상회복을 위하여 시설물을 철거하는 경우

✓ **임대차계약 중도해지로 원상회복비를 금전으로 지급받는 경우 이를 지급받는 날이 속하는 과세기간에 사업소득 총수입금액에 산입하는 것임**(사전법령해석소득 2020-24, (2020.5.25.)

(39) 위의 경비와 유사한 성질의 것으로서 해당 총수입금액에 대응하는 경비

✓ **부동산 공급계약에 따라 지자체에 기부채납하는 토지의 취득가액을 사업소득 수입금액의 필요경비에 산입할 수 있는지**

주택공급계약에 따라 지방자치단체에 기부채납하는 토지의 취득가액은 사업소득 총수입금액의 필요경비에 해당하는 것임(사전법규소득 2023-430, 2023.9.21.)

✓ **비거주자로부터 사업과 관련된 용역을 제공받고 지급하는 대가의 필요경비 여부**

거주자가 사업과 관련하여 비거주자로부터 용역을 제공받고 대가를 지급하는 경우에는 사업소득금액의 계산에 있어서 당해 연도의 총수입금액에 대응하는 것으로서 일반적으로 용인되는 통상의 용역대가는 이를 필요경비에 산입하는 것임(소득-706, 2009.2.23.)

✓ **비거주자 등에게 지급한 사용료 등 대가의 범위**(소통 27-55…30)

국내사업장이 없는 비거주자 또는 외국법인(이하 "비거주자 등"이라 한다)과의 계약과 관련하여 동 비거주자 등에게 지급한 사용료 등 대가에 대한 원천징수세액상당액을 거주자가 부담하는 조건으로 계약을 체결한 경우에는 당해 계약에 따라 거주자가 부담한 원천징수세액상당액을 지급대가의 일부로 보아 필요경비에 산입한다.

✓ **매입자부담의 양도소득세 등 필요경비 산입**(소득 집행기준 27-55-30)

주택신축판매업자가 사업용 아파트 부지 매입시 토지소유자에게 토지대금 이외에 양도소득세 등을 매수자가 부담하기로 약정하고 이를 실지로 지급하였을 경우 매도자는 동 양도소득세 상당액을 포함한 가액을 양도가액으로 보고 매수자는 해당 세액상당액을 매입원가로서 필요경비에 산입한다.

✓ **임대용 건물 재건축 관련 비용의 필요경비산입 시기**

임대용 건물의 재건축이 취소된 경우 기지급한 재건축 관련 비용은 해당 재건축이 취소된 날이 속하는 과세기간의 필요경비에 산입하는 것이나, 재건축이 실제로 취소되었는지 여부는 사실판단할 사항임(서면소득 2021-5549, 2021.8.31.)

✓ **개인사업자가 본인을 위해 사용한 중식대의 필요경비 해당 여부**

개인사업자가 본인을 위해 사용한 중식대는 사업소득금액 계산시 소득세법 제27조에 따른 필요경비에 해당하지 않는 것임(기획재정부소득-275, 2020.6.1.)

✓ **인력파견업체가 인건비 보다 낮은 용역의 대가를 받고 파견하는 경우 인건비 필요경비 산입여부**

인력파견업체가 사용업체로부터 인력 파견 대가로 지급받은 금액 보다 많은 인건비를 파견근로자에게 지급하는 경우로서 그 인건비 수준이 사회통념을 넘지 아니하는 경우 사업소득금액을 계산할 때 필요경비에 산입하는 것임(서면법령해석소득 2017-2917, 2019.1.26.)

✓ **부동산매매업자가 지급하는 세입자의 이사비용 상당액의 필요경비 여부**

부동산매매업을 경영하는 거주자가 법원 경매에 참가하여 매매용 주택을 취득하면서 해당 매매용 주택의 수선과 관련하여 지출하는 비용(목욕탕 수리 비용 등)은 필요경비 산입대상에 해당하는 것이나, 세입자 또는 전 소유자에게 법적인 지급의무 없이 지급하는 이사비용 상당액과 대납한 아파트관리비는 필요경비의 산입대상에 해당하지 아니하는 것임(소득-831, 2010.7.22.)

✓ **부동산임대업자가 해약으로 임차인에게 지급하는 보상금의 필요경비 여부·귀속시기 등**

부동산임대업자가 위약으로 지급하는 배상금은 사회통념상 적정금액의 범위 내에서 필요경비에 산입할 수 있고, 재화·용역의 공급대가가 아니므로 법정 증빙서류의 수취의무가 없으며, 그 금액이 확정된 날이 속하는 연도의 필요경비에 산입함(소득-430, 2009.2.2.)

✓ **업무정지 기간 중 필요경비산입 여부**(소득 해석편람 27-11-1)

사업소득금액의 계산에 있어 필요경비에 산입할 금액은 해당연도 총수입금액에 대응하는 비용의 합계액으로 하는 것이므로 행정처분으로 인한 업무정지 기간 중에 해당 사업에 필요한 최소의 유시비는 필요경비에 산입할 수 있는 것임(소득 22601-2688, 1987.9.30.)

✓ **수출품 하자 발생으로 추가되는 비용처리**(소득 해석편람 27-11-2)

사업소득금액의 계산에 있어서 필요경비에 산입할 금액은 해당연도의 총수입금액에 대응하는 비용의 합계액으로 하는 것이므로, 수출 후 추가로 발생하는 비용도 총수입금액에 대응하는 비용이라면 필요경비에 산입함(소득 46011-2919, 1993. 9.27.)

✓ **권리금의 필요경비산입 가능 여부**

사업자가 사업소득이 발생하는 점포를 임차하면서 전 임차인에게 지급한 권리금은 소득세법상 사업용고정자산인 무형고정자산(영업권)에 해당하며, 동 권리금을 지급한 과세기간의 장부상에 자산으로 계상하고 내용연수에 따라 감가상각비를 계상한 경우에는 필요경비에 산입할 수 있는 것임(서면1팀-1010, 2005.8.26.)

✓ **일정기간 사용조건부 무상양도자산의 필요경비산입**(소득 해석편람 27-11-4)

사업자가 타인의 토지위에 건축물을 신축하여 일정기간 사용하는 조건으로 소유권을 무상양도 하는 경우에 그 건축물의 취득가액은 사용계약기간에 따라 안분하여 필요경비에 산입함(소득 46011-693, 1994.3.9.)

✓ **하자보수비를 국내대리점에 송금하여 지급하는 경우의 필요경비**(소득 해석편람 27-11-6)

외국회사가 공급한 기계의 하자보수비용을 위 회사의 국내대리점이 송금받아 국내 하자보수업체에 지급하는 경우 교체부품 통관비를 선지출하고 동 금액을 송금받은 경우에 위 대리점이 자기 책임 하에 하자보수를 시키고 그 비용을 송금받았다면 동 금액은 해당연도의 총수입금액에 산입하는 것이며 하자보수비용 및 통관비는 그에 대응한 필요경비로 보는 것임(소득 46011-1517, 1995.6.2.)

✓ **고객의 주차장 이용료 지급액에 대한 필요경비산입 여부**(소득 해석편람 27-11-7)

음식점업을 영위하는 거주자가 해당 음식점내의 주차장이 협소하여 고객에게 인근의 유료 주차장을 이용하게 하고 이에 대한 주차료를 지급하는 것은 해당 사업의 필요경비에 산입함(소득 46011-3678, 1995.9.28.)

✓ **서적외판원 관리자가 외판원에게 지급한 금품의 필요경비 해당 여부**(소득 해석편람 27-11-8)

고용관계 없이 독립된 자격으로 서적외판원을 관리하는 거주자가 사업자(출판사 등)로부터 해당 거주자가 관리하는 서적외판원의 판매실적에 따라 일정률의 수수료를 받는 경우 해당 거주자의 사업소득금액을 계산함에 있어서 해당 외판원의 판매실적을 높이기 위하여 판매실적에 따라 지급하는 금품은 필요경비에 산입하는 것이며, 해당 금품을 받은 외판원은 이를 해당 사업의 총수입금액에 산입함(소득 46011-621, 1997.2.27.)

✓ **계약불이행에 따른 손해배상청구소송으로 반환하는 광고모델료 등의 필요경비산입 여부 등**(소득 해석편람 217-11-10)

직업모델이 계약에 의하여 수령한 광고모델료 등을 해당연도의 총수입금액에 산입하여 소득세과세표준확정신고를 하였으나 당초 계약불이행에 따라 법원판결에 의하여 반환하는 당초 광고모델료 및 손해배상금 등은 해당 판결이 확정되는 날이 속하는 연도의 필요경비로 계상할 수 있음. 다만, 해당 업무와 관련하여 고의 또는 중대한 과실로 타인의 권리를 침해함으로써 지급하는 손해배상금은 의하여 필요경비에 산입하지 않는 것임(소득 46011-3193, 1997.12.10.)

✓ **의료업자가 환자에게 제공하는 식대의 필요경비산입 여부**(소득 해석편람 27-11-11)

혈액투석을 전문으로 하는 의료업자가 주변식당을 정하여 환자에게 식사를 제공하게 하고 환자들로부터 진료비와 함께 지급받는 식대는 의료업의 총수입금액에 포함하는 것이며, 해당 수입금액은 의료업(내과)의 표준소득률(→ 기준경비율)을 적용한다. 또한, 장부기장에 의하여 소득금액을 계산하는 경우에는 식당에 지급한 식대에 상당하는 금액을 사업소득의 필요경비에 산입할 수 있는 것임(소득 46011-1125, 1999.3.27.)

✓ **새로운 외화채무로 종전의 외화채무를 전액 상환하는 경우 환율조정계정의 처리**(소득 해석편람 27-11-12)

새로운 외화채무로 종전의 외화채무를 전액 상환하는 경우 종전의 외화채무에서 발생한 환율조정계정잔액은 상환하는 날이 속하는 과세기간의 필요경비 또는 총수입금액으로 산입함(소득 46011-3454, 1998.11.12.)

3 필요경비불산입

거주자가 해당 과세기간에 지급하였거나 지급할 금액 중 다음에 해당하는 것은 사업소득금액을 계산할 때 필요경비에 산입하지 아니한다.(소법 33조 ①)

(1) 소득세와 개인지방소득세

소득세에는 외국납부세액공제를 적용하는 경우의 외국소득세액을 포함한다.(소득 집행기준 33-0-1, 1)

> ✓ **소득세 등의 필요경비불산입**(소통 33－0…1)
>
> 다음에 규정하는 금액은 이를 필요경비에 산입하지 아니한다.(2024.3.15. 개정)
>
> ① 거주자가 외국법의 규정에 의하여 외국에서 납부한 법 제33조 제1항 제1호 제4호 및 제9호에 규정하는 성질의 제세공과금
>
> ② 원천징수의무자가 원천징수세액을 징수하지 아니하고 대신 납부한 원천징수세액
>
> ③ 제2차납세의무자로서 납부한 소득세 등

(2) 벌금·과료(통고처분에 따른 벌금 또는 과료에 해당하는 금액을 포함)와 과태료

① 다음에 해당하는 것은 벌금·과료와 과태료에 해당하는 것으로 한다.(소통 33－0…2 ①)

㉠ 사업자 또는 그 종업원이 관세법을 위반하고 지급한 벌과금

㉡ 업무와 관련하여 발생한 교통사고 벌과금

㉢ 고용보험 및 산업재해보상보험의 보험료징수 등에 관한 법률 제24조의 규정에 의하여 징수하는 산업재해보상보험료의 가산금

㉣ 국민건강보험법 제80조에 따른 국민건강보험료의 연체금

② 다음에 규정하는 것은 벌금·과료와 과태료에 해당하지 아니하는 것으로 한다.(소통 33－0…2 ②)

㉠ 사계약상의 의무불이행으로 인하여 과하는 지체상금(정부와 납품계약으로 인한 지체상금을 포함하며 구상권행사가 가능한 지체상금을 제외)

㉡ 보세구역에 장치되어 있는 수출용 원자재가 관세법상의 장치기간경과로 국고귀속이 확정된 자산의 가액

㉢ 철도화차 사용료의 미납액에 대하여 가산되는 연체이자

㉣ 고용보험 및 산업재해보상보험의 보험료징수 등에 관한 법률 제25조의 규정에 의한 산업재해보상보험료의 연체금 및 동법 제26조에 의한 보험급여액징수금

㉤ 국유지사용료의 납부지연으로 인한 연체료

ⓑ 전기요금의 납부지연으로 인한 연체가산금

✓ **납품지연에 따른 지체상금의 벌금과료에 해당 여부**(소득 해석편람 33-2-1)

벌금·과료라 함은 법령에 의한 재산형으로서 법령에 근거를 두고 의무불이행에 대하여 과하는 것이므로 사계약상의 의무불이행으로 인하여 과하는 지체상금은 벌금과료에 해당하지 않는 것임(재무부직세 1234-2770, 1975.12.19.)

✓ **국민건강보험료의 가산금은 필요경비에 산입됨**

국민건강보험법 제71조의 규정에 의한 국민건강보험료의 가산금은 거주자의 사업소득금액 또는 기타소득금액의 계산에 있어서 이를 필요경비에 산입할 수 있는 것임(서면1팀-1069, 2005.9.8.)

(3) 국세징수법이나 그 밖에 조세에 관한 법률에 따른 가산금과 강제징수비

(4) 조세에 관한 법률에 따른 징수의무의 불이행으로 인하여 납부하였거나 납부할 세액(가산세액을 포함)

(5) 다음의 가사의 경비와 이에 관련되는 경비

1) 사업자가 가사와 관련하여 지출하였음이 확인되는 경비

이 경우 직계존비속에게 주택을 무상으로 사용하게 하고 직계존비속이 해당 주택에 실제 거주하는 경우 주택에 관련된 경비는 가사와 관련하여 지출된 경비로 본다.(소령 61조 ① 1)

다만, 직계존비속에게 주택을 무상으로 사용하게 하고 직계존비속이 해당 주택에 실제 거주하는 경우 부당행위계산부인 규정이 적용되지 않는다.(소령 98조 ② 2 단서)

✓ **사업과 가사에 공통으로 관련되는 비용의 필요경비계산**(소통 33-61…1)

사업과 가사에 공통으로 관련되어 지급하는 금액에 대하여 사업과 관련된 필요경비의 계산은 다음과 같이 한다.

① 지급금액이 주로 부동산임대소득 또는 사업소득을 얻는데 있어서 업무수행상 통상 필요로 하는 것이고, 그 필요로 하는 부분이 명확히 구분될 때에는 그 구분되는 금액에 한하여 필요경비로 산입한다.

② 사업에 관련되는 것이 명백하지 아니하거나 주로 가사에 관련되는 것으로 인정되는 때에는 필요경비로 산입하지 아니한다.

✓ **사업용으로 사용된 것이 확인되는 차입금에 대한 지급이자의 필요경비산입 여부**(소득 해석편람 33-3-3)

가사관련경비의 필요경비불산입 규정을 적용함에 있어, 차입금이 사업용으로 사용된 것이 확인된 경우에는 그 차입금에 대한 지급이자는 필요경비에 산입함(재경부소득 46073-60, 2003.5.6.)

✓ **차입금을 자본인출금으로 사용한 것인지가 불분명한 경우 차입금 이자의 필요경비 인정여부**

부동산임대업을 영위하는 개인사업자가 차입금이 발생한 과세기간에 장부를 기장하지 아니하여 자산·부채 및 자본의 변동내역을 확인할 수 없어 차입금을 자본인출금으로 회계처리하였는지가 불분명한 경우로서 해당 차입금이 개인적 목적을 위해 사용된 경우에는 해당 차입금에 대한 지급이자는 필요경비에 산입할 수 없는 것임(서면법규-1249, 2013.11.14.)

✓ **추계의 경우도 필요경비로 인정한 판례**(서울행법 2013구합57150, 2014.5.23.)

① 피고는 원고가 이 사건 지급이자와 해당 차입금을 장부에 기장하지 아니하였으므로 필요경비로 인정할 수 없다고 주장한다. 그러나 위 소득세법령은 필요경비로 산입하기 위한 지급이자의 요건으로 수익과의 관련성 및 통상성을 요구하고 있을 뿐 대차대조표나 손익계산서 등 회계장부에 이를 계상할 것을 규정하고 있지 아니하다. 따라서 원고가 실제로 이 사건 지급이자를 지출하였고, 그 발생원인이 된 차입금이 임대용 자산에 대한 투하자본의 회수로서 수익과의 관련성 및 통상성이 인정되는 이상 필요경비로 공제하여야 할 것이므로, 피고의 위 주장은 이유 없다.

② 피고(과세관청)는 원고가 이 사건 지급이자의 발생원인이 된 차입금을 개인적인 용도로 사용하였는지, 다른 사업이나 기업을 위해 사용하였는지 등이 전혀 밝혀지지 아니하였으므로 총수입금액을 얻기 위하여 직접 사용된 부채로 볼 수 없다고 주장한다.
그러나 임대용 부동산을 자기 자본으로 취득한 사람이 이를 담보로 대출을 받아 투하자본을 회수하면 이로써 임대용 부동산을 타인 자본으로 보유하는 결과가 되므로 그 대출금은 그 자체로 총수입금액을 얻기 위하여 사용한 것이라 볼 것이고, 이후 회수한 자본을 어디에 사용하였는지는 지급이자의 필요경비 공제와는 전혀 무관한 것이다. 이와 다른 전제에 선 피고(과세관청)의 위 주장 역시 이유 없다.

✓ **자기자본을 차입금으로 대체하여 인출한 경우 차입금이자의 필요경비 산입여부**(소득 집행기준 27-55-22)

개인사업자가 사업을 위하여 자기자본을 투입한 후 그 투입한 자본을 회수하기 위해 금융기관으로부터 자금을 차입하여 그 차입금을 자본인출금으로 사용한 경우 그 차입금으로 인하여 초과인출금이 발생하지 않는 때에는 그 차입금을 총수입금액을 얻기 위해 직접 사용한 부채로 보아 그 차입금에 대한 지급이자를 필요경비에 산입한다.

2) 초과인출금에 대한 지급이자

① 사업용자산의 합계액이 부채의 합계액에 미달하는 경우 그 미달하는 금액에 상당하는 부채의 지급이자로서 다음 규정에 따라 계산한 금액(소령 61조 ① 2)

② 필요경비에 산입하지 아니하는 금액은 다음 산식에 의하여 계산한 금액으로 한다. 이 경우 적수의 계산은 매월 말 현재의 초과인출금 또는 차입금의 잔액에 경과일수를 곱하여 계산할 수 있다.(소칙 27조 ①)

$$초과인출금에\ 대한\ 지급이자 = 지급이자 \times \frac{해당\ 과세기간\ 중\ 초과인출금^{*1}의\ 적수}{해당\ 과세기간\ 중\ 차입금^{*2}의\ 적수}$$

*1. 초과인출금의 적수가 차입금의 적수를 초과하는 경우에는 그 초과하는 부분은 없는 것으로 본다.
*2. 부채에는 소득세법 및 조세특례제한법에 의하여 필요경비에 산입한 충당금 및 준비금은 포함하지 아니하는 것으로 한다.

✓ 사업용 자산에 대한 감가상각비 계상에 따라 발생한 초과인출금의 지급이자 관련 질의에 대한 회신

사업용 자산에 대한 감가상각비 계상에 따라 발생한 초과인출금의 지급이자는 소득세법 제33조 제1항 제5호 및 동법 시행령 제61조 제1항 제2호에 따른 가사관련경비에 해당하는 것임. 다만, 지급이자가 발생된 해당 차입금이 사업용으로 사용된 경우에는 필요경비에 해당하나, 동 차입금이 사업용으로 사용되었는지 여부는 사업과 관련된 자금의 사용내역 등을 종합적으로 고려하여 사실판단 할 사항임(기획재정부조세법령-209, 2020.2.12.)

[참고 판례]

- 초과인출금에 대한 지급이자 필요경비 불산입규정은 사업과의 관련성 여부를 불문하고 이를 필요경비에 산입하는 지급이자에서 제외하겠다는 취지로 봄이 타당하므로 청구주장을 받아들이기 어려움(조심 2022부8254, 2023.11.20.)
- 모법이 '가사 관련 경비'의 성격을 가지는 것에 한하여 필요경비에 불산입하도록 위임하고 있음에도, 가사와 전혀 무관한 그 범위에 포함될 것으로 예측하기 어려운 '사업상 결손으로 인한 부채의 지급이자 등'까지 필요경비에서 부인하는 결과가 되어 모법의 위임범위를 벗어난 것으로 무효라고 봄이 타당함(서울고법 2020누58412, 2021.12.24.)

✓ 초과인출금계산시 자산금액 계상 누락된 토지 및 구축물의 가액은 자산금액에 포함하여 재계산하는 것임(국심 90서1560, 1990.9.7, 국세청심사 99-114, 1999.5.21.)

✓ 초과인출금 계산시 건설공제조합 증권의 사업용자산 해당 여부(소득 해석편람 33-3-2)

건설업면허를 받기 위해 필수적으로 취득해야 하는 건설공제조합증권은 "사업용 자산의 합계액"에 포함함(소득 46011-1591, 1997.6.13.)

✓ 초과인출금에 대한 지급이자 계산시 상업어음 할인료 등의 포함 여부(소득 해석편람 33-3-4)

초과인출금에 대한 지급이자의 필요경비불산입액 계산에 있어서 "지급이자"에는 상품·제품 등을 판매하고 받은 상업어음을 할인한 경우의 해당 상업어음의 할인료, 연지급수입의 경우 수입자재의 매입부대비용에 해당하는 D/A이자와 유산스이자는 포함되지 않는 것임(소득 46011-1621, 1997.6.18.)

✓ 장기성 예·적금의 사업용자산 해당 여부(소득 해석편람 33-3-6)

은행 대출금 등과 연계되어 부득이 발생한 예·적금 등은 사업용 자산으로 보아 초과인출금을 계산함(소득 46011-83, 1999.9.28.)

✓ **초과인출금 계산시 대출관련 예금을 사업용자산에 포함하는지 여부**(소득 해석편람 33－3－7)

초과인출금을 계산함에 있어서, 사업과 관련하여 보험회사로부터 대출받은 차입금 중 일부를 해당 보험회사에 예치한 경우 그 예치금은 사업용자산에 해당함(소득 46011－291, 1999.11.2.)

✓ **초과인출금 관련 사업용자산 가액의 계산방법**

초과인출금에 대한 지급이자의 필요경비 불산입금액을 계산함에 있어 사업용자산 중 감가상각대상자산은 당해 자산의 장부가액(취득가액과 자본적지출의 합계액에서 감가상각누계액을 차감한 금액)으로 하는 것임(소득－824, 2010.7.20.)

✓ **거주자의 가사경비관련 초과인출금계산시 사업용자산가액의 범위**

① 사업용자산의 합계액이 부채의 합계액에 미달하는 경우에 그 미달하는 금액(초과인출금)에 상당하는 부채의 지급이자는 필요경비에 산입하지 아니함

② "사업용자산의 합계액"을 계산함에 있어서 토지와 건물의 가액은 장부가액으로 하며, 이 경우 취득가액은 실제취득가액으로 하는 것임. 다만, 실제취득가액을 알 수 없는 경우에는 취득당시의 기준시가에 지방세법에 의한 취득세·등록세상당액을 가산한 금액으로 할 수 있는 것이며, 재고자산의 가액은 소득세법 시행령 제91조의 규정에 의한 평가방법에 따라 평가한 가액으로 하는 것임

③ 초과인출금의 적수의 계산은 매월말 현재의 초과인출금의 잔액에 경과일수를 곱하여 계산할 수 있는 것임(소득 46011－21418, 2000.12.13.)

✓ **초과인출금에 대하여 차입금지급이자 손금불산입의 사업장별 계산의 정당성**(대법원 2014두38927, 2014.10.30.)

초과인출금을 산정하여 차입금 지급이자를 필요경비 불산입시 초과인출금 산정은 사업장별로 하는 것이 아니라 인별로 하는 것이 타당하며 공동사업자인 경우에도 같음

✓ **필요경비에 불산입하는 초과인출금 산정방법**

초과인출금을 산정하여 차입금 지급이자를 필요경비 불산입시 초과인출금 산정은 인별로 계산하는 것임(기준법령해석소득 2020-246, 2020.11.11.)

사 례 초과인출금이자 계산(2024년 귀속기준)

다음은 부동산임대업을 영위하는 홍길동씨의 개인사업체인 빌딩상사의 2024 과세연도(1.1.~12.31.)에 대한 회계자료이다. 초과인출금에 대한 차입금이자 상당액으로서 필요경비불산입될 금액을 계산하시오.

- 기초 및 기말의 사업용자산가액 ································ 245,000,000원(연도 중 불변)
- 기초 및 기말의 부채 ·· 380,000,000원(연도 중 불변)
  <부채내역> ① 은행차입금 : 300,000,000원
  ② 임대보증금 : 80,000,000원

- 2024년의 차입금 지급이자 총액 ································ 40,000,000원

해 답 18,000,000원

풀 이 (1) 사업용자산의 적수 : 245,000,000원×366＝89,670,000,000원
(2) 부채의 적수 : 380,000,000원×366＝139,080,000,000원
(3) 초과인출금의 적수 : (2)－(1)＝49,410,000,000원
(4) 차입금의 적수 : 300,000,000원×366＝109,800,000,000원
(5) 초과인출금에 대한 지급이자 상당액 :

$$= \text{지급이자} \times \frac{\text{초과인출금의 적수}}{\text{차입금의 적수}}$$

$$= 40{,}000{,}000\text{원} \times \frac{49{,}410{,}000{,}000\text{원}}{109{,}800{,}000{,}000\text{원}} = 18{,}000{,}000\text{원}$$

(6) 각 과세기간에 계상한 감가상각비한도초과액

(7) 재고자산·유형자산 중 일정 자산 외의 평가차손

재고자산·유형자산의 평가차손은 다음의 경우를 제외한 자산의 평가차손이 필요경비불산입된다.(소법 33조 ① 7, 소령 96조) 즉 다음 자산의 평가차손은 필요경비에 산입된다.

① 재고자산 : 제품과 상품(건물건설업 또는 부동산 개발 및 공급업을 경영하는 사업자가 매매를 목적으로 소유하는 부동산을 포함한다), 반제품과 재공품, 원재료 및 저장품 별로 재고자산 평가방법(☞ 소득세법 시행령 제91조)에 따라 평가한 가액을 장부가액으로 한다.(소법 39조 ③ 단서, 2009.12.31. 신설)

② 다음 중 하나에 해당하는 자산은 위 '①'에도 불구하고 '자산의 장부가액을 그 감액사유가 발생한 과세기간 종료일 현재의 처분가능한 가액으로 감액하고, 그 감액한 금액을 해당 과세기간의 필요경비로 계상하는 방법'에 따라 그 장부가액을 감액할 수 있다.(소법 39조 ④, 소령 96조 ①, 2010.2.18. 신설)

㉠ 파손·부패 등으로 정상가격에 판매할 수 없는 재고자산

㉡ 천재지변이나 화재, 법령에 따른 수용 등, 채굴 불능으로 인한 폐광으로 파손 또는 멸실된 유형자산. 이때 파손 또는 멸실은 해당 유형자산이 그 고유의 목적에 사용할 수 없게 되는 경우를 포함한다.(소령 96조 ③, 2020.2.11. 용어변경)

✓ **의무적으로 취득한 국·공채 처분손실의 필요경비 산입**(소통 27－55…33)
주택건설업자가 주택건설사업과 관련하여 의무적으로 첨가취득한 국·공채를 양도함으로써 발생한 손실은 그 국·공채를 양도한 날이 속하는 과세기간의 필요경비에 산입한다.

(8) 개별소비세 또는 주세 미납액

반출하였으나 판매하지 아니한 제품에 대한 개별소비세 또는 주세의 미납액. 다만, 제품 가액에 그 세액상당액을 더한 경우는 제외한다.

(9) 부가가치세의 매입세액

부가가치세 매입세액은 원칙적으로 필요경비불산입된다. 다만, 다음의 경우 부가가치세는 필요경비에 산입한다.(소령 74조, 소칙 39조)

① 부가가치세가 면제되는 사업자가 부담하는 매입세액

② 부가가치세 간이과세자가 납부한 부가가치세액

③ 비영업용소형승용자동차의 유지에 관한 매입세액(자본적지출분 제외)

④ 기업업무추진비 및 이와 유사한 비용의 지출에 관련된 매입세액(소령 74조 1의2, 2010. 2.18. 신설)

⑤ 그 밖에 해당 사업자가 부담한 사실이 확인되는 매입세액으로서 다음의 것

㉠ 영수증을 교부받은 거래분에 포함된 매입세액으로서 공제대상이 아닌 금액

㉡ 부동산임차인이 부담한 전세금 및 임차보증금에 대한 매입세액

✓ **간이과세자의 부가가치세 처리**(소득 집행기준 33-74-2)

① 간이과세자에 대한 부가가치세는 다음에 따라 처리한다.

㉠ 간이과세자인 사업자가 사업과 관련하여 물품을 매입하거나 용역을 제공받음으로써 부가가치세법에 따라 거래징수당한 부가가치세는 해당 물품 또는 용역의 매입부수비용으로 본다.

㉡ 간이과세자인 사업자가 물품을 판매하거나 또는 용역을 제공함으로 인하여 부가가치세법에 따라 납부한 부가가치세는 필요경비로 한다.

② 간이과세자가 일반과세자로 변경되어 부가가치세법 시행령 제86조에 따라 재고매입세액을 공제받을 경우에는 위 '①'에 따라 처리한 매입부수비용의 환입으로 보아 해당 재고품가액에서 재고매입세액을 차감한다.

③ 일반과세자가 간이과세자로 변경되어 부가가치세법 시행령 제112조에 따라 재고납부세액을 납부할 경우에는 해당 재고납부세액은 재고품의 매입부수비용으로 처리한다.

(10) 차입금 중 건설자금에 충당한 금액의 이자

① "건설자금에 충당한 금액의 이자"란 그 명목 여하에 불구하고 해당 사업용 유형자산 및 무형자산의 매입·제작·건설(이하 "건설"이라 한다)에 소요된 차입금(자산의 건설에 소요되었는지의 여부가 분명하지 아니한 차입금은 제외)에 대한 지급이자 또는 이와 유사한 성질의 지출금을 말한다.(소령 75조 ①, 2020.2.11. 용어개정)

② 건설자금 지급이자 또는 지출금은 건설이 준공된 날까지(토지를 매입한 경우에는 그 대금을 완불한 날까지로 하되, 대금을 완불하기 전에 해당 토지를 사업에 제공한 경우에는 그 제공한 날까지로 한다) 이를 자본적지출로 하여 그 원본에 가산한다. 다만, 사업용 유형자산 및 무형자산의 건설에 소요된 차입금의 일시예금에서 생기는 수입이자는 원본에 가산하는 자본적지출금액에서 이를 차감한다.(소령 75조 ②)

이때 "건설이 준공된 날"이란 건축물의 경우에는 취득일 또는 해당 건설의 목적물이 그 목적에 실제로 사용되기 시작한 날(사용개시일) 중 빠른 날을 말하며, 토지와 건축물을 제외한 기타 사업용 유형자산 및 무형자산에 대하여는 사용개시일을 말한다.(소칙 40조, 2020.3.13. 용어개정)

③ 차입한 건설자금의 일부를 운영자금에 전용한 경우에는 그 부분에 상당하는 지급이자는 이를 필요경비로 한다.(소령 75조 ③)

④ 차입한 건설자금의 연체로 인하여 발생한 이자를 원본에 더한 경우 그 더한 금액은 해당 과세기간의 자본적지출로 하고 그 원본에 더한 금액에 대한 지급이자는 필요경비로 한다.(소령 75조 ④)

⑤ 건설자금의 명목으로 차입한 것으로서 그 건설이 준공된 후에 남은 차입금에 대한 이자는 각 과세기간의 필요경비로 한다.(소령 75조 ⑤)

⑥ 자본적지출 또는 필요경비를 계산할 때 채권자가 불분명한 차입금의 이자는 이를 자본적지출 또는 필요경비로 계산하지 아니한다.(소령 75조 ⑥)

✓ 부동산매매업용토지의 매입·개발에 대한 차입금이자의 필요경비산입 여부

① 사업소득의 필요경비는 해당연도의 총수입금액에 대응하는 비용으로서 일반적으로 용인되는 통상적인 것의 합계액으로 함

② 차입금 중 사업용고정자산의 매입·제작·건설에 소요된 차입금에 대한 지급이자는 해당연도의 필요경비에 산입하지 아니하고 자본적지출로 처리하는 것이나, 재고자산에 해당하는 부동산매매업용토지의 매입·개발에 소요된 차입금에 대한 지급이자는 해당연도의 필요경비에 산입하는 것임

③ 임야를 매입하여 공장용지로 개발·분할·매각하는 과정에서 필수적으로 공용도로에 편입되어 소유권의 행사가 불가능하게 된 토지의 가액과 도로공사비용은 해당 부동산매매업의 필요경비에 산입할 수 있는 것임(소득 46011-21227, 2000.10.12.)

(11) 채권자가 불분명한 차입금의 이자

"채권자가 불분명한 차입금의 이자"란 다음에 해당하는 차입금의 이자(알선수수료, 사례금 등 명목 여하에 불구하고 차입금을 차입하고 지급하는 금품을 포함)를 말한다. 다만, 지급일 현재 주민등록표등본에 의하여 그 거주사실 등이 확인된 채권자가 차입금을 변제받

은 후 소재불명이 된 경우에는 그러하지 아니하다.(소령 76조)

① 채권자의 소재 및 성명을 확인할 수 없는 차입금

② 채권자의 능력 및 자산상태로 보아 금전을 대여한 것으로 인정할 수 없는 차입금

③ 채권자와의 금전거래사실 및 거래내용이 불분명한 차입금

(12) 법령에 따라 의무적으로 납부하는 것이 아닌 공과금이나 법령에 따른 의무의 불이행 또는 금지·제한 등의 위반을 이유로 부과되는 공과금(2024.12.31. 개정)

➲ 개정규정('위반에 대한 제재(制裁)로서' → '위반을 이유로')은 2025.1.1.부터 시행한다.(2024.12.31. 법 부칙 1조)

➲ 예) 장애인고용부담금[의무고용률에 못 미치는 장애인을 고용하는 사업주(상시 100명 미만 근로자를 고용하는 사업주는 제외)는 매년 고용노동부장관에게 납부하는 부담금][23]

> ✓ **부동산의 저가임대로 인하여 추징된 부가가치세의 필요경비산입 여부**(소득 해석편람 3－10－4)
> 부동산임대업을 영위하는 거주자가 특수관계있는 자에게 부당하게 낮은 대가를 받고 부동산을 임대함으로 인하여 부가가치세법 제13조 제1항 제3호의 규정에 의하여 추징된 부가가치세의 매출세액은 해당 거주자의 부동산임대소득금액의 계산에 있어서 필요경비에 산입하지 않는 것임(소득 46011－873, 1996.3.19.)

(13) 업무와 관련 없는 지출

각 과세기간에 지출한 경비 중 직접 그 업무에 관련이 없다고 인정되는 다음에 해당하는 것을 말한다.(소령 78조)

① 사업자가 그 업무와 관련 없는 자산을 취득·관리함으로써 발생하는 취득비·유지비·수선비와 이와 관련되는 필요경비

② 사업자가 그 사업에 직접 사용하지 아니하고 타인(종업원을 제외)이 주로 사용하는 토지·건물 등의 유지비·수선비·사용료와 이와 관련되는 지출금

③ **업무무관 관련 지급이자** : 사업자가 그 업무와 관련 없는 자산을 취득하기 위하여 차입한 금액에 대한 지급이자(소칙 41조)

㉠ 필요경비불산입 금액의 계산 : 차입금이 업무와 관련 없는 자산을 취득하기 위하여 사용되었는지의 여부가 불분명한 경우에 필요경비에 산입하지 아니하는 금액은 다음에 의하여 계산한 금액으로 한다. 이 경우 적수의 계산은 월말 현재의 잔액에 경과일수를 곱하여 계산할 수 있다.

23) 임상엽·정정운, 2025, 세법개론Ⅰ, 상경사, p. 385.

업무무관자산 관련 차입금이자 = 지급이자 × $\frac{\text{업무와 관련 없는 자산의 적수}}{\text{차입금의 적수}}$

㉡ 위 산식에서 차입금은 업무와 관련 없는 자산을 취득하기 위하여 사용되었는지의 여부가 분명하지 아니한 차입금의 금액을, 지급이자는 해당 차입금에 대한 지급이자를 말한다.

㉢ 업무와 관련 없는 자산의 적수가 차입금의 적수를 초과하는 경우에는 그 초과하는 부분은 없는 것으로 본다.

④ 사업자가 사업과 관련 없이 지출한 기업업무추진비

⑤ 사업자가 공여한 형법에 따른 뇌물 또는 국제상거래에 있어서 외국공무원에 대한 뇌물방지법상 뇌물에 해당하는 금전과 금전 외의 자산 및 경제적 이익의 합계액(2007. 2.28. 신설)

⑥ 사업자가 노동조합 및 노동관계 조정법 제24조 제2항 및 제4항을 위반하여 지급하는 급여(소령 78조 4의3, 2010.12.30. 신설)

⑦ 위 '①부터 ⑥까지'에 준하는 지출금으로서 사업자가 업무와 관련 없는 자산을 취득하기 위한 자금의 차입에 관련되는 비용(소칙 41조 ④)

✓ **개인사업자의 중식대의 필요경비 산입범위**(소통 27-55…43)

개인사업자가 본인을 위해 사용한 중식대는 사업소득금액 계산시 법 제27조에 따른 필요경비에 해당하지 아니한다.(2024.3.15. 신설)

✓ **상대계정이 불분명한 부외부채의 처리**(소통 27-55…28)

장부외채무의 상대계정이 불분명하여 정리손실 또는 가공자산 등으로 계상하였을 경우에는 이를 소득금액계산상 필요경비에 산입할 수 없다.

✓ **업무무관경비의 필요경비불산입 사례**(소득 집행기준 33-78-1)

① 사업자가 용역제공에 대한 대가와 접대부·댄서 등의 봉사료를 신용카드매출전표에 구분 기재하여 결제받고, 그 구분 기재한 봉사료를 총수입금액에 계상하지 아니한 경우, 사업자가 부담한 접대부·댄서 등의 봉사료에 대한 카드수수료는 업무무관경비로 필요경비에 산입하지 않음

② 부동산임대업자가 임차인이 체납한 전기료 등 공공요금이 해당 거주자의 총수입금액에 산입되지 아니하고 지급의무 없는 임대인이 해당 공공요금을 대신 납부한 것은 해당 총수입금액과 직접 관련된 비용에 해당하지 않으므로 필요경비 불산입함

③ 공장을 경매로 인수한 사업자가 공장인수 이전 사업자가 부담해야 할 각종 체납된 경비를 법적인 지급의무 없이 대신 지급한 경우에는 경락취득자산의 취득원가 및 필요경비에 산입할 수 없음

④ 상속받은 임대용부동산의 상속등기와 관련하여 매입한 국공채의 처분손실은 부동산임대업과

직접 관련없는 비용이므로 부동산임대업의 필요경비에 산입하지 않음

✓ **사업용 자산에 부과되는 제세공과금 등의 필요경비 산입여부**(소득 집행기준 27-55-16 ④)

주택임대사업자가 소유하는 주택이 지방세법 제190조에 따른 재산세 과세기준일(매년 6월 1일) 현재 사업용 자산에 해당되지 않는 경우에는 해당 주택에 대한 재산세 및 종합부동산세를 부동산임대업의 필요경비에 산입하지 않는다.

✓ **불법보조금의 필요경비 인정여부**

이동통신단말장치 대리점 또는 판매점이 이동통신단말장치 유통구조 개선에 관한 법률 제4조 제5항에 따른 지원금의 범위를 초과하여 추가로 소비자에게 보조금을 제공하여 해당 법률을 위반한 경우에는 해당 보조금은 일반적으로 용인되는 통상적인 비용으로 보기 어려우므로 소득세법 제27조에 따른 필요경비에 산입할 수 없는 것임(기획재정부소득-77, 2017.2.10.)

✓ **합의금 등의 필요경비 해당여부**

[사실관계]
질의자는 배우자로부터 부동산을 증여받아 부동산임대업을 영위하던 중, 배우자가 사망하고 이후 상속인들 간에 유류분 반환청구 관련 재판 진행 중 합의금(대출로 차입)을 지급하였음

[질의]
상속인들 간의 소송이 있어 그에 대한 합의금 등을 지급할 경우, 그 합의금 등이 임대업의 필요경비에 해당하는지 여부

[회신]
합의금과 그에 대한 대출이자는 소득세법 제27조 및 소득세법 시행령 제55조에 따른 필요경비 산입대상에 해당하지 아니하는 것임(서면소득 2015-997, 2015.6.24.)

✓ **개인사업자 본인의 정기보험 보험료의 필요경비 산입 여부**

개인사업자 자신의 정기보험을 위하여 지출한 비용은 사업과 관련없는 비용으로서 필요경비 불산입하는 것임(서면법규-1539, 2012.12.27.)

✓ **부동산매매업자가 지급하는 세입자의 이사비용 상당액의 필요경비 여부**

부동산매매업을 경영하는 거주자가 법원 경매에 참가하여 매매용 주택을 취득하면서 해당 매매용 주택의 수선과 관련하여 지출하는 비용(목욕탕 수리비용 등)은 필요경비 산입대상에 해당하는 것이나, 세입자 또는 전 소유자에게 법적인 지급의무 없이 지급하는 이사비용 상당액과 대납한 아파트 관리비는 필요경비의 산입대상에 해당하지 아니하는 것임(소득-831, 2010.7.22.)

✓ **필요경비 해당 여부**

부동산임대업을 영위하는 거주자가 당해 임대용부동산의 매각을 용이하게 하기 위하여 지출하는 비용은 부동산소득 등의 필요경비 계산에 있어서 당해 연도의 총수입금액에 대응하는 비용의 합계액에 해당하지 아니하는 것임(소득 22601-1099, 1990.5.17.)

✓ **법적 지급의무 없는 합의금의 필요경비 해당 여부**(소득 해석편람 33-8-1)

경락부동산의 전 소유주가 변제하여야 할 세입자의 임대보증금 등에 대하여 법적인 변제의무 없이 경락자가 세입자에게 지급하는 합의금 등은 부동산 임대소득을 영위하기 위한 자산의 취득에 소요된 금액에 해당한다 할 수 없는 것으로 취득원가 및 필요경비에 산입할 수 없음(소득 46011-3198,

1993.10.22.)

✓ **공동사업자의 출자와 관련한 차입금이자의 필요경비산입 여부**(소득 해석편람 33-8-2)

공동사업자가 공동사업에 출자하기 위하여 금융기관으로부터 대여받은 차입금의 지급이자는 부동산임대소득금액 등의 계산에 있어서 소득세법 제33조 제1항 제13호의 규정에 의하여 그 업무에 직접 관련이 없는 경비에 해당하여 필요경비에 산입하지 않는 것임(소득 46011-552, 1999.12.31.)

✓ **부당행위계산의 대상이 되는 임차료에 대한 필요경비산입 여부**(소득 해석편람 33-10-3)

개인사업자가 특수관계에 있는 법인으로부터 오락실을 임차하여 운영하는 중 영업정지처분으로 임차료를 지급하지 아니하였으나, 과세표준과 세액의 실지조사 시 법인이 부당행위계산의 대상이 되어 적정임대료상당액을 법인의 총수입금액에 산입하는 경우 동 임차료상당액을 개인사업자의 필요경비에 산입할 수 없음(소득 46011-377, 1995.2.13.)

✓ **감염병예방법에 따른 기회비용분 손실보상금에 대응하여 지출된 비용의 필요경비 산입여부**

감염병 관리기관으로 지정된 병원 등을 운영하는 사업자가 감염병예방법 제70조에 따라 받는 기회비용분 손실보상금에 대응하여 지출되는 비용은 필요경비에 산입하지 않는 것임. 이때 공통비용이 발생한 경우, 공통비용 중 기회비용분 손실보상금에 대응하여 지출되는 비용은 총수입금액과 기회비용분 손실보상금의 합계액에서 기회비용분 손실보상금이 차지하는 비중에 따라 안분 계산되는 것임(기획재정부소득-415, 2023.5.15.)

(14) 선급비용

(15) 업무와 관련하여 고의 또는 중대한 과실로 타인의 권리를 침해한 경우에 지급되는 손해배상금

✓ **교통사고로 인한 위자료 지급시 필요경비산입 여부**(소득 해석편람 33-9-1)

사업소득이 있는 거주자의 사용인이 업무수행 차 차량을 운행 중 교통사고를 일으킴으로써 사용자로서 그 피해자에게 치료비와 위자료를 지급하는 경우, 사업주가 그 사고의 발생에 대하여 고의 또는 중대한 과실이 없는 한 지급한 피해배상금은 해당 거주자의 소득금액을 계산함에 있어서 필요경비에 산입할 수 있음(재무부직세 1234-3854, 1978.12.28.)

✓ **의료사고 손해배상금 등의 필요경비산입 여부**(소득 해석편람 33-9-2)

사업자 또는 사용인이 업무와 관련하여 고의 또는 중대한 과실로 타인의 권리를 침해함으로써 지급되는 손해배상금 등은 필요경비에 산입되지 아니하는 것이며, 선량한 관리자로서의 주의책임을 다한 경우에 발생한 사고에 대한 손해배상금 등은 필요경비에 산입할 수 있음(소득 46011-1596, 1999.4.28.)

✓ **의료사고를 원인으로 제기당한 손해배상 소송의 판결로 지급하는 손해배상금의 필요경비 귀속시기**

거주자가 사업과 관련하여 타인의 재산이나 권리를 침해하고 지급하는 손해배상금은 필요경비에 산입하는 것이나, 고의 또는 중대한 과실이 있는 경우에는 필요경비에 산입하지 아니하며, 판결에 의하여 지급되는 손해배상금의 귀속연도는 소득세법 기본통칙 39-0…17을 참조하시기 바람(서면소득 2016－5177, 2016.11.2.)

✓ **법원 판결에 의하여 지급되는 손해배상금 등의 귀속연도**(소통 39-0…17)

법원의 판결에 의하여 지급하거나 지급받는 손해배상금 등의 귀속연도는 법원의 판결이 확정된 날이 속하는 과세기간으로 한다. 이 경우 "법원의 판결이 확정된 날"이라 함은 대법원 판결일자 또는 당해 판결에 대하여 상소를 제기하지 아니한 때에는 상소제기의 기한이 종료한 날의 다음 날로 한다.

✓ **폐업 후 지급판결이 확정된 손해배상금의 귀속연도**

법원의 판결에 의하여 지급하는 손해배상금의 귀속연도는 법원의 판결이 확정된 날이 속하는 과세기간으로 하는 것임(기획재정부소득－525, 2014.9.25.)

✓ **소송비용은 필요경비에 산입함**

폐기물관리법에 의한 청소용역업체가 폐기물관리법 위반에 관한 소송과 관련하여 변호사에게 지급한 보수는 필요경비에 산입하는 것임(소득46011－21294, 2000.11.6.)

(16) 지급이자의 필요경비불산입 순서

① 지급이자의 필요경비불산입 규정이 동시에 적용되는 경우에는 다음 순서에 따라 이를 적용한다.(소법 33조 ②, 소령 78조의2 ①)

㉠ 채권자 불분명한 차입금의 이자

㉡ 건설자금에 충당한 차입금의 이자

㉢ 초과인출금에 대한 지급이자

㉣ 업무무관자산 관련 차입금이자

② 위 '①'의 규정을 적용함에 있어서 서로 다른 이자율이 적용되는 이자가 함께 있는 경우에는 높은 이자율이 적용되는 것부터 먼저 필요경비에 산입하지 아니한다.(소령 78조의2 ②)

(17) 업무용승용차 관련비용 등의 필요경비불산입 특례(2016.2.17. 신설)

➲ 복식부기의무자 중 성실신고확인대상사업자인 경우에는 2016.1.1. 이후 지출하는 분부터 적용하고, 성실신고확인대상사업자 외의 복식부기의무자의 경우에는 2017.1.1. 이후 지출하는 분부터 적용한다.(2015.12.15. 법 부칙 3조)

1) 업무미사용금액의 필요경비불산입

복식부기의무자가 해당 과세기간에 업무에 사용한 업무용승용차를 취득하거나 임차하여 해당 과세기간에 필요경비로 계상하거나 지출한 "업무용승용차 관련 비용" 중 "업무사용금액"에 해당하지 아니하는 금액은 해당 과세기간의 사업소득금액을 계산할 때 필요경비에 산입하지 아니한다.(소법 33조의2 ①)

2) 업무용승용차의 범위

업무용승용차란 해당 과세기간에 업무에 사용한 개별소비세법 제1조 제2항 제3호에 해당하는 승용자동차로서 다음의 승용자동차는 제외한다.(소법 33조의2 ①, 소령 78조의3 ① 1, 부가령 19조)

① 사업상 수익을 얻기 위하여 직접 사용하는 다음의 승용자동차

㉠ 운수업

㉡ 자동차 판매업

㉢ 자동차 임대업

㉣ 운전학원업

㉤ 경비업법 제2조 제1호 라목에 따른 기계경비업무를 하는 경비업. 이 경우 경비업법 제16조의3에 따른 출동차량에 한정하여 적용한다.

㉥ 위 '㉠부터 ㉤까지'의 업종과 유사한 업종

㉦ 여신전문금융업법 제2조 제9호에 해당하는 시설대여업

② 한국표준산업분류에 따른 장례식장 및 장의관련 서비스업을 영위하는 사업자가 소유하거나 임차한 운구용 승용차(소칙 42조 ①, 2016.3.16. 신설)

개별소비세법 제1조 제2항 제3호의 승용자동차

① 배기량이 2,000cc를 초과하는 승용자동차와 캠핑용 자동차(캠핑용 트레일러를 포함)(개별소비세법 시행령 [별표 1] 5. 다)

② 배기량이 2,000cc 이하인 승용자동차(배기량이 1,000cc 이하인 것으로서 길이가 3.6미터 이하이고 폭이 1.6미터 이하인 것은 제외)와(개별소비세법 시행령 [별표 1] 5. 가) 이륜자동차(내연기관을 원동기로 하는 것은 그 총배기량이 125cc를 초과하는 것으로 한정하며, 내연기관 외의 것을 원동기로 하는 것은 그 최고정격출력이 12킬로와트를 초과하는 것으로 한정한다)(개별소비세법 시행령 [별표 1] 5. 나, 2019.2.12. 개정)

③ 전기자동차, 하이브리드자동차(배기량 1,000cc를 초과하는 것으로 한정한다) 또는 수소전기자동차로서 자동차관리법 제3조에 따른 구분기준에 따라 승용자동차로 구분되는 자동차(정원 8명 이하의 자동차로 한정하되, 길이가 3.6미터 이하이고 폭이 1.6미터 이하인 것은 제외)(개별소비세법 시행령 [별표 1] 5. 라, 2023.2.28. 개정)

3) 업무용승용차 관련 비용의 범위

업무용승용차 관련 비용이란 업무용승용차에 대한 감가상각비, 임차료, 유류비, 보험료, 수선비, 자동차세, 통행료 및 금융리스부채에 대한 이자비용 등 업무용승용차의 취득·유지를 위하여 지출한 비용을 말한다.(소령 78조의3 ②)

4) 업무사용금액의 범위

➲ 2024.1.1.부터 시행하며, 2024.1.1. 전에 발생한 업무용승용차 관련비용에 관하여는 개정규정에도 불구하고 종전의 규정에 따른다.(2023.2.28. 영 부칙 1조 3, 20조)

① "업무용 사용금액"이란 다음의 구분에 따른 금액을 말한다.(소령 78조의3 ④, 2023.2.28. 개정)

㉠ 해당 과세기간의 전체 기간(임차한 승용차의 경우 해당 과세기간 중에 임차한 기간) 동안 다음 중 하나에 해당하는 사람이 운전하는 경우만 보상하는 자동차보험(이하 "업무전용자동차보험"이라 한다)에 가입한 경우 : 업무사용비율금액[업무용승용차 관련비용에 업무사용비율(운행기록 등에 따라 확인되는 총 주행거리 중 업무용 사용거리가 차지하는 비율)을 곱한 금액](소령 78조의3 ④ 1, 2023.2.28. 개정, 소칙 42조 ④, 2020.3.13. 신설)

ⓐ 해당 사업자 및 그 직원

ⓑ 계약에 따라 해당 사업과 관련한 업무를 위해 운전하는 사람

ⓒ 해당 사업과 관련한 업무를 위해 운전하는 사람을 채용하기 위한 시험에 응시한 지원자

이때 '운행기록 등'이란 국세청장이 기획재정부장관과 협의하여 고시하는 운행기록 방법을 말하며(소칙 42조 ②), '업무용 사용거리'란 제조·판매시설 등 해당 사업자의 사업장 방문, 거래처·대리점 방문, 회의 참석, 판촉 활동, 출·퇴근 등 직무와 관련된 업무수행을 위해 주행한 거리를 말한다.(소칙 42조 ③)

한편, 시설대여업자 외의 자동차대여사업자로부터 임차한 승용차 중 임차계약기간이 30일 이내인 승용차(해당 과세기간에 임차계약기간의 합계일이 30일을 초과하는 승용차는 제외)로서 위 'ⓐ~ⓒ'에 해당하는 사람을 운전자로 한정하는 임대차 특약을 체결한 경우에는 업무전용자동차보험에 가입한 것으로 본다.(소령 78조의3 ⑤ 1, 2020.2.11. 신설, 소칙 42조 ⑤, 2020.3.13. 신설)

㉡ 업무전용자동차보험에 가입하지 않은 경우 : 사업자별(공동사업장의 경우는 1사업자로 본다) 업무용승용차 수에 따른 다음의 금액(소령 78조의3 ④ 2, 2023.2.28. 개정)

ⓐ 1대 : 업무사용비율금액

ⓑ 1대 초과분 : 업무사용비율금액의 0%. 다만, 다음 중 하나에 해당하는 사업자를 제외한 사업자의 2024.1.1.부터 2025.12.31.까지 발생한 업무용승용차 관련비용에 대해서는 업무사용비율금액의 50%로 한다.

㉮ 성실신고확인대상사업자(직전 과세기간의 성실신고확인대상사업자를 말한다)

㉯ 의료업, 수의업, 약사업 및 변호사업, 심판변론인업, 변리사업, 법무사업, 공

인회계사업, 세무사업, 경영지도사업, 기술지도사업, 감정평가사업, 손해사정인업, 통관업, 기술사업, 건축사업, 도선사업, 측량사업, 공인노무사업, 의사업, 한의사업, 약사업, 한약사업, 수의사업

이때 해당 과세기간의 전체 기간(임차한 승용차의 경우 해당 과세기간 중에 임차한 기간) 중 일부기간만 업무전용자동차보험에 가입한 경우의 업무사용금액은 다음의 계산식에 따라 산정한 금액으로 한다.(소령 78조의3 ⑤ 2, 2020.2.11. 신설)

$$\text{업무용승용차 관련비용} \times \text{업무사용비율} \times \frac{\text{해당 과세기간에 실제로 업무전용 자동차보험에 가입한 일수}}{\text{해당 과세기간에 업무사용비율금액으로 적용받기 위해 업무전용 자동차보험에 의무적으로 가입해야 할 일수}}$$

② 업무사용금액으로 적용받으려는 사업자는 업무용승용차별로 운행기록 등을 작성·비치하여야 하며, 납세지 관할 세무서장이 요구할 경우 이를 즉시 제출하여야 한다.(소령 78조의3 ⑥)

③ 운행기록 등을 작성·비치하지 않은 경우 해당 업무용승용차의 업무사용비율은 다음의 구분에 따른 비율로 한다.(소령 78조의3 ⑦, 2020.2.11. 개정)

㉠ 해당 과세기간의 업무용승용차 관련비용이 1천5백만원(해당 과세기간이 1년 미만이거나 과세기간 중 일부 기간 동안 보유 또는 임차한 경우에는 1천5백만원에 해당 보유기간 또는 임차기간에 해당하는 월수를 곱하고 이를 12로 나누어 산출한 금액을 말한다. 이하에서 같다) 이하인 경우 : 100%

㉡ 해당 과세기간의 업무용승용차 관련비용이 1천5백만원을 초과하는 경우 : 1천5백만원을 업무용승용차 관련비용으로 나눈 비율

5) 업무용승용차의 감가상각비

① 복식부기의무자가 업무용승용차에 대하여 감가상각비를 계산할 때 정액법을 상각방법으로 하고, 내용연수를 5년으로 하여 계산한 금액을 감가상각비로 하여 필요경비에 산입하여야 한다.(소령 78조의3 ③)

➲ 성실신고확인대상사업자(취득일이 속하는 과세기간의 전 과세기간의 총수입금액을 기준으로 한다)인 경우에는 2016.2.17.이 속하는 과세기간에 취득하는 승용자동차부터 적용하고, 복식부기의무자 중 성실신고확인대상사업자가 아닌 사업자인 경우에는 2017.1.1. 이후 취득하는 승용자동차부터 적용한다.(2016.2.17. 영 부칙 7조 ③)

② 업무사용금액 중 다음의 구분에 해당하는 비용이 해당 과세기간에 각각 800만원(해당 과세기간이 1년 미만이거나 과세기간 중 일부 기간 동안 보유하거나 임차한 경우

에는 800만원에 해당 보유기간 또는 임차기간 월수를 곱하고 이를 12로 나누어 산출한 금액을 말한다)을 초과하는 경우 그 초과하는 금액(이하 "감가상각비 한도초과액"이라 한다)은 해당 과세기간의 필요경비에 산입하지 아니하고 이월하여 필요경비에 산입한다.(소법 33조의2 ②, 2017.12.19. 개정)

㉠ 업무용승용차별 연간 감가상각비

㉡ 업무용승용차별 연간 임차료 중 감가상각비 상당액 : 업무용승용차의 임차료 중 보험료와 자동차세 등을 제외한 금액으로서 다음 중 하나에 해당하는 금액을 말한다.(소령 78조의3 ⑨, 소칙 42조 ⑥)

ⓐ 여신전문금융업법 제3조 제2항에 따라 등록한 시설대여업자로부터 임차한 승용차(☞ 운용리스 승용차) : 임차료에서 해당 임차료에 포함되어 있는 보험료, 자동차세 및 수선유지비를 차감한 금액. 다만, 수선유지비를 별도로 구분하기 어려운 경우에는 임차료(보험료와 자동차세를 차감한 금액)의 7%를 수선유지비로 할 수 있다.

ⓑ 시설대여업자 외의 자동차대여사업자로부터 임차한 승용차(☞ 렌트 승용차) : 임차료의 70%에 해당하는 금액

③ 감가상각비 한도초과액은 다음의 구분에 따른 방법에 따라 산정된 금액을 한도로 이월하여 필요경비에 산입한다.(소령 78조의3 ⑧)

㉠ 업무용승용차별 감가상각비 이월액 : 해당 과세기간의 다음 과세기간부터 해당 업무용승용차의 업무사용금액 중 감가상각비가 800만원에 미달하는 경우 그 미달하는 금액을 한도로 하여 필요경비로 추인한다.

㉡ 업무용승용차별 임차료 중 감가상각비 상당액 이월액 : 해당 과세기간의 다음 과세기간부터 해당 업무용승용차의 업무사용금액 중 감가상각비 상당액이 800만원에 미달하는 경우 그 미달하는 금액을 한도로 필요경비에 산입한다.(소령 78조의3 ⑧ 2, 2020.2.11. 개정)

➲ 업무용승용차를 처분하거나 임차계약을 종료한 날부터 2020.2.11. 이후 10년이 경과하게 되는 분부터 적용한다.(2020.2.11. 영 부칙 7조 ②)

④ 복식부기의무자가 업무용승용차를 처분하여 발생하는 손실로서 업무용승용차별로 800만원을 초과하는 금액은 해당 과세기간의 다음 과세기간부터 800만원을 균등하게 필요경비에 산입하되, 남은 금액이 800만원 미만인 과세기간에는 해당 잔액을 모두 필요경비에 산입한다.(소법 33조의2 ③, 소령 78조의3 ⑩)

➲ 업무용승용차를 처분하거나 임차계약을 종료한 날부터 2020.2.11. 이후 10년이 경과하게 되는 분부터 적용한다.(2020.2.11. 영 부칙 7조 ②)

⑤ 위 '③ 및 ④'에 따라 이월된 금액 중 남은 금액이 있는 사업자가 폐업을 하는 경우에는 해당 금액을 폐업일이 속하는 과세기간에 모두 필요경비에 산입한다.(소칙 42조 ⑦, 2024.3.22. 개정)

➲ 개정규정(복식부기의무자 → 간편장부대상자까지로 확대)은 2024.3.22.이 속하는 과세기간에 폐업하는 경우부터 적용한다.(2024.3.22. 규칙 부칙 2조)

✓ 폐업 후 같은 과세기간에 새로운 사업을 개시한 경우 업무용승용차 감가상각비 한도초과액 필요경비 산입방법

[질의]

복식부기의무자로서 업무용승용차를 취득하여 감가상각비 한도초과액 이월잔액이 있는 자가, 폐업 후 같은 과세기간에 새로운 사업을 개시하여 같은 차량을 업무용으로 사용하는 경우, 기존 사업장의 업무용승용차에 대한 감가상각비 한도초과액 이월잔액에 대한 필요경비 산입방법

[회신]

소득세법 시행규칙 제42조에 따라 소득세법 제160조 제3항에 따른 복식부기의무자가 사업을 폐업하는 경우에는 같은 법 시행령 제78조의3 제8항 및 제10항에 따라 이월된 금액 중 남은 금액을 폐업일이 속하는 과세기간에 모두 필요경비에 산입하는 것임(서면법규소득 2022-1452, 2023.2.21.)

※ 국세청 해석사례집 검토내용

- 본 건의 경우 복식부기의무자가 과세기간 중 폐업하였으나 같은 과세기간에 새롭게 사업을 개시한 경우로서, 해당 과세기간 말을 기준으로 한다면 복식부기의무자가 폐업 상태에 있지 않아 쟁점규정의 적용이 배제되는 것인지가 문제될 수 있음
- 그러나, 같은 과세기간 중 새로운 사업을 개시하였다 하더라도 감가상각비 한도초과액 이월액이 새로운 사업에 대응되는 비용이 아님은 명백하므로 기존 업무용승용차를 같은 과세기간에 개시한 신규사업에 계속 사용한다는 사정만으로 쟁점규정의 적용대상이 아니라고 볼 수 없음

➲ 2024년에 폐업하는 경우부터 '감가상각비 한도초과액과 처분손실에 대한 필요경비 이월액'의 전액 필요경비산입이 '간편장부대상자'에게도 허용된다.(소칙 42조 ⑦, 2024.3.22. 개정)

✓ 소득세법 제33조의2 제2항에 따라 이월공제 되는 감가상각비 한도초과액 잔액의 폐업 시 처리방법

복식부기의무자가 사업을 폐업하는 경우 소득세법 제33조의2 제2항 제2호 및 같은 법 시행령 제78조의3 제7항 제2호에 따라 이월하여 필요경비에 산입하는 감가상각비 상당액 이월액 중 남은 금액은 같은 법 시행규칙 제42조 제5항에 따라 폐업일이 속하는 과세기간에 모두 필요경비에 산입하는 것임(사전법령해석소득 2018-763, 2018.11.30.)

➲ 2024년에 폐업하는 경우부터 '감가상각비 한도 초과액과 처분손실에 대한 필요경비 이월액'의 전액 필요경비산입이 '간편장부대상자'에게도 허용된다.(소칙 42조 ⑦, 2024.3.22. 개정)

✓ 업무전용자동차보험 가입 제외 여부 판단시 공동사업장을 별개의 사업자로 보아 적용하는지

업무전용자동차보험 가입의무에서 제외되는 '사업자별로 1대'를 판단함에 있어, 사업을 공동으로 경영하고 그 손익을 분배하는 공동사업의 경우에는 공동사업장을 1사업자로 보는 것임(기준법령해석소득 2020-223, 2021.2.22.)

✓ 사망시 업무용승용차 감가상각비 한도초과 이월액을 일시에 필요경비에 산입하는지

피상속인의 사망하는 경우 이월하여 상각중인 업무용승용차 감가상각한도초과액 잔액은 모두 1월 1일부터 사망일까지의 과세기간에 피상속인의 해당 사업의 필요경비에 산입하는 것임(사전법령해석소득 2020-1083, 2020.12.18.)

✓ 업무용승용차 관련 비용의 필요경비 불산입 특례 적용여부

[사실관계]

- 질의인은 2016년 11월 개업한 학원사업자로서 2019 과세연도에 업무용승용차를 취득한 후 정률법으로 감가상각함
- 2019 과세연도까지는 간편장부대상자에 해당하였으나 2020 과세연도부터 복식부기의무자로 전환됨

[질의]

사업자가 간편장부대상자인 과세연도에 업무용승용차를 취득한 후 다음연도에 복식부기의무자로 전환된 경우에 소득법 33조의2의 업무용승용차 특례가 적용되는지 여부

[회신]

복식부기의무자가 해당 과세기간에 업무에 사용한 업무용승용차와 관련하여, 감가상각비를 계산할 때에는 정액법을 상각방법으로 하고 내용연수를 5년으로 하여 계산한 금액을 감가상각비로 하여 필요경비에 산입하는 것이며, 업무용승용차 관련비용 중 업무사용금액에 해당하지 아니하는 금액은 해당과세기간의 사업소득금액을 계산할 때 필요경비에 산입하지 아니하는 것임(사전법령해석소득 2020-489, 2020.11.4.)

✓ 운용리스로 사용하던 업무용승용차를 과세기간 중 취득한 경우 감가상각 한도 계산방법

리스 만료로 해당 승용차를 직접 취득하여 계속 업무용승용차로 사용하는 경우 임차 또는 취득을 구분하지 않고 하나의 차량으로 보아 해당 차량의 감가상각비 또는 감가상각비상당액의 한도를 적용하는 것임(서면법령해석소득 2017-1793, 2018.1.11.)

[국세청 해석사례집 검토내용]

- 업무용승용차 관련비용의 손금불산입 특례제도는 업무용승용차의 사적사용을 제한하여 과세합리화를 도모하기 위해 도입된 제도임
- 소득세법은 "업무용승용차별 연간 감가상각비"와 "업무용승용차별 연간 임차료 중 대통령령으로 정하는 감가상각비 상당액"은 해당 과세기간에 각각 8백만원을 한도로 필요경비에 산입하도록 규정(소법 33조의2 ②)
- 법문언상 업무용승용차의 감가상각과 관련하여 임차한 승용차 및 취득한 승용차에 대하여 해당 과세기간에 차량별로 각각 8백만원을 한도로 필요경비에 산입하도록 규정하고 있으며, 임차한 승용차를 과세기간 중에 취득하는 경우 임차한 승용차와 취득한 승용차가 물리적으로는 동일한 차량이더라도 법적으로는 별개의 차량에 해당하는 바, 임차한 차량과 취득한 차량으로 구분하여 각 차량별로 해당 과세기간에 8백만원까지 필요경비에 산입 가능한 것이라는 견해가 있으나, 과세기간 중에 임차하여 사용하다가 취득하는 동일 승용차를 임차 또는 취득의 이용형태별로 손금산입 한도액인 800만원을 각각 적용한다면, 과세기간 중 한가지 형태로만 사

> 용하는 업무용승용차에 비해 감가상각 관련 필요경비 산입 한도액을 2배로 적용하게 되는 것이므로 과세형평과 입법취지에 어긋남
> • 과세기간 중 임차한 승용차를 취득한 경우 임차 또는 취득의 구분 없이 하나의 차량으로 보고 감가상각비 또는 감가상각상당액의 한도를 적용하는 것이 타당함
> • 최근 기재부에서도 계속 보유 승용차와 일부기간 보유 승용차 간의 형평성을 감안하여 과세기간 중 취득 또는 처분하는 경우 필요경비 산입 한도액을 월할 계산하도록 개정한 점에서 비추어 볼 때, 과세기간 중 이용형태(임차 또는 취득)가 변경된 경우도 이용형태에 대한 구분 없이 하나의 업무용승용차로 보아 손금산입 한도액을 계산함이 과세형평과 입법 취지에 부합하는 것임

6) 월수의 계산

업무용승용차 관련비용 등의 필요경비를 계산할 때 해당 과세기간이 1년 미만이거나 과세기간 중 일부 기간 동안 보유하거나 임차한 경우 월수의 계산은 역에 따라 계산하되, 1월 미만의 일수는 1월로 한다.(소령 78조의3 ⑫, 2018.2.13. 신설)

7) 명세서의 제출

업무용승용차 관련비용 또는 처분손실을 필요경비에 산입한 복식부기의무자는 종합소득 과세표준확정신고를 할 때 또는 성실신고확인서를 제출할 때 「업무용승용차 관련비용 등 명세서」(별지 제63호 서식)를 첨부하여 납세지 관할 세무서장에게 제출하여야 한다.(소법 33조의2 ④, 소령 78조의3 ⑪)

업무용승용차 운행기록 방법에 관한 고시 [국세청 고시 제2025-5호(2025.4.1.)]

소득세법 제33조의2 제1항, 같은 법 시행령 제78조의3 제4항, 같은 법 시행규칙 제42조 제2항의 위임에 따라 업무용승용차 운행기록 방법을 다음과 같이 제정하여 고시합니다.

2025년 4월 1일
국 세 청 장

제1조 【목적】 이 고시는 소득세법 제33조의2 제1항, 같은 법 시행령 제78조의3 제4항, 같은 법 시행규칙 제42조 제2항에서 국세청장에게 위임한 업무용승용차 운행기록 방법을 정함을 목적으로 한다.

제2조 【운행기록 방법 및 서식】 업무용승용차 운행기록 방법은 별지 서식 「업무용승용차 운행기록부」를 작성하는 것으로 하되, 별지 서식상의 차종, 자동차등록번호, 사용일자, 사용자, 운행내역이 포함된 별도의 서식으로 작성할 수 있다.

제3조 【업무목적 소명】 해당 개인사업자는 과세관청의 요청시 업무용승용차 관리 규정, 출장명령서 등을 통하여 업무목적을 소명하여야 한다.

제4조 【재검토 기한】 훈령·예규 등의 발령 및 관리에 관한 규정(대통령 훈령 제431호)에 따라 이 고시 발령 후의 법령이나 현실여건의 변화 등을 검토하여 이 고시의 폐지, 개정 등의 조치를 하여야 하는 기한은 2028년 3월 31일까지로 한다.

부 칙 (국세청 고시 제2025-5호, 2025.4.1.)

제1조 【시행일】 이 고시는 고시한 날부터 시행한다.

제2조 【종전 고시의 폐지】 종전의 업무용승용차 운행기록 방법에 관한 고시(국세청고시 제2022-8호)는 이를 폐지한다.

업무용승용차운행기록부에 관한 별지 서식(2022.4.1. 개정)

<table>
<tr><td rowspan="2">과세
기간</td><td rowspan="2">. . .
~
. . .</td><td rowspan="2">업무용승용차 운행기록부</td><td>상 호 명</td><td></td></tr>
<tr><td>사업자등록번호</td><td></td></tr>
</table>

1. 기본정보

①차 종	②자동차등록번호

2. 업무용 사용비율 계산

<table>
<tr><td rowspan="3">③사용
일자
(요일)</td><td colspan="2">④사용자</td><td colspan="6">운 행 내 역</td></tr>
<tr><td rowspan="2">부서</td><td rowspan="2">성명</td><td rowspan="2">⑤주행 전
계기판의
거리(㎞)</td><td rowspan="2">⑥주행 후
계기판의
거리(㎞)</td><td rowspan="2">⑦주행
거리(㎞)</td><td colspan="2">업무용 사용거리(㎞)</td><td rowspan="2">⑩비고</td></tr>
<tr><td>⑧출·퇴근
용(㎞)</td><td>⑨일반
업무용(㎞)</td></tr>
<tr><td></td><td></td><td></td><td></td><td></td><td></td><td></td><td></td><td></td></tr>
<tr><td></td><td></td><td></td><td></td><td></td><td></td><td></td><td></td><td></td></tr>
<tr><td></td><td></td><td></td><td></td><td></td><td></td><td></td><td></td><td></td></tr>
<tr><td></td><td></td><td></td><td></td><td></td><td></td><td></td><td></td><td></td></tr>
<tr><td></td><td></td><td></td><td></td><td></td><td></td><td></td><td></td><td></td></tr>
<tr><td></td><td></td><td></td><td></td><td></td><td></td><td></td><td></td><td></td></tr>
<tr><td></td><td></td><td></td><td></td><td></td><td></td><td></td><td></td><td></td></tr>
<tr><td rowspan="2"></td><td rowspan="2" colspan="2"></td><td colspan="2">⑪과세기간 총주행
거리(㎞)</td><td colspan="2">⑫과세기간 업무용
사용거리(㎞)</td><td colspan="2">⑬업무사용비율
(⑫/⑪)</td></tr>
<tr><td colspan="2"></td><td colspan="2"></td><td colspan="2"></td></tr>
</table>

(뒤 쪽)

작 성 방 법
1. ① 업무용승용차의 차종을 적습니다. 2. ② 업무용승용차의 자동차등록번호를 적습니다. 3. ③ 사용일자를 적습니다. 4. ④ 사용자(운전자가 아닌 차량이용자)의 부서, 성명을 적습니다. 5. ⑤ 주행 전 자동차 계기판의 누적거리를 적습니다.(당일 동일인이 2회 이상 사용하는 경우 ⑤란을 적지 않고 ⑦란에 주행거리의 합만 적을 수 있습니다.) 6. ⑥ 주행 후 자동차 계기판의 누적거리를 적습니다.(당일 동일인이 2회 이상 사용하는 경우 ⑥란을 적지 않고 ⑦란에 주행거리의 합만 적을 수 있습니다.) 7. ⑦ 사용시마다 주행거리(⑥–⑤)를 적거나, 사용자별 주행거리의 합을 적습니다. 8. ⑧ 업무용 사용거리 중 출·퇴근용(원격지 출·퇴근을 포함) 사용거리를 적습니다. 9. ⑨ 업무용 사용거리 중 제조·판매시설 등 해당 업체의 사업장 방문, 거래처·대리점 방문, 회의 참석, 판촉 활동, 업무관련 교육·훈련 등 일반업무용 사용거리를 적습니다. 10. ⑪~⑬ 해당 과세기간의 주행거리 합계, 업무용 사용거리 합계, 업무사용 비율을 각각 적습니다.

소득세법 시행규칙[별지 제63호서식](2025.3.21. 개정)

(4쪽 중 1쪽)

과세기간	. . . ~ . . .	업무용승용차 관련 비용 등 명세서	상호명	
			사업자등록번호	

1. 업무용 사용비율 및 업무용승용차 관련 비용 명세

① 복식부기 의무여부	② 차량번호	③ 차종	④ 임차여부	⑤ 보험가입여부	⑥ 총주행거리(㎞)	⑦ 업무용 사용거리(㎞)	⑧ 업무사용비율(⑦/⑥)	⑨ 보험의무가입대상일수	⑩ 실제보험가입일수	⑪ 보험가입일수비율(⑩/⑨)	⑫ 취득가액(취득일, 임차기간)	⑬ 해당연도 보유 또는 임차기간 월수	⑭ 업무용승용차 관련 비용								
													⑮ 감가상각비	⑯ 임차료	⑰ 감가상각비 상당액	⑱ 유류비	⑲ 보험료	⑳ 수선비	㉑ 자동차세	㉒ 기타	㉓ 합계
											(. . ~ . . .)										
											(. . ~ . . .)										
											(. . ~ . . .)										
											(. . ~ . . .)										
											(. . ~ . . .)										
㉔ 합계																					

2. 업무용승용차 관련 비용 필요경비 불산입 계산

㉕ 차량번호	㉖ 업무사용금액			㉗ 업무외사용금액			㉞ 감가상각비(상당액) 한도초과금액	㉟ 필요경비 불산입 합계(㉝+㉞)	㊱ 필요경비산입 합계(㉓-㉟)
	㉘ 감가상각비(상당액) [(⑮또는⑰)×⑧×⑪]	㉙ 관련 비용 [(㉓-⑮ 또는 ㉓-⑰)×⑧×⑪]	㉚ 합계(㉘+㉙)	㉛ 감가상각비(상당액)(⑮-㉘ 또는 ⑰-㉘)	㉜ 관련 비용 [(㉓-⑮ 또는 ㉓-⑰)-㉙]	㉝ 합계(㉛+㉜)			
㊲ 합계									

(4쪽 중 제2쪽)

3. 감가상각비(상당액) 한도초과금액 이월명세

㊳ 차량번호	㊴ 차종	㊵ 취득일 (임차기간)	㊶ 전기이월액	㊷ 당기 감가상각비(상당액) 한도초과금액	㊸ 감가상각비(상당액) 한도초과금액 누계	㊹ 필요경비추인 (산입)액	㊺ 차기이월액(㊸-㊹)
㊺ 합계							

4. 업무용승용차 처분손실 및 한도초과금액 필요경비 불산입액 계산

㊼ 차량번호	㊽ 양도가액	㊾ 세무상 장부가액				㉟ 처분손실 (㊽-㊿)(0)	㊴ 당기필요 경비산입액 (≤800만원)	한도초과금액 필요경비 불산입액
		㊿ 취득가액	(51) 감가상각비 누계액	(52) 감가상각비한도초과 금액 차기이월액(=㊺)	(53) 합계 ((50)-(51)+(52))			
(57) 합계								

5. 업무용승용차 처분손실 한도초과금액 이월명세

(58) 차량번호	(59) 차종	(60) 처분일	(61) 전기이월액	(62) 당기 필요경비 한도초과금액(=(56))	(63) 필요경비산입액 (800만원 한도)	(64) 차기이월액 ((61)+(62)-(63))
(65) 합계						

작 성 방 법

1. 업무용 사용비율 및 업무용승용차 관련 비용 명세
  가. "① 복식부기의무여부"란:「소득세법」 제160조제3항에 따른 복식부기의무자인 경우에만 작성하며, 해당되는 경우 "Y"로 표시합니다.
  나. "② 차량번호"란: 업무용 승용차의 차량번호를 적습니다.
  다. "③ 차종"란: 업무용 승용차의 차종을 적습니다.
  라. "④ 임차여부"란: 업무용 승용차의 임차여부(자가, 렌트, 리스)를 적습니다.
  마. "⑤ 보험가입여부"란: 「소득세법 시행령」 제78조의3제4항제1호에 따른 자동차 보험(업무전용자동차보험) 가입 여부를 적습니다.
  바. "⑥ 총주행거리"란: 해당 과세기간의 총 주행거리를 적습니다.
  사. "⑦ 업무용 사용거리"란: 「소득세법 시행규칙」 제42조제3항에 따른 거래처 · 대리점 방문, 회의 참석, 판촉 활동, 출근 · 퇴근 등 직무와 관련된 업무수행을 위해 주행한 거리를 적습니다.
  아. "⑧ 업무용사용비율"란: 「소득세법 시행령」 제78조의3제4항에 따른 업무사용비율을 적으며, 운행기록 등을 작성하지 않은 경우에는 같은 영 제78조의3제7항에 따라 아래의 구분에 따른 비율을 적습니다.
    1) 해당 과세기간의 업무용승용차 관련 비용이 1천5백만원(해당 과세기간이 1년 미만이거나 과세기간 중 일부 기간 동안 보유 또는 임차한 경우에는 1천5백만원에 해당 보유기간 또는 임차기간에 해당하는 월수를 곱하고 이를 12로 나누어 산출한 금액. 이하 같음) 이하인 경우: 100분의 100
    2) 해당 과세기간의 업무용승용차 관련 비용이 1천5백만원을 초과하는 경우: 1천5백만원을 업무용승용차 관련 비용으로 나눈 비율
  자. "⑨ 보험의무가입 대상일수"란: 「소득세법 시행령」 제78조의3제5항에 따른 해당 과세기간에 업무전용자동차보험에 의무적으로 가입하여야 할 일수를 적습니다.
  차. "⑩ 실제 보험가입일수"란: 「소득세법 시행령」 제78조의3제5항에 따른 해당 과세기간에 실제로 업무전용자동차보험에 가입한 일수를 적습니다.
  카. "⑬ 해당 연도 보유 또는 임차기간 월수"란: 사업연도 중 신규 취득(임차)하는 경우 취득일부터 처분일(임차의 경우 임차 개시일부터 종료일)을 적습니다.
  타. "⑭ 업무용승용차 관련 비용"란: 업무용승용차 유지비용을 각 항목별로 적습니다.
2. 업무용승용차 관련 비용 필요경비 불산입액 계산
  가. "㉖ 업무사용금액"란: 업무용승용차 관련 비용에 업무용 사용비율을 곱한 비율을 적용하여 계산합니다.
  나. "㉗ 업무외사용금액"란: 업무용승용차 관련 비용에서 업무사용금액을 차감한 금액을 적습니다.
  다. "㉞ 감가상각비(상당액) 한도초과금액"란: 업무사용금액 중 감가상각비(상당액)이 800만원(해당 과세기간이 1년 미만이거나 과세기간 중 일부 기간 동안 보유 또는 임차한 경우에는 8백만원에 해당 보유기간 또는 임차기간에 해당하는 월수를 곱하고 이를 12로 나누어 산출한 금액)을 초과하는 금액을 적습니다.
3. 감가상각비(상당액) 한도초과금액 명세
  가. "㊶ 전기이월액"란: 전기에 발생한 차기이월액을 적습니다.
  나. "㊸ 감가상각비(상당액) 한도초과액 누계"란: "㊶ 전기이월액"란의 금액과 "㊷ 당기 감가상각비(상당액) 한도초과금액"란의 금액을 합한 금액을 적습니다.
  다. "㊹ 필요경비추인(산입)액"란:「소득세법 시행령」 제78조의3제8항의 방법에 따른 감가상각비(상당액) 이월액을 필요경비로 추인(산입)합니다.
4. 업무용승용차 처분손실 및 한도초과금액 필요경비 불산입액 계산
  가. "51 감가상각비 누계액"란: 「소득세법 시행령」 제78조의3제3항에 따른 상각범위액까지 필요경비에 산입한 감가상각비 누계액을 적습니다.
  나. "54 처분손실"란: 처분손실이 발생한 경우에만 적습니다.
  다. "55 당기필요경비 산입액"란: "54 처분손실"란의 금액이 800만원 이하인 경우 그 금액을 적습니다.
  라. "56 처분손실 한도초과금액 필요경비 불산입액"란: 54의 금액이 55를 초과하는 경우 그 금액을 적습니다.
5. 업무용승용차 처분손실 한도초과금액 이월명세
  가. "61 전기이월액란: 전기에 발생한 차기이월액"란을 적습니다.
  나. "63 필요경비 산입액"란: 61 전기이월액의 금액이 있는 경우 전기이월액 중 800만원을 한도로 필요경비에 산입할 금액을 적습니다.

Ⅳ 대손금·대손충당금의 필요경비계산

1 대손금

(1) 의 의

대손금이란 채권 중 채무자의 재산·능력 등으로 보아 회수할 수 없는 상태에 있거나 법률의 규정에 의하여 청구권이 소멸되어 회수가 불가능한 채권을 말하며 이는 필요경비에 해당된다.

그런데 회수불능의 판단을 사업자가 임의로 하도록 할 경우 대손의 귀속연도를 앞당기는 것이 용이하게 되어 조세유예효과가 발생할 수 있다. 따라서 회수불능상태의 판단기준을 세법에서 정하여 대손금의 필요경비산입을 엄격히 규제하고 있다.

● **대손금의 필요경비 계산 및 산입시기**(소득 집행기준 27-55-23)

회수불능채권의 범위	필요경비 산입방법	필요경비 산입시기
외상매출금, 미수금에 관한 채권 : 상법상의 소멸시효 완성된 것	신고조정 가능	해당 사유가 발생한 날(이후 과세연도에 필요경비 산입불가, 경정청구 가능)
외상매출금 또는 미수금으로 받은 어음, 수표 : 어음법, 수표법상 소멸시효 완성된 것		
대여금 선급금 : 민법상의 소멸시효 완성된 것		
채무자회생 및 파산에 관한 법률의 회생계획인가 결정에 따라 회수불능으로 확정된 채권		
서민의 금융생활 지원에 관한 법률에 따른 채무조정을 받아 같은 법 제75조의 신용회복지원협약에 따라 면책으로 확정된 채권		
압류채권 : 민사집행법의 잉여의 가망이 없을 경우의 경매취소에 따라 경매가 취소된 것		
물품의 수출 또는 외국에서의 용역제공으로 발생한 채권으로 무역보험법 제37조에 따른 한국무역보험공사로부터 회수불능이 확인된 채권	결산조정만 가능	해당 사유가 발생하여 필요경비로 계상한 날(경정청구 불가)
채무자의 파산, 강제집행, 형의 집행, 사업의 폐지, 사망, 실종, 행방불명으로 인한 회수불능채권		
부도발생일로부터 6월 이상 경과한 수표, 어음상의 채권, 외상매출금(중소기업의 외상매출금으로 부도발생일 이전의 것에 한함) 단, 해당 사업자가 채무자의 재산에 대해서 저당권을 설정하고 있는 경우 제외		

회수불능채권의 범위	필요경비 산입방법	필요경비 산입시기
중소기업의 외상매출금 및 미수금으로서 회수기일이 2년 이상 지난 외상매출금등 (다만, 특수관계인과의 거래로 인하여 발생한 외상매출금은 제외)	결산조정만 가능	해당 사유가 발생하여 필요경비로 계상한 날 (경정청구 불가)
재판상 화해 등 확정판결과 같은 효력을 가지는 것으로서 회수불능으로 확정된 채권		
회수기일 6월 이상 경과채권 중 회수 실익없는 30만원 이하 채권(채무자별 채권가액의 합계액 기준)		

(2) 대손금의 범위

1) 신고조정사항에 해당되는 대손금(소령 55조 ②, 법령 19조의2 ①)

① 상법에 따른 소멸시효가 완성된 외상매출금 및 미수금

✓ **상법상의 소멸시효**(소득 해석편람 27－8－1)

외상매출금 또는 미수금에 관한 채권에 있어서는 상법상의 소멸시효가 완성된 때에 소득금액계산상 대손금으로 필요경비에 산입할 수 있는 바, 이 경우 "상법상의 소멸시효"라 함은 상법 제64조에 규정하는 바와 같이 상행위로 인한 채권은 상법에 다른 규정이 있는 때 또는 다른 법령에 단기시효의 규정이 있는 때를 제외하고는 5년간 행사하지 아니하면 소멸시효가 완성되는 것이며, 따라서 상법에 특별한 규정(예 : 제122조, 제662조)이 있는 경우는 물론이려니와 다른 법령에 5년보다 짧은 시효기간의 규정이 있는 경우(예 : 민법 제163조, 제164조)에는 그 규정에 의함(재무부직세 1234－3820, 1978.12.23.)

② 어음법에 따른 소멸시효가 완성된 어음

③ 수표법에 따른 소멸시효가 완성된 수표

④ 민법에 따른 소멸시효가 완성된 대여금 및 선급금

소멸시효 관련 규정[24)]

1. 상법상 상사채권의 소멸시효

(1) 운송 및 주선수수료 등의 소멸시효 완성 : 1년(상법 121조·122조·147조)
(2) 창고업의 창고사용료 : 1년(상법 166조)
(3) 보험금의 청구권과 보험료 또는 적립금의 반환청구권 : 3년(상법 662조)
(4) 보험료의 청구권 : 2년(상법 662조)
(5) 선박소유자의 용선자, 송하인 또는 수하인에 대한 채권 : 2년(상법 840조)
(6) 정기용선계약 관련 채권 : 2년(상법 846조)
(7) 선체용선계약 관련 채권 : 2년(상법 851조)
(8) 공동해손으로 인한 채권 : 1년(상법 875조)
(9) 선박충돌로 인한 채권 : 2년(상법 881조)
(10) 상기 사항 외의 상행위로 인한 채권 : 5년(상법 64조) → 다른 법률에 단기시효가 있는 경우 시효단축. 따라서 민법상 시효(1년, 3년)를 적용

2. 어음법 제70조(시효기간)

(1) 인수인에 대한 환어음상의 청구권 : 3년
(2) 소지인의 배서인과 발행인에 대한 청구권 : 1년
(3) 배서인의 다른 배서인과 발행인에 대한 청구권 : 6월

3. 수표법 제51조(시효기간)

(1) 소지인의 배서인, 발행인, 기타의 채무자에 대한 소구권 : 6개월
(2) 수표의 채무자의 다른 채무자에 대한 소구권 : 6월

4. 민법상 소멸시효

(1) 채권은 10년간 행사하지 아니하면 소멸시효가 완성한다.(민법 162조)
(2) 민법상 3년의 단기 소멸시효(민법 163조)
다음의 채권은 3년간 행사하지 아니하면 소멸시효가 완성한다.
1) 이자, 부양료, 급료, 사용료 기타 1년 이내의 기간으로 정한 금전 또는 물건의 지급을 목적으로 한 채권
2) 의사, 조산사, 간호사 및 약사의 치료, 근로 및 조제에 관한 채권
3) 도급받은 자, 기사 기타 공사의 설계 또는 감독에 종사하는 자의 공사에 관한 채권
4) 변호사, 변리사, 공증인, 공인회계사 및 법무사에 대한 직무상 보관한 서류의 반환을 청구하는 채권
5) 변호사, 변리사, 공증인, 공인회계사 및 법무사의 직무에 관한 채권
6) 생산자 및 상인이 판매한 생산물 및 상품의 대가
7) 수공업자 및 제조자의 업무에 관한 채권

(3) 민법상 1년의 단기소멸시효(민법 164조)
   1) 여관, 음식점, 대석, 오락장의 숙박료, 음식료, 대석료, 입장료, 소비물의 대가 및 체당금의 채권
   2) 의복, 침구, 장구, 기타 동산의 사용료의 채권
   3) 노역인, 연예인의 임금 및 그에 공급할 물건의 대금채권
   4) 학생 및 수업자의 교육, 의식 및 유숙에 관한 교주, 숙주, 교사의 채권

✓ **부동산임대료 미수금의 소멸시효는 3년을 적용함**

상법상 소멸시효가 완성된 외상매출금 또는 미수금의 해당 여부를 판정함에 있어 부동산임대료 미수금의 소멸시효는 민법 제163조에서 규정하는 3년을 적용하는 것임(서면2팀-1275, 2004.6.18.)

✓ **세무사의 직무에 관한 채권의 소멸시효는 10년을 적용함**(대법원 2021다311111, 2022.8.25.)

세무사의 직무에 관하여 고도의 공공성과 윤리성을 강조하고 있는 세무사법의 여러 규정에 비추어 보면, 개별 사안에 따라 전문적인 세무지식을 활용하여 직무를 수행하는 세무사의 활동은 간이·신속하고 외관을 중시하는 정형적인 영업활동, 자유로운 광고·선전을 통한 영업의 활성화 도모, 인적·물적 영업기반의 자유로운 확충을 통한 최대한의 효율적인 영리 추구 허용 등을 특징으로 하는 상인의 영업활동과는 본질적으로 차이가 있다. 그리고 세무사의 직무와 관련하여 형성된 법률관계에 대하여는 상인의 영업활동 및 그로 인해 형성된 법률관계와 동일하게 상법을 적용하여야 할 특별한 사회경제적 필요 내지 요청이 있다고 볼 수도 없다. 따라서 세무사를 상법 제4조 또는 제5조 제1항이 규정하는 상인이라고 볼 수 없고, 세무사의 직무에 관한 채권이 상사채권에 해당한다고 볼 수 없으므로, 세무사의 직무에 관한 채권에 대하여는 민법 제162조 제1항에 따라 10년의 소멸시효가 적용된다.

⑤ 민사집행법 제102조에 따라 채무자의 재산에 대한 경매가 취소된 압류채권

⑥ 채무자 회생 및 파산에 관한 법률에 따른 회생계획인가의 결정 또는 법원의 면책결정에 따라 회수불능으로 확정된 채권

24) 정해욱, 앞의 책, p. 203~204 수정

✓ **출자전환된 매출채권의 대손 인정여부**

[사실관계]

- 甲은 외상매출채권을 어음으로 받았으나 매출처인 A법인의 부도가 발생함
- 2014.6.30. 지방법원은 甲의 매출채권에 대하여 아래와 같은 내용으로 회생계획인가를 결정함
  - 매출채권(회생채권)의 70%는 출자전환하여 A법인의 주식으로 교부받고, 30%는 현금으로 변제(향후 10년간 변제)함
- 2014.7.30. A법인은 출자전환 주식 000주(보통주 액면가 5,000원)를 10주당 1주 비율로 병합함(무상감자)

[질의1] 채무자 회생 및 파산에 관한 법률에 따른 회생계획인가의 결정에 따라 외상매출채권이 채무자의 주식으로 출자전환된 경우 채권의 장부가액과 주식의 시가와의 차액에 대하여 대손 가능 여부

[질의2] 채무자 회생 및 파산에 관한 법률에 따른 회생계획인가의 결정에 따라 외상매출채권이 채무자의 주식으로 출자전환됨과 동시에 감자된 경우 무상감자된 매출채권 상당액에 대하여 대손 가능 여부

[회신]

채무자 회생 및 파산에 관한 법률에 따른 회생계획인가의 결정에 따라 외상매출채권이 채무자의 주식으로 출자전환된 경우 출자전환된 매출채권의 장부가액과 출자전환으로 취득한 주식의 시가와의 차액은 소득세법 제27조 및 동법 시행령 제55조에 따른 대손금으로 필요경비에 산입하는 것임. 채무자 회생 및 파산에 관한 법률에 따른 회생계획인가의 결정에 따라 출자전환된 주식이 무상감자된 경우 그 감소되는 주식수에 상당하는 금액은 소득세법 제27조 및 동법 시행령 제55조에 따른 대손금으로 필요경비에 산입할 수 없는 것임(기획재정부소득-279, 2016.7.4.)

✓ **화의채권이 대손금에 해당하는지 부당행위계산에 해당하는지 여부**

회사정리법에 의한 정리계획인가 또는 화의법에 의한 화의인가의 결정에 따라 채권 일부를 일정기간 내에 변제받기로 하고 잔여채권을 면제하는 것으로 화의인가결정된 경우 잔여채권은 회수불능으로 확정된 날이 속하는 과세기간에 필요경비로 계상할 수 있는 것이나, 해당 거주자의 행위 또는 계산이 그 거주자와 특수관계에 있는 자와의 화의인가결정을 위하여 정당한 사유 없이 다른 화의채권자에 비하여 불리한 화의조건에 동의함으로써 조세의 부담을 부당히 감소시킨 것으로 인정되는 경우에는 소득세법 제41조의 부당행위계산부인의 규정을 적용하는 것임(서일 46011-10170, 2002. 2.6.)

⑦ 서민의 금융생활 지원에 관한 법률에 따른 채무조정을 받아 같은 법 제75조의 신용회복지원협약에 따라 면책으로 확정된 채권(법령 19조의2 ① 5의2, 2019.7.1. 신설)

➲ 2020.2.11.이 속하는 과세기간에 발생하는 소득분부터 적용한다.(2020.2.11. 영 부칙 2조 ①)

2) 결산조정사항에 해당되는 대손금(소령 55조 ②, 법령 19조의2 ①)

① 채무자의 파산, 강제집행, 형의 집행, 사업의 폐지, 사망, 실종 또는 행방불명으로 회수할 수 없는 채권(법령 19조의2 ① 8)

✓ 대부업에서 발생한 대출채권 미회수 금액을 대손금으로 보아 필요경비로 인정할 수 있는지 여부 (조심 2013중2235, 2013.9.4.)

채무자 유＊＊와 조＊＊는 각 채무자의 잔존재산 여부를 확인하지 않았으므로 대출금 회수가 불가능한 사실이 객관적인 증빙에 의하여 확정되지 아니하였고, 채무자 최＊＊과 이＊＊에 대한 대출금은 청구인이 해당 연도에 대손금으로 계상하지 아니하였으므로 이를 필요경비로 인정하기 어렵고, 채무자 김＊＊은 개인회생절차와 관련하여 법원의 절차폐지 결정일이 속하는 2012년에 반영할 사항이로서 이 건 과세기간의 대손금에 포함될 사항이 아니므로, 처분청이 위 채무자 5인에 대한 대출금을 대손금으로 인정하지 아니하고, 소득금액을 추계결정하여 과세한 이 건 처분에는 잘못이 없는 것으로 판단됨

✓ 대손금의 필요경비산입 시기(소득 해석편람 39－4－8)

외상매출금 및 대여금 등이 상법 또는 민법의 규정에 의하여 소멸시효가 완성된 경우에는 해당 소멸시효가 완성된 날이 속하는 과세기간의 필요경비에 산입할 수 있음. 다만, 그 소멸시효가 완성되기 전에도 채무자의 무재산·폐업 등으로 채권을 회수할 수 없음이 객관적으로 입증되는 경우에는 대손금으로 필요경비에 산입할 수 있는 것이나, 소멸시효가 완성된 후의 과세기간에는 필요경비에 산입할 수 없음(소득 46011－1315, 1999.4.10.)

✓ 비영업대금이익을 얻고 있는 거주자가 채권의 원금회수불능금액을 대손금으로 처리할 수 있는지

동일한 과세기간에 다수의 채권으로부터 비영업대금이익을 얻고 있는 거주자가 일부 채권의 원금회수불능금액을 대손금으로 보아 다른 비영업대금이익과 공제하기 위해서는 비영업대금이익이 사업소득으로 분류되어야 필요경비로 공제되는 것이며, 이자소득으로 분류되면 공제가 되지 아니함(소득세제과－71, 2003.12.13.)

✓ 대손금으로 필요경비산입 가능 여부(소득 해석편람 27－8－12)

사업자가 상가를 분양하였으나 매수인이 분양대금을 지급하지 아니하고 해외로 도주하여 분양대금에 관한 채권을 변제받지 못한 경우에 있어서 채무자의 소유로 된 상가를 가압류하였으나 그 가압류재산 이외에는 다른 재산이 전혀 없는 때에는 가압류재산에 대한 시가의 150% 초과금액을 대손처리할 수 있는 바, 이 경우 가압류재산에 선순위채권자가 있는 경우에는 해당 가압류재산의 시가(법원에서 경매를 위하여 평가한 감정가액 포함)에서 선순위채권자의 실제채권액을 차감한 금액의 150% 초과금액에 대하여 대손처리할 수 있는 것이며, 채무자에게 가압류재산(상가) 이외에는 다른 재산이 전혀 없으며, 해당 가압류재산의 시가가 선순위채권자의 실제채권액에 미달하여 분양대금에 관한 채권을 회수할 수 없는 것으로 확인되는 때에는 해당 채권을 대손금으로 필요경비에 산입할 수 있음(소득 46011－3242, 1999.8.17.)

② 부도발생일부터 6개월 이상 지난 수표 또는 어음상의 채권 및 외상매출금[중소기업의 외상매출금으로서 부도발생일 이전의 것에 한정한다]. 다만, 해당 법인이 채무자의 재산에 대하여 저당권을 설정하고 있는 경우는 제외한다.(법령 19조의2 ① 9, 2020.2.11. 개정)

➲ 2020.2.11.이 속하는 과세기간에 발생하는 소득분부터 적용한다.(2020.2.11. 영 부칙 2조 ①)

③ 중소기업의 외상매출금 및 미수금(이하 "외상매출금 등"이라 한다)으로서 회수기일이 2년 이상 지난 외상매출금 등. 다만, 특수관계인과의 거래로 인하여 발생한 외상매출금등은 제외한다.(법령 19조의2 ① 9조의2, 2020.2.11. 신설)

➲ 2020.2.11.이 속하는 과세기간에 발생하는 소득분부터 적용한다.(2020.2.11. 영 부칙 2조 ①)

✓ 법인세법 시행령 제19조의2 제1항 제9호의2에 따른 대손요건 충족여부

중소기업인 내국법인의 외상매출금(특수관계인과의 거래로 인하여 발생한 것은 제외)으로서 회수기일이 2년 이상 지난 외상매출금은 채무자의 무재산 등 회수불능 사실에 대한 입증이 없더라도 법인세법 시행령 제19조의2 제1항 제9호의2에 따라 대손요건을 충족하는 것으로 보는 것임(기준법령해석법인 2020-209, 2020.10.21.)

✓ 2년 이상 지난 외상매출금의 손금산입

중소기업인 내국법인의 외상매출금(특수관계인과의 거래로 인하여 발생한 것은 제외)으로서 회수기일이 2년 이상 지난 외상매출금은 채무자가 사업을 계속 영위하는지 여부에 상관없이 법인세법 시행령 제19조의2 제3항에 따라 대손금으로 비용 계상한 날이 속하는 사업연도에 손금으로 산입할 수 있는 것임(서면법인 2021-73, 2021.2.8.)

➲ 소득세법도 준용함

✓ 대손금의 손금산입

① '회수기일'이란 중소기업이 보유하고 있는 외상매출금등에 대한 대금을 회수하기로 약정한 날짜를 의미하는 것임(서면법인 2022-5631, 2023.8.18.)

② 회수기일이 변경된 경우에는 변경된 회수기일을 말함(서면법인 2020-4044, 2020.11.30.)

✓ 지점법인에 대한 공급대가로 받은 본점발행어음이 부도난 경우 대손금공제 여부

사업자가 거래처인 지점법인에 재화를 공급하고 재화공급에 대한 대가를 본점법인에서 발행한 어음으로 지급받았으나 그 어음의 부도발생으로 인하여 해당 채권을 회수할 수 없는 경우 부도발생일부터 6월 이상 경과한 때(해당 사업자가 채무자의 재산에 대하여 저당권을 설정하고 있는 경우 제외)에 해당 채권을 대손금으로 계상한 귀속연도에 필요경비로 산입할 수 있는 것임(서일 46011-10742, 2002.5.30.)

✓ 동일한 부도어음을 수 년도에 분할하여 대손금 인정 여부(소득 해석편람 27-8-8)

부도발생일로부터 6월 이상 경과한 어음·수표상의 채권(채무자의 재산에 대해 저당권을 설정하고 있는 경우 제외)은 해당 사업자가 회수할 수 없다고 판단하여 대손금으로 계상한 귀속연도의 필요경비에 산입할 수 있는 것이나, 동일한 어음을 수 년도에 분할하여 대손금으로 확정하여 필요경비에 산입할 수 없음(소득 46011-818, 1999.3.5.)

✓ **부도처리된 어음채권에 대한 대손처리요건**

① 상법 또는 어음법상 소멸시효가 완성된 외상매출금 또는 어음상의 채권 등은 소멸시효가 완성된 날이 속하는 과세기간의 필요경비에 산입하는 것임. 다만, 부도발생일로부터 6월 이상 경과한 어음상의 채권 등은 소득세법 소멸시효가 완성되기 전에도 필요경비에 산입할 수 있음

② 상행위로 인한 채권의 소멸시효는 상법 제64조의 규정에 의하여 5년으로 하되 어음법 제70조, 민법 제163조 및 제164조 등 5년보다 단기의 시효의 규정이 있는 때에는 그 단기의 시효에 의하는 것임(소득 46011-21264, 2000.10.27.)

✓ **사업양수도방법에 의한 법인전환시 개인사업자의 부도어음을 법인이 양수 하는 경우 대손금 인정 여부**

개인의 사업을 사업양수도방법에 의해 법인으로 전환시 양도·양수일 현재 부실채권인 부도어음은 양수법인의 대손금으로 처리할 수 없는 것이나 법인전환 전에 발생한 부도어음에 대한 대손상각비는 사업을 양도한 개인의 폐업일이 속하는 과세연도에 필요경비로 계상할 수 있음(심사소득 98-619, 1998.12.4.)

✓ **개인기업을 포괄적인 사업양수도 방식에 따라 법인전환한 후 사업계속중에 발생한 부도어음의 대손처리 방법 및 귀속시기**

대표자의 사업을 포괄적으로 양수한 법인이 사업양도양수 이전에 양도인이 배서양도한 어음이 부도발생됨에 따라 해당 부도어음 상당액을 변제한 경우 동 변제금액은 양도인의 부담해야 할 채무이므로 이를 손금에 산입할 수 없는 것이며, 법인이 개인사업을 포괄양수시 사업과 관련된 채권 전액을 인수한 후 인수채권의 일부가 회수할 수 없게 되어 대손사유에 해당하고 이를 사업양도인으로부터 청구할 수 없는 경우에는 양수법인이 대손금으로 손비처리할 수 있는 것이나, 양수 당시 이미 회수불능으로 확정된 부도어음 등 채권을 인수한 경우에는 양수법인이 대손처리할 수 없음(법인 46012-166, 1999.1.14.)

✓ **과세일이 속하는 과세기간 내 회수불능채권이 된 경우 대손금으로 필요경비에 산입할 수 있음**

[질의]

외상매출금의 회수로 받은 약속어음이 2003.2.에 부도발생하였으며, 본인은 이로 인한 자금압박으로 2003.6. 폐업을 하게 되었는데, 부도발생일부터 6월 이상 경과한 2003.8.에 부도금액에 대하여 회수할 수 없다고 판단(단, 해당 채권에 대하여 채무자의 재산에 저당권이 설정되지 아니할 것 등의 요건충족한 경우)하고 이를 장부에 대손금으로 계상하였음. 이때, 해당 장부에 대손금으로 계상한 금액을 필요경비에 산입할 수 있는지

[회신]

수표 또는 어음상의 채권 등이 폐업일이 속하는 과세기간 내에 소득세법 시행령 제55조 제2항의 규정에 의한 회수불능채권에 해당하게 되는 경우에는 대손금으로서 필요경비에 산입할 수 있는 것임(서면1팀-943, 2004.7.12.)

✓ **폐업일 이후 대손사유 발생시 필요경비 산입 여부**

[질의]

2002년 7월에 거래처 갑에 외상매출이 발생하였으나 거래처(갑)이 2002년 11월에 파산결정을 받아 자금난으로 2003년 4월에 폐업신고하였다가 2005년 2월에 신규로 재개업 하였는바, 폐업한

사업장의 회수불능 외상매출금의 소멸시효 완성일이 2005년 11월로 도래됨에 따라 동회수불능채권을 재개업한 사업장의 대손금으로 필요경비 계상하고자 하는데 적법한지 여부?

[회신]
채무자의 파산으로 인하여 회수할 수 없는 외상매출금 등의 채권은 해당 회수불능 사유가 발생하여 장부상 필요경비에 계상한 날 또는 상법상 소멸시효가 완성된 날이 속하는 과세기간에 대손금으로 필요경비에 산입할 수 있는 것이나, 해당 회수불능 사유가 발생한 날 또는 소멸시효가 완성된 날이 폐업일 이후에 도래하는 경우에는 필요경비에 산입할 수 없는 것임(서면1팀-1042, 2005.9.5.)

④ 재판상 화해 등 확정판결과 같은 효력을 가지는 것으로서 회수불능으로 확정된 채권 (법령 19조의2 ① 10, 2019.2.12. 신설)

⑤ 회수기일이 6개월 이상 지난 채권 중 채권가액이 30만원 이하(채무자별 채권가액의 합계액을 기준으로 한다)인 채권(법령 19조의2 ① 11, 2020.2.11. 개정)

⑥ 물품의 수출 또는 외국에서의 용역제공으로 발생한 채권으로서 대손사유에 해당하여 무역에 관한 법령에 따라 한국무역보험공사로부터 회수불능으로 확인된 채권(법령 19조의2 ① 7, 2021.2.17. 신설)

✓ 업종변경 후 업종변경 전의 대손금을 필요경비에 산입할 수 있는지 여부

거주자가 제조업에서 부동산임대업으로 업종을 변경한 후에 제조업에서 발생한 외상매출금을 자산으로 계상하여 오던 중 외상매출금의 일부가 대손금에 해당하는 경우 그 대손금은 부동산임대소득금액계산시 필요경비에 산입할 수 없는 것임(소득-1108, 2011.12.30.)

✓ 요건미비로 필요경비불산입한 대손금의 처리

[사실관계]

• 개인사업자 A가 도매업체인 B에 정류기를 납품하여 발생한 외상매출금의 회수경과는 다음과 같음

2005.3.11.	2006.11.27.	2007.1.18.	2007.6.11.	2011.10.29.
최종 거래	채권액에 대한 확정판결	채권압류 및 추심결정	외상매출금 최종회수	거래처B 폐업 (사업자등록)

* 2007.1.18. 채권추심명령을 받았으나, 채권액이 존재하지 않아 회수하지 못함

• 개인사업자 A는 위 매출채권을 2009년 과세기간에 대손금으로 필요경비 계상하였으나, 과세관청의 경정으로 필요경비불산입됨

[질의]
대손금의 필요경비 산입시기 도래 전인 2009년 과세기간에 필요경비 계상하여 소득금액이 경정된 경우 2011년 과세기간에 대한 소득금액의 경정청구를 할 수 있는지 여부

[회신]

귀 질의의 경우, 개인사업자가 법인세법 시행령 제19조의2 제1항 각 호의 사유로 회수할 수 없는 채권의 금액(대손금)을 제3항 각 호의 날이 도래하기 전에 필요경비로 계상하여 필요경비불산입한 때에는 그 후 동항 각 호의 날이 속하는 과세기간에 세무조정으로 필요경비에 산입할 수 있으며, 국세기본법 제45조의2 규정에 따른 경정 등의 청구사유가 있는 경우에는 동 규정에 따라 경정 등의 청구를 할 수 있는 것임(소득-81, 2013.2.5.).

✓ **필요경비(손금)산입가능 여부**

① 사업장에 대한 임차보증금이 소득세법 시행령 제55조 제2항의 대손금 요건에 해당되는 때에는 필요경비로 산입할 수 있는 것임(소득 46011-2463, 1999.6.30.)

② 도난당한 재고자산을 손금으로 계상하는 경우에는 그 사실이 객관적으로 입증될 수 있는 증거를 갖추어야 하는 것이며, 이 경우 손금으로 계상하는 금액은 해당 재고자산의 장부가액으로 함(법인 22601-85, 1988.1.14.)

✓ **보증채무의 대위변제로 인한 구상채권에 대한 대손금의 필요경비인정 여부**

① 거주자의 사업소득금액의 계산에 있어서 필요경비에 산입할 금액은 해당연도의 총수입금액에 대응하는 비용으로서 일반적으로 용인되는 통상적인 것의 합계액으로 하는 것임

② 사업자가 다른 사업자의 채무에 대하여 연대보증을 하고, 그 보증채무의 대위변제로 인하여 발생한 구상채권에 대한 대손금은 해당 사업과 관련된 비용에 해당하지 아니하는 것이므로 필요경비에 산입하지 아니함(소득 46011-860, 2000.12.20.)

✓ **부가가치세신고시 공제받은 대손세액의 회계처리방법**

[질의]

1998년 귀속종합소득세신고를 준비하는 과정에 의문이 있어 질의함. 부가가치세신고시 부도어음에 대한 대손세액을 공제받은 업체로써 공제받은 대손세액을 잡수입으로 회계처리하여야 하는지 아니면 부가가치세예수금계정과 부도어음계정과 상계처리하는 것인지

〈갑설〉 (차) 부가가치세예수금 (대) 잡수입(대손공제액)

〈을설〉 (차) 부가가치세예수금 (대) 부도어음(대손공제액)

[회신]

거주자의 소득금액을 계산함에 있어서 부가가치세법 제17조의2의 규정에 의하여 공제받은 대손세액상당액은 총수입금액에 산입하는 것이 아니라 대손과 관련된 상대계정인 부도어음 등의 계정에서 차감하는 것임(소득 46011-1754, 1999.5.8.)

✓ **수탁판매업자의 책임 하에 회수하는 수탁물판매대금의 대손시 필요경비산입 여부**(소득 해석편람 27-8-11)

수탁매출채권의 부도 등에 대하여 수탁판매업자가 모든 책임을 지기로 한 위·수탁계약에 따라 매출채권의 부도금액에 대하여 수탁자가 위탁자에게 배상책임을 이행한 경우에 있어서 그 부도어음이 소득세법상 대손금에 관한 제반요건을 갖춘 때에는 수탁자의 필요경비에 산입할 수 있는 것임(소득 46011-292, 1999.11.2.)

✓ **임차보증금 대손금의 필요경비 해당 여부**(소득 해석편람 27-8-2)

사업자가 사업장을 임차하여 사업을 경영하던 중 소득세법 시행령 제55조 제2항의 규정에 의한

사유로 동 사업장에 대한 임차보증금을 회수할 수 없게 된 경우에는 대손금으로 필요경비에 산입할 수 있는 것임(소득 22601-310, 1987.2.5.)

✓ **부동산임대업자의 회수불능 예탁금에 대한 필요경비산입 여부**(소득 해석편람 27-8-4)

거주자의 부동산임대소득금액을 계산함에 있어서 산입하는 필요경비는 해당연도의 총수입금액에 대응되는 비용의 합계액으로 하는 것으로서 부동산임대업자가 새마을금고에 예탁한 전세보증금이 새마을금고의 도산으로 회수불능인 경우 동 전세보증금은 해당 부동산임대업자의 임대소득금액의 계산에 있어서 총수입금액에 직접 대응되는 필요경비에 해당되지 않는 것임(재경원소득 46073-115, 1996.8.16.)

(3) 필요경비 산입시기

대손금은 다음의 날이 속하는 과세기간의 필요경비로 한다.(소령 55조 ⑦, 2010.12.30. 신설, 법령 19조의2 ③)

① 신고조정사항 : 해당 사유가 발생한 날

② 결산조정사항 : 해당 사유가 발생하여 필요경비로 계상한 날

✓ **부도어음회수불능에 따른 필요경비 산입시기**

[질의]

본인은 5년 전(1995년 상반기)에 부도난 약속어음을 가지고 있음. 그런데 그때는 어떻게든 회수하기를 기다렸으나 더 이상 희망이 없어서, 대손세액공제 및 대손상각을 신청하려 함. 그런데 세법에서는 "수표, 어음의 부도발생일로부터 6월이 경과한 경우"라고만 되어 있어서 은행에서 부도확인 후 6개월만 지나면 언제든지 세액공제 및 대손상각을 받을 수 있는 것인지, 아니면 6개월 지나서 바로 신청하지 않으면 세액공제 및 대손상각을 받을 수 없는 것인지 정확한 소멸시효에 관하여 회신바람.

[회신]

사업자가 해당 사업과 관련하여 받은 수표 또는 어음의 부도발생으로 인하여 해당 채권을 회수할 수 없는 경우에는 부도발생일부터 6월 이상 경과한 때(해당 사업자가 채무자의 재산에 대하여 저당권을 설정하고 있는 경우 제외)에 해당 사업자가 회수할 수 없다고 판단하여 대손금으로 계상한 귀속연도에 필요경비로 산입할 수 있는 것임

다만, 외상매출금 또는 미수금과 관련하여 받은 어음법상의 소멸시효가 완성된 어음은 그 소멸시효가 완성된 날이 속하는 과세기간의 필요경비로 하는 것이므로 그 후 과세기간에는 필요경비로 산입할 수 없는 것임(소득 46011-21406, 2000.12.6.)

✓ **소멸시효가 완성된 채권의 필요경비 계상시기**(소득 해석편람 27-8-10)

외상매출금 및 미수금으로서 상법상의 소멸시효가 완성되어 회수할 수 없다고 인정되는 채권은 그 사유가 발생한 날이 속하는 과세기간의 필요경비로 하는 것이며, 이 경우 소멸시효 완성일은 각 채권별 소멸시효 기산점으로부터 별도로 계산하는 것임(소득 46011-253, 1999.10.25.)

✓ **파산으로 인한 대손금의 필요경비 산입**(소득 해석편람 27-8-7)

임대인의 파산으로 회수할 수 없는 임차보증금은 해당 사유가 발생하여 필요경비로 계상한 날이 속하는 연도의 대손금으로 필요경비에 산입하는 것임(서일 46011-10800, 2002.6.14.)

✓ **수출에서 발생한 채권의 대손처리시기**

물품의 수출로 인하여 발생한 채권으로서 외국환관리에 관한 법령에 의하여 한국은행총재 또는 외국환은행의 장으로부터 채권회수의무를 면제받은 것은 그 면제를 받은 날이 속하는 사업연도의 대손금으로 필요경비에 산입하는 것임(소득 46011-612, 2000.5.30.)

✓ **부도 후 6월이 경과된 부도어음의 대손처리**(소득 해석편람 27-8-5)

부도발생일로부터 6월 이상 경과한 어음·수표상의 채권(채무자의 재산에 대해 저당권을 설정하고 있는 경우를 제외)은 해당 채무자의 부도발생 후 회사정리법에 의한 법원의 재산보전처분명령과는 관계없이 개인사업자가 기업회계기준 제50조의 규정에 의하여 회수할 수 없다고 판단하여 대손금으로 계상한 귀속연도에 필요경비로 산입할 수 있는 것임(소득 46011-1735, 1997.6.27.)

✓ **부도어음의 대손금 귀속연도 등**(소득 해석편람 27-8-9)

소득세법 시행규칙 제25조의 규정에 의한 6개월 이상 경과한 부도수표·어음을 대손금으로 필요경비 산입하는 경우에 있어서 대손이 확정된 날은 부도발생일로부터 6월이 되는 날의 다음날로 하는 것이므로 1998.6.30. 부도발생의 경우에는 1999귀속연도에 대손금으로 필요경비에 산입할 수 있는 것임(소득 46011-1952, 1999.5.25.)

2 대손충당금

(1) 의 의

사업자가 외상매출금·미수금 기타 이에 준하는 채권에 대한 대손충당금을 필요경비로 계산한 때에는 일정한 범위 안에서 이를 해당 과세기간의 소득금액을 계산할 때 필요경비에 산입한다.(소법 28조 ①)

(2) 설정대상채권의 범위

대손충당금을 설정할 수 있는 채권은 다음에 해당하는 것으로 한다.(소령 56조 ②)

① 상품·제품의 판매가액의 미수액과 가공료·용역대가의 미수액

② 정상적인 사업거래에서 발생하는 채권액 및 부가가치세매출세액의 미수금

③ 해당 사업장에 적용되는 기업회계기준 등 회계처리기준에 의한 대손충당금 설정대상채권. 다만, 특수관계 있는 자에게 시가보다 높은 가격으로 재화 또는 용역을 공급하는 경우의 시가초과액에 상당하는 채권을 제외한다.(소칙 26조)

✓ **대손충당금을 설정할 수 없는 외상매출금 등의 범위**(소통 28－56…1)

다음에 규정하는 금액에 대하여는 대손충당금을 설정할 수 없는 것으로 한다.

① 지급보증금
② 대여금. 다만, 금융업은 예외로 한다.
③ 삭제(2011.3.21.)
④ 수익에 직접적인 관련이 없는 선급금 및 미수금
⑤ 할인어음 및 배서어음
⑥ 수수료를 수입하는 수탁판매업의 수탁물 판매대금 미수금

✓ **동일인에 대한 채권·채무가 있는 경우 대손충당금 설정방법**(소통 28－56…3)

사업자가 대손충당금을 설정하는 경우, 동일인에 대한 매출채권과 매입채무가 있는 경우에도 이를 상계하지 아니하고 대손충당금을 계상할 수 있다. 다만, 당사자의 약정에 의하여 상계하기로 한 때에는 그러하지 아니하다.

(3) 필요경비 산입 범위액

• 손금산입한도액 = Max(①, ②)

① 채권잔액 × 1%
② 채권잔액 × 대손실적률

필요경비에 산입하는 대손충당금은 해당 과세기간 종료일 현재의 외상매출금·미수금 그 밖에 사업과 관련된 채권의 합계액(이하 "채권잔액")의 1%에 상당하는 금액과 채권잔액에 대손실적률을 곱하여 계산한 금액 중 큰 금액으로 한다.(소령 56조 ①)

이때 대손실적률은 다음의 산식에 의하여 계산한 비율로 한다.(소령 56조 ③)

$$\text{대손실적률} = \frac{\text{해당 과세기간의 대손금}}{\text{직전과세기간종료일 현재의 채권잔액}}$$

(4) 환 입

필요경비에 산입한 대손충당금의 잔액은 다음 과세기간의 소득금액을 계산할 때 총수입금액에 산입한다.(소법 28조 ②) 여기서 다음 과세기간의 소득금액을 계산할 때 총수입금액에 산입하는 대손충당금의 잔액은 각 과세기간에서 발생한 대손금과 상계하고 남은 금액으로 한다.(소령 56조 ④)

✓ 대손충당금의 계상특례(소통 28-56…2)

해당 과세기간 대손충당금 설정 범위액에서 총수입금액에 산입하여야 할 전기이월 대손충당금을 차감한 잔액만을 설정한 경우에는 이는 단순한 기표상의 생략에 불과한 것이므로 각각 총수입금액 또는 필요경비에 산입한 것으로 본다.

(5) 대손금 회수액

필요경비에 산입한 대손금 또는 대손충당금과 상계한 대손금 중 회수된 금액은 그 회수한 날이 속하는 과세기간의 총수입금액에 산입한다.(소령 56조 ⑤)

(6) 제 출

대손충당금의 필요경비계산 규정을 적용받으려는 사업자는 과세표준확정신고서에 「대손충당금 및 대손금 조정명세서」(별지 제58호 서식)를 첨부하여 납세지 관할 세무서장에게 제출하여야 한다.(소령 56조 ⑥)

V 퇴직급여충당금의 필요경비계산

1 의 의(결산조정사항)

사업자가 종업원의 퇴직급여에 충당하기 위하여 퇴직급여충당금을 필요경비로 계상한 때에는 일정한 금액의 범위에서 해당 과세기간의 소득금액을 계산할 때 필요경비에 산입한다.(소법 29조 ①)

✓ 사업의 포괄적 양도·양수의 경우에 있어서 퇴직금의 필요경비계산(소통 29-57…5)

① 사업자가 다른 사업자로부터 사업을 포괄적으로 양도·양수함에 따라 종업원 및 해당 종업원에 대한 퇴직급여충당금을 승계받은 경우에는 이를 양수한 사업자의 퇴직급여충당금으로 본다.

② 제1항의 경우와 같이 사업을 포괄적으로 양도·양수함에 있어 해당 종업원이 승계시점에 퇴직할 경우 지급할 퇴직금상당액을 퇴직급여충당금(단체퇴직보험계약의 인수를 포함한다. 이하 같다) 또는 부채로 승계받은 사업자는 그 종업원이 실제로 퇴직함에 따라 지급하는 퇴직금과 영 제57조 제2항에 규정하는 퇴직급여추계액은 해당 사업자의 퇴직급여지급규정 등에 따라 양도한 사업자에게서 근무한 기간을 통산하여 계산할 수 있다.

③ 제2항의 규정과 같이 퇴직급여충당금을 승계받지 아니한 사업자의 경우 영 제57조 제2항에 규정하는 퇴직급여추계액은 양도한 사업자에게서 근무한 기간을 통산하여 계산할 수 없으나, 종

업원이 실제로 퇴직함에 따라 지급하는 퇴직금은 사업의 양도·양수계약 및 해당 사업자의 퇴직급여지급규정 등에 따라 근무기간을 통산하여 계산할 수 있다. 이 경우 근무기간을 통산함으로써 증가하는 퇴직금도 해당 사업자의 퇴직급여충당금과 상계하여야 한다.

④ 제2항의 규정에 의하여 퇴직급여충당금 또는 부채를 인계한 양도 사업자는 해당 양도·양수시점의 퇴직급여상당액을 법 제29조 및 영 제57조의 규정에 불구하고 해당연도 소득금액계산상 필요경비에 산입한다.

⑤ 2개 이상의 사업장이 있는 다른 사업자로부터 1개 사업장을 포괄적으로 양도·양수한 경우에도 제1항 내지 제4항의 규정을 준용한다.

✓ **사업을 포괄적으로 양수받은 사업자의 퇴직급여충당금**(소득 해석편람 29－1－1)

사업자가 다른 사업자로부터 사업을 포괄적으로 양도·양수함에 따라 종업원 및 해당 종업원에 대한 퇴직급여충당금을 승계받은 경우에는 이를 양수한 사업자의 퇴직급여충당금으로 보는 것임(소득 46011－676, 1999.2.21.)

✓ **사업의 포괄 양도·양수시 퇴직급여상당액 필요경비 산입 여부**(소득 해석편람 29－1－2)

사업을 포괄적으로 양도·양수함에 있어서 양도기업의 종업원이 양수기업에서 계속 근무하게 되어 양도사업자가 해당 종업원에 대한 양도 당시의 퇴직금상당액을 양수사업자에게 퇴직급여충당금 또는 부채로 인계한 경우에는 양도 당시의 퇴직급여상당액을 해당연도의 소득금액계산상 필요경비에 산입할 수 있는 것임(소득 46011－894, 1999.3.10.)

✓ **사업양수도시 1년 미만 근무한 종업원에 대한 퇴직금 상당액의 인계 및 필요경비 산입 여부**(소득 해석편람 29－1－3)

사업의 양도·양수시에 양도사업자가 1년 미만 근무한 종업원에 대하여도 퇴직급여지급규정에 의하여 퇴직금을 지급할 의무가 있게 됨에 따라 이를 양수사업자에게 인계하는 경우에는 해당 퇴직급여상당액을 필요경비에 산입할 수 있는 것임(소득 46011－967, 1999.3.17.)

✓ **양도·양수한 경우의 퇴직급여충당금 등의 필요경비**(소득 해석편람 29－1－4)

사업자가 다른 사업자로부터 사업을 포괄적으로 양도·양수하면서 종업원 및 해당 종업원에 대한 퇴직급여상당액을 승계받은 후 해당 종업원이 실제로 퇴직함에 따라 지급하는 퇴직금은 사업의 양도·양수계약 및 해당 사업자의 퇴직급여지급규정 등에 따라 다른 사업자에게서 근무한 기간을 통산하여 계산할 수 있는 것이며, 이 경우 해당 퇴직금은 세무계산상 퇴직급여충당금과 상계하는 것이나 퇴직급여충당금을 초과하는 퇴직금에 대하여는 해당 과세기간의 필요경비에 산입하는 것임(소득 46011－3044, 1999.8.3.)

✓ **사업의 폐업시 퇴직급여충당금의 처리**(소득 집행기준 29－57－3)

사업자가 해당 사업을 폐업한 때에는 퇴직급여충당금 잔액도 정산해야 하는 것이므로 해당 충당금 잔액은 전액 환입처리하는 것이며, 폐업시 해당 종업원에게 실제로 퇴직금을 지급하였거나, 지급할 금액 상당액은 필요경비로 산입한다.

2 필요경비산입 한도액

퇴직급여충당금의 필요경비산입 한도액은 다음 중 적은 금액을 한도로 한다.(소령 57조 ①, ②)

1) 총급여액 기준

퇴직급여의 지급대상이 되는 종업원(퇴직연금계좌에 가입한 자는 제외)에게 해당 과세기간에 지급한 총급여액의 5%에 상당하는 금액(소령 57조 ①)

2) 퇴직급여충당금 누적액 기준

① 필요경비에 산입하는 퇴직급여충당금의 누적액은 해당 과세기간 종료일 현재 재직하는 종업원이 모두 퇴직할 경우에 퇴직급여로 지급하여야 할 금액의 추계액에 다음의 비율을 곱한 금액을 한도로 한다.(소령 57조 ②, 2010.12.30. 개정)

과세기간	추계기준 누적한도
2010.1.1.~2010.12.31.	퇴직금추계액×30%
2011.1.1.~2011.12.31.	퇴직금추계액×25%
2012.1.1.~2012.12.31.	퇴직금추계액×20%
2013.1.1.~2013.12.31.	퇴직금추계액×15%
2014.1.1.~2014.12.31.	퇴직금추계액×10%
2015.1.1.~2015.12.31.	퇴직금추계액×5%
2016.1.1.~2016.12.31.	퇴직금추계액×0%

한도 내에서 필요경비에 산입한 퇴직급여충당금의 누적액에서 퇴직급여충당금을 필요경비에 산입한 과세기간의 다음 과세기간 중 종업원에게 지급한 퇴직금을 뺀 금액이 추계액에 위의 비율을 곱한 금액을 초과하더라도 그 초과한 금액은 총수입금액으로 환입하지 아니한다.(소령 57조 ⑤, 2010.12.30. 신설)

② 기존에 재직 중인 종업원이 확정기여형퇴직연금 등으로 전환하는 경우에는 확정기여형퇴직연금 등이 설정된 종업원에 대하여 그 설정 전에 계상된 퇴직급여충당금(아래 '㉠'의 금액에 '㉡'의 비율을 곱하여 계산한 금액)을 퇴직급여충당금의 누적액에서 차감한다.(소칙 26조의2)

㉠ 직전 과세기간 종료일 현재 퇴직급여충당금의 누적액

㉡ 직전 과세기간 종료일 현재 재직한 종업원의 전원이 퇴직한 경우에 퇴직급여로 지급되었어야 할 금액의 추계액 중 해당 과세기간에 확정기여형퇴직연금 등이 설

정된 자가 직전 과세기간 종료일 현재 퇴직한 경우에 퇴직급여로 지급되었어야 할 금액의 추계액이 차지하는 비율

✓ **퇴직급여충당금누적액의 범위**(소통 29－57…1)

"퇴직급여충당금의 누적액"이라 함은 필요경비에 산입한 퇴직급여충당금으로서 각 과세기간종료일 현재의 잔액을 말한다.

✓ **퇴직금추계액의 범위**(소통 29－57…2)

"퇴직급여로서 지급되어야 할 금액의 추계액"이라 함은 사규나 퇴직급여지급규정 등에 의하여 계산한 금액을 말한다. 이 경우 퇴직급여지급규정 등이 없는 경우에는 근로자퇴직급여 보장법이 정하는 바에 의하여 계산한 금액으로 한다.

3 퇴직금 지급시의 처리

퇴직급여충당금을 필요경비로 계상한 사업자가 종업원에게 퇴직금을 지급하는 때에는 퇴직급여충당금과 먼저 상계하여야 한다.(소령 57조 ④)

✓ **퇴직금지급시 퇴직급여충당금의 처리방법**(소통 29－57…3)

① 퇴직급여충당금을 계상한 사업자가 퇴직하는 종업원에게 퇴직금을 지급하는 때에는 퇴직급여충당금 설정시 개인별로 계산한 충당금과는 관계없이 해당 사업자가 설정한 동 퇴직급여충당금과 상계하여야 한다.

② 사업자가 1년 미만 근속한 종업원에게 퇴직금을 지급하는 경우에는 퇴직급여충당금과 상계하지 아니하고 직접 해당 과세기간의 필요경비로 처리할 수 있다.

✓ **퇴직급여충당금부인액에 대한 처리**(소통 29－57…4)

퇴직급여충당금설정액 중 세무계산상 부인액이 있는 사업자가 퇴직금을 실제로 지급한 때에는 세무계산상의 퇴직급여충당금과 상계하여야 하며 이 경우 세무계산상 퇴직급여충당금용인액을 초과하는 금액은 해당 과세기간의 필요경비에 산입한다.

4 명세서 제출

퇴직급여충당금 필요경비계산 규정의 적용을 받고자 하는 사업자는 과세표준확정신고서에 「퇴직급여충당금조정명세서」(별지 제59호 서식)를 첨부하여 납세지 관할 세무서장에게 제출하여야 한다.(소령 57조 ⑥)

Ⅵ 감가상각비의 필요경비 계산

1 의 의

감가상각이란 유형자산 및 무형자산의 취득가액에서 잔존가액을 차감한 금액을 그 자산의 내용연수에 걸쳐 합리적·체계적으로 비용으로 배분하는 과정이다. 기업회계기준에서는 기업의 실정에 맞게 보다 폭넓은 감가상각 방법을 선택하고 있으나 소득세법에서는 상각방법의 선택을 제한하고 내용연수 등에 보다 획일적인 규정 등을 두고 있다.

현행 소득세법상 감가상각제도는 다음과 같은 특징을 가지고 있다.

(1) 결산조정의 원칙

감가상각비는 사업자가 필요경비로 계상한 경우에 한하여 소득세법상 비용으로 인정된다. 따라서 사업자가 감가상각비를 필요경비로 장부에 반영하지 않으면 시인부족액이 발생하더라도 세무조정에 의하여 필요경비로 계상할 수 없다. 결국 감가상각 시부인계산은 사업자가 필요경비로 계상한 감가상각비를 시인할 것인지 부인할 것인지의 문제인 것이다.

✓ **감가상각비 필요경비계상 누락에 대한 수정신고 또는 경정청구**(소통 33－62…1)

감가상각비는 영 제62조 제1항에 따라 필요경비로 계상한 경우에 한하여 이를 필요경비로 보는 것이므로 과세표준 확정신고시 필요경비로 계상하지 아니한 금액은 이를 수정신고 또는 경정청구에 의하여 필요경비에 산입할 수 없다. 다만, 영 제68조 제1항(☞ 감가상각의제 규정)에 따라 감가상각비를 필요경비에 계상해야하거나 같은 조 제2항에 따라 감가상각비를 필요경비에 계상한 것으로 보는 경우는 그러하지 아니하다.(2024.3.15. 개정)

(2) 임의상각제도

소득세법상 감가상각비는 상각범위액의 범위 안에서 필요경비산입여부와 그 금액을 사업자가 자유롭게 선택할 수 있다. 즉, 사업자가 감가상각비를 필요경비로 계상하지 않거나 상각범위액에 미달하게 계상하는 경우에도 이를 시인한다. 결국 소득세법상 감가상각제도는 사업자가 상각범위액의 범위 내에서 감가상각여부 및 금액, 필요경비산입 시기를 자유롭게 선택할 수 있다.

2 감가상각자산의 범위

(1) 감가상각자산의 종류

해당 사업에 직접 사용하는 자산(시간의 경과에 따라 그 가치가 감소되지 아니하는 것을 제외)으로서 그 범위는 다음과 같다.(소령 62조 ②)

1) 유형자산

① 건물(부속설비를 포함) 및 구축물(이하 "건축물"이라 한다)
② 차량 및 운반구, 공구, 기구 및 비품
③ 선박 및 항공기
④ 기계 및 장치
⑤ 동물과 식물
⑥ 위 '①부터 ⑤까지'의 규정과 유사한 유형자산

2) 무형자산

① 영업권, 디자인권, 실용신안권, 상표권

✓ **영업권의 범위**(소통 33－62…2)

무형고정자산에 속하는 영업권에는 다음의 것이 포함되는 것으로 한다.

① 사업의 양수도과정에서 양수도 자산과는 별도로 양도사업에서 소유하고 있는 허가·인가 등 법률상의 특권, 사업상 편리한 지리적 여건, 영업상의 비법, 신용·명성·거래선 등 영업상의 이점 등을 감안하여 적절한 평가방법에 따라 유상으로 취득한 가액
② 사업인가당시 인가조건으로 부담한 기금(반환받을 수 있는 경우를 제외한다) 및 기부금 등
③ 등록된 관광사업용 버스와 이에 따른 제권리 등을 함께 양수함에 있어서 버스 자체의 대가 외에 관광사업에 따른 권리금을 별도로 평가하여 지급한 경우 그 가액
④ 양곡의 하역 및 보관업을 영위하는 자가 기계화로 인하여 실직되는 기존 노무자의 생계를 위한 일종의 보상적 성질로 일정 하역량에 달할 때까지 인가조건에 따라 지급하는 보상금
⑤ 지입차량을 직영화함에 따라 지입차주로부터 차량을 매입하는 경우 차량자체대금 외의 권리금(T.O.대금)이 포함되어 있는 경우의 그 권리금
⑥ 특정사업의 면허를 취득하기 위하여 동업자조합 또는 협회에 가입할 때 지급하는 것으로서 반환 청구할 수 없는 입회금

✓ **권리금의 필요경비산입 가능 여부**

사업자가 사업소득이 발생하는 점포를 임차하면서 전 임차인에게 지급한 권리금은 소득세법상 사업용고정자산인 무형고정자산(영업권)에 해당하며, 동 권리금을 지급한 과세기간의 장부상에 자산으로 계상하고 소득세법 시행령 제63조에서 정하고 있는 내용연수에 따라 감가상각비를 계상한

경우에는 필요경비에 산입할 수 있는 것임(서면1팀-1010, 2005.8.26.)

✓ 판매목적의 신축상가주택에 대한 자본회계처리 및 감가상각 가능 여부

사업자가 판매목적으로 신축한 상가나 주택이 미분양 되어 일시적으로 임대에 공한 후 판매하는 경우의 동 상가나 주택은 당해 사업자의 사업용 재고자산에 해당하는 것이며, 재고자산은 감가상각자산의 종류에 해당하지 아니하므로 당해 사업의 소득금액 계산상 감가상각비를 계상할 수 없는 것임(소득 22601-1693, 1990.8.27.)

✓ 상속세 과세가액에 포함된 영업권은 감가상각자산에 해당하지 않는 것임

피상속인에 대한 상속세 세무조사 시 상속세 과세가액에 포함된 영업권은 소득세법 시행령 제62조 제2항에 따른 감가상각자산에 해당하지 않는 것임(소득-391, 2012.5.7.)

✓ 전세보증금만 있는 임대주택의 감가상각비 등 비용은 부동산임대소득금액 계산시 필요경비에 산입하는 것임(서면1팀-709, 2008.5.23.)

✓ 예식장 장식벽화의 감가상각 여부

예식장에 설치한 장식벽화의 경우, 시간의 경과에 따라 감가되지 아니하는 경우에는 감가상각대상자산으로 볼 수 없는 것임(서면1팀-555, 2007.5.2.)

✓ 공동사업 폐지로 받는 영업권 상당액의 과세 여부 등

의료업을 경영하는 공동사업장의 구성원 중 1인이 해당 공동사업장을 탈퇴하면서 자기 지분을 양도하고 받는 영업권 상당의 금액은 기타소득에 해당하는 것이며, 해당영업권은 무형고정자산에 해당하는 것임(소득-773, 2010.7.5.)

✓ 박물관에 전시된 오래된 자동차가 감가상각자산에 해당 하는지

시간의 경과에 따라 그 가치가 감소하지 아니한 자산은 감가상각 자산에 해당하지 아니함(법규소득 2010-316, 2010.11.23.)

② 특허권, 어업권, 양식업권, 해저광물자원 개발법에 의한 채취권, 유료도로관리권, 수리권, 전기가스공급시설이용권, 공업용수도시설이용권, 수도시설이용권, 열공급시설이용권(2020.8.26. 개정)

③ 광업권, 전신전화전용시설이용권, 전용측선이용권, 하수종말처리장시설관리권, 수도시설관리권

④ 댐사용권

⑤ 개발비 : 상업적인 생산 또는 사용 전에 재료·장치·제품·공정·시스템 또는 용역을 창출하거나 현저히 개선하기 위한 계획 또는 설계를 위하여 연구결과 또는 관련지식을 적용하는데 발생하는 비용으로서 해당 사업자가 개발비로 계상한 것(산업기술연구조합육성법에 의한 산업기술연구조합의 조합원이 동 조합에 연구개발 및 연구시설 취득 등을 위하여 지출하는 금액을 포함)

⑥ 사용수익기부자산가액 : 금전 외의 자산을 기부한 후 그 자산을 사용하거나 그 자산으로부터 수익을 얻는 경우 해당 자산의 장부가액

✓ **사용수익기부자산의 상각방법**(소득 집행기준 33－62－7)

일정기간 사용후에 소유권을 무상양도할 것을 조건으로 타인의 토지 위에 건축물을 신축한 경우 그 건축물의 취득가액은 사용계약기간에 안분하여 필요경비에 산입한다. 다만, 사용기간을 연장할 수 있거나 사용기간이 정하여지지 않는 경우에는 해당 건축물의 기준내용연수를 사용기간으로 한다.

⑦ 주파수이용권 및 공항시설관리권 : 전파법 제14조에 따른 주파수이용권 및 공항시설법 제26조에 따른 공항시설관리권

⑧ 그 밖에 위 '①부터 ⑦까지'의 규정과 유사한 무형자산(이하 "유사 무형자산'이라 한다)(2025.2.28. 신설)

➲ 2025.2.28.이 속하는 과세기간에 감가상각하는 경우부터 적용한다.(2025.2.28. 영 부칙 8조)

(2) 감가상각자산 포함 여부

① 장기할부조건 등으로 매입한 유형자산 및 무형자산 : 그 대금의 청산 또는 소유권의 이전 여부에 관계없이 이를 감가상각자산에 포함시킨다.(소령 62조 ③)

② 금융리스자산 : 금융리스에 해당하는 자산의 경우에는 리스이용자인 사업자의 감가상각자산에 이를 포함시킨다.(소령 62조 ③)

③ 유휴설비의 감가상각 : 상각범위액계산의 기초가 될 자산의 가액에는 사업용 유휴설비의 가액을 포함하며, 건설중인자산은 포함하지 아니하는 것으로 한다.(소령 70조)

✓ **공동제작한 입간판 등에 대한 감가상각**(소통 33－62…4)

광고선전을 목적으로 여러 사업자의 상호 등이 포함된 입간판 또는 아크릴간판 등을 공동 부담으로 제작한 경우에는 각 사업자의 부담분에 대하여 비품계정으로 처리하고 감가상각할 수 있다.

✓ **국적취득조건부 나용선의 반환에 따른 감가상각비의 회계처리**(소통 33－62…3)

국적취득조건부로 수입한 선박을 반환하는 경우에 영 제62조 제3항의 규정에 의하여 이미 필요경비에 산입된 감가상각비는 반환을 이유로 그 후 과세기간의 소득금액계산상 이를 총수입금액에 산입할 수 없다.

✓ **유휴설비의 범위**(소통 33－70…1)

사업에 공하던 기계설비 등을 철거하여 사업에 공하지 아니하거나 매입하여 보관만을 하고 있는 기계장치 등은 감가상각 대상자산이 되는 유휴설비로 보지 아니한다.

✓ **건설중의 자산에 대한 감가상각**(소통 33-70…2)

① 설치중의 기계장치에 대하여는 감가상각을 할 수 없는 것이며, 이 경우에 설치중의 기간에는 설치한 기계장치의 성능을 시험하기 위한 시운전기간을 포함한다.

② 건설중인 자산 중 그 일부가 완성되어 그 부분이 사업용으로 사용하고 있을 때에는 그 부분은 감가상각대상자산으로 본다.(2024.3.15. 개정)

✓ **재고자산인 미분양 주택의 감가상각 여부**(소득 해석편람 27-7-4)

주택 및 업무용상가 등 건축물을 신축 판매하는 개인사업자가 신축한 건축물 중 공실상태의 미분양 주택은 재고자산에 해당하므로 해당 사업에 대한 소득금액을 계산함에 있어 감가상각비를 계상할 수 없음(소득 46011-1470, 1997.5.30.)

3 감가상각비의 필요경비계산 결정요소

(1) 취득가액

감가상각자산의 취득가액은 일반적인 자산의 취득가액에 관한 규정을 적용하여 계산한다. 취득가액의 계산은 다음과 같다.(소령 89조)

1) 일반적인 기준(소령 89조 ①)

구 분	취득가액
타인으로부터 매입한 자산	매입가액+취득세·등록면허세 기타 부대비용
자기가 행한 제조·생산 또는 건설 등에 의하여 취득한 자산	원재료비·노무비·운임·하역비·보험료·수수료·공과금(취득세와 등록면허세를 포함)·설치비 기타 부대비용의 합계액
위 이외의 경우	자산의 취득당시의 시가에 취득세·등록면허세 기타 부대비용을 가산한 금액

2) 취득가액에서 제외되는 금액(소령 89조 ②)

① 사업자가 자산을 장기할부조건으로 매입하는 경우에 발생한 채무를 기업회계기준에 따라 현재가치로 평가하여 현재가치할인차금으로 계상한 경우에 있어서의 해당 현재가치할인차금

② 다음의 연지급 수입의 경우에 취득가액과 구분하여 지급이자로 계상한 금액

㉠ 해당 물품의 수입대금전액을 은행이 신용을 공여하는 기한부신용장방식에 의한 수입방법에 의하여 그 선적서류나 물품의 영수일부터 일정기간이 경과한 후에 지급하는 방법에 의한 수입

㉡ 정유회사, 원유 또는 액화천연가스 수입업자가 원유 또는 액화천연가스의 일람불 수입 대금결제를 위하여 외국환거래법상 연지급수입기간 이내에 단기외화자금을 차입하는 방법에 의한 수입

㉢ 위와 유사한 연지급수입

③ 특수관계 있는 자로부터 시가보다 높은 가격으로 자산을 매입한 경우의 시가초과액

✓ **최초 기장시 임대용 유형자산의 취득가액의 계산**(소득 집행기준 33－62－3)

직전과세연도의 부동산임대소득이 추계결정된 자가 최초로 장부를 비치·기장하는 경우 해당 임대용 유형자산의 취득가액은 취득당시의 매입가액에 취득세·등록세 기타 부수비용을 가산한 금액으로 한다.

✓ **추계조사결정을 받았을 경우 감가상각범위액계산의 기초가액**(소득 집행기준 33-62-3)

① 직전 과세기간의 소득세가 추계결정 또는 추계경정된 경우 해당 과세기간의 사업용 유형자산 및 무형자산에 대한 감가상각범위액의 계산에 있어서 기초가액은 신규취득자산을 제외하고는 직전과세기간 종료일 현재의 해당 사업용 자산의 장부가액을 기준으로 한다.

② 제1항에서 '장부가액'이라 함은 취득가액과 자본적 지출의 합계액에서 감가상각누계액을 차감한 미상각잔액을 말한다.

③ 소득세법 시행령 제68조 제2항에 따라 감가상각자산에 대한 감가상각비를 필요경비로 계상한 것으로 의제한 사업자는 그 후 과세기간의 상각범위계산의 기초가 될 자산의 가액에서 그 감가상각비에 상당하는 금액을 공제한 잔액을 기초가액으로 하여 상각범위액을 계산한다. 다만, 자산재평가법에 따른 재평가를 한 때에는 재평가액을 기초가액으로 하여 상각범위액을 계산한다.

✓ **유형자산매입대금의 지급지연에 따른 지급이자 처리**(소통 27-55…16)

사업자가 유형자산을 매입함에 있어서 매입가격을 결정한 후 그 대금 중 일부 잔금의 지급지연으로 지급하는 이자상당액은 유형자산의 취득가액에 산입한다. 이 경우 그 잔금이 실질적으로 소비대차로 전환된 경우에 지급하는 이자는 이를 각 과세기간의 소득금액계산상 필요경비에 산입한다.

✓ **종합소득세 추계신고자가 내용연수신고를 아니한 경우 신고방법**

직전 과세기간까지 추계신고되었더라도 감가상각 내용연수 신고하지 않은 경우 기준내용연수와 그에 따른 상각률을 그대로 적용함(제도 46011-10745, 2001.4.23.)

✓ **철거주택 취득가액이 새로운 사업용 건축물의 자본적 지출인지 여부**

주거용 주택을 철거하고 임대용 건물을 신축하는 경우 철거한 건축물의 취득가액과 철거비용은 당해 토지에 대한 자본적 지출로 함(서일 46011-10674, 2002.5.18.)

✓ **구 건물 장부가액의 신 건물 취득가액 산입여부**

개인사업자가 자기소유의 토지상에 새로운 건축물을 건축하기 위하여 기존건축물을 철거하는 경우 기존건축물의 장부가액과 철거비용은 새로운 건축물에 대한 자본적지출로 하여 새로운 건축물의 취득원가에 산입하는 것임(소득-28, 2013.1.11.)

✓ **기존건물 철거 후 건물 신축시 기존건물의 장부가액을 당기비용 처리할 수 있는지 여부**

자기 소유의 토지상에 새로운 건축물을 건축하기 위하여 기존 건축물을 철거하는 경우 기존 건축물의 장부가액과 철거비용은 새로운 건축물에 대한 자본적지출로 하는 것임(소득-194, 2014.4.11.)

✓ **자기 소유 토지상의 기존건물을 철거하고 신건물을 신축하는 경우 기존건물 장부가액의 처리**

공동사업자가 자기 소유의 토지상에 새로운 건축물을 건축하기 위하여 기존 건축물을 철거하는 경우 기존 건축물의 장부가액은 새로운 건축물에 대한 자본적지출로 하는 것임(사전법령해석소득 2018-525, 2018.12.19.)

※ 국세청 해석사례집 검토내용

개인이 자기 소유의 토지상에 새로운 건축물을 건축하기 위하여 기존 건물을 철거하는 경우 기존 건물 장부가액의 처리와 관련한 해석례와 판례

- 해석례는 자기 소유의 토지상에 새로운 건축물을 건축하기 위하여 기존 건물을 철거하는 경우 기존 건물 장부가액을 신축 건물의 자본적 지출로 처리하도록 함(서면인터넷방문상담1팀-24, 2006.1.6, 서면인터넷방문상담1팀-236, 2006.2.21, 서면인터넷방문상담1팀-483, 2006.4.18, 소득세과-194, 2014.4.11, 서면소득-3256, 2006.3.9.)
- 또한, (소득세법 기본통칙 33-67…1 ④) 및 (소득세법 집행기준 27-55…8 ③)에서도 자기 소유의 토지상에 새로운 건축물을 건축하기 위하여 기존 건축물을 철거하는 경우 기존 건축물의 장부가액과 철거비용은 새로운 건축물에 대한 자본적지출로 하도록 규정하고 있고
- 심판원은 다른 사업을 위하여 사업용으로 사용하던 기존건물을 철거하였다면 그 다른 사업의 사업용 자산인지 재고자산인지 여부에 불구하고 기존건물의 장부 가액은 수익비용 대응원칙에 따라 필요경비에 산입하는 것이 합리적이라 보았으며(국심 2007서5290, 2008.7.3.)
- 법원도 "사업소득에 관하여 기존 건축물의 장부가액과 철거비용을 새로운 건축물의 자본적 지출로 하여 이를 새로운 건축물의 취득가액에 산입함과 동시에 새로운 건축물에 대해 감가상각을 한 것으로 보아 감가상각비를 총수입금액에서 공제하는 것으로서, 이는 사업의 계속·반복성에 비추어 볼 때 기존 건축물과 새로운 건축물이 모두 사업소득 발생에 제공되는 고정자산이면서 그러한 사업소득에 대해 과세가 이루어지는 점을 고려한 것"이라고 (소득세법 기본통칙 33-67…1 ④)을 인용하여 판시함(서울고법 2012누22043, 2013.6.28. ⇒ 대법원 2013두18216, 2013.12.27.)
- 따라서 개인이 자기 소유의 토지상에 새로운 건축물을 건축하기 위하여 기존 건물을 철거하는 경우 기존 건물장부가액은 다수의 해석례 등을 따라 신건물의 자본적 지출로 처리함이 타당함

✓ **공동사업의 계속 중에 탈퇴하는 구성원으로부터 지분 인수시 감가상각자산의 기초(취득)가액**

의료업을 경영하는 공동사업장의 구성원 3인 중 1인이 건강상의 이유로 공동사업장을 탈퇴하면서 자기 지분을 나머지 2인에게 양도하여 공동사업장의 구성원이 변경된 경우에 해당 공동사업장의 감가상각자산의 장부가액은 구성원 변경 전의 장부가액을 동일하게 적용하는 것임(서면소득 2017-66, 2017.3.28.)

✓ **부동산임대업을 하던 공동사업 구성원 중 일부가 탈퇴하면서 남은 구성원이 그 지분을 취득한 경우 공동사업장의 자산의 장부가액 변경 여부**

공동사업장의 구성원 중 일부가 지분을 취득하여 구성원이 변경되는 경우 공동사업장의 자산의 장

부가액은 구성원 변경 전의 장부가액을 동일하게 적용하는 것임(사전법령해석소득 2020-468, 2020.6.12.)

✓ 분양시설과 임대시설을 도급건설하면서 개별시설의 공사원가를 구분할 수 없는 경우, 취득가액 산정

분양시설과 임대시설을 건설하기 위하여 시공사와 단위면적을 기준으로 도급금액을 산정하는 건설도급계약을 체결하고 그 시공사로부터 각 시설의 공사원가를 구분하지 않고 총 공사원가만 제공받는 경우 각 시설의 취득가액은 면적비율에 따라 안분하여 산정하는 것임(서면법령해석법인 2021-700, 2021.8.2.)

✓ 부동산임대업을 상속받은 상속인의 부동산 취득가액

[사실관계]

부친의 사망으로 부동산 임대업을 상속받고, 부동산에 대한 상속세 신고는 상속세 및 증여세법 상 평가금액으로 신고

(단위 : 억원)

	부친 장부가액	상증법상 평가금액
합 계	7.7	40
토 지	4.2	35
건 물	3.5	5

[질의]

부동산임대업을 상속받은 상속인의 부동산 취득가액이 "시가"인지, 피상속인의 최종 "장부가액"인지 여부

[회신]

부동산임대업을 상속받은 거주자가 상속으로 자산을 취득한 경우 소득세법 시행령 제89조 제1항 제3호에 따라 상속이 개시된 날의 시가를 해당 자산의 취득가액으로 하는 것임(기획재정부소득-55, 2014.1.23.)

✓ 공동사업에 사용하던 부동산을 상속 취득한 경우 장부가액

[사실관계]

- 공동사업을 영위하는 구성원(母, 子) 중 모친이 사망함에 따라 모친 소유 토지를 상속받고, 부동산에 대한 상속세 신고는 상속세 및 증여세법상 평가금액으로 신고함
- 공동사업 자산 소유 현황 : 모친(토지 100%), 자(건물 100%)

[질의]

- 공동사업 구성원인 모친의 사망에 따라 공동사업 소유자산인 토지를 상속받고 단독사업으로 기존 사업을 계속하여 영위하는 경우, 해당 토지의 취득가액은
  〈갑설〉 상속인이 상속을 통해 피상속인의 사업을 승계한 경우에 해당되어 피상속인의 최종 과세기간 종료일의 장부가액으로 하는 것임
  〈을설〉 사업용 고정자산을 신규 취득하여 사업에 사용한 경우에 해당되어 상속이 개시된 날의 시가를 취득가액으로 하는 것임

[회신]
모(母)와 자(子)가 공동사업을 영위하던 중 모가 사망하여 자가 모의 사업용 고정자산을 상속받아 단독으로 사업을 계속 영위하는 경우 해당 사업용 고정자산의 장부가액은 기존 공동사업의 장부가액을 그대로 적용하는 것임(서면법령해석소득 2015-764, 2016.12.23.)

✓ 상속으로 취득한 사업용 고정자산의 취득가액 및 감가상각방법, 내용연수의 적용

부동산임대업을 상속받은 거주자가 상속으로 사업용 고정자산을 취득한 경우에 상속이 개시된 날의 시가를 해당 자산의 취득가액으로 하는 것이고, 해당 자산에 대한 감가상각방법, 내용연수의 적용은 소득세법 시행령 제63조, 제63조의3(중고자산의 내용연수), 제64조 및 같은 법 시행규칙 제32조, 제35조에 따라 하는 것임(서면소득 2016-3743, 2016.12.30.)

✓ 부동산임대업을 증여에 의해 포괄적으로 승계받아 임대업을 영위하는 경우 자산의 취득가액 및 감가상각비 계산방법

부로부터 증여받아 포괄적으로 사업을 승계받은 거주자가 부동산임대업을 계속 영위하는 경우에 증여받은 토지 및 건물의 취득가액은 그 취득 당시에 소득세법 시행령 제89조 제1항 제3호에 따라 계산한 금액으로, 감가상각방법 및 내용연수의 적용은 같은 시행령 제63조, 제63조의3(중고자산의 내용연수), 제64조 및 같은 법 시행규칙 제32조, 제35조에 따라 하는 것임(서면소득 2016-6132, 2016.12.30.)

✓ 건물의 신축, 증축, 용도변경시하수도법에 따라 납부하는 원인자부담금의 처리

거주자가 사업용 건물을 신축·증축하거나 용도를 변경함에 있어 조례에 따라 공공하수도의 설치비용으로 납부하는 원인자부담금은 당해 건물의 취득가액에 산입하는 것임(서면1팀-312, 2007.3.8.)

✓ 주차장법에 따라 부담하는 주차장설치비용의 필요경비 산입방법

거주자가 사업용 고정자산인 건물을 신축하면서 주차장법 제19조에 따라 부설주차장의 설치에 갈음하여 부담하는 주차장설치비용은 그 건축물의 취득가액에 산입하는 것이며 감가상각을 통하여 필요경비에 산입하는 것임(소득-3837, 2008.10.21.)

✓ 수분양자가 수익보장금을 매월 지급받는 경우 소득세 과세여부

사업자가 상가 등의 분양업자로부터 수익보장금 명목으로 일정기간동안 일정금액을 받는 조건으로 상가 등을 분양받는 경우 구매자인 사업자가 분양업자로부터 수익보장금 명목으로 지급받는 금액의 합계액은 상가 등의 취득가액에서 차감하는 것임(소득-930, 2012.12.21.)

➲ 유사한 경우로서 사업소득으로 보는 사례(서면소득 2017-1667, 2017.7.26.),(서면법령해석소득 2017-225, 2017.6.30.),(서면법규-775, 2014.7.22.),(서면법규해석소득 2019-4794, 2020.7.14.) 등이 있으며, 기타소득으로 보는 사례(서면법령해석소득 2019-4794, 2020.7.14.)는 삭제되었으므로 그 적용에 유의하여야 한다.

✓ 기계 등의 일부 공장시설 임대에 따른 과세소득 구분 및 필요경비 산입(소득 해석편람 27-7-1)

공장의 토지 또는 건물에 설치된 기계·기구 등의 시설 중 그 일부를 타인에게 임대함으로써 발생하는 소득은 사업서비스업 중 기계 및 장비임대업에 해당하는 것이며, 이때 기계 등의 시설임대에 따라 발생되는 감가상각비 등의 필요경비 계산은 소득세법 제31조(→ 제27조)의 규정에 의하여 해당 사업서비스업에 대한 소득금액의 계산에 있어서 총수입금액에 대응하는 필요경비로 산입하는 것임(소득 46011-1337, 1994.5.10.)

3) 취득가액 변동시(소령 89조 ③)

구 분	취득가액
자산재평가법에 의하여 재평가를 한 때	그 재평가액
자본적지출에 상당하는 금액이 있는 때	그 금액을 가산한 금액

(2) 잔존가액

상각범위액을 계산할 때 감가상각자산의 잔존가액은 영으로 한다. 다만, 정률법으로 상각범위액을 계산하는 경우에는 취득가액의 5%에 상당하는 금액을 잔존가액으로 하되, 그 금액은 해당 감가상각자산에 대한 미상각잔액이 최초로 취득가액의 5% 이하가 되는 과세기간의 상각범위액에 더한다.(소령 71조)

(3) 내용연수와 상각률

1) 내용연수의 적용(소령 63조)

① 시험연구용자산과 무형자산

소득세법 시행령 제63조 제1항의 규정에 따른 내용연수와 상각률을 적용한다.

➲ 내용연수선택 : 시험연구용자산과 무형자산은 [별표 2]와 [별표 3]의 내용연수를 선택하는 경우 내용연수가 정해져 있어 내용연수를 선택할 수 없다.(내용연수의 범위가 없음)

② 기타의 자산

㉠ 시험연구용자산과 무형자산 외의 감가상각자산(주파수이용권, 공항시설권 및 유사 무형자산은 제외)은 구조 또는 자산별, 업종별로 기준내용연수에 그 기준내용연수의 25%를 가감한 내용연수범위 내에서 사업자가 선택 적용하여 납세지 관할 세무서장에게 신고한 내용연수(이하 "신고내용연수"라 한다)와 그에 따른 상각률(신고기한 내에 신고를 하지 않은 경우에는 기준내용연수와 그에 따른 상각률)을 적용한다.(소령 63조 ①, 2025.2.28. 개정)

➲ 기준내용연수와 내용연수범위 : 소득세법상 내용연수는 법인세법 시행규칙 제15조를 준용하도록 하고 있다.(소칙 32조 ①) 법인세법 시행규칙 [별표 5]와 [별표 6]은 구조 또는 자산별·업종별로 내용연수를 정하고 있는데 이것을 기준내용연수라고 한다. 또한 이러한 기준내용연수에 기준내용연수의 25%를 가감한 범위를 두고 있는데 이것을 내용연수범위라고 한다.

㉡ 위 '㉠'에 불구하고 조세특례제한법 시행령 제2조에 따른 중소기업(이하 "중소기업"이라 한다)이 다음 중 하나에 해당하는 자산(이하 "설비투자자산"이라 한다)을 2014.10.1.부터 2016.6.30.까지 취득한 경우에는 자산별·업종별 기준내용연수에 그 기준내용연수의 50%를 더하거나 뺀 범위(1년 미만은 없는 것으로 한다)에서 중소

기업이 선택 적용하여 납세지 관할 세무서장에게 신고할 수 있다. 다만, 중소기업이 해당 과세기간에 취득한 설비투자자산에 대한 취득가액의 합계액이 직전 과세기간에 취득한 설비투자자산에 대한 취득가액의 합계액보다 적은 경우에는 그러하지 아니하다.(소령 63조 ⑤, 2016.2.17. 개정)

중소기업 설비투자자산의 내용연수범위 = 기준내용연수 ± (기준내용연수 × 50%)

ⓐ 차량 및 운반구. 다만, 운수업에 사용되거나 임대목적으로 임대업에 사용되는 경우로 한정한다.
ⓑ 선박 및 항공기. 다만, 어업 및 운수업에 사용되거나 임대목적으로 임대업에 사용되는 경우로 한정한다.
ⓒ 공구, 기구 및 비품
ⓓ 기계 및 장치

㉢ 위 '㉡'을 적용받으려는 중소기업은 내용연수 특례적용 신청서를 해당 설비투자자산을 취득한 날이 속하는 과세기간의 종합소득 과세표준 확정신고기한까지 납세지 관할 세무서장에게 제출(국세정보통신망에 의한 제출을 포함)하여야 한다.(소령 63조 ⑥, 2014.9.26. 개정)

2) 내용연수의 신고

① 내용연수의 신고는 내용연수신고서에 의하여 다음에 해당하는 날이 속하는 과세기간의 종합소득세 과세표준확정신고기한까지 납세지 관할 세무서장에게 신고(국세정보통신망에 의한 신고를 포함)하여야 한다.(소령 63조 ②)
㉠ 새로 사업을 개시하는 사업자는 그 사업개시일
㉡ 새로 사업을 개시하는 사업자 외의 사업자가 자산별·업종별구분에 의한 기준내용연수가 다른 감가상각자산을 새로 취득하거나 새로운 업종의 사업을 개시한 경우에는 그 취득일 또는 사업개시일

② 자산별·업종별로 적용한 신고내용연수 또는 기준내용연수는 그 후의 과세기간에도 계속하여 적용하여야 한다.(소령 63조 ③)

③ 내용연수의 신고는 연 단위로 하여야 한다.(소령 63조 ④)

✓ **가축에 대한 감가상각**(소통 33－62…5)

① 사역용, 종축용 또는 착유용 등으로 사용되는 소·말·돼지·면양 및 양에 대한 감가상각은 법인세법 시행규칙 [별표 6]와 "업종별 자산의 기준내용연수 및 내용연수범위표"를 적용하여 계산한다.

② 제1항의 가축에 대한 기준내용연수 또는 신고내용연수는 소·말·돼지·면양 및 양 등이 성숙하여 사역용·종축용·착유용 등으로 사용 가능한 때부터 기산한다.

✓ **해외 소재 건축물의 상각액 계산방법**

거주자가 취득한 국외 소재 건축물에 대한 소득세법 시행령 제62조 제1항에 따른 상각범위액은 법인세법 시행령 제72조의 규정을 준용하여 계상한 당해 건축물의 취득가액에 당해 자산의 내용연수에 따른 상각률을 적용하여 계산한 각 과세기간의 상각범위액이 매년 균등하게 되는 상각방법에 따라 계산하는 것임(서면법령해석소득 2020－2882, 2021.10.27.)

✓ **태양광 발전설비의 감가상각 적용 시 내용연수 적용방법**

태양광 발전설비의 감가상각 적용 시 법인세법 시행규칙 [별표 6]의 자산으로 보아 내용연수 적용함(기준법무법인 2022–194, 2023.3.6.)

※ 국세청 해석사례집 검토내용

- (기계장치) 태양광 발전설비는 태양광 모듈에 포함된 태양전지를 통해 물리·화학적으로 빛 에너지를 전기 에너지로 변환하여 전력을 생산하는 동력설비에 해당하는 것으로(신재생에너지법 2조(2)), 단순히 빛을 수집하는 설비가 아닌 전력생산설비로써 기계장치에 더 가까움
- (주기능·목적 등을 고려) 법인세법 및 기업회계기준에서 예시로 하는 구축물인 하수도, 교량, 갱도 등은 그 자체로도 기능이 있는 것이나 태양광 발전설비 중 지지 구조물은 태양광에너지를 받아 전기를 생성하는 모듈과 인버터 등의 장치를 지상 등에 고정하기 위하여 설치된 보조적인 거치대일 뿐으로 이를 기준으로 태양광 발전설비 전부를 구축물로 보는 것은 부적절함
- (자산의 본질) 법인세법상 감가상각에 있어 법인세법 시행규칙 [별표 5] 문단2에서 '부속설비를 건축물과 구분하여 업종별 자산으로 회계처리 하는 경우, 법인세법 시행규칙 [별표 6]을 적용할 수 있다'라고 규정하고 있고, 부속설비에 해당하나 건물 등과 구분하여 기계장치로 별도 자산화하고 있는 태양광 발전설비의 경우 법인세법 시행규칙 [별표 6]의 업종별 자산 내용연수를 적용 할 수 있는 것으로(법인세과–992, 2009.9.14, 동일 취지) 태양광 발전설비가 건물 등이 아닌 지상 등에 설치되었다 해서 그 본질이 달라지는 것은 아닌 바, 지상 등에 설치된 태양광 발전설비 또한 기계장치로 보는 것이 타당함
- (사례) 심판원에서도 태양광 발전설비는 생산설비로서 기계장치에 해당하고, 이를 고정하는 철 구조물은 기계장치의 고정 및 작동을 위한 것이므로 구축물로 보기 어렵다고 판단하고 있음(조심2017전4563, 2018.12.27. 등)

✓ **감가상각자산의 기준내용연수 및 내용연수범위 적용**

법인이 감가상각자산의 기준내용연수 및 내용연수범위와 관련된 차량 및 운반구와 공구는 반드시 같은 내용연수를 적용해야 하는 것은 아닌 것으로 각 자산명 단위별로 법인세법 시행령 제28조에 규정된 내용연수를 적용할 수 있는 것임(법인 46012–542, 2001.3.13.)

✓ **건물 및 구축물이 기준내용연수 및 내용연수 범위가 서로 다른 2 이상의 복합구조로 구성되어 있는 경우 주된 구조에 의한 기준 내용연수 및 내용연수범위를 적용함**(서면2팀-157, 2004.2.5.)

✓ **건축물 옥상에 설치한 광고판에 대한 기준내용연수는 법인세법 시행규칙 [별표 5]에 따른 건축물 등의 기준내용연수 및 내용연수 범위표에 의하는 것임**(소득-873, 2011.10.26.)

✓ **기계장비 및 소비용품 임대업을 영위하는 사업자의 당해 임대용 고정자산은 감가상각할 수 있으며, 기준내용연수는 법인세법 시행규칙 [별표 6] 업종별 자산의 기준내용연수 및 내용연수 범위표의 구분 1에 의하는 것임**(서면1팀-914, 2006.7.5.)

✓ **음식점업을 영위하던 거주자가 업종을 변경하여 부동산임대업으로 전환한 경우 사업용 고정자산의 내용연수는 소득세법 시행령 제63조 제2항에 따라 신고한 내용연수를 적용하는 것임**(소득-1038, 2009. 7.7.)

✓ **창고에 대한 내용연수를 착오로 적용한 경우 경정청구 가능여부**

내국법인이 감가상각 내용연수를 착오로 잘못 신고·적용한 경우에는 정당한 내용연수로 수정하여 적용하여야 하는 것으로 이 경우 경과한 사업연도의 감가상각비는 당해 사업연도의 결산을 확정함에 있어서 장부에 손비로 계상한 것에 한하여 상각범위액 내에서 손금에 산입하는 것임(서면법령해석법인 2019-1063, 2019.10.14.)

✓ **종합소득과세표준 확정신고시 해외임대자산 감가상각 방법**

거주자가 해외소재 임대부동산 등에 대하여 감가상각액을 계산하여 종합소득과세표준 확정신고하는 경우에는 국내 소득세법에 따른 내용연수와 상각률을 적용하는 것임(국제세원-223, 2011. 5.19.)

3) 내용연수변경의 특례

① 내용연수의 변경

사업자는 다음 중 하나에 해당하는 경우에는 기준내용연수에 기준내용연수의 50%를 더하거나 뺀 범위에서 사업장별로 납세지 관할지방국세청장의 승인을 얻어 내용연수 범위와 다르게 내용연수를 적용하거나 적용하던 내용연수를 변경할 수 있다.(소령 63조의2 ①)

㉠ 사업장의 특성으로 자산의 부식·마모 및 훼손의 정도가 현저한 경우(2014.2.21. 개정)

㉡ 사업개시 후 3년이 지난 사업자로서 해당 과세기간의 생산설비(건축물을 제외)의 가동률이 직전 3개 과세기간의 평균가동률보다 현저히 증가한 경우

㉢ 새로운 생산기술 및 신제품의 개발·보급 등으로 기존 생산설비의 가속상각이 필요한 경우

㉣ 경제적 여건의 변동으로 조업을 중단하거나 생산설비의 가동률이 감소된 경우

가동률(소칙 33조)

다음의 방법 중 사업자가 선택한 가동률을 말한다.

① $\dfrac{\text{해당 과세기간 실제생산량}}{\text{연간 생산가능량}} \times 100$

② $\dfrac{\text{연간 작업일수}}{\text{연간 작업가능일수}} \times 100$

② 승인절차

㉠ 사업자가 내용연수의 승인 또는 변경승인을 받으려는 때에는 사업개시일 또는 취득일로부터 3개월이 되는 날 또는 그 변경할 내용연수를 적용하려는 최초 과세기간의 종료일 이전 3개월이 되는 날까지 「내용연수(변경)승인신청서」를 납세지 관할 세무서장을 거쳐 관할지방국세청장에게 제출(국세정보통신망에 의한 제출을 포함)하여야 한다. 이 경우 내용연수의 승인·변경승인의 신청은 연단위로 하여야 한다.(소령 63조의2 ②, 2010.2.18. 개정)

㉡ 「내용연수(변경)승인신청서」를 접수한 납세지 관할 세무서장은 그 신청인에게 신청서의 접수일이 속하는 과세기간 종료일(신청서의 접수일부터 과세기간 종료일까지의 기간이 3개월 미만인 경우에는 신청서의 접수일부터 3개월이 되는 날)까지 관할지방국세청장으로부터 통보받은 승인 여부에 관한 사항을 통지하여야 한다.(소령 63조의2 ③)

③ 승인(또는 변경승인)된 내용연수의 적용

사업자가 신청서접수일이 속하는 과세기간종료일 이후에 내용연수의 승인 또는 변경승인을 얻은 경우에는 그 승인 또는 변경승인을 얻은 날이 속하는 과세기간부터 승인 또는 변경승인을 얻은 내용연수를 적용한다.(소령 63조의2 ④)

④ 내용연수의 재변경

감가상각자산의 내용연수를 변경(재변경을 포함)한 사업자가 해당 자산의 내용연수를 다시 변경하고자 하는 경우에는 변경한 내용연수를 최초로 적용한 과세기간종료일부터 3년이 경과하여야 한다.(소령 63조의2 ⑤)

✓ **사업자가 감가상각자산의 내용연수를 기준내용연수인 20년으로 적법하게 신고하여 적용한 경우 소득세법 시행령 제63조의2 제1항 각 호의 요건에 해당하지 아니한 경우에는 내용연수를 변경할 수 없는 것임**(소득-1196, 2010.11.29.)

4) 중고자산의 내용연수

① 내용연수의 수정

㉠ 사업자가 기준내용연수의 일부 또는 전부가 경과한 자산으로서 일정한 자산(이하 "중고자산"이라 한다)을 취득한 경우 그 자산의 기준내용연수(업종별 자산의 경우에는 취득자의 업종에 적용되는 기준내용연수를 말한다)의 50%에 상당하는 연수와 그 기준내용연수의 범위 안에서 사업자가 선택하여 신고한 내용연수를 해당 중고자산의 내용연수로 할 수 있다.(소령 63조의3 ①)

㉡ 내용연수변경이 가능한 중고자산은 법인 또는 다른 사업자로부터 취득한 자산으로서 해당 자산의 사용연수가 이를 취득한 사업자에게 적용되는 기준내용연수의 50% 이상이 경과된 자산을 말한다.(소칙 35조 ①)

㉢ 기준내용연수의 50%에 상당하는 연수를 계산함에 있어서 6월 이하는 없는 것으로 하고, 6월을 초과하는 경우에는 1년으로 한다.(소칙 35조 ②)

② 적용절차

중고자산의 내용연수를 신고하고자 하는 때에는 「내용연수신고서」를 중고자산의 취득일이 속하는 과세기간의 종합소득세 과세표준확정신고기한까지 납세지 관할 세무서장에게 제출하여야 한다.(소령 63조의3 ②)

✓ 상속으로 취득한 사업용 고정자산의 취득가액 및 감가상각방법, 내용연수의 적용

부동산임대업을 상속받은 거주자가 상속으로 사업용 고정자산을 취득한 경우에 상속이 개시된 날의 시가를 해당 자산의 취득가액으로 하는 것이고, 해당 자산에 대한 감가상각방법, 내용연수의 적용은 소득세법 시행령 제63조, 제63조의3(중고자산의 내용연수), 제64조 및 같은 법 시행규칙 제32조, 제35조에 따라 하는 것임(서면소득 2016-3743, 2016.12.30.)

✓ 부동산임대업을 증여에 의해 포괄적으로 승계받아 임대업을 영위하는 경우 자산의 취득가액 및 감가상각비 계산방법

부(父)로부터 증여받아 포괄적으로 사업을 승계받은 거주자가 부동산임대업을 계속 영위하는 경우에 증여받은 토지 및 건물의 취득가액은 그 취득 당시에 소득세법 시행령 제89조 제1항 제3호에 따라 계산한 금액으로, 감가상각방법 및 내용연수의 적용은 같은 시행령 제63조, 제63조의3(중고자산의 내용연수), 제64조 및 같은 법 시행규칙 제32조, 제35조에 따라 하는 것임(서면소득 2016-6132, 2016.12.30.)

✓ 기준내용연수의 50% 이상이 경과된 중고자산을 외국법인으로부터 수입하는 경우에도 수정내용연수 적용하는 것임(서면2팀-786, 2005.6.8.)

✓ 개인사업자가 사업양수도 방법으로 법인전환하는 경우, 법인이 사업양수도 방법에 의하여 취득한 중고자산은 '중고자산 등의 내용연수'의 규정을 적용할 수 있는 것임(서이 46012-10132, 2002.1.22.)

✓ **감가상각이 완료된 유형자산 및 무형자산에 대하여 자본적 지출이 발생한 경우에는 당초 신고한 내용연수에 의한 상각률에 따라 이를 상각하는 것임**(소득 집행기준 33-63의3-1 ③)

5) 서비스업 감가상각 내용연수 특례(2014.12.23. 신설)

➲ 2015.1.1. 이후 설비투자자산을 취득하는 경우부터 적용한다.(2014.12.23. 조특법 부칙 12조)
➲ 최저한세의 적용대상이다.(조특법 132조 ② 2)

① 개요

아래의 서비스업을 영위하는 내국인으로서 다음의 요건을 모두 충족하는 자가 해당 사업에 사용하기 위하여 "설비투자자산"을 2015.12.31.까지 취득하는 경우 해당 설비투자자산에 대한 감가상각비는 각 과세연도의 결산을 확정할 때 필요경비로 계상하였는지와 관계없이 상각범위액 내에서 해당 과세연도의 소득금액을 계산할 때 필요경비에 산입할 수 있다.(조특법 28조 ①, 2014.12.23. 신설, 조특령 25조 ①, 23조 ④, 25조 ③)

㉠ 해당 과세연도에 취득한 설비투자자산의 취득가액의 합계액이 직전 과세연도에 취득한 설비투자자산의 취득가액의 합계액보다 클 것
㉡ 직전 과세연도에 취득한 설비투자자산의 취득가액의 합계액이 그 전 과세연도에 취득한 설비투자자산의 취득가액의 합계액보다 클 것

하수·폐기물처리(재활용을 포함한다), 원료재생 및 환경복원업, 도매 및 소매업, 출판업, 영상·오디오 기록물 제작 및 배급업(비디오물 감상실 운영업은 제외한다), 방송업, 전기통신업, 컴퓨터 프로그래밍, 시스템 통합 및 관리업, 정보서비스업, 연구개발업, 광고업, 시장조사 및 여론조사업, 엔지니어링 서비스업, 기타 과학기술 서비스업, 전문디자인업, 그 밖에 전문, 과학 및 기술 서비스업, 사업시설 유지관리 서비스업, 건물 및 산업설비 청소업, 조경 관리 및 유지 서비스업, 인력공급 및 고용알선업(농업노동자 공급업을 포함한다), 경비 및 경호 서비스업, 보안시스템 서비스업, 콜센터 및 텔레마케팅 서비스업, 전시 및 행사대행업, 포장 및 충전업, 교육서비스업(컴퓨터학원에 한정한다), 사회복지 서비스업, 창작 및 예술관련 서비스업, 수리업, 기타 개인 서비스업, 물류산업, 항공운송업, 의료법에 따른 의료기관을 운영하는 사업, 관광진흥법에 따라 등록한 관광숙박업·국제회의기획업·전문휴양업·종합휴양업 및 유원시설업, 노인복지법에 따른 노인복지시설을 운영하는 사업

② 설비투자자산의 범위(조특령 25조 ②, 소령 63조 ⑤)

다음 중 하나에 해당하는 자산을 말한다.

㉠ 차량 및 운반구. 다만, 운수업에 사용되거나 임대목적으로 임대업에 사용되는 경우로 한정한다.

㉡ 선박 및 항공기. 다만, 어업 및 운수업에 사용되거나 임대목적으로 임대업에 사용되는 경우로 한정한다.

㉢ 공구, 기구 및 비품

㉣ 기계 및 장치

③ 상각범위액의 계산

㉠ 상각범위액을 계산할 때 적용하는 내용연수는 기준내용연수에 그 기준내용연수의 40%를 더하거나 뺀 범위(1년 미만은 없는 것으로 한다)에서 내국인이 선택하여 납세지 관할 세무서장에게 신고한 내용연수(이하 "신고내용연수"라 한다)로 한다.(조특령 25조 ④)

㉡ 내국인이 설비투자자산에 대하여 자산별·업종별로 적용한 신고내용연수는 이후의 과세연도에 계속하여 적용하여야 한다.(조특령 25조 ⑤)

㉢ 소득세법 시행령 제65조에 따라 감가상각방법을 변경한 경우에는 그 변경된 감가상각방법을 적용하여 설비투자자산의 상각범위액을 계산한다.(조특령 25조 ⑦)

④ 적용신청

서비스업 감가상각 내용연수 특례를 적용받으려는 자는 설비투자자산을 그 밖의 자산과 구분하여 「감가상각비조정명세서」를 작성·보관하고, 과세표준 신고와 함께 「감가상각비조정명세서합계표」 및 「감가상각비조정명세서」를 납세지 관할 세무서장에게 제출하여야 하며, 「내용연수 특례적용 신청서」를 해당 설비투자자산을 취득한 날이 속하는 과세연도의 과세표준 신고기한까지 납세지 관할 세무서장에게 제출(국세정보통신망을 통한 제출을 포함)하여야 한다.(조특법 28조 ②, 2014.12.23. 신설, 조특령 25조 ⑨)

6) 내용연수

① 시험연구용자산의 내용연수

소득세법 시행령 제63조 제1항에 따라 다음의 내용연수를 적용한다.

[별표 2] 시험연구용자산의 내용연수표(법칙 15조, 2021.3.16. 개정)

➲ 2019.1.1. 이후 개시하는 과세기간분부터 적용한다.(2019.3.20. 법칙 부칙 2조)

자 산 범 위	자 산 명	내용연수
1. 새로운 지식이나 기술의 발견을 위한 실험연구시설 2. 신제품이나 신기술을 개발할 목적으로 관련된 지식과 경험을 응용하는 연구시설	(1) 건물부속설비 (2) 구축물 (3) 기계장치	5년
3. 신제품이나 신기술과 관련된 시제품, 원형, 모형 또는 시험설비 등의 설계, 제작 및 시설을 위한 설비 4. 새로운 기술에 수반되는 공구, 기구, 금형 등의 설계 및 시험적 제작을 위한 시설 5. 직업훈련용 시설	(4) 광학기기 (5) 시험기기 (6) 측정기기 (7) 공구 (8) 기타 시험연구용 설비	3년

1. 시험연구용 자산 중 조세특례제한법 시행령 제25조의3 제3항 제2호에 따른 연구·시험용 시설 및 직업훈련용 시설에 대한 투자에 대해 조세특례제한법 제24조에 따른 세액공제를 이미 받은 자산에 대해서는 이 내용연수표에 따른 감가상각비를 손금에 산입할 수 없다.(2021.3.16. 개정)

   ➲ 2021.1.1. 이후 개시하는 사업연도분부터 적용한다.(2021.3.16. 법칙 부칙 2조)

2. 법인이 시험연구용자산에 대하여 이 내용연수표를 적용하지 않으려는 경우에는 [별표 5] 건축물등의 기준내용연수 및 내용연수범위표 또는 [별표 6] 업종별 자산의 기준내용연수 및 내용연수범위표를 적용하여 감가상각비를 손금에 산입할 수 있다.

개정 2025.3.21.

➲ 2025.3.21. 전에 취득한 시험연구용 기계장치의 내용연수에 관하여는 개정규정에도 불구하고 종전의 규정에 따른다.(2025.3.21. 법칙 부칙 6조)

[별표 2] 시험연구용자산의 내용연수표(법칙 15조, 2025.3.21. 개정)

<table>
<tr><th>자산범위</th><th>자산명</th><th>내용연수</th></tr>
<tr><td rowspan="2">1. 새로운 지식이나 기술의 발견을 위한 실험연구시설
2. 신제품이나 신기술을 개발할 목적으로 관련된 지식과 경험을 응용하는 연구시설
3. 신제품이나 신기술과 관련된 시제품, 원형, 모형 또는 시험설비 등의 설계, 제작 및 시설을 위한 설비
4. 새로운 기술에 수반되는 공구, 기구, 금형 등의 설계 및 시험적 제작을 위한 시설
5. 직업훈련용 시설</td><td>(1) 건물부속설비
(2) 구축물</td><td>5년</td></tr>
<tr><td>(3) 기계장치
(4) 광학기기
(5) 시험기기
(6) 측정기기
(7) 공구
(8) 기타 시험연구용 설비</td><td>3년</td></tr>
</table>

[비고]

1. 시험연구용 자산 중 조세특례제한법 시행령 제25조의3 제3항 제2호에 따른 연구·시험용 시설 및 직업훈련용 시설에 대한 투자에 대해 조세특례제한법 제24조에 따른 세액공제를 이미 받은 자산에 대해서는 이 내용연수표에 따른 감가상각비를 손금에 산입할 수 없다.
2. 법인이 시험연구용자산에 대하여 이 내용연수표를 적용하지 않으려는 경우에는 [별표 5] 건축물 등의 기준내용연수 및 내용연수 범위표 또는 [별표 6] 업종별 자산의 기준내용연수 및 내용연수 범위표를 적용하여 감가상각비를 손금에 산입할 수 있다.

PART 2

② 무형자산의 내용연수

소득세법 시행령 제63조 제1항의 규정에 따른 다음의 내용연수를 적용한다.

[별표 3] 무형자산의 내용연수표(법칙 15조, 2025.3.21. 개정)

무형자산	내용연수
영업권, 디자인권, 실용신안권, 상표권	5년
특허권	7년
어업권, 해저광물자원 개발법에 따른 채취권(생산량비례법 선택 적용), 유료도로관리권, 수리권, 전기가스공급시설이용권, 공업용수도시설이용권, 수도시설이용권, 열공급시설이용권	10년
광업권(생산량비례법 선택 적용), 전신전화전용시설이용권, 전용측선이용권, 하수종말처리장시설관리권, 수도시설관리권	20년
철도시설관리권(2025.3.21. 개정) ➲ 2025.3.21.부터 시행한다.	30년
댐사용권	50년

③ 건축물 등의 기준내용연수 및 내용연수 범위(법칙 15조)

[별표 5] 건축물 등의 기준내용연수 및 내용연수범위표(2024.3.22, 11.11. 개정)

➲ 2019.1.1. 이후 개시하는 과세기간분부터 적용한다.(2019.3.20. 법칙 부칙 2조)

구분	기준내용연수 및 내용연수범위(하한~상한)	구조 또는 자산명
1	5년 (4년~6년)	• 차량 및 운반구[운수업, 임대업(부동산 제외)에 사용되는 차량 및 운반구를 제외한다], 공구, 기구 및 비품 • 금형(2024.4.1.부터 적용)
2	12년 (9년~15년)	선박 및 항공기[어업, 운수업, 임대업(부동산 제외)에 사용되는 선박 및 항공기를 제외한다]
3	20년 (15년~25년)	연와조, 블록조, 콘크리트조, 토조, 토벽조, 목조, 목골모르타르조, 기타 조의 모든 건물(부속설비를 포함한다)과 구축물
4	40년 (30년~50년)	철골·철근콘크리트조, 철근콘크리트조, 석조, 연와석조, 철골조의 모든 건물(부속설비를 포함한다)과 구축물

[비고]

1. 이 표를 적용할 때 "건물(부속설비를 포함)"과 "구축물"이 그 기준내용연수 및 내용연수범위가 서로 다른 둘 이상의 복합구조로 구성되어 있는 경우에는 주된 구조에 따른 기준내용연수 및 내용연수범위를 적용한다.
2. 이 표 제3호 및 제4호를 적용할 때 "부속설비"에는 해당 건물과 관련된 전기설비, 급배수·위생 설비, 가스설비, 냉방·난방·통풍 및 보일러 설비, 승강기 설비 등 모든 부속설비를 포함하고, "구축물"에는 하수도, 굴뚝, 경륜장, 포장도로, 교량, 도크, 방벽, 철탑, 터널, 그 밖에 토지에 정착한 모든 토목설비나 공작물을 포함한다. 다만, "부속설비"를 해당 건물과 구분하여 업종별 자산으로 회계처리하는 경우에는 [별표 6]을 적용할 수 있다.

3. 다음 각 목의 어느 하나에 해당하는 건물(부속설비를 포함) 또는 구축물에 대해서는 이 표 제3호의 기준내용연수 및 내용연수범위(하한~상한)를 10년(8년~12년)으로 하고, 이 표 제4호의 기준내용연수 및 내용연수범위(하한~상한)를 20년(15년~25년)으로 한다.(2024.11.11. 개정)
   가. 건물 중 변전소, 발전소, 공장, 창고, 정거장·정류장·차고용 건물, 폐수 및 폐기물처리용 건물, 유통산업발전법 별표에 따른 대형마트 또는 전문점(해당 대형마트 또는 전문점의 지상층에 주차장이 있는 경우로 한정한다), 국제회의산업 육성에 관한 법률에 따른 국제 회의시설, 무역거래기반 조성에 관한 법률에 따른 무역거래기반시설(별도의 건물인 무역연수원은 제외), 축사
   나. 구축물 중 하수도, 굴뚝, 경륜장, 포장도로, 폐수 및 폐기물처리용 구축물
   다. 건물 또는 구축물 중 진동이 심하거나 부식성 물질에 심하게 노출된 것

기준내용연수 등 (소칙 32조 ②, 2020.3.13. 용어변경)

건축물이 내용연수범위가 서로 다른 둘 이상의 복합구조로 구성되어 있는 경우에는 주된 구조에 의한 내용연수범위를 적용하고 건축물 외의 자산이 내용연수범위가 서로 다른 둘 이상의 업종에 공통으로 사용되고 있는 경우에는 그 사용기간 또는 사용정도의 비율에 따라 그 사용비율이 큰 업종의 내용연수범위를 적용한다.

④ 업종별자산의 기준내용연수 및 내용연수범위

[별표 6] 업종별자산의 기준내용연수 및 내용연수 범위표(2024.3.22. 개정)

➲ 2024.7.1.부터 시행한다.(2024.3.22. 법칙 부칙 1조 단서)

구분	기준내용연수 및 내용연수범위 (하한~상한)	적용대상 자산 (다음의 한국표준산업분류상 업종에 사용되는 자산)	
		대분류	중분류
1	4년 (3년~5년)	제조업	15. 가죽, 가방 및 신발 제조업. 다만, 모피 및 가죽 제조업(1511)은 제4호의 기준내용연수 및 내용연수범위[8년(6년~10년)]를 적용한다.
		교육 서비스업	85. 교육 서비스업
2	5년 (4년~6년)	농업, 임업 및 어업	01. 농업. 다만, 과수의 경우에는 제9호의 기준내용연수 및 내용연수범위[20년(15년~25년)]를 적용한다. 02. 임업
		광업	05. 석탄, 원유 및 천연가스 광업
		제조업	18. 인쇄 및 기록매체 복제업 21. 의료용 물질 및 의약품 제조업
		수도, 하수 및 폐기물 처리, 원료 재생업	37. 하수, 폐수 및 분뇨 처리업 38. 폐기물 수집, 운반, 처리 및 원료재생업. 다만, 해체, 선별 및 원료 재생업(383) 중 재생용 금속·비금속 가공원료 생산업은 제5호의 기준내용연수 및 내용연수범위[10년(8년~12년)]를 적용한다. 39. 환경 정화 및 복원업

구분	기준내용연수 및 내용연수범위 (하한 ~ 상한)	적용대상 자산 (다음의 한국표준산업분류상 업종에 사용되는 자산)	
		대분류	중분류
2	5년 (4년 ~ 6년)	건설업	42. 전문직별 공사업
		도매 및 소매업	45. 자동차 및 부품 판매업 46. 도매 및 상품 중개업 47. 소매업(자동차는 제외한다)
		운수 및 창고업	49. 육상운송 및 파이프라인 운송업. 다만, 철도 운송업(491) 및 도시철도 운송업(49211)은 제9호의 기준내용연수 및 내용연수범위[20년(15년 ~ 25년)]를 적용하고, 택배업(49401) 및 늘찬 배달업(49402)은 제4호의 기준내용연수 및 내용연수범위[8년(6년 ~ 10년)]를 적용한다.
		정보통신업	58. 출판업 59. 영상·오디오 기록물 제작 및 배급업 60. 방송 및 영상·오디오물 제공 서비스업 62. 컴퓨터 프로그래밍, 시스템 통합 및 관리업 63. 정보서비스업
		금융 및 보험업	64. 금융업 65. 보험업 66. 금융 및 보험 관련 서비스업
		전문, 과학 및 기술 서비스업	70. 연구개발업 71. 전문 서비스업 72. 건축기술, 엔지니어링 및 기타 과학기술 서비스업 73. 기타 전문, 과학 및 기술 서비스업
		사업시설 관리, 사업지원 및 임대 서비스업	74. 사업시설 관리 및 조경 서비스업 75. 사업지원 서비스업. 다만, 여행사 및 기타 여행보조 서비스업(752)은 제4호의 기준내용연수 및 내용연수범위[8년(6년 ~ 10년)]를 적용한다. 76. 임대업(부동산은 제외한다)
		공공행정, 국방 및 사회보장행정	84. 공공행정, 국방 및 사회보장 행정
		보건업 및 사회복지 서비스업	86. 보건업 87. 사회복지 서비스업
		예술, 스포츠 및 여가관련 서비스업	90. 창작, 예술 및 여가관련 서비스업 91. 스포츠 및 오락관련 서비스업
		협회 및 단체, 수리 및 기타 개인 서비스업	94. 협회 및 단체 96. 기타 개인 서비스업
		가구 내 고용활동 및 달리 분류되지 않은 자가소비 생산활동	97. 가구 내 고용활동 98. 달리 분류되지 않은 자가소비를 위한 가구의 재화 및 서비스 생산활동
		국제 및 외국기관	99. 국제 및 외국기관

구분	기준내용연수 및 내용연수범위 (하한 ~ 상한)	적용대상 자산 (다음의 한국표준산업분류상 업종에 사용되는 자산)	
		대분류	중분류
3	6년 (5년 ~ 7년)	제조업	26. 전자부품, 컴퓨터, 영상, 음향 및 통신장비 제조업. 다만, 마그네틱 및 광학 매체 제조업(2660)은 제4호의 기준내용연수 및 내용연수범위[8년(6년 ~ 10년)]를 적용하고, 전자코일, 변성기 및 기타 전자 유도자 제조업(26293) 및 유선 통신장비 제조업(26410) 중 중앙통제실 송신용 침입 및 화재경보 시스템 제조는 제5호의 기준내용연수 및 내용연수범위[10년(8년 ~ 12년)]를 적용한다.
		정보통신업	61. 우편 및 통신업
4	8년 (6년 ~ 10년)	제조업	14. 의복, 의복 액세서리 및 모피제품 제조업. 다만, 편조의복 제조업(143) 및 편조의복 액세서리 제조업(1441)은 제5호의 기준내용연수 및 내용연수범위[10년(8년 ~ 12년)]를 적용한다. 20. 화학물질 및 화학제품 제조업(의약품은 제외한다). 다만, 살균·살충제 및 농약 제조업(2032)은 제1호의 기준내용연수 및 내용연수범위[4년(3년~5년)]을 적용하고, 화약 및 불꽃제품 제조업(20494) 중 성냥 제조는 제5호의 기준내용연수 및 내용연수범위[10년(8년 ~ 12년)]를 적용한다. 34. 산업용 기계 및 장비 수리업
		건설업	41. 종합 건설업
		운수 및 창고업	52. 창고 및 운송관련 서비스업
		숙박 및 음식점업	55. 숙박업 56. 음식점 및 주점업
		부동산업	68. 부동산업
		협회 및 단체, 수리 및 기타 개인 서비스업	95. 개인 및 소비용품 수리업
5	10년 (8년 ~ 12년)	농업, 임업 및 어업	03. 어업. 다만, 내수면 양식 어업(03212) 중 수생파충류 및 개구리 양식은 제2호의 기준내용연수 및 내용연수범위[5년(4년 ~ 6년)]를 적용한다.
		광업	06. 금속 광업 07. 비금속광물 광업(연료용은 제외한다). 다만, 그 외 기타 비금속광물 광업(0729) 중 토탄 채굴은 제2호의 기준내용연수 및 내용연수범위[5년(4년 ~ 6년)]를 적용한다. 08. 광업 지원 서비스업. 다만, 광업 지원 서비스업(08000) 중 채굴목적 광물탐사활동, 유·무연탄 채굴 지원 서비스 및 갈탄 및 토탄 채굴 지원 서비스는 제2

구분	기준내용연수 및 내용연수범위 (하한 ~ 상한)	적용대상 자산 (다음의 한국표준산업분류상 업종에 사용되는 자산)	
		대분류	중분류
5	10년 (8년 ~ 12년)	광업	호의 기준내용연수 및 내용연수범위[5년(4년 ~ 6년)]를 적용한다.
		제조업	10. 식료품 제조업 11. 음료 제조업 13. 섬유제품 제조업(의복은 제외한다). 다만, 섬유제품 염색, 정리 및 마무리 가공업(134)은 제4호의 기준내용연수 및 내용연수범위[8년(6년 ~ 10년)]를 적용한다. 16. 목재 및 나무제품 제조업(가구는 제외한다) 17. 펄프, 종이 및 종이제품 제조업 22. 고무 및 플라스틱제품 제조업 23. 비금속 광물제품 제조업. 다만, 산업용 유리 제조업(2312) 중 평판 디스플레이용 유리의 제조업과 브라운관용 벌브유리의 제조업은 제2호의 기준내용연수 및 내용연수범위[5년(4년 ~ 6년)]를 적용한다. 24. 1차 금속 제조업. 다만, 기타 비철금속 제련, 정련 및 합금 제조업(24219) 중 우라늄 제련 및 정련업은 제4호의 기준내용연수 및 내용연수범위[8년(6년 ~ 10년)]를 적용한다. 25. 금속가공제품 제조업(기계 및 가구는 제외한다) 27. 의료, 정밀, 광학기기 및 시계 제조업 28. 전기장비 제조업 29. 기타 기계 및 장비 제조업 31. 기타 운송장비 제조업 32. 가구 제조업 33. 기타 제품 제조업
6	12년 (9년 ~ 15년)	제조업	12. 담배 제조업. 다만, 니코틴이 함유된 전자담배 기기용 용액 제조는 제4호의 기준내용연수 및 내용연수범위[8년(6년 ~ 10년)]를 적용한다. 30. 자동차 및 트레일러 제조업
		운수 및 창고업	50. 수상 운송업. 다만, 외항 화물 운송업(50112)은 제9호의 기준내용연수 및 내용연수범위[20년(15년 ~ 25년)]를 적용한다. 51. 항공 운송업
7	14년 (11년 ~ 17년)	제조업	19. 코크스, 연탄 및 석유정제품 제조업. 다만, 코크스 및 연탄 제조업(1910) 중 연탄, 갈탄·토탄의 응집유·무연탄 및 기타 유·무연탄 제조는 제2호의 기준내용연수 및 내용연수범위[5년(4년 ~ 6년)]를 적용한다.

구분	기준내용연수 및 내용연수범위 (하한 ~ 상한)	적용대상 자산 (다음의 한국표준산업분류상 업종에 사용되는 자산)	
		대분류	중분류
8	16년 (12년 ~ 20년)	전기, 가스, 증기 및 공기조절 공급업	35. 전기, 가스, 증기 및 공기조절 공급업
9	20년 (15년 ~ 25년)	수도, 하수 및 폐기물 처리, 원료 재생업	36. 수도업

[비고]

1. 이 표는 별표 3 또는 별표 5의 적용을 받는 자산을 제외한 모든 감가상각자산에 대해 적용한다.
2. 내용연수범위가 서로 다른 둘 이상의 업종에 공통으로 사용되는 자산이 있는 경우에는 그 사용기간이나 사용정도의 비율에 따라 사용비율이 큰 업종의 기준내용연수 및 내용연수범위를 적용한다.

[별표 6] 제1호 규정의 의미

[별표 6]은 [별표 3] 및 [별표 5]의 적용을 받는 자산을 제외한 모든 감가상각자산에 대하여 적용하므로 [별표 5]의 규정이 우선 적용된다. 예를 들어 [별표 5]의 구분 1에 해당되는 공구, 기구 및 비품 등의 경우에는 [별표 6]의 업종별 자산의 구분에 상관없이 5년(4년 ~ 6년)을 선택하여 적용할 수 있다.

7) 상각률

● [별표 4] 감가상각자산의 상각률표(법칙 15조, 1999.5.24. 개정)

내용연수	정액법에 의한 상각률	정률법에 의한 상각률	내용연수	정액법에 의한 상각률	정률법에 의한 상각률
년	할분리	할분리	31	033	093
2	500	777	32	032	090
3	333	632	33	031	087
4	250	528	34	030	085
5	200	451	35	029	083
6	166	394	36	028	080
7	142	349	37	027	078
8	125	313	38	027	076
9	111	284	39	026	074
10	100	259	40	025	073
11	090	239	41	025	071
12	083	221	42	024	069
13	076	206	43	024	068
14	071	193	44	023	066
15	066	182	45	023	065
16	062	171	46	022	064
17	058	162	47	022	062
18	055	154	48	021	061
19	052	146	49	021	060
20	050	140	50	020	059
21	048	133	51	020	058
22	046	128	52	020	056
23	044	123	53	019	055
24	042	118	54	019	054
25	040	113	55	019	054
26	039	109	56	018	053
27	037	106	57	018	052
28	036	103	58	018	051
29	035	099	59	017	050
30	034	096	60	017	049

4 감가상각방법의 신고와 변경

(1) 감가상각방법의 신고

1) 감가상각방법

개별 감가상각자산별에 대한 상각액은 다음의 구분에 의한 상각방법 중 사업자가 납세지 관할 세무서장에게 신고한 상각방법에 따라 계산한다.(소령 64조 ①)

① 건축물과 무형자산(개발비, 사용수익기부자산가액, 주파수이용권, 공항시설관리권 및 유사 무형자산과 광업권은 제외)(2025.2.28. 개정) : 정액법

➲ 2025.2.28.이 속하는 과세기간에 감가상각하는 경우부터 적용한다.(2025.2.28. 영 부칙 8조)

② 건축물 외의 유형자산(광업용 유형자산 제외) : 정률법 또는 정액법

③ 광업권(해저광물자원 개발법에 의한 채취권을 포함한다), 폐기물매립시설(폐기물관리법 시행령 [별표 3] 제2호 가목에 따른 매립시설을 말한다) : 생산량비례법 또는 정액법(소령 64조 ① 3, 2015.2.3. 개정)

④ 광업용 유형자산 : 생산량비례법·정률법 또는 정액법

⑤ 개발비 : 관련제품의 판매 또는 사용이 가능한 시점부터 20년 이내의 기간 내에서 연단위로 신고한 내용연수에 따라 매 사업연도별 경과월수에 비례하여 상각하는 방법

⑥ 사용수익기부자산가액 : 해당 자산의 사용수익기간(그 기간에 관한 특약이 없는 경우에는 신고내용연수)에 따라 균등하게 안분한 금액(그 기간 중에 해당 기부자산이 멸실되거나 계약이 해지된 경우에는 그 잔액)을 상각하는 방법

⑦ 주파수이용권 및 공항시설관리권 : 주무관청에서 고시하거나 주무관청에 등록한 기간 내에서 사용기간에 따라 균등액을 상각하는 방법

⑧ 유사 무형자산 : 연단위로 신고한 내용연수(기업회계기준에 따른 내용연수를 말한다)에 따라 매 사업연도별 경과월수에 비례하여 상각하는 방법(2025.2.28. 신설)

➲ 2025.2.28.이 속하는 과세기간에 감가상각하는 경우부터 적용한다.(2025.2.28. 영 부칙 8조)

2) 적용절차

① 사업자가 감가상각방법을 신고하려는 경우에는 아래의 구분에 따른 자산별로 하나의 방법을 선택하여 「감가상각방법신고서」를 다음에 규정된 날이 속하는 과세기간의 과세표준확정신고기한까지 납세지 관할 세무서장에게 제출(국세정보통신망을 통한 제출을 포함)하여야 한다.(소령 64조 ②)

㉠ 신규로 사업을 개시한 사업자는 그 사업을 개시한 날

㉡ 신규 개업 외의 사업자가 구분을 달리하는 감가상각자산을 새로 취득한 경우에는

그 취득한 날

② 사업자가 위의 규정에 의거 신고한 상각방법(상각방법을 신고하지 아니한 경우에는 무신고시의 상각방법)은 그 후의 과세기간에 있어서도 계속하여 이를 적용하여야 한다.(소령 64조 ③)

3) 무신고시 상각방법

사업자가 감가상각방법 신고를 하지 아니한 경우 해당 감가상각자산에 대한 상각범위액은 다음의 상각방법에 따라 계산한다.(소령 64조 ④)

① 건축물과 무형자산(광업권, 개발비, 사용수익기부자산가액·주파수이용권 및 공항시설관리권 제외) : 정액법

② 건축물 외의 유형자산(광업용 유형자산 제외) : 정률법

③ 광업권(해저광물자원개발법에 의한 채취권을 포함) : 생산량비례법

④ 광업용 유형자산 : 생산량비례법

⑤ 개발비 : 관련제품의 판매 또는 사용이 가능한 시점부터 5년 동안 매년 균등액을 상각하는 방법

⑥ 사용수익기부자산가액 : 해당 자산의 사용수익기간(그 기간에 관한 특약이 없는 경우에는 신고내용연수)에 따라 균등하게 안분한 금액(그 기간 중에 해당 기부자산이 멸실되거나 계약이 해지된 경우에는 그 잔액)을 상각하는 방법

⑦ 주파수이용권 및 공항시설관리권 : 주무관청에서 고시하거나 주무관청에 등록한 기간 내에서 사용기간에 따라 균등액을 상각하는 방법

⑧ 유사 무형자산 : 5년 동안 매년 균등액을 상각하는 방법(2025.2.28. 신설)

➲ 2025.2.28.이 속하는 과세기간에 감가상각하는 경우부터 적용한다.(2025.2.28. 영 부칙 8조)

(2) 감가상각방법의 변경

1) 감가상각방법 변경사유

사업자가 다음에 해당하는 경우에는 납세지 관할 세무서장의 승인을 얻어 그 감가상각방법을 변경할 수 있다.(소령 65조 ①)

① 상각방법을 달리하는 사업자와 공동으로 사업을 경영하게 된 때

② 상각방법을 달리하는 다른 사업자의 사업을 인수 또는 승계한 때

③ 외국인투자촉진법에 의하여 외국투자가가 지분의 20% 이상을 인수 또는 보유하게 된 때

✓ **외국인투자비율변경의 범위**(소통 33-65…1)

소득세법 시행령 제65조 제1항 제3호에서 "외국인투자 촉진법에 의하여 외국인투자가가 지분의 20% 이상을 인수 또는 보유하게 된 때"라 함은 외국인투자 촉진법 제5조 제1항 또는 제2항에 따라 신고된 외국투자가의 투자비율이 20% 미만이었다가 외국인투자 촉진법 제5조 제3항에 따라 투자비율이 변동되어 외국투자가의 투자비율이 20% 이상이 되는 경우를 포함한다.(2024.3.15. 개정)

④ 해외시장의 경기변동 또는 경제적 여건의 변동으로 인하여 상각방법을 변경하고자 할 때

2) 승인절차

① 감가상각변경 승인을 받으려는 사업자는 그 변경할 상각방법을 적용하려는 최초 과세기간의 종료일까지 「감가상각방법변경신청서」를 납세지 관할 세무서장에게 제출(국세정보통신망에 의한 제출을 포함)하여야 한다.(소령 65조 ②, 2015.2.3. 개정)

② 「감가상각방법변경신청서」를 접수한 납세지 관할 세무서장은 신청서 접수일이 속하는 과세기간 종료일로부터 1개월 이내에 승인 여부를 결정하여 통보하여야 한다.(소령 65조 ③, 2015.2.3. 개정)

③ 납세지 관할 세무서장이 감가상각방법의 변경을 승인하고자 할 때에는 국세청장이 정하는 기준에 따라야 한다.(소령 65조 ④)

✓ **상각방법 변경승인 기준**(소통 33-65…2)

영 제65조 제4항의 규정에 의한 상각방법변경승인은 다음의 요건을 모두 충족하는 경우로 한다.

〈승인기준〉

① 다음의 1에 해당하는 경우로서 종래의 상각방법으로는 적정한 소득을 계산할 수 없다고 인정되는 경우
 ㉠ 해외에서 구입하는 고정자산의 가액이 환율의 변동 및 국제가격상승으로 현저히 증가할 때
 ㉡ 시설을 대폭 증설하거나 현저하게 축소한 때
 ㉢ 기존 제조 주종목을 변경하여 새로운 종목에 대한 시설을 완료한 때
 ㉣ '㉠' 내지 '㉢'과 유사한 여건 변동으로 상각방법을 변경할 필요가 있다고 판단되는 때

② 조세의 부담을 부당하게 감소시킬 우려가 없다고 인정되는 경우

③ 영 제64조 제2항의 규정에 의하여 상각방법을 신고하고 영 제65조 제1항의 규정에 의한 상각방법을 변경한 경우에는 그 변경한 과세연도가 경과된 경우

3) 변경시 상각범위액의 계산

사업자가 감가상각방법을 변경하는 경우 상각범위액의 계산에 관하여는 다음에 의한다. (소령 65조 ⑤, 법령 27조 ⑥)

① 정률법 또는 생산량비례법을 정액법으로 변경하는 경우

> 상각범위액 =(감가상각누계액을 공제한 장부가액+전기이월상각한도초과액)×신고내용연수(또는 기준내용연수)의 정액법에 의한 상각률

② 정액법 또는 생산량비례법을 정률법으로 변경하는 경우

> 상각범위액 = (감가상각누계액을 공제한 장부가액+전기이월상각한도초과액) × 신고내용연수(또는 기준내용연수)의 정률법에 의한 상각률

③ 정률법 또는 정액법을 생산량비례법으로 변경하는 경우

$$\text{상각범위액} = \left(\text{감가상각누계액을 공제한 장부가액} + \text{전기이월상각 한도초과액}\right) \times \frac{\text{당해 과세기간 채굴량}}{\text{총채굴예정량} - \text{변경전까지의 총채굴량}}$$

* 총채굴예정량 : 대한광업진흥공사법에 의한 대한광업진흥공사가 인정하는 총채굴량을 말한다.

4) 기타사항

사업자가 감가상각방법 변경승인을 얻지 아니하고 그 상각방법을 변경한 경우 상각범위액은 변경하기 전의 상각방법에 의하여 계산한다.(소령 64조 ⑤, 법령 27조 ⑤)

5 감가상각비의 필요경비 계산

(1) 감가상각 시부인계산의 구조

유형자산 및 무형자산에 대한 감가상각비는 소득금액계산에 있어서 필요경비로 계상한 경우에 한하여 상각범위액 안에서 필요경비에 산입하고 필요경비로 계상한 금액 중 상각범위액을 초과하는 금액은 필요경비에 산입하지 않는다.(소령 62조 ①) 이것을 감가상각 시부인계산이라 하는데 이를 산식으로 표현하면 다음과 같다.

당기 처리			차기 이후의 처리
회사계상액 > 상각범위액	상각부인액	필요경비불산입(유보)	필요경비산입(△유보)*
회사계상액 < 상각범위액	시인부족액	세무조정 없음	없음

* 차기 이후의 시인부족액을 한도로 하여 필요경비에 산입한다. 회사가 감가상각비를 손금으로 계상하지 않은 경우에도 상각범위액을 한도로 하여 그 상각부인액을 필요경비에 산입한다.

(2) 상각범위액

1) 상각범위액의 계산방법

① 정액법

해당 감가상각자산의 취득가액에 해당 자산의 내용연수에 따른 상각률을 적용하여 계산한 각 과세기간의 상각범위액이 매년 균등하게 되는 상각방법을 말한다.(소령 66조 2)

> 상각범위액 = 취득가액 × 상각률

② 정률법

해당 감가상각자산의 취득가액에서 이미 감가상각비로 필요경비에 산입한 금액[업무용승용차의 감가상각비 중 필요경비에 산입하지 아니한 금액을 포함한다]을 공제한 잔액에 해당 자산의 내용연수에 따른 상각률을 곱하여 계산한 각 과세기간의 상각범위액이 매년 체감되도록 하는 상각방법을 말한다.(소령 66조 1, 2016.2.17. 개정)

> 상각범위액 = 미상각잔액 × 상각률

③ 생산량비례법

다음 중 하나에 해당하는 금액을 각 과세기간의 상각범위액으로 하는 상각방법을 말한다.(소령 66조 3, 2015.2.3. 개정)

㉠ 해당 감가상각자산의 취득가액을 그 자산이 속하는 광구의 총채굴예정량으로 나누어 계산한 금액에 해당 과세기간 중 그 광구에서 채굴한 양을 곱하여 계산한 금액

$$상각범위액 = 취득가액 \times \frac{해당\ 과세기간\ 중\ 그\ 광구에서\ 채굴한\ 양}{그\ 자산이\ 속하는\ 광구의\ 총채굴예정량}$$

㉡ 해당 감가상각자산의 취득가액을 그 자산인 폐기물매립시설의 매립예정량으로 나누어 계산한 금액에 해당 과세기간 중 그 폐기물매립시설에서 매립한 양을 곱하여 계산한 금액

$$\text{상각범위액} = \text{취득가액} \times \frac{\text{해당 과세기간 중 매립량}}{\text{매립예정량}}$$

2) 특수한 경우 상각범위액의 계산

① 과세기간 중에 사업 개시·폐업 또는 자산을 취득·양도하는 경우

해당 과세기간 중에 사업을 개시하거나 폐업한 경우 또는 해당 과세기간 중에 감가상각자산을 취득 또는 양도한 경우에는 상각범위액에 해당 과세기간 중에 사업에 사용한 월수를 곱한 금액을 12로 나누어 계산한 금액을 상각범위액으로 하며, 월수의 계산은 역에 따라 계산하되 1월 미만의 일수는 1월로 한다.(소령 62조 ①)

② 평가증한 경우

사업자가 감가상각자산에 대하여 감가상각과 평가증을 병행하는 경우에는 먼저 감가상각을 한 후 평가증을 한 것으로 보아 상각범위액을 계산한다.(소령 62조 ⑧)

(3) 감가상각의 시부인계산

1) 감가상각 시부인계산의 단위

사업자는 각 과세기간에 해당 감가상각자산의 장부가액을 감액하지 아니하고 감가상각누계액으로 계상하여 그 감가상각비를 필요경비에 산입할 수 있다. 이 경우 감가상각누계액은 개별자산별로 계상하되, 「감가상각비조정명세서」를 작성·보관하고 있는 경우에는 감가상각비총액을 일괄하여 감가상각누계액으로 계상할 수 있다.(소령 62조 ④)

✓ **추계조사결정을 받았을 경우 감가상각범위액계산의 기초가액**(소득 집행기준 33-62-3)

① 직전 과세기간의 소득세가 추계결정 또는 추계경정된 경우 해당 과세기간의 사업용 유형자산 및 무형자산에 대한 감가상각범위액의 계산에 있어서 기초가액은 신규취득자산을 제외하고는 직전과세기간 종료일 현재의 해당 사업용 자산의 장부가액을 기준으로 한다.

② 제1항에서 '장부가액'이라 함은 취득가액과 자본적 지출의 합계액에서 감가상각누계액을 차감한 미상각잔액을 말한다.

③ 소득세법 시행령 제68조 제2항에 따라 감가상각자산에 대한 감가상각비를 필요경비로 계상한 것으로 의제한 사업자는 그 후 과세기간의 상각범위계산의 기초가 될 자산의 가액에서 그 감가상각비에 상당하는 금액을 공제한 잔액을 기초가액으로 하여 상각범위액을 계산한다. 다만, 자산재평가법에 따른 재평가를 한 때에는 재평가액을 기초가액으로 하여 상각범위액을 계산한다.

✓ **주택임대소득에 대해 분리과세를 선택한 사업자가 소득세를 감면받은 경우 감가상각의제 규정 적용 여부**

주택임대소득에 대하여 조특법 제96조 제1항의 규정에 따라 소득세를 감면받는 경우에는 소득세

법 시행령 제68조 제1항(☞ 감가상각의 의제)이 적용 되는 것임(사전법령해석소득 2020-269, 2021. 3.9.)

※ 참고예규

감가상각 의제된 금액을 해당 자산의 양도소득세 계산 시 취득가액에서 차감하는지

[사실관계]

- 2015년 8월 임대주택 취득
- 임대주택에서 발생한 임대소득은 분리과세 신고하면서 조세특례제한법 제96조 제1항에 따라 세액감면을 받음
- 2021년 4월 임대주택을 양도함

[질의]

주택임대사업자가 주택임대소득에 대하여 조세특례제한법 제96조 제1항에 따라 소득세를 감면받아 소득세법 시행령 제68조 제1항에 따른 감가상각의제 규정이 적용된 경우 해당 감가상각 의제금액을 소득세법 제97조 제3항에 따라 해당 자산의 양도소득세 계산 시 취득가액에서 차감하는지

[회신]

소득세법 제97조 제3항에 따른 "감가상각비로서 각 과세기간의 사업소득금액을 계산하는 경우 필요경비에 산입하였거나 산입할 금액"에는 같은 법 시행령 제68조에 따라 감가상각한 것으로 의제된 감가상각비 상당액이 포함되는 것임(사전법규재산 2021-856, 2022.1.27.)

✓ **판매목적으로 취득한 부동산의 일시대여소득의 구분**(소득 집행기준 19-0-8)

① 부동산매매업 또는 건설업자가 판매를 목적으로 취득한 토지 등의 부동산을 일시적으로 대여하고 얻는 소득은 부동산임대업에서 발생하는 소득으로 본다.

② 제1항의 경우 부동산임대업의 소득금액계산상 필요경비에 산입된 감가상각비 등은 부동산매매업자의 필요경비 계산시 취득가액에서 공제한다.

✓ **영업권 및 사업용고정자산의 포괄인수시 감가상각방법**(소통 33-62…8)

타인으로부터 영업권 및 기타의 사업용고정자산을 포괄적으로 양수한 경우에도 영업권 및 기타 각 자산의 취득가액은 각 자산별로 구분하여 계산하여야 한다.

2) 감가상각 시부인계산

감가상각비(이하 "상각액"이라 한다)는 사업용 유형자산 및 무형자산(투자자산을 제외)의 상각액을 필요경비로 계상한 경우에 각 과세기간마다 감가상각자산별로 관할 세무서장에게 신고한 방법에 의하여 계산한 금액(이하 "상각범위액"이라 한다)을 한도로 하여 이를 소득금액계산에 있어서 필요경비로 계상한다.(소령 62조 ①)

① 상각부인액

사업자의 각 과세기간에 필요경비로 계상한 감가상각비 중 상각범위액을 초과하는 금액(이하 "상각부인액"이라 한다)은 그 후 과세기간에 있어서 필요경비로 계상한 감가상각비가 상각범위액에 미달하는 경우에 그 미달하는 금액(이하 "시인부족액"이라 한다)을 한도로 하여 필요경비에 산입한다. 이 경우 사업자가 감가상각비를 필요경비로 계상하지 아니한 경우에도 상각범위액을 한도로 하여 상각부인액을 필요경비로 추인한다.(소령 62조 ⑤)

> **✓ 소득세법 제33조의2 제2항에 따라 이월공제 되는 감가상각비 한도초과액 잔액의 폐업 시 처리방법**
>
> 복식부기의무자가 사업을 폐업하는 경우 소득세법 제33조의2 제2항 제2호 및 같은 법 시행령 제78조의3 제7항 제2호에 따라 이월하여 필요경비에 산입하는 감가상각비 상당액 이월액 중 남은 금액은 같은 법 시행규칙 제42조 제5항에 따라 폐업일이 속하는 과세기간에 모두 필요경비에 산입하는 것임(사전법령해석소득 2018-763, 2018.11.30.)

② 시인부족액

시인부족액은 그 후의 과세기간의 상각부인액에 충당하지 못한다.(소령 62조 ⑥)

③ 감가상각자산의 일부를 양도한 경우

감가상각자산의 일부를 양도한 경우 해당 양도자산에 대한 감가상각누계액 및 상각부인액 또는 시인부족액은 해당 감가상각자산 전체의 감가상각누계액 및 상각부인액 또는 시인부족액에 양도부분의 가액이 해당 감가상각자산의 전체가액에서 차지하는 비율을 곱하여 계산한 금액으로 한다. 이 경우 그 가액은 취득당시의 장부가액으로 한다.(소령 62조 ⑦)

④ 평가자산과 양도자산의 상각시부인

사업자가 감가상각자산의 평가증을 한 경우에 상각부인액은 평가증의 한도까지 총수입금액에 산입된 것으로 보아 필요경비로 추인하고, 평가증의 한도를 초과하는 것은 이를 그 후의 과세기간에 이월할 상각부인액으로 계산한다. 이 경우 시인부족액은 없는 것으로 본다.(소령 73조 ①)

6 즉시상각의 의제

(1) 원 칙

사업자가 감가상각자산을 취득하기 위하여 지출한 금액과 감가상각자산에 대한 자본적 지출에 해당하는 금액을 필요경비로 계상한 경우에는 이를 감가상각한 것으로 보아 상각범위액을 계산한다.(소령 67조 ①)

(2) 자본적지출

"자본적지출"이란 사업자가 소유하는 감가상각자산의 내용연수를 연장시키거나 해당 자산의 가치를 현실적으로 증가시키기 위해 지출한 수선비를 말하며, 다음에 해당하는 지출을 포함하는 것으로 한다.(소령 67조 ②)

① 본래의 용도를 변경하기 위한 개조
② 엘리베이터 또는 냉난방장치의 설치
③ 빌딩 등의 피난시설 등의 설치
④ 재해 등으로 인하여 건물·기계·설비 등이 멸실 또는 훼손되어 해당 자산의 본래 용도로의 이용가치가 없는 것의 복구
⑤ 그 밖에 개량·확장·증설 등 위 '①부터 ④까지'와 유사한 성질의 것

✓ **내용연수가 전부 경과된 자산에 대한 자본적 지출액의 처리**(소통 33-63…1)

감가상각이 완료된 고정자산에 대하여 자본적지출이 발생한 경우에는 당초 신고한 내용연수에 의한 상각률에 따라 이를 상각한다.

✓ **자본적 지출과 수익적 지출의 구분**(소득 집행기준 33-67-2)

① 자본적 지출과 수익적 지출은 다음과 같이 한다.

구 분	자본적 지출	수익적 지출
구분 기준	감가상각자산의 내용연수를 연장시키거나 해당 자산의 가치를 현실적으로 증가시키기 위해 지출한 수선비	감가상각자산의 원상을 회복시키거나 능률유지를 위해 지출한 수선비
예시	① 본래의 용도를 변경하기 위한 개조 ② 엘리베이터 또는 냉난방장치의 설치 ③ 빌딩 등의 피난시설 등의 설치 ④ 재해 등으로 인하여 건물·기계·설비 등이 멸실 또는 훼손되어 해당 자산의 본래 용도로의 이용가치가 없는 것의 복구 ⑤ 기타 개량·확장·증설 등 '①부터 ④까지'와 유사한 성질의 것	① 건물 또는 벽의 도장 ② 파손된 유리나 기와의 대체 ③ 기계의 소모된 부속품 또는 벨트의 대체 ④ 자동차 타이어의 대체 ⑤ 재해를 입은 자산에 대한 외장의 복구·도장 및 유리의 삽입 ⑥ 기타 조업가능한 상태의 유지 등 위 '①부터 ⑤까지'와 유사한 성질의 것

② 다음의 수선비를 필요경비로 계상한 경우에는 위 '①'에 따른 자본적 지출에 포함되지 않는 것으로 한다.

㉠ 개별자산별로 수선비로 지출한 금액이 600만원 미만인 경우

㉡ 개별자산별로 수선비로 지출한 금액이 직전 과세기간종료일 현재의 재무상태표상 자산가액(취득가액에서 감가상각누계상당액을 차감한 금액)의 5%에 미달하는 경우

㉢ 3년 미만의 주기적인 수선을 위하여 지출하는 비용의 경우

[유형자산에 대한 자본적 지출의 사례]

1. 토지만을 사용할 목적으로 건축물이 있는 토지를 취득하여 그 건축물을 철거하거나, 자기소유의 토지상에 있는 임차인의 건축물을 취득하여 철거한 경우 철거한 건축물의 취득가액과 철거비용은 해당 토지에 대한 자본적 지출로 함
2. 토지구획정리사업의 결과 무상 할양하게 된 체비지를 대신하여 지급하는 금액은 토지에 대한 자본적 지출로 함
3. 도시계획에 의한 도로공사로 인하여 공사비로 지출된 수익자 부담금은 토지에 대한 자본적 지출로 함
4. 자기소유의 토지상에 새로운 건축물을 건축하기 위하여 기존건축물을 철거하는 경우 기존건축물의 장부가액과 철거비용은 새로운 건축물에 대한 자본적 지출로 함
5. 공장 등의 시설을 신축 또는 증축함에 있어서 배수시설을 하게 됨으로써 공공하수도의 개축이 불가피하게 되어 그 공사비를 부담한 경우 그 공사비는 배수시설에 대한 자본적 지출로 함
6. 설치 중인 기계장치의 시운전을 위하여 지출된 비용에서 시운전 기간 중 생산된 시제품을 처분하여 회수된 금액을 공제한 잔액은 기계장치의 자본적 지출로 함
7. 수입기계장치를 설치하기 위하여 지출한 외국인 기술자에 대한 식비 등 체재비는 기계장치에 대한 자본적 지출로 함
8. 부가가치세 면세사업자의 유형자산 취득에 따른 매입세액은 해당 자산에 대한 자본적 지출로 함
9. 사역용·씨가축용·젖짜기용 등에 사용하기 위하여 소·말·돼지·면양 등을 사육하는 경우 그 목적에 사용될 때까지 사육을 위하여 지출한 사료비·인건비·경비 등은 이를 자본적 지출로 함
10. 목야지(초지)의 조성비 중 최초의 조성비는 토지에 대한 자본적 지출로 함
11. 토지, 건물만을 사용할 목적으로 첨가 취득한 기계장치 등을 처분함에 따라 발생한 손실은 토지, 건물의 취득가액에 의하여 안분계산한 금액을 각각 해당 자산에 대한 자본적 지출로 함
12. 부동산매매업자(주택신축판매업자를 포함)가 토지개발 또는 주택신축 등 해당 사업의 수행과 관련하여 그 토지의 일부를 도로용 등으로 국가 등에 무상으로 기증한 경우 그 토지 가액은 잔존토지에 대한 자본적 지출로 함

(3) 자본적 지출에 대한 특례

사업자가 각 과세기간에 감가상각자산의 취득가액 또는 자본적지출액을 필요경비로 계상한 경우로서 다음의 경우에는 위의 규정에도 불구하고 감가상각 시부인계산 없이 필요경비로 인정한다.

1) 수선비

지출한 수선비가 다음 중 하나에 해당하는 경우로서 해당 수선비를 필요경비로 계상한 경우에는 자본적지출에 포함되지 않은 것으로 한다.(소령 67조 ③)

① 개별 자산별로 수선비로 지출한 금액이 600만원 미만인 경우(소령 67조 ③ 1, 2020.2.11. 개정)

➲ 개정규정(300만원 → 600만원 상향)은 2020.2.11.이 속하는 과세기간에 발생하는 소득분부터 적용한다.(2020.2.11. 영 부칙 2조 ①)

② 개별자산별로 수선비로 지출한 금액이 직전과세기간종료일 현재의 재무상태표상 자산가액(취득가액에서 감가상각누계상당액을 차감한 금액을 말한다)의 5%에 미달하는 경우

③ 3년 미만의 주기적인 수선을 위하여 지출하는 비용의 경우

2) 소액자산

① 감가상각자산으로서 그 취득가액이 거래단위별로 100만원 이하인 것에 대해서는 이를 그 사업용으로 제공한 날이 속하는 연도의 필요경비에 산입한다. 다만, 다음에 해당하는 것은 그러하지 아니하다.(소령 67조 ④)

㉠ 해당 고유 업무의 성질상 대량으로 보유하는 자산

㉡ 해당 사업의 개시 또는 확장을 위하여 취득한 자산

② 여기서 "거래단위"라 함은 취득한 자산을 그 취득자가 독립적으로 해당 사업에 직접 사용할 수 있는 것을 말한다.(소령 67조 ⑤)

3) 어업에 사용되는 어구 등

다음의 자산에 대해서는 위 '2)'의 규정에도 불구하고 이를 그 사업에 사용한 날이 속하는 과세기간에 필요경비로 계상한 것에 한정하여 이를 필요경비에 산입한다.(소령 67조 ⑦)

① 어업에 사용되는 어구(어선용구를 포함)

② 영화필름, 공구, 가구, 전기기구, 가스기기, 가정용 기구 및 비품, 시계, 시험기기, 측정기기 및 간판(소령 67조 ⑦ 2, 2020.2.11. 개정)

③ 대여사업용 비디오테이프 및 음악용 콤팩트디스크로서 개별자산의 취득가액이 30만 원 미만인 것

④ 전화기(휴대용 전화기를 포함한다) 및 개인용 컴퓨터(그 주변기기를 포함한다)

> **✓ 태블릿PC에 대한 즉시상각의제 규정 적용**
> 태블릿 PC는 개인용 컴퓨터로 볼 수 있으므로 그 사업에 사용한 날이 속하는 사업연도의 손비로 계상한 경우에는 법인세법 시행령 제31조(☞ 즉시상각의제) 제6항 제4호[☞ 전화기(휴대용 전화기를 포함한다) 및 개인용 컴퓨터(그 주변기기를 포함한다]에 따라 손금에 산입할 수 있는 것임(서면법인 2020-5907, 2021.4.7.)

4) 시설의 개체 등 및 사업의 폐지

다음 중 하나에 해당하는 경우에는 그 자산의 장부가액과 처분가액의 차액을 해당 과세기간의 필요경비에 산입할 수 있다.(소령 67조 ⑥, 2017.2.3. 개정)

① 시설의 개체(改替) 또는 기술의 낙후로 생산설비의 일부를 폐기한 경우

② 사업의 폐지 또는 사업장의 이전으로 임대차계약에 따라 임차한 사업장의 원상회복을 위하여 시설물을 철거하는 경우(소령 67조 ⑥ 2, 2018.2.13. 개정)

> **✓ 기존 인테리어설비를 폐기처분하는 경우**
> 새로운 인테리어설비를 설치하기 위해 행거, 카운터, 신발진열대 등 기존 인테리어설비를 폐기처분함으로써 발생한 손실금액은 폐기처분일이 속하는 사업연도의 손금에 산입하는 것임(사전법규법인 2023-558, 2023.11.16.)

7 감가상각의 의제

(1) 취 지

현행 감가상각제도는 임의상각제도를 취하고 있으므로 소득세가 면제되거나 감면되는 과세기간에는 감가상각비를 계상하지 않고 그 이후 세부담이 많은 과세기간에 감가상각비를 계상함으로써 조세부담을 감소시킬 수 있다.

이에 소득세법에서는 소득세가 면제되거나 감면받은 과세기간에는 강제적으로 상각하게 하고 만약 감가상각비를 과소계상하거나 계상하지 않은 경우에는 감가상각한 것으로 보아 차기 이후의 상각범위액을 산정하게 하고 있다.

(2) 감가상각 의제의 내용

① 해당 과세기간의 소득에 대하여 소득세가 면제되거나 감면되는 사업을 경영하는 사업자가 소득세를 면제받거나 감면받은 경우에는 감가상각자산에 대한 감가상각비를 계산하여 이를 필요경비로 계상하여야 한다.(소령 68조 ①)

② 해당 과세기간의 소득에 대하여 추계소득금액 계산서를 제출하거나 소득금액을 추계조사결정 하는 경우에는 감가상각자산(건축물은 제외)에 대한 감가상각비를 계산하여 필요경비로 계상한 것으로 본다.(소령 68조 ②, 2018.2.13. 신설, 2019.2.12. 개정)

③ 감가상각자산에 대한 감가상각비를 필요경비로 계상하지 아니한 사업자 또는 위 '②'에 따라 감가상각자산에 대한 감가상각비를 필요경비로 계상한 것으로 의제한 사업자는 그 후 과세기간의 상각범위계산의 기초가 될 자산의 가액에서 그 감가상각비에 상당하는 금액을 공제한 잔액을 기초가액으로 하여 상각범위액을 계산한다. 다만, 자산재평가법에 따른 재평가를 한 때에는 재평가액을 기초가액으로 하여 상각범위액을 계산한다.(소령 68조 ③, 2018.2.13. 개정)

(3) 감가상각의제 금액의 계산

감가상각비를 필요경비로 계상한 것으로 보는 금액은 다음의 방법으로 계산한다.(소칙 36조, 2019.3.20 신설)

① 정률법 : 미상각잔액에서 필요경비를 계상하지 않은 감가상각비 상당액을 공제한 잔액을 기초가액으로 하여 상각률을 곱하는 방법

② 정액법·생산량비례법 : 해당 감가상각자산의 취득가액에 해당 내용연수에 따른 상각률을 곱하는 방법

✓ 감가상각의 의제 적용대상(소득 집행기준 33-68-1)

① 해당 과세기간의 소득에 대하여 소득세가 면제되거나 감면되는 사업을 경영하는 사업자가 소득세를 면제받거나 감면받은 경우에는 감가상각자산에 대해 상각범위액에 해당하는 감가상각비를 계산하여 필요경비로 계상해야 한다.

② 해당 과세기간의 소득에 대하여 추계소득금액 계산서를 제출하거나 소득금액을 추계조사결정하는 경우에는 감가상각자산(건축물 제외)에 대해 상각범위액에 해당하는 감가상각비를 계산하여 필요경비로 계상한 것으로 본다.

③ 제1항에 의해 감가상각비를 필요경비로 계상하지 아니한 사업자 또는 제2항에 따라 감가상각자산에 대한 감가상각비를 필요경비로 계상한 것으로 의제한 사업자는 그 후 과세기간의 상각범위계산의 기초가 될 자산의 가액에서 그 감가상각비에 상당하는 금액을 공제한 잔액을 기초가액으로 하여 상각범위액을 계산하도록 한다. 다만, 자산재평가법에 따른 재평가를 한 때에는 재평가액을 기초가액으로 하여 상각범위액을 계산한다.

④ 감가상각의제 대상으로 '소득세가 면제되거나 감면되는 사업을 경영하는 사업자'라 함은 특정사업에서 생긴 소득에 대하여 소득세를 면제 또는 감면(소득공제를 포함한다)받는 사업자를 말하며, 감가상각의 의제규정 적용대상자 여부를 예시하면 다음과 같다.
- 감가상각의 의제규정 적용대상 사업자
  - ㉠ 소득세법 제59조의5 제1항 제2호의 규정에 의한 외국항행사업을 영위하는 자
  - ㉡ 조세특례제한법 제121조의2 제2항에 따라 소득세를 면제받는 외국인투자기업
  - ㉢ 조세특례제한법 제6조·제7조·제63조·제64조·제96조·제102조·제121조의8·제121조의9에 따라 소득세를 감면받는 자

⑤ 2개 이상의 사업장이 있는 자가 그 중 한 사업장에서 소득세가 면제되거나 감면되는 사업을 경영하는 경우에도 감가상각 의제대상 사업자에 포함한다.

⑥ 소득세가 면제되거나 감면되는 사업을 경영하는 자가 결손 또는 면제요건의 불비 및 면제기간의 종료 등으로 사실상 면제 또는 감면을 받지 아니한 경우에는 감가상각의 의제규정을 적용하지 않는다.

✓ 주택임대소득에 대해 분리과세를 선택한 사업자가 소득세를 감면받은 경우 감가상각의제 규정 적용 여부

주택임대소득에 대하여 조특법 제96조 제1항의 규정에 따라 소득세를 감면받는 경우에는 소득세법 시행령 제68조 제1항(☞ 감가상각의 의제)이 적용 되는 것임(사전법령해석소득 2020-269, 2021.3.9.)

※ 참고예규

감가상각 의제된 금액을 해당 자산의 양도소득세 계산 시 취득가액에서 차감하는지

[사실관계]
- 2015년 8월 임대주택 취득
- 임대주택에서 발생한 임대소득은 분리과세 신고하면서 조세특례제한법 제96조 제1항에 따라 세액감면을 받음
- 2021년 4월 임대주택을 양도함

[질의]

주택임대사업자가 주택임대소득에 대하여 조세특례제한법 제96조 제1항에 따라 소득세를 감면받아 소득세법 시행령 제68조 제1항에 따른 감가상각의제 규정이 적용된 경우 해당 감가상각 의제금액을 소득세법 제97조 제3항에 따라 해당 자산의 양도소득세 계산 시 취득가액에서 차감하는지

[회신]

소득세법 제97조 제3항에 따른 "감가상각비로서 각 과세기간의 사업소득금액을 계산하는 경우 필요경비에 산입하였거나 산입할 금액"에는 같은 법 시행령 제68조에 따라 감가상각한 것으로 의제된 감가상각비 상당액이 포함되는 것임(사전법규재산 2021-856, 2022.1.27.)

✓ 결손 등으로 조세감면을 받지 아니한 경우 감가상각의제규정 적용여부

당해 연도의 소득에 대하여 결손 또는 면제요건의 불비 등으로 면제 또는 감면을 받지 아니한 경우에는 감가상각의제 규정을 적용하지 아니하는 것임(소득 46011-21248, 2000.10.20.)

✓ **법인세를 면제받거나 감면받은 경우에는 개별자산에 대한 감가상각비를 상각범위액이 되도록 손금에 산입하여야 하는 것이며, 동 손금산입에 따라 결손금이 발생하는 경우라 하더라도 동일하게 적용하는 것임**(서면법인 2017-3211, 2018.4.9.)

✓ **감가상각의제에 대한 질의**

거주자가 감면받는 사업과 기타 사업을 겸영하는 경우에 의제상각은 감면받는 사업의 자산에 한정적으로 적용되는 것이며, 소득세를 감면받는 사업자가 추계조사결정을 받는 경우에도 감가상각 의제규정을 적용하는 것임(소득 46011-1795, 1993.6.18.)

8 감가상각비에 관한 명세서의 제출 등

사업자가 각 과세기간에 감가상각비를 필요경비로 계상한 경우에는 개별자산별로 구분하여 「감가상각비조정명세서」를 작성·보관하고, 「감가상각비조정명세서합계표」와 「감가상각비시부인명세서」 및 취득·양도자산의 「감가상각비조정명세서」를 종합소득 과세표준 확정신고 규정에 의한 신고서에 첨부하여 납세지 관할 세무서장에게 제출하여야 한다.(소령 73조의2 ①)

9 중소·중견기업 설비투자자산의 감가상각비 손금산입 특례(2016.12.20. 신설)

➲ 중소기업에 관한 규정은 2016.7.1. 이후 취득한 설비투자자산부터 적용한다.(2016.12.20. 조특법 부칙 14조 ①)

➲ 중견기업에 관한 규정은 2016.1.1. 이후 취득한 설비투자자산부터 적용한다.(2016.12.20. 조특법 부칙 14조 ②)

(1) 개 요

중소기업 또는 중견기업이 사업에 사용하기 위하여 "설비투자자산"을 2017.6.30.까지 취득하는 경우 해당 설비투자자산에 대한 감가상각비는 각 과세연도의 결산을 확정할 때 필요경비로 계상하였는지와 관계없이 특례상각금액의 범위에서 해당 과세연도의 소득금액을 계산할 때 필요경비에 산입할 수 있다.(조특법 28조의2 ①)

(2) 특례 적용배제

중소기업 또는 중견기업이 해당 사업연도에 취득한 설비투자자산에 대한 취득가액의 합계액이 직전 사업연도에 취득한 설비투자자산에 대한 취득가액의 합계액보다 적은 경우에는 이 특례규정을 적용하지 아니한다.(조특법 28조의2 ②)

(3) 설비투자자산의 범위(조특령 25조의2 ②, 소령 63조 ⑤)

① 차량 및 운반구. 다만, 운수업에 사용되거나 임대목적으로 임대업에 사용되는 경우로 한정한다.

② 선박 및 항공기. 다만, 어업 및 운수업에 사용되거나 임대목적으로 임대업에 사용되는 경우로 한정한다.

③ 공구, 기구 및 비품

④ 기계 및 장치

(4) 특례상각범위액

① 특례상각범위액은 신고내용연수를 적용하여 상각방법으로 계산한 금액을 말한다. 이 경우 상각방법의 적용 및 구체적인 상각범위액의 계산방법에 관하여는 소득세법 시행령 제62조 제1항 후단, 제64조 제2항부터 제4항까지, 제66조(☞ 정률법·정액법등의 정의) 및 제71조(☞ 잔존가액)를 준용한다.(조특령 25조의2 ③)

특례상각범위액의 준용규정

◉ 소득세법 시행령 제62조 제1항 후단

해당 과세기간 중에 사업을 개시하거나 폐업한 경우 또는 해당 과세기간 중에 감가상각자산을 취득 또는 양도한 경우에는 상각범위액에 해당 과세기간 중에 사업에 사용한 월수를 곱한 금액을 12로 나누어 계산한 금액을 상각범위액으로 하며, 월수의 계산은 역에 따라 계산하되 1월 미만의 일수는 1월로 한다.

◉ 소득세법 시행령 제64조 제2항부터 제4항까지

② 사업자가 상각방법을 신고하려는 경우에는 아래의 구분에 따른 자산별로 하나의 방법을 선택하여 감가상각방법신고서를 다음에 규정된 날이 속하는 과세기간의 과세표준 확정신고기한까지 납세지 관할 세무서장에게 제출(국세정보통신망을 통한 제출을 포함)하여야 한다.
   ㉠ 신규로 사업을 개시한 사업자는 그 사업을 개시한 날
   ㉡ '㉠' 외의 사업자가 구분을 달리하는 감가상각자산을 새로 취득한 경우에는 그 취득한 날

③ 사업자 신고한 상각방법(상각방법을 신고하지 아니한 경우에는 '④의 ㉠ 내지 ㉤'에 규정된 상각방법을 말한다)은 그 후의 과세기간에 있어서도 계속하여 이를 적용하여야 한다.

④ 사업자가 감가상각방법의 신고를 하지 아니한 경우 당해 감가상각자산에 대한 상각범위액은 다음의 상각방법에 의하여 계산한다.
   ㉠ 건축물과 무형자산('㉢ 및 ㉣ 내지 ㉤'의 자산은 제외) : 정액법

㉡ 건축물 외의 유형자산(광업용 유형자산은 제외) : 정률법
㉢ 광업권(해저광물자원 개발법에 의한 채취권을 포함), 폐기물매립시설(폐기물관리법 시행령 별표 3 제2호 가목에 따른 매립시설을 말한다) 및 광업용 유형자산 : 생산량비례법
㉣ 개발비 : 관련제품의 판매 또는 사용이 가능한 시점부터 5년 동안 매년 균등액을 상각하는 방법
㉤ ⓐ 사용수익기부자산가액 : 당해 자산의 사용수익기간(그 기간에 관한 특약이 없는 경우에는 신고내용연수)에 따라 균등하게 안분한 금액(그 기간 중에 당해 기부자산이 멸실되거나 계약이 해지된 경우에는 그 잔액)을 상각하는 방법
ⓑ 주파수이용권 및 공항시설관리권 : 주무관청에서 고시하거나 주무관청에 등록한 기간 내에서 사용기간에 따라 균등액을 상각하는 방법

② 상각범위액을 계산할 때 적용하는 내용연수는 기준내용연수에 그 기준내용연수의 50%를 더하거나 뺀 범위(1년 미만은 없는 것으로 한다)에서 중소기업 또는 중견기업이 선택하여 납세지 관할 세무서장에게 신고한 내용연수(이하 "신고내용연수"라 한다)로 한다.(조특령 25조의2 ④)

내용연수 범위* = 기준내용연수 ± 기준내용연수의 50%

* 1년 미만은 없는 것으로 한다.

③ 중소기업 또는 중견기업이 설비투자자산에 대하여 자산별·업종별로 적용한 신고내용연수는 이후의 과세연도에 계속하여 적용하여야 한다.(조특령 25조의2 ⑤)

④ 중소기업 또는 중견기업이 상각방법을 변경한 경우에는 그 변경된 상각방법을 적용하여 설비투자자산의 상각범위액을 계산한다. 이 경우 상각범위액의 계산방법은 소득세법 시행령 제64조 제5항 및 제65조 제5항을 준용한다.(조특령 25조의2 ⑦)

상각범위액 계산방법의 준용규정

소득세법 시행령 제64조 제5항

⑤ 사업자가 변경승인을 얻지 아니하고 그 상각방법을 변경한 경우 상각범위액은 변경하기 전의 상각방법에 의하여 계산한다.

소득세법 시행령 제65조 제5항

⑤ 사업자가 상각방법을 변경하는 경우 상각범위액의 계산에 관하여는 법인세법 시행령 제27조 제6항의 규정을 준용한다.

(5) 적용신청

특례규정을 적용받으려는 자는 설비투자자산을 그 밖의 자산과 구분하여 「감가상각비조정명세서」를 작성·보관하고, 과세표준 신고와 함께 「감가상각비조정명세서합계표」 및 「감가상각비조정명세서」를 납세지 관할 세무서장에게 제출(국세정보통신망을 통한 제출을 포함한다)하여야 하며, 「내용연수 특례적용 신청서」를 해당 설비투자자산을 취득한 날이 속하는 과세연도의 과세표준 신고기한까지 납세지 관할 세무서장에게 제출하여야 한다.(조특법 28조의2 ③, 조특령 25조의2 ⑨)

(6) 그 밖의 준용규정

소득세법 시행령 제62조 제5항부터 제8항까지, 제67조(☞ 즉시상각의제), 제68조(☞ 감가상각의 의제) 및 제73조를 준용한다.(조특령 25조의2 ⑧)

그 밖의 준용규정

◎ 소득세법 시행령 제62조 제5항부터 제8항까지

⑤ 사업자의 각 과세기간에 필요경비로 계상한 감가상각비 중 상각범위액을 초과하는 금액(이하 "상각부인액"이라 한다)은 그 후의 과세기간에 있어서 필요경비로 계상한 감가상각비가 상각범위액에 미달하는 경우에 그 미달하는 금액(이하 "시인부족액"이라 한다)을 한도로 하여 필요경비에 산입한다. 이 경우 사업자가 감가상각비를 필요경비로 계상하지 아니한 경우에도 상각범위액을 한도로 하여 상각부인액을 필요경비로 추인한다.

⑥ 시인부족액은 그 후의 과세기간의 상각부인액에 충당하지 못한다.

⑦ 감가상각자산의 일부를 양도한 경우 당해 양도자산에 대한 감가상각누계액 및 상각부인액 또는 시인부족액은 당해 감가상각자산 전체의 감가상각누계액 및 상각부인액 또는 시인부족액에 양도부분의 가액이 당해 감가상각자산의 전체가액에서 차지하는 비율을 곱하여 계산한 금액으로 한다. 이 경우 그 가액은 취득당시의 장부가액으로 한다.

⑧ 사업자가 감가상각자산에 대하여 감가상각과 평가증을 병행하는 경우에는 먼저 감가상각을 한 후 평가증을 한 것으로 보아 상각범위액을 계산한다.

◎ 소득세법 시행령 73조

사업자가 감가상각자산의 평가증을 한 경우에 상각부인액은 평가증의 한도까지 총수입금액에 산입된 것으로 보아 필요경비로 추인하고, 평가증의 한도를 초과하는 것은 이를 그 후의 과세기간에 이월할 상각부인액으로 계산한다. 이 경우 시인부족액은 없는 것으로 본다.(소령 73조 ①)

10 설비투자자산의 감가상각비 손금산입 특례(2018.12.24. 신설)

➲ 2018.7.1. 이후 취득한 설비투자자산부터 적용한다.(2018.12.24. 조특법 부칙 11조)

(1) 개요

내국인이 설비투자자산을 2021.6.30.까지 취득하는 경우 해당 설비투자자산에 대한 감가상각비는 각 과세연도의 결산을 확정할 때 필요경비로 계상하였는지와 관계없이 상각범위액의 범위에서 해당 과세연도의 소득금액을 계산할 때 필요경비에 산입할 수 있다.(조특법 28조의3 ①, 2020.12.29. 개정)

(2) 설비투자자산의 범위

1) 중소기업 또는 중견기업

다음 중 하나에 해당하는 사업용 고정자산을 말한다.(조특령 25조의3 ②, 2019.2.12. 신설, 조특령 25조의3 ①, ②)

① 차량 및 운반구. 다만, 운수업에 사용되거나 임대목적으로 임대업에 사용되는 경우로 한정한다.

② 선박 및 항공기. 다만, 어업 및 운수업에 사용되거나 임대목적으로 임대업에 사용되는 경우로 한정한다.

③ 공구, 기구 및 비품

④ 기계 및 장치

2) 중소기업 또는 중견기업 외의 기업

➲ 2021.1.1. 이후 개시하는 과세연도 분부터 적용한다.(조특령 2조 ①)

다음 중 하나에 해당하는 혁신성장투자자산을 말한다.(조특령 25조의3 ③, 2021.2.17. 개정)

① 신성장사업화시설(조특령 25조의3 ③ 1)

② 다음 중 하나에 해당하는 연구·시험용 시설 및 직업훈련용 시설(조특령 25조의3 ③ 2)

㉠ 연구개발을 위한 연구·시험용 시설로서 전담부서등, 국가과학기술 경쟁력강화를 위한 이공계지원특별법 제18조 및 같은 법 시행령 제17조에 따라 과학기술정보통신부장관에게 신고한 연구개발서비스업자 및 산업기술연구조합 육성법에 따른 산업기술연구조합에서 직접 사용하기 위한 연구·시험용시설로서 다음 중 하나에 해당하는 것을 말한다. 다만, 운휴 중인 것은 제외한다.(조특칙 13조의10 ①, 2021.3.16. 신설)

ⓐ 공구 또는 사무기기 및 통신기기, 시계·시험기기 및 계측기기, 광학기기 및 사진제작기기

ⓑ 법인세법 시행규칙 [별표 6]의 업종별 자산의 기준내용연수 및 내용연수범위표의 적용을 받는 자산

㉡ 인력개발을 위한 직업훈련용 시설로서 근로자직업능력 개발법 제2조 제3호에 따른 직업능력개발훈련시설(내국인이 조세특례제한법 시행령 제2조 제1항에 따른 중소기업을 위해 설치하는 직업훈련용 시설을 포함)로서 위 '㉠' 중 하나에 해당하는 것을 말한다. 다만, 운휴 중인 것은 제외한다.(조특칙 13조의10 ②, 2021.3.16. 신설)

③ 다음 중 하나에 해당하는 에너지절약시설(조특령 25조의3 ③ 3)

㉠ 에너지이용 합리화법에 따른 에너지절약형 시설(대가를 분할상환한 후 소유권을 취득하는 조건으로 같은 법에 따른 에너지절약전문기업이 설치한 경우를 포함) 등으로서 [별표 7]의 에너지절약시설(조특칙 13조의10 ③, 2021.3.16. 신설)

㉡ 물의 재이용 촉진 및 지원에 관한 법률 제2조 제4호에 따른 중수도와 수도법 제3조 제30호에 따른 절수설비 및 같은 조 제31호에 따른 절수기기

㉢ 신에너지 및 재생에너지 개발·이용·보급 촉진법 제2조 제1호에 따른 신에너지 및 같은 조 제2호에 따른 재생에너지를 생산하는 설비의 부품·중간재 또는 완제품을 제조하기 위한 시설로서 [별표 7의2]의 신에너지 및 재생에너지를 생산하기 위한 시설을 제조하는 시설(조특칙 13조의10 ④, 2021.3.16. 신설)

④ 다음 중 하나에 해당하는 생산성향상시설(조특령 25조의3 ③ 4)

㉠ 공정을 개선하거나 시설의 자동화 및 정보화를 위해 투자하는 시설(데이터에 기반하여 제품의 생산 및 제조과정을 관리하거나 개선하는 지능형 공장시설을 포함)로서 [별표 7의3]의 공정개선·자동화·정보화시설로서 해당 사업에 직접 사용되는 시설(조특칙 13조의10 ⑤, 2021.3.16. 신설)

㉡ 첨단기술을 이용하거나 응용하여 제작된 시설로서 [별표 7의3]의 첨단기술설비로서 해당 사업에 직접 사용되는 시설(조특칙 13조의10 ⑤, 2021.3.16. 신설)

(3) 상각범위액의 계산

① 상각범위액의 계산은 아래 '②'에 따른 신고내용연수를 적용하여 소득세법 시행령 제64조 제1항에 따른 방법(이하 "상각방법"이라 한다)으로 계산한 금액으로 한다. 이 경우 상각방법의 적용 및 구체적인 상각범위액의 계산방법에 관하여는 소득세법 시행령 제62조 제1항 후단, 제64조 제2항부터 제4항까지, 제66조(☞ 정률법·정액법등의 정의) 및 제71조(☞ 잔존가액)를 준용한다.(조특령 25조의3 ④, 2019.2.12. 신설)

② 상각범위액을 계산할 때 적용하는 내용연수는 기준내용연수에 그 기준내용연수의

50%(중소기업 및 중견기업이 취득하는 자산은 75%)를 더하거나 뺀 범위(1년 미만은 없는 것으로 한다)에서 선택하여 납세지 관할 세무서장에게 신고한 내용연수로 한다. 이 경우 사업연도가 1년 미만인 법인의 경우에는 법인세법 시행령 제28조 제2항을 준용하여 계산한다.(조특령 25조의3 ⑤, 2021.2.17. 개정)

③ 내국인이 위 '②'에 따라 설비투자자산에 대해 자산별·업종별로 적용한 신고내용연수는 이후의 과세연도에 계속하여 적용해야 한다.(조특령 25조의3 ⑥, 2019.2.12 신설)

④ 내국인이 소득세법 시행령 제65조에 따라 상각방법을 변경한 경우에는 그 변경된 상각방법을 적용하여 설비투자자산의 상각범위액을 계산한다. 이 경우 상각범위액의 계산방법은 소득세법 시행령 제64조 제5항 및 제65조 제5항을 준용한다.(조특령 25조의3 ⑧, 2019.2.12. 신설)

(4) 준용규정

소득세법 시행령 제62조 제5항부터 제8항까지, 제67조(☞ 즉시상각의제), 제68조(☞ 감가상각의 의제) 및 제73조를 준용한다.(조특령 25조의3 ⑨, 2019.2.12. 신설)

(5) 적용신청

감가상각비를 필요경비에 산입하려는 자는 설비투자자산을 그 밖의 자산과 구분하여 「감가상각비조정명세서」를 작성·보관하고, 과세표준신고와 함께 「감가상각비조정명세서 합계표」 및 「감가상각비조정명세서」를 납세지 관할 세무서장에게 제출(국세정보통신망을 통한 제출을 포함)해야 하며, 「내용연수 특례적용 신청서」를 해당 설비투자자산을 취득한 날이 속하는 과세연도의 과세표준 신고기한까지 납세지 관할 세무서장에게 제출해야 한다.(조특법 28조의3 ②, 조특령 25조의3 ⑩, 2019.2.12. 신설)

11 에너지절약시설의 감가상각비 손금산입 특례(2022.12.31. 신설)

➲ 2023.1.1. 이후 취득한 에너지절약시설부터 적용한다.(2022.12.31. 조특법 부칙 13조)

(1) 개요

내국인이 에너지절약시설을 2024.12.31.까지 취득하는 경우 해당 에너지 절약시설에 대한 감가상각비는 각 과세연도의 결산을 확정할 때 손비로 계상하였는지와 관계없이 상각범위액 내에서 해당 과세연도의 소득금액을 계산할 때 손금에 산입할 수 있다.(조특법 28조의4 ①, 2023.12.31. 개정)

(2) 에너지절약시설의 범위

에너지 절약시설이란 다음 중 하나에 해당하는 시설을 말한다.(조특령 25조의4 ①, 25조의3 ③ 3)

① 에너지이용 합리화법에 따른 에너지절약형 시설(대가를 분할상환한 후 소유권을 취득하는 조건으로 같은 법에 따른 에너지절약전문기업이 설치한 경우를 포함) 등으로서 [별표 7]의 에너지절약시설(조특칙 13조의10 ③, 2021.3.16. 신설)

② 물의 재이용 촉진 및 지원에 관한 법률 제2조 제4호에 따른 중수도와 수도법 제3조 제30호에 따른 절수설비 및 같은 조 제31호에 따른 절수기기

③ 신에너지 및 재생에너지 개발·이용·보급 촉진법 제2조 제1호에 따른 신에너지 및 같은 조 제2호에 따른 재생에너지를 생산하는 설비의 부품·중간재 또는 완제품을 제조하기 위한 시설로서 [별표 7의2]의 신에너지 및 재생에너지를 생산하기 위한 시설을 제조하는 시설(조특칙 13조의10 ④, 2021.3.16. 신설)

(3) 상각범위액의 계산

① 여기서의 상각범위액이란 소득세법 시행령 제63조 제1항 제2호에도 불구하고 아래 '(4)'에 따른 신고내용연수를 적용하여 상각방법으로 계산한 금액(이하 "상각범위액"이라 한다)을 말한다.

② 상각방법의 적용 및 구체적인 상각범위액의 계산방법에 관하여는 소득세법 시행령 제62조 제1항 후단, 제64조 제2항부터 제4항까지, 제66조 및 제71조를 준용한다.(조특령 25조의4 ②)

(4) 내용연수의 적용

① 상각범위액을 계산할 때 적용하는 내용연수는 소득세법 시행령 제63조 제1항 제2호에 따른 기준내용연수(이하 "기준내용연수"라 한다)에 그 기준내용연수의 50%(중소기업 및 중견기업이 취득하는 에너지절약시설의 경우에는 75%)을 더하거나 뺀 범위(1년 미만은 없는 것으로 한다)에서 선택하여 납세지 관할 세무서장에게 신고한 내용연수(이하 "신고내용연수"라 한다)로 한다.(조특령 25조의4 ③)

② 내용연수를 신고하려는 자는 해당 에너지절약시설을 취득한 날이 속하는 과세연도의 과세표준 신고기한까지 「내용연수 특례적용 신청서」를 납세지 관할 세무서장에게 제출해야 한다.(조특령 25조의4 ④)

③ 내국인이 에너지절약시설에 대해 자산별·업종별로 적용한 신고내용연수는 이후의 과세연도에 계속하여 적용한다.(조특령 25조의4 ⑤)

(5) 적용신청

① 이 규정에 따라 감가상각비를 손금에 산입하려는 내국인은 손금산입 특례의 적용신청을 하여야 한다.(조특법 28조의4 ②)

② 이 규정을 적용받으려는 자는 과세표준신고를 할 때 「감가상각비조정명세서」 및 「감가상각비조정명세서합계표」를 납세지 관할 세무서장에게 제출해야 한다.(조특령 25조의4 ⑪, 2023.2.28. 신설)

(6) 상각방법의 변경신고

내국인이 소득세법 시행령 제65조에 따라 상각방법을 변경한 경우에는 그 변경된 상각방법을 적용하여 에너지절약시설의 상각범위액을 계산한다. 이 경우 상각범위액의 계산방법에 관하여는 소득세법 시행령 제64조 제5항 및 제65조 제5항을 준용한다.(조특령 25조의4 ⑦)

(7) 준용규정

이 규정을 적용할 때 감가상각에 관하여는 소득세법 시행령 제62조 제5항부터 제8항까지, 제67조, 제68조 및 제73조를 준용한다.(조특령 25조의4 ⑧)

(8) 자료의 작성·보관의무

이 규정을 적용받으려는 자는 에너지절약시설을 다른 자산과 구분하여 「감가상각비조정명세서」를 작성·보관해야 한다.(조특령 25조의4 ⑨)

Ⅶ 일시상각충당금과 압축기장충당금

● **보험차익 및 국고보조금으로 취득한 사업용 자산의 비교**(소득 집행기준 32-60-1)

구 분	보험차익으로 취득한 사업용 자산	국고보조금으로 취득한 사업용 자산
필요경비 산입요건	고정자산의 손상·멸실에 의한 보험 차익으로 용도나 목적이 동일한 종류의 고정자산을 취득 또는 개량	보조금 관리에 관한 법률에 따른 국고보조금으로 해당 목적의 사업용 자산을 취득하거나 개량한 경우
필요경비 산입시기	보험차익을 지급받은 연도	국고보조금을 지급받은 연도
필요경비 산입한도	보험차익으로 취득한 가액	국고보조금으로 취득한 가액
필요경비 산입방법	일시상각충당금으로 계상이후 해당 자산에 대한 감가상각비는 일시상각충당금과 상계함	• 감가상각대상자산 : 일시상각충당금 계상함 (이후 사업용 자산 취득가액 중 국고보조금 비율에 해당하는 감가상각비는 일시상각충당금과 상계함) • 기타의 자산 : 압축기장충당금으로 계상함
	* 해당 자산을 처분하는 경우에는 일시상각충당금과 상계하고 남은 잔액을 그 처분한 날이 속하는 과세기간의 총수입금액에 산입	
취득 및 개량의 기한	지급받은 연도의 다음연도 개시일로 부터 2년 이내	지급받은 연도의 다음연도 개시일로부터 1년 이내(단 부득이한 사유가 있는 경우 해당 사유가 없어진 날이 속하는 과세기간 종료일)
미사용액의 총수입 금액산입	다음의 경우 해당 사유 발생연도의 총수입금액에 산입함 ① 사업용 자산의 취득 또는 개량을 위하여 그 기한까지 사용하지 않은 경우 ② 기한내 사업 폐업시	

1 보험차익금의 필요경비 계산

(1) 필요경비산입 대상

① 사업자가 유형자산의 멸실 또는 파손으로 인하여 보험금을 지급받아 그 멸실한 유형자산을 대체하여 같은 종류의 자산을 취득하거나 대체 취득한 자산 또는 그 파손된 유형자산을 개량한 경우에는 해당 자산의 가액 중 그 자산의 취득 또는 개량에 사용된 보험차익 상당액을 보험금을 받은 날이 속하는 과세기간의 소득금액을 계산할 때 필요경비에 산입할 수 있다.(소법 31조 ①, 2019.12.31. 용어개정)

② 여기서 "같은 종류의 자산"이란 그 용도 또는 목적이 멸실된 유형자산과 같은 것을 말한다.(소령 59조 ②, 2020.2.11. 용어개정)

(2) 사용기한

보험금을 받은 날이 속하는 과세기간에 해당 자산을 취득하거나 개량할 수 없는 경우에는 그 과세기간의 다음 과세기간의 개시일부터 2년 이내에 그 자산을 취득 또는 개량하는 것에만 보험금을 받은 날이 속하는 과세기간의 소득금액을 계산할 때에 필요경비로 계상할 수 있다.(소법 31조 ②)

(3) 필요경비 계상 및 상계

① 유형자산의 취득 또는 개량에 소요된 보험차익 상당액을 필요경비에 산입한 금액은 일시상각충당금으로 계상하여야 한다.(소령 59조 ①, 2020.2.11. 용어개정)

② 보험차익 상당액으로 취득한 유형자산의 감가상각비는 일시상각충당금의 범위 안에서 일시상각충당금과 상계하여야 한다. 다만, 해당 자산을 처분하는 경우에는 상계하고 남은 잔액을 그 처분한 날이 속하는 과세기간의 총수입금액에 산입한다.(소령 59조 ③, 2020.2.11. 용어개정)

✓ **일시상각충당금의 상계 범위**(소득 집행기준 31-59-2)

거주자인 사업자가 보험차익 등으로 취득한 유형자산의 감가상각비상당액을 일시상각충당금과 상계하는 경우에 있어서 상계할 금액은 보험차익 등으로 취득한 부분에 대한 감가상각비에 한한다.

✓ **보험차익의 귀속연도**(소통 39-0…6)

보험사고로 인하여 보험회사로부터 손해보험금을 수령함에 따라 발생하는 보험차익의 귀속연도는 그 보험금의 지급이 확정된 날이 속하는 과세기간으로 한다.

✓ **재해발생 전 취득한 재고자산을 유형자산으로 대체하는 경우 보험차익금의 필요경비산입 여부**

화재발생 전에 매입한 재고자산을 유형자산으로 대체사용하는 때에는 보험차익금에 의한 유형자산 취득의 경우의 필요경비 계산이 적용되지 않는 것임(소득-4234, 2008.11.17.)

(4) 총수입금액산입

보험차익 상당액을 필요경비에 산입한 자가 다음에 해당하면 그 보험차익 상당액을 해당 사유가 발생한 과세기간의 총수입금액에 산입한다.(소법 31조 ④)

① 보험차익 상당액을 유형자산의 취득 또는 개량을 위하여 그 기한까지 사용하지 아니한 경우

② 사용기간에 해당 사업을 폐업한 경우

✓ 보험차익금으로 취득한 유형자산의 필요경비산입 범위(소득 집행기준 31－59－1 ④)

① 사업자가 유형자산의 멸실 또는 파손으로 인하여 받는 보험금으로 그 멸실한 유형자산을 대체하여 같은 종류의 자산을 취득하거나 대체 취득한 자산 또는 파손된 유형자산을 개량한 경우에는 해당자산의 가액 중 그 자산의 취득 또는 개량에 사용한 보험차익금은 일시상각충당금으로 계상하여 보험금을 받은 날이 속하는 과세기간의 소득금액을 계산할 때 필요경비에 산입할 수 있다.

② 보험금을 받은 날이 속하는 과세기간에 위 '①'에 따라 해당 자산을 취득하거나 개량할 수 없는 경우에는 그 과세기간의 다음 과세기간 개시일부터 2년 이내에 그 자산을 취득 또는 개량하는 것에만 필요경비 산입을 적용한다.

③ 위 '①'에서 '같은 종류의 자산'이란 그 용도 또는 목적이 멸실된 유형자산과 같은 것을 말한다.

④ 보험차익으로 취득한 유형자산의 필요경비 산입의 구체적 범위는 다음과 같다.

㉠ 멸실된 건물과 기계장치에 대한 보험차익을 모두 건물취득에만 사용한 경우에는 기계장치에 대한 보험차익은 총수입금액에 산입한다.

㉡ 보험차익을 위 '①'에 따라 필요경비에 산입한 자가 위 '②'에 따른 기간내에 멸실된 자산과 동일 종류의 자산을 장기할부조건으로 취득한 경우와 해당 자산을 장기건설·제조 등의 방법으로 취득하기 위하여 보험차익을 사용한 경우에는 장기할부조건으로 취득한 자산의 가액과 장기건설·제조를 위하여 지출한 금액은 기간내에 보험차익의 사용으로 본다.

㉢ 유형자산의 멸실과 관련하여 보험금을 수령하였으나 동일 종류의 유형자산을 취득하지 아니하고 유형자산의 멸실 전에 매입한 재고자산을 유형자산으로 대체 사용하는 때에는 동 보험차익의 필요경비 산입규정이 적용되지 않는다.

✓ 피상속인의 보험차익금의 필요경비계산(소통 31－59…3)

상속인이 피상속인의 사업을 포괄적으로 승계받은 경우 영 제59조 제3항에 따라 감가상각비와 상계하고 남은 피상속인의 보험차익금 관련 일시상각충당금 잔액은 피상속인의 소득금액 계산시 총수입금액에 산입한다.

✓ 일시상각 충당금 계상누락에 대한 경정청구

보험차익을 필요경비로 계상하는 것을 누락하여 세액을 과다하게 납부하였다면 경정청구할 수 있음(징세 46101－1690 2000.12.5.)

(5) 사용계획서의 제출

보험차익 상당액을 필요경비에 산입하려는 자는 과세표준확정신고서에 「보험금사용계획서」를 첨부하여 납세지 관할 세무서장에게 제출하여야 한다.(소법 31조 ③, 2019.12.31. 용어개정, 소령 59조 ④)

2 국고보조금의 필요경비 계산

(1) 필요경비산입 대상

사업자가 사업용 자산을 취득하거나 개량할 목적으로 보조금 관리에 관한 법률에 따른 보조금(이하 "국고보조금"이라 한다)을 받아 그 목적에 지출한 경우 또는 사업용 자산을 취득하거나 개량하고 이에 대한 국고보조금을 사후에 지급받은 경우에는 해당 사업용 자산의 취득 또는 개량에 사용된 국고보조금에 상당하는 금액은 그 국고보조금을 받은 날이 속하는 과세기간의 소득금액을 계산할 때 필요경비에 산입할 수 있다.(소법 32조 ①, 2011.7.25. 개정)

> ✓ **필요경비에 산입할 국고보조금의 범위**(소통 32-60…1)
>
> ① 소득세법 제32조 제1항에 따른 국고보조금은 보조금의 관리에 관한 법률에 의한 보조금을 지급받아 사업용 자산을 취득하는 경우에 적용되는 것이므로 공장이전 보조금과 정부의 석탄 등에 대한 가격안정조치와 관련하여 교부받은 가격보조금은 이에 해당하지 아니한다.(2024.3.15. 개정)
>
> ② 자기자금으로 먼저 사업용 자산을 취득하고 동 자산의 취득에 사용하는 조건으로 국고보조금을 교부받은 경우에도 소득세법 제32조 제1항의 규정을 적용한다.(2024.3.15. 개정)

(2) 사용기한

① 국고보조금을 받은 날이 속하는 과세기간에 사업용자산을 취득하거나 개량할 수 없는 경우에는 그 과세기간의 다음 과세기간의 종료일까지 이를 취득하거나 개량하는 것만 필요경비로 계상할 수 있다.(소법 32조 ②)

② 다음의 부득이한 사유로 국고보조금을 기한까지 사용하지 못한 경우에는 해당 사유가 없어진 날이 속하는 과세기간의 종료일을 그 기한으로 한다.(소법 32조 ②, 소령 60조 ④)

㉠ 공사의 허가 또는 인가 등이 지연되는 경우

㉡ 공사를 시행할 장소의 미확정 등으로 공사기간이 연장되는 경우

㉢ 용지의 보상 등에 관한 소송이 진행되는 경우

㉣ 그 밖에 위 '㉠부터 ㉢까지'의 규정에 준하는 사유가 발생한 경우

(3) 필요경비 계상 및 상계

① 국고보조금을 필요경비에 산입하는 금액은 지급받은 국고보조금 중 사업용 자산의 취득 또는 개량에 소요된 금액으로 하되, 그 금액은 다음의 구분에 따라 일시상각충당금 또는 압축기장충당금으로 계상해야 한다.(소령 60조 ①, 2020.2.11. 용어개정)

㉠ 감가상각자산은 일시상각충당금

㉡ 기타의 자산은 압축기장충당금

② 국고보조금으로 취득한 사업용 자산의 감가상각비는 일시상각충당금의 범위에서 일시상각충당금과 상계하여야 한다. 다만, 해당 자산을 처분하는 경우에는 상계하고 남은 잔액을 그 처분한 날이 속하는 과세기간의 총수입금액에 산입한다.(소령 60조 ②, 2020.2.11. 용어개정)

✓ **국고보조금의 귀속연도**(소통 39－0…5)

정부로부터 교부받은 국고보조금의 귀속연도는 동 국고보조금의 교부통지를 받은 날이 속하는 과세기간으로 한다. 다만, 국고보조금의 교부통지를 받기 전에 폐업한 경우에는 폐업일이 속하는 과세기간으로 한다.

✓ **종합소득신고자의 조정계산서내용에 대한 수정신고 가능여부**

사업자가 세무조정에 의하여 소득세 과세표준확정신고를 하면서 당해 연도에 수령한 국고보조금을 누락하였을 경우에는 이를 당해 연도의 총수입금액에 산입하는 등 수정신고 또는 경정청구를 할 수 있는 것임(소득 46011－3492, 1997.12.31.)

(4) 총수입금액산입

국고보조금을 필요경비에 산입한 자가 다음에 해당하면 그 국고보조금 상당액을 해당 사유가 발생한 과세기간의 총수입금액에 산입한다.(소법 32조 ④)

① 국고보조금을 사업용자산의 취득 또는 개량을 위하여 그 기한까지 사용하지 아니한 때

② 사용기한까지 해당 사업을 폐업한 경우

✓ **국고보조금을 지급받기 전에 폐업한 사업자의 총수입금액 귀속시기**(소법 해석편람 39－4－3)

석탄탄광을 운영하는 사업자가 석탄합리화사업단으로부터 석탄 수송비 및 생산비 등에 대한 보조금의 지급통지를 받기 전에 폐업한 경우에는 폐업한 날이 속하는 연도의 총수입금액에 산입함(소득 46011－176, 1995.1.18.)

(5) 사용계획서의 제출

국고보조금을 필요경비에 산입하려는 자는 과세표준확정신고서에 「국고보조금사용계획서」를 첨부하여 납세지 관할 세무서장에게 제출하여야 한다.(소법 32조 ③, 소령 60조 ③)

VIII 기부금

기부금 용어의 개정연혁

종전의 기부금 용어가 다음과 같이 변경되었다.

종 전	2021년, 2022년	2023년~
법정기부금	소득세법 제34조 제2항 제1호에 따른 기부금	특례기부금
지정기부금(종교단체 외)	소득세법 제34조 제3항 제1호(종교단체기부금 제외)에 따른 기부금	일반기부금(종교단체 외)
지정기부금(종교단체)	소득세법 제34조 제3항 제1호에 따른 기부금 중 종교단체기부금	일반기부금(종교단체)

이하 내용들에서 종전 용어가 사용된 경우가 있더라도 현행 용어로 이해하기 바란다.

1 기부금의 의의와 범위

(1) 기부금의 의의

"기부금"이란 사업자가 사업과 직접적인 관계없이 무상으로 지출하는 금액을 말한다.(소법 34조 ①) 본래 기부금은 사업과 직접 관련이 없으므로 소득세법상 필요경비로 인정될 수 없다. 그러나 사회의 안녕과 공익성 또는 정책적 목적 등으로 소득세법은 일정 범위 내에서 필요경비로 인정하고 있다.

저자TIP 사업소득과 다른 소득이 함께 있는 경우의 기부금 세액공제 여부

기부금세액공제 대상자(소법 59조의4 ④)에서 "사업소득만 있는 자는 제외하고 연말정산대상 사업소득이 있는 자는 포함"이라고 규정하고 있으므로 기부금에 대해 ① 사업소득만 있는 경우는 필요경비산입만 허용되고 ② 사업소득과 다른 소득이 함께 있는 경우에는 필요경비산입과 세액공제 중 선택 적용할 수 있으며 ③ 연말정산 대상 사업소득만 있는 경우에는 세액공제가 허용되는 것으로 해석된다.

(2) 기업업무추진비, 광고선전비와의 구분

구 분	특정대상여부	업무관련여부
기부금	특수관계없음(불특정)	없음
기업업무추진비	특정고객대상	있음
광고선전비	불특정고객대상	있음

✓ **기부금과 기업업무추진비 등의 구분**(소통 35-0…1)

사업자가 금전 또는 물품 등을 기증한 경우에 그 금품의 가액은 거래실태별로 다음에 규정하는 기준에 따라 기업업무추진비 또는 기부금으로 구분한다. 다만, 정치단체·사회단체·기념사업회 등에 지급한 경우에는 이를 기부금으로 한다.(2024.3.15. 개정)

① 업무와 관련하여 지출한 금품 ………………………………………… 기업업무추진비
② '①'에 해당되지 아니하는 금품 ………………………………………………… 기부금

(3) 간주기부금

특수관계인 외의 자에게 정당한 사유 없이 자산을 정상가액보다 낮은 가액으로 양도하거나 특수관계인 외의 자로부터 정상가액보다 높은 가액으로 매입하는 거래를 통하여 실질적으로 증여한 것으로 인정되는 금액은 기부금으로 본다. 이 경우 정상가액은 시가에 시가의 30%를 더하거나 뺀 범위의 가액으로 한다.(소법 34조 ①, 소령 79조 ①, 2019.2.12. 개정)

2 특례기부금

(1) 범 위

다음의 기부금은 특례기부금으로 한다.(소법 34조 ② 1 가, 2022.12.31. 용어개정, 법법 24조 ② 1)

① 국가나 지방자치단체에 무상으로 기증하는 금품의 가액. 다만, 기부금품의 모집 및 사용에 관한 법률의 적용을 받는 기부금품은 같은 법에 따라 접수하는 것만 해당한다.(소법 34조 ③, 법법 24조 ② 1 가)

이 기부금에는 개인이 법인 또는 다른 개인에게 자산을 기증하고 수증자가 이를 받은 후 지체없이 다시 국가 또는 지방자치단체에 기증한 금품의 가액을 포함한다.(소령 79조 ②)

✓ **국가 등에 무상으로 기증하는 금품의 필요경비 계산**(소득 집행기준 34-79-5)

① 국가 또는 지방자치단체에 무상으로 기증하는 금품의 가액에는 개인이 법인 또는 다른 개인에게 자산을 기증하고 수증자가 이를 받은 후 지체없이 다시 국가 또는 지방자치단체에 기증한 금품의 가액을 포함한다.

② 국가 또는 지방자치단체에 무상으로 기증하는 금품의 가액이 기부금품의 모집 및 사용에 관한 법률을 적용받는 기부금품인 경우에는 같은 법 제5조제2항에 따라 접수하는 것에 한하여 특례기부금으로 본다.

✓ **국가 등에 사업용자산의 무상 기증시 기부금 해당 여부**(소득 해석편람 34-3-2)

사업을 영위하는 거주자가 장부상에 계상된 사업용자산을 국가 또는 지방자치단체(지방자치단체조합 포함)에 무상으로 기증하는 경우에는 해당 자산에 대한 기부당시의 장부가액(취득가액과 자본적 지출의 합계액에서 감가상각충당금을 차감한 미상각잔액)을 해당연도의 소득금액에서 이월결손금을 차감한 후의 소득금액의 범위 내에서 필요경비에 산입할 수 있는 것임(소득 46011-2619, 1999.7.9.)

② 국방헌금과 국군장병 위문금품의 가액(소법 34조 ③, 법법 24조 ② 1 나)

③ 천재지변으로 생기는 이재민을 위한 구호금품의 가액(소법 34조 ③, 법법 24조 ② 1 다)

④ 다음의 기관(병원은 제외한다)에 시설비·교육비·장학금 또는 연구비로 지출하는 기부금(소법 34조 ③, 법법 24조 ② 1 라)

㉠ 사립학교법에 따른 사립학교

✓ **특수관계 있는 단체에 지출한 기부금**(소득 집행기준 34-80-2)

개인이 사립학교법에 따른 사립학교에 시설비, 교육비, 연구비 등으로 지출한 출연금은 해당 사립학교와 출연자간 특수관계 유무에 관계없이 특례기부금에 해당한다.

㉡ 비영리 교육재단(사립학교의 신축·증설, 시설 확충, 그 밖에 교육환경 개선을 목적으로 설립된 비영리 재단법인만 해당한다)

㉢ 근로자직업능력 개발법에 따른 기능대학

㉣ 평생교육법에 따른 전공대학의 명칭을 사용할 수 있는 평생교육시설 및 원격대학 형태의 평생교육시설

㉤ 경제자유구역 및 제주국제자유도시의 외국교육기관 설립·운영에 관한 특별법에 따라 설립된 외국교육기관 및 제주특별자치도 설치 및 국제자유도시 조성을 위한 특별법에 따라 설립된 비영리법인이 운영하는 국제학교

㉥ 산업교육진흥 및 산학협력촉진에 관한 법률에 따른 산학협력단

㉦ 한국과학기술원법에 따른 한국과학기술원, 광주과학기술원법에 따른 광주과학기술원, 대구경북과학기술원법에 따른 대구경북과학기술원 및 울산과학기술원법에

따른 울산과학기술원 및 한국에너지공과대학교법에 따른 한국에너지공과대학교

ⓞ 국립대학법인 서울대학교 설립·운영에 관한 법률에 따른 국립대학법인 서울대학교, 국립대학법인 울산과학기술대학교 설립·운영에 관한 법률에 따른 울산과학기술대학교, 국립대학법인 인천대학교 설립·운영에 관한 법률에 따른 국립대학법인 인천대학교

ⓧ 재외국민의 교육지원 등에 관한 법률 제2조 제3호에 따른 한국학교 중 다음의 요건을 충족하는 학교로서 기획재정부장관이 지정·고시하는 학교(법령 38조 ③, 2018.12.24. 개정)

ⓐ 기부금 모금액 및 그 활용 실적을 공개할 수 있는 인터넷 홈페이지가 개설되어 있을 것

ⓑ 지정이 취소된 경우에는 그 취소된 날부터 3년, 재지정을 받지 못하게 된 경우에는 그 지정기간의 종료일부터 3년이 지났을 것

ⓩ 한국장학재단 설립 등에 관한 법률에 따른 한국장학재단(2022.12.31. 신설)

⑤ 다음의 병원등에 시설비·교육비 또는 연구비로 지출하는 기부금(소법 34조 ③, 법법 24조 ② 1 마)

㉠ 국립대학병원 설치법에 따른 국립대학병원

㉡ 국립대학치과병원 설치법에 따른 국립대학치과병원

㉢ 서울대학교병원 설치법에 따른 서울대학교병원

㉣ 서울대학교치과병원 설치법에 따른 서울대학교치과병원

㉤ 사립학교법에 따른 사립학교가 운영하는 병원

㉥ 암관리법에 따른 국립암센터

㉦ 지방의료원의 설립 및 운영에 관한 법률에 따른 지방의료원

㉧ 국립중앙의료원의 설립 및 운영에 관한 법률에 따른 국립중앙의료원

㉨ 대한적십자사 조직법에 따른 대한적십자사가 운영하는 병원

㉩ 한국보훈복지의료공단법에 따른 한국보훈복지의료공단이 운영하는 병원

㉪ 방사선 및 방사성동위원소 이용진흥법 제13조의2에 따른 한국원자력의학원

㉫ 국민건강보험법에 따른 국민건강보험공단이 운영하는 병원

㉬ 산업재해보상보험법 제43조 제1항 제1호에 따른 의료기관

㉭ 위 '㉠부터 ㉬까지'의 병원이 설립한 보건의료기술 진흥법 제28조의2 제1항에 따른 의료기술협력단(2024.12.31. 신설)

⑥ 사회복지사업, 그 밖의 사회복지활동의 지원에 필요한 재원을 모집·배분하는 것을 주된 목적으로 하는 비영리법인 중 일정한 요건을 충족하는 법인으로서 기획재정부장관이 지정·고시하는 법인에 지출하는 기부금(소법 34조 ③, 법법 24조 ② 1 바)

⑦ 재난 및 안전관리 기본법에 따른 특별재난지역을 복구하기 위하여 자원봉사를 한 경우 그 용역의 가액. 이때 자원봉사용역의 가액은 다음에 따라 계산한 금액의 합계액으로 한다.(소법 34조 ② 1 나, 소령 81조 ⑤)

ⓐ 다음 산식에 의하여 계산한 봉사일수에 5만원(2024년에 제공한 자원봉사용역부터는 8만원)을 곱한 금액(소수점 이하의 부분은 1일로 보아 계산한다). 개인사업자의 경우에는 본인의 봉사분에 한한다.(2024.2.29. 개정)

➲ 2024.2.29. 전에 제공한 자원봉사용역의 가액에 관하여는 개정규정에도 불구하고 종전의 규정에 따른다.(2024.2.29. 영 부칙 18조)

봉사일수 = 총 봉사시간 ÷ 8시간

ⓑ 자원봉사용역에 부수되어 발생하는 유류비(자원봉사용역 제공 장소로의 이동을 위한 유류비는 제외)·재료비 등 직접비용의 경우 해당 용역을 제공할 당시의 시가 또는 장부가액(2024.2.29. 개정)

✓ 특별재난지역으로의 이동을 위한 유류비가 소득령 81조 2호에 따른 직접비용으로서 기부금 해당 여부

특별재난지역을 복구하기 위하여 자원봉사를 하는 경우로서 특별재난지역 외의 지역에서 특별재난지역으로 지치로 이동함에 따라 소요된 유류비는 소득세법 시행령 제81조 제5항 제2호에 따른 직접비용에 포함되는 것임(서면법규소득 2022-3657, 2023.2.28.)

해당 자원봉사용역(특별재난지역으로 선포되기 이전에 같은 지역에서 행한 자원봉사용역을 포함)은 특별재난지역의 지방자치단체의 장(해당 지방자치단체의 장의 위임을 받은 단체의 장 또는 해당 지방자치단체에 설치된 자원봉사센터의 장을 포함)이 「기부금확인서」를 발행하여 확인한다.(소령 81조 ⑥, 2021.2.17. 개정)

(2) 필요경비산입 한도액

① 사업자가 해당 과세기간에 지출한 기부금 및 이월된 기부금(일반기부금은 제외) 중 특례기부금은 다음에 따라 산출한 필요경비 산입한도액 내에서 해당 과세기간의 사업소득금액을 계산할 때 필요경비에 산입하고, 필요경비 산입한도액을 초과하는 금액은 필요경비에 산입하지 아니한다.(소법 34조 ② 2, 2020.12.29. 개정)

> • 필요경비 산입한도액 = A – B
>
> A : 기준소득금액(특례기부금과 일반기부금을 필요경비에 산입하기 전의 해당 과세기간의 소득금액)
> B : 이월결손금
>
> ➲ 정치자금기부금이 있는 경우에는 (기준소득금액 – 이월결손금 – 정치자금기부금)의 금액이 특례기부금의 한도액이 된다.(소령 81조 ④ 2의2, 3)

② 기본공제대상자에 해당하는 사람(나이의 제한을 받지 아니하며, 다른 거주자의 기본공제를 적용받은 사람은 제외)이 지급한 기부금은 해당 사업자의 기부금에 포함한다.(소법 34조 ⑥, 2016.12.20. 개정)

(3) 특례기부금 한도초과액의 이월공제

① 사업자가 해당 과세기간에 지출하는 기부금 중 특례기부금의 필요경비 산입한도액을 초과하여 필요경비에 산입하지 아니한 기부금의 금액(종합소득세 신고 시 세액공제를 적용받은 기부금의 금액은 제외)은 해당 과세기간의 다음 과세기간 개시일부터 10년 이내에 끝나는 각 과세기간에 이월하여 필요경비에 산입할 수 있다.(소법 34조 ⑤, 2020.12.29. 개정)

➲ 2019.1.1. 이후 과세표준을 신고하거나 연말정산 하는 분부터 적용한다.(2018.12.31. 법 부칙 3조)

② 특례기부금 필요경비 산입한도액의 범위에서 이전 과세기간에 발생하여 이월된 기부금의 금액부터 필요경비에 산입한 다음 해당 과세기간에 발생한 기부금을 필요경비에 산입한다. 이 경우 먼저 발생하여 이월된 기부금의 금액부터 차례대로 필요경비에 산입한다.(소령 79조 ④, 2021.2.17. 개정)

➲ 2020.2.11. 이후 연말정산하거나 종합소득과세표준을 확정신고하는 분부터 적용한다.(2020.2.11. 영 부칙 8조)

3 일반기부금

(1) 범 위

사업자가 해당 과세기간에 지출한 기부금으로서 사회복지·문화·예술·교육·종교·자선 등 공익성을 감안하여 정한 다음의 기부금은 일반기부금으로 한다.(소법 34조 ③ 1, 소령 80조)

① 법인세법 시행령 제39조 제1항에서 규정하는 다음의 기부금(소령 80조 ① 1, 법령 39조 ①)

➲ 법인세법 준용에 따른 기부금의 구분
소득세법상 일반기부금은 법인세법 규정을 준용하고 있다. 법인세법상으로는 특례기부금에 해당된다 하더라도 소득세법상 일반기부금에 해당된다면 소득세법상 이를 일반기부금으로 본다.

㉠ 다음의 비영리법인(단체 및 비영리외국법인을 포함하며, 이하 “일반기부금단체 등”이라 한다)에 대하여 해당 일반기부금단체 등의 고유목적사업비로 지출하는 기부금. 다만, 아래 ‘ⓕ’에 따라 지정·고시된 법인에 지출하는 기부금은 지정일이 속하는 연도의 1월 1일부터 3년간(지정받은 기간이 끝난 후 2년 이내에 재지정되는 경우에는 재지정일이 속하는 사업연도의 1월 1일부터 6년간으로 한다. 이하 “지정기간”이라 한다) 지출하는 기부금에 한정한다.(법령 39조 ① 1, 2020.2.11. 단서개정)

➲ 2020.2.11.이 속하는 과세기간에 발생하는 소득분부터 적용한다.(2020.2.11. 영 부칙 2조 ①)

ⓐ 사회복지사업법에 따른 사회복지법인

ⓑ 영유아보육법에 따른 어린이집

ⓒ 유아교육법에 따른 유치원, 초·중등교육법 및 고등교육법에 따른 학교, 국민 평생 직업능력 개발법에 따른 기능대학, 평생교육법 제31조 제4항에 따른 전공대학 형태의 평생교육시설 및 같은 법 제33조 제3항에 따른 원격대학 형태의 평생교육시설(2022.2.17. 개정)

ⓓ 의료법에 따른 의료법인 및 보건의료기술 진흥법 제28조의2 제1항에 따른 의료기술협력단(법인세법 제24조 제2항 제1호 마 14의 특례기부금에 해당하는 의료기술협력단은 제외)(2025.2.28. 개정)

➲ 2025.2.28. 이후 과세표준을 신고하는 경우부터 적용한다.(2025.2.28. 법령 부칙 7조)

ⓔ 종교의 보급, 그 밖에 교화를 목적으로 민법 제32조에 따라 문화체육관광부장관 또는 지방자치단체의 장의 허가를 받아 설립한 비영리법인(그 소속 단체를 포함한다)

ⓕ 민법 제32조에 따라 주무관청의 허가를 받아 설립된 비영리법인(이하 “민법상 비영리법인”이라 한다), 비영리외국법인, 협동조합 기본법 제85조에 따라 설립된 사회적협동조합(이하 “사회적협동조합”이라 한다), 공공기관의 운영에 관한 법률 제4조에 따른 공공기관(같은 법 제5조 제4항 제1호에 따른 공기업은 제외한다. 이하 “공공기관”이라 한다) 또는 법률에 따라 직접 설립 또는 등록된 기관 중 다음의 요건을 모두 충족한 것으로서 국세청장(주사무소 및 본점 소재지 관할 세무서장을 포함한다. 이하에서 같다)의 추천을 받아 기획재정부장관이 지정하여 고시한 법인. 이 경우 국세청장은 해당 법인의 신청을 받아 기획재정부장관에게 추천해야 한다.(법령 39조 ① 1 바, 2021.2.17. 개정)

㉮ 다음의 구분에 따른 요건

Ⓐ 민법 상 비영리법인 또는 비영리외국법인의 경우 : 정관의 내용상 수입을 회원의 이익이 아닌 공익을 위하여 사용하고 사업의 직접 수혜자가 불특정 다수일 것(비영리외국법인의 경우 추가적으로 재외동포의 출입

국과 법적 지위에 관한 법률 제2조에 따른 재외동포의 협력·지원, 한국의 홍보 또는 국제교류·협력을 목적으로 하는 것일 것)
다만, 상속세 및 증여세법 시행령 제38조 제8항 제2호 각 목 외의 부분 단서에 해당하는 경우에는 해당 요건을 갖춘 것으로 본다.(2021.2.17. 단서 신설)

Ⓑ 사회적협동조합의 경우 : 정관의 내용상 협동조합 기본법 제93조 제1항 제1호부터 제3호까지의 사업 중 어느 하나의 사업을 수행하는 것일 것

Ⓒ 공공기관 또는 법률에 따라 직접 설립 또는 등록된 기관의 경우 : 설립 목적이 사회복지·자선·문화·예술·교육·학술·장학 등 공익목적 활동을 수행하는 것일 것

㉯ 해산하는 경우 잔여재산을 국가·지방자치단체 또는 유사한 목적을 가진 다른 비영리법인에 귀속하도록 한다는 내용이 정관에 포함되어 있을 것

㉰ 인터넷 홈페이지가 개설되어 있고, 인터넷 홈페이지를 통해 연간 기부금 모금액 및 활용실적을 공개한다는 내용이 정관에 포함되어 있으며, 법인의 공익위반 사항을 국민권익위원회, 국세청 또는 주무관청 등 공익위반사항을 관리·감독할 수 있는 기관(이하 "공익위반사항 관리·감독 기관"이라 한다) 중 1개 이상의 곳에 제보가 가능하도록 공익위반사항 관리·감독기관이 개설한 인터넷 홈페이지와 해당 법인이 개설한 홈페이지가 연결되어 있을 것(2020.2.11. 개정)

㉱ 비영리법인으로 지정·고시된 날이 속하는 연도와 그 직전 연도에 해당 비영리법인의 명의 또는 그 대표자의 명의로 특정 정당 또는 특정인에 대한 공직선거법 제58조 제1항에 따른 선거운동을 한 사실이 없을 것(2022.2.15. 개정)

㉲ 지정이 취소된 경우에는 그 취소된 날부터 3년, 추천을 받지 않은 경우에는 그 지정기간의 종료일부터 3년이 지났을 것. 다만, 법인세법 시행령 제5항 제1호에 따른 의무를 위반한 사유만으로 지정이 취소되거나 추천을 받지 못한 경우에는 그렇지 않다.(2020.2.11. 개정)

ⓛ 다음의 기부금(법령 39조 ① 2)

ⓐ 유아교육법에 따른 유치원의 장, 초·중등교육법 및 고등교육법에 의한 학교의 장, 근로자직업능력 개발법에 의한 기능대학의 장, 평생교육법 제31조 제4항에 따른 전공대학 형태의 평생교육시설 및 같은 법 제33조 제3항에 따른 원격대학 형태의 평생교육시설의 장이 추천하는 개인에게 교육비·연구비 또는 장학금으로 지출하는 기부금(2012.2.2. 개정)

ⓑ 상속세 및 증여세법 시행령 제14조 제1항 각호의 요건을 갖춘 공익신탁으로 신탁하는 기부금

ⓒ 사회복지·문화·예술·교육·종교·자선·학술 등 공익목적으로 지출하는 기부금으로서 기획재정부장관이 지정하여 고시하는 기부금(2018.2.13. 개정)

㉢ 다음 중 하나에 해당하는 사회복지시설 또는 기관 중 무료 또는 실비로 이용할 수 있는 시설 또는 기관에 기부하는 금품의 가액. 다만, 아래의 'ⓑ의 ㉮'에 따른 노인주거복지시설 중 양로시설을 설치한 자가 해당 시설의 설치·운영에 필요한 비용을 부담하는 경우 그 부담금 중 해당 시설의 운영으로 발생한 손실금(기업회계기준에 따라 계산한 해당 과세기간의 결손금을 말한다)이 있는 경우에는 그 금액을 포함한다.(법령 39조 ① 4, 2012.2.2. 개정)

ⓐ 아동복지법 제52조 제1항에 따른 아동복지시설(2012.8.3. 개정)

ⓑ 노인복지법 제31조에 따른 노인복지시설 중 다음의 시설을 제외한 시설(2012.2.2. 개정)

㉮ 노인복지법 제32조 제1항에 따른 노인주거복지시설 중 입소자 본인이 입소비용의 전부를 부담하는 양로시설·노인공동생활가정 및 노인복지주택

㉯ 노인복지법 제34조 제1항에 따른 노인의료복지시설 중 입소자 본인이 입소비용의 전부를 부담하는 노인요양시설·노인요양공동생활가정 및 노인전문병원

㉰ 노인복지법 제38조에 따른 재가노인복지시설 중 이용자 본인이 재가복지서비스에 대한 이용대가를 전부 부담하는 시설

ⓒ 장애인복지법 제58조 제1항에 따른 장애인복지시설. 다만, 다음의 시설은 제외한다.

㉮ 비영리법인(사회복지사업법 제16조 제1항에 따라 설립된 사회복지법인을 포함) 외의 자가 운영하는 장애인 공동생활가정

㉯ 장애인복지법 시행령 제36조에 따른 장애인생산품 판매시설

㉰ 장애인 유료복지시설

ⓓ 한부모가족지원법 제19조 제1항에 따른 한부모가족복지시설(2010.12.30. 개정)

ⓔ 정신보건법 제3조 제4호 및 제5호에 따른 정신질환자사회복귀시설 및 정신요양시설

ⓕ 성매매방지 및 피해자보호 등에 관한 법률 제5조 제1항 및 제10조 제2항에 따른 지원시설 및 성매매피해상담소

ⓖ 가정폭력방지 및 피해자보호 등에 관한 법률 제5조 제2항 및 제7조 제2항에 따른 가정폭력 관련 상담소 및 보호시설

ⓗ 성폭력방지 및 피해자보호 등에 관한 법률 제10조 제2항 및 제12조 제2항에 따른 성폭력피해상담소 및 성폭력피해자보호시설

ⓘ 사회복지사업법 제34조에 따른 사회복지시설 중 사회복지관과 부랑인·노숙인 시설

ⓙ 노인장기요양보험법 제32조에 따른 재가장기요양기관

ⓚ 다문화가족지원법 제12조에 따른 다문화가족지원센터

ⓛ 건강가정기본법 제35조 제1항에 따른 건강가정지원센터(2021.2.17. 신설)

ⓜ 청소년복지 지원법 제31조에 따른 청소년복지시설(2022.2.15. 신설)

㉣ 다음의 요건을 모두 갖춘 국제기구로서 기획재정부장관이 지정하여 고시하는 국제기구에 지출하는 기부금(2018.2.13. 개정)

ⓐ 사회복지, 문화, 예술, 교육, 종교, 자선, 학술 등 공익을 위한 사업을 수행할 것

ⓑ 우리나라가 회원국으로 가입하였을 것

일반(지정)기부금으로 인정되는 국제기구의 범위 (2025.3.31. 현재)

- 유엔난민기구(UNHCR)
- 국제이주기구(IOM)
- 녹색기후기금(GCP)
- 아시아산림협력기구(AFCO)
- 유엔여성기구(UNW)(2023.12.29. 지정)
- 감염병혁신연합(CEPI)(2024.3.29. 지정)
- 세계식량계획(WFP)
- 글로벌녹색성장연구소(GGGI)
- 유엔개발계획(UNDP)
- 재한유엔기념공원(UNMCK)
- 국제백신연구소(IVI)(2024.3.29. 지정)
- 유네스코(UNESCO)(2024.9.30. 지정)

② 다음 중 하나에 해당하는 회비(소령 80조 ① 2)

㉠ 노동조합 및 노동관계조정법, 교원의 노동조합 설립 및 운영 등에 관한 법률 또는 공무원의 노동조합 설립 및 운영 등에 관한 법률에 따라 설립된 단위노동조합 또는 해당 단위노동조합의 규약에서 정하고 있는 산하조직(이하 "단위노동조합등"이라 한다)으로서 다음의 요건을 모두 갖춘 단위노동조합등에 가입한 사람(이하에서 "조합"이라 한다)이 해당 단위노동조합등에 납부한 조합비(소령 80조 ① 2 가, 2025.2.28. 개정)

ⓐ 해당 과세기간에 단위노동조합등의 회계연도 결산결과(이하 "단위노동조합등 결산결과"라 한다)가 노동조합 및 노동관계조정법 시행령 제11조의9 제2항부터 제5항까지의 규정 또는 대통령령 제33758호 노동조합 및 노동관계조정법 시행령 일부개정령 부칙 제2조에 따라 공표되었을 것(해당 과세기간에 단위노동조합등결산결과가 공표되기 전에 조합원이 퇴직한 경우에는 직전 과세기간

에 단위노동조합등결산결과가 공표되었을 것). 이 경우 단위노동조합등의 직전 과세기간 종료일 현재 조합원 수가 1,000명 미만인 경우에는 전단의 요건을 갖춘 것으로 본다.(2025.2.28. 개정)

ⓑ 위 'ⓐ'에 따른 단위노동조합등으로부터 해당 단위노동조합등의 조합비를 재원으로 하여 노동조합의 규약에 따라 일정 금액을 교부받은 연합단체인 노동조합이나 다른 단위노동조합등이 있는 경우에는 해당 과세기간에 그 연합단체인 노동조합과 다른 단위노동조합등의 회계연도 결산결과(이하에서 "연합단체등결산결과"라 한다)도 노동조합 및 노동관계조정법 시행령 제11조의9 제2항부터 제5항까지의 규정 또는 대통령령 제33758호 노동조합 및 노동관계조정법 시행령 일부개정령 부칙 제2조에 따라 공표되었을 것(해당 과세기간에 연합단체등결산결과가 공표되기 전에 조합원이 퇴직한 경우에는 직전 과세기간에 연합단체등결산결과가 공표되었을 것). 이 경우 그 교부받은 다른 단위노동조합등의 직전 과세기간 종료일 현재 조합원 수가 1,000명 미만인 경우에는 전단의 요건을 갖춘 것으로 본다.(2025.2.28. 개정)

✓ **노동조합비 등의 기부금 해당여부**(소득 집행기준 34-80-1, 2024.10.31. 개정)

① 근로자가 노동조합 및 노동관계 조정법에 따라 설립된 노동조합에 납부한 노동조합비는 일반기부금에 해당하는 것이나, 해당 노동조합의 규약에서 정하고 있는 조합비 이외의 금액은 일반기부금에 해당하지 않는다.
이때 조합원자격이 있는 근로자가 해당 노동조합의 경상경비 등의 보전을 위하여 임시총회의 결의에 따라 모든 조합원이 동일한 기준에 의하여 추가로 납부하는 노동조합비도 일반기부금에 해당한다.

② 교원의 노동조합설립 및 운영 등에 관한 법률에 따라 설립된 전국교직원노동조합원의 자격으로 노동조합 규약에서 정한 분회비를 납부한 경우 그 분회비는 노동조합비로 보아 일반기부금에 해당한다.

③ 근로자참여 및 협력증진에 관한 법률 제4조에 따라 설치하는 노사협의회에 근로자가 납부하는 회비는 일반기부금에 포함되지 않는다.

ⓛ 교육기본법 제15조에 따른 교원단체에 가입한 사람이 납부한 회비

ⓒ 공무원직장협의회의 설립·운영에 관한 법률에 따라 설립된 공무원 직장협의회에 가입한 사람이 납부한 회비

③ 위탁자의 신탁재산이 위탁자의 사망 또는 약정한 신탁계약 기간의 종료로 인하여 상속세 및 증여세법 제16조 제1항에 따른 공익법인 등에 기부될 것을 조건으로 거주자가 설정한 신탁으로서 다음의 요건을 모두 갖춘 신탁에 신탁한 금액(소령 80조 ① 3)

㉠ 위탁자가 사망하거나 약정한 신탁계약기간이 위탁자의 사망 전에 종료하는 경우

신탁재산이 상속세 및 증여세법 제16조 제1항에 따른 공익법인 등에 기부될 것을 조건으로 거주자가 설정할 것

㉡ 신탁설정 후에는 계약을 해지하거나 원금 일부를 반환할 수 없음을 약관에 명시할 것

㉢ 위탁자 및 그와 국세기본법 시행령 제1조의2 제1항의 친족관계에 있는 사람(이하 “위탁자등”이라 한다)이 위 ‘㉠’의 공익법인등(위탁자등이 해당 공익법인등의 발행주식총수 또는 출자총액의 20% 이상을 소유하거나 출자한 경우로 한정한다)과 다음의 관계에 해당하지 않을 것(2024.2.29. 개정)

➲ 2024.2.29.부터 시행한다.(2024.2.29. 영 부칙 1조)

ⓐ 위탁자등 중 1명이 공익법인등의 설립자인 관계

ⓑ 위탁자등이 공익법인등의 이사의 과반수를 차지하는 관계

㉣ 금전으로 신탁할 것

④ 비영리민간단체 지원법에 따라 등록된 단체 중 일정한 요건을 모두 충족한 것으로서 행정안전부장관의 추천을 받아 기획재정부장관이 지정한 단체(이하 “공익단체”라 한다)에 지출하는 기부금. 다만, 공익단체에 지출하는 기부금은 지정일이 속하는 과세기간의 1월 1일부터 3년간(지정받은 기간이 끝난 후 2년 이내에 재지정되는 경우에는 재지정일이 속하는 과세기간의 1월 1일부터 6년간) 지출하는 기부금만 해당한다.(소령 80조 ① 5, 2021.2.17. 개정)

(2) 필요경비산입 한도액

① 사업자가 해당 과세기간에 지출한 기부금 및 이월된 기부금(특례기부금은 제외한다) 중 일반기부금은 필요경비 산입한도액 내에서 해당 과세기간의 사업소득금액을 계산할 때 필요경비에 산입하고, 필요경비 산입한도액을 초과하는 금액은 필요경비에 산입하지 아니한다.(소법 34조 ③, 2020.12.29. 개정)

② 거주자의 기본공제대상자에 해당하는 사람(나이의 제한을 받지 아니하며, 다른 거주자의 기본공제를 적용받은 사람은 제외)이 지급한 기부금은 해당 사업자의 기부금에 포함한다.(소법 34조 ⑤, 2016.12.20. 개정)

이 경우 해당 과세기간의 소득금액에서 이월결손금, 정치자금기부금, 고향사랑기부금, 특례기부금 및 우리사주조합기부금의 합계액을 공제하는 경우에는 이월결손금, 정치자금기부금, 고향사랑기부금, 특례기부금 및 우리사주조합기부금의 순서로 공제한다.(소령 81조 ④ 3, 2024.2.29. 개정)

PART 2

1) 종교단체 기부금이 있는 경우

필요경비산입 한도액 = [{A − (B + C)} × 10%] + [{A − (B + C)} × 20%와 종교단체 외에 지급한 금액 중 적은 금액]

A : 기준소득금액(특례기부금과 일반기부금을 필요경비에 산입하기 전의 해당 과세기간의 소득금액)
B : 필요경비에 산입하는 특례기부금
C : 이월결손금

➲ 정치자금기부금과 우리사주조합기부금이 있는 경우에는 (기준소득금액 − 이월결손금 − 정치자금기부금 − 고향사랑기부금 − 특례기부금 − 우리사주조합기부금)의 금액이 일반기부금의 한도액이 된다.(소령 81조 ④ 2의2, 3, 2024.2.29. 개정)

2) 종교단체 기부금이 없는 경우

필요경비산입 한도액 = [A − (B + C)] × 30%

A : 기준소득금액(특례기부금과 일반기부금을 필요경비에 산입하기 전의 해당 과세기간의 소득금액)
B : 필요경비에 산입하는 특례기부금
C : 이월결손금

➲ 정치자금기부금과 우리사주조합기부금이 있는 경우에는 (기준소득금액 − 이월결손금 − 정치자금기부금 − 고향사랑기부금 − 특례기부금 − 우리사주조합기부금)의 금액이 일반기부금의 한도액이 된다.(소령 81조 ④ 2의2, 3, 2024.2.29. 개정)

✓ 단독사업장과 공동사업장을 함께 영위하는 사업자가 지출한 종교단체 기부금을 공동사업장의 수입금액에 대한 필요경비로 산입할 수 있는지 여부

공동사업장과 추계 신고하는 단독사업장을 겸영하는 사업자의 기부금에 대해서는 공동사업장의 기부금으로 보아 필요경비에 산입할 수 있음(사전법규소득 2023-331, 2023.10.30.)

✓ 공동사업장 구성원의 사적 기부금이 사업장 필요경비에 해당하는지 여부

공동사업자의 기부금에 대해서는 공동사업자의 소득금액을 계산함에 있어 공동사업장의 기부금으로 보아 소득세법 제34조 규정에 따라 필요경비에 산입하는 것임(기획재정부소득-57, 2016.2.2.)

✓ 지정기부금 필요경비 산입시 해당과세기간의 소득금액의 의미

지정기부금 필요경비 산입한도액 계산 시 "해당 과세기간의 소득금액"은 기부금을 지출한 사업자의 사업소득(추계조사결정한 사업소득 제외)금액을 말하는 것임(서면법령해석소득 2015-1874, 2015. 12.23.)

✓ 지정기부금 세액공제 한도 산식에 추계 사업소득금액이 포함되는지 여부

지정기부금 특별세액공제 한도 계산 시 추계한 사업소득금액을 종합소득금액에서 제외하지 않는 것임(기준법령해석소득 2016-294, 2017.2.28.)

✓ **개인사업자의 지정기부금 한도초과액의 이월공제 여부**

사업소득만 있는 거주자가 지정기부금을 결산조정으로 필요경비에 산입하지 아니한 경우에는 특별공제를 한 후 한도초과액이 있는 경우에도 이월공제를 할 수 없는 것임(서면1팀-114, 2006.1.27.)

(3) 일반기부금 한도초과액의 이월공제

① 사업자가 해당 과세기간에 지출하는 기부금 중 기부금의 필요경비 산입한도액을 초과하여 필요경비에 산입하지 아니한 기부금의 금액(종합소득세 신고 시 세액공제를 적용받은 기부금의 금액은 제외)은 해당 과세기간의 다음 과세기간 개시일부터 10년 이내에 끝나는 각 과세기간에 이월하여 필요경비에 산입할 수 있다.(소법 34조 ⑤, 2019.12.31. 개정)

➲ 2019.1.1. 이후 과세표준을 신고하거나 연말정산 하는 분부터 적용한다.(2018.12.31. 법 부칙 3조)

② 일반기부금 필요경비 산입한도액의 범위에서 이전 과세기간에 발생하여 이월된 기부금의 금액부터 필요경비에 산입한 다음 해당 과세기간에 발생한 기부금을 필요경비에 산입한다. 이 경우 먼저 발생하여 이월된 기부금의 금액부터 차례대로 필요경비에 산입한다.(소령 79조 ④, 2020.2.11. 개정)

➲ 2020.2.11. 이후 연말정산하거나 종합소득과세표준을 확정신고 하는 분부터 적용한다.(2020.2.11. 영 부칙 8조)

4 조세특례제한법상의 기부금

(1) 정치자금의 필요경비산입특례 등

1) 필요경비산입액

거주자가 정치자금법에 따라 정당(같은 법에 따른 후원회 및 선거관리위원회를 포함)에 기부한 정치자금은 이를 지출한 해당 과세연도의 소득금액에서 10만원까지는 그 기부금액의 110분의 100을, 10만원을 초과한 금액에 대해서는 해당 금액의 15%(해당 금액이 3천만원을 초과하는 경우 그 초과분에 대해서는 25%)에 해당하는 금액을 종합소득산출세액에서 공제한다. 다만, 사업자인 거주자가 정치자금을 기부한 경우 10만원을 초과한 금액에 대해서는 이월결손금을 뺀 후의 소득금액의 범위에서 필요경비에 산입한다.(조특법 76조 ①, 2014.1.1. 개정)

구 분		정치자금기부금 공제방법
10만원 이하분		기부금 × $\frac{100}{110}$을 세액공제한다.(강제사항)
10만원 초과분	사업자	[소득금액 - 이월결손금]을 한도로 필요경비산입한다.
	비사업자	[기부금-10만원]×15%(3,000만원* 초과분은 25%)를 세액공제한다.

* 우선순위로 세액공제한 10만원을 합하여 3,000만원 초과 여부를 판단한다.

2) 증여세문제 등

① 위 '1)'의 규정에 따라 기부하는 정치자금 기부금에 대해서는 상속세 또는 증여세를 부과하지 아니한다.(조특법 76조 ②)

② 위 '1)'의 규정에 따른 정치자금 외의 정치자금에 대해서는 상속세 및 증여세법 제12조 제4호(정당법의 규정에 의한 정당에 유증 등을 한 재산에 대한 증여세 비과세)·제46조 제3호(정당법의 규정에 의한 정당에 유증 등을 한 재산에 대한 증여세 비과세) 및 다른 세법의 규정에도 불구하고 그 기부받은 자가 상속받거나 증여받은 것으로 보아 상속세 또는 증여세를 부과한다.(조특법 76조 ③)

③ 농어촌특별세가 비과세된다.(농특령 4조 ⑥ 1, 2024.2.29. 개정)

> ✓ **기부정치자금 세액공제시 부양가족 명의 기부금의 공제 가능 여부**
> 조세특례제한법 제76조의 "정치자금의 손금산입 특례 등" 규정은 거주자가 정치자금법에 따라 정당(동법에 의한 후원회 및 선거관리위원회를 포함)에 본인명의로 기부한 정치자금에 한하여 적용되는 것임(서면1팀-207, 2007.2.7.)

(2) 우리사주조합원 등에 대한 과세특례

거주자가 우리사주조합에 지출하는 기부금(우리사주조합원이 지출하는 기부금은 제외한다)은 아래의 금액을 한도로 하여 필요경비에 산입하거나 종합소득산출세액에서 공제할 수 있다.(조특법 88조의4 ⑬, 2020.12.29. 개정, 소령 81조 ④ 2의2, 2024.2.29. 개정)

> (해당 과세기간의 기준소득금액－이월결손금－정치자금기부금－고향사랑기부금－특례기부금) × 30%

(3) 고향사랑 기부금에 대한 필요경비산입(2021.12.28. 신설)

➲ 2023.4.15.부터 시행한다.(2021.12.28. 조특법 부칙 1조 단서 1, 2023.4.11. 개정)

① 거주자가 고향사랑 기부금에 관한 법률에 따라 고향사랑 기부금을 지방자치단체에

기부한 경우 다음의 계산식에 따라 계산한 금액을 이를 지출한 해당 과세연도의 종합소득산출세액에서 공제한다. 다만, 사업자인 거주자의 경우 10만원 이하의 금액에 대해서는 아래 '㉠'을 따르되, 10만원을 초과하는 금액에 대해서는 이월결손금을 뺀 후의 소득금액의 범위에서 필요경비에 산입한다.(조특법 58조 ①)

㉠ 10만원 이하의 금액을 기부한 경우 : 고향사랑 기부금 $\times \frac{100}{110}$

㉡ 10만원 초과 5백만원 이하의 금액을 기부한 경우 : 10만원 $\times \frac{100}{110}$ + (고향사랑 기부금 − 10만원) × 15%

개정 2024.12.31, 2025.3.14.

➲ 2025.1.1. 이후 기부하는 경우부터 적용한다.(2024.12.31. 조특법 부칙 7조)

㉡ 10만원 초과 2천만원 이하의 금액을 기부한 경우 : 10만원 $\times \frac{100}{110}$ + (고향사랑 기부금 − 10만원) × 15%*

* 특별재난지역으로 선포된 지방자치단체에 특별재난지역 선포일부터 3개월 이내에 기부한 경우는 30%(2025.3.14. 개정, 조특령 53조의2, 입법예고중)

② 위 '①'에 따라 세액공제받는 금액은 해당 과세기간의 종합소득산출세액을 한도로 하며, 사업자인 거주자가 필요경비에 산입하는 경우 해당 과세기간의 소득금액에서 이월결손금을 뺀 금액을 한도로 한다.(조특법 58조 ②)

③ 세액공제받거나 필요경비에 산입한 고향사랑 기부금과 위 '②'의 한도를 초과한 고향사랑 기부금에 대해서는 특례·일반기부금의 필요경비산입 규정(소법 34조 ②) 또는 기부금 세액공제 규정(소법 59조의4 ④)을 적용하지 아니한다.(조특법 58조 ③)

5 기부금의 계산 (현금주의)

① **가지급금으로 이연계상한 경우** : 사업자가 기부금을 가지급금으로 이연계상한 경우에는 이를 그 지출한 과세기간의 기부금으로 본다.(소령 81조 ①)

② **미지급금으로 계상한 경우** : 사업자가 기부금을 미지급금으로 계상한 경우에는 실제로 이를 지출할 때까지 필요경비에 산입하지 아니한다.(소령 81조 ②)

③ **기부금의 평가** : 사업자가 기부금을 금전 외의 자산으로 제공한 경우 해당 자산의 가액은 이를 제공한 때의 시가(시가가 장부가액보다 낮은 경우에는 장부가액을 말한다)에 따른다. 다만, 박물관 및 미술관 진흥법제3조에 따른 국립 박물관 및 국립 미술관에 제공하는 기부금에 대해서는 기증유물의 감정평가를 위하여 문화체육관광부에 두

는 위원회에서 산정한 금액으로 할 수 있다.(소령 81조 ③, 2020.2.11. 단서 개정)

➲ 2020.2.11. 개정을 통해 현물 특례기부금의 평가를 '장부가액'으로 하던 규정을 '시가와 장부가액 중 큰 금액'으로 변경하였다.

➲ 2020.2.11. 이후 연말정산하거나 종합소득과세표준을 확정신고 하는 분부터 적용하되, 해당 과세기간 전에 발생하여 이월된 기부금에 대해서는 같은 개정규정에도 불구하고 종전의 규정에 따른다.(2020.2.11. 영 부칙 9조)

✓ **현물기부금에 대한 영수증 발행 시 시가판단 여부**

의료용역을 무료로 실시하고 지급받지 아니하는 금액은 총수입금액에 산입하지 아니하는 것이며, 그 무상으로 제공하는 의료용역의 대가 상당액은 기부금에 해당하지 않는 것임(서면1팀-1443, 2004.10.26.)

✓ **어음으로 지급한 기부금의 필요경비계상시기**(소통 34-81…1)

① 기부금의 지급을 위하여 어음을 발행(어음의 배서를 포함한다)한 때에는 그 어음이 실제로 결제된 날에 기부금이 지급된 것으로 한다.

② 기부금의 지급을 위하여 수표를 발행하는 때에는 해당 수표를 교부한 날에 지급된 것으로 한다.

✓ **기부금 단체가 아닌 비영리민간단체의 대표자 및 주소지가 특정교회와 같을 경우 해당 단체명의로 기부금 영수증을 발급 할 수 있는지 여부**

민간단체가 기부금을 받은 경우로서 대표자 및 주소지가 특정교회와 동일한 경우라도 소득세법 시행령 제80조 제1항 제5호의 지정기부금단체에 해당하지 않으면 해당 단체명의로 기부금 영수증을 발급할 수 없는 것임(사전법령해석소득 2018-709, 2018.12.10.)

6 명세서의 제출

사업자가 기부금을 지출한 때에는 과세표준확정신고서에 「기부금명세서」(별지 제45호 서식)를 첨부하여 관할 세무서장에게 제출해야 한다.(소령 79조 ⑤, 2021.2.17. 개정)

사 례 기부금의 필요경비산입(2024년 귀속기준)

김선행씨가 2024년에 지출한 다음의 각 기부금에 대한 한도초과액을 계산하시오.
다만, 기부금을 필요경비에 산입한 후의 소득금액은 65,000,000원이며 이월결손금은 없다.

구 분	기부금지출액(단위 : 원)
① 국방헌금으로 지출한 기부금(특례기부금)	10,000,000
② 종교단체에 지출한 기부금(일반기부금)	3,000,000
③ 대한적십자사에 지출한 기부금(일반기부금)	2,000,000
합 계	15,000,000

해 답 한도초과액 없음

풀 이 (1) 기부금의 구분

구 분	특례기부금	일반기부금
① 국방헌금으로 지출한 기부금	10,000,000	
② 종교단체에 지출한 기부금		3,000,000
③ 대한적십자사에 지출한 기부금		2,000,000
합 계	10,000,000	5,000,000

(2) 필요경비산입 한도 및 한도초과액의 계산

① 기준소득금액의 계산 : 종합소득금액 + 필요경비산입 기부금
= 65,000,000 + 15,000,000
= 80,000,000원

② 특례기부금 필요경비산입액 :
Min(특례기부금 지출액, 한도액) = Min(10,000,000, 80,000,000) = 10,000,000원

③ 일반기부금 필요경비산입액 :
Min(일반기부금 지출액, 한도액) = Min(5,000,000, 9,000,000*) = 5,000,000원

* (80,000,000 − 10,000,000)×10% + Min[(80,000,000 − 10,000,000)×20%, 2,000,000]
→ 특례·일반기부금 모두 한도초과액은 없음

IX 기업업무추진비

➲ 2022.12.31. 세법 개정으로 종전의 "접대비"란 용어가 "기업업무추진비"로 변경되었다.
➲ 2024.1.1. 전에 지출한 접대비는 개정규정에 따른 기업업무추진비로 본다.(2022.12.31. 12조)

(1) 개 요

① "기업업무추진비"란 접대, 교제, 사례 또는 그 밖에 어떠한 명목이든 상관없이 이와 유사한 목적으로 지출한 비용으로서 사업자가 직접적 또는 간접적으로 업무와 관련이 있는 자와 업무를 원활하게 진행하기 위하여 지출한 금액을 말한다.(소법 35조 ①, 2018.12.31. 개정)

✓ **광고선전비와 유사비용의 구분**(소득 집행기준 27-55-28)

광고·선전을 목적으로 견본품·달력·수첩·컵·부채 기타 이와 유사한 물품을 불특정다수인에게 기증하기 위하여 지출한 비용[특정인에게 기증한 물품(개당 3만원 이하의 물품은 제외한다)의 경우에는 연간 5만원 이내의 금액에 한정한다]은 광고선전비로서 필요경비에 산입하며 이와 유사한 비용(기업업무추진비, 기부금, 판매장려금)은 다음과 같이 구분된다.

구 분	광고선전비	유사비용	유사비용처리
지출대상	불특정 다수인	특정인	–
지출목적	판매촉진, 구매의욕 자극	거래처와의 원활한 관계 지속	기업업무추진비
업무관련성	업무와 관련	사업목적과 무관	기부금
지급대상	사전약정없이 불특정 다수인에게 지급	매입처에게 판매수당·장려금 지급(사전약정없이 지급하는 경우 포함)	판매장려금

✓ **기업업무추진비 등의 구분**(소득 집행기준 35-83-4)

사업을 위하여 지출한 비용으로서 기업업무추진비, 광고선전비 또는 판매부수비용은 다음과 같이 구분한다.

① 지출의 상대방이 사업에 관계있는 자들이고 지출의 목적이 접대 등의 행위에 의하여 사업관계자들과의 사이에 친목을 두텁게 하여 거래관계의 원활한 진행을 도모하는데 지출한 비용은 기업업무추진비에 해당하며, 지출의 상대방이 불특정다수인이고 지출의 목적이 구매의욕을 자극하는데 지출한 비용은 광고선전비에 해당한다.

② 특수관계인 외의 자에게 지급하는 판매장려금·판매수당 또는 할인액 등으로서 건전한 사회통념과 상관행에 비추어 정상적인 거래라고 인정될 수 있는 범위의 금액으로서 판매와 직접 관련된 경비는 판매부대비용에 해당한다.

③ 자동차판매 대리업자가 판매촉진을 위하여 자동차를 구입하는 불특정고객에게 회사의 상호, 전화번호 등이 인쇄된 자동차관련 악세사리 및 소모품 등을 무상으로 제공하는 경우 그 사은품 등은 해당 사업자의 광고선전비에 해당하며, 자동차회사와 사전약정에 의해 자동차판매를 대리하고 그 실적에 따라 수수료를 받는 경우 당초 약정한 판매가보다 할인하여 판매하고 그 차액을 수입할 판매수수료에서 부담하는 경우에 그 할인액은 기업업무추진비로 본다.

④ 고객유치를 위해 자신의 업소를 찾는 고속버스와 관광버스의 운전기사에게 음식물과 선물 등을 제공하는 경우에 해당 비용은 기업업무추진비에 해당한다.

⑤ 증권투자상담사가 고객과의 손실보상계약에 의하여 지급하는 손실보상금은 필요경비 산입하는 것이나 손실보상의무가 없는 경우 지급한 손실보상금은 기업업무추진비에 해당한다.

⑥ 수출면장상의 금액에 대하여 수입업자의 할인 요구에 따라 할인하여 주는 금액은 사전약정없이 특정업체에 대한 매출채권의 일부를 포기하는 것이므로 기업업무추진비에 해당한다.

✓ **법인이 업무와 관련하여 지출하는 사례금의 접대비 해당여부**

법인이 업무와 관련하여 지출하는 사례금은 접대비에 해당하는 것이며, 기타소득금액으로 원천징수대상 소득금액이 되는 것임(법인 22601-3474, 1985.11.21.)

✓ **인터넷회선 모집인이 제공하는 사은품 등의 비용 구분**

인터넷회선 판매 모집인이 회원 모집을 목적으로 불특정다수에게 사전 약정이나 공시를 하고 가입자에게 판촉물로 사은품 등을 제공하거나 가입비 지원 목적으로 일정금액을 지급하는 경우 건전한 사회통념과 상관행에 비추어 정상적인 거래라고 인정될 수 있는 범위 내의 금액으로서 기업회계기준에 따라 계상한 금액은 소득세법상 판매부대비용으로 보는 것이나, 특정 고객에게 사은품 등을 제공하는 것은 접대비에 해당함(서면1팀-780, 2005.7.1.)

✓ **초고속인터넷 가입조건으로 지급받는 사은금품의 기타소득 해당 여부**

통신회사로부터 초고속 인터넷(초고속 인터넷과 IPTV 및 인터넷 전화와의 결합 상품을 포함한다) 가입유치 등을 위탁받은 사업자가 가입을 조건으로 가입자에게 지급하는 현금과 사은품은 소득세법 제21조(기타소득) 제1항 제17호에 따른 사례금 등의 과세소득에 해당하지 아니하는 것임(기획재정부소득-386, 2013.7.19.)

② 사업자가 종업원이 조직한 조합 또는 단체에 지출한 복지시설비 중 해당 조합 또는 단체가 법인인 경우 해당 법인에 지출한 것은 기업업무추진비로 보며, 해당 조합 또는 단체가 법인이 아닌 경우에는 그 사업자의 소유자산에 대한 지출로 본다.(소령 83조 ①)

(2) 기업업무추진비의 필요경비불산입

1) 원칙

사업자가 한 차례의 접대에 지출한 기업업무추진비 중 3만원(경조금은 20만원)을 초과하는 기업업무추진비로서 다음에 해당하지 아니하는 것은 각 과세기간의 소득금액을 계산할 때 필요경비에 산입하지 아니한다.(소법 35조 ②, 소령 83조 ②, 2021.2.17. 개정)

➲ 2021.1.1. 전에 기업업무추진비로 지출한 분에 대해서는 개정규정(1만원 → 3만원)에도 불구하고 종전의 규정에 따른다.(2021.2.17. 영 부칙 23조)

① 다음의 신용카드 등을 사용하여 지출하는 기업업무추진비. 이때 재화 또는 용역을 공급하는 신용카드 등의 가맹점과 다른 가맹점의 명의로 작성된 매출전표 등을 발급받은 경우에는 그 지출금액은 기업업무추진비에 포함하지 아니한다.(소법 35조 ②, 소령 83조 ④)

㉠ 여신전문금융업법에 따른 직불카드

㉡ 외국에서 발행된 신용카드

㉢ 기명식선불카드, 직불전자지급수단, 기명식선불전자지급수단 또는 기명식전자화폐

✓ **종업원명의로 발급받은 신용카드 등에 의한 비용에 대한 증빙서류의 범위**

종업원이 개인명의로 발급받은 신용카드 등에 의하여 업무와 관련하여 지출한 것이 확인되는 신용카드매출전표는 소득세법 제35조 제2항 제1호(필요경비에 산입하는 신용카드사용접대비) 및 같은 법 제160조의2 제2항 제3호(지출증빙서류)에 해당하는 것임(소득 46011-357, 2000.3.15.)

② 현금영수증
③ 계산서 또는 세금계산서를 발급받아 지출하는 기업업무추진비
④ 매입자발행계산서 및 매입자발행세금계산서를 발행하여 지출하는 기업업무추진비 (2022.12.31. 개정) ➲ "매입자발행계산서"는 2023.7.1.부터 시행한다.(2022.12.31. 법 부칙 1조 4)
⑤ 사업자등록을 하지 않은 자로부터 용역을 제공받고 교부하는 원천징수영수증을 발행하여 지출하는 기업업무추진비(소령 83조 ⑤)

2) 예 외

지출사실이 객관적으로 명백한 경우로서 기업업무추진비라는 증거자료를 구비하기 어려운 다음의 지출은 필요경비불산입하지 않는다.(소법 35조 ② 단서, 2012.1.1. 개정, 소령 83조 ③)

① 기업업무추진비가 지출된 장소(그 장소가 소재한 인근 지역 내의 유사한 장소를 포함)가 현금 외에 다른 지출수단을 취급하지 아니하여 증명서류를 구비하기 어려운 경우의 해당 국외지역에서의 지출
② 농·어민(한국표준산업분류에 의한 농업 중 작물재배업·축산업·복합농업, 임업 또는 어업에 종사하는 자를 말하며, 법인은 제외한다)으로부터 직접 재화를 공급받는 경우의 지출로서 그 대가를 금융실명거래 및 비밀보장에 관한 법률 제2조 제1호에 따른 금융회사 등을 통하여 지급한 지출(사업자가 종합소득과세표준 확정신고를 할 때 과세표준확정신고서에 송금사실을 적은 송금명세서를 첨부하여 납세지 관할 세무서장에게 제출한 경우에 한정한다)

(3) 기업업무추진비 한도초과액의 필요경비불산입

사업자가 해당 과세기간에 지출한 기업업무추진비[3만원(경조금은 20만원) 초과 사용 기업업무추진비의 신용카드 등 미사용분 선순위 필요경비불산입금액을 제외]로서 다음 금액의 합계액을 초과하는 금액은 그 과세기간의 소득금액을 계산할 때 필요경비에 산입하지 아니한다.(소법 35조 ③, 2023.12.31. 자구수정)

1) 기본한도 : 다음 계산식에 따라 계산한 금액

• 기본한도금액 = A × B × $\frac{1}{12}$

A : 1,200만원(조세특례제한법 제6조 제1항에 따른 중소기업은 3,600만원)
B : 해당 과세기간의 개월 수(6개월 수는 역(曆)에 따라 계산하되, 1개월 미만의 일수는 1개월로 한다)

✓ **인적용역 사업자에 대한 접대비의 필요경비 한도액 적용 방법**

[질의]

인적용역 사업자에 대한 접대비의 필요경비 한도액 적용 방법

(1안) 인적용역 사업자는 조세특례제한법에 따른 중소기업에 해당하지 않아 일반 접대비 기본한도(1,200만원) 적용

(2안) 조세특례제한법에 따른 중소기업 요건을 충족하는 인적용역 사업자는 중소기업에 해당하므로 중소기업 접대비 기본한도(3,600만원) 적용

[회신]

귀 질의의 경우 (1안)이 타당한 것임(기획재정부소득-19, 2023.1.4.)

2) 수입금액 한도(소법 35조 ③, 소령 83조 ⑧, ⑨, 소칙 45조, 법칙 20조 ①)

① 일반수입금액 : 해당 사업에 대한 해당 과세기간의 수입금액(기업회계기준에 따라 계산한 매출액) 합계액에 다음 표에 규정된 적용률을 적용하여 산출한 금액으로 한다.

수입금액	적 용 률
100억원 이하	0.3%
100억원 초과 500억원 이하	3천만원+(수입금액-100억원)×0.2%
500억원 초과	1억1천만원+(수입금액-500억원)×0.03%

② 기타수입금액(특수관계인과의 거래에서 발생한 수입금액) : 기타수입금액에 적용률을 적용한 금액의 10%에 해당하는 금액으로 한다.

수입금액 한도 = (일반수입금액 × 적용률) + (기타수입금액 × 적용률 × 10%)

✓ **기업업무추진비 한도액 계산시 수입금액의 계산**(소득 집행기준 35-83-3)

수입금액 기준에 의한 기업업무추진비 한도액 계산에 있어서의 수입금액은 기업회계기준에 따라 계산한 매출액을 말하는 것으로, 이에 포함하는 것과 포함하지 않는 것을 예시하면 다음과 같다.

수입금액에 포함하는 것	수입금액에 포함하지 않는 것
1. 기업회계기준에 따른 매출액을 세무조정으로 수입금액에 산입한 금액 2. 영업수입금액 3. 반제품·부산물·작업폐물 4. 중단사업부문의 매출액	1. 기업회계기준에 따른 매출액과 법인세법상의 익금과의 차액을 세무조정으로 익금산입한 금액 2. 매출에누리·매출할인 3. 영업외수입·특별이익 4. 간주임대료 5. 부당행위계산부인으로 익금산입한 금액 6. 개별소비세 과세물품 제조·판매 법인의 매출액에 포함된 개별소비세(교육세 포함)

✓ **특수관계인의 범위**(소령 83조 ⑨, 98조 ①, 국기령 1조의2 ①, 2023.2.28. 개정, ②, ③ 1)

① 다음 중 하나에 해당하는 "친족관계"(국기령 1조의2 ①)

㉠ 4촌 이내의 혈족(2023.2.28.까지는 6촌 이내의 혈족)

㉡ 3촌 이내의 인척(2023.2.28.까지는 4촌 이내의 인척)

㉢ 배우자(사실상의 혼인관계에 있는 자를 포함한다)

㉣ 친생자로서 다른 사람에게 친양자 입양된 자 및 그 배우자·직계비속

㉤ 본인이 민법에 따라 인지한 혼인 외 출생자의 생부나 생모(본인의 금전이나 그 밖의 재산으로 생계를 유지하는 사람 또는 생계를 함께하는 사람으로 한정한다)(2023.2.28. 신설)

➲ '㉠, ㉡, ㉤'은 2023.3.1.부터 시행한다.(2023.2.28. 국기령 부칙 1조 단서)

② 다음 중 하나에 해당하는 "경제적 연관관계"(국기령 1조의2 ②)

㉠ 임원과 그 밖의 사용인

㉡ 본인의 금전이나 그 밖의 재산으로 생계를 유지하는 자

㉢ ㉠ 및 ㉡의 자와 생계를 함께하는 친족

③ 본인이 개인인 경우로서 다음의 구분에 따른 "경영지배관계"(국기령 1조의2 ③ 1)

㉠ 본인이 직접 또는 그와 친족관계 또는 경제적 연관관계에 있는 자를 통하여 법인의 경영에 대하여 지배적인 영향력을 행사하고 있는 경우 그 법인

㉡ 본인이 직접 또는 그와 친족관계, 경제적 연관관계 또는 ㉠의 관계에 있는 자를 통하여 법인의 경영에 대하여 지배적인 영향력을 행사하고 있는 경우 그 법인

✓ **접대비 계산시 현재가치할인차금상각액의 수입금액 산입 여부**(소득 해석편람 35-2-1)

장기할부판매 등으로 인한 현재가치와 명목가치의 차액인 현재가치할인차금의 상각액은 기업회계기준상 영업외수익에 해당하므로 접대비 한도액 계산시 수입금액에 포함되지 않는 것임(소득 46011-675, 1999.2.21.)

✓ **영업외수익의 기준수입금액 포함 여부**(소득 해석편람 35-2-3)

접대비의 필요경비 한도액계산에 있어서 적용할 기준수입금액은 기업회계기준에 의하여 계산한 매출액을 말하는 것이므로 영업외수익에 해당하는 금액은 기준수입금액에서 제외함(제도 46011-12100, 2001.7.13.)

(4) 문화기업업무추진비 필요경비산입 특례

1) 개 요

내국인이 2025.12.31. 이전에 지출한 문화기업업무추진비에 대해서는 위 '(3)'의 기업업무추진비 한도액의 20%에 상당하는 금액의 범위에서 필요경비에 산입한다.(조특법 136조 ③, 2022.12.31. 개정)

기업업무추진비 한도액	=	일반기업업무추진비 한도액	+	문화기업업무추진비 한도액	Min	┌ 문화기업업무추진비 지출액 └ 일반기업업무추진비한도액 × 20%

2) 문화기업업무추진비의 범위

국내 문화관련 지출로서 다음의 용도로 지출한 비용을 말한다.(조특령 130조 ⑤, 2007.8.6. 신설)

① 문화예술진흥법 제2조에 따른 문화예술의 공연이나 전시회 또는 박물관 및 미술관 진흥법에 따른 박물관의 입장권 구입
② 국민체육진흥법 제2조에 따른 체육활동의 관람을 위한 입장권의 구입
③ 영화 및 비디오물의 진흥에 관한 법률 제2조에 따른 비디오물의 구입
④ 음악산업진흥에 관한 법률 제2조에 따른 음반 및 음악영상물의 구입
⑤ 출판문화산업 진흥법 제2호 제3호에 따른 간행물의 구입
⑥ 관광진흥법 제48조의2 제3항에 따라 문화체육관광부장관이 지정한 문화관광축제의 관람 또는 체험을 위한 입장권·이용권의 구입
⑦ 관광진흥법 시행령 제2조 제1항 제3호 마목에 따른 관광공연장 입장권의 구입(2010.2.18. 신설, 2019.2.12. 개정)
⑧ 2012년에 개최되는 여수세계박람회의 입장권 구입
⑨ 다음 중 하나에 해당하는 국가유산의 관람을 위한 입장권의 구입(2024.5.7. 개정)

➲ 2024.5.17.부터 시행한다.(2024.5.7. 조특법 부칙 1조)

ⓐ 문화유산의 보존 및 활용에 관한 법률에 따른 지정문화유산
ⓑ 근현대문화유산의 보존 및 활용에 관한 법률에 따른 국가등록문화유산(2024.9.10. 법률명 개정)
ⓒ 자연유산의 보존 및 활용에 관한 법률에 따른 천연기념물등
ⓓ 무형유산의 보전 및 진흥에 관한 법률에 따른 국가무형유산
ⓔ 무형유산의 보전 및 진흥에 관한 법률에 따른 시·도무형유산

⑩ 문화예술진흥법 제2조에 따른 문화예술 관련 강연의 입장권 구입 또는 초빙강사에 대한 강연료 등

⑪ 자체시설 또는 외부임대시설을 활용하여 해당 내국인이 직접 개최하는 공연 등 문화예술행사비

⑫ 문화체육관광부의 후원을 받아 진행하는 문화예술, 체육행사에 지출하는 경비

⑬ 미술품의 구입(취득가액이 거래단위별로 1백만원 이하인 것으로 한정한다)(2019.2.12. 신설)

⑭ 관광진흥법 제5조 제2항에 따라 같은 법 시행령 제2조 제1항 제5호 가목 또는 나목에 따른 종합유원시설업 또는 일반유원시설업의 허가를 받은 자가 설치한 유기시설 또는 유기기구의 이용을 위한 입장권·이용권의 구입(2023.6.7. 신설)

➲ 2023.6.7.이 속하는 과세연도에 지출하는 경우부터 적용한다.(2023.6.7. 조특령 부칙 2조)

⑮ 수목원·정원의 조성 및 진흥에 관한 법률 제2조 제1호 및 제1호의2에 따른 수목원 및 정원의 입장권 구입(2023.6.7. 신설)

➲ 2023.6.7.이 속하는 과세연도에 지출하는 경우부터 적용한다.(2023.6.7. 조특령 부칙 2조)

⑯ 궤도운송법 제2조 제3호에 따른 궤도시설의 이용권 구입(2023.6.7. 신설)

➲ 2023.6.7.이 속하는 과세연도에 지출하는 경우부터 적용한다.(2023.6.7. 조특령 부칙 2조)

(5) 전통시장 기업업무추진비 필요경비산입 특례(2023.12.31. 신설)

거주자가 2025.12.31. 이전에 전통시장 및 상점가 육성을 위한 특별법 제2조 제1호에 따른 전통시장에서 지출한 기업업무추진비로서 다음의 요건을 모두 갖춘 기업업무추진비는 거주자인의 기업업무추진비 한도액에도 불구하고 해당 과세연도의 소득금액을 계산할 때 거주자의 기업업무추진비 한도액의 10%에 상당하는 금액의 범위에서 필요경비에 산입한다.(조특법 136조 ⑥, 2023.12.31. 신설)

① 신용카드 등 사용금액에 해당할 것

② 다음의 소비성서비스업 업종을 경영하는 법인 또는 사업자에게 지출한 것이 아닐 것 (조특령 130조 ⑦, 29조 ③)

㉠ 호텔업 및 여관업(관광진흥법에 따른 관광숙박업은 제외)

관광진흥법에 따른 관광숙박업

관광숙박업은 다음에서 규정하는 업을 말한다.(관광진흥법 제3조 2)

- 호텔업 : 관광객의 숙박에 적합한 시설을 갖추어 이를 관광객에게 제공하거나 숙박에 딸리는 음식·운동·오락·휴양·공연 또는 연수에 적합한 시설 등을 함께 갖추어 이를 이용하게 하는 업
- 휴양 콘도미니엄업 : 관광객의 숙박과 취사에 적합한 시설을 갖추어 이를 그 시설의 회원이나 소유자등, 그 밖의 관광객에게 제공하거나 숙박에 딸리는 음식·운동·오락·휴양·공연 또는 연수에 적합한 시설 등을 함께 갖추어 이를 이용하게 하는 업

㉡ 주점업(일반유흥주점업, 무도유흥주점업 및 식품위생법 시행령 제21조에 따른 단란주점 영업만 해당하되, 관광진흥법에 따른 외국인전용유흥음식점업 및 관광유흥음식점업은 제외)

관광진흥법에 따른 외국인전용유흥음식점업

식품위생 법령에 따른 유흥주점영업의 허가를 받은 자가 외국인이 이용하기 적합한 시설을 갖추어 외국인만을 대상으로 주류나 그 밖의 음식을 제공하고 노래와 춤을 감상하게 하거나 춤을 추게 하는 업(관광진흥법 시행령 2조 6 다)

▼ 관광진흥법에 따른 관광유흥음식점업

식품위생 법령에 따른 유흥주점 영업의 허가를 받은 자가 관광객이 이용하기 적합한 한국 전통 분위기의 시설을 갖추어 그 시설을 이용하는 자에게 음식을 제공하고 노래와 춤을 감상하게 하거나 춤을 추게 하는 업(관광진흥법 시행령 2조 6 가)

③ 오락·유흥 등을 목적으로 하는 다음의 사업(조특칙 17조, 2024.3.22. 신설)

➲ 2024.3.22. 이후 개시하는 과세연도부터 적용한다.(2024.3.22. 조특칙 부칙 3조)

㉠ 무도장 운영업

㉡ 기타 사행시설 관리 및 운영업(관광진흥법 제5조 또는 폐광지역 개발 지원에 관한 특별법 제11조에 따라 허가를 받은 카지노업은 제외)

㉢ 유사 의료업 중 안마를 시술하는 업

㉣ 마사지업

(6) 2개 이상의 사업장을 가진 사업자의 기업업무추진비한도액 계산

1) 개 요

2개 이상의 사업장이 있는 사업자가 사업장별 거래내용이 구분될 수 있도록 장부에 기록한 경우 당해 과세기간에 각 사업장별로 지출한 기업업무추진비로서 각 사업장별 소득금액 계산시 필요경비에 산입할 수 있는 금액은 다음의 금액의 합계액을 한도로 한다.(소령 85조 ①, 2010.12.30. 개정)

① 다음 방식에 의하여 계산한 금액

• 기본한도금액 = A × B × $\frac{1}{12}$ × $\frac{\text{각 사업장의 당해 과세기간 수입금액}}{\text{각 사업장의 당해 과세기간 수입금액 합산액}}$

A : 1,200만원(조세특례제한법 제6조 제1항에 따른 중소기업은 3,600만원)
B : 해당 과세기간의 개월 수(6개월 수는 역(曆)에 따라 계산하되, 1개월 미만의 일수는 1개월로 한다)

② 각 사업장 수입금액 × 아래의 적용률

수 입 금 액	적 용 률
100억원 이하	0.3%
100억원 초과 500억원 이하	3천만원+(수입금액-100억원)×0.2%
500억원 초과	1억1천만원+(수입금액-500억원)×0.03%

2) 구체적 내용

① 신규사업을 개시하거나 중도 폐업하는 경우

2개 이상의 사업장 중 해당 과세기간 중에 신규로 사업을 개시하거나 중도에 폐업하는 사업장이 있는 경우에는 해당 과세기간 중 영업월수가 가장 긴 사업장의 월수(월수는 역에 따라 계산하되 1월 미만의 일수는 1월로 함)를 기준으로 계산하되, 중소기업의 해당 여부는 주업종(수입금액이 가장 큰 업종)에 의하여 판단한다.(소령 85조 ②)

② 적용률

㉠ 적용률은 각 사업장의 해당 과세기간의 수입금액의 합산액에 의하여 결정하며, 각 사업장의 수입금액 합산액이 100억원을 초과하는 경우에는 각 사업장별로 적용률의 우선순위를 임의로 선택할 수 있다.(소령 85조 ③)

㉡ 특수관계인과의 거래에서 발생한 수입금액이 있는 경우에 위 '1)의 ②'의 금액은

다음의 방법에 의하여 계산한다.(소령 85조 ⑥)

{(총수입금액 × 적용률) − (특수관계관련수입금액 × 적용률)}
+ {(특수관계관련수입금액 × 적용률) × 10%}

③ 사업장별 통산여부

2개 이상의 사업장에서 각 사업장별로 지출한 기업업무추진비가 기업업무추진비한도액에 미달하는 경우와 초과하는 경우가 각각 발생하는 때에는 그 미달하는 금액과 초과하는 금액은 이를 통산하지 아니한다.(소령 85조 ④)

④ 추계조사결정 등의 경우

2개 이상의 사업장 중 일부 사업장의 소득금액에 대하여 추계조사결정 또는 경정을 받은 경우에는 추계조사결정 또는 경정을 받은 사업장은 기업업무추진비한도액을 적용함에 있어서 수입금액이 없는 것으로 한다.(소령 85조 ①, ⑤)

구 분	2개 이상 사업장의 기업업무추진비 한도액 계산시
해당과세기간 월수	영업월수가 가장 긴 사업장의 월수 적용
중소기업 해당여부	수입금액이 가장 큰 업종으로 판단
적용률	1. 수입금액의 합산액에 의하여 결정
	2. 수입금액합산액 100억 초과시 우선순위 임의 선택

사 례 2개 이상 사업장의 기업업무추진비 한도액 계산(2024년 귀속기준)

개인사업자인 정평상사(조특법상 중소기업)의 제2기(2024.1.1. ~ 12.31.) 기업업무추진비 관련 자료이다. 이를 근거로 기업업무추진비에 대한 세무조정을 하시오.

(단위 : 원)

사업장	업 종	기업업무추진비 지출액	수 입 금 액			개업일	신고 유형
			일 반	특수관계인간 거래	계		
A	제조업	20,000,000	2억원	−	2억원	2023.2.2.	기장
B	도매업	15,000,000	3억원	1억원	4억원	2024.4.6.	기장
C	서비스	−	1억원	−	1억원	2024.10.1.	추계
계		35,000,000	6억원	1억원	7억원		

해 답 A사업장 기업업무추진비 한도초과액(필요경비불산입액) : 7,400,000원

풀 이 1. 사업장별 기본금액의 안분계산

구 분	계 산 식	사업장별 기본금액
A 사업장	36,000,000×2억원/6억원=12,000,000	12,000,000원
B 사업장	36,000,000×4억원/6억원=24,000,000	24,000,000원
계		36,000,000원

* 추계신고하는 사업장(C사업장)의 수입금액은 없는 것으로 함(소령 85조 ⑤)
* 신규사업장(B사업장)의 영업월수는 9개월이지만, 영업월수가 가장 긴 사업장(A사업장)의 영업월수(12개월)를 기준으로 하므로 기본금액은 36,000,000원이 됨(소령 85조 ②)

2. 수입금액별 한도의 계산

구 분	계 산 식	금 액
A 사업장	2억원×0.3%=600,000	600,000원
B 사업장	{(4억원×0.3%)−(1억원×0.3%)}+{(1억원×0.3%)×10%*}=930,000	930,000원

* 특수관계인 관련 수입금액에 대해서는 10%를 적용한다.

3. 기업업무추진비 한도초과액의 계산

구 분	기업업무추진비 지출액	기업업무추진비 한도액	한도초과액
A 사업장	20,000,000원	12,000,000+600,000=12,600,000원	7,400,000원
B 사업장	15,000,000원	24,000,000+930,000=24,930,000원	△ 9,930,000원

* 기업업무추진비 한도초과액은 7,400,000원이 되며, B사업장의 한도미달액인 △9,930,000원은 A사업장의 한도초과액과 통산되지 아니하고 소멸되는 것임(소령 85조 ④)

(7) 기업업무추진비를 금전 외의 자산으로 제공한 경우

기업업무추진비를 금전 외의 자산으로 제공한 경우 해당 자산의 가액은 이를 제공한 때의 시가(시가가 장부가액보다 낮은 경우에는 장부가액)에 따른다.

다만, 박물관 및 미술관 진흥법 제3조에 따른 국립 박물관 및 국립 미술관에 제공하는 기부금에 대해서는 기증유물의 감정평가를 위하여 문화체육관광부에 두는 위원회에서 산정한 금액으로 할 수 있다.(소령 81조 ③, 2020.2.11. 개정)

✓ **이연계상한 기업업무추진비 등의 처리**(소통 35－0…2)

사업자가 기업업무추진비 또는 이에 유사한 비용(이하 "기업업무추진비"라 한다)을 그것이 확정된 날이 속하는 과세기간의 필요경비로 처리하지 아니하고 이연처리한 경우에도 이를 확정된 과세기간의 필요경비로서 시부인 계산하고 그 이후 과세기간에 있어서는 이를 필요경비로 보지 아니한다.(2024.3.15. 개정)

✓ **회의비와 기업업무추진비 등의 구분**(소통 35－0…3)

정상적인 업무를 수행하기 위하여 사내 또는 통상 회의가 개최되는 장소에서 제공하는 다과 및 음식물 등의 가액 중 사회통념상 인정될 수 있는 범위 내의 금액은 회의비로서 이를 소득금액계산상 필요경비에 산입한다.

✓ 건설가계정 등 자산으로 계상한 기업업무추진비의 처리(소통 35 – 0…4)

① 기업업무추진비에는 당기에 건설가계정 등으로 자산계상된 기업업무추진비를 포함하여 시부인 계산하며 기업업무추진비 한도액계산은 다음과 같다.

㉠ 기업업무추진비한도초과액이 당기에 필요경비로 계상한 기업업무추진비보다 많은 경우 : 당기에 필요경비로 계상한 기업업무추진비는 전액 필요경비 불산입하고 그 차액은 건설가계정에서 감액하여 처리한다.

㉡ 기업업무추진비한도초과액이 당기에 필요경비로 계상한 기업업무추진비보다 많지 않은 경우 : 기업업무추진비한도초과액만 필요경비에 산입하지 아니한다.

구 분	사례1	사례2	사례3	사례4
건설가계정(기업업무추진비)	6,500	3,500	6,000	10,500
회사 기업업무추진비 계상액(B)	4,000	7,000	4,500	0
계	10,500	10,500	10,500	10,500
기업업무추진비 한도액	6,000	6,000	6,000	6,000
한도초과액(A)	4,500	4,500	4,500	4,500
필요경비불산입	4,000	4,500	4,500	0
건설가계정 감액분(A – B)	500	0	0	4,500

② 제1항의 규정에 의하여 자산계정을 감액처리함에 있어서 수개의 자산계정에 기업업무추진비가 계상된 경우 그 감액의 순위는 다음에 의한다.

㉠ 건설중인자산

㉡ 사업용 유형자산 및 무형자산

• 제 4 절 총수입금액 및 필요경비의 귀속연도 등

I 귀속연도

1 개 요

소득세는 과세기간이라는 시간적 단위를 기준으로 과세소득을 파악하므로 수입금액이나 필요경비가 어느 과세기간에 귀속하느냐에 따라 다음과 같이 소득세의 부담 등에 영향을 미치게 된다.

첫째, 소득세의 누진세율구조 하에서 과세소득이 어느 과세기간에 귀속되느냐에 따라 소득세의 부담이 달라진다.

둘째, 소득세법의 개정으로 세율이 변경되거나 총수입금액 및 필요경비의 범위가 달라지는 경우에 소득세의 부담이 달라진다.

셋째, 총수입금액 등이 어느 과세기간에 귀속되느냐에 따라 납부시기가 달라진다.

현행 소득세법은 귀속시기에 관하여 '권리의무확정주의'를 채택하고 있다.

2 권리의무 확정주의

거주자의 각 과세기간의 총수입금액 및 필요경비의 귀속연도는 총수입금액과 필요경비가 확정된 날이 속하는 과세기간으로 한다.(소법 39조 ①)

귀속연도와 수입시기의 관계

총수입금액의 수입시기는 총수입금액의 특정한 과세연도에의 귀속, 즉 귀속연도를 결정하는 기준이 되는 날을 의미한다. 현행 소득세법은 총수입금액과 필요경비의 귀속연도(소득세법 제39조 제1항)와 총수입금액의 수입시기(소득세법 제24조 제3항에 의거 소득별로 소득세법 시행령 제45조부터 제50조까지 열거)를 규정하고 있는데 소득세법 시행령 제45조 내지 제50조의 수입시기는 소득세의 귀속연도를 결정하는 기준이 되는 시기로서 소득세법 제39조 제1항의 권리의무확정주의를 거래유형별로 예시한 규정이라 할 수 있다.[25)]

【권리의무 확정주의(대법원 2001두7176, 2003.12.26.)】

- 권리확정주의란 소득의 원인이 되는 권리의 확정시기와 소득의 실현시기와의 사이에 시간적 간격이 있는 경우에는 과세상 소득이 실현된 때가 아닌 권리가 발생한 때를 기준으로 하여 그 때 소득이 있는 것으로 보고 당해 연도의 소득을 산정하는 방식으로, 실질적으로는 불확실한 소득에 대하여 장래 그것이 실현될 것을 전제로 하여 미리 과세하는 것을 허용하는 것으로 납세자의 자의에 의하여 과세연도의 소득이 좌우되는 것을 방지하고자 하는 데 그 의의가 있는 것이며, 이와 같은 과세대상 소득이 발생하였다고 하기 위하여는 소득이 현실적으로 실현되었을 것까지는 필요 없다고 하더라도 소득이 발생할 권리가 그 실현의 가능성에 있어 상당히 높은 정도로 성숙, 확정되어야 하고, 따라서 그 권리가 이런 정도에 이르지 아니하고 단지 성립한 것에 불과한 단계로서는 소득의 발생이 있다고 할 수 없으며, 여기서 소득이 발생할 권리가 성숙, 확정되었는지 여부는 일률적으로 말할 수 없고 개개의 구체적인 권리의 성질과 내용 및 법률상·사실상의 여러 사항을 종합적으로 고려하여 결정하여야 한다.
  소득의 원인이 되는 채권이 발생된 때라 하더라도 그 과세대상이 되는 채권이 채무자의 도산 등으로 인하여 회수불능이 되어 장래 그 소득이 실현될 가능성이 전혀 없게 된 것이 객관적으로 명백한 때에는 그 경제적 이득을 대상으로 하는 소득세는 그 전제를 잃게 되고, 그와 같은 소득을 과세소득으로 하여 소득세를 부과할 수 없다고 할 것이나, 이때 그 채권의 회수불능 여부는 구체적인 거래내용과 그 후의 정황 등을 따져서 채무자의 자산상황, 지급능력 등을 종합하여 사회통념에 의하여 객관적으로 평가하는 방법으로 판정하여야 한다.
- 소득의 지급 자와 수급자 사이에 채권의 존부 및 범위에 관하여 다툼이 있어 소송으로 나

아간 경우에 그와 같은 분쟁이 경위 및 사안의 성질 등에 비추어 명백히 부당하다고 할 수 없는 경우라면 소득이 발생할 권리가 확정되었다고 할 수 없고, 판결이 확정된 때에 그 권리가 확정된다고 보아야 한다.(대법원 96누2200, 1997.4.8.)

✓ 임대 건물을 반환받으면서 미리 지급받은 원상복구비의 사업소득 총수입금액 수입시기

임대인이 임차인과 임대차건물을 원상복구 하여 반환할 의무가 있는 임대차계약을 체결한 후 해당 임대차기간이 만료되기 전에 임대차계약을 해지하고 임대인이 임차인으로부터 원상복구 의무에 따른 원상복구비를 지급 받은 경우, 소득세법 제39조 제1항에 따라 해당 원상복구비는 지급받은 날이 속하는 과세기간의 사업소득 총수입금액에 산입하는 것임(기획재정부소득－466, 2020.9.9.)

✓ 도축장 구조조정자금의 소득세 과세 여부

도축장경영자가 폐업하면서 도축장 구조조정자금을 신청하여 조정자금을 지급받는 경우 동 조정자금은 도축장 구조조정자금 지급결정 통지를 받은 날이 속하는 과세연도의 총수입금액에 산입하는 것임(법규소득 2012－212, 2012.5.24.)

✓ 법원의 개인회생 변제계획 인가에 따라 발생하는 채무면제익의 수입시기

사업을 경영하는 거주자가 법원으로부터 개인회생 변제계획인가를 받은 후 변제기간 종료일까지 개인회생채권을 변제하고 있는 경우, 거주자의 해당 사업과 관련한 채무면제익의 수입시기는 법원이 면책결정을 확정한 날임(법규소득 2012－2, 2012.1.11.)

✓ 의료업자가 폐업 후 손해배상 지급이 확정된 경우 필요경비 산입할 수 없음

손해배상금 지급이 확정된 날이 속하는 과세기간에는 이미 의료업을 폐업하여 사업자에 해당하지 아니하므로 손해배상금은 필요경비에 산입할 수 없는 것임(소득－315, 2012.4.12.)

✓ 당해년도에 수출한 재화가 다음 과세연도에 반품된 경우 처리방법

당해년도에 수출한 재화가 당해 과세기간을 경과하여 다음 과세연도에 반품, 재수입(면허일 기준)되는 경우에 있어서 반품된 물품의 가액은 당해년도의 총수입금액계산에서 상계되지 아니하고 다음 과세연도의 총수입금액에서 상계됨(서면1팀-617, 2007.5.11.)

✓ 계약해제에 따라 상표권 사용료 및 양수도대금을 반환하는 경우 손익 귀속시기

상표권 사용 및 양수도 계약에 따라 사업소득 총수입금액으로 신고한 금액 중 계약의 해제에 따라 반환한 금액은 그 계약의 해제가 확정된 날이 속하는 과세기간의 총수입금액에서 차감하는 것이나 원상회복이행확약서 작성이 계약의 해제에 해당하는지 여부는 사실판단할 사항임(서면소득 2021-5036, 2021.7.30.)

✓ 의료사업자 부당이득금 환수금액의 세무처리

의료업을 경영하는 거주자가 사업소득에 대한 총수입금액으로 신고한 금액 중 「국민건강보험법」 제52조에 따라 환수되는 금액은 그 환수가 확정되는 날이 속하는 과세기간의 총수입금액에서 차감하는 것임(소득－203, 2010.2.8.)

25) 정해욱, 앞의 책, p. 338

✓ 청구한 진료비를 국민건강보험공단에서 삭감하거나 삭감액 중 일부가 이의신청에 의해 수납되는 경우 삭감 또는 추가지급받는 금액의 익금 또는 손금 산입여부

의료의관이 청구한 진료비의 일부를 국민건강보험공단에서 삭감하거나 동 삭감액 중 일부가 이의신청에 의해 수납되는 경우 삭감 또는 추가지급받는 금액은 삭감 또는 추가지급이 확정되는 날이 속하는 사업연도의 익금 또는 손금에 산입하는 것임(서면2팀-1542, 2004.7.21.)

✓ 반품된 제품의 총수입금액 상계시기와 제비용의 귀속시기 및 부가가치세 세무처리

① 사업소득에 대한 총수입금액계산에 있어서 환입된 물품의 가액은 해당연도의 총수입금액에서 상계하는 것이나 귀 질의와 같이 해당연도에 수출한 재화가 해당 과세기간을 경과하여 다음 과세연도에 반품, 재수입(면허일 기준)되는 경우에 있어서 반품된 물품의 가액은 해당연도의 총수입금액계산에서 상계되지 아니하고 다음 과세연도의 총수입금액에서 상계되는 것이며, 이때에 당초 재화의 수출 및 재수입에 따른 제비용은 그 지출이 확정되는 연도의 필요경비에 산입하는 것임

② 사업자가 수출한 재화가 반품되어 재수입하는 경우에 당초 수출한 재화의 공급가액에서 차감되는 금액은 해당 수입면허일이 속하는 부가가치세과세기간에 대한 예정신고시 또는 확정신고시의 영세율 과세표준란에 주서로 표시하여 신고하는 것임(소득 1264-1767, 1983.5.27.)

3 사업소득의 수입시기

사업소득에 대한 총수입금액의 수입할 시기는 다음에 규정하는 날로 한다.(소법 24조 ③, 소령 48조)

(1) 상품 등의 판매

상품(건물건설업과 부동산 개발 및 공급업의 경우의 부동산을 제외)·제품 또는 그 밖의 생산품(이하 "상품 등")의 판매는 그 상품 등을 인도한 날

"인도한 날" 또는 "인도일"(소칙 18조 ①)

위 '(1)' 및 아래의 '(4), (5)'의 규정에서 "인도한 날" 또는 "인도일"이라 함은 다음의 경우에는 각각에 규정된 날을 말한다.(소칙 18조 ①)

1) 납품계약 또는 수탁가공계약에 의하여 물품을 납품하거나 가공하는 경우에는 해당 물품을 계약상 인도하여야 할 장소에 보관한 날. 다만, 계약에 따라 검사를 거쳐 인수 및 인도가 확정되는 물품은 해당 검사가 완료된 날
2) 물품을 수출하는 경우에는 해당 수출물품을 계약상 인도하여야 할 장소에 보관한 날

✓ **태양광발전 사업자의 신재생에너지 공급인증서 판매에 대한 수입시기**

신에너지 및 재생에너지 개발·이용·보급 촉진법상의 '신·재생에너지 공급자'의 신재생에너지 공급인증서 판매에 대한 수입시기는 소득세법 시행령 제48조 제1호에 따라 공급인증서의 인도일인 것임(서면법령해석소득 2017-1073, 2017.9.28.)

✓ **미분양주택을 가사용으로 소비하는 경우의 수입시기**(소득 집행기준 25-0-1)

① 주택신축판매업자가 폐업시점에 판매하지 아니한 주택을 가사용으로 소비하거나 종업원 또는 타인에게 지급한 경우에는 이를 소비 또는 지급한 때의 가액을 그 소비일 또는 지급일이 속하는 연도의 사업소득 총수입금액에 산입하며, 그 이후에 해당 주택을 양도하고 받는 대가는 양도소득에 해당한다.

② 주택신축판매업자가 폐업시점에 그 주택을 가사용으로 소비하거나 종업원 또는 타인에게 지급한 경우 외의 경우에는 이를 처분한 때의 가액을 그 처분일이 속하는 연도의 사업소득 총수입금액에 산입한다.

✓ **지급일이 정하여지지 않은 판매장려금의 귀속시기**

상품·제품 또는 기타 생산품을 판매함에 있어서 거래수량 또는 거래금액에 따라 거래상대방으로부터 지급받는 판매장려금의 귀속연도는 그 거래처와의 사전약정에 의하여 지급일이 정하여져 있는 경우에는 그 지급일, 지급일이 정하여져 있지 아니한 경우에는 지급한 날이 속하는 과세기간으로 함(소득 46011-2554, 1998.9.10.)

✓ **장기구독계약에 의한 월간지 판매수입의 귀속연도**(소득 해석편람 39-1-1)

정기간행물을 발간하여 정기구독자와 계약(기간 : 1년, 3년, 5년)을 체결하면서 계약시점에 구독료 전액을 지급받는 경우 해당연도 사업소득의 수입금액은 해당 상품 또는 제품을 인도한 날이 속하는 연도를 귀속시기로 함(소득 46011-721, 1999.2.25.)

(2) 상품 등의 시용판매

상대방이 구입의 의사를 표시한 날. 다만, 일정기간 내에 반송하거나 거절의 의사를 표시하지 아니하는 한 특약 또는 관습에 의하여 그 판매가 확정되는 경우에는 그 기간의 만료일로 한다.

(3) 상품 등의 위탁판매

수탁자가 그 위탁품을 판매하는 날

(4) 장기할부조건에 의한 상품 등의 판매

그 상품 등을 인도한 날. 다만, 그 장기할부조건에 따라 수입하였거나 수입하기로 약정한 날이 속하는 과세기간에 해당 수입금액과 이에 대응하는 필요경비를 계상한 경우에는 그 장기할부조건에 따라 수입하였거나 수입하기로 약정된 날. 이 경우 인도일 이전에 수입하였거나 수입할 금액은 인도일에 수입한 것으로 보며, 장기할부기간 중에 폐업한 경우 그 폐업일 현재 총수입금액에 산입하지 아니한 금액과 이에 상응하는 비용은 폐업일이 속하는 과세기간의 총수입금액과 필요경비에 이를 산입한다.

1) 장기할부조건의 범위

상품 등의 판매 또는 양도(국외거래에 있어서는 소유권이전조건부약정에 의한 자산의 임대를 포함)로서 판매금액 또는 수입금액을 월부·연부 기타의 지불방법에 따라 2회 이상으로 분할하여 수입하는 것 중 해당 목적물의 인도일의 다음날부터 최종의 할부금의 지급기일까지의 기간이 1년 이상인 것을 말한다.(소칙 19조)

2) 현재가치 평가의 수용

장기할부조건 등에 의하여 자산을 판매하거나 양도함으로써 발생한 채권에 대하여 기업회계기준이 정하는 바에 따라 현재가치로 평가하여 현재가치할인차금을 계상한 경우 해당 현재가치할인차금상당액은 그 계상한 과세기간의 총수입금액에 산입하지 아니하며, 해당 채권의 회수기간 동안 기업회계기준이 정하는 바에 따라 환입하였거나 환입할 금액은 이를 각 과세기간의 총수입금액에 산입한다.(소령 48조 10의2)

✓ **장기할부판매시 총수입금액 및 필요경비의 귀속연도**(소득 해석편람 39-2-1)

상품 등의 판매금액을 월부·연부 기타의 지불방법에 따라 2회 이상으로 분할하여 수입하는 것 중 해당 목적물의 인도일의 다음날부터 최종의 할부금의 지급기일까지의 기간이 1년 이상인 장기할부판매의 총수입금액과 필요경비의 귀속연도는 그 상품 등을 인도한 날로 하는 것임. 다만, 그 장기할부조건에 따라 수입하였거나 수입하기로 약정한 날이 속하는 과세기간에 해당 수입금액과 이에 대응하는 필요경비를 계상한 경우에는 그 장기할부조건에 따라 수입하였거나 수입하기로 약정된 날로 하는 것임(소득 46011-546, 1999.12.28.)

✓ **장기할부판매시 할부조건보다 선수분이나 미수분에 대한 손익귀속시기판정**

[질의1] 회사가 장기할부조건으로 상품을 매출하였는바, 할부조건에 따라 해당 사업연도에 회수하여야 할 가액은 6개월분 600,000원이며 실제로 회수한 가액은 차기 사업연도분을 포함하여 7개월분 700,000원임. 회사는 실제로 회수한 가액인 700,000원과 관련원가를 익금과 손금에 반영하였을 경우 세무상 익금과 손금은 얼마로 보아야 하는지

〈갑설〉 해당 사업연도 중 회수하여야 할 가액인 600,000원과 관련원가를 익금과 손금으로 봄. (이유) 법인세법 시행령 제68조 제2항의 내용은 "…장기할부조건에 따라…"라고 되어 있으므로 할부조건보다 먼저 회수한 금액(선수분)은 제외되어야 함

〈을설〉 실제 회수액인 700,000원과 관련원가를 익금과 손금으로 봄. (이유) "…회수하였거나 회수할 금액…"으로 되어 있으므로 회수한 금액과 회수기일도래금액 중 큰 금액이 되어야 함

[질의2] 위 질의1.의 경우 실제회수금액이 500,000원인 경우(해당 사업연도 회수기일도래분 중 1개월분 미수한 상태)로서 회사는 500,000원을 기준으로 회계처리하였다면

〈갑설〉 해당 사업연도 중 회수하여야 할 가액인 600,000원을 기준으로 익금과 손금에 계상하여야 함. (이유) "…장기할부조건에 따라…"라고 되어 있으므로 회수기일도래금액 중 미회수액도 익금으로 보아야 함

〈을설〉 실제로 회수한 가액인 500,000원을 기준으로 익금과 손금에 계상하여야 함

〈병설〉 회수액과 회수기일도래금액 중 큰 금액인 600,000원이 기준이 됨

[회신]

귀 "질의1, 2"는 각각 〈갑설〉이 타당함. 다만, 다음 사업연도 이후에 회수할 금액을 당사자간의 합의로 해당 사업연도에 회수한 경우에 그 합의가 당초 계약상 장기할부조건을 변경한 것으로 인정되는 때에는 동 회수금액을 해당 사업연도에 회수할 금액으로 보아 법인세법 시행령 제68조 제2항의 규정을 적용하는 것임(재경부법인 46012-65, 1999.5.4.)

(5) 건설·제조 기타 용역(도급공사 및 예약매출을 포함)의 제공

건설·제조 기타 용역(이하 "건설 등"이라 한다) 제공의 경우 용역의 제공을 완료한 날(목적물을 인도하는 경우에는 목적물을 인도한 날). 다만, 건설 등의 계약기간(그 목적물의 건설 등의 착수일부터 인도일까지의 기간)이 1년 이상인 건설 등으로서 비치·기장된 장부에 의하여 해당 과세기간종료일까지 실제로 발생한 건설 등의 필요경비 총누적액을 확인할 수 있는 경우에는 작업진행률을 기준으로 하여야 하며, 계약기간이 1년 미만인 경우로서 사업자가 그 목적물의 착수일이 속하는 과세기간의 결산을 확정함에 있어서 작업진행률을 기준으로 총수입금액과 필요경비를 계상한 경우에는 작업진행률을 기준으로 할 수 있다. (소칙 20조 ②, ⑤)

1) 장기건설 등의 경우

① 총수입금액의 계산

건설 등의 제공에 있어서 각 과세기간의 총수입금액에 산입할 금액은 건설 등의 계약금액에 작업진행률을 곱하여 계산한 금액에서 직전과세기간까지 총수입금액으로 계상한 금액을 차감한 금액으로 한다.(소칙 20조 ①)

총수입금액 산입금액 = 계약금액 × 작업진행률 − 직전과세기간까지 총수입금액

② 작업진행률

"작업진행률"이란 다음 산식에 의하여 계산한 비율을 말한다. 다만, 건설 등의 수익실현이 건설 등의 작업시간·작업일수 또는 기성공사의 면적이나 물량 등(이하 "작업

시간 등"이라 한다)과 비례관계가 있고, 전체 작업시간 등에서 이미 투입되었거나 완성된 부분이 차지하는 비율을 객관적으로 산정할 수 있는 건설 등의 경우에는 그 비율로 할 수 있다.(소칙 20조 ③)

$$\text{작업진행률} = \frac{\text{해당 과세기간말까지 발생한 건설 등의 필요경비 총누적액}}{\text{건설 등의 필요경비총예정액}^{*}}$$

* 건설 등의 필요경비총예정액 : 건설업회계처리기준을 적용 또는 준용하여 건설 등의 도급계약당시 추정한 원가에 해당 과세기간말까지의 변동 상황을 반영하여 합리적으로 추정한 원가로 한다.(소칙 20조 ④)

건설·제조 기타 용역(도급공사 및 예약매출을 포함)**의 제공**

구 분	소득세법	비 고
일반원칙	용역의 제공을 완료한 날 (목적물을 인도한 날)	
장기건설 등	진행기준(강제)	단, 건설 등의 필요경비 총누적액을 확인할 수 있는 경우에 한함
특례(단기건설 등)	결산시 작업진행률 적용시 인정	

(6) 무인판매기에 의한 판매

해당 사업자가 무인판매기에서 현금을 인출하는 때

(7) 인적용역의 제공

① 용역대가를 지급받기로 한 날 또는 용역의 제공을 완료한 날 중 빠른 날. 다만, 연예인 및 직업운동선수 등이 계약기간 1년을 초과하는 일신전속계약에 대한 대가를 일시에 받는 경우에는 계약기간에 따라 해당 대가를 균등하게 안분한 금액을 각 과세기간 종료일에 수입한 것으로 한다.(소령 48조 8 전단)

② 월수의 계산은 해당 계약기간의 개시일이 속하는 달이 1개월 미만인 경우에는 1개월로 하고 해당 계약기간의 종료일이 속하는 달이 1개월 미만인 경우에는 이를 산입하지 아니한다.(소령 48조 8 후단)

✓ 인적용역의 제공에 대한 대가를 약정과 달리 사후적으로 지급받은 경우의 수입시기

[질의]

인적용역의 제공에 대한 대가를 용역대가를 지급받기로 한 날 또는 용역의 제공을 완료한 날을 도과하여 사후적으로 지급받은 경우에 해당 소득의 수입시기

[회신]

사업소득에 해당하는 인적용역의 제공에 따른 대가를 매월 정산하여 지급받기로 약정하였으나 그 중 일부(이하 "쟁점금원")를 사후적으로 일시에 지급받은 경우, 쟁점금원의 수입시기는 소득세법 시행령 제48조 제8호 본문에 따라 용역대가를 지급받기로 한 날 또는 용역의 제공을 완료한 날 중 빠른 날로 하는 것이며, 용역대가를 지급받기로 한 날 또는 용역의 제공을 완료한 날은 구체적인 사실관계를 종합적으로 검토하여 사실판단할 사항임(서면법규소득 2023-1304, 2023.8.29.)

✓ 학원강사의 전속계약에 따른 선수금의 수입시기 등

[질의]

학원강사가 학원과의 전속계약시 받은 선수금의 수입시기 및 선수금 중 각 과세연도에 수입금액으로 계상하여야 할 금액

[회신]

학원강사가 학원과 전속계약을 체결하고 받은 선수금을 계약기간동안 학원으로부터 받아야 할 강사료에서 공제하기로 한 경우, 해당 학원강사의 선수금에 대한 사업소득 수입금액은 소득세법 시행령 제48조 제8호에 따라 강의 용역에 대한 대가를 지급받기로 한 날 또는 강의 용역의 제공을 완료한 날 중 빠른 날에 강사료에서 공제한 선수금 상당액으로 하는 것임(서면법규-1240, 2014.11.21.)

✓ 세무사가 불복청구 대리용역을 제공하고 받는 수수료의 귀속시기

[사실관계]

- 세무사 A는 법인 B로부터 불복청구에 대한 대리를 맡아 계약기간을 1년 이내로 하고 조세환급금이 발생하는 경우 그 환급금이 B의 계좌에 입금될 때 수수료를 받기로 약정하고 그 업무를 수행함
- 2007년 12월에 심사청구에 따라 "조세 ○○○원을 취소한다"라는 결정을 통지받음
- 처분청인 세무서장은 위 결정에 따라 2008년 1월에 그 조세를 취소·결정하였으며, B는 2008년 1월에 그 환급조세를 수입으로 계상하고 A에게 수수료를 지급하면서 비용으로 계상하였음

[질의]

A가 B로부터 받는 불복청구 대리에 대한 수수료의 귀속시기는 2007년 또는 2008년 중 언제인지

[회신]

세무사업을 영위하는 자가 계약기간 1년 이내의 인적용역을 제공하고 대가를 받는 경우 그 총수입금액의 귀속시기는 용역대가를 지급받기로 한 날 또는 용역의 제공을 완료한 날 중 빠른 날로 하는 것이며, 이때 용역제공완료일과 관련하여 제공할 용역의 범위에 관하여는 이와 관련된 계약내용 및 사실관계를 종합하여 판단할 사항임(소득-4630, 2008.12.9.)

✓ 강사가 전속계약에 대한 대가를 나누어 지급받기로 한 경우

강사가 회사와 전속계약을 체결하고 전속계약에 대한 대가를 나누어 지급받기로 한 경우 해당 금액에 대한 수입시기는 용역대가를 지급받기로 한 날 또는 용역의 제공을 완료한 날 중 빠른 날로

하는 것임(소득-641, 2011.7.22.)

✓ **성공보수지급조건부 수임료의 수입시기**(소득 집행기준 24-48-4)

① 변호사가 수임받은 사건에 대한 소송수행 용역을 제공하고 받는 대가의 수입시기는 약정에 의하여 용역대가를 지급받기로 한 날 또는 용역의 제공을 완료한 날 중 빠른 날로 한다.

② 변호사가 소송사무를 위임받으면서 수임사건이 승소로 확정되었을 때 승소금액의 일정비율 부분을 보수로 받기로 약정한 경우 소가 확정된 날을 수입시기로 본다.

✓ **조각가의 예술창작품 공급대가의 인적용역 해당여부 및 수입시기**

자영예술가인 조각가가 독립된 자격으로 작품을 제작하고 지급받는 대가는 인적용역으로서 사업소득에 해당하는 것이며, 당해 사업소득의 수입시기는 용역대가를 지급받기로 한 날 또는 용역제공을 완료한 날 중 빠른 날이 되는 것임(서면1팀-1268, 2004.9.14.)

✓ **교수의 조각작품제작 용역제공에 대한 총수입금액의 수입시기**

대학교수인 조각가가 독립된 자격으로 조각작품 제작용역을 제공하고 지급받는 대가에 대한 총수입금액의 수입시기는 약정에 의하여 용역에 대한 대가의 지급일로 정하여진 날이 되는 것이고, 지급일이 정하여지지 아니한 때에는 그 인적용역의 제공을 완료한 날로 하는 것임(소득 46011-614, 1995.3.6.)

✓ **방송드라마 작가도 소득세법 시행령 제48조 제8호 단서 규정의 연예인 및 직업운동선수 등에 해당하는지**

소득세법 시행령 제48조 제8호 단서에 규정된 '연예인 및 직업운동 선수 등'에는 방송드라마 작가도 포함되는 것임(서면소득 2017-977, 2017.4.24.)

✓ **해촉된 보험설계사에게 보험계약유지 약정기간 성취일 이후 지급하는 잔여모집수수료의 소득구분**

보험회사가 해촉된 보험설계사에게 보험계약유지 약정기간이 성취됨에 따라 그 성취일 이후 지급하는 잔여모집수수료는 원천징수대상 사업소득에 해당하는 것임(소득-416, 2012.5.18.)

✓ **한의원 사업자의 국민건강보험법 제57조에 따른 부당이득 환수금액의 세무처리**

의료업을 경영하는 거주자가 사업소득에 대한 총수입금액으로 신고한 금액 중 국민건강보험법 제57조에 따라 환수되는 금액은 그 환수가 확정되는 날이 속하는 과세기간의 총수입금액에서 차감하는 것임(서면소득 2016-5543, 2016.11.1.)

✓ **정형외과의원 사업자의 국민건강보험법 제57조에 따른 부당이득 환수금액의 세무처리**

의료업을 경영하는 거주자가 사업소득에 대한 총수입금액으로 신고한 금액 중 국민건강보험법 제57조에 따라 환수되는 금액은 그 환수가 확정되는 날이 속하는 과세기간의 총수입금액에서 차감하는 것임(서면소득 2016-5422, 2016.11.1.)

✓ **보험모집수당 환수에 따른 세무처리**

보험모집용역을 제공하는 거주자가 보험회사로부터 지급받은 보험모집수당을 해당연도 총수입금액에 산입하였으나, 추후 해당 모집수당을 지급받은 보험계약이 해지되어 보험회사에 환수되는 모집수당은 해당 보험계약이 해지된 날이 속하는 과세기간의 필요경비에 산입할 수 있는 것임(원천-242, 2012.5.4.)

✓ **의료보험수입금액의 귀속시기**(소득 해석편람 39-4-9)

약사법에 규정하는 약사가 의약품 조제용역을 제공한 경우, 해당 조제용역에 대한 총수입금액의 수입시기는 의료보험조합에 조제용역에 대한 비용을 청구하는 시기와는 관계없이 조제용역의 제공을 완료한 날임(소득 46011－1849, 1999.5.15.)

✓ **의료보건용역의 수입시기**(소득 해석편람 39－1－10)
의료보건용역의 수입시기는 소득세법 시행령 제48조 제8호에 규정된 "인적용역의 수입시기"를 적용하는 것임(서일 46011－10444, 2003.4.8.)

(8) 어음의 할인

그 어음의 만기일. 다만, 만기 전에 그 어음을 양도하는 때에는 그 양도일로 한다.

(9) 한국표준산업분류상 금융보험업에서 발생하는 이자 및 할인액

실제로 수입된 날

(10) 자산을 임대하거나 지역권·지상권을 설정하여 발생하는 소득

① 계약 또는 관습에 따라 지급일이 정해진 것 : 그 정해진 날
② 계약 또는 관습에 따라 지급일이 정해지지 아니한 것 : 그 지급을 받은 날
③ 임대차계약 및 지역권·지상권 설정에 관한 쟁송(미지급임대료 및 미지급 지역권·지상권의 설정대가의 청구에 관한 쟁송은 제외한다)에 대한 판결·화해 등으로 소유자 등이 받게 되어 있는 이미 지난 기간에 대응하는 임대료상당액(지연이자와 그 밖의 손해배상금을 포함) : 판결·화해 등이 있은 날. 다만, 임대료에 관한 쟁송의 경우에 그 임대료를 변제하기 위하여 공탁된 금액에 대해서는 위 '①'에 따른 날로 한다.

(11) 기타 자산의 매매

위의 규정에 해당하지 않는 자산의 매매의 경우에는 대금을 청산한 날. 다만, 대금을 청산하기 전에 소유권 등의 이전에 관한 등기 또는 등록을 하거나 해당 자산을 사용수익하는 경우에는 그 등기·등록일 또는 사용수익일로 한다.

✓ **주거용 건물 건설업자의 부동산 매매에 따른 사업소득 수입시기**

부동산매매업자와 주택신축판매업자의 부동산 매매에 따른 사업소득 수입시기는 소득세법 시행령 제48조 제11호에 따라 대금을 청산한 날임. 다만, 대금을 청산하기 전에 소유권 등의 이전에 관한 등기 또는 등록을 하거나 당해 자산을 사용수익하는 경우에는 그 등기·등록일 또는 사용수익일을 수입시기로 하는 것임(서면법령해석소득 2015-2642, 2016.4.8.)

✓ **주택신축판매업과 부동산매매업의 수입시기**

주택신축판매업과 부동산매매업의 수입시기는 소득세법 시행령 제48조 11호를 적용하여 대금을 청산한 날임.다만, 대금을 청산하기 전에 소유권 등의 이전에 관한 등기 또는 등록을 하거나 사용수익하는 경우에는 그 등기·등록일 또는 사용수익일로 함(서면소득 2015-1049, 2015.6.24.)

✓ **부동산매매업의 수입시기**

소득세법 시행령 제48조 5호에서는 예약매출을 포함한 건설·제조 기타 용역(건설업 등)의 제공 수입시기를 규정하고 있는 바, 상가신축판매업은 한국표준산업분류상 부동산공급업(부동산매매업)에 해당하는 것이고 이는 건설·제조 기타 용역(예약매출 포함)에 해당하는 것이 아님(서면소득 2015-235, 2015.5.28.)

✓ **부동산매매업자 경매자산의 수입시기**

부동산매매업자의 경매자산의 수입시기는 대금을 청산한 날이나 대금을 청산하기 전에 소유권 등의 이전에 관한 등기 또는 등록을 하거나 해당 자산을 사용수익하는 경우에는 그 등기·등록일 또는 사용수익일로 하는 것임(법규소득 2011-444, 2011.12.28.)

✓ **물품매도확약서발행업의 총수입금액의 수입시기**(소통 39-0…1)

물품매도확약서발행업에 있어서 수입금액의 귀속연도는 해당 물품을 선적한 날이 속하는 과세기간으로 하며 선적한 날이 확인되지 않는 경우에는 신용장개설일이 속하는 과세기간으로 한다.

✓ **체육관 등에서 받은 입회금의 처리**(소통 39-0…2)

체육관, 헬스클럽, 정구장, 수영장, 골프장, 탁구장, 기원 등을 영위하는 사업자가 그 회원으로부터 수입한 입회금은 이를 받은 과세기간의 총수입금액에 산입한다. 다만, 규약 등에서 해당 회원이 탈퇴할 때에 반환할 것을 명백히 규정하고 있는 때에는 그러하지 아니한다.

✓ **관세환급금의 귀속연도**(소통 39-0…3)

① 세관장으로부터 직접 환급받는 관세환급금의 귀속연도는 환급받을 관세 등이 확정된 과세기간으로 하는 것이며 수출은 완료되었으나 환급받을 관세 등이 확정되지 아니한 경우에는 수출용 원재료에 대한 관세 등 환급에 관한 특례법 제13조의 규정에 의하여 환급받을 예상액으로 계상하며 그 후 실지 환급액과의 차액이 발생된 경우에는 동 차액은 실제로 환급받은 과세기간의 총수입금액 또는 필요경비에 산입한다.

② 수출물품의 판매로 인하여 수출업자로부터 받는 관세환급금의 귀속연도는 해당 수출물품의 판매대금의 귀속연도에 따라 처리한다. 이 경우 해당 관세환급금이 수출물품판매대금의 귀속연도까지 확정되지 아니한 경우에는 수출용 원재료에 대한 관세 등 환급에 관한 특례법 제13조의 규정에 의하여 환급받을 예상액으로 계상하며 그 후 실지환급금과의 차액이 발생된 경우에는 동 차액은 실제로 환급받을 과세기간의 총수입금액 또는 필요경비에 산입한다.

✓ **조세환급금 및 그 이자의 귀속연도**(소통 39－0…4)

조세 등의 결정취소로 인한 환급금 및 그 이자의 귀속연도는 그 취소결정이 확정된 날(통지를 요하는 경우에는 통지를 받은 날)이 속하는 과세기간으로 한다.

✓ **토지 등 수용에 따른 손실보상금의 귀속연도**(소통 39－0…7)

토지 등의 수용에 따른 손실보상금의 귀속연도는 이를 지급하거나 기업자가 대금을 공탁한 날이 속하는 과세기간으로 한다. 다만, 재결에 대한 이의신청 등으로 손실보상금이 조정된 경우 그 조정된 차액의 귀속연도는 조정액이 확정된 날이 속하는 과세기간으로 한다.

✓ **임차인이 부담한 건물개수비의 귀속연도**(소통 39－0…8)

임차인이 개수하는 조건으로 무상 또는 저렴한 요율로 건물을 임대한 경우 임차인이 임대차계약에 의하여 부담한 건물개수비는 임대인의 임대수입에 해당하므로 임대인은 동 자본적지출상당액을 해당 임대자산의 원본에 가산하며 선수임대료로 계상한 개수비상당액은 임대기간에 안분하여 수입금액으로 처리한다. 이 경우, 임차인은 동 개수비를 선급비용으로 계상하고 임차기간에 안분하여 필요경비에 산입한다.

✓ **추가 납부한 산재보험료의 필요경비 귀속연도**(소통 39－0…10)

고용보험 및 산업재해보상보험의 보험료징수 등에 관한 법률 제17조 및 제18조의 규정에 의하여 개산보험료를 납부한 후 동법 제19조의 규정에 의하여 확정보험료와의 차액을 추가로 납부하는 경우에 추가납부하는 보험료의 필요경비 귀속연도는 이를 추가로 납부할 금액이 확정된 날이 속하는 과세기간으로 한다.

✓ **인지세의 필요경비 귀속연도**(소통 39－0…11)

인지세는 인지세법 제8조 제1항 단서의 경우를 제외하고는 과세문서에 인지를 붙임으로써 납부하게 되는 것이므로 그 필요경비의 귀속연도는 해당 사업자가 인지를 붙인 날이 속하는 과세기간으로 한다.

✓ **소송비용의 필요경비 귀속연도**(소통 39－0…12)

① 변호사에게 지급한 사건착수금과 보수(민사소송법 제109조의 규정에 의한 보수는 제외) 또는 사례금 등은 민사소송법 제98조 및 민사소송비용법에 규정하는 소송비용에 해당하지 아니하는 것이므로 사건의 종결 여부에 관계없이 지급하는 날이 속하는 과세기간의 필요경비에 산입한다.

② 민사소송법 제98조에 규정한 소송비용은 사건이 종결되는 날이 속하는 과세기간의 필요경비로 한다. 이 경우 소송비용 등이 소송의 내용에 따라 자산의 취득이나 상표권·영업권·광업권 등 고정자산가액을 형성하는 성질의 것인 경우에는 해당 자산의 취득가액에 산입한다.

✓ **국고에 귀속되는 수입물품의 필요경비귀속연도**(소통 39－0…13)

수입물품이 관세법의 규정에 의하여 국고에 귀속하게 되는 경우(관세법 위반으로 몰수되는 물품을 제외한다) 동 국고귀속 수입물품의 필요경비산입시기는 국고에 귀속되는 날이 속하는 과세기간으로 한다.

✓ **분할하여 지급하는 재해보상금의 필요경비귀속연도**(소통 39－0…14)

분할하여 지급하기로 한 재해보상금의 필요경비 귀속연도는 지급시기에 불구하고 당해 보상금의 지급이 확정된 날이 속하는 과세기간으로 한다.

✓ **신용카드매출전표 발행세액공제액의 총수입금액산입시기**(소통 39－0…16)

신용카드매출전표발행사업자가 부가가치세법 제46조 제1항의 규정에 의하여 납부세액에서 공제한 금액은 부가가치세법에 의한 당해 과세기간종료일이 속하는 과세기간의 소득금액계산상 총수입금액에 산입한다.

✓ **법원판결에 의하여 지급되는 손해배상금 등의 귀속연도**(소통 39－0…17)

법원의 판결에 의하여 지급하거나 지급받는 손해배상금 등의 귀속연도는 법원의 판결이 확정된 날이 속하는 과세기간으로 한다. 이 경우 "법원의 판결이 확정된 날"이라 함은 대법원 판결일자 또는 당해 판결에 대하여 상소를 제기하지 아니한 때에는 상소제기의 기한이 종료한 날의 다음 날로 한다.

✓ **계약해제에 따라 상표권 사용료 및 양수도대금을 반환하는 경우 손익 귀속시기**

상표권 사용 및 양수도 계약에 따라 사업소득 총수입금액으로 신고한 금액 중 계약의 해제에 따라 반환한 금액은 그 계약의 해제가 확정된 날이 속하는 과세기간의 총수입금액에서 차감하는 것이나 원상회복이행확약서 작성이 계약의 해제에 해당하는지 여부는 사실판단할 사항임(서면소득 2021－5036, 2021.7.30.)

✓ **영업시설 이전보상금에 대한 사업소득 수입시기**

사업자가공익사업을 위한 토지 등의 취득 및 보상에 관한 법률에 따라 사업장을 이전함으로써 지급받는 이전보상금과 영업손실보상금은 소득세법 제39조 제1항 및 같은 법 시행령 제51조 제3항 제5호의 규정에 의하여 사업장을 이전한 과세연도의 사업소득금액 계산상 총수입금액에 산입하는 것임(서면소득 2015－1048, 2015.6.29.)

✓ **사업장 이전하기 전에 폐업한 이전보상금의 수입시기**

사업자가 「공익사업을 위한 토지 등의 취득 및 보상에 관한 법률」에 따라 이전보상금과 영업손실보상금을 지급받고, 사업장을 이전하기 전에 폐업하는 경우에는 폐업일이 속하는 과세연도의 총수입금액에 산입하는 것임(소득－723, 2010.6.24.)

✓ **개발부담금의 필요경비 산입시기**(소득 해석편람 39－4－1)

택지를 개발하여 공동주택을 신축분양하는 주택건설사업자의 사업소득금액을 계산함에 있어서 개발이익환수에 관한 법률의 규정에 의하여 납부하는 개발부담금은 자본적지출에 해당하는 것으로 택지의 취득가액에 가산한 후, 공동주택을 분양하는 날이 속하는 과세기간의 필요경비에 산입하는 것임(소득 22601－919, 1992.4.24.)

✓ **계약불이행으로 받은 해약금의 귀속시기 및 동 해약금의 반환시 과세 여부**(소득 해석편람 39－4－2)

부동산매매계약을 체결한 후 매수자의 계약불이행으로 매도자가 지급받는 해약금은 기타소득으로서 해약이 확정된 날에 지급된 것으로 보는 것이며, 기타소득으로 확정된 해당연도의 과세기간 경과 후 해약금상당액이 매수자에게 반환되는 경우 이는 소득세 또는 증여세 과세대상이 아님(소득 46011－2598, 1994.9.12.)

✓ **정부 출연금 및 기술료 납부금액의 귀속연도**(소득 해석편람 39－4－14)

거주자의 총수입금액과 필요경비의 귀속연도는 총수입금액과 필요경비가 확정된 날이 속하는 연도로 하는 것이므로 정부로부터 출연금을 지급받은 경우와 정부에 기술료를 납부하는 경우의 총수입금액 및 필요경비 귀속연도는 각각 정부로부터 출연금의 교부통지 또는 기술료의 납부통지를 받은 날이 속하는 과세기간으로 하는 것임(소득 46011-24, 2001.2.27.)

✓ **개인사업자가 지급받은 장애인고용장려금의 수입시기**

개인사업자가 한국장애인고용촉진공단으로부터 지급받는 장애인고용장려금의 수입시기는 해당 공단으로부터 그 장려금의 지급통지를 받은 날이 되는 것임(서면1팀-397, 2004.3.16.)

Ⅱ 자산의 취득가액

1 원 칙

① 거주자가 매입·제작 등으로 취득한 자산의 취득가액은 해당 자산의 매입가액이나 제작원가에 부대비용을 더한 금액으로 한다.(소법 39조 ②)

② 거주자가 보유하는 자산 및 부채의 장부가액을 증액 또는 감액(감가상각은 제외한다. 이하 "평가"라 한다)한 경우 그 평가일이 속하는 과세기간 및 그 후의 과세기간의 소득금액을 계산할 때 해당 자산 및 부채의 장부가액은 평가하기 전의 가액으로 한다. 다만, 재고자산과 유가증권은 각 자산별로 재고자산 평가방법(☞ 소득세법 시행령 제91조)과 유가증권 평가방법(☞ 소득세법 시행령 제93조)에 따라 평가한 가액을 장부가액으로 한다.(소법 39조 ③, 2018.12.31. 개정, 소령 96조 ①)

③ 다음 중 하나에 해당하는 자산은 위 '②'에도 불구하고 '자산의 장부가액을 그 감액사유가 발생한 과세기간 종료일 현재의 처분가능한 가액으로 감액하고, 그 감액한 금액을 해당 과세기간의 필요경비로 계상하는 방법'에 따라 그 장부가액을 감액할 수 있다.(소법 39조 ④, 소령 96조 ②, ③)

㉠ 파손·부패 등으로 정상가격에 판매할 수 없는 재고자산

㉡ 천재지변이나 화재, 법령에 따른 수용 등, 채굴 불능으로 인한 폐광으로 파손 또는 멸실(해당 유형자산이 그 고유의 목적에 사용할 수 없게 되는 경우를 포함)된 유형자산

2 구체적인 자산의 취득가액 산정방법

자산의 취득가액은 다음의 금액에 의한다.(소령 89조)

(1) 타인으로부터 매입한 자산 등(소령 89조 ①)

1) 타인으로부터 매입한 자산

매입가액에 취득세·등록면허세 기타 부대비용을 가산한 금액

✓ **고정자산 매입대금의 지급지연에 따른 지급이자 처리**(소통 27－55…16)

사업자가 고정자산을 매입함에 있어서 매입가격을 결정한 후 그 대금 중 일부 잔금의 지급지연으로 지급하는 이자상당액은 고정자산의 취득가액에 산입한다. 이 경우 그 잔금이 실질적으로 소비대차로 전환된 경우에 지급하는 이자는 이를 각 과세기간의 소득금액계산상 필요경비에 산입한다.

✓ **증여로 일부 공동사업 구성원이 변경되는 경우 공동사업장의 기존 재고자산의 장부가액 변경 여부**

공동사업장의 구성원 중 일부가 지분을 증여하여 구성원이 변경되는 경우 공동사업장의 자산의 장부가액은 구성원 변경 전의 장부가액을 동일하게 적용하는 것임(사전법령해석소득 2020-408, 2020.4.27.)

✓ **구 건물 장부가액의 신 건물 취득가액 산입여부**

개인사업자가 자기소유의 토지상에 새로운 건축물을 건축하기 위하여 기존건축물을 철거하는 경우 기존건축물의 장부가액과 철거비용은 새로운 건축물에 대한 자본적지출로 하여 새로운 건축물의 취득원가에 산입하는 것임(소득－28, 2013.1.11.)

✓ **철거주택 취득가액이 새로운 사업용 건축물의 자본적 지출인지 여부**

주거용 주택을 철거하고 임대용 건물을 신축하는 경우 철거한 건축물의 취득가액과 철거비용은 당해 토지에 대한 자본적 지출로 함(서일 46011－10674, 2002.5.18.)

✓ **기존건물 철거 후 건물 신축시 기존건물의 장부가액을 당기비용 처리할 수 있는지 여부**

자기 소유의 토지상에 새로운 건축물을 건축하기 위하여 기존 건축물을 철거하는 경우 기존 건축물의 장부가액과 철거비용은 새로운 건축물에 대한 자본적지출로 하는 것임(소득-194, 2014.4.11.)

✓ **기존건물의 철거비용이 사업소득의 필요경비에 해당하는지 여부**

[사실관계]

질의인은 AA에서 BB라는 도매업을 영위하고 있는 사업자로, 2022년 2월경 사업용 건물을 매입하여 사용하였으나, 건물의 구조가 사업 용도와 맞지 않은 부분이 있어 장기적인 투자의 관점에서 기존 건물을 11월 말에 철거하고 새로운 건물을 신축 중에 있음

[질의]

사업자가 기존의 건물을 멸실하고 새로운 건물을 신축하는 과정에서 발생한 기존 건물의 철거비용을 사업소득 필요경비에 산입할 수 있는지 여부

[회신]

자기 소유의 토지상에 새로운 건축물을 건축하기 위하여 기존 건축물을 철거하는 경우 기존 건축물의 철거비용은 새로운 건축물에 대한 자본적지출로 하는 것임(사전법규소득 2023-831, 2024.2.13.)

✓ **자기 소유 토지상의 기존건물을 철거하고 신건물을 신축하는 경우 기존건물 장부가액의 처리**

공동사업자가 자기 소유의 토지상에 새로운 건축물을 건축하기 위하여 기존 건축물을 철거하는 경우 기존 건축물의 장부가액은 새로운 건축물에 대한 자본적지출로 하는 것임(사전법령해석소득 2018-525, 2018.12.19.)

※ 국세청 해석사례집 검토내용

개인이 자기 소유의 토지상에 새로운 건축물을 건축하기 위하여 기존 건물을 철거하는 경우 기존 건물 장부가액의 처리와 관련한 해석례와 판례

- 해석례는 자기 소유의 토지상에 새로운 건축물을 건축하기 위하여 기존 건물을 철거하는 경우 기존 건물 장부가액을 신축 건물의 자본적 지출로 처리하도록 함(서면인터넷방문상담1팀-24, 2006.1.6, 서면인터넷방문상담1팀-236, 2006.2.21, 서면인터넷방문상담1팀-483, 2006.4.18, 소득세과-194, 2014.4.11, 서면소득-3256, 2006.3.9.)
- 또한, (소득세법 기본통칙 33-67…1 ④) 및 (소득세법 집행기준 27-55…8 ③)에서도 자기 소유의 토지상에 새로운 건축물을 건축하기 위하여 기존 건축물을 철거하는 경우 기존 건축물의 장부가액과 철거비용은 새로운 건축물에 대한 자본적지출로 하도록 규정하고 있고
- 심판원은 다른 사업을 위하여 사업용으로 사용하던 기존건물을 철거하였다면 그 다른 사업의 사업용 자산인지 재고자산인지 여부에 불구하고 기존건물의 장부 가액은 수익비용 대응원칙에 따라 필요경비에 산입하는 것이 합리적이라 보았으며(국심 2007서5290, 2008.7.3.)
- 법원도 "사업소득에 관하여 기존 건축물의 장부가액과 철거비용을 새로운 건축물의 자본적 지출로 하여 이를 새로운 건축물의 취득가액에 산입함과 동시에 새로운 건축물에 대해 감가상각을 한 것으로 보아 감가상각비를 총수입금액에서 공제하는 것으로서, 이는 사업의 계속·반복성에 비추어 볼 때 기존 건축물과 새로운 건축물이 모두 사업소득 발생에 제공되는 고정자산이면서 그러한 사업소득에 대해 과세가 이루어지는 점을 고려한 것"이라고 (소득세법 기본통칙 33-67…1 ④)을 인용하여 판시함(서울고법 2012누22043, 2013.6.28. ⇒ 대법원 2013두18216, 2013.12.27.)
- 따라서 개인이 자기 소유의 토지상에 새로운 건축물을 건축하기 위하여 기존 건물을 철거하는 경우 기존 건물장부가액은 다수의 해석례 등을 따라 신건물의 자본적 지출로 처리함이 타당함

✓ **사업용 고정자산(건물) 철거시 건물잔존가액 및 철거비용의 필요경비 산입여부 등**

타인 소유 토지에 건물을 신축하여 병원(이하 "A사업장"이라 함)을 운영하던 거주자가 병원을 폐업하고 본인 소유의 다른 토지에 건물을 신축하여 새로운 병원 (이하 "B사업장"이라 함)을 개업한 후 법원의 판결에 의하여 A사업장의 건물을 철거하는 경우, 철거된 건물의 장부가액은 철거된 연도의 A사업장과 B사업장의 사업소득금액의 계산에 있어서 필요경비에 산입하지 아니하고, B사업장 건물의 자본적지출에도 포함되지 아니하는 것임. 또한, A사업장 건물의 철거비용은 B사업장의 사업소득금액의 계산에 있어서 필요경비에 산입할 수 없는 것임(소득-842, 2009.6.5.)

✓ **분양시설과 임대시설을 도급건설하면서 개별시설의 공사원가를 구분할 수 없는 경우, 취득가액 산정**

분양시설과 임대시설을 건설하기 위하여 시공사와 단위면적을 기준으로 도급금액을 산정하는 건설도급계약을 체결하고 그 시공사로부터 각 시설의 공사원가를 구분하지 않고 총 공사원가만 제공받는 경우 각 시설의 취득가액은 면적비율에 따라 안분하여 산정하는 것임(서면법령해석법인 2021-700, 2021.8.2.)

✓ **수분양자가 수익보장금을 매월 지급받는 경우 소득세 과세여부**

사업자가 상가 등의 분양업자로부터 수익보장금 명목으로 일정기간동안 일정금액을 받는 조건으로 상가 등을 분양받는 경우 구매자인 사업자가 분양업자로부터 수익보장금 명목으로 지급받는 금액의 합계액은 상가 등의 취득가액에서 차감하는 것임(소득-930, 2012.12.21.)

➲ 유사한 경우로서 사업소득으로 보는 사례(서면소득 2017-1667, 2017.7.26.),(서면법령해석소득 2017-225, 2017.6.30.),(서면법규-775, 2014.7.22.),(서면법규해석소득 2019-4794, 2020.7.14.) 등이 있으며, 기타소득으로 보는 사례(서면법령해석소득 2019-4794, 2020.7.14.)는 삭제되었으므로 그 적용에 유의하여야 한다.

✓ **부동산임대업을 상속받은 상속인의 부동산 취득가액**

[사실관계]

부친의 사망으로 부동산 임대업을 상속받고, 부동산에 대한 상속세 신고는 상속세 및 증여세법 상 평가금액으로 신고

(단위 : 억원)

	부친 장부가액	상증법상 평가금액
합 계	7.7	40
토 지	4.2	35
건 물	3.5	5

[질의]

부동산임대업을 상속받은 상속인의 부동산 취득가액이 "시가"인지, 피상속인의 최종 "장부가액"인지 여부

[회신]

부동산임대업을 상속받은 거주자가 상속으로 자산을 취득한 경우 소득세법 시행령 제89조 제1항 제3호에 따라 상속이 개시된 날의 시가를 해당 자산의 취득가액으로 하는 것임(기획재정부소득-55, 2014.1.23.)

✓ **공동사업에 사용하던 부동산을 상속 취득한 경우 장부가액**

[사실관계]

- 공동사업을 영위하는 구성원(母, 子) 중 모친이 사망함에 따라 모친 소유 토지를 상속받고, 부동산에 대한 상속세 신고는 상속세 및 증여세법상 평가금액으로 신고함
- 공동사업 자산 소유 현황 : 모친(토지 100%), 자(건물 100%)

[질의]

- 공동사업 구성원인 모친의 사망에 따라 공동사업 소유자산인 토지를 상속받고 단독사업으로 기

존 사업을 계속하여 영위하는 경우, 해당 토지의 취득가액은

〈갑설〉 상속인이 상속을 통해 피상속인의 사업을 승계한 경우에 해당되어 피상속인의 최종 과세기간 종료일의 장부가액으로 하는 것임

〈을설〉 사업용 고정자산을 신규 취득하여 사업에 사용한 경우에 해당되어 상속이 개시된 날의 시가를 취득가액으로 하는 것임

[회신]

모(母)와 자(子)가 공동사업을 영위하던 중 모가 사망하여 자가 모의 사업용 고정자산을 상속받아 단독으로 사업을 계속 영위하는 경우 해당 사업용 고정자산의 장부가액은 기존 공동사업의 장부가액을 그대로 적용하는 것임(서면법령해석소득 2015-764, 2016.12.23.)

✓ 부동산임대업을 하던 공동사업 구성원 중 일부가 탈퇴하면서 남은 구성원이 그 지분을 취득한 경우 공동사업장의 자산의 장부가액 변경 여부

공동사업장의 구성원 중 일부가 지분을 취득하여 구성원이 변경되는 경우 공동사업장의 자산의 장부가액은 구성원 변경 전의 장부가액을 동일하게 적용하는 것임(사전법령해석소득 2020-468, 2020.6.12.)

✓ 분양시설과 임대시설을 도급건설하면서 개별시설의 공사원가를 구분할 수 없는 경우, 취득가액 산정

분양시설과 임대시설을 건설하기 위하여 시공사와 단위면적을 기준으로 도급금액을 산정하는 건설도급계약을 체결하고 그 시공사로부터 각 시설의 공사원가를 구분하지 않고 총 공사원가만 제공받는 경우 각 시설의 취득가액은 면적비율에 따라 안분하여 산정하는 것임(서면법령해석법인 2021-700, 2021.8.2.)

✓ 취득가액이 불분명한 토지 및 건물의 취득가액 계산방법(소득 집행기준 39-89-6)

거주자가 개별공시지가 고시 이전 취득한 토지에 기준시가 고시 이전에 건물을 신축하여 자가사용하다가 해당 자산을 부동산임대업에 사용하여 장부를 기장하는 경우 취득가액이 불분명한 토지 및 건물의 취득가액 산정방법은 아래의 산식에 의한다.

① 토지

$$1990.1.1.\text{ 기준으로 한 개별공시지가} \times \frac{1985.1.1.\text{ 당시의 시가표준액}}{\left(\dfrac{1990.8.30.\text{ 현재의 시가표준액} + \text{그 직전에 결정된 시가표준액}}{2}\right)}$$

② 건물

$$\text{국세청장이 해당자산에 대하여 최초로 고시한 기준시가} \times \frac{\text{취득당시의 지방세법 시행령 제80조 제1항의 시가표준액 (동항 단서의 가감산율을 적용하지 아니한 가액으로 함)}}{\text{해당 자산에 대하여 국세청장이 최초로 고시한 기준시가 고시당시의 시가표준액(취득당시의 가액과 최초로 고시한 기준시가 고시당시의 가액이 동일한 경우에는 소득세법 시행령 제164조 제8항을 준용함)}}$$

✓ 대물변제로 취득한 자산가액이 불분명한 경우(소득 집행기준 97-163-3)

채무액에 갈음하여 부동산으로 대물변제하는 경우로서 해당 자산가액이 불분명하여 취득당시의 실지거래가액을 확인할 수 없는 때에는 매매사례가액, 감정가액, 환산가액 등을 취득가액으로 한다.

✓ **포괄취득하는 자산의 자산별 취득가액 계산**(소득 해석편람 39-5-3)

거주자가 법원의 경매를 통하여 취득하는 사업용 고정자산의 취득가액은 해당 사업용 고정자산의 경락가액에 취득세·등록세 등 기타 부대비용을 가산하는 금액으로 하는 것이며, 자산의 포괄취득으로 각 자산별 가액의 구분이 불분명한 경우에 자산별 취득가액은 경락가액을 각 자산의 감정평가액을 기준으로 안분계산하는 것임. 또한, 사업자가 토지·건물만을 사용할 목적으로 첨가 취득한 기계장치 등을 양도함으로써 발생하는 차손익은 부동산임대소득·사업소득의 계산이 있어서 총수입금액이나 필요경비에 산입하지 않는 것임(소득 46011-238, 1999.10.25.)

✓ **건물의 신축, 증축, 용도변경시하수도법에 따라 납부하는 원인자부담금의 처리**

거주자가 사업용 건물을 신축·증축하거나 용도를 변경함에 있어 조례에 따라 공공하수도의 설치비용으로 납부하는 원인자부담금은 당해 건물의 취득가액에 산입하는 것임(서면1팀-312, 2007.3.8.)

✓ **주차장법에 따라 부담하는 주차장설치비용의 필요경비 산입방법**

거주자가 사업용 고정자산인 건물을 신축하면서 주차장법 제19조에 따라 부설주차장의 설치에 갈음하여 부담하는 주차장설치비용은 그 건축물의 취득가액에 산입하는 것이며 감가상각을 통하여 필요경비에 산입하는 것임(소득-3837, 2008.10.21.)

2) 자기가 행한 제조·생산 또는 건설 등에 의하여 취득한 자산

원재료비·노무비·운임·하역비·보험료·수수료·공과금(취득세와 등록면허세를 포함)·설치비 기타 부대비용의 합계액

3) 그 밖의 자산

위 '1) 및 2)'의 자산으로서 그 취득가액이 불분명한 자산과 '1) 및 2)'의 자산 외의 자산은 해당 자산의 취득당시의 시가(☞ 법인세법 시행령 제89조를 준용하여 계산한 금액)에 취득세·등록면허세 기타 부대비용을 가산한 금액

저자TIP

취득시기가 오래되어 실제 취득가액이 확인되지 않는 경우에는 소득세법 시행령 제89조 제1항 제3호, 시행규칙 48조에 따라 법인세법 시행령 제89조의 시가를 적용하도록 하고 있다. 따라서 감정평가법인 등의 감정가액(감정한 가액이 2 이상인 경우에는 그 감정한 가액의 평균액)으로 하는 것이며, 감정가액이 없는 경우에는 상속세 및 증여세법 제61조부터 제64조까지의 규정에 따라 평가한 가액(토지 기준시가 가액)에 토지에 대한 취득부대비용을 더한 가액으로 하는 것이다.

* 법인세법 시행령 제89조 제2항 제1호의 개정으로 2018.2.13. 이후 감정하는 분부터는(2018.12.13. 법령 부칙 12조) 감정가액이 5억원 이하인 경우에 한정하여 개인감정평가사의 감정가액을 인정하는 규정을 두었다가, 2019.2.12. 개정으로써 '5억원 이하'의 규정도 삭제하여 감정가액의 제한없이 감정평가법인등의 감정가액을 인정하도록 하였다.(2019.2.12. 이후 감정분부터 적용, 2019.2.12. 법령 부칙 11조)

➲ 감정가액을 적용하는 경우 소급감정가액은 인정하지 않는다.(소득 집행기준 39-89-5 ② 2)

✓ **용기의 자산구분방법**(소통 39－91…2)

판매를 목적으로 하지 아니하는 내구성 있는 사업용 자산인 용기는 고정자산으로 회계처리하는 것이나, 내용물을 포함하여 판매하는 용기는 재고자산으로 처리한다.

✓ **상속받은 부동산에 대한 취득세·등록세의 취득가액 산입 여부**(소득 해석편람 39－5－2)

상속받은 임대용건물의 부속토지에 대한 상속세는 취득가액에 산입할 수 없는 것이나, 해당 부동산에 대한 취득세·등록세는 취득가액에 산입한다.(소득 46011－308, 1999.1.25.)

(2) 취득가액 산정시 제외항목

취득가액은 다음의 금액을 포함하지 아니하는 것으로 한다.(소령 89조 ②)

1) 현재가치할인차금

사업자가 자산을 장기할부조건으로 매입하는 경우에 발생한 채무를 기업회계기준에 따라 현재가치로 평가하여 현재가치할인차금으로 계상한 경우에 있어서의 해당 현재가치할인차금

2) 연지급수입

다음의 연지급수입의 경우에 취득가액과 구분하여 지급이자로 계상한 금액(소칙 49조, 2007.4.17. 개정)

① 해당 물품의 수입대금전액을 은행이 신용을 공여하는 기한부신용장방식 또는 공급자가 신용을 공여하는 수출자신용방식에 의한 수입방법에 의하여 그 선적서류나 물품의 영수일부터 일정기간이 경과한 후에 지급하는 방법에 의한 수입

② 수출자가 발행한 기한부 환어음을 수입자가 인수하면 선적서류나 물품이 수입자에게 인도되도록 하고 그 선적서류나 물품의 인도일부터 일정기간이 지난 후에 수입자가 해당 물품의 수입대금 전액을 지급하는 방법에 의한 수입(2007.4.17. 신설)

③ 정유회사, 원유·액화천연가스 또는 액화석유가스 수입업자가 원유·액화천연가스 또는 액화석유가스의 일람불방식·수출자신용방식 또는 사후송금방식에 따른 수입대금 결제를 위하여 외국환거래법상 연지급수입기간 이내에 단기외화자금을 차입하는 방법에 의한 수입

④ 위 '①부터 ③까지'와 유사한 연지급수입

원천징수의무 등의 배제

현재가치할인차금의 상각액 및 연지급수입의 경우에 취득가액과 구분하여 계상한 지급이자에 대해서는 원천징수의무(소법 127조), 비거주자의 국내원천소득에 대한 원천징수의 특례(소법 156조), 지급명세서의 제출(소법 164조), 비거주자의 국내원천소득 등에 대한 지급명세서 제출의무 특례(소법 164조의2) 규정을 적용하지 아니한다.(소령 89조 ⑤)

3) 부당행위계산부인규정에 의한 시가초과액

특수관계있는 자로부터 시가보다 높은 가격으로 자산을 매입하는 경우의 시가초과액(소령 98조 ② 1)

(3) 자산재평가시

자산재평가법에 의하여 재평가를 한 때에는 그 재평가액을, 자본적지출에 상당하는 금액이 있는 때에는 그 금액을 가산한 금액을 취득가액으로 한다.(소령 89조 ③)

(4) 의제매입세액

부가가치세법 제42조에 따라 공제받은 의제매입세액과 조세특례제한법 제108조 제1항(재활용폐자원 등에 대한 부가가치세 매입세액 공제특례)의 규정에 의하여 공제받은 매입세액은 해당 원재료의 매입가액에서 이를 공제한다.(소령 89조 ④, 2013.6.28. 개정)

Ⅲ 기업회계의 존중

① 거주자가 각 과세기간의 소득금액을 계산할 때 총수입금액 및 필요경비의 귀속연도와 자산·부채의 취득 및 평가에 대하여 일반적으로 공정·타당하다고 인정되는 기업회계의 기준을 적용하거나 관행을 계속 적용하여 온 경우에는 소득세법 및 조세특례제한법에서 달리 규정하고 있는 경우 외에는 그 기업회계의 기준 또는 관행에 따른다.(소법 39조 ⑤)

② 위 '①'에 따라 총수입금액과 필요경비의 귀속연도와 자산·부채의 취득 및 평가에 적용할 수 있는 기업회계의 기준 또는 관행은 다음 중 하나에 해당하는 회계처리기준으로 한다.(소칙 50조 ①)

㉠ 주식회사의 외부감사에 관한 법률 제13조에 따른 회계처리기준

㉡ 증권선물위원회가 정한 업종별 회계처리준칙

㉢ 공기업·준정부기관 회계사무규칙

㉣ 기타 법령의 규정에 의하여 제정된 회계처리기준으로서 기획재정부장관의 승인을 얻은 것

③ 위 '①'을 적용할 때 기업회계의 기준 또는 관행의 준수여부는 거래건별로 이를 판단한다.(소칙 50조 ②)

> ✓ **학원 수입의 귀속연도**(소득 해석편람 39-9-1)
>
> 학원을 경영하는 거주자의 해당 사업에서 발생한 총수입금액의 귀속연도는 소득세법 제39조 제3항의 규정에 의하여 해당 거주자가 일반적으로 공정·타당하다고 인정되는 기업회계기준을 적용하거나 관행을 계속적으로 적용하여 온 경우에는 그 기준 또는 관행에 의하는 것임(소득 46011-201, 1997.1.22.)
>
> ✓ **플러스카드 가맹점의 필요경비 산입시기**(소득 해석편람 39-4-7)
>
> 플러스카드사업에 가맹한 사업자가 해당 플러스카드회원이 구매한 대금의 일정률에 해당하는 금액을 플러스포인트 관리기금에 불입하는 경우 해당연도 사업소득금액계산에 있어서 동 기금에 불입하는 비용에 대한 필요경비 산입시기는 소득세법 제39조 제1항의 규정에 의하여 총수입금액과 필요경비가 확정된 날이 속하는 연도로 하는 것이나, 해당 사업자가 일반적으로 공정·타당하다고 인정되는 기업회계기준을 적용하거나 관행을 계속적으로 적용하여 온 경우에는 같은조 제3항의 규정에 의하여 기업회계기준 또는 관행에 의하는 것임(소득 46011-3045, 1997.11.27.)

Ⅳ 재고자산 및 유가증권의 평가

1 재고자산의 평가

(1) 재고자산 평가방법의 종류

재고자산(유가증권 제외)의 평가방법은 다음에 해당하는 것으로 한다.(소령 91조 ①, ②)

1) 원가법

"원가법" 이란 개별법, 선입선출법, 후입선출법, 총평균법, 이동평균법, 매출가격환원법의 방법에 의하여 재고자산의 취득가액을 그 자산의 평가액으로 하는 방법을 말한다.(소령 92조 ① 1)

✓ **증여로 일부 공동사업 구성원이 변경되는 경우 공동사업장의 기존 재고자산의 장부가액 변경 여부**

공동사업장의 구성원 중 일부가 지분을 증여하여 구성원이 변경되는 경우 공동사업장의 자산의 장부가액은 구성원 변경 전의 장부가액을 동일하게 적용하는 것임(사전법령해석소득 2020-408, 2020.4.27.)

✓ **매월별 후입선출법 등으로 평가시 적법 여부**(소통 39-92…1)

사업자가 계속하여 월별·분기별 또는 반기별로 후입선출법, 총평균법 또는 이동평균법 등을 적용하여 재고자산을 평가하는 경우에도 이를 영 제91조 제2항에 의하여 평가한 것으로 본다.

✓ **매출가격환원법에 의한 재고자산평가**(소통 39-92…2)

재고자산을 매출가격환원법에 의하여 평가하는 사업자는 재고자산을 평가할 때마다 품목별 재고조사표를 기록·비치하여야 한다.

✓ **매출가격환원법의 적용 특례**(소통 39-92…3)

매출가격환원법에 의하여 재고자산을 평가함에 있어서 해당 과세기간종료일 현재를 기준으로 하여 판매예정차익이 발생되는 경우에는 판매될 예정가액에서 동 차익을 공제하여 평가하며 판매예정차손이 발생되는 경우에는 판매예정가액을 평가액으로 본다.

✓ **매출가격환원법의 적용대상 업종**(소득 해석편람 39-6-1)

재고자산의 평가방법은 업종에 관계없이 모든 사업자에게 적용할 수 있는 것이므로 도매업을 영위하는 자가 정당하게 신고한 매출가격환원법으로 재고재산을 평가한 것은 적법한 평가임(재무부직세 1234-663, 1978.3.3.)

2) 저가법

"저가법"이란 재고자산을 원가법 또는 재고자산을 기업회계기준(주식회사의 외부감사에 관한 법률 제13조에 따른 회계처리기준)이 정하는 바에 의하여 해당 과세기간종료일 현재의 시가로 평가하는 방법에 따라 평가한 가액 중 낮은 가액을 그 과세기간 종료일 현재의 재고자산의 평가액으로 하는 방법을 말한다.(소령 92조 ① 2, 소칙 51조 ②)

(2) 재고자산 평가방법의 정의(소령 92조 ②)

① "원가법"이란 재고자산의 취득가액을 그 자산의 평가액으로 하는 방법을 말한다.

② "저가법"이란 재고자산을 원가법 또는 기업회계기준이 정하는 바에 의하여 해당 과세기간종료일 현재의 시가로 평가한 가액 중 낮은 가액을 그 연도 말 현재의 재고자산의 평가액으로 하는 방법을 말한다.(소칙 51조 ②)

③ "개별법"이란 재고자산을 개별적으로 각각 취득한 가액에 따라 산출한 것을 그 자산의 평가액으로 하는 방법을 말한다.

④ "선입선출법"이란 먼저 매입한 것부터 순차로 출고된 것으로 보아 해당연도말 현재의

재고자산의 가액을 평가하는 방법을 말한다.

⑤ "후입선출법"이란 나중에 매입한 것부터 순차로 출고된 것으로 보아 그 연도말 현재의 재고자산의 가액을 평가하는 방법을 말한다.

⑥ "총평균법"이란 재고자산을 품종별·종목별로 해당연도개시일 현재의 재고자산에 대한 취득가액의 합계액과 해당연도에 취득한 자산의 취득가액의 합계액의 총액을 그 자산의 총수량으로 나눈 평균단가에 따라 해당연도말 현재의 재고자산의 가액을 평가하는 방법을 말한다.

⑦ "이동평균법"이란 자산을 취득할 때마다 장부시재금액을 장부시재수량으로 나누는 방법으로 평균단가를 산출하고 그 중 가장 나중에 산출된 평균단가에 따라 해당연도말 현재의 재고자산의 가액을 평가하는 방법을 말한다.

⑧ "매출가격환원법"이란 해당연도말 현재의 재고자산을 품종별로 해당연도 과세기간종료일에 판매할 예정가격에서 판매예정차익금을 공제하여 산출한 가액으로 해당연도말 현재의 재고자산의 가액을 평가하는 방법을 말한다.

✓ **적정한 평가방법의 선정**(소통 39－91…1)

① 재고자산 평가방법의 선정은 재고자산의 성질에 따라 불가능한 평가방법을 선정할 수 없다.

② 다음의 재고자산은 그 성질상 일반적으로 개별법에 의하여 평가하여야 하며 기타의 평가방법으로는 평가가 불가능한 것으로 본다. 이 경우 사업의 특수성으로 기타의 평가방법이 불가피한 경우에는 예외로 한다.

㉠ 보석·서화·골동품

㉡ 주문에 의하여 개별 품목단위로 제조 또는 생산하는 자산

㉢ 부동산

㉣ 기타 '㉠ 내지 ㉢'에 준하는 재고자산

✓ **재고자산평가에 착오가 있는 경우 평가방법의 효력**(소통 39－95…1)

사업자가 신고한 재고자산평가방법에 의하여 평가를 하였으나 기장 또는 계산상의 착오가 있는 경우에는 재고자산의 평가방법을 달리하여 평가한 것으로 보지 아니한다.

(3) 재고자산의 평가

① 재고자산(유가증권 제외)을 평가하는 경우에는 해당 자산을 다음의 구분에 따라 종류별·사업장별로 각각 다른 방법에 의하여 평가할 수 있다.(소령 91조 ③)

㉠ 제품과 상품(건물건설업 또는 부동산 개발 및 공급업자가 매매를 목적으로 소유하는 부동산을 포함)

㉡ 반제품과 재공품

㉢ 원재료

㉣ 저장품

② 종류별·사업장별로 재고자산을 평가하고자 하는 사업자는 종목별(한국표준산업분류에 의한 중분류 또는 소분류에 의한다)·사업장별로 제조원가명세서 또는 매출원가명세서를 작성하여야 한다.(소칙 51조 ①)

✓ **원재료 등을 소비대차한 경우의 취득가액 계산**(소통 39－89…1)

원재료 등을 소비대차한 경우 원료 차용시에는 대여자의 정당한 매입가격에 의하여 계상하고, 상환시에는 상환하는 원료의 매입가격에 의하여 계상한다.

✓ **변질된 제품 등의 폐기방법**(소통 39-91…3)

사업자가 풍수해 기타 관리상의 부주의 등으로 품질이 저하된 제품 등을 등급전환 또는 폐기처분하는 경우에는 그 사실이 객관적으로 입증될 수 있는 증거를 갖추어 처리하여야 한다.

✓ **원재료로 재투입되는 불량품 등의 평가**(소통 39－91…4)

생산과정에서 발생한 불량품 등을 원재료로 재투입하는 경우에는 재투입하는 때의 원재료 매입가액에 준하여 평가한다.

✓ **작업폐물 등의 평가**(소통 39－91…5)

작업폐물 등은 기업회계기준 중 중요성의 원칙에 따라 평가한다. 따라서 작업폐물의 매각액 또는 이용가치가 매우 적은 경우에는 이를 평가하지 아니할 수 있으나 작업폐물가액이 상당한 때에는 주제품의 제조원가에서 공제하거나 등급별 원가계산의 방법에 의하여 해당 작업폐물 등을 평가하여야 한다.

✓ **주유소운영업자의 업종변경시 유류대여분 재고자산의 처리**(소득 해석편람 39－6－2)

주유소를 영위하던 사업자가 해당 주유소를 임대하면서 재고유류의 소유권을 임차자에게 이전할 것을 약정하고 임차자는 그와 같은 종류, 품질 및 수량의 유류로 반환할 것을 약정하는 소비대차계약을 체결하고, 주유소에 대한 임대차계약 해지 후 해당 계약에 따라 유류를 반환받은 경우 해당 사업자의 임대차 종료후 사업(주유소업)소득금액계산에 있어서 기초재고액은 그 사업자의 임대 당시 유류재고액으로 계상할 수 있는 것임(소득 46011－3527, 1998.11.18.)

2 유가증권의 평가

(1) 유가증권의 범위

매매 또는 단기투자를 목적으로 매입한 유가증권(자본시장과 금융투자업에 관한 법률에 따른 투자매매업자 또는 투자중개업자가 거래소에 예탁한 증권을 포함)을 말한다.(소령 93조 ①, 2019.2.12. 개정)

(2) 유가증권의 평가

유가증권의 평가방법은 다음의 방법 중 사업자가 신고한 방법에 따른다.(소령 93조 ②, 2019.2.12. 개정)

① 개별법(채권의 경우에 한정한다)

② 총평균법

③ 이동평균법

3 재고자산·유가증권 등의 평가방법의 신고

(1) 재고자산 등의 평가방법의 신고

사업자는 재고자산 및 유가증권의 평가방법(이하 "재고자산 등의 평가방법")을 해당 사업을 개시한 날이 속하는 과세기간의 과세표준확정신고기한까지 「재고자산등평가방법신고서」(별지 제8호 서식)에 의하여 납세지 관할 세무서장에게 신고(국세정보통신망에 의한 신고를 포함)하여야 한다.(소령 94조 ①)

(2) 재고자산 등의 평가방법의 변경

재고자산 등의 평가방법을 신고한 자가 그 방법을 변경하려는 때에는 변경할 평가방법을 적용받으려는 최초 과세기간의 종료일 이전 3개월이 되는 날까지 「재고자산등평가방법변경신고서」(별지 제8호 서식)에 의하여 납세지 관할 세무서장에게 제출하여야 한다.(소령 94조 ②)

(3) 무신고·임의변경시 재고자산 등의 평가방법

① 납세지 관할 세무서장은 다음에 해당하는 경우에는 선입선출법(유가증권의 경우에는 총평균법, 매매를 목적으로 소유하는 부동산의 경우에는 개별법)에 의하여 재고자산 및 매매 또는 단기투자를 목적으로 매입한 유가증권을 평가한다. 다만, 신고한 평가방법 외의 방법으로 평가하거나 기한 내에 재고자산 등의 평가방법변경신고를 하지 아니하고 평가방법을 변경하여 신고한 경우에는 신고한 평가방법에 의하여 평가한 가액이 선입선출법에 의하여 평가한 가액보다 큰 때에는 신고한 평가방법에 의한다. (소령 95조 ①)

㉠ 해당 사업을 개시한 날이 속하는 연도의 과세표준확정신고기한 내에 재고자산 등의 평가방법을 신고하지 아니하거나 신고한 평가방법에 의하지 아니한 때

㉡ 변경할 평가방법을 적용받고자 하는 최초 연도의 종료일 3월 전까지 재고자산 등

의 평가방법변경신고를 하지 아니하고 평가방법을 변경한 때

② 재고자산 등의 평가방법을 위에서 규정한 기한이 지난 후에 신고한 때에는 그 신고일이 속하는 과세기간분까지는 무신고·임의변경시의 평가방법을 준용하고 그 후의 과세기간분에 대해서는 그 신고한 평가방법에 따른다.(소령 95조 ②)

구 분	무신고시	임의 변경시	
		신고한 방법 외의 평가	기한 내 변경신고 않고 평가방법 변경
재고자산	선입선출법	Max ─ ① 당초 신고한 평가방법, ② 무신고시의 평가방법	
유가증권	총평균법		
매매목적부동산	개별법		

V 외화자산 및 부채의 평가

1 외화자산 및 부채의 상환손익

사업자가 상환받거나 상환하는 외화자산·부채의 취득 또는 차입 당시의 원화기장액과 상환받거나 상환하는 원화금액과의 차익 또는 차손은 상환받거나 상환한 날이 속하는 과세기간의 총수입금액 또는 필요경비에 산입한다.(소령 97조 ①, 2010.2.18. 개정)

기준환율·재정환율

1. 기준환율(基準換率, the basic exchange rate)

외국환은행이 고객과 원화와 미달러화를 매매할 때 기준이 되는 환율을 말하며 시장평균율이라고도 한다. 금융결제원의 자금중개실을 경유하여 외국환은행간에 거래되는 원화의 대미 달러화 현물환율과 거래액을 가중평균하여 산출한다.(참조조문 외환거래법 5조)

2. 재정환율(裁定換率, arbitrated rate of exchange)

한 나라의 환율을 산정할 때 그 기준으로 삼는 특정국가의 환율을 기준환율이라고 하는데, 이것을 이용하여 제3국의 환율을 간접적으로 계산한 환율을 재정환율이라고 한다. 부가가치세법에서도 재화·용역의 공급대가를 외국통화 기타 외국환으로 받은 때에 법소정의 경우에는 기준환율 또는 재정환율에 의하여 계산한 금액을 과세표준으로 한다.(참조조문 외환거래법 5조)

✓ **외화자산·부채의 원화환산일이 공휴일인 경우의 적용환율**(소통 39－97…1)

외화자산·부채의 발생일이 공휴일인 때에는 그 직전일의 외국환거래법에 의한 기준환율 또는 재정환율에 의하여 원화로 환산한다.

✓ **법인전환시 외화부채 평가손익의 처리**(소득 집행기준 39-97-2)

개인사업자가 자산과 부채를 평가하여 현물출자 방식에 따라 법인으로 전환하는 경우, 해당 부채에 포함된 화폐성 외화부채의 장부가액과 현물출자 당시 평가된 가액과의 차손익은 법인으로 전환하는 연도의 총수입금액 또는 필요경비에 산입한다.

✓ **외화매출채권의 회수 관련한 통화선도거래손익의 총수입금액산입 여부 등**

수출업자가 환율변동에 따른 위험을 헷지(Hedge)하기 위해 거래은행과 선물환거래계약을 하고 수출대금을 외화로 회수한 후 선물환율로 외화를 매도하면서 거래손익이 발생한 경우 사업소득금액 계산상 총수입금액 또는 필요경비에 산입할 수 없는 것임(소득－1549, 2009.10.12.)

2 명세서의 제출

외화자산·부채를 평가하여 장부가액을 증액 또는 감액한 사업자는 과세표준확정신고서에 조정명세서를 첨부하여야 한다.(소령 97조 ②, 2010.2.18. 개정)

• 제 5 절 사업소득 원천징수

I 개 요

국내에서 거주자나 비거주자에게 일정한 사업소득을 지급하는 자는 그 거주자나 비거주자에 대한 소득세를 원천징수하여야 한다.(소법 127조 ① 3)

사업소득에 대한 원천징수는 크게 부가가치세 면세가 적용되는 의료보건용역과 인적용역, 봉사료 및 납세조합징수 규정으로 구분할 수 있다. 그리고 사업소득에 대한 사후적 정산절차로서 보험모집인 등에 대한 사업소득연말정산 규정이 있다.

✓ **사업소득의 원천징수시기 및 방법**(원천 해석편람 127－2－1)

소득세법 시행령 제184조 제1항의 소득을 지급하는 자는 원천징수의무를 지게 되며 사업소득을 지급하는 거래관행이 발생 건마다 지급할 때는 매건별로 원천징수하고 여러 건을 정산하여 일정시점에 지급한다면 그 지급시점에 지급하는 금액에 대하여 원천징수하는 것임(법인 46013－2276, 1996.8.3.)

Ⅱ 의료보건용역 및 인적용역에 대한 원천징수

1 범 위

(1) 일정한 의료보건용역(수의사의 용역을 포함)(소법 127조 ① 3, 소령 184조 ①)

일정한 의료보건용역이란 다음에 규정하는 것(의료법 또는 수의사법에 따라 의료기관 또는 동물병원을 개설한 자가 제공하는 것을 포함)으로 한다.(부법 26조 ① 5, 부령 35조)

① 의료법에 따른 의사, 치과의사, 한의사, 조산사 또는 간호사가 제공하는 용역. 다만, 국민건강보험법 제41조 제3항에 따라 요양급여의 대상에서 제외되는 다음의 진료용역은 제외한다.(부법 26조 ① 5, 부령 35조 1, 2014.2.21. 개정)

㉠ 쌍꺼풀수술, 코성형수술, 유방확대·축소술(유방암 수술에 따른 유방 재건술은 제외), 지방흡인술, 주름살제거술, 안면윤곽술, 치아성형(치아미백, 라미네이트와 잇몸성형술을 말한다) 등 성형수술(성형수술로 인한 후유증 치료, 선천성 기형의 재건수술과 종양 제거에 따른 재건수술은 제외)과 악안면 교정술(치아교정치료가 선행되는 악안면 교정술은 제외)

㉡ 색소모반·주근깨·흑색점·기미 치료술, 여드름 치료술, 제모술, 탈모치료술, 모발이식술, 문신술 및 문신제거술, 피어싱, 지방융해술, 피부재생술, 피부미백술, 항노화치료술 및 모공축소술

✓ **사업자등록을 한 개인 면세사업자에게 인적용역 사업소득 지급시 원천징수 여부**

사업자등록을 한 개인 면세사업자로부터 원천징수대상 사업소득의 인적용역을 제공받고 대가를 지급하는 사업자(법인, 국가 등)는 원천징수의무가 있는 것이며, 그 대가를 지급하는 때 원천징수영수증을 교부하여야 하는 것임. 이 경우 원천징수의무를 이행하지 아니한 경우에는 가산세가 적용되는 것임(원천-3096, 2008.12.30.)

※ 참고조문

사업자가 용역을 공급받는 자로부터 원천징수영수증을 발급받는 것에 대하여는 계산서를 발급한 것으로 본다.(소령 211조 ⑤)

✓ **업무상 재해직원의 의료비 회사 부담시 원천징수**(원천 해석편람 19-2-4)

업무상 재해직원에 대한 의료비를 회사가 부담하는 경우 의료비 지급액은 의료보건용역에 해당하여 지급방법에 관계없이 사업소득으로 원천징수하는 것이고, 의료기관이 법인인 경우 사업소득세 납부의무가 없어 원천징수없이 해당 의료법인으로부터 계산서를 교부받아야 하는 것이며, 의료기관이 개인인 경우 사업소득으로 원천징수하고 해당 의료기관으로부터 계산서를 교부받아야 하는 것이나 소득세법 시행령 제211조 제5항에 따라 원천징수영수증을 교부받는 경우에는 계산서를 교부한 것으로 보는 것임(서이 46013-11831, 2002.10.7.)

② 의료법에 따른 접골사(接骨士), 침사(鍼士), 구사(灸士) 또는 안마사가 제공하는 용역

③ 의료기사 등에 관한 법률에 따른 임상병리사·방사선사·물리치료사·작업치료사·치과기공사 또는 치과위생사가 제공하는 용역

④ 약사법 제23조 제4항에 따라 의사 또는 치과의사가 직접 제공하는 조제용역 또는 약사법에 따른 약사가 제공하는 의약품의 조제용역. 다만, 의약품가격이 차지하는 비율에 상당하는 소득을 제외한다.

➲ 개정규정(의사·치과의사의 직접 조제용역 포함 규정)은 2024.7.1. 이후 사업소득을 지급하는 경우부터 적용한다.(2024.2.29. 영 부칙 12조)

이때 "의약품가격이 차지하는 비율에 상당하는 소득"이란 약사법 제23조 제4항에 따라 의사 또는 치과의사가 직접 제공하는 조제용역 또는 약사법에 따른 약사가 의약품의 조제용역을 제공하고 지급받는 다음 중 하나에 해당하는 비용에 해당 의약품의 구입가격(보건복지부장관이 국민건강보험법 시행령 제22조 제1항 후단에 따라 고시하는 약제 및 치료재료의 상한금액 및 국민건강증진법 제25조 제1항 제1호에 따른 국민건강관리사업에 따라 지급받는 약제비용을 한도로 한다)이 약제비 총액(해당 의약품의 조제용역 제공에 따른 요양급여비용, 의료급여비용 또는 약제비용에 본인부담금을 합한 비용을 말한다)에서 차지하는 비율을 곱한 금액에 상당하는 소득을 말한다.(소칙 88조, 2024.3.22. 개정)

㉠ 국민건강보험법 제47조에 따라 지급받는 요양급여비용(2018.3.21. 개정)
㉡ 의료급여법 제11조에 따라 지급받는 의료급여비용
㉢ 한국보훈복지의료공단법 시행령 제15조의2에 따라 지급받는 약제비용
㉣ 산업재해보상보험법 제40조 제4항 제2호에 따라 지급받는 요양급여비용
㉤ 국민건강관리사업에 따라 지급받는 약제비용(2018.3.21. 신설)

✓ **국민건강보험공단이 의약품공급자에게 직접 지급하는 약품비와 원천징수**(원천 해석편람 19－2－1)
국민건강보험공단이 개인사업자인 병·의원 및 약국의 약품비를 의약품 도매상 등 의약품공급업자에게 직접 지급하는 경우, 소득세법 시행령 제184조의 규정에 의한 원천징수대상 사업소득인 의약품 조제용역에는 조제에 필수적으로 부수되는 의약품의 가격이 포함되는 것으로 함(서이 46013－10857, 2002.4.24.)

⑤ 수의사법에 따른 수의사가 제공하는 용역. 다만, 동물의 진료용역은 다음에 해당하는 진료용역으로 한정한다.
㉠ 축산물 위생관리법에 따른 가축에 대한 진료용역
㉡ 수산생물질병 관리법에 따른 수산동물에 대한 진료용역(2012.7.20. 개정)
㉢ 장애인복지법 제40조 제2항에 따른 장애인 보조견표지를 발급받은 장애인 보조견에 대한 진료용역
㉣ 국민기초생활 보장법 제2조 제2호에 따른 수급자가 기르는 동물의 진료용역
㉤ 위 '㉠부터 ㉣까지'의 규정에 따른 진료용역 외에 질병의 예방을 목적으로 하는 동물의 진료용역으로서 농림수산식품부장관이 기획재정부장관과 협의하여 고시하는 용역

⑥ 장의업자가 제공하는 장의용역
⑦ 장사 등에 관한 법률 제14조부터 제16조까지의 규정에 따라 사설묘지, 사설화장시설, 사설봉안시설 또는 사설자연장지를 설치·관리 또는 조성하는 자가 제공하는 묘지분양, 화장, 유골 안치, 자연장지분양 및 관리업 관련 용역(2022.2.15. 개정)
⑧ 지방자치단체로부터 장사 등에 관한 법률 제13조 제1항에 따른 공설묘지, 공설화장시설, 공설봉안시설 또는 공설자연장지의 관리를 위탁받은 자가 제공하는 묘지분양, 화장, 유골 안치, 자연장지분양 및 관리업 관련 용역(2022.2.15. 개정)
⑨ 응급의료에 관한 법률 제2조 제8호의 규정에 의한 응급환자이송업자가 제공하는 응급환자이송용역
⑩ 하수도법 제45조에 따른 분뇨수집·운반업의 허가를 받은 사업자와 가축분뇨의 관리 및 이용에 관한 법률 제28조에 따른 가축분뇨수집·운반업 또는 가축분뇨처리업의 허

가를 받은 사업자가 공급하는 용역

⑪ 감염병의 예방 및 관리에 관한 법률 제52조에 따라 소독업의 신고를 한 사업자가 공급하는 소독용역

⑫ 폐기물관리법 제25조에 따라 생활폐기물 또는 의료폐기물의 폐기물처리업 허가를 받은 사업자가 공급하는 생활폐기물 또는 의료폐기물의 수집·운반 및 처리용역과 같은 법 제29조에 따라 폐기물처리시설의 설치승인을 받거나 그 설치의 신고를 한 사업자가 공급하는 생활폐기물의 재활용용역

⑬ 산업안전보건법 제21조에 따라 보건관리전문기관으로 지정된 자가 공급하는 보건관리용역 및 같은 법 제126조에 따른 작업환경측정기관이 공급하는 작업환경측정용역 (2019.12.24. 개정)

⑭ 노인장기요양보험법 제2조 제4호에 따른 장기요양기관이 같은 법에 따라 장기요양인정을 받은 자에게 제공하는 신체활동·가사활동의 지원 또는 간병 등의 용역

⑮ 사회복지사업법 제5조의2 제2항에 따라 보호대상자에게 지급되는 사회복지서비스이용권을 대가로 국가·지방자치단체 외의 자가 공급하는 용역(2019.2.12. 개정)

⑯ 모자보건법에 따른 산후조리원에서 분만 직후의 임산부나 영유아에게 제공하는 급식·요양 등의 용역

✓ 쟁점용역을 의료보건용역으로 볼 수 있는지 여부(조심 2018서1600, 2018.9.5.)

(1) 청구인은 산후도우미를 산후조리원에 파견하여 서비스를 원하는 산모들에게 마사지 등(쟁점용역)을 제공하고 관련 수입금액을 면세로 하여 부가가치세를 신고하였으며, 산후도우미에게 지급한 인건비에 대해서는 매월 사업소득으로 원천징수하여 신고납부하였다.

(2) 처분청은 청구인의 부가가치세 신고내용을 검토한 결과, 쟁점용역을 과세대상인 인력공급업으로 보고 이 건 부가가치세를 과세하였다.

(3) 청구인은 산모들의 통증 완화를 목적으로 쟁점용역을 제공하였으므로 넓은 의미의 의료보건용역으로 보아야 한다며, 산모의 인적사항과 건강상태, 관리내용이 기록된 일지(사본)를 증빙으로 제출하였다. 동 일지에는 관리사가 해당 산모에게 마사지, 삼푸, 온열, 고주파 등의 서비스를 제공한 것으로 기재되어 있다.

(4) 이상의 사실관계 및 관련 법령 등을 종합하여 살피건대, 청구인은 쟁점용역을 의료보건용역으로 보아야 한다고 주장하나, 부가가치세법 제26조 제1항 제5호 및 같은 법 시행령 제35조에 의하면 의료보건용역의 범위는 의료법 등에 따른 자격 및 면허가 있는 자가 제공하는 용역과 그 외에 산후조리원 등 관련법에 의거 설립된 기관이 제공하는 용역으로 규정되어 있는 반면, 청구인은 산후조리원 운영에 필요한 시설을 갖추지 아니한 채 자기 관리하에 있는 산후도우미를 거래처인 산후조리원에 공급하고 그 산후도우미로 하여금 산모들에게 마사지, 온열 처치 등의 서비스를 제공하도록 한 점 등에 비추어 청구주장은 받아들이기 어렵다고 판단된다.

⑰ 사회적기업 육성법 제7조에 따라 인증받은 사회적기업 또는 협동조합기본법 제85조 제1항에 따라 설립인가를 받은 사회적협동조합이 직접 제공하는 간병·산후조리·보육 용역(2020.2.11. 개정)

⑱ 정신건강증진 및 정신질환자 복지서비스 지원에 관한 법률 제15조 제6항 및 산업안전보건법 제165조 제2항 제2호에 따라 국가 및 지방자치단체로부터 같은 법 제3조 제3호에 따른 정신건강증진사업 등을 위탁받은 자가 제공하는 정신건강증진사업 등의 용역(2018.2.13. 신설)

(2) 저술가·작곡가나 그 밖에 일정한 자가 직업상 제공하는 인적용역(소법 127조 ① 3, 소령 184조 ① 2)

여기서 인적용역은 독립된 사업(수개의 사업을 겸영하는 사업자가 과세사업에 필수적으로 부수되지 아니하는 용역을 독립하여 공급하는 경우를 포함)으로 공급하는 다음의 용역으로 한다.(부령 42조)

① 개인이 물적시설[계속적·반복적으로 사업에만 이용되는 건축물·기계장치 등의 사업설비(임차한 것을 포함)] 없이 근로자를 고용(고용 외의 형태로 해당 용역의 주된 업무에 대해 타인으로부터 노무 등을 제공받는 경우를 포함)하지 아니하고 독립된 자격으로 용역을 공급하고 대가를 받는 다음에 규정하는 인적용역(부령 42조 1, 2024.2.29. 개정) ➲ 2024.2.29.부터 시행한다.(2024.2.29. 부령 부칙 1조)

㉠ 저술·서화·도안·조각·작곡·음악·무용·만화·삽화·만담·배우·성우·가수와 이와 유사한 용역

㉡ 연예에 관한 감독·각색·연출·촬영·녹음·장치·조명과 이와 유사한 용역

㉢ 건축감독·학술용역과 이와 유사한 용역

㉣ 음악·재단·무용(사교무용을 포함)·요리·바둑의 교수와 이와 유사한 용역

㉥ 직업운동가·역사·기수·운동지도가(심판을 포함)와 이와 유사한 용역

㉦ 보험가입자의 모집, 저축의 장려 또는 집금 등을 하고 실적에 따라 보험회사 또는 금융기관으로부터 모집수당·장려수당·집금수당 또는 이와 유사한 성질의 대가를 받는 용역과 서적·음반 등의 외판원이 판매실적에 따라 대가를 받는 용역

㉧ 저작자가 저작권에 의하여 사용료를 받는 용역

㉨ 교정·번역·고증·속기·필경·타자·음반취입과 이와 유사한 용역

㉩ 고용관계 없는 자가 다수인에게 강연을 하고 강연료·강사료 등의 대가를 받는 용역

㉪ 라디오·텔레비전방송 등을 통하여 해설·계몽 또는 연기를 하거나 심사를 하고 사례금 또는 이와 유사한 성질의 대가를 받는 용역

㉫ 작명·관상·점술 또는 이와 유사한 용역

㉳ 개인이 일의 성과에 따라 수당 또는 이와 유사한 성질의 대가를 받는 용역

✓ 상담중개 플랫폼 사업자가 상담사에게 수수료를 제외한 상담료 지급 시 원천징수 의무가 있는지

원천징수대상 소득을 관리하면서 지급하여야 하는 법률관계 없이 당해 소득을 단순히 지급하는 경우에는 원천징수 의무가 없는 것임(서면원천 2022-2440, 2023.4.19.)

✓ 미술품 양도 소득이 원천징수대상 사업소득인지 여부

미술품 양도 소득이 사업소득에 해당하는지 여부는 사실 판단할 사항이며, 사업소득에 해당하더라도 부가가치세법 제26조 제1항 15호에 따른 용역의 공급에 해당하는 경우에 한해 소득세법 제127조에 따라 원천징수의무가 발생하는 것임(기준법무소득2022-76, 2022.8.3.)

✓ 화물운송 중개업자가 화물운송료를 지급받아 이를 화물운송업자에게 지급시 원천징수의무가 있는지

소득세법 제127조 제1항에 따라 원천징수 대상 소득을 '지급하는 자'란 지급받는 자와 사이에 원천징수 대상 소득을 관리하면서 이를 지급해야 하는 법률관계가 있는 자를 말하는 것이므로, 이와 같은 법률관계 없는 지급자에게는 원천징수의무가 없는 것입니다. 다만, 명시적·묵시적으로 원천징수의무자로부터 원천징수의무를 대리·위임 받은 경우에는 원천징수의무가 있는 것임(사전법령해석소득 2020-407, 2020.6.29.)

✓ 원천징수대상 사업소득의 원천징수시기

[사실관계]

- 질의법인은 보험업(보험대리 및 중개업)을 영위하는 법인으로서, 보험설계사들의 실적에 따른 보수 지급시 사업소득으로 원천징수하고 있으며, 위 실적에 따른 보수와는 별개로 보험설계사들이 목표액 달성시 인센티브로 질의법인과 제휴한 전용 쇼핑몰에서 사용가능한 포인트(유효기간 없음, 이하 "쟁점포인트")를 지급하고 있음
- 질의법인은 보험설계사들이 전용 쇼핑몰에서 물품 구입 목적으로 사용한 쟁점포인트에 대해 매월 1일부터 말일까지 사용분을 익월 10일에 전용 쇼핑몰 지정 계좌로 현금 입금하는 방식으로 정산함

[질의]

보험설계사가 포인트로 지급받은 인센티브의 소득구분 및 원천징수시기

[회신]

① 고용관계 없이 독립된 자격으로 보험가입자의 모집 실적에 따라 보험회사로부터 모집수당 또는 이와 유사한 성질의 대가를 받는 용역을 제공하고 실적에 따른 인센티브를 제휴쇼핑몰에서 사용가능한 포인트로 지급받는 경우 해당 포인트(이하 "쟁점포인트")는 소득세법 제19조 제1항에 따른 사업소득에 해당하는 것임

② 소득세법 제127조 제1항 제3호에 따른 원천징수대상 사업소득의 원천징수시기는 해당 소득을 지급하는 때로서 쟁점포인트의 원천징수시기는 관련 계약의 내용 등을 고려하여 사실판단할 사항임(사전법규소득 2022-1170, 2023.3.9.)

✓ **사업자가 배달용역 알선계약을 체결하고 배달용역을 제공받은 대가를 지급하는 경우 원천징수 여부**

[사실관계]

• 계약흐름

① **본사는 가맹점 본사와 배달용역 계약을 체결하고, 계약을 체결한 가맹점 본사의 직영가맹점과 프랜차이즈 가맹점은 배달용역의 대가를 지불할 목적으로 캐쉬를 충전함

② **본사는 각 권역별로 배달용역을 수행할 지사(질의인)와 Hub 계약을 체결함

③ **본사와 계약을 체결한 Hub(질의인)는 라이더와 배달용역 계약을 체결함

④ 가맹점과 Hub(질의인)와 라이더는 플랫폼에 등록함

• Hub(질의인)는 라이더와 배달용역 계약을 체결하고 인적사항을 관리함

[질의]

배달용역제공 알선사업자가 라이더와 라이더 알선계약을 체결하고 라이더의 배달용역에 대하여 대가를 지불하는 경우 원천징수 여부

[회신]

사업자가 부가가치세법 제26조 제1항 제15호에 따른 용역을 제공받고 그 대가를 지급하는 경우 소득세법 제127조 제1항에 따라 소득세를 원천징수하여야 하는 것임(사전법령해석소득 2018-48, 2018.4.6.)

✓ **배달수수료의 원천징수시기가 *캐시 지급시점인지 출금시점인지**(조심 2023서7467, 2023.11.27.)

청구법인이 배달기사들로부터 제공받는 배달용역에 대한 사업소득세의 원천징수시기는 청구법인이 각 배달주문 건별로 배달기사들에게 *캐시를 지급하는 때로 보아야 하므로, 처분청이 시스템 내의 *캐시가 배달기사 명의의 금융계좌로 이체되는 때를 배달기사들의 사업소득세 원천징수시기로 보고 청구법인에게 원천징수납부지연가산세를 부과한 이 건 처분은 잘못이 있음

✓ **업무보조원을 고용한 인적용역의 면세 여부**

[질의]

개인이 독립된 자격으로 「부가가치세법 시행령」 제35조 제1호 각 목의 규정에 의한 인적용역을 제공함에 있어 물적시설 없이 운전기사를 비롯한 업무보조원을 고용한 경우 근로자를 고용한 경우로 보아 부가가치세가 과세되는지 여부

[회신]

독립적인 용역제공자가 업무보조원을 고용한 경우, 주된 용역업무에 직접적으로 관련있는 용역제공 또는 주된 용역제공에 필수적으로 부수되는 업무보조는 과세이나, 업무보조원이 수행하는 업무가 주된 용역제공에 필수적으로 부수되는 업무에 해당하지 않는 경우에는 면세인 것이며, 이 경우 주된 용역에 필수적인지 여부는 사실판단할 사항임(재부가-472, 2007.6.20.)

✓ **무형문화재 보유자의 공연·강습 대가에 대한 과세여부 및 소득구분**

무형문화재 보유자가 고용관계 없이 독립된 자격으로 한국문화재보호재단의 요청에 의하여 다수인에게 공연·강습 등의 용역을 제공하고 지급받은 대가는 원천징수대상 사업소득에 해당하는 것임(소득-1429, 2009.9.17.)

✓ **사업자등록을 한 개인 면세사업자에게 인적용역 사업소득 지급시 원천징수 여부**

사업자등록을 한 개인 면세사업자로부터 원천징수대상 사업소득의 인적용역을 제공받고 대가를 지급하는 사업자(법인, 국가 등)는 원천징수 의무가 있으며, 지급시 원천징수영수증을 교부하여야 하는 것임(원천-3096, 2008.12.30.)

✓ **사업소득 원천징수 질의에 대한 회신**

원천징수의무자가 소득세법 제127조 제1항 제3호 규정의 사업소득에 대한 수입금액을 지급하는 때에는 그 지급금액(일시에 선지급하는 경우에는 당해 선지급금액)에 대해 소득세를 원천징수 하여야 하며, 이때 원천징수의무자가 귀속연도가 다른 사업소득에 대한 수입금액을 당해 연도분과 함께 소득세를 원천징수 하고 원천징수이행상황신고서를 제출하고자 하는 경우에 신고서 상의 '귀속연월'란에는 당해 소득이 발생하는 연월을 기재하는 것임(서면1팀-637, 2008.5.7.)

✓ **전속작가에게 지급하는 지원금에 대한 세무처리**

① 소득세법 제144조의 규정에 의하여 원천징수대상 사업소득에 대한 수입금액을 지급하는 때에 원천징수하여야 하며, 원천징수대상 수입금액을 채권과 상계하거나 면제받은 때에는 상계한 날 또는 면제받은 날을 지급한 때로 하여 원천징수 하여야 함

② 독립된 자격으로 원천징수대상 사업소득에 해당하는 용역을 제공받고 그에 대한 대가를 지급하는 경우에는 지급하는 금액의 명칭(해외작품제작비·여비·전시회개최비용 등)에 관계없이 당해 지급금액 전체에 대하여 사업소득세를 원천징수하여야 하는 것이고, 법인이 판매촉진 등 법인의 사업을 위하여 전시회 등을 개최하면서 지출하는 비용이 당해 법인의 필요에 의하여 실시하는 것으로, 그 비용이 사회통념상 전속작가에게 부담시킬 수 없는 성격의 것으로 일반적으로 타당하다고 인정되는 범위인 경우에는 이를 당해 법인의 소득금액 계산상 손금에 산입할 수 있는 것이나, 그 지출하는 비용이 전속작가가 부담하여야 하는 성격인 경우는 사업소득세를 원천징수하여야 하는 것으로 본 문의의 경우가 이에 해당하는지 여부는 전시회·광고 등의 내용, 지출비용의 성격, 금액 등을 종합하여 사실판단할 사항임(서면1팀-779, 2005. 7.1.)

✓ **이동통신중계기 설치용역이 원천징수대상 사업소득 해당 여부**

고용관계 없이 독립된 자격으로 계속적으로 용역을 제공하고 일의 성과에 따라 지급 받는 수당·기타 유사한 성질의 금액은 사업자등록 여부와 관계없이 사업소득(인적용역소득)에 해당하는 것임(원천-274, 2011.5.11.)

✓ **관광안내원이 지급받는 환전중개수수료의 소득 구분**

관광안내원(관광가이드)이 금융기관에 관광객들의 환전 수요를 유치하여주고 관광객들의 환전실적에 따라 일정액의 수수료를 그 금융기관으로부터 지급받는 경우, 동 수수료는 사업소득에 해당하며, 이를 지급하는 자는 소득세를 원천징수하여야 하는 것임(제도 46011-11933, 2001.7.5.)

✓ **헤어디자이너의 독립적 도급 용역은 원천징수대상 사업소득임**(원천 해석편람 19-2-2)

헤어디자이너가 인적·물적 사업설비를 갖추지 아니하고 다른 사업자의 사업장에서 도급계약에 의하여 독립적으로 용역을 제공하고 일의 성과에 따라 지급받는 용역의 대가는 부가가치세법 시행령 제35조 제1호 타목의 규정에 해당하여 소득세법 시행령 제184조 제1항에서 정한 원천징수대상 사업소득의 범위에 포함하는 것으로 하는 것임(서이 46013-10884, 2002.4.26.)

✓ **무인 금융점포 관리용역은 원천징수대상 사업소득 해당 여부**(원천 해석편람 19－2－3)

개인이 금융기관과 계약에 의하여 금융기관 무인점포를 순회하면서 근로자를 고용함이 없이 직접 해당 무인점포에 안내팜플렛의 배부 정돈·바닥·간판 및 벽면의 청소용역을 제공하고 무인점포당 일정액을 지급받는 경우 해당 용역은 종전 부가가치세법 시행령 제35조 제1호 타목의 규정에 의하여 부가가치세가 면제되는 것이며, 소득세법 시행령 제184조 제1항의 원천징수대상 사업소득(원천징수세율 3%)에 해당하는 것임(서이 46013－12302, 2002.12.23.)

② 개인·법인 또는 법인 아닌 사단·재단 기타 단체가 독립된 자격으로 용역을 공급하고 대가를 받는 다음의 인적용역(부령 42조 2)

㉠ 형사소송법 및 군사법원법 등에 따른 국선변호인의 국선변호, 국세기본법에 따른 국선대리인의 국선대리 및 법률구조법에 따른 법률구조 및 변호사법에 따른 법률구조사업(부령 42조 2 가, 2019.2.12. 개정, 부칙 31조)

㉡ 새로운 학술 또는 기술을 개발하기 위하여 행하는 새로운 이론·방법·공법 또는 공식 등에 관한 연구용역(부칙 32조)

연구주체(연구비관리)	독립성 유무	사업유형	비 고
기업 또는 학교	독립된 자격	기타소득	기타소득원천징수
교수 등(개인)	독립된 자격	사업소득	사업소득원천징수

✓ **교수 등 개인이 연구주체가 되어 연구비를 직접 관리하는 경우 연구비과세방법**(원천 해석편람 127－2－2)

교수 등이 독립된 자격으로 연구용역을 제공하고 받는 대가는 그 재원이 어디에 있는지에 관계없이 소득세가 과세되는 것으로, 재단법인이 연구주체가 되어 기업 등 외부와 연구개발용역제공계약을 체결하고 연구비를 직접 관리하는 경우에 교수 등 개인이 고용관계 없이 독립된 자격으로 동 연구용역을 제공하고 그 대가로 받는 금액은 소득세법 제21조 제1항 제19호의 기타소득에 해당되어 원천징수하여야 하는 것이며, 교수 등 개인이 연구주체가 되고 연구비를 직접 관리하는 경우에는 동 소득은 해당 교수 등의 사업소득이 되는 것이므로 소득세법 제127조 및 동법 시행령 제184조의 규정에 따라 원천징수 여부를 판단하는 것임(법인 46013－933, 2000.4.12.)

㉢ 직업소개소 및 그 밖에 다음의 상담소 등을 경영하는 자가 공급하는 용역(부칙 33조)

ⓐ 인생상담·직업재활상담 및 그 밖에 이와 유사한 상담용역(결혼상담은 제외)

ⓑ 중소기업창업 지원법에 따른 중소기업상담회사가 제공하는 창업상담용역

㉣ 장애인복지법 제40조에 따른 장애인보조견 훈련용역

㉤ 외국공공기관 또는 국제금융기구에의 가입조치에 관한 법률 제2조에 따른 국제금융기구로부터 받은 차관자금으로 국가 또는 지방자치단체가 시행하는 국내사업을 위하여 공급하는 용역(국내사업장이 없는 외국법인 또는 비거주자가 공급하는

것을 포함)

ⓑ 민법에 따른 후견인과 후견감독인이 제공하는 후견사무 용역(2019.2.12. 신설)

ⓢ 가사근로자의 고용개선 등에 관한 법률에 따른 가사서비스 제공기관이 가사서비스 이용자에게 제공하는 가사서비스(2022.2.15. 신설)

2 원천징수의무자

사업소득에 대한 소득세를 원천징수하여야 할 자는 다음의 자로 한다.(소령 184조 ③)

① 사업자

② 법인세의 납세의무자

③ 국가·지방자치단체 또는 지방자치단체조합

④ 민법 기타 법률에 의하여 설립된 법인

⑤ 국세기본법 규정에 의하여 법인으로 보는 단체

✓ **사업소득세 원천징수의무 및 대상가액의 범위**(원천 해석편람 127-2-3)

거주자에게 소득세법 시행령 제184조의 규정에 의한 원천징수대상 사업소득의 수입금액을 지급하는 법인은 해당 지급금액에 대하여 소득세법 제127조의 규정에 따라 원천징수하여야 하며, 따라서, 법인이 사업소득을 구성하는 의료용역대가 중 보험자부담분 진료비 및 검사료 등을 의뢰기관 또는 검사기관에서 각각 지급하는 경우에는 지급액 전액을 사업소득의 수입금액으로 하여 원천징수하여야 하는 것임(법인 46013-105, 2000.1.3.)

3 원천징수세율

① 원칙 : 3%

② 예외 : 외국인 직업운동가가 한국표준산업분류에 따른 스포츠 클럽 운영업 중 프로스포츠구단과의 계약(계약기간이 3년 이하인 경우로 한정한다)에 따라 용역을 제공하고 받는 소득 : 20%(소법 129조 ① 3, 2018.12.31. 개정)

개정 2024.12.31.

➲ 2025.1.1. 전에 지급한 소득의 원천징수에 관하여는 개정규정(계약기간 3년 이하 한정규정 삭제)에도 불구하고 종전의 규정에 따른다.(2018.12.31. 법 부칙 13조)

② 예외 : 외국인 직업운동가가 한국표준산업분류에 따른 스포츠 클럽 운영업 중 프로스포츠구단과의 계약에 따라 용역을 제공하고 받는 소득 : 20%(소법 129조 ① 3, 2024.12.31. 개정)

✓ **거주자인 외국인 직업운동가에 대한 원천징수세율**

거주자인 외국인 직업운동가(이하 "A")가 한국표준산업분류에 따른 스포츠클럽 운영업 중 프로스포츠구단과 계약을 체결한 경우로서, 계약기간이 2년인 최초 계약을 체결하고 동 계약 만료 후 해당 프로스포츠구단 또는 타 프로스프츠구단과 계약기간이 2년인 새로운 계약을 체결하여 최초 계약기간과 새로운 계약기간의 합계가 3년을 초과한다 하더라도 A가 프로스포츠구단과 맺은 최초 계약 및 새로운 계약의 계약기간이 각각 3년 이하이므로 최초 계약 및 새로운 계약에 대해 모두 소득세법 제129조 제1항 제3호에 따라 20%의 원천징수세율을 적용하는 것임(서면법령해석소득 2020-4904, 2020.12.29.)

✓ **아이스하키 구단에 용역을 제공하는 외국인 직업운동가의 인적용역 대가에 대한 원천징수세율**

외국인 직업운동가가가 프로스포츠구단이 아닌 실업스포츠팀을 경영하는 법인 등에 용역을 제공하고 받는 소득에 대해서는 20%의 원천징수세율이 적용되는 것이 아님(사전법령해석소득 2019-165, 2019.6.5.)

4 사업소득에 대한 원천징수의 방법과 원천징수영수증의 교부

원천징수의무자가 일정한 사업소득을 지급하는 때에는 그 지급금액에 원천징수세율을 적용하여 계산한 소득세를 원천징수하고, 그 사업소득의 금액과 그 밖에 필요한 사항을 적은 원천징수영수증을 사업소득자에게 발급하여야 한다.(소법 144조 ①)

✓ **독립된 자격으로 실적에 따라 지급받는 수당은 사업자등록 여부에 관계없이 사업소득으로 원천징수함**(원천 해석편람 144-1-1)

거주자가 고용관계 없이 독립된 자격으로 컴퓨터프로그램 판매 및 학습지를 보급하고 그 실적에 따라 지급받는 수당은 사업자등록 여부에 관계없이 사업소득으로 원천징수하는 것임(법인 46013-841, 1997.3.25.)

5 원천징수세액의 납부

원천징수의무자는 원천징수한 소득세를 그 징수일이 속하는 달의 다음달 10일까지 국세징수법에 의한 납부서와 함께 원천징수 관할세무서·한국은행 또는 체신관서에 납부하여야 하고 「원천징수이행상황신고서」를 원천징수 관할 세무서장에게 제출(국세정보통신망에 의한 제출을 포함)하여야 한다. 그리고 「원천징수이행상황신고서」에는 원천징수하여 납부할 세액이 없는 자에 대한 것도 포함하여야 한다.(소법 128조 ①, 소령 185조 ①, ②)

6 지급명세서의 제출

(1) 지급명세서의 제출

소득세납세의무가 있는 개인에게 일정한 의료보건용역 및 인적용역에 대한 금액을 국내에서 지급하는 자는 지급명세서를 그 지급일(연말정산대상 사업소득에 대해서는 해당 소득에 대한 과세기간 종료일)이 속하는 과세기간의 다음 연도 3월 10일(봉사료 포함, 휴업, 폐업 또는 해산한 경우에는 휴업일, 폐업일 또는 해산일이 속하는 달의 다음 다음달 말일)까지 원천징수 관할 세무서장·지방국세청장 또는 국세청장에게 제출하여야 한다.(소법 164조 ①, 2015.12.15. 개정)

(2) 간이지급명세서의 제출

1) 제출의무자

① 소득세 납세의무가 있는 개인에게 원천징수대상 사업소득을 국내에서 지급하는 자는 간이지급명세서를 제출기한까지 원천징수 관할 세무서장, 지방국세청장 또는 국세청장에게 제출하여야 한다.(소법 163조의3 ①, 2021.3.16. 개정)

② 간이지급명세서 제출의무자에는 원천징수대상 사업소득을 국내에서 지급하는 다음의 자를 포함한다.(소법 163조의3 ①)

㉠ 법인

㉡ 외국법인이 발행한 채권 또는 증권에서 발생하는 이자소득 및 배당소득의 지급을 대리하거나 그 지급 권한을 위임 또는 위탁받은 자

㉢ 납세조합

㉣ 원천징수세액의 납세지를 본점 또는 주사무소의 소재지로 하는 자

㉤ 사업자단위 과세사업자

2) 제출기한(소법 164조 ① 2)

① 일반적인 경우 : 소득 지급일[원천징수시기에 대한 특례(소법 144조의5)를 적용받는 소득에 대해서는 해당 소득에 대한 과세기간 종료일]이 속하는 달의 다음 달 말일

② 휴업, 폐업 또는 해산한 경우 : 휴업일, 폐업일 또는 해산일이 속하는 달의 다음 달 말일

3) 지급명세서 제출면제

원천징수대상 사업소득(연말정산대상 사업소득은 제외)에 대한 간이지급명세서를 제출

한 경우에는 그 제출한 부분에 대하여 지급명세서를 제출한 것으로 본다.(소법 164조 ⑦, 2022.12.31 신설)

Ⅲ 봉사료수입금액에 대한 원천징수

1 개 요

국내에서 사업자(법인을 포함)가 일정한 봉사료수입금액을 음식·숙박용역이나 서비스용역을 공급하고 그 대가를 받을 때 봉사료를 함께 받아 해당 소득자에게 지급하는 경우에는 그 사업자가 소득세를 원천징수하여야 한다.(소법 127조 ① 8, ⑥)

2 원천징수대상

원천징수의 대상이 되는 봉사료 수입금액은 다음의 요건을 모두 충족하여야 한다.(소령 184조의2)

① 사업자가 다음에 해당하는 용역을 제공하고 그 공급가액(간이과세자의 경우에는 공급대가)과 함께 봉사료를 계산서·세금계산서·영수증 또는 신용카드매출전표 등에 그 공급가액과 구분하여 기재할 것

㉠ 음식·숙박용역

㉡ 안마시술소·이용원·스포츠맛사지업소 및 그 밖에 이와 유사한 장소에서 제공하는 용역

㉢ 개별소비세법 규정에 의한 다음의 과세유흥장소에서 제공하는 용역 : 유흥주점·외국인전용유흥음식점과 식품위생법 시행령에 의한 유흥주점과 사실상 유사한 영업을 하는 장소(유흥종사자를 두지 않고, 별도의 춤추는 공간이 없는 장소는 제외)(개소법 1조 ④, 개소령 2조 ③, 2019.2.12. 개정)

② 구분 기재한 봉사료금액이 공급가액의 20%를 초과할 것

✓ **과세유흥장소 등 세금계산서상 봉사료의 원천징수대상판정시 공급가액의 범위**

[질의]

"봉사료금액이 공급가액의 100분의 20을 초과하는 경우"라 함은 공급가액이 음식대와 봉사료합계액을 말하는 것인지, 음식대만을 말하는 것인지 구분이 명확하지 않아서 질의함

(예) 음식대 100만원(부가가치세 10만원 별도), 봉사료 21만원일 때,

〈갑설〉 $\frac{21}{100+21}$ = 17.35%(원천징수 제외)

〈을설〉 $\frac{21}{100}$ = 21%(원천징수 제외)

(일반과세자일 경우) 어느 쪽이 타당한지

[회신]

귀 질의의 경우 국세청의견(서이 46013-10046, 2001.8.29.)이 타당함(을설)

소득세법 시행령 제184조의2 규정의 "공급가액"에는 봉사료금액이 포함되지 아니하는 것임(서이 46013-10046, 2001.8.29.)

③ 사업자(법인 포함)가 봉사료를 자기의 수입금액으로 계상하지 아니할 것

봉사료 수령형태에 따른 세무처리

구 분	일괄수령 후 봉사료지급	구분수령 후 봉사료배분
수입금액 포함 여부	수입금액에 포함	봉사료 수입금액 제외
과세표준 포함 여부	과세표준에 포함	과세표준 제외
필요경비	종업원 인건비 해당	필요경비에 해당 안됨
원천징수	근로소득으로 원천징수	음식료의 20% 초과시 원천징수

3 원천징수세율

5%(소법 129조 ① 8)

✓ **피부미용업 사업자가 봉사료 원천징수대상 용역을 제공하는 사업자에 해당하는지 여부**

피부미용업(930205)을 영위하는 사업장에서 피부미용용역을 제공하고 지급받는 금원은 소득세법 제127조 제1항 제8호에서 "대통령령으로 정하는 봉사료"에 해당하지 않는 것임(서면법규소득 2024-361, 2024.7.19.)

✓ **봉사료가 원천징수대상에 해당하는 경우에는 봉사료 전체금액에 5%의 세율을 적용하는 것임**(원천 해석편람 127-4-1)

소득세법 제127조 제1항 제7호의 규정에 의한 봉사료수입금액에 대한 원천징수는 사업자가 봉사료를 그 공급가액(부가가치세법 제25조의 규정을 적용받는 사업자의 경우에는 공급대가)과 구분 기재하는 경우(봉사료를 사업자의 수입금액으로 계상하지 아니한 경우에 한함)로서 그 구분기재한 봉사료금액이 공급가액의 100분의 20을 초과하는 경우 봉사료 전체금액에 대하여 5%의 원천징수 세율을 적용하는 것임(법인 46013-861, 2000.4.4.)

✓ **봉사료에 대한 신용카드수수료의 필요경비 산입여부**

[질의]

유흥업소를 경영하는 사업자가 주대와 봉사료 등 유흥의 대가를 고객으로부터 신용카드로 결제받은 후 주대와 봉사료 등의 합계액 전체에 대한 신용카드수수료를 해당 사업자가 전액 부담한 경우 그 사업자의 소득금액 계산시 필요경비에 산입하는 신용카드수수료 금액은(봉사료에 대한 신용카드수수료를 제외하고 필요경비에 산입하는지 여부)?

※ 고객으로부터 유흥대가 1,000원을 카드로 결재받은 경우

유흥음식대가	봉사료	카드가맹점 결제수수료
500원	500원	50원(5% 경우)

• 수수료의 필요경비 산입 금액(50원 또는 25원)은?

[회신]

해당 봉사료가 특별소비세법(→ 개별소비세법) 시행령 제2조 제1항 제11호 및 부가가치세법 시행령 제48조 제9항의 규정에 의한 봉사료에 해당되어 동 봉사료가 유흥음식요금 및 부가가치세 과세표준에 포함되지 아니하는 경우 그 봉사료에 대한 신용카드수수료 상당액은 해당 사업자의 사업소득금액 계산시 필요경비에 산입되지 아니하는 것임(소득-2634, 2004.9.9.)

✓ **유흥업소 봉사료의 원천징수 여부**(소득 해석편람 127-1-2)

음식·숙박업소 또는 과세유흥장소에서 사업자와의 고용관계 없이 종사하는 접대부가 받는 봉사료는 "소득세법 제19조 제1항 제15호의 개인서비스업"에서 발생하는 봉사료수입금액에 해당하는 것으로서, 동 봉사료수입금액이 소득세법 시행령 제184조의2의 규정에서 정한 요건을 갖춘 경우에는 원천징수하는 것이며, 일용근로소득으로 보아 원천징수하지 아니함(재경부소득 46073-15, 2003. 1.24.)

4 봉사료지급대장의 비치

봉사료를 과세표준에서 제외하고자 하는 사업자가 지켜야 할 사항(국세청 고시 제2024-22호)

「부가가치세법」 제29조 제12항, 같은 법 시행령 제61조 제4항과 관련하여 「부가가치세법」 제74조 제2항, 같은 법 시행령 제119조의 위임에 따라 봉사료를 구분 기재하고 과세표준에서 제외하고자 하는 사업자가 지켜야 할 사항을 다음과 같이 개정하여 고시합니다.

2024년 8월 23일
국 세 청 장

제1조 【목적】 이 고시는 부가가치세법 제29조 제12항, 같은 법 시행령 제61조 제4항에 근거하여 부가가치세법 제74조 제2항, 같은 법 시행령 제119조에서 국세청장에게 위임한 바에 따라 봉사료를 구분 기재하여 공급가액에서 제외하려는 사업자가 지켜야 할 사항을 명확히 규정함을 그 목적으로 한다.

제2조 【봉사료의 구분기재】 부가가치세법 시행령 제61조 제4항에 따라 봉사료를 매출액에서 제외하고자 하는 사업자는 공급받는 자에게 신용카드매출전표 등을 교부하는 시점에서 이미 봉사료가 구분 기재된 상태로 교부하여야 한다.

제3조 【봉사료지급대장 작성 등】 소득세법 제127조 제1항 제8호 및 소득세법 시행령 제184조의2에 따라 봉사료에 대한 소득세를 원천징수하여야 하는 사업자는 붙임서식 1에 따른 봉사료지급대장을 작성하여야 하며, 소득세법 제164조 제1항 제7호에 따른 봉사료에 대한 사업소득 원천징수영수증과 함께 5년간 보관하여야 한다.

제4조 【수령사실의 확인 및 서명 등】 위 봉사료지급대장에는 봉사료를 수령하는 자가 직접 수령사실을 확인하고 서명하여야 하며, 수령자 본인의 서명임을 확인할 수 있도록, 붙임서식 2의 예시와 같이 봉사료 수령인별로 주민등록증 또는 운전면허증 등 신분증 사본의 여백에 봉사료 수령자 본인이 성명, 생년월일, 연락처, 주소 등을 자필로 기재한 뒤 봉사료지급대장에 사용할 서명을 기재하여 5년간 보관하여야 한다.

제5조 【수령사실확인의 서명거부 시 대체증명】 봉사료를 수령하는 자가 봉사료지급대장에 서명을 거부하거나 제4조의 확인서 작성 등을 거부하는 경우에 사업자는 무통장입금영수증 등 지급사실을 직접 확인할 수 있는 다른 증빙을 대신 첨부하여야 한다.

제6조 【재검토기한】 국세청장은 훈령·예규 등의 발령 및 관리에 관한 규정에 따라 2024년 8월 23일 기준으로 매 3년이 되는 시점(매 3년째의 8월 22일까지를 말한다)마다 그 타당성을 검토하여 개선 등의 조치를 하여야 한다.

부 칙(국세청 고시 제2024-22호, 2024.8.23.)

제1조 【시행일】 이 고시는 발령한 날부터 시행한다.

5 원천징수의 방법과 원천징수영수증의 발급, 납부, 지급명세서 제출

위의 의료보건용역 및 인적용역에 대한 원천징수 규정을 준용한다.(소법 144조 ③, 128조 ①, 164조 ①, 소령 185조 ①, ②)

봉사료지급대장[별첨서식 1](2024.8.23. 개정)

<table>
<tr><td rowspan="3">사 업 자
인적사항</td><td>사업장소재지</td><td colspan="3"></td></tr>
<tr><td>상 호</td><td></td><td>사업자등록번호</td><td></td></tr>
<tr><td>대 표 자</td><td></td><td>생년월일</td><td></td></tr>
<tr><td colspan="5">봉사료 수령사실 확인(수령인 기재)</td></tr>
</table>

지급연월일	수령인성명	생년월일	봉사료 금액	원천징수세액	수령확인

● [별첨서식 2](2024.8.23. 개정)

친필서명 확인서(예시)

주민등록증 또는 운전면허증 복사

지급업소 상호 : 사업자등록번호 :

수령인 성명 : __________ 생년월일 : __________ 연락처 : __________

주 소 : ______________________________

위 본인 __________ 이(가) 봉사료지급대장에 봉사료 수령사실을 확인하는 데 사용하는 서명은 아래와 같습니다.

서 명	

20 년 월 일

성 명 __________

※ 위 사항은 반드시 봉사료수령자가 자필로 기재해야만 합니다.

IV 납세조합징수

1 범 위

다음에 해당하는 사업자가 납세조합을 조직한 경우 납세조합은 그 조합원의 사업소득에 대한 소득세를 매월 징수하여야 한다.(소법 150조 ①, 소법 149조, 소령 204조)

① 농·축·수산물 판매업자. 다만, 복식부기의무자는 제외한다.

② 노점상인

③ 기타 국세청장이 필요하다고 인정하는 사업자

2 납세조합공제

① 사업자가 조직한 납세조합이 2027.12.31. 이전에 그 조합원에 대한 매월분의 소득세를 징수할 때에는 그 세액의 3%(2024년 소득분까지는 5%)에 해당하는 금액을 공제하고 징수한다.(소법 150조 ②, 2024.12.31. 개정)

➲ 2025.1.1. 전에 발생한 소득에 대한 세액공제에 관하여는 개정규정에도 불구하고 종전의 규정(☞ 5% 공제)에 따른다.(2024.12.31. 법 부칙 14조 ①)

② 위 '①'에 따라 공제하는 금액은 연 100만원(해당 과세기간이 1년 미만이거나 해당 과세기간의 근로제공기간이 1년 미만인 경우에는 100만원에 해당 과세기간의 월수 또는 근로제공 월수를 곱하고 이를 12로 나누어 산출한 금액을 말한다)을 한도로 한다.(소법 150조 ③, 2021.12.8. 신설)

3 납세조합의 조직 및 운영

(1) 승 인

납세조합을 조직하고자 하는 자는 다음의 요건을 갖추어 납세조합 관할 세무서장을 거쳐 지방국세청장의 승인을 얻어야 한다.(소령 204조 ①)

① 조합원이 될 납세의무자가 20명 이상일 것

② 납세관리와 납세에 관한 업무만을 목적으로 할 것

③ 가입 및 탈퇴를 강제하지 아니할 것. 다만, 납세에 관하여 다른 조합원에게 피해를 입히게 되는 경우로서 해당 조합의 정관 또는 규약에 따로 규정을 둔 때에는 그러하지 아니하다.

(2) 해 산

① 납세조합이 다음에 해당하는 경우에는 해산하여야 한다.(소령 204조 ③)

㉠ 조합원의 2분의 1 이상의 동의가 있는 때

㉡ 조합원의 수가 20명에 미달하게 된 때. 다만, 지역적인 특수성으로 인하여 그 미달하는 인원으로도 납세조합을 조직할 수 있는 경우에는 그러하지 아니하다.

② 관할지방국세청장은 납세조합이 다음에 해당하는 경우에는 그 해산을 명할 수 있다.(소령 204조 ④)

㉠ 납세조합 승인요건에 위배된 때

㉡ 조세행정에 지장이 있는 행위가 있다고 인정되는 때

4 납세조합징수세액의 납부

납세조합은 징수한 매월분의 소득세를 징수일이 속하는 달의 다음달 10일까지 납세조합 관할세무서·한국은행 또는 체신관서에 납부하여야 한다.(소법 151조)

5 납세조합의 징수방법

① 납세조합은 조합원의 매월분 수입금액에서 수입금액에 단순경비율을 곱한 금액을 공제한 금액에 12를 곱한 금액에서 종합소득공제를 한 금액에 기본세율을 적용하여 계산한 세액의 12분의 1을 매월분의 소득세로 하여 세액공제와 납세조합공제를 적용한 금액을 징수한다. 이 경우에 1개월 미만의 끝수가 있을 때에는 1개월로 본다.(소법 152조 ①, 소령 205조 ③)

② 납세조합(농·축·수산물 조합에 한한다)은 매월분 원천징수세액을 납부할 때 「납세조합징수이행상황신고서」와 「납세조합 조합원 변동명세서」를 관할 세무서장에게 제출(국세정보통신망에 의한 제출을 포함)하여야 한다.(소령 205조 ④)

6 납세조합의 납세관리

① 납세조합은 그 조합원의 소득세에 관한 신고·납부 및 환급에 관한 사항을 관리하는 납세관리인이 될 수 있다.(소법 153조 ①)

② 납세조합이 그 조합원의 납세관리인이 되려는 경우에는 「납세관리인선정신고서」(국세기본법 시행규칙 별지 제43호 서식)를 납세조합 관할 세무서장에게 제출하여야 한다.

(소법 153조 ②, 소령 206조 ①, 소칙 95조)

③ 위 '②'의 경우에는 당해 조합원이 납세조합을 납세관리인으로 선정한 뜻을 기재하고 연서한 서류를 당해 신고서에 첨부하여야 한다.(소령 206조 ②)

V 사업소득세액의 연말정산

1 사업소득세액 연말정산의 범위

(1) 대상자

다음의 사업소득자로서 간편장부대상자가 지급받는 사업소득에 대한 수입금액을 지급하는 원천징수의무자는 해당 과세기간의 사업소득금액에 대하여 연말정산한 소득세를 원천징수한다. 다만, 방문판매원과 음료품 배달원에 대한 사업소득의 경우에는 해당 원천징수의무자가 사업장 관할 세무서장에게 연말정산신청을 하는 경우만 해당한다.(소령 137조 ①, 2013.2.15. 개정)

1) 보험모집인

독립된 자격으로 보험가입자의 모집 및 이에 부수되는 용역을 제공하고 그 실적에 따라 모집수당 등을 받는 자

2) 방문판매원

방문판매 등에 관한 법률에 의하여 방문판매업자를 대신하여 방문판매업무를 수행하고 그 실적에 따라 판매수당 등을 받거나 후원방문판매조직에 판매원으로 가입하여 후원방문판매업을 수행하고 후원수당 등을 받는 자

3) 음료품 배달원

독립된 자격으로 일반 소비자를 대상으로 사업장을 개설하지 않고 음료품을 배달하는 계약배달 판매 용역을 제공하고 판매실적에 따라 판매수당 등을 받는 자

(2) 방문판매원과 음료품 배달원에 대한 연말정산 신청 및 포기

1) 연말정산의 신청

방문판매원과 음료품 배달원에 대한 사업소득의 원천징수의무자가 사업소득에 대한 연말정산을 하고자 하는 경우에는 최초로 연말정산을 하려는 해당 과세기간의 종료일까지

「사업소득세액연말정산신청서」를 사업장 관할 세무서장에게 제출하여야 한다.(소령 201조의11 ①)

2) 연말정산의 포기

「사업소득세액연말정산신청서」를 제출한 원천징수의무자가 연말정산을 하지 아니하려는 경우에는 해당 과세기간의 종료일까지 「사업소득세액연말정산포기서」를 사업장 관할 세무서장에게 제출하여야 한다.(소령 201조의11 ③)

✓ 사업소득연말정산대상자에 대한 원천징수의무자가 연말정산에 의해 원천징수를 하지 아니한 경우 종합소득세확정신고의무가 있는지 여부

사업소득연말정산대상자에 대하여 원천징수의무자가 연말정산에 의하여 원천징수하지 아니한 경우에는 종합소득세확정신고의무가 있음(서일 46011-10600, 2003.5.15.)

✓ 연말정산 사업소득이 있는 자가 종합소득세 과세표준확정신고시 신고방법

연말정산사업소득이 있는 보험설계사가 종합소득 과세표준확정신고를 할 때에는 소득세법 시행령 제201조의11 제4항에 따라 해당 과세기간에 지급한 수입금액에 연말정산사업소득의 소득률을 곱하여 계산한 금액을 연말정산사업소득의 소득금액으로 신고할 수 있는 것임(사전법령해석소득 2020-432, 2020.7.29.)

※ 국세청 해석사례집 검토내용

간편장부대상자인 보험모집인이 과세표준확정신고를 하는 경우 연말정산사업소득의 소득률에 따라 계산한 금액을 연말정산사업소득의 소득금액으로 신고 할 수 있음

- 연말정산사업소득이 있는 자가 종합소득과세표준 확정신고를 할 때에는 해당 과세 기간의 수입금액에 연말정산사업소득의 소득률을 곱하여 계산한 금액을 연말정산 사업소득의 소득금액으로 신고할 수 있다고 규정하고 있으며(소령 201조의11 ⑩)
- 소득금액을 추계결정·경정하는 경우에도 연말정산 사업소득에 대하여는 수입금액에 연말정산사업소득의 소득률을 곱하여 계산한 금액을 소득금액으로 규정하고 있으므로(소령 143조 ③ 1의3)
- 연말정산 사업소득이 있는 질의인은 기준경비율이 아닌 연말정산사업소득의 소득률에 따라 소득금액을 계산하여 신고할 수 있는 것으로 봄이 타당함

✓ 연말정산사업소득을 일부 누락하여 종합소득 확정신고시 연말정산사업소득 계산방법

간편장부대상자인 보험모집인이 모집 및 이에 부수되는 용역을 제공하고 그 실적에 따라 지급받은 모집수당 등에 대해 소득세법 제144조의2에 따라 연말정산이 되었으나 이미 지급된 일부 모집수당 등이 누락된 것이 발견된 경우 원천징수의무자는 그 누락된 수당 등을 포함하여 소득세법 제144조의2에 따라 재정산한 후 부족 징수된 세액을 납부하여야 하는 것이며, 그 보험모집인이 종합소득 과세표준확정신고를 하려는 경우에는 누락된 수당을 포함한 모집수당 등에 소득세법 시행령 제201조의11 제4항의 연말정산사업소득의 소득률을 곱하여 계산한 금액을 연말정산사업소득의 소득금액으로 하는 것임(사전법령해석소득 2019-239, 2019.6.5.)

2 연말정산 사업소득의 소득금액계산

사업소득금액 = 사업소득수입금액 × (1 − 단순경비율)

① 연말정산 사업소득금액은 해당 과세기간에 지급한 수입금액에 (1 − 단순경비율)(이하 "연말정산사업소득의 소득률"이라 한다)을 곱하여 계산한 금액을 말한다. 이 경우 해당 과세기간의 단순경비율이 결정되어 있지 아니한 경우에는 직전 과세기간의 단순경비율을 적용한다.(소법 144조의2 ①, 소령 201조의11 ④, 2010.6.8. 신설, 소칙 94조의2)

② 연말정산사업소득이 있는 자가 종합소득과세표준 확정신고를 할 때에는 위 '①'에 따라 계산한 금액을 연말정산사업소득의 소득금액으로 신고할 수 있다.(소령 201조의11 ⑩)

3 연말정산 사업소득자의 소득·세액공제 신고 등

연말정산을 할 때 해당 사업자가 종합소득공제, 자녀세액공제, 연금계좌세액공제 및 특별세액공제를 적용받으려는 경우에는 해당 과세기간의 다음 연도 2월분의 사업소득을 받기 전(해당 원천징수의무자와의 거래계약을 해지한 경우에는 해지한 달의 사업소득을 받기 전을 말한다)에 원천징수의무자에게 「연말정산 사업소득자 소득·세액 공제신고서」에 주민등록표 등본 등을 첨부하여 원천징수의무자에게 제출하여야 한다.(소법 144조의3, 2014. 1.1. 개정, 소령 201조의12)

4 연말정산 사업소득 세액의 계산

사업소득금액 = 사업소득수입금액 × (1 − 단순경비율)
종합소득과세표준 = 사업소득금액 − 종합소득공제
종합소득산출세액 = 종합소득과세표준 × 기본세율
사업소득 결정세액 = 종합소득산출세액 − 세액공제

① 연말정산 사업소득을 지급하는 원천징수의무자는 해당 과세기간의 다음 연도 2월분의 사업소득을 지급할 때(2월분의 사업소득을 2월 말일까지 지급하지 아니하거나 2월분의 사업소득이 없는 경우에는 2월 말일로 한다) 또는 해당 사업자와의 거래계약을 해지하는 달의 사업소득을 지급할 때에 해당 과세기간의 사업소득금액에 (1 − 단순경비율)을 곱하여 계산한 금액에 그 사업자가 신고한 내용에 따라 종합소득공제를 적용한 금액을 종합소득과세표준으로 하여 종합소득산출세액을 계산하고, 그 산출세

액에서 소득세법 및 조세특례제한법에 따른 세액공제를 적용한 후 해당 과세기간에 이미 원천징수하여 납부한 소득세를 공제하고 남은 금액을 원천징수한다.(소법 144조의2 ①)

② 원천징수의무자가 연말정산 사업소득자의 소득공제 등 신고를 하지 아니한 사업자에 대해서 원천징수할 때에는 기본공제 중 그 사업자 본인에 대한 분과 표준세액공제만을 적용한다.(소법 144조의2 ④, 2014.1.1. 개정)

③ 연말정산 사업소득 외의 다른 소득이 없는 거주자는 해당 소득에 대하여 과세표준확정신고를 하지 아니할 수 있다.(소법 73조 ① 4)

> **✓ 연말정산을 이행한 보험모집인은 종합소득 과세표준확정신고를 할 수 있으며, 환급할 수 있는 것임**
> 독립된 자격으로 보험가입자의 모집 및 이에 부수되는 용역을 제공하고 그 실적에 따라 모집수당 등을 받는 거주자가 사업소득 연말정산을 한 경우에도 종합소득 과세표준확정신고를 할 수 있는 것임. 따라서 사업소득 연말정산 결정세액이 종합소득 과세표준확정신고 결정세액을 초과하는 경우 납세지 관할 세무서장은 그 초과세액을 환급하거나 다른 국세·가산금과 체납처분비에 충당하여야 하는 것임(서면1팀-1148, 2004.8.18.)

5 사업소득세액의 연말정산의 절차 등

(1) 연말정산시기

1) 일반적인 경우

연말정산대상 사업소득을 지급하는 원천징수의무자는 해당 과세기간의 다음 연도 2월분의 사업소득을 지급할 때(2월분의 사업소득을 2월 말일까지 지급하지 아니하거나 2월분의 사업소득이 없는 경우에는 2월 말일로 한다) 또는 해당 사업자와의 거래계약을 해지하는 달의 사업소득을 지급할 때에 원천징수한다.(소법 144조의2 ①)

2) 연말정산 사업소득의 원천징수시기에 대한 특례

① 연말정산 사업소득을 지급하여야 할 원천징수의무자가 1월부터 11월까지의 사업소득을 해당 과세기간의 12월 31일까지 지급하지 아니한 경우에는 12월 31일에 그 사업소득을 지급한 것으로 보아 소득세를 원천징수한다.(소법 144조의5 ①)

② 원천징수의무자가 12월분의 연말정산 사업소득을 다음 연도 2월 말일까지 지급하지 아니한 경우에는 다음 연도 2월 말일에 그 사업소득을 지급한 것으로 보아 소득세를 원천징수한다.(소법 144조의5 ②)

(2) 원천징수영수증의 발급

사업소득 원천징수의무자는 연말정산일이 속하는 달의 다음달 말일까지 그 사업소득의 금액과 그 밖에 필요한 사항을 적은 사업소득세액 연말정산분에 대한 원천징수영수증을 해당 사업자에게 발급하여야 한다.(소법 144조의4)

(3) 사업소득연말정산세액의 징수 또는 환급

1) 징 수

사업소득 연말정산에 있어서 징수하여야 할 소득세가 지급할 사업소득의 금액을 초과할 때(그 다음 달에 지급할 사업소득이 없는 경우는 제외)에는 그 초과하는 세액은 그 다음 달의 사업소득을 지급할 때에 징수한다.(소법 144조의2 ①)

2) 환 급

사업소득세액 연말정산에 있어서 해당 과세기간에 이미 원천징수하여 납부한 소득세가 해당 종합소득산출세액에서 세액공제를 한 금액을 초과하는 때에는 그 초과액은 해당 사업자에게 환급하여야 한다.(소법 144조의2 ③)

사업소득에 대한 결정세액 − 이미 원천징수납부한 세액 = { (+) 징수 / (−) 환급 }

✓ **사업소득원천징수세액 환급방법**(원천 해석편람 144−1−2)

사업소득세액에 대한 연말정산을 하는 경우에 해당연도에 이미 원천징수하여 납부한 소득세가 사업소득에 대한 종합소득산출세액에서 세액공제를 한 금액을 초과하는 때에는 그 초과금액은 원천징수의무자가 원천징수하여 납부할 소득세에서 조정하여 환급하는 것임(법인 46013−777, 2000.3.24.)

(4) 근로소득세액 연말정산 규정의 준용

① 2인 이상으로부터 연말정산 사업소득을 지급받는 자와 해당 과세기간의 중도에 새로운 계약체결에 따라 연말정산 사업소득을 지급받는 자에 대한 사업소득세액의 연말정산에 관하여는 근로소득세액 연말정산 규정(소득세법 시행령 제137조의2 및 제138조)을 준용한다.(소법 144조의2 ⑤)

② 사업소득세액 연말정산에 관하여 소득세법 시행령에 특별한 규정이 있는 경우 외에는 근로소득세액 연말정산의 예에 따른다.(소령 201조의11 ⑪, 2010.6.8. 신설)

(5) 사업소득원천징수부의 기록 및 보관

원천징수의무자는 「사업소득원천징수부」[별지 제25호 서식(2)]를 비치하여 매월 기록하여야 한다. 이 경우 사업소득원천징수부를 전산처리된 테이프 또는 디스크 등으로 수록·보관하여 항시 출력이 가능한 상태에 둔 때에는 사업소득원천징수부를 비치·기록한 것으로 본다.(소령 201조의11 ⑦)

Chapter

04 근로소득

제 1 절 근로소득의 의의

근로소득이란 근로자 등이 비독립적인 지위에서 근로를 제공하고 받는 대가를 가리킨다. 이와 같은 근로제공의 법률관계는 근로계약이나 고용계약이 일반적이지만, 회사의 이사·감사와 같이 위임계약에 준하는 경우 또는 공무원과 같이 공법상의 근로관계인 경우도 있다. 근로소득의 특질인 비독립성이라는 것은 타인의 계산과 위험 아래에서 활동한다는 것과 그와 같은 활동을 함에 있어서 타인의 지시·감독을 받는다는 의미이다.[26)]

✓ **임원과 근로자의 구분**(소통 12－0…1)

① 소득세법에서 규정하는 "근로자"에는 소득세법에서 특별히 임원을 제외하고 있는 경우 외에는 임원이 포함되는 것으로 한다.

② 임원이라 함은 다음의 직무에 종사하는 자를 말한다.(법령 40조 ①)

㉠ 법인의 회장·사장·부사장·이사장·대표이사·전무이사·상무이사 등 이사회의 구성원 전원과 청산인

㉡ 합명회사·합자회사 및 유한회사의 업무집행사원 또는 이사

㉢ 유한책임회사의 업무집행자

㉣ 감사

㉤ 그 밖에 ㉠부터 ㉣까지의 규정에 준하는 직무에 종사하는 자

✓ **근로자 여부의 판단기준**(소득 집행기준 20－0－1)

근로자에 해당하는지 여부를 판단함에 있어서는 그 계약이 민법상의 고용계약이든 또는 도급계약이든 그 계약의 형식에 관계없이 그 실질에 있어 임금을 목적으로 종속적인 관계에서 사용자에게 근로를 제공하였는지 여부에 따라 판단해야 하고, 종속적인 관계가 있는지 여부를 판단함에 있어서는 다음의 내용을 종합적으로 고려하여 판단해야 한다.

26) 김완석, 앞의 책, p. 211

① 업무의 내용이 사용자에 의하여 정해지고 취업규칙·복무규정·인사규정 등의 적용을 받으며 업무수행 과정에 있어서도 사용자로부터 구체적이고 직접적인 지휘·감독을 받는지 여부
② 사용자에 의하여 근무시간과 근무장소가 지정되고 이에 구속을 받는지 여부
③ 근로자 스스로가 제3자를 고용하여 업무를 대행케 하는 등 업무의 대체성 유무
④ 비품·원자재·작업도구 등의 소유관계, 보수가 근로 자체의 대상적 성격을 갖고 있는지 여부와 기본급이나 고정급이 정해져 있는지 여부 및 근로소득세의 원천징수 여부 등 보수에 관한 사항
⑤ 근로제공관계의 계속성과 사용자에의 전속성의 유무와 정도
⑥ 사회보장제도에 관한 법령 등 다른 법령에 따라 근로자로서의 지위를 인정받는지 여부
⑦ 양 당사자의 경제적·사회적 조건 등

• 제 2 절 근로소득의 구분

근로소득의 구분

- 거주자의 근로소득
  - 국내 근로소득
    - 일반근로소득(원천징수○, 연말정산○)
    - 일용근로소득(원천징수○, 연말정산×)
  - 국외 근로소득
    - 납세조합 가입자의 근로소득(원천징수○, 연말정산○)
    - 납세조합 미가입자의 근로소득(원천징수×, 종합과세○)

I 국내 근로소득과 국외 근로소득

근로소득을 지급하는 자에게 원천징수의무를 부담시키고 있는지의 여부에 따라 국내 근로소득과 국외 근로소득으로 구분한다.

1 국내 근로소득(소법 20조 ① 1)

국내에서 지급받는 다음의 소득으로서 해당 소득의 지급자는 원천징수의 의무가 있다.

① 근로의 제공으로 인하여 받는 봉급·급료·보수·세비·임금·상여·수당과 이와 유사한 성질의 급여
② 법인의 주주총회·사원총회 또는 이에 준하는 의결기관의 결의에 의하여 상여로 받는 소득

③ 법인세법에 의하여 상여로 처분된 금액
④ 퇴직으로 인하여 받는 소득으로서 퇴직소득에 속하지 아니하는 소득

2 국외 근로소득 등(소법 127조 ① 4)

다음의 소득으로서 해당 소득의 지급자는 원천징수의 의무를 부담하지 않는다.

① 외국기관 또는 우리나라에 주둔하는 국제연합군(미군을 제외)으로부터 받는 급여
② 국외에 있는 비거주자 또는 외국법인(국내지점 또는 국내영업소는 제외)으로부터 받는 급여. 다만, 다음 중 하나에 해당하는 소득은 제외한다.
   ㉠ 비거주자의 국내사업장과 외국법인의 국내사업장의 국내원천소득금액을 계산할 때 필요경비 또는 손금으로 계상되는 소득
   ㉡ 국외에 있는 외국법인(국내지점 또는 국내영업소는 제외)으로부터 받는 근로소득 중 제156조의7(☞ 외국법인 소속 파견근로자의 소득에 대한 원천징수 특례)에 따라 소득세가 원천징수 되는 파견근로자의 소득(2015.12.15. 신설)

Ⅱ 상용근로소득과 일용근로소득

동일한 고용주에게 고용된 기간, 급여의 계산방법에 따라 상용근로소득과 일용근로소득으로 구분한다.

1 상용근로소득

일용근로소득 이외의 근로소득을 말하며, 종합소득에 포함하여 합산과세한다.

2 일용근로소득

일용근로자가 받는 급여를 말하며, 종합소득에 포함하지 아니하고 분리과세로써 과세가 종결된다.(소법 14조 ③ 2) 이때 일용근로자라 함은 근로를 제공한 날 또는 시간에 따라 근로대가를 계산하거나 근로를 제공한 날 또는 시간의 근로성과에 따라 급여를 계산하여 받는 사람으로서 다음에 규정된 사람을 말한다.(소령 20조 ①)

(1) 일반적인 경우

근로계약에 따라 동일한 고용주에게 3월 이상 계속하여 고용되어 있지 아니한 자

(2) 건설공사에 종사하는 자에 대한 특례

건설공사에 종사하는 자로서 다음의 자를 제외한 자. 다만, 근로계약에 따라 일정한 고용주에게 3월(아래 '①'의 경우에는 1년) 이상 계속하여 고용되어 있지 않고 근로단체를 통하여 여러 고용주의 사용인으로 취업하는 경우에는 이를 일용근로자로 본다.(소령 20조 ① 1, 소칙 11조)

① 동일한 고용주에게 계속하여 1년 이상 고용된 자

② 다음의 업무에 종사하기 위하여 통상 동일한 고용주에게 계속하여 고용되는 것

㉠ 작업준비를 하고 노무에 종사하는 자를 직접 지휘·감독하는 업무

㉡ 작업현장에서 필요한 기술적인 업무, 사무·타자·취사·경비 등의 업무

㉢ 건설기계의 운전 또는 정비업무

(3) 하역작업에 종사하는 자에 대한 특례

하역작업에 종사하는 자(항만 근로자를 포함)로서 다음의 자를 제외한 자. 다만, 근로계약에 따라 일정한 고용주에게 3월 이상 계속하여 고용되어 있지 않고 근로단체를 통하여 여러 고용주의 사용인으로 취업하는 경우에는 이를 일용근로자로 본다.(소령 20조 ① 2, 소칙 11조)

① 통상 근로를 제공한 날에 근로대가를 받지 아니하고 정기적으로 근로대가를 받는 자

② 다음의 업무에 종사하기 위하여 통상 동일한 고용주에게 계속하여 고용되는 자

㉠ 작업준비를 하고 노무에 종사하는 자를 직접 지휘·감독하는 업무

㉡ 주된 기계의 운전 또는 정비업무

✓ **근로소득의 구분**(소통 20-0…1)

근로계약상 근로제공에 대한 시간 또는 일수나 그 성과에 의하지 아니하고 월정액에 의하여 급여를 지급받는 경우에는 그 고용기간에 불구하고 일용근로자가 아닌 자(이하 "일반급여자"라 한다)의 근로소득으로 본다.

✓ **시간강사료의 소득구분**(소통 20-0…2)

학교 등과의 근로계약에 의하여 정기적으로 일정한 과목을 부담하고 강의를 한 시간 또는 날에 따라 강사료를 지급받는 경우에는 동일한 학교에서 3월 이상 계속하여 강사료를 지급받는 경우에 한하여 법 제20조에 규정하는 일반급여자의 근로소득으로 본다.

✓ **일용근로자가 일당 외 지급받는 연장근로수당, 유급휴일수당 등의 원천징수세액 계산 방법**

일용근로자가 비과세 소득에 해당하지 않는 연장근로수당과 유급휴일에 대한 수당을 지급받는 경우 해당 수당은 과세대상 근로소득에 해당하는 것이며 원천징수세액은 일급여액을 포함한 과세대상 근로소득에서 근로소득공제를 한 근로소득금액에 원천징수세율을 적용하여 계산한 산출세액에서 근로소득세액공제액을 차감하여 계산하는 것임(서면소득관리 2022-5649, 2023.2.14.)

✓ **일용근로자가 지급받는 주휴수당 등이 근로소득공제 대상 해당 여부**

일용근로자가 유급휴일에 대하여 지급받는 주휴수당 및 작업능률에 따라 지급받은 수당은 당해 법령에서 정한 기간의 근로일수에 배분하여 원천징수하는 것으로 근로소득공제 대상에 해당함(서면소득관리 2022-4916, 2023.1.5.)

✓ **항만하역노무자에 대한 일용근로소득 원천징수의무자**

원천징수의무를 대리하거나 그 위임을 받은 경우 대리 또는 위임관계는 의사표시의 형식여하에 불구하고 원천징수를 하여야 할 자의 수권행위 또는 위임계약 등에 의하여 그 관계가 성립되는 것임(서면소득관리 2021-5869, 2022.5.10.)

✓ **일용근로소득 소득세법 제4조의 제1항의 소득 해당여부**

일용근로자의 근로소득은 소득세법 제4조의 '거주자의 소득', '종합소득', '근로소득'에 해당하는 것임(서면소득관리 2021-5464, 2021.10.14.)

✓ **환자치료를 위해 일시적으로 고용된 의료진이 지급받는 소득이 일용직 근로소득인지 여부**

의료인력이 근로일수에 따라 근로의 대가를 계산하여 지급받는 경우 동일한 고용주에게 3월 미만 계속하여 고용된 경우에는 일용근로자에 해당하는 것이며, 해당 의료인력이 고용계약에 따라 의료업무를 종료하고 모니터링 기간 중에 지급받는 소득도 근로소득에 해당하는 것임(서면법령해석소득 2020-1796, 2020.12.18.)

✓ **하역노동자에게 일급여를 편의상 일주일 단위로 지급하는 경우 일용근로자인지 여부**

근로를 제공한 날 또는 시간에 따라 근로대가를 계산하거나 근로를 제공한 날 또는 시간의 근로성과에 따라 급여를 계산하여 받는 사람으로서 농산물시장에서 농산물을 하역하는 작업에 종사하는 자가 통상 근로를 제공한 날에 근로대가를 받지 아니하고 정기적으로 근로대가를 받는 경우에는 일용근로자에 해당하지 아니하는 것이나, 근로계약에 따라 일정한 고용주에게 3월 이상 계속하여 고용되지 아니하고 근로단체를 통하여 여러 고용주의 사용인으로 취업하는 경우에는 이를 일용근로자로 보는 것임(서면법령해석소득 2020-2530, 2020.8.27.)

✓ 출자공동사업자인 거주자가 근로를 제공하고 받는 대가의 소득구분

공동사업장의 종업원이 해당 사업장의 출자자로부터 지분 일부(1/126)를 증여받아 출자공동사업자가 되었으나 공동사업 구성원이 된 이후에도 해당 사업장에서 기존 업무만을 계속적으로 수행하고 근로의 제공에 따른 대가를 지급받는 경우, 그 대가는 근로소득에 해당하는 것임(소득-891, 2010. 8.10.)

✓ 1년 이상 계속 고용된 건설노무자를 일반급여자로 보는 시기 및 연말정산의 취급(소통 20-20…1)

건설공사에 종사하는 자가 1년 이상 계속하여 동일한 고용주에게 고용된 경우 일용근로자 또는 일반급여자로 보는 시기 등은 다음과 같다.

① 근로소득에 대한 원천징수는 계속 고용으로 1년이 되는 날이 속하는 월부터 일반급여자로 본다.

② 연말정산시는 1년이 되는 날이 속하는 과세기간의 초일부터 일반급여자로 본다.

✓ 일용근로자에 지급하는 퇴직금상당액의 소득구분

[질의]

건설회사의 일용직 근로자(당해 회사에 2~3월 근무후 1개월은 타 회사 근무를 1~2년간 반복함)에게 퇴직금을 지급하는 경우 퇴직소득에 해당하는지 여부

[회신]

건설회사가 일용근로자에게 지급하는 퇴직금상당액은 퇴직급여지급규정에 의하여 지급하는 것이 아닌 경우 당해 근로자의 근로소득에 해당하는 것임(소득 46011-1995, 1998.7.20.)

✓ 일용근로자가 받는 작업도구사용료에 대한 소득구분(소통 20-0…3)

일용근로자가 리어카 등 작업도구를 가지고 근로를 제공하는 경우에 있어서 근로제공에 부수적인 작업도구의 사용료는 근로의 대가에 포함되는 것으로 본다.

✓ 가내부업으로서의 임가공용역대가 소득구분(소통 14-20…1)

가정주부가 고용관계 없이 부업으로 수출물품 등의 가공 등 가내수공업적인 용역을 제공하고 받는 대가는 법 제14조 제3항 제2호의 일용근로자의 급여로 본다.

✓ 일용근로자를 일반급여자로 보는 시기 등(소득 집행기준 14-20-3)

① 일용근로자에 해당하는 거주자가 3월 이상(건설공사종사자는 1년) 계속하여 동일한 고용주에게 고용되는 경우에는 3월 이상이 되는 월부터 일반급여자로 보아 원천징수하고, 해당연도 1월 1일부터 12월 31일까지 지급받은 급여를 합산하여 연말정산해야 한다.

② 근로자가 고용주와 일정근로조건(시간급파트타임 등)으로 고용 계약하여 근로를 제공하는 경우는 일용근로자에 해당하나, 동일한 고용주에게 3월 이상 계속하여 고용된 자는 이에 해당하지 않는다.

✓ 퇴직금지급제도 변경을 위해 지급하는 위로금의 소득구분

법인이 퇴직금지급제도 변경을 위해 사전 동의를 구하고자 내부 지급기준을 정하여 종업원에게 지급하는 위로금은 근로소득에 해당하는 것임(소득-91, 2011.1.25.)

✓ 일용노무비 지급에 대한 지출증빙 적정 여부

일용노무비 지급과 관련하여 비치·보존하여야 하는 증빙서류는 일용노무자의 인적사항(성명, 주민등록번호, 주소), 근로제공일(시간급인 경우에는 근로시간 포함), 지급금액 등 근로제공내용 및 지급

사실을 확인 할 수 있는 것이어야 하며, 노무비 지급대장 등에 성명과 수령인의 날인만 되어 있고 주민등록번호와 주소가 없어 일용노무자의 인적사항을 확인할 수 없는 경우에는 정당한 지출증빙으로 볼 수 없는 것임(서면1팀-486, 2007.4.16.)

✓ **일용근로자 범위**(소득 해석편람 14-1-1)

소득세법상의 일용근로자라 함은 근로를 제공한 날 또는 시간에 따라 급여를 계산하거나 근로를 제공한 날 또는 시간의 근로성과에 따라 급여를 계산하여 지급받는 자로서 근로계약에 따라 일정한 고용주에게 3개월 이상(건설공사에 종사하는 자는 1년 이상) 계속 고용되어 있지 아니한 자를 말하는 바, 위 경우 "근로계약"은 문서에 의한 계약만을 말하는 것은 아니며, "근로를 제공한 날 또는 시간에 따라 급여를 계산하여 지급받는"이라 함은 급여의 계산방법을 말하는 것이고, 그 계산된 급여의 지급방법을 말하는 것은 아닌 것임(소득 22601-3392, 1985.11.14.)

✓ **모델하우스 안내원으로 고용된 거주자가 받는 대가의 소득구분**(소득 해석편람 20-1-8)

건설회사 모델하우스의 안내원으로 단기간(3월 미만) 고용된 거주자가 안내업무를 담당하고 그 근로제공의 대가를 근무일수에 따라 계산하여 지급받는 경우 해당 거주자가 지급받는 대가는 일용근로자의 근로소득에 해당하는 것임(소득 46011-3236, 1996.11.21.)

✓ **방과후학교 외부강사가 받는 강사료 등의 소득구분**

교육과학기술부에서 추진하는 방과후학교 운영과 관련하여, 방과후학교 외부강사가 학교장과의 개별계약에 의해 채용되어 방과후학교에서 강의하고 지급받는 강사료와 방과후학교 운영 참여자(학부모 코디네이터, 엄마품 멘토)가 방과후학교 행정업무 보조 및 학습지도 등의 활동을 하고 지급받는 대가는 근로소득에 해당하는 것임(소득-948, 2010.9.1.)

✓ **초등학교 영어강사의 급여에 대한 소득구분 등**(소득 해석편람 20-1-12)

거주자가 초등학교에서 방과 후 실시하는 영어교육을 위한 근로계약을 체결하고 일정기간(3개월 이상) 동안 영어강사로 근무하면서 급여를 지급받는 경우에는 그 지급형태(시간급 등)에 불구하고 근로소득에 해당하는 것임(소득 46011-3112, 1997.12.2.)

✓ **기간제교원에 대한 소득세 과세방법**(원천 해석편람 20-2-20)

근로계약상 근로제공에 대한 시간 또는 일수나 그 성과에 의하지 아니하고 월정액에 의하여 급여를 지급받는 경우에는 그 고용기간에 불구하고 근로소득으로 보는 것이며, 초빙계약에 의한 한시적 기간제교원이라 할지라도 성과급이 아닌 연 보수총액에 의하여 고정월액을 지급하는 경우 해당 소득은 근로소득의 범위에 포함되므로 같은 과세기간에 다른 근로소득이 있는 경우에는 이를 합산하여 연말정산하여야 하는 것임(법인 46013-42, 2000.1.7.)

• 제3절 근로소득의 범위

I 현물급여 및 외화로 지급받는 급여

1 현물급여

근로자가 급여를 금전 이외의 현물로 받는 경우에도 해당 현물급여는 근로소득에 포함된다. 급여를 금전 이외의 것으로 받는 경우 그 수입금액의 계산은 다음과 같이 사업소득 총수금액계산에 관한 규정을 준용한다.(소법 24조 ②, 소령 51조 ⑤)

① 제조업자·생산업자 또는 판매업자로부터 그 제조·생산 또는 판매하는 물품을 인도받은 때에는 그 제조업자·생산업자 또는 판매업자의 판매가액

② 제조업자·생산업자 또는 판매업자가 아닌 자로부터 물품을 인도받은 때에는 정상가액

> ✓ **물품을 구입하여 임직원에게 명절선물 지급 시 근로소득 과세가액**
> 물품을 매입하여 종업원에게 이를 현물급여로 지급하는 경우 근로소득에 대한 수입금액은 지급 당시의 시가에 의해 계산하는 것이며, 당해 시가에는 부가가치세 매출세액 상당액을 포함하는 것임(원천-825, 2009.10.6.)

③ 법인으로부터 이익배당으로 받은 주식은 그 액면가액

④ 주식의 발행법인으로부터 신주인수권을 받은 때(주주로서 받은 경우를 제외)에는 신주인수권에 의하여 납입한 날의 신주가액에서 해당 신주의 발행가액을 공제한 금액

⑤ 그 밖의 경우에는 법인세법 시행령 제89조(☞ 시가의 범위 등)를 준용하여 계산한 금액

2 외화로 지급받는 급여

근로소득을 계산함에 있어서 거주자가 근로소득을 외화로 지급받은 때에는 해당 급여를 지급받은 날 현재 외국환거래법에 의한 기준환율 또는 재정환율에 의하여 환산한 금액을 근로소득으로 한다. 이 경우 급여를 정기급여지급일 이후에 지급받은 때에는 정기급여일 현재 외국환거래법에 의한 기준환율 또는 재정환율에 의하여 환산한 금액을 해당 근로소득으로 본다.(소칙 16조 ①)

지급시기	적용환율
정기급여 지급일 이전	지급받은 날 현재 기준환율*(또는 재정환율)
정기급여일 또는 정기급여 지급일 이후	정기급여일 현재 기준환율*(또는 재정환율)

* 기준환율은 서울외국환중개 홈페이지(www.smbs.biz)의 매매기준율[기준환율이 없는 경우는 재정환율(재정된 매매기준율)]을 적용하면 된다.

Ⅱ 근로소득의 범위

✓ **근로소득의 범위**(소득 집행기준 20-38-1)

① 근로소득이란 명칭 여하에 불구하고 고용관계, 기타 유사한 계약에 의하여 근로를 제공하고 지급받는 모든 대가를 말한다.

구 분	근로소득의 범위
급여 등	근로를 제공함으로써 받는 봉급·급료·보수·세비·임금·상여·수당과 이와 유사한 성질의 급여
	법인의 주주총회·사원총회 또는 이에 준하는 의결기관의 결의에 따라 상여로 받는 소득
	법인세법에 따라 상여로 처분된 금액
	퇴직함으로써 받는 소득으로서 퇴직소득에 속하지 아니하는 소득
	종업원등 또는 대학의 교직원이 지급받는 직무발명보상금(퇴직 후 지급받는 직무발명보상금은 제외)
	근로수당·가족수당·전시수당·물가수당·출납수당·직무수당 기타 이와 유사한성질의 급여 * 근속수당, 명절휴가비, 연월차수당, 승무수당, 공무원의 연가보상비, 정근수당 등
	보험회사, 투자매매업자 또는 투자중개업자 등의 종업원이 받는 집금(集金)수당과 보험, 가입자의 모집, 증권매매의 권유 또는 저축을 권장하여 받는 대가, 그 밖에 이와 유사한 성질의 급여
	급식수당·주택수당·피복수당 기타 이와 유사한 성질의 급여
	기술수당·보건수당 및 연구수당, 그 밖에 이와 유사한 성질의 급여
	시간외근무수당·통근수당·개근수당·특별공로금 기타 이와 유사한 성질의 급여 * 출퇴근 교통비 명목 및 체력단련비 명목으로 지급하는 금액 포함
	벽지수당·해외근무수당 기타 이와 유사한 성질의 급여
급여성 대가	기밀비(판공비 포함)·교제비 기타 이와 유사한 명목으로 받는 것으로서 업무를 위하여 사용된 것이 분명하지 아니한 급여
	공로금·위로금·개업축하금·학자금·장학금(종업원의 수학중인 자녀가 사용자로부터 받는 학자금·장학금 포함) 기타 이와 유사한 성질의 급여
	여비의 명목으로 받는 연액 또는 월액의 급여
	휴가비 기타 이와 유사한 성질의 급여
	공무원에게 지급되는 직급보조비

구 분	근로소득의 범위
기타 경제적 이익	주택을 제공받음으로써 얻는 이익
	종업원이 주택(주택에 부수된 토지 포함)의 구입·임차에 소요되는 자금을 저리 또는 무상으로 대여받음으로써 얻는 이익
	종업원이 계약자이거나 종업원 또는 그 배우자 기타의 가족을 수익자로 하는 보험·신탁 또는 공제와 관련하여 사용자가 부담하는 보험료·신탁부금 또는 공제부금 다만, 아래 보험료는 제외함 * 단체순수보장성보험과 단체환급부보장성보험의 보험료중 연 70만원 이하의 금액 * 임직원의 고의(중과실 포함)외의 업무상 행위로 인한 손해의 배상청구를 보험금의 지급사유로 하고 임직원을 피보험자로 하는 보험의 보험료
	계약기간 만료전 또는 만기에 종업원에게 귀속되는 단체환급부보장성보험의 환급금
	법인의 임원 또는 종업원이 해당 법인 또는 해당 법인과 특수관계에 있는 법인으로부터 부여받은 주식매수선택권을 해당 법인 등에서 근무하는 기간 중 행사함으로써 얻은 이익(주식매수선택권 행사 당시의 시가와 실제 매수가액과의 차액을 말하며, 주식에는 신주인수권을 포함함)
	근로자가 부담해야 할 급여에 대한 소득세 등을 사용자가 부담한 경우에는 그 소득세액

② 근로소득은 그 지급된 금액의 명목이 아니라 성질에 따라 결정되어야 할 것으로서, 그 금액의 지급이 근로의 대가가 될 때는 물론이고 근로를 전제로 그와 밀접히 관련되어 근로조건의 내용을 이루고 규칙적으로 지급되는 것이라면 근로소득에 해당한다.

[사례]

근로소득으로 보는 경우	근로소득으로 보지 않는 경우
• 신규채용 시험이나 사내교육을 위한 출제·감독·채점 또는 강의교재 등을 작성하고 근로자가 지급받는 수당·강사료·원고료 명목의 금액 • 노동조합 전임자가 단체협약 등에 따라 사용자로부터 지급받는 금액 • 근로자가 소속법인의 급여규정에 따라 재직시의 경영성과에 따라 퇴직후 지급받는 성과급 • 사립대학교가 해당 대학에 재학 중인 학교 교직원 자녀에 대해 학비를 면제하는 경우 그 면제받는 학비 상당액	• 종업원 등이 사택을 제공받음으로써 얻는 이익 • 종업원이 사내근로복지기금으로부터 지급받는 자녀학자금. 이 경우 학자금의 원천이 출연금인지 또는 출연금의 수익금인지 관계없이 과세대상 근로소득에 해당하지 않음 • 영유아보육법에 따른 보육시설의 보육교사가 같은 법 시행령 제24조 제1항 제7호에 따라 국가 및 지방자치단체로부터 처우개선을 위하여 지급받은 금액

1 근로의 제공으로 인하여 받는 봉급 등

근로소득에는 퇴직급여로 지급되기 위하여 적립되는 급여는 포함하지 아니한다.(소령 38조 ②, 2013.2.15. 개정)

① 근로의 제공으로 인하여 받는 봉급·급료·보수·세비·임금·상여·수당과 이와 유사한 성질의 급여(소법 20조 ① 1)

✓ **근로자가 지급받는 출제수당의 소득구분**(소통 20－38…2)

신규채용시험이나 사내교육을 위한 출제·감독·채점 또는 강의교재 등을 작성하고 근로자가 지급받는 수당·강사료·원고료 명목의 금액은 근무의 연장 또는 특별근로에 대한 대가로서 근로소득으로 본다.

✓ **사회복지시설 종사자에게 처우개선 등의 목적으로 지급하는 복지포인트는 근로소득에 해당함**(서면원천 2024-721, 2024.3.28.)

✓ **아이돌보미에게 지급하는 교통비, 면접비, 취소수수료가 소득세 과세대상에 해당하는지 여부**

아이돌보미가 지급받는 급여 중, 교통비는 소득세법 시행령 제12조 제3호의 여비로서 '실비변상정도의 금액'으로서 비과세소득에 해당하고, 면접비는 지급관련규정, 산정 근거 등에 따라 사실판단할 사항이며 취소수수료는 과세대상 근로소득임(서면법규소득 2021-2067, 2022.10.6.)

✓ **지방자치단체 소속 직장 운동부선수가 지급받은 유치비의 소득 구분**

지방자치단체 소속 운동선수가 의무 고용기간 내 이적금지 등을 조건으로 지급 받는 유치비는 고용관계에 의하여 근로를 제공함에 따라 지급 받은 대가로서 근로소득에 해당하는 것임(서면소득 2021－1147, 2021.7.30.)

✓ **법원 판결에 따라 재임용절차 이행시까지 지급받은 임금 상당액 손해배상금의 근로소득 해당 여부**

법원판결에 따라 임용기간 만료 후 재임용절차 이행시까지 지급받는 임금 상당액의 손해배상금은 근로소득에 해당하지 않는 것임(서면소득 2020－1021, 2021.6.29.)

✓ **고용안정협약지원금의 소득세 과세여부**

고용보험법 제21조 제1항 전단 및 같은 법 시행령 제22조의2에 따라 노사합의를 통해 고용을 유지하기로 한 경우, 같은 법에 근거하여 정부가 사업자를 통해 근로자에게 지급하는 고용안정협약지원금은 소득세 과세 대상에 해당하지 않는 것임(기획재정부소득－315, 2021.5.13.)

✓ **고용보험법에 따라 무급휴업·휴직자에게 국가가 직접 지급하는 고용유지지원금의 과세대상여부**

고용보험법 제21조 제1항 후단에 따라 사업주가 무급휴업·휴직을 실시하고 동법에 근거하여 정부가 근로자에게 직접 지급하는 고용유지지원금은 소득세 과세대상에 해당하지 않는 것임(기획재정부소득－407, 2020.8.5.)

✓ **대학생 현장실습 운영규정 제7조에 따라 지급받는 현장실습지원비**

대학생 현장실습 운영규정 제5조 제4항에 따라 수업으로서의 요건을 갖춘 현장실습수업에 참여하는 학생이 같은 규정 제7조에 따라 지급받는 현장실습지원비는 근로소득 및 기타소득에 해당하지 아니함(서면법령해석소득 2020-4237, 2021.3.18.)

✓ 자활근로사업에 참여한 자에게 자활급여와 별도로 지급하는 자활성과금이 근로소득인지

국민기초생활 보장법에 따른 자활근로사업에 참여하고 자활급여와 별도로 자활사업단에서 발생한 수익에서 지급받는 인센티브는 소득세법 제20조에 따른 근로소득에 해당하는 것임(서면법령해석소득 2020-3874, 2020.12.30.)

✓ 환자치료를 위해 일시적으로 고용된 의료진이 지급받는 소득이 일용직 근로소득인지 여부

의료인력이 근로일수에 따라 근로의 대가를 계산하여 지급받는 경우 동일한 고용주에게 3월 미만 계속하여 고용된 경우에는 일용근로자에 해당하는 것이며, 해당 의료인력이 고용계약에 따라 의료업무를 종료하고 모니터링 기간 중에 지급받는 소득도 근로소득에 해당하는 것임(서면법령해석소득 2020-1796, 2020.12.18.)

✓ 청년내일채움공제의 만기 지급금 중 정부지원금, 기업기여금을 적립하여 지급하는 부분이 소득세 과세대상인지 여부

고용정책기본법 제25조, 고용보험법 제25조 및 청년고용촉진특별법 제7조 등에 근거하여 고용노동부가 주관하는 청년내일채움공제에 가입한 거주자가 해당 공제의 만기에 지급받는 공제금 중 정부가 부담하는 정부지원금 및 정부가 지급하는 채용유지지원금에서 기업기여금으로 적립한 부분은 소득세 과세대상에 해당하지 않는 것임(기획재정부소득-184, 2019.3.7.)

✓ 내일채움공제 지자체 연계지원금 및 청년재직자 내일채움공제 만기공제금 소득세과세여부에 대한 회신

근로자가 중소기업인력지원 특별법 제35조의2에 따른 성과보상기금으로부터 공제금을 수령하는 경우 국가 또는 지방자치단체의 지원금인 경우에는 그 지원금에 해당하는 부분은 소득세가 과세되지 아니하는 것이며 그 밖에 그 재원이 공기업 등의 지원금인 경우에는 과세대상 근로소득에 해당하는 것임(기획재정부소득-463, 2019.8.9.)

✓ 노조전임자가 지급받는 급여성 금원의 근로소득 해당 여부

노동조합 및 노동관계조정법 제24조 제2항에 따라 노동조합의 업무에만 종사하는 '노동조합의 전임자'가 해당 조합으로부터 직무를 수행하고 지급받는 급여성 금원은 근로소득에 해당하는 것임(소득-951, 2010.9.2.)

✓ 사외이사가 이사회 참석 및 자문 등의 용역을 제공하고 받는 대가의 소득구분

거주자인 사외이사가 고용관계나 이와 유사한 계약에 의하여 이사로서의 직무를 수행하고 지급받는 보수는 근로소득에 해당하고, 독립된 자격으로 이사로서의 직무 외의 용역을 계속·반복하여 제공하고 지급받는 대가는 사업소득에 해당하는 것으로, 귀 질의의 경우 이에 해당하는지 여부에 대해서는 이사로서의 직무내용·범위와 용역·보수와 관련된 계약 등 구체적인 사실관계를 종합하여 판단할 사항임(소득-662, 2009.2.18.)

✓ 영업사원으로 고용된 자가 영업실적에 따라 받는 수당의 소득구분(소득 해석편람 20-1-5)

거주자가 고용관계나 이와 유사한 계약에 의하여 일정한 고용주에게 고용되어 근로를 제공하고 지급받는 대가는 그 지급방법이나 명칭여하에 불구하고 근로소득에 해당하는 것임(소득 46011-375, 1996.2.1.)

✓ **학교의 강사가 받는 강사료의 소득구분**(소득 해석편람 20-1-6)

① 거주자가 학교 강사로 고용되어 지급받는 강사료 등은 그 지급방법이나 명칭여하에 불구하고 근로소득에 해당하는 것이며,

② 일시적으로 강의를 하고 지급받는 강사료 등은 기타소득에 해당하며,

③ 독립된 자격으로 계속적·반복적으로 강의를 하고 받는 강사료 등은 사업소득에 해당하는 것임. 이때, 고용관계가 있는지 여부의 판단은 근로제공자가 업무 내지 작업에 대한 거부를 할 수 있는지, 시간적·장소적인 제약을 받는지, 업무수행과정에 있어서 구체적인 지시를 받는지, 복무규정의 준수의무 등에 의하여 종합적으로 판단할 사항임. 또한, 학교와 학원이 계약을 체결하고 해당 학원에 고용된 강사로 하여금 강의를 하게 하고 그 대가로 학원이 지급받는 금액은 해당 학원의 사업소득의 총수입금액에 산입하는 것임(소득 46011-2004, 1996.7.12.)

PART 2

✓ **비영리법인에 경영자문용역을 제공하고 매월 정액으로 받은 경영고문료의 소득 구분**

거주자가 비영리법인에 경영자문용역을 제공하고 매월 정액으로 받은 경영고문료는 다음의 기준에 따라 소득을 구분하는 것임

① 근로소득 : 거주자가 근로계약에 의한 고용관계에 의하여 비상임자문역으로 근로자의 지위에서 경영자문용역을 제공하고 얻은 소득. 이 경우 고용관계여부는 근로계약내용 등을 종합적으로 고려하여 판단할 사항임

② 사업소득 : 전문직 또는 컨설팅 등을 전문으로 하는 사업자가 독립적인 지위에서 사업상 또는 사업에 부수적인 용역인 경영자문용역을 계속적 또는 반복적으로 제공하고 얻은 소득

③ 기타소득 : 상기 '① 및 ②' 외의 소득으로서 고용관계없이 일시적으로 경영자문용역을 제공하고 얻은 소득(재경부소득 46073-136, 2000.8.18.)

✓ **근로자가 사내교육을 실시하고 지급받는 강사료의 소득구분**(소득 해석편람 20-1-9)

근로자가 정상근무시간 외에 사내교육(자사의 직원들에게 특정과목에 대한 강의)을 하고 해당 회사로부터 지급받는 강사료는 근로소득에 해당되는 것임(소득 46011-39, 1997.1.9.)

✓ **해고관련 분쟁화해금에 대한 원천징수**(원천 해석편람 20-2-17)

근로자가 법원의 판결·화해 등에 의하여 부당해고기간의 급여를 지급받는 경우에는 해고기간에 근로를 제공하고 지급받는 근로소득으로 보아 소득세가 과세되는 것이나, 급여 외에 근로자의 명예를 해하거나 정신적인 고통에 대한 배상 또는 위자료로서 지급되는 금액은 소득세가 과세되지 아니하는 것임(법인 46013-632, 1998.3.14.)

✓ **근로자가 회사로부터 지급받는 생일선물 등의 근로소득에 포함 여부**

근로자가 회사로부터 근로자의 생일이나 회사의 창립기념일에 지급받는 선물은 과세되는 근로소득의 범위에 포함되는 것임(법인 46013-1358, 1999.4.13.)

✓ **계약내용 등을 보아 학원강사에게 근로소득에 대한 소득세를 직접 부과할 수 있음**(조심2016중2654, 2016.9.27.)

(1) 처분개요

① 청구인 OOO 외 5명(〈별지1〉 기재 참고, 이하 "청구인들"이라 한다)은 OOO 등부터 'OOO'라는 상호의 학원의 강사로 재직하였다가 OOO 등 퇴직하였고, 위 학원을 운영하였던 OOO(현재, 주식회사 OOO으로, 이하 "이 건 원천징수의무자"라 한다)는 청구인들에게 지급한 강사료(이하

"쟁점소득"이라 한다)를 사업소득으로 보아 원천징수하여 관할 세무서장에게 신고·납부하였다.

② 처분청은 청구인들이 이 건 원천징수의무자를 피고로 하여 제기한 퇴직금청구소송에서 법원이 청구인들을 「근로기준법」상 근로자로 판단함(OOO법원 2016.4.22. 선고 2015나2036547 판결, 2016.5.17. 확정)에 따라 쟁점소득을 근로소득으로 보아 OOO 등 청구인들에게 종합소득세 합계 OOO원을 경정·고지하였다.

③ 청구인들은 이에 불복하여 OOO 심판청구를 제기하였다.

(2) 쟁점

① 쟁점소득이 사업소득인지 아니면 근로소득인지 여부

② 원천징수의무자가 아닌 청구인들에게 한 고지가 적법·타당한지 여부

③ 가산세 감면의 정당한 사유가 있는지 여부

(3) 판단

① 먼저, 쟁점 ①에 대하여 살피건대, 청구인들은 쟁점소득이 근로소득이 아닌 사업소득이라고 주장하나, 청구인들은 퇴직금청구소송에서 「근로기준법」상 근로자라고 주장하여 승소한 점, 강의협약서에는 상호해지 사유가 아닌 이 건 원천징수의무자의 청구인들에 대한 계약해지 사유만이 규정된 점, 강의협약서에 명시되지 않는 사항은 취업규칙 및 「근로기준법」의 관련조항을 준용하도록 되어 있는 점, 청구인들은 당직 근무를 하였던 점, 청구인들이 강의시간과 강의실 등을 변경하려면 원장으로부터 승인을 받아야 했던 점 등에 비추어 청구인들은 근로자에 해당되는 것으로 보이므로 처분청이 쟁점소득을 근로소득으로 보아 과세한 이 건 처분은 잘못이 없다고 판단된다.

② 다음으로, 쟁점 ②·③에 대하여 살피건대, 청구인들이 쟁점소득의 납세의무자인 점, 가산세는 일종의 행정상 제재로서 납세자의 고의나 과실은 고려되지 아니하는 점, 청구인들은 복식부기 의무자로서 과세표준확정신고시 쟁점소득을 근로소득으로 신고한 사실이 나타나지 않는 점, 청구인들은 퇴직금청구소송을 제기하고도 이 건 과세처분 전까지 수정신고 등을 하지 않은 점, 청구인들은 비과세 관행의 성립을 주장하나, 처분청이 쟁점소득을 근로소득으로 과세하지 않겠다는 명시적 또는 묵시적 의사표시를 한 것으로 보기 어려운 점 등에 비추어 원천징수의무자가 아닌 청구인들에게 고지한 이 건 처분이 위법·부당하다거나, 청구인들에게 가산세 감면의 정당한 사유가 있다는 청구주장을 받아들이기 어렵다고 판단된다.

② 법인의 주주총회·사원총회 또는 이에 준하는 의결기관의 결의에 의하여 상여로 받는 소득(소법 20조 ① 2)

③ 법인세법에 의하여 상여로 처분된 금액(인정상여)(소법 20조 ① 3) : 법인세의 과세표준을 신고하거나 결정 또는 경정함에 있어서 익금산입·손금불산입한 금액으로서 그 귀속자가 임원 또는 사용인(임원·사용인인 주주 포함)인 경우 상여로 소득처분을 하게 된다.(법령 106조 ①) 또한 사외유출이 된 것이 분명하나 그 귀속이 불분명한 경우에는 해당 법인의 대표자에 대한 상여로 처분한다.(법령 106조 ②)

이와 같은 인정상여 처분에 따른 근로소득세 납세의무가 일단 발생한 이후에는, 그 귀속자가 그 소득금액을 법인에 환원시켰더라도 이미 발생한 납세의무에 어떤 영향

을 미치는 것은 아니다.[27)]

④ 퇴직으로 인하여 받는 소득으로서 퇴직소득에 속하지 아니하는 소득

㉠ 법인세법 시행령 제44조 제4항에 따라 손금에 산입되지 아니하고 지급받는 퇴직급여(소령 38조 ① 13, 2013.2.15. 개정)

법인세법 시행령 제44조 제4항

법인이 임원에게 지급한 퇴직급여 중 다음 중 어느 하나에 해당하는 금액을 초과하는 금은 손금에 산입하지 아니한다.(법령 44조 ④)

① 정관에 퇴직급여(퇴직위로금 등을 포함)로 지급할 금액이 정하여진 경우에는 정관에 정하여진 금액

② '①' 외의 경우에는 그 임원이 퇴직하는 날부터 소급하여 1년 동안 해당 임원에게 지급한 총급여액[소득세법 제20조 제1항 제1호 및 제2호에 따른 금액(비과세소득은 제외)으로 하되, 손금에 산입하지 아니하는 금액은 제외한다]의 10분의 1에 상당하는 금액에 근속연수를 곱한 금액. 이 경우 해당 임원이 직원에서 임원으로 된 때에 퇴직금을 지급하지 아니한 경우에는 직원으로 근무한 기간을 근속연수에 합산할 수 있다.(2019.2.12. 개정)

㉡ 임원 퇴직금으로서 소득세법상의 한도(소법 22조 ③)를 초과하여 지급하거나, 임원 퇴직금규정 외에 지급한 금액

임원, 직원의 퇴직급여에 대한 손금산입 및 소득구분

구 분			손금산입 여부	소득구분
임원	퇴직금지급규정 등이 있는 경우	지급규정상의 금액	○	퇴직소득
				근로소득[*1]
		그 외의 초과금액	×	근로소득
	퇴직금지급규정 등이 없는 경우	퇴직직전 1년간 총급여$\times\frac{1}{10}\times$근속연수[*2]	○	퇴직소득
		그 외의 초과금액	×	근로소득
직원		퇴직으로 지급받은 금액	○	퇴직소득

*1. 소득세법상 임원퇴직금 한도초과액은 근로소득으로 과세함

*2. 1년 미만의 기간은 월수로 계산하며, 1개월 미만의 기간은 이를 산입하지 않음

27) 강인애, 2006, 신소득세법, 한일조세연구소, p. 242 ; 대법원 1990.10.10. 선고, 89누2233 판결 참조

✓ **부당해고기간의 급여에 대한 소득구분과 귀속연도**(소통 20－38…3)

① 근로자가 법원의 판결·화해 등에 의하여 부당 해고기간의 급여를 일시에 지급받는 경우에는 해고기간에 근로를 제공하고 지급받는 근로소득으로 본다.

② 제1항의 근로소득에 대하여 해당 원천징수의무자가 다음의 규정에 따라 원천징수를 하는 경우에는 법 제134조 제2항의 규정에 준하여 기한 내에 원천징수한 것으로 본다.

㉠ 법원의 판결·화해 등 당해 과세기간경과 후에 있는 경우에는 그 판결·화해 등이 있는 날의 다음달 말일까지 법 제137조 제1항에 따라 연말정산하는 때

㉡ 법원의 판결·화해 등이 당해 근로소득이 귀속하는 과세기간의 종료일 전에 있는 경우에는 법 제134조 제1항 또는 제2항에 따라 원천징수하는 때

✓ **해고가 부당해고로 결정되어 복직하는 경우, 반환하지 아니하는 해고예고수당의 소득구분**

해고가 부당해고로 결정되어 복직하는 경우에도 반환하지 아니하는 해고예고수당은 근로소득임(기획재정부소득－221, 2021.4.5.)

✓ **퇴직후 지급되는 성과급의 소득구분**(소득 해석편람 20－1－10)

근로자가 소속법인의 급여규정에 의하여 재직시의 경영성과에 따라 퇴직후 지급받는 성과급은 근로를 제공하고 지급받는 대가이므로 근로소득에 해당하는 것임(소득 46011－2281, 1997.8.26.)

✓ **M&A와 관련하여 지급하는 위로금은 근로소득이며, 지급의무가 확정되는 연도의 근로소득으로 봄**

M&A 관련 노사합의에 의해 지급받는 위로금은 근로소득에 해당하며, 노사합의 체결로 지급의무가 확정되는 날이 속하는 연도의 근로소득으로 보는 것임(서면1팀－1192, 2004.8.26.)

⑤ 종업원 등 또는 대학의 교직원이 지급받는 직무발명보상금[기타소득에 해당하는 직무발명보상금(종업원 등 또는 대학의 교직원이 퇴직한 후에 사용자등 또는 산학협력단으로부터 지급받는 직무발명보상금)은 제외한다](소법 20조 ① 5, 21조 ① 22호의2, 2023.12.31. 개정)

✓ **국가공무원이 특허청으로부터 지급받은 직무발명보상금의 소득구분**

재직 중인 국가공무원의 직무발명에 대하여 발명진흥법 제15조 제7항에 따라 국가가 그 권리를 승계하고 해당 공무원에게 지급하는 직무발명보상금은 근로소득에 해당하는 것임(서면법령해석소득 2020－4437, 2020.12.31.)

⑥ 종교인소득

종교인소득에 대하여 근로소득으로 원천징수하거나 과세표준확정신고를 한 경우에는 해당 소득을 근로소득으로 본다.(소법 21조 ③)

➲ 2018.1.1. 이후부터 발생하는 소득분부터 적용한다.(2015.12.15. 법 부칙 1조 단서, 2조 ①)

2 각종수당

① 근로수당·가족수당·전시수당·물가수당·출납수당·직무수당 그 밖에 이와 유사한 성질의 급여(소령 38조 ① 3)

✓ **시설보안관리수당의 비과세 근로소득 해당여부**

당직제도를 폐지하면서 지급받는 시설보안관리수당은 실비변상적인 급여의 범위에 해당하지 않으므로 과세대상인 근로소득에 포함됨(기획재정부소득-332, 2014.5.22.)

✓ **연구원 소속 교수에게 지급하는 논문게재 장려금 등은 근로소득에 해당**

연구원 소속 교수에게 연구활동 지원 목적으로 지급하는 논문게재 장려금과 연구과제 응모 지원금은 근로소득에 해당하는 것임(원천-569, 2012.10.24.)

✓ **유가환급금의 총수입금액산입 여부**

유가환급금은 사업소득 및 근로소득 총수입금액에 산입하지 않는 것임(소득-278, 2009.1.22.)

✓ **임시로 지급받는 수당도 지급방법이나 명칭에 불구하고 근로소득임**(원천 해석편람 20-2-3)

근로자가 일정한 고용주에게 고용되어 근로를 제공하고 지급받는 대가는 그 지급방법이나 명칭에 불구하고 근로소득에 해당함으로, 근로기준법 시행령 제18조 규정의 "임시로 지급받는 임금·수당 등"은 해딩 근로자의 근로소득으로서 소득세법상 비과세소득으로 열거된 수당 등을 제외하고는 과세대상 근로소득에 해당하는 것이며, 갑종에 속하는 매월분 근로소득은 동 소득을 지급할 때 간이세액표(소득세법 시행령 별표 2)에 의하여 근로소득세를 원천징수하는 것임(법인 46013-1816, 1997.7.3.)

✓ **종업원의 부임수당**(소득 집행기준 12-12-3)

① 전근하는 종업원이 지급받는 부임수당 중 이사에 소요되는 비용상당액은 과세대상 근로소득에 해당하지 않는 것이나, 이사에 소요되는 비용상당액을 초과하는 부분과 숙박비등 명목으로 지급받은 금액은 근로소득에 해당한다.

② 외국인근로자가 근로계약 이행을 위해 국내 입국시 소요되는 항공료 또는 근로의 제공 완료 후 출국할 때 소요되는 항공료 등을 해당 회사에서 지급하는 경우 동 금액은 실비변상적 성질의 급여에 해당하지 않는다.

✓ **외국인 채용 소요경비의 원천징수 여부**

외국인 근로자가 앞으로의 근로계약이행을 위하여 부임하는데 소요되는 경비(본인 및 가족 항공료와 이사비용)는 소득세법 시행령 제12조 제3호의 실비변상적인 성질의 급여로 볼 수 없으므로 원천징수대상이 되는 근로소득인 것이나, 이미 고용하고 있는 자의 부임여비는 사규 또는 고용계약서 내용, 회사의 사업수행목적, 일반적인 고용관행 등을 종합적으로 판단하여 합리적인 금액의 범위 내에서 실비변상적인 성질의 급여로 보는 것임(국일 46017-206, 1996.4.15.)

② 보험회사, 자본시장과 금융투자업에 관한 법률에 따른 투자매매업자 또는 투자중개업자 등의 종업원이 받는 집금수당과 보험가입자의 모집, 증권매매의 권유 또는 저축의 권장하여 받는 대가 그 밖에 이와 유사한 성질의 급여(소령 38조 ① 4)

③ 급식수당·주택수당·피복수당 그 밖에 이와 유사한 성질의 급여(소령 38조 ① 5)

✓ 하숙비와 휴대폰사용료의 근로소득 해당여부

회사의 전임명령을 받아 거주지를 달리하는 지역에서 근무하는 직원에 대한 거주비(하숙비, 월세, 숙박비등)와 왕복 귀가 교통비는 근로소득에 포함되는 것임(법인 46013-3279, 1999.8.20.)

✓ 정부지원 인턴제의 원천징수(원천 해석편람 20-2-4)

정부지원 인턴제에 의하여 대학이 지급하는 인턴수당과 기관(기업)이 지급하는 중식대, 교통비 등은 소득세법 제12조에서 비과세소득으로 특별히 규정된 것을 제외하고는 과세대상 근로소득에 해당하는 것이며, 해당 대학 및 기관(기업)이 인턴에게 인턴수당·중식대·교통비 등을 지급하는 있는 경우에는 그에 따라 원천징수하는 것임(법인 46013-1062, 1999.3.23, 법인 46013-1305, 1999.4.9.)

④ 기술수당·보건수당 및 연구수당, 그 밖에 이와 유사한 성질의 급여(소령 38조 ① 8, 2007.2.28. 개정)

⑤ 시간외근무수당·통근수당·개근수당·특별공로금 그 밖에 이와 유사한 성질의 급여(소령 38조 ① 9)

✓ 퇴직 시 특별한 공로가 있는 임원에게 지급되는 특별공로금의 소득구분

퇴직 시 지급받은 퇴직특별공로금이 재직기간 중 특수한 공로를 원인으로 지급받는 경우는 근로소득에 해당되는 것이며, 해당 퇴직특별공로금이 이에 해당되는지 여부는 특수한 공로 등 지급사유, 적용실태, 실제 지급 현황 등을 종합적으로 감안하여 사실 판단할 사항임(서면법령해석소득 2018-122, 2019.1.30.)

✓ 임원이 소속 회사의 대주주 지분 매각 작업을 수행하고 받은 대가의 소득구분

다년간의 기업 인수합병 경험이 있는 최고재무관리자가 자신이 근무하는 법인의 대주주가 보유하는 해당 법인의 주식매각 작업에 참여하여 업무를 수행하고 그 대가를 받은 경우, 당해 거주자가 근로를 제공하고 지급받은 대가인 경우에는 소득세법 제20조 제1항의 근로소득에 해당하고, 고용관계 없이 독립된 자격으로 계속적으로 용역을 제공하고 그 대가를 지급받는 경우에는 같은 법 제19조 제1항의 사업소득에 해당하는 것이며, 일시적으로 용역을 제공하고 지급받는 경우에는 같은 법 제21조 제1항의 기타소득에 해당하는 것으로서 해당소득이 근로소득인 사업소득인지 기타소득인지 여부는 사실판단할 사항임(사전법령해석소득 2018-776, 2018.12.27.)

✓ 비정기적인 근무를 위한 출·퇴근비로 지급받는 금액의 소득구분

일직료·숙직료 또는 여비로서 실비변상적인 정도의 금액(종업원의 소유차량을 종업원이 직접 운전하여 사용자의 업무수행에 이용하고 시내출장 등에 소요된 실제여비를 받는 대신에 그 소요경비를 해당 사업체의 규칙 등에 의하여 정하여진 지급기준에 따라 받는 금액 중 월 20만원 이내의 금액을 포함)은 비과세되는 것이나, 직원의 출·퇴근비로 지급받는 금액은 근로소득에 해당하는 것임(법인 46013-2401, 1998.8.25.)

⑥ 벽지수당·해외근무수당 그 밖에 이와 유사한 성질의 급여(소령 38조 ① 11)

3 급여성 대가

① 기밀비(판공비를 포함)·교제비 기타 이와 유사한 명목으로 받는 것으로서 업무를 위하여 사용된 것이 분명하지 아니한 급여(소령 38조 ① 1)

✓ 매월 정액으로 지급하는 판공비등의 근로소득 해당 여부

공동주택 관리소장에게 매월 일정액으로 지급하는 판공비와 업무추진비는 근로소득에 포함되는 것이나, 지급기준(업무와 관련하여 사용목적 및 대상자별 지급한도액 등)이 정하여져 있고 해당 목적을 위해 사용된 것이 분명한 부분은 근로소득에 포함되지 않는 것임(법인 46013-3496, 1998.11.16.)

② 종업원이 받는 공로금·위로금·개업축하금·학자금·장학금(종업원의 수학 중인 자녀가 사용자로부터 받는 학자금·장학금 포함) 그 밖에 이와 유사한 성질의 급여(소령 38조 ① 2)

✓ 노동위원회 차별시정 판정에 따라 지급받은 내부성과급의 소득 구분

노동위원회의 차별적처우 시정판정에 따라 근로자가 지급받는 내부성과급은 근로소득에 해당하는 것임(서면소득 2021-5035, 2021.7.30.)

✓ 한국출판문화산업진흥원이 근로자 및 고용기업에 지급하는 출판경력자 재취업격려금이 소득세 과세대상인지 여부

한국출판문화산업진흥원으로부터 지급받은 격려금은 소득세 과세대상에 해당하지 않는 것임(서면법령해석소득 2018-2154, 2021.6.17.)

✓ 법원의 조정결정에 따라 지급받는 위로금의 소득세 과세 여부

근로자인 거주자가 강요에 의한 퇴직시 일정금액을 사용자로부터 지급받는다는 각서를 근거로 사용자에게 약정금을 청구하는 민사소송 진행 중 법원의 조정결정에 따라 위로금 명목으로 지급받는 금액이 근로소득·퇴직소득·기타소득에 해당하는지 여부는 당해 소송기록을 구체적으로 확인하여 사실판단할 사항임(서면소득 2016-6239, 2017.2.13.)

✓ 위로금의 소득구분

거주자가 해고무효확인소송 중 법원의 결정조서에 따라 해고기간 동안의 임금 및 위로금 명목으로 지급받는 금액 중 근로소득 또는 퇴직소득에 해당하지 아니하는 손해배상금은 기타소득에 해당하는 것임(서면1팀 - 415, 2007.3.26.)

✓ **상조회가 지급하는 학자금이 근로소득에 해당하는지 여부**(소득 해석편람 20 - 1 - 2)

근로자가 사업자로부터 임의단체인 상조회를 통하여 지급받는 장학금은 근로소득에 해당하는 것이며, 이 금액은 사업자의 소득금액을 계산함에 있어서 필요경비에 산입하는 것임(소득 22601 - 726, 1992.3.30.)

✓ **교직원자녀가 교직원의 재직사실에 기하여 대학교로부터 받는 장학금은 근로소득임**(원천 해석편람 20 - 2 - 1)

대학교 교직원의 자녀가 해당 교직원의 재직사실에 기하여 대학교로부터 받는 장학금·학비 면제액은 교직원의 근로소득에 해당되는 것임(법인 46013 - 733, 1997.3.12.)

✓ **노사합의에 따라 희망퇴직자에게 퇴직후 일정기간 지급하는 학자금, 의료비 등의 소득구분**

퇴직후 사용자가 지급하는 학자금, 의료비 등은 근로소득에 해당하며 그 수입시기는 지급하거나 지급하기로 한 날임(서면법령해석소득 2015 - 2236, 2016.7.25.)

✓ **종업원에게 지급하는 공로금 등의 소득구분**(소득 해석편람 20 - 1 - 19)

종업원에게 지급하는 공로금·위로금·개업축하금 기타 이와 유사한 성질의 사실상 급여에 속하는 상금은 근로소득에 해당하는 것이며, 종업원의 특별한 공로에 대하여 경진·경영·경로대회·전람회 등에서 우수한 자에게 지급하는 상금은 기타소득에 해당하는 것으로, 귀 질의의 경우 회사의 포상계획·각종행사계획·지급사유 등 실질내용에 따라 사실판단할 사항임(소득 46011 - 10094, 2001.2.5.)

✓ **부서에 지급하는 포상비는 개인별 귀속에 따라 근로소득으로 과세**(원천 해석편람 20 - 2 - 2)

업무추진실적이 우수한 부서의 근로자에게 포상을 하기 위하여 항공료, 시상금, 외부인사의 초청강사료 등을 회사가 직접 주관하여 지출하는 경우에도 외부인사의 초청에 따른 경비(강사료, 항공료 등)를 제외한 지출금액에 대하여는 근로자 개인별 귀속내용에 따라 해당 근로자의 급여로 보아 원천징수하는 것이며, 외부인사의 초청에 따른 경비는 해당 강사의 소득으로 하여 원천징수함(법인 46013 - 1150, 1995.4.26.)

③ 여비의 명목으로 받는 연액 또는 월액의 급여(소령 38조 ① 10)

✓ **회사의 여비지급규정에 따라 시외출장시 정액지급하는 식대의 비과세소득 해당 여부**

회사의 여비지급규정에 따라 지급받는 정액지급하는 식대는 출장목적 등을 감안하여 실지 소요되는 비용을 충당할 정도의 범위 내에서는 비과세하는 것으로 이에 해당되는지 여부는 실질내용에 따라 사실판단할 사항임(원천 - 120, 2014.4.2.)

✓ **교통비 등의 근로소득 비과세 해당 여부**(소득 해석편람 20 - 1 - 13)

근로자가 업무수행을 위한 출장으로 인하여 실지 소요되는 비용으로 지급받는 금액은 소득세법 시행령 제12조 제3호의 규정에 의하여 비과세소득에 해당하는 것이나, 실지 소요된 비용과 관계없이 여비출장비 등의 명목으로 일정금액을 정기적으로 지급받는 금액은 같은법 시행령 제38조 제1항 제10호의 규정에 의하여 근로소득에 해당함(소득 46011 - 3478, 1997.12.30.)

④ 휴가비 기타 이와 유사한 성질의 급여(소령 38조 ① 14)

✓ **공무원 연가보상비 과세 여부**(원천 해석편람 20-2-16)
공무원 연가보상비의 경우 소득세법 제12조 및 동법 시행령 제12조에서 비과세소득으로 규정하고 있지 않으므로 과세대상 근로소득에 해당되며 모든 공무원에게 동일하게 적용되는 것임(법인 46013-139, 2000.1.14.)

⑤ 공무원 수당 등에 관한 규정, 지방공무원 수당 등에 관한 규정, 검사의 보수에 관한 법률 시행령, 대법원규칙, 헌법재판소규칙 등에 따라 공무원에게 지급되는 직급보조비(소령 38조 ① 19, 2014.2.21. 신설)

⑥ 공무원이 국가 또는 지방자치단체로부터 공무수행과 관련하여 받는 상금과 부상(2021.2.17. 신설)

⑦ 사업자나 법인이 생산·공급하는 재화 또는 용역을 그 사업자나 법인(독점규제 및 공정거래에 관한 법률에 따른 계열회사를 포함)의 사업장에 종사하는 임원·종업원에게 다음 중 하나에 해당하는 방식에 따라 시가보다 낮은 가격으로 제공하거나 구입할 수 있도록 지원함으로써 해당 임원·종업원이 얻는 이익(소법 20조 ① 6, 2024.12.31. 신설, 소령 38조 ③)

➲ 2025.1.1. 이후 발생하는 소득분부터 적용한다.(2024.12.31. 법 부칙 4조)

㉠ 사업자나 법인이 생산·공급하는 재화 또는 용역(이하 "자사제품등"이라 한다)을 임원·종업원에게 시가보다 낮은 가격으로 판매 또는 제공하는 방식

㉡ 사업자나 법인이 임원·종업원에게 자사제품등을 구입하거나 제공받는 데 사용하도록 지원금을 지급하는 방식

㉢ 사업자나 법인이 임원·종업원에게 사업자나 법인의 계열회사(독점규제 및 공정거래에 관한 법률에 따른 계열회사를 말한다. 이하에서 같다)가 생산·공급하는 재화 또는 용역(이하 "계열회사제품등"이라 한다)을 구입하거나 제공받는 데 사용하도록 지원금을 지급하는 방식

㉣ 사업자나 법인의 계열회사가 사업자나 법인의 임원·종업원에게 계열회사제품등을 시가보다 낮은 가격으로 판매 또는 제공하고, 사업자나 법인이 그 계열회사에 그 판매 또는 제공가액과 시가와의 차액을 지급하는 방식

이때 시가는 건전한 사회 통념 및 상거래 관행과 특수관계인이 아닌 자 간의 정상적인 거래에서 적용되거나 적용될 것으로 판단되는 가격(요율·이자율·임대료 및 교환비율과 그 밖에 이에 준하는 것을 포함)을 기준으로 한다. 다만, 다음 중 하나에 해당

하는 경우에는 임원·종업원이 해당 재화 또는 용역을 구입하거나 제공받을 때 지급한 가격을 시가로 한다.(소령 38조 ④, 2025.2.28. 신설, 법법 52조 ②)

㉠ 재화의 파손 또는 변질로 인해 임원·종업원이 아닌 자에게 판매할 수 없는 경우

㉡ 탑승권 및 숙박권 등 사용시기가 제한되는 재화 또는 용역의 사용 기한이 임박하여 임원·종업원이 아닌 자에게 판매 또는 제공하는 것이 현저히 곤란한 경우

4 기타 경제적 이익

① 주택을 제공받음으로써 얻는 이익(소령 38조 ① 6)

② 종업원이 주택(주택에 부수된 토지를 포함)의 구입·임차에 소요되는 자금을 저리 또는 무상으로 대여받음으로써 얻는 이익(소령 38조 ① 7, 2021.2.17. 단서삭제)

③ 종업원이 계약자이거나 종업원 또는 그 배우자 및 그 밖의 가족을 수익자로 하는 보험·신탁 또는 공제와 관련하여 사용자가 부담하는 보험료·신탁부금 또는 공제부금(소령 38조 ① 12, 2021.2.17. 개정)

✓ **임원을 피보험자로 하여 법인이 보험가입시 세무처리**

법인이 피보험자를 임원(대표이사 포함) 또는 종업원으로 하고, 계약자 및 수익자를 법인으로 하여, 납입한 보험료는 피보험자인 임원 및 종업원의 근로소득으로 볼 수 없는 것임(법인-266, 2011.4.11.)

✓ **사용자가 보험수익자인 단체종합보장보험료의 근로소득 해당 여부**(소득 해석편람 20-1-11)

사용자를 보험계약자 및 보험수익자로 하고, 종업원을 피보험자로 하는 단체종합보장보험에 대한 보험료를 사용자가 부담하는 경우 해당 보험료는 종업원의 근로소득에 해당하지 않는 것임(소득46011-2718, 1997.10.21.)

④ 계약기간 만료전 또는 만기에 종업원에게 귀속되는 단체환급부보장성보험의 환급금(소령 38조 ① 16)

⑤ 법인의 임원 또는 종업원이 해당 법인 또는 해당 법인과 특수관계에 있는 법인(이하 "해당 법인 등"이라 한다)으로부터 부여받은 주식매수선택권을 해당 법인 등에서 근무하는 기간 중 행사함으로써 얻은 이익(주식매수선택권 행사 당시의 시가와 실제 매수가액과의 차액을 말하며, 주식에는 신주인수권을 포함한다)(소령 38조 ① 17)

✓ **재직기간 중 스톡옵션을 행사하여 근로소득으로 과세될 때 시가 산정 방법**

소득세법 시행령 제38조 제1항 제17호의 주식매수선택권의 행사이익을 계산함에 있어 시가는 법인세법 시행령 제89조를 준용하여 계산한 금액으로 하며, 법인세법 시행령 제89조 제1항에서와 같이 해당 거래와 유사한 상황에서 해당 법인이 특수관계인 외의 불특정다수인과 계속적으로 거래한 가격 또는 특수관계인이 아닌 제3자간에 거래된 가격이 있는 경우에는 그 가격에 따르는 것으로, 전환상환주 거래와 보통주 거래 중 어느 한 쪽이 이에 해당하는지는 구체적인 거래현황과 기업가치의 변동 등 실질내용에 따라 사실판단할 임(원천-718, 2024.7.1.)

✓ **주식매수선택권 행사로 취득한 주식의 취득가액 산정방법**

[사실관계]

- 신청인은 ㈜○○○(비상장, 벤처기업 아님)의 직원임
- 신청인은 2018.9.3. ㈜○○○로부터 주식매수선택권(1,577주, 1주당 42,970원)을 부여받음
- 2020.11.12. 주식매수선택권 행사하여 788주 취득(쟁점주식, 1주당 42,970원)
- 행사일 당시 쟁점주식의 상증법상 보충적 평가액(시가)은 1주당 15,674원임

[질의]

쟁점주식의 행사 당시 시가가 행사가액보다 낮은 경우에 쟁점주식의 취득가액은?

[회신]

소득세법 시행령 제163조 제13항에 따라 주식매수선택권을 행사하여 취득한 주식을 양도하는 때에는 주식매수선택권을 행사하는 당시의 시가를 소득세법 제97조 제1항 제1호의 규정에 의한 취득가액으로 하는 것이며, 귀 실의의 사실관계와 같이 행사가액(42,970원)이 시가(15,674원)보다 높은 경우의 취득가액은 같은 호 가목에 따라 자산 취득에 든 실지거래가액인 행사가액으로 하는 것임(서면자본거래 2021-5444, 2021.9.8.)

✓ **주식매수선택권을 행사하여 현금으로 행사이익을 지급받는 경우 소득금액**

법인이 주식매수선택권의 행사이익을 금전으로 지급한 경우, 소득세법 시행령 제38조 제1항 제17호에 따라 근로소득에 포함되는 소득은 실제 지급받은 금전이 되는 것임(서면법령해석소득 2021-175, 2021.8.5.)

✓ **퇴직 후 주식매수선택권행사이익의 소득구분**

법인으로부터 퇴직 전에 주식매수선택권(스톡옵션)을 부여받은 거주자가 해당 법인과 고용관계가 없는 상태인 퇴직 후에 해당 주식매수선택권을 행사함으로써 얻는 이익은 기타소득에 해당하는 것임(서일 46011-10589, 2003.5.13.)

✓ **주식매수선택권 행사이익의 소득구분**

당해 법인 등에서 근무하는 기간 중 행사함으로써 얻은 주식매수선택권 행사이익은 현실적 퇴직과 관계없이 근로소득에 해당하는 것임(서면1팀-308, 2008.3.10.)

✓ **피상속인이 부여받은 주식매수선택권을 상속인이 행사시 행사이익은 기타소득에 해당**

피상속인이 부여받은 주식매수선택권을 상속인이 행사하는 경우 당해 주식매수선택권을 행사함으로써 얻는 이익에서 상속세 및 증여세법에 따라 상속세가 과세된 금액(과세미달 금액 포함)을 차감하여 계산한 금액은 기타소득에 해당하는 것임(원천-847, 2011.12.20.)

✓ **국내법인에서 근무하면서 부여받은 주식매수선택권을 퇴직 이후 비거주자로서 행사하여 얻은 소득이 과세대상인지 여부**

국내에서 수행되는 근로제공의 대가로 주식매수선택권을 부여받아 퇴직 후 비거주자(미국 거주자)의 상태에서 이를 행사하여 얻은 이익은 소득세법 제119조 제7호, 한·미조세조약 제19조 및 제6조에 따라 국내에서 과세되는 국내원천소득인 것임(사전법령해석소득 2016-513, 2016.11.24.)

✓ **국외에서만 근로를 제공하는 비거주자의 주식매수선택권 행사이익은 국내원천소득에 해당되지 않음**

내국법인이 출자한 해외자회사에 고용되어 국외에서만 근로를 제공하는 비거주자가 국내모회사로부터 부여받은 주식매수선택권을 행사함으로써 얻은 이익은 소득세법 제119조 제7호에 따라 국내원천소득에 해당되지 아니하는 것임(국제세원-301, 2011.6.24.)

✓ **주식매수선택권 행사이익의 수입시기 등**

[사실관계]

- 2008.3.28. 주식매수선택권의 행사 청구(행사신청서 제출 및 접수)
- 2008.3.29. 주금납입 완료
- 2008.4.15. 신주발행 입고

[질의1] 상기와 같은 경우, 주식매수선택권을 행사함으로서 얻은 이익은 행사 당시의 시가와 실제 매수가액의 차액을 말하는 바, 이때 신주발행의 경우 행사 당시란 언제를 말하는 지
〈갑설〉 행사 청구일(2008.3.28.)
〈을설〉 주금 납입일(2008.3.29.)
〈병설〉 주식 입고일(2008.4.15.)

[질의2] 상기 주식매수선택권의 행사로 인한 소득세를 원천징수하는 경우 회사는 언제를 귀속·지급월로 보아 원천징수 및 신고를 하여야 하는지
〈갑설〉 행사청구일을 귀속월로 보아 2008.4.10. 신고
〈을설〉 주금납입일을 귀속월로 보아 2008.4.10. 신고
〈병설〉 주식교부일을 귀속월로 보아 2008.5.10. 신고

[질의3] 만약 상기 종업원이 2008.3.30. ~ 2008.4.15. 사이에 퇴사하는 경우 주식매수선택권의 행사로 인한 소득세 산출시 근로소득으로 원천징수하여야 하는지, 혹은 기타소득으로 원천징수하여야 하는지 여부

[회신]

① 주식매수선택권의 행사일은 주식매수선택권을 부여받은 종업원 등이 창업법인 등에게 주식매수선택권의 행사를 청구한 날을 말하는 것이며, 당해 주식을 교부하는 때에 소득세법 제134조 제1항의 규정에 의하여 원천징수하는 것임

② 법인의 임원 또는 종업원이 당해 법인으로부터 부여받은 주식매수 선택권을 당해 법인에게 근무하는 기간 중 행사함으로써 얻은 이익(주식매수 선택권 행사 당시의 시가와 실제 매수가액과의 차액)은 소득세법 시행령 제38조 제1항 제17호의 규정에 의한 근로소득에 해당하는 것임(서면1팀-438, 2008.3.28.)

⑥ 근로자가 부담할 소득세 등을 사용자가 부담한 경우 그 소득세액

근로자가 부담하여야 할 급여에 대한 소득세 등을 사용자가 부담한 경우에는 이를 해당 근로자의 근로소득으로 본다.(소통 20-0…4)

✓ **부서별로 지급되는 정액 다대비의 근로소득 해당 여부**(소득 해석편람 20-1-3)

복리후생비 명목으로 각 부서별로 지급된 다대비가 커피구입 등 각부서의 공통경비로 사용되는 경우에는 근로소득에 해당하지 아니하는 것이나, 종업원에게 직접 금전이 배분되어 지급된 경우에는 근로소득에 해당하는 것임(소득 22601-1914, 1992.9.9.)

✓ **직원대여용 PC 리스료의 근로소득 해당 여부**(소득 해석편람 20-1-7)

회사가 부담한 종업원 개인사용 PC의 리스료는 소득세법 제20조 제1항에서 규정하는 해당 종업원의 근로소득에 해당하는 것임(소득 46011-3213, 1996.11.18.)

✓ **금강산관광비용 지원시 근로소득 해당 여부**(소득 해석편람 20-1-16)

임직원 본인 및 배우자, 자녀, 부모, 배우자의 부모에게 금강산 관광에 소요되는 비용 중 1/2을 지원해 주는 경우에는 해당 임직원의 근로소득에 해당하는 것임(소득 46011-567, 1999.12.31.)

✓ **경찰관 등이 감면받은 경찰병원 진료비가 근로소득에 해당하는지 여부**

경찰병원 소속이 아닌 경찰공무원 등이 경찰병원 의료비 감면 규정 등에 따라 감면받은 의료비는 소득세법 제20조에 따른 근로소득에 해당하는 것임(기획재정부소득-91, 2019.1.28.)

✓ **영업용택시 운전기사의 납입금액과 실제 운송수입금액과의 차액은 운전기사의 근로소득임**(원천 해석편람 20-2-18)

택시운송업체와 고용관계에 있는 영업용택시 운전기사가 매일의 운송수입금액을 정액으로 납입하고 실제운송수입금액과의 차액은 해당 운전기사의 수입으로 한다는 근로계약을 체결한 경우 운전기사에게 귀속된 운송수입금액은 해당 운전기사의 근로소득으로 보는 것임(법인 46013-1741, 1996.6.18, 법인 46013-2979, 1996.10.25, 법인 46013-2720, 1996.9.25.)

✓ **사용자와 합의하여 임금채권을 포기한 경우 근로소득 해당여부 등**

근로자와 사용자와 합의하여 임금채권을 포기한 경우에도 해당 근로자의 근로소득에서 제외되는 것은 아님(서일 46011-11906, 2003.12.26.)

✓ **회사가 개인휴대폰사용료의 지급시 소득구분**

① 사업자의 휴대폰을 업무와 관련하여 사용하고 지급하는 휴대폰사용료는 필요경비에 산입함. 다만, 종업원이 업무와 관련없이 사용하여 해당 종업원이 부담하는 부분에 대하여는 그러하지 아니함

② 종업원의 개인휴대폰사용료를 사업자가 부담하는 경우에는 이를 종업원의 근로소득에 포함함. 다만, 종업원이 업무용으로 사용한 부분에 대하여는 그러하지 아니함(소득 46011-659, 2000.6.19.)

✓ **사용자가 부담하는 외국인근로자의 본국 가입 연금보험료의 근로소득 해당 여부**

외국인근로자가 내국법인에 근로를 제공하면서 외국과의 사회보장에 관한 협정에 따라 그를 파견

PART 2

한 국가의 연금제도에 가입하고 파견근로를 하는 국가의 연금제도에서는 가입을 면제받도록 되어 있는 경우 외국인근로자가 본국의 법에 따라 납부하여야 할 연금보험료 중 내국법인이 부담하는 본국 연금의 사용자부담금에 대해서는 소득세법 제14조 제2항에 따른 종합소득과세표준에 합산하지 아니하는 것이나, 조세특례제한법 제18조의2에 따른 외국인근로자에 대한 과세특례를 적용할 때에는 과세대상에 포함하는 것임(기획재정부소득-103, 2016.2.26.)

Ⅲ 근로소득에서 제외되는 소득(과세제외 소득)

다음의 소득은 근로소득으로 보지 아니한다.

① 선원의 재해보상보험료(소통 20-38…1)

② 사내근로복지기금으로부터 받는 장학금 및 주택보조금 등

③ 경조금(소칙 10조 ①)

④ 퇴직급여로 지급되기 위하여 적립되는 급여(소령 38조 ②)

1 선원의 재해보상보험료

선원법에 의한 선원의 재해보상을 위하여 선박소유자가 자기를 보험계약자 및 수익자로 하고 선원을 피보험자로 한 보험의 보험료는 해당 선원의 근로소득으로 보지 아니한다.(소통 20-38…1)

2 사내근로복지기금으로부터 받는 장학금 등[28)]

사내근로복지기금으로부터 근로자 또는 근로자의 자녀가 지급받는 장학금(학자금) 및 사내근로복지기금으로부터 무상 또는 저리로 지원한 주택구입자금 등은 근로소득으로 보지 않는다.(서면1팀-1366, 2007.10.8.) 다만, 회사가 근로자에게 직접 지급할 자금을 사내근로복지기금 또는 노동조합에 지급한 후 사내근로복지기금 또는 노동조합에서 학자금을 지급하는 경우에는 과세대상 근로소득으로 보는 것이다.

28) 국세청, 2008년 12월, 알기쉬운 연말정산안내, p. 69

사내근로복지기금의 용도

기금은 사내근로복지기금법 제14조 규정에 의해 그 수입금으로 다음의 사업을 행한다.

① 근로자 주택구입자금의 보조, 우리사주 주식구입의 지원 등 근로자 재산형성을 위한 지원
② 장학금, 재난구호의 지급, 기타 근로자의 생활원조
③ 기금운영을 위한 경비지급
④ 사용자가 입금 기타 법령에 의하여 근로자에게 행할 의무가 있는 것 외의 법령이 정하는 사업

✓ **사내근로복지기금이 근로자에게 지급하는 학자금 등의 증여세 과세대상여부**

사내근로복지기금법에 의한 사내근로복지기금이 사내근로자인 종업원에게 노동부장관으로부터 인가된 동 기금의 용도사업수행으로 인해 지급하는 보조금은 해당 종업원의 근로소득으로 보지 아니하는 것이며, 해당 종업원의 근로소득에 해당되지 아니하는 동 보조금은 증여세과세대상이 되는 것이나, 그 보조금이 상속세 및 증여세법 시행령 제35조 각 호의 1에서 규정하는 학자금·장학금 또는 무주택근로자에게 지급하는 일정범위 내의 주택취득·임차보조금 등에 해당되는 경우에는 증여세가 비과세되는 것임(재산 46300-2032, 1999.12.29.)

✓ **사내근로복지기금에서 지급하는 학자금이 근로소득에 해당하는지 여부**(소득 해석편람 20-1-2)

근로자가 사내근로복지기금법에 의하여 설치된 사내근로복지기금에서 지급받는 장학금은 근로소득의 범위에서 제외하는 것임(소득 22601-726, 1992.3.30.)

✓ **사내근로복지기금으로부터의 저리대출이익의 과세 여부**(소득 해석편람 20-1-15)

사내근로복지기금법에 의한 사내근로복지기금이 같은법 제14조 제1항 및 같은법 시행령 제19조 제2항의 규정에 의한 용도에 사용됨에 따라, 근로자가 동 기금으로부터 주택구입자금의 보조, 생활안정자금 등을 저리로 대부받음으로써 얻는 이익은 근로소득에 해당하지 않는 것임(소득 46011-680, 1999.2.24.)

3 경조금

사업자가 그 종업원에게 지급한 경조금 중 사회통념상 타당하다고 인정되는 범위 내의 금액은 이를 지급받은 자의 근로소득으로 보지 아니한다.(소칙 10조 ①) 이때 사업자가 그 종업원에게 지급한 경조금 중 사회통념상 타당하다고 인정되는 범위 내의 금액은 해당 과세기간의 소득금액 계산에 있어서 이를 필요경비에 산입한다.(소칙 24조 ②)

✓ **생일선물 등에 대한 근로소득 포함 여부**

근로자가 회사로부터 근로자의 생일이나 창립기념일에 지급받는 선물은 과세되는 근로소득의 범위에 포함됨(법인 46013-1358, 1999.4.13.)

✓ **명절등 특정한 날에 지급받는 선물의 근로소득 포함여부**

[질의]

저의 회사는 노사협의회 합의사항에 의거하여 설날, 근로자의 날, 창립기념일, 추석, 연말 및 근로자의 생일에 각각 선물(주로 생필품)을 지급하고 있는 바, 당해 선물대금이 종업원에 대한 근로소득에 해당되는지 여부

[회신]

근로자가 회사로부터 설날 등 특정한 날에 지급받는 선물은 과세되는 근로소득의 범위에 포함되는 것임(법인 46013-1378, 1993.5.14.)

✓ **자녀출산에 대한 축하금의 근로소득 해당 여부**

자녀출산에 대한 축하금은 가족수당 등과 유사한 급여보조수당으로 과세되는 근로소득에 해당함(소득 22601-2105, 1987.8.6.)

4 퇴직급여로 지급되기 위하여 적립되는 급여

➲ 2015.2.3. 이후 적립하는 분부터 적용한다.(2015.2.3. 영 부칙 6조)

➲ 근로소득을 퇴직연금계좌에 적립하면 상대적으로 세부담이 낮은 퇴직소득으로 전환할 수 있는데, 이러한 전환이 제한 없이 이루어지는 경우에는 조세회피의 우려가 있으므로 사업장 내의 모든 근로자에게 적용되는 퇴직연금 적립 규칙을 설정하고 그에 따라 적립하는 경우에만 퇴직소득으로 전환할 수 있도록 개정한 것임

퇴직급여로 지급되기 위하여 적립(근로자가 적립금액 등을 선택할 수 없는 것으로서 다음의 요건을 모두 충족하는 적립 방법에 따라 적립되는 경우에 한정한다)되는 급여는 근로소득에 포함하지 아니한다.(소령 38조 ②, 2015.2.3. 개정, 소칙 15조의4, 2015.3.13. 신설)

① 퇴직급여제도의 가입 대상이 되는 근로자(임원을 포함한다. 이하 같다) 전원이 적립할 것. 다만, 각 근로자가 다음 중 하나에 해당하는 날에 향후 적립하지 아니할 것을 선택할 수 있는 것이어야 한다.(소칙 15조의4 1, 2015.3.13. 신설)

㉠ 사업장에 아래 '②'에 따른 적립 방식이 최초로 설정되는 날(해당 사업장에 최초로 근무하게 된 날에 아래 '②'의 적립 방식이 이미 설정되어 있는 경우에는 근로자퇴직급여 보장법 제4조 제1항에 따라 최초로 퇴직급여제도의 가입 대상이 되는 날을 말한다)

㉡ 아래 '②'의 적립 방식이 변경되는 날

② 적립할 때 근로자가 적립 금액을 임의로 변경할 수 없는 적립 방식을 설정하고 그에 따라 적립할 것(소칙 15조의4 2, 2015.3.13. 신설)

③ 위 '②'의 적립 방식이 퇴직연금규약, 확정기여형퇴직연금규약 또는 과학기술인공제회법 제16조의2에 따른 퇴직연금급여사업을 운영하기 위하여 과학기술인공제회와 사용자가 체결하는 계약에 명시되어 있을 것(소칙 15조의4 3, 2015.3.13. 신설)

④ 사용자가 다음의 퇴직연금계좌에 적립할 것(소칙 15조의4 4, 2015.3.13. 신설)

㉠ 확정기여형퇴직연금제도에 따라 설정하는 계좌

㉡ 과학기술인공제회법에 따른 퇴직연금급여를 지급받기 위하여 설정하는 계좌

• 제 4 절 비과세근로소득

다음의 소득에 대해서는 소득세를 과세하지 아니한다.

① 실비변상적인 급여(소령 12조)

② 복리후생적 급여(2021.2.17. 신설)

③ 비과세되는 식사대 등(소령 17조의2)

④ 생산직근로자의 연장시간근로수당 등(소령 17조)

⑤ 국외근로소득(소령 16조)

⑥ 그 밖에 비과세되는 소득(소법 12조)

비과세 근로소득

실비변상적 비과세(소령 12조)	일반 비과세(소법 12조 3호)
• 법령·조례에 의한 위원회 등의 보수를 받지 않는 위원이 받는 수당 • 선원법에 의한 식료 • 자가운전보조비(월 20만원 한도) • 실비변상정도의 일·숙직료 및 여비 • 법령 등에 의한 제복·제모 및 제화 • 특수 피복 및 직장내에서만 착용하는 피복 • 특수분야종사군인의 낙하산강하위험수당등 • 선원의 승선수당(월 20만원 이내) 등 • 광산근로자의 발파수당 및 입갱수당 • 유아교육법·초·중등·고등교육법상 교원등 및 특정연구기관의 연구원 등의 연구보조비와 연구활	• 복무중인 병장이하의 현역병 등이 받는 급여 • 동원직장에서 받는 급여 • 산업재해보상보험법에 의하여 수급자가 지급받는 요양급여 등 및 업무관련 질병·사망 등에 따른 배상·보상금 등 • 고용보험법상 실업급여·육아휴직급여·육아기 근로시간 단축급여·출산전후휴가급여 등(고용지원센터 지급분만) • 사립학교 사무직원이 학교의 정관 또는 규칙에 따라 지급받는 받는 150만원 이내의 육아휴직수당(2024년부터 적용) • 공무원연금법 등에 의한 요양비 등 및 신체·정신

실비변상적 비과세(소령 12조)	일반 비과세(소법 12조 3호)
동비(월 20만원 한도) • 월 20만원 이내의 취재수당 등 • 월 20만원이내의 벽지수당 • 천재·지변 기타 재해로 인한 급여 • 국가·지방자치단체가 지급하는 보육교사의 처우개선을 위하여 지급하는 근무환경개선비, 사립유치원 수석교사·교사의 인건비, 전공의(專攻醫) 수련보조 수당 • 수도권 외 지역으로 이전하는 공공기관 소속 공무원 등에게 한시적으로 지급하는 이전지원금(월 20만원 이내) • 종교관련 종사자가 소속 종교단체의 결정된 지급기준에 따라 지급받은 금액 및 물품 **복리후생적 비과세*(소령 17조의4)** • 종업원, 소액주주 임원 등의 사택제공이익 • 중소기업 종업원의 주택자금 대여이익(친족관계자등은 제외) • 직장어린이집 운영비 또는 위탁보육비 • 단체순수보장성보험·단체환급부보장성보험의 연 70만원 이하의 보험료 및 임직원배상책임보험료 • 공무원이 국가·지방자치단체로부터 공무 수행과 관련하여 받는 연 240만원 이내의 상금과 부상	상의 장해·질병으로 인한 휴직기간에 받는 급여 • 비과세대상 업무관련 본인학자금 • 외국정부·국제기관에 근무하는 자 중 대한민국 국민이 아닌 자가 받는 급여 • 국가유공자 등에 대한 보훈급여금·학자금 등 • 작전수행을 위한 외국주둔 군인·군무원의급여 • 종군한 군인·군무원의 전사한 날이 속하는 연도의 급여 • 월 100만원[외항어·선원 및 국외건설(설계 및 감리포함)근로자는 월 500만원(2024년부터 적용)] 이내의 국외근로소득 • 국민연금법 등에 의한 사회보험 사용자부담금 • 생산직근로자의 연장시간근로수당 등 (연 240만원 한도) • 식대(2023년부터 월 20만원 이내) 또는 식사 • 출산지원금(출생일로부터 2년 이내, 2회 이내 지급분) ➲ **2024년 지급분부터 적용** • 월 20만원(2024년부터) 이내의 6세 이하 자녀보육수당 • 국군포로가 받는 보수 • 교육기본법 제28조 제1항에 따라 받는 장학금 중 대학생이 근로를 대가로 지급받는 장학금 • 직무발명보상금으로서 700만원 이하의 금액(보상금을 지급한 사용자등과 특수관계자는 제외)(2024년부터) • 임원·종업원 할인액(시가합계액의 20%와 연간 240만원 중 큰 금액 한도) ➲ **2025년 발생분부터 적용**

* ① 2021년 귀속분부터 적용하며, 조세특례제한법 제18조의2에 따라 외국인근로자에 대해 과세특례를 적용할 경우 2023년 귀속분까지는 종전의 '과세제외'에서 '복리후생적비과세'로 개정된 항목들을 종전과 같이 '과세제외' 항목으로 본다.(2021.2.17. 영 부칙 19조 ②, 2022.2.15. 개정)

② '사택제공의 이익'의 경우 외국인근로자 과세특례 적용(19% 적용) 시 그동안 '근로소득'에서 한시적으로 제외하던 것을 영구히 제외하는 것으로 2023.12.31. 개정하였다.(조특법 18조의2 ③, 2023. 12.31. 조특법 부칙 6조)

1 실비변상적 급여

다음의 실비변상적인 성질의 급여는 소득세를 과세하지 아니한다.(소법 12조 3 자)

① 선원법에 의하여 받는 식료(소령 12조 2)

✓ **외항선원이 지급받는 승선수당 등의 비과세범위**(소통 12-16…5)

① 선원법에 의하여 승선중인 선원에게 공급하는 식료에 대하여는 영 제12조 제2호의 규정에 의하여 비과세되는 것이나, 휴가기간 동안에 지급받는 급식비는 이에 포함되지 아니한다.

② 외항선원이 유급휴가기간 동안에 지급받는 급여도 국외에서 근무를 제공하고 받는 보수로서 영 제16조 제1항 제1호의 규정에 의하여 월 300만원까지는 소득세가 과세되지 아니한다.

② 일직·숙직료 또는 여비로서 실비변상정도의 급여(소령 12조 3)

✓ **해외근무에 따른 귀국휴가여비**(소통 12-12…3)

국외에 근무하는 내국인근로자 또는 국내에 근무하는 외국인근로자의 본국휴가에 따른 여비는 다음의 조건과 범위 내에서 영 제12조 제3호에서 규정하는 실비변상적 급여로 본다.

① 조건

㉠ 회사의 사규 또는 고용계약서 등에 본국 이외의 지역에서 1년 이상 근무(1년 이상 근무하기로 규정된 경우를 포함한다)한 근로자에게 귀국여비를 회사가 부담하도록 되어 있을 것

㉡ 해외근무라고 하는 근무환경의 특수성에 따라 직무 수행상 필수적이라고 인정되는 휴가일 것

② 실비변상적 급여로 보는 범위

왕복교통비(항공기의 운행관계상 부득이한 사정으로 경유지에서 숙박한 경우 그 숙박료를 포함한다)로서 가장 합리적 또는 경제적이라고 인정되는 범위 내의 금액에 한하며, 관광여행이라고 인정되는 부분의 금액은 제외된다.

✓ **종업원의 부임수당**(소득 집행기준 12-12-3)

① 전근하는 종업원이 지급받는 부임수당 중 이사에 소요되는 비용상당액은 과세대상 근로소득에 해당하지 않는 것이나, 이사에 소요되는 비용상당액을 초과하는 부분과 숙박비등 명목으로 지급받은 금액은 근로소득에 해당한다.

② 외국인근로자가 근로계약 이행을 위해 국내 입국시 소요되는 항공료 또는 근로의 제공 완료 후 출국할 때 소요되는 항공료 등을 해당 회사에서 지급하는 경우 동 금액은 실비변상적 성질의 급여에 해당하지 않는다.

✓ **비상근임원의 여비·교통비의 근로소득 해당 여부**(소득 해석편람 20-1-20)

비상근임원이 급여 외에 업무수행상 필요하다고 인정되는 범위 안에서 지급규정·사규 등의 합리적인 기준에 의하여 지급받는 여비·교통비 등으로서 사회통념상 타당하다고 인정되는 범위내의 금액은 비과세소득에 해당하는 것이나, 그 외의 금액은 근로소득에 해당하는 것임. 그리고, 고용관계가

없는 자가 일시적으로 용역을 제공하고 지급받는 수당 또는 이와 유사한 성질의 대가는 기타소득에 해당함(소득 46011－10195, 2001.3.8.)

✓ **일용근로자의 지방여비 등의 비과세 해당 여부**(원천 해석편람 12－6－1)

일용근로자가 근로를 제공하는 날(0시부터 오후 24시까지)에 고용주로부터 지급받는 모든 급여는 그 지급방법이나 명칭에 불구하고 일급여(일당)에 해당하는 것이므로 이 경우와 같이 사내지급규정에 의거 근로일수에 따라 일정액을 지급하는 여비 및 숙식비는 일용근로자의 일급여액에 포함되는 것이며, 동 여비 및 숙식비 중 식대에 해당하는 금액으로서 실비상당액은 소득세가 비과세되는 것임(법인 46013－3242, 1996.11.21, 법인 2601－777, 1990.4.3.)

✓ **일·숙직료 실비변상정도의 금액 판정시 기준**

일직료·숙직료에 대한 실비변상 정도의 금액에 대한 판단은 회사의 사규 등에 의하여 그 지급기준이 정하여져 있고 사회통념상 타당하다고 인정되는 범위 내에서는 비과세되는 급여로 보는 것이며 이 때 숙직료 등을 월단위로 모아서 지급한다 할지라도 그 판단은 1일 숙직료 등을 기준으로 판단해야 하는 것임(법인 46013－3228, 1996.11.19.)

✓ **시설보안관리수당의 비과세 근로소득 해당여부**

당직제도를 폐지하면서 지급받는 시설보안관리수당은 실비변상적인 급여의 범위에 해당하지 않으므로 과세대상인 근로소득에 포함됨(기획재정부소득－332, 2014.5.22.)

✓ **회사의 여비지급규정에 따라 시외출장시 정액지급하는 식대의 비과세소득 해당 여부**

회사의 여비지급규정에 따라 지급받는 정액지급하는 식대는 출장목적 등을 감안하여 실지 소요되는 비용을 충당할 정도의 범위 내에서는 비과세하는 것으로 이에 해당되는지 여부는 실질내용에 따라 사실판단할 사항임(원천－120, 2014.4.2.)

✓ **실비변상적인 성질의 급여에 해당하는지 여부**

외국인 근로자가 근로계약이행을 위하여 국내에 입국할 때 소요되는 항공료 또는 근로의 제공을 완료한 후 출국할 때 소요되는 항공료 등을 해당 회사에서 지급받는 경우 동 금액은 "실비변상적인 성질의 급여"에 해당되지 아니하는 것임(서면1팀－1071, 2005.9.8.)

✓ **외국인 채용 소요경비의 원천징수 여부**

외국인 근로자가 앞으로의 근로계약이행을 위하여 부임하는데 소요되는 경비(본인 및 가족 항공료와 이사비용)는 소득세법 시행령 제12조 제3호의 실비변상적인 성질의 급여로 볼 수 없으므로 원천징수대상이 되는 근로소득인 것이나, 이미 고용하고 있는 자의 부임여비는 사규 또는 고용계약서 내용, 회사의 사업수행목적, 일반적인 고용관행 등을 종합적으로 판단하여 합리적인 금액의 범위 내에서 실비변상적인 성질의 급여로 보는 것임(국일46017－206, 1996.4.15.)

③ **자가운전보조금**(소령 12조 3 후단, 소득 집행기준 12-12-6)

㉠ 종업원이 소유하거나 본인 명의로 임차한 차량을 종업원이 직접 운전하여 사용자의 업무수행에 이용하고 시내출장 등에 소요된 실제여비를 받는 대신 그 소요경비를 해당 사업체의 규칙 등으로 정해진 지급기준에 따라 받는 금액 중 월 20만원 이내의 금액은 실비변상적 성질의 급여로 비과세된다.(소령 12조 3, 2022.2.15. 개정)

➲ 2022.1.1.이 속하는 과세기간에 발생하는 소득부터 적용한다.(2022.2.15. 영 부칙 2조 ①)

㉡ 근로자가 2 이상의 회사에 근무하면서 각각의 회사로부터 자기차량운전보조금을 지급받는 경우에는 이를 지급하는 회사를 기준으로 월 20만원 이내의 금액을 비과세한다.

㉢ 종업원이 시내출장 등에 따른 여비를 별도로 지급받으면서 연액 또는 월액의 자기차량운전보조금을 지급받는 경우 시내출장 등에 따라 소요된 실제여비는 실비변상적인 급여로 비과세하나, 자기차량운전보조금은 근로소득에 포함한다.

㉣ 직원의 출·퇴근 편의를 위하여 지급하는 교통보조금은 자기차량운전보조금에 해당하지 않는다.

㉤ 타인명의 차량 등에 대한 자기차량운전보조금 적용여부

구 분		비과세 여부
타인(배우자, 장애인 가족 포함한다)명의 차량		불가
리스차량, 렌트차량		가능*
공동명의	부부 공동명의 차량	가능
	배우자 외의 자와 공동명의 차량	불가

* 2022.2.15. 소득세법 시행령 제12조 제3호의 개정으로 2022년 귀속분부터는 비과세 적용이 가능해졌다.

차량유지비 지원형태에 따른 비과세 여부

구 분			소득세 과세여부
차량제공에 따른 운임상당액			과세제외
출퇴근교통비·교통보조금·통근수당 외			과세
자가운전보조금	실제 지출증빙에 의한 실비정산		과세제외
	회사지급규정에 의한 지급		비과세(월 20만원 한도)
	시내출장 소요경비를 받으면서 자가운전보조금도 받는 경우	시내출장 소요경비	비과세
		자가운전보조금	과세
	시외출장 소요경비를 받으면서 자가운전보조금을 받는 경우	시외출장 소요경비	비과세
		자가운전보조금	비과세(월 20만원 한도)

PART 2

✓ 자가운전보조금을 지급받은 직원이 택시비도 지급받은 경우 근로소득 비과세 적용 질의

자가운전보조비를 지급 받는 직원이 해당 금액을 지급받는 기간에 업무수행시 소요 경비로 택시비도 지급 받은 경우 해당 택시비는 실비변상적 급여로 비과세 소득에 해당하나, 월정액으로 지급받는 자가운전보조비 20만원은 근로소득에 해당함(서면원천 2024-1385, 2024.5.3.)

✓ 출·퇴근과 관련한 교통비를 '시내 출장 등에 소요된 실제 여비'로 볼 수 있는지

직원의 출·퇴근의 편의를 위하여 지급하는 교통보조금은 '시내 출장 등에 소요된 실제 여비'가 아닌 근로소득에 해당하는 것임(원천-597, 2012.11.7.)

✓ 자가운전보조금 비과세 적용시 이륜자동차도 종업원 소유차량에 포함되는 것임

비과세되는 실비변상적인 성질의 급여인 자가운전보조금 적용시 종업원 소유차량에는 이륜자동차(오토바이)를 포함하는 것임(원천-2528, 2008.11.14.)

✓ 장애인 자녀와 공동소유차량 보유 근로자가 받는 차량유지비는 자기차량운전보조금에 해당하지 아니함

자녀와 공동소유차량은 자기소유차량에 해당하지 아니하여 해당 근로자가 받는 차량유지비는 자기차량운전보조금에 해당하지 아니함(기획재정부소득-551, 2011.12.23.)

✓ 자기차량운전보조금을 지급받는 경우의 근로소득금액(소통 12-12…1)

종업원이 시내출장 등에 따른 여비를 별도로 지급받으면서 연액 또는 월액의 자기차량운전보조금을 지급받는 경우 시내출장 등에 따라 소요된 실제 여비는 실비변상적인 급여로 비과세하나, 자기차량운전보조금은 근로소득에 포함한다.

✓ 자가운전보조금의 비과세여부

종업원이 부부 공동명의의 차량을 업무수행에 이용하고 실제 여비 대신 지급받는 월 20만원 이내의 자가운전보조금은 비과세됨(재소득-591, 2006.9.20.)

✓ 장애인 자녀와 공동명의 차량에 대한 자가운전보조금 비과세 여부

공동명의 차량은 소득세법 시행령 제12조 제3호에서 규정하고 있는 당해 종업원의 소유 차량에 해당하지 아니하므로 자가운전보조금에 대한 비과세 규정을 적용 할 수 없는 것임(서면1팀-372, 2008.3.20.)

✓ 출장여비를 지급받으면서 별도로 지급받는 자기차량운전보조금은 과세대상 근로소득에 해당함

법인이 소속 직원에게 자기차량 운전보조금을 지급하고 이와 별도로 시내 출장 등 근거리 출장시 실비변상적인 여비를 지급하는 경우 자기차량 운전보조금은 과세대상 근로소득에 해당하고 당해 여비는 비과세 근로소득에 해당하는 것임(기획재정부소득-25, 2013.1.17.)

✓ 출장여비와 함께 자가운전보조비를 지급하는 경우 과세 여부(소득 해석편람 12-6-5)

실비변상적인 급여로 비과세되는 자가운전보조금이란, 종업원의 소유차량을 종업원이 직접 운전하여 사용자의 업무수행에 이용하고 시내출장 등에 소요된 실제 여비를 받는 대신에 그 소요경비를 해당 사업체의 규칙 등에 의하여 정하여진 지급기준에 따라 받는 금액 중 월 20만원 이내의 금액을 말하며, 자가운전보조금을 지급받는 종업원이 업무수행에 소요된 시내출장비 등의 실제비용을 별도로 지급받은 때에는 자가운전보조금으로 받은 금액은 해당 종업원의 근로소득에 해당하는 것임

(법인 46013-3906, 1998.12.14.)

✓ **종업원에 대한 자가운전보조금의 실비변상적 급여 범위**

종업원의 본인 소유 차량을 회사 업무에 이용하고 유류대 및 그 유류대에 대한 일정액을 개별 항목별로 회사규정에 따라 지급하는 경우에는 그 전체금액을 당해 종업원에 대한 자가운전보조금으로 보아 적용하는 것이나, 그 자가운전보조금에 해당하는 지급액이 월 20만원을 초과하는 경우 그 초과금액은 과세대상 근로소득에 포함함(서일 46011-10652, 2003.5.26.)

✓ **종업원에게 주차장을 제공하는 경우**

회사가 종업원에게 주차장을 제공하는 것에 대하여는 종업원의 근로소득으로 보지 아니하며, 이 경우 회사가 소유하는 주차장인지 회사가 임차한 주차장인지 여부를 가리지 아니하는 것임(소득 46011-331, 2000.3.11.)

✓ **연봉제의 경우 자가운전보조금에 대한 비과세 여부**(소득 해석편람 12-6-2)

자가운전보조금이 "연봉계약서"에 포함되어 있고, 해당 사업체의 규칙 등에 의하여 지급기준이 정하여져 있는 경우로서 해당 종업원이 자기소유차량으로 직접 운전하여 사용자의 업무수행에 이용하고 시내출장 등에 소요된 실제여비를 받지 아니하는 경우에는 해당 규정에 의한 금액(월 20만원 한도)은 실비변상적인 성질의 급여로 비과세되는 자가운전보조금에 해당하는 것임(서이 46013-12204, 2002.12.9.)

✓ **야근종업원의 차비보조비의 비과세 해당 여부**(소득 해석편람 12-6-4)

일직료·숙직료 또는 여비로서 실비변상적인 정도의 금액(종업원의 소유차량을 종업원이 직접 운전하여 사용자의 업무수행에 이용하고 시내출장 등에 소요된 실제여비를 받는 대신에 그 소요경비를 해당 사업체의 규칙 등에 의하여 정하여진 지급기준에 따라 받는 금액 중 월 20만원 이내의 금액을 포함)은 비과세되는 것이나, 직원의 출·퇴근비로 지급받는 금액은 근로소득에 해당함(법인 46013-2401, 1998.8.25.)

✓ **실비변상적 급여 해당여부**

근로자에게 회사의 업무수행을 함에 있어서 회사 규정에 의한 지급기준으로 실제로 소요되는 주차비, 교통비 등의 증빙없이 운행보조비를 지급하는 경우 실비변상적인 급여에 해당하지 않는 것임(서면1팀-1391, 2006.10.9.)

④ 법령·조례에 의하여 제복을 착용하여야 하는 자가 받는 제복·제모 및 제화(소령 12조 4)

⑤ 병원·시험실·금융회사 등·공장·광산에서 근무하는 사람 또는 특수한 작업이나 역무에 종사하는 사람이 받는 작업복이나 그 직장에서만 착용하는 피복(소령 12조 8)

✓ **실비변상적인 급여에 해당하는 피복**(소득 해석편람 12-8-1)

종업원에게 그 직장에서만 착용하는 피복을 지급하는 경우 그 피복은 실비변상적인 성질의 급여에 해당함(재무부직세 1234-1026, 1976.5.3.)

⑥ 위험수당 등

특수분야에 종사하는 군인이 받는 낙하산강하위험수당·수중파괴작업위험수당·잠수부위험수당·고전압위험수당·폭발물위험수당·항공수당[군인 등의 특수근무수당에 관한 규칙 [별표 2]의 군인 등의 장려수당 제11호부터 제13호까지에 해당하는 유지비행훈련수당을 포함한다]·비무장지대근무수당·전방초소근무수당·함정근무수당(군인 등의 특수근무수당에 관한 규칙 [별표 2]의 군인 등의 장려수당 제14호에 해당하는 유지항해훈련수당을 포함한다) 및 수륙양용궤도차량승무수당, 특수분야에 종사하는 경찰공무원이 받는 경찰특수전술업무수당과 경호공무원이 받는 경호수당(소령 12조 9, 2020.2.11. 개정, 소칙 6조의5, 2020.3.13. 신설)

⑦ 승선수당 등

선원법의 규정에 의한 선원으로서 선장 및 배 안에서 근무하는 선원(국외근로소득 또는 생산직근로소득에 해당되어 비과세를 적용받는 자는 제외)이 받는 월 20만원 이내의 승선수당(소령 12조 10, 소칙 6조의3)

⑧ 광산근로자가 받는 입갱수당 및 발파수당(소령 12조 11)

✓ **토사석채취장에서 작업을 하고 받는 발파수당의 비과세 여부**(소득 해석편람 12-8-3)

토사석채취·골재쇄석장소는 광산의 범위에 포함되지 않으므로 동 장소에서 지급받는 위험수당 및 발파수당은 비과세소득에 해당되지 아니함(법인 46013-2811, 1994.10.8.)

⑨ 다음 중 하나에 해당하는 자가 받는 연구보조비 또는 연구활동비 중 월 20만원 이내의 금액(소령 12조 12)

㉠ 유아교육법, 초·중등교육법 및 고등교육법에 따른 학교 및 이에 준하는 학교(특별법에 따른 교육기관을 포함)의 교원

㉡ 특정연구기관 육성법의 적용을 받는 연구기관 또는 특별법에 따라 설립된 정부출연연구기관, 지방자치단체출연 연구원의 설립 및 운영에 관한 법률에 따라 설립된 지방자치단체출연연구원의 종사자 중 다음의 자를 제외한 자(소칙 6조의4)

ⓐ 연구활동에 직접 종사하는 자(대학교원에 준하는 자격을 가진 자에 한한다)

ⓑ 건물의 방호·유지·보수·청소 등 건물의 일상적 관리에 종사하는 자

ⓒ 식사제공 및 차량의 운전에 종사하는 자

㉢ 기초연구진흥 및 기술개발지원에 관한 법률 시행령 제16조의2 제1항 제1호 또는 제3호의 기준을 충족하여 기초연구진흥 및 기술개발지원에 관한 법률 제14조의2 제1항에 따라 인정받은 중소기업* 또는 벤처기업의 기업부설연구소와 같은 항에

따라 설치하는 연구개발전담부서(중소기업* 또는 벤처기업에 설치하는 것으로 한정한다)에서 연구활동에 직접 종사하는 자(소령 12조 12 다, 2016.9.22. 개정)

* 중소기업기본법 제2조에 따른 중소기업을 의미한다.

✓ 매월 지급하던 연구활동비를 연봉협상 타결 후 과거분을 일시에 지급하는 경우 비과세 범위

매월 지급하여야 하는 연구활동비를 연봉협상 타결 후 과거분을 일시에 지급하는 경우 매월 지급받았어야 하는 연구활동비 중 매월 20만원의 금액은 비과세하는 것임(서면법령해석소득 2020-527, 2020.12.14.)

✓ 근로소득에서 제외되는 연구활동비의 적용범위

해당 연구기관으로부터 연구활동비 지급규정에 따라 지급받는 금액으로서 동 연구활동비가 당해 연구기관과의 "연봉계약서"에 포함되어 있는 경우 소득세법 시행령 부칙(2003.12.30. 대통령령 제18173호) 제21조의 규정에 의한 금액의 범위 내에서 과세 제외되는 것이며, 이에 해당하지 아니하는 경우에는 과세대상 근로소득에 해당하는 것임(서면1팀-169, 2005.2.2.)

✓ 수석교사 연구활동비의 소득구분 및 비과세 여부

수석교사가 지급받는 연구활동비는 근로소득에 해당하는 것이며, 매월 20만원 이내의 금액에 대하여 비과세하는 것임(서면법령해석소득 2015-808, 2015.7.7.)

✓ 초·중등학교 교원의 연구보조비 비과세 여부(원천 해석편람 12-3-1)

초·중등교육법에 의한 교육기관의 교원이 받는 비과세되는 연구보조비에는 육성회가 없는 교육기관의 교원이 국가나 학교재단으로부터 지급받는 연구보조비(교과지도비·보전수당·가산금 포함)를 포함함(법인 46013-641, 1999.2.19.)

✓ 교과지도수당의 과세 여부(소득 해석편람 12-7-2)

육성회가 없는 국민학교의 교원이 국고나 학교재단으로부터 지급받는 월 20만원을 초과하지 아니하는 연구보조비(교과지도수당·보전수당·가산금 포함)는 실비변상적인 성질의 급여로 소득세가 비과세됨(법인 46013-3313, 1994.12.6.)

✓ 육성회 지급 보충수업연구비의 비과세 여부(소득 해석편람 12-7-1)

육성회예산에 편입한 보충수업비를 수업시간당 일정한 금액으로 지급하지 아니하고 연구보조비지급규정에 편성된 예산액의 합리적 배부기준을 정하고 동 기준에 따라 지급하는 보충수업연구비는 실비변상적인 성질의 급여에 해당됨(법인 46013-955, 1994.3.31.)

✓ 방과 후 특별활동 교과지도비의 비과세소득 해당 여부(소득 해석편람 12-7-3)

교과지도비를 학교운영위원회 예산에 편입하고 연구보조비 지급규정에 의하여 교원에게 지급하는 월 20만원 이내의 금액은 실비변상적인 성질의 급여에 해당하는 것이며, "월 20만원 이내의 금액"이라 함은 매 월별로 연구보조비로 지급한 금액으로서 20만원 이내의 금액을 말하는 것임(법인 46013-614, 1998.3.12.)

⑩ 국가 또는 지방자치단체가 지급하는 다음 중 하나에 해당하는 것(소령 12조 13, 2012.2.2. 신설)

㉠ 영유아보육법 시행령 제24조 제1항 제7호에 따른 비용 중 보육교사의 처우개선을 위하여 지급하는 근무환경개선

㉡ 유아교육법 시행령 제32조 제1항 제2호에 따른 사립유치원 수석교사·교사의 인건비

㉢ 전문과목별 전문의의 수급 균형을 유도하기 위하여 전공의(專攻醫)에게 지급하는 수련보조수당

⑪ 기자의 취재수당

방송법에 따른 방송, 뉴스통신진흥에 관한 법률에 따른 뉴스통신, 신문 등의 진흥에 관한 법률에 따른 신문(일반일간신문, 특수일간신문 및 인터넷신문을 말하며, 해당 신문을 경영하는 기업이 직접 발행하는 잡지 등 정기간행물의 진흥에 관한 법률에 따른 정기간행물을 포함)을 경영하는 언론기업 및 방송법에 따른 방송채널사용사업에 종사하는 기자(해당 언론기업 및 방송법에 따른 방송채널사용사업에 상시 고용되어 취재활동을 하는 논설위원 및 만화가를 포함)가 취재활동과 관련하여 받는 취재수당 중 월 20만원 이내의 금액. 이 경우 취재수당을 급여에 포함하여 받는 경우에는 월 20만원에 상당하는 금액을 취재수당으로 본다.(소령 12조 14)

⑫ 벽지에 근무함으로 인하여 받는 월 20만원 이내의 벽지수당(소령 12조 15)

벽지라 함은 다음에 해당하는 지역을 말한다.(소칙 7조, 2020.3.13. 개정)

㉠ 공무원 특수지근무수당 지급대상지역 및 기관과 그 등급별 구분에 관한 규칙 [별표 1]의 지역

㉡ 지방공무원 특수지근무수당 지급대상지역 및 기관과 그 등급별 구분에 관한 규칙 [별표 1]의 지역(같은 표 제1호의 벽지지역과 제2호의 도서지역 중 군지역의 경우 지역 및 등급란에 규정된 면지역 전체를 말한다)(2020.3.13. 개정)

㉢ 도서·벽지 교육진흥법 시행규칙 별표의 지역

㉣ 광업법에 의하여 광업권을 지정받아 광구로 등록된 지역

㉤ 소득세법 시행규칙 [별표 1]의 의료취약지역(의료법 제2조에 규정하는 의료인*의 경우로 한정한다.)

* 의료인 : 보건복지부장관의 면허를 받은 의사·치과의사·한의사·조산사·간호사를 말한다.

● [별표 1] 의료취약지역(2008.4.29. 개정)

구　분	지　　역
1. 경 기 도	연천군
2. 강 원 도	양양군·고성군·화천군·양구군·평창군·횡성군·인제군·철원군·영월군·정선군
3. 충청북도	증평군·괴산군·단양군·보은군·옥천군·영동군·진천군
4. 충청남도	청양군·태안군·당진군
5. 전라북도	장수군·무주군·진안군·임실군·순창군
6. 전라남도	신안군·완도군·담양군·곡성군·진도군·강진군·장흥군·구례군·무안군·함평군·장성군·고흥군
7. 경상북도	울릉군·영양군·군위군·고령군·성주군·울진군·청송군·봉화군·예천군·영덕군·청도군
8. 경상남도	산청군·고성군·함양군·남해군·의령군·거창군·하동군·함안군·합천군

✓ 벽지수당 비과세 해당 여부

전남 장성군의 경우 의료취약지역인 벽지에 해당하나, 의료취약지역의 벽지수당 비과세는 의료법 제2조의 의료인(의사, 치과의사, 한의사, 조산사, 간호사)에 한해 적용되는 것임(원천-595, 2011.9. 30.)

✓ 실비변상적 급여로 비과세되는 벽지수당에 해당여부

비과세되는 벽지수당은 소득세법 시행규칙 제7호 [벽지의 범위]에 규정된 지역에 근무하는 근로자가 내규로 정한 지급규정에 의하여 지급받는 수당으로서, 당해 수당이 본점(주된 사업소 소재지, 또는 기타 당해 벽지수당지급 대상지역이 아닌 곳)에서 근무하는 자의 동일직급일반급여에 추가하여 지급하는 것인 경우에 한하여 벽지수당으로 보는 것임(서일 46011-11740, 2003.12.2.)

✓ 벽지 근무자에게 지급되는 출퇴근보조비의 원천징수(원천 해석편람 20-2-22)

근로소득자가 벽지수당 지급지역으로 출퇴근하면서 벽지수당의 지급을 대신하여 실비변상적인 출퇴근보조비를 지급하는 경우 출퇴근보조비는 근로소득에 포함하여 원천징수하여야 하는 것임

⑬ 근로자가 천재지변 그 밖의 재해로 인하여 받는 급여(소령 12조 16)

✓ 천재·지변·기타 재해로 인하여 받는 급여의 비과세(소득 집행기준 12-12-8 ②)

집중폭우로 거주용 주택이 침수되어 생활상의 어려움을 겪고 있는 직원에게 이사회의 의결을 거쳐 일정금액의 생활보조금을 지급하는 경우 천재·지변·기타 재해로 인해 받는 실비변상적 급여에 해당하여 비과세되는 근로소득에 해당한다.

⑭ 지방이전지원금

수도권정비계획법 제2조 제1호에 따른 수도권 외의 지역으로 이전하는 국가균형발전 특별법 제2조 제9호에 따른 공공기관의 소속 공무원이나 직원에게 한시적으로 지급하는 월 20만원 이내의 이전지원금(소령 12조 17, 2014.3.11. 개정)

⑮ 종교활동비

종교관련 종사자가 소속 종교단체의 규약 또는 소속 종교단체의 의결기구의 의결·승인 등을 통하여 결정된 지급 기준에 따라 종교 활동을 위하여 통상적으로 사용할 목적으로 지급받은 금액 및 물품(소령 12조 18, 2017.12.29. 신설)

2 복리후생적 급여(2020.12.29. 신설)

➲ ① 2021.1.1. 전에 발생한 소득분에 대해서는 소득세법 시행령 제17조의4 및 제38조 제1항 제6호·제7호·제12호의 개정규정에도 불구하고 종전의 규정에 따른다.(2021.2.17. 영 부칙 19조 ①, 2022.2.15. 개정)

② 조세특례제한법 제18조의2에 따른 과세특례를 적용받는 외국인근로자의 2024.1.1. 전에 발생한 소득분에 대해서는 소득세법 시행령 제17조의4 및 제38조 제1항 제6호·제7호·제12호의 개정규정에도 불구하고 종전의 규정에 따른다.(2021.2.17. 영 부칙 19조 ②, 2022.2.15. 개정)

➲ 즉, 조세특례제한법 제18조의2에 따라 외국인근로자에 대해 과세특례를 적용할 경우 2023년 귀속분까지는 종전의 '과세제외'에서 '복리후생적비과세'로 개정된 항목들을 종전과 같이 '과세제외' 항목으로 적용함으로써 과세특례를 적용받는 외국인근로자의 세부담증가를 한시적으로 유예한다는 의미이다.

➲ '사택제공의 이익'의 경우 외국인근로자 과세특례 적용(19% 적용) 시 그동안 '근로소득'에서 한시적으로 제외하던 것을 영구히 제외하는 것으로 2023.12.31. 개정하였다.(조특법 18조의2 ③, 2023.12.31. 조특법 부칙 6조)

근로소득에서 비과세 되는 복리후생적 성질의 급여란 다음의 것을 말한다.(소령 17조의4, 2021.2.17. 신설)

(1) 사택제공이익

1) 비과세되는 사택제공이익

다음 중 하나에 해당하는 사람이 사택을 제공받음으로써 얻는 이익을 말한다.(소령 17조의4 1)

① 주주 또는 출자자가 아닌 임원

② 소액주주인 임원

여기서의 소액주주는 발행주식총수 또는 출자총액의 1%에 미달하는 주식등을 소유한 주주등(해당 법인의 국가, 지방자치단체가 아닌 지배주주등의 특수관계인인 자는

제외)을 말한다.(소칙 9조의2 ③, 법령 50조 ②)

③ 임원이 아닌 종업원(비영리법인 또는 개인의 종업원을 포함)

④ 국가·지방자치단체로부터 근로소득을 지급받는 사람

2) 사택의 범위

① 사택이란 종업원 및 임원(이하 "종업원 등"이라 한다)에게 다음과 같이 제공하는 주택을 말한다.(소칙 9조의2 ①)

㉠ 사용자가 소유하고 있는 주택을 종업원 등에게 무상 또는 저가로 제공하는 경우

㉡ 사용자가 직접 임차하여 종업원 등에게 무상으로 제공하는 경우

② 사용자가 임차주택을 사택으로 제공하는 경우 임대차기간 중에 종업원 등이 전근·퇴직 또는 이사하는 때에는 해당 주택에 입주하는 경우에 한정하여 이를 사택으로 본다. 다만, 다음에 해당하는 경우에는 그러하지 아니하다.(소칙 9조의2 ②)

㉠ 입주한 종업원 등이 전근·퇴직 또는 이사한 후 해당 사업장의 종업원 등 중에서 입주 희망자가 없는 경우

㉡ 해당 임차주택의 계약잔여기간이 1년 이하인 경우로서 주택임대인이 주택임대차계약의 갱신을 거부하는 경우

✓ 비과세 되는 사택 제공의 이익(소득 집행기준 12-17의4-1, 사례)

- 사택에 거주하던 근로자가 인사이동으로 출퇴근이 불가능한 원거리로 전근되었으나 가족이 질병요양·취학 등 부득이한 사유로 함께 이주하지 못하고 사택에 계속 거주하는 경우, 해당 사택을 제공받음으로써 얻는 이익은 비과세 대상임
- 종업원 등에게 제공되는 사택의 경우 소득세법 시행령 제17조의4 제1호 및 같은 법 시행규칙 제9조의2를 충족하면 주택규모에 관계없이 비과세 대상임
- 소득세법에 따른 '사택'은 주택법 제2조 제1호에 따른 주택을 말하는 것으로써 호텔은 주택에 해당하지 아니하므로 주주가 아닌 수령일이 해당 종업원의 퇴직일 이전일 경우 근로소득, 퇴직일 이후의 경우 기타소득에 해당함

✓ 현지 파견직원을 대리인으로 지정하여 사택을 계약한 경우 사택의 범위에 인정 가능한지

공단에서 해외 파견직원에게 사택을 제공하면서 파견직원 명의로 임대차계약을 체결하고, 공단명의로 주택임차료를 지급하는 경우 해당 주택은 소득세법 시행규칙 제9조의2 【사택의 범위】에 해당하지 않으며, 공단이 지급한 주택임차료 상당액은 소득세법 시행령 제38조 제1항 제6호에 따라 근로소득에 해당함(서면원천 2023-791, 2024.5.30.)

(2) 중소기업 종업원의 주택구입·임차자금 이자상당액

조세특례제한법 시행령 제2조에 따른 중소기업의 종업원이 주택(주택에 부수된 토지를 포함)의 구입·임차에 소요되는 자금을 저리 또는 무상으로 대여 받음으로써 얻는 이익을 말한다.(소령 17조의4 2)

다만, 해당 종업원이 중소기업과 다음의 구분에 따른 관계에 있는 경우 그 종업원이 얻는 이익은 과세한다.(소령 17조의4 2 단서, 2024.2.29. 단서신설)

➲ 2024.4.29. 이후 발생하는 소득부터 적용한다.(2024.2.29. 영 부칙 4조 ①)

① 중소기업이 개인사업자인 경우 : 국세기본법 시행령 제1조의2 제1항에 따른 친족관계

② 중소기업이 법인사업자인 경우 : 법인세법 시행령 제43조 제7항에 따른 지배주주등(해당 지배주주등과 국세기본법 시행령 제1조의2 제1항에 따른 친족관계 또는 같은 조 제3항에 따른 경영지배관계에 있는 자를 포함)인 관계

(3) 직장어린이집 운영비 및 위탁보육비 지원금

영유아보육법 제14조에 따라 직장어린이집을 설치·운영하거나 위탁보육을 하는 사업주가 같은 법 제37조 및 같은 법 시행령 제25조에 따라 그 비용을 부담함으로써 해당 사업장의 종업원이 얻는 이익(소령 17조의4 2의2, 2024.2.29. 신설)

➲ 2024.2.29.이 속하는 과세기간에 발생하는 소득부터 적용한다.(2024.2.29. 영 부칙 4조 ②)

(4) 단체순수보장성보험 등

종업원이 계약자이거나 종업원 또는 그 배우자 및 그 밖의 가족을 수익자로 하는 보험·신탁 또는 공제와 관련하여 사용자가 부담하는 보험료·신탁부금 또는 공제부금(이하 "보험료등"이라 한다) 중 다음의 보험료등을 말한다.(소령 17조의4 3)

① 종업원의 사망·상해 또는 질병을 보험금의 지급사유로 하고 종업원을 피보험자와 수익자로 하는 보험으로서 만기에 납입보험료를 환급하지 않는 보험(이하 "단체순수보장성보험"이라 한다)과 만기에 납입보험료를 초과하지 않는 범위에서 환급하는 보험(이하 "단체환급부보장성보험"이라 한다)의 보험료 중 연 70만원 이하의 금액(소령 17조의4 3 가)

● 단체보장성보험의 소득세법상의 취급

구 분		피보험자	수익자	보험금 납입금	환급시점
단체순수 보장성보험*1	연70만원 이하 납입분	종업원	종업원	비과세	–
	연70만원 초과 납입분			과세	–
단체환급부 보장성보험*2	연70만원 이하 납입분			비과세	과세*3
	연70만원 초과 납입분			과세	비과세

* 1. 종업원의 사망·상해 또는 질병을 보험금의 지급사유로 하고 종업원을 피보험자와 수익자로 하는 보험으로서 만기에 납입보험료를 환급하지 않는 보험(소령 17조의4 3 가)
* 2. 종업원의 사망·상해 또는 질병을 보험금의 지급사유로 하고 종업원을 피보험자와 수익자로 하는 보험으로서 만기에 납입보험료를 초과하지 않는 범위에서 환급하는 보험(소령 17조의4 3 가)
* 3. 단체환급부보장성보험의 환급금은 「단체환급부보장성보험의 환급금 × 납입보험료 중 연 70만원 이하 금액의 합계액 ÷ 납입보험료의 합계액」으로 하여 근로소득에 포함된다.(서면1팀-921, 2004.7.7.) 예를 들어 종업원 1인당 연간 100만원을 납입하여 50만원의 환급금이 발생한 경우 35만원(50만원 × 70만원 / 100만원)이 해당 종업원의 근로소득으로 과세되는 것이다.

② 임직원의 고의(중과실을 포함) 외의 업무상 행위로 인한 손해의 배상청구를 보험금의 지급사유로 하고 임직원을 피보험자로 하는 보험의 보험료(소령 17조의4 3 나)

(5) 공무원이 국가 또는 지방자치단체로부터 공무수행과 관련하여 받는 상금과 부상 중 연 240만원 이내의 금액(소령 17조의4 4)

3 비과세되는 식사대 등

다음의 식사 또는 식사대에 대해서는 소득세를 과세하지 아니한다.(소법 12조 3 러, 2022.8.12. 개정)

① 근로자가 사내급식이나 이와 유사한 방법으로 제공받는 식사 기타 음식물

② 근로자(식사 기타 음식물을 제공받지 아니하는 자에 한정한다)가 받는 월 20만원 이하의 식사대

➲ 월 "20만원"의 개정규정은 2023.1.1. 이후 받는 식사 기타 음식물 또는 식사대부터 적용한다.(2022.8.12. 법 부칙 2조)

✓ **비과세 되는 식사 또는 식사대의 범위**(소득 집행기준 12-0-5)

① 다음에 해당하는 식사 또는 식사대는 비과세 된다.
  ㉠ 근로자가 사내급식 또는 이와 유사한 방법으로 제공받는 식사 기타 음식물
  ㉡ ㉠에 따른 식사·기타 음식물을 제공받지 아니하는 근로자가 받는 월 20만원 이하의 식사대
② ①에 따른 '식사·기타 음식물'이라 함은 사용자가 근로자에게 무상으로 제공하는 음식물로서 다음의 요건에 해당하는 것으로 한다.
  ㉠ 통상적으로 급여에 포함되지 아니하는 것
  ㉡ 음식물의 제공여부로 급여에 차등이 없는 것
  ㉢ 사용자가 추가부담으로 제공하는 것
③ 사용자가 기업외부의 음식업자와 식사·기타 음식물 공급계약을 체결하고 그 사용자가 교부하는 식권에 의하여 제공받는 식사·기타 음식물로서 해당 식권이 현금으로 환급할 수 없고 ②의 요건에 해당되는 때는 비과세되는 식사·기타 음식물로 본다.
④ 식사·기타 음식물을 제공받지 아니하는 근로자가 식사대를 월 20만원 이상 지급받는 경우에는 월 20만원까지 비과세되는 식사대로 본다.
⑤ 식사·기타 음식물을 제공받고 있는 근로자가 별도로 식사대를 지급받는 경우에는 식사·기타 음식물에 한하여 비과세되는 급여로 본다. 다만, 다른 근로자와 함께 일률적으로 급식수당을 지급받고 있는 근로자가 야간근무 등 시간외 근무를 하는 경우에 별도로 제공받는 식사·기타 음식물은 비과세되는 급여에 포함한다.
⑥ 근로자가 2이상의 회사에 근무하면서 식사대를 매월 각 회사로부터 중복하여 지급받는 경우에는 각 회사에서 지급받는 식사대를 합한 금액 중 월 20만원 이내의 금액에 대하여 소득세를 과세하지 않는다.

✓ **자회사의 식당 및 카페 이용 할인액이 비과세 대상 식대 등에 포함되는지**

회사 내규에 따라 자회사가 운영하는 식당과 공급계약을 체결하고 임직원들에게 일정금액을 할인하여 제공하는 "식사·기타음식물"의 해당 할인금액은 소득세법 제12조 러목 및 종합소득세 집행기준 12-0-5 제2항에서 규정한 비과세 되는 "식사·기타 음식물"에 해당함(서면원천 2024-4054, 2025.2.24.)

✓ **식권 등으로 지급한 식대의 비과세소득 해당 여부**

[사실관계]

• 2009.1.15. ○○유통공사는 식대보조 방법으로 원칙적으로 매월1일 현재 실제 근무 중인 임직원 및 상용직에 1인당 월 10만원 상당의 식권을 지급하고, 대외 파견근무자 등에게는 같은 금액만큼 현금으로 지급하기로 함
  – (본사) : 본사건물 내부의 구내식당을 포함한 4개 업체(2개 식당, 1개 커피숍, 1개 편의점) 및 11개소의 외부업체와 협약을 체결하여 분기단위로 임직원이 자유로이 같은 업체에서 식권을 사용하게 한 후 계약업체가 익월 5일까지 수령한 식권을 본사 인사팀에 제출하면 세금계산서 및 법인카드로 결제함
    공사는 일부 편의점과 소속 직원에게 식사를 제공하는 협약을 체결하였으나 식권을 이용하여 편의점에서 판매하는 모든 물품(예 : 빵, 담배 등)을 구입할 수 있었음
  – (지사 1) : 일부지사는 인근 식당과 구두로 식권 사용을 합의하고 분기단위로 직원이 1인당 월 10만원(현행 20만원) 한도 내에서 자유로이 위 업체들에서 식권을 사용하게 한 후 월별 이용금

액을 법인카드로 결제함
- (지사 2) : 일부지사는 임직원들이 식권사용 없이 자율적으로 인근 식당에 장부를 비치하여 외상으로 식사를 한 후 그 대금을 1인당 월 10만원(현행 20만원) 한도 내에서 매월 법인카드로 결제함

[질의]
• 법인의 임직원에게 식대보조금을 식권이나 현금으로 지급한 경우
  - 그 식권 지급액이 비과세 식대에 해당하는지 여부

[회신]
1. (본사의 경우)
   사용자가 기업 외부의 음식업자와 식사·기타 음식물 공급계약을 체결하고 임직원이 그 사용자가 교부하는 식권에 의하여 제공받는 식사·기타 음식물로서 해당 식권이 현금으로 환금할 수 없고 소득세법 기본통칙 12-17의2…1 제1항 각 호의 요건에 해당되는 때는 비과세되는 식사·기타 음식물에 해당하는 것이나, 임직원이 음식업자가 아닌 편의점 및 커피숍에서 사용하는 해당 식권의 금액은 비과세되는 식사·기타 음식물에 해당하지 아니하는 것임
2. (지사 1의 경우)
   소득세법 기본통칙 12-17의2…1 제2항에 따라 사용자가 교부한 식권을 사용한 때에는 비과세되는 식사·기타 음식물에 해당하나, 사용자가 교부한 식권이 아닌 경우에는 비과세되는 식사·기타 음식물에 해당하지 아니하는 것임
3. (지사 2의 경우)
   소득세법 기본통칙 12-17의2…1 제2항에 따른 식권의 사용없이 임직원이 인근식당에 장부를 비치하여 외상으로 식사를 하는 경우에는 비과세되는 식사·기타 음식물에 해당하지 아니하는 것임(원천-190, 2011.4.4.)

✓ **서로 다른 회사에서 식대를 각각 10만원(현행 20만원)씩 지급받는 경우**

월 10만원(현행 20만원) 이내의 금액만 비과세하는 것임(서면1팀-1334, 2005.11.3.)

✓ **일부 현물·일부 현금 지급하는 식대의 비과세 범위**(소득 해석편람 12-12-1)

근로자가 사내급식 또는 이와 유사한 방법으로 제공받는 식사 기타 음식물과 식사 기타 음식물을 제공받지 않는 대신 금전으로 지급받는 월 5만원(→ 2004년 이후 10만원, 2023년 이후 20만원) 이하의 금액은 비과세하는 것이나, 일부 현물·일부 현금으로 지급받는 경우에는 현물로 제공받는 식사는 비과세되는 것이고 현금으로 지급받는 식대는 근로소득으로 과세되는 것임(법인 46013-1683, 1997.6.23.)

✓ **식권판매업자로부터 구입한 식권 교부시 비과세 여부**(소득 해석편람 12-12-3)

사용자가 음식업자와 식사제공계약을 체결한 식권판매업자로부터 구입한 식권을 종업원에게 교부하여 식사를 제공하는 경우 해당 식권은 소득세법 기본통칙 12-13 제2항에서 규정하는 식권에 해당하지 아니함(서이 46013-10210, 2001.9.21.)

✓ **비과세되는 식사 등의 범위**(원천 해석편람 12-7-1)

회사형편상 사내식당을 운영할 수 없어 회사 인근 다수의 식당과 식권사용에 관한 계약을 체결하고 회사가 교부하는 환전성이 없는 식권에 의하여 제공받는 식사 및 건설현장에서 식당을 위탁운영시

켜 종사직원에게 식사를 제공하게 하고 동 식사대를 회사에서 지불할 경우의 식대는 비과세되는 식사대 등의 범위에 해당하는 것이며, 식사 기타 음식물을 제공받지 아니하는 근로자가 월 5만원 이상(→ 2004년 이후 10만원, 2023년 이후 20만원)의 식사대를 지급받는 경우에는 월 5만원(→ 2004년 이후 10만원, 2023년 이후 20만원)까지를 비과세되는 식사대의 범위로 보는 것임(법인 46013-2492, 1996.9.6.)

✓ **회사의 여비지급규정에 따라 시외출장시 정액지급하는 식대의 비과세소득 해당 여부**

회사의 여비지급규정에 따라 지급받는 정액지급하는 식대는 출장목적 등을 감안하여 실지 소요되는 비용을 충당할 정도의 범위 내에서는 비과세하는 것으로 이에 해당되는지 여부는 실질내용에 따라 사실판단할 사항임(원천-120, 2014.4.2.)

✓ **출장경비에 포함된 식사대의 과세 여부**(소득 해석편람 12-6-6)

회사의 여비지급규정 또는 사규에 따라 지급받는 출장경비는 출장목적·출장지·출장기간 등을 감안하여 실지 소요되는 비용을 충당할 정도의 범위내에서 실비변상적인 성질의 급여로 비과세하는 것이며, 이에 해당하는 실비변상적인 출장여비의 경우에는 해당 출장여비의 월합계금액의 크기에 불구하고 비과세하는 것임(재경부소득 46073-146, 1999.7.19.)

4 생산직근로자의 연장근로수당 등

월정액급여가 210만원 이하로서 직전 과세기간의 총급여액이 3천만원 이하인 생산 및 그 관련직에 종사하는 근로자(일용근로자 포함)가 연장근로·야간근로 또는 휴일근로를 하여 받는 급여는 소득세를 과세하지 아니한다.(소법 12조 3 더, 소령 17조 ①, 2020.2.11. 개정)

(1) 생산 및 그 관련직에 종사하는 근로자의 범위

다음의 요건을 모두 갖춘 자를 말한다.

① 다음 중 하나에 해당하는 자(소령 17조 ①, 소칙 9조)

㉠ 공장 또는 광산에서 근로를 제공하는 자로서 한국표준직업분류에 의한 생산 및 관련종사자 중 소득세법 시행규칙 [별표 2]에 규정된 직종에 종사하는 근로자

㉡ 어선에 승무하는 선원(선원법에 따른 선장은 제외)

㉢ 통계청장이 고시하는 한국표준직업분류에 따른 운전 및 운송 관련직 종사자, 돌봄·미용·여가 및 관광·숙박시설·조리 및 음식 관련 서비스직 종사자, 매장 판매 종사자, 상품 대여 종사자, 통신 관련 판매직 종사자, 운송·청소·경비·가사·음식·판매·농림·어업·계기·자판기·주차관리 및 기타 서비스 관련 단순 노무직 종사자 중 소득세법 시행규칙 [별표 2]에 규정된 직종에 종사하는 근로자

[별표 2] 생산직 및 관련직의 범위(2021.3.16. 개정)

➲ 2021.3.16.이 속하는 과세기간에 발생하는 소득분부터 적용한다.(2021.3.16. 소칙 부칙 2조 ①)

직종			한국표준 직업분류번호
연번	대분류	중분류, 소분류 또는 세분류	
1	서비스 종사자	돌봄 서비스직	4211
		미용 관련 서비스직	422
		여가 및 관광 서비스직	4321
		숙박시설 서비스직	4322
		조리 및 음식 서비스직	44
2	판매 종사자	매장 판매 및 상품 대여직	52
		통신 관련 판매직	531
3	기능원 및 관련 기능 종사자	식품가공 관련 기능직	71
		섬유·의복 및 가죽 관련 기능직	72
		목재·가구·악기 및 간판 관련 기능직	73
		금속 성형 관련 기능직	74
		운송 및 기계 관련 기능직	75
		전기 및 전자 관련 기능직	76
		정보 통신 및 방송장비 관련 기능직	77
		건설 및 채굴 관련 기능직	78
		기타 기능 관련직	79
4	장치·기계 조작 및 조립 종사자	식품가공 관련 기계 조작직	81
		섬유 및 신발 관련 기계 조작직	82
		화학 관련 기계 조작직	83
		금속 및 비금속 관련 기계 조작직	84
		기계 제조 및 관련 기계 조작직	85
		전기 및 전자 관련 기계 조작직	86
		운전 및 운송 관련직	87
		상하수도 및 재활용 처리 관련 기계 조작직	88
		목재·인쇄 및 기타 기계 조작직	89
	단순노무 종사자	건설 및 광업 관련 단순 노무직	91
		운송 관련 단순 노무직	92
		제조 관련 단순 노무직	93
		청소 및 경비 관련 단순 노무직	94
		가사·음식 및 판매 관련 단순 노무직	95
		농림·어업 및 기타 서비스 단순 노무직	99

비고 : 위 표의 한국표준직업분류번호는 통계청 고시 제2017-191호(2017.7.3.) 한국표준직업분류에 따른 분류번호로서 2단위 분류번호(44, 52, 71, 72, 73, 74, 75, 76, 77, 78, 79, 81, 82, 83, 84, 85, 86, 87, 88, 89, 91, 92, 93, 94, 95, 99)는 중분류 직종, 3단위 분류번호(422, 531)는 소분류 직종, 4단위 분류번호(4211, 4321, 4322)는 세분류 직종의 분류번호임

저자TIP 생산직 근로자의 야간근로수당 등 비과세관련 '생산 및 그 관련직' 범위의 확대

(1) 개정 내용

2021.2.17. 소득세법 시행령 제17조 제1항 제3호 및 제4호의 규정을 다음과 같이 개정하였다.

> [종전 규정]
>
> 3. 통계청장이 고시하는 한국표준직업분류에 따른 돌봄서비스 종사자, 운전 및 운송 관련직 종사자, 운송·청소·경비 관련 단순 노무직 종사자 중 [별표 2]에 규정된 직종에 종사하는 근로자(소령 17조 ① 3, 소칙 9조 ①)
> 4. 통계청장이 고시하는 한국표준직업분류에 따른 미용 관련 서비스 종사자, 숙박시설 서비스 종사자, 조리 및 음식 서비스직 종사자, 매장 판매 종사자, 통신관련 판매직 종사자, 음식·판매·농림·어업·계기·자판기·주차관리 및 기타 서비스 관련 단순 노무직종사자 중 [별표 2의2]에 규정된 직종에 종사하는 근로자로서 다음 각 호의 요건을 모두 갖춘 사업주에게 고용된 자(소령 17조 ① 4, 소칙 9조 ③)
>   가. 해당 과세연도의 상시근로자 수가 30인 미만일 것
>   나. 해당 과세연도의 소득세 또는 법인세 과세표준이 5억원 이하일 것. 이 경우 소득세 과세표준은 사업소득에 대한 것에 한정하며, 사업소득에 대한 소득세 과세표준은 해당 과세연도의 종합소득세 과세표준에 종합소득금액을 사업소득금액으로 나눈 비율을 곱하여 계산한다.(소령 17조 ① 4, 소칙 9조 ④)

⬇

> [개정 규정]
>
> 3. 통계청장이 고시하는 한국표준직업분류에 따른 운전 및 운송 관련직 종사자, 돌봄·미용·여가 및 관광·숙박시설·조리 및 음식 관련 서비스직 종사자, 매장 판매 종사자, 상품 대여 종사자, 통신 관련 판매직 종사자, 운송·청소·경비·가사·음식·판매·농림·어업·계기·자판기·주차관리 및 기타 서비스 관련 단순 노무직 종사자 중 [별표 2]에 규정된 직종에 종사하는 근로자(소령 17조 ① 3, 2021.2.17. 개정, 소칙 9조 ①)
> 4. 삭제(2021.2.17.)

이와 함께 2021.3.16. 소득세법 시행규칙 [별표 2]도 다음과 같이 개정되었다.

[별표 2] 생산직 및 관련직의 범위(제9조 제1항 관련, 2021.3.16. 개정)

직 종			한국표준 직업분류번호
연번	대분류	중분류, 소분류 또는 세분류	
1	서비스 종사자	돌봄 서비스직 미용 관련 서비스직 여가 및 관광 서비스직 숙박시설 서비스직 조리 및 음식 서비스직	4211 422 4321 4322 44
2	판매 종사자	매장 판매 및 상품 대여직 통신 관련 판매직	52 531

연번	직 종 대분류	중분류, 소분류 또는 세분류	한국표준 직업분류번호
3	(생략)		
4	(생략)		
5	단순노무 종사자	건설 및 광업 관련 단순 노무직 운송 관련 단순 노무직 제조 관련 단순 노무직 청소 및 경비 관련 단순 노무직 가사·음식 및 판매 관련 단순 노무직 농림·어업 및 기타 서비스 단순 노무직	91 92 93 94 95 99

(2) 유의 사항

위의 개정으로 인해 "해당 과세연도의 상시근로자 수가 30인 미만이고 소득세 또는 법인세 과세표준이 5억원 이하"인 생산관련직에 대해서만 적용되던 업종의 대부분이 일반기업에도 적용되는 생산관련직에 포함되었다. 이로써 2020년 귀속분까지는 비과세 적용이 안됐던 업종(밑줄로 표시한 업종)이 2021년 귀속분부터는 비과세 적용이 가능해졌다.

✓ **공장 또는 광산에서 근로를 제공하는 자의 범위**(소득 집행기준 12-17-1)

① '공장'이라 함은 제조시설 및 그 부대시설을 갖추고 한국표준산업분류에 의한 제조업을 경영하기 위한 사업장을 말하는 것으로, 해당 사업장에 고용되거나 파견된 근로자로서 제조·생산활동에 참여하여 근로를 제공하는 자는 이에 포함되는 것이나, 그 외 건설업체 등의 직원으로서 공장시설의 신설 및 증·개축업무 또는 유지·보수용역을 제공하는 자는 동 규정에 의한 '공장에서 근로를 제공하는 자'에 포함되지 않는다.

② 건설업을 경영하는 업체의 건설현장에서 근로를 제공하는 일용근로자는 '공장에서 근로를 제공하는 자'에 해당하지 않으므로 동 건설일용근로자에게 지급되는 야간근로수당 등은 비과세하지 않는다.

③ 생산직근로자의 범위에는 제조업을 경영하는 자로부터 제조공정의 일부를 도급받아 용역을 제공하는 '소사장제'업체에 고용되어 공장에서 생산직에 종사하는 근로자도 포함된다.

④ 작업반장·작업조장 또는 직공반장의 직위에 있는 근로자가 자기통제하의 생산관련 다른 종사자와 함께 직접 그 작업에 종사하면서 그 작업의 수행을 통제하는 직무를 함께 수행하는 경우에는 생산직근로자로 보는 것이며, 단위작업의 수행에 직접적으로 참여하지 않고 통제 및 감독업무만을 수행하는 경우는 생산직근로자의 범위에 해당하지 않는다.

✓ **생산직근로자가 받는 야간수당의 범위 해당여부**

운송업을 주업으로 하는 법인의 근로자 중 물류센터 창고에서 운송품 이동·출하업무 등을 상시 수행하는 지게차 운전원의 연장근로 등을 하여 받는 급여는 생산직근로자가 받는 연장근로 등을 하여 받는 급여에 해당하는 것으로 비과세를 적용할 수 있는 것임(서면법령해석소득 2014-22170, 2015. 6.29.)

✓ **광산노무자의 범위**(원천 해석편람 12-8-1)

소득세법 시행령 제17조 제1항 제1호 규정의 "광산"이란 광업법 및 광산보안법 규정의 "광산"으로서 "광업법 제3조의 법정광물의 탐광, 채굴, 선광, 제련 등의 사업을 행하는 장소"를 말하는 것이므로, 법정광물 이외의 석재(화강암 등)를 채굴, 쇄석하여 골재를 생산하는 장소에서 종사하는 자는 야간근로수당 등이 비과세되는 생산 및 그 관련직에 종사하는 근로자의 범위에 포함되지 아니하는 것임(법인 46013-2430, 1996.9.3.)

✓ **자동차정비공장 종사자의 생산직근로자 해당 여부**(소득 해석편람 12-11-4)

운수업을 주업으로 하는 업체가 다수의 자기차량(또는 타인의 차량)을 전문적으로 정비하기 위하여 별도로 설치한 자동차정비공장은 소득세법 시행령 제17조 제1항 제1호에 규정하는 공장에 해당되며, 동 공장에서 주로 육체적인 업무에 종사하는 정비사로서 월정급여가 100만원(→ 현 210만원) 이하인 자는 야간근로수당 등이 연간 240만원 한도로 비과세되는 생산직근로자로 보는 것임(법인 46013-4471, 1995.12.6.)

✓ **광산 보안관리직원의 생산직근로자 해당 여부**(소득 해석편람 12-11-3)

광산에서 채탄근로자들의 작업을 지휘·감독·점검 등의 업무를 수행하는 보안관리직사원은 생산직근로자에 해당하지 않는 것임(법인 46013-3278, 1995.8.18.)

② 월정액급여가 210만원 이하로서 직전 과세기간의 총급여액이 3천만원 이하인 자(일용근로자를 포함)(소령 17조 ①, 2020.2.11. 개정)

월정액급여란 매월 직급별로 받는 봉급·급료·보수·임금·수당 그 밖에 이와 유사한 성질의 급여(해당 과세기간 중에 받는 상여 등 부정기적인 급여와 실비변상적 성질의 급여 및 복리후생적성질의 급여는 제외)의 총액에서 근로기준법에 따른 연장근로·야간근로 또는 휴일근로를 하여 통상임금에 더하여 받는 급여 및 선원법에 따라 받는 생산수당(비율급으로 받는 경우에는 월 고정급을 초과하는 비율급)을 뺀 급여를 말한다.(소령 17조 ①, 2020.2.17. 개정)

월정액급여의 범위(소령 17조 ①)

월정액급여 = 급여총액 – 상여 등 부정기적인 급여
– 실비변상적인 급여 및 복리후생적인 급여
– 건강보험료 등 사용자부담금(원천-848, 2009.10.15.)
– 연장근로수당 등

① 급여총액은 매월 지급받는 봉급·급료·보수·임금·수당 기타 이와 유사한 성질의 급여의 합계액임
② 비과세되는 식사대는 실비변상적인 급여가 아니므로 월정액급여에 해당함
③ 상여금을 매월 급여항목으로 지급받는 경우에는 월정액급여에 해당함
→ 상여금지급규정에 의하여 2개월에 한번씩 지급받는 상여금은 부정기적인 급여에 해당
④ 국민건강보험법, 국민연금법, 공무원연금법 등에 의하여 사용자가 부담하는 부담금은 월정액급여에 포함되지 않음(원천-848, 2009.10.15.)
⑤ 연장시간근로수당 등 크기가 매월 변동되더라도 매월 계산되는 급여항목인 경우에는 월정액급여에 포함됨
⑥ 임금협상 결과 1월분부터 소급인상하기로 함에 따라 이미 지급된 급여와 인상금액과의 차액을 소급하여 지급하는 경우 월정액급여의 계산은 1월분부터 인상된 금액으로 재계산함

✓ **월정액급여의 범위**(소통 12－17…2)

① 근로자가 연장시간근로·휴일근로 등으로 인하여 지급받는 특근수당·잔업수당 등은 급여액의 크기가 매월 변동되더라도 매월 계산되는 급여항목인 경우에는 월정액급여에 포함한다.
② 상여금지급규정에 의하여 상여금을 지급받음에 있어서 연간 상여금 지급총액을 급여 지급시에 매월 분할하여 지급받는 경우에는 상여금의 명목으로 지급받더라도 이를 월정액급여로 본다.

✓ **생산직 일용근로자가 지급받는 야간근로수당 등의 비과세 여부**(소득 해석편람 12－11－6)

생산직 일용근로자가 근로기준법에 의한 연장시간근로·야간근로 또는 휴일근로로 인하여 통상임금에 가산하여 받는 급여는 월정액급여에 관계없이 비과세되는 것임(소득 46011－2615, 1997.10.10.)

✓ **생산직근로자의 월정액급여 중 통상임금 및 비과세대상 급여**(원천 해석편람 12－5－1)

생산직 근로자의 월정액급여산정시 통상임금은 근로기준법 시행령 제6조의 규정에 의해 근로자에게 정기적·일률적으로 소정근로 또는 총근로에 대하여 지급하기로 정하여진 시간급·일급·월급 또는 도급금액을 말하는 것이며, 생산직근로자가 근로기준법에 의한 연장시간근로 등으로 인하여 받는 급여 중 비과세대상은 통상임금에 가산하여 받는 급여 중 연 240만원 이내의 금액(광산근로자 및 일용근로자의 경우에는 해당 급여)임(법인 46013－862, 2000.4.4.)

✓ **특근수당 등이 월정액급여에 포함되는지 여부**(소득 해석편람 12－9－1)

근로자가 지급받은 특정수당이 통상적으로 매월 계산되어 지급되는 급여에 해당하는 때에는 소득

세법 시행령 제8조의2(→ 17조 ①, ④)에 규정하는 월정액급여의 범위에 포함되는 것임(재무부소득 22601-287, 1991.3.5.)

✓ **월정액급여에서 제외되는 상여 등 부정기적인 급여의 범위**(소득 해석편람 12-9-2)

소득세법 시행령 제13조에서 규정하는 월정액급여의 범위에서 제외되는 "해당연도 중에 받는 상여 등 부정기적인 급여"라 함은 성과급, 수당 등 명칭여하에 관계없이 통상적으로 매월 지급받는 경우가 아닌 급여를 말하는 것임(소득 46011-2327, 1997.9.2.)

✓ **비과세되는 식사대 등은 월정액급여의 범위에 포함되는 것임**(원천 해석편람 12-7-3)

소득세법 시행령 제13조 규정의 "월정액급여"라 함은 매월 지급받는 봉급·급료·보수·임금·수당 등 급여의 총액에서 상여금 등 부정기적인 급여와 같은법 시행령 제12조 규정의 실비변상적 성질의 급여를 제외한 급여를 말하는 것이므로 같은법 시행령 제17조의2 규정에 의하여 비과세되는 식사대 등은 월정액급여의 범위에 포함되는 것임(법인 46013-3663, 1996.12.30, 법인 46013-3580, 1996.12.1.)

✓ **부정기적급여의 월정급여액 해당 여부**

소득세법 시행령 제13조*에 의한 월정액 급여에 있어서 제외하는 상여 등 부정기적 급여란 함은 근로자가 해당 급여항목별 지급액의 크기가 매월 변동한다 하더라도 근로자의 월급여 계산시 매월 계산되는 항목인 경우에는 급여에 포함되어야 하는 것이며, 상여금을 지급 받음에 있어서 연간상여금 지급 총액을 급여 지급 시에 매월 분할하여 지급받는 경우에는 상여금의 명목으로 지급 받더라도 이를 영 제13조*에 규정한 월정액 급여로 보는 것임(서면1팀-46, 2006.1.16.)

* 2006.2.9. 월정액급여에 대한 규정이 시행령 제13조에서 제17조 제1항, 제4항으로 개정되었음

✓ **생산직근로자의 월정액급여 산정 시 사용자부담 공적 보험료의 포함 여부**

국민건강보험법, 국민연금법, 공무원연금법 등에 의하여 사용자가 부담하는 부담금은 월정액급여에 포함되지 아니함(원천-848, 2009.10.15.)

(2) 비과세대상 연장근로수당 등의 범위

연장근로·야간근로 또는 휴일근로를 하여 받는 급여란 다음 중 하나에 해당하는 금액을 말한다.(소령 17조 ②, ③)

① 근로기준법에 따른 연장근로·야간근로 또는 휴일근로를 하여 통상임금에 더하여 받는 급여 중 연 240만원 이하의 금액(광산근로자 및 일용근로자의 경우에는 해당 급여총액)

② 어업(한국표준산업분류에 따른다)을 영위하는 자에게 고용되어 근로를 제공하는 자(어선에 승무하는 선원을 말하며, 선원법에 의한 선장은 제외)가 선원법에 의하여 받는 생산수당(비율급으로 받는 경우에는 월 고정급을 초과하는 비율급) 중 연 240만원 이내의 금액

비과세의 한도

구 분	비과세 한도
광산·일용근로자	전액(한도 없음)
그 밖의 근로자(선원 포함)	연 240만원

사 례 생산직근로자 등의 연장근로수당 등(2025년 귀속기준)

2025년 12월 급여명세가 다음과 같은 생산직근로자(직전 과세기간의 총급여액은 3,000만원임)의 경우 월정액급여 금액은?

급 여 명 세			
① 기본급	200만원	⑤ 야간근로수당	10만원
② 가족수당	6만원	⑥ 휴일근로수당	5만원
③ 상여(3달에 1번씩 지급)	100만원	⑦ 자가운전보조금	20만원
④ 연장시간근로수당	10만원	⑧ 식대(현물식사를 제공받지 않음)	15만원
• 합 계 : 366만원			

해 답 221만원

풀 이 월정액급여 = 366만원 – 100만원(상여) – 25만원(연장근로·야간근로·휴일근로수당) – 20만원(실비변상적 급여 : 자가운전보조금) = 221만원

➲ 식대(15만원)는 실비변상적인 금액이 아니므로 월정액급여에 포함됨

☞ 월정액급여가 210만원을 초과하므로 연장근로·야간근로·휴일근로 수당에 대해 비과세가 적용되지 아니함

5 국외근로소득

국외근로소득에 대해서는 다음과 같이 비과세 한다.(소법 12조 3 거, 소령 16조)

① 국외 또는 남북교류협력에 관한 법률에 따른 북한지역(이하 “국외 등”이라 한다)에서 근로를 제공(원양어업선박 또는 국외 등을 항행하는 선박이나 항공기에서 근로를 제공하는 것을 포함한다)하고 받는 보수 중 월 100만원[원양어업 선박, 국외 등을 항행하는 선박 또는 국외 등의 건설현장 등에서 근로(설계 및 감리업무를 포함)를 제공하고 받는 보수의 경우에는 월 500만원*] 이내의 금액(소법 12조 3 거, 소령 16조 ① 1, 2014.2.29. 개정)

* 2012년 ~ 2023년은 월 300만원, 2024년부터는 월 500만원을 적용한다.(2024.2.29. 영 부칙 2조)

㉠ 급여에는 그 근로의 대가를 국내에서 받는 경우를 포함한다.(소령 16조 ②)

㉡ 국외 등에서 근로를 제공하는 경우 원양어업 선박, 국외 등을 항행하는 선박 또는 국외 등의 건설현장이나 항공기에서 근로를 제공하는 것을 포함한다. 이때 원양어업선박 또는 국외 등을 항행하는 선박이나 항공기에서 근로를 제공하고 보수를 받는 자의 급여는 원양어업선박에 승선하는 승무원이 원양어업에 종사함으로써 받는 급여와 국외 등을 항행하는 선박 또는 항공기의 승무원이 국외 등을 항행하는 기간(해당 선박이나 항공기가 화물의 적재·하역 그 밖의 사유로 국내에 일시적으로 체재하는 기간을 포함)의 근로에 대하여 받는 급여에 한한다.(소령 16조 ③, 소칙 8조)

㉢ 원양어업 선박, 국외 등의 건설현장 등 및 외항선박 승무원 등의 범위는 다음과 같다.(소칙 8조)

ⓐ "원양어업 선박"은 원양산업발전법에 따라 허가를 받은 원양어업용인 선박을 말한다.

ⓑ "국외 등의 건설현장 등"은 국외 등의 건설공사 현장과 그 건설공사를 위하여 필요한 장비 및 기자재의 구매, 통관, 운반, 보관, 유지·보수 등이 이루어지는 장소를 포함한다.(소칙 8조 ②, 2010.4.30. 개정)

ⓒ "외항선박(항공기) 승무원"은 원양어업 선박에 승선하여 근로를 제공하는 자 및 외국을 항행하는 선박 또는 항공기에서 근로를 제공하는 자로서 다음 중 하나에 해당하는 자를 포함한다.

- 해당 선박에 전속되어 있는 의사 및 그 보조원
- 해외기지조업을 하는 원양어업의 경우에는 현장에 주재하는 선박수리공 및 그 사무원

구 분	일반근로자	원양어선, 국외 등 항행선박 및 국외 등의 건설현장 등의 근로자
비과세 한도	월 100만원	월 500만원

✓ **해외연수중에 받는 급여의 국외근로소득 해당 여부**(소통 12-16…1)

영 제16조 제1항 제1호에 규정하는 "국외 또는 남북교류협력에 관한 법률에 의한 북한지역에서 근로를 제공하고 받는 보수"는 해외 또는 북한지역에 주재하면서 근로를 제공하고 받는 급여를 말하며 출장, 연수 등을 목적으로 출국한 기간 동안의 급여상당액은 국외근로소득으로 보지 아니한다.

✓ **원양어선의 선원이 보합금을 받는 경우의 비과세소득**(소통 12-16…2)

원양어선에 승선한 선원이 근로의 대가를 영 제49조 제2항에 규정하는 보합금 등의 방법으로 지급받는 경우에는 보합금으로 지급받는 금액을 어로기간의 월수로 나눈 금액을 매월 지급받은 것으로 보고 영 제16조 제1항 제1호의 규정을 적용한다.

✓ **외국항행선박의 승무원이 받는 대명급여의 범위**(소통 12-16…3)

① 국외에서 근로를 제공할 것을 조건으로 고용된 자의 국내근로소득(대기기간 급여 등)은 영 제16조 제1항 제1호에 규정하는 국외근로소득에 포함하지 아니한다.

② 원양어업 선박 또는 외국항행 선박이 수리 및 정비 등의 사유로 국내에 체재하는 기간 중 동선박의 승무원으로 고용된 거주자의 국내체재기간에 해당되는 급여는 국외근로소득에 포함한다.

✓ **외항선원이 지급받는 승선수당 등의 비과세 범위**(소통 12-16…5)

① 선원법에 의하여 승선중인 선원에게 공급하는 식료에 대하여는 영 제12조 제2호의 규정에 의하여 비과세되는 것이나, 휴가기간 동안에 지급받는 급식비는 이에 포함되지 아니한다.

② 외항선원이 유급휴가기간 동안에 지급받는 급여도 국외에서 근무를 제공하고 받는 보수로서 영 제16소 제1항 제1호의 규정에 의하여 월 300만원(☞ 2024년부터는 월 500만원)까지는 소득세가 과세되지 아니한다.

✓ **해외에서 해저광통신케이블 설치 등을 하는 선원이 아닌 직원에게 지급하는 보수의 비과세 여부**

국내·외에서 해저광케이블 설치 및 유지보수업을 경영하는 법인이 선원이 아닌 직원들이 항공편으로 해당 공사지역 국가로 출장하여 회사 소유 선박에 승선한 후 해외공사를 수행한 기간에 대하여 지급하는 승선수당과 초과근무수당은 비과세 급여에 해당 안됨(원천-305 2012.6.1.)

✓ **국내국적 원양어선에 근무하는 러시아선원이 받는 보수의 비과세적용 여부**

① 현행 소득세법 시행령 제12조의 "국외근로자"라 함은 원칙적으로 대한민국의 거주자로서 대한민국 이외의 지역에서 근로를 제공하는 자를 의미함

② 따라서, 대한민국의 거주자가 아닌 자가 국내국적의 원양어선에 근로를 제공하는 경우에는 국외근로자에 해당하지 아니하므로, 비과세의 적용이 배제됨(서이 46017-11548, 2002.8.20.)

✓ **국외근로소득 해당여부**(소득 집행기준 12-16-1 ③, ④)

① 내국법인에 고용된 거주자인 외국인근로자가 국외에 파견되어 국외에서 근로를 제공하는 경우에도 국외근로소득을 적용한다.

② 국내업체가 외국회사와의 계약에 따라 국내업체소속 직원을 외국에 파견하여, 장비 등의 설치, 가동에 관한 용역을 제공하고 그 대가를 받는 경우 해당 해외파견 직원이 파견기간 중 받는 근로소득은 비과세 대상인 국외근로소득에 해당한다.

> ✓ **소득세법 시행규칙 제8조에 규정하고 있는 "국외등의 건설현장등"은 국외 건설공사 현장과 일정 거리 떨어진 도시에서 별도 사무실을 설치하고, 동 사무실에서 해당 건설과 관련된 설계업무를 수행하는 장소도 포함하는 것임**(서면원천 2025-0807, 2025.3.25.)
>
> ✓ **비과세 근로소득에 해당되는지 여부**
> 해외에 주재(파견근무 포함)하면서 근로를 제공하고 받는 급여는 "국외에서 근로를 제공하고 받는 보수"에 해당하는 것임(서면1팀-891, 2007.6.28.)
>
> ✓ **국외 발전설비의 신설 및 개보수 현장에서 근무하는 근로자의 비과세 적용 한도**
> 거주자가 2009.1.1. 이후 국외의 건설현장(신규 및 개보수현장 포함)에서 근로를 제공하고 지급받는 보수 중 월 150만원(☞ 2012년～2023년은 월 300만원, 2024년부터는 월 500만원) 이내의 금액은 비과세되는 것임(원천-72, 2010.1.22.)
>
> ✓ **해외파견되어 컨설팅업무를 수행하고 받는 급여에 대한 비과세 국외근로소득 여부**
> 국내업체가 외국회사와의 계약에 따라 국내업체의 직원을 국외파견하여 용역제공시 그 직원에 대한 파견기간의 근로소득 중 월 100만원 이내의 금액은 비과세함(서면1팀-553, 2008.4.22.)
>
> ✓ **국외설비공사진행 등을 수행하기 위해 해외파견시 국외근로소득 해당 여부**(소득 해석편람 12-10-2)
> 해외공사현장에 파견되어 주재하면서 공사진행 및 감리를 수행하고 지급받는 급여는 "국외에서 근로를 제공하고 받는 보수"에 해당하는 것임(법인 46013-3982, 1998.12.19.)

② 공무원(외무공무원법 제32조에 따른 재외공관 행정직원과 이와 유사한 업무를 수행하는 사람으로서 기획재정부장관이 정하여 고시하는 사람을 포함), 대한무역투자진흥공사법에 따른 대한무역투자진흥공사, 한국관광공사법에 따른 한국관광공사, 한국국제협력단법에 따른 한국국제협력단, 한국국제보건의료재단법에 따른 한국국제보건의료재단 및 한국산업인력공단법에 따른 한국산업인력공단의 종사자가 국외 등에서 근무하고 받는 수당 중 해당 근로자가 국내에서 근무할 경우에 지급받을 금액상당액을 초과하여 받는 금액 중 실비변상적 성격의 급여로서 외교부장관이 기획재정부장관과 협의하여 고시하는 금액(소령 16조 ① 2, 소칙 8조, 2024.2.29. 개정)

6 기타 비과세되는 소득

① 다음의 복무 중인 병(兵)이 받는 급여(소법 12조 3 가)

병역의무의 수행을 위하여 징집·소집되거나 지원하여 복무 중인 사람으로서 병장 이하의 현역병(본인이 지원하지 아니하고 임용된 하사를 포함), 의무경찰, 그 밖에 이에 준하는 사람을 말한다.(소령 10조, 2016.11.29. 개정)

✓ **방위산업체복무 산업특례보충역의 근로소득비과세 여부**(원천 해석편람 12-12-1)

병역법 제36조의 규정에 의하여 전문연구요원으로 편입되어 해당 전문분야 산업체에서 연구분야에 종사하는 자가 받는 급여는 비과세되는 병역의무를 수행을 위하여 징집·소집 또는 지원에 의하여 복무중인 자로서 병장 이하의 현역병, 전투경찰, 교정 시설경비 교도, 기타 이에 준하는 자가 받는 급여에 해당되지 아니하는 것임(서이 46013-11644, 2002.9.3.)

② 법률에 따라 동원된 사람이 그 동원직장에서 받는 급여(소법 12조 3 나)

③ 장해급여 또는 유족급여 등

㉠ 산업재해보상보험법에 따라 수급권자가 받는 요양급여, 휴업급여, 장해급여, 간병급여, 유족급여, 유족특별급여, 장해특별급여, 장의비 또는 근로의 제공으로 인한 부상·질병·사망과 관련하여 근로자나 그 유족이 받는 배상·보상 또는 위자의 성질이 있는 급여(소법 12조 3 다)

㉡ 근로기준법 또는 선원법에 따라 근로자·선원 및 그 유족이 받는 요양보상금·휴업보상금·상병보상금·일시보상금·장해보상금·유족보상금·행방불명보상금·소지품 유실보상금·장의비 및 장제비(소법 12조 3 라)

✓ **고용보험법에 의한 휴업수당의 근로소득 해당 여부**

근로기준법 제45조에 정한 휴업수당은 소득세법 제12조의 "고용보험법에 의하여 받는 실업급여" 또는 동법 시행령 제12조의 "근로기준법에 의하여 근로자 및 그 유족이 받는 요양보상금·휴업보상금·장해보상금·유족보상금 및 장사비"에 해당하지 아니하므로, 근로소득으로 보는 것임(법인 46013-2680, 1998.9.21.)

㉢ 국민연금법에 따라 받는 반환일시금(사망으로 받는 것만 해당) 및 사망일시금(소법 12조 3 바)

㉣ 공무원연금법, 공무원 재해보상법, 군인연금법, 군인 재해보상법, 사립학교교직원연금법 또는 별정우체국법에 따라 받는 공무상요양비·요양급여·장해일시금·비공무상 장해일시금·비직무상 장해일시금·장애보상금·사망조위금·사망보상금·유족일시금·퇴직유족일시금·유족연금일시금·퇴직유족연금일시금·퇴역유족연금일시금·순직유족연금일시금·유족연금부가금·퇴직유족연금부가금·퇴역유족연금부가금·유족연금특별부가금·퇴직유족연금특별부가금·퇴역유족연금특별부가금·순직유족보상금·직무상유족보상금·위험직무순직유족보상금·재해부조금·재난부조금 또는 신체·정신상의 장해·질병으로 인한 휴직기간에 받는 급여(소법 12조 3 사,

2019.12.10. 개정)

✓ **산재로 인한 손해배상금**(소득 해석편람 12-3-1)

근로자가 회사의 업무수행 중 재해를 입어 이로 인한 후유장해 및 가동능력상실 등에 대하여 해당 근로자 및 그 가족이 지급받는 손해배상금과 위자료(법정이자 포함)에 대하여는 소득세를 과세하지 않는 것임(소득 46011-2845, 1996.10.14.)

✓ **근로의 제공으로 인한 부상과 관련하여 받는 위자료**(소득 해석편람 12-3-2)

근로자가 작업 중의 사고로 인한 부상과 관련하여 사용자로부터 지급받는 위자료에 대하여는 소득세를 과세하지 않는 것임(소득 46011-2878, 1996.10.18.)

✓ **업무와 관련한 질병에 대한 치료비**(소득 해석편람 12-3-3)

근로자가 업무상 과로로 인하여 지병이 악화되어 이를 치료하기 위한 수술 중 사망함으로써 회사의 규정에 따라 그 유가족이 치료비 전액을 실비로 지급받는 경우 해당 치료비에 대하여는 소득세를 과세하지 않는 것임(소득 46011-3318, 1996.11.28.)

✓ **건설공사현장 부상·사망자에 대한 보상금**(소득 해석편람 12-3-4)

건설공사현장에서 사고로 사망 또는 부상을 입은 근로자 및 그 가족이 보상으로 받는 연금과 위자료의 성질이 있는 급여는 과세대상소득에 해당되지 않는 것임(소득 46011-1579, 1998.6.16.)

✓ **단체협약에 의해 산업재해 보상보험법상의 휴업급여 외의 생계보조금 과세방법**

소득세 과세대상 근로소득은 급여의 명칭 여하에 불구하고 근로의 제공으로 인하여 받는 모든 급여에서 비과세근로소득(근로소득으로 보지 않는 소득 포함)만을 제외하는 것이므로, 노사간 단체협약에 의하여 업무 외의 원인으로 인한 부상·질병 등으로 휴직한 자가 받는 급여 및 업무상 부상등으로 요양중에 있는 자가 산업재해보상보험법에 의한 휴업급여 등과는 별도로 매월 지급받는 생계보조금(위자료의 성질이 있는 급여 제외)은 과세대상 근로소득에 해당하는 것임(법인 46013-1262, 1997.5.6.)

④ 고용보험법에 따라 받는 실업급여, 육아휴직 급여, 육아기 근로시간 단축 급여, 출산전후휴가 급여 등, 제대군인 지원에 관한 법률에 따라 받는 전직지원금, 국가공무원법·지방공무원법에 따른 공무원 또는 사립학교교직원 연금법·별정우체국법을 적용받는 사람이 관련 법령에 따라 받는 육아휴직수당(사립학교법 제70조의2에 따라 임명된 사무직원이 학교의 정관 또는 규칙에 따라 지급받는 육아휴직수당으로서 월 150만원 이하의 것을 포함)(소법 12조 3 마, 2023.12.31. 개정, 소령 10조의2, 2024.2.29. 신설)

➲ '사립학교 사무직원의 150만원 이내의 육아휴직수당 비과세'는 2024.1.1. 이후 소득을 지급받는 경우부터 적용한다.(2023.12.31. 법 부칙 2조 ②)

✓ **고용보험법에 따라 무급휴업·휴직자에게 국가가 직접 지급하는 고용유지지원금의 과세대상여부**

고용보험법 제21조 제1항 후단에 따라 사업주가 무급휴업·휴직을 실시하고 동법에 근거하여 정부가 근로자에게 직접 지급하는 고용유지지원금은 소득세 과세대상에 해당하지 않는 것임(기획재정부 소득-407, 2020.8.5.)

✓ **근거법령 없이 자체 재원으로 지급한 육아휴직수당이 비과세 근로소득에 해당하는지**

사립학교교직원 연금법을 적용받는 사람이 관련 법령에 따라 받는 육아휴직수당은 소득세법 제12조 제3호 마목에 따른 비과세 소득에 해당하는 것임(서면법령해석소득 2020-4945, 2020.12.14.)

요양급여 등의 비과세 범위(소득 집행기준 12-0-3)

관 련 법	비과세 범위
산업재해보상보험법 (소법 12조 3호 다목)	수급권자가 받는 요양급여, 휴업급여, 장해급여, 간병급여, 유족급여, 유족특별급여, 장해특별급여, 장의비 또는 근로의 제공으로 인한 부상·질병·사망과 관련하여 근로자나 그 유족이 받는 배상·보상 또는 위자의 성질이 있는 급여
근로기준법, 선원법 (소법 12조 3호 라목)	근로자·선원 및 그 유족이 받는 요양보상금, 휴업보상금, 상병보상금, 일시보상금, 장해보상금, 유족보상금, 행방불명보상금, 소지품 유실보상금, 장의비 및 장제비
고용보험법 (소법 12조 3호 마목)	실업급여, 육아기 근로시간 단축 급여, 육아휴직 급여, 출산전후휴가 급여 등
제대군인 지원에 관한 법률 (소법 12조 3호 마목)	전직지원금
국가공무원법 지방공무원법 사립학교교직원 연금법 별정우체국법 (소법 12조 3호 마목)	육아휴직수당(사립학교법 제70조의2에 따라 임명된 사무직원이 학교의 정관 또는 규칙에 따라 지급받는 육아휴직수당으로서 월 150만원 이하의 것을 포함)
국민연금법 (소법 12조 3호 바목)	반환일시금(사망으로 받는 것만 해당함) 및 사망일시금
공무원연금법, 공무원 재해보상법, 군인연금법, 사립학교교직원 연금법, 별정우체국법 (소법 12조 3호 사목)	공무상요양비·요양급여·장해일시금·비공무상 장해일시금·비직무상 장해일시금·장애보상금·사망조위금·사망보상금·유족일시금·퇴직유족일시금·유족연금일시금·퇴직유족연금일시금·퇴역유족연금일시금·순직유족연금일시금·유족연금부가금·퇴직유족연금부가금·퇴역유족연금부가금·유족연금특별부가금·퇴직유족연금특별부가금·퇴역유족연금특별부가금·순직유족보상금·직무상유족보상금·위험직무순직유족보상금·재해부조금·재난부조금 또는 신체·정신상의 장해·질병으로 인한 휴직기간에 받는 급여(2022.10.28. 개정)

⑤ 작전임무를 수행하기 위하여 외국에 주둔중인 군인·군무원이 받는 급여(소법 12조 3 파, 소령 15조 ①)

군인·군무원이 받는 급여에는 미리 받은 급여(업무수행기간 후의 기간에 해당하는 급여를 포함)를 포함하는 것으로 한다. 다만, 외국에 주둔 중인 군인·군무원이 징계 등의 사유로 해당 외국에서의 업무수행에 부적합하다고 인정되어 소환된 경우 그 잔여기간에 해당하는 급여는 그러하지 아니하다.(소령 15조, 2010.2.18. 개정)

⑥ 종군한 군인·군무원이 전사(전상으로 인한 사망을 포함)한 경우 그 전사한 날이 속하는 과세기간의 급여(소법 12조 3 하)

⑦ 국가유공자 등 예우 및 지원에 관한 법률 또는 보훈보상대상자 지원에 관한 법률에 따라 받는 보훈급여금 및 학습보조비(소법 12조 3 카, 2011.9.15. 개정)

⑧ 전직 대통령 예우에 관한 법률에 따라 받는 연금(소법 12조 3 타)

⑨ 비과세 학자금(소법 12조 3 아)

초·중등교육법 및 고등교육법에 따른 학교(외국에 있는 이와 유사한 교육기관을 포함)와 국민 평생 직업능력 개발법에 따른 직업능력개발훈련시설의 입학금·수업료·수강료, 그 밖의 공납금 중 다음의 요건을 갖춘 학자금(해당 과세기간에 납입할 금액을 한도로 한다)을 말한다.(소령 11조)

㉠ 해당 근로자가 종사하는 사업체의 업무와 관련 있는 교육·훈련을 위하여 받는 것일 것

㉡ 해당 근로자가 종사하는 사업체의 규칙 등에 의하여 정하여진 지급기준에 따라 받는 것일 것

㉢ 교육·훈련기간이 6월 이상인 경우 교육·훈련 후 해당 교육기간을 초과하여 근무하지 아니하는 때에는 지급받은 금액을 반납할 것을 조건으로 하여 받는 것일 것

비과세학자금 요건

구 분	요 건
대상자	근로자(임원 포함) 본인
대상교육기관	① 초·중등교육법 및 고등교육법에 따른 학교(외국에 있는 이와 유사한 교육기관을 포함) ② 국민 평생 직업능력 개발법에 따른 직업능력개발훈련시설
대상교육비	입학금·수업료·수강료, 그 밖의 공납금
규정 내용	① 해당 근로자가 종사하는 사업체의 업무와 관련 있는 교육·훈련을 위하여 받는 것일 것 ② 해당 근로자가 종사하는 사업체의 규칙 등에 의하여 정하여진 지급기준에 따라 받는 것일 것 ③ 교육·훈련기간이 6월 이상인 경우 교육·훈련 후 해당 교육기간을 초과하여 근무하지 아니하는 때에는 지급받은 금액을 반납할 것을 조건으로 하여 받는 것일 것
비과세 한도	해당 과세기간에 납입할 금액

비과세 학자금의 사례(소득 집행기준 12-11-1)

비과세 학자금	비과세되지 않는 학자금
• 대학원에 납입한 학자금 • 출자임원에 대한 학자금 • 해외 MBA과정에 납입한 교육훈련비	• 사설 어학원 수강을 지원하는 교육훈련비 • 자치회비 및 교재비 • 자녀학자금 • 학비보조금(또는 연수비)

✓ **교육비 비과세 대상 근로자의 범위에는 임원도 포함되는 것임**(서면1팀-1673, 2007.12.6.)

✓ **퇴사후 지급되는 미확정 자녀학자금에 대한 소득종류 및 귀속시기**

퇴직급여지급규정에 따라 희망퇴직 임직원에게 퇴사후 일정기간 동안 지급하는 미확정 자녀학자금은 퇴직위로금 등에 해당하므로 지급받는 자의 근로소득에 해당하는 것이며, 그 수입시기는 지급받거나 지급받기로 한 날로 하는 것임(서일 46011-10399, 2003.3.31.)

✓ **"산학사원"에게 지급하는 등록금 및 학비보조금**(소득 해석편람 12-4-1)

사업체가 한국과학기술원법에 의하여 설립된 과학기술대학에서 학위과정을 이수하는 산학사원에게 소득세법 시행령 제11조에 해당하는 등록금을 실비로 지급하는 경우에는 비과세소득에 해당되는 것이나 학비보조금은 과세대상임(법인 46013-1506, 1997.6.3.)

✓ **사설 어학원에 지급한 수강료**(소득 해석편람 12-4-2)

사설 어학원 수강을 지원하는 교육훈련비는 비과세소득으로 보는 학자금에 해당하지 않는 것임(법인 46013-3417, 1998.11.10.)

✓ **학자금의 비과세 범위**(원천 해석편람 12-1-1)

회사가 소속임직원의 업무수행능력의 향상과 선진컨설팅기술의 습득을 위하여 해외에서 MBA과정을 수료하게 하고 수료 후 해당 교육기간을 초과하여 근무하는 조건으로 하여 지원하는 학자금이 소득세법 시행령 제11조 각 호의 요건을 갖춘 학자금에 해당하는 경우에는 비과세되는 것이며, 학자금 외에 회사가 지급하는 여비·체제비로서 실비변상적인 정도의 금액은 비과세됨(법인 46013-1658, 1996.6.10.)

⑩ 국민건강보험법, 고용보험법 또는 노인장기요양보험법에 따라 국가, 지방자치단체 또는 사용자가 부담하는 보험료(소법 12조 3 너, 2013.1.1. 개정)

	사용자 부담분	근로자 부담분
사용자가 부담하는 경우	근로소득 → 비과세	근로소득으로 과세(보험료공제대상)
근로자가 부담하는 경우	-	근로소득 아님(보험료공제대상)

✓ **사용자가 부담하는 주주인 임원의 국민건강보험료 등의 비과세**(소통 12-0…2)
국민건강보험법, 고용보험법에 따라 사용자가 부담하는 주주 또는 출자자인 임원의 보험료는 법 제12조 제3호 너목에 따른 비과세소득에 해당한다.

⑪ 근로자 또는 그 배우자의 출산이나 자녀의 보육과 관련하여 사용자로부터 지급받는 다음의 급여(소법 12조 3 머, 2024.12.31. 개정)

㉠ 출산지원금(2024.12.31. 신설)

➲ 2025.1.1. 이후 종합소득과세표준 확정신고를 하거나 연말정산하는 경우부터 적용한다.(2024.12.31. 법 부칙 3조)

ⓐ 근로자(사용자와 특수관계에 있는 자는 제외) 또는 그 배우자의 출산과 관련하여 자녀의 출생일 이후 2년 이내에 사용자로부터 최대 두 차례에 걸쳐 지급받는 급여전액을 비과세한다.

ⓑ 사용자로부터 해당 급여를 지급받는 횟수에 관계없이 자녀의 출생일 이후 2년 이내에 첫 번째와 두 번째 지급받는 급여를 비과세한다. 이 경우 근로자가 지급받는 급여의 횟수는 사용자별로 계산한다.(소령 17조의2 ②, 2025.2.28. 신설)

ⓒ 2021.1.1. 이후 출생한 자녀에 대하여 2024.1.1.부터 2024.12.31. 사이에 지급받은 급여를 포함한다.

ⓓ 사용자와 특수관계에 있는 자란 사용자와 다음에 따른 관계에 있는 사람을 말한다.(소령 17조의2 ①, 2025.2.28. 신설)

㉮ 사용자가 개인인 경우 : 국세기본법 시행령 제1조의2 제1항에 따른 다음의 친족관계(국기령 1조의2 ①)

- 4촌 이내의 혈족
- 3촌 이내의 인척
- 배우자(사실상의 혼인관계에 있는 자를 포함)
- 친생자로서 다른 사람에게 친양자 입양된 자 및 그 배우자·직계비속
- 본인이 민법에 따라 인지한 혼인 외 출생자의 생부나 생모(본인의 금전이나 그 밖의 재산으로 생계를 유지하는 사람 또는 생계를 함께하는 사람으로 한정한다)

㉯ 사용자가 법인인 경우 : 지배주주등[*1](해당 지배주주등과 위의 '국세기본법 시행령 제1조의2 제1항에 따른 친족관계' 또는 같은 조 제3항 제2호 가목[*2]에 따른 경영지배관계에 있는 사람을 포함)인 관계

*1. "지배주주등"이란 법인의 발행주식총수 또는 출자총액의 1% 이상의 주식 또는 출자지분을 소유한 주주등으로서 그와 특수관계에 있는 자와의 소유 주식 또는 출자

지분의 합계가 해당 법인의 주주등 중 가장 많은 경우의 해당 주주등(법령 43조 ⑦)

*2. 개인 또는 법인이 직접 또는 그와 친족관계 또는 경제적 연관관계에 있는 자를 통하여 본인인 법인의 경영에 대하여 지배적인 영향력을 행사하고 있는 경우 그 개인 또는 법인(국기령 1조의2 ③ 2 가)

ⓛ 자녀보육수당(소득 집행기준 12-0-4 수정, 2024.10.31. 개정)

➲ 2024.1.1. 전에 지급받은 출산·보육과 관련한 소득의 비과세 한도에 관하여는 개정규정(☞ 월 20만원)에도 불구하고 종전의 규정(☞ 월 10만원)에 따른다.(2023.12.31. 법 부칙 2조 ③)

ⓐ 근로자 또는 그 배우자의 해당 과세기간 개시일을 기준으로 6세 이하(6세가 되는 날과 그 이전 기간을 말한다)인 자녀의 보육과 관련하여 사용자로부터 지급받는 급여로서 월 20만원 이내의 금액을 비과세한다.(소법 12조 3 머 2, 2025.12.31. 개정)

ⓑ 6세(6세가 되는 날과 그 이전 기간)이하(해당 과세기간 개시일을 기준으로 판단한다)의 자녀의 보육과 관련한 급여로서 월 20만원 이내의 금액은 자녀 수에 관계없이 지급월을 기준으로 20만원 이내의 금액을 비과세하며, 동 보육수당을 분기별로 지급하거나 수개월분을 일괄지급하는 경우에도 그 지급월을 기준으로 월 20만원 이내의 금액을 비과세한다.

ⓒ 동일 직장에서 맞벌이 하는 근로자가 6세 이하의 자녀 1인에 대하여 각각 보육수당을 수령하는 경우에는 소득자별로 각각 월 20만원 이내의 금액을 비과세한다.

ⓓ 근로자가 2 이상의 회사에 근무하면서 6세 이하 자녀보육수당을 매월 각 회사로부터 중복하여 지급받는 경우에는 각 회사의 보육수당 합계금액 중 월 20만원 이내의 금액에 대하여 소득세를 과세하지 않는다.

자녀양육비 지원형태에 따른 비과세 여부 및 한도

➲ 자녀보육수당은 2024.1.1. 이후 지급받은 분부터 비과세 한도 20만원이 적용됨(2023.12.31. 개정)

구 분		비과세 대상금액
출산지원금(출산축하금)		출산일로부터 2년 이내 2회 이내 지급받는 출산지원금 전액비과세
보육수당	자녀가 2명인 경우	자녀 수에 상관없이 월 20만원 이내의 금액 비과세
	맞벌이부부가 각각 수령	소득자별로 각각 월 20만원 이내의 금액 비과세
	분기별 또는 일괄 지급*	지급 월을 기준으로 월 20만원 이내의 금액 비과세
	2회 이상 회사에서 수령	각 회사 보육수당 합계액 중 월 20만원 이내의 금액 비과세
	사내근로복지기금에서도 지원받는 경우	6세 이하의 자녀의 보육과 관련하여 사용자로부터 받은 월 20만원 이내의 금액도 비과세
가족수당		6세 이하 자녀에 대한 가족수당으로 월 20만원 이내 금액 비과세
직장어린이집 운영비 및 위탁보육비		전액 비과세

* 2021년 1월 변경 예규(유지사례 : 법인 46013-1841, 1997.7.8, 삭제사례 : 서면1팀-276, 2007.7.23.)에 따라 소급인상분만 '지급 월'이 아닌 '해당 월'을 기준으로 한도를 적용함

※ 아래 예규에서 자녀양육비의 비과세 한도는 2023.12.31. 세법개정에 따라 2024.1.1. 이후 지급분부터 '월 10만원'을 '월 20만원'으로 해석한다.

✓ 연봉계약액에 비과세소득이 포함됨을 명시한 경우 6세 이하 자녀보육수당 비과세 적용가능 여부

[사실관계]

- 질의법인은 연봉제를 실시하는 법인이며 공공기관에 해당함
- 법인 규정 내 연봉계약시행규칙 연봉지급기준과 연봉지급방법에 '연봉계약액에는 소득세법에서 정하는 비과세 소득을 포함'을 명시하고 있음
- 법인은 공무원보수 등의 업무지침에 의거하여 연봉계약액과 별도로 가계보전수당 명목으로 가족수당* 및 자녀학비보조수당을 지급함

  * 배우자(월 4만원), 미성년 자녀(첫째 월 2만원, 둘째 월 6만원, 셋째 이후 월 10만원), 배우자·자녀 외 부양가족(월 2만원)

[질의 1] 연봉제를 실시하고 있는 법인으로서 법인 규정 내 연봉계약시행규칙 연봉지급기준과 연봉지급방법에 "연봉계약액에는 소득세법에서 정하는 비과세소득을 포함"한다고 명시한 경우, 연봉월액 외에 별도 수당을 지급하지 아니하고 6세 이하 자녀가 있는 임직원들에 대해서만 자녀보육수당으로 월 10만원을 비과세 소득으로 처리할 수 있는지 여부

[질의 2] 공무원보수 등의 업무지침에 의거 연봉계약액과 별도로 가계보전수당 명목으로 가족수당 및 자녀학비보조수당을 지급하는 경우, 가계보전수당 중 가족수당에 대해서는 과세처리 하되, 6세 이하 자녀가 있는 임직원들에 대해서만 자녀보육수당으로 월 10만원을 비과세 소득으로 처리할 수 있는지 여부

[회신]

자녀보육수당이 연봉계약서에 포함되어 있고, 회사의 사규 또는 연봉지급기준 등에 의하여 자녀보육수당에 대한 지급기준이 정하여져 있는 경우로서 그 지급사실이 확인된 경우 월 10만원 이내의 금액은 비과세 되는 것이고, 공무원 보수등의 업무지침에 따라 지급하는 가족수당 중 6세 이하 자녀와 관련하여 지급하는 가족수당에 대해서는 월 10만원 이내의 금액을 비과세할 수 있는 것이며, 공무원 보수등의 업무지침에 따라 지급받는 가족수당과 별도로 사용자로부터 자녀보육수당을 함께 지급받는 경우 이를 모두 합산한 금액에 대하여 월 10만원 이내의 금액을 비과세할 수 있는 것임 (사전법령해석소득 2018-193, 2018.6.28.)

※ 국세청 해석사례집 검토내용

[질의 1]

- 자녀보육수당이 연봉계약서 또는 연봉지급기준 등 당해 법인의 규정 등에 의하여 지급된 사실이 확인되는 경우 소득세법 12조 3호 머목에 따라 비과세 되는 것임
- 6세 이하 자녀가 있는 임직원에 대하여 해당 임직원이 지급받는 연봉액 중 월 10만원의 금액을 자녀보육수당으로서 소득세법 12조 3호 머목에 따라 비과세 할 수 있는지 여부는 단순히 법인 규정 내의 연봉지급기준 등에서 '연봉계약액에 소득세법에서 정하는 비과세 소득이 포함'되어 있다는 추상적인 문구만으로 결정되는 것이 아니며, 연봉계약서 또는 연봉지급기준 등 당해 법인의 규정 등에 명확히 지급기준이 정하여져 있고 이러한 규정에 따라 근로자 연봉에 해당 수당을 포함하여 지급된 사실이 확인되는 경우 비과세되는 것임

[질의 2]

- 연봉계약액과 별도로 공무원보수 등의 업무지침에 의거하여 가족수당을 지급하는 경우 6세 이하 자녀와 관련하여 지급된 가족수당에 대하여 월 10만원의 범위에서 비과세 할 수 있는 것임
- 소득세법 12조 3호 머목 규정에서 6세 이하 자녀의 보육과 관련하여 사용자로부터 받는 급여로서 월 10만원 이내의 금액은 비과세 소득으로 규정하고 있는 바, 근로자가 지급받는 가족수당 중 6세 이하 자녀와 관련하여 지급된 가족수당에 대해서는 이를 합산한 금액 중 월 10만원을 한도로 비과세 할 수 있는 것임

✓ 자녀보육수당의 소급 인상에 따라 추가로 지급받는 금액의 비과세 여부

근로자가 6세 이하의 자녀에 대한 보육과 관련하여 사용자로부터 매월 지급받는 가족수당과 보육수당(육아용품비)은 그 지급월을 기준으로 월 10만원 이내의 금액을 소득세법 제12조 제4호 더목의 규정에 따라 비과세하는 것임(서면1팀-254, 2007.2.20.)

✓ 6세 이하 자녀의 교육비를 지원으로 월 10만원 이내 비과세한 경우도 교육비공제 적용 가능함

사용자가 근로자의 6세 이하 자녀의 교육비를 실비로 지원하는 금액 중 월10만원 이내의 금액을 비과세한 경우에도 연말정산시 교육비공제를 받을 수 있는 것임(서면1팀-1001, 2004.7.21.)

✓ 가족수당 및 육아휴직급여의 비과세 여부

공무원수당 등에 관한 규정 제10조에 의거 지급되는 가족수당(6세 이하 자녀에 대한 가족수당에 한함)과 같은 규정 제11조의 3에 의거 지급되는 월 10만원 이내의 육아휴직수당은 비과세 되는 것임(서면1팀-1664, 2004.12.6.)

⑫ 외국정부(외국의 지방자치단체와 연방국가인 외국의 지방정부를 포함) 또는 국제연합과 그 소속기구의 기관에 근무하는 사람 중 대한민국국민이 아닌 사람이 그 직무수행의 대가로 받는 급여(소법 12조 3 차, 소령 14조)

다만, 그 외국정부가 그 나라에서 근무하는 우리나라 공무원의 급여에 대하여 소득세를 과세하지 아니하는 경우만 해당한다.(소법 12조 3 차 단서)

> ✓ **외국정부 및 국제기관 근무자의 직무수행범위**(소통 12-14…1)
>
> 영 제14조 제2항에서 규정하는 "직무수행의 대가로 받는 급여"에는 외국정부 및 국제기관(국제연합과 그 소속기구의 기관)이 일반적으로 기업이 경영하는 수익사업을 직접 경영하는 경우에 있어서 이에 종사하고 받는 급여는 포함하지 아니한다.

⑬ 국군포로의 송환 및 대우 등에 관한 법률에 따른 국군포로가 받는 보수 및 퇴직일시금(소법 12조 3 버)

⑭ 교육기본법 제28조 제1항에 따라 받는 장학금 중 대학생이 근로를 대가로 지급받는 장학금(고등교육법 제2조 제1호부터 제4호까지의 규정에 따른 대학에 재학하는 대학생에 한정한다)(소법 12조 3 서, 2020.6.9. 개정)

이는 기초생활수급자인 대학생이 대학으로부터 근로장학금을 받는 경우 국민기초생활보장법 상 소득인정액이 증가하여 기초생활수급자에서 제외되는 문제를 해결하기 위한 규정이다.

고등교육법 제2조【학교의 종류】

> 고등교육을 실시하기 위하여 다음 각 호의 학교를 둔다.
> 1. 대 학
> 2. 산업대학
> 3. 교육대학
> 4. 전문대학
> 5. 방송대학·통신대학·방송통신대학 및 사이버대학
> 6. 기술대학
> 7. 각종학교

⑮ 발명진흥법 제2조 제2호에 따른 직무발명으로 받는 다음의 보상금(이하 "직무발명보상금"이라 한다)으로서 연 700만원이하의 금액(소법 12조 3 어, 2016.12.20. 신설, 소령 17조의 3, 2024.2.29. 개정)

㉠ 발명진흥법 제2조 제2호에 따른 종업원등(이하 "종업원등"이라 한다)이 같은 호에 따른 사용자등(이하 "사용자등"이라 한다)으로부터 받는 보상금. 다만, 보상금을 지급한 사용자등과 다음의 특수관계에 있는 자가 받는 보상금은 제외한다.(소법 12조 3 어 1 단서, 2023.12.31. 개정, 소령 17조의3 ②, 2024.2.29. 신설)

ⓐ 사용자등이 개인인 경우 : 국세기본법 시행령 제1조의2 제1항에 따른 친족관계

ⓑ 사용자등이 법인인 경우 : 법인세법 시행령 제43조 제7항에 따른 지배주주등(해당 지배주주등과 국세기본법 시행령 제1조의2 제1항에 따른 친족관계 또는 같은 조 제3항에 따른 경영지배관계에 있는 자를 포함)인 관계

➲ 비과세금액의 인상(500만원 → 700만원)과 '보상금을 지급하는 사용자등과의 특수관계자를 제외'하는 개정규정은 2024.1.1.이후 소득을 지급받는 경우부터 적용한다.(2023.12.31. 법 부칙 2조 ②)

발명진흥법 제2조【정의】

2. "직무발명"이란 종업원, 법인의 임원 또는 공무원(이하 "종업원 등"이라 한다)이 그 직무에 관하여 발명한 것이 성질상 사용자·법인 또는 국가나 지방자치단체(이하 "사용자등"이라 한다)의 업무 범위에 속하고 그 발명을 하게 된 행위가 종업원등의 현재 또는 과거의 직무에 속하는 발명을 말한다.

㉡ 대학의 교직원 또는 대학과 고용관계가 있는 학생이 소속 대학에 설치된 산업교육진흥 및 산학연협력촉진에 관한 법률 제25조에 따른 산학협력단으로부터 같은 법 제32조 제1항 제4호에 따라 받는 보상금(2018.12.31. 개정)

⑯ 임원·종업원 할인금액

➲ 2025.1.1. 이후 발생하는 소득분부터 적용한다.(2024.12.31. 법부칙 4조)

비과세 요건을 모두 충족하는 소득으로서 다음의 금액 이하의 금액을 말한다.(소법 12조 3 처, 2024.12.31. 신설, 소령 17조의5, 2025.2.28. 신설)

• 비과세 한도 = Max[①, ②]

① 임원·종업원이 해당 과세기간 동안 시가보다 낮은 가격으로 제공받거나 지원을 받아 구입한 재화·용역의 시가를 합한 금액 × 20%
② 연간 240만원

㉠ 비과세 요건이란 다음의 요건을 모두 충족하는 경우를 말한다.

임원·종업원 본인이 소비하는 것을 목적으로 제공받거나 지원을 받아 구입한 재

화·용역으로서 다음의 기간 동안 재판매가 허용되지 아니할 것

ⓐ 소비자기본법 시행령 제8조 제3항의 품목별 소비자분쟁해결기준에 따른 품목별 내용연수가 5년을 초과하는 재화 : 2년

ⓑ 개별소비세법 제1조 제2항 제2호에 해당하는 재화 : 2년

ⓒ 위 'ⓐ 및 ⓑ'에 해당하지 않는 재화 : 1년

㉡ 해당 재화·용역의 제공과 관련하여 모든 임원·종업원에게 공통으로 적용되는 기준이 있을 것

• 제 5 절 근로소득금액의 계산

I 일반근로자의 근로소득금액

1 개 요

근로소득금액은 총급여액에서 근로소득공제를 한 금액으로 한다.(소법 20조 ②)

	근 로 소 득
−	비 과 세 소 득
=	총 급 여 액
−	근 로 소 득 공 제
=	근 로 소 득 금 액

2 근로소득공제

(1) 총급여액

총급여액은 근로자가 해당연도에 직장에서 받은 급여·상여금·인정상여와 각종 수당을 합계한 연간급여액에서 소득세법상 근로소득세가 비과세되는 급여를 차감하여 계산한다.(소법 20조 ②)

(2) 근로소득공제

① 이자·배당·연금소득을 제외한 종합소득금액은 총수입금액에서 필요경비를 차감하여 계산한다. 근로소득도 사업소득 등과 마찬가지로 근로소득을 얻기 위해서는 일정한 필요경비의 지출이 발생한다. 그러나 근로소득은 사업소득 등과는 달리 증빙서류를 갖추기가 힘들며 증명서류를 갖추었다 하더라도 그 확인에 많은 행정력의 낭비를 초래할 수 있다. 따라서 현행 소득세법에서는 근로소득자에게는 필요경비적 금액을 다음과 같이 획일적인 방식으로 공제하고 있다.

② 근로소득이 있는 거주자에 대해서는 해당 과세기간에 받는 총급여액에서 다음의 금액을 공제한다. 다만, 공제액이 2천만원을 초과하는 경우에는 2천만원을 공제한다.(소법 47조 ①, 2019.12.31. 단서신설)

➲ 2020.1.1. 이후 발생하는 소득분부터 적용한다.(2019.12.31. 조특법 2조 ①)

➲ 총급여액이 3억6천250만원을 초과하면 2,000만원의 근로소득공제 한도가 적용된다.

총급여액	공제액(원칙)	공제액(간편법)
500만원 이하	총급여액의 70%	총급여액의 70%
500만원 초과 1,500만원 이하	350만원+(500만원 초과하는 금액의 40%)	총급여액의 40%+150만원
1,500만원 초과 4,500만원 이하	750만원+(1,500만원 초과하는 금액의 15%)	총급여액의 15%+525만원
4,500만원 초과 1억원 이하	1,200만원+(4,500만원 초과하는 금액의 5%)	총급여액의 5%+975만원
1억원 초과	1,475만원+(1억원 초과하는 금액의 2%)	총급여액의 2%+1,275만원

③ 근로소득이 있는 거주자의 해당 과세기간의 총급여액이 근로소득공제액에 미달하는 경우에는 그 총급여액을 공제액으로 한다.(소법 47조 ③)

✓ **근무기간 등이 1년 미만인 경우의 근로소득공제**(소통 47－0…1)

과세기간이 1년 미만이거나 과세기간 중 근로기간이 1년 미만인 근로소득이 있는 거주자의 경우에도 근로소득공제는 법 제47조 제1항에 규정하는 금액을 공제한다.

✓ **비거주자에게 근로소득공제**

갑종근로소득이 있는 비거주자에 대해서도 근로소득공제 및 근로소득세액공제가 적용되는 것이며, 종합하여 과세되는 비거주자의 납부세액이 1천만원을 초과하는 경우 분납이 가능함(국업 46017－318, 2000.7.6.)

사 례 근로소득공제금액의 계산

월급여 300만원, 상여(월급여의) 400%, 인정상여 500만원, 자녀학자금 80만원, 실비변상적인 비과세급여 250만원을 지급받은 경우 2024년도 근로소득공제액은?

해 답 1,244만원

풀 이 ① 총급여액 계산(비과세소득 제외)
(300만원×12월)+(300만원×400%)+500만원+80만원=5,380만원
② 근로소득공제액 계산
1,200만원+(5,380만원−4,500만원)×5%=1,244만원
(또는 간편법 : 5,380만원×5%+975만원=1,244만원)

3 이중근로소득자의 소득공제

2인 이상으로부터 근로소득을 받는 사람(일용근로자는 제외)에 대하여는 그 근로소득의 합계액을 총급여액으로 하여 근로소득공제액을 총급여액에서 공제한다.(소법 47조 ⑤, 2010.12.27. 개정)

II 일용근로자의 근로소득금액

일용근로자에 대한 공제액은 1일 15만원(2019.1.1. 이후 최초 발생 소득분부터 적용)으로 하고, 일용근로자에 대한 근로소득공제액은 그 일용근로자가 근로를 제공한 날의 일급여액에서 공제한다.(소법 47조 ②, 소령 104조 ③)

	급여액
−	근로소득공제(일 15만원)
=	과세표준(종합소득공제는 적용되지 아니함)
×	세율(6%*)
=	산출세액
−	세액공제(산출세액의 55%)
=	원천징수할 세액

* 2011.1.1. 이후 발생하는 소득분부터 적용한다.

속산법

원천징수세액(지방소득세 제외) = 과세표준×6%×(1－55%)
= 과세표준×2.7%

「근로내용 확인신고서」 제출로 「일용근로소득 지급명세서」 제출 간주

「일용근로소득 지급명세서」를 제출하여야 하는 자가 고용보험법 시행령 제7조 제1항 후단에 따라 「근로내용 확인신고서」를 고용노동부장관에게 제출한 경우에는 소득세법에 따라 「일용근로소득 지급명세서」를 제출한 것으로 본다.(소령 213조 ④, 2015.2.3. 신설)

✓ **일용근로자가 일당 외 지급받는 연장근로수당, 유급휴일수당 등의 원천징수세액 계산 방법**

일용근로자가 비과세 소득에 해당하지 않는 연장근로수당과 유급휴일에 대한 수당을 지급받는 경우 해당 수당은 과세대상 근로소득에 해당하는 것이며 원천징수세액은 일급여액을 포함한 과세대상 근로소득에서 근로소득공제를 한 근로소득금액에 원천징수세율을 적용하여 계산한 산출세액에서 근로소득세액공제액을 차감하여 계산하는 것임(서면소득관리 2022-5649, 2023.2.14.)

✓ **일용근로자가 지급받는 주휴수당 등이 근로소득공제 대상 해당 여부**

일용근로자가 유급휴일에 대하여 지급받는 주휴수당 및 작업능률에 따라 지급받은 수당은 당해 법령에서 정한 기간의 근로일수에 배분하여 원천징수하는 것으로 근로소득공제 대상에 해당함(서면소득관리 2022-4916, 2023.1.5.)

✓ **항만하역노무자에 대한 일용근로소득 원천징수의무자**

원천징수의무를 대리하거나 그 위임을 받은 경우 대리 또는 위임관계는 의사표시의 형식여하에 불구하고 원천징수를 하여야 할 자의 수권행위 또는 위임계약 등에 의하여 그 관계가 성립되는 것임(서면소득관리 2021-5869, 2022.5.10.)

✓ **일용근로소득 소득세법 제4조의 제1항의 소득 해당여부**

일용근로자의 근로소득은 소득세법 제4조의 '거주자의 소득', '종합소득', '근로소득'에 해당하는 것임(서면소득관리 2021-5464, 2021.10.14.)

✓ **일용근로자의 근로소득공제기준계산**(소득 해석편람 47－2)

일용근로자의 근로소득공제를 함에 있어서 "일"의 계산은 당일 오전 영시로부터 오후 12시까지를 1일로 하는 것임

✓ **일용근로자에 해당하는지 여부**

근로를 제공한 날 또는 시간에 따라 급여를 계산하거나 근로를 제공한 날 또는 시간의 근로성과에 따라 급여를 계산하여 지급받는 자로서 근로계약에 따라 일정한 고용주에게 3월(건설공사 종사자는 1년) 이상 계속하여 고용되어 있지 아니한 자가 지급받는 급여는 일용근로자의 근로소득에 해당

하는 것임(서이 46013－10043, 2001.8.29.)

✓ **일용근로자의 범위에 대한 질의회신**

[질의]

일반근로자로서 평균 2~4시간 근무하고 1월 근무일수가 4~10일 정도이면서 5~6개월 동안 동일 고용주에게 계속하여 근무할 때, 3월 이상 계속하여 동일 고용주에게 고용되었으므로 일반급여자로 보아야 하는지?

[회신]

근로자가 고용주와 일정 근로조건(시간급 파트타임 등)으로 고용계약하고 당해 근로계약조건에 따라 동일 고용주에게 3월 이상 계속하여 고용된 경우에는 일용근로자에 해당하지 아니하는 것임(서면1팀－657, 2006.5.22.)

✓ **부녀자의 가내부업 소득 원천징수**

부녀자가 고용관계 없이 부업으로 수출물품 등의 가공 등 가내 수공업적인 용역을 제공하고 받는 대가는 일용근로자의 급여로 보는 것임(서면1팀－643, 2006.5.18.)

✓ **3개월 이상 계속하여 가내부업으로서의 임가공용역대가에 대한 소득구분**

가정주부가 고용관계 없이 부업으로서 수출품 등의 가공 등 가내수공업적인 용역을 제공하는 때에는 용역제공기간에 관계없이 일용근로자로 봄(소득 22601－2, 1989.1.4.)

✓ **일용근로소득 일괄지급 시 원천징수세액 계산방법**

일용근로소득금액을 매일 지급하지 않고 일정기간 단위로 일괄지급 시 원천징수세액은 일용근로자별로 매일 단위로 계산한 후 더하는 것이며, 더한 원천징수세액을 납부하는 때에 10원 미만의 끝수가 있는 경우 절사하여 납부하지 아니하는 것임(원천－240 2012.5.2.)

✓ **건설일용근로자 연장근로수당 등의 비과세대상 여부**

건설일용근로자에게 지급되는 연장근로수당은 과세대상 근로소득에 해당되며, 원천징수의무자가 근로소득을 지급하는 때에 소득세를 원천징수하는 것임(서면1팀－1182, 2005.10.6.)

✓ **일용근로자의 원천징수세액 소액부징수**(원천 해석편람 86－1－2)

일용근로자의 일급여에 대한 원천징수세액이 1천원 미만인 때에는 소액부징수 규정을 적용하여 원천징수하지 않는 것이나, 동 규정은 원천징수시기에 원천징수할 세액의 소득자별 합계액을 기준으로 적용하는 것이므로 일용근로자의 일급여를 일정기간 단위로 일괄지급하는 때에는 일별 소득세가 1천원 미만인 경우에도 일괄 지급액에 대한 일별 징수세액의 합계액을 기준으로 소액부징수 여부를 판단하는 것임(법인 46013－343, 1997.2.1.)

• 제 6 절 근로소득에 대한 과세특례

1 외국인근로자의 국내근무에 따른 근로소득 과세특례

(1) 과세특례 내용

① 외국인인 임원 또는 사용인(일용근로자는 제외하며, 이하 "외국인근로자"라 한다)이 2026.12.31. 이전에 국내에서 최초로 근로를 제공하기 시작하는 경우 국내에서 근무(외국인투자기업을 제외한 특수관계기업에게 근로를 제공하는 경우는 제외)함으로써 받는 근로소득으로서 국내에서 최초로 근로를 제공한 날부터 20년 이내에 끝나는 과세기간까지 받는 근로소득에 대한 소득세는 해당 근로소득에 19%를 곱한 금액을 그 세액으로 할 수 있다.(조특법 18조의2 ②, 2023.12.31. 개정)

➲ 2023.1.1. 당시 국내에서 최초로 근로를 제공한 날부터 20년이 지나지 아니한 외국인근로자에 대해서도 적용한다.(2022.12.31. 조특법 부칙 10조)

➲ 2023년 귀속 연말정산부터는 5년간의 적용이 이미 끝난 외국인근로자들도 근로제공일부터 20년 이내에 끝나는 과세기간까지는 다시 19% 특례를 적용받을 수 있다.

② '외국인근로자'에는 해당 과세연도 종료일 현재 대한민국의 국적을 가지지 아니한 사람만 해당한다.(조특령 16조의2 ④)

③ 외국인투자 촉진법 시행령 제20조의2 제5항 제1호에 따른 지역본부(헤드쿼터 인증기업)에 근무함으로써 받는 근로소득의 경우에는 국내에서 최초로 근로를 제공한 날부터 5년 이내에 끝나는 과세기간까지 받는 근로소득에 대한 소득세에 대하여 해당 근로소득에 19%를 곱한 금액을 그 세액으로 할 수 있다.(조특법 18조의2 ② 단서, 2016.12.20. 개정, 조특령 16조의3 ③, 2020.8.5. 개정)

외국인투자 촉진법 시행령 제20조의2 제5항 제1호에 따른 지역본부

2개 이상의 해외법인에 대하여 생산, 판매, 물류, 인사 등 기업의 핵심기능에 대한 지원 및 조정의 기능을 수행하는 국내법인으로서 상시근로자, 모기업의 요건 등 산업통상자원부령으로 정하는 기준 및 절차를 충족하는 지역본부를 말한다.

(2) 외국인투자기업의 범위와 특수관계기업의 범위

① 특수관계기업에서 제외되는 외국인투자기업의 범위

해당 과세연도 종료일 현재 조세특례제한법 제121조의 2(외국인투자에 대한 법인세 등의 감면)에 따라 법인세, 소득세, 취득세 및 재산세를 각각 감면받는 기업 또는 조세특례제한법 시행령 제116조의2(조세감면의 기준 등) 제3항부터 제10항에 따른 감면요건을 갖춘 기업을 말한다.(조특령 16조의2 ①, 2014.2.21. 신설)

② 특수관계기업의 범위

외국인근로자가 근로를 제공하는 기업과 국세기본법 시행령 제1조의2 제1항 및 제3항에 따른 친족관계 또는 경영지배관계에 있는 경우의 해당 기업을 말한다. 다만, 경영지배관계에 있는지를 판단할 때 같은 조 제4항 제1호 나목의 요건(☞ 임원의 임면권의 행사, 사업방침의 결정 등 법인의 경영에 대하여 사실상 영향력을 행사하고 있다고 인정되는 경우)은 적용하지 아니한다.(조특령 16조의2 ②, 2024.2.29. 개정)

➲ 2024.2.29. 전에 근로를 제공한 경우는 개정규정(☞ 과세기간 종료일 기준으로 외국인근로자 판단 규정 삭제)에도 불구하고 종전의 규정에 따른다.(2024. 2.29. 조특법 부칙 19조 ①)

친족관계와 경영지배관계(국기령 1조의2 ①, 2023.2.28. 개정, ③)

① "친족관계"란 다음 중 하나에 해당하는 관계를 말한다.
- ㉠ 4촌 이내의 혈족(2023.2.28.까지는 6촌 이내의 혈족)
- ㉡ 3촌 이내의 인척(2023.2.28.까지는 4촌 이내의 인척)
- ㉢ 배우자(사실상의 혼인관계에 있는 자를 포함한다)
- ㉣ 친생자로서 다른 사람에게 친양자 입양된 자 및 그 배우자·직계비속
- ㉤ 본인이 민법에 따라 인지한 혼인 외 출생자의 생부나 생모(본인의 금전이나 그 밖의 재산으로 생계를 유지하는 사람 또는 생계를 함께하는 사람으로 한정한다)(2023.2.28. 신설)

  ➲ '㉠, ㉡, ㉤'은 2023.3.1.부터 시행한다.(2023.2.28. 국기령 부칙 1조 단서)

② "경영지배관계"란 다음의 구분에 따른 관계를 말한다.
- ㉠ 본인이 개인인 경우
  - ⓐ 본인이 직접 또는 그와 친족관계 또는 경제적 연관관계에 있는 자를 통하여 법인의 경영에 대하여 지배적인 영향력을 행사하고 있는 경우 그 법인
  - ⓑ 본인이 직접 또는 그와 친족관계, 경제적 연관관계 또는 'ⓐ'의 관계에 있는 자를 통하여 법인의 경영에 대하여 지배적인 영향력을 행사하고 있는 경우 그 법인
- ㉡ 본인이 법인인 경우
  - ⓐ 개인 또는 법인이 직접 또는 그와 친족관계 또는 경제적 연관관계에 있는 자를

> 통하여 본인인 법인의 경영에 대하여 지배적인 영향력을 행사하고 있는 경우 그 개인 또는 법인
> ⓑ 본인이 직접 또는 그와 경제적 연관관계 또는 'ⓐ'의 관계에 있는 자를 통하여 어느 법인의 경영에 대하여 지배적인 영향력을 행사하고 있는 경우 그 법인
> ⓒ 본인이 직접 또는 그와 경제적 연관관계, 'ⓐ 또는 ⓑ'의 관계에 있는 자를 통하여 어느 법인의 경영에 대하여 지배적인 영향력을 행사하고 있는 그 법인
> ⓓ 본인이 독점규제 및 공정거래에 관한 법률에 따른 기업집단에 속하는 경우 그 기업집단에 속하는 다른 계열회사 및 그 임원

(3) 분리과세특례

소득세법 및 조세특례제한법에 따른 소득세와 관련된 비과세(복리후생적 성질의 급여 중 사택제공이익에 대한 비과세는 제외), 공제, 감면 및 세액공제에 관한 규정은 적용하지 아니하며, 해당 근로소득은 종합소득과세표준에 합산하지 아니한다.(조특법 18조의2 ③, 2023.12.31. 개정, 조특령 16조의2 ⑤, 2024.2.29. 신설)

➲ 개정규정(☞ 비과세 중 사택제공이익 제외 규정)은 2024.1.1. 이후 소득을 지급받는 경우부터 적용한다.(2023.12.31. 조특법 부칙 6조)

(4) 신청서 제출

단일세율에 의한 분리과세특례를 적용받고자 하는 외국인근로자(해당 과세연도 종료일 현재 대한민국의 국적을 가지지 아니한 사람만 해당한다)는 근로소득세액의 연말정산 또는 종합소득 과세표준확정신고를 하는 때에 「근로소득자 소득·세액 공제신고서」에 「외국인근로자단일세율적용신청서」(조특칙 별지 제8호 서식)를 첨부하여 원천징수의무자·납세조합 또는 납세지 관할 세무서장에게 제출하여야 한다.(조특령 16조의2 ④, 2015.2.3. 개정)

➲ 과세연도 종료일 현재 대한민국 국적을 가지고 있는 외국 영주권자나 이중국적자는 적용배제 된다.

(5) 매월 19%로 원천징수(2016.12.20. 개정)

원천징수의무자는 외국인근로자에게 매월분의 근로소득을 지급할 때 해당 근로소득에 19%를 곱한 금액을 원천징수할 수 있다.(조특법 18조의2 ④, 2016.12.20. 개정)

이 규정을 적용받으려는 외국인근로자(원천징수 신청일 현재 대한민국 국적을 가지지 아니한 사람만 해당)는 근로를 제공한 날이 속하는 달의 다음달 10일까지 「단일세율적용 원천징수신청서」를 원천징수의무자를 거쳐 원천징수 관할 세무서장에게 제출하여야 한다.(조특령 16조의2 ⑥, 2024.2.29. 항번개정)

저자TIP 외국인 근로자의 연말정산 적용방법 세액계산 비교

일반적인 연말정산 신고방법 (내국인 근로자와 동일)	과세특례 적용에 따른 신고방법* (근로소득의 19% 단일세율)
근로소득(비과세 소득 포함)	근로소득(비과세 소득 포함)
(–) 비과세 소득	
= 총급여	
(–) 근로소득공제	
= 근로소득금액	
(–) 종합소득공제, 그 밖의 소득공제	
= 과세표준	근로소득(비과세 소득 포함)
(×) 세율(6%~45%)	(×) 19%
= 산출세액	
(–) 세액감면, 세액공제	
= 결정세액	결정세액

* 비과세소득(2024년 귀속분부터 '비과세대상 사택제공이익'은 제외), 근로소득공제, 종합소득공제, 그 밖의 소득공제, 세액감면·공제를 적용하지 않음(조특법 18조의2 ③, 2023.12.31. 개정)

➲ 2023.12.31. 세법개정으로써 2024.1.1. 귀속분부터 19% 적용 시 '비과세 대상 사택제공이익(소법 17조의4 1)'은 영구히 근로소득에서 제외한다.

(6) 단일세율적용의 포기

「단일세율적용 원천징수신청서」를 제출한 외국인근로자가 「단일세율적용 원천징수포기신청서」를 원천징수의무자를 거쳐 원천징수 관할 세무서장에게 제출하는 경우에는 제출일이 속하는 과세기간의 다음 과세기간부터 단일세율 원천징수 규정을 적용하지 아니한다. (조특령 16조의2 ⑦, 2024.2.29. 항번개정)

단일세율 분리과세의 적용 예시[29)]

일반적으로 외국인근로자의 경우 내국인근로자와 동일한 방법에 의한 연말정산을 하는 것이 유리하나, 고소득 외국인근로자의 경우에는 외국인근로자 단일세율 분리과세를 선택하여 연말정산을 하는 것이 유리할 수 있다.

구 분		사례1	사례2	사례 3	사례 4	사례 5
A. 연말 정산	총급여액	120,000,000	130,000,000	140,000,000	150,000,000	161,000,000
	근로소득공제	15,150,000	15,350,000	15,550,000	15,750,000	15,970,000
	근로소득금액	104,850,000	114,650,000	124,450,000	134,250,000	145,030,000
	인적공제	1,500,000	1,500,000	1,500,000	1,500,000	1,500,000
	4대보험료*1	9,216,720	9,706,920	10,197,480	10,687,800	11,227,320
	과세표준	94,133,280	103,443,080	112,752,520	122,062,200	132,302,680
	산출세액	17,506,648	20,765,078	24,023,382	27,281,770	30,865,938
	근로소득세액공제	500,000	200,000	200,000	200,000	200,000
	결정세액	17,006,648	20,565,078	23,823,382	27,081,770	30,665,938
B. 단일세율(19%) 적용*2		22,800,000	24,700,000	26,600,000	28,500,000	30,590,000
C. 차이(A−B)		−5,793,352	−4,134,922	−2,776,618	−1,418,230	75,938

*1. 국민연금보험료, 건강·노인장기요양보험료를 가정하여 반영함
*2. 비과세소득은 없다고 가정하여 19% 단일세율을 적용함

위의 예시는 외국인근로자 본인의 인적공제만 적용한 것으로 대략 1억 6천 1백만원부터는 단일세율 분리과세를 신청하는 것이 유리한 것으로 나타난다. 따라서 고액연봉자인 외국인 임원 등의 경우에는 "내국인과 동일한 연말정산 방식에 따른 산출세액"과 "외국인단일세율을 적용한 산출세액"을 비교하여 유리한 방법을 선택 적용하여야 할 것이다.

29) 차재영, 박교원, 2024, 연말정산실무, 씨에프오아카데미, p. 736

✓ **조세특례제한법 제18조의2 제2항에 따른 외국인근로자 단일세율 과세특례 적용 시 '국내에서 최초로 근로를 제공한 날'을 언제로 볼 것인지 여부**

조세특례제한법[법률 제19199호(2022.12.31.)] 제18조의2 제2항의 개정규정을 적용함에 있어 2013년 이전에 국내에서 근로를 제공하였던 외국인근로자가 출국하였다가 2014년 이후 재입국하여 국내에 근로를 제공한 경우 '국내에서 최초로 근로를 제공한 날'은 2014년 1월 1일 이후에 최초로 재입국하여 근로를 제공한 날을 의미하며, 2014년 1월 1일 현재 근로를 제공하고 있는 외국인근로자의 경우에는 2014년 1월 1일을 '국내에서 최초로 근로를 제공한 날'로 보는 것임(기획재정부소득-135, 2023.2.21.)

✓ **사용자가 부담하는 외국인근로자의 본국 가입 연금보험료의 근로소득 해당 여부**

외국인근로자가 내국법인에 근로를 제공하면서 외국과의 사회보장에 관한 협정에 따라 그를 파견한 국가의 연금제도에 가입하고 파견근로를 하는 국가의 연금제도에서는 가입을 면제받도록 되어 있는 경우 외국인근로자가 본국의 법에 따라 납부하여야 할 연금보험료 중 내국법인이 부담하는 본국 연금의 사용자부담금에 대해서는 소득세법 제14조 제2항에 따른 종합소득과세표준에 합산하지 아니하는 것이나, 조세특례제한법 제18조의2에 따른 외국인근로자에 대한 과세특례를 적용할 때에는 과세대상에 포함하는 것임(기획재정부소득-103, 2016.2.26.)

✓ **단일세율 원천징수 적용한 외국인근로자의 연말정산 방법**

① 외국인근로자가 근로소득에 대하여 매월 단일세율로 원천징수할 것을 선택한 경우에는 국내에서 근무함으로써 2012년 12월 31일까지 받는 근로소득에 대한 소득세는 소득세법 제55조 제1항에도 불구하고 해당 근로소득에 15%(→ 2013년 귀속분부터는 17%, 2017년 귀속분부터는 19%)를 곱한 금액을 그 세액으로 할 수 있는 것임

② 단일세율적용원천징수신청서의 효력이 계속 유지되는 것이므로 단일세율적용원천징수신청서는 조세특례제한법 시행규칙 「별지 제8호의2 서식」에 따라 처음 근로를 제공한 날이 속하는 달의 다음 달 10일까지 1회만 제출하면 되는 것임

③ 단일세율을 적용받던 외국인근로자가 연도 중에 단일세율 적용을 포기하고 간이세액표에 의한 원천징수를 적용받고자 하는 경우에는 연간 1회(간이세액표로 원천징수하고자 하는 연도의 직전 월의 1일부터 말일까지)에 한하여 단일세율적용원천징수를 포기할 수 있는 것임(국제세원-201, 2011.5.3.)

✓ **외국인근로자의 과세특례 적용 등**

① 외국인근로자가 국내근로로 지급받는 근로소득은 을종근로소득에 포함되어 조세특례제한법 제18조2의 규정에 의한 과세특례 적용 대상이 됨

② 외화로 받는 급여의 환산은, 정기급여지급일전 환가한 경우는 환가시의 기준(재정)환율에 의하며 급여지급일이나 지급일이후 환산의 경우는 정기급여일 현재 기준환율 또는 재정환율에 의함

③ 외국법인 본점에서 파견되어 국내지점에 근무하는 근로자의 급여 일부를 본점에서 근로자에게 직접 지급하고 보상규정에 의거 추후 국내지점이 보상해 주는 경우 본점이 급여를 지급하는 시점에 미지급부채 등으로 계상하고 원천징수함(국세 46017-39, 2002.3.22.)

④ 외국인근로자가 외국법에 따라 납부해야 할 의료·연금보험료 등을 국내 고용회사가 부담하는 경우, 사용자가 부담한 건강보험료는 해당 외국인 근로자의 과세대상 근로소득이며, 연금보험료 중 사용자부담금은 비과세 근로소득에 해당함(서이 46013-10468, 2003.3.10.)

✓ 대한민국국적과 외국국적을 동시에 보유하고 있는 사람이 외국인에 포함되는지의 여부

대한민국국적과 외국국적을 함께 가지고 있는 복수국적자의 경우 외국인에게 적용되는 조세특례제한법 제18조의2[외국인근로자에 대한 과세특례]가 적용되지 않는 것임(국제세원-29, 2011.1.24.)

✓ 외국인근로자 과세특례의 적용범위

조세특례제한법 제18조의2 규정을 적용함에 있어서 외국인근로자가 과세기간 중에 대한민국의 국적을 취득한 경우에는 외국인근로자로서 지급받은 근로소득에 대하여 동조의 규정을 적용하는 것임(국제세원-448, 2009.8.31.)

✓ 내국인이 외국국적을 취득하는 경우 외국인근로자 과세특례 적용 여부

내국인이 외국국적을 취득하여 '외국인근로자'로서 지급받은 급여에 대하여는 "외국인근로자에 대한 과세특례"규정을 적용하는 것임(국제세원-2282, 2008.11.21.)

✓ 외국인근로자 과세특례 적용방법 경정청구

근로소득세액의 연말정산 또는 종합소득과세 표준확정신고를 하는 때에 조세특례제한법 제18조의2의 규정에 의하여 외국인근로자에 대한 과세특례를 적용받은 외국인근로자는 동 규정에 의한 다른 과세특례방법을 적용받기 위하여 국세기본법 제45조의2의 규정에 따른 경정청구를 할 수 있는 것임(기획재정부조세정책-382, 2010.4.8.)

✓ 단일세율을 적용받는 외국인근로자의 종합소득공제 등의 적용여부

단일세율을 적용받는 외국인근로자가 근로소득 이외의 소득에 대하여 종합소득신고를 하는 경우 기본공제, 연금보험료공제 등을 적용받을 수 있으나 특별공제는 적용받을 수 없음(서면2팀-1288, 2008.6.24.)

✓ 국내에서 근무하는 근로의 범위에 대한 회신

외국인근로자가 국외에서 내국법인에게 근로를 제공하고 지급받는 근로소득에 대하여는 조세특례제한법 제18조의2 규정이 적용되지 아니함(서면1팀-796, 2007.6.13.)

✓ 비거주자의 주식매수선택권 행사이익에 대한 외국인근로자단일세율 적용신청서 제출시기 등

내국법인의 외국인 임원이 국내에서 근무하면서 당해 내국법인으로부터 주식매수선택권(차액보상형)을 부여받아, 퇴직 후 비거주자 상태에서 이를 행사하는 경우 당해 행사이익을 지급하는 내국법인은 지급시 원천징수 및 연말정산 하는 것이며, 당해 소득에 대하여 조세특례제한법 제18조의2 제2항 규정에 의한 단일세율을 적용받고자 하는 자는 조세특례제한법 시행령 제16조의2 규정에 따라 연말정산 또는 종합소득과세표준 확정신고시에 외국인근로자단일세율적용신청서를 제출하여야 하는 것임(서면2팀-1582, 2007.8.29.)

조세특례제한법 시행규칙[별지 제8호의2서식](2024.3.22. 개정)

외국인근로자 단일세율적용 원천징수(포기)신청서

❶ 원천징수 의무자	법인명(상호)	대표자(성명)
	사업자등록번호	주민등록번호
	소재지(주소)	
❷ 소득자	성 명	외국인등록번호 또는 여권번호
	국 적	
	주 소	
❸ 구 분	[ ] 단일세율적용 신청 [ ] 단일세율적용 포기	

위의 소득자에 대하여 「조세특례제한법」 제18조의2 제5항 및 같은 법 시행령 제16조의2 제6항 또는 제7항에 따라 매월분의 근로소득을 지급할 때 단일세율의 적용(포기)을 신청합니다.

년 월 일

신청인(소득자) (서명 또는 인)

세 무 서 장 귀하

조세특례제한법 시행규칙[별지 제8호 서식](2019.3.20. 개정)

외국인근로자 단일세율적용신청서

❶ 신청인	성명	외국인등록번호
	국적	직책
	주소	

❷ 단일세율 적용신청 근로소득(과세기간: 년도)

근 무 처	사업자등록번호	소 재 지	근 로 소 득

위의 근로소득에 대하여 「조세특례제한법」 제18조의2제2항 및 같은 법 시행령 제16조의2제4항에 따라 외국인근로자 단일세율의 적용을 신청합니다.

년 월 일

신청인(소득자) (서명 또는 인)

귀하

2 벤처기업 주식매수선택권 관련 특례

(1) 벤처기업 주식매수선택권 행사이익 비과세 특례(2017.12.19. 신설)

➲ 2023.1.1. 전에 주식매수선택권을 행사하여 얻은 이익에 대한 소득세 비과세 한도에 관하여는 개정 규정에도 불구하고 종전의 규정에 따른다.(2022.12.31. 조특법 부칙 30조 ①)

➲ 아래 ①의 단서의 개정규정은 2023.1.1. 이후 주식매수선택권을 행사하는 경우부터 적용한다. 이 경우 2023.1.1. 전에 주식매수선택권을 행사하여 얻은 이익은 누적 금액에 포함하지 아니한다.(2022.12.31. 조특법 부칙 30조 ②)

① 벤처기업 또는 벤처기업이 인수한 기업의 임원 또는 종업원(이하 "벤처기업 임원 등"이라 한다)이 해당 벤처기업으로부터 2027.12.31. 이전에 부여받은 주식매수선택권을 행사(벤처기업 임원 등으로서 부여받은 주식매수선택권을 퇴직 후 행사하는 경우를 포함)함으로써 얻은 이익(주식매수선택권 행사 당시의 시가와 실제 매수가액과의 차액을 말하며, 주식에는 신주인수권을 포함한다. 이하 "벤처기업 주식매수선택권 행사이익"이라 한다) 중 연간 2억원 이내의 금액에 대해서는 소득세를 과세하지 아니한다. 다만, 소득세를 과세하지 아니하는 벤처기업 주식매수선택권 행사이익의 벤처기업별 총 누적 금액은 5억원을 초과하지 못한다.(조특법 16조의2 ①, 2024.12.31. 개정)

② 위 '①'이 적용되는 주식매수선택권은 벤처기업육성에 관한 특별법 제16조의3에 따라 부여받은 주식매수선택권 및 상법 제340조의2 또는 제542조의3에 따라 부여받은 주식매수선택권(코넥스상장기업으로부터 부여받은 경우로 한정한다)으로 한정한다.(조특법 16조의2 ②, 2024.1.9. 법명개정)

➲ ②의 신설조문은 종전 조문에서 문단을 구분한 것에 불과하며 내용은 종전과 동일함

③ 위 '①'에서 "벤처기업이 인수한 기업"이란 벤처기업(벤처기업육성에 관한 특별법에 따른 벤처기업을 말하며, 이하 같다)이 발행주식 총수의 30% 이상을 인수한 기업을 말한다.(조특령 14조의2 ①, 2022.2.15. 신설)

④ 원천징수의무자는 위 '①'을 적용하는 경우 「비과세특례적용명세서」를 벤처기업 주식매수선택권 행사일이 속하는 연도의 다음 연도 2월 말일까지 원천징수 관할 세무서장에게 제출해야 한다. 다만, 아래 (2)의 벤처기업 주식매수선택권 행사이익 납부특례 또는 아래 (3)의 벤처기업 주식매수선택권 행사이익 과세특례를 적용받기 위하여 「특례적용대상명세서」를 원천징수 관할 세무서장에게 제출한 경우에는 그렇지 않다.(조특령 14조의2 ②, 2022.2.15. 항번개정)

⑤ 원천징수의무자는 "벤처기업임원등"이 주식매수선택권 행사로 취득한 주식이 입고된 계좌를 관리하는 금융회사등에 해당 주식의 주식매수선택권 행사 당시 시가 정보를 제공해야 한다.(조특령 14조의2 ③, 2025.2.28. 신설)

➲ 2025.2.28. 이후 주식매수선택권을 행사하는 경우부터 적용한다.(2025.2.28. 조특령 부칙 6조)

PART 2

(2) 벤처기업 주식매수선택권 행사이익 납부특례

1) 개요

➲ 2023.1.1. 이후 주식매수선택권을 행사하는 경우부터 적용한다.(2022.12.31. 조특법 부칙 6조)

벤처기업 임원 등이 2027.12.31. 이전에 벤처기업육성에 관한 특별법 제16조의3에 따라 부여받은 주식매수선택권 및 상법 제340조의2 또는 제542조의3에 따라 부여받은 주식매수선택권을 행사함으로써 발생한 벤처기업 주식매수선택권 행사이익[위 '(1)'에 따라 비과세되는 금액은 제외한다]에 대한 소득세는 다음에 따라 납부할 수 있다. 다만, 주식매수선택권의 행사가격과 시가와의 차액을 현금으로 교부받는 경우에는 그러하지 아니하다.(조특법 16조의3 ①, 2024.12.31. 개정)

① 벤처기업 주식매수선택권 행사이익에 대하여 벤처기업 임원 등이 원천징수의무자에게 납부특례의 적용을 신청하는 경우 소득세를 원천징수하지 아니한다.(조특법 16조의2 ① 1, 2017.12.19. 개정)

② 위 '①'에 따라 원천징수를 하지 아니한 경우 벤처기업 임원 등은 주식매수선택권을 행사한 날이 속하는 과세기간의 종합소득금액에 대한 종합소득과세표준 확정신고 및 확정신고납부 시 벤처기업 주식매수선택권 행사이익을 포함하여 종합소득 과세표준을 신고하되, 다음의 "분할납부세액"은 제외하고 납부할 수 있다.(조특법 16조의2 ① 2, 2017.12.19. 개정, 조특령 14조의3 ①, 2018.2.13. 개정)

$$\text{분할납부세액} = \left[\begin{array}{c}\text{해당 과세기간의}\\\text{종합소득금액에}\\\text{대한 결정세액}\end{array} - \begin{array}{c}\text{해당 과세기간의 종합소득금액에서}\\\text{주식매수선택권 행사이익에 따른}\\\text{소득금액}^{*1}\text{을 제외하여 산출한 결정세액}\end{array}\right] \times \frac{4}{5}^{*2}$$

*1. 위 (1)의 규정(조특법 제16조의2)에 따라 비과세되는 금액은 제외한다.(조특령 14조의2 ①)

*2. 2016.1.1. 이후 부여받는 주식매수선택권부터 $\frac{4}{5}$를 적용한다.(2015.12.15. 개정, 조특법 부칙 8조)

③ 위 '②'에 따라 소득세를 납부한 경우 벤처기업 임원 등은 주식매수선택권을 행사한 날이 속하는 과세기간의 다음 4개 연도의 종합소득과세표준 확정신고 및 확정신고납부 시 분할납부세액의 4분의 1에 해당하는 금액을 각각 납부하여야 한다.(조특법 16조의2 ① 3, 2015.12.15. 개정)

➲ 2016.1.1. 이후 부여받는 주식매수선택권부터 적용한다.(2015.12.15. 조특법 부칙 8조)

2) 분할납부 중 출국하는 경우

벤처기업 임원 등이 소득세를 분할납부하는 중 출국하는 경우에는 출국일이 속하는 과세기간의 과세표준을 출국일 전날까지 신고하여야 한다.(조특법 16조의2 ②, 2013.8.13. 신설, 소법 74조 ④)

3) 분할납부의 신청

① 소득세를 분할납부하려는 벤처기업 임원 등은 주식매수선택권을 행사한 날이 속하는 달의 다음 달 5일까지 「특례적용신청서」를 원천징수의무자에게 제출하여야 한다.(조특령 14조의3 ②, 2014.2.21. 신설)

② 「특례적용신청서」를 제출받은 원천징수의무자는 「특례적용대상명세서」를 주식매수선택권을 행사한 날이 속하는 달의 다음 달 10일까지 원천징수 관할 세무서장에게 제출하여야 한다.(조특령 14조의3 ③, 2014.2.21. 신설)

③ 「특례적용신청서」를 제출한 벤처기업 임원 등은 주식매수선택권을 행사한 날이 속하는 과세기간의 종합소득금액에 대한 종합소득과세표준 확정신고를 할 때 「특례적용신청서」의 사본을 납세지 관할 세무서장에게 제출하여야 한다.(조특령 14조의3 ④, 2014.2.21. 신설)

④ 주식매수선택권을 행사한 날이 속하는 달의 다음 달 5일까지 「특례적용신청서」를 제출하지 아니한 벤처기업 임원 등으로서 소득세를 분할납부하려는 자는 주식매수선택권을 행사한 날이 속하는 과세기간의 종합소득금액에 대한 종합소득과세표준 확정신고를 할 때 「특례적용신청서」를 납세지 관할 세무서장에게 제출하여야 한다.(조특령 14조의3 ⑤, 2014.2.21. 신설)

⑤ 「특례적용신청서」를 제출받은 원천징수의무자는 벤처기업임원등이 주식매수선택권 행사로 취득한 주식이 입고된 계좌를 관리하는 금융회사등에 해당 주식의 주식매수선택권 행사 당시 시가 정보를 제공해야 한다.(조특령 14조의3 ⑥, 2025.2.28. 신설)

➲ 2025.2.28. 이후 원천징수의무자가 특례적용신청서를 제출받는 경우부터 적용한다.(2025.2.28. 조특령 부칙 7조)

✓ **2023.1.1. 전 벤처기업으로부터 부여받은 주식매수선택권을 2023.1.1. 이후 행사시 적용법률 등**
벤처기업육성에 관한 특별조치법 제2조 제1항에 따른 벤처기업이 임직원에게 같은 법 제16조의3에 따라 주식매수선택권을 부여한 후 증권을 코스닥시장에 상장하였고 해당 임직원이 부여받은 주식매수선택권을 2023.1.1. 이후 행사하는 경우에, 위 벤처기업 주식매수선택권 행사이익에 대해서는 조세특례제한법(법률 제19199호, 2022.12.31, 일부개정된 것) 제16조의2, 제16조의3, 제16조의4에 규정된 각각의 요건을 충족한 경우라면 해당 특례를 적용받을 수 있는 것임(사전법규소득 2023-254, 2023.10.19.)

✓ **주식매수선택권 행사시점에 벤처기업이 아니게 된 경우 조세특례제한법 16조의2, 16조의3의 과세특례 적용여부 등**
벤처기업으로부터 주식매수선택권을 부여받았으나 이를 행사할 때 그 주식매수선택권의 부여법인이 벤처기업에 해당하지 않게 되었다 하더라도, 조세특례제한법 제16조의2, 제16조의3에 규정된 각각의 요건을 충족한 경우라면 해당 특례를 적용받을 수 있는 것임(서면법령해석소득 2021-4303, 2021.10.14.)

✓ **주식매수선택권 행사시 일부 과세특례를 적용받지 않는 주식에 대한 주식매수선택권 행사이익의 납부특례 적용여부**
벤처기업의 임직원이 부여받은 주식매수선택권 중 일부만 조세특례제한법 제16조의4에 따른 과세특례를 선택하여 적용받을 수 있으며, 조세특례제한법 제16조의4에 따른 과세특례를 적용받지 아니하여 종합소득세를 신고·납부하여야 하는 경우 벤처기업 주식매수선택권 행사이익(조세특례제한법 제16조의2에 따라 비과세되는 금액은 제외)에 대한 소득세는 조세특례제한법 제16조의3에 따라 납부특례를 적용받을 수 있는 것임(서면법령해석소득 2019-1328, 2019.9.11.)

✓ **퇴사 이후 비거주자 상태에서 주식매수선택권 행사 시 조특법 제16조의3에 따른 납부특례 적용가능 여부**
벤처기업 임원 등이 부여받은 주식매수선택권을 퇴사 후 행사하는 경우 조특법 16조의3에 따른 납부특례를 적용받을 수 있는 것이나, 비거주자 상태에서 행사하는 경우 납부특례를 적용받을 수 없는 것임(사전법령해석소득 2018-615, 2018.11.5.)

(3) 벤처기업 주식매수선택권 행사이익에 대한 과세특례

1) 소득세의 비과세

벤처기업 또는 벤처기업이 인수한 기업의 임원 또는 종업원(이하 "벤처기업 임직원"이라 한다)이 2027.12.31. 이전에 해당 벤처기업으로부터 부여받은 주식매수선택권으로서 다음의 요건을 갖춘 주식매수선택권(이하 "적격주식매수선택권"이라 한다)을 행사함으로써 발생한 벤처기업 주식매수선택권 행사이익에 대해서 벤처기업 임직원이 제2항을 적용받을 것을 신청한 경우에는 소득세법 제20조 또는 제21조에도 불구하고 주식매수선택권 행사시에 소득세를 과세하지 아니할 수 있다.(조특법 16조의4 ①, 2024.12.31. 개정)

다만, 주식매수선택권의 행사 당시 실제 매수가액이 해당 주식매수선택권 부여 당시의 시가보다 낮은 경우 그 차액(이하 "시가 이하 발행이익"이라 한다)에 대해서는 주식매수선택권 행사시에 근로소득 또는 기타소득에 대한 소득세를 과세한다.(조특법 16조의4 ①, 2021.12.28. 단서신설)

➲ ① 단서규정(시가 이하 발행이익에 관한 부분은 제외)은 2022.1.1. 이전에 벤처기업육성에 관한 특별법 제16조의3에 따라 부여받은 주식매수선택권을 2021.1.1. 이후에 행사하는 경우에도 적용한다.(2021.12.28. 조특법 부칙 6조 ②)
② 단서규정(시가 이하 발행이익에 관한 부분에 한정한다)은 2022.1.1. 이후 주식매수선택권을 부여받은 분부터 적용한다.(2021.12.28. 조특법 부칙 6조 ③)

① 벤처기업육성에 관한 특별법 제16조의3에 따른 주식매수선택권으로서 다음의 요건을 갖출 것(조특법 16조의4 ① 1, 2024.1.9. 법명개정, 조특령 14조의4 ⑤)
㉠ 벤처기업이 주식매수선택권을 부여하기 전에 주식매수선택권의 수량·매수가액·대상자 및 기간 등에 관하여 주주총회의 결의를 거쳐 벤처기업 임직원과 약정할 것
㉡ 위 '㉠'에 따른 주식매수선택권을 다른 사람에게 양도할 수 없을 것
㉢ 주식매수선택권을 부여받은 벤처기업 임직원이 사망 또는 정년을 초과하거나 그 밖에 자신에게 책임 없는 사유로 퇴임 또는 퇴직한 경우를 제외하고는 벤처기업육성에 관한 특별조치법 제16조의3 제1항에 따른 주주총회의 결의가 있는 날부터 2년 이상 해당 법인에 재임 또는 재직한 후에 주식매수선택권을 행사할 것(조특칙 8조의4, 2023.3.20. 개정)

② 해당 벤처기업으로부터 부여받은 주식매수선택권의 행사일부터 역산하여 2년이 되는 날이 속하는 과세기간부터 해당 행사일이 속하는 과세기간까지 전체 행사가액의 합계(이하 "전체 행사가액"이라 한다)가 5억원 이하일 것(조특법 16조의4 ① 2, 2016.12.20. 개정)

2) 적용 특례

위 '1)'의 규정은 벤처기업 임직원이 적격주식매수선택권을 행사하는 시점에 그 주식매수선택권을 부여한 기업이 더 이상 벤처기업에 해당하지 아니하게 된 경우에도 적용한다.(조특법 16조의4 ⑨, 2022.12.31. 신설)

3) 특례적용 벤처기업 임직원의 범위

"벤처기업이 인수한 기업"이란 벤처기업이 발행주식 총수의 30% 이상을 인수한 기업을 말하며, "벤처기업 임직원"이란 벤처기업육성에 관한 특별법 제16조의3 제1항에 따른 주식매수선택권을 부여받은 임직원(벤처기업육성에 관한 특별법 제16조의3 제1항에 따른 주주총회의 결의가 있는 날 현재 다음 중 하나에 해당하는 자는 제외한다.(조특령 14조의4 ①,

2024.7.2. 법명개정) ➲ 2022.2.15.부터 시행한다.(2022.2.15. 조특령 부칙 1조)

① 부여받은 주식매수선택권을 모두 행사하는 경우 해당 법인의 발행주식 총수의 10%를 초과하여 보유하게 되는 자

② 해당 법인의 주주로서 법인세법 시행령 제43조 제7항에 따른 지배주주 등에 해당하는 자

③ 해당 법인의 발행주식 총수의 10%를 초과하여 보유하는 주주

④ 위 '③'의 주주와 국세기본법 시행령 제1조의2 제1항 및 같은 조 제3항 제1호에 따른 친족관계 또는 경영지배관계에 있는 자

4) 신청절차

① 소득세의 비과세를 적용받으려는 벤처기업 임직원은 다음의 요건을 모두 충족하는 전용계좌를 개설하여야 한다.(조특법 16조의4 ⑧, 조특령 14조의4 ⑩)

㉠ 벤처기업 임직원 본인의 명의로 개설할 것

㉡ 금융투자업자가 벤처기업 임직원의 다른 매매거래계좌와 구분하여 '주식매수선택권 전용계좌'의 명칭으로 별도로 개설·관리할 것

㉢ 주식매수선택권 행사로 취득한 주식만을 거래할 것

㉣ 계좌 개설 이후 1개월 내에 주식이 입고되지 않을 경우에는 해당 계좌를 폐쇄하는 내용으로 사전에 약정할 것

② 소득세의 비과세를 적용받으려는 벤처기업 임직원은 「특례적용신청서」에 「주식매수선택권 전용계좌개설확인서」를 첨부하여 주식매수선택권 행사일 전일까지 해당 벤처기업에 제출해야 한다.(조특령 14조의4 ②, 2023.2.28. 개정)

③ 「특례적용신청서」를 제출받은 벤처기업은 주식매수선택권 행사로 지급하는 주식을 주식매수선택권 전용계좌로 입고하고, 「주식매수선택권 행사주식지급명세서」와 「특례적용대상명세서」를 주식매수선택권을 행사한 날이 속하는 달의 다음 달 10일까지 원천징수 관할 세무서장에게 제출하여야 한다.(조특령 14조의3 ③, 2023.2.28. 자구수정)

④ 자본시장과 금융투자업에 관한 법률 제8조 제1항에 따른 금융투자업자(이하 "금융투자업자"라 한다)는 「주식매수선택권 전용계좌거래현황신고서」를 매분기 종료일의 다음 달 말일까지 본점 또는 주사무소 소재지 관할 세무서장에게 제출하여야 한다.(조특령 14조의4 ④, 2023.2.28. 자구수정)

⑤ 적격주식매수선택권을 부여하는 벤처기업 및 금융투자업자는 적격주식매수선택권의 부여 및 행사와 관련한 자료, 적격주식매수선택권의 행사로 취득한 주식의 이체자료 등 특례를 적용하기 위하여 필요한 자료로서 「주식매수선택권 행사주식지급명세서」, 「특례적용대상명세서」 및 「주식매수선택권 전용계좌거래현황신고서」를 납세지 관할

세무서장에게 제출하여야 한다.(조특법 16조의4 ⑥, 조특령 14조의4 ⑨)

5) 양도소득세의 과세

① 적격주식매수선택권 행사시 위 '1)'에 따라 소득세를 과세하지 아니한 경우 적격주식매수선택권 행사에 따라 취득한 주식(해당 주식의 보유를 원인으로 해당 벤처기업의 잉여금을 자본에 전입함에 따라 무상으로 취득한 주식을 포함)을 양도하여 발생하는 양도소득[앞의 '(1)'의 규정(조특법 16조의2)에 따라 비과세되는 금액은 제외한다]에 대해서는 주식 등에 해당하는 것으로 보아 양도소득세를 과세한다.(조특법 16조의4 ②, 2024.12.31. 개정)

② 양도소득세를 과세하는 경우 양도소득금액은 다음 계산식에 따라 계산한 금액으로 한다.(조특법 16조의4 ③, 2024.12.31. 개정)

➲ 2023.1.1.부터 시행한다.(2022.12.31. 조특법 부칙 1조)

• 양도소득금액 = A – B – (C – D)

A : 적격주식매수선택권 행사에 따라 취득한 주식의 양도가액
B : 적격주식매수선택권 행사 당시의 실제 매수가액과 적격주식매수선택권 부여 당시의 시가 중 큰 금액
C : 조세특례제한법 제16조의2에 따라 비과세되는 금액
D : 시가 이하 발행이익에 대하여 조세특례제한법 제16조의2에 따라 비과세를 적용받은 금액

✓ 주식매수선택권 행사로 취득한 주식의 취득가액 산정방법

조세특례제한법 제16조의4에 따른 '벤처기업 주식매수선택권 행사이익에 대한 과세특례'를 적용함에 있어 같은 조 제2항에 따라 양도소득세를 과세하는 경우 주식매수선택권 행사로 취득한 주식의 취득가액은 같은 조 제3항에 따라 적격주식매수선택권 행사 당시의 실제 매수가액으로 하는 것임(서면자본거래 2021-5447, 2021.9.6.)

③ 양도소득세를 납부하려는 벤처기업 임직원은 양도소득과세표준을 신고하는 경우 「특례적용신청서」 제출에 대하여 해당 벤처기업이 발급하는 「특례신청확인서」를 납세지 관할 세무서장에게 제출하여야 한다.(조특령 14조의4 ⑥)

④ 양도소득세를 과세하는 경우에는 제14조(창업자 등에의 출자에 대한 과세특례) 제1항 제7호를 적용하지 아니한다.(조특법 16조의4 ⑦)

7) 법인의 손금불산입

위 '1)'에 따라 소득세를 과세하지 아니한 경우(주식매수선택권 행사 이후 아래 '8)'에 따라 소득세를 과세한 경우를 포함)에는 해당 주식매수선택권의 행사에 따라 발생하는 비용으로서 약정된 주식매수시기에 약정된 주식의 매수가액과 시가의 차액(주식매수선택권의 행사 당시 실제 매수가액이 해당 주식매수선택권 부여 당시의 시가보다 낮은 주식매수선택권의 경우에는 시가 이하 발행이익을 제외한 금액)을 해당 벤처기업의 각 사업연도의 소득금액을 계산할 때 손금에 산입하지 아니한다.(조특법 16조의4 ④, 조특령 14조의4 ⑦, 2022.2.15. 단서 신설) ➲ 2022.2.15.부터 시행한다.(2022.2.15. 조특령 부칙 1조)

8) 사후관리

벤처기업 임직원이 다음 중 하나에 해당하는 경우 위 '1)의 ②'에 따른 기간 내에 주식매수선택권을 행사함으로써 얻은 모든 이익(아래 '①'의 경우에는 증여 또는 처분한 주식에 대한 벤처기업 주식매수선택권 행사이익)을 근로소득 또는 기타소득으로 과세하며, 이 경우 소득의 귀속시기는 다음의 구분에 따른 날이 속하는 과세연도로 한다.(조특법 16조의4 ⑤, 2022.12.31. 개정, 조특령 14조의4 ⑧)

① 적격주식매수선택권 행사로 취득한 주식을 증여하거나 행사일부터 1년이 지나기 전에 처분하는 경우(다음의 부득이한 사유가 있는 경우는 제외한다) : 증여일 또는 처분일
   ㉠ 주식매수선택권을 부여한 벤처기업이 파산하는 경우
   ㉡ 채무자 회생 및 파산에 관한 법률에 따른 회생절차에 따라 법원의 허가를 받아 주식을 처분하는 경우
   ㉢ 합병·분할 등에 따라 해당 법인의 주식을 처분하고 합병법인 또는 분할신설법인의 신주를 지급받는 경우

② 전체 행사가액이 5억원을 초과하는 경우 : 전체 행사가액이 5억원을 초과한 날

③ 주식매수선택권 전용계좌를 통하여 주식매수선택권 행사로 취득한 주식 외의 주식을 거래한 경우 : 주식매수선택권 행사로 취득한 주식 외의 주식을 최초로 거래한 날(조특법 16조의4 ⑤ 3, 2022.12.31 신설)

   ➲ 2023.1.1. 이후 전용계좌를 통해 주식을 거래하는 경우부터 적용한다.(2022.12.31. 조특법 부칙 7조)

✓ **주식매수선택권 행사가액이 5억원을 초과하는 경우, 5억원에 대한 조세특례제한법 16조의4 과세 특례 적용 여부**

벤처기업으로부터 부여받은 주식매수선택권의 행사일부터 역산하여 2년이 되는 날이 속하는 과세기간부터 해당 행사일이 속하는 과세기간까지 전체 행사가액의 합계가 5억원을 초과하는 경우 조세특례제한법 제16조의4 제1항 제2호에 따른 과세특례를 적용받을 수 없음(서면법령해석소득 2021-4226, 2021.9.29.)

✓ **전용계좌 관련 의무 위반 시 벤처기업 스톡옵션 과세이연 특례 적용 여부 및 적용배제 시의 귀속시기**

전용계좌*를 통해 벤처기업 스톡옵션 과세이연 특례 적용 대상이 아닌 일반기업 주식을 취득한 경우

* 전용계좌를 통해서는 특례 대상 벤처기업 주식만을 거래해야 함(조특칙 8조의4)

[질의 1]

전용계좌에 남아있는 벤처기업 주식에 대해서 과세이연 특례 적용이 배제되는지 여부

〈제1안〉 적용 배제

〈제2안〉 적용 배제되지 않음

[질의 2]

[질의 1]에서 특례 적용이 배제되어 근로·기타소득세*를 과세할 경우 그 귀속시기

* 스톡옵션을 퇴사 후에 행사하는 경우에는 행사차익이 기타소득세로 과세됨

〈제1안〉 스톡옵션 행사 시점

〈제2안〉 행사 후 전용계좌를 통해 일반주식을 취득한 시점

[회신]

[질의 1]과 [질의 2] 모두 제1안이 타당함(기획재정부금융세제-119, 2022.5.11.)

✓ **적격주식매수선택권을 행사하여 취득한 주식중 일부 계좌의 주식을 1년이 지나기 전에 처분한 경우 조특법 16조의4 특례적용여부**

주식매수선택권 행사이익에 대한 과세특례 적용을 신청한 벤처기업의 임직원이 적격주식매수선택권 행사로 취득한 주식을 행사일로부터 1년이 지나기 전에 일부 처분하는 경우 과세특례 적용을 신청한 주식매수선택권 행사이익에 대하여 근로소득 또는 기타소득으로 과세하는 것임(서면법령해석소득 2019-758, 2020.9.29.)

✓ **벤처기업 임직원이 부여받은 주식매수선택권을 퇴사 후 행사하는 경우 주식매수선택권 행사이익 과세특례 적용여부**

벤처기업의 임원 또는 종업원으로서 조세특례제한법 시행령 제14조의4 제1항으로 정하는 자가 해당 벤처기업으로부터 부여받은 적격주식매수선택권을 퇴직 후 행사하는 경우 조세특례제한법 제16조의4 벤처기업 주식매수선택권행사이익에 대한 과세특례를 적용받을 수 있는 것임(사전법령해석소득 2019-634, 2019.12.17.)

• 제 7 절 근로소득에 대한 조세특례제한법상의 감면규정

1 외국인기술자에 대한 소득세의 감면

(1) 개 요

① 일정한 외국인기술자가 국내에서 내국인에게 근로를 제공하고 받는 근로소득으로서 그 외국인기술자가 국내에서 최초로 근로를 제공한 날(2026.12.31. 이전인 경우만 해당한다)부터 10년이 되는 날이 속하는 달까지 발생한 근로소득에 대해서는 소득세의 50%에 상당하는 세액을 감면한다.(조특법 18조 ①, 2023.12.31. 개정)

➲ 2023.1.1. 당시 국내에서 최초로 근로를 제공한 날부터 5년이 지나지 아니한 외국인기술자에 대해서도 적용한다.(2022.12.31. 조특법 부칙 9조)

② 외국인기술자 중 소재·부품·장비산업 경쟁력강화를 위한 특별조치법 제16조에 따른 특화선도기업 등에서 근무하는 사람의 경우에는 국내에서 내국인에게 근로를 제공하고 받는 근로소득으로서 그 외국인기술자가 국내에서 최초로 근로를 제공한 날(2022.12.31. 이전인 경우만 해당한다)부터 3년이 되는 날이 속하는 달까지 발생한 근로소득에 대해서는 소득세의 70%에 상당하는 세액을 감면하고, 그 다음 달 1일부터 2년이 되는 날이 속하는 달까지 발생한 근로소득에 대해서는 소득세의 50%에 상당하는 세액을 감면한다.(조특법 18조 ① 단서신설, 2019.12.31. 개정, 조특령 16조 ②, 2020.2.11. 신설)

➲ ②의 신설규정은 2020.1.1. 이후 소재·부품·장비 관련 외국인기술자가 국내에서 최초로 근로를 제공하는 분부터 적용한다.(2019.12.31. 조특법 부칙 11조)

➲ 소재·부품·장비산업 경쟁력강화를 위한 특별조치법은 2020.3.31.까지는 "법률 제16859호 소재·부품전문기업 등의 육성에 관한 특별법 전부개정법률"로 본다.(2020.2.11. 조특령 부칙 23조 ①)

(2) 감면대상 외국인기술자의 범위

대한민국의 국적을 가지지 아니한 사람으로서 다음 중 하나에 해당하는 사람을 말한다. (조특령 16조 ①)

① 엔지니어링산업 진흥법 제2조 제5호에 따른 엔지니어링기술의 도입계약(계약금액이 30만달러 이상인 도입계약)에 의하여 국내에서 기술을 제공하는 사람(조특령 16조 ① 1, 조특칙 9조 ①, 2021.2.17. 개정)

② 다음의 요건을 모두 갖춘 사람(조특령 16조 ① 2, 2021.2.17. 개정)

➲ 2021.2.17. 이후 외국인기술자가 최초로 국내에서 근로계약을 체결하는 경우부터 적용한다.(2021.2.17. 조특령 부칙 3조)

㉠ 자연계·이공계·의학계 분야의 학사 학위 이상을 소지한 사람일 것. 이때 자연계·이공계·의학계 분야의 예시는 [별표 1의2]와 같다.(조특령 16조 ① 2 가, 조특칙 9조 ②, 2021.3.16. 개정)

㉡ 외국의 대학과 그 부설연구소, 국책연구기관 및 기업부설연구소(이하 "국외연구기관등"이라 한다)에서 5년(박사 학위를 소지한 사람의 경우에는 박사 학위 취득 전 경력을 포함하여 2년) 이상 연구개발 및 기술개발 경험이 있을 것(조특령 16조 ① 2 나, 조특칙 9조 ③, 2021.3.16. 개정)

이 규정을 적용할 때 국외연구기관등에서 연구원(행정 사무만을 담당하는 사람은 제외)으로 근무한 기간이 합산하여 5년(박사 학위를 소지한 사람의 경우에는 박사 학위 취득 전 경력을 포함하여 2년을 말하며, 학위 취득 기간 및 휴직 등으로 인해 실제로 연구원으로 근무하지 않은 기간을 제외한다) 이상인 경우에는 연구개발 및 기술개발 경험이 있는 것으로 본다.(조특령 16조 ① 2 나, 조특칙 9조 ④, 2021.3.16. 신설)

㉢ 근로를 제공하는 기업과 국세기본법 시행령 제1조의2 제1항에 따른 친족관계 또는 같은 조 제3항에 따른 경영지배관계에 있지 않을 것. 다만, 경영지배관계에 있는지를 판단할 때 국세기본법 시행령 제1조의2 제4항 제1호 나목(☞ 임원의 임면권의 행사, 사업방침의 결정 등 법인의 경영에 대하여 사실상 영향력을 행사하고 있다고 인정되는 경우)의 요건은 적용하지 않는다.(2024.2.29. 개정)

➲ 2024.2.29. 전에 근로를 제공한 경우의 소득세 감면요건은 개정규정(☞ 과세연도 종료일 기준 판단 규정 삭제)에도 불구하고 종전의 규정에 따른다.(2024.2.29. 조특령 부칙 19조 ①)

㉣ 다음 중에 해당하는 사람일 것(2024.2.29. 개정)

➲ 2024.2.29. 이 속하는 과세연도에 근로를 제공하는 경우부터 적용한다.(2024.2.29. 조특령 부칙 19조 ②)

ⓐ 제16조의3 제2항의 기관또는 부서(☞ 내국인 우수 인력의 국내복귀에 대한 소득세 감면규정에서의 감면대상 연구기관 또는 부서)에서 연구원(행정 사무만을 담당하는 사람은 제외한다)으로 근무하는 사람

ⓑ 출입국관리법 시행령 [별표 1의2] 제14호의 교수(E-1) 체류자격에 해당하는 사람으로서 연구개발특구의 육성에 관한 특별법 제2조 제1호의 연구개발특구 또는 첨단의료복합단지 육성에 관한 특별법 제2조 제1호의 첨단의료복합단지에 소재한 제16조의3 제2항 제4호의 기관에서 전문 분야의 교육 또는 지도 활동에 종사하는 사람

ⓒ 첨단산업 인재혁신 특별법 제28조 제1항에 따른 우수 해외인재(2025.2.28. 신설)

➲ 2025.2.28. 이후 우수 해외인재가 지급받는 근로소득부터 적용한다.(2025.2.28. 조특령 부칙 8조)

(3) 감면대상 소득에 대한 원천징수 방법

원천징수의무자가 소득세가 감면되는 근로소득을 지급할 때에는 징수할 소득세에서 감면하는 세액을 제외한 금액을 원천징수한다.(조특법 18조 ③, 2019.12.31. 개정)

(4) 감면신청

① 소득세를 감면받으려는 사람은 근로를 제공한 날이 속하는 달의 다음달 10일까지 원천징수의무자를 거쳐 원천징수 관할 세무서장에게 「세액감면신청서」를 제출하여야 한다.(조특령 16조 ③)

② 감면요건에 해당하여 「세액감면신청서」를 제출할 때에는 다음의 내용이 포함된 증명서를 함께 제출해야 한다.(조특칙 9조 ⑤, 2021.3.16. 신설)

㉠ 감면신청자의 이름

㉡ 국외연구기관등의 명칭 및 주소

㉢ 국외연구기관등에서 근무한 기간, 근무부서, 연구분야 및 해당 부서 책임자의 확인

✓ 외국인기술자 감면 적용시 최초 근로제공일의 의미

[사실관계]

- 질의법인은 2007년 창업한 항공기 부품설계 사업을 주업으로 하는 중소기업임
- 외국인기술자 A와 B는 내국법인 甲사에서 기술도입사업을 위해 근무하고 구 조세특례제한법 제18조 제2항에 따라 소득세를 면제
  - A의 근무기간 : 2000년 2월부터 2001년 6월까지
  - B의 근무기간 : 1998년 10월부터 2001년 11월까지
- 질의법인은 甲사의 기술용역계약 하도급업자로 항공기구조설계 기술지원 용역계약을 체결하고 외국인기술자 A와 B를 고용하고 이들에게 지급한 급여를 구 조세특례제한법 제18조 제1항에 따라 소득세를 면제하였음
  - A의 근무기간 : 2008년 1월부터 2010년 1월까지
  - B의 근무기간 : 2007년 5월부터 현재까지

[질의]

구 조특법 제18조 제1항 규정상 감면기간은 "외국인기술자가 국내에서 최초로 근로를 제공한 날부터 5년이 되는 날까지"인 바, 질의 사례의 경우 감면기간 기산일이 같은 법 제18조 제2항 규정에 따라 감면받기 위해 근로를 제공한 날인지 같은 법 제18조 제1항에 따라 국내에서 다시 근로를 제공한 날인지 여부

[회신]

구 조세특례제한법 제18조 제1항의 규정에 따라, 외국인기술자가 국내에서 내국인에게 근로를 제공하고 지급받는 근로소득으로서 당해 외국인기술자가 국내에서 최초로 근로를 제공한 날부터 5년

이 되는 날이 속하는 달까지 발생한 근로소득에 대하여는 소득세를 면제하는 것이며, 귀 질의사례와 같이 구 조세특례제한법 제18조 제2항에 따라 소득세를 면제받았던 외국인기술자가 재입국하여 구 조세특례제한법 제18조 제1항에 따라 소득세를 면제받는 경우에 "국내에서 최초로 근로를 제공한 날"이란 구 조세특례제한법 제18조 제2항에 따라 소득세를 면제받기 위해 최초로 국내에 근로를 제공한 날을 말하는 것임(국제세원-137, 2012.3.21.)

✓ 대한민국국적과 외국국적을 동시에 보유하고 있는 사람이 외국인에 포함되는지의 여부

대한민국국적과 외국국적을 함께 가지고 있는 복수국적자의 경우 외국인에게 적용되는 조세특례제한법 제18조[외국인기술자에 대한 소득세의 감면]가 적용되지 않는 것임(국제세원-29, 2011.1.24.)

✓ 외국인기술자의 소득세는 국내에 최초로 근로를 제공한 날부터 연속적으로 5년이 되는 날이 속하는 달까지의 소득세 등을 면제함

비영리법인인 연구기관이 외국인 기술자를 연구원으로 고용하고 연구활동에 대하여 지급하는 보수는 입국하여 국내에서 최초로 근로를 제공한 날부터 연속적으로 5년이 되는 날이 속하는 달까지 소득세(주민세 포함)가 면제되는 것으로, 이 경우 근로를 제공하지 아니한 퇴직기간도 동 감면기간에 포함되는 것임(서면2팀-1449, 2004.7.13.)

✓ 이직한 외국인기술자의 근로소득세액감면

외국인기술자의 범위에는 임원 또는 사용인 여부에 불문하는 것이나, 자기가 습득한 산업기술을 직접 제공하는 자에 한하여 적용하는 것임(국제세원-283, 2009.6.3.)

✓ 외국법인 한국지점에 근무하는 외국인기술자가 받는 근로소득 소득세 면제 여부

외국인 기술자가 국내에서 내국인에게 근로를 제공하고 지급 받는 근로소득에 대한 소득세 면제규정이므로 외국인기술자가 외국법인에게 근로를 제공하고 지급받는 근로소득은 소득세 면제대상이 되지 않음(국제세원-613, 2009.12.11.)

✓ 외국법인의 국내지점에 파견되어 용역을 수행하는 외국인기술자의 소득세 감면

외국법인이 내국법인과 「조세특례제한법 시행규칙」 제9조 제1항에 따른 엔지니어링기술도입계약을 체결하고, 해당 외국법인 소속의 외국인기술자가 외국법인의 국내지점에 파견되어 국내에서 내국법인에게 기술을 제공하고 외국법인의 국내지점으로부터 지급받는 급여는 소득세가 감면되는 것임(국제세원-423, 2011.9.2.)

✓ 해외 장기출장 중인 외국인기술자의 근로소득에 대한 감면적용 여부

외국인기술자가 내국법인과 고용계약을 체결하고 대가를 지급받을 때 일부는 국내에서 용역을 수행하고 일부는 국외에서 용역을 수행하는 경우, 국내 용역수행에 따른 대가에 한하여 국내원천소득으로 조특법상 면제대상 근로소득에 해당하는 것임(국제세원-529, 2010.11.26.)

✓ 외국인기술자에 대한 소득세의 면제

외국인기술자에 대한 소득세면제는 기한을 경과하여 세액면제신청서를 제출한 경우에도 소득이 면제대상임이 확인되면 면제되고, 종합소득세 확정신고를 한 경우, 신고기한이 경과한 소득에 대하여 조세면제를 받으려면 경정청구해야 함(재국조-120, 2003.12.23.)

2 내국인 우수 인력의 국내복귀에 대한 소득세 감면(2019.12.31. 신설)

➲ 2020.1.1. 이후 같은 개정규정에 따른 연구기관 등에 취업하는 경우부터 적용한다.(2019.12.31. 조특법 부칙 12조)

(1) 감면요건 및 감면율

① 학위 취득 후 국외에서 5년 이상 거주하면서 연구개발 및 기술개발 경험을 가진 내국인 우수 인력이 국내에 거주하면서 연구기관 등에 취업하여 받는 근로소득이면서 취업일(2025.12.31. 이전인 경우만 해당한다)부터 10년이 되는 날이 속하는 달까지 발생한 근로소득에 대해서는 소득세의 50%에 상당하는 세액을 감면한다.(조특법 18조의3 ① 전단, 2019.12.31. 신설)

➲ 2023.1.1. 당시 취업일부터 5년이 지나지 아니한 내국인 우수 인력에 대해서도 적용한다. (2022.12.31. 조특법 부칙 11조)

이때 원천징수의무자가 소득세가 감면되는 근로소득을 지급할 때에는 징수할 소득세의 50%에 상당하는 세액을 원천징수한다.(조특법 18조의3 ②, 2023.12.31. 신설)

② 소득세 감면기간은 소득세를 감면받은 사람이 다른 연구기관 등에 취업하는 경우에 관계없이 소득세를 감면받은 최초 취업일부터 계산한다.(조특법 18조의3 ① 후단, 2019.12.31. 신설)

(2) 감면대상 내국인 우수 인력의 범위

다음의 요건을 모두 갖춘 사람을 말한다.(조특령 16조의3 ①, 2020.2.11. 신설)

① 자연계·이공계·의학계 분야의 박사학위를 소지한 사람일 것

이때 자연계·이공계·의학계 분야의 예시는 [별표 1의2]와 같다.(조특칙 10조 ①, 2020.3.13. 신설)

② 아래 '(3)'의 기관 또는 부서에 취업한 날 또는 소득세를 최초로 감면받는 날이 속하는 과세기간의 직전 5개 과세기간 동안 국외에서 거주했을 것. 이 경우 1개 과세기간에 183일 이상 국외에서 체류한 경우 해당 과세기간에는 국외에서 거주한 것으로 본다.

③ 외국의 대학과 그 부설연구소, 국책연구기관 및 기업부설연구소(이하 "국외연구기관 등"이라 한다)에서 5년 이상 연구개발 및 기술개발 경험이 있을 것(조특칙 10조 ②, 2020.3.13. 신설)

이때 국외연구기관 등에서 연구원(행정 사무만을 담당하는 사람은 제외)으로 근무한 기간이 합산하여 5년(휴직 등으로 인해 실제로 연구원으로 근무하지 않은 기간을 제외) 이상인 경우에는 연구개발 및 기술개발 경험이 있는 것으로 본다.(조특칙 10조 ③,

2020.3.13. 신설)

④ 근로를 제공하는 기업과 국세기본법 시행령 제1조의2 제1항 또는 제3항에 따른 친족관계 또는 경영지배관계에 있지 않을 것. 다만, 경영지배관계에 있는지 여부를 판단할 때 국세기본법 시행령 제1조의2 제4항 제1호 나목(☞ 임원의 임면권의 행사, 사업방침의 결정 등 법인의 경영에 대하여 사실상 영향력을 행사하고 있다고 인정되는 경우)의 요건은 적용하지 않는다.

➲ 2024.2.29. 전에 근로를 제공한 경우의 소득세 감면요건은 개정규정(☞ 과세연도 종료일 기준 판단 규정 삭제)에도 불구하고 종전의 규정에 따른다.(2024.2.29. 조특령 부칙 19조 ①)

⑤ 해당 과세기간 종료일 현재 대한민국의 국적을 가진 사람일 것

⑥ 아래 '(3)'의 기관 또는 부서에서 연구원(행정 사무만을 담당하는 사람은 제외)으로 근무하는 사람일 것

✓ 내국인 우수인력 국내 복귀 소득세 감면을 위한 조특법 18조의3 ①의 "연구개발 경험"의 기준

조세특례제한법 시행령 제16조의3 제1항 제3호의 요건은 5년 이상 연구개발 및 기술개발 경험이 외국의 대학과 그 부설연구소, 국책연구기관 및 기업부설연구소에서 이루어진 경우를 의미하는 것임(사전법규소득 2024-356, 2024.6.10.)

(3) 감면대상 연구기관 등의 범위

다음 중 하나에 해당하는 기관 또는 부서를 말한다.(조특령 16조의3 ②, 2020.2.11. 신설)

① 기초연구진흥 및 기술개발지원에 관한 법률 제14조의2 제1항에 따라 과학기술정보통신부장관의 인정을 받은 기업부설연구소 또는 연구개발전담부서

② 정부출연연구기관 등의 설립·운영 및 육성에 관한 법률 제2조에 따른 정부출연연구기관 및 과학기술분야 정부출연연구기관 등의 설립·운영 및 육성에 관한 법률 제2조에 따른 과학기술분야 정부출연연구기관과 그 부설 연구기관

③ 특정연구기관 육성법 제2조에 따른 특정연구기관 및 그 부설 연구기관

④ 고등교육법 제2조에 따른 대학, 산업대학, 전문대학 또는 기술대학 및 그 부설 연구기관

⑤ 한국해양과학기술원법에 따라 설립된 한국해양과학기술원

⑥ 국방과학연구소법에 따라 설립된 국방과학연구소

⑦ 산업기술혁신 촉진법 제42조에 따른 전문생산기술연구소

⑧ 산업기술연구조합 육성법에 따라 설립된 산업기술연구조합

(4) 감면신청

① 소득세를 감면받으려는 사람은 근로를 제공한 날이 속하는 달의 다음 달 10일까지 원천징수의무자를 거쳐 원천징수 관할 세무서장에게 세액감면신청서를 제출해야 한다.(조특법 18조의3 ③, 조특령 16조의3 ③)

② 세액감면신청서를 제출할 때 다음의 내용이 포함된 증명서를 함께 제출해야 한다.(조특칙 10조 ④, 2020.3.13. 신설)

㉠ 감면신청자의 이름
㉡ 국외연구기관 등의 명칭 및 주소
㉢ 국외연구기관 등에서 근무한 기간, 근무부서, 연구분야 및 해당 부서 책임자의 확인

개정 2025.3.21.

➲ 2025.3.21.부터 시행한다.(2025.3.21. 조특칙 부칙 1조)

② 세액감면신청서를 제출하는 경우에는 다음의 서류를 함께 제출해야 한다.(조특칙 10조 ④, 2025.3.21. 개정)

㉠ 박사학위증명서
㉡ 재외국민등록부 등본 등 국외에서 5년 이상 거주하였음을 증명할 수 있는 서류
㉢ 국외의 대학 및 연구기관 등에서 5년 이상 연구개발 및 기술개발 경험이 있음을 증명할 수 있는 서류로서 다음의 내용이 포함된 증명서

ⓐ 감면신청자의 이름
ⓑ 국외연구기관등의 명칭 및 주소
ⓒ 국외연구기관등에서 근무한 기간, 근무부서, 연구분야 및 해당 부서 책임자의 확인

㉣ 기초연구진흥 및 기술개발지원에 관한 법률 시행규칙 별지 제5호 서식의 「기업부설연구소 인정서」, 같은 규칙 별지 제7호 서식의 「연구개발전담부서 인정서」 및 그 밖에 해당 기관 또는 부서에서 근무하고 있음을 증명하는 서류

(5) 농어촌특별세 과세여부

농어촌특별세는 비과세한다.(농특령 4조 ⑦ 1)

[별표 1의2] 내국인 우수 인력의 국내복귀에 대한 소득세 감면 대상 학문분야 예시

(2020.3.13. 신설, 2021.3.16. 제목 개정)

구 분	학문분야	세부분야
1. 자연 과학단	가. 수학	대수학·이산수학·정보수학, 위상수학·기하학, 응용수학, 응용통계, 해석학, 확률·이론통계
	나. 물리학	광학·원자물리·분자물리, 응집물질물리1(유전체·강상관계), 응집물질물리2(반도체·자성체), 응집물질물리3(나노·초전도체), 입자·장물리·천체물리, 통계물리·복합물리, 핵물리·플라즈마
	다. 화학	무기화학, 유기화학·생화학, 물리화학, 분석화학, 나노화학, 고분자화학, 전기화학·광화학·융합화학
	라. 지구과학	지구·지질과학, 대기과학, 해양·극지과학, 천문·우주과학
2. 생명 과학단	가. 분자생명	분자생물학, 신경생물학, 발생생물학, 구조생물 및 생물물리학, 유전자발현, 감염생물학, 노화·암생물학, 면역학
	나. 기초생명	세포생물학, 유전학, 생화학, 생리학, 식물학, 미생물학, 분류·생태·환경생물학
	다. 기반생명	생물공학, 식량작물 및 원예작물, 응용생물화학, 농림생태환경, 동물자원학, 수의학, 수산학, 식품학, 영양학
3. 공학단	가. 기계	설계생산, 열공학, 유체공학, 응용역학, 자동화계측, 기계가공
	나. 건설·교통	건축계획 및 설계, 건축시공재료, 건축설비환경, 건축구조, 토목구조·시공·재료공학, 지반공학, 수공학, 교통·측량
	다. 재료	금속재료, 반도체·전자재료, 세라믹재료, 나노·융복합 소재
	라. 화공	화학공정, 화공재료공정, 생물공정, 섬유공학, 고분자공학
4. 정보통신 기술(ICT)· 융합연구단	가. 전기·전자	전력기술·기기, 계측·제어, 집적회로, 반도체소자, 광소자, 신호처리
	나. 통신	전자기·통신부품, 통신(원천), 통신(응용), 컴퓨터네트워크
	다. 컴퓨터·소프트웨어	정보보안, 컴퓨터시스템·처리, 소프트웨어, 인공지능, 영상·그래픽스, 데이터베이스·정보처리
	라. 정보기술융합	정보·콘텐츠융합, 시스템융합, 최적화 및 데이터융합
	마. 바이오·의료융합	기기, 센싱 및 나노바이오물질, 재료, 뇌인지과학
	바. 에너지·환경융합	폐기물 및 자원재활용, 수질 및 대기질관리, 차세대에너지
	사. 산업기술융합	산업공학, 지속가능과학, 융합문제해결기술, 감성공학, 생활과학
5. 의약학단	가. 기초의학	분자세포의학, 감염의학, 면역의학, 인체시스템의학, 약리의학, 재생의학, 종양의학, 신경의학, 유전 및 유전체의학
	나. 응용의학	정신의학, 소화기의학, 대사·내분비의학, 심혈관·혈액·신장·호흡기의학, 병리·진단의학, 방사선의학, 외상 및 응급중증의학, 근골격계 및 재활의학, 생식발달의학, 안과학, 이비인후과학, 피부과학, 예방 및 직업환경의학

구 분	학문분야	세부분야
5. 의약학단	다. 치의학	두개안면 생물학, 두개안면 형태·병태·재생학, 예방보건·재료·응용기초
	라. 한의학	기초한의학, 응용한의학
	마. 간호학	기초간호 및 임상간호중재, 건강관리 및 예방간호중재
	바. 약학	기초생명약학, 응용생명약학, 약품화학 및 천연물, 물리약학 및 약제학

3 중소기업 취업자에 대한 소득세 감면

(1) 개 요

청년, 60세 이상의 사람, 장애인 및 경력단절 여성[*1]이 "중소기업체"에 2012.1.1.(60세 이상의 사람 또는 장애인의 경우 2014.1.1, 경력단절 여성은 2017.1.1.)부터 2026.12.31.까지 취업하는 경우 그 중소기업체로부터 받는 근로소득에 대해서는 소득세의 70%(청년은 90%)에 상당하는 세액을 감면(과세기간별로 200만원[*2]을 한도로 한다)한다.(조특법 30조 ①, 2025.3.14. 개정)

*1. 2025.1.1. 이후 취업하여 지급받는 소득부터는 "경력단절근로자"로 적용한다.(2025.3.14. 조특법 부칙 7조)

*2. 2023년 귀속분부터 200만원을 한도로 한다.(2022.12.31. 조특법 부칙 1조, 2조 ①)

연도별 주요 개정사항[30)]

개정일	감면 내용	대상자	적용시기 및 적용례
2011.12.31.	3년간 100%	청년(15세~29세)	2012.1.1. ~ 2013.12.31. 취업자에 대해 적용
2014.1.1.	3년간 50%	60세 이상자, 장애인 추가	2014.1.1. 이후 취업하여 지급받는 소득부터
2015.12.15.	3년간 70%(한도 150만원)	–	2016.1.1. 이후 취업하여 지급받는 소득부터
2016.12.20.	–	경력단절여성 추가	2017.1.1. 이후 재취업하여 지급받는 소득부터
2018.5.29.	5년간 90%	청년(15세 ~ 34세)	2018.1.1. 이후 취업하여 지급받는 소득부터
2019.1.1.	–	장애인범위 확대	2019.2.12. 이후 취업하여 지급받는 소득부터
2020.1.1.	대상업종 확대 * 창작, 예술 및 여가 관련 서비스업 등	경력단절여성 요건 완화 * 결혼, 자녀교육 사유 추가 * 퇴직후 3년 ~ 15년 이내 동종업종 취업	2020.1.1. 이후 발생하는 소득부터
2022.1.1.	–	경력단절여성 요건 완화 * 퇴직후 2년 ~ 15년 이내 동종업종 취업	2022.1.1. 이후 발생하는 소득부터
2022.12.31.	한도 200만원	–	2023.1.1. 이후 발생하는 소득부터
2023.12.31.	대상업종 추가 * 컴퓨터 학원	–	2024.1.1. 이후 발생하는 소득부터
2025.3.14.	대상업종 축소 * 통관업, 수의업, 부동산 임대업, 가상자산 매매 및 중개업 제외	–	2025.2.28. 이후 취업하는 경우부터
	–	경력단절여성에서 경력단절근로자로 확대	2025.3.14. 이후 취업하여 지급받는 소득부터

▼ 취업시기별 감면율과 감면 한도[31)]

감면대상자	취업일	감면율	감면 한도
청년	2023.1.1. ~ 2025.12.31.	90%	200만원
	2018.1.1. ~ 2022.12.31.	90%	150만원
	2016.1.1. ~ 2017.12.31.	70%	150만원
	2014.1.1. ~ 2015.12.31.	50%	한도 없음
	2012.1.1. ~ 2013.12.31.	100%	한도 없음
60세 이상자·장애인	2023.1.1. ~ 2025.12.31.	70%	200만원
	2016.1.1. ~ 2022.12.31.	70%	150만원
	2014.1.1. ~ 2015.12.31.	50%	한도 없음
경력단절여성*	2023.1.1. ~ 2025.12.31.	70%	200만원
	2017.1.1. ~ 2022.12.31.	70%	150만원

* 2025.3.14. 이후 취업하여 지급받는 소득부터 "경력단절근로자"로 확대함

(2) 청년, 60세 이상의 사람, 장애인, 경력단절 여성 및 경력단절 근로자의 범위

① 청년의 범위

근로계약 체결일 현재 연령이 15세 이상 34세 이하인 사람. 다만, 다음 중 하나에 해당하는 병역을 이행한 경우에는 그 기간(6년을 한도로 한다)을 근로계약 체결일 현재 연령에서 빼고 계산한 연령이 34세 이하인 사람을 포함한다.(조특령 27조 ① 1, 2018.8.28. 개정)

➲ '34세 이하'에는 '근로계약일 현재 35세 미만'을 포함하는 것이다.(기획재정부소득-163, 2013.4.1.)

㉠ 병역법 제16조 또는 제20조에 따른 현역병(같은 법 제21조, 제24조, 제25조에 따라 복무한 상근예비역 및 경비교도·전투경찰순경·의무소방원을 포함한다)

㉡ 병역법 제26조 제1항에 따른 사회복무요원

㉢ 군인사법 제2조 제1호에 따른 현역에 복무하는 장교, 준사관 및 부사관

저자TIP 전문연구요원 및 산업기능요원의 경우

전문연구요원 및 산업기능요원 등이 방위산업체 등에서 복무한 기간은 청년의 연령 계산시 병역을 이행한 기간으로 보지 않는다. 전문연구요원 및 산업기능요원은 병역법 제36조에서 규정하고 있어, 병역이행으로 보는 위 '㉠ ~ ㉢'에 열거되어 있지 않기 때문이다.
그러나 전문연구요원 및 산업기능요원의 연령이 병역기간과 관계없이 만 34세 이하라면 다른 요건을 충족할 경우 중소기업 취업자에 대한 감면을 받을 수 있는 것이다.

✓ 사회복무요원 전환 대기 기간 및 복무 기간이 중소기업 취업 청년에 대한 소득세 감면기간 계산상 포함되는 것인지 여부

조세특례제한법 제30조 제1항에 따른 소득세 감면을 받던 자가 청년으로서 같은 법 시행령 제27조에서 정하는 병역을 이행한 후 1년 이내에 병역 이행 전 중소기업체에 복직하지 아니하고 다른 중소기업체에 취업하는 경우에는 소득세를 감면받은 최초 취업일부터 5년이 되는 날이 속하는 달까지 발생하는 소득에 대하여 세액을 감면하는 것임(서면법규소득 2024-2150, 2024.12.23.)

② 60세 이상의 사람

근로계약 체결일 현재 연령이 60세 이상인 사람을 말한다.

30) 국세청 법인납세국 원천세과, 2023, 중소기업취업자 소득세 감면제도 안내, p. 2 수정

31) 국세청 법인납세국 원천세과, 2023, 중소기업취업자 소득세 감면제도 안내, p. 2 수정

✓ 60세 미만에 취업한 회사를 정년퇴직 후 60세가 넘어 동일 회사 재취업시 중소기업취업자 소득세 감면 여부

계약기간의 연장과 유사한 방식을 통해 해당업체에 계속하여 근무를 하고 있음에도 형식상 퇴사처리를 하여, 실질적으로 근로관계가 단절되었다고 볼 수 없다면 소득세 감면을 적용받을 수 없는 것이고, 질의인의 경우가 이에 해당하는 지는 사실판단할 사항임(서면원천 2024-1742, 2024.5.30.)

③ 장애인

다음 중 하나에 해당하는 사람을 말한다.(조특령 27조 ① 3, 2019.2.12. 개정)

㉠ 장애인복지법의 적용을 받는 장애인

㉡ 국가유공자 등 예우 및 지원에 관한 법률에 따른 상이자

㉢ 5·18민주유공자예우 및 단체설립에 관한 법률 제4조 제2호에 따른 5·18민주화운동부상자(2021.4.6. 개정)

㉣ 고엽제후유의증 등 환자지원 및 단체 설립에 관한 법률에 따른 고엽제후유의증환자로서 장애등급 판정을 받은 사람

저자TIP 장애인의 범위

항시치료를 요하는 중증환자로서, 의료기관에서 「장애인증명서」를 발급받은 세법상의 장애인은 중소기업 취업자에 대한 소득세 감면 대상인 장애인의 범위에는 해당하지 않음에 유의하여야 한다.

④ 경력단절 여성의 범위

다음의 요건을 모두 충족하는 여성이어야 한다.

㉠ 해당 중소기업 또는 해당 중소기업과 동일한 업종(한국표준산업분류상의 중분류를 기준으로 함)의 중소기업에서 1년 이상 근무하였을 것(근로소득원천징수부를 통하여 경력단절 여성의 근로소득세가 원천징수 되었던 사실이 확인되는 경우로 한정한다)(조특법 29조의3 ① 1, 2019.12.31. 개정, 조특령 26조의3 ②, ③, 2020.2.11. 개정)

㉡ 다음 중 하나에 해당하는 결혼·임신·출산·육아 및 자녀교육의 사유로서 해당 중소기업에서 퇴직하였을 것(조특법 29조의3 ① 1, 2019.12.31. 개정, 조특령 26조의3 ④, 2020.2.11. 개정)

ⓐ 퇴직한 날부터 1년 이내에 혼인한 경우(가족관계기록사항에 관한 증명서를 통하여 확인되는 경우로 한정한다)(조특령 26조의3 ③ 1, 2020.2.11. 신설)

ⓑ 퇴직한 날부터 2년 이내에 임신하거나 난임시술[국민건강보험 요양급여의 기

준에 관한 규칙 별표 2의 제4호 라목에 따른 보조생식술(체내·체외인공수정을 포함)]을 받은 경우(의료기관의 진단서 또는 확인서를 통하여 확인되는 경우에 한정한다)

ⓒ 퇴직일 당시 임신한 상태인 경우(의료기관의 진단서를 통하여 확인되는 경우로 한정한다)

ⓓ 퇴직일 당시 8세 이하의 자녀가 있는 경우

ⓔ 퇴직일 당시 초·중등교육법 제2조에 따른 학교에 재학 중인 자녀가 있는 경우

㉢ 해당 중소기업에서 퇴직한 날부터 2년 이상 15년 미만의 기간이 지났을 것(조특법 29조의3 ① 2, 2021.12.28. 개정)

➲ 퇴직일로부터 "3년"→"2년"으로의 개정규정은 2022.1.1. 이후 경력단절 여성을 고용하는 경우부터 적용한다.(2021.12.28. 조특법 부칙 9조)

㉣ 해당 기업의 최대주주 또는 최대출자자(개인사업자의 경우에는 대표자)나 그와 특수관계인이 아닐 것. 이때 "특수관계인"이란 국세기본법 시행령 제1조의2 제1항에 따른 친족관계인 사람을 말한다(조특령 26조의3 ⑤)

⑤ 경력단절 근로자

경력단절 근로자란 다음의 요건을 모두 충족하는 근로자를 말한다.(조특법 29조의8 ②, 2025.3.14. 신설)

㉠ 임금을 목적으로 같은 기업에서 1년 이상 계속하여 근로를 제공(근로소득 원천징수부에 따라 근로소득세를 원천징수한 사실이 확인되는 경우로 한정한다)한 후 다음 중 하나에 해당하는 사유로 퇴직하였을 것(조특령 26조의8 ⑩)

ⓐ 다음 중 하나에 해당하는 경우(조특령 26조의8 ⑪, 26조의3 ④)

㉮ 퇴직한 날부터 1년 이내에 혼인한 경우(가족관계기록사항에 관한 증명서를 통하여 확인되는 경우로 한정한다)

㉯ 퇴직한 날부터 2년 이내에 임신하거나 난임시술[보조생식술(체내·체외인공수정을 포함)]을 받은 경우(의료기관의 진단서 또는 확인서를 통하여 확인되는 경우에 한정한다)(조특령 26조의3 ④ 2, 조특칙 14조의3)

㉰ 퇴직일 당시 임신한 상태인 경우(의료기관의 진단서를 통하여 확인되는 경우로 한정한다)

㉱ 퇴직일 당시 8세 이하의 자녀가 있는 경우

㉲ 퇴직일 당시 초·중등교육법 제2조에 따른 학교에 재학 중인 자녀가 있는 경우

ⓑ 퇴직일 당시 장애인복지법의 적용을 받는 장애인 자녀가 있는 경우

ⓒ 퇴직일 당시 다음 중 하나에 해당하는 직계존속 (배우자의 직계존속을 포함)

을 동거봉양 하기 위하여 같은 세대를 이루고 있는 경우

㉮ 70세 이상

㉯ 장애인복지법의 적용을 받는 장애인

㉡ 위 '㉠'에 따른 사유로 퇴직한 날부터 2년 이상 15년 미만의 기간이 지났을 것

㉢ 내국인(소비성서비스업을 경영하는 내국인은 제외)의 최대주주 또는 최대출자자(개인사업자의 경우에는 대표자) 또는 그와 국세기본법 시행령 제1조의2 제1항에 따른 친족관계가 아닐 것(조특령 26조의8 ⑨)

(3) 감면 배제 대상

다음 중 하나에 해당하는 사람에 대해서는 감면을 적용하지 않는다.(조특령 27조 ②)

㉠ 임원(법령 42조 ①)

㉡ 해당 기업의 최대주주 또는 최대출자자(개인사업자의 경우에는 대표자)와 그 배우자

㉢ 위 '㉡'에 해당하는 자의 직계존속·비속(그 배우자를 포함) 및 친족관계인 사람(국기령 1조의2 ①)

㉣ 일용근로자

㉤ 다음 중 하나에 해당하는 보험료 등의 납부사실이 확인되지 아니하는 사람. 다만, 국민연금법 제6조 단서에 따라 국민연금 가입 대상이 되지 아니하는 자와 국민건강보험법 제5조 제1항 단서에 따라 건강보험 가입자가 되지 아니하는 자는 제외한다.(조특령 27조 ② 5, 2016.2.5. 단서개정)

ⓐ 국민연금법에 따른 부담금 및 기여금

ⓑ 국민건강보험법에 따른 직장가입자의 보험료

국민연금법 제6조 단서

제6조(가입 대상) 국내에 거주하는 국민으로서 18세 이상 60세 미만인 자는 국민연금 가입 대상이 된다. 다만, 「공무원연금법」, 「군인연금법」 및 「사립학교교직원 연금법」을 적용받는 공무원, 군인 및 사립학교 교직원, 그 밖에 대통령령(☞ 제18조)으로 정하는 자는 제외한다.

▼ 국민연금법 시행령 제18조(가입 대상 제외자)

1. 법 제61조 제1항 및 법률 제8541호 국민연금법 전부개정법률 부칙 제2조에 따라 노령연금의 수급권을 취득한 자 중 60세 미만의 특수 직종 근로자
2. 법 제61조 제2항에 따른 조기노령연금의 수급권을 취득한 자. 다만, 법 제66조 제1항에 따라 조기노령연금의 지급이 정지 중인 자는 제외한다.

국민건강보험법 제5조 제1항 단서

제5조(적용 대상 등) ① 국내에 거주하는 국민은 이 법에 따른 건강보험(이하 "건강보험"이라 한다)의 가입자(이하 "가입자"라 한다) 또는 피부양자가 된다. 다만, 다음 각 호의 어느 하나에 해당하는 사람은 제외한다.

1. 「의료급여법」에 따라 의료급여를 받는 사람(이하 "수급권자"라 한다)
2. 「독립유공자예우에 관한 법률」 및 「국가유공자 등 예우 및 지원에 관한 법률」에 따라 의료보호를 받는 사람(이하 "유공자 등 의료보호대상자"라 한다). 다만, 다음 각 목의 어느 하나에 해당하는 사람은 가입자 또는 피부양자가 된다.
   가. 유공자 등 의료보호대상자 중 건강보험의 적용을 보험자에게 신청한 사람
   나. 건강보험을 적용받고 있던 사람이 유공자 등 의료보호대상자로 되었으나 건강보험의 적용배제신청을 보험자에게 하지 아니한 사람

✓ 중소기업 취업청년 소득세 감면시 연령적용

중소기업에 취업하는 청년에 대한 소득세 감면 적용시 중소기업에 취업하는 사람의 연령이 근로계약 체결일 현재 만 30세 미만(병역 이행기간 차감)인 경우 "29세 이하"에 포함되는 것이므로 소득세를 감면하는 것임(기획재정부소득-163, 2013.4.1.)

➲ 2018.8.28.이 속한 과세기간부터는 "29세 이하"를 "34세 이하"로 적용하며 "34세 이하"에는 '근로계약일 현재 35세 미만'을 포함하는 것으로 해석한다. 이는 2018.8.28. 전에 취업한 청년에 대해서도 적용한다.(2018.8.28. 조특령 부칙 3조)

✓ 중소기업에 재취업하기 전 다른 기업에 취업한 사실이 있는 경우 조특법 30조의 세액감면 적용 여부

직전 근무한 기업에서 퇴사 후 미취업 상태에 있던 여성이 동일한 중소기업에 취업한 경우로서 감면요건을 모두 충족한 경우에는 조특법 30조의 세액감면을 적용받는 것임(서면법령해석소득 2019-3314, 2020.2.14.)

✓ 계약기간 연장 등을 통해 해당 중소기업에 재취업하는 경우에는 소득세 감면대상이 아님

재취업의 형식을 취하더라도 근로관계가 전후로 계속되고 동일한 업무를 수행하는 경우 근로관계가 실질적으로 단절되었다고 보기 어려워 소득세 감면을 배제하는 것임(심사소득 2021-26, 2021.6.2.)

✓ 본점은 도소매업이나, 지점의 업종이 유흥주점업이 포함되었을 경우 중소기업취업자 소득세 감면 여부

조세특례제한법 제30조 제1항의 "대통령령으로 정하는 기업"은 같은 법 시행령 제27조 제1항 각 호에서 규정하고 있는 어느 하나에 해당하는 사업을 주된사업(신고수입금액이 가장 큰 사업)으로 영위하는 기업을 말하는 것임(서면원천 2024-618, 2024.5.3.)

✓ 중소기업에서 중견기업으로 변경된 법인이 다시 중소기업으로 변경된 경우, 조특법 30조에 따른 소득세 감면 적용여부

중소기업체에 취업한 청년이 소득세를 감면받던 중 위 기업이 중소기업체에 해당하지 않게 되어 소득세 감면의 적용이 배제되었으나 이후 다시 중소기업체에 해당하게 되었다면, 다시 중소기업체에 해당하게 된 날부터 해당 기업에 취업하여 소득세를 감면받은 최초 취업일로부터 5년이 되는 날이 속하는 달까지 발생한 소득에 대해서는 세액을 감면하는 것임(사전법령해석소득 2021-697, 2021.6.30.)

✓ 최대주주였던 청년이 주식양도를 통해 최대주주가 아니게 된 경우 조특법 30조에 따른 소득세 감면 적용여부

중소기업체에 해당하는 기업에 취업한 청년이 같은 법 시행령 제27조 제2항 제2호(☞ 해당 기업의 최대주주 등)에 해당하여 중소기업 취업자에 대한 소득세 감면을 적용받지 못하던 중 동호에 해당하지 않게 된 경우에는, 감면요건이 충족된 이후 소득세를 감면받은 최초 취업일부터 계산하여 세액을 감면하는 것임(사전법령해석소득 2021-351, 2021.8.20.)

✓ 상호출자제한기업집단에 지정되어 중소기업에 해당하지 아니하게 된 경우, 중소기업 취업자에 대한 소득세 감면 적용범위

중소기업에 해당하던 기업이 같은 조 제1항 각 호 외의 부분 단서에 따라 그 사유가 발생한 날부터 중소기업에 해당하지 않게 된 경우, 조특법 제30조에 따른 소득세 감면은 본 건 기업이 중소기업에 해당하는 기간 동안 지급받은 근로소득에 적용되는 것임(사전법령해석소득 2021-866, 2021.12.23.)

✓ 청년으로 중소기업 취업자 소득세 감면을 적용받은 자가 경력단절 여성으로 해당 감면을 적용받을 수 있는지

중소기업 취업자에 대한 소득세 감면(이하 "쟁점감면")을 적용함에 있어서 같은 조 제1항의 "청년" 및 "경력단절 여성"에 모두 해당하는 경우에는, "청년"으로 쟁점감면을 적용받은 기간을 제외한 나머지 기간에 대해서는 "경력단절 여성"으로 쟁점감면을 적용받을 수 있음(서면법규소득 2021-5836, 2022.11.9.)

✓ 국민연금을 납부하지 아니하는 외국인의 중소기업 취업자에 대한 소득세 감면 적용 여부

국민연금법 제126조 제1항 단서 규정 및 동법 제127조에 따른 사회보장협정 체결에 따라 국내 체류 외국인의 국민연금 납부가 면제된 경우, 중소기업에 취업한 동 외국인 근로자는 조세특례제한법 제30조에 따른 중소기업 취업자에 대한 소득세 감면을 적용 받을 수 있는 것임(기획재정부소득-663, 2019.12.12.)

✓ 일용근로자에서 상용근로자로 전환된 경우 중소기업취업자 감면 적용여부

건설업체에 일용근로자로 고용된 후 근무기간이 1년을 경과하여 일용근로자에서 제외(상용근로자로 전환)되는 경우에는 그 일용근로자에서 제외되는 때를 취업일로 하여 중소기업 취업자 해당 여부를 판단하거나 감면기간을 계산하는 것임(서면법령해석소득 2015-22603, 2015.7.17.)

✓ 법인으로 전환한 법인에 재취업하는 경우 중소기업 취업자에 대한 소득세 감면 여부

개인인 중소기업체에 취업한 60세 이상인 자가 2016년 12월 중소기업체에서 퇴사한 후 2017.1.1. 개인인 중소기업체가 전환한 법인에 취업한 경우가 조세특례제한법 제30조 제8항의 계약기간 연장 등을 통해 해당 중소기업체에 재취업하는 경우에 해당하는지는 사실판단할 사항임(서면법령해석소득 2020-3171, 2020.12.1.)

✓ **파견근로자에서 정규직 근로자로 채용된 청년이 중소기업 취업 청년 소득세 감면대상인지 여부**

대통령령으로 정하는 청년이 파견사업주에 고용되어 중소기업에 파견근무를 하다가 퇴직한 후 2012.1.1부터 2013.12.31까지 해당 중소기업의 정규직 근로자로 취업하여 근무하는 경우 그 해당 중소기업의 취업일로부터 3년간 중소기업 취업 청년 소득세 감면을 적용받을 수 있는 것임(서면법규-42 2013.1.16.)

✓ **관계기업 중 지배기업에서 종속기업으로 전입한 청년은 중소기업 취업 청년 소득세감면 안됨**

2011.12.31. 이전 중소기업에 취업한 자가 법인세법 시행령 제87조에 따른 특수관계 있는 다른 중소기업에 2012.1.1.부터 2013.12.31.까지 전입하여 근무하는 경우 중소기업에 취업하는 청년에 대한 소득세를 감면받을 수 없는 것임(원천-480, 2012.9.13.)

✓ **최다출자자 변동으로 법인의 '중소기업체' 해당 여부가 변경되는 경우 중소기업 취업청년 소득세 감면 적용방법**

조세특례제한법 제30조에 따른 중소기업체에 취업한 청년은 최초 취업일부터 3년(→ 현 5년)간 같은 조에 따른 중소기업 취업자에 대한 소득세 감면을 적용받는 것이나 감면기간 중 해당 중소기업체가 중소기업기본법 시행령 제3조에 따른 중소기업 요건을 미충족하는 등의 사유로 중소기업체에서 제외되었다가 다시 중소기업체에 해당하게 된 경우 중소기업체에서 제외된 기간중에 근로자가 지급받은 근로소득에 대하여는 중소기업취업자에 대한 소득세 감면을 적용 할 수 없는 것임(서면법령해석소득 2015-22597, 2015.10.4.)

✓ **분할신설된 법인에 고용승계된 근로자에 대한 소득세 감면 여부**

중소기업취업자에 대한 소득세 감면을 받던 근로자가 분할신설된 중소기업체에 고용이 승계되어 계속하여 근무하는 경우에는 당초 소득세 감면기간 동안 지속적으로 감면을 받을 수 있는 것임(사전법령해석소득 2015-22500, 2015.5.15.)

✓ **사업양수도에 따라 법인으로 전환된 경우 승계된 근로자의 중소기업 취업청년에 대한 소득세 감면**

2012.1.1.부터 2013.12.31.까지 개인 중소기업체에 취업하여 중소기업 취업청년에 대한 소득세 감면을 받던 근로자가 사업의 양도에 의하여 법인 전환된 중소기업체에 계속하여 근무하는 경우에는 근로소득세의 100분의 100에 상당하는 세액을 감면받을 수 있음(법규소득 2014-288, 2014.8.29.)

✓ **중소기업이 과세연도 중 대기업 편입 시 중소기업 취업청년에 대한 소득세 감면 여부**

조세특례제한법 제30조 제1항에 따른 중소기업에 취업하는 청년에 대한 소득세 감면을 적용받던 중소기업이 2013년 과세연도 중 대기업에 주식이 100% 인수됨에 따라 조세특례제한법 시행령 제2조 제1항 제3호의 실질적인 독립성 기준에 해당하지 아니하여 중소기업 외의 기업이 된 경우 2013.1.1.부터 주식인수로 대기업에 편입된 전일까지 해당 중소기업에서 지급한 근로소득에 대하여는 중소기업에 취업하는 청년에 대한 소득세 감면을 적용할 수 있는 것임(서면법규-24, 2014.1.13.)

✓ **중소기업 유예기간도 중소기업에 해당하는 것으로 중소기업 취업 청년 소득세 감면 대상임**

취업일이 속하는 과세연도에는 중소기업체에 해당하였으나 해당 중소기업체가 그 규모의 확대 등으로 그 다음연도부터 중소기업체에 해당하지 아니하게 된 경우라도 유예기간까지는 중소기업체로 보아 조세특례제한법 제30조에 따른 감면규정을 적용하는 것임(원천-307, 2012.6.1.)

✓ **중소기업 유예기간 중 독립성 요건을 위배한 경우 유예기간 계속 적용 여부**

중소기업 유예기간을 적용받는 기업은 유예기간 중 독립성 요건을 위배한 경우에도 유예기간을 계속 적용하는 것임(기획재정부조세특례-264, 2018.4.6.)

✓ **중소기업에 취업하는 청년에 대한 소득세 감면대상자 해당여부와 중소기업 유예기간 적용여부**

2012.1.1. 이전에 대(중소)기업 등에 정규직이나 비정규직으로 근무한 사실여부와 관계없이 대통령령으로 정하는 청년은 소득세 감면대상자이고 취업일이 속하는 과세연도의 다음연도부터 중소기업에 해당하지 아니하게 된 경우 중소기업 유예기간을 적용받는 것임(법규소득 2012-213, 2012.5.31.)

(3) "중소기업체"의 범위

중소기업기본법 제2조에 따른 중소기업(비영리기업을 포함)으로서 다음의 사업을 주된 사업으로 영위하는 기업을 말한다. 다만, 국가, 지방자치단체(지방자치단체조합을 포함), 공공기관의 운영에 관한 법률에 따른 공공기관 및 지방공기업법에 따른 지방공기업은 제외한다.(조특령 27조 ③, 2020.2.11. 개정)

➲ 개정규정(창작 및 예술 관련 서비스업, 도서관, 사적지 및 유사 여가 관련 서비스업, 스포츠 서비스업은 제외한다)은 2020.2.11. 이후 연말정산 또는 종합소득과세표준을 확정신고하는 분부터 적용한다.(2019.12.31. 조특령 부칙 9조)

① 농업, 임업 및 어업

② 광업

③ 제조업

④ 전기, 가스, 증기 및 공기조절 공급업

⑤ 수도, 하수 및 폐기물처리, 원료재생업

⑥ 건설업

⑦ 도매 및 소매업

⑧ 운수 및 창고업

➲ 2025.2.28. 이후 취업하는 경우부터 "관세사법에 따른 통관업"은 제외한다.(2025.2.28. 개정)

⑨ 숙박 및 음식점업(주점 및 비알콜 음료점업은 제외)

⑩ 정보통신업(비디오물 감상실 운영업은 제외)

➲ 2025.2.28. 이후 취업하는 경우부터 "가상자산 매매 및 중개업"은 제외한다.(2025.2.28. 개정)

⑪ 부동산업

➲ 2025.2.28. 이후 취업하는 경우부터 "부동산 임대업"은 제외한다.(2025.2.28. 개정)

⑫ 연구개발업

⑬ 광고업

⑭ 시장조사 및 여론조사업

⑮ 건축기술, 엔지니어링 및 기타 과학기술서비스업

⑯ 기타 전문·과학 및 기술 서비스업

➲ 2025.2.28. 이후 취업하는 경우부터 "수의업"은 제외한다.(2025.2.28. 개정)

⑰ 사업시설관리, 사업지원 및 임대서비스업

⑱ 기술 및 직업훈련학원

⑲ 컴퓨터 학원(2024.2.29. 신설)

➲ 2024.2.29.이 속하는 과세기간에 발생하는 소득부터 적용한다.(2024.2.29. 조특령 부칙 6조)

⑳ 사회복지 서비스업

㉑ 개인 및 소비용품 수리업

㉒ 창작 및 예술 관련 서비스업

㉓ 도서관, 사적지 및 유사 여가 관련 서비스업

㉔ 스포츠 서비스업

✓ **회사가 감면대상 업종을 주업종으로 영위하다가, 감면배제 업종으로 주업종을 변경한 경우, 조세특례제한법 제30조에 규정된 소득세 감면을 적용받을 수 없음**(서면원천 2025-343, 2025.2.24.)

✓ **조세특례제한법 제30조에 규정된 "중소기업체" 해당여부 판단시 적용될 기준**

조세특례제한법 제30조에 따른 중소기업 취업자에 대한 소득세 감면을 받기 위해서는 중소기업기본법 제2조(같은 조 제3항에 따라 중소기업으로 보는 경우를 포함)에 따른 중소기업으로서 조세특례제한법 시행령 제27조 제3항 각 호의 어느 하나에 해당하는 사업을 주된 사업으로 영위하는 기업에 취업하는 등 법정된 요건을 충족하여야 하는 것임(사전법규소득 2022-520, 2022.5.31.)

✓ **중소기업취업자에 대한 소득세 감면 적용여부**

비영리법인이 조세특례제한법 시행령 제27조 제3항에 열거된 사업을 주된 사업으로 영위하고, 중소기업기본법 시행령 제3조 제1항의 중소기업 요건을 충족하는 경우 중소기업 취업자에 대한 소득세 감면 적용 대상기업에 해당하는 것임(기획재정부소득-663, 2019.12.12.)

✓ **비영리 재단법인에 입사한 청년의 중소기업 취업 청년 소득세 감면대상에 해당 여부**

연령이 15세 이상 29세 이하인 청년이 민법 제32조에 따라 설립된 법인으로서 중소기업기본법 제2조에 따른 중소기업의 기준을 충족하고 조세특례제한법 시행령 제27조 제3항에 해당하는 사업을 영위하는 경우 중소기업 취업 청년 소득세 감면대상임(원천-542, 2012.10.11.)

중소기업기본법과 조세특례제한법의 중소기업 기준 비교[32)]

구분	중소기업기본법 시행령 제3조	조세특례제한법 시행령 제2조
업종	• 모든 업종	• 소비성서비스업(주된 사업)을 제외한 모든 업종
주업종	• 평균매출액*이 큰 업종	• 사업별 사업수입금액이 큰 업종
규모 기준	• 중소기업기본법 시행령 [별표 1]의 업종별 규모기준에 따른 평균매출액 • 자산총액 5,000억원	• 중소기업기본법과 같음 (조특법 시행령 제2조 제1항 제1호)
독립성기준	• 공시대상기업집단제외(중소기업기본법 제2조) • 자산총액 5,000억원 이상인 회사가 30% 이상의 지분을 직·간접적으로 소유하면서 최다출자자인 기업 제외 • 관계기업간에 합산한 평균매출액이 업종별 규모기준을 초과하면 제외	• 공시대상기업집단 제외 • 자산총액 5,000억원 이상인 회사가 30% 이상의 지분을 직·간접적으로 소유하면서 최다출자자인 기업 제외 • 관계기업간에 합산한 평균매출액이 업종별 규모기준을 초과하면 제외 (조특법 시행령 제2조 제1항 제3호)

* 일반적으로 직전 3개 사업연도가 존재하는 경우에는 3년 평균매출액을 계산하지만, 사업연도가 3년이 되지 않는 경우에는 평균매출액에 준하는 '연간매출액'으로 환산

(4) 감면기간

① 취업일(2017.1.1. 이후에 재취업하는 경력단절 여성의 경우에는 재취업일을 말한다)부터 3년(청년의 경우에는 5년)이 되는 날(청년으로서 병역을 이행한 후 1년 이내에 병역 이행 전에 근로를 제공한 중소기업체에 복직하는 경우에는 복직한 날부터 2년이 되는 날을 말하며, 그 복직한 날이 최초 취업일부터 5년이 지나지 아니한 경우에는 최초 취업일부터 7년이 되는 날을 말한다)이 속하는 달까지 발생한 소득에 대해서는 소득세의 70%(청년의 경우에는 90%)에 상당하는 세액을 감면(과세기간별로 150만원을 한도로 한다)한다.(조특법 30조 ①, 2018.5.29. 개정)

② 소득세 감면기간은 소득세를 감면받은 사람이 다른 중소기업체에 취업하거나 해당 중소기업체에 재취업하는 경우 또는 합병·분할·사업 양도 등으로 다른 중소기업체로 고용이 승계되는 경우와 관계없이 소득세를 감면받은 최초 취업일부터 계산한다.(조특법 30조 ① 단서, 2020.6.9. 용어개정)

32) 국세청 법인납세국 원천세과, 2023, 중소기업취업자 소득세 감면제도 안내, p. 7

✓ 다른 중소기업에 이직하는 경우의 연령요건 판단

중소기업 취업자에 대한 감면을 적용받은 청년이 다른 중소기업체로 이직하는 경우에 그 이직 당시의 연령에 관계없이 소득세를 감면받은 최초 취업일로부터 3년(→ 현 5년)이 속하는 달까지 발생한 소득에 대하여 감면을 적용받을 수 있는 것임(소득세제과-509, 2016.12.20.)

저자TIP 매월 1일 입사자에 대한 초일불산입 규정의 적용

감면기간을 계산할 때 '초일산입'인지 '초일불산입'인지에 따라 매월 1일 입사자의 경우 한 달간의 급여에 대한 추가감면 여부가 달라진다(월 중 입사자에게는 해당사항이 없다).
감면기간을 계산할 때 「중소기업 취업자 소득세 감면신청서」(조특법 시행규칙 별지 11호)상 '3. 감면기간'의 '⑨ 종료일'란에 따르면 "시작일부터 3년(청년 5년)이 되는 날이 속하는 달의 말일"로 규정하고 있다. 따라서 원칙적으로 초일산입이 적용되는 것이다.
그런데 2018.8.28. 세법 개정에 따른 청년에 대한 감면규정의 해설에서 국세청은 초일불산입으로 입장을 정하였다. 기존의 서식 규정(시행규칙)에도 불구하고 납세자에게 좀 더 유리하게 적용하는 입장을 취한 것으로 보인다.
즉, 청년이 2016.1.1.에 취업한 경우 초일산입을 적용하면 2020.12.31.로 감면이 종료되지만, 초일불산입을 적용하면 감면기간이 2016.1.2. ~ 2021.1.31.이 되어 초일산입에 비해 1개월간 급여에 대해 추가감면이 적용되는 것이다. 이를 실무적으로 적용하려면 「중소기업 취업자 소득세 감면신청서」의 '⑧ 시작일'을 2016.1.1.이 아니라 2016.1.2.로 적어야 한다.
이러한 사항은 과세관청의 입장으로 정할 것이 아니라 법령의 개정으로써 명확히 해야 할 것이다.

(5) 감면세액의 계산

① 중소기업체로부터 받는 근로소득(이하 "감면소득"이라 한다)과 그 외의 종합소득이 있는 경우에 해당 과세기간의 감면세액은 과세기간별로 200만원*을 한도로 다음 계산식에 따라 계산한 금액으로 한다.(조특령 27조 ⑧, 2016.2.5. 개정)

* 2023년 귀속분부터 200만원을 한도로 한다.(2022.12.31. 조특법 부칙 1조, 2조 ①)

$$\text{감면세액} = \text{종합소득산출세액} \times \frac{\text{근로소득금액}}{\text{종합소득금액}} \times \frac{\text{감면대상 중소기업체 총급여}}{\text{해당 근로자 총급여}} \times \text{감면율}$$

② 근로소득세액공제를 할 때 감면소득과 다른 근로소득이 있는 경우(감면소득 외에 다른 근로소득이 없는 경우를 포함)에는 다음 계산식에 따라 계산한 금액을 근로소득세액공제액으로 한다.(조특령 27조 ⑨, 2021.2.17. 개정)

$$근로소득세액공제액 = A \times \left(1 - \frac{B}{C}\right)$$

A : 근로소득세액공제액
B : 감면세액
C : 종합소득산출세액 × $\frac{근로소득금액}{종합소득금액}$

(6) 감면의 적용방법

① 감면을 적용받으려는 근로자는 원천징수의무자에게 감면 신청을 하여야 한다.(조특법 30조 ②)

② 감면을 적용받으려는 근로자는 원천징수의무자에게 감면 신청을 하여야 한다. 다만, 퇴직한 근로자의 경우 해당 근로자의 주소지 관할 세무서장에게 감면 신청을 할 수 있다.(조특법 30조 ②, 2018.12.24. 단서신설)

③ 감면 신청을 하려는 근로자는 감면신청서에 병역복무기간을 증명하는 서류 등을 첨부하여 취업일이 속하는 달의 다음 달 말일까지 원천징수의무자에게 제출하여야 한다. 이 경우 원천징수의무자는 감면신청서를 제출받은 달의 다음 달부터 감면율을 적용하여 매월분의 근로소득에 대한 소득세를 원천징수할 수 있다.(조특령 27조 ⑤, 2016.2.5. 후단개정)

④ 감면 신청을 받은 원천징수의무자는 그 신청을 한 근로자의 명단(감면 대상 명세서)을 신청을 받은 날이 속하는 달의 다음 달 10일까지 원천징수 관할 세무서장에게 제출하여야 한다.(조특법 30조 ③, 조특령 27조 ⑥, 2015.2.3. 항번개정)

✓ 감면신청기한 경과 후 신청서 제출시 중소기업 취업 청년에 대한 소득세 감면 적용 가능

중소기업 취업 청년 소득세 감면신청서를 신청기한까지 제출하지 아니하고 신청기한 경과 후 제출하는 경우에도 조세특례제한법 제30조에 따른 중소기업에 취업하는 청년에 대한 소득세 감면을 적용받을 수 있는 것임(원천-428, 2012.8.17.)

(7) 감면의 적용배제 및 추징

① 감면을 적용할 때 2011.12.31. 이전에 중소기업체에 취업한 자가 2012.1.1. 이후 계약기간 연장 등을 통해 해당 중소기업체에 재취업하는 경우에는 소득세 감면을 적용하지 아니한다.(조특법 30조 ⑧)

② 감면 신청을 한 근로자의 명단을 받은 원천징수 관할 세무서장은 해당 근로자가 감면의 요건에 해당하지 아니하는 사실이 확인되는 때에는 원천징수의무자에게 그 사실

을 통지하여야 한다.(조특법 30조 ④)

③ 감면 신청을 한 근로자가 감면의 요건을 갖추지 못한 사실을 통지받은 원천징수의무자는 그 통지를 받은 날 이후 근로소득을 지급하는 때에 당초 원천징수하였어야 할 세액에 미달하는 금액의 합계액에 105%를 곱한 금액을 해당 월의 근로소득에 대한 원천징수세액에 더하여 원천징수하여야 한다.(조특법 30조 ⑤)

(8) 추징 이전에 감면 부적격자가 중도퇴사한 경우

① 해당 근로자가 퇴직한 경우 원천징수의무자는 「감면 부적격 대상 퇴직자 명세서」를 원천징수 관할 세무서장에게 제출하여야 한다.(조특법 30조 ⑤ 단서, 조특령 27조 ⑥, 2015.2.3. 항번개정)

② 위 '①'에 따라 원천징수 관할 세무서장에게 통지된 근로자에 대하여는 해당 근로자의 주소지 관할 세무서장이 감면을 적용받음에 따라 과소징수된 금액에 105%를 곱한 금액을 해당 근로자에게 소득세로 즉시 부과·징수하여야 한다.(조특법 27조 ⑥)

(9) 퇴직한 근로자가 신청하여 감면을 받은 경우의 추징

퇴직한 근로자가 본인의 주소지 관할 세무서장에게 감면 신청을 하였으나 감면요건에 해당하지 아니하는 사실이 확인되는 때에는 해당 근로자의 주소지 관할 세무서장이 감면을 적용받음에 따라 과소징수된 금액에 105%를 곱한 금액을 해당 근로자에게 소득세로 즉시 부과·징수하여야 한다.(조특법 30조 ⑦, 2018.12.24. 신설)

조세특례제한법 시행규칙[별지 제11호 서식](2023.3.20. 개정)

중소기업 취업자 소득세 감면신청서

※ [ ]에는 해당되는 곳에 √표를 합니다.

<table>
<tr><td rowspan="2">1. 신청인</td><td>① 성 명</td><td colspan="2">② 주민등록번호</td></tr>
<tr><td>③ 주 소</td><td>④ 취업자 유형</td><td>[ ] 청년(15세~34세)
[ ] 60세 이상 사람
[ ] 장애인
[ ] 경력단절여성</td></tr>
</table>

<table>
<tr><td colspan="2">2. 취업 시 연령</td></tr>
<tr><td>⑤ 중소기업에 취업한 날 연령</td><td>년 월 일 (취업일: , 생년월일:)</td></tr>
<tr><td>⑥ 병역근무기간*
(6년을 한도로 함)</td><td>년 월 일 (입대일·소집일: , 전역일·소집해제일:)</td></tr>
<tr><td>⑦ 병역근무기간 차감 후 연령
*(⑤ - ⑥)</td><td>년 월 일</td></tr>
<tr><td colspan="2">* ⑥ 및 ⑦은 '청년'만 작성합니다.</td></tr>
</table>

<table>
<tr><td colspan="2">3. 감면기간</td></tr>
<tr><td>⑧ 시작일*: 년 월 일
* 2012. 1. 1. 이후 소득세 감면을 받은 최초 취업일</td><td>⑨ 종료일*: 년 월 일
* 시작일부터 3년(청년 5년)이 되는 날(병역이행 후 1년 이내 동일 중소기업에 복직하는 경우 복직한 날부터 2년이 되는 날을 말하며, 그 복직한 날이 최초 취업일부터 5년이 지나지 아니한 경우에는 최초 취업일부터 7년이 되는 날을 말합니다)이 속하는 달의 말일</td></tr>
</table>

「조세특례제한법」 제30조제1항 및 같은 법 시행령 제27조제5항에 따라 위와 같이 중소기업 취업자에 대한 소득세 감면을 신청합니다.

년 월 일

신청인 (서명 또는 인)

원천징수의무자 귀하

<table>
<tr><td>첨부서류</td><td>1. 병역복무기간을 증명하는 서류 1부
2. 장애인등록증(수첩, 복지카드) 사본 1부
3. 「소득세법」 제143조에 따라 발급받은 근로소득 원천징수영수증 1부(「조세특례제한법」 제30조에 따라 중소기업 취업 감면을 적용받은 청년 등이 다른 중소기업체에 취업하거나 해당 중소기업체에 재취업하는 경우로 한정합니다)</td><td>수수료
없 음</td></tr>
</table>

유 의 사 항

1. 감면신청서를 사실과 다르게 신청하는 경우에는 부당하게 감면받은 세액에 가산세를 가산하여 추징하게 됩니다.
2. 장애인은 「장애인복지법」에 따른 장애인과 「국가유공자 등 예우 및 지원에 관한 법률」에 따른 상이자를 말합니다.
3. 2013. 12. 31. 이전에 취업한 청년이 해당 중소기업체에 계속하여 근무하는 경우 취업일부터 3년간 해당 중소기업체에서 받는 근로소득의 소득세 100%를 감면받을 수 있습니다.
4. 2014. 1. 1.부터 2015. 12. 31. 까지 중소기업체에 최초 취업자는 취업일부터 3년간, 재취업자는 소득세 감면기간 종료일까지 해당 중소기업체에서 받는 근로소득의 소득세 50%를 감면받을 수 있습니다
5. 2016. 1. 1. 이후 중소기업체에 최초 취업자는 취업일부터 3년간 해당 중소기업체에서 받는 근로소득의 소득세 70%를 감면(한도 200만원) 받을 수 있습니다.
6. 청년의 경우 2018년 이후 귀속 근로소득부터는 취업일로부터 5년간 감면이 적용되며, 근로소득의 소득세 90%를 감면(한도 200만원)받을 수 있습니다.
7. 중소기업체 재취업자의 소득세 감면기간 ⑧ 시작일과 ⑨ 종료일은 최초 감면신청서상 감면기간의 시작일과 종료일을 적습니다.
8. 경력단절여성은 「조세특례제한법」 제29조의3에서 규정하고 있는 여성을 말합니다(동종업종 기업에서 1년 이상 근무하다가 결혼, 임신, 출산 ,육아, 자녀교육의 사유로 퇴직하고 2년 이상 15년 이내의 기간이 경과한 후 동종업종 중소기업에 재취업하는 여성으로서 최대주주 또는 최대출자자나 그와 특수관계인이 아닌 경우).
9. 「조세특례제한법 시행령」 제27조제3항 각 호에 따른 사업을 주된 사업으로 영위하는 중소기업으로부터 받은 근로소득만 감면대상입니다.

조세특례제한법 시행규칙[별지 제11호의2 서식](2021.3.16. 개정)

중소기업 취업자 소득세 감면 대상 명세서

1. 원천징수의무자	상 호	사업자등록번호
	사업장소재지 (전화번호 :)	

2. 감면 적용 대상자 명단

성 명	주민 등록번호	취업일	취업자 유형	중소기업 취업 시 연령	병역근무기간 (6년을 한도로 함)	병역근무기간 차감 후 연령	감면기간	
							시작일	종료일
							시작일	종료일
							시작일	종료일
							시작일	종료일

「조세특례제한법」 제30조제3항 및 같은 법 시행령 제27조제6항에 따라 중소기업 취업자 소득세 감면 대상 명세서를 제출합니다.

년 월 일

원천징수의무자 (서명 또는 인)

세무서장 귀하

작성방법

1. "취업자 유형"은 '청년', '60세 이상 사람', '장애인', '경력단절여성' 으로 구분하여 적습니다.
2. "병역근무기간"과 "병역근무기간 차감 후 연령"은 취업자 유형이 '청년'인 경우 적습니다.
3. "감면기간"란에는 「조세특례제한법 시행규칙」 별지 제11호서식 「중소기업 취업자 소득세 감면신청서」 의 ⑧·⑨란의 시작일과 종료일을 적습니다.
4. "주업종코드" 란에는 원천징수의무자의 주업종코드를 기재합니다.(「조세특례제한법 시행령」 제27조제3항 각 호에 따른 사업을 주된 사업으로 영위하는 중소기업으로부터 받은 근로소득만 감면대상입니다)

4 중소기업 청년근로자 및 핵심인력 성과보상기금 수령액에 대한 소득세 감면 등(2019.12.31. 제목개정)

(1) 개 요

중소기업 청년근로자 및 핵심인력 성과보상기금(중소기업 인력지원 특별법 제35조의2)의 공제사업에 2024.12.31.까지 가입한 중소기업 또는 중견기업의 근로자(이하 "핵심인력"이라 한다)가 공제납입금을 5년(중소기업 또는 중견기업의 청년근로자를 대상으로 하는 공제사업에 가입하여 만기까지 납입한 후에 핵심인력을 대상으로 하는 공제사업에 연계하여 납입하는 경우에는 해당 기간을 합산하여 5년) 이상 납입하고 그 성과보상기금으로부터 공제금을 수령하는 경우에 해당 공제금 중 해당 기업이 부담한 기여금(이하 "기여금"이라한다) 부분에 대해서는 근로소득으로 보아 소득세를 부과하되, 소득세에 다음의 구분에 따른 비율을 곱한 금액에 상당하는 세액을 감면한다.(조특법 29조의6 ①, 2021.12.8. 개정)

➲ 2022.1.1. 이후 성과보상기금으로부터 공제금을 수령하는 경우부터 적용한다.(2021.12.8. 조특법 부칙 10조)

개정 2024.12.31, 2025.3.14.

➲ 2025.1.1. 전에 공제사업에 가입한 근로자에 대한 소득세의 부과 및 세액감면에 관하여는 개정규정에도 불구하고 종전의 규정에 따른다.(2024.12.31. 조특법 부칙 26조)

(1) 개 요

① 중소기업 청년근로자 및 핵심인력 성과보상기금(중소기업 인력지원 특별법 제35조의2)의 공제사업*에 2027.12.31.까지 가입한 중소기업 또는 중견기업의 근로자(이하에서 "핵심인력"이라 한다)가 공제납입금을 3년 이상 납입하고 그 성과보상기금으로부터 공제금을 수령하는 경우에 해당 공제금 중 해당 기업이 부담한 기여금(이하에서 "기여금"이라 한다) 부분에 대해서는 근로소득으로 보아 소득세를 부과하되, 소득세에 다음의 구분에 따른 비율을 곱한 금액에 상당하는 세액을 감면한다.(조특법 29조의6 ①, 2024.12.31. 개정)

* 중소기업 근로자의 장기 재직 촉진 및 자산형성을 지원하기 위해 중소기업과 근로자가 공동으로 적립한 성과보상기금을 장기 재직한 근로자에게 지급하는 공제사업으로서 기획재정부장관이 고시하는 공제사업을 말한다.(조특령 26조의6 ①, 2025.2.28 신설)

② 해당 기업이 다음 중 하나에 해당하는 부득이한 사유로 공제납입금을 3년 이상 납입하지 못하고 핵심인력이 공제금을 수령하게 된 경우에도 세액을 감면한다.(조특법 29조의6 ① 단서, 2025.3.14. 단서신설, 조특령 26조의6 ⑦, 입법예고중)

㉠ 사업을 폐업하거나 휴업하는 경우

㉡ 법인을 해산하는 경우

① 청년의 경우
   ㉠ 중소기업 근로자의 경우 : 90%
   ㉡ 중견기업 근로자의 경우 : 50%

② 청년 외의 경우
   ㉠ 중소기업 근로자의 경우 : 50%
   ㉡ 중견기업 근로자의 경우 : 30%

중소기업 인력지원 특별법 제35조의2

중소기업청장은 중소기업 핵심인력의 장기재직 촉진 및 중소기업 인력양성을 위하여 중소기업 핵심인력 성과보상기금을 설치한다.

(2) 청년의 범위

① 15세 이상 34세(다음 중 하나에 해당하는 병역을 이행한 사람의 경우에는 6년을 한도로 병역을 이행한 기간을 현재 연령에서 빼고 계산한 연령을 말한다) 이하인 사람을 말한다.(조특령 26조의6 ③, 2023.2.28. 신설, 26조의8 ③ 1, 27조 ① 1)
   ㉠ 병역법 제16조 또는 제20조에 따른 현역병(같은 법 제21조, 제25조에 따라 복무한 상근예비역 및 의무경찰·의무소방원을 포함)
   ㉡ 병역법 제26조 제1항에 따른 사회복무요원
   ㉢ 군인사법 제2조 제1호에 따른 현역에 복무하는 장교, 준사관 및 부사관

② 다음에 해당하는 사람은 청년에서 제외한다.(조특령 26조의6 ③, 2023.2.28. 신설, 26조의8 ③ 1 단서)
   ㉠ 기간제 및 단시간근로자 보호 등에 관한 법률에 따른 기간제근로자 및 단시간근로자
   ㉡ 파견근로자 보호 등에 관한 법률에 따른 파견근로자
   ㉢ 청소년 보호법에 따른 청소년유해업소에 근무하는 같은 법에 따른 청소년

(3) 핵심인력에서 제외되는 사람

다음 중 하나에 해당하는 사람을 말한다.(조특령 26조의6 ②, 2023.2.28. 용어개정)

① 해당 기업의 최대주주 또는 최대출자자(개인사업자의 경우에는 대표자)와 그 배우자

② 위 '①'에 해당하는 사람의 직계존비속(그 배우자를 포함) 또는 위 '①'에 해당하는 사람과 국세기본법 시행령 제1조의2 제1항에 따른 친족관계에 있는 사람

(4) 감면세액의 계산

다음 계산식에 따라 계산한 금액으로 한다.(조특령 26조의6 ④, 2021.12.8. 개정)

$$감면세액 = 종합소득산출세액 \times \frac{근로소득금액}{종합소득금액} \times \frac{기업이\ 부담한\ 기여금}{해당\ 근로자의\ 총급여액} \times 감면율^{*}$$

* ① 중소기업 : 청년은 90%, 청년 외는 50%
  ② 중견기업 : 청년은 50%, 청년 외는 30%

(5) 이자소득세 부과

공제금 중 핵심인력이 납부한 공제납입금과 기여금을 제외한 금액은 이자소득으로 보아 소득세를 부과한다.(조특법 29조의6 ②)

(6) 신청서의 제출

① 근로자는 감면을 신청하려는 경우 「감면신청서」를 공제금을 수령하는 달이 속하는 달의 다음 달 말일까지 원천징수의무자에게 제출하여야 한다.(조특령 26조의6 ⑤)

② 원천징수의무자는 감면을 받는 경우 신청을 받은 달이 속하는 달의 다음 달 10일까지 원천징수 관할 세무서장에게 「감면 대상 명세서」를 제출하여야 한다.(조특령 26조의6 ⑥)

✓ 내일채움공제 만기수령 시 원천징수 방법에 대한 질의

내일채움공제 상품의 만기 수령시점과 관계없이 근로자의 입사일과 퇴사일은 실제 사실관계에 따라 판단하는 것이며, 중도퇴사자의 연말정산 이후에 내일채움공제의 만기금액을 수령하는 경우에는 해당 중도퇴사자의 근로소득금액으로 인식하여 연말정산을 재정산해야 하는 것이고, 근로자가 만기금액에 대한 소득세 감면을 적용받기 위해서는 조세특례제한법 시행령 제29조의6 제4항에 따라 원천징수의무자에게 감면신청하고, 원천징수의무자는 제5항에 따라 관할 세무서장에게 감면대상명세서를 제출해야 함(서면원천 2024-2485, 2024.10.7.)

✓ 내일채움공제 만기 수령금에 대한 소득세 감면 적용 시, 감면 적용의 기준시점

중소기업의 근로자로서 내일채움공제사업에 가입하여 공제납입금을 납입하던 중 소속 기업이 중견기업으로 전환된 후 공제금을 수령하는 경우에, 조세특례제한법 제29조의6 제1항에 따른 소득세 감면 비율은 같은 항 제1호 가목 또는 제2호 가목(☞ 중소기업 근로자의 비율)에 의하는 것임(사전법규소득 2024-111, 2024.4.1.)

✓ 내일채움공제계약 성립일 이후 대기업 전환시 성과보상기금 수령액 소득세 감면 적용여부

중견기업의 근로자로서 내일채움공제사업에 가입하여 공제금을 적립하던 중 소속 기업이 중견기업에서 제외되는 경우에도 가입시점에 요건을 충족하여 만기까지 납입한 후 그 공제금을 수령하는 경우에는 동법 동조에 따른 세액감면을 적용받을 수 있는 것임(사전법규소득 2023-723, 2024.3.14.)

✓ **내일채움공제 지자체 연계지원금 및 청년재직자 내일채움공제 만기공제금 소득세과세여부에 대한 회신**

근로자가 중소기업 인력지원 특별법 제35조의2에 따른 성과보상기금으로부터 공제금을 수령하는 경우 국가 또는 지방자치단체의 지원금인 경우에는 그 지원금에 해당하는 부분은 소득세가 과세되지 아니하는 것이며 그 밖에 그 재원이 공기업 등의 지원금인 경우에는 과세대상 근로소득에 해당하는 것임. 또한, 근로자가 수령하는 공제금 중 공기업 등이 부담한 기여금부분에 대해서는 조세특례제한법 제29조의6에 따른 소득세 감면(중소기업 청년근로자 및 핵심인력 성과보상기금 수령액에 대한 소득세 감면 등)을 적용하지 않는 것임(기획재정부소득-463, 2019.8.9.)

✓ **내일채움공제 만기금 지급시 원천징수의무자**

중소기업 인력지원 특별법 제35조의2에 따라 설치한 중소기업 핵심인력 성과보상기금의 공제사업에 가입한 조세특례제한법 제29조의6 제1항에 따른 중소기업 또는 중견기업의 근로자가 성과보상기금으로부터 만기 시 수령하는 공제금 중 근로소득에 해당하는 기업기여금에 대한 원천징수의무는 해당 중소기업 또는 중견기업에 있는 것임(기획재정부소득-526, 2019.9.18.)

내일채움공제제도

(1) 요약 표33)

구 분	내일채움공제	청년재직자 내일채움공제 플러스	청년연계형 내일채움공제	청년 내일채움공제2023
가입 대상	근로자 (나이, 재직기간 무관)	6개월 이상 제직 청년 (연소득 3,600만원 이하)	청년내일채움공제 만기 근로자 (나이, 재직기간 무관)	신규취업 청년근로지 (만 15세 ~ 34세)
가입 요건	중소·중견기업	제조업·건설업 영위 소규모(50인 미만) 중소기업	청년내일채움공제 만기자 배출 중소·중견기업	제조업·건설업 영위 소규모(50인 미만) 중소기업
가입 기간	5년	3년	3년	2년
적립 구조	2자 적립 핵심인력과 사업주가 1 : 2로 부담 (매월 34만원 이상) ※ 5년만근시: 2천만원 이상	3자 적립 청년 | 3년 600만원 적립 기업 | 3년 600만원 적립 정부 | 3년 600만원 적립 ※ 3년만근시: 1천8백만원 이상	2자 적립 핵심인력과 사업주가 1 : 1로 부담 (각각 월 14만원 이상) ※ 3년만근시: 1천8백만원 이상	3자 적립 청년 | 2년 400만원 적립 기업 | 2년 400만원 적립 정부 | 2년 400만원 적립 ※ 2년만근시: 1천2백만원 이상
시행	2014년 8월	2023년 2월 (2025년까지 한시 운영)	2021년 10월	2023년 개편

(2) 해지환급금의 수급권자

① 내일채움공제(운영지침 제23조, 2022.6.24. 개정)

구분	중도해지 사유	해지환급금 수급권자	
		중소기업의 기여금 납입누계액 및 기간이자 해당분	핵심인력의 공제납입금 납입누계액 및 기간이자 해당분
중소기업 귀책	• 중소기업 기여금을 연속 6개월분 이상 납입하지 아니한 때 • 중소기업 휴·폐업, 부도, 해산 • 사업주의 공제사업과 연계한 부당행위 • 권고사직, 불공정 계약파기 • 중소기업이 공제 가입 이후 대기업 분류 • 기타(1년 이내 2개월 이상 임금체불 등)	핵심인력	핵심인력
핵심인력 귀책	• 핵심인력 납입금을 연속 6개월분 이상 납입하지 아니한 때 • 핵심인력 창업에 의한 퇴직 • 핵심인력 이직에 의한 퇴직 • 핵심인력 학업에 의한 퇴직 • 배임·횡령 등 불법행위 • 핵심인력의 사업자등록 • 기타	중소기업	핵심인력
기타	• 중소기업과 핵심인력이 함께 공제부금을 연속 6개월분 이상 납입하지 아니한 때	중소기업	핵심인력
	• 핵심인력의 사망, 업무상 재해 등 불가피한 경우	핵심인력	핵심인력

② 청년재직자 내일채움공제(운영지침 제24조, 2019.4.5. 개정)

구분	중도해지 사유	해지환급금 수급권자		
		청년근로자 공제납입금 납입누계액 및 기간이자 해당분	중소기업 기여금 납입누계액 및 기간이자 해당분	정부지원금 적립누계액 및 기간이자 해당분
중소기업 귀책	• 중소기업 기여금을 연속 6개월분 이상 납입하지 아니한 때 • 중소기업 휴·폐업, 부도, 해산 • 공제사업과 연계한 부당한 임금 조정 • 권고사직, 불공정 계약파기 • 중소기업이 공제 가입 이후 대기업 분류 • 기타(1년 이내 2개월 이상 임금체불 등)	청년근로자	청년근로자*1	청년근로자

<table>
<tr><th rowspan="2">구분</th><th rowspan="2">중도해지 사유</th><th colspan="3">해지환급금 수급권자</th></tr>
<tr><th>청년근로자 공제납입금 납입누계액 및 기간이자 해당분</th><th>중소기업 기여금 납입누계액 및 기간이자 해당분</th><th>정부지원금 적립누계액 및 기간이자 해당분</th></tr>
<tr><td rowspan="7">청년 근로자 귀책</td><td>• 청년근로자 납입금을 연속 6개월분 이상 납입하지 아니한 때</td><td rowspan="7">청년근로자</td><td rowspan="7">중소기업</td><td rowspan="6">청년근로자*2</td></tr>
<tr><td>• 청년근로자 창업에 의한 퇴직</td></tr>
<tr><td>• 청년근로자 이직에 의한 퇴직</td></tr>
<tr><td>• 청년근로자 학업에 의한 퇴직</td></tr>
<tr><td>• 청년근로자의 사업자등록</td></tr>
<tr><td>• 기타</td></tr>
<tr><td>• 부정수급 등 불법행위</td><td>정부지원금 반환*3</td></tr>
<tr><td>기타</td><td>• 청년근로자 사망, 업무상 재해 등 불가피한 사유</td><td>청년근로자</td><td>청년근로자*1</td><td>청년근로자</td></tr>
</table>

*1. 회사 귀책 등으로 중도해지 되어 회사(기업) 기여금을 수령하는 경우 근로소득으로 신고해야 하는 것이나, 만기수령한 금액이 아니므로 감면대상은 아님

*2. 중도해지 귀책사유가 회사에 있는 경우 정부지원금(정부지원금은 과세하지 않음) 적립주기별로 적립된 누계액이 지급되나, 중도해지 귀책사유가 근로자에게 있는 경우에는 60개월 기준으로 공제계약 후 근무기간을 월할 계산하여 지급함

*3. 3개월 이내 중도해지의 경우 정부지원금은 정부로 반환됨

5 성과공유 중소기업의 경영성과급에 대한 세액감면(2018.12.24. 신설)

➲ 2019.1.1. 이후 경영성과급을 지급받는 분부터 적용한다.(2018.12.24. 조특법 부칙 8조)

(1) 개 요

성과공유 중소기업(중소기업 인력지원 특별법 제27조의2 제1항에 따른 중소기업*)의 근로자가 해당 중소기업으로부터 2027.12.31.까지 경영성과급을 지급받는 경우 그 경영성과급에 대한 소득세의 50%에 상당하는 세액을 감면한다.(조특법 19조 ①, ②, 2024.12.31. 개정)

* 중소기업기본법 제2조 제1항에 따른 중소기업을 말한다.(중소기업 인력지원 특별법 제2조 제1호)

33) 차재영, 박교원, 2023, 2023 연말정산실무, 씨에프오아카데미, p. 510.

중소기업 인력지원 특별법 제27조의2 제1항에 따른 중소기업

제27조의2 (중소기업과 근로자 간의 성과 공유 촉진)

① 정부는 중소기업에 근무하는 근로자의 임금 또는 복지 수준을 향상시키기 위하여 대통령령으로 정하는 성과공유 유형 중 어느 하나에 해당하는 방법으로 근로자와 성과를 공유하고 있거나 공유하기로 약정한 중소기업(이하 "성과공유기업"이라 한다)을 우대하여 지원할 수 있다.(2018.6.12. 개정)

▼ 중소기업 인력지원 특별법 시행령

제26조의2 (성과공유 유형 및 성과공유기업의 확인)

① 법 제27조의2 제1항에서 "대통령령으로 정하는 성과공유 유형"이란 다음 각 호의 유형을 말한다.

1. 중소기업과 근로자가 경영목표 설정 및 그 목표 달성에 따른 성과급 지급에 관한 사항을 사전에 서면으로 약정하고 이에 따라 근로자에게 지급하는 성과급(우리사주조합을 통하여 성과급으로서 근로자에게 지급하는 우리사주를 포함) 제도의 운영
2. 법 제35조의5 제1호에 따른 중소기업 핵심인력에 대한 성과보상공제사업의 가입
3. 다음 각 목의 어느 하나의 요건에 해당하는 임금수준의 상승
   가. 근로자의 해당 연도 평균임금 증가율이 직전 3개 연도 평균임금 증가율의 평균보다 클 것
   나. 근로자의 해당 연도 평균임금 증가율이 전체 중소기업의 임금증가율을 고려하여 중소벤처기업부장관이 정하여 고시하는 비율보다 클 것
4. 근로복지기본법 제32조·제50조 또는 제86조의2에 따른 우리사주제도·사내근로복지기금 또는 공동근로복지기금의 운영
5. 상법 제340조의2·제542조의3 또는 벤처기업 육성에 관한 특별법 제16조의3에 따른 주식매수선택권의 부여
6. 그 밖에 성과공유 활성화를 위하여 중소벤처기업부장관이 정하여 고시하는 유형

[중소벤처기업부장관이 정하여 고시하는 유형]
다음 중 하나에 해당하는 중소기업을 말한다.
① 인재육성형 중소기업, ② 직무발명보상 우수기업, ③ 인적자원개발 우수기업, ④ 가족친화 인증기업, ⑤ 노사문화 우수기업, ⑥ 청년친화 강소기업, ⑦ 복지지원 중소기업, ⑧ 여가친화 인증기업
이때 1, 2, 4, 5,의 유형에 해당하는 성과공유기업은 다음의 요건을 충족하여야 한다.
㉠ 상시근로자 1인당 성과급을 제외한 연간 임금총액이 전년보다 감소하지 아니할 것. 다만, 근로계약 기간이 1년 미만인 신규 근로자의 경우 성과급을 제외한 임금총액이 근로계약으로 정한 임금보다 감소하지 아니할 것
㉡ 사업주가 성과공유를 위하여 지급 또는 출연한 금액이 성과공유 대상 근로자 1인당 연간 35만원 이상일 것. 다만, 위 '4, 5'에 따른 유형은 제외한다.

② 법 제27조의2 제1항에 따른 성과공유기업(이하 "성과공유기업"이라 한다)으로 확인을 받으려는 중소기업은 중소벤처기업부장관이 정하여 고시하는 바에 따라 제1항 각 호의 어느 하나에 해당함을 증명하는 서류를 첨부하여 중소벤처기업부장관에게 신청하여야 한다.
③ 중소벤처기업부장관은 제2항에 따른 신청을 받은 경우 성과공유기업으로 확인한 경우에는 해당 중소기업에 성과공유기업 확인서를 발급할 수 있다.
④ 제1항부터 제3항까지에서 규정한 사항 외에 성과공유 유형의 세부기준, 성과공유기업의 확인절차 및 방법 등에 관하여 필요한 사항은 중소벤처기업부장관이 정하여 고시한다.

(2) 경영성과금의 범위

"경영성과급"이란 중소기업 인력지원 특별법 시행령 제26조의2 제1항 제1호에 따른 성과급을 말한다.(조특령 17조 ②, 2022.2.15. 개정)

➲ 개정규정은 중소기업이 2022.1.1. 이후 지급한 경영성과급부터 적용한다.(2022.2.15. 조특령 부칙 7조)

중소기업 인력지원 특별법 시행령

제26조의2 (성과공유 유형 및 성과공유기업의 확인)
① 법 제27조의2 제1항에서 "대통령령으로 정하는 성과공유 유형"이란 다음 각 호의 유형을 말한다.
1. 중소기업과 근로자가 경영목표 설정 및 그 목표 달성에 따른 성과급 지급에 관한 사항을 사전에 서면으로 약정하고 이에 따라 근로자에게 지급하는 성과급(우리사주조합을 통하여 성과급으로서 근로자에게 지급하는 우리사주를 포함한다) 제도의 운영

(3) 감면제외 근로자

다음에 해당하는 근로자에 대해서는 감면을 적용하지 않는다.(조특령 17조 ⑥, 2019.2.12. 신설)

① 해당 과세기간의 총급여액이 7천만원을 초과하는 사람
② 해당 기업의 최대주주 또는 최대출자자(개인사업자의 경우에는 대표자)와 그 배우자
③ 위 '②'에 해당하는 자의 직계존비속(그 배우자를 포함) 또는 위 '②'에 해당하는 사람과 국세기본법 시행령 제1조의2 제1항에 따른 친족관계에 있는 사람

(4) 감면세액의 계산

① 감면세액은 다음 계산식에 따라 계산한 금액으로 한다.(조특령 17조 ⑦, 2019.2.12. 신설)

$$\text{감면세액} = \text{종합소득산출세액} \times \frac{\text{근로소득금액}}{\text{종합소득금액}} \times \frac{\text{경영성과급}}{\text{해당 근로자의 총급여액}} \times 50\%$$

② 세액감면을 받으려는 자가 중소기업 취업자에 대한 감면을 받는 경우 감면세액은 다음 계산식에 따라 계산한 금액으로 한다.(조특령 17조 ⑧, 2019.2.12. 신설)

$$\text{감면세액} = \left[\left(\text{종합소득산출세액} \times \frac{\text{근로소득금액}}{\text{종합소득금액}}\right) - \text{중소기업 취업자에 대한 감면세액}\right] \times \frac{\text{경영성과급}}{\text{해당 근로자의 총급여액}} \times 50\%$$

(5) 감면의 신청

① 세액감면을 받으려는 근로자는 경영성과급을 지급받은 날이 속하는 달의 다음 달 말일까지 세액감면신청서를 원천징수의무자에게 제출해야 한다.(조특령 17조 ⑨, 2019.2.12. 신설)

② 세액감면신청서를 제출받은 원천징수의무자는 감면 대상 명세서를 신청을 받은 날이 속하는 달의 다음 달 말일까지 원천징수 관할 세무서장에게 제출해야 한다.(조특령 17조 ⑩, 2019.2.12. 신설)

저자TIP 성과공유기업 확인서

1. 「성과공유기업 확인서」와 감면 여부의 관계

중소기업 인력지원 특별법 제2항 및 제3항에 따르면 「성과공유기업 확인서」 발급과 관련하여 다음과 같이 규정하고 있다.

> **【중소기업 인력지원 특별법 제27조의2 제2항, 제3항】**
>
> ② 법 제27조의2 제1항에 따른 성과공유기업으로 확인을 받으려는 중소기업은 중소벤처기업부장관이 정하여 고시하는 바에 따라 제1항 각 호의 어느 하나에 해당함을 증명하는 서류를 첨부하여 중소벤처기업부장관에게 신청하여야 한다.
>
> ③ 중소벤처기업부장관은 제2항에 따른 신청을 받은 경우 성과공유기업으로 확인한 경우에는 해당 중소기업에 성과공유기업 확인서를 발급할 수 있다.

위 규정에 따르면 「성과공유기업 확인서」의 발급이 강제사항은 아닌 것으로 보이고 성과공유를 하고 있는 경우뿐만 아니라 성과공유를 하기로 약정한 경우에도 신청하여 발급받을 수 있는 점, 그리고 조세특례제한법의 규정에서도 「성과공유기업 확인서」를 감면요건으로 정하고 있지 않은 점 등을 고려해볼 때 「성과공유기업 확인서」의 유·무에 따라 감면 여부를 판단하기 보다는 실제 서면으로 사전약정을 하고 감면요건에 따라 성과급을 지급했는지의 사실관계에 따라 판단해야 할 것이다.
국세청에서도 같은 판단을 하고 있다.

> 조특법상 요건을 충족하는 경우에는 성과공유기업 확인서를 발급 받지 아니하였더라도 해당 세액공제 대상에 해당하는 것임(서면법령해석법인 2020-1920, 2020.12.14.)

위 예규는 조세특례제한법 제19조 제1항(법인 또는 개인의 사업소득에 대한 세액공제 규정)에 대한 내용이지만, 근로자에 대한 감면규정인 같은 법 제2항의 규정에도 동일하게 적용될 것이다.

2. 「성과공유기업 확인서」상의 "유효기간"과 감면 여부

「성과공유기업 확인서」에는 '유효기간'이 명시되어 있다. 이 '유효기간' 중에 지급한 성과급만 감면대상인지에 대한 의문이 있을 수 있는데, 위 1.에서와 같은 이유로 유효기간은 감면요건과 관계없는 것으로 보인다. 따라서 실제 서면으로 사전약정을 하고 감면요건에 따라 성과급을 지급했는지의 사실관계에 따라 판단해야 할 것이다.

3. 감면의 적용기간

2019.1.1. 이후부터 2027.12.31.까지 지급한 경영성과급에 대해 적용한다.(조특법 19조 ②, 조특령 부칙 1조, 8조)

✓ **조특법 19조의 적용에 있어서 "총급여액"에 내일채움공제 만기지급금 중 근로소득 과세대상인 기여금은 포함되지 아니하는 것인지 여부**

조세특례제한법 제19조 제2항 제1호 및 같은 법 시행령 제17조 제1항 제7호의 "해당 과세기간의 총급여액"에는 내일채움공제 만기지급금 중 근로소득 과세대상인 기업이 부담한 "기여금"이 포함되는 것임(사전법규소득 2024-1, 2024.5.30.)

✓ **원천징수의무자가 성과공유 중소기업 경영성과급 소득세 감면대상 명세서를 기한 후 제출하는 경우에도 소득세 감면을 적용받을 수 있음**(서면원천 2025-0509, 2025.3.25.)

• 제 8 절 근로소득의 수입시기

수입시기는 해당연도의 근로소득을 확정하기 위한 기준으로 매우 중요하며, 근로소득의 발생원인에 따라 차이가 있다. 근로소득에 대한 총수입금액의 수입시기는 다음에 규정하는 날로 한다.(소령 49조)

구 분	수 입 시 기
(1) 급 여	• 근로를 제공한 날(소령 49조 ① 1)
(2) 잉여금처분에 의한 상여	• 당해 법인의 잉여금처분결의일(소령 49조 ① 2)
(3) 해당 사업연도의 소득금액을 법인이 신고하거나 세무서장이 결정·경정함에 따라 발생한 그 법인의 임원 또는 주주·사원 그 밖의 출자자에 대한 상여	• 해당 사업연도 중의 근로를 제공한 날. 이 경우 월평균금액을 계산한 것이 2년도에 걸친 때에는 각각 해당 사업연도 중 근로를 제공한 날(소령 49조 ① 3, 2010.2.18. 개정)
(4) 근로소득으로 보는 임원퇴직소득금액 한도초과액(2013.2.15. 개정)	• 지급받거나 지급받기로 한 날(소령 49조 ① 4)
(5) 도급 기타 이와 유사한 계약에 의하여 급여를 받는 경우에 해당 과세기간의 과세표준 확정신고기간 개시일 전에 해당 급여가 확정되지 아니한 때	• 그 확정된 날에 수입한 것으로 봄. 다만, 그 확정된 날 전에 실제로 받은 금액은 그 받은 날(소령 49조 ②)
(6) 부당해고기간 급여	• 법원의 판결·화해 등에 의하여 부당해고기간의 급여를 일시에 지급받는 경우에는 해고기간에 근로를 제공하고 지급받은 것으로 봄(소통 20-38…3)
(7) 성과급상여	• 매출액·영업이익률 등 계량적 요소에 따라 성과급상여를 지급하기로 한 경우 : 계량적요소가 확정되는 날이 속하는 연도

구 분	수 입 시 기
	• 계량적·비계량적 요소를 평가하여 그 결과에 따라 차등 지급하는 경우 : 개인별 지급이 확정되는 연도(서면 1팀-361, 2008.3.19.)
(8) 급여를 소급인상하고 이미 지급된 금액과의 차액을 추가로 지급하는 경우	• 근로제공일이 속하는 연·월 (법인 46013-830, 1995.3.28.)
(9) 사이닝보너스	• 근로계약 체결시 일시에 선지급(계약기간 내 퇴사시 일정금액 반환조건)하는 경우 당해 선지급 사이닝보너스를 계약조건에 따른 근로기간 동안 안분(서이 46013-10653, 2002.3.28.)
(10) 연차수당	• 근로기준법에 따른 연차 유급휴가일에 근로를 제공하고 지급받는 연차수당의 수입시기는 소정의 근로일수를 개근한 연도의 다음연도가 되는 것이며 그 지급대상기간이 2개 연도에 걸쳐 있는 경우에는 그 지급대상 연도별로 안분하여 해당 연차수당의 근로소득 수입시기를 판단한다.(소득 집행기준 24-49-3) • 지급기준일이 속하는 각 사업연도 종료일에 미지급 연(월)차수당을 합리적으로 산정한 후 미지급금으로 계상하여 손금에 산입한 경우, 연(월)차수당의 수입시기는 당해 연(월)차수당을 손금으로 계상한 때가 되는 것임(원천-252, 2011.4.26.)

✓ **인정상여의 귀속연도**(소통 39-0…15)

법인세법 시행령 제106조 제1항 제1호 나목에 규정하는 상여로 처분된 금액 중 귀속시기가 불분명한 금액은 영 제49조 제1항 제3호의 규정에 의하여 당해 법인의 사업연도 중 근로를 제공한 기간의 월수로 안분계산하여 각 월에 귀속되는 근로소득으로 본다.

✓ **성과급의 귀속시기**

매출액·영업이익률 등 계량적 요소에 따라 성과급상여를 지급하기로 한 경우 해당 성과급상여의 귀속시기는 계량적 요소가 확정되는 날이 속하는 연도가 되는 것이며, 계량적·비계량적 요소를 평가하여 그 결과에 따라 차등 지급하는 경우 해당 성과급상여의 귀속시기는 개인별 지급액이 확정되는 연도가 되는 것임(서면1팀-361, 2008.3.19.)

✓ **근로자 지위의 확인 판결에 따라 지급받게 된 임금 차액분의 근로소득 수입시기는 소득세법 시행령 제49조 제1항 제1호에 따라 근로제공일이 속하는 과세기간임**(기획재정부소득-577, 2024.5.28.)

✓ **부당해고기간의 급여에 대한 소득구분과 귀속연도**(소통 20-38…3)

① 근로자가 법원의 판결·화해 등에 의하여 부당 해고기간의 급여를 일시에 지급받는 경우에는 해고기간에 근로를 제공하고 지급받는 근로소득으로 본다.

② 제1항의 근로소득에 대하여 해당 원천징수의무자가 다음의 규정에 따라 원천징수를 하는 경우

에는 법 제134조 제2항의 규정에 준하여 기한 내에 원천징수한 것으로 본다.

㉠ 법원의 판결이 해당 과세기간경과 후에 있는 경우에는 그 판결이 있는 날의 다음달 말일까지 법 제137조 제1항의 규정에 의하여 연말정산하는 때

㉡ 법원의 판결이 해당 근로소득이 귀속하는 과세기간의 종료일 전에 있는 경우에는 법 제134조 제1항 또는 제2항의 규정에 의하여 원천징수하는 때

✓ **임금체계의 변경에 따른 감소임금 보전금의 수입시기 등**(소득 집행기준 20-49-1)

법인이 근로기준법의 개정으로 근로자의 연차보상일수가 감소함에 따라, 단체협약에 의해 향후 근로자별 예상재직기간(이하 '보상기간'이라 한다)에 해당하는 연차수당 감소액 중 일부를 보상금으로 지급하는 경우, 해당 보상금은 단체협약에 의해 개인별 지급액이 확정되는 날이 속하는 연도의 근로소득으로 본다.

이때 협약조건에 따라 보상기간 중 퇴직하는 근로자에 대한 기간미경과 보상금을 법인이 환수하는 경우, 해당 환수하는 금액은 해당 근로자가 퇴직하는 날이 속하는 연도의 근로소득에서 차감한다.

✓ **근로소득의 수입시기**

근로계약에 따른 근로의 대가를 금전 외의 것으로 받기로 하였으나, 지급받기로 약정한 시점을 도과하여 이를 지급받은 경우로서 소득세법 시행령 제49조에서 정하는 때에 해당하지 않는 경우의 근로소득의 수입시기는 실제로 지급받는 날에도 불구하고 그 지급의무가 확정된 날로 보는 것임(사전법규소득 2022-334, 2022.5.26.)

✓ **자회사 임직원들에게 제공하는 주식인센티브계약에 따른 수익의 수입시기 및 소득금액 산정방법**

내국법인인 자회사 임직원이 외국법인인 모회사와 체결한 계약(이하 "쟁점계약")에 따라 근로를 전제로 그와 밀접히 관련되어 근로조건의 내용을 이루고 있는 급여를 금전으로 지급받는 경우, 근로소득의 수입시기는 쟁점계약에 따른 조건이 성취되어 개인별 지급액이 확정되는 때로 하는 것임(서면법규소득 2022-2657, 2022.6.28.)

✓ **초과근무수당 미지급분을 추가지급 시 해당 근로자가 근로를 제공한 연도가 수입시기임**

원천징수의무자가 고용노동부의 시정조치에 따라 초과근무수당 미지급분을 해당 근로자에게 추가로 지급하는 경우 근로소득 수입시기는 소득세법 시행령 제49조에 따라 해당 근로자가 근로를 제공한 날이 되는 것임(원천-247, 2014.7.2.)

✓ **환율인상에 따라 추가지급되는 급여액의 귀속연도**(소득 해석편람 24-7-3)

환율의 인상에 따라 추가지급되는 급여액의 귀속연도는 근로를 제공한 날이 속하는 연도임(재무부 직세 1264-348, 1980.2.8.)

✓ **외국법인 국내지점의 성과금의 근로소득 수입시기**(원천 해석편람 20-4-3)

외국법인의 국내지점이 일부 종업원에 대한 성과금 성격으로 외국소재 본점의 주식을 구입하여 해외소재 신탁회사에 신탁하고 일정한 조건이 성취되는 때 해당 주식을 지급하기로 한 경우의 근로소득의 수입시기는 해당 주식의 지급방법에 따라 조건이 성취되는 날로 하는 것임(서이 46013-11307, 2002.7.8.)

✓ **연차수당의 수입시기**(소득 집행기준 24-49-3)

근로기준법에 따른 연차 유급휴가일에 근로를 제공하고 지급받는 연차수당의 수입시기는 소정의

근로일수를 개근한 연도의 다음연도가 되는 것이며 그 지급대상기간이 2개 연도에 걸쳐 있는 경우에는 그 지급대상 연도별로 안분하여 해당 연차수당의 근로소득 수입시기를 판단한다.

✓ 연(월)차수당의 근로소득 수입시기

지급기준일이 속하는 각 사업연도 종료일에 미지급 연(월)차수당을 합리적으로 산정한 후 미지급금으로 계상하여 손금에 산입한 경우, 연(월)차수당의 수입시기는 당해 연(월)차수당을 손금으로 계상한 때가 되는 것임(원천-252, 2011.4.26.)

✓ 급여 소급인상분을 지급하는 경우 원천징수방법(소득 집행기준 134-0-2)

① 근로자에 대한 급여를 소급인상하여 이미 지급된 금액과의 차액을 추가로 지급하는 경우 소급인상분 급여의 귀속시기는 '근로제공일이 속하는 연도'로 한다.

② 이 경우 그 귀속시기가 서로 다른 경우에는 귀속연도별로 구분하여 원천징수(직전 연도분은 연말정산 재정산, 당해 연도분은 월별로 간이세액으로 재계산)하여 이미 납부한 세액과의 차액을 납부불성실가산세 없이 납부하되 추가로 지급하는 달의 다음달 10일까지 납부해야 한다.

③ 급여를 소급인상하는 경우에는 이를 해당 월의 급여에 각각 포함시켜 월정액급여를 다시 계산해야 하며 월정액급여가 변동됨에 따라 비과세금액 또는 세액공제액이 변동되는 경우에는 원천징수세액도 재계산해야 한다.

✓ 선지급한 연봉액의 소득구분 및 원천징수방법

근로자가 고용계약 등에 의하여 비독립적 지위에서 근로를 제공하고 받는 대가에 해당되는 경우 명칭이나 지급방법에 불구하고 근로소득으로 보는 것이며, 연봉제하에서 1년을 초과하는 기간에 대한 급여액은 급여의 선지급액으로 해당 선지급액은 근로기간(계약서상의 근로제공기간)에 안분하여 근로수입금액으로 해야 할 것이며, 원천징수는 소득세법 시행규칙 제89소에 따라 하면 될 것임(서이 46013-10653, 2002.3.28.)

✓ 외국인 거주자 과세소득의 범위

해당 과세기간 종료일 10년 전부터 국내에 주소나 거소를 둔 기간의 합계가 5년 이하인 외국인 거주자(이하 '단기 거주 외국인')에게는 국내원천소득과 국외에서 발생한 소득의 경우 국내에서 지급되거나 국내로 송금된 소득에 대해서만 과세하는 것임

단기 거주 외국인이 국외에서 근로를 제공함으로 인하여 외국법인으로부터 부여받은 주식매수선택권을 국내에서 2009.1.1. 이후 행사하여 발생하는 이익(주식매수선택권 행사 당시의 시가와 실제 매수가액과의 차액)을 국내로 송금하지 아니하는 경우 동 행사이익 중 국내에서 제공한 근로와 관련된 국내원천소득에 대해서만 단기 거주 외국인의 과세소득에 포함하는 것임(국제세원-195, 2010.4.15.)

✓ 외국인투자기업 임직원이 해외 관계회사로부터 받는 주식에 대한 근로소득의 수입시기 등

① 외국인투자기업의 임직원이 해외 관계회사로부터 일정기간 양도가 제한된 권리제한부 주식을 부여받는 경우 해당 주식부여로 인한 근로소득의 수입시기는 해당 주식을 부여받는 날이 되는 것이며, 임직원이 약정된 근로제공기간이 경과되기 전에 퇴사함에 따라 주식을 반납하는 경우에는 반납한 주식을 당초 주식을 부여받은 연도의 근로소득에서 차감하여 근로소득세를 재정산하는 것임

② 또한, 해당 임직원이 해외 관계회사로부터 부여받은 권리제한부 주식에서 발생하는 배당금은 해당 임직원의 배당소득에 해당되는 것임(서면1팀-1321, 2005.10.31.)

✓ 외국모회사에게 부여받은 제한부주식의 근로소득 수입시기 및 계산방법

국내자회사에 근무하는 임직원이 외국 모회사로부터 부여받은 제한조건부 가상주식에 대한 근로소득 수입시기는 조건이 성취되어 주식을 지급받은 날이며, 이 때 근로소득은 조건이 성취되어 주식을 부여받은 날의 주식의 시가로 하는 것임(원천－600, 2011.9.30.)

✓ 조건부 가격 청구권의 근로소득 수입시기 판단

[사실관계]

• 납세자는 국내법인인 AA유한회사에 소속되어 미국 BB법인에 파견 근무 중인 근로자로 인센티브 계획에 따라 AA으로부터 양도제한조건부 주식(RSU)을 부여받은 납세자는 CC법인이 2019년 11월 BB를 인수함에 따라 변경된 양도제한조건부 주식과 매매 가능한 조건부 가격 청구권(CVR)을 받음

• 납세자는 일정기간 근무조건부로 받은 RSU와 쟁점 CVR에 대해 RSU 지급조건이 성취된 때의 거래소에서 거래되고 있는 시가에 의해 계산된 소득금액에 대해 납세조합을 통해 소득세 납부하였으나, 2021년 1월 CC가 쟁점 CVR의 대가 지급 조건 달성에 실패하여 CVR이 소멸되었으므로 CVR 지급 당시 납부한 소득세에 대해 환급받고자 경정청구 함

[질의]

① 양도제한조건부 주식(RSU)을 부여받은 근로자가 조건이 성취되어 주식을 지급받을 때 조건부 가격 청구권을 함께 지급받는 경우 해당 조건부 가격 청구권의 근로소득 수입시기
〈제1안〉 주식과 함께 조건부 가격 청구권(CVR)을 받은 때
〈제2안〉 조건부 가격 청구권(CVR)의 조건이 달성되어 CVR 대가 지급이 확정된 때

② (질의 1에서 제1안인 경우) 당초 지급된 조건부 가격 청구권이 소멸됨에 따라 기 납부한 소득세 환급이 가능한지 여부
〈제1안〉 기 납부한 소득세 환급 불가능
〈제2안〉 기 납부한 소득세 환급 가능

[회신]

해당 조건부 가격 청구권의 근로소득 수입시기는 조건부가격 청구권의 조건이 달성되어 대가 지급이 확정된 때를 말하는 것임(기획재정부소득-827, 2023.9.12.)

✓ 양도제한조건주식(RSU)의 경우 근로소득으로 보는 것인지

양도제한주식수령권(RSU)을 근로자가 급여의 일부로 지급받는 경우에는 근로소득에 해당하며, 퇴직 전에 부여받은 것을 퇴직 후에 행사하는 경우에는 기타소득에 해당함(서면원천 2023-3031, 2024.7.1.)

✓ 외국 모법인으로부터 부여받은 제한부주식의 근로소득 수입금액

[사실관계]

• 골드만삭스 증권회사 서울지점(이하 '국내지점')은 뉴욕 증권거래소에 상장된 골드만삭스 그룹 인크(The Goldman Sachs Group, Inc ; 이하 'GS Group')의 자회사의 대한민국 내 지점으로서 국내지점은 일부 종업원에게 뉴욕 증권거래소에 상장된 GS Group 주식을 보수의 일부로 제공하고자 함

• 국내지점은 GS Group의 '골드만삭스 주식에 기초한 수정 보상 플랜'에 따라 2008년 12월 종업원에게 제한부 주식 부여 단위(Restricted Stock Unit 이하 'RSU')를 부여함

• RSU의 내용은 다음과 같음

RSU부여	① RSU지급확정	② RSU지급확정	③ RSU지급확정	제한부주식의 처분제한기간
('08.12.)	('10.01.)	('11.01.)	('12.01.)	('14.01.)
	제한부주식 1/6	제한부주식 1/6	제한부주식 1/6	
	무제한부주식 1/6	무제한부주식 1/6	무제한부주식 1/6	

• RSU는 일정금액의 행사가격을 지급하여야 하는 스톡옵션과 달리 종업원이 납부하여야 할 금액은 없음
• RSU는 GS Group의 보통주를 표상하는 명목상의 단위로서 종업원이 RSU를 부여받는 경우에도 약정에 따라 근무기간 등의 요건 충족 시 주식을 인도함
• RSU 부여 후 3번에 나누어 주식이 부여되나 이때 부여되는 주식 중 50%는 2014년까지 처분이 제한되는 제한부조건이며 나머지 50%는 처분제한조건이 없는 무제한부주식인바
• 제한부조건 주식과 무제한부조건 주식의 차이는 2014년까지 처분제한의 유무만 있음

* 제한부조건주식과 무제한부조건주식의 비교

	제한부조건 주식	무제한부조건 주식
주식의 교부	종업원 명의 주식계좌 입금	종업원 명의 주식계좌 입금
배당금의 수령	수령함	수령함
의결권 행사	행사 가능	행사 가능
처분기간 여부	2014년 1월까지 처분제한	처분제한기간 없음

[질의]
근로자가 처분제한기간이 있는 주식과 처분제한기간이 없는 주식을 사용자로부터 동시에 부여받은 경우 주식을 부여받은 날의 가액에 처분제한기간에 따른 현재가치를 감안하여 산정한 가액을 제한부주식의 시가로 계산하여 근로소득 수입금액으로 할 수 있는지 여부

[회신]
외국기업 국내지점의 종업원이 해당 지점으로부터 급여의 일부를 해외 모법인의 국외상장주식(일정기한까지 양도가 제한된 주식)으로 지급받는 경우 당해 종업원의 근로소득인 주식의 가액은 해당 주식을 지급받은 날의 시가로 하는 것임(원천-1085, 2009.12.30.)

※ 참고예규

✓ 주식 또는 현금으로 전환될 수 있는 권리가 해외금융계좌 신고대상인지 여부

[사실관계]
• 거주자 A는 외국법인 국내사업장으로부터 매년 보너스의 일부로 ① 회사주식과 ② 현금을 받을 수 있는 권리(이하 ① RSU*, ② DCCP*)를 부여받고 있으며, 이러한 권리는 해외금융기관에 개설된 계좌형태로 존재함

* RSU : Restricted Stock Unit, DCCP : Deferred Contingent Capital Plan

• RSU는 회사에 몇 년 이상 계속 근무하는 등 일정 요건을 만족하는 경우 회사주식을 1년 단위로 3년에 걸쳐 받을 수 있는 권리이고

- DCCP는 계속 근무 요건, 회사의 자본비율유지 등의 요건을 충족하면 주식 대신 5년 후 현금으로 수령할 수 있는 권리임
- RSU와 DCCP는 권리를 부여받은 현 시점에서 계좌 형태로 존재하지만 주식·현금을 수령할 권리가 확정된 자산은 아님

[질의]

거주자가 외국법인 국내지점으로부터 보너스의 일부를 주식 또는 현금을 받을 수 있는 미확정 권리로 수령하여 해외금융기관에 개설한 계좌형태로 보유하고 있는 경우 해외금융계좌 신고대상 자산에 해당하는지 여부

[회신]

거주자가 외국법인 국내사업장으로부터 매년 보너스 일부로서 일정요건 충족시 장래에 수령할 권리가 부여된 제한주식(RSU : Restricted Stock Unit) 및 장래 현금을 수령할 수 있는 권리(DCCP : Deferred Contingent Capital Plan)를 받아 해외금융기관에 개설된 계좌형태로 보유하고 있는 경우 동 해외금융계좌는 국제조세조정에 관한 법률 제34조(☞ 현행 제53조)에 따른 신고대상 해외금융계좌에 해당하는 것임(서면법령해석국조 2017-2058, 2017.10.20.)

※ 국세청 해석사례집 검토내용

- 2011년 해외금융계좌신고제도 도입 당시 신고대상 계좌는 은행업무 및 증권 거래 관련 개설 계좌에 한정되어 있다가 2013.1.1. 세법 개정시 신고대상으로 채권, 파생상품, 보험 등이 추가되면서 해외 금융회사에 개설한 모든 금융자산 관련 계좌로 확대(국조법 34조 ③)
- 국조법 제34조에서는 해외금융계좌 신고의무 면제자에 대해 열거하고 있지만 순수 보장성 보험자산 외에는 별도로 신고 제외 대상을 규정하고 있지 아니함
- A는 매년 보너스의 일부로 장래 주식 및 현금으로 수령할 수 있는 권리를 부여받고 있는데, 동 권리는 위험보장이나 손해복구의 성격도 아니어서 그 자체로 재산적 가치가 있는 자산에 해당되며, 미래 일정 조건 및 가격으로 교환 또는 거래할 수 있는 권리를 가진 파생상품에 대하여도 해외금융계좌 신고대상자산으로 열거되어 있어 본 건 자산에 대해 달리 판단하기 어려운바, 거주자 등이 해외금융회사에 개설한 모든 금융자산 관련 계좌 내 보유하고 있는 자산은 신고대상으로 봄이 타당함

✓ **주식이연보상 제도에 따라 받는 근로소득의 수입시기 및 손금의 귀속연도**

[사실관계]

당 법인은 호주에 상장되어 있는 외국법인의 국내자회사임

- 호주 본사는 해외자회사 및 해외지점 임직원에게 Deferred Share Unit Program(이하 "DSU"라 함)을 부여하고 있으며, 국내자회사의 임직원들도 이러한 DSU를 부여받음
  * DSU : 일정한 조건 충족시 어떠한 현금 지급 없이 신탁으로 보유하거나, DSU 보유자의 명의로 직접 명의개서 되는 주식을 수령할 수 있는 권리
- 호주 본사의 이사회에서 정한 특정한 임직원에게 부여하는 것으로, 본사 이사회 동의 없이 양도 불가하며, 일정기간 경과 등의 조건 충족시 당해 임직원은 DSU를 행사하여 주식을 무상으로 수령함
- DSU 교부받은 후 8년째까지 행사하지 아니하면 자동으로 소멸되며 추가적인 보상은 없음

- DSU보유자는 주식을 행사하기 전에는 주식에 대한 어떠한 권리도 없어 배당을 받을 수 없을 뿐만 아니라 의결권도 없으며, 배당에 상당하는 금전을 보상금으로 지급받을 권리는 있음
- 국내자회사 임직원이 외국본점의 주식 DSU 행사에 따른 비용은 국내자회사가 부담하며,
- 실제 DSU 행사시점에 비용 상당액을 외국본점에게 지급하며, 동 비용은 법인세법상 국내자회사의 손금에 해당됨

[질의]
DSU 부여 및 행사와 관련된 임직원의 근로소득 수입시기 및 국내자회사의 DSU 비용 손금산입시기가 언제인지?

[회신]
국내자회사 임직원이 외국법인으로부터 주식을 무상으로 받는 경우, 근로소득의 수입시기는 당해 주식을 부여받은 날이며, 본사에 주식기준보상 지급비용으로 보전한 손금의 귀속시기는 손금이 확정된 날로 하는 것임(국제세원-144, 2012.3.22.)

✓ **제한주식(restricted stock)에 대한 근로소득 수입시기**

① 외국기업의 한국 지사에 근무하는 임직원이 외국 모회사로부터 일정한 조건이 성취되는 때에 권리가 부여되는 제한주식(restricted stock)을 부여받은 경우, 동 제한주식에 대한 근로소득의 수입시기는 조건이 성취되어 권리가 발생하는 날로 하는 것이며, 이때 근로소득은 조건이 성취되어 권리가 발생하는 날의 주식의 시가로 하는 것임

② 현행 소득세법상 거주자(국내에 당해 자산의 양도일까지 계속 5년 이상 주소 또는 거소를 둔 자에 한함)가 미국 뉴욕증권거래소, 나스닥, 아메리칸증권거래소 등 외국에 있는 시장에 상장된 주식을 양도하는 때에는 소득세법 제118조의2 제3호 및 같은법 시행령 제178조의2 제2항의 규정에 따라 양도소득세가 과세되는 것임(서면2팀-398 2005.3.10.)

✓ **근로소득의 수입시기**

[질의]
외국법인의 국내지점인 당사는 일부 종업원에게 2001년 성과급조로 본점주식을 지급할 예정으로 본점주식의 지급방법은 다음과 같음

- 당사는 2002년에 본점주식을 구입하여 해외소재 신탁회사에 맡김(신탁기간 중에는 종업원은 본점주식을 양도하거나 담보제공할 수 없으며, 주식에 대한 배당의 권리나 투표권을 행사하지 못함)
- 신탁에서 보관중인 본점주식은 향후 3년간(2003년 1/3, 2004년 1/3, 2005년 1/3) 종업원에게 분할지급됨(만약, 종업원이 동 주식을 지급받기 전에 퇴사하는 경우에는 퇴사일 이후 지급받기로 한 본점주식은 지급취소됨)

이 경우 당사(국내지점)의 종업원이 지급받는 외국본점주식에 대한 근로소득 수입시기는?

[회신]
외국법인의 국내지점이 일부 종업원에 대한 성과급 성격으로 외국소재 본점의 주식을 구입하여 해외소재 신탁회사에 신탁하고 일정한 조건이 성취되는 때 당해 주식을 지급하기로 한 경우의 근로소득의 수입시기는 당해 주식의 지급방법에 따라 조건이 성취되는 날로 하는 것임(서이 46013-11307, 2002.7.8.)

✓ **성과 상여금의 근로소득 수입시기**

외국기업 국내지점 및 외국인투자기업이 당해 지점 등에 근무하는 임직원에 대한 성과상여금을 지급함에 있어, 당해 지점 등이 지급하여야 할 상여금의 일부 금액을 의무적으로 해외본사(모법인)의 이연프로그램에 편입하여 해외소재 신탁회사에 신탁시킴에 따라 동 임직원에게는 향후 지급받을 권리만 부여한 후, 일정기간(Vesting Period, 동 기간 동안은 권리행사는 할 수 없으며, 경우에 따라 지급권리가 취소될 수 있음)이 경과하여 조건이 성취되는 시점에 지급이 확정되어 자동적으로 동 임직원에게 주식 등의 형태로 지급하기로 한 경우, 이에 따라 임직원에게 지급되는 일부 상여금의 근로소득 수입시기는 조건이 성취되는 날로 하는 것임(서면2팀-177, 2004.2.7.)

• 제 9 절 근로소득에 대한 원천징수 및 연말정산

I 개 요

1 국내 근로소득과 국외 근로소득

'국외 근로소득(소법 127조 ① 4 가, 나)' 이외의 근로소득은 원칙적으로 원천징수대상이 된다. 그러나 국외 근로소득이 있는 사람도 납세조합에 가입하면 국내 근로소득과 마찬가지로 원천징수 및 연말정산으로 납세의무가 종결된다.

2 일반근로소득과 일용근로소득

일반근로소득자는 연말정산 또는 종합소득확정신고에 있어서 원천징수된 세액은 기납부세액으로 공제한다. 그러나 일용근로자의 급여에 대해서는 원천징수로써 납세의무가 종결된다.

✓ **일용근로자가 일반급여자로 전환 시 연말정산 방법**

일용근로자가 동일한 고용주에게 3월 이상 계속하여 고용된 경우에는 3월이 되는 날이 속하는 월부터 일반급여자로 보아 원천징수하되, 당해 과세기간의 초일부터 당해연도의 근로소득(일용근로소득 포함)에 대해 연말정산하는 것임(원천-599, 2011.9.30.)

일용근로자 과세체계(건설업은 제외)

구 분	3개월 미만 고용된 경우	3개월 이상 고용된 경우	
		최초 3개월 지급금액	3개월 이후 지급금액
원천징수	일일계산에 의한 원천징수	일일계산에 의한 원천징수	간이세액표에 의한 원천징수
연말정산	해당사항 없음	합산하여 연말정산 수행	
지급명세서	일용근로소득 지급명세서	• 일용근로소득 지급명세서(최초 3개월 지급금액) • 근로소득 지급명세서(당해연도 지급금액 총액)	

3 연말정산과 확정신고와의 관계

연말정산한 근로소득 이외의 다른 소득이 없는 경우는 연말정산만으로 해당연도의 소득에 대한 납세의무는 종결되는 것이나, 다른 소득(원천징수 분리과세 소득은 제외)이 있는 경우에는 다음해 5월 중에 다른 소득을 합산하여 종합소득세 확정신고를 해야 한다.

✓ **2인 이상으로부터 받는 근로소득이 있는 경우 소득세 확정신고 의무 여부**(소득 해석편람 73－1－3)

근로소득만 있는 거주자가 연말정산 후 과세표준 확정신고를 하지 아니하는 경우 국세부과제척기간은 국세기본법 제26조의2 제1항 제3호의 규정에 따라 국세를 부과할 수 있는 날부터 5년을 적용하는 것이며, 2인 이상으로부터 받는 근로소득이 있는 자가 일부만 연말정산한 경우에는 종합소득과세표준신고를 하여야 하는 것임(재경부조세 46019－157, 2003.4.30.)

✓ **근로소득만 있는 거주자가 연말정산에 의하여 소득세를 납부한 경우에는 그 소득세에 대한 부과제척기간은 특별한 사정이 없는 한 5년으로 보아야 함**(대법원 220두54630, 2021.4.28.)

근로소득만 있는 거주자가 연말정산에 의하여 소득세를 납부한 경우에는 연말정산에서 누락된 다른 근로소득이 있다고 하더라도 그 소득세에 대한 부과제척기간은 특별한 사정이 없는 한 5년으로 보아야 함

✓ **소득금액이 없던 자가 상여처분에 따른 추가신고를 하지 않은 경우 적용되는 부과제척기간**

[사실관계]

A법인(2013.6.30. 폐업)은 2013사업연도 법인세를 무신고함

• 과세관청이 2015.8.11. A법인의 소득금액을 추계경정하고 그 추계결정한 소득금액(이하 '쟁점소득금액')을 귀속자 甲에게 상여처분하고 소득금액변동통지함*

* 2013.6.30. A법인 폐업하여 甲에게 소득금액변동통지서를 통지(소령 192조 ① 단서)

• 甲은 2013년 종합소득세 확정신고 및 쟁점소득금액에 대하여 소득세법 시행령 제134조 제1항에 따른 추가신고를 하지 않음

• 甲은 쟁점소득금액 외 2013년 과세기간의 종합소득이 없었던 자임

[질의]
당초 해당 연도에 종합소득금액이 없던 자가 소득처분에 의한 소득에 대해 무신고한 경우 부과제척기간
〈제1안〉 7년의 부과제척기간 적용
〈제2안〉 5년의 부과제척기간 적용

[회신]
해당 질의의 경우 제2안이 타당함(기획재정부조세법령-323, 2022.3.30.)

Ⅱ 원천징수

1 원천징수의무자

국내에서 거주자 또는 비거주자에게 근로소득을 지급하는 자는 소득세 원천징수의무를 진다.(소법 127조 ①)

다만, 다음 중 하나에 해당하는 소득은 제외한다.(소법 127조 ① 4 단서)

① 외국기관 또는 우리나라에 주둔하는 국제연합군(미군은 제외)으로부터 받는 근로소득
② 국외에 있는 비거주자 또는 외국법인(국내지점 또는 국내영업소는 제외)으로부터 받는 근로소득. 다만, 다음 중 하나에 해당하는 소득은 제외한다.
  ㉠ 비거주자의 국내사업장과 외국법인의 국내사업장의 국내원천소득금액을 계산할 때 필요경비 또는 손금으로 계상되는 소득
  ㉡ 국외에 있는 외국법인(국내지점 또는 국내영업소는 제외)으로부터 받는 근로소득 중 제156조의7(☞ 외국법인 소속 파견근로자의 소득에 대한 원천징수 특례)에 따라 소득세가 원천징수 되는 파견근로자의 소득(2015.12.15. 신설)

✓ **인정상여에 대한 원천징수세액의 납세의무자**(소통 127-0…2)

귀속이 불분명하여 대표자에 대하여 상여로 처분하는 경우 그 상여처분이 귀속되는 대표자는 법인의 해당 결산사업연도 중 그 상여가 발생한 시점의 대표자로 한다.

✓ **비거주자에 처분된 인정상여에 대한 원천징수세액의 납세의무자**(소통 127-0…3)

인정상여의 지급일로 보는 소득금액변동통지일 또는 법인세 과세표준신고일 현재에는 그 상여처분을 받는 대표자가 퇴직하여 비거주자가 된 경우에도 납세의무가 있다.

✓ **법인소재불명시 인정상여에 대한 원천징수**(소통 135-192…2)

법인세법의 규정에 의하여 처분하는 상여·배당·기타소득에 대하여 소득금액변동통지를 하는 경우에 영 제192조 제1항 단서의 규정에 해당하는 때에는 원천징수를 이행할 법인이 없으므로 원천징수는 할 수 없는 것이며, 해당 거주자가 변동된 소득금액에 대하여 영 제134조의 규정에 의하여 추가신고자진납부를 하여야 한다.

✓ **해외파견직원에 대한 급여를 대신 지급하는 경우 원천징수의무 여부**

외국법인의 국내지점(A)이 해외 관계회사(B)와 A법인과 고용관계가 있는 근로자가 B법인에 파견되어 B법인에 파견되어 B법인의 업무만을 수행하며, A법인이 해외 파견직원의 급여를 지급하고 B법인에 청구하여 회수하는 경우 소득세법 제127조 제1항 제4호 나목 단서에 해당하지 않으면 원천징수대상에 해당하지 아니하는 것임(원천-219, 2012.4.23.)

✓ **임직원의 해외 관계회사 파견시 급여 등 손금산입 적용 여부**

내국법인이 해외 관계회사와 해외파견근무계약에 따라 파견한 임직원의 급여 및 퇴직금을 추가로 지급하는 경우에도 당해 임직원이 사실상 내국법인의 업무수행과 관련하여 종사한 경우가 아니면 내국법인의 손금에 산입할 수 없으며, 해외 관계회사가 지급하는 임직원의 급여 등은 소득세법 제20조 제1항 제2호의 을종근로소득에 해당하므로, 당초 지급액을 내국법인이 해외 관계회사에 청구하여 회수하는 경우에도 당해 내국법인은 원천징수의무가 없는 것임(서면2팀-1251, 2005.8.1.)

✓ **거주자가 지급받는 급여 중 외국법인이 부담하는 급여의 원천징수대상 여부**

거주자가 근로를 제공하고 지급받는 급여 중 외국법인(국내지점 또는 국내영업소를 제외한다)이 부담하는 급여의 경우 소득세법 제20조 제1항 제2호 나목의 단서에 해당하는 부분을 제외하고는 소득세법 제20조 제1항 제2호에서 규정하는 을종근로소득에 해당하는 것으로 소득세법 제127조의 규정에 따라 원천징수대상에 해당하지 아니하는 것임(서면2팀-1457, 2007.8.3.)

✓ **을종 근로소득 해당여부**

외국법인이 국내에 수익사업을 하지 않는 연락사무소를 설치하고 직원의 급여를 외국본점에서 직원의 계좌로 직접 송금하는 경우는 을종근로소득이고, 연락사무소 명의의 통장을 통하여 대표자가 직원 개인별로 지급하는 경우는 갑종근로소득임(서면1팀-511, 2006.4.21.)

✓ **대학이 산학협력단으로부터 연구비를 지원받아 소속 교수에게 지급시 대학이 원천징수함**

대학이 정부출연연구기관의 국가연구개발사업을 수행하는 대학산학협력단으로부터 연구비를 지원받아 해당 대학과 근로계약을 체결한 연구교수에게 인건비를 지급하는 경우 해당 대학이 원천징수의무자에 해당하는 것임(원천-564, 2012.10.22.)

✓ **법인에게 소득금액변동통지서를 통지 후 원천징수 불이행시 해당 소득자에게 징수가능 여부**

계속사업을 영위하는 법인이 법인소득금액의 경정시 처분된 상여 등에 대한 소득금액변동통지를 받고 이에 대한 소득세를 원천징수·납부하지 아니한 경우에는 해당 법인의 관할 세무서장이 해당 상여처분소득에 대하여 원천징수하여야 할 세액에 원천징수납부불성실가산세를 가산한 금액을 해당 법인으로부터 징수하거나 소득자의 관할 세무서장이 해당 상여처분소득에 대한 소득세를 해당 소득자로부터 직접 징수할 수 있는 것이며, 법인에게 소득금액변동통지를 한 경우에는 해당 법인이 상여처분소득에 대한 소득세를 원천징수·납부하지 아니하여 해당 법인에게 소득세를 고지한 후 해당 법인이 결손처분 사유에 해당되어 해당 법인에게 고지한 소득세를 취소하고 소득자에게 소득세를 고지하는 때에도 해당 소득자에게 소득금액변동통지를 다시 하는 것은 아님(서면1팀-105, 2007.1.17.)

✓ **파견근로자에게 사용사업주가 지급하는 수당은 파견사업주가 원천징수함**(원천 해석편람 20-5-1)

근로자파견계약에 의하여 파견근로자를 사용하는 사용사업주가 직접 파견근로자에게 별도의 수당을 지급하는 경우에는 수당지급내용을 파견사업주에게 통보하여야 하며, 통보받은 파견사업주는 동 파견근로자의 수당을 근로소득과 합하여 매월 간이세액표에 의한 세액을 원천징수하여 납부하여야 함(법인 46013-3865, 1998.12.10.)

✓ **사기 기타 부정한 행위로 10년의 부과제척기간이 적용되는 경우로서 동 사외유출된 금액의 귀속자가 분명하여 귀속자에게 소득처분되는 상여에 대한 종합소득세에 대하여는 10년의 부과제척기간이 적용되는 것임**(기획재정부조세정책-5, 2011.1.3.)

> ※ 참고조문
>
> ✓ **국세의 부과제척기간**(국기법 26조의2 ② 2)
>
> 납세자가 사기나 그 밖의 부정한 행위(이하 "부정행위"라 한다)로 국세를 포탈(逋脫)하거나 환급·공제를 받은 경우 : 그 국세를 부과할 수 있는 날부터 10년(역외거래에서 발생한 부정행위로 국세를 포탈하거나 환급·공제받은 경우에는 15년). 이 경우 부정행위로 포탈하거나 환급·공제받은 국세가 법인세이면 이와 관련하여 법인세법 제67조에 따라 처분된 금액에 대한 소득세 또는 법인세에 대해서도 또한 같다.

✓ **'원천징수의무자'의 원천징수행위는 행정처분으로 볼 수 없어, 원천징수납세의무자는 원천징수납부세액에 대해 불복청구 당사자 적격없음**

과세관청이 법인에 대한 세무조사결과에 따라 해당 법인에게 소득금액변동통지를 한 경우 그 세무조사 내용에 대하여 불복을 제기할 수 있는 자는 소득금액변동통지서를 받은 해당 법인이 되는 것이며, 원천납세의무자는 과세권자가 직접 그에게 원천세액을 부과하지 않는 한 과세권자의 원천징수의무자에 대한 납세고지로 원천세납세의무의 존부나 범위에 아무런 영향을 받지 아니하므로 불복청구 당사자 적격없음(서면1팀-966, 2004.7.14.)

2 원천징수의 면제 및 배제

① 법인이 채무자 회생 및 파산에 관한 법률에 따른 회생절차에 따라 특수관계인이 아닌 다른 법인에 합병되는 등 지배주주가 변경(이하 "인수"라 한다)된 이후 회생절차 개시 전에 발생한 사유로 인수된 법인의 대표자 등에 대하여 법인세법 제67조에 따라 상여로 처분되는 소득에 대해서는 원천징수 규정에도 불구하고 소득세를 원천징수하지 아니한다.(소법 155조의4 ①, 2014.1.1. 신설)

② 원천징수대상소득으로서 발생 후 소득이 지급되지 아니함으로써 소득세가 원천징수되지 아니한 소득이 종합소득에 합산되어 종합소득에 대한 소득세가 과세된 경우에 그 소득을 지급할 때에는 소득세를 원천징수하지 아니한다.(소법 155조)

다만, 다음의 절차를 이행하여야 한다.

㉠ 이후 해당 소득을 지급한 때에는 원천징수이행상황신고서에 납부할 세액이 없는 해당 소득자에게 지급한 금액을 포함하여 신고하여야 한다.(소령 185조 ②)

㉡ 원천징수세액을 '0'으로 하여 지급명세서를 작성한 후 제출기한까지 관할세무서에 제출하여야 '지급명세서 등 제출 불성실가산세'를 면할 수 있다.

3 원천징수의 시기

(1) 원칙적인 원천징수의 시기

원천징수의무자가 매월분의 근로소득을 지급하는 때에 소득세를 원천징수한다.(소법 134조 ①)

(2) 원천징수시기에 대한 특례

원칙적인 원천징수의 시기에 불구하고 실제로 지급하지는 아니하였지만 지급한 것으로 보아 원천징수를 하도록 특례규정을 두고 있다.

1) 1월부터 11월까지의 급여

근로소득을 지급하여야 할 원천징수의무자가 1월부터 11월까지의 근로소득을 해당 과세기간의 12월 31일까지 지급하지 아니하는 경우에는 그 근로소득을 12월 31일에 지급한 것으로 보아 소득세를 원천징수한다.(소법 135조 ①)

2) 12월분 급여

원천징수의무자가 12월분의 근로소득을 다음 연도 2월 말일까지 지급하지 아니한 경우에는 그 근로소득은 2월 말일에 지급한 것으로 보아 소득세를 원천징수한다.(소법 135조 ②)

3) 이익 또는 잉여금 처분에 따른 상여

법인이 이익 또는 잉여금의 처분에 따라 지급하여야 할 상여를 그 처분을 결정한 날부터 3개월이 되는 날까지 지급하지 아니한 때에는 그 3개월이 되는 날에 상여를 지급한 것으로 보아 소득세를 원천징수한다. 다만, 그 처분이 11월 1일부터 12월 31일까지의 사이에 결정된 경우에 다음 연도 2월 말일까지 그 상여를 지급하지 아니한 경우에는 그 상여를 다음 연도 2월 말일에 지급한 것으로 보아 소득세를 원천징수한다.(소법 135조 ③)

4) 법인세법에 따라 처분되는 상여

① 법인의 소득금액을 신고함에 있어서 처분되는 상여

해당 법인이 법인세과세표준 및 세액의 신고일 또는 수정신고일에 지급한 것으로 본다.(소법 135조 ④, 131조 ② 2)

② 세무서장 또는 지방국세청장이 법인의 소득금액을 결정 또는 경정함에 있어서 처분되는 상여

소득금액변동통지서를 받은 날에 지급하거나 회수한 것으로 본다.(소법 135조 ④, 131조 ② 1)

이때 세무서장 또는 지방국세청장이 해당 법인에게 소득금액변동통지서를 통지한 경우 통지하였다는 사실(소득금액 변동내용은 포함하지 아니한다)을 해당 주주 및 해당 상여의 처분을 받은 거주자에게 알려야 한다.(소령 192조 ④)

③ 소득금액통지서를 송달 할 수 없는 경우

해당 법인의 소재지가 분명하지 않거나 소득금액통지서를 송달할 수 없는 경우에는 해당 주주 및 해당 상여의 처분을 받은 거주자에게 통지하여야 한다.(소령 192조 ① 단서, 2021.2.17. 용어개정)

저자TIP 소득금액변동통지서 수령시 추가신고기한

종합소득 과세표준확정신고기한 경과 후에 법인세법에 의하여 법인이 법인세과세표준을 신고하거나 세무서장이 법인세과세표준을 결정 또는 경정함에 있어서 익금에 산입한 금액이 배당·상여 또는 기타소득으로 처분됨으로써 소득금액에 변동이 발생하여 종합소득 과세표준확정신고를 한 자가 소득세를 추가납부하여야 하는 경우에 있어서 해당 법인(거주자가 통지를 받은 경우에는 해당 거주자)이 소득금액변동통지서를 받은 날(법인세법에 의하여 법인이 신고함으로써 소득금액에 변동이 있는 경우에는 해당 법인의 법인세신고기일)이 속하는 달의 다음다음 달 말일까지 추가신고한 때에는 확정신고기한 내에 신고한 것으로 본다.(소령 134조 ①, 2021.2.17. 개정) 따라서 소득금액변동통지서를 받은 날이 속하는 달의 다음다음 달 말일까지 추가자진납부를 하는 경우에는 신고·납부 관련 가산세는 적용되지 않는다.

➲ 2021.2.17. 소득세법 시행령 134조 ①의 개정으로 '추가신고납부 → 추가신고'로 개정되었으므로 이를 고려하여 아래 사례들을 해석해야 함

✓ 통상임금 관련 판결로 추가 지급하는 금전의 소득구분 및 원천징수 시기

① 통상임금을 과소하게 책정함으로써 통상임금을 기준으로 지급하여야 하는 수당 등을 과소 지급한 것으로 법원이 판결함에 따라 근로자가 사용자로부터 지급받는 금원은 근로소득에 해당하는 것으로 이에 해당하는지 여부는 사실판단 할 사항임

② 근로소득의 경우 그 수입시기는 근로를 제공한 날임

③ 원천징수 대상소득을 '지급하는 자'란 지급받는 자와 사이에 원천징수 대상 소득을 관리하면서 이를 지급해야 하는 법률관계에 있는 자를 말하는 것임

④ 근로소득 발생 및 범위 관련 당사자 간 다툼에 대한 법률적 판단에 근거하여 근로소득의 지급의무가 확정되거나 이에 준하는 사유가 있는 경우, 소득세법 제127조에 따라 소득의 지급시기에 원천징수시기가 도래하는 것임. 다만, 사용자가 주의를 기울이면 근로소득의 지급의무가 있음을 충분히 알 수 있었음에도 부주의, 오인 등으로 늦게 지급한 경우 원천징수의무자는 소득세법 제135조에 따라 원천징수하여야 하는 것이며, 이에 해당하는지 여부는 사실 판단할 사항임(사전법규소득 2021-320, 2022.2.16, 기획재정부조세법령-599, 2020.5.13.)

✓ 상여처분소득에 대한 소득금액변동통지 및 세액의 징수(소득 집행기준 85-0-2)

① 계속사업을 경영하는 법인이 대표이사 상여처분에 대한 소득금액변동통지를 받고 이에 대한 소득세를 원천징수·납부하지 아니한 경우에는 해당 법인의 관할 세무서장이 해당 상여처분소득에 대하여 원천징수해야 할 세액에 원천징수납부불성실가산세를 가산한 금액을 해당 법인으로부터 징수하거나, 대표이사의 관할 세무서장이 해당 상여처분소득에 대한 소득세를 해당 대표이사로부터 직접 징수할 수 있다.

② 납세의무자가 이미 원천징수대상 소득금액을 신고납부하였거나 납세의무자에게 관할 세무서장이 직접 소득세를 부과 징수한 경우에는 원천징수의무자로부터 원천징수납부 불성실가산세액만을 징수하는 것이나, 납세의무자의 관할 세무서장이 결정(경정)은 하였으나 그 세액이 징수되지 아니한 경우에는 원천징수의무자에게 가산세만을 징수하는 사유가 되지 않는다.

③ 법인에게 소득금액변동통지를 한 경우에는 해당 법인이 상여처분소득에 대한 원천징수액을 원

천징수·납부하지 아니하여 해당 법인에게 원천징수세액을 고지한 후 해당 세액이 결손처분 사유에 해당되는 때에도 소득귀속자에게 소득금액변동통지를 다시 하는 것은 아니다.

✓ 근로소득만 있던 자가 상여처분에 따른 소득의 추가신고를 하지 않은 경우 적용되는 신고불성실가산세 종류

[사실관계]

- 2016년 甲(A법인 대표)은 근로소득만 있는 자로 연말정산 후 별도의 종합소득세 확정신고는 하지 않음
- 과세관청이 2020년 A법인의 2016년 귀속 소득금액을 추계결정하고 대표자 甲에게 추계소득금액을 상여처분하여 소득금액 변동통지함
- 甲은 상여처분에 대하여 추가신고하지 않음

[질의]

당초 해당 연도에 근로소득만 있어 연말정산하고 종합소득세 확정신고를 하지 않았던 자가 대표로 재직한 법인의 법인세 결정에 따른 상여처분에 의한 소득에 대해 추가 신고기한까지 무신고한 경우 적용되는 가산세

〈제1안〉 무신고가산세

〈제2안〉 과소신고가산세

[회신]

해당 질의의 경우 제2안이 타당함(기획재정부조세법령-324, 2022.3.30.)

✓ 소득금액이 없던 자가 상여처분에 따른 추가신고를 하지 않은 경우 적용되는 부과제척기간

[사실관계]

A법인(2013.6.30. 폐업)은 2013사업연도 법인세를 무신고함

- 과세관청이 2015.8.11. A법인의 소득금액을 추계경정하고 그 추계결정한 소득금액(이하 '쟁점소득금액')을 귀속자 甲에게 상여처분하고 소득금액변동통지함*

  * 2013.6.30. A법인 폐업하여 甲에게 소득금액변동통지서를 통지(소령 192조 ① 단서)

- 甲은 2013년 종합소득세 확정신고 및 쟁점소득금액에 대하여 소득세법 시행령 제134조 제1항에 따른 추가신고를 하지 않음
- 甲은 쟁점소득금액 외 2013년 과세기간의 종합소득이 없었던 자임

[질의]

당초 해당 연도에 종합소득금액이 없던 자가 소득처분에 의한 소득에 대해 무신고한 경우 부과제척기간

〈제1안〉 7년의 부과제척기간 적용

〈제2안〉 5년의 부과제척기간 적용

[회신]

해당 질의의 경우 제2안이 타당함(기획재정부조세법령-323, 2022.3.30.)

✓ **지연지급된 연차수당 등에 대한 원천징수 시기**

근로소득 발생 및 범위와 관련하여 당사자 간 다툼에 대한 법률적 판단에 근거하여 근로소득의 지급의무가 확정되는 경우 지급시점에 원천징수하는 것이나 근로소득 지급의무가 있음을 충분히 알 수 있었음에도 부주의, 오인 등으로 늦게 지급한 경우에는 소득세법 제135조에 따른 시기가 원천징수하여야 하는 시기임(기획재정부조세법령-599, 2020.5.13.)

✓ **근로소득만 있는 거주자가 상여 처분된 소득에 대한 소득금액변동통지서를 수령한 후 추가자진신고납부를 아니한 경우 납부불성실가산세 계산의 기산일**

근로소득만 있는 거주자가 법인세에 의하여 상여로 처분된 소득에 대하여 소득세법 시행령 제192조 제1항 단서에 따른 소득금액변동통지서를 받고 같은법 시행령 제134조에 따른 추가신고자진납부를 하지 아니한 경우 가산세는 추가신고자진납부기한의 다음날부터 계산하는 것임(재소득-49, 2007.1.22.)

> ※ **참고 판례** (대법원 2004두9944, 2006.7.27.)
>
> 종합소득 과세표준 확정신고기한 경과 후에 소득처분에 의하여 변동이 생긴 소득금액에 대한 세액의 추가 납부불이행에 대한 제재로서 부과되는 납부불성실가산세는 그 법정 추가 납부기한인 소득금액변동통지서를 받은 날이 속하는 달의 다음달 말일*의 다음날부터 기산하여 산정함이 타당함
>
> * 2008.2.22. 개정 전의 규정임

✓ **퇴직월의 급여를 분할지급하는 경우 원천징수시기**(원천 해석편람 137-1-4)

원천징수의무자가 퇴직하는 달의 급여를 분할하여 지급하는 때에는 그 급여를 처음 지급하는 때에 퇴직자의 근로소득으로 연말정산하고 부족세액을 징수 또는 초과징수세액을 환급하는 것이며, 근로소득원천징수영수증은 퇴직하는 달의 근로소득을 처음 지급하는 달의 다음달 말일까지 근로소득자에게 교부하는 것임(서이 46013-11459, 2003.8.5.)

✓ **근로자 자녀의 학자금보조시 원천징수 여부**

근로소득에 해당되는 상여 등에 대해서는 소득세법 제136조에 의거 원천징수세액을 계산하는 것이나, 그 외 갑종에 속하는 근로소득을 지급하는 때에는 같은법 제134조에 의거 매월 지급하는 때에 소득세를 원천징수하는 것임(법인 46013-3466, 1999.9.7.)

✓ **법인이 소득금액변동통지서를 받기 전에 해당 귀속자가 그 소득을 확정신고한 경우 원천징수 여부** (소득 해석편람 85-1-3)

법인이 소득금액변동통지서를 받기 전에 해당 소득의 귀속자가 그 소득을 종합소득에 합산하여 종합소득 과세표준확정신고를 한 경우에는 해당 법인이 소득금액변동통지서를 받은 경우에도 그 소득의 귀속자로부터 원천징수하지 않는 것임(소득 46011-3310, 1999.8.23.)

4 원천징수의 방법

(1) 매월분의 근로소득에 대한 징수

① 원천징수의무자가 소득세를 원천징수할 때에는 근로소득에 대하여 [별표 2]의 근로소득 간이세액표 해당란의 세액을 기준으로 원천징수한다. 다만, 근로자가 [별표 2]의 근로소득 간이세액표 해당란 세액의 120% 또는 80%의 비율에 해당하는 금액의 원천징수를 신청하는 경우에는 그에 따라 원천징수할 수 있다.(소법 134조 ①, 소령 194조 ①, 2015.6.30. 개정)

② 근로자는 다음 중 하나에 해당하는 경우에는 소득세 원천징수세액 조정신청서를 작성하여 원천징수의무자에게 제출하거나 「근로소득자 소득·세액 공제신고서」에 원천징수세액의 비율을 기재하여 제출하여야 한다. 이 경우 그 제출일 이후 지급하는 근로소득부터 변경된 원천징수세액의 비율을 적용한다.(소령 194조 ③, 2016.12.17. 개정)

㉠ 위 '①'의 원천징수세액의 비율로 변경하려는 경우

㉡ '㉠'에 따라 변경한 원천징수세액의 비율을 위 '①'의 다른 비율로 변경하려는 경우

③ 근로자가 위 '②'의 어느 하나에 해당하는 원천징수세액의 비율로 변경한 경우에 변경한 날부터 해당 과세기간의 종료일까지 지급되는 근로소득분에 대해서는 그 변경한 비율을 적용한다.(소령 194조 ④, 2015.6.30. 신설)

④ 근로소득에 대하여 소득세를 원천징수하는 때에는 직전 과세기간의 연말정산을 위하여 받은 「근로소득자 소득·세액 공제신고서」에 의하여 간이세액표를 적용한다.(소칙 89조 ①, 2014.3.14. 개정)

⑤ 원천징수의무자가 해당 과세기간 중에 「근로소득자 소득·세액 공제신고서」를 받은 때에는 그 받은 날이 속하는 달분부터 그 신고서에 의하여 간이세액표를 적용한다.(소칙 89조 ②, 2014.3.14. 개정)

⑥ 종된 근무지의 원천징수의무자가 원천징수하는 때에는 해당 근로자 본인에 대한 기본공제와 표준세액공제만 있는 것으로 보고 해당란의 세액을 적용한다.(소령 194조 ②, 2014.2.21. 개정)

⑦ 근로소득자의 근무지가 변경됨에 따라 월급여액이 같은 고용주에 의하여 분할지급되는 경우의 소득세는 변경된 근무지에서 그 월급여액 전액에 대하여 원천징수하여야 한다.(소법 134조 ⑤)

✓ **급여 소급인상분을 지급하는 경우 원천징수방법**(소득 집행기준 134－0－2)

① 근로자에 대한 급여를 소급인상하여 이미 지급된 금액과의 차액을 추가로 지급하는 경우 소급인상분 급여의 귀속시기는 '근로제공일이 속하는 연도'로 한다.

② 이 경우 그 귀속시기가 서로 다른 경우에는 귀속연도별로 구분하여 원천징수(직전 연도분은 연말정산 재정산, 당해 연도분은 월별로 간이세액으로 재계산)하여 이미 납부한 세액과의 차액을 납부불성실가산세 없이 납부하되 추가로 지급하는 달의 다음달 10일까지 납부해야 한다.

③ 급여를 소급인상하는 경우에는 이를 해당 월의 급여에 각각 포함시켜 월정액급여를 다시 계산해야 하며 월정액급여가 변동됨에 따라 비과세금액 또는 세액공제액이 변동되는 경우에는 원천징수세액도 재계산해야 한다.

✓ **파견근로자에 별도 지급하는 수당의 원천징수 방법**

근로자파견 계약에 의하여 근로를 제공하고 사용사업주로부터 직접 지급받는 금액(각종 수당 포함)은 근로소득의 범위에 포함되는 것이며, 동 계약에 의하여 파견근로자를 사용하는 사용사업주가 직접 파견근로자에게 별도의 수당을 지급하는 경우에는 수당지급내용을 파견사업주에게 통보하여야 하고, 통보받은 파견사업주는 동 파견근로자의 수당을 근로소득과 합하여 매월 간이세액표에 의한 세액을 원천징수하여 납부하는 것임(서면1팀－1439, 2005.11.28.)

✓ **법원판결에 따른 해고기간동안의 임금을 강제집행한 경우 원천징수 여부**

법원의 판결에 의하여 부당해고기간의 급여를 해고노동자가 강제집행한 경우에도 해고기간에 근로를 제공하고 지급받은 근로소득으로 보아 근로를 제공한 연도별로 연말정산을 하여 원천징수하여야 하는 것으로, 법원 판결이 당해 과세기간 경과 후 있는 경우에는 그 판결이 있는 날이 속하는 달의 다음 달 말일 까지(다음 달 말일 이전에 지급하는 경우에는 지급하는 때까지) 소득세를 원천징수하여 원천징수일이 속하는 달의 다음달 10일까지 납부하여야 하는 것임. 다만, 원천징수의무 성립시기에 귀속연도 소득에 대한 국세부과제척기간이 만료되면 원천징수의무도 소멸하는 것으로 기 질의회신문(법인46013－1420, 1998.5.28, 재조세정책과－285, 2004.3.18.)을 참조하시기 바람(원천－649, 2011.10.12.)

(2) 상여에 대한 징수

원천징수의무자가 근로소득에 해당하는 상여 또는 상여의 성질이 있는 급여(이하 "상여 등"이라 한다)를 지급할 때에 원천징수하는 소득세는 다음의 구분에 따라 계산한다. 종합소득공제를 적용함으로써 근로소득에 대한 소득세가 과세되지 아니한 사람이 받는 상여 등에 대해서도 또한 같다.(소법 136조 ①)

1) 지급대상기간이 있는 상여 등

① 상여 등의 금액을 지급대상기간의 월수로 나누어 계산한 금액과 그 지급대상기간의 상여 등 외의 월평균급여액을 합산한 금액에 대하여 간이세액표에 의하여 계산한 금액을 지급대상기간의 월수로 곱하여 계산한 금액에서 그 지급대상기간의 근로소득에 대해서 이미 원천징수하여 납부한 세액(가산세액은 제외)을 공제한 것을 그 세액으로

한다.(소법 136조 ① 1)

$$\left(\frac{\text{상여 등의 금액} + \text{지급대상기간의 상여 등 외의 급여의 합계액}}{\text{지급대상기간의 월수}}\right)\text{에 대한 간이세액표상의 해당 세액}$$
$$\times \text{지급대상기간의 월수} - \text{지급대상기간의 상여 등 외의 급여에 대한 기원천징수액}$$

② 상여 등의 금액과 그 지급대상기간이 사전에 정하여져 있는 경우에는 매월분의 급여에 상여 등의 금액을 그 지급대상기간으로 나눈 금액을 합한 금액에 대하여 간이세액표에 의한 매월분 소득세를 징수할 수 있다.(소칙 91조 ③)

2) 지급대상기간이 없는 상여 등

그 상여 등을 받은 과세기간의 1월 1일부터 그 상여 등의 지급일이 속하는 달까지를 지급대상기간으로 하여 '1)'에 의하여 계산한 것을 그 세액으로 한다. 이 경우 그 과세기간에 2회 이상의 상여 등을 받은 때에는 직전에 상여 등을 받은 날이 속하는 달의 다음달부터 그 후에 상여 등을 받은 날이 속하는 달까지를 지급대상기간으로 하여 세액을 계산한다.(소법 136조 ① 2)

3) 지급대상기간의 적용

상여 등의 지급대상기간과 세액의 계산은 다음에 의한다.

① 지급대상기간이 1년을 초과하는 경우에는 1년으로 보고 1개월 미만의 끝수가 있을 경우에는 1개월로 본다.(소법 136조 ① 3)

② 지급대상기간의 마지막 달이 아닌 달에 지급되는 상여 등은 지급대상기간이 없는 상여 등으로 본다.(소령 195조 ① 1)

③ 지급대상기간이 서로 다른 상여 등을 같은 달에 지급받는 경우 지급대상기간을 다음 산식에 의하여 계산한 후 '1)'의 규정을 적용하여 세액을 계산한다. 다만, 지급대상기간을 계산함에 있어 1월 미만의 단수가 있을 때에는 1월로 한다.(소령 195조 ① 2)

$$\text{지급대상기간} = \frac{\text{같은 달에 지급받은 상여 등의 지급대상기간의 합계}}{\text{같은 달에 지급받은 상여 등의 개수}}$$

(3) 잉여금처분에 의한 상여에 대한 징수

원천징수의무자가 잉여금처분에 의한 상여 등을 지급하는 때에 원천징수하는 세액은 그 상여 등에 기본세율을 적용하여 계산한 금액으로 한다.(소령 195조 ②, 소칙 91조 ②)

> 원천징수할 세액 = 잉여금 처분에 의한 상여 등의 금액 × 기본세율

(4) 연봉제 등에 있어서의 징수

연봉제 등의 채택으로 급여를 매월 1회 지급하는 방법 외의 방법으로 지급하는 근로소득에 대한 소득세의 원천징수는 다음의 방법에 의한다.(소칙 89조 ③)

1) 정기적으로 분할하여 지급하는 경우

① 분할지급대상기간이 1월을 초과하는 경우
지급대상기간이 있는 상여 등에 대한 소득세 원천징수 적용

② 분할지급대상기간이 1월 미만인 경우
매월 지급하는 총액에 대하여 간이세액표 적용

2) 부정기적으로 지급하는 경우

지급대상기간이 없는 상여 등에 대한 소득세 원천징수 적용

매월 지급하지 않는 급여의 원천징수방법(소득 집행기준 134-0-1)

연봉제 등의 채택으로 급여를 매월 1회 지급하는 방법 외의 방법으로 지급하는 근로소득에 대한 소득세의 원천징수는 다음의 방법에 의한다.

1. 정기적으로 분할하여 지급하는 경우

가. 분할지급대상기간이 1월을 초과하는 경우 : 지급대상기간이 있는 상여 등에 대한 소득세 원천징수 적용

$$\left(\frac{\text{연봉제 급여금액}}{\text{지급대상기간의 월수}}\right)\text{에 대한 간이세액표상의 해당세액} \times \text{지급대상기간의 월수} - \text{지급대상기간의 연봉제 급여에 대한 기원천징수액}$$

나. 분할지급대상기간이 1월 미만인 경우 : 매월 지급하는 총액에 대하여 간이세액표 적용

2. 부정기적으로 지급하는 경우 : 지급대상기간이 없는 상여 등에 대한 소득세 원천징수 적용

$$\left(\frac{\text{연봉제 급여금액}}{\text{지급대상기간* 의 월수}}\right)\text{에 대한 간이세액 표상의 해당세액} \times \text{지급대상기간* 의 월수} - \text{지급대상기간* 의 연봉제 급여에 대한 기원천징수액}$$

* 1월 1일부터 지급일이 속하는 달까지의 월수 또는 직전 지급일의 다음달부터 그 후의 상여를 받은 날이 속하는 달까지의 월수

(5) 상여처분의 원천징수 특례

법인이 채무자 회생 및 파산에 관한 법률에 따른 회생절차에 따라 특수관계인이 아닌 다른 법인에 합병되는 등 지배주주가 변경(이하 "인수"라 한다)된 이후 회생절차 개시 전에 발생한 사유로 인수된 법인의 대표자 등에 대하여 법인세법 제67조에 따라 상여로 처분되는 소득에 대해서는 소득세를 원천징수하지 아니한다.(소법 155조의4, 2014.1.1. 신설)

(6) 일용근로자에 대한 징수

원천징수의무자가 일용근로자의 근로소득을 지급할 때에는 그 근로소득에 근로소득공제를 적용한 금액에 원천징수세율을 적용하여 계산한 산출세액에서 근로소득 세액공제를 적용한 소득세를 원천징수한다.(소법 134조 ③)

5 원천징수세액의 납부

(1) 월별납부

원천징수의무자는 원천징수한 소득세를 그 징수일이 속하는 달의 다음달 10일까지 원천징수 관할세무서·한국은행 또는 체신관서에 납부하여야 한다.(소법 128조 ①)

(2) 반기별납부

1) 적용대상자

① 반기별납부의 적용대상자는 다음 중 하나에 해당하는 원천징수의무자로서 원천징수 관할 세무서장으로부터 원천징수 대상 소득에 대한 원천징수세액을 매 반기별로 납부할 수 있도록 승인을 받거나 국세청장이 정하는 바에 따라 지정을 받은 자를 말한다.(소령 186조 ①, 2021.5.4. 개정)

㉠ 직전 연도(신규로 사업을 개시한 사업자의 경우 신청일이 속하는 반기를 말한다.

이하에서 같다)의 상시고용인원이 20명 이하인 원천징수의무자(금융 및 보험업을 경영하는 자는 제외한다)

ⓛ 종교단체

➲ 종교단체는 상시인원의 수와 관계없이 반기별납부가 가능하다.

➲ 2018.1.1.이 속하는 과세기간에 발생하는 소득분부터 적용한다.(2017.12.29. 영 부칙 1조, 2조)

② 직전 연도의 상시고용인원수는 직전 과세기간의 1월부터 12월까지의 매월 말일 현재의 상시고용인원의 평균인원수로 한다.(소령 186조 ②, 2021.5.4. 개정)

2) 반기별 납부의 예외(무조건 월별납부)

반기별납부대상 원천징수의무자는 위 '1)'에도 불구하고 다음의 원천징수세액을 그 징수일이 속하는 달의 다음 달 10일까지 납부하여야 한다.(소법 128조 ②, 2020.12.27. 개정)

① 법인세법 제67조에 따라 처분된 상여·배당 및 기타소득에 대한 원천징수세액

② 국제조세조정에 관한 법률 제13조(☞ 소득처분 및 세무조정) 또는 제22조(☞ 출자금액 대비 과다차입금 지급이자의 손금불산입)에 따라 처분된 배당소득에 대한 원천징수세액(소법 128조 ② 2, 2020.12.29. 개정)

③ 소득세법 제156조의5(☞ 비거주자인 연예인 또는 운동가의 용역제공과 관련된 원천징수절차 특례) 제1항 및 제2항에 따른 원천징수세액

3) 반기별납부

반기별납부의 승인을 얻거나 지정을 받은 자는 원천징수한 소득세를 그 징수일이 속하는 반기의 마지막 달의 다음달 10일까지 납부할 수 있다.(소법 128조 ②)

4) 반기별납부의 신청

반기별납부의 승인을 얻고자 하는 자는 원천징수세액을 반기별로 납부하고자 하는 반기의 직전월의 1일부터 말일까지 원천징수 관할 세무서장에게 신청하여야 한다.(소령 186조 ③)

5) 반기별납부의 통지

① 반기별납부의 신청을 받은 원천징수 관할 세무서장은 해당 원천징수의무자의 원천징수세액 신고·납부의 성실도 등을 고려하여 승인여부를 결정한 후 신청일이 속하는 반기의 다음달 말일까지 이를 통지하여야 한다.(소령 186조 ④)

② 원천징수의무자가 기한 내에 승인 여부를 통지받지 못한 경우에는 승인받은 것으로 본다.(소령 186조 ④ 단서)

구 분	원천징수대상	원천징수세액의 납부기한
월별납부	매월분	징수일이 속하는 달의 다음달 10일까지
반기별납부	1월~6월분	7월 10일까지
	7월~12월분	1월 10일까지

급여의 자진반납에 대한 세무처리(소득 집행기준 20-0-3)

① 반납하는 급여를 회사가 모금하여 근로자명의로 기부하는 경우
⇒ 당초에 지급한 급여를 근로자의 소득으로 보아 세무처리

• 월 급여 1,000,000원인 근로자가 100,000원을 반납하여 기부하고, 회사는 당초 급여를 인건비로 처리하는 경우

‖ ←――― 당초 급여 1,000,000원(인건비처리) ―――→ ‖
실수령액 900,000원 | 반납(기부) 100,000원

* 회사는 1,000,000원을 근로자 급여로 보아 갑근세 원천징수하되, 근로자가 기부금단체 등에 기부한 100,000원은 갑근세 연말정산시 기부금 특별공제 적용
* 회사가 계상한 1,000,000원은 법인의 손금(인건비)으로 인정하고, 1,000,000원을 기준으로 퇴직급여충당금을 설정하여 별도 손금으로 인정

② 회사가 당초 급여를 인건비로 처리, 근로자는 일부를 반납하는 경우
⇒ 당초에 지급한 급여를 근로자의 소득으로, 회사는 반납받은 금액을 익금(잡수익 등)으로 세무처리

근로자는 급여 1,000,000원을 수령한 후 회사에 100,000원을 반납

‖ ←――― 당초 급여 1,000,000원(인건비처리) ―――→ ‖
실수령액 900,000원 | 반납(기부) 100,000원

* 회사는 1,000,000원을 근로자 급여로 보아 갑근세 원천징수(근로자는 반납한 100,000원에 대하여도 갑근세를 부담)
* 회사가 계상한 1,000,000원은 법인의 손금(인건비)으로 인정하고, 1,000,000원을 기준으로 퇴직급여충당금을 설정하여 별도 손금으로 인정
* 회사는 반납받은 100,000원을 익금(잡수입 등)에 산입하고, 동 재원으로 일자리 나누기 등에 의해 근로자를 신규 채용하거나 기부금으로 지출하는 경우 인건비 또는 기부금으로 손금 인정
* 기부금 지출시 그 행위자를 근로자가 아닌 법인으로 봄

③ 회사가 근로자의 실수령액을 인건비로 회계처리하는 경우
⇒ 당초 급여에서 반납한 급여를 차감한 금액을 종업원의 소득으로 보아 세무처리

• 월 급여 1,000,000원 중 100,000원을 반납(삭감)하고, 회사는 삭감 후 급여를 인건비로 회계 처리

‖ ← 당초 급여 1,000,000원 → ‖

실수령액 900,000원(인건비 처리) | 반납(삭감) 100,000원

* 회사는 실 지급액 900,000원을 근로자 급여로 보아 갑근세 원천징수(근로자는 반납한 100,000원에 대해서는 갑근세 부담 없음)
* 회사가 계상한 900,000원은 법인의 손금(인건비)으로 인정하고, 900,000원을 기준으로 퇴직급여충당금을 설정하여 별도로 손금 인정
* 회사가 삭감된 100,000원을 재원으로 일자리 나누기 등에 의해 근로자를 신규 채용하거나 기부금으로 지출하는 경우 인건비 또는 기부금으로 손금 인정

6 원천징수의 승계

① 법인이 해산한 경우에 원천징수를 하여야 할 소득세를 징수하지 아니하였거나 징수한 소득세를 납부하지 아니하고 잔여재산을 분배하였을 때에는 청산인은 그 분배액을 한도로 하여 분배를 받은 자와 연대하여 납세의무를 진다.(소법 157조 ①)

② 법인이 합병한 경우에 합병 후 존속하는 법인이나 합병으로 설립된 법인은, 합병으로 소멸된 법인이 원천징수를 하여야 할 소득세를 납부하지 아니하면 그 소득세에 대한 납세의무를 진다.(소법 157조 ②)

Ⅲ 연말정산

1 개 요

연말정산이란 근로소득을 지급하는 자가 다음해 2월분 급여를 지급하는 때에 1년간 지급한 급여액에서 비과세 소득을 차감하고 각종 소득공제액 및 세액공제액을 계산하여 근로자별로 부담하여야 할 연간 소득세액을 확정하는 것으로 원천징수의무자는 근로자별로 연말정산에 의하여 확정된 연간 부담할 세액과 매월 급여지급시 간이세액표에 의하여 이미 원천징수 납부한 세액을 비교하여 그 차액을 추가로 원천징수하거나 환급하는 절차를 말한다.

구 분	연말정산시기	신고 · 납부기한	지급명세서의 제출기한
월별납부자	다음연도 2월분 근로소득 지급시	다음연도 3월 10일	다음연도 3월 10일
반기별납부자		다음연도 7월 10일	

2 연말정산의 시기

원천징수의무자는 다음에 해당할 때에는 연말정산을 하여야 한다.(소법 134조 ②)

① 해당 과세기간의 다음 연도 2월분 근로소득을 지급할 때(2월분의 근로소득을 2월 말일까지 지급하지 아니하거나 2월분의 근로소득이 없는 경우에는 2월 말일)

② 퇴직자가 퇴직하는 달의 근로소득을 지급할 때

> ✓ **퇴직월의 급여를 분할지급시 연말정산시기 등**
> 원천징수의무자가 퇴직하는 달의 급여를 분할하여 지급하는 때에는 그 급여를 처음 지급하는 때에 퇴직자의 근로소득을 연말정산하고 환급세액을 환급하는 것이며, 근로소득원천징수영수증은 퇴직하는 달의 급여를 처음 지급하는 날이 속하는 달의 다음달 말일까지 근로소득자에게 교부하는 것임 (서이 46013-11459, 2003.8.5.)

3 연말정산의 절차 및 방법

(1) 근로소득원천징수부의 비치·기록

매월분의 근로소득을 지급하는 원천징수의무자는 근로소득원천징수부를 비치·기록하여야 한다. 이 경우 근로소득원천징수부를 전산처리된 테이프 또는 디스크 등으로 수록·보관하여 항시 출력이 가능한 상태에 둔 때에는 근로소득원천징수부를 비치·기록한 것으로 본다.(소령 196조 ①)

(2) 연말정산의무자

1) 근로소득을 지급하는 자

해당 과세기간의 다음 연도 2월분의 근로소득 또는 퇴직자의 퇴직하는 달의 근로소득을 지급하는 원천징수의무자가 연말정산의무자이다.(소법 137조 ①)

2) 국외 근로소득이 있는 자가 조직한 납세조합

국외 근로소득이 있는 자가 조직한 납세조합이 연말정산의무자이다.(소법 152조 ②)

✓ **근로소득을 추가지급한 때의 연말정산**(소통 137－0…1)

원천징수의무자가 근로소득에 대한 연말정산을 한 후 당해 과세기간의 근로소득을 추가로 지급하는 때에는 추가로 지급하는 때에 근로소득세액의 연말정산을 다시 하여야 한다.(2024.3.15. 개정)

✓ **피합병법인의 임직원에 대한 연말정산**(소통 137－0…2)

법인이 합병함에 있어서 피합병법인의 임직원이 합병법인에 계속 취업하고 현실적인 퇴직을 하지 아니한 경우에는 해당 임직원에 대한 연말정산은 합병법인이 하여야 한다.

✓ **기업형태변경시의 근로소득세액의 연말정산**(소통 137－0…3)

개인기업이 법인기업으로 기업형태를 변경하고 해당 개인기업의 종업원을 계속 고용하며 퇴직급여충당금을 승계하는 때에는 그 종업원에 대한 근로소득의 연말정산은 해당 법인이 할 수 있다.

✓ **연말정산 증빙자료를 전자화문서로 보관하는 경우 원본을 별도로 보관하여야 하는지 여부**

법인이 종이문서나 그 밖에 전자적 형태로 작성되지 아니한 증거서류를 전자문서 및 전자거래 기본법 제5조 제2항에 따른 전자화문서로 변환하여 공인전자문서센터에 보관한 경우에는 국세기본법 제85조의3 제1항에 따라 장부 및 증거서류를 갖춘 것으로 보는 것이나, 종이문서로 받은 증빙서류를 스캐너를 통하여 전자파일로 정보보손 장치에 보존하는 경우에는 원본증빙서류를 같이 보존하여야 하는 것임(서면법령해석기본 2020－4031, 2020.11.3.)

✓ **종교인별 연말정산 여부와 소득의 종류를 선택 가능한지 여부**

같은 종교단체에서 소속된 종교관련 종사자별로 종교인소득에 대하여 근로소득으로 연말정산, 기타소득으로 연말정산, 연말정산 하지 않고 종합소득과세표준을 신고할 수 있는 것임(기획재정부소득－128, 2019.2.13.)

✓ **원천징수시 선택한 소득의 종류를 변경하여 연말정산 또는 종합소득세 확정신고를 할 수 있는지 여부 등 질의에 대한 회신**

종교단체가 종교인소득에 대하여 기타소득 또는 근로소득으로 소득세를 원천징수한 후 연말정산하거나 종합소득과세표준을 신고할 때 당초 원천징수한 동 소득의 종류를 변경하여 연말정산하거나 종합소득과세표준을 신고할 수 있는 것임. 종교단체가 종교관련 종사자의 각 과세기간에 발생하여 지급하는 종교인소득(소득세법 제21조 제3항에 해당하는 경우를 포함한다)에 대하여 원천징수(같은 법 제145조 제1항 또는 제134조 제1항에 따른 소득세의 원천징수를 말한다)를 하는 경우 각 과세기간별로 종교인소득(기타소득) 또는 근로소득 중 하나의 소득으로만 원천징수를 하는 것임(기획재정부소득－130, 2019.2.13.)

✓ **근로소득 일부에 대한 원천징수를 위임받은 경우 위임받은 소득에 대한 연말정산 가능여부**

타 법인의 근로자 근로소득의 일부에 대한 원천징수의무를 위임받더라도 해당 위임받은 근로소득에 대해서 연말정산을 할 수 없는 것임(사전법령해석소득 2018－357, 2018.12.14.)

PART 2

✓ **관계회사 전출입시 전입법인에서 연말정산함**(원천 해석편람 137－1－2)

사용인이 현실적인 퇴직으로 보지 아니하는 해당 법인과 직접 또는 간접으로 출자관계에 있는 법인으로의 전출시에는 근로소득에 대한 연말정산을 하지 아니하고 전입법인에서 연말에 통산하여 연말정산하는 것임(법인 46013－1708, 1998.6.25.)

✓ **을종근로소득자가 납세조합에 가입한 경우 납세조합에서 소득세를 원천징수하여 납부한 후 연말정산 여부**

외국법인이 국내에 수익사업을 하지 않는 연락사무소를 설치하고 근무직원에 대한 급여를 외국 본점에서 거래은행을 통하여 각 직원의 계좌로 직접 송금하는 경우에는 을종근로소득에 해당되는 것이며, 을종근로소득자가 납세조합에 가입한 경우, 납세조합에서 소득세를 원천징수하여 납부한 후 연말정산을 하여야 하며, 납세조합에 가입하지 않은 경우에는 종합소득세를 신고·납부하는 것임(서면2팀－411, 2005.3.16.)

✓ **을종근로소득자의 납세조합공제 금액 계산방식**

을종근로소득자가 갑종근로소득과 다른 종합소득이 있어 납세조합에 의하여 원천징수된 근로소득에 대한 납세조합공제액을 재정산하는 경우에는 다음 방법을 순차로 적용하여 계산된 금액을 납세조합공제액으로 하는 것임(서이 46013－10751, 2003.4.10.)

① 을종근로소득금액＝당해연도 근로소득금액 × [을종근로소득 총급여액 / (갑종근로소득 총급여액＋을종근로소득 총급여액)]*

* 총급여액＝연간급여액－비과세소득
* 당해연도 근로소득금액＝(갑종근로소득 총급여액＋을종근로소득 총급여액)－근로소득공제

② 재정산된 납세조합공제액＝종합소득산출세액 × (을종근로소득금액 / 종합소득금액) × 5%*

* 2019년부터 2024년까지는 5%를 적용하며(2018.12.31. 법 부칙 15조), 2025.1.1. 이후 발생한 소득분부터는 3%를 적용한다.(소법 150조 ③, 2024.12.31. 법 부칙 14조 ①)

(3) 원천징수세액의 징수

원천징수의무자는 해당 과세기간의 다음 연도 2월분의 근로소득 또는 퇴직자의 퇴직하는 달의 근로소득을 지급할 때에는 다음의 순서에 따라 계산한 소득세(이하 "추가 납부세액"이라 한다)를 원천징수한다.(소법 137조 ①, 2015.3.10. 개정)

이때 근로자가 원천징수의무자에 대한 근로의 제공으로 인하여 원천징수의무자 외의 자로부터 지급받는 소득(단체환급부보장성보험의 환급금을 포함)에 대하여는 해당 원천징수의무자가 해당 금액을 근로소득에 포함하여 연말정산하여야 한다.(소령 196조 ④)

① 근로소득자의 해당 과세기간(퇴직자의 경우 퇴직하는 날까지의 기간)의 근로소득금액에 그 근로소득자가 신고한 내용에 따라 종합소득공제를 적용하여 종합소득과세표준을 계산

이때, 원천징수의무자가 소득·세액공제신고를 하지 아니한 근로소득자에 대하여 추가 납부세액을 원천징수할 때에는 기본공제 중 그 근로소득자 본인에 대한 분과 표준

세액공제만을 적용한다.(소법 137조 ③, 2015.3.10. 개정)

② 종합소득과세표준에 기본세율을 적용하여 종합소득산출세액을 계산

③ 종합소득산출세액에서 해당 과세기간에 원천징수한 세액, 외국납부세액공제, 근로소득세액공제, 자녀세액공제, 연금계좌세액공제 및 특별세액공제에 따른 공제세액을 공제하여 소득세를 계산(소법 137조 ① 3, 2014.1.1. 개정)

PART 2

✓ **인정상여에 대한 연말정산**(소통 135－192…3)

법인세법 시행령 제106조의 규정에 의하여 처분되는 상여에 대하여 원천징수할 소득세는 해당 과세기간에 귀속한 동 상여 외의 근로소득과 합산하여 법 제137조, 제137조의2 또는 제138조의 규정에 의하여 연말정산을 다시 하여야 한다.

✓ **연말정산 부당공제받은 퇴사자에 대한 세액의 징수**(소득 집행기준 85－0－3)

연말정산 내용에 탈루 또는 오류가 있는 경우로서 해당 근로소득자의 퇴사로 원천징수의무자의 원천징수이행이 어렵다고 인정되는 때에는 납세의무자의 관할 세무서장이 직접 납세의무자에게 해당 연도의 과세표준과 세액을 경정한다.

✓ **노사간 합의로 반납한 급여의 연말정산 방법**(원천 해석편람 137－1－1)

노사간 합의에 의하여 급여를 자진반납하는 형식으로 일률적으로 급여를 삭감하고 삭감 후의 급여액을 인건비로 회계처리하는 경우에는 삭감 후의 급여액을 기준으로 연말정산하는 것이나, 반납 전 급여 전액을 계상하고 급여반납분을 수증이익 또는 잡수익 등으로 계상하는 때에는 반납 전 급여액을 기준으로 연말정산하는 것임(법인 46013－3866, 1998.12.10.)

✓ **근로소득세 연말정산 후 해당 과세기간의 근로소득을 추가 지급하는 경우의 근로소득세 원천징수 방법**

① 근로소득세 연말정산 후 해당 과세기간의 근로소득을 추가로 지급하는 때에는 근로소득세액의 연말정산을 다시 하여야 함

② 최근 5년간의 근로소득세를 재정산하는 경우에는 추가 지급 또는 회수하는 때에 근로소득세액 연말정산을 다시 하여야 하는 것임

③ 근로소득세를 재정산하는 경우에는 근로소득원천징수영수증(근로소득지급명세서)을 수정하여 1매는 근로자에게 교부하고 1매는 관할 세무서장에게 제출해야 하는 것임(서면1팀－766, 2004. 6.7.)

✓ **연말정산결과 추가징수세액이 근로소득을 초과하는 경우 징수방법**

주된 근무지의 근로소득과 종된 근무지의 근로소득을 합산하여 연말정산할 때 징수하여야 할 소득세가 지급할 근로소득의 금액을 초과하는 경우에는 소득세법 제139조에 따라 근로소득을 지급할 때 이월하여 징수하는 것임(서면법규－580, 2014.6.10.)

(4) 추가납부세액의 징수

추가납부세액이 10만원을 초과하는 경우 원천징수의무자는 해당 과세기간의 다음 연도 2월분부터 4월분의 근로소득을 지급할 때까지 추가납부세액을 나누어 원천징수할 수 있다.(소법 137조 ④, 2015.3.10. 신설)

(5) 원천징수세액의 환급

원천징수한 세액, 외국납부세액공제, 근로소득세액공제, 자녀세액공제, 연금계좌세액공제 및 특별세액공제에 따른 공제세액의 합계액이 종합소득산출세액을 초과하는 경우에는 그 초과액을 그 근로소득자에게 환급하여야 한다.(소법 137조 ②, 2014.1.1. 개정)

① 근로소득세액에 대한 연말정산을 하는 경우에 원천징수의무자가 이미 원천징수하여 납부한 소득세에 과오납이 있어 근로소득자에게 환급하는 때에는 그 환급액은 원천징수의무자가 원천징수하여 납부할 소득세에서 조정하여 환급한다.(소령 201조 ①)

② 원천징수의무자가 원천징수하여 납부할 소득세가 없는 때에는 다음과 같이 환급하여야 한다.(소령 201조 ②)

㉠ 원천징수의무자가 환급할 소득세가 연말정산하는 달에 원천징수하여 납부할 소득세를 초과하는 경우에는 다음달 이후에 원천징수하여 납부할 소득세에서 조정하여 환급한다.(소칙 93조 ① 전단)

㉡ 해당 원천징수의무자의 환급신청이 있는 경우에는 원천징수 관할 세무서장이 그 초과액을 환급한다.(소칙 93조 ① 단서) 이 경우 소득세의 환급을 받고자 하는 자는 「원천징수세액환급신청서」를 원천징수 관할 세무서장에게 제출하여야 한다. 다만, 원천징수의무자가 원천징수 관할 세무서장에게 환급신청을 한 후 폐업 등으로 행방불명이 되거나 부도상태인 경우에는 해당 근로소득이 있는 사람이 원천징수 관할 세무서장에게 그 환급액의 지급을 신청할 수 있다.(소칙 93조 ② 단서신설, 2020. 3.13. 개정)

➲ 신설된 단서규정은 2020.3.13. 이후 환급받는 분부터 적용한다.(2020.3.13. 규칙 부칙 3조)

✓ 상여처분 취소판결에 의하여 발생한 환급금의 환급대상자(소통 85－0…2)

법인세법 시행령 제94조의2의 규정에 의하여 상여로 처분된 소득에 대하여 원천징수의무자가 소득세원천징수·납부를 불이행함에 따라 원천징수 관할 세무서장이 원천징수의무자에게 고지·징수한 후, 법원의 판결에 의하여 그 상여처분된 소득금액이 취소됨으로써 발생한 환급금은 그 부과된 소득세를 납부한 해당 원천징수의무자에게 환급한다.

✓ 납세조합원의 연말정산에 의한 환급(소통 152－0…1)

법 제127조 제1항 제4호 각 목에 따른 근로소득이 있는 자가 조직한 납세조합이 당해 조합원에 대한 소득세를 징수하여 납부한 후 연말정산으로 인하여 환급금이 발생한 때에는 영 제201조 제1항을 준용하여 당해 조합이 징수·납부할 소득세에서 조정하여 환급할 수 있다.

✓ 과오납한 원천징수 환급 가능여부 및 방법

원천징수의무자가 원천징수하여 납부한 세액 중 과오납금이 있어 국세기본법 제51조 제4항 및 소득세법 시행규칙 제93조에 의거 원천징수 이행상황신고서상에서 조정하여 환급하거나 관할 세무서장이 직접 환급하는 경우 국세환급가산금을 지급하지 않음(서삼 46019-10634, 2003.4.15.)

✓ **근로소득세액의 연말정산**

연말정산결과 이미 원천징수하여 납부한 소득세에 과오납이 있어 이를 근로소득자에게 환급하는 때에는 그 환급세액은 원천징수의무자가 원천징수하여 납부할 소득세에서 조정하여 환급하며, 납부할 세액이 없는 경우에는 다음 달 이후에 원천징수하여 납부할 소득세에서 조정하여 환급하고 다음 달 이후에도 원천징수하여 납부할 소득세가 없거나 환급할 금액에 미달하는 경우에는 원천징수환급신청서를 원천징수 관할 세무서장에게 제출하여 환급받을 수 있음(서일 46011-11444, 2002.10.29.)

✓ **전근무지의 소득세가 과오납된 경우 환급방법**(원천 해석편람 138-1-2)

해당연도의 중도취직자(재취직자)에 대하여 갑종에 속하는 근로소득을 지급하는 원천징수의무자는 재취직자가 전근무지에서 받은 근로소득을 합산하여 근로소득세를 연말정산하는 것이며 이 경우 납부한 소득세에 과오납이 있어 근로소득자에게 환급하는 때에는 소득세법 시행령 제201조의 규정에 따라 원천징수의무자가 원천징수하여 납부할 소득세에서 조정하여 환급하는 것임(법인 46013-459, 2000.2.16.)

✓ **원천징수의무자가 폐업한 경우 환급은 원천징수관할 세무서장이 환급함**(원천 해석편람 137-2-5)

원천징수의무자의 폐업으로 근로자가 퇴직하고 근로소득에 대한 연말정산결과 원천징수의무자가 이미 원천징수하여 납부한 소득세에 과오납이 발생하여 환급신청한 때에는 소득세법 시행규칙 제93조의 규정에 의거 원천징수 관할 세무서장이 환급함(법인 46013-1791, 1997.7.2.)

✓ **연말정산세액의 환급여부 및 대상세액**

체납세액이 있는 원천징수의무자로부터 근로소득세의 연말정산 환급세액에 대하여 환급신청을 받는 경우, 해당 세무서장은 근로소득자에게 환급하며, 환급대상세액은 근로자가 실제로 부담하여 납부된 세액에 한함(재소득 46073-50, 2002.2.23.)

4 재취직자에 대한 연말정산

(1) 근로소득원천징수영수증의 제출

해당 과세기간의 중도에 퇴직한 근로소득자가 다른 근무지에 새로 취직한 때에는 그 새로운 근무지의 원천징수의무자는 해당 근로소득자로부터 전근무지의 「근로소득원천징수영수증」과 「근로소득원천징수부」의 사본을 제출받아 전근무지의 근로소득을 합계한 금액에 대하여 연말정산을 한다.(소령 197조 ①)

(2) 연말정산의 방법

① 해당 과세기간 중도에 퇴직하고 새로운 근무지에 취직한 근로소득자가 종전 근무지에서 해당 과세기간의 1월부터 퇴직한 날이 속하는 달까지 받은 근로소득을 포함하

여 「근로소득자 소득·세액 공제신고서」를 제출하는 경우 원천징수의무자는 그 근로소득자가 종전 근무지에서 받은 근로소득과 새로운 근무지에서 받은 근로소득을 더한 금액에 대하여 소득세를 원천징수한다.(소법 138조 ①, 2014.1.1. 개정)

② 해당 과세기간의 중도에 퇴직한 근로소득자로서 소득세를 납부한 후 다시 취직하고 그 과세기간의 중도에 또다시 퇴직한 자에 대한 소득세의 원천징수에 대하여도 위 '①'의 규정을 준용한다.(소법 138조 ②)

✓ **연말정산시 누락된 전근무지 근로소득금액을 세무서장이 합산하여 경정한 경우의 연말정산**(원천 해석편람 138-1-1)

해당연도의 중도에 취직한 자에 대하여 근로소득을 지급하는 원천징수의무자가 전근무지에서 받은 근로소득을 포함하여 근로소득세액 연말정산을 아니함에 따라, 관할 세무서장이 종합소득과세표준과 세액을 경정하여 납세자에게 통지한 후에는 현근무지 원천징수의무자는 해당 연말정산에서 누락된 전근무지의 근로소득을 합산하여 재정산할 수 없는 것이며, 전근무지의 기납부세액은 경정시 공제받을 수 있는 것임(법인 46013-3049, 1999.8.4.)

✓ **전근무지 근로소득금액 변동시 연말정산 방법**(원천 해석편람 138-1-3)

현근무지에서 재취직자에 대한 근로소득세액의 연말정산을 완료한 후 법원의 판결 등으로 전근무지의 근로소득이 변동이 있을 경우 전근무지 원천징수의무자는 해당 근로자에 대한 근로소득세액의 연말정산을 다시 하여야 하며, 현근무지 원천징수의무자는 전근무지의 재정산 내역을 통보받아 연말정산을 다시 하여야 함(법인 46013-4088, 1998.12.28.)

✓ **이중근로자의 연말정산 방법**(원천 해석편람 138-1-4)

해당연도의 중도에 퇴직한 근로소득자가 다른 근무지에 새로 취직한 때에는 그 새로운 근무지의 원천징수의무자는 해당 근로소득자로부터 전 근무지의 근로소득원천징수영수증과 근로소득원천징수부의 사본을 제출받아 전근무지의 근로소득을 합계한 금액에 대하여 연말정산을 하여야 하며 이 때 전근무지의 기납부세액은 전근무지 원천징수영수증상의 결정세액을 말하는 것임(법인 46013-3358, 1997.12.22.)

5 2인 이상으로부터 근로소득을 받는 사람에 대한 연말정산

① 2인 이상의 사용자로부터 근로소득을 받는 사람은 해당 과세기간 종료일까지 주된 근무지와 종된 근무지를 정하여 「근무지(변동)신고서」를 주된 근무지의 원천징수의무자에게 제출하여야 한다.(소령 196조의2, 2010.12.30. 신설)

② 2인 이상으로부터 근로소득을 받는 사람(일용근로자는 제외)이 주된 근무지와 종된 근무지를 정하고 종된 근무지의 원천징수의무자로부터 「근로소득 원천징수영수증」을 발급받아 해당 과세기간의 다음 연도 2월분의 근로소득을 받기 전에 주된 근무지

의 원천징수의무자에게 제출하는 경우 주된 근무지의 원천징수의무자는 주된 근무지의 근로소득과 종된 근무지의 근로소득을 더한 금액에 대하여 소득세를 원천징수한다.(소법 137조의2 ①, 2010.12.27. 신설)

③ 「근로소득 원천징수영수증」을 발급하는 종된 근무지의 원천징수의무자는 해당 근무지에서 지급하는 해당 과세기간의 근로소득금액에 기본세율을 적용하여 계산한 종합소득산출세액에서 매월분의 원천징수한 세액을 공제한 금액을 원천징수한다.(소법 137조의2 ②, 2010.12.27. 신설)

④ 납세조합에 의하여 소득세가 징수된 근로소득과 다른 근로소득이 함께 있는 사람(일용근로자는 제외)에 대한 근로소득세액의 연말정산에 관하여는 위 '② 및 ③'을 준용한다.(소법 137조의2 ③, 2010.12.27. 신설)

6 징수부족액의 이월징수

근로소득세액 연말정산을 하는 경우 징수하여야 할 소득세가 지급할 근로소득의 금액을 초과할 경우(그 다음 달에 지급할 근로소득이 없는 경우는 제외)에는 그 초과하는 세액은 그 다음 달의 근로소득을 지급할 때에 징수한다.(소법 139조)

7 근로소득자의 소득·세액 공제신고

(1) 근로소득자 소득·세액 공제신고서의 제출

연말정산을 할 때 해당 근로소득자가 종합소득공제 및 세액공제를 적용받으려는 경우에는 해당 과세기간의 다음 연도 2월분의 근로소득을 받기 전(퇴직한 경우에는 퇴직한 날이 속하는 달의 근로소득을 받기 전)에 자기의 원천징수의무자에게 해당 공제 사유를 표시하는 「근로소득자 소득·세액 공제신고서」를 제출(국세정보통신망에 의한 제출을 포함)하여야 한다.(소법 140조 ①, ③, 소령 198조 ①, 2016.12.17. 개정)

(2) 주민등록표등본의 첨부

근로소득자는 「근로소득자 소득·세액 공제신고서」에 주민등록표등본을 첨부하여 제출하여야 한다. 다만, 이전에 동일한 원천징수의무자에게 주민등록표등본을 제출한 경우로서 공제대상 배우자 또는 부양가족이 변동되지 아니한 때에는 주민등록표등본을 제출하지 아니한다.(소령 198조 ②, 2014.1.1 개정)

(3) 근로소득자 소득·세액 공제신고서의 신고 및 통보

「근로소득자 소득·세액 공제신고서」를 받은 주된 근무지의 원천징수의무자는 그 신고사항을 원천징수 관할 세무서장에게 신고하고 종된 근무지의 원천징수의무자에게 통보하여야 한다.(소법 140조 ②, 2014.1.1. 개정)

Chapter

05 연금소득

I 개 요

연금소득은 2000년 말 소득세법의 개정으로 인하여 2002년부터 소득세 과세대상으로 신설되었다. 연금소득과세는 크게 납입 및 운용단계에서는 과세하고 급부단계에서는 비과세하는 유형과 납입 및 운용단계에서는 비과세하고 급부단계에서는 과세하는 유형의 두 유형으로 구분할 수 있는데, 우리나라의 연금소득과세제도는 후자의 유형을 취하고 있다.[34)]

과세되는 연금소득은 연금형태로 지급받는 것이어야 하며, 국민연금·공무원연금 등 공적연금의 경우에는 2002.1.1. 이후 기여금 등의 납입분에 대한 연금소득만을 과세대상으로 함으로써 기존의 연금생활자 및 기존의 납입분 연금에 대하여 종전과 같이 과세대상에서 제외하도록 하고 있다. 또한 연금저축에 의한 개인연금의 경우에는 2001.1.1. 이후 최초로 가입하는 분부터 과세하도록 하고 있다.

II 연금소득의 범위

연금소득은 해당 과세기간에 발생한 다음의 소득으로 한다.(소법 20조의3 ①, 2013.1.1. 개정)

1 공적연금소득

(1) 공적연금소득의 범위

공적연금소득은 공적연금 관련법에 따라 받는 각종 연금, 2002.1.1. 이후에 납입된 연금 기여금 및 사용자 부담금(국가 또는 지방자치단체의 부담금을 포함)을 기초로 하거나

34) 김완석, 앞의 책, p. 223

2002.1.1. 이후 근로의 제공을 기초로 하여 받는 연금소득으로 한다.(소법 20조의3 ① 1, ②, 2013.1.1. 개정)

➲ 공적연금 관련법 : 국민연금법, 공무원연금법, 군인연금법, 사립학교교직원연금법, 별정우체국법 또는 국민연금과 직역연금의 연계에 관한 법률을 말한다.

(2) 공적연금소득의 계산(소령 40조, 2013.2.15. 신설)

➲ 2013.2.15. 이전에 종전의 규정에 따라 연금지급이 개시된 공적연금소득은 제40조의 개정규정에도 불구하고 종전의 제40조의3에 따른다.(2013.2.15. 영 부칙 36조)

① 공적연금소득은 해당 과세기간에 수령한 공적연금에 대하여 공적연금의 지급자별로 2002.1.1.(이하 "과세기준일"이라 한다)을 기준으로 다음의 계산식에 따라 계산한 금액(이하 "과세기준금액"이라 한다)으로 한다.(소령 40조 ①)

㉠ 공적연금소득 중 국민연금법에 따른 연금소득과 국민연금과 직역연금의 연계에 관한 법률에 따른 연계노령연금

$$\text{과세기준금액} = \text{과세기간 연금수령액} \times \frac{\text{과세기준일 이후 납입기간의 환산소득}^{*}\text{ 누계액}}{\text{총 납입기간의 환산소득}^{*}\text{ 누계액}}$$

* "환산소득"이란 국민연금법 제51조 제1항 제2호에 따라 가입자의 가입기간 중 매년의 기준소득월액을 보건복지부장관이 고시하는 연도별 재평가율에 따라 연금수급 개시 전년도의 현재가치로 환산한 금액을 말한다.(소령 40조 ⑤)

㉡ 그 밖의 공적연금소득(공무원연금법, 군인연금법, 사립학교교직원연금법, 별정우체국법에 따른 각종 연금)

$$\text{과세기준금액} = \text{과세기간 연금수령액} \times \frac{\text{과세기준일 이후 기여금 납입월수}}{\text{총 기여금 납입월수}}$$

② 공적연금 관련법에 따라 받는 일시금(퇴직소득세가 과세되었거나 비과세 소득인 경우만 해당한다)을 반납하고 공적연금 관련법에 따라 재직기간, 복무기간 또는 가입기간을 합산한 경우에는 위 '①'을 적용할 때 재임용일 또는 재가입일을 과세기준일로 보아 계산한다.(소령 40조 ②, 2014.2.21. 신설)

③ 과세기준일(위 '②' 따라 재임용일 또는 재가입일을 과세기준일로 보아 계산한 경우에는 재임용일 또는 재가입일) 이후에 연금보험료공제를 받지 않고 납입한 기여금 또는 개인부담금(연금보험료 소득공제확인서를 발급받아 "과세제외기여금등"으로 확인되는 금액만 해당한다)이 있는 경우에는 과세기준금액에서 과세제외기여금등을 뺀

금액을 공적연금소득으로 한다. 이 경우 과세제외기여금등이 해당 과세기간의 과세기준금액을 초과하는 경우 그 초과하는 금액은 그 다음 과세기간부터 과세기준금액에서 뺀다.(소령 40조 ③, 2014.2.21. 개정)

④ 퇴직소득에 해당하는 일시금(퇴직소득세가 과세되었거나 비과세 소득인 경우만 해당)을 반납하고 연금으로 수령하는 경우 반납한 일시금은 과세제외기여금등으로 본다.(소령 40조 ③)

⑤ 공적연금소득을 지급하는 자가 연금소득의 일부 또는 전부를 지연하여 지급하면서 지연지급에 따른 이자를 함께 지급하는 경우 해당 이자는 공적연금소득으로 본다.(소령 40조 ④)

✓ 공무원연금수급자가 국외 이민 등에 따라 신청하여 수령하는 연금 일시금의 소득구분 및 수입시기

공무원연금법에 따른 연금인 급여를 받을 권리가 있는 사람이 외국으로 이민을 가거나 국적을 상실하여, 본인이 원하는 바에 따라 잔여연금 청산을 위해 지급받는 4년분의 연금에 상당하는 금액은 연금소득에 해당하는 것이며, 그 수입시기는 당초 연금을 지급받기로 한 날인 것임(기획재정부소득-255, 2022.6.2.)

✓ 이혼한 배우자에게 재산분할청구에 따라 군인연금 일부를 지급하게 된 경우 납세의무자

2020.6.11. 전 이혼한 군인연금법상 퇴역연금 수급권자(이하 "수급권자")의 배우자가 재산분할청구에 따라 수급권자가 수령할 연금액 중 일정 금액(이하 "쟁점금액")을 지급받게 된 경우에, 수급권자가 쟁점금액을 포함한 전체 연금 수령액에 대하여 납세의무를 지는 것임(서면법규소득 2022-5651, 2023.11.7.)

✓ 사학연금 퇴직연금의 한·미 조세조약의 사회보장 지급금 해당여부

[사실관계]

- 질의자는 우리나라 사립학교에서 퇴직한 교사로 미국으로 이민하여 거주하고 있으며 사학연금을 수령할 예정임
- 한·미 조세조약 제24조에 따르면 사회보장 지급금 및 기타의 공적 연금의 경우 원천지국(국내)에서만 과세되고, 거주지국(미국)에서는 과세되지 않음

[질의]

미국 거주자가 한국에서 사학연금법에 따라 지급받는 퇴직연금이 한·미 조세조약 제24조에 따른 사회보장 지급금에 포함되는지 여부

[회신]

미국 거주자인 비거주자가 사립학교교직원 연금법에 따라 퇴직연금을 지급받는 경우 한·미 조세조약 제24조에 따른 사회보장 지급금에 해당하는 것임(서면국제세원 2021-7928, 2022.12.27.)

2 사적연금소득

(1) 사적연금소득의 범위

다음에 해당하는 금액을 그 소득의 성격에도 불구하고 연금계좌(연금저축계좌 또는 퇴직연금계좌를 말한다)에서 연금형태 등으로 인출(이하 "연금수령"이라 하며, 연금수령 외의 인출은 "연금외수령"이라 한다)하는 경우의 그 연금을 말한다.(소법 20조의3 ① 2, 2014.12.23. 개정)

① 퇴직소득이 연금계좌로 지급되었거나(퇴직일 현재 연금계좌에 있는 경우 포함) 지급받은 날부터 60일 이내에 연금계좌에 입금되어, 퇴직당시 퇴직소득세가 원천징수되지 아니한 퇴직소득

② 연금계좌에 납입한 금액 중 세액공제받은 금액

➲ 2014.1.1. 이후 종전규정에 따른 연금계좌에 납입한 연금보험료 중 소득공제받은 금액이 있는 경우에는 그 금액을 개정규정에 따른 연금계좌세액공제를 받은 연금계좌 납입액으로 본다.(2014.1.1. 법 부칙 22조)

③ 연금계좌의 운용실적에 따라 증가된 금액

④ 그 밖에 연금계좌에 이체 또는 입금되어 해당 금액에 대한 소득세가 이연(移延)된 소득으로서 대통령령으로 정하는 소득 ➲ 현재 대통령령으로 정한 소득은 없음

(2) 연금계좌의 범위

연금계좌란 다음 중 하나에 해당하는 계좌를 말한다.(소령 40조의2 ①, 2013.2.15. 신설)

① 연금저축계좌 : 다음 중 하나에 해당하는 금융회사 등과 체결한 계약에 따라 "연금저축"이라는 명칭으로 설정하는 계좌

㉠ 자본시장과 금융투자업에 관한 법률 제12조에 따라 인가를 받은 신탁업자와 체결하는 신탁계약

㉡ 자본시장과 금융투자업에 관한 법률 제12조에 따라 인가를 받은 투자중개업자와 체결하는 집합투자증권 중개계약

㉢ 소득세법 시행령 제25조 제2항에 따른 보험계약을 취급하는 기관과 체결하는 보험계약

② 퇴직연금계좌 : 퇴직연금을 지급받기 위하여 가입하여 설정하는 다음 중 하나에 해당하는 계좌

㉠ 근로자퇴직급여 보장법 제2조 제9호의 확정기여형퇴직연금제도에 따라 설정하는 계좌

㉡ 근로자퇴직급여 보장법 제2조 제10호의 개인형퇴직연금제도에 따라 설정하는 계좌

㉢ 근로자퇴직급여 보장법에 따른 중소기업퇴직연금기금제도에 따라 설정하는 계좌 (2022.2.15. 신설) ➲ 2022.4.14.부터 시행한다.(2022.2.15. 영 부칙 1조 단서)

㉣ 과학기술인공제회법 제16조 제1항에 따른 퇴직연금급여를 지급받기 위하여 설정하는 계좌

(3) 연금계좌 가입자의 연금보험료 납입요건

연금계좌의 가입자가 다음의 요건을 모두 갖춘 경우 연금계좌 세액공제 대상 연금계좌 납입액['연금계좌세액공제 한도액 초과납입금 등의 해당 연도 납입금으로의 전환 특례'(소득세법 시행령 제118조의3)에 따라 연금계좌에 납입한 것으로 보는 금액을 포함하며, 이하 "연금보험료"라 한다)]으로 볼 수 있다.(소령 40조의2 ②, 2014.2.21. 개정)

① 다음의 금액(아래 'ⓒ 및 ⓓ'에 따라 연금계좌로 납입하는 총 누적금액의 합계액은 1억원을 한도로 한다)을 합한 금액 이내(연금계좌가 2개 이상인 경우에는 그 합계액)의 금액을 납입할 것. 이 경우 해당 과세기간 이전의 연금보험료는 납입할 수 없으나, 보험계약의 경우에는 최종납입일이 속하는 달의 말일부터 3년 2개월이 경과하기 전에는 그 동안의 연금보험료를 납입할 수 있다.(소령 40조의2 ② 1, 2025.2.28. 개정)

ⓐ 연간 1,800만원

ⓑ 조세특례제한법 제91조의18에 따른 개인종합자산관리계좌(이하 "개인종합자산관리계좌"라 한다)의 계약기간 만료일 기준 잔액을 한도로 개인종합자산관리계좌에서 연금계좌로 납입한 금액. 다만, 직전 과세기간과 해당 과세기간에 걸쳐 납입한 경우에는 개인종합자산관리계좌의 계약기간 만료일 기준 잔액에서 직전 과세기간에 납입한 금액을 차감한 금액을 한도로 개인종합자산관리계좌에서 연금계좌로 납입한 금액을 말한다.(2020. 2.11. 신설)

ⓒ 연금주택 주택차액 연금계좌 납입액

➲ 2023.7.1.부터 시행하며, 2023.7.1. 전에 주택을 양도한 경우에도 적용한다.(2023.2.28. 영 부칙 1조 2, 4조)

ⓓ 연금부동산 양도차액 연금계좌 납입액

➲ 2025.2.28.이 속하는 과세기간에 연금부동산을 양도하는 경우부터 적용한다.(2025.2.28. 영 부칙 7조)

② 연금수령 개시를 신청한 날(연금수령 개시일을 사전에 약정한 경우에는 약정에 따른 개시일) 이후에는 연금보험료를 납입하지 않을 것(소령 40조의2 ② 2, 2015.2.3. 개정)

(4) 연금주택 주택차액 및 연금부동산 양도차액 연금계좌 납입액의 요건 (2023.2.28. 신설)

1) 연금주택 주택차액 요건 (2023.3.28. 신설)

➲ 2023.7.1.부터 시행하며, 2023.7.1. 전에 주택을 양도한 경우에도 적용한다.(2023.2.28. 영 부칙 1조 2, 4조)

연금주택 주택차액 연금계좌 납입액이란 국내에 소유한 주택(이하 “연금주택”이라 한다)을 양도하고 이를 대체하여 다른 주택(이하 “축소주택”이라 한다)을 취득하거나 취득하지 않은 거주자로서 다음의 요건을 모두 충족하는 거주자가 연금주택 양도가액에서 축소주택 취득가액(취득하지 않은 경우에는 0으로 한다)을 뺀 금액(해당 금액이 0보다 작은 경우에는 0으로 하며, 이하 “주택차액”이라 한다) 중 연금계좌로 납입하는 금액을 말한다.(소령 40조의2 ② 1 다, 2025.2.28. 후단삭제)

① 연금주택 양도일 현재 거주자 또는 그 배우자가 60세 이상일 것

② 연금주택 양도일 현재 거주자 및 그 배우자가 국내에 소유한 주택을 합산했을 때 연금주택 1주택만 소유하고 있을 것. 다만, 연금주택을 양도하기 전에 축소주택을 취득한 경우로서 축소주택을 취득한 날부터 6개월 이내에 연금주택을 양도한 경우에는 연금주택 양도일 현재 연금주택 1주택만 소유하고 있는 것으로 본다.

③ 연금주택 양도일 현재 연금주택 기준시가가 12억원 이하일 것

④ 축소주택의 취득가액이 연금주택의 양도가액 미만일 것(축소주택을 취득한 경우에만 해당)

⑤ 연금주택 양도일부터 6개월 이내에 주택차액을 연금주택 소유자의 연금계좌로 납입할 것

2) 연금부동산 양도차액 요건 (2025.2.28. 신설)

➲ 2025.2.28.이 속하는 과세기간에 연금부동산을 양도하는 경우부터 적용한다.(2025.2.28. 영 부칙 7조)

국내에 소유한 토지 또는 건물(이하 “연금부동산”이라 한다)을 양도한 거주자로서 다음의 요건을 모두 충족하는 거주자가 연금부동산의 양도가액에서 연금부동산의 취득가액을 뺀 금액(해당 금액이 0보다 작은 경우에는 0으로 하며, 이하 “연금부동산 양도차액”이라 한다) 중 연금계좌로 납입하는 금액(소령 40조의2 ② 1 라, 2025.2.28. 신설)

① 연금부동산 양도일 현재 거주자가 기초연금법 제2조 제3호에 따른 기초연금 수급자일 것

② 연금부동산 양도일 현재 거주자 및 그 배우자가 1주택 또는 무주택 세대의 구성원일 것

③ 연금부동산 양도일 현재 연금부동산을 보유한 기간이 10년 이상일 것

④ 연금부동산 양도일부터 6개월 이내에 연금부동산 양도차액을 연금부동산 소유자의 연금계좌로 납입할 것

3) 신청서류

거주자는 주택차액 또는 연금부동산 양도차액(이하 "주택차액등"이라 한다)을 연금계좌에 납입하려는 경우 「주택차액등 연금계좌 납입 신청서」(별지 제3호의3 서식)에 다음의 서류를 첨부하여 연금계좌취급자에게 제출해야 한다.(소령 40조의2 ⑦, 소칙 16조의2 ①, ②, 2025.3.21. 개정)

㉠ 연금주택 또는 연금부동산 매매계약서

㉡ 축소주택 매매계약서(축소주택을 매입한 경우만 해당)

㉢ 연금주택의 양도가액, 축소주택의 취득가액 또는 연금부동산의 양도가액을 확인할 수 있는 서류(연금주택 또는 연금부동산 매매계약서, 축소주택 매매계약서를 제출할 수 없는 경우로 한정한다)(2025.3.21. 개정)

㉣ 연금부동산 매입 당시의 매매계약서 등 연금부동산의 취득가액을 확인할 수 있는 서류(연금부동산을 양도한 경우만 해당)(2025.3.21 신설)

㉤ 기초연금법 시행규칙 제8조 제3항 제1호에 따른 지급결정통지서 또는 같은 항 제2호에 따른 지급변경(상실)통지서(연금부동산을 양도한 경우만 해당)(2025.3.21. 신설)

4) 사후관리

① 거주자가 주택차액을 연금계좌에 납입한 후 다음 중 하나에 해당하게 된 경우에는 그 납입일부터 연금계좌에 납입한 금액 전액을 연금보험료로 보지 않는다.(소령 40조의2 ⑧)

㉠ 주택차액등을 연금계좌에 납입할 당시 위 '1) 또는 2)'의 요건을 충족하지 못한 사실이 확인된 경우

㉡ 주택차액을 연금계좌에 납입한 날부터 5년 이내에 주택을 새로 취득한 경우로서 연금주택의 양도가액에서 새로 취득한 주택의 취득가액을 뺀 금액이 연금계좌에 납입한 금액보다 작은 경우

② 국세청장은 주택차액등을 연금계좌에 납입한 거주자가 위 '①의 ㉠, ㉡'에 해당하는지 여부를 확인한 후 그에 해당하는 사람이 있으면 그 사실을 매년 2월 말일까지 해당 연금계좌취급자에게 통보해야 하고, 연금계좌취급자는 이를 해당 거주자에게 통보해야 한다.(소령 40조의2 ⑨, 2025.2.28. 개정)

③ 연금계좌취급자는 위 '②'에 따른 통보를 받은 경우 연금보험료로 보지 않는 주택차액등 연금계좌 납입금과 그 운용실적에 따라 증가된 금액을 거주자에게 반환해야 한

다. 이 경우 거주자는 그 반환 금액을 연금외수령하는 것으로 본다.(소령 40조의2 ⑪, 2025.2.28. 개정)

5) 공동소유의 경우

① 1주택을 둘 이상의 거주자가 공동으로 소유하고 있는 경우에는 지분비율만큼 각각 1주택을 소유한 것으로 보아 위의 규정을 적용한다. 다만, 1주택을 거주자와 그 배우자가 공동으로 소유하고 있는 경우에는 함께 1주택을 소유한 것으로 본다.(소령 40조의2 ⑪, 2025.2.28. 개정)

② 위 '①'을 적용할 때 '1)의 ③'에 따른 기준시가는 주택의 소유 지분에도 불구하고 해당 주택 전체에 대한 기준시가를 말하며, 주택의 소유 지분을 양도하거나 취득하는 경우 '1)의 ④'에 따른 양도가액 및 취득가액은 해당 주택 전체를 기준으로 한 가액으로서 주택의 소유 지분의 가액을 그 지분비율로 나눈 금액으로 한다.(소령 40조의2 ⑫, 2023.2.28. 신설, 소칙 16조의2 ③)

연금계좌 납입에 대한 양도소득세의 과세특례 (2024.12.31. 신설)

➲ 2025.1.1. 이후 부동산을 양도하는 경우부터 적용한다.(2024.12.31. 조특법 부칙 16조)

① 다음의 요건을 모두 충족하는 거주자가 국내에 소유한 토지 또는 건물로서 10년 이상 보유한 것(이하 "연금부동산"이라 한다)을 2027.12.31.까지 양도하고, 그 양도일부터 6개월 이내에 양도가액의 전부 또는 일부를 연금계좌에 납입하는 경우에는 연금계좌 납입액의 10%에 상당하는 금액을 해당 부동산의 양도소득 산출세액에서 공제한다. 이 경우 공제세액은 산출세액을 한도로 한다.(조특법 99조의14 ①, 2024.12.31 신설, 조특령 99조의13 ①)
   - ㉠ 부동산 양도 당시 기초연금 수급자일 것
   - ㉡ 부동산 양도 당시 1주택 또는 무주택 세대의 구성원일 것

② 위 '①'에 따라 양도소득세를 공제받은 자가 연금계좌 납입액의 전부 또는 일부를 연금계좌에 납입한 날부터 5년 이내에 그 연금계좌에서 연금외수령하는 경우에는 그 공제받은 세액에 상당하는 금액을 양도소득세로 납부하여야 한다.(조특법 99조의14 ②, 조특령 99조의13 ③)

③ 과세특례를 적용받은 거주자의 연금계좌에서 일부 금액이 인출되는 경우에는 해당 연금보험료 중 부동산연금 납입액이 먼저 인출된 것으로 본다.(조특령 99조의13 ④)

④ 과세특례를 적용받으려는 자는 「양도소득과세표준신고」와 함께 다음의 서류를 관할 세무서장에게 제출해야 한다.(조특령 99조의13 ②)
   - ㉠ 세액공제신청서
   - ㉡ "부동산연금 납입액"을 확인할 수 있는 「연금납입확인서」(소득세법 시행규칙 별지 제38호의2 서식)(조특칙 45조의3, 2025.3.21. 신설)

(5) 연금수령 요건

① "연금수령"이란 연금계좌에서 다음의 요건을 모두 갖추어 인출하거나 의료목적 또는 부득이한 인출의 요건에 따라 인출(연금수령 외의 인출은 "연금외수령"이라 한다)하는 것을 말한다.(소령 40조의2 ③, 2015.2.3. 개정)

다만, 이연퇴직소득을 해외이주에 해당하는 사유로 인출하는 경우에는 해당 퇴직소득을 연금계좌에 입금한 날부터 3년 이후 해외이주 하는 경우에 한정하여 연금수령으로 본다.(소령 40조의2 ③, 2017.2.3. 단서신설)

㉠ 가입자가 55세 이후 연금계좌취급자에게 연금수령 개시를 신청한 후 인출할 것

㉡ 연금계좌의 가입일부터 5년이 경과된 후에 인출할 것. 다만, 이연퇴직소득(퇴직소득이 연금계좌에서 직접 인출되는 경우를 포함)이 연금계좌에 있는 경우에는 그러하지 아니한다.

㉢ 과세기간 개시일(연금수령 개시를 신청한 날이 속하는 과세기간에는 연금수령 개시를 신청한 날) 현재 다음의 계산식에 따라 계산된 금액(이하 "연금수령한도"라 한다) 이내에서 인출할 것. 이 경우 의료목적 또는 부득이한 인출의 요건에 따라 인출한 금액은 인출한 금액에 포함하지 아니한다.(소령 40조의2 ③ 3, 2015.2.3. 개정)

$$\text{연금수령한도} = \text{과세기간 개시일 현재 } \frac{\text{연금계좌의 평가액}}{(11-\text{연금수령연차}^{*})} \times 120\%$$

* "연금수령연차"란 최초로 연금수령 할 수 있는 날이 속하는 과세기간을 기산연차로 하여 그 다음 과세기간을 누적 합산한 연차를 말하며, 연금수령연차가 11년 이상인 경우에는 그 계산식을 적용하지 아니한다.[☞ 연금수령 연차가 11 이상인 경우에는 연금계좌원천징수영수증 상의 ⑮ 연금수령한도 란에 "0"으로 기재한다(작성방법 4 바)] 다만, 다음 중 하나에 해당하는 경우의 기산연차는 다음을 따른다.(소령 40조의2 ④)

ⓐ 2013.3.1. 전에 가입한 연금계좌(2013.3.1. 전에 확정급여형퇴직연금제도에 가입한 사람이 퇴직하여 퇴직소득 전액이 새로 설정된 연금계좌로 이체되는 경우를 포함)의 경우 : 6년차

ⓑ 연금계좌를 승계한 경우 : 사망일 당시 피상속인의 연금수령연차

✓ 최초로 연금수령 할 수 있는 날이 속하는 과세기간의 의미

소득세법 시행령 제40조의2 제4항의 기산연차(최초로 연금수령할 수 있는 날이 속하는 과세기간)는 연금수령 개시 신청과 관계없이 같은 법 시행령 제40조의2 제3항 제1호 및 제2호에서 규정하는 연령 요건 및 가입기간 요건을 충족하는 과세기간에 해당하는 것임(기획재정부소득-431, 2016.11.1.)

✓ 연금수령한도 계산시 적용할 연금수령 기산연차

2013.3.1. 전 확정급여형퇴직연금제도 가입자가 퇴직급여제도가 변경되어 2013.3.1. 이후 확정기여형 퇴직연금제도로 퇴직연금계좌를 전환한 경우, 연금수령한도 계산시 적용할 연금수령 기산연차는 6년차임(서면법규소득 2020-5446, 2022.1.28.)

② 연금계좌에서 연금수령한도를 초과하여 인출하는 금액은 연금외수령하는 것으로 본다.(소령 40조의2 ⑤)

③ 연금계좌 가입자가 연금수령개시 또는 연금계좌의 해지를 신청하는 경우 연금계좌취급자는 「연금수령개시 및 해지명세서」를 다음 달 10일까지 관할 세무서장에게 제출하여야 한다.(소령 40조의2 ⑥, 2015.2.3. 개정)

(6) 의료목적 또는 부득이한 인출

1) 요건

"의료 목적 또는 부득이한 인출의 요건"을 갖추어 인출하는 연금소득이란 다음 중 하나에 해당하여 연금계좌에서 인출하는 금액을 말한다.(소령 20조의2 ①, 2015.2.3. 개정)

① 다음 중 하나에 해당하는 사유가 발생하여 연금계좌에서 인출하려는 사람이 해당 사유가 확인된 날부터 6개월 이내에 그 사유를 확인할 수 있는 서류를 갖추어 연금계좌를 취급하는 금융회사 등(이하 "연금계좌취급자"라 한다)에게 제출하는 경우(소령 20조의2 ① 1, 2015.2.3. 개정)

㉠ 천재지변

㉡ 연금계좌 가입자의 사망 또는 해외이주

㉢ 연금계좌 가입자 또는 그 부양가족[기본공제대상이 되는 사람(소득의 제한은 받지 아니한다)으로 한정한다]이 질병·부상에 따라 3개월 이상의 요양이 필요한 경우

㉣ 연금계좌 가입자가 재난 및 안전관리 기본법 제66조 제1항 제2호의 재난(☞ 사회재난 중 특별재난지역으로 선포된 지역의 재난)으로 15일 이상의 입원 치료가 필요한 피해를 입은 경우(2022.2.15. 신설)

➲ 2022.1.1. 이후 연금계좌에서 인출하는 경우부터 적용한다.(2022.2.15. 영 부칙 3조)

㉤ 연금계좌 가입자가 채무자 회생 및 파산에 관한 법률에 따른 파산의 선고 또는 개인회생절차개시의 결정을 받은 경우

㉥ 연금계좌취급자의 영업정지, 영업 인·허가의 취소, 해산결의 또는 파산선고

② 위 '(5)의 ①의 ㉠ 및 ㉡'을 충족한 연금계좌 가입자가 의료비세액공제 대상인 의료비(본인을 위한 의료비에 한정한다)를 연금계좌에서 인출하기 위하여 해당 의료비를 지급한 날부터 6개월 이내에 해당 「의료비인출 신청서」(별지 제3호의6 서식) 및 의료비영수증을 연금계좌취급자에게 제출하는 경우(소령 20조의2 ① 2, 소칙 11조의3 ①, 2023. 3.20. 개정)

2) 의료비연금계좌의 지정

① 위 '1)의 ②'에 따라 의료비를 인출하는 경우에는 1명당 하나의 연금계좌만 의료비연금계좌로 지정(해당 연금계좌의 연금계좌취급자가 지정에 동의하는 경우에 한정한

다)하여 인출할 수 있다.(소령 20조의2 ③)

② 연금계좌 가입자가 연금계좌를 의료비연금계좌로 지정하려는 경우 연금계좌취급자는 해당 연금계좌를 의료비연금계좌로 지정하는 것에 동의하기 전에 그 연금계좌 외에 해당 연금계좌 가입자의 의료비연금계좌로 지정된 연금계좌가 없는지를 확인하여야 한다.(소칙 11조의3 ②, 2022.3.18. 개정)

③ 연금계좌 가입자가 의료비연금계좌 지정일 전에 지급한 의료비를 의료비연금계좌에서 인출하려는 경우 연금계좌취급자는 해당 인출 전에 그 연금계좌 가입자가 의료비연금계좌 지정일 전에 해당 의료비연금계좌 외의 의료비연금계좌에서 그 의료비를 인출하지 아니하였는지를 확인하여야 한다.(소칙 11조의3 ③)

PART 2

3) 인출금액의 한도

인출하는 금액은 다음 금액의 합계액 이내의 금액으로 한정한다.(소령 20조의2 ②, 2015.2.3. 개정, 소칙 11조의2 ①, 2022.3.18. 개정)

> 의료비와 간병인 비용 + (연금계좌 가입자 본인의 휴직 또는 휴업 월수* × 150만원) + 200만원
>
> * 1개월 미만의 기간이 있는 경우에는 이를 1개월로 본다

4) 증명서류의 종류

① 연금계좌 가입자가 위 '1)의 ㉢ 또는 ㉣'의 사유(☞ 치료나 요양이 필요한 사유)로 연금계좌에서 인출하는 때에는 다음의 증명 서류를 연금계좌취급자(연금계좌를 취급하는 금융회사 등을 말한다)에게 제출해야 한다.(소칙 11조의2 ②, 2022.3.18. 개정)

㉠ 다음의 구분에 따른 인출 사유 관련 증명 서류

ⓐ 연금계좌 가입자 또는 그 부양가족[기본공제대상이 되는 사람(소득의 제한은 받지 아니한다)으로 한정한다]이 질병·부상에 따라 3개월 이상의 요양이 필요한 경우 : 요양기간이 3개월 이상임을 증명하는 진단서 등의 서류

ⓑ 연금계좌 가입자가 재난 및 안전관리 기본법 제66조 제1항 제2호의 재난(☞ 사회재난 중 특별재난지역으로 선포된 지역의 재난)으로 15일 이상의 입원 치료가 필요한 피해를 입은 경우 : 입원 치료기간이 15일 이상임을 증명하는 진단서 등의 서류(2022.3.18. 신설)

➲ 2022.1.1. 이후 연금계좌에서 인출하는 경우부터 적용한다.(2022.2.15. 영 부칙 3조)

㉡ 다음의 구분에 따른 지출 내용 관련 증명 서류

ⓐ 의료비와 간병인 비용 : 의료비영수증과 간병인의 이름·생년월일 등 인적사항이 기재된 간병료 영수증

ⓑ 연금계좌 가입자 본인의 휴직 또는 휴업으로 받는 금액 : 휴직 또는 휴업 사실을 증명하는 서류

5) 증명서류의 보관의무

연금계좌취급자는 제출받은 증명서류를 해당 인출에 대한 원천징수세액 납부기한의 다음 날부터 5년간 보관하여야 한다.(소령 20조의2 ④, 2015.2.3. 개정, 소칙 11조의2 ②, 2015.3.13. 신설)

✓ 국민연금 또는 노란우산공제에서 수령한 퇴직소득도 연금계좌에 입금하여 연금수령하는 것이 가능한지

공적연금 관련법에 따라 받는 일시금과 폐업 등의 사유로 소기업·소상공인 공제에서 지급받는 공제금은 소득세법 제22조의 퇴직소득에 해당하며, 해당 소득이 연금계좌에 입금되어 원천징수 되지 아니한 경우 그 소득을 연금수령 요건을 모두 갖추어 인출하거나 부득이한 사유로 인출 시 연금소득에 해당함(서면원천 2024-3608, 2024.10.7.)

✓ 부득이한 사유로 연금계좌 인출 가능한 기간 계산 방법

세법에서 특별한 규정이 없는 경우 기간의 계산은 민법의 규정을 따르는 것이며, 질의에 대한 사실관계는 민법 제161조를 참고하기 바람(서면원천 2024-3607, 2024.10.7.)

- 민법 제161조【공휴일 등과 기간의 만료점】
  기간의 말일이 토요일 또는 공휴일에 해당한 때에는 기간은 그 익일로 만료한다.

✓ 분리과세 연금소득으로 인정받기 위한 요건으로서의 '해외이주'의 의미

소득세법 시행령 제20조의2 제1항 제1호 나목의 '해외이주'란 해외이주법에서 규정하는 바에 따르는 것임(서면법령해석소득 2020-4150, 2021.5.24.)

✓ 연금계좌에서 인출하는 자에게 있어서 '해당 사유가 확인된 날'의 의미

소득세법 시행령 제20조의2 제1항 제1호 각목 외의 부분 중 '해당 사유가 확인된 날'이란 동 진단서의 작성일을 의미하는 것임(서면법령해석소득 2020-3560, 2021.3.31.)

✓ 연금계좌를 의료목적으로 부득이하게 인출시 '해당사유가 확인된 날'은 언제인지

소득세법 시행령 제20조의2 제1항 제1호에 따라 질병·부상으로 3개월 이상의 요양이 필요하여 연금계좌에서 연금형태 등으로 인출하려는 경우에 "해당 사유가 확인된 날"이란 해당 가입자가 제출한 「진단서 등 요양기간이 3개월 이상임을 증명하는 서류」를 통해 의사로부터 3개월 이상의 요양이 필요하다는 것을 확인받은 날(진단서 등 작성일)을 말하는 것임(서면소득 2016-4581, 2016.7.26.)

✓ 연금계좌에서 연금외수령시 부득이한 사유 입증시기 등

연금계좌에 가입한 거주자가 부득이한 사유가 발생하여 연금계좌를 해지하거나 연금외수령하면서 분리과세를 적용 받고자하는 경우 연금계좌를 해지시 또는 연금외수령시 부득이한 사유를 확인할 수 있는 서류를 연금계좌취급자에게 제출하는 것임(서면법규-1079, 2014.10.10.)

(7) 연금계좌의 인출순서 등(소령 40조의3, 2013.2.15. 신설)

1) 연금계좌의 인출순서

연금계좌에서 일부 금액이 인출되는 경우에는 다음의 금액이 ①→②→③의 순서에 따라 인출되는 것으로 본다.(소령 40조의3 ①, ②)

➲ 2022.1.1. 전에 법 제59조의3 제3항에 따른 전환금액을 연금계좌에 납입하고 그 납입한 날이 속하는 과세기간에 인출한 경우에도 적용한다.(2022.2.15. 영 부칙 5조)

① 과세제외금액

과세이연금액(☞ 소득세법 제20조의3 제1항 제2호 각 목에 해당하는 금액)에 해당하지 않는 금액으로서, 과세제외금액은 다음의 순서에 따라 인출되는 것으로 본다.

㉠ 인출된 날이 속하는 과세기간에 해당 연금계좌에 납입한 연금보험료(아래 '㉡'에 해당하는 금액은 제외)

㉡ 인출된 날이 속하는 과세기간에 해당 연금계좌에 납입한 개인종합자산관리계좌의 전환금액(2022.2.15. 신설)

㉢ 해당 연금계좌만 있다고 가정할 때 해당 연금계좌에 납입된 연금보험료로서 연금계좌세액공제 한도액을 초과하는 금액이 있는 경우 그 초과하는 금액(2014.2.21. 개정)

㉣ 위 '㉠부터 ㉢까지'에서 정한 금액 외에 해당 연금계좌에 납입한 연금보험료 중 연금계좌세액공제를 받지 아니한 금액(2022.2.15. 개정). 이는 「연금보험료 소득·세액공제 확인서」(별지 제26호의2 서식) 발급에 따라 과세제외금액으로 확인되는 금액만 해당하며, 확인되는 날부터 과세제외금액으로 본다.(소령 40조의3 ②, 2022.2.15. 단서개정)

② 이연퇴직소득

③ 연금계좌세액공제를 받은 납입액과 운용수익

㉠ 세액공제를 받은 연금계좌 납입액

이때 연금계좌에 납입한 연금보험료 중 연금계좌세액공제 한도액 이내의 연금보험료는 납입일이 속하는 과세기간의 다음 과세기간 개시일(납입일이 속하는 과세기간에 연금수령 개시를 신청한 날이 속하는 경우에는 연금수령 개시를 신청한 날)부터 세액공제를 받은 금액으로 본다.(소령 40조의3 ④, 2014.2.21. 신설)

㉡ 연금계좌의 운용실적에 따라 증가된 금액

㉢ 그 밖에 연금계좌에 이체 또는 입금되어 해당 금액에 대한 소득세가 이연(移延)된 소득

연금계좌에서 인출금을 수령할 때 소득세법상 취급[35)]

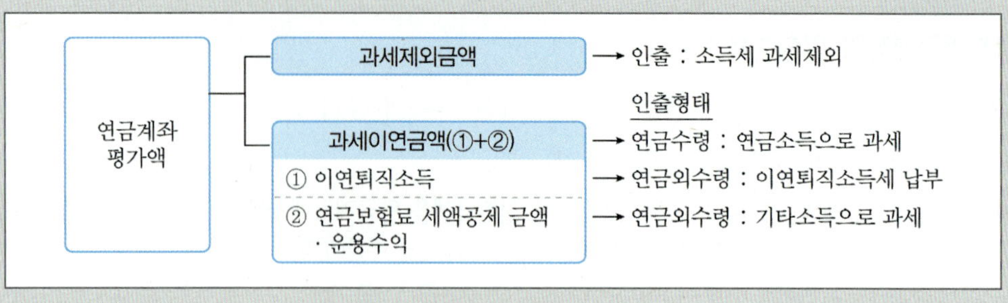

2) 인출된 금액이 연금수령한도를 초과하는 경우

인출된 금액이 연금수령한도를 초과하는 경우에는 연금수령분이 먼저 인출되고 그 다음으로 연금외수령분이 인출되는 것으로 본다.(소령 40조의3 ③)

3) 연금계좌의 운용에 따라 연금계좌에 있는 금액이 원금에 미달하는 경우

연금계좌의 운용에 따라 연금계좌에 있는 금액이 원금에 미달하는 경우 연금계좌에 있는 금액은 원금이 위 '1)'에 따른 인출순서와 반대의 순서로 차감된 후의 금액으로 본다.(소령 40조의3 ⑤, 2015.2.3. 신설)

(8) 연금계좌의 이체(소령 40조의4)

① 연금계좌에 있는 금액이 연금수령이 개시되기 전의 다른 연금계좌로 이체되는 경우에는 이를 인출로 보지 아니한다. 다만, 다음 중 하나에 해당하는 경우에는 그러하지 아니하다.

㉠ 연금저축계좌와 퇴직연금계좌 상호 간에 이체되는 경우(☞ 계좌간 소득의 원천이 다르다)

㉡ 2013.3.1. 이후에 가입한 연금계좌에 있는 금액이 2013.3.1. 전에 가입한 연금계좌로 이체되는 경우(☞ 연금수령연차가 다르다)

㉢ 퇴직연금계좌에 있는 일부 금액이 이체되는 경우

② 위 '①의 단서' 및 '①의 ㉠'에도 불구하고 다음 중 하나에 해당하는 경우에는 인출로 보지 아니한다.(소령 40조의4 ②, 2016.2.17. 신설)

㉠ 연금수령요건(55세 이후 인출요건 및 가입일부터 5년경과 후 인출요건)을 갖춘 연금저축계좌의 가입자가 개인형 퇴직연금계좌(IRP)로 전액을 이체(연금수령이

35) 임상엽·정정운, 2013, 세법개론, 상경사, p. 765

개시된 경우를 포함한다)하는 경우

㉡ 연금수령요건(55세 이후 인출요건 및 가입일부터 5년경과 후 인출요건)을 갖춘 개인형 퇴직연금계좌(IRP)의 가입자가 연금저축계좌로 전액을 이체(연금수령이 개시된 경우를 포함)하는 경우

③ 일부 금액이 이체(퇴직연금계좌에 있는 일부 금액이 이체되는 경우를 제외한다)되는 경우에는 연금계좌의 인출 순서에 따라 이체되는 것으로 본다.(소령 40조의4 ③)

④ 연금계좌의 가입일 등은 이체받은 연금계좌를 기준으로 소득세법을 적용한다. 다만, 연금계좌가 새로 설정되어 전액이 이체받은 연금계좌 경우에는 이체되기 전의 연금계좌를 기준으로 할 수 있다.(소령 40조의4 ④, 2016.2.17. 개정)

⑤ 연금계좌의 이체에 따라 연금계좌취급자가 변경되는 경우에는 이체하는 연금계좌취급자가 이체와 함께 「연금계좌이체명세서」를 이체받는 연금계좌취급자에게 통보하여야 한다.(소령 40조의4 ⑤)

연금계좌의 이체[36)]

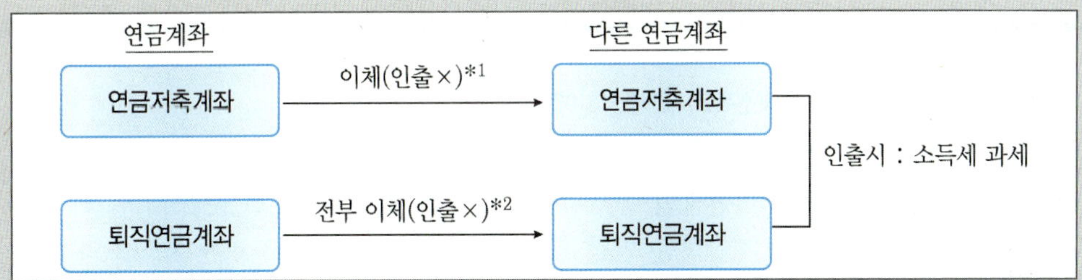

*1. 연금저축계약은 연금저축신탁(은행), 연금저축보험(보험회사), 연금저축펀드(자산운용사)로 구분되는데, 가입자의 판단에 따라 연금저축을 취급하는 다른 금융회사로 계약을 이전하면서 적립금의 전부 또는 일부를 이체할 수 있다.

*2. 퇴직연금계좌 중 개인형 퇴직연금계좌(IRP)는 가입자의 판단에 따라 금융상품을 변경하기 위해서 다른 금융회사로 계약을 이전할 수 있다. 다만, 퇴직연금계좌의 적립금은 중도인출이 제한되므로 전부를 이체하여야 한다. 반면에 확정기여형 퇴직연금계좌의 계약 당사자에는 사용자가 포함되므로 가입자가 임의적으로 퇴직연금취급 금융회사를 변경하기 어렵다.

36) 임상엽·정정운, 2013, 세법개론, 상경사, p. 769

연금계좌간 이체시 인출로 보지 않는 과세이연특례[37](2016.6.1. 이후 이체분부터 적용)

연금저축계좌 ←→ 퇴직연금계좌

이체 ┌ 원칙 : 인출 O(소득세 과세)
　　 └ 예외 : 인출 X(소득세 과세이연특례*)

* 이체시 소득세 과세이연 특례 : 다음 중 하나에 해당하는 경우에는 인출로 보지 않는다.(소령 40조의4 ②)
  ① 연금수령요건 ㉠ 55세 이후 인출요건과 ㉡ 가입일부터 5년 경과 후 인출요건을 충족한 연금저축계좌의 가입자가 개인형 퇴직연금계좌(IRP)(연금수령이 개시된 경우 포함)로 전액을 이체하는 경우
  ② 연금수령요건 ㉠ 55세 이후 인출요건과 ㉡ 가입일부터 5년 경과 후 인출요건을 충족한 개인형 퇴직연금계좌(IRP)의 가입자가 연금저축계좌(연금수령이 개시된 경우 포함)로 전액을 이체하는 경우

✓ 연금계좌 상호이체 요건에 연금개시 신청이 포함되는지 여부

연금계좌 간 이체를 위해서는 연금계좌의 가입자가 연령 요건(55세 이상일 것) 및 가입일 요건[가입일로부터 5년 경과할 것. 단, 소득세법 제20조의3 제1항 제2호 가목에 따른 금액(☞ 과세이연으로 원천징수되지 않은 퇴직소득)이 연금계좌에 없는 경우에만 적용]을 갖추어야 하는 것으로서, 연금수령 개시 신청은 연금계좌 간 이체요건에 포함되지 않는 것임(기획재정부소득-103, 2017.2.23.)

비과세소득의 과세전환에 따른 경과조치

2002년 1월 1일 이후에 국민연금법·공무원연금법·군인연금법·사립학교교직원연금법 또는 별정우체국법에 의하여 지급받는 연금 또는 일시금 중 제20조의3 또는 제22조의 개정규정에 의한 과세대상소득을 제외한 소득에 대하여는 소득세를 과세하지 아니한다.(2000.12.29. 소법 부칙 18조)

➲ 따라서 2002.1.1. 현재의 연금수령자는 과세되지 않는다. 또한 2002.1.1. 이후의 불입분부터 과세가 되기 때문에 2002년 이후에 연금을 수령하더라도 2001.12.31. 이전의 불입분에 대하여는 소득세가 과세되지 않는다.

공적연금의 과세체계

구 분		2000년까지 불입분	2001년 불입분	2002년 이후 불입분
공적연금 불입시		소득공제 불인정	불입액의 50% 소득공제	불입액을 전액 소득공제
수령시	연금수령	과세 제외	과세 제외	연금소득으로 과세
	일시금수령	과세 제외	과세 제외	퇴직소득으로 과세

37) 임상엽·정정운, 2016, 세법개론, 상경사, p. 813

연금계좌에 대한 세무처리[38]

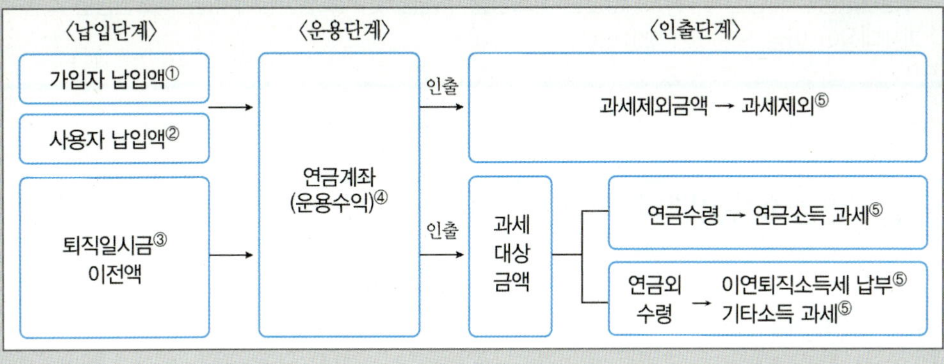

① 연금계좌 가입자가 납입하는 보험료는 연 600만원 또는 900만원*을 한도로 연금계좌세액공제를 한다.
* 2023년 귀속분부터 600만원 또는 900만원을 한도로 한다.(2022.12.31. 개정)

② 연금계좌(퇴직연금계좌)에 사용자가 납입한 부담금은 전액 손금·필요경비로 산입한다.

③ 퇴직일시금이 연금계좌로 지급·입금되는 경우에는 퇴직당시 퇴직소득세를 원천징수하지 않고 인출단계까지 소득세 과세를 이연한다.

④ 연금계좌에서 발생하는 운용수익은 운용단계에서는 과세하지 않고 인출단계까지 소득세 과세를 이연한다.

⑤ 인출금액은 과세제외금액 → 과세대상금액(이연퇴직소득 → 가입자 납입액 중 세액공제를 받은 납입액·운용수익) 순서대로 인출되는 것으로 본다. 이러한 인출금액 가운데 과세대상금액 부분을 연금수령하면 연금소득으로, 연금외수령하면 이연퇴직소득세를 납부하거나 기타소득으로 과세한다.

Ⅲ 비과세 연금소득

연금소득 중 다음에 해당하는 소득으로 한다.(소법 12조 4)

① 국민연금법, 공무원연금법 또는 공무원 재해보상법, 군인연금법 또는 군인 재해보상법, 사립학교교직원 연금법, 별정우체국법 또는 국민연금과 직역연금의 연계에 관한 법률에 따라 받는 유족연금·퇴직유족연금·퇴역유족연금·장해유족연금·상이유족연금·순직유족연금·직무상유족연금·위험직무순직유족연금, 장애연금, 장해연금·비공무상 장해연금·비직무상 장해연금, 상이연금(傷痍年金), 연계노령유족연금 또는 연계퇴직유족연금(소법 12조 4 가, 2019.12.10. 개정)

② 산업재해보상보험법에 따라 받는 각종 연금

③ 국군포로의 송환 및 대우 등에 관한 법률에 따른 국군포로가 받는 연금

38) 임상엽·정정운, 2015, 세법개론, 상경사, p. 801

✓ **기초생활 수급금 및 기초연금 과세여부**

국민기초생활 보장법에 따라 지급받는 기초생활 수급금 및 기초연금법에 따른 기초연금은 소득세 과세대상이 아님(소득-521, 2014.9.11.)

Ⅳ 연금소득금액의 계산

1 총연금액

연금소득금액은 총연금액(연금소득에서 제외되는 소득과 비과세소득의 금액은 제외)에서 연금소득공제를 적용한 금액으로 한다.(소법 20조의3 ③)

연금소득금액 = 총연금액 − 연금소득공제액

2 연금소득공제

연금소득이 있는 거주자에 대해서는 해당 과세기간에 받은 총연금액에서 다음 표에 규정된 금액을 공제한다. 다만, 공제액이 900만원을 초과하는 경우에는 900만원을 공제한다.(소법 47조의2 ①)

총연금액	공제액
350만원 이하	총연금액
350만원 초과 700만원 이하	350만원+(총연금액−350만원)×40%
700만원 초과 1,400만원 이하	490만원+(총연금액−700만원)×20%
1,400만원 초과	630만원+(총연금액−1,400만원)×10%

2	p854 표 하단 주 *4.	이하의 법인 대표자가	부터는 8천만원) 이하의 법인 대표자가
3	p936 上 14째줄	· **2023년** 귀속 외국납부세액공제액	· **2024년** 귀속 외국납부세액공제액
4	p1221 上 2째줄	⑲ 상가임대료를 인하한 임대사업자에 대한 세액 공제(조특법 96조의3, 2020.3.23. 신설)	**삭 제**

감사합니다.

※ 바로 잡습니다.

※「2025 소득세법」(저자 : 김두천) 정정사항 안내

안녕하세요. 한국세무사회 연수출판팀입니다.

「2025 소득세법」내용 중 정오에 관한 사항을 안내드리오니 업무에 참고하시기 바랍니다.

번호	위치	수정 전	수정 후
1	p256 음영박스 內 [참고 판례] 맨 하단 삽입	-	• 초과인출금이 발생하였더라도 **납세의무자가 초과인출금의 사업관련성을 증명함으로써 그 초과인출금에 상당하는 부채의 지급이자를 필요경비에 산입할 수 있다고 볼 수 있고**, 이는 이 사건 모법 조항 및 이 사건 조항의 입법 목적이나 취지에 부합함(대법원 2022두32382, 2025.1.9.)
		*4. 총급여 7천만원	*4. 총급여 7천만원**(2025년 납부분**

Ⅴ 연금소득의 수입시기

구 분	연금소득의 수입시기(소령 50조 ⑤)
① 공적연금소득	공적연금 관련법에 따라 연금을 지급받기로 한 날
② 사적연금소득	연금수령한 날
③ 그 밖의 연금소득	해당 연금을 지급받은 날

Ⅵ 연금소득에 대한 과세방법

1 종합과세와 분리과세

(1) 종합과세

연금소득은 아래의 '(2)~(4)'의 경우를 제외하고는 원칙적으로 종합소득과세표준에 합산하여 과세한다.(소법 14조 ②) 다만, 공적연금소득만 있는 자는 연말정산에 의하여 사실상 과세가 종결되므로 다른 소득이 없는 경우 과세표준확정신고를 하지 않이도 된다.(소법 73조 ① 3)

(2) 선택적 분리과세

사적연금소득의 합계액이 연 1,500만원 이하인 경우 납세의무자의 선택에 따라 해당 연금소득을 종합소득과세표준에 합산하지 않고 분리과세를 적용받을 수 있다.(소법 14조 ③ 9, 2023.12.31. 개정)

➲ 2024.1.1. 전에 지급받은 연금소득의 분리과세 기준금액에 관하여는 개정규정에도 불구하고 종전의 규정(☞ 2023년 귀속분은 연 1,200만원)에 따른다.(2023.21.31. 법 부칙 13조)

➲ 연 1,500만원(2023년 귀속분은 연 1,200만원)을 초과하는 경우에도 종합소득 과세표준확정신고 시 분리과세를 선택할 수 있다.(소법 64조의4)

✓ 선택적 분리과세 연금소득을 종합소득과세표준에 합산 신고한 이후 분리과세로 경정청구 가능 여부

선택적 분리과세 대상소득인 연 1,200만원(☞ 2024년 지급분부터는 1,500만원) 이하의 연금소득을 종합소득으로 신고한 자는 국세기본법 제45조에 따라 분리과세로 경정하여 줄 것을 청구할 수 있음(서면법령해석소득 2017-1556, 2017.10.30.)

(3) 무조건 분리과세

사적연금소득 중 다음에 해당하는 연금소득을 말한다.(소법 14조 ③ 9)

① 과세이연된 퇴직소득을 연금수령하는 연금소득

② 세액공제를 받은 연금계좌 납입액과 연금계좌의 운용실적에 따라 증가된 금액을 "의료목적 또는 부득이한 인출의 요건"을 갖추어 인출하는 연금소득

(4) 선택적 신고납부 분리과세

➲ 2023.1.1. 이후 소득이 발생하는 경우부터 적용한다.(2022.12.31. 법 부칙 1조, 2조)

사적연금소득 중 분리과세연금소득 외의 연금소득이 있는 거주자의 종합소득 결정세액은 다음의 세액 중 하나를 선택하여 적용한다.(소법 64조의4, 2022.12.31. 신설)

① 종합소득 결정세액

② 다음의 세액을 더한 금액

㉠ 사적연금소득 중 분리과세연금소득 외의 연금소득에 15%를 곱하여 산출한 금액

㉡ 위 '㉠' 외의 종합소득 결정세액

2 원천징수

국내에서 거주자나 비거주자에게 연금소득을 지급하는 자는 그 거주자나 비거주자에 대한 소득세를 원천징수하여야 한다.(소법 127조 ① 5)

(1) 공적연금소득에 대한 원천징수

원천징수의무자가 공적연금소득을 지급할 때에는 연금소득 간이세액표에 따라 소득세를 원천징수한다.(소법 143조의2 ①)

(2) 사적연금소득에 대한 원천징수

① 세액공제를 받은 연금계좌 납입액과 연금계좌의 운용실적에 따라 증가된 금액을 연금수령한 연금소득에 대해서는 다음의 구분에 따른 세율을 적용하여 원천징수한다. 이 경우 아래 '㉠과 ㉡'의 요건을 동시에 충족하는 때에는 낮은 세율을 적용한다.(소법 129조 ① 5의2, 2014.12.23. 개정)

<table>
<tr><th>구 분</th><th colspan="2">원천징수세율</th></tr>
<tr><td rowspan="4">㉠ 연금소득자의 나이에 따른 세율</td><td>나이(연금수령일 현재)</td><td>세율</td></tr>
<tr><td>• 70세 미만</td><td>5%</td></tr>
<tr><td>• 70세 이상 80세 미만</td><td>4%</td></tr>
<tr><td>• 80세 이상</td><td>3%</td></tr>
<tr><td>㉡ 사망할 때까지 연금수령 하는 종신계약*에 따라 받는 연금소득</td><td colspan="2">4%</td></tr>
</table>

* 사망일까지 연금수령하면서 중도 해지할 수 없는 계약을 말한다.(소령 187조의2, 2013.2.15. 신설)

② 이연퇴직소득을 연금수령하는 연금소득에 대해서는 다음의 구분에 따른 세율을 적용하여 원천징수 한다.(소법 129조 ① 5의3, 2019.12.31. 개정)

➲ 2020.1.1. 전에 연금을 지급받은 분에 대해서는 개정규정에도 불구하고 종전의 규정에 따른다.(2019.12.31. 법 부칙 22조)

㉠ 연금 실제 수령연차가 10년 이하인 경우 : 연금외수령 원천징수세율의 70%

㉡ 연금 실제 수령연차가 10년을 초과하는 경우 : 연금외수령 원천징수세율의 60%

이 경우 연금 실제 수령연차 및 연금외수령 원천징수세율은 다음에 따른다.(소법 129조 ① 5의3 후단, 2019.12.31. 개정)

㉠ 연금 실제 수령연차는 최초로 연금을 수령한 날이 속하는 과세기간을 기산연차로 하여 그 다음 연금을 수령한 날이 속하는 과세기간을 누적 합산한 연차로 한다. 다만, 다음 중 하나에 해당하는 경우의 연금 실제 수령연차는 다음의 구분에 따라 계산한다.(소령 187조의3 ①, 2020.2.11. 신설)

ⓐ 둘 이상의 연금계좌가 있는 경우 : 각각의 연금계좌별로 계산

ⓑ 연금계좌간 이체시 인출로 보지 않는 특례(소령 40조의4 ①,②)에 따른 이체의 경우 : 위 'ⓐ'에 따라 계산한 연금계좌별 연금 실제 수령연차를 합산한 연수에서 중복하여 수령한 과세기간의 연수를 뺀 연수에 따라 계산

㉡ 연금외수령 원천징수세율은 다음의 비율로 한다.(소령 187조의3 ②, 2020.2.11. 개정, 202조의2 ②, ③, ④)

$$\text{연금외수령시 원천징수세율} = \frac{\text{연금소득을 연금외수령 하였다고 가정할 때의 원천징수할 이연퇴직소득세}}{\text{연금외수령한 금액}}$$

3 공적연금소득세액의 연말정산

(1) 연말정산 시기

원천징수의무자가 해당 과세기간의 다음 연도 1월분 공적연금소득을 지급할 때에는 연말정산에 의하여 소득세를 원천징수한다. 이 경우 다음 연도 1월분의 공적연금소득에 대해서는 연금소득 간이세액표에 따라 소득세를 원천징수한다.(소법 143조의2 ③)

다만, 공적연금소득을 받는 사람이 해당 과세기간 중에 사망한 경우 원천징수의무자는 그 사망일이 속하는 달의 다음다음 달 말일까지 그 사망자의 공적연금소득에 대한 연말정산을 하여야 한다.(소법 143조의4 ④)

(2) 연말정산 방법

원천징수의무자가 해당 과세기간의 다음 연도 1월분 공적연금소득을 지급할 때에는 연말정산을 하여야 한다.(소법 143조의2 ③, 2013.1.1. 개정) 그 구체적인 방법은 다음과 같다.

• 종합소득산출세액[*1] − 이미 원천징수한 소득세[*2] = 징수(+) 및 환급(−)

*1. 공적연금소득을 지급하는 원천징수의무자는 연금소득원천징수부에 의하여 해당 과세기간에 지급한 소득자별 연금소득의 합계액에서 연금소득공제·인적공제를 한 금액을 과세표준으로 하여 기본세율을 적용하여 종합소득산출세액을 계산한다.(소법 143조의4 ①, 2014.1.1. 개정, 소령 201조의6 ②, 2014.2.21. 개정) 다만, 소득공제신고를 하지 아니한 연금소득자에 대해서는 해당 연금소득자 본인에 대한 기본공제와 표준세액공제만을 공제한다.(소법 143조의4 ③, 2014.1.1. 개정)

*2. 원천징수의무자는 종합소득산출세액에서 다음의 금액을 공제한 금액을 소득세로 징수한다. 다만, 다음 금액의 합계액이 종합소득산출세액을 초과하는 경우에 그 초과하는 부분은 이를 환급하여야 한다.(소법 143조의4 ①, ②, 소령 201조의6 ③, 2014.2.21. 개정)
㉠ 연금소득간이세액표에 의하여 원천징수하는 세액(가산세액을 제외)
㉡ 연금에 대한 외국납부세액 공제
㉢ 자녀세액공제
㉣ 표준세액공제

(3) 징수부족액의 이월징수

연말정산 규정에 의한 원천징수에 있어서 징수하여야 할 소득세가 지급할 공적연금소득을 초과할 때에는 그 초과하는 세액은 그 다음 달의 공적연금소득을 지급할 때에 징수한다.(소법 143조의5, 2013.1.1. 개정)

(4) 연금소득자의 소득·세액 공제신고

① 공적연금소득을 지급받으려는 사람은 공적연금소득을 최초로 지급받기 전에 「연금소득자 소득·세액 공제신고서」를 원천징수의무자에게 제출하여야 한다.(소법 143조의6

①, 2014.1.1. 개정)

② 공적연금소득을 받는 사람이 자신의 배우자 또는 부양가족에 대한 인적공제와 자녀세액공제를 적용받으려는 경우에는 해당 연도 12월 31일까지 원천징수의무자에게 연금소득자 인적공제와 자녀세액공제신고서를 제출하여야 한다. 다만, 해당 과세기간에 위 '①'에 따라 「연금소득자 소득·세액 공제신고서」를 제출한 경우로서 공제대상 배우자 또는 부양가족이 변동되지 아니한 경우에는 「연금소득자 소득·세액 공제신고서」를 제출하지 아니할 수 있으며, 연금소득자가 해당 과세기간에 사망한 경우에는 상속인이 그 사망일이 속하는 달의 다음 달 말일까지 「연금소득자 소득·세액 공제신고서」를 제출하여야 한다.(소법 143조의6 ②)

③ 거주자 또는 직계비속이 아닌 동거가족이 취학·질병의 요양·근무상 또는 사업상의 형편 등으로 본래의 주소 또는 거소를 일시 퇴거한 경우에는 「일시퇴거자 동거가족 상황표」를 「연금소득자 소득·세액 공제신고서」에 첨부하여야 한다.(소법 53조 ②, 소령 201조의7 ②)

④ 공적연금소득을 지급하는 원천징수의무자는 「연금소득자 소득·세액 공제신고서」를 작성하여 정보통신망에 게재할 수 있고 연금소득자는 해당 「연금소득자 소득·세액 공제신고서」를 정보통신망을 통하여 제출할 수 있다.(소령 201조의7 ③)

⑤ 연금소득자가 원천징수의무자가 작성한 「연금소득자 소득·세액 공제신고서」에 오류가 없음을 확인하는 경우(오류가 있는 경우 연금소득자가 해당 오류를 수정한 경우를 포함) 원천징수의무자가 작성한 소득·세액 공제신고서는 해당 연금소득자가 직접 작성하여 제출한 신고서로 본다.(소령 201조의7 ④)

⑥ 원천징수의무자는 연금소득자가 「연금소득자 소득·세액 공제신고서」의 열람 및 수정을 요청하면 이를 허용하여야 한다.(소령 201조의7 ⑤)

⑦ 「연금소득자 소득·세액 공제신고서」를 받은 원천징수의무자는 그 신고사항을 원천징수 관할 세무서장에게 신고하여야 한다.(소법 143조의6 ③)

⑧ 연금소득자가 소득·세액 공제신고서를 제출하는 경우 주민등록표등본을 첨부하여 제출하여야 한다. 다만, 이전에 동일한 원천징수의무자에게 주민등록표등본을 제출한 경우로서 공제대상 배우자 또는 부양가족이 변동되지 아니한 때에는 주민등록표등본을 제출하지 아니한다.(소령 201조의7 ①, 소령 198조 ②)

(5) 연금소득원천징수부의 비치·기록

매월분의 연금소득을 지급하는 원천징수의무자는 「연금소득원천징수부」를 비치·기록하여야 한다. 이 경우 「연금소득원천징수부」를 전산처리된 테이프 또는 디스크 등으로 수록·보관하여 항시 출력이 가능한 상태에 둔 때에는 「연금소득원천징수부」를 비치·기록한 것

소득세법 시행규칙[별지 제24호 서식(6)](2025.3.21. 개정)

관리번호	

연금계좌원천징수영수증/지급명세서
([ ]소득자 보관용 [ ]발행자 보관용 [ ]발행자 보고용)

거주구분	거주자1 / 비거주자2
내·외국인	내국인1 / 외국인9
거주지국	거주지국코드
배우자 승계 여부	[ ]여 [ ]부
의료비연금계좌	[ ]여 [ ]부

징수의무자	① 사업자등록번호		② 법인명(상호)		③ 대표자(성명)	
	④ 법인(주민)등록번호		⑤ 소재지(주소)			
소득자	⑥ 성 명		⑦ 주민등록번호			
	⑧ 주 소					

계좌명세					
⑨ 계좌번호		⑩ 연금수령개시신청일		⑪ 연금계좌평가액	
⑫ 연금수령 기산연도	⑬ 연금계좌 가입시기	⑭ 연금 수령연차	⑮ 연금수령한도 ([⑪/(11-⑭)]×120%)	⑯ 연금 실제 수령연차	
	2013.3.1. 전[ ] 이후[ ]				

소득명세							
⑰ 귀속연월			⑱ 퇴직분				
구분		과세제외금액	이연퇴직소득 세액이연분	이연퇴직소득 전환분	세액공제분 및 운용수익	㉓ 부득이한 사유	[ ]천재지변 [ ]사망 [ ]해외이주 [ ]요양 [ ]개인회생·파산 [ ]금융회사 영업정지 등
인출분	연금수령 ⑲ 일반연금						
	연금수령 ⑳ 의료비인출						
	연금수령 ㉑ 부득이한 사유					㉔ 연금외수령 사유	[ ]계좌해지 [ ]일부인출 [ ]한도초과 [ ]주택차액등 반환
	㉒연금외수령						

세액명세					
소득	원천		세율	지급액	세액
㉕ 과세제외금액					
연금소득	㉖ 이연퇴직소득	세액이연분			
		전환분			
	㉗ 세액공제분 및 운용수익		3%		
			4%		
			5%		
퇴직소득	㉘ 이연퇴직소득	세액이연분			
		전환분			
	㉙ 퇴직분				
기타소득	㉚ 연금외수령		15%		

납부명세					
구 분		지급액	소득세	지방소득세	세액계
㉛ 연금소득	종합과세				
	무조건분리과세				
㉜ 퇴직소득					
㉝ 기타소득					

위의 원천징수세액(수입금액)을 정히 영수(지급)합니다.

년 월 일

징수(보고)의무자 (서명 또는 인)

세 무 서 장 귀하

부표 작성 여부 ※ 해당란에 "○" 표시를 합니다.	
❷ 퇴직	❸ 세액이연 퇴직소득

(뒤쪽)

작 성 방 법

1. 거주지국과 거주지국코드는 비거주자에 해당하는 경우에만 적으며, 국가표준화기구(ISO)가 정한 국가별 ISO코드 중 국명약어 및 국가코드를 적습니다.
2. 배우자 승계 여부란은 승계를 했으면 '여', 승계하지 않았으면 '부'에 "√"표를 하고, 의료비연금계좌란은 의료비연금계좌로 지정되었으면 '여', 지정되지 않았으면 '부'에 "√"표를 합니다.
3. 징수의무자란의 ④ 법인(주민)등록번호는 소득자 보관용에는 적지 않습니다.
4. 계좌명세란의 작성방법은 다음과 같습니다.
  가. ⑩ 연금수령개시신청일란: 연금수령을 개시하기로 사전약정하였고 별도로 연금수령개시를 신청하지 않은 경우에는 그 사전약정한 날을 적습니다.
  나. ⑪ 연금계좌평가액란: 해당 과세기간에 연금수령개시신청한 연금계좌의 경우 ⑩ 연금수령개시신청일 현재 평가액을 적으며, 그렇지 않은 경우 해당 연금계좌의 과세기간개시일 현재 평가액을 적습니다.
  다. ⑫ 연금수령기산연도란: 「소득세법 시행령」 제40조의2제3항 제1호 및 제2호를 충족한 날이 속하는 과세연도를 적습니다.
  라. ⑬ 연금계좌 가입시기란: 「소득세법 시행령」 제40조의2제4항제1호에 따른 연금계좌 또는 확정급여형퇴직연금제도의 가입시기가 2013년 1월 1일 전인 경우 2013.1.1. 전[ ] 란에, 2013년 1월 1일 이후이고 2013년 3월 1일 전인 경우 2013. 3. 1. 전[ ] 란에, 2013년 3월 1일 이후인 경우 이후[ ]란에 "√"표를 합니다.
  마. ⑭ 연금 수령연차란: 해당 과세연도에서 연금수령기산연도를 차감한 연차에 1(다만, 2013년 3월 1일 전에 가입한 연금계좌 및 확정급여형 퇴직연금제도 가입자의 경우 6)을 더하여 산출합니다.
  바. ⑮ 연금수령한도란: ⑪ 연금계좌평가액/(11-⑭ 연금수령연차)]×120% 을 적습니다.(⑭ 연금수령연차가 11 이상인 경우에는 "0"으로 기재합니다.)
  사. ⑯ 연금 실제 수령연차란 : ⑭ 연금 수령연차와 관계없이 「소득세법」 제129조제1항제5호의3 및 같은 법 시행령 제187조의3제1항에 따른 연금 실제 수령연차를 적습니다.
5. 소득명세 중 ⑱ 퇴직분은 「소득세법 시행령」 제40조의2제1항제2호의 퇴직연금계좌에서 지급되는 「소득세법」 제22조제1항의 퇴직소득을 기재합니다.
6. 소득명세 중 인출분의 작성방법은 수령 형태, 소득 원천에 따라 아래의 방법으로 구분하여 해당되는 란에 기재합니다.
  가. 수령 형태의 구분 : 「소득세법 시행령」 제20조의2제1항 제1호에 따른 인출액은 ㉑ 부득이한사유 란에 적고, 같은 항 제2호에 따른 인출액은 ⑳ 의료비인출 란에 적으며, 부득이한 사유의 인출과 의료비인출 외에 「소득세법 시행령」 제40조의2제3항 각 호의 요건을 모두 충족하는 인출액은 ⑲ 일반연금란에 적으며, 그 외의 인출액은 ㉒ 연금외수령란에 적습니다.
  나. 소득원천의 구분: 과세제외금액, 이연퇴직소득, 세액공제분 및 운용수익의 소득원천에 따라 해당 란에 기재하며, 이연퇴직소득 중 전환분은 「소득세법」 제146조의2에 따라 소득이연 퇴직소득이 세액이연 퇴직소득으로 전환된 금액을 적습니다.
7. 세액명세의 세율 및 지급액을 아래와 같이 작성하고 각 세액란은 각 세율과 해당하는 지급액을 곱한 금액을 적습니다.
  가. ㉕ 과세제외금액란: 소득명세의 연금수령 및 연금외수령한 과세제외금액의 합계액을 적습니다.
  나. 연금소득의 ㉖ 이연퇴직소득의 세액이연분(전환분)란: 세율 란은 부표❸의 ⑤이연퇴직소득 연금외수령 세율에 70%(연금 실제 수령 연차가 10년을 초과하는 경우 60%)를 곱한 수를 % 단위로 적고 지급액 란에 소득명세의 이연퇴직소득의 세액이연분(전환분) 중 연금수령 금액의 합계액을 적습니다. 다만, 퇴직소득 세액이연분의 입금으로 인해 세율이 변동되는 경우에는 지급시 적용된 각 세율을 지급된 금액 비중으로 가중평균하여 적습니다.
  다. 연금소득의 ㉗ 세액공제분 및 운용수익란: 가입자의 나이에 따른 세율에 해당하는 지급액 란은 소득명세의 세액공제분 및 운용수익의 연금수령에 해당하는 금액의 합계액을 적습니다.
  라. 퇴직소득의 ㉘ 이연퇴직소득의 세액이연분(전환분)란: 세율 란은 부표❸의 ⑤이연퇴직소득 연금외수령 세율을 % 단위로 적고 지급액 란에 소득명세의 이연퇴직소득의 세액이연분(전환분)의 연금외수령 금액을 적습니다. 다만, 퇴직소득 세액이연분의 입금으로 인해 세율이 변동되는 경우에는 지급시 적용된 각 세율을 지급된 금액 비중으로 가중평균하여 적습니다.
  마. 퇴직소득의 ㉙ 퇴직분란 : 지급액 란은 소득명세의 ⑱ 퇴직분의 금액을 적고 세액 란은 부표❷의 ㉕차감원천징수세액 란의 세액을 적습니다.
  바. 기타소득: 지급액 란은 소득명세의 세액공제분 및 운용수익의 연금외수령 금액을 적습니다.
8. 납부 명세는 아래와 같이 작성합니다.
  가. 지급액 란: ㉛ 연금소득의 종합과세는 소득명세의 연금수령의 일반연금이면서 세액공제분 및 운용수익에 해당하는 금액을 적고, 연금소득의 무조건 분리과세 란은 세액명세의 연금소득 지급액 합계에서 종합과세 금액을 차감한 금액을 적으며, ㉜ 퇴직소득, ㉝ 기타소득은 세액명세의 소득별 지급액 합계를 각각 적습니다.
  나. 소득세 란은 세액 명세의 소득별 세액의 합계를 각각 적고, 지방세 란은 해당하는 소득세에 10%를 곱한 금액을 적으며, 세액계 란은 소득세와 해당하는 지방소득세의 합계를 적습니다.
9. 부표 ❷,❸은 필요한 경우에만 작성합니다.

소득세법 시행규칙[별지 제26호의2 서식](2024.3.22. 개정)

연금보험료 등 소득·세액 공제확인서

소득자	① 성명	② 주민등록번호
	③ 주소	

1. 과세기간별 연금보험료 등 소득·세액 공제 명세

④ 확인 기간	2001.1.1. ~ . . .

과세연도	공적연금 소득공제액	연금계좌 소득·세액 공제액 (세액공제 대상금액)	소상공인 소득공제액
		( )	
		( )	
		( )	
		( )	
		( )	
		( )	
		( )	
		( )	
		( )	
		( )	
		( )	
합계액		⑤	

※ 각 과세연도의 연금계좌 소득·세액 공제액란에 표기되는 금액은 2013년 이전분의 경우 소득공제액을, 2014년 이후분의 경우 세액공제액(괄호 안은 세액공제 대상금액)*을 의미합니다.

* 연금계좌 납입액에 대한 소득세 공제 제도: 2014년 이후 지출분부터 소득공제에서 세액공제로 전환

※ 합계액(⑤)란에 표기되는 금액은 2013년까지의 소득공제액과 2014년 이후의 세액공제 대상금액의 합계액입니다.

2. 연금계좌 연금수령 개시 및 해지 명세

⑥ 연금계좌 소득·세액 공제금액 합계 (⑤)	
⑦ 연금수령개시 및 해지된 연금계좌에서 소득·세액 공제받은 금액	
⑧ 연금계좌 소득·세액 공제금액 잔액 (⑥-⑦)	

※ ⑦란과 관련하여 2013.1.1 전에 개시되거나 해지된 연금계좌와 관련된 금액은 그 내용을 확인할 수 있는 서류를 연금계좌취급자에게 직접 제출해야 합니다.

위와 같이 「소득세법 시행령」 제201조의10제1항에 따라 과세제외금액 확인을 위한 연금보험료 등 소득·세액 공제 확인서를 발급합니다.

년 월 일

세 무 서 장 직인

Chapter

06 기타소득

I 개 요

기타소득이란 이자소득·배당소득·사업소득·근로소득·연금소득·퇴직소득·양도소득 외의 소득으로서 소득세법 제21조에서 열거하고 있는 소득이다.

유의할 점은 이자소득을 비롯한 8가지 소득유형에 속하지 아니하는 모든 소득이 기타소득에 해당한다는 의미가 아니고 소득세법에서 과세대상으로 열거하고 있는 것만 기타소득으로서 과세대상이 된다는 것이다. 또한 어떤 소득이 기타소득에도 해당하고 동시에 다른 소득에도 해당하는 경우에는 우선적으로 다른 소득으로 구분한다. 즉 기타소득과 다른 소득 간에 법률경합인 경우에는 다른 소득으로 우선적으로 구분한다는 것이다. 기타소득은 대체로 일시적 우발적으로 발생한 소득들로 이루어져 있다.[39)]

사업소득과 기타소득의 구분(소득 집행기준 21-0-10)

구 분	사 업 소 득	기 타 소 득
개 념	• 개인이 영리를 목적으로 자기의 계산과 책임하에 계속적·반복적으로 행하는 활동을 통해 얻는 소득	• 이자·배당·사업·근로·연금·퇴직·양도 소득 외에 소득세법 제21조에서 열거하는 소득
판 단 기 준	• 독립성 : 다른 사업자에게 종속·고용되지 아니하고 자기책임과 계산하에 사업을 경영하는 것 • 계속·반복성* : 동종의 활동을 계속적·반복적으로 행하는 것 • 영리목적성 : 사업을 경제적 이익을 얻기 위한 의도를 가지고 행하는 것	• 사업 활동으로 볼 수 있을 정도의 계속성·반복성 없이 일시적·우발적으로 발생하는 소득

* 계속성·반복성이 있다는 것은 재화나 용역의 제공행위가 계속적·반복적으로 이루어졌다는 것을 의미하지 그 대가의 수령행위가 계속적·반복적으로 이루어졌다는 것을 의미하는 것은 아니라는 것이 대법원 판결들의 입장이다.[40)]

39) 김완석, 앞의 책, p. 230

[사례]

유 형	사 업 소 득	기 타 소 득
연구 용역비	교수 등이 연구주체가 되어 연구계약을 체결하고 직접 대가로 수령하는 연구비	교수 등이 근로제공과 관계없이 대학으로부터 받는 연구비
문예창작 소득	문필·미술·음악 등 예술을 전문으로 하는 사람이 창작활동을 하고 얻는 소득	신인발굴을 위한 문예창작 현상모집에 응하고 받는 상금
경영자문 소득	변호사·회계사 등 전문직사업자가 독립적인 지위에서 사업목적으로 자문용역을 제공하고 얻는 소득	전문직 사업자가 아닌 자가 고용관계 없이 일시적으로 용역을 제공하고 얻는 소득

Ⅱ 기타소득의 범위

기타소득은 이자소득·배당소득·사업소득·근로소득·연금소득·퇴직소득 및 양도소득 외의 소득으로서 다음에 규정하는 것으로 한다.(소법 21조 ①, 2020.12.29. 개정)

① 상금·현상금·포상금·보로금 또는 이에 준하는 금품
② 복권·경품권 기타 추첨권에 의하여 받는 당첨금품
③ 사행행위 등 규제 및 처벌특례법에 규정하는 행위에 참가하여 얻은 재산상의 이익
④ 승마투표권, 승자투표권, 소싸움경기투표권 및 체육진흥투표권의 구매자가 받는 환급금
⑤ 저작자 또는 실연자·음반제작자·방송사업자 외의 자가 저작권 또는 저작인접권의 양도 또는 사용의 대가로 받는 금품
⑥ 다음의 자산 또는 권리의 양도·대여 또는 사용의 대가로 받는 금품
㉠ 영화필름
㉡ 라디오·텔레비전방송용 테이프 또는 필름
⑦ 광업권·어업권·양식업권·산업재산권 및 산업정보, 산업상 비밀, 상표권·영업권(토지·건물 및 부동산에 관한 권리와 함께 양도되는 영업권은 제외), 토사석의 채취허가에 따른 권리, 지하수의 개발·이용권 그 밖에 이와 유사한 자산이나 권리를 양도하거나 대여하고 그 대가로 받는 금품
⑧ 물품(유가증권을 포함) 또는 장소를 일시적으로 대여하고 사용료로서 받는 금품
⑨ 전자상거래 등에서의 소비자보호에 관한 법률에 따라 통신판매중개를 하는 자를 통하여 물품 또는 장소를 대여하고 연 수입금액 500만원 이하의 사용료로서 받은 금품(2018. 12.31. 신설)
⑩ 공익사업을 위한 토지 등의 취득 및 보상에 관한 법률 제4조에 따른 공익사업과 관련하여 지역권·지상권(지하 또는 공중에 설정된 권리를 포함한다)을 설정하거나 대여함으로

40) 강석규, 2017, 조세법쟁론, 삼일인포마인, p. 781

써 발생하는 소득(2017.12.19. 개정)

⑪ 계약의 위약 또는 해약으로 인하여 받는 위약금과 배상금 및 부당이득 반환 시 지급받는 이자

⑫ 유실물의 습득 또는 매장물의 발견으로 인하여 보상금을 받거나 새로 소유권을 취득하는 경우 그 보상금 또는 자산

⑬ 소유자가 없는 물건의 점유로 소유권을 취득하는 자산

⑭ 거주자·비거주자 또는 법인과 특수관계에 있는 자가 그 특수관계로 인하여 당해 거주자·비거주자 또는 법인으로부터 받는 경제적 이익으로서 급여·배당 또는 증여로 보지 아니하는 금품. 여기에는 노동조합 및 노동관계조정법 제24조 제2항 및 제4항을 위반하여 지급받는 급여도 포함된다.

⑮ 슬롯머신 등을 이용하는 행위에 참가하여 받는 당첨금품·배당금품 또는 이에 준하는 금품

⑯ 문예·학술·미술·음악 또는 사진에 속하는 창작품(신문 등의 자유와 기능보장에 관한 법률에 의한 정기간행물에 게재하는 삽화 및 만화와 우리나라의 창작품 또는 고전을 외국어로 번역하거나 국역하는 것을 포함)에 대한 원작자로서 받는 소득으로서 다음 중 하나에 해당하는 것

㉠ 원고료

㉡ 저작권사용료인 인세

㉢ 미술·음악 또는 사진에 속하는 창작품에 대하여 받는 대가

⑰ 재산권에 관한 알선수수료

⑱ 사례금

⑲ 소기업·소상공인 공제부금의 해지일시금

⑳ 다음 중 하나에 해당하는 인적용역(위의 ⑮번부터 ⑰번까지의 규정을 적용받는 용역을 제외)을 일시적으로 제공하고 지급받는 대가

㉠ 고용관계 없이 다수인에게 강연을 하고 강연료 등의 대가를 받는 용역

㉡ 라디오·텔레비전방송 등을 통하여 해설·계몽 또는 연기의 심사 등을 하고 보수 또는 이와 유사한 성질의 대가를 받는 용역

㉢ 변호사·공인회계사·세무사·건축사·측량사·변리사 기타 전문적 지식 또는 특별한 기능을 가진 자가 당해 지식 또는 기능을 활용하여 보수 또는 기타 대가를 받고 제공하는 용역

㉣ 위 이외의 용역으로서 고용관계 없이 수당 또는 이와 유사한 성질의 대가를 받고 제공하는 용역

㉑ 법인세법 제67조의 규정에 의하여 기타소득으로 처분된 소득

㉒ 연금외수령한 소득

㉓ 퇴직 전에 부여받은 주식매수선택권을 퇴직 후에 행사하거나 고용관계 없이 주식매수선택권을 부여받아 이를 행사함으로써 얻는 이익

㉔ 종업원 등 또는 대학의 교직원이 퇴직한 후에 지급받는 직무발명보상금(2016.12.20. 신설)

㉕ 뇌물

㉖ 알선수재 및 배임수재에 의하여 받는 금품

> ㉗ 서화·골동품의 양도로 발생하는 소득(2013.1.1부터 과세)
> ㉘ 종교인소득(2018년 귀속분부터 적용)
> ㉙ 가상자산소득(2027.1.1. 이후 양도·대여분부터 적용)

1 상금·현상금·포상금·보로금 또는 이에 준하는 금품(상금 등)

➲ 공익법인이 주무관청의 승인을 얻어 시상하는 상금과 부상 및 다수가 순위경쟁 하는 대회에서 받는 상금과 부상의 필요경비율 : 80%

① 상금·현상금·포상금·보로금에는 이자소득·배당소득·사업소득·근로소득·퇴직소득 및 양도소득에 속하지 아니하는 것으로서 다음의 것을 포함한다.(소통 21-0…1 ①)

㉠ 현상광고 또는 우수현상광고에 대하여 지급하는 현상금

㉡ 특별한 공로에 대하여 지급하는 상금

㉢ 경진·경연·경기대회·전람회 등에서 우수한 자에게 지급하는 상금

㉣ 법령의 규정에 의하여 지급하는 보상금·포상금·보로금·상금 등

② 은닉된 국유재산 또는 소유자 없는 부동산을 정부에 신고하고 국가로부터 지급받는 보상금은 기타소득에 해당된다.(소통 21-0…1 ②)

✓ 종업원 제안제도와 관련하여 지급하는 포상금의 소득구분

직원의 창의성과 연구심 장려를 위하여 제안제도를 실시하고 종업원 제안제도에 의하여 우수제안자에게 지급하는 상금은 기타소득에 해당하는 것이며, 이 경우 소득세법 제84조의 기타소득의 과세최저한 규정을 적용함에 있어 종업원 우수 제안제도에 의한 상금의 경우에는 제안 1건을 매건으로 보아 그 적용 여부를 판단하는 것임(서면1팀-1539, 2005.12.14.)

✓ 종업원에게 지급하는 위로금과 경진대회 등에서 우수자에게 지급한 상금의 소득구분

종업원에게 지급하는 공로금·위로금·개업축하금 기타 이와 유사한 성질의 사실상 급여에 속하는 상금은 근로소득에 해당하는 것이며, 종업원의 특별한 공로에 대하여 경진·경영·경로대회·전람회 등에서 우수한 자에게 지급하는 상금은 기타소득에 해당하는 것으로, 회사의 포상계획·각종 행사계획·지급사유 등 실질내용에 따라 사실판단할 사항임(소득 46011-10094, 2001.2.5.)

✓ 게이머상금

게임을 전문직업으로 하는 프로게이머가 각종 대회에서 지급받는 상금은 사업소득에 해당하나 아마추어게이머가 지급받는 상금은 기타소득에 해당하는 것임. 다만, 상금을 지급받는 게이머가 전문직업인인지 여부는 실질내용에 의하여 판단하여야 함(서면2팀 46013-10461, 2001.11.5.)

✓ 고용관계에 있는 선수가 입단 시 지급받는 계약금 등의 소득구분

근로고용관계에 있는 운동선수가 소속 단체와 입단 계약을 체결하면서 일시에 지급받는 계약금은 근로소득에 해당하는 것이며, 동 선수가 해당 단체의 대표로서 경기대회에 참가하여 행사 관계자로

부터 지급받는 시상금은 기타소득에 해당하는 것임
한편, 고용관계에 있는 운동선수가 일시적으로 기업체의 광고 등에 출연하고 지급받는 대가는 기타소득에 해당하는 것이나, 동 선수가 사업목적으로 광고 등에 출연하고 지급받는 대가는 사업소득에 해당하는 것으로 이 경우, 사업 목적이 있는지 여부는 그 활동의 내용·기간·횟수·태양 및 계속성과 반복성 등 거래 전반에 대한 사정 등을 종합적으로 고려하여 판단할 사항임(소득-1005, 2010.9.27.)

✓ **경기대회에서 선수에게 지급하는 상금의 소득구분**

상금을 지급받는 자가 직업운동가인 경우 사업소득에 해당하며, 그 외의 경우에는 기타소득으로 구분하며, 여기서 특정인이 직업운동가인지 여부는 사실판단할 사항임(서면1팀-635, 2004.5.6.)

✓ **고용관계 내지는 전속관계 없는 방송국 및 당회사로부터 사기 진작 및 경기력 향상을 위해 직업운동가가 받는 상금의 소득 구분**

○○방송국의 자회사인 **방송국 및 당회사와 고용관계 내지는 전속관계가 없는 직업운동가들에게 대회 입상 등에 따른 상금이 아닌 당해 직업운동가들의 사기 진작 및 경기력 향상 등을 도모하기 위하여 매년 골프, 축구, 농구 분야 등의 국내 직업운동가들을 대상으로 우수한 자를 선발하여 상금을 지급하는 경우 당해 상금은 기타소득에 해당함(서면1팀-507, 2004.4.1.)

✓ **건강생활실천지원금제에 참여함에 따라 적립받는 지원금의 소득구분**

국민건강보험공단이 실시하는 건강생활실천지원금제 시범사업에 참여한 자들이 적립받는 1인당 연간 5만원 내지 6만원 상당의 지원금은 소득세 과세대상에 해당하지 않는 것임(서면법령해석소득 2021-6688, 2021.12.8.)

✓ **지방자치단체로부터 지급받는 담배꽁초 수거보상비의 소득구분**

지방자치단체가 담배꽁초를 수거한 대가로 지급하는 소득의 구분은 고용관계나 이와 유사한 계약에 의하여 근로를 제공하고 지급받는 대가는 소득세법 제20조의 규정에 의한 근로소득에 해당하고, 고용관계 없이 독립된 자격으로 계속적으로 용역을 제공하고 일의 성과에 따라 지급받는 수당·기타 유사한 성질의 금액은 같은 법 제19조의 규정에 의하여 사업소득에 해당하는 것이며, 일시적으로 용역을 제공하고 지급받는 수당·기타 유사한 성질의 금액 또는 공익제보의 포상금으로 지급받는 소득은 같은 법 제21조의 규정에 의한 기타소득에 해당하는 것임(서면소득 2021-1953, 2021.8.31.)

✓ **지방자치단체 소속 직장 운동부선수가 지급받은 유치비의 소득 구분**

지방자지단체 소속 운동선수가 의무 고용기간 내 이적금지 등을 조건으로 지급 받는 유치비는 고용관계에 의하여 근로를 제공함에 따라 지급 받은 대가로서 근로소득에 해당하는 것임(서면소득 2021-1147, 2021.7.30.)

✓ **노동위원회 차별시정 판정에 따라 지급받은 내부성과급의 소득 구분**

노동위원회의 차별적처우 시정판정에 따라 근로자가 지급받는 내부성과급은 근로소득에 해당하는 것임(서면소득 2021-5035, 2021.7.30.)

✓ **지방자치단체 소속 공무원이 조례 등에 근거하여 지급받는 세입징수포상금의 과세여부 등**

지방세기본법 제146조 및 각 지방자치단체 조례에 근거하여 지방자치단체 소속 공무원이 체납액 징수 등에 기여함에 따라 지급받는 세입징수포상금은 소득세법 시행령 제18조 제1항 제13호에 따라 비과세되는 기타소득에 해당함(기획재정부소득-457, 2020.9.7.)

✓ **여성인권상을 수여하고 지급하는 금전의 소득세 과세대상 여부**

여성인권상을 수여하고 시민모금을 통해 모금된 금액을 지급하는 경우, 해당 금액은 기타소득 과세대상에 해당하지 않는 것임(서면법령해석소득 2017-3307, 2020.10.21.)

2 복권, 경품권 그 밖의 추첨권에 당첨되어 받는 당첨금품

복권, 경품권 그 밖의 추첨권에 당첨되어 받는 당첨금품에는 다른 소득에 속하지 아니하는 것으로서 다음의 것을 포함한다.(소통 21-0…1 ③)

① 복권발생·현상·기타 사행행위 등 규제 및 처벌특례법의 규정에 의하여 발행하는 경품권 또는 추첨권에 의하여 받는 금품

② 저축의 장려를 위한 복권발행의 추첨현상금

✓ **경품으로 지급받는 물품**(소득 해석편람 21-1-1)

거주자가 주유소업자의 유류판매 촉진을 위한 경품행사에서 경품으로 지급받는 물품은 기타소득에 해당하는 것임(소득 46011-2311, 1999.6.18.)

✓ **경품으로 받는 자산의 소득구분 등**

거주자가 경품으로 받는 자산의 가액은 기타소득에 해당하는 것이며 그 경품에 대한 부가가치세를 경품을 받는 자가 부담하지 아니하고 경품을 제공한 사업자가 부담하는 경우에는 그 부가가치세액을 경품의 가액에 포함하는 것임(소득 46011-21019, 2000.7.22.)

✓ **사은품 등의 기타소득 해당 여부**(소득 해석편람 21-1-2)

사업자가 자기 상품을 구매하는 고객에게 구매금액에 따라 값의 일부를 할인하여 주거나 덤을 주는 경우 또는 사은품을 제공하는 경우 그 할인금액이나 덤 또는 사은품은 구매고객의 과세소득에 해당하지 아니하는 것임. 또한 마일리지, 사이버머니 적립제도 등의 방법으로 일정기간의 구매실적에 따라 사은품 또는 사례금을 제공하는 경우에도 그 사은품 등은 구매고객의 과세소득에 해당하지 아니하는 것임. 상가 등의 분양대행자로부터 일정금액을 받는 조건으로 상가 등을 분양받는 경우 구매자가 분양대행자로부터 받는 금액은 과세소득으로 보지 아니하고 상가 등의 취득가액에서 차감하는 것임(소득 46011-21041, 2000.7.26.)

✓ **마일리지 적립에 따라 지급받는 금품의 기타소득 해당 여부**(소득 해석편람 21-1-3)

온라인상 쇼핑몰을 운영하는 사업자가 그 쇼핑몰 가맹점(물품판매업자)에서 물품 등을 구매한 회원에게 사전에 공시된 일정 마일리지로 적립하여 주고, 동 적립금액이 일정금액이 되는 때에 그에 상당하는 현금 또는 물품으로 지급하는 경우 해당 현금 또는 물품지급액은 그 구매자의 과세대상소득에 해당하지 아니하는 것임(서이 46013-12131, 2002.11.28.)

3 사행행위 등에 참가하여 얻은 이익

사행행위 등 규제 및 처벌특례법에서 규정하는 행위(적법 또는 불법 여부는 고려하지 아니한다)에 참가하여 얻은 재산상의 이익(2012.1.1. 개정)

4 승마투표권 등의 구매자가 받는 환급금

한국마사회법에 따른 승마투표권, 경륜·경정법에 따른 승자투표권, 전통소싸움경기에 관한 법률에 따른 소싸움경기투표권 및 국민체육진흥법에 따른 체육진흥투표권의 구매자가 받는 환급금(발생 원인이 되는 행위의 적법 또는 불법 여부는 고려하지 아니한다) (2012.1.1. 개정)

5 저작자 외의 자가 저작인접권의 양도 등의 대가로 받는 금품

저작자 또는 실연자·음반제작자·방송사업자 외의 자가 저작권 또는 저작인접권의 양도 또는 사용의 대가로 받는 금품

여기서 "저작자 또는 실연자·음반제작자·방송사업자 외의 자가 저작권 또는 저작인접권의 양도 또는 사용의 대가로 받는 금품"이란 저작권법에 의한 저작권 또는 저작인접권을 상속·증여 또는 양도받은 자가 그 저작권 또는 저작인접권을 타인에게 양도하거나 사용하게 하고 받는 대가를 말한다.(소령 41조 ①)

> **✓ 배우자가 사망한 남편의 공연실황 영상을 사용하게 하고 받은 사용료는 기타소득에 해당하는 것임**
> 배우자가 사망한 남편의 공연실황 영상을 국내 광고사에게 사용하게 하고 받은 사용료는 소득세법 제21조 제1항 제5호에 따른 기타소득에 해당하는 것이며, 그 기타소득의 필요경비는 해당 과세기간의 총수입금액에 대응하는 비용으로서 일반적으로 용인되는 통상적인 것의 합계액으로 계산하는 것임(소득-889, 2011.10.28.)

6 다음의 자산 또는 권리의 양도·대여 또는 사용의 대가로 받는 금품

① 영화필름

② 라디오·텔레비전방송용 테이프 또는 필름

✓ **사료적 가치가 있는 필름의 양도로 얻은 소득의 구분**(소득 해석편람 21-1-4)

영상자료를 취급하는 사업자 아닌 거주자가 사료적 가치가 있는 영상자료를 양도하고 지급받는 금품은 기타소득에 해당하는 것임(소득 46011-2357, 1994.8.22.)

7 다음의 자산 또는 권리를 양도하거나 대여하고 그 대가로 받는 금품

➲ 필요경비율 : 60%

① 광업권·어업권·양식업권(2019.8.27. 개정)·산업재산권·산업정보, 산업상 비밀

② 상표권 : 상표법에 따른 상표, 서비스표, 단체표장, 지리적 표시, 동음이의어 지리적 표시, 지리적 표시 단체표장, 등록상표 및 업무표장에 관한 권리를 말한다.(소령 41조 ②)

③ 영업권(점포 임차권을 포함)

㉠ 영업권에는 행정관청으로부터 인가·허가·면허 등을 받음으로써 얻는 경제적 이익을 포함하되, 토지·건물 및 부동산에 관한 권리와 함께 양도되는 영업권은 포함되지 아니한다.(소령 41조 ③, 2020.12.11. 용어변경)

➲ 토지·건물 및 부동산에 관한 권리와 함께 양도하는 영업권은 양도소득에 해당함(소법 94조 ① 4 가)

㉡ 영업권에 포함되는 점포 임차권은 거주자가 사업소득이 발생하는 점포를 임차하여 점포 임차인으로서의 지위를 양도함으로써 얻는 경제적 이익(점포 임차권과 함께 양도하는 다른 영업권을 포함)을 말한다.(소령 41조 ④, 소칙 17조)

여기서의 사업소득에는 다음의 사업에서 발생하는 소득을 제외한다.(소칙 16조의2, 2010.4.30. 개정)

ⓐ 전문·과학 및 기술 서비스업 중 연구개발업, 기타 전문·과학 및 기술서비스업, 사업지원 서비스업

ⓑ 한국표준산업분류상의 교육서비스업 중 유아교육법에 따른 유치원, 초·중등교육법 및 고등교육법에 의한 학교와 근로자직업능력 개발법에 의하여 사업주가 근로자의 직업능력의 개발·향상을 위하여 설치·운영하는 직업능력개발훈련시설 및 한국표준산업분류상의 달리 분류되지 않은 기타 교육기관 중 노인학교

ⓒ 보건업 및 사회복지서비스업 중 사회복지사업법에 따른 사회복지사업

ⓓ 예술, 스포츠 및 여가관련 서비스업(자영 예술가 및 그 밖의 기타 스포츠 서비스업만 해당)

ⓔ 협회 및 단체, 수리 및 기타 개인서비스업 중 협회 및 단체, 기타 개인서비스업 (미용, 욕탕 및 유사 서비스업, 세탁업, 장례식장 및 관련 서비스업, 예식장업

은 제외)

ⓕ 운수업 중 수상 운송지원 서비스업

ⓖ 독립된 자격으로 보험가입자의 모집·증권매매의 권유·저축의 권장 또는 집금 등을 행하거나 이와 유사한 용역을 제공하고 그 실적에 따라 모집수당·권장수당·집금수당 등을 받는 업(소칙 64조 2)

권리금의 정의(상가임대차 보호법 10조의3)

① 권리금이란 임대차 목적물인 상가건물에서 영업을 하는 자 또는 영업을 하려는 자가 영업시설·비품, 거래처, 신용, 영업상의 노하우, 상가건물의 위치에 따른 영업상의 이점 등 유형·무형의 재산적 가치의 양도 또는 이용대가로서 임대인, 임차인에게 보증금과 차임 이외에 지급하는 금전 등의 대가를 말한다.

② 권리금 계약이란 신규임차인이 되려는 자가 임차인에게 권리금을 지급하기로 하는 계약을 말한다.

④ 토사석의 채취허가에 따른 권리 : 토지와 함께 양도하는 토사석의 채취허가에 따른 권리를 포함한다.(소령 41조 ⑤)

⑤ 지하수개발·이용권 : 토지 등과 함께 양도하는 지하수개발·이용권을 포함한다.(소령 41조 ⑥)

⑥ 그 밖에 위와 유사한 자산이나 권리(소법 21조 ① 7 후단)

✓ **영업권의 범위**(소통 33－62…2)

영 제62조에 규정하는 무형고정자산에 속하는 영업권에는 다음의 것이 포함되는 것으로 한다.

① 사업의 양수도과정에서 양수도 자산과는 별도로 양도사업에서 소유하고 있는 허가·인가 등 법률상의 특권, 사업상 편리한 지리적 여건, 영업상의 비법, 신용·명성·거래선 등 영업상의 이점 등을 감안하여 적절한 평가방법에 따라 유상으로 취득한 가액

② 사업인가당시 인가조건으로 부담한 기금(반환받을 수 있는 경우를 제외한다) 및 기부금 등

③ 등록된 관광사업용 버스와 이에 따른 제권리 등을 함께 양수함에 있어서 버스 자체의 대가 외에 관광사업에 따른 권리금을 별도로 평가하여 지급한 경우 그 가액

④ 양곡의 하역 및 보관업을 영위하는 자가 기계화로 인하여 실직되는 기존 노무자의 생계를 위한 일종의 보상적 성질로 일정 하역량에 달할 때까지 인가조건에 따라 지급하는 보상금

⑤ 지입차량을 직영화함에 따라 지입차주로부터 차량을 매입하는 경우 차량자체대금 외의 권리금(T.O.대금)이 포함되어 있는 경우의 그 권리금

⑥ 특정사업의 면허를 취득하기 위하여 동업자조합 또는 협회에 가입할 때 지급하는 것으로서 반환청구할 수 없는 입회금

✓ **영업권 및 사업용고정자산의 포괄인수시 감가상각방법**(소통 33－62…8)

타인으로부터 영업권 및 기타의 사업용고정자산을 포괄적으로 양수한 경우에도 영업권 및 기타 각 자산의 취득가액은 각 자산별로 구분하여 계산하여야 한다.

✓ **내수면 가두리양식어업 면허기간 연장불허에 따른 손실보상에 관한 특별법에 따라 보상대상자가 지급받는 손실보상금은 소득세법 제21조 제1항 제7호에 따른 기타소득에 해당하는 것임**(서면법규소득 2024-2265, 2024.8.6.)

✓ **건설공사 등으로 인해 어업에 종사하는 사업자가 지급받는 어업손실 등에 대한 피해보상금의 소득구분**

어업권·양식업권의 양도 또는 대여에 따른 대가로 받는 금품은 기타소득에 해당하는 것이고, 사업과 관련하여 감소되는 소득이나 발생하는 손실 등을 보상하기 위하여 지급되는 금품은 사업소득에 해당하는 것임(서면법규소득 2022-1849, 2022.11.9.)

✓ **단독사업장의 영업권을 공동사업장에 출자하는 경우 영업권상당액을 공동사업장의 자산으로 계상할 수 있는지 여부**

병의원을 영위하던 개인사업자 “갑”이 당해 사업장의 자산과 영업권을 적정하게 평가하여 “갑”과 “을”을 구성원으로 하는 공동사업에 출자한 경우 공동사업에 출자된 영업권은 공동사업장의 무형고정자산에 해당하는 것임. 다만, 해당 영업권 금액을 적절한 평가방법에 따라 평가하였는지 여부는 사실판단할 사항임(서면법규－1266, 2013.11.19.)

✓ **개인사업자가 사업양도·양수방식으로 법인전환하면서 계상한 영업권의 감가상각자산 해당여부**

개인사업자가 자신이 운영하던 A사업을 사업양도·양수방식으로 법인전환하면서 해당법인이 양수하는 A사업의 자산과는 별도로 A사업에 관한 지리적 입지조건, 고객유치능력, 순이익창출능력, 명성, 신용, 영업상의 이점 등을 감안하여 적절한 평가방법에 따라 유상으로 취득한 금액은 영업권에 해당함(서면법규－1083, 2013.10.4.)

✓ 전임차인에게 지급하는 비반환성 권리금을 영업권으로 계상하여 감가상각 가능한지 여부
사업장용 건물의 임차를 위하여 전 임차인에게 영업상의 이점 등을 감안하여 적절하게 평가하여 유상으로 지급하는 비반환성 권리금은 영업권으로 보아 감가상각함(법인 46012-2799, 1997.7.15.)

✓ 법인이 개인사업자로부터 영업권(임차권리금)을 매입하는 경우 원천징수 방법
법인이 개인사업자로부터 고정자산을 불포함한 영업권(임차권리금)을 매입하는 경우 기타소득으로 원천징수함(원천-1354, 2008.7.9.)

✓ 사업양도시 영업권에 대한 공급시기
개인사업자가 포괄적으로 양도하여 법인으로 전환함에 있어서 당해 사업에 대한 영업권을 평가하여 사업을 양수받는 법인으로부터 사업양도 대가와 함께 지급받는 경우에도 사업의 양도에 해당하여 부가가치세가 과세되지 아니하는 것임(서면3팀-3312, 2007.12.11.)

✓ 부가가치세 면세사업자가 면세사업과 관련하여 영업권을 양도하는 경우 부가가치세가 과세되지 아니하는 것임(서면3팀-2253, 2007.8.13.)

✓ 영업권 양도라도 사업성이 있으면 사업소득임(서울행정법원 2010구합46067, 2012.1.13.)
교육사업권을 포괄적 양도하면서 지급받은 것으로 볼 수 없고, 설령 영업권의 양도대가라고 하더라도 기타소득으로 정한 '영업권 등을 양도하거나 대여하고 그 대가로 받은 금품'은 사업소득 이외의 일시적·우발적 소득에 해당하는 경우만을 의미하는 것으로서 취득한 소득의 명목이 영업권의 양도에 따른 대가라고 하더라도 사업성이 인정되는 한 사업소득으로 보아야 함

✓ 공동사업 폐지로 받는 영업권 상당액의 과세 여부 등
의료업을 경영하는 공동사업장의 구성원 중 1인이 해당 공동사업장을 탈퇴하면서 자기 지분을 양도하고 받는 영업권 상당의 금액은 기타소득에 해당하는 것이며, 해당 영업권은 무형고정자산에 해당하는 것임(소득-773, 2010.7.5.)

✓ 명도합의금(영업권) 명목으로 임차인이 임대인으로부터 받은 금액의 소득구분은 지급이유에 따라 사실판단할 사항임
임대인으로부터 점포를 임차하여 음식점을 경영하는 거주자가 해당 임대차계약 기간의 만료 전에 계약을 해지하고 임대인으로부터 받는 명도합의금(영업권) 명목의 금액이 해당 사업장 임대차계약의 위약이나 해약에 따라 받는 위약금 또는 명도합의에 대한 보상금에 해당하는 경우 사업소득의 총수입금액에 산입하는 것이나, 점포 임차인으로서 지위를 양도함으로써 얻는 경제적 이익에 해당하는 경우 기타소득에 해당하는 것으로서, 명도합의금(영업권)의 구체적인 지급이유에 따라 사업소득인지 기타소득인지 여부를 사실판단하여야 하는 것임(서면법규-148, 2013.2.8.)

✓ 영업권 취득으로 세금계산서를 교부받은 경우에도 기타소득으로 원천징수함
점포 임차인인 개인사업자에게 영업권(점포임차권)에 대한 기타소득금액으로 지급하고 세금계산서를 교부받은 경우에도 기타소득에 대한 소득세 원천징수의무가 있는 것임(원천-483, 2011.8.12.)

✓ 영업권대가를 분할지급하면서 약정에 따라 부가가치세 명목으로 지급한 금전의 원천징수 여부
영업권 거래 당사자가 영업권 대가 중 부가가치세를 지급하는 것으로 약정하고 이를 지급하더라도 그 지급액의 100/110의 상당액에 대해 소득세법 제145조 제1항에 따라 원천징수하는 것임(사전법

령해석소득 2018-632, 2019.1.30.)

✓ 영업권을 분할하여 지급하는 경우 원천징수 여부 등

[질의]

개인사업자가 영업권에 대해 세금계산서를 발행한 경우 영업권을 양수한 법인이 지급명세서를 제출하여야 하는지 여부

[회신]

개인사업자가 법인으로 전환할 때 영업권만 별도로 법인에게 양도하면서 해당 영업권 양도대가에 대한 세금계산서를 부가가치세법 제17조 제4항에 따라 발급하고 사업장 소재지 관할 세무서장에게 매출·매입처별 세금계산서합계표를 제출한 경우 영업권의 양도대가를 지급하는 법인은 소득세법 제164조 제6항에 따라 지급명세서를 제출한 것으로 보는 것임(사전법령해석소득 2014-22126, 2015.5.1.)

> ※ 참고조문 : 소득세법 제164조 제6항
> 사업장 소재지 관할 세무서장에게 제출한 매출·매입처별 계산서합계표와 부가가치세법에 따라 사업장 소재지 관할 세무서장에게 제출한 매출·매입처별 세금계산서합계표 중 지급명세서에 해당하는 것이 있으면 그 제출한 부분에 대하여 지급명세서를 제출한 것으로 본다.

✓ 원천징수의 배제(소득 집행기준 155-0-1)

① 원천징수대상 소득으로서 발생 후 지급되지 아니함으로써 소득세가 원천징수되지 아니한 소득이 종합소득에 합산되어 종합소득에 대한 소득세가 과세된 경우에 그 소득을 지급할 때에는 소득세를 원천징수하지 않는다.

② '소득세가 과세된 경우'에는 해당 소득이 있는 거주자가 해당 소득을 종합소득에 합산하여 종합소득과세표준 확정신고(국세기본법 제45조에 따른 과세표준수정신고를 포함한다)를 한 경우를 포함한다.

✓ 영업권을 분할하여 지급하는 경우 원천징수 여부 등

개인사업자가 법인으로 전환할 때 법인이 영업권만을 별도로 양수하고 그 대금을 분할하여 지급하기로 하였으나 대금을 지급하기로 한 시기에 지급하지 못하고 지연지급하는 경우 개인사업자가 미지급된 영업권의 대가를 종합소득에 합산하여 신고하기 전이라면 소득세법 제145조에 따라 해당 법인이 영업권의 대가를 지급하는 때에 원천징수 하는 것임(사전법령해석소득 2015-88, 2015.5.1.)

✓ 법인이 특수관계 있는 개인사업체를 포괄적으로 인수하면서 자체적으로 평가하여 지급한 영업권 가액이 고가매입에 해당한다는 처분의 당부(조심2012서688, 2012.7.19.)

살피건대, 처분청은 영업권에 대한 감정평가가 소급적으로 이루어졌고, 그 신뢰성도 없으므로 상증법상의 보충적 평가방법으로 시가를 산정하여 부당행위계산 부인한 처분은 정당하다는 의견이나, 시가란 원칙적으로 불특정다수인간의 자유롭고 정상적인 거래에 의하여 형성된 객관적인 교환가격을 의미하는 것이지만, 객관적이고 합리적인 방법으로 평가한 가액도 포함하는 개념이므로 공신력 있는 감정기관의 감정가액도 시가로 볼 수 있는바, 청구법인이 소급적으로 행한 김OOO, 오OOO, 임OOO의 영업권에 대한 감정평가를 보면, 국토해양부령인 「감정평가에 관한 규칙」에서 규정하고 있는 평가방법인 수익환원법을 사용하면서, 불복대리 등 비정기적인 수입에 대해서는 이를 인정하

지 않거나 일부인 10퍼센트만을 인정하여 기대 매출액을 평가한 것으로 나타나는 점, 오OOO와 임OOO에 대하여 영업권 지속연수를 5년으로 적용하여 가격시점 후의 현금흐름을 현재가치로 계산시 적용한 할인율 15%로 적용한 것은 상증법상의 영업권 지속연수 5년과 할인율 10%에 비하면 영업권을 과대평가한 것으로는 보이지 않는 점, 청구법인이 김OOO, 오OOO, 임OOO의 영업권을 매입한 것은 영업권이 다른 세무사에게 양도된 것이 아니라 실질적으로는 동일한 세무사가 법인형태로 변경된 것에 불과하여 영업 형태가 크게 변동되지 않을 것인 점 등을 고려하면, 김OOO, 오OOO, 임OOO의 영업권에 대한 소급감정가액이 객관성·합리성을 잃은 것으로 보이지 않는다고 판단되므로, 소급감정가액을 초과하지 아니하는 청구법인의 당초 신고 영업권 매입가액은 고가에 해당하지 아니한다고 보인다. 따라서, 청구법인이 영업권을 고가로 매입하였다고 보아 처분청이 상증법상의 보충적 평가방법으로 시가를 산정하고 부당행위계산 부인하여 이 건 법인세를 부과한 처분은 잘못이 있다고 판단된다.

✓ **특허권의 양도 또는 대여로 받는 대가의 소득구분**(소득 집행기준 21－0－8)

① 특허권의 등록을 한 거주자가 당사자 간의 계약에 의하여 해당 특허권을 일정기간 동안 계속적·반복적으로 사용하도록 하고, 그 대가(실시료)를 지급받는 경우에는 그 대가의 지급방식, 지급시기와 관계없이 사업소득에 해당하는 것이며, 일시적인 특허권의 대여로 인한 대가(실시료)를 지급받는 경우에는 기타소득에 해당한다.

② 특허청에 등록된 특허권 및 개인이 신규의 발명을 고안하여 특허를 출원 중인 상태에서 특허를 받을 수 있는 권리를 양도하고 받는 대가는 기타소득에 해당한다.

✓ **부동산임대업자가 임차인으로부터 보증금 및 월임대료 외에 영업권 명목으로 받은 대금은 사업소득임**

부동산임대업자가 임차인으로부터 보증금 및 월임대료 외에 영업권 명목으로 받은 대금은 사업소득으로 총수입금액에 산입함(소득－883, 2011.10.28.)

✓ **상속세 과세가액에 포함된 영업권은 감가상각자산에 해당하지 않는 것임**

피상속인에 대한 상속세 세무조사 시 상속세 과세가액에 포함된 영업권은 소득세법 시행령 제62조 제2항에 따른 감가상각자산에 해당하지 않는 것임(소득－391, 2012.5.7.)

PART 2

저자TIP 영업권에 대한 세무처리 방법

(상황) B법인이 A음식점(개인사업자, 타가사업자)을 인수하면서 별도로 영업권에 대한 대가로 1억원(VAT 별도)을 지급하기로 계약함. 이때 B법인과 A음식점의 적정한 세무처리는 다음과 같다.

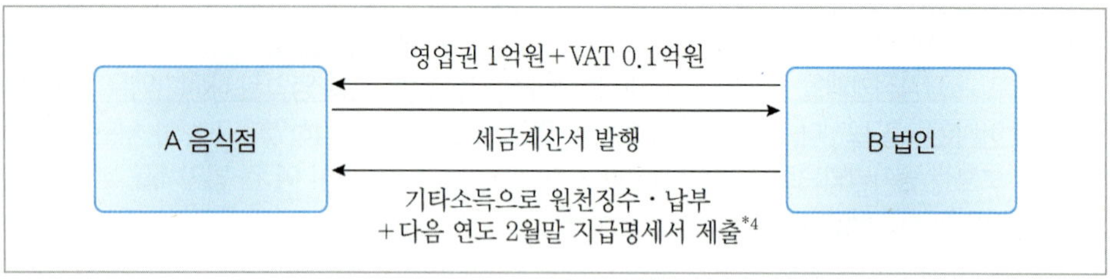

A음식점의 입장	B법인의 입장
① 세금계산서(공급가액 1억원+VAT 0.1억원)를 교부하고 기타소득 원천징수영수증을 수령한다.[*1] (원천-483, 2011.8.12.) ② VAT신고시 1억원을 신고서 하단의 '수입금액 제외'로 신고한다.(기타소득이므로) ➲ 이렇게 처리하지 않으면 영업권 대가 1억원이 사업소득으로 분류되고 대응되는 필요경비가 없어 과중한 세부담을 지게 되므로 이를 60%[*2] 필요경비공제대상인 기타소득으로 처리하기 위함이다. ③ 종합소득세 신고시 기타소득을 사업소득과 합산신고한다.(기타소득금액이 300만원을 초과하므로)	① 영업권 1억원 및 VAT 0.1억원을 지급하되 기타소득 원천징수세액 880만원[*3]을 제외한 1억 120만원만 지급(기타소득 원천징수영수증 발급)하고 다음과 같이 회계처리한다. (차) 영업권 100,000,000 VAT대급금 10,000,000 (대) 현 금 101,200,000 예수금 8,800,000[*3] ② 세금계산서를 수령하여 VAT 0.1억원은 매입세액공제받고, 무형자산으로 계상 후 감가상각한다. ③ 기타소득 원천징수액 880만원[*3](지방소득세 포함)을 납부하고 다음과 같이 회계처리한다. (차) 예수금 8,800,000[*3] (대) 현 금 8,800,000[*3] ④ 기타소득 지급명세서를 다음 연도 2월말까지 관할세무서에 제출한다.[*4]

*1. 면세사업의 경우 계산서를 발급하는 것이며, 사업포괄양수도의 경우는 세금계산서 또는 계산서를 발급하지 않는다.

*2. 2019년 발생분부터는 60%가 적용된다.(소령 87조 1의2, 2018.2.13. 개정)

*3. {1억원−(1억원 × 60%)} × 22%(지방소득세 포함) = 880만원

*4. 개인사업자가 영업권 양도대가에 대한 세금계산서를 발급하고 사업장 소재지 관할 세무서장에게 매출·매입처별 세금계산서합계표를 제출한 경우 영업권의 양도대가를 지급하는 법인은 소득세법 제164조 제6항에 따라 지급명세서를 제출한 것으로 보는 것이므로 지급명세서를 제출하지 않아도 가산세가 적용되지 않는다. 다만, 사업포괄양수도의 경우는 세금계산서의 발행이 없으므로 지급명세서를 제출하여야 한다.

8 물품(유가증권을 포함) 또는 장소를 일시적으로 대여하고 사용료로서 받는 금품

✓ **개인이 소장하고 있는 미술품 대여의 소득구분**

[사실관계]
문화관광부에서 아시아문화중심도시 조성사업과 관련하여 홍보관을 운영하고 있으며, 2006년부터 개인 미술품 수집가로부터 그림을 임차하여 홍보관에 게시하고 있음

[질의]
이와 관련하여 홍보관에 게시된 그림에 대한 임차료(대여료)를 지급함에 있어 미술품 수집가는 그림 임대사업자가 아니며, 사업자등록이 없는 개인으로 일시적으로 대여를 하고 있는 바, 이 경우 과세 여부(소득구분)

[회신]
화가가 아닌 거주자가 소장하고 있는 미술품을 일시적으로 대여하고 사용료로서 받는 금품은 소득세법 제21조 제1항 제8호의 규정에 의한 기타소득에 해당하는 것이며, 이를 지급하는 자는 같은 법 제127조 및 129조의 규정에 따라 기타소득세를 원천징수 하여 징수일의 다음달 10일까지 관할 세무서에 신고 납부하여야 하는 것임(서면1팀-1503, 2007.11.1.)

✓ **유가증권대여료에 대한 소득구분**(소득 해석편람 21-1-5)

거주자가 계약기간 종료시 해당 유가증권 또는 동종, 동질, 동량의 유가증권을 반환받는 조건으로 국채 등 유가증권을 대여하고 받는 유가증권대여료는 소득세법 제21조 제1항 제8호에 규정하는 기타소득에 해당하는 것임(소득 46011-437, 1999.12.4.)

✓ **선거관련 투표소 임차료**

장소를 일시적으로 대여하고 사용료로서 받는 금품은 소득세법 제21조 제1항 제8호에 의한 기타소득에 해당하는 것이므로, 이를 지급하는 자는 소득세를 원천징수하여야 하는 것이며 징수일이 속하는 달의 다음달 10일까지 관할세무서 등에 납부하여야 하는 것임. 다만, 법인에게 지급하는 경우에는 법인세법 제73조 규정에 의하여 원천징수대상 소득에 해당되지 아니함(서면1팀-642, 2004.5.7.)

9 전자상거래 등에서의 소비자보호에 관한 법률에 따라 통신판매중개를 하는 자를 통하여 물품 또는 장소를 대여하고 연 수입금액 500만원 이하의 사용료로서 받은 금품(소법 21조 ① 8의2, 소령 41조 ⑦, 2018.12.31. 신설)

➲ 필요경비율 : 60%(소령 87조 1의2)

10 공익사업을 위한 토지 등의 취득 및 보상에 관한 법률(약칭 : 토지보상법) 제4조에 따른 공익사업과 관련하여 지역권·지상권(지하 또는 공중에 설정된 권리를 포함)을 설정하거나 대여함으로써 발생하는 소득(2017.12.19. 개정)

➲ 필요경비율 : 60%

지역권·지상권의 설정·대여소득	일반적인 지역권 · 지상권의 설정 · 대여소득 → 사업소득
	공익사업 관련 지역권 · 지상권의 설정 · 대여소득 → 기타소득

공익사업을 위한 토지 등의 취득 및 보상에 관한 법률(약칭 : 토지보상법) **제4조**(공익사업)

이 법에 따라 토지 등을 취득하거나 사용할 수 있는 사업은 다음 각 호의 어느 하나에 해당하는 사업이어야 한다.

1. 국방·군사에 관한 사업
2. 관계 법률에 따라 허가·인가·승인·지정 등을 받아 공익을 목적으로 시행하는 철도·도로·공항·항만·주차장·공영차고지·화물터미널·궤도(軌道)·하천·제방·댐·운하·수도·하수도·하수종말처리·폐수처리·사방(砂防)·방풍(防風)·방화(防火)·방조(防潮)·방수(防水)·저수지·용수로·배수로·석유비축·송유·폐기물처리·전기·전기통신·방송·가스 및 기상 관측에 관한 사업
3. 국가나 지방자치단체가 설치하는 청사·공장·연구소·시험소·보건시설·문화시설·공원·수목원·광장·운동장·시장·묘지·화장장·도축장 또는 그 밖의 공공용 시설에 관한 사업
4. 관계 법률에 따라 허가·인가·승인·지정 등을 받아 공익을 목적으로 시행하는 학교·도서관·박물관 및 미술관 건립에 관한 사업
5. 국가, 지방자치단체, 공공기관의 운영에 관한 법률 제4조에 따른 공공기관, 지방공기업법에 따른 지방공기업 또는 국가나 지방자치단체가 지정한 자가 임대나 양도의 목적으로 시행하는 주택 건설 또는 택지 및 산업단지 조성에 관한 사업
6. 제1호부터 제5호까지의 사업을 시행하기 위하여 필요한 통로, 교량, 전선로, 재료 적치장 또는 그 밖의 부속시설에 관한 사업
7. 제1호부터 제5호까지의 사업을 시행하기 위하여 필요한 주택, 공장 등의 이주단지 조성에 관한 사업
8. 그 밖에 별표에 규정된 법률에 따라 토지 등을 수용하거나 사용할 수 있는 사업

그 밖에 별표에 규정된 법률에 따라 토지등을 수용하거나 사용할 수 있는 사업(2024.9.20. 개정)
1. 법 제20조에 따라 사업인정을 받아야 하는 공익사업 (1) 「공간정보의 구축 및 관리 등에 관한 법률」에 따른 기본측량의 실시 (2) 「공공토지의 비축에 관한 법률」에 따라 한국토지주택공사가 공공개발용 토지의 비축사업 계획을 승인받은 공공개발용 토지의 취득 (3) 「국립대학법인 서울대학교 설립·운영에 관한 법률」에 따른 국립대학법인 서울대학교의 학교용지 확보 (4) 「국립대학법인 인천대학교 설립·운영에 관한 법률」에 따른 국립대학법인 인천대학교의 학교용지 확보 (5) 「규제자유특구 및 지역특화발전특구에 관한 규제특례법」에 따른 특화사업 (6) 「농어업재해대책법」에 따른 응급조치 (7) 「대기환경보전법」 제4조에 따라 고시된 측정망설치계획에 따른 환경부장관 또는 시·도지사의 측정망 설치 (8) 「문화재보호법」에 따른 문화재의 보존·관리 (9) 「석면안전관리법」 제7조에 따른 실태조사, 제8조 제2항에 따른 조사, 제13조에 따른 자연발생석면영향조사, 제25조에 따른 슬레이트 시설물 등에 대한 석면조사(환경부장관, 관계 중앙행정기관의 장, 시·도지사 또는 시장·군수·구청장이 실시하는 경우에 한정한다) (10) 「석탄산업법」 제23조 제1항에 따른 연료단지 조성(특별시장·광역시장·도지사 또는 특별자치도지사가 실시하는 경우에 한정한다) (11) 「수목원·정원의 조성 및 진흥에 관한 법률」에 따른 국가 또는 지방자치단체의 수목원 조성 (12) 「자동차관리법」에 따른 사동차서비스복합단지 개발사업 (13) 「전기사업법」에 따른 전기사업용전기설비의 설치나 이를 위한 실지조사·측량 및 시공 또는 전기사업용전기설비의 유지·보수 (14) 「전기통신사업법」에 따른 전기통신업무에 제공되는 선로등의 설치 (15) 「지능형 로봇 개발 및 보급 촉진법」 제34조에 따른 공익시설의 조성사업 (16) 「지하수법」 제17조 및 제18조에 따른 지하수관측시설 및 수질측정망(국토교통부장관, 환경부장관 또는 시장·군수·구청장이 설치하는 경우에 한정한다) 설치 (17) 「집단에너지사업법」에 따른 공급시설의 설치나 이를 위한 실지조사·측량 및 시공 또는 공급시설의 유지·보수 (18) 「청소년활동 진흥법」 제11조 제1항에 따른 수련시설의 설치 (19) 「한국석유공사법」에 따라 한국석유공사가 시행하는 석유의 탐사·개발·비축 및 수송사업 2. 법 제20조에 따른 사업인정이 의제되는 사업 (1) 「2018 평창 동계올림픽대회 및 동계패럴림픽대회 지원 등에 관한 특별법」에 따른 특구개발사업 (2) 「간선급행버스체계의 건설 및 운영에 관한 특별법」에 따른 체계건설사업 (3) 「간척지의 농어업적 이용 및 관리에 관한 법률」에 따른 간척지활용사업 (4) 「건설기계관리법」에 따른 공영주기장의 설치 (5) 「경제자유구역의 지정 및 운영에 관한 특별법」에 따른 경제자유구역에서 실시되는 개발사업 (6) 「고도 보존 및 육성에 관한 특별법」에 따른 고도보존육성사업 및 주민지원사업

그 밖에 별표에 규정된 법률에 따라 토지등을 수용하거나 사용할 수 있는 사업(2024.9.20. 개정)
(7) 「공공주택 특별법」 제2조 제3호 가목에 따른 공공주택지구조성사업, 같은 호 나목에 따른 공공주택건설사업 및 같은 호 마목에 따른 도심 공공주택 복합사업 (8) 「공사중단 장기방치 건축물의 정비 등에 관한 특별조치법」에 따른 정비사업 (9) 「공항시설법」에 따른 공항개발사업 (10) 「관광진흥법」 제55조에 따른 조성계획을 시행하기 위한 사업 (11) 「광산피해의 방지 및 복구에 관한 법률」에 따른 광해방지사업 (12) 「광업법」 제70조 각 호와 제71조 각 호의 목적을 위하여 광업권자나 조광권자가 산업통상자원부장관의 인정을 받은 행위 (13) 「국가통합교통체계효율화법」에 따른 복합환승센터 개발사업 (14) 「국방·군사시설 사업에 관한 법률」에 따른 국방·군사시설 (15) 「국제경기대회 지원법」에 따른 대회관련시설의 설치·이용 등에 관한 사업 (16) 「국토의 계획 및 이용에 관한 법률」에 따른 도시·군계획시설사업 (17) 「군 공항 이전 및 지원에 관한 특별법」에 따른 이전주변지역 지원사업 (18) 「금강수계 물관리 및 주민지원 등에 관한 법률」 제4조의3에 따른 수변생태벨트 조성사업 또는 제24조에 따른 수질개선사업 (19) 「급경사지 재해예방에 관한 법률」에 따른 붕괴위험지역의 정비사업 (20) 「기업도시개발 특별법」에 따른 기업도시개발사업 (21) 「낙동강수계 물관리 및 주민지원 등에 관한 법률」 제4조의3에 따른 수변생태벨트 조성사업 또는 제26조에 따른 수질개선사업 (22) 「농어촌도로 정비법」에 따른 농어촌도로 정비공사 (23) 「농어촌마을 주거환경 개선 및 리모델링 촉진을 위한 특별법」에 따른 정비사업 (24) 「농어촌정비법」에 따른 농어촌정비사업 (25) 「농업생산기반시설 및 주변지역 활용에 관한 특별법」에 따른 농업생산기반시설등활용사업 (26) 「댐건설 및 주변지역지원 등에 관한 법률」에 따른 댐건설사업 (27) 「도로법」에 따른 도로공사 (28) 「도시개발법」에 따른 도시개발사업 (29) 「도시교통정비 촉진법」에 따른 중기계획의 단계적 시행에 필요한 연차별 시행계획 (30) 「도시 및 주거환경정비법」 제63조에 따라 토지등을 수용하거나 사용할 수 있는 사업 (31) 「도시철도법」에 따른 도시철도건설사업 (32) 「도청이전을 위한 도시건설 및 지원에 관한 특별법」에 따른 도청이전신도시 개발사업 (33) 「동·서·남해안 및 내륙권 발전 특별법」에 따른 해안권 또는 내륙권 개발사업 (34) 「마리나항만의 조성 및 관리 등에 관한 법률」에 따른 마리나항만의 개발사업 (35) 「물류시설의 개발 및 운영에 관한 법률」에 따른 물류터미널사업 및 물류단지개발사업 (36) 「물환경보전법」에 따른 공공폐수처리시설 설치 (37) 「민간임대주택에 관한 특별법」 제20조에 따라 토지등을 수용하거나 사용할 수 있는 사업 (38) 「빈집 및 소규모주택 정비에 관한 특례법」에 따른 빈집정비사업 및 같은 법 제35조의2에 따라 토지 등을 수용하거나 사용할 수 있는 사업 (39) 「사방사업법」에 따른 사방사업 (40) 「사회기반시설에 대한 민간투자법」에 따른 민간투자사업 (41) 「산림복지 진흥에 관한 법률」에 따른 산림복지단지의 조성

그 밖에 별표에 규정된 법률에 따라 토지등을 수용하거나 사용할 수 있는 사업(2024.9.20. 개정)

(42) 「산업입지 및 개발에 관한 법률」에 따른 산업단지개발사업 및 제39조에 따른 특수지역개발사업
(43) 「새만금사업 추진 및 지원에 관한 특별법」에 따른 새만금사업
(44) 「소규모 공공시설 안전관리 등에 관한 법률」에 따른 소규모 위험시설 정비사업
(45) 「소하천정비법」에 따른 소하천의 정비
(46) 「수도법」에 따른 수도사업
(47) 「수자원의 조사·계획 및 관리에 관한 법률」에 따른 수문조사시설 설치사업
(48) 「신항만건설 촉진법」에 따른 신항만건설사업
(49) 「신행정수도 후속대책을 위한 연기·공주지역 행정중심복합도시 건설을 위한 특별법」에 따른 행정중심복합도시건설사업
(50) 「어촌·어항법」에 따른 어항의 육역에 관한 개발사업
(51) 「어촌특화발전 지원 특별법」에 따른 어촌특화사업
(52) 「역세권의 개발 및 이용에 관한 법률」에 따른 역세권개발사업
(53) 「연구개발특구의 육성에 관한 특별법」에 따른 특구개발사업
(54) 「연안관리법」에 따른 연안정비사업
(55) 「영산강·섬진강수계 물관리 및 주민지원 등에 관한 법률」 제4조의3에 따른 수변생태벨트 조성사업 또는 제24조에 따른 수질개선사업
(56) 「온천법」에 따라 개발계획을 수립하거나 그 승인을 받은 시장·군수가 시행하는 개발계획에 따른 사업
(57) 「용산공원 조성 특별법」에 따른 공원조성사업
(58) 「자연공원법」에 따른 공원사업
(59) 「자연재해대책법」에 따른 자연재해위험개선지구 정비사업
(60) 「자연환경보전법」 제38조에 따른 자연환경보전·이용시설(국가 또는 지방자치단체가 설치하는 경우에 한정한다)
(61) 「재해위험 개선사업 및 이주대책에 관한 특별법」에 따른 재해위험 개선사업
(62) 「저수지·댐의 안전관리 및 재해예방에 관한 법률」에 따른 저수지·댐의 안전점검, 정밀안전진단, 정비계획의 수립, 정비사업
(63) 「전원개발촉진법」에 따른 전원개발사업
(64) 「접경지역 지원 특별법」 제13조 제6항 및 제9항에 따라 고시된 사업시행계획에 포함되어 있는 사업
(65) 「제주특별자치도 설치 및 국제자유도시 조성을 위한 특별법」에 따른 개발사업
(66) 「주택법」에 따른 국가·지방자치단체·한국토지주택공사 및 지방공사인 사업주체가 국민주택을 건설하거나 국민주택을 건설하기 위한 대지 조성
(67) 「주한미군 공여구역주변지역 등 지원 특별법」 제9조에 따른 사업계획에 따른 사업
(68) 「주한미군기지 이전에 따른 평택시 등의 지원 등에 관한 특별법」에 따른 평택시개발사업과 국제화계획지구 개발사업
(69) 「중소기업진흥에 관한 법률」 제31조에 따라 중소벤처기업진흥공단이 시행하는 단지조성사업
(70) 「지방소도읍 육성 지원법」 제4조에 따라 수립하는 종합육성계획에 따른 사업
(71) 「지역 개발 및 지원에 관한 법률」에 따른 지역개발사업

그 밖에 별표에 규정된 법률에 따라 토지등을 수용하거나 사용할 수 있는 사업(2024.9.20. 개정)
(72) 「철도의 건설 및 철도시설 유지관리에 관한 법률」에 따른 철도건설사업 (73) 「친수구역 활용에 관한 특별법」에 따른 친수구역조성사업 (74) 「태권도 진흥 및 태권도공원 조성 등에 관한 법률」에 따른 공원조성사업 (75) 「택지개발촉진법」에 따른 택지개발사업 (76) 「토양환경보전법」 제7조 제1항 각 호의 어느 하나에 해당하는 측정, 조사, 설치 및 토양정화(환경부장관, 시·도지사 또는 시장·군수·구청장이 실시하는 경우에 한정한다) (77) 「폐기물처리시설 설치촉진 및 주변지역지원 등에 관한 법률」에 따른 폐기물처리시설의 설치 및 이주대책의 시행 (78) 「하수도법」에 따른 공공하수도 설치 (79) 「하천법」에 따른 하천공사 (80) 「학교시설사업 촉진법」에 따른 학교시설사업 (81) 「한강수계 상수원수질개선 및 주민지원 등에 관한 법률」 제4조의3에 따른 수변생태벨트 조성사업 또는 제13조에 따른 수질개선사업 (82) 「한국가스공사법」 제11조에 따른 사업 중 한국가스공사가 천연가스의 인수·저장·생산·공급 설비 및 그 부대시설을 설치하는 공사 (83) 「한국수자원공사법」 제9조 제1항 제1호·제2호·제5호·제5호의2·제7호부터 제11호까지의 사업 (84) 「한국환경공단법」 제17조 제1항 제1호부터 제19호까지 및 제22호의 사업 (85) 「항만공사법」 제8조 제1항 제1호, 제2호, 제2호의2, 제2호의3, 제3호부터 제8호까지에 따른 사업 (86) 「항만법」에 따른 항만개발사업 또는 항만배후단지개발사업 (87) 「항만 재개발 및 주변지역 발전에 관한 법률」에 따른 항만재개발사업 (88) 「해수욕장의 이용 및 관리에 관한 법률」에 따른 해수욕장시설사업 (89) 「해양산업클러스터의 지정 및 육성 등에 관한 특별법」에 따른 해양산업클러스터 개발사업 (90) 「해저광물자원 개발법」에 따라 해저조광권자가 실시하는 해저광물 탐사 또는 채취 (91) 「혁신도시 조성 및 발전에 관한 특별법」에 따른 혁신도시개발사업 (92) 「화물자동차 운수사업법」에 따른 공영차고지의 설치 및 화물자동차 휴게소의 건설 (93) 「도시재생 활성화 및 지원에 관한 특별법」 제55조의2에 따라 주거재생혁신지구(같은 조를 준용하는 국가시범지구를 포함한다)에서 시행하는 혁신지구재생사업 (94) 「도심융합특구 조성 및 육성에 관한 특별법」에 따른 도심융합특구개발사업 (95) 「가덕도신공항 건설을 위한 특별법」에 따른 신공항건설사업(2024.9.20. 추가)

✓ 태양광발전사업 관련하여 지상권을 설정에 따라 지급받는 대가의 소득구분

태양광발전사업과 관련하여 지상권을 설정하여 발생하는 소득이 소득세법 제21조 제1항 제9호에서 규정하고 있는 '공익사업과 관련한 지상권을 설정하여 발생한 소득'에 해당하는지 여부는 태양광발전사업이 공익사업을 위한 토지 등의 취득 및 보상에 관한 법률 제4조에 따른 공익사업에 해당하는지 여부에 따라 결정될 사항이므로 국토교통부 및 산업통상자원부에게 질의하여 판단하시기 바람(서면소득 2018-3111, 2018.10.15.)

11 계약의 위약 또는 해약으로 인하여 받는 위약금과 배상금 및 부당이득 반환 시 지급받는 이자(2014.12.23. 개정)

➲ 필요경비율 : 위약금과 배상금 중 주택입주지체상금만 80%

① "위약금과 배상금"이란 재산권에 관한 계약의 위약 또는 해약으로 받는 손해배상(보험금을 지급할 사유가 발생하였음에도 불구하고 보험금 지급이 지체됨에 따라 받는 손해배상을 포함한다)으로서 그 명목여하에 불구하고 본래의 계약의 내용이 되는 지급 자체에 대한 손해를 넘는 손해에 대하여 배상하는 금전 또는 그 밖의 물품의 가액을 말한다. 이 경우 계약의 위약 또는 해약으로 반환받은 금전 등의 가액이 계약에 따라 당초 지급한 총금액을 넘지 아니하는 경우에는 지급 자체에 대한 손해를 넘는 금전 등의 가액으로 보지 아니한다.(소령 41조 ⑧)

② 계약의 위약 또는 해약으로 인하여 받는 위약금과 배상금에는 다른 소득에 속하지 아니하는 것으로서 다음의 것을 포함한다.(소통 21－0…1 ④)

㉠ 주택을 분양함에 있어 사업주체가 승인기한 내에 입주를 시키지 못하여 입주자가 받는 지체상금

㉡ 채권지가 채무자의 금전채무 불이행에 대하여 손해배상금청구의 소를 제기하고 그 손해를 배상받게 되는 경우의 지연배상금

㉢ 부동산 매매계약 후 계약 불이행으로 인하여 일방 당사자가 받은 위약금 또는 해약금

㉣ 퇴직금 지급청구소송을 제기하여 퇴직금과 지급지연 손해배상금을 받는 경우에 있어서 해당 지급지연 손해배상금

㉤ 임기가 정하여진 법인의 임원이 임기만료 전에 정당한 이유 없이 해임됨으로써 상법 제385조 제1항의 규정에 의하여 손해배상을 청구하여 퇴직금과 별도로 손해배상을 지급받는 경우 동 손해배상금. 다만, 신분 및 인격에 대한 손해배상금은 제외한다.

✓ **분양계약자가 시행사로부터 지급받은 합의금을 주택입주 지체상금으로 볼 수 있는지**

입주자가 사업주체로부터 지급받는 합의금이 지체일수와는 무관하게 산정된 경우로 공급계약서상 지체보상금에 대한 별도의 약정이 있는 때에는 동 합의금 전체가 주택입주 지체상금에 해당한다고 볼 수는 없음(사전법규소득 2022-923, 2022.9.21.)

✓ **퇴직금청구소송의 승소에 따라 퇴직금과 함께 받은 지연손해금의 소득구분**(대법원 2004두3984, 2006.1.12.)

근로자가 회사를 상대로 제기한 퇴직금청구소송에서 승소함에 따라 퇴직금과 함께 지연손해금을 지급받은 경우 당해 지연손해금은 "재산권에 관한 계약의 위약 또는 해약으로 인하여 받는 손해배상"으로서 기타소득에 해당하는 것임

✓ **퇴직금 지연지급으로 인한 지연이자의 소득구분**

근로계약의 위약으로 인하여 받는 퇴직금 지급 지연손해금은 소득세법 제21조 제1항 제10호의 계약의 위약 또는 해약으로 인하여 받는 위약금과 배상금으로서 기타소득에 해당하는 것임(서면법규-596, 2014.6.16.)

✓ **근로자 부당해고에 따라 지급하는 가산보상금 및 지연이자 상당액의 기타소득 해당 여부**

사용자가 근로자와의 단체협약에 따라 근로자에게 부당해고기간 동안의 임금 상당액과는 별도로 지급하는 가산보상금과 이에 대한 지연이자 상당액은 기타소득에 해당하는 것임(서면법규-1551, 2012.12.28.)

ⓗ 상행위에서 발생한 크레임(Claim)에 대한 배상으로서 현실적으로 발생한 손해의 보전 또는 원상회복을 초과하는 배상금

ⓢ 임대차기간 만료 후 임대인이 임대보증금을 늦게 반환함으로써 법원의 판결에 따라 임차인이 지급받는 법정이자(소득 집행기준 21-41-2 ② 7)

③ 계약의 위약 또는 해약으로 인하여 받는 소득으로서 부당이득 반환 시 지급받는 이자는 기타소득에 해당한다.(소법 21조 ① 10 나, 2014.12.23. 신설)

부당이득금에 대한 소득세법상의 취급

구 분	소득세법상의 취급	근 거
부당이득반환금	과세대상 아님	(법규소득 2014-230, 2014.7.29.), (서면1팀-1354, 2005.11.8.), (소득 46011-02967, 1993.10.2.)
부당이득반환금 관련 이자	기타소득	소득세법 21조 ① 10 다
부당이득반환 소송비용	필요경비 인정	소득세 집행기준 27-55-4 ②

✓ **부당이득금과 부당이득금에 대한 이자상당액의 과세여부**

당초 분양대금에 포함될 수 없는 비용과 관련된 분양가액 납부 후 해당 비용과 관련하여 부당이득 반환청구의 소에 따라 지급받은 부당이득금과 부당이득금에 대한 이자상당액은 소득세법 상 과세 대상에 해당하지 않으며, 동 비용을 필요경비에 산입한 경우 필요경비에 산입한 과세기간의 필요경비에서 차감하는 것임(기획재정부소득-214, 2020.5.11.)

✓ **부당이득반환 청구 소송 결과 받은 금원의 소득구분**

부동산 소유자가 법원의 판결에 따라 부동산을 소유자의 의사에 반하여 정당한 권원 없이 불법으로 점유하여 사용한 자로부터 지급받는 임료 상당의 부당이득금은 과세대상 소득에 해당하지 않는 것임(법규소득 2014-230, 2014.7.29.)

✓ **부당이득 반환 시 지급받는 이자**

계약의 위약·해약을 원인으로 법원의 판결에 따라 지급받는 금원 중 소장 부본 송달 전 원금에 가산하는 법정이자는 기타소득임(기획재정부소득-356, 2021.6.4.)

✓ **특허권의 침해에 따른 손해배상금 등의 소득구분**

특허권 사용계약상의 사용범위나 사용기간 등을 위반하여 특허권을 침해한 부분에 대한 손해배상금 또는 특허권자의 동의나 사용계약없이 특허권을 사용함으로써 특허권을 침해한 부분에 대한 손해배상금은 기타소득에 해당하는 것임(소득 46011-363, 2000.3.15.)

✓ **국가로부터 받는 토지사용료의 부가가치세 과세 여부 및 부동산임대소득 해당여부**

토지 소유자가 법원의 판결에 의한 재판상 화해조항에서 정하는 바에 따라 국가에 토지를 사용하게 하고 그 사용료로서 받는 대가는 부가가치세 과세대상 및 소득세법상 부동산임대소득에 해당하는 것이며, 다만 국가로부터 토지 소유자의 의사에 반하여 정당한 권원 없이 불법으로 점유하고 사용한 대가로 지급받는 금전이 부당이득반환 또는 손해배상의 성격을 가지는 경우에는 부가가치세 과세대상 및 소득세법상의 부동산임대소득에 해당하지 아니하는 것임(서면1팀-1354, 2005.11.8.)

✓ **토지불법사용에 대한 부당이득반환금 과세여부**

지방자치단체가 개인소유토지를 불법으로 점유 사용함에 따라 토지소유자의 부당이득금 반환청구소송에 의한 법원판결로 토지에 대한 불법사용료를 손해배상금으로 지급하였을 경우 동 부당이득금은 소득세 과세대상이 아님(소득 46011-02967, 1993.10.2.)

✓ **부당이득금 소송비용 등의 필요경비 해당여부**(소득 집행기준 27-55-4 ②)

부동산업에서 발생하는 소득에 해당하는 부당이득금을 지급받기 위하여 부담한 일반적으로 용인되는 통상적인 변호사 비용과 관련 수수료 등 소송비용은 필요경비에 해당하며, 그 귀속시기는 해당 비용이 확정된 날이 속하는 연도로 한다.

손해배상금의 법정이자(소통 16-0…2)

법원의 판결 및 화해에 의하여 지급받는 손해배상금에 대한 법정이자는 이자소득으로 보지 아니한다. 다만, 위약 또는 해약을 원인으로 법원의 판결에 의하여 지급받는 손해배상금에 대한 법정이자는 기타소득으로 본다.

손해배상금의 법정이자	계약의 위약·해약	기타소득
	위 이외의 원인	과세제외

저자TIP 재산권에 관한 계약의 위약 또는 해약으로 인하여 받는 위약금과 배상금의 과세방법

(1) 필요경비개산공제(80%)는 주택입주지체상금에 대하여만 적용한다.

(2) 원천징수하지 않고 무조건 종합과세한다.(계약금이 위약금과 배상금으로 대체되는 경우에 한한다)

즉, 원칙적으로 개인에게 지급하는 위약금과 배상금은 원천징수 대상이며, "계약금이 위약금과 배상금으로 대체되는 경우"에만 원천징수하지 않고 종합과세한다는 것이다.

➲ 2020.1.1. 이후 발생하는 '계약금이 위약금이나 배상금으로 대체된 소득분'부터 소득금액이 300만원 이하이면 종합과세와 분리과세를 선택할 수 있다.(소법 14조 ③ 8 가) 이때 분리과세를 선택한 경우의 결정세액은 원천징수 되지 않은 소득이므로 원천징수세율에 해당하는 22%(지방소득세 포함)를 적용한다.(소법 64조의3, 2019.12.31. 신설)

✓ 부동산 매매계약의 위약으로 인한 기타소득금액 계산시 필요경비 산입 범위

[사실관계]

- 질의인은 2019년 10월 아파트를 매수하기로 매매계약을 체결하고 매매계약금 4,500만원을 지급하였으며, 매매계약 체결이후인 2019년말 매수하기로 한 해당 아파트의 전세계약을 체결하고 전세계약금 2,000만원을 수령함
- 이후 매매계약이 해지됨에 따라 질의인은 위약금 4,500만원을 수령하였으며, 전세계약도 해지하여 위약금 2,000만원을 전세계약자에게 지급함

[질의]

아파트 매매계약 해지로 수령한 위약금에 대한 기타소득금액 계산시 전세계약 해지로 지급한 위약금을 필요경비로 산입할 수 있는지 여부

[회신]

부동산 매매계약의 위약으로 인하여 지급받은 위약금은 소득세법 제21조 제1항 제10호에 따라 기타소득에 해당하는 것이며, 이에 대한 필요경비는 소득세법 제37조 제2항에 따라 당해 수입금액에 직접 대응되는 비용의 합계액으로 하는 것으로서, 전세계약 해지로 인하여 지급하는 위약금은 매매

계약 해지로 인하여 지급받는 위약금의 필요경비에 산입할 수 없는 것임(사전법령해석소득 2020-450, 2020.6.12.)

✓ 기타소득금액 계산시 소송비용 등의 필요경비 인정여부(소득 집행기준 21-0-7)

① 부동산 매매계약의 취소와 관련하여 당초 부동산매매거래를 위하여 거래당사자로서 지급한 중개수수료 및 해당 매매계약 해지를 위한 소송과 관련하여 변호사에게 지급한 보수는 기타소득(위약금)에 대한 필요경비로 산입할 수 있다.

② 재단의 이사장으로서 재단의 이사 및 이사장의 선임권 등 그 재단법인의 사실상 운영자로서의 지위를 물려받을 수 있는 절차를 밟아준 데 대한 사례의 뜻으로 지급받은 금액은 '사례금'에 해당하고, 그 재단의 설립과정에서 개인적으로 투자한 금액은 필요경비에 해당하지 않는다.

③ 아파트를 분양하는 법인이 수분양자의 귀책사유로 분양계약을 해지하면서 해당 법인에게는 해약금이 귀속되고 수분양자에게는 분양대금 반환금과 함께 반환금에 대한 이자상당액이 귀속되는 경우에는 해당 이자상당액에서 해약금을 차감한 금액이 기타소득에 해당한다.

✓ 매매대금반환 소송을 위하여 지급한 변호사비용이 기타소득(지연손해금)의 필요경비에 해당하는지

매매대금반환 소송을 위하여 지급한 변호사 비용 중 기타소득 총수입금액에 대응하는 비용은 필요경비로 산입하는 것임(기준법령해석소득 2020-106, 2020.7.16.)

✓ 노동위원회 차별시정 판정에 따라 지급받은 내부성과급의 소득 구분

노동위원회의 차별적처우 시정판정에 따라 근로자가 지급받는 내부성과급은 근로소득에 해당하는 것임(서면소득 2021-5035, 2021.7.30.)

✓ 법원 판결에 따른 손해배상금 및 소송촉진 등에 관한 특례법상 지연손해금이 기타소득에 해당하는지 여부

계약의 위약 또는 해약이 아닌 불법행위로 인하여 발생한 배상금은 소득세법 제21조 제1항 제10호에 따른 기타소득에 해당하지 않는 것이나, 배상금의 발생원인이 계약의 위약 또는 해약인지 여부는 사실판단할 사항임(서면법령해석소득 2020-4710, 2021.6.30.)

✓ 법원 판결에 따라 재임용절차 이행시까지 지급받은 임금 상당액 손해배상금의 근로소득 해당 여부

법원판결에 따라 임용기간 만료 후 재임용절차 이행시까지 지급받는 임금 상당액의 손해배상금은 근로소득에 해당하지 않는 것임(서면소득 2020-1021, 2021.6.29.)

✓ 사업시행자인 조합의 재결신청 지연으로 인하여 지급받은 지연가산금의 소득구분

조합의 재결신청 지연으로 인해 지급받은 지연가산금은 양도가액에 포함되지 아니하며 소득세법 제21조 제1항 제10호의 기타소득에 해당하지 않는 것임(사전법령해석소득 2017-33, 2017.10.12.)

✓ 송·변전설비로 인하여 주변토지의 가치하락에 따라 받는 보상금의 기타소득 해당 여부

거주자가 소유하는 토지의 일부가 공익사업인 송·변전시설 설치를 위하여 수용되어 그 잔여지의 가치가 하락됨으로 인해 「송·변전설비 주변지역 보상 및 지원에 관한 법률」에 따라 지급받는 손실보상금은 기타소득에 해당하지 아니하는 것임(법규소득 2014-79, 2014.4.22.)

✓ 선하지 보상금의 소득세 과세여부

전기사업법에 따른 전기를 공급하는 사업자가 토지 소유자와 계약 없이 토지 상공을 무단으로 점유하여 송전선로를 설치운영함에 따라 발생하는 선하지(線下地) 무단사용에 대한 보상금(이하 '선하지 보상금')을 토지 소유자가 손해배상 및 부당이득반환 등의 소를 제기한 경우에 법원의 판결에 따라 지급되는 보상금의 수준으로 토지 소유자에게 지급한 경우 해당 선하지 보상금은 법원의 판결에 따라 지급되는 보상금과 동일하게 소득세가 과세되지 아니하는 것임(기획재정부소득-173, 2017.3.28.)

✓ 위약금의 수령을 포기하는 경우에도 기타소득이 과세됨

지급받을 권리가 확정된 기타소득(위약금)을 포기한 경우 포기한 때에 지급받은 것으로 보아 기타소득금액에 대한 과세를 하여야 함(법규소득 2011-0506, 2011.12.15.)

✓ 판결에 따라 지급하는 위약금을 강제집행으로 지급된 경우에도 원천징수의무가 있음

법원의 판결에 따라 위약금을 지급하는 자는 원천징수를 하여야 하는 것이며, 이 경우 강제집행으로 지급된 경우에도 원천징수의무가 면제되는 것은 아님. 또한, 기한 내에 원천징수의무를 이행하지 아니한 경우에는 국세기본법 제47조의5의 원천징수납부 등 불성실가산세가 적용되는 것임(원천-667, 2012.12.3.)

✓ 손해배상금에 해당 지연배상금을 법원에 공탁하는 경우 원천징수의무자의 판단

채권자가 채무자의 금전채무불이행에 대한 소를 제기하여 법원의 지급판결에 따라 손해배상금에 해당 지연배상금을 법원에 공탁하는 경우 공탁하는 자가 공탁시에 원천징수하여야 하는 것임(제도46013-11529, 2001.6.15.)

✓ 계약금을 매매계약 해제로 인한 위약금으로 보아 과세할 수 있는지 여부

[사실관계]

- 매도인 000은 매수인 (주)00개발과 2008.2.19. 인천 계양구 소재 토지 및 건축물을 21,355백만원에 매매하는 부동산매매계약을 아래와 같이 체결하고 계약금 2,154백만원을 수령함

• 잔금액(지급 약정일) : 192억원(2009.3.28.) • 잔금지급 지연 시 : 연14%의 지연손해금 지급 • 잔금지급 지연기간이 3개월을 초과할 경우 계약을 해제할 수 있고 계약금은 매도자에게 귀속 • 토지거래허가구역 내 토지로 이와 관련하여 위약금 지급 등 별도의 특약사항이나 허가불허 시 위약금 지급관련 별건 계약은 없음

- 매수인은 2010년 10월 관할구청에 토지거래허가를 신청하였으나 2012년 10월 토지거래 불허가 통지를 받았으며 매수인은 법인사업자로서 부도 및 직권폐업 상태이며 대표이사는 개인회생절차 진행 중임. 매수인은 현재까지 잔금지급 이행을 못하고 있음
- 매도인은 매수인에게 별도의 해제권행사가 없었으며, 매수인도 해제의 의사표시나, 계약금 지급액에 대한 구상권 행사나 반환을 포기하는 의사표시를 한 사실이 없음

[질의]

매수자가 부도·폐업상태에 있고 토지거래허가를 받지 아니한 경우 계약이 해제된 것으로 보아 계약금을 위약금으로 보아 기타소득으로 과세할 수 있는 지 여부

[회신]

거주자가 토지거래허가구역 내 소유토지 등의 매매계약을 체결하고 매매잔금을 지급받지 아니하였으나, 해당 매매계약이 유동적으로 무효의 상태에 있다면 거주자가 매매계약 시 지급받은 계약금은

소득세법 제21조 제1항 제10호에 따른 기타소득에 해당하지 아니하는 것임(법규-1395, 2013. 12.23.)

✓ **기타소득에 해당하는 위약금의 수입시기**

공탁된 위약금의 경우 공탁하는 때에 당해 기타소득에 대한 원천징수를 하여야 하고, 위약금을 지급받을 권리가 확정되어 공탁금을 수령하는 날 또는 법원의 확정판결 일을 당해 기타소득에 대한 총수입금액의 수입시기로 봄(서면1팀-1420, 2005.11.23.)

✓ **토지매매계약의 해약으로 지급받는 법정이자 상당액의 소득구분**

택지매매계약 체결후 매수자의 귀책사유로 해지하고 불입금액의 반환과 함께 지급하는 법정이자상당액은 그 명목여하에 불구하고 기타소득에 해당함(재소득 46073-27, 1999.10.26.)

✓ **소득세 과세대상 여부**

근로자가 법원의 판결화해 등에 의하여 부당해고기간의 급여를 일시에 지급받는 경우 해고기간에 근로를 제공하고 지급받는 근로소득으로 보며, 법원의 판결에 의하여 지급받은 지연손해배상금 상당액은 기타소득에 해당하는 것임(서면법령해석소득 2015-1976, 2015.12.10.)

✓ **약정금 소송에 따라 지급받는 금원**(지연손해금 제외)

약정에 따라 지급받는 금원이 본래의 계약의 내용이 되는 지급 자체에 대한 손해를 넘는 손해에 대하여 배상하는 금전에 해당하는 경우에는 위약금 또는 배상금에 해당하는 것이고, 사무처리 또는 역무의 제공 등과 관련하여 사례의 뜻으로 지급되는 금품에 해당하는 경우에는 사례금에 해당하는 것이나 이는 종합적으로 고려하여 사실판단할 사항임(서면법령해석소득 2020-5264, 2021.2.24.)

✓ **보상금에 대한 부당이득반환청구소송 결과 지급받은 법정이자 상당액의 소득구분과 수입시기**

거주자가 소유한 토지가 수용되어 공익사업을 위한 토지 등의 취득 및 보상에 관한 법률에 따른 보상협의가 이루어져 협의매수계약이 체결되었으나, 해당 협의매수계약이 착오에 의한 것으로서 취소된 것이라고 법원이 판결하여 토지소유자가 수용된 토지의 소유권을 환원받는 대신 정당한 수용가액과 당초 수용가액의 차액을 추가로 지급받으면서 이에 더해 법정이자 등을 지급받는 경우 해당 법정이자 등은 기타소득에 해당하며, 해당 기타소득의 수입시기는 그 지급을 받은 날이 되는 것임(소득-522, 2012.6.27.)

✓ **매도자의 귀책사유로 매매계약이 해지되면서 매수인이 받은 위약금의 소득구분**

매매계약 체결후 매도자의 귀책사유로 인하여 매매계약을 해지하고 매수자에게 지급하는 위약금은 기타소득에 해당됨(소득-140, 2012.2.22.)

✓ **기타소득으로 보는 사례**

① 예금반환청구소송으로 인하여 지급받는 지연손해금(재경원소득 46073-120, 1996.8.24.)
② 임대차기간이 만료한 후 임대인이 임대보증금을 지체하여 반환함으로써 법원의 판결에 의하여 임차인이 지급받는 법정이자(지연이자)상당액(소득 46011-396, 1999.11.25.)
③ 거주자가 주택분양계약의 해지로 인하여 본래의 계약내용에 따라 당초 불입한 금액의 반환금과 함께 지급받는 약정이자상당액은 명목여하를 불문하고 기타소득임(재정경제부소득 46073-184, 2000.11.22.)
④ 아파트 건설업체가 주상복합건물을 신축·분양하면서 당초 분양입주자들에게 아파트 등을 당초 계약조건과 같이 시공하지 아니하여 해당 분양받은 자들이 동 건설업체로부터 지급받은 손해배

PART 2

상금(소득 46011-1074, 1997.4.17.)

⑤ 부동산매매계약을 체결하고 매도자가 지급받은 계약금이 매수자의 계약불이행으로 위약금으로 되는 경우 해당 위약금. 그 위약금의 귀속연도는 해당 계약의 해약이 확정된 날이 속하는 연도임(소득 46011-2140, 1999.6.5.)

⑥ 매매계약체결 후 매도자의 귀책사유로 인하여 매매계약을 해지하고 매수자에게 본래의 계약내용에 따라 수납한 금액(계약보증금 등)과 함께 지급하는 법정이자 및 추가적으로 지급하는 위약금은 지급지체에 대한 손해를 넘는 금액으로 이는 기타소득임(재경원소득 46073-191, 1997.11.18.)

✓ 판결에 따라 청구 인용금액에 더하여 주문에 따라 지급받는 금액은 기타소득임

소방공무원들이 초과근무수당의 지급을 청구하는 소송을 제기하고 판결에 따라 청구 인용금액에 더하여 "2011.9.2.부터 2011.11.17.까지는 연 5%, 그 다음날부터 다 갚는 날까지는 연 20%의 각 비율에 의한 금원을 각 지급하라"는 주문에 따라 지급받는 금액은 기타소득에 해당하는 것임(소득-106, 2012.2.9.)

✓ 사고보험금의 지급지연에 따른 지연손해금이 기타소득에 해당하는지 여부

생명·신체에 관한 사고를 원인으로 하는 사고보험금의 지급지체에 따른 지연손해금은 소득세법 제21조 제1항 제10호에 따른 기타소득에 해당하지 않는 것임(기획재정부소득-498, 2019.8.29.)

※ 참고예규

✓ 사망보험금등 지급지체에 따른 지연손해금 관련 해석의 적용시기

생명보험금등 지급지연 손해금이 기타소득의 손해배상금에 해당하지 아니한다는 기획재정부 해석(기획재정부 소득세제과-27, 2019.1.3, 기획재정부 소득세제과-498, 2019.8.29.)은 해석일 이후 경정하는 분부터 적용하는 것임(기획재정부소득-118, 2020.2.27.)

✓ 판결에 의하여 지급받는 지연손해금의 소득구분

부당이득금반환청구소송에 따라 법원의 판결 및 화해에 의하여 지급받는 부당이득금에 대한 지연손해금은 이자소득으로 보지 아니하는 것이며, 이는 기타소득에 해당하는 것임(서면1팀-1535, 2004.11.16.)

✓ 하천편입토지의 손실보상금과 이에 대한 지연손해금의 기타소득 해당 여부

거주자가 하천편입토지 보상에 관한 특별조치법에 따라 국가 또는 지방자치단체로부터 지급받은 하천편입토지에 대한 손실보상금과 이에 대한 지연손해금은 기타소득에 해당하지 아니하는 것임(법규소득 2012-380, 2012.10.9.)

✓ 선납한 중도금을 반환받으면서 추가로 받는 이자상당액은 기타소득임

아파트분양계약을 체결한 거주자가 계약조건에 따른 중도금 선납할인을 받기 위하여 중도금을 선납하였으나, 선납할인을 포기하고 선납한 중도금을 반환받으면서 이에 더하여 받는 연 5% 이자상당액은 소득세법 제21조에 따른 기타소득에 해당하는 것임(소득-821, 2012.11.8.)

✓ "계약"의 범위

① 소득세법 제21조 제1항 제10호에서 "'위약금 또는 배상금'이라 함은 재산권에 관한 계약의 위약 또는 해약으로 인하여 받는 손해배상으로서 그 명목 여하에 불구하고 본래의 계약의 내용이 되는

지급자체에 대한 손해를 넘는 손해에 대하여 배상하는 금전 또는 기타 물품의 가액을 말한다."라고 규정하고 있는 바, 조세법규의 해석은 엄격히 해석하여야 하고 확장해석 내지 유추해석은 금지된다 할 것이므로 위 법조항에서 말하는 위약 또는 해약의 대상이 되는 '계약' 내지 '재산권에 관한 계약'이라 함은 엄격한 의미의 계약만을 의미한다 할 것이다.(대법 2005다37543, 2007.5.11.)

② 공공사업의 시행자가 그 사업에 필요한 토지를 협의 취득하는 행위는 사법상의 매매계약이고 협의 취득은 토지 등의 소유자와 공공사업의 시행자 사이에 합의에 의하여 성립되지만 토지 등의 소유자가 사업시행자의 청약에 승낙하지 아니한다면 매매계약에 인정되는 협의 취득은 성립하지 않는다 할 것이다. ~ (중간 생략) ~ 따라서 청구인이 ○○○○시로부터 수령한 "손실보상금과 그 손실보상금 지급 의무의 이행지체에 따른 지연손해금"은 청구외 ○○○와 ○○시 사이에 합의에 의하여 성립된 것이 아니라 청구외 ○○○가 ○○시의 청약에 승낙하지 아니하여 합의가 되지 않아 법원에서 "손실보상금 지급의무의 이행지체로 인한 지연손해금"을 지급하라는 결정을 한 것으로서, ○○○시에서 법원의 결정에 따라 지급한 이 사건 지연손해금은 위 소득세법에서 말하는 계약의 위약으로 인하여 받는 배상금이라 할 수 없고, 그에 따라 이 사건 지연손해금이 위 소득세법상의 기타소득에 해당된다고 볼 수 없다 할 것임(감심 2008-192, 2008.6.26.)

✓ **이전비나 보상금은 원천징수대상소득이 아님**

① 사업자가 사업장을 계속 사용할 수 없어 사업장 이전에 따라 건물주로부터 받는 영업손실보상금, 사업장이전비, 기타 보상금은 "계약의 위약 또는 해약으로 인하여 받는 위약금과 배상금"에 해당하지 아니하여 원천징수대상소득이 아니며,

② 동 보상금은 사업소득의 총수입금액에 산입하고 사업장 이전에 실제 소요된 비용 등은 필요경비에 산입하는 것임(법인 46013-2657, 1998.9.18.)

✓ **지연손해배상금**

근로자가 법원의 판결·화해 등에 의하여 부당해고기간의 급여를 일시에 지급받는 경우 해고기간에 근로를 제공하고 지급받는 근로소득으로 보는 것이며, 법원의 판결에 의하여 지급받은 지연손해배상금상당액은 기타소득에 해당하는 것임(소득 46011-860, 1993.4.3.)

✓ **위로금의 소득구분**

거주자가 해고무효확인소송 중 법원의 결정조서에 따라 해고기간 동안의 임금 및 위로금 명목으로 지급받는 금액 중 근로소득 또는 퇴직소득에 해당하지 아니하는 손해배상금은 기타소득에 해당하는 것임(서면1팀-415, 2007.3.26.)

✓ **근로자 부당해고에 따라 지급하는 가산보상금 및 지연이자 상당액의 기타소득 해당 여부**

사용자가 근로자와의 단체협약에 따라 근로자에게 부당해고기간 동안의 임금 상당액과는 별도로 지급하는 가산보상금과 이에 대한 지연이자 상당액은 기타소득에 해당하는 것임(서면법규-1551, 2012.12.24.)

✓ **법원 판결에 의한 소급급여 및 지급지연 이자 지급시 원천징수 방법**

법원판결에 의해 지급받는 직권면직기간의 소급급여는 동 기간의 근로소득이며, 본래의 지급기일을 초과하여 추가로 지급받는 지연이자는 기타소득으로 판결이 있는 날이 속하는 달의 다음달 말일까지 원천징수 하여야 함(서면1팀-877, 2007.6.26.)

PART 2

✓ **채무불이행으로 이자지급기간 이후부터 받는 금액은 지연손해금으로 기타소득임**

당초 변제대상 원리금을 초과하여 수령한 금액은 약정상의 채무변제 불이행으로 인하여 당초 이자지급기간 이후부터 채권의 회수를 통하여 지급받은 금원으로 그 성질상 이자가 아닌 지연손해금으로 기타소득에 해당함(조심 2008중1140, 2010.12.27.)

✓ **농지의 임차인이 지급받는 보상금에 대한 소득구분**

농지의 임차인이 임대차계약이 해지됨에 따라 임대인 또는 양수자로부터 지급받는 금액이 "영업손실보상금"에 해당하는 경우에는 사업소득의 총수입금액에 산입하는 것이고(다만, 이 경우 임차인이 작물재배업을 영위하는 경우에는 과세제외), 동 지급금액이 해당 농지를 원만하게 명도받기 위하여 "법적 의무 없이 지급하는 합의금"(소득세법 제21조 제1항 제17호) 또는 해당 임대차계약의 위약 또는 해약으로 인하여 받는 "위약금과 배상금"(동 제10호)에 해당하는 경우에는 각각 기타소득에 해당하는 것이며, 귀 문의의 임차인이 지급받는 금액이 영업손실보상금인지, 합의금 성격의 사례금인지 또는 위약금인지 여부는 동 금액의 지급사유, 지급조건, 당사자간 약정내용(임대차계약, 매매계약 등), 사업(경작)손실내역 등 관련 사실관계를 종합적으로 조사·확인하여 판단할 사항임을 알려드림(서면1팀-1496, 2005.12.7.)

④ 재산권 외의 손해배상금

계약의 위약 또는 해약으로 인하여 받는 위약금과 배상금에는 계약의 위약 또는 해약으로 인하여 타인의 신체의 자유 또는 명예를 해하거나 기타 정신상의 고통 등을 가한 것과 같이 재산권 외의 손해에 대한 배상 또는 위자료로서 받는 금액은 포함되지 아니한다.(소통 21-0…1 ⑤)

✓ **교통사고로 지급받는 위자료의 소득구분**(소통 21-0…2)

교통사고로 인하여 사망 또는 상해를 입은 자 또는 그 가족이 그 피해보상으로 받는 사망·상해보상이나 위자료는 소득세과세대상 소득에 해당되지 아니한다.

✓ **음식점업으로 인한 사업소득은 음식점업 운영 과정에서 그 사업과 관련하여 얻게 되는 소득이며, 이 사건 손해배상금은 사업관련 소득 또는 발생된 손실 등을 보상하기 위해 지급된 것으로 1회적으로 발생되었다하더라도 사업소득에 해당됨**(대법 2024두37213, 2024.6.17.)

✓ **거주자가 정신·육체적 피해에 대한 배상금으로 지급받는 금액에 대한 질의 회신**

거주자가 정신·육체적 피해에 대한 배상금으로 지급받는 금액은 기타소득에 포함되지 아니하는 것이나, 권리 등이 침해되지 아니할 정도의 일상생활에 불편을 감수한데 대한 사례의 성격으로 받는 금액 또는 민·형사상의 이의를 제기하지 않는 조건으로 지급받는 합의금은 사례금으로서 기타소득에 해당하는바, 귀 질의가 어느 경우에 해당되는지 여부는 구체적인 보상금 지급사유, 보상금의 성격 및 지급금액, 상대방과의 관계 등을 종합적으로 고려하여 사실판단 할 사항임(기획재정부조세법령-211, 2020.2.12.)

✓ **공익사업을 위한 토지 등의 취득 및 보상에 관한 법률에 따라 지급받는 손실보상금(損失補償金) 및 이에 따른 지연손해금은 재산권에 관한 계약의 위약 또는 해약으로 인해 받는 위약금과 배상금에 해당하지 않으며 기타소득에 해당하지 않는다.**(소득 집행기준 21-41-2 ⑤)

✓ **개인이 재건축조합과 부동산매매계약 후 분양면적의 부족에 따라 반환받는 대가의 소득구분**

매매계약에 의하여 대금납부 후 매매가액의 조정에 따라 받는 반환금은 과세소득에 해당하지 않고 기타소득 중 위약금 또는 배상금이란 재산권에 관한 계약의 위약 또는 해약으로 인하여 받는 손해배상으로서 본래의 계약내용이 되는 지급자체에 대한 손해를 넘는 손해에 대하여 배상하는 금전 또는 기타 물품의 가액을 말함(소득-2932, 2008.8.22.)

✓ **분양받은 오피스텔의 임대권한을 분양사업자에게 부여하고 지급받는 소득의 부동산임대소득 해당 여부**

분양사업자가 상가를 분양하면서 미분양상가의 분양촉진을 위해 수분양자들에게 소유권이전을 완료한 후 임대권한을 부여받고 일정금액을 임대수익으로 보장하여 지급하는 경우, 수분양자가 보장받는 해당 임대수익 보장금은 소득세법 제19조 제1항 제12호의 사업소득에 해당하는 것임(서면법규-775, 2014.7.22.)

✓ **분양업자가 수분양자에게 임대보장지원제도에 따라 지급하는 임대보장지원금의 소득구분**

임대보장지원 확약에 따라 상가분양사업자가 수분양자에게 임대보장금액을 지급하는 경우, 수분양자가 지급받는 금액은 소득세법 제19조 제1항제 12호의 사업소득에 해당하는 것임(서면법령해석소득 2019-4794, 2020.7.14.)

✓ **상가의 수분양자가 1년간의 상가 수익보장금을 일시에 지급받아 잔금청산에 사용한 경우 수입금액 계산**

신축 상가를 분양하는 분양업체가 상가의 수분양자에게 분양가액의 잔금 납부시점부터 1년 동안 분양가액의 일정률에 해당하는 수익금을 보장해 주는 약정을 해줌에 따라 수분양자가 그 잔금납부시에 수익보장금을 일시에 입금받아 해당 상가의 잔금청산에 사용한 경우로서 해당 수익보장금이 소득세법 시행령 제51조 제3항 제1호의 규정에 따른 <u>선세금에 해당하는 경우에는</u> 위 같은 규정에 따라 선세금을 계약기간의 월수로 나눈 금액의 <u>각 과세기간의 합계액을 사업소득의 총수입금액으로 계산할 수 있는 것</u>이나, 해당 수익보장금이 위와 같은 선세금에 해당하는지 여부는 구체적인 사실관계 등을 종합하여 판단해야 하는 것으로서 귀 질의와 관련해서는 아래 우리청의 기존 해석사례들을 참조하시기 바람.(서면소득 2017-1667, 2017.7.26.)

✓ **분양자로부터 수분양자 등이 지원받는 수익보장금의 소득세 과세여부**

상가의 초기 활성화를 위하여 일정기간 분양자가 수분양자에게 수익보장금을 지급하되 <u>수분양자의 소유권 양도시 양수인에게 수익보장금을 지급하고</u>, <u>영업을 개시한 상가에는 더 높은 수익보장금을 지급하는 경우</u> 수분양자 또는 양수인이 지급받는 수익보장금은 소득세법 제19조 제1항 제12호의 사업소득에 해당하는 것으로 <u>총수입금액에 산입하는 것</u>임(서면법령해석소득 2017-225, 2017.6.30.)

✓ **수분양자가 수익보장금을 매월 지급받는 경우 소득세 과세여부**

사업자가 상가 등의 분양업자로부터 수익보장금 명목으로 일정기간동안 일정금액을 받는 조건으로 상가 등을 분양받는 경우 구매자인 사업자가 <u>분양업자로부터 수익보장금 명목으로 지급받는 금액</u>

PART 2

의 합계액은 상가 등의 취득가액에서 차감하는 것임(소득-930, 2012.12.21.)

➲ 기타소득으로 판단했던 기존의 유권해석(서면1팀-1374, 2007.10.8.), (기획재정부소득-69, 2008. 4.25.)은 삭제되었다.

✓ **건설공사로 인한 피해보상금의 기타소득 해당 여부**(소득 해석편람 21-2-6)

건축공사 중 주위의 아파트에 피해를 줌으로써 현실적으로 발생한 피해의 보전 또는 원상회복을 초과하지 않는 범위 내에서 지급하는 보상금과 기타 정신상의 고통에 대한 배상 또는 위자료로서 지급하는 보상금은 기타소득에 포함되지 않는 것임(소득 46011-186, 1999.10.14.)

✓ **지하철공사로 인한 피해보상금 등의 과세대상 여부**(소득 해석편람 21-2-7)

지하철공사 중 주위의 건물에 피해를 줌으로써 법원판결에 의하여 현실적으로 발생한 피해의 보전 또는 원상회복을 초과하지 않는 범위 내에서 지급하는 손해배상금과 법정이자는 소득세가 과세되지 않는 것임(재경부소득 46073-174, 2002.12.13.)

✓ **법원의 전부명령에 의하여 제3채무자로부터 지급받는 위약금과 배상금의 과세 여부**(소득 해석편람 21-2-9)

재산권에 대한 계약의 위약 또는 해약으로 인해 계약당사자 일방인 개인이 지급받는 위약금과 배상금은 기타소득에 해당하는 것이나, "재산권에 대한 계약의 위약 또는 해약으로 인하여 위약금과 배상금을 지급받을 법인"에게 금전을 대여한 채권자가 대여금을 회수하기 위하여 법원에 채권압류 및 전부명령을 신청하고 법원의 채권압류 및 전부명령에 의하여 "동 위약금과 배상금을 지급할 의무가 있는 제3채무자"로부터 지급받는 동 위약금과 배상금은 기타소득에 해당하지 않는 것임(재경부소득 46073-11, 2003.1.24.)

12 유실물의 습득에 따른 보상금 등

유실물의 습득 또는 매장물의 발견으로 인하여 보상금을 받거나 새로 소유권을 취득하는 경우 그 보상금 또는 자산(소법 21조 ① 11)

✓ **유실물 반환 시 기타소득의 수입금액 산정방법**

[사실관계]

- 거주자가 78만원 상당 금액의 당첨이 확인된 승부식 프로토 복권을 습득하여 경찰청에 유실물 신고함
- 유실물 공고 후 6개월 내에 그 소유자가 권리를 주장하지 아니하여 습득자가 그 소유권을 취득(민법 253조)
- 경찰청에서는 습득자에게 유실물 인도 시 원천징수를 하고 있으므로, 당첨된 복권 인도 시 수입금액 산정방법에 대해 질의

[질의]

당첨된 복권을 유실물로 취득하여 경찰청에 신고하였으나, 권리를 주장하는 소유자가 없어 경찰청

이 습득자에게 유실물을 반환하는 경우 원천징수대상 기타소득 수입금액 산정방법

[회신]
소득세법 제21조 제1항 제11호(☞ 유실물의 습득에 따른 보상금 등)에 따른 기타소득 지급 시 수입금액은 수입시기가 도래하지 않은 소득세법 제21조 제1항 제2호(☞ 복권, 경품권, 그 밖의 추첨권에 당첨되어 받는 금품)에 따른 기타소득을 제외하고 산정하는 것임(기획재정부소득-253, 2022.6.2.)

13 소유자가 없는 물건의 점유로 소유권을 취득하는 자산

14 특수관계인으로부터 얻는 일정한 경제적 이익

거주자·비거주자 또는 법인의 특수관계인이 그 특수관계로 인하여 해당 거주자·비거주자 또는 법인으로부터 받는 경제적 이익으로서 급여·배당 또는 증여로 보지 아니하는 금품

(1) 특수관계인의 범위(소령 41조 ⑨)

여기서의 특수관계인이란 다음 중 하나에 해당하는 특수관계인을 말한다.

① 해당 거주자의 제98조 제1항에 따른 특수관계인

② 해당 비거주자의 국제조세조정에 관한 법률 시행령 제2조 제2항에 따른 특수관계인

③ 해당 법인의 법인세법 시행령 제2조 제8항에 따른 특수관계인(2025.2.28. 개정)

(2) 경제적이익의 범위

① 법인세법에 따라 법인의 소득금액을 법인이 신고하거나 세무서장이 결정·경정할 때 처분되는 배당·상여 외에 법인의 자산 또는 개인의 사업용으로 제공되어 소득발생의 원천이 되는 자산(사업용자산)을 무상 또는 저가로 이용함으로 인하여 개인이 받는 이익으로서 그 자산의 이용으로 인하여 통상 지급하여야 할 사용료 기타 이용의 대가(통상 지급하여야 할 금액보다 저가로 그 대가를 지급한 금액이 있는 경우에는 이를 공제한 금액으로 한다)(소령 41조 ⑩ 1)

② 노동조합 및 노동관계 조정법 제24조 제2항 및 제4항을 위반하여 지급받는 급여

✓ **노동위원회 차별시정 판정에 따라 지급받은 내부성과급의 소득 구분**

노동위원회의 차별적처우 시정판정에 따라 근로자가 지급받는 내부성과급은 근로소득에 해당하는 것임(서면소득 2021-5035, 2021.7.30.)

✓ **퇴사 후에 지급받는 보상금**

법인의 임직원이 해당 법인의 근무기간 중 부여받은 주식매수선택권의 취소와 관련하여, 법인(법인세법 시행령 제87조 규정에 의한 특수관계에 있는 법인 포함)에 근무하는 기간 중 지급받는 보상금은 근로소득에 해당하는 것이며, 퇴사 후에 지급받는 보상금은 기타소득에 해당하는 것임(서면1팀-714, 2004.5.29.)

15 슬롯머신 당첨금품 등

➲ 필요경비 : 당첨 당시에 슬롯머신 등에 투입한 금액

슬롯머신(비디오게임을 포함) 및 투전기 그 밖에 이와 유사한 기구(이하 "슬롯머신 등"이라 한다)를 이용하는 행위에 참가하여 받는 당첨금품·배당금품 또는 이에 준하는 금품(이하 "당첨금품 등"이라 한다)

16 일시적인 문예창작소득

➲ 필요경비율 : 60%

문예·학술·미술·음악 또는 사진에 속하는 창작품(신문 등의 자유와 기능보장에 관한 법률에 따른 정기간행물에 게재하는 삽화 및 만화와 우리나라의 창작품 또는 고전을 외국어로 번역하거나 국역하는 것을 포함)에 대한 원작자로서 받는 소득으로서 다음에 해당하는 것

① 원고료

② 저작권사용료인 인세

③ 미술·음악 또는 사진에 속하는 창작품에 대하여 받는 대가

✓ **원고료에 대한 소득구분**(소통 21-0…4)

사원이 업무와 관계없이 독립된 자격에 의하여 사내에서 발행하는 사보 등에 원고를 게재하고 받는 대가는 기타소득에 해당한다.

✓ **창작활동으로 받는 상금**(소득 해석편람 21-1-6)

현상공모전에 출품하여 입상함으로써 지급받는 상금은 일시적인 문예창작소득으로 과세되는 것임 (재무부소득 46074-93, 1994.3.16.)

✓ **화가 본인의 창작품 매각시 소득구분**

문예창작소득 중에서 독립된 자격으로 계속적이고 직업적으로 창작활동을 하고 얻는 소득 즉, 교수 등이 책을 저술하고 받는 고료 또는 인세, 문필을 전문으로 하는 사람이 전문분야에 대한 기고를 하고 받는 고료, 미술·음악 등 예술을 전문으로 하는 사람이 창작활동을 하고 받는 금액, 정기간행물 등에 창작물(삽화·만화 등 포함)을 연재하고 받는 금액, 신문·잡지 등에 계속적으로 기고하고 받는 금액, 전문가를 대상으로 하는 문예창작 현상모집에 응하고 받는 상금 등은 사업소득에 속하며, 일시적인 창작활동의 대가 즉, 문필을 전문으로 하지 아니한 사람이 신문·잡지 등에 일시적으로 기고하고 받는 고료, 신인발굴을 위한 문예창작 현상모집에 응하고 받는 상금 등은 기타소득에 속함(서면1팀-842, 2007.6.19.)

17 재산권에 관한 알선수수료(소통 21-0…5 ①, 소득 집행기준 21-0-4)

① 재산권에 관한 알선수수료는 다른 소득에 속하지 않는 것으로서 재산의 매매·양도·교환·임대차계약 기타 이와 유사한 계약을 알선하고 받는 수수료를 말한다. 이 경우 사업소득 중 전문, 과학 및 기술서비스업(연구개발업은 계약 등에 따라 그 대가를 받고 연구 또는 개발용역을 제공하는 경우만 포함)에 속하는 중개업은 포함하지 않는다.(2024.10.31. 개정)

② 재산권에 관한 알선수수료에 대한 소득구분은 알선행위가 고용관계 없이 독립된 자격으로 계속적·반복적으로 행하여지느냐, 일시적으로 행하여지느냐 등 사업성 여부에 따라 판단한다.

③ 거주자가 일시적으로 부동산을 중개하고 받는 매매알선수수료는 기타소득에 해당하고 알선행위가 사업 활동으로 볼 수 있을 정도의 계속성과 반복성이 있으면 사업소득으로 구분한다.

④ 거주자가 수출을 알선하고 대가를 지급받는 행위가 수익을 목적으로 하고 있어 사업 활동으로 볼 수 있을 정도의 계속성과 반복성이 있다면 사업소득에 해당하는 것이며 그 대가가 일시적·우발적 소득이라면 기타소득에 해당한다.

기타소득으로 보는 알선수수료(소득 집행기준 21-0-4)

- 거주자가 일시적으로 외국에서 C/D(양도성예금증서)의 할인 교환을 알선하고 지급받는 금품
- 사업자가 아닌 거주자가 고용관계 없이 일시적으로 건설공사 계약을 알선하고 지급받는 수수료 등
- 거주자가 일시적으로 외국에서 고서화의 매매를 알선하고 지급받는 알선수수료

✓ 부동산중개업자가 영화관 유치 용역을 제공하고 받는 대가가 사업소득인지, 기타소득인지

부동산중개사업자가 복합시설물 분양사업자와 영화관 유치용역계약을 체결하고, 그 분양사업자로부터 지급받는 해당 용역비는 사업소득으로 보는 것이며, 해당 용역비를 수령할 시점의 사업자등록 폐업 여부와 관계없이 사업소득에 해당함(서면소득 2016-2961, 2016.2.26.)

✓ 재산권에 관한 알선수수료의 소득구분 등(소득 해석편람 21-1-8)

부동산임대업자가 중개업 등을 영위하는 사업자가 아닌 일시적인 중개행위를 한 거주자에게 중개수수료를 지급하는 경우, 이는 해당 거주자의 기타소득에 해당하는 것임(소득 46011-3138, 1999.8.10.)

✓ 부동산 매매알선수수료의 소득구분

사업자가 아닌 거주자가 일시적으로 부동산을 중개하고 받는 매매알선수수료는 기타소득에 해당하는 것이나, 해당 행위가 사업활동으로 볼 수 있을 정도의 계속성과 반복성이 있는 경우에는 사업소득에 해당하는 것으로 사업성 유무 또는 일시적 해당여부 등은 사실관계에 따라 판단하여야 할 사항임. 또한 재산권에 대한 알선수수료의 필요경비는 장부 및 증빙 등에 의하여 확인되는 것으로써 총수입금액에 대응하여 지출된 비용을 말하는 것임(서면1팀-303, 2006.3.7.)

✓ 공사계약 사례금에 대한 종합소득세 신고의무

사업자가 아닌 거주자가 고용관계 없이 일시적으로 건설공사 계약을 알선하고 지급받는 수수료 등의 대가는 기타소득으로서 원천징수의무자가 동 대가를 지급하는 때에 원천징수하여야 하며, 기타소득금액으로서 그 금액이 연 300만원 이하인 소득(해당 소득이 있는 거주자가 종합소득과세표준의 계산에 있어서 이를 합산하고자 하는 경우를 제외)은 종합소득과세표준의 계산에 있어서 이를 합산하지 아니하는 것임. 다만, 거주자가 알선·중개행위를 하고 대가를 지급받는 행위가 수익을 목적으로 하고 있어 사업활동으로 볼 수 있을 정도의 계속성과 반복성이 있다면 사업소득에 해당하는 것임(서면1팀-524, 2006.4.25.)

18 사례금

사례금에는 다른 소득에 속하지 아니하는 것으로서 다음의 것을 포함한다.(소통 21-0…5 ②)

① 의무없는 자가 타인을 위하여 사무를 관리하고 그 대가로 지급받는 금품. 다만, 그 의무없는 자가 타인을 위하여 실지로 지급한 비용의 청구액은 제외한다.

② 근로자가 자기의 직무와 관련하여 사용자의 거래선 등으로부터 지급받는 금품. 이 경우 상속세 및 증여세법의 규정에 의하여 증여세가 과세되는 것은 제외한다.

③ 재산권에 관한 알선수수료 외의 계약 또는 혼인을 알선하고 지급받는 금품

✓ **사례금은 사무처리 또는 역무의 제공 등과 관련하여 사례의 뜻으로 지급되는 금품을 의미하고, 귀속시기는 금원을 지급받은 때임**(대법원 2021두40669, 2021.9.16.)

사례금은 사무처리 또는 역무의 제공 등과 관련하여 사례의 뜻으로 지급되는 금품을 의미하고, 여기에 해당하는지는 해당 금품 수수의 동기·목적, 상대방과의 관계, 금액 등을 종합적으로 고려하여 판단하여야 하며, 사례금(기타소득)이 귀속된 시기는 금원을 지급받은 때로 봄이 타당함

✓ **NFT 거래 플랫폼업자가 거래수수료 중 일부를 개인발행인에게 지급하는 경우의 원천징수의무의 존부**

[사실관계]

- NFT의 발행자인 개인(이하 "개인발행인")은 질의법인이 운영하는 'AA NFT' 플랫폼 내 'Drops' 페이지(이하 "발행시장")를 통해 한정된 수량의 NFT를 최초 민팅*·배포한 후 발행시장에서 NFT의 소유권을 취득한 자는 "디지털 저작물"을 비상업적인 용도로 사용(개인 SNS내 업로드하는 행위 및 디지털 저작물 원본 그대로 개인적 용도로 사용하는 행위)할 수 있는 권리를 가지며 해당 플랫폼의 'MM' 페이지(이하 "유통시장") 등을 통해 보유하고 있는 NFT 소유권을 타인에게 이전할 수 있는 권리를 갖게 됨. 다만, 개인발행인은 유통시장에서의 NFT 소유권 이전거래에 대해 개입하지 않음

  * 민팅(minting) : 원래 동전과 같은 법정화폐의 주조의 뜻을 가진 단어이나, 최근에는 NFT에서 블록체인 기술을 활용해 디지털 콘텐츠에 대해 대체불가능한 고유 자산 정보를 부여해 가치를 매기는 작업을 의미함

- 위와 같이 유통시장에서의 NFT 양도거래가 발생하는 경우, 질의법인은 거래플랫폼 운영 및 거래지원 수수료로서 NFT 양도자와 양수자로부터 판매대금의 ×.×%에 해당하는 수수료를 각각 수취하고, 유통시장에서 발생한 거래수수료(판매대금의 총 ×%)의 ××%(결국 판매대금의 ×%, 이하 "쟁점수수료")를 거래 발생시마다 해당 NFT의 개인발행인에게 지급함
- 한편, 본건 NFT는 연계된 디지털 컨텐츠의 소유권이 있음을 증명하는 데 활용되나, NFT가 그 연계된 디지털 컨텐츠의 저작권을 의미하는 것은 아님

[질의]

NFT 거래 플랫폼 운영사업자가 NFT 거래당사자로부터 수취하는 거래수수료 중 일부를 개인발행인에게 지급하는 경우의 원천징수의무의 존부

[회신]
본 건 쟁점수수료는 원천징수대상 기타소득에 해당함(서면법규소득 2022-2671, 2023.1.25.)

✓ 콜옵션 양도대가로 수령한 금전이 기타소득 과세대상인 사례금에 해당하는지 여부

제3자를 콜옵션을 행사할 수 있는 자로 지정하면서 받은 대가는 소득세법 제1항 각 호에서 규정하는 기타소득 중 제17호의 사례금에 해당하지 않는 것이나, 그 외의 기타소득에 해당하는지 여부는 사실판단할 사항임(서면법규소득 2022-3012, 2022.10.31.)

✓ 노조활동을 하다가 해고된 노조원이 지급받는 금품의 소득구분

노조활동을 하다가 해고된 노조원이 지급받는 금품은 소득세법 제21조 제1항 제17호(☞ 사례금)에 해당함(서면법령해석소득 2021-2595, 2021.5.21.)

✓ 대리점 위탁매매 계약해지 시 대리점 인테리어 장부가액 상당액을 위탁법인이 지급하는 경우 해당 금전의 소득구분

[질의]

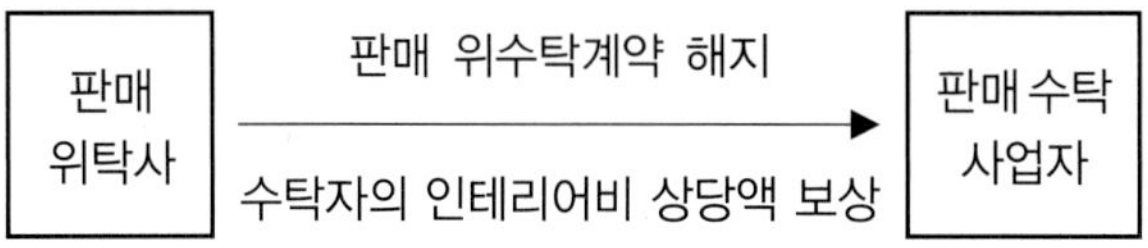

위탁판매사업을 영위하던 법인사업자가 대리점과의 위탁판매계약을 해지하면서 법적 지급의무 없이 대리점 인테리어 장부가액 상당액을 지급하는 경우, 쟁점 금전이 현실적으로 발생한 손해의 보전 또는 원상회복을 초과하지 아니하는 배상금으로서 기타소득에 해당하는 것으로 볼 수 있는지 여부

[회신]
이의를 제기하지 않는다는 조건으로 당사자 간 합의에 의하여 법적의무없이 지급하는 합의금은 소득세법 제21조 제1항 제17호의 규정에 의한 사례금으로서 기타소득에 해당하는 것임(사전법령해석소득 2017-646, 2017.11.17.)

✓ 지자체주관 일·경험 지원사업에 참여하는 학생이 지자체로부터 지급받는 지원금의 과세여부

지자체주관 일·경험 지원사업에 참여하는 학생이 지자체로부터 지급받는 지원금은 과세대상에서 제외됨(기획재정부소득-485, 2022.10.26.)

✓ 대학생 현장실습 운영규정 제7조에 따라 지급받는 현장실습지원비

대학생 현장실습 운영규정 제5조 제4항에 따라 수업으로서의 요건을 갖춘 현장실습수업에 참여하는 학생이 같은 규정 제7조에 따라 지급받는 현장실습지원비는 근로소득 및 기타소득에 해당하지 아니함(서면법령해석소득 2020-4237, 2021.3.18.)

✓ 약정금 소송에 따라 지급받는 금원(지연손해금 제외)

약정에 따라 지급받는 금원이 본래의 계약의 내용이 되는 지급 자체에 대한 손해를 넘는 손해에 대하여 배상하는 금전에 해당하는 경우에는 위약금 또는 배상금에 해당하는 것이고, 사무처리 또는 역무의 제공 등과 관련하여 사례의 뜻으로 지급되는 금품에 해당하는 경우에는 사례금에 해당하는 것이나 이는 종합적으로 고려하여 사실판단할 사항임(서면법령해석소득 2020-5264, 2021.2.24.)

✓ 회사 매각 시 직원이 당초 주주사로부터 지급받은 격려금의 소득구분

주주사가 주식을 양도하는 과정에서 주식양도절차가 원활하게 이루어 질 수 있도록 주식발행 법인의 임직원에게 협조를 구하는 대가로 지급한 금품은 소득세법 제21조 제1항 제17호의 사례금에 해당하는 것임(사전법령해석소득 2017-316, 2017.8.31.)

✓ 온라인투자연계금융업자가 투자자에게 사례의 뜻으로 지급한 상품권이 기타소득인지 여부

온라인투자연계금융업자가 투자자에게 사례의 뜻으로 지급한 상품권은 소득세법 제21조 제1항 제17호에 따른 사례금에 해당하는 것이나, 그 해당 여부는 상품권 수수의 동기·목적이 투자자의 구체적인 투자행위에 대한 사례를 위한 것인지 여부, 투자자가 수수한 상품권 금액과 투자자가 온라인투자연계금융업자에게 지급한 수수료 금액과의 연관성 등을 종합적으로 고려하여 사실판단할 사항임(기획재정부소득-81, 2020.2.12.)

✓ 법원의 조정결정에 따라 지급받는 위로금의 소득세 과세 여부

근로자인 거주자가 강요에 의한 퇴직시 일정금액을 사용자로부터 지급받는다는 각서를 근거로 사용자에게 약정금을 청구하는 민사소송 진행 중 법원의 조정결정에 따라 위로금 명목으로 지급받는 금액이 근로소득·퇴직소득·기타소득에 해당하는지 여부는 당해 소송기록을 구체적으로 확인하여 사실판단할 사항임(서면소득 2016-6239, 2017.2.13.)

✓ 고용관계 없는 거주자에게 회사의 이익에 기여한 공로로 지급하는 금전의 소득구분

고용관계 없이 타인의 사무를 관리하고 받는 금품 또는 특별한 공로에 따른 사례금 성격의 상금으로 필요경비가 인정되지 아니하는 기타소득에 해당함(법규-1209, 2013.11.4.)

✓ 초고속인터넷 가입조건으로 지급받는 사은금품의 기타소득 해당 여부

통신회사로부터 초고속 인터넷(초고속 인터넷과 IPTV 및 인터넷 전화와의 결합 상품을 포함한다) 가입유치 등을 위탁받은 사업자가 가입을 조건으로 가입자에게 지급하는 현금과 사은품은 소득세법 제21조(기타소득) 제1항 제17호에 따른 사례금 등의 과세소득에 해당하지 아니하는 것임(기획재정부소득-386, 2013.7.19.)

✓ 건물명도 합의금의 소득구분(소득 집행기준 21-0-6)

임대용 건물을 경락에 의하여 취득한 법인이 해당 건물의 기존 세입자들로부터 해당 건물을 조속하고 원만하게 넘겨받기 위하여 지급의무가 없는 합의금을 지급하는 경우 해당 세입자들이 지급받는 건물명도 합의금은 기타소득에 해당한다.

✓ 보상합의금의 소득구분 및 원천징수 여부

상가건물을 법원경매에 의하여 취득한 법인이 해당 건물의 기존세입자들로부터 해당 건물을 조속하고 원만하게 명도받기 위하여 지급의무가 없는 합의금을 지급하는 경우 해당 세입자들이 지급받는 건물명도합의금은 기타소득에 해당하는 것이며, 이는 소득세법 제127조 제1항 제5호의 규정에 의하여 원천징수의무가 있는 것임(소득 46011-240, 2000.2.17.)

✓ 부동산임대업자가 위약으로 지급하는 금액에 대한 필요경비 산입

부동산임대업자가 임대계약을 위약하여 임차인이 지급하는 금액 중 그 실제비용 상당액은 당해 연도의 필요경비에 산입하는 것이며, 임차인에게 지급하는 배상금은 사회통념상 적정한 금액의 범위 내에서 당해 과세기간의 소득금액 계산상 필요경비에 산입할 수 있음(소득 46011-3258, 1997.12.12.)

✓ 부동산매매업자가 지급하는 세입자의 이사비용 상당액의 필요경비 여부

부동산매매업을 경영하는 거주자가 법원 경매에 참가하여 매매용 주택을 취득하면서 해당 매매용 주택의 수선과 관련하여 지출하는 비용(목욕탕 수리 비용 등)은 필요경비 산입대상에 해당하는 것이나, 세입자 또는 전 소유자에게 법적인 지급의무 없이 지급하는 이사비용 상당액과 대납한 아파트관리비는 필요경비의 산입대상에 해당하지 아니하는 것임(소득－831, 2010.7.22.)

✓ 필요경비 해당 여부

부동산임대업을 영위하는 거주자가 당해 임대용부동산의 매각을 용이하게 하기 위하여 지출하는 비용은 부동산소득 등의 필요경비 계산에 있어서 당해 연도의 총수입금액에 대응하는 비용의 합계액에 해당하지 아니하는 것임(소득 22601－1099, 1990.5.17.)

✓ 분묘보상금에 대한 소득세 과세관련 여부

토지의 수용과 관련하여 해당 토지 내에 소재하고 있는 분묘를 이장하고 사례의 성격인 이장비 또는 보상비 명목으로 지급받는 금액은 소득세법 제21조 제1항 제17호의 규정에 따른 기타소득에 해당하는 것임. 다만, 분묘를 제외한 석물·수목 등을 폐기함에 따라 감정가액 등으로 객관적인 평가에 의하여 지급받는 손실보상 성격의 보상금은 소득세 과세대상에서 제외되는 것임(기획재정부소득－253, 2012.5.11.)

✓ 모니터 요원에게 지급한 대가의 소득구분(소통 21－0…3)

① 방송국, 신문사, 전화국 등이 방송프로나 신문기사의 질 또는 종업원의 업무태도 등에 관하여 의견을 청취하고자 근로계약 없이 위촉한 모니터요원에게 그 의견을 청취한 대가로 지급하는 금액은 사례금에 해당한다.

② 기업이 고용관계 없이 위촉한 모니터요원에게 자사제품의 품질 등에 대한 의견제출 등의 모니터링 활동에 대하여 법적 지급의무 없이 사례로 지급하는 금품은 법 제21조 제1항 제17호에 따른 기타소득에 해당하나, 당해 모니터요원에게 일시적으로 시장조사, 매장조사, 모니터회의 참석 등 특정한 업무를 수행하게 하고 그 용역제공의 실적에 따라 지급하는 수당 등의 대가는 법 제21조 제1항 제19호 라목에 따른 기타소득에 해당한다.

✓ 영업비밀보호계약에 따라 지급하는 대가의 소득구분 등

임기만료 전 사임하는 임원에게 그 퇴임과 관련하여 체결한 계약(경업금지, 영업비밀유지, 직무소송포기 등)에 따라 지급하는 금액은 그 지급받는 날이 속하는 과세연도의 기타소득에 해당하는 것임(소득－771, 2010.7.5.)

✓ 손해배상청구소송의 결과 소송상대방으로부터 받은 금원의 소득구분

사업소득이 있는 거주자가 민사소송 진행 중 법원의 조정에 응함으로 지급받는 금액이 소송상대방과의 분쟁종결을 위한 합의금(소득세법 제21조 제1항 제17호에 따른 기타소득)인지 또는 사업과 관련하여 지급받은 손해배상금(소득세법 시행령 제51조 제3항 제4호에 따라 사업소득의 총수입금액에 산입하는 금액)인지 여부는 구체적인 사실관계에 따라 판단하여야 하는 것임(소득－277, 2011.3.25.)

✓ 자가발전 잉여전력을 공급하고 받는 대가의 과세소득 여부

자가용 태양광발전설비를 설치한 주택소유자가 잉여전력을 한국전력공사에 송전하고 공급받은 전력요금에서 송전한 전력의 공급대가를 상계받는 경우 그 상계되는 금액은 과세소득에 해당하지 아니함(법규소득 2010-277, 2010.11.8.)

✓ **투자매매업자가 대납하는 단말기 할부보조금 등의 소득구분 등**

스마트폰을 이용하여 주식거래를 하는 거주자가 해당 스마트폰을 이용하여 일정금액 이상 주식거래를 함에 따라 받는 단말기 할부보조금 및 통신비는 기타소득에 해당하는 것임(소득-821, 2010.7.20.)

✓ **공동사업 약정 해제 합의대가의 소득구분**

거주자가 공동으로 부동산매매업을 경영하고자 공동사업약정을 체결하였으나 공동사업의 원활한 진행이 이루어지지 않은 과정에서 공동사업약정을 해제하는 조건에 합의하고 공동사업약정서의 다른 구성원으로부터 지급받는 대가는 기타소득에 해당하는 것임(소득-1220, 2010.12.9.)

✓ **학교에 소속된 운동선수가 학교로부터 받는 금전의 소득세 과세대상 여부**

특별한 운동능력이 있는 학생 또는 그 친권자·후견인이 특정학교에 입학하여 운동을 하기로 하는 약정을 체결하는 대가로 지급받는 금품(매월 지급받는 경우를 포함함)으로서, 당해학교의 장학금지급규정에 의하지 아니하고 지급받는 것은 기타소득에 해당하는 것임(서면1팀-842, 2004.6.22.)

✓ **제휴 신용카드사용 활성화를 위하여 회원 등에게 지급하는 금품 등의 소득구분**

인터넷 포털사이트 운영자가 제휴 신용카드의 보급 및 사용 활성화를 위하여 신용카드사로부터 받은 수익의 일부를 신용카드에 가입한 회원 등에게 사례의 뜻으로 지급하는 경우, 당해 사례금 성질의 대가는 원천징수대상 기타소득에 해당하는 것임(소득-3728, 2008.10.15.)

✓ **통신 단말장치 구입자가 별정통신사업자로부터 지원받는 보조금의 과세소득 여부**

거주자가 통신단말장치를 구입함에 있어 전기통신사업법 제36조의4 규정에 따라 전기통신사업자로부터 구입비용을 지원(이하 '단말기 보조금'이라 함)받는 경우 당해 단말기 보조금은 통신 단말장치를 구입하는 거주자의 과세소득에 해당하지 않는 것임(서면1팀-563, 2006.5.1.)

✓ **마일리지 보상금 지출증빙과 기타소득 여부**

법인이 고객에게 지급하는 마일리지 보상금은 재화나 용역의 대가로 볼 수 없어 법인세법 제116조에 규정한 증빙수취대상이 아니므로 지출증빙으로 고객에게 보상금을 지급한 근거(마일리지 기록)와 지출증빙(입금증 등)을 보관하는 것이며, 마일리지, 사이버머니 적립제도 등의 방법으로 일정기간 구매실적에 따라 사은품 또는 사례금을 지급하는 경우에도 그 사은품 등은 구매고객의 과세소득에 해당하지 아니하는 것으로 기타소득에 해당하지 아니하는 것임(서면2팀-1105, 2005.7.15.).

✓ **사은품 등의 기타소득 해당 여부**(소득 해석편람 21-1-2)

사업자가 자기 상품을 구매하는 고객에게 구매금액에 따라 값의 일부를 할인하여 주거나 덤을 주는 경우 또는 사은품을 제공하는 경우 그 할인금액이나 덤 또는 사은품은 구매고객의 과세소득에 해당하지 아니하는 것임. 또한 마일리지, 사이버머니 적립제도 등의 방법으로 일정기간의 구매실적에 따라 사은품 또는 사례금을 제공하는 경우에도 그 사은품 등은 구매고객의 과세소득에 해당하지 아니하는 것임. 상가 등의 분양대행자로부터 일정금액을 받는 조건으로 상가 등을 분양받는 경우 구매자가 분양대행자로부터 받는 금액은 과세소득으로 보지 아니하고 상가 등의 취득가액에서 차감하는 것임(소득 46011-21041, 2000.7.26.)

PART 2

✓ **마일리지 적립에 따라 지급받는 금품의 기타소득 해당 여부**(소득 해석편람 21-1-3)

온라인상 쇼핑몰을 운영하는 사업자가 그 쇼핑몰 가맹점(물품판매업자)에서 물품 등을 구매한 회원에게 사전에 공시된 일정 마일리지로 적립하여 주고, 동 적립금액이 일정금액이 되는 때에 그에 상당하는 현금 또는 물품으로 지급하는 경우 해당 현금 또는 물품지급액은 그 구매자의 과세대상소득에 해당하지 아니하는 것임(서이 46013-12131, 2002.11.28.)

✓ **사례금·당첨금의 기타소득 여부**(소득 해석편람 21-3-8)

인터넷사업자가 인터넷사이트에 회원으로 등록하는 자 및 부여한 추첨권 또는 온라인 게임대회의 당첨자에게 사이버머니를 적립하여 주고 적립된 사이버머니 한도 내에서 사례금·당첨금을 지급하는 경우 그 금액은 기타소득에 해당하는 것이며, 기타소득금액을 지급할 때 또는 사이버머니를 이용하여 물품가액을 결제할 때 원천징수를 하는 것임(서이 46013-10783, 2001.12.20.)

✓ **건물신축공사로 인하여 정신적·환경적 피해에 대한 손해배상금 과세 여부**(소득 해석편람 21-3-5)

소득세법상 기타소득에는 거주자가 건축물 공사 등과 관련한 소음·분진·진동 및 일조권·조망권 등의 침해에 따른 피해에 대하여 손해배상금으로 지급받는 금액은 포함되지 아니하는 것이나, 권리 등이 침해되지 아니할 정도의 일상생활에 불편을 감수한데 대한 사례의 성격으로 받는 금액은 기타소득에 해당되는 것임(재경부소득 46073-34, 1999.11.10.)

✓ **아파트 신축공사에 따른 소음 등에 대한 피해보상금의 소득구분**

거주자가 건축물공사 등과 관련한 소음·진동·분진 등에 따른 피해에 대하여 손해배상금으로 지급받는 금액은 기타소득에 포함되지 아니하는 것이나, 권리 등이 침해되지 아니할 정도의 일상생활에 불편을 감수한데 대한 사례의 성격으로 받는 금액 또는 민·형사상의 이의를 제기하지 않는 조건으로 지급하는 합의금은 소득세법 제21조 제1항 제17호에 따른 기타소득에 해당하는 것이며, 귀 질의의 기타소득 과세대상 여부는 구체적인 보상금 지급사유, 보상금의 성격 및 지급금액, 상대방과의 관계 등을 종합하여 사실판단할 사항임(사전법령해석소득 2018-645, 2018.11.30.)

✓ **쟁점금액은 정신적 피해에 대한 손해배상금이므로 기타소득에 해당하지 아니한다는 청구주장의 당부**(조심2018서1127, 2018.6.12.)

처분청은 쟁점금액이 청구인이 쟁점병원을 상대로 소송을 제기하지 아니하는 대가로 받은 합의금으로서 사례금에 해당한다는 의견이다.

그러나, 청구인은 쟁점병원에 소속된 의료인으로서 의료법 제31조 제1항에 따라 법령에서 정한 예외적 사유에 해당하지 아니한 경우 해당 의료기관 외의 곳에서 의료업을 할 수 없고, 만약 이를 위반한 경우 같은 법 제90조에 따라 500만원 이하의 벌금형 및 같은 법 제66조에 따른 자격정지의 처벌을 받게 되는 점, ***지방검찰청의 2016.4.28.자 불기소결정서에 따르면 청구인은 쟁점병원 이사장인 ***의 지시에 따라 의료법 위반행위를 하게 되었고, 그러한 사정이 정상참작 되어 기소유예처분이 내려진 것으로 나타나, 청구인의 불법행위가 오로지 스스로의 의사에 따른 것이라거나 자신의 이익을 위한 것이라고 보기 어려운 점, 쟁점병원 이사장의 지시에 따라 비자발적으로 이루어진 청구인의 불법행위의 결과 그에 대한 벌칙이 청구인에게 부과되자, 불법행위의 원인제공자인 쟁점병원 또는 그 이사장은 청구인이 받은 정신적 피해에 대한 손해배상의 차원에서 쟁점금액을 지급한 것으로 보이는 점, 합의각서에 기재된 제소금지 약정은 당사자 간에 쟁점금액의 수수를 통하여 손해배상이 완결됨에 따라 발생하는 결과적·부수적인 것으로 보이는 점 등에 비추어 볼 때, 쟁점금액은 청구인의 정신적 피해에 대한 손해배상금으로 봄이 타당하다 할 것인바, 처분청이 이를 사례금으로 보아 경정청구를 거부한 이 건 처분은 잘못이라고 판단된다.

✓ 대학생 현장실습 운영규정 제7조에 따라 지급받는 현장실습지원비

대학생 현장실습 운영규정 제5조 제4항에 따라 수업으로서의 요건을 갖춘 현장실습수업에 참여하는 학생이 같은 규정 제7조에 따라 지급받는 현장실습지원비는 근로소득 및 기타소득에 해당하지 아니함(서면법령해석소득 2020－4237, 2021.3.18.)

✓ 지급의무가 없는 합의금의 소득구분(소득 해석편람 21－3－2)

변호사법 위반으로 구속된 거주자가 지급의무가 없는 합의금을 고소인에게 지급하는 경우 해당 합의금은 해당 고소인의 기타소득에 해당하는 것임(소득 46011－2157, 1996.7.29.)

✓ 경매 응찰자에게 반환하는 금전의 소득구분(소득 해석편람 21－3－6)

금융기관이 근저당권을 설정한 부동산을 법원에 경매신청하였으나 유찰될 것으로 예상되므로 연체대출금 회수를 위하여 응찰자와 최저입찰가격 이상으로 입찰하여 낙찰받고 그 대금을 납부한 경우 해당 응찰자에게 사전에 정한 금액을 초과하는 금액을 반환하는 약정을 하고 동 약정에 따라 해당 응찰자에게 반환하는 금액은 기타소득(사례금)에 해당하는 것임(서이 46012－10730, 2002.4.4.)

✓ 저축가입자에게 제공하는 상품권 등에 대한 소득구분(소득 해석편람 21－3－7)

금융기관이 신상품을 개발하여 판매함에 있어 예금가입액에 따라 소정 금액 상당액의 우리농산물 또는 우리농산물 상품권을 예금가입자에게 제공하는 경우에는 기타소득(사례금)에 해당하는 것임(서일 46011－10829, 2002.6.20.)

✓ 학교법인의 이사장이 그 지위를 타인에게 승계하는 경우 소득구분(소득 해석편람 21－3－9)

학교법인 이사장인 거주자가 이사장으로서의 지위와 권리·의무를 포기하고 그 지위 등을 타인이 승계 받을 수 있도록 하여 주는 데 대한 대가로 수수하는 금품은 기타소득 중 "사례금"에 해당하는 것이므로, 소득세법 제70조 제1항 및 같은법 제76조 제1항의 규정에 의하여 종합소득 과세표준확정신고 및 납부를 하여야 하는 것임(소득 46011－10064, 2001.1.29.)

✓ 사은품에 대한 기타소득 여부(소득 해석편람 21－3－10)

증권회사가 동 회사와 최초로 거래를 개시하는 고객 중 예치금이 일정금액(3,000만원) 이상인 고객에게 추첨 등 별도의 방법이 없이 핸드폰을 사은품으로 무상 제공하는 경우에는 기타소득(사례금)에 해당하는 것임(서일 46011－11495, 2002.11.11.)

✓ 민사조정 합의금의 소득구분(원천 해석편람 21－1－5)

주택건설업자가 주택분양과 관련하여 민사소송진행 중 법원의 조정에 따라 분양받은 자의 재산권 행사상의 불이익에 대한 민형사상의 이의를 제기하지 않는 조건으로 해당 주택건설업자가 지급하는 합의금은 기타소득에 해당하는 것임(서이 46013－11806, 2002.9.30.)

✓ 임대차계약이 해지됨에 따라 임차인이 받는 대가의 소득구분

① 임차인이 임대차계약이 해지됨에 따라 임대인 또는 양수자로부터 지급받는 대가가 영업손실보상금에 해당하는 경우에는 사업소득의 총수입금액에 산입하는 것이고, 동 대가가 임대기한 전에 해당 사업장을 원만하게 명도받기 위하여 법적의무 없이 지급하는 합의금에 해당하는 경우에는 소득세법 제21조 제1항 제17호의 규정에 의한 기타소득에 해당하는 것이며, 임대차계약의 위약 또는 해약으로 인하여 받는 위약금과 배상금에 해당하는 경우에는 소득세법 제21조

PART 2

제1항 제10호의 규정에 의한 기타소득에 해당하는 것임

② 임차인이 지급받은 금액이 영업손실보상금인지, 합의금 성격의 사례금인지 또는 위약금인지 여부는 동 금액의 지급사유, 지급조건, 당사자간 약정내용, 사업손실내역 등 관련 사실관계를 종합적으로 조사·확인하여 판단할 사항임(서면1팀－1466, 2007.10.26.)

✓ 보상금의 총수입금액 산입 여부

사업자가 공공용지의 취득 및 손실보상에 관한 특례법에 의하여 사업장 이전에 따라 사업시행자로부터 받는 영업손실보상금, 사업장시설 이전보상금, 기타 보상금 등은 총수입금액에 산입하는 것이나, 사업장시설 이전보상금 중 이전이 불가능한 시설에 대한 대체취득보상금은 고정자산의 양도차손익으로 보아 총수입금액에 산입하지 아니하는 것임(제도 46011－10591, 2001.4.13.)

➲ 2017.12.19. 개정세법(소법 19조 ① 20)에 따라 복식부가의무자가 사업용 유형자산(토지와 건물은 제외)의 양도가액을 총수입금액에 산입한 경우에는 해당 사업용 유형자산의 장부가액은 필요경비산입이 가능할 것으로 보인다.

✓ 거주자가 보상받는 주거이전비의 기타소득 해당여부

공익사업이 시행되는 지역에 거주하고 있는 거주자가 「공익사업을 위한 토지 등의 취득 및 보상에 관한 법률」 제78조 제5항에 따라 주거이전에 필요한 비용을 보상받는 경우, 그 주거이전비용은 기타소득에 포함되지 않음(소득－4028, 2008.11.3.)

✓ 임차인이 받는 보상금의 부가가치세 및 종합소득세 과세대상 여부

① 건물을 임차하여 영업을 하는 사업자가 임대차계약기간 만료 이전에 임대인이 해당 건물을 양도함에 따라 지급받는 보상금의 경우 자기의 사업과 관련없이 잔여임대기간에 따른 보상성격으로 임대인으로부터 지급받는 손실보상금의 경우에는 계약상 또는 법률상의 원인에 의한 재화 또는 용역의 공급에 대한 대가에 해당하지 않으므로 부가가치세 과세되지 아니하며, 해당 보상금이 임차인의 사업폐업에 따른 자기의 사업과 관련이 있는 권리금 및 시설투자비 등에 의하여 형성된 영업권에 대한 대가로서 건물 신규취득자로부터 지급받는 경우에는 부가가치세가 과세되는 것으로 이 경우의 공급시기는 폐업일이 되는 것임

② 건물을 임차하여 사업을 영위하던 사업자가 동 건물이 매각됨에 따라 새로운 건물주로부터 해당 사업의 영업손실에 대한 보상금이나 사업장 이전비 명목으로 지급받는 금액은 해당 임차인의 사업소득 총수입금액에 산입하여야 하며, 계약의 위약 또는 해약으로 인하여 지급받는 위약금 또는 배상금은 기타소득에 해당하는 것으로, 이에 해당하는지 여부는 해당 보상금의 지급사유 등을 구체적으로 살펴 판단할 사항에 해당하는 것임(서면1팀－206, 2006.2.15.)

✓ 체육특기생이 특정학교에 입학하여 지급받는 금품의 소득구분

특별한 운동능력이 있는 학생 또는 그 친권자·후견인이 특정학교에 입학하여 운동을 하기로 하는 약정을 체결하는 대가로 지급받는 금품(매월 지급받는 경우를 포함함)으로서, 해당 학교의 장학금 지급규정에 의하지 아니하고 지급받는 것은 기타소득에 해당하는 것임(서면1팀－842, 2004. 6.22.)

✓ 근로계약 체결 시 받은 금품소득

거주자가 기업과 일정요건으로 근로계약을 체결하면서 기업으로부터 받는 금품은 근로소득에 해당하는 것이나 특별한 능력이 있는 거주자가 기업에 고용되는 대가로 기업으로부터 지급받은 금품은 기타소득에 해당하는 것임(소득 46011－1264, 1997.5.6.)

✓ **할부금융사에 자동차 구매자를 소개하고 받는 대가의 소득구분**

자동차판매 영업사원이 차량을 구입하는 고객을 할부금융사에 소개·알선하여 주고 할부금융사로부터 사례금을 지급받는 경우 그 소개·알선과 사례금의 수수가 일시적, 우발적인 것으로서 사업성이 없는 경우에는 기타소득에 해당하는 것이며, 그것이 계속적, 반복적인 것으로서 사업성이 있는 경우에는 사업소득에 해당되는 것임(소득 46011-21415, 2000.12.8, 서일 46011-11782, 2003. 12.10.)

✓ **진정서 취하조건으로 지급하는 금품의 소득구분**

회사와 퇴직원 간에 미지급 임금에 대한 다툼이 발생하여 퇴직한 직원들이 관할 관청에 진정서를 제출하였으나, 진정서 접수 후 당사자간의 합의에 의하여 퇴직직원은 진정서를 취하하고 회사에서는 취하조건으로 합의금을 지급하는 경우 해당 합의금은 사례금 성격으로 기타소득에 해당하는 것임(서면1팀-143, 2006.2.3.)

✓ **출산장려금의 소득구분**

유아의류 제조회사가 매출액 증가 및 기업이미지 향상을 위하여 출산장려 캠페인을 시행하면서 세 번째 자녀를 출산한 당사 임직원에게 지급하는 출산장려금은 근로소득에 해당하는 것이며, 해당 회사와 계약중인 대리점, 백화점내 판매점, 납품업체 등 거래처의 임직원 중 세번째 자녀를 출산한 임직원에게 출산에 대한 포상 내지 사례의 성격으로 지급하는 출산장려금은 기타소득에 해당되는 것임(서면1팀-1302, 2006.9.19.)

✓ **외국인투자자가 지분매각 후 국내투자법인 임원에게 지급하는 대가의 소득구분**

국내사업장을 가지고 있지 아니한 외국인투자자들이 국내투자법인의 주식 전량을 매각하고 그 회수금의 일부를 국내투자법인의 발전 및 성장에 기여한 임원에게 노력의 대가로 지급하는 금액은 소득세법 제21조 제1항 제17호의 규정에 의한 기타소득에 해당되는 것이며, 이 경우 외국인투자자들이 외국에서 국내은행의 임원 계좌에 직접송금방식으로 지급하는 것은 국내에서 지급된 것으로 볼 수 없어 기타소득에 대한 원천징수의무는 없는 것임(서면1팀-197, 2006.2.14.)

19 소기업·소상공인 공제부금의 해지일시금

➲ 상세내용은 제3편 제3장 Ⅱ.소기업·소상공인 공제부금에 대한 세액공제 참조

다음의 사유가 발생하기 전에 소기업·소상공인공제계약이 해지된 경우에는 아래의 계산식에 따라 계산한 금액을 기타소득으로 보아 소득세를 부과한다.(조특법 86조의3 ④, 조특령 80조의3 ④)

기타소득 = 해지로 인하여 받은 환급금－실제 소득공제받은 금액을 초과하여 납입한 금액의 누계액

① 소기업·소상공인이 폐업(개인사업자의 지위에서 공제에 가입한 자가 법인을 설립하기 위하여 현물출자를 함으로써 폐업한 경우와 개인사업자의 지위에서 공제에 가입

한 자가 그 배우자 또는 자녀에게 사업의 전부를 양도함으로써 폐업한 경우를 포함) 한 때

② 공제 가입자가 사망한 때

③ 법인의 대표자의 지위에서 공제에 가입한 자가 그 법인의 대표자의 지위를 상실한 때

④ 만 60세 이상으로 공제부금 납입월수가 120개월 이상인 공제 가입자가 공제금의 지급을 청구한 때

⑤ 중소기업협동조합법 시행령 제37조 제1항 제5호부터 제8호까지의 어느 하나에 해당하는 사유(2024.2.29. 신설) ➲ 2024.6.1.부터 시행한다.(2024.2.29. 조특령 부칙 1조 1)

중소기업협동조합법 시행령 제37조 제1항 (2024.6.1. 시행)

5. 재난 및 안전관리 기본법 제3조 제1호 가목에 따른 자연재난 또는 같은 호 나목에 따른 사회재난(같은 법 제60조에 따라 특별재난지역으로 선포된 지역의 사회재난으로 한정한다)으로 사업장에 다음 중 하나에 해당하는 피해를 입은 소기업·소상공인공제 가입자가 소기업·소상공인공제금의 지급을 청구한 경우
   ㉠ 주된 사업장이 파손되거나 유실되어 해당 사업장에서 영업이 불가능한 경우
   ㉡ 주요 시설 및 자재 등이 파손되어 수리·구매하지 않으면 영업이 불가능한 경우
   ㉢ 재난 및 안전관리 기본법 제41조 제1항에 따라 사업장 주변 지역이 위험구역으로 설정되어 같은 항 각 호에 따른 조치로 영업이 불가능한 경우
6. 질병이나 부상으로 6개월 이상 요양을 필요로 하는 소기업·소상공인공제 가입자가 소기업·소상공인공제금의 지급을 청구한 경우
7. 채무자 회생 및 파산에 관한 법률 제49조에 따른 회생절차개시의 결정, 같은 법 제293조의5에 따른 간이회생절차개시의 결정 또는 같은 법 제596조에 따른 개인회생절차개시의 결정을 받은 소기업·소상공인공제 가입자가 소기업·소상공인공제금의 지급을 청구한 경우
8. 채무자 회생 및 파산에 관한 법률에 따라 파산선고를 받은 소기업·소상공인공제 가입자가 소기업·소상공인공제금의 지급을 청구한 경우

20 일정한 인적용역

➲ 필요경비율 : 60%

➲ 2024.1.1. 이후 지급분부터 '간이지급명세서' 제출대상임(소법 164조의3 ① 3)

다음에 해당하는 인적용역(일시적인 문예창작소득, 재산권에 관한 알선수수료, 사례금의 규정을 적용받는 용역은 제외)을 일시적으로 제공하고 받는 대가

① 고용관계 없이 다수인에게 강연을 하고 강연료 등 대가를 받는 용역
② 라디오·텔레비전방송 등을 통하여 해설·계몽 또는 연기의 심사 등을 하고 보수 또는 이와 유사한 성질의 대가를 받는 용역
③ 변호사·공인회계사·세무사·건축사·측량사·변리사 그 밖에 전문적 지식 또는 특별한 기능을 가진 자가 그 지식 또는 기능을 활용하여 보수 또는 그 밖에 대가를 받고 제공하는 용역. 이러한 용역에는 대학이 자체 연구관리비 규정에 따라 대학에서 연구비를 관리하는 경우에 교수가 제공하는 연구용역이 포함된다.(소령 41조 ⑬, 2010.12.30. 신설)

➲ 교수 등의 연구용역 소득에 대해 기존의 예규(법인 46013-933, 2000.4.12.)에도 불구하고 일부 과세관청에서 사업소득으로 과세하는 경우가 있어 과세관청과 납세자간의 이견을 방지하고자 규정으로써 명확히 한 것이다.

④ 그 밖에 고용관계 없이 수당 또는 이와 유사한 성질의 대가를 받고 제공하는 용역

PART 2

✓ **특강 강사료의 소득구분**

고용관계나 이와 유사한 계약에 의하여 근로를 제공하고 지급받는 대가는 근로소득에 해당하고, 고용관계 없이 독립된 자격으로 일시적으로 용역을 제공하고 지급받는 수당·기타 유사한 성질의 금액은 기타소득에 해당하는 것임(소득-530, 2014.9.26.)

✓ **국선변호인 및 파산관재인의 보수가 법인의 수익금액에 해당하는지 여부**

법무법인 소속의 변호사가 별도의 독립된 개인 변호사의 자격으로 수행하고 법원으로부터 받는 보수는 개인의 사업소득 또는 기타소득에 해당하는 것이나, 해당 국선변호인 및 파산관재인에 대한 보수의 귀속자가 법무법인인지 아니면 개인 변호사인지 여부는 변호사 선임계약서나 변호사 수행 활동 등의 실질내용에 따라 사실판단할 사항임(서면법규-106, 2014.2.4.)

✓ **대학생 현장실습 운영규정 제7조에 따라 지급받는 현장실습지원비**

대학생 현장실습 운영규정 제5조 제4항에 따라 수업으로서의 요건을 갖춘 현장실습수업에 참여하는 학생이 같은 규정 제7조에 따라 지급받는 현장실습지원비는 근로소득 및 기타소득에 해당하지 아니함(서면법령해석소득 2020-4237, 2021.3.18.)

✓ **독후감 감상문 발표대회 심사위원으로 위촉한 후 일시적으로 지급하는 심사수당은 기타소득에 해당**

전문적 지식을 가진 작가 등을 고용관계 없이 독후감 감상문 발표대회 심사위원으로 위촉한 후 그 심사위원에게 일시적으로 지급하는 심사수당은 소득세법 제21조 제1항 제19호에 따른 기타소득에 해당하는 것임(소득-1070, 2011.12.21.)

✓ **재학 중에 있는 운동선수가 후원기업으로부터 받는 가액의 소득구분**

재학 중에 있는 운동선수가 모자와 유니폼에 기업의 로고를 부착하고 시합에 출전하는 조건으로 후원계약에 의하여 지급받는 대가는 기타소득에 해당하는 것임(소득-1320, 2009.9.2.)

✓ **프로선수가 전속계약하고 지급받는 연봉·국내외 훈련비 및 포상금의 소득구분 및 동 지급액의 손금귀속시기와 영수증 수취 및 보관의무 규정 적용여부**

① 프로골프선수가 실질적인 고용관계 없이 특정법인의 로고가 새겨진 골프장비를 사용하기로 전

속계약을 체결하고 이에 따라 지급받는 연봉, 국내외훈련비 및 포상금은 원천징수대상 사업소득에 해당하는 것임

② 이 경우 동 법인이 프로골프선수에게 지급하는 연봉(매월 분할지급), 국내외훈련비 및 포상금에 대하여는 동 금액이 확정되는 날이 속하는 사업연도에 이를 손금에 산입하는 것임

③ 법인이 원천징수대상 사업소득자로부터 용역을 공급받은 경우(원천징수한 것에 한함)에는 정규영수증 수취 및 보관의무 규정이 적용되지 아니하는 것임(제도 46011-12250, 2001.7.20.)

✓ 약정에 따라 기업인수의 성공에 대한 사례금으로 지급하는 대가의 소득구분

기업인수합병 업무의 전문지식과 경험을 가진 거주자가 법인의 M&A 관련 용역(기업가치 평가, 시장조사, 정보·경험·중재역할 제공 등)을 제공하고 이를 성사시킴으로써 지급받는 금액이 당해 거주자가 고용관계나 이와 유사한 계약에 의하여 근로를 제공하고 지급받은 대가인 경우에는 근로소득에 해당하고, 고용관계 없이 독립된 자격으로 계속적으로 용역을 제공하고 일의 성과에 따라 지급받는 경우에는 사업소득에 해당하는 것이며, 일시적으로 용역을 제공하고 지급받는 경우에는 소득세법 제21조 제1항 제19호의 기타소득에 해당하는 것으로서, 같은법 제21조 제1항 제19호의 기타소득에 대해서는 그 지급받는 금액의 80%를 필요경비로 계산하는 것임(소득-3462, 2008.9.29.)

✓ 항공료·체재비 등의 명목으로 지급받는 일시적 인적용역의 제공대가에 대한 과세소득 여부

전문지식인(대학교수 등)인 거주자가 고용관계 없이 일시적으로 정부출연기관의 국외 워크샵 참가 등의 형태로 용역을 제공하고 항공료·체재비 등의 명목으로 지급받는 용역의 대가는 소득세법 제21조 제1항 제19호의 규정에 의한 기타소득에 해당함(서면1팀-1219, 2006.9.5.)

✓ 세미나 참석에 대한 대가 지급시 원천징수

거주자가 세미나에 참석하고 지급받는 대가는 기타소득에 해당하는 것이며, 지급받은 금액의 80%(→ 현행 60%)에 상당하는 금액을 필요경비로 하는 것임(서면1팀-1372, 2006.9.21.)

✓ 일시적으로 컨설팅용역을 제공하고 지급받는 대가(소득 해석편람 21-1-11)

근로자가 소속회사에 대한 근로제공과 관계없이 독립된 자격으로 사업성 없이 외국회사에 일시적으로 프로젝트 고안 등에 관한 컨설팅용역을 제공하고 그 대가를 지급받는 경우에는 소득세법 제21조 제1항 제19호의 규정에 의한 기타소득에 해당하는 것임(소득 46011-2318, 1999.6.18.)

✓ 일시적인 손해평가용역의 소득구분(소득 해석편람 21-1-12)

농작물재해보험법에 의하여 거주자가 고용 관계없이 독립적인 지위에서 사업상 또는 사업부수적인 용역이 아닌 손해평가용역을 일시적으로 제공하고 받는 대가와 해당 손해평가용역을 제공하기 위하여 교육기관으로부터 교육을 받고 지급받는 대가는 소득세법 제21조 제1항 제19호의 규정에 의한 기타소득에 해당되는 것임(재경부소득 46073-104, 2001.5.3.)

✓ 타기관 소속 연구원이 연구용역을 제공하고 산학협력단으로부터 지급받는 금전의 소득구분

고용관계 없이 독립된 자격으로 계속적으로 용역을 제공하고 일의 성과에 따라 지급받는 수당·기타 유사한 성질의 금액은 소득세법 제19조에 의하여 사업소득에 해당하는 것이고, 일시적으로 용역을 제공하고 지급받는 수당·기타 유사한 성질의 금액은 같은 법 제21조에 의한 기타소득에 해당하는 것임(사전법령해석소득 2021-1248, 2021.9.27.)

✓ **비영리법인이 대가관계 없는 학술연구비를 지원하는 경우 원천징수의무가 있는지 여부**

내국법인에게 지급하는 학술연구비가 법인세법 제73조 제1항 각호에 해당하지 않는 경우에는 지급하는 자는 법인세 원천징수의무가 없는 것이고, 국내에서 거주자나 비거주자에게 지급하는 학술연구비가 소득세법 제127조 제1항 각호의 소득에 해당하는 경우에는 소득세를 원천징수하여야 함(사전법령해석소득 2021-625, 2021.8.20.)

✓ **대학교수 등이 독립된 자격으로 제공하는 기술연구용역대가의 소득구분**

교수 등 개인이 연구주체가 되어 연구계약을 체결하고 대가를 직접 수령하여 관리하는 경우에 그 대가는 사업소득에 해당하는 것이며, 대학의 중앙관리를 통해 받는 경우에는 기타소득에 해당하는 것임(소득 46011-3559, 1998.11.20, 제도 46011-10927, 2001.5.2.)

✓ **고문료**

거주자가 비영리법인에 경영자문용역을 제공하고 매월 정액으로 받은 경영고문료는 다음의 기준에 따라 소득을 구분하는 것임

① 근로소득 : 거주자가 근로계약에 의한 고용관계에 의하여 비상임 자문역으로 근로자의 지위에서 경영자문용역을 제공하고 얻은 소득. 이 경우 고용관계 여부는 근로계약내용 등을 종합적으로 고려하여 판단할 사항임

② 사업소득 : 전문직 또는 컨설팅 등을 전문으로 하는 사업자가 독립적인 지위에서 사업상 또는 사업에 부수적인 용역인 경영자문용역을 계속적 또는 일시적으로 제공하고 얻은 소득

③ 기타소득 : 위 외의 소득으로서 고용 관계없이 일시적으로 경영자문용역을 제공하고 얻은 소득(재경부소득 46073-136, 2000.8.18.)

✓ **입시학원의 강사에게 지급하는 강사료에 대한 소득구분**

거주자가 학교 강사로 고용되어 지급받는 강사료 등은 그 지급방법이나 명칭여하를 불구하고 근로소득에 해당하는 것이며, 일시적으로 강의를 하고 지급받는 강사료 등은 기타소득에 해당하며, 독립된 자격으로 계속적·반복적으로 강의를 하고 받은 강사료 등은 사업소득에 해당하는 것임. 이때 고용관계가 있는지 여부의 판단은 근로제공자가 업무 내지 작업에 대한 거부를 할 수 있는지, 시간적·장소적인 제약을 받는지, 업무수행과정에 있어서 구체적인 지시를 받는지, 복무규정의 준수의무 등을 종합적으로 판단할 사항임. 또한, 학교와 학원이 계약을 체결하고 해당 학원에 고용된 강사로 하여금 강의를 하게 하고 그 대가로 학원이 지급받은 금액은 해당 학원의 사업소득의 총수입금액에 산입하는 것임(소득 46011-2004, 1996.7.12.)

21 법인세법 제67조에 따라 기타소득으로 처분된 소득

22 연금외수령한 소득

다음의 금액을 그 소득의 성격에도 불구하고 연금외수령한 소득을 말한다.(소법 21조 ① 21)

① 연금계좌세액공제를 받은 연금계좌 납입액(소법 20조의3 ① 2 나, 2014.1.1. 개정)

② 연금계좌의 운용실적에 따라 증가된 금액(소법 20조의3 ① 2 다)

- 2013.1.1. 이후 발생하는 소득분부터 적용한다.(2013.1.1. 법 부칙 2조 ①)
- 2013.3.1. 전에 종전의 제86조의2에 따라 가입한 연금저축의 계좌는 소득세법 제20조의3 제1항 제2호에 따른 연금계좌로 본다. 다만, 사망으로 인하여 계약이 해지되거나 저축 납입계약기간 만료 후 계약자가 사망하여 연금 외의 형태로 받는 경우 또는 저축 가입일부터 5년 이내에 저축계약을 해지하는 경우에는 종전의 제86조의2의 규정을 적용한다.(2013.1.1. 조특법 부칙 41조)

23 주식매수선택권 행사이익

퇴직 전에 부여받은 주식매수선택권을 퇴직 후에 행사하거나 고용 관계없이 주식매수선택권을 부여받아 이를 행사함으로써 얻는 이익

✓ **양도제한조건주식(RSU)의 경우 근로소득으로 보는 것인지**

양도제한주식수령권(RSU)을 근로자가 급여의 일부로 지급받는 경우에는 근로소득에 해당하며, 퇴직 전에 부여받은 것을 퇴직 후에 행사하는 경우에는 기타소득에 해당함(서면원천 2023-3031, 2024.7.1.)

✓ **주식매수선택권 행사시 소득구분**(소득 해석편람 21-1-14)

법인으로부터 퇴직 전에 주식매수선택권(스톡옵션)을 부여받은 거주자가 해당 법인과 고용관계가 없는 상태인 퇴직 후에 해당 주식매수선택권을 행사함으로써 얻는 이익은 기타소득에 해당함(서일 46011-10589, 2003.5.13.)

✓ **피상속인이 부여받은 주식매수선택권을 상속인이 행사시 행사이익은 기타소득에 해당**

피상속인이 부여받은 주식매수선택권을 상속인이 행사하는 경우 당해 주식매수선택권을 행사함으로써 얻는 이익에서 상속세 및 증여세법에 따라 상속세가 과세된 금액(과세미달 금액 포함)을 차감하여 계산한 금액은 기타소득에 해당하는 것임(원천-847, 2011.12.20.)

24 종업원등 또는 대학의 교직원이 퇴직한 후에 지급받는 직무발명보상금

25 뇌 물

26 알선수재 및 배임수재에 의하여 받는 금품

뇌물, 알선수재금품 및 배임수재금품

① 뇌물 : 공무원 또는 중재인이 그 직무와 관련하여 부정한 청탁을 받고 취득한 재물 또는 재산상의 이익
② 알선수재금품 : 공무원 등이 그 지위를 이용하여 다른 공무원 등의 직무에 속한 사항의 알선에 관하여 받은 재물 또는 재산상의 이익
③ 배임수재금품 : 타인의 사무를 처리하는 자가 그 임무에 관하여 부정한 청탁을 받고 취득한 재물 또는 재산상의 이익

✓ **뇌물이 추징된 경우 과세여부**(소통 21-0…6)

뇌물 또는 알선수재 및 배임수재에 의하여 받은 금품이 법원 판결에 따라 몰수 또는 추징된 경우에는 소득세를 과세하지 아니한다.(2019.12.23. 신설)

✓ **뇌물이 추징금으로 납부된 경우 과세대상 여부에 대한 회신**

기타소득으로 소득세가 과세된 뇌물 또는 알선수재 및 배임수재에 의하여 받는 금품에 대하여 법원의 판결에 따른 몰수 또는 추징으로 환수가 이루어진 경우 그 환수된 부분에 대하여는 후발적 경정청구 사유로 과세표준의 결정 또는 경정을 청구할 수 있는 것임(기획재정부소득-117, 2017.3.2.)

✓ **뇌물로 받은 금품을 추징 또는 반환한 경우 과세할 수 없음**(대법원 2014두5514, 2015.7.16, 전원합의체 판결)

형법상 뇌물, 알선수재, 배임수재 등의 범죄에서 몰수나 추징을 하는 것은 범죄행위로 인한 이득을 박탈하여 부정한 이익을 보유하지 못하게 하는 데 그 목적이 있으므로, 이러한 위법소득에 대하여 몰수나 추징이 이루어졌다면 이는 그 위법소득에 내재되어 있던 경제적 이익의 상실가능성이 현실화된 경우에 해당한다고 보아야 한다. 따라서 이러한 경우에는 그 소득이 종국적으로 실현되지 아니한 것이므로 납세의무 성립 후 후발적 사유가 발생하여 과세표준 및 세액의 산정기초에 변동이 생긴 것으로 보아 납세자로 하여금 그 사실을 증명하여 감액을 청구할 수 있도록 함이 타당하다. 즉, 위법소득의 지배·관리라는 과세요건이 충족됨으로써 일단 납세의무가 성립하였다고 하더라도 그 후 몰수나 추징과 같은 위법소득에 내재되어 있던 경제적 이익의 상실가능성이 현실화되는 후발적 사유가 발생하여 소득이 실현되지 아니하는 것으로 확정됨으로써 당초 성립하였던 납세의무가 그 전제를 잃게 되었다면, 특별한 사정이 없는 한 납세자는 국세기본법 제45조의2 제2항 등이 규정한 후발적 경정청구를 하여 그 납세의무의 부담에서 벗어날 수 있다고 보아야 한다. 그리고 이러한 후발적 경정청구사유가 존재함에도 과세관청이 당초에 위법소득에 관한 납세의무가 성립하였던 적이 있음을 이유로 과세처분을 하였다면 이러한 과세처분은 위법하므로 납세자는 항고소송을 통해 그 취소를 구할 수 있다고 할 것이다.

이와 달리 범죄행위로 인한 위법소득에 대하여 형사사건에서 추징판결이 확정되어 집행된 경우에도 소득세법상 과세대상이 된다는 취지로 판시한 대법원 1998.2.27. 선고 97누19816 판결, 대법원 2002.5.10. 선고 2002두431 판결 등은 이 판결의 견해에 저촉되는 범위에서 이를 변경하기로

한다.

➲ 위법소득의 몰수판결은 이미 압수된 것에 대해여 이루어지므로 실질적으로 집행의 문제가 따르지 않지만 추징판결은 그 판결을 받은 자에게 재산이 없을 경우 집행이 제대로 되지 않을 수 있고, 이와 같이 실제로 집행이 이루어지지 않았다면 경제적으로도 위법소득이 박탈되었다고 할 수 없으므로 그에 대한 과세처분은 유지되어야 한다. 그래서 위 전원합의체 판결에서 언급하고 있는 '추징이 이루어 졌다면'의 의미는 단순히 추징판결이 확정되었다는 의미를 넘어 그 판결이 제대로 집행되었다는 의미로 해석하는 것이 타탕하다. 위 전원합의체 판결의 사안도 추징판결에 따라 추징금이 모두 납부된 것이었다.[41]

✓ **형사사건에서 추징판결이 확정된 위법소득은 종합소득세 과세대상이 아니라는 청구주장의 당부**
(심사소득 2021-7, 2021.5.20.)

청구인은 위법소득에 대한 추징금을 실제 납부하지는 않았으므로 경제적 이익의 상실이 현실화된 경우가 아니어서 당해 소득은 소득세법상 과세대상임

27 서화·골동품의 양도로 발생하는 소득

➲ 필요경비율 : 1억원까지 90%, 1억원 초과분은 80%(보유기간 10년 이상은 90%)

(1) 기타소득으로 보는 경우

① 아래의 규정에도 불구하고 서화·골동품의 양도로 발생하는 소득은 기타소득으로 본다[아래 '(2)'의 경우는 제외한다].(소법 21조 ②, 2020.12.29. 신설)

㉠ 이자소득·배당소득·사업소득·근로소득·연금소득·퇴직소득 및 양도소득 외의 소득으로서 열거된 소득을 기타소득으로 보는 규정

㉡ 영리를 목적으로 자기의 계산과 책임 하에 계속적·반복적으로 행하는 활동을 통하여 얻는 소득을 사업소득으로 구분하는 규정(소법 19조 ① 21)

② 과세대상 서화·골동품은 다음 중 하나에 해당하는 것으로서 개당·점당 또는 조(2개 이상이 함께 사용되는 물품으로서 통상 짝을 이루어 거래되는 것을 말한다)당 양도가액이 6천만원 이상인 것을 말한다. 다만, 양도일 현재 생존해 있는 국내 원작자의 작품은 제외한다.(소령 41조 ⑭)

㉠ 회화, 데생, 파스텔(손으로 그린 것에 한정하며, 도안과 장식한 가공품은 제외) 및 콜라주와 이와 유사한 장식판

㉡ 오리지널 판화·인쇄화 및 석판화

㉢ 골동품(제작 후 100년을 넘은 것에 한정한다)

41) 강석규, 2017, 조세법쟁론, 삼일인포마인, p. 734

㉣ 위 '㉠~㉢'의 서화·골동품 외에 역사상·예술상 가치가 있는 서화·골동품으로서 기획재정부장관이 문화체육관광부장관과 협의하여 기획재정부령으로 정하는 것

(2) 사업소득으로 보는 경우

➲ 2021.1.1. 이후 양도하는 분부터 적용한다.(2020.12.29. 법 부칙 6조)

다음 중 하나에 해당하는 경우에 서화·골동품의 양도로 발생하는 소득은 사업소득으로 구분한다.(소법 21조 ②, 소령 41조 ⑱, 2021.2.17. 신설)

① 서화·골동품의 거래를 위하여 사업장 등 물적시설(인터넷 등 정보통신망을 이용하여 서화·골동품을 거래할 수 있도록 설정된 가상의 사업장을 포함)을 갖춘 경우

② 서화·골동품을 거래하기 위한 목적으로 사업자등록을 한 경우

✓ 자영예술가인 화가가 미술품(서화)을 양도하여 발생한 소득의 소득구분 및 과세여부

[사실관계]

질의인은 생존한 작가로 서양화 작품을 1점당 6천만원 미만으로 화랑에 판매*하였고, 화랑은 작품 대금을 질의인에게 지급시 사업소득으로 원천징수하여 지급함

* 사업자등록 및 별도의 판매시설등 사업장을 갖추지 아니함

[질의]

자영예술가인 화가가 미술품(서화)을 양도하여 발생한 소득의 소득구분 및 과세여부

[회신]

자영예술가인 화가가 자신의 창작품인 미술품을 양도함으로서 발생하는 소득은 소득세법 제19조 제1항 제7호(☞ 도매 및 소매업에서 발생하는 소득) 또는 제17호(☞ 예술, 스포츠 및 여가 관련 서비스업에서 발생하는 소득)에 따른 사업소득에 해당하는 것임(사전법규소득 2021-1877, 2022.3.30.)

✓ 개인이 소장하고 있는 미술품 대여의 소득구분

[사실관계]

문화관광부에서 아시아문화중심도시 조성사업과 관련하여 홍보관을 운영하고 있으며, 2006년부터 개인 미술품 수집가로부터 그림을 임차하여 홍보관에 게시하고 있음

[질의]

이와 관련하여 홍보관에 게시된 그림에 대한 임차료(대여료)를 지급함에 있어 미술품 수집가는 그림 임대사업자가 아니며, 사업자등록이 없는 개인으로 일시적으로 대여를 하고 있는 바, 이 경우 과세 여부(소득구분)

[회신]

화가가 아닌 거주자가 소장하고 있는 미술품을 일시적으로 대여하고 사용료로서 받는 금품은 소득세법 제21조 제1항 제8호의 규정에 의한 기타소득에 해당하는 것이며, 이를 지급하는 자는 같은

법 제127조 및 129조의 규정에 따라 기타소득세를 원천징수 하여 징수일의 다음달 10일까지 관할 세무서에 신고 납부하여야 하는 것임(서면1팀-1503, 2007.11.1.)

✓ 조각작품이 과세대상 서화·골동품에 해당하는지 여부

2013년 1월 1일부터 시행된 서화·골동품 양도에 대한 과세대상(기타소득)에는 서화·골동품 외의 조각품은 포함되지 아니하는 것이 타당함(서면법규-733, 2013.6.25.)

✓ '양도일 현재 생존해 있는 국내 원작자' 관련 질의에 대한 회신

소득세법 시행령 제41조 제14항 단서에서 '양도일 현재 생존해 있는 국내원작자'는 양도일 현재 생존해 있는 대한민국 국적자인 원작자와 국내에서 주로 작품 활동을 하면서 양도일 현재 거주자인 외국인 원작자를 말하는 것임(기획재정부소득-84, 2020.2.12.)

✓ 정원수 및 그림 양도대가의 소득세 과세 여부

미술품, 공예품, 예술품 등 각종 창작예술품을 소매하는 산업활동에서 발생한 소득은 소득세법 제19조에 따른 사업소득에 해당하는 것이나, 거주자가 사업성이 없이 소장하고 있는 점당 6천만원 미만의 서화를 양도하고 발생한 소득은 같은 법 제21조에 따른 기타소득에 해당하지 아니하는 것이며, 사업성 여부는 구체적인 사실관계에 따라 판단할 사항임(소득-111, 2011.1.31.)

서화의 양도차익

<table>
<tr><th colspan="2">양도자</th><th>서화의 양도소득에 대한 과세</th></tr>
<tr><td colspan="2">법인</td><td>각 사업연도 소득에 대한 법인세 과세</td></tr>
<tr><td rowspan="3">개인</td><td>① 자영예술가*인 화가</td><td>• 사업소득(사전법규소득 2021-1877, 2022.3.30.)</td></tr>
<tr><td>② 위 '①' 외</td><td>• 원칙 : 기타소득
• 사업소득으로 보는 경우 : 사업자등록을 한 경우와 사업장 등 물적시설(인터넷 등 정보통신망을 이용하여 거래할 수 있도록 설정된 가상의 사업장을 포함)을 갖춘 경우</td></tr>
<tr><td colspan="2">• 비과세 : 미술관·박물관에 양도하는 경우 및 국가지정문화재로 지정된 서화의 양도</td></tr>
</table>

* 자영예술가[한국표준산업분류(9013)] : 독립적으로 예술활동에 종사하는 예술가의 산업활동을 말한다.

28 종교인소득(2015.12.15. 신설)

① 종교관련 종사자가 종교의식을 집행하는 등 종교관련 종사자로서의 활동과 관련하여 종교단체로부터 받은 소득을 말한다.(소법 21조 ① 26)

② 종교단체란 다음 중 하나에 해당하는 자 중 종교의 보급이나 교화를 목적으로 설립된 단체(그 소속 단체를 포함)로서 해당 종교관련 종사자가 소속된 단체(이하 "종교단체"라 한다)를 말한다.(소령 41조 ⑮, 2017.12.29. 개정)

㉠ 민법 제32조에 따라 설립된 비영리법인
㉡ 국세기본법 제13조에 따른 법인으로 보는 단체
㉢ 부동산등기법 제49조 제1항 제3호에 따라 부동산등기용등록번호를 부여받은 법인 아닌 사단·재단

③ 종교단체는 소속 종교관련 종사자에게 지급한 금액 및 물품(근로소득 및 기타소득의 비과세 규정에 따른 금액 및 물품을 포함한다. 이하 같다)과 그 밖에 종교 활동과 관련하여 지출한 비용을 구분하여 기록·관리한다.(소령 41조 ⑯, 2017.12.29. 신설)

④ 종교인소득에는 종교관련 종사자가 그 활동과 관련하여 현실적인 퇴직 이후에 종교단체로부터 정기적 또는 부정기적으로 지급받는 소득으로서 현실적인 퇴직을 원인으로 종교단체로부터 지급받는 소득에 해당하지 아니하는 소득을 포함한다.(소령 41조 ⑰)

⑤ 종교인소득에 대하여 근로소득으로 원천징수하거나 과세표준확정신고를 한 경우에는 해당 소득을 근로소득으로 본다.(소법 21조 ③)

29 가상자산소득

가상자산소득은 가상자산 이용자 보호 등에 관한 법률 제2조 제1호에 따른 가상자산을 양도하거나 대여함으로써 발생하는 소득을 말한다.(소법 21조 ① 27, 2023.7.18. 개정)

➲ 2027.1.1. 이후 가상자산을 양도·대여하는 분부터 적용한다.(2020.12.29. 법 부칙 5조 ①, 2024.12.31. 개정)

Ⅲ 비과세소득

기타소득 중 다음에 해당하는 소득은 비과세된다.(소법 12조 5)

1 보상금 등

국가유공자 등 예우 및 지원에 관한 법률 또는 보훈보상대상자 지원에 관한 법률에 따라 받는 보훈급여금 및 학습보조비 및 북한이탈주민의 보호 및 정착지원에 관한 법률에 의하여 받는 정착금·보로금과 그 밖의 금품(2011.9.5. 개정)

2 국가보안법에 따라 받는 상금과 보로금

3 상금과 부상

상훈법에 따른 훈장과 관련하여 받는 부상이나 그 밖의 일정한 상금과 부상을 말하며, 일정한 상금과 부상이란 다음에 해당하는 것을 말한다.(소령 18조 ①)

① 대한민국학술원법에 의한 학술원상 또는 대한민국예술원법에 의한 예술원상의 수상자가 받는 상금과 부상

② 노벨상 또는 외국정부·국제기관·국제단체 기타 외국의 단체나 기금으로부터 받는 상의 수상자가 받는 상금과 부상

> ✓ **템플턴 상금의 과세 여부**(소득 해석편람 12-13-7)
>
> 거주자가 미국 템플턴재단으로부터 받은 템플턴 상금은 소득세 비과세대상에 해당하는 것임(소득 22601-1085, 1992.5.18.)

③ 문화예술진흥법에 따른 대한민국 문화예술상과 같은 법에 따른 한국문화예술위원회가 문화예술진흥기금으로 수여하는 상의 수상자가 받는 상금과 부상

④ 대한민국 미술대전의 수상작품에 대하여 수상자가 받는 상금과 부상

⑤ 국민체육진흥법에 의한 체육상의 수상자가 받는 상금과 부상

⑥ 미래창조과학부가 개최하는 과학전람회의 수상작품에 대하여 수상자가 받는 상금과 부상

⑦ 특별법에 의하여 설립된 법인이 관계 중앙행정기관의 장의 승인을 얻어 수여하는 상의 수상자가 받는 상금과 부상

✓ **비과세 대상 상금과 부상의 범위**(소득 집행기준 12-18-1)

소득세법 시행령 제18조 제1항 제7호의 '관계중앙행정기관의 승인을 얻어 지급하는 상금과 부상'에 해당하여 소득세가 과세되지 아니하는 상금과 부상이라 함은 특별법에 따라 설립된 법인이 관계중앙행정기관의 장의 승인을 받은 상금지급규정에 의하여 지급하는 경우 외에는 같은 성질의 상금이라 하더라도 지급시마다 그 상금액을 명시하여 관계 중앙행정기관의 장의 별도 승인을 얻어 지급하는 상금 또는 부상을 말하며 단지 예산승인만으로 지급하는 일반적인 포상은 이에 포함하지 않는다.

〈사례〉

- 중소기업진흥공단 등 특별법에 따라 설립된 법인이 수여하는 부상금은 관계 중앙행정기관의 장의 승인을 받은 경우에 한하여 비과세되는 것이나, 특별법에 따라 설립되지 않은 전국경제인연합회, 한국무역협회가 수여하는 부상금은 비과세 대상에 해당되지 않음
- 에너지이용합리화법에 따라 설립된 에너지관리공단이 에너지절약 홍보를 목적으로 '전 국민 에너지절약 UCC 공모전'을 주관하면서 관계 중앙행정기관의 장인 지식경제부장관의 승인을 얻어 그 입상자에게 시상하는 상품은 비과세되는 기타소득에 해당함
- 재단법인 국민체육진흥재단이 체육유공자에게 지급하는 금품의 경우 재단법인 국민체육진흥재단은 국민체육진흥법 및 국민체육진흥기금에 관한 법률에 따른 법인이 아니고 민법에 따라 설립된 법인으로 특별법에 따라 설립된 법인에 해당하지 않으므로 비과세대상이 아님

⑧ 품질경영 및 공산품안전관리법에 의하여 품질명장으로 선정된 자(분임을 포함)가 받는 상금과 부상

⑨ 직장새마을운동·산업재해예방운동 등 정부시책의 추진실적에 따라 중앙행정기관장 이상의 표창을 받은 종업원이나 관계 중앙행정기관의 장이 인정하는 국내외 기능경기대회에 입상한 종업원이 그 표창 또는 입상과 관련하여 사용자로부터 받는 상금 중 1인당 15만원 이내의 금액

⑩ 국민 제안 규정 또는 공무원 제안 규정에 따라 채택된 제안의 제안자가 받는 부상(소령 18조 ① 10, 2021.2.17. 개정)

⑪ 국세기본법 제84조의2에 따른 포상금 등 법규의 준수 및 사회질서의 유지를 위하여 신고 또는 고발한 사람이 관련 법령에서 정하는 바에 따라 국가 또는 지방자치단체로부터 받는 포상금 또는 보상금(소령 18조 ① 11, 2012.2.2. 개정)

⑫ 경찰청장이 정하는 바에 따라 범죄 신고자가 받는 보상금(소령 18조 ① 12)

⑬ 위 '①부터 ⑫까지'의 규정에 따른 상금과 부상 외에 국가 또는 지방자치단체로부터 받는 상금과 부상(공무원이 국가 또는 지방자치단체로부터 공무 수행과 관련하여 받는 상금과 부상은 제외한다)(소령 18조 ① 13, 2021.2.17. 개정)

> ✓ **현상공모작품에 대하여 지급하는 상금 및 부상에 대한 비과세 여부**(소득 해석편람 12-13-9)
> 국가 또는 지방자치단체가 현상공모하여 당선된 작품 등에 대하여 지급하는 상금 또는 부상은 비과세되는 기타소득에 해당함(소득 46011-1707, 1995.6.22.)

4 직무발명보상금

➲ 개정규정(☞ 비과세 한도 500만원 → 700만원, 특수관계자 제외 규정)은 2024.2.29.이 속하는 과세기간에 지급받는 소득부터 적용한다.(2024.2.29. 영 부칙 3조)

종업원등 또는 대학의 교직원이 퇴직한 후에 사용자등 또는 산학협력단으로부터 지급받거나 대학의 학생이 소속 대학에 설치된 산학협력단으로부터 받는 직무발명보상금으로서 연 700만원(해당 과세기간에 근로소득으로 비과세되는 금액이 있는 경우에는 700만원에서 해당 금액을 차감한 금액) 이하의 금액. 다만, 직무발명보상금을 지급한 사용자등 또는 산학협력단과 다음의 특수관계에 있는 자가 받는 직무발명보상금은 제외한다.(소법 12조 5 라, 2023.12.31. 개정, 소령 18조 ②, ③ 2024.2.29. 신설)

① 사용자등의 경우 : 국세기본법 시행령 제1조의2 제1항에 따른 친족관계
② 산학협력단의 경우 : 법인세법 시행령 제43조 제7항에 따른 지배주주등(해당 지배주주등과 국세기본법 시행령 제1조의2 제1항에 따른 친족관계 또는 같은 조 제3항에 따른 경영지배관계에 있는 자를 포함)인 관계

5 국군포로가 받는 정착금 등

국군포로의 송환 및 대우 등에 관한 법률에 따라 국군포로가 받는 정착금과 그 밖의 금품

6 문화유산의 보존 및 활용에 관한 법률에 따라 국가지정문화유산으로 지정된 서화·골동품의 양도로 발생하는 소득 (2023.8.8 법명개정)

7 서화·골동품을 박물관 또는 미술관에 양도함으로써 발생하는 소득

8 법령·조례에 따른 위원회 등의 보수를 받지 아니하는 위원(학술원 및 예술원의 회원을 포함) 등이 받는 수당(2020.12.29. 신설)

➲ 2021.1.1. 이후 발생하는 소득분부터 적용한다.(2020.12.29. 법 부칙 2조 ①)

✓ **법령에 따른 등급판정위원회 위원이 받는 수당의 과세 여부**
법령·조례에 따른 위원회 등의 보수를 받지 아니하는 위원 등이 받는 수당은 소득세법 제12조 제5호 자목의 비과세 기타소득에 해당하는 것임(서면소득 2021-2696, 2021.6.4.)

9 종교인소득(2015.12.15 신설)

종교인소득 중 다음 중 하나에 해당하는 소득을 말한다.(소법 12조 5 아)

① **한국표준직업분류에 따른 종교관련 종사자가 받는 학자금**(소령 19조 ①)

종교관련 종사자가 소속된 종교단체의 종교관련 종사자로서의 활동과 관련있는 교육·훈련을 위하여 받는 다음 중 하나에 해당하는 학교 또는 시설의 입학금·수업료·수강료 또는 그 밖의 공납금을 말한다.

㉠ 초·중등교육법 제2조에 따른 학교(외국에 있는 이와 유사한 교육기관을 포함)
㉡ 고등교육법 제2조에 따른 학교(외국에 있는 이와 유사한 교육기관을 포함)
㉢ 평생교육법 제5장에 따른 평생교육시설

② **종교관련 종사자가 받는 다음 중 하나에 해당하는 식사 또는 식사대**(소령 19조 ②)

㉠ 소속 종교단체가 종교관련 종사자에게 제공하는 식사나 그 밖의 음식물
㉡ 위 '㉠'에서 규정하는 식사나 그 밖의 음식물을 제공받지 아니하는 종교관련 종사자가 소속 종교단체로부터 받는 월 20만원 이하의 식사대(2023.2.28. 개정)

➲ "10만원"에서 "20만원"으로의 개정은 2023.2.28.이 속하는 과세기간에 발생하는 소득부터 적용한다.(2023.2.28. 영 부칙 2조)

③ **종교관련 종사자가 받는 다음 중 하나에 해당하는 실비변상적 성질의 지급액**(소령19조③)

㉠ 일직료·숙직료 및 그 밖에 이와 유사한 성격의 급여
㉡ 여비로서 실비변상 정도의 금액(종교관련 종사자가 소유하거나 본인 명의로 임차한 차량을 종교관련종사자가 직접 운전하여 소속 종교단체의 종교관련 종사자로서의 활동에 이용하고 소요된 실제 여비 대신에 해당 종교단체의 규칙 등에 정하여진 지급기준에 따라 받는 금액 중 월 20만원 이내의 금액을 포함한다)(2025.2.28. 개정)
㉢ 종교관련 종사자가 소속 종교단체의 규약 또는 소속 종교단체의 의결기구의 의결·승인 등을 통하여 결정된 지급 기준에 따라 종교 활동을 위하여 통상적으로 사용할 목적으로 지급받은 금액 및 물품(소령 19조 ③ 3, 12조 18, 2018.2.13. 신설)
㉣ 종교관련 종사자가 천재·지변이나 그 밖의 재해로 인하여 받는 지급액

④ 종교관련 종사자 또는 그 배우자의 출산이나 6세 이하(해당 과세기간 개시일을 기준으로 판단) 자녀의 보육과 관련하여 종교단체로부터 받는 금액으로서 월 20만원 이내의 금액(2023.12.31. 개정)

➲ 2024.1.1. 전에 지급받은 출산·보육과 관련한 소득의 비과세 한도에 관하여는 개정규정(10만원 → 20만원)에도 불구하고 종전의 규정에 따른다.(2023.12.31. 법 부칙 2조 ③)

⑤ 종교관련 종사자가 사택을 제공받아 얻는 이익

"사택"이란 종교단체가 소유한 것으로서 종교관련 종사자에게 무상 또는 저가로 제공하는 주택이나, 종교단체가 직접 임차한 것으로서 종교관련 종사자에게 무상으로 제공하는 주택을 말한다.(소칙 10조의2)

Ⅳ 기타소득금액의 계산

1 기타소득금액

기타소득금액은 해당 과세기간의 총수입금액에서 이에 사용된 필요경비를 공제한 금액으로 한다.(소법 21조 ②)

기타소득금액 = 총수입금액 − 필요경비

2 기타소득의 필요경비계산

(1) 원 칙

① 해당 과세기간의 총수입금액에 대응하는 비용으로서 일반적으로 용인되는 통상적인 것의 합계액을 필요경비에 산입한다.(소법 37조 ②)

② 해당 과세기간 전의 총수입금액에 대응하는 비용으로서 그 과세기간에 확정된 것에 대하여는 그 과세기간 전에 필요경비로 계상하지 아니한 것만 그 과세기간의 필요경비로 본다.(소법 37조 ③, 2010.12.27. 개정)

✓ **경품 당첨에 따른 기타소득의 총수입금액 계산**(소득 집행기준 24-51-19)

① 분양회사가 경품행사 당첨자에게 상가를 제공한 경우, 기타소득의 총수입금액은 상가 분양회사의 분양가액으로 한다.

② 경품에 대한 부가가치세를 경품제공자가 부담하는 경우에는 그 부가가치세를 기타소득 수입금액에 포함하는 것이나, 당첨자가 부담하는 경우는 그러하지 않는다.

✓ **부동산매매계약의 위약금에 대한 기타소득 필요경비 해당여부**(소득 집행기준 37-87-2)

부동산매매계약의 위약으로 인하여 일방 당사자가 지급받는 위약금에 대한 필요경비는 해당 수입금액에 직접 대응되는 비용의 합계액으로 하는 것으로 해당 계약의 위약과 관련된 직접적인 손해액은 기타소득의 필요경비로 공제할 수 있다.

[사례]

• 다른 부동산에 대한 매매계약을 해약함에 따라 지급하는 위약금은 해당 기타소득의 필요경비로 산입할 수 없음 • 해당 부동산의 매매대금을 지급하기 위하여 차입한 차입금의 지급이자는 필요경비에 해당하지 않음

✓ **부동산 매매계약의 위약으로 인한 기타소득금액 계산시 필요경비 산입 범위**

[사실관계]

- 질의인은 2019년 10월 아파트를 매수하기로 매매계약을 체결하고 매매계약금 4,500만원을 지급하였으며, 매매계약 체결이후인 2019년말 매수하기로 한 해당 아파트의 전세계약을 체결하고 전세계약금 2,000만원을 수령함
- 이후 매매계약이 해지됨에 따라 질의인은 위약금 4,500만원을 수령하였으며, 전세계약도 해지하여 위약금 2,000만원을 전세계약자에게 지급함

[질의]

아파트 매매계약 해지로 수령한 위약금에 대한 기타소득금액 계산시 전세계약 해지로 지급한 위약금을 필요경비로 산입할 수 있는지 여부

[회신]

부동산 매매계약의 위약으로 인하여 지급받은 위약금은 소득세법 제21조 제1항 제10호에 따라 기타소득에 해당하는 것이며, 이에 대한 필요경비는 소득세법 제37조 제2항에 따라 당해 수입금액에 직접 대응되는 비용의 합계액으로 하는 것으로서, 전세계약 해지로 인하여 지급하는 위약금은 매매계약 해지로 인하여 지급받는 위약금의 필요경비에 산입할 수 없는 것임(사전법령해석소득 2020-450, 2020.6.12.)

✓ **기타소득금액 계산시 소송비용 등의 필요경비 인정여부**(소득 집행기준 21-0-7)

① 부동산 매매계약의 취소와 관련하여 당초 부동산매매거래를 위하여 거래당사자로서 지급한 중개수수료 및 해당 매매계약 해지를 위한 소송과 관련하여 변호사에게 지급한 보수는 기타소득(위약금)에 대한 필요경비로 산입할 수 있다.

② 재단의 이사장으로서 재단의 이사 및 이사장의 선임권 등 그 재단법인의 사실상 운영자로서의 지위를 물려받을 수 있는 절차를 밟아준 데 대한 사례의 뜻으로 지급받은 금액은 '사례금'에

PART 2

해당하고, 그 재단의 설립과정에서 개인적으로 투자한 금액은 필요경비에 해당하지 않는다.

③ 아파트를 분양하는 법인이 수분양자의 귀책사유로 분양계약을 해지하면서 해당 법인에게는 해약금이 귀속되고 수분양자에게는 분양대금 반환금과 함께 반환금에 대한 이자상당액이 귀속되는 경우에는 해당 이자상당액에서 해약금을 차감한 금액이 기타소득에 해당한다.

✓ **매매대금반환 소송을 위하여 지급한 변호사비용이 기타소득(지연손해금)의 필요경비에 해당하는지**

매매대금반환 소송을 위하여 지급한 변호사 비용 중 기타소득 총수입금액에 대응하는 비용은 필요경비로 산입하는 것임(기준법령해석소득 2020-106, 2020.7.16.)

✓ **부동산 매매위약금에 대한 기타소득금액계산상 다른 부동산 매매위약금의 필요경비 여부**

부동산 매매계약의 위약 또는 해약으로 인하여 일방 당사자가 지급받는 위약금에 대한 기타소득금액을 계산할 때 그 부동산 이외의 다른 부동산에 대한 매매계약의 위약 또는 해약으로 인하여 지급하는 위약금을 필요경비에 산입할 수 없음(소득-4116, 2008.11.7.)

✓ **부동산 매매위약금소득 계산시 중개수수료의 필요경비산입 여부**(소득 해석편람 37-1-2)

부동산 매매계약의 취소로 인하여 지급받는 위약금은 기타소득에 해당하며, 동 기타소득금액계산에 있어서 당초 부동산 매매거래와 관련하여 거래당사자로서 지급한 중개수수료는 필요경비에 산입할 수 있는 것임(소득 46011-2570, 1997.10.7.)

✓ **기타소득 총수입금액에 대응되는 필요경비의 확인방법**(소득 해석편람 37-1-5)

계약의 위약 또는 해약으로 인하여 받는 위약금과 배상금 중 채권자가 채무자의 금전채무불이행에 대하여 손해배상금청구의 소를 제기하고 그 손해를 배상받게 되는 경우의 지연배상금에 대한 필요경비는 그 지급 금액에 대응하는 필요경비로 해당 원천징수의무자가 확인할 수 있는 금액으로 함(법인 46013-2072, 1998.7.24)

✓ **매매계약해지로 지급받은 위약금이 필요경비 인정되는 기타소득인지 여부**

재산권에 관한 계약의 위약 또는 해약으로 인하여 받는 위약금과 배상금은 기타소득에 해당하는 것이며, 이 위약금 또는 배상금에 대하여는 80%(현행 60%)의 필요경비공제 규정을 적용하지 아니하는 것임(서면1팀-542, 2004.4.12.)

(2) 항목별 규정

1) 승마투표권 등의 구매자가 받는 환급금 및 당첨금품 등

기타소득금액을 계산할 때 필요경비에 산입할 금액은 다음에 따른다.(소법 37조 ①)

① 승마투표권 등의 구매자가 받는 환급금 : 승마투표권, 승자투표권, 소싸움경기투표권, 체육진흥투표권의 구매자가 받는 환급금에 대하여는 그 구매자가 구입한 적중된 투표권의 단위투표금액을 필요경비로 한다.

② 당첨금품 등 : 그 당첨금품등의 당첨 당시에 슬롯머신 등에 투입한 금액을 필요경비로 한다.

2) 가상자산소득

➲ 2027.1.1.부터 시행한다.(2020.12.29. 법 부칙 1조 단서 2, 2024.12.31. 개정)

① 양도되는 가상자산의 실제 취득가액과 취득·양도 또는 대여를 위하여 소요된 부대비용을 필요경비로 하며, 필요경비의 계산은 다음에 따른다.(소법 37조 ① 3, 2024.12.31. 개정)

② 2027.1.1. 전에 이미 보유하고 있던 가상자산의 취득가액은 2026.12.31. 당시의 시가와 그 가상자산의 취득가액 중에서 큰 금액으로 한다.(소법 37조 ⑤, 2024.12.31. 개정)

이때 "2026.12.31. 당시의 시가"는 다음의 구분에 따른 금액으로 한다.(소령 88조 ②, 2024.12.31. 개정)

㉠ 가상자산사업자 중 국세청장이 고시하는 사업자(이하 "시가고시가상자산사업자"라 한다)가 취급하는 가상자산의 경우 : 각 시가고시가상자산사업자의 사업장에서 2027.1.1. 0시 현재 가상자산별로 공시한 가상자산 가격의 평균

㉡ 위 '㉠' 외의 경우 : 시가고시가상자산사업자 외의 가상자산사업자(이에 준하는 사업자를 포함)의 사업장에서 2027.1.1. 0시 현재 가상자산별로 공시한 가상자산 가격

③ 위 '①'도 불구하고 다음의 사유로 2027.1.1. 이후 취득하는 가상자산의 실제 취득가액을 확인하기 곤란한 경우에는 해당 가상자산과 같은 종류의 가상자산 전체의 양도에 따른 필요경비를 그 가상자산 전체의 총양도가액에 50%를 곱한 금액으로 할 수 있다. 이 경우 부대비용은 필요경비에 산입하지 아니한다.(소법 37조 ⑥, 2024.12.31. 신설, 소령 88조 ④, ⑤, 2025.2.28. 신설)

㉠ 가상자산사업자를 통하지 않고 가상자산을 취득한 경우로서 장부나 그 밖의 증명서류에 의하여 실제취득가액을 확인할 수 없는 경우

㉡ 그 밖에 국세청장이 정하여 고시하는 사유로 실제취득가액을 확인하기 곤란한 경우

④ 가상자산을 양도함으로써 발생하는 소득에 대한 기타소득금액을 산출하는 경우에는 거주자별로 총평균법(소법 92조 ② 4)을 적용하여 계산한다.(소령 88조 ①, 2025.2.28. 개정)

> **✓ 가상자산 트레이딩 이벤트에서 수령한 기타소득에서 가상자산 거래수수료를 필요경비로 차감할 수 있는지 여부**
>
> 특정 가상자산의 트레이딩 이벤트에 참가하여 수령한 기타소득의 경우 소득세법 제37조 제2항에 따라 해당 기타소득에 대응하는 비용으로서 일반적으로 용인되는 통상적인 것의 합계액을 필요경비로 하는 것이며, 귀 질의의 가상자산 거래수수료가 트레이딩 이벤트에서 수령한 기타소득에 대응하는 비용인지 여부는 사실판단할 사항임(기획재정부소득-411, 2022.9.5.)

⑤ 가상자산 간의 교환(이하 "교환거래"라 한다)으로 발생하는 소득에 대한 기타소득금액을 산출하는 경우에는 다음의 구분에 따른 기축가상자산(교환거래를 할 때 교환가치의 기준이 되는 가상자산을 말한다)의 가액에 교환거래의 대상인 가상자산과 기축가상자산 간의 교환비율을 적용하여 계산한다.(소령 88조 ③, 2022.3.8. 신설)

㉠ 시가고시가상자산사업자를 통해 거래되는 기축가상자산의 경우 : 교환거래 시점과 동일한 시점에 기축가상자산이 금전으로 교환된 가액

㉡ 외국환거래법에 따른 외국통화에 연동되는 기축가상자산의 경우 : 교환거래일 현재 기준환율 또는 재정환율에 따라 환산한 가액

⑥ 위 '①부터 ⑤까지'에서 규정한 사항 외에 가상자산에 대한 기타소득금액의 계산에 필요한 사항은 국세청장이 정하여 고시한다.(소령 88조 ⑥, 2025.2.28. 개정)

3) 종교인소득

종교인소득에 대해서는 종교관련 종사자가 해당 과세기간에 받은 금액(비과세소득은 제외한다) 중 다음 표에 따른 금액을 필요경비로 한다. 다만, 실제 소요된 필요경비가 다음 표에 따른 금액을 초과하면 그 초과하는 금액도 필요경비에 산입한다.(소령 87조 3, 2016.2.17. 신설)

종교관련 종사자가 받은 금액	필요경비
2천만원 이하	종교관련 종사자가 받은 금액의 80%
2천만원 초과 4천만원 이하	1,600만원+(2천만원을 초과하는 금액의 50%)
4천만원 초과 6천만원 이하	2,600만원+(4천만원을 초과하는 금액의 30%)
6천만원 초과	3,200만원+(6천만원을 초과하는 금액의 20%)

4) 필요경비율

다음에 해당하는 기타소득에 대해서는 거주자가 받은 금액의 일정 비율에 상당하는 금액을 필요경비로 한다. 다만, 실제 소요된 필요경비가 80%(또는 60%, 서화·골동품 양도소득은 90%)에 상당하는 금액을 초과하면 그 초과하는 금액도 필요경비에 산입한다.(소령 87조 1, 1의2, 2018.2.13. 개정)

① 80% 적용되는 기타소득

㉠ 공익법인의 설립·운영에 관한 법률의 적용을 받는 공익법인이 주무관청의 승인을 얻어 시상하는 상금 및 부상(소령 87조 1 가)

㉡ 다수가 순위 경쟁하는 대회에서 입상자가 받는 상금 및 부상(소령 87조 1 가)

㉢ 위약금과 배상금 중 주택입주 지체상금(소령 87조 1 다)

② **60% 적용되는 기타소득**(2019년 귀속분부터 적용)

㉠ 공익사업을 위한 토지 등의 취득 및 보상에 관한 법률 제4조에 따른 공익사업과 관련하여 지역권·지상권(지하 또는 공중에 설정된 권리를 포함한다)을 설정하거나 대여함으로써 발생하는 소득

㉡ 전자상거래 등에서의 소비자보호에 관한 법률에 따라 통신판매중개를 하는 자를 통하여 물품 또는 장소를 대여하고 연 수입금액 500만원 이하의 사용료로서 받은 금품

㉢ 다음에 해당하는 인적용역(일시적인 문예창작소득, 재산권에 관한 알선수수료, 사례금의 규정을 적용받는 용역을 제외)을 일시적으로 제공하고 지급받는 대가(소령 87조 1 나)

ⓐ 고용관계 없이 다수인에게 강연을 하고 강연료 등의 대가를 받는 용역

ⓑ 라디오·텔레비전방송 등을 통하여 해설·계몽 또는 연기의 심사 등을 하고 보수 또는 이와 유사한 성질의 대가를 받는 용역

ⓒ 변호사·공인회계사·세무사·건축사·측량사·변리사 기타 전문적 지식 또는 특별한 기능을 가진 자가 해당 지식 또는 기능을 활용하여 보수 또는 기타 대가를 받고 제공하는 용역. 이러한 용역에는 대학이 자체 연구관리비 규정에 따라 대학에서 연구비를 관리하는 경우에 교수가 제공하는 연구용역이 포함된다.(소령 41조 ⑪)

ⓓ 위의 인적용역 외의 용역으로서 고용관계 없이 수당 또는 이와 유사한 성질의 대가를 받고 제공하는 용역

㉣ 일시적인 문예창작소득

문예·학술·미술·음악 또는 사진에 속하는 창작품(정기간행물에 게재하는 삽화 및 만화와 우리나라의 창작품 또는 고전을 외국어로 번역하거나 국역하는 것을 포함)에 대한 원작자로서 받는 소득으로서 다음에 해당하는 것(소령 87조 1 나)

ⓐ 원고료

ⓑ 저작권사용료인 인세

ⓒ 미술·음악 또는 사진에 속하는 창작품에 대하여 받는 대가

㉤ 산업재산권 등의 양도·대여료

광업권·어업권·산업재산권·산업정보, 산업상비밀, 상표권·영업권(점포 임차권을 포함)·토사석의 채취허가에 따른 권리, 지하수의 개발·이용권 그 밖에 이와 유사한 자산이나 권리를 양도 또는 대여하고 그 대가로 받는 금품(소령 87조 1 나)

③ 서화·골동품의 양도로 발생하는 소득

다음의 구분에 따라 계산한 금액을 필요경비로 한다. 다만, 실제 소요된 필요경비가 다음의 구분에 따라 계산한 금액을 초과하면 그 초과하는 금액도 필요경비에 산입한다.(소령 87조 2, 2020.2.11. 개정)

㉠ 거주자가 받은 금액이 1억원 이하인 경우 : 받은 금액의 90%

㉡ 거주자가 받은 금액이 1억원을 초과하는 경우 : 9천만원 + 거주자가 받은 금액에서 1억원을 뺀 금액의 80%(서화·골동품의 보유기간이 10년 이상인 경우에는 90%)

✓ 기타소득의 필요경비 계산(소득 집행기준 37-87-1)

기타소득금액을 계산할 때 해당 과세기간의 필요경비에 산입할 금액은 다음에 의한다.

<table>
<tr><th>기타소득 구분</th><th colspan="2">필요경비</th></tr>
<tr><td>승마투표권, 승자투표권, 소싸움경기투표권, 체육진흥투표권의 구매자가 받는 환급금</td><td colspan="2">그 구매자가 구입한 적중된 투표권의 단위투표금액</td></tr>
<tr><td>슬롯머신(비디오게임을 포함한다) 및 투전기 그 밖에 이와 유사한 기구를 이용하는 행위에 참가하여 받는 당첨금품 등</td><td colspan="2">그 당첨금품등의 당첨 당시에 슬롯머신 등에 투입한 금액</td></tr>
<tr><td>공익법인의 설립·운영에 관한 법률의 적용을 받는 공익법인이 주무관청의 승인을 받아 시상하는 상금 및 부상과 다수가 순위 경쟁하는 대회에서 입상자가 받는 상금 및 부상</td><td rowspan="2">거주자가 받은 금액의 80%에 상당하는 금액</td><td rowspan="2">실제 소요된 필요경비가 80%에 상당하는 금액을 초과하면 실제 소요된 비용</td></tr>
<tr><td>계약의 위약 또는 해약으로 인하여 받는 위약금과 배상금 중 주택입주 지체상금</td></tr>
<tr><td>서화·골동품의 양도로 발생하는 소득</td><td>80%(1억원 이하 또는 보유기간 10년 이상인 경우90%)</td><td rowspan="6">실제 소요된 필요경비가 60%(서화·골동품 양도의 경우 80% 또는 90%)에 상당하는 금액을 초과하면 실제 소요된 비용</td></tr>
<tr><td>무체재산권 등의 양도 및 대여료</td><td rowspan="5">거주자가 받은 금액의 60%에 상당하는 금액</td></tr>
<tr><td>전자상거래 등에서의 소비자 보호에 관한 법률에 따라 통신 판매중개를 하는 자를 통하여 물품 또는 장소를 대여하고 500만원 이하의 사용료로서 받는 금품</td></tr>
<tr><td>공익사업을 위한 토지 등의 취득 및 보상에 관한 법률 제4조에 통신 판매중개를 하는 자를 통하여 물품 또는 장소를 대여하고 설정된 권리 포함)을 설정하거나 대여함으로써 발생하는 소득</td></tr>
<tr><td>일시적인 문예창작소득(원고료, 저작권사용료인 인세, 미술·음악 또는 사진에 속하는 창작품에 대하여 받는 대가)</td></tr>
<tr><td>다음의 일시적인 인적용역
① 강연료 등 대가를 받는 용역</td></tr>
</table>

<table>
<tr><th>기타소득 구분</th><th colspan="2">필요경비</th></tr>
<tr><td>② 라디오·텔레비전방송 등을 통하여 해설·계몽 또는 연기의 심사 등을 하고 대가를 받는 용역
③ 변호사, 공인회계사, 세무사, 건축사, 측량사, 변리사, 그 밖에 전문적 지식 또는 특별한 기능을 가진 자가 그 지식 또는 기능을 활용하여 보수 또는 그 밖의 대가를 받고 제공하는 용역
④ 그 밖에 고용관계 없이 수당 등의 대가를 받고 제공하는 용역</td><td>거주자가 받은 금액의 60%에 상당하는 금액</td><td>실제 소요된 필요경비가 60%(서화·골동품 양도의 경우 80% 또는 90%)에 상당하는 금액을 초과하면 실제 소요된 비용</td></tr>
<tr><td rowspan="5">종교인소득(비과세소득 제외)</td><th>종교인 관련자가 받은 금액</th><th>필요경비</th></tr>
<tr><td>2천만원 이하</td><td>80%</td></tr>
<tr><td>2천만원 초과 4천만원 이하</td><td>1,600만원+(2,000만원초과분×50%)</td></tr>
<tr><td>4천만원 초과 6천만원 이하</td><td>2,600만원+(4,000만원초과분×30%)</td></tr>
<tr><td>6천만원 초과</td><td>3,600만원+(6,000만원초과분×20%)</td></tr>
<tr><td>그 외의 기타소득</td><td colspan="2">해당 과세기간의 총수입금액에 대응하는 비용으로서 일반적으로 용인되는 통상적인 것의 합계액</td></tr>
</table>

✓ 사내체육대회 입상자가 지급받는 상금에 대한 기타소득의 필요경비

기타소득 중 상금에 대한 기타소득금액을 계산함에 있어 법인이 사내체육대회를 개최하여 입상한 종업원에게 상금 및 부상을 지급하는 경우에는 80% 필요경비 공제대상에 해당되지 않는 것임(소득-4233, 2008.11.19.)

➲ 체육행사의 참가대상을 특정(지역 대표팀 및 개인, 계열사 대표팀 및 개인)하였으므로 "다수가 순위경쟁 하는 대회"에 해당하지 않는 것으로 판단됨. "다수가 순위경쟁 하는 대회"에 관한 규정은 별도로 명시되어 있지 않으나, 대회 참가대상을 특정하지 않고 불특정다수가 참여하여 경쟁하는 경우를 의미하는 것으로 판단됨

✓ 언론 발전에 기여한 자를 선발하여 포상하는 경우 '다수가 순위 경쟁하는 대회에서의 포상'에 해당하는지 여부

언론 발전에 공헌한 자를 선발하여 언론인상을 수여하는 경우 수상자가 지급받는 상금 및 부상은 소득세법 시행령 제87조 제1호 가목의 '다수가 순위 경쟁하는 대회에서 입상자가 받는 상금 및 부상'에 해당하지 아니하는 것임(사전법령해석소득 2017-239, 2017.6.30.)

✓ 주식거래 이벤트 참가 시 유관기관비용이 필요경비에 해당하는지 여부

증권 등 거래금액이 일정금액 이상인 경우 선착순으로 상금을 지급하는 이벤트는 다수가 순위 경쟁하는 대회에 해당되지 않으며, 주식 등 거래와 관련하여 지급된 유관기관비용은 필요경비에 해당되지 않는 것임(사전법령해석소득 2019-229, 2019.5.28.)

✓ 스키장을 이용하는 고객을 대상으로 엽기스키(보드)대회를 개최하고 입상자에게 상금 등을 지급하고 기타소득으로 원천징수 시 필요경비 계산

법인이 다수가 순위 경쟁하는 스키경기대회를 개최하여 당해 대회의 입상자에게 상금 및 부상을 지급하는 경우에는 당해 지급금액에서 80% 필요경비를 공제한 금액을 원천징수대상 기타소득금액으로 하여 소득세를 원천징수하는 것임(서면1팀-794, 2008.6.10.)

✓ 대리점 직원만을 대상으로 한 경쟁대회에서 입상자가 받는 상금의 기타소득 필요경비 적용 여부

보험회사가 보험상품 판매를 촉진할 목적으로 금융기관대리점 직원만을 대상으로 한 순위 경쟁대회에서 입상자에게 상금을 지급하는 경우, 그 입상자가 받는 상금은 기타소득의 필요경비(거주자가 받은 금액의 80%)를 적용할 수 없음(원천-491, 2013.9.30.)

✓ 80%의 필요경비를 인정받을 수 있는 기타소득인지의 여부

신청인이 일반 시민을 대상으로 "시민노래자랑"을 개최하고 수상자에게 상금을 지급하는 경우 해당 상금의 80%에 상당하는 금액은 소득세법 시행령 제87조 제1항 제1호에 따라 기타소득의 필요경비로 할 수 있는 것이나, 신청인이 직원 및 직원가족을 대상으로 "직원가족의 밤"을 개최하고 수상자에게 상금을 지급하는 경우 해당 상금은 80%에 상당하는 금액을 기타소득의 필요경비로 할 수 없는 것임(법규소득 2009-317, 2009.9.14.)

✓ 마라톤 선수가 지급받는 초청료 및 순위상금의 소득구분

대한경기육상연맹에 마라톤선수로 등록한 실업팀소속 선수들이 각종 마라톤 대회에 참가하고 주최사로부터 지급받는 초청료 및 순위상금이 직업운동가로서 받는 소득인 경우에는 사업소득에 해당하고 그 외의 경우에는 기타소득에 해당하는 것이며, 이 때 동 상금이 기타소득에 해당하는 경우 80% 필요경비공제 규정을 적용할 수 없는 것임. 다만, 상금 등을 지급받는 자가 직업운동가인지 여부는 실질내용에 따라 사실판단할 사항임(서면1팀-43, 2007.1.8.)

✓ 아파트분양대금 연체이자가 아파트 지체상금의 필요경비에 해당 여부(소득 해석편람 37-1-1)

아파트 공급업체가 아파트 지연입주로 인하여 아파트를 분양받은 자에게 지급하는 지체상금에 대한 기타소득금액계산에 있어서 해당 아파트를 분양받은 자가 중도금 또는 잔금의 지연납부로 인하여 지급한 연체료는 동 기타소득의 필요경비에 해당하지 않는 것임(소득 46011-783, 1996.3.11.)

✓ 매매계약의 위약금에 대한 필요경비(소득 해석편람 37-1-4)

주택신축판매업자가 주택신축용 토지매매계약을 해지하고 지급하는 위약금에 대한 필요경비를 계산함에 있어서는 80%의 필요경비공제 규정을 적용할 수 없는 것임(법인 46013-378, 1998.2.14.)

✓ 오피스텔 지연입주 지체상금의 소득구분과 필요경비(원천 해석편람 21-3-1)

오피스텔 지연입주 지체상금은 기타소득에 해당하는 것이며, 해당 기타소득에 대한 필요경비는 총수입금액 대응하는 비용의 합계액을 필요경비로 하여 원천징수하여야 하는 것임(서이 46013-10529, 2001.11.14.)

✓ 법원의 확정판결에 의해 계약해약금 및 위약금을 받은 경우 기타소득금액 필요경비의 범위

종중이 건설회사에 부동산을 매각하기로 계약하고 분묘조성비와 이장비를 들여 해당 부동산에 있던 분묘를 다른 곳으로 이장하였으나 건설회사가 계약을 성실히 이행하지 않아 법원의 확정판결에 의해 동 종중이 계약해약금 및 위약금을 받은 경우 기타소득은 계약해약금 및 위약금에서 분묘조성비와 이장비를 차감한 금액(본래의 계약에 의한 손해를 넘어 배상받은 금액)이 되는 것임(재경부소득 46073-135, 2002.9.30.)

V 기타소득 등의 수입시기

구 분		총수입금액의 수입시기(소령 50조 ①)
(1) 일반적인 기타소득		• 그 지급을 받은 날
(2) 계약금이 위약금·배상금으로 대체되는 경우의 기타소득		• 계약의 위약 또는 해약이 확정된 날
(3) 법인세법에 따라 처분된 기타소득		• 해당 법인의 해당 사업연도 결산확정일
(4) 산업재산권 등	양도하고 그 대가로 받은 금품	• 그 대금을 청산한 날, 자산을 인도한 날 또는 사용·수익일 중 빠른 날. 다만, 대금을 청산하기 전에 자산을 인도 또는 사용·수익하였으나 대금이 확정되지 아니한 경우에는 그 대금 지급일
	대여하고 그 대가로 받은 금품	• 그 지급을 받는 날(소득 집행기준 24-50-1 ①)
(5) 연금계좌에서 연금외수령한 기타소득		• 연금외수령한 날(2013.2.15. 신설)

✓ **기타소득에 해당하는 위약금의 수입시기**

위약금의 지급의무는 확정되었으나 채권자가 변제를 받지 아니하거나 받을 수 없는 때 또는 변제자가 과실없이 채권자를 알 수 없는 경우에 해당하여 민법 제487조에 의하여 공탁함으로써 채무를 면하는 경우에는 해당 위약금을 공탁하는 때에 해당 기타소득에 대한 원천징수를 하여야 하고, 위약금을 지급받을 권리가 확정되어 공탁금을 수령하는 날 또는 법원의 확정판결일을 해당 기타소득에 대한 총 수입금액의 수입시기로 할 수 있는 것임(서면1팀-1420, 2005.11.23.)

✓ **특허권 양도시 발생하는 기타소득의 수입시기**

특허권을 양도의 수입시기는 그 대금을 청산한 날, 인도일, 사용·수익일 중 빠른 날이며, 잔금을 청산하기 전에 잔금을 지급하지 아니하기로 합의한 경우 합의일을 대금을 청산한 날로 보는 것임(서면1팀-887, 2008.6.25.)

✓ **법원의 판결에 따라 지급받는 인세 등의 수입시기 등**

법원의 판결에 의하여 계약의 위약으로 인하여 출판사로부터 지급받는 지급지연손해금은 기타소득으로서 그 수입시기는 그 지급을 받은 날인 것임(서면1팀-1439 2007.10.18.)

PART 2

Ⅵ 기타소득의 과세방법

1 원천징수

(1) 개 요

원천징수의무자가 국내에서 거주자나 비거주자에게 원천징수대상 기타소득(봉사료수입 제외)을 지급하는 때에는 그 기타소득금액에 원천징수세율을 적용하여 계산한 소득세를 원천징수한다.(소법 127조 ①, 129조 ① 6, 2014.1.1. 개정, 145조)

구 분	원천징수 세액
㉠ 복권당첨금품 등(복권당첨금, 승마투표권 등의 구매자가 받는 환급금, 슬롯머신 등을 이용하는 행위에 참가하여 받는 당첨금품)	• 기타소득금액 × 20%(3억원 초과분은 30%)
㉡ 연금계좌에서 연금외수령하는 기타소득	• 지급금액 × 15%(무조건 분리과세[*1])
㉢ 소기업·소상공인 공제부금의 해지일시금	• 지급금액 × 15%[*2](2017.12.19. 개정)
㉣ 그 밖의 기타소득	• 기타소득금액 × 20%

*1. 소법 14조 ③ 8 나 (2014.12.23. 개정)

*2. 2018.2.13. 이후 공제계약이 해지되는 경우부터 적용한다.(2017.12.19. 법 부칙 10조 ①)

✓ **법원판결에 의하여 지급받는 지연이자의 소득구분과 원천징수**(원천 해석편람 21－1－2)

거주자 및 비거주자가 위약 또는 해약을 원인으로 법원 판결에 의하여 지급받는 법정이자(지연이자)는 기타소득에 해당하는 것이며, 국내에서 거주자 등에게 기타소득을 지급하는 자는 그 거주자 등에 대한 소득세를 원천징수하여야 하는 것이나, 법원의 전부명령에 의하여 제3자가 이를 지급하게 됨으로써 그 원천징수의무자를 대리 또는 위임을 받은 경우에는 제3자가 소득세를 원천징수하여야 하는 것임(서이 46013－11818, 2001.6.29.)

✓ **영업손실보상금이나 사업장이전비, 지급의무 없는 합의금의 소득구분·원천징수**

건물 양도에 따라 새 건물주가 임차인에게 주는 영업손실보상금이나 사업장이전비는 임차인의 사업소득으로서 원천징수의무 없고, 건물을 조속하고 원만하게 명도받기 위하여 지급하는 지급의무 없는 합의금은 기타소득으로서 원천징수의무 있음(소득－3894, 2008.10.24.)

(2) 원천징수의 배제

다음의 기타소득에 대해서는 원천징수하지 아니한다.(소법 127조 ① 6)

① 계약의 위약 또는 해약으로 받은 위약금과 배상금(계약금이 위약금과 배상금으로 대

체되는 경우만 해당한다)

② 뇌물

③ 알선수재 및 배임수재에 의하여 받는 금품

④ 가상자산소득(2020.12.29. 신설)

➲ 2027.1.1. 이후 발생하는 가상자산소득분부터 적용한다.(2020.12.29. 법 부칙 5조 ②, 2024.12.31. 개정)

(3) 서화·골동품 양도로 발생하는 소득의 원천징수 특례

서화·골동품의 양도로 발생하는 소득에 대하여 양수자인 원천징수의무자가 국내사업장이 없는 비거주자 또는 외국법인이어서 원천징수를 하지 못하는 경우에는 서화·골동품의 양도로 발생하는 소득을 지급받는 자를 원천징수의무자로 본다.(소법 155조의5, 2014.12.23. 신설, 소령 206조의3, 2015.2.3. 신설)

(4) 종교인소득에 대한 원천징수(2015.12.15. 신설)

1) 매월 원천징수

① 소속 종교관련 종사자의 종교인소득에 대한 소득세 원천징수는 매월 지급하는 소득에 12(종교관련 종사자가 2월 이후에 소속계약을 개시하는 경우에는 12 대신에 해당 월을 포함하여 해당 과세기간 중 남은 개월 수를 적용한다)를 곱한 금액에서 필요경비를 공제하고, 원천징수세율을 적용한 후 12로 나눈 금액으로 한다.(소령 202조 ④, 2016.2.17. 신설)

원천징수세액 = [(매월 지급하는 소득×12) − 필요경비] × 20% ÷ 12

② 원천징수의무자가 소득세를 원천징수할 때 종교인소득에 대해서는 [별표 3의4]의 종교인소득 간이세액표 해당란의 세액을 기준으로 원천징수한다.(소령 202조 ④, 2017.12.29. 개정)

2) 예외(선택사항)

종교인소득(근로소득으로 보는 경우를 포함)을 지급하는 자는 소득세의 원천징수를 하지 아니할 수 있다. 이 경우 종교인소득을 지급받은 자는 종합소득과세표준을 신고하여야 한다.(소법 155조의6, 2015.12.15. 신설)

(5) 원천징수대상 기타소득금액

원천징수대상 기타소득금액은 해당 지급금액에서 이에 대응하는 필요경비로 해당 원천징수의무자가 확인할 수 있는 금액 또는 소득세법 시행령 제87조(☞ 필요경비율) 규정에 의한 필요경비를 공제한 금액으로 한다.(소령 202조 ①)

> ✓ **종교인별 연말정산 여부와 소득의 종류를 선택 가능한지 여부**
>
> 같은 종교단체에서 소속된 종교관련 종사자별로 종교인소득에 대하여 근로소득으로 연말정산, 기타소득으로 연말정산, 연말정산 하지 않고 종합소득과세표준을 신고할 수 있는 것임(기획재정부소득-128, 2019.2.13.)
>
> ✓ **원천징수시 선택한 소득의 종류를 변경하여 연말정산 또는 종합소득세 확정신고를 할 수 있는지 여부 등 질의에 대한 회신**
>
> 종교단체가 종교인소득에 대하여 기타소득 또는 근로소득으로 소득세를 원천징수한 후 연말정산하거나 종합소득과세표준을 신고할 때 당초 원천징수한 동 소득의 종류를 변경하여 연말정산하거나 종합소득과세표준을 신고할 수 있는 것임. 종교단체가 종교관련 종사자의 각 과세기간에 발생하여 지급하는 종교인소득(소득세법 제21조 제3항에 해당하는 경우를 포함한다)에 대하여 원천징수(같은 법 제145조 제1항 또는 제134조 제1항에 따른 소득세의 원천징수를 말한다)를 하는 경우 각 과세기간별로 종교인소득(기타소득) 또는 근로소득 중 하나의 소득으로만 원천징수를 하는 것임(기획재정부소득-130, 2019.2.13.)

(6) 원천징수세액의 납부

원천징수의무자는 원천징수한 소득세를 그 징수일이 속하는 달의 다음달 10일까지 원천징수 관할세무서·한국은행 또는 체신관서에 납부하여야 한다.(소법 128조 ①)

(7) 원천징수영수증의 발급

기타소득을 지급하는 원천징수의무자는 이를 지급한 때에 그 기타소득금액과 그 밖에 필요한 사항을 적은 원천징수영수증을 그 소득을 받는 사람에게 발급하여야 한다. 다만, 다음의 기타소득으로서 100만원(필요경비를 공제하기 전의 금액) 이하를 지급하는 경우에는 지급받는 자가 원천징수영수증의 발급를 요구하는 경우를 제외하고는 이를 발급하지 아니할 수 있다.(소법 145조 ②, 소령 202조 ②)

① 원고료

② 고용관계 없이 다수인에게 강연을 하고 강연료 등의 대가를 받는 용역

③ 라디오·텔레비전방송 등을 통하여 해설·계몽 또는 연기의 심사 등을 하고 보수 또는 이와 유사한 성질의 대가를 받는 용역

(8) 원천징수시기 및 통지의무

① 원칙적으로 기타소득의 원천징수시기는 기타소득을 지급할 때이지만 법인세법에 의하여 처분된 기타소득은 해당 법인이 소득금액통지서를 받은 날, 법인세 과세표준을 신고하는 경우에는 그 신고일 또는 수정신고일에 지급한 것으로 본다.(소법 145조의2, 131조 ②)

② 세무서장 또는 지방국세청장이 해당 법인에게 소득금액변동통지서를 통지한 경우에는 통지하였다는 사실(소득금액 변동내용은 포함하지 아니한다)을 해당 주주 및 해당 기타소득의 처분을 받은 거주자에게 알려야 한다.(소령 192조 ④)

③ 동업기업과세특례에 따라 동업기업으로부터 배분받은 기타소득은 지급받은 날에 원천징수한다. 다만, 해당 동업기업의 과세기간 종료 후 3개월이 되는 날까지 지급하지 아니한 때에는 그 3개월이 되는 날에 원천징수한다.(소령 202조 ③)

✓ **계약의 위약·해약으로 인한 기타소득의 원천징수시기**(소통 127－0…5 ② 1)

계약의 위약 또는 해약으로 인하여 이미 지급한 계약금 또는 계약보증금이 기타소득으로 되는 경우에는 그 계약의 위약 또는 해약이 확정된 날에 소득금액을 지급하는 자가 원천징수하여야 한다.

✓ **상가준공지연으로 지급한 지체상금의 소득구분과 원천징수시기**(원천 해석편람 21－3－2)

상가준공지연으로 지체상금을 계약자로부터 지급받을 분양잔금과 상계하고 잔액을 지급하는 경우 동 지체상금은 기타소득으로 상계 또는 지급하는 때 원천징수하여야 하는 것임(서이 46013－10396, 2002.3.6.)

✓ **상가입주지연 위약금의 필요경비계산과 원천징수시기**(원천 해석편람 21－6－1)

상가입주지연에 대한 위약금의 필요경비는 해당연도의 총수입금액에 대응하는 비용의 합계액으로 하는 것이고, 매입계약자의 금융비용 등이 해당 기타소득의 필요경비에 해당하는지는 사실내용에 따라 판단하는 것이며, 원천징수의무자는 해당 위약금을 지급하는 날에 소득세를 원천징수하여 그 징수일이 속하는 달의 다음달 10일까지 납부하여야 하는 것임(서이 46013－10615, 2001. 11.28.)

(9) 지급명세서 제출의무의 면제

다음의 기타소득에 대해서는 지급명세서 제출의무 규정을 적용하지 않는다.(소령 214조 ① 3, 소칙 97조)

① 비과세되는 기타소득. 다만, 종교관련 종사자가 소속 종교단체의 규약 또는 소속 종교단체의 의결기구의 의결·승인 등을 통하여 결정된 지급 기준에 따라 종교 활동을 위하여 통상적으로 사용할 목적으로 지급받은 금액 및 물품은 지급명세서를 제출하여야 한다.(소령 214조 ① 1, 2017.2.29. 단서신설)

② 복권, 경품권, 그 밖의 추첨권에 당첨되어 받는 금품에 해당하는 기타소득(분리과세 기타소득인 복권 당첨금은 제외)으로서 1건당 당첨금품의 가액이 10만원 이하인 경우(소칙 97조 1)

③ 한국마사회법에 따른 승마투표권, 경륜·경정법에 따른 승자투표권, 전통소싸움경기에 관한 법률에 따른 소싸움경기투표권 및 국민체육진흥법에 따른 체육진흥투표권의 구매자가 받는 환급금(발생 원인이 되는 행위의 적법 또는 불법 여부는 고려하지 아니한다)에 해당하는 기타소득으로서 1건당 환급금이 200만원 미만(체육진흥투표권의 경우 10만원 이하)인 경우(소칙 97조 2, 2023.3.20. 호번개정)

➲ 개정규정(500만원 → 200만원)은 2020.7.1. 이후 원천징수하는 분부터 적용한다.(2020.3.13. 규칙 부칙 4조)

④ 과세최저한(소법 84조)의 규정에 의하여 소득세가 과세되지 아니하는 기타소득. 다만, 다음의 기타소득에 대해서는 과세최저한 규정이 적용되더라도 지급명세서를 제출하여야 한다.(소칙 97조 3, 2023.3.20. 호번개정)

㉠ 문예·학술·미술·음악 또는 사진에 속하는 창작품(신문 등의 자유와 기능보장에 관한 법률에 따른 정기간행물에 게재하는 삽화 및 만화와 우리나라의 창작품 또는 고전을 외국어로 번역하거나 국역하는 것을 포함)에 대한 원작자로서 받는 소득으로서 다음 중 하나에 해당하는 것

ⓐ 원고료

ⓑ 저작권사용료인 인세(印稅)

ⓒ 미술·음악 또는 사진에 속하는 창작품에 대하여 받는 대가

㉡ 다음 중 하나에 해당하는 인적용역을 일시적으로 제공하고 받는 대가
다만, 「간이지급명세서」를 제출한 경우에는 그 제출한 부분에 대하여 지급명세서를 제출한 것으로 본다.(소법 164조 ⑦, 2022.12.31. 신설)

ⓐ 고용관계 없이 다수인에게 강연을 하고 강연료 등 대가를 받는 용역

ⓑ 라디오·텔레비전방송 등을 통하여 해설·계몽 또는 연기의 심사 등을 하고 보수 또는 이와 유사한 성질의 대가를 받는 용역

ⓒ 변호사, 공인회계사, 세무사, 건축사, 측량사, 변리사, 그 밖에 전문적 지식 또는 특별한 기능을 가진 자가 그 지식 또는 기능을 활용하여 보수 또는 그 밖의 대가를 받고 제공하는 용역(대학이 자체 연구관리비 규정에 따라 대학에서 연구비를 관리하는 경우에 교수가 제공하는 연구용역이 포함)

ⓓ 그 밖에 고용관계 없이 수당 또는 이와 유사한 성질의 대가를 받고 제공하는 용역

⑤ 안마시술소에서 제공하는 용역에 대한 소득으로서 안마시술소가 소득세를 원천징수하는 소득(소칙 97조 4)

(10) 간이지급명세서의 제출

① 소득세 납세의무가 있는 개인에게 2024.1.1. 이후 인적용역 기타소득(위 '④의 ㉡')을 국내에서 지급하는 자는 「간이지급명세서」를 그 소득 지급일이 속하는 달의 다음 달 말일(휴업, 폐업 또는 해산한 경우에는 휴업일, 폐업일 또는 해산일이 속하는 달의 다음 달 말일)까지 원천징수 관할 세무서장, 지방국세청장 또는 국세청장에게 제출하여야 한다.(소법 164조의3 ①, 2022.12.31. 개정, 2022.12.31. 법 부칙 6조 ①, 2023.12.31. 개정)

② 「간이지급명세서」를 제출한 경우에는 그 제출한 부분에 대하여 지급명세서를 제출한 것으로 본다.(소법 164조 ⑦, 2022.12.31. 신설)

2 종합과세와 분리과세

기타소득은 원칙적으로 종합소득과세표준에 합산하여 과세한다.(소법 14조 ②) 그러나 예외적으로 다음과 같은 경우에는 분리과세가 적용된다.

(1) 무조건 분리과세

① 연금외수령한 다음의 기타소득(소법 14조 ③ 8 나, 2014.12.23. 개정)
  ㉠ 연금계좌세액공제를 받은 연금계좌 납입액(소법 20조의3 ① 2 나)
  ㉡ 연금계좌의 운용실적에 따라 증가된 금액(소법 20조의3 ① 2 다)

② 서화·골동품의 양도로 발생하는 기타소득(소법 14조 ③ 8 다)

③ 가상자산소득(소법 14조 ③ 8 다, 2020.12.29. 신설)

저자TIP 가상자산소득에 대한 과세방법

➲ 2027.1.1. 이후 발생하는 가상자산소득분부터 적용한다.(2020.12.29. 법 부칙 1조 단서 2, 2024. 12.31. 개정)

① 원천징수하지 않는다.
② 종합소득 과세표준에 합산하지 않고, 결정세액을 종합소득결정세액에 가산하여 확정신고납부 한다.(소법 14조 ③ 다, 70조 ②)
③ 결정세액의 계산은 다음에 따른다.(소법 64조의3 ②)

- 가상자산소득금액 = 총수입금액[*1] − 필요경비[*2]
- 가상자산소득에 대한 결정세액 = (가상자산소득금액 − 250만원) × 20%

*1. 가상자산을 양도·대여함으로써 받은 대가
*2. ① 양도되는 가상자산의 실제 취득가액과 취득·양도 또는 대여를 위하여 소요된 부대비용을 필요경비로 한다.(소법 37조 ① 3)
② 2027.1.1. 전에 보유하고 있던 가상자산의 취득가액은 2026.12.31. 당시의 시가와 그 가상자산의 취득가액 중 큰 금액으로 한다.(소법 37조 ⑤)

④ 복권 및 복권기금법 제2조에 따른 복권 당첨금(소법 14조 ③ 8 라)
⑤ 한국마사회법에 따른 승마투표권, 경륜·경정법에 따른 승자투표권, 전통소싸움경기에 관한 법률에 따른 소싸움경기투표권 및 국민체육진흥법에 따른 체육진흥투표권의 구매자가 받는 환급금(소법 14조 ③ 8 마, 소령 21조 2)
⑥ 슬롯머신(비디오게임을 포함) 및 투전기(投錢機), 그 밖에 이와 유사한 기구를 이용하는 행위에 참가하여 받는 당첨금품·배당금품 또는 이에 준하는 금품(소법 14조 ③ 8 마, 소령 21조 3)
⑦ 위 '⑤ 및 ⑥'의 소득과 유사한 소득으로서 기획재정부령으로 정하는 소득(소법 14조 ③ 8 마, 소령 21조 5) ➲ 현재 기획재정부령으로 정하는 소득은 없다.

(2) 선택적 분리과세

다음의 소득을 제외한 기타소득금액의 합계액이 연 300만원 이하인 경우에는 납세의무자의 선택에 따라 종합소득과세표준에 합산하지 않을 수 있다. 즉 납세의무자가 자신의 선택에 따라 분리과세나 종합과세를 선택할 수 있다.(소법 14조 ③ 8 가, 2019.12.31. 개정)
① 무조건 분리과세 기타소득
② 뇌물
③ 알선수재 및 배임수재에 의하여 받는 금품

➲ 분리과세를 선택하면 이미 이루어진 원천징수로써 신고납부 의무가 종료되는 것이므로 별도의 신고납부의무가 없다.

(3) 선택적 신고납부 분리과세

소득금액이 300만원 이하인 계약의 위약 또는 해약으로 받은 위약금과 배상금(계약금이 위약금과 배상금으로 대체되는 경우만 해당한다)은 종합소득과세표준 확정신고를 해야 하며 이때 다음의 방법 중 한 가지를 선택할 수 있다.(소법 14조 ③ 8 가, 64조의3 ①, 70조 ②)

① 해당 기타소득금액을 다른 종합소득과세표준에 합산하여 신고

② 해당 기타소득금액을 다른 종합소득과세표준에 합산하지 않고 그 기타소득금액에 20%를 적용하여 결정세액으로 신고

➲ 2020.1.1. 이후 발생하는 소득분부터는 소득금액이 300만원 이하이면 종합소득 확정신고시에 종합과세와 분리과세를 선택할 수 있으며, 분리과세를 선택한 경우의 결정세액은 원천징수 되지 않은 소득이므로 원천징수세율 수준의 20%(지방소득세 별도)를 적용한다.

(4) 무조건 종합과세

다음의 기타소득은 원천징수의 대상이 아니므로 무조건 종합과세한다.

① 뇌물

② 알선수재 및 배임수재에 의하여 받는 금품

③ 소득금액이 300만원을 초과하는 계약의 위약 또는 해약으로 받은 위약금과 배상금(계약금이 위약금과 배상금으로 대체되는 경우에만 해당한다) ➲ 소득금액이 300만원 초과하는 경우 그 초과 금액에 대해서만 종합과세하는 것이 아니라 그 전액에 대해 종합과세하는 것이다.

3 가상자산 거래내역 등의 제출

① 가상자산사업자는 소득세 부과에 필요한 「가상자산거래명세서」 및 「가상자산거래집계표」를 거래가 발생한 날이 속하는 분기 또는 연도의 종료일의 다음다음 달 말일까지 납세지 관할 세무서장, 지방국세청장 또는 국세청장에게 제출하여야 한다.(소법 164조의4 ①, 2024.12.31. 개정, 소령 216조의4, 2025.2.28. 개정)

② 국세청장은 가상자산사업자가 소득세 부과에 필요한 자료를 제출하지 아니한 경우에는 그 시정에 필요한 명령을 할 수 있다.(소법 164조의4 ②, 2024.12.31. 신설)

4 종교인소득에 대한 연말정산 등(2015.12.15. 신설)

(1) 연말정산

종교인소득을 지급하고 그 소득세를 원천징수하는 자는 해당 과세기간의 다음 연도 2월분의 종교인소득을 지급할 때(2월분의 종교인소득을 2월 말일까지 지급하지 아니하거나 2월분의 종교인소득이 없는 경우에는 2월 말일로 한다) 또는 해당 종교관련 종사자와의 소속관계가 종료되는 달의 종교인소득을 지급할 때 해당 과세기간의 종교인소득에 대한 종합소득결정세액에서 이미 원천징수하여 납부한 소득세를 공제하고 남은 금액을 원천징수한다.(소법 145조의3 ①, 2015.12.15. 신설, 소령 202조의4 ①, 2016. 2.17. 신설)

(2) 준용규정

종교인소득에 대한 연말정산, 소득공제 등의 신고, 원천징수영수증의 발급, 원천징수시기 또는 소득공제 및 세액공제의 신고 등에 관하여는 사업소득세액의 연말정산 규정[소득세법 제144조의2(같은 조 제1항은 제외)부터 제144조의5까지의 규정 및 시행령 제201조의11(같은 조 제4항은 제외) 및 제201조의12]을 준용한다. 이 경우 "사업소득"은 "종교인소득"으로, "사업자" 또는 "사업소득자"는 "종교관련 종사자"로, "거래계약"은 "소속관계"로, "해지"는 "종료"로, "사업소득세액연말정산신청서"는 "종교인소득세액연말정산신청서"로, "사업소득원천징수부"는 "종교인소득원천징수부"로 본다.(소법 145조의3 ②, 2015.12.15. 신설, 소령 202조의4 ②, 2016.2.17. 신설)

Ⅶ 과세최저한

기타소득이 다음에 해당하는 경우에는 해당 소득에 대한 소득세를 과세하지 아니한다.(소법 84조)

① 한국마사회법에 따른 승마투표권, 경륜·경정법에 따른 승자투표권, 전통소싸움경기에 관한 법률에 따른 소싸움경기투표권 및 국민체육진흥법에 따른 체육진흥투표권의 구매자가 받는 환급금으로서 건별로 승마투표권, 승자투표권, 소싸움경기투표권, 체육진흥투표권의 권면에 표시된 금액의 합계액이 10만원 이하이고 다음 중 하나에 해당하는 경우(소법 84조 1, 2015.12.15. 개정)

㉠ 적중한 개별투표당 환급금이 10만원 이하인 경우

㉡ 단위투표금액당 환급금이 단위투표금액의 100배 이하이면서 적중한 개별투표당 환급금이 200만원 이하인 경우

② 복권 당첨금(복권당첨금을 복권 및 복권 기금법령에 따라 분할하여 지급받는 경우에는 분할하여 지급받는 금액의 합계액) 또는 슬롯머신(비디오게임을 포함) 및 투전기(投錢機), 그 밖에 이와 유사한 기구를 이용하는 행위에 참가하여 받는 당첨금품·배당금품 또는 이에 준하는 금품 등이 건별로 200만원 이하인 경우(소법 84조 2, 2022.12.31. 개정)

➲ 2023.1.1. 이후 복권 당첨금을 지급받는 경우부터 적용한다.(2022.12.31. 법 부칙 7조)

③ 해당 과세기간의 가상자산소득금액이 250만원 이하인 경우(소법 84조 3, 2020.12.29. 신설)

➲ 2027.1.1. 이후 발생하는 가상자산소득분부터 적용한다.(2020.12.29. 법 부칙 1조 단서 2, 2024.12.31. 개정)

④ 그 밖의 기타소득금액(연금계좌에서 연금외수령한 기타소득금액은 제외)이 건별로 5만원 이하인 경우(2014.12.23. 개정)

저자TIP 세법개정에 따른 '기타소득금액 5만원이 되는 지급금액'의 변경

2018.2.13. 세법개정으로 일부 기타소득 항목에 대해 80%의 필요경비 대신 연차별로 70%, 60%가 적용됨에 따라 소액부징수에 해당하는 지급금액도 다음과 같이 변경되었다.

구 분	2005.1.1.~2018.3.31. (필요경비 80% 적용)	2018.4.1.~2018.12.31. (필요경비 70% 적용)	2019.1.1. 이후 (필요경비 60% 적용)
소액부징수 해당 지급금액	250,000원	166,666원	125,000원

✓ 승마투표권 적중자에게 지급하는 환급금에 대한 과세최저한(소득 해석편람 84-1-1)

한국마사회가 승마투표권 적중자에게 지급하는 환급금에 대하여 과세최저한의 규정을 적용함에 있어서의 판단기준은 적중마권의 단위 투표금액을 기준으로 판단해야 한다.(재무부소득 46074-127, 1993.3.24.)

✓ 기타소득 과세 최저한

① 소득세법 제21조의 기타소득에 해당하는 소득금액을 지급함에 있어서 기타소득의 과세최저한은 해당 강의료의 발생근거 및 지급하는 개별적인 사유별로 판단하는 것으로서, 귀 문의와 같이 동일한 교육과정에 대해 각기 다른 날짜에 강의를 하고 매달의 강의료를 한꺼번에 지급하는 경우 동일교육과정 전체를 1건으로 보고 과세최저한 적용여부를 판단하여야 하는 것임

② 아울러 같은법 제84조 제3호의 '5만원'은 기타소득에서 같은법 시행령 제87조의 필요경비를 차감한 기타소득금액임(서면1팀-727, 2006.6.5.)

✓ 대차거래수수료의 기타소득 과세최저한 적용방법

[질의]

대차거래수수료 지급 시 기타소득 과세최저한의 적용방법과 관련하여 매월 지급액 별로 5만원 이하인 경우 소득세를 비과세하는 것인지 또는 대차서비스 신청기간 동안 발생한 총 대차거래수수료가 5만원 이하인 경우 소득세를 비과세하는 것인지 여부

[회신]

거주자가 증권회사의 개설계좌 중 일부 계좌를 제외한 나머지 계좌에 대하여 증권대차(대여)서비스를 신청하여 대차서비스를 중개하는 해당 증권회사로부터 대차수수료를 지급받는 경우 신청에 따른 대차서비스 기간 동안 발생한 수수료 금액(대차기간이 2개 과세기간 이상에 걸쳐 있는 경우 과세기간별 수수료 금액)에 대하여 기타소득 과세최저한을 적용하는 것임(법규소득 2011-234, 2011.6.24.)

Chapter

07 소득금액계산의 특례

• 제 1 절 부당행위계산의 부인

I 의 의

납세지 관할 세무서장 또는 지방국세청장은 배당소득(출자공동사업자에 대한 배당소득만 해당)·사업소득 또는 기타소득이 있는 거주자의 행위 또는 계산이 그 거주자와 특수관계인과의 거래로 인하여 그 소득에 대한 조세부담을 부당하게 감소시킨 것으로 인정되는 경우에는 그 거주자의 행위 또는 계산과 관계없이 해당 과세기간의 소득금액을 계산할 수 있다.(소법 41조 ①) 이를 '부당행위계산의 부인'이라 한다.

부당행위계산부인 제도는 납세의무자가 통상을 벗어난 행위·계산을 함으로써 조세를 부당하게 감소시킨 경우에 이를 합리적인 행위·계산으로 바꾸어 소득금액을 산정함으로써 조세회피를 방지하여 과세공평을 달성하고자 하는데 그 취지가 있다.

II 부당행위계산부인의 적용요건

1 일정한 소득이 있는 거주자

① 부당행위계산의 부인은 '사업소득·기타소득 또는 출자공동사업자에 대한 배당소득이 있는 거주자'에 대하여만 적용된다. 즉 이러한 소득 등은 총수입금액에서 '필요경비'를 공제하여 소득금액을 계산하는 유형의 소득을 의미하므로, 이자소득·배당소득(출자공동사업자에 대한 배당소득은 제외)·근로소득·연금소득 및 퇴직소득과 같이

필요경비가 공제되지 아니하는 소득에 대해서는 부당행위계산의 부인규정이 적용되지 아니한다.

② 공동사업장의 소득금액을 계산할 때 부당행위계산규정(☞ 소법 41조 ①)을 적용하는 경우에는 공동사업자를 거주자로 본다.(소령 150조 ⑦, 2017.2.3. 신설)

2 특수관계인과의 거래

'해당 거주자와 특수관계인과의 거래'이어야 한다.

(1) 거래의 범위

부당행위계산의 부인 규정은 행위시 해당 거주자와 특수관계인과의 거래에 한하여 적용하는 것이므로 특수관계가 소멸된 후에 발생한 거래에 대해서는 이를 적용하지 아니한다. (소통 41－0…2)

(2) 특수관계인의 범위

"특수관계인"이란 본인과 다음 중 하나에 해당하는 관계에 있는 자를 말한다. 이 경우 세법을 적용할 때 본인도 그 특수관계인의 특수관계인으로 본다.(소령 98조 ①, 2012.2.2. 개정, 국기법 2조 20, 2011.12.31. 신설)

① 다음 중 하나에 해당하는 혈족·인척 등 친족관계(국기령 1조의2 ①, 2023.2.28. 개정)

㉠ 4촌 이내의 혈족(2023.2.28.까지는 6촌 이내의 혈족)

㉡ 3촌 이내의 인척(2023.2.28.까지는 4촌 이내의 인척)

민법상 혈족과 인척의 정의

【혈족의 정의 : 제768조】
자기의 직계존속과 직계비속을 직계혈족이라 하고 자기의 형제자매와 형제자매의 직계비속, 직계존속의 형제자매 및 그 형제자매의 직계비속을 방계혈족이라 한다.

【인척의 계원 : 제769조】
혈족의 배우자, 배우자의 혈족, 배우자의 혈족의 배우자를 인척으로 한다.

【혈족의 촌수의 계산 : 제770조】
① 직계혈족은 자기로부터 직계존속에 이르고 자기로부터 직계비속에 이르러 그 세수를 정한다.
② 방계혈족은 자기로부터 동원의 직계존속에 이르는 세수와 그 동원의 직계존속으로부

터 그 직계비속에 이르는 세수를 통산하여 그 존수를 정한다.

【인척의 촌수의 계산 : 제771조】
인척은 배우자의 혈족에 대하여는 배우자의 그 혈족에 대한 촌수에 따르고, 혈족의 배우자에 대하여는 그 혈족에 대한 촌수에 따른다.

【인척관계 등의 소멸 : 제775조】
① 인척관계는 혼인의 취소 또는 이혼으로 인하여 종료한다.
② 부부의 일방이 사망한 경우 생존 배우자가 재혼한 때에도 제1항과 같다.

㉢ 배우자(사실상의 혼인관계에 있는 자를 포함)
㉣ 친생자로서 다른 사람에게 친양자 입양된 자 및 그 배우자·직계비속
㉤ 본인이 민법에 따라 인지한 혼인 외 출생자의 생부나 생모(본인의 금전이나 그 밖의 재산으로 생계를 유지하는 사람 또는 생계를 함께하는 사람으로 한정한다) (국기령 1조의2 ① 5, 2023.2.28. 신설)

➲ '㉠, ㉡, ㉤'은 2023.3.1.부터 시행한다.(2023.2.28. 영 부칙 1조 단서)

② 다음 중 하나에 해당하는 임원·사용인 등 경제적 연관관계(국기령 1조의2 ②)
㉠ 임원과 그 밖의 사용인
㉡ 본인의 금전이나 그 밖의 재산으로 생계를 유지하는 자
㉢ 위 '㉠ 및 ㉡'의 자와 생계를 함께하는 친족

③ 다음 중 하나에 해당하는 주주·출자자 등 경영지배관계(국기령 1조의2 ③ 1)
㉠ 본인이 직접 또는 그와 친족관계 또는 경제적 연관관계에 있는 자를 통하여 법인의 경영에 대하여 지배적인 영향력을 행사하고 있는 경우 그 법인
㉡ 본인이 직접 또는 그와 친족관계, 경제적 연관관계 또는 '㉠'의 관계에 있는 자를 통하여 법인의 경영에 대하여 지배적인 영향력을 행사하고 있는 경우 그 법인
㉢ 위 '㉠과 ㉡'을 적용할 때 다음의 요건에 해당하는 경우 해당 법인의 경영에 대하여 지배적인 영향력을 행사하고 있는 것으로 본다.(국기령 1조의2 ④)
ⓐ 영리법인인 경우
㉮ 법인의 발행주식총수 또는 출자총액의 30% 이상을 출자한 경우
㉯ 임원의 임면권의 행사, 사업방침의 결정 등 법인의 경영에 대하여 사실상 영향력을 행사하고 있다고 인정되는 경우
ⓑ 비영리법인인 경우
㉮ 법인의 이사의 과반수를 차지하는 경우
㉯ 법인의 출연재산(설립을 위한 출연재산만 해당)의 30% 이상을 출연하고 그 중 1인이 설립자인 경우

✓ **특수관계인의 범위**(소득 집행기준 41-98-1, 수정)

① '특수관계인'이란 다음 중 어느 하나의 관계에 있는 자를 말한다.

구 분	특수관계인의 범위
친 족	1. 4촌 이내의 혈족(2023.2.28.까지는 6촌 이내의 혈족) 2. 3촌 이내의 인척(2023.2.28.까지는 4촌 이내의 인척) 3. 배우자(사실상의 혼인관계에 있는 자를 포함한다) 4. 친생자로서 다른 사람에게 친양자 입양된 자 및 배우자·직계비속 5. 본인이 민법에 따라 인지한 혼인 외 출생자의 생부나 생모(본인의 금전이나 그 밖의 재산으로 생계를 유지하는 사람 또는 생계를 함께하는 사람으로 한정한다) ➲ 1,2,5는 2023.3.1.부터 시행한다.(2023.2.28. 영 부칙 1조 단서)
경 제 적 연관관계	6. 임원과 그 밖의 사용인 7. 본인의 금전이나 그 밖의 재산으로 생계를 유지하는 자 8. 6. 및 7.의 자와 생계를 함께하는 친족
경 영 지배관계	9. 본인이 직접 또는 그와 친족관계 또는 경제적 연관관계에 있는 자를 통하여 법인의 경영에 대하여 지배적인 영향력*을 행사하고 있는 경우 그 법인 10. 본인이 직접 또는 그와 친족관계, 경제적 연관관계 또는 8의 관계에 있는 자를 통하여 법인의 경영에 대하여 지배적인 영향력*을 행사하고 있는 경우 그 법인

* 지배적인 영향력

1) 영리법인인 경우 : 법인의 발행주식총수 또는 출자총액의 30% 이상을 출자한 경우와 임원의 임면권의 행사, 사업방침의 결정 등 법인의 경영에 대하여 사실상 영향력을 행사하고 있다고 인정되는 경우
2) 비영리법인인 경우 : 법인의 이사의 과반수를 차지하는 경우와 법인의 출연재산(설립을 위한 출연재산만 해당한다)의 30% 이상을 출연하고 그 중 1인이 설립자인 경우

② 부당행위계산부인은 행위시 해당 거주자와 위 제1항에 따른 특수관계인과의 거래에 한하여 적용하므로 특수관계가 소멸된 후에 발생한 거래에 대해서는 이를 적용하지 않는다.

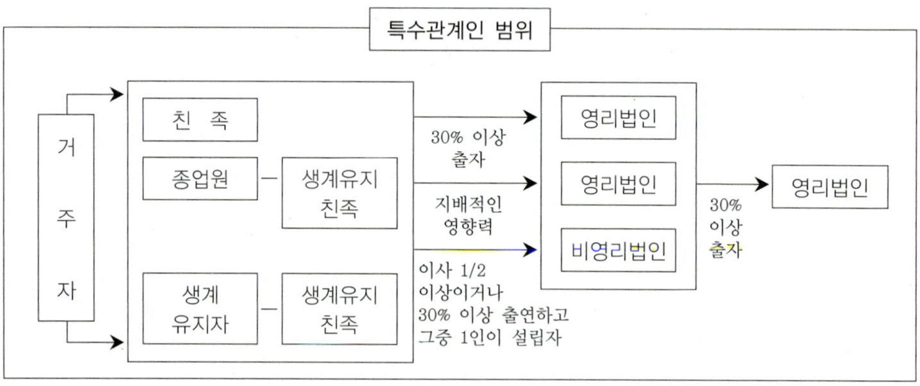

✓ **국세기본법상 경영지배관계에 따른 특수관계의 범위**

[사실관계]

A와 갑 법인은 을 법인(상장법인)의 주식을 각각 1%, 2% 보유하고 있으며, A의 자녀 B와 C는 갑 법인의 주식 100% 보유하고 있음

A는 보유하고 있는 을 법인의 주식 1%를 자녀 B, C가 지배하고 있는 갑 법인에게 저가로 양도

[질의]
당해 거래 당사자가 국세기본법 시행령 제1조의2 제3항 제1호에 따른 경영지배관계에 의한 특수관계에 해당하여 부당행위계산부인 규정의 적용 대상인지 여부

[회신]
본인이 특정 법인의 주식을 보유하고 있지 않더라도 그와 친족관계에 있는 자가 그 특정 법인에 30% 이상 출자한 경우, 본인과 그 특정 법인 사이에도 국세기본법 시행령 제1조의2 제3항 제1호 가목에서 정하는 경영지배관계에 따른 특수관계가 성립하는 것임(기획재정부조세법령-759, 2022. 7.15.)

✓ **주식의 양도와 관련하여 소득세법상 특수관계인에 해당하는지 여부**

[사실관계]
- 2020년 12월 설립된 주식회사인 A법인은 거주자 甲(대표이사, 최대주주, 지분율 80%)과 거주자 乙(등기임원, 지분율 20%)이 출자하고, 2021.6.9. 벤처기업으로 인증 받음
- 乙은 2020년 12월 이전부터 ○○주식회사(이하 "B법인")의 등기임원으로 재직 중이고, 을의 父는 B법인의 최대주주(지분 55%)이고 대표이사임
- 甲은 2021.4.1.을 최초 양도일로 하여 향후 3년간 매년 4.1.에 A법인 보유지분을 10%씩 총 40%를 B법인에 매각하는 약정을 체결함
- A법인의 주주구성은 아래와 같음

시점	甲	乙	B법인
2020.12.31.	80%	20%	–
2021. 4. 1.	70%	20%	10%
2022. 4. 1.	60%	20%	20%
2023. 4. 1.	50%	20%	30%
2024. 4. 1.	40%	20%	40%

- 乙은 B법인에 대한 지분을 보유하고 있지 않으며, B법인에 대한 임원의 임면권 행사, 사업방침의 결정 등 B법인의 경영에 대하여 사실상 영향력을 행사하고 있지 않음
- 2021.4.1. 甲이 A법인의 지분 10%를 B법인에 양도함

[질의]
2021.4.1. 현재 甲과 B법인은 소득세법 상 특수관계인에 해당하는지 여부

[회신]
소득세법 제101조에서 특수관계인이란 국세기본법 시행령 제1조의2 제1항, 제2항 및 같은 조 제3항 제1호에 따른 특수관계인을 말하며, 귀 질의의 사실관계와 같이, 甲이 B법인의 지분을 보유하고 있지 아니하고, 임원의 임면권의 행사, 사업방침의 결정 등 법인의 경영에 사실상 영향력을 행사하고 있다고 인정되지 않는 경우 甲과 B법인은 국세기본법 시행령 제1조의2 제1항, 제2항 및 같은 조 제3항 제1호에 따른 특수관계인에 해당하지 않는 것임(서면자본거래 2021-4830, 2021.9.8.)

✓ 저가 양수 또는 고가 양도에 따른 이익의 증여 규정 적용시 양도자와 양수자가 특수관계인에 해당하는지 여부

[사실관계]

• 대상법인(이하 "갑법인"이라 함)의 양도 전 임직원 및 주주 내역

구 분	관 계	지분율
A	대표이사	29%
B	직원, A의 제수(남동생의 배우자)	18%
C	임원, A의 친족 등에 해당하지 않음	29%
일반주주1	타인	12%
일반주주2	타인	12%

• C는 보유주식 29%를 다음과 같이 양도(쟁점양도)

양 수 자	합계	D(A의女)	B(직원)	E(B의子)	F(B의女)	타인
양도 지분	29%	7%	8%	3%	5%	6%
임직원여부	부	여	부	부부		

* D, E, F는 C로부터 주식을 양수하기 전에는 갑법인의 주식을 보유하지 않음

[질의]

저가 양수 또는 고가 양도에 따른 이익의 증여 규정 적용시 양도자와 양수자가 특수관계인에 해당하는지 여부

[회신]

귀 질의의 경우 양도자 C가 양수자 D, E, F(갑법인의 주주가 아님)의 친족(국세기본법 시행령 제1조의2 제1항 제1호부터 제4호까지의 어느 하나에 해당하는 자) A, B가 30% 이상 출자하여 지배하고 있는 갑법인의 사용인에 해당하는 경우, 양도자 C와 양수자 D, E, F는 특수관계인에 해당하는 것임(서면자본거래 2018-3702, 2020.3.17.)

✓ 같은 법인의 서로다른 임원간의 관계를 특수관계자로 볼 것인지

양도소득의 부당행위계산에서, 국세기본법 시행령 제1조의2 제1항, 제2항 및 같은 조 제3항 제1호의 관계에 해당하지 않는 같은 법인의 서로 다른 임원간의 관계는 특수관계인에 해당하지 않는 것임(서면부동산 2017-1530, 2017.12.28.)

✓ 주주1인과 대표이사인 최대주주의 子와의 특수관계 여부

소득세법 제101조에 따른 양도소득의 부당행위계산 부인 규정을 적용함에 있어 법인의 주주 1인과 친족관계 없는 법인의 다른 주주인 대표이사의 子(법인의 임원인 子 포함, 주식소유하지 않음)는 특수관계인에 해당하지 않음(법규재산 2013-495, 2013.12.10.)

✓ 동생의 사실혼배우자가 특수관계인에 해당하는지 여부

사실혼 관계에 있는 배우자란 당사자의 배우자에 한하는 것이므로 혈족의 사실혼 배우자는 국세기본법 시행령 제1조의2 제1항 제2호의 4촌 이내의 인척에 해당하지 아니함(서면법령해석기본 2016-5939, 2017.3.8.)

✓ 특수관계자에 해당되는지 여부

[사실관계]

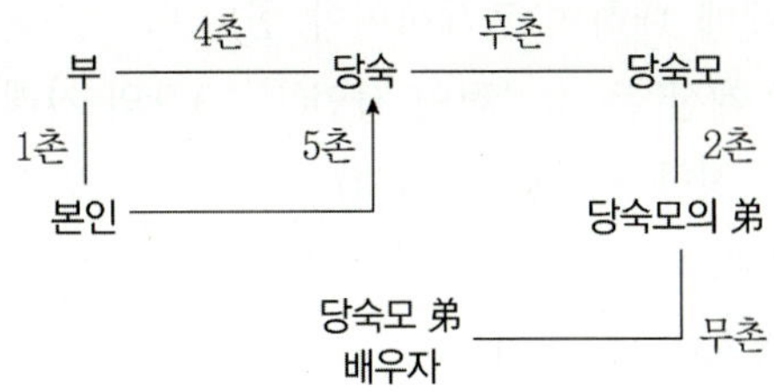

[질의] 본인과 본인의 당숙모 남동생의 배우자가 특수관계자에 해당되는지 여부

[회신] 귀 질의의 경우, 본인과 당숙모 동생의 배우자는 국세기본법 제2조 제20호에 따른 특수관계인에 해당되지 아니함(징세-511, 2012.5.9.)

✓ 특수관계자의 범위에 해당되는지 여부

[사실관계]

• 甲법인(비상장법인)의 주식소유현황은 아래와 같음

- A : 甲법인의 주식 70% 소유(甲법인 대표이사)
- B : 甲법인의 주식 26% 소유(甲법인 등기이사)
- C : 甲법인의 주식 0.94% 소유(甲법인 사용인)
- D : 甲법인의 주식 0.949% 소유

* A와 B, C, D와는 친족 등 특수관계에 해당되지 아니함

[질의]

법인의 대표이사가 당해 법인의 주식을 다른 주주들에게 양도하는 경우 당사자간 국세기본법상 특수관계자의 범위에 해당되는지 여부

[회신]

소득세법 제41조 및 제101조를 적용함에 있어서 단순히 특정법인의 서로 다른 일원이라는 사유만으로는 특수관계있는 자에 해당하지 아니함(징세-471, 2012.4.27.)

3 행위·계산의 부당성

거주자와 특수관계인 사이의 거래와 관련된 행위·계산이 부당하여야 한다.

① '행위의 부인'은 결국 '계산의 부인'이라는 과정을 통해 과세소득금액의 크기에 영향을 주기 때문에 행위 또는 계산의 부인은 모두 '계산의 부인'으로 귀착된다. 따라서 '행위의 부인'과 '계산의 부인'을 따로 보는 것은 무의미하다[42]고 하겠다.

② 부당행위계산부인의 대상이 되는 행위 등이란 법률상 적법·유효한 행위 등을 의미하

42) 김완석, 앞의 책, p. 329

기 때문에 그 기초적 사실행위에 불법행위·허위행위 또는 가장행위가 있는 경우에는 부당행위계산부인에 관한 규정을 적용함이 없이 당연히 그 행위의 존재 자체를 부인하고 실질적인 거래에 대하여 과세하여야 한다.[43]

③ "부당한 행위·또는 계산"은 정상적인 사인(私人)간의 거래, 건전한 사회통념 내지 상관습을 기준으로 판정한다.(소통 41－0…1)

④ 시가와 거래가액의 차액이 3억원 이상이거나 시가의 5%에 상당하는 금액 이상인 경우만 해당한다.(소령 98조 ② 단서)

4 소득세부담의 부당한 감소

거주자와 특수관계인 사이의 부당한 행위·계산의 결과로 인하여 해당 소득에 대한 소득세의 부담을 부당하게 감소시킨 것으로 인정되어야 한다.

① 납세의무자가 선택한 행위·형식이 비록 이상성(異常性)이 있다고 하더라도 이러한 행위·형식에 의하여 소득세의 배제나 경감을 초래하지 아니하였거나 오히려 소득세 부담의 증가를 초래한 경우에는 부당행위계산에 해당하지 아니한다.[44]

② 소득에 대한 조세의 부담을 감소시킨 것으로 인정되면 충분하고 당사자에게 조세회피의 의사 또는 목적이 있어야 하는 것은 아니다. 즉 납세의무자의 주관적인 조세회피의사는 행위계산부인의 요건이 아닌 것이다.[45]

경제적 합리성[46]

- 특수관계인 간 거래에서 조세부담의 감소가 발생하더라도 경제적 합리성이 있는 경우에는 부당행위계산부인 규정이 적용되지 않으며, 경제적 합리성은 상거래 관행·경영판단·정부정책으로 구분하여 판단할 수 있다.
- 경제적 합리성의 유무를 판단할 때 단순히 특수관계인이 아닌 자와의 거래형태에서는 통상 행하여지지 않는 것이라 하여 바로 경제적 합리성이 없다고 보아서는 안된다.
- 특수관계인 간에 시가에서 벗어나는 거래를 하였더라도, 그러한 행위가 특수관계의 영향을 받은 것이 아니라 다른 특별한 사정에 의한 경제적 합리성이 있는 경우에는 조세부담의 감소가 초래되더라도 부당행위계산부인 규정을 적용할 수 없다.

43) 대법원 94누1913, 1995.2.10. ; 김완석, 앞의 책, p. 329

44) 김완석, 앞의 책, p. 332

45) 김완석, 앞의 책, p. 332

46) 국세청, 2022, 부당행위계산의 부인, p. 91.

✓ **조세의 부담을 부당하게 감소시킨 것으로 인정되지 아니하는 경우의 예시**(소통 41－98…3)

다음 중 하나에 해당하는 것은 "조세의 부담을 부당하게 감소시킨 것으로 인정되는 경우"에 포함되지 아니하는 것으로 한다.

① 사업상 업무를 수행하기 위하여 초청된 외국인에게 사택 등을 무상으로 제공한 때

② 특수관계 있는 자의 채무에 대한 보증을 한 때(보증으로 인하여 손실이 발생한 경우를 제외한다)

③ 정부의 지시에 의하여 특수관계 있는 자에게 통상판매가격보다 낮은 가격으로 판매한 때

④ 특수관계 있는 자간의 보증금 또는 선수금 등을 수수한 경우에 그 수수행위가 통상 상관례의 범위를 벗어나지 아니할 때

⑤ 종업원에게 포상으로 지급하는 금품의 가격이 당해 종업원의 근속기간, 공적내용, 월급여액 등에 비추어 사회통념상 타당하다고 인정되는 때

⑥ 종업원에게 자기의 제품이나 상품 등을 할인판매하는 경우로서 다음에 해당하는 때

㉠ 할인판매가액이 당해 거주자의 취득가액 이상이며 통상 일반소비자에게 판매하는 가액에 비하여 현저하게 낮은 가액이 아닌 것

㉡ 할인판매를 하는 제품 등의 수량은 종업원이 통상 자기의 가사를 위하여 소비하는 것이라고 인정되는 정도의 것

⑦ 대리점으로부터 판매대리와 관련하여 보증금을 받고, 당해 보증금에 대한 이자를 적정이자율을 초과하지 아니하는 범위 내에서 지급하는 때

⑧ 특수관계 있는 자간의 거래에서 발생한 외상매출금 등의 회수가 지연된 경우에도 사회통념 및 상관례에 비추어 부당함이 없다고 인정되는 때

⑨ 종업원이 부당유용한 공금을 종업원의 보증인 등으로부터 회수하는 때. 다만, 종업원과 그 보증인에 대하여 횡령금의 회수를 위하여 법에 의한 제반절차를 취하였음에도 무재산 등으로 회수할 수 없는 경우 외에 동 공금을 회수할 수 없는 경우에는 그 종업원의 근로소득으로 처리한다.(2024.3.15. 개정)

⑩ 특수관계있는 자와의 거래에 있어서 부동산 가격공시 및 감정평가에 관한 법률의 규정에 의한 감정회사가 행한 일반거래를 위한 부동산의 시가감정가액으로 적정거래한 때

✓ **부당행위 해당여부의 판단 시점**(소득 집행기준 41-0-2)

① 부당행위에 해당하는지의 여부는 행위당시를 기준으로 하는 것으로 해당 거래가액이 매매계약일 현재의 시가에 해당하는지 여부를 기준으로 판정한다.

② 특수관계인에게 부동산을 무상 또는 저가임대하는 경우 부당행위계산의 유형에 해당하는지 여부는 임대차계약일을 기준으로 판단하는 것이며, 임대차계약 체결시점에서 법인세법 시행령 제89조 제1항 및 제2항을 적용할 수 없는 경우에는 같은 조 제4항 제1호에 따라 산출한 시가를 임대차계약기간이 속하는 과세기간에 계속하여 적용한다.

부당행위계산부인 거래의 경우 그 적용시기 및 부인액 계산의 기준일 (대법 2007두14978, 2010.5.13.)

고가매입으로 인한 부당행위계산 부인의 경우 토지 등의 취득이 부당행위에 해당하는지 여부 결정시기는 거래당시(매매계약체결일)이고, 그 부인액 계산의 기준일은 특별한 사정이 없는 한 그 취득시기임

Ⅲ 부당행위계산의 유형

"조세의 부담을 부당하게 감소시킨 때"라 함은 다음 중 하나에 해당하는 때를 말한다. 다만, 다음의 경우에는 시가와 거래가액의 차액이 3억원 이상이거나 시가의 5%에 상당하는 금액 이상인 경우에 한한다.(소령 98조 ②, 2007.2.28. 단서신설)

① 자산의 고가매입·저가양도

② 자산 또는 용역의 무상·저율(低率) 제공

③ 자산 또는 용역의 고율(高率)이용

④ 그 밖의 부당행위계산(위 '①부터 ③까지'에 하는 행위만 해당한다)

그러나 이러한 규정은 부당행위계산 중 그 전형적인 유형을 예로 든 예시적 규정이며, 부당행위계산의 유형을 제한적으로 한정하는 열거적 규정은 아니다.[47]

1 자산의 고가매입·저가양도의 경우

특수관계인으로부터 시가보다 높은 가격으로 자산을 매입하거나 특수관계인에게 시가보다 낮은 가격으로 자산을 양도한 경우

✓ **자산의 포괄양도시 부당행위계산 판단기준**(소득 집행기준 41-98-9)

여러 자산을 포괄적으로 양도한 경우에는 개개의 자산별로 그 거래가격과 시가를 비교하여 저가양도에 해당하는지 여부를 판단하지 아니하고, 그 자산들의 전체 거래가격과 시가를 비교하여 포괄적 거래 전체로서 저가양도에 해당하는지 여부를 판단한다.

✓ **특수관계자간에 시가보다 높은 가격으로 자산 양도시 부당행위계산 여부**(소득 해석편람 41-3-1)

컴퓨터 판매업을 영위하는 거주자가 동종의 사업을 영위하는 특수관계 있는 거주자에게 시가보다 높은 가격으로 재고자산을 양도한 경우 해당 재고자산을 양도한 거주자에 대하여는 부당행위계산의 규정이 적용되지 아니하는 것이나, 이를 매입한 거주자에 대하여는 부당행위계산의 규정이 적용되는 것임(소득 46011-1761, 1996.6.20.)

47) 김완석, 앞의 책, p. 323

2 자산 또는 용역의 무상·저율(低率) 제공

특수관계인에게 금전 기타 자산 또는 용역을 무상 또는 낮은 이율 등으로 대부하거나 제공한 경우. 다만, 직계존비속에게 주택을 무상으로 사용하게 하고 직계존비속이 해당 주택에 실제 거주하는 경우는 제외한다.

무상 또는 저율대부 등에 대해서는 정상이자 또는 적정요율에 의하여 산정한 이자·요금·적정임대료 및 기타 대가와의 차액을 총수입금액에 산입한다.

✓ 소유자산을 특수관계 있는 자의 채무에 대한 담보로 제공하는 경우의 처리(소통 41-0…3)

거주자가 자산을 특수관계 있는 자의 채무에 대한 담보로 제공한 경우에도 그 담보제공에 따른 경제적 손실이 발생하지 아니한 경우에는 법 제41조의 규정(부당행위계산)을 적용하지 아니한다.

✓ 특수관계법인에 영업권 무상양도시 부당행위계산부인 여부

제조업자가 사업양도시 영업권(점포임차권 포함)의 양도소득은 기타소득에 해당하나 사업용 고정자산과 함께 양도시 양도소득에 해당하며, 기타소득인 영업권을 특수관계법인에 무상양도시 부당행위계산부인 규정이 적용되고 영업권의 시가는 법인세법 시행령 제89조 제1항에 의한 가액으로 하고, 시가가 불분명한 경우 같은 조 제2항에 의하여 평가한 가액에 의하는 것임(서면1팀-1630, 2007.11.30.)

✓ 부동산임대용역 무상 제공시 부당행위계산 해당여부(소득 집행기준 41 98 9)

① 특수관계인 간에 공유하고 있는 부동산을 그 특수관계인 중 1인에게 무상임대하는 경우에는 부당행위계산 대상이 된다.

② 본인이 대표이사인 법인에 토지를 무상으로 제공하여 건물을 신축하고 임대업을 경영한 경우, 실제 임대소득이 없는 건축기간 동안에도 토지의 무상사용으로 인한 소득은 부당행위계산의 부인 대상에 포함된다.

③ 부동산임대업을 경영하는 거주자가 그 임대용부동산의 일부를 해당 거주자가 구성원인 공동사업장에 무상으로 제공하는 경우(구성원 간 특수관계가 없는 경우를 말함) 그 부분에 대해서는 부동산임대업의 총수입금액에 산입하지 아니하며 부당행위계산의 부인 대상에도 해당하지 않는다.

✓ 자본감소절차의 일환으로 주주로부터 주식의 저가매입시 소득세법상 부당행위계산부인 여부

법인이 자본감소 절차의 일환으로 상법 제341조의 규정에 의하여 주주로부터 자기주식을 취득하여 이를 소각하는 경우 당해 주주가 법인으로부터 받는 금액이 당해 주식을 취득하기 위하여 소요된 금액을 초과하는 때에는 그 초과하는 금액은 의제배당에 해당하는 것이며, 이 경우 의제배당소득에 대하여는 소득세법 제41조의 규정에 의하여 부당행위계산의 부인을 하지 아니하는 것임(소득-750, 2011.9.6.)

✓ 공동사업자 구성원 간 출자비율과 손익분배비율이 상이한 경우 부당행위계산부인 계산 여부

특수관계인으로 구성된 공동사업장의 구성원 간 무상임대거래가 있는 경우 부당행위계산부인이 적용되나, 특수관계인 간 손익분배비율을 달리 정하여 공동사업합산과세 규정이 적용되는 경우 부당

PART 2

행위계산부인은 배제됨(서면법규-664, 2013.6.13.)

✓ **법인의 대표자가 법인에게 부동산을 무상임대한 경우 소득세 과세 여부**(소득 해석편람 41-4-1)

법인의 대표이사가 자기소유의 부동산을 해당 법인에게 무상 임대한 경우에는 소득세법 제41조 및 같은법 시행령 제98조의 규정에 의하여 해당 거주자의 부동산임대소득금액을 계산하여 소득세를 과세하는 것임(소득 46011-3652, 1995.9.26.)

✓ **금전 무상대부의 부당행위계산 여부**(소득 해석편람 41-6-4)

호텔업을 영위하는 거주자가 출자금 또는 사업에서 발생한 이익금을 인출하여 그 금액을 특수관계 있는 법인에게 대여하는 경우에는 부당행위계산의 대상이 되지 아니하는 것임(재정경제부 소득 46073-123, 2001.6.16.)

* 대금업자가 특수관계자에게 금전을 무상대부시에는 부당행위계산 대상임

✓ **부동산임대용역 무상 제공시 부당행위계산 해당여부**(소득 집행기준 41-98-10)

① 특수관계인 간에 공유하고 있는 부동산을 그 특수관계인 중 1인에게 무상임대하는 경우에는 부당행위계산 대상이 된다.

② 본인이 대표이사인 법인에 토지를 무상으로 제공하여 건물을 신축하고 임대업을 경영한 경우, 실제 임대소득이 없는 건축기간 동안에도 토지의 무상사용으로 인한 소득은 부당행위계산의 부인 대상에 포함된다.

③ 부동산임대업을 경영하는 거주자가 그 임대용부동산의 일부를 해당 거주자가 구성원인 공동사업장에 무상으로 제공하는 경우(구성원 간 특수관계가 없는 경우를 말함) 그 부분에 대해서는 부동산임대업의 총수입금액에 산입하지 아니하며 부당행위계산의 부인 대상에도 해당하지 않는다.

✓ **공동주택 조합의 조합원분 분양가액이 일반분양가액과 비교하여 저가인 경우 부당행위계산부인 대상 여부**

공동사업자인 조합원 각자가 거주할 목적의 조합원용 1주택의 분양가액을 일반분양용 가액과 비교하여 저가로 분양하는 경우는 소득세법 제41조의 규정에 의한 조세 부담을 부당하게 감소시킨 것으로 인정되는 경우에 해당하지 아니함(서면소득 2016-3781, 2016.5.4.)

✓ **이자소득의 부당행위계산 대상여부**(소득 집행기준 41-98-11)

출자금 또는 사업에서 발생한 이익금을 인출하여 그 금액을 특수관계법인에게 무상대여한 경우에는 부당행위계산의 대상이 되지 않는다.

✓ **특수관계자에게 토지를 무상제공하는 경우 부당행위계산부인대상 여부**

거주자가 소유(공유를 포함)하고 있는 부동산을 그와 특수관계있는 자에게 무상으로 제공한 때에는 해당 거주자의 행위 또는 계산에 관계없이 소득세법 제41조(부당행위계산)의 규정을 적용하여 해당 연도의 부동산임대소득금액을 계산하는 것임(소득 46011-383, 2000.3.22.)

3 자산 또는 용역의 고율(高率)이용

특수관계인으로부터 금전 기타 자산 또는 용역을 높은 이율 등으로 차용하거나 제공받은 경우. 이 경우 실제 지급한 이자 등과 정상이율 등에 의하여 산정한 이자 등과의 차액을 필요경비에 산입하지 아니한다.

4 무수익 자산의 비용부담

특수관계인으로부터 무수익자산을 매입하여 그 자산에 대한 비용을 부담하는 경우. 이와 같은 비용은 필요경비에 산입하지 아니한다.

5 그 밖의 부당행위계산

그 밖에 특수관계인과 거래에 따라 해당 과세기간의 총수입금액 또는 필요경비를 계산할 때 소득세의 부담을 부당하게 감소시킨 것으로 인정되는 경우

Ⅳ 시가의 산정방법

1 고가매입·저가양도에 적용되는 시가

① 시가란 건전한 사회 통념 및 상거래 관행과 특수관계인이 아닌 자 간의 정상적인 거래에서 적용되거나 적용될 것으로 판단되는 가격(요율·이자율·임대료 및 교환 비율과 그 밖에 이에 준하는 것을 포함)을 말한다.(소령 98조 ③, 법법 52조 ②)
시가를 적용할 때 해당 거래와 유사한 상황에서 해당 거주자가 특수관계인 외의 불특정다수인과 계속적으로 거래한 가격 또는 특수관계인이 아닌 제3자간에 일반적으로 거래된 가격이 있는 경우에는 그 가격에 따른다.(법령 89조 ① 전단)

② 시가가 불분명한 경우에는 다음의 규정을 차례로 적용하여 계산한 금액에 따른다.(법령 89조 ②)

㉠ 감정평가법인등이 감정한 가액이 있는 경우 그 가액(감정한 가액이 2 이상인 경우에는 그 감정한 가액의 평균액). 다만, 주식등 및 가상자산은 제외한다.(법령 89조 ② 1, 2021.2.17. 개정)

㉡ 상속세 및 증여세법 제38조부터 제39조의3까지(합병·증자·감자·현물출자에 따른 이익의 증여) 및 동법 제61조부터 66조까지(부동산, 선박 등 有形財産·유가증권·무체재산권 등에 대한 보충적 평가방법)의 규정을 준용하여 평가한 가액. 이 경우 상속세 및 증여세법 제63조 제1항 제1호 나목 및 같은 법 시행령 제54조에 따라 비상장주식을 평가할 때 해당 비상장주식을 발행한 법인이 보유한 주식(주권상장법인이 발행한 주식으로 한정한다)의 평가금액은 평가기준일의 거래소 최종시세가액으로 하며, 상속세 및 증여세법 제63조 제2항 제1호·제2호 및 같은 법 시행령 제57조 제1항·제2항을 준용할 때 "직전 6개월(증여세가 부과되는 주식등의 경우에는 3개월로 한다)"은 각각 "직전 6개월"로 본다.(법령 89조 ② 2, 2021.2.17. 개정)

2 금전의 대여 또는 차용에 있어서의 시가

① 금전의 대여 또는 차용의 경우에는 다음의 가중평균차입이자율을 시가로 한다.(소령 98조 ④, 법령 89조 ③)

㉠ 가중평균차입이자율이란 자금을 대여한 사업자의 대여시점 현재 각각의 차입금 잔액(특수관계자로부터의 차입금은 제외)에 차입 당시의 각각의 이자율을 곱한 금액의 합계액을 해당 차입금 잔액의 총액으로 나눈 비율을 말한다. 이 경우 산출된 비율 또는 대여금리가 해당 대여시점 현재 자금을 차입한 사업자의 각각의 차입금 잔액(특수관계자로부터의 차입금은 제외)에 차입 당시의 각각의 이자율을 곱한 금액의 합계액을 해당 차입금 잔액의 총액으로 나눈 비율보다 높은 때에는 해당 사업연도의 가중평균차입이자율이 없는 것으로 본다.(법칙 43조 ①, 2013.2.23. 개정)

㉡ 변동금리로 차입한 경우에는 차입 당시의 이자율로 차입금을 상환하고 변동된 이자율로 그 금액을 다시 차입한 것으로 보며, 차입금이 채권자가 불분명한 사채 또는 매입자가 불분명한 채권(債券)·증권의 발행으로 조달된 차입금에 해당하는 경우에는 해당 차입금의 잔액은 가중평균차입이자율 계산을 위한 잔액에 포함하지 아니한다.(법칙 43조 ⑥, 2011.2.28. 개정)

② 다음의 경우에는 해당 각각의 구분에 따라 당좌대출이자율을 시가로 한다.(법령 89조 ③ 단서, 2010.12.30. 개정)

㉠ 가중평균차입이자율의 적용이 불가능한 경우로서 다음의 사유가 있는 경우 : 해당 대여금 또는 차입금에 한정하여 당좌대출이자율을 시가로 한다.(법령 89조 ③ 1, 법칙 43조 ③)

ⓐ 특수관계자가 아닌 자로부터 차입한 금액이 없는 경우

ⓑ 차입금 전액이 채권자가 불분명한 사채 또는 매입자가 불분명한 채권·증권의

발행으로 조달된 경우

ⓒ 위 '①의 ㉠'의 후단에 따라 가중평균차입이자율이 없는 것으로 보는 경우

㉡ 대여한 날(계약을 갱신한 경우에는 그 갱신일)부터 해당 과세기간 종료일(해당 과세기간에 상환하는 경우는 상환일)까지의 기간이 5년을 초과하는 대여금이 있는 경우 : 해당 대여금 또는 차입금에 한정하여 당좌대출이자율을 시가로 한다.(법령 89조 ③ 1의2, 2012.2.2. 신설, 법칙 43조 ④)

㉢ 해당 사업자가 신고와 함께 당좌대출이자율을 시가로 선택하는 경우 : 당좌대출이자율을 시가로 하여 선택한 과세기간과 이후 2개 과세기간은 당좌대출이자율을 시가로 한다.(법령 89조 ③ 2)

3 자산(금전은 제외) 또는 용역의 제공에 따른 시가

자산(금전은 제외) 또는 용역을 제공할 때 위 '자산의 고가매입·저가양도' 규정을 적용할 수 없는 경우에는 다음 따라 계산한 금액을 시가로 한다.(법령 89조 ④, 2021.2.17. 개정)

① 유형 또는 무형의 자산을 제공하거나 제공받는 경우

해당 자산 시가의 50%에 상당하는 금액에서 그 자산의 제공과 관련하여 받은 전세금 또는 보증금을 차감한 금액에 정기예금이자율을 곱하여 산출한 금액

$$\text{시가} = [(\text{자산의 시가} \times 50\%) - \text{전세금 등}] \times \text{정기예금이자율}$$

② 건설 기타 용역을 제공하거나 제공받은 경우

건설 기타 용역을 제공하거나 제공받는 경우에는 당해 용역의 제공에 소요된 금액(직접비 및 간접비를 포함하며, 이하 "원가"라 한다)과 원가에 해당 사업연도 중 특수관계인 외의 자에게 제공한 유사한 용역제공거래 또는 특수관계인이 아닌 제3자간의 일반적인 용역제공거래를 할 때의 수익률(기업회계기준에 따라 계산한 매출액에서 원가를 차감한 금액을 원가로 나눈 율)을 곱하여 계산한 금액을 합한 금액

- $\text{시가} = \text{원가} \times (1 + \text{수익률})$
- $\text{수익률} = \dfrac{(\text{매출액} - \text{원가})}{\text{원가}}$

✓ **금전의 대여 또는 차용의 경우 시가의 계산방법**(소득 집행기준 41-98-7)

① 특수관계인 간 금전의 대여 또는 차용의 경우에는 가중평균차입이자율을 시가로 한다.

$$\text{가중평균 차입이자율} = \frac{\text{(자금대여시점의 각각의 차입금잔액} \times \text{차입당시 각각의 이자율)의 합계액}}{\text{자금대여시점의 차입금잔액의 총액}}$$

㉠ 차입금잔액은 자금대여시점별로 계산하되, 특수관계인으로부터의 차입금과 채권자 불분명 사채, 비실명채권 등의 발행으로 조달된 차입금, 연지급수입 이자 발생 차입금의 경우에는 제외한다.

㉡ 차입당시 각각의 이자율 : 변동금리로 차입한 경우에는 차입 당시의 이자율로 차입금을 상환하고 변동된 이자율로 그 금액을 다시 차입한 것으로 본다.

② 다음의 경우에는 당좌대출이자율을 시가로 한다

㉠ 가중평균차입이자율의 적용이 불가능한 경우로서 특수관계인이 아닌 자로부터 차입한 금액이 없는 경우, 차입금전액이 채권자가 불분명한 사채 또는 매입자가 불분명한 채권·증권의 발행으로 조달된 경우, 가중평균 차입이자율이 없는 것으로 보는 경우

㉡ 대여기간이 5년을 초과하는 대여금이 있는 경우 등 대여한 날(계약을 갱신한 경우 갱신일)부터 해당사업연도 종료일(해당사업연도에 상환하는 경우 상환일)까지의 기간이 5년을 초과하는 대여금이 있는 경우

㉢ 과세표준 신고와 함께 당좌대출 이자율을 시가로 선택하는 경우 당좌대출 이자율을 시가로 하여 선택한 사업연도와 이후 2개 사업연도는 당좌대출이자율을 시가로 함

✓ **부당행위계산 부인시 건설비상당액의 공제여부**(소득 집행기준 41-53-1)

특수관계자에게 부동산을 임대하고 부당행위계산을 하는 경우 임대보증금에 대한 총수입금액에 산입할 금액을 계산하는 때에는 임대용부동산의 건설비상당액을 공제하여 계산한다.

이 경우 법인세법 시행령 제89조 제4항 제1호[(해당 자산 시가의 50%－그 자산의 제공으로 받은 전세금·보증금)×정기예금이자율]에 따라 적정임대료를 계산할 때에는 건설비상당액을 공제할 수 없다.

✓ **특수관계자간의 무상임대에 대한 부당행위계산 대상 여부**

특수관계인간에 공유하고 있는 부동산을 그 특수관계인 중 1인에게 무상임대하는 경우에는 부당행위계산의 대상이 되는 것이며, 부당행위계산에 있어 적정임대료는 당해 거래와 유사한 상황에서 당해 거주자와 특수관계 없는 불특정다수인과 계속적으로 거래한 가격 또는 특수관계자가 아닌 제3자간에 일반적으로 거래한 가격이 있는 경우에는 그 가격에 의하는 것이나, 그 가격을 적용할 수 없는 경우에는 법인세법 시행령 제89조 제4항 제1호의 규정에 의하여 계산한 금액을 공동사업장의 총수입금액에 산입하는 것임(서면1팀－752, 2005.6.28.)

✓ **부부간의 부동산무상임대에 따른 부당행위계산 규정 적용여부**

부부(夫婦)간에 사업소득이 발생하는 사업장(부동산 임대용역으로 주택을 제외)을 무상으로 제공한 경우, 소득세법 제41조 및 같은법 시행령 제98조에 규정된 특수관계자에게 용역을 무상으로 제공하여 조세의 부담을 부당하게 감소시킨 것으로 인정되는 때에 해당하므로 소득세법 제41조(부당행위계산) 규정을 적용하여 당해 연도의 소득금액을 계산하는 것임(서면1팀－261, 2004.2.19.)

✓ **부부가 공동으로 소유한 점포를 남편이 무상으로 사용시 부당행위계산의 부인 대상여부**(조심 2009구1711, 2009.6.9.)

청구인은 남편과 각각 2분의 1의 지분으로 상가건물을 소유하고 있고, 1층 점포를 남편이 무상으로 사용 중이며, 청구인의 남편이 무상으로 사용하는 것을 부당행위계산 부인대상으로 보아 시가로 산정한 적정임대료 가운데 청구인 지분을 청구인의 소득금액으로 계산하여 종합소득세 부과함이 타당함

✓ **건물의 일부를 특수관계자에게 무상으로 제공하여 부당행위계산 규정 적용시 "해당 자산의 시가"의 의미**

건물의 일부를 특수관계자에게 무상으로 제공한 경우 소득세법 제41조의 부당행위계산규정을 적용하여 수입금액을 계산함에 있어 법인세법 시행령 제89조 제4항 제1호를 적용하는 경우 "해당자산의 시가"는 무상으로 제공한 부분의 시가를 의미하는 것임(서일 46011-11625, 2003.11.14.)

✓ **부당행위계산부인되는 특수관계자간 임대시 적정임대료의 산정방법**

거주자가 특수관계자에게 토지를 임대함에 있어서 적정임대료는 해당 거래와 유사한 상황에서 해당 거주자와 특수관계없는 불특정다수인과 계속적으로 거래한 가격 또는 특수관계자가 아닌 제3자간에 일반적으로 거래한 가격이 있는 경우에는 그 가격에 의하는 것이나, 그 가격을 적용할 수 없는 경우에는 법인세법 시행령 제89조 제4항 제1호의 규정에 의하여 계산하는 것임(소득 46011-10146, 2001.2.17.)

V 부인의 효과[48)]

1 소득금액의 재계산

납세지 관할 세무서장 또는 지방국세청장은 부당행위계산부인의 요건에 해당하는 거래에 대하여 해당 소득자의 행위·계산이 관계없이 해당연도의 소득금액을 다시 계산한다.

2 대응조정의 불인정

거주자간의 거래에 관하여 행위 또는 계산을 부인하는 경우에는 대응조정을 허용하지 않는다.

예를 들어 제조업을 영위하는 A가 판매업을 영위하는 그의 아들인 B에게 시가 1,000원인 제품을 600원에 판매한다고 가정하자. 이 경우에 과세관청은 A에게 부당행위계산부인의 규정을 적용하여 매출액을 1,000원으로 산정할 것이다. 그러나 그의 아들인 B에 대해서

48) 김완석, 앞의 책, p. 325~326

는 대응조정을 허용하지 않고 그대로 600원을 매입원가로 인정할 뿐이다.

3 기존행위의 유효성

부당행위계산부인규정은 당사자간에 약정한 법률행위의 효과를 무효로 만들거나 새로운 법률행위의 창설이나 기존 법률행위의 변경·소멸을 가져오게 할 수는 없다. 부인의 효과는 단지 과세소득 계산상의 범위 내에만 국한될 뿐이다.

예를 들어 A는 그가 대주주로 있는 B주식회사에게 부동산을 임대하고 적정임대료에 미달하는 임대료를 받았다. 과세관청이 부당행위계산부인규정을 적용하여 적정임대료에 미달하는 임대료 5천만원을 A의 총수입금액에 산입한 경우에 A는 부당행위계산부인규정을 근거로 B주식회사에 대하여 임대료 5,000만원의 추가지급을 청구할 권리가 발생하는 것은 아니다. 즉 부당행위계산부인규정이 적용되었다고 하여 그 적용의 효과로서 A와 B주식회사간의 임대차계약의 내용까지 부인의 내용과 같이 변경되는 것은 아닌 것이다.

4 조세포탈범 구성요건과의 관계

부당행위계산부인에 의하여 총수입금액에 산입하거나 필요경비불산입하는 금액은 세무회계와 기업회계와의 차이로 인하여 생긴 금액에 해당하므로 사기·기타 부정한 행위로 조세를 포탈한 경우로 보지 아니한다.

• 제 2 절 공동소유에 관한 소득금액 계산의 특례

I 공동사업장에 대한 소득금액 계산

1 개 요

사업소득이 발생하는 사업을 공동으로 경영하고 그 손익을 분배하는 공동사업(출자공동사업자가 있는 공동사업을 포함)의 경우에는 해당 사업을 경영하는 장소(공동사업장)를 1 거주자로 보아 공동사업장별로 그 소득금액을 계산한다.(소법 43조 ①)

✓ **법인과 법인의 공동사업시 공동사업장의 소득세 신고여부**

법인과 법인이 동업계약에 의하여 공동사업을 영위함에 있어 당해 공동사업장을 개인사업자로 사업자등록한 경우 당해 공동사업장에서 발생하는 자산·부채 및 수입·비용 등에 관한 거래금액에 대해서 법인세법을 적용하여 산출된 금액을 동업계약에 의한 지분비율로 안분하여 이를 당해 법인의 익금과 손금으로 하는 것이며, 이 경우 1거주자로 보는 공동사업장은 종합소득 과세표준확정신고 의무는 없는 것임(서면1팀-1218, 2005.10.10.)

✓ **공동사업장의 장부비치·기장의무**

개인과 법인이 동업계약에 의하여 공동으로 사업을 경영하는 경우 당해 공동사업장을 1거주자로 보아 관련 소득세법 적용하는 것임(소득 46011-21022, 2000.7.20.)

2 출자공동사업자의 범위

출자공동사업자란 다음 중 하나에 해당하지 아니하는 자로서 공동사업의 경영에 참여하지 아니하고 출자만 하는 자를 말한다.(소령 100조 ①)

① 공동사업에 성명 또는 상호를 사용하게 한 자

② 공동사업에서 발생한 채무에 대하여 무한책임을 부담하기로 약정한 자

✓ **법인인 출자공동사업자가 지급받은 이익분배금의 배당소득 여부**

출자공동사업자에 해당하는 법인이 출자공동사업자에 대한 손익분배비율에 상당하는 금액을 지급받는 경우, 이를 배당소득으로 보는 것이며, 2007.1.1 이후 발생하는 소득분부터 적용하는 것임(서면2팀-864, 2008.5.7.)

✓ **출자공동사업자인 거주자가 근로를 제공하고 받는 대가의 소득구분**

공동사업장의 종업원이 해당 사업장의 출자자로부터 지분 일부(1/126)를 증여받아 출자공동사업자가 되었으나 공동사업 구성원이 된 이후에도 해당 사업장에서 기존 업무만을 계속적으로 수행하고 근로의 제공에 따른 대가를 지급받는 경우, 그 대가는 소득세법 제20조의 근로소득에 해당하는 것임(소득-891, 2010.8.10.)

✓ **출자공동사업자의 배당소득에서 발생한 소득세에 대해서는 창업중소기업세액감면이 적용되지 않는 것임**(기획재정부금융세제-539, 2024.10.18.)

3 공동사업장에 대한 소득금액계산의 특례

공동사업장의 소득금액을 계산할 때 부당행위계산규정(☞ 소법 41조 ①)을 적용하는 경우에는 공동사업자를 거주자로 본다.(소령 150조 ⑦, 2017.2.3. 신설)

Ⅱ 소득의 분배

공동사업에서 발생한 소득금액은 해당 공동사업을 경영하는 각 거주자(출자공동사업자를 포함하며, 이하 "공동사업자"라 한다)간에 약정된 손익분배비율(약정된 손익분배비율이 없는 경우에는 지분비율을 말하며, 이하 "손익분배비율"이라 한다)에 의하여 분배되었거나 분배될 소득금액에 따라 각 공동사업자별로 분배한다.(소법 43조 ②)

저자TIP 공동사업자의 주택임대수입금액 분배

① 공동사업자 구성원의 분리과세 여부 판단 : 공동사업자의 공동사업장에서 발생한 주택임대수입금액(주거용 건물 임대업에서 발생한 수입금액)의 합계액을 손익분배비율에 의해 공동사업자에게 분배한 금액을 각 사업자의 주택임대수입금액에 합산한다.(소령 8조의2 ⑥, 2019.2.12. 신설)

② 공동사업자 구성원의 세액금액 계산 : 공동명의의 주택임대소득에 대한 각 거주자별 세액계산은 종전과 같이 공동사업의 총수입금액에서 필요경비를 뺀 소득금액 단계의 금액을 손익분배비율로 배분한 후 거주자별로 계산한다.(소법 43조 ②, 소득-174, 2012.3.6, 서면법령해석소득 2016-5179, 2017.6.1.)

➲ 2019년 귀속분부터 적용되는 위 '①'의 개정내용은 '공동명의 주택임대소득에 대해 각 공동사업자 구성원별 분리과세의 판단'을 위해 마련한 근거규정이며, 공동명의 주택임대소득에 대한 각 공동사업자 구성원별 세액계산은 종전과 같이 공동사업의 총수입금액에서 필요경비를 뺀 소득금액 단계의 금액을 손익분배비율로 배분(위 '②'의 내용)한 후 공동사업자 구성원별로 계산 하는 것이다.

① '분배되었거나 분배될 소득금액'의 의미

'분배되었거나 분배될 소득금액'이란 그 손익분배비율에 의하여 이미 현실적으로 분배받은 소득금액은 물론이고 아직 분배받지 못하였으나 그 손익분배비율에 의하여 분배받을 수 있는 소득금액을 의미한다. 따라서 공동사업장 등에서 발생한 소득을 전혀 공동사업자(조합원) 등에게 분배하지 아니하고 그 공동사업장 등에 유보하기로 공동사업자(조합원) 등이 의결하였다 하더라도 그 공동사업장 등에서 발생한 소득금액에 각자의 손익분배비율을 곱하여 산정한 소득금액을 계산상 각자에게 배분·귀속시키는 것이다.[49)]

아래의 예규 해석기준

2006.12.30. 소득세법의 개정으로 인해 공동사업자의 소득분배 기준이 '지분 또는 손익분배비율'에서 '약정된 손익분배기준'으로 변경됨에 따라 2007.1.1. 이후 아래의 예규적용에 있어서는 별도의 언급이 없더라도 '지분 또는 손익분배비율'을 '약정된 손익분배기준'으로 바꾸어 해석하기로 한다.

✓ **공동사업자 중 경영참가자에 지급한 보수의 처리**(소통 43－0…1)

공동사업자 중 1인에게 경영에 참가한 대가로 급료명목의 보수를 지급한 때에는 해당 공동사업자의 소득분배로 보고 그 공동사업자의 분배소득에 가산한다.

* 이때 해당 급료명목의 보수는 소득세 원천징수의 대상이 아님(서면1팀-1004, 2004.7.21.)

✓ **사업주 급료의 필요경비 불산입**(소통 27-55…3)

개인기업체의 사업주에 대한 급료는 소득금액계산상 필요경비에 산입하지 아니한다. 이 경우 공동사업자의 경우 또한 같다.

✓ **공동사업자로 보는 재건축조합 등의 납세의무**(소득 집행기준 2의2-0-3 ①)

공동사업으로 보는 재건축 조합의 소득은 각 조합원을 공동사업자로 보아 해당 조합원이 그 출자지분 또는 이익분배비율에 따라 분배되거나 분배될 금액에 대하여 각각 납세의무를 지는 것이고, 이때 사인간의 계약 또는 합의에 따라 그 납세의무가 이선되거나 변경될 수 없으며, 그 실실소득자에게 납세의무가 있다.

* 도시 및 주거환경정비법에 따른 정비사업조합은 법인임

✓ **투자이익보장 약정에 따른 투자이익의 소득구분**(소득 집행기준 43－100－3)

손익발생 여부와 관계없이 일정금액을 지급하기로 되어 있고 사업의 위험부담이나 책임이 없이 일정액 이상의 투자이익을 보장하는 약정서는 공동사업약정서가 아닌 금전소비대차약정서에 해당하며 그 투자이익은 비영업대금의 이익에 해당한다.

✓ **개인과 법인의 공동사업에 관한 소득금액계산**

개인과 법인도 공동사업을 할 수 있는 바, 개인과 법인이 동업계약에 의하여 영위하는 공동사업체가 법인설립등기를 한 경우나 국세기본법 제13조의 규정에 의하여 법인으로 보는 경우에는 법인이므로, 법인세법의 규정을 적용하여 소득금액을 계산하고, 그 밖의 경우에는 당해 공동사업체를 개인으로 보아 소득세법의 규정을 적용하여 소득금액을 계산하는 것임(소득 22601－1474, 1993.5.21.)

✓ **두 사업자가 재화와 용역을 공동으로 공급하기로 계약을 체결한 경우 공동사업 해당 여부**

사업자 갑과 을이 「민법」상의 조합계약에 의하여 출자지분과 손익분배의 비율, 대표자, 기타 필요한 사항 등을 정한 후 공동으로 출자하여 공동으로 경영하고 당사자 전원이 그 사업의 성공 여부에 대해 이해관계가 있는 경우에는 공동사업에 해당하는 것이나, 사업자 갑과 을이 공동으로 재화와

49) 대법원 1990.9.28 선고, 89누7306 판결 ; 김완석, 앞의 책, p. 348

용역을 공급하기로 계약만 체결하였을 뿐 실제로는 갑이 단독으로 재화와 용역을 공급하는 경우에는 공동사업에 해당하지 아니하는 것이며, 귀 질의의 경우 공동사업에 해당하는지 여부는 당초 계약내용과 실제 공급자가 누구인지에 따라 사실판단할 사항임(부가-144, 2012.2.10.)

✓ 법인과 개인으로 구성된 익명조합은 공동사업장 관련 규정이 적용 안됨

법인과 개인으로 구성된 익명조합의 경우 소득세법 제43조에 따른 공동사업장의 규정이 적용되지 아니하는 것임(기획재정부소득-189, 2010.4.15.)

※ 참고판례

익명조합이란 당사자의 일방(익명조합원)이 상대방(영업자)의 영업을 위하여 출자하고 상대방은 그 영업으로 인한 이익을 분배할 것을 약정함으로써 효력이 생기는 조합을 말하는바(상법 제78조), 익명조합은 영업자의 단독기업으로 취급되고 익명조합원이 출자한 금전 기타의 재산은 영업자의 재산으로 의제되며(상법 제79조) 익명조합원은 경영이나 업무집행에 참여할 수 없다.(서울행법 2019구합58759, 2020.1.9.)

※ 참고조문 : [상법] 익명조합

제78조(의의)

익명조합은 당사자의 일방이 상대방의 영업을 위하여 출자하고 상대방은 그 영업으로 인한 이익을 분배할 것을 약정함으로써 그 효력이 생긴다.

제79조(익명조합원의 출자)

익명조합원이 출자한 금전 기타의 재산은 영업자의 재산으로 본다.

제80조(익명조합원의 대외관계)

익명조합원은 영업자의 행위에 관하여서는 제3자에 대하여 권리나 의무가 없다.

제82조(이익배당과 손실분담)

① 익명조합원의 출자가 손실로 인하여 감소된 때에는 그 손실을 전보한 후가 아니면 이익배당을 청구하지 못한다.

② 손실이 출자액을 초과한 경우에도 익명조합원은 이미 받은 이익의 반환 또는 증자할 의무가 없다.

③ 전 2항의 규정은 당사자간에 다른 약정이 있으면 적용하지 아니한다.

제85조(계약종료의 효과)

조합계약이 종료한 때에는 영업자는 익명조합원에게 그 출자의 가액을 반환하여야 한다. 그러나 출자가 손실로 인하여 감소된 때에는 그 잔액을 반환하면 된다.

✓ 익명조합이 조합원에게 지급하는 이익 분배금의 소득구분

법인과 개인으로 구성된 익명조합은 소득세법 제43조에 따른 공동사업장의 규정이 적용되지 않으므로, 출자 후 이익을 배분받은 것은 자금을 대여하고 그에 대한 대가를 수령한 것임(서면소득 2015-596, 2015.5.7.)

✓ 개인과 법인으로 구성된 익명조합으로부터 개인인 익명조합원이 받는 이익분배금의 소득구분

법인이 개인과 익명조합계약을 체결하고 출자금을 받은 후 그 영업에서 발생한 법인세차감 전 순이익을 익명조합원에게 분배하는 경우 해당 이익분배금은 이자소득에 해당하는 것임(소득-1065,

2011.12.20.)

✓ **법인이 포함된 익명조합의 경우 익명조합원에게 분배한 이익분배금은 손금(이자비용)에 산입함**

법인이 다른 법인과 익명조합계약을 체결하고 조합원으로부터 출자받은 금액에 대하여 영업이익을 분배한 경우 이자비용으로 법인의 손금에 산입하며 원천징수하여야 함(기획재정부법인-26, 2011.1.14.)

✓ **주택신축판매업 공동사업자의 현물출자 토지의 다른 공동사업자에게 소유권이전등기시 (사업)소득세 과세대상 여부**

공동주택 신축판매업을 공동으로 하는 공동사업자가 공동사업자별로 소유권이 된 현물출자 토지에 대해서 공동주택의 분양시에 그 분양자에게 대지권등기를 원활히 해주기 위하여 공동사업을 해지하지 아니하고 형식상 다른 공동사업자 중 1인에게 매매를 원인으로 소유권이전등기를 하는 경우에는 해당 토지의 가액을 해당 공동사업장의 총수입금액에 산입하지 않는 것이나, 귀 질의의 경우가 이에 해당하는지는 공동사업에 대한 약정내용 등 관련 사실을 종합하여 사실판단할 사항임(서면소득 2016-6196, 2017.1.17.)

✓ **출자공동사업자인 거주자가 근로를 제공하고 받는 대가의 소득구분**

공동사업장의 종업원이 해당 사업장의 출자자로부터 지분 일부(1/126)를 증여받아 출자공동사업자가 되었으나 공동사업 구성원이 된 이후에도 해당 사업장에서 기존 업무만을 계속적으로 수행하고 근로의 제공에 따른 대가를 지급받는 경우, 그 대가는 근로소득에 해당하는 것임(소득-891, 2010.8.10.)

✓ **공동사업에서 발생하는 소득의 종류**

[질의]

- 거주자 A는 B가 경영하는 의류공장(개인사업체)에 10억원을 출자하고 이익의 40%를 받기로 계약을 체결하였으며, 그에 따라 B는 기업의 경영을 책임지고 사업체의 채무에 대하여 무한책임을 짐
- A는 출자만 하고 경영에 참여하지 않고 공동사업의 채무에 대하여 무한책임을 지지 않기로 하며, 이때 A는 소득세법의 출자공동사업자에 해당함
- 2008년의 의류공장의 소득은 사업소득 1억원, 은행이자 1천만원이 발생하여 A는 사업소득 40,000,000원과 은행이자소득 4,000,000원을 분배받음

[회신]

공동사업을 하는 거주자가 사업자금을 은행에 예입하여 받는 이자는 이자소득으로 보는 것이고, 공동사업에서 발생한 소득금액 중 출자공동사업자에 대한 손익분배비율에 상당하는 금액은 배당소득으로 함(소득-4590, 2008.12.9.)

✓ **공동사업의 계속 중에 탈퇴하는 구성원으로부터 지분 인수시 감가상각자산의 기초(취득)가액**

의료업을 경영하는 공동사업장의 구성원 3인 중 1인이 건강상의 이유로 공동사업장을 탈퇴하면서 자기 지분을 나머지 2인에게 양도하여 공동사업장의 구성원이 변경된 경우에 해당 공동사업장의 감가상각자산의 장부가액은 구성원 변경 전의 장부가액을 동일하게 적용하는 것임(서면소득2017-66, 2017.3.28.)

✓ **부동산임대업을 하던 공동사업 구성원 중 일부가 탈퇴하면서 남은 구성원이 그 지분을 취득한 경우 공동사업장의 자산의 장부가액 변경 여부**

공동소유 건물을 부동산임대업에 공동으로 사용하던 중 공동사업 구성원 일부가 탈퇴하고 그 공동

지분을 남은 구성원이 취득한 경우 해당 공동사업장의 부동산의 장부가액은 구성원 변경 전의 장부가액을 동일하게 적용하는 것임(사전법령해석소득 2020-468, 2020.6.12.)

✓ 공동사업장 구성원의 사적 기부금이 사업장 필요경비에 해당하는지 여부

공동사업자의 기부금에 대해서는 공동사업자의 소득금액을 계산함에 있어 공동사업장의 기부금으로 보아 소득세법 제34조 규정에 따라 필요경비에 산입하는 것임(기획재정부소득-57, 2016.2.2.)

✓ 공동사업 구성원의 국민건강보험료에 대한 필요경비 산입 가능 여부

사업을 공동으로 경영하고 그 손익을 분배하는 공동사업장의 소득금액 계산 시 공동사업자의 건강보험료는 소득세법 시행령 제55조 제1항 제11호의2 및 제11호의3에 따라 공동사업장의 필요경비에 산입하는 것임(기획재정부소득-443, 2017.9.18, 서면법령해석소득 2016-5743, 2017.9.22.)

✓ 조합원 지분 및 지위 취득시 지급한 권리금의 공동사업 소득금액 계산시 필요경비 인정여부

[사실관계]

- 00신도시 중심상업용지조합(조합장 갑 외 5명, 이하 '00조합')은 2009.11.30. 한국토지주택공사로부터 토지를 취득함
- 2013.1.2. 갑 외 5인은 투자금액 비율에 따라 공동사업시행 약정체결
- 2013.3.15. 매수인 을은 기존 조합원 병 지분 11.67% 및 조합원의 지위와 권리를 취득함
- 매매대금 6억원(조합원지분 납입금액 6억원, 권리금 3억원)
- 신청조합은 2014.1.28. 건축물 사용승인 후 분양수익금액을 조합원 지분율에 비례하여 배분함

[질의]

분양권 지분 취득시 지급한 권리금에 해당하는 3억원을 필요경비로 공제할 수 있는지 여부

[회신]

공동사업을 영위하는 조합의 조합원 지위, 지분 및 권리를 양수하면서 기존 조합원에게 지급한 권리금은 공동사업 소득금액 계산 시 필요경비로 산입할 수 없는 것임(사전법령해석소득 2015-194, 2015.10.8.)

✓ 공동사업장의 지분을 양도하고 지급받은 대가의 소득구분 등

[사실관계]

질의인 이모씨는 김모씨와 A라는 사업체를 공동사업으로 운영하던 중(공동사업자 지분 이모씨 55%, 김모씨 45%) 2020년 7월 공동사업자 김모씨가 이모씨에게 공동사업자 지분 45%의 영업권을 평가하여 10억8천만원에 양도하고 공동사업에서 탈퇴하기로 약정함

[질의]

공동사업장의 지분을 양도하고 지급받은 영업권 대가의 소득구분 및 지분을 양수하고 지급한 영업권의 무형고정자산 해당여부

[회신]

공동사업자의 구성원 중 1인이 해당 공동사업을 탈퇴하면서 자기지분을 양도하고 받은 영업권상당액은 소득세법 제21조 제1항 제7호에 따른 기타소득에 해당하는 것이며, 해당 영업권은 같은 법 시행령 제62조 제2항 제2호에 따른 무형자산에 해당하는 것임(사전법령해석소득 2020-683, 2020.10.22.)

✓ **단독사업장의 영업권을 공동사업장에 출자하는 경우 영업권상당액을 공동사업장의 자산으로 계상할 수 있는지 여부**

병의원을 영위하던 개인사업자 "갑"이 당해 사업장의 자산과 영업권을 적정하게 평가하여 "갑"과 "을"을 구성원으로 하는 공동사업에 출자한 경우 공동사업에 출자된 영업권은 소득세법 시행령 제62조 제2항 제2호에 따라 공동사업장의 무형고정자산에 해당하는 것임. 다만, 해당 영업권 금액을 적절한 평가방법에 따라 평가하였는지 여부는 사실판단할 사항임(소득, 서면법규과-1266, 2013.11.19.)

✓ **공동사업 참여시 승계한 부채가액이 영업권에 해당되는지 여부**

부채승계금액이 영업권에 해당하는지 여부는 계약내용과 순자산 및 영업권 평가의 산정근거 등을 종합적으로 고려하여 사실판단할 사항임(소득-358, 2014.6.23.)

✓ **동업자에게 지급한 기여금의 소득구분**

동업자에게 지급한 기여금의 소득구분은 그 지급원인과 성격 등에 따라 사실판단할 사항으로서 공동사업의 성과를 배분한 것이라면 사업소득에 해당하고, 공동계약의 해약에 따른 위약금이라면 기타소득에 해당하며, 아무런 대가관계나 원인없이 지급한 것이라면 증여에 해당하는 것임(소득 46011-201, 1999.10.18.)

✓ **공동사업자에 대한 사업자별 소득금액의 계산**(소득 해석편람 43-1-4)

여러 명의 거주자가 학원을 공동으로 경영하는 경우 해당 학원에서 강의용역을 제공한 공동사업자에게 지급한 강의수당은 해당 공동사업장의 소득금액계산에 있어서 필요경비에 산입하지 아니하는 것이며, 동 강의 수당은 이를 지급받은 공동사업자에 대한 소득분배로 보고 해당 공동사업자의 분배소득에 가산하는 것임(소득 46011-3317, 1996.11.28.)

✓ **공동사업장 출자 관련 차입금 지급이자의 필요경비 산입여부**(소득 집행기준 27-55-21)

공동사업에 출자하기 위하여 차입한 금액에 대한 지급이자는 해당 공동사업장의 사업과 관련한 차입금 지급이자로 볼 수 없으므로 필요경비에 산입할 수 없다.

✓ **부담부증여받은 채무에 대한 지급이자를 공동사업의 필요경비에 산입할 수 있는지**

[사실관계]

- 질의인은 모친이 임대하고 있는 20억 상당의 상가 지분의 50%(10억)를 증여받으면서 질의자의 모친이 당해 상가를 담보로 금융기관으로부터 대출받은 기존 채무 총 5억원은 수증자인 질의자가 모두 승계하는 부담부증여가 이루어짐. 이로 인해 질의인과 질의인의 모친이 각 50% 지분으로 부동산임대 공동사업 영위함

[질의]

기존 채무가 있는 임대용 부동산을 모친으로부터 지분의 50%만큼 부담부증여받은 질의자가 부동산에 담보된 기존 채무는 모두 승계하고 모친과 함께 부동산임대업을 공동으로 영위하는 경우에 수증자가 인수한 채무에 대한 지급이자를 공동사업의 필요경비에 산입할 수 있는지

[회신]

거주자가 공동사업에 출자하기 위하여 차입한 금액에 대한 지급이자는 당해 공동사업장의 총수입금액을 얻기 위하여 직접 사용된 부채에 대한 지급이자로 볼 수 없으므로 당해 공동사업장의 소득

금액 계산상 필요경비에 산입할 수 없는 것이며, 이에 해당하는지 여부는 공동사업 구성원 간에 정한 동업계약의 내용 등에 따라 판단해야 하는 것임(서면소득 2018-3990, 2018.12.21.)

※ 참고예규

✓ 증여받은 부동산에 담보된 채무에 대한 지급이자의 필요경비 인정여부

부동산임대사업에 공하는 부동산을 부담부 증여로 취득한 경우 당해 부동산에 담보된 채무액은 사업용 고정자산의 취득에 직접 사용된 차입금에 해당하는 것으로 차입금 지급이자는 초과인출금이 발생하지 않는 한 이를 필요경비에 산입하는 것임(서일 46011-11447, 2003.10.15.)

✓ 증여세 납부 목적 차입금에 대한 지급이자를 공동사업장의 필요경비에 산입할 수 있는지

비주거용 건물임대업을 영위하던 거주자 甲이 해당 사업에 공하던 부동산 지분 일부를 자녀인 거주자 乙에게 증여한 후 해당 사업장을 공동사업장(공동사업자 甲·乙)으로 전환한 경우로서 공동사업자 乙이 증여세를 납부하기 위하여 위 부동산 지분을 담보로 자금을 차입하는 경우 그 차입금으로 인하여 초과인출금이 발생하지 않는 때에는 그 차입금을 비주거용 건물임대업의 총수입금액을 얻기 위하여 직접 사용된 부채로 보는 것임(서면법규소득 2022-5401, 2024.3.5.)

✓ 쟁점이자비용이 청구인들의 사업소득 산정시 필요경비에 해당하는지 여부(조심2019서1569, 2019.9.3.)

지급이자가 부동산임대에 따른 사업소득금액을 계산하는 경우 필요경비로 공제되기 위해서는 소득세법 제27조 제1항과 같은 법 시행령 제55조 제1항 제13호에 비추어 '총수입금액을 얻기 위하여 직접 사용된 부채에 대한 지급이자'로서, 같은 법 제33조 제1항 제5호과 같은 법 시행령 제61조 제1항 제1호에 따라 '사업자가 가사와 관련하여 지출하였음이 확인되는 경비'에 해당하지 않는 것이어야 하는 것으로,

쟁점대출금은 피상속인 OOO으로부터 쟁점부동산이 포함한 상속재산을 상속받으면서 쟁점부동산에 대한 상속세를 납부할 목적으로 차입한 것인데 청구인들이 납부한 상속세 자체는 부동산임대업의 소득금액 산정시 필요경비로 공제되지 아니하는 '가사관련경비'에 해당한다고 할 것이나,

거주자가 부동산임대업을 자기 자본에 의하여 경영할 것인지 차입금에 의하여 경영할 것인지는 거주자 개인의 선택에 달린 문제이므로, 거주자의 부동산임대소득금액을 계산함에 있어서, 임대용 부동산의 취득비용으로 사용된 당초의 차입금을 그 후 다른 차입금으로 상환한 경우는 물론이고, 당초 자기 자본으로 임대용 부동산을 취득하였다가 그 후 투하자본의 회수를 위하여 새로 차입한 금원을 자본인출금으로 사용한 경우에도, 앞서 본 초과인출금 상당의 부채에 해당한다는 등의 특별한 사정이 없는 한, 그 차입금채무는 부동산임대업을 영위하는 데 필요한 자산에 대응한 부채로서 사업에 직접 사용된 부채에 해당한다고 보아야 할 것이고, 따라서 그 차입금의 지급이자는 총수입금액을 얻기 위하여 직접 사용된 부채에 대한 지급이자로서 필요경비에 해당한다고 보아야 할 것(대법원 2002.1.11. 선고 2000두1799판결, 참조)인 바,

청구인들은 부동산임대업에 공하던 쟁점부동산을 상속받아 자신들의 부동산임대업을 영위하기 위하여 공동으로 출자하여 공동사업을 영위할 목적으로 쟁점대출금을 새로이 대출받았는데, 이는 출자 자산 중 일부를 자본회수하기 위한 목적도 있다고 할 것이고, 쟁점대출금에 따른 지급이자가 달리 소득세법 제33조 제1항 제5호 및 같은 법 시행령 제61조 제1항 제2호에 따른 초과인출금의 지급이자 등에 해당하지 아니하는 이상 이를 필요경비에 산입할 수 있는 것이므로, 청구인들의 사업소득의 필요경비로 쟁점지급이자를 인정하여야 한다는 내용의 경정청구를 거부한 처분청의 당초

처분은 잘못이 있다고 판단된다.

✓ **자기자본을 차입금으로 대체하여 인출한 경우 차입금이자의 필요경비 산입여부**(소득 집행기준 27-55-22)

개인사업자가 사업을 위하여 자기자본을 투입한 후 그 투입한 자본을 회수하기 위해 금융기관으로부터 자금을 차입하여 그 차입금을 자본인출금으로 사용한 경우 그 차입금으로 인하여 초과인출금이 발생하지 않는 때에는 그 차입금을 총수입금액을 얻기 위해 직접 사용한 부채로 보아 그 차입금에 대한 지급이자를 필요경비에 산입한다.

✓ **부동산임대업을 경영하는 공동사업장의 차입금 지급이자 필요경비 산입 여부**

[질의1]

(사실관계)

• 거주자인 갑과 을은 부동산임대업을 공동으로 경영하기 위하여 100억원의 상가건물을 구입하기로 하고 동업계약을 체결한 바 동업계약서에 기재된 출자금은 40억원(각 20억원씩)이며 나머지 취득자금은 임대보증금 10억원과 금융기관 대출금 50억원으로 충당함

◎ 임대부동산 취득자금 내역

구 분	지급일자	지급금액	자금조달 내역
계약금	2009.6.1.	20억원	공동사업자 2인 출자금으로 지급
중도금	2009.7.1.	20억원	공동사업자 2인 출자금으로 지급
잔 금	2009.9.30.	60억원	임대보증금과 대출금으로 충당
계		100억원	

– 공동사업 약정내용 및 부동산 매매계약 내용

① 2009.5.25. 갑과 을은 부동산임대사업을 목적으로 동업계약서 작성

[동업계약서 내용]

• 부동산임대사업 공동경영
• 지분율 : 갑 50%, 을 50%
• 출자금 : 현금 40억원(갑과 을 각 20억원씩 출자)
• 계약금과 중도금은 출자금으로 충당하고 나머지 취득자금은 임대보증금과 금융기관 대출금으로 충당
• 대출금 지급이자는 공동사업장의 임대수입금에서 지급하기로 약정
• 지분을 처분할 때는 반드시 동업자의 동의를 받아야 함

② 출자금 40억원은 2009.6.1. 대표 공동사업자인 갑의 통장에서 납입완료

③ 2009.6.1. 부동산 매매계약 체결

[계약내용]

• 부동산 내용 : 대지 및 상가 건물(매매가액 계 : 100억원)
• 계약금 : 20억원(2009.6.1. 지급)
• 중도금 : 20억원(2009.7.1. 지급)
• 잔 금 : 60억원(2009.9.30. 지급, 임대보증금 10억원은 매수자가 승계받음)

④ 공동사업자 사업자등록증 신청일 : 2005.10.1. 갑과 을 각 2분의 1 공유지분으로 등기필

⑤ 금융기관 대출 : 잔금일(2009.9.30.)에 은행대출 50억원을 차입하여 잔금으로 지급함. 대출

명의자는 대표공동사업자인 갑명의로 하고 담보는 갑과 을이 공동 제공함
⑥ 상가임대 실제 개시일 : 2009.10.1.
⑦ 소유권 이전 등기 : 2009.10.1. 갑과 을 각 2분의 1 공유지분으로 등기필
⑧ 임대사업 개시 대차대조표는 아래와 같음

차 변		대 변	
계정과목	금 액	계정과목	금 액
토지, 건물	100억원	임대보증금	10억원
		장기차입금	50억원
		출자금	40억원
계	100억원	계	100억원

⑨ 공동사업에 대한 이익금의 분배는 임대수입금액에서 판관비 및 차입금에 대한 지급이자 등을 차감한 소득금액을 구성원의 지분별로 안분하여 배분하려 함

(질의내용)
• 부동산임대업을 경영하는 공동사업에서 부동산의 취득자금을 지급하기 위하여 차입한 차입금 지급이자의 공동사업장 필요경비 해당 여부

[질의2]
(사실관계)
• 부동산임대업을 경영하는 공동사업장이 기존 건물을 철거하고 차입금으로 건물을 신축한 바 공동사업 구성원의 자금이 부족하여 차입금으로 건물을 신축함

(질의내용)
• 부동산임대업을 경영하는 공동사업장의 기존 건물을 철거하고 건물을 신축하기 위하여 차입한 차입금의 지급이자가 공동사업장의 필요경비에 해당하는지 여부

[회신]
[질의1]과 [질의2]의 경우 공동사업에 출자하기 위하여 차입한 차입금의 지급이자는 당해 공동사업장의 필요경비에 산입할 수 없는 것이며 출자를 위한 차입금 외에 당해 공동사업을 위하여 차입한 차입금의 지급이자는 당해 공동사업장의 필요경비에 산입할 수 있는 것이나, 이에 해당하는지 여부는 공동사업 구성원 간에 정한 동업계약의 내용 및 출자금의 실제 사용내역 등에 따라 판단하는 것임.
다만, [질의2]의 경우 사업을 위한 차입금의 지급이자에 해당하더라도 준공된 날까지의 지급이자는 건물가액에 가산하며, 준공된 날 이후의 지급이자는 해당 과세기간의 필요경비에 산입하는 것임을 알려드림.(기획재정부소득-149, 2011.4.22.)

✓ **부동산을 취득하면서 인수(승계)한 차입금 지급이자는 필요경비에 산입함**(서울고법 2011누20835)*
숙박시설의 매매대금의 지급에 갈음한 채무로 숙박업의 운영에 사용된 점 등에 비추어 보면 채무에 대한 이자는 공동사업장의 필요경비에 해당하고, 공동사업장의 출자금을 마련하기 위한 개인적인 채무부담에 불과하다고 볼 수 없어 필요경비 불산입한 처분은 위법함
* 전심이력 : 조심 2010중1279(필요경비불산입 판정) → 의정부지법 2010구합4662(필요경비산입 판결) → 서울고법 2011누20835(1심과 같이 필요경비산입 판결)

✓ 공동사업 관련 차입금이자의 필요경비 인정(대법 2014두47938, 2015.4.23.)

2인의 공동사업자 중 1인은 자기 자본으로 마련한 적극재산을 출자하는데, 다른 1인은 출자비율에 따른 적극재산을 출자하면서 그 출자금의 마련을 위하여 개인적인 대출을 받았지만 그 손익분배비율은 출자된 적극재산의 비율만으로 정해진 경우 또는 개인적인 대출을 받아 일부 공동사업자의 지분을 인수한 경우 등에는, 그 대출금의 이자는 조합의 구성원이 함께 부담할 것이 아니고 이는 출자금의 마련 내지 출자지분의 인수를 위한 개인채무에 불과하므로 대출금의 이자를 공동사업의 필요경비로 볼 수 없음

✓ 차입금 지급이자의 공동사업장 필요경비 해당여부

[사실관계]

질의자는 배우자와 부동산임대업을 공동(질의자 75%, 배우자 25%)으로 운영하기로 하고 동업계약을 체결하였으며, 같은 날 서울 서대문 대현동 소재 부동산을 매입하기로 하여 계약금 xx억원을 지급하고 잔금은 소유권 이전시 지급하기로 매매계약을 체결함

질의자는 임대보증금과 계약금을 제외한 잔금 중 은행으로부터 x억원을 대여받아 잔금을 지급하고 소유권을 취득하고 부동산 임대업을 개시함

[질의]

대출금이 부동산임대업무와 관련된 필요경비로써 총수입금액을 얻기 위하여 직접 사용된 부채인지, 공동사업의 출자금인지 여부

[회신]

거주자가 공동사업에 출자하기 위하여 차입한 차입금의 지급이자는 당해 공동사업상의 필요경비에 산입할 수 없는 것이며 출자를 위한 차입금 외에 당해 공동사업을 위하여 차입한 차입금의 지급이자는 당해 공동사업장의 필요경비에 산입할 수 있는 것이나, 이에 해당하는지 여부는 공동사업 구성원 간에 정한 동업계약의 내용 및 출자금의 실제 사용내역 등에 따라 판단하는 것임(서면법령해석소득 2015-1135, 2015.12.11.)

✓ 쟁점 토지에 건물을 신축하는데 부족한 자금을 차입한 쟁점 차입금은 공동사업에서 임대수입금액을 얻기 위하여 직접 사용된 것이라 인정되는바, 업무와 관련이 없는 경비로 보아 필요경비에 불산입한 것은 부당하다는 사례(국심 2007서3791, 2007.12.6.)

공동사업자가 부동산임대사업 등 "공동사업에 출자"하기 위하여 차입한 차입금의 지급이자는 "업무무관 경비"로서 필요경비에 산입할 수는 없는 것이나, 청구인과 청구인의 처 박○순이 2002.6.15. 쟁점 토지를 현물출자하여 쟁점 토지의 지분율대로 동업자 약정을 체결한 점, 2002.9.25. 공동으로 부동산임대업을 영위하는 것으로 사업자등록을 한 점, 2002.11.11. 쟁점 토지상에 건축허가를 받아 ○○종합건설주식회사의 공사로 2003.9.9. 준공한 점, 2003.3.10. 공사대금 25억여원 중 선수임대보증금으로 지급하고도 부족한 11억원을 쟁점 토지를 담보로 청구인명의로 ○○은행으로부터 차입하여 지급한 점, 2003.9.18. 건축물의 지분율을 쟁점 토지지분율대로 하기로 합의하여 2003.9.29. 건축물 소유권보존등기를 한 점 등을 종합하여 보면, 청구인과 박○순은 공동으로 부동산임대사업을 운영하기 위하여 각자 소유한 쟁점 토지를 현물출자하고, 이 출자비율대로 쟁점 토지상에 건물을 신축하는 데 부족한 신축자금을 은행으로부터 차입한 차입금은 공동사업에 출자하기 위하여 차입한 차입금으로 보기 보다는 공동사업에서 임대수입금액을 얻기 위하여 직접 사용된 자금의 차입금으로 보이므로 쟁점 이자는 공동사업과 관련이 있는 필요경비라고 판단된다. 따라서,

처분청이 쟁점 이자를 업무와 관련이 없는 경비로 보고 필요경비에 불산입하여 청구인에게 종합소득세를 과세한 처분은 잘못이라 하겠다.

✓ **차입금은 공동사업출자의 개인적인 채무가 아닌 공동사업 관련 부채에 해당함**(서울고법 2011누27638, 2012.2.29.) ☞ **원심판결 : 서울행법 2011구합8093, 2011.7.22.**

원고들이 이 사건 차입금을 통하여 개인적 출자의무를 이행한 것으로 보더라도, 원고들이 이 사건 차입금에 상응하는 별도의 조합채무를 발생시킨 뒤 그 금원으로 자신들이 당초 부담하였던 차입금 채무를 상환하는 형태로 당초 납입한 자본금을 인출하였을 경우를 가정하면, 새로이 발생한 조합채무에 의한 지급이자는 이 사건 공동사업의 소득금액을 산정함에 있어 당연히 필요경비로 인정될 것인 바, 위와 같은 경우와 이 사건을 다르게 취급할만한 합리적 이유를 찾기 어렵다.

※ 참고판례

조심2019서1910, 2019.9.18.

공동임대사업을 영위하기 위해서는 공동사업약정에 따라 각자의 출자비율에 따른 부동산, 금원 등을 출자하여 그 출자금으로 임대부동산을 매수하여야 한다. 다만, 임대부동산의 매수대금이 부족할 경우 비록 공동사업자 중 1인의 명의로 대출받았다고 하더라도 그 채무가 공동사업에 제공할 임대용 부동산의 취득이나 대환대출 등과 관련이 있을 뿐만 아니라 그 이자를 공동사업자가 함께 분담하여 총수입금액에서 먼저 공제하고 나머지만을 이익분배의 대상으로 삼았다는 등의 사정이 인정되면 그 이자는 공동사업의 필요경비로 삼을 수 있을 것이나(대법원 2011.10.13. 선고 2011두15466 판결 참조), 2인의 공동사업자 중 1인은 자기 자본으로 마련한 적극재산을 출자하는데, 다른 1인은 출자비율에 따른 적극재산을 출자하면서 그 출자금의 마련을 위하여 개인적인 대출을 받았지만 그 손익분배비율은 출자된 적극재산의 비율만으로 정해진 경우에는 그 대출금의 이자는 공동사업장 구성원이 함께 부담할 것이 아니고 이는 출자금의 마련 내지 출자지분의 인수를 위한 개인채무에 불과하므로 대출금의 이자를 공동사업의 필요경비로 볼 수 없다(대법원 2015.4.9. 선고 2014두47983 판결 참조)

서울행법 2019구합90081, 2020.9.18.

2인의 공동사업자 중 1인은 자기 자본으로 마련한 적극재산을 출자하는데, 다른 1인은 출자비율에 따른 적극재산의 출자금을 마련하기 위하여 개인적인 대출을 받은 경우 그 대출금의 이자는 출자금의 마련을 위한 개인채무에 불과하고 조합의 구성원이 함께 부담할 것이 아니므로 대출금의 이자를 공동사업의 필요경비로 볼 수 없다. 다만 그 경우에도 공동사업자들이 출자된 적극재산만을 고려하여 손익분배비율을 정한 것이 아니라 일부 공동사업자의 기존 채무를 조합채무로 삼되 적극재산과 소극재산의 차액에 해당하는 금액을 기준으로 손익분배비율을 정하는 등의 사정이 있다면 그때에는 새로 차입한 금원을 자본인출금으로 사용한 경우와 마찬가지로 그 차입금의 이자를 필요경비에 포함시킬 수 있다.

✓ **공동사업자로 보는 재건축조합 등의 납세의무**(소득 집행기준 2의2－0－3 ②)

공동사업자로 보는 주택조합의 조합원이 납입한 건축공사비를 조합장 명의로 일시 예치하여 지급받는 이자소득은 각 조합원들에게 분배되어 각각 납세의무를 지는 것이며 각 조합원별로 금융소득 종합과세 여부를 판단한다.

✓ **근로자 보수 지급에 대한 질의**(소득 해석편람 43-1-1)

사업자 또는 공동사업자에게 지급하는 급여액은 해당 소득금액계산상 필요경비로 계상할 수 없으며, 공동사업자인 법인이 해당 법인의 임원 또는 사용인을 공동사업장에 파견하여 공동사업의 대표로 근무하게 하고 지급하는 급여액은 해당 법인의 소득금액계산에 있어 공동사업의 지분 또는 손익분배 비율에 상당하는 금액을 손금으로 계상할 수 있는 것임(재무부직세 1234-1389, 1979.5.2.)

✓ **부동산임대용역 무상 제공시 부당행위계산 해당여부**(소득 집행기준 41-98-10)

① 특수관계인 간에 공유하고 있는 부동산을 그 특수관계인 중 1인에게 무상임대하는 경우에는 부당행위계산 대상이 된다.

② 본인이 대표이사인 법인에 토지를 무상으로 제공하여 건물을 신축하고 임대업을 경영한 경우, 실제 임대소득이 없는 건축기간 동안에도 토지의 무상사용으로 인한 소득은 부당행위계산의 부인 대상에 포함된다.

③ 부동산임대업을 경영하는 거주자가 그 임대용부동산의 일부를 해당 거주자가 구성원인 공동사업장에 무상으로 제공하는 경우(구성원 간 특수관계가 없는 경우를 말함) 그 부분에 대해서는 부동산임대업의 총수입금액에 산입하지 아니하며 부당행위계산의 부인 대상에도 해당하지 않는다.

✓ **특수관계자간 공유부동산 무상 임대시 부당행위계산 대상 여부 및 사업장별 필요경비의 계산**

특수관계 없는 2인의 의사가 공동으로 건물을 신축하여 당해 건물의 일부를 임대업에 사용하고 나머지 부분은 특수관계 없는 다른 의사와 함께 4인이 공동으로 운영하는 병원에 출자한 경우, 건물소유자인 2인의 의사가 병원으로부터 실제로 임대료를 수입하지 아니하는 경우에는 임대수입금액을 계상하지 아니하는 것임. 건물에 대한 감가상각비는 임대업과 병원의 사용 면적비율에 의해 안분하여 각각의 소득금액 계산상 필요경비에 산입하는 것이나, 건물신축에 소요된 차입금은 건물소유자인 의사 2인이 병원공동사업에 출자하기 이전의 건물신축관련 차입금으로서 병원공동사업의 차입금에 해당하지 아니하므로 병원사용면적에 해당하는 차입금에 대한 지급이자는 의료업의 필요경비로 산입할 수 없는 것이며, 임대사용면적에 해당하는 차입금에 대한 지급이자만 임대업의 필요경비에 산입하는 것임(소득-787, 2011.9.21.)

✓ **특수관계자간의 무상임대에 대한 부당행위계산 대상 여부**

특수관계인간에 공유하고 있는 부동산을 그 특수관계인 중 1인에게 무상임대하는 경우에는 부당행위계산의 대상이 되는 것이며, 부당행위계산에 있어 적정임대료는 당해 거래와 유사한 상황에서 당해 거주자와 특수관계 없는 불특정다수인과 계속적으로 거래한 가격 또는 특수관계자가 아닌 제3자간에 일반적으로 거래한 가격이 있는 경우에는 그 가격에 의하는 것이나, 그 가격을 적용할 수 없는 경우에는 법인세법 시행령 제89조 제4항 제1호의 규정에 의하여 계산한 금액을 공동사업장의 총수입금액에 산입하는 것임(서면1팀-752 2005.6.28.)

✓ **공동사업장 구성원에게 무상임대시 소득분배 및 증여의제 여부**

① 공동사업장에 대한 소득금액계산은 당해공동사업장을 1거주자로 보아 그 지분 또는 손익분배의 비율에 따라 분배되었거나 분배될 소득금액에 따라 각 거주자별로 계산하는 것이므로, 공동사업장 구성원과의 거래로 인해 부당행위계산이 적용되어 공동사업장의 소득금액을 구성한 경우에도 당초 공동사업장의 지분 또는 손익분배비율에 따라 각 거주자별로 계산하는 것임

② 상속세 및 증여세법 제37조의 규정에 의하여 특수관계에 있는 자의 부동산(당해 부동산 소유자와 함께

거주하는 주택과 그 부수토지를 제외함)을 무상으로 사용함에 따라 이익을 얻은 경우에는 당해 이익상당액을 부동산 무상사용자의 증여재산가액으로 하는 것임. 이 경우 부동산 소유자에게 부동산을 무상으로 사용하게 하는 데에 대하여 소득세가 부과되는 경우에도 부동산 무상사용자에게 증여세가 과세되는 것임(서면1팀-936, 2005.7.28.)

✓ **부부가 공동으로 소유한 점포를 남편이 무상으로 사용시 부당행위계산의 부인 대상여부**(조심 2009구1711, 2009.6.9.)

청구인은 남편과 각각 2분의 1의 지분으로 상가건물을 소유하고 있고, 1층 점포를 남편이 무상으로 사용중이며, 청구인의 남편이 무상으로 사용하는 것을 부당행위계산 부인대상으로 보아 시가로 산정한 적정임대료 가운데 청구인 지분을 청구인의 소득금액으로 계산하여 종합소득세 부과함이 타당함

✓ **공동주택 조합의 조합원분 분양가액이 일반분양가액과 비교하여 저가인 경우 부당행위계산부인 대상 여부**

거주자가 각자 거주할 목적으로 공동으로 주택(아파트)을 신축하여 분양 및 공급하는 사업을 목적으로 설립된 귀 주택조합이 주택 및 부대복리시설을 건축하여 조합원에게 주택을 우선 공급하고, 잔여 주택 및 상가 등 복리시설을 일반분양하는 사업을 하면서 공동사업자인 조합원 각자가 거주할 목적의 조합원용 1주택의 분양가액을 일반분양용 가액과 비교하여 저가로 분양하는 경우는 소득세법 제41조의 규정에 의한 조세 부담을 부당하게 감소시킨 것으로 인정되는 경우에 해당하지 아니함(서면소득 2016-3781, 2016.5.4.)

✓ **공동사업에서 발생하는 소득의 종류**

공동사업을 하는 거주자가 사업자금을 은행에 예입하여 받는 이자는 이자소득으로 보는 것이고, 공동사업에서 발생한 소득금액 중 출자공동사업자에 대한 손익분배비율에 상당하는 금액은 배당소득으로 함(소득-4590, 2008.12.9.)

✓ **공동사업 투자금액의 분배금에 대해 받는 약정이자**

소득세법 제87조에 규정하는 공동사업장에 대한 소득금액계산은 해당 공동사업장을 1거주자로 보아 그 지분 또는 손익분배의 비율에 따라 분배되었거나 분배될 소득금액에 따라 각 거주자별로 계산하는 것이므로, 출자지분에 따라 분배되는 소득금액 외에 추가로 투자금액에 일정 금리를 적용하여 지급받는 약정이자는 해당 공동사업장의 소득금액계산에 있어서 필요경비에 산입하지 아니하는 것이며, 동 약정이자는 이를 지급받은 공동사업자에 대한 소득분배로 보고 해당 공동사업자의 소득분배금액에 가산하는 것임(소득 46011-407, 2000.3.30.)

✓ **공동사업에서 발생하는 금융소득에 대한 종합과세방법**

사업자가 자산을 공유 또는 합유하거나 공동으로 사업을 경영하는 경우에는 그 지분 또는 손익분배의 비율에 의하여 분배되었거나 분배될 소득금액에 따라 각 거주자별로 그 소득금액을 계산하는 것이므로 2001.1.1. 이후 발생하는 금융소득을 종합과세함에 있어서 공동사업에서 발생하는 금융소득은 공동사업자의 지분 또는 손익분배의 비율에 의하여 분배되었거나 분배될 금액을 각 거주자의 금융소득에 합산하는 것임(소득 46011-654, 2000.6.16.)

✓ **공동사업 폐지로 받는 영업권 상당액의 과세 여부 등**

의료업을 경영하는 공동사업장의 구성원 중 1인이 해당 공동사업장을 탈퇴하면서 자기 지분을 양도하고 받는 영업권 상당의 금액은 기타소득에 해당하는 것이며, 해당 영업권은 무형고정자산에

해당하는 것임(소득-773, 2010.7.5.)

✓ **공동사업자가 순차적으로 탈퇴하는 경우 감가상각대상 영업권의 범위 계산방법**

공동사업 구성원이 순차적으로 탈퇴하여 단독사업자가 된 경우 해당 단독사업자는 최초 탈퇴한 구성원으로부터 취득하여 공유하고 있던 영업권의 잔존가액 및 추가로 탈퇴한 구성원에게 지급한 영업권 상당액을 합산한 가액에 대하여 감가상각 할 수 있는 것임(사전법령해석소득 2017-777, 2018.2.7.)

✓ **공동사업자간 지분양도시 소득금액계산방법**

공동사업에 있어서 과세기간 중 그 구성원이 탈퇴하면서 나머지 다른 공동사업자에게 자기지분을 양도하여 그 지분의 변동이 발생한 경우에는 변동시마다 공동사업자별 소득분배비율에 의거 해당 거주자별로 소득금액을 구분계산하는 것임(제도 46011-11504, 2001.6.14.)

✓ **합동사무소 구성원의 공동사업자 해당 여부**(소득 해석편람 43-1-3)

법무사 등이 관계법령에 의하여 합동사무소로 등록하였으나 업무수임계약을 거래당사자와 개별적으로 체결하고 동업무에 따른 소득을 개별적으로 처리하는 경우에는 소득세법 제56조(→ 제43조)에 규정하는 공동사업자에 해당되지 않는 것임(소득 46011-1943, 1994.7.6.)

✓ **공동사업합산과세 여부**(소득 해석편람 43-2-1)

2인 이상의 사업자가 공동사업을 하는 경우에 사업자등록이 비록 1인으로 되어 있다 하더라도 사실상 공동으로 사업을 하는 것이 객관적으로 입증되는 경우에는 각자의 소득분배비율에 따라 소득금액을 계산하는 것임(소득 1264-1651, 1984.5.15.)

✓ **공동사업자의 손익분배비율 등**

공동으로 사업을 경영하는 거주자의 소득금액 계산시 소득분배의 기준이 되는 손익분배비율 또는 지분비율은 당사자간의 약정 등에 따라 실제로 출자된 상황에 의하여 결정하는 것이며, 다만 손익분배의 비율을 출자지분과 달리 정할만한 특별한 사정이 있는 경우에는 당사자간의 약정 등에 따라 별도로 정할 수 있는 것임

양도소득세 과세대상 자산을 공동사업에 현물출자한 후 그 출자지분이 감소하는 경우 그 감소로 인하여 대가를 지급받게 되면 양도소득세가, 무상인 때에는 증여세가 과세되는 것이며, 귀 질의의 경우 출자지분의 변동과 관련된 대가관계의 유무 등을 확인하여 사실판단할 사항임(서면1팀-687, 2007.5.25.)

✓ **공동사업자 구성원 간 출자비율과 손익분배비율이 상이한 경우 부당행위계산부인 계산 여부**

공동사업에서 발생한 소득금액은 공동사업자 간에 약정된 손익분배비율에 의하여 분배되었거나 분배될 소득금액에 따라 각 공동사업자별로 분배하는 것이나, 공동사업을 경영하는 거주자가 특수관계 있는 다른 거주자에게 정당한 손익분배비율보다 많은 비율로 손익을 분배하는 등 조세부담을 부당히 감소시킨 것으로 인정되는 경우에는 소득세법 제41조의 부당행위계산부인 규정이 적용되는 것이며, 손익분배비율을 거짓으로 정하는 등으로 같은 법 시행령 제100조 제4항에서 정한 사유에 해당하는 경우에는 공동사업합산과세가 적용되는 것으로 귀 질의가 어느 경우에 해당하는 지는 공동사업약정내용, 운영형태, 출자가액 및 손익분배비율 등을 종합하여 사실판단할 사항임(서면법규-664, 2013.6.13.)

✓ 현물출자의 경우 출자비율과 소득분배비율이 다른 경우에 증여세 과세여부

소득세법의 규정에 의한 공동사업을 영위하는 경우로서 정상적인 대가를 지급하고 취득한 출자지분에 대하여는 증여세가 과세되지 아니하는 것이나, 공동사업에 출자한 지분과 다른 손익분배의 비율에 의하여 소득금액을 분배받은 경우에는 그 출자한 지분에 상당하는 소득금액을 초과하는 금액에 대하여는 증여세가 과세되는 것임(서면1팀 - 1453, 2005.11.30.)

여기서의 "공동사업에 출자한 지분"이라 함은 금전뿐만 아니라 공동사업에 출자의 대상이 되는 기타재산 또는 노무를 반영한 출자의 지분을 말하는 것임(서면4팀 - 2533, 2005.12.19.)

✓ 사업용 자산의 취득차입금을 갚기 위해 다른 차입금을 빌린 경우 지급이자의 필요경비 산입 여부 (소득 해석편람 27 - 6 - 3)

사업용 자산의 취득과 관련하여 은행으로부터 대출 받은 차입금을 상환하기 위하여 새로운 차입금을 차입하여 이를 기존차입금의 상환에 사용한 경우에는 새로운 차입금에 대한 지급이자는 필요경비에 산입할 수 있음(소득 46011 - 3972, 1998.12.18.)

✓ 종합소득세 납부를 위한 차입금 지급이자의 필요경비 산입여부

공동사업장이 차입한 차입금을 자본인출금으로 사용한 경우 당해 차입금으로 인하여 초과인출금이 발생하지 아니하는 한 당해 차입금의 지급이자는 필요경비에 산입할 수 있음(기획재정부소득 - 256, 2008.7.25.)

✓ 공동사업 구성원의 창업중소기업 세액감면 적용 여부

A, B가 창업중소기업 등 세액감면 대상사업을 창업하여 동업 중, A가 탈퇴한 B로부터 지분을 양수하여 사업을 계속하는 경우, A는 잔존감면기간 동안 동 세액감면 할 수 있고, B가 사업을 다시 개시하여 동종사업 영위시 창업으로 보지 않는 것임(소득 - 4277, 2008.11.19.)

✓ 개인사업자가 폐업을 하고 동종업종의 법인을 설립한 경우 조특법 제6조의 세액감면 적용여부

주거용 건물을 신축하여 분양·판매하는 사업자가 그 사업을 폐업하고 주거용 건물 및 비주거용 건물을 건설하여 분양·판매하는 법인을 설립하는 경우에는 조세특례제한법 제6조의 창업에 해당하지 아니하므로 같은 법에 따른 세액감면을 받을 수 없는 것임(사전법령해석소득 2018 - 717, 2018.12.10.)

✓ 공동사업 탈퇴 후 동일 업종의 사업을 개업한 경우 조특법 제29조의5 세액공제액 계산방법

공동사업장의 구성원이 탈퇴하면서 기존 사업을 공동사업장의 다른 구성원에게 승계시키고 새로운 장소에서 동일한 업종의 사업을 개업한 경우, 그 사업자가 조세특례제한법 제29조의5(또는 같은 법 제30조의4)에 따른 세액공제액을 계산함에 있어 직전 과세연도 청년 정규직 근로자의 수(또는 상시 근로자의 수)는 조세특례제한법 시행령 제23조 제13항 제3호(또는 같은 법 시행령 제27조의4 제7항 제3호)를 따르는 것임(사전법령해석소득 2018 - 457, 2018.12.19.)

✓ 공동사업장의 수입금액 범위 및 수입시기

① 거주자가 공동으로 주택을 신축하여 공동사업자 각자가 거주할 목적으로 소유하는 1주택은 해당 공동사업장의 소득금액 계산시 총수입금액에 산입하지 아니하는 것이며,

② 부동산매매업(주택신축판매업 포함)의 총수입금액의 수입시기는 소득세법 시행령 제48조 제11호의 규정에 따라 '대금을 청산한 날'이 되는 것이며, 다만 대금을 청산하기 전에 소유권 등의 이전에 관한 등기 또는 등록을 하거나 해당 자산을 사용수익하는 경우에는 그 등기·등록일 또는 사용수익일을 그 수입시기로 하는 것임(서면1팀 - 169, 2006.2.7.)

공동사업 차입금이 출자금에 대한 차입금이 아니기 위한 요건[50)]

① 차입금이 아닌 다른 재원으로 출자가 완료되어야 한다. 이때 차입금을 제외한 실제 출자된 금액에 따른 비율과 지분비율이 일치하여야 한다. 현물출자 또는 사용권출자 시 출자부동산에 담보된 채무는 출자와 관련된 차입금으로 본다.
② 출자금 외에 별도의 차입금을 공동사업장 전체의 차입금으로 자금을 조달한다는 약정이 있고 그에 따라 차입금이 발생하여야 한다. 이때 채무자는 공동사업자 전체명의로 하는 것이 바람직하나 대출 실무상 어려울 것으로 보인다. 부동산임대업의 경우 공동사업자간 합유등기를 하면 공동사업장 명의로 대출이 가능한 것으로 사료된다.
③ 대출금에 대한 지급이자를 공동사업장의 경비로 인정하고 이익분배시 지급이자를 공제한 후의 이익을 분배하는 것으로 약정되어 있고 그에 따라 집행되어야 하며, 지급이자는 공동사업 계좌에서 지급되어야 한다.

② 공동사업장의 결손금 통산과 이월결손금의 필요경비계산

공동사업장에서 발생한 결손금은 각 공동사업자별로 분배되어 그들의 다른 소득금액과 통산하여 과세표준을 산정하며, 그 과세기간에 미처 공제하지 못한 결손금은 각 공동사업자별로 이월되어 다음 과세기간 이후의 소득금액에서 이월결손금으로 공제받게 된다. 따라서 이월결손금을 공동사업장 단위로 이월시킬 수 없으며, 공동사업장의 소득금액에서 이월결손금을 공제하여 이월결손금 공제 후의 소득금액으로 배분할 수는 없는 것이다.

✓ **공동사업장의 결손금의 통산과 이월결손금의 필요경비계산**(소통 45 – 0…1)

공동사업장에서 결손금이 발생하였을 경우 법 제45조의 규정에 의한 소득의 통산과 이월결손금의 필요경비계산은 다음과 같이 계산한다.

① 공동사업장에서 발생한 결손금은 각 공동사업자별로 분배된 금액 범위 내에서 법 제45조 제1항의 규정에 의하여 각 공동사업자의 다른 사업장의 동일 소득 또는 다른 종합소득과 통산한다.
② 이월결손금이 있는 공동사업장의 소득금액계산에 있어서는 이월결손금을 공제하지 아니한 해당 과세기간 소득금액을 공동사업자별로 분배한 후 직전과세기간의 소득에 통산하지 아니한 공동사업자의 법 제45조 제3항에 따른 이월결손금을 공제한다.

✓ **공동사업장의 결손금 처리**(소득 집행기준 43 – 0 – 3)

공동사업장에서 발생한 결손금은 각 공동사업자별로 분배된 금액 범위 내에서 각 공동사업자의 다른 사업장의 동일소득 또는 다른 종합소득과 통산한다. 따라서 공동사업장의 결손금은 각 공동사업자별로 분배되었으므로 공동사업장의 이월결손금은 존재하지 않는다.

50) 정해욱, 2013년 수습세무사 실무교재, 한국세무사회, p. 41~42

공유·합유·총유의 비교[51)]

공동사업과 관련한 소유재산은 그 형태에 따라 공유로 되는 경우도 있으나 원칙적으로는 합유이거나 준합유이다. 이하에서는 총유를 포함하여 물건의 소유형태별 각각의 특징에 대하여 비교해 보기로 한다.

1. 공 유

물건을 지분에 의하여 수인이 소유하는 것을 공유라 한다(민법 262조). 공유물에 대한 지분비율이 정하여져 있지 않은 경우 공유자의 지분은 균등한 것으로 추정한다(민법 262조 ②). 공유자는 그 지분을 처분할 수 있고 공유물 전부를 지분의 비율로 사용·수익할 수 있다(민법 263조). 공유물의 관리에 관한 사항은 공유자의 지분의 과반수로써 결정한다(민법 265조). 따라서 공유물에 대한 조세공과금도 각자의 지분의 비율로 부담하게 된다. 공유자는 공유물의 분할을 청구할 수 있다(민법 268조).

이와 같이 공유는 본질적으로 단독소유의 경우와 같은 권리·의무를 갖게 되며, 공유자간에 공동목적을 위한 인적결합관계가 없이 일시적으로 수인이 하나의 소유권을 분량적으로 분할하여 소유하고 있는 형태를 의미하는 것이다.

2. 합 유

법률의 규정 또는 계약에 의하여 수인이 조합체로서 물건을 소유하는 것을 합유라 하며, 우리 민법에는 "합유자의 권리는 합유물 전부에 미친다(민법 271조). 합유자는 전원의 동의없이 합유물에 대한 지분을 처분하지 못한다(민법 273조). 합유자는 합유물의 분할을 청구하지 못한다(민법 273조 ②). 합유는 조합체의 해산 또는 합유물의 양도로 인하여 종료한다(민법 274조 ②)"라고 합유의 내용을 규정하고 있다. 민법에 규정하고 있는 합유의 특성을 요약하여 설명하면 합유지분은 공유지분과는 달리 전원의 동의에 의하여 양도하기 전에는 조합체의 존속기간 중에는 실현될 수 없는 일종의 잠재적으로 존재하는 권리로 볼 수 있으며, 합유에서도 공유와 같이 각자의 지분이 있지만 양도와 분할이 제한되며 개인적 입장이 구속된다는 점이 공유와의 가장 큰 차이점이라는 것이다. 따라서 공동사업은 합유와 불가분의 관계에 있다고 할 수 있겠다. 합유관계가 성립하는 예는 민법 제704조의 조합재산, 신탁법 제45조의 신탁재산이 있으며 그 외에도 당사자간의 계약 등에 의한 합유가 있다.

3. 총 유

법인이 아닌 사단의 사원이 집합체로서 물건을 소유하는 것을 총유라 한다(민법 275조). 총유물의 관리 및 처분은 사원총회의 결의에 의한다(민법 276조). 총유물에 관한 사원의 권리의무는 사원의 지위를 취득상실함으로써 취득상실된다(민법 277조). 즉 총유물건에 대해 각자의 지분이 없으며 사원 또는 단체의 일원이 됨으로써 총유물건을 사용·수익할 권능을 가지지만 사원 또는 단체의 일원으로서의 지위를 상실하게 되면 사용·수익할 권능도 당연히 잃게 되는 것이다.

총유의 예로는 종중재산, 교회재산, 동(洞)·리(里)의 재산 등이 있다.

4. 공유 · 합유 · 총유의 요약표

구 분	공 유	합 유	총 유
근 거	민법 262조~270조	민법 271조~274조	민법 275조~277조
의 의	물건을 지분에 의해 다수인이 소유	법률의 규정·계약에 의하여 수인이 조합체로서 물건을 소유	법인이 아닌 사단이 집합체로서 물건을 소유
지 분	공유지분	합유지분	없음
지분의 처분	자 유	합유자 전원의 동의	해당없음 (지분이 없으므로)
사용·수익	지분비율대로	합유물 전부	정관, 규약 등에 따라
목적물의 변경·처분	전원의 동의	전원의 동의	사원총회 결의
보존행위	각 자	각 자	사원총회 결의
분할청구	금지특약이 없는 한 자유	불가능	해당없음 (지분이 없으므로)
등 기	공유자별 지분기재	합유자 전원명의 기재, 지분기재없이 합유취지 기재	사단 자체명의로
종료사유	공유물 양도, 분할	조합체 해산, 합유물 양도	총유물 양도
성 격	편의적으로 일시 공동소유의 형식	공동목적을 위해 개인적인 입장이 구속되나 각자 지분이 인징되므로 총유보다는 개인적인 소유형태임	단체 자체에 속하는 소유형태임

5. 등기부등본상의 비교

등기부등본상의 공유·합유 및 총유의 갑구(권리자 및 기타사항)의 표시방법을 간략히 비교하면 다음과 같다.

(1) 공 유

순위번호	권리자 및 기타사항
1	공유자지분 3분의 1 홍길동 601212-1234567 서울특별시 양천구 신정동 123 지분 3분의 1 김한국 671010-1234678 서울특별시 성북구 삼선동 1234 지분 3분의 1 성춘향 750815-2123456 서울특별시 강북구 미아동 2345

(2) 합 유

순위번호	권리자 및 기타사항
1	합유자 홍길동 601212-1234567 서울특별시 양천구 신정동 123 김한국 671010-1234678 서울특별시 성북구 삼선동 1234 성춘향 750815-2123456 서울특별시 강북구 미아동 2345

(3) 총 유

순위번호	권리자 및 기타사항
1	소유자 ○○유씨 문중 1122345 서울특별시 양천구 신정동 123 대표자 유 문 중

Ⅲ 공동사업 합산과세

1 의 의

거주자 1인과 그의 특수관계인이 공동사업자에 포함되어 있는 경우로서 다음의 사유가 있는 경우에는 그 특수관계인의 소득금액은 그 손익분배비율이 큰 공동사업자(이하 "주된 공동사업자"라 한다)의 소득금액으로 본다.(소법 43조, 소령 100조 ④)

① 공동사업자가 제출한 신고서와 첨부서류에 기재한 사업의 종류, 소득금액내역, 지분율, 약정된 손익분배비율 및 공동사업자간의 관계 등이 사실과 현저하게 다른 경우

② 공동사업자의 경영참가, 거래관계, 손익분배비율 및 자산·부채 등의 재무상태 등을 고려할 때 조세를 회피하기 위하여 공동으로 사업을 경영하는 것이 확인되는 경우 (2021.1.5. 용어개정)

51) 백운일, 2004, 공동사업세무실무, 영화조세통람, p. 25 ~ 33

2 특수관계에 있는 자의 범위

"특수관계인"이란 본인과 다음 중 하나에 해당하는 관계에 있는 자로서 생계를 같이하는 자를 말한다.(소령 100조 ②, 2012.2.2. 개정) 이 경우 세법을 적용할 때 본인도 그 특수관계인의 특수관계인으로 본다.(국기법 2조 20, 2011.12.31. 신설)

(1) 다음 중 하나에 해당하는 혈족·인척 등 친족관계 (국기령 1조의2 ①, 2023.2.28. 개정)

㉠ 4촌 이내의 혈족(2023.2.28.까지는 6촌 이내의 혈족)

㉡ 3촌 이내의 인척(2023.2.28.까지는 4촌 이내의 인척)

㉢ 배우자(사실상의 혼인관계에 있는 자를 포함)

㉣ 친생자로서 다른 사람에게 친양자 입양된 자 및 그 배우자·직계비속

㉤ 본인이 민법에 따라 인지한 혼인 외 출생자의 생부나 생모(본인의 금전이나 그 밖의 재산으로 생계를 유지하는 사람 또는 생계를 함께하는 사람으로 한정한다)(국기령 1조의2 ① 5, 2023.2.28. 신설)

➲ '㉠, ㉡, ㉤'은 2023.3.1.부터 시행한다.(2023.2.28. 영 부칙 1조 단서)

(2) 다음 중 하나에 해당하는 임원·사용인 등 경제적 연관관계(국기령 1조의2 ②)

㉠ 임원과 그 밖의 사용인

㉡ 본인의 금전이나 그 밖의 재산으로 생계를 유지하는 자

㉢ 위 '㉠ 및 ㉡'의 자와 생계를 함께하는 친족

(3) 다음 중 하나에 해당하는 주주·출자자 등 경영지배관계(국기령 1조의2 ③)

① 본인이 개인인 경우

㉠ 본인이 직접 또는 그와 친족관계 또는 경제적 연관관계에 있는 자를 통하여 법인의 경영에 대하여 지배적인 영향력을 행사하고 있는 경우 그 법인

㉡ 본인이 직접 또는 그와 친족관계, 경제적 연관관계 또는 '㉠'의 관계에 있는 자를 통하여 법인의 경영에 대하여 지배적인 영향력을 행사하고 있는 경우 그 법인

② 본인이 법인인 경우

㉠ 개인 또는 법인이 직접 또는 그와 친족관계 또는 경제적 연관관계에 있는 자를 통하여 본인인 법인의 경영에 대하여 지배적인 영향력을 행사하고 있는 경우 그 개인 또는 법인

ⓛ 본인이 직접 또는 그와 경제적 연관관계 또는 '㉠'의 관계에 있는 자를 통하여 어느 법인의 경영에 대하여 지배적인 영향력을 행사하고 있는 경우 그 법인

㉢ 본인이 직접 또는 그와 경제적 연관관계, '㉠' 또는 '㉡'의 관계에 있는 자를 통하여 어느 법인의 경영에 대하여 지배적인 영향력을 행사하고 있는 그 법인

㉣ 본인이 「독점규제 및 공정거래에 관한 법률」에 따른 기업집단에 속하는 경우 그 기업집단에 속하는 다른 계열회사 및 그 임원

③ 위 '①과 ②'을 적용할 때 다음의 요건에 해당하는 경우 해당 법인의 경영에 대하여 지배적인 영향력을 행사하고 있는 것으로 본다.(국기령 1조의2 ④)

㉠ 영리법인인 경우

ⓐ 법인의 발행주식총수 또는 출자총액의 30% 이상을 출자한 경우

ⓑ 임원의 임면권의 행사, 사업방침의 결정 등 법인의 경영에 대하여 사실상 영향력을 행사하고 있다고 인정되는 경우

㉡ 비영리법인인 경우

ⓐ 법인의 이사의 과반수를 차지하는 경우

ⓑ 법인의 출연재산(설립을 위한 출연재산만 해당)의 30% 이상을 출연하고 그 중 1인이 설립자인 경우

3 주된 공동사업자의 판정

주된 공동사업자는 특수관계인에 있는 공동사업자들 중에서 그 손익분배비율이 가장 큰 공동사업자를 말하는데, 이때의 손익분배비율이 같은 경우에는 다음 순서에 의한 자를 주된 공동사업자로 본다.(소령 100조 ⑤)

① 공동사업소득 외의 종합소득금액이 가장 많은 자

② 공동사업소득 외의 종합소득금액이 같은 경우에는 직전 과세기간의 종합소득금액이 가장 많은 자

③ 직전 과세기간의 종합소득금액이 같은 경우에는 해당 사업에 대한 종합소득과세표준을 신고한 자. 다만, 종합소득과세표준을 신고하지 아니한 경우에는 납세지 관할 세무서장이 정하는 자

✓ **특수관계자간 공동사업장의 구성원 변동시 소득분배**
공동사업의 개시일은 그 구성원이 참여한 날로 보는 것이며, 실질적으로 소득이 귀속되는 시점을 기준으로 각각 소득세 납세의무가 있는 것임(서면1팀-867, 2004.6.25.)

✓ **공동사업자 구성원 간 출자비율과 손익분배비율이 상이한 경우 부당행위계산부인 계산 여부**
특수관계인으로 구성된 공동사업장의 구성원 간 무상임대거래가 있는 경우 부당행위계산부인이 적용되나, 특수관계인간 손익분배비율을 달리 정하여 공동사업합산과세 규정이 적용되는 경우 부당행위계산부인은 배제됨(서면법규-664, 2013.6.13.)

4 연대납세의무

소득세는 원칙적으로 각 거주자별로 납세의무를 지며, 공동사업의 경우에도 각자의 손익분배비율에 따라 각 공동사업자별로 납세의무를 진다. 그러나 예외적으로 공동사업 합산과세가 적용되는 소득금액에 대해서는 주된 공동사업자 외의 특수관계인은 그의 손익분배비율에 해당하는 소득금액을 한도로 주된 공동사업자와 연대하여 납세의무를 진다.(소법 2조의2 ① 단서, 2013.1.1. 개정)

✓ **공동사업장 발생 이자소득세의 연대납세의무**
공동사업과 관련하여 발생하는 원천징수하여 납부하여야 할 이자소득세에 대하여는 국세기본법 제25조에 의하여 공동사업자가 연대하여 납부할 의무를 지는 것임(징세-1100, 2004.4.9.)

✓ **공동사업 부가가치세 연대납세의무**(국기 해석편람 25-1-1)
부가가치세는 당사자간의 내부적인 채권·채무에 관계없이 실질적으로 사업을 영위한 사업주체가 납세의무를 지는 것이며, 공동사업에 관련된 부가가치세는 전액에 대하여 공동사업자인 전원이 연대하여 납세의무를 지는 것임(징세 46101-1081, 1999.5.10.)

✓ **부가가치세 연대납세의무 개시일**(국기 해석편람 25-1-2)
공동사업에 관련된 부가가치세는 실질적으로 공동사업을 한 날부터 공동사업자가 연대하여 납세의무를 지는 것임(징세 46101-3618, 1998.12.30.)

✓ **공동사업에서 발생한 부가가치세 납부의무**
동업자로 참여한 날 이후 공동사업에서 발생하는 부가가치세에 대하여 공동사업자 구성원과 연대하여 납부의무를 지는 것임(징세 46101-293, 2000.2.23.)

✓ **공동사업 탈퇴 이후 연대납세의무**
공동사업에서 발생한 부가가치세에 대한 연대납세의무는 공동사업에서 탈퇴하였다고 하여 공동사업에 참여한 과세연도에 기성립한 연대납세의무가 소멸되는 것은 아니므로 경정사유가 있는 과세

> 연도에 공동사업을 한 자들에게 부가가치세의 연대납세의무를 지워 결정 고지하여야 하는 것임(징세 46101-326, 2001.5.3.)

5 종합소득공제 특례

연금보험료공제 또는 조세특례제한법에 따른 소득공제를 적용하거나 연금계좌세액공제를 적용하는 경우 손익분배비율을 거짓으로 정하는 등의 사유가 있는 경우에는 소득금액이 주된 공동사업자의 소득금액에 합산과세 되는 특수관계인이 지출·납입·투자·출자 등을 한 금액이 있으면 주된 공동사업자의 소득에 합산과세 되는 소득금액의 한도에서 주된 공동사업자가 지출·납입·투자·출자 등을 한 금액으로 보아 주된 공동사업자의 합산과세 되는 종합소득금액 또는 종합소득산출세액을 계산할 때에 소득공제 또는 세액공제를 받을 수 있다.(소법 54조의2, 2014.1.1. 개정)

Ⅳ 공동사업장에 대한 특례

1 원천징수된 세액의 배분과 결정·경정의 관할

① 공동사업장에서 발생한 소득금액에 대하여 원천징수된 세액은 각 공동사업자의 손익분배비율에 따라 배분한다.(소법 87조 ①)

② 공동사업에서 발생하는 소득금액의 결정 또는 경정은 대표공동사업자의 주소지 관할 세무서장이 한다. 다만, 국세청장이 특히 중요하다고 인정하는 것에 대해서는 사업장 관할 세무서장 또는 주소지 관할지방국세청장이 한다. 이때 '대표공동사업자'란 출자공동사업자 외의 자로서 다음의 자를 말한다.(소령 150조 ①, ②)

㉠ 공동사업자들 중에서 선임된 자

㉡ 선임되어 있지 아니한 경우에는 손익분배비율이 가장 큰 자. 다만, 그 손익분배비율이 같은 경우에는 사업장 소재지 관할 세무서장이 결정하는 자로 한다.

2 가산세의 배분

다음의 가산세로서 공동사업장에 관련되는 세액은 각 공동사업자의 손익분배비율에 따라 배분한다.(소법 87조 ②, 2019.12.31. 개정)

➲ 2020.1.1. 이후 발생하는 소득분부터 적용한다.(2019.12.31. 법 부칙 2조 ①)

① 영수증 수취명세서 제출·작성 불성실 가산세(소법 81조)

② 사업장 현황신고 불성실 가산세(소법 81조의3)

③ 공동사업장 등록·신고 불성실 가산세(소법 81조의4)

④ 증명서류 수취 불성실 가산세(소법 81조의6)

⑤ 사업용계좌 신고·사용 불성실 가산세(소법 81조의8)

⑥ 신용카드 및 현금영수증 발급 불성실 가산세(소법 81조의9)

⑦ 계산서 등 제출 불성실 가산세(소법 81조의10)

⑧ 지급명세서 등 제출 불성실 가산세(소법 81조의11)

⑨ 원천징수 등 납부지연가산세(국기법 47조의5)

3 기장의 특례

공동사업장에 대해서는 그 공동사업장을 '1거주자'로 보아 공동사업장의 장부를 비치·기록하여야 하며, '1거주자'로 보아 사업자등록을 하여야 한다.(소법 87조 ③) 따라서 거주자 단위로 계산하도록 하고 있는 기업업무추진비 및 기부금의 한도액은 공동사업장을 1거주자로 보아 공동사업장 단위로 계산한다.

공동사업장에 대한 기업업무추진비 한도액 계산

① 사업자가 단독사업장과 공동사업장을 겸영하고 있는 경우 : 단독사업장과 공동사업장 각각에 기본금액(1,200만원 또는 3,600만원*)을 적용하여 사업장별로 독립적인 한도액을 계산한다.

* 2019년 지출분부터 조특법 6조 ①에 따른 중소기업은 3,600만원이 적용된다.(소법 35조 ③ 1)

② 사업자가 구성원이 같은 공동사업장을 2개 이상 가진 경우 : 사업자가 단독사업장을 2개 이상 가진 경우와 동일하게 기업업무추진비 한도액을 사업장별로 안분계산하여야 한다.

✓ **공동사업장의 기장의무**(소득 집행기준 43-0-2)

① 공동사업장의 경우에는 해당 공동사업장을 1거주자로 보아 장부기장의무 및 장부비치의무를 적용한다.

② 1거주자가 공동사업과 단독으로 경영하는 사업이 있는 경우 공동사업장의 장부비치·기장의무는 공동사업장의 총수입금액만을 기준으로 하여 판정하고 단독으로 경영하는 사업장에 대해서는 그 단독사업장의 총수입금액의 합계액을 기준으로 판정한다.

③ 구성원이 동일한 공동사업장이 2 이상인 경우에는 그 공동사업장의 수입금액을 합산하되, 소득세법 시행령 제208조 제7항의 산식에 따라 계산한 수입금액에 따라 간편장부대상자 여부를 판단한다.

④ 공동사업장 구성원의 변동이 있는 경우에도 기장의무는 직전연도 해당 공동사업장의 수입금액에 의하여 판단한다.

⑤ 단독사업을 경영하다가 공동사업으로 변경한 경우 단독사업장 및 공동사업장에 대하여 각각 별개로 장부를 비치·기장해야 한다.

✓ **공동사업장을 단독사업장으로 변경하는 경우 소득금액의 계산**(소득 집행기준 43-0-1)

① 단독으로 사업을 경영하다가 공동사업으로 변경한 경우에 단독사업장은 공동사업으로 변경한 날의 전날에 폐업(또는 승계)한 것으로 보고 소득금액을 계산한다.

② 공동사업으로 변경후 해당 공동사업장에서 발생한 소득은 그 지분 또는 손익분배의 비율에 의하여 분배되었거나 분배될 소득금액에 따라 각 거주자별로 소득금액을 계산한다.

③ 공동사업에서 단독사업으로 변경된 경우 공동사업장은 단독사업으로 변경한 날의 전날에 폐업(또는 승계)한 것으로 보아 소득금액을 계산한다.

✓ **단독사업을 공동사업으로 변경시 신고방법**

단독으로 사업을 영위하다가 공동 사업으로 변경한 경우에 단독사업장은 공동사업으로 변경한 날의 전날에 폐업(또는 승계)한 것으로 보고 소득금액을 계산하는 것이며, 공동사업으로 변경후 당해 공동사업장에서 발생한 소득은 그 지분 또는 손익분배의 비율에 의하여 분배되었거나 분배될 소득금액에 따라 각 거주자별로 소득금액을 계산하는 것이며, 이 경우 단독사업장 및 공동사업장에 대하여 각각 별개로 장부를 비치·기장하는 것이므로 일정규모이상 사업자가 소득세 확정신고시 조정계산서 등을 첨부하여 신고하지 아니한 경우에는 신고불성실가산세를 적용하는 것임(서일 46011-10568, 2002.4.30.)

✓ **공동사업에 사용하던 부동산을 상속 취득한 경우 장부가액**

[사실관계]

- 공동사업을 영위하는 구성원(母, 子) 중 모친이 사망함에 따라 모친 소유 토지를 상속받고, 부동산에 대한 상속세 신고는 상속세 및 증여세법상 평가금액으로 신고함
- 공동사업 자산 소유 현황 : 모친(토지 100%), 자(건물 100%)

[질의]

- 공동사업 구성원인 모친의 사망에 따라 공동사업 소유자산인 토지를 상속받고 단독사업으로 기존 사업을 계속하여 영위하는 경우, 해당 토지의 취득가액은

〈갑설〉 상속인이 상속을 통해 피상속인의 사업을 승계한 경우에 해당되어 피상속인의 최종 과세기간 종료일의 장부가액으로 하는 것임

〈을설〉 사업용 고정자산을 신규 취득하여 사업에 사용한 경우에 해당되어 상속이 개시된 날의 시가를 취득가액으로 하는 것임

[회신]

모(母)와 자(子)가 공동사업을 영위하던 중 모가 사망하여 자가 모의 사업용 고정자산을 상속받아 단독으로 사업을 계속 영위하는 경우 해당 사업용 고정자산의 장부가액은 기존 공동사업의 장부가액을 그대로 적용하는 것임(서면법령해석소득 2015-764, 2016.12.23.)

✓ **공동사업과 단독사업이 있는 경우의 기장세액공제 적용**(소득 집행기준 56의2-116의3-3)

간편장부대상자에 해당하는 공동사업장으로부터 분배받은 소득금액에 대한 기장세액공제는 거주자별로 계산한다. 다만, 기장세액공제는 해당 거주자별로 100만원을 초과할 수 없다.

✓ **공동사업자 각자 거주할 목적으로 신축하여 소유한 1주택은 공동사업장의 소득금액계산시 총수입금액에 산입하지 아니하며, 부동산매매업의 수입시기는 대금 청산일이 되는 것임**

① 거주자가 공동으로 주택을 신축하여 공동사업자 각자가 거주할 목적으로 소유하는 1주택은 당해 공동사업장의 소득금액계산시 총수입금액에 산입하지 아니하는 것이며,

② 부동산매매업(주택신축판매업 포함)의 총수입금액의 수입시기는 소득세법 시행령 제48조 제11호의 규정에 따라 "대금을 청산한 날"이 되는 것이며, 다만 대금을 청산하기 전에 소유권 등의 이전에 관한 등기 또는 등록을 하거나 당해 자산을 사용수익하는 경우에는 그 등기·등록일 또는 사용수익일을 그 수입시기로 하는 것임(서면1팀-169, 2006.2.7.)

✓ **공동사업장과 단독사업장의 복식부기의무자 여부의 사업자판단기준**

사업자가 공동사업장과 단독사업장을 겸영하는 경우 일정규모 미만의 사업자를 판단함에 있어서, 공동사업장은 해당 공동사업장을 1사업자로 보는 것이므로 해당 공동사업장의 직전연도 수입금액(구성원이 동일한 공동사업장이 여러 개인 경우에는 각 공동사업장의 직전연도 수입금액의 합계액)만으로 판단하는 것이며 단독사업장은 각 단독사업장의 직전연도 수입금액의 합계액으로 판단하는 것임(서일 46011-11229, 2001.9.4.)

✓ **단독사업장이 공동사업장으로 전환된 경우 기장의무판정**

사업자가 공동사업장과 단독사업장을 겸영하는 경우 간편장부대상자를 판단함에 있어서, 공동사업장은 해당 공동사업장을 1사업자로 보아 소득세법 제160조 제1항의 규정을 적용하는 것이므로 해당 공동사업장의 직전연도 수입금액(구성원이 동일한 공동사업장이 여러 개인 경우에는 각 공동사업장의 직전연도 수입금액의 합계액)만으로 판단하는 것임(소득 46011-510, 1999.12.21.)

✓ **공동사업의 구성원이 변경된 경우의 기장의무 판정**

공동사업장의 공동사업자 구성원 중 일부를 변경하고 그 공동사업을 계속하는 경우에는 '해당연도에 신규로 사업을 개시한 사업자'에 해당하지 아니함(서일 46011-11173, 2002.9.10.)

✓ **공동사업자의 기장의무**

기존의 공동사업장과는 구성원이 상이한 별개의 1사업자로 보는 신규의 공동사업장은 간편장부대상자에 해당하는 것임(서면1팀-953 2005.8.8.)

4 사업자등록 및 변동신고

① 공동사업자가 그 공동사업장에 관한 사업자등록을 할 때에는 공동사업자(출자공동사업자 해당 여부에 관한 사항을 포함), 약정한 손익분배비율, 대표공동사업자, 지분·출자명세 그 밖에 필요한 사항을 사업장소재지 관할 세무서장에게 신고하여야 한다.(소법 87조 ④) 이때 공동사업장의 사업자등록은 대표공동사업자가 「공동사업장 등 이동신고서」(별지 제20호 서식)에 의하여 해당 사업장 관할 세무서장에게 하여야 한다. 이 경우 사업자등록을 할 때 공동사업자 명세를 신고한 경우에는 「공동사업장 등 이동신고서」를 제출한 것으로 본다.(소령 150조 ③, 2018.2.13. 개정)

② 사업자등록의 신고내용에 변동사항이 발생한 경우 대표공동사업자는 그 사유가 발생한 날이 속하는 과세기간의 종료일부터 15일 이내에 「공동사업장 등 이동신고서」(별지 제20호 서식)에 의하여 해당 사업장 관할 세무서장에게 그 변동내용을 신고하여야 한다. 이 경우 사업자등록 정정신고를 할 때 변동내용을 신고한 경우에는 「공동사업장 등 이동신고서」를 제출한 것으로 본다.(소법 87조 ⑤, 소령 150조 ④, 2018.2.13. 후단신설)

✓ 의료인과 비의료인이 공동사업자로 사업자등록 가능여부

의료법 제30조 제2항 제1호의 의료인에 해당되지 아니하는 개인은 의료기관을 개설할 수 없는 것으로서 의료업에 대하여는 의료인과 의료인이 아닌 자가 공동사업자로 사업자등록을 할 수 없는 것임(서면1팀 - 1303, 2006.9.20.)

✓ 공동사업자의 사업자등록방법

① 2인 이상이 공동으로 사업을 영위하고자 하는 경우의 사업자등록은 실질적으로 공동사업을 영위하는 자 중 1인을 대표자로 하여 대표자명의로 사업자등록을 신청하여야 하는 것임

② 사업자등록신청시 법령상의 첨부서류로 부가가치세법 시행령 제7조 제2항에 법인의 경우에는 법인등기부등본, 법령에 의하여 허가를 받아야 하는 사업의 경우에는 사업허가증사본, 사업장을 임차한 경우에는 임대차계약서사본을 규정하고 있으나, 공동사업의 경우 공동사업의 경우 공동사업의 현황을 명확히 하기 위하여 공동사업자의 지분 또는 손익분배의 비율, 대표자 기타 필요한 사항이 기재된 동업계약서 등을 첨부하여 사업자등록신청을 할 수 있는 것임(부가 46015 - 238, 2001.2.6.)

✓ 법인이 공동사업의 구성원인 경우 사업자등록 등 제반사항

두개의 서로 다른 갑, 을법인이 공동계약에 의하여 공동사업을 영위하는 경우 해당 공동사업과 관련된 사업자등록은 갑, 을법인과는 별개의 사업체로서 공동사업체의 인격에 따라 법인 또는 개인으로 등록하여야 하는 것이며, 법인이 개인사업자와 공동으로 사업장을 영위함에 있어서 명시적으로 이익의 분배방법이나 분배비율이 정하여져 있지 아니하더라도 사실상 이익이 분배되는 경우에는 그 단체의 구성원이 공동으로 사업을 영위하는 것으로 보아 해당 공동사업장의 자산·부채 및 수입·비용 등에 관한 거래금액 중 법인의 지분에 해당하는 금액에 대하여 법인세법을 적용하여 산출된 금액을 해당 법인의 익금과 손금으로 하는 것임(서일 46011 - 11283, 2002.10.2.)

5 공동사업장 등록·신고 불성실 가산세

(1) 적용요건 및 가산세액

공동사업장에 관한 사업자등록 및 신고와 관련하여 다음 중 하나에 해당하는 경우에는 공동사업장 등록·신고 불성실 가산세를 해당 과세기간의 결정세액에 더한다.(소법 81조의4 ①, 2019.12.31. 조문변경, 소령 147조의3, 2020.2.11. 조문변경)

① 공동사업자가 사업자등록을 하지 아니하거나 공동사업자가 아닌 자가 공동사업자로 거짓으로 등록한 경우 : 등록하지 아니하거나 거짓등록에 해당하는 각 과세기간 총수입금액의 0.5%

> 공동사업장 미등록·거짓등록가산세 = 미등록·거짓등록 과세기간의 총수입금액 × 0.5%

② 공동사업자가 사업자등록신청 또는 변동신고하는 경우에 신고하여야 할 내용을 신고하지 아니하거나 거짓으로 신고한 경우로서 다음에 해당하는 경우 : 신고하지 아니하거나 거짓신고에 해당하는 각 과세기간의 총수입금액의 0.1%

㉠ 공동사업자가 아닌 자를 공동사업자로 신고하는 경우

㉡ 출자공동사업자에 해당하는 자를 신고하지 아니하거나 출자공동사업자가 아닌 자를 출자공동사업자로 신고하는 경우

㉢ 손익분배비율을 공동사업자 간에 약정된 내용과 다르게 신고하는 경우

㉣ 공동사업자·출자공동사업자 또는 약정한 손익분배비율이 변동된 경우 변동신고를 하지 아니한 경우

> 공동사업장 미신고·거짓신고가산세 = 미신고·거짓신고 과세기간의 총수입금액 × 0.1%

(2) 가산세의 적용

산출세액이 없는 경우에도 적용한다.(소법 81조의4 ②)

6 과세표준확정신고

공동사업자가 과세표준확정신고를 하는 때에는 과세표준확정신고서와 함께 해당 공동사업장에서 발생한 소득과 그 이외의 소득을 구분한 계산서를 제출하여야 한다. 이 경우 대표공동사업자는 해당 공동사업장에서 발생한 소득금액과 가산세액 및 원천징수된 세액

의 각 「공동사업자별 분배명세서」(별지 제41호 서식)를 제출하여야 한다.(소령 150조 ⑥)

공동사업용 부동산의 출자지분 반환 및 양도에 따른 세법상의 취급[52)]

구 분	공동사업용 부동산의 출자지분 반환 및 양도		
	부가가치세	종합소득세	양도소득세
현금 반환	• 과세 안함 (서면3팀-945, 2008.5.11.)	• 과세 안함	• 과세 안함
현물 반환	• 과세함 (서면3팀-945, 2008.5.11.)	• 재고자산 : 과세함 (서면1팀-888, 2007.6.28.) • 고정자산 : 과세 안함 (서면3팀-135, 2005.1.25.)	• 국세청 : 과세함 (서면4팀-612, 2008.3.11.) • 재정부 : 과세 안함 (기획재정부재산-515, 2009.3.18.)
지분 양도	• 과세 안함 (부가 46015-4306, 1996.10.25.)	• 재고자산 : 과세함(사업소득) (소득-1175, 2009.7.27.) (서면1팀-1283, 2005.10.25.)	• 고정자산 : 과세함 (재재산 46014-302, 1997.8.30.)

수인이 공동으로 부동산을 신축하여 분양하는 경우[53)]

1. 일반적인 경우

구 분	공동사업 자산분할		단순 지분분할	
	자가사용	타인분양	자가사용	타인분양
부가가치세	• 상가 → 과세 • 국민주택 초과분 → 과세(현물반환) • 국민주택 이하 → 과세대상 아님	좌 동	과세대상 아님	• 상가 → 과세 • 국민주택 초과분 → 과세(현물반환) • 국민주택 이하 → 과세대상 아님
소득세	수입금액 산입	수입금액 산입	수입금액 불산입	수입금액 산입

예를 들어 4인이 상가(국민주택초과 주택 포함) 10채를 신축하여, 4채는 자가사용(사업용 사용 포함)하고 6채는 일반인에게 분양하는 경우,

① 일반인에게 분양할 6채에 대해서만 공동사업할 것을 약정한 경우 : 6채에 대해서는 매입세액공제(수입금액 포함), 자가사용 4채분은 매입세액불공제함(수입금액 제외) → 매입세액 안분계산 필요

② 위 '①'외의 경우(동업계약서에 자가사용분과 일반분양분으로 구분하여 약정하지 않은 경우) : 10채 모두가 과세대상이며 매입세액 공제함(수입금액 포함)

☞ 자가사용분에 대해 '단순 지분분할'로 인정받기 위해서는 당초 동업계약서에 일반분양분과 자가사용분에 대한 구분을 명확히 해 두어야 할 것이다.

52) 백운일, 2009, 공동사업·동업기업 세무실무, (주)영화조세통람, p. 204

2. 재개발·재건축조합의 경우

① 관리처분계획에 의해 당초 소유자에게 상가, 주택을 분양한 경우 : 부가가치세 과세대상 아님

② 관리처분계획에 의하지 않은 경우 : 부가가치세 과세(주택은 국민주택 초과분만 과세)

저자TIP 공동사업에의 현물출자는 양도소득세 과세대상임 (대법원 84누549, 1985.2.13.)

조합에 출자한 자산은 출자자의 개인자산과는 별개의 조합재산을 이루어 조합원의 합유가 되고 출자자는 그 출자의 대가로 조합원의 지위를 취득하는 것이므로 조합에 대한 자산의 현물출자는 소득세법상 자산의 유상 이전으로 양도소득세의 과세원인인 양도에 해당되고, 조합원의 조합재산에 대한 사용수익이나 그 지분의 처분이 법률상 제한을 받는다고 하여 자산의 양도가 아니라고 할 수 없음

✓ 공동사업자 토지 등 매매차익 예정신고 방법

공동사업으로 부동산매매업을 영위하는 자의 토지 등 매매차익예정신고서는 공동사업자별로 소득세법 시행령 제127조 제1항에 따라 납세지 관할 세무서장에게 제출하여야 하는 것이며, 이때 공동사업에서 발생한 소득금액은 소득세법 제43조 제2항에 따라 손익분배비율에 따라 각 공동사업자별로 배분하는 것임(기준법령해석소득 2019-406, 2019.6.5.)

✓ 공동사업자 1인이 자기지분을 제3자에게 양도하면서 받은 대가의 소득구분

부동산매매업을 영위하는 공동사업자가 자기의 지분을 양도하는 경우에도 당해 지분양도에 대하여 소득세법 제69조 규정에 의한 「토지 등 매매차익예정신고」를 하여야 하는 것임(소득-765, 2011.9.9.)

✓ 재건축조합의 구성원 변경시 소득세 납세의무

과세기간 중 공동사업의 구성원 또는 지분의 변동이 발생한 경우에는 변동시마다 공동사업자별 소득분배비율에 의거 각 거주자별로 소득금액을 구분 계산하여 당해 거주자별로 납세의무를 지는 것임(소득-1107, 2011.12.30.)

✓ 특수관계자간의 무상임대에 대한 부당행위계산 대상 여부

특수관계인간에 공유하고 있는 부동산을 그 특수관계인 중 1인에게 무상임대하는 경우에는 부당행위계산의 대상이 되는 것이며, 부당행위계산에 있어 적정임대료는 당해 거래와 유사한 상황에서 당해 거주자와 특수관계 없는 불특정다수인과 계속적으로 거래한 가격 또는 특수관계자가 아닌 제3자간에 일반적으로 거래한 가격이 있는 경우에는 그 가격에 의하는 것이나, 그 가격을 적용할 수 없는 경우에는 법인세법 시행령 제89조 제4항 제1호의 규정에 의하여 계산한 금액을 공동사업장의 총수입금액에 산입하는 것임(서면1팀-752, 2005.6.28.)

53) 한장석, 김용관, 2011, 부가가치세, 광교이택스, p. 199

✓ 개인 공동사업의 법인전환시 지분율 산정과 증여세 해당여부

공동으로 운영하던 개인사업체를 법인으로 전환함에 있어 투자비율을 초과하여 주식을 배정받는 경우 그 초과분에 대하여는 증여세가 과세되는 것임. 이 경우 투자비율은 현물출자일 현재 시가에 의하는 것이며, 공동 사업체의 사업용재산 중 단독 명의의 특유재산은 그 소유자의 재산으로, 나머지 재산은 각자의 공동사업 투자비율에 따라 안분하여 각각 산정하는 것임(재산-350, 2012.9.27.)

✓ 공동사업의 경우 공동사업장을 1거주자로 보아 공동사업장별로 그 소득금액을 계산하는 것임

사업소득이 발생하는 사업을 공동으로 경영하고 그 손익을 분배하는 공동사업의 경우에는 공동사업장을 1거주자로 보아 공동사업장별로 그 소득금액을 계산하는 것임(소득-174, 2012.3.6.)

✓ 개인과 법인이 공동으로 주상복합건물을 신축하는 경우 양도 해당 여부 등

"양도"란 자산에 대한 등기 또는 등록과 관계없이 매도, 교환, 법인에 대한 현물출자 등으로 인하여 그 자산이 유상으로 사실상 이전되는 것을 말하는 것으로, 개인과 법인간 공동사업에의 토지 제공 등이 양도소득세의 과세대상이 되는 현물출자에 해당되는지, 아니면 단순한 사용권의 출자에 해당되는지 여부는 공동사업의 성격 및 토지 등을 제공한 자의 의사 등을 감안하여 사실판단할 사항으로, 기존해석사례 등(법규과-357, 2009.10.3. ; 조심 2009서4094, 2010.3.31. ; 국심 2003서2615, 2003. 11.17. 등)을 참고하시기 바람.(부동산거래관리-216, 2011.3.10.)

✓ 비대표공동사업자의 공동사업장에 대한 재무제표 등 제출의무 유무

공동사업장의 경우에는 공동사업자별로 각각 대차대조표 등을 작성하는 것이 아니라 공동사업장을 1거주자로 보아 대차대조표 등을 작성하는 것임. 따라서 공동사업장의 대표공동사업자가 종합소득과세표준확정신고서에 공동사업장에 대한 대차대조표 등을 첨부하여 관할 세무서장에게 제출한 경우에는 비대표공동사업자가 공동사업장에 대한 대차대조표 등을 제출하지 아니한 경우에도 신고불성실가산세의 규정을 적용하지 아니하는 것임(제도 46011-11255, 2001.5.26.)

✓ 주택신축판매업의 추계소득금액 계산시 토지보유기간의 기산일(소득 집행기준 80-143-11)

공동사업장인 주택신축판매업의 소득금액 계산시 단순경비율을 적용하는 경우 토지보유기간은 현물출자한 날 또는 등기접수일 중 빠른 날부터 계산한다.

✓ 중소기업특별세액감면의 감면배제 적용 여부

① 구성원이 서로 다른 공동사업장을 경영하는 거주자의 사업소득에 대한 중소기업특별세액감면을 적용함에 있어, 하나의 공동사업장이 사업용계좌의 개설의무를 이행한 경우에는 다른 공동사업장의 사업용계좌 개설의무 이행 여부에 관계없이 해당 사업장에서 발생한 소득에 대하여 감면배제를 적용하지 않는 것임(소득-57, 2011.1.13.)

② 조세특례제한법 제7조에 따른 중소기업에 대한 특별세액감면을 적용함에 있어, 단독사업과 공동사업을 하는 거주자가 단독사업장에 대하여 현금영수증가맹점의 가입의무를 이행한 경우, 공동사업장의 현금영수증가맹점가입의무의 이행 여부에 관계없이 단독사업장에 대하여는 「조세특례제한법」 제128조 제4항 제2호에 따른 감면배제를 적용하지 아니하는 것임(소득-1179, 2009.7.29.)

✓ 공동사업장 등의 사업장현황신고(소득 집행기준 78-141-2)

① 공동으로 사업을 경영하는 경우에는 대표공동사업자가 해당 공동사업장의 사업장현황신고서를

작성하여 제출하는 것이며 이에 대표자 및 구성원 각각의 사업장현황신고서를 별지로 작성하여 부표로 제출해야 한다.

② 2 이상의 사업장이 있는 사업자는 각 사업장별로 사업장 현황신고를 해야 한다.

✓ 공동사업 약정 해제 합의대가의 소득구분

거주자가 공동으로 부동산매매업을 경영하고자 공동사업약정을 체결하였으나 공동사업의 원활한 진행이 이루어지지 않은 과정에서 공동사업약정을 해제하는 조건에 합의하고 공동사업약정서의 다른 구성원으로부터 지급받는 대가는 소득세법 제21조 제1항 제17호에 따른 기타소득에 해당하는 것임(소득-1220, 2010.12.9.)

✓ 공동사업자 분할등기 시 총수입금액 산입 여부

2인 이상의 공동사업자가 판매목적으로 신축한 건물을 공동사업자의 출자지분에 따라 분할등기 하는 경우, 분할등기 한 주택의 시가상당액을 공동사업장의 총수입금액에 산입하는 것임(서면소득 2015-1779, 2016.1.13.)

✓ 주택신축판매 공동사업자 미분양주택의 공동사업자별 분할등기시 과세소득 여부 등

2인 이상의 공동사업자가 판매목적으로 신축한 건물을 공동사업자의 출자지분에 따라 분할등기 하는 경우에는 소득세법 제25조 제2항의 규정에 의하여 분할등기 한 주택의 시가상당액을 공동사업장의 총수입금액에 산입하는 것이며, 공동사업자가 공동으로 건물을 신축한 후 해당 신축건물을 자기의 지분별로 구분 등기하여 각각 자기의 계산과 책임하에 사용·수익하는 경우에는 공동사업에 해당하지 아니하는 것으로 각 사업자별로 사업자등록을 하여야 하는 것임(서면1팀-1440, 2007.10.19.)

✓ 공동사업자의 총수입금액 및 필요경비 계산

2인 이상의 공동사업자가 판매목적으로 신축한 건물을 공동사업자의 출자지분에 따라 분할등기 하는 경우에는 소득세법 제25조 제2항의 규정에 의하여 분할등기한 주택의 시가상당액을 공동사업장의 총수입금액에 산입하는 것임(소득-14, 2013.1.3.)

✓ 공동사업자의 공유물분할등기시 총수입금액 계산

토지 공동소유자 5명이 공동으로 상가를 신축하여 분양하는 사업자가 해당 상가의 일부를 분양하고 미분양된 상가를 공유나 지분별로 분할등기한 후 계속 공동사업을 영위하지 아니하는 경우 해당 지분별 분할등기한 것은 출자지분의 현물반환에 해당하므로 부가가치세가 과세되는 것이고, 공동사업자가 판매목적으로 신축한 상가를 해당 상가의 건축비와 대물변제 또는 분할등기 시점의 해당 상가의 정상가액을 총수입금액에 산입함(서일 46011-10242, 2003.3.5.)

※ 참고예규

부가가치세가 과세되는 주택신축판매업을 영위하는 공동사업자가 주택을 신축한 후 각각 독립적으로 사업을 영위하고자 해당 주택을 분할등기하여 소유권을 이전하는 경우에는 공동사업자가 출자지분을 현물로 반환하는 것으로 부가가치세법 제6조 제1항의 규정에 의한 재화의 공급에 해당하여 부가가치세가 과세되는 것이나, 공동사업을 해지하지 아니하고 단순히 주택의 소유권만을 분할등기하는 경우에는 재화의 공급에 해당하지 아니하는 것임(부가 46015-5062, 1999.12.27.)

※ 참고판례

✓ **청구인들이 쟁점건물을 분할등기한 것을 출자지분의 현물반환으로 보아 부가가치세를 과세한 처분의 당부**(조심 2020중791, 2020.6.1.)

처분청은 청구인들이 쟁점건물을 분할등기한 것을 출자지분의 현물반환으로서 부가가치세 과세대상에 해당한다고 보아 이 건 처분을 하였으나, 일반적으로 동업관계를 해체하기 위한 공유물 분할은 동업자들에게 출자지분을 현물로 반환한 것으로서 부가가치세법상 재화의 공급에 해당한다고 해석함이 타당하나, 단순히 공유관계를 해소하기 위한 공유물 분할은 그 자체만으로는 부가가치세의 과세대상이 되는 재화의 공급으로 보기 어렵다 할 것(조심 2018부3808, 2018.11.29. 참조)인바,

이 건의 경우 청구인들은 건축허가 및 사업자등록 등 공동사업의 주요 진행 과정 및 쟁점건물의 소유권보존등기를 공동 명의로 진행하였으며, 쟁점건물을 분할등기한 이후에도 폐업하지 아니하고 현재까지도 사업의 주체를 변경하지 아니한 채 계속하여 공동사업을 영위하고 있는 점, 부가가치세법상 공동사업자로 인정되기 위해서는 공동사업자로서의 신고만으로 족하고 공동사업을 위한 재화를 공유로 등기할 것까지를 요구하는 것은 아닌 점, 청구인들은 2015년 제1기·제2기 부가가치세 신고시 쟁점건물 신축에 따른 부가가치세 매입세액을 조기환급 받았을 뿐만 아니라 쟁점건물 신축 이후 분양 및 임대 실적에 대하여 무실적으로 종합소득세 등을 신고하고 있는 것으로 확인되는 점 등에 비추어 청구인들은 현재까지 공동사업을 유지하고 있고, 이 건 분할은 단순히 공유관계를 해소하기 위한 공유물 분할로 봄이 상당하다 할 것이다.

따라서 처분청이 청구인들이 쟁점건물을 분할등기한 것을 출자지분의 현물반환으로 보아 청구인들에게 부가가치세를 과세한 이 건 처분은 잘못이 있는 것으로 판단된다.

✓ **주택신축판매업 공동사업자의 현물출자 토지의 다른 공동사업자에게 소유권이전등기시 (사업)소득세 과세대상 여부**

공동주택 신축판매업을 공동으로 하는 공동사업자가 공동사업자별로 소유권이 된 현물출자 토지에 대해서 공동주택의 분양시에 그 분양자에게 대지권등기를 원활히 해주기 위하여 공동사업을 해지하지 아니하고 형식상 다른 공동사업자 중 1인에게 매매를 원인으로 소유권이전등기를 하는 경우에는 해당 토지의 가액을 해당 공동사업장의 총수입금액에 산입하지 않는 것이나, 귀 질의의 경우가 이에 해당하는지는 공동사업에 대한 약정내용 등 관련 사실을 종합하여 사실판단할 사항임(서면소득 2016-6196, 2017.1.17.)

✓ **임대업용부동산(사업용고정자산)의 반환과 총수입금액**

공동사업으로 부동산임대업을 영위하다 공동사업을 해지하면서 당해 임대사업용 부동산을 출자지분에 따라 단순히 분할등기 하는 경우에는 소득세법 제18조의 규정에 의거 당해 공동사업장의 부동산임대소득을 계산함에 있어 총수입금액에 산입하지 아니함(재소득-66, 2005.9.6.)

✓ **상가신축판매업의 공동사업자가 탈퇴하며 지급받은 금액의 소득구분**

상가신축판매 공동사업자 중 1인이 당해 공동사업장을 탈퇴하면서 자기지분을 다른 공동사업자에게 양도하고 얻은 소득은 당해 공동사업장의 사업소득(부동산매매업)에 해당하는 것임(소득-476, 2014.8.28.)

✓ **공동사업탈퇴시 양도소득세 과세방법**

공동사업에 참여한 조합원이 공동사업을 탈퇴(제3자로 변경하는 경우 포함)함에 따라 자기지분(탈퇴자의 현물출자분 및 출자후 조합이 취득한 자산 중 탈퇴자의 지분을 말함)에 상당하는 대가를 잔여 또는 신규가입 조합원으로부터 받은 경우 그에 상당하는 지분이 사실상 유상으로 양도된 것으로 보는 것이며, 자기지분을 조합의 현물자산으로 그대로 반환받는 경우에는 양도로 보지 아니하는 것임(재재산 46014-302, 1997.8.30.)

✓ **공동사업자의 출자지분 현물반환시 과세 여부**

부동산임대업자가 공동신축 및 공동보존등기된 사업용 고정자산을 그 공동구성원의 출자지분에 따라 분할등기하는 때에는 공동사업장의 총수입금액에 포함하지 아니하는 것이나, 부동산매매업자가 당해 부동산을 일시적으로 임대업에 공하다가 그러한 분할등기하는 때에는 분할등기한 부동산의 시가상당액을 그 분할등기한 연도의 당해 공동사업장의 소득금액계산에 있어서 총수입금액으로 계산하는 것임(서면3팀-135, 2005.1.25.)

✓ **3인의 공동사업자 중 2인이 나머지 1인의 다른 공동사업자에게 자기지분을 양도하고 지급받는 대가의 소득구분**

상가신축판매를 영위하는 공동사업자 3인 중 2인이 판매용 신축 상가점포에 대한 지분을 나머지 다른 1인의 공동사업자에게 양도하고 얻은 소득은 소득세법 제19조, 제43조, 제87조의 규정에 의하여 당해 공동사업장의 사업소득에 해당하는 것임(서면소득 2016-6250, 2017.2.17.)

✓ **공동사업의 계속 중에 탈퇴하는 구성원으로부터 지분 인수시 감가상각자산의 기초(취득)가액**

의료업을 경영하는 공동사업장의 구성원 3인 중 1인이 건강상의 이유로 공동사업장을 탈퇴하면서 자기 지분을 나머지 2인에게 양도하여 공동사업장의 구성원이 변경된 경우에 해당 공동사업장의 감가상각자산의 장부가액은 구성원 변경 전의 장부가액을 동일하게 적용하는 것임(서면소득2017-66, 2017.3.28.)

✓ **공동사업자 중 1인이 탈퇴하면서 받는 소득의 구분 등**

부동산매매업을 영위하는 공동사업자 중 1인이 탈퇴하면서 받는 금액은 부동산매매업의 사업소득에 해당하는 것이며, 그 소득금액은 당해 지분을 양도한 구성원에게 귀속되는 것임(소득-1175, 2009.7.27.)

✓ **공동사업의 지분별 분할등기에 따른 양도세과세여부**

소득세법 규정에 의한 공동사업자가 사업용 건물을 취득하여 공동사업을 영위하다 공동사업을 해지하고 건물을 각각 구성원의 지분별로 분할등기하는 것은 소득세법 제88조의 자산의 유상이전에 해당하여 양도소득세의 과세대상이 되는 것이며, 공동출자자의 지분을 초과하여 자산을 배분하는 것은 그 자산에 대한 유상 또는 무상여부에 따라 양도소득세 또는 증여세가 과세되는 것임(서면4팀-612, 2008.3.11.)

✓ **공동사업용 부동산을 지분별로 현물반환하여 분할등기하는 경우 양도세 과세여부**

공동사업에 참여한 조합원이 탈퇴하면서 자기지분을 조합의 현물자산으로 그대로 반환받는 경우에는 양도로 보지 아니함(기획재정부-515, 2009.3.18.)

PART 2

✓ **공동소유의 건물을 구분 등기하는 경우 양도소득세 과세여부**

주택과 상가로 구성된 공유물인 건물을 주택과 상가로 구분하여 등기하면서 주택은 공유자중 1명의 소유로 하고, 상가는 계속하여 공유하되 구분의 등기 전·후 주택과 상가의 지분의 합계가 변동되지 아니하는 경우에는 양도에 해당되지 아니하는 것이며, 그 구분의 등기 전·후의 지분 변동이 있었는지 여부는 그 가액을 기준으로 판단하는 것임(기획재정부재산-573, 2011.7.21.)

✓ **거주자가 토지와 건물을 현물출자하여 공동으로 주택신축판매업을 영위하는 경우 필요경비산입금액**

거주자가 토지와 건물을 현물출자하여 공동으로 주택신축판매업을 영위하는 경우 필요경비에 산입할 금액은 토지가액, 기존건물의 철거비용, 새로운 주택의 건축비용 등의 합계액으로 하는 것이며, 철거된 기존건물의 가액은 필요경비에 산입할 수 없음(소득 46011-21079, 2000.8.14.)

✓ **오피스텔분양조합의 총수입금액계산방법**

건물건설업을 영위하는 공동사업자가 판매할 목적으로 신축한 부동산을 그 공동사업의 구성원에게 분양하고 받은 금액은 해당 공동사업장의 총수입금액에 산입하는 것임. 다만, 판매할 목적이 아닌 것으로서 그 공동사업장의 구성원에게 자기지분에 상당하는 건물을 분양하고 받은 금액은 총수입금액에서 제외하는 것이나 건물의 신축목적 등은 사실에 따라 종합적으로 판단할 사항임(서일 46011-10321, 2001.10.17.)

✓ **공동사업에 현물출자된 토지의 취득가액**

공동사업자인 주택신축판매업자의 총수입금액에 대응하는 필요경비 중 토지가액은 현물출자한 당시의 가액으로 하는 것으로 공동사업계약을 체결한 날을 현물출자 시기로 보는 것임(소득 46011-340, 1999.11.12.)

✓ **공동사업에 현물출자한 토지의 취득가액**(소득 집행기준 39-89-5)

① 공동사업자인 주택신축판매업자의 총수입금액에 대응하는 필요경비 중 토지가액은 공동사업에 현물출자한 당시의 가액으로 하는 것으로 이 경우 공동사업계약을 체결한 날을 현물출자 시기로 본다.

② 현물출자한 당시의 가액의 계산은 다음을 순차적으로 적용하여 계산한 금액에 취득세·등록세 기타 부대비용을 가산한 금액으로 한다.

㉠ 법인세법 시행령 제89조제1항에 해당하는 가격

㉡ 법인세법 시행령 제89조 제2항 제1호의 감정가액(이 경우 소급감정가액은 인정하지 않는다)

㉢ 상속세 및 증여세법 제61조에 따라 평가한 가액

✓ **공동으로 상가를 신축판매하는 공동사업자의 토지 등 매매차익 예정신고시 토지의 취득원가 분배 방법**

각 거주자별로 토지를 현물출자 후 상가신축판매업을 경영하는 공동사업장의 공동사업자가 일부 분양된 상가의 토지 등에 대한 매매차익 예정신고를 하는 경우, 토지의 취득원가는 공동사업계약시 공동사업자 간에 약정한 손익분배비율에 따라 분배하는 것임(법규소득 2012-167, 2012.4.27.)

✓ **부동산매매업자의 폐업시 재고자산과세 여부**

① 공동사업자가 판매목적으로 신축한 상가를 공동사업자의 출자지분에 따라 분할등기하는 때에는 소득세법 제25조 제2항의 규정에 의하여 그 당시의 분할등기한 상가의 시가상당액을 해당

공동사업장의 부동산매매업 소득금액계산에 있어서 총수입금액에 산입하는 것이며, 이때 시가는 특수관계에 있지 아니한 자와의 정상적인 거래로 형성되는 가액을 말하는 것으로 그 실례가액이 없는 경우에는 위치, 주변환경, 이용현황 등 개별요인을 감안하여 합리적으로 산정한 가액으로 가는 것임

② 부동산매매업을 영위하는 수인의 공동사업자가 분양목적으로 상가를 신축판매하던 중 폐업으로 인하여 잔여분의 상가를 각 공동사업자의 지분비율대로 분할등기한 후 양도하는 경우 해당 잔여상가에 대한 취득시기는 부가가치세법 제6조의 규정에 의한 폐업일로 하는 것이나, 폐업하기 전에 소유권이전등기를 하는 경우에는 등기접수일이 되는 것임(서일 46011-10705, 2002.5.23.)

✓ 공동사업에 출자하기 위해 차입한 차입금의 지급이자 필요경비산입 여부

부동산임대소득, 사업소득이 있는 공동사업장에 대하여는 규정에 의하여 해당 공동사업장을 1사업자로 보아 소득금액을 계산하는 것이므로 공동사업자가 공동사업장에 출자하기 위하여 차입한 차입금의 지급이자는 공동사업장의 업무와 관련없는 경비로 필요경비불산입하는 것임(서일 46011-11460, 2003.10.16.)

✓ 공동사업장의 차입금에 대한 지급이자 필요경비산입 가능 여부

"갑"과 "을"이 한 필지의 토지를 공동소유하고 있는 상태에서 부동산임대업을 영위하기 위하여 금융기관으로부터 차입한 자금으로 건축물을 신축하는 경우 차입금에 대한 준공된 날까지의 이자는 건축물의 가액에 가산하며, 준공된 날 이후의 이자는 해당연도의 필요경비에 산입하는 것임(소득 46011-21136, 2000.9.8.)

✓ 주택신축판매업의 총수입금액의 수입시기 및 부가가치세 납세의무 등

① 2인 이상의 공동주택 소유자들이 기존주택을 철거하고 해당 토지에 주택을 신축함에 있어 자가 사용하는 1주택을 제외한 잔여주택을 일반인에게 분양하거나 시공사에게 공사비로 대물변제하는 경우 대물변제한 분양건물에 상당하는 금액은, 소득세법 제24조 제1항의 규정에 의하여 일반분양하는 잔여세대의 아파트 등의 분양대금을 합계한 금액으로 하여 해당 공동사업의 소득금액계산상 총수입금액에 산입하는 것이며, 그 수입시기는 같은법 시행령 제48조 제11호의 규정에 의하여 그 '대금을 청산한 날'로 하되 다만, 대금을 청산하기 전에 소유권 등의 이전에 관한 등기 또는 등록을 하거나 해당 자산을 사용수익하는 경우에는 그 등기·등록일 또는 사용수익일을 수입시기로 하는 것임

② 2인 이상의 기존 주택소유자들이 건설업을 영위하는 사업자에게 도급을 주어 기존 주택을 철거하고 해당 토지에 국민주택규모를 초과하는 주택을 신축하여 신축한 주택 중 일부를 건설업을 영위하는 사업자에게 건설용역의 대가로 대물변제하는 경우 해당 대물변제하는 건물은 같은법 제6조 제1항 및 같은법 시행령 제14조 제1항 제3호의 규정에 의한 재화의 공급에 해당하여 부가가치세가 과세되는 것이며, 이 경우 부가가치세 과세표준은 같은법 제13조 제1항 제2호 및 같은법 시행령 제50조 제1항의 규정에 의하여 자기가 공급한 재화의 시가로 하는 것으로 귀 문의의 경우가 이에 해당하는지는 계약내용 및 구체적인 사실관계 등에 의하여 실질 거래내용에 따라 판단할 사항임(서면1팀-490, 2005.5.9.)

✓ 공동사업장의 사업소득 여부

갑과 을이 건설업을 영위하기 위하여 동업계약을 체결하고 공동사업자등록을 한 후에 실제로 공동사업을 영위한 기간에 발생한 소득은 해당 공동사업자의 사업소득에 해당하는 것으로서, 공동사업

장에 출자된 토지를 갑·을이 설립한 법인 또는 타법인에 양도하므로 인하여 발생한 소득은 공동사업장의 사업소득에 해당하는 것임
또한, 해당 사업소득금액 계산시 필요경비에 산입되는 토지원가는 현물출자한 당시의 가액인 것이며, 그 소득금액은 공동사업자의 지분 또는 손익분배의 비율에 의하여 분배되었거나 분배될 소득금액에 따라 각 거주자별로 계산하는 것임(서면1팀-222, 2005.2.18.)

✓ 공동사업합산과세시 합산대상자의 중간예납세액 공제여부

귀 문의의 경우 공동사업 외의 다른 소득이 없는 거주자가 직전연도에는 소득세법 제43조 제3항의 규정에 의한 공동사업합산과세대상이 아니었으나 해당연도 종료일 현재에는 이에 해당하게 된 경우 해당 거주자가 기납부한 해당연도의 중간예납세액은 해당 공동사업의 소득금액을 합산과세하는 공동사업자의 해당연도 종합소득산출세액에서 기납부세액으로 공제할 수 있는 것임(서면1팀-163, 2006.2.6.)

✓ 현물출자하는 경우 양도소득세 과세여부 등

거주자가 공동사업을 경영하기 위해 토지 등을 해당 공동사업에 현물출자하는 경우 현물출자한 날 또는 등기접수일 중 빠른날에 해당 자산 전체가 사실상 유상으로 양도된 것으로 보아 양도소득세가 과세되는 것이며, 공동사업을 경영하는 거주자에 대한 소득금액 계산시 소득분배의 기준이 되는 출자지분 또는 손익분배의 비율은 당사자간의 약정 등에 따라 실제로 출자된 상황에 의하여 결정함(제도 46014-10771, 2001.4.24.)

➲ 이때 사업소득금액 계산시 현물출자된 토지는 소득세법 시행령 제55조 제1항의 규정에 의하여 "공동사업에 현물출자한 당시의 가액"을 총수입금액에 대응하는 필요경비로 계산하는 것임(서일 46011-11732, 2002.12.23.)

✓ 법인간 공동사업체의 손익계산 및 감가상각방법

법인과 법인이 민법상 조합계약을 체결하여 공동사업을 영위하는 경우, 당해 공동사업에서 발생한 수익·비용을 공동사업계약에 의한 지분비율에 의하여 안분한 금액을 각 법인의 익금과 손금으로 하는 것임
또한 공동사업에 속하는 고정자산에 대하여는 공동사업자 지분비율에 의하여 안분한 금액을 각 법인의 자산으로 계상하여 각 사업자별 감가상각방법 및 내용연수에 따라 감가상각 하는 것임(서면2팀-340, 2004.3.2.)

✓ 개인과 법인의 공동사업에 관한 소득금액 계산(소득 해석편람 43-1-2)

개인과 법인도 공동사업을 할 수 있는 바, 개인과 법인이 동업계약에 의하여 영위하는 공동사업체가 법인설립등기를 한 경우나 국세기본법 제13조의 규정에 의하여 법인으로 보는 경우에는 법인이므로, 법인세법의 규정을 적용하여 소득금액을 계산하고, 그 밖의 경우에는 해당 공동사업체를 개인으로 보아 소득세법의 규정을 적용하여 소득금액을 계산하는 것임(소득 22601-1474, 1993.5.21.)

✓ 법인과 개인이 공동사업을 하는 경우 손익분배방법

개인사업자와 공동으로 사업을 경영하는 법인은 해당 공동사업장의 자산·부채 및 수입·지출 등에 관한 거래금액 중 자신의 지분에 해당하는 금액에 대하여 법인세법을 적용하여 산출된 금액을 해당 법인의 수익과 손비로 하여 법인세과세표준 및 세액을 신고·납부하는 것임(서이 46012-11346, 2003.7.16.)

✓ 공동구입자산의 감가상각 대상 자산

법인이 공동도급공사시 지분율에 따라 공동구입한 고정자산은 각각의 지분율에 의거 안분계산한 금액을 자산으로 계상하고 감가상각하여야 하는 것임(법인 46012-2280, 1996.8.14.)

✓ 공동으로 주택신축분양공급시 손익인식기준

법인과 개인으로 구성된 공동사업체의 구성원이 각자의 소유토지를 개별공시지가액으로 평가하여 손익분배비율을 결정하고 이를 출자하여 주택신축판매업을 영위하는 경우 법인인 구성원은 해당 공동사업에서 발생한 수입과 지출 중 자기지분에 해당하는 금액을 해당 법인이 계속 적용해 온 기업회계기준 또는 관행에 따라 처리하는 것이므로 주택분양수입금액의 귀속시기는 구성원별로 다르게 기업회계기준상의 진행기준 또는 완성기준으로 할 수 있음(법인 46012-2988, 1996.10.26.)

✓ 토지, 건물의 사용권만 공동사업에 현물출자 하는 경우 양도 해당 여부

거주자가 공동사업에 토지 등을 현물출자 하는 경우 소득세법 제88조에 따른 양도로 보는 것이나 토지 등의 소유권 자체는 출자자에 유보한 채 사용권만을 출자한 경우에는 양도로 보지 않는 것으로서, 귀 질의가 이에 해당하는지 여부는 사실 판단할 사항임(서면부동산 2017-792, 2017.6.27.)

✓ 부동산을 현물출자 하는 경우 양도소득세 과세여부 및 부동산을 신탁하는 경우 납세의무 성립 여부

거주자가 공동사업(주택신축판매업 등)을 경영할 것을 약정하는 계약에 의해 토지 등을 공동사업에 현물출자 하는 경우양도소득세의 과세대상이 되는 현물출자에 해당되는지, 아니면 단순한 사용권의 출자에 해당되는지 여부는 공동사업의 성격 및 토지 등을 제공한 자의 의사 등을 감안하여 사실 판단 할 사항임(서면부동산 2016-4176, 2016.8.24.)

공동사업에의 사용권 출자를 인정한 사례

(1) 조심 2019서4260, 2020.12.10.

상법 상 소정의 현물출자 절차를 거치지 아니한 청구인들이 당초 동업계약서에 따라 출자의무를 이행한 것으로 볼 수 있는지 여부가 사실상 불분명해 보이는 점, 청구인들이 신고한 이 건 공동사업에 관한 재무상태표에 의하면, 유형자산항목 중 '건설 중인 자산'만 계상되어 있을 뿐 쟁점토지는 공동사업체의 자산으로 계상되어 있지 아니한 것으로 확인되고, 사용권의 출자로 보아 양도소득세를 무신고하였다가 현물출자로 과세될 경우 가산세 등의 부담을 우려하여 일단 현물출자로 양도소득세 기한 후 신고를 하였다는 청구주장에 일응 수긍이 가는 점 등에 비추어 청구인들은 이 건 공동사업에 쟁점토지를 현물출자한 것이 아니라 그 사용권을 출자한 것으로 봄이 합리적이라 할 것인 점 등에 비추어 청구주장을 받아들이기 어렵다.

(2) 국심 2004광470, 2004.4.21.

쟁점토지에 건물을 신축하여 부동산임대업을 영위하기 위해서는 임대부동산의 소유자별로 함께 공동사업으로 등록하여야 할 당위성이 인정된다 하겠고, 동업계약서에 공동사업자가 각자의 소유지분을 공동사업에 출자한다는 약정이 없을 뿐만 아니라 쟁점토지의 소유권이 공동사업자 명의로 변경되거나 합유재산으로 등기된 사실이 없는 점에 비추어 볼 때, 공동사업자가 각자의 소유부동산 지분을 공동사업주체인 조합에 출자하였다고 보기는 어렵다 할 것이며, 공동사업자 각 개인이 자기지분에 해당하는 부동산을 매각할 수 없는 것도 아니고 공동사업인 임대사업이 종료되었을 때 공동사업에 공하는 부동산이 공동사업자들 각자에게 환원등기가 된다거나 이로 인하여 청구인을 비롯한 공동사업자들 각자에게 양도 소득세가 과세된다고 볼 수도 없으므로 공동임대사업에 관한 약정만을 근거로 조합에 자산을 유상으로 이전하였다고 보기는 어렵다 하겠다. 따라서 이 건과 같이 청구인과 청구 외 안○○이 토지와 건물을 각자의 명의로 둔 채, 단지 임대사업상의 필요에 의하여 공동사업자로 사업자등록을 하고 공동사업에 따른 이익금을 각자 소유지분비율에 따라 분배키로 약정한 행위가 있었다 하여 이를 조합에 각자의 소유부동산을 출자하거나 유상으로 이전한 것으로 보아 양도소득세를 과세한 처분은 잘못이 있는 것으로 판단된다.

(3) 심사양도 2004-19, 2004.7.20.

청구인과 그 아들이 공동사업자로 사업자등록은 하였으나 토지를 현물출자한다는 약정이 없고, 토지소유권이 공동사업체로 이전되지 않았으며, 손익분배비율도 토지가액 기준이 아닌 토지면적비율로 확정한 점 등으로 보아, 부동산임대 공동사업에 사용된 청구인의 토지가 공동사업체의 합유재산으로 보기 어려우므로 청구인이 소유토지를 현물출자한 것이 아닌 사용권을 출자한 것으로 보는 것이 타당하다. 다만, 청구인이 공동사업지분을 초과하여 아들에게 무상임대한 부분에 대한 임대소득에 대한 소득세 과세와 아들에게 상속세 및 증여세법에 의한 증여세를 과세하는 것은 별개의 문제이다.

(4) 국심 2002서2252, 2002.10.4.

동업계약서의 내용만으로는 토지를 현물출자한 것인지 토지의 사용권만 출자한 것인지 여부가 명확하지 않고, 공동사업자로 변경 이후에도 토지의 소유권이 공동사업자 명의로 변경되지 아니하였고, 등기신청서에 합유의 취지를 기재한 사실도 없으며, 토지와 건물을 공동사업에 출자하기로 하였다면 그 출자가액에 비례하여 손익분배비율을 정하였을 것이나 그 가액에 상관없이 이익금분배비율을 50:50으로 균등하게 확정한 점 등으로 보아 토지를 공동사업에 현물출자한 것으로 보기 어렵다.

(5) 국심 2002서682, 2002.7.30.

동업사업계약내용에 토지를 현물출자한다는 내용이 없고 공동사업개시 후에도 토지소유권이 공동사업체에 이전되지 아니하고 출자자명의로 그대로 있는 점 또한 토지의 출자가액에 비례하여 손익의 분배비율을 정한 것도 아닌 점 등을 종합적으로 볼 때 토지를 공동사업에 현물출자한 것으로 보기보다는 토지의 사용권을 출자한 것으로 보아야 할 것이다.

(6) 심사양도 2000-85, 2000.11.10.

조합에 대한 출자가 있다고 해서 항상 그 자산이 조합자산으로 되는 것은 아니며, 경우에 따라 소유권 자체는 출자자에 유보한 채 사용권만을 출자할 수도 있는 바, 대체물이나 소비물의 출자라면 언제나 그 소유권 자체를 출자하여 공동소유(합유)로 한다는 의사가 있다고 보는 것이 당연하지만, 비대체물이나 비소비물에 관하여는 극히 낮은 평가액이 붙어 있는 등 특별한 사정이 있는 경우에는 소유권 자체의 출자로 추정하기 보다는 소유권 자체는 출자자에 유보한 채 토지의 사용권만 출자한 것으로 보는 것이동업관계의 실질내용에 부합되고 일반적인 학설에서도 같은 의견이다(대법원 84주549, 1985.2.13.의 대법원 판례평석 참고). 따라서 실지거래가액이 20억원인 것을 7억7천만원으로 극히 낮게 평가하여 동업계약을 체결한 것은 청구인이 관련 부동산 소유권 자체를 출자한다는 의사표시로 볼 수 없으므로 이는 토지소유권의 현물출자가 아니라 소유권 자체는 출자자에게 유보한 채로 사용권만을 출자한 경우에 해당되어 실질상 공동사업에 토지소유권 자체를 출자한 것으로 볼 수 없다고 판단된다.

(7) 조심2009서4094, 2010.3.31.

이상의 사실관계를 종합하여 살피건대, 소득세법 제88조 제1항에서 법인에 대한 현물출자를 양도로 보도록 규정하였으나, 개인간 공동사업을 위하여 토지 등을 제공하는 경우 양도소득세의 과세대상이 되는 현물출자로 볼 것인지 여부는 명확히 규정하지 아니하였는 바, 개인간 공동사업에의 토지 제공 등이 양도소득세의 과세대상이 되는 현물출자에 해당되는지, 아니면 단순한 사용권의 출자에 해당되는지 여부는 공동사업의 성격 및 토지 등을 제공한 자의 의사 등을 감안하여 판단하는 것이 합리적이라 할 것인바, 이 건 처분청은 ○○○와 청구인이 주택임대업의 공동사업자로 사업자등록을 하였고, 쟁점토지가 공동사업에 제공된 사실 등을 근거로 청구인이 쟁점토지를 공동사업에 현물출자한 것으로 판단하였으나, 청구인 등이 쟁점토지에 건물을 신축하여 부동산임대업을 영위하기 위해서는 임대부동산의 소유자별로 함께 공동사업으로 등록하여야 할 당위성이 인정된다 하겠고, 동업계약서에 공동사업자가 각자의 토지소유지분을 공동사업에 현물출자한다는 약정이 없을 뿐만 아니라, 쟁점토지의 소유권이 공동사업자 명의로 변경되거나 합유재산으로 등기된 사실이 없는 점 등에 비추어 볼 때, 청구인 등이 각자의 토지 지분을 공동사업주체인 조합에 현물출자 하였다기 보다는 사용권의 출자로 보는 것이 합리적이라 할 것이며, 공동사업자 각 개인이 자기지분에 해당하는 부동산을 매각할 수 없는 것도 아니고 공동사업인 임대사업이 종료되었을 때 공동사업에 공하는 부동산이 공동사업자들 각자에게 환원등기가 된다거나 이로 인하여 청구인을 비롯한 공동사업자 각자에게 양도소득세가 과세된다고 볼 수도 없으므로 이 건 공동 임대사업에 관한 약정만을 근거로 조합에 자산을 유상으로 이전하였다고 보기는 어려운 것으로 판단된다.

따라서, 청구인이 임대사업에 공하던 쟁점부동산을 제3자에게 양도하거나 분할하여 판매할 경우에 양도소득세 등을 과세하는 것은 별론으로 하더라도 이 건 양도소득세는 경정하는 것이 타당하다고 할 것이다.

소득세법 시행규칙[별지 제19호의11 서식](2022.3.18. 개정)

공동사업장등이동신고서				처리기간
				7일
대표공동 사업자	① 성 명		② 주민등록번호	–
	③ 주 소			
공 동 사 업 장	④ 상 호		⑤ 사업자등록번호	– –
	⑥ 소 재 지		☎	

공동사업자 구성				⑦최초(당초) 약정내용 . . . ~ . . .					⑧약정내용의 변동사항 . . . ~ . . .				
						⑮출자내역					㉑출자내역		
⑨ 구분	⑩성명	⑪주민 등록번호	⑫ 관계	⑬ 변경 구분	⑭ 손익분 배비율	⑯ 대상	⑰ 금액	⑱ 지분	⑲ 변경 구분	⑳ 손익분 배비율	㉒ 대상	㉓ 금액	㉔ 지분

「소득세법 시행령」 제150조 제3항 및 제4항에 따라 공동사업장등이동신고서를 제출합니다.

년 월 일

신 고 인 (서명 또는 인)

세 무 서 장 귀 하

※ 작성방법

1. 이 서식은 공동사업자가 사업자등록을 하거나, 사업자등록사항 중 「소득세법」 제87조 제4항에 따른 신고내용에 변동이 발생한 경우 그 사유가 발생한 날이 속하는 과세기간의 종료일부터 15일 이내에 사업장 관할 세무서장에게 신고하는 서식입니다.
2. ⑨구분란 : 대표공동사업자는 "1"을, 대표공동사업자 외의 자 중 출자공동사업자가 아닌 자는 "2"를, 대표공동사업자 외의 자 중 출자공동사업자는 "3"을 기재합니다.
3. ⑫관계란 : 대표공동사업자와 해당 공동사업자와의 관계를 본인은 "0"을, 직계존손은 "1"을, 배우자의 직계존속은 "3"을, 형제자매는 "4"를, 그 밖의 친족은 "5"를, 기타는 "6"으로 기재합니다.
4. ⑬변경구분란 : 성립의 경우에는 "1"을, 손익분배비율 또는 출자내역 변경의 경우에는 "2"를, 탈퇴의 경우에는 "3"을 기재합니다.
5. ⑯대상란 : 금전출자의 경우에는 "1"을, 현물출자의 경우에는 "2"를, 신용출자의 경우에는 "3"을, 그 밖의 출자의 경우에는 "4"를 기재합니다.

제 3 절 결손금 및 이월결손금의 공제

I 결손금의 공제

1 결손금의 의의

결손금이란 사업소득이 있는 자의 소득금액계산시 해당연도에 속하거나 속하게 될 필요경비가 해당 과세기간에 속하거나 속하게 될 총수입금액을 초과하는 경우의 그 초과금액을 말한다.(소법 19조 ②) 결손금은 손익계산서상의 당기순손실(기업회계상의 결손금)을 의미하는 것이 아니라 납세의무자가 신고한 결손금 또는 납세지 관할 세무서장이 결정하거나 경정한 결손금, 즉 세무계산상의 결손금을 말한다.

결손금이 발생가능한 소득

결손금은 본래 실제의 필요경비가 인정되는 부동산임대소득·사업소득·기타소득 및 양도소득에서 발생할 수 있다. 그러나 기타소득에 대해서는 현행 소득세법이 결손금제도를 두지 않고 있고, 양도소득금액을 계산함에 있어서 발생하는 자산별 양도차손은 이를 다른 자산의 양도차익에서 공제하도록 하고 있다. 따라서 현행 소득세법에서 '결손금'이라 함은 부동산임대소득 및 사업소득의 결손금을 가리키는 것이다.

2 동일소득간의 통산

사업자가 비치·기장한 장부에 의하여 발생한 결손금은 먼저 해당 소득별(부동산임대소득 또는 사업소득별)로 통산한다. 즉 2 이상의 사업장을 가지고 있는 납세의무자의 경우 부동산임대소득 또는 사업소득별로 각각의 결손금을 다른 사업장의 동일소득금액에서 먼저 통산하여야 한다.

한편, 공동사업장에서 발생한 부동산임대소득·사업소득의 소득금액과 결손금은 먼저 공동사업자별로 각자의 손익분배비율에 따라 분배하며, 각 공동사업자는 그 분배된 부동산임대소득·사업소득의 소득금액 또는 결손금을 다른 사업장의 동일소득(단독사업장의 소득금액은 물론이고 다른 공동사업장에서 분배된 소득금액도 포함)과 통산하여야 한다.

✓ **사업장간 결손금 통산**(소득 해석편람 45-1-2)

결손금은 해당 사업자의 사업장 단위가 아닌 사업자의 소득별로 계산하는 것이므로, 사업소득이 발생하는 2개의 사업장 중 1개의 사업장에서 결손금이 발생된 경우, 결손금 중 일부만 공제한 후 남은 결손금을 다음 연도로 이월하는 것이 아니라 발생된 결손금 전체를 다른 사업장의 소득금액과 통산하는 것임(소득 46011-95, 1999.1.9.)

✓ **주거용 건물 임대업 외의 부동산임대업에서 발생한 결손금을 주거용 건물 임대업 소득에서 공제할 수 있는지**

소득세법 제45조 제2항에 따라 주거용 건물 임대업을 제외한 부동산임대업에서 발생한 결손금은 그 과세기간의 종합소득 과세표준을 계산할 때 공제하지 않는 것임(기준법령해석소득 2021-175, 2021.9.28.)

✓ **장부기장 사업장에서 발생한 해당 연도의 결손금은 해당 연도에 추계 결정한 다른 사업장의 소득별 소득금액과 통산할 수 있음.**(서일 46011-10540, 2002.4.25.) **그러나, 부동산임대소득(주거용 건물임대업은 제외*)에서 발생한 결손금은 다른 소득금액과 통산할 수 없는 것임**(소법 45조 ①, ②, 2014.12.23. 개정)

* 2014년 귀속분부터는 주거용 건물임대업에서 발생한 결손금도 일반적인 사업소득의 결손금과 같이 다른 소득금액에서 공제할 수 있도록 개정하였다.(2014.12.23. 법 부칙 1조 단서)

✓ **상가 임대업에서 발생한 결손금은 주거용 건물 임대업에서 발생한 소득금액에서 공제할 수 없음**(서울고법 2023누55490, 2024.2.29.)

✓ **부동산매매업 외 사업소득의 결손이 발생하여 주택등매매차익에 중과세율을 적용하여 산출세액 계산시 해당 결손금은 이월공제함**

소득세법 제64조에 따른 부동산매매업자에 대한 세액계산의 특례 적용시 부동산매매업 외의 업종에서 결손금이 발생하는 경우 해당 결손금은 주택 등 매매차익과 합산하여 같은 조 제1항 제1호의 종합소득 산출세액을 계산하는 것이며, 해당 산출세액이 같은 항 제2호 각 목에 따른 세액의 합계액보다 적은 경우 해당 결손금은 이월하여 공제하는 것임(기획재정부소득-102, 2013.2.18.)

✓ **국외사업장에서 발생한 결손금을 종합소득과세표준계산에서 공제할 수 있는지 여부**

해당연도 종합소득과세표준의 계산에 있어서 국외사업장에서 발생한 결손금은 거주자의 경우에는 소득세법 제45조 제1항에 의하여 공제하는 것이나, 비거주자의 경우에는 공제할 수 없는 것임(서일-774, 2004.6.8.)

✓ **공동사업장의 결손금 처리**(소득 집행기준 43-0-3)

공동사업장에서 발생한 결손금은 각 공동사업자별로 분배된 금액 범위 내에서 각 공동사업자의 다른 사업장의 동일소득 또는 다른 종합소득과 통산한다. 따라서 공동사업장의 결손금은 각 공동사업자별로 분배되었으므로 공동사업장의 이월결손금은 존재하지 않는다.

3 다른 소득간의 통산

(1) 사업소득에서 발생한 결손금의 통산

① 사업자가 비치·기록한 장부에 의하여 해당 과세기간의 사업소득금액을 계산할 때 발생한 결손금은 그 과세기간의 종합소득과세표준을 계산할 때 근로소득금액·연금소득금액·기타소득금액·이자소득금액·배당소득금액에서 순서대로 공제한다.(소법 45조 ①)

② 부동산임대업 외의 사업소득금액(주택임대업 포함)이 결손(−)인 경우에는 그 결손금액을 부동산임대업의 사업소득금액(주택임대업 제외), 근로소득금액, 연금소득금액, 기타소득금액, 종합과세 되는 이자소득금액·배당소득금액(원천징수세율이 적용되는 이자·배당소득금액에서는 공제불가)에서 순차적으로 공제한다.(소득세법 시행규칙 별지 제40(1) 서식 12쪽 2)

(2) 부동산임대소득에서 발생한 결손금

① 다음 중 하나에 해당하는 부동산임대업(주택임대업은 제외)에서 발생한 결손금은 종합소득 과세표준을 계산할 때 공제하지 아니한다.(소법 45조 ②, 2017.12.19. 개정)

➲ 2014년 귀속분부터는 주거용 건물임대업에서 발생한 결손금도 일반적인 사업소득의 결손금과 같이 다른 소득금액에서 공제할 수 있도록 개정하였다.(2014.12.23. 법 부칙 1조 단서)

㉠ 부동산 또는 부동산상의 권리를 대여하는 사업(2017.12.19. 단서삭제)

㉡ 공장재단 또는 광업재단을 대여하는 사업

㉢ 채굴에 관한 권리를 대여하는 사업

② 부동산임대업(주택임대업은 제외)에서 발생한 결손금(동일소득간 통산 후 결손금)은 다른 소득과 통산하지 아니한다.(소법 45조 ②, 2014.12.23. 개정) 따라서 부동산임대소득(주택임대소득은 제외)에서 발생한 결손금은 바로 이월결손금이 되는 것이다.

(3) 이월결손금이 있는 경우의 결손금 공제

해당 과세기간에 결손금이 발생하고 이월결손금이 있는 경우에는 그 과세기간의 결손금을 먼저 소득금액에서 공제한다.(소법 45조 ⑥)

Ⅱ 이월결손금의 공제

1 이월결손금의 의의

① 이월결손금이란 다음의 것을 말한다.(소법 45조 ③)

㉠ 부동산임대소득이 있는 거주자가 비치·기록한 장부에 의하여 해당 과세기간의 소득금액을 계산함에 있어 발생하는 결손금

㉡ 사업소득금액을 계산함에 있어서 발생하는 결손금으로서 결손금공제 규정에 의하여 해당 과세기간의 종합소득과세표준의 계산에 있어서 공제하고 남은 결손금

② 이월결손금은 해당 이월결손금이 발생한 과세기간의 종료일부터 10년(15년*) 이내에 끝나는 과세기간의 소득금액을 계산할 때 먼저 발생한 과세기간의 이월결손금부터 순서대로 해당 소득별로 공제한다. 다만, 국세기본법 제26조의2에 따른 국세부과의 제척기간이 지난 후에 그 제척기간 이전 과세기간의 이월결손금이 확인된 경우 그 이월결손금은 공제하지 아니한다.(소법 45조 ③, 2009.12.31. 단서 신설)

* 2020.1.1. 이후 개시한 과세기간에 발생한 결손금부터 적용하며(2020.12.29. 법 부칙 7조), 2020.1.1. 전에 개시한 과세기간에 발생한 결손금은 개정규정에도 불구하고 종전의 규정에 따른다.(2020.12.29. 법 부칙 30조)

③ 이월결손금이 있는 공동사업장의 소득금액계산에 있어서는 이월결손금을 공제하지 아니한 해당 과세기간 소득금액을 공동사업자별로 분배한 후 직전과세기간의 소득에 통산하지 아니한 공동사업자의 이월결손금을 공제한다.(소통 45－0…1 2)

2 사업소득(주택임대소득 포함)에서 발생한 이월결손금의 공제

➲ 2014년 귀속분부터는 주거용 건물임대업에서 발생한 이월결손금도 일반적인 사업소득의 이월결손금과 같이 다른 소득금액에서 공제할 수 있도록 개정하였다.(2014.12.23. 법 부칙 1조 단서)

사업소득(주택임대소득 포함)에서 발생한 이월결손금은 사업소득금액, 근로소득금액, 연금소득금액, 기타소득금액, 이자소득금액 및 배당소득금액에서 순서대로 공제한다.(소법 45조 ③ 1. 2014.12.23. 개정)

결손금과 이월결손금의 공제순서(별지 제40호 서식(1), 12쪽 2, 3)

구 분	결손금의 공제순서	이월결손금의 공제순서
부동산 임대업 외의 사업소득 (주택임대업 포함)	① 부동산임대업 외의 사업소득금액(주택임대업 포함)이 결손(−)인 경우에는 그 결손금액을 부동산임대업의 사업소득금액(주택임대업 제외), 근로소득금액, 연금소득금액, 기타소득금액, 종합과세되는 이자소득금액·배당소득금액(원천징수세율이 적용되는 이자·배당소득금액에서는 공제불가)에서 순차적으로 공제함 ② 부동산임대업 외의 사업소득(주택임대업 포함)의 결손금을 배당소득이나 이자소득에서 공제할 것인지 여부 및 그 공제할 금액은 소득세법 제45조 제5항에 따라 납세자가 결정하는 것임	① 부동산임대업 외의 사업소득(주택임대업 포함)의 이월결손금이 있는 경우에는 그 이월결손금을 부동산임대업 외의 사업소득금액(주택임대업 포함)·부동산임대업의 사업소득금액(주택임대업 제외)·근로소득금액·연금소득금액·기타소득금액과 종합과세되는 이자소득금액·배당소득금액(원천징수세율이 적용되는 이자·배당소득금액에서는 공제 불가)에서 순차로 공제함 ② 부동산임대업 외의 사업소득(주택임대업 포함)의 이월결손금을 배당소득이나 이자소득에서 공제할 것인지 여부 및 그 공제할 금액은 소득세법 제45조 제5항에 따라 납세자가 결정하는 것임
부동산 임대소득 (주택임대업 제외)	다음 연도로 이월함	부동산임대업(주택임대업 제외)의 소득금액에서만 공제

3 부동산임대업(주택임대업은 제외)에서 발생한 이월결손금 공제

부동산임대업(주택임대업은 제외)에서 발생한 이월결손금은 부동산임대업의 소득금액에서 공제한다.(소법 45조 ③ 2)

4 이월결손금의 공제배제

해당 과세기간의 소득금액에 대해서 추계신고(비치·기록한 장부와 증명서류에 의하지 아니한 신고를 말한다)를 하거나 추계조사결정하는 경우에는 이월결손금을 공제하지 아니한다. 다만, 천재지변 그 밖의 불가항력으로 장부나 그 밖의 증명서류가 멸실되어 추계신고를 하거나 추계조사결정하는 경우에는 그러하지 아니하다.(소법 45조 ④)

5 증명서류의 보관

각 과세기간의 개시일 5년 전에 발생한 결손금을 공제받은 자는 해당 결손금이 발생한 과세기간의 증명서류를 공제받은 과세기간의 다음다음 연도 5월 31일까지 보관하여야 한다.(소법 160조의2 ① 단서)

✓ **결손금과 이월결손금의 공제순서**(소득 집행기준 45-0-1)

구 분	결손금의 공제순서	이월결손금의 공제순서
부동산 임대업외(주거용 건물 임대업 포함) 사업소득	근로소득금액, 연금소득금액, 기타소득 금액, 이자소득금액, 배당소득금액에서 순차적으로 공제함	사업소득금액, 근로소득금액, 연금소득금액, 기타소득금액, 이자소득금액 및 배당소득금액에서 순차적으로 공제함
주거용 건물 임대업 외 부동산 임대업소득	다음연도로 이월함	부동산임대업의 소득금액에서만 공제

✓ **과소신고한 결손금 등의 경정청구 가능여부**(소득 집행기준 45-0-9)

법정신고기한내에 종합소득과세표준 확정신고를 한 자로서 당초 신고된 결손금 또는 이월결손금의 공제액이 신고해야 할 결손금 또는 이월결손금의 공제액에 미달하는 때에는 경정청구서를 제출할 수 있다.

✓ **부당행위계산부인 시 이월결손금의 공제 가능여부**(소득 집행기준 45-0-6)

거주자가 특수관계 있는 법인에게 토지를 무상으로 임대한 후 부당행위계산규정에 의하여 산정된 금액을 해당 거주자의 총수입금액에 산입하고 이에 따라 소득금액을 계산하는 경우, 다른 부동산임대사업장의 이월결손금은 동 소득금액에서 공제할 수 있다.

✓ **공동사업장의 결손금의 통산과 이월결손금의 필요경비계산**(소통 45-0…1)

공동사업장에서 결손금이 발생하였을 경우 법 제45조에 따른 소득의 통산과 이월결손금의 필요경비계산은 다음과 같이 계산한다.

① 공동사업장에서 발생한 결손금은 각 공동사업자별로 분배된 금액범위 내에서 법 제45조 제1항의 규정에 의하여 각 공동사업자의 다른 사업장의 동일 소득 또는 다른 종합소득과 통산한다.

② 이월결손금이 있는 공동사업장의 소득금액계산에 있어서는 이월결손금을 공제하지 아니한 당해 과세기간소득금액을 공동사업자별로 분배한 후 직전과세기간의 소득에 통산하지 아니한 공동사업자의 법 제45조 제3항에 따른 이월결손금을 공제한다.

✓ **추계결정·경정한 거주자의 이월결손금 공제**(소통 45－0…2)

소득세 과세표준을 추계결정 또는 경정함으로 인하여 공제되지 아니한 이월결손금은 그 후의 과세기간에 공제할 수 있다. 이 경우 공제할 수 있는 이월결손금은 법 제45조 제3항에 따른 것으로 한다.

✓ **이월결손금 임의공제 여부**

이월결손금은 소득세법 제45조 제2항의 규정에 의하여 먼저 발생한 연도의 이월결손금부터 순차로 사업소득금액에서 공제하는 것이며 납세자가 임의로 선택하여 공제받을 수 없는 것임(서면1팀-447, 2005.4.27.)

✓ **사업소득이 있는 자가 해당 사업을 폐업하고 다른 사업을 영위하는 경우 종전 사업에서 발생한 이월결손금은 해당 연도의 사업소득금액에서 공제할 수 있는 것임**(소득 1264-1179, 1982.4.13.)

✓ **폐업한 사업장의 이월결손금 공제가능 여부**

거주자의 소득금액을 계산함에 있어 소득세법 제45조 제2항에서 규정하고 있는 이월결손금은 그 사업의 폐업여부에 불구하고 소득세법 시행령 제101조 제2항 제1호의 규정을 적용한다. 다만, 당해연도 소득금액을 추계결정하는 경우에는 소득세법 제45조 제3항의 규정에 의하여 이를 적용하지 아니하는 것임(소득-558, 2011.6.20.)

✓ **포괄적인 사업양수도시 이월결손금의 승계 여부**(소득 해석편람 45-3-3)

사업을 양도·양수하는 경우에 있어서 사업양도자의 해당 사업에서 발생한 이월결손금은 사업양수자의 해당 사업에 대한 소득금액을 계산함에 있어서 이를 공제할 수 없는 것임(소득 46011-3733, 1998.12.2.)

✓ **피상속인의 사업소득 이월결손금을 상속인의 사업소득금액 계산시 공제 가능여부**

상속인이 사업을 상속받은 경우 피상속인의 사업소득에서 발생한 결손금으로서 피상속인의 소득금액을 계산함에 있어서 공제하고 남은 이월결손금은 당해 상속인의 소득금액을 계산함에 있어서 공제할 수 없음(서면1팀-1575, 2007.11.16.)

결손금 및 이월결손금 공제 요약

구 분	해당 연도 기장소득	해당 연도 추계소득
해당 연도 발생 결손금	통산가능	통산가능
10년(15년*)이내 발생 이월결손금	이월공제 가능	이월공제 불가

* 2020.1.1. 이후 개시한 과세기간에 발생한 결손금부터 적용하며(2020.12.29. 법 부칙 7조), 2020.1.1. 전에 개시한 과세기간에 발생한 결손금은 개정규정에도 불구하고 종전의 규정에 따른다.(2020.12.29. 법 부칙 30조)

저자TIP 이월결손금 공제기간 개정 연혁

이월결손금의 발생연도	이월공제기간	근 거
~2008.12.31.	5년	
2009.1.1. ~ 2019.12.31.	10년	2008.12.26. 소법 부칙 4조
2020.1.1. ~	15년	2020.12.29. 소법 부칙 7조

PART 2

Ⅲ 금융소득에 대한 결손금 등의 공제

1 결손금 및 이월결손금의 공제 배제

결손금 및 이월결손금을 공제할 때 종합과세되는 배당소득 또는 이자소득이 있으면 그 배당소득 또는 이자소득 중 원천징수세율을 적용받는 부분은 결손금 또는 이월결손금의 공제대상에서 제외한다.(소법 45조 ⑤)

이는 원천징수세율의 적용대상이 되는 금융소득을 결손금 및 이월결손금 공제를 하기 전의 총액으로 함으로써 최소한 분리과세되는 경우의 세액은 부담하도록 하기 위한 것이다.

2 결손금 및 이월결손금의 선택적 공제

종합과세되는 배당소득 또는 이자소득 중 기본세율을 적용받는 부분에 대해서는 사업자가 그 소득금액의 범위에서 결손금 및 이월결손금의 공제 여부 및 공제금액을 결정할 수 있다.(소법 45조 ⑤ 후단)

종합과세되는 이자소득 등이 있는 자가 사업소득에서 결손금이 발생한 경우에 있어서 비교과세로 인하여 공제혜택을 받지 못하면서 종합소득과세표준을 계산하는 과정에서 결손금만 소진하는 불합리한 경우가 발생할 수 있다.

예를 들면 사업소득에서 결손금이 4천만원이 발생한 자에게 이자소득(은행예금이자)이 5천만원 발생하였다면 결손금통산 결과 종합소득금액이 1천만원으로 줄어들었음에도 불구하고 이자소득 등에 대한 세액계산의 특례규정(비교과세방법)에 의하여 이자소득 등(5천만원)에 원천징수세율(14%)을 곱한 700만원의 소득세를 부담하여야 하는 것이다. 이 경우 사업소득세의 결손금 4천만원과 통산하더라도 세액의 경감효과는 없으면서 결손금만 소진하는 결과를 가져온다. 이를 시정하기 위하여 해당 규정을 두고 있는 것이다.[54]

구　　분	내　용
① 종합과세되는 금융소득 중 원천징수세율을 적용받는 부분	결손금 및 이월결손금의 공제대상에서 제외
② 종합과세되는 금융소득 중 기본세율을 적용받는 부분	납세자가 그 소득금액의 범위 안에서 결손금 및 이월결손금의 공제여부 및 공제금액을 결정할 수 있음

54) 김완석, 앞의 책, p. 340

사례 결손금과 이월결손금의 공제

다음 자료를 이용하여 거주자 홍길동씨의 2024년 및 2025년의 종합소득금액을 구하시오. 다만, 2023년에서 이월된 결손금은 없다.

구 분	2023년	2024년
부동산(상가)임대소득금액	△7,000,000원	5,000,000원
사업소득금액	△60,000,000원	△25,000,000원
근로소득금액	40,000,000원	55,000,000원
기타소득금액	5,000,000원	10,000,000원

풀이 1. 2024년도

• 종합소득금액 : △22,000,000원(사업소득 이월결손금 △15,000,000원, 부동산임대소득 이월결손금 △7,000,000원)

구 분	결손금 공제 전	사업소득 결손금 공제	결손금 공제 후 소득금액
부동산(상가)임대소득금액	△7,000,000원	–	△7,000,000원
사업소득금액	△60,000,000원	–	△15,000,000원
근로소득금액	40,000,000원	△40,000,000원	–
기타소득금액	5,000,000원	△5,000,000원	–
계			△22,000,000원

2. 2025년도

• 종합소득금액 : 30,000,000원(해당 연도에 공제받지 못한 부동산임대소득 이월결손금 △7,000,000원은 차기로 다시 이월된다)

구 분	결손금 공제 전	사업소득 결손금 공제	결손금 공제 후 소득금액	사업소득 이월결손금 공제	공제 후 소득금액
부동산(상가)임대소득금액	5,000,000원	△5,000,000원	–	–	–
사업소득금액	△25,000,000원	–	–	–	–
근로소득금액	55,000,000원	△20,000,000원	35,000,000원	△15,000,000원	20,000,000원
기타소득금액	10,000,000원	–	10,000,000원	–	10,000,000원
계					30,000,000원

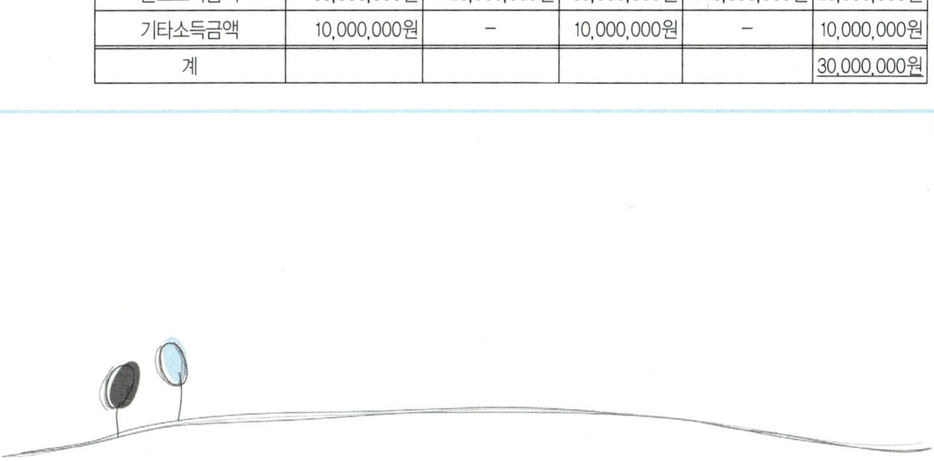

Ⅳ 결손금의 소급공제

(1) 개 요

조세특례제한법 제6조 제1항에 따른 중소기업을 경영하는 거주자가 그 중소기업의 사업소득금액을 계산할 때 해당 과세기간의 이월결손금(부동산임대업에서 발생한 이월결손금은 제외한다. 이하에서 같다)이 발생한 경우에는 직전 과세기간의 그 중소기업의 사업소득에 부과된 종합소득 결정세액을 한도로 하여 결손금 소급공제세액을 환급신청할 수 있다. 이 경우 소급공제한 이월결손금에 대해서 이월결손금 규정을 적용할 때에는 그 이월결손금을 공제받은 금액으로 본다.(소법 85조의2 ①, 2020.12.29. 개정)

(2) 요 건[55)]

중소기업을 경영하는 거주자가 그 중소기업의 사업소득금액을 계산할 때 해당 과세기간의 결손금이 발생한 경우로서 결손금 소급공제액의 환급을 신청한 경우에 한한다.

① 직전 과세기간에 해당 중소기업의 사업소득에 부과된 소득세액이 있어야 한다.
결손금의 소급공제는 직전 과세기간에 중소기업에 해당하는 사업에서 소득금액이 발생하여 소득세가 부과된 경우에 한하여 적용한다. 따라서 직전 과세기간에 중소기업인 사업에서 결손금이 발생한 경우 또는 직전 과세기간에 중소기업인 사업에서 소득금액이 발생하였으나 그 과세기간 전에 발생한 이월결손금으로 공제함으로써 해당 중소기업의 사업소득에 부과된 소득세액이 없는 경우에는 소급공제를 적용할 여지가 없는 것이다.

② 결손금 소급공제세액의 환급은 결손금이 발생한 과세기간과 그 직전 과세기간의 소득에 대한 소득세의 과세표준 및 세액을 법정신고기한까지 각각 신고한 경우에만 적용한다.(소법 85조의2 ④)

③ 결손금 소급공제세액의 환급을 받으려는 자는 과세표준확정신고기한까지 납세지 관할 세무서장에게 「결손금소급공제세액환급신청서」(별지 제40호의4 서식)를 제출하여야 한다.(소령 149조의2 ③)
만일 환급신청을 하지 않은 경우에는 결손금의 이월공제를 선택한 것으로 보아 다음 과세기간 이후의 소득금액에서 결손금을 공제하게 된다.

55) 김완석, 앞의 책, p. 341~342

✓ 상속인의 결손금소급공제 가능여부 등

피상속인이 사망하여 피상속인의 사업을 상속인이 승계하는 경우 결손금소급공제에 의한 환급은 상속개시일이 속하는 달의 말일부터 6개월이 되는 날까지 피상속인의 과세표준 신고와 함께 신청해야 하는 것이며, 종업원의 고용이 승계되고 퇴직급여추계액을 퇴직급여충당금 또는 부채로 승계한 경우에는 상속개시일까지의 종업원의 퇴직급여상당액을 필요경비에 산입하는 것임(법규-159, 2014.2.20.)

✓ 직전연도 소득세를 추계 신고한 경우 결손금소급공제 가능여부

중소기업을 영위하는 거주자가 당해 중소기업의 사업소득금액을 계산함에 있어서 당해 과세기간에 이월결손금이 발생한 경우에는 직전 과세기간의 소득금액을 단순경비율이나 기준경비율을 적용하여 추계로 신고한 경우에도 소득세법 제85조의 2의 규정에 의하여 결손금소급공제에 의한 환급신청을 할 수 있는 것임(서면1팀-1162, 2006.8.24.)

✓ 법인전환으로 폐업하는 중소기업의 결손금소급공제 가능 여부(소득 해석편람 85의2-1-1)

법인전환으로 폐업하는 개인 중소기업이 폐업하는 과세기간에 발생된 이월결손금에 대하여 같은법 제85조의 2의 규정에 따라 과세표준확정신고시 납세지 관할 세무서장에게 결손금소급공제세액의 환급을 신청할 수 있는 것임(소득 46011-2489, 1997.9.26.)

✓ 신설사업장에서 발생한 이월결손금의 결손금소급공제세액 환급 여부(소득 해석편람 85의2-1-2)

사업소득이 발생하는 중소기업을 영위하는 개인사업자가 그 사업을 폐업하고 다른 장소에서 제조업을 신설하여 해당연도에 그 신설 사업장에서 이월결손금이 발생한 경우에도 조세특례제한법 시행령 제2조의 규정에 의한 중소기업을 영위하는 거주자에 해당하는 때에는 직전과세기간에 폐업한 사업장의 사업소득에 대하여 부과된 소득세액을 한도로 결손금소급공제세액의 환급을 신청할 수 있는 것임(소득 46011-1242, 1999.4.2.)

결손금소급공제 대상자 및 요건(소득 집행기준 85의2-149의2-1, 85의2-149의2-2 ②)

결손금소급공제란 중소기업의 사업소득금액을 계산할 때 해당 과세기간의 이월결손금[부동산임대업에서 발생한 이월결손금은 제외한다]이 발생한 경우 직전과세기간의 해당 사업소득에서 결손금을 소급공제하여 환급받을 수 있는 것으로 그 적용요건은 다음과 같다.

구 분	대상 및 요건
대 상 자	중소기업을 경영하는 거주자
적용 대상 결손금	해당 중소기업 사업소득에서 발생한 이월결손금 (해당 과세기간 결손금 통산 후 남은 이월결손금 잔액)
적용 배제 결손금	부동산임대업에서 발생한 이월결손금
공제방법	해당 중소기업의 직전과세기간의 소득에서 결손금을 소급공제 (직전과세기간에 해당 중소기업 사업소득에 부과된 소득세액이 있어야 함)
한 도	직전 과세기간의 해당 중소기업의 사업소득에 부과된 세액(소령 149의2조 ②에 따라 계산)을 한도로 함
환급요건	과세표준확정신고기한까지 결손금 발생 과세기간과 직전과세기간의 소득세 과세표준 신고를 한 경우만 환급(결손금소급공제세액환급 신청서 제출)

[결손금 소급공제 가능한 경우]
- 직전연도 추계신고한 경우도 환급신청 가능
- 폐업한 과세기간에 발생한 이월결손금도 소급공제 적용가능

[결손금 소급공제 불가한 경우]
- 경정청구에 의해 결손금 발생했더라도 결손금 소급공제로 환급신청 불가
- 세무조사로 밝혀진 소득금액에 대한 경정시 적용불가
- 확정신고 이후 법원판결에 의해 결손금이 확정되었다 하더라도 적용불가
- 수시부과결정시는 적용불가
- 과세표준확정신고기한 종료일 현재 부과되지 않은 직전과세기간의 소득세액은 결손금 소급공제환급신청대상 세액에 포함되지 않음

(3) 결손금 소급공제 세액의 계산

결손금 소급공제 세액(사업소득의 결손금을 소급공제함으로써 환급받을 세액)의 계산은 아래 '①'의 금액에서 '②'의 금액을 차감하여 계산한다.(소령 149조의2 ②, 별지 제40호의4 서식)

① 직전과세기간의 해당 중소기업에 대한 종합소득산출세액

② 직전과세기간의 종합소득과세표준에서 이월결손금으로서 소급공제를 받으려는 금액(직전과세기간의 종합소득과세표준을 한도로 한다)을 뺀 금액에 직전과세기간의 세율을 적용하여 계산한 해당 중소기업에 대한 종합소득산출세액

환급세액 = Min(①,②)

① 환급대상액 = 직전연도 사업장별 종합소득산출세액[*1] − 소급공제 후 직전연도 사업장별 종합소득산출세액[*2]

② 환급한도액 = 직전연도의 사업장별 종합소득결정세액[*3]

*1. 직전연도 사업장별 종합소득산출세액 $=$ 종합소득산출세액 $\times \dfrac{\text{사업장별 소득금액}}{\text{종합소득금액}}$

*2. 소급공제 후 직전연도 사업장별 종합소득산출세액 $= \left\{\text{종합소득 과세표준} - \text{소급공제 결손금액}\right\} \times \text{직전연도 소득세율} \times \dfrac{\text{소급공제 후 사업장별 소득금액}}{\text{소급공제 후 종합소득금액}}$

*3. 직전연도 사업장별 종합소득결정세액 $=$ 종합소득결정세액 $\times \dfrac{\text{사업장별 소득금액}}{\text{종합소득금액}}$

(4) 환급신청

결손금소급공제세액을 환급을 받으려는 자는 과세표준확정신고기한까지 「결손금소급공제세액환급신청서」(별지 40호의4 서식)를 납세지 관할 세무서장에게 제출하여야 하며, 이러한 신청을 받은 납세지 관할 세무서장은 지체없이 환급세액을 결정하여 국세기본법의 규정에 의해 환급하여야 한다.(소법 85조의2 ②, ③)

✓결손금 소급공제 요건 및 국세환급금 충당 가능 여부

결손금 소급공제는 소득세법 제85조의2 규정에 의하여 과세표준 확정신고기한 내에 환급신청을 한 경우에 한하여 적용되는 것이고, 직전과세기간의 사업소득에 부과된 소득세액을 한도로 환급하는 것이므로, 귀 문의와 같이 세무조사로 적출된 소득금액에 대한 경정시에는 결손금소급공제를 적용할 수 없는 것임. 국세환급금으로 결정한 금액은 국세기본법 제51조 제2항의 규정에 의하여 납세자의 동의를 얻어 납세고지에 의하여 납부하는 국세에 충당할 수 있는 것임(서면1팀-891, 2005.7.21.)

(5) 환급세액의 징수

납세지 관할 세무서장은 결손금소급공제세액을 환급받은 사업자가 다음 중 하나의 사유에 해당하는 경우 환급취소세액(아래 '① 및 ②'의 경우에는 과다하게 환급된 세액 상당액을 말한다)과 환급취소세액에 대한 이자상당액의 합계액을 소득세로 징수해야 한다. 다만, 이월결손금 중 그 일부 금액만을 소급공제받은 경우에는 소급공제받지 않은 결손금이 먼저 감소된 것으로 본다.(소법 85조의2 ⑤, 2013.1.1. 개정, 소령 149조의2 ⑤, 2020.2.11. 개정)

① 결손금이 발생한 과세기간에 대한 소득세의 과세표준과 세액을 경정함으로써 이월결손금이 감소된 경우

② 결손금이 발생한 과세기간의 직전과세기간에 대한 종합소득과세표준과 세액을 경정함으로써 환급세액이 감소된 경우(2013.1.1. 신설)

③ 중소기업 요건을 갖추지 아니하고 환급을 받은 경우

1) 환급취소세액

$$\bullet\ \text{환급취소세액} = \text{당초환급세액} \times \frac{\text{감소된 결손금} - \text{소급공제받지 않은 결손금}^{*}}{\text{소급공제 결손금액}}$$

* 이월결손금 중 그 일부 금액만을 소급공제받은 경우에는 소급공제받지 않은 결손금이 먼저 감소된 것으로 본다.(소령 149조의2 ④ 단서)

2) 이자상당액 계산

$$\bullet\ \text{이자상당액} = \text{환급취소세액} \times \text{경과일수}^{*1} \times 0.022\%^{*2}$$

*1. 결손금소급공제세액 환급세액의 통지일 다음 날부터 징수하는 소득세액의 고지일까지의 기간(소령 149조의2 ④, 2020.2.11. 개정)

➲ 2020.2.11. 이후 결손금소급공제세액에 대한 환급의 취소를 결정하는 경우부터 적용한다.(2020.2.11. 영 부칙 14조)

*2. 2022.2.15. 이후의 기간분부터 적용한다.(국기령 27조의4, 2022.2.15. 국기령 부칙 6조)

(6) 환급세액의 재결정

납세지 관할 세무서장은 결손금 소급공제 세액 계산의 기초가 된 직전과세기간의 종합소득과세표준과 세액이 경정 등에 의하여 변경되는 경우에는 즉시 해당 환급세액을 재결정하여 결손금 소급공제 세액으로 환급한 세액과 재결정한 환급세액의 차액을 환급하거나 징수하여야 하며, 환급한 세액이 재결정한 환급세액을 초과하여 그 차액을 징수하는 때에는 위 '(5) 2)'의 규정을 준용하여 계산한 이자상당액을 가산하여 징수하여야 한다.(소령 149조의2 ⑥)

● 소득세법 시행규칙[별지 제40호의4 서식](2023.3.20. 개정)

결손금소급공제세액환급신청서

※ 뒤쪽의 신고안내 및 작성방법을 읽고 작성하여 주시기 바랍니다. (앞쪽)

1. 신청인			
① 성명		② 주민등록번호	
③ 주소			

2. 과세기간			
④ 해당 과세기간	년 월 일 ~ 년 월 일	⑤ 직전 과세기간	년 월 일 ~ 년 월 일

3. 환급신청 명세

구 분		사업장(1)	사업장(2)	합 계
사업장 정보	⑥상 호			
	⑦사업자등록번호			
	⑧사업장 소재지			
해당 과세기간	⑨사업장별 결손금			
	⑩ 소급공제 받을 사업장별 결손금			
직전 과세기간	⑪ 사업장별 소득금액			
	⑫ 종합소득금액			
	⑬ 종합소득 과세표준			
	⑭ 종합소득 산출세액			
	⑮ 종합소득 결정세액			
	⑯ 사업장별 종합소득 산출세액: ⑭×(⑪÷⑫)			
	⑰ 사업장별 종합소득 결정세액: ⑮×(⑪÷⑫)			
환급세액 계산	⑱ 소급공제 후 사업장별 종합소득산출세액: (⑬−⑩합계)×직전 과세기간 세율×[(⑪−⑩)÷⑫]			
	⑲ 소급공제 가능액: ⑯−⑱			
	⑳ 소급공제 한도액: ⑰			
	㉑ 환급대상세액: MIN[⑲, ⑳]			
	㉒ 기환급세액			
	㉓ 환급신청세액: ㉑−㉒			

4. 국세환급금 계좌신고			
㉔ 금융기관/체신관서명		㉕ 계좌번호	

신청인은 「소득세법 시행령」 제149조의2제3항에 따라 결손금소급공제세액환급신청서를 제출하며, 위 내용을 충분히 검토하였고 신청인이 알고 있는 사실 그대로를 정확하게 적었음을 확인합니다.

년 월 일

신청인 (인)

세무대리인 (서명)

세무서장 귀하

(뒤쪽)

작 성 방 법

1. ⑨ 사업장별 결손금: 「소득세법」 제45조제3항(부동산임대업에서 발생하는 결손금은 제외)에 따른 결손금을 적습니다.
2. ⑩ 소급공제 받을 사업장별 결손금: 결손금 중 소급공제를 받으려는 금액을 적되, 사업장별 금액의 합계액이 직전 과세기간의 ⑬ 종합소득 과세표준을 초과할 수 없습니다.
3. ⑪ 사업장별 소득금액, ⑫ 종합소득금액, ⑬ 종합소득 과세표준, ⑭ 종합소득 산출세액, ⑮ 종합소득 결정세액란: 직전 과세기간의 해당하는 금액을 적습니다.
4. ⑯ 사업장별 종합소득 산출세액란: 직전과세기간의 사업장별 소득금액으로 종합소득 산출세액을 안분합니다.

$$\text{직전 과세기간의 종합소득산출세액} \times \left(\frac{\text{직전 과세기간의 사업장별 소득금액}}{\text{직전 과세기간의 종합소득금액}} \right)$$

5. ⑰ 사업장별 종합소득 결정세액란: 직전과세기간의 사업장별 소득금액으로 종합소득 결정세액을 안분합니다.

$$\text{직전 과세기간의 종합소득결정세액} \times \left(\frac{\text{직전 과세기간의 사업장별 소득금액}}{\text{직전 과세기간의 종합소득금액}} \right)$$

6. ⑱ 소급공제 후 사업장별 종합소득 산출세액란: 직전 과세기간의 사업장별 소득금액에서 소급공제 받을 결손금을 차감한 금액으로 종합소득 산출세액을 안분합니다.

$$\left(\text{직전 과세기간의 종합소득 과세표준} - \text{소급공제 받을 결손금} \right) \times \text{직전과세 기간 세율} \times \left[\frac{\left(\text{직전과세기간의 사업장별 소득금액} - \text{소급공제 받을 사업장별 결손금} \right)}{\text{직전과세기간의 종합소득금액}} \right]$$

7. ㉑ 환급대상세액: ⑯ 사업장별 종합소득 산출세액에서 ⑱ 소급공제 후 사업장별 종합소득 산출세액을 차감한 금액과 ⑰ 사업장별 종합소득 결정세액 중 작은 금액을 적습니다.
8. ㉒ 기환급세액: 「조세특례제한법」 제8의4제2항에 따라 중소기업 결손금 소급공제 세액 환급특례를 신청하여 환급받은 세액을 적습니다
9. ㉓ 환급신청세액란: ㉑ 환급대상세액에서 ㉒ 기환급세액을 차감한 금액을 적습니다.

• 제 4 절 기타의 소득금액계산 특례

1 채권 등에 대한 소득금액의 계산과 지급명세서의 제출 등에 대한 특례

거주자가 일정한 채권 또는 증권과 타인에게 양도가 가능한 증권(이하 "채권 등"이라 한다)의 발행법인으로부터 해당 채권 등에서 발생하는 이자 또는 할인액(이하 "이자 등"이라 한다)을 지급[전환사채의 주식전환, 교환사채의 주식교환 및 신주인수권부사채의 신주인수권행사(신주 발행대금을 해당 신주인수권부사채로 납입하는 경우만 해당) 및 자본시장과 금융투자업에 관한 법률 제4조 제7항 제3호·제3호의2 및 제3호의3에 해당하는 채권등이 주식으로 전환·상환되는 경우를 포함]받거나 해당 채권 등을 매도(증여·변제 및 출자 등으로 채권 등의 소유권 또는 이자소득의 수급권의 변동이 있는 경우와 매도를 위탁하거나 중개 또는 알선시키는 경우를 포함하되, 환매조건부채권매매거래 등은 제외)하는 경우에는 거주자에게 그 보유기간별로 귀속되는 이자등 상당액을 해당 거주자의 이자소득으로 보아 소득금액을 계산한다.(소법 46조 ①, 2020.12.29. 개정)

이때 적용할 때 해당 거주자가 해당 채권 등을 보유한 기간을 입증하지 못하는 경우에는 원천징수기간의 이자등 상당액이 해당 거주자에게 귀속되는 것으로 보아 소득금액을 계산한다.(소법 46조 ②)

> ✓ **채권 상환손실을 이자소득에서 차감할 수 있는지 여부**(소득 집행기준 46-0-1)
> 내국법인이 발행한 채권에서 발생하는 이자와 할인액은 해당 채권의 상환기간 중에 보유한 거주자에게 그 보유기간별 이자상당액이 각각 귀속되는 것으로 보아 이자소득금액을 계산하는 것이며, 해당 채권의 중도매매로 인하여 발생한 손실은 해당 거주자의 이자소득금액 계산시 차감할 수 없다.

2 비거주자 등과의 거래에 대한 소득금액계산의 특례

우리나라가 조세의 이중과세방지를 위하여 체결한 조약(조세조약)의 상대국과 해당 조세조약의 상호합의규정에 따라 거주자가 국외에 있는 비거주자 또는 외국법인과 거래한 그 금액에 대하여 권한있는 당국간에 합의를 하는 경우에는 그 합의에 따라 납세지 관할 세무서장 또는 지방국세청장은 그 거주자의 각 과세기간의 소득금액을 조정하여 계산할 수 있다.(소법 42조 ①)

이러한 소득금액조정의 신청절차 등은 국제조세조정에 관한 법률 시행령 제21조를 준용

한다.(소령 99조, 2021.2.17. 개정)

3 상속의 경우의 소득금액 구분계산

(1) 소득금액의 구분계산

피상속인이 소득금액에 대한 소득세로서 상속인에게 과세할 것과 상속인의 소득금액에 대한 소득세는 구분하여 계산하여야 한다.(소법 44조 ①)

이 규정에 따라 피상속인의 소득금액에 과세하는 때에는 그 상속인이 납세의무를 진다.(소법 2조의2 ②)

✓ 부동산임대업자 사망 이후 소득귀속 여부

[사실관계]

- 2014.9.25. : 부동산임대업을 영위하던 피상속인 A사망
- 상속인 : 前 배우자의 자녀 2명, 배우자, 자녀 1명(총4명)
- 2015년 3월말 : 상속재산분할협의 완료
- 협의내용 : 피상속인의 순자산을 법정상속분에 따라 분배하되, 배우자는 피상속인의 상기 임대부동산을 취득하고 나머지 상속인은 그 외 부동산과 예금을 취득
- 상속재산분할협의 완료 전까지 피상속인 A의 계좌로 부동산임대수입 입금되었고 법정상속분 분배시 사망 이후 순자산에 포함됨.

[질의]

피상속인 사망 이후부터 상속재산분할협의 완료 전까지의 부동산임대소득의 귀속자를 배우자로 볼 것인지, 각 상속인으로 볼 것인지 여부

[회신]

상속재산인 임대부동산을 민법 제1013조의 규정에 의하여 공동상속인간의 협의에 의하여 분할하고 상속등기가 경료된 경우에 상속개시일 이후에 발생한 부동산임대소득에 대한 총수입금액은 분할협의에 의하여 임대부동산을 취득한 상속인에게 귀속되는 것임(서면소득 2015-1067, 2015.7.23.)

✓ 상속재산인 임대부동산에 대한 상속재산 분할소송이 진행 중인 경우 부동산임대소득 신고 방법

상속인들 사이에 상속재산 분할협의가 이뤄지지 않은 경우 민법 상 지분비율에 따라 종합소득과세표준 확정신고 및 확정신고납부를 할 수 있는 것이나, 추후에 상속재산 분할 및 분할의 소급효에 따른 사실관계의 변동으로 인해 당초 신고한 과세표준 및 세액이 세법에 따라 신고하여야 할 과세표준 및 세액에 미치지 못할 때에는 수정신고를 하여야 하는 것임(서면소득 2017-1881, 2017.7.18.)

(2) 연금계좌의 배우자 상속시 과세특례(2013.2.15. 신설)

연금계좌의 가입자가 사망하였으나 그 배우자가 연금외수령 없이 해당 연금계좌를 상속으로 승계하는 경우에는 위 '(1)'에도 불구하고 해당 연금계좌에 있는 피상속인의 소득금액은 상속인의 소득금액으로 보아 소득세를 계산한다.(소법 44조 ②, 2013.1.1. 신설)

이처럼 상속인이 승계한 연금계좌의 소득금액에 대해 상속인은 피상속인의 소득세를 신고하지 않는다.(소법 74조 ② 단서) 이를 '연금계좌의 배우자 상속시 과세특례'라고 한다.

그 취지는 연금계좌에서 발생하는 소득에 대한 소득세를 배우자가 그 소득을 받을 시기로 과세를 이월시켜, 생존 배우자의 노후소득보장을 지원하는 데 있다.[56]

(3) 연금계좌의 승계(2013.2.15. 신설)

① 상속인이 연금계좌를 승계하는 경우 해당 연금계좌의 소득금액을 승계하는 날에 그 연금계좌에 가입한 것으로 본다. 따라서 상속인이 승계한 날을 가입일로 보고, 연금수령 개시일과 연금소득에 대한 원천징수세율 등을 판정한다.[57] 다만, 연금계좌의 가입일은 피상속인의 가입일로 하여 적용한다.(소령 100조의2 ①)

② 연금계좌를 승계하려는 상속인은 피상속인이 사망한 날이 속하는 달의 말일부터 6개월 이내에 연금계좌취급자에게 승계신청을 하여야 한다. 이 경우 상속인은 피상속인이 사망한 날부터 연금계좌를 승계한 것으로 본다.(소령 100조의2 ②)

③ 승계신청을 받은 연금계좌취급자는 사망일부터 승계신청일까지 인출된 금액에 대하여 이를 피상속인이 인출한 소득으로 보아 이미 원천징수된 세액과 상속인이 인출한 금액에 대한 세액과의 차액이 있으면 세액을 정산하여야 한다.(소령 100조의2 ③)

④ 연금계좌의 가입자가 사망하였으나 승계신청을 하지 아니한 경우에는 사망일 현재 다음의 합계액을 인출하였다고 보아 계산한 세액에서 사망일부터 사망확인일(연금계좌취급자가 확인한 날을 말하며, 사망확인일이 승계신청기한 이전인 경우에는 신청기한의 말일로 하고, 상속인이 신청기한이 지나기 전에 인출하는 경우에는 인출하는 날을 말한다)까지 이미 원천징수된 세액을 뺀 금액을 피상속인의 소득세로 한다.(소령 100조의2 ④, 2014.2.21. 개정)

㉠ 사망일부터 사망확인일까지 인출한 소득

㉡ 사망확인일 현재 연금계좌에 있는 소득

56) 임상엽·정정운, 2013, 세법개론, 상경사, p. 834

57) 임상엽·정정운, 앞의 책, p. 834

4 중도 해지로 인한 이자소득금액계산의 특례

종합소득과세표준 확정신고 후 예금 또는 신탁계약의 중도 해지로 이미 지난 과세기간에 속하는 이자소득금액이 감액된 경우 그 중도 해지일이 속하는 과세기간의 종합소득금액에 포함된 이자소득금액에서 그 감액된 이자소득금액을 뺄 수 있다. 다만, 국세기본법 제45조의2에 따라 과세표준 및 세액의 경정을 청구한 경우에는 그러하지 아니하다.(소법 46조의2)

PART 3

종합소득과세표준의 계산

Chapter

01 개 요

"과세표준"(課稅標準)"이란 세법에 따라 직접적으로 세액산출의 기초가 되는 과세대상의 수량 또는 가액(價額)을 말한다.(국기법 2조 14)

현행 소득세법은 소득을 크게 종합소득·퇴직소득 및 양도소득으로 구분하고, 구분된 소득에 대하여 각각의 과세표준을 구한 뒤 별도의 소득세율을 적용하여 소득세액을 산출하는 구조를 가지고 있다. 퇴직소득의 경우는 결집효과를 완화하기 위하여, 양도소득은 종합소득보다 중과세하기 위하여 분류과세하는 것이다.

종합소득과세표준은 이자소득금액·배당소득금액·사업소득금액·근로소득금액·연금소득금액과 기타소득금액의 합계액에서 종합소득공제와 조세특례제한법상의 소득공제를 차감한 금액으로 한다.(소법 14조 ②)

Chapter

02 종합소득공제

• 제 1 절 인적공제

I 의 의

인적공제는 납세의무자의 최저생계비에 해당하는 소득을 과세표준계산상 공제하는 제도이다. 그 취지는 면세점을 구성하여 납세의무자의 최저생활을 보장하고, 부양가족의 상황에 따라 세부담에 차별을 둠으로써 부담능력에 따른 과세를 실현하기 위한 데 있다.[1)]

기본공제와 추가공제를 인적공제라 한다.(소법 51조 ③, 2014.1.1. 개정)

인적공제 = 기본공제 + 추가공제

II 기본공제

종합소득이 있는 거주자(자연인만 해당)에 대하여는 다음에 해당하는 사람의 수에 1명당 연 150만원을 곱하여 계산한 금액을 그 거주자의 해당 과세기간의 종합소득금액에서 공제한다. 그리고 1거주자로 보는 법인격 없는 단체는 소득세법에 의하여 과세 되지만 자연인이 아니므로 인적공제가 적용되지 아니한다.(소법 50조 ①)

1) 임상엽 외 1인, 앞의 책, p. 750~751

기본공제 요건(2024년 귀속기준)

<table>
<tr><th>구 분</th><th>가족요건</th><th>나이요건
(장애인은 나이불문)</th><th>생계요건</th><th>소득금액
요건</th></tr>
<tr><td>본인공제</td><td>본인</td><td>없음</td><td rowspan="4">없음</td><td>없음</td></tr>
<tr><td>배우자공제</td><td>배우자</td><td>없음</td><td rowspan="7">연간 소득금액
100만원
이하[*1]</td></tr>
<tr><td rowspan="6">부양가족
공제</td><td>직계비속
(입양자 포함)</td><td>만20세 이하
(2004.1.1. 이후 출생)</td></tr>
<tr><td>장애인인
직계비속
(입양자 포함)의
장애인 배우자</td><td>없음</td></tr>
<tr><td>직계존속</td><td>만60세 이상
(1964.12.31. 이전 출생)</td><td>주민등록표상 동거가족
(주거형편상 별거도 허용)</td></tr>
<tr><td>형제자매</td><td>만20세 이하 또는
만60세 이상</td><td rowspan="3">주민등록표상의 동거가족
(취학·질병·근무·사업상 형편에
따른 일시적 퇴거도 인정)</td></tr>
<tr><td>기초수급자</td><td>없음</td></tr>
<tr><td>위탁아동</td><td>만18세 미만[*2]</td></tr>
</table>

*1. 총급여액 500만원 이하의 근로소득만 있는 배우자 및 부양가족을 포함한다.(소법 50조 ① 2, 3, 2015.12.15. 개정) 이 규정은 2016.1.1. 이후 과세표준을 신고하거나 소득세를 결정하거나 연말정산하는 분부터 적용한다.(2015.12.15. 법 부칙 4조)

*2. 아동복지법 제16조 제4항에 따라 보호기간이 연장된 경우로서 20세 이하인 위탁아동을 포함한다.(소령 106조 ⑨, 2020.2.11. 개정)

1 기본공제대상의 판정시기

(1) 원 칙

기본공제대상자에 해당하는지 여부의 판정은 해당 과세기간의 과세기간 종료일 현재의 상황에 따른다.(소법 53조 ④)

(2) 사망 또는 장애치유의 경우

과세기간 종료일 전에 사망한 사람 또는 장애가 치유된 사람에 대해서는 사망일 전날 또는 치유일 전날의 상황에 따른다.(소법 53조 ④ 단서) 따라서 과세기간 종료일 현재 생존해 있지 않더라도 사망일 전일의 연간소득금액이 100만원 이하(근로소득만 있는 경우는 총급여 500만원 이하)이면 공제대상이 된다. 이때 공제액은 월할계산하지 않는다.(소통 50－0…1)

기본공제대상 판정시기(소법 53조 ④)

구 분	공제대상 판정시기
일반적인 경우	12월 31일 현재
연중에 사망한 경우	사망일 전날
연중에 장애가 치유된 경우	장애 치유일 전날

(3) 과세기간 중에 해당 나이에 해당되는 날이 있는 경우

적용대상 나이가 정해진 경우에는 해당 과세기간의 과세기간 중에 해당 나이에 해당되는 날이 있는 경우에 공제대상자로 본다.(소법 53조 ⑤)

2 본인공제

종합소득이 있는 거주자·비거주자 본인에 대하여는 소득금액이나 연령 등의 조건과 관계없이 연 150만원을 공제한다.(소법 50조 ① 1) 종합소득세 신고기한 이내에 신고를 아니하였더라도 본인공제는 적용이 가능하다.(소법 54조 ②)

3 배우자공제

(1) 공제요건

거주자의 배우자로서 해당 과세기간의 소득금액이 없거나 해당 과세기간의 소득금액 합계액이 100만원 이하(총급여액 500만원 이하의 근로소득만 있는 배우자를 포함)인 경우에 150만원을 공제한다.(소법 50조 ① 2, 2015.12.15. 개정)

➲ 비거주자는 배우자공제가 적용되지 않는다.(소법 122조 ①)

(2) 공제대상 여부의 판정

1) 원 칙

공제대상배우자에 해당하는지 여부의 판정은 해당 과세기간의 과세기간 종료일 현재의 상황에 따르므로(소법 53조 ④) 과세기간 종료일 전에 이혼한 경우는 배우자공제가 적용되지 않으며, 이혼 후 생계를 함께하고 있다 하더라도 배우자공제는 적용되지 않는다.(소득 22601-1044, 1991.5.27.)

2) 사망 등의 경우

과세기간 종료일 전에 사망한 경우에는 사망일 전일의 상황에 의한다.(소법 53조 ④ 단서) 따라서 과세기간 종료일 현재 생존해 있지 않더라도 사망일 전일의 해당 과세기간소득금액이 100만원 이하(근로소득만 있는 경우는 총급여 500만원 이하)라면 공제대상이 된다. 이때 공제액은 월할 계산하지 않는다.(소통 50-0…1)

(3) 해당 과세기간소득금액의 범위

해당 과세기간소득금액 = 종합소득금액 + 퇴직소득금액 + 양도소득금액

➲ 해당 과세기간소득금액≦100만원(근로소득만 있는 경우는 총급여 ≦ 500만원 이하) : 공제 가능

① 기본공제 및 부양가족공제에서 규정하는 해당 과세기간소득금액이란 총수입금액에서 필요경비를 차감한 금액(근로소득의 경우에는 총급여액에서 근로소득공제를 차감한 금액)을 말하며, 종합소득금액 외에 퇴직소득금액·양도소득금액도 포함된다.(법인 46013-371, 2001.2.16.)

② 배우자나 부양가족에게 근로소득만 있는 경우로서 총급여 500만원 이하이면 소득금액요건을 충족하는 것이다.(소법 50조 ① 2, 3, 2015.12.15. 개정)

③ 종합소득과세표준 계산시 합산되지 아니하는 비과세소득이나 분리과세소득은 제외하여야 한다.(소득 46011-3221, 1996.11.20.)

✓ 기본공제대상자 판단시 사업소득과 부동산임대소득이 있는 배우자의 연간소득금액

근로소득이 있는 거주자의 배우자에게 사업소득과 부동산임대소득이 있는 경우 해당 배우자의 연간 소득금액의 합계액은 부동산임대소득에서 발생한 해당 연도 결손금은 합산하고 사업소득에서 발생한 이월결손금은 합산하지 아니하는 것임(원천-254, 2010.3.18.)

PART 3

해당 과세기간소득금액 계산 (2024년 귀속기준)

(1) 해당 과세기간 소득금액은 총급여나 총수입금액(매출)에서 필요경비(근로소득은 근로소득공제, 연금소득은 연금소득공제)에 해당하는 금액을 차감한 금액이다.

(2) 기본공제대상자 판단시 소득금액 100만원 이하 여부는 공제대상가족의 각 소득에 대한 해당 연도의 소득금액의 합계액이다.

해당 과세기간소득금액 계산

소득종류		소득금액 계산	소득금액 100만원 이하 예시
① 종합소득	이자·배당소득	총수입금액	• 비과세·분리과세소득만 있는 경우 • 이자소득 및 배당소득의 합계액이 2천만원 이하인 경우 • 원천징수 되지 않은 국외금융소득(종합과세소득)이 100만원 이하인 경우
	사업소득	총수입금액 - 필요경비	• 1주택(기준시가 12억원 이하) 소유자의 주택임대소득(비과세) • 주택월세수입이 연간 2,000만원 이하로서 분리과세를 선택한 경우(기준시가 12억원 초과인 1주택 소유자 또는 2주택 이상 소유자) • 곡물 및 기타식량재배업 소득만 있는 경우(전액비과세) • 채소, 화훼, 과수원 등 기타작물재배업 소득이 10억원 이하인 경우(비과세)
	근로소득	총급여액(근로소득 - 비과세소득) - 근로소득공제	• 근로소득만 있는 경우 총급여액 500만원 이하인 경우(2015년 귀속분부터 적용) • 일용근로소득만 있는 경우
	연금소득*	총연금액 - 연금소득공제	• 비과세 연금소득(유족연금·장애연금 등)만 있는 경우 • 사적연금액이 1,500만원 이하인 경우로서 분리과세를 선택한 경우(종합소득세 신고를 안 하는 경우) • 사적연금액이 1,500만원 초과인 경우로서 종합소득세 신고시 분리과세를 선택한 경우 • 국민연금, 공무원연금 등 공적연금의 총연금액이 5,166,666원 이하인 경우(연금소득공제를 뺀 연금소득금액이 100만원 이하가 됨) • 2001.12.31. 이전 납입분을 기초로 한 공적연금소득만 있는 경우
	기타소득	총수입금액 - 필요경비	• 비과세·분리과세 기타소득만 있는 경우 • 필요경비를 뺀 기타소득금액이 300만원 이하로서 분리과세를 선택한 경우(종합소득세 신고를 안 하는 경우) • 기타소득금액이 매건마다 5만원 이하로서 과세최저한에 해당하는 경우

소득종류		소득금액 계산	소득금액 100만원 이하 예시
	소계	개별 소득금액의 합계액이 종합소득금액이 된다.	• 종합소득금액이 100만원 이하인 경우 (단, 비과세 및 분리과세 소득은 제외)
② 퇴직소득		퇴직소득=퇴직소득금액	• 퇴직금(비과세소득 제외)이 100만원 이하인 경우
③ 양도소득		양도가액－필요경비－장기보유특별공제	• 필요경비와 장기보유특별공제금액을 뺀 양도소득금액이 100만원 이하인 경우
해당 과세기간소득금액의 합계액(①+②+③)			• 2개 이상의 소득이 있는 경우 각 소득의 소득금액을 합계한 금액으로 함

* 주택연금, 농지연금은 연금소득이 아니라 주택·농지의 담보대출임

사례 배우자공제 해당여부

근로소득자의 배우자가 총급여는 300만원, 양도소득금액이 50만원인 경우 배우자공제 해당여부?

해답 배우자공제받을 수 없음

풀이 배우자의 종합소득금액과 양도소득금액을 포함하여 해당 과세기간소득금액을 계산함
- 근로소득금액 : 300만원－210만원(근로소득공제)＝90만원
- 해당 과세기간소득금액 : 90만원＋50만원＝140만원(100만원 초과)

4 부양가족공제

거주자(그 배우자를 포함)와 생계를 같이하는 다음에 해당하는 부양가족이 있다면 1명당 연 150만원을 공제한다. 가족구성원의 개인당 해당 과세기간의 소득금액 합계액이 100만원 이하(총급여액 500만원 이하의 근로소득만 있는 부양가족을 포함)이어야 하며, 예외적으로 장애인에 해당되는 경우에는 나이의 제한을 받지 않는다.(소법 50조 ① 3, 2015.12.15. 개정)

구 분	나이제한(2024년 귀속기준)	소득금액제한
직계존속	60세 이상(1964.12.31. 이전 출생)	100만원 이하 (총급여액 500만원 이하의 근로소득만 있는 부양가족을 포함)
직계비속	20세 이하*(2004.1.1. 이후 출생)	
형제자매	60세 이상(1964.12.31. 이전 출생)	
	20세 이하*(2004.1.1. 이후 출생)	
기초수급자	없 음	

* 20세가 되는 날과 그 이전 기간을 말한다.(소법 50조 ① 3 나, 2024.12.31. 개정)

(1) 공제대상부양가족의 범위

1) 직계존속

다음에 해당하는 사람들로서 60세 이상인 사람(소법 50조 ① 3 가)

① 거주자 및 그 배우자의 직계존속

➲ 부모, 조부모, 외조부모, 장인, 장모, 시부모 등

② 직계존속이 재혼한 경우에는 그 배우자로서 다음 중 하나에 해당 하는 사람(소령 106조 ⑤, 2020.2.11. 개정)

㉠ 거주자의 직계존속과 혼인(사실혼은 제외) 중임이 증명되는 사람

㉡ 거주자의 직계존속이 사망한 경우에는 해당 직계존속의 사망일 전날을 기준으로 혼인(사실혼은 제외) 중에 있었음이 증명되는 사람

➲ 2020.2.11.이 속하는 과세기간에 발생하는 소득분부터 적용한다.(2020.2.11. 영 부칙 2조 ①)

➲ 계부, 계모 등

2) 직계비속과 입양자

다음에 해당하는 20세 이하(20세가 되는 날과 그 이전 기간을 말한다. 이하에서 같다)의 자들을 말하며, 해당 과세기간 중에 20세에 해당되는 날이 있는 경우에도 공제대상자로 한다.(소법 50조 ① 3 나, 53조 ⑤, 2024.12.31. 개정)

① 거주자의 직계비속 : 이 경우 해당 직계비속과 그 배우자가 모두 장애인(연령의 제한을 받지 않음)에 해당하는 경우에는 그 배우자를 포함한다.

② 거주자의 배우자가 재혼한 경우로서 해당 배우자가 종전의 배우자와의 혼인(사실혼을 제외) 중에 출산한 자(거주자와 주민등록표상 동거사실이 확인되는 자에 한한다). (소령 106조 ⑥)

③ 입양자

㉠ '입양자'란 민법 또는 입양특례법에 따라 입양한 자 및 사실상 입양상태에 있는 사람으로서 거주자와 생계를 같이하는 사람을 말한다.(소령 106조 ⑦, 2012.8.3. 개정)

㉡ 입양된 경우에 있어서 공제대상 부양가족의 범위에는 양가 또는 생가의 직계존속과 형제자매가 포함되는 것으로 한다.(소득 집행기준 50-106-1)

㉢ 해당 입양자와 그 배우자가 모두 장애인(연령의 제한을 받지 않음)에 해당하는 경우에는 그 배우자를 포함한다.

㉣ 입양관계증명서 또는 입양촉진 및 절차에 관한 특례법에 따른 입양기관이 발행하는 입양증명서를 제출하여야 한다.(소칙 53조의4 1)

3) 형제자매

거주자(배우자 포함)의 형제자매로서 20세 이하 또는 60세 이상인 자(소법 50조 ① 3 다)

➲ 배우자의 형제자매인 처제, 처남, 시누이, 시동생 등은 공제대상이지만, 형제자매의 배우자(제수, 형수 등)와 배우자의 조카는 부양가족 공제대상이 아니다.

4) 국민기초생활 보장법에 따라 급여를 받는 사람(국민기초생활 보장법 제2조 제2호의 수급자)

국민기초생활 보장법 시행규칙 제40조의 규정에 의한 「수급자증명서」를 제출하여야 한다.(소칙 53조의4 2)

5) 위탁아동

① 아동복지법에 따른 가정위탁을 받아 양육하는 아동으로서 해당 과세기간에 6개월 이상 직접 양육한 위탁아동(아동복지법 제16조 제4항에 따라 보호기간이 연장된 경우로서 20세 이하인 위탁아동을 포함). 다만, 직전 과세기간에 소득공제를 받지 못한 경우에는 해당 위탁아동에 대한 직전 과세기간의 위탁기간을 포함하여 계산한다.(소법 50조 ① 마, 소령 106조 ⑨, 2020.2.11. 개정)

② 해당 과세기간 종료일 이후에 발급받은 「가정위탁보호확인서」(해당 과세기간에 가정위탁보호가 종료된 경우에는 종료일이 명시되어 있어야 한다)를 제출하여야 한다.(소칙 53조의4 3)

> ✓ **공제대상부양가족의 범위**(소통 50－106…1)
>
> ① 공제대상부양가족의 범위에는 다음에 규정하는 자가 포함되는 것으로 한다.
>
> ㉠ 입양된 경우에 있어서 양가 또는 생가의 직계존속과 형제자매
>
> ㉡ 재혼인 경우에 있어서 전배우자와의 혼인 중에 출생한 자
>
> ② 형제자매의 배우자는 공제대상부양가족에서 제외한다.

(2) 생계를 같이하는 부양가족 여부의 판정

① 원 칙

생계를 같이하는 부양가족은 주민등록표의 동거가족으로서 해당 거주자의 주소 또는 거소에서 현실적으로 생계를 같이하는 자로 한다.(소법 53조 ①)

② 직계비속·입양자에 대한 특례

직계비속·입양자의 경우에는 별거를 하고 있더라도 생계를 같이 하는 것으로 본다.

(소법 53조 ①)

③ 직계존속에 대한 특례

거주자(그 배우자를 포함)의 직계존속이 주거의 형편에 따라 별거하고 있는 경우에도 생계를 같이 하는 자로 본다.(소법 53조 ③)

④ 일시퇴거자에 대한 특례

㉠ 일시퇴거자에 대한 종합소득공제 및 특별세액공제를 받고자 하는 자는 「일시퇴거자동거가족상황표」에 다음 중 하나에 해당하는 서류를 첨부하여 원천징수의무자 또는 납세지 관할 세무서장에게 제출(국세정보통신망에 의한 제출을 포함)하여야 한다.(소령 114조 ②, 2014.2.21. 개정)

이때 주민등록표등본을 제출하여야 할 일시퇴거자가 기숙사, 그 밖에 다수인이 동거하는 숙소에 거주하는 때에는 주민등록표초본으로 그 등본에 갈음할 수 있다.(소칙 59조)

ⓐ 취학을 위하여 일시퇴거한 경우에는 해당 학교(학원 등을 포함)의 장이 발행하는 재학증명서

ⓑ 질병의 요양을 위하여 일시퇴거한 경우에는 해당 의료기관의 장이 발행하는 요양증명서

ⓒ 근무를 위하여 일시퇴거한 경우에는 해당 근무처의 장이 발행하는 재직증명서

퇴거사유별	추가 증빙서류
취 학	학교(학원 등 포함)의 장이 발행하는 재학증명서
질병의 요양	의료기관의 장이 발행하는 요양증명서
근 무	근무처의 장이 발행하는 재직증명서

㉡ 신청을 받은 납세지 관할 세무서장은 전자정부법에 따른 행정정보의 공동이용을 통하여 다음의 서류를 확인하여야 하며, 거주자가 확인에 동의하지 아니하거나 근로소득자가 소득공제 및 세액공제 신고를 하는 경우에는 이를 첨부하도록 하여야 한다.(소령 114조 ③, 2014.2.21. 개정)

ⓐ 본래의 주소지 및 일시퇴거지의 주민등록표등본

ⓑ 사업자등록증사본(사업상 형편으로 일시퇴거한 경우에 한한다)

사 례 기본공제금액 계산

거주자의 부양가족으로 배우자, 자녀 3명(2024년도에 만 20세인 자녀 1명과 20세 미만 자녀 2명), 60세 이상 직계존속 2명이 있으며 근로자 본인 외에는 소득이 없는 경우 2024년 귀속소득에 대한 거주자의 기본공제 금액은?

해 답 1,050만원 [본인포함 공제대상가족수(7명)×150만원]

풀 이
- 공제대상 가족수 : 본인, 배우자, 자녀 3명, 직계존속 2명
- 해당 과세기간 중에 만 20세에 도달하더라도 기본공제 가능함

호적과 가족관계등록제도[2)]

1. 개 요

2008.1.1.부터는 기존의 호적제도가 폐지되고 개인별 가족관계등록제도가 신설되었다. 호적은 호주를 중심으로 가(家)단위로 작성되지만 가족관계등록제도에서는 가족구성원 한 사람마다 별도의 가족관계증명서가 작성된다는 특징이 있다.

호적 제도		가족관계등록제도
동일 호적내 가족구성원 모두의 인적사항이 나타나 불필요한 개인정보 노출	➡	증명 목적에 따라 5가지 증명서로 개인정보 공개 최소화

2. 증명서 종류

가족관계 등록사항별 증명서의 종류를 살펴보면 다음과 같다.

증명서의 종류	기재사항	
	공통사항	개별사항
가족관계증명서	본인의 등록기준지·성명·성별·본·출생연월일 및 주민등록번호	부모, 배우자, 자녀의 인적사항[기재범위－3대(代)에 한함]
기본증명서		본인의 출생, 사망, 개명 등의 인적사항(혼인·입양여부 별도)
혼인관계증명서		배우자 인적사항 및 혼인·이혼에 관한 사항
입양관계증명서		양부모 또는 양자 인적사항 및 입양·파양에 관한 사항
친양자입양관계증명서		친생부모·양부모 또는 친양자 인적사항 및 입양·파양에 관한 사항

3. 자주 묻는 질문

Q 주민등록표 등본상에 나타나지 않는 형제·자매는 어떠한 서류로 관계를 확인할 수 있는지?

A 가족관계증명서에는 배우자와 본인을 기준으로 부모, 자녀의 3대만 표시되므로 형제자매를 알려면 부모의 가족관계증명서를 발급받아 확인할 수 있음

Q 별거하고 있는 외할머니에 대하여는 어떠한 서류로 관계를 확인할 수 있는지?

A 외할머니에 대한 관계를 확인하려면 어머니의 가족관계증명서를 발급받아야 함

Q 올해 돌아가신 아버지도 가족관계증명서로 확인이 되는지?

A 2008.1.1. 이후 사망하신 아버지의 경우 가족관계증명서상으로도 주민등록번호와 출생연월일 등이 확인 가능함

Q 가족관계증명서를 발급받아 봤더니 2007.12.31. 이전에 사망한 배우자와 자녀가 기재되지 않았는데 이들에 대하여는 어떠한 서류로 확인 가능한지?

A 2007.12.31. 이전에 사망한 가족에 대하여는 가족관계증명서에 관계, 성명, 성별만 기재됨. 따라서 2007.12.31. 이전에 사망한 가족의 다른 사항에 관하여는 제적등본을 발급받으면 확인할 수 있음

✓ **입영한 군인의 일시퇴거해당여부**(소통 53-114…1)

영내에 기거하는 군인은 근무상의 형편에 의거 일시퇴거한 자로 본다.

✓ **다른 사람이 공제받은 부양가족을 본인이 중복하여 올렸으나 공제혜택이 없는 경우, 이중공제로 보게 되는지 여부**

거주자 본인에 대한 소득공제의 합계액이 당해 거주자의 당해 연도 근로소득금액을 초과하는 경우에는 당해 부양가족에 대한 인적공제를 적용받지 아니한 것으로 보는 것임(서면1팀-290, 2006.3.3.)

✓ **당해 연도에 출산하여 사망한 자녀에 대해 출생 및 사망 신고를 하지 아니한 경우 병원의 기록에 의하여 가족관계 출생 및 사망기록이 확인될 때에는 기본공제 대상자에 해당하는 것임**(원천-251, 2009.3.27.)

✓ **별도세대를 구성한 직계존속의 기본공제 가능 여부**

기본공제를 적용함에 있어 거주자(그 배우자 포함)의 직계존속은 주거의 형편에 따라 별거하고 있는 경우에도 생계를 같이하는 자로 볼 수 있는 것이므로, 주민등록상 동거 여부에 관계없이 실제로 부양하고 있는 자가 당해 직계존속에 대한 부양가족공제를 받을 수 있는 것이며,

당해 직계존속이 동시에 다른 거주자의 공제대상 부양가족에 해당하는 경우에는 소득세법 시행령 제106조 규정에 따라 당해 연도의 과세표준확정신고서 또는 근로소득자소득공제신고서 등에 기재된 바에 따라 그 중 1인의 공제대상 부양가족으로 하는 것이고,

2) 정종철외 1인, 2010, 연말정산실무, 어울림, p. 91

2 이상의 거주자가 서로 자기의 공제대상 부양가족으로 하여 신고서에 기재한 때에는 직전연도에 부양가족으로 인적공제를 받은 거주자의 공제대상 부양가족으로 하며, 직전연도에 부양가족이 없는 때에는 당해연도의 종합소득금액이 가장 많은 거주자의 공제대상 부양가족으로 하는 것임(원천-487, 2009.6.4, 법인 46013-1934, 1997.7.14.)

✓ **사실상 부양하고 있는 생모에 대한 부양가족공제 적용여부**

"호적으로는 확인되지 아니하는 배우자의 생모"를 실질적으로 부양하고 있는 경우에는 사실 판단하여 근로자의 실질적인 직계존속임이 확인되고 실질적으로 부양하고 있음이 확인되면 공제대상 부양가족으로 보는 것임(서이 46013-12301, 2002.12.23.)

✓ **외국에 이주한 배우자 및 자녀에 대해 기본공제 가능 여부**

자녀의 학업 등을 위하여 근로자의 배우자와 자녀가 외국에 이주한 경우에도 연간소득금액의 합계액이 100만원 이하인 배우자와 20세 이하의 직계비속에 대하여는 기본공제를 받을 수 있는 것임(법인 46013-48, 1999.1.6.)

✓ **외국인거주자의 본국에 있는 배우자와 자녀에 대한 소득공제 해당 여부**(소득 해석편람 50-1-1)

근로소득이 있는 외국인거주자 본국에 생계를 같이하는 공제대상 배우자와 공제대상 부양가족이 있는 경우에는 해당연도의 소득금액에서 배우자공제 및 부양가족공제를 받을 수 있으며 다만, 소득공제신청시 해당 외국인 거주자의 배우자 및 부양가족임을 증명할 수 있는 서류와 소득유무를 증명할 수 있는 서류를 제출하는 것임(법인 46013-1617, 1995.6.14.)

✓ **직계비속인 혼인 외 출생자의 부양가족공제 대상 여부**(소득 해석편람 50-2-2)

거주자가 소득세법 제50조 제4호의 요건에 해당하는 직계비속인 혼인 외 출생자와 생계를 같이하는 경우에는 부양가족공제대상에 해당하는 것임(소득 46010-229, 1993.1.29.)

✓ **주민등록표상 동거가족으로 등재되지 아니한 직계존속의 부양가족공제 적용 여부**(소득 해석편람 53-1-1)

① 거주자(그 배우자 포함)의 주민등록표상 동거가족으로 등재되지 아니한 직계존속에 대한 부양가족공제는 해당 거주자가 실제로 부양하는 경우에 적용받을 수 있는 것이나, 이 경우 실제로 부양하고 있다는 사실 및 다른 형제 등이 직계존속에 대한 부양가족공제를 받고 있지 아니함을 객관적으로 입증할 수 있는 자료를 원천징수의무자에게 제출하여야 하는 것이며
② "일시퇴거자"란 거주자 또는 그 동거가족(배우자 및 직계비속 제외)이 취학, 질병의 요양, 근무상 또는 사업상의 형편으로 본래의 주소 또는 거소를 일시퇴거한 경우를 말하는 것이므로 거주자(그 배우자 포함)의 직계존속이 주거형편상 별거하고 있는 경우에는 이에 해당하지 않는 것임(법인 46013-3579, 1996.12.21.)

✓ **이혼으로 인한 미성년자의 공제대상부양가족 해당 여부**(소득 해석편람 50-2-7)

부부가 이혼으로 미성년자인 자(子)에 대한 친권을 모(母)가 행사하기로 하면서 동거하기로 하고 부(父)는 그 양육비의 일부를 지급하는 경우 해당 미성년자는 부(父) 또는 모(母)의 공제대상부양가족에 해당하는 것임(소득 46011-1245, 1999.4.2.)

PART 3

✓ 직계존속이 주민등록상 근로자의 형제자매의 동거가족으로 등재되어 있는 경우 부양가족공제가능 여부

근로자의 주민등록표상 동거가족으로 등재되지 아니한 직계존속에 대한 부양가족공제는 해당 근로자가 실제로 부양하는 경우에 적용하는 것이나 그 직계존속의 주민등록사항이 근로자 형제자매의 동거가족으로 등재되어 있는 경우에는 그 형제자매가 직계존속을 부양하고 있지 아니하는 사실과 소득공제 받지 아니한 사실을 입증하여야 하는 것임(법인 46013-1127, 1998.5.4.)

기본공제 문답사례(국세청)

Q 2년 전에 결혼해서 함께 살고 있지만 혼인신고가 되지 않은 배우자에 대하여 배우자공제를 적용받을 수 있는지?

A 근로소득이 있는 거주자와 법률혼 관계에 있지 않은(사실혼 관계의) 배우자는 배우자공제를 적용받을 수 없음(법인 46013-1241, 1995.5.8.)

Q 해외에 이주하여 거주하고 있는 직계존속을 부양하는 경우 부양가족공제를 받을 수 있는지?

A 해외에 이주하여 해외에 거주하고 있는 직계존속의 경우에는 주거의 형편에 따라 별거하고 있다고 볼 수 없어 부양가족공제 대상이 아님(서면1팀-1360, 2007.10.5.)

Q 중국에 계시는 중국국적의 장인·장모에 대하여 부양가족 공제가 가능한지?

A 국내에서 거주하는 외국인 거주자가 본국 거주 비거주자인 직계존속을 부양하고 있음이 확인되는 경우 해외에서 거주하고 있는 비거주자인 직계존속은 기본공제대상자의 범위에 포함됨(재소득-84, 2010.2.10.)

☞ 이에 준하여 국내 거주자가 외국인 배우자의 본국 거주 배우자의 직계존속을 실지 부양하는 경우 외국국적의 장인·장모에 대하여 부양가족 공제를 받을 수 있으며, 부양가족 공제를 받기 위한 서류는 다음과 같음(서류의 명칭은 국내에서 통용되는 명칭을 사용한 것으로 국외에서 이와 유사한 서류를 갖추시면 될 것임).

- 본인과 외국인 배우자가 가족임을 입증할 수 있는 서류(예 : 가족관계증명서, 혼인관계증명서 등)
- 본인과 장인·장모관계를 입증할 수 있는 서류(예 : 중국법에 의한 호적 등)
- 외국거주 장인·장모의 연간 소득금액을 알 수 있는 서류(예 : 중국 국세청이 발급한 소득금액증명원 등)
- 근로자가 외국 거주 장인·장모를 실제 부양하고 있음을 입증할 수 있는 서류(예 : 생활비를 송금한 송금증 등)
- 외국인 배우자의 다른 형제가 외국에 거주하는 그 부모에 대한 소득공제를 받고 있지 않음을 객관적으로 입증할 수 있는 서류(예 : 외국인 배우자의 형제자매의 중국 소득세 신고서 사본 등)

Q 부모님에 대하여 부양가족공제를 받아 오던 중 두 분이 연도 중에 이혼을 하였는데, 두 분 모두 생계능력이 없어 본인이 부양을 한다면 부양가족공제를 받을 수 있는지?

A 주민등록상 별거하고 있는 이혼한 부모님(연령 및 소득금액 요건 충족)이 생계능력이 없어 본인이 실질적으로 부양하고 있는 경우에는 공제 가능함

Q 부부가 이혼하면서 모는 자녀와 동거하면서 친권을 행사하고, 부는 양육비를 매월 지급하는 경우, 해당 자녀가 부의 부양가족 범위에 해당하는지?

A 해당자녀가 부의 부양가족 범위에도 해당할 수 있음

- 부부가 이혼으로 미성년자인 자녀에 대한 친권을 모가 행사하기로 하면서 동거하기로 하고, 부는 그 양육비의 일부를 지급하는 경우 해당 자녀는 부 또는 모의 공제대상부양가족에 해당하는 것임(소득 46011-1245, 1999.4.2.)

Q 올해 출생한 자녀가 출생신고를 못한 상태에서 사망하여 병원의 출생 및 사망 기록은 있으나 가족관계등록부에 등재되어 있지 아니한 경우에도 기본공제를 받을 수 있는지?

A 당해 연도에 출산하여 사망한 자녀에 대해 출생 및 사망 신고를 하지 아니한 경우에도 병원의 기록에 의하여 가족관계, 출생 및 사망기록이 확인될 때에는 기본공제를 받을 수 있음(원천-251, 2009.3.27.)

Q 재혼한 경우 전남편 소생의 자녀에 대해 부양가족공제를 받을 수 있는지?

A 소득 및 연령요건 충족시 부양가족공제를 적용받을 수 있음

- 부양가족공제 대상인 직계비속에는 거주자의 배우자가 재혼한 경우로서 당해 배우자가 종전 배우자와의 혼인(사실혼을 제외) 중에 출생한 자를 포함하며(소령 106조 ⑥)
- 본인이 재혼자인 경우 전배우자와의 혼인 중에 출생한 자를 포함함

Q 소득이 없어 함께 살면서 부양하고 있는 며느리가 부양가족공제 대상이 되는지?

A 며느리는 원칙적으로 공제대상 부양가족 공제대상이 아니지만, 공제대상자인 아들과 며느리 모두가 장애인인 경우에는 며느리도 공제대상이 될 수 있음

Q 외국인 근로자의 본국에 있는 외국국적 배우자와 자녀에 대하여 소득공제가 가능한지?

A 국적과는 관계없이 당해 외국인 근로자가 소득세법상 거주자에 해당하는지 비거주자에 해당하는지에 따라 각각 달리 적용함

- 거주자에 해당하는 경우 : 거주자인 외국인 근로자가 본국에 생계를 같이하는 배우자와 자녀가 있는 경우에는 일반 내국인 거주자와 동일한 방법으로 부양가족에 대한 소득공제가 가능함. 다만, 소득공제 신청시 배우자 또는 자녀임을 증명할 수 있는 서류와 연간소득금액이 100만원 이하임을 입증할 수 있는 증빙서류를 제출하여야 함(법인 46013-1617, 1995.6.14.)
- 비거주자에 해당하는 경우 : 외국인 근로자가 비거주자에 해당하는 경우에는 본인 외의 자에 대한 공제와 특별공제를 적용받을 수 없음. 따라서 근로자 본인에 대한 기본공제 및 추가공제는 가능하나, 배우자 및 자녀에 대한 공제는 적용받을 수 없음(소법 122조)

Q 2021년 5월부터 2026년 1월까지 국외출장(국외사업장 파견)명령을 받아 지금은 국외에 거주하고 있는데, 이 경우 비거주자로 보아 기본공제만 가능한건지?

A 내국법인의 국외사업장에 파견된 임원 또는 직원이 생계를 같이하는 가족이나 자산상

PART 3

태로 보아 파견기간의 종료 후 재입국할 것으로 인정되는 때에는, 파견기간이나 외국의 국적 또는 영주권의 취득과는 관계없이 거주자로 보는 것이며, 거주자에 해당하는 경우, 일반 근로소득자와 마찬가지로 근로소득세 연말정산시 추가공제 및 특별세액공제 등을 적용받을 수 있는 것임

Q **부양기간이 1년 미만인 경우 기본·추가공제를 월할계산하는지?**

A 과세기간 또는 부양기간이 1년 미만인 경우에도 월할계산하지 아니하고 연액으로 공제함

Q **형제 중 국민건강보험증에 부모님이 등재된 자가 부양가족공제를 받는 것인지?**

A 연령 및 소득기준 등 기본공제 요건을 갖춘 부모님에 대해 실제 부양하는 거주자가 공제를 받을 수 있는 것이며, 국민건강보험증 등재 여부가 실제 부양을 의미하는 것은 아님. 직계존속을 실제로 부양하는 경우란 동 직계존속이 독립생계 능력이 없어 주로 당해 근로자의 소득에 의존하여 생활하는 경우를 말하는 것임(법인 46013-1053, 1999.3.23.)

Q **차남인 경우도 연말정산시 부모님에 대한 부양가족공제를 받을 수 있는지?**

A 연령 및 소득기준 등 기본공제 요건을 갖춘 부모님에 대해 실제 부양하는 거주자 1인이 공제를 받을 수 있음. 기본공제를 받는 거주자에는 장남, 차남을 가리지 않는 것임

Ⅲ 추가공제

① 기본공제대상자 중에서 다음 중 하나에 해당하는 경우에는 해당 공제금액을 종합소득금액에서 추가로 공제한다.(소법 51조 ①)

② 추가공제 요건에 중복으로 해당되면 중복으로 공제가능하다. 다만, 부녀자공제와 한부모공제에 모두 해당되는 경우에는 한부모공제를 적용한다.(소법 51조 ① 단서, 2013.1.1. 신설)

구 분	추가공제대상자	공제액
(1) 경로우대자공제	기본공제대상자 중 70세 이상인 자	1인당 100만원
(2) 장애인공제	기본공제대상자 중 장애인	1인당 200만원
(3) 부녀자공제	종합소득금액이 3천만원(근로소득만 있는 경우에는 총급여액이 41,470,588원) 이하인 거주자로서 다음 중 하나에 해당하는 경우 ① 배우자가 없는 여성(미혼, 사별, 이혼 등의 사유불문)으로서 기본공제대상자인 부양가족이 있는 세대주 ② 배우자(소득 유무 불문)가 있는 여성인 경우	연 50만원
(4) 한부모공제	해당 거주자가 배우자가 없는 사람으로서 기본공제대상자인 직계비속 또는 입양자가 있는 경우	연 100만원

1 경로우대자공제

70세 이상인 자(경로우대자)는 1인당 연 100만원을 공제한다.(소법 51조 ① 1)

구 분	공제금액	비 고(2024년 귀속기준)
70세 이상인 자	1인당 연 100만원	1954.12.31. 이전 출생자

2 장애인공제

(1) 장애인공제

다음에 해당하는 장애인은 1명당 연 200만원을 공제한다.(소법 51조 ②, 소령 107조)

① 장애인복지법에 따른 장애인 및 장애아동 복지지원법 제21조 제1항에 따른 발달재활서비스를 지원받고 있는 장애아동(소칙 54조, 2018.3.21. 신설)

장애아동 복지지원법 제21조(발달재활서비스지원)

① 국가와 지방자치단체는 장애아동의 인지, 의사소통, 적응행동, 감각·운동 등의 기능향상과 행동발달을 위하여 적절한 발달재활서비스(이하 "발달재활서비스"라 한다)를 지원할 수 있다.

▼ 장애아동 복지지원법 제2조(정의)

1. "장애아동"이란 18세 미만의 사람 중 「장애인복지법」 제32조에 따라 등록한 장애인을 말한다. 다만, 6세 미만의 아동으로서 장애가 있다고 보건복지부장관이 별도로 인정하는 사람을 포함한다.

장애인복지법에 따른 장애인 및 장애아동 복지지원법 제21조 제1항에 따른 발달재활서비스를 지원받고 있는 장애아동[3]

장애인복지법상 등록장애아동을 대상으로 하는 것이지만, 장애등록이 안된 6세 미만의 아동의 경우에도 발달재활서비스의뢰서와 세부영역검사결과서, 검사자료를 행정복지센터에 제출하고 행정복지센터에서 확인 및 심사 등을 통해 발달재활서비스바우처를 지원받아 발달재활서비스를 제공받을 수 있다. 장애인복지법상의 장애인은 아니지만 지방자치단체로부터 발달재활서비스를 지원받는 만6세 미만의 아동에 대해서도 장애인 공제가 가능한 것이다.

② 국가유공자 등 예우 및 지원에 관한 법률에 의한 상이자 및 이와 유사한 사람으로서 근로능력이 없는 사람
③ 항시 치료를 요하는 중증환자

신설 2024.12.31.

➲ 2025.2.28.부터 시행한다.(2025.2.28. 영 부칙 1조)

③ 보건복지부장관이 정하여 고시하는 희귀난치성질환 또는 중증질환(이하 "희귀난치성질환등"이라 한다) 또는 이와 유사한 질병·부상으로 인해 중단 없이 주기적인 치료가 필요한 사람으로서 의료기관의 장이 취업·취학 등 일상적인 생활에 지장이 있다고 인정하는 사람(소령 107조 ① 3, 2025.2.28. 신설, 국민건강보험법 시행령 [별표 2] 3. 라. 전단)

✓ **상이자와 유사한 사람의 범위**(소통 51-107…1)

소득세법 시행령 제107조 제1항 제2호에 따른 "이와 유사한 사람"이라 함은 국가유공자 등 예우 및 지원에 관한 법률 시행령 [별표 3]에 규정한 상이등급구분표가 정하는 상이등급에 따른 신체상이정도와 같은 정도의 신체장애가 있는 자를 말한다.(2024.3.15. 개정)

✓ **장애인에 해당하는 사례**

- 만성성신부전증환자(소득 46011-4652, 1995.12.21.)
- 암환자(소득 46011-3517, 1996.12.28.)
- 고엽제후유의증환자(소득 46011-2812, 1997.11.1.)

(2) 제출증명서류

① 장애인공제를 받으려는 때에는 다음의 서류를 제출하여야 한다. 그리고 장애인으로서 해당 장애의 상태가 1년 이상 지속될 것으로 예상되는 경우 그 장애기간이 기재된 「장애인증명서」를 제출한 때에는 그 장애기간 동안은 이를 다시 제출하지 아니하여도 된다. 다만, 그 장애기간 중 납세지 관할세무서 또는 사용자를 달리하게 된 때에는 「장애인증명서」를 제출하여야 하며, 이때 전납세지 관할세무서장 또는 전 원천징수의무자로부터 이미 제출한 「장애인증명서」를 반환받아 이를 제출할 수 있다.(소령 107조 ②, 2025.2.28. 개정, ③, ④,)

3) 차재영, 박교원, 2019, 연말정산실무, 씨에프오아카데미, p. 292

구 분	제출서류
장애인 복지법에 따른 장애인	장애인등록증 또는 장애인수첩 사본 등
장애아동 복지지원법에 따라 으로서 발달재활서비스를 지원받고 있는 장애아동	발달재활서비스 이용을 증명하는 서류*
국가유공자 등 예우 및 지원에 관한 법률에 의한 상이자	국가보훈처가 발행한 증명서
기타 장애인	장애인증명서(소득세법 시행규칙 별지 제38호 서식)

* 2026.1.1. 이후 연말정산을 하거나 종합소득과세표준 확정신고 하는 경우부터 적용한다.(소령 107조 ②, 2025.2.28. 개정, 2025.2.28. 영 부칙 10조)

② 장애인 증명 관련 서류가 국세청장에게 제출되는 경우에는 소득공제 명세를 일괄적으로 적어 국세청장이 발급하는 서류를 제출(국세정보통신망에 의한 제출을 포함)할 수 있다.(소령 107조 ②, 2022.2.15. 단서신설, 소칙 54조 ②)

3 부녀자공제

(1) 공제요건

거주자 본인(해당 과세기간에 종합소득과세표준을 계산할 때 합산하는 종합소득금액이 3천만원 이하인 거주자로 한정한다)이 배우자가 없는 여성으로서 기본공제대상자인 부양가족이 있는 세대주이거나 배우자가 있는 여성인 경우 연 50만원을 공제한다.(소법 51조 ① 3, 2014.1.1. 개정)

구 분	공제요건	공제금액
배우자 있는 여성	① 해당 과세기간의 종합소득금액이 3천만원(근로소득만 있는 경우에는 총급여액이 41,470,588원) 이하여야 한다. ② 배우자(남편)의 소득유무에 불구하고 공제대상에 해당된다.	연 50만원
배우자 없는 여성	① 해당 과세기간의 종합소득금액이 3천만원(근로소득만 있는 경우에는 총급여액이 41,470,588원) 이하여야 한다. ② 배우자 없는 여성이어야 한다(미혼·이혼 또는 사별 등 그 사유는 불문한다). ③ 기본공제대상자인 부양가족이 있는 세대주이어야 한다.	

(2) 증명서류

배우자의 유무 및 부양가족이 있는 세대주인지의 여부는 해당 과세기간종료일 현재의 주민등록표등본 또는 가족관계등록부 증명서에 의한다.(소령 108조)

(3) 중복공제의 배제

부녀자공제와 한부모공제에 모두 해당하는 경우에는 한부모공제를 적용한다.(소법 51조 ① 단서, 2013.1.1. 신설)

4 한부모공제

① 해당 거주자가 배우자가 없는 사람으로서 기본공제대상자인 직계비속 또는 입양자가 있는 경우 연 100만원을 공제한다.(소법 51조 ① 6, 2013.1.1. 신설)

② 부녀자공제와 한부모공제에 모두 해당되는 경우에는 한부모공제를 적용한다.(소법 51조 ① 단서, 2013.1.1. 신설)

해당연도에 배우자가 사망한 경우와 이혼한 경우의 한부모가족공제의 적용

해당연도에 배우자가 사망한 경우		해당연도에 배우자와 이혼한 경우	
기본공제대상 직계비속이 있는 경우	기본공제대상 직계비속이 없는 경우	기본공제대상 직계비속이 있는 경우	기본공제대상 직계비속이 없는 경우
△*	×	○	×

* 추가공제대상의 판정시기가 사망일 전일의 상황에 의하므로(소법 53조 ④) 사망한 연도에 기본공제신청을 한 경우에는 한부모가족공제를 적용받을 수 없다.

5 추가공제대상의 판정시기

(1) 원 칙

추가공제대상자에 해당하는지 여부의 판정은 해당 과세기간의 과세기간 종료일 현재의 상황에 따른다.(소법 53조 ④)

(2) 사망 또는 장애치유의 경우

과세기간 종료일 전에 사망한 사람 또는 장애가 치유된 사람에 대해서는 사망일 전날 또는 치유일 전날의 상황에 따른다.(소법 53조 ④ 단서)

추가공제대상 판정시기(소법 53조 ④)

구 분	공제대상 판정시기
일반적인 경우	12월 31일 현재
연중에 사망한 경우	사망일 전날
연중에 장애가 치유된 경우	장애 치유일 전날

(3) 과세기간 중에 해당 나이에 해당되는 날이 있는 경우

적용대상 나이가 정해진 경우에는 해당 과세기간의 과세기간 중에 해당 나이에 해당되는 날이 있는 경우에 공제대상자로 본다.(소법 53조 ⑤)

사 례 **장인·장모의 부양가족공제 및 추가공제 가능여부**

거주자가 소득이 없는 장인(71세), 장모(66세)를 실제 부양하고 있으며 2024.1.1. 장인이 사망한 경우 2024년 귀속소득에 대하여 기본공제(부양가족공제)와 추가공제(경로우대자공제)가 가능한지?

해 답 400만원 공제가능

풀 이 연도 중 사망한 경우 사망일 전일 상황에 의해 공제대상 여부를 판단하는 것임
배우자의 직계존속도 기본공제(부양가족공제)와 추가공제(경로우대자공제)대상이며 기본공제 중 부양가족공제는 만 60세 이상 1명당 150만원, 추가공제 중 경로우대자공제는 70세 이상 1명당 100만원임
따라서, 장인, 장모에 대하여 기본공제(부양가족공제) 300만원(2인×150만원), 장인에 대하여는 추가공제(경로우대자공제) 100만원이 적용됨

추가공제 문답자료(국세청)

Q 부양하고 있는 아버님이 장애인이면서 경로우대자에 해당되면 장애인공제와 경로우대자 공제를 중복하여 받을 수 있는지?

A 추가공제는 해당 사유별로 공제하는 것이므로 기본공제대상자 1인이 장애인이면서 경로우대자에 해당될 경우 기본공제와 더불어 장애인공제, 경로우대자공제가 모두 적용되는 것임. 또한, 근로자 본인도 70세 이상이고 장애인이라면 기본공제, 장애인공제, 경로우대자공제를 모두 적용받을 수 있는 것임

Q 장애인수첩이 아닌 구청장이 발급한 장애인복지카드(플라스틱)의 경우에도 제출서류로 유효한지, 아니면 추가로 제출할 서류가 있는지?

A 별도의 서류 없이 장애인복지카드의 사본을 제출하면 장애인공제가 가능함

Q 미혼여성으로서 소득이 없는 부모님을 부양하고 있으나 주민등록상 부모님이 세대주로 되어 있습니다. 이 경우 본인이 부녀자공제를 받을 수 있는지?

A 세대주가 아닌 미혼여성이라면 부녀자공제를 받을 수 없음

- 부녀자공제의 대상은 배우자가 없는 여성(근로소득금액 3천만원 이하)으로서 기본공제대상자인 부양가족이 있는 세대주이거나 배우자 있는 기혼여성임. 따라서 주민등록표상 세대주의 요건을 충족하지 못한 미혼여성이라면 부녀자공제 대상에 해당하지 아니함. 다만, 주민등록상 단독 세대주인 미혼 여성도 기본공제대상자(연령 및 소득요건 충족)인 부모님이 주거형편상 별거하고 있는 경우에는 공제 가능함

Q 3년 전에 배우자가 암으로 수술하였고, 올해에 소득세법에서 정한 장애인 증명서를 병원에서 발급받았습니다. 이 경우 장애인 공제는 언제부터 가능한지?

A 항시 치료를 요하는 중증환자에 해당하는 경우 장애인추가공제가 가능하고, 해당 추가공제를 받고자 하는 근로자는 소득세법에서 정한 장애인증명서를 병원에서 발급받아 제출하여야 하며, 이 경우 장애인에 해당되는 기간은 장애인 증명서의 장애예상기간에 의해 판단하는 것임

Ⅳ 인적공제의 중복적용 배제

1 원 칙

공제대상가족이 동시에 다른 거주자의 공제대상가족에 해당되는 경우에는 해당 과세기간의 과세표준확정신고서, 근로소득자 소득·세액 공제신고서, 사업소득세액연말정산을 함에 있어서 제출하는 소득·세액 공제신고서 또는 연금소득자 소득·세액 공제신고서에 기재된 바에 따라 그 중 1인의 공제대상가족으로 한다.(소령 106조 ①, 2014.2.21. 개정)

2 중복적용시 공제대상가족의 판단

둘 이상의 거주자가 공제대상가족을 서로 자기의 공제대상가족으로 하여 신고서에 기재한 때 또는 누구의 공제대상가족으로 할 것인가를 알 수 없는 때에는 다음의 기준에 따른다.(소령 106조 ②)

① 거주자의 공제대상배우자가 다른 거주자의 공제대상부양가족에 해당하는 때에는 공제대상배우자로 한다.

② 거주자의 공제대상부양가족이 다른 거주자의 공제대상부양가족에 해당하는 때에는

직전 과세기간에 부양가족으로 인적공제를 받은 거주자의 공제대상부양가족으로 한다. 다만, 직전 과세기간에 부양가족으로 인적공제를 받은 사실이 없는 때에는 해당 과세기간의 종합소득금액이 가장 많은 거주자의 공제대상부양가족으로 한다.

③ 거주자의 추가공제대상자가 다른 거주자의 추가공제대상자에 해당하는 때에는 기본공제를 하는 거주자의 추가공제대상자로 한다.

구 분		우 선 순 위
일반적인 경우		소득공제신고서 등에 기본공제대상자로 신청한 자
2인 이상이 자기의 공제대상자로 각각 신고한 경우	배우자	배우자공제를 받는 거주자 본인
	기타 부양가족	다음의 순서에 따른다. ① 직전 연도에 부양가족 인적공제를 받은 자 ② 당해 연도 종합소득금액이 가장 많은 자

V 피상속인 및 출국자에 대한 공제

해당 과세기간의 중도에 사망하였거나 외국에서 영주하기 위하여 출국한 거주자의 공제대상가족으로서 상속인 등 다른 거주자의 공제대상가족에 해당하는 사람에 대해서는 피상속인 또는 출국한 거주자의 공제대상가족으로 한다.(소령 106조 ③) 이는 인적공제의 순서를 정함에 있어서 피상속인 또는 출국자에게 우선순위가 있다는 것을 의미한다.

다만, 피상속인 또는 출국한 거주자에 대한 인적공제액이 소득금액을 초과하는 경우에는 그 초과하는 부분은 상속인 또는 다른 거주자의 해당 과세기간의 소득금액에서 공제할 수 있다.(소령 106조 ④)

Ⅵ 인적공제의 한도

인적공제의 합계액(기본공제+추가공제)이 종합소득금액을 초과하는 경우 그 초과하는 공제액은 없는 것으로 한다.(소법 51조 ④)

• 제 2 절 연금보험료공제와 주택담보노후연금이자비용공제

I 연금보험료공제

1 공제대상

종합소득이 있는 거주자가 공적연금 관련법*에 따른 기여금 또는 개인부담금(이하 "연금보험료"라 한다)을 납입한 경우에는 해당 과세기간의 종합소득금액에서 그 과세기간에 납입한 연금보험료를 공제한다.(소법 51조의3 ①, 2014.1.1. 개정)

* 공적연금 관련법이란 국민연금법, 공무원연금법, 군인연금법, 사립학교교직원연금법, 별정우체국법 또는 국민연금과 직역연금의 연계에 관한 법률을 말한다.

➲ 종전에는 사적연금보험료도 연금보험료 소득공제대상이었으나 2014년 귀속분부터는 연금계좌세액공제로 전환되었다.

공적·사적연금보험료 납입액의 취급

구 분	2013년 귀속분에 대한 적용	2014.1.1. 이후 분에 대한 적용
공적보험료 납입액	연금보험료 소득공제(전액)	연금보험료 소득공제(전액)
사적연금보험료 납입액	연금보험료 소득공제(400만원 한도)	연금계좌세액공제

2 공제한도

다음에 해당하는 공제를 모두 합한 금액이 종합소득금액을 초과하는 경우 그 초과하는 금액을 한도로 연금보험료공제를 받지 아니한 것으로 본다.(소법 51조의3 ③, 2014.12.23. 개정)

- 인적공제
- 특별소득공제
- 연금보험료공제
- 주택담보노후연금 이자비용공제
- 조세특례제한법에 따른 소득공제

저자TIP 연금보험료는 다른 소득공제 항목보다 후순위로 공제

위의 규정은 종합소득금액을 초과하는 소득공제 항목들이 있는 경우, 그 초과금액이 연금보험료에서 발생하도록 하여(공제받는 연금보험료를 최소화 하도록 하여) 나중에 연금 또는 일시금 수령시 소득세가 과세되는 금액을 최소화 해주려는 데에 그 취지가 있다.
예를 들어, 다른 소득공제 항목들의 합계액이 종합소득금액을 초과하는 상황에서 연금보험료를 선순위로 공제하면, 종합소득금액이 0이 되는 결과는 변함이 없지만 공제받은 연금보험료는 나중에 연금 또는 일시금 수령시 소득세가 과세된다. 이러한 불이익이 납세자에게 발생하지 않도록 소득공제 항목 중 연금보험료를 가장 후순위로 공제하게 하는 규정을 마련한 것이다.
만일 이러한 후순위 공제규정에 따라 공제 받지 않은 금액이 있다면 나중에 연금 등의 수령 시 연금 등의 취급자에게 「연금보험료 등 소득·세액공제 명세서」(국세청 홈택스서비스에서 출력가능)를 제출하여 해당 금액에 대해 과세되지 않도록 하여야 한다.(소령 201조의10 ① 1)

PART 3

✓ **지역가입자로서 납부한 국민연금보험료의 소득공제**(소득 집행기준 51의3-0-1)

사업장 내에서 항상 근로에 종사할 목적으로 고용되지 아니한 비상근근로자가 국민연금법에 따라 지역가입자로서 국민연금보험료를 납부한 경우 해당연도에 납부한 국민연금보험료 전액을 종합소득금액(근로소득금액을 포함)에서 공제한다.

✓ **지역가입자의 국민연금보험료를 대신 납부한 자의 소득공제 여부**

국민연금보험료에 대한 소득공제는 국민연금법의 규정에 의하여 그 가입이 의무화된 지역가입자에게만 적용하는 것이므로 지역가입자 이외의 자가 이를 대신하여 납부한 경우에도 그 납부한 거주자의 소득에서는 공제할 수 없는 것임(법인 46011-4409, 1995.12.2.)

✓ **연금저축 납입액 중 일부 인출 시 연금보험료 공제 가능여부**

거주자가 해당 과세기간 연금계좌 납입과 납입액 중 일부의 인출이 있는 경우 해당 과세기간의 순납입액에 대해 연금보험료 소득공제 가능한 것임(서면법규-1212, 2013.11.5.)

✓ **국민연금법에 의한 추납보험료의 연금보험료공제 여부**

국민연금보험료를 납부하지 아니한 자가 추후에 납부하는 경우 납부한 연도에 소득공제를 받을 수 있는 것임(서면1팀-1338, 2006.9.25.)

✓ **국민연금보험료 소득공제의 기준**

사업장가입자의 경우 사업장의 사용자가 원천징수의무자 및 연금보험료 납부의무자로서 매월 근로자에게 지급하는 임금에서 연금보험료 등을 원천공제하고 연말정산하게 되므로 사업장가입자의 연금보험료 소득공제는 근로자 임금에서 원천공제 여부를 기준으로 판단하여야 할 것임(서이 46013-10459, 2003.3.10.)

✓ **공적연금 연계신청 시 퇴직급여를 반납하는 경우 반납금 등의 연금보험료 공제대상 해당여부**

국민연금과 직역연금의 연계에 관한 법률에 따라 공무원연금과 국민연금 연계신청 시 반납하는 반납금 및 이자는 소득세법 제51조의3 제1항에 따른 연금보험료로 볼 수 없어 연금보험료 공제 대상에 해당하지 아니함(사전법령해석소득 2019-60, 2019.2.15.)

Ⅱ 주택담보노후연금 이자비용공제

➲ 2007.1.1. 이후 최초로 지급받는 주택담보노후연금에 대하여 발생한 이자상당액부터 적용한다.(2006.12.30. 법 부칙 7조)

1 의 의

역모기지의 활성화를 통한 고령자의 주거안정과 노후소득을 보장을 통한 노후생활의 안정을 지원하고자 2006.12.30. 소득세법 개정시 주택담보노후연금이자비용공제 규정을 마련하였다.

2 공제요건

① 연금소득이 있는 거주자가 주택담보노후연금을 받은 경우에는 그 받은 연금에 대해서 해당 과세기간에 발생한 이자비용 상당액을 해당 과세기간 연금소득금액에서 공제한다.(소법 51조의4 ①)

② 주택담보노후연금 이자비용공제는 해당 거주자가 신청한 경우에 적용한다.(소법 51조의4 ②)

3 공제금액

공제할 이자 상당액이 200만원을 초과하는 경우에는 200만원을 공제하고, 연금소득금액을 초과하는 경우 그 초과금액은 없는 것으로 한다.(소법 51조의4 ① 후단)

주택담보노후연금 이자비용공제 = Min [지급받은 연금에 대한 이자비용상당액 / 연 200만원]

4 주택담보노후연금의 범위

주택담보노후연금이란 다음의 요건을 모두 갖춘 연금을 말한다.(소령 108조의3 ①)

① 주택담보노후연금보증을 받아 지급받거나 금융기관의 주택담보노후연금일 것

② 주택담보노후연금 가입 당시 담보권의 설정대상이 되는 주택(연금소득이 있는 거주자의 배우자 명의의 주택을 포함)의 기준시가가 12억원 이하일 것(2024.2.29. 개정)

➲ 2024.1.1. 이후 연말정산을 하거나 종합소득과세표준 확정신고를 하는 경우부터 적용한다. (2024. 2.29. 영 부칙 7조)

5 이자상당액의 확인방법

주택담보노후연금을 지급받은 경우 그 지급받은 연금에 대하여 발생한 이자상당액은 해당 주택담보노후연금을 지급한 금융회사등 또는 한국주택금융공사가 발급한 「주택담보노후연금이자비용증명서」(별지 제38호의3 서식)에 적힌 금액으로 한다.(소령 108조의3 ②)

6 공제신청

주택담보노후연금이자비용공제를 받으려는 자는 과세표준확정신고서에 「주택담보노후연금이자비용증명서」를 첨부하여 납세지 관할 세무서장에게 제출하여야 한다.(소령 108조의3 ③)

• 제 3 절 특별소득공제

재정건전화와 과세형평을 위하여 2014년 귀속 지출분부터 기존의 보험료공제(국민건강·고용·노인장기요양보험료 등의 공제는 제외), 의료비공제, 교육비공제, 기부금공제와 표준공제를 세액공제로 전환하였다. 이에 따라 기존의 특별공제 항목 중 '국민건강·고용·노인장기요양보험료 공제'와 '주택자금공제'만이 '특별소득공제'라는 변경된 명칭(소법 52조 ⑩)으로서 소득공제 항목으로 남았다.

I 보험료공제

근로소득이 있는 거주자(일용근로자는 제외)가 해당 과세기간에 국민건강보험법, 고용보험법 또는 노인장기요양보험법에 따라 근로자가 부담하는 보험료를 지급한 경우 그 금액을 해당 과세기간의 근로소득금액에서 공제한다.(소법 52조 ①)

✓ **국민건강보험료의 공제시기**(소통 52－0…1)

국민건강보험료는 급여에서 지급한 날이 속하는 과세기간의 소득에서 공제한다.

✓ **건강보험료 인정범위**

① 거주자의 소득금액계산상 필요경비에 산입하는 국민건강보험료는 근로자의 건강보험료 중 사용자 부담분과 직장가입자로서 부담하는 사용자 본인의 보험료(사용자 부담분 포함)를 합계한 금액으로 하는 것임

② 근로자가 근로제공기간 중에 납부한 국민건강보험료(지역가입자 포함)는 연말정산시 공제대상에 포함되는 것이나 근로제공기간 외의 기간에 납부한 국민건강보험료는 공제대상에 포함되지 않는 것임(서면1팀－468, 2006.4.12.)

✓ **외국인이 외국보험사에 납부한 보험료의 소득공제 해당하는지 여부**

국민건강보험법에 의해 가입대상에서 제외된 재외국민 또는 외국인이 국내에 근무하는 동안 외국보험회사에 납부한 보험료는 국민건강보험료에 해당하지 아니함(원천－363, 2009.4.24.)

✓ **비상근근로자가 납부한 지역 건강보험료의 소득공제 여부**(원천 해석편람 52－1－1)

사업장에서 상시 근로에 종사할 목적으로 고용되지 아니한 근로자가 국민건강보험법상 지역가입자로서 보험료를 부담한 경우에는 근로소득금액에서 전액 공제되는 건강보험료에 해당하는 것이며, 해당 근로자가 국민연금법의 규정에 의하여 지역가입자로서 국민연금보험료를 납부시에도 해당연도에 납부한 국민연금보험료 전액을 공제대상으로 하는 것임(서이 46013－10340, 2003.2.17.)

✓ **과세기간 중 중도취직 또는 중도퇴사한 자의 경우 근로제공기간 동안 지급한 비용에 한하여 특별소득공제를 받을 수 있는 것임**(재소득 46073－1, 2000.1.11.)

✓ **입사전 또는 퇴사후 지출한 비용의 특별소득·세액공제 적용여부**(소득 집행기준 52-0-1 수정)

근로제공기간 동안 지출한 비용에 대해서만 공제가능한 항목	해당 과세기간 중 지출한 금액에 대해 공제가능한 항목
• 보험료 세액공제 • 의료비 세액공제 • 교육비 세액공제 • 주택자금 소득공제 • 신용카드 등 사용금액에 대한 소득공제 • 주택마련저축 소득공제 • 장기집합투자증권저축 소득공제	• 기부금 세액공제 • 국민연금보험료 소득공제 • 개인연금저축 소득공제 • 연금계좌 세액공제 • 투자조합출자등 소득공제 • 소기업·소상공인 공제부금 소득공제 • 청년형 장기집합투자증권저축 소득공제

Ⅱ 주택자금공제

➲ 주택자금공제액은 2,500만원 종합한도 대상임

1 개 요

근로소득이 있는 거주자(일용근로자는 제외)가 해당 과세기간에 지급한 주택마련저축납입액, 주택임차차입금 원리금상환액, 주택저당차입금 이자상환액은 당해 과세기간의 근로소득금액에서 공제한다.

'주택마련저축공제'는 소득세법상의 '주택자금공제'와 함께 통합한도로 운용되고 있으나 조세특례제한법에 그 규정을 두고 있으므로 Chapter 3. 조세특례제한법상의 소득공제에서 설명하기로 한다.

한편, '월세액 소득공제'는 2014년 귀속분부터 '월세액 세액공제'로 전환되면서 근거 규정 또한 소득세법에서 조세특례제한법으로 옮겨졌으므로, 제4편 제2장 조세특례제한법상의 세액공제에서 설명하기로 한다.

2 주택자금공제의 통합한도

<table>
<tr><th colspan="3">구 분</th><th>공제금액</th><th>통합공제한도</th></tr>
<tr><td rowspan="3">주택마련저축</td><td colspan="2">청약저축</td><td rowspan="3">① Min{납입액, 연 300만원} × 40%</td><td rowspan="5">Min{(①+②), 400만원}</td></tr>
<tr><td colspan="2">주택청약종합저축</td></tr>
<tr><td colspan="2">근로자주택마련저축</td></tr>
<tr><td rowspan="3">주택자금공제</td><td rowspan="2">임차차입금 원리금상환</td><td>금융기관 차입</td><td rowspan="2">② Min{원리금 상환액의 40%, 연 400만원}</td></tr>
<tr><td>개인간 차입</td></tr>
<tr><td colspan="2">장기주택저당차입금 이자상환액*</td><td>③ 이자상환액</td><td>Min{(①+②+③), 600만원 ~ 2,000만원*}</td></tr>
</table>

* 2024.1.1. 이후 상환하는 분부터는 차입연도와 상관없이 다음의 통합공제한도가 적용된다.

상환기간	상환유형	통합공제한도
15년 이상*	고정금리이면서 비거치식 분할상환방식	연 2,000만원
	고정금리 또는 비거치식 분할상환방식	연 1,800만원
	그 밖의 대출(변동금리이면서 거치식)	연 800만원
10년 이상	고정금리 또는 비거치식 분할상환방식	연 600만원

* 2011.12.31. 이전 차입금의 경우 개정규정을 적용하는 것이 종전의 한도규정을 적용하는 것보다 납세자에게 불리하게 되는 경우에는 종전의 한도를 적용할 수 있다.(2023.12.31. 법 부칙 16조 ② 2)

PART 3

3 주택임차차입금 원리금상환공제

주택임차차입금 원리금상환액공제는 "금융기관 차입분"과 "거주자로부터의 차입분"으로 구분하여 공제요건을 검토하여야 한다.

공제요건[4)]

공제요건	금융기관 차입금	거주자로부터의 차입금
세대주 요건	• 연말 현재 무주택세대주*1(단독세대주 포함) 또는 일정요건을 충족한 외국인*2	• 연말 현재 무주택세대주*1 또는 일정요건을 충족한 외국인*2 • 총급여액 5천만원 이하
주택요건	• 국민주택규모의 주택(주거용 오피스텔 포함)	
차입금 요건	• 입주일과 전입일등*3 중 빠른 날 전·후 3개월 이내 차입*4 • 대출기관에서 임대인 계좌로 직접 입금	• 입주일과 전입일등*3 중 빠른 날 전·후 1개월 이내 차입 • 연 2.9%*5 이상의 이자율로 차입 (2023년 차입기준)

*1. 거주자인 근로소득자가 본인명의로 국민주택의 규모의 주택을 임차하기 위해 차입한 경우로서 세대주가 주택자금공제를 받지 않는 경우 근로소득자인 세대구성원도 공제가능하다.

*2. 출입국관리법 제31조에 따라 등록한 외국인 또는 재외동포의 출입국과 법적지위에 관한 법률 제6조에 따라 국내거소신고를 한 외국국적동포로서 해당 외국인의 배우자 및 동거가족이 주택자금 공제를 받지 않아야 한다.

*3. 2021.1.1. 이후 원리금 상환액을 지급하는 분부터 외국인의 경우에는 외국인등록표의 체류지 등록일 또는 국내거소신고증의 거소 신고일을 말한다.(2020.12.29. 법 부칙 9조)

*4. 전세를 연장(또는 갱신)하거나 다른 전세주택으로 이사하는 경우로서 다음과 같이 차입한 주택임차차입금 원리금상환액에 대해서도 2014.2.21. 이후 지급분부터 소득공제를 적용한다.(2014.2.21. 영 부칙 16조)

공제요건	금융기관 차입금	개인간 차입금
① 임차계약을 연장 또는 갱신하는 경우	• 연장 또는 갱신일 전·후 3개월 이내 차입한 차입금	• 연장 또는 갱신일 전·후 1개월 이내 차입한 차입금
② 다른 전세주택으로 이사하는 경우	• 이사 전 주택의 입주일과 전입일 중 빠른 날 전·후 3개월 이내 차입한 차입금	• 이사 전 주택의 입주일과 전입일 중 빠른 날 전·후 1개월 이내 차입한 차입금

*5. 차입시기에 따라 다음의 이자율을 적용한다.(소령 112조 ④ 2 나, 소칙 57조)

차입 시기	2012.2.28. 이전	2012.2.28. ~ 2013.2.22.	2013.2.23. ~ 2014.3.13.	2014.3.14. ~ 2015.3.12.	2015.3.13. ~ 2016.3.15.	2016.3.16. ~ 2017.3.9.	2017.3.10. ~ 2018.3.20.	2018.3.21. ~ 2019.3.19.	2019.3.20. ~ 2020.3.12.	2020.3.13. ~ 2021.3.15.	2021.3.16. ~ 2023.3.19.	2023.3.20. ~ 2024.3.21.	2024.3.22. ~ 2025.3.20	2025.3.21. ~
적용 이자율	3.7%	4%	3.4%	2.9%	2.5%	1.8%	1.6%	1.8%	2.1%	1.8%	1.2%	2.9%	3.5%	3.1%

4) 차재영, 박교원, 2021, 연말정산실무, 씨에프오아카데미, p. 308

(1) 금융기관에서 차입한 주택임차차입금

1) 공제요건

① 세대주 요건

㉠ 과세기간 종료일 현재 주택을 소유하지 아니한 세대의 세대주이어야 한다. 다만, 세대주가 다음의 소득공제를 받지 않는 경우에는 세대구성원이 다른 공제요건을 충족하는 경우 세대구성원이 소득공제를 받을 수 있다.(소법 52조 ④, 2014.1.1. 개정)

ⓐ 주택임차차입금 원리금상환공제

ⓑ 장기주택저당차입금 이자상환공제

ⓒ 주택마련저축공제

이때 "세대"란 거주자와 그 배우자, 거주자와 같은 주소 또는 거소에서 생계를 같이 하는 거주자와 그 배우자의 직계존비속(그 배우자를 포함) 및 형제자매를 모두 포함한 세대를 말한다. 이 경우 거주자와 그 배우자는 생계를 달리하더라도 동일한 세대로 본다.(소령 112조 ①)

㉡ 세대구성원에는 외국인으로서 다음의 요건을 모두 갖춘 거주자를 포함한다.(소법 52조 ④, 2020.12.29. 개정, 소령 112조 ⑤, 2021.2.17. 신설)

➲ 2021.1.1. 이후 원리금 상환액을 지급하는 분부터 적용한다.(2020.12.29. 법 부칙 9조)

ⓐ 다음 중 하나에 해당하는 사람일 것

㉮ 출입국관리법 제31조에 따라 등록한 외국인

㉯ 재외동포의 출입국과 법적 지위에 관한 법률 제6조에 따라 국내거소신고를 한 외국국적동포

ⓑ 다음 중 하나에 해당하는 사람이 주택임차차입금 원리금상환공제·장기주택저당차입금 이자상환공제 및 주택마련저축공제를 받지 않았을 것

㉮ 거주자의 배우자

㉯ 거주자와 같은 주소 또는 거소에서 생계를 같이 하는 사람으로서 다음 중 하나에 해당하는 사람

Ⓐ 거주자의 직계존비속(그 배우자를 포함) 및 형제자매

Ⓑ 거주자의 배우자의 직계존비속(그 배우자를 포함) 및 형제자매

PART 3

세대주 또는 세대구성원이 소득공제를 받을 수 있다는 의미

세대주 명의로 주택을 임차하여 차입한 주택임차차입금의 원리금상환액을 세대구성원이 공제받을 수 있다는 의미가 아니며, 또한 세대구성원 명의로 주택을 임차하여 차입한 주택임차차입금의 원리금상환액을 세대주가 공제받을 수 있다는 의미가 아니다.
즉, 세대주인 근로자 본인 또는 세대구성원인 근로자본인이 임차주택의 계약자인 동시에 임차차입금의 채무자이어야 근로자본인이 소득공제를 받을 수 있는 것이다.
이를 표로 정리하면 다음과 같다.

세대주	임차주택 계약자	임차차입금 채무자
근로자본인	근로자본인	근로자본인
근로자본인 외의 가족 (근로자본인은 세대구성원*)	근로자본인	근로자본인

* 세대주가 주택관련공제(주택임차차입금 원리금상환액공제, 장기주택저당차입금 이자상환액공제, 주택마련저축공제)에 대한 소득공제를 적용받지 않아야 함

② 주택요건

임차주택이 주택법에 따른 국민주택규모의 주택(주택법 시행령 제4조 제4호에 따른 오피스텔을 포함)이어야 한다. 국민주택규모의 주택은 주택에 딸린 토지(주거에 사용하는 오피스텔과 주택 및 오피스텔에 딸린 토지를 포함)를 포함하며, 그 딸린 토지가 건물이 정착된 면적에 다음의 배율을 곱하여 산정한 면적을 초과하는 경우 해당 주택은 제외한다. 이 경우 해당 주택이 다가구주택이면 가구당 전용면적을 기준으로 한다.(소법 52조 ④, 2013.8.13. 개정, 소령 112조 ②, ③, 2013.9.9. 개정)

㉠ 도시지역(국토의 계획 및 이용에 관한 법률 제6조)의 토지 : 5배

㉡ 그 밖의 토지 : 10배

주택법에 따른 국민주택규모의 주택

“국민주택규모”란 주거의 용도로만 쓰이는 면적(이하 “주거전용면적”이라 한다)이 1호(戶) 또는 1세대당 85제곱미터 이하인 주택(수도권정비계획법 제2조 제1호에 따른 수도권을 제외한 도시지역이 아닌 읍 또는 면 지역은 1호 또는 1세대당 주거전용면적이 100제곱미터 이하인 주택을 말한다)을 말한다.(주택법 2조 6)

③ 차입금 요건

[별표 1의2]에 따른 대출기관으로부터 차입한 자금으로서 다음의 요건을 모두 갖춘 것(소령 112조 ④ 1)

㉠ 임대차계약증서의 입주일과 주민등록표 등본의 전입일(외국인의 경우에는 출입국관리법에 따른 외국인등록표의 체류지 등록일 또는 재외동포의 출입국과 법적 지위에 관한 법률에 따른 국내거소신고증의 거소 신고일을 말하며, 이하 "전입일등"이라 한다)중 빠른 날부터 전·후 3개월 이내에 차입한 자금일 것. 이 경우 다음의 자금을 포함한다.(소령 112조 ④ 1 가, 2021.2.17. 개정)

➲ 2021.2.17.이 속하는 과세기간에 발생하는 소득분부터 적용한다.(2021.2.17. 영 부칙 1조·2조 ①)

ⓐ 임대차계약을 연장하거나 갱신하면서 차입하는 경우에는 임대차계약 연장일 또는 갱신일부터 전·후 3개월 이내에 차입한 자금

개정 2025.2.28.

➲ 2025.1.1. 이후 연말정산을 하거나 종합소득과세표준 확정신고를 하는 경우부터 적용한다.(2025.2.28. 영 부칙 11조)

ⓐ 임대차계약을 연장하거나 갱신하면서 차입하는 경우에는 임대차계약 연장일 또는 갱신일부터 전·후 3개월 이내에 차입한 자금[종전의 주택임차자금 차입금을 다른 대출기관으로부터 차입한 자금으로 상환(이하에서 "대환대출"이라 한다)하는 경우에는 대환대출 전에 최초로 차입한 자금을 기준으로 한다](소령 112조 ④ 1 가, 2025.2.28. 개정)

ⓑ 주택임차자금 차입금의 원리금 상환액에 대한 소득공제를 받고 있던 사람이 다른 주택으로 이주하는 경우에는 이주하기 전 주택의 입주일과 주민등록표 등본의 전입일등 중 빠른 날부터 전·후 3개월 이내에 차입한 자금

㉡ 차입금(대환대출의 경우에는 대환대출 전에 최초로 차입한 자금을 기준으로 한다)이 [별표 1의2]에 따른 대출기관에서 임대인의 계좌로 직접 입금될 것(소령 112조 ④ 1 나, 2025.2.28. 개정)

● [별표 1의2] 주택임차자금의 대출기관(2010.2.18. 개정)

㉠ 한국은행·한국산업은행·한국수출입은행·중소기업은행 및 「은행법」에 따른 은행
㉡ 「상호저축은행법」에 따른 상호저축은행과 그 중앙회
㉢ 「농업협동조합법」에 따른 농업협동조합과 그 중앙회
㉣ 「수산업협동조합법」에 따른 수산업협동조합과 그 중앙회
㉤ 「신용협동조합법」에 따른 신용협동조합과 그 중앙회
㉥ 「새마을금고법」에 따른 금고와 그 연합회
㉦ 「보험업법」에 따른 보험회사
㉧ 「우체국예금·보험에 관한 법률」에 따른 체신관서
㉨ 「주택법」에 따른 국민주택기금
㉩ 「한국주택금융공사법」에 따른 한국주택금융공사
㉪ 「여신전문금융업법」에 따른 여신전문금융회사
㉫ 「국가보훈부와 그 소속기관 직제」 제2조 제2항에 따른 지방보훈청 및 보훈지청(2017.2.3. 신설, 2023.4.11. 직제개정)

➲ '㉫'는 2017.2.3.이 속하는 과세기간에 상환하는 분부터 적용한다.(2017.2.3. 영 부칙 12조)

2) 공제대상 범위액

공제대상 지급액의 40%에 해당하는 금액을 해당 과세기간의 근로소득금액에서 공제한다. 다만, 그 공제하는 금액과 주택마련저축공제액의 합계액이 연 400만원을 초과하는 경우 그 초과하는 금액은 없는 것으로 한다.(소법 52조 ④ 단서, 2022.12.31. 개정)

➲ 개정규정(300만원→400만원)은 2022년 과세기간의 근로소득에 대하여 2023.1.1. 이후 종합소득과세표준을 신고하거나 소득세를 결정하거나 연말정산하는 경우부터 적용한다.(2022.12.31. 법 부칙 3조)

3) 제출서류

주택임차차입금 원리금상환액공제를 받고자 하는 자는 해당 금융회사 등이 발행한 「주택자금상환증명서」와 「주민등록표등본」을 제출하여야 한다.(소칙 58조 ① 4 가, 나)

✓ 주민등록표상 세대주와 세대관계에 있지 않은 동거인의 경우, 주택임차차입금 원리금상환공제를 적용할 수 있는지 여부

주민등록표상 세대주와 소득세법 제52조 제4항 및 동법 시행령 제112조 제1항에 따른 "대통령령으로 정하는 세대"의 관계에 있지 않은 거주자가 주민등록표상 세대주의 동거인으로 기록된 경우, 그 거주자는 소득세법 제52조 제4항의 적용상 주민등록표상의 세대주와 별개의 세대로 보는 것임(사전법령해석소득 2021-5, 2021.6.14.)

✓ **법인으로부터 차입한 주택임차차입금은 소득공제는 적용받을 수 없음**

법인으로부터 차입한 주택임차차입금은 법에서 정한 대출기관과 거주자로부터 차입한 차입금에 해당하지 않아 소득세법 제52조 제4항에 따른 주택임차차입금 원리금상환액 소득공제를 적용할 수 없음(원천-527, 2011.8.25.)

✓ **주택임차차입금 원리금상환액 소득공제 대상 여부**

소득세법 시행령 제112조 제4항 및 [별표 1의2]에 따른 대출기관 소속 근로자가 해당 대출기관으로부터 소속 근로자만이 대출받을 수 있는 주택임차차입금을 저리로 대출받아 해당 주택임차차입금의 원리금을 상환하는 경우 주택임차차입금 원리금상환액 소득공제를 적용할 수 없는 것임(법규소득 2014-112, 2014.6.2.)

(2) 거주자로부터 차입한 주택임차차입금

1) 공제요건

① 세대주 요건

㉠ 과세기간 종료일 현재 주택을 소유하지 아니한 세대의 세대주로서 해당 과세기간의 총급여액이 5,000만원 이하인 사람만 해당한다.(소령 112조 ④ 단서)

다만, 세대주가 다음의 소득공제를 받지 않는 경우에는 세대구성원이 다른 공제요건을 충족하는 경우 세대구성원이 소득공제를 받을 수 있다.(소법 52조 ④, 2014.1.1. 개정)

ⓐ 주택임차차입금 원리금상환공제

ⓑ 장기주택저당차입금 이자상환공제

ⓑ 주택마련저축공제

이때 "세대"란 거주자와 그 배우자, 거주자와 같은 주소 또는 거소에서 생계를 같이 하는 거주자와 그 배우자의 직계존비속(그 배우자를 포함) 및 형제자매를 모두 포함한 세대를 말한다. 이 경우 거주자와 그 배우자는 생계를 달리하더라도 동일한 세대로 본다.(소령 112조 ①)

㉡ 세대구성원에는 외국인으로서 다음의 요건을 모두 갖춘 거주자를 포함한다.(소법 52조 ④, 2020.12.29. 개정, 소령 112조 ⑤, 2021.2.17. 신설)

➲ 2021.1.1. 이후 원리금 상환액을 지급하는 분부터 적용한다.(2020.12.29. 법 부칙 9조)

ⓐ 다음 중 하나에 해당하는 사람일 것

㉮ 출입국관리법 제31조에 따라 등록한 외국인

㉯ 재외동포의 출입국과 법적 지위에 관한 법률 제6조에 따라 국내거소신고를 한 외국국적동포

ⓑ 다음 중 하나에 해당하는 사람이 주택임차차입금 원리금상환공제·장기주택저당차입금 이자상환공제 및 주택마련저축공제를 받지 않았을 것

㉮ 거주자의 배우자

㉯ 거주자와 같은 주소 또는 거소에서 생계를 같이 하는 사람으로서 다음 중 하나에 해당하는 사람

Ⓐ 거주자의 직계존비속(그 배우자를 포함) 및 형제자매

Ⓑ 거주자의 배우자의 직계존비속(그 배우자를 포함) 및 형제자매

세대주 또는 세대구성원이 소득공제를 받을 수 있다는 의미

세대주 명의로 주택을 임차하여 차입한 주택임차차입금의 원리금상환액을 세대구성원이 공제받을 수 있다는 의미가 아니며, 또한 세대구성원 명의로 주택을 임차하여 차입한 주택임차차입금의 원리금상환액을 세대주가 공제받을 수 있다는 의미가 아니다.
즉, 세대주인 근로자 본인 또는 세대구성원인 근로자본인이 임차주택의 계약자인 동시에 임차차입금의 채무자이어야 근로자본인이 소득공제를 받을 수 있다는 의미인 것이다.
이를 표로 정리하면 다음과 같다.

세대주	임차주택 계약자	임차차입금 채무자
근로자 본인	근로자 본인	근로자 본인
근로자 본인 외의 가족 (근로자 본인은 세대구성원*)	근로자 본인	근로자 본인

* 세대주가 주택관련공제(주택임차차입금 원리금상환액공제, 장기주택저당차입금 이자상환액공제, 주택마련저축공제)에 대한 소득공제를 적용받지 않아야 함

② 주택요건

임차주택이 주택법에 따른 국민주택규모의 주택(주택법 시행령 제4조의2 제4호에 따른 오피스텔을 포함)이어야 한다. 국민주택규모의 주택은 주택에 딸린 토지(주거에 사용하는 오피스텔과 주택 및 오피스텔에 딸린 토지를 포함)를 포함하며, 그 딸린 토지가 건물이 정착된 면적에 다음의 배율을 곱하여 산정한 면적을 초과하는 경우 해당 주택은 제외한다. 이 경우 해당 주택이 다가구주택이면 가구당 전용면적을 기준으로 한다.(소법 52조 ④, 2013.8.13. 개정, 소령 112조 ②, ③, 2013.9.9. 개정)

㉠ 도시지역(국토의 계획 및 이용에 관한 법률 제6조)의 토지 : 5배

㉡ 그 밖의 토지 : 10배

③ 차입금 요건

대부업등을 경영하지 아니하는 거주자로부터 차입한 자금으로서 다음의 요건을 모두

갖춘 자금이어야 한다.

㉠ 임대차계약증서의 입주일과 주민등록표 등본의 전입일(외국인의 경우에는 출입국관리법에 따른 외국인등록표의 체류지 등록일 또는 재외동포의 출입국과 법적 지위에 관한 법률에 따른 국내거소신고증의 거소 신고일을 말하며, 이하 "전입일등"이라 한다)중 빠른 날부터 전·후 1개월 이내에 차입한 자금일 것. 이 경우 다음의 자금을 포함한다.(소령 112조 ④ 2 가, 2021.2.17. 개정)

➲ 2021.2.17.이 속하는 과세기간에 발생하는 소득분부터 적용한다.(2021.2.17. 영 부칙 1조·2조 ①)

ⓐ 임대차계약을 연장하거나 갱신하면서 차입하는 경우에는 임대차계약 연장일 또는 갱신일부터 전·후 1개월 이내에 차입한 자금

ⓑ 주택임차자금 차입금의 원리금 상환액에 대한 소득공제를 받고 있던 사람이 다른 주택으로 이주하는 경우에는 이주하기 전 주택의 입주일과 주민등록표 등본의 전입일등 중 빠른 날부터 전·후 1개월 이내에 차입한 자금

㉡ 2.9%의 이자율(2023년 차입기준)보다 낮은 이자율로 차입한 자금이 아닐 것

차입시기별 재정경제부령이 정하는 이자율의 적용기간

차입시기에 따라 다음의 이자율을 적용한다.(소령 112조 ④ 2 나, 소칙 57조)

차입시기	2012.2.28. 이전	2012.2.28. ~ 2013.2.22.	2013.2.23. ~ 2014.3.13.	2014.3.14. ~ 2015.3.12.	2015.3.13. ~ 2016.3.15.	2016.3.16. ~ 2017.3.9.	2017.3.10. ~ 2018.3.20.	2018.3.21. ~ 2019.3.19.	2019.3.20. ~ 2020.3.12.	2020.3.13. ~ 2021.3.15.	2021.3.16. ~ 2023.3.19.	2023.3.20. ~ 2024.3.21.	2024.3.22. ~ 2025.3.20	2025.3.21. ~
적용 이자율	3.7%	4%	3.4%	2.9%	2.5%	1.8%	1.6%	1.8%	2.1%	1.8%	1.2%	2.9%	3.5%	3.1%

2) 공제대상 범위액

공제대상 지급액의 40%에 해당하는 금액을 해당 과세기간의 근로소득금액에서 공제한다. 다만, 그 공제하는 금액과 주택마련저축공제액의 합계액이 연 400만원을 초과하는 경우 그 초과하는 금액은 없는 것으로 한다.(소법 52조 ④ 단서, 2022.12.31. 개정)

➲ 개정규정(300만원 → 400만원)은 2022년 과세기간의 근로소득에 대하여 2023.1.1. 이후 종합소득과세표준을 신고하거나 소득세를 결정하거나 연말정산하는 경우부터 적용한다.(2022.12.31. 법 부칙 3조)

3) 제출서류

주택임차차입금 원리금상환액공제를 받고자 하는 자는 해당 금융회사 등이 발행한 「주택자금상환증명서」와 「주민등록표등본」에 다음의 서류를 추가로 원천징수의무자에게 제출하여야 한다.(소칙 58조 ① 4 마, 2014.3.14. 개정)

① 임대차계약증서 사본(임대차계약을 연장·갱신하거나 이주하여 공제받는 경우에는 임대차계약의 연장·갱신이나 이주하기 전의 임대차계약에 대한 임대차계약증서 사본을 포함)

② 금전소비대차계약서 사본

③ 계좌이체 영수증 및 무통장입금증 등 해당 차입금에 대한 원리금을 대주(貸主)에게 상환하였음을 증명할 수 있는 서류

④ 월세액·거주자 간 주택임차차입금 원리금 상환액 소득·세액공제 명세서(근로소득지급명세서 8쪽 중 제7쪽)

(근로소득원천징수영수증 9쪽 중 제8쪽)

[ ] 월세액·[ ] 거주자 간 주택임차차입금 원리금 상환액 소득·세액공제 명세서
[무주택자 해당여부 [ ]여, [ ]부]

1. 인적사항	① 상 호	② 사업자등록번호
	③ 성 명	④ 주민등록번호
	⑤ 주 소	(전화번호:)
	⑥ 사업장 소재지	(전화번호:)

2. 월세액 세액공제 명세

⑦ 임대인 성명(상호)	⑧ 주민등록번호 (사업자번호)	⑨ 유형	⑩ 계약 면적(m^2)	⑪ 임대차계약서 상 주소지	⑫ 계약서 상 임대차 계약기간		⑬ 연간 월세액(원)	⑭ 세액공제 금액(원)
					개시일	종료일		

※ ⑨ 유형 구분코드 – 단독주택: 1, 다가구: 2, 다세대주택: 3, 연립주택: 4, 아파트: 5, 오피스텔: 6, 고시원 : 7, 기타: 8
※ ⑫ 계약서상 임대차계약기간 – 개시일과 종료일은 예시와 같이 기재 (예시) 2013.01.01.

3. 거주자 간 주택임차차입금 원리금 상환액 소득공제 명세

1) 금전소비대차 계약내용

⑮대주(貸主)	⑯ 주민등록번호	⑰금전소비대차 계약기간	⑱차입금 이자율	원리금 상환액			㉒공제금액
				⑲계	⑳원금	㉑이자	

2) 임대차 계약내용

㉓ 임대인 성 명 (상 호)	㉔주민등록번호 (사업자번호)	㉕ 유형	㉖ 계약 면적(m^2)	㉗ 임대차계약서 상 주소지	㉘ 계약서 상 임대차 계약기간		㉙ 전세보증금 (원)
					개시일	종료일	

※ ㉕ 유형 구분코드 – 단독주택: 1, 다가구: 2, 다세대주택: 3, 연립주택: 4, 아파트: 5, 오피스텔: 6, 고시원:7, 기타: 8
※ ㉖ 계약서상 임대차계약기간 – 개시일과 종료일은 예시와 같이 기재 (예시) 2013.01.01.

작 성 방 법

1. 월세액 세액공제나 거주자 간 주택임차자금 차입금 원리금 상환액 공제를 받는 근로소득자에 대해서는 해당 소득·세액공제에 대한 명세를 작성해야 합니다.
2. 해당 임대차 계약별로 연간 합계한 월세액·원리금상환액과 소득·세액공제금액을 적으며, 공제금액이 "영(0)"인 경우에는 적지 않습니다.
3. ⑨, ㉕ 유형은 단독주택, 다가구주택, 다세대주택, 연립주택, 아파트, 오피스텔, 고시원, 기타 중에서 해당되는 유형의 구분코드를 적습니다.
4. ㉙ 전세보증금은 과세기간 종료일(12.31.) 현재의 전세보증금을 적습니다.

4 장기주택저당차입금 이자상환액공제[5)]

(1) 공제 요건

<table>
<tr><th colspan="3">구 분</th><th>공 제 요 건</th></tr>
<tr><td colspan="3">① 공제대상자</td><td>• 연말 현재 세대주(세대주가 주택자금공제를 받지 않으면 세대구성원)인 근로자
• 일정요건을 충족한 외국인 근로자[*1](2021.1.1. 이후 지급분터 적용)</td></tr>
<tr><td rowspan="3">② 주택요건</td><td rowspan="2">취득당시</td><td>2013년 이전 차입금</td><td>• 취득당시 무주택자가 기준시가 3억원 이하의 국민주택규모의 주택을 취득할 것</td></tr>
<tr><td>2014년 이후 차입금</td><td>• 취득당시 무주택 또는 1주택 보유자가 아래의 주택 기준시가를 충족한 주택(규모제한은 없음)을 취득할 것
① 2014년 ~ 2018년 차입금 : 기준시가 4억원 이하
② 2019년 ~ 2023년 차입금 : 기준시가 5억원 이하
③ 2024년 이후 차입금 : 기준시가 6억원 이하</td></tr>
<tr><td colspan="2">연말현재</td><td>• 연말 현재 1주택을 보유할 것[*2]</td></tr>
<tr><td colspan="3">③ 차입금요건</td><td>• 차입금의 상환기간이 15년 이상(또는 10년 이상[*3])일 것
• 소유권이전(또는 보존)등기일부터 3월 이내 차입분일 것
• 주택과 장기주택저당차입금이 모두 근로자 본인 명의일 것</td></tr>
</table>

*1. 출입국관리법 제31조에 따라 등록한 외국인 또는 재외동포의 출입국과 법적지위에 관한 법률 제6조에 따라 국내거소신고를 한 외국국적동포로서 해당 외국인의 배우자 및 동거가족이 주택자금공제를 받지 않아야 한다.

*2. 2013.12.31. 이전 차입금으로 장기주택저당차입금 이자상환액공제를 받아온 1주택 보유세대가 2014년 중에 주택을 추가 취득하여 2주택이 된 경우, 2014년 개정규정에 따라 2013년 이전 차입금에 대해서도 연도 중 2주택 보유기간에 관계없이 연말 현재 1주택에 해당하는 경우에는 소득공제를 적용한다.(2014.1.1. 법 부칙 19조)

*3. 2015.1.1 이후 차입한 차입금은 상환기간이 10년 이상인 경우라도 고정금리 또는 비거치식 분할상환이라면 공제 가능하다.

(2) 공제대상자 요건

근로소득이 있는 거주자로서 주택 취득 당시 주택을 소유하지 아니한 세대의 세대주이어야 한다.(소법 52조 ⑤)

① 세대주 여부의 판정은 과세기간 종료일 현재의 상황에 따른다.(소법 52조 ⑤ 1)

② 세대주가 공제받는 경우에는 실제 거주 여부와 관계없이 적용한다.(소법 52조 ⑤ 3 전단)

③ 세대주가 주택자금공제를 받지 아니하는 경우에는 세대의 구성원 중 근로소득이 있는 자가 공제받을 수 있다. 이때 세대주가 아닌 거주자에 대해서는 실제 거주하는 경

5) 차재영, 박교원, 2021, 연말정산실무, 씨에프오아카데미 참조 : 정종철, 앞의 책, p. 322 참조

우만 적용한다.(소법 52조 ⑤ 3 후단)

④ 세대주 또는 세대구성원에는 외국인으로서 다음의 요건을 모두 갖춘 거주자를 포함한다.(소법 52조 ④, 2020.12.29. 개정, 소령 112조 ⑤, 2021.2.17. 신설)

➲ 2021.1.1. 이후 장기주택저당차입금의 이자를 지급하는 분부터 적용한다.(2020.12.29. 법 부칙 10조 ①)

㉠ 다음 중 하나에 해당하는 사람일 것

ⓐ 출입국관리법 제31조에 따라 등록한 외국인

ⓑ 재외동포의 출입국과 법적 지위에 관한 법률 제6조에 따라 국내거소신고를 한 외국국적동포

㉡ 다음 중 하나에 해당하는 사람이 주택임차차입금 원리금상환공제·장기주택저당차입금 이자상환공제 및 주택마련저축공제를 받지 않았을 것

ⓐ 거주자의 배우자

ⓑ 거주자와 같은 주소 또는 거소에서 생계를 같이 하는 사람으로서 다음 중 하나에 해당하는 사람

㉮ 거주자의 직계존비속(그 배우자를 포함) 및 형제자매

㉯ 거주자의 배우자의 직계존비속(그 배우자를 포함) 및 형제자매

맞벌이부부를 예로 들면, 세대주인 남편이 남편명의의 주택에 대해 주택자금공제를 받지 않은 경우에는 근로소득자인 부인이 공제요건을 충족한 경우에 한하여 장기주택저당차입금 이자상환액공제를 받을 수 있다는 것이다. 따라서 남편이 주택자금공제를 받지 않은 경우에 부인이 남편 소유주택에 대한 장기주택저당차입금 이자상환액공제를 받는다는 의미가 아닌 것이다.

공제대상자 요건

근로자 구분		공제대상자 요건	비고
내국인	근로자 본인이 세대주인 경우	• 주택소유자와 채무자의 명의가 세대주일 것	거주요건 불필요
	근로자 본인이 세대원인 경우	• 아래의 요건을 모두 충족한 경우에 공제가능 ① 주택소유자와 채무자의 명의가 세대원인 근로자명의일 것 ② 세대주가 주택관련공제(주택마련저축공제, 주택임차차입금 원리금상환액공제, 장기주택저당차입금 이자상환액공제 ③ 세대원인 근로자가 해당 주택에 실제 거주할 것	거주요건 필요
외국인(거주자에 한함)		• 아래의 요건을 모두 충족한 경우에 공제가능 ① 주택과 차입금의 명의가 외국인 근로자 일 것 ② 출입국관리법 제31조에 따라 등록한 외국인 또는 재외동포의 출입국과 법적 지위에 관한 법률 제6조에 따라 국내거소신고를 한 외국국적동포 일 것 ③ 외국인 근로자의 배우자, 외국인 근로자와 같은 주소 또는 거소에서 생계를 같이하는 사람(외국인 근로자와 그 배우자의 직계존비속과 그 배우자 및 형제자매를 말함)이 주택자금공제(장기주택저당차입금, 주택임차차입금, 주택마련저축공제)를 받지 않을 것	

✓ 외국인 배우자가 장기주택 저당차입금 이자상환액 소득공제를 적용받을 수 있는지 여부

소득세법 제52조 제5항에서 1주택을 보유한 세대의 세대주가 차입한 장기주택저당차입금의 이자상환액을 근로소득금액 공제대상으로 정하고 있고, 처분청 의견과는 달리 소득세법 제52조 제5항의 '세대의 구성원'을 주민등록법 상 세대원으로 한정하는 명문 규정은 없으며, 연말정산의 방법으로 소득세를 납부하는 근로소득자인 청구인을 주택자금공제 대상에서 배제할 특별한 이유는 없어 보이는 점 등에 비추어 청구인이 장기주택저당차입금 이자상환액 근로소득 공제대상이 아니라고 보아 경정청구를 거부한 이 건 처분은 잘못이 있음(조심 2015서5413, 2016.1.29.)

✓ 외국인 배우자가 장기주택저당차입금 이자 상환액 소득공제를 적용받을 수 있는지 여부

근로소득이 있는 거주자로서 주택을 소유하지 아니하거나 1주택을 보유한 세대의 세대주가 장기주택저당차입금 이자 상환액 소득공제를 적용받지 않은 경우, 해당 세대의 구성원 중 근로소득이 있는 자는 구 소득세법(2020.12.29. 법률 제17758호로 개정되기 전의 것) 제52조 제5항에 따라 장기주택저당차입금 이자 상환액 공제를 적용받을 수 있으므로, 외국인 배우자로서 해당 세대의 구성원임이 세대별 주민등록표 등본 등에 의하여 객관적으로 확인되는 근로소득이 있는 거주자는 구 소득세법에 따른 장기주택저당차입금 이자 상환액 공제를 적용받을 수 있는 것임(서면법령해석국조 2020-1876, 2021.5.24.)

(3) 소유주택 요건

소유주택 요건

차입일자 구분	소유주택수 요건	주택규모 요건	주택가격 요건
2005.12.31. 이전 차입	1주택*1	국민주택규모	없음
2006.1.1. 이후 차입	1주택	국민주택규모	취득당시 기준시가 3억원 이하
2014.1.1. 이후 차입	1주택*2	–	취득당시 기준시가 4억원 이하
2019.1.1. 이후 차입	1주택*2	–	취득당시 기준시가 5억원 이하
2024.1.1. 이후 차입	1주택*2	–	취득당시 기준시가 6억원 이하

*1. • 2005.12.31. 이전에 차입한 장기주택저당차입금의 경우, 거주자가 2주택 이상을 소유한 경우에는 본인이 실제 거주한 주택에 한하여 당해 주택에 거주하는 기간 동안 발생한 이자상환액에 대하여 공제를 적용함(서면1팀－190, 2007.2.1.)

• 2005.12.31. 이전에 차입하여 소득공제를 받은 자가 신주택의 취득으로 해당 과세기간 종료일 현재 2주택 보유자에 해당하는 경우에는 기존주택에 실제 거주하고 있는 경우에도 공제불가함(법규소득－29, 2010.2.26.)

*2. 2013.12.31. 이전 차입금으로 장기주택저당차입금 이자상환액공제를 받아온 1주택 보유세대가 2014년 중에 주택을 추가 취득하여 2주택이 된 경우, 2014년 개정규정에 따라 2013년 이전 차입금에 대해서도 연도 중 2주택 보유기간에 관계없이 연말 현재 1주택에 해당하는 경우에는 소득공제를 적용함(2014.1.1. 법 부칙 19조)

1) 주택수 요건

➲ 입주권, 분양권(주택을 취득할 수 있는 권리)은 주택수에 포함하지 않지만, 무허가주택과 임대주택 등은 주택수에 포함한다.

① 2005.12.31. 이전에 차입한 장기주택저당차입금의 경우, 거주자가 2주택 이상을 소유한 경우에는 본인이 실제 거주한 주택에 한하여 당해 주택에 거주하는 기간 동안 발생한 이자상환액에 대하여 공제를 적용하는 것이다.(서면1팀－190, 2007.2.1.)

② 2005.12.31. 이전부터 장기주택저당차입금을 차입하고 그 이자상환액에 대해 계속적으로 소득공제를 받은 거주자가 연중 새로운 주택을 취득하여 해당 과세기간 종료일 현재 2주택 보유자에 해당하는 경우에는 기존주택에 실제 거주하고 있는 경우에도 동 차입금의 이자상환액은 소득공제대상에 해당하지 아니한다.(법규소득－29, 2010.2.26.)

③ 2006.1.1. 이후 차입분부터는 2주택 이상을 보유하게 된 경우 그 보유기간이 속하는 과세기간에 지급한 이자상환액은 소득공제대상에 해당하지 아니한다.

④ 2008.1.1.이 속하는 과세기간분부터는 과세기간종료일 현재에는 1주택자이지만 연도 중에 2주택을 보유한 기간이 있는 경우, 그 보유기간이 3개월 이하라면 소득공제가 허용된다.(소법 52조 ⑤ 2)

⑤ 2013.12.31. 이전 차입금으로 장기주택저당차입금 이자상환액공제를 받아온 1주택 보유세대가 2014년 중에 주택을 추가 취득하여 2주택이 된 경우, 2014년 개정규정에 따라 2013년 이전 차입금에 대해서도 연도 중 2주택 보유기간에 관계없이 연말 현재 1주택에 해당하는 경우에는 소득공제를 적용한다.(2014.1.1. 법 부칙 19조)

공제대상 주택보유기준

차입시기	차입(취득)시점	연중	12.31. 현재
2013.12.31. 이전 차입금*1	• 무주택세대의 1주택 취득	• 1주택 보유 또는 2주택 보유기간이 3개월 이하	• 1주택 보유
2014.1.1. 이후 차입금	• 무주택세대의 1주택 취득 • 1주택 보유세대의 2주택 취득	-*2	• 1주택 보유

*1. 2013.12.31. 이전 차입금으로 장기주택저당차입금 이자상환액공제를 받아온 1주택 보유세대가 2014년 중에 주택을 추가 취득하여 2주택이 된 경우, 2014년 개정규정에 따라 2013년 이전 차입금에 대해서도 연도 중 2주택 보유기간에 관계없이 연말 현재 1주택에 해당하는 경우에는 소득공제를 적용함(2014.1.1. 법 부칙 19조)
*2. '연중 2주택 보유기간이 3개월 이하' 요건을 적용하지 않음

✓ 장기주택저당차입금 적용시 주택수의 계산(소득 집행기준 52-112-1)

① 주택 수의 범위에는 세대구성원의 무허가주택을 포함한다.

② 상속으로 여러 사람이 공동으로 소유하는 1주택이 있는 경우 해당 공동상속주택은 상속지분이 가장 큰 상속인이 주택을 소유한 것으로 보아 장기주택저당차입금 등 주택자금공제 여부를 판단한다. 이 경우 상속지분이 가장 큰 상속인이 2인 이상인 때에는 해당 주택에 거주하는 자, 최연장자의 순서에 따라 해당 거주자가 그 공동상속주택을 소유한 것으로 보아 공제가능 여부를 판단한다.

③ 동일자에 1주택을 취득·양도한 경우에는 1주택을 양도한 후 다른 1주택을 취득한 것으로 보아 장기주택저당차입금 규정을 적용한다.

④ 판매목적의 주택을 소유하는 경우 해당 주택은 주택수에 포함한다.

⑤ 다가구주택은 단독주택으로 보아 국민주택규모를 판단한다. 다만, 다가구주택이 구분 등기된 경우에는 각각을 1개의 주택으로 보고 가구당 전용면적을 기준으로 소득공제 여부를 판단한다.

✓ 공가상태 건물의 주택 해당 여부(소득 집행기준 89-154-16)

주택으로 사용하던 건물이 장기간 공가 상태로 방치된 경우에도 공부상의 용도가 주거용으로 등재되어 있으면 주택으로 보는 것이며 장기간 공가 상태로 방치한 건물이 건축법에 의한 건축물로 볼 수 없을 정도로 폐가가 된 경우에는 주택으로 보지 아니한다.

✓ 장기주택저당차입금의 이자상환액 소득공제를 적용받았던 거주자가 무허가주택을 보유한 어머니와의 세대합가로 인해 2주택을 보유하는 경우 소득공제 해당 여부

장기주택저당차입금의 이자상환액 소득공제를 적용함에 있어 주택 수의 범위에는 세대 구성원의 무허가주택을 포함하는 것이며 세대합가로 2주택자에 해당되어 공제대상에서 제외되었으나 세대

원의 주택이 양도되어 과세기간 종료일 현재 1주택자(해당 과세기간에 2주택을 보유한 기간이 3개월 이하인 경우에 한함)*가 된 경우 해당 연도의 장기주택저당차입금 이자상환액 공제를 적용받을 수 있는 것임(원천-623, 2010.7.29.)

* '2주택 보유기간이 3개월 이하인 경우에 한함'이란 조건은 2013.12.31. 이전에 2주택자였던 경우에만 적용되며 2014년 이후에 2주택자가 된 경우는 적용되지 않는 조건임

2) 주택규모 요건

주택법에 따른 국민주택규모의 주택에 대하여 공제를 적용한다.

주택법에 따른 국민주택규모의 주택

"국민주택규모"란 주거의 용도로만 쓰이는 면적(이하 "주거전용면적"이라 한다)이 1호(戶) 또는 1세대당 85제곱미터 이하인 주택(수도권정비계획법 제2조 제1호에 따른 수도권을 제외한 도시지역이 아닌 읍 또는 면 지역은 1호 또는 1세대당 주거전용면적이 100제곱미터 이하인 주택을 말한다)을 말한다.(주택법 2조 6)

주거용 오피스텔의 주택자금공제 적용 여부

	주택임차차입금 원리금상환액공제	월세 세액공제	장기주택저당차입금 이자상환액소득공제
주거용 오피스텔	○	○	X

✓ 실제 전용면적과 공부상 전용면적이 다를 경우 국민주택규모 판정 방법

근로소득이 있는 거주자가 장기주택저당차입금 이상상환액에 대한 소득공제를 적용함에 있어서 국민주택규모의 주택이란 주택법 제2조 제3호에 따른 주거전용면적이 85㎡ 이하의 주택으로서 같은 법 시행규칙 제2조 제2항 각 호의 면적을 제외한 실제 주거전용면적을 가지고 판단하는 것임(서면법규-1345, 2012.11.16.)

✓ 장기주택저당차입금 이자상환액의 소득공제 대상 주택이 재건축으로 멸실되어 소득공제요건을 충족하지 못하게 되는 경우 소득공제 가능 시점

장기주택저당차입금 이자상환액 공제요건을 충족 못하게 되는 경우 그 사유가 발생한 날 이후 지급한 이자상환액부터 소득공제를 받을 수 없는 것임(기획재정부소득-237, 2016.6.2.)

3) 주택가격 요건

➲ 기준시가는 기준일이 아닌 공시일을 기준으로 판단한다.(서면1팀 - 216, 2007.2.9.)

① 2006.1.1. ~ 2013.12.31.까지의 차입분에 대해서는 주택의 취득당시 기준시가가 3억원 이하이어야 한다.(소법 52조 ⑤)

② 2008.1.1. 이후 차입분부터는 개별주택가격 및 공동주택가격이 공시되기 전에 차입한 경우에는 차입일 이후 최초로 공시된 가격을 해당 주택의 기준시가로 본다.(소법 52조 ⑤ 5)

③ 2014.1.1. 이후 차입분부터는 주택의 취득당시 기준시가가 4억원 이하이어야 한다.(소법 52조 ⑤, 2014.1.1. 개정)

④ 2019.1.1. 이후 차입분부터는 주택의 취득당시 기준시가가 5억원 이하이어야 한다.(소법 52조 ⑤, 2018.12.31. 개정)

⑤ 2024.1.1. 이후 차입분부터는 주택의 취득당시 기준시가가 6억원 이하이어야 한다.(소법 52조 ⑤, 2018.12.31. 개정)

➲ 2024.1.1. 전에 취득한 주택 및 주택분양권에 대한 장기주택저당차입금 이자 상환액의 소득공제 대상 주택 및 주택분양권의 범위에 관하여는 공제한도의 개정규정에도 불구하고 종전의 규정에 따른다.(2023.12.31. 법 부칙 16조 ①)

✓ 장기주택저당차입금 이자상환액 소득공제시 주택의 기준시가가 공시되지 아니한 경우 주택가격 적용 방법

장기주택저당차입금 이자상환액 소득공제 대상 주택의 기준시가는 취득당시를 기준으로 하는 것이며, 공동주택가격이 공시되기 전 차입한 경우에는 차입일 이후 최초로 공시된 가격을 해당주택의 기준시가로 보는 것임(사전법령해석소득 2020-111, 2020.4.3.)

✓ 장기주택저당차입금 이자상환액 공제와 관련한 주택가격 적용기준

근로소득이 있는 거주자로서 세대주가 본인과 배우자 공동명의의 주택취득시 장기주택저당차입금 이자상환액 공제대상 주택의 가격은 당해 주택의 기준시가를 기준으로 하여 '3억원 이하' 적용여부를 판단하는 것임(서면1팀 - 778, 2006.6.13.)

* 2014.1.1. 이후 차입금부터는 4억원, 2019.1.1. 이후 차입금부터는 5억원, 2024.1.1. 이후 차입금부터는 6억원임

➲ 즉, 공동소유의 주택인 경우 소유자별 지분으로 안분하지 않고 당해 주택(전체)으로 국민주택 규모 및 주택가격 요건을 판단하는 것임

저자TIP '기준시가 6억원 이하' 판단 사례

2024년 3월에 아파트를 구입(등기접수일 기준)하여 장기주택저당차입금을 A은행으로부터 차입하였다. 이 아파트는 「부동산 가격공시에 관한 법률」에 따라 2023년 4월 28일(2023년 1월 1일 기준)에 공시된 가격은 5억 8천만원이며, 2024년 4월 30일(2024년 1월 1일 기준)에 공시된 가격은 6억 5천만원이다. 이때 해당 아파트가 '취득당시 기준시가 6억원 이하' 요건을 충족하는 지를 판단하시오.

〈판단〉
차입당시의 기준시가를 적용하는 것이며, 기준일이 아닌 공시일을 기준으로 적용하는 것이므로 2024년 3월 취득당시의 기준시가(공동주택가격)는 5억 8천만원으로서 '6억원 이하'의 요건을 충족한다.
즉, 2024년 3월 주택취득당시(계약일이 아닌 등기접수일 기준) 알 수 없었던 2024년 4월 30일 기준시가(공동주택가격)가 아니라, 취득당시 알 수 있었던 2023년 4월 28일의 기준시가(공동주택가격)를 기준으로 판단하는 것이다.

4) 공동소유주택의 경우(재소득 46073－12, 2001.1.16.)

구 분			적 용 방 법
• 본인명의로 주택을 취득	본인명의로 차입		본인이 이자상환공제 가능
	공동명의로 차입	채무분담비율을 별도로 약정한 경우	본인의 채무부담부분만 본인이 공제가능
		채무분담비율이 별도로 없는 경우	공동차입자간 채무분담비율이 균등한 것으로 간주하여 본인의 채무부담부분만 본인이 공제가능
• 본인과 배우자 또는 제3자와 공동명의로 주택을 취득	본인명의로 차입		본인이 이자상환공제 가능
	공동명의로 차입	채무분담비율을 별도로 약정한 경우	본인의 채무부담부분만 본인이 공제가능
		채무분담비율이 별도로 없는 경우	공동차입자간 채무분담비율이 균등한 것으로 간주하여 본인의 채무부담부분만 본인이 공제가능

(4) 공제대상 장기주택저당차입금의 범위

공제대상 장기주택저당차입금이란 다음의 요건을 모두 갖춘 차입금을 말한다. 이 경우 해당 요건을 충족하지 못하게 되는 경우에는 그 사유가 발생한 날부터 전액 소득공제를 적용하지 아니한다.(소령 112조 ⑧)

① 상환기간 요건 : 15년 이상(또는 10년 이상*)(거치기간 포함)
② 차입일 요건 : 주택소유권이전등기·보존등기일부터 3월 이내 차입
③ 채무자 요건 : 채무자＝주택소유자

* 2015.1.1 이후 차입한 차입금은 상환기간이 10년 이상인 경우라도 고정금리 또는 비거치식 분할상환이라면 공제 가능함

PART 3

1) 상환기간 요건

① 원 칙

차입금의 상환기간이 15년 이상일 것. 다만, 2015.1.1. 이후 차입한 차입금은 상환기간이 10년 이상인 경우라도 고정금리 또는 비거치식 분할상환이라면 공제가 가능하다.

✓ **장기주택저당차입금 일시상환액 시 당해연도 이자불입액의 소득공제 해당여부**

장기주택저당차입금이 있는 근로자가 차입금의 상환기간 중 차입금의 잔액을 일시에 상환하여 당해 연도에는 동 차입금이 소득세법 시행령 제112조 제7항의 요건을 충족하지 못하는 경우, 당해 연도에 지급한 당해 차입금의 이자상환액은 소득공제 대상 장기주택저당차입금에 해당하지 아니함 (원천-488, 2009.6.4.)

✓ **상환기간 20년 또는 30년인 장기주택저당차입금 상환 중 일시상환시 소득공제**

상환기간 20년 또는 30년의 장기주택저당차입금이 있는 근로자가 그 상환기간 중 차입금의 잔액을 15년 경과 후 그 상환기간 만료 전에 일시에 상환하는 경우 당해 연도에 지급한 이자상환액은 소득공제하는 것임(원천-680, 2009.8.11.)

➲ 2012.1.1. 이후 상환기간 15년의 장기주택저당차입금을 고정금리 또는 비거치식분할상환방식으로 차입하여 상환하여 오다가 상환기간이 10년이 경과된 시점에 조기상환하는 경우 당해 연도에 지급한 이자상환액은 연 600만원을 한도로 공제가 가능하다.

② 채무인수의 경우

㉠ 해당 주택의 전소유자가 해당 주택에 저당권을 설정하고 차입한 장기주택저당차입금에 대한 채무를 해당 주택의 양수인이 주택취득과 함께 인수하는 때에는 해당 주택의 전소유자가 해당 차입금을 최초로 차입한 때를 기준으로 하여 상환기간을 계산한다.(소령 112조 ⑧, 2015.2.3. 호번 개정)

㉡ 주택취득과 관련하여 해당 주택의 양수인이 장기주택저당차입금의 채무를 인수하는 경우에는 차입일 요건(☞ 주택소유권이전등기·보존등기일부터 3월 이내 차입 요건)을 적용하지 아니한다.(소령 112조 ⑪)

㉢ 상환기간 연장당시 또는 신규 차입당시 주택의 기준시가가 6억원 이하이어야 한다.

➲ 2024.1.1. 전에 채무를 인수한 경우 그 이자 상환액의 소득공제에 관하여는 개정규정에도 불구하고 종전의 규정(기준시가 5억원 이하)에 따른다.(2024.2.29. 영 부칙 8조 ②)

✓ **소유권이전 등기 전 차입한 장기주택저당차입금이 장기주택저당차입금에 해당하는지 여부**

주택양수자가 주택양도자의 주택을 담보로 차입금의 상환기간이 15년 이상인 차입금을 차입한 후 즉시 소유권을 주택양수자에게로 이전하는 경우 해당 차입금은 소득공제대상 장기주택저당차입금으로 보는 것임(사전법규소득 2022-434, 2022.4.29.)

✓ **장기주택저당차입금 이자상환액 소득공제 적용**

근로소득이 있는 거주자로서 세대주가 국민주택규모의 주택을 부담부증여로 취득함에 있어서 장기주택저당차입금을 승계받는 경우에는 공제대상 차입금에 포함되는 것임(서면1팀-1350 2005.11.8.)

✓ **상속주택의 장기주택저당차입금 공제 해당여부**(소득 집행기준 52-112-2)

아버지가 장기주택저당차입금 이자상환액공제를 받고 있다가 사망하여 아들이 주택 및 장기주택저당차입금을 상속받는 경우, 상속시점에서 아들이 장기주택저당차입금 이자상환액공제 대상자에 해당되고 동 차입금이 공제요건을 충족하는 경우에는 아들이 상속받은 장기주택저당차입금은 공제대상 차입금에 포함한다.

장기주택저당차입금 상환기간 요건

구 분	2000.10.31. 이전 차입분	2000.11.1.~ 2003.12.31. 차입분	2004.1.1.~ 2005.12.31. 차입분	2006.1.1. 이후 차입분	2009.1.1. 이후 상환분	2015.1.1. 이후 차입분
상환기간 요건*1	10년 이상	10년 이상	15년 이상	15년 이상	15년 이상	15년 이상 또는 10년 이상
거치기간	요건 없음	요건 없음	3년 이하	3년 이하	요건 없음*2	요건 없음

*1. 거치기간을 포함한다.(구 소령 112조 ⑥ 1)
*2. 2009.1.1. 이후 최초로 상환하는 분부터 거치기간 요건이 폐지되었다. 다만, 2008.10.21. 이전에 종전의 거치기간 요건을 충족한 분에 대하여는 2008.10.21. 이후 상환하는 분부터 적용한다.(2009.2.4. 영 부칙 9조 ②)

2) 차입일 요건

주택소유권이전등기 또는 보존등기일부터 3월 이내에 차입한 장기주택저당차입금이어야 한다.(소령 112조 ⑧ 2)

✓ 이혼으로 재산분할 후 신규대출 건에 대한 장기저당차입금 이자상환액 소득공제 적용 여부
이혼으로 인한 재산분할로 본인 단독명의(1/2지분 취득)로 변경하는 과정에서 부부공동명의로 취득한 주택을 담보로 배우자 명의 장기주택저당차입금을 본인 명의 신규 대출금으로 상환하는 경우, 해당 신규대출금은 장기주택저당차입금에 해당하지 않는 것임(원천-961, 2024.9.25.)

✓ 증여로 주택의 지분을 취득 후 장기주택저당차입금 차입시 해당 차입금은 장기주택저당차입금에 해당하지 않는 것임(사전법규소득 2024-206, 2024.7.9.)

✓ 주택 취득 전 차입한 장기주택저당차입금 이자상환액 소득공제 여부
소유권 취득 전 주택에 저당권을 설정하고 주택자금을 차입한 후 즉시 본인 명의로 소유권을 이전등기 하는 경우에는 해당 차입금은 장기주택저당차입금에 해당하는 것임(사전법령해석소득 2020-217, 2020.4.6.)

3) 채무자 요건

장기주택저당차입금의 채무자가 당해 저당권이 설정된 주택의 소유자이어야 한다.(소령 112조 ⑧ 3)

4) 특수한 경우

① 양도소득세 감면대상 신축주택을 취득한 경우

조세특례제한법 제99조의 규정에 따른 양도소득세의 감면대상 신축주택을 최초로 취득하는 자가 금융회사 등 또는 주택도시기금법에 따른 주택도시기금으로부터 차입한 차입금으로 해당 주택을 취득하기 위하여 차입한 사실이 확인되는 경우에는 해당 차입금을 공제대상 장기주택저당차입금으로 본다.(소령 112조 ⑩ 1, 2015.6.30. 개정)

② 차입금을 이전한 경우

장기주택저당차입금의 차입자가 해당 금융회사 등 내에서 또는 다른 금융회사 등으로 장기주택저당차입금을 이전하는 경우(㉠ 해당 금융회사 등 또는 다른 금융회사 등이 기존의 장기주택저당차입금의 잔액을 직접 상환하고 해당 주택에 저당권을 설정하는 형태로 장기주택저당차입금을 이전방식과 ㉡ 해당 차입자가 신규로 차입한 장기주택저당차입금으로 기존의 장기주택저당차입금의 잔액을 즉시 상환하고 해당 주택에 저당권을 설정하는 형태로 장기주택저당차입금을 이전하는 방식 중 한 가지만 허용)에는 다음의 요건을 충족하는 경우 해당 차입금을 공제대상 장기주택저당차입금으로 본다.(소령 112조 ⑩ 2, 2024.2.29. 개정)

➲ 위 ②의 방식은 2024.1.1. 이후 연말정산을 하거나 종합소득과세표준 확정신고를 하는 경우부터 적용한다.(2024.2.29. 영 부칙 8조 ①)

㉠ 기존의 장기주택저당차입금을 최초로 차입한 날을 기준으로 차입금은 상환기간 15년 이상 요건을 판단한다.

㉡ 공제대상 장기주택저당차입금은 기존 차입금의 잔액을 한도로 한다.

③ 주택양수도의 경우

주택양수자가 금융회사 등 또는 주택도시기금법에 따른 주택도시기금으로부터 주택양도자의 주택을 담보로 차입금의 상환기간이 15년 이상인 차입금을 차입한 후 즉시 소유권을 주택양수자에게로 이전하는 경우에는 해당 차입금을 공제대상 장기주택저당차입금으로 본다.(소령 112조 ⑩ 3, 2015.2.3. 개정)

④ 전환 또는 만기연장의 경우

차입일 요건(3개월 이내 차입)에 해당하나 그 상환기간이 15년 미만인 차입금의 차입자가 그 상환기간을 15년 이상으로 연장하거나 해당 주택에 저당권을 설정하고 상환기간을 15년 이상으로 하여 신규로 차입한 차입금으로 기존 차입금을 상환하는 경우로서 다음 요건을 충족하면 공제대상 장기주택저당차입금으로 본다.(소령 112조 ⑩ 4)

㉠ 기존 차입금의 최초 차입일을 기준으로 '주택소유권이전등기 또는 보존등기일로부터 3월 이내 차입' 요건을 적용한다.

㉡ 상환기간 연장당시 또는 신규 차입당시 주택의 기준시가가 6억원 이하이어야 한다.

➲ 2024.1.1. 전에 장기주택저당차입금의 상환기간을 연장하는 경우 그 이자 상환액의 소득공제에 관하여는 개정규정에도 불구하고 종전의 규정(기준시가 5억원 이하)에 따른다.(2024. 2.29. 영 부칙 8조 ②)

㉢ 공제대상 장기주택저당차입금은 기존 차입금의 잔액을 한도로 한다.

⑤ 양도소득세 과세특례대상 주택을 취득한 경우

조세특례제한법 제98조의3에 따른 양도소득세 과세특례대상 주택을 2009.2.12.부터 2010.2.11.까지의 기간 중에 최초로 취득하는 자가 해당 주택을 취득하기 위하여 금융회사 등 또는 주택도시기금법에 따른 주택도시기금으로부터 차입한 차입금으로서 상환기간이 5년 이상이며 차입일 요건(3개월 이내 차입) 및 채무자 요건(채무자=주택소유자)을 충족한 경우에는 해당 차입금을 공제대상 장기주택저당차입금으로 본다. (소령 112조 ⑩ 5, 2015.6.30. 신설)

⑥ 주택분양권을 취득한 경우

㉠ 무주택자인 세대주가 주택법에 따른 사업계획의 승인을 받아 건설되는 주택(주택법에 따른 주택조합 및 도시 및 주거환경정비법에 따른 정비사업조합의 조합원이 취득하는 주택 또는 그 조합을 통하여 취득하는 주택을 포함)을 취득할 수 있는 권리(이하 "주택분양권"이라 한다)로서 가격이 6억원*(2013.12.31. 이전 취득분은

3억원, 2014.1.1.~2020.12.31. 취득분은 4억원, 2021.1.1.~2023.12.31. 취득분은 5억원) 이하인 권리를 취득하고 그 주택을 취득하기 위하여 그 주택의 완공 시 장기주택저당차입금으로 전환할 것을 조건으로 금융회사 등 또는 주택도시기금법에 따른 주택도시기금으로부터 차입(그 주택의 완공 전에 해당 차입금의 차입조건을 그 주택 완공 시 장기주택저당차입금으로 전환할 것을 조건으로 변경하는 경우를 포함)한 경우에는 그 차입일(차입조건을 새로 변경한 경우에는 그 변경일)부터 그 주택의 소유권보존등기일까지 그 차입금을 장기주택저당차입금으로 본다.(소법 52조 ⑤ 4, 2020. 12.29. 개정)

* 2024.1.1. 전에 취득한 주택분양권에 대한 장기주택저당차입금 이자 상환액의 소득공제 대상 주택분양권의 범위에 관하여는 공제한도의 개정규정에도 불구하고 종전의 규정에 따른다.(2023.12.31. 법 부칙 16조 ①)

㉡ 거주자가 주택분양권을 둘 이상 보유하게 된 경우에는 그 보유기간이 속하는 과세기간에는 적용하지 아니한다.(소법 52조 ⑤ 4 후단, 2015.1.6. 개정)

㉢ 주택분양권의 가격은 다음에 따른다.(소령 112조 ⑮)

구 분		가 격
조합원입주권	청산금을 납부한 경우	기존건물과 그 부수토지의 평가액 + 납부한 청산금
	청산금을 지급받은 경우	기존건물과 그 부수토지의 평가액 − 지급받은 청산금
조합원입주권 외의 주택분양권		분양가격

✓ 6억원(5억원)[*1] 초과 분양권이었으나 완공된 주택 기준시가가 6억원(5억원)[*1] 이하인 경우

5억원[*1] 초과 국민주택규모[*2]의 주택분양권에 대한 차입금을 동 주택 완공시 당초 약정대로 장기주택저당차입금으로 전환한 경우로서, 전환당시 동 주택의 기준시가가 5억원[*1] 이하로 장기주택저당차입금 요건을 충족하는 경우에는 전환일 이후부터 소득공제 적용 가능함(원천-514, 2009.6.16.)

*1. 2024.1.1. 이후 차입금부터는 6억원(2021.1.1.~2023.12.31. 차입금은 5억원, 2014.1.1.~2018.12.31. 차입금은 4억원) 기준이며, 2019.1.1.~2023.12.31. 완공시 기준시가 기준은 5억원, 2024.1.1. 이후 완공시 기준시가 기준은 6억원 이하여야 할 것임

*2. 2014.1.1. 이후 차입금부터는 주택규모의 제한이 없음

✓ 6억원(5억원)[*] 이하 분양권이었으나 완공된 주택 기준시가가 6억원(5억원) 초과시

주택분양권 담보대출을 주택 완공시 장기주택저당차입금으로 전환함에 있어, 동 주택의 기준시가가 5억원[*1]을 초과하는 경우 그 전환하는 차입금은 소득공제대상 장기주택저당차입금에 해당하지 않음(원천-1890, 2008.9.3.)

* 2024.1.1. 이후 차입금부터는 6억원(2021.1.1.~2023.12.31. 차입금은 5억원, 2014.1.1.~2018.12.31. 차입금은 4억원) 기준이며, 2019.1.1.~2023.12.31. 완공시 기준시가 기준은 5억원, 2024.1.1. 이후 완공시 기준시가 기준은 6억원 이하여야 할 것임

⑦ 주택자금차입금 이자세액공제를 받는 경우

법률 제5584호 조세감면규제법 개정법률로 개정되기 전의 조세감면규제법 제92조의 4에 따른 「주택자금 차입금 이자에 대한 세액공제」를 받는 자에 대하여는 해당 과세기간에 있어서는 해당 주택취득과 관련된 차입금은 공제대상 장기주택저당차입금으로 보지 아니한다.(소령 112조 ⑫)

(5) 공제범위액

① 공제대상 장기주택저당차입금 이자상환액을 상환하는 경우에는 해당 과세기간에 지급한 이자상환액을 그 과세기간의 근로소득금액에서 공제한다.(소법 52조 ③) 따라서 상환하지 못한 금액은 실제 상환한 과세기간에 공제하는 것이다.

② 공제대상 이자상환액에는 원금상환액 및 연체이자는 제외(제도 46013－436, 2000.1.22.)하되, 선납이자는 포함한다.(서면1팀－107, 2006.1.26.)

(6) 제출서류

장기주택저당차입금 이자상환액공제를 받고자 하는 자는 다음의 서류를 제출하여야 한다.(소칙 58조 ① 4)

① 해당 금융기관이 발행한 장기주택저당차입금이자상환증명서

② 주민등록표등본

③ 장기주택저당차입금으로 취득한 주택의 가액 또는 주택분양권의 가격을 확인할 수 있는 다음 중 하나에 해당하는 서류와 건물등기부등본 또는 분양계약서

㉠ 부동산가격공시에 관한 법률 시행규칙 제13조에 따른 개별주택가격 확인서

㉡ 부동산가격공시에 관한 법률 시행규칙 제17조에 따른 공동주택가격 확인서

㉢ 그 밖에 주택의 가액 또는 주택분양권의 가격을 확인할 수 있는 서류로서 국세청장이 정하여 고시하는 서류

④ 조세특례제한법 제99조 규정에 의한 양도소득세 감면대상 신축주택의 경우

㉠ 자기가 건설한 주택(주택조합 또는 정비사업조합의 조합원이 취득한 주택 포함) : 사용승인서 또는 사용검사서(임시사용승인서 포함) 사본

㉡ 주택건설사업자가 건설한 주택 : 주택매매계약서 사본, 계약금을 납부한 사실을 입증할 수 있는 서류 및 주택건설사업자의 확인서

⑤ 다음 차입금의 경우에는 기존 및 신규차입금의 대출계약서 사본을 제출하여야 한다.(소칙 58조 ① 마)

㉠ 장기주택저당차입금의 차입자가 해당 금융기관 내에서 또는 다른 금융기관으로

장기주택저당차입금을 이전하는 경우

㉡ 상환기간이 15년 미만인 차입금의 차입자가 상환기간을 15년 이상으로 하여 차입된 신규 차입금으로 기존 차입금을 상환하거나 기존 차입금의 상환기간을 15년 이상으로 연장한 경우

5 주택자금공제 한도액

1) 2011.12.31. 이전에 장기주택저당차입금을 차입한 경우

주택마련저축공제, 주택임차차입금 원리금상환액공제, 주택임차차입금 원리금상환액공제, 장기주택저당차입금 이자상환액공제금액의 합계액이 연 1천만원(장기주택저당차입금의 상환기한이 30년 이상인 경우에는 연 1,500만원)을 초과하는 때에는 연 1천만원(장기주택저당차입금의 상환기한이 30년 이상인 경우에는 연 1,500만원)까지 공제한다.(소법 52조 ⑤, 2008.12.26. 개정)

2) 2024.1.1. 이후에 장기주택저당차입금을 상환하는 경우(소법 52조 ⑥, 2023.12.31. 개정)

<table>
<tr><th>차입시기</th><th colspan="2">상환유형(또는 상환기간)</th><th>통합공제한도</th></tr>
<tr><td rowspan="5">2011.12.31.
이전 차입금</td><td colspan="2">10년 이상~15년 미만(2003.12.31. 이전 차입금에 한함)</td><td>연 600만원</td></tr>
<tr><td colspan="2">15년 이상~30년 미만</td><td>연 1,000만원</td></tr>
<tr><td colspan="2">30년 이상</td><td>연 1,500만원</td></tr>
<tr><td rowspan="2">15년 이상</td><td>고정금리이면서 비거치식상환 대출</td><td>연 2,000만원</td></tr>
<tr><td>고정금리이거나 비거치식상환 대출</td><td>연 1,800만원</td></tr>
<tr><td rowspan="4">2012.1.1.
이후 차입금</td><td rowspan="3">15년 이상</td><td>고정금리이면서 비거치식상환 대출</td><td>연 2,000만원</td></tr>
<tr><td>고정금리이거나 비거치식상환 대출</td><td>연 1,800만원</td></tr>
<tr><td>그 밖의 대출(변동금리이면서 거치식)</td><td>연 800만원</td></tr>
<tr><td>10년 이상
15년 미만</td><td>고정금리이거나 비거치식상환 대출</td><td>연 600만원</td></tr>
</table>

① 2024.1.1. 전에 차입한 장기주택저당차입금의 이자 상환액에 대한 소득공제 한도에 관하여는 다음의 구분에 따른다.(2023.12.31. 법 부칙 16조 ②)

㉠ 2024.1.1. 전에 지급한 이자상환액의 경우 : 공제한도의 개정규정에도 불구하고 종전의 규정에 따른다.

㉡ 2024.1.1. 이후 지급하는 이자상환액의 경우 : 공제한도의 개정규정을 적용한다. 다만, 2012.1.1. 전에 차입한 장기주택저당차입금의 이자상환액에 대하여 공제한도의 개정규정을 적용하는 것이 종전의 한도 규정을 적용하는 것보다 납세자에게

불리하게 되는 경우에는 같은 종전의 규정에 따른다.

2011년 이전 차입금의 공제한도 적용

2011년 이전 차입금의 한도는 개정규정과 종전규정 중 유리한 것을 선택적용하면 되는데, 이를 정리하면 다음과 같다.

구 분	적용 한도
고정금리이면서 비거치식인 경우	개정규정 적용
고정금리이거나 비거치식인 경우	
그 밖의 대출(변동금리이면서 거치식)	종전규정 적용

② 2024.1.1. 전에 취득한 주택 및 주택분양권에 대한 장기주택저당차입금 이자 상환액의 소득공제 대상 주택 및 주택분양권의 범위에 관하여는 공제한도의 개정규정에도 불구하고 종전의 규정에 따른다.(2023.12.31. 법 부칙 16조 ①)

③ "고정금리 방식"이란 차입금의 70% 이상의 금액에 상당하는 분에 대한 이자를 상환기간 동안 고정금리(5년 이상의 기간 단위로 금리를 변경하는 경우를 포함)로 지급하는 경우를 말한다.(소령 112조 ⑨)

④ "비거치식 분할상환 방식"이란 상환기간 동안 이자만 상환하는 기간(이하에서 "거치기간"이라 한다)이 1년 이내이고 거치기간 종료일이 속하는 과세기간부터 차입금 상환기간의 말일이 속하는 과세기간까지 매년 다음 계산식에 따른 금액 이상의 차입금을 상환하는 경우를 말한다. 이 경우 상환기간 연수 중 1년 미만의 기간은 1년으로 본다.(소령 112조 ⑨, 2025.2.28. 개정)

$$\frac{\text{차입금의 70\%}}{\text{상환기간 연수}} \times \frac{\text{해당 과세기간의 차입금 상환월수}}{12}$$

공제한도가 상이한 차입금이 있는 경우6) (2024년 귀속분부터 적용)

공제한도가 상이한 2이상의 공제대상 장기주택저당차입금이 있는 경우에는 각각의 공제한도를 적용한 공제금액의 합계액이 각각이 공제한도 중 가장 큰 공제한도를 초과하는 때에는 그 초과금액은 없는 것으로 본다.(원천-726, 2010.9.14.)

공제금액 및 한도적용
• 고정금리이면서 비거치식상환 차입금(15년 이상)과 그 밖의 대출 차입금(15년 이상)이 있는 경우 : ☞ 고정금리이면서 비거치식상환 방식(2,000만원 한도) + 그 밖의 대출(800만원 한도) ≤ 2,000만원
• 고정금리이거나 비거치식상환 차입금(15년 이상)과 그 밖의 대출 차입금(15년 이상)이 있는 경우 : ☞ 고정금리이거나 비거치식상환 방식(1,800만원 한도) + 그 밖의 대출(800만원 한도) ≤ 1,800만원
• 고정금리이거나 비거치식상환 차입금(10년 이상)과 그 밖의 대출 차입금(15년 이상)이 있는 경우 : ☞ 고정금리이거나 비거치식상환 방식(600만원 한도) + 그 밖의 대출(800만원 한도) ≤ 800만원

장기주택저당차입금의 차입시기별 적용방법7)

구 분	2000.10.31. 이전 차입분	2000.11.1.~2003.12.31. 차입분	2004.1.1.~2005.12.31. 차입분	2006.1.1.~2007.12.31. 차입분	2008.1.1.~12.31. 차입분	2009.1.1.~2011.12.31. 과세기간분	2012.1.1.~2013.12.31. 과세기간분	2014.1.1.~12.31. 차입분	2015.1.1.~2018.12.31. 차입분	2019.1.1.~2023.12.31. 차입분	2024.1.1. 이후 차입분
소유주택 수 요건	요건없음	요건없음	요건없음	1주택[*1]	1주택[*2]	1주택[*2]	1주택[*2]	1주택[*3]	1주택[*3]	1주택[*3]	1주택[*3]
주택규모 요건	국민주택 규모	국민주택 규모	국민주택 규모	국민주택 규모	국민주택 규모	국민주택 규모	국민주택 규모	규모제한 없음	규모제한 없음	규모제한 없음	규모제한 없음
주택가격 요건	요건없음	요건없음	요건없음	취득당시 기준시가 3억원이하[*1]	취득당시 기준시가 3억원이하[*1]	취득당시 기준시가 3억원이하[*1]	취득당시 기준시가 3억원이하[*1]	취득당시 기준시가 4억원이하	취득당시 기준시가 4억원이하	취득당시 기준시가 5억원이하	취득당시 기준시가 6억원이하
상환기간 요건 (거치기간포함)	10년이상	10년이상	15년이상	15년이상	15년이상	15년이상	15년이상	15년이상	15년(10년) 이상	15년(10년) 이상	15년(10년) 이상
거치기간	요건없음	요건없음	3년이하[*4]	3년이하	3년이하	폐지	폐지	폐지	폐지	폐지	폐지
차입일 요건	요건없음	소유권이전 등기·보존 등기일로부터 3월이내	소유권이전 등기·보존 등기일로부터 3월이내	소유권이전 등기·보존 등기일로부터 3월이내	소유권이전 등기·보존 등기일로부터 3월이내	소유권이전 등기·보존 등기일로부터 3월이내	소유권이전 등기·보존 등기일로부터 3월이내	소유권이전 등기·보존 등기일로부터 3월이내	소유권이전 등기·보존 등기일로부터 3월이내	소유권이전 등기·보존 등기일로부터 3월이내	소유권이전 등기·보존 등기일로부터 3월이내
채무자 요건	채무자= 해당주택 소유자	채무자= 해당주택 소유자	채무자= 해당주택 소유자	채무자= 해당주택 소유자	채무자= 해당주택 소유자	채무자= 해당주택 소유자	채무자= 해당주택 소유자	채무자= 해당주택 소유자	채무자= 해당주택 소유자	채무자= 해당주택 소유자	채무자= 해당주택 소유자
주택자금 공제 통합한도	연 600만원[*5]	연 600만원[*5]	연 1,000만원	연 1,000만원	연 1,000만원	연 1,000 (1,500[*6]) 만원	연 500[*7] (1,500[*7]) 만원	연 500[*7] (1,500[*7]) 만원	연 300만원~ 1,800만원[*8]	연 300만원~ 1,800만원[*8]	연 600만원~ 2,000만원[*9]

*1. 2008.1.1.이 속하는 과세기간분부터는 과세기간종료일 현재는 1주택자이나 연도 중 2주택을 보유한 경우, 그 보유기간이 3개월 이하인 경우라면 소득공제가 허용된다.(소법 52조 ⑤ 2) 또한 2008.1.1. 이후 차입분부

6) 차재영·박교원, 2024, 2024 연말정산실무, 씨에프오아카데미, p. 368.

터는 장기주택저당차입금의 차입시 기준시가를 확인할 수 없는 주택(구입당시 공시가격이 없는 신축주택 등)을 취득하는 경우 차입일 이후 최초로 공시된 가격을 해당 주택의 기준시가로 본다.(소법 52조 ⑤ 5)

*2. 과세기간종료일 현재 2주택 이상을 보유하거나 해당 과세기간에 3개월을 초과하여 2주택 이상을 보유한 경우 공제불가(2008.1.1. 이후 과세기간분부터 적용). 다만, 2013.12.31. 이전 차입금으로 장기주택저당차입금 이자상환액공제를 받아온 1주택 보유세대가 2014년 중에 주택을 추가 취득하여 2주택이 된 경우, 2014년 개정규정에 따라 2013년 이전 차입금에 대해서도 연도 중 2주택 보유기간에 관계없이 연말 현재(2014.12.31.) 1주택에 해당하는 경우에는 소득공제를 적용함(2014.1.1. 법 부칙 19조)

*3. 주택구입시 무주택 또는 1주택 보유인 상태에서 주택을 추가 취득하더라도 연말 현재 1주택이면 해당 과세기간에 3개월을 초과하여 2주택 이상을 보유하더라도 주택수 요건을 충족한다.

*4. 주택법에 의한 국민주택기금에서 차입하는 경우에 있어서는 2004.4.1. 이후 차입하는 분부터 적용한다.(2003.12.30. 영 부칙 15조 단서)

*5. 2000.10.23. 법 부칙 3조, 2002.12.18. 법 부칙 6조

*6. 2009.1.1. 이후 최초로 상환하는 분부터는 상환기간이 30년 이상인 경우에 1,500만원의 한도를 적용한다.

*7. 2012.1.1. 이후 최초로 차입하거나 차입금의 상환기간을 연장하여 지급하는 이자부터 적용하며,(2012.1.1. 법 부칙 7조) 2012.1.1. 이후 차입하는 고정금리 또는 비거치식 분할상환 차입금(또는 2012.1.1. 이후 차입금의 상환기간을 연장하여 지급하는 이자 포함)부터는 1,500만원의 한도를 적용한다.

*8. 2015.1.1. 이후 차입분부터 다음의 한도를 적용한다.(소법 52조 ⑥, 2014.12.23. 개정)

구 분		통합공제한도
상환기간이 15년 이상	고정금리이면서 비거치식상환 대출	연 1,800만원
	고정금리이거나 비거치식상환 대출	연 1,500만원
	그 밖의 대출(변동금리이면서 거치식)	연 500만원
상환기간이 10년 이상	고정금리이거나 비거치식상환 대출	연 300만원

*9. ① 2024.1.1. 이후 이자 상환분부터는 다음의 한도를 적용한다.(소법 52조 ⑥, 2023.12.31. 개정)

차입시기	상환유형(또는 상환기간)		통합공제한도
2011.12.31. 이전 차입금	10년 이상~15년 미만(2003.12.31. 이전 차입금에 한함)		연 600만원
	15년 이상~30년 미만		연 1,000만원
	30년 이상		연 1,500만원
	15년 이상	고정금리이면서 비거치식상환 대출	연 2,000만원
		고정금리이거나 비거치식상환 대출	연 1,800만원
2012.1.1. 이후 차입금	15년 이상	고정금리이면서 비거치식상환 대출	연 2,000만원
		고정금리이거나 비거치식상환 대출	연 1,800만원
		그 밖의 대출(변동금리이면서 거치식)	연 800만원
	10년 이상 15년 미만	고정금리이거나 비거치식상환 대출	연 600만원

② 종전의 차입연도별로 적용하던 통합공제한도를 2024.1.1. 이후 상환하는 이자부터는 차입연도와 상관없이 상환유형별로 통합공제한도를 적용하는 방식으로 변경되었으며, 2011.12.31. 이전 차입금의 경우 개정규정을 적용하는 것이 종전의 한도규정을 적용하는 것보다 납세자에게 불리하게 되는 경우에는 종전의 한도를 적용할 수 있다.(2023.12.31. 법 부칙 16조 ② 2)

7) 정종철, 앞의 책, p. 379 수정

✓ **장기주택저당차입금 이자상환액 소득공제를 위한 비거치식 분할상환방식의 적용 범위**

소득세법 시행령 제112조 제9항의 규정에 따른 비거치식 분할상환 방식은 매년 원리금 전부 또는 원금의 전부를 균등하게 소득세법 시행령 제112조 제9항의 금액* 이상을 상환하는 것으로 차입일이 속하는 과세기간의 다음 과세기간 또는 마지막 상환일이 속하는 과세기간에 한정하여 일시적으로 소득세법 시행령 제112조 제9항의 금액*을 미달하여 상환하는 경우도 포함함(기획재정부소득-1138, 2024.12.12.)

$$* \frac{\text{차입금의 70\%}}{\text{상환기간 연수}} \times \frac{\text{해당 과세기간의 차입금 상환월수}}{12} \text{ (2025.2.28. 개정)}$$

✓ **주택을 동일자에 취득하고 양도하는 경우**

장기주택저당차입금 이자상환액공제를 적용함에 있어, 동일자에 1주택을 취득·양도한 경우 1주택을 양도한 후 다른 1주택을 취득한 것으로 보아 동 규정을 적용하는 것임(원천-239, 2010.3.17.)

✓ **2005.12.31. 이전에 차입한 장기주택저당차입금 이자상환액 소득공제 여부**

2005.12.31. 이전에 차입한 장기주택저당차입금의 경우, 거주자가 2주택 이상을 소유한 경우에는 본인이 실제 거주한 주택에 한하여 당해 주택에 거주하는 기간동안 발생한 장기주택저당차입금의 이자상환액에 대하여 소득공제를 적용하는 것임(서면1팀-190, 2007.2.1.)

✓ **장기주택저당차입금 이자상환액 소득공제 여부**

2005.12.31. 이전부터 장기주택저당차입금에 차입하고 그 이자상환액에 대해 계속적으로 소득공제를 받은 거주자가 2009년도 배우자의 새로운 주택 취득으로 과세기간 종료일 현재 2주택 보유자에 해당하는 경우에는 기존주택에 실제거주하고 있는 경우에도 동 차입금의 이자상환액은 소득공제 대상에 해당하지 않음(법규소득-29, 2010.2.26.)

✓ **1주택자가 당해 과세기간 중 새주택을 취득하여 일시적 2주택 상태였다가 3개월 이내에 종전주택을 양도한 경우 새주택에 대한 이자상환액 공제가능 여부**

새주택에 대하여 당해 과세연도 및 그 이후 과세연도에 장기주택저당차입금 이자상환액 소득공제를 적용받을 수 없는 것임(취득당시 무주택요건 불충족).(서면1팀-752, 2008.5.30.)

➲ 2013.12.31. 이전 차입금으로 장기주택저당차입금 이자상환액공제를 받아온 1주택 보유세대가 2014년 중에 주택을 추가 취득하여 2주택이 된 경우, 2014년 개정규정에 따라 2013년 이전 차입금에 대해서도 연도 중 2주택 보유기간에 관계없이 연말 현재 1주택에 해당하는 경우에는 소득공제를 적용함(2014.1.1. 법 부칙 19조)

✓ **전소유자로부터 인수받는 장기주택저당차입금의 명의를 양수인으로 변경하기 전에 양수인이 그 이자를 상환한 경우 공제여부**

주택양수인의 채무자명의 변경 전 이자상환액은 '장기주택저당차입금의 채무자가 당해 저당권이 설정된 주택의 소유자일 것'이라는 요건을 총족하지 아니하므로 공제받을 수 없음(서이 46013-10190, 2003.1.27.)

✓ **공동상속주택의 주택 수 포함 여부**

장기주택저당차입금 이자상환액 공제시 공동상속주택은 상속지분이 가장 큰 상속인이 주택을 소유한 것으로 보아 그 공제여부를 판단하며, 이에 해당하는 상속인이 2인 이상인 때에는 ① 당해 주택에 거주하는 자, ② 최연장자의 소유 주택으로 보아 판단함(원천-456, 2009.5.27.)

✓ 공동명의 주택의 차입자를 근로자인 세대주로 변경시 공제가능 여부

취득당시 부부공동명의 주택을 담보로 차입한 배우자 명의의 장기주택저당차입금의 차입자 명의를 근로자인 세대주 명의로 변경한 경우에도 소득공제 대상 장기주택저당차입금에 해당하지 않음(원천-468, 2009.5.29.)

✓ 공동명의 주택의 차입자를 근로자인 세대주로 변경하여 신규로 차입하는 경우 장기주택저당차입금 해당여부

부부 공동소유 주택이 있는 거주자가, 배우자가 차입한 장기주택저당차입금의 상환기간 중에 본인 명의로 당해 주택에 저당권을 설정하고 차입한 상환기간 15년 이상의 신규 차입금(주택소유권이전등기일부터 3월 이내 차입한 경우에는 제외한다)으로 기존의 배우자 명의 차입금을 상환하는 경우 당해 신규 차입금은 장기주택저당차입금에 해당하지 않음(원천-453, 2009.5.27.)

✓ 본인 명의 소유 주택을 부부 공동명의로 변경하고, 본인 명의로 차입한 장기주택저당차입금을 배우자 명의로 변경한 경우, 해당 차입금은 소득공제 대상 장기주택저당차입금에 해당하지 않음(서면원천 2023-802, 2024.5.22.)

✓ 주택담보대출을 배우자에게 이전한 경우 장기주택저당차입금 이자상환액 공제를 그 배우자가 받을 수 있는지

해당 주택의 전 소유자(A)가 해당 주택에 대한 저당권을 설정하고 차입한 장기주택저당차입금의 채무를 양수인(B)이 주택 취득과 함께 인수한 경우, 양수인(B)은 관련 소득공제를 적용받을 수 있는 것이며, 다만, 주택 양수인이 주택을 취득할 당시 같은 법 제52조 제5항에서 규정된 기준시가 요건을 충족해야 하는 것임(서면원천 2024-134, 2024.5.30.)

✓ 주택소유자와 차주가 달라 주택자금공제를 받지 못할시 부부공동소유 또는 명의이전을 하면 공제적용 가능한지

배우자 단독 소유 주택에 저당권을 설정하고 차입한 차입금에 대하여 부부 공동명의로 변경한 경우, 해당 차입금은 장기주택저당차입금에 해당하지 않으며, 소유권을 이전하지 않고 채무자(차입금의 명의자)를 근로자 본인으로 변경한 경우에도 해당 차입금은 장기주택저당차입금에 해당하지 않는 것임(서면원천 2024-343, 2024.6.10.)

✓ 공동소유 주택에 대한 기준시가 판단기준

근로소득이 있는 거주자로서 세대주가 본인과 배우자 공동명의의 주택취득시 장기주택저당차입금 이자상환액 공제대상 주택의 가격은 당해 주택의 기준시가를 기준으로 하여 3억원* 이하 적용여부를 판단함(소유자별로 안분된 가격이 아님)(서면1팀-778, 2006.6.13.)

* 2014.1.1.~2018.12.31. 차입금은 4억원, 2019.1.1.~2023.12.31.의 차입금은 5억원, 2024.1.1. 이후의 차입금부터는 6억원임

✓ 장기주택저당차입금을 증액이전하는 경우의 공제한도

장기주택저당차입금의 상환기간 중에 요건을 갖추어 다른 금융기관으로 증액 이전하는 경우에는 기존 차입금의 잔액을 한도로 하여 소득세법 제52조 제3항의 규정에 의한 장기주택저당차입금으로 보는 것임(서면1팀-574, 2008.4.25.)

✓ 시행사가 이자를 대위변제시 장기주택저당차입금이자 공제 여부

시행사가 장기주택저당차입금이자를 대위변제하고, 개별등기 후 입주자로부터 되돌려 받는 이자는 근로소득공제 대상 장기주택저당차입금이자에 해당하지 않는 것임(원천-258, 2009.3.30.)

✓ 주택과 분양권 등을 동시에 소유하고 있는 경우의 판단

주택마련저축공제, 주택자금공제시 "국민주택규모의 주택" 범위에는 "주택을 취득할 수 있는 권리"는 포함되지 아니하는 것임(서면1팀-1740, 2007.12.26.)

✓ 장기주택저당차입금 이자상환액 공제대상주택에 "오피스텔" 포함 여부

오피스텔은 건축법상 업무시설에 해당되며, 주택법상 국민주택기금의 융자대상에 포함되지 않는 것으로 장기주택저당차입금 이자상환액 공제대상 주택에 해당되지 아니함(서면1팀-567, 2004.4.19.)

✓ 장기주택저당차입금 대환시 공제대상 여부(소득 해석편람 52-4-1)

근로소득이 있는 거주자가 기존의 장기주택저당차입금을 동일 금융기관 내 다른 종류의 대출로 대환하는 경우는 소득세법 시행령 제112조 제7항 제2호에 해당되지 아니하며, 이 경우 대환후의 차입금이 소득세법 시행령 제112조 제6항의 요건을 충족하지 아니하는 한 소득세법 제52조 제3항의 규정에 의한 "특별공제대상 장기주택저당차입금"에 해당되지 않는 것임(재경부소득 46073-115, 2002.8.10.)

✓ 부가 사망한 경우 주택 및 채무를 상속받은 아들이 장기주택저당차입금 이자상환액공제 적용가능 여부

부(父)가 이자상환액공제를 받고 있다가 사망하여 자가 주택 및 장기주택저당차입금을 상속받는 경우, 상속시점에서 자(子)가 장기주택저당차입금 이자상환액공제대상자에 해당되고 동 차입금이 공제요건을 충족하는 경우에는 자(子)가 상속받은 장기주택저당차입금은 공제대상차입금에 포함되는 것임(서이 46013-12211, 2002.12.10.)

✓ 주택취득과 함께 채무인수시 장기주택저당차입금 이자상환액공제 등

① 주택의 전소유자가 해당 주택에 저당권을 설정하고 차입한 상환기간 15년 미만의 차입금을 해당 주택의 양수인이 주택취득과 함께 인수하고, 기존 차입금을 소득세법 시행령 제112조 제6항 각 호의 요건을 충족한 신규차입금으로 상환하는 경우 신규차입금에 대한 이자상환액은 공제대상에 해당하는 것임

② 소득세법 제52조 제4항 제3호의 규정에 의한 주택분양권에 대한 차입금을 차입한 근로자가 해당 분양권을 해당주택의 취득전에 양도하는 경우에는 양도하는 날부터 같은법 제52조 제3항의 규정이 적용되지 아니하며, 해당 분양권의 양수인이 분양권취득과 함께 해당 차입금을 승계받는 경우 동 차입금이 같은법 제52조 제4항 제3호의 기준에 해당하는 때에는 같은법 제52조 제3항의 특별공제를 적용할 수 있는 것임(서면1팀-121, 2006.1.31.)

✓ 임대아파트 관련 차입금의 장기주택저당차입금 이자상환액 소득공제 대상여부

일정기간 사용 후 분양되는 임대아파트와 관련하여 임차인이 차입한 금액은 장기주택저당차입금 이자상환액 소득공제를 받을 수 없는 것이며, 임대기간 만료 후 소유권이 이전되는 시점에 신규로 차입하면서 장기주택저당차입금의 요건에 부합하는 대출을 받는 경우에는 그 이자상환액에 대하여

소득공제가 가능한 것임(서면1팀 – 412, 2006.3.31.)

✓ 장기주택저당차입금 상환기간 중 거치기간이 있는 경우 소득공제 적용여부

근로소득이 있는 세대주인 거주자(일용근로자를 제외한다)가 장기주택저당차입금을 거치기간 없이 차입한 후 해당 차입금 상환기간 중 거치기간 1년을 적용받는 경우 해당 차입금의 이자상환액은 소득공제를 적용받을 수 있는 것임(서면1팀 – 1363, 2006.9.27.)

✓ "한도거래" 방식으로 차입한 주택저당차입금 이자상환액의 소득공제 적용여부

대출약관에 의해 일정 한도액을 설정하고 약정된 한도액 범위내에서 차입과 상환을 반복할 수 있는 '한도거래' 방식으로 차입한 차입금은 장기주택저당차입금에 포함되지 아니하는 것임(서면1팀 – 1243, 2006.9.12.)

✓ 부부 공동소유의 주택 취득시 장기주택저당차입금 이자상환액 공제

근로소득이 있는 거주자로서 주택을 소유하지 아니한 세대의 세대주가 배우자와 공동으로 주택(국민주택규모의 주택으로서 취득당시 주택의 기준시가가 3억원* 이하인 주택)을 취득하기 위하여 본인명의로 차입한 장기주택저당차입금에 대한 이자상환액은 주택자금공제 대상에 해당하는 것임(서면1팀 – 1071, 2006.7.28.)

* 2014.1.1. ~ 2018.12.31. 차입금은 4억원, 2019.1.1. ~ 2023.12.31.의 차입금은 5억원, 2024.1.1. 이후의 차입금부터는 6억원임

✓ 선납입한 장기주택저당차입금 이자상환액에 대한 소득공제 여부

소득공제대상 장기주택저당차입금 이자상환액은 근로소득이 있는 거주자(일용근로자를 제외)로서 세대주가 해당연도에 실제로 지급한 이자상환액으로 하는 것임(서면1팀 – 107, 2006.1.26.)

장기주택저당차입금 이자상환액공제 관련 문답사례(국세청)

Q 보험회사에서 차입한 장기주택저당차입금도 소득공제대상이 될 수 있는지?

A 장기주택저당차입금 이자상환액 공제는 금융회사 또는 주택도시기금법에 의한 주택도시기금으로부터 차입한 것에 한하며, 금융회사에는 보험업법에 의한 보험사업자도 포함되는 것임

Q 장기주택저당차입금을 차입하여 원리금상환 방식으로 납부하는 경우 상환금액(원금과 이자) 모두를 공제받을 수 있는지?

A 장기주택저당차입금에 대하여 당해 연도에 지급한 이자상환액만이 공제대상이므로 원금부분을 제외한 이자상환액만 공제받을 수 있는 것임

Q 상속받은 장기주택저당차입금에 대한 이자상환액도 공제 가능한지?

A 부(父)가 이자상환액공제를 받고 있다가 사망하여 자(子)가 주택 및 장기주택저당차입금을 상속받는 경우, 상속시점에서 자(子)가 장기주택저당차입금 이자상환액 공제대상자에 해당되고 동 차입금이 공제요건을 충족하는 경우에는 상속받은 장기주택저당차입금도 공제대상 차입금에 포함되는 것임(서이 46013 – 12211, 2002.12.10.)

Q **소득이 없는 아내가 세대주이고, 아내 명의로 장기주택저당차입금이 있는 경우 남편이 이자상환액공제를 받을 수 있는지?**

A 배우자가 소득이 없는 경우에도, 배우자(아내) 명의의 장기주택저당차입금 이자상환액을 본인(남편)이 공제받을 수는 없는 것임

Q **소득이 없는 배우자 명의 주택을 담보로 본인이 장기주택저당차입금을 차입한 경우 이자상환액을 본인이 공제받을 수 있는지?**

A 타인명의 주택에 대한 장기주택저당차입금 이자상환액은 공제대상이 아닌 것임

Q **공동소유의 주택인 경우 국민주택규모 및 주택가격 6억원* 이하 여부의 판단은 전체 주택을 기준으로 하는지, 본인의 지분만을 기준으로 하는지?**

A 공동소유의 주택인 경우 소유자별 지분으로 안분한 것이 아닌 당해 주택(전체)으로 국민주택규모 및 주택가격 6억원* 이하 여부를 판단하는 것임(서면1팀-778, 2006.6.13.)

* 2013.12.31. 이전 차입금은 3억원, 2014.1.1.~2018.12.31. 차입금은 4억원, 2024.1.1.이후 차입금은 6억원임

Q **부부공동명의 주택에 대해 장기주택저당차입금을 차입한 경우 이자상환액을 본인이 공제받을 수 있는지?**

A 장기주택저당차입금 이자상환액 소득공제는 부부 공동명의로 취득한 주택에 근로자 본인 명의로 차입한 경우에 본인의 이자상환액에 대하여 소득공제를 받을 수 있으며, 부부공동으로 차입한 경우에는 근로자 본인의 채무부담 부분에 해당하는 이자상환액만 소득공제받을 수 있는 것임. 다만, 공동차입자간에 채무부담비율에 관한 별도의 약정이 없는 경우에는 공동차입자간 채무분담비율은 균등한 것으로 보는 것임

Q **세대원 명의의 장기주택저당차입금에 대하여 세대주가 이자상환액공제를 받을 수 있는지?**

A 세대원 명의의 장기주택저당차입금 이자상환액을 세대주가 공제받을 수는 없음. 다만, 아래 요건을 모두 갖춘 세대원이 공제요건을 갖춘 장기주택저당차입금 이자상환액을 세대원 자신의 근로소득금액에서 공제받을 수 있는 것임

㉠ 세대주가 근로소득이 없거나 근로소득이 있더라도 장기주택저당차입금 이자상환액 공제를 포함한 주택자금공제 및 주택마련저축공제를 받지 아니하였을 것
㉡ 근로소득이 있는 세대원일 것
㉢ 주택과 차입금이 세대원 명의로 되어 있을 것
㉣ 세대원이 해당 주택에 실제 거주할 것

Q **이자상환액에 대해 소득공제 받아오던 장기주택저당차입금을 7년만에 조기 상환한 경우 소득공제가 가능한지 여부와 그 전에 공제받은 세금까지 추징이 되는 것인지?**

A 상환기간이 15년 이상인 장기주택저당차입금을 조기 상환한 경우 조기 상환한 연도에 지출한 이자상환액에 대해서는 공제받을 수 없으나, 이전연도까지의 소득공제분에 대하여 추징하지는 않는 것임

Q 장기주택저당차입금이자상환액 중 연체한 금액이 있어 연체이자를 부담하였는데, 연체 이자의 경우 이자상환액의 범위에 포함되는지?

A 장기주택저당차입금 이자상환액에 대한 소득공제와 관련하여 공제대상 이자상환액은 연체이자를 포함하지 아니하는 정상이자만을 말하므로 공제받을 수 없는 것임(제도 46013-436, 2000.11.22.)

Q 무주택세대주가 주택분양권을 취득하고 중도금 대출을 받을 때, 추후 주택 완공시 장기주택저당차입금으로 전환할 것을 조건으로 차입하면 장기주택저당차입금으로 보는지?

A 장기주택저당차입금에 해당함

- 무주택자인 세대주가 가격이 6억원* 이하인 주택분양권 또는 조합입주권을 취득하고 당해 주택 완공시 장기주택저당차입금으로 전환할 것을 조건으로 차입한 경우에는 그 차입일(차입조건을 새로 변경한 경우에는 그 변경일)부터 당해 주택의 소유권보존 등기일까지 당해 차입금에 대하여는 장기주택저당차입금으로 보는 것임

  * 2024.1.1. 이후 차입금부터는 6억원(2021.1.1.~2023.12.31. 차입금은 5억원, 2014.1.1.~2018.12.31. 차입금은 4억원) 기준이며, 2019.1.1.~2023.12.31. 완공시 기준시가 기준은 5억원, 2024.1.1. 이후 완공시 기준시가 기준은 6억원 이하여야 할 것임

Q 아파트를 구입하기 위하여 연금공단이나 국가보훈처로부터 받은 주택저당차입금도 장기주택저당차입금 이자상환액공제가 가능한지?

A 장기주택저당차입금 이자상환액 공제는 금융기관 또는 주택법에 의한 국민주택기금으로부터 차입한 것에 한하므로, 연금공단이나 국가보훈처로부터 차입한 경우에는 공제를 받을 수 없는 것임

Q 오피스텔을 주거용으로 사용하는 경우에는 장기주택저당차입금 이자상환액 공제 규정을 적용할 수 있는지?

A 오피스텔은 건축법상 업무시설로 장기주택저당차입금 이자상환액 공제대상 주택에 해당하지 않는 것임

소득세법 시행규칙[별지 제44호의4 서식](2025.3.21. 개정)

<table>
<tr><td colspan="8">장기주택저당차입금 이자상환증명서</td></tr>
<tr><td colspan="4">① 성명</td><td colspan="2">② 주민등록번호</td><td colspan="2">   –</td></tr>
<tr><td colspan="8">③ 주소</td></tr>
<tr><td colspan="4">④ 대출종류</td><td>⑤ 차입금상환기간
(거치기간포함)</td><td colspan="3">~
(상환기간 : 년)</td></tr>
<tr><td rowspan="10">⑤-1 상환유형</td><td rowspan="10">공제
한도</td><td rowspan="3">2,000만원</td><td>[ ] 고정금리</td><td>차입금 / 고정금리방식 차입금</td><td colspan="3">(/)
고정금리이자 지급기간 :</td></tr>
<tr><td rowspan="2">[ ] 비거치식</td><td>차입금 / 비거치식 분할상환 방식 차입금</td><td colspan="3">(/)
상환기간 연수(1년 미만 기간은 1년으로 봄) :</td></tr>
<tr><td>해당 연도 상환 차입금</td><td colspan="3"></td></tr>
<tr><td rowspan="3">1,800만원</td><td>[ ] 고정금리</td><td>차입금 / 고정금리방식 차입금</td><td colspan="3">(/)
고정금리이자 지급기간 :</td></tr>
<tr><td rowspan="2">[ ] 비거치식</td><td>차입금 / 비거치식 분할상환 방식 차입금</td><td colspan="3">(/)
상환기간 연수(1년 미만 기간은 1년으로 봄) :</td></tr>
<tr><td>해당 연도 상환 차입금</td><td colspan="3"></td></tr>
<tr><td rowspan="3">600만원</td><td>[ ] 고정금리</td><td>차입금 / 고정금리방식 차입금</td><td colspan="3">(/)
고정금리이자 지급기간 :</td></tr>
<tr><td rowspan="2">[ ] 비거치식</td><td>차입금 / 비거치식 분할상환 방식 차입금</td><td colspan="3">(/)
상환기간 연수(1년 미만 기간은 1년으로 봄) :</td></tr>
<tr><td>해당 연도 상환 차입금</td><td colspan="3"></td></tr>
<tr><td>800만원</td><td>[ ] 기타</td><td></td><td colspan="3"></td></tr>
<tr><td>⑥ 주택취득일
(주택소유권이전등기 또는 보존등기일)</td><td colspan="2"></td><td>⑦ 저당권설정일</td><td></td><td>⑧ 주택면적</td><td colspan="2">전용면적 ㎡</td></tr>
<tr><td>⑧-1 주택 물건지</td><td colspan="4"></td><td>⑧-2 기준시가</td><td colspan="2"></td></tr>
</table>

<table>
<tr><td colspan="6">( )년도 장기주택저당차입금이자상환 현황</td></tr>
<tr><td>⑨월별</td><td>⑩상환일</td><td>⑪이자</td><td>⑨월별</td><td>⑩상환일</td><td>⑪이자</td></tr>
<tr><td>1</td><td></td><td></td><td>7</td><td></td><td></td></tr>
<tr><td>2</td><td></td><td></td><td>8</td><td></td><td></td></tr>
<tr><td>3</td><td></td><td></td><td>9</td><td></td><td></td></tr>
<tr><td>4</td><td></td><td></td><td>10</td><td></td><td></td></tr>
<tr><td>5</td><td></td><td></td><td>11</td><td></td><td></td></tr>
<tr><td>6</td><td></td><td></td><td>12</td><td></td><td></td></tr>
<tr><td colspan="2">⑫ 연간합계액</td><td></td><td rowspan="2" colspan="2">사용목적</td><td rowspan="2">특별소득공제 신청용</td></tr>
<tr><td colspan="2">⑬ 소득공제대상액(⑫ 또는 ⑲)</td><td></td></tr>
<tr><td colspan="6">금융회사 간 직접 상환하는 형태로 다른 금융회사로부터 장기주택저당차입금을 이전한 경우 및 상환기간을 연장(전환)하는 경우 아래의 ⑭ ~ ⑲란을 작성해야 합니다.</td></tr>
<tr><td colspan="3">이전(연장, 전환)전 장기주택저당차입금 명세</td><td rowspan="2">⑰ 이전(연장, 전환) 당시 해당 금융회사에서 차입한 금액</td><td rowspan="2">⑱ 연장, 전환 당시 주택의 기준시가 (주택분양권의 가격)</td><td rowspan="2">⑲ 소득공제대상액 [⑫×(⑯/⑰과 1 중 적은수)]</td></tr>
<tr><td>⑭ 금융회사명
(점포명)</td><td>⑮ 상환기간
(거치기간포함)</td><td>⑯ 차입금의
원금잔액</td></tr>
<tr><td></td><td>~
(상환기간연수: 년)</td><td></td><td></td><td></td><td></td></tr>
<tr><td colspan="6">「소득세법 시행령」 제113조제1항 및 같은 법 시행규칙 제58조제1항제4호에 따라 주택자금공제 요건을 갖추어 장기주택저당차입금에 대한 이자를 위와 같이 상환하였음을 증명해 주시기 바랍니다.
년 월 일
신청인 (서명 또는 인)</td></tr>
<tr><td colspan="6">위와 같이 장기주택저당차입금에 대한 이자를 상환하였음을 증명합니다.
년 월 일
(금융회사 등의 장) (서명 또는 인)</td></tr>
<tr><td colspan="6">작 성 방 법</td></tr>
<tr><td colspan="6">1. ④ 대출종류란에는 무주택자의 중도금대출, 기존주택구입, 주택분양권 대출 여부를 적습니다.
2. ⑤ 차입금상환기간란에는 해당 차입금의 약정에 의한 최초 차입일과 최종상환 예정일을 적습니다. 중도에 상환하는 경우 최초 차입일과 최종 상환일을 적어야 합니다. 해당 과세기간에 중도상환 등으로 장기주택저당차입금 요건을 충족하지 않은 경우에는 해당 과세기간의 이자 상환액에 대해 장기주택저당차입금 이자상환증명서를 발행할 수 없습니다.
3. 해당 금융회사 등에서 차입한 장기주택저당차입금이 있는 사람이 다른 금융회사로부터 별도의 장기주택저당차입금을 해당 금융회사로 이전한 경우에는 해당 금융회사는 기존의 장기주택저당차입금과 이전받은 장기주택저당차입금에 대한 이자상환증명서를 별도로 발행해야 합니다.</td></tr>
</table>

Chapter

03 조세특례제한법상의 소득공제

공제의 종류	근로소득이 있는 자	근로소득이 없는 자	농특세 과세여부
벤처투자조합출자 등에 대한 소득공제(조특법 16조)	가능	가능	비과세
고용유지중소기업근로자 소득공제(조특법 30조의3)	가능	가능	
개인연금저축공제(조특법 86조)	가능	가능	
소기업·소상공인공제부금 소득공제(조특법 86조의3)	가능 (법인 대표자)	가능	
주택마련저축공제(조특법 87조 ②)	가능	불가능	
우리사주조합출연금 소득공제(조특법 88조의4)	가능	불가능	
장기집합투자증권저축에 대한 소득공제*(조특법 91조의16)	가능	불가능	
청년형 장기집합투자증권저축에 대한 소득공제(조특법 91조의20)	가능	가능	
신용카드 등 사용금액공제(조특법 126조의2)	가능	불가능	

* 2014.1.1.부터 2015.12.31.까지 가입한 분에 한하여 적용한다.

I 개인연금저축(2013.1.1. 삭제)

➲ 【개인연금저축에 대한 경과조치】 2013.1.1. 전에 종전의 규정에 따라 가입한 개인연금저축은 개정 규정에도 불구하고 종전의 규정을 적용한다.(2013.1.1. 조특법 부칙 40조)

1 공제대상

거주자 본인명의로 다음의 요건을 갖춘 개인연금저축에 가입한 자

✓ **개인연금저축 소득공제는 본인명의로 저축계약을 체결하고 불입한 것에 한하여 적용한다.** (조특 해석편람 86-1-1)

PART 3

(1) 공제요건[8)]

구 분	개인연금저축
가입기간	2000.12.31. 이전 가입자
가입대상	만 20세 이상
불입금액(방법)	분기마다 300만원 이내에서 불입
불입기간	10년 이상
만기후 지급조건	저축불입 계약기간 만료 후 만 55세 이후부터 5년 이상 연금으로 지급받는 저축
중도해지	해지 연도에 납입한 저축불입액에 대해 소득공제 불가

(2) 공제대상 개인연금저축

다음의 금융기관이 취급하는 저축이면 가능하다.(구, 조특령 80조 ①, 80조의2 ①)

① 인가를 받아 설립된 신탁회사(신탁에 한하여 취급할 수 있다)

② 집합투자업자(종합금융회사는 제외)

③ 보험업법에 의한 보험사업자

④ 우체국예금·보험에 관한 법률에 의한 체신관서(우체국보험에 한하여 취급할 수 있다)

⑤ 농업협동조합법 또는 수산업협동조합법에 의하여 설립된 조합(생명공제에 한하여 취급할 수 있다)

2 공제금액 및 한도액(구, 조특법 86조 ①)

구 분	개인연금저축
공제대상액	연간 개인연금저축 불입금액의 40%
공제한도	연 72만원

3 제출증명서류

소득공제를 받고자 하는 자는 소득세과세표준확정신고시 또는 연말정산시 「개인연금저축납입증명서」 주소지 관할 세무서장 또는 원천징수의무자에게 제출하여야 한다.(구, 조특령 80조 ④)

8) 국세청, 앞의 책, p. 143

✓ **개인연금저축과 연금저축을 모두 가입한 경우**

개인연금저축과 연금저축을 별도로 가입하고 있는 경우의 소득공제금액은 해당 법률에 따라 각각 별개로 적용하는 것임(서일 46011-10099, 2001.9.5.)

✓ **개인연금저축보험의 개인연금저축소득공제 및 보험료공제방법**(조특 해석편람 86-1-2)

보험회사에서 취급하는 개인연금저축보험은 개인연금저축에 보장성보험상품을 가미한 저축상품인 것이므로 해당연도 저축불입액을 개인연금저축분과 보장성보험분으로 각각 구분하여 개인연금저축소득공제 및 보험료공제를 적용받아야 함(법인 46013-3626, 1996.12.27.)

✓ **사내근로복지기금에서 불입하는 개인연금 대납분의 소득공제 해당 여부**

사내근로복지기금법에 의한 사내근로복지기금이 노동부장관으로부터 인가받은 정관규정에 의해 동기금에서 불입한 근로자의 연금저축금은 개인연금저축 소득공제 대상에 해당하는 것임(재소득 46073-139, 1998.9.21.)

✓ **수정신고에 의한 개인연금저축소득공제 가능 여부**(조특 해석편람 86-1-7)

거주자가 종합소득세 과세표준 확정신고시 "연금저축 납입증명서"를 제출하지 아니하여 개인연금저축 소득공제를 받지 못한 경우 국세기본법 제45조의 규정에 따라 법정기한내에 관련서류를 구비하여 수정신고한 경우에는 개인연금저축 소득공제가 가능함(소득 46011-3368, 1995.8.29.)

PART 3

Ⅱ 소기업·소상공인 공제부금에 대한 소득공제

- 2,500만원 소득공제 종합한도 대상임
- 2007.9.1.이 속하는 과세기간에 가입하여 납부하는 분부터 적용한다.(2007.6.1. 법 부칙 1조 단서)

1 의 의

소상공인은 국민경제의 저변을 형성하고 있으나 대다수가 취약한 경영환경을 가지고 있을 뿐 아니라 근로자에 비해 사회안전망이 미흡한 실정이다. 이에 따라 소상공인의 사업실패 등에 대한 생활안정대책의 일환으로 중소기업협동조합법에 따른 공제부금제도(노란우산공제)를 두었으며, 납입부금에 대하여는 일정한 소득공제를 허용하였다.

2 개 요

거주자가 소기업·소상공인 공제에 가입하여 납부하는 공제부금에 대해서는 해당 연도의 공제부금 납부액과 다음에 따른 금액 중 적은 금액에 해당 과세연도의 사업소득금액(법인의 대표자로서 해당 과세기간의 총급여액이 7천만원 이하인 거주자의 경우에는 근로소득금액으로 한다)에서 부동산임대업의 소득금액을 차감한 금액이 사업소득금액에서 차지하는 비율을 곱한 금액을 해당 과세연도의 사업소득금액에서 공제한다. 다만, 사업소득금액에서 공제하는 금액은 사업소득금액에서 부동산임대업의 소득금액을 차감한 금액을 한도로 한다.(조특법 86조의3 ①, 2018.12.24. 개정)

① 해당 과세연도의 사업소득금액이 4천만원 이하인 경우 : 500만원
② 해당 과세연도의 사업소득금액이 4천만원 초과 1억원 이하인 경우 : 300만원
③ 해당 과세연도의 사업소득금액이 1억원 초과인 경우 : 200만원

➲ 2019.1.1. 전에 소기업·소상공인 공제에 가입한 자에 대해서는 개정규정에도 불구하고 종전의 규정에 따른다.(2018.12.24. 조특법 부칙 44조)

개정 2024.12.31, 2025.3.14.

➲ 2025.1.1. 이후 납부하는 공제부금부터 적용한다.(2024.12.31. 조특법 부칙 11조, 2025.3.14. 조특법 부칙 11조 ①)

2 개 요

거주자가 소기업·소상공인 공제에 가입하여 납부하는 공제부금에 대해서는 해당 연도의 공제부금 납부액과 다음에 따른 금액 중 적은 금액에 해당 과세연도의 사업소득금액(법인의 대표자로서 해당 과세기간의 총급여액이 8천만원 이하인 거주자의 경우에는 근로소득금액으로 한다)에서 부동산임대업의 소득금액을 차감한 금액이 사업소득금액에서 차지하는 비율을 곱한 금액을 해당 과세연도의 사업소득금액에서 공제한다. 다만, 사업소득금액에서 공제하는 금액은 사업소득금액에서 부동산임대업의 소득금액을 차감한 금액을 한도로 한다.(조특법 86조의3 ①, 2024.12.31, 2025.3.14. 개정)

① 해당 과세연도의 사업소득금액이 4천만원 이하인 경우 : 600만원
② 해당 과세연도의 사업소득금액이 4천만원 초과 6천만원 이하인 경우: 500만원
③ 해당 과세연도의 사업소득금액이 6천만원 초과 1억원 이하인 경우: 400만원
④ 해당 과세연도의 사업소득금액이 1억원 초과인 경우: 200만원

3 공제부금에서 발생하는 소득의 취급

① 소기업·소상공인공제에서 발생하는 소득은 소기업·소상공인공제 가입자가 실제로 해당 소득을 지급받을 때 발생한 것으로 본다.(조특법 86조의3 ②)

② 폐업 등 다음의 사유가 발생하여 소기업·소상공인 공제에서 공제금을 지급받는 경우에는 다음 계산식에 따라 계산한 금액을 퇴직소득으로 보아 소득세를 부과한다.(조특법 86조의3 ④, 2014.12.23. 개정, 조특령 80조의3 ④)

이 경우 근속연수는 공제부금 납입월수를 12로 나누어 계산한 연수(1년 미만의 기간

은 1년으로 본다)로 한다. 다만, 공제금을 중간정산하여 지급받은 경우에는 그 정산일 후의 납입월수를 12로 나누어 계산한 연수(1년 미만의 기간은 1년으로 본다)로 한다. (조특령 80조의3 ③, 2024.2.29. 단서신설)

➲ 2016.1.1. 전에 소기업·소상공인 공제에 가입한 자에 대해서는 개정규정에도 불구하고 종전의 규정에 따른다. 다만, 2016.1.1. 전에 「중소기업협동조합법」에 따른 소기업중앙회에 개정규정의 적용을 신청하는 경우에는 2016.1.1.부터 개정규정을 적용한다.(2014.12.23. 조특법 부칙 65조)

퇴직소득 = 공제금 − 실제 소득공제받은 금액을 초과하여 납입한 금액의 누계액

㉠ 소기업·소상공인이 폐업(개인사업자의 지위에서 공제에 가입한 자가 법인을 설립하기 위하여 현물출자를 함으로써 폐업한 경우와 개인사업자의 지위에서 공제에 가입한 자가 그 배우자 또는 자녀에게 사업의 전부를 양도함으로써 폐업한 경우를 포함) 또는 해산(법인에 한한다)한 때

㉡ 공제 가입자가 사망한 때

㉢ 법인의 대표자의 지위에서 공제에 가입한 자가 그 법인의 대표자의 지위를 상실한 때

㉣ 60세 이상으로 공제부금 납입월수가 120개월 이상인 공제 가입자가 공제금의 지급을 청구한 때

㉤ 중소기업협동조합법 시행령 제37조 제1항 제5호부터 제8호까지의 어느 하나에 해당하는 사유(조특령 80조의3 ④ 5, 2024.2.29. 신설)

➲ 2024.6.1.부터 시행한다.(2023.12.31. 조특법 부칙 1조 1)

중소기업협동조합법 시행령 제37조 제1항 (2024.6.1. 시행)

5. 재난 및 안전관리 기본법 제3조 제1호 가목에 따른 자연재난 또는 같은 호 나목에 따른 사회재난(같은 법 제60조에 따라 특별재난지역으로 선포된 지역의 사회재난으로 한정한다)으로 사업장에 다음 중 하나에 해당하는 피해를 입은 소기업·소상공인공제 가입자가 소기업·소상공인공제금의 지급을 청구한 경우
   ㉠ 주된 사업장이 파손되거나 유실되어 해당 사업장에서 영업이 불가능한 경우
   ㉡ 주요 시설 및 자재 등이 파손되어 수리·구매하지 않으면 영업이 불가능한 경우
   ㉢ 재난 및 안전관리 기본법 제41조 제1항에 따라 사업장 주변 지역이 위험구역으로 설정되어 같은 항 각 호에 따른 조치로 영업이 불가능한 경우
6. 질병이나 부상으로 6개월 이상 요양을 필요로 하는 소기업·소상공인공제 가입자가 소기업·소상공인공제금의 지급을 청구한 경우
7. 채무자 회생 및 파산에 관한 법률 제49조에 따른 회생절차개시의 결정, 같은 법 제293조의5에 따른 간이회생절차개시의 결정 또는 같은 법 제596조에 따른 개인회생절차개

시의 결정을 받은 소기업·소상공인공제 가입자가 소기업·소상공인공제금의 지급을 청구한 경우
8. 채무자 회생 및 파산에 관한 법률에 따라 파산선고를 받은 소기업·소상공인공제 가입자가 소기업·소상공인공제금의 지급을 청구한 경우

③ 폐업 등 위 '㉠~㉤'의 사유(조특령 80조의3 ④)가 발생하기 전에 소기업·소상공인 공제계약이 해지된 경우에는 다음의 계산식에 따라 계산한 금액을 기타소득으로 보아 소득세를 부과한다.(조특법 86조의3 ④ 전단)

기타소득 = 해지로 인해 받은 환급금 − 실제 소득공제받은 금액을 초과하여 납입한 금액의 누계액

이때 실제 소득공제받은 금액을 초과하여 납입한 금액의 누계액(해당 공제금 수령자가 제출한 증빙에 따라 확인되는 금액으로 한정한다)이 해지로 인하여 지급받은 환급금보다 많은 경우에는 해당 기타소득을 영으로 본다.(조특령 80조의3 ⑨, 2015.2.3. 개정)

④ 다음의 해지사유에 해당하는 경우에는 퇴직소득으로 보아 위 '②'을 적용한다.(조특법 86조의3 ④ 단서, 2025.3.14. 개정)

㉠ 공제부금 납입월수가 120개월 이상인 소기업·소상공인 공제 가입자가 다음의 경영악화를 사유로 계약을 해지한 경우(조특법 86조의3 ④ 2 가, 조특령 80조의3 ⑤, 입법예고중) ➲ 2025.3.14. 이후 소기업·소상공인 공제계약을 해지하는 경우부터 적용한다.(2025.3.14. 조특법 부칙 11조 ②)

ⓐ 공제계약 해지일이 속하는 과세연도의 직전 과세연도에 대한 종합소득 과세표준 확정신고기한(법인의 대표자는 법인세 과세표준 신고기한) 이전에 공제계약을 해지하는 경우 : 공제계약 해지일이 속하는 과세연도의 전전 과세연도의 사업수입금액이 그 직전 3개 과세연도의 사업수입금액의 평균금액에 비하여 50% 이상 감소한 경우

ⓑ 공제계약 해지일이 속하는 과세연도의 직전 과세연도에 대한 종합소득 과세표준 확정신고기한(법인의 대표자는 법인세 과세표준 신고기한) 이후에 공제계약을 해지하는 경우 : 공제계약 해지일이 속하는 과세연도의 직전 과세연도의 사업수입금액이 그 직전 3개 과세연도의 사업수입금액의 평균금액에 비하여 50% 이상 감소한 경우

㉡ 해지 전 6개월 이내에 다음의 사유로 해지된 경우에는 퇴직소득으로 보아 소득세를 부과한다.(조특법 86조의3 ④ 단서, 조특령 80조의3 ⑤)

ⓐ 천재·지변의 발생

ⓑ 공제가입자의 해외이주법에 따른 해외이주(2025.2.28. 개정)

ⓒ 공제가입자의 3월 이상의 입원치료 또는 요양을 요하는 상해·질병의 발생

ⓓ 중소기업중앙회의 해산

ⓔ 공제 가입자가 재난 및 안전관리 기본법 제66조 제1항 제2호의 재난으로 15일 이상의 입원 치료가 필요한 피해를 입은 경우(2023.2.28. 신설)

⑤ 위 '③ 및 ④'에 따라 납부하여야 할 세액을 원천징수일이 속하는 달의 다음 달 10일까지 납부하지 아니하거나 납부하여야 할 세액에 미달하게 납부한 경우 중소기업중앙회는 그 납부하지 아니한 세액 또는 미달한 세액에 원천징수 등 납부지연가산세 금액을 가산하여 납부하여야 한다.(조특법 86조의3 ⑥, 2016.12.20. 개정)

⑥ 위 '④'에 따른 소득세는 소기업·소상공인공제계약의 해지로 인하여 소기업·소상공인 공제 가입자가 받는 환급금을 한도로 한다.(조특법 86조의3 ⑦)

저자TIP 노란우산공제 규정의 적용

<table>
<tr><th colspan="2" rowspan="2">가입 시기</th><th rowspan="2">소득공제 대상금액</th><th colspan="2">소득공제 한도</th><th rowspan="2">폐업 등 법정사유로 수령한 경우</th><th rowspan="2">폐업 등 외 중도해지*7</th></tr>
<tr><th>2017.1.1. 이후 납입분*3</th><th>2017.1.1. 이후 납입분*3</th></tr>
<tr><td rowspan="2">2015.12.31. 이전</td><td>2016년 개정규정 적용신청 안한 경우</td><td>종합소득금액</td><td rowspan="4">300만원</td><td rowspan="4">사업소득금액*4 | 공제한도
4천만원 이하 | 500만원
4천만원 초과 1억원 이하 | 300만원
1억원 초과 | 200만원</td><td>이자소득*5</td><td rowspan="6">기타소득*8</td></tr>
<tr><td>2016년 개정규정 적용신청 한 경우*1</td><td>사업소득금액</td><td rowspan="5">퇴직소득*6</td></tr>
<tr><td rowspan="2">2016.1.1. 이후</td><td>① 총급여 7천만원 (2025년 납부분부터 8천만원)이하 법인 대표자</td><td>근로소득금액</td></tr>
<tr><td>② ‘①’ 외 거주자</td><td>사업소득금액</td></tr>
<tr><td rowspan="2">2019.1.1. 이후*2</td><td>① 총급여 7천만원 (2025년 납부분부터 8천만원)이하 법인 대표자</td><td>근로소득금액</td><td colspan="2" rowspan="2">※ 2017년~2024년 납부분
사업소득금액*4 | 공제한도
4천만원 이하 | 500만원
4천만원 초과 1억원 이하 | 300만원
1억원 초과 | 200만원

※ 2025년 납부분부터 적용*9
사업소득금액*4 | 공제한도
4천만원 이하 | 600만원
4천만원 초과 6천만원 이하 | 500만원
6천만원 초과 1억원 이하 | 400만원
1억원 초과 | 200만원</td></tr>
<tr><td>② ‘①’ 외 거주자</td><td>공제한도 내 납입금액 $\times (1-\frac{부동산임대소득금액}{사업소득금액})$</td></tr>
</table>

*1. 2016.1.1. 전에 중소기업중앙회에 개정규정의 적용을 신청하는 경우에는 2016.1.1.부터 개정규정을 적용한다. (2014.12.23. 조특법 부칙 65조) 노란우산공제의 ‘가입일자’와 ‘개정규칙 적용여부(Y 또는 N으로 표시)’는 국세청 간소화서비스에서 제공된다.

*2. 2018.12.24. 조특법 부칙 18조, 44조

*3. 2016.12.20. 조특법 부칙 23조

*4. 총급여 7천만원 이하의 법인 대표자가 소득공제 받는 경우에는 근로소득금액으로 본다.(조특법 86조의3 ① 전단)

*5. 이자소득세 원천징수액 = 이자소득[공제금지급액 − 납부부금(원금)] × 15.4%(개인지방세 포함)

*6. 퇴직소득세 = [(소득공제받은 원금 + 이자소득) − 근속연수공제 − 환산급여공제] × 기본세율(6 ~ 45%)

*7. 2017.1.1. 이후 해지분부터는 중도해지 가산세를 부과하지 않는다.(2016.12.20. 개정으로 해지가산세 규정 삭제됨)

*8. ① 기타소득금액이 300만원을 초과하면 종합과세대상이다.(소법 14조 ③ 8 가)

② 해지 전 6개월 이내에 천재·지변, 해외이주 등 사유로 해지된 경우에는 퇴직소득(2015.12.31. 이전 가입자로서 2015.12.31. 이전에 개정규정 적용신청 안한 경우는 이자소득)으로 본다.(조특법 86조의3 ④ 단서)

③ 2025.3.14. 이후 해지분부터는 경영악화(조특령 80조의3 ⑤)로 인한 경우도 퇴직소득으로 본다.(조특법 86조의3 ④ 2 가)

*9. 2024.12.31. 조특법 부칙 11조

4 공제절차

① 소득공제를 받으려는 자는 소득세과세표준 확정신고 시 또는 연말정산 시 「공제부금납입증명서」를 주소지 관할 세무서장 또는 원천징수의무자에게 제출하여야 한다. 다만, 해당 증명서를 제출한 날이 속하는 연도의 다음 연도부터는 「공제부금납입증명서」를 해당 공제의 불입액을 증명할 수 있는 통장사본으로 갈음할 수 있다.(조특령 80조의3 ⑦)

② 소득공제증빙서류가 국세청장에게 제출되는 경우에는 위 '①'에도 불구하고 공제부금 납입내역을 일괄적으로 기재하여 국세청장이 발급하는 서류를 제출할 수 있다.(조특령 80조의3 ⑧)

Ⅲ 신용카드 등 사용금액공제

➲ 2,500만원 소득공제 종합한도 대상임

1 개 요

근로소득이 있는 거주자(일용근로자는 제외)가 신용카드 등을 사용하여 지급한 일정한 금액이 있는 경우에는 다음의 금액을 해당 과세연도의 근로소득에서 공제한다.(조특법 126조의2 ①, ②, 2011.12.31. 개정)

(1) 용어의 정의

① 전통시장 사용분 : 전통시장과 전통시장 구역 안의 법인 또는 사업자(유통산업발전법 제2조 제4호에 따른 준대규모점포와 사업자단위 과세사업자로서 전통시장 구역 안의 사업장과 전통시장 구역 밖의 사업장의 신용카드 사용금액이 구분되지 아니하는 사업자는 제외)로부터 재화 또는 용역을 제공받은 대가에 해당하는 금액으로서 '신용카드 사용분 + 현금영수증 사용분 + 직불카드 등 사용분'을 말한다.(조특법 126조의2 ② 1, 조특령 121조의2 ②, 2017.2.7. 개정)

② 대중교통 이용분 : 대중교통수단을 이용한 대가에 해당하는 금액으로서 '신용카드 사용분 + 현금영수증 사용분 + 직불카드 등 사용분'을 말한다.(조특법 126조의2 ② 1, 2013.1.1. 신설)

③ 문화체육사용분(2024.12.31. 용어신설)

㉠ 도서·신문·공연사용분 : 출판문화산업 진흥법 제2조 제3호에 따른 간행물(같은

조 제8호에 따른 유해간행물은 제외)을 구입하거나 신문 등의 진흥에 관한 법률 제2조 제1호에 따른 신문을 구독하거나 공연법 제2조 제1호에 따른 공연을 관람하기 위하여 문화체육관광부장관이 지정하는 법인 또는 사업자에게 지급한 금액을 말한다.

이 경우 일정한 매출액 기준(도서·신문은 3억원, 공연은 7,500만원) 이하의 사업자(도서 또는 신문을 취급하는 사업자의 경우 해당 매출액이 전체 매출액의 90% 이상인 경우에 한정한다)로부터 발급받은 영수증 등에 대해서는 도서·신문·공연사용분과 그 밖의 사용분이 명확하게 구분되지 않는 경우에도 그 전체를 도서·신문·공연사용분으로 본다.(조특법 126조의2 ② 3 가, 2019.12.31. 개정, 조특령 121조의2 ⑨, 2021.2.17. 개정, 조특칙 52조의3 ① 1)

㉡ 박물관·미술관·영화상영관* 사용분 : 박물관 및 미술관 진흥법 제2조 제1호 및 제2호에 따른 박물관 및 미술관이나 영화 및 비디오물의 진흥에 관한 법률 제2조 제10호에 따른 영화상영관*에 입장하기 위하여 문화체육관광부장관이 지정하는 법인 또는 사업자에게 지급한 금액을 말한다. 이 경우 일정한 매출액 기준(박물관·미술관은 7,500만원) 이하의 사업자로부터 발급받은 영수증 등에 대해서는 박물관·미술관·영화상영관* 사용분과 그 밖의 사용분이 명확하게 구분되지 않는 경우에도 그 전체를 박물관·미술관·영화상영관* 사용분으로 본다.(조특법 126조의2 ② 3 나, 2022.12.31. 개정, 조특령 121조의2 ⑨, 조특칙 52조의3 ① 2)

* 영화상영관사용분은 2023.7.1. 이후 영화상영관에 입장하기 위하여 지급하는 금액부터 적용한다.(2022.12.31. 조특법 부칙 27조 ①)

㉢ 체육시설이용분 : 체육시설의 설치·이용에 관한 법률 시행령 [별표 1]의 수영장 및 체력단련장을 이용하기 위하여 문화체육관광부장관이 지정하는 법인 또는 사업자에게 지급한 금액을 말하며, 체육시설이용외비용(체육활동을 위한 개인강습비 및 회원의 입회금액 등 체육시설의 이용과 직접 관련이 없는 비용)은 포함되지 않는다. 다만, 체육시설이용분과 체육시설이용외비용이 분리되지 않는 경우에는 분리되지 않는 금액의 50%에 해당하는 금액을 체육시설이용분으로 한다.(조특법 126조의2 ② 3 다, 2025.2.28. 신설, 조특령 121조의2 ⑯, ⑰ 2025.2.28. 신설, 조특칙 52조의3 ③, 2025.3.21. 신설)

➲ 2025.7.1. 이후 체육시설을 이용하기 위하여 지급하는 금액부터 적용한다.(2024.12.31. 조특법 부칙 23조)

④ 신용카드 등 사용금액이 위 '①부터 ③까지'의 금액에 중복하여 해당하는 경우에는 그 중 하나에 해당하는 것으로 보아 소득공제를 적용한다.(조특법 126조의2 ②, 2019.12.31. 후단신설)

⑤ 직불카드 등 사용분 : 현금영수증사용분 + 직불카드·기명식선불카드 등의 사용액 −

전통시장사용분－대중교통이용분－문화체육사용분(해당 과세연도의 총급여액이 7천만원 이하인 경우)(조특법 126조의2 ② 4, 2024.12.31. 용어개정)

⑥ 신용카드사용분 : 신용카드 등 사용금액의 합계액－전통시장사용분－대중교통이용분－직불카드 등 사용분－문화체육사용분(해당 과세연도의 총급여액이 7천만원 이하인 경우)(조특법 126조의2 ② 5, 2024.12.31. 용어개정)

(2) 신용카드 등 소득공제금액의 계산(조특법 126조의2 ②, 2023.12.31. 개정)

➲ 2024.1.1.부터 시행한다.(2023.12.31. 조특법 부칙 1조)

• 신용카드 등 소득공제금액＝Min[(1),(2)]+(3)

(1) 신용카드 등 소득공제금액 : 신용카드 등 사용금액 합계액 중 총급여액의 25%를 초과하는 금액에 신용카드 등 결제 수단별로 아래의 공제율을 곱하여 계산한 금액

결재수단	신용카드	직불카드, 현금영수증	도서등 사용분*1	전통시장 사용분	대중교통 이용분	소비 증가분*2
공제율	15%	30%	30%	40%	40%	10%

*1. 2024.12.31. “문화체육사용분”으로 용어 개정됨

*2. (2024년의 신용카드 등 사용금액 합계액 - 2023년의 신용카드 등 사용금액 합계액 × 105%) × 10%

(2) 공제한도액 : 다음의 구분에 따른 한도액

해당 과세연도의 총급여액	공제한도
7,000만원 이하인 경우	연간 300만원
7,000만원 초과인 경우	연간 250만원

(3) 한도초과액(공제가능액－공제한도액)이 발생한 경우 : 추가공제금액

해당 과세연도의 총급여액	추가공제금액
7,000만원 이하인 경우	• 추가공제금액＝Min(①, ②) ① 한도초과액(공제가능액 － 공제한도액) ② Min [{전통시장사용분×40%, 대중교통이용분×40%, 도서등사용분*1×30%}, 연간 300만원] +Min {소비증가분 공제금액 연간 100만원}
7,000만원 초과인 경우	• 추가공제금액＝Min(①, ②) ① 한도초과액(공제가능액 － 공제한도액) ② Min [{전통시장사용분×40%, 대중교통이용분×40%}, 연간 200만원] +Min {소비증가분 공제금액 연간 100만원}

2 공제요건

(1) 개 요

근로소득이 있는 거주자(일용근로자 제외)가 법인(외국법인의 국내사업장을 포함) 또는 사업자(비거주자의 국내사업장을 포함)로부터 2025.12.31.까지 재화나 용역 등을 제공받고 신용카드 등을 사용하여 그 대가를 지급하여야 한다.(조특법 126조의2 ① 전단, 2022.12.31. 개정)

(2) 공제대상자의 범위

다음에 해당하는 자의 신용카드 등 사용금액은 해당 거주자의 신용카드 등 소득공제금액에 포함시킬 수 있다.(조특법 126조의2 ③, 조특령 121조의2 ③)

① 거주자의 배우자로서 연간소득금액의 합계액이 100만원(근로소득만 있는 경우는 총급여 500만원) 이하인 자

② 거주자와 생계를 같이하는 직계존비속(배우자의 직계존속과 동거입양자를 포함하되, 다른 거주자의 기본공제를 적용받은 자를 제외한다)으로서 연간소득금액의 합계액이 100만원(근로소득만 있는 경우는 총급여 500만원) 이하인 자

✓ 기본공제대상 장애인 직계비속의 장애인 배우자가 지출한 신용카드 사용액공제

기본공제대상 장애인 직계비속의 장애인 배우자가 사용한 신용카드 등 사용금액은 소득공제되는 신용카드 등 사용금액에 포함되지 않는 것임(원천-338, 2009.4.15.)

생계를 같이 하는 직계존비속의 범위(조특령 121조의2 ③)

주민등록표상의 동거가족으로서 해당 거주자의 주소 또는 거소에서 현실적으로 생계를 같이 하는 자(직계비속의 경우는 그러하지 아니하며, 소득세법 제53조 제2항 및 제3항에 의하여 일시퇴거자나 주거형편에 따라 별거하는 직계존속에 해당하는 경우에는 생계를 같이 하는 자로 본다)로 하며, 생계를 같이 하는지 여부의 판정은 해당 연도의 과세기간종료일(과세기간종료일 전에 사망한 자인 경우에는 사망일 전일을 말함) 현재의 상황에 의한다.

➲ 기본공제대상자인 형제자매, 장애인 직계비속의 장애인 배우자(원천-338, 2009.4.15.), 다른 부양가족의 기본공제를 적용받는 직계존비속이 사용한 신용카드 등 사용금액은 공제를 받을 수 없다.

(3) 신용카드 등 사용금액의 범위

1) 신용카드 등

여신전문금융업법 제2조의 규정에 의한 신용카드·직불카드 또는 기명식선불카드(실지명의가 확인되는 것에 한함)를 사용하여 그 대가로 지급하는 금액(조특법 126조의2 ① 1)

2) 현금영수증

조세특례제한법 제126조의3의 규정에 의한 현금영수증에 기재된 금액(조특법 126조의2 ① 2)

3) 기명식선불카드 등(조특법 126조의2 ① 4)

① 기명식선불카드 : 여신전문금융업법 제2조에 따른 직불카드 또는 선불카드(실지명의가 확인된 것만 해당)를 사용하여 그 대가로 지급하는 금액

② 기명식선불전자지급수단 : 전자금융거래법 제2조에 따른 직불전자지급수단, 선불전자지급수단(실지명의가 확인된 것만 해당)을 사용하여 그 대가로 지급하는 금액

③ 기명식전자화폐 : 실지명의가 확인되는 전자화폐를 사용하여 그 대가로 지급하는 금액. 이때 실지명의가 확인되는 것이란 다음 중 하나에 해당하는 것을 말한다.(조특령 121조의2 ①)

㉠ 신청에 의하여 발급받은 선불카드·전자화폐·선불전자지급수단으로 사용자 명의가 확인되는 것

㉡ 무기명선불카드·무기명선불전자지급수단·무기명전자화폐(이하에서 "무기명선불카드등"이라 한다)의 경우에는 다음 중 하나에 해당하는 것(조특령 121조의2 ① 2, 2022.2.15. 개정)

ⓐ 실제사용자가 최초로 사용하기 전에 해당 무기명선불카드등을 발행한 신용카드업자, 전자금융거래업자 및 금융기관에 주민등록번호 또는 무기명선불카드등을 등록하여 사용자 인증을 받은 것

ⓑ 실제사용자가 최초로 사용하기 전에 금융기관에 개설한 실제사용자 본인의 예금계좌와 연결한 것

✓ 무기명선불전자지급수단의 실지명의 확인

무기명선불전자지급수단에 대해 실지명의 확인이 이루어졌다고 보기 위해서는 발행자에게 주민등록번호, 무기명선불전자지급수단을 등록하여 사용자 인증을 받아야 하는 것임(서면법령해석소득 2021－805, 2021.2.18.)

(4) 공제대상 사용기간

당해 과세기간의 소득공제대상 신용카드 등의 사용금액은 1월 1일부터 그 과세기간의 12월 31일까지로 한다. 할부로 구입하는 경우에는 구입시점 금액을 신용카드 등의 사용금액으로 보며, 체크카드의 사용액은 신용공여기능이 없는 경우 직불카드 사용액으로 간주한다.(재경부 보험 41207-62, 2003.3.5.)

(5) 신용카드 등 사용금액에서 제외되는 금액

신용카드 등 사용금액이 다음에 해당하는 경우에는 이를 신용카드 등 사용금액에 포함하지 아니한다. 다만, 아래 '③'의 경우로서 자동차관리법에 따른 자동차 중 중고자동차를 신용카드, 직불카드, 직불전자지급수단, 기명식선불카드, 기명식선불전자지급수단, 기명식전자화폐 또는 현금영수증으로 구입하는 경우에는 그 중고자동차 구입금액 중 중고자동차 구입금액의 10%를 신용카드 등 사용금액에 포함한다.(조특법 126조의2 ④ 단서, 2016.12.20. 단서 신설, 조특령 121조의2 ⑭, ⑮)

① 사업소득과 관련된 비용 또는 법인의 비용에 해당하는 경우(조특법 126조의2 ④ 1)

② 신용카드 등의 비정상적인 사용행위에 해당하는 다음의 경우

㉠ 물품 또는 용역의 거래없이 이를 가장하거나 실제 매출금액을 초과하여 신용카드 등에 의한 거래를 하는 행위(조특법 126조의2 ③ 2, 조특령 121조의2 ④ 1)

㉡ 신용카드 등을 사용하여 대가를 지급하는 자가 다른 신용카드 등 가맹점 명의로 거래가 이루어지는 것을 알고도 신용카드 등에 의한 거래를 하는 행위. 이때 상호가 실제와 달리 기재된 매출전표 등을 교부받은 때에는 그 사실을 알고 거래한 것으로 본다.(조특법 126조의2 ④ 2, 조특령 121조의2 ④ 2)

③ 자동차를 신용카드, 직불카드·직불전자지급수단·기명식선불카드·기명식선불전자지급수단·기명식전자화폐 또는 현금영수증으로 구입하는 경우(조특법 126조의2 ④ 3, 2016.12.20. 개정)

④ 국민건강보험법, 노인장기요양보험법 또는 고용보험법에 따라 부담하는 보험료, 국민연금법에 의한 연금보험료 및 각종 보험계약(생명보험, 손해보험, 우체국보험, 군인공제회 등)의 보험료 또는 공제료(조특령 121조의2 ⑥ 1)

⑤ 유아교육법, 초·중등교육법, 고등교육법 또는 특별법에 의한 학교(대학원 포함) 및 영유아보육법에 따른 어린이집에 납부하는 수업료·입학금·보육비용 기타 공납금(조특령 121조의2 ⑥ 2)

⑥ 정부 또는 지방자치단체에 납부하는 국세·지방세, 전기료·수도료·가스료·전화료(정보사용료·인터넷이용료 등 포함)·아파트관리비·텔레비전시청료(종합유선방송법에 의한 종

합유선방송의 이용료 포함) 및 도로통행료(조특령 121조의2 ⑥ 3, 2012.2.2. 개정)

⑦ 상품권 등 유가증권 구입비(조특령 121조의2 ⑥ 4)

⑧ 리스료(여객자동차 운수사업법에 의한 자동차대여사업의 자동차대여료 포함)(조특령 121조의2 ⑥ 5)

⑨ 지방세법에 의하여 취득세 또는 등록에 대한 등록면허세가 부과되는 재산(중고자동차는 제외)의 구입비용(조특령 121조의2 ⑥ 7, 2017.2.3. 개정)

⑩ 부가가치세법 시행령 제38조 제1호(☞ 우정사업조직이 소포우편물을 방문접수하여 배달하여 용역) 및 제3호(☞ 부동산 임대업, 도·소매업, 음식·숙박업, 골프장·스키장 운영업, 기타 운동시설 운영업)에 해당하는 업종 외의 업무를 수행하는 국가·지방자치단체 또는 지방자치단체조합(의료법에 따른 의료기관, 지역보건법에 따른 보건소 및 법 제126조의2 제2항 제3호 가목 및 나목에 따른 문화체육관광부장관이 지정하는 법인 또는 사업자는 제외)에 지급하는 사용료·수수료 등의 대가(조특령 121조의2 ⑥ 8, 2020.2.11. 개정)

⑪ 차입금 이자상환액, 증권거래수수료 등 금융·보험용역과 관련한 지급액, 수수료, 보증료 및 이와 비슷한 대가(조특령 121조의2 ⑥ 9)

⑫ 가상자산거래(특정 금융거래정보의 보고 및 이용 등에 관한 법률 제2조 제2호 라목)에 대하여 가상자산사업자에게 지급하는 대가(2024.2.29. 신설)

➲ 2024.2.29.이 속하는 과세기간의 신용카드 등 사용금액 합계를 계산하는 경우부터 적용한다.(2024.2.29. 조특령 부칙 13조)

⑬ 정치자금법에 따라 정당(후원회 및 각 급 선거관리위원회를 포함)에 신용카드, 직불카드, 기명식선불카드, 직불전자지급수단, 기명식선불전자지급수단 또는 기명식전자화폐로 결제하여 기부하는 정치자금(법 제76조에 따라 세액공제 및 소득공제를 적용받은 경우에 한한다)(조특령 121조의2 ⑥ 10)

⑭ 고향사랑 기부금에 관한 법률에 따른 고향사랑 기부금(기부금세액공제를 적용받은 경우만 해당한다)(2024.2.29. 신설)

➲ 2024.2.29.이 속하는 과세기간의 신용카드 등 사용금액 합계를 계산하는 경우부터 적용한다.(2024.2.29. 조특령 부칙 13조)

⑮ 세액공제를 적용받은 월세액(조특령 121조의2 ⑥ 11)

⑯ 관세법 제196조에 따른 보세판매장, 조세특례제한법 제121조의13에 따른 지정면세점, 선박 및 항공기에서 판매하는 면세물품의 구입비용(조특령 121조의2 ⑫, 2019.2.12. 신설)

PART 3

신용카드와 다른 소득공제 항목의 중복적용 여부

구 분		소득·세액공제	신용카드공제
국민연금보험료		○	×
보 험 료		○	×
의 료 비		○	○
기 부 금		○	×
교육비	취학전 아동의 학원·체육시설 수강료	○	○
	발달재활기관에 지출하는 장애인재활특수교육비	○	○
	중·고생 교복구입비	○	○

3 제출서류

① 신용카드 등 사용금액공제를 적용받고자 하는 자는 소득공제금액을 「근로소득자소득공제신고서」에 기재하고, 「근로소득자소득공제신고서」를 원천징수의무자에게 제출하는 때에 「신용카드 등 소득공제신청서」와 「신용카드 등 사용금액확인서」를 함께 제출하여야 한다.(조특령 121조의2 ⑧ 전단)

② 신용카드등사용금액확인서에 전통시장사용분, 대중교통이용분, 문화체육사용분이 누락된 경우 영수증, 승차권, 입장권 등 전통시장사용분, 대중교통이용분, 문화체육사용분임을 증명할 수 있는 자료를 제출함으로써 신용카드등사용금액에 대한 소득공제를 신청할 수 있다.(조특령 121조의2 ⑧, 2025.2.28. 용어개정)

4 원천징수의무자의 가산세면제 특례

원천징수의무자가 「근로자소득공제신고서」 및 「신용카드 등 소득공제신청서」에 기재된 신용카드 등 사용금액에 대한 소득공제금액에 신용카드사용금액 공제제외금액이 포함되어 있음을 근로소득세액의 연말정산시까지 확인할 수 없는 경우에는 원천징수납부불성실가산세를 부과하지 아니한다.(조특법 126조의2 ⑤, 조특령 121조의2 ⑤)

5 잘못 공제한 사례[9)]

① 현금 인출분을 신용카드사용금액으로 공제

② 사업관련 경비로 처리된 종업원명의의 신용카드사용금액을 공제(원천징수의무자는 종업원의 신용카드공제 신청금액에서 법인(사업)경비로 처리된 금액이 제외되었는지 여부를 확인하여야 함)

③ 신용카드사용액에서 제외되는 보험료납입 등에 사용한 신용카드금액을 부당하게 공제

④ 위장가맹점과의 거래분을 신용카드사용금액으로 부당하게 공제

⑤ 부양가족공제 대상인 형제·자매가 사용한 신용카드 사용금액 공제한 경우

⑥ 기본공제는 부(父)가 받고, 그 기본공제대상자가 사용한 신용카드금액을 모(母)가 공제한 경우

✓ **학교 외의 기관이 운영하는 온라인 학점인정 교육과정에 신용카드등으로 지불한 수업료는 신용카드등사용금액에 대한 소득공제 대상에 해당함**(서면법규소득2024-341, 2024.9.25.)

✓ **생년월일 등 확인을 통하여 예금계좌와 연결된 무기명 선불전자지급수단이 조세특례제한법 시행령 제121조의2 제1항 제2호에 해당하는지**

실제 사용자가 최초로 사용하기 전 본인의 예금계좌와 연결되어 발행된 선불카드의 경우 2022. 2.15. 개정된 영 시행일 이후 최초로 연말정산하거나 종합소득과세표준 신고, 결정 또는 경정하는 분부터 신용카드 등 소득공제 대상에 해당함(기준법무소득 2021-209, 2022.5.16.)

✓ **신용카드사용분에 대해 같은 과세기간 중 매출 취소가 발생한 경우 차감하여야 할 신용카드사용분의 산정방식**

신용카드사용분 중 같은 과세연도에 매출이 취소된 사용금액이 발생한 경우, 해당 매출이 취소된 사용금액은 매출이 취소된 월의 신용카드사용분에서 차감함(서면법령해석소득 2020-4953, 2021.8.17.)

✓ **다회용컵 보증금 신용카드 결제시 신용카드등 사용금액에 대한 소득공제 적용 여부**

다회용컵의 회수를 보장하기 위하여 받는 보증금은 신용카드 등 사용금액에 해당하지 않는 것임(서면법령해석소득 2021-3180, 2021.6.29.)

✓ **무기명선불전자지급수단의 실지명의 확인**

무기명선불전자지급수단에 대해 실지명의 확인이 이루어졌다고 보기 위해서는 발행자에게 주민등록번호, 무기명선불전자지급수단을 등록하여 사용자 인증을 받아야 하는 것임(서면법령해석소득 2021-805, 2021.2.18.)

9) 국세청, 앞의 책, p. 155

✓ 공무원복지포인트로 사용된 금액이 현금영수증 소득공제 대상에 해당하는지 여부

공무원이 직원 전용 온라인 쇼핑몰에서 공무원 복지포인트로 재화 또는 용역을 구매하면서 현금영수증을 발급받은 경우, 해당 현금영수증 사용액에 대해 조세특례제한법 제126조의2에 따른 신용카드 등 사용금액에 대한 소득공제를 적용받을 수 있는 것임(서면법령해석소득 2019－4162, 2020.11.27.)

✓ 20세 초과 직계비속의 신용카드 등 사용금액의 공제대상 포함 여부

① 근로소득이 있는 거주자의 생계를 같이하는 직계비속(연령제한 없음)으로서 연간소득금액의 합계액이 100만원 이하(근로소득만 있는 경우는 총급여 500만원)인 자의 신용카드사용금액은 해당 거주자의 신용카드사용금액에 이를 포함시켜 신용카드 등 사용금액에 대한 소득공제 규정을 적용할 수 있는 것이며,

② 여기서 "생계를 같이하는 직계비속"이라 함은 주민등록표상의 동거가족으로서 해당 거주자의 주소 또는 거소에서 현실적으로 생계를 같이하는 자(20세 이하인 직계비속의 경우는 그러하지 아니하며 소득세법 제53조 제2항에 해당하는 경우에는 생계를 같이하는 자로 봄)를 말함(서이 46013－10816, 2001.12.27.)

✓ 결혼 전 배우자가 사용한 신용카드 사용금액의 공제 가능 여부

해당연도 중 결혼한 해당 근로자의 배우자가 결혼 전에 사용한 신용카드사용금액은 공제대상에 해당하지 아니함(서이 46013－10376, 2003.2.24.)

✓ 결혼하여 별도세대를 구성하게 된 직계비속의 결혼 전 신용카드금액 공제 가능 여부

직계존비속이 결혼 또는 이혼으로 과세기간종료일 현재 기본공제대상자에 해당되지 않는 경우 해당 직계비속을 위하여 지출한 금액은 공제대상 아님(서이 46013－10376, 2003.2.24.)

✓ 현금영수증 소급발행 가능 여부

현금영수증 발급시기는 현금영수증가맹점이 재화 또는 용역을 공급하고 그 대금을 현금으로 받는 때에 재화 또는 용역을 공급받는 자에게 발급하는 것이며 이미 지급받은 현금에 대한 소급발행은 안되고, 발급된 현금영수증에 대한 재화 또는 용역거래의 취소, 변경 등 수정사항이 발생한 경우 수정발급이 가능함(서면3팀－1701, 2005.10.6.)

✓ 의료비 현금영수증을 수진자·납부자 중 누구에게 발행하는지

현금영수증은 재화나 용역을 공급하고 그 대금을 현금으로 받는 때에 재화나 용역을 공급받는 자에게 발행하는 것으로, 의료비의 경우 현금지급자가 아닌 수진자에게 발행하는 것임(서면3팀－1746, 2005.10.11.)

✓ 마일리지로 결제한 금액의 현금영수증 발급여부

현금영수증가맹점이 재화 또는 용역을 공급하고 마일리지로 결제하는 경우 당해 마일리지(적립금, 포인트, 사이버머니, 쿠폰)결제금액은 현금영수증을 교부할 수 없음(서면3팀－1268, 2007.4.30.)

✓ 전자상품권으로 결제시 현금영수증 발급

○○관광카드는 여신전문금융업법에 의한 선불카드에 해당되지 않는 전자상품권(다기능, 무기명)이나, 사업자가 재화나 용역을 공급하고 동 상품권으로 결제받는 경우 현금영수증을 발급할 수 있는 것임(서면3팀－607, 2005.5.6.)

✓ **종업원 개인별 복지카드 사용액의 소득공제 가능 여부**

근로소득에 해당하는 복지카드 사용액은 신용카드 등 사용금액에 대한 소득공제 가능함(서면1팀-1114, 2006.8.14.)

✓ **종업원이 사용자로 지정된 법인신용카드 사용금액이 소득공제대상에 포함되는지 여부**

신용카드업자로부터 종업원이 사용자로 지정된 법인신용카드를 발급받아 종업원별로 일정한도를 정하여 복리후생적 목적으로 사용하게 하고 그 대금을 당해 법인이 지급하는 경우 그 사용대가는 당해 종업원의 "신용카드 등 사용금액"에 포함되지 아니하는 것임(서면1팀-348, 2007.3.14.)

✓ **주택신축판매업자로부터 발급받은 발코니 확장, 샷시설치 공사분 관련**

주택신축판매업자가 발코니 확장 및 샷시설치 공사를 하고 현금영수증을 발급한 경우로서 그 대가가 등록세 과세표준에 포함된 경우에는 "신용카드 등 사용금액"에 포함되지 않음(서면3팀-903, 2006.5.17.)

✓ **외교통상부의 여권발급수수료 영수분은 현금영수증 발급대상 거래에 해당하지 아니함**(서면3팀-2173, 2007.7.31.)

✓ **거래대금을 상품권으로 받은 경우 현금영수증 발급 가능함**(전자세원과-406, 2009.6.25.)

✓ **가스료에 대한 현금영수증 발행 대상 여부**

한국표준산업분류체계에 의한 가스제조 및 공급업(가스집단공급업 포함)은 소득공제 대상이 아니나, 소매업(가정용 연료소매업)은 소비자상대업종에 해당되고 소득공제를 적용받을 수 있어 현금영수증을 발행할 수 있음.(전자세원과-1973, 2008.12.15.) → 도시가스 요금은 현금영수증을 수취해도 공제대상이 아니나, 가정용 LPG가스(가정용연료소매업 해당분) 사용금액에 대한 현금영수증 수취분은 소득공제 가능함

✓ **장애인 직계비속의 장애인 배우자가 사용한 신용카드 등 사용금액은 공제대상 아님**(원천세과-338, 2009.4.15.)

✓ **교통후불 기능이 있는 체크카드 사용금액의 소득공제 여부**

신용카드 등 사용금액에 대한 소득공제 적용시 교통후불 기능이 있는 체크카드의 사용금액은 여신전문금융업법 제2조 제6호의 직불카드에 해당되지 않는 것임(서이 46013-11456, 2003.8.4.)

✓ **국외에서 발급받은 신용카드는 소득공제대상 아님**(조특 해석편람 126의2-1-2)

신용카드 등 사용금액에 대한 소득공제대상이 되는 신용카드는 여신전문금융업법 제2조의 규정에 의하여 신용카드가맹점에서 사용할 수 있는 신용카드로서 금융감독위원회의 신용카드업 허가를 받은 자가 발행한 카드로 한정하고 있으므로 국외에서 발급받은 신용카드는 소득공제대상이 되지 않는 것임(법인 46013-423, 2000.2.14.)

PART 3

신용카드 등 사용금액공제 관련 문답사례(국세청)

Q 입사 전이나 퇴사 후에 사용한 신용카드 등 사용금액도 공제되는지?

A 공제되지 않음. 근로제공 기간 중에 사용한 금액만이 공제대상이 되는 것임

Q 근로소득자인 본인이 휴직기간에 사용한 신용카드 사용분은 소득공제가 가능한지?

A 휴직기간은 근로기간에 포함되므로 휴직기간 중에 사용한 신용카드 사용분은 공제 가능한 것임

Q 가족카드의 경우 대금지급자(결제자)기준으로 공제를 하는 것인지, 아니면 카드 사용자 기준으로 공제를 하는 것인지?

A 사용자 기준으로 소득공제를 적용함. 예를 들어, 맞벌이부부로서 부인명의로 발급받은 가족카드 사용액을 남편이 결제하는 경우, 해당 사용금액에 대하여는 부인만 소득공제를 받을 수 있는 것임

Q 아내가 올해 4월말에 직장을 그만두어 현재 전업주부인데, 아내가 사용한 신용카드 금액을 근로자인 제가 공제받을 수 있는지?

A 아내의 연간 소득금액 합계액이 100만원 이하(근로소득만 있는 경우는 총급여 500만원)인 경우에만 공제받을 수 있음. 질문의 경우, 아내가 연도 중에 퇴직하였고 다른 소득이 없다면, 퇴직할 때까지 발생한 근로소득금액(총급여액에서 근로소득공제액 차감한 금액)과 퇴직소득금액의 합계액이 100만원 이하인 경우에만 남편이 공제받을 수 있는 것임

- 아내의 연간 소득금액 합계액이 100만원(근로소득만 있는 경우는 총급여 500만원)을 초과하는 경우에는 남편의 근로소득에서 공제받을 수 없으며, 이 경우 아내가 퇴직 전에 사용한 신용카드 금액에 한하여 아내 자신의 근로소득금액에서 공제받을 수 있는 것임

Q 올해에 결혼한 배우자의 결혼 전 신용카드 사용금액을 제가 공제받을 수 있는지?

A 공제받을 수 없음. 혼인일 이후에 사용한 금액만이 공제대상이 되며 이 경우에도 배우자의 연간소득금액이 100만원 이하인 경우에 한함

Q 맞벌이부부의 경우 남편이 기본공제를 받은 자녀의 신용카드 사용액을 아내가 소득공제받을 수 있는지?

A 다른 거주자의 기본공제를 받은 자의 신용카드 등 사용액을 본인이 공제받을 수는 없는 것임. 따라서 남편이 자녀의 기본공제를 받은 경우, 해당 자녀의 신용카드 등 사용액을 아내가 공제받을 수는 없으며, 남편이 소득공제를 받아야 하는 것임

Q 의류점에서 현금영수증 발급을 거부하는데 소득공제받는 방법이 없는지?

A 현금영수증 발급 거부 사업자에 대하여는 거래일로부터 1개월 이내에, 국세청 홈택스 홈페이지(www.hometax.go.kr) 〉 상담/제보 〉 현금영수증 민원신고 〉 발급거부등 신고

하기에서 신고하거나, 현금거래확인신청서를 작성하여 피신고자 사업장 관할 세무서에 서면으로 신고하시면 되며, 반드시 거래사실을 입증할 수 있는 거래증빙(간이영수증, 무통장입금증 등)을 첨부하셔야 함

- 관할 세무서가 신청인의 신청내용, 제출한 증빙자료, 현지확인 등을 통하여 발급거부 사실을 확인하면, 해당 건에 대하여 소득공제를 받을 수 있는 것임

Q 현금영수증 자진 발급분 사용자 등록은 어떻게 하는지?

A 소비자(사업자)가 가맹점에서 국세청이 지정한 코드(010-000-1234)로 현금영수증을 발급받은 경우, 국세청 홈택스 홈페이지 > 현금영수증 > 현금영수증조회에서 신분확인 수단을 등록하면 본인의 현금영수증으로 익일 사용내역조회 화면에서 확인할 수 있음

Q 아파트를 분양받으면서 발코니 확장, 샷시 설치 공사분에 대하여 발급받은 현금영수증에 대하여 소득공제가 가능한지?

A 해당 대가가 등록세 과세표준에 포함된 경우에는 소득공제를 받을 수 없음. 즉, 경우에 따라 공제여부가 달라지는 것임

주택 월세에 대한 현금영수증 문답 사례

Q 주택 월세에 대해 현금영수증을 받으려면 어떻게 해야 하는지?

A 인터넷으로 신고할 경우에는 국세청 홈택스 홈페이지(www.hometax.go.kr) > 상담/제보 > 현금영수증·신용카드 미발급/발급거부 > 주택임차료(월세) 현금영수증 발급신청 화면에서 신고서를 작성하고 임대차계약서를 스캔·첨부하여 제출하여야 하며, 우편 또는 서면으로 신고할 경우에는 현금거래 확인신청 신고서를 작성하고 임대차계약서 사본을 첨부하여 가까운 세무관서에 제출하여야 하는 것임

Q 주택 월세에 대한 현금영수증 발급이 제3자 명의로 가능한지?

A 반드시 임대차계약서상 임차인 명의로만 발급이 되는 것임

Q 임대인이 임대사업자가 아닌 경우 주택 월세에 대한 현금영수증 신고가 가능한지?

A 임대인의 사업자 등록여부와 관계없이 신고가 가능한 것임

Q 상가 월세에 대하여도 현금영수증을 받을 수 있는지?

A 받을 수 없음. 주택에 한하여 적용되는 것임

Q 주택 월세에 대한 현금영수증은 언제까지 신고 가능한지?

A 월세지급일로부터 5년 이내에 신고하여야 하는 것임(조특령 121조의5 ⑧, 2025.2.28. 개정)

➲ 2025.2.28. 당시 현금거래일부터 3년이 지나지 않은 경우에도 적용한다.(2025.2.28. 조특령 부칙 19조)

Q 주택 월세에 대한 현금영수증을 소급해서 여러 달 분을 발급받을 수 있는지?

A 2009.2.4. 이후 월세를 지급하고, 월세지급일로부터 3년 이내에 신고된 것에 한하여만 현금영수증이 발급되는 것임

Q 주택 월세에 대한 현금영수증 신고시 임대인의 동의를 받아야 하는지?

A 임대인의 동의는 필요 없으며, 임대차계약서를 첨부하여 신고하면 되는 것임

Q 주택 월세에 대하여 매월 신고를 하여야 하는지?

A 최초 신고 후 임대차계약서의 계약기간 동안 월세지급일에 국세청에서 현금영수증을 발급하므로 매월 별도의 신고할 필요가 없음. 다만, 임대계약이 연장 등으로 변경된 경우에는 신고를 하여야 하는 것임

Q 주택 월세에 대한 현금영수증을 보내 주는지?

A 최초 신고 후 월세지급일에 국세청에서 현금영수증을 발급하며, 현금영수증 발급내역은 국세청 홈택스 홈페이지에서 조회가 가능하고 별도로 현금영수증을 보내주지 않는 것임

Ⅳ 주택마련저축공제

(1) 공제대상

근로소득이 있는 거주자(일용근로자는 제외)로서 해당 과세기간의 총급여액이 7천만원 이하이며 과세기간 중 주택을 소유하지 않은 세대의 세대주*가 2025.12.31.까지 해당 과세기간에 공제대상 주택마련저축에 납입하는 경우에 공제대상이 된다.(조특법 87조 ②, 2024.12.31. 개정)

① '과세기간 중 주택을 소유하지 않은'의 의미는 과세기간 중 계속 무주택 상태를 의미한다.

② '세대'에는 거주자와 그 배우자(생계를 달리하는 경우 포함), 거주자와 같은 주소·거소에서 생계를 같이하는 거주자와 그 배우자의 직계존비속(그 배우자를 포함) 및 형제자매를 모두 포함한다.(조특령 81조 ⑨)

③ '세대주*' 해당 여부는 배우자 또는 부양가족 유무와 관련이 없으며 과세기간 종료일 현재의 상황에 의한다. 거주자와 배우자가 각각 세대주인 경우에는 어느 한 명만 세대주로 본다.(조특법 87조 ④, 조특령 81조 ⑨)

* 2025.1.1. 이후 주택청약종합저축 납입분부터 "세대주 또는 세대주의 배우자"로 개정되었다. (2024.12.31. 조특법 부칙 12조 ①)

저자TIP 외국인 근로자에 대한 주택마련저축 공제 여부

외국인 근로자는 주택자금공제 항목 4가지 중 "주택마련저축 소득공제"는 적용받을 수 없다. 거주자인 외국인은 주택청약종합저축에 가입하여 납입하더라도 주민등록법상 세대주 또는 세대원이 될 수 없으므로 소득공제를 적용받을 수 없는 것이다.(조특법 87조 ②)

(2) 공제대상 주택마련저축

공제대상 주택마련저축은 다음에 해당하는 저축(연 납입액이 300만원을 초과하는 경우 그 초과금액은 없는 것으로 함)을 말한다.(조특법 87조 ②, 2023.12.31. 개정)

① 주택법에 따른 청약저축

② 주택청약종합저축

㉠ 근로소득이 있는 거주자(일용근로자는 제외)로서 해당 과세기간의 총급여액이 7천만원 이하이며 해당 과세기간 중 주택을 소유하지 않은 세대의 세대주가 해당 과세기간에 주택법에 따른 주택청약종합저축*에 납입한 금액(연 300만원을 납입한도로 하며, 소득공제 적용 과세기간 이후에 납입한 금액만 해당한다)의 40%에 상당하는 금액을 해당 과세기간의 근로소득금액에서 공제한다. 다만, 과세기간 중에 주택 당첨 외의 사유로 중도 해지한 경우에는 해당 과세기간에 납입한 금액은 공제하지 아니한다.(조특법 87조 ②, 2023.12.31. 개정)

㉡ 주택법에 따른 주택청약종합저축(소득공제 적용 과세기간 이후에 납입한 금액만 해당)에 대한 소득공제를 적용받으려는 사람은 해당 저축 취급기관에 주택을 소유하지 아니한 세대의 세대주*임을 확인하는 「무주택 확인서」를 소득공제를 적용받으려는 과세기간의 다음 연도 2월 말까지 제출하여야 한다.(조특법 87조 ②, ③, 2015.12.15. 개정, 조특령 81조 ⑤)

* 2025.1.1. 이후 주택청약종합저축 납입분부터 "세대주 또는 세대주의 배우자"로 개정되었다. (2024.12.31. 조특법 부칙 12조 ①)

➲ 2015.6.22. 주택법 제75조 제2항의 개정(부칙 제5조 및 제6조)에 따라 '청약저축'이 '주택청약종합저축'으로 통합되었다.

③ 청년우대형주택청약종합저축

다음의 요건을 모두 갖춘 청년우대형주택청약종합저축에 2025.12.31.까지 가입하고 납입한 경우 위 '②'의 규정에 따라 해당 납입금액의 40%에 상당하는 금액을 해당 과세기간의 근로소득금액에서 공제한다.(조특법 87조 ③, 2023.12.31. 개정)

➲ 청년우대형주택청약종합저축은 주택법상 위 ②의 주택청약종합저축에 해당하는 것이므로 주택

PART 3

청약종합저축과 동일한 소득공제가 적용된다.

㉠ 청년우대형주택청약종합저축 가입일 현재 19세 이상 34세 이하인 청년[병역을 이행한 경우에는 그 기간(6년을 한도로 한다)을 청년우대형주택청약종합저축 가입일 현재 연령에서 빼고 계산한 연령이 34세 이하인 사람을 포함한다]에 해당하고 주택을 소유하지 아니하는 세대의 세대주*로서 다음 중 하나에 해당하는 거주자를 가입대상으로 할 것(조특법 87조 ③ 1, 조특령 81조 ⑭, 2021.12.28. 개정)

* 2025.1.1. 이후 주택청약종합저축 납입분부터 "**세대주 또는 세대주의 배우자**"로 개정되었다. (2024.12.31. 조특법 부칙 12조 ①)

ⓐ 직전 과세기간의 총급여액이 3천6백만원 이하인 근로소득자(직전 과세기간에 근로소득만 있거나 근로소득 및 종합소득과세표준에 합산되지 아니하는 종합소득이 있는 자로 한정하고, 비과세소득만 있는 자는 제외)

ⓑ 직전 과세기간의 종합소득과세표준에 합산되는 종합소득금액이 2천6백만원 이하인 자(직전 과세기간의 총급여액이 3천6백만원을 초과하는 근로소득이 있는 자 및 비과세소득만 있는 자는 제외)

㉡ 계약기간이 2년 이상일 것

㉢ 주택법에 따른 주택청약종합저축(소득공제 적용 과세기간 이후에 납입한 금액만 해당에 대한 소득공제)을 적용받으려는 사람은 해당 저축 취급기관에 주택을 소유하지 아니한 세대의 세대주*임을 확인하는 「무주택 확인서」를 소득공제를 적용받으려는 과세기간의 다음 연도 2월 말까지 제출하여야 한다.(조특법 87조 ②, ③, 조특령 81조 ⑤)

* 2025.1.1. 이후 주택청약종합저축 납입분부터 "**세대주 또는 세대주의 배우자**"로 개정되었다. (2024.12.31. 조특법 부칙 12조 ①)

➲ ① 2025.1.1. 당시 청년우대형주택청약종합저축에 가입 중인 세대주의 배우자에 대해서도 적용한다.(2024.12.31. 조특법 부칙 12조 ②)

② 2025.1.1. 전에 청년우대형주택청약종합저축에 가입한 세대주의 배우자는 개정규정에 따라 무주택 확인서를 제출하려는 경우에는 2025.1.1.부터 2년 이내에 제출하여야 한다.(2024.12.31. 조특법 부칙 12조 ③)

✓ **주택청약종합저축을 청년우대형 주택청약종합저축으로 전환시 추징대상 및 범위**

조세특례제한법시행령 제81조 제11항 제3호에 따라 주택청약종합저축을 청년우대형 주택청약종합저축으로 전환한 자가 청년우대형 주택청약종합저축을 해지한 경우 조세특례제한법 제87조 제7항 제1호의 저축가입일은 기존 주택청약종합저축 가입일이며, 추징세액을 산정할 때 기존 주택청약종합저축에 가입하여 납입한 금액에 대한 소득공제분도 해당 추징세액의 산정 범위에 포함되는 것임(기획재정부금융세제-179, 2023.6.1.)

✓ **조특법 제87조 제7항 제1호 적용상 "저축 가입일"의 의미**

주택법에 따른 주택청약저축(이하 "주택청약저축")에 가입하여 조세특례제한법 제87조 제2항에 따른 소득공제를 적용받던 자가 주택청약저축을 청년우대형주택청약종합저축으로 전환한 후 위 소득공제를 계속 적용받던 중 청년우대형주택청약종합저축을 해지하는 경우, 같은 법 제87조 제7항 제1호 본문의 적용상 "저축 가입일"은 주택청약종합저축 가입일을 의미하는 것임(사전법규소득 2022-1077, 2023.1.26.)

④ 근로자주택마련저축

이는 1988년 이후 시행된 근로자의 주거안정과 목돈마련저축지원에 관한 법률에 따라 월급여액이 60만원 이하인 근로자로서 무주택이거나 국민주택규모의 1주택 보유자만이 가입할 수 있었던 근로자주택마련저축 상품(월 납입액 15만원 한도)이었으나, 법률 제7030호 한국주택금융공사법 부칙 제2조(2004.3.1.)에 따라 폐지되었다.

(3) 공제범위액

주택청약종합저축과 주택임차차입금 원리금상환공제 규정에 따라 공제한 금액의 합계액이 연 400만원을 초과하는 경우 그 초과하는 금액은 해당 연도의 근로소득금액에서 공제하지 아니하고, 주택청약종합저축과 주택임차차입금 원리금상환공제 및 장기주택저당차입금 이자상환공제 규정에 따라 공제한 금액의 합계액이 연 800만원(장기주택저당차입금이 일정요건에 해당하는 경우에는 600만원, 1,800만원, 2,000만원 등 각각의 공제한도액)을 초과하는 경우에는 그 초과하는 금액은 해당 연도의 근로소득금액에서 공제하지 아니한다. 이 경우 세대주인지 여부는 과세기간 종료일 현재를 기준으로 판단한다.(조특법 87조 ⑤, 2023.12.31. 개정)

(4) 제출서류

① 주택마련저축공제를 받고자 하는 자는 해당 금융기관이 발행한 「주택마련저축납입증명서」를 제출하여야 한다.(조특칙 34조 ①)

② 「주택마련저축납입증명서」는 연도말 현재의 납입액이 표시되어 있는 주택마련저축

통장 사본 또는 주택마련저축납입내역을 일괄적으로 적어 국세청장이 발급하는 서류로 갈음할 수 있다.(조특칙 34조 ②)

(5) 참고사항[10)]

① 다음 연도 이후 납입할 금액을 미리 선납한 금액은 당해 연도에 공제되지 아니하며, 다음 연도에도 공제되지 아니함(서면1팀-1414, 2005.11.23.)

② 근로자 본인 명의로 가입하여야 하며 배우자가 가입한 저축은 공제대상이 아님

➲ 2025년 주택청약종합저축 납입분부터는 "세대주의 배우자"도 공제 가능하다.

③ 청약저축에 가입하여 연도 중에 중도해지하는 경우 당해 연도 납입액은 주택마련저축 공제대상에 포함하지 아니하는 것이나, 다만, 주택당첨이나 만기 등 당초 가입목적 달성으로 해지하는 경우에는 공제대상에 포함되는 것임(재소득 46073-12, 2001.1.16, 서이 46013-10790, 2001.12.21.)

✓ 주택청약종합저축 소득공제 후 저축을 해지한 자가 관련 법령에 따라 해당 저축이 해지되지 않은 것으로 보게 되는 경우 사후관리 적용여부

조세특례제한법 제87조 제7항 제2호의 경우로서 주택청약종합저축을 해지함에 따라 같은 항 각 호 외의 부분에 따라 세액을 추징당한 자가 주택공급에 관한 규칙 제14 조제1호에 따라 주택청약종합저축 납입금을 다시 납입함으로써 종전의 주택청약종합저축이 해지되지 아니한 것으로 보게 되는 경우에는, 종전의 주택청약종합저축이 해지되지 아니한 것으로 보는 것임(서면법규소득 2023-1972, 2023.12.12.)

✓ 주택마련저축 가입자의 범위

근로자 본인이 가입하여야 하며 배우자 또는 부양가족 명의로 가입한 저축은 공제대상 아님(법인 46013-169, 1998.1.21.)

➲ 2025년 주택청약종합저축 납입분부터는 "세대주의 배우자"도 공제 가능하다.

✓ 상속주택의 소유주택 수 판정기준

주택마련저축공제를 적용함에 있어 상속으로 여러 사람이 공동으로 소유하는 1주택이 있는 경우 당해 공동상속주택은 상속지분이 가장 큰 상속인이 당해 주택을 소유한 것으로 보아 그 공제여부를 판단하며, 상속지분이 가장 큰 상속인이 2인 이상인 때에는 ① 당해 주택에 거주하는 자, ② 최연장자의 순서에 따름.(원천-455, 2009.5.27.)

✓ 상속주택을 재건축한 경우의 주택마련저축 공제 적용

상속주택을 재건축한 경우에도 당해 재건축 주택은 상속주택으로 보는 것임(원천-455, 2009.5.27.)

10) 국세청, 앞의 책, p. 118

주택마련저축공제 관련 문답사례(국세청)(2024년 귀속기준)

※ 2025년 주택청약종합저축 납입분부터는 "세대주의 배우자"도 공제 가능하다.(조특법 87조 ②, 2024.12.31. 개정)

Q 소득이 없는 배우자나 부양가족 명의로 가입한 주택마련저축도 공제받을 수 있는지?

A 공제대상이 아님. 근로자 본인 명의로 가입한 것만 주택마련저축의 공제대상이 될 수 있는 것임

Q 세대주가 주택자금공제나 주택마련저축공제를 받지 않았으면, 세대원이 주택마련저축공제를 받을 수 있는지?

A 근로소득이 있는 세대주만 주택마련저축공제를 받을 수 있는 것임. 즉, 세대원이라면 어떠한 경우에도 주택마련저축공제의 대상이 될 수 없는 것임

Q 주택마련저축공제 적용시 공동소유하고 있는 상속주택을 주택 수로 세는지?

A 주택마련저축공제를 적용함에 있어 상속으로 여러 사람이 공동으로 소유하는 1주택이 있는 경우, 당해 공동상속주택은 상속지분이 가장 큰 상속인이 당해 주택을 소유한 것으로 보아 그 공제여부를 판단함. 다만, 상속지분이 가장 큰 상속인이 2인 이상인 경우에는 ① 당해 주택에 거주하는 자, ② 최연장자의 순서에 따르는 것임

Q 2009.12.31. 이전 주택마련저축에 가입한 자로서 국민주택규모를 초과하는 주택을 형님과 공동으로 소유하고 있고 이 주택이 본인 세대의 유일한 주택인 경우에 주택마련저축공제가 가능한지?

A 국민주택규모를 초과하는 주택을 공동으로 소유하는 경우에도 주택마련저축공제를 받을 수 없음(서면1팀-1501, 2005.12.8.)

Q 주택청약종합저축의 불입액에 대한 소득공제가 가능한지?

A 주택청약종합저축 불입액에 대한 소득공제는 다음과 같이 적용됨

- 공제대상자 : 과세연도 중 무주택인 세대의 세대주인 근로자(일용근로자 제외)
- 공제금액 : 해당 연도 납입금액의 40%
  단, 저축 취급기관에 무주택확인서를 제출한 과세연도 이후에 납입한 금액에 한하여 공제가능
- 공제한도 : 주택마련저축과 동일하게 한도 적용
- 저축 가입 후 5년 이내 해지하거나 국민주택규모를 초과하는 주택에 당첨된 경우에는 납입금액 누계액의 6%를 추징. 다만, 소득공제로 감면받은 세액이 추징세액에 미달하는 사실을 증명하는 경우에는 실제로 감면받은 세액을 추징함
- 적용시기 : 2009.5.6. 이후 납입하는 분부터 적용
- 무주택세대주 여부는 국토교통부에서 검증하여 국세청에 통보되나, 검증에 상당기간이 소요되므로, 연말정산간소화 서비스에서는 공제요건 검증 없이 금융기관이 제출한 자료 그대로 보여줄 예정임. 따라서 근로자는 공제대상에 해당되는지 여부를 스스로 판단해서 공제신청을 하여야 하며, 향후 소득공제 요건을 충족하지 않은 근로자가

소득공제를 한 경우에는 과소납부한 세액과 가산세를 포함하여 추징할 예정임

Q 별도 세대인 배우자가 소유하고 있는 경우에 주택마련저축 공제가 가능한지?

A 근로소득이 있는 거주자와 소득금액이 없는 배우자가 각각 별도의 세대를 구성하고 있는 세대주인 경우로서 배우자가 주택을 소유하고 있는 때에는 주택마련저축공제를 받을 수 없는 것임(배우자는 생계를 달리하더라도 동일한 세대로 보며 거주자와 배우자가 각각 세대주인 경우에는 어느 한명만 세대주로 보는 것임).

◉ 조세특례제한법 시행규칙[별지 제58호의7 서식](2019.3.20. 개정)

무주택 확인서

본인은 [ ]주택청약종합저축·[ ]청년우대형주택청약종합저축 가입자로서 이 확인서를 제출하는 과세기간(주택청약종합저축에 한함) 또는 저축의 가입 당시(청년우대형주택청약종합저축에 한함)에 주택을 소유하지 않은 세대[1)]의 세대주에 해당함을 확약하며,

이 확인서를 제출한 날 이후 국민주택규모를 초과하는 주택에 청약하여 당첨된 경우 등 「조세특례제한법」 제87조 제7항 각 호에 따른 사유가 발생한 경우(주택청약종합저축에 한함) 또는 청년우대형주택청약종합저축 계약일로부터 2년 이내에 원금이나 이자 등을 인출하거나 계약을 해지한 경우 등 「조세특례제한법」 제87조 제6항에 따른 사유가 발생한 경우에는 같은 조 제2항 및 제3항에 따라 감면받았던 세액에 상당하는 금액이 추징되는 것에 동의합니다.

20 . . .

예금주(본인): (인)

위 내용을 확약하고 자필서명(날인)하여 본인의 ____________(가족관계 기재)인 ____________(성명 기재)을 통해 제출합니다.

예금주(본인): ____________ (인)

위 사실을 확인합니다.

대리(수임)인: ____________ (인)

1) 본인, 배우자, 같은 주소·거소에서 생계를 같이하는 본인·배우자의 직계존비속, 형제자매를 포함한 세대를 말합니다.

PART 3

V 벤처투자조합 출자 등에 대한 소득공제(2020.2.11. 제목개정)

➲ 2,500만원 소득공제 종합한도 대상임(2014.1.1. 이후 아래 표의 '벤처 등'에 투자한 금액은 한도 대상에서 제외됨)

1 공제대상

(1) 개 요

거주자가 투자조합 등에 출자 또는 투자를 하는 경우에는 투자시기에 따라 다음의 금액을 종합소득금액의 50% 범위 내에서 공제한다.(조특법 16조 ①, 2017.12.19. 개정)

➲ 2018.1.1. 이전에 출자 또는 투자한 경우에 대해서는 개정규정에도 불구하고 종전의 규정에 따른다.(2017.12.19. 조특법 부칙 47조)

투자구분	공제대상 출자·투자	공제금액	공제한도
조합 1	① 벤처투자조합, 민간재간접벤처투자조합, 신기술사업투자조합 또는 전문투자조합에 출자(조특법 16조 ① 1호) ② 창업·벤처전문사모집합투자기구에 투자(조특법 16조 ① 5호)	출자·투자금액의 10%	종합소득금액의 50%
조합 2	③ 벤처기업투자신탁의 수익증권에 투자(조특법 16조 ① 2호) ➲ 간소화서비스에서 제공됨	Min (출자·투자금액, 3,000만원)의 10%	
벤처 등	④ **개인투자조합**에 출자한 금액을 벤처기업등에 투자(조특법 16조 ① 3호) ⑤ 「벤처기업육성에 관한 특별조치법」에 따라 **벤처기업등에 투자**(조특법 16조 ① 4호) ⑥ **온라인소액투자중개의 방법**으로 모집하는 창업 후 7년 이내의 중소기업의 지분증권에 투자(조특법 16조 ① 6호) ☞ 크라우드펀딩	출자·투자금액의 100%~30%*	

* 공제율

조합1, 조합2	벤처 등(초과누진방식)		
10%	출자·투자금액	3,000만원 이하	100%
		3,000만원 초과~5,000만원 이하	70%
		5,000만원 초과	30%

➲ 예를 들어 "벤처 등"에 4,000만원을 투자했다면 3,700만원 [3,000만원(100%) + 1,000만원(3,000만원 초과금액) × 70%] 을 종합소득금액의 50% 한도 내에서 소득공제하는 것이다.

(2) 출자 또는 투자의 범위

거주자가 다음에 해당하는 투자조합 등에 출자 또는 투자를 하는 경우에는 종합소득금액에서 공제한다.(조특법 16조 ①)

① 벤처투자조합, 민간재간접벤처투자조합(2023.12.31. 신설), 신기술사업투자조합 또는 전문투자조합에 출자하는 경우 (조특법 16조 ① 1, 2023.12.31. 개정)
이때 벤처투자조합에 출자하는 경우 소득공제를 적용받을 수 있는 투자액은 다음 계산식에 따라 계산한 금액으로 한다.(조특령 14조 ⑭, 2024.2.29. 신설)

➲ 2024.2.29. 이후 벤처투자조합에 출자하는 경우부터 적용한다.(2024.2.29. 조특령 부칙 3조)

$$\text{거주자가 벤처투자조합에 출자한 금액} \times \frac{\text{벤처투자조합이 벤처기업 등에 투자한 금액}}{\text{벤처투자조합의 출자액 총액}}$$

② 다음에 해당하는 벤처기업투자신탁의 수익증권에 투자하는 경우(조특법 16조 ① 2, 조특령 14조 ①)

㉠ 자본시장과 금융투자업에 관한 법률에 의한 투자신탁(같은 법 제251조에 따른 보험회사의 특별계정을 제외한다)으로서 계약기간이 3년 이상일 것

㉡ 통장에 의하여 거래되는 것일 것

㉢ 투자신탁의 설정일부터 6개월(자본시장과 금융투자업에 관한 법률 제9조 제19항에 따른 사모집합투자기구에 해당하지 않는 경우에는 9개월) 이내에 투자신탁 재산총액에서 다음에 따른 비율의 합계가 50% 이상일 것. 이 경우 투자신탁 재산총액에서 아래 'ⓐ의 ㉮'에 따른 투자를 하는 재산의 평가액이 차지하는 비율은 15% 이상이어야 한다.(조특령 14조 ① 3, 2019.2.12. 개정)

ⓐ 벤처기업에 다음의 투자를 하는 재산의 평가액의 합계액이 차지하는 비율

㉮ 벤처투자 촉진에 관한 법률 제2조 제1호에 따른 투자(2020.8.11. 개정)

㉯ 타인 소유의 주식 또는 출자지분을 매입에 의하여 취득하는 방법으로 하는 투자

이때 위의 15% 요건을 판단할 때 벤처기업투자신탁이 '㉮와 ㉯' 중 어느 것에 따라 취득한 주식인지 여부가 불분명한 주식을 매도하는 경우에는 벤처기업투자신탁의 재산총액에서 각각의 주식의 평가액이 차지하는 비율에 비례하여 해당 주식을 각각 매도한 것으로 본다.(조특령 14조 ⑬, 2022.2.15. 신설)

ⓑ 벤처기업이었던 기업이 벤처기업에 해당하지 않게 된 이후 7년이 지나지 않은

기업으로서 자본시장과 금융투자업에 관한 법률에 따른 코스닥시장에 상장한 중소기업 또는 중견기업에 위 '㉮ 및 ㉯'에 따른 투자를 하는 재산의 평가액의 합계액이 차지하는 비율(2021.2.17. 개정)

㉣ 위 '㉢'의 요건을 갖춘 날부터 매 6개월마다 해당 비율(투자신탁재산의 평가액이 투자원금보다 적은 경우로서 같은 후단에 따른 비율이 15% 미만인 경우에는 이를 15%로 본다)을 매일 6개월 동안 합산하여 같은 기간의 총일수로 나눈 비율이 각각 50% 및 15% 이상일 것. 다만, 투자신탁의 해지일 전 6개월에 대해서는 적용하지 아니한다.(조특령 14조 ① 4, 2019.2.12. 개정)

이때 위의 50% 또는 15%의 요건을 판단할 때 벤처기업투자신탁이 위의 '㉮와 ㉯' 중 어느 것에 따라 취득한 주식인지 여부가 불분명한 주식을 매도하는 경우에는 벤처기업투자신탁의 재산총액에서 각각의 주식의 평가액이 차지하는 비율에 비례하여 해당 주식을 각각 매도한 것으로 본다.(조특령 14조 ⑬, 2022.2.15. 신설)

㉤ 벤처기업투자신탁의 수익증권에 투자한 경우 소득공제를 적용받을 수 있는 투자액(해당 거주자가 투자한 모든 벤처기업투자신탁의 합계액을 말한다)은 거주자 1명당 3천만원으로 한다.(조특령 14조 ②, 2018.2.13. 신설)

③ 창업·벤처전문사모집합투자기구에 투자하는 경우(조특법 16조 ① 5, 2021.12.28. 개정)

④ 벤처투자 촉진에 관한 법률 제2조 제8호에 따른 개인투자조합(이하 "개인투자조합"이라 한다)이 거주자로부터 출자받은 금액을 해당 출자일이 속하는 과세연도의 다음 과세연도 종료일까지 다음 중 하나의 기업(이하 "벤처기업 등"이라 한다)에 같은 법에 따라 투자하는 경우(조특법 16조 ① 3, 조특령 14조 ③, 2020.8.11. 개정)

㉠ 벤처기업

㉡ 창업 후 3년 이내의 중소기업으로서 벤처기업육성에 관한 특별법 제2조의2 제1항 제2호 다목에 따른 기업(2020.2.15. 개정)

㉢ 창업 후 3년 이내의 중소기업으로서 개인투자조합으로부터 투자받은 날[조세특례제한법 제16조의5(☞ 산업재산권 현물출자 이익에 대한 과세특례)의 경우에는 산업재산권을 출자받은 날]이 속하는 과세연도의 직전 과세연도에 조세특례제한법 제10조 제1항에 따른 연구·인력개발비를 3천만원 이상 지출한 기업. 다만, 직전 과세연도의 기간이 6개월 이내인 경우에는 조세특례제한법 제10조 제1항에 따른 연구·인력개발비를 1천5백만원 이상 지출한 중소기업으로 한다.(2022.2.15. 개정)

㉣ 창업 후 3년 이내의 중소기업으로서 신용정보의 이용 및 보호에 관한 법률 제2조 제8호의3 다목에 따른 기술신용평가업무를 하는 기업신용조회회사가 평가한 기술등급(같은 목에 따라 기업 및 법인의 기술과 관련된 기술성·시장성·사업성 등을 종합적으로 평가한 등급을 말한다)이 기술등급체계상 상위 50%에 해당하는

기업(2020.8.4. 개정)

이때 소득공제를 적용받을 수 있는 투자액은 다음 산식에 의하여 계산한 금액으로 한다.(조특령 14조 ④)

$$\text{거주자가 개인투자조합에 출자한 금액} \times \frac{\text{개인투자조합이 벤처기업 등에 투자한 금액}}{\text{개인투자조합의 출자액총액}}$$

개정 2025.2.28.

➲ 2025.2.28.부터 시행한다.(2025.2.28. 조특령 부칙 1조)

이때 소득공제를 적용받을 수 있는 투자액은 개인투자조합이 벤처기업등에 투자한 날(해당 과세연도에 여러 번 투자한 경우에는 마지막으로 투자한 날)을 기준으로 다음 계산식에 따라 계산한 금액으로 한다.(조특령 14조 ④, 2025.2.28. 개정)

$$\text{거주자가 개인투자조합에 출자한 누적금액} \times \left(\frac{\text{개인투자조합이 벤처기업등에 투자한 누적금액}}{\text{개인투자조합의 출자액총액}}\right) - \text{소득공제가 이미 적용된 투자액}$$

⑤ 벤처기업육성에 관한 특별법에 의하여 벤처기업 등에 투자하는 경우(조특법 16조 ① 4, 2024.1.9. 법명개정)

⑥ 자본시장과 금융투자업에 관한 법률 제117조의10에 따라 온라인소액투자중개의 방법으로 모집하는 창업 후 7년 이내의 중소기업으로서 위 '③의 ㉡~㉣'에 해당하는 기업의 지분증권에 투자하는 경우("창업 후 3년 이내의 중소기업"은 "창업 후 7년 이내의 중소기업"으로 본다)(조특법 16조 ① 6, 2017.12.19. 신설, 조특령 14조 ⑤, 2019. 2.12. 개정)

⑦ 소득공제는 투자 당시에는 위 '④·⑤ 또는 ⑥'(이하 '벤처 등' 이라 한다)에 따른 기업에 해당하지 아니하였으나, 투자일부터 2년이 되는 날이 속하는 과세연도까지 '벤처 등'에 따른 기업에 해당하게 된 경우에도 적용한다.(조특법 16조 ③, 2017.12.19. 신설)

PART 3

✓ 무담보신주인수권부 사채의 인수가 조세특례제한법 제16조에 따른 소득공제 대상 투자에 해당하는지 여부

벤처기업육성에 관한 특별조치법에 따른 벤처기업이 발행한 무담보신주인수권부사채를 인수하는 경우 조세특례제한법 제16조 제1항 제4호에 따른 투자에 해당하는 것으로 중소기업창업투자조합 출자 등에 대한 소득공제를 받을 수 있는 것이며, 벤처기업에 자금을 대여하였다가 이를 차환하여 무담보신주인수권부사채를 인수하는 경우도 같은 법에 따른 중소기업창업투자조합 출자 등에 대한 소득공제를 받을 수 있는 것임

또한, 해당 사채를 인수하고 소득공제를 받은 거주자가 인수일로부터 3년이 지나기 전에 해당 사채를 상환받은 경우 같은 법 제2항 제3호에 따라 이미 공제받은 소득금액에 해당하는 세액을 추징하는 것임(사전법령해석소득 2017-368, 2018.4.18.)

(3) 투자기한

2025.12.31.까지 출자 또는 투자한 금액만 공제가 가능하다.(2022.12.31. 개정)

2 공제방법

① 출자일 또는 투자일이 속하는 과세연도[투자 당시에는 위 '(2)의 ④·⑤ 또는 ⑥'(이하 '벤처 등'이라 한다)에 따른 기업에 해당하지 아니하였으나, 투자일부터 2년이 되는 날이 속하는 과세연도까지 '벤처 등'에 따른 기업에 해당하게 된 날이 속하는 과세연도를 말한다]의 종합소득금액에서 공제한다.(조특법 16조 ①, 2019.12.31. 개정, ③)

② 거주자가 출자일 또는 투자일이 속하는 과세연도(투자 당시에는 '벤처 등'에 따른 기업에 해당하지 아니하였으나, 투자일부터 2년이 되는 날이 속하는 과세연도까지 '벤처 등'에 따른 기업에 해당하게 된 날이 속하는 과세연도를 말한다)부터 출자 또는 투자 후 2년이 되는 날이 속하는 과세연도까지 1과세연도를 선택하여 공제시기 변경을 신청하는 경우에는 신청한 과세연도의 종합소득금액에서 공제한다.(조특법 16조 ①, 2019.12.31. 개정, ③)

이때 공제시기의 변경을 신청하려는 경우에는 거주자가 「출자 또는 투자확인서」를 발급받을 때(위 '(2)의 ②'에 해당하는 투자의 경우에는 해당 수익증권에 투자하는 때를 말한다) 투자조합관리자 등에게 「소득공제시기 변경신청서」를 제출해야 한다.(조특령 14조 ⑦, 2020.2.11. 신설)

✓ 벤처기업투자신탁 수익증권에 대한 소득공제(조특 해석편람 16－1－5)

거주자가 해당연도에 벤처기업투자신탁의 수익증권 계좌를 2 이상 가입한 경우에도 투자일이 속하는 과세연도나 그 다음 2과세연도 중 1과세연도를 선택하여 해당 종합소득금액에서 소득공제할 수 있으나, 계좌별로 구분하여 일부계좌는 투자연도에 나머지 계좌는 그 다음연도에 소득공제할 수는 없는 것임(소득 46011－2888, 1998.10.7.)

3 제출서류 및 신청방법

① 소득공제를 받고자 하는 거주자는 소득공제신청서에 투자조합관리자 등[벤처투자 촉진에 관한 법률 제2조 제11호에 따른 벤처투자조합(이하 "벤처투자조합"이라 한다)을 관리하는 자, 여신전문금융업법에 따른 신기술사업투자조합(이하 "신기술사업투자조합"이라 한다)을 관리하는 자, 자본시장과 금융투자업에 관한 법률에 따른 벤처기업투자신탁의 집합투자업자 또는 그 투자신탁을 취급하는 금융회사, 같은 법에 따른 창업·벤처전문사모집합투자기구의 업무집행사원 또는 창업·벤처전문 사모집합투자기구를 취급하는 금융회사, 벤처기업육성에 관한 특별법 제27조에 따라 중소벤처기업부장관의 위임을 받은 자 또는 소재·부품·장비산업 경쟁력강화를 위한 특별법에 따른 전문투자조합(이하 "전문투자조합"이라 한다)을 관리하는 자]로부터 「출자 또는 투자확인서」를 발급받아 이를 첨부하여 다음의 구분에 따른 날까지 원천징수의무자·납세조합 또는 납세지관할 세무서장에게 신청하여야 한다.(조특령 14조 ⑥, 2024.2.29. 개정)

㉠ 과세표준확정신고를 아니할 수 있는 거주자(소법 73조)는 해당 연도의 다음 연도 2월분의 급여 또는 사업소득을 받는 날(퇴직 또는 폐업을 한 경우에는 해당 퇴직 또는 폐업한 날이 속하는 달의 급여 또는 사업소득을 받는 날)(2020.2.11. 개정)

㉡ 위 '㉠' 이외의 거주자는 종합소득 과세표준확정신고기한

② 소득공제를 신청하는 근로자는 「연금저축 등 소득·세액공제 명세서」를 작성하여 제출하여야 한다.

4 사후관리

1) 원칙

소득공제를 적용받은 거주자가 출자일 또는 투자일부터 3년이 지나기 전에 다음 중 하나에 해당하게 되면 그 거주자의 주소지 관할 세무서장, 원천징수의무자 또는 벤처기업투자신탁을 취급하는 금융기관은 거주자가 이미 공제받은 소득금액에 해당하는 세액을 추징한

다.(조특법 16조 ②, 2018.12.24. 개정)

① 다음의 출자지분 또는 투자지분을 이전하거나 회수하는 경우(조특법 16조 ② 1)
㉠ 벤처투자조합, 민간재간접벤처투자조합, 신기술사업투자조합 또는 전문투자조합
㉡ 창업·벤처전문사모집합투자기구

② 벤처기업투자신탁의 수익증권을 양도하거나 환매(還買, 일부환매를 포함)하는 경우(조특법 16조 ② 2)

③ 다음의 출자지분 또는 투자지분을 이전하거나 회수하는 경우(조특법 16조 ② 3, 조특령 14조 ③)
㉠ 개인투자조합에 출자한 금액을 동 조합이 해당 출자일이 속하는 과세연도의 다음 과세연도 종료일까지 벤처기업 또는 이에 준하는 창업 후 3년 이내의 중소기업에 투자
㉡ 벤처기업등에 투자
㉢ 온라인소액투자중개의 방법으로 모집하는 창업 후 7년 이내의 중소기업의 지분증권에 투자

2) 추징절차

① 투자조합관리자 등은 추징사유가 발생한 경우에는 「출자지분등 변경통지서」를 당해 거주자가 소득공제를 신청한 원천징수의무자·납세조합, 국세청장 또는 납세지 관할 세무서장에게 제출하여야 한다.
다만, 다음 중 하나에 해당하는 사유가 있는 경우에는 「출자지분등 변경통지서」를 납세지 관할 세무서장에게 제출하여야 한다.(조특령 14조 ⑧, 2020.2.11. 항번개정)
㉠ 원천징수의무자의 휴업 또는 폐업
㉡ 납세조합의 해산
㉢ 근로자의 퇴직
㉣ 연말정산 대상 사업소득만 있는 자의 휴업 또는 폐업

② 「출자지분등 변경통지서」를 제출받은 원천징수의무자·납세조합 또는 납세지 관할 세무서장은 지체없이 해당 거주자가 공제받은 소득금액에 대한 세액(출자지분 또는 투자지분의 이전·회수나 수익증권의 양도·환매와 관련된 분에 한한다)에 상당하는 금액을 추징해야 한다.(조특령 14조 ⑨, 2020.2.11. 개정)

3) 벤처기업투자신탁의 수익증권을 양도하거나 환매(일부환매를 포함)하는 경우의 추징특례

① 소득공제를 적용받은 거주자(이하 "투자자"라 한다)에게 벤처기업투자신탁의 수익증권을 양도하거나 환매(일부환매를 포함)에 따른 추징사유가 발생한 경우에는 위 '2)'

에도 불구하고 해당 벤처기업투자신탁을 취급하는 금융기관이 연 300만원을 한도로 벤처기업투자신탁 수익증권의 양도액 또는 환매액에 3.5%를 곱한 금액을 추징하여 추징사유 발생일이 속하는 달의 다음 달 10일까지 원천징수 관할 세무서장에게 납부하고 그 내용을 투자자에게 서면으로 통지해야 한다.(조특령 14조 ⑪)

② 투자자가 해당 소득공제로 감면받은 세액이 추징하려는 세액에 미달한다는 사실을 증명하는 경우 등 해당 소득공제로 감면받은 세액과 추징세액이 다르다는 사실이 확인되는 경우에는 실제로 감면받은 세액상당액을 추징한다.(조특령 14조 ⑪ 단서)

4) 추징의 예외

① 다음 중 하나에 해당하는 사유로 인한 경우에는 추징하지 않는다.(조특법 16조 ② 단서, 2018.12.24. 개정, 조특령 14조 ⑩, 2020.2.11. 항번개정)

㉠ 출자자 또는 투자자의 사망

㉡ 해외이주법에 의한 해외이주로 세대전원이 출국하는 경우

㉢ 천재·지변으로 재산상 중대한 손실이 발생하는 경우

㉣ 벤처투자조합, 신기술사업투자조합, 기업구조조정조합, 전문투자조합 또는 자본시장과 금융투자업에 관한 법률에 의한 집합투자업자가 해산하는 경우(2020.8.11. 개정)

개정 2025.2.28.

➲ 2025.2.28. 이후 개인투자조합이 해산하는 경우부터 적용한다.(2025.2.28. 조특령 부칙 5조 ①)

㉣ 벤처투자조합, 신기술사업투자조합, 전문투자조합, 개인투자조합 또는 집합투자업자가 해산하는 경우. 다만, 개인투자조합의 경우에는 벤처기업등에 대한 최초 투자일부터 1년이 지난 후 투자한 벤처기업등 전부가 증권시장에 상장되어 개인투자조합이 해당 벤처기업등에 대한 투자지분을 이전 또는 회수한 후 해산하는 경우로 한정한다.(조특령 14조 ⑩ 3, 2025.2.28. 개정)

신설 2025.2.28.

➲ 2025.2.28. 이후 투자지분을 이전하거나 회수하는 경우부터 적용한다.(2025.2.28. 조특령 부칙 5조 ②)

㉤ 벤처기업등에 대한 최초 투자일부터 1년이 지난 후 투자한 벤처기업등 전부 또는 일부가 증권시장에 상장되어 개인투자조합이 해당 벤처기업등에 대한 투자지분을 이전하거나 회수하는 경우(조특령 14조 ⑩ 4, 2025.2.28. 신설)

② 위 '①'의 사유가 발생하여 추징사유 중 하나에 해당하게 되는 사람은 「특별해지사유 신고서」를 그 거주자의 주소지 관할 세무서장, 원천징수의무자 또는 벤처기업투자신탁을 취급하는 금융기관에 제출해야 한다.(조특령 14조 ⑫, 2020.2.11. 항번개정)

5 최저한세 적용

사업소득(부동산임대소득 포함)에 대해 최저한세 규정이 적용된다.(조특법 132조 ② 2)

6 농어촌특별세의 비과세

농어촌특별세가 비과세 된다.(농특법 4조 3의3)

✓ 벤처투자조합 출자 등에 대한 소득공제 가능 여부

거주자가 개인투자조합을 통하여 벤처기업에 3년 만기 무담보전환사채 인수하는 방법으로 투자하는 경우 벤처투자조합 등에 대한 소득공제가 가능하며, 개인투자조합이 전환사채 만기일이 지난 후에 투자금을 회수하는 경우 조세특례제한법 제16조 제2항 제3호(☞ 추징사유)에 해당하지 않는 것임(사전법규소득 2024-1037, 2025.2.28.)

✓ 전환사채 투자한 벤처기업이 타 벤처기업에 인수,합병되는 경우 연말정산 소득공제 적용에 대한 질의

거주자(근로자)가 벤처기업육성에 관한 특별조치법에 따른 벤처기업에 투자한 후, 3년 이내에 해당 벤처기업이 벤처기업이 아닌 기업에 인수·합병되는 경우, 같은 법 같은 조 제2항에 따라 이미 공제받은 소득금액에 해당하는 세액을 추징하는 것임(서면원천 2024-1273, 2024.5.3.)

✓ 조세특례제한법 제16조에 따른 소득공제 대상 투자액 산정방법

[사실관계]

- 2021년 7월, 甲은 乙과 함께 각각 x억원을 출자하여 벤처투자법에 따른 개인투자조합을 결성, 해당 조합은 출자금 총 x억원을 A벤처기업에 투자
- 2021년 12월, 丙은 해당 조합에 x억원을 출자하면서 조합원으로 참여, 2022년 1월, 해당 조합은 추가 출자받은 x억원을 B벤처기업에 투자

[질의]

개인투자조합의 조합원 및 출자액의 변동이 있는 경우에 벤처투자조합 출자 등 소득공제의 적용을 위한 투자액의 산정방법

〈제1안〉 과세연도를 기준으로 조특령 14조 ④를 적용

〈제2안〉 투자시점을 기준으로 조특령 14조 ④를 적용

〈제3안〉 투자시점을 기준으로 조특령 14조 ④를 적용하되, 조특령 14조 ④에 따라 계산된 금액에서 이미 소득공제가 적용된 개별거주자의 출자액을 차감

[회신]
귀 질의의 경우 3안이 타당함(기획재정부금융세제-295, 2023.9.15.)

✓ **소득공제시기 변경의 기산점**

[질의]
조세특례제한법 제16조 제1항에 따른 소득공제를 적용함에 있어 투자일부터 2년이 되는 날이 속하는 과세연도까지 법정된 기업에 해당하게 된 경우에 공제시기 변경의 기산점
〈제1안〉 법정기업 해당 시점
〈제2안〉 투자시점

[회신]
귀 질의의 경우 1안이 타당함(기획재정부금융세제-220, 2023.7.4.)

✓ **벤처기업이 보유한 자기주식을 양수하는 경우 중소기업창업투자조합 출자 등에 대한 소득공제 여부**
개인이 벤처기업의 자기주식을 매입한 경우는 조세특례제한법 제16조 제1항의 소득공제 대상인 출자에 해당하지 않는 것임(서면법령해석소득 2020-539, 2020.12.18.)

✓ **크라우드펀딩을 통하여 벤처기업이 발행한 무담보 전환사채·신주인수권부사채에 투자한 경우 소득공제 여부**
온라인소액투자중개의 방법으로 투자자를 모집한 경우에도 투자자가 벤처기업 또는 이에 준하는 창업 후 3년 이내의 조세특례제한법 시행령 제14제 3항 각 호의 중소기업에 벤처기업육성에 관한 특별조치법에 따라 직접 투자하는 경우 조세특례제한법 제16조 제1항의 소득공제를 적용받을 수 있는 것임(서면법령해석소득 2019-486, 2019.10.17.)

✓ **벤처기업 임직원이 부여받은 주식매수선택권을 행사한 경우 조특법 16조의 소득공제가 가능한지 여부**
벤처기업 임원 또는 종업원이 부여받은 주식매수선택권을 행사함으로써 벤처기업이 발행하는 주식을 인수하는 경우에도 조세특례제한법 제16조 제1항의 소득공제를 받을 수 있는 것임(서면법령해석소득 2019-462, 2019.10.17.)

✓ **특정금전신탁의 형태로 개인투자조합에 출자한 금액을 벤처기업등에 투자하는 경우 소득공제 여부**
거주자가 특정금전신탁을 통하여 조세특례제한법 제16조 제1항 제3호에 해당하는 출자 또는 투자를 한 경우 소득공제를 받을 수 있는 것임(사전법령해석소득 2019-436, 2019.9.11.)

✓ **중소기업 창업투자조합 출자 등에 대한 소득공제 적용**(조특 해석편람 16-1-3)

① 조세특례제한법 제16조 “중소기업 창업투자조합 출자 등에 대한 소득공제” 규정은 벤처기업 창업 투자재원을 원활히 조달하기 위하여, 거주자가 중소기업 창업투자조합 등에 출자한 금액을 동 조합 등이 벤처기업에 투자한 경우이거나 거주자가 벤처기업에 직접 투자한 경우 거주자에 대하여 그 출자액 등의 일정액을 종합소득금액에서 공제하는 것임
② 동 규정의 거주자는 종업원 또는 주주도 포함되며 동 거주자가 신주 유상증자에 참여하여 직접 투자를 하게 되는 경우 등 실질적으로 기업에 투자재원이 지원되는 경우에는 동 규정을 적용을 받을 수 있는 것임(소득 46210-44, 2000.1.12.)

PART 3

✓ **벤처기업 자격상실에 따른 벤처기업투자에 대한 소득공제의 추징사유 해당여부**

벤처기업에 투자하고 종합소득과세표준 확정신고시 동 투자 분에 대하여 소득공제를 받았으나, 그 후 중소기업창업투자회사가 해당 벤처기업의 지분을 처분함에 따라 벤처기업 자격이 상실되어 벤처기업이 아닌 기업으로 전환되었더라도 이는 조세특례제한법 제16조 제2항의 추징사유에 해당하지 아니하므로, 귀 질의의 경우 이미 공제받은 분에 해당하는 세액을 추징하지 아니하는 것임 (제도 46011-11376, 2001.6.7.)

조세특례제한법 시행규칙[별지 제5호 서식](2025.3.21. 개정)

출자 등 소득공제 신청서

접수번호	접수일	처리기간 즉시

① 성명	② 생년월일
③ 주소 (전화번호:)	

출자(투자) 금액 명세

④ 출자일 (투자일)	⑤ 투자구분 (벤처 등, 조합1·2)	⑥ 벤처 등 또는 조합1·2의 명칭 (위탁회사·벤처기업명·투자신탁명)	⑦ 벤처 등 또는 조합1·2의 사업자 등록번호	⑧ 금융기관·계좌번호	⑨ 출자금액 (투자금액)	⑩ 공제대상금액 [⑨×10(30,50,70,100)%]	⑪ 한도액 (종합소득금액 ×50%)	⑫ 공제금액 (⑩·⑪ 중 적은 금액)
. . .								
. . .								
. . .								
계								

신청인은 「조세특례제한법 시행령」 제14조제6항에 따라 출자 등 소득공제신청서를 제출하며, 위 내용을 충분히 검토하였고 신청인이 알고 있는 사실 그대로를 정확하게 적었음을 확인합니다.

년 월 일

신청인 (서명 또는 인)

세 무 서 장 귀하

첨부서류	출자 또는 투자확인서(별지 제5호서식 부표)	수수료 없음

작 성 방 법

1. "⑤ 투자 구분"란: 벤처 등(「조세특례제한법」 제16조제1항제3호·제4호·제6호), 조합1(「조세특례제한법」 제16조제1항제1호·제5호) 또는 조합2(「조세특례제한법」 제16조제1항제2호)로 구분하여 적습니다.
2. "⑦ 벤처 등 또는 조합1·2의 사업자등록번호"란: 투자 대상 "벤처 등", "조합1" 또는 "조합2"의 해당 사업자등록번호를 적습니다.
3. "⑨ 출자금액(투자금액)"란: 다음 각 목의 금액을 적습니다.

   가. 벤처투자조합, 민간재간접벤처투자조합, 신기술사업투자조합 또는 전문투자조합에 출자하는 경우: 출자액. 다만, 「조세특례제한법 시행령」 제14조제14항에 해당하는 경우에는 다음 계산식에 따라 계산한 금액을 적습니다.

   $$\text{거주자가 벤처투자조합에 출자한 금액} \times \frac{\text{벤처투자조합이 벤처기업등에 투자한 금액}}{\text{벤처투자조합의 출자액 총액}}$$

   나. 벤처기업투자신탁의 수익증권에 투자한 경우: 투자액. 다만, 투자액이 3천만원을 초과하는 경우에는 3천만원을 적습니다.

   다. 개인투자조합을 통해 벤처기업등에 투자한 경우: 다음 계산식에 따라 계산한 금액

   $$\text{거주자가 개인투자조합에 출자한 누적 금액} \times \frac{\text{개인투자조합이 벤처기업등에 투자한 누적 금액}}{\text{개인투자조합의 출자액 총액}} - \text{소득공제가 이미 적용된 투자액}$$

   라. 벤처기업등에 직접 투자한 경우: 투자액

   마. 창업·벤처전문사모집합투자기구에 투자하는 경우: 투자액

   바. 온라인소액투자중개의 방법으로 모집하는 창업 후 7년 이내의 중소기업으로서 「조세특례제한법 시행령」 제14조제3항제2호부터 제4호까지 기업의 지분증권에 투자하는 경우: 투자액
4. "⑩ 공제대상금액"란: 2018.1.1. 이후 「조세특례제한법」 제16조제1항제3호·제4호 또는 제6호에 해당하는 출자 또는 투자한 금액 중 3천만원 이하의 금액은 100%, 3천만원 초과부터 5천만원 이하 금액은 70%, 5천만원 초과 금액은 30% (2015.1.1.~ 2017.12.31. 기간 중 「조세특례제한법」 제16조제1항제3호 또는 제4호에 해당하는 출자 또는 투자한 금액 중 1천5백만원 이하의 금액은 100%, 1천5백만원 초과부터 5천만원 이하 금액은 50%, 5천만원 초과 금액은 30%)를 적용하고, 그 외의 경우 출자 또는 투자한 금액의 10%를 적용합니다.
5. "⑪ 한도액"란: 해당 과세연도의 종합소득금액의 50/100에 상당하는 금액을 적습니다.

조세특례제한법 시행규칙[별지 제5호서식 부표(1)](2025.3.21. 개정)

출자 또는 투자확인서

<table>
<tr><td rowspan="2">출자자
(투자자)</td><td>① 성 명</td><td>② 생년월일</td></tr>
<tr><td colspan="2">③ 주 소
(☎ :)</td></tr>
</table>

<table>
<tr><td rowspan="4">제출처</td><td rowspan="3">□ 원천징수의무자
□ 납세자조합</td><td colspan="2">④ 법인명(상호)</td></tr>
<tr><td>⑤ 대표자(성명)</td><td>⑥ 사업자등록번호</td></tr>
<tr><td colspan="2">⑦ 소재지(주소)</td></tr>
<tr><td>□ 세무서장</td><td colspan="2">⑧ 주소지관할서 세무서장</td></tr>
</table>

<table>
<tr><td>투자조합관리자등</td><td>⑨ 법인명(상호)
(☎ :)</td></tr>
</table>

<table>
<tr><td colspan="9">출자(투자)금액명세</td></tr>
<tr><td colspan="6">출자(투자)내역</td><td colspan="3">벤처기업투자내역</td></tr>
<tr><td rowspan="2">⑩ 출자일
(투자일)</td><td colspan="4">투자조합(위탁회사) 또는 투자신탁</td><td rowspan="2">⑮
출자금액
(투자금액)</td><td rowspan="2">⑯ 투자일</td><td rowspan="2">⑰ 투자기업명</td><td rowspan="2">⑱ 투자금액</td></tr>
<tr><td>⑪ 투자
구분</td><td>⑫ 조합명
(위탁회사명)
또는 투자신탁명</td><td>⑬ 계좌
번호</td><td>⑭ 출자
총액</td></tr>
<tr><td>. . .</td><td></td><td></td><td></td><td></td><td></td><td>. . .</td><td></td><td></td></tr>
<tr><td>. . .</td><td></td><td></td><td></td><td></td><td></td><td>. . .</td><td></td><td></td></tr>
<tr><td>. . .</td><td></td><td></td><td></td><td></td><td></td><td>. . .</td><td></td><td></td></tr>
<tr><td>계</td><td></td><td></td><td></td><td></td><td></td><td>계</td><td></td><td></td></tr>
</table>

「조세특례제한법 시행령」 제14조제6항에 따라 위와 같이 출자(투자)하였음을 확인합니다.

년 월 일

확인자 (서명 또는 인)

세무서장 귀하

작 성 방 법

1. "⑪ 투자 구분"란: 벤처 등(「조세특례제한법」 제16조제1항제3호ㆍ제4호ㆍ제6호), 조합1(「조세특례제한법」 제16조제1항제1호ㆍ제5호), 조합2(「조세특례제한법」 제16조제1항제2호)로 구분하여 적습니다.
2. 벤처기업투자신탁의 수익증권에 투자하는 경우에는 ⑭란은 적지 않습니다.
3. "⑯ 투자일"란부터 "⑱ 투자금액"란까지: 개인투자조합ㆍ개인이 벤처기업에 투자한 내역을 적습니다.

조세특례제한법 시행규칙[별지 제5호서식 부표(2)](2025.3.21. 개정)

소득공제 시기 변경신청서

출자자 (투자자)	① 성명	② 생년월일
	③ 주소 (☎)	

제출처	[ ] 원천징수의무자 [ ] 납세자 조합	④ 법인명(상호)	
		⑤ 대표자(성명)	⑥ 사업자등록번호
		⑦ 소재지(주소)	
	[ ] 세무서장	⑧ 주소지관할서 세무서장	

투자조합관리자등	⑨ 법인명(상호) (☎)

출자(투자)금액명세

출자(투자)내역						벤처기업투자내역		
⑩ 출자일 (투자일)	투자조합(위탁회사) 또는 투자신탁				⑮ 출자금액 (투자금액)	⑯ 투자일	⑰ 투자기업명	⑱ 투자금액
	⑪ 투자 구분	⑫ 조합명 (위탁회사명) 또는 투자신탁명	⑬ 계좌 번호	⑭ 출자 총액				
. . .						. . .		
. . .						. . .		
계						계		

출자 또는 투자에 대한 소득공제 변경 신청 내역

⑲ 출자(투자) 과세연도	⑳ 출자금액 (투자금액)	㉑ 출자 또는 투자에 대한 소득공제 변경 신청 과세연도

「조세특례제한법 시행령」 제14조제7항에 따라 위와 같이 소득공제 시기 변경을 신청합니다.

년 월 일

확인자 (서명 또는 인)

투자조합관리자 등 귀하

작 성 방 법

1. "① 성명"란부터 "⑱ 투자금액"란까지: 별지 제5호서식 부표(1)의 출자 또는 투자 확인서와 동일하게 적습니다.
2. "⑲ 출자(투자) 과세연도"란: ⑩란 및 ⑯란의 출자일 또는 투자일이 속하는 과세연도를 적습니다.
3. "⑳ 출자금액(투자금액)"란: 출자(투자) 과세연도에 출자(투자)한 금액 연간합계액을 적습니다.
4. "㉑ 출자 또는 투자에 대한 소득공제 변경 신청 과세연도"란: 출자 또는 투자 후 2년이 되는 날이 속하는 과세연도 중 1과세연도를 선택하여 적습니다.

PART 3

저자TIP 「출자 또는 투자확인서」에 따라 「출자 등 소득공제 신청서」 작성사례(2024년 귀속기준)

① "조합2"의 "벤처기업투자신탁의 수익증권에 투자"한 경우만 국세청 간소화서비스에서 자료가 제공되고 있고 다른 투자분은 근로자가 직접 중소벤처기업부 등으로부터 「출자 또는 투자확인서」를 발급받아야 한다.

② 「출자 또는 투자확인서」상의 "⑪투자구분"을 먼저 확인하여 "조합1"인지 "조합2"인지 또는 "벤처 등"인지를 먼저 파악한 후 "개인투자조합에 투자한 경우 외"에는 해당 출자금액 또는 투자금액을 「출자 등 소득공제 신청서」에 적으면 된다.

③ "개인투자조합"에 투자한 경우는 다른 투자와 달리 안분계산 해야 하는 경우가 있으므로 아래의 사례를 통해 살펴보고자 한다.

[별지 제5호서식 부표(1)]

출자 또는 투자확인서

출자자(투자자)	① 성 명	② 생년월일	
	③ 주 소 (☎:)		
제출처	□원천징수 의무자 □납세자 조합	④ 법인명(상호)	
		⑤ 대표자(성명)	⑥ 사업자등록번호
		⑦ 소재지(주소)	
	□ 세무서장	⑧ 주소지관할서	세무서장
투자조합관리자등	⑨ 법인명(상호) *서울정평 개인투자조합 4호* (☎:02-5678-1234)		

출자(투자)금액명세

출자(투자)내역						벤처기업투자내역		
⑩ 출자일(투자일)	투자조합(위탁회사) 또는 투자신탁: ⑪ 투자구분	⑫ 조합명(위탁회사명) 또는 투자신탁명	⑬ 계좌번호	⑭ 출자총액	⑮ 출자금액(투자금액)	⑯ 투자일	⑰ 투자기업명	⑱ 투자금액
2024.7.16.	벤처등	서울정평 개인투자 조합 4호	1234567890	1,300,000,000	30,000,000	2024.7.25.	㈜에스엠 바이오	1,200,000,000
계						계		

「조세특례제한법 시행령」 제14조제7항에 따라 위와 같이 출자(투자)하였음을 확인합니다.

년 월 일

확인자 (서명 또는 인)

세무서장 귀하

[별지 제5호서식] (2020.3.13. 개정)

출자 등 소득공제 신청서

접수번호	접수일	처리기간 즉시

① 성명	② 생년월일
③ 주소 (전화번호:)	

출자(투자) 금액 명세

④ 출자일 (투자일)	⑤ 투자 구분	⑥ 조합명 (위탁회사·벤처기업명·투자신탁명)	⑦ 금융기관·계좌번호	⑧ 출자금액 (투자금액)	⑨ 공제대상금액 [⑧×10 (30,50,70,100)%]	⑩ 한도액 (종합소득금액 ×50%)	⑪ 공제금액 (⑨·⑩ 중 적은 금액)
2024.7.16.	벤처 등	서울정평 개인투자 조합 4호	1234567890	27,692,308	27,692,308	31,125,000 (☞ 가정치)	27,692,308
. . .							
. . .							
계							
⑩ 투자받은 기업의 사업자등록번호			(주)에스엠바이오 123-85-45678				

신청인은 「조세특례제한법 시행령」 제14조제7항에 따라 출자 등 소득공제신청서를 제출하며, 위 내용을 충분히 검토하였고 신청인이 알고 있는 사실 그대로를 정확하게 적었음을 확인합니다.

년 월 일

신청인 (서명 또는 인)

세 무 서 장 귀하

첨부서류	출자 또는 투자확인서(별지 제5호서식 부표)	수수료 없음

작 성 방 법

1. ⑤ 투자 구분란은 벤처 등(「조세특례제한법」 제16조제1항제3호·제4호·제6호)과 조합 등(「조세특례제한법」 제16조제1항제1호·제2호·제5호)으로 구분하여 적습니다.
2. ⑧ 출자금액(투자금액)란에는 다음의 금액을 적습니다.
   가. 중소기업창업투자조합, 한국벤처투자조합, 신기술사업투자조합 또는 부품·소재전문투자조합에 출자한 경우: 출자액
   나. 벤처기업투자신탁의 수익증권에 투자한 경우: 투자액
   다. 개인투자조합을 통해 벤처기업에 투자한 경우: 다음 계산식에 따라 계산한 금액

   $$\text{거주자가 개인투자조합에 출자한 금액} \times \frac{\text{개인투자조합이 벤처기업에 투자한 금액}}{\text{개인투자조합의 출자액 총액}}$$

   라. 벤처기업에 직접 투자한 경우: 투자액
3. ⑨ 공제대상금액란에는 2018.1.1. 이후 「조세특례제한법」 제16조제1항제3호·제4호 또는 제6호에 해당하는 출자 또는 투자한 금액 중 3천만원 이하의 금액은 100%, 3천만원 초과부터 5천만원 이하 금액은 70%, 5천만원 초과 금액은 30% (2015.1.1.~2017.12.31. 기간 중 「조세특례제한법」 제16조제1항제3호 또는 제4호에 해당하는 출자 또는 투자한 금액 중 1천5백만원 이하의 금액은 100%, 1천5백만원 초과부터 5천만원 이하 금액은 50%, 5천만원 초과 금액은 30%)를 적용하고, 그 외의 경우 출자 또는 투자한 금액의 10%를 적용합니다.
4. ⑩ 한도액란에는 해당 과세연도의 종합소득금액의 50/100에 상당하는 금액을 적습니다. 단, 「조세특례제한법」 제16조제1항제2호의 벤처기업투자신탁 투자에 대한 1인당 소득공제액은 최대 3백만원 입니다.
5. ⑫ 투자받은 기업의 사업자등록번호란에는「조세특례제한법 시행령」 제14조제3항 각 호에 따른 기업에 출자 또는 투자한 경우 투자받은 기업의 사업자등록번호를 적습니다.

PART 3

개인투자조합에 투자한 경우의 공제대상금액은 위 서식의 '작성방법' 산식에 따라 계산한다.

위 사례의 「출자 또는 투자확인서」에서 근로자가 투자한 금액은 30,000,000원[⑮출자금액(투자금액)]이고 산식의 분모(개인투자조합에 출자된 총액)는 ⑭출자총액인 13억원이며, 산식의 분자(개인투자조합이 벤처기업에 투자한 금액)는 ⑱투자금액 12억원이므로 소득공제 대상금액은 27,692,308원(3,000만원×12억원/13억원)이다.

이와 같이 "개인투자조합"에 투자한 경우는 "벤처 등"에 해당하므로 공제대상 금액이 종합소득금액의 50%를 초과하지 않는 한 3,000만원까지는 전액 공제되며 이를 위와 같이 「출자 등 소득공제 신청서」에 그대로 옮겨 적으면 된다.

④ 이러한 내용은 아래의 「연금·저축 등 소득·세액 공제명세서」에도 적어서 제출해야 한다.

연금·저축 등 소득·세액 공제명세서

1. 인적사항	① 상 호		② 사업자등록번호	
	③ 성 명		④ 주민등록번호	
	⑤ 주 소	(전화번호:)		
	⑥ 사업장 소재지	(전화번호:)		

~ ~ (중간 생략) ~ ~

5. 중소기업 창업투자조합 출자 등에 대한 소득공제

* 중소기업창업투자조합 출자 등 소득공제에 대한 명세서를 작성합니다.

투자연도	투자구분	금융기관 등	계좌번호 (또는 증권번호)	납입금액

Ⅵ 우리사주조합출연금공제

➲ 2,500만원 소득공제 종합한도 대상임

1 공제내용

근로자복지기본법에 따른 우리사주조합원이 우리사주를 취득하기 위하여 같은 법에 따른 우리사주조합에 출자하는 경우에는 해당 연도의 출자금액과 400만원[조세특례제한법 제16조(☞ 중소기업창업투자조합 출자 등에 대한 소득공제) 제1항 제3호에 따른 벤처기업 등의 우리사주조합원의 경우에는 1,500만원] 중 적은 금액을 해당연도의 근로소득금액에서 공제한다.(조특법 88조의4 ①, 2017.12.19. 개정)

➲ 2018.1.1. 이후 우리사주조합에 출자하는 분부터 적용한다.(조특법 부칙 24조)

➲ 우리사주 취득을 위한 출연분만 해당되므로 우리사주 이외의 주식취득분은 공제대상이 아니다. (예 : 관계회사 주식취득 등)

우리사주조합출연금공제액 = Min [① 해당연도의 출연금액 ② 공제한도액 : 400만원(또는 1,500만원)]

2 제출서류 및 기장의무

① 우리사주조합출연금공제를 받고자 하는 자는 우리사주조합이 발행하는 「우리사주조합 출연금액확인서」를 제출하여야 한다.[11)]

② 우리사주조합은 우리사주조합원의 출연금 중 소득공제의 대상이 되는 금액과 그러하지 아니하는 금액을 구분하여 자사주 취득에 사용하여야 하고, 우리사주조합원별로 자사주 취득을 위한 출연내역과 자사주의 배정내역·인출내역을 기장하여야 한다.(조특령 82조의4 ⑩)

✓ **우리사주조합원 등에 대한 소득공제 및 과세인출주식**

우리사주조합원의 출연금에 대한 소득공제 규정을 적용함에 있어 기업공개 및 유상증자를 통한 자사주 취득의 경우도 포함하며, 소득세법 제20조 제3항의 "소액주주"의 경우에도 조세특례제한법 제88조의4 제4항의 규정을 적용하는 것임(서일 46011-11602, 2003.11.12.)

Ⅶ 장기집합투자증권저축에 대한 소득공제(2014.1.1. 신설)

➲ 2,500만원 소득공제 종합한도 대상임

➲ 2014.1.1. 이후 최초로 설정 또는 설립되는 장기집합투자증권저축에 가입한 분부터 적용한다. (2014.1.1. 조특법 부칙 30조)

1 공제내용

근로소득이 있는 거주자(일용근로자는 제외한다)가 '장기집합투자증권저축'에 2015.12.31.까지 가입하는 경우 가입한 날부터 10년 동안 각 과세기간에 납입한 금액의 40%에 해당하는 금액을 해당 과세기간의 근로소득금액에서 공제(해당 과세기간의 근로소득금액을 한도

11) 국세청, 앞의 책, p. 160

로 한다)한다.(조특법 91조의16 ①, 2020.6.9. 개정)

$$\text{소득공제액} = \text{Min}\begin{cases}\text{각 과세기간에 납입한 금액} \times 40\% \\ \text{해당 과세기간의 근로소득금액}\end{cases}$$

2 장기집합투자증권저축의 범위

다음의 요건을 모두 갖춘 저축을 말한다.(조특법 91조의16 ①)

(1) 소득요건

① 장기집합투자증권저축 가입자가 가입 당시 직전 과세기간의 총급여액이 5천만원 이하인 근로소득이 있는 거주자이어야 한다.(직전 과세기간에 근로소득만 있거나 근로소득 및 종합소득과세표준에 합산되지 않는 종합소득이 있는 경우로 한정한다)(조특령 91조의16 ① 1)

② 장기집합투자증권저축에 가입하려는 자는 세무서장으로부터 「소득확인증명서」를 발급받아 저축취급기관에 제출하여야 한다.(조특령 93조의2 ①)

③ 국세청장은 장기집합투자증권저축 가입자가 소득요건을 갖추었는지를 확인하여 그 결과를 가입자의 저축 가입연도(저축 가입자에 대하여 결정 또는 경정이 있는 경우에는 결정 또는 경정이 있는 해당 연도)의 다음 연도 2월 말일까지 해당 저축취급기관에 통보하여야 한다.(조특령 93조의2 ②)

④ 위 '③'에 따라 국세청장으로부터 통보를 받은 저축취급기관은 통보를 받은 날부터 14일 이내에 해당 가입자에게 그 내용을 알려야 하며, 그 통보 내용에 이의가 있는 해당 가입자는 해당 저축취급기관이 국세청장으로부터 통보를 받은 날부터 2개월 이내에 납세지 관할 세무서장에게 의견서를 제출하고 그 사실을 해당 저축취급기관에 알려야 한다. 다만, 해당 재형저축 또는 장기집합투자증권저축 가입자가 사망, 해외장기출장, 그 밖의 부득이한 사유로 위 기간 내에 의견서를 제출하지 못한 경우에는 그 사유가 끝난 날부터 7일 이내에 의견서를 제출할 수 있다.(조특령 93조의2 ③, 조특칙 42조의2)

⑤ 국세청장은 위 '④'에 따라 의견제시를 받은 날부터 14일 이내에 저축취급기관에 수용 여부를 통보하여야 한다.(조특령 93조의2 ③)

(2) 자산요건

① 자산총액의 40% 이상을 국내에서 발행되어 국내에서 거래되는 주식(자본시장과 금

융투자업에 관한 법률에 따른 증권시장에 상장된 것으로 한정한다)에 투자하는 집합투자기구의 집합투자증권 취득을 위한 저축이어야 한다.(조특령 91조의16 ① 2)

② 자산총액의 40% 이상인 경우는 장기집합투자증권저축의 설정일 또는 설립일부터 국내에서 발행되어 국내에서 거래되는 주식(자본시장과 금융투자업에 관한 법률에 따른 증권시장에 상장된 것으로 한정한다)의 매일의 보유비율이 자산총액의 40% 이상인 경우로 한다.(조특령 93조의2 ④)

③ 다음 중 하나에 해당하는 경우에는 자산총액의 40% 이상 보유의무(이하 "최저보유의무"라 한다)를 적용하지 아니한다. 이 경우 '㉣ 또는 ㉤'에 해당하는 경우에는 최저보유의무를 위반한 날부터 15일 이내에 최저보유의무를 충족하여야 한다.(조특령 93조의2 ⑤)

㉠ 장기집합투자증권저축의 최초 설립일 또는 설정일부터 1개월간

㉡ 장기집합투자증권저축 회계기간 종료일 이전 1개월간(회계기간이 3개월 이상인 경우로 한정한다)

㉢ 장기집합투자증권저축의 해산일 또는 해지일 이전 1개월간(최초 설립일 또는 설정일부터 해산일 또는 해지일까지의 기간이 3개월 이상인 경우로 한정한다)

㉣ 3영업일 동안 누적된 추가설정 또는 해지청구된 금액이 각각 장기집합투자증권저축 자산총액의 10%를 초과하는 경우

㉤ 장기집합투자증권저축 자산의 가격변동으로 최저보유의무를 위반하게 되는 경우

④ 장기집합투자증권저축이 자본시장과 금융투자업에 관한 법률 제233조에 따른 자집합투자기구로 설립·설정된 경우에는 모집합투자기구에 투자하여 간접적으로 위 '①'에 따른 주식을 취득하는 경우도 주식에 투자한 것으로 보아 보유비율을 산정한다.(조특령 93조의2 ⑥)

(3) 기간요건

① 장기집합투자증권저축 계약기간이 10년 이상이고 저축가입일부터 10년 미만의 기간 내에 원금·이자·배당·주식 또는 수익증권 등의 인출이 없어야 한다.(조특령 91조의16 ① 3)

② 장기집합투자증권저축이 자본시장과 금융투자업에 관한 법률 제232조에 따른 전환형집합투자기구로 설립·설정된 경우로서 가입자가 집합투자규약에 따라 다른 집합투자증권으로 전환하는 경우에는 인출 또는 아래 '5.'에 따른 해지로 보지 아니한다.(조특령 93조의2 ⑦)

(4) 납입한도요건

적립식 저축으로서 1인당 연 600만원 이내(해당 거주자가 가입한 모든 장기집합투자증권저축의 합계액을 말한다)에서 납입하여야 한다.(조특령 91조의16 ① 4)

3 소득공제의 배제

장기집합투자증권저축에 가입한 거주자가 다음 중 하나에 해당하는 경우에는 해당 과세기간에 장기집합투자증권저축에 대한 소득공제를 하지 아니한다.(조특법 91조의16 ②)

① 해당 과세기간에 근로소득만 있거나 근로소득 및 종합소득과세표준에 합산되지 않는 종합소득이 있는 경우로서 총급여액이 8천만원을 초과하는 경우

② 해당 과세기간에 근로소득이 없는 경우

4 장기집합투자증권저축 납입증명서의 제출

장기집합투자증권저축에 대한 소득공제를 받으려는 거주자는 근로소득세액의 연말정산 또는 종합소득과세표준확정신고를 하는 때에 소득공제를 받는 데 필요한 해당 연도의 저축금 납입액이 명시된 「장기집합투자증권저축 납입증명서」를 저축취급기관으로부터 발급받아 원천징수의무자 또는 주소지 관할 세무서장에게 제출하여야 한다.(조특법 91조의16 ③)

5 중도 해지한 경우

(1) 소득공제의 배제

장기집합투자증권저축 가입자가 해당 저축의 가입일부터 10년 미만의 기간 내에 해당 저축으로부터 원금·이자·배당·주식 또는 수익증권 등의 전부 또는 일부를 인출하거나 해당 계약을 해지 또는 제3자에게 양도한 경우(이하 "해지"라 한다)에는 해당 과세기간부터 소득공제를 하지 아니한다.(조특법 91조의16 ④)

(2) 추징세액의 징수

① 장기집합투자증권저축 가입자가 해당 저축의 가입일부터 5년 미만의 기간 내에 장기집합투자증권저축을 해지하는 경우 저축취급기관은 해당 저축에 납입한 금액의 총누계액에 6%를 곱한 금액(이하 "추징세액"이라 한다)을 추징하여 저축 계약이 해지된 날이 속하는 달의 다음달 10일까지 원천징수 관할 세무서장에게 납부하여야 한다.(조특법 91조의16 ⑤)

② 저축취급기관이 추징세액을 기한까지 납부하지 아니하거나 납부하여야 할 세액에 미달하게 납부한 경우 해당 저축취급기관은 그 납부하지 아니한 세액 또는 미달하게 납부한 세액의 10%에 해당하는 금액을 가산하여 원천징수 관할 세무서장에게 납부

하여야 한다.(조특법 91조의16 ⑦, 2020.6.9. 개정)

③ 소득공제를 받은 자가 해당 소득공제로 감면받은 세액이 추징세액에 미달하는 사실을 증명하는 경우에는 실제로 감면받은 세액상당액을 추징한다.(조특법 91조의16 ⑤ 단서)

(3) 추징의 배제

① 다음의 부득이한 사유 중 하나의 사유로 해지된 경우에는 추징세액을 추징하지 않는다.(조특법 91조의16 ⑤ 단서, 조특령 93조의2 ⑧)

㉠ 저축자의 사망 또는 해외이주법에 따른 해외이주(2025.2.28. 개정)

㉡ 해지 전 6개월 이전에 발생한 다음 중 하나에 해당하는 사유

ⓐ 천재지변

ⓑ 저축자의 퇴직

ⓒ 사업장의 폐업

ⓓ 저축자의 3개월 이상의 입원치료 또는 요양이 필요한 상해·질병의 발생

ⓔ 저축취급기관의 영업의 정지, 영업인가·허가의 취소, 해산결의 또는 파산선고

ⓕ 최초 설립 또는 설정된 날부터 1년이 지난 날에 집합투자기구의 원본액이 50억원에 미달하거나 최초 설립 또는 설정된 날부터 1년이 지난 후 1개월간 계속하여 집합투자기구의 원본액이 50억원에 미달하여 집합투자입자가 해당 집합투자기구를 해지하는 경우

② 위 '①'의 사유가 발생하여 해지하려는 자는 「특별해지사유신고서」를 저축취급기관에 제출하여야 한다.(조특령 93조의2 ⑨)

6 통보의무

① 저축취급기관이 추징세액을 징수한 경우 해당 저축취급기관은 저축자에게 그 내용을 서면으로 즉시 통보하여야 한다.(조특법 91조의16 ⑥)

② 국세청장은 장기집합투자증권저축의 가입자가 가입 당시 소득요건을 갖추었는지를 확인하여 저축취급기관에 통보하여야 한다.(조특법 91조의16 ⑧)

③ 위 '②'에 따라 저축취급기관이 장기집합투자증권저축 가입자가 소득요건에 해당하지 아니한 것으로 통보받은 경우에는 그 통보를 받은 날에 장기집합투자증권저축이 해지된 것으로 보며, 해당 저축취급기관은 이를 장기집합투자증권저축 가입자에게 통보하여야 한다.(조특법 91조의16 ⑨)

7 중복공제의 배제

조세특례제한법에 따른 비과세 등 조세특례 또는 연금계좌 저축 등의 경우에는 장기집합투자증권저축에 대한 소득공제를 적용하지 아니한다.(조특법 91조의16 ⑩)

8 저축취급기관의 의무

① 저축취급기관은 장기집합투자증권저축만을 입금 또는 출금하는 장기집합투자증권저축통장에 의하여 장기집합투자증권저축을 취급하여야 하며, 장기집합투자증권저축통장의 표지에 "소득공제 장기집합투자증권저축"이라는 문구를 표시하여야 한다.(조특령 93조의2 ⑩)

② 저축취급기관은 장기집합투자증권저축의 약관에 장기집합투자증권저축의 계약금액 한도·조회와 그 밖의 필요한 사항을 명시하여야 한다.(조특령 93조의2 ⑪)

9 농어촌특별세의 비과세

장기집합투자증권저축에 대한 소득공제를 받은 경우에는 농어촌특별세가 비과세된다.(농특법 4조 4)

Ⅷ 청년형 장기집합투자증권저축에 대한 소득공제(2021.12.28. 신설)

➲ 2022.1.1. 이후 같은 개정규정에 따른 청년형 장기집합투자증권저축에 신규로 가입하는 경우부터 적용한다. 이 경우 2022.1.1. 전에 보유하고 있던 집합투자증권을 청년형 장기집합투자증권저축으로 이체하는 경우는 신규 가입으로 보지 아니한다.(2021.12.28. 조특법 부칙 15조)

1 개 요

"청년"으로서 소득기준을 충족하는 거주자가 "청년형 장기집합투자증권저축"에 2025.12.31.까지 가입하는 경우 계약기간 동안 각 과세기간에 납입한 금액의 40%에 해당하는 금액을 해당 과세기간의 종합소득금액에서 공제한다.(조특법 91조의20 ①, 2024.12.31. 개정)

2 청년의 범위

청년이란 청년형 장기집합투자증권저축의 가입일 현재 19세 이상 34세 이하인 사람[다음 중 하나에 해당하는 병역을 이행한 경우에는 그 기간(6년을 한도로 한다)을 가입일 현재 연령에서 빼고 계산한 연령이 34세 이하인 사람을 포함한다]을 말한다.(조특령 93조의6 ①, 27조 ① 1)

① 병역법 제16조 또는 제20조에 따른 현역병(같은 법 제21조, 제25조에 따라 복무한 상근예비역 및 의무경찰·의무소방원을 포함)

② 병역법 제26조 제1항에 따른 사회복무요원

③ 군인사법 제2조 제1호에 따른 현역에 복무하는 장교, 준사관 및 부사관

3 소득기준 요건

소득공제를 받으려면 다음 중 하나에 해당하는 소득기준을 충족해야 한다.(조특법 91조의20 ① 1)

① 직전 과세기간의 총급여액이 5,000만원 이하일 것(직전 과세기간에 근로소득만 있거나 근로소득과 종합소득과세표준에 합산되지 아니하는 종합소득만 있는 경우로 한정하고, 비과세소득만 있는 경우는 제외)(2022.12.31. 개정)

② 직전 과세기간의 종합소득과세표준에 합산되는 종합소득금액이 3,800만원 이하일 것(직전 과세기간의 총급여액이 5천만원을 초과하는 근로소득이 있는 경우 및 비과세소득만 있는 경우는 제외)(2022.12.31. 개정)

4 청년형 장기집합투자증권저축의 요건

다음의 요건을 모두 갖춘 저축을 말한다.(조특법 91조의20 ① 2)

① 자산총액의 40% 이상을 자본시장과 금융투자업에 관한 법률 제9조 제15항 제3호에 따른 주권상장법인의 주식에 투자하는 집합투자기구(소득세법 제17조 제1항 제5호에 따른 집합투자기구로 한정한다)의 집합투자증권을 취득하기 위한 저축일 것

② 계약기간이 3년 이상 5년 이하일 것

③ 적립식 저축으로서 1인당 납입금액이 연 600만원(해당 거주자가 가입한 모든 청년형 장기집합투자증권저축의 합계액을 말한다) 이내일 것

5 소득공제의 배제

청년형 장기집합투자증권저축에 가입한 거주자(이하 "가입자"라 한다)가 다음 중 하나에 해당하는 경우에는 해당 과세기간에 소득공제를 하지 아니한다.(조특법 91조의20 ②)

① 해당 과세기간에 근로소득만 있거나 근로소득과 종합소득과세표준에 합산되지 아니하는 종합소득만 있는 경우로서 총급여액이 8,000만원을 초과하는 경우

② 해당 과세기간의 종합소득과세표준에 합산되는 종합소득금액이 6,700만원을 초과하는 경우

③ 해당 과세기간에 근로소득 및 종합소득과세표준에 합산되는 종합소득금액이 없는 경우

④ 청년형장기집합투자증권저축을 해지하고 다음의 요건을 모두 갖추어 다른 청년형장기집합투자증권저축에 가입(이하 "전환가입"이라 한다)한 경우. 이 경우 소득공제 대상에서 제외되는 금액은 그 다른 청년형장기집합투자증권저축에 납입된 금액 중 전환가입에 따라 종전의 청년형장기집합투자증권저축에서 이체된 금액으로 한정한다.(조특법 91조의20 ② 4, 2023.12.31. 신설)

➲ 2024.4.1. 이후 다른 청년형장기집합투자증권저축으로 전환가입하는 경우부터 적용한다.(2023.12.31. 조특법 부칙 12조)

㉠ 기존 청년형장기집합투자증권저축의 해지일이 속하는 달의 다음달 말일까지 다른 청년형장기집합투자증권저축에 가입할 것(저축취급기관이 동일한 경우로 한정한다)(조특령 93조의6 ⑩ 1)

㉡ 기존 청년형장기집합투자증권저축을 해지함으로써 지급받은 금액 전액을 다른 청년형장기집합투자증권저축에 납입할 것(조특령 93조의6 ⑩ 2)

6 서류의 제출

(1) 저축에 가입하는 경우

청년형 장기집합투자증권저축에 가입하려는 거주자는 다음의 자료를 저축취급기관에 제출해야 한다.(조특령 93조의6 ②)

① 세무서장으로부터 발급받은 「소득확인증명서」

② 병역법 시행령 제155조의7 제2항에 따른 병적증명서(가입일 현재 연령이 35세 이상인 경우로 한정한다)

(2) 소득공제 받으려는 경우

소득공제를 받으려는 가입자는 근로소득세액의 연말정산 또는 종합소득과세표준확정신

고를 하는 때에 소득공제를 받기 위하여 필요한 해당 연도의 저축금 납입액이 명시된 「청년형 장기집합투자증권저축 납입증명서」를 저축취급기관으로부터 발급받아 원천징수의무자 또는 주소지 관할 세무서장에게 제출하여야 한다.(조특법 91조의20 ③)

7 사후관리

① 가입자가 해당 계약을 해지한 경우(해당 저축의 가입일부터 3년이 경과하기 전에 해당 저축으로부터 원금·이자·배당·주식 또는 수익증권 등의 전부 또는 일부를 인출하거나 제3자에게 양도한 경우를 포함한다. 이하에서 같다)에는 해당 과세기간부터 소득공제를 하지 아니한다.(조특법 91조의20 ④)

다만, 전환가입을 하기 위하여 해지한 경우 해지 전의 청년형장기집합투자증권저축에 납입한 금액은 해당 과세기간의 종합소득금액에서 공제한다.(조특법 91조의20 ④ 단서, 2023.12.31. 단서신설) ➲ 단서 규정은 2024.4.1. 이후 다른 청년형장기집합투자증권저축으로 전환가입하는 경우부터 적용한다.(2023.12.31. 조특법 부칙 12조)

② 저축취급기관은 가입자가 가입일부터 3년 미만의 기간 내에 청년형 장기집합투자증권저축을 해지하는 경우 해당 저축에 납입한 금액의 총 누계액에 6%를 곱한 금액(이하에서 "추징세액"이라 한다)을 추징하여 저축 계약이 해지된 날이 속하는 달의 다음 달 10일까지 원천징수 관할 세무서장에게 납부하여야 한다.

다만, 다음 중 하나에 해당하는 경우에는 추징하지 아니하며, 소득공제를 받은 자가 해당 소득공제로 감면받은 세액이 추징세액에 미달하는 사실을 증명하는 경우에는 실제로 감면받은 세액상당액을 추징한다.(조특법 91조의20 ⑤, 2023.12.31. 단서개정)

➲ 2024.4.1.부터 시행한다.(2023.12.31. 조특법 부칙 1조 1)

㉠ 다른 청년형장기집합투자증권저축에 전환가입한 경우로서 다음에 해당하는 경우 (조특법 91조의20 ⑤ 1, 2023.12.31. 신설)

➲ 2024.4.1. 이후 다른 청년형장기집합투자증권저축으로 전환가입하는 경우부터 적용한다. (2023.12.31. 조특법 부칙 12조)

ⓐ 기존 청년형장기집합투자증권저축의 해지일이 속하는 달의 다음달 말일까지 다른 청년형장기집합투자증권저축에 가입할 것(저축취급기관이 동일한 경우로 한정한다)(조특령 93조의6 ⑪ 1, ⑩ 1)

ⓑ 기존 청년형장기집합투자증권저축을 해지함으로써 지급받은 금액 전액을 다른 청년형장기집합투자증권저축에 납입할 것(조특령 93조의6 ⑪ 1, ⑩ 2)

ⓒ 기존 청년형장기집합투자증권저축과 다른 청년형장기집합투자증권저축의 가입기간을 합산한 기간이 3년 이상일 것(조특령 93조의6 ⑪ 2, 2024.2.29. 신설)

㉡ 다음의 부득이한 사유로 해지된 경우(조특령 93조의6 ⑫, 2023.12.31. 항번개정)

ⓐ 가입자의 사망 또는 해외이주법에 따른 해외이주(2025.2.28. 개정)

ⓑ 계약 해지일 전 6개월 이내에 발생한 다음의 사유

㉮ 천재지변

㉯ 가입자의 퇴직

㉰ 사업장의 폐업

㉱ 가입자의 3개월 이상의 입원치료 또는 요양이 필요한 상해·질병의 발생

㉲ 저축취급기관의 영업의 정지, 영업인가·허가의 취소, 해산결의 또는 파산선고

㉳ 청년형 장기집합투자증권저축의 최초 설립일 또는 설정일부터 1년이 지난 날에 집합투자기구의 원본액이 50억원에 미달하거나 최초 설립일 또는 설정일부터 1년이 지난 후 1개월간 계속하여 집합투자기구의 원본액이 50억원에 미달하여 집합투자업자가 해당 집합투자기구를 해지하는 경우

이러한 부득이한 사유가 발생하여 청년형 장기집합투자증권저축을 해지하려는 자는 「특별해지사유신고서」를 저축취급기관에 제출해야 한다.(조특령 93조의6 ⑪)

③ 저축취급기관은 추징세액을 징수한 경우 가입자에게 그 내용을 서면으로 즉시 통보하여야 한다.(조특법 91조의20 ⑥)

④ 저축취급기관은 추징세액(실제로 감면받은 세액상당액을 추징한 경우에는 해당 세액상당액을 말한다)을 기한까지 납부하지 아니하거나 납부하여야 할 세액에 미달하게 납부한 경우 그 납부하지 아니한 세액 또는 미달하게 납부한 세액의 10%에 해당하는 금액을 가산하여 원천징수 관할 세무서장에게 납부하여야 한다.(조특법 91조의20 ⑦)

Ⅸ 고용유지중소기업 소득공제

➲ 2009.3.25.이 속하는 과세연도분부터 적용한다.(2009.3.25. 조특법 부칙 2조)

➲ 2019년 귀속분부터 기업에 대한 소득공제 제도는 세액공제 제도로 전환하였다.

1 개 요

(1) 중소기업에 대한 세액공제

중소기업기본법 제2조에 따른 중소기업으로서 고용유지중소기업은 일정한 산식에 따라 계산한 금액을 2026.12.31.이 속하는 과세연도까지 각 과세연도의 소득세(사업소득에 대한 소득세만 해당하며, 부동산임대소득은 제외한다)에서 공제한다.(조특법 30조의3 ①, 2023.12.31.

개정) ➲ 2019년 귀속분부터 기업에 대한 소득공제 제도는 세액공제 제도로 전환되었다.

(2) 근로자에 대한 소득공제

고용유지중소기업에 근로를 제공하는 상시근로자에 대하여 2026.12.31.이 속하는 과세연도까지 일정한 산식에 따라 계산한 금액을 해당 과세연도의 근로소득금액에서 공제할 수 있다.(조특법 30조의3 ③, 2023.12.31. 개정)

2 공제요건

(1) 고용유지중소기업의 범위

고용유지중소기업이란 중소기업기본법 제2조에 따른 중소기업으로서 다음의 요건을 모두 충족하는 기업을 말한다.(조특법 30조의3 ①)

① 해당 과세연도의 상시근로자(해당 과세연도 중에 근로관계가 성립한 상시근로자는 제외) 1인당 시간당 임금이 직전 과세연도에 비하여 감소하지 아니한 경우(조특법 30조의3 ① 1, 2014.1.1. 개정)

이때 직전 또는 해당 과세연도의 상시근로자(해당 과세연도 중에 근로관계가 성립한 상시근로자는 제외) 1인당 시간당 임금은 임금총액을 근로시간 합계로 나눈 금액으로 한다.(조특령 27조의3 ①, 2014.2.21. 개정)

㉠ 임금총액 : 직전 또는 해당 과세연도에 상시근로자에게 지급한 통상임금과 정기상여금 등 고정급 성격의 금액을 합산한 금액

㉡ 근로시간 합계 : 직전 또는 해당 과세연도의 상시근로자의 근로계약상 근로시간(근로기준법 제2조 제1항 제9호에 따른 단시간근로자로서 1개월간의 소정근로시간이 60시간 이상인 경우에는 실제 근로시간)의 합계(2019.2.12. 개정)

② 해당 과세연도의 상시근로자 수가 직전 과세연도의 상시근로자 수와 비교하여 0% 이상 감소하지 아니하는 경우(조특령 27조의3 ②)

③ 해당 과세연도의 다음 산식에 따라 계산한 "상시근로자(해당 과세연도 중에 근로관계가 성립한 상시근로자는 제외한다) 1인당 연간 임금총액"이 직전 과세연도에 비하여 감소한 경우(조특법 30조의3 ① 3, 2014.1.1. 개정, 조특령 27조의3 ⑤)

PART 3

$$\text{상시근로자 1인당 연간 임금총액} = \frac{\text{직전 또는 해당 과세연도에 상시근로자에게 지급한 임금총액}^{*1}}{\text{직전 또는 해당 과세연도의 상시근로자 수}^{*2}}$$

*1. 통상임금과 정기상여금 등 고정급 성격의 금액을 합산한 금액
*2. 직전 또는 해당 과세연도의 매월 말일 현재의 상시근로자 수를 합하여 직전 또는 해당 과세연도의 개월 수로 나누어 산정한 인원수

㉠ 사망·정년퇴직의 경우 : 직전 또는 해당 과세연도 중에 사망, 정년퇴직 및 이에 준하는 사유로 근로관계가 종료되어 상시근로자가 감소한 경우 그 감소인원은 직전 과세연도부터 근무하지 아니한 것으로 보아 상시근로자 수 및 상시근로자 1인당 연간 임금총액을 산정할 때 제외한다.(조특령 27조의3 ⑥)

㉡ 합병·사업의 포괄양수 등의 경우 : 직전 또는 해당 과세연도 중에 합병 또는 사업의 포괄양수 등에 의하여 종전의 사업부문에서 종사하던 상시근로자를 승계한 경우 그 승계인원은 직전 과세연도부터 승계한 기업에서 근무한 것으로 보아 상시근로자 수 및 상시근로자 1인당 연간 임금총액을 산정한다.(조특령 27조의3 ⑦)

㉢ 분할·사업의 포괄양도 등의 경우 : 직전 또는 해당 과세연도 중에 분할 또는 사업의 포괄양도 등에 의하여 상시근로자가 감소한 경우 그 감소인원은 직전 과세연도부터 분할 또는 사업을 포괄양도한 기업 등에서 근무하지 아니한 것으로 보아 상시근로자 수 및 상시근로자 1인당 연간 임금총액을 산정할 때 제외한다.(조특령 27조의3 ⑧)

(2) 상시근로자의 범위

상시근로자는 근로기준법에 따라 근로계약을 체결한 근로자로 한다. 다만, 다음 중 하나에 해당하는 사람은 제외한다.(조특령 27조의3 ④, 2012.2.2. 신설)

① 근로계약기간이 1년 미만인 자. 다만, 근로계약의 연속된 갱신으로 인하여 그 근로계약의 총기간이 1년 이상인 근로자는 상시근로자로 본다.

② 법인세법 시행령 제40조 제1항에 해당하는 임원

③ 개인사업자의 경우에는 대표자와 그 배우자

④ 위 '③'에 해당하는 자의 직계존속·비속과 그 배우자

⑤ 근로소득원천징수부에 의하여 근로소득세를 원천징수한 사실이 확인되지 아니하고, 다음 중 하나에 해당하는 보험료 등의 납부사실도 확인되지 아니하는 사람

㉠ 국민연금법 제3조 제1항 제11호 및 제12호에 따른 부담금 및 기여금

㉡ 국민건강보험법 제69조에 따른 직장가입자의 보험료

⑥ 근로기준법 제2조 제1항 제9호에 따른 단시간근로자. 다만, 1개월간의 소정근로시간이 60시간 이상인 근로자는 상시근로자로 본다.(조특령 27조의3 ④ 6, 2020.6.2. 개정)

3 소득공제액

(1) 중소기업에 대한 소득공제액

아래 '①'의 금액과 '②'의 금액(해당 금액이 음수인 경우에는 영으로 본다)을 합하여 계산한 금액으로 한다.(조특법 30의3 ②, 2018.12.24. 개정)

① (직전 과세연도 상시근로자 1인당 연간 임금총액 - 해당 과세연도 상시근로자 1인당 연간 임금총액) × 해당 과세연도 상시근로자 수 × 10%

② (해당 과세연도 상시근로자 1인당 시간당 임금 - 직전 과세연도 상시근로자 1인당 시간당 임금 × 105%) × 해당 과세연도 전체 상시근로자의 근로시간 합계* × 15%

* 해당 과세연도의 상시근로자의 근로계약상 근로시간(근로기준법 제2조 제1항 제9호에 따른 단시간근로자로서 1개월간의 소정근로시간이 60시간 이상인 경우에는 실제 근로시간)의 합계로 한다.(조특령 27조의3 ⑨, 2017.2.7. 신설)

(2) 근로자에 대한 소득공제액

• 소득공제액 = Min{①, ②}

① (직전 과세연도의 해당 근로자 연간 임금총액 - 해당 과세연도의 해당 근로자 연간 임금총액) × 50%

② 한도 : 1,000만원

* 근로계약의 연속된 갱신으로 인하여 그 근로계약의 총기간이 1년 이상인 근로자는 상시근로자로 본다.(조특령 27조의3 ④ 1 단서)

① 소득공제할 금액이 1천만원을 초과하는 경우에는 그 초과하는 금액은 없는 것으로 한다.(조특법 30조의3 ③ 후단)

② 연간 임금총액은 통상임금과 정기상여금 등 고정급 성격의 금액을 합산한 금액으로 한다. 이 경우 직전 또는 해당 과세연도 중 근로관계가 성립하거나 종료된 상시근로자의 연간 임금총액은 다음의 구분에 따라 산정한다.(조특령 27조의3 ⑩)

㉠ 직전 과세연도 중에 근로관계가 성립한 상시근로자의 해당 과세연도의 연간 임금총액은 다음 계산식에 따라 계산한다.(조특령 27조의3 ⑩ 1)

$$\text{해당 과세연도의 통상임금과 고정급 성격의 금액의 합산액} \times \frac{\text{직전 과세연도의 총근무일수}}{\text{해당 과세연도의 총근무일수}}$$

㉡ 해당 과세연도 중에 근로관계가 종료된 상시근로자의 직전 과세연도의 연간 임금총액은 다음 계산식에 따라 계산한다.(조특령 27조의3 ⑩ 2)

$$\text{직전 과세연도의 통상임금과 고정급 성격의 금액의 합산액} \times \frac{\text{해당 과세연도의 총근무일수}}{\text{직전 과세연도의 총근무일수}}$$

㉢ 위 '㉠ 및 ㉡'에도 불구하고 직전 또는 해당 과세연도 중에 기업의 합병 또는 분할 등에 의하여 근로관계가 승계된 상시근로자의 직전 또는 해당 과세연도의 연간 임금총액은 종전 근무지에서 지급받은 임금총액을 합산한 금액으로 한다.(조특령 27조의3 ⑩ 3)

4 제출서류

고용유지중소기업에 대한 과세특례를 적용받으려는 기업은 소득세 과세표준신고와 함께 세액공제신청서에 사업주와 근로자대표간 합의를 증명하는 서류 등을 첨부하여 납세지 관할 세무서장에게 제출하여야 한다.(조특령 27조의3 ③, 2019.2.12. 개정)

5 농어촌특별세의 비과세

고용유지중소기업 소득공제액에 대해서는 농어촌특별세가 비과세된다.(농특법 4조 12, 농특령 4조 ⑥ 1)

6 기타 참고사항

① 최저한세 규정이 적용된다.

② 근로자의 경우 소득공제 종합한도(연간 2,500만원) 규정이 적용되지 않는다.

Chapter

04 소득공제의 종합한도

거주자의 종합소득에 대한 소득세를 계산할 때 일정한 소득공제금액의 합계액이 2,500만원을 초과하는 경우에는 그 초과하는 금액은 없는 것으로 한다.(조특법 132조의2 ①, 2014. 1.1. 개정)

소득공제 종합한도를 적용받는 항목은 아래의 표[12]와 같다.

항목	구 분		공제액 한도 (2024년 귀속기준)	종합한도 적용 여부
인적 공제	기본공제(본인, 배우자, 부양가족)		1명당 150만원	×
	추가공제		경로우대자 1명당 100만원, 장애인 1명당 200만원, 부녀자 50만원, 한부모 100만원	×
연금 보험료	공적연금보험료		전 액	×
주택담보노후연금 이자비용			연 200만원과 연금소득금액 중 작은 금액	×
특별 소득 공제	건강보험료, 고용보험료, 장기요양보험료		전 액	×
	주택 자금	주택임차차입금원리금상환액(㉠)	(㉠+㉢) 연 400만원 한도	○
		장기주택저당차입금이자상환액(㉡)	(㉠+㉡+㉢) 연 600만원 ~ 2,000만원 한도	○
그밖의 소득 공제	개인연금저축		연 72만원 한도	×
	벤처투자조합 출자 등		종합소득금액의 50% 한도	○ (개인투자조합 출자와 벤처기업 등 및 크라우드펀딩을 통한 투자분은 제외)

12) 소득세법 시행규칙 [별지 제40호서식(1)] p. 16 참조

항목	구 분	공제액 한도 (2024년 귀속기준)	종합한도 적용 여부
그밖의 소득 공제	소기업·소상공인 공제부금	사업소득(근로소득)금액별 연 500만원, 300만원, 200만원 한도	○
	주택마련저축(㉢) (청약저축, 주택청약종합저축)	(㉠+㉢) 연 400만원 한도	○
	우리사주조합 출연금	연 400만원(벤처기업 1,500만원) 한도	○
	장기집합투자증권저축	연 240만원 한도	○
	청년형 장기집합투자증권저축	연 240만원 한도	×
	신용카드 등 사용금액	연 250만원(총급여액 7천만원 이하자는 300만원) 한도 ※ 추가공제 있음	○
	고용유지 중소기업 근로자	연 1,000만원 한도	×

Chapter

05 증명서류의 제출과 소득공제의 특례

I 증명서류의 제출기한

특별소득공제 및 특별세액공제를 적용받고자 하는 사람은 아래 Ⅱ.의 서류(인터넷증빙서류를 포함)를 다음에 규정된 날까지 원천징수의무자·납세조합 또는 납세지 관할 세무서장에게 제출하여야 한다.(해당 서류를 제출하고 그 이후 변동사항이 없는 경우에는 그 다음 연도분부터는 해당 서류를 제출하지 아니할 수 있다) 다만, 근로자가 부담하는 국민건강보험료·고용보험료와 원천징수의무자가 급여액에서 일괄공제하는 기부금에 대해서는 그러하지 아니하다.(소법 167조, 소령 113조 ①, 2014.2.21. 개정, 198조, 소칙 58조 ③)

① 근로소득자 및 국외 근로소득자 중 납세조합에 가입한 자

㉠ 연말정산기간 내에 제출 : 해당 과세기간의 다음 연도 2월분의 급여를 받는 날(퇴직한 경우에는 퇴직한 날이 속하는 달의 급여를 받는 날)

㉡ 종합소득세 확정신고기간 내에 제출 : 각종 증명서류를 연말정산기간 내에 제출하지 못한 경우에는 개인적으로 5월 중에 증명서류를 구비하여 주소지 관할세무서에 종합소득세 확정신고를 이행하여야 각종 공제혜택을 받을 수 있다.

> ✓ **근로소득만이 있는 거주자의 과세표준확정신고**(소득 해석편람 73-1-2)
> 근로소득만이 있는 거주자는 과세표준확정신고를 하지 아니할 수 있으나 2인 이상으로부터 받는 근로소득이 있는 자(일용근로자 제외)가 연말정산에 의하여 소득세를 납부하지 아니한 경우에는 과세표준확정신고를 하여야 하는 것임(소득 46011-209, 1999.10.21.)

② 국외 근로소득자 중 납세조합에 가입하지 아니한 자 : 종합소득 과세표준확정신고기한

Ⅱ 각종 소득공제 등 제출 증명서류

1 제출 증명서류(2024년 귀속기준)

서 류 명	대 상 자 및 발 급 처
일시퇴거자 동거가족상황표	배우자와 직계비속 이외의 동거가족 중에 취학, 질병의 요양, 근무상 또는 사업상의 형편으로 일시퇴거한 자가 있는 거주자로서 본인이 작성
주민등록표등본 외국인은 '외국인등록사실증명'	• 2024년 신규입사한 근로자 • 공제대상가족의 변동이 있는 근로자 • 주민등록표등본으로 가족관계가 확인되지 않는 경우 가족관계증명서 제출
수급자증명서	국민기초생활보장수급자로서 읍·면·동주민센터에서 발급
장애인증명서 또는 장애인등록증(수첩)사본 (상이자의 경우 상이증명서)	① 장애인 ② 상이자 및 이와 유사한 자로서 근로능력이 없는 자 ③ '①～②' 이외에 항시 치료를 요하는 중증환자 * 의료기관(한의원 포함)과 읍·면·동주민센터에서 발급
가족관계증명서 및 주민등록표등본	부녀자공제를 받고자 하는 자, 혼인 또는 사망에 따른 소득공제를 받고자 하는 자 * 구청·읍·면·동주민센터에서 발급
가족관계증명서, 주민등록표등본, 입양관계증명서 또는 입양증명서	동거입양자에 대한 기본공제를 받고자 하는 자 * 구청·동주민센터·입양기관에서 발급
주택마련저축납입증명서, 주택자금상환증명서·장기주택저당차입금이자상환증명서	주택자금공제를 받을 근로자의 경우 주민등록표등본(주택마련저축통장사본), 장기주택저당차입금 이자상환액을 최초 공제신청시 : 취득한 주택의 건물등기부등본 * 읍·면·동주민센터, 등기소, 해당 금융기관에서 발급 * 2024년 신규가입·대출(전환·양수 포함)분은 주택가격 입증서류(분양계약서, 기준시가확인원 등)
개인연금저축납입증명서 (개인연금저축통장사본)	2000.12.31. 이전에 개인연금저축에 가입한 자 * 저축취급기관 또는 연말정산 간소화 서비스 홈페이지에서 발급(개인연금소득공제신청용)
출자(투자)확인서, 출자등소득공제신청서	투자조합 등에 출자한 거주자로서 해당연도에 공제를 받는 자가 신청서 작성 * 중소벤처기업부 또는 투자조합관리자가 확인서 발급
신용카드소득공제신청서, 신용카드등사용금액확인서	신용카드 등 사용금액에 대한 소득공제를 받을 근로자가 신용카드업자·직불카드취급금융기관·백화점·학원(연말정산 간소화 서비스 홈페이지) 등에서 확인서 발급받아 공제신청서를 작성 * 현금영수증 사용금액은 연말정산 간소화 서비스 홈페이지 또는 현금영수증 홈페이지에서 발급받아 공제신청서 작성

서 류 명	대 상 자 및 발 급 처
외국인기술자에 대한 세액면제신청서	일정한 요건을 갖춘 외국인기술자와 외국인투자촉진법에 의한 기술도입계약에 의하여 근로를 제공하는 외국인으로서 근로자 본인이 작성
외국인근로소득세액감면신청서	정부간의 협약에 의해 우리나라에 파견된 외국인 근로자 본인이 작성
외국납부세액공제신청서, 외국납부세액영수증	외국에서 근로를 제공하고 해당국가에 소득세를 납부한 근로자
외국인근로자 단일세율적용신청서	조특법 제18조의2 제2항의 규정에 따라 근로소득에 19%를 곱한 금액을 세액으로 하는 과세특례를 적용하고자 하는 외국인근로자가 작성
주택담보노후연금 이자비용명세서	해당 주택담보노후연금을 지급한 금융기관 또는 한국주택금융공사

➲ 인터넷으로 발급된 소득공제관련 증명서류는 국세청장이 지정한 경우에만 유효함

2 자료집중기관을 통하여 제출하는 경우

소득공제 및 세액공제 증빙서류가 자료집중기관('제7편 보칙 제7절 5.'에서 설명)을 통하여 국세청장에게 제출되는 경우로서 장애인에 대한 추가공제와 다음의 소득공제 및 세액공제를 적용받고자 하는 자는 다음의 지급액에 관한 서류로서 소득공제내역을 일괄적으로 기재하여 국세청장이 발급하는 서류를 제출(국세정보통신망을 통한 제출을 포함)할 수 있다.(소령 113조 ②, 2016. 2.17. 개정, 216조의3 ①, 2022.2.15. 개정, 소칙 58조 ⑤)

① 연금계좌납입액(2014.2.21. 개정)

② 주택담보노후연금이자비용

③ 일반보장성보험료 및 장애인전용 보장성보험료

④ 의료비. 다만, 다음의 의료비를 제외한다.

㉠ 장애인이 보장구 및 의사·치과의사·한의사 등의 처방에 따라 의료기기를 직접 구입 또는 임차하기 위하여 지출한 비용

㉡ 시력보정용 안경 또는 콘택트렌즈 구입을 위하여 지출한 비용으로서 기본공제대상자(연령 및 소득금액의 제한을 받지 아니한다) 1인당 연 50만원 이내의 금액

㉢ 보청기 구입을 위하여 지출한 비용

⑤ 다음 중 하나에 해당하는 기관에 지출한 수업료 등

㉠ 유아교육법에 따른 유치원

㉡ 초·중등교육법·고등교육법 및 특별법에 따른 학교

㉢ 영유아보육법에 따른 보육시설

㉣ 근로자직업능력개발법에 따른 직업능력개발훈련시설

⑥ 신용카드 등 사용금액

⑦ 주택임차차입금 원리금 상환액, 장기주택저당차입금 이자상환액

⑧ 목돈 안드는 전세 이자상환액(2015.2.3. 신설)

⑨ 벤처기업투자신탁의 납입액(2018.2.13. 신설)

⑩ 소기업·소상공인공제부금 납입액

⑪ 청약저축 및 주택청약종합저축 납입액

⑫ 장기집합투자증권저축 납입액(2015.2.3. 개정)

⑬ 국민연금법에 따라 납입한 연금보험료(2016.12.5. 신설)

⑭ 국민건강보험법, 고용보험법 및 노인장기요양보험법에 따라 근로자가 부담하는 보험료(2023.2.28. 개정)

⑮ 학자금 대출의 원리금 상환에 지출한 교육비(2017.12.29. 신설)

⑯ 조세특례제한법 제16조 제1항 제2호에 따른 벤처기업투자신탁 납입액(2018.2.13. 신설)

⑰ 조세특례제한법 제95조의2에 따른 월세액 중 공공주택특별법에 따른 공공주택사업자에게 지급하는 월세액(2021.2.17. 신설)

3 외국인등록사실증명 등 제출

① 비거주자가 과세표준확정신고를 하는 때에는 과세표준확정신고서에 외국인등록표등본 또는 이에 준하는 서류를 첨부하여 납세지 관할 세무서장에게 제출하여야 한다.(소령 219조)

② 국내에 주민등록이 없는 재외국민의 경우에 본인 및 가족상황이 필요한 때에는 재외공관에서 확인하는 '재외국민등록부등본'을 제출하여야 한다.

Ⅲ 종합소득공제의 배제와 특례 및 비거주자의 소득공제

1 소득공제 관련서류 미제출시

과세표준확정신고(성실신고확인대상사업자가 성실신고확인서를 제출하는 경우 포함)를 하여야 할 자가 소득공제와 관련한 서류를 제출하지 아니한 때에는 기본공제 중 거주자 본인에 대한 분과 표준세액공제만을 공제한다. 다만, 과세표준확정신고 여부와 관계없이 그 서류를 나중에 제출한 경우에는 그러하지 아니하다.(소법 54조 ②, 2014.1.1. 개정)

2 분리과세소득만 있는 경우

분리과세이자소득·분리과세배당소득·분리과세연금소득과 분리과세기타소득만 있는 자에 대해서는 종합소득공제를 적용하지 아니한다.(소법 54조 ①, 2013.1.1. 개정)

3 수시부과결정의 경우

수시부과결정의 경우에는 기본공제 중 거주자 본인에 대한 분만을 공제한다.(소법 54조 ③) 이후 과세표준과 세액을 확정신고할 때에 종합소득공제의 다른 공제항목을 공제할 수 있다.

4 공동사업 합산과세에 대한 소득공제 특례

연금보험료공제 또는 조세특례제한법에 따른 소득공제를 적용하거나 세액공제를 적용하는 경우 공동사업 합산과세 규정에 따라 소득금액이 주된 공동사업자의 소득금액에 합산과세되는 특수관계인이 지출·납입·투자·출자 등을 한 금액이 있으면 주된 공동사업자의 소득에 합산과세되는 소득금액의 한도에서 주된 공동사업자가 지출·납입·투자·출자 등을 한 금액으로 보아 주된 공동사업자이 합산과세되는 종합소득금액 또는 종합소득산출세액을 계산할 때에 소득공제 또는 세액공제를 받을 수 있다.(소법 54조의2, 2014.1.1. 개정)

5 비거주자의 소득공제

종합과세하는 비거주자의 소득에 대한 소득세의 과세표준과 세액의 계산에 관하여는 거주자에 대한 소득세의 과세표준과 세액의 계산에 관한 규정을 준용한다. 다만, 인적공제 중 비거주자 본인 외의 자에 대한 공제와 특별소득공제, 자녀세액공제 및 특별세액공제는 하지 아니한다.(소법 52조, 122조 단서, 2014.1.1. 단서 개정)

비거주자 소득공제 가능 항목

1. 본인에 대한 기본공제(150만원)
2. 본인에 대한 추가공제(경로우대공제, 장애인공제, 부녀자공제)
3. 연금보험료공제
4. 우리사주출연금공제

✓ 비거주자의 근로소득의 소득공제, 세액공제 여부

비거주자의 근로소득금액을 계산할 때에는 근로소득공제를 적용하는 것이며, 세액의 계산시에도 근로소득세액공제를 산출세액에서 공제하는 것임(국일 46017-92, 1997.2.6.)

비거주자인 외국인근로자의 공제 항목 (2024년 귀속기준)

구 분		공제여부	근 거
인적공제	기본공제	본인에 대한 공제만 가능	소법 122조 단서
	추가공제	본인에 대한 공제만 가능	소법 122조 단서
연금보험료공제		○	서면2팀-688, 2008.4.15.
특별소득공제	보험료(고용·건강·노인장기요양)공제	×	소법 122조 단서
	주택자금공제*1		
그 밖의 소득공제	개인연금저축공제	×	조특법 86조 ①
	소기업·소상공인공제	×	조특법 86조의3 ①
	주택마련저축공제	×	조특법 87조 ②
	투자조합출자공제	×	조특법 16조
	신용카드 등 소득공제	×	조특법 126조의2 ①
	우리사주출연금공제	○	조특법 88조의4 ①
	고용유지중소기업 근로자소득공제	×	조특법 30조의3 ③
	장기집합투자증권저축공제	×	조특법 91조16 ①
	청년형 장기집합투자증권저축공제	×	조특법 91조의20 ①
세액공제	외국납부세액	×	소법 57조
	자녀세액공제	×	소법 122조
	연금계좌세액공제	○	소법 122조
	특별세액공제	×*2	소법 59조의4
	근로소득세액공제	○	소법 122조
	결혼세액공제	×	조특법 92조
	납세조합세액공제	○*3	소법 150조 ③
	기부정치자금	×	조특법 76조 ①
	주택차입금이자	×	구 조감법 92조의4
	월세액 세액공제*1	×	조특법 95조의2

*1. 거주자인 외국인은 2021.1.1. 이후부터 주택임차차입금원리금상환액 소득공제, 장기주택저당차입금 이자상환액 소득공제, 월세액 세액공제가 가능함(소법 52조 ④, ⑤, 조특법 95조의2 ①, 2020.12.29. 개정)

*2. 비거주자에 대해서는 표준세액공제도 적용하지 않음

*3. 납세자조합에 가입한 경우만 해당함

근로제공기간의 지출에 따른 공제 여부[13] (2024년 귀속기준)

➲ 근로제공기간에는 휴직기간과 종전회사의 근무기간도 포함한다.

항 목		근로제공기간 지출비용	근로제공기간 외 기간의 지출비용
연금보험료공제		○	○
특별소득공제	보험료공제(고용·건강·노인장기요양)	○	×
	주택임차차입금	○	×
	장기주택저당차입금	○	×
그 밖의 소득공제	개인연금저축공제	○	○
	소기업·소상공인공제	○	○
	주택마련저축공제	○	×
	투자조합출자 등 공제	○	○
	신용카드 등 사용액 공제	○	×
	우리사주출연금공제	○	×
	고용유지중소기업 근로자소득공제	○	×
	장기집합투자증권저축공제	○	×
연금계좌세액공제		○	○
결혼세액공제		○	○
특별세액공제	보험료(보장성보험료 등)	○	×
	의 료 비	○	×
	교 육 비	○	×
	기 부 금	○	○
월세액 세액공제		○	×

13) 차재영, 박교원, 2024, 연말정산실무, 씨에프오아카데미, p. 313

PART 3

MEMO

PART 4

종합소득산출세액의 계산

Chapter

01 세율 및 소득세법상의 세액공제

● 종합소득산출세액의 계산

	종합소득과세표준	
×	기 본 세 율	6%~45%의 8단계 초과누진세율
=	종합소득산출세액	
-)	세 액 감 면	
-)	세 액 공 제	소득세법상 세액공제 및 조세특례제한법상 세액공제
=	종합소득결정세액	
+)	가 산 세	
=	총 결 정 세 액	
-)	기 납 부 세 액	중간예납세액, 원천징수세액, 예정신고납부세액, 수시부과세액
=	차감납부할세액	

• 제 1 절 세 율

거주자의 종합소득에 대한 소득세는 해당 과세기간의 종합소득과세표준에 다음의 세율을 적용하여 계산한 금액(이하 "종합소득산출세액"이라 한다)을 그 세액으로 한다.(소법 55조 ①)

(1) 2023년 귀속분부터 적용되는 기본세율(2022.12.31. 개정)

과세표준	산출세액	
	초과누진방식	누진공제방식
1,400만원 이하	과세표준×6%	과세표준×6%
1,400만원 초과 5,000만원 이하	84만원+(과세표준−1,400만원)×15%	과세표준×15%−126만원
5,000만원 초과 8,800만원 이하	624만원+(과세표준−5,000만원)×24%	과세표준×24%−576만원
8,800만원 초과 1억5천만원 이하	1,536만원+(과세표준−8,800만원)×35%	과세표준×35%−1,544만원
1억5천만원 초과 3억원 이하	3,706만원+(과세표준−1억5천만원)×38%	과세표준×38%−1,994만원
3억원 초과 5억원 이하	9,406만원+(과세표준−3억원)×40%	과세표준×40%−2,594만원
5억원 초과 10억원 이하	1억7,406만원+(과세표준−5억원)×42%	과세표준×42%−3,594만원
10억원 초과	3억8,406만원+(과세표준−10억원)×45%	과세표준×45%−6,594만원

➲ 2023.1.1. 전에 개시한 과세기간에 대한 소득세의 계산에 적용되는 세율에 관하여는 개정규정에도 불구하고 종전의 규정에 따른다.(2022.12.31. 법 부칙 14조)

(2) 2021년, 2022년 귀속소득에 대한 기본세율(2020.12.29. 개정)

과세표준	산출세액	
	초과누진방식	누진공제방식
1,200만원 이하	과세표준×6%	과세표준×6%
1,200만원 초과 4,600만원 이하	72만원+(과세표준−1,200만원)×15%	과세표준×15%−108만원
4,600만원 초과 8,800만원 이하	582만원+(과세표준−4,600만원)×24%	과세표준×24%−522만원
8,800만원 초과 1억5천만원 이하	1,590만원+(과세표준−8,800만원)×35%	과세표준×35%−1,490만원
1억5천만원 초과 3억원 이하	3,760만원+(과세표준−1억5천만원)×38%	과세표준×38%−1,940만원
3억원 초과 5억원 이하	9,460만원+(과세표준−3억원)×40%	과세표준×40%−2,540만원
5억원 초과 10억원 이하	1억7,460만원+(과세표준−5억원)×42%	과세표준×42%−3,540만원
10억원 초과	3억8,460만원 +(과세표준−10억원)×45%	과세표준×45%−6,540만원

(3) 2018년 ~ 2020년 귀속소득에 대한 기본세율(2017.12.19. 개정)

과세표준	산출세액	
	초과누진방식	누진공제방식
1,200만원 이하	과세표준×6%	과세표준×6%
1,200만원 초과 4,600만원 이하	72만원+(과세표준−1,200만원)×15%	과세표준×15%−108만원
4,600만원 초과 8,800만원 이하	582만원+(과세표준−4,600만원)×24%	과세표준×24%−522만원
8,800만원 초과 1억5천만원 이하	1,590만원+(과세표준−8,800만원)×35%	과세표준×35%−1,490만원
1억5천만원 초과 3억원 이하	3,760만원+(과세표준−1억5천만원)×38%	과세표준×38%−1,940만원
3억원 초과 5억원 이하	9,460만원+(과세표준−3억원)×40%	과세표준×40%−2,540만원
5억원 초과	1억7,460만원+(과세표준−5억원)×42%	과세표준×42%−3,540만원

(4) 2017년 귀속소득에 대한 기본세율(2016.12.20. 개정)

과세표준	신출세액	
	초과누진방식	누진공제방식
1,200만원 이하	과세표준×6%	과세표준×6%
1,200만원 초과 4,600만원 이하	72만원+(과세표준−1,200만원)×15%	과세표준×15%−108만원
4,600만원 초과 8,800만원 이하	582만원+(과세표준−4,600만원)×24%	과세표준×24%−522만원
8,800만원 초과 1억5천만원 이하	1,590만원+(과세표준−8,800만원)×35%	과세표준×35%−1,490만원
1억5천만원 초과 5억원 이하	3,760만원+(과세표준−1억5천만원)×38%	과세표준×38%−1,940만원
5억원 초과	17,060만원+(과세표준−5억원)×40%	과세표준×40%−2,940만원

PART 4

제 2 절 소득세법상의 세액공제

세액공제(tax credit)란 산출세액에서 일정액을 공제해주는 제도를 말한다. 이하에서는 현행 소득세법상의 세액공제규정을 살펴보기로 한다.

I 특별세액공제 외의 세액공제

1 배당세액공제

(1) 개 요

거주자가 내국법인으로부터 받는 배당금에 대하여는 그 배당금에 대한 배당가산액을 가산하여 배당소득금액을 산정함과 동시에 그 가산한 배당가산액을 종합소득의 산출세액에서 세액공제하는데 이를 배당세액공제라 한다. 이를 산식으로 표현하면 다음과 같다.

- 배당소득금액 = 배당소득총수입금액 + 배당가산액
- 종합소득 결정세액 = 종합소득 산출세액 − 배당가산액

(2) 요 건

1) 거주자 등의 종합소득금액에 Gross−up 대상 배당소득이 포함되어 있어야 한다.

① 거주자 등의 범위

거주자와 국내사업장 등이 있는 비거주자가 그 적용대상이 된다.

② Gross−up 대상 배당소득의 범위

㉠ 내국법인으로부터 얻은 배당소득일 것

㉡ 법인세가 과세된 소득을 재원으로 하는 배당소득일 것

㉢ 종합과세되고 누진세율이 적용되는 배당소득일 것

2) 배당세액공제 후의 세액이 분리과세시 부담하는 세액 이상이어야 한다.

✓ **소득세 무신고자에 대한 배당세액공제 적용 여부**(소득 해석편람 56-1-1)
배당소득이 있는 거주자가 소득세 과세표준확정신고를 하지 아니하여 세무서장이 소득세과세표준과 세액을 결정하는 때에 종합소득과세표준에 배당세액공제대상이 되는 배당소득이 포함되어 있는 것이 확인되는 경우에는 배당세액공제를 적용받을 수 있는 것임(소득 46011-2735, 1994.9.29.)

✓ **경정청구에 의하여 배당세액공제가 가능한 것임**(서일 46011-10931, 2003.7.1.)

(3) 공제세액 및 한도

1) 공제세액

배당세액공제액은 Gross-up 대상 배당소득의 총수입금액에 가산한 배당가산액이다. 배당가산액은 배당소득의 10%(2009.1.1.부터 2010.12.31.까지의 배당소득은 12%, 2011.1.1.부터 2023.12.31.까지의 배당소득은 11%)를 곱하여 계산한다.(소법 17조 ③)

공제세액 = 배당소득 총수입금액 × 11%

2) 한 도

소득세법 또는 조세특례제한법에 따른 감면액 및 세액공제액의 합계액이 해당 과세기간의 합산과세 되는 종합소득산출세액을 초과하는 경우 그 초과하는 금액은 없는 것으로 본다.(소법 61조 ③ 전단, 조번변경)

(4) 배당세액공제적용시의 결정세액 계산의 특례

배당세액공제가 있는 때에는 다음의 '①'과 '②' 중 큰 금액에서 감면세액 및 배당세액공제 외의 세액공제를 공제하여 결정세액을 계산한다.(소법 15조 2)

① 종합소득산출세액 - 배당세액공제

② 금융소득금액×원천징수세율+(다른 종합소득금액-종합소득공제)×기본세율
이러한 규정의 취지는 배당소득공제 후의 종합소득산출세액이 금융소득에 대하여 분리과세를 적용받는 경우보다 적으면 안 된다는 것이다. 따라서 '①'의 금액이 '②'의 금액보다 작은 경우에는 '②'의 금액까지만 배당세액공제를 적용하게 되므로, 경우에 따라 배당세액공제액이 배당가산액보다 작거나 0인 경우도 발생하게 된다.

PART 4

2 기장세액공제

(1) 개 요

간편장부대상자가 과세표준확정신고를 할 때 복식부기에 따라 기장(記帳)하여 소득금액을 계산하고 기업회계기준을 준용하여 작성한 대차대조표·손익계산서와 그 부속서류 및 합계잔액시산표와 조정계산서를 제출하는 경우에는 종합소득산출세액에서 기장세액공제를 한다.(소법 56조의2 ①, 70조 ④ 3)

(2) 공제액 및 한도액

1) 공제액

기장세액공제액의 계산은 다음의 산식에 의한 금액으로 한다.(소법 56조의2 ①, 소령 116조의3 ①, 2009.2.4. 개정)

$$\text{기장세액공제액} = (\text{종합소득금액} - \text{소득공제액}) \times \text{기본세율} \times \frac{\text{장부에 의해 계산한 사업소득금액}^{*}}{\text{종합소득금액}} \times 20\%$$

* 기장된 종합소득금액은 결손금·이월결손금공제 후의 금액으로 해석된다.

기장세액공제율의 적용

구 분	간편장부 작성	복식부기장부 작성	한 도
2009년 귀속분	10%	20%	100만원
2010년 귀속분	5%	20%	100만원
2011년 이후 귀속분	적용배제	20%	100만원

→ 전문직사업자는 수입금액에 관계없이 무조건 복식부기의무자이므로 2010년 귀속분부터 전문직사업자는 기장세액공제가 배제된다.

2) 한도액

공제세액이 100만원을 초과하는 경우에는 100만원을 공제한다.(소법 56조의2 ① 단서)

✓ **공동사업과 단독사업이 있는 경우의 기장세액공제 적용**(소득 집행기준 56의2－116의3－3)
간편장부대상자에 해당하는 공동사업장으로부터 분배받은 소득금액에 대한 기장세액공제는 거주자별로 계산한다. 다만, 기장세액공제는 해당 거주자별로 100만원을 초과할 수 없다.

✓ **경정 등으로 수입금액이 증가된 경우의 기장세액공제**(소득 집행기준 56의2-116의3-4)
① 종합소득세과세표준 확정신고시 간편장부대상자로서 복식부기에 따라 기장 신고하였으나, 경정·결정 또는 수정신고로 직전연도의 수입금액이 증가하여 해당연도에 복식부기의무자로 전환된 경우에는 해당연도의 기장세액공제는 적용되지 않는다.
② 경정·결정 또는 수정신고시 가공매입세금계산서 수취금액의 필요경비불산입으로 인하여 종합소득금액이 증가한 경우 '장부에 의하여 계산한 사업소득금액'이란 비치·기장한 장부에 의해 당초 신고기한내 신고한 종합소득금액을 말한다.

✓ **당해연도 사업을 양수·양도, 상속으로 승계한 경우의 소득세 신고방법**
직전연도에 부동산임대소득·사업소득에 대한 수입금액이 없는 거주자가 사업을 승계한 경우 간편장부소득금액계산서를 첨부하여 신고 할 수 있음(소득 46011－3189, 1996.11.15.)

(3) 기장세액공제의 배제

다음 중 하나에 해당하는 경우에는 기장세액공제를 하지 아니한다.(소법 56조의2 ②)

① 비치·기록한 장부에 의하여 신고하여야 할 소득금액의 20% 이상을 누락하여 신고한 경우

✓ **수정신고로 소득금액 증가 시 기장세액공제 계산방법**
간편장부대상자가 복식부기에 따라 기장하여 소득금액(A)을 계산하고 종합소득과세표준 확정신고 한 후 과소신고한 소득금액(B)이 발견되어 수정신고 하는 경우, 기장세액공제액은 당초 신고기한내 신고한 종합소득금액(A)이 전체 소득금액(A+B)에서 차지하는 비율을 종합소득 산출세액에 곱하여 계산한 금액의 20%에 해당하는 금액을 말하는 것임(소득－850, 2012.11.26.)

② 기장세액공제와 관련된 장부 및 증명서류를 해당 과세표준확정신고기간 종료일부터 5년간 보관하지 아니한 경우. 다만, 다음의 부득이한 사유에 해당하는 경우에는 그러하지 아니하다.(소령 116조의3 ②)

㉠ 천재지변
㉡ 화재·전쟁의 재해를 입거나 도난을 당한 경우
㉢ 그 밖에 이에 준하는 사유가 발생한 경우

(4) 신 청

기장세액공제를 받고자 하는 자는 과세표준확정신고서에 「기장세액공제신청서」를 첨부하여 납세지 관할 세무서장에게 신청하여야 한다.(소령 116조의3 ③)

기장세액공제와 무기장가산세(장부의 기록·보관 불성실 가산세)의 적용여부

구 분	간편장부대상자		복식부기의무자	
	소규모사업자*1	소규모사업자 외의 사업자	① 신규전문직사업자	① 외의 사업자
기장세액공제	○*2	○*2	×	×
무기장가산세	×	○	× (소규모사업자*1에 해당)	○

*1. 소규모사업자의 범위
① 해당 과세기간에 신규로 사업을 개시한 자(전문직사업자인 신규사업자는 소규모사업자에 해당된다)
② 직전 과세기간의 부동산임대소득 및 사업소득의 수입금액(결정 또는 경정에 의해 증가된 수입금액 포함)의 합계액이 4,800만원에 미달하는 사업자
③ 보험모집인, 방문판매원 및 음료품배달원으로서 연말정산되는 사업소득만 있는 자

*2. 2011년 귀속분부터는 복식부기장부를 작성한 간편장부대상자에 대해서만 적용한다.

➲ '무기장가산세'(종전 소법 81조 ⑬)는 2019.12.31. 세법개정으로 '장부의 기록·보관 불성실 가산세'(소법 81조의5)로 용어가 변경되었다.

3 전자계산서 발급 전송에 대한 세액공제(2014.12.23. 신설)

(1) 개 요

해당 과세기간에 신규로 사업을 개시한 사업자 또는 직전 과세기간의 사업장별 총수입금액이 3억원 미만인 사업자가 전자계산서를 2027.12.31.까지 발급(전자계산서 발급명세를 국세청장에게 전송하는 경우로 한정한다)하는 경우에는 전자계산서 발급 건수 당 200원을 곱하여 계산한 금액을 해당 과세기간의 사업소득에 대한 종합소득산출세액에서 공제할 수 있다. 이 경우 공제한도는 연간 100만원으로 한다.(소법 56조의3 ①, 2024.12.31. 개정, 소령 116조의4 ①, ②, 2024.2.29. 개정)

➲ 개정규정(☞ 신규사업자 포함 규정)은 2024.2.29.부터 시행한다.(2024.2.29. 영 부칙 1조)

• 전자계산서 발급 세액공제액 = Min(①, ②)

① 전자계산서 발급건수 × 200원
② 공제한도 : 연간 100만원

(2) 신 청

세액공제를 적용받으려는 사업자는 과세표준확정신고를 할 때 「전자계산서 발급 세액공제신고서」(별지 제10호의4 서식)를 납세지 관할 세무서장에게 제출하여야 한다.(소법 56조의3 ②, 2014.12.23. 신설)

4 외국납부세액공제

(1) 개 요

거주자의 종합소득금액 또는 퇴직소득금액에 국외원천소득이 합산되어 있는 경우로서 그 국외원천소득에 대하여 외국에서 외국소득세액(이하 "외국소득세액"이라 한다)을 납부하였거나 납부할 것이 있을 때에는 공제한도금액 내에서 외국소득세액을 해당 과세기간의 종합소득산출세액 또는 퇴직소득 산출세액에서 공제할 수 있다.(소법 57조 ①, 2020.12.29. 개정)

➲ 필요경비산입 규정은 2021.2.17. 개정으로 소령 55조 ① 8호에 있다.

> ✓ **정부간의 조세협약과 외국납부세액공제**(소통 57－0…2)
> 외국납부세액공제는 정부간의 조세협약 체결 여부와는 관계없이 그 세액공제를 받을 수 있다.

(2) 외국소득세액의 범위

① 일반적인 경우

외국소득세액이란 외국정부에 납부했거나 납부할 다음의 세액(가산세는 제외)을 말한다. 다만, 해당 세액이 조세조약에 따른 비과세·면제·제한세율에 관한 규정에 따라 계산한 세액을 초과하는 경우에는 그 초과하는 세액은 제외하되, 러시아연방 정부가 비우호국과의 조세조약 이행중단을 내용으로 하는 자국 법령에 근거하여 조세조약에 따른 비과세·면제·제한세율에 관한 규정에 따라 계산한 세액을 초과하여 과세한 세액은 포함한다.(소령 117조 ①, 2024.2.29. 단서개정)

㉠ 개인의 소득금액을 과세표준으로 하여 과세된 세액과 그 부가세액

㉡ 위 '㉠'과 유사한 세목에 해당하는 것으로서 소득 외의 수입금액 또는 기타 이에 준하는 것을 과세표준으로 하여 과세된 세액

✓ **외국납부세액의 범위**(소통 57-117…1)

외국납부세액은 거주자의 해당연도의 과세표준금액에 포함된 국외원천소득에 대하여 납부하였거나 납부할 것으로 확정된 금액을 말한다.

✓ **외국납부세액이 있는 경우 원천징수세액의 계산**(소득 집행기준 129-117-1)

① 원천징수세액을 계산할 때 이자소득 및 배당소득에 대해서 외국에서 아래의 외국소득세액을 납부한 경우에는 소득세법 제129조 제1항에 따라 계산한 원천징수세액에서 그 외국소득세액을 뺀 금액을 원천징수세액으로 한다.

외국정부가 과세한 외국납부세액(가산세 및 가산금은 제외한다)의 범위 ㉠ 개인의 소득금액을 과세표준으로 하여 과세된 세액과 그 부가세액 ㉡ ㉠과 유사한 세목에 해당하는 것으로서 소득 외의 수입금액 기타 이에 준하는 것을 과세표준으로 하여 과세된 세액

② 이 경우 외국소득세액이 원천징수세액을 초과할 때에는 그 초과하는 금액은 없는 것으로 한다.

✓ **미국 파견 근로자의 외국납부세액공제 적용여부**

국외 파견 직원에 대한 국외원천소득에는 국내에서 지급하는 급여를 포함하는 것이며, 또한 외국정부로부터 외국납부세액의 변동을 통지받은 날로부터 2월 이내에 경정청구를 할 수 있음(국제세원-366, 2014.10.1.)

✓ **베트남 파견직원의 외국납부세액공제 적용여부**

조세조약에 따라 적정하게 납부 된 세액에 해당하지 아니하는 경우에는 소득세법에 따른 외국납부세액공제를 적용받을 수 없음(서면국제세원 2015-527, 2015.5.12.)

✓ **외국에서 과세된 국내원천소득의 외국납부세액공제 적용 여부**

거주자의 국외원천소득에 대하여 외국에서 외국소득세액을 납부하였거나 납부할 것이 있는 때에는 외국납부세액공제를 하는 것이며 국외원천소득에는 국내에서 지급받는 국외근로소득을 포함하는 것임(원천-4, 2010.1.4.)

✓ **외국납부세액공제 대상 여부**(소법 해석편람 57-1-3)

국외에 있는 해외사무소에 근무하는 임원이 해당 해외근무에 따라 지급받는 주택, 차량임차·유지비 등에 대하여 영국에서 소득세가 과세된 경우이나, 해당 소득이 우리나라에는 과세소득에 포함되지 아니하는 것이므로 외국납부세액공제의 대상이 되지 않는 것임(소득 46011-536, 1999.2.9.)

✓ **국내에서 지급받는 국외근로소득의 외국납부세액공제대상 여부**

소득세법 제57조 제1항 제1호의 국외원천소득에는 국내에서 지급받는 국외근로소득을 포함하는 것임(법인 46013-2064, 1999.6.2.)

✓ **외국정부와의 과세기간 상이로 귀속이 불분명한 외국납부세액의 공제방법**

① 거주자의 소득금액에 국외원천소득이 합산되어 있는 자로서 그 국외원천소득에 대하여 소득세법 제76조 규정에 의한 외국납부세액을 산출세액에서 공제하는 경우에는 동법 시행규칙 제64

조의 규정에 의한 외국납부세액공제액의 한도액 범위에서 동 세액을 공제할 수 있는 것이며,
② 외국정부와의 과세기간의 상이 등의 사유로 해당 과세연도에 귀속될 외국납부세액이 어느 과세연도 소득에서 납부되었는지의 여부가 불분명한 때에 그 귀속이 불분명한 세액을 국외원천소득에 대한 외국정부의 과세연도 총소득금액에서 해당 과세연도 소득금액이 차지하는 비율을 곱하여 계산된 금액을 상기의 범위에서 해당 과세연도 외국납부세액으로 보며,
③ 국외근로소득 이외의 다른 소득이 없는 경우에는 근로소득세액의 연말정산 때에 산출세액의 범위 안에서 외국납부세액을 공제할 수 있는 것임(소득 1264-1337, 1984.4.19.)

② 감면받은 세액의 경우

국외원천소득이 있는 거주자가 조세조약의 상대국에서 그 국외원천소득에 대하여 소득세를 감면받은 세액의 상당액은 그 조세조약이 정하는 범위에서 세액공제의 대상이 되는 외국소득세액으로 본다.(소법 57조 ③, 2020.12.29. 개정)

➲ 필요경비산입 규정은 2021.2.17. 개정으로 소령 55조 ① 8호에 있다.

✓ 싱가포르법인으로부터 받은 배당금에 대한 간주외국납부세액공제 여부

내국법인 및 거주자가 각각 50%씩 투자하여 설립한 싱가포르법인이 싱가포르 내에서 2015년 귀속 법인세 신고시 신규기업에 대한 조세감면제도를 적용받아 법인세를 감면 및 환급받은 경우 동 법인이 주주에게 지급하는 배당소득은 법인세법 제57조 제3항, 소득세법 제57조 제3항 및 한·싱가포르 조세조약 제21조 제2항에서 규정하고 있는 간주외국납부세액공제 적용대상 소득으로 볼 수 없는 것임(서면법령해석국조 2017-1548, 2017.10.27.)

(3) 공제방법

다음의 외국납부세액공제와 필요경비산입 방법 중 선택하여 적용할 수 있다.

1) 외국납부세액공제

① 공제한도금액

다음의 금액을 한도로 하여 외국소득세액을 해당 과세기간의 종합소득산출세액에서 공제한다.(소법 57조 ①)

$$\text{공제한도} = \frac{\text{종합소득산출세액 또는 퇴직소득산출세액}}{} \times \frac{\text{국외원천소득금액}}{\text{종합소득금액 또는 퇴직소득금액}}$$

② 국외원천소득의 계산

➲ 2021.2.17.이 속하는 과세기간에 발생하는 소득분부터 적용한다.(2021.2.17. 영 부칙 2조 ①)

국외원천소득은 국외에서 발생한 소득으로서 거주자의 종합소득금액 또는 퇴직소득금액의 계산에 관한 규정을 준용해 산출한 금액으로 한다. 이 경우 외국납부세액의 세액공제방법이 적용되는 경우의 국외원천소득은 해당 과세기간의 종합소득금액을 계산할 때 필요경비에 산입된 금액(국외원천소득이 발생한 국가에서 과세할 때 필요경비에 산입된 금액은 제외)으로서 국외원천소득에 대응하는 비용(이하 "국외원천소득대응 비용"이라 한다)을 뺀 금액으로 하되, 거주자가 사업소득의 필요경비로서 조세특례제한법 제2조 제1항 제11호의 연구개발 활동에 따라 발생한 비용(연구개발 업무를 위탁하거나 공동연구개발을 수행하는데 드는 비용을 포함하며, 이하 "연구개발비"라 한다)에 대해 다음의 계산방법을 선택하여 적용하는 경우에는 그에 따라 계산한 금액을 국외원천소득 대응 비용으로 하고, 다음의 계산방법을 선택한 경우에는 그 선택한 계산방법을 적용받으려는 과세기간부터 5개 과세기간동안 연속하여 적용해야 한다.(소령 117조 ②, 2021.2.17. 후단개정, 소칙 60조 ③, 2020.3.13. 신설, 2021.3.16. 개정) 다만, 아래 'ⓛ'에 따라 계산한 금액이 '㉠'에 따라 계산한 금액의 50% 미만인 경우에는 '㉠'에 따라 계산한 금액의 50%를 국외원천소득대응 비용으로 한다.(소칙 60조 ④ 단서, 2020.3.13. 신설)

㉠ 매출액 방법 : 해당 과세기간에 거주자의 전체 연구개발비 중 국내에서 수행되는 연구개발활동에 소요되는 비용이 차지하는 비율(이하 "연구개발비용비율"이라 한다)의 구분에 따른 다음의 계산식에 따라 국외원천소득 대응 비용을 계산하는 방법(소칙 60조 ④ 1, 2020.3.13. 신설, 2021.3.16. 개정)

구 분	계산식
ⓐ 연구개발비용비율이 50% 이상인 경우	$A \times \frac{50}{100} \times \frac{C}{B+C+D}$
ⓑ 연구개발비용비율이 50% 미만인 경우	$(A \times \frac{50}{100} \times \frac{C}{C+D})$ + $(A \times \frac{50}{100} \times \frac{C}{B+C+D})$

[비고] 위의 계산식에서 기호의 의미는 다음과 같다.

A : 연구개발비

B : 기업회계기준에 따른 거주자의 전체 매출액[거주자의 소득세법 제119조 제10호 가목 및 나목에 해당하는 권리·자산 또는 정보(이하 "권리등"이라 한다)를 사용하거나 양수하여 해당 거주자에게 그 권리등의 사용대가 또는 양수대가(이하 "사용료소득"이라한다)를 지급하는 외국법인으로서 거주자

가 의결권이 있는 발행 주식총수 또는 출자총액의 50% 이상을 직접 또는 간접으로 보유하고 있는 외국법인(이하 "외국자회사"라 한다)의 해당 거주자에 대한 매출액과 거주자의 국외 소재 사업장(이하 "국외사업장"이라 한다)에서 발생한 매출액은 해당 거주자의 전체 매출액에서 뺀다](소칙 60조 ④ 1, 2021.3.16. 개정)

【소득세법 제119조 제10호 가목 및 나목】
가. 학술 또는 예술과 관련된 저작물(영화필름을 포함)의 저작권, 특허권, 상표권, 디자인, 모형, 도면, 비밀의 공식(公式) 또는 공정(工程), 라디오·텔레비전방송용 필름·테이프, 그 밖에 이와 유사한 자산이나 권리
나. 산업·상업 또는 과학과 관련된 지식·경험에 관한 정보 또는 노하우

C : 해당 국가에서 거주자에게 사용료소득을 지급하는 모든 비거주자 또는 외국법인의 해당 사용료소득에 대응하는 매출액(거주자가 해당매출액을 확인하기 어려운 경우에는 사용료소득을 기준으로 거주자가 합리적으로 계산한 금액으로 갈음할 수 있다)의 합계액(거주자의 국외사업장의 매출액을 포함). 다만, 외국자회사의 경우 그 소재지국에서 재무제표작성 시에 일반적으로 인정되는 회계원칙에 따라 산출한 외국자회사의 전체 매출액(해당 외국자회사에 대한거주자의 매출액이 있는 경우 이를 외국자회사의 전체매출액에서 뺀다)에 거주자의 해당 과세기간 종료일 현재 외국자회사에 대한 지분비율을 곱한 금액으로 한다.

D : 해당 국가 외의 국가에서 C에 따라 산출한 금액을 모두 합한 금액

㉡ 매출총이익 방법 : 해당 과세기간에 거주자의 연구개발비용비율의 구분에 따른 다음의 계산식에 따라 국외원천소득 대응 비용을 계산하는 방법(소칙 60조 ④ 2, 2020.3.13. 신설, 2021.3.16. 개정)

구　분	계산식
ⓐ 연구개발비용비율이 50% 이상인 경우	$A \times \frac{75}{100} \times \frac{E}{E+F+G}$
ⓑ 연구개발비용비율이 50% 미만인 경우	$(A \times \frac{25}{100} \times \frac{F}{F+G})$ $+$ $A \times \frac{75}{100} \times \frac{E}{E+F+G}$

[비고] 위의 계산식에서 기호의 의미는 다음과 같다.

A : 연구개발비

E : 기업회계기준에 따른 거주자의 매출총이익(국외사업장의 매출총이익과비거주자 또는 외국법인으로부터 지급받은 사용료소득은 제외한다)

F : 해당 국가에 소재하는 비거주자 또는 외국법인으로부터 거주자가 지급받은 사용료소득과 거주자의 해당 국가에 소재하는국외사업장의 매출총이익 합계액

G : 해당 국가 외의국가에 소재하는 비거주자 또는 외국법인으로부터 거주자가 지급받은 사용료소득과 거주자의 해당 국가 외의 국가에 소재하는 국외사업장의 매출총이익 합계액

PART 4

③ 국외원천소득 대응 비용의 범위

㉠ 직접비용 : 해당 국외원천소득에 직접적으로 관련되어 대응되는 비용. 이 경우 해당 국외원천소득과 그 밖의 소득에 공통적으로 관련된 비용은 제외한다.(소령 117조 ② 1, 2020.2.11. 개정)

㉡ 배분비용 : 해당 국외원천소득과 그 밖의 소득에 공통적으로 관련된 비용 중 다음의 배분방법에 따라 계산한 국외원천소득 관련 비용(소령 117조 ② 2, 소칙 60조 ⑤)

ⓐ 국외원천소득과 그 밖의 소득의 업종이 동일한 경우의 공통필요경비는 국외원천소득과 그 밖의 소득별로 수입금액 또는 매출액에 비례하여 안분계산(소칙 60조 ⑤ 1, 2020.3.13. 항번변경)

ⓑ 국외원천소득과 그 밖의 소득의 업종이 다른 경우의 공통필요경비는 국외원천소득과 그 밖의 소득별로 개별필요경비(공통필요경비 외의 필요경비의 합계액을 말한다)에 비례하여 안분계산(소칙 60조 ⑤ 2, 2020.3.13. 항번변경)

✓ **국외원천소득의 범위**(소통 57-0…1)

국외원천소득이라 함은 우리나라 세법에 의하여 계산한 과세소득으로서 국외에서 발생된 소득을 말한다.

✓ **납세자의 종합소득금액에 권리제한조건부 주식 관련 국외원천소득이 합산되어 있는 경우 외국납부세액공제 대상이 되는지 여부**

[사실관계]

- 신청인은 2018.xx.xx.까지 홍콩거주자로서 홍콩 소재 OO은행(이하 "OO")에서 근무하였고, 이후 한국에 입국하여 한국 거주자가 됨
- 신청인은 OO에서의 근무대가로 2018년 퇴직 시에 양도제한조건부 주식(Restricted Stock Unit, 이하 "RSU")을 부여받았음
- 2020년 ~ 2021년 기간 중에 RSU를 행사하여 주식을 취득할 경우 홍콩세법에 따라 2018년 귀속 홍콩 소득세가 원천징수됨

[질의]

홍콩 소재 OO에서 근무 시 홍콩 거주자로서 부여받은 RSU와 관련하여, OO 퇴직 후 한국 거주자로서 그 권리를 행사하여 취득한 주식에 대해 원천징수 된 홍콩 소득세가 소득세법상 외국납부세액공제의 대상이 되는지 여부

[회신]

납세자의 종합소득금액에 권리제한조건부 주식 관련 국외원천소득이 합산되어 있는 경우 그 국외원천소득에 대하여 외국소득세액을 납부하였거나 납부할 것이 있을 때에는 소득세법 제57조 제1항에 따라 해당 과세기간의 종합소득 산출세액에서 공제할 수 있는 것임(서면국제세원 2021-806, 2021.7.15.)

✓ 해외 파견 근로자가 국내에서 수취한 국외 원천 근로소득에 대하여 외국납부세액공제가 가능한지 여부

국내에서 지급받은 근로소득도 국외원천소득으로 보며, 종합소득금액에 국외원천소득이 합산되어 있는 경우에는 그 국외원천소득에 대하여 외국에서 납부한 소득세액은 외국납부세액 공제를 적용 받을 수 있는 것임(서면국제세원 2022-3878, 2023.2.23.)

✓ 중국에 파견한 직원의 급여에 대한 국외원천소득 범위

중국 파견 직원에 대한 국외원천소득에는 국내에서 지급하는 급여를 포함하는 것이며, 중국에서 납부한 소득세에 대하여는 소득세법 제57조 규정에 의한 외국납부세액공제를 적용 받을 수 있는 것임(국제세원-490, 2010.11.2.)

✓ 국외근로소득에 대한 외국납부세액공제한도 계산시 공제대상

국내근로소득과 국외근로소득이 있는 거주자가 국외근로소득에 대한 외국납부세액공제를 적용하는 경우, 근로소득공제액 중 국외근로소득에 대응되는 근로소득공제액을 해당 국외근로소득에서 차감하여 계산하는 것임(국제세원-381, 2012.8.23.)

④ 면제 또는 세액감면을 적용받는 경우

조세특례제한법, 그 밖의 법률에 따라 세액감면 또는 면제를 적용받는 경우에는 다음의 금액을 한도로 한다.(소법 57조 ①, 2019.12.31. 개정, 소칙 60조 ③)

$$\text{공제한도} = \text{종합소득산출세액} \times \frac{\text{국외원천소득금액} - (\text{감면대상 국외원천소득금액} \times \text{감면·면제비율})}{\text{해당 과세기간의 종합소득금액}}$$

⑤ 외국납부세액의 이월공제

㉠ 세액공제(외국소득세액을 종합소득산출세액에서 공제하는 경우만 해당한다)를 적용할 때 외국정부에 납부하였거나 납부할 외국소득세액이 해당 과세기간의 공제한도금액을 초과하는 경우 그 초과하는 금액은 해당 과세기간의 다음 과세기간 개시일부터 10년 이내에 끝나는 과세기간(이하 "이월공제기간"이라 한다)으로 이월하여 그 이월된 과세기간의 공제한도금액 내에서 공제받을 수 있다. 다만, 외국정부에 납부하였거나 납부할 외국소득세액을 이월공제기간 내에 공제받지 못한 경우 그 공제받지 못한 외국소득세액은 이월공제기간의 종료일 다음 날이 속하는 과세기간의 소득금액을 계산할 때 필요경비에 산입할 수 있다.(소법 57조 ②, 2022.12.31. 자구수정)

➲ 외국정부에 납부하였거나 납부할 외국소득세액이 공제한도를 초과하여 2021.1.1. 이후 개시하는 과세기간 직전까지 공제되지 아니하고 남아있는 금액에 대해서는 2021.1.1. 이후 개시하는

PART 4

과세기간에 대한 과세표준 및 세액을 계산할 때 개정규정을 적용한다.(2020.12.29. 법 부칙 11조)

ⓛ 공제한도금액을 초과하는 외국소득세액 중 직·간접비용과 관련된 외국소득세액(아래 'ⓐ'의 금액에서 'ⓑ'의 금액을 뺀 금액을 말한다)에 대해서는 이월공제를 적용하지 않는다. 이 경우 해당 외국소득세액은 세액공제를 적용받지 못한 과세기간의 다음 과세기간 소득금액을 계산할 때 필요경비에 산입할 수 있다.(소령 117조 ⑩, 2023.2.28. 후단신설)

➲ ① 2023.1.1. 이후 발생한 국외원천소득에 대한 외국소득세액부터 적용한다.(2023.2.28. 영 부칙 5조 ①)

② 2023.1.1. 전에 발생한 국외원천소득에 대한 외국소득세액의 필요경비 산입에 관하여는 개정규정에도 불구하고 종전의 규정에 따른다.(2023.2.28. 영 부칙 5조 ②)

ⓐ 위 '④'가 적용되는 공제한도금액

ⓑ 직·간접비용을 빼고 산출한 국외원천소득을 기준으로 계산한 공제한도금액

✓ 해외주재원의 국외근로소득에 대한 외국초과납부세액의 공제 여부

종합소득금액에 국외근로소득이 합산되어 있는 거주자(해외주재원)가 그 국외근로소득에 대하여 외국납부세액을 공제함에 있어 공제한도초과로 공제받지 못한 세액은 해당 과세기간 다음 과세기간부터 5년(☞ 현행 10년) 이내에 종료하는 과세기간에 이월하여 그 이월된 과세기간의 공제한도 범위 안에서 공제받을 수 있는 것이나, 이월된 과세기간에 해당 거주자(해외주재원)의 국외근로소득이 없어 공제한도액을 계산할 수 없는 경우, 외국납부세액공제는 허용되지 않는 것임(제도 46017-10523, 2001.4.11.)

⑥ 사업소득 외의 종합소득에 대한 외국납부세액은 외국납부세액공제 방법에 따라 공제한다.(소령 117조 ⑥)

⑦ 공제한도를 계산할 때 국외사업장이 둘 이상의 국가에 있는 경우에는 사업자가 국가별로 구분하여 계산한다.(소령 117조 ⑦, 2019.2.12. 개정)

⑧ 국외원천소득이 종합소득·퇴직소득 또는 양도소득으로 구분하여 과세되지 아니한 외국납부세액에 대한 세액공제액은 종합소득금액·퇴직소득금액 또는 양도소득금액에 의하여 안분계산한다.(소칙 60조 ①)

⑨ 외국납부세액의 원화환산은 외국세액을 납부한 때의 외국환거래법에 의한 기준환율 또는 재정환율에 의한다.(소칙 60조 ②)

✓ 확정된 외국납부세액을 분납 등의 사유로 납부하지 아니한 경우 외국납부세액공제시 원화 환산 환율

해당 과세기간 중에 확정된 외국납부세액이 납기 미도래 또는 분납으로 인하여 미납된 경우 동 미납세액에 대한 원화환산은 그 과세기간 종료일 현재의 외국환거래법에 의한 기준환율 또는 재정환율에 의하는 것임(사전법령해석소득 2019-283, 2019.12.31.)

⑩ 국내에서 공제받은 외국납부세액을 외국에서 환급받아 국내에서 추가로 세액을 납부할 경우의 원화환산은 위 '⑨'에 따라 적용한 해당 외국납부세액을 납부한 때의 외국환거래법에 따른 기준환율 또는 재정환율에 따른다. 다만, 환급받은 세액의 납부일이 분명하지 아니할 경우에는 해당 과세기간 동안 해당 국가에 납부한 외국납부세액의 위 '⑨'에 따라 환산한 원화 합계액을 해당 과세기간 동안 해당 국가에 납부한 외국납부세액의 합계액으로 나누어 계산한 환율에 따른다.(소칙 60조 ⑥, 2020.3.13. 항번변경)

사 례 외국납부세액공제 금액의 계산 (2024년 귀속기준)

[사례 1]

(주)정평에서 근무하는 근로자 김한국은 2024.1.1.~2024.6.30.까지 중국 현지지사에 파견근무를 하였으며, 파견기간 동안 급여는 국내에서 지급하였다. 2024년도 외국납부세액공제 금액을 구하시오.

- 국외원천소득(1월~6월) : 3,600만원(국외근로소득 비과세금액 600만원 포함)
- 국내근로소득(7월~12월) : 2,000만원
- 외국납부세액 : 1,400,000원
- 2024년도 산출세액 : 2,000,000원

해 답 1,200,000원

풀 이 ① 과세대상 근로소득 : (36,000,000－6,000,000)＋20,000,000＝50,000,000원

② 근로소득공제금액 : 12,000,000＋(50,000,000－45,000,000)×5%＝12,250,000원

③ 근로소득금액 : ①－②＝37,750,000원

④ 국외원천소득금액 : (36,000,000－6,000,000)－12,250,000×(30,000,000÷50,000,000)
＝22,650,000원

⑤ 외국납부세액공제금액 : Min{㉠, ㉡}＝1,200,000원

㉠ 외국납부세액 : 1,400,000원

㉡ 공제한도 : 2,000,000×(22,650,000÷37,750,000)＝1,200,000원

☞ 외국납부세액 1,400,000원 중 외국납부세액 공제한도인 1,200,000원을 초과한 외국납부세액 200,000원은 다음연도부터 10년간 이월공제 된다. 다만, 다음연도부터 10년 내에 국외원천소득이 발생하지 않으면 다음연도부터 공제한도가 생성되지 않아(분자가 0이므로) 이월공제 받지 못한다.

[사례 2]

2023년도에 1인 미디어 창작자로 사업(업종코드 : 940306)을 개시한 A씨는 간편장부 신고대상으로서 다른 소득은 없고, 2024년 귀속분에 대해 기준경비율로 소득세 신고를 하려고 할 때, 외국납부세액공제 한도계산은 다음과 같다.

- 총수입금액 : 310,000,000원
- 필요경비 : 52,080,000원
- 소득공제 합계 : 2,920,000원
- 국외원천수입금액 : 110,000,000원
- 국외원천필요경비 : 18,480,000원(= 52,080,000원 × 110,000,000원/310,000,000원)
- 외국납부세액 : 11,000,000원
- 산출세액 : 76,960,000원[(310,000,000원 – 52,080,000원 – 2,920,000원) × 38% – 19,940,000원]
- 외국납부세액공제 한도 : 27,308,387원(= 76,960,000원 × 91,520,000원/257,920,000원)
- 2023년 귀속 외국납부세액공제액 : 11,000,000원
- 이월 외국납부세액 : 없음

[사례 3]

2023년도에 미디어 콘텐츠 창작자로 사업(업종코드: 921505)을 개시한 B씨는 간편장부 신고대상으로서 근로소득이 있고, 2024년 귀속분에 대해 간편장부로 소득세 신고를 하려고 할 때, 외국납부세액공제 한도계산은 다음과 같다.

- 총급여 : 24,000,000원(근로소득금액 : 15,150,000원)
- 총수입금액 : 275,000,000원
- 필요경비 : 243,000,000원
- 종합소득금액 : 47,150,000원(275,000,000원 – 243,000,000원 + 15,150,000원)
- 소득공제 합계 : 2,000,000원
- 국외원천수입금액 : 25,000,000원
- 국외원천필요경비 : 22,090,909원(= 243,000,000원 × 25,000,000원/275,000,000원)
- 국외원천소득금액 : 2,909,091원
- 외국납부세액 : 2,500,000원
- 산출세액 : 5,512,500원[(275,000,000원 – 243,000,000원 – 2,000,000원 + 15,150,000원) × 15% – 1,260,000원]
- 외국납부세액공제 한도 : 340,113원(= 5,512,500원 × 2,909,091원/47,150,000원)
- 2024년 귀속 외국납부세액공제액 : 340,113원
- 이월 외국납부세액 : 2,159,887원(= 2,500,000원 – 340,113원)

2) 외국납부세액의 필요경비산입

국외원천소득에 대하여 납부하였거나 납부할 외국소득세액을 해당 과세기간의 필요경비에 산입한다.(소령 55조 ① 8, 2021.2.17. 개정) 이 경우에는 한도액의 제한을 받지 않는다.

(4) 외국법인의 수입배당금에 대한 외국소득세액의 의제(2010.10.27. 신설)

1) 개 요

거주자의 종합소득금액 또는 퇴직소득금액에 외국법인으로부터 받는 이익의 배당이나 잉여금의 분배액(이하 "수입배당금액"이라 한다)이 포함되어 있는 경우로서 다음의 요건을 갖춘 경우에는 그 외국법인의 소득에 대하여 출자자인 거주자에게 부과된 외국소득세액 중 해당 수입배당금액에 대응하는 것은 세액공제 또는 필요경비산입의 대상이 되는 외국소득세액으로 본다.(소법 57조 ④, 2010.12.27 신설, 소령 117 ⑧)

구 분	요 건
① 외국법인의 소득이 그 본점 또는 주사무소가 있는 국가(이하 "거주지국"이라 한다)에서 발생한 경우	거주지국의 세법에 따라 그 외국법인의 소득에 대하여 해당 외국법인이 아닌 그 주주 또는 출자자인 거주자가 직접 납세의무를 부담하는 경우
② 외국법인의 소득이 거주지국 이외의 국가(이하 "원천지국"이라 한다)에서 발생한 경우	다음의 요건을 모두 갖춘 경우 ㉠ 거주지국의 세법에 따라 그 외국법인의 소득에 대하여 해당 외국법인이 아닌 그 주주 또는 출자자인 거주자가 직접 납세의무를 부담할 것 ㉡ 원천지국의 세법에 따라 그 외국법인의 소득에 대하여 해당 외국법인이 아닌 그 주주 또는 출자자인 거주자가 직접 납세의무를 부담할 것

2) 세액공제(또는 필요경비산입) 대상 외국납부세액의 계산

위의 요건을 갖춘 경우 세액공제(또는 필요경비산입)의 대상이 되는 외국납부세액은 다음과 같이 계산한 금액으로 한다.(소령 117조 ⑨)

$$\left(\begin{array}{c}\text{거주자가 부담한}\\\text{외국법인의 해당사업연도}\\\text{소득에 대한 소득세액}\end{array}\right) \times \frac{\text{수입배당금}}{\left(\begin{array}{c}\text{외국법인의 해당}\\\text{사업연도 소득금액}\end{array} \times \begin{array}{c}\text{거주자의 해당 사업}\\\text{연도 손익분배비율}\end{array}\right) - \left(\begin{array}{c}\text{거주자가 부담한 외국}\\\text{법인의 해당 사업연도}\\\text{소득에 대한 소득세액}\end{array}\right)}$$

(5) 신 청

1) 외국납부세액공제신청서의 제출

외국납부세액은 해당 국외원천소득이 과세표준에 산입되어 있는 과세기간의 산출세액에서 공제한다. 이 경우 외국납부세액의 공제를 받으려는 사람은 「외국납부세액공제신청서」(별지 제11호 서식)를 국외원천소득이 산입된 과세기간의 과세표준확정신고 또는 연말정산을 할 때에 납세지 관할 세무서장 또는 원천징수의무자에게 제출하여야 한다.(소령 117조 ③)

2) 결정통지의 지연 등

거주자는 외국정부의 국외원천소득에 대한 소득세의 결정통지의 지연이나 과세기간의 상이 등의 사유로 「외국납부세액공제신청서」를 과세표준확정신고와 함께 제출할 수 없거나 외국정부가 국외원천소득에 대한 소득세의 결정을 경정함으로써 외국납부세액에 변동이 생긴 경우에는 그 결정·경정통지를 받은 날부터 3개월 이내에 이를 제출할 수 있다.(소령 117조 ④, 2017.2.3. 개정)

이 경우 환급세액이 발생하는 경우에는 국세기본법 제51조에 따라 충당하거나 환급할 수 있다.(소령 117조 ⑤)

(6) 간접투자회사등으로부터 지급받은 소득에 대한 외국납부세액공제 특례 (2022.12.31. 신설)

➲ 2025.1.1. 이후 지급받는 소득에 대하여 과세표준을 신고하거나 원천징수하는 경우부터 적용한다.(2022.12.31. 법 부칙 4조)

1) 개요

거주자의 종합소득금액에 다음의 요건을 갖춘 소득이 합산되어 있는 경우에는 아래 '3)의 ②'에 따른 금액을 해당 과세기간의 종합소득산출세액에서 공제할 수 있다.(소법 57조의2 ①)

① 다음 중 하나에 해당하는 것(이하 "간접투자회사등"이라 한다)으로부터 지급받은 소득일 것(소법 57조의2 ① 1)

㉠ 자본시장과 금융투자업에 관한 법률에 따른 투자회사, 투자목적회사, 투자유한회사, 투자합자회사(같은 법 제9조 제19항 제1호의 기관전용 사모집합투자기구는 제외), 투자유한책임회사, 투자신탁, 투자합자조합 및 투자익명조합

㉡ 부동산투자회사법에 따른 기업구조조정 부동산투자회사 및 위탁관리 부동산투자회사

㉢ 법인세법 제5조 제2항에 따라 내국법인으로 보는 신탁재산

② 간접투자회사등이 거주자에게 지급한 소득에 대하여 법인세법 제57조 제1항 및 제6항에 따른 외국법인세액(간접투자회사등이 다른 간접투자회사등이 발행하는 증권을 취득하는 구조로 투자한 경우로서 그 다른 간접투자회사등이 납부한 같은 규정에 따른 외국법인세액이 있는 경우 해당 세액을 포함하며, 이하 "간접투자외국법인세액"이라 한다)을 납부하였을 것(소법 57조의2 ① 2)

2) 거주자의 일별 간접투자외국법인세액의 계산

간접투자회사등이 간접투자외국법인세액을 납부한 경우 간접투자회사등이 거주자별로 지급한 소득에 대응하는 간접투자외국법인세액은 다음의 금액을 더한 금액으로 한다.(소령 117조의2 ①)

① 간접투자회사등이 다른 간접투자회사등이 발행하는 증권을 취득하는 구조 외의 방식으로 투자한 경우 : 다음 계산식에 따라 일(日)별로 계산한 금액의 합계액(소령 117조의2 ① 1)

> 거주자의 일별 간접투자외국법인세액 = A × B
>
> A : 간접투자회사등이 납부한 일별 좌당 또는 주당 외국법인세액(간접투자회사 등이 납부한 총 외국법인세액을 간접투자회사등이 발행한 총 좌수 또는 총 주식수로 나눈 금액)
>
> B : 거주자의 간접투자회사등에 대한 보유 좌수 또는 주식수(간접투자회사등이 외국법인세액을 납부할 당시 거주자가 보유하고 있던 좌수 또는 주식수)

② 간접투자회사등이 다른 간접투자회사등이 발행하는 증권을 취득하는 구조로 투자한 경우 : 다음 계산식에 따라 일별로 계산한 금액의 합계액(소령 117조의2 ① 2)

> 거주자의 일별 간접투자외국법인세액 = A × B × C
>
> A : 다른 간접투자회사등이 납부한 일별 좌당 또는 주당 외국법인세액(다른 간접투자회사등이 납부한 총 외국법인세액을 다른 간접투자회사등이 발행한 총 좌수 또는 총 주식수로 나눈 금액)
>
> B : 간접투자회사등의 다른 간접투자회사등에 대한 보유 좌수 또는 주식수(다른 간접투자회사등이 외국법인세액을 납부할 당시 간접투자회사등이 보유하고 있던 좌수 또는 주식수)
>
> C : 거주자의 간접투자회사등에 대한 보유 좌수 또는 주식수의 비율(다른 간접 투자회사등이 외국법인세액을 납부할 당시 거주자가 보유하고 있던 좌수 또는 주식수를 간접투자회사등이 발행한 총 좌수 또는 총 주식수로 나눈 값)

3) 간접투자회사등으로부터 지급받은 소득과 종합소득산출세액에서 공제되는 금액

거주자가 간접투자회사등으로부터 지급받은 소득과 종합소득산출세액에서 공제되는 금액은 다음의 금액으로 한다.(소법 57조의2 ②)

① 간접투자회사등으로부터 지급받은 소득 : 자본시장과 금융투자업에 관한 법률 제238조 제6항에 따른 기준가격(간접투자외국법인세액이 차감된 가격을 말하며, 이하 "세후기준가격"이라 한다)을 기준으로 계산된 금액. 다만, 증권시장에 상장된 간접투자회사등의 증권의 매도에 따라 간접투자회사등으로부터 지급받은 소득은 다음에 따라 계산한 금액 중 적은 금액을 말한다.(소령 117조의2 ② 1, 2025.2.28. 개정)

➲ 2025.2.28. 이후 간접투자회사등으로부터 지급받는 소득에 대해 간접투자외국법인세액을 공제하거나 원천징수하는 경우부터 적용하며, 2025.2.28. 전에 발생한 소득에 대한 해당 과세기간의 종합소득과세표준 확정신고를 하는 경우 외국 납부세액공제에 관하여는 개정규정에도 불구하고 종전의 규정에 따른다.(2025.2.28. 영 부칙 12조 ①, ②)

㉠ 매도 시의 과세표준기준가격*에서 매수 시(매수 후 결산·분배가 있었던 경우에는 직전 결산·분배 직후를 말한다)의 과세표준기준가격을 뺀 후 직전 결산·분배 시 발생한 과세되지 않은 투자자별 손익을 더하거나 뺀 금액

* 자본시장과 금융투자업에 관한 법률 제238조 제6항에 따른 기준가격에서 제26조의2 제4항 각 호 외의 부분 본문에 따라 집합투자기구로부터의 이익에 포함되지 않는 손익을 제외하여 산정한 금액을 말하며, 자본시장과 금융투자업에 관한 법률 제279조 제1항에 따른 외국 집합투자증권으로서 과세표준기준가격이 없는 경우에는 같은 법 제280조 제4항 본문에 따른 기준가격을 말한다.

㉡ 실제 매도가격에서 실제 매수가격을 뺀 후 직전 결산·분배 시 발생한 과세되지 않은 투자자별 손익을 더하거나 뺀 금액

② 종합소득산출세액에서 공제하는 금액 : 거주자별 간접투자외국법인세액에 다음의 구분에 따른 계산식에 따라 계산한 율을 곱한 금액으로 한다.(소령 117조의2 ③)

㉠ 원천징수세율이 간접투자외국법인세액에 적용된 외국 원천징수세율보다 작은 경우(소령 117조의2 ③ 1)

$$\frac{\text{원천징수세율}}{\text{간접투자외국법인세액에 적용된 외국 원천징수세율}} - \text{종합소득과세표준에 대한 한계세율}$$

이때 외국 원천징수세율은 간접투자회사등이 위 '2)의 ①과 ②' 중 하나에 해당하는 방식으로 투자한 투자대상별로 다음 계산식에 따라 계산한 율을 합산한 율로 한다.(소령 117조의2 ④, 2025.2.28 개정)

➲ 2025.2.28. 이후 간접투자회사등으로부터 지급받는 소득에 대해 간접투자외국법인세액을 공제하거나 원천징수하는 경우부터 적용하며, 2025.2.28. 전에 발생한 소득에 대한 해당 과세기간의 종합소득과세표준 확정신고를 하는 경우 외국 납부세액공제에 관하여는 개정규정에도 불구하고 종전의 규정에 따른다.(2025.2.28. 영 부칙 12조 ①, ②)

$$\text{• 외국 원천징수세율} = \frac{A}{B} \times C$$

A : 투자대상에서 발생한 소득에 대응하는 위 '2)'의 구분에 따라 계산된 간접투자외국법인세액
B : 투자대상별 간접투자외국법인세액의 합계액
C : 투자대상별 외국 원천징수세율(간접투자회사등이 직전 사업연도 또는 회계기간에 납부한 외국납부세액 ÷ 해당 외국납부세액에 대응하는 국외원천소득의 금액). 이 경우 직전 사업연도 또는 회계기간의 외국납부세액 또는 국외원천소득의 금액을 알 수 없는 등의 사유로 외국 원천징수세율을 계산할 수 없으면 해당 외국 원천징수세율은 14%로 한다.

㉡ 원천징수세율이 간접투자외국법인세액에 적용된 외국 원천징수세율보다 크거나 같은 경우(소령 117조의2 ③ 2)

1 - 기본세율에 따른 종합소득과세표준에 대한 한계세율

4) 공제한도금액의 계산

위 '1)'에 따라 종합소득산출세액에서 공제할 수 있는 금액은 다음 계산식에 따른 금액(이하 "공제한도금액"이라 한다)을 한도로 한다. 이 경우 위 '3)의 ②'의 금액이 해당 과세기간의 공제한도금액을 초과하는 경우 그 초과하는 금액은 해당 과세기간의 다음 과세기간 개시일부터 10년 이내에 끝나는 과세기간으로 이월하여 그 이월된 과세기간의 공제한도금액 내에서 공제할 수 있다.(소법 57조의2 ③)

$$\text{공제한도금액} = \text{종합소득산출세액} \times \frac{\text{간접투자회사등으로부터 지급받은 소득}^{*}\text{의 합계액}}{\text{해당 과세기간의 종합소득금액}}$$

* 해당 소득에 대하여 간접투자 외국법인세액이 납부된 경우로 한정한다.

5) 환급금이 발생한 경우

① 간접투자회사등(간접투자회사등이 다른 간접투자회사등이 발행하는 증권을 취득하는 구조로 투자한 경우에는 그 다른 간접투자회사등을 포함)이 납부한 간접투자외국법인세액의 전부 또는 일부가 해당 사업연도 또는 회계기간 이후 환급된 경우 간접투

자회사등은 그 환급금을 납세지 관할 세무서장에게 납부해야 한다.(소령 117조의2 ⑥)

② 간접투자회사등이 납부한 간접투자외국법인세액의 전부 또는 일부가 해당 사업연도 또는 회계기간 이후 환급된 경우 간접투자회사등은 위 '①'에 따라 해당 환급금을 그 환급받은 날이 속하는 분기의 마지막 달의 다음 달 말일까지 납세지 관할 세무서장에게 납부해야 한다. 이 경우 「법인세법 시행규칙 별지 제64호의6 서식」을 준용하여 작성한 「간접투자회사등의 외국납부세액 환급금 납부계산서」에 해당 환급금에 관한 입증서류를 첨부하여 납세지 관할 세무서장에게 제출해야 한다.(소칙 60조의2)

③ 위 '①'을 적용할 때 자본시장과 금융투자업에 관한 법률에 따른 투자신탁재산을 운용하는 집합투자업자는 그 투자신탁을 대리하는 것으로 본다.(소령 117조의2 ⑦)

6) 세액공제의 신청

거주자가 외국납부세액의 공제를 받으려는 경우에는 종합소득 과세표준확정신고와 함께 「간접투자회사등 외국납부세액공제 계산서」를 납세지 관할 세무서장에게 제출해야 한다.(소령 117조의2 ⑧, 2025.2.28. 신설)

저자TIP 해외주식 배당소득에 대한 외국납부세액공제 여부

2,000만원을 초과한 해외주식 배당소득을 수령함으로써 2024년 귀속 금융소득 종합과세자가 된 경우에 대해 다음과 같이 구분 설명하기로 한다.

1) 배당소득이 국내금융기관을 통해 지급된 경우(간접투자한 경우)

이 경우는 1차적으로 해외에서 제한세율에 따른 원천징수를 한 경우로서 다음과 같이 구분할 수 있다.

① 제한세율(예 : 10%) < 14%(국내 원천징수 세율)인 경우 : 이 경우는 해외에서 10%를 원천징수한 이후 국내 금융기관이 배당을 지급할 때 아래의 규정에 따라 4%(14% - 10%)를 원천징수하고, 이 4%의 원천징수금액에 대해 국내 금융기관이 「이자·배당 원천징수영수증」[소득세법 시행규칙 별지 제23호 서식(1)]의 "⑯ 과세구분" 란에 코드 "D"[같은 서식, 작성방법 3쪽 : 종합과세 > 일반과세(Gross-up) > 기타세율(4% 적용이므로)]로 표시 한다.

※ **소득세법 129조 ④【원천징수 세율】**
원천징수세액을 계산할 때 배당소득에 대해서 외국에서 외국소득세액을 납부한 경우에는 제1항에 따라 계산한 원천징수세액(☞ 14%를 적용한 세액)에서 그 외국소득세액(☞ 사례에서 10%를 적용한 세액)을 뺀 금액을 원천징수세액으로 한다.

따라서 금융소득 종합과세 신고할 때 10%의 해외 원천징수세액에 대해서는 외국납부세액공제를 적용하면 되고, 국내에서 원천징수된 4% 상당액은 기납부세액으로 공제하면 된다.

만일 2,000만원 이하의 배당소득으로서 종합과세 대상이 아니라면 10%는 해외에서, 4%는 국내에서의 원천징수로써 과세가 종결되므로 이중과세에 해당하지 않아 외국납부세액공제가 적용될 여지는 없다.

② 제한세율(예 : 15%) ≥ 14%(국내 원천징수 세율)인 경우 : 이 경우는 해외에서 지급할 때 원천징수 하고, 국내 금융기관에서 지급할 때에는 아래의 규정에 따라 원천징수하지 않는다.

※ **소득세법 129조 ⑤【원천징수 세율】**
제4항을 적용할 때 외국소득세액 또는 외국법인세액이 제1항에 따라 계산한 원천징수세액을 초과하는 경우에는 그 초과하는 금액은 없는 것으로 한다.(2022.12.31. 개정 前 규정, 2024년 귀속분 적용 규정)

따라서 금융소득 종합과세 신고할 때 15%의 해외 원천징수세액은 외국납부세액공제를 적용하면 되고, 기납부세액으로 공제할 금액은 없다.

2) 배당소득을 해외 법인으로부터 직접 수령한 경우(직접투자한 경우)

해외법인에서 원천징수한 후 직접 배당을 받은 경우에는 금융소득 종합과세 신고시 외국납부세액공제를 적용하면 된다.

➲ 국내에서 원천징수 되지 않은 배당소득이므로 2,000만원 초과여부와 관계없이 금융소득 종합과세 대상이다.

PART 4

소득세법 시행규칙[별지 제11호 서식](2021.3.16. 개정)

외국납부세액공제 신청서

(앞쪽)

접수번호	접수일	처리기간

신청인	성명	주민등록번호
	주소	

1. 외국납부세액공제 적용 (선택한 경우의 [ ]에 V표 합니다.)

[ ] 예

[ ] 아니오

2. 국가별 세액공제 총괄명세 ('1. 외국납부세액공제 적용'에서 '예'를 선택한 경우만 작성)

(단위 : 원)

① 연번	②국가명	③국가 코드	당기 공제대상 세액		⑥국가별 공제한도	⑦당기 실제 세액공제액	⑧이월배제액	⑨차기이월액
			④전기 이월액	⑤당기 외국납부세액 발생액				
1								
2								
3								
4								
5								
합 계								

3. 필요경비산입 명세 ('1. 외국납부세액공제 적용'에서 '아니오'를 선택한 경우만 작성)

(단위 : 원)

구분	금액
⑩ 매출원가 계상	
⑪ 판매비와 일반관리비에 계상	
⑫ 제조원가에 계상	
⑬ 그 밖의 계정과목에 계상	
⑭ 세무조정에 의한 필요경비 산입	
합계(⑩+⑪+⑫+⑬+⑭)	

「소득세법」 제57조제1항에 따라 외국납부세액공제를 신청합니다.

년 월 일

신 청 인 (서명 또는 인)

세무서장 귀하

첨부서류	외국납부세액의 증빙서류, 감면근거(발생국가의 관련법령, 조문) 등

(뒤쪽)

작성방법
1. 이 서식은 「소득세법」 제57조제1항에 따라 외국납부세액을 산출세액에서 공제하는 경우에 작성합니다. 2. 「소득세법」 제57조제1항에 따른 세액공제를 적용하는 경우 '1. 외국납부세액공제 적용'의 '예'에 'V'로 표기합니다. (「소득세법」 제19조에 따른 사업소득 외의 종합소득에 대한 외국납부세액은 세액공제를 적용합니다) 3. '1. 외국납부세액공제 적용'에서 '예' 또는 '아니오'의 선택에 따라 다음 구분과 같이 작성합니다. 가. '예'를 선택한 경우: '2. 국가별 세액공제 총괄명세'를 작성하고 '3. 필요경비산입 명세'는 작성하지 않습니다. 나. '아니오'를 선택한 경우: '2. 국가별 세액공제 총괄명세'는 작성하지 않고 '3. 필요경비산입 명세'를 작성합니다. 4. ② 국가명란에는 국외원천소득이 발생한 국가를 적고 ③ 국가코드란에는 국제표준화기구(ISO)가 정한 ISO 국가코드를 기재합니다. 5. ④ 전기이월액란은 별지 제11호서식 부표1 '국가별 외국납부세액공제 명세서'상 ⑭ 전기이월액을 기재합니다. 이 경우 전기 이전에 공제한도 초과로 공제받지 못한 금액 중 해당 과세기간에 이월공제로 인정되는 금액을 기재하며, 「소득세법 시행령」 제117조제10항에 따라 이월공제가 배제되는 금액 및 이월공제기간을 초과한 금액은 제외합니다. (2015년 1월 1일 이후 개시하는 과세기간분부터 이월공제를 10년간 적용합니다) 6. ⑤ 당기 외국납부세액 발생액란은 별지 제11호서식 부표1 '국가별 외국납부세액공제 명세서'상 ⑮ 당기 외국납부세액 발생액을 기재합니다. 7. ⑥ 국가별 공제한도란은 별지 제11호서식 부표1 '국가별 외국납부세액공제 명세서'상 ⑬ 공제한도를 기재합니다. 8. ⑦ 당기 실제세액공제액란은 별지 제11호서식 부표1 '국가별 외국납부세액공제 명세서'상 ㉖ 당기 실제세액공제액의 합계분 금액을 기재합니다. 9. ⑧ 이월배제액란은 별지 제11호서식 부표1 '국가별 외국납부세액공제 명세서'상 ㉗ 이월배제액의 당기분 금액을 기재합니다. 10. ⑨ 차기이월액란은 별지 제11호서식 부표1 '국가별 외국납부세액공제 명세서'상 ㉘ 차기이월액의 합계분 금액을 기재합니다. 11. ⑩ ~ ⑭란은 '1. 외국납부세액공제 적용'에서 '아니오'를 선택한 경우에는 해당 금액을 각각 적습니다.

◉ 소득세법 시행규칙[별지 제11호서식 부표1](2021.3.16. 개정)

(앞쪽)

과 세 기 간	. . . ~ . . .	국가별 외국납부세액공제 명세서	성 명	
			주 민 등 록 번 호	

※ 본 서식은 국외원천소득(결손)이 발생한 각 국가별로 구분하여 각각 작성하여야 합니다.

1. 국외원천소득(결손) 발생국가

① 국가명		② 국가코드		

2. 공제한도 계산 (단위 : 원)

구 분		금 액
③ 국외원천소득 대응 비용 차감 전 국외원천소득		
④ 국외원천소득에 대응하는 비용 등		
⑤ 국외원천소득 대응 비용 차감 후 국외원천소득(③ − ④)		
감면되는 국외원천소득	⑥ 국외원천소득 중 조세특례제한법 등에 따른 감면적용대상금액	
	⑦ 감면비율	
	⑧ 차감되는 감면 국외원천소득(⑥ × ⑦)	
⑨ 외국납부세액 공제대상 국외원천소득(⑤ − ⑧)		
⑩ 기준 국외원천소득(결손국가가 없는 경우=⑨, 있는 경우 작성방법 참조)		
공제한도	⑪ 종합소득 산출세액 (또는 퇴직소득 산출세액)	
	⑫ 종합소득금액 (또는 퇴직소득금액)	
	⑬ 공제한도(⑪ × ⑩ / ⑫)	
당기공제대상 세액	⑭ 전기 이월액	
	⑮ 당기 외국납부세액 발생액	
	⑯ 당기 공제대상 세액 (⑭ + ⑮)	
이월배제액	⑰ 한도초과액(⑮ − ⑬, 음수인 경우 영(0))	
	⑱ 이월배제 대상 외국납부세액	
	⑲ 이월배제 외국납부세액(⑰과 ⑱ 중 작은 금액)	
⑳ 차기 이월액(⑯ − ⑬ − ⑲, 음수인 경우 영(0))		

3. 공제세액 계산 (단위 : 원)

㉑ 과세기간	㉒ 당초 외국납부세액 발생액	㉓ 전기 누적 공제액	㉔ 당초 이월배제액	㉕ 당기 공제대상 세액 (㉒−㉓−㉔=⑯)	㉖ 당기 실제 세액공제액 (합계≤⑬)	㉗ 이월배제액 (⑲)	㉘ 차기이월액 (㉕−㉖−㉗)
당 기							
합 계							

(뒤쪽)

작 성 방 법

1. 이 서식은 「소득세법」 제57조제1항에 따라 외국납부세액을 산출세액에서 공제하는 경우에 작성하며, 국외원천소득이 발생한 모든 국가(국외원천소득이 결손인 국가 포함)별로 구분하여 각각 작성합니다.
2. '1. 국외원천소득(결손) 발생국가' 의 ① 국가명란에는 국외원천소득(결손)이 발생한 국가를 적고 ② 국가코드란에는 국제표준화기구(ISO)가 정한 ISO 국가코드를 기재합니다.
3. ③ 국외원천소득 대응비용 차감 전 국외원천소득란은 국가별 종합 합산과세 되는 소득(분리과세되는 이자·배당··주택임대·기타소득 등 제외)을 기재합니다.
4. ④ 국외원천소득(분리과세되는 이자·배당·주택임대·기타소득 등 제외)에 대응하는 비용 등은 「소득세법 시행령」 제117조제2항에 따른 직접비용 및 배분비용을 의미합니다. 국외원천소득 대응 비용 계산명세는 세무당국이 요구할 때 제출할 수 있도록 보관하여야 합니다.
근로(연금)소득공제액이 있는 경우에는 국외근로(연금)소득에 대응되는 근로(연금)소득공제액을 합산하여 기재합니다.
5. ⑤ 국외원천소득 대응 비용 차감 후 국외원천소득란은 별지 제11호서식 부표 2 '소득종류별 외국납부세액 명세서'상 '⑥국외원천소득'의 국가별 합계를 기재합니다.
6. ⑥ 국외원천소득 중 「조세특례제한법」 등에 따른 감면적용대상금액란에는 「조세특례제한법」 또는 그 밖의 법률에 따라 세액면제 또는 세액감면을 적용받은 국외원천소득을 적습니다.
7. ⑦ 감면비율란에는 세액면세의 경우 100%, 세액감면의 경우에는 해당 감면비율을 적습니다.
8. ⑨ 외국납부세액 공제대상 국외원천소득은 ⑤에서 ⑧을 차감하여 기재합니다. 음수인 경우(즉 국외소득이 결손인 경우)에도 음수를 그대로 적고 ⑩ 기준 국외원천소득에는 영(0)을 기재합니다.
9. ⑩ 기준 국외원천소득은 결손이 발생한 국가가 있는 경우 아래 계산방식을 참고하여 기재하고, 결손이 발생한 국가가 없는 경우에는 '⑨ 외국납부세액 공제대상 국외원천소득'을 그대로 적습니다(종합소득세 과세표준 400 에 대하여 산출세액 120 가정).

〈기준 국외원천소득 계산방법 예시〉

국가별	외국납부세액	국별소득	⑩ 기준 국외원천소득	세액공제 한도액	비 고
A국	100	500	$500-(600\times\frac{500}{1,000})=200$	$120\times\frac{200}{400}=60$	산출 세액 120
B국	0	△600	0	0	
C국	60	300	$300-(600\times\frac{300}{1,000})=120$	$120\times\frac{120}{400}=36$	
국내	-	200	-	-	
계	160	△600 1,000	320	96	

10. 공제한도를 계산할 때 '⑩ 기준 국외원천소득'은 '⑫ 종합소득금액(또는 퇴직소득금액)'을 초과할 수 없습니다.
11. ⑮ 당기 외국납부세액 발생액은 별지 제11호서식 부표 2 '소득종류별 외국납부세액 명세서'상 '⑦ ~ ⑨ 외국납부세액'의 국가별 합계를 기재합니다.
12. ⑱ 이월배제 대상 외국납부세액은 「소득세법 시행령」 제117조제10항에 따른 국외원천소득 대응 비용과 관련된 외국소득세액을 의미합니다.
13. ㉑ 과세기간란은 이월공제가 적용되는 과세기간 중 외국납부세액이 먼저 발생한 과세기간분부터 차례로 적고, 해당 과세기간에 발생한 외국납부세액을 ㉒ 당초 외국납부세액 발생액란에 기재합니다. (2015년 1월 1일 이후 시작하는 과세기간분부터 이월공제를 10년간 적용합니다)
14. ㉓ 전기 누적 공제액란은 직전 과세기간까지 이미 공제받은 외국납부세액을 누계로 기재합니다.
15. ㉔ 당초 이월배제액란은 외국납부세액 발생 과세기간의 이월배제액 계산금액을 각각 기재합니다.
16. ㉕ 당기 공제대상 세액란은 외국납부세액 공제한도를 초과하여 세액공제를 받지 못한 잔액을 적되, 「소득세법 시행령」 제117조제10항에 따른 국외원천소득 대응 비용과 관련된 외국소득세액 및 이월공제기간을 초과한 외국납부세액을 차감하여 적습니다.
17. ㉖ 당기 실제세액공제액란에는 ⑬ 공제한도에 도달할 때까지 ㉕ 당기 공제대상 세액 중 해당분을 차례대로 기재합니다.

PART 4

● 소득세법 시행규칙[별지 제11호서식 부표2](2020.3.13. 개정)

(앞쪽)

과 세 기 간	. . . ~ . . .	소득종류별 외국납부세액 명세서	성 명	
			주민등록번호	

(단위 : 원)

① 연번	소득발생처			⑤ 소득구분	⑥국외원천 소득		외국납부세액		
	②국가명	③ 코드	④상호(성명)	코드			⑦직접	⑧간주	⑨하이브리드 (Hybrid)
1						세목			
						세액			
2						세목			
						세액			
3						세목			
						세액			
4						세목			
						세액			
5						세목			
						세액			
6						세목			
						세액			
7						세목			
						세액			
8						세목			
						세액			
9						세목			
						세액			
10						세목			
						세액			
11						세목			
						세액			
12						세목			
						세액			
13						세목			
						세액			
14						세목			
						세액			
15						세목			
						세액			
합 계						세액			

(뒤쪽)

작 성 방 법

1. ② 국가명란에는 국외원천소득이 발생한 국가를 적고, ③ 코드란에는 국제표준화기구(ISO)가 정한 ISO 국가코드를 적습니다.

2. ⑤ 소득구분은 해당 소득이 발생한 국가와 우리나라가 체결한 조세조약에 따른 소득구분을 기재하되, 조세조약이 체결되지 않은 경우 「소득세법」 제93조 각 호에 따라 소득을 구분하여 기재합니다(아래 표를 참고하여 기재합니다).

종류	이자소득	배당소득	사업소득	근로소득	연금소득	기타소득	퇴직소득
코드	INT	DIV	BSI	ERN	PSN	ETC	RET

3. ⑥ 국외원천소득은 해당 과세기간의 종합소득금액을 계산할 때 필요경비에 산입된 금액으로서 국외원천소득에 대응하는 직접비용·배분비용을 뺀 금액입니다(직접비용·배분비용 계산 명세는 세무당국이 요구할 때 제출할 수 있도록 보관해야 합니다).

4. ⑦~⑨ 외국납부세액란은 아래 표와 같이「소득세법」 제57조에 따른 외국납부세액의 종류별로 구분하여 외국납부세목과 외국납부세액을 각각 적습니다.

외국납부세액 구분(약자)	관련근거
⑦ 직접	「소득세법」 제57조제1항에 따른 직접외국납부세액
⑧ 간주	「소득세법」 제57조제3항에 따른 간주외국납부세액
⑨ 하이브리드 (Hybrid)	「소득세법」 제57조제4항에 따른 외국 Hybrid사업체를 통한 국외투자 관련 외국납부세액

5. ⑦~⑨ 외국납부세액란의 세목은 외국의 법령에 따라 납부한 세금의 명칭 그대로(영문 또는 한글) 구분하여 적습니다.

6. ⑦~⑨ 외국납부세액란의 세액은 「소득세법」 제57조의 적용대상이 되는 외국에서 납부한 세금의 금액을 각각 구분하여 적습니다.
   국외원천소득이 종합소득·퇴직소득 또는 양도소득으로 구분하여 과세되지 아니한 외국납부세액에 대한 세액공제액은 종합소득금액·퇴직소득금액 또는 양도소득금액에 의하여 안분 계산합니다.
   외국 Hybrid사업체를 통한 국외투자 관련 외국납부세액의 경우에는 별지 제11호서식 부표 3 '외국 Hybrid사업체를 통한 국외투자 관련 외국납부세액공제 명세서'상 ⑫수입배당금액에 대응하는 소득에 대하여 거주자에게 부과된 외국납부세액을 기재합니다.

5 재해손실세액공제

(1) 개 요

사업자가 해당 과세기간에 천재지변 그 밖의 재해로 일정한 자산총액의 20% 이상에 해당하는 자산을 상실하여 납세가 곤란하다고 인정되는 경우에는 다음의 소득세액(사업소득에 대한 소득세액을 말한다)에 그 상실된 가액이 상실 전의 자산총액에서 차지하는 비율을 곱하여 계산한 금액(상실된 자산의 가액을 한도로 한다)을 그 세액에서 공제한다. 이 경우 자산의 가액에는 토지의 가액을 포함하지 아니한다.(소법 58조 ①)

✓ 재해손실가액의 필요경비산입여부 및 재해손실세액공제여부

개인사업자가 재해로 인하여 사업용재고자산 및 고정자산이 파손되거나 멸실된 경우에는 해당 재해손실가액을 필요경비에 산입할 수 있는 것이며, 해당연도 중 재해로 인하여 자산총액의 30%* 이상에 해당하는 자산을 상실한 때에는 재해손실세액공제를 받을 수 있는 것임(소득 46011－1567, 1997.6.12.)

* 2008년 귀속분부터는 20%를 적용함

✓ 재해손실세액공제의 범위(소통 58－0…2)

재해손실세액공제는 재해로 인하여 자산을 상실한 해당 사업자에 한하여 적용되는 것이며 거래 상대방이 재해로 인하여 매출채권을 회수할 수 없는 경우 등과 같이 간접적으로 재해로 인하여 손실을 보는 경우에는 적용되지 아니한다.

✓ 추계결정시 재해손실세액공제 적용 여부

추계조사결정방법에 의하여 과세표준과 세액을 결정하는 경우에도 재해손실세액공제는 그 적용이 가능한 것임(소득 46011－2040, 1994.7.15.)

✓ 도난에 의한 손실이 재해손실세액공제 대상이 되는지 여부

사업자의 상품도난으로 인한 손실은 소득세법 제78조에 규정하는 재해손실세액공제대상에 포함되지 아니함(소득 46011－1176, 1994.4.23.)

(2) 세액공제액의 계산(소법 58조 ①, 소칙 61조)

$$재해손실세액공제액 = 종합소득산출세액 \times \frac{사업소득금액}{종합소득금액} \times 자산상실비율$$

1) 대상소득세액(소법 58조 ①, ②)

① 재해발생일 현재 부과되지 아니한 소득세와 부과된 소득세로서 미납된 소득세액

➲ 2021.1.1. 전에 납세의무가 성립된 분에 대해서는 개정규정에도 불구하고 종전의 규정에 따른다. (2020.12.29. 법 부칙 35조)

② 재해발생일이 속하는 과세기간의 소득에 대한 소득세액

③ 배당세액공제, 기장세액공제, 외국납부세액공제 규정에 의하여 공제할 세액이 있을 때에는 이를 공제한 후의 세액

✓ 재해손실세액공제의 대상 소득세 및 과세할 소득세액

재해손실세액공제의 대상이 되는 소득세는 재해발생일 현재 과세하였거나 과세할 소득세로서 납부하여야 할 소득세액과 재해발생일이 속하는 연도의 소득세액을 말하며, 이때 과세할 소득세액에는 재해발생일 현재 진행 중인 소득세경정조사로 인하여 재해발생일 이후 확정된 추징세액은 포함되지 않는 것임(서일 46011-11605, 2003.11.11.)

✓ 재해손실세액공제를 적용하기 위한 세액공제대상 소득세의 범위

재해손실세액공제는 재해발생일 현재 부과하였거나 부과할 소득세로서 납부할 소득세이거나 재해발생일이 속하는 연도의 소득에 대한 소득세에 대하여 적용되는 것으로서, 재해발생일 현재 과세기간 종료로 납세의무 성립하였으나 과세표준 신고기한이 경과하지 아니한 소득세는 "부과할 소득세"로서 납부할 소득세에 해당하는 것이므로 재해손실세액공제 가능함(소득 46011-251, 1994.1.25.)

2) 자산상실비율

$$자산상실비율 = \frac{상실자산가액}{상실\ 전\ 자산총액}$$

재해발생의 비율은 재해발생일 현재의 장부가액에 의하여 계산하되, 장부가 소실 또는 분실되어 장부가액을 알 수 없는 경우에는 납세지 관할 세무서장이 조사·확인한 재해발생일 현재의 가액에 의하여 이를 계산한다.(소령 118조 ②)

PART 4

✓ **자산상실비율의 계산**(소통 58－0…1)

① 소득법 제58조 제1항의 규정에 의한 자산상실비율의 계산은 사업자별로 영 제118조 제1항 각 호의 자산총액을 기준으로 하여 사업자의 소득별로 계산하는 것이므로 1사업장 단위로 계산하지 아니한다.(2024.3.15. 개정)

② 제1항의 규정에 의한 자산상실비율의 계산은 다음 산식에 의한다.

$$\text{자산상실비율} = \frac{\text{상실자산가액}}{\text{상실전자산가액}}$$

③ 제2항의 규정을 적용함에 있어 1과세기간 중에 2회 이상의 재해를 입은 경우에 자산상실비율의 계산은 다음 산식에 의한다.

$$\text{자산상실비율} = \frac{\text{재해로 상실된 자산가액의 합계액}}{\text{최초재해전 자산가액} + \text{최종재해전까지의 증가된 자산가액}}$$

✓ **재해손실세액공제 대상 및 공제액 계산방법**(소득 집행기준 58-118-1)

① 사업자가 천재지변이나 재해로 인하여 자산(토지를 제외한 사업용 자산 등)총액의 20% 이상에 해당하는 자산을 상실하여 납세가 곤란하다고 인정되는 경우 재해발생일 현재 부과되지 아니한 소득세와 부과된 소득세로서 미납된 소득세액(사업소득에 대한 소득세를 말한다) 및 재해발생일이 속하는 연도의 소득에 대한 소득세 중 그 상실된 비율에 따라 계산한 금액을 그 세액에서 공제한다.

● 재해손실세액공제 대상 세액

재해발생일 현재	기 과세분	체납세액, 납기미도래분
	과세할 소득	신고기한 미도래분

② 재해손실세액공제 금액의 계산은 다음과 같다.

• 재해손실세액공제액 = Min[㉠ + ㉡, 상실된 자산가액]

㉠ 재해발생일 현재 부과되지 아니한 소득세와 부과된 소득세로서 미납된 소득세액
　－ 사업소득에 대한 미납부 소득세액 × 자산상실비율[*1]

㉡ 재해 발생일이 속하는 과세기간의 소득에 대한 소득세액
　－ [(소득별 종합소득산출세액 － 재해손실세액공제액 이외의 세액공제액 － 세액감면액) ＋ 가산세] × 자산상실비율

*1. 자산상실비율 = 소득별 상실자산가액[*] / 상실전 자산가액

* 소득별 산출세액 상당액 = 종합소득산출세액 × (소득별소득금액 / 종합소득금액)

③ 재해손실세액공제금액을 계산할 때 배당세액공제·기장세액공제·외국납부세액공제가 있는 경우에는 이를 공제한 후의 세액을 소득세액으로 하여 계산한다.

(3) 공제한도

① 재해로 인하여 상실된 자산가액을 한도로 한다.(소법 58조 ①)

② 재해손실세액공제액이 종합소득산출세액에서 다른 세액감면액 및 세액공제액을 뺀 후 가산세를 더한 금액을 초과하는 경우 그 초과하는 금액은 없는 것으로 본다.(소법 63조 ③ 단서)

(4) 자산의 범위

자산이라 함은 다음에 해당하는 것을 말한다.(소령 118조 ①)

① 사업용자산(토지를 제외)

② 상실한 타인소유의 자산으로서 그 상실에 대한 변상책임이 해당 사업자에게 있는 것

③ 재해손실세액공제를 하는 소득세의 과세표준금액에 이자소득금액 또는 배당소득금액이 포함되어 있는 경우에는 그 소득금액과 관련되는 예금·주식 기타의 자산

✓ **재해자산 등의 범위**(소통 58－118…1)

재해손실가액은 다음에 따라 처리한다.

① 재해로 인하여 수탁받은 자산을 상실하고, 그 자산가액의 상당액을 보상하여 주는 경우에는 이를 재해자산가액 및 상실 전의 사업용 총자산가액에 포함한다.

② 예금, 받을어음, 외상매출금 등은 해당 채권추심에 관한 증서가 소실된 경우에도 이를 재해상실가액에 포함하지 아니한다.

③ 재해자산이 보험에 가입되어 있음으로써 보험금을 수령할 때에도 재해자산가액은 동 보험금을 차감하여 계산하지 아니한다.

(5) 신 청

재해손실세액공제를 받고자 하는 자는 다음의 기한 내에 「재해손실세액공제신청서」를 납세지 관할 세무서장에게 제출(국세정보통신망에 의한 제출 포함)하여야 한다. 그러나 이러한 신청이 없는 경우에도 적용한다.(소법 58조 ④, ⑥, 소령 118조 ③, 2022.2.15. 개정)

① 재해발생일 현재 과세표준확정신고기한이 경과되지 않은 소득세의 경우는 그 신고기한. 다만, 재해발생일부터 신고기한까지의 기간이 3개월 미만인 경우는 재해발생일부터 3개월(소령 116조의4 ③ 1, 2022.2.15. 개정)

② 재해발생일 현재 미납부된 소득세와 납부해야 할 소득세의 경우는 재해발생일부터 3개월(소령 116조의4 ③ 2, 2022.2.15. 개정)

(6) 기타사항

① 관할 세무서장이 재해손실세액공제 신청을 받았을 때에는 그 공제할 세액을 결정하여 신청인에게 알려야 한다.(소법 58조 ⑤)

② 집단적으로 재해가 발생한 경우에는 관할 세무서장이 조사·결정한 자산상실비율에 따라 재해손실세액공제 규정을 적용한다. 이 경우 자산상실비율은 재해발생지역의 관할 세무서장이 조사하여 관할지방국세청장의 승인을 얻어야 한다.(소법 58조 ⑦, 소령 118조 ④)

6 근로소득세액공제(소법 59조)

(1) 일반근로자

➲ 2023.1.1.부터 시행하며, 2023.1.1. 전에 개시한 과세기간의 종합소득산출세액에 대한 근로소득세액공제의 한도에 관하여는 개정규정에도 불구하고 종전의 규정에 따른다.(2022.12.31. 법 부칙 1조, 15조)

산출세액	공제금액	공제한도	
		총급여액	근로세액공제 한도
130만원 이하	산출세액×55%	3,300만원 이하	74만원
		3,300만원 초과 7,000만원 이하	Max{74만원−(총급여액−3,300만원)×0.8%, 66만원}
130만원 초과	715,000원+(130만원 초과금액×30%)	7,000만원 초과 1억2천만원 이하	Max{66만원−(총급여액−7,000만원)×$\frac{1}{2}$, 50만원}
		1억2천만원 초과	Max{50만원−(총급여액−1억2천만원)×$\frac{1}{2}$, 20만원}

저자TIP 근로소득세액공제 한도의 분석

근로소득세액공제한도를 분석해 보면 아래의 그림과 같다.

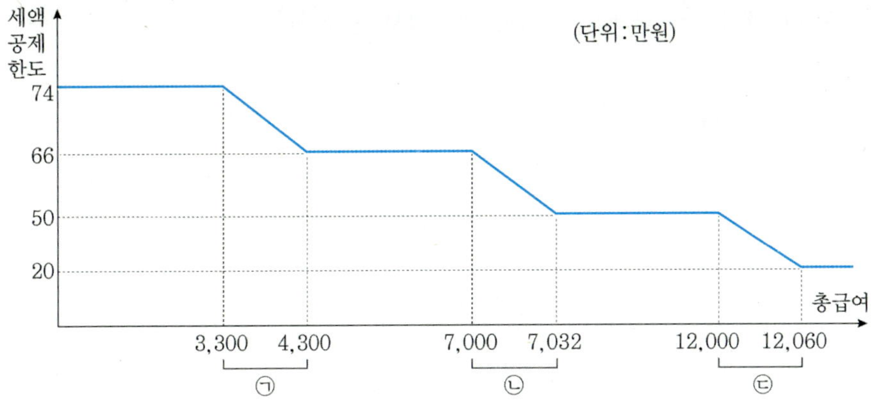

위의 ㉠, ㉡, ㉢과 같은 완충구간이 없다면 불합리한 결과가 발생할 수 있다. 예를 들어 총급여액이 3,300만원이면 세액공제한도는 74만원인데, 만일 ㉠의 구간이 없다면 총급여액이 1원만 증가해도 한도는 66만원이 되어 한도가 8만원 감소하게 된다. 또한 총급여액이 7,000만원이면 세액공제한도는 66만원인데, 만일 ㉡의 구간이 없다면 총급여액이 1원만 증가해도 한도는 50만원이 되어 한도가 16만원 감소하게 된다. 이러한 불합리한 경우를 완화하기 위해 완충구간(㉠ 구간 : 3,300만원 ~ 4,300만원과 ㉡ 구간 : 7,000만원 ~ 7,032만원, ㉢ 구간 : 1억2천만원 ~ 1억2천60만원)을 둔 것으로 보인다.

✓ 근로소득세액공제의 공제액 계산

근로소득세액공제의 공제세액을 계산함에 있어서 근로소득 이외의 종합소득이 있는 경우 근로소득에 대한 종합소득산출세액은 종합소득산출세액에 근로소득금액이 종합소득금액에서 차지하는 비율을 곱하여 계산하는 것임(소득 46011-355, 2000.3.15.)

✓ 이자·배당소득과 근로소득이 있는 거주자의 근로소득세액공제

이자·배당소득(이하 "이자소득 등"이라 함)과 근로소득이 있는 거주자의 종합소득산출세액이 소득세법 제62조 제2호에 따라 이자소득 등에 대한 원천징수세율을 적용한 세액과 다른 종합소득인 근로소득에 대한 산출세액의 합계액으로 되는 경우에는 다른 종합소득인 근로소득에 대한 산출세액에 대하여 근로소득세액공제를 적용하는 것임(소득-1011, 2010.9.29.)

✓ 금융소득과 근로소득이 있는 거주자의 근로소득세액공제

금융소득과 근로소득이 있는 거주자가 소득세법 제62조 제1호에 따라 종합소득에 대한 산출세액이 계산되는 경우 동 규정의 가목의 이자소득 등의 금액 중 종합과세기준금액을 초과하는 금액과 이자소득 등을 제외한 다른 종합소득금액을 더한 금액에 대한 산출세액에서 근로소득이 차지하는 비율에 따라 계산한 산출세액을 근로소득에 대한 종합소득 산출세액으로 하여 소득세법 제59조에 따른 근로소득세액공제를 적용하는 것임(소득 법규과-283, 2014.3.26.)

PART 4

(2) 일용근로자

일용근로자의 근로소득에 대하여 원천징수를 하는 경우에는 해당 근로소득에 대한 산출세액의 55%에 해당하는 금액을 그 산출세액에서 공제한다.(소법 59조 ③)

7 자녀세액공제

(1) 공제대상 자녀세액공제

종합소득이 있는 거주자의 기본공제대상자에 해당하는 자녀(입양자 및 위탁아동을 포함) 및 손자녀로서 8세 이상의 사람에 대해서는 다음의 구분에 따른 금액을 종합소득산출세액에서 공제한다.(소법 59조의2 ①, 2022.12.31. 개정)

➲ 공제대상의 개정규정(손자녀 포함)은 2023.12.31. 이후 종합소득과세표준을 신고하거나 소득세를 결정하거나 연말정산 하는 경우부터 적용한다.(2023.12.31. 법 부칙 3조 ①)

공제대상 자녀수	자녀세액공제액
1명인 경우	연 15만원
2명인 경우	연 35만원
3명 이상인 경우	연 35만원 + 연 30만원 × (자녀수 – 2명)

개정 2024.12.31.

➲ 2025.1.1.이 속하는 과세기간분부터 적용한다.(2024.12.31. 법 부칙 7조)

공제대상 자녀수	자녀세액공제액
1명인 경우	연 25만원
2명인 경우	연 55만원
3명 이상인 경우	연 55만원 + 연 40만원 × (자녀수 – 2명)

(2) 출산·입양자녀 세액공제

해당 과세기간에 출산하거나 입양 신고한 공제대상자녀가 있는 경우 다음의 구분에 따른 금액을 종합소득산출세액에서 공제한다.(소법 59조의2 ③, 2016.12.20. 개정)

구 분		세액공제액
출산하거나 입양 신고한 공제대상자녀가	첫째인 경우	연 30만원
	둘째인 경우	연 50만원
	셋째 이상인 경우	연 70만원

✓ **소득세법 제59조의2 제3항 '첫째, 둘째, 셋째 이상'의 적용방법**

소득세법 제59조의2 제3항에 따라 출산·입양 신고한 공제대상자녀에 대하여 세액공제를 적용하는 경우 나이 순서와 관계없이 사망한 자녀를 포함하여 출산·입양신고한 순서를 기준으로 적용하는 것이며, 세액공제 대상 자녀의 범위는 가족관계등록부 상의 자녀를 기준으로 판단하는 것임(기획재정부소득-523, 2019.9.18.)

8 연금계좌세액공제

(1) 공제내용

➲ 2023.1.1. 전에 개시한 과세기간의 종합소득산출세액에 대한 연금계좌세액공제의 기준에 관하여는 개정규정에도 불구하고 종전의 규정에 따른다.(2022.12.31. 법 부칙 17조)

① 종합소득이 있는 거주자가 연금계좌에 납입한 금액 중 다음에 해당하는 금액을 제외한 금액(이하 "연금계좌 납입액"이라 한다)의 12%[해당 과세기간의 종합소득과세표준을 계산할 때 합산하는 종합소득금액이 4,500만원 이하(근로소득만 있는 경우에는 총급여액 5,500만원 이하)인 거주자에 대해서는 15%]에 해당하는 금액을 해당 과세기간의 종합소득산출세액에서 공제한다.(소법 59조의3 ①, 2022.12.31. 개정)

다만, 연금계좌 중 연금저축계좌에 납입한 금액이 연 600만원을 초과하는 경우에는 그 초과하는 금액은 없는 것으로 하고, 연금저축계좌에 납입한 금액 중 600만원 이내의 금액과 퇴직연금계좌에 납입한 금액을 합한 금액이 연 900만원을 초과하는 경우에는 그 초과하는 금액은 없는 것으로 한다.(소법 59조의3 ① 단서, 2022.12.31. 개정)

② 소득세가 원천징수되지 아니한 퇴직소득 등 과세가 이연된 소득

③ 연금계좌에서 다른 연금계좌로 계약을 이전함으로써 납입되는 금액

➲ 배우자나 부양가족 명의의 연금계좌 납입액은 공제대상이 아닌 것임(서이 46013-10157, 2002.1.24.)

PART 4

연금계좌세액공제 한도

➲ 2023.1.1. 전에 개시한 과세기간의 종합소득산출세액에 대한 연금계좌세액공제의 기준에 관하여는 개정 규정에도 불구하고 종전의 규정에 따른다.(2022.12.31. 법 부칙 17조)

• 연금계좌세액공제 = 연금계좌 납입액 × 12%(종합소득금액 4,500만원 이하[*1]는 15%)

• 연금계좌 납입액

• 공제대상 납입액 = Min(①, ②)
① Min(연금저축납입액, 연 600만원) + 퇴직연금계좌[*2]납입액 ② 한도 : 연 900만원

*1. 근로소득만 있는 경우에는 총급여액 5,500만원 이하를 말한다.

*2. 근로자퇴직급여보장법에 따른 확정기여형퇴직연금(DC)과 개인형퇴직연금(IRP), 중소기업퇴직연금기금(2022.4.14.부터 시행)을 말한다.

공제대상 연금계좌

구 분		공제대상*
연금계좌	연금저축계좌	• 연금저축에 납입한 보험료
	퇴직연금계좌	• 과학기술인공제회법에 따른 퇴직연금급여에 납입한 본인부담금 • 근로자퇴직급여보장법에 따른 확정기여형퇴직연금(DC)과 개인형퇴직연금(IRP), 중소기업퇴직연금기금(2022.4.14.부터 시행)에 납입한 본인부담금

* 다음의 납입금액은 공제대상이 아닌 것임(소법 59조의3 ① 1, 2)
① 소득세가 원천징수 되지 아니한 퇴직소득 등 과세가 이연된 소득
② 연금계좌에서 다른 연금계좌로 계약을 이전함으로써 납입되는 금액

(2) 개인종합자산관리계좌(ISA계좌)의 연금계좌 전환특례

① 개인종합자산관리계좌(조세특례제한법 제91조의18)의 계약기간이 만료된 날부터 60일 이내에 해당 계좌 잔액의 전부 또는 일부를 연금계좌로 납입한 경우 그 납입한 금액(이하 "전환금액"이라 한다)을 납입한 날이 속하는 과세기간의 연금계좌 납입액에 포함한다.(소법 59조의3 ③, 2019.12.31. 신설, 소령 118조의2 ③, 2020.2.11. 신설)

② 전환금액이 있는 경우로서 세액공제 납입한도를 적용할 때 다음의 금액을 초과하는 금액은 없는 것으로 한다.(소법 59조의3 ④, 2019.12.31. 신설)

> • 세액공제 대상 연금계좌 납입한도 = ① + ②
>
> ① 본래 연금계좌 세액공제 한도[위 '(1) 및 (2)'에서의 한도] 내의 연금계좌 납입액
> ② 추가한도=Min(전환금액의 10%, 300만원*)
>
> * 직전 과세기간과 해당 과세기간에 걸쳐 납입한 경우에는 300만원에서 직전 과세기간에 적용된 금액을 차감한 금액으로 한다.

➲ 연금계좌납입액(ISA계좌 만기전환 납입금액 포함)이 연금계좌공제한도를 초과하지 않는 경우에는 ISA 전환금액에 대한 추가공제를 적용하지 않는다.

(3) 제출서류

① 연금계좌세액공제를 적용받으려는 자는 「연금납입확인서」를 다음의 날까지 원천징수의무자, 납세조합 또는 납세지 관할 세무서장에게 제출하여야 한다.(소령 118조의2 ①, 2014.2.21. 신설)

㉠ 갑종근로소득자(을종근로소득이 있는 사람 중 납세조합에 가입하지 아니한 사람은 제외) : 해당 과세기간의 다음 연도 2월분의 급여를 받는 날(퇴직한 경우에는 퇴직한 날이 속하는 달의 급여를 받는 날)(소령 113조 ① 1)

㉡ 납세조합에 가입하지 아니한 을종근로소득자 : 종합소득 과세표준확정신고기한 (소령 113조 ① 2, 소법 127조 ① 4 가, 나)

② 세액공제 증명서류가 국세청장에게 제출되었을 때에는 연금계좌 납입액에 관한 서류로서 세액공제 명세를 적어 국세청장이 발급하는 서류를 위 '①'의 날까지 제출할 수 있다.(소령 118조의2 ②, 2014.2.21. 신설, 소칙 61조의2)

(4) 연금계좌세액공제액의 한도

소득세법 또는 조세특례제한법에 따른 감면액 및 세액공제액의 합계액이 해당 과세기간의 합산과세되는 종합소득산출세액을 초과하는 경우 그 초과하는 금액은 없는 것으로 보고, 그 초과하는 금액을 한도로 연금계좌세액공제를 받지 아니한 것으로 본다.(소법 61조 ③, 2014.12.23. 신설)

➲ 이는 산출세액을 초과하는 세액감면 및 세액공제액이 있는 경우, 그 초과금액이 연금계좌세액공제액에서 발생하도록 하여 나중에 연금 또는 일시금으로 수령시 소득세가 과세되는 금액을 최소화해주려는 데에 그 취지가 있다. 연금계좌세액공제를 받지 않은 금액은 나중에 연금 또는 일시금으로 수령시 소득세가 과세되지 않기 때문이다.

(5) 연금계좌세액공제 한도액 초과납입금 등의 해당연도 납입금으로의 전환 특례

① 연금계좌 가입자가 이전 과세기간에 연금계좌에 납입한 연금보험료 중 연금계좌세액공제를 받지 아니한 금액이 있는 경우로서 그 금액의 전부 또는 일부를 해당 과세기간에 연금계좌에 납입한 연금보험료로 전환하여 줄 것을 연금계좌취급자에게 신청한 경우에는 연금계좌세액공제를 적용할 때 그 전환을 신청한 금액을 연금계좌에서 가장 먼저 인출하여 그 신청을 한 날에 다시 해당 연금계좌에 납입한 연금보험료로 본다. 이 경우 전환을 신청한 금액은 그 신청한 날에 연금계좌에 납입한 연금보험료로 보아 연금보험료 납입요건(소득세법 시행령 제40조의2 제2항의 요건)을 충족하여야 한다.(소령 118조의3 ①, 2014.2.21. 신설)

② 전환을 신청한 금액에 대한 연금계좌세액공제의 계산은 위 '(1)'을 따른다.(소령 118조의3 ②, 2022.2.15. 신설)

✓ **소득세법 59조의3 ③에 따른 개인종합자산관리계좌 전환금액 중 연금계좌세액공제를 받지 아니한 금액은 이후 과세연도 소득세법 시행령 118조의3에 따른 전환 특례 적용대상에 해당하는지 여부**

이전 과세기간의 소득세법 제59조의3 제3항에 따른 전환금액은 같은 법 시행령 제118조의3 제1항 "연금계좌 가입자가 이전 과세기간에 연금계좌에 납입한 연금보험료"에 포함되는 것임(서면법규소득 2024-720, 2024.8.29.)

✓ **이전 과세기간에 연금계좌에 납입한 연금보험료에 대해 소득령 118조의3에 따른 특례를 적용하여 해당 과세기간 연금계좌세액공제를 받을 수 있는지**

연금계좌 가입자가 이전 과세기간에 연금계좌에 납입한 연금보험료 중 연금계좌세액공제를 받지 아니한 금액이 있는 경우로서 그 금액의 전부 또는 일부를 해당 과세기간에 연금계좌에 납입한 연금보험료로 전환하여 줄 것을 연금계좌취급자에게 신청하고, 그 신청한 금액이 그 신청을 한 날에 연금계좌에 납입한 연금보험료로 보아 소득세법 시행령 제40조의2 제2항 각 호의 요건을 충족하는 경우에는 같은 법 시행령 제118조의3 제1항의 특례가 적용되는 것이고, 그 신청한 금액에 대해 해당 과세기간에 연금계좌세액공제를 적용받을 수 있는 것임(사전법규소득 2021-1909, 2022.3.20.)

✓ **납입면제보험료의 연금계좌세액공제 적용 여부**

'보험료 납입면제 특별약관'에 따라 납입된 것으로 간주된 보험료(납입면제 보험료)는 연금계좌세액공제 규정을 적용할 수 없는 것이며, 향후 연금 지급 시 연금계좌세액공제를 적용받지 아니한 연금에 대하여는 소득세법 제20조의3에서 규정하는 연금소득에 해당하지 않는 것임(서면소득 2015-2645, 2016.2.19.)

✓ **퇴직연도에 불입한 확정기여형 퇴직연금의 추가부담분의 연금보험료 공제 가능여부**

[사실관계]

근로소득이 있는 거주자 갑은 2012년 1월 중 확정기여형 퇴직연금(DC) 계좌에 본인 부담금으로 1,000만원 불입하고 갑은 2012년 10월 회사를 퇴직하면서 퇴직금과 2012년 불입한 본인부담금을 개인형퇴직연금 계좌(IRP)으로 전액 이전함

[질의]
근로자가 퇴직연도에 불입한 확정기여형 퇴직연금의 추가부담분이 연금보험료공제가 가능한지 여부

[회신]
귀 서면질의의 경우, 근로자가 퇴직하는 연도에 근로자퇴직급여보장법 제20조 제2항에 따라 확정기여형 퇴직연금계좌에 납입한 추가부담금으로서 퇴직 후 개인형퇴직연금계좌로 이체하여 운용중인 경우 해당 추가부담금은 소득세법 제51조의3에 따라 연금보험료 소득공제를 받을 수 있는 것임(서면법규-464, 2013.4.22.)

✓ 연금저축 중도해지시의 공제여부

연금저축의 가입자가 중도해지하는 경우 해지 당해연도 저축불입액은 공제를 받을 수 없음(서면1팀-103, 2005.1.24.)

✓ 중도인출이 있는 경우 연금계좌 납입한도 적용방법

해당 과세연도에 연금보험료를 납입한 후 해당 과세연도 납입금액의 일부를 인출하는 경우에는 해당 과세기간의 순납입액에 대해 연금보험료 공제가 가능한 것임(서면법규-1211, 2013.11.5.)

Ⅱ 특별세액공제

특별세액공제 요약[1)](2024년 귀속기준)

구 분			대 상	공제대상 금액한도	세액 공제율
보험료	보장성보험료		• 기본공제대상자가 피보험자인 보장성보험료(생명·상해보험료 등)	연 100만원	12%
	장애인전용보험		• 기본공제대상자인 장애인을 피보험자 또는 수익자로 하는 장애인전용보험료	연 100만원	15%
의료비	난임시술비		• 치료비·의약품구입비·의료기기·보청기·안경구입비(1명당 50만원 한도) 등 • 노인장기요양급여 본인부담금 등 • 산후조리원비용(출산 1회당 200만원 한도) 등 • 난임시술비, 미숙아 및 선천성이상아를 위해 지출한 의료비 • 장애인활동지원급여비용 중 본인부담금	한도없음[*1]	30%
	미숙아·선천성이상아				20%
	본인·만65세 이상자·장애인·건강보험산정특례자[*2]				15%
	그 밖의 부양가족			연 700만원[*1]	
교육비	일반교육비	취학전 아동	• 어린이집·유치원·학원·체육시설수강료, 급식비, 특별활동비 등	1명당 300만원	15%
		초·중·고등학생	• 수업료·등록금, 급식비, 교과서대, 방과후수업료 및 도서구입비 • 교복구입비(중·고생에 한하며, 1인당 50만원 한도), • 체험학습비(초·중·고생에 한하며, 1인당 30만원 한도) • 대학입학전형료, 수능시험응시료		
		대학생	• 대학교·원격대학·학위취득과정 수업료 등	1명당 900만원	
		근로자 본인	• 대학교·대학원·시간제과정·직업능력개발훈련비 등 • 학자금 대출 상환액 등	한도없음	
	장애인특수교육비		• 사회복지시설 등에 지출한 장애인 재활교육비		
기부금	정치자금	10만원 이하	• 정당, 후원회, 선거관리위원회에 기부한 금액	소득금액의 100%	100/110
		10만원 초과			15% (25%)[*3]
	고향사랑	10만원 이하	• 고향사랑 기부금에 관한 법률에 따른 기부금	소득금액의 100%	100/110
		10만원 초과			15%
	특례기부금		• 국가기관 등에 지출한 기부금	소득금액의 100%	15%, 30%, 40% 외
	우리사주조합		• 비조합원이 우리사주조합에 지출한 기부금	소득금액의 30%	
	일반기부금	종교단체 외	• 사회복지·자선·학술단체 등에 지출한 기부금	소득금액의 30%	
		종교단체	• 등록된 종교단체에 지출한 기부금	소득금액의 10%	

*1. 총급여액의 3%를 초과한 의료비지출액에 대해 한도를 적용함
*2. 중증질환자, 희귀난치성질환자 또는 결핵환자로서 건강보험산정특례 대상자로 등록(재등록)된 자를 말함
*3. 정치자금기부금의 경우 3천만원 초과분에 대해 25%를 적용함

1) 차재영, 박교원, 2024, 연말정산실무, 씨에프오아카데미, p. 567

✓ **입사전 또는 퇴사후 지출한 비용의 특별소득·세액공제 적용여부**(소득 집행기준 52-0-1 수정)

근로제공기간 동안 지출한 비용에 대해서만 공제가능한 항목	해당 과세기간 중 지출한 금액에 대해 공제가능한 항목
• 보험료 세액공제 • 의료비 세액공제 • 교육비 세액공제 • 주택자금 소득공제 • 신용카드 등 사용금액에 대한 소득공제 • 주택마련저축 소득공제 • 장기집합투자증권저축 소득공제	• 결혼세액공제 • 기부금 세액공제 • 국민연금보험료 소득공제 • 개인연금저축 소득공제 • 연금계좌 세액공제 • 투자조합출자등 소득공제 • 소기업·소상공인 공제부금 소득공제 • 청년형 장기집합투자증권저축 소득공제

1 보장성보험료 세액공제

(1) 일반 보장성보험료

1) 공제요건

① 보장성 보험

근로소득이 있는 거주자(일용근로자 제외)가 지급한 보험료로서 기본공제대상자를 피보험자(종피보험자 포함)로 하는 보험 중 만기에 환급되는 금액이 납입보험료를 초과하지 아니하여야 한다.(소법 59조의4 ① 전단)

● **공제가능 보장성보험의 계약유형**

계 약 유 형		비 고
계 약 자	피 보 험 자	
근로자 본인	근로자 본인	• 배우자는 소득금액 100만원 이하*이어야 함 • 부양가족은 나이 및 소득금액요건(100만원 이하)*을 적용받음
	배우자 또는 부양가족	
배우자 또는 부양가족	근로자 본인	
	배우자 또는 부양가족	

* 근로소득만 있는 경우에는 총급여 500만원 이하임

➲ 보장성 보험료에 대한 세액공제 요건은 계약자 및 피보험자가 기본공제대상자이어야 함

② 공제대상 보험의 종류

다음의 보험계약에 의하여 보험자에게 지급하는 보험료이어야 한다.(소령 118조의4 ②)

㉠ 생명보험

㉡ 상해보험

㉢ 화재·도난 기타의 손해를 담보하는 가계에 관한 손해보험

㉣ 농업협동조합법·수산업협동조합법·신용협동조합법 또는 새마을금고법에 의한 공제

㉤ 군인공제회법·한국교직원공제회법·대한지방행정공제회법·경찰공제회법 및 대한소방공제회법에 의한 공제

㉥ 주택 임차보증금의 반환을 보증하는 것을 목적으로 하는 보험·보증. 다만, 보증대상 임차보증금이 3억원을 초과하는 경우는 제외한다.(2018.2.13. 신설)

③ 보험계약 또는 보험료납입영수증에 보험료공제대상임이 표시된 보험이어야 한다.(소칙 61조의3)

2) 세액공제액(소법 59조의4 ① 후단)

① 지급한 보험료의 12%에 해당하는 금액을 해당 과세기간의 종합소득산출세액에서 공제한다.

② 일반 보장성보험료(장애인전용 보장성보험료는 제외)의 합계액이 연 100만원을 초과하는 경우에는 그 초과하는 금액은 이를 없는 것으로 한다.

③ 장애인전용보장성보험과 일반보장성보험은 구분하여 보험료공제한도를 각각 적용하며, 동시에 적용되는 하나의 보험상품에는 중복적용할 수 없다.(원천-762, 2009.9.18.)

보장성보험료 공제한도 적용(자녀 A, B 모두 장애인인 경우)

구 분		보험 가입내역	한도 적용	총 공제대상액
사례 1	자녀 A	장애인보장성보험료 200만원	• 장애인보험 100만원 • 일반보장성보험 100만원	200만원
	자녀 B	일반보장성보험료 200만원		
사례 2	자녀 A	일반보장성보험료 200만원	• 일반보장성보험 공제한도 100만원 적용	100만원
	자녀 B	일반보장성보험료 200만원		

(2) 장애인전용 보장성보험료

1) 공제요건

① 장애인전용 보장성보험

근로소득이 있는 거주자(일용근로자 제외)가 지급한 보험료로서 기본공제대상자 중 장애인을 피보험자 또는 수익자로 하는 보험(만기에 환급되는 금액이 납입보험료를 초과하지 아니한 것에 한함)으로서 장애인전용보장성보험료이어야 한다.(소법 59조의4 ① 1)

② 공제대상 보험의 종류

공제가 되는 보험의 범위는 일반 보장성보험에 해당하는 보험(공제 포함)과 같으며, 2001.1.1. 이후 최초로 보험계약을 체결하는 분부터 적용된다.(소령 118조의4 ①)

③ 보험계약 또는 보험료납입영수증에 장애인전용보험으로 표시된 보험이어야 한다.(소령 118조의4 ①)

2) 세액공제액(소법 59조의4 ① 후단, 2015.5.13. 개정)

① 지급한 보험료의 15%에 해당하는 금액을 해당 과세기간의 종합소득산출세액에서 공제한다.

② 장애인전용보장성보험료의 합계액이 연 100만원을 초과하는 경우에는 그 초과하는 금액은 없는 것으로 한다.

(3) 제출서류

보험료공제에 있어서는 보험료납입증명서 또는 보험료납입영수증에 보험료공제대상임이 표시된 것을 제출하여야 한다. 이때 장애인전용보장성보험의 경우는 장애인전용보험으로 표시된 것을 제출하여야 한다.(소칙 61조의3)

다만, 보장성보험금 납입증명서(또는 보험료 납입영수증)를 제출한 경우 다음 연도분부터 해당 보험증권사본 및 보험료자동이체 통장의 사본을 제출하여도 보험료 공제를 받을 수 있다.

➲ 국세청 간소화서비스에서 발급한 서류로도 제출이 가능하다.

(4) 잘못된 보험료공제 사례

① 연간 소득금액이 100만원을 초과하는 자영업을 영위하는 부양가족 명의로 가입한 보험의 보험료를 공제

② 기본공제대상자에 해당하지 아니하는 부양가족을 피보험자(수익자)로 보험계약을 체결하고 납입한 보험료를 공제

➲ 공제대상 보험료는 근로자 본인 또는 연간소득금액이 100만원 이하(근로소득만 있는 경우에는

총급여 500만원 이하)인 부양가족 명의로 가입한 보험으로서 피보험자가 기본공제대상자인 보험을 말한다.

➲ 공제대상 보험료는 해당연도 중 납입한 금액에 한하며 미납보험료는 납부한 연도에 공제한다.

✓ **사용자가 부담한 보험료의 공제 여부**(소통 52－0…2)

국민건강보험료는 급여에서 지급한 날이 속하는 과세기간의 소득에서 공제한다.

✓ **보험료공제는 기본공제대상자를 위하여 지출한 경우에 적용되는 것임**(서면1팀－1562, 2006.11.17.)

✓ **배우자의 기본공제대상자인 자녀를 종피보험자로 하는 보험도 보험료공제 가능**

근로자 본인이 보험계약자이고 주피보험자가 근로자 본인, 종피보험자가 배우자의 기본공제대상자녀로 하는 보장성보험에 가입하고 당해연도에 본인이 지급하는 보험료는 공제대상 보험료에 해당하는 것임(원천－268, 2012.5.15.)

✓ **배우자의 기본공제 대상인 자녀를 종피보험자로 하는 보험도 보험료공제 가능**

맞벌이 부부의 보장성보험에 대한 보험료공제는 근로자본인 또는 소득이 없는 가족명의로 계약하고 피보험자(피보험자에는 주피보험자 또는 종피보험자를 포함)가 기본공제대상자인 보험으로서 근로자가 실제로 납입한 금액을 공제하는 것임(원천－435, 2011.7.20.)

✓ **맞벌이 부부인 근로자 본인(남편)이 계약자이고 피보험자가 부부공동인 보장성보험의 보험료는 근로자(남편)의 연말정산시 보험료 공제 대상에 해당하는 것임**(서면1팀－124, 2005.1.27.)

✓ **상품다수구매자보험계약 보험료의 보험료공제 대상여부**

보험계약자인 신용카드회사가 당해 회사의 신용카드회원을 피보험자로 하여 신용카드회원의 사고나 질병으로 인한 사망 또는 후유장애를 보험금 지급사유로 하는 보장성보험계약을 체결하였으나, 실질적으로 피보험자가 당해 보험료를 전액 부담하였으며 만기에 환급되는 금액이 납입보험료를 초과하지 아니하는 경우에는 공제되는 보험에 해당하는 것이며, 피보험자가 보험료를 부담하는 상품다수구매자보험계약에서 피보험자인 근로자가 동 보험료에 대하여 공제를 받기 위해서는 보험료 공제대상이 표시되는 보험료 납입영수증을 제출하여야 하는 것임(서이 46013－10758, 2003.4.11.)

✓ **소득이 없는 부인이 기본공제대상자인 자녀를 피보험자로 가입한 경우 공제 가능여부**

기본공제대상자에 해당하는 배우자 및 부양가족 명의로 계약한 경우에도 당해 근로자가 보험료를 실제로 납입한 경우에는 공제가능함(서면1팀－65, 2006.1.18.)

✓ **각각 근로소득자인 부부간의 보험료공제방법**(소득 해석편람 52－1－3)

① 보장성보험에 대한 보험료공제는 근로자 본인 또는 소득이 없는 가족명의로 계약하고 피보험자가 기본공제대상자(근로자 본인, 공제대상 배우자, 공제대상 부양가족)인 보험으로서 근로자가 실제로 납입한 금액을 공제하는 것이므로

② 근로자 본인과 배우자가 모두 근로소득이 있어 서로 공제대상 배우자가 아닌 경우 근로자 본인이 계약자이고 피보험자인 보장성보험에 대한 보험료는 근로자 본인만이 공제를 받을 수 있는 것이나, 계약자가 근로자 본인이고 피보험자가 배우자인 경우에는 모두 공제받을 수 없는 것임(법인 46013－3535, 1996.12.18.)

✓ **보험료공제 가능 여부**(소득 해석편람 52－1－2)

근로소득 연말정산시 보험료 공제를 누락한 거주자가 보험료 공제 대상임을 증명하는 서류를 추가 제출하여 확정신고하는 경우에는 납입한 날이 속하는 과세기간에 공제받을 수 있는 것임(소득 46011－3464, 1995.9.6.)

✓ **리스료에 포함된 자동차보험료는 공제대상 보험료 아님**(원천 해석편람 52－2－5)

리스이용자(근로자)가 리스료의 세부요금항목 중 자동차보험료를 별도 표시하여 부담하더라도 이는 리스계약에 의한 리스료의 일부이므로 근로소득 연말정산 공제대상 보험료에는 포함되지 않는 것임(서이 46013－10920, 2002.5.1.)

✓ **달러화로 보험료를 납입하는 경우 보험료공제한도액 계산시 환율적용방법**

보장성 보험료를 국내보험회사에게 미국달러화로 납부하는 때에, 보험료공제한도액계산은 해당 보험료납입일의 "외국환거래법에 의한 기준환율"에 의하여 원화로 환산한 금액으로 하는 것임(서이 46013－11804, 2003.10.17.)

2 의료비 세액공제

(1) 공제내용

근로소득이 있는 거주자(일용근로자는 제외)가 기본공제대상자(나이 및 소득의 제한을 받지 아니한다)를 위하여 해당 과세기간에 의료비를 지급한 경우에는 다음의 금액의 15%(미숙아 등 의료비는 20%, 난임시술비는 30%)에 해당하는 금액을 해당 과세기간의 종합소득산출세액에서 공제한다.(소법 59조의4 ②, 2021.12.8. 개정)

1) 본인 등 의료비

해당 거주자, 과세기간 개시일 현재 6세 이하인 사람, 과세기간 종료일 현재 65세 이상인 사람, 장애인과 건강보험산정특례자(중증질환자, 희귀난치성질환자 또는 결핵환자)*를 위하여 지급한 의료비

➲ 개정규정(☞ 6세 이하인 사람 포함 규정)은 2024.1.1. 이후 의료비를 지급하는 경우부터 적용한다.(2023. 12.31. 법 부칙 4조)

다만, 아래 '2)'의 의료비가 총급여액에 3%를 곱하여 계산한 금액에 미달하는 경우에는 그 미달하는 금액을 뺀다.(소법 59조의4 ② 2)

* 보건복지부장관이 정하여 고시하는 기준에 따라 중증질환자, 희귀난치성질환자 또는 결핵환자로서 산정특례 대상자로 등록되거나 재등록된 자를 말한다.(소령 118조의5 ④, 소칙 61조의4)

2) 그 밖의 부양가족 의료비

위 '1)' 및 아래의 '3), 4)'의 대상자를 제외한 기본공제대상자를 위하여 지급한 의료비로서 총급여액에 3%를 곱하여 계산한 금액을 초과하는 금액. 다만, 그 금액이 연 700만원을 초과하는 경우에는 연 700만원으로 한다.(소법 59조의4 ② 1)

3) 미숙아 등 의료비

➲ 2022.1.1. 이후 의료비를 지출하는 경우부터 적용한다.(2021.12.8. 법 부칙 3조)

미숙아 및 선천성이상아를 위하여 지급한 다음의 의료비. 다만, 위 '1) 및 2)'의 의료비 합계액이 총급여액에 3%를 곱하여 계산한 금액에 미달하는 경우에는 그 미달하는 금액을 뺀다.(소법 59조의4 ② 3, 2021.12.8 신설)

① 모자보건법에 따른 미숙아의 경우 : 보건소장 또는 의료기관의 장이 미숙아 출생을 원인으로 미숙아가 아닌 영유아와는 다른 특별한 의료적 관리와 보호가 필요하다고 인정하는 치료를 위하여 지급한 의료비(소령 118의5 ⑥ 1)

② 모자보건법에 따른 선천성이상아의 경우 : 해당 선천성이상 질환을 치료하기 위하여 지급한 의료비(소령 118의5 ⑥ 2)

4) 난임시술비

난임시술(모자보건법에 따른 보조생식술)을 위하여 지출한 비용(난임시술과 관련하여 처방을 받은 의약품 구입비용을 포함). 다만, 위 '1)부터 3)까지'의 의료비 합계액이 총급여액에 3%를 곱하여 계산한 금액에 미달하는 경우에는 그 미달하는 금액을 뺀다.(소법 59조의4 ② 4, 2021.12.8. 개정)

장애인의 범위

(1) 의료비 세액공제대상 장애인의 범위(소법 51조 ① 2, 소령 107조)

① 장애인복지법에 따른 장애인 및 장애아동 복지지원법 제21조 제1항에 따른 발달재활서비스를 지원받고 있는 장애아동(소칙 54조)

② 국가유공자 등 예우 및 지원에 관한 법률에 의한 상이자 및 이와 유사한 사람으로서 근로능력이 없는 사람

③ 항시 치료를 요하는 중증환자

개정 2025.2.28.

➲ 2025.2.28.부터 시행한다.(2025.2.28. 영 부칙 1조)

③ 희귀성난치질환등* 또는 이와 유사한 질병·부상으로 인해 중단 없이 주기적인 치료가 필요한 사람으로서 의료기관의 장이 취업·취학 등 일상적인 생활에 지장이 있다고 인정하는 사람(소령 107조 ① 3, 2025.2.28. 신설)

* 보건복지부장관이 정하여 고시하는 희귀난치성질환 또는 중증질환(이하 "희귀난치성질환등"이라 한다)을 가진 사람, 희귀난치성질환등 외의 질환으로 6개월 이상 치료를 받고 있거나 6개월 이상 치료가 필요한 사람 또는 18세 미만의 아동을 말한다.(국민건강보험법 시행령 [별표 2] 제3호 라목 1)부터 10)까지 외의 부분 전단)

✓ **상이자와 유사한 자의 범위**(소통 51－107…1)

상이자 및 이와 유사한 사람에서 "이와 유사한 사람"이라 함은 국가유공자 등 예우 및 지원에 관한 법률 시행령 [별표 3]에 규정한 상이등급구분표에 게기하는 상이자와 같은 정도의 신체장애가 있는 자를 말한다.

✓ **항시치료를 요하는 중증환자의 범위**(소통 51－107…2)

"항시 치료를 요하는 중증환자"라 함은 지병에 의해 평상시 치료를 요하고 취학·취업이 곤란한 상태에 있는 자를 말한다.

✓ **장애인에 해당하는 사례**

- 만성성신부전증환자(소득 46011－4652, 1995.12.21.)
- 암환자(소득 46011－3517, 1996.12.28.)
- 고엽제후유의증환자(소득 46011－2812, 1997.11.1.)

(2) 제출증명서류

장애인공제를 받으려는 때에는 다음의 서류를 제출하여야 한다. 그리고 장애인으로서 해당 장애의 상태가 1년 이상 지속될 것으로 예상되는 경우 그 장애기간이 기재된 장애인증명서를 제출한 때에는 그 장애기간 동안은 이를 다시 제출하지 아니하여도 된다. 다만, 그 장애기간 중 납세지 관할세무서 또는 사용자를 달리하게 된 때에는 장애인증명서를 제출하여야 한다.(소령 107조 ②, 2025.2.28. 개정, ③)

구 분	제출서류
장애인 복지법에 따른 장애인	장애인등록증 또는 장애인수첩 사본 등
장애아동 복지지원법에 따른 장애아동으로서 발달재활서비스를 지원받고 있는 사람	발달재활서비스 이용을 증명하는 서류* (소령 107조 ②, 2025.2.28. 개정)
국가유공자 등 예우 및 지원에 관한 법률에 따른 상이자	국가보훈처가 발행한 증명서
기타 장애인	장애인증명서(소득세법 시행규칙 별지 제38호 서식)

* 2026.1.1. 이후 연말정산을 하거나 종합소득과세표준 확정신고를 하는 경우부터 적용한다.(2025.2.28. 영 부칙 10조)

PART 4

맞벌이 부부의 의료비적용 예시[2)]

동거가족

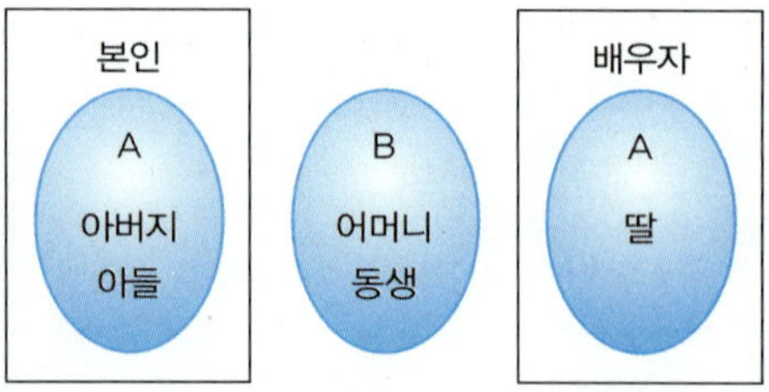

A : 기본공제요건 모두 충족
B : 기본공제요건 중 나이 및 소득금액요건 미충족
* 부모님의 경우'주거형편상의 별거'에 해당하고, 해당 의료비는 본인이 부담했다고 가정함

근로자 본인의 의료비 공제 판단

지출대상자	공제	비　　고
본인	○	
배우자	○	본인의 실제 지출금액
아버지	○	
어머니	△	본인 및 배우자 선택가능 (본인이 공제받는 경우 배우자는 공제불가능)
동생	△	
아들	○	
딸	×	배우자의 기본공제 대상자임

- 어머니, 동생과 같이 「나이 요건 및 소득금액요건」을 충족하지 못해 기본공제를 받지 못하는 직계비속·형제자매 또는 직계존속에게 지출한 의료비도 본인이 의료비공제를 받을 수 있다.
  다만, 맞벌이부부의 경우 배우자를 위해 지출한 의료비에 대해 근로자 본인이 공제받을 수 있으나. 배우자가 기본공제를 받고 있는 부양가족의 의료비는 근로자본인이 공제받을 수 없고 기본공제를 신청한 배우자가 공제받을 수 있다.
- 다른 거주자의 기본공제를 적용받는 부양가족을 위해 지출한 의료비는 공제대상이 아닌 것이다.(재소득-649, 2006.10.24.)

2) 차재영·박교원, 2011, 연말정산실무, 씨에프오아카데미, p. 216

저자TIP 근로자가 부모를 위해 각각 지출한 의료비공제 여부

구 분			공제 여부	비 고
생계를 같이 하는 경우	父	소득금액이 100만원 초과	○	나이, 소득금액의 제한 없으므로
	母	父의 기본공제대상자로 신청	×	父의 기본공제대상자이므로
	父	소득금액이 100만원 초과	○	나이, 소득금액의 제한 없으므로
	母	근로자의 기본공제대상자로 신청	○	근로자의 기본공제대상자이므로
	父	소득금액이 결손(−)인 경우	○	나이, 소득금액의 제한 없으므로
	母	父의 기본공제대상자로 신청[*1]	×[*1]	父의 기본공제대상자이므로
생계를 같이 하지 않는 경우	父	소득금액이 100만원 초과	○	나이, 소득금액의 제한 없으므로
	母	父의 기본공제 대상자로 신청	×	父의 기본공제대상자이므로
	父	소득금액이 100만원 초과	○	나이, 소득금액의 제한 없으므로
	母	근로자의 기본공제대상자로 신청[*2]	○	근로자의 기본공제대상자이므로
	父	소득 없어 근로자가 부양함[*2]	○	근로자의 기본공제대상자이므로
	母	소득 없어 근로자가 부양함[*2]	○	근로자의 기본공제대상자이므로

*1. 근로자가 부(父)의 사업소득금액이 결손임을 예상하여 모(母)를 근로자 본인의 기본공제대상자로 신청한 경우(소령 106조 ①)는 의료비공제 가능함

*2. 근로자가 실질적으로 부양하면 근로자의 기본공제대상자에 해당함

(2) 공제요건

1) 공제대상자의 범위

① 근로소득이 있는 거주자

근로소득이 있는 거주자(일용근로자는 제외)가 기본공제대상자(나이 및 소득의 제한을 받지 아니한다)를 위하여 지급한 의료비에 한한다.(소법 59조의4 ②)

② 조세특례제한법상 성실사업자(조특법 122조의3, 조특령 117조의3)

㉠ 조세특례제한법상 성실사업자의 범위

소득세법상 성실사업자(☞ 소법 118조의8)로서 다음의 요건을 모두 갖춘 자(이하 "조세특례제한법상 성실사업자"라 한다) 또는 성실신고확인대상사업자로서 성실신고확인서를 제출한 자가 의료비를 2026.12.31.이 속하는 과세연도까지 지출한 경우 그 지출한 금액의 15%(미숙아 및 선천성이상아 의료비는 20%, 난임시술비는 30%)에 해당하는 금액을 해당 과세연도의 소득세[사업소득(부동산임대업에서 발생하는 소득 포함)에 대한 소득세만 해당한다]에서 공제한다.(조특법 122조의3 ①, 2023.12.31. 개정)

➲ 2023.1.1. 전에 의료비, 난임시술을 위한 비용을 지출한 경우로서 2023.1.1. 이후 종합소득

PART 4

과세표준을 확정신고하거나 소득세를 결정하는 경우에도 적용한다.(2022.12.31. 조특법 부칙 6조)

이 경우 의료비 세액공제금액(교육비 세액공제금액 포함)과 월세세액공제금액의 합계액이 해당 사업자의 해당 과세연도의 소득세를 초과하는 경우 그 초과금액은 없는 것으로 한다.(조특법 122조의3 ④, 2014.12.23. 신설)

ⓐ 해당 과세기간의 수입금액으로 신고한 금액이 직전 3개 과세기간의 연평균수입금액(과세기간이 3개 과세기간에 미달하는 경우에는 사업의 개시일이 속하는 과세기간과 직전 과세기간의 연평균수입금액을 말한다)의 50%를 초과할 것(조특법 122조의3 ① 2, 2017.12.19. 개정)

ⓑ 해당 과세기간 개시일 현재 2년 이상 계속하여 사업을 경영할 것(조특법 122조의3 ① 3, 2017.12.19. 개정)

ⓒ 다음의 요건에 해당할 것(조특법 122조의3 ① 4, 조특령 117조의3 ④)

㉮ 해당 과세기간의 법정신고 납부기한 종료일 현재 국세의 체납사실이 없을 것

㉯ 해당 과세기간의 법정신고 납부기한 종료일 현재 최근 3년간 조세범으로 처벌받은 사실이 없을 것

㉰ 부가가치세법 및 소득세법에 따른 사업자가 해당 과세기간의 법정신고 납부기한 종료일 현재 최근 3년간 다음 중 하나에 해당하지 아니할 것(조특령 117조의3 ④ 3)

- 세금계산서를 교부하지 아니하거나 허위기재하여 교부한 경우
- 매출처별세금계산서합계표를 허위기재하여 제출한 경우
- 세금계산서를 교부받지 아니하거나 허위기재의 세금계산서를 교부받은 때 또는 허위기재한 매입처별세금계산서합계표를 제출한 경우
- 재화 및 용역을 공급하지 아니하고 세금계산서 또는 계산서를 교부하거나 교부받은 경우
- 재화 및 용역을 공급하지 아니하고 매출·매입처별세금계산서합계표 또는 매출·매입처별계산서합계표를 허위기재하여 제출한 경우

㉱ 해당 과세기간의 개시일 현재 직전 3개 과세기간에 대한 세무조사 결과 과소신고한 소득금액이 경정된 해당 과세기간 소득금액의 10% 미만일 것

소득세법상 성실사업자의 범위(소법 59조의4 ⑨, 소령 118조의8)

소득세법상 성실사업자는 다음의 요건을 모두 갖춘 사업자를 말한다.

(1) 다음 중 하나에 해당하는 사업자일 것

① 신용카드가맹점 및 현금영수증가맹점으로 모두 가입한 사업자
다만, 다음의 사업자는 제외한다.

㉠ 신용카드의 결제를 거부하거나 신용카드매출전표를 사실과 다르게 발급함으로써 관할 세무서장으로부터 해당 사실을 통보받은 경우

㉡ 현금영수증의 발급을 거부하거나 사실과 다르게 발급함으로써 관할 세무서장으로부터 해당 사실을 통보받은 경우

㉢ 현금영수증가맹점으로 가입한 전문직 사업자가 건당 거래금액(부가가치세액을 포함) 10만원 이상의 대금을 현금으로 받고 현금영수증을 발급하지 않음으로써 관할 세무서장으로부터 해당 사실을 통보받은 경우

② 다음 중 하나에 해당하는 사업자(소칙 58조의2)

㉠ 조세특례제한법 제5조의2 제1호에 따른 전사적(全社的) 기업자원관리설비 또는 유통산업발전법에 따른 판매시점정보관리시스템설비를 도입한 사업자

㉡ 영화 및 비디오물의 진흥에 관한 법률에 따라 설립된 영화진흥위원회가 운영하는 영화상영관입장권통합전산망에 가입한 사업자

㉢ 전자상거래사업을 영위하는 사업자로서 다음 중 하나에 해당하는 사업자

ⓐ 여신전문금융업법에 따른 결제대행업체를 통해서만 매출대금의 결제가 이루어지는 사업자

ⓑ 납세지 관할 세무서장에게 신고한 사업용 계좌를 통해서만 매출대금의 결제가 이루어지는 사업자

ⓒ 위 'ⓐ 및 ⓑ'의 방식으로만 매출대금의 결제가 이루어지는 사업자

㉣ 지방자치단체의 장의 주관 하에 수입금액이 공동으로 관리·배분되는 버스운송사업을 영위하는 사업자

㉤ 부가가치세법 제21조(☞ 영세율이 적용되는 수출하는 재화)에 따른 수출에 의해서만 거래가 이루어지는 사업자

㉥ 납세지 관할 세무서장에게 신고한 사업용계좌를 통해서만 매출 및 매입대금의 결제가 이루어지는 사업자

㉦ 부가가치세법 시행령 제42조에 따른 인적용역을 제공하고 그 수입금액이 원천징수되는 사업자
이때 성실사업자에 해당하는 사업자가 해당 과세기간 동안 계속하여 그 사업을 영위하고 있는 경우에는 위 '①'의 요건을 충족한 것으로 판정한다.

PART 4

(2) 장부를 비치·기록하고, 그에 따라 소득금액을 계산하여 신고할 것(추계조사결정이 있는 경우 해당 과세기간을 제외한다)

(3) 사업용계좌를 신고하고, 해당 과세기간에 사업용계좌를 사용하여야 할 금액의 3분의 2 이상을 사용할 것

다음의 구분에 따른 요건을 충족하는 경우에는 해당 과세기간 동안 사업용계좌의 신고의 요건을 갖춘 것으로 판정한다.(소칙 58조의3 ③)

① 복식부기의무자 : 다음 중 하나에 해당하는 경우

㉠ 복식부기의무자에 해당하는 과세기간의 개시일부터 6월 이내에 사업용계좌가 신고되어 있는 경우

㉡ 위 '㉠' 외의 경우로서 직전 과세기간에 사업용계좌를 신고한 경우

② 위 '①' 외의 사업자 : 해당 과세기간의 종료일 6월 이전에 사업용계좌가 신고되어 있는 경우

㉡ 의료비공제액의 계산

의료비 공제금액을 계산하는 경우 "총급여액"은 "사업소득금액"으로 한다.(조특법 122조의3 ②)

㉢ 의료비세액공제액의 추징

의료비공제를 적용받은 사업자가 다음 중 하나에 해당하는 경우에는 공제받은 금액에 상당하는 세액을 전액 추징한다.(조특법 122조의3 ⑤, 2014.12.23. 항번개정)

이때 세액이 추징된 사업자에 대해서는 추징일이 속하는 다음 과세기간부터 3개 과세기간 동안 의료비공제를 적용하지 아니한다.(조특법 122조의3 ⑥, 2014.12.23. 항번개정)

ⓐ 해당 과세기간에 대하여 과소신고한 수입금액이 경정(수정신고로 인한 경우를 포함)된 수입금액의 20% 이상인 경우

ⓑ 해당 과세기간에 대한 사업소득금액 계산시 과대계상한 필요경비가 경정(수정신고로 인한 경우를 포함)된 필요경비의 20% 이상인 경우

개정 2024.12.31.

➲ 2025.1.1.부터 시행한다.(2024.12.31. 조특법 부칙 1조)

㉢ 의료비세액공제액의 추징

의료비세액공제를 적용받은 사업자가 해당 과세기간에 대하여 과소 신고한 사업소득금액이 경정(수정신고로 인한 경우를 포함)된 사업소득금액의 10%(성실사업자는 20%) 이상인 경우에는 공제받은 금액에 상당하는 세액을 전액 추징한다.(조특법 122조의3 ⑤, 2024.12.31. 개정)

조특법상 성실사업자로서 의료비·교육비공제를 받는 경우 농어촌특별세와 최저한세 적용 여부

(1) 조특법상 성실사업자로서 의료비·교육비공제를 받는 경우에는 농어촌특별세를 납부하여야 한다.
(2) 최저한세의 적용을 받는다.

2) 공제대상 의료비의 범위

① 근로자가 직접 부담하는 다음의 의료비에 해당되어야 한다.(소령 118조의5 ①)

㉠ 진찰·치료·질병예방을 위하여 의료법 제3조에 따른 의료기관에 지급하는 비용(건강진단비 포함)

㉡ 치료·요양을 위하여 약사법 제2조에 따른 의약품(한약 포함)을 구입하고 지급하는 비용

㉢ 장애인 보장구 및 의사·치과의사·한의사 등의 처방에 따라 의료기기(의료기기법 제2조 제1항에 따른 의료기기)를 직접 구입 또는 임차하기 위하여 지출한 비용

장애인용보장구의 범위(조특령 105조 ②, 조특칙 47조의4, [별표 9의2] 2021.3.16. 조번개정)

➲ 2020.7.1. 이후 재화를 공급하는 분부터 적용한다.(2020.3.13. 조특칙 8조)

1. 장애인·노인등을 위한 보조기기 지원 및 활용촉진에 관한 법률 제3조 제2호 및 같은 법 시행규칙 제2조에 따른 보조기기로서 장애인용으로 특별히 제작된 다음 각 목의 것
   가. 팔 의지(義肢), 다리의지(義肢)
   나. 수동휠체어, 전동휠체어
   다. 청각보조기기(청각보조기용 액세서리를 포함)
   라. 점자 교육용 보조기기
   마. 점자 읽기자료
   바. 휴대용 점자 기록기
   사. 프린터(점자프린터로 한정한다)
   아. 표준 네트워크 전화기(청각 장애인용 골도전화기로 한정한다)
   자. 특수 출력 소프트웨어
   차. 특수키보드
   카. 컴퓨터 포인팅용 장치
   타. 다리 보조기
   파. 척추 및 머리보조기
   하. 팔 보조기

거. 보행용 막대기 및 지팡이
너. 촉각 막대기 또는 흰 지팡이
더. 팔꿈치 목발
러. 아래팔 목발
머. 겨드랑이 목발
버. 양팔 조작형 보행용 보조기기
서. 욕창방지 방석 및 커버
어. 욕창 예방용 등받이 및 패드
저. 와상용 욕창 예방 보조기구
처. 침대 및 침대장비(욕창방지용으로 한정한다)
커. 대소변 흡수용 보조기구
터. 비디오 자막 및 자막 텔레비전 해독기(국가·지방자치단체 또는 「방송법」 제90조의 2에 따라 설립된 시청자미디어재단이 시·청각장애인에게 무료로 공급하기 위하여 구매하는 것으로 한정한다)
퍼. 시각 신호 표시기
허. 음성 출력 읽기 자료
고. 영상 확대 비디오 시스템

2. 의료기기법 제2조에 따른 의료기기로서 장애인용으로 특수하게 제작되거나 제조된 다음 각 목의 것
가. 보청기
나. 인공달팽이관장치(연결사용하는 외부 장치 및 배터리를 포함)
다. 인공후두

의료기기법 제2조 제1항의 규정에 따른 의료기기

이 법에서 "의료기기"란 사람이나 동물에게 단독 또는 조합하여 사용되는 기구·기계·장치·재료·소프트웨어 또는 이와 유사한 제품으로서 다음 각 호의 어느 하나에 해당하는 제품을 말한다. 다만, 약사법에 따른 의약품과 의약외품 및 장애인복지법 제65조에 따른 장애인보조기구 중 의지(義肢)·보조기(補助器)는 제외한다.(2018.12.11. 개정)

1. 질병을 진단·치료·경감·처치 또는 예방할 목적으로 사용되는 제품
2. 상해(傷害) 또는 장애를 진단·치료·경감 또는 보정할 목적으로 사용되는 제품
3. 구조 또는 기능을 검사·대체 또는 변형할 목적으로 사용되는 제품
4. 임신을 조절할 목적으로 사용되는 제품

➲ 장애인을 위한 보장구를 의료기관이 아닌 곳(예 : 의료기상사)에서 구입한 것도 공제대상이다.

➲ 장애인 또는 65세 이상자가 사용하는 보청기 구입비는 장애인 또는 65세 이상자 의료비에

해당하며, 장애인 및 65세 이상자가 아닌 자의 보청기 구입비는 일반 의료비에 해당한다.

➲ 의안은 '장애의 보정'에 사용하는 제품으로 의료기기에 해당한다.

㉣ 시력보정용 안경 또는 콘택트렌즈 구입을 위하여 지출한 비용으로서 기본공제대상자(연령 및 소득금액의 제한을 받지 아니한다) 1인당 연 50만원 이내의 금액

㉤ 보청기 구입을 위하여 지출한 비용

㉥ 노인장기요양보험법 제40조 제1항 및 같은 조 제3항 제3호에 따른 장기요양급여에 대한 비용으로서 실제 지출한 본인부담금(2024.2.29. 개정)

㉦ 장애인활동 지원에 관한 법률 제33조 제1항 및 같은 조 제2항 제2호에 따른 활동지원급여에 대한 비용으로서 실제 지출한 본인부담금(소령 118조의5 ① 5, 2024.2.29. 신설) ➲ 2024.2.29.이 속하는 과세기간에 지출 또는 지급하는 비용부터 적용한다.(2024.2.29. 영 부칙 10조)

㉧ 모자보건법 제2조 제10호에 따른 산후조리원에 산후조리 및 요양의 대가로 지급하는 비용으로서 출산 1회당 200만원 이내의 금액(2024.2.29 개정)

➲ '총급여액 7천만원 이하' 요건이 삭제되었으며, 2024.2.29.이 속하는 과세기간에 지출 또는 지급하는 비용부터 적용한다.(2024.2.29. 영 부칙 10조)

② 공제대상의료비 중 다음에 해당하는 자로부터 지급받은 실손의료보험금으로 지출한 의료비는 제외한다.(소령 118조의5 ①, 2019.2.12. 개정, 소령 216조의3 ⑦, 2019.2.12. 신설)

㉠ 보험업법에 따른 보험회사

㉡ 수산업협동조합법, 신용협동조합법 또는 새마을금고법에 따른 공제사업을 하는 자

㉢ 군인공제회법, 한국교직원공제회법, 대한지방행정공제회법, 경찰공제회법 및 대한소방공제회법에 따른 공제회

㉣ 우정사업본부

③ 미용·성형수술을 위한 비용 및 건강증진을 위한 의약품 구입비용은 포함하지 아니한다.(소령 118조의5 ②)

(3) 제출서류

1) 근로자의 경우

의료비지급명세서를 제출하여야 하며 이 경우 다음에 해당하는 의료비영수증을 첨부하여야 한다.(소칙 58조 ① 2)

① 의료법에 따른 의료기관 및 약사법에 따른 약국에 지급한 의료비의 경우에는 국민건강보험 요양급여의 기준에 관한 규칙 제7조 제1항에 따른 계산서·영수증, 동조 제2항에 따른 진료비(약제비) 납입확인서 또는 국민건강보험법에 따른 국민건강보험공단의 이사장이 발행하는 의료비부담명세서

➲ 연말정산 간소화서비스 홈페이지(www.yesone.go.kr)에서 발급받은 「연말정산 소득·세액공제 명세서(의료비)」를 의료비영수증 대신 증빙서류로 제출할 수 있음

② 안경 또는 콘택트렌즈 구입비용의 경우에는 '사용자의 성명 및 시력교정용임을 안경사가 확인한 영수증'

③ 보청기 또는 장애인보장구 구입비용의 경우에는 사용자의 성명을 판매자가 확인한 영수증

④ 의료기기 구입비용 또는 임차비용의 경우에는 의사·치과의사·한의사의 처방전과 판매자 또는 임대인이 발행한 의료기기명이 기재된 의료비영수증

⑤ 산후조리원에 산후조리 및 요양의 대가로 지급하는 비용의 경우에는 사용자의 성명을 산후조리원이 확인한 영수증(2020.3.13. 신설)

⑥ 미숙아 및 선천성이상아를 위하여 지급한 의료비의 경우에는 의료법 제17조에 따른 진단서 또는 증명서와 위 '①부터 ④까지'의 서류 중 해당되는 서류(2022.3.18. 신설)

⑦ 난임시술을 위하여 지출한 비용의 경우에는 의료법 제17조에 따른 진단서 또는 증명서와 위 '①부터 ④까지'의 서류 중 해당되는 서류(2022.3.18. 신설)

실제 지출한 의료비와 차이나는 경우

① 연말정산용 세액공제 내역서 상의 의료비 중 본인부담이 아닌 금액, 입사 전 지출금액 등 세액공제대상이 되지 않는 지출액이 포함된 경우에는 그 금액을 차감하고 세액공제를 신청하여야 한다.

② 국세청 발급 연말정산용 세액공제 내역서와 실제 지출한 의료비금액이 차이가 있는 경우에는 누락된 세액공제 증명자료를 의료기관 등으로부터 추가로 발급받아 세액공제를 신청하여야 한다.

2) 원천징수의무자의 경우

원천징수의무자는 근로소득세액 연말정산을 할 때 특별세액공제 대상이 되는 의료비가 있는 근로자에 대해서는 근로소득지급명세서를 제출할 때에 해당 근로자의 「의료비지급명세서」가 전산처리된 테이프 또는 디스켓을 관할 세무서장에게 제출하여야 한다.(소령 118조의5 ③, 2014.2.21. 신설)

3) 조세특례제한법상 성실사업자의 경우

의료비공제를 받으려는 경우에는 소득세 과세표준확정신고를 할 때 「의료비지급명세서」(별지 제43호 서식)와 「의료비부담명세서」(별지 제43호의2 서식)를 제출하여야 한다.(조특칙 52조의2, 소칙 101조 17)

(4) 사 례

1) 공제되는 의료비 사례

① 의료법에 의한 의료기관에 지출한 보철, 의치(틀니)비용은 공제대상의료비에 해당됨

② 임신 중 초음파·양수검사비, 출산관련 분만비용, 질병예방을 위한 근시 교정시술비·스케일링비용은 공제대상 의료비에 해당됨

③ 근로소득자가 선천성구순열(언청이)수술을 위하여 의료기관에 지출하는 수술비 등은 의료비공제를 받을 수 있음(법인 46013-3443, 1996.12.11.)

④ 불임으로 인한 인공수정시술을 받은 경우에는 그에 따른 검사료, 시술비 등도 공제대상의료비에 포함되는 것임(법인 46013-2394, 2000.12.16.)

⑤ LASIK(레이저각막절삭술) 수술비용은 공제대상 의료비에 해당되는 것임(재경부소득 46073-203, 2000.12.28.)

⑥ 공제대상 의료비는 근로자가 치료를 목적으로 의료기관에 부담한 비용이므로, 보험급여와 비급여 관계없이 근로자가 부담한 치료목적의 의료비(예 : 제왕절개수술시 맞은 진통제)는 공제대상에 해당하는 것임

⑦ 의료기관에 지출하는 건강진단을 위한 비용, 예방접종비, 식대, 응급환자 이송비용, 무통분만비, 정관(포경)수술비용은 공제대상에 해당함

⑧ MRI촬영비가 진료, 질병예방 목적으로 의료기관에 지급된 경우에는 의료비공제 대상임

2) 잘못된 의료비공제 사례

① 근로자가 보험회사로부터 수령한 보험금으로 지급한 의료비(서면1팀-1334, 2005.11.3.)

② 의료법 제3조에 규정하는 의료기관에 해당되지 아니하는 외국의 의료기관에 지출한 의료비 및 장애인의 언어재활을 위한 사설학원비를 공제한 경우

③ 실제 부양하지 아니하는 직계존속이나 생계를 같이하지 아니하는 형제자매의 의료비를 공제한 경우

④ 의료비 지출액 중 근로자의 총급여액의 3%를 차감하지 않고 의료비 총액을 공제한 경우

⑤ 백지영수증을 받아 금액을 임의로 기재하여 실제 지출액을 초과하여 의료비 공제한 경우

⑥ 의료기관에서 교부받은 간이영수증을 제출하여 의료비를 공제한 경우

⑦ 환자명·질병명 및 의사나 약사의 확인날인이 없는 영수증을 제출하여 의료비 공제한 경우

⑧ 간병인에게 개인적으로 지급한 비용을 의료비 공제한 경우

⑨ 소득이 있는 아버님의 기본공제대상자인 어머님의 의료비를 근로자인 본인이 납부하고 의료비 공제한 경우

⑩ 제대혈보관비용, 진단서발급비용을 의료비 공제한 경우

⑪ 해당연도에 지출되지 아니한 미지급된 의료비를 공제한 경우

⑫ 건강기능식품에 관한 법률에 의한 건강기능식품을 구입하고 지급하는 비용을 의료비 공제한 경우

✓ **회사가 근로자 및 근로자 가족에게 지급한 건강검진비 지원금액은 의료비 공제대상에 포함됨**(서면원천 2024-199, 2024.3.28.)

✓ **건강검진 결과에 따라 복부 지방흡입수술을 실시한 의료비가 연말정산시 의료비 세액공제대상에 해당하는지 여부**

의료비 세액공제의 적용대상이 되는 의료비는 소득세법 시행령 제118조의5 제1항 각 호의 어느 하나에 해당하는 의료비의 경우를 의미하는 것이나, 질의인이 지출한 의료비가 이에 해당하는지 여부는 시술이나 수술의 목적 등 제반관계를 종합적으로 고려하여 사실판단할 사항임(사전법규소득 2021-1872, 2022.1.18.)

✓ **성실사업자 사망 이후 신고시 의료비 등 공제 가능 여부**

[사실관계]

- 2014.8.5. 공동사업장의 구성원 A 사망
- 2015.2.28. A의 상속인은 소득세법 제74조 과세표준 확정신고의 특례에 따라 확정신고함

[질의]

성실신고확인대상사업자인 공동사업장의 구성원 A가 사망하여 5.1. 이전 과세표준 확정신고를 한 경우 의료비 등 공제 가능 여부

[회신]

귀 질의의 경우, 성실신고확인대상사업자인 공동사업장의 구성원이 사망함에 따라 소득세법 제74조 제1항에 의거하여 과세표준 확정신고한 경우, 조세특례제한법 제122조의3 성실사업자에 대한 의료비 등 공제가 불가한 것임(서면소득 2015-176, 2015.5.12.)

저자TIP 성실사업자인 공동사업자의 구성원 사망에 따른 신고시 의료비나 교육비 세액공제가 안되는 이유

성실신고확인대상에 해당하는 공동사업장(구성원 A, B, C)의 구성원 A가 사망하여 연도 중에 과세표준 확정신고를 하는 경우 사망일까지의 가결산에 따른 배분 금액으로 신고를 할 수 밖에 없는데, 「성실신고확인서」는 공동사업장의 과세기간 종료일 현재의 재무제표를 기준으로 작성하여야 하므로 연도 중 신고자에 대해서는 「성실신고확인서」를 작성하여 제출할 수 없다. 의료비나 교육비세액공제의 요건이 '「성실신고확인서」의 제출'이므로 이러한 세액공제를 받을 수 없는 경우가 발생하는 것이다.

✓ **부양가족이 연도말 사망하여 의료비가 익년 수납된 경우 사망연도에 의료비세액공제 가능여부**

12월31일 사망한 기본공제대상자였던 부양가족의 의료비를 익년에 지출한 경우 해당 의료비는 지출한 과세연도 귀속 근로소득에 대한 연말정산시 공제대상 의료비에 포함하는 것임(사전법령해석소득 2019-46, 2019.2.15.)

의료비 세액공제 관련 문답사례(국세청)

Q 국세청에서 발행하는 근로소득자 소득공제증빙서류상 금액이 실제 지출한 의료비 금액보다 훨씬 적은금액인데 소득공제를 받으려면 어떻게 해야 되는지?

A 의료기관 등이 국세청에 자료를 제출하지 않았거나 본인이 법에 따라 자료가 국세청에 제출되는 것을 거부하는 경우 등의 사유로 국세청홈택스 > 연말정산 > 연말정산 간소화에서 발급한 근로자 소득·세액공제증빙서류와 실제 지출한 의료비금액에 차이가 있을 수 있음.

이와 같이, 국세청홈택스 > 연말정산 > 연말정산 간소화에 있는 의료비 금액이 부족하거나 누락된 경우에는 해당 병의원 또는 약국 등에서 정확한 영수증을 발급받아 소득·세액공제신고서의 「기타」 자료란에 기재하여 이를 소속 회사에 제출하면 공제를 받을 수 있는 것임

Q 형님의 부양가족공제를 받고 있는 부모님의 수술비를 차남인 제가 부담한 경우 의료비공제를 제가 받을 수 있는지?

A 의료비공제를 받을 수 없음. 본인의 기본공제대상(연령 및 소득금액 제한 없음)이 아닌 직계존속에 대한 의료비는 공제대상이 아니며, 형님의 경우에도 직계존속의 의료비를 부담하지 않았으므로 의료비 공제를 받을 수 없는 것임

Q 맞벌이부부의 경우 남편이 어머니에 대하여 기본공제를 받고, 어머니의 의료비를 아내가 지출하였을 경우 의료비를 지출한 아내가 의료비공제를 받을 수 있는지?

A 의료비공제는 근로자 본인의 기본공제대상자를 위하여 지출한 비용에 한하여 공제가 가능하므로, 아내가 기본공제대상자가 아닌 어머니를 위하여 지출한 의료비는 공제받을 수 없으며. 또한 남편의 경우 어머니의 의료비를 지출하지 아니하였으므로 의료비공제를 받을 수 없는 것임

Q 기본공제대상자(연령 및 소득제한 없음)를 위하여 실제 부담한 의료비 중 연령 및 소득의 제한이 없다는 것의 의미는 무엇인지?

A 기본공제 요건 중 연령이나 소득금액 요건이 충족되지 않아도 근로자가 생계를 같이하면서 지출한 의료비는 공제가 가능하다는 의미임

- 예를 들어, 소득금액이 100만원을 초과하거나 연령이 20세를 초과하는 직계비속·형제자매라 할지라도 근로자와 생계를 같이하는 경우에는 근로자가 당해 직계비속·형제자매를 위하여 지출한 의료비를 공제받을 수 있는 것임

Q 국민건강보험공단에서 부당이득금(중대한 과실로 인한 치료시 보험으로 치료받은 부분에 대해 나중에 청구하는 금액)으로 환수하는 금액이 의료비공제 대상인지?

A 국민건강보험법 제48조 규정의 보험급여의 제한사유(고의로 사고를 발생시킨 때 등)에 해당되어 보험자(국민건강보험공단)가 피보험자로부터 징수하는 금액은 공제대상 의료비에 해당하는 것임

PART 4

Q 연도 중에 장애인 판정시 판정일 이후 지출분만 장애인의료비로 보는지?

A 장애인으로 판정되면 장애인등록 전에 지출한 의료비도 장애인의 의료비로 공제받을 수 있는 것임

Q 자폐증 치료 때문에 언어치료 특수교육원에 지급하는 비용이 의료비공제 대상인지?

A 언어치료 자격증 소지자 등이 운영하는 특수교육원에 지출한 비용이라도 해당 교육원이 의료법에 의한 의료기관에 해당되지 않은 경우에는 의료비공제대상에 해당하지 않는 것임

Q 간병비도 의료비공제 대상이 되는지?

A 공제받을 수 없음. 일반적으로 간병비의 경우 의료기관에서 간병인을 고용하여 간병용역을 환자에게 제공하는 것이 아니라, 의료기관이 간병인을 소개시켜주는 역할만 하게 되므로 간병인에 대한 지출비용은 의료비공제대상에 해당하지 아니함

Q 병원비에 포함되어 지급된 간병비는 의료비공제를 받을 수 있는지?

A 의료비영수증에 간병비가 포함되어 발급된 경우에도 의료비에 해당되지 아니하는 별개의 비용으로서, 단순히 수납의 편의상 통합하여 수납하는 것에 지나지 않는 것이므로 의료비 공제대상이 아닌 것임

Q 진단서 발급비용도 의료비공제가 되는지?

A 진단서 발급비용은 의료비 공제대상에 해당하지 아니함

Q 의료비를 신용카드(현금영수증)로 계산하면 의료비공제와 신용카드공제를 모두 적용받을 수 있는지?

A 2008년 연말정산분부터는 의료비를 신용카드 등으로 계산하는 경우에도 의료비공제와 신용카드 등 사용금액에 대한 소득공제를 모두 적용받을 수 있음

Q 입원 환자의 식사대를 병원이 아닌 식당에서 별도로 영수증을 받았는데 의료비공제 대상인지?

A 식당에서 별도의 영수증으로 받은 환자에 대한 식대는 의료비공제 대상에 해당하지 아니함. 반면, 의료비에 포함하여 청구된 환자의 식대가 의료기관에 납부된 경우에는 의료비공제를 받을 수 있는 것임

Q 약국에서 구입하는 것은 모두 의료비 공제가 가능한지?

A 의약품 구입비용만 의료비공제를 받을 수 있음

- 치료·요양을 위하여 「약사법」 제2조 규정에 의한 의약품(한약 포함)을 구입하고 지급하는 비용은 의료비공제대상이 되는 것임
- 처방전이 없는 의약품의 경우에도 치료·요양 등의 목적이고 국민건강보험요양급여의 기준에 관한 규칙 제7조의 규정에 의한 약제비 계산서·영수증(별지 제10호, 제11호 서식)을 첨부하면 의료비공제가 가능함
- 다만, 약사법에 의한 의약품이 아닌 건강증진제, 보조식품 등은 공제대상이 아닌 것임

Q 아버지가 연도 중에 노환으로 사망하셨는데 치료 및 장례와 관련하여 병원에 지급한 비용에 대해서 의료비 공제가 가능한지?

A 사망일 전일 현재 기본공제대상자(연령 및 소득금액 제한 없음)에 해당하는 자를 위하여 지출한 의료비에 대하여는 의료비공제를 받을 수 있으나, 장례비로 지출한 금액은 의료비공제 대상이 아닌 것임

Q 의료기기 구입·임차비용에 대한 공제에서 의료기기의 범위 및 공제 신청시 필요한 서류는 무엇인지?

A 의료기기 구입 및 임차비용에 대한 의료비 세액공제를 받기 위해서는 의사·치과의사·한의사의 처방전과 판매자 또는 임대인이 발행하고 의료용구명이 기재된 의료비영수증을 제출하여야 하는 것임

Q 아이(장애인 아님)가 안짱다리가 심해서 교정기(보조기구)를 구입하게 되었는데 의료보조기 구입시에도 의료비공제가 가능한지?

A 장애인이 아닌 자의 교정기(보조기구)의 구입비용은 의사, 한의사 등의 처방에 따라 약국 또는 의료기 판매회사 등에서 직접구입 또는 임차하기 위하여 지급한 것만 공제대상 의료비에 해당하는 것임

소득세법 시행규칙[별지 제43호 서식](2025.3.21. 개정)

■ 소득세법 시행규칙 [별지 제43호서식] 〈개정 2023. 3. 20.〉

의료비지급명세서

소득자 인적사항	
① 성 명	② 주민등록번호 (또는 외국인등록번호)
③ 상 호	④ 사업자등록번호

(　　　)년 의료비 지급명세

의료비 공제 대상자		지급처			지급명세			
⑤ 주민등록번호	⑥ 본인 등 해당 여부	⑦ 사업자등록번호	⑧ 상호	⑨ 의료 증빙 코드	⑩ 건 수	⑪ 금 액	⑫ 미숙아·선천 성 이상아 해당 여부	⑬ 난임시술 비 해당 여부
-		- -						
-		- -						
-		- -						
-		- -						
-		- -						
-		- -						
-		- -						
-		- -						
-		- -						
		합 계						

「소득세법」 제59조의4와 같은 법 시행령 제113조제1항 및 제118조의5제3항에 따라 의료비를 공제받기 위하여 의료비지급명세서를 제출합니다.

년　　월　　일

제출자　　　　(서명 또는 인)

세무서장 귀하

첨부서류	작성방법 5번란의 증빙자료 (　)매 (의료비 지급명세 순서와 일치되도록 편철합니다)

작 성 방 법

※ 의료비 공제를 받으려는 근로자는 원천징수의무자에게 이 의료비지급명세서를 제출해야 합니다.

1. ③항과 ④항은 「조세특례제한법」 제122조의3에 따른 사업자의 경우에만 적으며, 2008년 1월 1일 이후 발생하는 분부터 적용합니다.
2. 의료비 지급내용 중 의료비 공제가 가능한 내용만 적고, 같은 의료비명세를 중복하여 적을 수 없습니다.
   (예) 국세청장이 연말정산간소화서비스를 통해 제공하는 의료비자료에 포함된 금액을 별도의 진료비계산서를 첨부하여 중복으로 적는 경우
3. 본인 등 해당 여부란은 본인, 6세 이하 또는 65세 이상인 사람, 장애인 또는 건강보험 산정특례자인 경우에 "○"표시를 하며, 그 밖의 기본공제대상자인 경우에는 "×" 표시를 합니다.
4. 국세청장이 연말정산간소화서비스를 통해 제공하는 의료비자료의 경우에는 의료비 공제대상자별로 의료비 지출 합계액을 적습니다. 따라서 지급처의 사업자등록번호, 건수를 적지 않습니다.
5. 의료증빙코드란에는 공제대상자 및 지급처별로 다음의 하나만을 선택하여 적습니다.
   - 국세청장이 연말정산간소화서비스를 통해 제공하는 의료비 자료 = 1
   - 국민건강보험공단의 의료비부담명세서 = 2
   - 진료비계산서, 약제비계산서 = 3
   - 「노인장기요양보험법 시행규칙」 별지 제24호서식 장기요양급여비용 명세서 = 4
     (장기요양급여비용 명세서의 '급여 본인부담금①' 란의 금액만을 적습니다. 장기요양비급여액은 의료비공제대상이 아니므로 적는 금액에 포함할 수 없습니다)
   - 기타 의료비 영수증 = 5

   * 신용카드·현금영수증 소득공제 증명서류는 의료비 세액공제증명서류로 사용하실 수 없습니다.
6. ⑫ 미숙아·선천성이상아 해당 여부 및 ⑬ 난임시술비 해당 여부란은 의료비 지급내용이 미숙아·선천성이상아 및 난임시술비에 해당하는 경우에 각각 "○"표시를 하며, 해당하지 않는 경우에는 "×" 표시를 합니다.
7. 의료비 지급명세란이 부족할 때에는 별지로 작성합니다.

210mm×297mm[백상지 80g/㎡(재활용품)]

3 교육비 세액공제

(1) 공제요건

1) 공제대상자의 범위 및 공제세액

① 근로소득이 있는 거주자

근로소득이 있는 거주자(일용근로자는 제외)가 그 거주자와 기본공제대상자(나이의 제한을 받지 아니하되, 장애인의 기능향상과 행동발달을 위한 발달재활서비스를 제공하는 기관에 대해서는 과세기간 종료일 현재 18세 미만인 사람만 해당한다)인 배우자·직계비속·형제자매, 입양자 및 위탁아동을 위하여 해당 과세기간에 지급한 교육비의 15%에 해당하는 금액을 해당 과세기간의 종합소득 산출세액에서 공제한다.(소법 59조의4 ③, 2014.1.1. 개정)

따라서 직계존속과 기초수급자를 위하여 지출한 교육비는 공제받을 수 없으나, 장애인인 직계존속과 기초수급자의 재활특수교육비로 지출한 장애인교육비는 공제가능하다.

② 조세특례제한법상 성실사업자

㉠ 조세특례제한법상의 성실사업자(☞ 의료비세액공제에서의 공제요건 참조) 또는 성실신고확인대상사업자로서 성실신고확인서를 제출한 자가 교육비(직업능력개발훈련 수강료는 제외)를 2026.12.31.이 속하는 과세연도까지 지출한 경우 그 지출한 금액의 15%에 해당하는 금액을 해당 과세연도의 소득세[사업소득(부동산임대업에서 발생하는 소득 포함)에 대한 소득세만 해당한다]에서 공제한다.(조특법 122조의3 ①, 2023.12.31. 개정)

㉡ 교육비 세액공제금액(의료비 세액공제금액 포함)과 월세액 세액공제금액의 합계액이 해당 사업자의 해당 과세연도의 소득세를 초과하는 경우 그 초과금액은 없는 것으로 한다.(조특법 122조의3 ④, 2014.12.23. 신설)

㉢ 교육비세액공제액의 추징

교육비공제를 적용받은 사업자가 다음 중 하나에 해당하는 경우에는 공제받은 금액에 상당하는 세액을 전액 추징한다.(조특법 122조의3 ⑤, 2014.12.23. 항번개정)

이때 세액이 추징된 사업자에 대해서는 추징일이 속하는 다음 과세기간부터 3개 과세기간 동안 교육비공제를 적용하지 아니한다.(조특법 122조의3 ⑥, 2014.12.23. 항번개정)

ⓐ 해당 과세기간에 대하여 과소신고한 수입금액이 경정(수정신고로 인한 경우를 포함)된 수입금액의 20% 이상인 경우

PART 4

ⓑ 해당 과세기간에 대한 사업소득금액 계산시 과대계상한 필요경비가 경정(수정신고로 인한 경우를 포함)된 필요경비의 20% 이상인 경우

개정 2024.12.31.

➲ 2025.1.1.부터 시행한다.(2024.12.31. 조특법 부칙 1조)

㉢ 교육비세액공제액의 추징
교육비세액공제를 적용받은 사업자가 해당 과세기간에 대하여 과소 신고한 사업소득금액이 경정(수정신고로 인한 경우를 포함)된 사업소득금액의 10%(성실사업자는 20%) 이상인 경우에는 공제받은 금액에 상당하는 세액을 전액 추징한다.(조특법 122조의3 ⑤, 2024.12.31. 개정)

2) 공제대상 교육비의 범위

① 교육비의 범위

교육비란 다음 중 하나에 해당하는 교육비를 말한다.(소령 118조의6 ①)

㉠ 수업료·입학금·보육비용·수강료 및 그 밖의 공납금

㉡ 학교급식법, 유아교육법, 영유아보육법 등에 따라 급식을 실시하는 학교, 유치원, 어린이집, 학원의 설립·운영 및 과외교습에 관한 법률에 따른 학원 또는 체육시설(1주에 1회 이상 실시하는 과정에 한하며, 초등학교 취학 전 아동의 경우만 해당한다)에 지급한 급식비

㉢ 초·중등교육법 제2조에 따른 학교에서 구입한 교과서대금(2017.2.3. 개정)

㉣ 교복구입비용(중·고등학생만 해당하며, 학생 1명당 연 50만원을 한도로 한다)

㉤ 초·중등교육법에 따른 학교, 유아교육법에 따른 유치원, 영유아보육법에 따른 어린이집, 학원의 설립·운영 및 과외교습에 관한 법률에 따른 학원 및 체육시설(초등학교 취학 전 아동의 경우만 해당한다)에서 실시하는 방과후 학교, 방과후 과정 등의 수업료 및 특별활동비(학교 등에서 구입한 도서의 구입비와 학교 외에서 구입한 초·중·고등학교의 방과후 학교 수업용 도서의 구입비를 포함), 초·중등교육법 제2조에 따른 학교에서 교육과정으로 실시하는 현장체험학습에 지출한 비용(학생 1명당 연 30만원을 한도로 한다)(2017.2.3. 신설)

조특법상 성실사업자로서 의료비·교육비공제를 받는 경우 농어촌특별세와 최저한세 적용 여부

(1) 조특법상 성실사업자로서 의료비·교육비공제를 받는 경우에는 농어촌특별세를 납부하여야 한다.
(2) 최저한세의 적용을 받는다.

② 공제대상이 아닌 교육비

소득세 또는 증여세가 비과세되는 다음의 장학금 등(해당 과세기간에 받은 장학금 또는 학자금)은 공제하지 아니한다.(소법 59조의4 ③ 단서, 소령 118조의6 ②)

㉠ 근로복지기본법에 의한 사내근로복지기금으로부터 받은 장학금 등

㉡ 재학 중인 학교로부터 받은 장학금 등

㉢ 근로자인 학생이 직장으로부터 받은 장학금 등

㉣ 그 밖에 각종 단체로부터 받은 장학금 등

③ 부양가족(직계존속 제외) 교육비공제

부양가족(직계존속 제외)을 위하여 다음의 교육기관에 지급한 교육비만 교육비공제가 적용된다.(소법 59조의4 ③ 1)

㉠ 유아교육법, 초·중등교육법과 고등교육법 및 특별법에 따른 학교

㉡ 고등교육법 제34조 제3항의 시험 응시를 위하여 지급한 교육비(2022.12.31. 개정)

➲ 2023.1.1. 이후 교육비를 지급하는 경우부터 적용한다.(2022.12.31. 법 부칙 5조)

㉢ 평생교육법에 따라 고등학교졸업 이하의 학력이 인정되는 학교형태의 평생교육시설, 전공대학의 명칭을 사용할 수 있는 평생교육시설(이하 "전공대학"이라 한다) 및 원격대학 형태의 평생교육시설(이하 "원격대학"이라 하다)(일명 "사이버대학")(소법 59조의4 ③ 1 나, 2014.12.23. 개정)

㉣ 학위취득과정(소령 118조의6 ③, 2015.2.3. 개정)

㉤ 학점인정 등에 관한 법률 제3조 제1항에 따라 교육부장관이 학점인정학습과정으로 평가인정한 교육과정

㉥ 독학에 의한 학위취득에 관한 법률 시행령 제9조 제1항 제4호에 따른 교육과정 : 대학이 실시하는 공개강좌, 기능대학이 실시하는 기능장양성과정, 정부출연연구기관등이 실시하는 교육과정 및 기업체가 실시하는 연수과정중 원장이 지정하는 강좌 또는 연구과정을 말한다.(독학에 의한 학위취득에 관한 법률 시행령 9조 ① 4)

㉦ 국외교육기관 : 국외에 소재하는 교육기관으로서 우리나라의 유아교육법에 의한 유치원, 초·중등교육법 또는 고등교육법에 의한 학교에 해당하는 것을 말한다.(소령 118조의6 ④) 국외교육기관의 학생을 위하여 교육비를 지급하는 거주자가 국내에서 근무하는 경우에는 해당 과세기간 종료일 현재 대한민국 국적을 가진 거주자가 교육비를 지급한 학생(초등학교 취학 전 아동과 초등학생·중학생의 경우에는 다음 중 하나에 해당하는 사람으로 한정한다)에 지급한 교육만 해당한다.(소법 59조의4 ③ 1 다, 소령 118조의6 ⑤)

ⓐ 국외유학에 관한 규정 제5조의 규정에 의한 자비유학의 자격이 있는 자

PART 4

ⓑ 국외유학에 관한 규정 제15조의 규정에 의하여 유학을 하는 자로서 부양의무자와 국외에서 동거한 기간이 1년 이상인 자

➲ 영유아 및 취학전 아동에게 지출하는 국외학원교육비는 공제대상이 아님

국외유학에 관한 규정 제5조 및 제15조

제5조(자비유학자격) (2018.7.17. 개정)

① 다음 각 호의 어느 하나에 해당하는 사람으로서 외국의 교육기관·연구기관 또는 외국의 연수기관(이하 "외국의 교육기관 등"이라 한다)으로부터 입학허가 또는 초청을 받은 사람은 자비유학을 할 수 있다. 이 경우 제2호 가목에 해당하는 사람은 예·체능계 학교에, 제2호 나목 및 다목에 해당하는 사람은 해당 입상 분야 또는 기술자격 분야와 같은 분야의 학교에, 제2호 라목에 해당하는 사람은 해당 특수교육분야의 학교로 한정하여 자비유학을 할 수 있다.

1. 중학교 졸업 이상의 학력이 있거나 이와 같은 수준 이상의 학력이 있다고 인정되는 사람
2. 다음 각 목의 어느 하나에 해당하는 사람으로서 해당 학교를 관할하거나 학력인정에 관한 사무를 관장하는 교육장의 유학인정을 받은 사람
   가. 예·체능계 중학교(이에 준하는 각종학교를 포함한다. 이하 같다)의 재학생으로서 전공분야의 실기가 뛰어난 것으로 인정되어 해당 학교장이 추천한 사람
   나. 중학교의 재학생, 중학교 학적을 가졌던 사람 또는 이와 같은 수준 이상의 학력이 있다고 인정되는 사람으로서 자연과학·기술 및 예·체능 분야의 특별시·광역시·특별자치시·도·특별자치도 규모 이상의 대회에서 입상한 사람
   다. 중학교의 재학생, 중학교 학적을 가졌던 사람 또는 이와 같은 수준 이상의 학력이 있다고 인정되는 사람으로서 국가기술자격법 제9조 제1항 제1호에 따른 기술사·기능장·기사 또는 산업기사의 기술자격을 취득한 사람
   라. 장애인 등에 대한 특수교육법 제2조 제3호에 따른 특수교육대상자
3. 다음 각 목의 어느 하나에 해당하는 사람으로서 국립국제교육원장의 유학인정을 받은 사람
   가. 외국의 정부·공공단체 또는 장학단체의 장학생으로 선발된 조기교육 대상자
   나. 이 영에 따른 유학으로 외국의 학교에서 3년 이상 재학하고 귀국한 사람으로서 해당 외국의 상용어(常用語)를 사용하는 국가에 유학을 하려는 사람
   다. 대한민국의 국적을 회복한 교포였던 사람 또는 그 자녀로서 귀국 후 그가 거주하던 외국의 상용어를 사용하는 국가에 유학을 하려는 사람
   라. 고아, 다문화가족 자녀, 국가유공자 등 예우 및 지원에 관한 법률 제4조 제1항에 따른 국가유공자나 그 유족 또는 가족으로서 외국의 정부·단체 또는 친척 등으로부터 초청을 받은 사람
   마. 이 영에 따른 유학 또는 연수로 외국의 교육기관·연구기관 또는 연수기관에서 유학 또는 연수 중 병역의무의 이행, 질병이나 그 밖의 부득이한 사유로 귀국한

후 해당 기관에 복귀하기 위하여 다시 출국하기를 희망하는 사람
바. 올림픽대회 또는 아시아경기대회에서 금메달·은메달 또는 동메달을 받은 사람
② 제1항 제2호 나목에 해당하는 대회의 입상 범위는 교육장이 제13조 제1항에 따른 유학자격심사위원회의 심사를 거쳐 교육감의 승인을 받아 정한다.

제15조(유학의 특례)
외국에 1년 이상 거주하고 있는 자의 자녀 또는 손자녀 등(그 부모·조부모 또는 기타의 부양의무자와 동거할 목적으로 출국한 경우에 한한다. 이하 이 조에서 같다)이 그 부모·조부모 또는 기타의 부양의무자와 함께 체류하여 외국의 교육기관 등에 재학중인 경우 그 부모·조부모 또는 기타의 부양의무자가 귀국을 한 때에는 그 자녀 또는 손자녀 등을 이 영에 의하여 유학을 하는 자로 본다.(2014.4.8. 개정)

ⓞ 취학전 아동을 위한 영유아보육법에 따른 어린이집
ⓩ 학원의 설립·운영 및 과외교습에 관한 법률에 따른 학원
공제대상 수업료는 초등학교 취학전 아동이 학원에서 월단위로 실시하는 교습과정(1주 1회 이상 실시하는 과정에 한한다)의 교습을 받고 지출한 수강료를 말한다.(소령 118조의6 ⑦)
ⓩ 다음의 법률에 의한 체육시설
공제대상 교육비는 초등학교 취학전 아동이 다음의 체육시설에서 월단위로 실시하는 교습과정(1주 1회 이상 실시하는 과정에 한한다)의 교습을 받고 지출한 수강료를 말한다.(소령 118조의6 ⑥)
ⓐ 체육시설의 설치·이용에 관한 법률에 따른 체육시설업자가 운영하는 체육시설
ⓑ 다음의 체육시설업자가 운영하는 체육시설 : 합기도장·국선도장·공수도장 및 단학장 등 체육시설의 설치·이용에 관한 법률에 따른 체육시설업자가 운영하는 체육시설과 유사한 체육시설(민법 제32조에 따라 설립된 비영리법인이 운영하는 체육시설을 포함)을 운영하는 자로서 다음 중 하나를 교부 또는 부여받은 자를 말한다.(소칙 61조의5)
㉮ 소득세법, 법인세법 또는 부가가치세법에 따른 사업자등록증
㉯ 소득세법 제168조 제5항 또는 법인세법 시행령 제154조 제3항에 따른 고유번호
ⓒ 국가, 지방자치단체 또는 청소년활동 진흥법에 따른 청소년수련시설로 허가·등록된 시설을 운영하는 자가 운영(위탁운영을 포함)하는 체육시설

④ 거주자 본인의 교육비공제
㉠ 거주자 본인을 위하여 다음의 교육기관에 지급한 교육비만 교육비공제가 적용된

다.(소법 59조의4 ③ 2)

ⓐ 위 '③'의 교육기관(부양가족 교육비에 대한 공제대상 교육기관)

ⓑ 대학(전공대학, 원격대학 및 학위취득과정을 포함) 또는 대학원의 1학기 이상에 해당하는 교육과정과 고등교육법 제36조에 따른 시간제 과정에 지급하는 교육비

ⓒ 국민 평생 직업능력 개발법 제2조에 따른 직업능력개발훈련시설에서 실시하는 직업능력개발훈련을 위하여 지급한 수강료. 다만, 고용보험법 시행령 제43조에 따른 근로자의 직무능력 향상을 위한 지원을 받는 경우에는 이를 뺀 금액으로 한다.(소법 59조의4 ③ 2 다, 2021.8.17. 개정, 소령 118조의6 ⑧)

㉡ 공제대상 학자금 대출의 원리금상환에 지출한 교육비(소법 59조의4 ③ 2 라, 소령 118조의6 ⑨, 소칙 6조의6)

➲ ① 거주자가 학자금 대출의 원리금 상환에 지출한 교육비에 대하여 2017.1.1. 이전에 그 거주자 또는 그 거주자를 기본공제대상자(나이의 제한을 받지 아니한다)로 두고 있는 직계존속 또는 배우자 등(이하 "직계존속 등"이라 한다)이 교육비 공제를 받은 경우에는 그 공제를 받은 금액에 상당하는 금액에 대해서는 같은 개정규정을 적용하지 아니한다.(2016.12.20. 법 부칙 11조 ①)

② 위 '①'에 따른 거주자가 상환하여야 하는 학자금 대출의 원리금 상환액이 직계존속 등이 교육비 공제를 받은 금액에 상당하는 금액보다 큰 경우에는 그 거주자가 먼저 상환하였거나 상환할 학자금 대출의 원리금을 직계존속 등이 교육비 공제를 받은 금액에 상당하는 금액으로 보아 위 '①'을 적용한다.(2016.12.20. 법 부칙 11조 ②)

ⓐ 한국장학재단 설립 등에 관한 법률 제2조 제2호에 따른 취업 후 상환 학자금 대출 및 같은 조 제3호에 따른 일반 상환 학자금대출

ⓑ 농어업인 삶의 질 향상 및 농어촌지역 개발촉진에 관한 특별법 시행령 제17조 제1항 제4호에 따른 학자금 융자지원 사업을 통한 학자금 대출

ⓒ 한국주택금융공사법에 따라 한국주택금융공사가 금융기관으로부터 양수한 학자금 대출

ⓓ 위 'ⓐ부터 ⓒ까지'의 규정에 따른 학자금 대출과 유사한 학자금 대출로서 다음의 대출(소칙 61조의6, 2017.3.10. 신설)

㉮ 한국장학재단 설립 등에 관한 법률 제2조 제3호의2에 따른 전환대출

㉯ 한국장학재단 설립 등에 관한 법률 제2조 제4호의2에 따른 구상채권 행사의 원인이 된 학자금 대출

㉰ 법률 제9415호 한국장학재단 설립 등에 관한 법률 부칙 제5조에 따라 승계된 학자금 대출

㉢ 다음의 금액은 공제대상 학자금 대출의 원리금상환액에서 제외한다.

ⓐ 학자금 대출의 원리금 상환의 연체로 인하여 추가로 지급하는 금액

ⓑ 학자금 대출의 원리금 중 감면받거나 면제받은 금액

ⓒ 학자금 대출의 원리금 중 지방자치단체 또는 공공기관 등으로부터 학자금을 지원받아 상환한 금액

㉣ 국세청장은 학자금 대출의 원리금 상환에 따른 교육비가 세액공제 대상에 해당하는지 여부를 확인하기 위하여 한국장학재단 설립 등에 관한 법률 제6조에 따른 한국장학재단 또는 학자금 대출·상환업무를 수행하는 한국주택금융공사(이하 "한국장학재단 등"이라 한다)에 다음의 자료의 제공을 요청할 수 있다. 이 경우 요청을 받은 한국장학재단 등은 특별한 사유가 없으면 그 요청에 따라야 한다.(소법 59조의4 ⑦, 2016.12.20. 신설, 소령 118조의6 ⑭, ⑮, 2017.2.3. 신설)

ⓐ 연도별 학자금 대출 및 원리금 상환내역

ⓑ 교육비 공제의 적용과 관련하여 국세청장이 필요하다고 인정하는 자료

학자금대출 상환액의 공제

구분	내용
2016.12.31. 이전 학자금 대출분	• 근로자 본인이 학자금 대출을 받아 지출한 교육비를 직계존속 등이 교육비 공제를 받은 경우에는 근로자 본인이 상환하고 있는 학자금대출 원리금상환액에 대해 교육비공제를 받을 수 없음
2017.1.1. 이후 학자금 대출분	• 근로자 본인이 학자금 대출을 받아 지출한 교육비에 대해서는 근로자 본인이 재학 중에는 직계존속 등이 교육비공제를 받을 수 없고, 근로자 본인이 취업 이후 상환하는 경우에 동 학자금대출 원리금상환액에 대해 근로자 본인이 교육비공제를 받을 수 있는 것임

직업능력개발 훈련시설 확인방법

① 해당 훈련시설에 문의(시설지정서 확인)
② 고용노동부 직업훈련정보망(www.hrd.go.kr)
③ 해당 시설 관할지방노동사무소 문의

(2) 공제한도

공제요건에 해당하는 수업료 등은 다음의 금액을 한도로 한다.(소법 59조의4 ③ 1, 2, 소령 118조의6 ① 4)

<table>
<tr><th colspan="3">구 분</th><th>공제한도액</th></tr>
<tr><td rowspan="6">일반교육비</td><td colspan="2">근로자 본인을 위한 교육비</td><td>한도 없음(대학원교육비, 직업능력개발훈련수강료 포함)</td></tr>
<tr><td rowspan="5">부양가족을 위한 교육비</td><td>직계존속</td><td>공제대상 아님</td></tr>
<tr><td>취학전 아동,
초·중·고등학생</td><td>1명당 300만원
(중·고등학생 교복 구입비용 1명당 50만원 한도 포함,
초·중·고등학생 현장체험학습비 1명당 30만원 한도 포함)</td></tr>
<tr><td>대 학 생</td><td>1명당 900만원</td></tr>
<tr><td>대학원생</td><td>공제대상 아님</td></tr>
<tr><td colspan="3">장애인특수교육비(직계존속 포함)</td><td>전액</td></tr>
</table>

학생 신분이 바뀐 경우의 교육비 공제방법

구 분	공제시기
• 해당 연도 중에 취학전 아동이 초등학교에 입학한 경우	취학전·후에 각각 지급한 교육비를 합산하여 연 300만원 한도로 공제함(서면1팀-156, 2006.2.6.)
• 연도 중에 고등학생에서 대학생이 된 경우	고등학생으로서 지출한 금액 중 300만원 한도 내의 금액과, 대학생으로서 지출한 금액 중 900만원 한도 내의 금액을 합하여 900만원 한도로 공제함(서면1팀-317, 2004.3.2.)

(3) 공제반영시기

교육비공제는 근로제공기간 동안 지출한 교육비에 한하여 공제받을 수 있으며,(서면1팀-136, 2005.1. 31.) 상황별 공제반영 시기는 다음과 같다.

교육비공제 반영시기[3)]

구 분	공제반영시기
• 일반적인 경우	지출하는 연도에 교육비 공제
• 재학 중 선납교육비(9월~익년 8월분)	지출하는 연도에 교육비 공제
• 고등학교 재학시 납부한 대학교 수시입학 등록금	대학생이 된 연도에 교육비 공제
• 본인이 대학원 입학 전에 납부한 교육비	입학하여 대학원생이 된 연도에 교육비 공제
• 연말정산 후 사내근로복지기금으로 수령한 장학금	당초 연말정산시 공제받은 교육비 중 동 장학금을 차감한 금액을 교육비공제금액으로 하여 근로소득세 재정산

3) 국세청홈페이지, 2009 근로소득연말정산안내, 교육비공제

학생 신분별 공제대상 교육비

구 분	공제대상기관	공제대상 교육비
취학전 아동	유치원·보육시설 학원·체육시설	수업료, 입학금, 보육시설 수강료 및 그 밖의 공납금 ※ 유치원의 종일반 운영비 포함
초·중·고등학생	초·중·고등학교 인가된 외국인학교 인가된 대안학교	수업료, 입학금 방과후 학교수강료 (학교 등 및 학교 외에서 구입한 도서구입비) 학교급식법에 의한 급식비 학교에서 구입한 교과서대 교복구입비용(중·고생 1인당 50만원 이내) 현장체험학습비(초·중·고생 1인당 30만원 이내) 대학입학전형료, 수능시험응시료
대학생	대학교 특수학교	특별법에 의한 학교 수업료, 입학금 등

(4) 제출서류

교육비 공제를 받고자 하는 자는 다음의 서류를 제출하여야 한다.(소칙 58조 ① 3, 3의2, 3의3, 3의4, 3의5)

① 학생의 경우

㉠ 학교에서 발행한 교육비납입증명서

㉡ 학교 외에서 구입한 초·중·고등학교의 방과후 학교 수업용 도서는 방과후 학교 수업용 도서 구입 증명서(2014.3.14. 개정)

② 어린이집을 이용하는 영유아

교육비납입증명서 또는 교육비납부영수증

③ 학원 또는 체육시설을 이용하는 초등학교 취학전 아동

학원·체육시설 교육비(수강료)납입증명서

④ 법령에 의하여 자녀학비보조수당을 받은 자

자녀학비보조수당금액의 범위 안에서 해당 법령이 정하는 바에 따라 소속기관장에게 이미 제출한 취학자녀의 재학증명서로 갈음

⑤ 학점인정 등에 관한 법률에 따른 학위취득과정의 교육비의 경우

㉠ 고등교육법에 의한 대학·전문대학 및 이에 준하는 학교에서 이수하는 교육과정의 경우에는 해당 학교가 발행하는 교육비납입증명서

PART 4

㉡ 위 '㉠' 이외의 교육기관에서 이수하는 교육과정의 경우에는 한국교육개발원의 장이 발행하는 교육비납입증명서(인터넷으로 발행하는 것 포함)

⑥ 독학에 의한 학위취득에 관한 법률에 따른 학위취득과정의 교육비공제

해당 교육기관이 발행하는 교육비납입증명서

⑦ 국외교육비의 공제

수업료 영수증, 재학증명서 등과 함께 유학자격이 있음을 증명하는 다음 서류를 제출하여야 한다.

㉠ 자비유학대상자

ⓐ 중학교 졸업이상의 학력이 있거나 이와 동등이상의 학력이 있다고 인정되는 자는 학력인정서류(졸업장 사본 등)

ⓑ 교육장으로부터 유학인정을 받은 자는 교육장이 발급하는 「국외유학인정서」

ⓒ 국제교육진흥원장의 유학인정을 받은 자는 국제교육진흥원장이 발급하는 「국외유학인정서」

㉡ 국외 유학에 관한 규정 제15조에 의하여 국외 유학자로 보는 경우

ⓐ 외국에서 부모·조부모 등 부양의무자와 1년 이상 동거하면서 재학하고 부모 등 부양의무자가 귀국한 경우에는 재외공관장이 발급하는 「유학특례확인서」

ⓑ 외국에서 부모·조부모 등 부양의무자와 동거기간이 1년 미만인 경우 : 공제대상이 아님.

ⓒ 외국에서 부모·조부모 등 부양의무자와 1년 이상 동거하면서 재학 중이며 근무자 외의 부양의무자는 계속 거주하는 경우에는 재외공관장이 발급하는 근무자 외의 부양의무자와의 동거사실증명서

➲ 해외 영사관에서 발급하는「재외국민등록부등본」을 제출하면 되며, 「재외국민등록부등본」이 없는 경우 「출입국증명서」제출을 통한 출입국사실로 확인가능하다.

⑧ 직업훈련비

해당 훈련기관이 발행하는 훈련비납입증명서 또는 연말정산 간소화서비스 홈페이지(www.yesone.go.kr)에서 발급하는 서류

⑨ 조세특례제한법상 성실사업자의 경우

교육비납입증명서(별지 제44호 서식 (1))

교육비공제 제출서류

대 상	제출서류		발급기관
초·중·고, 대학생	교육비 납입증명서 또는 공납금 납입영수증		학교장, 학(총)장
영유아	교육비 납입증명서 또는 교육비 납부영수증		어린이집
취학전 아동	학원·체육시설 교육비(수강료) 납입증명서		학원장
학위취득과정	교육비 납입증명서	• 학점인정과정 중 대학, 전문대학, 이에 준하는 학교에서 이수하는 학위취득과정	학교장
		• 학점인정과정 중 상기 학교 외의 교육기관에서 이수하는 학위취득과정	한국교육개발원장(인터넷발급 포함)
		• 독학학위취득과정	교육기관장
직업훈련비	당해 훈련기관이 발행하는 훈련비납입증명서		직업훈련시설
국외 교육비	• 입학금, 수업료, 기타 공납금 영수증 • 재학증명서 • 공제대상 요건을 갖춘 자임을 입증할 수 있는 서류		외국교육기관
장애인교육비	장애인특수교육비 납입증명서*		장애인특수교육기관

* 장애인특수교육기관에 해당하는 시설 또는 법인임을 당해 납입증명서를 발급한 자가 입증하는 서류를 첨부하여야 한다.

(5) 공제 사례

1) 공제되는 교육비 사례

① 배우자와 생계를 같이하는 부양가족에 대한 교육비 공제

② 연령제한으로 기본공제대상자에 해당되지 아니하는 경우에도 교육비공제를 받을 수 있으나, 소득금액제한으로 기본공제대상자에 해당되지 아니하는 경우에는 교육비공제를 받을 수 없음

③ 한국방송통신학교는 고등교육법상의 학교에 해당되며, 과학기술대학, 경찰대학, 육·해·공군사관학교, 국군사관학교, 한국예술종합학교, 기능대학 등은 특별법에 의한 학교에 해당함

④ 고등학교 재학 중에 특차모집에 합격하여 납부한 대학 등록금은 대학생이 된 연도의 교육비공제대상인 것임

⑤ 근로자 본인이 대학원에 입학하기 전에 납부한 교육비는 입학하여 대학원생이 된 연도에 공제받을 수 있는 것임(법인 46013-335, 2001.2.10)

⑥ 학원운영지원비(육성회비)·기성회비, 예능학교 등의 정규과정에 해당하는 실기교육을 위한 실기지도비의 경우 공제대상임

⑦ 학교로부터 받는 장학금 등 등록금 감면액이 있는 경우 실제 납부한 금액만 공제되는 것임

⑧ 국외교육비 공제시 적용환율

㉠ 국내에서 송금 : 해외송금일의 대고객 외국환매도율을 적용

㉡ 국외에서 직접 납부 : 납부일의 외국환거래법에 의한 기준환율 또는 재정환율(서울외국환중개 홈페이지 → 환율통계조회에서 조회가능)

⑨ 국외교육비 중 여름학교수업료, 과외활동비가 정규교육과정에 해당되는 경우에만 교육비 공제대상임

⑩ 사이버대학 학비도 교육비 공제대상임

⑪ 휴직기간도 근로기간에 포함되므로 휴직기간동안 납부한 교육비도 교육비 공제대상임

2) 잘못 공제한 사례

① 직계존속을 위하여 지출한 교육비를 공제

② 초·중등교육법에 의하여 교육감으로부터 학교로 인가받지 아니한 국내 외국인학교에 지출한 교육비를 공제

➲ 국외교육기관에 해당하지 아니하는 외국의 대학부설 어학연수과정에 대한 수업료는 교육비공제대상에 해당하지 아니함

③ 국외교육기관에 해당되지 아니하는 외국의 대학부설 어학연수과정에 대한 수업료를 공제

④ 국외교육기관으로부터 받은 장학금 또는 사내근로복지기금으로부터 받은 학비지원금 등을 차감하지 않고 교육비지출 전액을 공제

⑤ 8월에 졸업예정인 자가 등록금을 2월에 납부하고 3월에 입사한 경우 입사 전에 납부한 교육비는 공제할 수 없음

➲ 입사 후 근로제공기간에 지출한 교육비에 대하여만 공제가능함

사 례 교육비 세액공제액의 계산

근로자가 자녀 및 생계를 같이하고 있는 형제자매(소득 없음)를 위해 교육비를 지출한 경우 2024년 귀속 교육비 세액공제금액은?

구 분	내 용	금 액
본인	대학원(1학기 이상의 교육과정)	교육비 800만원
자녀	초등학교 취학 전 자녀(1명)	교육비 120만원
	초등학생(1명)	학원 및 체육시설 수강료 120만원
	중학생(1명)	중학교 수업료 300만원
형제자매(3명)	대학원생(처남, 26세)	1,000만원
	대학생(처남, 22세)	950만원
	대학생(동생, 25세)	750만원

해 답 4,305,000원

풀 이
① 본인교육비 : 800만원
② 자녀 교육비 : 420만원(120만원+300만원) → 취학전 아동의 영유아 보육료 120만원은 공제대상이나, 초등학생의 학원·체육시설수강료는 공제대상 아님
③ 형제자매 교육비 : 1,650만원 → 대학생 처남은 900만원(공제한도), 동생은 750만원이 공제가능하나 대학원생인 처남의 교육비는 공제대상이 아님
④ 총교육비 공제대상액 : ①+②+③=800만원+420만원+1,650만원=2,870만원
⑤ 교육비 세액공제액 : 2,870만원×15%=4,305,000원

(6) 장애인 특수교육비공제

1) 공제내용

근로소득이 있는 거주자(일용근로자는 제외) 또는 성실자영업자가 기본공제대상자인 장애인(소득의 제한을 받지 않음)의 재활교육을 위하여 사회복지시설 등에 지급하는 특수교육비는 전액 공제한다.(소법 59조의4 ③ 3, 소령 118조의6 ⑪)

➲ 직계존속도 공제가능함

2) 공제대상 교육비 및 교육기관의 범위

다음의 교육기관에 장애인(소득의 제한을 받지 않는다)의 재활교육을 위하여 지급한 특수교육비(장애아동복지지원법에 따라 국가 또는 지방자치단체로부터 지원받는 금액은 제외)에 한하여 장애인 특수교육비공제가 적용된다.(소법 59조의4 ③ 3, 소령 118조의6 ⑫)

PART 4

① 사회복지사업법에 의한 사회복지시설
② 민법에 의하여 설립된 비영리법인으로서 보건복지부장관이 장애인재활교육을 실시하는 기관으로 인정한 법인
③ 위 '①'과 '②'의 시설 또는 법인과 유사한 것으로서 외국에 있는 시설 또는 법인
④ 장애인의 기능향상과 행동발달을 위하여 장애아동복지지원법 제21조 제3항에 따라 지방자치단체가 지정한 발달재활서비스 제공기관(2012.1.1. 신설, 소령 118조의6 ⑬)

3) 제출서류

장애인 특수교육비공제를 받고자 하는 자는 「장애인특수교육비납입증명서」를 제출하여야 한다. 이때 사회복지시설 또는 보건복지부장관이 장애인 재활교육을 실시하는 기관으로 인정한 비영리법인 및 이와 유사한 시설로서 외국에 소재하는 시설 또는 법인임을 해당 납입증명서를 발급한 자가 입증하는 서류를 첨부하여야 한다.(소칙 58조 ① 3 후단)

✓ 사내 위탁보육 어린이집 지원비에 대한 비과세 및 교육비세액공제 적용여부

소득세법 시행령 제17조의4 2.2에 규정된 위탁보육료는 비과세 소득으로 교육비 세액공제 대상에 해당하지 않으며, 근로자가 선택할 수 있는 항목이 아님. 또한, 관련 규정에 따라 해당 사업장의 종업원이 얻는 이익은 전액 비과세 대상에 해당함.(서면원천 2025-306, 2025.02.24)

✓ 교육비세액공제 적용 시 장학금 등 차감하는 기준에 대한 질의

근로자가 사내근로복지기금에서 수령한 학자금은 교육비 공제대상금액에서 제외하는 것이며, 이때 근로자의 기본공제대상자인 특정 자녀에게 지출한 교육비에서 제외하는 것이 아니라, 사내근로복지기금에서 수령한 학자금 전액을 교육비 공제대상금액에서 제외하는 것임(서면원천 2024-613, 2024.3.28.)

✓ 방과 후 과정의 특별활동비가 아닌 어린이집에 지출하는 '특성화비용'(개인용 교재비)은 교육비 세액공제 대상에 해당하지 않음(서면원천 2024-1551, 2024.5.30.)

✓ 근로자의 20세 이상 자녀에 대한 교육비세액공제 및 신용카드사용액소득공제 적용 가능 여부

소득세법 제59조의4 제2항 및 제3항을 적용함에 있어 "기본공제대상자(나이 제한을 받지 아니한다)"의 의미는 소득세법 제50조 제1항에서 규정된 해당 근로자와 생계를 같이하는 부양가족으로서 기본공제대상자의 나이 요건인 "20세 이하"를 초과하는 자도 포함하는 것임(서면원천 2024-269, 2024.6.10.)

✓ 대안교육기관법에 따라 등록한 대안교육기관에 지급한 교육비가 세액공제 대상이 되는지 여부

[사실관계]

- 대안교육기관이 대안교육기관에 관한 법률 제5조에 따라 2022.7.8. 등록을 완료하였음
- 위 대안교육기관은 1 ~ 12학년을 운영하고, 학생은 초·중·고등학교에 해당하는 과정을 같은 기관에서 이수함
- 구체적으로는 1 ~ 8학년을 담임과정, 9 ~ 12학년을 상급과정으로 운영하고 있음

[질의]
대안교육기관에 관한 법률에 따라 등록한 대안교육기관에 지출한 교육비가 소득세법 제59조의4 제3항에 따른 세액공제의 대상이 되는지 여부

[회신]
대안교육기관에 관한 법률 제5조 제1항에 따라 등록한 대안교육기관에 지급한 교육비는 소득세법 제59조의4 제3항 제1호 가목의 특별법에 따른 학교에 지급한 교육비에 해당하지 않는 것임(서면법규소득 2022-5472, 2023.6.27.)

✓ 반납하는 군 가산복무 지원금의 세액공제 대상 여부

[사실관계]
질의인의 자녀는 대학 재학 중 공군조종장학생으로 선발되어 2년간 대학 등록금 액수의 장학금을 받았으나, 공군조종장학생 선발이 취소됨에 따라 그동안 수령한 장학금 약 2천만원을 반환하게 됨

[질의]
공군조종장학생에 선발되어 장학금을 수령한 후, 장학생 선발이 취소됨에 따라 반납하는 학비가 교육비 공제 대상에 해당하는지 여부

[회신]
군 가산복무 지원금 지급 대상자 규정에 따라 군 가산복무 지원금을 지급받은 자가 동 규정 제15조에 따라 해당 지원금을 반납하는 경우, 그 반납하는 군 가산복무 지원금은 소득세법 제59조의4 제3항에 따른 교육비 세액공제 대상에 해당하지 아니하는 것임(서면법령해석소득 2019-4311, 2021.11.11.)

✓ 지정직업훈련시설에 납부한 수강료의 교육비공제 대상여부

직업능력개발훈련시설로 지정된 곳에서 자신의 기술 내지 능력을 개발할 수 있도록 개설된 직업능력개발훈련에 참여하여 납부한 수강료는 소득세법 59조의4 제3항에 따른 교육비세액공제 적용을 받을 수 있는 것임(서면법령해석소득 2020-5326, 2021.4.20.)

✓ 학교운동부의 학부모 부담금이 방과후 학교 등의 수업료 및 특별활동비에 해당하는지 여부

초·중등교육법에 따라 운영되는 학교운동부의 학부모 부담금은 소득세법 시행령 제118조의6 제1항 제5호의 방과후 학교나 방과후 과정 등의 수업료 및 특별활동비에 해당되지 아니하는 것임(서면법령해석소득 2017-782, 2017.6.30.)

✓사내근로복지기금으로부터 받을 장학금 등의 교육비 세액공제 대상 여부

특별세액공제 대상이 되는 교육비를 지급한 과세기간에 소득세법 시행령 제118조의6 제2항 각 호의 장학금 등을 지급받지 않더라도 해당 교육비에 대응하여 장학금이 지급될 것이 확정되어 있는 경우 교육비에서 동 장학금을 차감한 금액을 교육비공제 대상금액으로 하는 것임 사내근로복지기금으로부터 실제 지급받은 장학금이 교육비에서 차감한 당초 장학금과 차이가 발생하는 경우 그 차액을 정산하여 경정청구 또는 수정신고하여야 하는 것임(서면법령해석소득 2015-2074, 2016.5.26.)

PART 4

✓ **방과후 초등돌봄교실 수강료의 교육비 공제여부**

초등학교에서 실시하는 방과후 과정의 일환으로 교육과학기술부장관 고시에 의해 실시하고 있는 돌봄교실 수강료는 교육비공제 대상에 해당하는 것임(서면법규－933, 2013.8.29.)

✓ **비과세 학자금을 의무 불이행으로 반납하는 경우 교육비 공제 가능 여부 및 공제 시기**

소득세법 제12조에 따른 학자금을 근무 회사로부터 지원받아 교육비 공제를 하지 아니한 거주자가 의무복무기간 불이행으로 회사의 규정에 따라 이를 반납한 경우에도 해당 학교에 지급한 교육비는 소득공제를 적용할 수 없는 것임(원천－211, 2010.3.11.)

✓ **입사 전 지출한 국외교육비의 특별공제 대상 포함 여부**

교육비공제는 근로제공기간 동안 지출한 교육비에 한하여 공제받을 수 있는 것임(서면1팀－782, 2004.6.9.)

✓ **근로자가 고등교육법에 따른 대학에 재학 중인 기본공제대상자를 위하여 당해 대학에 지출한 계절학기 수업료는 공제대상 교육비에 해당하는 것임**(원천－418, 2009.5.15.)

✓ **유치원 종일반 운영비의 교육비 공제대상 여부**

유치원 "종일제"는 유아교육법에서 규정하는 1일 8시간 이상의 교육과정으로 유아교육법에 따른 학교에 지급한 교육비에 해당하는 것임(원천－148, 2009.1.14.)

✓ **본인과 배우자가 동생의 교육비와 의료비를 절반씩 부담한 경우 소득공제 방법**

근로자소득공제신고서에 기재된 바에 따라 그 중 1인의 공제대상부양가족으로 하는 것이며 공제대상부양가족을 위해 지급한 교육비, 의료비가 있는 경우 당해 근로자가 지출한 비용이 공제 대상임(원천－361, 2009.4.24.)

✓ **학교급식비의 범위**

교육비공제 대상이 되는 학교급식비의 범위에는 학교급식법 제15조의 규정에 의해 학교의 장의 위탁을 받은 학교급식공급자가 공급하는 경우를 포함하는 것임(원천－2527, 2008.11.14.)

✓ **국내에 근무하는 근로자가 기본공제대상자를 위하여 국외교육기관에 지급한 교육비의 공제 기준**

국내에 근무하는 근로자가 기본공제대상자를 위하여 국외교육기관에 지급한 교육비는 국외유학에 관한 규정 제5조의 규정에 의한 자비유학자격이 있는 학생과 제15조의 규정에 의하여 유학을 하는 자로서 부양의무자와 국외에서 동거한 기간이 1년 이상인 학생을 위하여 지급한 경우에 교육비로 공제하는 것이며 자비유학 자격과 관련하여 국외유학에 관한 규정 제5조 제1항 제1호는 유학을 떠날 당시 국내중학교 졸업이상의 학력이 있거나 이와 동등이상의 학력이 있다고 인정되는 자를 의미하는 것임(원천－320, 2009.4.9.)

✓ **영유아보육법에 의한 직장 보육시설의 보육료를 매월 급여에서 공제하고 있는 경우 교육비 공제대상임**(법인 46013－40, 1999.1.6.)

✓ **퇴직 후 지원받는 전직 연수비 및 학자금의 교육비공제 여부**

교육비공제는 근로제공기간 동안 지급한 비용에 한하여 공제를 받을 수 있는 것이므로 근로소득에 해당되는 퇴직후 지급받는 연수비 명목의 학자금은 공제불가함(서면1팀－434, 2005.4.22.)

✓ **처제도 기본공제대상이면 교육비공제 가능**(원천 해석편람 52-4-2)

"처제"가 기본공제대상자(연령제한 없음)인 부양가족에 해당하는 경우에는 교육비공제대상 형제자매에 해당되는 것이며, 원천징수의무자가 근로소득세를 원천징수하여 납부한 세액 중 잘못 원천징수한 세액이 있는 경우에는 동 세액에 대하여 환급이 가능한 것임(법인 46013-1697, 1999.5.6.)

✓ **취학전아동이 학습하는 사회복지관에 지급하는 교육비의 소득공제 등**

해당 사회복지관이 소득세법에 따른 교육기관에 해당되지 아니하는 경우 공제대상 교육비에 포함되지 아니하는 것이며, 동 금액을 신용카드 등으로 결제한 경우 신용카드 소득공제는 가능한 것임(서면1-268, 2008.3.3.)

✓ **교육비공제 대상인 기타 공납금의 범위**(소득 해석편람 52-3-1)

교육비공제를 적용함에 있어서 육성회비 또는 기성회비는 "기타공납금"의 범위에 포함되는 것임(재무부소득 22601-331, 1991.3.9.)

✓ **종업원의 자녀에게 지급하는 장학금의 근로소득 포함 여부 및 교육비공제 여부**(소득 해석편람 52-3-3)

법인이 종업원의 자녀를 특정하여 학교장으로 하여금 장학생으로 추천케 하고 지급하는 장학금은 해당 종업원에 대한 근로소득에 해당하는 것이고 동 장학금을 공납금·입학금·수업료 기타 공납금으로 지출하는 경우에는 교육비 공제를 할 수 있는 것임(법인 46013-3141, 1993.10.19.)

✓ **등록금을 감면받는 장학금의 교육비공제 적용 여부**(소득 해석편람 52-3-5)

공제대상 교육비는 근로소득자가 근로자 본인이나 직계비속 등을 위하여 해당연도 근로소득에서 지급한 학자금을 말하는 것이므로 학자금 중 일부가 면제된 경우에는 실제 납부한 금액이 공제대상 교육비에 해당하는 것임(법인 46013-3515, 1996.12.17.)

✓ **보육수당 수령시 교육비 공제여부**(소득 집행기준 59의4-118의6-3)

사용자가 근로자의 6세 이하 자녀의 교육비를 실비로 지원하는 금액 중 소득세법 제12조 제3호 머목에 따라 월 20만원 이내의 금액을 비과세한 경우에도 교육비공제를 받을 수 있다.

교육비 세액공제 관련 문답사례(국세청)

Q 어린이집에 납부하는 특별활동비가 교육비 공제대상인지?

A 2013.1.1. 전의 경우 교육비 공제대상이 되는 영유아 보육비용은 영유아보육법 제38조에서 규정하고 있는 보육료만을 말하므로 특별활동비는 교육비 공제대상이 아니었으나, 2013.2.15. 소득세법 시행령 제110조의3의 개정으로 2013.1.1. 이후 지출분부터 교육비 공제대상에 해당하는 것임

Q 국외교육비의 원화금액 환산방법은?

A 국외교육비를 송금시는 해외 송금일의 대고객 외국환매도율을 적용하고, 국외에서 직접 납부하는 경우 납부일의 외국환거래법에 의한 기준환율 또는 재정환율을 적용하는 것임

Q 올해 7월 입사한 딸(총급여 500만원 초과)의 대학등록금을 제가 올해 2월에 납부하였는데 교육비 공제를 받을 수 있는지?

A 본인의 부양가족이 취업의 사유로 연도 중에 기본공제대상자에 해당하지 않게 되는 경우에도 당해 사유가 발생한 날까지 본인이 지급한 교육비는 소득공제 가능한 것임

Q 가을학기(8월) 졸업예정이지만 3월에 회사에 입사했습니다. 이 경우 2월에 제가 낸 교육비(대학등록금)를 공제받을 수 있는지?

A 당해 연도 중도입사자의 경우, 입사 후 근로제공기간에 지출한 보험료·의료비·교육비세액공제와 주택자금, 주택마련저축 및 신용카드사용금액에 대한 소득공제를 적용받을 수 있는 것임. 따라서 입사 전에 납부한 교육비는 공제대상에 포함되지 않는 것임

Q 처남의 대학 등록금을 본인이 부담한 경우 연말정산시 교육비 공제받을 수 있는지?

A 연간 소득금액이 100만원 이하(근로소득만 있는 경우에는 총급여 500만원 이하)이며, 주민등록표등본상 같이 등재된 자로서 생계를 같이 하는 처남의 교육비를 근로자 본인의 근로소득에서 지급한 경우에는 교육비공제를 받을 수 있는 것임. 즉, 형제자매(배우자의 형제자매 포함)가 기본공제대상자(연령제한 없음)에 해당되는 경우에는 이들을 위하여 지출하는 교육비도 공제대상에 해당되는 것임

Q 초등학생 자녀의 보습학원비와 태권도장비를 교육비로 공제받을 수 있는지?

A 교육비공제를 받을 수 없는 것임

- 사설학원에 지출한 교육비는 초·중등교육법이나 고등교육법에 의한 학교 등에 지출한 교육비가 아니므로 교육비 공제대상이 아님. 다만, 취학 전 아동이 주 1회 이상 월 단위 교습을 받고 지출한 비용으로서 학원의 설립·운영 및 과외교습에 관한 법률에 따른 학원 또는 일정한 체육시설에 지급한 교육비는 공제대상이 되는 것임

Q 취학 전인 딸이 주 1회 이상 방문하는 학습지 교육을 받고 있는데 교육비 공제를 받을 수 있는지?

A 학습지 교육비는 교육비공제를 받을 수 없는 것임

- 취학 전 아동을 위하여 「영유아보육법」에 따른 보육시설, 주 1회 이상 월단위로 교습을 받는 경우로서 「학원의 설립·운영 및 과외교습에 관한 법률」에 따른 학원 또는 일정한 체육시설에 지급한 교육비에 해당하지 아니한 학습지 교육비는 교육비 공제대상이 아닌 것임

Q 근로자인 본인이 회사에서 자녀 학자금을 지원받아 고등학생인 자녀의 수업료를 납부하였을 경우 교육비 공제 가능한지?

A 근로소득자가 근로를 제공하고 받는 봉급, 급여, 수당 등은 명칭여하에 불구하고 근로소득에 포함되는 것이므로 해당 자녀학자금은 과세대상 근로소득에 포함되는 것임. 따라서 당해 자녀학자금으로 납부한 고등학생인 자녀의 수업료는 교육비 공제 대상임

Q 학교운영지원비와 방과후학교 수업료가 교육비공제 대상인지?

A 공제대상 교육기관에 납부한 학교운영지원비(육성회비), 기성회비, 입학금 등도 교육비 공제대상에 해당하는 것임

- 초·중등교육법에 따른 학교에서 실시하는 방과후학교 수업료 및 초·중·고등학생의 학교급식비와 학교구입교과서대는 교육비 공제가 가능함

Q 결혼을 했으나 남편이 학생이어서 부모님의 도움을 받고 있는데 친정아버지의 연말정산시 교육비 공제대상이 되는지?

A 직계비속의 배우자는 부양가족 공제대상이 아니며, 부양가족 공제대상에 해당하지 아니하는 자의 교육비는 당해 근로자의 교육비 공제대상이 되지 아니하는 것임

- 다만, 기본공제대상자인 직계비속과 그 배우자가 모두 장애인인 경우에는 그 배우자도 기본공제 대상이 될 수 있으므로, 질문의 경우, 남편과 본인 모두 소득금액 100만원 이하(근로소득만 있는 경우에는 총급여 500만원 이하)인 장애인이고, 생계를 같이 하는 부모님이 남편을 위해 지출한 교육비라면 부모님이 공제받을 수 있는 것임

Q 국내에 거주하는 외국인 근로자가 국내 교육기관에 지급한 자녀교육비가 교육비 공제대상에 해당하는지?

A 외국인이 거주자에 해당하는 경우에는 일반 내국인 거주자와 동일하게 교육비 공제규정을 적용받을 수 있으나, 비거주자인 경우에는 교육비 공제를 적용받을 수 없는 것임

Q 전년도 대학원 등록금을 공제받지 못한 경우, 올해 연말정산시 이를 추가로 공제받을 수 있는지?

A 전년도 연말정산시 교육비공제에서 누락된 근로자 본인의 대학원 등록금을 금년도 연말정산시 공제받을 수는 없는 것임. 다만, 전년도분에 대한 연말정산 경정청구 등의 방법을 통하여 전년도분에 반영할 수는 있음

Q 대학의 시간제과정이나 사이버대학에 지출한 수업료가 교육비 공제대상인지?

A 대학의 시간제과정에 대한 수업료가 근로자 본인을 위하여 지출된 경우에는 교육비 공제대상이나 근로자 본인이 아닌 기본공제대상자를 위하여 지출한 경우에는 공제할 수 없는 것임

Q 국내에 거주하는 외국인 근로자가 국내 교육기관에 지급한 자녀교육비가 교육비 공제 대상에 해당하는지?

A 외국인근로자가 거주자에 해당하는 경우에는 일반 내국인 거주자와 동일하게 교육비공제 규정을 적용받을 수 있으나, 비거주자인 경우에는 교육비 공제를 적용받을 수 없는 것임

Q 취학전인 자녀가 백화점문화센터나 사회복지관에서 주 1회 이상 월단위 교습을 받는 경우 교육비 공제대상이 되는지?

A 백화점문화센터나 사회복지관이 유아교육법에 의한 유치원, 영유아보육법에 따른 보육시설, 학원의 설립·운영 및 과외교습에 관한 법률에 따른 학원 또는 일정한 체육시설 등 공제대상 교육기관에 해당되지 아니하는 경우에는 교육비 공제를 받을 수 없는 것임

Q 실제로 부양하고 있으나 동거하고 있지 않은 형제자매에 대한 교육비도 공제를 받을 수 있는지?

A 기본공제대상자(나이 제한 없음)로 생계를 같이하는 주민등록표상 동거가족인 형제자매의 교육비를 지급한 경우에 한하여 교육비 공제가 가능한 것임

- 다만, 본인 또는 생계를 같이 하는 부양가족이 취학, 질병의 요양, 근무상 또는 사업상의 형편으로 본래의 주소 또는 거소에서 일시 퇴거한 경우에는, 생계를 같이 하는 자로 보아 부양가족공제를 적용할 수 있으며, 이 경우 일시퇴거자동거가족상황표 및 재학증명서 등 사유 입증서류, 본래의 주소지 및 일시퇴거지의 주민등록표 등본과 사업자등록증 사본(사업상 형편으로 일시퇴거한 경우에 한한다)을 원천징수의무자에게 제출하여야 하는 것임

4 기부금 세액공제

기부금 용어의 개정연혁

종전의 기부금 용어가 다음과 같이 변경되었다.

종 전	2021년, 2022년	2023년 ~
법정기부금	소득세법 제34조 제2항 제1호에 따른 기부금	특례기부금
지정기부금(종교단체 외)	소득세법 제34조 제3항 제1호(종교단체기부금 제외)에 따른 기부금	일반기부금(종교단체 외)
지정기부금(종교단체)	소득세법 제34조 제3항 제1호에 따른 기부금 중 종교단체기부금	일반기부금(종교단체)

이하 내용들에서 종전 용어가 사용된 경우가 있더라도 현행 용어로 이해하기 바란다.

(1) 개 요

① 거주자(사업소득만 있는 자는 제외하되, 연말정산대상 사업소득만 있는 자는 포함)가 해당 과세기간에 지급한 기부금[기본공제대상자(나이의 제한을 받지 아니하며, 다른 거주자의 기본공제를 적용받은 사람은 제외한다)가 지급한 기부금을 포함]이 있는 경우 특례기부금·정치자금기부금·고향사랑기부금·우리사주조합기부금·일반기부금을 합한 금액에서 사업소득금액을 계산할 때 필요경비에 산입한 기부금을 뺀 금액의 15%(해당 금액이 1천만원을 초과하는 경우 그 초과분에 대해서는 30%)에 해당하는 금액을 해당 과세기간의 합산과세 되는 종합소득산출세액(필요경비에 산입한 기부금이 있는 경우 사업소득에 대한 산출세액은 제외)에서 공제한다.(소법 59조의4 ④, 2018.12.31. 개정)

② 위 '①'에도 불구하고 2024.1.1.부터 2024.12.31.까지 지급한 기부금을 해당 과세기간의 합산과세되는 종합소득산출세액(필요경비에 산입한 기부금이 있는 경우 사업소득에 대한 산출세액은 제외)에서 공제하는 경우에는 위 '①'에 따른 세액공제액 외에 특례기부금과 일반기부금을 합한 금액에서 사업소득금액을 계산할 때 필요경비에 산입한 기부금을 뺀 금액이 3천만원을 초과하는 경우 그 초과분에 대해서는 10%에 해당하는 금액을 추가로 공제한다.(소법 59조의4 ⑧, 2023.12.31. 개정)

저자TIP 사업소득과 다른 소득이 함께 있는 경우의 기부금 세액공제 여부

기부금세액공제 대상자(소법 59조의4 ④)에서 "사업소득만 있는 자는 제외하고 연말정산대상 사업소득이 있는 자는 포함"이라고 규정하고 있으므로 기부금에 대해 ① 사업소득만 있는 경우는 필요경비산입만 허용되고 ② 사업소득과 다른 소득이 함께 있는 경우에는 필요경비산입과 세액공제 중 선택 적용할 수 있으며 ③ 연말정산 대상 사업소득만 있는 경우에는 세액공제가 허용되는 것으로 해석된다.

기부금 공제방법

구 분	공제방법
연말정산 대상 사업소득*1만 있는 자	세액공제
연말정산 대상 외의 사업소득만 있는 자	필요경비산입
사업소득 외의 종합소득이 있는 자	세액공제
사업소득과 다른 종합소득이 있는 자	필요경비산입+세액공제*2

*1. 보험모집인, 방문판매원, 음료품배달원의 사업소득으로서 연말정산한 사업소득을 의미한다.

*2. 사업소득 외의 산출세액에서 세액공제가 가능하다.

PART 4

지급자별 공제대상 여부

구 분	본인이 지출한 기부금	본인 외의 기본공제대상자가 지출한 기부금
정치자금기부금	공 제	불공제
특례기부금	공 제	공 제
고향사랑기부금	공제	불공제
우리사주조합기부금	공 제	불공제
일반기부금	공 제	공 제

(2) 기부금 종류별 공제한도액 계산

다음의 공제한도범위 안에서 거주자가 지급한 기부금을 공제대상금액으로 하고, 해당 공제대상금액에 세액공제율을 곱한 금액을 해당연도의 산출세액에서 공제한다.(소법 59조의4 ④, ⑧, 2023.12.31. 개정)

① 특례기부금 또는 정치자금기부금·고향사랑기부금(소법 59조의4 ④, 소령 118조의7 ①, ④, 81조 ④ 1)

> • 해당 과세기간의 소득금액* – 이월결손금
>
> * 해당 과세기간 소득금액=종합소득금액+필요경비에 산입한 기부금–소득세법 62조에 따른 원천징수세율 적용 이자소득 및 배당소득

② 우리사주조합기부금의 경우(조특법 88조의4 ⑬, 소법 34조 ② 2)

> • (해당 과세기간 소득금액* – 이월결손금 – 특례 및 정치자금·고향사랑기부금) × 30%
>
> * 해당 과세기간 소득금액=종합소득금액+필요경비에 산입한 기부금–소득세법 62조에 따른 원천징수세율 적용 이자소득 및 배당소득

③ 일반기부금(소법 59조의4 ④ 2, 소령 118조의7 ①, ④, 81조 ④ 1)

㉠ 종교단체기부금이 없는 경우

> • (해당 과세기간 소득금액* – 이월결손금 – 특례 및 정치자금·고향사랑기부금 – 우리사주조합기부금) × 30%
>
> * 해당 과세기간 소득금액=종합소득금액+필요경비에 산입한 기부금–소득세법 62조에 따른 원천징수세율 적용 이자소득 및 배당소득

㉡ 종교단체에 기부한 금액이 있는 경우

• (해당 과세기간 소득금액* - 이월결손금 - 특례 및 정치자금·고향사랑기부금 - 우리사주조합기부금) × 10% + Min(ⓐ, ⓑ)

ⓐ (해당 과세기간 소득금액* - 이월결손금 - 특례 및 정치자금·고향사랑기부금 - 우리사주조합기부금) × 20%

ⓑ 종교단체 외에 지급한 기부금

* 해당연도 소득금액 = 종합소득금액 + 필요경비에 산입한 기부금 - 소득세법 62조에 따른 원천징수세율 적용 이자소득 및 배당소득

(3) 고향사랑 기부금에 대한 세액공제(2021.12.28. 신설)

➲ 2023.4.15.부터 시행한다.(2021.12.28. 조특법 부칙 1조 단서 1, 2023.4.11. 개정)

① 거주자가 고향사랑 기부금에 관한 법률에 따라 고향사랑 기부금을 지방자치단체에 기부한 경우 다음의 계산식에 따라 계산한 금액을 이를 지출한 해당 과세연도의 종합소득산출세액에서 공제한다. 다만, 사업자인 거주자의 경우 10만원 이하의 금액에 대해서는 아래 '㉠'을 따르되, 10만원을 초과하는 금액에 대해서는 이월결손금을 뺀 후의 소득금액의 범위에서 필요경비에 산입한다.(조특법 58조 ①)

㉠ 10만원 이하의 금액을 기부한 경우 : 고향사랑 기부금 × $\frac{100}{110}$

㉡ 10만원 초과 5백만원 이하의 금액을 기부한 경우 : 10만원 × $\frac{100}{110}$ + (고향사랑 기부금 - 10만원) × 15%

개정 2024.12.31, 2025.3.14.

➲ 2025.1.1. 이후 기부하는 경우부터 적용한다.(2024.12.31. 조특법 부칙 7조)

㉡ 10만원 초과 2천만원 이하의 금액을 기부한 경우 : 10만원 × $\frac{100}{110}$ + (고향사랑 기부금 - 10만원) × 15%*

* 특별재난지역으로 선포된 지방자치단체에 특별재난지역 선포일부터 3개월 이내에 기부한 경우는 30%(2025.3.14. 개정, 조특령 53조의2, 입법예고중)

② 위 '①'에 따라 세액공제받는 금액은 해당 과세기간의 종합소득산출세액을 한도로 하며, 사업자인 거주자가 필요경비에 산입하는 경우 해당 과세기간의 소득금액에서 이월결손금을 뺀 금액을 한도로 한다.(조특법 58조 ②)

③ 세액공제받거나 필요경비에 산입한 고향사랑 기부금과 위 '②'의 한도를 초과한 고향

사랑 기부금에 대해서는 특례·일반기부금의 필요경비산입 규정(소법 34조 ②) 또는 기부금 세액공제 규정(소법 59조의4 ④)을 적용하지 아니한다.(조특법 58조 ③)

(4) 세액공제액

1) 기부금별 세액공제율(2024년 귀속기준)

구 분		세액공제율	구 분		세액공제율
정치자금 기부금	10만원 이하	100/110	특례·우리사주조합·일반기부금	1천만원 이하	15%
	10만원 초과 3천만원 이하	15%		1천만원 초과 ~ 3천만원 이하	30%
	3천만원 초과	25%			
고향사랑 기부금	10만원 이하	100/110		3천만원 초과	40%
	10만원 초과 5백만원 이하	15%			

개정 2024.12.31, 2025.3.14.

➲ 2025.1.1. 이후 기부하는 경우부터 적용한다.(2024.12.31. 조특법 부칙 7조)

1) 기부금별 세액공제율 (2025년 귀속기준)

구 분		세액공제율	구 분		세액공제율
정치자금 기부금	10만원 이하	100/110	특례·우리사주조합·일반기부금	1천만원 이하	15%
	10만원 초과 3천만원 이하	15%			
	3천만원 초과	25%			
고향사랑 기부금	10만원 이하	100/110		1천만원 초과	30%
	10만원 초과 2천만원 이하	15%*			

* 특별재난지역으로 선포된 지방자치단체에 특별재난지역 선포일부터 3개월 이내 기부분은 30%

2) 특례·우리사주·일반기부금의 세액공제액 계산

공제순서 [특례기부금(2014년 이후 이월 특례기부금 포함) → 우리사주조합기부금 → 종교단체 외 기부금(2014년 이후 이월 종교단체 외 기부금 포함) → 종교단체기부금(2014년 이후 이월 종교단체기부금 포함)]에 따라 순차적으로 1천만원 초과 여부를 판단하여 기부금 세액공제율을 적용한다. 다만, 이월 특례·일반기부금(종교단체 외 및 종교단체기부금)은 아래와 같이 해당 기부한 연도의 세액공제율을 적용한다.

이월 특례·일반기부금 공제율

구 분		세액공제율
2023년 기부금	1천만원 이하	15%
	1천만원 초과	30%
2021년, 2022년 지출 기부금	1천만원 이하	20%
	1천만원 초과	35%
2019년, 2020년 지출 기부금	1천만원 이하	15%
	1천만원 초과	30%
2016년 ~ 2018년 지출 기부금	2천만원 이하	15%
	2천만원 초과	30%
2014년 및 2015년 지출 기부금	3천만원 이하	15%
	3천만원 초과	25%

(5) 기부금의 공제순서 및 관리

1) 공제순서

① 기부금 유형별 공세순서

정치자금기부금 → 고향사랑기부금 → 특례기부금 → 우리사주조합기부금 → 종교단체 외 일반기부금 → 종교단체 일반기부금 순서대로 공제한다.

② 2014.1.1. 이후 지급한 기부금 중 이월된 기부금과 당해 연도에 지급한 기부금이 있는 경우의 공제순서

이월된 기부금을 해당 사업연도에 지급한 기부금보다 먼저 공제하며, 이 경우 이월된 기부금은 기부연도가 빠른 이월기부금부터 공제한다.(소법 59조의4 ④, 소령 118조의7 ①, 소령 79조 ④, 2020.2.11. 개정)

➲ 2020.2.11. 이후 연말정산하거나 종합소득과세표준을 확정신고 하는 분부터 적용한다.(2020.2.11. 영 부칙 8조)

③ 이월된 기부금 중 기부연도가 다른 경우의 공제순서

당해 연도 기부금 공제시 한도 미달액이 발생한 경우에는 이월된 기부금 중 기부연도가 빠른 기부금부터 순차적으로 공제한다.[「기부금명세서」(소득세법 시행규칙 별지 제45호 서식) 작성요령 11. 바]

2024년 귀속 소득에 대한 기부금 공제순서[4)]

정치자금기부금 → 고향사랑기부금 → 2014년 이후 이월 특례기부금(2014년 → 2015년 → 2016년 → 2017년 → 2018년 → 2019년 → 2020년 → 2021년 → 2022년 → 2023년) → 당해연도(2024년) 특례기부금 → 우리사주조합기부금 → 2014년 이후 이월 종교단체 외 일반기부금(2014년 → 2015년 → 2016년 → 2017년 → 2018년 → 2019년 → 2020년 → 2021년 → 2022년 → 2023년) → 당해연도(2024년) 종교단체 외 일반기부금 → 2014년 이후 이월 종교단체 일반기부금(2014년 → 2015년 → 2016년 → 2017년 → 2018년 → 2019년 → 2020년 → 2021년 → 2022년 → 2023년) → 당해연도(2024년) 종교단체 일반기부금

2) 이월액 관리[기부금명세서(소득세법 시행규칙 별지 제45호 서식) 작성요령 11]

① 다음 연도로 이월된 기부금은 해당 연도 이후 기본공제대상자의 변동에 영향을 받지 않는다.

② 공제받지 못한 기부금 중 이월가능 기간이 지난 기부금에 대해서는 소멸금액란에 적는다.

③ 전년도에 이월된 기부금액에 대해 공제를 받고자 하는 근로소득자는 전년도의 기부금명세서를 제출하여야 한다.(계속근로 등으로 인해 원천징수의무자가 변동이 없는 경우 제출하지 아니할 수 있다)

(6) 기부금별 이월공제기간(소법 61조 ②)

구 분		이월공제기간	코 드
정치자금기부금		–	20
특례기부금		10년*	10
고향사랑기부금		–	43
우리사주조합기부금		–	42
일반기부금	종교단체 외 일반기부금	10년*	40
	종교단체 일반기부금		41

(7) 기부금의 평가

사업자가 기부금을 금전 외의 자산으로 제공한 경우 해당 자산의 가액은 이를 제공한 때의 시가(시가가 장부가액보다 낮은 경우에는 장부가액)에 따른다. 다만, 박물관 및 미술관 진흥법 제3조에 따른 국립 박물관 및 국립 미술관에 제공하는 기부금에 대해서는 기증

4) 차재영, 박교원, 2024, 연말정산실무, 씨에프오아카데미, p. 647

유물의 감정평가를 위하여 문화체육관광부에 두는 위원회에서 산정한 금액으로 할 수 있다.(소령 81조 ③, 2020.2.11. 단서 개정)

➲ 2020.2.11. 개정을 통해 현물 특례기부금의 평가를 '장부가액'으로 하던 규정을 '시가와 장부가액 중 큰 금액'으로 변경하였다.

(8) 기부금명세서의 제출

원천징수의무자는 근로소득세액 연말정산 또는 사업소득세액의 연말정산을 할 때 기부금세액공제를 적용받은 거주자에 대해서는 지급명세서를 제출하는 때에 해당 거주자의 기부금명세서가 전산처리된 테이프 또는 디스켓을 관할 세무서장에게 제출하여야 한다.(소령 118조의7 ②)

✓ 노동조합이 반환의무 없는 조합비를 조합원에게 환급하는 경우의 소득구분 등

[사실관계]

- **노동조합(이하 "제1노동조합")은 **의 단일 노동조합이었으나, 2020.4.30. **가 xx와 합병함에 따라 민주노총 희망연대노조 **지부(이하 "제2노동조합") 및 ****노동조합(이하 "제3노동조합")가 추가되었는데, 2022.4.1. 제1노동조합과 제3노동조합이 단일화에 합의함에 따라 2022년 5월 제3노동조합의 조합원이 제1노동조합에 가입하였고, 2022년 6월 통합 노동조합이 출범할 예정임
- 제1노동조합은 제3노동조합과의 단일화 전에 기존 조합원이 납부한 조합비의 일부를 가입연수에 따라 최소 45만원에서 최대 75만원까지 노동조합 운영비를 재원으로 하여 환급할 예정이며, 제1노동조합 조합원들은 조합비 납부시 기부금 세액공제를 적용받음
- 제1노동조합의 규약 등에 의할 때 해당 노동조합은 조합원이 납부한 조합비를 반환할 의무를 부담하지 않음

[질의]

노동조합이 반환의무 없는 조합비를 조합원에게 환급하는 경우의 소득구분 등

[회신]

노동조합의 조합원이 조합비를 납부하고 소득세법 제59조의4 제4항에 따른 기부금 세액공제(이하 "기부금 세액공제")를 받은 경우로서 규약 등에 의할 때 조합원이 납부한 조합비의 반환의무가 없음에도 불구하고 해당 노동조합이 조합원에게 가입연수 등에 따라 조합비 환급 명목으로 일정액(이하 "쟁점금원")을 지급하는 경우에,

① 쟁점금원은 조합원의 소득세법 제20조 제1항에 따른 근로소득 또는 같은 법 제21조 제1항 제13호 또는 제17호에 따른 기타소득에 해당하지 않는 것이나, 소득세법 제17조 제1항에 따른 배당소득 등 기타 과세대상 소득에 해당하는지 여부는 제반사정을 고려하여 사실판단할 사항임

② 쟁점금원이 조합원의 소득세법 제127조 제1항 각 호에 따른 소득에 해당하는 경우에는 노동조합이 조합원에게 쟁점금원을 지급할 때 원천징수의무를 부담하는 것임

③ 조합원이 쟁점금원을 지급받는 경우에도 조합비 납부에 따라 이미 적용받은 기부금 세액공제에는 영향이 없는 것임(서면법규소득 2022-1609, 2024.1.16.)

✓ 지정기부금 세액공제 한도 산식에 추계 사업소득금액이 포함되는지 여부

사업소득(추계)과 근로소득이 있는 자가 기부금 특별세액공제를 신청한 경우 소득세법 제59조의4 제4항 제2호에 따라 지정기부금 한도 계산 시 종합소득금액에서 추계 사업소득금액을 차감하지 아니 하는 것임(기준법령해석소득 2016-294, 2017.2.28.)

✓ 특별재난지역으로의 이동을 위한 유류비가 소득령 81조 2호에 따른 직접비용으로서 기부금 해당 여부

특별재난지역을 복구하기 위하여 자원봉사를 하는 경우로서 특별재난지역 외의 지역에서 특별재난지역으로 자차로 이동함에 따라 소요된 유류비는 소득세법 시행령 제81조 제5항 제2호에 따른 직접비용에 포함되는 것임(서면법규소득 2022-3657, 2023.2.28.)

✓ 49재 등을 위해 지출한 비용의 지정기부금 해당 여부

거주자가 49재 등을 위하여 종교의 보급, 그 밖에 교화를 목적으로 민법 제32조에 따라 문화체육관광부장관 또는 지방자치단체의 장의 허가를 받아 설립한 비영리법인(그 소속단체를 포함)에게 지출하고 해당 비영리법인이 고유목적사업비로 지출하는 금액은 소득세법에 따른 지정기부금에 해당하는 것이며, 이는 2014.1.1. 이후 종합소득 과세표준확정신고 또는 연말정산하는 분부터 적용되는 것임(소득세제과-71, 2014.2.3.)

✓ 고유번호를 부여받지 아니한 종교단체가 지정기부금단체에 해당하는지 여부

지정기부금에 대한 공제를 적용함에 있어 법인세법 시행령 제36조 제1항 제1호 마목에 규정하는 비영리법인의 소속 단체가 같은 법 시행령 제154조, 소득세법 제168조 등에 따라 고유번호를 부여받지 않은 경우라도 해당 단체는 지정기부금단체에 해당하는 것임(소득-1301, 2010.12.3.)

✓ 기부금공제를 받을 수 있는 방법

[질의]

○○시 ○○구청에서 사회복지서비스의 일환으로 저소득 모자가정(夫 사망으로 인한 여성가장)을 대상으로 자매결연사업을 실시하고 있는 바, 후원자가 직접 결연대상자인 모자가정의 통장에 매달 월정액을 입금시켜주는 방식으로 후원하고 있으나 기부금 확인에 어려움이 있으므로 기부금공제를 받을 수 있는 방법을 문의함

[회신]

지정기부금에 대해 소득공제를 받고자 하는 때에는 기부금명세서에 무통장입금증과 구청장이 발급한 결연증서 사본을 첨부하여 원천징수의무자에게 제출하여야 하는 것임(서이 46013-11894, 2002.10.16.)

✓ 저소득층 노인에 대한 무료급식비의 기부금 해당 여부

불특정 다수인을 대상으로 지출한 기부금으로 사실상 영수증 수취가 불가능한 경우로서 객관적인 증빙서류에 의해 기부목적 및 기부금 지출사실 등이 확인되는 경우에는 당해 증빙서류를 기부금영수증에 갈음할 수 있는 것임(법인-890, 2009.8.3.)

✓ 추계결정시 기부금공제 가능 여부

근로소득이 있는 거주자가 부동산소득 또는 사업소득금액을 추계조사결정받는 경우에도 해당 근로소득에서 기부금특별공제를 할 수 있는 것임(소득 46011-1470, 1994.5.23.)

✓ **임의로 조직한 장학회에 납부한 기금의 기부금공제 해당 여부**

근로소득이 있는 거주자(일용근로자를 제외함)가 교육법에 의한 학교의 장이 추천한 개인에게 장학금으로 지출하는 기부금은 공제하는 기부금에 해당하는 것이나, 정부로부터 허가 또는 인가를 받지 아니한 장학단체에게 지출하는 기부금은 공제하는 기부금에 해당하지 않는 것임(법인 46013-3983, 1998.12.19.)

기부금관련 문답사례(국세청)

Q 해외 종교단체에 지출한 기부금은 공제가 가능한지?

A 종교의 보급, 그 밖에 교화를 목적으로 민법 제32조에 따라 문화체육관광부장관 또는 지방자치단체장의 허가를 받아 설립한 비영리법인(그 소속 단체를 포함)에 지출한 기부금만 공제가능한 일반기부금에 해당하며, 국내법에 의하여 등록되지 아니한 종교단체는 공제대상이 되지 아니하는 것임

Q 국제기구에 지출한 기부금은 소득공제가 가능한지?

A 2011.1.1. 이후 지출하는 기부금부터는 일정요건을 갖춘 비영리 외국법인·단체와 국제기구에 대하여 일반기부금 단체로 지정한 경우 그 단체에 지출한 기부금은 공제 가능함

- 2025년 3월말 현재 기획재정부장관이 지정한 해외일반기부금 단체는 다음과 같음

① 유엔난민기구(UNHCR)
② 세계식량계획(WFP)
③ 국제이주기구(IOM)
④ 글로벌녹색성장연구소(GGGI)
⑤ 녹색기후기금(GCF)
⑥ 유엔개발계획(UNDP) ➲ 2020.12.31. 지정
⑦ 아시아산림협력기구(AFCO) ➲ 2020.12.31. 지정
⑧ 재한유엔기념공원(UNMCK) ➲ 2021.6.30. 지정
⑨ 유엔여성기구(UNW) ➲ 2023.12.29. 지정
⑩ 국제백신연구소(IVI) ➲ 2024.3.29. 지정
⑪ 감염병혁신연합(CEPI) ➲ 2024.3.29. 지정
⑫ 유네스코(UNESCO) ➲ 2024.9.30. 지정

Q 종교단체에 지출한 기부금은 모두 공제받을 수 있는 기부금인지?

A 종교의 보급, 그 밖에 교화를 목적으로 민법 제32조에 따라 문화체육관광부장관 또는 지방자치단체장의 허가를 받아 설립한 비영리법인(그 소속 단체를 포함)에 지출한 기부금만 공제대상에 해당하는 것임

Q 허가를 받아 설립한 교단에 소속된 개별 종교단체의 기부금도 공제대상이 되는지?

A 문화체육관광부장관 또는 지방자치단체장의 허가를 받아 설립한 비영리 종교법인에 소속된 개별 종교단체에 지출한 기부금도 공제대상에 해당하나, 기부금납입영수증 외에 그 개별 종교단체가 소속된 총회 또는 중앙회 등이 문화체육관광부장관 또는 지방자치

PART 4

단체장의 허가를 받아 설립한 비영리법인임을 증명하는 서류를 제출해야 하는 것임(서면1팀-111, 2008.1.18.)

Q 불우이웃돕기의 범위가 어디까지이고, 어떻게 증빙을 갖추어야 하는지?

A 불우이웃을 돕기 위하여 지출하는 기부금이란 부양의무자가 없는 노인·아동 또는 심신장애로 근로능력이 없거나 사회통념상 경제적 능력의 부족 등으로 생활이 어려운 이웃을 돕기 위한 기부금을 말하며 이에 해당하는지 여부는 사실판단할 사항임(서이 46013-12187, 2003.12.24.)

- 불우이웃돕기 결연기관이 아닌 곳에 지출한 불우이웃돕기기부금은 일반기부금에 해당하며, 기부금명세서(별지 제45호 서식)와 기부금영수증(별지 제45호의2 서식)을 제출하여야 하는 것임

Q 정치 후원금으로 50만원을 기부하였다면 어떤 식으로 세금혜택을 받는지?

A 정치자금기부금 전액인 50만원 중 10만원에 대하여는 그 100/110에 해당하는 90,909원을 세액공제하고, 나머지 40만원에 대해서는 15%를 곱한 금액을 세액공제 하는 것임

Q 인터넷으로 발급받은 기부금영수증도 인정되는지?

A 온라인상(인터넷)에서 발급되는 기부금영수증은 소득공제받을 수 없는 것임. 단, 정치자금법에 따른 기탁금의 경우 "중앙선거관리위원회 홈페이지(http : //www.nec.go.kr) → 정치후원금센터 → 기부내역확인 → 기탁금수탁증발급"에서 영수증 발급이 가능함

Q ARS로 납부한 기부금은 기부금영수증을 어떻게 받을 수 있는지?

A 해당 통신사 인터넷 홈페이지에 접속하여 발급을 요청하면 해당 기부금 단체가 기부금영수증을 발급하여 기부자에게 발송해 드림.

Q 금전이 아닌 물품 등으로 기부를 할 경우에 기부금액은 어떻게 결정하는지?

A 금전 외의 자산으로 기부를 할 경우에는 당해 자산을 제공한 때의 시가(사업자의 경우 시가가 장부가액보다 낮을 경우에는 장부가액)를 기부금액으로 하는 것임. 다만, 사업자가 금전 외의 자산을 기부할 경우에 특례기부금에 해당하면 시가와 장부가액 중 큰 금액을 기부금액으로 하는 것임

Q 노동조합원이 아닌 자가 노동조합에 납부한 금액도 공제 가능한지?

A 일반기부금에 해당하는 노동조합비는 조합원자격이 있는 근로자가 당해 노동조합의 규약에서 정한 조합비를 노동조합에 납부하는 금액을 말하는 것이므로, 규약에서 정한 조합비 이외에 기부하는 기부금은 일반기부금 공제대상이 아닌 것임

Q 학교에 기부하였을 경우에는 전액 공제대상금액인지?

A 학교에 대한 기부금은 아래와 같이 구분되며, 종류별 한도액 범위 내의 금액이 공제대상금액인 것임. 단, 사업소득금액 계산할 때 필요경비에 산입한 기부금은 공제대상금액에서 제외하는 것임

<table>
<tr><th>학교종류</th><th>지출기부금</th><th>기부금 구분</th></tr>
<tr><td>• 국가가 설립·운영하는 국립학교, 지방자치단체가 설립·운영하는 공립학교</td><td>지출하는 기부금 전액</td><td>특례기부금</td></tr>
<tr><td rowspan="2">• 법인 또는 사인이 설립·운영하는 사립학교
• 일정한 비영리 교육 재단*
• 근로자직업능력 개발법에 따른 기능대학
• 평생교육법에 따른 전공대학 명칭을 사용할 수 있는 평생교육시설 및 원격대학 형태의 평생교육시설
• 초·중등교육법 제60조의3의 규정에 의한 대안학교(법인세과-1145, 2010.12.9.)</td><td>시설비, 교육비, 장학금 또는 연구비로 지출하는 기부금</td><td>특례기부금</td></tr>
<tr><td>위 시설비 등 외에 고유목적사업비로 지출하는 기부금</td><td>일반기부금</td></tr>
</table>

* 국립·공립·사립학교의 시설비, 교육비, 장학금 또는 연구비 지급을 목적으로 설립된 비영리 재단법인으로 한정하며, 2012.1.1. 이후 최초로 지출하는 기부금부터 적용(법법 24조 ② 4호 나목)

기부장려금 제도(조특법 75조, 2014.12.23. 신설, 2020.12.29. 개정)

➲ 2016.1.1. 이후 기부하는 경우부터 적용한다.(2014.12.23. 조특법 부칙 23조)

(1) 개 요

기부금 세액공제를 신청할 수 있는 거주자(이하 "기부자"라 한다)는 본인이 기부금 세액공제를 받는 대신 그 기부금에 대한 세액공제 상당액(이하 "기부장려금"이라 한다)을 당초 기부금을 받은 자가 지급받을 수 있도록 기부장려금을 신청할 수 있다.(조특법 75조 ①, 2016.12.20. 단서삭제)

(2) 기부장려금의 계산 및 결정, 경정

기부장려금단체로부터 기부장려금 신청명세를 제출받은 납세지 관할 세무서장은 아래 '①'의 금액에서 '②'의 금액을 뺀 금액을 기부장려금으로 결정한다. 이 경우 납세지 관할 세무서장은 기부장려금 신청명세 제출기한이 지난 후 4개월 이내에 기부장려금을 결정하여야 한다.(조특법 75조 ④, 2016.12.20. 개정)

① 기부장려금을 신청한 기부자의 해당 과세기간의 종합소득 결정세액

② 기부자가 기부장려금을 신청한 기부금에 대하여 소득세법 제59조의4 제4항에 따른 기부금 세액공제를 신청한 것으로 보아 계산한 종합소득 결정세액. 이 경우 같은 항에 따른 기부금 세액공제액을 계산할 때 기부장려금을 신청한 기부금에 대해서는 같은 항 제2호에 따른 기부금의 한도액을 적용하지 아니한다.(2020.2.29. 후단개정)

③ 납세지 관할 세무서장은 기부장려금을 결정한 후 그 결정에 탈루나 오류가 있을 때에는 기부장려금을 경정하여야 한다.(조특법 75조 ⑥)

(3) 기부장려금단체의 제출서류

기부장려금단체는 기부자에게 기부금영수증을 발급할 때 기부장려금 신청 여부를 확인하여 「기부금영수증 발급명세서」를 납세지 관할 세무서장에게 제출할 때 「기부장려

PART 4

금 신청명세」를 제출하여야 한다.(조특법 75조 ③)

(4) 기부장려금의 지급

납세지 관할 세무서장은 결정된 기부장려금을 기부장려금단체에 국세환급금에 관한 국세기본법 제51조를 준용하여 지급한다. 이 경우 "국세환급금"은 "기부장려금"으로, "환급"은 "지급"으로 본다.(조특법 75조 ⑤)

(5) 기부장려금 신청명세가 사실과 다른 경우

납세지 관할 세무서장은 기부장려금단체가 「기부장려금 신청명세」를 사실과 다르게 작성하여 경정으로 기부장려금이 줄어든 경우에는 초과하여 지급받은 기부장려금(이하 "초과지급금"이라 한다)에 다음의 금액을 합한 금액을 징수하여야 한다.(조특법 75조 ⑦, 2020.12.29. 용어개정, 조특령 71조 ⑥)

① 초과지급금의 3%에 상당하는 금액

② 초과지급금 × 기부장려금을 환급받은 날의 다음 날부터 자진납부일 또는 납부고지일까지의 기간 × 0.022%(2022.2.15. 개정)

(6) 기부금장려단체의 지정

기획재정부장관은 기부금영수증을 발급하는 자로서 「기부금영수증 발급명세서」의 작성·보관 의무 등 납세협력의무의 이행과 회계 투명성 등의 요건을 갖춘 것으로 인정되어 국세청장이 추천하는 자를 기부장려금단체로 지정할 수 있다.(조특법 75조 ②)

(7) 기부장려금단체의 지정 취소

① 기획재정부장관은 기부장려금단체가 다음 중 하나에 해당하는 경우에는 기부장려금단체의 지정을 취소할 수 있다.(조특법 75조 ⑧)

㉠ 기부장려금단체가 기부장려금 신청명세를 사실과 다르게 작성한 경우

㉡ 국세기본법 제85조의5에 따라 불성실기부금수령단체로 명단이 공개된 경우

㉢ 기부장려금단체가 해산한 경우

㉣ 그 밖에 법령을 위반하거나 목적 외 사업을 하는 등의 사유(조특령 71조 ⑦에서 규정)가 있는 경우

② 위 '①의 ㉠·㉡·㉣'에 따라 기부장려금단체의 지정이 취소된 경우 그 지정이 취소된 날이 속하는 과세연도부터 5년간 기부장려금단체로 지정하지 아니한다.(조특법 75조 ⑨)

(8) 기부자가 소득세법 제59조의4 제4항에 따른 기부금 세액공제와 기부장려금을 중복하여 신청한 경우에는 기부금 세액공제를 신청한 것으로 보아 소득세법 제59조의4 제4항을 적용한다. 다만, 기부장려금을 신청한 기부자가 기부장려금 신청명세 제출기한이 지난 후에 기부금 세액공제를 중복하여 신청한 경우에는 기부장려금을 신청한 것으로 보아 위의 규정을 적용한다.(조특법 75조 ⑩, 2016.12.20. 신설)

기부장려금단체 지정 현황 (2025.3.28. 기획재정부 공고 기준)

연번	단체명	등록번호	관보 게재일	지정기간
1	대한적십자사	보건복지부-30호	2016.7.29.	2016년~2021년
2	사회복지공동모금회	보건복지부-823호	2016.7.29.	2016년~2021년
3	사회복지법인 아이들과 미래	보건복지부-832호	2016.9.30.	2016년~2021년
4	사회복지법인 세이브더칠드런코리아	보건복지부-847호	2017.9.29.	2017년~2022년
		기재부공고 2023-187호	2023.9.27.	2023년 ~2028년
5	사회복지법인 월드비전	보건복지부-46호	2018.10.2.	2018년~2023년
		기재부공고 2025-92호	2025.3.28.	2025년~2030년
6	사회복지법인 굿네이버스	보건복지부-813호	2019.9.30.	2019년~2024년
		기재부공고 2025-92호	2025.3.28.	2025년~2030년
7	사단법인 굿네이버스 인터네셔날	외교부-434호	2019.9.30.	2019년~2024년
		기재부공고 2025-92호	2025.3.28.	2025년~2030년
8	사회복지법인 한국컴패션	보건복지부-841호	2019.9.30.	2019년~2024년
9	사회복지법인 어린이재단	보건복지부-18호	2020.3.30.	2020년~2025년
10	사단법인 한국국제기아대책기구	보건복지부-142호	2020.3.30.	2020년~2025년
11	사단법인 국경없는 의사회	기재부공고 2022-69	2022.3.31.	2022년~2027년
12	사회복지법인 사회복지공동모금회	기재부공고 2022-190호	2022.9.30.	2022년~2027년
13	아름다운 재단	기재부공고 2023-187호	2023.9.27.	2023년 ~2028년
14	재단법인 밀알나눔재단			
15	사회복지법인 밀알복지재단			
16	사회복지법인 함께 걷는 아이들			
17	재단법인 청소년그루터기재단	기재부공고 2024-210호	2024.9.30.	2024년~2029년

PART 4

소득세법 시행규칙[별지 제45호 서식](2025.3.21. 개정)

기부금명세서

※ 뒤쪽의 작성방법을 읽고 작성하여 주시기 바랍니다. (앞쪽)

❶ 인적사항			
❶ 인적사항	① 근무지 또는 사업장 상호	② 사업자등록번호	
	③ 성명	④ 주민등록번호	
	⑤ 주소	(전화번호 :)	
	⑥ 사업장 소재지	(전화번호 :)	

❷ 해당 연도 기부 명세

⑦ 코드	⑧ 기부내용	기 부 처		⑪ 기부자			기부 명세				
							건수	기부금액			
								⑫ 합계 (⑬+⑭)	⑬ 공제대상 기부금액	공제제외 기부금	
		⑨ 상호 (법인명)	⑩ 사업자 등록번호 등	관계 코드	성명	주민 등록번호				⑭ 기부장려금 신청금액	⑮ 기타

❸ 구분코드별 기부금의 합계

기부자 구 분	총 계	공제대상 기부금						공제제외 기부금	
		특례기부금	정치자금 기부금	고향사랑 기부금	일반기부금 (종교단체 외)	일반기부금 (종교단체)	우리사주 조합 기부금	기부장려금 신청금액	기타
코드		10	20	43	40	41	42	10,40,41	50
합계									
본인									
배우자									
직계비속									
직계존속									
형제자매									
그 외									

❹ 기부금 조정 명세

기부금 코드	기부 연도	⑯ 기부금액	⑰ 전년까지 공제된 금액	⑱ 공제대상 금액(⑯-⑰)	해당 연도 공제금액		해당 연도에 공제받지 못한 금액	
					필요경비	세액(소득)공제	소멸금액	이월금액

(뒤쪽)

작성방법

※ 기부금을 특별소득공제·특별세액공제 또는 필요경비로 산입하는 경우에는 원천징수의무자·납세조합 또는 납세지관할세무서장에게 이 기부금명세서를 제출해야 합니다.

1. ⑦ 코드란: 다음을 참고하여 적습니다. 이 경우 「조세특례제한법」 제75조에 따라 기부장려금단체에 기부장려금으로 신청한 기부금도 아래의 기부금 유형 구분에 따라 적습니다.

   가. 특례기부금(「소득세법」 제34조제2항제1호에 따른 기부금): 코드번호 "10"
   나. 정치자금기부금(「조세특례제한법」 제76조에 따른 기부금): 코드번호 "20"
   다. 고향사랑기부금(「조세특례제한법」 제58조에 따른 기부금): 코드번호 "43"
   라. 일반기부금[「소득세법」 제34조제3항제1호에 따른 기부금(공익단체에 대한 기부금을 포함하고, 종교단체 기부금은 제외)]: 코드번호 "40"
   마. 일반기부금(「소득세법」 제34조제3항제1호에 따른 기부금 중 종교단체 기부금): 코드번호 "41"
   바. 우리사주조합기부금(「조세특례제한법」 제88조의4에 따른 기부금): 코드번호 "42"
   사. 그 밖의 기부금으로서 필요경비 및 소득공제·세액공제금액 대상에 해당하지 않는 기부금(미지급분 기부금 포함): "공제제외 기타", 코드번호 "50"
2. ⑧ 기부내용에는 금전기부의 경우 "금전"으로, 금전 외의 현물기부의 경우에는 "현물"로 표시하고 자산명세를 간략히 적습니다. 현물의 경우 기부금액 산정은 「소득세법 시행령」 제81조제3항에 따른 금액을 적습니다.
3. ⑨ 상호(법인명)란: 상호·법인명·단체명·성명을 적습니다(「조세특례제한법」 제76조에 따른 정치자금기부금은 제외합니다).
4. ⑩ 사업자등록번호 등란: 기부처의 사업자등록번호·고유번호를 적습니다(「조세특례제한법」 제76조에 따른 정치자금 기부금은 제외합니다). 다만, 기부처의 사업자등록번호·고유번호가 없는 경우에는 기부처의 대표자 주민등록번호를 적습니다.
5. 「조세특례제한법」 제76조에 따른 정치자금 기부금은 기부처 구분 없이 과세연도 합계액을 "2. 해당연도 기부명세"의 최상단에 적고, ⑨ 상호(법인명)란과 ⑩ 사업자등록번호 등란은 적지 않습니다. ⑫ 기부 명세 합계란에는 「정치자금법」에 따라 정당(같은 법에 따른 후원회 및 선거관리위원회를 포함)에 기부한 정치자금을 적습니다.
6. ⑪ 기부자란: 관계코드(1. 거주자, 2. 배우자, 3. 직계비속, 4. 직계존속, 5. 형제자매, 6. 그 외), 성명, 주민등록번호를 정확히 적습니다.
7. ⑬ 공제대상기부금액란: 필요경비 및 소득공제·세액공제 대상에 해당(코드번호 "10", "20", "43", "40" ~ "42")하는 기부금액을 적습니다. 이 경우 가지급금으로 처리한 기부금액은 포함되나, 「조세특례제한법」 제75조에 따라 기부장려금단체에 기부장려금으로 신청한 기부금액은 공제대상기부금액은 포함되지 않습니다.
8. ⑭ 기부장려금 신청금액란: 코드번호 "10", "41", "42" 중 「조세특례제한법」 제75조에 따라 기부장려금단체에 기부장려금으로 신청한 기부금액을 적습니다.
9. ⑮ 기타란: 그 밖의 기부금으로서 필요경비 및 소득공제·세액공제금액 대상에 해당되지 않는 기부금액을 적습니다. 이 경우 미지급분 기부금액의 경우도 기타란에 적습니다.
10. "3. 구분코드별 기부금의 합계"는 "2. 해당 연도 기부 명세"의 ⑬ 공제대상 기부금액을 코드별로 집계하여 적으며 사업자의 경우 기부금조정명세서(별지 제56호서식)의 각 해당란에 옮겨 적습니다.
11. 아래의 기부금 중 종합소득금액에서 공제되지 않거나 손금에 산입되지 않은 금액은 해당 과세연도의 다음 과세연도의 개시일부터 다음에 해당하는 기간 이내에 끝나는 과세연도에 이월하여 종합소득금액에서 공제하거나 손금에 산입합니다.
   (2013년 이후 기부금부터)

구　분	특례기부금	정치자금 기부금	고향사랑 기부금	우리사주 조합기부금	일반기부금 (종교단체 외)	일반기부금 (종교단체)
코　드	10	20	43	42	40	41
이월공제가능기간	10년	–	–	–	10년	10년

12. "4. 기부금 조정 명세" 작성 방법
   가. 전년 이월 기부금액과 "3. 구분코드별 기부금 합계"의 기부금액에 대해 기부금코드 및 기부연도별로 작성하며 해당 연도 공제금액 및 이월금액(소멸금액)을 계산합니다.
   나. 공제받지 못한 기부금 중 이월가능 기간이 지난 기부금에 대해서는 소멸금액란에 적습니다.
   다. 근로소득자가 원천징수의무자에게 제출하는 기부금명세서는 기부금코드, 기부연도, ⑯ 기부금액, ⑰ 전년까지 공제된 금액, ⑱ 공제대상금액 까지 작성할 수 있습니다.
   라. 전년도에 이월된 기부금액에 대해 공제를 받으려는 근로소득자는 전년도의 기부금명세서를 제출해야 합니다(계속근로 등으로 인해 원천징수의무자가 변동이 없는 경우 제출하지 아니할 수 있습니다).
   마. 정치자금기부금, 고향사랑기부금, 특례기부금, 우리사주조합기부금, 일반기부금 순서로 공제하고, 일반기부금에 종교단체 기부금과 종교단체 외 기부금이 함께 있는 경우 우선 종교단체 외 기부금부터 공제합니다.
   바. 2013.12.31.이전 지출 기부금 중 이월된 기부금은 소득공제로 우선하여 공제하며, 2014년 이후 이월된 기부금은 기부연도가 빠른 기부금부터 세액공제를 적용합니다.
   사. 이월기부금 공제 후 남은 기부금 공제한도 내에서 해당연도에 지출한 기부금을 공제합니다.
   아. 다음 연도로 이월된 기부금은 해당 과세기간 이후 기본공제대상자의 변동에 영향을 받지 않습니다.
13. "5. 노동조합 회비 명세" 작성 방법
   가. ⑲ 노동조합란: 회비를 납부한 노동조합의 명칭 및 사업자등록번호·고유번호를 기재하며, 사업자등록번호 등이 없는 경우에는 노동조합의 대표자 주민등록번호를 적습니다.
   나. ⑳ 적정공시 노동조합 회비 납부액란: 「소득세법 시행령」 제80조제1항제2호가목의 요건을 충족하는 노동조합에 납부한 회비 금액을 1월~9월 납부액과 10월~12월 납부액을 구분하여 적습니다.
   다. ㉑ 비적정공시 노동조합 회비 납부액란: 「소득세법 시행령」 제80조제1항제2호가목의 요건을 충족하지 않는 노동조합에 납부한 회비 금액을 1월~9월 납부액과 10월~12월 납부액을 구분하여 적습니다.

PART 4

5 특별세액공제 적용특례

특별세액공제 항목 중 보험료·의료비·교육비세액공제의 규정을 적용할 때 과세기간 종료일 이전에 혼인·이혼·별거·취업 등의 사유로 기본공제대상자에 해당되지 아니하게 되는 종전의 배우자·부양가족·장애인 또는 과세기간 종료일 현재 65세 이상인 사람을 위하여 이미 지급한 금액이 있는 경우에는 그 사유가 발생한 날까지 지급한 금액에 세액공제율(12%, 15%)을 적용한 금액을 해당 과세기간의 종합소득산출세액에서 공제한다.(소법 59조의4 ⑤)

Ⅲ 표준세액공제

1 개 요

➲ 2021.1.1. 이후 발생하는 소득분부터 적용한다.(2020.12.29. 법 부칙 2조 ①)

거주자가 다음 중 하나에 해당하는 경우 다음의 구분에 따른 금액을 종합소득산출세액에서 공제한다.(소법 59조의4 ⑨, 2020.12.29. 개정)

① 근로소득이 있는 거주자로서 특별세액공제, 특별소득공제 및 월세액세액공제를 신청을 하지 아니한 경우 : 연 13만원

➲ 정치자금기부금, 고향사랑기부금과 우리사주조합기부금은 조세특례제한법상의 공제항목이어서 소득세법상의 특별세액공제 항목이 아니므로 소득세법상의 표준세액공제와는 중복적용이 가능하다.(☞ 기부금세액공제가 배제되는 사업소득만 있는 경우는 이에 해당하지 않는다)

② 종합소득이 있는 거주자(근로소득이 있는 자는 제외)로서 조세특례제한법 제122조의3에 따른 세액공제(☞ 의료비세액공제, 교육비세액공제, 월세액세액공제) 신청을 하지 아니한 경우 : 다음의 구분에 따른 금액

㉠ 소득세법상 성실사업자(☞ 소령 118조의8에 따른 성실사업자)의 경우 : 연 12만원

㉡ 위 '㉠' 외의 경우 : 연 7만원

저자TIP 표준세액공제 오류검증 강화에 대한 유의사항

표준세액공제를 적용하는 경우에는 당해연도에 지출한 기부금은 다음연도로 이월할 수 없다. 따라서 표준세액공제를 적용하는 경우 당해연도에 지출한 특례·일반기부금은 기부금명세서 작성시 "소멸금액"란에 기재(이월금액에 기재하면 오류)하여야 한다.

➲ 사업소득만 있는 경우는 필요경비산입만 인정되므로 이 유의사항에 해당하지 않는다.

2 소득세법상 성실사업자의 범위(소령 118조의8)

소득세법상 성실사업자는 다음의 요건을 모두 갖춘 사업자를 말한다.

(1) 다음 중 하나에 해당하는 사업자일 것

① 신용카드가맹점 및 현금영수증가맹점으로 모두 가입한 사업자

다만, 다음의 사업자는 제외한다.

㉠ 신용카드의 결제를 거부하거나 신용카드매출전표를 사실과 다르게 발급함으로써 관할 세무서장으로부터 해당 사실을 통보받은 경우

㉡ 현금영수증의 발급을 거부하거나 사실과 다르게 발급함으로써 관할 세무서장으로부터 해당 사실을 통보받은 경우

㉢ 현금영수증가맹점으로 가입한 전문직 사업자가 건당 거래금액(부가가치세액을 포함) 10만원 이상의 대금을 현금으로 받고 현금영수증을 발급하지 않음으로써 관할 세무서장으로부터 해당 사실을 통보받은 경우

② 다음 중 하나에 해당하는 사업자(소칙 58조의2)

㉠ 조세특례제한법 제5조의2 제1호에 따른 전사적(全社的) 기업자원관리설비 또는 유통산업발전법에 따른 판매시점정보관리시스템설비를 도입한 사업자

㉡ 영화 및 비디오물의 진흥에 관한 법률에 따라 설립된 영화진흥위원회가 운영하는 영화상영관입장권통합전산망에 가입한 사업자

㉢ 전자상거래사업을 영위하는 사업자로서 다음 중 하나에 해당하는 사업자

ⓐ 여신전문금융업법에 따른 결제대행업체를 통해서만 매출대금의 결제가 이루어지는 사업자

ⓑ 납세지 관할 세무서장에게 신고한 사업용 계좌를 통해서만 매출대금의 결제가 이루어지는 사업자

ⓒ 위 'ⓐ 및 ⓑ'의 방식으로만 매출대금의 결제가 이루어지는 사업자

㉣ 지방자치단체의 장의 주관 하에 수입금액이 공동으로 관리·배분되는 버스운송사업을 영위하는 사업자

㉤ 부가가치세법 제21조(☞ 영세율이 적용되는 수출하는 재화)에 따른 수출에 의해서만 거래가 이루어지는 사업자

㉥ 납세지 관할 세무서장에게 신고한 사업용계좌를 통해서만 매출 및 매입대금의 결제가 이루어지는 사업자

㉦ 부가가치세법 시행령 제42조에 따른 인적용역을 제공하고 그 수입금액이 원천징수되는 사업자

이때 성실사업자에 해당하는 사업자가 해당 과세기간 동안 계속하여 그 사업을 영위하고 있는 경우에는 위 '①'의 요건을 충족한 것으로 판정한다.

(2) 장부를 비치·기록하고, 그에 따라 소득금액을 계산하여 신고할 것(추계조사결정이 있는 경우 해당 과세기간을 제외한다)

(3) 사업용계좌를 신고하고, 해당 과세기간에 사업용계좌를 사용하여야 할 금액의 3분의 2 이상을 사용할 것

다음의 구분에 따른 요건을 충족하는 경우에는 해당 과세기간 동안 사업용계좌의 신고의 요건을 갖춘 것으로 판정한다.(소칙 58조의3 ③)

① 복식부기의무자 : 다음 중 하나에 해당하는 경우
  ㉠ 복식부기의무자에 해당하는 과세기간의 개시일부터 6월 이내에 사업용계좌가 신고되어 있는 경우
  ㉡ 위 '㉠' 외의 경우로서 직전 과세기간에 사업용계좌를 신고한 경우
② 위 '①' 외의 사업자 : 해당 과세기간의 종료일 6월 이전에 사업용계좌가 신고되어 있는 경우

Ⅳ 세액계산의 순서

거주자의 종합소득 및 퇴직소득에 대한 소득세는 소득세법에 특별한 규정이 있는 경우를 제외하고는 다음에 따라 계산한다.(소법 15조, 2009.12.31 개정)

① 과세표준에 기본세율(소법 55조 ①)을 적용하여 종합소득 산출세액과 퇴직소득 산출세액을 각각 계산한다.
② 위 '①'에 따라 계산한 각 산출세액에서 다음의 세액공제를 적용하여 종합소득 결정세액과 퇴직소득 결정세액을 각각 계산한다.
  ㉠ 배당세액공제(소법 56조)
  ㉡ 기장세액공제(소법 56조의2)
  ㉢ 외국납부세액공제(소법 57조)
  ㉣ 간접투자회사등으로부터 지급받은 소득에 대한 외국납부세액공제 특례(소법 57조의2, 2022.12.31. 신설) ➲ 2025.1.1.부터 시행한다.(2022.12.31. 법 부칙 1조 2, 4조)
  ㉤ 재해손실공제(소법 58조)
  ㉥ 근로소득세액공제(소법 59조)

ⓢ 자녀세액공제(소법 59조의2)

ⓞ 연금계좌세액공제(소법 59조의3)

ⓩ 특별세액공제(소법 59조의4)

이 경우 배당세액공제가 있을 때에는 산출세액에서 배당세액공제를 한 금액과 소득세법 제62조 제2호에 따른 금액을 비교하여 큰 금액에서 위의 '㉠~ⓩ'의 세액공제를 한 금액을 세액으로 하고, 감면되는 세액이 있을 때에는 이를 공제하여 결정세액을 각각 계산한다.(소법 15조 2 후단, 2022.12.31 개정)

※ 소득세법 제62조 제2호

다음의 세액을 더한 금액

① 이자소득등에 대하여 원천징수세율을 적용하여 계산한 세액

다만, 다음 중 하나에 해당하는 소득에 대해서는 그 구분에 따른 세율을 적용한다.

㉠ 원천징수되지 아니하는 이자소득등 중 비영업대금의 이익 : 25%*

* 온라인투자연계금융업자를 통하여 지급받는 경우는 14%

㉡ 원천징수되지 아니하는 이자소득등 중 비영업대금의 이익을 제외한 이자소득등 : 14%

② 이자소득등을 제외한 다른 종합소득금액에 대한 산출세액

다만, 그 세액이 출자공동사업자 배당소득에 대하여 14%을 적용하여 계산한 세액과 이자소득등 및 출자공동사업자 배당소득을 제외한 다른 종합소득금액에 대한 산출세액을 합산한 금액(이하 "종합소득 비교세액"이라 한다)에 미달하는 경우 종합소득 비교세액으로 한다.

③ 위 '②에 따라 계산한 결정세액에 가산세를 더하여 종합소득 총결정세액과 퇴직소득 총결정세액을 각각 계산한다.

V 세액감면 및 세액공제 적용순위

소득세의 감면에 관한 규정과 세액공제에 관한 규정이 동시에 적용되는 경우 그 적용순위는 다음의 순서로 한다.(소법 60조 ①)

① 해당 과세기간의 소득에 대한 소득세의 감면

② 이월공제가 인정되지 아니하는 세액공제

③ 이월공제가 인정되는 세액공제. 이 경우 해당 과세기간 중에 발생한 세액공제액과 이전 과세기간에서 이월된 미공제액이 함께 있는 때에는 이월된 미공제액을 먼저 공제한다.

Ⅵ 세액감면액 및 세액공제액의 산출세액 초과 시의 적용방법 등(2014.12.23. 신설)

① 보험료·의료비·교육비세액공제 및 월세액에 대한 세액공제액의 합계액이 그 거주자의 해당 과세기간의 근로소득에 대한 종합소득산출세액(해당 과세기간의 종합소득산출세액에 근로소득금액이 그 과세기간의 종합소득금액에서 차지하는 비율을 곱하여 산출한 금액)을 초과하는 경우 그 초과하는 금액은 없는 것으로 한다.(소법 61조 ①, 2014.12.23 신설, 소령 119조의3 ①)

② 자녀세액공제액, 연금계좌세액공제액, 특별세액공제액, 고향사랑기부금, 정치자금기부금 및 우리사주조합기부금에 대한 세액공제액의 합계액이 그 거주자의 해당 과세기간의 합산과세 되는 종합소득산출세액(소득세법 제62조에 따라 원천징수세율을 적용받는 이자소득 및 배당소득에 대한 산출세액은 제외하며, 이하 "공제기준산출세액"이라 한다)을 초과하는 경우 그 초과하는 금액은 없는 것으로 한다. 다만, 그 초과한 금액에 기부금 세액공제액이 포함되어 있는 경우 해당 기부금과 한도액을 초과하여 공제받지 못한 기부금은 해당 과세기간의 다음 과세기간의 개시일부터 10년 이내에 끝나는 각 과세기간에 이월하여 세액공제율을 적용한 기부금 세액공제액을 계산하여 그 금액을 공제기준산출세액에서 공제한다.(소법 61조 ②, 2024.12.31. 개정)

➲ 2019.1.1. 이후 과세표준을 신고하거나 연말정산하는 분부터 적용하되, 2013.1.1. 이후 지출한 기부금에 대해서도 적용한다.(2018.12.31. 법 부칙 3조)

③ 위 '②'에서 "공제기준산출세액"이란 해당 과세기간의 종합소득산출세액에 소득세법 제62조에 따라 원천징수세율을 적용받는 이자소득금액 및 배당소득금액의 합계액이 그 과세기간의 종합소득금액에서 차지하는 비율을 곱하여 산출한 금액을 말한다.(소령 119조의3 ②, 2015.2.3. 신설)

✓ **금융소득 종합과세 되는 경우 공제기준산출세액의 범위**

[사실관계]

연금계좌세액공제액 등은 공제기준산출세액을 한도로 공제받음

- 금융소득금액 : 23,098,853원
- 사업소득금액 : 4,435,200원
- 근로소득금액 : 2,820,000원
- 따라서 종합소득금액은 30,354,053원 (과세표준 28,628,213원)임

⇒ 산출세액 : max(소득세법 제62조 1호, 동조 2호)

= max(3,317,692원, 3,565,600원) = 3,565,600원

[질의]

종합소득과세표준에 금융소득(2천만원 초과)을 포함하고 있는 경우 소득세법 제61조 제2항에 따른 '공제기준산출세액*'의 계산방법

- 종합소득자의 세액공제 한도

〈갑설〉 종합과세되는 금융소득에 대해 분리과세 되는 금융소득의 조세부담분(14%)만큼 공제감면한도에서 차감하도록 산식 산정

* 공제기준산출세액 = 종합소득산출세액 – 금융소득 원천징수세액

〈을설〉 소득세법 시행령 제119조의3 제2항 문언에 따라 계산

* 공제기준산출세액 = 종합소득산출세액 × (1 – 원천징수세율 적용 금융소득금액** ÷ 종합소득금액)

** 소득세법 제62조에 따라 원천징수세율을 적용받는 이자소득금액 및 배당소득금액 합계액

[회신]

귀 서면질의의 경우, 2015.1.1. 이후 발생하는 소득에 대한 종합소득 산출세액 계산시 소득세법 제61조 제2항의 공제기준산출세액은 소득세법 시행령 제119조의3 제2항에 따라 종합소득산출세액에서 해당 과세기간의 종합소득산출세액에 소득세법 제62조에 따라 원천징수세율을 적용받는 이자소득금액 및 배당소득금액의 합계액이 그 과세기간의 종합소득금액에서 차지하는 비율을 곱하여 산출한 금액을 차감하여 계산하는 것임(서면법령해석소득 2015-873, 2016.7.7.)

저자TIP 종합과세대상 금융소득과 감면대상 소형주택임대소득이 있는 경우의 환급

종합과세대상 금융소득과 조세특례제한법 제96조에 따른 감면[(75% 또는 30%), (50% 또는 20%)*]대상 소형주택 임대소득이 함께 있는 경우 종합소득세를 계산해보면 환급이 발생하는 경우가 있다.

* 2021년 귀속분부터 적용

금융소득 세액계산특례(소법 62조)에 따라 계산한 산출세액을 종합소득금액에 대한 감면대상소득금액의 비율로 안분하여 감면세액으로 공제하고, 배당세액공제 적용 후 기납부세액을 빼면 환급세액이 발생하는데, 이 환급세액은 14%로 원천징수 된 금융소득에서 발생한다. 조세특례제한법 제96조는 최저한세(조특법 132조 ② 4)의 적용 대상이므로, 감면 후 세액이 최저한세 이상이기만 하면 전액 환급받아도 문제없을 것으로 보인다.

④ 소득세법 또는 조세특례제한법에 따른 감면액 및 세액공제액의 합계액이 해당 과세기간의 합산과세되는 종합소득산출세액을 초과하는 경우 그 초과하는 금액은 없는 것으로 보고, 그 초과하는 금액을 한도로 연금계좌세액공제를 받지 아니한 것으로 본다. 다만, 재해손실세액공제액이 종합소득산출세액에서 다른 세액감면액 및 세액공제액을 뺀 후 가산세를 더한 금액을 초과하는 경우 그 초과하는 금액은 없는 것으로 본다.(소법 61조 ③, 2014.12.23. 신설)

Chapter

02 조세특례제한법상의 세액공제

I 혼인에 대한 세액공제(결혼세액공제)(2024.12.31. 신설)

➲ 2025.1.1. 이후 종합소득과세표준 확정신고를 하거나 연말정산하는 경우부터 적용한다.(2024.12.31. 조특법 14조)

1 개요

거주자가 2024.1.1.부터 2026.12.31.까지 혼인신고를 한 경우에는 1회(혼인신고 후 그 혼인이 무효가 되어 수정신고 또는 기한후신고를 한 경우는 제외)에 한정하여 혼인신고를 한 날이 속하는 과세기간의 종합소득산출세액에서 50만원을 공제한다.(조특법 92조 ①)

2 세액공제 신청

세액공제를 적용받으려는 사람은 다음의 구분에 따른 서류를 제출해야 한다.(조특령 94조 ③, 조특칙 43조의2)

① 종합소득과세표준 확정신고를 하는 경우 : 「소득·세액공제신고서」(소득세법 시행규칙 별지 37호 서식)를 납세지 관할세무서장에게 제출할 것. 이 경우 납세지 관할세무서장은 행정정보의 공동이용을 통해 「혼인관계증명서」를 확인해야 하며, 신고인이 「혼인관계증명서」의 확인에 동의하지 않는 경우에는 그 서류를 첨부하게 해야 한다.

② 근로소득(원천징수 배제대상 근로소득*은 제외) 또는 연말정산 되는 사업소득이 있는 경우 : 다음 연도 2월분의 급여를 받는 날까지 연말정산을 하는 원천징수의무자에게 「소득·세액공제신고서」와 「혼인관계증명서」를 제출할 것. 다만, 2024.1.1.부터 2024.12.31. 사이에 혼인신고를 한 경우에는 2025년 4월분의 급여를 받는 날까지 제출해야 한다.

* 소득세법 제127조 제1항 제4호 중 하나에 해당하는 근로소득
  ㉠ 외국기관 또는 우리나라에 주둔하는 국제연합군(미군은 제외)으로부터 받는 근로소득
  ㉡ 국외에 있는 비거주자 또는 외국법인(국내지점 또는 국내영업소는 제외)으로부터 받는 근로소득. 다만, 다음 중 하나에 해당하는 소득은 원천징수 한다.
    ⓐ 비거주자의 국내사업장과 외국법인의 국내사업장의 국내원천소득금액을 계산할 때 필요경비 또는 손금으로 계상되는 소득
    ⓑ 국외에 있는 외국법인(국내지점 또는 국내영업소는 제외)으로부터 받는 근로소득 중 소득세법 제156조의7(☞ 외국법인 소속 파견근로자의 소득에 대한 원천징수 특례)에 따라 소득세가 원천징수 되는 파견근로자의 소득

3 혼인무효가 된 경우

결혼세액공제를 받은 거주자가 혼인이 무효가 된 경우로서 혼인무효의 소에 대한 판결이 확정된 날이 속하는 달의 다음 달부터 3개월이 되는 날까지 수정신고 또는 기한 후 신고를 한 경우에는 무신고가산세·과소신고(초과환급)가산세·납부지연가산세를 부과하지 아니하되, 다음의 이자상당액을 소득세에 가산하여 부과한다.(조특법 92조 ②, 조특령 94조 ①, ②)

이자상당액 = 종합소득과세표준 신고기한의 다음날부터 수정신고·기한후신고일까지의 일수 × 0.022%

혼인관계증명서의 발급

전자가족관계등록시스템 홈페이지에 로그인하여 「혼인관계증명서」를 발급신청 할 때 다음과 같이 "일반증명서", "상세증명서", "특정증명서" 3종류 중 하나를 선택하면 된다. 시청(구청)·읍·면·동 주민센터에 방문하여 발급(유료 1,000원/1통)받을 수도 있다.

구분	내 용
일반증명서	본인 및 배우자에 관한 사항과 현재의 혼인에 관한 사항
상세증명서	본인 및 배우자에 관한 사항과 혼인 및 이혼에 관한 사항
특정증명서	본인에 관한 사항과 신청인이 선택한 과거의 혼인에 관한 사항

즉, 결혼세액공제와 관련해서 현재 혼인 중인 경우는 "일반증명서"를, 과거의 혼인에 대해 받을 경우는 "특정증명서"를 발급받으면 된다.

Ⅱ 세액공제에 대한 조세특례의 제한과 중소기업의 범위

이하에서는 세액공제의 배제·추징 및 이월공제, 중소기업의 범위를 먼저 살펴본 후 법조문의 순서에 따라 세액공제를 살펴보기로 한다.

1 세액공제의 배제

(1) 중복지원의 배제

1) 취득가액의 감액

① 내국인이 조세특례제한법에 따라 투자한 자산 또는 출자로 취득한 지분에 대하여 다음의 세액공제를 적용받는 경우 아래 '②'의 금액을 투자금액 또는 취득금액에서 차감한다.(조특법 127조 ①, 2023.12.31. 개정)

> ㉠ 수탁기업 투자에 대한 세액공제(조특법 8조의3 ③, 2016.12.20. 신설)
> ㉡ 통합투자세액공제(조특법 24조, 2020.12.29. 신설)
> ㉢ 고용창출투자세액공제(조특법 26조)
> ㉣ 해외자원개발투자에 대한 과세특례(조특법 104조의15 ①, 2023.12.31. 개정)
> ➲ '㉣'은 2024.1.1. 이후 투자 또는 출자를 하는 경우부터 적용한다.(2023.12.31. 조특법 부칙 30조)

② 투자금액 또는 취득금액에서 차감하는 금액의 범위

㉠ 내국인이 자산에 대한 투자 또는 출자지분의 취득을 목적으로 다음 중 하나에 해당되는 국가 등로부터 출연금 등의 자산을 지급받아 투자 또는 출자에 지출하는 경우 : 출연금 등의 자산을 투자 또는 출자에 지출한 금액에 상당하는 금액(조특법 127조 ① 1, 2023.12.31. 용어개정)

ⓐ 국가
ⓑ 지방자치단체
ⓒ 공공기관의 운영에 관한 법률에 따른 공공기관
ⓓ 지방공기업법에 따른 지방공기업

㉡ 내국인이 자산에 대한 투자 또는 출자지분의 취득을 목적으로 금융회사 등으로부터 융자를 받아 투자 또는 출자에 지출하고 금융회사 등에 지급하여야 할 이자비용의 전부 또는 일부를 국가 등이 내국인을 대신하여 지급하는 경우 : 국가 등이 지급하였거나 지급하기로 약정한 이자비용의 합계액(조특법 127조 ① 2, 2023.12.31. 용어개정, 조특령 123조 ①)

㉢ 내국인이 자산에 대한 투자 또는 출자지분의 취득을 목적으로 국가 등으로부터 융자를 받아 투자 또는 출자에 지출하는 경우 : 다음 계산식에 따라 계산한 금액(해당 금액이 음수(陰數)인 경우에는 영으로 본다)(조특법 127조 ① 3, 2023.12.31. 용어 개정, 조특령 123조 ②)

> 이자지원금 = 융자받은 시점의 가중평균차입이자율*을 적용하여 계산한 원리금 합계액
> − 융자받은 시점의 실제 융자받은 이자율을 적용하여 계산한 원리금 합계액
>
> * 법인세법 시행령 제89조 제3항에 따른 이자율을 말한다.

㉣ 내국인이 다음의 자산(법인세법 제37조 제1항 각 호) 중 하나에 해당하는 사업에 필요한 자산에 대한 투자를 목적으로 해당 자산의 수요자 또는 편익을 받는 자로부터 공사부담금을 제공받아 투자에 지출하는 경우 : 공사부담금을 투자에 지출한 금액에 상당하는 금액(조특법 127조 ① 4, 2021.12.28. 신설, 법법 37조 ①, 법령 65조 ①)

➲ 2022.1.1. 이후 투자하는 경우부터 적용한다.(2021.12.18. 조특법 부칙 24조)

ⓐ 전기사업법에 따른 전기사업

ⓑ 도시가스사업법에 따른 도시가스사업

ⓒ 액화석유가스의 안전관리 및 사업법에 따른 액화석유가스 충전사업, 액화석유가스 집단공급사업 및 액화석유가스 판매사업

ⓓ 집단에너지사업법 제2조 제2호에 따른 집단에너지공급사업

ⓔ 위 'ⓐ부터 ⓓ까지'의 사업과 유사한 다음의 사업

㉮ 지능정보화 기본법에 따른 초연결지능정보통신기반구축사업

㉯ 수도법에 의한 수도사업

2) 동일한 투자에 대한 세액공제의 중복적용 배제

① 내국인이 투자한 자산에 대하여 다음의 투자세액공제가 동시에 적용되는 경우에는 각각 그 중 하나만을 선택하여 적용받을 수 있다.(조특법 127조 ②, 2018.12.24 개정)

㉠ 수탁기업 투자에 대한 세액공제(조특법 8조의3 ③, 2016.12.20. 신설)

㉡ 통합투자세액공제(조특법 24조, 2020.12.29. 신설)

㉢ 고용창출투자세액공제(조특법 26조)

② 내국인이 동일한 과세연도에 다음의 세액공제가 동시에 적용되는 경우에는 그 중 하나만을 선택하여 적용받을 수 있다.(조특법 127조 ②, 2018.12.24 개정)

㉠ 성과공유 중소기업의 경영성과급에 대한 세액공제(19조 ①)와 근로소득을 증대시킨 기업에 대한 세액공제(29조의4)

㉡ 고용창출투자세액공제(26조)와 청년고용을 증대시킨 기업에 대한 세액공제(29조의5)

㉢ 고용창출투자세액공제(26조)와 중소기업 사회보험료 세액공제(30조의4)

3) 투자세액공제의 외국인투자에 대한 세액감면의 중복적용 배제

① 내국인이 투자한 자산에 대하여 다음의 세액공제규정을 적용함에 있어서 외국인투자에 대한 소득세를 감면(조특법 121조의2 또는 121조의4)하는 경우에는 해당 규정에 따라 공제할 세액에 해당 기업의 총지분에 대한 내국인투자자의 소유지분비율을 곱하여 계산한 금액을 공제세액으로 한다.(조특법 127조 ③, 2022.12.31. 개정)

$$\text{공제세액} = \text{공제할 세액} \times \frac{\text{내국인투자자의 소유지분}}{\text{해당기업의 총지분}}$$

㉠ 수탁기업 투자에 대한 세액공제(조특법 8조의3 ③, 2016.12.20. 신설)

㉡ 통합투자세액공제(조특법 24조, 2020.12.29. 신설)

㉢ 고용창출투자세액공제(조특법 26조)

㉣ 청년고용을 증대시킨 기업에 대한 세액공제(조특법 29조의5)

㉤ 고용을 증대시킨 기업에 대한 세액공제(조특법 29조의7)

㉥ 통합고용세액공제(조특법 29조의8 ①, 2022.12.31. 신설)

➲ 2023.1.1. 이후 개시하는 과세연도부터 적용한다.(2022.12.31. 조특법 부칙 2조 ①)

➲ 위 '㉤'과 아래 '㉦'에 따른 공제를 받지 아니한 경우에만 적용한다.(조특법 127 ⑪)

㉦ 중소기업 사회보험료 세액공제(조특법 30조의4)

㉧ 제3자물류비용에 대한 세액공제(조특법 104조의14)

㉨ 해외자원개발투자에 대한 과세특례(조특법 104조의15)

② 사업연도 중 내국인투자자지분이 변경된 경우에 내국인투자자의 소유주식 등의 비율은 다음 산식에 따라 계산한 해당 사업연도 중 평균자본금 비율에 의한다.(조통 127−0…3)

$$\text{내국인 소유주식비율} = \frac{(\text{변경 전 내국인자본금} \times \text{변경 전 일수}) + (\text{변경 후 내국인자본금} \times \text{변경 후 일수})}{(\text{변경 전 총자본금} \times \text{변경 전 일수}) + (\text{변경 후 총자본금} \times \text{변경 후 일수})}$$

(2) 세액감면과 세액공제의 중복적용 배제

내국인이 동일한 과세연도에 다음 '1)'의 세액감면 규정과 '2)'의 세액공제 규정을 동시에 적용받을 수 있는 경우에는 그 중 하나만을 선택하여 적용받을 수 있다. 다만, '창업중소기업 등에 대한 세액감면 중 고용증대에 따른 추가 세액감면(조특법 6조 ⑦)'에 따라 소득세를 감면받는 경우에는 '고용증대세액공제(조특법 29조의7)' 또는 '통합고용세액공제 중 고용증대세액공제(조특법 29조의8 ①, 2022.12.31. 신설)'를 동시에 적용하지 아니한다.(조특법 127조 ④, 2022.12.31. 단서개정)

➲ 통합고용세액공제 중 고용증대세액공제(조특법 29조의8 ①)는 2023.1.1. 이후 개시하는 과세연도부터 적용한다.(2022.12.31. 조특법 부칙 2조 ①)

개정 2024.12.31.

➲ 2025.1.1. 이후 창업중소기업을 창업하는 경우, 창업보육센터사업자로 지정을 받는 경우, 벤처기업으로 확인받는 경우 또는 에너지신기술중소기업에 해당하게 되는 경우부터 적용한다. (2024.12.31. 조특법 부칙 2조)

(2) 세액감면과 세액공제의 중복적용 배제

내국인이 동일한 과세연도에 다음 '1)'의 세액감면 규정과 '2)'의 세액공제 규정을 동시에 적용받을 수 있는 경우에는 그 중 하나만을 선택하여 적용받을 수 있다. 다만, '창업중소기업 등에 대한 세액감면(조특법 6조)'에 따라 소득세를 감면받는 경우에는 '고용증대세액공제(조특법 29조의7)' 또는 '통합고용세액공제(조특법 29조의8)'를 동시에 적용하지 아니한다.(조특법 127조 ④, 2024.12.31. 단서개정)

1) 세액감면

① 창업중소기업 등에 대한 세액감면(조특법 6조)

② 중소기업에 대한 특별세액감면(조특법 7조)

③ 연구개발특구에 입주하는 첨단기술기업 등에 대한 소득세 감면(조특법 12조의2)

④ 중소기업간의 통합에 대한 소득세의 이월감면(조특법 31조 ④, ⑤)

⑤ 법인전환시 세액감면승계(조특법 32조 ④)

⑥ 수도권 밖으로 공장을 이전하는 기업에 대한 세액감면(조특법 63조, 2020.12.29. 제목개정)

⑦ 농공지구입주기업 등에 대한 세액감면(조특법 64조)

⑧ 사회적기업 및 장애인 표준사업장에 대한 소득세의 감면(조특법 85조의6 ①, ②)

⑨ 위기지역 창업기업에 대한 소득세의 감면(조특법 99조의9 ②)

➲ 2022.1.1.부터 시행한다.(2021.12.28. 조특법 부칙 1조)

⑩ 감염병 피해에 따른 특별재난지역의 중소기업에 대한 소득세 감면(조특법 99조의11,

2020.3.23. 신설)

⑪ 해외진출기업의 국내복귀에 대한 세액감면(조특법 104조의24 ①)

⑫ 제주첨단과학기술단지 입주기업에 대한 소득세의 감면(조특법 121조의8)

⑬ 제주투자진흥지구 또는 제주자유무역지역 입주기업에 대한 소득세의 감면(조특법 121조의9 ②)

⑭ 기업도시개발구역 입주기업 등에 대한 소득세의 감면(조특법 121조의17 ②)

⑮ 아시아문화중심도시 투자진흥지구 입주기업 등에 대한 소득세의 감면(조특법 121조의20 ②)

⑯ 금융중심지 창업기업 등에 대한 소득세의 감면(조특법 121조의21 ②)

⑰ 첨단의료복합단지 및 국가식품클러스터 입주기업에 대한 소득세의 감면(조특법 121조의22 ②)

⑱ 기회발전특구의 창업기업 등에 대한 소득세의 감면(조특법 121조의33 ②, 2023.12.31. 신설)

2) 세액공제

① 수탁기업 투자에 대한 세액공제(조특법 8조의3 ③, 2016.12.20. 신설)

② 통합투자세액공제(조특법 24조, 2020.12.29. 신설)

③ 영상콘텐츠 제작비용에 대한 세액공제(조특법 25조의6, 2016.12.20. 신설)

④ 고용창출투자세액공제(조특법 26조)

⑤ 중소기업 사회보험료 세액공제(중소기업에 대한 특별세액감면과 동시에 적용되는 경우는 제외한다)(2017.12.19. 제목개정, 조특법 30조의4)

⑥ 제3자물류비용에 대한 세액공제(조특법 104조의14)

⑦ 해외자원개발투자에 대한 과세특례(조특법 104조의15)

⑧ 석유제품 전자상거래에 대한 세액공제(조특법 104조의25, 2011.12.31. 신설)

⑨ 금사업자와 구리 스크랩등사업자의 수입금액의 증가 등에 대한 세액공제(조특법 122조의4 ①, 2014.12.23. 개정)

⑩ 금 현물시장에서 거래되는 금지금에 대한 과세특례(조특법 126조의7 ⑧, 2014.1.1. 신설)

(3) 중복지원의 범위(2013.1.1. 신설)

위의 '투자세액공제의 외국인투자에 대한 세액감면의 중복적용 배제 규정(조특법 127조 ③)'과 '세액감면과 세액공제의 중복적용 배제 규정(조특법 127조 ④)'을 적용할 때 세액감면을 적용받는 사업과 그 밖의 사업을 구분경리하는 경우로서 그 밖의 사업에 공제규정이 적용되는 경우에는 해당 세액감면과 공제는 중복지원에 해당하지 아니한다.(조특법 127조 ⑩, 2013.1.1. 신설)

➲ 세액감면 규정과 세액공제 요건을 둘 다 충족하는 경우에는 그 중 하나만 선택 적용하도록 하고

있는데, 중복판정 기준이 사업자 기준인지, 사업장 기준인지 불분명하였다. 이에 조문을 신설하여 사업장을 구분하여 세액감면과 세액공제를 각각 적용하는 경우 중복지원에 해당하지 않음을 명확히 한 것으로서, 기존의 기획재정부 유권해석(조세특례제도과-284, 2010.3.23.)을 법령에 반영한 것이다.

✓ 세액감면과 세액공제의 동시 적용 여부(사업장별 세제지원이 타 사업장에 영향을 주지 않을 경우)

① 내국인이 동일한 과세연도에 세액감면과 세액공제를 동시에 적용받을 수 있는 경우에는 조세특례제한법 제127조 제4항(☞ 세액감면과 세액공제의 중복적용 배제)에 따라 그 중 하나만을 선택하여 적용하여야 함

② 다만, 조세특례제한법 제127조 제4항을 적용함에 있어서 제조공정이 서로 무관한 2개의 공장을 영위하는 법인이 각각의 공장을 구분하여 경리함에 따라 산출세액 중 공장별로 귀속되는 세액을 합리적으로 구분할 수 있는 경우에는 1개의 공장에서 세액감면을 적용하고 있다하더라도 다른 공장(이하 "제2공장")에 투자를 함에 따라 발생한 투자세액공제액은 제2공장에 귀속되는 세액을 한도로 공제할 수 있는 것임(기획재정부조세특례-284, 2010.3.23.)

(4) 수도권과밀억제권역의 투자에 대한 조세감면배제(조특법 130조, 2018.12.24. 개정)

1) 1989.12.31. 이전 창업기업과 1990년 이후 중소기업의 경우

① 증설투자에 대한 세액공제의 배제

1989.12.31. 이전부터 수도권과밀억제권역에서 계속하여 사업을 경영하고 있는 내국인과 1990.1.1. 이후 수도권과밀억제권역에서 새로 사업장을 설치하여 사업을 개시하거나 종전의 사업장(1989.12.31. 이전에 설치한 사업장을 포함)을 이전하여 설치하는 중소기업("1990년 이후 중소기업 등"이라 한다)이 수도권과밀억제권역에 있는 해당 사업장에서 사용하기 위하여 취득하는 사업용 고정자산(디지털방송장비 및 정보통신장비는 제외)으로서 다음의 '증설투자'에 해당하는 것에 대해서는 통합투자세액공제(조특법 24조)를 적용하지 아니한다.(조특법 130조 ① 전단, 2020.12.29. 개정)

② 증설투자의 범위

다음의 구분에 따른 투자를 말한다.(조특령 124조 ①, 2020.4.14. 개정)

㉠ 산업집적활성화 및 공장설립에 관한 법률 제2조 제1호에 따른 공장인 사업장의 경우 : 사업용고정자산을 새로 설치함으로써 해당 공장의 연면적이 증가되는 투자(조특령 124조 ①, 조특칙 53조 ①)

이때 "해당 공장의 연면적"이란 공장 부지면적 또는 공장부지 안에 있는 건축물 각 층의 바닥면적을 말한다. 다만, 식당·휴게실·목욕실·세탁장·의료실·옥외체육시설 및 기숙사 등 종업원의 후생복지증진에 제공되는 시설의 면적과 대피소·무기고·탄약고 및 교육시설의 면적은 당해 공장의 연면적에 포함하지 않는다.(조특칙 53조 ①, 2020. 4.21. 개정)

㉡ 위 '㉠'의 공장 외의 사업장인 경우 : 사업용 고정자산을 새로 설치함으로써 사업용 고정자산의 수량 또는 해당 사업장의 연면적이 증가되는 투자
여기서 "사업용 고정자산의 수량이 증가하는 경우"란 기계장치 등 사업용 고정자산을 추가로 설치하는 경우를 말하며, "해당 사업장의 연면적"이란 사업장 부지면적 또는 사업장 부지 안에 있는 건축물 각 층의 바닥면적을 말한다. 다만, 식당·휴게실·목욕실·세탁장·의료실·옥외체육시설 및 기숙사 등 종업원의 후생복지증진에 제공되는 시설의 면적과 대피소·무기고·탄약고 및 교육시설의 면적은 당해 공장의 연면적에 포함하지 않는다.(조특칙 53조 ②, 2020.4.21. 신설)

③ 통합투자세액공제가 가능한 경우

㉠ 다음의 산업단지 또는 공업지역에서 증설투자를 하는 경우
수도권과밀억제권역안에 소재하는 다음 중 하나에 해당하는 산업단지 또는 공업지역을 말한다.(조특령 124조 ②)

ⓐ 산업입지 및 개발에 관한 법률에 의한 산업단지

ⓑ 국토의 계획 및 이용에 관한 법률 제36조 제1항 제1호의 규정에 의한 공업지역 및 동법 제51조 제3항의 지구단위계획구역중 산업시설의 입지로 이용되는 구역

㉡ 다음의 사업용 고정자산을 취득하는 경우

ⓐ 디지털방송을 위한 프로그램의 제작·편집·송신 등에 사용하기 위하여 취득하는 방송장비

ⓑ 전기통신사업 회계정리 및 보고에 관한 규정 제8조에 따른 전기통신설비 중 같은 조 제1호부터 제3호까지 및 제5호에 따른 교환설비, 전송설비, 선로설비 및 정보처리설비

ⓒ 연구·시험, 직업훈련, 에너지 절약, 환경보전 또는 근로자복지 증진 등의 목적으로 사용되는 사업용자산으로서 조세특례제한법 시행규칙 제12조 제2항에서 규정하는 자산(조특령 21조 ③ 1)

ⓓ 다음 중 하나에 해당하는 사업용 고정자산(조특칙 54조, 2021.3.16. 신설)

㉮ 조세특례제한법 제13조의10 제3항(☞ 별표 7의 에너지절약시설) 및 제4항(☞ 별표 7의2의 신에너지 및 재생에너지를 생산하기 위한 시설을 제조하는 시설) 중 하나에 해당하는 시설

㉯ [별표 11]에 따른 의약품 품질관리 개선시설

2) 1990.1.1. 이후 창업기업으로서 비중소기업인 경우

중소기업이 아닌 자가 1990.1.1. 이후 수도권과밀억제권역에서 새로 사업장을 설치하여 사업을 개시하거나 종전의 사업장을 이전하여 설치하는 경우 수도권과밀억제권역에 있는

해당 사업장에서 사용하기 위하여 취득하는 사업용 고정자산에 대해서는 통합투자세액공제(조특법 24조)를 적용하지 아니한다. 다만, 위 '1)의 ③'의 사업용 고정자산을 취득하는 경우에는 그러하지 아니하다.(조특법 130조 ②, 2020.12.29. 개정)

3) 수도권과밀억제권역의 범위

"수도권과밀억제권역"이란 수도권정비계획법 제6조 제1항 제1호(수도권정비계획법 시행령 [별표 1])의 규정에 의한 과밀억제권역을 말한다.

수도권과 수도권과밀억제권역의 범위

수도권*	수도권과밀억제권역(수도권정비계획법 시행령 [별표 1], 2017.6.20. 개정)
서울특별시, 인천광역시, 경기도	1. 서울특별시 2. 인천광역시[강화군, 옹진군, 서구 대곡동·불로동·마전동·금곡동·오류동·왕길동·당하동·원당동, 인천경제자유구역(경제자유구역에서 해제된 지역을 포함) 및 남동 국가산업단지는 제외한다] 3. 의정부시 4. 구리시 5. 남양주시(호평동, 평내동, 금곡동, 일패동, 이패동, 삼패동, 가운동, 수석동, 지금동 및 도농동만 해당한다) 6. 하남시 7. 고양시 8. 수원시 9. 성남시 10. 안양시 11. 부천시 12. 광명시 13. 과천시 14. 의왕시 15. 군포시 16. 시흥시[반월특수지역(반월특수지역에서 해제된 지역을 포함)은 제외한다]

* 수도권정비계획법 제2조 제1호 및 같은 법 시행령 제2조

(5) 추계과세시의 세액공제 배제

① 거주자에 대하여 추계과세를 하는 경우에는 다음의 세액공제를 적용하지 아니한다. (조특법 128조 ①, 2018.12.24. 개정)

㉠ 기업의 어음제도개선을 위한 세액공제(조특법 7조의2)

㉡ 상생결제 지급금액에 대한 세액공제(조특법 7조의4, 2015.12.15. 신설)

㉢ 수탁기업 투자에 대한 세액공제(조특법 8조의3 ③, 2016.12.20. 신설)

㉣ 연구·인력개발비에 대한 세액공제(조특법 10조)

㉤ 특허권 등 취득에 대한 세액공제(조특법 12조 ②)

㉥ 중소기업의 경영성과급에 대한 세액공제(조특법 19조 ①, 2018.12.24. 신설)

㉦ 통합투자세액공제(조특법 24조, 2020.12.29. 신설)

㉧ 영상콘텐츠 제작비용에 대한 세액공제(조특법 25조의6, 2016.12.20. 신설)

㉨ 고용창출투자세액공제(조특법 26조)

㉩ 산업수요맞춤형고등학교 등 졸업자를 병역 이행 후 복직시킨 중소기업에 대한 세액공제(조특법 29조의2, 2013.1.1. 신설)

㉪ 경력단절 여성 재고용 기업 등에 대한 세액공제(조특법 29조의3, 2018.12.24. 제목개정)

㉫ 근로소득을 증대시킨 기업에 대한 세액공제(조특법 29조의4, 2014.12.23. 신설)

㉬ 청년고용을 증대시킨 기업에 대한 세액공제(조특법 29조의5, 2015.12.15. 신설)

㉭ 고용을 증대시킨 기업에 대한 세액공제(조특법 29조의7, 2017.12.19. 신설)

㉮ 정규직 근로자로의 전환에 따른 세액공제(조특법 30조의2)

㉯ 고용유지중소기업 등에 대한 과세특례(조특법 30조의3)

㉰ 중소기업 사회보험료 세액공제(조특법 30조의4, 2011.12.31. 신설)

㉱ 상가임대료를 인하한 임대사업자에 대한 세액공제(간편장부대상자는 제외한다)(조특법 96조의3, 2020.3.23. 신설)

➲ 2020.1.1.이 속하는 과세연도 분부터 적용한다.(2020.3.23. 조특법 부칙 2조)

㉲ 제3자물류비용에 대한 세액공제(조특법 104조의14)

㉳ 해외자원개발투자에 대한 과세특례(조특법 104조의15)

㉴ 석유제품 전자상거래에 대한 세액공제(조특법 104조의25, 2011.12.31. 신설)

㉵ 우수 선화주기업 인증을 받은 화주 기업에 대한 세액공제(조특법 104조의30, 2019.12.31. 신설)

㉶ 금사업자와 구리 스크랩등사업자의 수입금액의 증가 등에 대한 세액공제(조특법 122조의4 ①, 2014.12.23. 개정)

㉷ 금 현물시장에서 거래되는 금지금에 대한 과세특례(조특법 126조의7 ⑧, 2014.1.1. 신설)

② 추계를 하는 경우에도 거주자(개인)에 대해서는 투자에 대한 증거서류를 제출하는 경우로 한정하여 다음의 세액공제를 적용한다.(조특법 128조 ① 단서, 2020.12.29. 개정)

㉠ 통합투자세액공제(조특법 24조, 2020.12.29. 신설)

㉡ 고용창출투자세액공제(조특법 26조)

2 감면세액의 추징

(1) 공제세액의 추징

1) 추징대상

① 개요

아래의 투자세액공제에 따라 소득세를 공제받은 자가 투자완료일부터 2년(건물과 구축물의 경우에는 5년)이 지나기 전에 해당 자산을 처분한 경우(임대하는 경우를 포함)에는 처분한 날이 속하는 과세연도의 과세표준신고를 할 때 해당 자산에 대한 세액공제액 상당액에 이자상당 가산액을 가산하여 소득세로 납부하여야 한다.(조특법 146조, 2020.12.29. 개정)

㉠ 수탁기업 투자에 대한 세액공제(조특법 8조의3 ③, 2016.12.20. 신설)

㉡ 통합투자세액공제(조특법 24조, 2020.12.29. 신설)

㉢ 고용창출투자세액공제(조특법 26조)

② 건물과 구축물의 범위(조특령 137조 ③, 2021.2.17. 개정, 조특칙 59조의3, 12조의3, 2021.3.16. 신설)

㉠ 다음 중 하나에 해당하는 근로자복지 증진 시설

ⓐ 무주택 종업원(출자자인 임원은 제외)에게 임대하기 위한 주택법에 따른 국민주택 규모의 주택

ⓑ 종업원용 기숙사

ⓒ 장애인·노인·임산부 등의 편의 증진을 위한 시설 또는 장애인을 고용하기 위한 시설로서 [별표 3]에 따른 시설

ⓓ 종업원용 휴게실, 체력단련실, 샤워시설 또는 목욕시설(건물 등의 구조를 변경하여 해당시설을 취득하는 경우를 포함)

ⓔ 종업원의 건강관리를 위해 의료법 제35조에 따라 개설한 부속 의료기관

ⓕ 영유아보육법 제10조 제4호에 따른 직장어린이집

ⓖ [별표 4]에 따른 안전시설

㉡ [별표 5]에 따른 유통산업합리화시설 중 창고시설 등

㉢ 관광진흥법 시행령 제2조 제1항 제3호 가목 및 제5호 가목에 따른 숙박시설, 전문휴양시설(골프장 시설은 제외) 및 종합유원시설업의 시설

✓ **감면세액 추징여부**(조통 146－0…1)

조세특례제한법 제146조를 적용함에 있어서 고의가 아닌 화재로 해당 투자자산이 소실된 경우에는 이를 자산의 처분으로 보지 아니한다.(2024.3.15. 개정)

✓ **제품생산중단으로 투자세액공제를 적용받은 생산라인을 3년 이내에 철거하여 보관하는 경우 감면세액의 추징요건 해당 여부**

조세특례제한법상의 투자세액공제를 적용받은 법인이 투자를 완료한 날이 속하는 사업연도의 종료일부터 3년(→ 투자완료일부터 2년)이 경과되기 전에 영업환경의 악화 등으로 제품생산을 중단하고 생산라인을 철거한 후 해당 생산라인을 매각 또는 폐기하지 아니하고 창고 등에 보관하는 경우에는 같은법 제146조의 규정에 의한 자산의 처분으로 보지 아니하는 것으로, 이 경우 처분이라 함은 무상 또는 유상으로 소유권이 이전되거나 폐기처분하는 것을 말하는 것임(서면2팀－35, 2004.1.6.)

2) 추징제외 사유

다음의 경우는 공제세액을 추징하지 아니한다.(조특령 137조 ①)

① 현물출자, 합병·분할, 분할합병, 법인세법 제50조의 적용을 받는 교환, 통합, 사업전환, 또는 사업의 승계로 인하여 해당자산의 소유권이 이전되는 경우

② 내용연수가 경과된 자산을 처분하는 경우

③ 영유아보육법에 따른 어린이집

✓ **사업의 승계란**(조특 해석편람 145－5－2)

조세특례제한법 시행령 제137조 제7항 제1호에 규정한 "사업의 승계"란 사업의 계속성을 유지하기 위하여 계약의 명칭이나 형식에 관계없이 사업장별로 사실상 그 사업에 관한 모든 권리(미수금에 관한 것을 제외한다)와 모든 의무(미지급금에 관한 것을 제외한다) 일체를 포괄적으로 양도·양수하는 것을 말하는 것임(소득 46011－2424, 1999.6.26.)

(2) 이자상당가산액의 계산

이자상당가산액은 다음의 금액으로 한다.(조특령 137조 ②)

이자상당가산액 = 공제세액 × 기간*1 × 0.022%*2

*1. 공제받은 과세연도의 과세표준신고일의 다음날부터 추징사유가 발생한 날이 속하는 과세연도의 과세표준신고일까지의 기간

*2. 1일 0.022%(2022.2.15. 개정)

➲ 2019.2.11.까지는 0.03%, 2019.2.12.부터 2022.2.14.까지는 0.025%, 2022.2.15.부터는 0.022%를 적용한다.(2019.2.12. 조특령 부칙 25조, 2022.2.15. 조특령 부칙 21조)

3 세액공제액의 이월공제

(1) 이월공제 대상

다음의 규정에 따라 공제할 세액 중 해당 과세연도에 납부할 세액이 없거나 소득세 최저한세액에 미달하여 공제받지 못한 부분에 상당하는 금액은 해당 과세연도의 다음 과세연도 개시일부터 일정한 기간 이내에 끝나는 각 과세연도에 이월하여 그 이월된 각 과세연도의 소득세[사업소득(상가임대료를 인하한 임대사업자에 대한 세액공제와 성실신고확인비용에 대한 세액공제를 적용하는 경우에는 부동산임대업에서 발생하는 소득을 포함)에 대한 소득세만 해당한다]에서 공제한다.(조특법 144조 ①, 2021.8.10. 개정)

① 기업의 어음제도개선을 위한 세액공제(조특법 7조의2, 2015.12.15. 신설)

② 상생결제 지급금액에 대한 세액공제(조특법 7조의4, 2015.12.15. 신설)

③ 수탁기업 투자에 대한 세액공제(조특법 8조의3 ③, 2016.12.20. 신설)

④ 연구·인력개발비에 대한 세액공제(조특법 10조)

⑤ 특허권 등 취득에 대한 세액공제(조특법 12조 ②)

⑥ 중소기업의 경영성과급에 대한 세액공제(조특법 19조 ①, 2018.12.24. 신설)

⑦ 통합투자세액공제(조특법 24조, 2020.12.29. 신설)

⑧ 영상콘텐츠 제작비용에 대한 세액공제(조특법 25조의6, 2016.12.20. 신설)

⑨ 고용창출투자세액공제(조특법 26조)

⑩ 산업수요맞춤형고등학교 등 졸업자를 병역 이행 후 복직시킨 중소기업에 대한 세액공제(조특법 29조의2, 2013.1.1. 신설)

⑪ 경력단절 여성 재고용 기업 등에 대한 세액공제(조특법 29조의3, 2018.12.24. 제목개정)

⑫ 근로소득을 증대시킨 기업에 대한 세액공제(조특법 29조의4, 2014.12.23. 신설)

⑬ 청년고용을 증대시킨 기업에 대한 세액공제(조특법 29조의5, 2015.12.15. 신설)

⑭ 고용을 증대시킨 기업에 대한 세액공제(조특법 29조의7, 2017.12.19. 신설)

⑮ 통합고용세액공제(조특법 29조의8 ①, 2022.12.31. 신설)

➲ 2023.1.1. 이후 개시하는 과세연도부터 적용한다.(2022.12.31. 조특법 부칙 2조 ①)

⑯ 정규직 근로자로의 전환에 따른 세액공제(조특법 30조의2, 2022.12.31. 삭제)

⑰ 고용유지중소기업 등에 대한 과세특례(조특법 30조의3)

⑱ 중소기업 사회보험료 세액공제(조특법 30조의4, 2017.12.19. 제목개정)

⑲ 상가임대료를 인하한 임대사업자에 대한 세액공제(조특법 96조의3, 2020.3.23. 신설)

⑳ 지급명세서등에 대한 세액공제(조특법 104조의5, 2022.12.31. 신설)

➲ 2024.1.1. 이후 개시하는 과세연도부터 적용한다.(2022.12.31. 조특법 부칙 1조 단서 1, 2조 ①)

㉑ 전자신고에 대한 세액공제(조특법 104조의8)

㉒ 제3자물류비용에 대한 세액공제(조특법 104조의14)

㉓ 해외자원개발투자에 대한 과세특례(조특법 104조의15)

㉔ 기업의 운동경기부 설치·운영에 대한 과세특례(조특법 104조의22)

㉕ 석유제품 전자상거래에 대한 세액공제(조특법 104조의25, 2011.12.31 신설)

㉖ 우수 선화주기업 인증을 받은 화주 기업에 대한 세액공제(조특법 104조의30, 2019.12.31. 신설)

㉗ 용역제공자에 관한 과세자료의 제출에 대한 세액공제(조특법 104조의32, 2021.8.10. 신설)

➲ 2021.8.10.으로부터 3개월이 경과한 날 이후 수입금액 또는 소득금액이 발생하는 용역에 대한 과세자료를 제출하는 분부터 적용한다.(2021.10.8. 조특법 부칙 1조, 2조)

㉘ 금사업자와 구리 스크랩등사업자의 수입금액의 증가 등에 대한 세액공제(조특법 122조의4 ①, 2014.12.23. 개정)

㉙ 성실신고 확인비용에 대한 세액공제(조특법 126조의6)

㉚ 금 현물시장에서 거래되는 금지금에 대한 과세특례(조특법 126조의7 ⑧, 2014.1.1. 신설)

㉛ 산업합리화시설투자세액공제[구법(1998.12.28. 개정 전) 제37조 및 법 부칙(1998.12.28. 법률 제5584호) 제12조]

(2) 이월공제기간

➲ 이월공제의 기간(☞ 종전 5년, 7년, 10년→10년으로 통일)에 관한 부분은 2021.1.1. 이후 과세표준을 신고하는 경우부터 적용한다.(2020. 12.29. 조특법 부칙 35조)

해당 과세연도의 다음 과세연도 개시일부터 10년 이내에 끝나는 각 과세연도에 이월하여 그 이월된 각 과세연도의 소득세[사업소득(상가임대료를 인하한 임대사업자에 대한 세액공제와 성실신고확인비용에 대한 세액공제를 적용하는 경우에는 부동산임대업에서 발생하는 소득을 포함)에 대한 소득세만 해당한다]에서 공제한다.(조특법 144조 ①, 2020.12.29. 개정)

(3) 이월공제가 중복되는 경우의 적용순위

해당 과세연도의 소득세에서 공제할 세액공제액과 이전 과세연도에서 이월된 미공제금액이 중복되는 경우에는 이월된 미공제금액을 먼저 공제하고 그 이월된 미공제금액간에 중복되는 경우에는 먼저 발생한 것부터 순차로 공제한다.(조특법 144조 ②)

> ✓ **경정결정시 이월공제액의 추가공제**(조통 144－0…1)
> 당초 신고시 최저한세 적용으로 이월공제액이 발생한 경우로서 수정신고·경정결정으로 인하여 해당 사업연도의 공제한도가 증가하는 경우에는 이를 추가로 공제하여 경정결정할 수 있다.(2024. 3.15. 개정)

4 중소기업의 범위

(1) 중소기업의 요건

중소기업에 해당하기 위하여는 다음의 업종기준·규모기준 및 독립성기준을 모두 충족하여야 한다.(조특령 2조, 조특칙 2조)

1) 업종기준

① 2 이상의 서로 다른 사업을 영위하는 경우에는 사업별 사업수입금액이 큰 사업을 주된 사업으로 본다.(조특령 2조 ③)

② 부동산 임대업을 주된 사업으로 영위하지 아니하여야 한다.(조특령 2조 ① 4, 2025.2.28. 신설)

➲ ① 2025.2.28. 이후 개시하는 과세연도 분부터 적용한다.(2025.2.28. 조특령 부칙 2조 ①)

② 위 '①'에도 불구하고 2025.2.28. 이후 개시하는 과세연도 직전 과세연도의 종료일 이전에 다음 중 하나에 해당하는 규정에 따른 세액공제를 적용받고, 해당 규정에 따른 세액공제 대상 과세연도에 2025.2.28. 이후 개시하는 과세연도가 포함되는 경우의 중소기업 및 중견기업의 범위에 관하여는 개정규정에도 불구하고 종전의 규정에 따른다.(2025.2.28. 조특령 부칙 2조 ②)

㉠ 고용증대세액공제(29조의7 ①)

㉡ 통합고용세액공제 중 고용증대세액공제(29조의8 ①)

㉢ 사회보험료 세액공제(30조의4 ①)

③ 다음 중 하나에 해당하는 소비성서비스업을 주된 사업으로 영위하지 아니하여야 한다.(조특령 2조 ① 4, 29조 ③)

㉠ 호텔업 및 여관업(관광진흥법에 따른 관광숙박업은 제외)

관광진흥법에 따른 관광숙박업

관광숙박업은 다음에서 규정하는 업을 말한다.(관광진흥법 제3조 2)

- 호텔업 : 관광객의 숙박에 적합한 시설을 갖추어 이를 관광객에게 제공하거나 숙박에 딸리는 음식·운동·오락·휴양·공연 또는 연수에 적합한 시설 등을 함께 갖추어 이를 이용하게 하는 업
- 휴양 콘도미니엄업 : 관광객의 숙박과 취사에 적합한 시설을 갖추어 이를 그 시설의 회원이나 소유자등, 그 밖의 관광객에게 제공하거나 숙박에 딸리는 음식·운동·오락·휴양·공연 또는 연수에 적합한 시설 등을 함께 갖추어 이를 이용하게 하는 업

ⓛ 주점업(일반유흥주점업, 무도유흥주점업 및 식품위생법 시행령 제21조에 따른 단란주점 영업만 해당하되, 관광진흥법에 따른 외국인전용유흥음식점업 및 관광유흥음식점업은 제외)

관광진흥법에 따른 외국인전용유흥음식점업

식품위생 법령에 따른 유흥주점영업의 허가를 받은 자가 외국인이 이용하기 적합한 시설을 갖추어 외국인만을 대상으로 주류나 그 밖의 음식을 제공하고 노래와 춤을 감상하게 하거나 춤을 추게 하는 업(관광진흥법 시행령 2조 6 다)

▼ 관광진흥법에 따른 관광유흥음식점업

식품위생 법령에 따른 유흥주점 영업의 허가를 받은 자가 관광객이 이용하기 적합한 한국전통 분위기의 시설을 갖추어 그 시설을 이용하는 자에게 음식을 제공하고 노래와 춤을 감상하게 하거나 춤을 추게 하는 업(관광진흥법 시행령 2조 6 가)

ⓒ 오락·유흥 등을 목적으로 하는 다음의 사업(조특칙 17조, 2024.3.22. 신설)

➲ 2024.3.22. 이후 개시하는 과세연도부터 적용한다.(2024.3.22. 조특칙 부칙 3조)

ⓐ 무도장 운영업

ⓑ 기타 사행시설 관리 및 운영업(관광진흥법 제5조 또는 폐광지역 개발 지원에 관한 특별법 제11조에 따라 허가를 받은 카지노업은 제외)

ⓒ 유사 의료업 중 안마를 시술하는 업

ⓓ 마사지업

> ✓ **중소기업 판정기준**(조특 집행기준 6-2-2)
> 주된 사업을 기준으로 중소기업 해당 여부를 판정함에 있어서 규모기준은 해당 법인 또는 거주자가 영위하는 사업 전체의 매출액을 기준으로 하여 판정한다.

2) 규모기준

① 매출액이 업종별로 중소기업기본법 시행령 [별표 1]에 따른 규모 기준("평균매출액등"은 "매출액"으로 보며, 이하 "중소기업기준"이라 한다) 이내이어야 한다.(조특령 2조 ① 1, 2015.2.3. 개정)

② 자산총액이 5천억원 이상인 경우에는 중소기업으로 보지 않는다.(조특령 2조 ① 단서, 2020.12.29. 용어개정)

③ 중소기업기본법 시행령 [별표 1]의 개정으로 새로이 중소기업에 해당하게 되는 때에는 그 사유가 발생한 날이 속하는 과세연도부터 중소기업으로 보고, 중소기업에 해당하지 아니하게 되는 때에는 그 사유가 발생한 날이 속하는 과세연도와 그 다음 3개 과세연도까지 중소기업으로 본다.(조특령 2조 ⑤)

● 주된 업종별 평균매출액등의 규모 기준(중소기업기본법 시행령 [별표 1], 2017.10.17. 시행)

➲ ① 시행일 : 2017.10.17.부터 시행한다.(2017.10.17. 중소기업기본법 시행령 부칙 1조)

② 중소기업 여부의 적용기간에 관한 특례 : 2017.10.17. 전에 제3조 제1항 제2호 다목에 해당하여 중소기업에서 제외된 기업이 2017.10.17. 이후 부칙 제2조에 따라 중소기업에 해당하게 되는 경우 해당 기업에 대한 중소기업 여부의 적용기간은 제3조의3 제1항 단서의 개정규정에도 불구하고 2017.10.17.부터 해당 사업연도 말일에서 3개월이 지난날까지로 한다.(2017.10.17. 중소기업기본법 시행령 부칙 3조)

해당 기업의 주된 업종	분류기호	규모 기준
1. 의복, 의복액세서리 및 모피제품 제조업	C14	평균매출액등 1,500억원 이하
2. 가죽, 가방 및 신발 제조업	C15	
3. 펄프, 종이 및 종이제품 제조업	C17	
4. 1차 금속 제조업	C24	
5. 전기장비 제조업	C28	
6. 가구 제조업	C32	
7. 농업, 임업 및 어업	A	평균매출액등 1,000억원 이하
8. 광업	B	
9. 식료품 제조업	C10	
10. 담배 제조업	C12	
11. 섬유제품 제조업(의복 제조업은 제외한다)	C13	
12. 목재 및 나무제품 제조업(가구 제조업은 제외한다)	C16	

해당 기업의 주된 업종	분류기호	규모 기준
13. 코크스, 연탄 및 석유정제품 제조업	C19	
14. 화학물질 및 화학제품 제조업(의약품 제조업은 제외한다)	C20	평균매출액등 1,000억원 이하
15. 고무제품 및 플라스틱제품 제조업	C22	
16. 금속가공제품 제조업(기계 및 가구 제조업은 제외한다)	C25	
17. 전자부품, 컴퓨터, 영상, 음향 및 통신장비 제조업	C26	평균매출액등 1,000억원 이하
18. 그 밖의 기계 및 장비 제조업	C29	
19. 자동차 및 트레일러 제조업	C30	
20. 그 밖의 운송장비 제조업	C31	
21. 전기, 가스, 증기 및 공기조절 공급업	D	
22. 수도업	E36	
23. 건설업	F	
24. 도매 및 소매업	G	
25. 음료 제조업	C11	평균매출액등 800억원 이하
26. 인쇄 및 기록매체 복제업	C18	
27. 의료용 물질 및 의약품 제조업	C21	
28. 비금속 광물제품 제조업	C23	
29. 의료, 정밀, 광학기기 및 시계 제조업	C27	
30. 그 밖의 제품 제조업	C33	
31. 수도, 하수 및 폐기물 처리, 원료재생업(수도업은 제외한다)	E (E36 제외)	평균매출액등 800억원 이하
32. 운수 및 창고업	H	
33. 정보통신업	J	
34. 산업용 기계 및 장비 수리업	C34	평균매출액등 600억원 이하
35. 전문, 과학 및 기술 서비스업	M	
36. 사업시설관리, 사업지원 및 임대 서비스업(임대업은 제외한다)	N (N76 제외)	
37. 보건업 및 사회복지 서비스업	Q	
38. 예술, 스포츠 및 여가 관련 서비스업	R	
39. 수리(修理) 및 기타 개인 서비스업	S	
40. 숙박 및 음식점업	I	평균매출액등 400억원 이하
41. 금융 및 보험업	K	
42. 부동산업	L	
43. 임대업	N76	
44. 교육 서비스업	P	

PART 4

[비고]
1. 해당 기업의 주된 업종의 분류 및 분류기호는 「통계법」 제22조에 따라 통계청장이 고시한 한국표준산업분류에 따른다.
2. 위 표 제19호 및 제20호에도 불구하고 자동차용 신품 의자 제조업(C30393), 철도 차량 부품 및 관련 장치물 제조업(C31202) 중 철도 차량용 의자 제조업, 항공기용 부품 제조업(C31322) 중 항공기용 의자 제조업의 규모 기준은 평균매출액등 1,500억원 이하로 한다.

3) 독립성기준

독점규제 및 공정거래에 관한 법률 제31조 제1항에 따른 공시대상기업집단에 속하는 회사 또는 같은 법 제33조에 따라 공시대상기업집단의 국내 계열회사로 편입·통지된 것으로 보는 회사에 해당하지 않으며, 실질적인 독립성이 중소기업기본법 시행령 제3조 제1항 제2호에 적합하여야 한다. 이 경우 중소기업기본법 시행령 제3조 제1항 제2호 나목의 주식 등의 간접소유 비율을 계산(국제조세조정에 관한 법률 시행령 제2조 제3항을 준용한다)할 때 자본시장과 금융투자업에 관한 법률에 따른 집합투자기구를 통하여 간접소유한 경우는 제외하며, 중소기업기본법 시행령 제3조 제1항 제2호 다목을 적용할 때 "평균매출액등이 [별표 1]의 기준에 맞지 아니하는 기업"은 "매출액이 조세특례제한법 시행령 제2조 제1항 제1호에 따른 중소기업기준에 맞지 않는 기업"으로 본다.(조특령 2조 ① 3, 2022.2.15. 개정, 조특칙 2조 ⑦, 2021.3.16. 개정)

중소기업기본법 시행령 제3조 [중소기업의 범위] 제1항 제2호(2020.6.9. 개정)

① (생략)
1. (생략)
2. 소유와 경영의 실질적인 독립성이 다음 각 목의 어느 하나에 해당하지 아니하는 기업일 것
   가. 삭제(2020.6.9.)
   나. 자산총액이 5천억원 이상인 법인(외국법인을 포함하되, 비영리법인 및 제3조의2 제3항 각 호의 어느 하나에 해당하는 자는 제외한다)이 주식 등의 30% 이상을 직접적 또는 간접적으로 소유한 경우로서 최다출자자인 기업. 이 경우 최다출자자는 해당 기업의 주식 등을 소유한 법인 또는 개인으로서 단독으로 또는 다음의 어느 하나에 해당하는 자와 합산하여 해당 기업의 주식 등을 가장 많이 소유한 자를 말하며, 주식 등의 간접소유 비율에 관하여는 국제조세조정에 관한 법률 시행령 제2조 제3항을 준용한다.(2021.2.17 개정)
      1) 주식 등을 소유한 자가 법인인 경우 : 그 법인의 임원
      2) 주식 등을 소유한 자가 '1)'에 해당하지 아니하는 개인인 경우 : 그 개인의 친족
   다. 관계기업에 속하는 기업의 경우에는 제7조의4에 따라 산정한 평균매출액 등이 별표 1의 기준에 맞지 아니하는 기업

(2) 매출액 등의 계산

1) 매출액

과세연도 종료일 현재 기업회계기준에 따라 작성한 해당 과세연도 손익계산서상의 매출액으로 한다. 다만, 창업·분할·합병 등의 경우 그 등기일의 다음날(창업의 경우에는 창업일)이 속하는 과세연도의 매출액을 연간 매출액으로 환산한 금액을 말한다.(조특칙 2조 ④, 2020.3.13. 개정)

2) 자산총액

과세연도 종료일 현재 기업회계기준에 따라 작성한 재무상태표상의 자산총액으로 한다. (조특칙 2조 ⑤, 2015.3.13. 개정)

3) 관계기업에 속하는 기업인지의 판단

중소기업기본법 시행령 제3조 제1항 제2호 다목에 따른 관계기업에 속하는 기업인지의 판단은 과세연도 종료일 현재를 기준으로 한다.(조특령 2조 ④, 2014.2.21. 개정, 조특칙 2조 ⑧, 2014.3.14 신설)

4) 외국법인의 자산총액

중소기업기본법 시행령 제3조 제1항 제2호 나목에 따른 외국법인의 자산총액은 해당 과세연도 종료일 현재 기업회계기준에 따라 작성한 재무상태표상 외화로 표시된 자산총액을 해당 과세연도 종료일 현재의 매매기준율(기획재정부장관이 정하여 고시하는 외국환 거래에 관한 규정에 따른 매매기준율)로 환산한 금액으로 한다.(조특칙 2조 ⑨, 2024.3.22. 신설)

➲ 2024.3.22.부터 시행한다.(2024.3.22. 조특칙 부칙 1조)

✓ 인적용역 사업자에 대한 접대비의 필요경비 한도액 적용 방법

[질의]

인적용역 사업자에 대한 접대비의 필요경비 한도액 적용 방법

(1안) 인적용역 사업자는 조세특례제한법에 따른 중소기업에 해당하지 않아 일반 접대비 기본한도(1,200만원) 적용

(2안) 조세특례제한법에 따른 중소기업 요건을 충족하는 인적용역 사업자는 중소기업에 해당하므로 중소기업 접대비 기본한도(3,600만원) 적용

[회신]

귀 질의의 경우 (1안)이 타당한 것임(기획재정부소득-19, 2023.1.4.)

PART 4

(3) 중소기업의 판정특례

1) 규모의 확대 등으로 중소기업에 해당하지 아니하게 된 경우

➲ 2024.11.12.이 속하는 과세연도에 최초로 중소기업에 해당하지 않게 된 사유가 발생하는 경우부터 적용한다.(2024.11.12. 조특령 부칙 2조)

중소기업의 자산총액이 5천억원 이상이거나 매출액기준 또는 독립성기준(중소기업기본법 시행령 제3조 제1항 제2호 다목의 규정으로 한정한다)의 요건을 갖추지 못하게 되어 중소기업에 해당하지 아니하게 된 때에는 최초로 그 사유가 발생한 날이 속하는 과세연도와 그 다음 5개 과세연도(최초로 그 사유가 발생한 날이 속하는 과세연도의 종료일부터 5년이 되는 날이 속하는 과세연도의 종료일 현재 해당 기업이 유가증권시장 또는 코스닥시장에 상장되어 있는 경우에는 7개 과세연도)까지는 이를 중소기업으로 보고, 해당 기간(유예기간)이 경과한 후에는 과세연도별로 중소기업 해당여부를 판정한다. 다만, 중소기업이 다음 중 하나의 사유로 중소기업에 해당하지 아니하게 된 경우에는 유예기간을 적용하지 아니하고, 유예기간 중에 있는 기업에 대해서는 해당 사유가 발생한 날(아래 '②'에 따른 유예기간 중에 있는 기업이 중소기업과 합병하는 경우에는 합병일로 한다)이 속하는 과세연도부터 유예기간을 적용하지 아니한다.(조특령 2조 ②, 2024.11.12. 개정)

① 중소기업기본법의 규정에 의한 중소기업 외의 기업과 합병하는 경우
② 유예기간 중에 있는 법인과 합병하는 경우
③ 중소기업의 독립성기준(중소기업기본법 시행령 제3조 제1항 제2호 다목의 규정은 제외한다)의 요건을 갖추지 못하게 되는 경우
④ 창업일이 속하는 과세연도 종료일부터 2년 이내의 과세연도 종료일 현재 중소기업기준을 초과하는 경우

✓ **중소기업이었던 법인이 독립성 기준 미충족으로 유예 없이 비중소기업이 되었다가 다시 중소기업이 되었고, 이후 매출액 증가로 비중소기업이 된 경우 중소기업 졸업 유예기간**(조세특례제한법 시행령 제2조 제2항)**은 적용할 수 없는 것임**(기획재정부조세특례-371, 2024.5.3.)

✓ **중소기업 실질적 독립성 요건 충족 여부**

조세특례제한법 시행령 제2조 제1항 제3호에 따라 해당 기업의 실질적인 독립성이 중소기업기본법 시행령 제3조 제1항 제2호에 적합한지 여부를 판정함에 있어 중소기업기본법 시행령 제3조 제1항 제2호 다목을 적용할 때 "평균매출액등이 별표1의 기준에 맞지 아니하는 기업"은 "매출액이 조세특례제한법 시행령 제2조 제1항 제1호에 따른 중소기업기준에 맞지 아니하는 기업"으로 보는 것이며, 이 경우 '매출액'은 기업회계기준에 따라 작성한 손익계산서상의 매출액으로 하는 것임(기획재정부조세특례-695, 2017.9.11.)

2) 중소기업기본법 시행령 별표의 개정으로 인한 경우

기업이 중소기업기본법 시행령 제3조 제1항 제2호, [별표 1] 및 [별표 2]의 개정으로 새로이 중소기업에 해당하게 되는 때에는 그 사유가 발생한 날이 속하는 과세연도부터 중소기업으로 보고, 중소기업에 해당하지 아니하게 되는 때에는 그 사유가 발생한 날이 속하는 과세연도와 그 다음 3개 과세연도까지 중소기업으로 본다.(조특령 2조 ⑤, 2012.2.2. 개정)

한국표준산업분류의 변경에 따라 업종이 변경된 경우 (조특법 2조 ③)

조세특례제한법에서 사용되는 업종의 분류는 조세특례제한법에 특별한 규정이 있는 경우를 제외하고는 통계법 제22조에 따라 통계청장이 고시하는 한국표준산업분류에 따른다. 다만, 한국표준산업분류가 변경되어 조세특례제한법에 따른 조세특례를 적용받지 못하게 되는 업종에 대해서는 한국표준산업분류가 변경된 과세연도와 그 다음 과세연도까지는 변경 전의 한국표준산업분류에 따른 업종에 따라 조세특례를 적용한다.

중소기업기본법과 조세특례제한법의 중소기업 기준 비교[5]

구분	중소기업기본법 시행령 제3조	조세특례제한법 시행령 제2조
업종	• 모든 업종	• 부동산임대업* 또는 소비성서비스업(주된 사업)을 제외한 모든 업종 * 2025.2.28. 개정으로 제외업종에 추가됨
주업종	• 평균매출액*이 큰 업종	• 사업별 사업수입금액이 큰 업종
규모 기준	• 중소기업기본법 시행령 [별표 1]의 업종별 규모기준에 따른 평균매출액 • 자산총액 5,000억원	• 중소기업기본법과 같음 (조특법 시행령 제2조 제1항 제1호)
독립성기준	• 공시대상기업집단제외(중소기업기본법 제2조) • 자산총액 5,000억원 이상인 회사가 30% 이상의 지분을 직·간접적으로 소유하면서 최다출자자인 기업 제외 • 관계기업간에 합산한 평균매출액이 업종별 규모기준을 초과하면 제외	• 공시대상기업집단 제외 • 자산총액 5,000억원 이상인 회사가 30% 이상의 지분을 직·간접적으로 소유하면서 최다출자자인 기업 제외 • 관계기업간에 합산한 평균매출액이 업종별 규모기준을 초과하면 제외 (조특법 시행령 제2조 제1항 제3호)

* 일반적으로 직전 3개 사업연도가 존재하는 경우에는 3년 평균매출액을 계산하지만, 사업연도가 3년이 되지 않는 경우에는 평균매출액에 준하는 '연간매출액'으로 환산

5) 국세청 법인납세국 원천세과, 2023, 중소기업취업자 소득세 감면제도 안내, p. 7 수정

PART 4

5 투자세액공제대상 자산에 대한 공통사항

다음의 내용은 모든 투자세액공제 규정에 대하여 적용된다.

(1) 투자세액공제대상 자산의 범위

조세특례제한법의 규정에 의한 투자세액공제 적용대상이 되는 투자에는 다음의 금액을 포함하지 아니한다.(조특 집행기준 24-0-2)

① 기존설비에 대한 보수

② 기존설비에 대한 자본적지출. 다만, 기존설비를 생산능력이 큰 설비로 개체하거나 생산능력이 현저히 증가되도록 기존설비를 확장하는 증설은 제외한다.

(2) 투자금액의 범위와 투자완료일의 기준(조특 집행기준 24-0-1)

① 투자금액에는 해당 투자에 따른 건설자금이자를 포함한다.

② 내국법인이 2개 이상의 과세연도에 걸쳐서 투자를 하는 경우 투자금액 계산 시 당해 과세연도까지 실제로 지출한 금액은 계약 후에 당해 과세연도까지 현금(어음지급분으로서 해당 과세연도 중에 결제한 것을 포함)으로 지출한 계약금 및 중도금(선급금은 제외)을 합한 금액을 말한다.

③ 투자를 완료한 날은 해당 시설을 그 목적에 실제로 사용한 날을 말한다.

(3) 투자세액공제 제외 리스

① 내국인에게 자산을 대여하는 금융리스를 제외한 리스에 대해서는 다음의 투자세액공제 규정을 적용하지 아니한다.(조특령 3조, 2019.12.12. 개정)

➲ 2021.1.1. 이후 개시하는 과세연도 분부터 적용한다.(2021.2.17. 조특령 부칙 2조 ①)

㉠ 수탁기업 투자에 대한 세액공제(조특법 8조의3 ③, 2016.12.20. 신설)

㉡ 통합투자세액공제(조특법 24조, 2020.12.29. 신설)

㉢ 고용창출투자세액공제(26조 ① 각 호 외)

② 금융리스란 다음 중 하나에 해당하는 경우의 자산 대여(이하 "리스"라 한다)를 말한다.(조특칙 3조의2)

㉠ 리스기간[계약해지금지조건이 부가된 기간(명시적인 계약해지금지조건은 없으나 실질적으로 계약해지금지조건이 부가된 것으로 볼 수 있는 기간을 포함)을 말하며, 기간 종료시점에서 계약해지금지조건이 부가된 갱신계약의 약정이 있는 경우에는 그 약정에 따른 기간을 포함] 종료 시 또는 그 이전에 리스이용자에게 해당

리스의 자산(이하 “리스자산”이라 한다)의 소유권을 무상 또는 당초 계약 시 정한 금액으로 이전할 것을 약정한 경우

㉡ 리스기간 종료 시 리스자산을 취득가액의 10% 이하의 금액으로 구매할 수 있는 권리가 리스실행일 현재 리스이용자에게 주어진 경우 또는 취득가액의 10% 이하의 금액을 갱신계약의 원금으로 하여 리스계약을 갱신할 수 있는 권리가 리스실행일 현재 리스이용자에게 주어진 경우

㉢ 리스기간이 법인세법 시행규칙 [별표 5] 및 [별표 6]에 규정된 리스자산의 자산별·업종별(리스이용자의 업종에 의한다) 기준내용연수의 75% 이상인 경우

㉣ 리스실행일 현재 최소리스료를 기업회계기준에 따라 현재가치로 평가한 가액이 해당 리스자산의 장부가액의 90% 이상인 경우

㉤ 리스자산의 용도가 리스이용자만의 특정 목적에 한정되어 있고, 다른 용도로의 전용(轉用)에 과다한 비용이 발생하여 사실상 전용이 불가능한 경우

Ⅲ 조세특례제한법상의 세액공제

1 성과공유 중소기업의 경영성과급에 대한 세액공제 등(2018.12.24. 신설)

(1) 개 요

➲ 2022.1.1. 전에 경영성과급을 지급한 경우의 세액공제에 관하여는 개정규정에도 불구하고 종전의 규정에 따른다.(2021.12.28. 조특법 부칙 27조)

① 성과공유 중소기업(중소기업 인력지원 특별법 제27조의2 제1항에 따른 중소기업)이 상시근로자에게 2024.12.31.까지 경영성과급을 지급하는 경우 그 경영성과급의 15%에 상당하는 금액을 해당 과세연도의 소득세(사업소득에 대한 소득세만 해당하며, 부동산임대업에서 발생하는 소득은 제외한다)에서 공제한다.(조특법 19조 ①, 2021.12. 28. 개정, 7조의4 ①)

개정 2024.1.31.

➲ 2025.1.1. 전에 경영성과급을 지급한 경우의 세액공제에 관하여는 개정규정에도 불구하고 종전의 규정에 따른다.(2024.12.31. 조특법 부칙 25조)

① 성과공유 중소기업(중소기업 인력지원 특별법 제27조의2 제1항에 따른 중소기업)이 상시근로자에게 2027.12.31.까지 경영성과급을 지급하는 경우 그 경영성과급의 10%에 상당하는 금액을 해당 과세연도의 소득세(사업소득에 대한 소득세만 해당하며, 부동산임대업에서 발생하는 소득은 제외한다)에서 공제한다.(조특법 19조 ①, 2024.12.31. 개정, 7조의4 ①)

② 성과공유 중소기업의 해당 과세연도의 상시근로자 수가 직전 과세연도의 상시근로자 수보다 감소한 경우에는 공제하지 아니한다.(조특법 19조 ① 단서, 2018.12.24. 신설)

세액공제액 = 지급한 경영성과급 × 15%

중소기업 인력지원 특별법 제27조의2 제1항에 따른 중소기업

제27조의2 (중소기업과 근로자 간의 성과 공유 촉진)

① 정부는 중소기업에 근무하는 근로자의 임금 또는 복지 수준을 향상시키기 위하여 대통령령으로 정하는 성과공유 유형 중 어느 하나에 해당하는 방법으로 근로자와 성과를 공유하고 있거나 공유하기로 약정한 중소기업(이하 "성과공유기업"이라 한다)을 우대하여 지원할 수 있다.(개정 2018.6.12.)

▼ **중소기업 인력지원 특별법 시행령**

제26조의2 (성과공유 유형 및 성과공유기업의 확인)

① 법 제27조의2 제1항에서 "대통령령으로 정하는 성과공유 유형"이란 다음 각 호의 유형을 말한다.

1. 중소기업과 근로자가 경영목표 설정 및 그 목표 달성에 따른 성과급 지급에 관한 사항을 사전에 서면으로 약정하고 이에 따라 근로자에게 지급하는 성과급(우리사주조합을 통하여 성과급으로서 근로자에게 지급하는 우리사주를 포함) 제도의 운영
2. 법 제35조의5 제1호에 따른 중소기업 핵심인력에 대한 성과보상공제사업의 가입
3. 다음 각 목의 어느 하나의 요건에 해당하는 임금수준의 상승
   가. 근로자의 해당 연도 평균임금 증가율이 직전 3개 연도 평균임금 증가율의 평균보다 클 것
   나. 근로자의 해당 연도 평균임금 증가율이 전체 중소기업의 임금증가율을 고려하여 중소벤처기업부장관이 정하여 고시하는 비율보다 클 것

4. 근로복지기본법 제32조·제50조 또는 제86조의2에 따른 우리사주제도·사내근로복지기금 또는 공동근로복지기금의 운영
5. 상법 제340조의2·제542조의3 또는 벤처기업 육성에 관한 특별법 제16조의3에 따른 주식매수선택권의 부여
6. 그 밖에 성과공유 활성화를 위하여 중소벤처기업부장관이 정하여 고시하는 유형

[중소벤처기업부장관이 정하여 고시하는 유형]
다음 중 하나에 해당하는 중소기업을 말한다.
① 인재육성형 중소기업, ② 직무발명보상 우수기업, ③ 인적자원개발 우수기업, ④ 가족친화 인증기업, ⑤ 노사문화 우수기업, ⑥ 청년친화 강소기업, ⑦ 복지지원 중소기업, ⑧ 여가친화 인증기업
이때 1, 2, 4, 5,의 유형에 해당하는 성과공유기업은 다음의 요건을 충족하여야 한다.
㉠ 상시근로자 1인당 성과급을 제외한 연간 임금총액이 전년보다 감소하지 아니할 것. 다만, 근로계약 기간이 1년 미만인 신규 근로자의 경우 성과급을 제외한 임금총액이 근로계약으로 정한 임금보다 감소하지 아니할 것
㉡ 사업주가 성과공유를 위하여 지급 또는 출연한 금액이 성과공유 대상 근로자 1인당 연간 35만원 이상일 것. 다만, 위 '4, 5'에 따른 유형은 제외한다.

② 법 제27조의2 제1항에 따른 성과공유기업(이하 "성과공유기업"이라 한다)으로 확인을 받으려는 중소기업은 중소벤처기업부장관이 정하여 고시하는 바에 따라 제1항 각 호의 어느 하나에 해당함을 증명하는 서류를 첨부하여 중소벤처기업부장관에게 신청하여야 한다.
③ 중소벤처기업부장관은 제2항에 따른 신청을 받은 경우 성과공유기업으로 확인한 경우에는 해당 중소기업에 성과공유기업 확인서를 발급할 수 있다.
④ 제1항부터 제3항까지에서 규정한 사항 외에 성과공유 유형의 세부기준, 성과공유기업의 확인절차 및 방법 등에 관하여 필요한 사항은 중소벤처기업부장관이 정하여 고시한다.

(2) 상시근로자의 범위

① 상시근로자란 근로기준법에 따라 근로계약을 체결한 내국인 근로자를 말한다.(조특령 17조 ①, 2019.2.12. 신설)
② 다음 중 하나에 해당하는 사람은 제외한다.(조특령 17조 ① 단서, 2019.2.12. 신설)
   ㉠ 근로계약기간이 1년 미만인 근로자(근로계약의 연속된 갱신으로 인하여 그 근로계약의 총 기간이 1년 이상인 근로자는 제외)(2020.2.11. 개정)
   ㉡ 근로기준법 제2조 제1항 제9호에 따른 단시간근로자로서 1개월간의 소정근로시간이 60시간 미만인 근로자(2020.2.11. 개정)

PART 4

㉢ 법인세법 시행령 제40조 제1항의 어느 하나에 해당하는 임원

㉣ 해당 기업의 최대주주 또는 최대출자자(개인사업자의 경우에는 대표자)와 그 배우자

㉤ 위 '㉣'에 해당하는 자의 직계존비속(그 배우자를 포함) 및 국세기본법 시행령 제1조의2 제1항에 따른 친족관계인 사람

㉥ 「근로소득원천징수부」에 의하여 근로소득세를 원천징수한 사실이 확인되지 않고, 다음 중 하나에 해당하는 금액의 납부사실도 확인되지 않은 자

ⓐ 국민연금법 제3조 제1항 제11호 및 제12호에 따른 부담금 및 기여금

ⓑ 국민건강보험법 제69조에 따른 직장가입자의 보험료

㉦ 해당 과세기간의 총급여액이 7천만원을 초과하는 근로자

(3) 상시근로자 수의 계산

① 상시근로자의 수는 다음의 계산식에 따라 계산한 수(100분의 1 미만의 부분은 없는 것으로 한다)로 한다.(조특령 17조 ③, 2019.2.12. 신설)

$$\text{상시근로자의 수} = \frac{\text{해당 과세연도의 매월 말 현재 상시근로자 수의 합}}{\text{해당 과세연도의 개월 수}}$$

② 단시간근로자 중 1개월간의 소정근로시간이 60시간 이상인 근로자 1명은 0.5명으로 하여 계산하되, 다음의 지원요건을 모두 충족하는 경우에는 0.75명으로 하여 계산한다.(조특령 17조 ④, 2019.2.12. 신설, 23조 ⑪ 후단, 2)

㉠ 해당 과세연도의 상시근로자 수(1개월간의 소정근로시간이 60시간 이상인 근로자는 제외)가 직전 과세연도의 상시근로자 수(1개월간의 소정근로시간이 60시간 이상인 근로자는 제외)보다 감소하지 아니하였을 것

㉡ 기간의 정함이 없는 근로계약을 체결하였을 것

㉢ 상시근로자와 시간당 임금(근로기준법 제2조 제1항 제5호에 따른 임금, 정기상여금·명절상여금 등 정기적으로 지급되는 상여금과 경영성과에 따른 성과금을 포함), 그 밖에 근로조건과 복리후생 등에 관한 사항에서 기간제 및 단시간근로자 보호 등에 관한 법률 제2조 제3호에 따른 차별적 처우가 없을 것

㉣ 시간당 임금이 최저임금법 제5조에 따른 최저임금액의 130%(중소기업의 경우에는 120%) 이상일 것

(4) 경영성과금의 범위

경영성과급이란 중소기업 인력지원 특별법 시행령 제26조의2 제1항 제1호에 따른 성과급을 말한다.(조특령 17조 ②, 2022.2.15. 개정)

➲ 개정규정은 중소기업이 2022.1.1. 이후 지급한 경영성과급부터 적용한다.(2022.2.15. 조특령 부칙 7조)

중소기업 인력지원 특별법 시행령 제26조의2 (성과공유 유형 및 성과공유기업의 확인)

> ① 법 제27조의2 제1항에서 "대통령령으로 정하는 성과공유 유형"이란 다음 각 호의 유형을 말한다.
> 1. 중소기업과 근로자가 경영목표 설정 및 그 목표 달성에 따른 성과급 지급에 관한 사항을 사전에 서면으로 약정하고 이에 따라 근로자에게 지급하는 성과급(우리사주조합을 통하여 성과급으로서 근로자에게 지급하는 우리사주를 포함) 제도의 운영

(5) 세액공제 신청

세액공제를 받으려는 중소기업은 과세표준신고와 함께 세액공제신청서 및 공제세액계산서를 납세지 관할 세무서장에게 제출해야 한다.(조특령 17조 ⑤, 2019.2.12. 신설)

(6) 중복공제의 배제

근로소득을 증대시킨 기업에 대한 세액공제(조특법 29조의4)와는 중복공제가 배제된다.(조특법 127조 ②)

✓ **성과공유 중소기업의 경영성과급에 대한 세액공제가 적용 가능한지 여부**

조특법상 요건을 충족하는 경우에는 「성과공유기업 확인서」를 발급 받지 아니하였더라도 해당 세액공제 대상에 해당함(서면법령해석법인 2020-1-920, 2020.12.14.)

✓ **성과공유 중소기업의 경영성과급에 대한 세액공제 적용 시 상시근로자 수 계산 방법**

근로기준법에 따라 근로계약을 체결한 근로자가 조세특례제한법 제19조에 따른 성과공유 중소기업 경영성과급 세액공제 적용대상 사업연도와 직전 사업연도 중 어느 하나의 사업연도에 같은 법 시행령 제17조 제1항 각 호에 따른 상시근로자에 해당하지 않는 경우에는 해당 사업연도와 직전 사업연도에서 해당 근로자를 제외하고 상시근로자 수를 계산하는 것임(서면법인 2022-590, 2022.3.24.)

✓ **성과공유중소기업의 상시근로자 여부 판단사례**6)

직전	당기	상시근로자 포함여부	직전	당기	상시근로자 포함여부
입사&퇴사	–	제외	입사	퇴사	포함
–	입사&퇴사	제외	7천만원 이하	7천만원 이하	포함
퇴사	–	제외			
–	입사	제외			
7천만원 이하	7천만원 초과	제외			
직원	임원	제외			
임원	직원	제외			

7) 기타 참고사항

① 최저한세가 적용된다.

② 농어촌특별세가 과세된다.

③ 미공제세액은 10년간 이월공제된다.

④ 추계신고시 적용 배제된다.

⑤ 근로소득증대에 대한 세액공제(조특법 29조의4) 외의 다른 세액공제나 세액감면과 중복적용이 가능하다.

2 통합투자세액공제(2020.12.29. 신설)

➲ ① 2021.1.1. 이후 과세표준을 신고하는 경우부터 적용한다.

② 다음의 요건을 모두 충족하는 개정규정에 따른 내국인이 2개 이상의 과세연도에 걸쳐서 투자하는 경우에는 제24조 ②의 개정규정에도 불구하고 투자를 완료한 날이 속하는 과세연도에 모든 투자가 이루어진 것으로 본다.

㉠ 2020.12.31.이 속하는 과세연도 전에 투자를 개시하였을 것

㉡ 종전의 제5조, 제25조, 제25조의4 및 제25조의7에 따른 공제를 받지 아니하였을 것

➲ ① 제24조 제1항의 개정규정에 따른 내국인이 2021.12.31.까지(종전의 제25조의7에 따른 투자는 2020.12.31.까지) 투자를 완료하는 경우에는 종전의 제5조, 제25조, 제25조의4, 제25조의5 및 제25조의7(이하 "종전세액공제규정"이라 한다)을 적용받을 수 있다. 이 경우 종전세액공제규정을 적용받는 제24조 제1항의 개정규정에 따른 내국인은 다른 공제대상 자산에 대하여 제24조의 개정규정을 적용받을 수 없다.(2020.12.29. 조특법 부칙 36조 ①)

② 위 '①'에 따라 종전세액공제규정을 적용받는 경우에는 개정규정에도 불구하고 종전의 규정에 따른다.(2020.12.29. 조특법 부칙 36조 ②)

6) 손창용, 2025, 법인세신고실무, p.517 수정

(1) 개 요

공제대상 내국인이 공제대상 자산에 투자(중고품 및 금융리스를 제외한 리스에 의한 투자는 제외한다)하는 경우에는 기본공제 금액과 추가공제 금액을 합한 금액을 해당 투자가 이루어지는 과세연도의 소득세(사업소득에 대한 소득세만 해당하며, 부동산임대업에서 발생하는 소득은 제외한다)에서 공제한다.(조특법 24조 ①, 2020.12.29. 신설, 7조의4 ①)

개정 2024.12.31, 2025.3.14.

➲ 2025.1.1. 이후 개시하는 과세연도에 투자하는 경우부터 적용한다.(2024.12.31. 조특법 부칙 5조 ①)

(1) 개 요

공제대상 내국인이 공제대상 자산(중고품 및 일정한 임대용 자산은 제외한다)에 투자(금융리스를 제외한 리스에 의한 투자는 제외한다)하는 경우에는 기본공제 금액과 추가공제 금액을 합한 금액(이하 '일반투자세액공제'라 한다) 또는 임시투자세액공제의 기본공제 금액과 추가공제 금액을 합한 금액을 해당 투자가 이루어지는 과세연도의 소득세(사업소득에 대한 소득세만 해당하며, 부동산임대업에서 발생하는 소득은 제외한다)에서 공제한다. 다만, 일반투자세액공제와 임시투자세액공제를 동시에 적용받을 수 있는 경우에는 납세의무자의 선택에 따라 그 중 하나만을 적용한다.(조특법 24조 ①, 2024.12.31, 2025. 3.14. 개정, 7조의4 ①)

(2) 공제대상 내국인의 범위

다음의 업종 외의 사업을 경영하는 내국인을 말한다.(조특령 21조 ①, 2021.2.17. 신설)

① 다음 중 하나에 해당하는 소비성서비스업(조특령 29조 ③)

㉠ 호텔업 및 여관업(관광진흥법에 따른 관광숙박업은 제외)

관광진흥법에 따른 관광숙박업

관광숙박업은 다음에서 규정하는 업을 말한다.(관광진흥법 제3조 2)

- 호텔업 : 관광객의 숙박에 적합한 시설을 갖추어 이를 관광객에게 제공하거나 숙박에 딸리는 음식·운동·오락·휴양·공연 또는 연수에 적합한 시설 등을 함께 갖추어 이를 이용하게 하는 업
- 휴양 콘도미니엄업 : 관광객의 숙박과 취사에 적합한 시설을 갖추어 이를 그 시설의 회원이나 소유자등, 그 밖의 관광객에게 제공하거나 숙박에 딸리는 음식·운동·오락·휴양·공연 또는 연수에 적합한 시설 등을 함께 갖추어 이를 이용하게 하는 업

㉡ 주점업(일반유흥주점업, 무도유흥주점업 및 식품위생법 시행령 제21조에 따른 단란주점 영업만 해당하되, 관광진흥법에 따른 외국인전용유흥음식점업 및 관광유흥음식점업은 제외)

관광진흥법에 따른 외국인전용유흥음식점업

식품위생 법령에 따른 유흥주점영업의 허가를 받은 자가 외국인이 이용하기 적합한 시설을 갖추어 외국인만을 대상으로 주류나 그 밖의 음식을 제공하고 노래와 춤을 감상하게 하거나 춤을 추게 하는 업(관광진흥법 시행령 2조 6 다)

▼ 관광진흥법에 따른 관광유흥음식점업

식품위생 법령에 따른 유흥주점 영업의 허가를 받은 자가 관광객이 이용하기 적합한 한국 전통 분위기의 시설을 갖추어 그 시설을 이용하는 자에게 음식을 제공하고 노래와 춤을 감상하게 하거나 춤을 추게 하는 업(관광진흥법 시행령 2조 6 가)

㉢ 오락·유흥 등을 목적으로 하는 다음의 사업(조특칙 17조, 2024.3.22. 신설)

➲ 2024.3.22. 이후 개시하는 과세연도부터 적용한다.(2024.3.22. 조특칙 부칙 3조)

ⓐ 무도장 운영업

ⓑ 기타 사행시설 관리 및 운영업(관광진흥법 제5조 또는 폐광지역 개발 지원에 관한 특별법 제11조에 따라 허가를 받은 카지노업은 제외)

ⓒ 유사 의료업 중 안마를 시술하는 업

ⓓ 마사지업

② 부동산임대 및 공급업

(3) 공제대상 자산의 범위

① 기계장치 등 사업용 유형자산. 다만, [별표 1]의 건축물 등 사업용 유형자산은 제외한다.(조특령 21조 ②, 조특칙 12조 ①)

건축물 등 사업용 유형자산(조세특례제한법 시행규칙 [별표 1])(2025.3.21. 개정)

구분	구조 또는 자산명
1	차량 및 운반구, 공구, 기구 및 비품
2	선박 및 항공기
3	연와조, 블록조, 콘크리트조, 토조, 토벽조, 목조, 목골모르타르조, 철골·철근콘크리트조, 철근콘크리트조, 석조, 연와석조, 철골조, 기타 조의 모든 건물(부속설비를 포함)과 구축물

[비고]

1. 제1호를 적용할 때 취득가액이 거래단위(취득한 자가 그 취득한 자산을 독립적으로 사업에 직접 사용할 수 있는 것)별로 20만원 이상으로서 그 고유업무의 성질상 대량으로 보유하고 그 자산으로부터 직접 수익을 얻는 비품은 제1호의 비품에 포함하지 않는다.
2. 제3호를 적용할 때 부속설비에는 해당 건물과 관련된 전기설비, 급배수·위생설비, 가스설비, 냉방·난방·통풍 및 보일러설비, 승강기설비 등 모든 부속설비를 포함한다.
   ① 제3호를 적용할 때 부속설비에는 해당 건물과 관련된 전기설비, 급배수·위생설비, 가스설비, 냉방·난방·통풍 및 보일러설비, 승강기설비 등 모든 부속설비를 포함한다.
   ② 다음 중 하나에 해당하는 설비는 제외한다.(2025.3.21. 개정) ➲ **2025.3.21.부터 시행한다.**
      ㉠ 바이오의약품 제조 공정에 따라 기계 및 장치를 연결하는 배관시설
      ㉡ 바이오의약품 제조 공정에 사용되는 제약용수 관련 설비(정제수설비, 제조용수시스템, 순수증기제조기, 초순수제조장치 및 과산화수소훈증기를 포함)
3. 제3호를 적용할 때 구축물에는 하수도, 굴뚝, 경륜장, 포장도로, 교량, 도크, 방벽, 철탑, 터널 그 밖에 토지에 정착한 모든 토목설비나 공작물을 포함하되, 기계·장치 등 설비에 필수적이고 전용으로 사용되는 구축물은 제외한다.

② 위 '①'에 해당하지 아니하는 유형자산과 무형자산으로서 다음의 자산(조특령 21조 ③, 조특령 12조 ②)

㉠ 다음 중 하나에 해당하는 사업용자산(조특령 21조 ③ 1)

ⓐ 연구·시험 및 직업훈련시설 : 다음 중 하나에 해당하는 시설(조특칙 12조 ② 1)

㉮ 전담부서등, 국가과학기술 경쟁력강화를 위한 이공계지원특별법 제18조 및 같은 법 시행령 제17조에 따라 과학기술정보통신부장관에게 신고한 연구개발서비스업자 및 산업기술연구조합 육성법에 따른 산업기술연구조합에서 직접 사용하기 위한 연구·시험용시설로서 다음 중 하나에 해당하는 것을 말한다. 다만, 운휴 중인 것은 제외한다.(조특칙 13조의10 ①)

Ⓐ 공구 또는 사무기기 및 통신기기, 시계·시험기기 및 계측기기, 광학기기 및 사진제작기기

Ⓑ 법인세법 시행규칙 [별표 6]의 업종별 자산의 기준내용연수 및 내용연수범위표의 적용을 받는 자산

㉯ 근로자직업능력 개발법 제2조 제3호에 따른 직업능력개발훈련시설(내국인이 조세특례제한법 시행령 제2조 제1항에 따른 중소기업을 위해 설치하는 직업훈련용 시설을 포함)로서 위 'ⓐ' 중 하나에 해당하는 것을 말한다. 다

만, 운휴 중인 것은 제외한다.(조특칙 13조의10 ②)

ⓑ 에너지절약 시설 : 다음 중 하나에 해당하는 시설(조특칙 12조 ② 2)

㉮ 에너지이용 합리화법 제14조 제1항에 따른 에너지절약형 시설투자(에너지절약전문기업이 대가를 분할상환 받은 후 소유권을 이전하는 조건으로 같은 법 제25조에 따라 설치한 경우를 포함) 및 에너지절약형 기자재

㉯ 물의 재이용 촉진 및 지원에 관한 법률 제2조 제4호에 따른 중수도

ⓒ 환경보전 시설 : [별표 2]에 따른 환경보전시설(조특칙 12조 ② 3)

ⓓ 근로자복지 증진 시설 : 다음 중 하나에 해당하는 시설(조특칙 12조 ② 4)

㉮ 무주택 종업원(출자자인 임원은 제외)에게 임대하기 위한 주택법에 따른 국민주택 규모의 주택

㉯ 종업원용 기숙사

㉰ 장애인·노인·임산부 등의 편의 증진을 위한 시설 또는 장애인을 고용하기 위한 시설로서 [별표 3]에 따른 시설

㉱ 종업원용 휴게실, 체력단련실, 샤워시설 또는 목욕시설(건물 등의 구조를 변경하여 해당시설을 취득하는 경우를 포함)

㉲ 종업원의 건강관리를 위해 의료법 제35조에 따라 개설한 부속 의료기관

㉳ 영유아보육법 제10조 제4호에 따른 직장어린이집

ⓔ 안전시설 : [별표 4]에 따른 안전시설(조특칙 12조 ② 5)

㉡ 운수업을 경영하는 자가 다음의 구분에 따른 사업에 직접 사용하는 시설(조특령 21조 ③ 2, 조특칙 12조 ③)

ⓐ 운수업을 주된 사업으로 하는 중소기업(조세특례제한법 시행령 제2조 제1항에 따른 중소기업을 말한다) : 차량 및 운반구(개별소비세법 제1조 제2항 제3호에 따른 자동차로서 자가용인 것을 제외)와 선박

ⓑ 어업을 주된 사업으로 하는 중소기업 : 선박

ⓒ 건설업 : 지방세법 시행규칙 제3조에 따른 기계장비

ⓓ 도매업·소매업·물류산업 : [별표 5]에 따른 유통산업합리화시설

ⓔ 관광진흥법에 따라 등록한 관광숙박업 및 국제회의기획업 : 건축물과 해당 건축물에 딸린 시설물 중 지방세법 시행령 제6조에 따른 시설물

ⓕ 관광진흥법에 따라 등록한 전문휴양업 또는 종합휴양업 : 관광진흥법 시행령 제2조 제1항 제3호 가목 및 제5호 가목에 따른 숙박시설, 전문휴양시설(골프장 시설은 제외) 및 종합유원시설업의 시설

ⓖ 중소기업이 해당 업종의 사업에 직접 사용하는 소프트웨어 : 다음 중 하나에 해당하는 것을 제외한 소프트웨어

㉮ 인사, 급여, 회계 및 재무 등 지원업무에 사용하는 소프트웨어

㉯ 문서, 도표 및 발표용 자료 작성 등 일반 사무에 사용하는 소프트웨어

㉰ 컴퓨터 등의 구동을 위한 기본운영체제(Operating System) 소프트웨어

㉢ 중소기업 및 중견기업이 취득한 다음의 자산(조세특례제한법 제11조 제1항에 따른 특수관계인으로부터 취득한 자산은 제외한다)(조특령 21조 ③ 3, 2022.2.15. 신설)

➲ 2022.2.15. 이후 특허권, 실용신안권 또는 디자인권을 취득하는 경우부터 적용한다.(2022.2.15. 조특령 부칙 8조 ①)

ⓐ 내국인이 국내에서 연구·개발하여 특허법에 따라 최초로 설정등록받은 특허권

ⓑ 내국인이 국내에서 연구·개발하여 실용신안법에 따라 최초로 설정등록받은 실용신안권

ⓒ 내국인이 국내에서 연구·개발하여 디자인보호법에 따라 최초로 설정등록받은 디자인권

③ 임대사업용 자산 및 그 밖에 타인에게 임대할 목적으로 취득한 자산은 제외한다.(조특법 24조 ①, 2024.12.31. 개정, 조특령 21조 ①, 2025.2.28. 개정)

➲ 2025.1.1. 이후 개시하는 과세연도에 투자하는 경우부터 적용한다.(2024.12.31. 조특법 부칙 5조 ①)

PART 4

(4) 공제금액

1) 2024 과세연도 규정

아래 ①+②의 금액을 공제한다.

① 기본공제 금액

➲ 2023.1.1. 전에 투자한 경우의 세액공제율에 관하여는 개정규정에도 불구하고 종전의 규정에 따른다.(2022.12.31. 조특법 부칙 31조)

㉠ 신성장사업화시설에 투자한 경우 : 투자금액 × 3%(중견기업은 6%, 중소기업은 12%) 여기서 “신성장사업화시설”이란 다음의 시설을 말한다.(조특령 21조 ④, 2022.2.15. 개정)

ⓐ [별표 6]에 따른 시설(신성장·원천기술을 사용하여 생산하는 제품 외에 다른 제품의 생산에도 사용되는 시설을 포함)로서 연구개발세액공제기술심의위원회의 심의를 거쳐 기획재정부장관과 산업통상자원부장관이 공동으로 인정하는 시설(조특칙 12조의2 ①)

ⓑ [별표 7] 제6호 가목 1) 및 2)의 기술이 적용된 5세대 이동통신 기지국(이와 연동된 교환시설을 포함)을 운용하기 위해 필요한 설비로서 전기통신사업 회계정리 및 보고에 관한 규정 제8조에 따른 전기통신설비 중 같은 조 제1호, 제2호 및 제6호에 따른 교환설비, 전송설비 및 전원설비

㉡ 국가전략기술사업화시설에 2024.12.31.까지 투자하는 경우 : 15%(중소기업은 25%)에 상당하는 금액(조특법 24조 ① 2 가 2), 2023.4.11. 개정)

➲ ① 2023.1.1. 이후 국가전략기술사업화시설에 투자하는 경우부터 적용한다.(2023.4.11. 조특법 부칙 3조 ①)

② 2023.1.1. 전에 국가전략기술사업화시설에 투자한 경우의 세액공제율에 관하여는 개정규정에도 불구하고 종전의 규정에 따른다.(2023.4.11. 조특법 부칙 3조 ②)

여기서 "국가전략기술사업화시설"이란 [별표 6의2]에 따른 시설(국가전략기술을 사용하여 생산하는 제품 외에 다른 제품의 생산에도 사용되는 시설을 포함)로서 연구개발세액공제기술심의위원회의 심의를 거쳐 기획재정부장관과 산업통상자원부장관이 공동으로 인정하는 시설을 말한다.(조특칙 12조의2 ②)

㉢ 위 '㉠, ㉡' 외의 공제대상 자산에 투자한 경우 : 투자금액 × 1%(중견기업은 5%, 중소기업은 10%)

② 추가공제 금액

㉠ 해당 과세연도에 투자한 금액이 해당 과세연도의 직전 3년간 연평균 투자금액을 초과하는 경우에는 그 초과하는 금액의 3%(국가전략기술사업화시설의 경우에는 4%)에 상당하는 금액. 다만, 추가공제 금액이 기본공제 금액을 초과하는 경우에는 기본공제 금액의 2배를 그 한도로 한다.

➲ 국가전략기술사업화시설에 관한 부분은 2021.7.1. 이후 국가전략기술사업화시설에 투자하는 경우부터 적용한다.(2021.12.28. 조특법 부칙 7조)

㉡ 3년간 연평균 투자금액의 계산은 다음 계산식에 따른다. 이 경우 내국인의 투자금액이 최초로 발생한 과세연도의 개시일부터 세액공제를 받으려는 해당 과세연도 개시일까지의 기간이 36개월 미만인 경우에는 그 기간에 투자한 금액의 합계액을 36개월로 환산한 금액을 해당 과세연도의 개시일부터 소급하여 3년간 투자한 금액의 합계액으로 본다.(조특령 21조 ⑧, 2021.2.17. 신설)

$$\frac{\text{해당 과세연도의 개시일부터 소급하여 3년간 투자한 금액의 합계액}}{3} \times \frac{\text{해당 과세연도의 개월 수}}{12}$$

㉢ 3년간 투자한 연평균 투자금액이 없는 경우에는 추가공제 금액이 없는 것으로 한다.(조특령 21조 ⑨, 2021.2.17. 신설)

2) 2025.1.1.부터 적용되는 규정

아래 일반투자세액공제(①+②)와 임시투자세액공제를 동시에 적용받을 수 있는 경우에는 납세의무자의 선택에 따라 그 중 하나만을 적용한다.(조특법 24조 ① 단서, 2025.3.14. 개정, 7조의4 ①)

① 기본공제 금액

해당 과세연도에 투자한 금액에 다음의 구분에 따른 비율을 곱한 금액(조특법 24조 ① 2 가, 2024.12.31, 2025.3.14. 개정)

㉠ 신성장사업화시설 및 신성장연구개발시설*에 투자하는 경우

➲ 신성장연구개발시설에 관한 개정규정은 2025.1.1. 이후 투자하는 경우부터 적용한다.(2025. 3.14. 조특법 부칙 4조 ①)

* 그 범위는 후속 시행령에서 정하며, 현재 입법예고 중이므로 추후 확인하기 바람

ⓐ 중소기업 : 12%

ⓑ 중소기업이 최초로 중소기업에 해당하지 아니하게 된 경우로서 최초로 중소기업에 해당하지 아니하게 된 과세연도의 개시일부터 3년 이내에 끝나는 과세연도까지 : 9%

➲ 2025.1.1. 이후 개시하는 과세연도에 최초로 중소기업에 해당하지 아니하게 된 경우부터 적용한다.(2024.12.31. 조특법 부칙 5조 ②)

ⓒ 위 'ⓑ'에 해당하지 않는 중견기업 : 6%

ⓓ 위 'ⓐ부터 ⓒ까지' 외 : 3%

㉡ 국가전략기술사업화시설 및 국가전략기술연구개발시설*에 2029.12.31.까지 투자하는 경우(아래 '㉢'에 해당하는 경우는 제외)

➲ 국가전략기술연구개발시설에 관한 개정규정은 2025.1.1. 이후 투자하는 경우부터 적용한다.(2025. 3.14. 조특법 부칙 4조 ①)

* 그 범위는 후속 시행령에서 정하며, 현재 입법예고 중이므로 추후 확인하기 바람

ⓐ 중소기업 : 25%

ⓑ 중소기업이 최초로 중소기업에 해당하지 아니하게 된 경우로서 최초로 중소기업에 해당하지 아니하게 된 과세연도의 개시일부터 3년 이내에 끝나는 과세연도까지 : 20%

➲ 2025.1.1. 이후 개시하는 과세연도에 최초로 중소기업에 해당하지 아니하게 된 경우부터 적용한다.(2024.12.31. 조특법 부칙 5조 ②)

ⓒ 위 'ⓐ 및 ⓑ' 외 : 15%

㉢ 반도체 분야 국가전략기술사업화시설* 및 반도체 분야 국가전략기술연구개발시설*에 2029.2.12.31.까지 투자하는 경우[조특법 24조 ① 2 가 3), 2025.3.14. 신설]

➲ 반도체 분야 국가전략기술사업화시설 및 반도체 분야 국가전략기술연구개발시설에 관한 개정규정은 2025.1.1. 이후 투자하는 경우부터 적용한다.(2025.3.14. 조특법 부칙 4조 ①)

* 그 범위는 후속 시행령에서 정하며, 현재 입법예고 중이므로 추후 확인하기 바람

ⓐ 중소기업 : 30%

ⓑ 중소기업이 최초로 중소기업에 해당하지 아니하게 된 경우로서 최초로 중소기업에 해당하지 아니하게 된 과세연도의 개시일부터 3년 이내에 끝나는 과세연도까지 : 25%

ⓒ 위 'ⓐ 및 ⓑ' 외 : 20%

㉣ 위 '㉠부터 ㉢까지' 외의 자산에 투자하는 경우

ⓐ 중소기업 : 10%

ⓑ 중소기업이 최초로 중소기업에 해당하지 아니하게 된 경우로서 최초로 중소기업에 해당하지 아니하게 된 과세연도의 개시일부터 3년 이내에 끝나는 과세연도까지의 경우 : 7.5%

➲ 2025.1.1. 이후 개시하는 과세연도에 최초로 중소기업에 해당하지 아니하게 된 경우부터 적용한다.(2024.12.31. 조특법 부칙 5조 ②)

ⓒ 위 'ⓑ'에 해당하지 않는 중견기업 : 5%

ⓓ 위 'ⓐ부터 ⓒ까지' 외 : 1%

위에서 "최초로 중소기업에 해당하지 아니하게 된 경우"란 각각 다음의 구분에 따른 기간이 지난 경우를 말한다.(조특령 21조 ⑮, 2025.2.28. 신설)

① 2024.12.31.이 속하는 과세연도 직전 과세연도의 종료일 이전에 규모의 확대로 중소기업에 해당하지 않게 된 사유가 발생한 경우 : 최초로 그 사유가 발생한 날이 속하는 과세연도와 그 다음 3개 과세연도

② 2024.12.31.이 속하는 과세연도의 개시일 이후에 규모의 확대로 중소기업에 해당하지 않게 된 사유가 발생한 경우 : 최초로 그 사유가 발생한 날이 속하는 과세연도와 그 다음 5개 과세연도(최초로 그 사유가 발생한 날이 속하는 과세연도의 종료일부터 5년이 되는 날이 속하는 과세연도의 종료일 현재 해당 기업이 유가증권시장 또는 코스닥시장에 상장되어 있는 경우에는 7개 과세연도)

③ 독립성기준 위배 또는 중소기업기본법 시행령 [별표 1], [별표 2]의 개정으로 중소기업에 해당하지 않게 된 사유가 발생한 경우 : 그 사유가 발생한 날이 속하는 과세연도와 그 다음 3개 과세연도

② 추가공제 금액

㉠ 해당 과세연도에 투자한 금액이 해당 과세연도의 직전 3년간 연평균 투자금액을 초과하는 경우에는 그 초과하는 금액의 10%. 다만, 추가공제 금액이 기본공제 금액을 초과하는 경우에는 기본공제 금액의 2배를 그 한도로 한다.(조특법 24조 ① 2 나, 2024.12.31. 개정)

➲ 2025.1.1. 이후 개시하는 과세연도에 투자하는 경우부터 적용한다.(2024.12.31. 조특법 부칙 5조 ③)

㉡ 3년간 연평균 투자금액의 계산은 다음 계산식에 따른다. 이 경우 내국인의 투자금액이 최초로 발생한 과세연도의 개시일부터 세액공제를 받으려는 해당 과세연도 개시일까지의 기간이 36개월 미만인 경우에는 그 기간에 투자한 금액의 합계액을 36개월로 환산한 금액을 해당 과세연도의 개시일부터 소급하여 3년간 투자한 금액의 합계액으로 본다.(조특령 21조 ⑧, 2021.2.17. 신설)

$$\frac{\text{해당 과세연도의 개시일부터 소급하여 3년간 투자한 금액의 합계액}}{3} \times \frac{\text{해당 과세연도의 개월 수}}{12}$$

㉢ 3년간 투자한 연평균 투자금액이 없는 경우에는 추가공제 금액이 없는 것으로 한다.(조특령 21조 ⑨, 2021.2.17. 신설)

(5) 임시투자세액공제(2023.4.11. 신설)

임시투자세액공제(①+②)와 위의 일반투자세액공제를 동시에 적용받을 수 있는 경우에는 납세의무자의 선택에 따라 그 중 하나만을 적용한다.(조특법 24조 ① 단서, ① 3, 2025.3.14. 개정, 7조의4 ①)

① 기본공제 금액 : 다음의 구분에 따른 금액

㉠ 2023.12.31.이 속하는 과세연도 : 해당 과세연도에 투자한 금액의 3%(중견기업은 7%, 중소기업은 12%). 다만, 다음 중 하나에 해당하는 경우에는 다음의 구분에 따른 금액으로 한다.

ⓐ 신성장사업화시설에 투자하는 경우 : 6%(중견기업은 10%, 중소기업은 18%)

ⓑ 국가전략기술사업화시설에 투자하는 경우

㉮ 중소기업 : 25%

㉯ 중소기업이 최초로 중소기업에 해당하지 아니하게 된 경우로서 최초로 중소기업에 해당하지 아니하게 된 과세연도의 개시일부터 3년 이내에 끝나는

PART 4

과세연도까지 : 20%

㉰ 위 '㉮ 및 ㉯' 외 : 15%

㉡ 2024.12.31.이 속하는 과세연도 : 해당 과세연도에 투자한 금액의 1%(중견기업은 7%, 중소기업은 12%). 다만, 다음 중 하나에 해당하는 경우에는 다음의 구분에 따른 금액으로 한다.

➲ 2025.1.1. 이후 과세표준을 신고하는 경우부터 적용한다.(2025.3.14. 조특법 부칙 4조 ②)

ⓐ 신성장사업화시설에 투자하는 경우 : 3%(중견기업은 8%, 중소기업은 14%)

ⓑ 국가전략기술사업화시설에 투자하는 경우

㉮ 중소기업 : 25%

㉯ 중소기업이 최초로 중소기업에 해당하지 아니하게 된 경우로서 최초로 중소기업에 해당하지 아니하게 된 과세연도의 개시일부터 3년 이내에 끝나는 과세연도까지 : 20%

㉰ 위 '㉮ 및 ㉯' 외 : 15%

㉢ 2025.12.31.이 속하는 과세연도 : 해당 과세연도에 투자한 금액의 1%(중견기업은 7%, 중소기업은 12%). 다만, 다음 중 하나에 해당하는 경우에는 다음의 구분에 따른 금액으로 한다.

➲ 2025.1.1. 이후 개시하는 과세연도에 투자하는 경우부터 적용한다.(2025.3.14. 조특법 부칙 4조 ③)

ⓐ 신성장사업화시설 및 신성장연구개발시설*에 투자하는 경우 : 3%(중견기업은 8%, 중소기업은 14%)

ⓑ 국가전략기술사업화시설 및 국가전략기술연구개발시설*에 투자하는 경우(아래 'ⓒ'에 해당하는 경우는 제외한다)

㉮ 중소기업 : 25%

㉯ 중소기업이 최초로 중소기업에 해당하지 아니하게 된 경우로서 최초로 중소기업에 해당하지 아니하게 된 과세연도의 개시일부터 3년 이내에 끝나는 과세연도까지 : 20%

㉰ 위 '㉮ 및 ㉯' 외 : 15%

* 그 범위는 후속 시행령에서 정하며, 현재 입법예고 중이므로 추후 확인하기 바람

ⓒ 반도체 분야 국가전략기술사업화시설* 및 반도체 분야 국가전략기술연구개발시설*에 투자하는 경우

* 그 범위는 후속 시행령에서 정하며, 현재 입법예고 중이므로 추후 확인하기 바람

㉮ 중소기업 : 30%

㉯ 중소기업이 최초로 중소기업에 해당하지 아니하게 된 경우로서 최초로 중

소기업에 해당하지 아니하게 된 과세연도의 개시일부터 3년 이내에 끝나는 과세연도까지 : 25%

㉰ 위 '㉮ 및 ㉯' 외 : 20%

② 추가공제 금액 : 위 '㉠부터 ㉢까지'에 따른 각 과세연도에 투자한 금액이 해당 과세연도의 직전 3년간 연평균 투자 또는 취득금액을 초과하는 경우에는 그 초과하는 금액의 10%에 상당하는 금액. 다만, 추가공제 금액이 기본공제 금액을 초과하는 경우에는 기본공제 금액의 2배를 그 한도로 한다.(조특법 24조 ① 3 나, 2025.3.14. 개정)

(6) 투자금액의 계산

투자금액은 아래 [①－②]의 금액으로 한다.(조특령 21조 ⑦, 2021.2.17. 신설)

① 총투자금액에 법인세법 시행령 제69조 제1항에 따른 작업진행률에 의하여 계산한 금액과 해당 과세연도까지 실제로 지출한 금액 중 큰 금액

② 다음의 금액을 더한 금액

㉠ 해당 과세연도 전에 통합투자세액공제를 적용받은 투자금액

㉡ 해당 과세연도 전의 투자분으로서 위 '㉠'의 금액을 제외한 투자분에 대하여 '①'을 준용하여 계산한 금액

(7) 투자의 개시시기

투자의 개시시기는 다음 중 하나에 해당하는 때로 한다.(조특령 21조 ⑫, 23조 ⑭)

① 국내·국외 제작계약에 따라 발주하는 경우에는 발주자가 최초로 주문서를 발송한 때

② 위 '①'의 규정에 의한 발주에 의하지 아니하고 매매계약에 의하여 매입하는 경우에는 계약금 또는 대가의 일부를 지급한 때(계약금 또는 대가의 일부를 지급하기 전에 당해 시설을 인수한 경우에는 실제로 인수한 때)

③ 당해 시설을 수입하는 경우로서 승인을 얻어야 하는 경우에는 위 '① 및 ②'의 규정에 불구하고 수입승인을 얻은 때

④ 자기가 직접 건설 또는 제작하는 경우에는 실제로 건설 또는 제작에 착수한 때. 이 경우 사업의 타당성 및 예비적 준비를 위한 것은 착수한 때에 포함하지 아니한다.

⑤ 타인에게 건설을 의뢰하는 경우에는 실제로 건설에 착공한 때. 이 경우 사업의 타당성 및 예비적 준비를 위한 것은 착공한 때에 포함하지 아니한다.

(8) 투자가 2개 이상의 과세연도에 걸쳐서 이루어지는 경우

공제대상 투자가 2개 이상의 과세연도에 걸쳐서 이루어지는 경우에는 그 투자가 이루어지는 과세연도마다 해당 과세연도에 투자한 금액에 대하여 세액공제를 적용한다.(조특법 24

조 ②, 2020.12.29. 신설)

(9) 사후관리

➲ 2021.7.1. 이후 새로 투자한 국가전략기술사업화시설 또는 신성장사업화시설부터 적용한다.(2022. 2.15. 조특령 부칙 8조 ②)

1) 사후관리 기간

세액공제 받은 자가 투자완료일부터 5년 이내의 기간 중 다음의 기간 내에 그 자산을 다른 목적으로 전용하는 경우에는 공제받은 세액공제액 상당액에 이자상당 가산액을 가산하여 소득세로 납부하여야 한다. 이 경우 해당 세액은 소득세법 제76조에 따라 납부하여야 할 세액으로 본다.(조특법 24조 ③, 조특령 21조 ⑤, 조특칙 12조의13, 2022.3.16. 신설)

① 다음 중 하나에 해당하는 시설 : 5년

㉠ 조세특례제한법 제12조 제2항 제4호에 따른 근로자복지 증진 시설

㉡ 조세특례제한법 제12조 제3항 제4호에 따른 유통산업합리화시설 중 창고시설 등

㉢ 조세특례제한법 제12조 제3항 제6호에 따른 숙박시설, 전문휴양시설(골프장 시설은 제외) 및 종합유원시설업의 시설

② 신성장사업화시설 또는 국가전략기술사업화시설 중 해당 기술을 사용하여 생산하는 제품 외에 다른 제품의 생산에도 사용되는 시설 : 투자완료일이 속하는 과세연도의 다음 3개 과세연도의 종료일까지의 기간(2022.2.15. 신설)

③ 위 '① 및 ②' 외의 사업용자산 : 2년

2) 전용의제

① 위 '1)'의 시설이 다음에 해당하면 아래에서 정한 기간이 끝나는 날에 그 시설을 다른 목적으로 전용한 것으로 본다.(조특령 21조 ⑩, 2022.2.15. 신설)

➲ 입법예고 중인 개정규정 있으므로 추후 확인 바람

㉠ 신성장사업화시설의 경우 : 투자완료일(투자완료일이 2022.4.1. 이전인 경우에는 2022.4.1.)부터 위 '1)'의 기간 동안 해당 시설에서 생산된 모든 제품의 총생산량에서 신성장·원천기술을 사용하여 생산한 제품과 국가전략기술을 사용하여 생산한 제품의 생산량의 합이 차지하는 비율이 50% 이하인 경우

㉡ 국가전략기술사업화시설의 경우 : 투자완료일(투자완료일이 2022.4.1. 이전인 경우에는 2022.4.1.)부터 위 '1)'의 기간 동안 해당 시설에서 생산된 모든 제품의 총생산량에서 국가전략기술을 사용하여 생산한 제품의 생산량이 차지하는 비율이 50% 이하인 경우

② 위 '①'에 따라 신성장사업화시설 또는 국가전략기술사업화시설을 다른 목적으로 전용한 것으로 보는 경우의 "공제받은 세액공제액 상당액"은 다음의 구분에 따라 계산한 금액으로 한다.(조특령 21조 ⑪, 2022.2.15. 신설)

➲ 입법예고 중인 개정규정 있으므로 추후 확인 바람

㉠ 신성장사업화시설의 경우 : 공제받은 세액공제액에서 해당 시설이 신성장사업화시설 또는 국가전략기술사업화시설이 아닌 시설(이하에서 "일반시설"이라 한다)인 경우에 공제받을 수 있는 세액공제액을 뺀 금액

㉡ 국가전략기술사업화시설의 경우 : 공제받은 세액공제액에서 해당 시설이 일반시설인 경우에 공제받을 수 있는 세액공제액(해당 시설에서 생산된 모든 제품의 총생산량에서 신성장·원천기술을 사용하여 생산한 제품과 국가전략기술을 사용하여 생산한 제품의 생산량의 합이 차지하는 비율이 50%를 초과하는 경우에는 신성장사업화시설로서 공제받을 수 있는 세액공제액)을 뺀 금액(2023.2.28. 용어개정)

3) 전용의제의 예외

다음의 사유가 있는 경우에는 전용한 것으로 보지 않는다.(조특령 21조 ⑩ 단서, 조특칙 12조의2 ③)

① 천재지변으로 인한 시설의 멸실

② 해당 시설의 투자완료일부터 투자완료일이 속하는 과세연도의 다음 3개 과세연도의 종료일까지의 기간 중 화재 등으로 해당 시설이 파손되어 가동이 불가능한 경우

4) 이자상당액의 계산

이자상당 가산액은 다음의 금액으로 한다.(조특령 21조 ⑥)

• 이자상당 가산액 = 공제받은 세액 × 기간[*1] × 0.022%[*2]

*1. 공제받은 과세연도의 과세표준신고일의 다음 날부터 추징사유가 발생한 날이 속하는 과세연도의 과세표준신고일까지의 기간

*2. 2019.2.11.까지는 0.03%, 2019.2.12.부터 2022.2.14.까지는 0.025%, 2022.2.15.부터는 0.022%를 적용한다.(2019.2.12. 조특령 부칙 25조, 2022.2.15. 조특령 부칙 21조)

(10) 신청서의 제출

① 세액공제를 적용받으려는 자는 해당 과세연도의 과세표준신고서와 함께 세액공제신청서를 납세지 관할 세무서장에게 제출해야 한다.(조특법 24조 ④, 조특령 21조 ⑬)

② 신성장사업화시설 또는 국가전략기술사업화시설의 인정을 받을 것을 조건으로 그 인정을 받기 전에 세액공제를 신청하는 자는 투자완료일이 속하는 달의 말일부터 3개

월 이내에 기획재정부장관과 산업통상자원부장관에게 신성장사업화시설 또는 국가전략기술사업화시설의 인정을 신청해야 한다. 다만, 동일한 과세연도에 완료된 둘 이상의 투자에 대하여 각각 세액공제를 신청하는 경우에는 가장 늦게 완료된 투자의 투자완료일이 속하는 달의 말일부터 3개월 이내에 인정을 신청할 수 있다.(조특령 21조 ⑬, 2023.2.28 후단신설, 조특칙 13조 ①, 2023.3.20. 신설)

➲ 2023.1.1. 이후 과세표준을 신고하는 경우부터 적용한다.(2023.2.28. 조특칙 부칙 4조)

➲ 2022.12.31.이 속하는 과세연도에 이루어진 투자로서 2023.1.1. 전에 완료된 투자에 대하여 개정규정에 따라 세액공제를 신청하는 자는 2023.3.31.까지 기획재정부장관과 산업통상자원부장관에게 신성장사업화시설 또는 국가전략기술사업화시설의 인정을 신청해야 한다.(2023.3.20. 조특칙 부칙 3조)

③ 위 '②'에도 불구하고 투자가 2개 이상의 과세연도에 걸쳐 이루어지는 경우로서 그 투자가 이루어지는 과세연도(투자완료일이 속하는 과세연도는 제외)에 투자한 금액에 대하여 위 '②'에 따라 세액공제를 신청하는 경우에는 해당 과세연도 종료일부터 3개월 이내에 위 '②'에 따른 인정을 신청해야 한다. 다만, 다음 중 하나에 해당하는 경우에는 해당 과세연도의 다음 과세연도 종료일(다음 과세연도가 투자완료일이 속하는 과세연도인 경우에는 투자완료일이 속하는 달의 말일)부터 3개월 이내에 인정을 신청할 수 있다.(조특칙 13조, 2023.3.20. 신설)

㉠ 투자개시일이 속하는 과세연도의 경우

㉡ 직전 과세연도에 투자한 금액에 대하여 신성장사업화시설 또는 국가전략기술사업화시설의 인정을 받은 경우

④ 신성장사업화시설 또는 국가전략기술사업화시설 중 해당 기술을 사용하여 생산하는 제품 외에 다른 제품의 생산에도 사용되는 시설에 대하여 세액공제를 적용받으려는 자는 해당 시설에서 생산되는 모든 제품의 생산량을 측정하여 작성·보관해야 하며, 투자완료일이 속하는 과세연도의 다음 3개 과세연도의 종료일까지의 기간 중 마지막 과세연도의 과세표준신고를 할 때 생산량 실적 자료를 납세지 관할 세무서장에게 제출해야 한다.(조특령 21조 ⑭, 2022.2.15. 신설)

➲ 2021.7.1. 이후 새로 투자한 국가전략기술사업화시설 또는 신성장사업화시설부터 적용한다.(2022.2.15. 조특령 부칙 8조 ②)

이때 생산량의 측정은 다음에서 정하는 바에 따라 생산량을 측정·기록하고 아래 '㉡'의 측정 기간 종료일부터 5년 동안 보관해야 한다.(조특칙 12조의2 ④, 2022.3.18. 개정)

㉠ 해당 시설을 거쳐 저장·판매가 가능한 형태로 생산된 제품 또는 반제품(그 제품 또는 반제품을 사용하여 생산한 다른 제품 또는 반제품은 제외)을 측정 대상으로 할 것

㉡ 해당 시설의 투자완료일(투자완료일이 2022.4.1. 이전인 경우에는 2022.4.1.)부터

그 날이 속하는 과세연도의 다음 3개 과세연도의 종료일까지 측정할 것

㉢ 다음의 구분에 따른 단위로 측정할 것

ⓐ 고체류 : 개수

ⓑ 액체류 및 기체류 : 부피 단위 또는 해당 제품을 담은 동일한 부피의 용기 등의 개수

(11) 수도권 과밀억제권역에 투자한 경우

1) 1989.12.31. 이전 창업기업과 1990년 이후 중소기업의 경우

① 증설투자에 대한 세액공제의 배제

1989.12.31. 이전부터 수도권과밀억제권역에서 계속하여 사업을 경영하고 있는 내국인과 1990.1.1. 이후 수도권과밀억제권역에서 새로 사업장을 설치하여 사업을 개시하거나 종전의 사업장(1989.12.31. 이전에 설치한 사업장을 포함)을 이전하여 설치하는 중소기업("1990년 이후 중소기업 등"이라 한다)이 수도권과밀억제권역에 있는 해당 사업장에서 사용하기 위하여 취득하는 사업용 고정자산(디지털방송장비 및 정보통신장비는 제외한다)으로서 다음의 '증설투자'에 해당하는 것에 대해서는 통합투자세액공제(조특법 24조)를 적용하지 아니한다.(조특법 130조 ① 전단, 2020.12.29. 개정)

② 증설투자의 범위

다음의 구분에 따른 투자를 말한다.(조특령 124조 ①, 2020.4.14. 개정)

㉠ 산업집적활성화 및 공장설립에 관한 법률 제2조 제1호에 따른 공장인 사업장의 경우 : 사업용고정자산을 새로 설치함으로써 해당 공장의 연면적이 증가되는 투자(조특령 124조 ①, 조특칙 53조 ①)

이때 "해당 공장의 연면적"이란 공장 부지면적 또는 공장부지 안에 있는 건축물 각 층의 바닥면적을 말한다. 다만, 식당·휴게실·목욕실·세탁장·의료실·옥외체육시설 및 기숙사 등 종업원의 후생복지증진에 제공되는 시설의 면적과 대피소·무기고·탄약고 및 교육시설의 면적은 당해 공장의 연면적에 포함하지 않는다.(조특칙 53조 ①, 2020.4.21. 개정)

㉡ 위 '㉠'의 공장 외의 사업장인 경우 : 사업용 고정자산을 새로 설치함으로써 사업용 고정자산의 수량 또는 해당 사업장의 연면적이 증가되는 투자

여기서 "사업용 고정자산의 수량이 증가하는 경우"란 기계장치 등 사업용 고정자산을 추가로 설치하는 경우를 말하며, "해당 사업장의 연면적"이란 사업장 부지면적 또는 사업장 부지 안에 있는 건축물 각 층의 바닥면적을 말한다. 다만, 식당·휴게실·목욕실·세탁장·의료실·옥외체육시설 및 기숙사 등 종업원의 후생복지증진

에 제공되는 시설의 면적과 대피소·무기고·탄약고 및 교육시설의 면적은 당해 공장의 연면적에 포함하지 않는다.(조특칙 53조 ②, 2020.4.21. 신설)

③ 통합투자세액공제가 가능한 경우

㉠ 다음의 산업단지 또는 공업지역에서 증설투자를 하는 경우
수도권과밀억제권역안에 소재하는 다음 중 하나에 해당하는 산업단지 또는 공업지역을 말한다.(조특령 124조 ②)

ⓐ 산업입지 및 개발에 관한 법률에 의한 산업단지

ⓑ 국토의 계획 및 이용에 관한 법률 제36조 제1항 제1호의 규정에 의한 공업지역 및 동법 제51조 제3항의 지구단위계획구역중 산업시설의 입지로 이용되는 구역

㉡ 다음의 사업용 고정자산을 취득하는 경우

ⓐ 디지털방송을 위한 프로그램의 제작·편집·송신 등에 사용하기 위하여 취득하는 방송장비

ⓑ 전기통신사업 회계정리 및 보고에 관한 규정 제8조에 따른 전기통신설비 중 같은 조 제1호부터 제3호까지 및 제5호에 따른 교환설비, 전송설비, 선로설비 및 정보처리설비

ⓒ 연구·시험, 직업훈련, 에너지 절약, 환경보전 또는 근로자복지 증진 등의 목적으로 사용되는 사업용자산으로서 조세특례제한법 시행규칙 제12조 제2항에서 규정하는 자산(조특령 21조 ③ 1)

ⓓ 다음 중 하나에 해당하는 사업용 고정자산(조특칙 54조, 2021.3.16. 신설)

㉮ 조세특례제한법 제13조의10 제3항(☞ 별표 7의 에너지절약시설) 및 제4항(☞ 별표 7의2의 신에너지 및 재생에너지를 생산하기 위한 시설을 제조하는 시설) 중 하나에 해당하는 시설

㉯ [별표 11]에 따른 의약품 품질관리 개선시설

2) 1990.1.1. 이후 창업기업으로서 비중소기업인 경우

중소기업이 아닌 자가 1990.1.1. 이후 수도권과밀억제권역에서 새로 사업장을 설치하여 사업을 개시하거나 종전의 사업장을 이전하여 설치하는 경우 수도권과밀억제권역에 있는 해당 사업장에서 사용하기 위하여 취득하는 사업용 고정자산에 대해서는 통합투자세액공제(조특법 24조)를 적용하지 아니한다. 다만, 위 '1)의 ③'의 사업용 고정자산을 취득하는 경우에는 그러하지 아니하다.(조특법 130조 ②, 2020.12.29. 개정)

수도권과밀억제권역 투자에 따른 세액공제 여부[7)]

구 분		중소기업 등		비중소기업 등	
		증설투자	대체투자	증설투자	대체투자
통합투자 세액공제	① 산업단지, 공업지역	○	○	○	○
	② 디지털방송장비등(지역무관)	○	○	○	○
	③ 수도권과밀억제권역 안의 '①' 외의 지역	×	○	×	○
	④ 수도권과밀억제권역 밖의 지역	○	○	○	○

※ 1989년 이전부터 계속사업장과 1990년 이후 설치·이전 사업장 중 중소기업 등이 산업단지 또는 공업지역에서 증설투자를 하는 경우 및 디지털방송장비등 사업용 고정자산을 취득하는 경우에는 세액공제를 적용한다.

(12) 가산세적용의 배제

신성장사업화시설 또는 국가전략기술사업화시설의 인정을 받을 것을 조건으로 그 인정을 받기 전에 통합세액공제(조세특례제한법 제24조)를 신청하여 세액공제를 받았으나(조세특례제한법 시행령 제21조 제13항 후단), 그 이후 인정 대상 시설의 일부 또는 전부에 대해 그 인정을 받지 못한 경우에는 과소신고·초과환급신고가산세를 부과하지 않는다.(국기법 47조의3 ④ 4, 2023.12.31. 신설, 국기령 27조의2 ④)

➲ 2024.1.1. 이후 소득세 과세표준을 신고하는 경우부터 적용한다.(2023.12.31. 국기법 부칙 2조 ②)

(13) 기타 참고사항

① 다른 투자세액공제 및 세액감면과의 중복적용이 배제된다.
② 추계신고시에도 적용된다(투자에 대한 증거서류를 제출하는 경우로 한정).
③ 최저한세 규정이 적용된다.
④ 농어촌특별세가 과세된다.
⑤ 미공제세액은 10년간 이월공제된다.(조특법 144조 ①)

7) 손창용, 2025, 법인세신고실무, 서울지방세무사회, p. 489

✓ **수입승인이 필요한 기계장치를 수입하는 경우 통합투자세액공제의 적용방법**
조세특례제한법 제24조 제1항 제1호에 따른 공제대상 자산을 수입하는 경우로서 수입승인을 얻어야 하는 경우, 해당 자산에 대하여 2025 과세연도에 수입승인을 얻기 전 '2024 과세연도에 지출한 금액'은 같은 항 본문 및 같은 법 시행령 제23조 제14항 제3호에 따라 2025 과세연도의 통합투자세액공제대상에 해당하는 것(사전법규법인 2025-8, 2025.1.31.)

✓ **차량운반구(포크레인)에 해당하는 경우에도 환경보전시설에 해당하는 경우 통합투자세액공제 대상에 해당함**(사전법규법인 2024-16, 2024.6.20.)

✓ **태양광 전기 발전업을 영위하는 내국법인이 태양광 발전설비에 투자하는 경우 통합투자세액공제가 가능함**(사전법규법인 2023-2120, 2024.4.22.)

✓ **공제대상자산을 제3자에게 공급한 자는 조세특례제한법 제24조에 규정된 통합투자세액공제를 적용받을 수 없는 것임**(사전법규소득 2021-1898, 2022.2.23.)

3 경력단절 여성 고용 기업 등에 대한 세액공제(2020.2.11. 제목개정)

(1) 경력단절 여성 재고용에 대한 세액공제

➲ 2020.1.1. 이후 고용하는 분부터 적용한다.(2019.12.31. 조특법 부칙 15조)

1) 개 요

중소기업 또는 중견기업이 경력단절 여성과 2022.12.31.까지 1년 이상의 근로계약을 체결하는 경우에는 고용한 날부터 2년이 되는 날이 속하는 달까지 해당 경력단절 여성에게 지급한 인건비의 30%(중견기업은 15%)에 상당하는 금액을 해당 과세연도의 소득세(사업소득에 대한 소득세만 해당하며, 부동산임대업에서 발생하는 소득은 제외한다)에서 공제한다.(조특법 29조의3 ①, 2024.12.31. 개정, 7조의4 ①)

2) 경력단절 여성의 범위

다음의 요건을 모두 충족하는 여성이어야 한다.

① 해당 기업 또는 해당 기업과 한국표준산업분류상의 중분류를 기준으로 동일한 업종의 기업에서 1년 이상 근무(경력단절 여성의 근로소득세가 「근로소득원천징수부」를 통하여 원천징수 되었던 사실이 확인되는 경우로 한정한다) 하였을 것(조특법 29조의3 ① 1, 2019.12.31 개정, 조특령 26조의3 ②,③, 2020.2.11. 신설)

② 다음 중 하나에 해당하는 결혼·임신·출산·육아 및 자녀교육의 사유로 퇴직하였을 것(조특법 29조의3 ① 1, 2019.12.31 개정, 조특령 26조의3 ④, 2020.2.11. 신설)

㉠ 퇴직한 날부터 1년 이내에 혼인한 경우(가족관계기록사항에 관한 증명서를 통하여 확인되는 경우로 한정한다)(2020.2.11. 신설)

㉡ 퇴직한 날부터 2년 이내에 임신하거나 난임시술[국민건강보험 요양급여의 기준에 관한 규칙 별표 2의 제4호 라목에 따른 보조생식술(체내·체외인공수정을 포함)]을 받은 경우(의료기관의 진단서 또는 확인서를 통하여 확인되는 경우에 한정한다)(조특령 26조의3 ④ 2, 조특칙 14조의3)

㉢ 퇴직일 당시 임신한 상태인 경우(의료기관의 진단서를 통하여 확인되는 경우로 한정한다)

㉣ 퇴직일 당시 8세 이하의 자녀가 있는 경우

㉤ 퇴직일 당시 초·중등교육법 제2조에 따른 학교에 재학 중인 자녀가 있는 경우

③ 위 '②'에 따른 사유로 퇴직한 날부터 2년 이상 15년 미만의 기간이 지났을 것(조특법 29조의3 ① 2, 2021.12.28. 개정)

➲ "3년"→"2년"으로의 개정규정은 2022.1.1. 이후 경력단절 여성을 고용하는 경우부터 적용한다.(2021.12.28. 조특법 부칙 9조)

④ 해당 기업의 대표자와 국세기본법 시행령 제1조의2 제1항에 따른 친족관계인 사람이 아닐 것(조특법 29조의3 ① 3, 조특령 26조의3 ⑤)

3) 공제대상 인건비의 범위

근로의 대가로 지급하는 비용으로서 다음에 따른 인건비를 제외한 금액을 말한다.(조특령 26조의3 ①, 2019.2.12. 개정)

① 퇴직소득에 해당하는 금액

② 퇴직급여충당금

③ 퇴직연금계좌에 납부한 부담금

(2) 육아휴직 복귀자에 대한 세액공제

➲ 2019.1.1. 이후 개시하는 과세연도 분부터 적용한다.(2018.12.24. 조특법 부칙 2조 ①)

1) 개요

① 중소기업 또는 중견기업이 육아휴직 복귀자를 2022.12.31.까지 복직시키는 경우에는 복직한 날부터 1년이 되는 날이 속하는 달까지 해당 육아휴직 복귀자에게 지급한 인건비의 30%(중견기업은 15%)에 상당하는 금액을 해당 과세연도의 소득세(사업소득에 대한 소득세만 해당하며, 부동산임대업에서 발생하는 소득은 제외한다)에서 공제한다.(조특법 29조의3 ②, 2020.12.29. 개정)

➲ 2021.1.1. 이후 육아휴직에서 복귀하는 사람의 인건비를 지급하는 분부터 적용한다.(2020.12.29. 조특법 부칙 8조 ①)

② 해당 중소기업 또는 중견기업의 해당 과세연도의 상시근로자 수가 직전 과세연도의 상시근로자 수보다 감소한 경우에는 공제하지 아니한다.(조특법 29조의3 ② 단서, 2018.12.24. 신설)

2) 육아휴직 복귀자의 범위

다음의 요건을 모두 충족하는 사람을 말한다.(조특법 29조의3 ②, 2018.12.24. 신설)

① 해당 기업에서 1년 이상 근무하였을 것(근로소득원천징수부를 통하여 해당 기업이 육아휴직 복귀자의 근로소득세를 원천징수하였던 사실이 확인되는 경우로 한정한다)(조특법 29조의3 ② 1, 조특령 26조의3 ③)

② 남녀고용평등과 일·가정 양립 지원에 관한 법률 제19조 제1항에 따라 육아휴직한 경우로서 육아휴직 기간이 연속하여 6개월 이상일 것

③ 개인사업자의 경우에는 대표자나 그와 국세기본법 시행령 제1조의2 제1항에 따른 친족관계인 사람이 아닐 것(조특법 29조의3 ② 3, 조특령 26조의3 ⑤)

3) 공제대상 인건비의 범위

근로의 대가로 지급하는 비용으로서 다음에 따른 인건비를 제외한 금액을 말한다.(조특령 26조의3 ①, 2019.2.12. 개정)

① 퇴직소득에 해당하는 금액

② 퇴직급여충당금

③ 퇴직연금계좌에 납부한 부담금

4) 세액공제 횟수

육아휴직 복귀자의 자녀 1명당 한 차례에 한정하여 적용한다.(조특법 29조의3 ④, 2018.12.24. 신설)

5) 사후관리

➲ 2021.1.1. 이후 공제받은 세액상당액을 납부하는 경우부터 적용한다.(2020.12.29. 조특법 부칙 8조 ②)

소득세를 공제받은 기업이 해당 기업에 복직한 날부터 1년이 지나기 전에 해당 육아휴직 복귀자와의 근로관계를 종료하는 경우에는 근로관계가 종료한 날이 속하는 과세연도의 과세표준신고를 할 때 공제받은 세액에 상당하는금액을 소득세로 납부하여야 한다.(조특법 29조의3 ③, 2020.12.29. 개정, 조특령 26조의3 ⑦)

6) 상시근로자 및 상시근로자 수의 계산방법

상시근로자 및 상시근로자 수의 계산방법에 관하여는 고용창출투자세액공제 규정(조세특례제한법 시행령 제23조 ⑩부터 ⑬까지의 규정)을 준용한다.(조특령 26조의3 ⑧, 2019.2.12. 신설)

(3) 공제신청

세액공제를 받으려는 자는 과세표준 신고와 함께 「세액공제신청서」를 납세지 관할 세무서장에게 제출하여야 한다.(조특법 29조의3 ②, 2014.12.23 신설, 조특령 26조의3 ⑥)

(4) 기타 참고사항

① 다른 투자세액공제 및 세액감면과의 중복적용이 가능하다.
② 최저한세 규정이 적용된다.
③ 농어촌특별세가 과세된다.
④ 추계신고시 적용 배제된다.
⑤ 미공제세액은 10년간 이월공제된다.(조특법 144조 ①)

4 근로소득을 증대시킨 기업에 대한 세액공제(2014.12.23. 신설)

(1) 개 요

➲ 2023.1.1. 전에 개시한 과세연도에 요건을 충족한 내국인(중소기업 및 중견기업은 제외한다)에 대한 세액공제에 관하여는 개정규정에도 불구하고 종전의 규정에 따른다.(2022.12.31. 조특법 부칙 32조)

중소기업 또는 중견기업이 다음의 요건을 모두 충족하는 경우에는 2025.12.31.이 속하는 과세연도까지 직전 3년 평균 초과 임금증가분의 20%(중견기업은 10%)에 상당하는 금액을 해당 과세연도의 소득세(사업소득에 대한 소득세만 해당하며 부동산임대업에서 발생하는 소득은 제외한다)에서 공제한다.(조특법 29조의4 ①, 2022.12.31. 개정)

① “상시근로자”의 해당 과세연도의 평균임금 증가율이 직전 3개 과세연도의 평균임금 증가율의 평균(이하 “직전 3년 평균임금 증가율의 평균”이라 한다)보다 클 것(조특법 29조의4 ① 1)

② 해당 과세연도의 상시근로자 수가 직전 과세연도의 상시근로자 수보다 크거나 같을 것(조특법 29조의4 ① 2)

(2) 중소기업 특례

위 '(1)'에도 불구하고 중소기업이 다음의 요건을 모두 충족하는 경우에는 2025.12.31.이 속하는 과세연도까지 전체 중소기업의 평균임금증가분을 초과하는 임금증가분의 20%에 상당하는 금액을 위 '(1)'에 따른 금액 대신 해당 과세연도의 소득세(사업소득에 대한 소득세만 해당하며, 부동산임대업에서 발생하는 소득은 제외한다)에서 공제할 수 있다.(조특법 29조의4 ⑤, 2022.12.31. 개정, 7조의4 ①)

① 상시 근로자의 해당 과세연도의 평균임금 증가율이 전체 중소기업 임금증가비율인 3.2%보다 클 것

➲ 2023.1.1. 이후 개시하는 과세연도부터 적용하며, 2023.1.1. 전에 개시한 과세연도에 대한 세액공제에 관하여는 개정규정에도 불구하고 종전의 규정에 따른다.(2023.3.20. 조특칙 부칙 4조 ①,②)

② 해당 과세연도의 상시근로자 수가 직전 과세연도의 상시 근로자 수보다 크거나 같을 것

③ 직전 과세연도의 평균임금 증가율이 음수가 아닐 것

이때, 전체 중소기업의 평균임금증가분을 초과하는 임금증가분은 다음 계산식에 따라 계산한 금액으로 한다.(조특법 29조의4 ⑥, 조특칙 14조의2 ③, 2023.3.20. 개정)

> 전체 중소기업의 평균임금증가분을 초과하는 임금증가분
> = [해당 과세연도 상시근로자의 평균임금 − 직전 과세연도 상시근로자의 평균임금 × (1 + 0.032*)] × 직전 과세연도 상시근로자 수
>
> * 2023.1.1. 이후 개시하는 과세연도부터는 0.032를 적용한다.(2023.3.20. 조특칙 부칙 4조 ①)

(3) 상시근로자

1) 상시근로자의 범위

상시근로자란 근로기준법에 따라 근로계약을 체결한 근로자를 말하며 다음 중 하나에 해당하는 자는 제외한다.(조특령 26조의4 ②, 2015.2.3. 신설)

① 임원(법인세법 시행령 제40조 ①)

② 다음의 근로소득의 금액의 합계액(비과세소득의 금액은 제외)이 7천만원 이상인 근로자(2023.2.28. 개정)

㉠ 근로를 제공함으로써 받는 봉급·급료·보수·세비·임금·상여·수당과 이와 유사한 성질의 급여

㉡ 법인의 주주총회·사원총회 또는 이에 준하는 의결기관의 결의에 따라 상여로 받는 소득

이때 해당 과세연도의 근로제공기간이 1년 미만인 상시근로자가 있는 경우에는 해당 상시근로자의 근로소득의 금액을 해당 과세연도 근무제공월수로 나눈 금액에 12를 곱하여 산출한 금액을 해당 상시근로자의 근로소득의 금액으로 본다.(조특령 26조의4 ⑨, 2024.2.29. 용어개정)

③ 대표자 및 그와 친족관계인 근로자

④ 근로소득원천징수부에 의하여 근로소득세를 원천징수한 사실이 확인되지 아니하는 근로자

⑤ 근로계약기간이 1년 미만인 근로자(다만, 근로계약의 연속된 갱신으로 인하여 그 근로계약의 총 기간이 1년 이상인 근로자는 제외한다)

⑥ 근로기준법 제2조 제1항 제9호에 따른 단시간근로자

2) 상시근로자의 수의 계산

상시근로자 수는 다음 계산식에 따라 계산한다. 이 경우 0.01 미만의 부분은 없는 것으로 한다.(조특령 26조의4 ③, 2015.2.3. 신설)

$$\text{상시근로자 수} = \frac{\text{해당 과세연도의 매월 말 현재 상시근로자 수의 합}}{\text{해당 과세연도의 개월 수}}$$

3) 중도퇴사자 등과 신규 입사자가 있는 경우

세액공제를 받으려는 과세연도의 종료일 전 5년 이내의 기간 중에 퇴사하거나 새로이 상시 근로자에서 제외된 근로자(위 '1)의 ①~⑥'에 해당하는 자)가 있는 경우에는 상시근로자 수를 계산할 때 해당 근로자를 제외하고 계산한다.(조특령 26조의4 ⑩, 2015.2.3. 신설)

(4) 직전 3년 평균 초과 임금증가분의 계산

① 직전 3년 평균 초과 임금증가분은 다음 계산식에 따라 계산한 금액으로 한다.(조특법 29조의4 ②, 2014.12.23. 신설)

직전 3년 평균 초과 임금증가분 = [해당 과세연도 상시근로자의 평균임금 − 직전 과세연도 상시근로자의 평균임금 × (1 + 직전 3년 평균임금 증가율의 평균)] × 직전 과세연도 상시근로자 수

② 임금은 다음 소득의 합계액(비과세소득의 금액은 제외)을 말한다.(조특령 26조의4 ④, 2023.2.28. 개정)

㉠ 근로를 제공함으로써 받는 봉급·급료·보수·세비·임금·상여·수당과 이와 유사한 성질의 급여

㉡ 법인의 주주총회·사원총회 또는 이에 준하는 의결기관의 결의에 따라 상여로 받는 소득

③ 평균임금은 다음 계산식에 따라 계산한 금액으로 한다. 이 경우 1천원 이하 부분은 없는 것으로 한다.(조특령 26조의4 ⑤, 2015.2.3. 신설)

$$\text{평균임금} = \frac{\text{해당 과세연도 상시근로자의 임금의 합계}}{\text{해당 과세연도의 상시근로자 수}}$$

이때 해당 과세연도의 근로제공기간이 1년 미만인 상시근로자가 있는 경우에는 해당 상시근로자의 임금을 해당 과세연도 근무제공월수로 나눈 금액에 12를 곱하여 산출한 금액을 해당 상시근로자의 임금으로 본다.(조특령 26조의4 ⑨, 2015.2.3. 신설)

④ 평균임금 증가율은 다음 계산식에 따라 계산하며, 1만분의 1 미만의 부분은 없는 것으로 한다.(조특령 26조의4 ⑥, 2015.2.3. 신설)

$$\text{평균임금 증가율} = \frac{\text{해당 과세연도 평균임금} - \text{직전 과세연도 평균임금}}{\text{직전 과세연도 평균임금}}$$

⑤ 직전 3개 과세연도의 평균임금 증가율의 평균(이하 "직전 3년 평균임금 증가율의 평균"이라 한다)은 다음 계산식에 따라 계산하며, 1만분의 1 미만의 부분은 없는 것으로 한다. 이 경우 직전 2년 과세연도 평균임금 증가율 또는 직전 3년 과세연도 평균임금 증가율이 음수인 경우에는 영으로 보아 계산한다.(조특령 26조의4 ⑦, 2015.2.3. 신설)

$$\text{직전 3년 평균임금 증가율의 평균} = \frac{\text{직전 과세연도 평균임금 증가율} + \text{직전 2년 과세연도 평균임금 증가율} + \text{직전 3년 과세연도 평균임금 증가율}}{3}$$

⑥ 세액공제를 받으려는 과세연도의 종료일 전 5년 이내의 기간 중에 퇴사하거나 새로 상시 근로자에서 제외된 근로자(위 '1)의 ①~⑥'에 해당하는 자)가 있는 경우에는 평균임금을 계산할 때 해당 근로자를 제외하고 계산하며, 세액공제를 받으려는 과세연도의 종료일 전 5년 이내의 기간 중에 입사한 근로자가 있는 경우에는 해당 근로자가 입사한 과세연도의 평균임금 증가율을 계산할 때 해당 근로자를 제외하고 계산한다.

(조특령 26조의4 ⑩, 2015.2.3. 신설)

(5) 직전 과세연도의 평균임금 증가율이 음수 또는 직전 3년 평균임금 증가율의 평균(양수인 경우로 한정한다)의 30% 미만인 경우

평균임금 및 평균임금 증가율, 직전 3년 평균임금 증가율의 평균 및 직전 3년 평균 초과 임금증가분은 다음과 같이 계산한다.(조특령 26조의4 ⑧, 조특칙 14조의2 ②)

① 평균임금

$$\text{평균임금} = \frac{\text{해당 과세연도 평균임금} + \text{직전 과세연도 평균임금}}{2}$$

② 평균임금 증가율

$$\text{평균임금 증가율} = \frac{\text{'①'에 따른 평균임금} - \text{직전 2년 과세연도 평균임금}}{\text{직전 2년 과세연도 평균임금}}$$

③ 직전 3년 평균임금 증가율의 평균

직전 2년 과세연도 평균임금 증가율 또는 직전 3년 과세연도 평균임금 증가율이 음수인 경우에는 각각 영(零)으로 보아 계산한다.

$$\text{직전 3년 평균임금 증가율의 평균} = \frac{\text{직전 2년 과세연도 평균임금 증가율} + \text{직전 3년 과세연도 평균임금 증가율}}{2}$$

④ 직전 3년 평균 초과 임금증가분

직전 3년 평균 초과 임금증가분
= ['①'에 따른 평균임금 − 직전 2년 과세연도 상시근로자의 평균임금 × (1 + 직전 3년 평균임금 증가율의 평균)] × 직전 과세연도 상시근로자 수

(6) 직전 3년 평균임금 증가율의 평균을 계산할 수 없는 경우

창업 및 휴업 등의 사유로 직전 3년 평균임금 증가율의 평균을 계산할 수 없는 경우에는 '근로소득을 증대시킨 기업에 대한 세액공제' 규정을 적용하지 아니한다.(조특령 26조의4 ⑫, 2015.2.3. 신설)

(7) 정규직 전환 근로자에 대한 세액공제

1) 개 요

중소기업 또는 중견기업이 다음의 요건을 모두 충족하는 경우에는 2025.12.31.이 속하는 과세연도까지 정규직 전환 근로자에 대한 임금증가분 합계액의 20%(중견기업의 경우에는 10%)에 상당하는 금액을 해당 과세연도의 소득세(사업소득에 대한 소득세만 해당하며, 부동산임대업에서 발생하는 소득은 제외한다)에서 공제한다.(조특법 29조의4 ③, 2022. 12.31. 개정, 조특법 7조의4 ①)

➲ 2023.1.1. 전에 개시한 과세연도에 요건을 충족한 내국인(중소기업 및 중견기업은 제외)에 대한 세액공제에 관하여는 개정규정에도 불구하고 종전의 규정에 따른다.(2022.12.31. 조특법 부칙 32조)

① 해당 과세연도에 정규직 전환 근로자가 있을 것
② 해당 과세연도의 상시근로자 수가 직전 과세연도의 상시 근로자 수보다 크거나 같을 것

2) 공제대상 정규직 전환 근로자의 범위

근로기준법에 따라 근로계약을 체결한 근로자로서 다음의 요건을 모두 갖춘 자를 말한다.(조특령 26조의4 ⑬, 2016.2.5. 신설)

① 직전 과세연도 개시일부터 해당 과세연도 종료일까지 계속하여 근무한 자로서 근로소득원천징수부에 따라 매월분의 근로소득세를 원천징수한 사실이 확인될 것
② 해당 과세연도 중에 비정규직 근로자(기간제근로자 또는 단시간근로자를 말한다)에서 비정규직 근로자가 아닌 근로자로 전환하였을 것
③ 직전 과세연도 또는 해당 과세연도 중에 근로소득금액이 1억2천만원 이상인 근로자가 아닐 것

3) 정규직 전환 근로자의 임금 증가분 합계액의 계산

정규직 전환 근로자의 임금 증가분 합계액은 정규직 전환 근로자의 해당 과세연도 임금 합계액에서 직전 과세연도 임금 합계액을 뺀 금액을 말한다. 이 경우 직전 과세연도 또는 해당 과세연도의 기간이 1년 미만인 경우에는 임금 합계액을 그 과세연도의 월수(1월 미만의 일수는 1월로 한다)로 나눈 금액에 12를 곱하여 산출한 금액을 임금 합계액으로 본다.

(조특령 26조의4 ⑭, 2016.2.5. 신설)

4) 사후관리

➲ 2021.2.17. 전에 정규직 전환 근로자와의 근로관계가 종료되어 2021.2.17. 이후 공제받은 세액상당액을 납부하는 경우에 대해서도 적용한다.(2021.2.17. 조특령 부칙 4조)

위 '1)'에 따라 소득세를 공제받은 내국인이 공제를 받은 과세연도 종료일부터 1년이 되는 날이 속하는 과세연도의 종료일까지의 기간 중 정규직 전환 근로자와의 근로관계를 종료하는 경우에는 근로관계가 종료한 날이 속하는 과세연도의 과세표준신고를 할 때 다음에 따라 계산한 세액을 소득세로 납부하여야 한다.(조특법 29조의4 ⑤, 2015.12.15. 신설, 조특령 26조의4 ⑮, 2021.2.17. 개정)

$$\text{공제받은 세액} \times \frac{\text{공제받은 과세연도의 정규직 전환 근로자 중 근로관계를 끝낸 근로자 수}}{\text{공제받은 과세연도의 정규직 전환 근로자 수}}$$

(8) 공제신청

세액공제를 받으려는 자는 과세표준 신고와 함께 「세액공제신청서」를 납세지 관할 세무서장에게 제출하여야 한다.(조특법 29조의4 ⑦, 조특령 26조의4 ⑯, 2022.12.31. 개정)

(9) 기타 참고사항

① 다른 투자세액공제 및 세액감면과의 중복적용이 가능하다.

② 성과공유 중소기업의 경영성과급에 대한 세액공제(조특법 19조 ①)와는 중복공제가 배제된다.(조특법 127조 ②)

③ 최저한세 규정이 적용된다.

④ 농어촌특별세가 과세된다.

⑤ 추계신고시 적용 배제된다.

⑥ 미공제세액은 10년간 이월공제된다.(조특법 144조 ①)

5 고용을 증대시킨 기업에 대한 세액공제(2017.12.19 신설)

(1) 개 요

내국인(소비성서비스업을 경영하는 내국인은 제외한다)의 2024.12.31.이 속하는 과세연도까지의 기간 중 해당 과세연도의 상시근로자의 수가 직전 과세연도의 상시근로자의 수보다 증가한 경우에는 일정한 금액을 해당 과세연도와 해당 과세연도의 종료일부터 1년[중소기업 및 중견기업의 경우에는 2년]이 되는 날이 속하는 과세연도까지의 소득세(사업소득에 대한 소득세만 해당하며, 부동산임대업에서 발생하는 소득은 제외한다)에서 공제한다. (조특법 29조의7 ①, 2021.12.28. 개정, 7조의4 ①)

➲ 2019.1.1. 이후 이후 과세표준을 신고하는 경우부터 적용한다.(2018.12.24. 조특법 부칙 13조)

고용증대세액공제와 통합고용세액공제 비교8)

구 분				고용증대 세액공제 (조특법 29조의7)	통합고용 세액공제[*1] (조특법 29조의8)
적용대상				모든 기업(소비성서비스업 제외)	
공제요건				직전연도 대비 해당연도 상시근로자 수 증가	
기본공제	그외 상시	중소	수도권	700만원	850만원
			지방	770만원	950만원
		중견		450만원	
	청년, 장애인, 60세	중소	수도권	1,100만원	1,450만원
			지방	1,200만원(1,300만원[*2])	1,550만원
		중견		800만원(지방은 900만원[*2])	
		대기업		400만원(지방은 500만원[*2])	
	경력단절 여성	중소	수도권	–	1,450만원
			지방	–	1,550만원
		중견		–	800만원
		대기업		–	400만원
추가	정규직, 육아휴직	중소		–	1,300만원
		중견		–	900만원
청년나이				15세 ~ 29세	15세 ~ 34세
사후관리				• (기본공제) 공제 후 2년 이내 상시근로자 수가 감소하는 경우 공제금액 상당액 추징 ⇒ 고용유지 시 2년(대기업 1년) 추가공제 • (추가공제) 전환일 복귀일로부터 2년 이내 해당 근로자와의 근로관계 종료 시 공제금액 상당액 추징(통합고용만 해당)	

*1. 2023.1.1. 이후 개시하는 과세연도 분부터 적용
*2. 2020년, 2021년 고용증가분에 대해 한시 적용

※ 2023년 및 2024년 과세연도분에 대해서는 '통합고용 세액공제'와 '고용증대 세액공제' 또는 '사회보험료 세액공제' 중 선택하여 적용 가능(통합고용 & 고용증대 중복적용 불가)

8) 국세청 법인납세국 법인세과, 2023, 알기쉬운 고용증대세액공제, p. 100

(2) 적용배제 소비성서비스업종의 범위(조특령 26조의7 ①, 2018.2.13. 신설, 조특령 29조 ③, 조특칙 17조, 2024.3.22. 신설)

① 호텔업 및 여관업(관광진흥법에 따른 관광숙박업은 제외)

관광진흥법에 따른 관광숙박업

관광숙박업은 다음에서 규정하는 업을 말한다.(관광진흥법 제3조 2)
- 호텔업 : 관광객의 숙박에 적합한 시설을 갖추어 이를 관광객에게 제공하거나 숙박에 딸리는 음식·운동·오락·휴양·공연 또는 연수에 적합한 시설 등을 함께 갖추어 이를 이용하게 하는 업
- 휴양 콘도미니엄업 : 관광객의 숙박과 취사에 적합한 시설을 갖추어 이를 그 시설의 회원이나 소유자등, 그 밖의 관광객에게 제공하거나 숙박에 딸리는 음식·운동·오락·휴양·공연 또는 연수에 적합한 시설 등을 함께 갖추어 이를 이용하게 하는 업

② 주점업(일반유흥주점업, 무도유흥주점업 및 단란주점 영업만 해당하되, 외국인전용유흥음식점업 및 관광유흥음식점업은 제외)

관광진흥법에 따른 외국인전용유흥음식점업

식품위생 법령에 따른 유흥주점영업의 허가를 받은 자가 외국인이 이용하기 적합한 시설을 갖추어 외국인만을 대상으로 주류나 그 밖의 음식을 제공하고 노래와 춤을 감상하게 하거나 춤을 추게 하는 업(관광진흥법 시행령 2조 6 다)

▼ 관광진흥법에 따른 관광유흥음식점업

식품위생 법령에 따른 유흥주점 영업의 허가를 받은 자가 관광객이 이용하기 적합한 한국 전통 분위기의 시설을 갖추어 그 시설을 이용하는 자에게 음식을 제공하고 노래와 춤을 감상하게 하거나 춤을 추게 하는 업(관광진흥법 시행령 2조 6 가)

③ 오락·유흥 등을 목적으로 하는 다음의 사업(조특칙 17조, 2024.3.22. 신설)

➲ 2024.3.22. 이후 개시하는 과세연도부터 적용한다.(2024.3.22. 조특칙 부칙 3조)

㉠ 무도장 운영업

㉡ 기타 사행시설 관리 및 운영업(관광진흥법 제5조 또는 폐광지역 개발 지원에 관한 특별법 제11조에 따라 허가를 받은 카지노업은 제외)

㉢ 유사 의료업 중 안마를 시술하는 업

㉣ 마사지업

(3) 공제세액

① 청년등 1인당 공제금액 : 상시근로자(청년 정규직 근로자, 장애인 근로자, 60세 이상인 근로자)의 증가한 인원 수(증가한 상시근로자의 인원 수를 한도로 한다)에 400만원[중견기업은 800만원, 중소기업은 1,100만원(중소기업으로서 수도권 밖의 지역에서 증가한 경우에는 1,200만원)]을 곱한 금액

다만, 2021.12.31.이 속하는 과세연도부터 2022.12.31.이 속하는 과세연도까지의 기간 중 수도권 밖의 지역에서 증가한 청년등 상시근로자의 인원 수(증가한 상시근로자의 인원 수를 한도로 한다)에 대해서는 500만원(중견기업의은 900만원, 중소기업은 1,300만원)을 곱한 금액으로 한다.(조특법 29조의7 ① 1, 2021.12.28. 개정, 조특령 26조의7 ③, 2022.2.15. 개정)

② 청년등 외 1인당 공제금액 : 청년등 상시근로자 외 상시근로자의 증가한 인원 수 × 0원(중견기업은 450만원, 중소기업은 다음에 따른 금액)(조특법 29조의7 ① 2)

* 2020.1.1.이후 개시하는 과세연도부터는 증가한 상시근로자의 인원 수를 한도로 한다.(2019.12.31. 조특법 부칙 2조 ①)

㉠ 수도권 내의 지역에서 증가한 경우 : 700만원

㉡ 수도권 밖의 지역에서 증가한 경우 : 770만원

● **1인당 연간 공제액**(단위 : 만원)

구 분	중소기업		중견기업		대기업	
	수도권	수도권밖	수도권	수도권밖	수도권	수도권밖
청년등 상시근로자	1,100	1,200	800		400	
	1,100	1,300*	800	900*	400	500*
청년등 외 상시근로자	700	770	450		–	

* 2021년과 2022년에만 적용함. 그 이후 연도는 중소기업 1,100만원, 중견기업 800만원, 대기업 400만원을 공제함

(4) 사후관리

① 소득세를 공제받은 내국인이 최초로 공제를 받은 과세연도의 종료일부터 2년이 되는 날이 속하는 과세연도의 종료일까지의 기간 중 전체 상시근로자의 수가 최초로 공제를 받은 과세연도에 비하여 감소한 경우에는 감소한 과세연도부터 세액공제를 적용하지 아니하고, 청년등 상시근로자의 수가 최초로 공제를 받은 과세연도에 비하여 감소한 경우에는 감소한 과세연도부터 청년등 1인당 공제금액을 적용하지 아니한다. 이 경우 공제받은 세액에 상당하는 금액을 소득세로 납부하여야 한다.(조특법 29조의7

②, 2019. 12.31. 개정)

➲ 2020.1.1. 이후 과세표준을 신고하는 분부터 적용한다.(2019.12.31. 조특법 부칙 17조)

② 위 '(1)'에 따라 소득세를 공제받은 내국인이 2020.12.31.이 속하는 과세연도의 전체 상시근로자의 수 또는 청년등 상시근로자의 수가 최초로 공제받은 과세연도에 비하여 감소한 경우에는 최초로 공제받은 과세연도의 종료일부터 3년이 되는 날이 속하는 과세연도의 종료일까지의 기간에 대하여 위 '①'을 적용한다. 다만, 2020.12.31.이 속하는 과세연도에 대해서는 추징을 적용하지 아니한다.(조특법 29조의7 ⑤, 2021.3.16. 신설)

③ 위 '②'을 적용받은 내국인이 2021.12.31.이 속하는 과세연도의 전체 상시근로자의 수 또는 청년등 상시근로자의 수가 최초로 공제받은 과세연도에 비하여 감소하지 아니한 경우에는 위 '(3)'에 따른 금액을 2021.12.31.이 속하는 과세연도부터 최초로 공제받은 과세연도의 종료일부터 2년(중소기업 및 중견기업의 경우에는 3년)이 되는 날이 속하는 과세연도까지 소득세(사업소득에 대한 소득세만 해당하며, 부동산임대업에서 발생하는 소득은 제외한다)에서 공제한다.(조특법 29조의7 ⑥, 2021.3.16. 신설, 7조의4 ①)

④ 위 '③'을 적용받은 내국인이 2022.12.31.이 속하는 과세연도의 전체 상시근로자의 수 또는 청년등 상시근로자의 수가 최초로 공제받은 과세연도에 비하여 감소한 경우에는 최초로 공제받은 과세연도의 종료일부터 3년이 되는 날이 속하는 과세연도의 종료일까지 위 '①'을 적용한다.(조특법 29조의7 ⑦, 2021.3.16. 신설)

(5) 추가납부세액의 계산

➲ 2020.2.11. 이후 과세표준을 신고하는 분부터 적용한다.(2019.12.31. 조특령 부칙 8조)

① 추징할 소득세액은 다음의 구분에 따라 계산한 금액으로 하며, 이를 해당 과세연도의 과세표준을 신고할 때 소득세로 납부하여야 한다.(조특령 26조의7 ⑤, 2020. 2.11. 개정)

㉠ 최초로 공제받은 과세연도의 종료일부터 1년이 되는 날이 속하는 과세연도의 종료일까지의 기간 중 최초로 공제받은 과세연도보다 상시근로자 수 또는 청년등 상시근로자 수가 감소하는 경우 : 다음의 구분에 따라 계산한 금액(해당 과세연도의 직전 1년 이내의 과세연도에 공제받은 세액을 한도로 한다)(조특령 26조의7 ⑤ 1, 2020.2.11. 개정)

ⓐ 상시근로자 수가 감소하는 경우 : 다음의 구분에 따라 계산한 금액(조특령 26조의7 ⑤ 1 가, 2020.2.11. 개정)

㉮ 청년등 상시근로자의 감소한 인원 수가 상시근로자의 감소한 인원 수 이상인 경우 : 다음의 계산식에 따라 계산한 금액

[최초로 공제받은 과세연도 대비 청년등 상시근로자의 감소한 인원 수(최초로 공제받은 과세연도에 청년등 상시근로자의 증가한 인원 수를 한도로 한다) − 상시근로자의 감소한 인원 수] × (청년등 1인당 공제금액 − 청년등 외 1인당 공제금액) + (상시근로자의 감소한 인원 수 × 청년등 1인당 공제금액)

㉯ 그 밖의 경우 : 다음의 계산식에 따라 계산한 금액

[최초로 공제받은 과세연도 대비 청년등 상시근로자의 감소한 인원 수(상시근로자의 감소한 인원 수를 한도로 한다) × 청년등 1인당 공제금액] + [최초로 공제받은 과세연도 대비 청년등 상시근로자 외 상시근로자의 감소한 인원 수(상시근로자의 감소한 인원 수를 한도로 한다) × 청년등 외 1인당 공제금액]

ⓑ 상시근로자 수는 감소하지 않으면서 청년등 상시근로자 수가 감소한 경우 : 다음의 계산식에 따라 계산한 금액(조특령 26조의7 ⑤ 1 나, 2020.2.11. 개정)

최초로 공제받은 과세연도 대비 청년등 상시근로자의 감소한 인원 수(최초로 공제받은 과세연도에 청년등 상시근로자의 증가한 인원 수를 한도로 한다) × (청년등 1인당 공제금액 − 청년등 외 1인당 공제금액)

㉡ 위 '㉠'에 따른 기간의 다음 날부터 최초로 공제받은 과세연도의 종료일부터 2년이 되는 날이 속하는 과세연도의 종료일까지의 기간 중 최초로 공제받은 과세연도보다 상시근로자 수 또는 청년등 상시근로자 수가 감소하는 경우 : 다음의 구분에 따라 계산한 금액(위 '㉠'에 따라 계산한 금액이 있는 경우 그 금액을 제외하며, 해당 과세연도의 직전 2년 이내의 과세연도에 공제받은 세액의 합계액을 한도로 한다)(조특령 26조의7 ⑤ 2, 2020.2.11. 개정)

ⓐ 상시근로자 수가 감소하는 경우 : 다음의 구분에 따라 계산한 금액(조특령 26조의7 ⑤ 2 가, 2020.2.11. 개정)

㉮ 청년등 상시근로자의 감소한 인원 수가 상시근로자의 감소한 인원 수 이상인 경우 : 다음의 계산식에 따라 계산한 금액

[최초로 공제받은 과세연도 대비 청년등 상시근로자의 감소한 인원 수(최초로 공제받은 과세연도에 청년등 상시근로자의 증가한 인원 수를 한도로 한다) − 상시근로자의 감소한 인원 수] × (청년등 1인당 공제금액 − 청년등 외 1인당 공제금액) × 직전 2년 이내의 과세연도에 공제받은 횟수 + (상시근로자의 감소한 인원 수 × 청년등 1인당 공제금액 × 직전 2년 이내의 과세연도에 공제받은 횟수)

㉯ 그 밖의 경우 : 최초로 공제받은 과세연도 대비 청년등 상시근로자 및 청년등 상시근로자 외 상시근로자의 감소한 인원 수(상시근로자의 감소한 인원 수를 한도로 한다)에 대해 직전 2년 이내의 과세연도에 공제받은 세액의 합계액

ⓑ 상시근로자 수는 감소하지 않으면서 청년등 상시근로자 수가 감소한 경우 : 다음의 계산식에 따라 계산한 금액(조특령 26조의7 ⑤ 2 나, 2020.2.11. 개정)

> 최초로 공제받은 과세연도 대비 청년등 상시근로자의 감소한 인원 수(최초로 공제받은 과세연도에 청년등 상시근로자의 증가한 인원 수를 한도로 한다) × (청년등 1인당 공제금액 – 청년등 외 1인당 공제금액) × 직전 2년 이내의 과세연도에 공제받은 횟수

② 위 '①'을 적용할 때 최초로 공제받은 과세연도에 청년등 상시근로자에 해당한 자는 이후 과세연도에도 청년등 상시근로자로 보아 청년등 상시근로자 수를 계산한다.(조특령 26조의7 ⑥, 2020.2.11. 개정)

(6) 상시근로자의 범위(조특령 26조의7 ②, 23조 ⑩, 2020.2.11. 개정)

① 상시근로자는 근로기준법에 따라 근로계약을 체결한 내국인 근로자로 한다. 다만, 다음 중 하나에 해당하는 사람은 제외한다.(조특령 23조 ⑩)

㉠ 근로계약기간이 1년 미만인 근로자(근로계약의 연속된 갱신으로 인하여 그 근로계약의 총 기간이 1년 이상인 근로자는 제외)(2020.2.11. 개정)

㉡ 근로기준법 제2조 제1항 제9호에 따른 단시간근로자로서 1개월간의 소정근로시간이 60시간 미만인 근로자(2020.2.11. 개정)

㉢ 법인세법 시행령 제40조 제1항 각 호 중 하나에 해당하는 임원

㉣ 해당 기업의 최대주주 또는 최대출자자(개인사업자의 경우에는 대표자)와 그 배우자

㉤ 위 '㉣'에 해당하는 자의 직계존비속(그 배우자를 포함) 및 국세기본법 시행령 제1조의2 제1항에 따른 친족관계인 사람

㉥ 근로소득원천징수부에 의하여 근로소득세를 원천징수한 사실이 확인되지 아니하고, 다음 중 하나에 해당하는 금액의 납부사실도 확인되지 아니하는 자

ⓐ 국민연금법 제3조 제1항 제11호 및 제12호에 따른 부담금 및 기여금

ⓑ 국민건강보험법 제69조에 따른 직장가입자의 보험료

② 상시근로자 수는 아래 '㉠'의 계산식에 따라 계산한 수로 한다. 이 경우 1개월간의 소정근로시간이 60시간 이상인 단시간근로자 1명은 0.5명으로 하여 계산하되, 아래 '㉡'의 지원요건을 모두 충족하는 경우에는 0.75명으로 하여 계산한다.(조특령 23조 ⑧, 2014.2.21. 개정)

㉠ 계산식(조특령 23조 ⑧ 1)

$$\text{상시근로자 수} = \frac{\text{해당 기간의 매월 말 현재 상시근로자 수의 합}}{\text{해당 기간의 개월 수}}$$

㉡ 지원요건(조특령 23조 ⑧ 2, 2014.2.21. 신설)

ⓐ 해당 과세연도의 상시근로자 수(1개월간의 소정근로시간이 60시간 이상인 단시간근로자는 제외)가 직전 과세연도의 상시근로자 수(1개월간의 소정근로시간이 60시간 이상인 단시간근로자는 제외)보다 감소하지 아니하였을 것

ⓑ 기간의 정함이 없는 근로계약을 체결하였을 것

ⓒ 상시근로자와 시간당 임금(근로기준법 제2조 제1항 제5호에 따른 임금, 정기상여금·명절상여금 등 정기적으로 지급되는 상여금과 경영성과에 따른 성과금을 포함), 그 밖에 근로조건과 복리후생 등에 관한 사항에서 기간제 및 단시간근로자 보호 등에 관한 법률 제2조 제3호에 따른 차별적 처우가 없을 것

ⓓ 시간당 임금이 최저임금법 제5조에 따른 최저임금액의 130%(중소기업의 경우에는 120%) 이상일 것

③ 위 '②'에 따라 계산한 상시근로자 수 중 0.01 미만 부분은 없는 것으로 한다.(조특령 23조 ⑫)

(7) 청년등 상시근로자의 범위

"청년등 상시근로자"란 상시근로자 중 다음 중 하나에 해당하는 사람을 말한다.(조특령 26조의7 ③)

① 15세 이상 29세 이하인 사람 중 다음 중 하나에 해당하는 사람을 제외한 사람. 다만, 해당 근로자가 병역을 이행한 경우에는 그 기간(6년을 한도로 한다)을 현재 연령에서 빼고 계산한 연령이 29세 이하인 사람을 포함한다.

㉠ 기간제 및 단시간근로자 보호 등에 관한 법률에 따른 기간제근로자 및 단시간근로자

㉡ 파견근로자보호 등에 관한 법률에 따른 파견근로자

㉢ 청소년 보호법 제2조 제5호 각 목에 따른 업소에 근무하는 같은 조 제1호에 따른 청소년

② 장애인복지법의 적용을 받는 장애인, 국가유공자 등 예우 및 지원에 관한 법률에 따른 상이자, 5·18민주유공자예우 및 단체설립에 관한 법률 제4조 제2호에 따른 5·18민주화운동부상자와 고엽제후유의증 등 환자지원 및 단체설립에 관한 법률 제2조 제3호에 따른 고엽제후유의증환자로서 장애등급 판정을 받은 사람(조특령 26조의7 ③ 2,

2019.2.12. 개정)

③ 근로계약 체결일 현재 연령이 60세 이상인 사람

➲ 2021.1.1. 이후 개시하는 과세연도분부터 적용한다.(2020.12.29. 조특법 부칙 2조 ①)

(8) 상시근로자 수, 청년등 상시근로자 수의 계산

① 상시근로자 수, 청년등 상시근로자 수는 다음의 구분에 따른 계산식에 따라 계산한 수(0.01 미만의 부분은 없는 것으로 한다)로 한다.(조특령 26조의7 ⑦)

$$\text{상시근로자 수} = \frac{\text{해당 과세연도의 매월 말 현재 상시근로자 수의 합}}{\text{해당 과세연도의 개월 수}}$$

$$\text{청년등 상시근로자 수} = \frac{\text{해당 과세연도의 매월 말 현재 청년등 상시근로자 수의 합}}{\text{해당 과세연도의 개월 수}}$$

② 단시간근로자로서 1개월간의 소정근로시간이 60시간 이상인 근로자는 0.5명으로 계산하되, 아래의 요건을 모두 충족하는 경우에는 0.75명으로 계산한다.(조특령 26조의7 ⑧, 23조 ⑪)

㉠ 해당 과세연도의 상시근로자 수가 직전 과세연도의 상시근로자 수보다 감소하지 아니하였을 것(상시근로자 수에는 단시간근로자로서 1개월간의 소정근로시간이 60시간 이상인 단시간근로자는 제외)

㉡ 기간의 정함이 없는 근로계약을 체결하였을 것

㉢ 상시근로자와 시간당 임금(근로기준법 제2조 제1항 제5호에 따른 임금, 정기상여금·명절상여금 등 정기적으로 지급되는 상여금과 경영성과에 따른 성과금을 포함), 그 밖에 근로조건과 복리후생 등에 관한 사항에서 기간제 및 단시간근로자 보호 등에 관한 법률 제2조 제3호에 따른 차별적 처우가 없을 것

차별적 처우 (기간제 및 단시간근로자 보호 등에 관한 법률 제2조 제3호)

"차별적 처우"라 함은 다음의 사항에서 합리적인 이유 없이 불리하게 처우하는 것을 말한다.

① 근로기준법 제2조 제1항 제5호에 따른 임금

② 정기상여금, 명절상여금 등 정기적으로 지급되는 상여금

③ 경영성과에 따른 성과금

④ 그 밖에 근로조건 및 복리후생 등에 관한 사항

㉣ 시간당 임금이 최저임금법 제5조에 따른 최저임금액의 130%(중소기업의 경우에는 120%) 이상일 것

③ 해당 과세연도에 창업 등을 한 내국인의 경우에는 다음의 구분에 따른 수를 직전 또는 해당 과세연도의 상시근로자 수로 본다.(조특령 26조의7 ⑦, 23조 ⑬)

㉠ 창업[창업으로 보지 않는 경우(조세특례제한법 제6조 제10항 제1호부터 제3호까지의 규정)에 해당하는 경우는 제외]한 경우의 직전 과세연도의 상시근로자 수 : 0

조세특례제한법 제6조 제10항 제1호부터 제3호까지의 규정

① 합병·분할·현물출자 또는 사업의 양수를 통하여 종전의 사업을 승계하거나 종전의 사업에 사용되던 자산을 인수 또는 매입하여 같은 종류의 사업을 하는 경우. 다만, 다음 중 하나에 해당하는 경우는 제외한다.

㉠ 종전의 사업에 사용되던 자산을 인수하거나 매입하여 같은 종류의 사업을 하는 경우 그 자산가액의 합계가 사업 개시 당시 토지와 법인세법 시행령 제24조의 규정에 의한 감가상각자산의 총가액에서 차지하는 비율이 30% 이하인 경우(조특령 5조 ⑲, ⑳)

㉡ 사업의 일부를 분리하여 해당 기업의 임직원이 사업을 개시하는 경우로서 다음의 요건에 해당하는 경우(조특령 5조 ㉑)

ⓐ 기업과 사업을 개시하는 해당 기업의 임직원 간에 사업 분리에 관한 계약을 체결할 것

ⓑ 사업을 개시하는 임직원이 새로 설립되는 기업의 대표자일 것

② 거주자가 하던 사업을 법인으로 전환하여 새로운 법인을 설립하는 경우

③ 폐업후 사업을 다시 개시하여 폐업전의 사업과 같은 종류의 사업을 하는 경우

㉡ 조세특례제한법 제6조 제10항 제1호(합병·분할·현물출자 또는 사업의 양수 등을 통하여 종전의 사업을 승계하는 경우는 제외)부터 제3호까지의 어느 하나에 해당하는 경우의 직전 과세연도의 상시근로자 수 : 종전 사업, 법인전환 전의 사업 또는 폐업 전의 사업의 직전 과세연도 상시근로자 수

㉢ 다음 중 하나에 해당하는 경우의 직전 또는 해당 과세연도의 상시근로자 수 : 직전 과세연도의 상시근로자 수는 승계시킨 기업의 경우에는 직전 과세연도 상시근로자 수에 승계시킨 상시근로자 수를 뺀 수로 하고, 승계한 기업의 경우에는 직전 과세연도 상시근로자 수에 승계한 상시근로자 수를 더한 수로 하며, 해당 과세연도의 상시근로자 수는 해당 과세연도 개시일에 상시근로자를 승계시키거나 승계한 것으로 보아 계산한 상시근로자 수로 한다.

ⓐ 해당 과세연도에 현물출자 또는 사업의 양수 등에 의하여 종전의 사업부문에서 종사하던 상시근로자를 승계하는 경우

ⓑ 소득세법 시행령 제98조 제1항에 따른 특수관계인으로부터 상시근로자를 승계하는 경우

(9) 공제신청

세액공제를 적용받으려는 내국인은 과세표준 신고와 함께 세액공제신청서 및 공제세액계산서를 납세지 관할 세무서장에게 제출하여야 한다.(조특법 29조의7 ④, 조특령 26조의7 ⑩)

(10) 기타 참고사항

① 다른 투자세액공제 및 세액감면과의 중복적용이 가능하다. 다만, '창업중소기업 등에 대한 세액감면 중 고용증대에 따른 추가 세액감면(조특법 6조 ⑦)'에 따라 소득세를 감면받는 경우에는 '고용증대세액공제(조특법 29조의7)' 또는 '통합고용세액공제 중 고용증대세액공제(조특법 29조의8 ①, 2022.12.31. 신설)'를 동시에 적용하지 않는다.(조특법 127조 ④ 단서신설)

개정 2024.12.31.

➲ 2025.1.1. 이후 창업중소기업을 창업하는 경우, 창업보육센터사업자로 지정을 받는 경우, 벤처기업으로 확인받는 경우 또는 에너지신기술중소기업에 해당하게 되는 경우부터 적용한다. (2024.12.31. 조특법 부칙 2조)

① 다른 투자세액공제 및 세액감면과의 중복적용이 가능하다. 다만, '창업중소기업 등에 대한 세액감면(조특법 6조)'에 따라 소득세를 감면받는 경우에는 '고용증대세액공제(조특법 29조의7)' 또는 '통합고용세액공제(조특법 29조의8)'를 동시에 적용하지 않는다.(조특법 127조 ④, 2024.12.31. 단서개정)

② 최저한세 규정이 적용된다.

③ 농어촌특별세가 과세된다.

④ 추계신고시 적용 배제된다.

⑤ 미공제세액은 10년간 이월공제된다.(조특법 144조 ①)

PART 4

고용증대세액공제 흐름도9)

▼ 1차년도 세액공제 판단

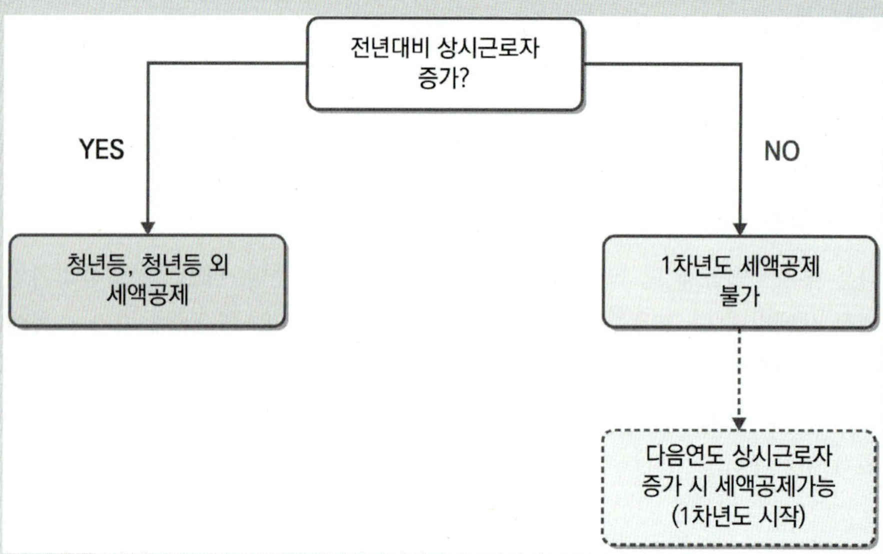

▼ 2차년도 세액공제 판단

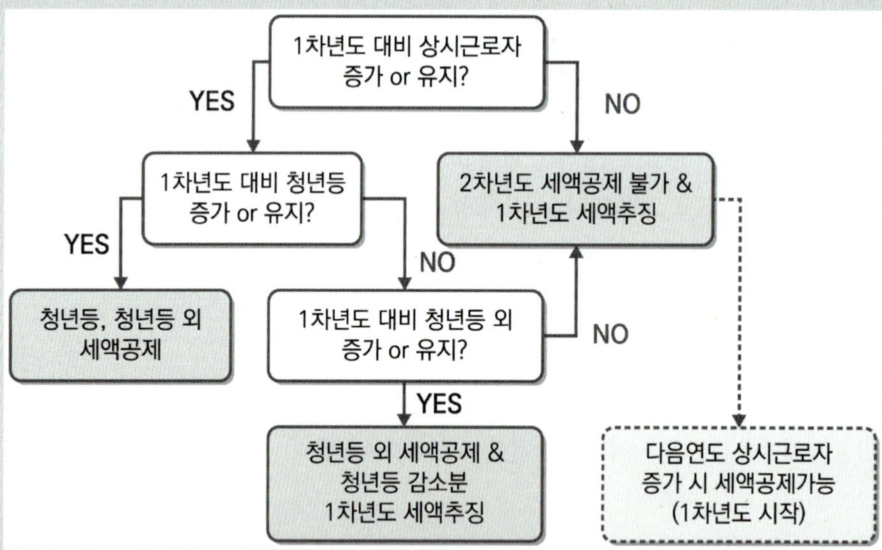

▼ 3차년도 세액공제 판단

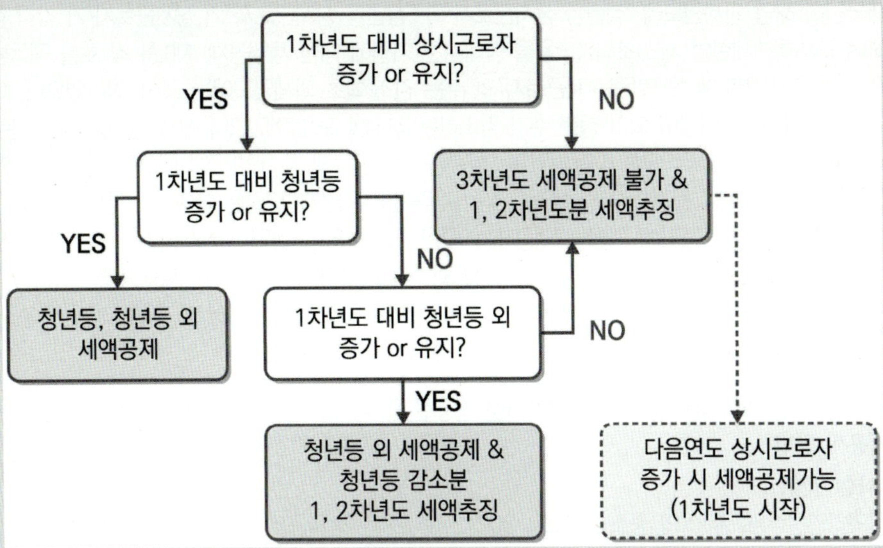

✓ 창업중소기업추가감면과 고용증대세액공제 추가공제 중복적용 여부

동일한 과세연도에 창업중소기업 추가감면(조특법 6조 ⑦)과 2, 3차년도에 대한 고용증대세액공제는 둘 중 하나만 선택하여 적용하는 것임(서면법인 2024-70, 2024.8.29.)

✓ 청년등 상시근로자수는 감소하였으나 전체 상시근로자 수는 유지되는 경우 고용증대세액공제의 추가공제 적용방법

내국인이 해당 과세연도의 청년등 상시근로자 증가인원에 대해 조세특례제한법 제29조의7 제1항 제1호에 따른 세액공제를 적용받은 후 다음 과세연도에 청년등 상시근로자의 수는 감소(최초 과세연도에는 29세 이하였으나, 이후 과세연도에 30세 이상이 되어 청년 수가 감소하는 경우를 포함)하였으나 전체 상시근로자의 수는 유지되는 경우, 잔여 공제연도에 대해서는 제29조의7 제1항 제2호의 공제액을 적용하여 공제가 가능함(기획재정부조세특례-215, 2023.3.6.)

✓ 고용증대세액공제 추가공제 적용방법

[사실관계]

질의법인은 전자출판업을 영위하는 법인이며, 수도권 내 소재하는 중소법인으로, 2021년 중 만29세 이하 청년 상시근로자A가 2022년 8월부터 만 30세에 해당하여 청년 외 상시근로자에 해당

[질의]

청년등 수는 감소, 전체 상시근로자수는 유지되는 경우(최초 과세연도에는 29세 이하였으나, 이후 과세연도에 30세 이상이 된 경우 포함) 고용증대세액공제 추가공제액

9) 국세청 법인납세국 법인세과, 2023, 알기쉬운 고용증대세액공제, p. 18

[회신]
내국인이 해당 과세연도에 "청년등 상시근로자"와 "청년등 상시근로자 외 상시근로자"가 각각 증가하여 조세특례제한법 제29조의7(고용을 증대시킨 기업에 대한 세액공제) 제1항 각 호를 적용받은 후, 다음 과세연도에 "청년등 상시근로자"의 수는 감소(최초 과세연도에는 29세 이하였으나, 이후 과세연도에 30세 이상이 되어 청년 수가 감소하는 경우를 포함)하였으나 전체 상시근로자 수는 유지되거나 증가한 경우, 당초 적용받았던 "청년등 상시근로자 증가인원"에 대하여 같은 항 제1호 "청년등 상시근로자" 증가에 따른 세액공제는 적용받을 수 없지만, 같은 항 제2호 "청년등 상시근로자 외 상시근로자" 증가에 따른 세액공제는 적용 할 수 있는 것임.
이 경우 당초 공제받았던 "청년등 상시근로자 외 상시근로자" 증가에 따른 세액공제는 "청년등 상시근로자 외 상시근로자"가 감소하지 않았으므로 잔여 공제연도에 대해서 계속하여 공제받을 수 있는 것임(서면법인 2023-978, 2023.5.26.)

✓ **2022과세연도에 대해 고용증대세액공제를 적용한 중소기업이 2023년 이후 과세연도에 대한 세액공제 방법**

[사실관계]
질의법인은 수도권 밖의 중소기업으로 2021 ~ 2023년 상시근로자 현황은 다음과 같음

구분(명)	2021년	2022년 (최초공제)		2023년(예상)	
	인원	인원	증감	인원	증감
청년등	1.50	4.50	+3.00	7.00	+2.50
청년등 외	2.04	2.66	+0.62	2.00	△0.66
전 체	3.54	7.16	+3.62	9.00	+1.84

- 2016사업연도까지는 중소기업 제외 업종이었음
- 2022년 상시근로자 수 증가로 총 43,774천원*을 고용증대세액공제 적용받음

* 청년등 : 39,000천원(3.00명 × 1,300만원), 청년등 외 : 4,774천원(0.62명 × 770만원)

[질의]
- 2023년 통합고용세액공제 적용 시 2차년도 공제 적용 방법

〈갑설〉 조세특례제한법 29조의7(고용증대세액공제) 제1항에 따른 2022년도 공제세액(43,774천원)을 2023년에 적용

〈을설〉 2022년 고용증가인원에 조세특례제한법 29조의8(통합고용세액공제) 제1항 1호 및 2호의 금액을 곱한 금액(52,390천원)*으로 적용

* 청년등 : 46,500천원(3.00명 × 1,550만원), 청년등 외 : 5,890천원(0.62명 × 950만원)

〈병설〉 통합고용세액공제 적용 시 고용증대세액공제를 중복하여 받을 수 없으므로 2차년도 공제불가

[회신]
중소기업인 내국법인이 2022.12.31.이 속하는 과세연도에 대해 조세특례제한법 제29조의7(고용을 증대시킨 기업에 대한 세액공제)에 따라 세액공제를 받은 경우, 2023년 12월 31일이 속하는 과세연도와 2024년 12월 31일이 속하는 과세연도까지 조세특례제한법 제29조의7의 규정을 적용하여

세액공제 하는 것임

또한, 2023.12.31.(또는 2024.12.31.)이 속하는 과세연도(이하 '해당 과세연도')의 상시근로자 수가 직전 과세연도 보다 증가하는 경우, 해당 과세연도에는 조세특례제한법 제29조의7과 같은 법 제29의8(통합고용세액공제) 중 어느 하나를 선택하여 세액공제를 적용하고 이후 과세연도의 추가 공제 시에도 당초 선택한 공제방법을 적용하는 것임(서면법인 2023-1263, 2023.6.8.)

✓ 정년퇴직 후 재(再)고용된 60세 이상의 근로자가 "청년등 상시근로자"에 해당하는지 여부

[사실관계]

A는 의약품 제조업을 영위하는 중소기업인 질의법인에 2012.5.16. 정규직으로 입사하여 질의법인의 물류센터에서 근무해오다, 2021.12.31. 정년퇴직하였으며, 2022.1.1. 질의법인과 계약직 근로계약(1년 단위)을 체결한 후 정년퇴직 전과 동일한 업무를 수행하고 있음

* 2021.12.31. 정년퇴직 후 4대보험 상실신고 및 퇴직금 지급완료, 2022.1.1. 4대보험 신규가입

[질의]

2021.12.31. 정년퇴직 후, 2022.1.1. 새로운 근로계약을 체결하여 재(再)고용된 60세 이상의 근로자가, 2022사업연도에 대한 고용증대 세액공제 적용 시 "청년등 상시근로자"에 해당하는지 여부

[회신]

정년퇴직으로 인하여 근로관계가 실질적으로 단절된 후 근로기준법에 따라 새로운 근로계약을 체결한 경우로서, 새로운 근로계약 체결일 현재 연령이 60세 이상인 상시근로자는 조세특례제한법 제29조의7에 따른 세액공제를 적용함에 있어 '청년등 상시근로자'에 해당하는 것임(서면법규법인 2022-3940, 2023.6.15.)

✓ 사업의 포괄양수도 방법으로 법인전환한 경우, 고용증대세액공제 적용 시 상시근로자 수 계산방법

[사실관계]

甲은 2017년 이후 개인사업장(이하 "쟁점 사업장")을 운영하면서 다음과 같이 고용증대세액공제를 적용받음

- 2019년 : (상시근로자 수) 10명, (세액공제액) 100백만원*
  * 2019년 고용증대분
- 2020년 : (상시근로자 수) 20명, (세액공제액) 200백만원*
  * 2019년(100만원) + 2020년(100만원) 고용증대분
- 2021.2.19. 부가세법상 사업의 포괄적 양수도 방식으로 법인전환 후 쟁점 사업장(개인 사업장)은 폐업하였고, 쟁점 사업장의 상시근로자는 전환한 법인에서 모두 승계하여 고용을 유지

[질의]

'고용증대세액공제'를 적용받던 개인사업자가 사업의 포괄양수도 방법으로 법인전환하여 종전 사업에서 종사하던 상시근로자를 승계한 경우, 상시근로자 수 계산방법

〈제1안〉 사업양수로 상시근로자를 승계하였으므로 조특법 시행령 제23조 제13항 제3호 적용(국세청의견)

〈제2안〉 법인전환이므로 조특법 시행령 제23조 제13항 제2호 적용

[회신]

제1안이 타당함(기획재정부조세정책-1837, 2023.9.5.)

PART 4

✓ **고용증대세액공제 사후관리 기간 중 공제 적용 방법**

[사실관계]

- 질의인이 운영하는 수도권 내 중소기업은 2020년 사업연도에 청년등 상시근로자 수 4명 증가 포함 전체 상시근로자 수 3명 증가
- 2020년에 청년등 증가인원에 대해 우대공제액을 적용하여 세액공제 : 3명* × 1,100만원 = 3,300만원

  * 전체 근로자 수 증가인원을 한도로 함
- 그 후 사후관리 기간인 2021년에 청년 수가 2020년에 비해 감소하였으나, 그 외 근로자 수 증가로 전체 근로자 수는 증가

[질의1] 사후관리 기간 중 청년 근로자 수는 감소하고, 그 외 근로자의 수는 증가하여 전체 근로자의 수는 증가 또는 유지한 경우, 잔여 공제기간에 대해 우대공제액이 아닌 일반공제액이 적용되는지 여부

[질의2] 기업의 고용 자체는 변동이 없으나, 나이가 들어 청년에 해당하지 않아 청년 근로자 수가 감소한 경우 잔여 공제기간 공제방법

[회신]

내국인이 해당 과세연도의 청년등 상시근로자 증가인원에 대해 조세특례제한법 제29조의7 제1항 제1호에 따른 세액공제를 적용받은 후 다음 과세연도에 청년등 상시근로자의 수는 감소(최초 과세연도에는 29세 이하였으나, 이후 과세연도에 30세 이상이 되어 청년 수가 감소하는 경우를 포함)하였으나 전체 상시근로자의 수는 유지되는 경우, 잔여 공제연도에 대해서는 제29조의7 제1항 제2호의 공제액을 적용하여 공제가 가능함(기획재정부조세특례-214, 2023.3.6.)

✓ **사업장유형이 변경(공동 → 단독)되는 경우 고용증대세액공제를 위한 상시근로자 수 산정방법**

[사실관계]

- 질의인은 乙과 함께 2019년 12월부터 'AA'라는 상호로 공동사업장을 운영하던 중(지분비율 50:50, 이하 "쟁점사업장") 2021년 8월부터 공동사업자 乙의 지분을 모두 승계하여 단독사업장으로 변경 후 쟁점사업장을 계속 운영하고 있음
- 질의인은 2017년 7월부터 'TT'라는 상호로 별개의 단독사업장을 운영하면서 해당 사업장의 상시근로자수 증가와 관련하여 2020 사업연도까지 고용증대세액공제를 적용받음

[질의]

공동사업장을 운영하던 공동사업자 중 1인이 다른 공동사업자의 지분을 승계하여 단독사업장이 된 경우, 조세특례제한법 29조의7에 따른 고용증대세액공제의 적용에 있어서 상시근로자 수 산정방법

[회신]

고용증대세액공제를 적용함에 있어서

① 2이상의 사업장을 운영하는 개인사업자의 경우 상시 근로자의 수는 전체 사업장을 기준으로 계산하는 것임

② 소득세법 제43조 제1항에 따른 공동사업장이 공동사업자 간 지분승계를 통해 단독사업장이 되는 경우, 조세특례제한법 시행령 제23조 제13항 제3호 각 목 외의 부분에 따라 공동사업자별

직전 또는 해당 과세연도의 상시근로자 수를 계산하는 것임

③ 해당 과세연도에 위 ②에 따라 계산한 공동사업자별 상시근로자 수가 최초로 공제를 받은 과세연도의 상시근로자 수에 비하여 감소한 경우 조세특례제한법 제29조의7 제2항이 적용되는 것임(사전법규소득 2022-705, 2023.2.13.)

✓ **공동사업장의 구성원이 증가한 경우 공동사업자의 고용증대세액공제 적용방법**

[사실관계]

질의인은 2016년부터 거주자 甲과 함께 AA의원(이하 "쟁점사업장")을 공동사업장으로 운영하던 공동사업자로서, 2021.1.1.부터 거주자 乙을 쟁점사업장의 공동사업자로 추가하여 사업을 영위하고 있으며 공동사업자별 지분비율은 아래와 같음

과세기간	질의인	거주자 甲	거주자 乙
2020 까지	50%	50%	-
2021 이후	34%	33%	33%

• 2019년부터 쟁점사업장의 근로자수는 다음과 같음

과세기간	2019	2020	2021
상시 근로자수			
청년등 상시근로자	2	3	4
청년등 상시근로자 외	1	1	1
합 계	3	4	5

• 질의인은 2020 과세기간 종합소득세 신고시, 직전 과세연도 대비 청년등 상시근로자가 0.5[1명×50%(지분율)]명 증가한 것으로 보아 600만원[중소기업으로서 수도권 밖의 지역에서 증가한 경우 1,200만원×0.5명]의 조세특례제한법 29조의7에 따른 고용증대세액공제를 적용받은 바 있음

[질의]

공동사업장의 구성원이 증가한 경우 공동사업자의 조세특례제한법 29조의7에 따른 고용증대세액공제 적용방법

[회신]

고용증대세액공제를 적용함에 있어서 소득세법 제43조 제1항에 따른 공동사업장의 공동사업자별 상시근로자 수는 같은 조 제2항에 따른 손익분배비율에 따라 계산하는 것이고, 공동사업자의 증가로 손익분배비율이 변경되는 경우에는 조세특례제한법 시행령 제23조 제13항 제3호 각 목 외의 부분에 따라 직전 또는 해당 과세연도의 상시근로자 수를 계산하는 것임. 또한, 공동사업자의 증가에 따라 해당 과세연도의 손익분배비율이 감소한 기존 공동사업자의 위 법령에 따라 각각 계산한 해당 과세연도 상시근로자 수가 직전 과세연도(최초로 공제를 받은 과세연도)에 비하여 감소하지 않은 경우, 조세특례제한법 제29조의7 제2항이 적용되지 않는 것임(서면법규소득 2021-8159, 2023.1.11.)

✓ **직전 과세연도 상시근로자수 계산 방법**

[사실관계]

거주자 甲은 20××년 A월부터 AA의원을 개원하여 공동으로 운영(지분비율* 50:50, 상시근로자

수 4명)하던 중 20××년 B월에 폐업하고 20××년 C월 단독으로 사업을 다시 폐업 전의 사업과 같은 종류의 사업을 개시함

* 약정된 손익분배비율은 확인되지 않음

[질의]

공동사업자가 폐업 후 단독으로 사업을 다시 개시하여 폐업 전의 사업과 같은 종류의 사업을 하는 경우의 조세특례제한법 29조의7에 따른 고용증대세액공제 적용을 위한 상시근로자수 계산 방법

[회신]

폐업 후 사업을 다시 개시하여 폐업 전의 사업과 같은 종류의 사업을 하는 경우에 조세특례제한법 시행령 제23조 제13항 제2호에 따라 폐업 전의 사업의 직전 과세연도 상시근로자 수를 직전 과세연도의 상시근로자 수로 보는 것이며, 폐업 전에 공동사업을 영위한 경우 직전 과세연도의 상시근로자 수는 손익분배비율(약정된 손익분배비율이 없는 경우에는 지분비율)에 따라 공동사업자별로 계산하는 것임(사전법규소득 2022-648, 2023.1.11.)

✓ 공동사업자가 고용증대 세액공제를 받은 후 2년 이내 탈퇴하면서 상시근로자를 승계시킨 경우 사후관리 적용여부

[사실관계]

- 질의인은 2018년 9월부터 甲과 공동으로 AA병원을 개원하여 2019년 귀속 종합소득세 신고시 조세특례제한법 29조의7 ①에 따른 고용증대세액공제를 받음
- 2020년 8월 의료기계 및 지분을 양도하고 고용승계하며 공동사업에서 탈퇴함

[질의]

공동사업을 영위하는 사업자가 쟁점세액공제를 받은 후 최초로 공제를 받은 과세연도의 종료일로부터 2년이 되는 날이 속하는 과세연도의 종료일까지의 기간 중 공동사업을 탈퇴하고 나머지 공동사업자가 종사하던 상시근로자를 승계하는 경우에 탈퇴한 공동사업자가 쟁점사후관리규정에 따라 공제받은 세액을 납부하여야 하는지 여부

[회신]

조세특례제한법 제29조의7에 따른 고용증대세액공제의 적용을 위한 상시근로자 수 판단에 있어서 공동사업자가 탈퇴하는 경우라도 그 종사하던 상시근로자를 나머지 공동사업자가 승계하는 경우에 승계시킨 공동사업자의 직전 또는 해당 과세연도의 상시근로자 수는 같은 법 시행령 제23조 제13항 제3호에 따라 계산하는 것임(사전법령해석소득 2020-774, 2021.11.30.)

✓ 사업장 유형이 변경되는 경우 기발생한 고용증대세액공제효과에 대한 사후관리 등

[사실관계]

거주자甲이 2020 과세연도에 단독으로 운영하던 사업장에서의 상시근로자 수 증가를 사유로 쟁점세액공제를 적용받은 후(최저한세에 따른 이월금액 발생), 2021 과세연도에 위 사업장을 공동사업장으로 전환함

[질의]

단독사업장에서 발생한 상시근로자 증가로 인하여 고용증대세액공제를 적용받은 거주자의 사업장이 공동으로 변경된 경우 세액공제 적용방법

[회신]
조세특례제한법 제29조의7 제1항에 따른 세액공제는 거주자의 해당 과세연도의 상시근로자의 수가 직전 과세연도의 상시근로자의 수보다 증가한 경우에, 해당 거주자의 일정한 과세연도까지의 소득세에 대하여 적용되는 것임(사전법규소득 2021-1012, 2022.6.20.)

✓ **신규입사자가 근로제공기간이 1년 미만인 상시근로자에 해당하는지**

신규입사자가 조특령 제26조의4 제2항에 따른 상시근로자의 요건을 충족하고, 실제 근로를 제공한 경우에는 근로제공기간 1년 미만 상시근로자에 해당함(서면법인 2020-4163, 2020.12.18.)

✓ **고용증대세액공제가 적용되는 상시근로자에 해당하는지**

파견사업자로부터 역무를 제공받는 경우 해당 파견근로자는 상시근로자의 범위에 포함되지 않으나 파견법에 따라 직접고용한 자로서 근로기준법에 따라 근로계약을 체결하고 조특령 23조 ⑩ 각 호의 어느 하나에 해당하지 않는 자는 상시근로자의 범위에 포함하는 것임(서면법령해석법인 2021-5958, 2021.12.7.)

✓ **포괄양도양수 받은 사업장의 고용증대 세액공제 적용 가능 여부**

조세특례제한법 제29조의7 제1항에 따른 세액공제는 거주자의 해당 과세연도의 상시근로자의 수가 직전 과세연도의 상시근로자의 수보다 증가한 경우에, 해당 거주자의 일정한 과세연도까지의 소득세에 대하여 적용되는 것임(사전법령해석소득 2021-331, 2021.11.25.)

✓ **고용증대세액공제를 적용받은 사업자가 해당 과세연도말 폐업한 경우, 조특법 29조의7 ②에 따른 사후관리 적용여부**

조세특례세한법 제29조의7 제2항에 따라 상시근로자의 수가 감소한 경우에는 조세특례제한법 시행령 제26조의7 제5항에 따라 계산한 금액을 해당 과세연도의 과세표준을 신고할 때 소득세 또는 법인세로 납부하여야 함(사전법령해석소득 2021-1013, 2021.11.29.)

✓ **고용증대세액공제 사후관리에 따른 추가납부세액 납부방법**

고용을 증대시킨 기업에 대한 세액공제액 중 소득세 최저한세액에 미달하여 공제받지 못한 부분에 상당하는 금액을 이월한 후 상시근로자 수가 최초로 공제를 받은 과세연도에 비하여 감소한 경우 조특령 제26조의7 제5항 제1호에 따라 계산한 금액을 공제받은 세액을 한도로 소득세로 납부하고 나머지 금액은 이월된 세액공제액에서 차감하는 것임(서면법인 2020-5929, 2021.7.29.)

✓ **고용을 증대시킨 기업에 대한 세액공제 사후관리 적용방법**

고용을 증대시킨 기업에 대한 세액공제액 중 소득세 최저한세액에 미달하여 공제받지 못한 부분에 상당하는 금액을 이월한 후 상시근로자 수가 최초로 공제를 받은 과세연도에 비하여 감소한 경우 조특령 제26조의7 제5항 제1호에 따라 계산한 금액을 공제받은 세액을 한도로 소득세로 납부하고 나머지 금액은 이월된 세액공제액에서 차감하는 것임(사전법령해석소득 2020-478, 2020.10.21.)

✓ **고용증대세액공제 적용시 월 중 신규 입사자의 매월 말 상시근로자 수 포함여부**

내국인 신규근로자가 입사한 월의 월 근로소득에 대한 원천징수한 사실이 확인되지 아니하는 경우, 입사한 월에 대한 국민연금법 제3조 제1항 제11호 및 제12호 따른 부담금 및 기여금 또는 국민건강보험법 제69조에 따른 직장가입자의 보험료 중 하나의 납부사실이 확인되는 경우에는 입사한 월말 현재 상시근로자 수에 포함하는 것임(사전법령해석소득 2021-341, 2021.6.30.)

PART 4

✓ **고용증대 세액공제를 적용받던 개인사업자가 법인전환 시, 전환법인이 개인사업자의 세액공제를 승계받아 공제가능한지**

고용증대 세액공제를 적용받던 거주자가 법인으로 적격 전환하여 청년등 상시근로자의 수가 공제를 받은 직전 과세연도에 비하여 감소하지 아니한 경우 전환법인은 거주자로부터 승계받은 고용증대 세액공제를 적용 받을 수 있음(사전법령해석법인 2021－432, 2021.5.11.)

✓ **상시근로자의 수가 감소하고 다음해 다시 증가한 경우 '고용을 증대시킨 기업에 대한 세액공제' 대상인지 여부**

조세특례제한법 제29조의7 제1항을 적용받던 중 전체 상시근로자의 수가 최초로 공제받은 과세연도에 비하여 감소하여 직전 과세연도 제2항에 의해 공제받은 세액에 상당하는 금액을 납부하였더라도, 당해 과세연도의 상시근로자의 수가 직전 과세연도보다 증가한 경우 제29조의7 제1항에 따라 별도로 공제가 가능한 것임(서면법인 2020－5510, 2021.1.18.)

✓ **고용을 증대시킨 기업에 대한 세액공제 적용시 신규로 사업을 개시한 경우 상시근로자 수 계산방법**

신규로 사업을 개시한 개인사업자가 조세특례제한법 시행령 제26조의7 제7항에 따른 상시근로자 수를 계산함에 있어 "해당 과세연도의 개월 수"는 소득세법 제5조에 따른 과세기간 개시일부터 과세기간 종료일까지의 개월 수를 의미하는 것임(서면법령해석소득 2020－3817, 2020.12.31.)

✓ **수도권 내·외 대수의 사업장을 가지고 있는 중소기업의 고용증대세액공제 계산방법**

고용증대세액공제 계산 시 전체 청년등 상시근로자 수가 감소한 경우에는 수도권 외 지역의 청년등 상시근로자 수가 증가하였더라도 청년 등 외 상시근로자 수가 증가한 것으로 보아 고용증대세액을 계산함(서면법령해석법인 2020－4043, 2020.12.14.)

고용증대세액공제 Q&A[10)]

[공제대상 여부]

Q 2020년 1차 고용증대 세액공제를 받고, 2021년, 2022년도에 각각 2차, 3차 세액공제를 받았음. 이 경우 2023년도에 다시 공제를 적용할 수 있는지?

A 예.

고용증대 세액공제는 일몰 종료 직전까지 직전 사업연도 대비 고용이 증가한 경우 매년 1차 세액공제를 새롭게 적용받을 수 있으며, 공제 가능기간을 통틀어 3년간만 받을 수 있는 것은 아님

Q 2022년 상시근로자 수가 2021년 상시근로자 수보다 감소하였으나 2023년 상시근로자 수가 다시 증가할 경우 2023년 고용증대 세액공제를 적용받을 수 있는지?

A 예.

고용증대세액공제는 해당 사업연도의 상시근로자 수가 직전 사업연도 보다 증가하였으면 1차 세액공제를 적용받을 수 있는 것으로서 그 전 사업연도의 고용 감소를 조건으로

고려하지는 않음(서면법인 2021-4611, 2021.8.13, 서면법인 2020-5510, 2021.1.18.)

Q 2023년 신설회사로서 직원을 채용하였으나 직전 사업연도가 없는 경우에도 2023년부터 고용증대 세액공제를 받을 수 있는지?

A 예.
해당 사업연도에 창업한 경우에는 직전 사업연도의 상시 근로자 수를 '0'명으로 보아 고용증대 세액공제 적용이 가능함(서면법인 2020-2188, 2020.7.6.)

Q 2022년 대비 2023년 청년 상시근로자 수가 증가하였으나, 2024년 청년 상시근로자 수가 감소 될 것으로 예상되어 2023년 청년 상시근로자 수를 축소하여 세액공제를 적용신청 할 수 있는지?

A 아니오.
고용을 증대시킨 기업에 대한 세액공제 요건을 충족하는 경우 공제적용 여부는 납세자가 선택할 수 있으나 공제를 적용하는 경우에는 상시근로자 수를 임의로 계산하는 것이 아닌 법령에 다른 상시근로자 수로 증감 여부를 계산하여 적용함

Q 고용증대 세액공제를 적용받던 개인사업자가 법인으로 전환시, 전환법인이 세액공제를 승계받아 2차, 3차 공제 가능한지?

A 예.
고용증대 세액공제를 적용받던 개인 중소기업이 최초 공제받은 사업연도 종료일부터 2년이 되기 전에 조특법 제32조 제1항에 따른 요건을 갖춘 법인으로 전환한 경우 전환법인은 당초 기주자로부터 승계받은 세액공제를 적용받을 수 있는 것임(사전법령해석법인 2021-0432, 2021.5.11, 사전법령해석법인 2020-0965, 2020.12.2.)

Q 개인사업자가 조세특례제한법 제32조 제1항에 따른 법인전환 요건을 충족하지 않고 법인으로 전환한 경우 개인 사업에서 발생한 미공제 세액을 전환법인이 승계 받을 수 있는지?

A 아니요.
조세특례제한법 제144조에 따른 미공제 세액이 있는 개인사업자가 같은 법 제32조 제1항에 따른 법인전환 요건을 충족하지 않은 경우, 전환 후 법인은 해당 개인사업자의 미공제 세액을 승계하여 공제받을 수 없는 것임(서면법규법인 2021-0020, 2022.1.25.)

Q 현행 법령대로 2024년에 공제제도가 종료될 경우 2024년까지만 세액공제 가능한지?

A 아니요.
2024년 고용증대 세액공제 일몰 종료 시 2023년 1차년도 공제 받은 경우 2025년 3차년도 공제까지 가능하며, 2024년 1차년도 공제 받은 경우 2026년 3차년도 공제까지 가능함(다만, 최초공제 받은 사업연도 대비 고용이 감소하지 않은 경우에 한함)

Q 2022년 대비 2023년 전체 상시근로자 수가 증가하여 최초공제 적용시 청년등 상시근로자에 대해 청년등 외 공제를 선택하여 적용할 수 있는지?

A 예.

PART 4

청년등 외 상시근로자에 대한 공제를 선택하여 적용할 수 있음(조세특례제도과-906, 2023.8.28.)

[상시근로자 판단 및 계산 관련 등]

Q 해당 사업연도 중에 정규직 직원이 30세 이상이 되는 경우 상시근로자 수 계산은 어떻게 하는지?

A ① 고용증대 세액공제의 상시근로자 수 계산 시 만 30세가 되는 날이 속하는 월의 말일부터 청년등 외 상시근로자로 계산함

(예시) 2023년 7월 20일에 만 30세가 된 경우, 7월부터는 청년등 외로 계산

⇒ 2023년 1월 ~ 6월 : 청년등, 2023년 7월 ~ 12월 : 청년등 외

※ (참고) 정규직이 아니라면 만 30세 여부와 관계없이 청년등 외 상시근로자로 계산함

② 사후관리에 따른 추가납부세액 계산 시 최초로 공제받은 과세연도에 청년등 상시근로자에 해당한 자는 이후 과세연도에도 청년등 상시근로자로 보아 청년등 상시근로자 수를 계산함

(예시) 2021년 4월 10일에 만 30세가 된 경우에도 2022, 2023년 추가납부세액 계산 시는 청년으로 간주하여 청년 감소로 보지 않음(고용증감이 없다고 가정)

Q 5년 전에 신규 채용한 근로자가 2023년에 60세 이상이 되었음. 청년등 상시근로자에 포함되는지?

A 아니요.

근로계약 체결일 현재 55세인 동 근로자는 2023년 해당 사업연도의 청년등 상시근로자에 포함되지 않고, 청년등 외 상시근로자에 포함됨

Q 상시근로자 수에 외국인 근로자도 포함될 수 있는지?

A 예.

고용을 증대시킨 기업에 대한 세액공제 적용대상 상시근로자는 근로기준법에 따라 계약을 체결한 내국인 근로자로서 상시근로자 제외요건에 해당되지 않는 자를 말하는 것이며, 내국인은 소득세법에 따른 거주자를 의미함. 따라서, 외국인도 소득세법상 거주자에 해당하고 상시근로자 제외사유(조세특례제한법 시행령 제23조 제10항 각 호)에 해당하지 않는다면 상시근로자에 포함됨

Q 2022년 정년퇴직 후 2023년 재(再)고용된 60세 이상의 근로자를 청년등 상시근로자로 볼 수 있는지?

A 예.

정년퇴직으로 근로관계가 실질적으로 단절된 후, 근로기준법에 따라 새로운 근로계약을 체결(근로계약기간 1년 이상)한 경우, 계약 체결일 현재 60세 이상인 경우에는 청년등 상시근로자에 해당됨(서면법규법인 2020-3940, 2023.6.15.)

Q 장애인은 청년등 상시근로자로 공제를 적용받을 수 있는데, 연말정산처럼 중증환자도 장애인에 포함되는지?

A 아니요.
고용증대 세액공제 적용 시 장애인의 범위에 중증환자는 포함되지 않는 것임

Q 근로계약은 1년 이상 했지만, 1년을 채우지 못하고 퇴사한 근로자의 경우 상시근로자 수에 포함하는지?

A 예.
계약 당시 근로계약기간이 1년 이상인 근로자가 1년 미만 근무한 경우에도 상시근로자에 포함함

Q 정규직이 3개월 만에 퇴사해도 상시근로자 수에 포함하는지?

A 예.
계약 당시 기간의 정함이 없는 근로자는 상시근로자에 해당하기 때문에 실제 근무기간에 관계없이 상시근로자 수에 포함됨

Q 근로계약기간이 1년 미만인 근로자가 근로계약을 갱신하여 근무계약기간이 1년을 넘는 경우에는 상시근로자 수에 포함되는지?

A 예.
계약을 연장할 때 총 계약기간이 1년을 넘어간다면, 갱신계약일(재계약)이 속한 달의 말일부터 상시근로자로 포함하면 됨(서면법인 2022-2176, 2022.10.31.)

Q 2022년 8월 25일 퇴사자도 8월 상시근로자수에 포함되는지?

A 아니요.
상시근로자 수 계산은 매월 말 현재 근무인원을 기준으로 계산함. 따라서, 8월 25일 퇴사자는 직전 월인 7월까지 상시근로자 수에 포함하여 계산하고 퇴사 월인 8월부터는 상시근로자 수에서 제외하여 계산함. 다만, 8월말에 퇴사하는 경우에는 8월 상시근로자 수에 포함되니 유의하시기 바람

Q 근로소득세 원천징수한 내역이 없고, 국민연금과 건강보험료를 납부한 근로자의 경우 상시근로자수에 포함하는지?

A 예.
국민연금과 건강보험료를 납부한 사실이 있고, 그 외 상시근로자 요건을 충족한 때에는 실제 근로소득세를 원천징수하지 않은 경우에도 세액공제대상 상시근로자에 해당하는 것임

Q 60세 이상인 근로자로 근로소득세 원천징수 하고 있으나, 관련법에 의거 국민연금 및 건강보험 납부 면제 대상에 해당함. 당해 근로자는 상시근로자에 포함되는지?

A 예.
근로소득세 원천징수 사실 또는 국민연금 납부사실 또는 건강보험 납부사실 중 하나의 납부사실만 확인된다면 상시근로자에 포함되므로 당해 근로자는 근로소득세 원천징수 사실이 확인되는 바 상시근로자에 포함됨

Q 22세인 청년을 계약직근로자로 채용하였음. (근로계약서 상 계약기간 18개월) 청년등 상시근로자에 포함되는지?

A 아니요.
청년등 상시근로자에 포함되는 청년은 근로계약기간의 정함이 없는 계약을 체결한 청년 근로자를 의미하므로 계약기간 18개월로 근로계약 체결한 해당 근로자는 청년등 상시근로자에 포함되지 않고, 청년등 외 상시근로자에 포함됨(서면법인 2019-2363, 2020.9.8.)

Q 해당 월에 만 29세 11개월인 정규직근로자도 청년등 상시근로자에 포함되는지?

A 예.
청년등 상시근로자는 만15세에서 만29세 이하인 정규직 근로자로, 이때 만29세 이하는 만 30세 미만을 의미하므로 만29세 11개월인 동 근로자는 만 30세 미만에 해당하는바 생일이 지나기 전달까지는 청년등 상시근로자에 포함됨(기획재정부 소득세제과-163, 2013. 4.1.)

Q 근로자 파견 사업을 주업으로 하는 회사임. 청년인 파견근로자는 청년등 상시근로자에서 제외되는 것으로 알고 있는데 전체 상시근로자의 수에서도 제외되는 것인지?

A 아니요.
상시근로자 제외 요건에 파견근로자는 규정되어 있지 않아 근로기준법에 따라 근로계약을 체결하고 조특령 23조 ⑩ 각 호의 어느 하나에 해당하지 않는다면 전체 상시근로자 및 청년등 외 상시근로자에는 해당하는 것임(서면법령해석법인 2021-5958, 2021.12.7.)

Q 산업체병력특례제에 따른 근로자도 상시근로자에 포함될 수 있는지?

A 예.
고용증대 세액공제 적용 시 상시근로자는 조세특례제한법 시행령 제23조 ⑩에 따른 상시근로자를 말하는 것으로, 산업체병력특례업체가 산업체병력특례제에 따라 근로를 제공하는 자와 근로기준법에 따른 근로계약을 체결한 경우 상시근로자에 포함될 수 있음

Q 육아휴직자가 육아휴직 기간 동안 상시근로자에 해당될 수 있는지?

A 조세특례제한법 시행령 제23조 ⑩ 제1호에서 제5호까지에 해당하지 않는 육아휴직한 직원이 육아휴직기간 중 국민연금법에 따른 부담금 및 기여금, 국민건강보험법에 따른 직장 가입자의 보험료 등이 납부되지 않은 경우에는 상시근로자에 포함되지 않음

Q 산재로 휴직 중인 직원에 대한 4대 보험을 납부유예 하지 않고 납부 중인 경우에는 상시근로자에 포함될 수 있는지?

A 예.
조세특례제한법 시행령 제23조 ⑩ 제1호에서 제5호까지에 해당하지 않는 직원이 산재로 휴직 중인 경우에도 국민연금법에 따른 부담금 및 기여금, 국민건강보험법에 따른 직장 가입자의 보험료 등이 납부되고 있는 경우라면 상시근로자에 포함될 수 있음

Q 개인사업을 영위하던 중에 동일장소에 동일상호로 법인을 설립하고, 개인사업을 대표자 본인 명의로 계속하여 운영하면서 해당 직원들을 법인에 승계 시 법인의 상시근로

자 수 계산은 어떻게 하는지?

A 인적·물적 설비를 승계 또는 인수하여 사업을 영위하는 경우에는 창업에 해당하지 않는 것이며, 사업의 양수 또는 특수관계인으로부터 상시근로자를 승계하는 경우에 있어 승계한 기업의 직전 과세연도의 상시근로자 수는 조세특례제한법 시행령 제23조 ⑬ 제3호에 따라 승계한 상시근로자 수를 포함하여 계산하는 것이며, 해당 과세연도의 상시근로자 수는 해당 과세연도 개시일에 상시근로자를 승계한 것으로 보아 계산하는 것임 (서면법인 2020-1569, 2020.12.24, 서면법인 2020-0247, 2020.11.19.)

Q 사업자가 종사하던 상시근로자를 승계하는 경우 상시근로자 수 계산은 어떻게 하는지?

A 공동사업자가 탈퇴하는 경우라도 그 종사하던 상시근로자를 나머지 공동사업자가 승계하는 경우에 승계시킨 공동사업자의 직전 또는 해당 과세연도의 상시근로자 수는 조세특례제한법 시행령 23조 ⑬ 제3호에 따라 계산하는 것임(사전법령해석소득 2020-0774, 2021.11.30.)

Q 공동사업장의 구성원이 증가한 경우 상시근로자 수 계산은 어떻게 하는지?

A 고용증대 세액공제를 적용함에 있어서 소득세법 제43조 ①에 따른 공동사업장의 공동사업자별 상시근로자 수는 같은 조 ②에 따른 손익분배비율에 따라 계산하는 것이고, 공동사업자의 증가로 손익분배비율이 변경되는 경우에는 조세특례제한법 시행령 제23조 ⑬ 제3호 각 목외의 부분에 따라 직전 또는 해당 과세연도의 상시근로자 수를 계산하는 것임

또한, 공동사업자의 증가에 따라 해당 과세연도의 손익분배비율이 감소한 기존 공동사업자의 위 법령에 따라 각각 계산한 해당 과세연도 상시근로자 수가 직전 과세연도(최초로 공제를 받은 과세연도)에 비하여 감소하지 않은 경우, 조세특례제한법 제29조의7 ②(☞ 추징규정)이 적용되지 않는 것임(서면법규소득 2021-8159, 2023.1.11.)

Q 근로계약기간이 1년 미만인 근로자는 상시근로자 수에서 제외되는데, 해당 과세연도 중 동일한 근로자가 퇴사 및 재입사한 경우, 퇴사 전 근로기간과 재입사 후 근로기간을 합산하여 1년 미만 여부를 판단하는 것인지?

A 퇴사 및 재입사에도 불구하고 사실상 계속 근무하는 것으로 인정되는 경우에는 퇴사 전 근로기간과 재입사 후 근로기간을 합산하여 1년 미만 여부를 판단하는 것임. 다만, 고용종료되어 실제 퇴직금을 지급하는 등 실질적으로 퇴사 후 새로운 근로계약 체결 시에는 근로기간을 합산하지 않는 것임

Q 2 이상의 사업장을 운영하는 개인사업자의 상시근로자 수는 각 사업장별로 판단하는지?

A 2 이상의 사업장을 운영하는 개인사업자의 상시근로자 수의 증감 여부는 해당 사업자의 전체 사업장을 기준으로 판단함(사전법령해석소득 2019-0119, 2019.5.22.)

Q 2022년 4월에 입사한 직원의 급여가 낮아 근로소득 원천징수를 하지 않은 경우 입사월의 상시근로자에 해당하는지?

A 입사한 월에 대한 국민연금법 제3조 ① 제11호 및 제12호 따른 부담금 및 기여금 또는 국민건강보험법 제69조에 따른 직장가입자의 보험료 중 하나의 납부사실이 확인되는

경우에는 조세특례제한법 시행령 제26조의7 ⑦을 적용함에 있어서 입사한 월말 현재 상시근로자 수에 포함하는 것임(사전법령해석소득 2021-0341, 2021.6.30.)

Q 음식점을 영위하다가 2개월간 영업정지 행정명령을 받은 경우 그 기간을 해당연도 과세연도 개월 수에서 차감하여 상시근로자 수를 계산하는지?

A 고용증대 세액공제 적용을 위한 상시근로자 수 계산 시 해당 과세연도의 개월 수에서 영업정지 기간은 차감하지 않는 것임(사전법령해석소득 2020-0603, 2020.8.7.)

Q 사업연도 중 회사가 수도권 내에서 밖으로 이전하는 경우 세액공제 금액은 안분계산하는지?

A 아니요.
법령에 지역 변동에 따른 별도의 안분규정을 두고 있지 않고, 과세연도 종료일 기준으로 세액공제를 적용하고 있으므로 과세연도 종료일 당시 소재지를 기준으로 상시근로자 수를 계산하여 세액공제 금액을 산정하는 것이 타당함

Q 공동사업자가 고용증대세액공제를 받은 후 2년 내 탈퇴하면서 상시근로자를 승계시킨 경우 탈퇴한 공동사업자가 공제받은 세액을 납부해야하는지?

A 공동사업자가 탈퇴하고 종사하던 상시근로자를 나머지 공동사업자가 승계하는 경우, 승계시킨 공동사업자의 직전 또는 해당 과세연도의 상시근로자수는 조세특례제한법 시행령 제23조 ⑬ 제3호에 따라 계산하여 적용함(사전법령해석소득 2020-0774, 2021.11.30.)

6 통합고용세액공제(2022.12.31. 신설)

- 2023.1.1.부터 시행한다.(2022.12.31. 조특법 부칙 1조)
- '고용을 증대시킨 기업에 대한 세액공제(조특법 29조의7)' 또는 '중소기업 사회보험료 세액공제(조특법 30조의4)'에 따른 공제를 받지 아니한 경우에만 적용한다.(조특법 127조 ⑪)

(1) 개요

내국인의 2025.12.31.이 속하는 과세연도까지의 기간 중 해당 과세연도의 상시근로자의 수가 직전 과세연도의 상시근로자의 수보다 증가한 경우에는 일정한 금액을 해당 과세연도와 해당 과세연도의 종료일부터 1년(중소기업 및 중견기업의 경우에는 2년)이 되는 날이 속하는 과세연도까지의 소득세(사업소득에 대한 소득세만 해당하며, 부동산임대업에서 발생하는 소득은 제외한다)에서 공제한다.(조특법 29조의8 ①, 7조의4 ①)

10) 국세청 법인납세국 법인세과, 2023, 알기쉬운 고용증대세액공제, p. 22 ~ 54 참조

고용증대세액공제와 통합고용세액공제 비교11)

구 분				고용증대 세액공제 (조특법 29조의7)	통합고용 세액공제[*1] (조특법 29조의8)
적용대상				모든 기업(소비성서비스업 제외)	
공제요건				직전연도 대비 해당연도 상시근로지 수 증가	
기본공제	그외 상시	중소	수도권	700만원	850만원
			지방	770만원	950만원
		중견		450만원	
	청년, 장애인, 60세	중소	수도권	1,100만원	1,450만원
			지방	1,200만원(1,300만원[*2])	1,550만원
		중견		800만원(지방은 900만원[*2])	
		대기업		400만원(지방은 500만원[*2])	
	경력단절 여성	중소	수도권	–	1,450만원
			지방	–	1,550만원
		중견		–	800만원
		대기업		–	400만원
추가	정규직, 육아휴직	중소		–	1,300만원
		중견		–	900만원
청년나이				15세 ~ 29세	15세 ~ 34세
사후관리				• (기본공제) 공제 후 2년 이내 싱시근로사 수가 감소하는 경우 공제금액 상당액 추징 ⇒ 고용유지 시 2년(대기업 1년) 추가공제 • (추가공제) 전환일 복귀일로부터 2년 이내 해당 근로자와의 근로관계 종료 시 공제금액 상당액 추징(통합고용만 해당)	

*1. 2023.1.1. 이후 개시하는 과세연도 분부터 적용
*2. 2020년, 2021년 고용증가분에 대해 한시 적용

※ 2023년 및 2024년 과세연도분에 대해서는 '통합고용 세액공제'와 '고용증대 세액공제' 또는 '사회보험료 세액공제' 중 선택하여 적용 가능(통합고용 & 고용증대 중복적용 불가)

(2) 공제세액 : ① + ②

① 청년등 1인당 공제금액 : 청년등 상시근로자의 증가 인원 수(전체 상시근로자의 증가 인원 수를 한도로 한다)에 400만원[중견기업은 800만원, 중소기업은 1,450만원(중소기업으로서 수도권 밖의 지역에서 증가한 경우에는 1,550만원)]을 곱한 금액(조특법 29조의8 ① 1)

11) 국세청 법인납세국 법인세과, 2023, 알기쉬운 고용증대세액공제, p. 100

구 분	1인당 연간 공제액	
	수도권 내에서 증가	수도권 밖에서 증가
중소기업	1,450만원	1,550만원
중견기업	800만원	800만원
일반기업	400만원	400만원

② 청년등 외 1인당 공제금액 : 청년등 상시근로자를 제외한 상시근로자의 증가 인원 수(전체 상시근로자의 증가 인원 수를 한도로 한다) × 0원(중견기업은 450만원, 중소기업은 다음에 따른 금액)(조특법 29조의8 ① 2)

㉠ 수도권 내의 지역에서 증가한 경우 : 850만원

㉡ 수도권 밖의 지역에서 증가한 경우 : 950만원

구 분	1인당 연간 공제액	
	수도권 내에서 증가	수도권 밖에서 증가
중소기업	850만원	950만원
중견기업	450만원	450만원
일반기업	0원	0원

통합고용 세액공제 공제액 (단위 : 만원)

구 분	중소기업		중견기업	대기업
	수도권	수도권밖		
상시근로자	850	950	450	–
청년정규직, 장애인, 60세 이상, 경력단절여성 등	1,450	1,550	800	400
정규직 전환자(추가공제, 1년 지원)	1,300		900	–
육아휴직 복귀자(추가공제, 1년 지원)				–

(3) 청년등 상시근로자의 범위

청년등 상시근로자는 상시근로자 중 다음 중 하나에 해당하는 사람을 말한다.(조특령 26조의8 ③)

① 15세 이상 34세(아래의 병역을 이행한 사람의 경우에는 6년을 한도로 병역을 이행한 기간을 현재 연령에서 빼고 계산한 연령을 말한다) 이하인 사람을 말한다.(조특령 26조의8 ③ 1, 조특령 27조 ① 1)

㉠ 병역법 제16조 또는 제20조에 따른 현역병(같은 법 제21조, 제25조에 따라 복무한

상근예비역 및 의무경찰·의무소방원을 포함)

㉡ 병역법 제26조 제1항에 따른 사회복무요원

㉢ 군인사법 제2조 제1호에 따른 현역에 복무하는 장교, 준사관 및 부사관

다만, 다음에 해당하는 사람은 제외한다.(조특령 26조의8 ③ 1)

ⓐ 기간제 및 단시간근로자 보호 등에 관한 법률에 따른 기간제근로자 및 단시간근로자

ⓑ 파견근로자 보호 등에 관한 법률에 따른 파견근로자

ⓒ 청소년 보호법에 따른 청소년유해업소에 근무하는 같은 법에 따른 청소년

② 다음에 해당하는 사람(조특령 26조의8 ③ 2)

㉠ 장애인복지법의 적용을 받는 장애인

㉡ 국가유공자 등 예우 및 지원에 관한 법률에 따른 상이자

㉢ 5·18민주유공자예우 및 단체설립에 관한 법률 제4조 제2호에 따른 5·18민주화운동부상자

㉣ 고엽제후유의증 등 환자지원 및 단체설립에 관한 법률에 따른 고엽제후유의증환자로서 장애등급 판정을 받은 사람

③ 근로계약 체결일 현재 연령이 60세 이상인 사람(조특령 26조의8 ③ 3)

④ 경력단절 여성(조특령 26조의8 ③ 4)

PART 4

개정 2025.3.14.

➲ 2025.1.1. 이후 개시하는 과세연도를 최초 공제연도로 하여 통합고용세액공제를 신청하는 경우부터 적용하며, 2024.12.31. 이전에 개시하는 과세연도에 고용한 경력단절 근로자에 대해서는 개정규정에도 불구하고 종전의 규정에 따른다.(2025.3.14. 조특법 부칙 6조 ①, ②)

④ 경력단절 근로자(조특법 29조의8 1, 2025.3.14. 개정)

경력단절 근로자란 다음의 요건을 모두 충족하는 근로자를 말한다.(조특법 29조의8 ②, 2025.3.14. 신설)

㉠ 임금을 목적으로 같은 기업에서 1년 이상 계속하여 근로를 제공(근로소득 원천징수부에 따라 근로소득세를 원천징수한 사실이 확인되는 경우로 한정한다)한 후 다음 중 하나에 해당하는 사유로 퇴직하였을 것(조특령 26조의8 ⑩)

ⓐ 다음 중 하나에 해당하는 경우(조특령 26조의8 ⑪, 26조의3 ④)

㉮ 퇴직한 날부터 1년 이내에 혼인한 경우(가족관계기록사항에 관한 증명서를 통하여 확인되는 경우로 한정한다)

㉯ 퇴직한 날부터 2년 이내에 임신하거나 난임시술[보조생식술(체내·체외인공수정을 포함)]을 받은 경우(의료기관의 진단서 또는 확인서를 통하여 확인되는 경우에 한정한다)(조특령 26조의3 ④ 2, 조특칙 14조의3)

㉰ 퇴직일 당시 임신한 상태인 경우(의료기관의 진단서를 통하여 확인되는

경우로 한정한다)

㉣ 퇴직일 당시 8세 이하의 자녀가 있는 경우

㉤ 퇴직일 당시 초·중등교육법 제2조에 따른 학교에 재학 중인 자녀가 있는 경우

ⓑ 퇴직일 당시 장애인복지법의 적용을 받는 장애인 자녀가 있는 경우

ⓒ 퇴직일 당시 다음 중 하나에 해당하는 직계존속 (배우자의 직계존속을 포함)을 동거봉양 하기 위하여 같은 세대를 이루고 있는 경우

㉮ 70세 이상

㉯ 장애인복지법의 적용을 받는 장애인

ⓛ 위 '㉠'에 따른 사유로 퇴직한 날부터 2년 이상 15년 미만의 기간이 지났을 것

ⓒ 내국인(소비성서비스업을 경영하는 내국인은 제외)의 최대주주 또는 최대출자자(개인사업자의 경우에는 대표자) 또는 그와 국세기본법 시행령 제1조의2 제1항에 따른 친족관계가 아닐 것(조특령 26조의8 ⑨)

⑤ 북한이탈주민의 보호 및 정착지원에 관한 법률에 따른 북한이탈주민(조특령 26조의8 ③ 5, 2025.2.28. 신설)

➲ 2025.1.1. 이후 개시하는 과세연도를 최초 공제연도로 하여 통합고용세액공제를 신청하는 경우부터 적용하며, 2024.12.31. 이전에 개시하는 과세연도에 고용한 북한이탈주민에 관하여는 개정규정에도 불구하고 종전의 규정에 따른다.(2025.2.28. 조특령 부칙 9조 ①, ②)

(4) 세액공제 배제업종

다음에 해당하는 소비성서비스업은 세액공제대상에서 제외한다.(조특령 26조의8 ①, 조특칙 17조, 2024.3.22. 신설)

① 호텔업 및 여관업(관광진흥법에 따른 관광숙박업은 제외)

관광진흥법에 따른 관광숙박업

관광숙박업은 다음에서 규정하는 업을 말한다.(관광진흥법 제3조 2)

- 호텔업 : 관광객의 숙박에 적합한 시설을 갖추어 이를 관광객에게 제공하거나 숙박에 딸리는 음식·운동·오락·휴양·공연 또는 연수에 적합한 시설 등을 함께 갖추어 이를 이용하게 하는 업
- 휴양 콘도미니엄업 : 관광객의 숙박과 취사에 적합한 시설을 갖추어 이를 그 시설의 회원이나 소유자등, 그 밖의 관광객에게 제공하거나 숙박에 딸리는 음식·운동·오락·휴양·공연 또는 연수에 적합한 시설 등을 함께 갖추어 이를 이용하게 하는 업

② 주점업(일반유흥주점업, 무도유흥주점업 및 단란주점 영업만 해당하되, 외국인전용유흥음식점업 및 관광유흥음식점업은 제외)

관광진흥법에 따른 외국인전용유흥음식점업

식품위생 법령에 따른 유흥주점영업의 허가를 받은 자가 외국인이 이용하기 적합한 시설을 갖추어 외국인만을 대상으로 주류나 그 밖의 음식을 제공하고 노래와 춤을 감상하게 하거나 춤을 추게 하는 업(관광진흥법 시행령 2조 6 다)

▼ 관광진흥법에 따른 관광유흥음식점업

식품위생 법령에 따른 유흥주점 영업의 허가를 받은 자가 관광객이 이용하기 적합한 한국 전통 분위기의 시설을 갖추어 그 시설을 이용하는 자에게 음식을 제공하고 노래와 춤을 감상하게 하거나 춤을 추게 하는 업(관광진흥법 시행령 2조 6 가)

③ 오락·유흥 등을 목적으로 하는 다음의 사업(조특칙 17조, 2024.3.22. 신설)

➲ 2024.3.22. 이후 개시하는 과세연도부터 적용한다.(2024.3.22. 조특칙 부칙 3조)

㉠ 무도장 운영업

㉡ 기타 사행시설 관리 및 운영업(관광진흥법 제5조 또는 폐광지역 개발 지원에 관한 특별법 제11조에 따라 허가를 받은 카지노업은 제외)

㉢ 유사 의료업 중 안마를 시술하는 업

㉣ 마사지업

(5) 상시근로자의 범위

상시근로자는 근로기준법에 따라 근로계약을 체결한 내국인 근로자로 한다. 다만, 다음 중 하나에 해당하는 사람은 제외한다.(조특령 26조의8 ②, 23조 ⑩)

① 근로계약기간이 1년 미만인 근로자(근로계약의 연속된 갱신으로 인하여 그 근로계약의 총 기간이 1년 이상인 근로자는 제외)(2020.2.11. 개정)

② 근로기준법 제2조 제1항 제9호에 따른 단시간근로자로서 1개월간의 소정근로시간이 60시간 미만인 근로자(2020.2.11. 개정)

③ 법인세법 시행령 제40조 제1항 각 호 중 하나에 해당하는 임원

④ 해당 기업의 최대주주 또는 최대출자자(개인사업자의 경우에는 대표자)와 그 배우자

⑤ 위 '④'에 해당하는 자의 직계존비속(그 배우자를 포함) 및 국세기본법 시행령 제1조의2 제1항에 따른 친족관계인 사람

⑥ 근로소득원천징수부에 의하여 근로소득세를 원천징수한 사실이 확인되지 아니하고,

다음 중 하나에 해당하는 금액의 납부사실도 확인되지 아니하는 자
㉠ 국민연금법 제3조 제1항 제11호 및 제12호에 따른 부담금 및 기여금
㉡ 국민건강보험법 제69조에 따른 직장가입자의 보험료

(6) 상시근로자 수의 계산

① 상시근로자 수 및 청년등 상시근로자 수는 다음의 구분에 따른 계산식에 따라 계산한 수(0.01 미만의 부분은 없는 것으로 한다)로 한다.(조특령 26조의8 ⑥)

㉠ 상시근로자 수(조특령 26조의8 ⑥ 1)

$$\text{상시근로자 수} = \frac{\text{해당 과세연도의 매월 말 현재 상시근로자 수의 합}}{\text{해당 과세연도의 개월 수}}$$

이 경우 1개월간의 소정근로시간이 60시간 이상인 단시간근로자 1명은 0.5명으로 하여 계산하되, 아래의 지원요건을 모두 충족하는 경우에는 0.75명으로 하여 계산한다.(조특령 26조의8 ⑦, 23조 ⑪)

다만, 다음의 '(8) 정규직 근로자로의 전환에 따른 추가세액공제와 (9) 육아휴직 복귀자에 대한 추가세액공제'를 적용할 때 근로기준법 제74조에 따른 출산전후휴가를 사용 중인 상시근로자를 대체하는 상시근로자가 있는 경우 해당 출산전후휴가를 사용 중인 상시근로자는 상시근로자 수와 청년등 상시근로자 수에서 제외한다.(조특령 26조의8 ⑦, 2024.2.29. 개정)

➲ 2024.2.29. 이후 과세표준을 신고하는 경우부터 적용한다.(2024.2.29. 조특령 부칙 5조)

ⓐ 해당 과세연도의 상시근로자 수(1개월간의 소정근로시간이 60시간 이상인 단시간근로자는 제외)가 직전 과세연도의 상시근로자 수(1개월간의 소정근로시간이 60시간 이상인 단시간근로자는 제외)보다 감소하지 아니하였을 것

ⓑ 기간의 정함이 없는 근로계약을 체결하였을 것

ⓒ 상시근로자와 시간당 임금(근로기준법 제2조 제1항 제5호에 따른 임금, 정기상여금·명절상여금 등 정기적으로 지급되는 상여금과 경영성과에 따른 성과금을 포함), 그 밖에 근로조건과 복리후생 등에 관한 사항에서 기간제 및 단시간근로자 보호 등에 관한 법률 제2조 제3호에 따른 차별적 처우가 없을 것

차별적 처우 (기간제 및 단시간근로자 보호 등에 관한 법률 제2조 제3호)

"차별적 처우"라 함은 다음의 사항에서 합리적인 이유 없이 불리하게 처우하는 것을 말한다.
① 근로기준법 제2조 제1항 제5호에 따른 임금
② 정기상여금, 명절상여금 등 정기적으로 지급되는 상여금
③ 경영성과에 따른 성과금
④ 그 밖에 근로조건 및 복리후생 등에 관한 사항

ⓓ 시간당 임금이 최저임금법 제5조에 따른 최저임금액의 130%(중소기업의 경우에는 120%) 이상일 것

㉡ 청년등 상시근로자 수(조특령 26조의8 ⑥ 2)

$$\text{청년등 상시근로자 수} = \frac{\text{해당 과세연도의 매월 말 현재 청년등 상시근로자 수의 합}}{\text{해당 과세연도의 개월 수}}$$

③ 해당 과세연도에 창업 등을 한 내국인의 경우에는 다음의 구분에 따른 수를 직전 또는 해당 과세연도의 상시근로자 수로 본다. 이때 "상시근로자 수"는 "상시근로자 수 또는 청년등 상시근로자 수"로 본다.(조특령 26조의8 ⑧, 23조 ⑬)

㉠ 창업[창업으로 보지 않는 경우(조세특례제한법 제6조 제10항 제1호부터 제3호까지의 규정)에 해당하는 경우는 제외]한 경우의 직전 과세연도의 상시근로자 수 : 0

조세특례제한법 제6조 제10항 제1호부터 제3호까지의 규정

① 합병·분할·현물출자 또는 사업의 양수를 통하여 종전의 사업을 승계하거나 종전의 사업에 사용되던 자산을 인수 또는 매입하여 같은 종류의 사업을 하는 경우. 다만, 다음 중 하나에 해당하는 경우는 제외한다.
㉠ 종전의 사업에 사용되던 자산을 인수하거나 매입하여 같은 종류의 사업을 하는 경우 그 자산가액의 합계가 사업 개시 당시 토지와 법인세법 시행령 제24조의 규정에 의한 감가상각자산의 총가액에서 차지하는 비율이 30% 이하인 경우(조특령 5조 ⑲, ⑳)
㉡ 사업의 일부를 분리하여 해당 기업의 임직원이 사업을 개시하는 경우로서 다음의 요건에 해당하는 경우(조특령 5조 ㉑)
ⓐ 기업과 사업을 개시하는 해당 기업의 임직원 간에 사업 분리에 관한 계약을 체결할 것
ⓑ 사업을 개시하는 임직원이 새로 설립되는 기업의 대표자일 것
② 거주자가 하던 사업을 법인으로 전환하여 새로운 법인을 설립하는 경우
③ 폐업후 사업을 다시 개시하여 폐업전의 사업과 같은 종류의 사업을 하는 경우

PART 4

㉡ 조세특례제한법 제6조 제10항 제1호(합병·분할·현물출자 또는 사업의 양수 등을 통하여 종전의 사업을 승계하는 경우는 제외)부터 제3호까지의 어느 하나에 해당하는 경우의 직전 과세연도의 상시근로자 수 : 종전 사업, 법인전환 전의 사업 또는 폐업 전의 사업의 직전 과세연도 상시근로자 수

㉢ 다음 중 하나에 해당하는 경우의 직전 또는 해당 과세연도의 상시근로자 수 : 직전 과세연도의 상시근로자 수는 승계시킨 기업의 경우에는 직전 과세연도 상시근로자 수에 승계시킨 상시근로자 수를 뺀 수로 하고, 승계한 기업의 경우에는 직전 과세연도 상시근로자 수에 승계한 상시근로자 수를 더한 수로 하며, 해당 과세연도의 상시근로자 수는 해당 과세연도 개시일에 상시근로자를 승계시키거나 승계한 것으로 보아 계산한 상시근로자 수로 한다.

ⓐ 해당 과세연도에 현물출자 또는 사업의 양수 등에 의하여 종전의 사업부문에서 종사하던 상시근로자를 승계하는 경우

ⓑ 소득세법 시행령 제98조 제1항에 따른 특수관계인으로부터 상시근로자를 승계하는 경우

(7) 사후관리

① 위 '(1)'에 따라 소득세를 공제받은 내국인이 최초로 공제를 받은 과세연도의 종료일부터 2년이 되는 날이 속하는 과세연도의 종료일까지의 기간 중 전체 상시근로자의 수가 최초로 공제를 받은 과세연도에 비하여 감소한 경우에는 감소한 과세연도부터 위 '(1)'을 적용하지 아니하고, 청년등 상시근로자의 수가 최초로 공제를 받은 과세연도에 비하여 감소한 경우에는 감소한 과세연도부터 위 '(2)의 ①'을 적용하지 아니한다.(조특법 29조의8 ③ 전단)

이 경우 공제받은 세액에 상당하는 금액(공제금액 중 공제받지 못하고 이월된 금액이 있는 경우에는 그 금액을 차감한 후의 금액)을 해당 과세연도의 과세표준을 신고할 때 소득세로 납부해야 한다.(조특법 29조의8 ③ 후단, 조특령 26조의8 ④)

이때 납부해야 할 소득세액은 다음의 구분에 따라 계산한 금액으로 한다.(조특령 26조의8 ④)

㉠ 최초로 공제받은 과세연도의 종료일부터 1년이 되는 날이 속하는 과세연도의 종료일까지의 기간 중 최초로 공제받은 과세연도보다 전체 상시근로자 수 또는 청년등 상시근로자 수가 감소하는 경우 : 다음의 구분에 따라 계산한 금액(해당 과세연도의 직전 1년 이내의 과세연도에 공제받은 세액을 한도로 한다)(조특령 26조의8 ④ 1)

ⓐ 전체 상시근로자 수가 감소하는 경우 : 다음의 구분에 따라 계산한 금액(조특령

26조의8 ④ 1 가)

㉮ 청년등 상시근로자의 감소 인원 수가 전체 상시근로자의 감소 인원 수 이상인 경우 : 다음 계산식에 따라 계산한 금액

> [최초로 공제받은 과세연도 대비 청년등 상시근로자의 감소 인원 수(최초로 공제받은 과세연도의 청년등 상시근로자의 증가 인원 수를 한도로 한다) – 전체 상시근로자의 감소 인원 수] × [청년등 1인당 공제금액 – 청년등 외 1인당 공제금액] + (전체 상시근로자의 감소 인원 수 × 청년등 1인당 공제금액)

㉯ 그 밖의 경우 : 다음 계산식에 따라 계산한 금액

> [최초로 공제받은 과세연도 대비 청년등 상시근로자의 감소 인원 수(전체 상시근로자의 감소 인원 수를 한도로 한다) × 청년등 1인당 공제금액] + [최초로 공제받은 과세연도 대비 청년등 상시근로자를 제외한 상시근로자의 감소 인원 수(전체 상시근로자의 감소 인원 수를 한도로 한다) × 청년등 외 1인당 공제금액]

ⓑ 전체 상시근로자 수는 감소하지 않으면서 청년등 상시근로자 수가 감소한 경우 : 다음 계산식에 따라 계산한 금액(조특령 26조의8 ④ 1 나)

> 최초로 공제받은 과세연도 대비 청년등 상시근로자의 감소 인원 수(최초로 공제받은 과세연도의 청년등 상시근로자의 증가 인원 수를 한도로 한다) × [청년등 1인당 공제금액 – 청년등 외 1인당 공제금액]

㉡ 위 '㉠'에 따른 기간의 다음 날부터 최초로 공제받은 과세연도의 종료일부터 2년이 되는 날이 속하는 과세연도의 종료일까지의 기간 중 최초로 공제받은 과세연도보다 전체 상시근로자 수 또는 청년등 상시근로자 수가 감소하는 경우 : 다음의 구분에 따라 계산한 금액(위 '㉠'에 따라 계산한 금액이 있는 경우 그 금액을 제외하며, 해당 과세연도의 직전 2년 이내의 과세연도에 공제받은 세액의 합계액을 한도로 한다)(조특령 26조의8 ④ 2)

ⓐ 전체 상시근로자 수가 감소하는 경우 : 다음의 구분에 따라 계산한 금액(조특령 26조의8 ④ 2 가)

㉮ 청년등 상시근로자의 감소 인원 수가 전체 상시근로자의 감소 인원 수 이상인 경우 : 다음 계산식에 따라 계산한 금액

> [최초로 공제받은 과세연도 대비 청년등 상시근로자의 감소 인원 수(최초로 공제받은 과세연도의 청년등 상시근로자의 증가 인원 수를 한도로 한다) – 전체 상시근로자의 감소 인원 수] × [청년등 1인당 공제금액 – 청년등 외 1인당 공제금액] × 직전 2년 이내의 과세연도에 공제받은 횟수 + [전체 상시근로자의 감소 인원 수 × 청년등 1인당 공제금액 × 직전 2년 이내의 과세연도에 공제받은 횟수]

㉯ 그 밖의 경우 : 최초로 공제받은 과세연도 대비 청년등 상시근로자 및 청년등 상시근로자를 제외한 상시근로자의 감소 인원 수(전체 상시근로자의 감소 인원 수를 한도로 한다)에 대해 직전 2년 이내의 과세연도에 공제받은 세액의 합계액

ⓑ 전체 상시근로자 수는 감소하지 않으면서 청년등 상시근로자 수가 감소한 경우 : 다음 계산식에 따라 계산한 금액(조특령 26조의8 ④ 2 나)

> 최초로 공제받은 과세연도 대비 청년등 상시근로자의 감소 인원 수(최초로 공제받은 과세연도의 청년등 상시근로자의 증가 인원 수를 한도로 한다) × [청년등 1인당 공제금액 – 청년등 외 1인당 공제금액] × 직전 2년 이내의 과세연도에 공제받은 횟수

(8) 정규직 근로자로의 전환에 대한 추가세액공제

① 중소기업 또는 중견기업이 2023.6.30. 당시 고용하고 있는 비정규직 근로자를 2024.1.1.부터 2024.12.31.까지 정규직 근로자로 전환하는 경우에는 정규직 근로자로의 전환에 해당하는 인원*에 1,300만원(중견기업은 900만원)을 곱한 금액을 해당 과세연도의 소득세(사업소득에 대한 소득세만 해당하며, 부동산임대업에서 발생하는 소득은 제외한다)에서 공제한다. 다만, 해당 과세연도에 해당 중소기업 또는 중견기업의 상시근로자 수가 직전 과세연도의 상시근로자 수보다 감소한 경우에는 공제하지 아니한다.(조특법 29조의8 ④, 2025.3.14. 항번개정, 7조의4 ①, 조특령 26조의8 ⑨)

* 개인사업자의 대표자나 그와 친족관계(국세기본법 시행령 제1조의2 ①)에 있는 사람은 제외한다.(조특법 29조의8 ③)

> • 정규직 근로자로의 전환에 해당하는 인원* × 1,300만원(중견기업은 900만원)
>
> * 개인사업자의 대표자나 그와 친족관계(국세기본법 시행령 제1조의2 ①)에 있는 사람은 제외한다.(조특법 29조의8 ③)

② 정규직 근로자로의 전환은 다음 중 하나에 해당하는 경우를 말한다.(조특령 26조의8 ③)

㉠ 다음 중 하나에 해당하는 근로자를 기간의 정함이 없는 근로계약을 체결한 근로

자로 전환한 경우

ⓐ 기간제 및 단시간근로자 보호 등에 관한 법률에 따른 기간제근로자 및 단시간근로자

ⓑ 파견근로자 보호 등에 관한 법률에 따른 파견근로자

ⓒ 하도급거래 공정화에 관한 법률에 따른 수급사업자에게 고용된 기간제근로자 및 단시간근로자

㉡ 파견근로자 보호 등에 관한 법률에 따라 사용사업주가 직접 고용하거나 하도급거래 공정화에 관한 법률 제2조 제2항 제2호에 따른 원사업자가 기간의 정함이 없는 근로계약을 체결하여 직접 고용하는 경우

③ 위 '①'에 따라 소득세를 공제받은 자가 정규직 근로자로의 전환일로부터 2년이 지나기 전에 해당 근로자와의 근로관계를 종료하는 경우에는 근로관계가 종료한 날이 속하는 과세연도의 과세표준신고를 할 때 공제받은 세액에 상당하는 금액(공제금액 중 공제받지 못하고 이월된 금액이 있는 경우에는 그 금액을 차감한 후의 금액)을 소득세로 납부하여야 한다.(조특법 29조의8 ⑦)

(9) 육아휴직 복귀자에 대한 추가세액공제

① 중소기업 또는 중견기업이 육아휴직 복귀자를 2025.12.31.까지 복직시키는 경우에는 육아휴직 복귀자 인원에 1,300만원(중견기업은 900만원)을 곱한 금액을 복직한 날이 속하는 과세연도의 소득세(사업소득에 대한 소득세만 해당하며, 부동산임대업에서 발생하는 소득은 제외한다)에서 공제한다. 다만, 해당 과세연도에 해당 중소기업 또는 중견기업의 상시근로자 수가 직전 과세연도의 상시근로자 수보다 감소한 경우에는 공제하지 아니한다.(조특법 29조의8 ⑤, 7조의4 ①)

육아휴직 복귀자 × 1,300만원(중견기업은 900만원)

② 육아휴직 복귀자는 다음의 요건을 모두 충족하는 사람을 말한다.(조특법 29조의8 ⑤)

㉠ 해당 기업에서 1년 이상 근무하였을 것(근로소득원천징수부에 따라 해당 기업이 육아휴직 복귀자의 근로소득세를 원천징수하였던 사실이 확인되는 경우로 한정한다)(조특법 29조의8 ⑤ 1, 조특령 26조의8 ⑩)

㉡ 남녀고용평등과 일·가정 양립 지원에 관한 법률 제19조 제1항에 따라 육아휴직한 경우로서 육아휴직 기간이 연속하여 6개월 이상일 것(조특법 29조의8 ⑤ 2)

㉢ 개인사업자의 대표자나 그와 친족관계(국세기본법 시행령 제1조의2 ①)에 있는 사람이 아닐 것(조특법 29조의8 ⑤ 3)

③ 위 '①'을 적용할 때 최초로 공제받은 과세연도에 청년등 상시근로자에 해당한 자는 최초로 공제받은 과세연도 이후의 과세연도에도 청년등 상시근로자로 보아 청년등 상시근로자 수를 계산한다.(조특령 26조의8 ⑤)

④ 위 '①'은 육아휴직 복귀자의 자녀 1명당 한 차례에 한정하여 적용한다.(조특법 29조의8 ⑥)

⑤ 소득세를 공제받은 자가 육아휴직 복직일부터 2년이 지나기 전에 해당 근로자와의 근로관계를 종료하는 경우에는 근로관계가 종료한 날이 속하는 과세연도의 과세표준신고를 할 때 공제받은 세액에 상당하는 금액(공제금액 중 공제받지 못하고 이월된 금액이 있는 경우에는 그 금액을 차감한 후의 금액)을 소득세로 납부하여야 한다.(조특법 29조의8 ⑦)

(10) 세액공제의 신청

세액공제를 받으려는 자는 과세표준신고를 할 때 세액공제신청서, 공제세액계산서 및 상시근로자 명세서를 납세지 관할 세무서장에게 제출해야 한다.(조특법 29조의8 ⑦, 조특령 26조의8 ⑪, 2025.2.28. 개정)

➲ 2025.2.28.이 속하는 과세연도의 과세표준신고를 하는 경우부터 적용한다.(2025.2.28. 조특령 부칙 9조 ③)

(11) 기타 참고사항

① 다른 투자세액공제 및 세액감면과의 중복적용이 가능하다. 다만, '창업중소기업 등에 대한 세액감면 중 고용증대에 따른 추가 세액감면(조특법 6조 ⑦)'에 따라 소득세를 감면받는 경우에는 '고용증대세액공제(조특법 29조의7)' 또는 '통합고용세액공제 중 고용증대세액공제(조특법 29조의8 ①)'를 동시에 적용하지 않는다.(조특법 127조 ④ 단서신설)

개정 2024.12.31.

➲ 2025.1.1. 이후 창업중소기업을 창업하는 경우, 창업보육센터사업자로 지정을 받는 경우, 벤처기업으로 확인받는 경우 또는 에너지신기술중소기업에 해당하게 되는 경우부터 적용한다. (2024.12.31. 조특법 부칙 2조)

① 다른 투자세액공제 및 세액감면과의 중복적용이 가능하다. 다만, '창업중소기업 등에 대한 세액감면(조특법 6조)'에 따라 소득세를 감면받는 경우에는 '고용증대세액공제(조특법 29조의7)' 또는 '통합고용세액공제(조특법 29조의8)'를 동시에 적용하지 않는다.(조특법 127조 ④, 2024.12.31. 단서개정)

② 통합고용세액공제(조특법 28조의9 ①)는 '고용을 증대시킨 기업에 대한 세액공제(조특법 29조의7)' 또는 '중소기업 사회보험료 세액공제(조특법 30조의4)'에 따른 공제를 받지 아니한 경우에만 적용한다.(조특법 127조 ⑪)
③ 최저한세 규정이 적용된다.(조특법 132조 ② 3)
④ 농어촌특별세가 과세된다.(농특령 4조 ⑦ 1)
⑤ 추계신고시 적용이 배제된다.(조특법 128조 ①)
⑥ 미공제세액은 10년간 이월공제된다.(조특법 144조 ①)

7 고용유지중소기업 등에 대한 과세특례

➲ 2019.1.1. 이후 개시하는 과세연도 분부터 적용한다.(2018.12.24. 조특법 부칙 2조 ①)

(1) 개 요

중소기업기본법 제2조에 따른 중소기업으로서 다음의 요건을 모두 충족하는 기업(이하 이에서 "고용유지중소기업"이라 한다)은 일정한 금액을 2026.12.31.이 속하는 과세연도까지 각 과세연도의 소득세(사업소득에 대한 소득세만 해당하며, 부동산임대업에서 발생하는 소득은 제외한다)에서 공제한다.(조특법 30조의3 ①, 2023.12.31. 개정, 7조의4 ①)

① 해당 과세연도의 상시근로자(해당 과세연도 중에 근로관계가 성립한 상시근로자는 제외한다) 1인당 시간당 임금이 직전 과세연도에 비하여 감소하지 아니한 경우(조특법 30조의3 ① 1)
② 해당 과세연도의 상시근로자 수가 직전 과세연도의 상시근로자수와 비교하여 0%이상 감소하지 아니하는 경우(조특법 30조의3 ① 2, 조특령 27조의3 ②, 2009.4.21. 신설)
③ 해당 과세연도의 상시근로자(해당 과세연도 중에 근로관계가 성립한 상시근로자는 제외한다) 1인당 연간 임금총액이 직전 과세연도에 비하여 감소한 경우(조특법 30조의3 ① 3)

(2) 세액공제 금액의 계산

세액공제금액은 아래 '①+②'의 금액(해당 금액이 음수인 경우에는 0으로 본다)을 합하여 계산한 금액으로 한다.(조특법 30조의3 ②, 2018.12.24. 개정)

① (직전 과세연도 상시근로자 1인당 연간 임금총액 - 해당 과세연도 상시근로자 1인당 연간 임금총액) × 해당 과세연도 상시근로자 수 × 10%
  ㉠ 직전 또는 해당 과세연도의 상시근로자 1인당 연간 임금총액은 다음의 금액으로 한다.(조특령 27조의3 ⑤)

$$\text{상시근로자 1인당 연간 임금총액} = \frac{\text{임금총액}^{*1}}{\text{상시근로자 수}^{*2}}$$

*1. 직전 또는 해당 과세연도에 상시근로자에게 지급한 통상임금과 정기상여금 등 고정급 성격의 금액을 합산한 금액

*2. $\text{상시근로자 수} = \frac{\text{직전 또는 해당 과세연도의 매월말 현재 상시근로자 수의 합}}{\text{직전 또는 해당 과세연도의 개월 수}}$

㉡ 직전 또는 해당 과세연도 중에 사망, 정년퇴직 및 이에 준하는 사유로 근로관계가 종료되어 상시근로자가 감소한 경우 그 감소인원은 직전 과세연도부터 근무하지 아니한 것으로 보아 상시근로자 수 및 상시근로자 1인당 연간 임금총액을 산정할 때 제외한다.(조특령 27조의3 ⑥, 2012.2.2. 신설)

㉢ 직전 또는 해당 과세연도 중에 합병 또는 사업의 포괄양수 등에 의하여 종전의 사업부문에서 종사하던 상시근로자를 승계한 경우 그 승계인원은 직전 과세연도부터 승계한 기업에서 근무한 것으로 보아 상시근로자 수 및 상시근로자 1인당 연간 임금총액을 산정한다.(조특령 27조의3 ⑦, 2012.2.2. 신설)

㉣ 직전 또는 해당 과세연도 중에 사업의 포괄양도 등에 의하여 상시근로자가 감소한 경우 그 감소인원은 직전 과세연도부터 사업을 포괄양도한 기업 등에서 근무하지 아니한 것으로 보아 상시근로자 수 및 상시근로자 1인당 연간 임금총액을 산정할 때 제외한다.(조특령 27조의3 ⑧, 2012.2.2. 신설)

② (해당 과세연도 상시근로자 1인당 시간당 임금 - 직전 과세연도 상시근로자 1인당 시간당 임금 × 105%) × 해당 과세연도 전체 상시근로자의 근로시간 합계* × 15%

* 해당 과세연도 전체 상시근로자의 근로시간 합계는 직전 또는 해당 과세연도의 상시근로자의 근로계약상 근로시간(근로기준법 제2조 제1항 제9호에 따른 단시간근로자로서 1개월간의 소정근로시간이 60시간 이상인 경우에는 실제 근로시간)의 합계로 한다.(조특령 27조의3 ⑨, 2017. 2.7. 신설)

(3) 상시근로자의 범위

① 직전 또는 해당 과세연도의 상시근로자(해당 과세연도 중에 근로관계가 성립한 상시근로자는 제외한다. 이하에서 같다) 1인당 시간당 임금은 다음의 금액으로 한다.(조특령 27조의3 ①, 2017.2.7. 개정)

$$\text{상시근로자 1인당 시간당 임금} = \frac{\text{임금총액}^{*1}}{\text{근로시간 합계}^{*2}}$$

*1. 직전 또는 해당 과세연도에 상시근로자에게 지급한 통상임금과 정기상여금 등 고정급 성격의 금액을 합산한 금액

*2. 직전 또는 해당 과세연도의 상시근로자의 근로계약상 근로시간(근로기준법 제2조 제1항 제9호에 따른 단시간근로자로서 1개월간의 소정근로시간이 60시간 이상인 경우에는 실제 근로시간)의 합계 (2019.2.12. 개정)

② 상시근로자는 근로기준법에 따라 근로계약을 체결한 근로자로 한다. 다만, 다음 중 하나에 해당하는 사람은 제외한다.(조특령 27조의3 ④, 2012.2.2. 신설)

㉠ 근로계약기간이 1년 미만인 자. 다만, 근로계약의 연속된 갱신으로 인하여 그 근로계약의 총기간이 1년 이상인 근로자는 상시근로자로 본다.

㉡ 법인세법 시행령 제40조 제1항 중 하나에 해당하는 임원

㉢ 해당 기업의 최대주주 또는 최대출자자(개인사업자의 경우에는 대표자)와 그 배우자

㉣ 위 '㉢'에 해당하는 자의 직계존속·비속과 그 배우자

㉤ 「근로소득원천징수부」에 의하여 근로소득세를 원천징수한 사실이 확인되지 아니하고, 다음 중 하나에 해당하는 보험료 등의 납부사실도 확인되지 아니하는 사람

ⓐ 국민연금법 제3조 제1항 제11호 및 제12호에 따른 부담금 및 기여금

ⓑ 국민건강보험법 제69조에 따른 직장가입자의 보험료

㉥ 근로기준법 제2조 제1항 제9호에 따른 단시간근로자. 다만, 1개월간의 소정근로시간이 60시간 이상인 근로자는 상시근로자로 본다.

(4) 세액공제의 신청

고용유지중소기업에 대한 과세특례를 적용받으려는 기업은 소득세 과세표준신고와 함께 세액공제신청서에 사업주와 근로자대표간 합의를 증명하는 서류 등을 첨부하여 납세지 관할 세무서장에게 제출하여야 한다.(조특령 27조의3 ③, 2019.2.12. 개정)

PART 4

(5) 위기지역 내 중견기업에의 적용

다음 중 하나에 해당하는 위기지역 내 중견기업의 사업장에 대하여 위기지역으로 지정 또는 선포된 기간이 속하는 과세연도에도 적용한다.(조특법 30조의3 ⑤, 2021.12.28. 개정, 조특령 27조의3 ⑪, 2021.2.17. 개정)

① 고용정책 기본법 제32조 제1항에 따라 지원할 수 있는 지역으로서 고용정책 기본법 시행령 제29조에 따라 고용노동부장관이 지정·고시하는 지역

② 고용정책 기본법 제32조의2 제2항에 따라 선포된 고용재난지역

③ 지역 산업위기 대응 및 지역경제 회복을 위한 특별법 제10조 제1항에 따라 지정된 산업위기대응특별지역 ➲ 2022.2.18.부터 시행한다.(2021.12.28. 조특법 부칙 1조 단서 2)

(6) 기타 참고사항

① 다른 투자세액공제 및 세액감면과 중복적용이 가능하다.

② 추계신고시 적용이 배제된다.

③ 최저한세 규정이 적용된다.

④ 미공제세액은 10년간 이월공제된다.(조특법 144조 ①)

⑤ 농어촌특별세가 비과세된다.

8 중소기업 사회보험료 세액공제(2011.12.31. 신설)

(1) 개 요

중소기업이 2024.12.31.이 속하는 과세연도까지의 기간 중 해당 과세연도의 상시근로자 수가 직전 과세연도의 상시근로자 수보다 증가한 경우에는 일정한 금액을 해당 과세연도와 해당 과세연도의 종료일부터 1년이 되는 날이 속하는 과세연도까지의 소득세(사업소득에 대한 소득세만 해당하며, 부동산임대업에서 발생하는 소득은 제외한다)에서 공제한다.(조특법 30조의4 ①, 2021.12.28. 개정, 7조의4 ①)

(2) 사회보험의 범위

사회보험이란 다음의 것을 말한다.(조특법 30조의4 ②)

① 국민연금

② 고용보험

③ 산업재해보상보험

④ 국민건강보험

⑤ 노인장기요양보험법에 따른 장기요양보험

(3) 공제세액

[①+②]의 금액을 해당 과세연도의 소득세(사업소득에 대한 소득세만 해당하며, 부동산 임대업에서 발생하는 소득은 제외한다)에서 공제한다.(조특법 30조의4 ①)

① 청년등 상시근로자 고용증가 인원에 대하여 사용자가 부담하는 사회보험료 상당액

청년등 상시근로자 고용증가인원*1 × 청년등 상시근로자 고용증가인원에 대한 사용자의 사회보험료 부담금액*2 × 100%

*1. 해당 과세연도에 직전 과세연도 대비 증가한 청년등 상시근로자 수(그 수가 음수인 경우 영으로 본다)를 말한다. 다만, 해당 과세연도에 직전 과세연도 대비 증가한 상시근로자 수를 한도로 한다.(조특령 27조의4 ③)

*2. 다음 계산식에 따라 계산한 금액*3을 말한다.(조특령 27조의4 ⑧)

$$\frac{\text{해당 과세연도에 청년등 상시근로자에게 지급하는 총급여액}}{\text{해당 과세연도의 청년등 상시근로자 수}} \times \text{사회보험료율}$$

*3. 해당 과세연도에 청년 등 외 상시근로자를 대상으로 사회보험에 사용자가 부담하는 사회보험료 상당액에 대하여 국가 및 공공기관이 지급했거나 지급하기로 한 보조금 및 감면액의 합계액은 제외한다.(조특령 27조의4 ⑧, 2020.2.11. 개정)

② 청년 등 외 상시근로자 고용증가 인원에 대하여 사용자가 부담하는 사회보험료 상당액

청년 등 외 상시근로자 고용증가인원*1 × 청년 등 외 상시근로자 고용증가인원에 대한 사용자의 사회보험료 부담금액*2 × 50%*4

*1. 해당 과세연도에 직전 과세연도 대비 증가한 상시근로자 수에서 청년등 상시근로자 고용증가 인원수를 뺀 수(그 수가 음수인 경우 영으로 본다)를 말한다.(조특령 27조의4 ④)

*2. 다음 계산식에 따라 계산한 금액*3을 말한다.(조특령 27조의4 ⑨)

$$\frac{\text{해당 과세연도에 청년 등 외 상시근로자에게 지급하는 총급여액}}{\text{해당 과세연도의 상시근로자 수} - \text{해당 과세연도의 청년등 상시근로자 수}} \times \text{사회보험료율}$$

*3. 해당 과세연도에 청년 등 외 상시근로자를 대상으로 사회보험에 사용자가 부담하는 사회보험료 상당액에 대하여 국가 및 공공기관이 지급했거나 지급하기로 한 보조금 및 감면액의 합계액은 제외한다.(조특령 27조의4 ⑨, 2020.2.11. 개정)

*4. 2017년 귀속분부터 신성장 서비스업을 영위하는 중소기업은 75%를 적용한다. 이때 신성장 서비스업을 영위하는 중소기업은 다음 중 하나에 해당하는 사업을 주된 사업으로 영위하는 중소기업을 말한다. 이 경우 둘 이상의 서로 다른 사업을 영위하는 경우에는 사업별 사업수입금액이 큰 사업을 주된 사업으로 본다.(조특령 27조의4 ⑤, 2017.2.7. 신설)

㉠ 컴퓨터 프로그래밍, 시스템 통합 및 관리업, 소프트웨어 개발 및 공급업, 정보서비스업 또는 전기통신업

㉡ 창작 및 예술관련 서비스업(자영예술가는 제외), 영화·비디오물 및 방송프로그램 제작업, 오디오물 출판 및 원판 녹음업 또는 방송업

㉢ 엔지니어링사업, 전문디자인업, 보안시스템 서비스업 또는 광고업 중 광고물 작성업

㉣ 서적, 잡지 및 기타 인쇄물출판업, 연구개발업, 학원의 설립·운영 및 과외교습에 관한 법률에 따른 직업기술 분야를 교습하는 학원을 운영하는 사업 또는 근로자직업능력 개발법에 따른 직업능력개발훈련시설을 운영하는 사업(직업능력개발훈련을 주된 사업으로 하는 경우로 한정한다)

> ㉤ 관광진흥법에 따른 관광숙박업, 국제회의업, 유원시설업 또는 법 제6조 제3항 제20호에 따른 관광객이용시설업
> ㉥ 물류산업
> ㉦ 그 밖에 다음 중 하나에 해당하는 신성장 서비스업(조특칙 4조의3, 2018.3.21. 신설)
> ⓐ 전시산업발전법 제2조 제1호에 따른 전시산업(2020.3.13. 개정)
> ⓑ 그 밖의 과학기술서비스업
> ⓒ 시장조사 및 여론조사업
> ⓓ 광고업 중 광고대행업, 옥외 및 전시 광고업

③ 위 '①, ②'에서의 '사회보험료율'은 해당 과세연도 종료일 현재 적용되는 다음 의 수를 더한 수로 한다.(조특령 27조의4 ⑩)

㉠ 국민건강보험법 시행령 제44조 제1항에 따른 보험료율의 2분의 1

㉡ 위 '㉠'의 수에 노인장기요양보험법 시행령 제4조에 따른 장기요양보험료율을 곱한 수

㉢ 국민연금법 제88조에 따른 보험료율

㉣ 고용보험 및 산업재해보상보험의 보험료 징수 등에 관한 법률 제13조 제4항 각 호에 따른 수를 합한 수

㉤ 고용보험 및 산업재해보상보험의 보험료 징수 등에 관한 법률 제14조 제3항에 따른 산재보험료율

④ 상시근로자 수와 청년등 상시근로자 수는 아래 '㉠'의 계산식에 따라 계산한 수로 한다. 다만, 1개월간의 소정근로시간이 60시간 이상인 단시간근로자 1명은 0.5명으로 하여 계산하되, 아래 '㉡'의 지원요건을 모두 충족하는 경우에는 0.75명으로 하여 계산하고 0.01 미만의 부분은 없는 것으로 한다.(조특령 27조의4 ⑥, 2022.2.15. 개정)

㉠ 상시근로자 수와 청년등 상시근로자 수 계산식(조특령 27조의4 ⑥ 1, 2020.2.11. 개정)

> ㉠ 상시근로자 수 = $\dfrac{\text{해당 과세연도}^{*}\text{의 매월 말 현재 상시근로자 수의 합}}{\text{해당 과세연도}^{*}\text{의 개월 수}}$
>
> ㉡ 청년등 상시근로자 수 = $\dfrac{\text{해당 과세연도}^{*}\text{의 매월 말 현재 청년등 상시근로자 수의 합}}{\text{해당 과세연도}^{*}\text{의 개월 수}}$

㉡ 지원요건(조특령 27조의4 ⑥ 2, 2014.2.21. 신설)

ⓐ 해당 과세연도의 상시근로자 수(1개월간의 소정근로시간이 60시간 이상인 단시간근로자는 제외)가 직전 과세연도의 상시근로자 수(1개월간의 소정근로시간이 60시간 이상인 단시간근로자는 제외)보다 감소하지 아니하였을 것

ⓑ 기간의 정함이 없는 근로계약을 체결하였을 것

ⓒ 상시근로자와 시간당 임금(근로기준법 제2조 제1항 제5호에 따른 임금, 정기상

여금·명절상여금 등 정기적으로 지급되는 상여금과 경영성과에 따른 성과금을 포함), 그 밖에 근로조건과 복리후생 등에 관한 사항에서 기간제 및 단시간근로자 보호 등에 관한 법률 제2조 제3호에 따른 차별적 처우가 없을 것

ⓓ 시간당 임금이 최저임금법 제5조에 따른 최저임금액의 130%(중소기업의 경우에는 120%) 이상일 것(2016.2.5. 개정)

(4) 추가공제

위 '(3)'에 따라 소득세를 공제받은 중소기업이 공제를 받은 과세연도의 종료일부터 1년이 되는 날이 속하는 과세연도의 종료일까지의 기간 중 전체 상시근로자의 수가 공제를 받은 과세연도의 전체 상시근로자 수보다 감소하지 아니한 경우에는 다음의 구분에 따른 금액을 공제를 받은 과세연도의 종료일부터 1년이 되는 날이 속하는 과세연도의 소득세(사업소득에 대한 소득세만 해당하며, 부동산임대업에서 발생하는 소득은 제외한다)에서도 공제한다.(조특법 30조의4 ②, 2017.12.19. 신설)

㉠ 청년등 상시근로자 수가 감소하지 아니한 경우 : 위 '(3)의 ① 및 ②'에 따라 공제받은 금액 상당액

㉡ '㉠' 외의 경우 : 위 '(3)의 ②'에 따라 공제받은 금액 상당액

(5) 사후관리

① 위 '(3)'에 따라 소득세를 공제받은 중소기업이 최초로 공제를 받은 과세연도의 종료일부터 1년이 되는 날이 속하는 과세연도의 종료일까지의 기간 중 전체 상시근로자의 수가 최초로 공제를 받은 과세연도에 비하여 감소한 경우에는 감소한 과세연도에 대하여 공제를 적용하지 아니하고, 청년등 상시근로자의 수가 최초로 공제를 받은 과세연도에 비하여 감소한 경우에는 감소한 과세연도에 대하여 위 '(3)의 ①'을 적용하지 아니한다. 이 경우 공제받은 세액에 상당하는 금액을 소득세로 납부하여야 한다.(조특법 30조의4 ②, 2021.12.28. 개정)

② 납부해야 할 소득세액은 다음의 구분에 따라 계산한 금액(해당 과세연도의 직전 과세연도에 위 '(3)'에 따라 공제받은 세액을 한도로 한다)으로 하며, 이를 해당 과세연도의 과세표준을 신고할 때 소득세로 납부해야 한다.(조특령 27조의4 ⑪, 2022.2.15. 신설)

㉠ 상시근로자 수가 감소한 경우 : 다음의 구분에 따라 계산한 금액

ⓐ 감소한 청년등 상시근로자의 수가 감소한 상시근로자 수 이상인 경우 : 다음의 계산식에 따라 계산한 금액

PART 4

> • A − B + C
>
> A : 최초로 공제받은 과세연도(이하에서 "최초공제연도"라 한다)에 비해 감소한 청년등 상시근로자 수(최초공제연도에 청년등 상시근로자가 증가한 수를 한도로 한다)에서 최초공제연도에 비해 감소한 상시근로자 수를 뺀 인원수(이하 이 계산식에서 "차감인원수"라 한다)에 대하여 위 '(3)의 ①'의 계산식을 준용하여 계산한 금액
>
> B : 차감인원수에 대하여 위 '(3)의 ②'의 계산식을 준용하여 계산한 금액
>
> C : 최초공제연도에 비해 감소한 상시근로자 수에 대하여 위 '(3)의 ①' 의 계산식을 준용하여 계산한 금액

ⓑ 그 밖의 경우 : 다음의 계산식에 따라 계산한 금액

> • A + B
>
> A : 최초공제연도에 비해 감소한 청년등 상시근로자 수(최초공제 연도에 청년등 상시근로자가 증가한 수를 한도로 한다)에 대하여 위 '(3)의 ①'의 계산식을 준용하여 계산한 금액
>
> B : 최초공제연도에 비해 감소한 청년등 상시근로자 외의 상시 근로자 수(최초공제연도에 비해 감소한 상시근로자 수를 한도로 한다)에 대하여 위 '(3)의 ②'의 계산식을 준용하여 계산한 금액

㉡ 상시근로자 수는 감소하지 않으면서 청년등 상시근로자 수가 감소한 경우 : 다음의 계산식에 따라 계산한 금액

> • A − B
>
> A : 최초공제연도에 비해 감소한 청년등 상시근로자 수(최초공제연도에 청년등 상시근로자가 증가한 수를 한도로 하며, 이하 이 계산식에서 "청년감소인원수"라 한다)에 대하여 법위 '(3)의 ①'의 계산식을 준용하여 계산한 금액
>
> B : 청년감소인원수에 대하여 위 '(3)의 ②'의 계산식을 준용하여 계산한 금액

③ 위 '②'을 적용할 때 최초공제연도에 청년등 상시근로자에 해당한 사람은 이후 과세연도에도 청년등 상시근로자로 보아 청년등 상시근로자 수를 계산한다.(조특령 27조의4 ⑫, 2022.2.15. 신설)

(6) '청년등 상시근로자'와 '청년 등 외 상시근로자'의 범위(조특령 27조의4 ②)

1) 청년등 상시근로자의 범위

① 청년등 상시근로자는 15세 이상 29세 이하인 상시근로자로 한다.

② 청년등 상시근로자에는 다음 중 하나에 해당하는 병역을 이행한 경우 그 기간(6년을 한도로 한다)을 근로계약 체결일 현재 연령에서 빼고 계산한 연령이 29세 이하인 사

람을 포함한다.

㉠ 현역병(상근예비역 및 경비교도·전투경찰순경·의무소방원을 포함)

㉡ 공익근무요원

㉢ 현역에 복무하는 장교, 준사관 및 부사관

③ 직전 과세연도 중 청년등 상시근로자인 경우 또는 해당 과세연도 근로계약 체결일 현재 청년등 상시근로자인 경우에는 2013.12.31.이 속하는 과세연도까지 청년등 상시근로자로 본다.

2) 경력단절 여성 상시근로자의 범위(조특법 29조의3 ①)

다음의 요건을 모두 충족하는 여성이어야 한다.

① 해당 기업 또는 해당 기업과 한국표준산업분류상의 중분류를 기준으로 동일한 업종의 기업에서 1년 이상 근무(경력단절 여성의 근로소득세가 「근로소득원천징수부」를 통하여 원천징수 되었던 사실이 확인되는 경우로 한정한다) 하였을 것(조특법 29조의3 ① 1, 2019.12.31 개정, 조특령 26조의3 ②,③, 2020.2.11. 신설)

② 다음 중 하나에 해당하는 결혼·임신·출산·육아 및 자녀교육의 사유로 퇴직하였을 것(조특법 29조의3 ① 1, 2019.12.31 개정, 조특령 26조의3 ④, 2020.2.11. 신설)

㉠ 퇴직한 날부터 1년 이내에 혼인한 경우(가족관계기록사항에 관한 증명서를 통하여 확인되는 경우로 한정한다)(2020.2.11. 신설)

㉡ 퇴직한 날부터 2년 이내에 임신하거나 난임시술[국민건강보험 요양급여의 기준에 관한 규칙 [별표 2]의 제4호 라목에 따른 보조생식술(체내·체외인공수정을 포함)]을 받은 경우(의료기관의 진단서 또는 확인서를 통하여 확인되는 경우에 한정한다)(조특령 26조의3 ④ 2, 조특칙 14조의3)

㉢ 퇴직일 당시 임신한 상태인 경우(의료기관의 진단서를 통하여 확인되는 경우로 한정한다)

㉣ 퇴직일 당시 8세 이하의 자녀가 있는 경우

㉤ 퇴직일 당시 초·중등교육법 제2조에 따른 학교에 재학 중인 자녀가 있는 경우

③ 위 '②'에 따른 사유로 퇴직한 날부터 2년 이상 15년 미만의 기간이 지났을 것(조특법 29조의3 ① 2)

➲ "3년" → "2년"으로의 개정규정은 2022.1.1. 이후 경력단절 여성을 고용하는 경우부터 적용한다.(2021.12.28. 조특법 부칙 9조)

④ 해당 기업의 대표자와 국세기본법 시행령 제1조의2 제1항에 따른 친족관계인 사람이 아닐 것(조특법 29조의3 ① 3, 조특령 26조의3 ⑤)

3) 청년 등 외 상시근로자의 범위

청년 등 외 상시근로자는 청년등 상시근로자가 아닌 상시근로자로 한다.(조특령 27조의4)

(7) 상시근로자의 범위

상시근로자는 근로기준법에 따라 근로계약을 체결한 내국인 근로자로 한다. 다만, 다음 중 하나에 해당하는 사람은 제외한다.(조특령 27조의4 ①, 2020.2.11. 개정)

① 근로계약기간이 1년 미만인 근로자(근로계약의 연속된 갱신으로 인하여 그 근로계약의 총 기간이 1년 이상인 근로자는 제외)(2020.2.11. 개정)

② 근로기준법 제2조 제1항 제9호에 따른 단시간근로자. 다만, 1개월간의 소정근로시간이 60시간 이상인 근로자는 상시근로자로 본다.(2020.6.2. 개정)

③ 법인세법 시행령 제40조 제1항 중 하나에 해당하는 임원

④ 해당 기업의 최대주주 또는 최대출자자(개인사업자의 경우에는 대표자)와 그 배우자

⑤ 위 '④'에 해당하는 자의 직계존비속(그 배우자를 포함) 및 국세기본법 시행령 제1조의2 제1항에 따른 친족관계인 사람

⑥ 「근로소득원천징수부」에 의하여 근로소득세를 원천징수한 사실이 확인되지 아니하는 사람

⑦ 사회보험에 대하여 사용자가 부담하여야 하는 부담금 또는 보험료의 납부 사실이 확인되지 아니하는 근로자

(8) 창업 등을 한 경우의 증가인원의 계산

청년등 상시근로자 또는 상시근로자 증가인원을 계산할 때 해당 과세연도에 창업 등을 한 기업의 경우에는 다음의 구분에 따른 수를 직전 또는 해당 과세연도의 청년등 상시근로자 수 또는 상시근로자 수로 본다.(조특령 27조의4 ⑦, 2017.2.7. 개정)

① 창업(다음에 해당하는 경우는 제외)한 경우의 직전 과세연도의 상시근로자 수 : 0

㉠ 사업의 양수를 통해 사업을 승계하거나 종전의 사업에 사용되던 자산을 인수 또는 매입하여 같은 종류의 사업을 하는 경우

㉡ 폐업후 사업을 다시 개시하여 폐업전의 사업과 같은 종류의 사업을 하는 경우

② 위 '㉠'(사업의 양수 등을 통하여 종전의 사업을 승계하는 경우는 제외)와 '㉡' 중 하나에 해당하는 경우의 직전 과세연도의 상시근로자 수 : 종전 사업 또는 폐업 전의 사업의 직전 과세연도 상시근로자 수

③ 다음 중 하나에 해당하는 경우의 직전 또는 해당 과세연도의 상시근로자 수 : 직전 과세연도의 상시근로자 수는 승계한 기업의 직전 과세연도 청년등 상시근로자 수 또

는 상시근로자 수에 승계받은 청년등 상시근로자 수 또는 상시근로자 수를 더한 수

㉠ 해당 과세연도에 현물출자 또는 사업의 양수 등에 의하여 종전의 사업부문에서 종사하던 청년등 상시근로자 또는 상시근로자를 승계한 경우

㉡ 특수관계인으로부터 청년등 상시근로자 또는 상시근로자를 승계한 경우

㉢ 다음 중 하나에 해당하는 경우 : 승계시킨 기업의 경우에는 직전 과세연도 상시근로자 수에 승계시킨 상시근로자 수를 뺀 수로 하고, 승계한 기업의 경우에는 직전 과세연도 상시근로자 수에 승계한 상시근로자 수를 더한 수로 하며, 해당 과세연도의 상시근로자 수는 해당 과세연도 개시일에 상시근로자를 승계시키거나 승계한 것으로 보아 계산한 청년등 상시근로자 수 또는 상시근로자 수로 한다.(조특령 27조의4 ⑥ 3, 2014.2.21. 개정)

ⓐ 해당 과세연도에 합병·분할·현물출자 또는 사업의 양수 등에 의하여 종전의 사업부문에서 종사하던 상시근로자를 승계하는 경우

ⓑ 특수관계인으로부터 상시근로자를 승계하는 경우

(9) 공제신청

중소기업고용증가 인원에 대한 사회보험료 세액공제를 적용받으려는 중소기업은 해당 과세연도의 과세표준신고를 할 때 세액공제신청서 및 공제세액계산서를 제출하여야 한다. (조특법 30조의4 ③)

(10) 기타 참고사항

① 다른 세액감면과는 중복적용이 배제된다.(2018.1.1. 이후 개시하는 과세연도 분부터는 '중소기업에 대한 특별세액감면'과 중복적용이 가능하다) (조특법 127조 ④, 2017.12.19. 개정)

② 최저한세 규정이 적용된다.

③ 농어촌특별세가 비과세된다.

④ 추계신고시 적용 배제된다.

⑤ 미공제세액은 10년간 이월공제된다.(조특법 144조 ①)

9 월세액에 대한 세액공제

(1) 개 요

➲ 2024.1.1. 이후 월세액을 지급하는 경우부터 적용한다.(2023.12.31. 조특법 부칙 15조)

과세기간 종료일 현재 주택을 소유하지 아니한 세대의 세대주(세대주가 월세세액공제,

주택마련저축공제, 주택임차차입금 원리금 상환액공제 및 장기주택저당차입금 이자상환액 공제를 받지 아니하는 경우에는 세대의 구성원을 말하며, 외국인을 포함)로서 해당 과세기간의 총급여액이 8천만원 이하인 근로소득이 있는 거주자(해당 과세기간에 종합소득과세표준을 계산할 때 합산하는 종합소득금액이 7천만원을 초과하는 사람은 제외)가 월세액을 지급하는 경우 그 금액의 15%[해당 과세기간의 총급여액이 5천500만원 이하인 근로소득이 있는 근로자(해당 과세기간에 종합소득과세표준을 계산할 때 합산하는 종합소득금액이 4,500만원을 초과하는 사람은 제외)의 경우에는 17%]에 해당하는 금액을 해당 과세기간의 종합소득산출세액에서 공제한다. 다만, 해당 월세액이 1,000만원을 초과하는 경우 그 초과하는 금액은 없는 것으로 한다.(조특법 95조의2 ①, 2023.12.31. 개정)

• 공제세액 = Min(공제대상 월세액, 1,000만원) × 15%(또는 17%*)

* 종합소득금액 4,500만원 이하인 자는 17%를 적용한다.

월세세액공제 요건

구 분	공제요건
세대주요건	• 총급여액이 8천만원(종합소득금액으로는 7천만원) 이하인 무주택세대의 세대주 또는 세대원
주택요건	• 국민주택규모의 주택(주거용 오피스텔 및 고시원 포함)
거주요건	• 임대차계약서의 주소지와 주민등록표등본상의 주소지가 같을 것(실제 거주요건)

✓ **국가 및 지방자치단에서 지원받는 월세액 상당액은 조세특례제한법 제95조의2에 따른 월세액에 대한 세액공제 대상 금액에서 제외되는 것임**(서면법규소득 2024-214, 2025.1.31.)

✓ **세대구분형 공동주택 임차인이 월세액 세액공제를 받기위한 임차주택 판단기준**

세대구분형 공동주택의 세대별로 구분된 공간을 임차한 경우 월세액 세액공제를 받기위한 국민주택규모의 판단은 임차한 부분에 해당하는 전용면적을 기준으로 판단함(기획재정부소득-433, 2023.5.19.)

✓ **임대차계약증서와 주민등록표등본의 주소지가 서로 다른 경우 월세액 세액공제 적용 가부**

조세특례제한법 제95조의2에 따른 월세액 세액공제는 임대차계약증서의 주소지와 주민등록표 등본의 주소지가 같을 것 등 법정된 요건을 충족하는 주택을 임차하기 위하여 지급하는 월세액에 대하여 적용되는 것임(서면법규소득 2023-1355, 2023.11.7.)

✓ **경락 배당금에서 미지급 월세액을 공제하는 경우 월세액 세액공제 적용여부**

강제집행절차에 따른 배당에서 임차인이 연체한 월세액 상당액을 공제한 보증금을 수령한 경우에도 조세특례제한법 제95조의2에 규정된 요건을 충족하는 경우에는 월세액에 대한 세액공제를 적용받을 수 있는 것임(사전법령해석소득 2021-1120, 2021.11.25.)

✓ 과세기간 종료일 현재 공동상속주택의 최고지분 소유 시 월세액에 대한 세액공제 적용여부

공동상속주택 상속 이후 다른 상속인 지분을 취득하여 과세기간 종료일 현재 최고지분자가 된 경우는 조세특례제한법 제95조의2 제1항에 따른 월세액에 대한 세액공제 적용대상에 해당하지 않는 것임(사전법령해석소득 2018-370, 2018.10.29.)

(2) 세대의 범위

"세대"란 다음의 사람을 모두 포함한 세대를 말한다. 이 경우 거주자와 그 배우자는 생계를 달리 하더라도 동일한 세대로 본다.(조특령 95조 ①, 2021.2.17. 개정)

① 거주자와 그 배우자

② 거주자와 같은 주소 또는 거소에서 생계를 같이 하는 사람으로서 다음 중 하나에 해당하는 사람

㉠ 거주자의 직계존비속(그 배우자를 포함) 및 형제자매

㉡ 거주자의 배우자의 직계존비속(그 배우자를 포함) 및 형제자매

(3) 월세액의 요건

다음의 요건을 충족하는 주택(오피스텔 및 건축법 시행령 [별표 1] 제4호 거목에 따른 고시원업의 시설을 포함)을 임차하기 위하여 지급하는 월세액(사글세액을 포함)을 말한다.(조특령 95조 ②)

① 국민주택규모의 주택이거나 기준시가 3억원 이하인 주택일 것. 이 경우 해당 주택이 다가구주택이면 가구당 전용면적을 기준으로 한다.(조특령 95조 ② 1, 2019.2.12. 개정)

② 주택에 딸린 토지가 다음의 구분에 따른 배율을 초과하지 아니할 것

㉠ 국토의 계획 및 이용에 관한 법률 제6조 제1호에 따른 도시지역의 토지 : 5배

㉡ 그 밖의 토지 : 10배

③ 임대차계약증서의 주소지와 주민등록표 등본의 주소지(외국인의 경우에는 출입국관리법 제32조 제4호에 따른 국내 체류지 또는 재외동포의 출입국과 법적 지위에 관한 법률 제6조에 따라 신고한 국내거소를 말한다)가 같을 것(조특령 95조 ② 3, 2021.2.17. 개정)

➲ 2021.1.1. 이후 개시하는 과세연도 분부터 적용한다.(2021.2.17. 조특법 부칙 2조 ①)

④ 해당 거주자 또는 해당 거주자의 기본공제대상자가 임대차계약을 체결하였을 것

(4) 외국인의 범위

➲ 2021.1.1. 이후 월세액을 지급하는 분부터 적용한다.(2020.12.29. 조특법 부칙 18조 ①)

다음의 요건을 모두 갖춘 거주자를 말한다.(조특령 95조 ④, 2021.2.17. 신설)

① 다음 중 하나에 해당하는 사람일 것
 ㉠ 출입국관리법 제31조에 따라 등록한 외국인
 ㉡ 재외동포의 출입국과 법적 지위에 관한 법률 제6조에 따라 국내거소신고를 한 외국국적동포

② 다음 중 하나에 해당하는 사람이 주택마련저축공제·월세액세액공제 및 주택임차차입금 원리금상환공제·장기주택저당차입금 이자상환공제를 받지 않았을 것
 ㉠ 위 '①'에 해당하는 사람(이하 "거주자"라 한다)의 배우자
 ㉡ 거주자와 같은 주소 또는 거소에서 생계를 같이 하는 사람으로서 다음 중 하나에 해당하는 사람
  ⓐ 거주자의 직계존비속(그 배우자를 포함) 및 형제자매
  ⓑ 거주자의 배우자의 직계존비속(그 배우자를 포함) 및 형제자매

(5) 공제대상 월세액의 계산

월세액은 임대차계약증서상 주택임차 기간 중 지급하여야 하는 월세액의 합계액을 주택임대차 계약기간에 해당하는 일수로 나눈 금액에 해당 과세기간의 임차일수를 곱하여 산정한다.(조특령 95조 ③)

$$\text{월세액} = \text{임차기간 월세액의 합계액} \times \frac{\text{과세기간의 임차일수}}{\text{임차계약기간 일수}}$$

(6) 세액공제액

• 공제세액 = Min(공제대상 월세액, 750만원) × 15%(또는 17%*)

* 총급여 5,500만원 이하인 근로자 또는 종합소득금액 4,500만원 이하인 자는 17%를 적용한다.

(7) 성실신고확인대상자 또는 성실사업자*의 월세세액공제

➲ 2024.1.1. 이후 월세액을 지급하는 경우부터 적용한다.(2023.12.31. 조특법 부칙 15조)

① 해당 과세연도의 종합소득과세표준에 합산되는 종합소득금액이 7천만원 이하인 성

실사업자* 또는 성실신고확인대상사업자로서 성실신고확인서를 제출한 자가 월세액을 2026.12.31.이 속하는 과세연도까지 지급하는 경우 그 지급한 금액의 15%(해당 과세연도의 종합소득과세표준에 합산되는 종합소득금액이 4,500만원 이하인 성실사업자* 또는 성실신고확인대상사업자로서 성실신고확인서를 제출한 자의 경우에는 17%)에 해당하는 금액을 해당 과세연도의 소득세에서 공제한다. 다만, 해당 월세액이 1,000만원을 초과하는 경우 그 초과하는 금액은 없는 것으로 한다.(조특법 122조의3 ③, 2022.12.31. 개정)

* 조세특례제한법 제122조의3 제1항에서의 성실사업자를 의미한다.

• 공제세액 = Min(공제대상 월세액, 1,000만원) × 15%(또는 17%*)

* 종합소득금액 4,500만원 이하인 자는 17%를 적용한다.

② 월세세액공제액의 추징

월세세액공제를 적용받은 사업자가 다음 중 하나에 해당하는 경우에는 공제받은 금액에 상당하는 세액을 전액 추징한다.(조특법 122조의3 ⑤, 2014.12.23. 항번개정)

이때 세액이 추징된 사업자에 대해서는 추징일이 속하는 다음 과세기간부터 3개 과세기간 동안 월세세액공제를 적용하지 아니한다.(조특법 122조의3 ⑥, 2014.12.23. 항번개정)

㉠ 해당 과세기간에 대하여 과소신고한 수입금액이 경정(수정신고로 인한 경우를 포함)된 수입금액의 20% 이상인 경우

㉡ 해당 과세기간에 대한 사업소득금액 계산시 과대계상한 필요경비가 경정(수정신고로 인한 경우를 포함)된 필요경비의 20% 이상인 경우

개정 2023.12.31.

➲ 2025.1.1.부터 시행한다.(2024.12.31. 조특법 부칙 1조)

② 월세세액공제액의 추징

월세세액공제를 적용받은 사업자가 해당 과세기간에 대하여 과소 신고한 사업소득금액이 경정(수정신고로 인한 경우를 포함)된 사업소득금액의 10%(성실사업자는 20%) 이상인 경우에는 공제받은 금액에 상당하는 세액을 전액 추징한다.(조특법 122조의3 ⑤, 2024.12.31. 개정)

(8) 제출서류(소칙 58조 ① 4 다)

① 월세액·거주자간 주택임차차입금 원리금상환액 소득·세액공제명세서

② 주민등록표등본

③ 임대차계약서 사본

④ 현금영수증, 계좌이체 영수증, 무통장 입금증 등 주택 임대인에게 월세액을 지급하였음을 증명할 수 있는 서류

(9) 월세 현금영수증 사용액과 중복공제 배제

주택 월세에 대해 현금영수증 발급분으로 인정받아 신용카드 등 소득공제를 받은 경우에는 월세세액공제를 적용받을 수 없다.(조특령 122조의2 ⑥ 11)

(10) 기타 참고사항

① 농어촌특별세가 비과세된다.(농특법 4조 ⑦ 1)

② 추계신고시에도 적용이 가능하다.

③ 최저한세는 적용되지 않는다.

④ 미공제세액은 이월공제 되지 않는다.

10 간이지급명세서에 대한 세액공제(2022.12.31. 신설)

➲ 2026.1.1. 이후 발생하는 소득에 대한 간이지급명세서를 제출하는 분부터 적용한다.(2022.12.31. 조특법 부칙 1조 단서 1, 2023.12.31. 개정, 21조)

(1) 납세자에 대한 세액공제

1) 개요

① 소규모 사업자가 2026.1.1.부터 2027.12.31.까지 지급하는 일용근로자가 아닌 근로자에게 지급하는 근로소득에 대한 간이지급명세서를 제출기한까지 국세정보통신망을 이용하여 직접 제출하는 경우에는 간이지급명세서상의 소득자 인원 수에 200원을 곱한 금액을 해당 과세연도의 소득세의 납부세액에서 일정한 금액을 공제한다.(조특법 104조의5 ①, 조특령 104조의2 ③)

② 위 '①'에 따라 계산한 금액이 간이지급명세서 제출자별로 연 1만원 미만인 때에는 이를 1만원으로 하고, 연 300만원을 초과하는 때에는 그 초과하는 금액은 이를 없는

것으로 한다.(조특법 104조의5 ③)

> • 세액공제액 = Max[Min(①, ②), 1만원]
> ① 간이지급명세서상의 소득자 인원 수 × 200원
> ② 300만원

2) 소규모 사업자의 범위

① 소규모 사업자는 세액공제를 받으려는 과세연도의 상시고용인원 수가 20명 이하인 원천징수의무자를 말한다.

② 상시고용인원 수는 해당 과세연도의 매월 말일 현재의 상시고용인원 수를 합하여 해당 과세연도의 개월 수로 나눈 수로 한다.(조특령 104조의2 ②)

$$\text{상시고용인원 수} = \frac{\text{해당 과세연도의 매월 말 현재 상시고용인원 수의 합}}{\text{해당 연도의 개월 수}}$$

(2) 세무사(세무법인)에 대한 세액공제

① 세무사법에 따른 세무사(세무사법 제20조의2 제1항에 따라 등록한 공인회계사 및 변호사, 같은 법에 따른 세무법인 및 공인회계사법에 따른 회계법인을 포함한다. 이하 같다)가 소규모 사업자를 대리하여 국세정보통신망을 통하여 일용근로자가 아닌 근로자에게 지급하는 근로소득에 대한 간이지급명세서를 제출기한까지 제출하는 경우에는 해당 과세연도의 세무사의 소득세의 납부세액에서 간이지급명세서상의 소득자 인원 수에 200원을 곱한 금액을 공제한다.(조특법 104조의5 ②)

② 위 '①'에 따라 계산한 금액이 간이지급명세서 제출자별로 연 1만원 미만인 때에는 이를 1만원으로 하고, 연 300만원(세무법인 또는 회계법인은 600만원)을 초과하는 때에는 그 초과하는 금액은 이를 없는 것으로 한다.(조특법 104조의5 ③)

> • 세액공제액 = Max[Min(①, ②), 1만원]
> ① 간이지급명세서상의 소득자 인원 수 × 200원
> ② 300만원(세무법인 또는 회계법인은 600만원)

PART 4

(3) 세액공제의 신청

세액공제를 받으려는 자는 과세표준신고를 할 때 세액공제신청서 및 공제세액계산서를 납세지 관할 세무서장에게 제출해야 한다.(조특령 104조의2 ④)

(4) 기타 참고사항

① 다른 세액공제 규정 및 세액감면 규정과 중복적용이 가능하다.(조특법 127조 ④)
② 최저한세 규정이 적용되지 않는다.(조특법 132조 ② 3)
③ 농어촌특별세가 과세된다.(농특령 4조 ⑦ 1)
④ 추계신고시에도 적용이 가능하다.(조특법 128조 ①)
⑤ 미공제세액은 10년간 이월공제가 가능하다.(조특법 144조 ①)

11 전자신고 등에 대한 세액공제

(1) 납세자에 대한 세액공제

① 납세자가 직접 전자신고의 방법으로 종합소득 과세표준 확정신고, 양도소득 과세표준 예정신고 또는 법인세 과세표준신고를 하는 경우에는 해당 납부세액에서 2만원(소득세법 제73조에 따라 과세표준확정신고의 예외에 해당하는 자가 과세표준확정신고를 한 경우에는 추가로 납부하거나 환급받은 결정세액과 1만원 중 적은 금액)을 공제한다. 이 경우 납부할 세액이 음수인 경우에는 이를 없는 것으로 한다.(조특법 104조의8 ①, 2020.12.29. 개정, 조특령 104조의5 ①, ②, 2021.2.17. 개정)

② 납세자가 직접 전자신고의 방법으로 부가가치세 확정신고를 하는 경우에는 해당 납부세액에서 1만원을 공제하거나 환급세액에 가산한다. 다만, 매출가액과 매입가액이 없는 일반과세자에 대해서는 세액공제를 적용하지 아니하며, 간이과세자에 대해서는 공제세액이 납부세액에 부가가치세법 제63조 제3항(매입세금계산서 등 공제), 제64조(재고매입세액 가산) 및 제65조(의제매입세액 공제)에 따른 금액을 가감(加減)한 후의 금액을 초과할 때에는 그 초과하는 금액은 없는 것으로 본다.(조특법 104조의8 ②, 조특령 104조의5 ③, ④)

(2) 세무사(세무법인)에 대한 세액공제

1) 공제세액

세무사(세무사등록부 또는 세무대리업무등록부에 등록한 공인회계사 및 변호사, 세무법인과 공인회계사 및 회계법인을 포함)가 납세자를 대리하여 전자신고의 방법으로 직전 과세연도 동안 소득세 또는 법인세를 신고한 경우에는 당해 세무사의 소득세(사업소득에 대한 소득세만 해당하며, 부동산임대업에서 발생하는 소득은 제외한다) 또는 법인세의 납부세액에서 2만원을 공제하고, 직전 과세기간 동안 부가가치세를 신고한 경우에는 당해 세무사의 부가가치세 납부세액에서 1만원을 공제한다.(조특법 104조의8 ③, 2021.11.23. 개정)

2) 공제한도

세무사가 공제받을 수 있는 연간 공제 한도액(해당 세무사가 소득세 또는 법인세의 납부세액에서 공제받을 금액 및 부가가치세에서 공제받을 금액을 합한 금액)은 300만원(세무사법에 따른 세무법인 또는 공인회계사법에 따른 회계법인인 경우에는 750만원)으로 한다.(조특법 104조의8 ④, 2019.12.31. 개정)

(3) 납세자의 납부고지서 전자송달 신청에 대한 세액공제

➲ 2021.7.1.부터 시행한다.(2020.12.29. 조특법 부칙 1조 단서)

① 납세자가 전자송달의 방법으로 납부고지서의 송달을 신청한 경우 신청한 달의 다음 다음 달 이후 송달하는 분부터 다음 중 하나에 해당하는 국세의 납부세액에서 납부고지서 1건당 1,000원을 공제한다.(조특법 104조의8 ⑤, 2020.12.29. 신설, 조특령 104조의5 ⑦, 2021.2.17. 신설)

㉠ 소득세법 제65조 제1항 전단(☞ 중간예납고지 규정)에 따라 결정·징수하는 소득세

㉡ 부가가치세법 제48조 제3항 본문(☞ 예정고지) 및 같은 법 제66조 제1항 본문(☞ 예정부과)에 따라 결정·징수하는 부가가치세

㉢ 과세표준과 세액이 정부가 결정하는 때 확정되는 국세(수시부과하여 징수하는 경우는 제외)

② 세액공제 금액은 각 세법에 따라 부과하는 국세의 납부세액에서 1만원을 차감한 금액을 한도로 한다.(조특법 104조의8 ⑥, 국기법 83조, 국기령 65조의3)

(4) 공제신청

전자신고세액공제를 받고자 하는 자는 전자신고를 하는 때(세무사가 세액공제를 받고자 하는 경우는 세무사 본인의 과세표준신고를 하는 때를 말한다)에 「세액공제신청서」(별지 제1호 서식)를 관할 세무서장에게 제출하여야 한다.(조특령 104조의5 ⑥)

(5) 기타 참고사항

① 최저한세규정이 적용된다.

② 농어촌특별세가 비과세된다.

③ 추계신고시에도 적용된다.

④ 미공제세액은 10년간 이월공제된다.(조특법 144조 ①)

✓ **공동사업자인 세무사가 전자신고 대리한 경우 세액공제 한도 적용방법**

[사실관계]

질의인은 경기도 ××시에서 세무사 사무실을 운영하다가 2018년 다른 세무사와 공동으로 세무사 사무실을 운영함

[질의]

- 세무사가 납세자를 대리하여 소득세 등을 전자신고한 경우 연간 300만원 한도(세무법인 750만원 한도)로 조특법 104조의8의 전자신고세액을 공제함
- 2인의 세무사가 공동으로 세무사업을 영위하는 경우 전자신고 대리에 따른 조특법 104조의8의 전자신고세액공제 한도를 사업장 기준으로 적용하는 것인지 공동사업자인 각 세무사 인별 기준으로 적용하는 것인지 여부

[회신]

세무사업을 공동으로 영위하는 세무사가 납세자를 대리하여 전자신고의 방법으로 직전 과세연도 동안 소득세, 법인세 신고를 하거나 직전 과세기간 동안 부가가치세를 신고한 경우 조세특례제한법 제104조의8에 따라 전자신고에 대한 세액공제를 받는 것이며 이때 전자신고에 대한 세액공제 한도는 해당 공동사업을 영위하는 세무사 인별로 적용하는 것임(사전법령해석소득 2019-117, 2019.3.8.)

✓ **전자신고세액공제 적용방법**(구, 조특 집행기준 104의8-0-1 수정)

➲ 아래의 사례는 개인세무사 연간 400만원, 세무법인 등은 연간 1천만원의 공제한도가 적용되는 기준으로 작성된 것이며, 2019.1.1. 이후 세액공제 신청분부터 개인세무사는 연간 300만원, 세무법인 등은 연간 750만원의 공제한도가 적용된다.

① 납세자가 직접 전자신고 한 경우 세액공제 적용방법

구 분	신고대상 기간	신고일	공제세액 적용일	공제세액
소득세	2016.1.1.~12.31.	2017.5.1.~5.31.	2017.5.1.~5.31.	2만원
법인세	2016.1.1.~12.31.	2017.3.1.~3.31.	2017.3.1.~3.31.	2만원
부가가치세	2016.7.1.~12.31.	2017.1.1.~1.25.	2017.1.1.~1.25.	1만원

② 세무대리인이 납세자를 대리하여 전자신고 한 경우 세액공제 적용방법

구 분	신고대상 기간	신고일	공제세액 적용일	공제세액
소득세	2015.1.1.~12.31.	2016.5.1.~5.31.	2017.5.1.~5.31.	1건당 2만원
법인세	2015.1.1.~12.31.	2016.3.1.~3.31.	2017.3.1.~3.31.	1건당 2만원
부가가치세	2016.7.1.~12.31.	2017.1.1.~1.25.	2017.7.1.~7.25.	1건당 1만원

* 연간 공제한도액은 4백만원(세무법인 또는 회계법인의 경우 1천만원)으로 한다.

〈사례〉 2016.1.1. 신규 개업한 세무사 홍길동이 2016년 중 다음과 같이 납세자를 대리하여 전자신고 한 경우 전자신고세액공제액 계산

기 간		대리신고 내용
2016년	1월	2015년 2기 개인사업자 80명, 법인사업자 40명의 부가가치세 전자신고를 대리함
	3월	2015.12.31.로 사업연도가 종료되는 법인사업자 40명의 법인세 전자신고를 대리함
	5월	거주자 80명의 2015년 귀속 종합소득세 전자신고를 대리함
	7월	2016년 1기 개인사업자 80명, 법인사업자 40명의 부가가치세 전자신고를 대리함
2017년	1월	2016년 2기 개인사업자 80명, 법인사업자 40명의 부가가치세 전자신고를 대리함
	3월	2016.12.31.로 사업연도가 종료되는 법인사업자 40명의 법인세 전자신고를 대리함
	5월	거주자 80명의 2016년 귀속 종합소득세 전자신고를 대리함
	7월	2017년 1기 개인사업자 80명, 법인사업자 40명의 부가가치세 전자신고를 대리함

- 2016년 1기 부가가치세 확정신고 시(2016.7.25.) : 전자신고세액공제액 120만원
- 2016년 2기 부가가치세 확정신고 시(2017.1.25.) : 전자신고세액공제액 120만원
- 2016년 귀속 종합소득세 신고 시(2017.5.31.) : 전자신고세액공제액 240만원*

  * (2016년 3월 법인세 전자신고대리 40건, 5월 종합소득세 전자신고대리 80건) × 2만원
- 2017년 1기 부가가치세 확정신고 시(2017.7.25.) : 전자신고세액공제액 40만원**

  ** 2017년 1월 부가가치세 전자신고대리 120건에 대해 건당 1만원 적용되나 공제받을 수 있는 연간공제 한도액 4백만원을 초과하는 80만원은 세액공제 적용이 배제됨
- 2017년 2기 부가가치세 확정신고 시(2018.1.25.) : 전자신고세액공제액 120만원

✓ 세무사가 납세자를 대리하여 부가가치세 전자신고 시 전자신고세액공제 방법

세무사가 납세자를 대리하여 전자신고의 방법으로 부가가치세를 신고한 경우 해당 세무사는 전자신고한 날이 속하는 과세기간에 대한 부가가치세 신고시 전자신고세액공제를 하는 것임(부가-962, 2010.7.23.)

✓ 부가가치세 전자신고 세액공제액의 사업소득 총수입금액 포함 여부

조세특례제한법 제104조의8의 규정에 의하여 해당 부가가치세 납부세액에서 공제·적용한 '전자신고에 대한 세액공제액'은 소득세법 제24조 및 같은 법 시행령 제51조 제3항에 따라 부가가치세법이 정한 해당 과세기간 종료일이 속하는 과세기간의 소득금액 계산 시에 사업소득의 총수입금액에 산입하는 것임(서면소득 2016-4349, 2016.8.19.)

✓ 법인으로 전환한 세무법인의 전자신고 세액공제 연간 한도액

[사실관계]

2015년 3월에 법인전환한 세무법인의 2015년 전자신고 세액공제의 연간 공제 한도액이 1천만원인지 아니면, 1천만원을 해당 연도의 법인전환일 이후 월수로 환산한 금액인지

[질의]

질의법인은 1996년 8월부터 대구광역시 달서구에서 개인 세무사 사무실을 운영하다 2015년 3월 법인사업자로 전환하였음. 조특법 시행령 제104조의5 제5항에서는 세무사가 공제받을 수 있는 연간 공제 한도액은 4백만원이며, 세무사법에 따른 세무법인이 공제받을 수 있는 연간 공제 한도액은 1천만원임

[회신]
세무사법에 따른 세무사가 같은 법에 따른 세무법인으로 법인전환한 연도에 해당 세무법인의 조세특례제한법 제104조의8에 따른 전자신고에 대한 세액공제의 연간 공제 한도액은 1천만원으로 하는 것임(서면법령해석법인 2015-1098, 2015.9.6.)

➲ 2019.1.1. 이후 세액공제 신청분부터 개인세무사는 연간 300만원, 세무법인 등은 연간 750만원을 공제한도로 한다.

✓ 세무대리인의 전자신고세액공제 시 연간공제한도액 산정 시 연간의 의미

조세특례제한법 시행령 제104조의5 제5항(2010.2.18. 개정 대통령령 제22037호)의 연간공제한도액의 연간은 1월1일부터 12월31일까지를 말하는 것임(부가-1241, 2010.9.17.)

✓ 세무사의 전자신고세액공제 한도액 적용방법 등

세무사법에 따른 세무사는 납세자의 전자신고를 대리하여 조세특례제한법 제104조의8 제3항에 따른 전자신고세액공제를 300만원(☞ 2012년 전자신고분부터는 400만원)한도로 적용받는 것과 별도로 해당 세무사 본인에 대한 소득세 및 부가가치세를 신고하여 같은 조 제1항 및 제2항에 따른 전자신고세액공제를 적용받을 수 있는 것이며, 조세특례제한법 제132조를 적용함에 있어 부가가치세의 공제세액은 최저한세 적용 대상 공제세액에 해당하지 아니하는 것임(소득-1178, 2010.11.24.)

➲ 2019.1.1. 이후 세액공제 신청분부터 개인세무사는 연간 300만원, 세무법인 등은 연간 750만원을 공제한도로 한다.

✓ 본·지점이 있는 세무법인이 납세자를 대리하여 전자신고한 경우 전자신고 세액공제 연간 한도액 계산 기준

본·지점이 있는 세무법인이 납세자를 대리하여 전자신고한 경우 해당 세무법인의 전자신고에 따른 연간 세액공제 한도액은 본점과 지점의 공제세액을 합하여 적용하는 것임(부가-212, 2012.2.29.)

12 현금영수증가맹점에 대한 세액공제

① 현금영수증가맹점이 2025.12.31.까지 현금영수증(거래건별 5천원 미만의 거래만 해당하며, 발급승인시 전화망을 사용한 것을 말한다)을 발급하는 경우 다음의 금액을 해당 과세기간의 소득세 산출세액에서 공제받을 수 있다. 이 경우 공제세액은 산출세액을 한도로 한다.(조특법 126조의3 ②, 2022.12.31. 개정, 조특령 121조의3 ⑩)

공제세액 = 해당 과세기간별 건당 5천원 미만 현금영수증발급건수 × 20원

② 최저한세 규정이 적용되고, 다른 투자세액공제 및 세액감면규정과 중복적용이 가능하며, 농어촌특별세가 과세된다.

13 상가임대료를 인하한 임대사업자에 대한 세액공제(조특법 96조의3, 2020.3.23. 신설)

(1) 공제요건 및 공제율

상가건물에 대한 부동산임대업의 사업자등록(소득세법 제168조 또는 부가가치세법 제8조에 따른 사업자등록)을 한 자(이하 "상가임대인"이라 한다)가 임대상가건물(상가건물 임대차보호법 제2조 제1항 본문에 따른 상가건물)에 대한 임대료를 임차소상공인으로부터 2020.1.1.부터 2025.12.31.까지(이하 "공제기간"이라 한다) 인하하여 지급받는 경우 공제대상 임대료 인하액의 70%[해당 과세연도의 기준소득금액(해당 과세기간의 종합소득과세표준에 합산되는 종합소득금액에 임대료 인하액을 더한 금액)이 1억원을 초과하는 경우에는 50%]에 해당하는 금액을 소득세에서 공제한다.(조특법 96조의3 ①, 2024.12.31. 개정, 조특령 96조의3 ①, ②, ⑤, 2022.5.4. 신설)

➲ '기준소득금액'은 종합소득금액에 더하는 것이기 때문에 공동사업자의 경우 공동사업자 구성원별로 판단한다.

저자TIP 세액공제 및 이월공제 대상 소득의 범위

① 세액공제는 사업소득뿐만 아니라 종합소득 전체에 대한 산출세액에서 공제한다. '사업소득에 대한 소득세만 해당한다'는 단서 규정이 없기 때문이다.(조특법 96조의3 ①)
② 미공제세액은 10년간 이월되는데, 이월공제금액은 종합소득 전체가 아닌 사업소득(부동산임대소득을 포함)에 대한 산출세액에서만 공제가능하다.(조특법 144조 ①)

(2) 임차소상공인의 범위

임차소상공인은 다음 중 하나에 해당하는 자를 말한다.(조특령 96조의3 ③, 2021.11.9. 개정)

① 다음의 요건을 모두 갖춘 자
 ㉠ 소상공인기본법 제2조에 따른 소상공인
 ㉡ 임대상가건물을 2021.6.30. 이전부터 계속하여 임차하여 영업용 목적으로 사용하고 있는 자
 ㉢ [별표 14]에 따른 업종을 영위하지 않는 자
 ㉣ 상가임대인과 국세기본법 제2조 제20호에 따른 특수관계인이 아닌 자
 ㉤ 소득세법 제168조 또는 부가가치세법 제8조에 따라 사업자등록을 한 자
② 임대상가건물 임대차계약이 종료되기 전에 폐업한 자로서 다음의 요건을 모두 갖춘 자
 ㉠ 폐업하기 전에 위 '①'에 해당했을 것
 ㉡ 2021.1.1. 이후에 임대차계약 기간이 남아 있을 것

소상공인기본법 제2조【정의】

① 이 법에서 "소상공인"이란 중소기업기본법 제2조 제2항에 따른 소기업(小企業) 중 다음의 요건을 모두 갖춘 자를 말한다.
1. 상시 근로자 수가 10명 미만일 것
2. 업종별 상시 근로자 수 등이 대통령령으로 정하는 기준에 해당할 것

▼ 중소기업기본법 제2조 제2항

중소기업은 대통령령으로 정하는 구분기준에 따라 소기업(小企業)과 중기업(中企業)으로 구분한다.

▼ 중소기업기본법 시행령 제8조 제1항【소기업과 중기업의 구분】

법 제2조 제2항에 따른 소기업(小企業)은 중소기업 중 해당 기업이 영위하는 주된 업종별 평균매출액등이 [별표 3]의 기준에 맞는 기업으로 한다.

• 주된 업종별 평균매출액등의 소기업 규모기준(제8조 ① 관련)(2017.10.17. 개정)

해당 기업의 주된 업종	분류기호	규모 기준
1. 식료품 제조업	C10	평균매출액등 120억원 이하
2. 음료 제조업	C11	
3. 의복, 의복액세서리 및 모피제품 제조업	C14	
4. 가죽, 가방 및 신발 제조업	C15	
5. 코크스, 연탄 및 석유정제품 제조업	C19	
6. 화학물질 및 화학제품 제조업(의약품 제조업은 제외한다)	C20	
7. 의료용 물질 및 의약품 제조업	C21	
8. 비금속 광물제품 제조업	C23	
9. 1차 금속 제조업	C24	평균매출액등 120억원 이하
10. 금속가공제품 제조업(기계 및 가구 제조업은 제외한다)	C25	
11. 전자부품, 컴퓨터, 영상, 음향 및 통신장비 제조업	C26	
12. 전기장비 제조업	C28	
13. 그 밖의 기계 및 장비 제조업	C29	
14. 자동차 및 트레일러 제조업	C30	
15. 가구 제조업	C32	
16. 전기, 가스, 증기 및 공기조절 공급업	D	
17. 수도업	E36	
18. 농업, 임업 및 어업	A	평균매출액등 80억원 이하
19. 광업	B	
20. 담배 제조업	C12	
21. 섬유제품 제조업(의복 제조업은 제외한다)	C13	

해당 기업의 주된 업종	분류기호	규모 기준
22. 목재 및 나무제품 제조업(가구 제조업은 제외한다)	C16	
23. 펄프, 종이 및 종이제품 제조업	C17	
24. 인쇄 및 기록매체 복제업	C18	
25. 고무제품, 및 플라스틱제품 제조업	C22	
26. 의료, 정밀, 광학기기 및 시계 제조업	C27	
27. 그 밖의 운송장비 제조업	C31	
28. 그 밖의 제품 제조업	C33	
29. 건설업	F	
30. 운수 및 창고업	H	
31. 금융 및 보험업	K	
32. 도매 및 소매업	G	평균매출액등 50억원 이하
33. 정보통신업	J	
34. 수도, 하수 및 폐기물 처리, 원료재생업(수도업은 제외한다)	E(E36 제외)	평균매출액등 30억원 이하
35. 부동산업	L	
36. 전문·과학 및 기술 서비스업	M	
37. 사업시설관리, 사업지원 및 임대 서비스업	N	
38. 예술, 스포츠 및 여가 관련 서비스업	R	
39. 산업용 기계 및 장비 수리업	C34	평균매출액등 10억원 이하
40. 숙박 및 음식점업	I	
41. 교육 서비스업	P	
42. 보건업 및 사회복지 서비스업	Q	
43. 수리(修理) 및 기타 개인 서비스업	S	

비고

1. 해당 기업의 주된 업종의 분류 및 분류기호는 「통계법」 제22조에 따라 통계청장이 고시한 한국표준산업분류에 따른다.
2. 위 표 제27호에도 불구하고 철도 차량 부품 및 관련 장치물 제조업(C31202) 중 철도 차량용 의자 제조업, 항공기용 부품 제조업(C31322) 중 항공기용 의자 제조업의 규모 기준은 평균매출액등 120억원 이하로 한다.

▼ **소상공인기본법 시행령 제3조【소상공인의 범위 등】**

① 소상공인기본법(이하 "법"이라 한다) 제2조 제1항 제2호에서 "대통령령으로 정하는 기준"이란 주된 사업에 종사하는 상시 근로자 수가 업종별로 다음 중 하나에 해당하는 것을 말한다.

1. 광업·제조업·건설업 및 운수업 : 10명 미만
2. 제1호 외의 업종 : 5명 미만

② 제1항에 따른 주된 사업의 기준에 관하여는 중소기업기본법 시행령 제4조 및 제7조(제2항 제2호는 제외한다. 이하 이 항에서 같다)를 준용한다. 이 경우 같은 영 제4조 및 제7조 중 "평균매출액등"은 "매출액"으로, 같은 영 제7조 제2항 제1호 중 "직전

3개 사업연도"는 "직전 사업연도"로, "36개월"은 "12개월"로, "총 매출액을 3으로 나눈 금액"은 "매출액"으로, 같은 항 제3호 각 목 외의 부분 중 "제2호"는 "제1호"로 본다.

③ 제1항에 따른 상시 근로자는 근로기준법 제2조 제1항 제1호에 따른 근로자 중 다음 중 하나에 해당하는 사람을 제외한 사람으로 한다.

1. 임원 및 소득세법 시행령 제20조 제1항에 따른 일용근로자
2. 3개월 이내의 기간을 정하여 근로하는 사람
3. 기초연구진흥 및 기술개발지원에 관한 법률 제14조의2 제1항에 따라 인정받은 기업부설연구소 및 연구개발전담부서의 연구전담요원
4. 근로기준법 제2조 제1항 제9호에 따른 단시간근로자(이하에서 "단시간근로자"라 한다)로서 1개월 동안의 소정근로시간이 60시간 미만인 사람

④ 제1항에 따른 상시 근로자 수는 다음의 구분에 따른 방법에 따라 산정한다. 이 경우 단시간근로자로서 1개월 동안의 소정근로시간이 60시간 이상인 근로자는 1명을 0.5명으로 보아 산정한다.

1. 직전 사업연도의 사업기간이 12개월인 경우(직전 사업연도에 창업하거나 합병 또는 분할한 경우로서 창업일, 합병일 또는 분할일부터 12개월 이상이 지난 경우는 제외한다) : 직전 사업연도의 매월 말일 현재의 상시 근로자 수를 합하여 12로 나눈 인원
2. 직전 또는 해당 사업연도에 창업하거나 합병 또는 분할한 경우로서 제1호에 해당하지 않는 경우 : 다음의 구분에 따라 월평균 상시 근로자 수로 환산하여 산정한 인원
   가. 산정일이 창업하거나 합병 또는 분할한 달에 속하는 경우 : 산정일 현재의 인원
   나. 창업하거나 합병 또는 분할한 지 12개월 미만인 경우(가목의 경우는 제외) : 창업일, 합병일 또는 분할일이 속하는 달부터 산정일까지의 기간의 매월 말일 현재의 상시 근로자 수를 합하여 해당 개월 수로 나눈 인원
   다. 창업하거나 합병 또는 분할한 지 12개월 이상인 경우 : 산정일이 속하는 달부터 거꾸로 계산하여 12개월이 되는 달까지의 기간의 매월 말일 현재의 상시 근로자 수를 합하여 12로 나눈 인원

② 제1항을 적용할 때 소상공인이 그 규모의 확대 등으로 소상공인에 해당하지 아니하게 된 경우 그 사유가 발생한 연도의 다음 연도부터 3년간은 소상공인으로 본다. 다만, 소기업 외의 기업과 합병하거나 그 밖에 대통령령으로 정하는 사유로 소상공인에 해당하지 아니하게 된 경우에는 그러하지 아니하다.

▼ 소상공인기본법 시행령 제4조【소상공인 지위 유지의 제외】

법 제2조 제2항 단서에서 "대통령령으로 정하는 사유로 소상공인에 해당하지 아니하게 된 경우"란 다음 중 하나에 해당하는 경우를 말한다.(2021.12.28. 개정)

1. 소상공인이 법 제2조 제2항 본문에 따라 소상공인으로 보는 기간 중에 있는 자를 흡수합병한 경우로서 흡수합병된 기업이 당초 소상공인에 해당하지 않게 된 사유가 발생한 연도의 다음 연도부터 3년이 지난 경우
2. 소상공인이 중소기업기본법 제2조 제1항에 따른 중소기업에 해당하지 않게 된 경우
3. 법 제2조 제2항 본문에 따라 소상공인으로 보았던 기업이 같은 조 제1항에 따른 소상공인이 되었다가 다시 소상공인에 해당하지 않게 된 경우
4. 소상공인의 상시 근로자 수가 20명 이상이 된 경우
5. 소상공인이 독점규제 및 공정거래에 관한 법률 제31조 제1항에 따른 공시대상기업집단에 속하는 회사 또는 같은 법 제33조에 따라 공시대상기업집단의 소속회사로 편입·통지된 것으로 보는 회사에 해당하게 된 경우

[조특령 별표 14] 상가임대료를 인하한 임대사업자가 세액공제를 적용받지 못하는 임차 소상공인의 업종

다음 중 하나에 해당하는 업종 또는 사업을 말한다.

1. 다음의 구분에 따른 업종

업종분류	분류코드	세액공제 적용배제 업종
가. 제조업	C33402	영상게임기 제조업(도박게임 등 사행행위에 사용되는 영상게임기로 한정한다)
	C33409	기타 오락용품 제조업(도박게임 등 사행행위에 사용되는 오락용품으로 한정한다)
나. 정보통신업	J5821	게임 소프트웨어 개발 및 공급업(도박게임 등 사행행위에 사용되는 게임소프트웨어로 한정한다)
다. 금융 및 보험업	K64	금융업
	K65	보험 및 연금업
	K66	금융 및 보험 관련 서비스업[「전자금융거래법」 제2조 제1호에 따른 전자금융업무, 「자본시장과 금융투자업에 관한 법률」 제9조 제27항에 따른 온라인소액투자중개 및 「외국환거래법 시행령」 제15조의2 제1항에 따른 소액해외송금업무를 업으로 영위하는 업종 중 그 외 기타 금융지원 서비스업(66199)은 제외한다]
라. 부동산업	L68	부동산업[부동산 관리업(6821) 및 부동산 중개 및 대리업(68221)은 제외한다]
마. 공공행정, 국방 및 사회보장 행정	O84	공공행정, 국방 및 사회보장 행정
바. 교육 서비스업	P851	초등 교육기관
	P852	중등 교육기관
	P853	고등 교육기관
	P854	특수학교, 외국인학교 및 대안학교
사. 예술, 스포츠 및 여가관련 서비스업	R9124	사행시설 관리 및 운영업
아. 협회 및 단체, 수리 및 기타 개인 서비스업	S94	협회 및 단체
자. 가구 내 고용활동 및 달리 분류되지 않은 자가소비 생산활동	T97	가구 내 고용활동
	T98	달리 분류되지 않은 자가소비를 위한 가구의 재화 및 서비스 생산활동
차. 국제 및 외국기관	U99	국제 및 외국기관

비고: 업종분류, 분류코드 및 세액공제 적용배제 업종은 통계법 제22조에 따라 통계청장이 고시하는 한국표준산업분류에 따른다.

2. 개별소비세법 제1조 제4항에 따른 과세유흥장소를 경영하는 사업

(3) 공제대상 임대료 인하액의 범위

공제대상 임대료 인하액이란 아래의 [①－②]의 금액(이하 "임대료 인하액"이라 한다)을 말한다. 이 경우 보증금을 임대료로 환산한 금액은 제외한다.(조특령 96조의3 ④)

① 임대료를 인하하기 직전의 임대상가건물의 임대차계약에 따른 임대료를 기준으로 계산한 해당 과세연도(해당 과세연도 중 공제기간에 해당하는 기간으로 한정한다)의 임대료
다만, 공제기간 중 임대상가건물의 임대차계약을 동일한 임차소상공인과 갱신하거나 재계약(이하 "갱신등"이라 한다)하고 갱신등의 임대차계약에 따른 임대료가 인하된 경우 갱신등에 따른 임대차계약이 적용되는 날부터 2025.12.31.까지는 갱신등에 따른 임대료를 기준으로 계산한 임대료를 말한다.(조특령 96조의3 ④ 1, 2025.2.28. 개정)

② 임대상가건물의 임대료로 지급했거나 지급하기로 하여 해당 과세연도에 상가임대인의 수입금액으로 발생한 임대료(조특령 96조의3 ④ 2, 2021.2.17. 개정)

(4) 사후관리

공제기간을 포함하는 계약기간 중 임대료를 인하하기 직전의 임대차계약에 따른 임대료나 보증금보다 인상(임대차계약의 갱신등을 한 경우에는 갱신등에 따른 임대료나 보증금이 임대료를 인하하기 직전의 임대차계약에 따른 금액의 5%를 초과한 것을 말한다)한 경우에는 세액공제를 적용하지 않으며, 해당 과세연도 종료일 이후 6개월 이내에 인상한 경우에는 이미 공제받은 세액을 추징한다.(조특법 96조의3 ②, 조특령 96조의3 ⑥, ⑦, 2021.5.4. 항번개정)

(5) 공제신청

소득세를 공제받으려는 자는 해당 과세연도의 과세표준신고와 함께 「세액공제신청서」에 다음의 서류를 첨부하여 납세지 관할 세무서장에게 제출해야 한다.(조특법 96조의3 ③, 조특령 96조의3 ⑧, 2021.5.4. 항번개정)

① 임대료를 인하하기 직전에 체결한 임대차계약서 및 2020.1.1. 이후 임대차계약에 대한 갱신 등을 한 경우 갱신 등을 한 임대차계약서의 사본

② 확약서, 약정서 및 변경계약서 등 공제기간 동안 임대료 인하에 합의한 사실을 증명하는 서류

③ 세금계산서, 금융거래내역 등 임대료의 지급 등을 확인할 수 있는 서류

④ 임차소상공인이 소상공인의 요건을 갖췄음을 소상공인시장진흥공단에서 확인하는 서류

PART 4

(6) 기타 참고사항

① 다른 세액감면 및 세액공제와 중복적용이 가능하다.(조특법 127조 ④, ⑤)

② 복식부기의무자는 추계신고시 적용이 배제되고, 간편장부대상자는 추계신고시에도 적용이 가능하다.(조특법 128조 ①)

③ 최저한세 규정이 적용되지 않는다.(조특법 132조 ② 3)

④ 미공제세액은 10년간 이월공제된다.(조특법 144조 ①)

⑤ 농어촌특별세가 과세된다.(농특령 4조 ⑦ 1)

⑥ 다음 중 하나에 해당하는 경우에는 적용하지 않는다.(조특법 128조)

㉠ 소득세 무신고로 인해 관할 세무서장이 결정하는 경우

㉡ 기한후신고하는 경우

㉢ 과세표준 수정신고서를 제출한 과세표준과 세액을 경정할 것을 미리 알고 수정신고한 경우에 있어서 국세기본법 제47조의3 제2항 제1호에 따른 부정과소신고과세표준

㉣ 소득세법에 제80조 제2항의 규정에 따라 경정('㉤'에 해당하는 경우는 제외)을 하는 경우에 있어서 국세기본법 제47조의3 제2항 제1호에 따른 부정과소신고과세표준

㉤ 사업자가 다음 중 하나의 사유에 해당하는 경우(해당 사업장에 한한다). 다만, 사업자가 아래 'ⓐ 또는 ⓑ'의 의무를 불이행한 것에 대하여 정당한 사유가 있는 경우에는 적용한다.

ⓐ 사업용계좌를 신고하여야 할 사업자가 이를 이행하지 아니한 경우

ⓑ 현금영수증가맹점으로 가입하여야 할 사업자가 기한 내에 이를 이행하지 아니한 경우

ⓒ 신용카드가맹점으로 가입한 사업자 또는 현금영수증가맹점으로 가입한 사업자가 신용카드에 의한 거래를 거부하거나 신용카드매출전표를 사실과 다르게 발급한 경우 또는 현금영수증의 발급요청을 거부하거나 사실과 다르게 발급한 경우로서 관할 세무서장으로부터 신고금액을 통보받은 사업자가 다음 중 하나에 해당하는 경우

㉮ 해당 과세연도(신용카드에 의한 거래 또는 현금영수증의 발급을 거부하거나 신용카드매출전표 또는 현금영수증을 사실과 다르게 발급한 날이 속하는 해당 과세연도를 말한다)에 신고금액을 3회 이상 통보받은 경우로서 그 금액의 합계액이 100만원 이상인 경우

㉯ 해당 과세연도에 신고금액을 5회 이상 통보받은 경우

✓ **사업포괄양수도로 임차인이 변경된 경우 상가임대료를 인하한 임대사업자의 세액공제 적용 가부**

임대상가건물을 2021.6.30. 이전부터 계속하여 임차하여 영업용 목적으로 사용하고 있던 임차인이 2021.6.30. 후 해당 사업을 포괄양도한 경우로서 임대차계약관계도 위 포괄양도시점에 새로운 임차인이 승계한 경우에, 새로운 임차인은 조세특례제한법 시행령 제96조의3 제3항 제1호 나목의 요건을 갖춘 자에 해당하지 않는 것임(서면법규소득 2023-1290, 2024.1.29.)

✓ **상가임대료를 연체한 후 임대료 인하에 합의한 경우 상가임대료를 인하에 대한 세액공제 적용 여부**

조세특례제한법 제96조의3 제1항에 따른 공제기간 내에 발생한 상가임대료가 연체된 경우로서 연체된 상가임대료를 공제기간 내 사후적으로 인하하여 지급받는 경우에도 동법 제96조의3에서 규정한 여타의 요건을 충족하는 경우 동법 동조에 따른 세액공제를 적용받을 수 있는 것임(기획재정부 소득-43, 2021.1.21.)

✓ **2020년 1월 31일 후 새로운 임대인과 같은 내용의 임대차계약을 체결하는 경우**

임대상가건물을 2020년 1월 31일 이전부터 계속하여 임차하여 영업용 목적으로 사용하고 있던 임차인이 2020년 1월 31일 후 변경된 임대인과의 사이에 기존 임대차계약과 같은 조건의 새로운 임대차계약을 체결하고 계속 임차하여 영업용 목적으로 사용하는 경우에도 조세특례제한법 시행령 제96조의3 제3항 제2호의 요건을 충족한 것으로 보는 것임(사전법령해석소득 2021-135, 2021.3.17.)

✓ **상가임대료를 인하한 임대사업자에 대한 세액공제 가능 여부**

2020년 이전부터 계속 계약하고 있던 임차인이 업종변경 등으로 폐업 후 재개업하는 경우에도 사업내용만 변경된 채 계속 임차하여 영업용 목적으로 사용하는 경우 조세특례제한법 시행령 제96조의3 제3항 제2호의 요건을 충족한 것으로 보는 것임(사전법령해석소득 2021-219, 2021.3.18.)

✓ **공제기간 중 1개월 상가임대료를 면제하는 경우, 상가임대료 면제액에 대한 세액공제 적용가능 여부**

임대인이 임차소상공인으로부터 공제기간 중 1개월분 임대료를 면제하는 경우로서 해당 과세연도 중 당초 임대차계약에 따른 임대료나 보증금보다 인상하지 않는 경우, 해당 임대료 면제액은 조특법 96조의3 ①에 따라 세액공제를 적용함(사전법령해석법인 2021-375 2021.4.16.)

✓ **임대료를 인하하기 직전 임대차계약에 따라 임대차기간별로 임대료를 달리 적용한 경우, 조특법 96조의3 ②에 따른 세액공제배제 대상에 해당하는지 여부**

임대료를 인하하기 직전의 임대차계약에서 정한 내용에 따라 임대차기간별로 임대료를 달리 적용한 경우는 조세특례제한법 시행령 제96조의3 제5항에 규정된 '임대료를 인하하기 직전의 임대차계약에 따른 임대료나 보증금보다 인상'한 경우에 해당하지 아니함(사전법령해석소득 2021-544, 2021.4.19.)

✓ **내국법인이 부동산임대업의 업종을 등록하기 전에 임대료를 인하하여 지급받는 경우, 상가임대인 해당 여부**

다른 업종으로 사업자등록한 내국법인이 공제대상 과세연도 종료일까지 부동산임대업을 등록한 경우 상가임대인의 요건을 충족함(서면법령해석법인 2020-5930, 2021.6.17.)

✓ **임대차계약에 따른 기간별 임대료 인상액을 인하한 경우, 조세특례제한법 제96의3에 따른 세액공제대상에 해당하는지 여부**

조세특례제한법 제96조의3에 따른 세액공제는 조세특례제한법 시행령 제96조의3 제4항 제1호에

PART 4

따라 임대료를 인하하기 직전의 임대상가건물 임대차계약에 따른 임대료를 기준으로 세액공제액을 계산하는 것임(서면소득 2021-4311, 2021.8.31.)

✓ **상가임대료 인하금액에 대한 세액공제 적용 여부**

상가임대인이 2012년 5월 1일부터 2020년 12월 31일까지 상가를 임차인 갑에게 임대를 하였으며, 해당 계약을 해지하고 2021년 1월 1일부터 동일 건물에 위치한 다른 상가를 임대하는 계약을 체결하면서 한시적으로 임대료를 인하하는 경우 해당 상가임대인은 상가임대료를 인하한 임대사업자에 대한 세액공제를 적용할 수 없음(서면법령해석법인 2021-5268, 2021.10.20.)

✓ **상가임대료를 인하한 임대사업자에 대한 세액공제 여부**

임차인으로부터 월매출에 대한 임대료 율을 인하하여 임대료를 지급받는 경우 조세특례제한법 제96조의3 제1항에 따른 세액공제대상에 해당함(서면법령해석법인 2021-21, 2021.12.13.)

14 용역제공자에 관한 과세자료의 제출에 대한 세액공제(2021.8.10. 신설)

➲ 2021.8.10.부터 3개월이 경과한 날 이후 수입금액 또는 소득금액이 발생하는 용역에 대한 과세자료를 제출하는 분부터 적용한다.(2021.8.10. 조특법 부칙 1조, 2조)

(1) 개요

소득세법 제173조 제1항에 따른 용역제공자에 관한 과세자료(이하 "과세자료"라 한다)를 제출하여야 할 자가 수입금액 또는 소득금액이 발생하는 달의 다음 달 말일까지 국세정보통신망을 통하여 2026.12.31.까지 수입금액 또는 소득금액이 발생하는 용역에 관한 과세자료를 제출하는 경우 용역제공자의 인원 수 등을 고려하여 일정한 금액을 해당 용역에 대한 수입금액 또는 소득금액이 발생한 달이 속하는 과세연도에 대한 소득세(사업소득에 대한 소득세만 해당하며, 부동산임대업에서 발생하는 소득은 제외한다)에서 공제한다.(조특법 104조의32 ①, 2023.12.31. 개정, 7조의4 ①, 소법 173조 ①)

(2) 공제세액

① 공제세액은 제출하는 각각의 과세자료에 기재된 용역제공자 인원 수(용역제공자 인적사항 및 용역제공기간 등 기재해야 할 사항이 모두 기재된 인원 수로 한정한다)에 300원(2025년에 과세자료를 제출하는 경우부터는 500원)을 곱하여 계산한 금액의 합계액을 말한다.(조특령 104조의29 ① 전단, 2025.2.28. 개정)

② 공제세액의 합계액이 1만원 미만인 경우에는 이를 1만원으로 하고, 200만원을 초과하는 경우에는 그 초과하는 금액은 없는 것으로 한다.(조특령 104조의29 ① 후단, 2023.2.28. 개정)

➲ 2023.1.1.이 속하는 과세연도에 과세자료를 제출하는 경우부터 적용한다.(2023.2.28. 조특령 부칙 8조)

• 공제세액 = Max[Min(①, ②), 1만원]

① 과세자료에 기재된 용역제공자 인원 수 × 300원(500원)*
② 200만원
* 2025년 과세자료 제출분부터는 500원

(3) 세액공제의 신청

세액공제를 받으려는 자는 과세표준신고를 할 때 세액공제신청서 및 공제세액계산서를 납세지 관할 세무서장에게 제출해야 한다.(조특령 104조의29 ②, 2021.11.9. 신설)

(4) 기타 참고사항

① 다른 세액감면 및 세액공제와 중복적용이 가능하다.(조특법 127조 ④, ⑤)
② 추계신고시에도 적용이 가능하다.(조특법 128조 ①)
③ 최저한세 규정이 적용되지 않는다.(조특법 132조 ② 3)
④ 미공제세액은 10년간 이월공제된다.(조특법 144조 ①)
⑤ 농어촌특별세가 과세된다.(농특령 4조 ⑦ 1)

Chapter

03 세액의 감면

• 제 1 절 소득세법상의 감면

1 감면대상 소득

다음의 소득에 대하여는 일정금액을 감면한다.(소법 59조의5)

(1) 정부간의 협약에 따른 급여

정부간의 협약에 의하여 우리나라에 파견된 외국인이 그 쌍방 또는 일방당사국의 정부로부터 받는 급여

(2) 외국항행소득

1) 적용대상

거주자 중 대한민국의 국적을 가지지 아니한 자가 선박과 항공기의 외국항행사업으로부터 얻는 소득. 다만, 그 거주자의 국적지국에서 대한민국국민이 운용하는 선박과 항공기에 대하여 동일한 면제를 하는 경우만 해당한다.(소법 59조의5 ① 2, 2013.1.1. 개정)

2) 외국항행소득의 범위

선박과 항공기의 외국항행사업으로부터 얻는 소득이라 함은 다음에 해당하는 소득을 말한다.(소령 119조의2)

① 외국항행만을 목적으로 하는 정상적인 업무에서 발생하는 소득

② 사업자가 소유하는 선박 또는 항공기가 정기용선계약 또는 정기용기계약(나용선계약 또는 나용기계약은 제외)에 의하여 외국을 항행함으로써 발생하는 소득

2 감면세액의 계산

① 종합소득 중 감면대상 소득이 있는 때에는 종합소득산출세액에 해당 감면대상소득금액이 종합소득금액에서 차지하는 비율을 곱하여 계산한 금액 상당액을 감면한다.(소법 59조의5 ①)

$$감면세액 = 종합소득산출세액 \times \frac{감면소득금액}{종합소득금액}$$

② 소득세법 외의 법률에 의하여 소득세가 감면되는 경우에도 그 법률에 특별한 규정이 있는 경우를 제외하고는 위 산식을 준용하여 계산한 소득세를 감면한다.(소법 59조의5 ②)

3 구분경리

소득세법상의 감면규정(소법 59조의5 ①) 또는 다른 법률에 따라 감면되는 사업과 그 밖의 사업을 겸영하는 경우에 감면사업과 그 밖의 사업의 공통필요경비와 공통수입금액은 구분계산하여야 한다.(소령 119조, 2014.2.21. 신설)

4 세액감면신청

① 외국항행사업으로부터 얻는 소득에 대한 세액을 감면받으려는 자는 과세표준확정신고와 함께 세액감면신청서를 납세지 관할 세무서장에게 제출하여야 한다.(소령 138조 ①)

② 근로소득에 대한 세액을 감면받으려는 자는 세액감면신청서를 국내에서 근로소득금액을 지급하는 자를 거쳐 그 감면을 받고자 하는 달의 다음달 10일까지 원천징수 관할 세무서장에게 제출하여야 한다.(소령 138조 ②)

5 세액감면 및 세액공제 적용순위

소득세의 감면에 관한 규정과 세액공제에 관한 규정이 동시에 적용되는 경우에 그 적용순위는 다음에 의한다.(소법 60조 ①)

① 해당 과세기간의 소득에 대한 소득세의 감면
② 이월공제가 인정되지 아니하는 세액공제
③ 이월공제가 인정되는 세액공제. 이 경우 해당 과세기간 중에 발생한 세액공제액과 이전 과세기간에서 이월된 미공제액이 함께 있는 때에는 이월된 미공제액을 먼저 공제한다.

• 제 2 절 조세특례제한법상의 세액감면

이하에서는 조세감면의 제한을 먼저 살펴본 후 주요 세액감면규정을 살펴보기로 한다.

I 세액감면에 대한 조세특례의 제한

1 동일한 사업장에 대한 세액감면의 중복적용 배제

내국인이 동일한 사업장에 대하여 동일한 과세연도에 다음의 세액감면규정 중 둘 이상의 규정이 적용될 수 있는 경우에는 그 중 하나만을 선택하여 적용받을 수 있다.(조특법 127조 ⑤)

① 창업중소기업 등에 대한 세액감면(조특법 6조)
② 중소기업에 대한 특별세액감면(조특법 7조)
③ 연구개발특구에 입주하는 첨단기술기업 등에 대한 소득세 감면(조특법 12조의2)
④ 중소기업간의 통합에 대한 소득세의 이월감면(조특법 31조 ④, ⑤)
⑤ 법인전환시 세액감면승계(조특법 32조 ④)
⑥ 사업전환 중소기업과 무역조정기업에 대한 세액감면(조특법 33조의2, 2020.12.29. 삭제)
⑦ 수도권 밖으로 공장을 이전하는 기업에 대한 세액감면 등(조특법 63조 ①, 2020.12.29. 제목 개정)
⑧ 농공지구입주기업 등에 대한 세액감면(조특법 64조)
⑨ 사회적기업에 대한 소득세의 감면(조특법 85조의6 ①, ②)
⑩ 위기지역 창업기업에 대한 소득세의 감면(조특법 99조의9 ②)

➲ 2022.1.1.부터 시행한다.(2021.12.28. 조특법 부칙 1조)

⑪ 감염병 피해에 따른 특별재난지역의 중소기업에 대한 소득세 감면(조특법 99조의11, 2020.3.23. 신설)
⑫ 해외진출기업의 국내복귀에 대한 세액감면(조특법 104조의24 ①)

⑬ 제주첨단과학기술단지 입주기업에 대한 소득세의 감면(조특법 121조의8)
⑭ 제주투자진흥지구 또는 제주자유무역지역 입주기업에 대한 소득세의 감면(조특법 121조의9 ②)
⑮ 기업도시개발구역 등의 창업기업 등에 대한 소득세의 감면(조특법 121조의17 ②)
⑯ 아시아문화중심도시 투자진흥지구 입주기업 등에 대한 소득세의 감면(조특법 121조의20 ②)
⑰ 금융중심지 창업기업 등에 대한 법인세 등의 감면 등(조특법 121조의21 ②)
⑱ 외국인투자에 대한 세액감면(조특법 121조의2, 121조의4)
⑲ 기회발전특구의 창업기업 등에 대한 소득세의 감면(조특법 121조의33 ②, 2023.12.31. 신설)

➲ 2024.2.29.이 속하는 과세연도부터 적용한다.(2023.12.31. 조특법 부칙 31조)

2 세액감면과 세액공제의 중복적용 배제

내국인이 동일한 과세연도에 다음 '(1)'의 세액감면 규정과 '(2)'의 세액공제 규정을 동시에 적용받을 수 있는 경우에는 그 중 하나만을 선택하여 적용받을 수 있다. 다만, '창업중소기업 등에 대한 세액감면 중 고용증대에 따른 추가 세액감면(조특법 6조 ⑦)'에 따라 소득세를 감면받는 경우에는 '고용증대세액공제(조특법 29조의7)' 또는 '통합고용세액공제 중 고용증대세액공제(조특법 29조의8 ①)'를 동시에 적용하지 아니한다.(조특법 127조 ④, 2022.12.31. 단서개정)

개정 2024.12.31.

➲ 2025.1.1. 이후 창업중소기업을 창업하는 경우, 창업보육센터사업자로 지정을 받는 경우, 벤처기업으로 확인받는 경우 또는 에너지신기술중소기업에 해당하게 되는 경우부터 적용한다.(2024.12.31. 조특법 부칙 2조)

내국인이 동일한 과세연도에 다음 '(1)'의 세액감면 규정과 '(2)'의 세액공제 규정을 동시에 적용받을 수 있는 경우에는 그 중 하나만을 선택하여 적용받을 수 있다. 다만, '창업중소기업 등에 대한 세액감면(조특법 6조)'에 따라 소득세를 감면받는 경우에는 '고용증대세액공제(조특법 29조의7)' 또는 '통합고용세액공제(조특법 29조의8)'를 동시에 적용하지 아니한다.(조특법 127조 ④, 2024.12.31. 단서개정)

이때 세액감면을 적용받는 사업과 그 밖의 사업을 구분경리하는 경우로서 그 밖의 사업에 공제규정이 적용되는 경우에는 해당 세액감면과 공제는 중복지원에 해당하지 아니한다.(조특법 127조 ⑩, 2013.1.1. 신설)

➲ 세액감면 규정과 세액공제 요건을 둘 다 충족하는 경우에는 그 중 하나만 선택 적용하도록 하고 있는데, 중복판정 기준이 사업자 기준인지, 사업장 기준인지 불분명하였다. 이에 조문을 신설하여 사업장을 구분하여 세액감면과 세액공제를 각각 적용하는 경우 중복지원에 해당하지 않음을 명확히

한 것으로서, 기존의 기획재정부 유권해석(조세특례제도과 - 284, 2010.3.23.)을 법령에 반영한 것이다.

✓ **세액감면과 세액공제의 동시 적용 여부(사업장별 세제지원이 타 사업장에 영향을 주지 않을 경우)**

① 내국인이 동일한 과세연도에 세액감면과 세액공제를 동시에 적용받을 수 있는 경우에는 조세특례제한법 제127조 제4항(☞ 세액감면과 세액공제의 중복적용 배제)에 따라 그 중 하나만을 선택하여 적용하여야 함

② 다만, 조세특례제한법 제127조 제4항을 적용함에 있어서 제조공정이 서로 무관한 2개의 공장을 영위하는 법인이 각각의 공장을 구분하여 경리함에 따라 산출세액 중 공장별로 귀속되는 세액을 합리적으로 구분할 수 있는 경우에는 1개의 공장에서 세액감면을 적용하고 있다하더라도 다른 공장(이하 "제2공장")에 투자를 함에 따라 발생한 투자세액공제액은 제2공장에 귀속되는 세액을 한도로 공제할 수 있는 것임(기획재정부조세특례 - 284, 2010.3.23.)

(1) 세액감면

① 창업중소기업 등에 대한 세액감면(조특법 6조)

② 중소기업에 대한 특별세액감면(조특법 7조)

③ 연구개발특구에 입주하는 첨단기술기업 등에 대한 소득세 감면(조특법 12조의2)

④ 중소기업간의 통합에 대한 소득세의 이월감면(조특법 31조 ④, ⑤)

⑤ 법인전환시 세액감면승계(조특법 32조 ④)

⑥ 사업전환 중소기업과 무역조정기업에 대한 세액감면(조특법 33조의2, 2020.12.29. 개정)

⑦ 수도권 밖으로 공장을 이전하는 기업에 대한 세액감면 등(조특법 63조 ①, 2020.12.29. 제목 개정)

⑧ 농공지구입주기업 등에 대한 세액감면(조특법 64조)

⑨ 사회적기업 및 장애인 표준사업장에 대한 소득세의 감면(조특법 85조의6 ①, ②)

⑩ 위기지역 창업기업에 대한 소득세의 감면(조특법 99조의9 ②)

➲ 2022.1.1.부터 시행한다.(2021.12.28. 조특법 부칙 1조)

⑪ 감염병 피해에 따른 특별재난지역의 중소기업에 대한 소득세 감면(조특법 99조의11, 2020.3.23. 신설)

⑫ 해외진출기업의 국내복귀에 대한 세액감면(조특법 104조의24 ①)

⑬ 제주첨단과학기술단지 입주기업에 대한 소득세의 감면(조특법 121조의8)

⑭ 제주투자진흥지구 또는 제주자유무역지역 입주기업에 대한 소득세의 감면(조특법 121조의9 ②)

⑮ 기업도시개발구역 입주기업 등에 대한 소득세의 감면(조특법 121조의17 ②)

⑯ 아시아문화중심도시 투자진흥지구 입주기업 등에 대한 소득세의 감면(조특법 121조의20 ②)

⑰ 금융중심지 창업기업 등에 대한 소득세의 감면 등(조특법 121조의21 ②)

⑱ 첨단의료복합단지 입주기업에 대한 소득세의 감면(조특법 121조의22 ②)

⑲ 기회발전특구의 창업기업 등에 대한 소득세의 감면(조특법 121조의33 ②, 2023.12.31. 신설)

➲ 2024.2.29.이 속하는 과세연도부터 적용한다.(2023.12.31. 조특법 부칙 31조)

(2) 세액공제

① 수탁기업 투자에 대한 세액공제(조특법 8조의3 ③, 2016.12.20. 신설)

② 통합투자세액공제(조특법 24조, 2020.12.29. 신설)

③ 영상콘텐츠 제작비용에 대한 세액공제(조특법 25조의6, 2016.12.20. 신설)

④ 고용창출투자세액공제(조특법 26조)

⑤ 중소기업 사회보험료 세액공제(중소기업에 대한 특별세액감면과 동시에 적용되는 경우는 제외한다)(2017.12.19. 제목개정, 조특법 30조의4)

⑥ 제3자물류비용에 대한 세액공제(조특법 104조의14)

⑦ 해외자원개발투자에 대한 과세특례(조특법 104조의15)

⑧ 석유제품 전자상거래에 대한 세액공제(조특법 104조의25, 2011.12.31. 신설)

⑨ 금사업자와 구리 스크랩등사업자의 수입금액의 증가 등에 대한 세액공제(조특법 122조의4 ①, 2014.12.23. 개정)

⑩ 금 현물시장에서 거래되는 금지금에 대한 과세특례(조특법 126조의7 ⑧, 2014.1.1. 신설)

PART 4

3 결정, 기한 후 신고, 경정 또는 수정신고 등에 대한 감면배제

(1) 감면배제 사유

다음에 대하여는 아래 '(2)'의 감면규정을 적용하지 아니한다.(조특법 128조 ②, ③, 조특령 122조 ①)

① 소득세의 과세표준확정신고를 하여야 할 자가 신고를 하지 아니함으로써 납세지 관할 세무서장이 결정하는 경우

② 국세기본법에 따라 기한 후 신고를 하는 경우

③ 과세표준 수정신고서를 제출한 과세표준과 세액을 경정할 것을 미리 알고 수정신고한 경우에 있어서 국세기본법 제47조의3 제2항 제1호에 따른 부정과소신고과세표준

➲ 범칙사건 조사 등 세무조사 사전통지 없이 세무조사하는 경우 납세자가 이러한 사실을 알고 수정신고하는 경우에는 세액감면을 배제하기 어려워 조세회피 소지가 있는 점 감안한 것임

④ 소득세법에 제80조 제2항의 규정에 따라 경정('⑤'에 해당하는 경우는 제외)을 하는 경우에 있어서 국세기본법 제47조의3 제2항 제1호에 따른 부정과소신고과세표준

⑤ 사업자가 다음 중 하나의 사유에 해당하는 경우(해당 사업장에 한한다). 다만, 사업자

가 '㉠ 또는 ㉡'의 의무를 불이행한 것에 대하여 정당한 사유가 있는 경우에는 아래 '(2)'의 감면규정을 적용한다.(조특법 128조 ④)

➲ 다수의 사업장이 있는 사업자의 경우 일부 사업장에 대해 사업용계좌를 미신고하거나 현금영수증가맹점에 가입하지 않을 경우 해당 사업장에 대해서만 감면 혜택을 배제한다는 점을 명확히 하여 사업자가 과도하게 불이익을 받는 경우를 사전에 차단하기 위한 개정(2011.12.31.)임

㉠ 사업용계좌를 신고하여야 할 사업자가 이를 이행하지 아니한 경우

㉡ 현금영수증가맹점으로 가입하여야 할 사업자가 기한내에 이를 이행하지 아니한 경우

㉢ 신용카드가맹점으로 가입한 사업자 또는 현금영수증가맹점으로 가입한 사업자가 신용카드에 의한 거래를 거부하거나 신용카드매출전표를 사실과 다르게 발급한 경우 또는 현금영수증의 발급요청을 거부하거나 사실과 다르게 발급한 경우로서 관할 세무서장으로부터 신고금액을 통보받은 사업자가 다음 중 하나에 해당하는 경우(조특법 128조 ④ 3, 조특령 122조 ②)

ⓐ 해당 과세연도(신용카드에 의한 거래 또는 현금영수증의 발급을 거부하거나 신용카드매출전표 또는 현금영수증을 사실과 다르게 발급한 날이 속하는 해당 과세연도를 말한다)에 신고금액을 3회 이상 통보받은 경우로서 그 금액의 합계액이 100만원 이상인 경우

ⓑ 해당 과세연도에 신고금액을 5회 이상 통보받은 경우

(2) 배제대상 감면규정

① 창업중소기업 등에 대한 세액감면(조특법 6조)

② 중소기업에 대한 특별세액감면(조특법 7조)

③ 기술이전에 대한 소득세감면(조특법 12조 ①, 2014.1.1. 신설)

④ 기술이전(대여)에 대한 소득세 감면(조특법 12조 ③, 2014.12.23. 신설)

⑤ 연구개발특구에 입주하는 첨단기술기업 등에 대한 소득세 감면(조특법 12조의2)

⑥ 중소기업간의 통합시 세액감면의 승계(조특법 31조 ④)

⑦ 사업전환시 세액감면의 승계(조특법 31조 ⑤)

⑧ 수도권 밖으로 공장을 이전하는 기업에 대한 세액감면 등(조특법 63조 ①, 2020.12.29. 제목개정)

⑨ 농공단지입주기업 등에 대한 세액감면(조특법 64조)

⑩ 소형주택 임대사업자에 대한 세액감면(조특법 96조, 2014.1.1. 신설)

⑪ 상가임대료를 인하한 임대사업자에 대한 세액공제(조특법 96조의3, 2020.3.23. 신설)

⑫ 위기지역 창업기업에 대한 소득세의 감면(조특법 99조의2 ②, 2018.12.24. 신설)

⑬ 감염병 피해에 따른 특별재난지역의 중소기업에 대한 소득세 감면(조특법 99조의11,

2020.3.23. 신설)

⑭ 산림개발소득에 대한 세액감면(조특법 102조)

⑮ 제주첨단과학기술단지 입주기업에 대한 소득세의 감면(조특법 121조의8)

⑯ 제주투자진흥기구 또는 제주자유무역지역 입주기업에 대한 소득세의 감면(조특법 121조의9 ②)

⑰ 기업도시개발구역 입주기업 등에 대한 소득세의 감면(조특법 121조의17 ②)

⑱ 아시아문화중심도시 투자진흥지구 입주기업 등에 대한 소득세의 감면(조특법 121조의20 ②)

⑲ 금융중심지 창업기업 등에 대한 소득세 등의 감면 등(조특법 121조의21 ②)

⑳ 첨단의료복합단지 입주기업에 대한 소득세 등의 감면(조특법 제121조의22 ②)

㉑ 기회발전특구의 창업기업 등에 대한 소득세의 감면(조특법 121조의33 ②, 2023.12.31. 신설)

➲ 2024.2.29.이 속하는 과세연도부터 적용한다.(2023.12.31. 조특법 부칙 31조)

✓ **수정신고 안내에 따라 수정신고하면서 증액된 세액에 대하여 창업중소기업 등에 대한 세액감면을 적용할 수 있는지 여부**(조심 2013중4635, 2013.12.31.)

조세특례제한법 제128조 제3항 및 같은 법 시행령 제122조 제1항에서 과세표준 수정신고서 제출 시 경정할 것을 미리 알고 제출한 부정과소신고 과세표준에 대하여 창업중소기업 등에 대한 세액감면을 배제하도록 규정하고 있는 점, 처분청은 청구인에게 가공경비 등에 대하여 수정신고를 안내하였으며 청구인은 수정신고 안내문에 따라 가공경비 등을 제외하여 계상한 수정신고를 한 점 등 청구인의 수정신고는 과세표준과 세액을 경정할 것을 미리 알고 제출한 경우라고 볼 수 있으므로 처분청이 청구인의 수정신고에 따라 증액된 세액에 대하여 창업중소기업 등에 대한 세액감면 규정을 배제하여 종합소득세를 부과한 처분은 달리 잘못이 없다고 판단된다.

Ⅱ 조세특례제한법상의 주요 세액감면

1 기술이전에 대한 소득세 감면(2014.1.1. 신설)

(1) 감면 내용

1) 기술이전에 대한 감면

① 중소기업(2015.1.1. 이후 이전분부터는 중견기업을 포함)이 자체 연구·개발한 특허권, 실용신안권, 기술비법 또는 기술(이하 "특허권 등"이라 한다)을 2026.12.31.까지 내국인에게 이전(특수관계인에게 이전한 경우는 제외)함으로써 발생하는 소득에 대해서는 해당 소득에 대한 소득세의 50%에 상당하는 세액을 감면한다.(조특법 12조 ①,

2023.12.31. 개정)

② 위 '①'을 적용할 때 해당 과세연도 및 직전 4개 과세연도에 특허권 등에서 발생한 손실이 있는 경우에는 특허권 등을 이전 또는 대여함으로써 발생하는 소득을 계산할 때 그 소득에서 해당 손실금액을 뺀다.(조특법 12조 ④, 2017.12.19. 신설)

2) 기술대여에 대한 감면

중소기업이 "자체 연구·개발한 특허권 등"을 2026.12.31.까지 대여(특수관계인에게 대여한 경우는 제외)함으로써 발생하는 소득에 대하여는 해당 소득에 대한 소득세의 25%에 상당하는 세액을 감면한다.(조특법 12조 ③, 2023.12.31. 개정)

(2) 특수관계자의 범위

소득세법 시행령 제98조 제1항의 규정에 의한 특수관계에 있는 자를 말한다.(조특령 11조 ①)

(3) 자체 연구·개발한 특허권, 실용신안권, 기술비법 또는 기술의 범위

다음 중 하나에 해당하는 것을 말한다.(조특령 11조 ③, 2017.2.7. 개정)

① 특허법 및 실용신안법에 따라 해당 기업이 국내에서 자체 연구·개발하여 최초로 설정등록 받은 특허권 및 실용신안권

② 해당 기업이 국내에서 자체 연구·개발한 과학기술분야에 속하는 기술비법(공업소유권, 해외건설 촉진법에 따른 해외건설 엔지니어링활동 또는 엔지니어링산업 진흥법에 따른 엔지니어링활동과 관련된 기술비법은 제외한다)으로서 다음의 요건을 모두 충족하는 것(조특칙 8조의 7)

㉠ 해당 기업이나 해당 기업이 중소기업기본법 시행령 제2조 제3호에 따른 관계기업에 속하는 경우 해당 관계기업의 직전 5개 과세연도의 매출액(과세연도가 1년 미만인 과세연도의 매출액은 1년으로 환산한 매출액을 말한다)의 평균금액이 500억원 이하일 것

㉡ 해당 기업이 특허권 등을 거래하여 얻은 직전 5개 과세연도의 매출액의 평균금액이 70억원 이하일 것

㉢ 산업기술혁신 촉진법 제38조에 따른 한국산업기술진흥원에 등록되어 관리되는 기술비법 또는 기술일 것

③ 해당 기업이 국내에서 자체 연구·개발한 기술의 이전 및 사업화 촉진에 관한 법률 제2조 제1호에 따른 기술로서 위 '②의 ㉠부터 ㉢까지'의 요건을 모두 충족하는 것

(4) 자체 연구·개발한 특허권 등의 범위

위 '(3)의 ①'에 따른 특허권 및 실용신안권과 위 '(3)의 ②'에 따른 기술비법을 말한다.(조특령 11조 ⑤, 2017.2.7. 개정)

(5) 공제신청

특허권 등 취득에 대한 세액공제를 적용받으려는 자는 과세표준신고와 함께 「세액감면신청서」(별지 제2호 서식)를 납세지 관할 세무서장에게 제출하여야 한다.(조특령 11조 ⑤)

(6) 기타 참고사항

① 농어촌특별세가 비과세된다.(농특령 6조 1)
② 최저한세 규정이 적용된다.(조특법 132조 ① 4)
③ 추계신고시에는 적용이 배제된다.(조특법 128조 ②)
④ 조세특례제한법상의 각종 세액공제 및 세액감면과 중복적용 받을 수 있다.(조특법 127조 ④, ⑤)

2 창업중소기업 등에 대한 세액감면

창업중소기업 등에 대한 세액감면은 '창업중소기업'과 '창업벤처중소기업' 및 '에너지신기술중소기업'에 대한 세액감면으로 나눌 수 있다.

(1) 창업중소기업에 대한 세액감면

1) 개 요

조세특례제한법 시행령 제2조에 따른 중소기업 중 2027.12.31. 이전에 감면대상 업종으로 창업한 중소기업(이하 "창업중소기업"이라 한다)과 중소기업창업 지원법 제53조 제1항에 따라 창업보육센터사업자로 지정받은 내국인(이하 "창업보육센터사업자"라 한다)에 대해서는 해당 사업에서 최초로 소득이 발생한 과세연도(사업개시일부터 5년이 되는 날이 속하는 과세연도까지 해당 사업에서 소득이 발생하지 아니하는 경우에는 5년이 되는 날이 속하는 과세연도를 말한다)와 그 다음 과세연도의 개시일부터 4년 이내에 끝나는 과세연도까지 해당 사업에서 발생한 소득에 대한 소득세에 다음의 구분에 따른 비율을 곱한 금액에 상당하는 세액을 감면한다.(조특법 6조 ①, 2024.12.31. 개정)

① 창업중소기업의 경우

㉠ 수도권과밀억제권역 외의 지역에서 창업한 청년창업중소기업의 경우 : 100%

㉡ 수도권과밀억제권역에서 창업한 청년창업중소기업 및 수도권과밀억제권역 외의 지역에서 창업한 창업중소기업의 경우 : 50%

개정 2024.12.31.

➲ 2025.1.1.부터 시행한다.(2024.12.31. 조특법 부칙 1조)

① 창업중소기업의 경우(2024.12.31. 개정)

㉠ 2025.12.31. 이전에 창업한 경우

ⓐ 수도권과밀억제권역 외 청년창업중소기업 : 100%

ⓑ 수도권과밀억제권역 청년창업중소기업 및 수도권과밀억제권역 외 창업중소기업 : 50%

㉡ 2026.1.1. 이후에 창업한 경우

ⓐ 수도권 외 또는 수도권 인구감소지역 청년창업중소기업 : 100%

ⓑ 수도권(수도권과밀억제권역과 인구감소지역은 제외) 청년창업중소기업 : 75%

ⓒ 수도권과밀억제권역 청년창업중소기업과 수도권 외 또는 수도권 인구감소지역 창업중소기업 : 50%

ⓓ 수도권(수도권과밀억제권역과 인구감소지역은 제외) 창업중소기업 : 25%

② 창업보육센터사업자의 경우 : 50%

2) 청년창업기업의 범위

청년창업중소기업이란 대표자[공동사업장의 경우에는 손익분배비율이 가장 큰 사업자(손익분배비율이 가장 큰 사업자가 둘 이상인 경우에는 그 모두를 말한다)를 말한다]가 다음의 구분에 따른 요건을 충족하는 기업을 말한다.(조특령 5조 ①, 2019.2.12. 개정)

① 개인사업자로 창업하는 경우 : 창업 당시 15세 이상 34세 이하인 사람. 다만, 병역을 이행한 경우에는 그 기간(6년을 한도로 한다)을 창업 당시 연령에서 빼고 계산한 연령이 34세 이하인 사람을 포함한다.(2018.8.28. 개정)

[청년창업중소기업 관련]

✓ **공동사업장의 청년창업중소기업에 대한 세액감면 적용 방법**

공동사업의 경우 '창업' 및 '창업으로 보지 아니하는 경우'의 판단은 공동사업 구성원별로 판단하는 것이며, 청년창업중소기업의 여부는 창업자인 공동사업의 대표자(손익분배비율이 가장 큰 자, 손익분배비율이 가장 큰 자가 2명 이상인 경우 그 모두)를 기준으로 판단하는 것임(사전법령해석소득 2020-446, 2020.7.13.)

✓ **청년창업중소기업 세액 감면시 연령 적용**

조세특례제한법 제6조 제1항 제1호에 따른 청년창업중소기업에 대한 세액감면 적용시 창업 당시 만 35세 미만(병역 이행기간 차감)인 대표자는 같은 법 시행령 제5조 제1항 제1호의 "창업 당시 15세 이상 34세 이하인 사람"에 해당함(서면법인 2020-5995, 2021.6.17.)

✓ **단독사업장에서 공동사업장으로 변경된 경우 청년창업중소기업에 대한 세액감면 적용여부**

[사실관계]

질의인은 2020년 5월 수도권과밀억제권역 외 지역의 단독사업장에서 'AA'라는 상호로 제조업 사업자등록(제조업)한 후, 2021년 2월 위 단독사업장을 배우자와 손익분배비율을 5:5로 하는 공동사업장으로 변경함*

* 질의인과 배우자 모두 조특령 5조 ① 1.의 연령요건을 충족함

[질의]

단독사업장으로 창업하여 조특법 6조 ①에 따른 세액감면을 적용받고 있던 사가 해당 사업장을 공동사업장으로 변경한 경우에, 공동사업장에 공동사업자로 참여한 자가 쟁점감면을 적용받을 수 있는지 여부 및 단독사업장으로 창업하여 쟁점감면을 이미 적용받고 있던 자가 계속 쟁점감면적용받을 수 있는지 여부

[회신]

조세특례제한법 제6조를 적용함에 있어서 기존사업장을 공동사업장으로 변경하면서 그 공동사업장의 구성원으로 참여하는 경우에는 창업에 해당하지 않고, 기존사업장에서 발생한 소득에 대한 소득세에 대해 같은 조 제1항에 따른 세액감면(이하 "쟁점감면")을 적용받고 있던 거주자가 기존사업장을 공동사업장으로 변경하는 경우로서 같은 법 시행령 제5조 제2항 및 제3항에 해당하지 않는 경우에는 해당 공동사업장의 손익분배비율에 의한 소득금액상당액에 대하여 쟁점감면을 적용받을 수 있는 것임(사전법규소득 2021-1673, 2022.6.14.)

② 법인으로 창업하는 경우 : 다음의 요건을 모두 갖춘 사람

㉠ 위 '①'의 요건을 갖출 것

㉡ 법인세법 시행령 제43조 제7항에 따른 지배주주 등으로서 해당 법인의 최대주주 또는 최대출자자일 것

PART 4

3) 감면기간

① 해당 사업에서 최초로 소득이 발생한 과세연도(사업개시일부터 5년이 되는 날이 속하는 과세연도까지 해당 사업에서 소득이 발생하지 아니하는 경우에는 5년이 되는 날이 속하는 과세연도)와 그 다음 과세연도의 개시일부터 4년 이내에 끝나는 과세연도까지 감면규정을 적용한다.(조특법 6조 ①)

② 청년창업중소기업의 대표자가 감면기간 중 위 '2)의 ②의 ㉡' 요건을 충족하지 못하게 되거나 개인사업자로서 손익분배비율이 가장 큰 사업자가 아니게 된 경우에는 100%의 감면을 적용하지 아니하고, 해당 사유가 발생한 날이 속하는 과세연도부터 남은 감면기간 동안 50%의 감면을 적용한다.(조특령 5조 ②, 2019.2.12. 개정)

개정 2025.2.28.

➲ 2025.2.28.부터 시행한다.(2028.2.28. 조특령 부칙 1조)

② 청년창업중소기업의 대표자가 감면기간 중 위 '2)의 ②의 ㉡' 요건을 충족하지 못하게 되거나 개인사업자로서 손익분배비율이 가장 큰 사업자가 아니게 된 경우에는 해당 사유가 발생한 날이 속하는 과세연도부터 남은 감면기간 동안 해당 사업에서 발생한 소득에 대한 소득세 또는 법인세에 다음의 구분에 따른 비율을 곱한 금액에 상당하는 세액을 감면한다.(조특령 5조 ②, 2025.2.28. 개정)

㉠ 2025.12.31. 이전에 창업한 경우
  ⓐ 수도권과밀억제권역 외 : 50%
  ⓑ 수도권과밀억제권역 : 0%

㉡ 2026.1.1. 이후에 창업한 경우
  ⓐ 수도권 외 지역 또는 수도권 인구감소지역 : 50%
  ⓑ 수도권(수도권과밀억제권역과 인구감소지역은 제외) : 25%
  ⓒ 수도권과밀억제권역 : 0%

③ 수도권과밀억제권역에서 창업한 청년창업중소기업의 대표자가 감면기간 중 위 '1)의 ①의 ㉡' 요건을 충족하지 못하게 되거나 개인사업자로서 손익분배비율이 가장 큰 사업자가 아니게 된 경우에는 해당 사유가 발생한 날이 속하는 과세연도부터 남은 감면기간 동안 감면을 적용하지 아니한다.(조특령 5조 ③, 2019.2.12. 개정, 2025.2.28. 삭제)

➲ 2025.2.28. 삭제되어 2024년까지만 적용됨

창업중소기업 등에 대한 세액감면의 지역별 적용 여부[12)]

구 분		감면대상지역
• 창업중소기업	① 청년창업중소기업	전국 전지역
	② 창업보육센터사업자	
	③ 위 ①,② 외 창업중소기업	수도권과밀억제권역 외 지역
• 창업벤처중소기업		전국 전지역
• 에너지신기술중소기업		
• 신성장서비스업 중소기업*		
• 소규모 창업중소기업		

* 창업중소기업(청년창업중소기업 제외)은 수도권과밀억제권역 외 지역에 한한다.(조특법 6조 ⑤ 전단)

✓ 창업중소기업 세액감면의 적용요건 중 기산연도 판단시 소득의 의미

[질의]

조세특례제한법 6조 ①에 따른 창업중소기업 세액감면의 기산연도 판단시 "해당 사업에서 최초로 소득이 발생한 과세연도'에서 "소득'의 의미는?

(제1안) 총수입금액을 의미

(제2안) 소득금액을 의미

[회신]

귀 질의의 경우 2안이 타당함(기획재정부조세특례-745, 2022.11.1.)

✓ 조특법상 창업중소기업세액감면 적용시 "해당 사업에서 발생한 소득'의 의미

[사실관계]

질의인은 'AA' 음식점을 개업하여 사업자등록한 자로서 부가법 46조의 신용카드발행세액공제, 조특법 104조의8의전자신고세액공제, 일자리안정자금 지원액 등이 발생함

[질의]

조특법 6조에 따른 창업중소기업 등에 대한 세액감면을 적용함에 있어 '해당 사업에서 발생'한 소득의 의미

[회신]

조세특례제한법 제6조 제1항의 규정에 의한 창업중소기업 등의 "해당 사업에서 발생한 소득"이란 감면대상사업의 주된 영업활동에서 직접 발생한 소득만을 의미하는 것임(사전법규소득 2022-608, 2022.6.28.)

✓ 창업중소기업 등에 대한 세액감면 적용 대상인 "해당 사업에서 발생한 소득"의 범위

조세특례제한법 제6조 제1항에 따른 세액감면의 대상이 되는 "해당 사업에서 발생한 소득"이라 함

12) 손창용, 2025, 법인세신고실무, 서울지방세무사회, p. 435 수정

PART 4

은 감면대상사업에서 발생한 소득을 의미하는 것으로, 일정한 소득이 감면대상사업에 해당하는지 여부는 지급사유와 조건, 약정내용 등을 종합적으로 고려하여 사실판단 할 사항임(사전법령해석소득 2021-1453, 2021.12.28.)

✓ **사업자등록 전 발생한 소득도 창업중소기업 세액감면 대상소득에 포함되는지 여부**

개인사업자의 경우 창업 후 최초로 소득이 발생한 과세연도에 해당 사업에서 발생한 소득이라면, 사업자등록 전에 발생한 소득에 대해서도 조세특례제한법 제6조의 창업중소기업 세액감면이 적용되는 것임(기획재정부조세특례-742, 2022.11.1.)

✓ **창업중소기업 등의 '최초로 소득이 발생한 날'의 의미**(조특 해석편람 6-1-3)

조세특례제한법 제6조 제1항의 규정에 의한 창업중소기업 등의 "해당 사업에서 최초로 소득이 발생한 날이 속하는 과세연도"라 함은 감면대상 사업에서 소득이 최초로 발생한 날이 속하는 과세연도를 말하는 것임(법인 46012-3460, 1999.9.7.)

4) 감면세액의 계산

$$감면세액 = 종합소득산출세액 \times \frac{감면대상\ 사업소득금액}{종합소득금액} \times 감면율^{*}$$

* 감면율

① 창업중소기업

㉠ 2025.12.31. 이전에 창업한 경우
ⓐ 수도권과밀억제권역 외 **청년**창업중소기업 : 100%
ⓑ 수도권과밀억제권역 **청년**창업중소기업 및 수도권과밀억제권역 외 창업중소기업 : 50%
㉡ 2026.1.1. 이후에 창업한 경우
ⓐ 수도권 외 지역 또는 수도권 인구감소지역 **청년**창업중소기업 : 100%
ⓑ 수도권(수도권과밀억제권역과 인구감소지역은 제외) **청년**창업중소기업 : 75%
ⓒ 수도권과밀억제권역 **청년**창업중소기업과 수도권 외 또는 수도권 인구감소지역 창업중소기업 : 50%
ⓓ 수도권(수도권과밀억제권역과 인구감소지역은 제외)에서 창업한 창업중소기업 : 25%

② 창업보육센터사업자 : 50%

※ 감면받는 세액의 합계액이 5억원을 초과하는 경우에는 그 초과하는 금액은 감면하지 않는 다.(조특법 6조 ⑬, 2024.12.31. 신설)

➲ 2025.1.1. 이후 창업중소기업을 창업하는 경우, 창업보육센터사업자로 지정을 받는 경우, 벤처기업으로 확인받는 경우 또는 에너지신기술중소기업에 해당하게 되는 경우부터 적용한다.(2024.12.31. 조특법 부칙 2조)

2018.5.29. 전에 창업한 청년창업중소기업의 감면율

① 수도권과밀억제권역 외에서 창업한 경우 : 최초로 소득이 발생한 과세연도와 그 다음 과세연도의 개시일부터 2년간은 소득세의 75%, 그 다음 2년간은 소득세의 50%
② 수도권과밀억제권역에서 창업한 경우 : 감면 없음

* 2018.5.29. 전에 창업중소기업을 창업한 경우에는 개정규정에도 불구하고 종전의 규정에 따른다.(2018. 5.29. 조특법 부칙 4조)

5) 수도권과밀억제권역의 범위

수도권과밀억제권역(수도권정비계획법 시행령 [별표 1], 2017.6.20. 개정)

1. 서울특별시
2. 인천광역시[강화군, 옹진군, 서구 대곡동·불로동·마전동·금곡동·오류동·왕길동·당하동·원당동, 인천경제자유구역(경제자유구역에서 해제된 지역을 포함) 및 남동 국가산업단지는 제외한다]
3. 의정부시
4. 구리시
5. 남양주시(호평동, 평내동, 금곡동, 일패동, 이패동, 삼패동, 가운동, 수석동, 지금동 및 도농동만 해당한다)
6. 하남시
7. 고양시
8. 수원시
9. 성남시
10. 안양시
11. 부천시
12. 광명시
13. 과천시
14. 의왕시
15. 군포시
16. 시흥시[반월특수지역(반월특수지역에서 해제된 지역을 포함)은 제외한다]

(2) 창업벤처중소기업에 대한 세액감면

1) 개 요

일정한 벤처기업으로서 창업 후 3년 이내에 2027.12.31.까지 벤처기업으로 확인받은 기업(이하 "창업벤처중소기업"이라 한다)의 경우에는 그 확인받은 날 이후 일정기간 동안 해당 사업에서 발생한 소득에 대한 소득세의 50%에 상당하는 세액을 감면한다.(조특법 6조 ②, 2024.12.31. 개정)

✓ 공동사업장의 창업벤처중소기업에 대한 세액감면 적용 방법

창업벤처중소기업에 대한 세액감면을 적용할 때 조특법 제6조 제10항 각 호의 어느 하나에 해당하는 경우는 창업으로 보지 아니하는 것으로서, 공동사업의 경우 창업으로 보지 않는 경우에 해당하는지는 공동사업의 구성원별로 사실판단할 사항임(사전법령해석소득 2020-948, 2020.12.16.)

✓ 개인사업자가 요건을 충족하지 않고 법인전환 후 벤처기업확인을 받는 경우, 창업벤처중소기업 세액감면 적용 가능 여부

개인사업자가 조세특례제한법 제32조에 따른 요건을 갖추지 않고 법인으로 전환하는 경우에는 전환된 법인이 당초 개인기업의 창업일부터 3년 이내 벤처기업으로 확인을 받더라도 창업벤처중소기업에 대한 세액감면을 적용받을 수 없음(사전법령해석법인 2020-561, 2020.9.29.)

✓ 창업벤처기업감면을 받던 중소기업이 창업중소기업감면 적용가능 여부

창업중소기업과 창업벤처중소기업 감면요건을 모두 충족하고 감면 개시연도가 동일한 경우로서 해당 내국법인이 창업벤처중소기업감면을 선택하여 감면을 받던 중 벤처인증기간 만료로 해당 감면을 적용할 수 없는 경우에는 창업벤처중소기업감면의 잔존 감면기간 동안 창업중소기업감면을 적용할 수 있는 것임(서면법인 2024-1124, 2024.6.17.)

✓ 인적용역 사업자에 대한 접대비의 필요경비 한도액 적용 방법

[질의]

인적용역 사업자에 대한 접대비의 필요경비 한도액 적용 방법

(1안) 인적용역 사업자는 조세특례제한법에 따른 중소기업에 해당하지 않아 일반 접대비 기본한도(1,200만원) 적용

(2안) 조세특례제한법에 따른 중소기업 요건을 충족하는 인적용역 사업자는 중소기업에 해당하므로 중소기업 접대비 기본한도(3,600만원) 적용

[회신]

귀 질의의 경우 (1안)이 타당한 것임(기획재정부소득-19, 2023.1.4.)

✓ 창업벤처중소기업 감면 요건을 충족하는 지 여부

[사실관계]

- 질의법인은 2018.×.×. 도소매/○○업으로 창업하여 2020.×.×. 제조업 업종 추가하였으며 2021.×.×.벤처기업 확인을 받음

구분	2018.×.×.	2020.×.×.	2021.×.×.
변동 사항	창업(업종 : 도소매)	업종추가 및 주업종 변경	벤처기업확인

[질의]
법인설립 당시 창업중소기업 등 세액감면 적용대상 업종에 해당하지 않은 내국법인이 이후 감면업종을 추가하여 사업을 영위하는 경우 창업벤처중소기업 감면이 적용되는 지 여부

[회신]
내국법인이 감면대상 업종으로 창업하지 않은 경우에는 조세특례제한법제6조 제2항에 따른 창업벤처중소기업에 대한 법인세 감면을 적용할 수 없는 것이고, 창업당시 업종에 다른 업종을 추가하는 경우는 창업으로 보지 않는 것임(서면법인 2022-1043, 2022.3.16.)

✓ **사업연도 중에 창업벤처중소기업에 해당되는 경우의 감면여부**

창업벤처중소기업에 대한 세액 감면시 사업연도 중에 창업벤처중소기업에 해당되어 최초로 소득이 발생한 경우 그 과세연도의 당해 사업에서 발생한 전체소득에 대하여 창업중소기업에 대한 세액감면 규정을 적용받을 수 있는 것임(서면2팀-1855, 2005.11.21.)

✓ **법인전환시 창업중소기업 등에 대한 세액감면**(조특 해석편람 6-2-3)

조세특례제한법 제6조 제2항의 세액감면대상 창업벤처중소기업을 영위하던 거주자가 동법 제32조의 규정에 의하여 법인으로 전환하는 경우에는 전환 후 법인이 거주자의 잔존감면기간 동안 창업벤처중소기업에 대한 세액감면을 받을 수 있는 것이나, 법인으로 전환 전 사업영위기간이 1년 미만인 거주자가 사업양수도방법에 의하여 법인전환하는 경우에는 동 세액감면을 적용받을 수 없다.(법인 46012-1600, 2000.7.19.)

✓ **창업벤처중소기업 해당 여부**(조특 해석편람 6-2-5)

조세특례제한법 제6조 제1항의 창업중소기업이 세액감면적용기간 중에 수도권으로 이전하는 경우 이전일이 속하는 과세연도부터는 감면을 적용받을 수 없는 것이나, 동 기업이 같은조 제2항의 "창업벤처중소기업"에 해당되는 경우에는 잔존 감면기간 동안 같은조의 규정에 의한 세액감면을 적용받을 수 있는 것임(서이 46012-10155, 2003.1.23.)

✓ **창업중소기업 등에 대한 세액감면 적용시 벤처기업으로 확인받은 날은 최초확인을 의미하는지 여부**

벤처기업이 창업 후 3년 이내에 1차 벤처기업 확인을 받았으나, 아직 감면대상 소득이 발생하지 아니한 상태에서 창업 후 3년 이내에 벤처기업으로 2차 확인을 받은 경우, 2차 확인받은 날을 벤처기업으로 확인받은 날로 보아 조세특례제한법 제6조 제2항에 따른 세액감면을 적용할 수 있는 것임(서면법인 2023-2343, 2023.10.31.)

✓ **벤처기업확인서의 유효기간이 만료되어 다시 확인받은 경우 감면적용 여부**

창업벤처중소기업이 벤처기업확인서의 유효기간이 만료되었으나 해당 감면대상 기간 동안 벤처기업육성에 관한 특별조치법 제2조의2의 요건에 해당하여 확인서를 다시 발급받은 경우 다시 발급받은 확인서의 확인일이 속하는 사업연도부터 잔존감면기간 동안 해당 세액감면을 적용받을 수 있는 것임(서면법인 2015-867, 2015.6.30.)

PART 4

2) 창업벤처중소기업의 범위

다음 중 하나에 해당하는 기업을 말한다.(조특법 6조 ②, 2024.1.9. 법명개정, 조특령 5조 ④, ⑤)

① 벤처기업육성에 관한 특별법 제2조의2의 요건을 갖춘 중소기업(같은 조 제1항 제2호 나목에 해당하는 중소기업을 제외한다)

② 연구개발 및 인력개발을 위한 비용으로서 [별표 6]의 비용이 해당 과세연도의 수입금액의 5% 이상인 중소기업. 다만, 벤처기업육성에 관한 특별법 제25조의 규정에 의한 벤처기업 해당 여부의 확인을 받은 날이 속하는 과세연도부터 연구개발비가 과세연도 수입금액의 5% 이상을 계속 유지하는 경우에 한하여 적용한다.(조특령 5조 ④ 2, ⑤)

3) 감면기간

창업벤처중소기업의 경우에는 그 확인받은 날 이후 최초로 소득이 발생한 과세연도(벤처기업으로 확인받은 날부터 5년이 되는 날이 속하는 과세연도까지 해당 사업에서 소득이 발생하지 아니하는 경우에는 5년이 되는 날이 속하는 과세연도)와 그 다음 과세연도의 개시일부터 4년 이내에 끝나는 과세연도까지 해당 사업에서 발생한 소득에 대한 소득세의 50%에 상당하는 세액을 감면한다.(조특법 6조 ②, 2013.1.1. 개정)

다만, 위 '(1)'을 적용받는 경우는 제외하며, 감면기간 중 다음의 사유가 있는 경우에는 다음의 구분에 따른 날이 속하는 과세연도부터 감면을 적용하지 아니한다.(조특법 6조 ②, 2016.12.20. 단서개정)

㉠ 벤처기업의 확인이 취소된 경우 : 취소일

㉡ 벤처기업확인서의 유효기간이 만료된 경우(해당 과세연도 종료일 현재 벤처기업으로 재확인받은 경우는 제외) : 유효기간 만료일

4) 감면세액의 계산

$$감면세액 = 종합소득산출세액 \times \frac{감면대상\ 사업소득금액}{종합소득금액} \times 50\%$$

※ 감면받는 세액의 합계액이 5억원을 초과하는 경우에는 그 초과하는 금액은 감면하지 않는다.(조특법 6조 ⑬, 2024.12.31. 신설)

➲ 2025.1.1. 이후 창업중소기업을 창업하는 경우, 창업보육센터사업자로 지정을 받는 경우, 벤처기업으로 확인받는 경우 또는 에너지신기술중소기업에 해당하게 되는 경우부터 적용한다.(2024.12.31. 조특법 부칙 2조)

(3) 창업중소기업과 창업벤처중소기업의 감면대상 업종(조특법 6조 ③)

➲ 2020.1.1. 이후 창업하는 경우부터 적용한다.(2019.12.31. 조특법 부칙 4조)

① 광업

② 제조업

제조업에는 자기가 제품을 직접 제조하지 아니하고 제조업체(사업장이 국내 또는 개성공업지구에 소재하는 업체에 한정한다)에 의뢰하여 제조하는 사업으로서 다음의 요건을 충족하는 사업을 포함한다.(조특령 5조 ⑥, 조특칙 4조의2)

㉠ 생산할 제품을 직접 기획(고안·디자인 및 견본제작 등을 말한다)할 것

㉡ 해당 제품을 자기명의로 제조할 것

㉢ 해당 제품을 인수하여 자기책임 하에 직접 판매할 것

③ 수도, 하수 및 폐기물 처리, 원료 재생업

④ 건설업

⑤ 통신판매업

✓ OEM으로 생산한 제품을 매입하여 온라인 쇼핑몰에서 판매하는 경우, 통신판매업 해당 여부

상품을 매입하여 고정된 매장 또는 점포에서 소비자에게 직접 판매하지 않고 온라인 쇼핑몰을 통하여 소매하는 경우 해당 소매업은 조특법 6조 ③ 5호에 따른 통신판매업에 해당함(사전법령해석법인 2021-705, 2021.6.17.)

⑥ 다음에 해당하는 물류산업(이하 "물류산업"이라 한다)(조특령 5조 ⑦, 2020.2.11. 개정)

➲ 2020.1.1. 이후 창업하는 경우부터 적용한다.(2020.2.11. 조특령 부칙 3조)

➲ 아래의 한국표준산업분류 번호는 개정 한국표준산업분류(2024.7.1. 시행)에서도 동일하다.

㉠ 육상·수상·항공 운송업

➲ 한국표준산업분류코드 : 육상운송업(491~494), 수상운송업(50), 항공운송업(51)

㉡ 화물 취급업 ➲ 한국표준산업분류코드 : 5294

㉢ 보관 및 창고업 ➲ 한국표준산업분류코드 : 521

㉣ 육상·수상·항공 운송지원 서비스업 ➲ 한국표준산업분류코드 : 5291, 5292, 5293

㉤ 화물운송 중개·대리 및 관련 서비스업 ➲ 한국표준산업분류코드 : 52992

㉥ 화물포장·검수 및 계량 서비스업 ➲ 한국표준산업분류코드 : 52993

㉦ 선박의 입항 및 출항 등에 관한 법률에 따른 예선업

㉧ 도선법에 따른 도선업

㉨ 기타 산업용 기계·장비 임대업 중 파렛트 임대업

⑦ 음식점업 ➲ 한국표준산업분류코드 : 561

➲ 한국표준산업분류(2017.7.1. 시행)에서 커피전문점(56221)이나 주스 전문점, 찻집 등(56229)은 대분류인 "숙박 및 음식점업(I)"에는 포함되지만, 소분류에서 "음식점업(561)"과 구분되어 "비알코올 음료점업(562)"에 속하므로 창업중소기업 감면대상 업종에 해당하지 않는다.(같은 뜻, 서면상속증여 2017-204, 2017.2.14.)

PART 4

한국표준산업분류(2017.7.1. 시행)에 따른 음식점업의 구분[13)]

• **음식점업**(561) : 구내에서 직접 소비할 수 있도록 접객시설을 갖추고 조리된 음식을 제공하는 식당, 음식점, 간이 식당, 카페, 다과점, 주점 및 음료점 등을 운영하는 활동과 독립적인 식당차를 운영하는 산업활동을 말한다. 또한 여기에는 접객시설을 갖추지 않고 고객이 주문한 특정 음식물을 조리하여 즉시 소비할 수 있는 상태로 주문자에게 직접 배달(제공)하거나 고객이 원하는 장소에 가서 직접 조리하여 음식물을 제공하는 경우도 포함한다.

➲ 개정 한국표준산업분류(2024.7.1. 시행)에서도 동일하다.

구 분	업종
• 접객시설을 갖추고 즉시 소비할 수 있는 음식을 조리하여 고객에게 제공하는 경우(회사 등 기관과 계약에 의하여 구내식당을 운영하는 산업활동을 포함)	음식점업
• 접객시설을 갖추고 구입한 음식을 즉시 소비할 수 있는 상태로 고객에게 제공하는 경우	
• 접객시설 없이 고객이 주문한 특정 음식을 즉시 소비할 수 있는 상태로 직접 조리하여 고객에게 제공(배달)하는 경우(접객시설 없이 즉석식 빵, 케이크, 커피 등을 직접 만들어 일반 소비자에게 판매하는 산업활동을 포함)	
• 접객시설 없이 개별 행사(연회) 시에 그 장소에 출장하여 소비할 음식을 직접 조리하여 제공하는 경우	
• 접객시설 없이 음식을 구입하여 판매만 하는 경우	도소매업
• 즉시 소비할 수 있는 음식을 직접 제조하여 음식점 및 유통 사업체에 공급하는 경우	식료품제조업
• 철도 운수 사업체에서 철도 침대차 및 식당차를 직접 운영하는 경우	철도운송업

✓ 예식장업과 음식점업을 영위하는 법인의 창업중소기업 세액감면 적용 여부

내국법인이 예식장업과 음식점업을 겸영하면서 조세특례제한법 제143조에 따라 명확히 구분경리하는 경우 음식점업에서 발생한 소득에 대하여는 조세특례제한법 제6조에서 규정하는 창업중소기업 세액감면을 적용받을 수 있는 것임(기획재정부조세특례-320, 2022.5.4.)

✓ 떡류를 만들어 납품, 택배 판매, 매장 판매하는 경우 조특법 6조 ③의 감면업종에 해당하는지

조특법 6조의 세액감면과 관련하여 떡류를 직접 제조하여 판매하는 사업의 업종의 판단은 한국표준산업분류에 따라 사실판단할 사항임(사전법령해석소득 2020-529, 2020.6.24.)

13) 통계청, 2017, 한국표준산업분류, 한국세무사회, p. 555~556

⑧ 정보통신업. 다만, 다음 중 하나에 해당하는 업종은 제외한다.
 ㉠ 비디오물 감상실 운영업
 ㉡ 뉴스제공업
 ㉢ 가상자산 매매 및 중개업(2024.12.31. 용어개정)

⑨ 금융 및 보험업 중 다음 중 하나에 해당하는 업무를 업으로 영위하는 업종(조특령 5조 ⑧, 2020.2.11. 신설)
 ㉠ 자금융거래법 제2조 제1호에 따른 전자금융업무
 ㉡ 자본시장과 금융투자업에 관한 법률 제9조 제27항에 따른 온라인소액투자중개
 ㉢ 외국환거래법 시행령 제15조의2 제1항에 따른 소액해외송금업업무

⑩ 전문, 과학 및 기술 서비스업[엔지니어링산업 진흥법에 따른 엔지니어링활동(기술사법의 적용을 받는 기술사의 엔지니어링활동을 포함)을 제공하는 사업(이하 "엔지니어링사업"이라 한다)을 포함한다]. 다만, 다음 중 하나에 해당하는 업종은 제외한다. (조특령 5조 ⑨, 2020.2.11. 항번개정)
 ㉠ 변호사업
 ㉡ 변리사업
 ㉢ 법무사업
 ㉣ 공인회계사업
 ㉤ 세무사업
 ㉥ 수의업
 ㉦ 행정사법 제14조에 따라 설치된 사무소를 운영하는 사업
 ㉧ 건축사법 제23조에 따라 신고된 건축사사무소를 운영하는 사업

⑪ 사업시설 관리, 사업 지원 및 임대 서비스업 중 다음 중 하나에 해당하는 업종
 ㉠ 사업시설 관리 및 조경 서비스업
 ㉡ 사업 지원 서비스업(고용 알선업 및 인력 공급업은 농업노동자 공급업을 포함)

✓ 인적용역 사업소득자가 신규로 사업을 개시한 경우 조특법 6조 감면대상에 해당하는지 여부

[사실관계]

- 질의인은 원천징수대상 인적용역 사업소득자였으며, 2019.1.2. 'AA'라는 상호로 신규사업자 등록을 하고 사업을 개시하였음
- 조특령 2조의 중소기업에 해당(매출 600억 이하, 자산 5천억 이하, 소비성 서비스업 제외)하며, 후원금 모집대행 사업으로서 창업중소기업 등에 대한 세액감면 대상업종인 조특법 6조 ③ 11호의 사업지원서비스업에 해당함
- 질의인은 이전에 사업자 등록이력은 없으며 사업장 개장이전 소득법 127 ①의 원천징수대상 사업소득만 발생함

[질의]

원천징수 대상 인적용역 사업소득자가 사업자 등록을 하고 사업을 신규로 개시한 경우 창업으로 보아 조세특례제한법 제6조의 창업중소기업 등에 대한 세액감면을 적용받을 수 있는지 여부

[회신]

원천징수대상 후원금 모집대행 사업소득이 있던 자가 새로이 조세특례제한법 제6조 제3항의 업종을 영위하는 중소기업을 창업하여 부가가치세법 제8조에 따라 사업자등록을 하고 사업을 개시하는 경우에는 조세특례제한법 제6조 제1항에 따른 감면을 적용받을 수 있는 것임(사전법령해석소득 2020-381, 2020.5.20.)

⑫ 사회복지 서비스업

⑬ 예술, 스포츠 및 여가관련 서비스업. 다만, 다음 중 하나에 해당하는 업종은 제외한다.

㉠ 자영예술가

㉡ 오락장 운영업

㉢ 수상오락 서비스업

㉣ 사행시설 관리 및 운영업

㉤ 그 외 기타 오락관련 서비스업

⑭ 협회 및 단체, 수리 및 기타 개인 서비스업 중 다음 중 하나에 해당하는 업종

㉠ 개인 및 소비용품 수리업

㉡ 이용 및 미용업

✓ 프리랜서 미용사가 사업자등록을 하고 사업을 개시하는 경우 창업에 해당하는지 여부

원천징수대상 미용업 사업소득이 있던 미용사가 부가가치세법 제8조에 따라 사업자등록을 하고 사업을 개시하는 경우에는 조세특례제한법 제6조 제1항에 따른 감면을 적용 받을 수 있는 것임(사전법령해석소득 2019-88, 2019.4.18.)

⑮ 학원의 설립·운영 및 과외교습에 관한 법률에 따른 직업기술 분야를 교습하는 학원을 운영하는 사업 또는 국민 평생 직업능력 개발법에 따른 직업능력개발훈련시설을 운영하는 사업(직업능력개발훈련을 주된 사업으로 하는 경우로 한정한다)(2021.8.17. 개정)

⑯ 관광진흥법에 따른 관광숙박업, 국제회의업, 테마파크업 및 관광진흥법 시행령 제2조에 따른 전문휴양업, 종합휴양업, 자동차야영장업, 관광유람선업과 관광공연장업(조특령 5조 ⑩, 2024.2.27. 업종명개정)

⑰ 노인복지법에 따른 노인복지시설을 운영하는 사업

⑱ 전시산업발전법에 따른 전시산업

(4) 에너지신기술중소기업에 대한 감면(조특법 6조 ④, 2010.1.1. 신설)

1) 개 요

① 창업일이 속하는 과세연도와 그 다음 3개 과세연도가 지나지 아니한 중소기업으로서 2027.12.31.까지 에너지신기술중소기업에 해당하는 경우에는 그 해당하는 날 이후 최초로 해당 사업에서 소득이 발생한 과세연도(에너지신기술중소기업에 해당하는 날부터 5년이 되는 날이 속하는 과세연도까지 해당 사업에서 소득이 발생하지 아니하는 경우에는 5년이 되는 날이 속하는 과세연도)와 그 나음 과세연도의 개시일부터 4년 이내에 끝나는 과세연도까지 해당 사업에서 발생한 소득에 대한 소득세의 50%에 상당하는 세액을 감면한다.(조특법 6조 ④, 2024.12.31. 개정)

② 감면받는 세액의 합계액이 5억원을 초과하는 경우에는 그 초과하는 금액은 감면하지 않는다.(조특법 6조 ⑬, 2024.12.31. 신설)

➲ 2025.1.1. 이후 창업중소기업을 창업하는 경우, 창업보육센터사업자로 지정을 받는 경우, 벤처기업으로 확인받는 경우 또는 에너지신기술중소기업에 해당하게 되는 경우부터 적용한다.(2024.12.31. 조특법 부칙 2조)

③ 위 '(1) 및 (2)'의 적용받는 경우는 제외하며, 감면기간 중 에너지신기술중소기업에 해당하지 않게 되는 경우에는 그 날이 속하는 과세연도부터 감면하지 아니한다.(조특법 6조 ④ 단서)

2) 에너지신기술중소기업의 범위

에너지신기술중소기업이란 다음의 "고효율제품 등"을 제조하는 중소기업을 말한다.(조특령 5조 ⑪, 2020.2.11. 항번개정)

① 에너지이용 합리화법 제15조에 따른 에너지소비효율 1등급 제품 및 같은 법 제22조에 따라 고효율에너지 기자재로 인증받은 제품

② 신에너지 및 재생에너지 개발·이용·보급 촉진법 제13조에 따라 신·재생에너지설비로 인증받은 제품

3) 감면대상 소득의 계산(조특법 6조 ⑧, 조특령 5조 ⑮, ⑯)

$$\text{감면세액} = \text{해당 과세연도의 제조업에서 발생한 소득} \times \frac{\text{고효율제품 등의 매출액}^{*}}{\text{제조업에서 발생한 총매출}}$$

* 고효율제품 등의 매출액은 제조업 분야의 다른 제품의 매출액과 구분경리하여야 한다.(조특령 5조 ⑮)

(5) 감면세액의 특례(2017.12.19. 신설)

1) 신성장 서비스업에 해당하는 경우

① 위 '(2), (3), (4)'에도 불구하고 2024.12.31. 이전에 수도권과밀억제권역 외의 지역에서 창업한 창업중소기업(청년창업중소기업은 제외), 2024.12.31.까지 벤처기업으로 확인받은 창업벤처중소기업 및 2024.12.31.까지 에너지신기술중소기업에 해당하는 경우로서 다음의 '신성장 서비스업'(신성장서비스업종을 주된 사업으로 영위하는 중소기업을 말하며, 둘 이상의 서로 다른 사업을 영위하는 경우에는 사업별 사업수입금액이 큰 사업을 주된 사업으로 본다)을 영위하는 기업의 경우에는 최초로 세액을 감면받는 과세연도와 그 다음 과세연도의 개시일부터 2년 이내에 끝나는 과세연도에는 소득세의 75%에 상당하는 세액을 감면하고, 그 다음 2년 이내에 끝나는 과세연도에는 소득세 의 50%에 상당하는 세액을 감면한다.(조특법 6조 ⑤, 2021.12.28. 개정, 조특령 5조 ⑫, 2020.2.11. 항번개정)

② 감면받는 세액의 합계액이 5억원을 초과하는 경우에는 그 초과하는 금액은 감면하지 않는다.(조특법 6조 ⑬, 2024.12.31. 신설)

➲ 2025.1.1. 이후 창업중소기업을 창업하는 경우, 창업보육센터사업자로 지정을 받는 경우, 벤처기업으로 확인받는 경우 또는 에너지신기술중소기업에 해당하게 되는 경우부터 적용한다.(2024.12.31. 조특법 부칙 2조)

③ 감면기간 중 신성장서비스업종 이외의 업종으로 주된 사업이 변경되는 경우에는 이러한 감면특례를 적용하지 아니하고, 해당 사유가 발생한 날이 속하는 과세연도부터 남은 감면기간 동안 위 (2), (3), (4)의 감면을 적용한다.(조특령 5조 ⑫, ⑬, 2020.2.11. 항번개정)

㉠ 컴퓨터 프로그래밍, 시스템 통합 및 관리업, 소프트웨어 개발 및 공급업, 정보서비스업(뉴스제공업은 제외) 또는 전기통신업

㉡ 창작 및 예술관련 서비스업(자영예술가는 제외), 영화·비디오물 및 방송 프로그램

제작업, 오디오물 출판 및 원판 녹음업 또는 방송업

ⓒ 엔지니어링사업, 전문 디자인업, 보안 시스템 서비스업 또는 광고업 중 광고물 문안, 도안, 설계 등 작성업

ⓓ 서적, 잡지 및 기타 인쇄물 출판업, 연구개발업, 학원의 설립·운영 및 과외교습에 관한 법률에 따른 직업기술 분야를 교습하는 학원을 운영하는 사업 또는 근로자 직업능력 개발법에 따른 직업능력개발훈련시설을 운영하는 사업(직업능력개발훈련을 주된 사업으로 하는 경우로 한정한다)

ⓔ 물류산업

ⓕ 관광진흥법에 따른 관광숙박업, 국제회의업, 유원시설업 또는 관광객이용시설업

ⓖ 그 밖에 다음의 신성장 서비스업(조특칙 4조의3)

ⓐ 전시산업발전법 제2조 제1호에 따른 전시산업(2020.3.13. 개정)

ⓑ 기타 과학기술서비스업

ⓒ 시장조사 및 여론조사업

ⓓ 광고업 중 광고대행업, 옥외 및 전시 광고업

2) 업종별최소고용인원 이상을 고용하는 경우

① 위 (1), (2), (4), (5)에 따라 감면을 적용받는 업종별로 업종별최소고용인원 이상을 고용하는 수도권과밀억제권역 외의 지역에서 창업한 창업중소기업(청년창업중소기업은 제외한다), 창업보육센터사업자, 창업벤처중소기업 및 에너지신기술중소기업의 감면기간 중 해당 과세연도의 상시근로자 수가 직전 과세연도의 상시근로자 수(직전 과세연도의 상시근로자 수가 업종별최소고용인원에 미달하는 경우에는 업종별최소고용인원을 말한다)보다 큰 경우에는 아래 [㉠ × ㉡]의 금액을 감면세액에 더하여 감면한다. 다만, 100%에 상당하는 세액을 감면받는 과세연도에는 이 규정에 따른 감면을 적용하지 아니한다.(조특법 6조 ⑦, 2018.5.29. 개정)

㉠ 해당 사업에서 발생한 소득에 대한 소득세

㉡ 다음의 계산식에 따라 계산한 율. 다만, 50%(75%에 상당하는 세액을 감면받는 과세연도의 경우에는 25%)을 한도로 하고, 1% 미만인 부분은 없는 것으로 본다.

$$\frac{\text{(해당 과세연도의 상시근로자 수 − 직전 과세연도의 상시근로자 수)}}{\text{직전 과세연도의 상시근로자 수}} \times 50\%$$

PART 4

개정 2024.12.31.

➲ 2025.1.1. 이후 창업중소기업을 창업하는 경우, 창업보육센터사업자로 지정을 받는 경우, 벤처기업으로 확인받는 경우 또는 에너지신기술중소기업에 해당하게 되는 경우부터 적용한다. (2024.12.31. 조특법 부칙 2조)

2) 업종별최소고용인원 이상을 고용하는 경우

① 위 (1), (2), (4), (5)에 따라 감면을 적용받는 업종별로 업종별최소고용인원 이상을 고용하는 창업중소기업, 창업보육센터사업자, 창업벤처중소기업 및 에너지신기술중소기업의 감면기간 중 해당 과세연도의 상시근로자 수가 직전 과세연도의 상시근로자 수(직전 과세연도의 상시근로자 수가 업종별최소고용인원에 미달하는 경우에는 업종별최소고용인원을 말한다)보다 큰 경우에는 아래 [㉠ × ㉡]의 금액을 감면세액에 더하여 감면한다. 다만, 100%에 상당하는 세액을 감면받는 과세연도에는 이 규정에 따른 감면을 적용하지 아니한다.(조특법 6조 ⑦, 2024.12.31. 개정)

㉠ 해당 사업에서 발생한 소득에 대한 소득세

㉡ 다음의 계산식에 따라 계산한 율. 다만, 50%(75%를 감면받는 과세연도에는 25%)를 한도로 하고, 1% 미만인 부분은 없는 것으로 본다.

$$\frac{\text{(해당 과세연도의 상시근로자 수 – 직전 과세연도의 상시근로자 수)}}{\text{직전 과세연도의 상시근로자 수}}$$

② 감면받는 세액의 합계액이 5억원을 초과하는 경우에는 그 초과하는 금액은 감면하지 않는다.(조특법 6조 ⑬, 2024.12.31. 신설)

③ 업종별최소고용인원이란 다음의 구분에 따른 인원수를 말한다.(조특령 5조 ⑭, 2020.2.11. 항번개정)

㉠ 광업·제조업·건설업 및 물류산업의 경우 : 10명

㉡ 그 밖의 업종의 경우 : 5명

④ 상시근로자의 범위 및 상시근로자 수의 계산방법에 관하여는 고용창출투자세액공제(☞ 조특법 시행령 제23조) 제10항부터 제13항까지의 규정을 준용한다.(조특령 5조 ⑰, 2020.2.11. 항번개정)

⑤ 상시근로자의 수를 계산할 때 해당 과세연도에 법인전환 또는 사업의 승계 등을 한 내국인의 경우에는 다음의 구분에 따른 수를 직전 또는 해당 과세연도의 상시근로자 수로 본다.(조특령 5조 ⑱, 2020.2.11. 항번개정)

㉠ 거주자가 하던 사업을 법인으로 전환하여 새로운 법인을 설립하는 경우의 직전 과세연도의 상시근로자 수 : 법인전환 전의 사업의 직전 과세연도 상시근로자 수

㉡ 다음 중 하나에 해당하는 경우의 직전 또는 해당 과세연도의 상시근로자 수 : 직전 과세연도의 상시근로자 수는 승계시킨 기업의 경우에는 직전 과세연도 상시근로자 수에 승계시킨 상시근로자 수를 뺀 수로 하고, 승계한 기업의 경우에는 직전 과세연도 상시근로자 수에 승계한 상시근로자 수를 더한 수로 하며, 해당 과세연도의 상시근로자 수는 해당 과세연도 개시일에 상시근로자를 승계시키거나 승계한 것으로 보아 계산한 상시근로자 수로 한다.

ⓐ 해당 과세연도에 합병·분할·현물출자 또는 사업의 양수 등에 의하여 종전의 사업부문에서 종사하던 상시근로자를 승계하는 경우

ⓑ 소득세법 시행령 제98조 제1항에 따른 특수관계인으로부터 상시근로자를 승계하는 경우

⑥ 이 규정(조특법 6조 ⑦)에 따라 소득세를 감면받는 경우에는 '고용증대세액공제(조특법 29조의7)' 또는 '통합고용세액공제 중 고용증대세액공제(조특법 29조의8 ①)'를 동시에 적용하지 아니한다.(조특법 127조 ④, 2022.12.31. 단서개정)

개정 2024.12.31.

➲ 2025.1.1. 이후 창업중소기업을 창업하는 경우, 창업보육센터사업자로 지정을 받는 경우, 벤처기업으로 확인받는 경우 또는 에너지신기술중소기업에 해당하게 되는 경우부터 적용한다. (2024.12.31. 조특법 부칙 2조)

⑥ '창업중소기업 등에 대한 세액감면(조특법 6조)'에 따라 소득세를 감면받는 경우에는 '고용증대세액공제(조특법 29조의7)' 또는 '통합고용세액공제(조특법 29조의8)'를 동시에 적용하지 않는다.(조특법 127조 ④, 2024.12.31. 단서개정)

(6) 소규모 창업중소기업에 대한 감면

① 2027.12.31. 이전에 창업한 창업중소기업에 대해서는 최초로 소득이 발생한 과세연도(사업개시일부터 5년이 되는 날이 속하는 과세연도까지 해당 사업에서 소득이 발생하지 아니하는 경우에는 5년이 되는 날이 속하는 과세연도를 말한다)와 그 다음 과세연도의 개시일부터 4년 이내에 끝나는 과세연도까지의 기간에 속하는 과세연도의 수입금액(과세기간이 1년 미만인 과세연도의 수입금액은 1년으로 환산한 총수입금액)이 8,000만원 이하인 경우 그 과세연도에 대한 소득세에 다음의 세액을 감면한다.(조특법 6조 ⑥, 2024.12.31. 개정)

㉠ 수도권과밀억제권역 외 : 100%

㉡ 수도권과밀억제권역 : 50%

개정 2023.12.31.

➲ 2025.1.1.부터 시행한다.(2024.12.31. 조특법 부칙 1조)

㉠ 2025.12.31. 이전에 창업한 경우
ⓐ 수도권과밀억제권역 외 : 100%
ⓑ 수도권과밀억제권역 : 50%

㉡ 2026.1.1. 이후에 창업한 경우
ⓐ 수도권 외의 지역 또는 수도권 인구감소지역 : 100%
ⓑ 수도권(수도권과밀억제권역과 인구감소지역은 제외) : 75%
ⓒ 수도권과밀억제권역 : 50%

② 청년창업중소기업, 창업벤처중소기업 또는 에너지신기술중소기업에 대해 감면을 적용받는 경우는 제외한다.(조특법 6조 ⑥ 단서)

(7) 창업중소기업이 이전한 경우

수도권과밀억제권역 외의 지역에서 창업한 창업중소기업이 창업 이후 다음 중 하나에 해당하는 사유가 발생한 경우에는 해당 사유가 발생한 날이 속하는 과세연도부터 남은 감면기간 동안 해당 창업중소기업은 수도권과밀억제권역에서 창업한 창업중소기업으로 본다.(조특령 5조 ㉕, 2018.8.28. 신설)

① 창업중소기업이 사업장을 수도권과밀억제권역으로 이전한 경우
② 창업중소기업이 수도권과밀억제권역에 지점 또는 사업장을 설치(합병·분할·현물출자 또는 사업의 양수를 포함)한 경우

개정 2025.2.28.

➲ 2025.2.28.부터 시행한다.(2025.2.28. 조특령 부칙 1조)

(7) 창업중소기업이 이전한 경우

수도권과밀억제권역 외의 지역에서 창업한 창업중소기업이 창업 이후 창업한 지역보다 위 '(1)'에 따른 비율(☞ 2024.12.31. 개정에 따른 비율)이 더 낮은 지역으로 사업장을 이전하거나 해당 지역에 지점 또는 사업장을 설치(합병·분할·현물출자 또는 사업의 양수를 포함한다. 이하에서 같다)한 경우에는 해당 사유가 발생한 날이 속하는 과세연도부터 남은 감면기간 동안 해당 창업중소기업은 그 사업장을 이전하거나 지점 또는 사업장을 설치한 지역에서 창업한 창업중소기업으로 본다.(조특령 5조 ㉕, 2025.2.28. 개정)

(8) 감면배제 사유

감면을 적용받은 기업이 다음의 사유에 따라 중소기업에 해당하지 아니하게 된 경우에는 해당 사유 발생일이 속하는 과세연도부터 감면하지 아니한다.(조특법 6조 ⑪, 2017.12.19. 개정, 조특령 5조 ㉔, 2020.2.11. 항번개정)

① 중소기업기본법의 규정에 의한 중소기업 외의 기업과 합병하는 경우
② 유예기간 중에 있는 기업과 합병하는 경우
③ 실질적 독립성(중소기업기본법 시행령 제3조 제1항 제2호 다목의 규정은 제외한다)의 요건을 갖추지 못하게 되는 경우
④ 창업일이 속하는 과세연도 종료일부터 2년 이내의 과세연도 종료일 현재 중소기업기준을 초과하는 경우

(9) 창업의 범위

다음 중 하나에 해당하는 경우에는 이를 창업으로 보지 아니한다.(조특법 6조 ⑩) 이때 같은 종류의 사업의 분류는 한국표준산업분류에 따른 세분류를 따른다.(조특령 5조 ㉓, 2020.2.11. 개정)

① 합병·분할·현물출자 또는 사업의 양수를 통하여 종전의 사업을 승계하거나 종전의 사업에 사용되던 자산을 인수 또는 매입하여 같은 종류의 사업을 하는 경우. 다만, 다음 중 하나에 해당하는 경우는 제외한다.(조특법 6조 ⑩ 1, 2017.12.19. 단서개정)
  ㉠ 종전의 사업에 사용되던 자산을 인수하거나 매입하여 같은 종류의 사업을 하는 경우 그 자산가액의 합계가 사업 개시 당시 사업용자산(토지와 법인세법 시행령 제24조의 규정에 의한 감가상각자산)의 총가액에서 차지하는 비율이 30% 이하인 경우(조특령 5조 ⑲, ⑳)
  ㉡ 사업의 일부를 분리하여 해당 기업의 임직원이 사업을 개시하는 경우로서 다음의 요건을 모두 갖춘 경우. 이때, 사업을 개시하는 자가 아래 'ⓑ'의 요건을 충족하지 못하게 된 경우에는 해당 사유가 발생한 날이 속하는 과세연도부터 감면을 적용하지 아니한다.(조특령 5조 ㉑, ㉒)
    ⓐ 기업과 사업을 개시하는 해당 기업의 임직원 간에 사업 분리에 관한 계약을 체결할 것
    ⓑ 사업을 개시하는 임직원이 새로 설립되는 기업의 대표자로서 법인세법 시행령 제43조 제7항에 따른 지배주주등에 해당하는 해당 법인의 최대주주 또는 최대출자자(개인사업자의 경우에는 대표자)일 것
② 거주자가 하던 사업을 법인으로 전환하여 새로운 법인을 설립하는 경우

③ 폐업후 사업을 다시 개시하여 폐업전의 사업과 같은 종류의 사업을 하는 경우

④ 사업을 확장하거나 다른 업종을 추가하는 경우 등 새로운 사업을 최초로 개시하는 것으로 보기 곤란한 경우

저자TIP 한국표준산업분류 분류구조 및 부호체계(2017.7.1. 시행 기준)

분류구조는 대분류(알파벳문자사용), 중분류(2자리숫자사용), 소분류(3자리숫자사용), 세분류(4자리숫자사용), 세세분류(5자리숫자사용)의 5단계로 구성된다.

〈사례〉 창업중소기업감면 적용에 있어서 비누제조와 화장품제조가 동일업종인지?
C. 제조업 → 20. 화학물질 및 화학제품 제조업→204. 기타 화학제품 제조업→2042. 세제, 화장품 및 광택제 제조업→20421. 계면활성제 제조업, 20422. 치약, 비누 및 기타 세제 제조업, 20423. 화장품 제조업 ☞ 동일한 세분류에 속하므로(세세분류에서 구분되므로) 동일업종에 해당됨
➲ 개정 한국표준산업분류(2024.7.1. 시행)에서도 동일하다.

[창업 해당 여부]

✓ **창업중소기업의 범위**(조특 집행기준 6-0-1)

① 창업중소기업이 독립성요건을 갖추지 못하게 된 경우(조세특례제한법 집행기준 5-2-1 제3항 제3호의 기업은 제외)에는 그 사유가 발생한 날이 속하는 과세연도부터 세액감면을 적용받을 수 없는 것이나, 잔존감면기간 중에 실질적인 독립성요건을 갖추게 된 경우에는 그 사유가 발생한 날이 속하는 과세연도부터 잔존 감면기간동안 세액감면을 적용받을 수 있다. 이 경우, 잔존감면기간은 당해 사업에서 최초로 소득이 발생한 날이 속하는 과세연도부터 기산하여 계산한다.

② 창업중소기업이 세액감면을 받던 중 다음 중 하나에 해당하는 사유가 발생한 경우에는 그 발생일이 속하는 과세연도 이후부터는 감면을 적용받을 수 없다. 다만, 잔존감면기간 중 수도권 외 지역으로 다시 이전하거나 수도권지역에 설치한 지점을 폐쇄하는 경우에는 이전하거나 폐쇄한 날이 속하는 과세연도부터 잔존 감면기간동안 세액감면을 적용받을 수 있고, 이 경우 잔존감면기간은 당해 사업에서 최초로 소득이 발생한 날이 속하는 과세연도부터 기산하여 계산한다.
㉠ 수도권과밀억제권역으로 이전하여 사업을 영위하는 경우 그 이전일
㉡ 수도권과밀억제권역에 지점을 설치한 경우 그 설치일

✓ **창업의 범위**(조특 집행기준 6-0-2)

① 창업이라 함은 중소기업을 새로이 설립하는 것을 말하는 것으로서 법인의 경우 창업일은 법인설립등기일이고 개인사업자의 경우 소득세법 또는 부가가치세법에 따른 사업자등록을 한 날이 된다.

② 벤처기업으로 확인받은 날은 벤처기업육성에 관한 특별조치법 제25조의 규정에 의하여 중소기업청장 또는 지방중소기업청장으로부터 벤처기업으로 확인받은 날(해당 규정에 의하여 발급받은 벤처기업확인서의 유효기간의 초일)을 기준으로 판단한다.

③ 다음 중 어느 하나에 해당하는 경우 창업으로 보지 아니한다.

㉠ 합병·분할·현물출자 또는 사업의 양수를 통하여 종전의 사업을 승계하거나 종전의 사업에 사용되던 자산을 인수 또는 매입하여 같은 종류의 사업을 하는 경우. 다만, 인수 또는 매입한 자산이 창업 당시 토지와 사업용자산 총액의 30% 이하인 경우 및 사업의 일부를 분리하여 해당 기업의 임직원이 사업을 개시하는 경우로서 조세특례제한법 시행령 제5조 제20항 각 호의 요건을 모두 갖춘 경우에는 창업으로 본다.

$$\text{창업으로 인정되는 자산인수비율} = \frac{\text{인수 또는 매입한 자산가액}}{\text{창업 당시 (토지 + 감가상각자산)의 가액}} \leq 30\%$$

㉡ 거주자가 하던 사업을 법인으로 전환하여 새로운 법인을 설립하는 경우

㉢ 폐업 후 사업을 다시 개시하여 폐업 전의 사업과 같은 종류의 사업을 하는 경우

㉣ 사업을 확장하거나 다른 업종을 추가하는 경우 등 새로운 사업을 최초로 개시하는 것으로 보기 곤란한 경우

④ 타인의 사업 승계시 종전 사업자가 생산하는 제품과 동일한 제품을 생산하는 동종의 사업을 영위하는 경우 창업에 해당하지 아니하는 것이다.

⑤ 부동산임대업을 영위하는 개인사업자가 기존사업장과 다른 사업장에서 제조업을 새로이 개시하는 경우에는 창업에 해당한다.

⑥ 법인이 다른 사업자(이하 '폐업자'라 함)가 폐업한 사업장의 건물을 그 소유주로부터 임차하고 기계장치 등 사업용 자산을 새로이 취득하여 폐업자가 영위하던 사업과 동종의 사업을 개시하는 경우에는 조세특례제한법 제6조 규정에 의한 창업중소기업세액감면을 적용받을 수 있는 것이다.

⑦ 개인이 제조업 등을 창업하고 법인전환요건에 따라 중소기업법인으로 전환하여 개인사업의 창업일로부터 3년 이내에 벤처기업으로 확인받은 경우, 창업벤처중소기업 세액감면 가능하다.

✓ 창업중소기업 세액감면 적용시 창업일(조특 해석편람 6-1-11)

"창업중소기업 등에 대한 세액감면" 규정 적용에 있어 창업일이란 개인사업자인 경우 부가가치세법에 의한 사업자등록증교부일을 말하는 것임(소득 46011-21099, 2000.8.28.)

✓ 창업중소기업에 대한 세액감면적용대상 창업에 해당하는지 여부

원천징수대상 사업소득만 있는 인적용역사업자가 조세특례제한법 제6조제3항에 열거된 감면대상 업종으로 사업자등록을 하고 사업을 개시하는 경우로서 법정된 요건을 충족하는 경우에는 감면을 적용받을 수 있는 것임(사전법규소득 2024-961, 2024.12.26.)

✓ 창업중소기업 등에 대한 세액감면 적용대상 제조업 해당 여부

조세특례제한법 제6조의 규정을 적용함에 있어 자기가 직접 제품을 제조하지 아니하고 제조업체에 의뢰하여 제조하는 사업으로서 구 조세특례제한법 시행규칙(2017.3.17. 개정되기 전의 것) 제2조 제1항의 요건을 충족하는 경우에는 제조업으로 보아 창업중소기업 등에 대한 세액감면을 적용받을 수 있는 것임(서면소득 2017-523, 2017.3.22.)

✓ **창업 중소기업에 해당하는지 여부**

종전의 사업에 사용되던 자산을 취득(경매에 의한 취득을 포함)하여 동종의 사업을 영위하는 경우에 당해 자산가액의 합이 사업개시 당시 사업용 자산의 총가액에서 차지하는 비율이 50% 미만으로서 같은 법 시행령 제5조 제14항에서 정하는 비율 이하인 경우에는 창업에 해당하는 것임(서면법인 2014-21435, 2015.4.30.)

✓ **기존공장을 임차하여 종전과 동일한 사업을 영위하는 경우 창업으로 볼 수 있음**

기존 사업장을 임차하고 기계장치 등 사업용자산을 새로이 취득하여 종전사업자가 영위하던 사업과 동종의 사업을 개시하는 경우에는 '창업'에 해당함(법인-1041, 2011.12.28.)

✓ **업종 변경 및 추가시 창업중소기업 세액감면 해당 여부**(조특 해석편람 6-1-13)

서비스업으로 사업을 개시한 사업자가 제조업으로 사업내용을 변경하거나 제조업 등을 추가하는 것은 창업에 해당하지 아니하므로 창업중소기업 등에 대한 세액감면을 적용받을 수 없는 것임(소득 46011-1965, 1998.7.16.)

✓ **추가업종에서 발생한 소득에 대해 창업중소기업 세액감면이 가능한지 여부**

실질적으로 사업을 영위하던 중소기업이 기존 업종 외에 새로운 업종을 추가하는 경우 추가되는 업종은 창업으로 보지 않는 것이므로 추가되는 업종에서 발생한 소득에 대해서는 창업중소기업 세액감면을 적용할 수 없는 것임(서면법인 2024-352, 2024.2.19.)

✓ **기존의 사업과 연관성이 없는 다른 업종의 사업을 새로이 개시하는 경우는 창업중소기업 등에 대한 세액감면이 적용되는 '창업'에 해당하는 것임**(서면소득 2024-17, 2024.2.21.)

✓ **개인사업자가 동일한 세분류의 업종을 추가할 경우 창업중소기업 세액감면 해당 여부**

창업중소기업 등에 대한 세액감면은 창업 당시부터 조세특례제한법 제6조 제3항의 규정에 의한 업종을 영위하는 중소기업에 한해 적용하는 것임(서면소득 2023-2675, 2024.3.22.)

✓ **부동산임대사업 개시전 제조업으로 업종 변경시 창업중소기업 등에 대한 세액감면 적용 여부**

[사실관계]

거주자 甲은 2009.9.1.을 사업개시일로 하여 주업종을 부동산임대업으로 사업자등록을 하였으나,

- 2009.12.9. 상호를 가나다공업, 주업종을 제조업(유리)으로 변경(부동산임대업 삭제)
- 동 소재지에서 2009.9.18. 신축허가를 받아 2009.11.19. 공장건물 착공하여 2010.2.22. 준공 후 2010.6.30. 기계설비 등 설치를 완료하고 제품제조를 시작하였음

[질의]

당초 부동산임대업을 영위하고자 사업자등록을 하였으나, 부동산 임대사업 개시 전 제조업으로 주업종을 변경한 경우 조세특례제한법 제6조에 따른 세액감면을 적용받을 수 있는지 여부

[회신]

개인사업자가 부가가치세법 제8조에 따른 사업자등록을 한 날부터 조세특례제한법 제6조 제3항에 규정하는 업종을 영위하는 경우에 한하여 같은 법 제6조에 따른 창업중소기업 등에 대한 세액감면을 적용할 수 있는 것임(서면법규-25, 2014.1.13.)

✓ **사업개시 전 업종변경 등이 있는 경우 창업중소기업 등에 대한 세액감면 적용 여부**

자신이 대표자로 있는 법인에 사업장의 일부를 임대하는 거주자가 동일 사업장 일부에 공장을 신축하여 제조업을 영위하는 경우 해당 제조업에서 발생하는 소득에 대하여 창업중소기업 등에 대한 세액감면을 적용받을 수 없는 것임(서면법규-1210, 2013.11.5.)

✓ **한국표준사업분류상 세분류가 동일한 사업을 영위하는 경우 창업 중소기업감면세액 적용 여부**

산업용 플라스틱 사출성형((구)한국표준산업분류상 : 25240) 제조업을 창업하기 위하여 설립된 법인이 조세특례제한법 제6조의 규정을 적용함에 있어 사업장이 다른 사업자가 사용하던 사업용자산을 인수하여 한국표준산업분류상 세분류가 같은 사업을 영위하는 경우 창업중소기업에 대한 세액감면을 적용받을 수 없는 것이나, 이러한 경우가 귀 사례에 해당하는지는 사업의 실질내용에 따라 사실 판단할 사항임(서면2팀-765, 2006.5.4.)

✓ **창업중소기업 상속시 세액감면 승계 여부**

창업중소기업에 대한 과세특례를 적용받던 중소기업의 창업주가 사망하여 상속인에게 기업이 승계되는 경우 상속인은 창업주가 아니므로 창업중소기업에 대한 과세특례를 적용받을 수 없음(서면법령해석소득 2015-1500, 2016.3.18.)

✓ **창업중소기업 세액감면을 적용할 수 있는지**

'새로운 사업을 최초로 개시하는 것으로 보기 곤란한 경우'에 해당하여 창업중소기업 등에 대한 세액감면을 적용할 수 없는 A법인이 사업개시일로부터 약 2년 후 별도생산시설을 설치하고 A법인의 전체 인력 중 70% 이상을 신규 고용하더라도 창업중소기업 세액감면 요건을 적용할 수 없음(사전법규법인 2022-5, 2022.1.19.)

✓ **창업중소기업 세액감면을 적용받을 수 있는지 여부**

창업중소기업 등에 대한 세액감면을 적용함에 있어 개인사업자가 그 사업을 계속하면서 해당 개인사업을 승계하거나 인수하지 않고 개인사업장과 다른 사업장에 별도의 법인을 설립하여 사업을 개시하는 경우 기존 개인사업과 동일한 업종이더라도 '창업'에 해당하는 것임. 다만, 귀 질의가 이에 해당하는지는 법인의 설립 경위, 기존 개인사업과의 연관성, 거래 규모와 실태 등을 종합적으로 고려하여 사실판단할 사항임(서면법인 2023-3669, 2024.1.31.)

✓ **창업중소기업 해당 여부**

중소제조업을 영위하는 개인사업자가 해당 사업을 계속 영위하면서 별도의 사업장에 법인을 설립하여 사업을 최초로 개시하는 경우 새로이 사업을 개시하는 법인은 조세특례제한법 제6조의 규정을 적용함에 있어서 창업에 해당하는 것이나, 개인사업자가 영위하던 사업의 전부 또는 일부를 승계하여 동종의 사업을 영위하는 등 조세특례제한법 제6조 제4항 각 호에 해당되는 경우에는 창업에 해당하지 아니하는 것으로, 귀 질의의 경우가 어디에 해당하는지는 그 창업의 경위, 정황 등을 감안하여 실질내용에 따라 사실판단할 사항임(서면2팀-2313, 2004.11.12.)

✓ **조세특례제한법상 창업중소기업 규정의 "창업" 해당 여부**

A법인의 대주주이자 대표이사가 특수관계자와 공동으로 다른 지역에 A법인의 업종과 동일한 개인공동사업장(B)을 설립하고 종전의 사업에 사용되던 자산을 인수·매입하여 사업을 영위하는 경우에도 조세특례제한법 제6조 제4항 제1호 단서의 규정에 의한 창업당시 자산총액의 30% 이하를 인

PART 4

수·매입하여 창업하는 때에는 동법 제6조의 창업중소기업 등에 대한 세액감면의 규정을 적용함에 있어 이를 "창업"으로 보는 것임(서면1팀-664, 2005.6.15.)

✓ 창업중소기업 세액감면 규정의 "창업" 해당 여부

제조업을 영위하고 있는 개인사업자가 수도권과밀억제권역외 지역의 공장에 별도의 법인을 설립하여 개인사업자와 동일한 업종을 영위함에 있어 거주자가 영위하던 사업을 법인으로 전환하여 새로운 법인을 설립하는 경우(조세특례제한법 제6조 제4항 제2호 규정)에는 이를 "창업"으로 보지 아니하며, 종전의 사업에 사용되던 자산을 인수·매입하여 사업을 영위하는 경우에 창업당시 자산총액의 30%를 초과 인수·매입하여 창업하는 때에도 이를 "창업"으로 보지 않는 것임(서면1팀-960, 2005.8.16.)

✓ 부동산임대업을 영위하는 개인사업자가 제조업 창업시 창업적용 여부

부동산임대업을 영위하는 개인사업자가 기존사업장과 다른 사업장에서 제조업을 새로이 개시하는 경우 창업중소기업 등에 대하여 세액감면이 적용시 '창업'에 해당함(재조예-399, 2005.11.2.)

✓ 법인이 개인사업자의 사업용자산을 매입 후 동일장소에서 동종업종의 사업을 개시할 경우 창업중소기업에 해당 되는지 여부

개인사업을 영위하던 사업자가 동일한 장소에서 법인을 설립하고, 새로 설립된 법인이 기존 개인사업자의 토지·건물 등 사업용 자산을 인수 또는 매입하여 같은 종류의 사업을 하는 경우에는 창업으로 보지 않는 것임(서면법인 2023-3806, 2024.3.11.)

✓ 개인사업자가 기존 업종과 다른 업종으로 변경하는 경우 창업중소기업 세액감면 해당 여부

사업자등록 후 설비투자 등 창업 활동을 전혀 하지 아니한 상태에서 기존 업종과 전혀 다른 창업감면대상 업종을 새로이 개시하여 실질적인 창업행위를 하는 경우에는 "창업"에 해당하는 것임(서면소득 2023-3731, 2024.5.17.)

[사업장 이전]

✓ 수도권과밀억제권역 외에서 억제권역 내로 사업장을 이전한 경우 창업중소감면 계산방법

수도권과밀억제권역 외의 지역에서 창업한 중소기업이 수도권과밀억제권역으로 이전한 경우 그 이전일이 속하는 과세연도 이후부터는 조세특례제한법 제6조 제1항에 따른 세액의 감면을 적용받을 수 없는 것임(서면법령해석소득 2019-3821, 2020.2.7.)

✓ 창업중소기업 세액감면을 적용할 수 있는지 등

조세특례제한법 제6조 제1항에 따른 세액감면을 적용받던 창업중소기업이 수도권과밀억제권역으로 사업장을 이전하였다가 수도권과밀억제권역 외의 지역으로 재이전하는 경우에는 재이전일이 속하는 과세연도부터 남은 감면기간동안 세액감면을 적용받을 수 있음(서면법령해석법인 2021-4426 2021.12.17.)

✓ 사업장을 수도권과밀억제권역외의 지역으로 재이전 하는 경우 창업중소기업세액감면의 적용방법

수도권과밀억제권역 외의 지역에서 창업하여 사업장을 수도권과밀억제권역외의 지역으로 재이전하는 경우 재이전일이 속하는 과세연도부터 남은 감면기간 동안 수도권과밀억제권역 외의 지역에서 창업한 청년창업중소기업으로 보아 쟁점세액감면을 적용받을 수 있는 것임(사전법규소득 2022-

1116, 2023.2.13.)

✓ 소재지 이전 및 대표자 변경 시 청년창업중소기업 세액감면의 지속 여부

수도권과밀억제권역 내에서 창업 후 권역 외로 이전하더라도 청년창업중소기업의 세액감면율은 기존과 같으며, 청년창업중소기업에 대한 세액 감면기간 중 대표자가 창업자가 아닌 자로 변경되면 해당 과세연도부터 남은 감면기간 동안은 감면요건을 갖추지 못한 것으로 보는 것임(서면법인 2019-1931, 2020. 9.11.)

[법인전환]

✓ 거주자가 법인전환하면서 개인사업을 폐업한 후 사업을 다시 개시하여 폐업 전의 사업과 같은 종류의 사업을 하는 경우 창업에 해당하지 않는 것임(소득-326, 2012.4.19.)

✓ 개인사업자가 업종을 변경하여 법인전환하는 경우 창업중소기업 세액감면 적용 여부

거주자가 하던 사업을 법인으로 전환하여 새로운 법인을 설립하는 경우에는 창업으로 보지 아니하는 것이나, 개인사업자가 법인으로 전환하면서 기존 업종에 다른 업종을 추가하여 그 업종으로 주업종을 변경한 경우에는 추가한 업종에 대해 창업으로 보는 것임(서면법규-731, 2014.7.11.)

✓ 개인사업자의 법인전환 시 창업중소기업에 대한 세액감면 승계 여부

거주자가 창업중소기업에 대한 세액감면 기간이 지나기 전에 사업 양도·양수의 방법으로 법인 전환한 경우에 해당 중소기업 법인은 그 거주자의 남은 감면기간에 대하여 창업중소기업 세액감면을 적용 받을 수 있는 것임(서면법인 2022-1835, 2022.10.31.)

✓ 개인사업자의 법인전환시 창업중소기업 등에 대한 세액감면 승계 여부

적격 법인 전환에 해당하면 개인사업자의 잔존 감면 기간을 승계함(서면법인 2022-586, 2022.2.25.)

[폐업 관련]

✓ 기존 폐업한 사업과 다른 업종으로 다른 장소에 새로이 개인사업을 개시하여 독립적으로 경영할 경우 창업에 해당하는 것임(서면소득 2024-429, 2024.2.16.)

✓ 창업에 해당하는지 여부

개인사업자가 폐업 후 폐업전의 업종과 동일업종으로 A법인을 설립하는 경우 및 A법인이 100% 출자하여 A법인과 동일한 대표자 및 동일업종으로 다른 지역에 B법인을 설립하는 경우 창업에 해당하지 않음(서면법령해석법인 2021-1262, 2021.6.8.)

✓ 개인사업자가 폐업을 하고 동종업종의 법인을 설립한 경우 조특법 제6조의 세액감면 적용여부

주거용 건물을 신축하여 분양·판매하는 사업자가 그 사업을 폐업하고 주거용 건물 및 비주거용 건물을 건설하여 분양·판매하는 법인을 설립하는 경우에는 조세특례제한법 제6조의 창업에 해당하지 아니하므로 같은 법에 따른 세액감면을 받을 수 없는 것임(사전법령해석소득 2018-717, 2018.12.10.)

✓ 폐업 후 다시 사업을 개시하는 경우에 해당하는지 여부

거주자가 사업자등록을 하였으나 설비투자 등의 사업 활동을 전혀 하지 아니한 상태에서 사업을 개시하지 않고 폐업한 후 같은 업종으로 다시 사업을 개시하는 경우는 조세특례제한법 제6조 제10

PART 4

항 제3호의 "폐업 후 사업을 다시 개시하여 폐업 전의 사업과 같은 종류의 사업을 하는 경우"에 해당하지 아니하는 것임(사전법규소득 2022-582, 2022.7.14.)

✓ **형식적인 폐업신고 시 조세특례제한법 6조 ①에 따른 감면을 계속 적용받을 수 있는지 여부 등**

조세특례제한법 제6조 제1항의 창업중소기업 등에 대한 세액감면 기간이 지나기 전에 같은 법 제32조의 요건을 갖추어 개인사업자에서 법인으로 전환함으로써 해당 세액감면을 승계받은 법인이, 개인사업자로부터 승계받은 사업에 관한 영업권을 매각하기 위하여 폐업신고를 하였으나 해당 폐업신고 직후 폐업취소를 한 경우로서, 실질적으로는 폐업을 하지 않고 동일한 사업을 계속 영위하고 있는 경우에는 해당 개인사업자로부터 승계받은 사업에서 발생하는 소득에 대하여 전환당시의 잔존감면기간내에 종료하는 각 사업연도까지 해당 세액감면을 받을 수 있는 것임. 다만, 실질적으로는 폐업을 하지 않고 동일한 사업을 계속 영위하고 있는지 여부는 사실판단할 사항임(서면법규법인 2022-1521, 2022.11.7.)

✓ **창업중소기업 감면 해당 여부**

[사실관계]

민원인 A는 2009년 12월경 공장부지와 공장시설을 임차하여 제조업을 개시하였고, 2010년 12월경 당초 동일한 사업장에서 사용하던 공장시설을 노후화 등을 이유로 폐기하고, 새로운 사업용 자산을 취득하여 사업을 영위하고 있음

[질의]

타인이 사업을 폐업한 장소에서 창업한 경우 창업중소기업 등에 대한 세액감면 적용여부

[회신]

사업용 자산을 새로 취득하여 사업을 개시하는 경우에 해당하지 않아 창업중소기업 세액감면을 적용할 수 없는 것임(소득-41, 2014.7.20.)

[공동사업 관련]

✓ **단독사업에서 공동사업으로 변경한 경우 창업중소기업 세액감면 적용 여부**

갑이 창업중소기업 등에 대한 세액감면 대상 사업을 실질적으로 창업하여 종합소득세 세액 신고시에 동 세액감면을 적법하게 적용하던 중에 다른 사람과의 동업계약으로 당해 사업을 폐업하지 않고 계속하는 경우에 갑은 동 세액감면의 잔존감면기간 동안에 소득세법 제43조에 따라 분배되는 소득금액 상당액에 대하여 동 세액감면을 적용받을 수가 있는 것임(서면소득 2016-3358, 2016.3.21.)

✓ **공동사업장으로 전환 후 다시 단독사업장으로 전환한 경우의 창업중소기업 세액감면 적용방법**

공동사업장에서 단독사업장으로 전환된 부분은 창업으로 인정되지 않으므로, 잔존 감면기간동안에 당초 창업자의 공동사업장 당시 지분비율에 상당하는 소득에 대해 창업 세액감면을 받을 수 있는 것임(기획재정부조세특례-369, 2024.5.2.)

✓ **공동사업 구성원의 창업중소기업 세액감면 적용 여부**

A, B가 창업중소기업 등 세액감면 대상사업을 창업하여 동업 중, A가 탈퇴한 B로부터 지분을 양수하여 사업을 계속하는 경우, A는 잔존 감면기간 동안 동 세액감면 할 수 있고, B가 사업을 다시 개시하여 동종사업 영위시 창업으로 보지 않음(소득-4277, 2008.11.19.)

✓ **폐업한 공동사업장의 기계장치를 이전하여 단독으로 사업을 개시하는 경우 창업중소기업 해당 여부 및 기계장치의 취득가액 계산**(조특 해석편람 6-1-12)

거주자가 공동사업장을 폐업하고 해당 공동사업장에서 사용하던 기계장치를 그대로 이전하여 공동사업장과 동일한 업종을 영위하는 때에는 단독으로 새로이 사업을 개시한 경우에도 창업중소기업 등에 대한 세액감면을 적용받을 수 없는 것이며, 이때 기계장치의 취득가액은 매입가액에 취득세·등록세 기타 부대비용을 합계한 금액을 말한다.(소득 46011-2062, 1998.7.23.)

[감면대상 소득 여부]

✓ **감면대상소득의 범위**(조통 6-0…2)

조세특례제한법 제6조 제1항 및 제2항·제7조 제1항·제63조 제1항·제64조 제1항·제66조 제1항·제67조 제1항·제68조 제1항에 따라 감면대상 소득계산시 이자수익·유가증권처분이익·유가증권처분손실 등은 포함하지 아니한다.

✓ **출자공동사업자의 배당소득에서 발생한 소득세는 창업중소기업 세액감면 대상에 해당하지 않음**(기획재정부금융세제-539, 2024.10.18.)

✓ **감면사업과 관련하여 발생한 외한차익이 창업중소기업 감면대상소득에 포함되는지 여부**

조세특례제한법 제6조 창업중소기업에 대한 세액감면 규정을 적용함에 있어 감면사업관련 설비의 투자과정에서 발생한 외환차익은 해당 감면사업에서 발생한 소득에 해당하는 것임(서면1팀-1199, 2007.8.29.)

(10) 감면신청

창업중소기업 또는 창업벤처중소기업 및 에너지신기술중소기업에 대한 세액감면을 받으려는 자는 과세표준신고와 함께 「세액감면신청서」(별지 제2호 서식)를 납세지 관할 세무서장에게 제출하여야 한다.(조특령 5조 ㉖, 2020.2.11. 항번개정)

(11) 기타 참고사항

① 투자세액공제와 중복적용이 배제된다.

② 복식부기의무자가 추계신고 하는 경우에는 중소기업특별세액감면이 배제되며, 간편장부대상자가 추계신고 하는 경우에는 감면이 가능하다.

③ 위 '(5) 감면세액의 특례' 중 '2)'의 규정(조특법 6조 ⑦)에 따라 소득세를 감면받는 경우에는 '고용증대세액공제(조특법 29조의7)' 또는 '통합고용세액공제 중 고용증대세액공제(조특법 29조의8 ①)'를 동시에 적용하지 않는다.(조특법 127조 ④, 2022.12.31. 단서개정)

PART 4

개정 2024.12.31.

➲ 2025.1.1. 이후 창업중소기업을 창업하는 경우, 창업보육센터사업자로 지정을 받는 경우, 벤처기업으로 확인받는 경우 또는 에너지신기술중소기업에 해당하게 되는 경우부터 적용한다.(2024.12.31. 조특법 부칙 2조)

③ '창업중소기업 등에 대한 세액감면(조특법 6조)'에 따라 소득세를 감면받는 경우에는 '고용증대세액공제(조특법 29조의7)' 또는 '통합고용세액공제(조특법 29조의8)'를 동시에 적용하지 않는다.(조특법 127조 ④, 2024.12.31. 단서개정)

④ 최저한세의 적용을 받는다. 다만, 다음의 감면에 대해서는 최저한세의 적용을 배제한다.
  ㉠ 위 '(1) 창업중소기업에 대한 세액감면'에 따라 소득세의 100%를 감면받는 과세연도의 경우(조특법 132조 ② 4 단서 가)
  ㉡ 위 '(5) 감면세액의 특례' 중 '2)'의 규정(조특법 6조 ⑦)에 따라 추가로 감면받는 부분의 경우(조특법 132조 ② 4 단서 나)

⑤ 농어촌특별세가 비과세된다.

⑥ 다음 중 하나에 해당하는 경우에는 해당 사업자에 대하여 감면적용이 배제된다.
  ㉠ 사업용계좌 신고대상 사업자가 사업용계좌를 개설하지 않은 경우(정당한 사유 있으면 제외)
  ㉡ 현금영수증가맹점 가입대상 사업자가 가입하지 않은 경우(정당한 사유 있으면 제외)
  ㉢ 신용카드·현금영수증가맹점 가입 사업자가 발급거부 또는 사실과 다르게 발급한 경우로서 관할 세무서장으로부터 다음을 통보받은 경우
    ⓐ 해당 과세연도에 3회 이상 통보받고 그 합계액이 100만원 이상인 경우
    ⓑ 해당 과세연도에 5회 이상 통보받은 경우

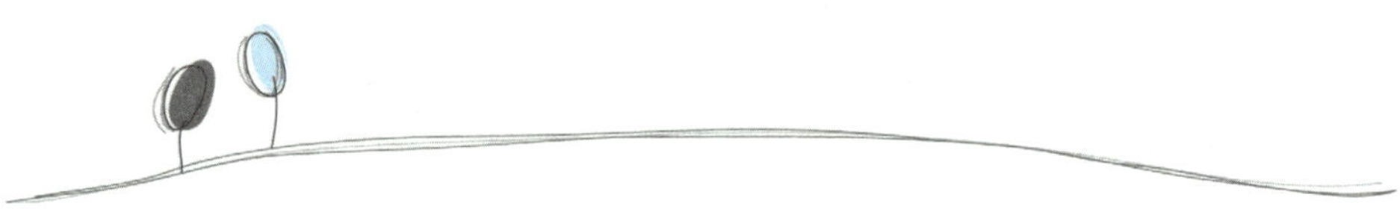

✓ **창업중소기업추가감면과 고용증대세액공제 추가공제 중복적용 여부**

조세특례제한법 제127조 제4항 단서에 따라 같은 법 제6조 제7항의 창업중소기업 세액감면을 받는 경우에는 같은 법 제29조의7에 따른 고용증대세액공제를 동시에 적용하지 않는 것임. 이때, 같은 법 제29조의7 제1항에 따라 최초로 고용증대세액공제를 받은 중소기업이 이후 2년 이내 과세연도에 최초 공제연도 대비 상시근로자 수가 증가하여 최초 공제연도와 동일한 세액공제를 받는 경우에도 같은 법 제127조 제4항의 단서를 적용하여 같은 법 제6조 제7항의 법인세 감면과 중복지원을 배제하는 것임(서면법인 2024-70, 2024.8.29.)

✓ **청구인이 무신고자로 창업중소기업세액감면 및 중소기업특별세액감면 배제대상인지 여부 및 청구인에 대한 창업중소기업세액감면 및 중소기업특별세액감면을 배제한 처분이 신의성실의 원칙 등에 반하는지 여부**

청구인이 종합소득세 신고시 소득세법 제70조 제4항 제3호에 규정된 서류를 제출하지 않아 같은 항에 따라 무신고로 간주됨으로써 조특법 제128조 제2항의 감면배제 요건을 충족하였으나, 국세청이 발간한 책자에서 추계시에도 조특법 제7조의 중소기업특별세액감면을 받을 수 있는 것으로 기재되어 있는 점, 2016.7.13. 국세청의 유권해석이 있기 전까지 비과세관행이 성립된 것으로 보이는 점 등에 비추어 이 건 처분은 신의칙을 위반한 것으로 보이므로 청구인에게 종합소득세를 과세한 이 건 처분은 잘못이 있음(조심 2016전4308, 2017.5.23.)

✓ **수정신고 가능 여부**

대도시에서 창업하여 농·어촌지역으로 이전한 중소제조업 법인이 착오로 잘못 적용한 창업중소기업 등에 대한 세액감면을 취소하고 중소제조업 등에 대한 특별세액감면을 적용함으로써 납부세액이 변동되는 경우에는 국세기본법 제45조 및 제45조의2 규정에 의한 수정신고 또는 경정청구를 할 수 있는 것임(서면2팀-1082, 2004.5.25.)

✓ **중복지원 배제 여부**

제조업과 도매업을 영위하는 중소기업에 대하여 조세특례제한법 제6조 및 제7조의 규정에 의한 감면규정이 동시에 적용가능한 경우 동일사업장 별로 그 중 하나만을 선택하여 적용받을 수 있음(서면2팀-1445, 2004.7.12.)

3 중소기업에 대한 특별세액감면

(1) 개 요

중소기업 중 일정한 감면업종을 경영하는 기업에 대해서는 2025.12.31. 이전에 끝나는 사업연도까지는 해당 사업장에서 발생한 소득에 대한 소득세에 일정한 감면비율을 적용하여 산출한 세액 상당액을 감면한다. 다만, 내국법인의 본점 또는 주사무소가 수도권에 있는 경우에는 모든 사업장이 수도권에 있는 것으로 보고 감면비율을 적용한다.(조특법 7조 ①, 2022.12.31. 개정)

(2) 감면업종(조특법 7조 ①)

① 제조업

제조업에는 자기가 제품을 직접 제조하지 아니하고 제조업체(사업장이 국내 또는 개성공업지구에 소재하는 업체에 한한다)에 의뢰하여 제조하는 사업으로서 다음의 요건을 충족하는 사업을 포함한다.(조특법 6조 ③ 2, 조특령 5조 ⑥, 조특칙 4조의2)

㉠ 생산할 제품을 직접 기획(고안·디자인 및 견본제작 등을 말한다)할 것

㉡ 해당 제품을 자기명의로 제조할 것

㉢ 해당 제품을 인수하여 자기책임 하에 직접 판매할 것

② 건설업

③ 도매 및 소매업

✓ **중소기업특별세액감면을 적용함에 있어 법인이 자기가 제품을 직접 제조하지 아니하고 국외에 소재하는 제조업체에 의뢰하여 제품을 제조하는 경우 도매업에 해당하는 것임**(서면2팀-1024, 2005.7.26.)

✓ **주문자상표 부착하여 수출하는 경우 중소기업 특별세액감면해당여부**

제품을 직접 제조하지 아니하고 국외에 소재하는 제조업체에 의뢰하여 제조하는 경우에는 중소기업의 업종을 판단함에 있어서 제조업이 아닌 도매업으로 보는 것임(재조세-805, 2004.12.1.)

④ 다음에 해당하는 물류산업(조특령 5조 ⑦, 2020.2.11. 개정)

➲ 2020.1.1. 이후 개시하는 과세연도분부터 적용한다.(2019.12.31. 조특법 부칙 2조 ①)

➲ 아래의 한국표준산업분류 번호는 개정 한국표준산업분류(2024.7.1. 시행)에서도 동일하다.

㉠ 육상·수상·항공 운송업

➲ 한국표준산업분류코드 : 육상운송업(491 ~ 494), 수상운송업(50), 항공운송업(51)

㉡ 화물 취급업 ➲ 한국표준산업분류코드 : 5294

㉢ 보관 및 창고업 ➲ 한국표준산업분류코드 : 521

㉣ 육상·수상·항공 운송지원 서비스업 ➲ 한국표준산업분류코드 : 5291, 5292, 5293

㉤ 화물운송 중개·대리 및 관련 서비스업 ➲ 한국표준산업분류코드 : 52992

㉥ 화물포장·검수 및 계량 서비스업 ➲ 한국표준산업분류코드 : 52993

㉦ 선박의 입항 및 출항 등에 관한 법률에 따른 예선업

㉧ 도선법에 따른 도선업

㉨ 기타 산업용 기계·장비 임대업 중 파렛트 임대업

⑤ 출판업

⑥ 작물재배업, 축산업, 어업, 광업

⑦ 운수업 중 여객운송업

⑧ 창작 및 예술관련 서비스업(자영예술가는 제외)

⑨ 영상·오디오 기록물 제작 및 배급업(비디오물 감상실 운영업은 제외한다)(2014.12.23. 개정)

⑩ 전기통신업, 방송업, 컴퓨터프로그래밍, 시스템 통합 및 관리업, 정보서비스업(가상자산 매매 및 중개업은 제외)(2024.12.31. 용어개정)

⑪ 연구개발업, 기타 과학기술서비스업, 포장 및 충전업

⑫ 광고업, 전문디자인업

⑬ 엔지니어링사업 : 엔지니어링산업 진흥법에 따른 엔지니어링활동(기술사법의 적용을 받는 기술사의 엔지니어링활동을 포함)을 제공하는 사업(조특령 5조 ⑨)

⑭ 의료업 : 의료법에 따른 의료기관을 운영하는 사업[의원·치과의원 및 한의원은 해당 과세연도의 수입금액(기업회계기준에 따라 계산한 매출액을 말한다)에서 국민건강보험법 제47조에 따라 지급받는 요양급여비용이 차지하는 비율이 80% 이상으로서 해당 과세연도의 종합소득금액이 1억원 이하인 경우에 한정한다. 이하 “의료업”이라 한다] (2016.12.20. 개정)

⑮ 하수·폐기물 처리(재활용을 포함), 원료재생 및 환경복원업

⑯ 주문자상표부착방식에 따른 수탁생산업 : 위탁자로부터 주문자상표부착방식에 따른 제품생산을 위탁받아 이를 재위탁하여 제품을 생산·공급하는 사업(조특령 6조 ①)

✓ 청구법인의 업종이 주문자상표부착방식에 의한 수탁생산업에 해당하여 중소기업에 대한 특별세액 감면 15% 적용이 가능한지 여부(조심 2021전1825, 2021.8.31.)

청구법인은 주문자상표부착방식(OEM)에 의한 수탁생산업을 영위하고 있으므로 조특법 제7조의 중소기업특별세액 감면율 15%를 적용받아야 한다고 주장하나, 주문자상표부착생산방식(OEM)이 주문자가 판매할 상품을 주문자의 상표를 부착하여 주문자의 설계대로 제작자가 위탁받아 제조하는 방식임을 고려시, 주문자가 요청한 청구법인의 견적서에는 제품의 종류, 용량, 규격 등 주문을 위한 일반적이고 기초적인 사항만 기재될 뿐 주문자가 직접 제품의 설계 및 개발에 관여한 사실이 확인되지 않는 점, 청구법인이 주문자에게 납품하는 제품은 주문자가 판매할 상품에 주문자의 상표를 부착한 것이 아니라 주문자 상품의 부수적 요소인 PP포대 등에 주문자의 상호를 인쇄한 것으로 보이는 점, 청구법인과 청구법인의 대표이사 명의로 보유중인 제품 제조 관련 특허권 및 자체개발 제품 홍보내용 등으로 미루어 제품의 생산을 위한 핵심기술과 노하우는 청구법인이 보유하고 있는 것으로 보이는 점 등에 비추어 처분청에서 청구법인의 생산방식을 주문자상표부착생산방식(OEM)이 아닌 제조자개발생산방식(ODM)의 수탁생산업으로 보아 청구법인의 경정청구를 거부한 처분은 달리 잘못이 없는 것으로 판단된다.

PART 4

> • OEM(Original Equipment Manufacturing, 주문자상표부착생산방식) : 주문자가 판매할 상품을 주문자의 상표를 부착하여 주문자의 설계대로 제작자가 위탁받아 제조하는 방식
> • ODM(Original Development Manufacturing, 제조자개발생산방식) : 주문자의 생산의뢰를 받아 제작자가 그 제품을 개발·설계하여 제조하는 방식

⑰ 학원의 설립·운영 및 과외교습에 관한 법률에 따른 직업기술분야를 교습하는 학원을 운영하는 사업 또는 근로자직업능력 개발법에 따른 직업능력개발훈련시설을 운영하는 사업(직업능력개발훈련을 주된 사업으로 하는 경우에 한한다)

✓ 중소기업에 대한 특별세액 감면대상 해당 여부

학원의 설립·운영 및 과외교습에 관한 법률에 따른 학원에 해당하지 않는 직업능력개발훈련시설을 운영하는 경우에는 중소기업에 대한 특별세액 감면대상 아님(소득-1521, 2009.10.7.)

✓ 중소기업에 대한 특별세액감면 적용 가능 여부

학원의 설립·운영 및 과외교습에 관한 법률에 따라 직업기술 분야를 교습하는 학원이 근로자직업능력 개발법 제24조에 따라 노동부장관으로부터 직업능력개발훈련과정을 인정받아 직업능력개발훈련을 실시하는 경우에도 해당학원은 조세특례제한법 제7조에 따른 중소기업에 대한 특별세액감면을 적용받을 수 있는 사업에 해당하는 것임(소득-1525, 2009.10.7.)

⑱ 자동차정비업 : 자동차정비공장(자동차관리법 시행규칙 제131조의 규정에 의한 자동차종합정비업 또는 소형자동차정비업의 사업장)을 운영하는 사업(조특령 6조 ②, 54조 ①, 조특칙 22조)

자동차관리법 시행규칙 131조【자동차정비업의 작업범위】제1항

1. 자동차종합정비업 : 모든 종류의 자동차에 대한 점검·정비 및 튜닝작업
2. 소형자동차종합정비업 : 승용자동차·경형 및 소형의 승합·화물·특수자동차에 대한 점검·정비 및 튜닝작업
3. 자동차전문정비업 : 별표 26에 따른 자동차전문정비업의 작업제한범위에 속하지 아니하는 구조·장치에 대한 점검·정비 및 튜닝
4. 원동기전문정비업 : 자동차원동기의 재생정비 및 튜닝

⑲ 해운법에 따른 선박관리업

⑳ 관광진흥법에 따른 관광사업(카지노, 관광유흥음식점 및 외국인전용유흥음식점업은 제외)

✓ 관광진흥법 제4조에 따른 미등록인 경우에도 관광진흥법에 따른 관광사업 해당됨

관광진흥법에 따른 관광사업에는 숙박시설이나 음식점시설을 갖추고 전문휴양시설 중 한 종류의 시설을 갖추었으나 관광진흥법 제4조에 따른 등록을 하지 아니하고 관광사업을 영위하는 경우도 포함되는 것임(기획재정부조세특례-929, 2011.10.13.)

㉑ 노인복지법에 따른 노인복지시설을 운영하는 사업

㉒ 전시산업발전법에 따른 전시산업

㉓ 인력공급 및 고용알선업

㉔ 콜센터 및 텔레마케팅 서비스업

㉕ 에너지이용 합리화법 제25조에 따른 에너지절약전문기업이 하는 사업

㉖ 인력공급 및 고용알선업(농업노동자 공급업을 포함)

㉗ 노인장기요양보험법 제32조에 따른 재가장기요양기관을 운영하는 사업

㉘ 건물 및 산업설비 청소업

㉙ 경비 및 경호 서비스업

㉚ 시장조사 및 여론조사업

㉛ 사회복지 서비스업(2013.1.1. 신설)

㉜ 무형재산권 임대업(지식재산 기본법 제3조 제1호에 따른 지식재산을 임대하는 경우로 한정한다)(2014.1.1. 신설)

㉝ 연구산업진흥법 제2조 제1호 나목의 산업(2021.4.20. 개정)

➲ 연구개발 기획, 연구개발의 관리 및 사업화 지원, 연구개발 관련 기술정보의 조사·제공 등 연구개발 활동을 지원하는 산업

㉞ 개인 간병 및 유사 서비스업, 사회교육시설, 직원훈련기관, 기타 기술 및 직업훈련 학원, 도서관·사적지 및 유사 여가 관련 서비스업(독서실 운영업은 제외한다)(2017.12.19. 개정)

㉟ 민간임대주택에 관한 특별법에 따른 주택임대관리업(2015.12.15. 개정)

㊱ 신에너지 및 재생에너지 개발·이용·보급 촉진법에 따른 신·재생에너지 발전사업(2014.12.23. 신설)

㊲ 보안시스템 서비스업(2015.12.15. 신설)

㊳ 임업(2016.12.20. 신설)

㊴ 통관 대리 및 관련 서비스업(조특법 7조 ① 1 무, 2020.12.29. 신설)

㊵ 자동차 임대업(여객자동차 운수사업법 제31조 제1항에 따른 자동차대여사업자로서 같은 법 제28조에 따라 등록한 자동차 중 50% 이상을 전기자동차 또는 수소전기자동차로 보유한 경우로 한정한다)(조특법 7조 ① 1 부, 2020.12.29. 신설)

➲ 2021.1.1. 이후 개시하는 과세연도 분부터 적용한다.(2021.2.17. 조특법 부칙 2조 ①)

(3) 감면세액의 계산

① 해당 사업에서 발생한 소득에 대한 소득세에 다음의 감면비율을 적용하여 산출한 세액 상당액을 감면한다.(조특법 7조 ① 2)

② "통관 대리 및 관련 서비스업"을 경영하는 사업장의 경우 감면 비율은 아래의 해당 감면비율에 50%를 곱한 비율로 한다.(조특법 7조 ① 2 단서, 2020.12.29. 단서신설)

1) 소기업을 경영하는 경우

① 도매 및 소매업, 의료업(이하 "도매업 등"이라 한다)을 경영하는 사업장 : 10%
② 수도권에서 "도매업 등"을 제외한 업종을 경영하는 사업장 : 20%
③ 수도권 외의 지역에서 "도매업 등"을 제외한 업종을 경영하는 사업장 : 30%

2) 중기업(소기업을 제외한 중소기업)을 경영하는 경우

① 수도권 외의 지역에서 "도매업 등"을 경영하는 사업장 : 5%
② 수도권 외의 지역에서 "도매업 등"을 제외한 업종을 경영하는 사업장 : 15%

$$\text{감면세액} = \text{종합소득산출세액} \times \frac{\text{감면대상 사업소득금액}}{\text{종합소득금액}} \times \text{감면비율}$$

③ 중기업이 수도권에서 일반 서적 출판업을 경영하는 사업장 : 10%(조특법 7조 ① 2 마, 2025.3.14. 신설, 조특령 6조 ⑨, 입법예고중)

➲ 2025.1.1. 이후 개시하는 과세연도 분부터 적용한다.(2025.3.14. 조특법 부칙 2조)

3) 감면비율의 적용특례

다음의 요건을 모두 충족하는 중소기업의 경우에는 위 '1), 2)'에 따른 감면 비율에 110%를 곱한 감면 비율을 적용한다.(조특법 7조 ②, 2016.12.20. 개정)

① 해당 과세연도 개시일 현재 10년 이상 계속하여 해당 업종을 경영한 기업일 것
② 해당 과세연도의 종합소득금액이 1억원 이하일 것
③ 소득세법 제59조의4 제9항에 따른 성실사업자(☞ 소득세법 시행령 118조의8에 따른 성실사업자)로서 다음의 요건을 모두 갖춘 자일 것(조특법 122조의3 ① 2, 4, 2022.12.31. 조문정리)

㉠ 해당 과세기간의 수입금액으로 신고한 금액이 직전 3개 과세기간의 연평균수입금액(과세기간이 3개 과세기간에 미달하는 경우에는 사업의 개시일이 속하는 과세

기간과 직전 과세기간의 연평균수입금액을 말한다)의 50%를 초과할 것(조특법 122조의3 ① 2)

㉡ 다음의 요건에 모두 해당할 것(조특법 122조의3 ① 4, 조특령 117조의3 ④)

ⓐ 해당 과세기간의 법정신고 납부기한 종료일 현재 국세의 체납사실이 없을 것

ⓑ 해당 과세기간의 법정신고 납부기한 종료일 현재 최근 3년간 조세범으로 처벌받은 사실이 없을 것

ⓒ 부가가치세법 및 소득세법에 따른 사업자가 해당 과세기간의 법정신고 납부기한 종료일 현재 최근 3년간 다음 중 하나에 해당하지 아니할 것

- 세금계산서를 교부하지 아니하거나 허위기재하여 교부한 경우
- 매출처별세금계산서합계표를 허위기재하여 제출한 경우
- 세금계산서를 교부받지 아니하거나 허위기재의 세금계산서를 교부받은 때 또는 허위기재한 매입처별세금계산서합계표를 제출한 경우
- 재화 및 용역을 공급하지 아니하고 세금계산서 또는 계산서를 교부하거나 교부받은 경우
- 재화 및 용역을 공급하지 아니하고 매출·매입처별세금계산서합계표 또는 매출·매입처별계산서합계표를 허위기재하여 제출한 경우

ⓓ 해당 과세기간의 개시일 현재 직전 3개 과세기간에 대한 세무조사 결과 과소신고한 소득금액이 경정된 해당 과세기간 소득금액의 10% 미만일 것

PART 4

4) 감면한도(조특법 7조 ① 3, 2017.12.19. 신설)

① 해당 과세연도의 상시근로자 수가 직전 과세연도의 상시근로자 수보다 감소한 경우 : 1억원에서 감소한 상시근로자 1명당 5백만원씩을 뺀 금액(해당 금액이 음수인 경우에는 영으로 한다)

② 그 밖의 경우 : 1억원

이때 상시근로자의 범위 및 상시근로자 수의 계산방법에 관하여는 고용창출투자세액공제(☞ 조특법 시행령 제23조) 제10항부터 제13항까지의 규정을 준용한다.(조특령 6조 ⑦)

중소기업 특별세액감면 비율 (2024년 귀속기준)

감면대상업종	구 분		감면비율
• 도매업 및 소매업, 의료업 * 의원·치과의원 및 한의원은 일정요건 충족시 감면가능	수도권	소기업	10%
		중기업	–
	수도권 외	소기업	10%
		중기업	5%
• 통관 대리 및 관련 서비스업	수도권	소기업	10%
		중기업	–
	수도권 외	소기업	15%
		중기업	7.5%
• 위 이외의 감면대상 업종	수도권	소기업	20%
		중기업	–*
	수도권 외	소기업	30%
		중기업	15%
• 다음 요건 모두 충족한 경우(조특법 7조 ②) – 해당 과세연도 현재 10년 이상 계속 해당 업종 영위 기업 – 해당 과세연도의 종합소득금액이 1억원 이하 – 소득세법상 성실사업자(소령 118조의8)로서 일정요건 충족			위 감면율×1.1

* 2025년부터 '일반서적 출판업'은 10%를 적용한다.(조특법 7조 ① 2 마, 2025.3.14. 신설)

(5) 소기업의 범위

① 중소기업 중 매출액이 업종별로 중소기업기본법 시행령 [별표 3]을 준용하여 산정한 규모 기준 이내인 기업을 말한다. 이 경우 "평균매출액등"은 "매출액"으로 본다.(조특령 6조 ⑤, 2016.2.5. 개정)

② 매출액은 기업회계기준에 따라 작성한 손익계산서상의 매출액으로 한다.(조특칙 5조, 2017.3.17. 개정)

소기업 규모 기준 : 중소기업기본법 시행령 [별표 3](개정 2017.10.17.)

해당 기업의 주된 업종	분류기호	규모 기준
1. 식료품 제조업	C10	평균매출액등 120억원 이하
2. 음료 제조업	C11	
3. 의복, 의복액세서리 및 모피제품 제조업	C14	
4. 가죽, 가방 및 신발 제조업	C15	
5. 코크스, 연탄 및 석유정제품 제조업	C19	
6. 화학물질 및 화학제품 제조업(의약품 제조업은 제외한다)	C20	
7. 의료용 물질 및 의약품 제조업	C21	
8. 비금속 광물제품 제조업	C23	
9. 1차 금속 제조업	C24	
10. 금속가공제품 제조업(기계 및 가구 제조업은 제외한다)	C25	
11. 전자부품, 컴퓨터, 영상, 음향 및 통신장비 제조업	C26	
12. 전기장비 제조업	C28	
13. 그 밖의 기계 및 장비 제조업	C29	
14. 자동차 및 트레일러 제조업	C30	
15. 가구 제조업	C32	
16. 전기, 가스, 증기 및 공기조절 공급업	D	
17. 수도업	E36	
18. 농업, 임업 및 어업	A	평균매출액등 80억원 이하
19. 광업	B	
20. 담배 제조업	C12	
21. 섬유제품 제조업(의복 제조업은 제외한다)	C13	
22. 목재 및 나무제품 제조업(가구 제조업은 제외한다)	C16	
23. 펄프, 종이 및 종이제품 제조업	C17	
24. 인쇄 및 기록매체 복제업	C18	
25. 고무제품, 및 플라스틱제품 제조업	C22	
26. 의료, 정밀, 광학기기 및 시계 제조업	C27	
27. 그 밖의 운송장비 제조업	C31	
28. 그 밖의 제품 제조업	C33	
29. 건설업	F	
30. 운수 및 창고업	H	
31. 금융 및 보험업	K	
32. 도매 및 소매업	G	평균매출액등 50억원 이하
33. 정보통신업	J	

PART 4

해당 기업의 주된 업종	분류기호	규모 기준
34. 수도, 하수 및 폐기물 처리, 원료재생업(수도업은 제외한다)	E (E36 제외)	평균매출액등 30억원 이하
35. 부동산업	L	
36. 전문·과학 및 기술 서비스업	M	
37. 사업시설관리, 사업지원 및 임대 서비스업	N	
38. 예술, 스포츠 및 여가 관련 서비스업	R	
39. 산업용 기계 및 장비 수리업	C34	평균매출액등 10억원 이하
40. 숙박 및 음식점업	I	
41. 교육 서비스업	P	
42. 보건업 및 사회복지 서비스업	Q	
43. 수리(修理) 및 기타 개인 서비스업	S	

[비고]
1. 해당 기업의 주된 업종의 분류 및 분류기호는 통계법 제22조에 따라 통계청장이 고시한 한국표준산업분류에 따른다.
2. 위 표 제27호에도 불구하고 철도 차량 부품 및 관련 장치물 제조업(C31202) 중 철도 차량용 의자 제조업, 항공기용 부품 제조업(C31322) 중 항공기용 의자 제조업의 규모 기준은 평균매출액등 120억원 이하로 한다.

(6) 수도권의 범위

"수도권"이란 수도권정비계획법 제2조 제1호의 규정에 의한 다음의 지역을 말한다.(조특법 2조 ① 9)

① 서울특별시

② 인천광역시

③ 경기도

(7) 감면신청

소득세에 대하여 중소기업에 대한 특별세액감면을 적용받고자 하는 자는 과세표준신고와 함께 「세액감면신청서」(별지 제2호 서식)를 납세지 관할 세무서장에게 제출하여야 한다.(조특령 6조 ⑧)

(8) 기타 참고사항

① 복식부기의무자가 추계신고 하는 경우에는 중소기업특별세액감면이 배제되며, 간편장부대상자가 추계신고 하는 경우에는 감면이 가능하다.

② 투자세액공제와 중복적용되지 아니한다.

③ 최저한세가 적용된다.

④ 농어촌특별세가 비과세된다.

⑤ 다음 중 하나에 해당하는 경우에는 해당 사업장에 대하여 감면적용이 배제된다.

㉠ 사업용계좌 개설대상 사업자가 사업용계좌를 신고하지 않은 경우(정당한 사유 있으면 제외)

㉡ 현금영수증가맹점 가입대상 사업자가 가입하지 않은 경우(정당한 사유 있으면 제외)

㉢ 신용카드·현금영수증가맹점 가입 사업자가 발급거부 또는 사실과 다르게 발급한 경우로서 관할 세무서장으로부터 다음을 통보받은 경우

ⓐ 해당 과세연도에 3회상 통보받고 그 합계액이 100만원 이상인 경우

ⓑ 해당 과세연도에 5회 이상 통보받은 경우

✓ **감면대상소득의 범위**(소통 6-0…2)

중소기업에 대한 특별세액감면대상 소득계산시 이자수익·유가증권처분이익·유가증권처분손실 등은 포함하지 아니한다.

✓ **소기업 해당여부 판정 시 공동사업장의 매출액이 포함되는지 여부**

내국법인이 개인과 공동사업장(개인사업자)을 운영하는 경우, 조세특례제한법 시행령 제6조 제5항에 따른 소기업 여부를 판정함에 있어 매출액에는 공동사업장의 매출액 중 공동사업계약에 따른 지분비율에 의하여 안분한 금액이 포함되는 것임(서면법규법인 2022-3374, 2023.5.4.)

✓ **복식부기의무자가 종합소득을 추계하여 신고한 경우 중소기업특별세액 감면 여부**

복식부기의무자가 종합소득 과세표준 및 세액을 추계하여 신고한 경우 소득세법 제70조 제4항에 의해 종합소득 과세표준 확정신고를 하지 아니한 것으로 간주되므로 같은 법 제80조 제1항에 따라 종합소득 과세표준 및 세액을 결정하여야 하고 조세특례제한법 제128조 제2항에 의하여 조세특례제한법 제7조의 중소기업에 대한 특별세액감면의 적용은 배제되는 것임(법령해석소득 2016-0139, 2016.7.13.)

✓ **청구인이 무신고자로 창업중소기업세액감면 및 중소기업특별세액감면 배제대상인지 여부 및 청구인에 대한 창업중소기업세액감면 및 중소기업특별세액감면을 배제한 처분이 신의성실의 원칙 등에 반하는지 여부**

청구인이 종합소득세 신고시 소득세법 제70조 제4항 제3호에 규정된 서류를 제출하지 않아 같은 항에 따라 무신고로 간주됨으로써 조특법 제128조 제2항의 감면배제 요건을 충족하였으나, 국세청이 발간한 책자에서 추계시에도 조특법 제7조의 중소기업특별세액감면을 받을 수 있는 것으로 기재되어 있는 점, 2016.7.13. 국세청의 유권해석이 있기 전까지 비과세관행이 성립된 것으로 보이는 점 등에 비추어 이 건 처분은 신의칙을 위반한 것으로 보이므로 청구인에게 종합소득세를 과세한 이 건 처분은 잘못이 있음(조심 2016전4308, 2017.5.23.)

➲ 2016년 귀속분부터는 복식부기의무자가 추계신고 하는 경우 중소기업특별세액감면이 배제된다.(간편장부대상자가 추계신고하는 경우에는 감면이 가능하다)

✓ **감면비율 적용 및 소득합산에 따른 감면대상 세액의 산정방법**

[질의]

개인사업자의 거주지가 수도권정비계획법 제2조 제1호 규정에 의한 수권(이하 수도권은 같은 내용

임)인 경우에 아래와 같이 소득이 발생한 경우 수도권지역 해당여부 및 감면대상 세액의 계산방법이 어떻게 되는지?

업 종	사 업 장	소득금액	비 고
부동산임대	서 울	8,000만원	수도권
제 조	경기 광주	-17,000만원	수도권
제 조	충북 음성	150,000만원	비수도권

[회신]

조세특례제한법 제7조의 중소기업에 대한 특별세액감면 적용시 해당 사업에서 발생한 소득은 감면업종을 영위하는 사업의 소득을 합산하여야 하며, 같은법 제7조 제1항 제2호의 감면비율은 사업장을 기준으로 판단하는 것임(서일 46011-10977, 2003.7.22.)

✓ **겸영하는 도매업에 대해 중소기업에 대한 특별세액감면이 적용되는지 여부**

제조업을 주된 사업으로 하고 도매업을 겸영하는 법인 이 중소기업에 해당하는 경우에는, 각각의 감면소득에 대하여 중소기업특별세액감면의 감면율을 적용하는 것임(법인 46012-62, 2003.1.22.)

✓ **고용유지지원금이 조특법 7조 중소기업 특별세액 감면대상 소득에 해당하는지 여부**

고용유지지원금은 조세특례제한법 제7조 제1항의 소득세가 감면되는 "해당 사업장에서 발생한 소득"에 해당하지 아니하는 것임(사전법령해석소득 2021-767, 2021.9.29.)

✓ **화물운송 사업자가 사업장의 일부를 차고지로 임대하는 경우 해당 임대소득을 물류산업에서 발생한 소득으로 볼 수 있는지**

화물운송 사업자가 사업장 일부를 차고지 용도로 토지를 임대(전대를 포함)하는 경우 해당 임대소득은 조특법 7조 ① 1호 처목에 따른 '물류산업'에서 발생하는 소득에 해당하지 않는 것임(사전법령해석법인 2021-549, 2021.6.11.)

✓ **태양광 발전설비 대여사업이 중소기업 특별세액감면 대상이 되는 신·재생에너지 발전사업에 해당하는지 여부**

태양광 발전설비를 소비자에게 대여하고 유지·보수대가로 대여료를 징수하는 한편, 생산인증서(REP) 판매수입으로 투자비를 회수하는 사업은 중소기업특별세액감면이 적용되는 신·재생에너지 촉진법에 따른 신·재생에너지 발전사업에 해당하지 않음(기준법령해석법인 2020-195, 2020.10.26.)

✓ **축산사업자가 받은 살처분보상금은 중소기업특별세액감면 대상 소득에 해당함**(법규-430, 2011.4.12.)

✓ **영업권 양도에 따른 무형자산처분이익의 중소기업특별세액감면 대상소득 해당여부**

여객운송업 영위법인이 영업권을 양도함에 따라 발생한 무형자산처분이익은 중소기업 특별세액감면 대상소득에 해당하지 아니함(기준법령해석법인 2018-183, 2018.9.3.)

✓ **수의업이 중소기업특별세액감면 대상 업종인지 여부**

수의업(73100)은 조세특례제한법 제7조 제1호에 따른 감면업종에 해당하지 아니하여 수의업에서 발생하는 소득은 중소기업에 대한 특별세액감면을 적용받을 수 없는 것임(소득-348, 2010.3.18.)

✓ **중소기업에 대한 특별세액감면 대상 업종 해당 여부**

교정 및 교열은 조세특례제한법 제7조 제1항 제1호에 의하여 중소기업에 대한 특별세액감면 대상

업종이 아닌 것임(서면법인 2015-141, 2015.9.17.)

✓ **전력산업기금에서 지원되는 발전차액의 중소기업에 대한 특별세액감면 대상 소득 여부**

신에너지 및 재생에너지 개발·이용·보급 촉진법에 따른 신·재생에너지 발전사업을 영위하는 사업자가 같은 법 제17조 제2항에 따라 발전차액을 전기사업법 제48조에 따른 전력산업기반기금에서 지원받는 경우 해당 발전차액은 조세특례제한법 제7조에 따른 감면대상 소득에 해당하는 것임(서면법령해석법인 2017-1386, 2017.12.22.)

✓ **중소제조업의 특별세액감면시 구분경리 기준**(조특 해석편람 7-2-1)

조세감면규제법 제15조의3의 규정에 의하여 중소제조업에 대한 임시특별세액감면을 적용함에 있어 "감면사업(제조업)"과 "기타사업(건설업)"을 겸영하는 경우에는 구분경리를 하여야 하는 것이며, 이때 "감면사업"과 "기타사업" 간에 내부거래가 있는 경우에는 "감면사업"과 "기타사업"으로 대체되는 제품 등의 가격은 독립된 사업자간에 통상의 거래조건에 따라 매매할 경우 적용하는 시가에 의하고, 각 사업간의 공통손금은 법인세법 시행규칙 제25조의 규정을 준용하여 안분계산하는 것임(법인 46012-499, 1995.2.25.)

✓ **중소제조업 특별세액감면시 감가상각의제규정 적용 여부**(조특 해석편람 7-2-4)

중소기업에 대한 특별세액감면을 적용받는 사업연도에는 감가상각의 의제규정이 적용되는 것임(법인 46012-725, 1998.3.25, 소득 46011-1672, 1996.6.11.)

✓ **감면소득 구분계산시 유가증권처분손과 이월결손금 처리**(조특 해석편람 7-2-7)

조세특례제한법 제7조의 규정을 적용받는 사업과 기타의 사업을 겸영하는 경우 감면사업과 과세사업의 소득구분시 유가증권처분손은 과세사업의 개별손금으로 하는 것이며, 이월결손금은 이월된 해당 결손금의 범위 내에서 이월결손금이 발생한 사업의 소득에서 공제하는 것임(법인 46012-1136, 2000.5.12.)

✓ **감면소득 구분계산시 수입이자·고정자산처분손익·잡이익 등의 처리**(조특 해석편람 7-2-8)

조세특례제한법 제7조의 규정에 의한 특별세액감면대상 제조업소득계산시 수입이자, 유가증권처분손익 및 고정자산처분손익은 제조업소득에 가감하지 아니하는 것이며, 잡이익과 잡손실은 직접 관련 여부에 따라 제조업 및 기타사업의 개별익금 또는 개별손금으로, 지급이자는 차입한 자금의 실제 사용용도를 기준으로 제조업 및 기타사업의 개별 또는 공통손금으로 구분하여 계산하는 것임(법인 46012-1560, 2000.7.13.)

✓ **중소기업에 대한 특별세액감면의 기부금 구분경리**

감면사업과 기타의 사업을 겸영하는 법인이 구분경리하는 경우 당해 법인의 사업과 직접 관련 없이 지출한 기부금은 감면사업과 기타의 사업의 공통손금에 해당하는 것임(서면2팀-614, 2007.4.9.)

✓ **감면소득 구분계산시 보험해약손실의 손금구분**(조특 해석편람 7-2-9)

조세특례제한법 제7조의 규정에 의한 중소제조업에 대한 소득을 계산함에 있어 저축성보험에 가입하여 중도해지 함으로써 발생한 해약손실은 제조업소득의 개별손금에 해당하지 아니하며 과세사업의 개별손금으로 구분하여 계산하는 것임(법인 46012-1630, 2000.7.24.)

✓ **파생금융상품의 거래로 인하여 발생한 손익의 감면소득 해당 여부**(조특 해석편람 7-2-21)

조세특례제한법 제7조의 규정에 의한 중소기업특별세액감면을 적용함에 있어서 파생금융상품의 거래로 인하여 발생한 손익은 과세사업의 개별손익으로 보아 감면소득을 계산하는 것임(서이 46012

－10954, 2003.5.13.)

✓ **유가보조금의 중소기업특별세액감면 대상소득 여부**

① 화물자동차 운수사업법에 따라 지급받는 유가보조금은 조세특례제한법 제7조의 중소기업특별세액감면을 적용함에 있어 감면대상 소득에 해당함(기획재정부 조세특례제도과－379, 2008.7.8.)

② 여객자동차운수사업법에 따른 일반택시 운송사업자가 조세특례제한법 제106조의4의 규정을 적용받아 발생하는 부가가치세 납부세액 경감액과 여객자동차운수사업법에 따라 지급받는 유가보조금은 동법 제7조의 중소기업에 대한 특별세액감면을 적용함에 있어서 감면대상소득에 해당하는 것임(재조예－642, 2006.9.20.)

✓ **매입처로부터 받은 판매장려금이 중소기업에 대한 특별세액감면 적용시 감면소득 해당여부**

조세특례제한법 제7조 제1항의 규정을 적용함에 있어 레미콘 제조업을 영위하는 거주자가 원재료 매입처인 시멘트제조업체로부터 지급받는 판매장려금은 동 규정에 따른 감면소득에 해당하는 것임(서면1팀－1398, 2007.10.11.)

✓ **폐업한 사업장의 소기업 여부 판단시 매출액 환산 여부**

소기업에 해당하여 중소기업에 대한 특별세액감면을 받던 거주자가 해당 사업장을 법인 전환하는 경우 매출액은 법인전환으로 인하여 해당 사업장을 폐업하기까지의 매출액을 연간 매출액으로 환산한 금액을 말하는 것임(서면법규－567, 2014.6.2.)

✓ **소기업 해당여부 판단 시 사업연도를 변경하는 경우 매출액 산정방법**

소기업에 해당하는지 여부를 판단하기 위한 매출액 산정 시 사업연도를 변경하는 경우 최초사업연도는 연간 매출액으로 환산하여야 함(법인－641, 2012.10.22.)

✓ **수도권의 소기업에 대한 특별세액감면적용기준 및 규모 확대에 따라 소기업에 해당되지 않을 경우 중소기업유예기간적용**

수도권의 소기업이 규모의 증대로 소기업에 해당하지 아니하는 경우 유예기간은 적용되지 아니하는 것임(서이 46012－10348, 2001.10.12.)

✓ **법개정에 의한 업종분류 변경시 소기업의 유예기간 적용 여부**

소기업의 해당 여부는 조세특례제한법 시행령 제6조 제5항에 따라 판정하는 것으로, 업종 분류 변경시 같은 법 시행령 제2조 제2항 규정에 따른 유예기간을 적용하지 않는 것임(서면2팀－145, 2007.1.18.)

✓ **현금영수증가맹점 가입대상자가 가입기한 내 가입하지 않은 경우 감면배제**

현금영수증가맹점 가입요건에 해당하는 사업자가 당해 사업장 전체에 대하여 현금영수증가맹점 가입의무를 이행하지 아니한 경우 해당 과세기간에 대하여 중소기업특별세액감면을 적용하지 않음(소득－3464, 2008.9.29.)

✓ **일부사업장의 사업용 계좌 미개설시 감면배제 적용 여부 등**

조세특례제한법 제7조에 따른 중소기업에 대한 특별세액감면을 적용함에 있어, 단독사업과 공동사업을 하는 거주자가 단독사업장에 대하여 사업용 계좌의 개설·신고의무를 이행한 경우에는, 공동사업장의 사업용 계좌의 개설·신고의무의 이행 여부에 관계없이 단독사업장에 대하여는 「조세특례제한법」 제128조 제4항 제1호에 따른 감면배제를 적용하지 아니하는 것임(소득－1113, 2009.7.17.)

✓ **중소기업특별세액감면과 공장 지방이전 감면 중복적용 가능 여부**

두 개의 공장이 다른 지역에 위치하는 경우 하나의 공장에서는 중소기업특별세액감면을 적용하고, 다른 하나의 공장에서는 지방이전 감면 적용 가능함(법인-800, 2011.10.26.)

✓ **중소기업특별세액감면의 감면배제 적용 여부**

① 구성원이 서로 다른 공동사업장을 경영하는 거주자의 사업소득에 대한 중소기업특별세액감면을 적용함에 있어, 하나의 공동사업장이 사업용계좌의 개설의무를 이행한 경우에는 다른 공동사업장의 사업용계좌 개설의무 이행 여부에 관계없이 해당 사업장에서 발생한 소득에 대하여 감면배제를 적용하지 않는 것임(소득-57, 2011.1.13.)

② 조세특례제한법 제7조에 따른 중소기업에 대한 특별세액감면을 적용함에 있어, 단독사업과 공동사업을 하는 거주자가 단독사업장에 대하여 현금영수증가맹점의 가입의무를 이행한 경우, 공동사업장의 현금영수증가맹점가입의무의 이행 여부에 관계없이 단독사업장에 대하여는 「조세특례제한법」 제128조 제4항 제2호에 따른 감면배제를 적용하지 아니하는 것임(소득-1179, 2009.7.29.)

✓ **중복지원의 배제**

제조업으로 창업 후 동일사업장에 도매업을 추가로 겸영하는 사업자가 구분경리 되어 있는 경우 제조업소득은 창업중소기업세액감면을 적용받으며 도매업소득은 중소기업특별세액감면을 적용받을 수 있는 것임(재조예-17, 2005.1.7.)

✓ **창업중소기업 감면배제시 중소제조업 등에 대한 세액감면 적용 여부**(조특 해석편람 7-3-1)

조세특례제한법 제6조의 규정에 의한 창업중소기업 등에 대한 세액감면을 적용받은 제조업을 영위하는 중소기업이 감면요건의 미비 등으로 동조의 세액감면이 배제되는 사업연도에는 중소제조업 등에 대한 특별세액감면신청서를 제출하여 같은법 제7조(2000.12.29 개정 전)의 규정을 적용받을 수 있는 것임(법인 46012-518, 2001.3.10.)

✓ **감면대상소득 해당여부**

부가가치세법 제32조의2의 규정에 의한 신용카드의 사용에 따른 세액공제액은 해당 사업에서 발생한 소득이 아니므로 조세특례제한법 제7조의 규정에 의한 감면대상소득에 해당하지 아니함(서일 46011-11397, 2003.10.6.)

✓ **해당연도에 중소기업기준을 초과하여 중소기업에 해당하지 아니하게 된 경우 중소기업에 대한 특별세액감면을 적용받을 수 있는지 여부**

귀 질의의 경우 조세특례제한법 제7조(2001.12.29. 법률 제6538호로 개정되기 전의 것. 이하 같음)의 중소기업에 대한 특별세액감면규정을 적용함에 있어서 중소기업으로 보는 유예기간의 적용은 같은법 시행령 제2조의 규정을 적용하는 것이며, 이 경우 조세특례제한법 제7조 제1항 제1호의 "소기업"이란 같은법 시행령 제6조 제5항의 요건을 충족하는 기업을 말하는 것으로 중소기업 중 상시사용하는 종업원수가 소기업의 기준요건을 초과하는 경우에는 같은법 제7조 제1항 제1호의 규정에 의한 수도권 안의 중소기업에 대한 특별세액감면을 적용받을 수 없는 것임(서이 46012-10002, 2002.1.2.)

✓ **종합소득 과세표준확정신고시 감면을 신청하지 아니하여 감면을 받지 못한 경우, 경정청구를 통하여 감면을 적용받을 수 있는 것임**(서면1팀-1333, 2004.9.24.)

4 소형주택 임대사업자에 대한 세액감면(2014.1.1. 신설)

(1) 감면내용

다음의 요건을 모두 충족하는 내국인이 일정한 임대주택(이하 "임대주택"이라 한다)을 1호 이상 임대하는 경우에는 2025.12.31. 이전에 끝나는 과세연도까지 임대주택을 1호 임대하는 경우에는 해당 임대사업에서 발생한 소득에 대해 소득세의 30%, 임대주택을 2호 이상 임대하는 경우는 20%[임대주택 중 민간임대주택에 관한 특별법 제2조 제4호에 따른 공공지원민간임대주택 또는 같은 법 제2조 제5호에 따른 장기일반민간임대주택(이하 "장기일반민간임대주택 등"이라 한다)의 경우로서 임대주택을 1호 임대하는 경우에는 75%, 임대주택을 2호 이상 임대하는 경우는 50%]에 상당하는 세액을 감면한다.(조특법 96조 ①, 2022.12.31. 개정, 조특령 96조 ①)

이때 임대사업자가 임대하는 임대주택의 수를 계산할 때에는 해당 과세연도 종료일 현재 임대주택 수를 기준으로 한다.(조특령 96조 ④, 2020.2.11. 신설, 2021.2.17. 항번개정)

➲ 개정규정(감면세액과 관련된 부분에 한정한다)은 2021.1.1. 이후 임대사업에서 발생하는 소득분부터 적용한다.(2019.12.31. 조특법 부칙 26조)

➲ 2020.12.31. 이전에 임대사업에서 발생한 소득에 대하여는 개정규정(감면세액과 관련된 부분에 한정한다)에도 불구하고 종전의 규정에 따른다.(2019.12.31. 조특법 부칙 51조)

① 소득세법 제168조에 따른 사업자등록을 하였을 것

② 민간임대주택에 관한 특별법 제5조에 따른 임대사업자등록을 하였거나 공공주택 특별법 제4조에 따른 공공주택사업자로 지정되었을 것(2015.12.28. 개정)

➲ 2016.1.1. 이후 임대사업에서 발생하는 소득부터 적용한다.(2015.12.15. 조특법 부칙 26조 ①)

➲ 2016.1.1. 전에 임대사업에서 발생한 소득에 대해서는 제96조 제1항의 개정규정에도 불구하고 종전의 규정에 따른다.(2015.12.15. 조특법 부칙 57조)

(2) 임대주택의 범위(종전 규정)

임대주택으로 등록한 건설임대주택, 매입임대주택(2016년 귀속 임대소득분부터 공공지원민간임대주택 포함) 또는 장기일반민간임대주택으로서 다음의 요건을 모두 충족하는 임대주택을 말한다.(조특령 96조 ②, 2016.2.5. 개정)

① 국민주택규모(해당 주택이 다가구주택일 경우에는 가구당 전용면적을 기준으로 한다)의 주택(주거에 사용하는 오피스텔과 주택 및 오피스텔에 딸린 토지를 포함하며, 그 딸린 토지가 건물이 정착된 면적에 지역별로 다음에서 정하는 배율을 곱하여 산정한 면적을 초과하는 경우 해당 주택 및 오피스텔은 제외한다)일 것

㉠ 국토의 계획 및 이용에 관한 법률 제6조 제1호에 따른 도시지역의 토지 : 5배

ⓒ 그 밖의 토지 : 10배

② 주택 및 이에 부수되는 토지의 기준시가의 합계액이 해당 주택의 임대개시일(임대 개시 후 위 '(1)의 ① 및 ②'의 요건을 충족하는 경우 그 요건을 모두 충족한 날을 말한다) 당시 6억원을 초과하지 않을 것(조특령 96조 ② 2, 2020.2.11. 개정)

➲ 2020.1.1. 이후 개시하는 과세연도분부터 적용한다.(2020.2.11. 조특령 부칙 2조 ①)

③ 임대보증금 또는 임대료(이하 "임대료 등"이라 한다)의 증가율 5%를 초과하지 않을 것. 이 경우 임대료 등 증액 청구는 임대차계약 또는 약정한 임대료 등의 증액이 있은 후 1년 이내에는 하지 못하고, 임대사업자가 임대료 등의 증액을 청구하면서 임대보증금과 월임대료를 상호 간에 전환하는 경우에는 민간임대주택에 관한 특별법 제44조 제4항 및 공공주택 특별법 시행령 제44조 제3항에 따라 정한 기준을 준용한다.(조특령 96조 ② 3, 2020.2.11. 개정)

➲ 2020.2.11. 이후 주택 임대차계약을 갱신하거나 새로 체결하는 분부터 적용하고, 임대보증금과 월임대료 상호 간 전환은 2020.2.11. 이후 전환하는 분부터 적용한다.(2020.2.11. 조특령 부칙 14조)

오피스텔의 취급

민간임대주택에 관한 특별법 제2조 [정의]

1. "민간임대주택"이란 임대 목적으로 제공하는 주택[토지를 임차하여 건설된 주택 및 오피스텔 등 대통령령으로 정하는 준주택(이하 "준주택"이라 한다) 및 대통령령으로 정하는 일부만을 임대하는 주택을 포함한다. 이하 같다]으로서 임대사업자가 제5조에 따라 등록한 주택을 말하며, 민간건설임대주택과 민간매입임대주택으로 구분한다.

민간임대주택에 관한 특별법 시행령 제2조 [준주택의 범위]

민간임대주택에 관한 특별법 제2조 제1호에서 "오피스텔 등 대통령령으로 정하는 준주택"이란 다음 각 호의 요건을 모두 갖춘 오피스텔(이하 "준주택"이라 한다)을 말한다.(2017.9.19. 개정)

1. 전용면적이 85제곱미터 이하일 것
2. 상하수도 시설이 갖추어진 전용 입식 부엌, 전용 수세식 화장실 및 목욕시설(전용 수세식 화장실에 목욕시설을 갖춘 경우를 포함)을 갖출 것

(3) 임대주택의 범위(2020.10.7. 개정 후 규정)

➲ 2020.10.7.부터 시행한다.(2020.10.7. 조특령 부칙 1조)

"감면대상 임대주택"이란 다음의 요건을 모두 갖춘 임대주택(이하 "임대주택"이라 한다)을 말한다.(조특령 96조 ②, 2020.10.7. 개정)

① 위 '(1)'에 따른 내국인이 임대주택으로 등록한 주택으로서 다음 중 하나에 해당하는 주택일 것(조특령 96조 ② 1, 2020.10.7. 신설)

㉠ 민간임대주택에 관한 특별법 제2조 제4호에 따른 공공지원민간임대주택
다만, 종전의 민간임대주택에 관한 특별법(법률 제17482호 민간임대주택에 관한 특별법 일부개정법률로 개정되기 전의 것을 말한다. 이하에서 같다) 제2조 제6호에 따른 단기민간임대주택으로서 2020.7.11. 이후 같은 법 제5조 3항에 따라 공공지원민간임대주택으로 변경 신고한 주택은 제외한다.(2020.10.7. 신설)

㉡ 민간임대주택에 관한 특별법 제2조 제5호에 따른 장기일반민간임대주택(법률 제17482호 민간임대주택에 관한 특별법 일부개정법률 부칙 제5조 제1항에 따라 장기일반민간임대주택으로 보는 아파트를 임대하는 민간매입임대주택을 포함)
다만, 다음 중 하나에 해당하는 주택은 제외한다.(2020.10.7. 신설)

ⓐ 2020.7.11. 이후 종전의 민간임대주택에 관한 특별법 제5조 제1항에 따라 등록신청(같은 조 제3항에 따라 임대할 주택을 추가하기 위해 등록한 사항을 변경신고한 경우를 포함한다. 이하에서 같다)한 장기일반민간임대주택 중 아파트를 임대하는 민간매입임대주택

ⓑ 종전의 민간임대주택에 관한 특별법 제2조 제6호에 따른 단기민간임대주택으로서 2020.7.11. 이후 같은 법 제5조 제3항에 따라 장기일반민간임대주택으로 변경신고한 주택

㉢ 종전의 민간임대주택에 관한 특별법 제2조 제6호에 따른 단기민간임대주택
다만, 2020.7.11. 이후 등록 신청한 단기민간임대주택은 제외한다.(2020.10.7. 신설)

㉣ 공공주택 특별법 제2조 제1호의2 및 제1호의3에 따른 공공건설임대주택 또는 공공매입임대주택(2020.10.7. 신설)

② 국민주택규모(해당 주택이 다가구주택일 경우에는 가구당 전용면적을 기준으로 한다)의 주택(주거에 사용하는 오피스텔과 주택 및 오피스텔에 딸린 토지를 포함하며, 그 딸린 토지가 건물이 정착된 면적에 지역별로 다음에서 정하는 배율을 곱하여 산정한 면적을 초과하는 경우 해당 주택 및 오피스텔은 제외한다)일 것(조특령 96조 ② 2, 2020.10.7. 호번개정)

㉠ 국토의 계획 및 이용에 관한 법률 제6조 제1호에 따른 도시지역의 토지 : 5배

㉡ 그 밖의 토지 : 10배

③ 주택 및 이에 부수되는 토지의 기준시가의 합계액이 해당 주택의 임대개시일(임대 개시 후 위 '(1)의 ① 및 ②'의 요건을 충족하는 경우 그 요건을 모두 충족한 날을 말한다. 이하에서 같다) 당시 6억원을 초과하지 않을 것(조특령 96조 ② 3, 2020.10.7. 호번 개정)

④ 임대보증금 또는 임대료(이하 "임대료등"이라 한다)의 증가율이 5%를 초과하지 않을 것.

이 경우 임대료등 증액 청구는 임대차계약 또는 약정한 임대료등의 증액이 있은 후 1년 이내에는 하지 못하고, 임대사업자가 임대료등의 증액을 청구하면서 임대보증금과 월 임대료를 상호 간에 전환하는 경우에는 민간임대주택에 관한 특별법 제44조 제4항 및 공공주택 특별법 시행령 제44조 제3항에 따라 정한 기준을 준용한다.(조특령 96조 ② 4)

공공지원민간임대주택 (민간임대주택에 관한 특별법 제2조 제4호)

"공공지원민간임대주택"이란 임대사업자가 다음 중 하나에 해당하는 민간임대주택을 10년 이상 임대할 목적으로 취득하여 이 법에 따른 임대료 및 임차인의 자격 제한 등을 받아 임대하는 민간임대주택을 말한다.

① 주택도시기금법에 따른 주택도시기금(이하 "주택도시기금"이라 한다)의 출자를 받아 건설 또는 매입하는 민간임대주택
② 주택법 제2조 제24호에 따른 공공택지 또는 이 법 제18조 제2항에 따라 수의계약 등으로 공급되는 토지 및 혁신도시 조성 및 발전에 관한 특별법 제2조 제6호에 따른 종전부동산(이하 "종전부동산"이라 한다)을 매입 또는 임차하여 건설하는 민간임대주택
③ 제21조 제2호에 따라 용적률을 완화 받거나 국토의 계획 및 이용에 관한 법률 제30조에 따라 용도지역 변경을 통하여 용적률을 완화 받아 건설하는 민간임대주택
④ 제22조에 따라 지정되는 공공지원민간임대주택 공급촉진지구에서 건설하는 민간임대주택
⑤ 그 밖에 국토교통부령으로 정하는 공공지원을 받아 건설 또는 매입하는 민간임대주택

▼ **장기일반민간임대주택** (민간임대주택에 관한 특별법 제2조 제5호)

"장기일반민간임대주택"이란 임대사업자가 공공지원민간임대주택이 아닌 주택을 10년 이상 임대할 목적으로 취득하여 임대하는 민간임대주택[아파트(주택법 제2조 제20호의 도시형 생활주택이 아닌 것을 말한다)를 임대하는 민간매입임대주택은 제외한다]을 말한다.

(4) 1호 이상의 임대주택을 4년[공공지원민간임대주택 또는 장기일반민간임대주택 등의 경우에는 10년(또는 8년)] 이상 임대하는지의 여부의 판단

1호 이상의 임대주택을 4년[민간임대주택에 관한 특별법 제2조 제4호에 따른 공공지원민간임대주택 또는 같은 조 제5호에 따른 장기일반민간임대주택(이하 "장기일반민간임대주택 등"이라 한다)의 경우에는 8년] 이상 임대하는지 여부는 다음에 따른다.(조특령 96조 ③, 2018.2.13. 개정)

PART 4

개정 2021.2.17.

➲ 2020.8.18. 이후 민간임대주택에 관한 특별법 제5조에 따라 등록을 신청하는 민간임대주택부터 적용한다.(2021.2.17. 조특법 부칙 7조 ①)

1호 이상의 임대주택을 4년[민간임대주택에 관한 특별법 제2조 제4호에 따른 공공지원 민간임대주택 또는 같은 조 제5호에 따른 장기일반민간임대주택(이하 "장기일반민간임대주택 등"이라 한다)의 경우에는 10년] 이상 임대하는지 여부는 다음에 따른다.(조특령 96조 ③, 2021.2.17. 개정)

① 해당 과세연도의 매월말 현재 실제 임대하는 임대주택이 1호 이상인 개월 수가 해당 과세연도 개월 수(1호 이상의 임대주택의 임대개시일이 속하는 과세연도의 경우에는 1호 이상의 임대주택의 임대개시일이 속하는 월부터 과세연도 종료일이 속하는 월까지의 개월 수)의 12분의 9 이상인 경우에는 1호 이상의 임대주택을 임대하고 있는 것으로 본다.

다만, 민간임대주택에 관한 특별법 제6조 제1항 제11호에 해당하여 등록이 말소되는 경우에는 등록이 말소되는 날이 속하는 해당 과세연도에 1호 이상의 임대주택을 임대하고 있는 것으로 본다.(조특령 96조 ③, 2021.2.17. 단서신설)

➲ 단서규정은 2021.2.17. 이후 과세표준을 신고하는 분부터 적용한다.(2021.2.17. 조특법 부칙 7조 ②)

② 1호 이상의 임대주택의 임대개시일부터 4년(장기일반민간임대주택 등의 경우에는 8년)이 되는 날이 속하는 달의 말일까지의 기간 중 매월 말 현재 실제 임대하는 임대주택이 1호 이상인 개월 수가 43개월(장기일반민간임대주택 등의 경우에는 87개월) 이상인 경우에는 1호 이상의 임대주택을 4년(장기일반민간임대주택 등의 경우에는 8년) 이상 임대하고 있는 것으로 본다.(조특령 96조 ③ 2, 2016.2.5. 개정)

개정 2021.2.17.

➲ 2020.8.18. 이후 민간임대주택에 관한 특별법 제5조에 따라 등록을 신청하는 민간임대주택부터 적용한다.(2021.2.17. 조특법 부칙 7조 ①)

② 1호 이상의 임대주택의 임대개시일부터 4년(장기일반민간임대주택 등의 경우에는 10년)이 되는 날이 속하는 달의 말일까지의 기간중 매월 말 현재 실제 임대하는 임대주택이 1호 이상인 개월 수가 43개월(장기일반민간임대주택 등의 경우에는 108개월) 이상인 경우에는 1호 이상의 임대주택을 4년(장기일반민간임대주택 등의 경우에는 10년) 이상 임대하고 있는 것으로 본다.(조특령 96조 ③, 2021.2.17. 개정)

③ 위 '① 및 ②'을 적용할 때 기존 임차인의 퇴거일부터 다음 임차인의 입주일까지의 기간으로서 3개월 이내의 기간은 임대한 기간으로 본다.

④ 위 '① 및 ②'을 적용할 때 상속으로 인하여 피상속인이 임대하던 임대주택을 상속인이 취득하여 임대하는 경우에는 피상속인의 임대기간은 상속인의 임대기간으로 본다.

⑤ 위 '① 및 ②'을 적용할 때 공익사업을 위한 토지 등의 취득 및 보상에 관한 법률 또는 그 밖의 법률에 따른 수용(협의 매수를 포함)으로 임대주택을 처분하거나 임대를 할 수 없는 경우에는 해당 임대주택을 계속 임대하는 것으로 본다.

⑥ 위 '① 및 ②'을 적용할 때 도시 및 주거환경정비법에 따른 재개발사업·재건축사업, 빈집 및 소규모주택 정비에 관한 특례법에 따른 소규모주택정비사업 또는 주택법에 따른 리모델링의 사유로 임대주택을 처분하거나 임대를 할 수 없는 경우에는 해당 주택의 관리처분계획 인가일(소규모주택정비사업의 경우에는 사업시행계획 인가일, 리모델링의 경우에는 허가일 또는 사업계획승인일) 전 6개월부터 준공일 후 6개월까지의 기간은 임대한 기간으로 본다. 이 경우 임대기간 계산에 관하여는 종합부동산세법 시행령 제3조 제7항 제7호 및 제7호의2를 준용한다.(조특령 96조 ③ 6, 2021.2.17. 개정)

➲ 2021.1.1. 이후 개시하는 과세연도 분부터 적용한다.(2021.2.17. 조특법 부칙 2조 ①)

개정 2020.2.11.

➲ 2020.1.1. 이후 개시하는 과세연도분부터 적용한다.(2020.2.11. 조특령 부칙 2조 ①)

➲ 이 규정은 2020.7.10. 시행령 개정으로 삭제되었으며, 2020.7.10. 이전에 종전의 민간임대주택에 관한 특별법(법률 제17482호 민간임대주택에 관한 특별법 일부개정법률로 개정되기 전의 것) 제5조 제3항에 따라 같은 법 제2조 제6호의 단기민간임대주택을 같은 조 제4호에 따른 공공지원민간임대주택 또는 같은 조 제5호에 따른 장기일반민간임대주택으로 변경 신고한 경우에는 개정규정에도 불구하고 종전의 규정에 따른다.(2020.10.7. 조특령 부칙 3조)

⑦ 임대기간을 계산할 때 위 '(1)'에 따른 내국인이 민간임대주택에 관한 특별법 제5조 제3항에 따라 같은 법 제2조 제6호의 단기민간임대주택을 장기일반민간임대주택 등으로 변경 신고한 경우에는 다음의 구분에 따른 시점부터 그 기간을 계산하고, 변경신고일이 속하는 과세연도부터 장기일반민간임대주택 등을 임대하는 것으로 본다. (조특령 96조 ④, 2020.2.11. 신설, 2020.10.7. 삭제, 민간임대주택에 관한 특별법 시행령 34조 ③ 3)

㉠ 단기민간임대주택의 임대의무기간 종료 전에 변경신고한 경우 : 해당 단기민간임대주택의 다음에 따른 시점

ⓐ 민간건설임대주택 : 입주지정기간 개시일. 이 경우 입주지정기간을 정하지 아니한 경우에는 임대사업자 등록 이후 최초로 체결된 임대차계약서상의 실제 임대개시일을 말한다.

ⓑ 민간매입임대주택 : 임대사업자 등록일. 다만, 임대사업자 등록 이후 임대가

개시되는 주택은 임대차계약서상의 실제 임대개시일로 한다.

㉡ 단기민간임대주택의 임대의무기간이 종료된 이후 변경신고한 경우 : 변경신고의 수리일부터 해당 단기민간임대주택의 임대의무기간을 역산한 날

(5) 사후관리

1) 감면세액의 추징

① 소득세를 감면받은 내국인이 1호 이상의 임대주택을 4년(장기일반민간임대주택 등의 경우에는 8년) 이상 임대하지 아니하는 경우 그 사유가 발생한 날이 속하는 과세연도의 과세표준신고를 할 때 감면받은 세액을 소득세로 납부하여야 한다.(조특법 96조 ②, 2017.12.19. 개정)

➲ 2016.1.1. 당시 임대주택을 임대하고 있는 경우에 대해서도 적용한다.(2015.12.15. 조특법 부칙 26조 ②)

개정 2021.2.17.

➲ 2020.8.18. 이후 민간임대주택에 관한 특별법 제5조에 따라 등록을 신청하는 민간임대주택부터 적용한다.(2020.12.29. 조특법 부칙 19조 ①)

① 소득세를 감면받은 내국인이 1호 이상의 임대주택을 4년(장기일반민간임대주택등의 경우에는 <u>10년</u>) 이상 임대하지 아니하는 경우 그 사유가 발생한 날이 속하는 과세연도의 과세표준신고를 할 때 감면받은 세액을 소득세로 납부하여야 한다.(조특법 96조 ②, 2020.12.29. 개정)

② 위 '①'에 따라 소득세를 감면받은 내국인이 1호 이상의 임대주택을 4년(장기일반민간임대주택 등의 경우에는 8년) 이상 임대하지 아니한 경우에는 그 사유가 발생한 날이 속하는 과세연도의 과세표준신고를 할 때 감면받은 세액 전액(장기일반민간임대주택 등을 4년 이상 8년 미만 임대한 경우에는 해당 감면받은 세액 60%에 상당하는 금액)에 이자상당 가산액(감면을 받은 과세연도의 종료일 다음 날부터 추징사유가 발생한 과세연도의 종료일까지의 기간 1일당 0.022%*)을 가산한 금액을 소득세로 납부하여야 한다.(조특령 96조 ⑥, 2018.2.13. 개정)

* 2019.2.11.까지는 0.03%, 2019.2.12.부터 2022.2.14.까지는 0.025%, 2022.2.15.부터는 0.022%를 적용한다.(2019.2.12. 조특령 부칙 25조, 2022.2.15. 조특령 부칙 2/1조)

➲ 2016.1.1. 이후 개시하는 과세연도분부터 적용한다.(2016.2.5. 조특령 부칙 2조 ①)

개정 2021.2.17.

➲ 2020.8.18. 이후 민간임대주택에 관한 특별법 제5조에 따라 등록을 신청하는 민간임대주택부터 적용한다.(2021.2.17. 조특법 부칙 7조 ①)

② 위 '①'에 따라 소득세를 감면받은 내국인이 1호 이상의 임대주택을 4년(장기일반민간임대주택 등의 경우에는 10년) 이상 임대하지 아니한 경우에는 그 사유가 발생한 날이 속하는 과세연도의 과세표준신고를 할 때 감면받은 세액 전액(장기일반민간임대주택 등을 4년 이상 10년 미만 임대한 경우에는 해당 감면받은 세액 60%에 상당하는 금액)에 이자상당 가산액(감면을 받은 과세연도의 종료일 다음 날부터 추징사유가 발생한 과세연도의 종료일까지의 기간 1일당 0.022%*)을 가산한 금액을 소득세로 납부하여야 한다.(조특령 96조 ⑥, 2018.2.13. 개정, 조특법 63조 ③, 조특령 60조 ⑦)

* 2019.2.11.까지는 0.03%, 2019.2.12.부터 2022.2.14.까지는 0.025%, 2022.2.15.부터는 0.022%를 적용한다.(2019.2.12. 조특령 부칙 25조, 2022.2.15. 조특령 부칙 2/1조)

③ 다음 중 하나에 해당하는 부득이한 사유가 있는 경우에는 이자상당가산액을 적용하지 아니한다.(조특법 96조 ③, 조특령 96조 ⑦)
   ㉠ 파산, 강제집행에 따라 임대주택을 처분하거나 임대를 할 수 없는 경우
   ㉡ 법령상 의무를 이행하기 위하여 임대주택을 처분하거나 임대를 할 수 없는 경우
   ㉢ 채무자 회생 및 파산에 관한 법률에 따른 회생질차에 따라 법원의 허가를 받아 임대주택을 처분한 경우

2) 감면세액 추징의 배제(2021.12.17. 신설)

➲ 2021.2.17. 이후 과세표준을 신고하는 분부터 적용한다.(2021.2.17. 조특법 부칙 7조 ②)

다음 중 하나에 해당하는 경우에는 감면세액을 추징하지 않는다.(조특법 62조 ② 단서, 2021.2.17. 신설)

① 민간임대주택에 관한 특별법 제6조 제1항 제11호 또는 같은 조 제5항에 따라 임대사업자 등록이 말소된 경우

② 도시 및 주거환경정비법에 따른 재개발사업·재건축사업, 빈집 및 소규모주택 정비에 관한 특례법에 따른 소규모주택정비사업으로 임대 중이던 당초의 임대주택이 멸실되어 새로 취득하거나 주택법에 따른 리모델링으로 새로 취득한 주택이 아파트(당초의 임대주택이 단기민간임대주택인 경우에는 모든 주택)인 경우. 다만, 새로 취득한 주택의 준공일부터 6개월이 되는 날이 2020.7.10. 이전인 경우는 제외한다.

(6) 제출서류

소득세를 감면받으려는 자는 해당 과세연도의 과세표준신고와 함께 「세액감면신청서」에 다음의 서류를 첨부하여 납세지 관할 세무서장에게 제출하여야 한다.(조특법 96조 ④, 조특령 96조 ⑧)

① 민간임대주택에 관한 특별법 시행령 제4조 제6항에 따른 임대사업자 등록증 또는 공공주택 특별법 제4조에 따른 공공주택사업자로의 지정을 증명하는 자료(2023.9.26. 개정)

② 민간임대주택에 관한 특별법 시행령 제36조 제4항에 따른 임대 조건 신고증명서(2016.2.5. 신설)

③ 민간임대주택에 관한 특별법 제47조 또는 공공주택 특별법 제49조의2에 따른 표준임대차계약서 사본(2019.2.12. 개정)

➲ 2019.2.12.전에 세액의 감면을 신청한 경우에는 개정규정에도 불구하고 종전의 규정에 따른다.(2019.2.12. 조특령 부칙 28조)

④ 민간임대주택에 관한 특별법 시행규칙 제19조 제7항에 따른 별지 제22호의2 서식(조특칙 43조의3, 2019.3.20. 신설)

➲ 2019.3.20. 이후 감면신청을 하는 경우부터 적용한다.(2019.3.20. 조특칙 부칙 4조)

✓ **소형주택 임대사업자 세액감면 신청시 첨부서류를 제출하지 않은 경우 감면신청 가능여부**

조세특례제한법 제96조에 따른 세액감면신청시 첨부서류가 제출되지 아니한 경우에도 감면요건에 해당하는 사실이 객관적으로 확인되는 경우에는 세액감면이 가능함(서면법령해석소득 2019-2239, 2021.3.10.)

(7) 기타 참고사항

① 농어촌특별세가 과세된다.(농특령 4조 ⑦ 1)

② 최저한세 규정이 적용된다.(조특법 132조 ① 4)

③ 추계결정시에도 적용이 가능하다.(조특법 128조 ①)

④ 기한후신고, 경정(사업용계좌, 현금영수증, 신용카드 관련 경정의 경우는 제외)하는 경우와 과세표준 수정신고서를 제출한 과세표준과 세액을 경정할 것을 미리 알고 제출한 경우에는 부정과소신고금액에 대하여는 감면을 적용하지 않는다.(조특법 128조 ②, ③)

⑤ 조세특례제한법상의 각종 세액공제 및 세액감면과 중복적용받을 수 있다.(조특법 127조 ④, ⑤)

✓ 주택임대소득에 대해 분리과세를 선택한 사업자가 소득세를 감면받은 경우 감가상각의제 규정 적용 여부

[사실관계]

신청인은 장기일반민간임대주택을 등록하여 주거용 건물임대업을 영위하는 사업자이며 주택임대소득에 대하여 분리과세 신고방식을 선택하여 신고함

[질의]

주택임대업을 영위하면서 주택임대소득에 대해 분리과세 신고방식을 선택한 경우, 주택임대업에 공하는 건축물에 대해 소득령 68조의 감가상각의제 규정이 적용되는지 여부 및 조특법 96조의 세액감면을 적용할 경우 소득령 68조의 감가상각의제 규정이 적용되는지 여부

[회신]

주택임대사업자가 주택임대소득에 대하여 소득세법 제64조의2 제1항에 따라 분리과세를 선택하고 같은 법 제70조 제4항 제6호에 따른 추계소득금액 계산서를 제출한 경우에도 건축물에 대해서는 소득세법 시행령 제68조 제2항의 적용이 배제되는 것이나, 위 주택임대소득에 대하여 조세특례제한법 제96조 제1항의 규정에 따라 소득세를 감면받은 경우에는 위 건축물에 대하여 소득세법 시행령 제68조 제1항이 적용되는 것임(사전법령해석소득 2020-269, 2021.3.9.)

✓ 감가상각 의제된 금액을 해당 자산의 양도소득세 계산 시 취득가액에서 차감하는지

[사실관계]

- 2015년 8월 임대주택 취득
- 임대주택에서 발생한 임대소득은 분리과세 신고하면서 조세특례제한법 제96조 제1항에 따라 세액감면을 받음
- 2021년 4월 임대주택을 양도함

[질의]

주택임대사업자가 주택임대소득에 대하여 조세특례제한법 제96조 제1항에 따라 소득세를 감면받아 소득세법 시행령 제68조 제1항에 따른 감가상각의제 규정이 적용된 경우 해당 감가상각 의제금액을 소득세법 제97조 제3항에 따라 해당 자산의 양도소득세 계산 시 취득가액에서 차감하는지

[회신]

소득세법 제97조 제3항에 따른 "감가상각비로서 각 과세기간의 사업소득금액을 계산하는 경우 필요경비에 산입하였거나 산입할 금액"에는 같은 법 시행령 제68조에 따라 감가상각한 것으로 의제된 감가상각비 상당액이 포함되는 것임(사전법규재산 2021-856, 2022.1.27.)

✓ 소형임대주택 처분이익이 소형주택 임대사업자에 대한 세액감면 대상 소득에 해당하는지

조세특례제한법 제96조의 소형임대주택 임대사업자에 대한 세액감면을 적용받는 내국법인이 임대사업용 주택을 처분함에 따라 발생하는 처분이익은 같은 조 제1항 각 호 외의 부문의 '해당 임대사업에서 발생한 소득'에 해당하지 않는 것임(사전법령해석법인 2021-500, 2021.6.14.)

✓ 지자체에 임대사업자등록을 하였으나 소득세법상 사업자등록하지 않은 경우 조특법 96조 감면여부

민간임대주택에 관한 특별법 제5조에 따른 임대사업자등록을 한 거주자가 소득세법 제168조 또는

PART 4

법인세법 제111조에 따른 사업자등록을 하지 않은 경우에는 조세특례제한법 제96조의 세액감면을 적용받을 수 없는 것임(사전법령해석소득 2020-439, 2020.6.10.)

✓ 소형주택 임대사업자 세액감면 적용 여부

[질의]

민간임대주택에 관한 특별법 제5조에 따른 임대사업자등록을 하지 않은 공동사업자가 다른 공동사업자가 위 임대사업자등록을 하였음을 이유로 조세특례제한법 제96조에 따른 소형주택 임대사업자에 대한 세액감면을 적용받을 수 있는지 여부

[회신]

민간임대주택에 관한 특별법 제5조에 따른 임대사업자등록 또는 공공주택 특별법 제4조에 따른 공공주택사업자 지정 사실이 없는 공동사업자는 조세특례제한법 제96조에 따른 소형주택 임대사업자에 대한 세액감면을 적용받을 수 없는 것임(서면법규소득 2022-5389, 2023.6.8.)

Chapter

04 최저한세와 구분경리

I 최저한세

최저한세는 기업이 조세감면을 적용받음으로 인하여 최저한세액에 미달하는 세부담이 초래되는 경우 그 미달하는 세액에 상당하는 부분에 대하여 조세감면을 배제하는 제도이다. 이는 특정기업에 대한 조세지원의 편중을 배제함으로써 최소한 일정수준 이상의 조세(최저한세)를 부담시키기 위한 것이다.

(1) 개 요

거주자의 사업소득(벤처기업투자조합 출자 등에 대한 소득공제의 규정을 적용받는 경우에만 부동산임대업에서 발생하는 소득을 포함)과 비거주자의 국내사업장에서 발생한 사업소득에 대한 소득세(가산세와 조세특례제한법에 의하여 준비금 등을 총수입금액산입하는 경우와 감면세액을 추징하는 경우의 이자상당가산액, 조세특례제한법에 의하여 소득세의 감면세액을 추징하는 경우로서 해당 사업연도에 소득세에 가산하여 자진납부하거나 부과징수 하는 세액은 제외한다)를 계산할 때 다음의 감면 등을 적용받은 후의 세액이 다음의 '1)'의 규정에 따른 손금산입 및 소득공제 등을 하지 아니한 경우의 사업소득에 대한 산출세액의 45%(산출세액이 3천만원 이하인 부분은 35%)를 곱하여 계산한 세액에 미달하는 경우 그 미달하는 세액에 상당하는 부분에 대해서는 감면 등을 하지 아니한다.(조특법 132조 ②, 2019.12.31. 개정)

1) 소득공제

① 중소기업지원설비에 대한 손금산입의 특례 등(조특법 8조)
② 연구개발 관련 출연금 등의 과세특례(조특법 10조의2)
③ 중소기업창업투자조합 출자 등에 대한 소득공제(조특법 16조)
④ 서비스업 감가상각비의 손금산입특례(조특법 28조, 2014.12.23. 신설)

⑤ 중소·중견기업 설비투자자산의 감가상각비 손금산입 특례(조특법 28조의2, 2016.12.20. 신설)

➲ 2017.1.1. 이후 개시하는 과세연도 분부터 적용한다.(2016.12.20. 조특법 부칙 2조 ①)

⑥ 설비투자자산의 감가상각비 손금산입 특례(조특법 28조의3, 2018.12.24. 신설)

⑦ 소기업·소상공인 공제부금에 대한 소득공제 등(조특법 86조의3)

⑧ 소득세 소득공제 등의 종합한도(조특법 132조의2, 2013.1.1. 신설)

2) 세액공제

➲ 2021.1.1. 이후 개시하는 과세연도분부터 적용한다.(2020.12.29. 조특법 부칙 2조 ①)

➲ ① 제24조 제1항의 개정규정에 따른 내국인이 2021.12.31.까지(종전의 제25조의7에 따른 투자는 2020.12.31.까지) 투자를 완료하는 경우에는 종전의 제5조, 제25조, 제25조의4, 제25조의5 및 제25조의7(이하 "종전세액공제규정"이라 한다)을 적용받을 수 있다. 이 경우 종전세액공제규정을 적용받는 제24조 제1항의 개정규정에 따른 내국인은 다른 공제대상 자산에 대하여 제24조의 개정규정을 적용받을 수 없다.(2020.12.29. 조특법 부칙 36조 ①)

② 위 '①'에 따라 종전세액공제규정을 적용받는 경우에는 개정규정에도 불구하고 종전의 규정에 따른다.(2020.12.29. 조특법 부칙 36조 ②)

① 기업의 어음제도개선을 위한 세액공제(조특법 7조의2, 2015.12.15. 신설)

② 상생결제 지급금액에 대한 세액공제(조특법 7조의4, 2015.12.15. 신설)

③ 수탁기업 투자에 대한 세액공제(조특법 8조의3 ③, 2016.12.20. 신설)

④ 연구·인력개발비에 대한 세액공제(조특법 10조)

⑤ 특허권 등 취득에 대한 세액공제(조특법 12조 ②)

⑥ 중소기업의 경영성과급에 대한 세액공제(조특법 19조 ①, 2018.12.24. 신설)

⑦ 통합투자세액공제(조특법 24조, 2020.12.29. 신설)

⑧ 영상콘텐츠 제작비용에 대한 세액공제(조특법 25조의6, 2016.12.20. 신설)

⑨ 고용창출투자세액공제(조특법 26조)

⑩ 산업수요맞춤형고등학교 등 졸업자를 병역 이행 후 복직시킨 중소기업에 대한 세액공제(조특법 29조의2, 2013.1.1. 신설)

⑪ 경력단절 여성 재고용 기업 등에 대한 세액공제(조특법 29조의3, 2018.12.24. 제목개정)

⑫ 근로소득을 증대시킨 기업에 대한 세액공제(조특법 29조의4, 2014.12.23. 신설)

⑬ 청년고용을 증대시킨 기업에 대한 세액공제(조특법 29조의5, 2015.12.15. 신설)

⑭ 고용을 증대시킨 기업에 대한 세액공제(조특법 29조의7, 2017.12.19. 신설)

⑮ 통합고용세액공제(조특법 29조의8, 2022.12.31 신설)

➲ 2023.1.1. 이후 개시하는 과세연도부터 적용한다.(2022.12.31. 조특법 부칙 2조 ①)

⑯ 정규직 근로자로의 전환에 따른 세액공제(조특법 30조의2, 2022.12.31. 삭제)

⑰ 고용유지중소기업 등에 대한 과세특례(조특법 30조의3)

⑱ 중소기업 사회보험료 세액공제(조특법 30조의4, 2017.12.19. 제목개정)
⑲ 상가임대료를 인하한 임대사업자에 대한 세액공제(조특법 96조의3, 2020.3.23. 신설)
⑳ 전자신고에 대한 세액공제(조특법 104조의8)
㉑ 제3자물류비용에 대한 세액공제(조특법 104조의14)
㉒ 해외자원개발투자에 대한 과세특례(조특법 104조의15)
㉓ 석유제품 전자상거래에 대한 세액공제(조특법 104조의25, 2011.12.31 신설)
㉔ 우수 선화주기업 인증을 받은 화주 기업에 대한 세액공제(조특법 104조의30, 2019.12.31. 신설)
㉕ 성실사업자에 대한 의료비 등 공제(조특법 122조의3)
㉖ 금사업자와 구리 스크랩등사업자의 수입금액의 증가 등에 대한 세액공제(조특법 122조의4 ①, 2014.12.23. 개정)
㉗ 현금영수증가맹점에 대한 과세특례(조특법 126조의3 ②)
㉘ 금 현물시장에서 거래되는 금지금에 대한 과세특례(조특법 126조의7 ⑧, 2014.1.1. 신설)

3) 소득세면제 및 감면

① 창업중소기업 등에 대한 세액감면(조특법 6조)
② 중소기업에 대한 특별세액감면(조특법 7조)
③ 기술이전에 대한 소득세감면(조특법 12조 ①, 2014.1.1. 개정)
④ 기술이전(대여)에 대한 소득세 감면(조특법 12조 ③, 2014.12.23. 신설)
⑤ 연구개발특구에 입주하는 첨단기술기업 등에 대한 소득세의 감면(조특법 12조의2)
⑥ 중소기업간의 통합시 세액감면의 승계(조특법 31조 ④)
⑦ 사업전환시 세액감면의 승계(조특법 31조 ⑤)
⑧ 사업전환 중소기업과 무역조정기업에 대한 세액감면(조특법 33조의2, 2020.12.29. 삭제)
⑨ 수도권 지역이전 중소기업에 대한 세액감면(조특법 63조)

➲ 수도권 밖으로 이전하는 경우는 제외

⑩ 농공단지입주기업 등에 대한 세액감면(조특법 64조)
⑪ 소형주택 임대사업자에 대한 소득세액감면(조특법 96조, 2014.1.1. 신설)
⑫ 산림개발소득에 대한 세액감면(조특법 102조)
⑬ 첨단의료복합단지 입주기업에 대한 소득세의 감면(조특법 121조의22)
⑭ 기회발전특구의 창업기업 등에 대한 소득세의 감면(조특법 121조의33 ②, 2023.12.31. 신설)

➲ 2024.2.29.이 속하는 과세연도부터 적용한다.(2023.12.31. 조특법 부칙 31조)

PART 4

다만, 다음의 경우는 제외한다.(조특법 132조 ② 4 단서, 2023.12.31. 개정)

① 조세특례제한법 제6조 제1항 또는 제6항, 제12조의2, 제99조의9, 제121조의8, 제121조의9, 제121조의17, 제121조의22, 제121조의33(2023.12.31. 개정)의 규정에 따라 소득세의 100%에 상당하는 세액을 감면받는 과세연도의 경우

② 제6조 제7항에 따라 추가로 감면받는 부분의 경우

③ 제63조에 따라 수도권 밖으로 이전하는 경우

(2) 최저한세가 적용되는 경우의 감면배제순위

납세의무자가 신고(국세기본법에 의한 수정신고 및 경정 등의 청구를 포함)한 소득세액이 최저한세 규정에 의하여 계산한 세액에 미달하여 소득세를 경정하는 경우에는 다음의 순서(동일한 항목에 열거된 경우에는 조문순서에 의한다)에 따라 다음의 감면을 배제하여 세액을 계산한다.(조특령 126조 ⑤)

① 세액공제. 이 경우 동일조문에 의한 감면세액 중 이월된 공제세액이 있는 경우에는 나중에 발생한 것부터 적용배제한다.

② 소득세의 면제 및 감면

③ 소득공제 및 비과세

✓ 금융종합과세시 사업소득에 대한 산출세액계산방법(조특 해석편람 132-1-1)

사업소득과 종합소득에 합산되는 금융소득이 있는 거주자의 소득세를 계산함에 있어서 최저한세를 적용하는 경우 사업소득에 대한 산출세액은 종합소득산출세액에 사업소득금액이 종합소득금액(금융소득금액이 4천만원(2013년 귀속분부터는 2천만원)을 초과하는 경우에는 분리과세되는 금융소득금액 4천만원(2013년 귀속분부터는 2천만원)을 포함한 종합소득금액)에서 차지하는 비율을 곱하여 계산한 금액을 말하는 것임(소득 46011-3922, 1998.12.15.)

Ⅱ 구분경리

"구분경리"라 함은 세법에서 규정하고 있는 특정의 업종과 기타의 사업을 겸영하고 있는 경우 특정의 업종에서 발생한 소득금액이나 수입금액 등을 계산하기 위하여 특정의 업종과 그 이외의 사업을 별개의 회계로 구분하는 것을 말한다.

1 구분경리 대상

① 내국인은 조세특례제한법에 따라 세액감면을 적용받는 사업(감면비율이 2개 이상인 경우 각각의 사업을 말하며, 이하 "감면대상사업"이라 한다)과 그 밖의 사업을 겸영하는 경우에는 구분하여 경리하여야 한다.(조특법 143조 ①, 2010.1.1. 개정)

② 소비성서비스업과 그 밖의 사업을 함께하는 내국인은 자산·부채 및 손익을 각각의 사업장별로 구분하여 경리하여야 한다.(조특법 143조 ②)

③ 감면대상사업의 소득금액을 계산할 때 구분하여 경리한 사업 중 결손금이 발생한 경우에는 해당 결손금의 합계액에서 소득금액이 발생한 사업의 소득금액에 비례하여 안분계산한 금액을 공제한 금액으로 한다.(조특법 143조 ③, 2010.1.1. 신설)

PART 4

2 공통손익의 계산과 구분경리

① 구분경리 규정에 의한 감면사업의 사업별 소득금액은 소득세법상의 사업소득의 규정을 준용하여 계산한다.(조특령 136조 ②)

> ✓ **수개의 업종과 사업을 겸영하는 경우 공통손익의 안분계산**(소통 161－209…1)
> 수개의 업종과 수개의 사업(감면사업·기타사업)을 겸영하고 있는 사업자의 공통손익에 대한 안분계산은 먼저 업종별로 안분계산하고 다음에 동일업종 내에서 사업별로 공통손익을 안분계산한다.

② 소득세법상의 감면규정(소법 59조의5 ①) 또는 다른 법률에 따라 감면되는 사업과 그 밖의 사업을 겸영하는 경우에 감면사업과 그 밖의 사업의 공통필요경비와 공통수입금액은 구분 계산하여야 한다.(소령 119조, 2014.2.21. 신설)

③ 소득세법 및 조세특례제한법에 따른 법률에 따라 소득세가 감면되는 사업과 기타의 사업을 겸영하는 경우에 감면사업과 기타사업의 공통수입금액과 공통필요경비는 다음의 기준에 따라 구분계산한다. 다만, 공통수입금액 또는 필요경비의 구분계산에 있

어서 개별필요경비가 없거나 기타 사유로 다음의 규정을 적용할 수 없거나 이를 적용하는 것이 불합리한 경우에는 그 공통필요경비의 비용항목에 따라 국세청장이 정하는 작업시간, 사용시간, 사용면적 등의 기준에 의하여 안분계산한다.(소칙 62조 ①, 2019. 3.20. 단서개정)

㉠ 감면사업과 기타사업의 공통수입금액은 해당 사업의 총수입금액에 비례하여 안분계산한다.

㉡ 감면사업과 기타사업의 업종이 동일한 경우의 공통필요경비는 해당 사업의 총수입금액에 비례하여 안분계산한다.

㉢ 감면사업과 기타사업의 업종이 동일하지 아니한 경우의 공통필요경비는 감면사업과 기타사업의 개별 필요경비에 비례하여 안분계산한다.

위 '㉡ 및 ㉢'에서 규정하는 "업종"의 구분은 해당 과세기간개시일 현재의 한국표준산업분류상의 "소분류"를 기준으로 한다. 다만, 소분류에 해당 업종이 없는 경우에는 "중분류"에 의한다.(소통 161－209…2)

④ 소득세법 및 조세특례제한법에 따른 경리의 구분은 해당 각 규정에 의하여 구분하여야 할 사업 또는 수입별로 총수입금액과 필요경비를 장부상 각각 독립된 계정과목에 의하여 구분기장하는 것으로 한다. 다만, 각 사업 또는 수입에 공통되는 총수입금액과 필요경비는 그러하지 아니하다.(소칙 62조 ②)

Chapter

05 세액계산의 특례

I 이자소득 등에 대한 종합과세시 세액계산의 특례

➲ 제2편 제2장 금융소득종합과세 참조

II 직장공제회초과반환금에 대한 세액계산의 특례

1 의 의

"직장공제회초과반환금"이란 동일직장이나 직종 등에 종사하는 근로자들로 구성된 공제조합 또는 공제회(직장공제회)로부터 받는 해당 공제회반환금 중 불입원금을 초과하는 금액을 말한다. 직장공제회초과반환금은 무조건분리과세이자소득으로서 1999.1.1. 이후 최초로 직장공제회에 가입하여 불입하는 것부터 과세된다.

소득세법은 직장공제회초과반환금에 대한 세부담을 덜어주기 위하여 초과반환금의 40% 상당액과 불입연수에 따른 공제액을 차감한 금액에 연분연승법을 적용하여 세액을 산출하도록 하고 있다.

2 세액계산의 특례

(1) 과세표준의 계산

직장공제회초과반환금에서 다음의 금액을 순차로 공제하여 계산한다.(소법 63조 ①)

① 직장공제회초과반환금의 40%에 해당하는 금액

직장공제회초과반환금에 대한 세액계산의 특례에 관한 경과조치

직장공제회에 1999.1.1.부터 2010.12.31.까지 가입하여 납입한 공제료에서 발생한 초과반환금에 대한 제63조 제1호에 따른 공제금액은 다음에 따라 계산한 금액을 더한 금액으로 한다.(2010.12.27. 법 부칙 18조)

1. 직장공제회 초과반환금 $\times \dfrac{\text{2010.12.31. 이전 공제료 납입월수}}{\text{총 공제료 납입월수}} \times 50\%$

2. 직장공제회 초과반환금 $\times \dfrac{\text{2011.1.1. 이후 공제료 납입월수}}{\text{총 공제료 납입월수}} \times 40\%$

② 납입연수에 따라 정한 다음의 금액

납입연수	공 제 액
5년 이하	30만원×납입연수
5년 초과 10년 이하	150만원+50만원×(납입연수−5년)
10년 초과 20년 이하	400만원+80만원×(납입연수−10년)
20년 초과	1천200만원+120만원×(납입연수−20년)

과세표준 = 초과반환금−(초과반환금×40%+납입연수에 따른 공제액)

(2) 산출세액의 계산

과세표준금액을 납입연수(1년 미만인 때에는 1년으로 한다)로 나눈 금액에 기본세율을 적용하여 계산한 세액에 납입연수를 곱한 금액을 그 산출세액으로 한다.(소법 63조)

$$\text{산출세액} = \left\{ \frac{\text{과세표준}}{\text{납입연수}^{*}} \times \text{기본세율} \right\} \times \text{납입연수}^{*}$$

* 1년 미만은 1년으로 함

(3) 분할하여 지급하는 경우

① 직장공제회 반환금을 분할하여 지급받는 경우 납입금 초과이익에 대한 산출세액은 납입금 초과이익에 대하여 위 '(2)'에 따라 계산한 금액(이하 "납입금 초과이익 산출

세액"이라 한다)으로 한다.(소령 120조 ①, 2015.2.3. 개정)

② 분할하여 지급받을 때마다의 반환금 추가이익에 대한 산출세액은 아래 '㉠'의 금액에 '㉡'의 비율을 곱한 금액으로 한다.(소령 120조 ②, 2015.2.3. 개정)

㉠ 분할하여 지급받을 때마다 그 기간 동안 발생하는 반환금 추가이익

㉡ 납입금 초과이익 산출세액을 납입금 초과이익으로 나눈 비율

Ⅲ 부동산매매업자에 대한 세액계산의 특례

1 세액계산의 특례

(1) 개 요

부동산매매업을 경영하는 거주자로서 종합소득금액에 다음 중 하나에 해당하는 주택 또는 토지의 매매차익(이하 "주택 등 매매차익"이라 한다)이 있는 자의 종합소득산출세액은 일정한 산식에 의하여 계산한다.(소법 64조 ①, 2014.12.23. 개정)

① 비사업용토지(소법 104조 ① 8)

② 미등기양도자산(소법 104조 ① 10)

③ 조정대상지역에 있는 주택으로서 다음 중 하나에 해당하는 주택(소법 104조 ⑦, 2017.12.19. 신설)

㉠ 1세대 2주택에 해당하는 주택(☞ 세부규정은 소령 167조의10 참조)

㉡ 1세대가 주택과 조합원입주권을 각각 1개씩 보유한 경우의 해당 주택. 다만, 장기임대주택(☞ 세부규정은 소령 167조의11 참조) 등은 제외한다.

㉢ 1세대 3주택 이상에 해당하는 주택(☞ 세부규정은 소령 167조의3 참조)

㉣ 1세대가 주택과 조합원입주권을 보유한 경우로서 그 수의 합이 3 이상인 경우 해당 주택. 다만, 장기임대주택(☞ 세부규정은 소령 167조의11 참조) 등은 제외한다.

④ 토지·건물 등의 분양권

➲ 2021.6.1. 이후 양도하는 분부터 적용한다.(2020.12.29. 법 부칙 12조)

(2) 부동산매매업의 범위

① 한국표준산업분류에 따른 비주거용 건물건설업(건물을 자영건설하여 판매하는 경우만 해당한다)과 부동산 개발 및 공급업을 말한다. 다만, 한국표준산업분류에 따른 주거용 건물 개발 및 공급업(구입한 주거용 건물을 재판매하는 경우는 제외)은 제외한

다.(소령 122조 ①, 150조의2 ③, 2010.2.18. 신설)

② 주거용 건물에는 이에 딸린 토지로서 다음 중 하나의 면적 중 넓은 면적 이내의 토지를 포함하는 것으로 한다.(소령 122조 ③, 2010.12.30. 신설)

㉠ 건물의 연면적(지하층의 면적, 지상층의 주차용으로 사용되는 면적, 건축법 시행령 제34조 제3항에 따른 피난안전구역의 면적 및 주택건설기준 등에 관한 규정 제2조 제3호에 따른 주민공동시설의 면적은 제외)

㉡ 건물이 정착된 면적에 5배(국토의 계획 및 이용에 관한 법률 제6조 제1호에 따른 도시지역 밖의 토지의 경우에는 10배)를 곱하여 산정한 면적

③ 주거용 건물의 일부에 설치된 점포 등 다른 목적의 건물 또는 같은 지번(주거여건이 같은 단지 내의 다른 지번을 포함)에 설치된 다른 목적의 건물이 해당 건물과 같이 있는 경우에는 다른 목적의 건물 및 그에 딸린 토지는 주거용 건물에서 제외하는 것으로 하고, 다음 중 하나에 해당하는 경우에는 그 전체를 주거용 건물로 본다. 이 경우 주거용 건물에 딸린 토지의 면적은 전체 토지면적에 주거용 건물의 연면적이 전체 건물의 연면적에서 차지하는 비율을 곱하여 계산한다.(소령 122조 ④, 소령 154조 ④)

㉠ 주거용 건물과 다른 목적의 건물이 각각의 매매단위로 매매되는 경우로서 다른 목적의 건물면적이 주거용 건물면적의 10% 이하인 경우

㉡ 주거용 건물에 딸린 다른 목적의 건물과 주거용 건물을 하나의 매매단위로 매매하는 경우로서 다른 목적의 건물면적이 주거용 건물면적보다 작은 경우

④ 주거용 건물과 다른 목적의 건물을 신축하여 판매하는 경우에는 각각 이를 구분하여 기장하고, 이에 공통되는 필요경비가 있는 경우에는 다음에서 정하는 바에 따라 안분 계산한다.(소령 122조 ⑤, 소칙 63조의2)

㉠ 안분 계산은 주거용 건물 및 다른 목적의 건물(각각에 부수되는 토지를 포함)에 공통되는 필요경비를 해당 주거용 건물 및 다른 목적의 건물 각각의 가액에 비례하여 안분 계산하는 방식에 따른다.(소칙 63조의2 ①)

㉡ 해당 주거용 건물 및 다른 목적의 건물의 가액의 구분이 불분명한 경우에는 해당 주거용 건물 및 다른 목적의 건물의 각각의 기준시가에 따라 안분 계산한다.(소칙 63조의2 ②)

✓ **부동산매매업 등의 업종구분**(소득 집행기준 19-0-9)

① 부동산매매업의 범위는 다음과 같다.

㉠ 자기의 토지 위에 상가 등을 신축하여 판매할 목적으로 건축 중인 건축법에 따른 건물과 토지를 제3자에게 양도한 경우

㉡ 토지를 개발하여 주택지·공업단지·상가·묘지 등으로 분할판매하는 경우(공유수면 관리 및 매립에 관한 법률 제46조에 따라 소유권을 취득한 자가 그 취득한 매립지를 분할하여 양도하는 경우를 포함)

② 부동산매매·저당·임대 등에 따라 행하는 부동산 감정업무를 수행하는 사업은 부동산 감정평가업으로 본다.

③ 부동산매매업의 구분에 있어 토지의 개발이라 함은 일정한 토지를 정지·분합·조성·변경 등을 함으로써 해당 토지의 효용가치가 합리적이고 효율적으로 증진을 가져오게 되는 일체의 행위를 말한다.

④ 근린생활시설과 주택이 함께 있는 건물을 상속받아 그 건물 전체를 다세대주택으로 증·개축하여 판매함으로써 발생하는 소득은 부동산매매업에서 발생하는 소득에 해당한다.

✓ **판매목적으로 취득한 부동산의 일시대여소득의 구분**(소득 집행기준 19-0-8)

① 부동산매매업 또는 건설업자가 판매를 목적으로 취득한 토지 등의 부동산을 일시적으로 대여하고 얻는 소득은 부동산임대업에서 발생하는 소득으로 본다.

② 제1항의 경우 부동산임대업의 소득금액계산상 필요경비에 산입된 감가상각비 등은 부동산매매업자의 필요경비 계산시 취득가액에서 공제한다.

✓ **상가분양권이 구 소득법 88조 10호의 "분양권"에 해당하는지 여부**

소득세법(2020.12.29. 법률 제17757호로 개정된 것) 제64조 제1항의 법문상 "분양권"이란 같은 법 제88조 제10호의 분양권을 의미하는 것임(사전법규소득 2021-1471, 2022.5.25.)

✓ **부동산 매매업자의 비사업용 토지 매매시 중과세율 적용여부**

부동산 매매업자가 비사업용 토지를 매매한 경우 종합소득세 과세대상에 해당하나, 토지 등 매매차익에 대한 예정신고를 하여야 하고, 종합소득세 산출세액을 계산할 때 비교과세를 적용하는 것이며, 이 때 양도소득세 세율을 적용하는 것임(소득-313, 2014.6.2.)

✓ **주거용으로 사용되고 있는 오피스텔을 신축·판매한 사업자가 부동산매매업자에 해당하는지 여부**

[사실관계]

• 질의인은 국민주택 규모 이하의 오피스텔 8가구를 신축하여 분양한 사업자임
• 해당 오피스텔은 건축 시부터 주거용으로 신축하였고, 관할 시청에 제출하는 서류에서도 주용도를 업무시설(주거용 오피스텔)로 표기하였으며, 실제로도 주택으로 사용되도록 모든 시설이 되어 있고, 매수자도 주택으로 사용하고 있음

[질의]

당초부터 주거용으로 사용할 목적으로 신축되었고 판매 이후 실제 주거용으로 사용하고 있는 오피스텔을 신축·판매한 사업자의 경우 부동산매매업자로 보아 토지 등 매매차익 예정신고를 하여야 하는지 여부

PART 4

[회신]
오피스텔을 신축하여 판매하는 사업은 부동산매매업에 해당하며, 소득세법 제69조에 따라 토지 등 매매차익예정신고 및 납부를 하여야 하는 것임(서면법령해석소득 2017-2469, 2018.2.2.)

✓ **부동산매매업자에 대한 세액계산특례 적용대상**(소득 집행기준 64-122-1 ②)

주택신축판매업을 경영하는 거주자가 판매목적으로 신축한 주택의 매매차익에 대해서는 부동산매매업자에 대한 세액계산의 특례가 적용되지 않는다.

✓ **부동산매매업자의 텔레마케터 수수료가 필요경비에 해당하는지 여부**

부동산매매업자의 주택 등 매매차익을 계산할 때 텔레마케터에게 지급하는 수수료는 양도비(소개비)에 해당하지 아니함(기획재정부재산-464, 2017.7.24.)

✓ **부동산매매업자의 주거용 주택의 비과세 여부**

"1세대 1주택"을 판정함에 있어서 부동산 매매업자 및 주택신축 판매업자의 판매용 재고주택은 주거용 주택으로 보지 아니하는 것이나, 매매사업용으로 취득한 주택이 매매사업용 재고주택에 해당하는지 여부에 대하여는 부동산매매의 규모·거래횟수·반복성 등 거래에 관한 제반사항을 종합하여 판단하는 것임(부동산거래관리-494, 2011.6.21.)

✓ **부동산매매업자가 지급하는 세입자의 이사비용 상당액의 필요경비 여부**

부동산매매업을 경영하는 거주자가 법원 경매에 참가하여 매매용 주택을 취득하면서 해당 매매용 주택의 수선과 관련하여 지출하는 비용(목욕탕 수리 비용 등)은 필요경비 산입대상에 해당하는 것이나, 세입자 또는 전 소유자에게 법적인 지급의무 없이 지급하는 이사비용 상당액과 대납한 아파트관리비는 필요경비의 산입대상에 해당하지 아니하는 것임(소득-831, 2010.7.22.)

✓ **매입한 상가를 용도변경 승인 후 주택으로 개조하여 분양하는 경우 업종구분 등**

매입한 상가를 용도변경 승인 후 주택으로 개조하여 분양하는 사업은 부동산 매매업에 해당하는 것임(소득-1007, 2011.11.30.)

✓ **부동산매매업자가 토지를 양도하고 받는 대가의 소득구분**

부동산매매업자가 분할·개발한 토지를 양도한 경우 부동산매매업에 의한 사업소득에 해당함(법규소득-430, 2010.1.14.)

✓ **모텔을 신축·양도하고 받는 대가의 사업소득(부동산매매업) 또는 양도소득 여부**

모텔을 신축하여 양도하고 받는 대가에 대해서는 그 양도자의 부동산매매의 규모, 거래횟수, 반복성 등을 종합하여 그 양도가 수익을 목적으로 하고 있는지 및 사업 활동으로 볼 수 있을 정도의 계속성과 반복성이 있는지 등에 따라 소득의 종류를 판단하는 것으로 사업성이 있는 경우에는 그 대가를 사업소득으로 보는 것이며, 그러하지 아니하고 단순히 부동산을 양도하는 경우에는 양도소득으로 보는 것인바, 대외적으로 부동산매매업을 표방하였는지 여부 또는 사업자등록 여부에 따라서 이를 판단하는 것은 아님(소득-557, 2009.2.10.)

✓ **부동산매매업자에 대한 세액계산의 특례 적용 여부**

소득세법 제64조 제1항의 규정에 의한 부동산매매업자에 대한 세액계산의 특례(비교과세)는 부동산매매업을 경영하는 거주자로서 종합소득금액에 같은 법 제104조 제1항 제4호부터 제8호까지 및 제10호의 어느 하나에 해당하는 주택 또는 토지의 매매차익이 있는 자에게 적용되는 것이며, 1세대 2주택에 해당하는지 여부는 같은 법 시행령 제167조의5에 따르는 것임(소득-638, 2011.7.22.)

✓ **부동산매매업자의 지급이자 필요경비 여부**

사업용고정자산의 매입·제작·건설에 소요된 차입금에 대한 지급이자는 건설자금이자로서 당해연도의 필요경비에 산입하지 아니하고 자본적지출로 하여 당해 자산의 원본에 가산하는 것이나, 귀 문의의 판매목적으로 신축한 부동산매매용 건물은 재고자산으로서 동 건물의 건설에 소요된 차입금에 대한 지급이자는 당해연도의 필요경비에 산입하는 것임(소득-892, 2010.8.10.)

✓ **부동산매매업 외 사업소득의 결손이 발생하여 주택등매매차익에 중과세율을 적용하여 산출세액 계산시 해당 결손금은 이월공제함**

소득세법 제64조에 따른 부동산매매업자에 대한 세액계산의 특례 적용시 부동산매매업 외의 업종에서 결손금이 발생하는 경우 해당 결손금은 주택등매매차익과 합산하여 같은 조 제1항 제1호의 종합소득 산출세액을 계산하는 것이며, 해당 산출세액이 같은 항 제2호 각 목에 따른 세액의 합계액보다 적은 경우 해당 결손금은 이월하여 공제하는 것임(기획재정부소득-102, 2013.2.18.)

(3) 산출세액의 계산

부동산매매업자의 주택등매매차익에 대한 종합소득 산출세액은 다음 '1)'과 '2)'의 세액 중 많은 것으로 한다.(소법 64조 ①)

1) 종합소득과세표준에 기본세율을 적용한 종합소득산출세액

2) 아래 ①과 ②의 합계액

① 주택등매매차익에 양도소득세의 세율을 적용하여 산출한 세액의 합계액(소법 64조 ① 2 가)

② 종합소득과세표준에서 주택등매매차익의 해당 과세기간 합계액을 공제한 금액을 과세표준으로 하고 이에 종합소득기본세율을 적용하여 산출한 세액(소법 64조 ① 2 나)

✓ **조정대상지역 외의 지역에 소재한 주택을 단기양도한 부동산매매업자의 종합소득세 확정신고 시 세율적용방법**

부동산매매업자자로서 종합소득금액에 같은 법 제104조 제1항 제1호(분양권에 한정)·제8호·제10호 또는 같은 조 제7항 각 호의 어느 하나에 해당하는 자산의 매매차익이 없는 경우에는 해당 연도의 종합소득과세표준에 소득세법 제55조 제1항의 세율을 적용하는 것임(사전법규소득 2023-816, 2024.1.15.)

✓ **부동산매매업자가 2년 미만 보유 비사업용토지 등 양도 시 적용할 세율**

부동산매매업자가 보유기간 2년 미만의 주택(2주택 이상) 및 비사업용토지를 양도하는 경우 매매차익에 대한 예정신고 및 확정신고 시 양도소득세 중과세율을 적용하는 것임(서면법규-1315, 2013.12.3.)

PART 4

✓ **부동산 매매업자의 비사업용 토지 매매시 중과세율 적용여부**

부동산 매매업자가 비사업용 토지를 매매한 경우 종합소득세 과세대상에 해당하나, 토지 등 매매차익에 대한 예정신고를 하여야 하고, 종합소득세 산출세액을 계산할 때 비교과세를 적용하는 것이며, 이 때 양도소득세 세율을 적용하는 것임(소득-313, 2014.6.2.)

2 주택등매매차익의 계산

주택등매매차익은 해당 자산의 매매가액에서 다음의 금액을 차감한 것으로 한다.(소령 122조 ②)

① 실지거래가액에 의한 양도차익계산시 공제되는 양도자산의 필요경비(취득가액·자본적지출액 및 양도비)

② 양도소득기본공제금액(연 250만원)

③ 장기보유특별공제액(2013.2.15. 신설)

• 종합소득산출세액 = Max(①, ②)

① 종합소득과세표준×기본세율

② {(주택등매매차익* - 양도소득기본공제 - 장기보유특별공제)×양도소득세율} +{(종합소득과세표준 - 주택등매매차익)×기본세율}

* 주택등매매차익 = 해당 주택·토지의 매매가액 - 양도자산의 필요경비(실질거래가액에 의한 취득가액, 자본적지출액, 양도비용 등)

소득세법 시행규칙[별지 제40호 서식(1)] 중 27쪽 (2025.3.21. 개정)

(35쪽 중 제27쪽)

⑲ 종합소득산출세액계산서(주택등매매업자용)

1. 종합소득산출세액 비교

구 분	① 종합소득 금액 합계	비교산출세액의 계산		
		② 합계	③ 주택 등 매매차익외 종합소득	④ 주택등매매차익 합계(⑤+~+⑪)
㉮ 총수입금액 (주택등매매가액)				
㉯ 필요경비				
㉰ 장기보유특별공제				
㉱ 소득금액				
㉲ 소득공제 (양도소득기본공제)				
㉳ 과세표준				
㉴ 세 율				
㉵ 산출세액				

2. 주택 등 매매차익에 대한 산출세액의 계산

구 분	⑤ 누진세율 적용자산	⑥ 누진+10%세율 적용자산	⑦ 누진+20%세율 적용자산	⑧ 누진+30%세율 적용자산	⑨ 40%세율 적용자산	⑩ 50%세율 적용자산	⑪ 60%세율 적용자산	⑫ 70%세율 적용자산
㉮ 총수입금액 (주택등매매가액)								
㉯ 필요경비								
㉰ 장기보유특별공제								
㉱ 소득금액								
㉲ 소득공제 (양도소득기본공제)								
㉳ 과세표준								
㉴ 세 율								
㉵ 산출세액								

(35쪽 중 제26쪽)

⓳ 종합소득산출세액계산서(주택등매매업자용) 작성방법

1. 이 서식은 「소득세법」 제64조에 따른 부동산매매업자로서 종합소득금액에 주택(그 부수토지를 포함합니다) 등 매매차익이 있는 자[「소득세법」 제104조제1항제4호(2021년 6월 1일 이후에는 제104조제1항제1호(분양권에 한정한다)], 제8호, 제10호 및 같은 조 제7항 각 호의 어느 하나에 해당하는 주택 또는 토지의 매매차익이 있는 거주자)에 해당하는 경우에만 작성합니다.

2. 부동산매매업자가 종합과세되는 금융소득이 있는 경우에는 "제29쪽 ⓴ 종합소득산출세액계산서(주택등매매차익이 있는 금융소득자용)"도 함께 작성해야 합니다.

3. ① 종합소득금액 합계란: 「소득세법」 제64조제1항제1호에 따라 계산한 금액으로서 각 란의 금액은 다음과 같이 적습니다.
   가. ㉮ 총수입금액란: 제5쪽의 ⑤ 이자소득금액란의 합계액·7쪽의 ⑧ 배당소득금액란의 합계액·제9쪽의 ⑧ 총수입금액란의 합계액·제11쪽의 ⑤ 총수입금액란의 합계액을 전부 더한 금액을 적습니다.
   나. ㉱ 소득금액란: 제13쪽의 ⑤ 결손금·이월결손금 공제 후 소득금액란의 합계액을 적습니다.
   다. ㉯ 필요경비란: ㉮총수입금액에서 ㉱소득금액을 뺀 금액을 적습니다.
   라. ㉲ 소득공제(양도소득기본공제)란: 제15쪽의 ㉒ 소득공제합계에서 ㉓ 소득공제종합한도 초과액을 뺀 금액을 적습니다.
   마. ㉳ 과세표준란: ㉱ 소득금액란의 금액에서 ㉲ 소득공제(양도소득기본공제)란의 금액을 뺀 금액을 적습니다.
   바. ㉵ 산출세액란: ㉳ 과세표준란의 금액에 세율을 곱한 후 누진공제액을 뺀 금액을 적습니다.

4. ② 합계란: 「소득세법」 제64조제1항제2호에 따라 계산한 금액으로 다음과 같이 적습니다.
   가. ㉮~㉱란: 각각 ①란의 금액을 옮겨 적습니다.
   나. ㉲ 소득공제(양도소득기본공제)란: ③란의 금액과 ④란의 금액을 더한 금액을 적습니다.
   다. ㉳ 과세표준란: ㉱ 소득금액란의 금액에서 ㉲ 소득공제(양도소득공제)란의 금액을 뺀 금액을 적습니다.
   라. ㉵ 산출세액란: ③란과 ④란의 산출세액의 합계를 적습니다.

5. ③ 주택등매매차익 외 종합소득란: 다음과 같이 적습니다.
   가. ㉮~㉱란: ② 합계란의 금액에서 ④ 주택등매매차익합계란의 금액을 뺀 금액을 적습니다.
   나. ㉲ 소득공제(양도소득기본공제)란: ①란의 금액을 옮겨 적습니다.
   다. ㉳ 과세표준란: ㉱ 소득금액란의 금액에서 ㉲ 소득공제(양도소득기본공제)란의 금액을 뺀 금액을 적습니다.
   라. ㉵ 산출세액란: ㉳ 과세표준란의 금액에 세율을 곱한 후 누진공제액을 뺀 금액을 적습니다.

6. ⑤~⑫란: 주택 등 매매차익에 대해 「소득세법」 제104조제1항제4호(2021년 6월 1일 이후에는 제104조제1항제1호(분양권에 한정한다)), 제8호, 제10호 및 같은 조 제7항 각 호 의 어느 하나에 해당하는 양도소득 세율별로 구분하여 계산합니다.
   가. ㉮~㉱란: 매매가액(㉮)에서 「소득세법 시행령」 제163조제1항부터 제5항까지에 따라 계산한 필요경비(㉯)를 빼서 소득금액(㉰)을 계산합니다.
   나. ㉲ 소득공제(양도소득기본공제)란: 양도소득기본공제는 연간 250만원입니다. 다만, 미등기주택매매차익은 양도소득기본공제가 되지 않습니다.
   다. ㉳ 과세표준: ㉰ 소득금액란의 금액에서 ㉱ 소득공제(양도소득기본공제)란의 금액을 뺀 금액을 적습니다.
   라. ㉵ 산출세액란: ㉳ 과세표준란의 금액에 세율을 곱한 후 누진공제액을 뺀 금액을 적습니다.

7. ㉴ 세율란: 「소득세법」 제55조 및 제104조에 따른 세율 중 해당되는 세율을 적용합니다.

8. 비교산출세액: ① 종합소득금액 합계란의 ㉵ 산출세액과 ② 비교산출세액의 계산 합계란의 ㉵ 산출세액 중 큰 금액을 종합소득 산출세액으로 합니다.

Ⅳ 주택임대소득에 대한 세액 계산의 특례 (2020.12.29. 개정)

➲ 제2편 제3장 사업소득→제3절→Ⅱ. 부동산임대소득의 계산 '후반부' 참조

Ⅴ 분리과세기타소득에 대한 세액 계산의 특례 (2019.12.31. 신설)

① 종합소득과세표준을 계산할 때 위약금·배상금(계약금이 위약금·배상금으로 대체되는 경우만 해당한다)의 소득을 합산하지 아니하는 경우 그 합산하지 아니하는 기타소득에 대한 결정세액은 해당 기타소득금액에 20%의 세율을 적용하여 계산한 금액으로 한다.(소법 64조의3 ①)

② 가상자산소득(소득가상자산을 양도하거나 대여함으로써 발생하는 소득)에 대한 결정세액은 해당 가상자산소득금액에서 250만원을 뺀 금액에 20%를 곱하여 계산한 금액으로 한다.(소법 64조의3 ②)

➲ 2027.1.1.부터 시행한다.(2022.12.31. 법 부칙 1조 단서 2)

PART 4

Ⅵ 연금소득에 대한 세액 계산의 특례 (2022.12.31. 신설)

➲ 2023.1.1.부터 시행한다.(2022.12.31. 법 부칙 1조)

사적연금소득 중 분리과세연금소득 외의 연금소득이 있는 거주자의 종합소득 결정세액은 다음의 세액 중 하나를 선택하여 적용한다.(소법 64조의4 ①)

① 종합소득 결정세액

② 다음의 세액을 더한 금액

㉠ 사적연금소득 중 분리과세연금소득 외의 연금소득에 15%를 곱하여 산출한 금액

㉡ 위 '㉠' 외의 종합소득 결정세액

MEM

PART 5

종합소득세의 신고·납부 및 결정 등

Chapter

01 과세기간 중도의 신고·납부·결정 및 징수

소득세는 원칙적으로 과세기간이 종료된 후에 납세의무자가 스스로 과세표준과 세액을 확정하여 신고하면서 납부하도록 하고 있다. 그러나 현행 소득세법은 과세기간 중도에 소득세의 일부를 미리 납부·징수하도록 하는 예납제도를 두고 있는데, 이러한 예납제도에는 중간예납·예정신고납부·원천징수·수시부과제도 등이 있다.

이는 조세채권의 일실을 방지하고 세수를 조기에 확보하는 동시에 납세자의 세부담을 시간적으로 분산시키는 한편, 조세의 경기조절기능을 강화하고자 하는 데에 그 취지가 있다.

• 제 1 절 중간예납

I 개 요

종합소득이 있는 거주자에 대하여 1월 1일부터 6월 30일까지의 기간(이하 "중간예납기간"이라 한다)으로 하여 전년도의 종합소득에 대한 소득세로서 납부하였거나 납부하여야 할 세액(이하 "중간예납기준액"이라 한다)의 1/2에 상당하는 금액(이하 "중간예납세액"이라 한다)을 납부하여야 할 세액으로 결정하여 징수한다. 이후 확정신고납부시에는 확정된 종합소득세액에서 이미 납부한 중간예납세액을 차감하여 정산하게 된다.

Ⅱ 중간예납의무자

1 중간예납의무자

종합소득이 있는 거주자만이 중간예납의무를 진다. 따라서 퇴직소득 및 양도소득이 있는 거주자는 중간예납의무가 없다.

2 중간예납의무가 없는 자

종합소득이 있는 거주자라 하더라도 다음에 해당하는 자는 중간예납의무가 없다.(소법 65조 ①)

(1) 신규사업개시자

해당 과세기간의 개시일 현재 사업자가 아닌 자로서 해당 과세기간 중 신규로 사업을 시작한 자

(2) 다음의 소득만이 있는 자(소령 123조, 소칙 64조)

① 이자소득·배당소득·근로소득·연금소득 또는 기타소득

> ✓ **소득세 중간예납의 납부의무**(소득 해석편람 65-1-2)
> 직전연도에 사업을 폐업하고 해당연도 근로소득만 있는 때에는 소득세 중간예납의 납부의무가 없는 것임(소득 46011-111, 1999.1.11.)

② 사업소득 중 속기·타자 등 한국표준산업분류상의 사무지원 서비스업에서 발생하는 소득
③ 사업소득 중 수시부과하는 소득
④ 분리과세 주택임대소득(2021.2.17. 신설)
⑤ 다음의 사업에서 발생한 소득
　㉠ 사회 및 개인서비스업 중 저술가·화가·배우·가수·영화감독·연출가·촬영사 등 자영예술가와 직업선수·코치·심판 등 기타 스포츠서비스업
　㉡ 독립된 자격으로 보험가입자의 모집·증권매매의 권유·저축의 권장 또는 집금 등을 행하거나 이와 유사한 용역을 제공하고 그 실적에 따라 모집수당·권장수당·집금수당 등을 받는 업

㉢ 방문판매 등에 관한 법률에 의하여 방문판매업자 또는 후원방문판매업자를 대신하여 방문판매업무 또는 후원방문판매업무를 수행하고 그 실적에 따라 판매수당 등을 받는 업(2012.8.16. 개정). 이 경우 원천징수의무자가 직전 과세기간에 대한 사업소득세액의 연말정산을 한 것에 한정한다.

㉣ 조세특례제한법 제104조의7 제1항에 따라 소득세법이 적용되는 전환정비사업조합의 조합원이 영위하는 공동사업

㉤ 소득세법이 적용되는 주택법 제2조 제11호의 주택조합의 조합원이 영위하는 공동사업

✓ 수입금액이 0원인 사업소득과 중간예납 제외 대상 소득이 동시에 발생한 종합소득자의 중간예납 대상 여부

[사실관계]

- 질의자의 2018년 소득내역
  ① 보험모집인으로서 수입 x억원(원천징수됨, 업종코드 : 94906)
  ② 보험대리 및 중개업 기장신고(결손 : 수입금은 없으나 필요경비 발생)
  ③ 근로소득금액 총급여 x백만원(연말정산)
- 질의자는 2019년에 보험모집, 보험대리 및 중개, 근로제공을 하고 있음
- 질의자는 2019년 11월 중간예납고지 납부서를 받음

[질의]

보험대리 및 중개업 영위하는 자가 해당 사업에서는 수입금액이 발생하지 아니하나 보험모집 수입과 근로소득이 발생한 경우 해당 과세기간(2019년) 종합소득세 중간예납대상인지 여부

[회신]

종합소득이 있는 거주자(소득세법 시행령 제123조 각 호에서 정하는 소득만이 있는 자와 해당 과세기간의 개시일 현재 사업자가 아닌 자로서 그 과세기간 중 신규로 사업을 시작한 자는 제외)는 소득세법 제65조 제1항에 따라 중간예납세액을 납부할 의무가 있는 것임(사전법령해석소득 2019-703, 2019.12.23.)

(3) 납세조합원의 중간예납특례

납세조합이 중간예납기간 중 그 조합원의 해당 소득에 대한 소득세를 매월 징수하여 납부한 때에는 해당 소득에 대한 중간예납을 하지 아니한다.(소법 68조)

Ⅲ 중간예납세액의 결정·고지 및 징수

1 전년도 실적을 기준으로 하는 방법

(1) 중간예납세액의 결정

① 납세지 관할 세무서장은 종합소득이 있는 거주자에 대하여 중간예납기준액의 1/2에 해당하는 금액을 중간예납세액으로 하여 결정 및 징수를 하여야 한다.(소법 65조 ①)

$$\text{중간예납세액} = \text{중간예납기준액}^{*1} \times \frac{1}{2} - \text{중간예납기간 중의 토지 등 매매차익 예정신고납부세액}^{*2}$$

*1. 중간예납 기준액 = { 직전 과세기간의 중간예납세액 + 확정신고 납부세액 + 추가납부세액(가산세 포함) + 기한후신고, 수정신고 추가납부세액(가산세 포함) } − 환급세액*3

*2. 중간예납기간 중의 토지 등 매매차익 예정신고납부세액 : 부동산매매업자가 중간예납기간 중에 매도한 토지 또는 건물에 대하여 토지 등 매매차익예정신고·납부를 한 경우 그 신고·납부한 금액을 말한다. 이 경우 토지 등 매매차익예정신고·납부세액이 중간예납기준액의 1/2에 해당하는 금액을 초과하는 경우에는 중간예납세액이 없는 것으로 한다.(소법 65조 ⑩)

*3. 환급세액 : 국세기본법상 경정청구에 의한 결정이 있는 경우에는 그 내용이 반영된 금액을 포함한다.(소법 65조 ⑦)

② 중간예납세액이 1천원 미만의 단수가 있을 때에는 그 단수금액은 버린다.(소법 65조 ①, 2013.1.1. 개정)

✓ 종합소득세 중간예납 납부방법

전년도의 종합소득세 확정신고시 결정세액은 있었으나, 중간예납세액은 없었으며 원천징수된 세액으로 인하여 환급세액이 발생한 경우에는 다음연도에는 중간예납세액으로 납부할 금액은 없는 것임(서일 46011-11634, 2002.12.2.)

✓ 중간예납세액의 계산(소득 집행기준 65-123-2 ②, ④)

① 전년도 과세실적이 있는 계속사업장 이외에 중간예납기간 중 새로운 사업장을 추가 신설한 경우에도 중간예납추계액의 신고가 없는 경우에는 중간예납기준액의 1/2에 상당하는 금액으로 중간예납세액을 결정한다.

② 중간예납 기준액이 없는 거주자 중 복식부기의무자가 해당 과세기간의 중간예납기간 중 사업소득이 있는 경우에는 11.1.부터 11.30.까지의 기간에 중간예납추계액을 중간예납세액으로 하여 납세지 관할 세무서장에게 신고하여야 한다.

(2) 중간예납세액의 고지와 징수

1) 납부고지서의 발부

납세지 관할 세무서장은 중간예납세액을 납부하여야 할 거주자에게 11월 1일부터 11월 15일까지의 기간 내에 중간예납세액의 납부고지서를 발부하여야 한다.(소법 65조 ①) 이때 중간예납세액의 고지는 국세징수법에 의한 고지서에 의한다.(소령 124조, 2020.12.29. 용어개정)

2) 징 수

납세지 관할 세무서장은 중간예납세액을 납부하여야 할 세액으로 결정하여 11월 30일까지 그 세액을 징수하여야 한다.(소법 65조 ①)

3) 분할납부

① 중간예납세액이 1천만원을 초과하는 자는 정기분납부와 같은 방법으로 그 납부할 세액의 일부를 납부기한이 지난 후 2개월 이내에 분할납부 할 수 있다.(소법 65조 ①, 77조)

② 고지된 중간예납세액을 납부하여야 할 거주자가 11월 30일까지 그 세액의 전부 또는 일부를 납부하지 아니한 경우에는 납부하지 아니한 세액 중 분할납부할 수 있는 세액에 대해서는 납부의 고지가 없었던 것으로 보며, 납세지 관할 세무서장은 해당 과세기간의 나음 연도 1월 1일부터 1월 15일까지의 기간 내에 그 분할납부할 수 있는 세액을 납부할 세액으로 하는 납부고지서를 발부하여야 한다.(소법 65조 ②, 2020.12.29. 용어개정)

2 중간예납추계액에 의한 방법

(1) 신고대상자

1) 중간예납추계액으로 신고할 수 있는 경우(임의규정)

종합소득이 있는 거주자가 중간예납기간의 종료일 현재 그 중간예납기간 종료일까지의 종합소득금액에 대한 소득세액(이하 "중간예납추계액"이라 한다)이 중간예납기준액의 30%에 미달하는 경우에는 중간예납추계액을 중간예납세액으로 하여 납세지 관할 세무서장에게 신고할 수 있다.(소법 65조 ③) 이와 같이 중간예납추계액 신고를 한 경우에는 당초 납세지 관할 세무서장이 행한 중간예납세액의 결정은 없었던 것으로 본다.(소법 65조 ④)

2) 중간예납추계액으로 신고해야 하는 경우(강제규정)

중간예납기준액이 없는 거주자 중 복식부기의무자가 해당 과세기간의 중간예납기간 중 사업소득이 있는 경우에는 중간예납추계액을 중간예납세액으로 하여 납세지 관할 세무서장에게 신고하여야 한다.(소법 65조 ⑤, 2018.12.31. 개정)

(2) 중간예납추계액의 계산

중간예납추계액의 계산은 다음 산식의 순서에 따라 계산한다.(소법 65조 ⑧)

> ① 종합소득과세표준 = (중간예납기간의 종합소득금액×2) − 이월결손금 − 종합소득공제
> ② 종합소득산출세액 = 종합소득과세표준×기본세율
> ③ 중간예납추계액 = $\text{종합소득산출세액} \times \frac{1}{2} - \left(\text{중간예납기간의 종합소득에 대한 감면세액·세액공제액, 토지 등 매매차익예정신고산출세액·수시부과세액 및 원천징수세액}\right)$

✓ **감면세액의 범위**(소통 65-0…1)

법 제65조 제8항에 규정하는 감면세액은 조세특례제한법 제3조의 규정에 의하여 조세의 감면을 할 수 있는 법률과 조약의 규정에 의한 감면세액을 말한다.

✓ **중간예납추계액 신고 시 세액공제액의 이월공제 적용가능 여부**

조세특례제한법 제144조에 따른 세액공제액의 이월공제액은 소득세법 제65조 제8항 제3호에 따른 중간예납추계액에서 차감할 수 없는 것임(소득-394, 2011.5.6.)

중간예납추계액 계산시 유의사항[1)]

1. 이월결손금의 공제
   중간예납기간개시일 전 10년(또는 15년*) 이내에 개시한 과세기간에서 발생한 결손금은 전액 공제함
   * 2020.1.1. 이후 개시한 과세기간에 발생한 결손금부터는 15년을 적용한다.(2020.12.29. 법 부칙 7조)

2. 준비금 등의 필요경비 산입
   소득세법 및 조세특례제한법에 의한 준비금 및 충당금은 필요경비에 계상한 경우에 한하여 필요경비에 산입할 수 있다.

3. 감가상각비의 필요경비 산입
   감가상각비는 필요경비로 계상한 감가상각비로서 해당 중간예납기간의 상각범위액(정

상상각률의 1/2)을 한도로 필요경비에 산입하게 된다.

4. 준비금 등의 총수입금액 환입
   ① 필요경비에 산입한 연도의 다음 연도에 일시에 총수입금액에 환입하여야 하는 준비금 및 충당금은 전액 총수입금액에 환입한다.
   ② 기타의 준비금 등은 중간예납기간의 월수에 따라 월할계산한 금액을 총수입금액에 환입하여야 한다.

5. 최저한세의 적용
   준비금, 세액공제 및 세액감면 등에 대하여는 최저한세의 규정을 적용한다.

✓ **중간예납추계액 신고시 금융소득의 합산 범위**(소득 해석편람 65-1-1)

중간예납추계액을 계산함에 있어서, 해당 중간예납기간 중에 발생한 이자소득이나 배당소득(이하 "이자소득 등"이라 한다) 금액을 1년으로 환산한 금액이 종합과세기준금액(2천만원)을 초과하는 때에는 그 기준초과금액을 합산하여 종합소득산출세액을 계산하는 것임. 다만, 이자소득 등은 종합과세기준금액초과 여부에 불구하고 해당 소득금액을 1년으로 환산한 금액을 합산하여 계산하는 것임(소득 46011-2677, 1997.10.17.)

(3) 신고와 납부

중간예납추계액에 의하는 거주자는 11월 1일부터 11월 30일까지의 기간 내에 중간예납추계액을 중간예납세액으로 하여 납세지 관할 세무서장에게 신고하고, 그 중간예납세액을 11월 30일까지 납세지 관할세무서·한국은행(그 대리점 포함) 또는 체신관서에 납부하여야 한다.(소법 65조 ③, ⑤, ⑥) 이 경우 거주자가 중간예납세액을 납부하지 아니하였거나 납부하여야 할 세액에 미달하게 납부한 때에는 납부지연가산세가 부과된다.(국기법 47조의4 ①)

(4) 분할납부

중간예납세액이 1천만원을 초과하는 자는 정기분납부와 같은 방법으로 그 납부할 세액의 일부를 납부기한 경과 후 2개월 이내에 분할납부할 수 있다.(소법 77조)

1) 한국세무사고시회, 앞의 책, p. 490~491

✓ **소득세 분할납부 대상**(소득 집행기준 77-140-1)

① 소득세 분할납부는 중간예납세액, 토지 등 매매차익예정신고 자진납부세액, 확정신고 자진납부세액이 각각 1천만원을 초과하는 경우 적용된다.

② 소득세법 시행령 제134조에 따른 추가신고자진납부세액, 수정신고납부세액, 가산세, 조세특례제한법상 감면세액 추징에 따른 이자상당액은 분할납부대상이 되지 않는다.

③ 분할납부시 신고기한 내에 납부할 세액을 납부하지 아니하거나 일부만을 납부한 경우에도 납부기한이 도래하지 아니한 분할납부 세액에 대해서는 가산세를 적용하지 않는다.

(5) 중간예납추계액에 대한 결정·경정 및 징수

① 경정 및 결정

납세지 관할 세무서장은 중간예납추계액 신고를 한 자의 신고내용에 탈루 또는 오류가 있거나, 신고를 하여야 할 자가 신고를 하지 아니한 경우에는 중간예납세액을 경정하거나 결정할 수 있다. 이 경우 경정하거나 결정할 세액은 중간예납추계액의 계산방법을 준용하여 산출한 금액으로 한다.(소법 65조 ⑨)

② 징 수

납세지 관할 세무서장은 중간예납세액을 신고·납부하여야 할 자가 해당 세액의 전부 또는 일부를 납부하지 아니한 때에는 그 미납된 부분의 소득세액을 국세징수법에 따라 징수한다.(소법 85조 ① 1, 2013.1.1. 개정)

✓ **중간예납추계액 신고 지연시 중간예납세액**

중간예납추계액을 법정기간 내에 신고하지 않는 경우 세무서장이 결정한 금액을 중간예납세액으로 납부하여야 하는 것임(기획재정부소득-594, 2013.11.8.)

✓ **중간예납추계액 신고를 이행하지 않은 경우 기한후신고 가능 여부**

거주자가 중간예납추계액 신고를 이행하지 아니한 경우 중간예납 납세고지서에 의해 해당 세액을 납부하여야 하는 것임(서면법규-577, 2013.5.22.)

Ⅳ 중간예납제도의 탄력적 조정

납세지 관할 세무서장은 내우외환 등의 사유로 인하여 긴급한 재정상의 수요가 있다고 국세청장이 인정할 때에는 다음의 금액을 초과하지 아니하는 범위에서 해당 과세기간의 중간예납세액을 결정할 수 있다.(소법 65조 ⑪)

① 전년도실적을 기준으로 하는 방법 : 중간예납기준액
② 중간예납추계액에 의한 방법 : 중간예납추계액에 2를 곱한 금액

V 소액부징수

중간예납세액이 50만원 미만인 경우에는 해당 소득세를 징수하지 아니한다.(소법 86조 4, 2021.12.8. 개정)

➲ 2022.1.1.부터 시행한다.(2021.12.8. 법 부칙 1조)

• 제 2 절 토지 등 매매차익예정신고와 납부

I 개 요

부동산매매업자는 토지 또는 건물(이하 "토지 등"이라 한다)의 매매차익과 그 세액을 매도일이 속하는 달의 말일부터 2개월이 되는 날까지 토지 등 매매차익예정신고와 함께 세액을 납부하도록 하고 있다.(소법 69조 ①, 소령 127조 ②)

PART 5

II 토지 등 매매차익예정신고와 납부

1 신고의무자

부동산매매업자로서 토지 등을 매도한 자는 토지 등 매매차익예정신고를 하여야 한다. 토지 등의 매매차익이 없거나 매매차손이 발생하였을 때에도 또한 신고의무를 진다.(소법 69조 ①)

✓ **해당 과세기간에 누진세율 적용대상 자산에 대한 예정신고를 2회 이상 하는 경우 합산신고의무**

부동산매매업자가 해당 과세기간에 누진세율 적용대상 자산에 대한 토지등 매매차익에 대한 예정신고를 2회 이상 하는 경우, 각각의 매매차익에 대하여 예정신고를 하는 것이며 이를 합산하여 신고하려는 경우에는 2회 이후 신고하는 예정신고 산출세액은 소득세법 제107조 제2항에 따라 산정하는 것임(사전법규소득 2023-741, 2023.12.27.)

✓ **토지등 매매차익예정신고납부 여부**

부동산매매업자가 예약매출을 함으로써 매년 작업진행률로 사업소득을 계산하여 확정신고하는 경우에도 부동산 매매일이 속하는 달의 말일부터 2월이 되는 날까지 「토지 등 매매차익 예정신고」를 하여야 함(재소득 46073-168, 2002.12.9.)

✓ **토지 등매매차익 예정신고 면제 대상에 해당하는지 여부**(감심 2019-127, 2020.5.8.)

주택신축판매업에서 말하는 주택이란 본래부터 주거용으로 사용될 목적으로 신축된 것을 말하고, 오피스텔과 같이 그 공부상 용도를 업무시설 등으로 하여 신축된 경우에는 설령 그것이 사후에 주거용으로 사용된다고 하더라도 주택신축판매업에서 말하는 주택에 해당하지 않는다고 봄이 상당하므로 오피스텔을 신축하여 양도하는 행위는 부동산매매업에 해당한다(대법원 2008두21768, 2010.7.22.)고 보아야 한다.

2 신고기한

토지 등의 매매일이 속하는 달의 말일부터 2개월이 되는 날까지이다.(소법 69조 ①)

✓ **부동산매매업의 수입시기**

부동산매매업의 수입시기(매매일)는 대금청산일이나 대금청산 전에 소유권이전을 등기·등록하거나 해당 자산을 사용수익하는 경우에는 그 등기·등록일 또는 사용수익일이 수입시기가 되는 것이며, 동 수입시기에 수입하거나 수입할 금액의 합계액이 총수입금액이 되는 것임(서면1팀-365, 2006.3.20.)

3 신고방법

「토지 등 매매차익예정신고자진납부계산서」(별지 제16호 서식)에 해당자산의 매입 및 매도에 관한 계약서 사본과 및 필요경비증명서류를 첨부하여 납세지 관할 세무서장에게 제출한다.(소령 127조 ①)

4 토지 등 매매차익의 계산과 세액의 납부

(1) 토지 등 매매차익의 계산

1) 실액방법에 의하는 경우

① 토지 등 매매차익은 그 매매가액에서 필요경비 등을 공제한 금액으로 하며, 그 계산방식은 아래와 같다.(소령 128조 ①) 이때 토지 등 매매차익은 부동산매매업자가 토지 등 매매차익예정신고시에 제출한 증명서류 또는 비치·기록한 장부와 증명서류에 의하여 계산한다.(소령 129조 ① 1)

> 토지 등 매매차익 = 매매가액 − [양도자산의 필요경비 상당액*(취득가액·자본적지출액·양도비용 등) + 건설자금에 충당한 금액의 이자 + 토지 등의 매도로 법률에 의하여 지급하는 공과금 + 장기보유특별공제액]
>
> * 양도자산의 필요경비 상당액은 다음의 금액을 포함한다.(소득 집행기준 69−128−1)
>   - 취득원가 : 현재가치할인차금과 자기생산·취득재화의 면세전용 및 폐업 시 잔존재화에 대한 간주공급에 따라 납부하였거나 납부할 부가가치세를 포함하되 부당행위계산에 의한 시가초과액은 제외하고, 소유권확보를 위한 소송비용·화해비용 등 포함함
>   - 자본적지출액, 용도·변경개량·이용편의비용, 개발부담금, 재건축부담금, 수익자부담금, 장애철거비용, 도로시설비 등
>   - 과세표준신고서 및 계약서 작성비용, 공증비용, 인지대 및 소개비 등 양도비용

② 토지 등을 평가증하여 장부가액을 수정한 때에는 그 평가증을 하지 아니한 장부가액으로 매매차익을 계산한다.(소령 128조 ②)

③ 부동산매매업자는 토지 등과 기타의 자산을 함께 매매하는 경우에는 이를 구분하여 기장하고 공통되는 필요경비가 있는 경우에는 해당 자산의 가액에 따라 안분계산하여야 한다.(소령 128조 ③)

④ 토지 등 매매차익 예정신고할 때에는 양도소득기본공제는 매매차익 계산시 적용하지 않는다.(소득 집행기준 69-0-1 ②)

⑤ 토지 등 매매차익예정신고시 토지 등 매매가액에서 공제받은 장기보유특별공제액은 부동산매매업자가 종합소득과세표준 확정신고시에 필요경비에 산입하지 않는다.(소득 집행기준 69−0−1 ④)

PART 5

✓ **차입금에 대한 이자비용의 취득원가 산입여부**

[질의]

건물신축판매 목적으로 기존 상가건물 및 부속토지를 구입하면서 매입대금 중 일부를 전 소유자가 가지고 있는 은행융자금 채무를 승계하였음. 기존 건물을 구입한 후에 곧바로 기존건물을 멸실하고 건물을 신축한 후 사용승인을 받았는바, 소득세법 제69조에 의한 토지 등 매매차익예정신고와 관련하여 토지 등 매매차익 계산시 토지잔금지급일로부터 건물사용승인일까지 지급한 기존 건물 매입시 승계한 차입금에 대한 이자비용이 새로 신축한 건물의 건설자금이자에 해당하여 재고자산의 취득원가에 해당하는지, 아니면 지출한 연도의 필요경비에 해당하는지 여부?

[회신]

사업용고정자산의 매입·제작·건설에 소요된 차입금에 대한 지급이자는 건설자금이자로서 소득세법 제33조 제1항 제10호 및 같은법 시행령 제75조의 규정에 의하여 당해연도의 필여경비에 산입하지 아니하고 자본적지출로 하여 당해 자산의 원본에 가산하는 것이나, 귀 문의의 판매목적으로 신축한 부동산매매용 건물은 재고자산으로서 동 건물의 건설에 소요된 차입금에 대한 지급이자는 같은법 시행령 제55조 제1항 제13호의 규정에 의하여 당해연도의 필요경비에 산입하는 것임(서면1팀-1387, 2005.11.15.)

✓ **토지 등 매매차익예정신고시 양도소득기본공제의 적용 가능 여부**

부동산매매업을 영위하는 거주자가 토지 등 매매차익예정신고를 하는 경우, 토지 등 매매차익 계산시 양도소득기본공제는 적용하지 아니하는 것임(소득-1204, 2009.8.5.)

➲ 양도소득기본공제는 확정신고시에 적용한다.

✓ **공동으로 상가를 신축판매하는 공동사업자의 토지 등 매매차익 예정신고시 토지의 취득원가 분배방법**

각 거주자별로 토지를 현물출자 후 상가신축판매업을 경영하는 공동사업장의 공동사업자가 일부 분양된 상가의 토지 등에 대한 매매차익 예정신고를 하는 경우, 토지의 취득원가는 공동사업계약시 공동사업자 간에 약정한 손익분배비율에 따라 분배하는 것임(법규소득 2012-167, 2012.4.27.)

✓ **컨설팅 비용이 양도가액에서 공제하는 양도비에 해당하는지 여부**

양도비는 해당 양도자산의 필요경비로 공제하는 것이나, 부동산 매도를 위해 상권조사, 지가상승요소분석, 매도가격 타당성 분석, 매매진행컨설팅 등을 의뢰하고 지급한 컨설팅 비용은 양도비 등에 포함되지 아니함(법규재산 2013-217, 2013.7.23.)

2) 추계방법에 의하는 경우

① 매매가액의 결정

매도한 토지 등의 실지거래가액을 확인할 수 있는 경우에는 실지거래가액을 매매가액으로 하고, 실지거래가액을 확인할 수 없는 경우에는 다음의 방법을 순차적으로 적용하여 산정한 가액을 매매가액으로 한다. 이 경우 매매사례가액 또는 감정가액이 특수관계인과의 거래에 따른 가액 등으로서 객관적으로 부당하다고 인정되는 경우에는 해당 가액은 적용하지 아니한다.(소령 129조 ②, 2012.2.2. 개정, 176조의2 ③, 2015.2.3. 개정)

㉠ 매매사례가액 : 양도일 또는 취득일 전후 각 3개월 이내에 해당 자산과 동일성 또는 유사성이 있는 자산의 매매사례가 있는 경우 그 가액

㉡ 감정가액 : 양도일 또는 취득일 전후 각 3개월 이내에 해당 자산에 대하여 둘 이상의 감정평가법인 등이 평가한 것으로서 신빙성이 있는 것으로 인정되는 감정가액(감정평가기준일이 양도일 또는 취득일 전후 각 3개월 이내인 것에 한정한다)이 있는 경우에는 그 감정가액의 평균액. 다만, 기준시가가 10억원 이하인 자산의 경우에는 양도일 또는 취득일 전후 각 3개월 이내에 하나의 감정평가법인 등이 평가한 것으로서 신빙성이 있는 것으로 인정되는 경우 그 감정가액(감정평가기준일이 양도일 또는 취득일 전후 각 3개월 이내인 것에 한정한다)으로 한다.(소령 176조의2 ③ 2, 2022.1.21. 개정)

㉢ 환산 취득가액(소법 69조 ⑤, 소령 129조 ④, 2022.2.15. 개정)

ⓐ 기타자산(소득세법 94조 ① 4) : 다음 계산식에 따른 금액(소령 129조 ④ 1, 2022.2.15. 개정)

$$(\text{양도당시의 실지거래가액, 매매사례가액, 감정가액}) \times \frac{\text{취득당시의 기준시가}}{\text{양도당시의 기준시가}}$$

ⓑ 토지·건물 및 부동산을 취득할 수 있는 권리 : 다음 계산식에 따른 금액(소령 129조 ④ 2, 2022.2.15. 개정)

$$(\text{양도당시의 실지거래가액, 매매사례가액, 감정가액}) \times \frac{\text{취득당시의 기준시가}}{\text{양도당시의 기준시가}^{*}}$$

* 취득당시의 가액과 최초로 공시한 주택가격 공시당시의 가액이 동일한 경우에는 소득세법 시행령 164조 ⑧에 따른 양도당시의 기준시가로 한다.

이 경우 개별주택가격 및 공동주택가격(이들에 부수되는 토지의 가격을 포함)이 최초로 공시되기 이전에 취득한 주택과 부수토지를 함께 양도하는 경우는 다음 계산식에 따른 가액(소령 129조 ④ 2, 2021.2.17. 신설, 164조 ⑦)

$$\text{국토교통부장관이 당해 주택에 대해 최초로 공시한 주택가격} \times \frac{\text{취득당시의 토지·건물 기준시가의 합계액}}{\text{당해 주택에 대해 국토교통부장관이 최초로 공시한 주택가격 공시당시의 토지·건물 기준시가의 합계액}^{*}}$$

* 취득당시의 가액과 최초로 공시한 주택가격 공시당시의 가액이 동일한 경우에는 소득세법 시행령 164조 ⑧의 규정에 따라 계산한 가액으로 한다.(소령 129조 ④ 2 후단)

PART 5

㉣ 기준시가

➲ 2018년 귀속 소득분부터 취득 후 5년 내에 양도하면서 환산가액을 취득가액으로 하는 경우에는 환산가액의 5%가 가산세로 적용(2017.12.19. 신설)되었다가, 2020년 귀속 소득분부터는 신축·증축(85m2 초과 증축에 한함)건물을 신축·증축일로부터 5년 내에 매각하면서 취득가액을 감정가액·환산가액으로 하는 경우 감정가액·환산가액의 5%가 가산세로 적용(산출세액이 없는 경우에도 적용)된다.(소법 69조 ⑤, 114조의2 ①, ②, 2017.12.19. 신설, 2019.12.31. 개정)

➲ 2020.1.1. 이전에 매매계약을 체결하고 계약금을 지급받은 사실이 증빙서류에 의하여 확인되는 경우에는 개정규정에도 불구하고 종전의 규정(☞ 2017.12.19. 신설규정)에 따른다.(2019.12.31. 법 부칙 20조)

② 소득금액의 결정

추계결정의 사유에 해당하는 경우에 있어서는 다음 금액을 소득금액으로 한다.(소법 129조 ① 2, 143조 ③)

㉠ 기준경비율적용대상자 : 매매가액－[매입비용＋사업용 유형자산 및 무형자산에 대한 임차료＋종업원의 인건비(급여, 임금, 퇴직급여)＋{매매가액×기준경비율(복식부기의무자는 기준경비율×$\frac{1}{2}$)}

㉡ 단순경비율적용대상자 : 매매가액*－(매매가액*×단순경비율)

* 2020.2.11. 이후 과세표준을 결정하거나 경정하는 분부터는 ‘일자리안정자금’을 제외한다.(소령 143조 ③ 1의2, 2020.2.11. 영 부칙 13조)

(2) 토지 등 매매차익에 대한 산출세액의 계산

부동산매매업자의 토지 등 매매차익에 대한 산출세액은 토지 등 매매차익에 양도소득세 세율을 곱하여 계산한 금액으로 한다.(소법 69조 ③)

다만, 토지 등의 보유기간이 2년 미만인 경우에는 40% 또는 50%의 세율을 적용하지 않고 기본세율(6~45%)을 곱하여 계산한 금액으로 한다.(소법 69조 ③ 단서, 소법 104조 ① 1,2,3)

✓ 부동산매매업자 비사업용토지 단기양도시 적용 세율

부동산매매업자의 비사업용토지 단기 양도의 경우, 토지 등 매매차익예정신고 시 소득세법 제69조 제3항의 단서규정은 적용하지 아니하고 소득세법 제104조에 따른 세율을 적용하는 것이며, 종합소득세 확정신고 시 소득세법 제64조 제1항에 따른 부동산매매업자에 대한 세액계산의 특례를 적용하는 것임(서면소득 2020－6309, 2021.6.9.)

✓ 토지 등 매매차익의 예정신고시 산출세액 계산방법(소득 해석편람 69－1－1)

부동산매매업자가 토지 등 매매차익예정신고·납부시 토지 등 매매차익에 적용하는 세율은 양도소득세의 세율로 하는 것이며, 익년도 5월 1일부터 5월 31일 사이에 해당연도의 부동산매매업소득 등에 대한 과세표준확정신고·납부시에는 소득세법 제55조 제1항에서 규정하는 기본세율을 적용하여 종합소득산출세액을 계산하는 것임(소득 46011－2931, 1996.10.22.)

(3) 토지 등 매매차익예정신고납부

부동산매매업자가 토지 등 매매차익예정신고에 대한 산출세액을 자진납부하려는 때에는 매매차익예정신고 기한까지 「토지 등 매매차익예정신고서」에 「토지 등 매매차익예정신고자진납부계산서」를 첨부하여 납세지 관할세무서·한국은행(그 대리점을 포함) 또는 체신관서에 납부하여야 한다.(소법 69조 ④, 2013.1.1. 신설, 소령 127조 ②)

✓ 공동사업자 토지 등 매매차익 예정신고 방법

[질의]

공동사업자가 토지 등 매매차익예정신고 시 공동사업자별로 각각 주소지에 신고·납부하여야 하는지, 대표공동사업자 명의로 전체 소득금액에 대하여 대표자 주소지로 신고·납부 하는지 여부

[회신]

공동사업으로 부동산매매업을 영위하는 자의 토지 등 매매차익예정신고서는 공동사업자별로 소득세법 시행령 제127조 제1항에 따라 납세지 관할세무서장에게 제출하여야 하는 것이며, 이때 공동사업에서 발생한 소득금액은 소득세법 제43조 제2항에 따라 손익분배비율에 따라 각 공동사업자별로 배분하는 것임(기준법령해석소득 2019-406, 2019.6.5.)

✓ 법인만으로 구성된 공동사업자의 매매차익예정신고 및 납부 의무 여부

법인과 법인이 부동산매매 사업을 공동으로 시행하기로 약정하고 공동사업자로 등록하여 해당사업을 영위하는 경우 각각의 법인과 공동사업장은 부동산매매업자의 토지 등 매매차익예정신고 의무가 없는 것임(서면법령해석소득 2016-4278, 2016.10.25.)

✓ 공동사업자가 지분을 양도하는 경우의 토지 등 매매차익예정신고

부동산매매업을 영위하는 공동사업자가 자기의 지분을 양도하는 경우에도 해당 지분양도에 대하여 토지 등 매매차익예정신고를 하여야 하는 것이며, 예약매출을 함으로써 매년 작업진행률로 사업소득을 계산하여 확정신고하는 경우에도 부동산 매매일이 속하는 달의 말일부터 2월이 되는 날까지 토지 등 매매차익 예정신고를 하여야 하는 것임(서면1팀-1, 2004.1.2.)

5 가산세의 적용

① 부동산 매매업자가 토지 등 매매차익 예정신고와 납부의무를 위반한 경우에는 국세기본법에 따른 무신고가산세, 과소신고가산세, 납부지연가산세 등이 부과된다.(국기법 47조의2, 47조의3, 47조의4)

② 토지 등 매매차익예정신고와 관련하여 무신고가산세가 부과되는 경우에는 확정신고와 관련한 가산세(예정신고와 관련하여 가산세가 부과되는 부분에 한정한다)를 부과하지 아니한다.(국기법 47조의2 ⑤)

PART 5

③ 토지 등 매매차익예정신고납부한 경우에도 종합소득과세표준 확정신고의무가 있으므로 확정신고하지 않은 경우에는 예정신고한 토지 등 매매차익도 무신고한 소득금액으로 보고 신고불성실가산세를 적용한다.(소득 집행기준 69-0-1 ③)

④ 예정신고기한까지 예정신고를 하지 아니하였으나 확정신고기한까지 과세표준신고를 한 경우에는 해당 무신고가산세액의 50%에 상당하는 금액을 감면하며, 과세표준과 세액을 경정할 것을 미리 알고 과세표준신고를 하는 경우는 제외한다.(국기법 48조 ② 3 라)

⑤ 거주자가 건물을 신축 또는 증축(증축의 경우 바닥면적 합계가 85제곱미터를 초과하는 경우에 한정한다)하고 그 건물의 취득일 또는 증축일부터 5년 이내에 해당 건물을 양도하는 경우로서 감정가액 또는 환산취득가액을 그 취득가액으로 하는 경우에는 해당 건물의 감정가액(증축의 경우 증축한 부분에 한정한다) 또는 환산취득가액(증축의 경우 증축한 부분에 한정한다)의 5%에 해당하는 금액을 결정세액에 더하며, 산출세액이 없는 경우에도 적용한다.(소법 69조 ⑤, 114조의2 ①, ②, 2019.12.31. 개정)

➲ 2020.1.1. 이전에 매매계약을 체결하고 계약금을 지급받은 사실이 증빙서류에 의하여 확인되는 경우에는 개정규정에도 불구하고 종전의 규정(☞ 2017.12.19. 신설규정)에 따른다.(2019.12.31. 법 부칙 20조)

Ⅲ 토지 등 매매차익의 결정 및 통지

납세지 관할 세무서장은 토지 등 매매차익예정신고 또는 토지 등 매매차익예정신고자진납부를 한 자에 대해서는 그 신고 또는 신고납부를 한 날부터 1개월 내에, 매매차익예정신고를 하지 아니한 자에 대해서는 즉시 그 매매차익과 세액을 결정하고 해당 부동산매매업자에게 이를 통지하여야 한다.(소령 129조 ③)

제 3 절 원천징수

원천징수는 납세의무자(소득자)가 직접 과세관청에 세액을 납부하지 아니하고 수입금액 등을 지급하는 자(원천징수의무자)가 납세의무자에게 해당 수입금액 등을 지급할 때에 그 납세의무자의 세액을 징수하여 과세관청에 납부하는 제도이다. 각 소득별 원천징수는 이미 살펴보았으므로, 본 절에서는 그 내용들의 요약 및 공통적인 사항을 정리하고자 한다.

1 원천징수 당사자 사이의 법률관계[2)]

(1) 원천징수의무자의 법적성격에 대한 학설

1) 공무수탁사인설(公務受託私人設)

원천징수의무자를 국가의 세금징수사무를 위탁받아 집행하는 기관으로 파악하는 견해이다.

공무수탁사인(公務受託私人)

일반적인 개인의 경우 행정객체가 되는 것이 일반적이나 예외적으로 공적인 업무를 처리할 권한을 부여받은 사인은 그 범위 안에서 행정주체의 지위에 서게 된다. 이 경우의 사인(私人)을 공무수탁사인이라고 한다.
공무수탁사인의 예로는 토지수용에 있어서의 사업시행자, 학위를 수여하는 사립대학 총장, 선박항해 중인 선장, 별정우체국장 등이 있다.

2) 채무인수설

채무인수설은 원천납세의무자의 납세의무가 동일성을 잃지 않고 원천징수의무자에게 이전되는 것이라는 견해로서 다음 두 견해로 나누어진다.

① 면책적 채무인수

채무의 동일성을 유지하면서 새로운 채무자(원천징수의무자)가 채무를 인수하여 이행할 책임을 지고 원래의 채무자(원천납세의무자)는 법적으로 채무를 면하는 면책적 채무인수인에 해당된다고 보는 견해이다.

2) 김완석, 2011, 소득세법론, 광교이택스, p. 757~762 참조/김용재, 2011, 원천징수 이론과 실무, 삼일인포마인, p. 292~297 참조

② 병존적 채무인수

채무인수인(원천징수의무자)이 채무관계에 가입하여 종래의 채무자(원천납세의무자)와 더불어 새로이 동일내용의 채무를 부담하게 된다는 견해이다.

(2) 국가와 원천징수의무자와의 관계

원천징수의무자는 면책적 채무인수인과 유사한 자에 해당한다고 본다. 원천징수의무자가 해당 세액을 원천징수하여 납부하지 않을 경우 해당 원천징수세액과 가산세를 부과받게 되고 조세범처벌법에 따라 처벌받게 되어 납세자와 유사한 지위에 서게 되기 때문이다.

원천납세의무자는 원천징수의무자가 납부할 원천징수세액에 대해 연대납세의무나 제2차 납세의무를 지는 것이 아니므로 병존적 채무인수설에는 해당하지 않는다.

(3) 원천징수의무자와 원천납세의무자와의 관계

1) 공무수탁사인으로서의 지위

원천징수의무자는 원천납세의무자에 대해 원천징수세액을 징수할 권한이 있고 원천납세의무자는 원천징수의무자의 세액징수를 수인할 의무를 지므로 원천징수의무자는 공무수탁사인의 성격을 가진다고 본다.

그러나 과세관청이 원천징수의무자에게 행한 납세의 고지에 대해 원천징수의무자에게 항고쟁송을 제기할 수 있도록 허용하고 있는 점(원천징수의무자가 행한 원천징수행위는 과세관청의 징수처분으로 보지 않으므로 원천납세의무자는 원천징수의무자의 위법·부당한 원천징수에 대해 과세관청이나 원천징수의무자를 상대로 항고쟁송을 제기할 수 없다[3]) 등은 공무수탁사인설로 설명하기 어려운 한계점으로 꼽힌다.

2) 구상권

원천징수의무자가 과세관청으로부터 원천징수가 누락된 세액에 대해 납세고지를 받고 해당 세액을 납부한 때에는 민사관계에 의해 원천납세의무자로부터 구상하도록 하고 있다.

(4) 국가와 원천납세의무자와의 관계

원천징수에서의 법률관계는 원칙적으로 과세관청과 원천징수의무자와의 관계이다. 원천납세의무자는 원천징수절차에 있어서는 과세관청과 직접적인 관계를 맺지 않고 있다. 따라서 원천징수의무자가 원천징수를 하지 않았거나 과소하게 원천징수하여 해당 세액을 납부

3) 대법원 89누4789, 1990.3.23.

하지 않았거나 과소납부 하였더라도 과세관청은 그 누락된 원천징수세액에 대해 원천징수의무자만을 상대로 하여 납세고지를 할 수 있을 뿐이다.

원천징수가 누락되었더라도 원칙적으로 과세관청은 원천납세의무자를 상대방으로 하여 해당 누락세액에 대해 납세고지를 할 수 없다. 원천징수할 소득세 등의 납부의무는 원천징수의무자가 원천징수대상소득을 지급하는 시기에 해당 원천징수의무자에게 자동적으로 확정되기 때문이다. 즉, 이미 원천징수의무자에게 구체적으로 확정되어 존재하고 있는 원천징수세액을 그 원천징수의무자가 아닌 제3자(원천납세의무자)에게 납세고지를 행할 수는 없는 것이다.

다만, 현행법은 다음과 같은 예외적인 규정을 두고 있다.

1) 원천납세의무자에 대한 경정

납세지 관할 세무서장 또는 지방국세청장은 과세표준확정신고를 한 자가 다음 중 하나에 해당하는 경우에는 해당 과세기간의 과세표준과 세액을 경정한다.(소법 80조 ②)

① 다음의 규정에 따라 소득세를 원천징수한 내용에 탈루 또는 오류가 있는 경우로서 원천징수의무자의 폐업·행방불명 등으로 원천징수의무자로부터 징수하기 어렵거나 근로소득자의 퇴사로 원천징수의무자의 원천징수 이행이 어렵다고 인정되는 경우(소법 80조 ② 2)

㉠ 근로소득세액의 연말정산(소법 137조)

㉡ 2인 이상으로부터 근로소득을 받는 사람에 대한 근로소득세액의 연말정산(소법 137조의2)

㉢ 재취직자에 대한 근로소득세액의 연말정산(소법 138조)

㉣ 연금소득세액의 연말정산(소법 143조의4)

㉤ 과세표준확정신고 예외 사업소득세액의 연말정산(소법 144조의2)

㉥ 퇴직소득에 대한 원천징수시기와 방법 및 원천징수영수증의 발급(소법 146조)

② 근로소득자 소득공제신고서를 제출한 자가 다음과 같이 부당한 방법으로 종합소득공제를 받은 경우로서 원천징수의무자가 부당공제 여부를 확인하기 어렵다고 인정되는 경우(소법 80조 ② 3, 소령 142조 ③)

㉠ 허위증거자료 또는 허위문서의 작성 및 제출

㉡ 허위증거자료 또는 허위문서의 수취(허위임을 알고 받는 경우에 한한다) 및 제출

2) 원천납세의무자에 대해 소득금액변동통지서의 직접 통지

법인세법에 의하여 세무서장 또는 지방국세청장이 법인소득금액을 결정 또는 경정할 때에 처분(국제조세조정에 관한 법률 시행령 제49조에 따라 처분된 것으로 보는 경우를 포

함)되는 배당·상여 및 기타소득은 법인소득금액을 결정 또는 경정하는 세무서장 또는 지방국세청장이 그 결정일 또는 경정일부터 15일 내에 「소득금액변동통지서」에 따라 해당 법인에 통지해야 한다. 다만, 해당 법인의 소재지가 분명하지 않거나 그 통지서를 송달할 수 없는 경우에는 해당 주주 및 해당 상여나 기타소득의 처분을 받은 거주자에게 통지해야 한다.(소령 192조 ①, 2021.2.17. 개정)

3) 원천징수의무자에 대해 경정청구 및 수정신고의 허용

① 경정청구의 허용

원천징수대상자 또는 원천징수의무자는 연말정산에 따른 소득세 또는 원천징수세액을 납부하고 지급명세서를 제출한 경우에는 '연말정산세액 또는 원천징수세액의 납부기한이 지난 후 5년 이내'에 경정청구 할 수 있다.(국기법 45조의2 ⑤)

예를 들어 근로소득에 대한 연말정산 과정에서의 소득공제 누락을 2년 후에 알게 되었다면 원천징수의무자(원천징수이행상황신고서와 근로소득지급명세서를 수정) 또는 원천납세의무자가 경청청구(종합소득세 신고서식으로 작성)를 할 수 있는 것이다. 원천납세의무자가 경정청구하는 경우에는 원칙적으로 다음의 서류를 제출하여야 한다.

- 과세표준 및 세액의 경정(결정)청구서(국기법 별지 제16호의2 서식)
- 종합소득세·농어촌특별세·지방소득세 과세표준확정신고 및 납부계산서
- 원천징수영수증(수정사항 기재)
- 소득공제신고서(소법 별지 제37호 서식)
- 관련 증명서류

② 수정신고의 허용

확정신고 없이 연말정산으로써 납세의무가 종료되던 근로·연금·퇴직소득만 있는 자 등에 대해서도 2008.1.1. 이후부터 수정신고를 허용하였다. 수정신고는 관할 세무서장이 해당 세액을 결정 또는 경정하여 통지하기 전까지 할 수 있는 것이다.(국기법 45조 ①)

예를 들어 근로소득 연말정산 과정에서 적용한 부당한 소득공제를 1년 후에 발견하였다면 원천징수의무자(원천징수이행상황신고서와 근로소득지급명세서를 수정) 또는 원천납세의무자가 수정신고(종합소득세 신고서식으로 작성)를 할 수 있는 것이다.

4) 원천납세의무자에 대한 직접 환급

원천징수 환급세액은 원천징수의무자를 통해 환급하는 것이 원칙이다. 그러나 근로소득의 연말정산에서 발생한 환급세액을 원천징수의무자가 환급신청한 후 폐업 등으로 소재불명되어 해당 환급세액을 원천징수의무자를 통해 근로자에게 환급할 수 없는 경우에는 해당 환급세액을 근로자에게 직접 환급할 수 있다.

✓ 원천징수대상 소득이 감액되어 발생한 환급금의 환급대상자

원천징수의무자가 소득세 원천징수·납부를 불이행하여 그 납세지 관할 세무서장이 징수 불이행된 세액을 원천징수의무자에게 고지·징수하였으나, 이에 대해 납세의무자가 불복을 제기함에 따라 원천징수대상 소득금액이 감액결정되어 발생한 환급금은 당해 원천징수세액을 납부한 원천징수의무자에게 환급하는 것임(소득-187, 2011.2.25.)

2 원천징수의무자

국내에서 거주자나 비거주자에게 원천징수대상이 되는 소득금액 또는 수입금액을 지급하는 다음에 해당하는 자는 그 거주자나 비거주자에 대한 소득세를 원천징수하여야 한다.
(소법 2조 ②, 소법 127조 ①)

① 거주자
② 비거주자
③ 내국법인
④ 외국법인의 국내지점 또는 국내영업소(출장소 그 밖에 이에 준하는 것 포함)
⑤ 그 밖에 소득세법에서 정하는 원천징수의무자

사업소득의 원천징수의무자

사업소득에 대한 소득세를 원천징수하여야 할 자는 다음 중 하나에 해당하는 자로 한다.
(소령 184조 ③)

① 사업자
② 법인세의 납세의무자
③ 국가·지방자치단체 또는 지방자치단체조합
④ 민법 기타 법률에 의하여 설립된 법인
⑤ 국세기본법 제13조 제4항의 규정에 의하여 법인으로 보는 단체

✓ **인정상여에 대한 원천징수세액의 납세의무자**(소득 집행기준 127-0-7)

① 귀속이 불분명하여 대표자에 대하여 상여로 처분하는 경우 그 상여처분이 귀속되는 대표자는 법인의 해당 결산 사업연도 중 그 상여가 발생한 시점의 대표자로 한다.

② 인정상여의 지급일로 보는 소득금액 변동통지일 또는 법인세과세표준 신고일 현재 그 상여처분을 받는 대표자가 퇴직하여 비거주자가 된 경우에도 원천징수세액에 대한 납세의무가 있다.

✓ **원천징수대상소득을 원천납세의무자가 종합소득세 과세표준에 포함하여 신고하였으나 납부하지 아니한 경우 원천징수의무자의 원천세 납부의무**

법인세법에 따라 법인세 과세표준을 결정 또는 경정하여 원천징수의무자 및 납세의무자에게 소득금액 변동통지가 이루어진 후 근로소득자의 퇴사로 소득세법 제80조 제2항 제2호에 따라 원천징수의무자의 원천징수 이행이 어렵다고 인정되고, 납세의무자는 원천징수 대상 소득세를 수정신고하였으나 해당 세액을 납부하지 아니한 경우로서, 원천징수의무자에게는 국세기본법 제47조의5제1항에 따른 가산세액만을 징수하고, 납세의무자에게 체납처분이 진행되고 있는 경우에는 원천징수의무자에게 다시 원천징수 대상 소득세를 부과할 수 없는 것임(기획재정부소득-198, 2018.3.20.)

✓ **내국법인의 해외연락사무소에 고용된 비거주자 급여의 국내 원천징수 여부**(소통 156-0…2)

내국법인이 해외에 연락사무소를 설치하고 오로지 현지에서만 활동하는 비거주자인 현지인을 고용하여 급여를 지급하는 경우 동 급여에 대하여 당해 내국법인은 원천징수의무를 부담하지 아니한다.

✓ **증권회사가 지급하는 배당금에 대한 원천징수의무자**(소통 127-0…1)

상장법인주식의 신용거래로 인하여 한국증권금융주식회사 또는 증권회사 명의로 되어 있는 주식의 배당금에 대한 소득세의 원천징수의무자는 상장법인 또는 한국증권금융주식회사로부터 배당금을 수령하여 사실상의 주주에게 지급하는 증권회사로 한다.

✓ **원천징수대상 사업소득의 원천징수시기**

[사실관계]

- 질의법인은 보험업(보험대리 및 중개업)을 영위하는 법인으로서, 보험설계사들의 실적에 따른 보수 지급시 사업소득으로 원천징수하고 있으며, 위 실적에 따른 보수와는 별개로 보험설계사들이 목표액 달성시 인센티브로 질의법인과 제휴한 전용 쇼핑몰에서 사용가능한 포인트(유효기간 없음, 이하 "쟁점포인트")를 지급하고 있음
- 질의법인은 보험설계사들이 전용 쇼핑몰에서 물품 구입 목적으로 사용한 쟁점포인트에 대해 매월 1일부터 말일까지 사용분을 익월 10일에 전용 쇼핑몰 지정 계좌로 현금 입금하는 방식으로 정산함

[질의]

보험설계사가 포인트로 지급받은 인센티브의 소득구분 및 원천징수시기

[회신]

① 고용관계 없이 독립된 자격으로 보험가입자의 모집 실적에 따라 보험회사로부터 모집수당 또는 이와 유사한 성질의 대가를 받는 용역을 제공하고 실적에 따른 인센티브를 제휴쇼핑몰에서 사용가능한 포인트로 지급받는 경우 해당 포인트(이하 "쟁점포인트")는 소득세법 제19조 제1항에 따른 사업소득에 해당하는 것임

② 소득세법 제127조 제1항 제3호에 따른 원천징수대상 사업소득의 원천징수시기는 해당 소득을 지급하는 때로서 쟁점포인트의 원천징수시기는 관련 계약의 내용 등을 고려하여 사실판단할 사항임(사전법규소득 2022-1170, 2023.3.9.)

✓ 사업자등록을 한 개인 면세사업자에게 인적용역 사업소득 지급시 원천징수 여부

사업자등록을 한 개인 면세사업자로부터 원천징수대상 사업소득의 인적용역을 제공받고 대가를 지급하는 사업자(법인, 국가등)는 원천징수 의무가 있는 것이며, 그 대가를 지급하는 때 원천징수영수증을 교부하여야 하는 것임. 이 경우 원천징수의무를 이행하지 아니한 경우에는 소득세법 제158조 제1항(원천징수납부불성실가산세) 및 제81조 제1항의 가산세(지급명세서제출 불성실가산세)가 적용되는 것임(원천-3096, 2008.12.30.)

※ 참고조문
사업자가 용역을 공급받는 자로부터 원천징수영수증을 발급받는 것에 대하여는 계산서를 발급한 것으로 본다.(소령 211조 ⑤)

✓ 사업자가 배달용역 알선계약을 체결하고 배달용역을 제공받은 대가를 지급하는 경우 원천징수 여부

[사실관계]

- 계약흐름
  ① **본사는 가맹점 본사와 배달용역 계약을 체결하고, 계약을 체결한 가맹점 본사의 직영가맹점과 프랜차이즈 가맹점은 배달용역의 대가를 지불할 목적으로 캐쉬를 충전함
  ② **본사는 각 권역별로 배달용역을 수행할 지사(질의인)와 Hub 계약을 체결함
  ③ **본사와 계약을 체결한 Hub(질의인)는 라이더와 배달용역 계약을 체결함
  ④ 가맹점과 Hub(질의인)와 라이더는 플랫폼에 등록함
- Hub(질의인)는 라이더와 배달용역 계약을 체결하고 인적사항을 관리함

[질의]

배달용역제공 알선사업자가 라이더와 라이더 알선계약을 체결하고 라이더의 배달용역에 대하여 대가를 지불하는 경우 원천징수 여부

[회신]

사업자가 부가가치세법 제26조 제1항 제15호에 따른 용역을 제공받고 그 대가를 지급하는 경우 소득세법 제127조 제1항에 따라 소득세를 원천징수하여야 하는 것임(사전법령해석소득 2018-48, 2018.4.6.)

✓ 배달수수료의 원천징수시기가 *캐시 지급시점인지 출금시점인지(조심2023서7467, 2023.11.27.)

청구법인이 배달기사들로부터 제공받는 배달용역에 대한 사업소득세의 원천징수시기는 청구법인이 각 배달주문 건별로 배달기사들에게 *캐시를 지급하는 때로 보아야 하므로, 처분청이 시스템 내의 *캐시가 배달기사 명의의 금융계좌로 이체되는 때를 배달기사들의 사업소득세 원천징수시기로 보고 청구법인에게 원천징수납부지연가산세를 부과한 이 건 처분은 잘못이 있음

PART 5

법인세의 원천징수(법인에게 지급하는 경우)

(1) 법인(일정한 금융회사 등의 소득은 제외한다)에게 다음의 소득을 지급하는 법인이나 개인사업자는 그 금액을 지급하는 때에 법인세를 원천징수하여야 한다.(법법 73조 ①) 이 경우 투자신탁이익의 금액을 지급하는 원천징수의무자가 투자신탁이익에 대하여 외국법인세액을 납부한 경우에는 원천징수세액에서 그 외국법인세액을 뺀 금액(그 금액이 0보다 작은 경우에는 0으로 본다)을 원천징수한다.(2021.12.21. 법법 73조 ① 후단 신설)
다만, 이자소득 등을 국가나 지방자치단체에 지급하는 경우에는 그 국가 등이 법인세의 납세의무를 지지 않으므로 원천징수하지 않는다.
① 이자소득금액
② 배당소득금액(집합투자기구로부터의 이익 중 투자신탁이익만 해당)
③ 국내사업장이 없는 외국법인에게 지급하는 국내원천소득(법법 98조)

(2) 내국법인에 이자소득 또는 배당소득을 지급하는 자는 납세지 관할 세무서장에게 지급명세서를 제출하여야 한다.(법법 120조 ①, 2011.12.31. 개정) 이는 원천징수 여부와는 상관없이 지급명세서를 제출하여야 한다는 것이다. 예를 들면, 법인주주에게 배당을 하고 원천징수하지 않은 경우에도 지급명세서는 제출하여야 한다는 뜻이다.

저자TIP 내국법인에게 이자소득을 지급하는 경우 지방소득세의 특별징수의무

특별징수의무자는 납세의무자별로 「법인지방소득세 특별징수명세서」(별지 제42호의4의 서식)를 특별징수일이 속하는 해의 다음 해 2월 말일(특별징수의무자가 휴업, 폐업 및 해산한 경우에는 휴업, 폐업 및 해산일이 속하는 달 말일의 다음 날부터 2개월이 되는 날)까지 특별징수의무자 소재지 관할지방자치단체의 장에게 제출하여야 한다.(지령 100조의19 ②, 2018.12.31. 개정) 다만, 미제출에 대한 가산세 규정은 현재까지 없다.

3 원천징수의 대리·수임

① 원천징수를 하여야 할 자를 대리하거나 그 위임을 받은 자의 행위는 수권(授權) 또는 위임의 범위에서 본인 또는 위임인의 행위로 보아 원천징수의 규정을 적용한다.(소법 127조 ②)

✓ 원천징수의무 대리·위임관계의 성립과 존속(소득 집행기준 127-0-3)

원천징수의무의 대리 또는 위임관계는 의사표시의 형식에 불구하고 원천징수를 해야 할 자의 수권행위 또는 위임계약 등에 의하여 그 관계가 성립되는 것이며, 원천징수의무를 대리하거나 위임을 받은 자의 행위는 수권 또는 위임의 범위 안에서 그 후 별도의 의사표시가 없는 한 대리 또는 위임관계가 계속된다.

② 금융회사 등이 내국인이 발행한 어음, 채무증서, 주식 또는 집합투자증권("어음 등"이라 한다)을 인수·매매·중개 또는 대리하는 경우에는 그 금융회사 등과 해당 어음 등을 발행한 자 간에 대리 또는 위임의 관계가 있는 것으로 본다.(소법 127조 ③, 2010.12.27. 개정)

③ 자본시장과 금융투자업에 관한 법률에 따른 신탁업자가 신탁재산을 운용하거나 보관·관리하는 경우에는 해당 신탁업자와 해당 신탁재산에 귀속되는 소득을 지급하는 자 간에 원천징수의무의 대리 또는 위임의 관계가 있는 것으로 본다.(소법 127조 ④, 2010.12.27. 개정)

④ 외국법인이 발행한 채권 또는 증권에서 발생하는 이자소득을 거주자에게 지급하는 경우에는 국내에서 그 지급을 대리하거나 그 지급권한을 위임 또는 위탁받은 자가 그 소득에 대한 소득세를 원천징수하여야 한다.(소법 127조 ⑤, 2010.12.27. 개정)

⑤ 사업자(법인을 포함)가 음식·숙박용역이나 서비스용역을 공급하고 그 대가를 받을 때 사업소득인 봉사료를 함께 받아 해당 소득자에게 지급하는 경우에는 그 사업자가 그 봉사료에 대한 소득세를 원천징수하여야 한다.(소법 127조 ⑥)

⑥ 자본시장과 금융투자업에 관한 법률 제294조에 따른 한국예탁결제원에 예탁된 증권 등[같은 조 제1항에 따른 증권 등(위 '③'이 적용되는 신탁재산은 제외)을 말하며, 이하 "증권 등"이라 한다]에서 발생하는 이자 및 배당소득에 대해서는 다음의 구분에 따른 자와 해당 증권 등을 발행한 자 간에 원천징수의무의 대리 또는 위임의 관계가 있는 것으로 보아 원천징수규정을 적용한다.(소령 184조의4, 2019.2.12. 신설)

㉠ 자본시장과 금융투자업에 관한 법률 제309조에 따라 한국예탁결제원에 계좌를 개설한 자(이하 "예탁자"라 한다)가 소유하고 있는 증권 등의 경우 : 한국예탁결제원

㉡ 자본시장과 금융투자업에 관한 법률 제309조에 따라 예탁자가 투자자로부터 예탁받은 증권 등의 경우 : 예탁자

PART 5

4 원천징수대상 소득과 원천징수세율

국내에서 거주자나 비거주자에게 다음의 소득을 지급하는 경우 원천징수세율을 적용하여 계산한 소득세를 원천징수하여야 한다.(소법 127조 ①, 129조 ①, ②, 2018.12.31. 개정)

구 분	원 천 징 수 세 율
이자소득	① 분리과세를 신청한 장기채권의 이자와 할인액 : 30% ② 비영업대금의 이익 : 25%(금융위원회에 등록한 온라인투자연계금융업자를 통하여 지급받는 이자소득은 14%)(2020.12.29. 개정) ③ 직장공제회 초과반환금 : 기본세율 ④ 그 밖의 이자소득 : 14% ⑤ 법원에 납부한 보증금 및 경락대금의 이자소득 : 14% ⑥ 비실명 이자소득 : 45%(금융실명법 적용분 90%)(2022.12.31. 개정) ➲ 2023.1.1. 전에 지급한 이자소득 으로서 실지명의가 확인되지 아니한 소득에 대한 원천징수세율에 관하여는 개정규정에도 불구하고 종전의 규정에 따른다.(2022.12.31. 법 부칙 20조) ⑦ 세금우대종합저축이자(조특법 89조) : 9% 외
배당소득 (배당가산액 제외)	① 일반 배당소득 : 14% ② 비실명 배당소득 : 45%(금융실명법 적용분 90%)(2022.12.31. 개정) ➲ 2023.1.1. 전에 지급한 배당소득으로서 실지명의가 확인되지 아니한 소득에 대한 원천징수세율에 관하여는 개정규정에도 불구하고 종전의 규정에 따른다.(2022.12.31. 법 부칙 20조) ③ 출자공동사업자의 배당소득 : 25% ④ 세금우대종합저축의 배당소득(조특법 89조) : 9% ⑤ 영농·영어조합법인의 조합원의 배당소득(조특법 66조 ③, 67조 ③) : 5% 외
일정한 사업소득 (봉사료수입금액 제외)	① 다음 사업소득의 수입금액의 3% • 의료보건용역 • 부가가치세 면세 인적용역(저술가·작곡가 등이 직업상 제공하는 용역) ② 외국인 직업운동가가 한국표준산업분류에 따른 스포츠클럽 운영업 중 프로스포츠구단과의 계약(계약기간이 3년 이하인 경우로 한정한다)에 따라 용역을 제공하고 받는 소득에 대해서는 20%(2018.12.31. 개정) **개정 2024.12.31.** ➲ 2025.1.1. 전에 지급한 소득의 원천징수에 관하여는 개정규정에도 불구하고 종전의 규정에 따른다.(2024.12.31. 법 부칙 13조) ② 외국인 직업운동가가 한국표준산업분류에 따른 스포츠클럽 운영업 중 프로스포츠구단과의 계약에 따라 용역을 제공하고 받는 소득에 대해서는 20%(2024.12.31. 개정)

구 분	원 천 징 수 세 율
근로소득	① 근로소득 : 기본세율(간이세액표를 적용한 후 연말정산) ② 일용근로소득 : 6%
연금소득	① 공적연금소득 : 기본세율(간이세액표를 적용한 후 연말정산) ② 사적연금소득 : 3~5% 등
기타소득*1	① 기타소득금액(총수입금액 − 필요경비)의 20% ② 연금계좌에서 연금외수령하는 기타소득 : 15% ③ 소기업·소상공인 공제부금의 해지일시금 : 15%(2017.12.19. 개정) ④ 종교인소득 : 종교인소득 간이세액표를 적용 ⑤ 3억원을 초과하는 복권당첨소득 등 : 30%
퇴직소득	기본세율
봉사료*2	수입금액의 5%

*1. 기타소득 중 다음은 제외한다.
① 뇌물, 알선수재 및 배임수재에 의하여 받는 금품
② 계약의 위약 또는 해약으로 인하여 받는 위약금과 배상금(계약금이 위약금·배상금으로 대체된 경우만 해당)
③ 가상자산소득(2025년부터 적용)

*2. 다음 요건을 모두 충족한 봉사료(소령 184조의2)
① 사업자가 다음에 해당하는 용역을 제공하고 그 공급가액(간이과세자는 공급대가)과 함께 봉사료를 계산서·세금계산서·영수증 또는 신용카드매출전표 등에 그 공급가액과 구분하여 기재할 것
㉠ 음식·숙박용역
㉡ 안마시술소·이용원·스포츠맛사지업소 및 그 밖에 이와 유사한 장소에서 제공하는 용역
㉢ 유흥주점·외국인전용유흥음식점과 식품위생법 시행령에 의한 유흥주점과 사실상 유사한 영업을 하는 장소(유흥종사자를 두지 않고, 별도의 춤추는 공간이 없는 장소는 제외)에서 제공하는 용역(개소법 1조 ④, 개소령 2조 ③, 2019.2.12. 개정)
② 구분 기재한 봉사료금액이 공급가액의 20%를 초과할 것

✓ 피부미용업 사업자가 봉사료 원천징수대상 용역을 제공하는 사업자에 해당하는지 여부

피부미용업(930205)을 영위하는 사업장에서 피부미용용역을 제공하고 지급받는 금원은 소득세법 제127조 제1항 제8호에서 "대통령령으로 정하는 봉사료"(☞ 원천징수대상 봉사료)에 해당하지 않는 것임(서면법규소득 2024-361, 2024.7.19.)

✓ 원천징수대상 이자소득의 범위(소득 집행기준 127-0-5)

① 채권자가 불분명한 차입금의 이자로서 필요경비불산입 된 이자는 원천징수대상이 되는 이자소득이다. 이 경우 가공차입금에 대한 이자임이 명백한 것은 제외한다.
② 법원의 판결에 의하여 지급하는 손해배상금에 대한 법정이자는 원천징수대상이 되는 이자소득에 해당하지 않는다.

✓ 외국납부세액이 있는 경우 원천징수세액의 계산(소득 집행기준 129-117-1)

① 원천징수세액을 계산할 때 이자소득 및 배당소득에 대해서 외국에서 아래의 외국소득세액을 납부한 경우에는 소득세법 제129조 제1항에 따라 계산한 원천징수세액에서 그 외국소득세액을 뺀 금액을 원천징수세액으로 한다.

PART 5

외국정부가 과세한 외국납부세액(가산세 및 가산금은 제외한다)의 범위 ㉠ 개인의 소득금액을 과세표준으로 하여 과세된 세액과 그 부가세액 ㉡ ㉠과 유사한 세목에 해당하는 것으로서 소득 외의 수입금액 기타 이에 준하는 것을 과세표준으로 하여 과세된 세액

② 이 경우 외국소득세액이 원천징수세액을 초과할 때에는 그 초과하는 금액은 없는 것으로 한다.

✓ **외화표시채권 중도 매도시 원천징수방법**(소득 집행기준 130-0-2)

거주자가 외화표시채권을 금융기관을 통하여 중도에 매도하는 경우 금융기관이 원천징수의무자이며, 원천징수대상 보유기간 이자상당액에는 만기보장수익률을 포함하여 계산한다.

✓ **비영리법인이 대가관계 없는 학술연구비를 지원하는 경우 원천징수의무가 있는지 여부**

내국법인에게 지급하는 학술연구비가 법인세법 제73조 제1항 각호에 해당하지 않는 경우에는 지급하는 자는 법인세 원천징수의무가 없는 것이고, 국내에서 거주자나 비거주자에게 지급하는 학술연구비가 소득세법 제127조 제1항 각호의 소득에 해당하는 경우에는 소득세를 원천징수하여야 함(사전법령해석소득 2021-625, 2021.8.20.)

5 금융소득 원천징수세액의 계산(2021.12.8. 신설)

① 원천징수세액을 계산할 때 이자소득, 배당소득에 대해서 외국에서 외국소득세액을 납부한 경우에는 원천징수세액에서 그 외국소득세액을 뺀 금액을 원천징수세액으로 한다. 이 경우 다음 중 하나에 해당하는 것이 해당 소득에 대하여 법인세법 제57조 제1항에 따른 외국법인세액을 납부한 경우에는 제1항에 따라 계산한 원천징수세액에서 그 외국법인세액을 뺀 금액을 원천징수세액으로 한다.(소법 129조 ④, 2021.12.8. 개정)

㉠ 자본시장과 금융투자업에 관한 법률에 따른 투자회사, 투자목적회사, 투자유한회사, 투자합자회사(같은 법 제9조 제19항 제1호의 기관전용 사모집합투자기구는 제외), 투자유한책임회사, 투자신탁, 투자합자조합 및 투자익명조합

㉡ 부동산투자회사법에 따른 기업구조조정 부동산투자회사 및 위탁관리 부동산투자회사

㉢ 법인세법 제5조 제2항에 따라 내국법인으로 보는 신탁재산

② 위 '①'을 적용할 때 외국소득세액 또는 외국법인세액이 원천징수세액을 초과하는 경우에는 그 초과하는 금액은 없는 것으로 한다.(소법 129조 ⑤, 2021.12.8. 신설)

개정 2024.12.31.

➲ 2025.1.1. 이후 지급받는 소득에 대하여 과세표준을 신고하거나 원천징수하는 경우부터 적용한다.(2021.12.8. 법 부칙 1조 1, 2023.12.31. 1조 2 개정)

5 외국납부세액이 있는 경우의 원천징수

① 국내 원천징수세액을 계산할 때 배당소득에 대해서 외국에서 외국소득세액을 납부한 경우에는 국내 원천징수세액에서 그 외국소득세액을 뺀 금액을 원천징수세액으로 한다. 이 경우 외국소득세액이 국내 원천징수세액을 초과하는 경우에는 그 초과하는 금액은 없는 것으로 한다.(소법 129조 ④, 2024.12.31. 개정)

② 국내 원천징수세액을 계산할 때 제57조의2 제1항 각 호의 요건을 갖춘 배당소득에 대해서는 아래의 '㉠-㉡'의 금액을 원천징수세액으로 한다.(소법 129조 ⑤, 2024.12.31. 개정)

㉠ 간접투자회사등으로부터 지급받은 소득(소득세법 제57조의2 제2항 제1호에 따른 금액을 말한다. 이하에서 같다)에 원천징수 세율을 곱하여 계산한 금액

㉡ Min[ⓐ, ⓑ]

ⓐ 거주자별 간접투자외국법인세액에 다음의 계산식에 따라 계산한 율을 곱한 금액(2023.02.28 신설)

㉮ 원천징수세율(129조 ①)이 간접투자외국법인세액에 적용된 외국 원천징수세율(제117조의2 ④에 따라 계산한 율)보다 작은 경우(소령 189조의2 ①, 2023.2.28. 신설, 소령 189조의2 ①, 2023.2.28. 신설)

$$\frac{\text{원천징수세율}}{\text{간접투자외국법인세액에 적용된 외국 원천징수세율}} - \text{원천징수세율}$$

이때 개인종합자산관리계좌로부터 지급받은 소득에 둘 이상의 간접투자회사등으로부터 지급받은 소득이 포함되어 있는 경우에는 해당 간접투자회사등별 간접투자외국법인세액을 합한 금액을 해당 개인종합자산관리계좌의 간접투자외국법인세액으로 하고, 외국 원천징수세율은 14%로 하여 계산한다.(소령 189조의2 ③, 2023.2.28. 신설)

㉯ 원천징수세율이 간접투자외국법인세액에 적용된 외국 원천징수세율보다 크거나 같은 경우

$$1 - \text{원천징수세율}$$

ⓑ 공제한도금액 : 배당소득 × 14%(소법 129조 ⑥, 2024.12.31. 개정)

③ 위 '②의 ㉡의 ⓐ'의 금액이 공제한도금액(ⓑ)을 초과하는 경우 그 초과하는 금액은 해당 간접투자외국법인세액을 납부한 날부터 10년이 지난 날이 속하는 연도의 12월 31일까지의 기간 중에 해당 간접투자회사등으로부터 소득을 지급받는 때에 해당 소득에 대한 공제한도금액 내에서 공제할 수 있다. 다만, 간접투자회사등이 발행한 증

PART 5

권의 전부 환매 또는 전부 양도에 따른 소득에 대한 '②의 ㉡의 ⓐ'의 금액이 공제한도금액을 초과하는 경우 그 초과하는 금액은 없는 것으로 한다.(소법 129조 ⑦, 2022. 12.31. 신설)

소득세법 제57조 제1항 각 호

1. 다음 중 하나에 해당하는 것(이하 "간접투자회사등"이라 한다)으로부터 지급받은 소득일 것
   가. 자본시장과 금융투자업에 관한 법률에 따른 투자회사, 투자목적회사, 투자유한회사, 투자합자회사(같은 법 제9조 제19항 제1호의 기관전용 사모집합투자기구는 제외), 투자유한책임회사, 투자신탁, 투자합자조합 및 투자익명조합
   나. 부동산투자회사법에 따른 기업구조조정 부동산투자회사 및 위탁관리 부동산투자회사
   다. 법인세법 제5조 제2항에 따라 내국법인으로 보는 신탁재산
2. 간접투자회사등이 거주자에게 지급한 소득에 대하여 법인세법 제57조 제1항 및 제6항에 따른 외국법인세액(간접투자회사등이 다른 간접투자회사등이 발행하는 증권을 취득하는 구조로 투자한 경우로서 그 다른 간접투자회사등이 납부한 같은 규정에 따른 외국법인세액이 있는 경우 해당 세액을 포함하며, "간접투자외국법인세액"이라 한다)을 납부하였을 것

소득세법 제57조의2 제2항 제1호에 따른 금액

자본시장과 금융투자업에 관한 법률 제238조 제6항에 따른 기준가격(간접투자외국법인세액이 차감된 가격을 말하며, "세후기준가격"이라 한다)을 기준으로 계산된 금액. 다만, 증권시장에 상장된 간접투자회사등의 증권의 매도에 따라 간접투자회사등으로부터 지급받은 소득은 다음에 따라 계산한 금액으로 한다.

• Min[①, ②]

① (매도 시 과세표준기준가격*1 − 매수 시 과세표준기준가격*2) ± 직전 결산·분배 시 발생한 과세되지 않은 투자자별 손익

② (실제 매도가격 − 실제 매수가격) ± 직전 결산·분배 시 발생한 과세되지 않은 투자자별 손익

*1. 자본시장과 금융투자업에 관한 법률 제238조 제6항에 따른 기준가격에서 제26조의2 제4항 각 호 외의 부분 본문에 따라 집합투자기구로부터의 이익에 포함되지 않는 손익을 제외하여 산정한 금액을 말하며, 자본시장과 금융투자업에 관한 법률 제279조 제1항에 따른 외국 집합투자증권으로서 과세표준기준가격이 없는 경우에는 같은 법 제280조 제4항 본문에 따른 기준가격을 말한다.

*2. 매수 후 결산·분배가 있었던 경우에는 직전 결산·분배 직후를 말한다.

6 원천징수의 시기와 방법

(1) 납세의무의 성립 및 확정

원천징수하는 소득세에 있어서는 소득을 지급하는 때에 소득세 납부의무가 성립하며, 납세의무가 성립하는 때에 특별한 절차없이 그 세액이 확정된다.(국기법 21조 ② 1, 22조 ④ 2)

(2) 원천징수의 시기 및 원천징수시기에 대한 특례

원천징수의무자는 원천징수대상이 되는 소득을 지급하는 때에는 그 소득금액 및 지급금액에 원천징수세율을 적용하여 계산한 소득세를 원천징수한다. 이러한 원칙적인 원천징수의 시기에 불구하고 실제로 지급하지는 아니하였지만 일정한 시점에 지급한 것으로 보아 원천징수를 하도록 하고 있는데 이를 '원천징수시기에 대한 특례'라고 한다.

1) 이자소득 원천징수시기에 대한 특례(소령 190조)

다음 중 하나에 해당하는 이자소득에 대해서는 다음에 따른 날에 그 소득을 지급한 것으로 보아 소득세를 원천징수한다.

① 금융회사 등이 매출 또는 중개하는 어음, 단기사채 등, 은행 및 상호저축은행이 매출하는 표지어음으로서 보관통장으로 거래되는 것(은행이 매출한 표지어음의 경우에는 보관통장으로 거래되지 아니하는 것도 포함)의 이자와 할인액. 다만, 어음이 한국예탁결제원에 발행일부터 만기일까지 계속하여 예탁되거나 단기사채 등이 주식·사채 등의 전자등록에 관한 법률 제2조 제6호에 따른 전자등록기관에 발행일부터 만기일까지 계속하여 전자등록된 경우에는 해당 어음 및 단기사채 등의 이자와 할인액을 지급받는 자가 할인매출일에 원천징수하기를 선택한 경우만 해당한다. : 할인매출하는 날(소령 190조 ①, 2019.6.25. 개정)

② 비거주자의 국내원천소득에 대하여 원천징수를 하는 경우에는 소득세법 119조 제1호 나목에 따른 국내원천 이자소득 : 해당 소득을 지급하는 외국법인 또는 비거주자의 해당 사업연도 또는 과세기간의 소득에 대한 과세표준의 신고기한의 종료일(신고기한을 연장한 경우에는 그 연장한 기한의 종료일)

③ 동업기업과세특례에 따라 배분받는 소득으로서 해당 동업기업의 과세기간 종료 후 3개월이 되는 날까지 지급하지 아니한 소득 : 해당 동업기업의 과세기간 종료 후 3개월이 되는 날

④ 직장공제회 반환금을 분할하여 지급하는 경우 납입금 초과이익 : 납입금 초과이익을 원본에 전입하는 뜻의 특약에 따라 원본에 전입된 날(2015.2.3. 신설)

➲ 2015.2.3. 이후 직장공제회 반환금을 분할하여 지급받는 분부터 적용한다.(2015.2.3. 영 부칙 4

PART 5

조) 다만, 2015.2.3. 전에 직장공제회 반환금을 분할하여 지급받고 있는 근로자의 납입금 초과이익에 대한 원천징수 시기는 개정규정에도 불구하고 종전의 규정을 따른다.(2015.2.3. 영 부칙 23조)

⑤ 그 밖의 이자소득 : 이자소득의 수입시기(소득세법 시행령 제45조)에 해당하는 날

2) 배당소득 원천징수시기에 대한 특례(소령 190조)

배당소득금액을 실제로 지급하지 아니한 경우에는 다음에서 정하는 때에 원천징수하여야 한다.

① 미지급배당

㉠ 법인이 이익 또는 잉여금의 처분에 따른 배당 또는 분배금을 그 처분을 결정한 날부터 3개월이 되는 날까지 지급하지 아니한 경우에는 그 3개월이 되는 날에 그 배당소득을 지급한 것으로 보아 소득세를 원천징수한다.

㉡ 11월 1일부터 12월 31일까지의 사이에 결정된 처분에 따라 다음 연도 2월 말일까지 배당소득을 지급하지 아니한 경우에는 그 처분을 결정한 날이 속하는 과세기간의 다음 연도 2월 말일에 그 배당소득을 지급한 것으로 보아 소득세를 원천징수한다.

② 의제배당

㉠ 주식의 소각 등의 경우 : 자본감소결의일, 퇴사·탈퇴일

㉡ 잉여금의 자본전입의 경우 : 해당 주주총회·사원총회 기타 의결기관에서 잉여금의 자본전입 또는 출자에의 전입을 결정한 날

✓ 잉여금의 자본전입에 의한 의제배당 원천징수 시기

법인의 잉여금의 전부 또는 일부를 자본에 전입함으로써 취득하는 주식의 가액으로서 의제배당에 해당하는 경우 동 배당소득에 대한 원천징수 시기는 '자본에의 전입을 결정한 날(다만, 이사회의 결의에 의하는 경우에는 상법 제461조 제3항의 규정에 의하여 정한 날)'이며, 여기서 '자본에의 전입을 결정한 날'이라 함은 "주주총회에서 자본에 전입할 것을 결의한 날"을 말하며, '상법 제461조 제3항의 규정에 의하여 정한 날'이라 함은 "신주배정기준일"을 말하는 것임(서면1팀 - 1290, 2005.10.26.)

㉢ 해산·합병 또는 분할로 인한 경우

ⓐ 해산으로 소멸한 경우 : 잔여재산가액이 확정된 날

ⓑ 합병으로 소멸한 경우 : 그 합병등기를 한 날

ⓒ 분할 또는 분할합병으로 소멸 또는 존속하는 경우 : 그 분할등기 또는 분할합병등기를 한 날

③ 인정배당

법인세법에 따라 처분되는 배당에 대하여는 다음 중 하나에 해당하는 날에 그 배당소

득을 지급한 것으로 보아 소득세를 원천징수한다.(소법 131조 ②)

㉠ 법인세 과세표준을 결정 또는 경정하는 경우 : 소득금액변동통지서를 받은 날

㉡ 법인세 과세표준을 신고하는 경우 : 그 신고일 또는 수정신고일

④ 출자공동사업자의 배당소득

과세기간 종료 후 3개월이 되는 날까지 지급하지 아니한 소득 : 과세기간 종료 후 3개월이 되는 날(소령 191조 2)

⑤ 동업기업과세특례에 따라 동업기업으로부터 배분받은 소득

해당 동업기업의 과세기간 종료 후 3개월이 되는 날까지 지급하지 아니한 소득 : 해당 동업기업의 과세기간 종료 후 3개월이 되는 날(소령 191조 3)

⑥ 위 '②부터 ⑤까지' 외의 배당소득

배당소득의 수입시기(소득세법 시행령 제46조)에 규정된 날

3) 연말정산 사업소득의 원천징수시기에 대한 특례(소법 144조의5)

① 연말정산 사업소득을 지급하여야 할 원천징수의무자가 1월부터 11월까지의 사업소득을 해당 과세기간의 12월 31일까지 지급하지 아니한 경우에는 12월 31일에 그 사업소득을 지급한 것으로 보아 소득세를 원천징수한다.

② 원천징수의무자가 12월분의 연말정산 사업소득을 다음 연도 2월 말일까지 지급하지 아니한 경우에는 다음 연도 2월 말일에 그 사업소득을 지급한 것으로 보아 소득세를 원천징수한다.

4) 근로소득 원천징수시기에 대한 특례(소법 135조)

① 근로소득을 지급하여야 할 원천징수의무자가 1월부터 11월까지의 근로소득을 해당 과세기간의 12월 31일까지 지급하지 아니하는 경우에는 그 근로소득을 12월 31일에 지급한 것으로 보아 소득세를 원천징수한다.(소법 135조 ①)

② 원천징수의무자가 12월분의 근로소득을 다음 연도 2월 말일까지 지급하지 아니한 경우에는 그 근로소득은 2월 말일에 지급한 것으로 보아 소득세를 원천징수한다.(소법 135조 ②)

③ 법인이 이익 또는 잉여금의 처분에 따라 지급하여야 할 상여를 그 처분을 결정한 날부터 3개월이 되는 날까지 지급하지 아니한 때에는 그 3개월이 되는 날에 상여를 지급한 것으로 보아 소득세를 원천징수한다. 다만, 그 처분이 11월 1일부터 12월 31일까지의 사이에 결정된 경우에 다음 연도 2월 말일까지 그 상여를 지급하지 아니한 경우에는 그 상여를 다음 연도 2월 말일에 지급한 것으로 보아 소득세를 원천징수한다.(소법 135조 ③)

④ 인정상여

법인세법에 따라 처분되는 상여에 대하여는 다음 중 하나에 해당하는 날에 그 상여를 지급한 것으로 보아 소득세를 원천징수한다.(소법 135조 ④, 131조 ②)

㉠ 법인세 과세표준을 결정 또는 경정하는 경우 : 소득금액변동통지서를 받은 날

㉡ 법인세 과세표준을 신고하는 경우 : 그 신고일 또는 수정신고일

✓ 지연지급된 연차수당 등에 대한 원천징수 시기

근로소득 발생 및 범위와 관련하여 당사자 간 다툼에 대한 법률적 판단에 근거하여 근로소득의 지급의무가 확정되는 경우 지급시점에 원천징수하는 것이나 근로소득 지급의무가 있음을 충분히 알 수 있었음에도 부주의, 오인 등으로 늦게 지급한 경우에는 소득세법 제135조에 따른 시기가 원천징수하여야 하는 시기임(기획재정부조세법령-599, 2020.5.13.)

✓ 지연지급된 연차수당 및 주휴수당에 대한 원천징수세액 신고방법

근로소득 발생 및 범위 관련 당사자 간 다툼에 대한 법률적 판단에 근거하여 근로소득의 지급의무가 확정되거나 이에 준하는 사유가 있는 경우, 소득세법 제127조에 따라 소득의 지급시기에 원천징수시기가 도래하는 것임(사전법령해석소득 2019-510, 2020.5.21.)

✓ 내일채움공제 만기금 지급시 원천징수의무자

중소기업 핵심인력 성과보상기금 공제사업에 가입한 기업의 근로자가 수령하는 공제금 중 근로소득에 해당하는 기여금에 대한 원천징수의무는 해당 중소기업에 있는 것임(서면법령해석소득 2019-1176, 2020.12.31.)

✓ 내국법인이 사망한 전 대표자에게 상여처분하는 경우 원천징수의무가 있는지

내국법인이 대표자의 사망으로 특수관계가 소멸되는 날까지 회수하지 아니한 가지급금을 법인세법 제67조 및 같은 법 시행령 제106조에 따라 상여처분한 경우, 해당 내국법인은 그 처분되는 상여에 대한 소득세에 대해 원천징수하지 아니하는 것임(사전법령해석소득 2020-861, 2020.12.23.)

✓ 부당해고 기간의 급여를 지급하는 경우 원천징수 및 가산세 부담 여부

부당해고기간의 급여는 근로소득에 해당하는 것이며 해당 급여를 일시에 지급하면서 법원의 판결이 있는 날의 다음달 말일까지 연말정산하는 경우 기한내 원천징수한 것으로 봄(사전법령해석소득 2019-255, 2019.6.24.)

✓ 법원판결에 따른 해고기간동안의 임금을 강제집행한 경우 원천징수 여부

법원의 판결에 의하여 부당해고기간의 급여를 해고노동자가 강제집행한 경우에도 해고기간에 근로를 제공하고 지급받은 근로소득으로 보아 근로를 제공한 연도별로 연말정산을 하여 원천징수하여야 함(원천-649, 2011.10.12.)

5) 기타소득 원천징수시기에 대한 특례(소령 202조 ③)

동업기업과세특례(조세특례제한법 제100조의18 제1항)에 따라 배분받은 소득으로서 해

당 동업기업의 과세기간 종료 후 3개월이 되는 날까지 지급하지 아니한 때에는 그 3개월이 되는 날에 원천징수한다.

6) 퇴직소득 원천징수시기에 대한 특례(소법 147조)

원천징수의무자가 퇴직소득을 지급하는 때에는 그 소득금액에 원천징수세율을 적용하여 계산한 소득세를 원천징수한다. 그러나 다음의 시기가 도래하면 아직 퇴직소득을 지급하지 않았다 하더라도 지급한 것으로 보아 원천징수를 하여야 한다.

① 퇴직소득을 지급하여야 할 원천징수의무자가 1월부터 11월까지의 사이에 퇴직한 사람의 퇴직소득을 해당 과세기간의 12월 31일까지 지급하지 아니한 경우에는 그 퇴직소득을 12월 31일에 지급한 것으로 보아 소득세를 원천징수한다.(소법 147조 ①)

② 원천징수의무자가 12월에 퇴직한 사람의 퇴직소득을 다음 연도 2월 말일까지 지급하지 아니한 경우에는 그 퇴직소득을 다음 연도 2월 말일에 지급한 것으로 보아 소득세를 원천징수한다.(소법 147조 ②)

③ 공적연금 관련법에 따라 받는 일시금에 대해서는 '① 및 ②'을 적용하지 아니한다.(소법 147조 ④, 2013.1.1. 개정)

7) 인정배당·인정상여·인정기타소득 원천징수시기에 대한 특례(소법 131조 ②, 135조 ④, 145조의2)

① 법인세 과세표준을 결정 또는 경정하는 경우 : 소득금액변동통지서를 받은 날

② 법인세 과세표준을 신고하는 경우 : 그 신고일 또는 수정신고일

✓ 원천징수의 시기(소통 127-0…5)

① 소득세를 원천징수할 시기는 원천징수대상이 되는 소득금액 또는 수입금액을 실제로 지급하는 때 또는 지급의제시기이다.

② 다음에 규정하는 날을 제1항의 규정에 의한 실제로 지급하는 때로 한다.

㉠ 계약의 위약 또는 해약으로 인하여 이미 지급한 계약금 또는 계약보증금이 기타소득으로 되는 경우에는 그 계약의 위약 또는 해약이 확정된 날

㉡ 원천징수대상이 되는 소득금액을 어음으로 지급한 때에는 당해 어음이 결제된 날

㉢ 원천징수대상이 되는 소득금액으로 지급할 금액을 채권과 상계하거나 면제받은 때에는 상계한 날 또는 면제받은 날

㉣ 원천징수대상이 되는 소득금액을 대물로 변제하는 경우에는 그 변제하는 날

㉤ 원천징수대상이 되는 소득금액을 당사자간의 합의에 의하여 소비대차로 전환한 때에는 그 전환한 날

㉥ 원천징수대상이 되는 소득금액을 법원의 전부명령에 의하여 귀속자가 아닌 제3자에게 지급하는 경우는 그 제3자에게 지급하는 날

7 원천징수의 면제 및 배제

① 원천징수의무자가 소득세가 과세되지 아니하거나 면제되는 소득을 지급할 때에는 소득세를 원천징수하지 아니한다.(소법 154조)

② 원천징수대상소득으로서 발생 후 소득이 지급되지 아니함으로써 소득세가 원천징수되지 아니한 소득이 종합소득에 합산되어 종합소득에 대한 소득세가 과세된 경우에 그 소득을 지급할 때에는 소득세를 원천징수하지 아니한다.(소법 155조)

다만, 다음의 절차를 이행하여야 한다.

㉠ 이후 해당 소득을 지급한 때에는 원천징수이행상황신고서에 납부할 세액이 없는 해당 소득자에게 지급한 금액을 포함하여 신고하여야 한다.(소령 185조 ②)

㉡ 원천징수세액을 '0'으로 하여 지급명세서를 작성한 후 제출기한까지 관할세무서에 제출하여야 '지급명세서미제출가산세'를 면할 수 있다.

③ 다음 중 하나에 해당하는 소득을 지급하는 경우는 원천징수하지 않는다.(소법 127조 ① 4 단서)

㉠ 외국기관 또는 우리나라에 주둔하는 국제연합군(미군은 제외)으로부터 받는 근로소득

㉡ 국외에 있는 비거주자 또는 외국법인(국내지점 또는 국내영업소는 제외)으로부터 받는 근로소득. 다만, 다음 중 하나에 해당하는 소득은 원천징수 한다.

ⓐ 비거주자의 국내사업장과 외국법인의 국내사업장의 국내원천소득금액을 계산할 때 필요경비 또는 손금으로 계상되는 소득

ⓑ 국외에 있는 외국법인(국내지점 또는 국내영업소는 제외)으로부터 받는 근로소득 중 소득세법 제156조의7(☞ 외국법인 소속 파견근로자의 소득에 대한 원천징수 특례)에 따라 소득세가 원천징수 되는 파견근로자의 소득

✓ **원천징수의 배제**(소통 155－0…1)

법 제155조의 규정에서의 "소득세가 과세된 경우"에는 해당 소득이 있는 거주자가 해당 소득을 종합소득에 합산하여 법 제70조 또는 제74조의 규정에 의하여 종합소득 과세표준확정신고(국세기본법 제45조의 규정에 의한 과세표준수정신고 포함)를 한 경우를 포함한다.

✓ **원천징수대상소득을 원천납세의무자가 종합소득세 과세표준에 포함하여 신고하였으나 납부하지 아니한 경우 원천징수의무자의 원천세 납부의무**

법인세법에 따라 법인세 과세표준을 결정 또는 경정하여 원천징수의무자 및 납세의무자에게 소득금액 변동통지가 이루어진 후 근로소득자의 퇴사로 소득세법 제80조 제2항 제2호에 따라 원천징수의무자의 원천징수 이행이 어렵다고 인정되고, 납세의무자는 원천징수 대상 소득세를 수정신고하였으나 해당 세액을 납부하지 아니한 경우로서, 원천징수의무자에게는 국세기본법 제47조의5 제

1항에 따른 가산세액만을 징수하고, 납세의무자에게 체납처분이 진행되고 있는 경우에는 원천징수 의무자에게 다시 원천징수 대상 소득세를 부과할 수 없는 것임(기획재정부소득-198, 2018.3.20.)

✓ 근로자가 판결에 따라 추가로 지급받는 임금에 대한 종합소득세의 부과제척기간

원천납세의무자의 종합소득세 부과제척기간이 만료되어 국세의 부과권이 소멸된 경우에는 원천징수의무도 소멸하는 것이며 국세기본법 제26조의2 제2항 제5호는 법 시행 당시 부과제척기간이 이미 만료된 과세기간에 대하여는 적용되지 아니함(서면법령해석 기본 2018-3482, 2018.12.11.)

✓ 원천징수대상 이자소득의 범위(소득 집행기준 127-0-5)

① 채권자가 불분명한 차입금의 이자로서 필요경비불산입 된 이자는 원천징수대상이 되는 이자소득이다. 이 경우 가공차입금에 대한 이자임이 명백한 것은 제외한다.

② 법원의 판결에 의하여 지급하는 손해배상금에 대한 법정이자는 원천징수대상이 되는 이자소득에 해당하지 않는다.

✓ 선지급하는 원천징수 대상 사업소득의 원천징수방법(소득 집행기준 127-0-6)

원천징수의무자가 원천징수대상 사업소득에 대한 수입금액을 일시에 선지급 하는 경우에는 해당 선지급 금액에 대해 소득세를 원천징수해야 한다.

✓ 구분 기재되지 않은 봉사료의 원천징수(소득 집행기준 127-184의2-1)

안마시술소에서 안마용역과 접대부 등의 용역을 제공하는 경우, 안마시술소 사업자가 안마용역대가와 함께 받는 접대부 등의 봉사료를 신용카드매출전표에 안마용역의 대가와 구분기재하지 아니하였거나, 구분기재한 경우에도 자기의 수입금액으로 계상한 경우 그 봉사료는 사업소득 원천징수 대상 또는 봉사료수입금액 원천징수대상이 아니다.

✓ 파산법인의 미지급퇴직금에 대한 원천징수 여부(소득 집행기준 127-0-8)

파산법인이 채무자 회생 및 파산에 관한 법률에 따라 퇴직금을 일부만 지급하는 경우로서 해당 법인에 대한 법원의 파산종결 결정으로 배당가능성이 전혀 없어 그 지급이 불가능함이 객관적으로 명백한 경우 그 미지급 퇴직금에 대해서는 소득세를 원천징수하지 않는다.

✓ 퇴직금을 포기한 경우의 원천징수 여부(소득 집행기준 127-0-9)

법인의 대주주인 상근임원이 비상근임원으로 전환하면서 임원퇴직금지급규정에 따른 퇴직금의 수령을 주주총회에서 전액 포기한 경우에는 해당 대주주가 퇴직금 포기시 퇴직금을 수령한 것으로 보아 동 포기금액에 대해서 퇴직소득세를 원천징수한다.

✓ 퇴직연금 지급시 원천징수의무자(소득 집행기준 127-0-10)

종업원이 근로자퇴직급여 보장법에 따라 확정급여형퇴직연금(DB)제도에서 퇴직연금일시금을 지급받는 경우에는 퇴직연금제도를 설정한 사용자가 소득세를 원천징수하는 것이고, 확정기여형퇴직연금(DC)제도에서 퇴직연금일시금을 지급받는 경우에는 자산관리업무를 수행하는 퇴직연금사업자가 소득세를 원천징수하는 것이며, 거주자가 지급받는 연금은 급여를 지급하는 퇴직연금사업자가 소득세를 원천징수한다.

8 원천징수특례

(1) 특정금전신탁 등의 원천징수의 특례

집합투자기구 외의 신탁의 경우에는 원천징수를 대리하거나 위임을 받은 자가 원천징수대상 소득이 신탁에 귀속된 날부터 3개월 이내의 특정일(동일 귀속연도 이내로 한정한다)에 그 소득에 대한 소득세를 원천징수하여야 한다.(소법 155조의2)

(2) 집합투자기구의 원천징수 특례

원천징수대상 소득금액이 자본시장과 금융투자업에 관한 법률에 따른 집합투자재산에 귀속되는 시점에는 그 소득금액이 지급된 것으로 보지 아니한다.(소법 155조의3)

(3) 상여처분의 원천징수 특례

법인이 채무자 회생 및 파산에 관한 법률에 따른 회생절차에 따라 특수관계인이 아닌 다른 법인에 합병되는 등 지배주주가 변경(이하 "인수"라 한다)된 이후 회생절차 개시 전에 발생한 사유로 인수된 법인의 대표자 등에 대하여 법인세법 제67조에 따라 상여로 처분되는 소득에 대해서는 소득세를 원천징수하지 아니한다.(소법 155조의4, 2014.1.1. 신설)

> **✓ 회생절차 인가에 따라 출자전환으로 지배주주가 변경된 경우 소득세법 제155조의4 적용 여부**
> 법인이 회생절차에 따라 지배주주가 변경된 이후 회생절차 개시 전에 발생한 사유로 인수된 법인의 대표자 등에 대하여 상여로 처분된 소득에 대해서는 원천징수를 하지 아니하는 것임(서면법령해석소득 2020-3820, 2020.11.23.)

(4) 서화·골동품 양도로 발생하는 소득의 원천징수 특례(2014.12.23. 신설)

서화·골동품의 양도로 발생하는 소득에 대하여 양수자인 원천징수의무자가 국내사업장이 없는 비거주자 또는 외국법인이어서 원천징수를 하지 못하는 경우에는 서화·골동품의 양도로 발생하는 소득을 지급받는 자를 원천징수의무자로 본다.(소법 155조의5, 2014.12.23. 신설, 소령 206조의3, 2015.2.3. 신설)

(5) 종교인소득에 대한 원천징수 예외(선택사항)(2015.12.15. 신설)

종교인소득(근로소득으로 보는 경우를 포함)을 지급하는 자는 소득세의 원천징수를 하지 아니할 수 있다. 이 경우 종교인소득을 지급받은 자는 종합소득과세표준을 신고하여야 한다.(소법 155조의6, 2020.12.29. 개정)

(6) 비실명자산소득에 대한 원천징수 특례(2018.12.31. 신설)

① 원천징수의무자가 금융실명거래 및 비밀보장에 관한 법률 제5조에 따른 차등과세가 적용되는 이자소득에 대하여 고의 또는 중대한 과실 없이 같은 조에서 정한 세율이 아닌 14%로 원천징수한 경우에는 해당 계좌의 실질 소유자가 소득세 원천징수 부족액(원천징수 등 납부지연가산세를 포함)을 납부하여야 한다.(소법 155조의7 ①, 2018.12.31. 신설)

② 위 '①'에 따른 소득세 원천징수 부족액에 관하여는 해당 계좌의 실질 소유자를 원천징수의무자로 본다.(소법 155조의7 ②, 2018.12.31. 신설)

(7) 외국법인 소속 파견근로자의 소득에 대한 원천징수 특례(2015.12.15. 신설)

1) 원천징수

① 개요

내국법인과 체결한 근로자파견계약에 따라 근로자를 파견하는 국외에 있는 외국법인(국내지점 또는 국내영업소는 제외하며, 이하 "파견외국법인"이라 한다)의 소속 근로자(이하 "파견근로자"라 한다)를 사용하는 내국법인(이하 "사용내국법인"이라 한다)은 파견근로자가 국내에서 제공한 근로의 대가를 파견외국법인에 지급하는 때에 그 지급하는 금액(파견근로자가 파견외국법인으로부터 지급받는 금액을 사용내국법인이 확인한 경우에는 그 확인된 금액)의 19%(2018.7.1. 이후 발생하는 소득분부터 적용)에 해당하는 금액을 소득세로 원천징수하여 그 원천징수하는 날이 속하는 달의 다음 달 10일까지 원천징수 관할 세무서, 한국은행 또는 체신관서에 납부하여야 한다.(소법 156조의7 ①, 2021.12.8. 개정)

② 사용내국법인의 범위

사용내국법인은 다음의 요건을 모두 갖춘 내국법인으로 한다.(소령 207조의10 ①, 2022.2.15. 개정)

㉠ 파견외국법인에게 지급하는 근로대가의 합계액이 다음 중 하나에 해당할 것(소령 207조의10 ① 1, 2022.2.15. 개정)

ⓐ 파견외국법인과 체결한 근로자 파견계약상 근로대가가 20억원을 초과할 것

ⓑ 직전 사업연도에 사용내국법인이 파견외국법인에 실제로 지급한 근로대가의 합계액이 20억원을 초과할 것

➲ 2022.4.1. 전에 개시한 사업연도에 지급하는 근로대가에 대하여 원천징수를 하는 사용내국법인의 범위에 관하여는 개정규정에도 불구하고 종전의 규정에 따른다.(2022.2.15. 소령 부칙 14조)

㉡ 직전 사업연도 매출액이 1,500억원 이상이거나 직전 사업연도 말 현재 자산총액이 5,000억원 이상일 것

㉢ 한국표준산업분류에 따른 항공운송업, 건설업, 전문·과학 및 기술서비스업, 선박 및 수상 부유구조물 건조업, 금융업을 영위할 것

③ 파견근로자의 범위

파견근로자는 파견외국법인에 소속된 근로자로서 사용내국법인에 파견되어 해당 사용내국법인에 근로를 제공하는 자로 한다.(소령 207조의10 ②, 2016.2.17. 신설)

④ 제출서류

사용내국법인이 원천징수한 세액을 납부하는 경우에는 다음의 서류를 원천징수 관할 세무서장에게 제출하여야 한다.(소령 207조의10 ③, 207조의10 ⑤, 2016.2.17. 신설)

㉠ 원천징수이행상황신고서

㉡ 파견근로자 근로계약 명세서

㉢ 사용내국법인과 파견외국법인 사이에 체결된 용역제공 관련 계약서(영문으로 작성된 서류는 한글번역본과 함께 제출하여야 한다)

2) 연말정산

① 파견외국법인은 파견근로자에게 해당 과세기간의 다음 연도 2월분의 근로소득을 지급할 때에 근로소득세액 연말정산 규정에 따라 해당 과세기간의 근로소득에 대한 소득세를 원천징수하여야 한다. 이 경우 파견근로자에 대한 해당 과세기간의 과세표준과 세액의 계산, 과세표준 확정신고와 납부, 결정·경정 및 징수·환급에 대해서는 소득세법에 따른 거주자 및 비거주자에 대한 관련 규정을 준용한다.(소법 156조의7 ②, 2015.12.15. 신설)

② 위 '①'을 적용할 때 사용내국법인은 파견외국법인을 대리하여 원천징수할 수 있다.(소법 156조의7 ③, 2015.12.15. 신설)

③ 파견외국법인(위 '②'에 따라 사용내국법인이 파견외국법인을 대리하여 원천징수하는 경우에는 사용내국법인을 말한다)이 파견근로자의 근로소득세액에 대한 원천징수를 하는 경우에는 사용내국법인의 원천징수 관할 세무서장에게 다음의 서류를 제출하여야 한다.(소령 207조의10 ④, 207조의10 ⑤, 2016.2.17. 신설)

㉠ 근로소득 지급명세서

㉡ 원천징수세액 환급신청서

㉢ 파견외국법인과 파견근로자 사이에 체결된 용역제공 관련 계약서(영문으로 작성된 서류는 한글번역본과 함께 제출하여야 한다)

㉣ 파견외국법인이 파견근로자에게 지급한 보수 또는 대가에 관한 증거서류(영문으로 작성된 서류는 한글번역본과 함께 제출하여야 한다)

9 원천징수의 승계

① 법인이 해산한 경우에 원천징수를 하여야 할 소득세를 징수하지 아니하였거나 징수한 소득세를 납부하지 아니하고 잔여재산을 분배하였을 때에는 청산인은 그 분배액을 한도로 하여 분배를 받은 자와 연대하여 납세의무를 진다.(소법 157조 ①)

② 법인이 합병한 경우에 합병 후 존속하는 법인이나 합병으로 설립된 법인은, 합병으로 소멸된 법인이 원천징수를 하여야 할 소득세를 납부하지 아니하면 그 소득세에 대한 납세의무를 진다.(소법 157조 ②)

10 원천징수세액의 신고 및 납부

원천징수의무자는 원천징수한 소득세를 다음의 납부기한 내에 국세징수법에 의한 납부서와 함께 원천징수 관할세무서·한국은행 또는 체신관서에 납부하여야 하며, 「원천징수이행상황신고서」를 원천징수 관할 세무서장에게 제출(국세정보통신망에 의한 제출을 포함)하여야 한다. 그리고 「원천징수이행상황신고서」에는 원천징수하여 납부할 세액이 없는 자에 대한 것도 포함하여야 한다.(소령 185조 ②)

① 월별 납부

그 징수일이 속하는 달의 다음달 10일(소법 128조)

② 반기별 납부

㉠ 반기별납부의 적용대상자는 다음 중 하나에 해당하는 원천징수의무자로서 원천징수 관할 세무서장으로부터 원천징수 대상 소득에 대한 원천징수세액을 매 반기별로 납부할 수 있도록 승인을 받거나 국세청장이 정하는 바에 따라 지정을 받은 자를 말한다.(소령 186조 ①, 2021.5.4. 개정)

ⓐ 직전 연도(신규로 사업을 개시한 사업자의 경우 신청일이 속하는 반기를 말한다. 이하에서 같다)의 상시고용인원이 20명 이하인 원천징수의무자(금융 및 보험업을 경영하는 자는 제외)

ⓑ 종교단체

➲ 종교단체는 상시인원의 수와 관계없이 반기별납부가 가능한 것이다.

➲ 2018.1.1.이 속하는 과세기간에 발생하는 소득분부터 적용한다.(2017.12.29. 영 부칙 1조, 2조)

㉡ 직전 연도의 상시고용인원수는 직전 연도의 1월부터 12월까지의 매월 말일 현재의 상시고용인원의 평균인원수로 한다.(소령 186조 ②, 2021.5.4.)

㉢ 위 '㉠'의 규정에 의하여 승인을 얻고자 하는 자는 원천징수세액을 반기별로 납부하고자 하는 반기의 직전월의 1일부터 말일까지 원천징수 관할 세무서장에게 신청하여야 한다.(소령 186조 ③)

㉣ 위 '㉢'에 따른 신청을 받은 원천징수 관할 세무서장은 해당 원천징수의무자의 원천징수세액 신고·납부의 성실도 등을 고려하여 승인 여부를 결정한 후 신청일이 속하는 반기의 다음 달 말일까지 통지하여야 한다. 이 경우 원천징수의무자가 기한 내에 승인 여부를 통지받지 못한 경우에는 승인받은 것으로 본다.(소령 186조 ④)

㉤ 반기별 납부의 예외(무조건 월별납부)

반기별납부대상 원천징수의무자는 위 '㉠'에도 불구하고 다음의 원천징수세액을 그 징수일이 속하는 달의 다음 달 10일까지 납부하여야 한다.(소법 128조 ②, 2010.12.27 개정)

ⓐ 법인세법 제67조에 따라 처분된 상여·배당 및 기타소득에 대한 원천징수세액

ⓑ 국제조세조정에 관한 법률 제13조(☞ 소득처분 및 세무조정) 및 제22조(☞ 출자금액 대비 과다차입금 지급이자의 손금불산입)에 따라 처분된 배당소득에 대한 원천징수세액(2020.12.29. 개정)

ⓒ 소득세법 제156조의5(☞ 비거주자인 연예인 또는 운동가의 용역제공과 관련된 원천징수절차 특례) 제1항 및 제2항에 따른 원천징수세액

소득세 확정신고시 공제하는 원천징수세액(소득 집행기준 76-139-1)

① 사업소득이 있는 직업운동선수가 일시에 원천징수된 전속계약금에 대한 종합소득과세표준 확정신고시 기납부세액으로 공제하는 원천징수세액은 해당연도의 종합소득과세표준에 산입된 사업소득에 대한 소득세 원천징수세액을 말한다.

② 원천징수의무자가 원천징수해야 할 소득세를 원천징수하지 아니하여 납세지 관할 세무서장이 징수불이행된 세액에 대해 고지결정하였으나 그 납부를 이행하지 아니한 경우, 그 원천징수불이행된 소득세 상당액은 종합소득과세표준 확정신고시 공제할 수 없다.

③ 원천징수한 세액을 원천징수의무자가 납부하지 아니하였다 하더라도 그 원천징수한 세액의 범위 내에서는 납세의무자는 면책되는 것으로 원천징수의무자가 원천징수한 사실이 객관적으로 확인되는 경우에는 원천징수의무자가 신고·납부하지 않았더라도 납세의무자가 해당 소득에 대하여 종합소득세를 신고하는 때에는 기납부세액으로 공제할 수 있다.

④ 법인세과세표준과 세액의 경정결정에 따라 대표이사에게 상여처분한 금액에 대하여 해당 법인에게 소득금액변동통지를 하였으나, 원천징수의무자인 법인이 해당 원천징

수세액을 납부하지 아니하여 고지결정한 세액을 법인의 재산이 없어 결손처분한 경우에, 소득의 귀속자인 대표이사의 종합소득에 대한 세액을 징수함에 있어서 이를 기납부한 원천징수세액으로 공제할 수 없다.

✓ 원천징수대상 소득이 감액되어 발생한 환급금의 환급대상자

원천징수의무자가 소득세 원천징수·납부를 불이행하여 그 납세지 관할 세무서장이 징수 불이행된 세액을 원천징수의무자에게 고지·징수하였으나, 이에 대해 납세의무자가 불복을 제기함에 따라 원천징수대상 소득금액이 감액결정되어 발생한 환급금은 당해 원천징수세액을 납부한 원천징수의무자에게 환급하는 것임(소득-187, 2011.2.25.)

원천납세의무자에 대한 누락세액의 결정 및 징수[4)]

원천납세의무자는 원천징수가 누락된 소득 등이라고 하더라도 종합소득과세표준 등(종합소득과세표준·퇴직소득과세표준·법인세과세표준)에 포함하여 확정신고를 하여야 하고, 또한 과세관청도 직접 당해 소득 등을 원천납세의무자의 종합소득과세표준 등에 포함하여 과세표준과 세액을 결정 또는 경정하여야 하는 것이다.

그런데 원천납세의무자가 누락된 원천징수대상소득을 종합소득과세표준 등에 산입하여 결정 또는 경정하면서 누락된 원천징수세액에 상당하는 세액을 직접 납부하거나 당해 세액에 대하여 납세고지를 행 할 수 있는가 하는 점이 문제이다. 이에 대하여는 긍정설과 부정설의 상반된 견해를 상정할 수 있다.

긍정설과 부정설의 근본적인 차이는 원천징수가 누락되거나 과소징수된 경우에 확정신고자진납부세액 또는 징수세액(고지세액)을 산정함에 있어서 그 누락 또는 과소징수된 소득세 등(원천징수하여야 할 세액)을 소득세법 제85조 제4항에서의 기납부세액, 즉 '원천징수한 세액'으로서 공제할 수 있는지의 여부에 달려 있는 것이다.

(1) 긍정설

원천납세의무자가 원천징수대상소득을 종합소득과세표준 또는 퇴직소득과세표준에 포함하여 신고할 의무가 있는 경우에는 원천징수가 누락된 소득금액에 대한 소득세를 원천납세의무자로부터 직접 부과·징수할 수 있다고 한다. 즉, 원천징수가 누락되거나 과소징수된 경우에 확정신고자진납부세액 또는 징수세액(고지세액)을 산정함에 있어서 그 누락 또는 과소징수된 소득세 등은 '원천징수한 세액'에 해당하지 않기 때문에 이를 공제할 수 없다는 견해인 것이다.

(2) 부정설

원천납세의무자는 실체법상의 납세의무자이지만 절차법상 원천징수할 소득세 등의 납세의무를 부담하지 않기 때문에 원천납세의무자에 대하여 원천징수의무자가 징수누락한 원천징수세액을 직접 부과·징수할 수 없다는 견해이다. 즉, 원천납세의무자에

PART 5

대한 종합소득세 등의 확정신고자진납부세액 또는 징수세액(고지세액)을 산정함에 있어서 이미 원천징수하여 납부한 소득세 등은 물론이고 누락 또는 과소징수된 소득세 등도 '원천징수한 세액'으로 보아 이를 공제함이 타당하다고 주장한다.

(3) 결 어

판례는 긍정설의 입장에 서있다. 즉, 대법원은 1981.9.22. 선고, 79누347 전원합의부 판결에 의하여 종전의 부정설의 입장에서 긍정설의 입장으로 선회하였다.

11 원천징수의무 불이행에 대한 불이익

1) 조세범처벌법상의 규정

① 징수불이행에 대한 처벌

조세의 원천징수의무자가 정당한 사유 없이 그 세금을 징수하지 아니하였을 때에는 1천만원 이하의 벌금에 처한다.(조세범처벌법 13조 ①)

② 납부불이행에 대한 처벌

조세의 원천징수의무자가 정당한 사유 없이 징수한 세금을 납부하지 아니하였을 때에는 2년 이하의 징역 또는 2천만원 이하의 벌금에 처한다.(조세범처벌법 13조 ②)

2) 원천징수 등 납부지연가산세의 부과

① 가산세의 적용

원천징수의무자(납세조합 포함)가 징수하였거나 징수하여야 할 세액을 법정납부기한까지 납부하지 아니하였거나 미달하여 납부하였을 때에는 다음의 금액을 징수하여야 할 세액에 더한 것을 그 세액으로 하여 납부하여야 한다.(국기법 47조의5 ①, ②, 2019.12.31. 개정, 국기령 27조의4, 2022.2.15. 개정)

4) 김완석, 2006, 소득세법론, 광교, p. 734~735

• 원천징수 등 납부지연가산세*4 = Min [① ㉠ 미납·미달세액 × 3% + ㉡ 미납·미달세액 × 기간*1 × 0.022%*2 / ② 한도 : 미납·미달납부세액 × 50%*3]

*1. • 법정납부기한의 다음 날부터 납부일까지의 기간(납부고지일부터 납부고지서에 따른 납부기한까지의 기간은 제외)을 말한다.(국기법 47조의5 ① 2, 2020.12.29. 용어개정)
• 납세고지서에 따른 납부기한의 다음 날부터 납부일까지의 기간(국세징수법 제13조에 따라 지정납부기한과 독촉장에서 정하는 기한을 연장한 경우에는 그 연장기간은 제외)이 5년을 초과하는 경우에는 그 기간은 5년으로 한다.(국기법 47조의5 ④, 2020.12.29. 개정)

*2. 2019.2.11.까지는 0.03%, 2019.2.12.부터 2022.2.14.까지는 0.025%, 2022.2.15.부터는 0.022%를 적용한다.(2019.2.12. 국기령 부칙 9조, 2022.2.15. 국기령 부칙 6조)

*3. 위 '①'에서의 '㉠과 ㉡' 중 법정납부기한의 다음 날부터 납세고지일까지의 기간에 해당하는 금액을 합한 금액은 10%를 한도로 한다.

*4. 체납된 국세의 납부고지서별·세목별 세액이 150만원 미만인 경우에는 위 '㉡'의 가산세를 적용하지 아니한다.(국기법 47조의5 ⑤, 2020.12.29. 용어개정)

➲ 2022.1.1. 전에 납부고지서별·세목별 세액이 100만원 이상 150만원 미만인 국세를 체납하여 그 미납기간에 대하여 납세의무가 성립한 납부지연가산세의 부과에 관하여는 개정규정에도 불구하고 종전의 규정에 따른다.(2021.12.21. 국기법 부칙 7조)

지방소득세 특별징수 납부지연가산세 (지법 103조의14, 지기법 56조)

(1) 2018.12.31. 개정 내용(2023.12.31.까지 적용)

① 특별징수의무자가 징수하였거나 징수할 세액을 기한 내에 납입하지 아니하거나 미달하게 납입한 경우에는 그 납입하지 아니한 세액 또는 미달한 세액에 다음의 가산세를 합한 금액을 특별징수의무자로부터 징수한다. 다만, 국가 또는 지방자치단체와 주한미국군이 특별징수의무자인 경우에는 의무불이행을 이유로 하는 가산세는 이를 가산하지 아니한다.(지법 103조의14, 2018.12.31. 개정, 지령 93조, 지기법 56)

특별징수 납부지연가산세 = Min(①, ②)

① 미납세액·과소납부세액 × 10%
② 미납세액·과소납부세액 × 3% + 미납세액·과소납부세액 × 미납기간*1 × 0.022%*2

*1. 납부기한의 다음 날부터 자진납부일 또는 부과결정일까지의 기간
*2. 2018년까지는 0.03%, 2019.1.1.부터 2022.6.6.까지는 0.025%, 2022.6.7.부터는 0.022%를 적용한다.(2018.12.31. 지기령 부칙 2조, 2022.6.7. 지기령 부칙 2조)

② 특별징수의무자가 특별징수를 하지 아니한 경우로서 다음 중 하나에 해당하는 경우에는 특별징수의무자에게 그 가산세액만을 부과한다.(지법 103조의14 ①, 2018.12.31. 개정, 지령 100조의6)

㉠ 납세의무자가 신고납부한 과세표준금액에 특별징수하지 아니한 특별징수대상 개인지방소득금액이 이미 산입된 경우(지법 103조의14 ① 1, 2018.12.31. 신설)

㉡ 특별징수하지 아니한 특별징수대상 개인지방소득금액에 대하여 납세의무자의 관할 지방자치단체의 장이 그 납세의무자에게 직접 개인지방소득세를 부과·징수하려는

경우(지법 103조의14 ① 2, 2018.12.31. 신설)

(2) 2020.12.29. 개정 내용

➲ 2024.1.1.부터 시행한다.(2020.12.29. 지기법 부칙 1조 단서 3, 2021.12.28. 부칙 1조 5 개정)

➲ 2024.1.1. 전에 납세의무가 성립된 분에 대해서는 개정규정에도 불구하고 종전의 규정에 따른다.(2020.12.29. 지기법 부칙 6조, 2021.12.28. 개정)

① 특별징수의무자가 징수하여야 할 세액을 법정납부기한까지 납부하지 아니하거나 과소납부한 경우에는 납부하지 아니한 세액 또는 과소납부분 세액의 50%(아래 'ⓒ'에 따른 금액은 10%)를 한도로 하여 다음의 계산식에 따라 산출한 ⓛ, ⓒ, ⓔ의 금액을 합한 금액을 가산세로 부과한다.(지기법 56조 ①, 2020.12.29. 신설, 지기령 34조)

특별징수 납부지연가산세 = Min[㉠, (㉡ + ㉢*3 + ㉣)]

㉠ 한도 : 미납세액·과소납부세액×50%(㉡의 금액은 10%)
㉡ 미납세액·과소납부세액×3%+미납세액·과소납부세액×미납일수*1×0.022%*2
㉢ 납세고지서 납부기한까지의 미납세액·과소납부세액(가산세는 제외)×0.66%*3 (2024.12.31. 신설)
㉣ 미납세액·과소납부세액(가산세는 제외)×부과기간*4×월 0.66%

*1. 법정납부기한의 다음 날부터 자진납부일 또는 납부고지일까지의 일수
*2. 2018년까지는 0.03%, 2019.1.1.부터 2022.6.6.까지는 0.025%, 2022.6.7.부터는 0.022%를 적용한다.(2018.12.31. 지기령 부칙 2조, 2022.6.7. 지기령 부칙 2조)
*3. 2025.1.1. 이후 특별징수 납부지연가산세를 부과하는 경우부터 적용한다.(2024.12.31. 지기법 부칙 3조)(☞ 舊 가산금)
*4. 납세고지서에 따른 납부기한이 지난날부터 1개월 단위로 계산하며, 가산세를 부과하는 기간은 60개월(1개월 미만은 없는 것으로 본다)을 초과할 수 없다.(지기법 56조 ① 후단)(☞ 舊 중가산금)

② 위 '①'을 적용할 때 납세고지서별·세목별 세액이 45만원 미만인 경우에는 위 'ⓔ'의 가산세를 적용하지 아니한다.(지기법 55조 ④, 2023.12.29. 개정)

➲ '30만원'→'45만원'의 개정사항은 2024.1.1.부터 시행한다.(2023.12.29. 지기법 부칙 1조)

저자TIP 특별징수 납부지연가산세율의 기간별 적용

적용대상기간	가산세율
~ 2018.12.31.	0.03%
2019.1.1. ~ 2022.6.6.	0.025%
2022.6.7. ~	0.022%

② 원천징수의무자가 국가 등(국가·지방자치단체 또는 지방자치단체조합)인 경우

국가 등으로부터 근로소득을 받는 사람이 「근로소득자 소득·세액 공제신고서」를 사실과 다르게 기재하여 부당하게 소득공제 또는 세액공제를 받아 국가 등이 원천징수

하여야 할 세액을 정해진 기간에 미달하게 납부한 경우에는 국가 등은 원천징수 등 납부지연가산세를 징수하여야 할 세액에 더하여 그 근로소득자로부터 이를 징수하여 납부하여야 한다.(소법 128조의2, 2014.1.1. 개정)

③ 가산세의 적용배제

다음의 자에 대하여는 원천징수 등 납부지연가산세를 적용하지 아니한다.(국기법 47조의5 ③)

㉠ 우리나라에 주둔하는 미군

㉡ 공적연금소득 또는 공적연금일시금(퇴직소득)을 지급하는 자

㉢ 소득세법에 따라 소득세를 원천징수하여야 할 자가 국가, 지방자치단체 또는 지방자치단체조합인 경우(위 '②'에 해당하는 경우는 제외)

12 소액 부징수

원천징수세액(이자소득과 원천징수대상 사업소득 중 인적용역을 계속적·반복적으로 공급하고 그 대가로 받은 사업소득은 제외)이 1천원 미만인 경우에는 해당 소득세를 징수하지 아니한다.(소법 86조 1, 2023.12.31. 개정, 소령 149조의3, 2024.2.29. 신설)

➲ 2024.7.1. 이후 지급하는 소득에 대하여 원천징수하는 경우부터 적용한다.(2023.12.31. 법 부칙 6조)

13 납세조합의 원천징수

(1) 납세조합의 의의

납세조합이란 소득세의 과세표준 및 세액의 결정과 징수가 곤란한 국외 근로소득이 있는 자와 농·축·수산물 판매업자 및 노점상인 등과 같은 영세사업자가 조합을 조직하여 해당 조합이 그 조합원의 소득세를 원천징수하여 납부하기 위하여 조직된 단체이다.

(2) 납세조합의 조직 및 승인

1) 납세조합의 조직대상자

다음에 해당하는 거주자는 납세조합을 조직할 수 있다.(소법 149조, 소령 204조 ②)

① 국외 근로소득이 있는 자

② 농·축·수산물 판매업자. 다만, 복식부기의무자를 제외한다.

③ 노점상인

PART 5

④ 그 밖에 국세청장이 필요하다고 인정하는 사업자

2) 납세조합의 조직요건 및 승인

납세조합을 조직하고자 하는 자는 다음 요건을 갖추어 납세조합 관할 세무서장을 거쳐 지방국세청장의 승인을 얻어야 한다.(소령 204조 ①)

① 일정인원 이상의 조합원으로 구성되어져야 한다.

㉠ 국외 근로소득 납세조합 : 조합원이 될 납세의무자가 50명 이상으로서 그 2/3 이상의 동의를 얻을 것. 다만, 지역적인 특수성으로 인하여 조합원이 50명에 미달하는 경우에는 그 미달하는 인원으로도 납세조합을 조직할 수 있다.

㉡ 사업자의 납세조합 : 조합원이 될 납세의무자가 20명 이상일 것

② 납세관리와 납세에 관한 업무만을 목적으로 할 것

③ 가입 및 탈퇴를 강제하지 아니할 것. 다만, 납세에 관하여 다른 조합원에게 피해를 입히게 되는 경우로서 해당 조합의 정관 또는 규약에 따로 규정을 둔 때에는 그러하지 아니하다.

✓ **타세무서 관할 납세조합의 가입**(소통 149－204…1)
사업장 관할세무서 관내에 납세조합이 없는 경우에는 타세무서 관할에 있는 납세조합에 가입할 수 있다.

(3) 납세조합의 원천징수와 납부

납세조합은 그 조합원의 국외 근로소득 또는 사업소득에 대한 소득세를 매월 징수하여야 하며, 징수한 매월분의 소득세를 징수일이 속하는 달의 다음달 10일까지 납세조합 관할 세무서·한국은행 또는 체신관서에 납부하여야 한다.(소법 150조 ①, 151조)

① 국외 근로소득자의 납세조합

㉠ 국외 근로소득자의 납세조합은 소득세를 원천징수할 때 그 조합원의 매월분의 소득에 대해서는 국내 근로소득에 대한 원천징수의 예에 의하되, 근로소득간이세액표에 따라 계산한 소득세에서 납세조합공제를 적용한 금액을 징수한다.(소법 152조 ②, 소령 205조 ③)

㉡ 국외 근로소득이 있는 자가 조직한 납세조합이 2027.12.31. 이전에 그 조합원에 대한 매월분의 소득세를 징수할 때에는 그 세액의 3%에 해당하는 금액을 공제하고 징수한다. 다만, 종합소득 과세표준확정신고를 하거나 연말정산을 하는 경우에는 해당 납세조합에 의하여 원천징수된 근로소득에 대한 종합소득산출세액의 3%

에 해당하는 금액을 공제한 것을 세액으로 납부하거나 징수한다.(소법 150조 ③, 2024.12.31. 개정)

㉢ 공제하는 금액은 연 100만원(해당 과세기간이 1년 미만이거나 해당 과세기간의 근로제공기간이 1년 미만인 경우에는 100만원에 해당 과세기간의 월수 또는 근로제공 월수를 곱하고 이를 12로 나누어 산출한 금액을 말한다)을 한도로 한다.(소법 150조 ④, 2021.12.8. 신설)

✓ **납세조합가입자 등의 소득세환급금의 범위**(소통 85－0…1)

납세조합가입자가 해당연도의 소득에 대하여 종합소득 과세표준확정신고를 하거나 납세조합의 원천징수의무자가 연말정산한 결과 이미 원천징수된 세액이 총결정세액을 초과하는 경우에 발생하는 국세환급금은 해당 거주자가 실제로 정부에 납부한 세액을 한도로 한다.

✓ **납세조합원의 연말정산에 의한 환급**(소통 152－0…1)

근로소득이 있는 자가 조직한 납세조합이 당해 조합원에 대한 소득세를 징수하여 납부한 후 연말정산으로 인하여 환급금이 발생한 때에는 당해 조합이 징수·납부할 소득세에서 조정하여 환급할 수 있다.

② 사업자의 납세조합

㉠ 사업자가 조직한 납세조합은 각 조합원의 매월분 소득(각 조합원의 매월분 수입금액에서 수입금액에 단순경비율을 곱한 금액을 공제한 금액을 말함)에 12를 곱한 금액에 종합소득공제를 적용한 금액에 기본세율을 적용하여 계산한 세액의 1/12을 매월분의 소득세로 하여 세액공제와 납세조합공제를 한 금액을 징수한다. 이 경우에 1개월 미만의 끝수가 있을 때에는 1개월로 본다.(소법 152조 ①)

㉡ 납세조합(농·축·수산물 조합에 한한다)은 매월분 원천징수세액을 납부할 때 「납세조합징수이행상황신고서」와 「납세조합 조합원 변동명세서」를 관할 세무서장에게 제출(국세정보통신망에 의한 제출을 포함)하여야 한다.(소령 205조 ④)

㉢ 납세조합공제 : 사업자가 조직한 납세조합이 그 조합원에 대한 매월분의 소득세를 징수할 때에는 그 세액의 5%에 해당하는 금액을 공제하고 징수한다.(소법 150조 ②)

㉣ 공제하는 금액은 연 100만원(해당 과세기간이 1년 미만이거나 해당 과세기간의 근로제공기간이 1년 미만인 경우에는 100만원에 해당 과세기간의 월수 또는 근로제공 월수를 곱하고 이를 12로 나누어 산출한 금액을 말한다)을 한도로 한다.(소법 150조 ④, 2021.12.8. 신설)

PART 5

(4) 납세조합의 납세관리

납세조합은 그 조합원의 소득세에 관한 신고·납부 및 환급에 관한 사항을 관리하는 납세관리인이 될 수 있으며, 납세조합이 그 조합원의 납세관리인이 되고자 할 때에는 「납세관리인선정신고서」를 납세조합 관할 세무서장에게 제출하여야 한다.(소법 153조, 소령 206조)

(5) 납세조합의 해산

납세조합이 다음에 해당하는 경우에는 해산하여야 한다.

① 조합원의 1/2 이상의 동의가 있는 때(소령 204조 ③ 1)

② 조합원의 수가 다음 인원에 미달하게 되는 때(소령 204조 ③ 2)

㉠ 국외 근로소득자의 납세조합에 있어서는 50명. 다만, 지역적인 특수성으로 인하여 조합원이 50명에 미달하는 경우로서 그 미달하는 인원으로 납세조합을 조직한 때에는 그러하지 제외한다.

㉡ 사업자의 납세조합에 있어서는 20명

③ 다음의 사유에 해당하여 관할지방국세청장이 납세조합의 해산을 명하였을 때(소령 204조 ④)

㉠ 납세조합의 조직요건에 위배된 때

㉡ 조세행정에 지장이 있는 행위가 있다고 인정되는 때

✓ 외국인의 종합소득세 신고

납세조합은 그 조합원의 소득세에 관한 신고·납부 및 환급에 관한 사항을 관리하는 납세관리인이 될 수 있으며, 국내에 주소를 두거나 1년 이상 거소를 둔 외국인거주자의 종합소득세 과세표준에 국외에서 근로를 제공하고 받은 근로소득금액이 합산되어 있는 경우에는 국외근로소득 세액공제를 할 수 있으며, 또한 동 국외원천 근로소득금액에 대한 외국소득세액을 납부하거나 납부할 것이 있는 경우에는 외국납부세액공제를 할 수 있음(서일 46011-10576, 2002.5.1.)

• 제 4 절 수시부과결정

1 수시부과결정의 의의

소득세는 과세기간이 종료되어 과세표준이 결정된 후 납세의무가 확정된다. 그러나 정부는 조세채권을 멸실할 긴급한 사유가 있는 경우에는 과세기간이 진행 중일지라도 과세권을 행사하게 되는데 이를 수시부과결정이라고 한다.

2 수시부과의 사유

납세지 관할 세무서장 또는 지방국세청장은 거주자가 과세기간 중에 다음 중 하나에 해당하면 수시로 그 거주자에 대한 소득세를 부과(이하 "수시부과"라 한다)할 수 있다.(소법 82조 ①)

① 사업부진 그 밖의 사유로 장기간 휴업 또는 폐업상태에 있는 때로서 소득세를 포탈할 우려가 있다고 인정되는 경우(소법 82조 ① 1)

② 그 밖에 조세를 포탈할 우려가 있다고 인정되는 상당한 이유가 있는 경우(소법 82조 ① 2)

③ 주소·거소 또는 사업장의 이동이 빈번하다고 인정되는 지역의 납세의무 있는 자(소법 82조 ④)

④ 사업자가 주한국제연합군 또는 외국기관으로부터 수입금액을 외국환은행을 통하여 외환증서 또는 원화로 영수할 때(소령 148조 ③)

⑤ 부도발생 또는 채무누적 등의 사유로 인하여 법원에 의하여 소유부동산이 경매될 것이 예상되는 경우(소통 82−0…1)

✓ **폐업시 수시부과**(소득 해석편람 82−1−1)

거주자가 사업부진으로 인하여 폐업상태에 있는 때에는 사업장 관할 세무서장이 수시로 소득세과세표준과 세액을 실지조사 또는 추계조사방법에 의하여 결정할 수 있는 것임(소득 46011−3854, 1995.10.16.)

✓ **수시부과 신청**(소득 해석편람 82−1−2)

수시부과 신청 후 관할 세무서장으로부터 수시부과를 받지 아니한 경우에는 해당 종합소득에 대한 과세표준 확정신고의무를 이행하여야 하는 것임(소득 46011−651, 1999.2.19.)

✓ **폐업자의 소득세신고**

소득세법 시행령 제131조 제1항에 규정된 세무사가 작성한 조정계산서 첨부대상 사업자가 해당연도 중에 폐업하면서 사업장 관할 세무서장에게 해당 사업자가 작성한 조정계산서를 첨부하여 해당 과세기간의 소득세 과세표준신고를 하였으나 사업장 관할 세무서장이 수시부과결정을 하지 아니하는 경우 해당연도 소득세 과세표준확정신고 기한 내에 세무사가 작성한 조정계산서를 첨부한 과세표준확정신고서를 납세지 관할 세무서장에게 제출하지 아니하는 때에는 신고불성실가산세를 적용하는 것임(서일 46011－11342, 2002.10.14.)

✓ **폐업으로 수시부과를 받고자 하는 자의 이행 절차 및 종합소득세 신고납부기한**

폐업시 수시부과 받고자 하는 자는 폐업신고와 함께 사업장 관할 세무서장에게 폐업수시부과 신청을 하는 것이며 수시부과 후 추가소득 발생시는 확정신고할 수 있는 것임(제도 46011－10351, 2001.3.30.)

3 수시부과의 통지 및 결정

(1) 수시부과의 통지 및 지정지역의 해제

수시부과를 하고자 하는 세무서장은 관할지방국세청장의 승인을 받아 지체없이 해당 거주자에게 그 뜻을 통지하여야 하며, 수시부과지역의 지정을 해제하는 경우에도 또한 같다.(소령 148조 ②)

(2) 수시부과의 결정

과세표준 및 세액의 결정은 사업장 관할 세무서장(사업자 외의 자에 대하여는 납세지 관할 세무서장)이 한다.(소령 148조 ①)

4 수시부과시 과세표준 및 세액의 계산

해당 과세기간의 사업개시일부터 수시부과의 사유가 발생한 날까지를 수시부과기간으로 하여 다음과 같이 수시부과세액을 계산한다.(소법 82조 ②, 소칙 69조)

이 경우 수시부과의 사유가 과세표준확정신고기한(또는 성실신고확인서를 제출하는 경우의 과세표준확정신고기한) 이전에 발생한 경우로서 납세자가 직전 과세기간에 대하여 과세표준확정신고를 하지 아니한 경우에는 직전 과세기간을 수시부과기간에 포함한다.(소법 82조 ②, 2013.1.1. 개정)

① 조세포탈의 우려가 있는 경우 등

수시부과세액 = (종합소득금액 − 거주자본인에 대한 기본공제) × 기본세율

② 주한국제연합군 등으로부터 수입금액을 외환증서 등으로 영수하는 경우

수시부과세액 = [총수입금액 × (1 − 단순경비율)] × 기본세율

✓ **수시부과시의 고지세액 계산**(소통 82−148…1)

수시부과의 경우 고지세액의 계산은 수시부과산출세액에서 기납부한 세액을 공제한 세액을 말한다. 이 경우 기납부한 세액이 수시부과산출세액을 초과하는 경우에는 초과하는 세액은 환급할 수 있다.

5 가산세 적용의 배제

다음의 사유에 따라 수시부과한 경우 해당 세액 및 수입금액에 대하여는 무신고가산세와 과소신고가산세를 적용하지 아니한다.(소법 82조 ③)

① 사업부진 그 밖의 사유로 장기간 휴업 또는 폐업상태에 있는 때로서 소득세 포탈의 우려가 있다고 인정되는 경우(소법 82조 ① 1)

② 그 밖에 조세를 포탈할 우려가 있다고 인정되는 상당한 이유가 있는 경우(소법 82조 ① 2)

Chapter

02 사업장현황보고와 확인

I 사업장현황신고

1 개 요

부가가치세가 면제되는 개인사업자에게는 종합소득 과세표준확정신고와는 별개로 사업장현황을 신고하는 절차를 두고 있다. 이러한 제도는 그 사업자의 총수입금액을 파악하기 위한 장치인 것이다.

2 신고대상자

사업자(해당 과세기간 중 사업을 폐업 또는 휴업한 사업자를 포함)는 해당 사업장의 현황을 해당 과세기간의 다음 연도 1월 1일부터 2월 10일까지 사업장 소재지 관할 세무서장에게 신고(이하 "사업장 현황신고"라 한다)하여야 한다. 다만, 다음 중 하나에 해당하는 경우에는 사업장 현황신고를 한 것으로 본다.(소법 78조 ①, 2014.12.23. 단서개정)

① 사업자가 사망하거나 출국함에 따라 과세표준확정신고 특례규정이 적용되는 경우(소법 78조 ① 1)

② 사업자가 부가가치세법에 따라 예정신고 또는 확정신고한 경우. 다만, 사업자가 부가가치세법상 과세사업과 면세사업 등을 겸영(兼營)하여 면세사업 수입금액 등을 신고하는 경우에는 그 면세사업 등에 대하여 사업장 현황신고를 한 것으로 본다.(소법 78조 ① 2, 2014.12.23. 개정)

③ 다음의 자(소통 78－0…1)

㉠ 납세조합에 가입하여 수입금액을 신고하는 자

㉡ 담배·연탄·복권·우표·인지·우유 소매사업자

㉢ 보험모집인

사업장현황신고 대상자

- 병·의원, 치과, 한의원 등 의료업자
- 예체능계열 학원, 입시학원, 외국어학원 등 학원사업자
- 법정도매시장 중도매인 등 농·축·수산물 도·소매업자
- 가수·모델·배우 등 연예인
- 대부업자, 주택임대사업자, 주택(국민주택규모 이하)신축판매업자
- 그 밖에 부가가치세가 면제되는 재화 또는 용역을 공급하는 모든 사업자

3 사업장현황신고의 예외(2018.12.31. 신설)

➲ 2019.1.1. 이후 발생하는 소득분부터 적용한다.(2018.12.31. 법 부칙 2조 ①)

다음의 사업자는 사업장 현황신고를 하지 아니할 수 있다.(소법 78조 ③, 2018.12.31. 신설, 소령 141조 ④, 2019.2.12. 신설)

① 납세조합에 가입해 수입금액을 신고한 자

② 독립된 자격으로 보험가입자의 모집 및 이에 부수되는 용역을 제공하고 그 실적에 따라 모집수당 등을 받는 자

③ 독립된 자격으로 일반 소비자를 대상으로 사업장을 개설하지 않고 음료품을 배달하는 계약배달 판매 용역을 제공하고 판매실적에 따라 판매수당 등을 받는 자

④ 그 밖에 위 '①부터 ③까지'의 규정에 해당하는 자와 유사한 자로서 기획재정부령으로 정하는 자 ➲ 현재 기획재정부령으로 정한 내용 없음

4 사업장현황의 신고방법

(1) 원 칙

① 사업자(해당 과세기간 중 사업을 폐업 또는 휴업한 사업자를 포함)는 해당 사업장의 현황을 해당 과세기간의 다음 연도 2월 10일까지 사업장 소재지 관할 세무서장에게 신고하여야 한다.(소법 78조 ①, 2010.12.27. 개정)

② 2 이상의 사업장이 있는 사업자는 각 사업장별로 사업장현황신고를 하여야 한다.(소령 141조 ③)

(2) 공동사업의 경우

대표공동사업자가 해당 공동사업장의 사업장현황신고서를 작성하여 제출하는 것이며 이에 대표자 및 구성원 각각의 사업장현황신고서를 별지로 작성하여 부표로 제출하여야 한다.(소통 78－0…2)

5 신고서의 제출

사업장현황신고를 하여야 하는 사업자는 다음의 사항이 포함된 「사업장현황신고서」를 제출하여야 하며, 국세청장이 업종의 특성 및 세원관리를 위하여 필요하다고 인정하는 사업장의 경우에는 동 신고서에 수입금액명세서 및 관련자료를 첨부하여야 한다.(소법 78조 ②, 소령 141조 ①, ②)

① 사업자 인적사항
② 업종별 수입금액 명세
③ 수입금액의 결제수단별 내역
④ 계산서·세금계산서·신용카드매출전표 및 현금영수증 수취내역
⑤ 그 밖에 사업장의 현황과 관련된 사항

제출서류명	제출의무자	내　용
1. 사업장현황신고서	• 모든 사업장현황신고대상자	• 매출액 및 기본현황
2. 매출처별 계산서합계표 매입처별 계산서합계표 매입처별 세금계산서합계표	• 신고대상자 중 (세금)계산서를 이용한 거래가 있는 자	• (세금)계산서 거래내용
3. 수입금액검토표	• 의료업자·동물병원·학원·연예인·대부업·주택임대업자·자동차학원·주택신축판매업자·부동산매매업자	
4. 수입금액검토부표	• 성형외과·안과·치과·피부과·한의원	• 진료유형별 특성에 따른 주요 의료기기현황, 비보험 수입금액, 주요사용재료 현황

사업자별 수입금액검토(부)표 제출의무

종 목	개별제출서류
의료업자	• 의료업자 수입금액검토표(일반병의원·한의원 공통)
성형외과	• 의료업자 수입금액검토표(일반병의원·한의원 공통) • 성형외과 병·의원 수입금액검토부표
안과	• 의료업자 수입금액검토표(일반병의원·한의원 공통) • 안과 병·의원 수입금액검토부표
치과	• 의료업자 수입금액검토표(일반병의원·한의원 공통) • 치과 병·의원 수입금액검토부표
피부과	• 의료업자 수입금액검토표(일반병의원·한의원 공통) • 피부과 병·의원 수입금액검토부표
한방병원 / 한의원	• 의료업자 수입금액검토표(일반병의원·한의원 공통) • 한방 병·의원 수입금액검토부표
동물병원(수의사)	• 동물병원(수의사) 수입금액검토표
학원(자동차학원 제외)	• 학원사업자 수입금액검토표
자동차학원	• 자동차학원 수입금액검토표
연예인	• 연예인 수입금액검토표
사금융업자	• 사금융(대부업)자 수입금액검토표
주택신축판매업자	• 주택신축판매업자 수입금액검토표
부동산매매업자	• 부동산매매업자 수입금액검토표

✓ **공동사업장 등의 사업장현황신고**(소득 집행기준 78－141－2)

① 공동으로 사업을 경영하는 경우에는 대표공동사업자가 해당 공동사업장의 사업장현황신고서를 작성하여 제출하는 것이며 이에 대표자 및 구성원 각각의 사업장현황신고서를 별지로 작성하여 부표로 제출해야 한다.

② 2 이상의 사업장이 있는 사업자는 각 사업장별로 사업장 현황신고를 해야 한다.

6 사업장현황신고 불성실가산세

① 사업자(의료법에 따른 의료업, 수의사법에 따른 수의업 및 약사법에 따라 약국을 개설하여 약사(藥事)에 관한 업(業)을 행하는 사업자만 해당한다)가 사업장현황신고를 하지 아니하거나 신고하여야 할 수입금액(사업자가 부가가치세법 상 과세사업과 면세사업 등을 겸영(兼營)하여 면세사업 수입금액 등을 신고하는 경우에는 그 면세사업 등에 대하여 사업장현황신고를 한 것으로 보는 경우 면세사업 등 수입금액)에 미달하게 신고한 경우에는 그 신고하지 아니한 수입금액 또는 미달하게 신고한 수입금액의

0.5%를 가산세로 해당 과세기간의 종합소득 결정세액에 더하여 납부하여야 한다.(소법 81조의3 ①, 2019.12.31. 조번변경)

② 사업장현황신고 불성실가산세는 종합소득산출세액이 없는 경우에도 적용한다.(소법 81조의3 ②)

• 사업장현황신고 불성실가산세 = 미신고·과소신고 수입금액* × 0.5%

* 사업자가 부가가치세법 상 과세사업과 면세사업 등을 겸영(兼營)하여 면세사업 수입금액 등을 신고하는 경우에는 그 면세사업 등에 대하여 사업장현황신고를 한 것으로 보는 경우 미달신고한 면세사업 등 수입금액을 말한다.

계산서 등 제출 불성실 가산세

① 사업자(소규모사업자 제외)가 ① 매출·매입처별 계산서합계표 및 매입처별 세금계산서합계표를 제출기한(다음연도 2월 10일까지) 내에 미제출하거나 ② 제출기한 내에 제출한 합계표에 기재해야 할 사항의 전부 또는 일부가 기재되지 않았거나 사실과 다르게 기재된 경우에는 공급가액의 0.5%(1개월 이내 지연제출은 0.3%)를 결정세액에 더하여 납부해야 한다.(소법 81조의10 ① 2, 3)

② 가산세배제 소규모사업자의 범위(소령 147조의6 ①)

㉠ 사업소득 연말정산자

㉡ 직전 과세기간 사업소득 수입금액 4,800만원 미달자

㉢ 해당 과세기간의 신규 사업자

✓ 폐업한 의료업사업자의 사업장현황신고불성실가산세 적용 여부

의료법에 따른 의료업자가 폐업한 때에 관할세무서장에게 사업장의 현황을 신고하지 아니하고 폐업한 날이 속하는 과세기간 종료 후 31일 이내에 신고하는 경우 사업장현황신고불이행에 대한 무신고가산세를 적용하지 않는 것임(소득-4279, 2008.11.19.)

Ⅱ 사업장현황의 조사·확인

사업장현황신고를 받은 사업장 소재지 관할 세무서장 또는 지방국세청장은 다음에 해당하는 사유가 있는 때에는 그 사업장의 현황을 조사·확인하거나 이에 관한 장부·서류·물건 등의 제출 그 밖에 필요한 사항을 명할 수 있다.(소법 79조, 소령 141조 ⑤)

① 사업장현황신고를 하지 아니한 경우

② 사업장현황신고서 내용 중 수입금액 등 기본사항의 중요부분이 미비하거나 허위라고 인정되는 경우(2019.2.12. 개정)

③ 매출·매입에 관한 계산서수수내역이 사실과 현저하게 다르다고 인정되는 경우

④ 사업자가 그 사업을 휴업 또는 폐업한 경우

✓ 과세사업자가 의료업 추가시 사업자등록여부 등

부동산임대업을 영위하는 사업자가 의료업을 추가로 영위하는 경우에는 사업자등록을 정정하여야 하며, 부가가치세 과세·면세사업 겸업자가 면세분에 대한 수입금액을 부가가치세신고서에 기재하여 신고를 하는 경우에는 수입금액검토표를 제출하여야 하는 것임(서일 46011-11497, 2003.10.22.)

국세청발표 업종(병과)별 수입금액 탈루유형 예시

업 종	수입금액 탈루유형
의료업 일반	• 비보험 진료수입의 할인명목으로 현금결제 유도 후 누락
종합병원	• 비급여 MRI촬영비를 현금으로 수취하고 누락 • 미수령 보험금 누락 • 비급여 식대 현금으로 수취하고 누락 • 장례식장을 직영하면서 장례용품 및 식당 등 부대 운영수입 누락 • 장례식장 및 매점 등 병원부대시설 임대수입 누락
성형외과	• 마취제, 보톡스 구입량 및 투입량을 누락하여 수입금액 누락 • 실리콘, 콜라겐 등 주요 소모품을 무자료로 구입하여 수입금액 축소 및 누락 • 고용의사를 고의로 누락하여 수입금액 누락 • 연예인, 유학생 및 외국인에 대한 현금수입 누락 • 진료차트상 진료단가를 암호화 하여 수입금액 누락 • 성형부위별 단가를 동일하게 기장하여 누락
산부인과	• 비보험 무통시술, 병실료 수입금액 누락 • 일반 직장의 건강검진비 누락 • 여성병 검진 수입금액 누락 • 친인척 명의위장 산후조리원 수입금액 누락 • 병원 부대시설 임대수입 누락 • 입원산모 외에 보호자 등에게 판매한 식대 누락
피부과	• 마취제 구입량 조작 및 마취과의사 초빙 기록 삭제로 대응 수입금액 누락 • 미용화장품 판매 수입금액 누락 • 비보험 의료수입을 차명의 계좌로 입금하고 누락
안과	• 라식수술 건당 금액을 조작하여 수입금액 과소신고 • 백내장 수술시 초음파 검사비 누락 • 렌즈 판매금액 누락
치과	• 교정, 임플란트 등 장기적인 치료로 진료비를 수회에 걸쳐 타인명의로 송금받아 누락 • 치과재료상, 치과기공소로부터 매입자료를 누락하고 대응 수입금액 누락 • 비보험 신용카드금액을 보험급여로 처리하고 누락 • 미수령 보험금 누락
한의원	• 원거리 환자(택배이용) 현금수입 누락 • 녹용 등 한약재료를 무자료로 구입하여 수입금액 누락 • 자체개발한 어린이 성장크리닉인 성장탕 매출 누락 • 자체개발한 편강탕(천식 비염치료) 매출 누락 • 전자상거래를 통한 수입금액 누락
학원	• 현금으로 수취한 수강료·교재비 누락 • 비정기적 강의인 '특강' 수입금액 누락 • 수료증 및 합격증 발급수수료 누락

Chapter

03 과세표준의 확정신고와 자진납부

• 제 1 절 종합소득 과세표준확정신고

I 확정신고의무자

① 해당 과세기간의 종합소득금액이 있는 거주자는 그 종합소득 과세표준확정신고를 하여야 한다. 또한 해당 과세기간의 과세표준이 없거나 결손금액이 있는 때에도 신고는 하여야 한다.(소법 70조 ①)

② 해당 과세기간에 분리과세 주택임대소득, 가상자산소득*이 있는 경우 및 계약의 위약 또는 해약으로 인하여 받는 위약금·배상금(계약금이 위약금·배상금으로 대체되는 경우만 해당)이 있는 경우에도 과세표준 확정신고를 하여야 한다.(소법 70조 ②, 2020.12.29. 개정)

* 가상자산소득은 2027.1.1. 이후 소득분부터 적용한다.(2020.12.29. 법 부칙 1조 2, 2024.12.31. 개정)

II 과세표준확정신고의 예외

1 과세표준확정신고의무가 없는 자

(1) 다음에 해당하는 거주자는 해당 소득에 대하여 과세표준확정신고를 하지 아니할 수 있다.(소법 73조 ①, 소령 137조 ①, 2015.2.17. 개정)

① 근로소득만 있는 자

② 퇴직소득만 있는 자

PART 5

③ 공적연금소득만 있는 자

④ 연말정산대상 사업소득만 있는 자 : 간편장부대상자(직전연도 수입금액이 7,500만원 미만인 사업자)인 보험모집인과 방문판매원(후원방문판매원 포함) 및 음료품배달원(원천징수의무자가 연말정산한 경우에 한한다)을 말한다.

⑤ 원천징수 되는 기타소득으로서 종교인소득만 있는 자

⑥ 근로소득 및 퇴직소득만 있는 자

⑦ 퇴직소득 및 공적연금소득만 있는 자

⑧ 퇴직소득 및 연말정산이 되는 사업소득만 있는 자

⑨ 퇴직소득 및 기타소득으로서의 종교인소득

⑩ 분리과세이자소득·분리과세배당소득·분리과세연금소득 및 분리과세기타소득(원천징수되지 아니하는 소득은 제외)만 있는 자(2019.12.31. 개정)

⑪ 위 '①부터 ⑨까지'에 해당하는 사람으로서 분리과세이자소득·분리과세배당소득·분리과세연금소득 및 분리과세기타소득이 있는 자

✓ 법인과 법인의 공동사업시 공동사업장의 소득세 신고여부

법인과 법인이 동업계약에 의하여 공동사업을 영위함에 있어 당해 공동사업장을 개인사업자로 사업자등록한 경우 당해 공동사업장에서 발생하는 자산·부채 및 수입·비용 등에 관한 거래금액에 대해서 법인세법을 적용하여 산출된 금액을 동업계약에 의한 지분비율로 안분하여 이를 당해 법인의 익금과 손금으로 하는 것이며, 이 경우 1거주자로 보는 공동사업장은 종합소득 과세표준확정신고 의무는 없는 것임(서면1팀-1218, 2005.10.10.)

※ 참고예규

✓ 공동사업장의 장부비치·기장의무

개인과 법인이 동업계약에 의하여 공동으로 사업을 경영하는 경우 공동사업장에 대한 소득금액 계산은 소득세법 제87조의 규정에 의하여 당해 공동사업장을 1거주자로 보아 계산하는 것이며, 이 경우 공동사업장을 별개의 1사업자로 보아 같은 법 제160조(☞ 장부의 비치·기록) 제1항 및 제168조(☞ 사업자등록 및 고유번호의 부여)의 규정을 적용하는 것임(소득 46011-21022, 2000.7.20.)

✓ 연말정산사업소득을 일부 누락하여 종합소득 확정신고시 연말정산사업소득 계산방법

간편장부대상자인 보험모집인이 기지급된 연말정산 사업소득 일부를 누락한 채 연말정산하여 종합소득과세표준확정신고 하는 경우 연말정산사업소득의 소득금액은 당초 연말정산시 누락된 모집수당을 포함한 수입금액에 연말정산사업소득의 소득률을 곱하여 계산한 금액으로 하는 것임(사전법령해석소득 2019-239, 2019.6.5.)

(2) 확정신고를 하여야 하는 자

다음의 자는 위 '(1)'의 규정에도 불구하고 확정신고를 하여야 한다.

① 2명 이상으로부터 근로소득 등을 지급받는 자

일용근로자 외의 자로서 2명 이상으로부터 받는 근로소득·공적연금소득·퇴직소득·종교인소득 또는 연말정산이 되는 사업소득이 있는 자는 과세표준확정신고를 하여야 한다. 다만, 연말정산에 의하여 소득세를 납부함으로써 확정신고자진납부를 할 세액이 없는 자에 대하여는 그러하지 아니하다.(소법 73조 ②, 2015.12.15. 개정)

✓ **근로소득만이 있는 거주자의 과세표준확정신고**(소득 해석편람 73-1-2)

근로소득만이 있는 거주자는 과세표준확정신고를 하지 아니할 수 있으나 2인 이상으로부터 받는 근로소득이 있는 자(일용근로자 제외)가 연말정산에 의하여 소득세를 납부하지 아니한 경우에는 과세표준확정신고를 하여야 하는 것임(소득 46011-209, 1999.10.21.)

✓ **2인 이상으로부터 받는 근로소득이 있는 경우 소득세 확정신고 의무 여부**(소득 해석편람 73-1-3)

근로소득만 있는 거주자가 연말정산 후 과세표준확정신고를 하지 아니하는 경우 국세부과제척기간은 국세를 부과할 수 있는 날부터 5년을 적용하는 것이며, 2인 이상으로부터 받는 근로소득이 있는 자가 일부만 연말정산한 경우에는 종합소득 과세표준신고를 하여야 하는 것임(재경부조세 46019-157, 2003.4.30.)

✓ **근로소득자로 종합소득세 신고의무 있는 자의 국세부과 제척기간**

2인 이상으로부터 받은 근로소득에 대하여 연말정산하지 않은 근로소득 누락액에 대하여는 종합소득과세표준 확정신고를 하여야 하며 이를 이행하지 않은 경우에는 국세기본법 제26조의2에 따라 국세를 부과할 수 있는 날부터 7년간이 국세부과의 제척기간이 되는 것임(징세-357, 2011.4.15.)

② 국외 근로소득 등이 있는 자

국외 근로소득 또는 퇴직소득이 있는 자는 과세표준확정신고를 하여야 한다. 다만, 납세조합에 가입하여 연말정산의 예에 의하여 소득세를 납부한 자와 원천징수에 따라 소득세를 납부한 자에 대하여는 그러하지 아니하다.(소법 73조 ③)

✓ **을종근로소득자의 과세표준확정신고 의무**

소득세를 면제받는 을종근로소득자가 소득세 면제신청을 한 경우에도 해당소득에 대한 과세표준확정신고를 하여야 하는 것임(소득 46011-635, 2000.6.9.)

PART 5

③ 연말정산을 하지 아니한 자

근로소득(일용근로소득 제외)·연금소득·퇴직소득·종교인소득 또는 연말정산이 되는 사업소득이 있는 자에 대하여 원천징수의무를 부담하는 자가 연말정산에 의하여 소득세를 납부하지 아니한 경우에는 확정신고의무를 진다.(소법 73조 ④, 2015.12.15. 개정)

✓ **종교인별 연말정산 여부와 소득의 종류를 선택 가능한지 여부**

같은 종교단체에서 소속된 종교관련 종사자별로 종교인소득에 대하여 근로소득으로 연말정산, 기타소득으로 연말정산, 연말정산 하지 않고 종합소득과세표준을 신고할 수 있는 것임(기획재정부소득-128, 2019.2.13.)

✓ **원천징수시 선택한 소득의 종류를 변경하여 연말정산 또는 종합소득세 확정신고를 할 수 있는지 여부 등 질의에 대한 회신**

종교단체가 종교인소득에 대하여 기타소득 또는 근로소득으로 소득세를 원천징수한 후 연말정산하거나 종합소득과세표준을 신고할 때 당초 원천징수한 동 소득의 종류를 변경하여 연말정산하거나 종합소득과세표준을 신고할 수 있는 것임. 종교단체가 종교관련 종사자의 각 과세기간에 발생하여 지급하는 종교인소득(소득세법 제21조 제3항에 해당하는 경우를 포함)에 대하여 원천징수(같은 법 제145조 제1항 또는 제134조 제1항에 따른 소득세의 원천징수를 말한다)를 하는 경우 각 과세기간별로 종교인소득(기타소득) 또는 근로소득 중 하나의 소득으로만 원천징수를 하는 것임(기획재정부소득-130, 2019.2.13.)

✓ **근로소득자가 인정상여 처분금액을 합산 신고하는 경우 적법 여부**

근로소득만이 있는 거주자가 종합소득 과세표준확정신고를 하지 아니하고 종합소득세 확정신고기한이 경과한 후에 법인세 조사에 따른 인정상여처분 예상금액을 당초 근로소득과 합산하여 종합소득 과세표준확정신고를 한 경우 그 과세표준확정신고는 적법한 종합소득 과세표준확정신고에 해당하지 아니함(소득 46011-788, 2000.8.21.)

2 수시부과를 받은 자

수시부과 후 추가로 발생한 소득이 없을 경우에는 과세표준확정신고를 하지 아니할 수 있다.(소법 73조 ⑤)

✓ **종합소득세 폐업수시부과 후 확정신고 여부**

수시부과를 받은 후 종합소득이 추가로 발생한 경우에는 종합소득 과세표준확정신고를 할 수 있음 (서일 46011-10144, 2003.2.4.)

✓ **폐업자의 소득세신고**

세무사가 작성한 조정계산서 첨부대상 사업자가 해당연도 중에 폐업하면서 사업장 관할 세무서장에게 해당 사업자가 작성한 조정계산서를 첨부하여 해당 과세기간의 소득세 과세표준신고를 하였으나 사업장 관할 세무서장이 수시부과결정을 하지 아니하는 경우 해당연도 소득세 과세표준확정신고기한 내에 세무사가 작성한 조정계산서를 첨부한 과세표준확정신고서를 납세지 관할 세무서장에게 제출하지 아니하는 때에는 신고불성실가산세를 적용함(서일 46011-11342, 2002.10.14.)

Ⅲ 과세표준확정신고기한

1 원 칙

해당 과세기간의 종합소득금액이 있는 거주자는 그 종합소득과세표준을 그 과세기간의 다음 연도 5월 1일부터 5월 31일까지 납세지 관할 세무서장에게 신고하여야 한다.(소법 70조 ①)

토요휴무제 실시 등에 따른 국세의 신고 및 납부기한 등의 연장

국세기본법 또는 세법에서 규정하는 신고, 신청, 청구, 그 밖에 서류의 제출, 통지, 납부 또는 징수에 관한 기한이 다음 중 하나에 해당하는 경우에는 그 다음날을 기한으로 한다.(국기법 5조 ① 2022.12.31. 개정)

① 토요일 및 일요일
② 공휴일에 관한 법률에 따른 공휴일 및 대체공휴일
③ 근로자의 날 제정에 관한 법률에 따른 근로자의 날

2 과세표준확정신고의 특례

(1) 거주자가 사망한 경우

1) 신고기한

① 거주자가 사망한 경우 그 상속인은 그 상속 개시일이 속하는 달의 말일부터 6개월이 되는 날(이 기간 중 상속인이 출국하는 경우에는 출국일 전날)까지 사망일이 속하는 과세기간에 대한 그 거주자의 과세표준을 신고하여야 한다.(소법 74조 ①) 다만, 상속인이 승계한 연금계좌의 소득금액에 대해서는 그러하지 아니하다.(소법 74조 ①, 2013.1.1. 단서신설)

② 1월 1일과 5월 31일 사이에 사망한 거주자가 사망일이 속하는 과세기간의 직전 과세기간에 대한 과세표준확정신고를 하지 아니한 경우에는 위 '①'을 준용한다.(소법 74조 ②)

2) 피상속인의 과세표준을 신고하는 경우

① 서류의 제출

피상속인의 과세표준을 신고하고자 하는 자는 과세표준확정신고서와 함께 다음 사항을 기재한 서류를 납세지 관할 세무서장에게 제출하여야 한다.(소령 137조의2 ①, 소칙 66조의2)

㉠ 상속인의 성명과 주소(국내에 주소가 없는 경우에는 거소)

㉡ 피상속인과의 관계

㉢ 상속인이 2인 이상 있는 경우에는 상속지분에 따라 안분계산한 세액

② 상속인이 2인 이상인 경우

상속인이 2인 이상 있는 경우에는 신고서에 각 상속인이 연서하여 하나의 신고서를 제출하거나 상속인별로 다른 상속인의 성명을 부기하여 각각 신고서를 제출할 수 있다.(소령 137조의2 ②)

✓ 상속인이 결정되지 않은 금융소득의 확정신고의무

피상속인이 사망한 후 상속인이 확정되지 아니하고 상속재산관리인이 선임된 상태에서 상속재산으로부터 소득이 발생하는 경우, 추후에 상속인으로 확정되어 상속재산을 승계하는 자가 피상속인이 사망한 이후에 해당 재산에서 발생한 소득에 대하여 종합소득 과세표준확정신고 및 확정신고자진납부의무를 이행하여야 하며, 상속인이 소득세법 제70조 및 제76조에서 규정한 기한 내에 확정되더라도 종합소득 과세표준확정신고 및 확정신고자진납부의무를 이행하지 않는 경우에는 가산세를 부담하는 것임(서일 46011-11760, 2002.12.27)

거주자가 사망한 경우의 확정신고

(1) 확정신고기한

구 분	신고대상기간(과세기간)	종합소득세 확정신고기한
해당 과세기간 중 사망	• 2024.1.1. ~ 사망일	사망한 달의 말일부터 6월이 되는 날까지
2025.1.1. ~ 5.31. 기간 중 사망	• 2024.1.1. ~ 2023.12.31. • 2025.1.1. ~ 사망일	사망한 달의 말일부터 6월이 되는 날까지

(2) 상속인이 피상속인의 종합소득세를 신고하는 경우

① 상속인의 소득금액에 대한 소득세와 피상속인의 소득을 구분하여 계산하여야 함

② 종합소득세 신고서식[별지 제40호(1) 3쪽 또는 별지 제40호(4) 등]의 '기본사항'에는 피상속인의 인적사항을 적고, '신고인'에는 상속인의 성명을 적는 것임

③ 전자신고를 할 수 없으므로 우편으로 신고서를 제출하여야 함

(2) 거주자가 출국한 경우

과세표준확정신고를 하여야 할 거주자가 출국하는 경우에는 출국일이 속하는 과세기간의 과세표준을 출국일 전날까지 신고하여야 한다.(소법 74조 ④)

또한 거주자가 1월 1일과 5월 31일 사이에 출국하는 경우 출국일이 속하는 과세기간의 직전 과세기간에 대한 과세표준확정신고에 관하여는 이를 준용한다.(소법 74조 ⑤)

✓ **출국으로 비거주자가 되는 경우 과세표준확정신고**(소득 집행기준 74-137-1)

① 확정신고를 해야 할 거주자가 주소 또는 거소의 국외이전을 위해 출국하는 경우 출국일이 속하는 과세기간의 과세표준을 출국일 전날까지 신고해야 한다. 이 경우 1.1.~5.31. 사이에 출국하는 경우 출국일이 속하는 과세기간의 직전 과세기간에 대한 과세표준확정신고도 해야 한다.

② 사업소득이 있는 거주자가 사업장을 폐업하지 아니하고 이민 등으로 출국하는 경우에 출국일이 속하는 과세기간의 과세표준은 출국일 전에 신고해야 하며, 출국하는 다음날부터 국내사업장을 폐업하는 날까지는 비거주자로서 국내원천소득을 종합하여 신고해야 한다.

3 성실신고확인을 하는 경우

성실신고확인대상사업자가 성실신고확인서를 제출하는 경우에는 종합소득과세표준 확정신고를 그 과세기간의 다음 연도 5월 1일부터 6월 30일까지 하여야 한다.(소법 70조의2 ②, 2013.1.1. 개정)

4 신고기한의 연장

천재지변 또는 다음에 해당하는 경우로서 세무서장이 인정하는 때에는 신고기한을 연장할 수 있는 사유가 있는 것으로 한다.(국기령 2조 ①, 2021.2.17. 개정)

① 납세자가 화재, 전화(戰禍), 그 밖의 재해를 입거나 도난을 당한 경우
② 납세자 또는 그 동거가족이 질병이나 중상해로 6개월 이상의 치료가 필요하거나 사망하여 상중(喪中)인 경우
③ 정전, 프로그램의 오류나 그 밖의 부득이한 사유로 한국은행(그 대리점을 포함) 및 체신관서의 정보통신망의 정상적인 가동이 불가능한 경우
④ 금융회사 등(한국은행 국고대리점 및 국고수납대리점인 금융회사 등만 해당한다) 또는 체신관서의 휴무나 그 밖의 부득이한 사유로 정상적인 세금납부가 곤란하다고 국세청장이 인정하는 경우
⑤ 권한 있는 기관에 장부나 서류가 압수 또는 영치된 경우
⑥ 세무사법 제2조 제3호에 따라 납세자의 장부 작성을 대행하는 세무사(같은 법 제16조의4에 따라 등록한 세무법인을 포함) 또는 같은 법 제20조의2에 따른 공인회계사(공인회계사법 제24조에 따라 등록한 회계법인을 포함)가 화재, 전화, 그 밖의 재해를 입거나 도난을 당한 경우
⑦ 그 밖에 위 '①, ② 또는 ⑤'에 준하는 사유가 있는 경우

Ⅳ 제출서류

종합소득 과세표준확정신고를 할 때에는 「종합소득 과세표준확정신고 및 자진납부계산서」에 다음의 서류를 첨부하여 납세지 관할 세무서장에게 제출하여야 한다.(소법 70조 ④, 소령 130조 ①)

1 소득공제신고서 등

「종합소득 과세표준확정신고 및 자진납부계산서」에는 소득공제신고서와 인적공제, 연금보험료공제, 주택담보노후연금 이자비용공제, 특별소득공제, 자녀세액공제, 연금계좌세액공제 및 특별세액공제 대상임을 증명하는 다음의 서류를 첨부하여야 한다. 다만, 과세표준확정신고를 하여야 할 자가 원천징수의무자에게 「근로소득자 소득·세액공제신고서」 또는 「소득·세액공제신고서」[별지 제37호 서식(소득세법 시행규칙 제100조 제28호의3)]를 제출하여 연

말정산을 받은 경우에는 「소득·세액공제신고서」를 제출한 것으로 본다.(소법 70조 ④ 1, 소령 130조 ② 1의2, 2014.1.1. 개정, 소칙 65조 ①)

① 입양자임을 증명할 수 있는 서류: 입양관계증명서 또는 입양특례법에 따른 입양기관이 발행하는 입양증명서

② 수급자임을 증명할 수 있는 서류: 국민기초생활 보장법 시행규칙 제40조의 규정에 의한 수급자증명서

③ 위탁아동임을 증명할 수 있는 서류: 해당 과세기간 종료일 이후에 발급받은 가정위탁보호확인서. 다만, 해당 과세기간에 가정위탁보호가 종결된 경우에는 종결일이 명시되어 있어야 한다.

④ 그 밖에 부양가족임을 증명할 수 있는 서류: 가족관계증명서 또는 주민등록표등본

⑤ 장애인증명서

⑥ 주택담보노후연금이자비용증명서

⑦ 특별소득공제 및 특별세액공제에 관한 서류

⑧ 일시퇴거자 동거가족상황표

⑨ 개인연금저축납입증명서 및 연금저축납입증명서

2 소득금액계산명세서 등

(1) 소득금액계산명세서의 제출

종합소득 과세표준확정신고에 있어서는 종합소득금액의 계산의 기초가 된 총수입금액과 필요경비의 계산에 필요한 다음의 소득금액계산명세서를 제출하여야 한다.(소법 70조 ④ 2, 소령 130조 ③, 소칙 65조 ②)

① 농어가부업소득이 있는 경우에는 비과세사업소득(농가부업소득·어로어업소득·양식어업소득)계산명세서(2025.3.21. 개정)

② 작물재배업에서 발생하는 소득이 있는 경우에는 비과세사업소득(작물재배업 소득)계산명세서(별지 제37호의4 서식)(2015.3.13. 신설)

③ 소득세를 감면받은 때에는 소득세가 감면되는 소득과 그 밖의 소득을 구분한 계산서

④ 충당금·준비금 등을 필요경비 또는 총수입금액에 산입한 경우에는 그 명세서

⑤ 공동사업에 대한 소득금액을 계산한 경우에는 공동사업자별소득금액 등 분배명세서

⑥ 이월결손금을 처리한 경우에는 이월결손금명세서

⑦ 그 밖에 총수입금액과 필요경비 계산에 필요한 참고서류

● 소득세법 시행규칙[별지 제37호의4 서식](2015.3.13. 신설)

비과세사업소득(작물재배업 소득)계산명세서

(단위 : 원)

성 명		주민등록번호		
①사업자등록번호	②소재지	③수입금액 (상단 : 비과세금액)	④소득금액 (상단 : 비과세금액)	⑤작물종류
		(　　)	(　　)	
		(　　)	(　　)	
		(　　)	(　　)	
		(　　)	(　　)	
		(　　)	(　　)	
		(　　)	(　　)	
		(　　)	(　　)	
		(　　)	(　　)	
		(　　)	(　　)	
		(　　)	(　　)	
		(　　)	(　　)	
합 계	⑥ 합 계			
	⑦ 비 과 세 금 액	100,000,000		
	⑧ 과세대상금액 (⑥－⑦)			

* 비과세 소득금액 계산 예시 : 수입금액 12억원, 필요경비 10억8,000만원, 소득금액 1억2천만원인 경우 비과세 되는 수입금액 10억원에 해당하는 비과세 소득금액은 1억원(1억2천만원×10억원/12억원)임

(2) 해외현지법인 등에 대한 자료제출 의무(2014.1.1. 신설)

➲ 2020.12.29. 및 2020.12.22. 세법을 개정하여 현행 소득세법상의 해외현지법인 등에 대한 자료제출 의무 및 과태료 규정(제165조의2, 제165조의4 및 제176조)을 국제조세조정에 관한 법률 제58조, 59조 및 63조로 이관함

➲ 개정규정(제출기한 및 과세당국에 관한 부분에 한정한다)은 2021.1.1. 전에 개시한 과세기간에 대한 아래 '1) ①'의 자료를 제출하는 경우로서 종전의 규정[소득세법(법률 제17757호로 일부개정되기 전의 것을 말한다) 165조의2 ①을 말한다]에 따른 제출기한이 지나지 아니한 경우에도 적용한다.(2020.12.22. 국조법 부칙 17조)

1) 해외직접투자의 경우

① 해외직접투자(외국환거래법 제3조 제1항 제18호)를 한 거주자(해당 과세기간 종료일 10년 전부터 국내에 주소나 거소를 둔 기간의 합계가 5년 이하인 외국인 거주자는 제외한다. 이하에서 같다)는 과세기간 종료일이 속하는 달의 말일부터 6개월 이내에 다음의 자료(이하 "해외직접투자명세등"이라 한다)를 납세지 관할 세무서장에게 제출하여야 한다.(국조법 58조 ①, 2021.12.21. 개정)

또한 소득세법에 따른 과세기간에 따른 사업연도 중 해외직접투자를 받은 외국법인의 주식 또는 출자지분을 양도하거나 해외직접투자를 받은 외국법인이 청산하여 해외직접투자에 해당하지 아니하게 되는 경우에도 또한 같다.(국조법 58조 ①, 2022.12.31. 후단 신설)

㉠ 해외직접투자의 명세

㉡ 해외직접투자를 받은 외국법인의 재무상황(해외직접투자를 받은 외국법인이 투자한 외국법인의 재무상황을 포함)

㉢ 해외직접투자를 한 거주자의 손실거래(해외직접투자를 받은 외국법인과의 거래에서 발생한 손실거래로 한정한다)

㉣ 해외직접투자를 받은 외국법인의 손실거래(해외직접투자를 한 거주자와의 거래에서 발생한 손실거래는 제외한다)

㉤ 해외 영업소의 설치현황

㉥ 「해외현지법인 명세서」(별지 제47호 서식)(국조령 98조 ① 1, 국조칙 56조 1, 2021.3.16. 개정)

② 해외직접투자명세등은 다음의 구분에 따른 자료로 한다.(국조령 98조 ①, 2022.2.15. 개정)

㉠ 다음 중 하나에 해당하는 거주자 : 「해외현지법인 명세서」와 「해외현지법인 재무상황표」(별지 제48호 서식)(국조령 98조 ① 2, 2021.2.17. 개정, 국조칙 56조 2)

ⓐ 외국환거래법 제3조 제1항 제18호 가목에 따른 해외직접투자를 받은 법인(이하에서 "피투자법인"이라 한다)의 발행주식 총수 또는 출자총액의 10% 이상을 소유하고 그 투자금액이 1억원 이상인 거주자(국조령 98조 ① 2 가)

PART 5

ⓑ 피투자법인의 발행주식 총수 또는 출자총액의 10% 이상을 직접 또는 간접으로 소유하고 있고, 피투자법인과 국제조세조정에관한법률 제2조 제1항 제3호에 따른 특수관계에 있는 거주자(국조령 98조 ① 2 나)

㉡ 위 'ⓑ에 해당하는 거주자 중 위 '①의 ㉢ 또는 ㉣'에 해당하는 거래의 건별 손실금액(이하에서 "손실거래금액"이라 한다)이 단일 과세기간에 10억원 이상이거나 최초 손실이 발생한 과세기간부터 5년이 되는 날이 속하는 과세기간까지의 누적 손실금액이 20억원 이상 인 거주자 : 「해외현지법인 명세서」, 「해외현지법인 재무상황표」와 「손실거래명세서」(별지 제49호 서식)(국조령 98조 ① 3 가, 2021.2.17. 개정, 국조칙 56조 3)

㉢ 외국환거래법 제3조 제1항 제18호 나목에 따른 해외직접투자를 한 거주자 : 「해외영업소 설치현황표」(별지 제50호 서식)(국조령 98조 ① 4, 2021.2.17. 개정, 국조칙 56조 4)

③ 위 '㉡'을 적용할 때 손실거래금액은 다음에 따른 손실로서 거주자의 경우에는 기업회계기준에 따라 산출하고, 피투자법인의 경우에는 피투자법인의 거주지국에서 재무제표를 작성할 때에 일반적으로 인정되는 회계원칙(우리나라의 기업회계기준과 현저히 다른 경우에는 우리나라의 기업회계기준을 말한다)에 따라 산출한다.(국조령 98조 ③)

㉠ 자산의 매입·처분·증여·평가·감액 등으로 인한 손실. 다만, 다음에 해당하는 손실은 제외한다.(국조령 98조 ③ 1)

ⓐ 사업 목적에 따른 재고자산의 매입·판매로 인한 손실

ⓑ 사업 목적으로 사용되는 유형자산 및 무형자산의 감가상각비

ⓒ 유가증권시장(외국유가증권시장을 포함)에서 거래되는 유가증권의 처분·평가·감액으로 인한 손실

ⓓ 화폐성 외화자산의 환율 변동에 의한 손실(환율변동에 의한 평가 손실을 포함)(2022.2.15. 개정)

㉡ 부채(충당금을 포함하며, 미지급 법인세는 제외한다) 인식·평가·상환 등으로 인한 손실. 다만, 화폐성 외화부채의 환율 변동에 의한 손실(환율변동에 의한 평가손실을 포함)은 제외한다.(국조령 98조 ③ 2, 2022.2.15. 단서개정)

㉢ 증자·감자·합병·분할 등 자본거래로 인한 손실

④ 과세당국은 거주자가 해외직접투자명세등을 제출하지 아니하거나 거짓된 해외직접투자명세등을 제출한 경우에는 해외직접투자명세등의 제출이나 보완을 요구할 수 있다. 다만, 과세기간 종료일이 속하는 달의 말일부터 6개월의 다음 날부터 2년이 지난 경우에는 해외직접투자명세등의 제출이나 보완을 요구할 수 없다.(국조법 58조 ⑤, 2023.12.31. 개정)

개정 2024.12.31.

➲ 개정규정(☞ 단서규정 삭제)은 2025.1.1. 전에 기한(☞ 사업연도 종료일로부터 6개월 이내)이 도래한 경우로서 2025.1.1. 당시 그 기한의 다음 날부터 2년이 지나지 아니한 경우에 대해서도 적용한다.(2023.12.31. 국조법 부칙 3조의2, 2024.12.31. 신설)

④ 과세당국은 거주자가 해외직접투자명세등을 제출하지 아니하거나 거짓된 해외직접투자명세등을 제출한 경우에는 해외직접투자명세등의 제출이나 보완을 요구할 수 있다.(국조법 58조 ⑤, 2024.12.31. 개정)

⑤ 위 '④'에 따라 자료 제출 또는 보완을 요구받은 자는 그 요구를 받은 날부터 60일 이내에 해당 자료를 제출하여야 한다.(국조법 58조 ⑥, 2024.12.31. 개정)

2) 해외부동산의 취득 또는 처분한 경우

① 외국환거래법 제3조 제1항 제19호에 따른 자본거래 중 외국에 있는 부동산 또는 이에 관한 권리(이하 "해외부동산등"이라 한다)를 취득하여 보유하고 있거나 처분한 거주자(해당 과세기간 종료일 10년 전부터 국내에 주소나 거소를 둔 기간의 합계가 5년 이하인 외국인 거주자는 제외한다. 이하에서 같다)가 다음 중 하나에 해당하는 경우에는 과세기간 종료일이 속하는 날의 말일부터 6개월 이내에 다음의 구분에 따른 자료(이하 "해외부동산등명세"라 한다)를 납세지 관할 세무서장에게 제출하여야 한다.(국조법 58조 ②, 2021.12.21. 신설)

㉠ 해외부동산등의 취득가액이 2억원 이상인 경우 : 해외부동산등의 취득·투자운용(임대를 포함)·처분 명세 및 과세기간 또는 사업연도 종료일 현재 보유현황

➲ 2022.1.1. 전에 해외부동산등을 취득(취득 당시 취득가액이 2억원 이상인 경우로 한정한다)하여 2022.1.1. 당시 보유하고 있는 경우로서 2022.1.1. 전에 개시한 과세기간에 대하여 2022.1.1. 이후 자료제출 기한이 도래하는 경우부터 적용한다.(2021.12.21. 국조법 부칙 5조)

㉡ 해외부동산등의 취득가액이 2억원 미만으로서 처분가액이 2억원 이상인 경우 : 해외부동산등의 처분 명세

② 위 '①'을 적용할 때 취득가액 및 처분가액은 다음에 따라 계산한다. 이 경우 외화의 원화 환산은 외화를 수령하거나 지급한 날의 기준환율 또는 재정환율을 적용하여 계산한다.(국조법 58조 ⑦, 2023.12.31. 항번개정)

㉠ 취득가액 : 소득세법 제118조의4 제1항 제1호에 따른 취득가액

㉡ 처분가액 : 소득세법 제118조의3에 따른 양도가액

③ 외국환거래법에 따른 자본거래로서 해당 과세연도에 외국에 있는 부동산이나 이에 관한 권리(이하 "해외부동산등"이라 한다)를 취득하여 보유하고 있거나 처분한 거주

자는 「해외부동산등의 취득·보유·투자운용(임대) 및 처분 명세서」(별지 제51호 서식)를 납세지 관할 세무서장에게 제출해야 한다.(국조령 98조 ②, 2022.2.15. 신설, 국조칙 56조 5)

④ 과세당국은 거주자가 해외부동산등명세를 제출하지 아니하거나 거짓된 해외부동산등명세를 제출한 경우에는 해외부동산등명세의 제출이나 보완을 요구할 수 있다. 다만, 과세기간 종료일이 속하는 달의 말일부터 6개월의 다음 날부터 2년이 지난 경우에는 해외부동산등명세의 제출이나 보완을 요구할 수 없다.(국조법 58조 ⑤, 2023.12.31. 항번개정)

⑤ 위 '④'에 따라 자료 제출 또는 보완을 요구받은 자는 그 요구를 받은 날부터 60일 이내에 해당 자료를 제출하여야 한다.(국조법 58조 ⑥, 2023.12.31. 항번개정)

3) 해외신탁을 설정한 경우(2023.12.31. 신설)

➲ 2025.1.1.부터 시행한다.(2023.12.31. 국조법 부칙 1조 1)

① 외국의 법령에 따른 신탁 중 신탁법에 따른 신탁과 유사한 것(이하 "해외신탁"이라 한다)을 설정(재산을 해외신탁에 이전하는 경우를 포함한다. 이하 같다)하는 거주자(이하 "위탁자"라 한다)는 다음의 구분에 따른 「해외신탁명세」(해외신탁의 내용과 해외신탁재산의 가액 등 해외신탁의 설정과 관련된 명세를 말한다. 이하 같다)를 소득세법 제5조에 따른 과세기간부터 6개월 이내에 납세지 관할 세무서장에게 제출하여야 한다.(국조법 58조 ③, 2023.12.31. 신설)

㉠ 위탁자가 해외신탁을 해지할 수 있는 권리, 수익자를 지정하거나 변경할 수 있는 권리 또는 해외신탁 종료 후 잔여재산을 귀속 받을 권리를 보유하는 등 위탁자가 해외신탁재산을 실질적으로 지배·통제하는 해외신탁의 경우 : 해외신탁 설정일부터 종료일까지의 기간이 속하는 소득세법 제5조에 따른 과세기간의 「해외신탁명세」(국조법 58조 ③ 1, 국조령 98조 ⑤)

➲ 2025.1.1.이 속하는 과세기간 또는 사업연도의 종료일 전에 설정하여 2025.1.1. 이후 개시하는 과세기간 개시일 현재 유지하는 해외신탁에 대하여 해당 개시일이 속하는 과세기간의 해외신탁명세를 제출하는 경우부터 적용한다.(2023.12.31. 국조법 부칙 3조 ①)

㉡ 위 '㉠'의 해외신탁을 제외한 해외신탁의 경우 : 해외신탁 설정일이 속하는 소득세법 제5조에 따른 과세기간의 「해외신탁명세」(국조법 58조 ③ 2)

➲ 2025.1.1. 이후 개시하는 과세기간 또는 사업연도에 설정하는 해외신탁부터 적용한다.(2023.12.31. 국조법 부칙 3조 ②)

② 위 '①'에 따라 「해외신탁명세」를 제출하여야 하는 위탁자가 여럿인 경우에는 각각의 위탁자가 「해외신탁명세」를 제출하여야 한다. 다만, 위탁자 중 일부가 「해외신탁명세」를 제출한 것을 납세지 관할 세무서장이 확인한 경우에는 다른 위탁자의 「해외신탁

명세」 제출의무는 면제한다.(국조법 58조 ④, 2023.12.31. 신설)

③ 위 '①'을 적용할 때 해외신탁재산의 가액은 해외신탁재산이 있는 국가의 현황을 반영한 것으로서 다음의 구분에 따른 시가에 따른다.(국조법 58조 ⑧ 전단)

㉠ 위 '①의 ㉠'의 경우 : 다음의 구분에 따른 시가(국조법 58조 ⑧ 1)

ⓐ 해외신탁이 유지되는 경우 : 소득세법 제5조에 따른 과세기간 종료일 현재의 시가

ⓑ 해외신탁이 종료된 경우 : 해외신탁 종료일 현재의 시가

㉡ 위 '①의 ㉡'의의 경우 : 해외신탁 설정일 현재의 시가(국조법 58조 ⑧ 2)

④ 위 '③'에서 해외신탁재산의 시가는 다음의 구분에 따른 금액으로 산정한다.(국조령 98조 ⑥, 2024.2.29. 신설)

㉠ 현금 : 시가기준일(위 '③의 ㉠의 ⓐ, ⓑ'에서의 종료일 및 위 '③의 ㉡'에서의 설정일을 말한다. 이하 같다)의 종료시각 현재 잔액

㉡ 자본시장과 금융투자업에 관한 법률에 따른 증권시장 또는 이와 유사한 해외 증권시장에 상장된 주식과 그 주식을 기초로 발행한 예탁증서 : 시가기준일의 최종가격(시가기준일이 거래일이 아닌 경우에는 그 직전 거래일의 최종 가격으로 한다)

㉢ 자본시장과 금융투자업에 관한 법률에 따른 증권시장 또는 이와 유사한 해외 증권시장에 상장된 채권 : 시가기준일의 최종 가격(시가기준일이 거래일이 아닌 경우에는 그 직전 거래일의 최종 가격으로 하되, 해당 가상자산의 매매 또는 교환을 할 수 있는 시장이 운영되지 않아 시가기준일의 최종 가격을 확인할 수 없는 경우에는 해당 가상자산이 거래되는 국내외 시장의 시가기준일의 최종 가격 중에서 위탁자가 선택한 하나의 가격으로 한다)(2025.2.28. 개정)

㉣ 자본시장과 금융투자업에 관한 법률에 따른 집합투자증권 및 이와 유사한 해외집합투자증권 : 시가기준일의 기준가격(시가기준일의 기준가격이 없는 경우에는 시가기준일의 환매가격 또는 그 전의 가장 가까운 날의 기준가격으로 한다)

㉤ 보험업법에 따른 보험상품 및 이와 유사한 해외보험상품 : 시가기준일의 종료시각 현재의 납입금액

㉥ 특정 금융거래정보의 보고 및 이용 등에 관한 법률 제2조 제3호의 가상자산 및 이와 유사한 자산 : 시가기준일의 최종 가격(시가기준일이 거래일이 아닌 경우에는 그 직전 거래일의 최종 가격으로 하되, 해당 가상자산의 매매 또는 교환을 할 수 있는 시장이 운영되지 않아 시가기준일의 최종 가격을 확인할 수 없는 경우에는 해당 가상자산이 거래되는 국내외 시장의 시가기준일의 최종 가격 중에서 위탁자가 선택한 하나의 가격으로 한다)(2025.2.28. 개정)

㉦ 위 '㉠부터 ㉥까지'에서 규정한 해외신탁재산 외의 해외신탁재산 : 불특정 다수인

사이에 자유롭게 거래가 이루어지는 경우에 통상적으로 성립된다고 인정되는 가액

⑤ 시가를 산정하기 어려운 경우에는 그 해외신탁재산의 가액은 취득가액으로 한다.(국조법 58조 ⑧ 단서, 국조령 98조 ⑦)

4) 해외현지법인 등의 자료 제출의무 불이행 시 취득자금 출처에 대한 소명

① 과세당국은 거주자가 소명 요구일 전 10년 이내에 해외직접투자를 받은 외국법인의 주식 또는 출자지분을 취득하거나 해외부동산등을 취득하거나 해외신탁을 설정한 경우로서 다음 중 하나에 해당하는 경우에는 그 거주자(해당 과세기간 종료일 10년 전부터 국내에 주소나 거소를 둔 기간의 합계가 5년 이하인 외국인 거주자는 제외한다. 이하에서 같다)에 다음의 구분에 따른 금액(외국환거래법 제18조에 따라 신고한 금액은 제외하며, 이하 "취득자금출처소명대상금액"이라 한다)의 출처에 관하여 소명을 요구할 수 있다.(국조법 59조 ①, 2023.12.31. 개정)

➲ 2025.1.1.부터 시행한다.(2023.12.31. 국조법 부칙 1조 1)

㉠ 해외직접투자를 한 거주자가 해외직접투자를 받은 법인의 발행주식 총수 또는 출자총액의 10% 이상을 직접 또는 간접으로 소유한 경우로서 과세기간 종료일이 속하는 달의 말일부터 6개월 이내까지 해외직접투자의 명세를 제출하지 아니하거나 거짓된 자료를 제출한 경우 : 해외직접투자를 받은 외국법인의 주식 또는 출자지분의 취득에 든 금액

㉡ 해외부동산의 취득 또는 처분한 경우로서 과세기간 종료일이 속하는 달의 말일부터 6개월 이내까지 해외부동산등명세를 제출하지 아니하거나 거짓된 자료를 제출한 경우 : 해외부동산등의 취득에 든 금액

㉢ 소득세법 제5조에 따른 과세기간부터 6개월 이내까지 해외신탁명세를 제출하지 아니하거나 거짓된 자료를 제출한 경우 : 해외신탁재산의 취득에 든 금액(2023.12.31. 신설)

➲ 2025.1.1.부터 시행한다.(2023.12.31. 국조법 부칙 1조 1)

② 위 '①'에 따른 소명을 요구받은 거주자는 통지를 받은 날부터 90일 이내(이하 "소명기간"이라 한다)에 소명대상금액의 출처에 대하여 소명하려는 경우에는 「취득자금 소명대상 금액의 출처 확인서」(별지 52호 서식)를 과세당국에 제출해야 한다. 이 경우 소명을 요구받은 거주자가 소명을 요구받은 금액의 80% 이상에 대하여 출처를 소명한 경우에는 소명을 요구받은 전액에 대하여 소명한 것으로 본다.(국조법 59조 ②, 국조령 99조 ①, 2024.2.29. 개정)

➲ 개정규정(납세지 관할세무서장에게 제출 → 과세당국에 제출)은 2024.2.29. 전에 소명을 요구받은 거주자가 2024.2.29. 이후 취득자금 소명대상 금액의 출처 확인서를 제출하는 경우에도 적용한다.(2024.2.29. 국조령 부칙 4조)

③ 위 '②'에도 불구하고 거주자가 자료의 수집·작성에 상당한 기간이 걸리는 등 다음 중 하나에 해당하는 부득이한 사유로 소명기간의 연장을 신청하는 경우에는 과세당국은 60일의 범위에서 한 차례만 그 소명기간의 연장을 승인할 수 있다.(국조법 59조 ③, 국조령 99조 ②, 97조 ③)

㉠ 계좌신고의무자가 화재·재난 및 도난 등의 사유로 자료를 제출할 수 없는 경

㉡ 계좌신고의무자가 사업이 중대한 위기에 처하여 자료를 제출하기 매우 곤란한 경우

㉢ 관련 장부·서류가 권한 있는 기관에 압수되거나 영치된 경우

㉣ 자료의 수집·작성에 상당한 기간이 걸려 기한까지 자료를 제출할 수 없는 경우

㉤ 위 '㉠부터 ㉣까지'의 규정에 따른 사유와 유사한 사유가 있어 기한까지 자료를 제출할 수 없다고 판단되는 경우

5) '해외현지법인 등'의 자료 제출의무 불이행 등에 대한 과태료 부과

① 해외직접투자명세등의 자료 제출의무가 있는 거주자(위 '1) ①의 ㉠부터 ㉣까지'의 규정에 따른 자료는 해외직접투자를 한 거주자가 해외직접투자를 받은 법인의 발행주식 총수 또는 출자총액의 10% 이상을 직접 또는 간접으로 소유한 경우만 해당한다)가 다음 중 하나에 해당하는 경우 그 거주자에게는 5천만원 이하의 과태료를 부과한다.(국조법 91조 ①)

㉠ 자료제출기한까지 해외직접투자명세등을 제출하지 아니하거나 거짓된 해외직접투자명세등을 제출하는 경우

㉡ 과세당국으로부터 자료제출 또는 보완을 요구받고 요구를 받은 날부터 60일 이내에 해당 자료를 제출하지 아니하거나 거짓된 자료를 제출하는 경우

② 해외부동산등명세를 제출할 의무가 있는 거주자가 다음 중 하나에 해당하는 경우 그 거주자에는 해외부동산등의 취득가액, 처분가액 및 투자운용 소득의 10% 이하의 과태료(1억원을 한도로 한다)를 부과한다.(국조법 91조 ②)

㉠ 자료제출기한까지 해외부동산등명세를 제출하지 아니하거나 거짓된 해외부동산등명세를 제출하는 경우

㉡ 해외부동산등명세의 자료제출 또는 보완을 요구받고 요구를 받은 날부터 60일 이내에 해당 자료를 제출하지 아니하거나 거짓된 자료를 제출하는 경우

이때 취득가액, 처분가액, 투자운용 소득은 다음에 따라 계산한다.(국조령 148조 ③)

㉠ 취득가액 : 소득세법 제118조의4 제1항 제1호에 따른 취득가액에서 해당 해외부동산등의 취득과 관련해 외국환거래법 제18조에 따라 신고한 금액을 뺀 가액

㉡ 처분가액 : 소득세법 제118조의3에 따른 양도가액에서 해당 해외부동산등의 처분과 관련해 외국환거래법 제20조에 따라 보고한 금액을 뺀 가액)

㉢ 투자운용 소득 : 해외부동산등의 투자운용과 관련된 소득세법 제24조에 따른 총 수입금액

③ 거주자가 취득자금출처소명대상금액의 출처에 대하여 소명하지 아니하거나 거짓으로 소명한 경우에는 소명하지 아니하거나 거짓으로 소명한 금액의 20%에 상당하는 과태료를 부과한다. 다만, 다음의 부득이한 사유가 있는 경우에는 과태료를 부과하지 아니한다.(국조법 91조 ③, 국조령 148조 ⑤)

㉠ 천재지변, 화재·재난, 도난 등 불가항력적인 사유로 증명서류 등이 없어져 소명이 불가능한 경우

㉡ 해당 해외현지법인, 해외부동산등 또는 해외신탁재산의 소재 국가의 사정 등으로 소명이 불가능한 경우

④ 「해외신탁명세」를 제출할 의무가 있는 위탁자가 다음 중 하나에 해당하는 경우 그 위탁자에게는 해외신탁재산 가액의 10% 이하의 과태료(1억원을 한도로 한다)를 부과한다.(국조법 91조 ④ 전단, 2023.12.31. 신설)

➲ 2025.1.1.부터 시행한다.(2023.12.31. 국조법 부칙 1조 1)

㉠ 소득세법 제5조에 따른 과세기간부터 6개월 이내까지 해외신탁명세를 제출하지 아니하거나 거짓된 해외신탁명세를 제출하는 경우

㉡ 위 '2)의 ④'에 따라 자료 제출 또는 보완을 요구받고 그 요구를 받은 날부터 60일 이내까지 해당 자료를 제출하지 아니하거나 거짓된 자료를 제출하는 경우

다만, 위 '④의 ㉠ 또는 ㉡'에 따른 기한까지 자료 제출이 불가능하거나 불필요하다고 인정되는 경우 등 다음의 부득이한 사유가 있는 경우에는 과태료를 부과하지 아니한다.(국조법 91조 ④ 단서, 2023.12.31. 개정, 국조령 148조 ④, ②)

➲ 2025.1.1.부터 시행한다.(2023.12.31. 국조법 부칙 1조 1)

ⓐ 화재·재난 및 도난 등의 사유로 자료를 제출할 수 없는 경우

ⓑ 사업이 중대한 위기에 처하여 자료를 제출하기 매우 곤란한 경우

ⓒ 관련 장부·서류가 권한 있는 기관에 압수되거나 영치된 경우

ⓓ 자료의 수집·작성에 상당한 기간이 걸려 기한까지 자료를 제출할 수 없는 경우

ⓔ 위 'ⓐ부터 ⓓ까지'의 규정에 따른 사유와 유사한 사유가 있어 기한까지 자료를 제출할 수 없다고 인정되는 경우

⑤ 위 '①부터 ④까지'의 규정에 따른 과태료는 과세당국이 부과·징수한다.(국조법 91조 ⑤, 2023.12.31. 항번개정)

⑥ 위 '①, ② 및 ④'에 따른 과태료의 부과기준은 별표와 같다.(국조령 148조 ①)

⑦ 납세지 관할 세무서장은 위반행위의 정도, 위반 횟수, 위반행위의 동기와 그 결과 등을 고려하여 위 '③' 및 별표에 따른 과태료 금액의 50%의 범위에서 그 금액을 줄이

거나 늘려 부과할 수 있다. 다만, 늘려 부과하는 경우에는 위 '①부터 ④까지'의 규정에 따른 과태료의 상한을 넘을 수 없다.(국조령 148조 ⑦)

6) 과태료 부과의 배제

자료제출기한까지 자료 제출이 불가능하다고 인정되는 다음의 사유가 있는 경우에는 과태료를 부과하지 아니한다.(국조법 91조 ① 단서, ② 단서, 국조령 148조 ②, 2024.2.29. 개정, 조번개정)

① 화재·재난 및 도난 등의 사유로 자료를 제출할 수 없는 경우
② 사업이 중대한 위기에 처하여 자료를 제출하기 매우 곤란한 경우
③ 관련 장부·서류가 권한 있는 기관에 압수되거나 영치된 경우
④ 자료의 수집·작성에 상당한 기간이 걸려 기한까지 자료를 제출할 수 없는 경우
⑤ 위 '①부터 ④까지'의 규정에 따른 사유와 유사한 사유가 있어 기한까지 자료를 제출할 수 없다고 인정되는 경우

과태료의 부과기준 (국제조세조정에 관한 법률 시행령 [별표], 2022.2.15, 2023.2.28. 근거 법조문 개정)

➲ 2022.1.1. 이후 개시하는 과세연도 분부터 적용한다.(2022.2.15. 국조령 부칙 2조)

<table>
<tr><th colspan="2" rowspan="2">위반행위</th><th rowspan="2">근거 법조문</th><th colspan="2">과태료</th></tr>
<tr><th>거주자인 경우</th><th>내국법인인 경우</th></tr>
<tr><td rowspan="2">1. 해외직접투자 명세 등의 자료제출의무가 있는 거주자 또는 내국법인인 경우</td><td>가. 법 제58조 제1항에 따른 기한까지 다음의 자료를 제출하지 않거나 거짓된 자료를 제출한 경우
1) 해외현지법인 명세서
2) 해외현지법인 재무상황표
3) 손실거래명세서
4) 해외영업소 설치 현황표</td><td>법 제63조* 제1항 제1호</td><td>건별 500만원</td><td>건별 1천만원</td></tr>
<tr><td>나. 법 제58조 제3항에 따라 자료 제출 또는 보완을 요구받은 날부터 60일 이내에 다음의 자료를 제출하지 않거나 거짓된 자료를 제출한 경우
1) 해외현지법인 명세서
2) 해외현지법인 재무상황표
3) 손실거래명세서
4) 해외영업소 설치 현황표</td><td>법 제63조* 제1항 제2호</td><td>건별 500만원</td><td>건별 1천만원</td></tr>
<tr><td rowspan="10">2. 해외 부동산 등 명세의 자료제출의무가 있는 거주자 또는 내국법인인 경우</td><td>가. 법 제58조 제2항 각 호 외의 부분에 따른 기한까지 다음의 자료를 제출하지 않거나 거짓된 자료를 제출한 경우</td><td rowspan="5">법 제63조* 제2항 제1호</td><td colspan="2"></td></tr>
<tr><td>1) 해외부동산등 취득명세</td><td colspan="2">• 해외부동산등 취득가액의 10%(1억원을 한도로 한다)</td></tr>
<tr><td>2) 해외부동산등 보유명세</td><td colspan="2">• 해외부동산등 취득가액의 10%(1억원을 한도로 한다)</td></tr>
<tr><td>3) 해외부동산등 투자운용(임대)명세</td><td colspan="2">• 해외부동산등 투자운용 소득의 10%(1억원을 한도로 한다)</td></tr>
<tr><td>4) 해외부동산등 처분명세</td><td colspan="2">• 해외부동산등 처분가액의 10%(1억원을 한도로 한다)</td></tr>
<tr><td>나. 법 제58조제3항에 따라 자료 제출 또는 보완을 요구받은 날부터 60일 이내에 다음의 자료를 제출하지 않거나 거짓된 자료를 제출한 경우</td><td rowspan="5">법 제63조* 제2항 제2호</td><td colspan="2"></td></tr>
<tr><td>1) 해외부동산등 취득명세</td><td colspan="2">• 해외부동산등 취득가액의 10%(1억원을 한도로 한다)</td></tr>
<tr><td>2) 해외부동산등 보유명세</td><td colspan="2">• 해외부동산등 취득가액의 10%(1억원을 한도로 한다)</td></tr>
<tr><td>3) 해외부동산등 투자운용(임대)명세</td><td colspan="2">• 해외부동산등 투자운용 소득의 10%(1억원을 한도로 한다)</td></tr>
<tr><td>4) 해외부동산등 처분명세</td><td colspan="2">• 해외부동산등 처분가액의 10%(1억원을 한도로 한다)</td></tr>
</table>

* 2023.2.28.에 근거 법조문이 법 제63조에서 법 제91조로 변경됨

개정 2024.2.29.

➲ 별표 제1호 나목의 위반행위란 1)부터 4)까지 외의 부분, 같은 표 제2호 나목의 위반행위란 1)부터 4)까지 외의 부분 및 같은 표 제3호의 개정규정은 2025.1.1.부터 시행한다.(2024.2.29. 국조령 부칙 2조)

과태료의 부과기준 (제148조 제1항 관련, 국제조세조정에 관한 법률 시행령 [별표], 2024.2.29. 개정)

<table>
<tr><th colspan="2" rowspan="2">위반행위</th><th rowspan="2">근거 법조문</th><th colspan="2">과태료</th></tr>
<tr><th>거주자인 경우</th><th>내국법인인 경우</th></tr>
<tr><td rowspan="2">1. 해외직접투자명세 등의 자료 제출의무가 있는 거주자 또는 내국법인인 경우</td><td>가. 법 제58조 제1항에 따른 기한까지 다음의 자료를 제출하지 않거나 거짓된 자료를 제출한 경우
1) 해외현지법인 명세서
2) 해외현지법인 재무상황표
3) 손실거래명세서
4) 해외영업소 설치 현황표</td><td>법 제91조 제1항 제1호</td><td>건별 500만원</td><td>건별 1천만원</td></tr>
<tr><td>나. 법 제58조제5항에 따라 자료 제출 또는 보완을 요구받은 날부터 60일 이내에 다음의 자료를 제출하지 않거나 거짓된 자료를 제출한 경우(2024.2.29. 개정)
1) 해외현지법인 명세서
2) 해외현지법인 재무상황표
3) 손실거래명세서
4) 해외영업소 설치 현황표</td><td>법 제91조 제1항 제2호</td><td>건별 500만원</td><td>건별 1천만원</td></tr>
<tr><td rowspan="6">2. 해외부동산등명세의 자료 제출의무가 있는 거주자 또는 내국법인인 경우</td><td>가. 법 제58조 제2항 각 호 외의 부분에 따른 기한까지 다음의 자료를 제출하지 않거나 거짓된 자료를 제출한 경우</td><td rowspan="5">법 제91조 제2항 제1호</td><td colspan="2"></td></tr>
<tr><td>1) 해외부동산등 취득명세</td><td colspan="2">해외부동산등 취득가액의 10%(1억원을 한도로 한다</td></tr>
<tr><td>2) 해외부동산등 보유명세</td><td colspan="2">해외부동산등 취득가액의 10%(1억원을 한도로 한다)</td></tr>
<tr><td>3) 해외부동산등 투자운용(임대)명세</td><td colspan="2">해외부동산등 투자운용 소득의 10%(1억원을 한도로 한다)</td></tr>
<tr><td>4) 해외부동산등 처분명세</td><td colspan="2">해외부동산등 처분가액의 10%(1억원을 한도로 한다)</td></tr>
<tr><td>나. 법 제58조 제5항에 따라 자료 제출 또는 보완을 요구받은 날부터 60일 이내에 다음의 자료를 제출하지 않거</td><td>법 제91조 제2항 제2호</td><td colspan="2"></td></tr>
</table>

PART 5

<table>
<tr><th colspan="2" rowspan="2">위반행위</th><th rowspan="2">근거 법조문</th><th colspan="2">과태료</th></tr>
<tr><th>거주자인 경우</th><th>내국법인인 경우</th></tr>
<tr><td rowspan="5">2. 해외부동산등명세의 자료 제출의무가 있는 거주자 또는 내국법인인 경우</td><td>나 거짓된 자료를 제출한 경우(2024. 2.29. 개정)</td><td rowspan="5">법 제91조 제2항 제2호</td><td colspan="2"></td></tr>
<tr><td>1) 해외부동산등 취득명세</td><td colspan="2">해외부동산등 취득가액의 10%(1억원을 한도로 한다)</td></tr>
<tr><td>2) 해외부동산등 보유명세</td><td colspan="2">해외부동산등 취득가액의 10%(1억원을 한도로 한다)</td></tr>
<tr><td>3) 해외부동산등 투자운용(임대)명세</td><td colspan="2">해외부동산등 투자운용 소득의 10%(1억원을 한도로 한다)</td></tr>
<tr><td>4) 해외부동산등 처분명세</td><td colspan="2">해외부동산등 처분가액의 10%(1억원을 한도로 한다)</td></tr>
<tr><td rowspan="2">3. 해외신탁 명세의 자료 제출의무가 있는 위탁자 (2024.2.29. 신설)</td><td>가. 법 제58조 제3항에 따른 기한까지 해외신탁명세를 제출하지 않거나 거짓된 해외신탁명세를 제출한 경우 (2024.2.29. 신설)</td><td>법 제91조 제4항 제1호 (2024.2.29. 신설)</td><td colspan="2">해외신탁재산 가액의 10% (1억원을 한도로 한다) (2024. 2.29. 신설)</td></tr>
<tr><td>나. 법 제58조 제5항에 따라 자료 제출 또는 보완을 요구받은 날부터 60일 이내에 해외신탁명세를 제출하지 않거나 거짓된 해외신탁명세를 제출한 경우(2024.2.29. 신설)</td><td>법 제91조 제4항 제2호 (2024.2.29. 신설)</td><td colspan="2">해외신탁재산 가액의 10% (1억원을 한도로 한다) (2024.2.29. 신설)</td></tr>
</table>

3 재무상태표 등

(1) 기장의무에 따른 첨부서류

① 사업소득금액을 비치·기록된 장부와 증명서류에 의하여 계산한 경우에는 해당 사업자의 기장의무에 따라 다음의 첨부서류를 제출하여야 한다.(소법 70조 ④ 3)

구 분	첨 부 서 류
복식부기의무자	재무상태표·손익계산서와 그 부속서류·합계잔액시산표·조정계산서*
간편장부대상자	간편장부소득금액계산서

* 소득세법 시행령(소령 131조의 2 ①)으로 정하는 사업자는 사업자 본인이 직접 작성한 (자기)조정계산서를 첨부하여서는 안되며, 세무사가 작성한 (외부)조정계산서를 반드시 첨부하여야 한다.

② 전자신고를 하는 경우에는 표준재무상태표·표준손익계산서·표준원가명세서·표준합계잔액시산표 및 조정계산서를 제출하는 것으로 재무상태표·손익계산서와 그 부속서류·합계잔액시산표 및 조정계산서의 제출을 갈음할 수 있다.(소령 130조 ④, 2013.2.15. 개정)

(2) 간편장부대상자

1) 간편장부대상자의 범위

다음 중 하나에 해당하는 사업자가 간편장부를 비치하고 그 사업에 관한 거래사실을 성실히 기재한 경우에는 장부를 비치·기록한 것으로 본다.(소법 160조 ②, 소령 208조 ⑤)

① 해당 과세기간에 신규로 사업을 개시한 사업자

② 직전 과세기간의 수입금액(결정 또는 경정으로 증가된 수입금액을 포함하며, 사업용 유형자산을 양도함으로써 발생한 수입금액은 제외한다)의 합계액이 다음의 금액에 미달하는 사업자. 다만, 욕탕업의 경우에는 1억 5천만원에 미달하는 사업자로 한다.(소령 208조 ⑤, 2020.2.11. 개정, 소칙 95조의2 ①, ②, 2014.3.14. 신설)

업 종 (2019년 귀속분부터 적용)	기준금액
㉠ 농업·임업 및 어업, 광업, 도매 및 소매업(상품중개업은 제외), 부동산매매업[*1], 그 밖에 아래의 '㉡ 및 ㉢'에 해당되지 아니하는 사업	3억원
㉡ 제조업, 숙박 및 음식점업, 전기·가스·증기 및 공기조절 공급업, 수도·하수·폐기물처리·원료재생업, 건설업(비주거용 건물 건설업은 제외), 부동산 개발 및 공급업(주거용 건물 개발 및 공급업에 한정), 운수업 및 창고업, 정보통신업, 금융 및 보험업, 상품중개업, 욕탕업	1억5천만원
㉢ 부동산임대업[*2], 부동산업(부동산매매업[*3]은 제외), 전문·과학 및 기술서비스업, 사업시설관리·사업지원 및 임대서비스업, 교육서비스업, 보건업 및 사회복지서비스업, 예술·스포츠 및 여가 관련 서비스업, 협회 및 단체, 수리 및 기타 개인서비스업, 가구내 고용활동	7천5백만원

*1. 한국표준산업분류에 따른 비주거용 건물건설업(건물을 자영건설하여 판매하는 경우만 해당)과 부동산 개발 및 공급업을 말한다. 다만, 한국표준산업분류에 따른 주거용 건물 개발 및 공급업(구입한 주거용 건물을 재판매하는 경우는 제외)은 제외한다.(소령 122조 ①)

*2. 부동산임대업의 범위는 다음과 같다.(소법 45조 ②)

① 부동산 또는 부동산상의 권리를 대여하는 사업(2017.12.19. 단서삭제)

② 공장재단 또는 광업재단을 대여하는 사업

③ 채굴에 관한 권리를 대여하는 사업 : 광업권자·광권자 또는 덕대(이하 "광업권자 등")가 채굴시설과 함께 광산을 대여하는 사업을 말한다. 다만, 광업권자 등이 자본적 지출이나 수익적 지출의 일부 또는 전부를 제공하는 것을 조건으로 광업권·조광권 또는 채굴에 관한 권리를 대여하고 덕대 또는 분덕대로부터 분철료를 받는 것은 제외한다.(소령 101조 ②)

*3. 소득세법 시행령 제122조 제1항에 따른 부동산매매업을 말한다.

PART 5

저자TIP 한국표준산업분류의 제11차 개정(2024.1.1.)

(1) 시행일

2024.7.1.부터 시행한다. 다만, 통계법이 아닌 다른 개별 법령 등에서 한국표준산업분류를 인용한 규정이 있는 경우 2025.6.30.까지는 종전의 제10차 한국표준산업분류(2017.1.13.)를 따를 수 있다.(통계청 고시 제2024-203호, 2024.4.30.)

(2) 주요 개정내용

제10차 개정내용과 비교하면 중분류, 소분류, 세분류를 신설·변경한 경우는 극히 일부에 불과하고 주로 세세분류단계에서 신설, 세분, 통합 또는 명칭변경한 것이며, 세세분류가 다른 대분류로 이동한 경우는 다음의 경우뿐이다.

제10차 분류		제11차 분류	
K 금융 및 보험업		O 공공행정, 국방 및 사회보장 행정	
65131	건강보험업	84611	건강보험업
65139	산업 재해 및 기타 사회보장 보험업	84619	산업 재해 및 기타 사회보장 보험업
65303	연금업	84620	연금업

따라서 소득세법이나 조세특례제한법에서 한국표준산업분류를 적용하는 경우에 실무적으로 기존과 다른 변경사항은 없을 것으로 보인다.

저자TIP 피상속인의 단독사업장을 상속받은 과세기간의 상속인 기장의무 판단

구 분		기장의무 판단
상속일 현재 상속인에게 사업소득이 있는 경우	상속인이 단독승계	• 상속인의 기존 기장의무 유지
	공동상속인이 공동승계	• 공동상속사업장은 신규사업자이며 간편장부대상자* • 상속인의 단독사업장 기장의무는 공동상속사업장과 별개로 판단
상속일 현재 상속인에게 사업소득이 없는 경우	상속인이 단독승계	• 신규사업자이며 간편장부대상자*
	공동상속인이 공동승계	• 공동상속사업장은 신규사업자이며 간편장부대상자*

* ① 소규모 사업자로서 추계신고시 무기장가산세(장부의 기록·보관 불성실 가산세)가 배제된다.
② 해당 과세연도 수입금액이 간편장부대상자에 해당하면 단순경비율 적용대상자가 된다.
③ 복식기장하면 기장세액공제가 적용된다.
④ 해당 과세연도 수입금액에 따라 성실신고확인대상자에 해당될 수도 있다.

저자TIP '인적용역'의 업종구분 시 유의사항

소득세법 시행령 제37조 제3항에서 다음의 규정을 두고 있다.

수리 및 기타 개인서비스업은 「부가가치세법 시행령」 제42조 제1호에 따른 인적용역을 포함한다.(2013. 6.28. 개정)

즉, '수리 및 기타 개인서비스업'은 위의 'ⓒ'에 속하는 업종인데 여기에는 아래와 같은 '인적용역'이 포함되므로 결국 '인적용역'도 위의 'ⓒ'의 업종군에 속하는 것이다.
예를 들어 아래 (사)에 해당하는 '보험설계사'의 경우 한국표준산업분류에 따르면 '금융 및 보험업'으로서 'ⓛ'의 업종군에 속하지만 위의 규정에 따라 'ⓒ'의 업종군에 해당하는 것이다.

부가가치세법 시행령 제42조 제1호에 따른 인적용역

개인이 물적시설[계속적·반복적으로 사업에만 이용되는 건축물·기계장치 등의 사업설비(임차한 것을 포함)] 없이 근로자를 고용(고용 외의 형태로 해당 용역의 주된 업무에 대해 타인으로부터 노무 등을 제공받는 경우를 포함)하지 아니하고 독립된 자격으로 용역을 공급하고 대가를 받는 다음의 인적용역(부령 42조 1, 2024.2.29. 개정, 부칙 29조) ➲ 2024.2.29.부터 시행한다.(2024.2.29. 부령 부칙 1조)

(가) 저술·서화·도안·조각·작곡·음악·무용·만화·삽화·만담·배우·성우·가수와 이와 유사한 용역
(나) 연예에 관한 감독·각색·연출·촬영·녹음·장치·조명과 이와 유사한 용역
(다) 건축감독·학술용역과 이와 유사한 용역
(라) 음악·재단·무용(사교무용을 포함)·요리·바둑의 교수와 이와 유사한 용역
(마) 직업운동가·역사·기수·운동지도가(심판을 포함)와 이와 유사한 용역
(바) 접대부·댄서와 이와 유사한 용역
(사) 보험가입자의 모집·저축의 장려 또는 집금 등을 하고, 실적에 따라 보험회사 또는 금융기관으로부터 모집수당·장려수당·집금수당 또는 이와 유사한 성질의 대가를 받는 용역과 서적·음반 등의 외판원이 판매실적에 따라 대가를 받는 용역
(아) 저작자가 저작권에 의하여 사용료를 받는 용역
(자) 교정·번역·고증·속기·필경·타자·음반취입과 이와 유사한 용역
(차) 고용관계 없는 자가 다수인에게 강연을 하고, 강연료·강사료 등의 대가를 받는 용역
(카) 라디오·텔레비전 방송 등을 통하여 해설·계몽 또는 연기를 하거나 심사를 하고 사례금 또는 이와 유사한 성질의 대가를 받는 용역
(타) 작명·관상·점술 또는 이와 유사한 용역
(파) 개인이 일의 성과에 따라 수당 또는 이와 유사한 성질의 대가를 받는 용역

PART 5

신종업종 세무관리

▼ SNS마켓 사업자5)

(1) 정의

SNS마켓이란 블로그·카페 등 각종 사회관계망서비스(Social Network Service, SNS) 채널을 이용하여 물품판매, 구매 알선·중개 등을 통해 수익을 얻는 사업활동을 말함

(2) 거래 유형

SNS마켓은 재화 등을 매입하여 판매하거나 상품 홍보를 하고 판매수량에 따라 수수료를 받는 등 다양한 거래유형이 있음

- 블로그·카페 등을 운영하며 홍보성 게시글에 대한 원고료, 배너광고를 게재하여 주고 광고료를 받는 경우
- 오프라인 사업장을 가진 사업자가 온라인 판매채널로 블로그 등을 이용하여 물품 판매
- 개인이 소규모로 SNS 등을 통하여 자기 물품을 판매하거나 구매대행 등 서비스를 제공
- 제조업자·도매업자의 의뢰를 받아 SNS 등을 통하여 상품정보를 제공하고 수수료를 수취

(3) 사업자등록

- 블로그·카페 등 SNS를 이용하여 물품 판매는 물론 알선·중개 등을 통해 수익을 얻는 활동의 경우 업종코드는 '525104'로 등록함
- SNS마켓을 이용한 통신판매업을 기존의 전자상거래 소매업 및 소매중개업과 구분하기 위해 업종코드 신설함 [2019.1.1. 이후 신규(정정) 사업자등록 시부터 적용함]

코 드	세분류	세세분류	적용범위
525104	통신판매업	SNS 마켓	**블로그·카페 등 각종 사회관계망서비스(소셜네트워크서비스, SNS) 채널을 이용**하여 물품판매, 구매 알선,중개 등을 통해 수익을 얻는 산업활동을 말한다.
525101	통신판매업	전자상거래 소매업	일반 대중을 대상으로 온라인 통신망[**사회관계망서비스(SNS) 채널은 제외한다**]을 통하여 각종 상품을 소매하는 산업활동을 말한다. (예시) 상품 전자상거래 판매(**오픈마켓 판매자 포함**)
525102	통신판매업	기타 통신 판매업	온라인 통신망 이외의 기타 통신수단에 의하여 각종 상품을 소매하는 산업활동을 말한다. (예시) 인쇄물 광고형 소매, 전화소매, TV홈쇼핑, 카탈로그(상품안내서, catalog)형 소매, 우편소매, 통신판매 소매
525103	통신판매업	전자상거래 소매중개업	**개인 또는 소규모업체가 온라인상에서 재화나 용역을 판매할 수 있도록 중개업무를 담당하는 산업활동**을 말한다 (예시) **소셜커머스**(할인쿠폰 공동 구매형 전자상거래중개), 전자상거래 소매중개(**오픈마켓 사업자**) (제외) 오픈마켓 판매자(525101)

(4) 현금영수증 발급의무

SNS마켓 사업자는 판매하는 재화 등이 현금영수증 의무발행업종 재화 등인 경우로 한정하여 2021.1.1. 이후부터 적용함

(5) 참고사항

※ 통신판매업 신고 및 통신판매업자 정보 표기

① 통신판매업 신고(전자상거래법 제12조)

- SNS마켓 판매자도 통신판매업자에 해당하므로, 재화 판매 전에 관할 시·군·구청에 통신판매업 신고*를 해야 함

  * 정부24(https://www.gov.kr)에서 공동인증서 등을 이용하여 신고가능

- 신고사항 : 상호, 주소, 전화번호, 대표자 성명, 주민등록번호, 사업자 등록번호, 법인등록번호, 전자우편주소, 인터넷도메인 이름, 호스트서버 소재지, 판매방식, 취급품목 등
- 구비서류 : 사업자등록증 사본, 법인등기부 등본 등

② 통신판매업자 정보 표기(전자상거래법 제13조)

- SNS마켓에서 재화 판매 시 상호, 대표자 성명, 주소, 전화번호, 통신판매 신고번호 등을 표시해야 함

▼ 공유숙박 사업자[6)]

(1) 정의

- 공유숙박 : 일반인이 여유공간(숙박공간)을 여행객들에게 유상으로 제공하는 것으로, 온라인 중개 플랫폼*에 등록하여 숙박공간을 사용하고자 하는 임차인에게 공간을 공유·사용하게 함으로써 대가를 수령하는 산업활동을 의미함

  * 플랫폼은 '정거장'이란 의미로 인터넷을 기반으로 이용자를 연결하고 각종 경제활동을 통해 수익을 창출하는 사업 모델로서, 대표적인 공유숙박 플랫폼으로 에어비앤비(Airbnb)가 있음

(2) 사업자등록

코 드	세분류	세세분류	적용범위
551007	일반 및 생활 숙박시설 운영업	숙박 공유업	일반인이 여유공간(숙박공간)을 여행객들에게 유상으로 제공하는 것으로 **온라인 중개 플랫폼에 등록**하여 숙박공간을 사용하고자 하는 임차인(GUEST)에게 공간을 **공유·사용**하게 함으로써 댓가를 수령하는 산업활동
551005	일반 및 생활 숙박시설 운영업	민박업	단독주택, 다가구주택, 다세대주택, 아파트 등 일반 주거용 주택을 이용하여 숙박 서비스를 제공하는 산업활동을 말한다. 숙박과 함께 취사시설을 제공하거나 식사를 제공하는 경우도 포함한다

• 공유숙박 업종의 추가 구비서류
  ① 도시지역 : 관광진흥법에 따라 지방자치단체(관할 시·군·구청)에서 발급한 관광사업 등록증(외국인관광 도시민박업)
  ② 농어촌지역 : 농어촌정비법에 따라 지방자치단체(관할 시·군·구청)에서 발급한 농어촌민박업 신고필증

(3) 현금영수증 발급의무

공유숙박 사업자는 2023.1.1. 이후부터 적용함

(4) 기타소득으로 분리과세 가능한 경우

통신판매중개를 하는 자를 통하여 장소를 대여하고 연 500만원 이하의 사용료를 받는 경우는 기타소득으로 분리과세 가능함(소법 21조 ① 8의2)

➲ 필요경비 60%를 공제하면 기타소득금액이 300만원 이하가 되므로 종합과세와 분리과세를 선택할 수 있다.(소법 14조 ③ 8 가)

▼ 해외직구대행업[7)]

(1) 정의

• 해외직구대행업이란 온라인 몰을 통해 해외에서 구매 가능한 재화 등에 대하여 정보를 제공하고 온라인 몰 이용자의 청약을 받아, 해당 재화 등을 이용자의 명의로 대리하여 구매한 후 이용자에게 전달해줌으로써 수수료를 받아 수익을 얻는 산업활동을 말함
• 일반적인 도소매업 형식처럼 상품을 매입하여 판매하는 것이 아닌, 해외상품에 대해 단순 구매를 대행해주는 업종임

(2) 해외직구대행업의 요건

① 해외 물품이 국내 통관될 때 국내 구매자 명의로 통관되어 구매자에게 직배송될 것
② 국내에 창고 등의 보관장소가 없고, 별도로 재고를 보유하지 않을 것
③ 판매 사이트에 해외직구 대행임을 명시할 것
④ 주문 건별로 대행 수수료를 산출하고, 해당 산출근거 및 증빙을 보관할 것

(3) 거래 유형

• 해외직구대행업자는 사이트 전체 판매액이 아닌 수수료 부분만을 매출로 신고하여야 함 예를 들어, 사이트 판매액이 100원이고, 상품구입비 및 배송비 등 80원이 발생했다면 구매대행업의 경우 구매대행 수수료 20원을 매출로 신고하게 됨
• 국세청에서는 일반 전자상거래업 영위 사업자와 동일하게 온라인 전체 판매액 100원을 매출로 파악하게 되므로, 신고 시마다 신고매출액에 대한 적정성 확인이 발생할 수 있으며, 매출액 산정 관련 증빙서류를 보관하여야 하는 주의사항이 있음

(4) 사업자등록

• 일반적인 온라인 쇼핑몰과 달리 해외직구대행업 업종코드 '525105'로 등록함

• 일반 전자상거래 소매 및 전자상거래 소매중개(오픈마켓사업자)업종과 구분하기 위해 2020년도에 해외직구대행업 업종코드 신설함

코 드	세분류	세세분류	적용범위
525105	통신판매업	해외직구 대행업	온라인 몰을 통해 해외에서 구매 가능한 재화 등에 대하여 정보를 제공하고 온라인 몰 이용자의 청약을 받아, 해당 재화 등을 이용자의 명의로 대리하여 구매 한 후 이용자에게 전달해줌으로써 수수료를 받아 수익을 얻는 산업 활동을 말한다.
525104	통신판매업	SNS 마켓	블로그·카페 등 각종 사회관계망서비스(소셜네트워크서비스, SNS) 채널을 이용하여 물품판매, 구매 알선,중개 등을 통해 수익을 얻는 산업활동을 말한다.
525101	통신판매업	전자상거래 소매업	일반 대중을 대상으로 온라인 통신망[사회관계망서비스(SNS) 채널은 제외한다]을 통하여 각종 상품을 소매하는 산업활동을 말한다. (예시) 상품 전자상거래 판매(오픈마켓 판매자 포함)
525102	통신판매업	기타 통신 판매업	온라인 통신망 이외의 기타 통신수단에 의하여 각종 상품을 소매하는 산업활동을 말한다. (예시) 인쇄물 광고형 소매, 전화소매, TV홈쇼핑, 카탈로그(상품안내서, catalog)형 소매, 우편소매, 통신판매 소매
525103	통신판매업	전자상거래 소매중개업	개인 또는 소규모업체가 온라인상에서 재화나 용역을 판매할 수 있도록 중개업무를 담당하는 산업활동을 말한다 (예시) 소셜커머스(할인쿠폰 공동 구매형 전자상거래중개), 전자상거래 소매중개(오픈마켓 사업자) (제외) 오픈마켓 판매자(525101)

(5) 현금영수증 발급의무

해외직구대행업자는 2023.1.1. 이후부터 적용함(다만, 판매하는 재화 등이 현금영수증 의무발행업종의 재화 등인 경우에 한함)

(6) 참고사항

※ 통신판매업 신고 및 통신판매업자 정보 표기

① 통신판매업 신고(전자상거래법 제12조)

• 해외직구대행업자도 통신판매업자에 해당하므로, 재화 판매 전에 관할 시·군·구청에 통신판매업 신고*를 해야 함

* 정부24(https://www.gov.kr)에서 공동인증서 등을 이용하여 신고가능

• 신고사항 : 상호, 주소, 전화번호, 대표자 성명, 주민등록번호, 사업자 등록번호, 법인등록번호, 전자우편주소, 인터넷도메인 이름, 호스트서버 소재지, 판매방식, 취급품목 등

• 구비서류 : 사업자등록증 사본, 법인등기부 등본 등

② 통신판매업자 정보표기(전자상거래법 제13조)

• 해외직구대행업자가 재화 등의 거래에 관한 청약을 받을 목적으로 표시·광고 할 때에는 상호, 대표자 성명, 주소, 전화번호, 통신판매 신고번호 등을 표시해야 함

PART 5

▼ 1인 미디어 창작자[8)]

(1) 정의

1인 미디어 창작자란 인터넷·모바일 기반의 미디어 플랫폼 환경에서 다양한 주제의 영상 콘텐츠를 제작하고 이를 다수의 시청자와 공유하여 수익을 창출하는 신종 직업을 의미함 (예시) 유튜브, 아프리카TV, 트위치 등에 영상을 공유하는 유튜버, 크리에이터, BJ, 스트리머 등

※ 플랫폼은 '정거장'이란 의미로 인터넷을 기반으로 이용자를 연결하고 각종 경제활동을 통해 수익을 창출하는 사업모델로서, 1인 미디어 관련 플랫폼 사업자는 1인 미디어 창작자가 생산한 영상 콘텐츠를 실시간으로 전송하거나 저장하여 재생하며, 콘텐츠 생산자들과 광고수익 등을 분배함

(2) 거래 유형

- 1인 미디어 창작자의 소득은 플랫폼 운영사로부터 배분받는 광고수익, 시청자가 플랫폼을 통해 지불하는 후원금 등이 있음
- 특정 기업 및 제품의 홍보 영상을 제작하거나 자신의 영상에서 이를 홍보해줌으로써 받는 수입, 행사 및 강연 등으로 얻는 수입 등이 있음
- 1인 미디어 창작자는 다중채널네트워크(Multi Channel Network, MCN) 사업자*와 계약을 맺고 광고수익을 나누는 경우도 있음

* MCN 사업자 : 1인 미디어 창작자의 콘텐츠 유통·판매, 저작권 관리, 광고 유치, 자금 지원 등에 도움을 주고 콘텐츠로부터 나온 수익을 창작자와 나누어 갖는 미디어 사업자

(3) 사업자등록

① 과세사업자인 경우 : 1인 미디어 창작자가 인적 고용관계*1 또는 별도의 사업장 등 물적 시설*2을 갖추고 다양한 콘텐츠의 영상을 영상 플랫폼에 공급하면서 수익이 발생하는 경우는 과세사업자에 해당함

☞ **업종코드 921505, 미디어 콘텐츠 창작업(정보통신업에 해당)**

*1. (예시) 시나리오 작성자나 영상 편집자를 고용한 경우 등

*2. (예시) 전문적인 촬영장비를 보유한 경우, 별도의 방송용 스튜디오를 갖춘 경우 등

> **※ 부가가치세법 시행규칙 제29조 [물적시설의 범위]**
> 계속적, 반복적으로 사업에만 이용되는 건축물·기계장치 등의 사업설비(임차한 것을 포함)를 말한다.

② 면세사업자인 경우 : 1인 미디어 창작자가 독립된 자격으로 근로자를 고용하지 아니하고 물적시설 없이 다양한 콘텐츠의 영상을 영상 플랫폼에 공급하면서 수익이 발생하는 경우는 면세사업자에 해당함

☞ **업종코드 940306, 1인 미디어 콘텐츠 창작자(인적용역으로서 수리 및 기타 개인서**

비스업에 해당)

코 드	세분류	세세분류	적용범위
921505	영화비디오물 및 방송프로그램 제작업	미디어콘텐츠 창작업 (과세)	인적 또는 물적시설을 갖추고 인터넷기반으로 다양한 주제의 영상 콘텐츠 등을 창작하고 이를 영상 플랫폼에 업로드하여 시청자에게 유통하는 자로서 수익이 발생하는 산업활동
940306	기타 자영업	1인 미디어 콘텐츠 창작자 (면세)	인적시설과 물적시설 없이 인터넷기반으로 다양한 주제의 영상 콘텐츠 등을 창작하고 이를 영상 플랫폼에 업로드하여 시청자에게 유통하는 자로서 수익이 발생하는 산업활동 인적용역자의 콘텐츠 창작 등에 따른 수입 포함 (예시) 유튜버, BJ, 크리에이터 등

(4) 외국납부세액공제의 적용

- 미국 Google사는 2021년 6월부터 국내 유튜버가 미국 내 시청자로부터 얻은 수입에 대하여 사용료소득으로 보아 미국에서 원천징수하고 있음
- 유튜브 활동으로 미국에서 원천징수된 세액이 있는 경우 외국납부세액 공제를 위해서는 종합소득세 신고시 관련 명세*를 작성·제출하여야 함

* ① 외국납부세액공제 신청서(소득세법 시행규칙 제11호 서식), ② 국가별 외국납부세액공제 명세서(부표1), ③ 소득종류별 외국납부세액 명세서(부표2)

• 외국납부세액 공제한도금액 계산 : A × (B / C)

A : 해당 과세기간의 종합소득산출세액 또는 퇴직소득 산출액

B : 국외 원천소득(조특법이나 그 밖의 법률에 따라 세액감면 또는 면제를 적용받는 경우에는 세액감면 또는 면제대상 국외원천소득에 세액감면 또는 면제비율을 곱한 금액은 제외한다)

C : 해당 과세기간의 종합소득금액 또는 퇴직소득금액

• B의 국외원천소득은 (① 국외원천 매출 - ② 필요경비)로 계산함

① 국외원천 매출*은 구글로부터 받은 전체 외환이 아닌 미국으로부터 원천징수 대상이 되는 매출액임

* 본인 애드센스 계정에서 수입금액 및 원천징수 세액 내역 확인이 가능함

② 필요경비는 국외원천 매출에 대응하는 비용으로, 유튜버 활동으로 발생된 전체 비용을 유튜버 전체 매출과 국외원천 매출을 기준으로 안분계산*함

* 안분계산 국외원천 필요경비 = 전체비용 × (국외원천 매출/전체 매출)

※ 외국납부세액공제 한도계산 사례(1)

2023년도에 1인 미디어 창작자로 사업(업종코드 : 940306)을 개시한 A씨는 간편장부 신고대상으로서 다른 소득은 없고, 2024년 귀속분에 대해 기준경비율로 소득세 신고를 하려고 할 때, 외국납부세액공제 한도계산은 다음과 같다.

PART 5

- 총수입금액 : 310,000,000원
- 필요경비 : 52,080,000원
- 소득공제 합계 : 2,920,000원
- 국외원천수입금액 : 110,000,000원
- 국외원천필요경비 : 18,480,000원(= 52,080,000원 × 110,000,000원 / 310,000,000원)
- 외국납부세액 : 11,000,000원
- 산출세액 : 76,960,000원[(310,000,000원 - 52,080,000원 - 2,920,000원) × 38% - 19,940,000원]
- 외국납부세액공제 한도 : 27,308,387원(= 76,960,000원 × 91,520,000원 / 257,920,000원)
- 2024년 귀속 외국납부세액공제액 : 11,000,000원
- 이월 외국납부세액 : 없음

※ 외국납부세액공제 한도계산 사례(2)

2023년도에 미디어 콘텐츠 창작자로 사업(업종코드: 921505)을 개시한 B씨는 간편장부 신고대상으로서 근로소득이 있고, 2024년 귀속분에 대해 간편장부로 소득세 신고를 하려고 할 때, 외국납부세액공제 한도계산은 다음과 같다.

- 총급여 : 24,000,000원(근로소득금액 : 15,150,000원)
- 총수입금액 : 275,000,000원
- 필요경비 : 243,000,000원
- 종합소득금액 : 47,150,000원(275,000,000원 - 243,000,000원 + 15,150,000원)
- 소득공제 합계 : 2,000,000원
- 국외원천수입금액 : 25,000,000원
- 국외원천필요경비 : 22,090,909원(= 243,000,000원 × 25,000,000원 / 275,000,000원)
- 국외원천소득금액 : 2,909,091원
- 외국납부세액 : 2,500,000원
- 산출세액 : 5,512,500원[(275,000,000원 - 243,000,000원 - 2,000,000원 + 15,150,000원) × 15% - 1,260,000원]
- 외국납부세액공제 한도 : 340,113원(= 5,512,500원 × 2,909,091원 / 47,150,000원)
- 2024년 귀속 외국납부세액공제액 : 340,113원
- 이월 외국납부세액 : 2,159,887원(= 2,500,000원 - 340,113원)

(5) 개인계좌 후원금 신고

- 1인 미디어 창작자가 방송화면에 '후원금', '자율구독료' 등의 명목으로 후원계좌번호를 노출하고 계좌이체를 통해 금전 등을 받는 경우 해당하는 명칭에 상관없이 소득세법에 따라 종합소득세 신고납부 대상임
  단, 해당 유튜버의 영상활동이 일시적인 경우라면 소득세법 제21조 제1항 제19호(인적 용역을 일시적으로 제공하고 받는 대가)에 따른 기타소득에 해당함
- 사업과 관련하여 콘텐츠 제공에 따른 유상대가 또는 사업과 관련하여 무상으로 받은 자

산으로 보아 '총수입금액'에 포함함

• **총수입금액의 계산**(소득세법 시행령 제51조 ③)

4. 사업과 관련하여 무상으로 받은 자산의 가액과 채무의 면제 또는 소멸로 인하여 발생하는 부채의 감소액은 총수입금액에 산입

5. 그 외의 사업과 관련된 수입금액으로서 해당 사업자에게 귀속되었거나 귀속될 금액은 총수입금액에 산입

2) 간편장부대상자 적용배제 사업자(소령 208조 ⑤)

① 의료법에 따른 의료업, 수의사법에 따른 수의업 및 약사법에 따라 약국을 개설하여 약사(藥事)에 관한 업(業)을 행하는 사업자(소령 147조의3)

② 변호사업, 심판변론인업, 변리사업, 법무사업, 공인회계사업, 세무사업, 경영지도사업, 기술지도사업, 감정평가사업, 손해사정인업, 통관업, 기술사업, 건축사업, 도선사업, 측량사업, 공인노무사업, 의사업, 한의사업, 약사업, 한약사업, 수의사업(부가령 109조 ② 7)

3) 겸업하거나 사업장이 2 이상인 경우

2개 이상의 업종을 겸영하거나 사업장이 2 이상인 경우에는 다음의 산식에 의하여 계산한 수입금액에 의한다.(소령 208조 ⑦)

$$\text{직전연도 주업종의 수입금액}^{*}\ (\text{수입금액이 가장 큰 업종}) + \left(\text{주업종 외의 업종의 직전연도 수입금액}^{*} \times \frac{\text{주업종에 대한 기준금액}}{\text{주업종 외의 업종의 기준금액}}\right)$$

* 2004.1.1. 이후 발생하는 소득분부터 연환산규정을 폐지하고 실제 발생한 수입금액으로 함

5) 국세청 홈페이지 > 국세정책/제도 > 신종업종 세무안내 > SNS마켓 사업자

6) 국세청 홈페이지 > 국세정책/제도 > 신종업종 세무안내 > 공유숙박 사업자

7) 국세청 홈페이지 > 국세정책/제도 > 신종업종 세무안내 > 해외직구대행업

8) 국세청 홈페이지 > 국세정책/제도 > 신종업종 세무안내 > 1인 미디어 창작자

사 례 기장의무의 판단(2024년 귀속기준)

〈사례 1〉

다음 자료에 의하여 거주자 A씨(도매업과 부동산임대업 겸영)의 2024년 귀속 기장의무를 판단하시오.

• 2023년 도매업 수입금액 : 2억
• 2023년 부동산임대업 수입금액 : 0.3억

해 답 복식부기의무자

풀 이 2억*1+[0.3억*2×3억*3/0.75억*4]=3.2억(도매업) ⇒ 복식부기의무자

*1. 주업종인 도매업의 직전연도 수입금액
*2. 주업종 외의 업종인 부동산임대업의 직전연도 수입금액
*3. 주업종인 도매업의 기준금액
*4. 주업종 외의 업종인 부동산임대업의 기준금액

(1) 환산금액이 3.2억원으로서 도매업(주업종) 기준금액인 3억원 이상이므로 복식부기의무자에 해당한다.
(2) 단순합산(도매업 2억원+부동산임대업 0.3억원=2.3억원)하여 판단하게 되면 주업종인 도매업의 기준금액인 3억원에 미달하여 간편장부대상자로 적용하는 실수를 할 수 있으므로 실무상 주의를 요한다.

〈사례 2〉

다음 자료에 의하여 거주자 B씨(음식업과 소매업 겸영)의 2024년 귀속 기장의무를 판단하시오.

• 2023년 음식업 수입금액 : 1억
• 2023년 소매업 수입금액 : 0.8억

해 답 간편장부대상자

풀 이 1억*1+[0.8억*2×1.5억*3/3억*4]=1.4억(음식업) ⇒ 간편장부대상자

*1. 주업종인 음식업의 직전연도 수입금액
*2. 주업종 외의 업종인 소매업의 직전연도 수입금액
*3. 주업종인 음식업의 기준금액
*4. 주업종 외의 업종인 소매업의 기준금액

(1) 환산금액이 1.4억원으로서 음식업(주업종) 기준금액인 1.5억원 이하이므로 간편장부대상자에 해당한다.
(2) 단순합산(음식업 1억원+소매업 0.8억원=1.8억원)하여 판단하게 되면 주업종인 음식업의 기준금액인 1.5억원을 초과하여 복식부기의무자로 적용하는 실수를 할 수 있으므로 실무상 주의를 요한다.

저자TIP 업종변경시 기장의무의 판단(2024년 귀속기준)

- 다음 거주자별로 2024년 신규사업의 기장의무를 판단하시오.
- 근거예규 : (서면1팀-1420, 2007.10.16.), (소득-4615, 2008.12.9.)

구 분	상 황	신규사업의 기장의무
거주자 A	• 2023년 약국(도소매업, 계속사업자) 수입금액 : 2억원 • 2023.10.31. 약국 폐업	
	• 2024.7.1. 부동산임대업 개업	간편장부대상자*1
거주자 B	• 2023년 부동산임대업(계속사업자) 수입금액 : 2,000만원 • 2023.10.31. 부동산임대업 폐업	
	• 2024.7.1. 약국(도소매업) 개업	복식부기의무자(전문직)*2
거주자 C	• 2023년 일반소매업(계속사업자) 수입금액 : 2억원 • 2023.10.31. 일반소매업 폐업	
	• 2024.7.1. 부동산임대업 개업	간편장부대상자*3

*1. 직전연도(2023년) 도소매업(약국)의 수입금액이 3억원 미만이므로 간편장부대상자에 해당한다. 2023년 귀속분에 대한 기장의무가 복식부기의무자인 것(약사는 전문직이므로)과 연관하여 판단하지 않으며, 부동산임대업의 직전연도 수입금액을 2억원 또는 0원으로 인식하여 기장의무를 판단하지 않도록 유의하여야 한다.

*2. 약사는 전문직이므로 직전연도(2023년)의 업종 및 수입금액과 관계없이 복식부기의무자이다.

*3. 일반소매업으로서 수입금액이 3억원 미만이므로 간편장부대상자에 해당한다. 부동산임대업의 직전연도 수입금액을 2억원 또는 0원으로 인식하여 기장의무를 판단하지 않도록 유의하여야 한다.

✓ 신규사업자의 의미 등에 대한 회신

'복식부기의무자' 및 '단순경비율 적용대상자'의 판단에 있어서 신규로 사업을 개시한 날은 부가가치세법 시행규칙 제3조에 따른 날임(소득-560, 2011.6.20.)

> **부가가치세법 시행규칙 제3조【개업일의 기준】** 사업개시일은 다음의 규정에 의한다. 다만, 해당 사업이 법령의 개정 등으로 면세사업에서 과세사업으로 전환되는 경우에는 그 과세전환일로 한다.(2011.6.23. 단서신설)
> ① 제조업에 있어서는 제조장별로 재화의 제조를 개시하는 날
> ② 광업에 있어서는 사업장별로 광물의 채취·채광을 개시하는 날
> ③ 기타의 사업에 있어서는 재화 또는 용역의 공급을 개시하는 날

✓ 재무제표 첨부신고 존중(소통 70-131…1)

간편장부대상자도 소득세의 신고납부의무를 성실히 이행하기 위하여 법 제70조 제4항 제3호 본문에 의한 재무제표 등을 첨부하여 신고할 수 있다.

✓ 복식부기의무자가 간편장부소득금액계산서를 첨부하여 신고하는 경우 신고효력(소통 70-131…2)

복식부기의무자가 법 제70조 제4항 제3호 본문에서 규정하는 재무제표 등 신고 부속서류 대신에 간편장부소득금액계산서를 첨부하여 과세표준확정신고를 하는 때에는 적법한 신고를 하지 아니한

것으로 본다.

✓ **공동사업장의 소득에 대한 신고첨부서류**(소통 70－0…2)

① 공동사업장의 경우 당해 공동사업장의 직전연도 총수입금액의 합계액이 영 제208조 제5항에 규정하는 일정규모 미만에 해당하는 경우에는 간편장부소득금액계산서를 첨부할 수 있다.

② 사업자가 공동사업장과 단독으로 경영하는 사업장이 있는 경우의 과세표준확정신고는 공동사업장의 수입금액과 단독으로 경영하는 사업장의 수입금액을 각각 구분계산하여 영 제208조 제5항에 규정하는 일정규모 미만인 경우에는 간편장부소득금액계산서를 첨부하여 신고할 수 있다.

③ 제1항 및 제2항의 규정을 적용함에 있어서 구성원이 동일한 공동사업장이 2 이상인 경우에는 공동사업장 전체의 직전연도 수입금액의 합계액을 기준으로 일정규모 미만 사업자 여부를 판단한다.

✓ **장부 및 증빙서류가 멸실된 경우의 신고**(소통 70－0…1)

천재지변 등의 사유로 장부 및 증빙서류가 멸실된 경우에는 국세기본법 제6조의 규정에 의하여 납세지 관할 세무서장의 승인을 얻어 과세표준확정신고 및 납부기한을 연장할 수 있으며, 장부 및 증빙서류가 멸실됨으로 인하여 법 제70조 제4항 제3호에 규정하는 재무제표와 그 부속서류를 첨부하지 아니하고 소득세과세표준확정신고 및 자진납부계산서만을 제출한 경우에는 적법한 신고로 보지 아니한다. 다만, 이 경우에도 국세기본법 제48조 제1항의 규정에 의하여 가산세의 감면을 받을 수 있다.

✓ **기장의무판정시 직전연도 휴업기간의 수입금액산정방법**

기장의무판정시 직전연도 휴업기간은 그 기간에도 사업을 계속 영위한 것으로 보아 수입금액이 없는 것으로 보는 것임(서일 46011－10732, 2003.6.9.)

✓ **소득세법상 기장의무 및 단순경비율적용대상자 판정시 직전연도의 수입금액에 비과세소득은 포함하지 않는 것임**(서면1팀－857, 2004.6.25.)

✓ **회계법인 소속 공인회계사가 고용계약 없이 다수의 강의처에 회계 관련 강의를 제공하고 대가를 받는 경우 공인회계사업 해당 여부**

[사실관계]

- 질의인은 회계법인에 소속되어 있는 회계사이며, 피고용인으로서 정기적으로 급여를 수령하고 있음
- 또한 질의인은 별도의 고용관계 없이 다수의 강의처(○○아카데미, ○○본부, ○○교육원 등)에서 별도의 고용계약없이 회계기준해설, 원가회계기초 등 회계 관련 강의를 의뢰받아 강의를 진행하고 있는데,
- 2017년 귀속 예상되는 세전 강의수입은 약 3천만원으로서 세전 급여의 1/2정도로 예상되고 종합소득세 과세표준확정신고시 사업소득으로 신고할 예정임

[질의]

회계법인에 소속되어 피고용인으로서 정기적 급여를 수령하고 있는 회계사가 별도의 고용계약 없이 독립적으로 다수의 강의처에 회계 관련 강의를 제공하고 지급받는 소득이 공인회계사업에 해당하여 복식부기의무대상에 해당하는지

[회신]
공인회계사 자격이 있는 거주자가 회계법인에 소속된 피고용인으로서 근로를 제공하고 정기적으로 급여를 수령하는 것과는 별도로 영리를 목적으로 자기의 계산과 책임하에 계속적·반복적으로 다수인에게 회계 관련 강의용역을 제공하고 지급받는 대가는 소득세법 제19조 제1항 18호[☞ 협회 및 단체(대통령령으로 정하는 협회 및 단체는 제외), 수리 및 기타 개인서비스업에서 발생하는 소득]에 따른 사업소득에 해당하는 것이며, 귀 질의가 이에 해당하는지는 사실판단할 사항임(서면소득 2017-2619, 2017.12.28.)

※ 관련 판례(대법원 2016두58376, 2017.2.3.)

개인서비스업의 경우 영리를 목적으로 행해지는 사업상의 그 범주에 포함될 수 있을 것으로 보이고, 제9차 개정 한국표준산업분류(통계청 고시 제2007-53호, 2008.2.1. 시행)에 강의업이나 강사업이 명시적으로 규정되어 있지는 않으나 그 중 '그 외 기타 분류되지 않은 개인 서비스업(코드 : 96999)'에 해당되는 것으로 분류할 수 있다고 보인다.

✓ 전문직사업자가 폐업 후 다른 사업을 개시한 경우 기장의무의 판정

거주자가 간편장부대상자에 해당하지 아니하는 사업(이하 "전문직사업"이라 함)을 폐지하고 다음연도에 전문직사업외의 다른 업종의 사업을 개시하는 경우, 다음연도의 기장의무는 전문직 사업을 폐지한 사업연도의 업종별 수입금액을 기준으로 판정하는 것임(서면1팀-1420, 2007.10.16.)

✓ 일정규모 미만 사업자의 판단기준

일정규모 미만 사업자의 판단기준은 사업자등록의 신규 휴·폐업과는 관계없이 직전년도 사업장별 수입금액의 합계액으로 하는 것임(소득 46011-3348, 1999.8.24.)

✓ 전문직사업을 개업한 거주자의 기장의무 적용

직전연도 수입금액이 기준금액에 미달하는 건설업자가 당해연도에 건축사업을 개업하는 경우 기존의 건설업사업장을 복식부기에 의하여 기장하여야 하는 것임(소득-4615, 2008.12.9.)

✓ 기장의무 판정기준

기장의무를 판단함에 있어 공동사업에서 탈퇴하여 다른 장소에서 처음으로 사업을 개시하는 경우 당해 연도에 신규로 사업을 개시한 사업자로 볼 수 있는 경우에는 간편장부 대상자에 해당하는 것임(서면1팀-575, 2006.5.2.)

✓ 비과세 사업소득만 발생하던 사업자가 최초로 과세 사업소득이 발생한 경우 신규사업자인지 여부

비과세 사업소득만 발생하던 사업자에게 처음으로 과세대상 사업소득이 발생하는 경우 그 사업자는 해당 과세기간에 신규로 사업을 개시한 사업자에 해당함(서면법령해석소득2017-735, 2017.6.30.)

✓ 직전연도에 사업소득수입금액이 있는 거주자가 사업자등록을 신규로 발급하는 경우 신규사업자 해당 여부

직전연도에 폐업하였으나 직전연도의 사업소득수입금액이 있는 거주자가 해당연도에 사업자등록을 신규로 발급하는 경우, 해당 사업자가 "해당연도에 신규로 사업을 개시한 사업자"에 해당하는지 여부는 사업자등록의 신규, 휴·폐업과는 관계없이 업종의 특성, 직전연도 업종과의 동일성 여부 등 구체적인 사정을 종합적으로 검토하여 판단하여야 하는 것임(서일 46011-11316, 2002.10.9.)

✓ **공동사업장의 기장의무**(소득 집행기준 43-0-2)

① 공동사업장의 경우에는 해당 공동사업장을 1거주자로 보아 장부기장의무 및 장부비치의무를 적용한다.

② 1거주자가 공동사업과 단독으로 경영하는 사업이 있는 경우 공동사업장의 장부비치·기장의무는 공동사업장의 총수입금액만을 기준으로 하여 판정하고 단독으로 경영하는 사업장에 대해서는 그 단독사업장의 총수입금액의 합계액을 기준으로 판정한다.

③ 구성원이 동일한 공동사업장이 2 이상인 경우에는 그 공동사업장의 수입금액을 합산하되, 소득세법 시행령 제208조 제7항의 산식에 따라 계산한 수입금액에 따라 간편장부대상자 여부를 판단한다.

④ 공동사업장 구성원의 변동이 있는 경우에도 기장의무는 직전연도 해당 공동사업장의 수입금액에 의하여 판단한다.

⑤ 단독사업을 경영하다가 공동사업으로 변경한 경우 단독사업장 및 공동사업장에 대하여 각각 별개로 장부를 비치·기장해야 한다.

✓ **공동사업장을 단독사업장으로 변경하는 경우 소득금액의 계산**(소득 집행기준 43-0-1)

① 단독으로 사업을 경영하다가 공동사업으로 변경한 경우에 단독사업장은 공동사업으로 변경한 날의 전날에 폐업(또는 승계)한 것으로 보고 소득금액을 계산한다.

② 공동사업으로 변경후 해당 공동사업장에서 발생한 소득은 그 지분 또는 손익분배의 비율에 의하여 분배되었거나 분배될 소득금액에 따라 각 거주자별로 소득금액을 계산한다.

③ 공동사업에서 단독사업으로 변경된 경우 공동사업장은 단독사업으로 변경한 날의 전날에 폐업(또는 승계)한 것으로 보아 소득금액을 계산한다.

✓ **단독사업을 공동사업으로 변경시 신고방법**

단독으로 사업을 영위하다가 공동사업으로 변경한 경우에 단독사업장은 공동사업으로 변경한 날의 전날에 폐업(또는 승계)한 것으로 보고 소득금액을 계산하는 것이며, 공동사업으로 변경후 당해 공동사업장에서 발생한 소득은 그 지분 또는 손익분배의 비율에 의하여 분배되었거나 분배될 소득금액에 따라 각 거주자별로 소득금액을 계산하는 것이며, 이 경우 단독사업장 및 공동사업장에 대하여 각각 별개로 장부를 비치·기장하는 것이므로 일정규모이상 사업자가 소득세 확정신고시 조정계산서 등을 첨부하여 신고하지 아니한 경우에는 신고불성실가산세를 적용하는 것임(서일 46011-10568, 2002.4.30.)

✓ **공동사업과 단독사업이 있는 경우의 기장세액공제 적용**(소득 집행기준 56의2-116의3-3)

간편장부대상자에 해당하는 공동사업장으로부터 분배받은 소득금액에 대한 기장세액공제는 거주자별로 계산한다. 다만, 기장세액공제는 해당 거주자별로 100만원을 초과할 수 없다.

✓ **종합소득세 확정신고시 조정계산서를 첨부하지 않은 경우 무신고 해당여부**

세무사가 작성한 조정계산서를 첨부하여 과세표준확정신고를 하여야 하는 사업자가 세무사가 작성한 조정계산서를 첨부하지 아니한 때에는 그 신고를 하지 아니한 것으로 보는 것임(서일 46011-10317, 2001.10.16.)

✓ **외부조정대상자의 세무조정계산서 미첨부시 신고의 효력**(소득 집행기준 70-131-1)

① 복식부기의무자가 자기조정으로 신고한 후 경정 또는 수정신고로 직전연도의 수입금액이 증가

해 해당연도에 외부 조정대상자로 전환된 경우에는 신고불성실가산세가 적용된다.

② 세무사가 자기 명의로 작성된 조정계산서를 첨부하여 신고한 경우에는 신고불성실가산세는 적용하지 않는다.

✓ **해당연도 신규로 공동사업을 개시하는 사업자의 확정신고 방법**(소득 해석편람 70－1－3)

간편장부대상자를 판단함에 있어서 공동사업장과 단독사업장을 겸영하는 경우 공동사업장은 해당 공동사업장의 직전연도 수입금액(구성원이 동일한 사업장이 여러 개인 경우에는 각 공동사업장의 직전연도 수입금액의 합계액)만으로 판단하고 단독사업장은 각 단독사업장의 직전연도 수입금액의 합계액으로 판단하는 것임(소득 46011－1260, 1998.5.14.)

✓ **복식부기에 의하여 기장한 간편장부대상자의 과세표준확정신고 첨부서류**(소득 해석편람 70－1－5)

간편장부대상자가 복식부기에 의하여 장부를 비치·기장한 경우에는 종합소득 과세표준확정신고에 있어서 같은법 제70조 제4항 제3호에 의하여 기업회계기준을 준용하여 작성한 대차대조표 등의 재무제표 또는 간편장부소득금액계산서를 첨부서류로서 제출할 수 있는 것임(소득 46011－299, 1999.11.3.)

✓ **공동사업 폐업후 신규개업한 단독사업장에 대한 소득세 확정신고방법**(소득 해석편람 70－1－2)

공동사업만을 영위하던 거주자가 소득세법 시행령 제131조에 의한 조정계산서 첨부대상인 해당 공동사업장을 직전연도에 폐업하고 해당연도에 신규로 단독사업을 개시하는 경우 신규개업한 단독사업장에 대한 해당연도의 종합소득 과세표준확정신고시에는 같은법 제70조 제4항 제3호 본문의 규정에 의한 재무제표 등을 첨부하거나 동호 단서의 규정에 의한 간이소득금액계산서(→ 간편장부소득금액계산서)를 첨부하여 신고할 수 있는 것임(소득 46011－686, 1997.3.7.)

✓ **해당연도 신규사업자의 자기조정계산서 첨부 여부**(소득 해석편람 70－1－4)

일정규모 이상 사업자의 판단기준은 직전년도 사업장별 수입금액의 합계액으로 하는 것이므로 해당연도 신규사업자는 일정규모미만 사업자에 해당하여 외부조정계산서 첨부신고대상 사업자가 아닌 바, 자기가 작성한 조정계산서를 첨부하여 신고할 수 있는 것임(소득 46011－1933, 1999.5.24.)

PART 5

4 필요경비 계상 관련 명세서

대손충당금, 퇴직급여충당금, 일시상각충당금에 의하여 필요경비를 계상한 때에는 그 명세서(소법 70조 ④ 4)

5 영수증 수취명세서

사업자(소규모사업자는 제외)가 사업과 관련하여 다른 사업자(법인을 포함)로부터 거래건당 3만원을 초과하는 재화 또는 용역을 공급받고 계산서·세금계산서, 신용카드매출전표(직불카드, 외국에서 발행된 신용카드, 기명식선불카드 및 기명식선불전자지급수단·기명식전자화폐) 및 현금영수증 외의 것으로 증명을 받은 경우에는 영수증 수취명세서(소법 70조 ④ 5, 소령 132조 ③)

6 추계소득금액 계산서

사업소득금액을 비치·기록한 장부와 증명서류에 의하여 계산하지 아니한 경우에는 추계소득금액 계산서(소법 70조 ④ 6)

7 기타사항

① 종합소득 과세표준확정신고 및 납부계산서는 별지 제40호 서식(1)에 따른다. 다만, 부동산임대업에서 발생한 사업소득 또는 부동산임대업 외의 업종에서 발생한 사업소득 중 하나의 소득이 발생하는 하나의 사업장만이 있는 사업자로서 장부를 기장하지 아니하고 단순경비율로 추계신고하는 경우에는 별지 제40호 서식(4)로 갈음할 수 있다. (소칙 101조 11, 2010.4.30. 개정)

② 전자계산조직에 의하여 세무조정을 하고 해당서류를 마이크로필름·자기테이프·디스켓 등에 수록·보관하여 항시 출력이 가능한 상태에 둔 사업자는 국세청장이 정하는 조정계산서의 첨부서류를 조정계산서에 첨부하지 아니할 수 있다. 이 경우 첨부하지 아니한 서류가 신고내용의 분석 등에 필요하여 납세지 관할지방국세청장 또는 납세지 관할 세무서장이 그 제출을 서면으로 요구하는 경우에는 이를 제출하여야 한다.(소령 131조 ⑤, 소칙 65조의4)

③ 2 이상의 사업장을 가진 사업자가 사업장별 거래내용이 구분될 수 있도록 장부에 기록한 경우에 제출서류는 그 사업장별·소득별로 작성하고 합계표를 첨부하여야 한다. (소칙 65조 ③, 2011.3.28. 개정)

④ 납세지 관할 세무서장은 제출된 신고서나 그 밖의 서류에 미비 또는 오류가 있는 때에는 그 보정을 요구할 수 있다.(소법 70조 ⑤)

외부조정계산서의 제출

(1) 소득금액의 계산을 위한 세무조정을 정확히 하기 위하여 필요하다고 인정하여 복식부기의무자로서 일정한 사업자의 경우 조정계산서는 다음 중 하나에 해당하는 자로서 조정반에 소속된 자가 작성하여야 한다.(소법 70조 ⑥, 2021.11.23. 개정)
- ① 세무사법에 따른 세무사등록부에 등록한 세무사
- ② 세무사법에 따른 세무사등록부 또는 공인회계사 세무대리업무등록부에 등록한 공인회계사(2021.11.23. 개정)
- ③ 세무사법에 따른 세무사등록부 또는 변호사 세무대리업무등록부에 등록한 변호사(2021.11.23. 개정)

(2) 외부세무조정 대상 사업자란 다음 중 하나에 해당하는 사업자를 말한다.(소령 131조의 2)

1) 직전 과세기간의 수입금액(결정 또는 경정으로 증가된 수입금액을 포함하며, 사업용 유형자산을 양도함으로써 발생한 수입금액은 제외한다)이 다음의 업종별 기준수입금액 이상인 사업자(소령 131조의2 ① 1, 2020.2.11. 개정)

➲ '사업용 유형자산의 양도로 인한 수입금액 제외' 규정은 2020.2.11. 이후 외부세무조정을 하는 분부터 적용한다.(2020.2.11. 영 부칙 11조)

업 종(2019년 귀속분부터 적용)	기준금액
㉠ 농업·임업 및 어업, 광업, 도매 및 소매업(상품중개업은 제외), 부동산매매업[*1], 그 밖에 아래의 '㉡ 및 ㉢'에 해당되지 아니하는 사업	6억원
㉡ 제조업, 숙박 및 음식점업, 전기·가스·증기 및 공기조절 공급업, 수도·하수·폐기물처리·원료재생업, 건설업(비주거용 건물 건설업은 제외하고, 주거용 건물 개발 및 공급업을 포함), 운수업 및 창고업, 정보통신업, 금융 및 보험업, 상품중개업	3억원
㉢ 부동산임대업[*2], 부동산업(부동산매매업[*3]은 제외), 전문·과학 및 기술서비스업, 사업시설관리·사업지원 및 임대서비스업, 교육서비스업, 보건업 및 사회복지서비스업, 예술·스포츠 및 여가 관련 서비스업, 협회 및 단체, 수리 및 기타 개인서비스업, 가구내 고용활동	1억 5천만원

*1. 한국표준산업분류에 따른 비주거용 건물건설업(건물을 자영건설하여 판매하는 경우만 해당)과 부동산 개발 및 공급업을 말한다. 다만, 한국표준산업분류에 따른 주거용 건물 개발 및 공급업(구입한 주거용 건물을 재판매하는 경우는 제외)은 제외한다.(소령 122조 ①)

*2. 부동산임대업의 범위는 다음과 같다.(소법 45조 ②)

① 부동산 또는 부동산상의 권리를 대여하는 사업(2017.12.19. 단서삭제)

② 공장재단 또는 광업재단을 대여하는 사업

③ 채굴에 관한 권리를 대여하는 사업 : 광업권자·광권자 또는 덕대(이하 "광업권자 등")가 채굴 시설과 함께 광산을 대여하는 사업을 말한다. 다만, 광업권자 등이 자본적 지출이나 수익적 지출의 일부 또는 전부를 제공하는 것을 조건으로 광업권·조광권 또는 채굴에 관한 권리를 대여하고 덕대 또는 분덕대로부터 분철료를 받는 것은 제외한다.(소령 101조 ②)

*3. 소득세법 시행령 제122조 제1항에 따른 부동산매매업을 말한다.

이 경우 위 '㉠부터 ㉢까지'의 업종을 겸영하거나 사업장이 둘 이상인 사업자의 경우에는 다음과 같이 계산한 수입금액을 업종별 기준수입금액으로 한다.(소령 131조의2 ①)

$$\text{직전연도 주업종의 수입금액(수입금액이 가장 큰 업종)} + \left\{ \text{주업종 외의 업종의 직전연도 수입금액} \times \frac{\text{주업종에 대한 기준금액}}{\text{주업종 외의 업종의 기준금액}} \right\}$$

2) 복식부기의무자로서 다음 중 하나에 해당하는 사업자(소령 131조의2 ① 2)

① 직전 과세기간의 소득에 대한 소득세 과세표준과 세액을 추계결정 또는 추계경정받은 자

② 직전 과세기간 중에 사업을 시작한 사업자. 다만, 다음에 해당하는 사업자는 제외한다.

의료법에 따른 의료업, 수의사법에 따른 수의업 및 약사법에 따라 약국을 개설하여 약사(藥事)에 관한 업(業)을 행하는 사업자, 변호사업, 심판변론인업, 변리

사업, 법무사업, 공인회계사업, 세무사업, 경영지도사업, 기술지도사업, 감정평가사업, 손해사정인업, 통관업, 기술사업, 건축사업, 도선사업, 측량사업, 공인노무사업, 의사업, 한의사업, 약사업, 한약사업, 수의사업을 영위하는 자로서 수입금액이 간편장부대상자에 해당하는 사업자

③ 조세특례제한법에 따라 소득세 과세표준과 세액에 대한 세액공제, 세액감면 또는 소득공제를 적용받은 사업자. 다만, 조세특례제한법 제7조(중소기업에 대한 특별세액감면), 제86조의3(소기업·소상공인 공제부금 소득공제 등) 또는 제104조의8(전자신고에 대한 세액공제)의 어느 하나의 규정만을 적용받은 사업자는 제외한다.

3) 위 '1) 및 2)'에 해당하지 아니하는 사업자는 종합소득 과세표준 확정신고를 할 때 "세무사 등"(소법 70조 ⑥)이 정확한 세무조정을 위하여 작성한 세무조정계산서를 첨부할 수 있다.(소령 131조의2 ②)

● **소득세법 시행규칙[별지 제46호 서식]**(2021.10.28. 개정)

조 정 계 산 서

※ 뒤쪽의 작성방법을 읽고 작성하시기 바랍니다. (앞쪽)

①상 호		②사업자등록번호	- -
③성 명		④생 년 월 일	
⑤업 태		⑥종 목	
⑦과세기간	. . .부터 . . .까지	⑧주 업 종 코 드	
⑨소득구분	30 부동산임대업에서 발생한 사업소득　40 그 밖의 사업소득		

구 분		금 액
⑩ 결산서상 당기순이익		
소득조정 금 액	⑪ 총수입금액산입 및 필요경비불산입	
	⑫ 필요경비산입 및 총수입금액불산입	
⑬ 차가감소득(⑩+⑪-⑫)		
⑭ 기부금한도초과액		
⑮ 기부금이월액 중 필요경비 산입액		
⑯ 해당 과세기간소득(⑬+⑭-⑮)		

세 무 대 리 인					
⑰ 성 명		⑱ 전화번호		⑲대리구분	1.기장 2.신고
⑳ 관리번호	-	㉑조정반번호	-		

년 월 일

신 고 인 (서명 또는 인)

세무대리인 (서명 또는 인)

세무서장 귀하

• 제 2 절 성실신고확인 제도

➲ 2011.5.2.로부터 3개월이 경과한 날이 속하는 과세기간분부터 적용한다.(2011.5.2. 법 부칙 1조, 2조)

1 개 요

"성실신고확인대상사업자"는 종합소득과세표준 확정신고를 하는 경우, 확정신고시에 제출해야 할 서류에 더하여 비치·기록된 장부와 증명서류에 의하여 계산한 사업소득금액의 적정성을 세무사 등(세무사법에 따라 등록한 공인회계사, 세무법인 및 회계법인을 포함)이 확인하고 작성한 「성실신고확인서」를 납세지 관할 세무서장에게 제출하여야 한다.(소법 70조의2 ①, 소령 133조 ③)

2 성실신고확인대상사업자의 범위

(1) 업종별 수입 기준금액

성실한 납세를 위하여 필요하다고 인정되어, 업종별로 해당 과세기간의 수입금액(사업용 유형자산을 양도함으로써 발생한 수입금액은 제외한다)의 합계액이 다음의 구분에 따른 금액 이상인 사업자를 말한다. 다만, 아래 표의 '① 또는 ②'에 해당하는 업종을 영위하는 사업자 중 [별표 3의3]에 따른 사업서비스업(변호사업, 회계사업, 세무사업, 변리사업, 건축사업, 법무사업, 심판변론인업, 경영지도사업, 기술지도사업, 감정평가사업, 손해사정인업, 통관업, 기술사업, 측량사업, 공인노무사업)을 영위하는 사업자의 경우에는 '③'의 기준금액 이상인 사업자를 말한다.(소법 70조의2 ①, 소령 133조 ①, 2020.2.11. 개정)

➲ '사업용 유형자산의 양도로 인한 수입금액 제외' 규정은 2020.2.11. 이후 성실신고확인서를 제출하는 분부터 적용한다.(2020.2.11. 영 부칙 12조)

➲ 한국표준산업분류 개정에 따른 업종명 변경에 관한 부분은 2019.1.1. 이후 개시하는 과세기간의 소득분에 대하여 성실신고확인서를 제출하는 분부터 적용한다.(2018.2.13. 영 부칙 12조 ①)

업 종 (2019년 귀속분부터 적용)	2024년 귀속 기준금액
① 농업·임업 및 어업, 광업, 도매 및 소매업(상품중개업은 제외), 부동산매매업[*1], 그 밖에 아래의 '② 및 ③'에 해당되지 아니하는 사업	15억원[*4]
② 제조업, 숙박 및 음식점업, 전기·가스·증기 및 공기조절 공급업, 수도·하수·폐기물처리·원료재생업, 건설업(비주거용 건물 건설업은 제외하고, 주거용 건물 개발 및 공급업을 포함), 운수업 및 창고업, 정보통신업, 금융 및 보험업, 상품중개업	7.5억원[*4]

업　　종(2019년 귀속분부터 적용)	2024년 귀속 기준금액
③ 부동산임대업*2, 부동산업(부동산매매업*3은 제외), 전문·과학 및 기술서비스업, 사업시설관리·사업지원 및 임대서비스업, 교육서비스업, 보건업 및 사회복지서비스업, 예술·스포츠 및 여가 관련 서비스업, 협회 및 단체, 수리 및 기타 개인서비스업, 가구내 고용활동	5억원

*1. 한국표준산업분류에 따른 비주거용 건물건설업(건물을 자영건설하여 판매하는 경우만 해당)과 부동산 개발 및 공급업을 말한다. 다만, 한국표준산업분류에 따른 주거용 건물 개발 및 공급업(구입한 주거용 건물을 재판매하는 경우는 제외)은 제외한다.(소령 122조 ①)

*2. 부동산임대업의 범위는 다음과 같다.(소법 45조 ②)

① 부동산 또는 부동산상의 권리를 대여하는 사업(2017.12.19. 단서삭제)

② 공장재단 또는 광업재단을 대여하는 사업

③ 채굴에 관한 권리를 대여하는 사업 : 광업권자·광권자 또는 덕대(이하 "광업권자 등")가 채굴시설과 함께 광산을 대여하는 사업을 말한다. 다만, 광업권자 등이 자본적 지출이나 수익적 지출의 일부 또는 전부를 제공하는 것을 조건으로 광업권·조광권 또는 채굴에 관한 권리를 대여하고 덕대 또는 분덕대로부터 분철료를 받는 것은 제외한다.(소령 101조 ②)

*3. 소득세법 시행령 제122조 제1항에 따른 부동산매매업을 말한다.

*4. 2018.1.1.이 속하는 과세기간에 발생하는 소득분부터 적용한다.(2018.2.13. 영 부칙 2조 ①)

저자TIP 한국표준산업분류의 제11차 개정 (2024.1.1.)

(1) 시행일

2024.7.1.부터 시행한다. 다만, 통계법이 아닌 다른 개별 법령 등에서 한국표준산업분류를 인용한 규정이 있는 경우 2025.6.30.까지는 종전의 제10차 한국표준산업분류(2017.1.13.)를 따를 수 있다.(통계청 고시 제2024-203호, 2024.4.30.)

(2) 주요 개정내용

제10차 개정내용과 비교하면 중분류, 소분류, 세분류를 신설·변경한 경우는 극히 일부에 불과하고 주로 세세분류단계에서 신설, 세분, 통합 또는 명칭변경한 것이며, 세세분류가 다른 대분류로 이동한 경우는 다음의 경우뿐이다.

제10차 분류		제11차 분류	
K 금융 및 보험업		O 공공행정, 국방 및 사회보장 행정	
65131	건강보험업	84611	건강보험업
65139	산업 재해 및 기타 사회보장 보험업	84619	산업 재해 및 기타 사회보장 보험업
65303	연금업	84620	연금업

따라서 소득세법이나 조세특례제한법에서 한국표준산업분류를 적용하는 경우에 실무적으로 기존과 다른 변경사항은 없을 것으로 보인다.

PART 5

저자TIP 업종 판단시의 유의사항(2024년 귀속기준)

(1) '인적용역'의 업종구분 시 유의사항

소득세법 시행령 제37조 제3항에서 다음의 규정을 두고 있다.

> 수리 및 기타 개인서비스업은 「부가가치세법 시행령」 제42조 제1호에 따른 인적용역을 포함한다.(2013. 6.28. 개정)

즉, '수리 및 기타 개인서비스업'은 위의 '③'에 속하는 업종인데 여기에는 아래와 같은 '인적용역'이 포함되므로 결국 '인적용역'도 위의 '③'의 업종군에 속하는 것이다.
예를 들어 아래 (사)에 해당하는 '보험설계사'의 경우 한국표준산업분류에 따르면 '금융 및 보험업'으로서 '②'의 업종군에 속하지만 위의 규정에 따라 '③'의 업종군에 해당하는 것이다.

부가가치세법 시행령 제42조 제1호에 따른 인적용역

개인이 물적시설[계속적·반복적으로 사업에만 이용되는 건축물·기계장치 등의 사업설비(임차한 것을 포함)] 없이 근로자를 고용(고용 외의 형태로 해당 용역의 주된 업무에 대해 타인으로부터 노무 등을 제공받는 경우를 포함)하지 아니하고 독립된 자격으로 용역을 공급하고 대가를 받는 다음의 인적용역(부령 42조 1, 2024.2.29. 개정, 부칙 29조) ➲ 2024.2.29.부터 시행한다.(2024.2.29. 부령 부칙 1조)

(가) 저술·서화·도안·조각·작곡·음악·무용·만화·삽화·만담·배우·성우·가수와 이와 유사한 용역
(나) 연예에 관한 감독·각색·연출·촬영·녹음·장치·조명과 이와 유사한 용역
(다) 건축감독·학술용역과 이와 유사한 용역
(라) 음악·재단·무용(사교무용을 포함)·요리·바둑의 교수와 이와 유사한 용역
(마) 직업운동가·역사·기수·운동지도가(심판을 포함)와 이와 유사한 용역
(바) 접대부·댄서와 이와 유사한 용역
(사) 보험가입자의 모집·저축의 장려 또는 집금 등을 하고, 실적에 따라 보험회사 또는 금융기관으로부터 모집수당·장려수당·집금수당 또는 이와 유사한 성질의 대가를 받는 용역과 서적·음반 등의 외판원이 판매실적에 따라 대가를 받는 용역
(아) 저작자가 저작권에 의하여 사용료를 받는 용역
(자) 교정·번역·고증·속기·필경·타자·음반취입과 이와 유사한 용역
(차) 고용관계 없는 자가 다수인에게 강연을 하고, 강연료·강사료 등의 대가를 받는 용역
(카) 라디오·텔레비전 방송 등을 통하여 해설·계몽 또는 연기를 하거나 심사를 하고 사례금 또는 이와 유사한 성질의 대가를 받는 용역
(타) 작명·관상·점술 또는 이와 유사한 용역
(파) 개인이 일의 성과에 따라 수당 또는 이와 유사한 성질의 대가를 받는 용역

(2) 사업자등록증상의 업종 유의사항

업종의 판단은 소득세법에 특별한 규정이 있는 경우 외에는 한국표준산업분류에 따라

야 할 것이다.(소득세법 제19조 제3항) 그러나 과세관청에서는 기준경비율·단순경비율 책자(소득세법)에 따라 구분한 사업자등록증상의 업태를 기준으로 성실신고확인대상 여부를 판단하고 있다. 대부분의 경우는 한국표준산업분류상의 업종과 사업자등록증상의 업종이 일치되어 문제가 없지만, 다른 경우도 있으므로 유의하여야 한다. 예를 들면 다음과 같다.

1) 임가공업

아래의 요건을 갖춘 해당 업체의 수입금액이 7억원인 경우 사업자등록증상의 업태는 '서비스업'이므로 과세관청은 수입 기준금액을 5억원으로 적용하여 성실신고확인대상으로 안내할 것이다.

그러나 한국표준산업분류에 따르면 다음과 같이 제조업으로 규정하고 있어 수입 기준금액은 7.5억원이 적용되어 성실신고확인대상에서 제외되는 것이다.

> <u>제조공장설비를 갖추고</u> 수수료 또는 계약에 의하여 타인 또는 타사업체에서 주문받은 특정제품을 제조하여 납품하는 경우는 "섬유제품 염색, 정리 및 마무리 가공업", "인쇄 및 인쇄관련 산업", "금속열처리, 도금 및 기타 금속가공업"을 제외하고는 그 제조되는 제품의 종류에 따라 제조업의 적합한 산업항목에 각각 분류된다.[9)]

따라서 이 경우 관할세무서 담당자에게 성실신고확인대상에 해당하지 않음을 적극적으로 소명하여야 할 것이다.

2) 약사업

소득세법 시행령 [별표 3의3]에 따른 사업서비스업 즉, 전문직의 경우는 수입 기준금액 5억원을 적용하도록 규정(소득세법 시행령 제133조 제1항 단서)하고 있으나 약사의 경우는 [별표 3의3]에 포함되어 있지 않으며, 사업자등록증상으로나 한국표준산업분류상으로나 '도매 및 소매업'에 해당되므로 수입 기준금액은 5억원이 아닌 15억원이 적용된다.

즉 약사를 전문직으로 인식하여 수입 기준금액을 5억원으로 판단하지 않아야 한다.

3) 건설업과 부동산매매업의 구분 및 조세특례제한법상의 감면 여부

건설업과 부동산매매업의 구분은 결국 다음과 같이 정리된다.

구 분	주거용 건물 개발 및 공급업		비주거용 건물 개발 및 공급업	
	자영건설	도 급	자영건설	도 급
소득세법 (성실신고확인대상 판단)	건설업	건설업	부동산매매업	부동산매매업
조세특례제한법 (한국표준산업분류)	건설업	부동산 개발 및 공급업*	건설업	부동산 개발 및 공급업*

* 한국표준산업분류의 세분류(6812)상의 구분이며, 중분류로는 '부동산업(68)'에 포함된다.

예를 들어 주거용 건물 전체를 도급으로 건설한 뒤 분양하는 업종이라면 성실신고확인대상 판단시 소득세법상(소령 133조 ① 2)으로는 '건설업'으로 분류되어 수입 기준금액 7.5억원이 적용되지만, 조세특례제한법상[10)]으로는 '부동산 개발 및 공급업'으로 분류되어 조세특례제한법상의 중소기업특별세액감면 등을 적용할 수 없다는 점을 주의하여야 한다.

반대로, 비주거용 건물을 자영건설하여 분양하는 업종이라면 소득세법상으로는 '부동산매매업'으로 분류되어 수입 기준금액 15억원이 적용되지만, 조세특례제한법상으로는 '건설업'에 해당하므로 조세특례제한법상의 중소기업특별세액감면 등을 적용할 수 있다

고 해석된다. 다만, '건설업'으로 인정받으려면 적법한 '건설업 면허'는 있어야 한다.

※ 참고판례(조심 2018서3613, 2018.11.22.)

(1) 청구인들의 주장

① 분양대상 부동산을 건축함에 있어 일괄도급공사에 의하지 않는 경우는 건설업으로 보아야 한다.

② 쟁점공동주택은 일괄도급공사가 아니라 청구인들이 직영공사 및 부분도급공사로 신축하였으므로 건설업에 해당한다.

(2) 처분청 의견

① 주택건축물대장 상 시공자 및 설계자에 청구인들이 아닌 별도의 종합건설업체 등이 기재되어 있으며, 건설산업기본법 상 연면적 661㎡를 초과하는 주거용 건축물이거나 연면적 661㎡ 이하인 주거용 건축물 중 건축법에 따른 공동주택은 건설업자가 시공하여야 하므로 건설업 면허가 없는 청구인들이 직접 건설활동을 수행하였다고 볼 수 없다.

② 세금계산서 등 적격증빙 수취금액이 분양수입금액 대비 미미하므로 청구인들이 쟁점공동주택을 직접 건설하였다고 보기 어렵다.

(3) 심리 및 판단(요약)

건설공사 시공자의 제한을 받는 쟁점공동주택 건설공사의 경우 그 건설업자는 등록된 건설업자이어야 함에도 청구인들은 건설업으로 등록한 사실이 없는바, 설령 청구인들이 일부 직접 시공한 부분이 있다고 하더라도 이를 이유로 쟁점공동주택을 직접 건설한 건설업자로 보기 어려운 점, 건축물대장 상 쟁점공동주택의 공사시공자는 청구인들이 아니라 종합건설업체임이 확인되는 점 등에 비추어 청구인들이 건설업이 아닌 부동산업(부동산 개발 및 공급업)을 영위한 것으로 보아 중소기업에 대한 특별세액감면을 배제하여 종합소득세를 과세한 이 건 처분은 달리 잘못이 없다고 판단된다.

4) 도선사업

2014.2.21. 소득세법 시행령을 개정하면서 [별표 3의3 : 현금영수증 의무발행업종]의 사업서비스업에서 '도선사업'을 삭제하였다. 도선사업은 '서비스업'이 아닌 '운수업'(한국표준산업분류번호 : 52929)에 해당하므로 다른 전문직과 달리 7.5억원의 기준금액을 적용하는 것으로 해석된다. 입법취지 및 다른 전문직과의 형평성을 고려할 때 다른 전문직과 같은 5억원의 기준금액이 적용되도록 개정하여야 할 것이다.

9) 한국표준산업분류 2024, 통계청, p. 176 ~ 177

10) 조세특례제한법의 각 감면 조문에서 '건설업'에 대해 별도의 규정을 두고 있지 않으므로 한국표준산업분류에 따른다.

(2) 겸영 또는 사업장이 2 이상인 경우

2개 이상의 업종을 겸영하거나 사업장이 2 이상인 경우에는 다음의 산식에 의하여 계산한 수입금액에 의한다.(소령 133조 ②, 2017.2.3. 개정, 208조 ⑦)

$$\text{주업종의 수입금액(수입금액이 가장 큰 업종)} + \left(\text{주업종 외의 업종의 수입금액} \times \frac{\text{주업종에 대한 기준금액}}{\text{주업종 외의 업종의 기준금액}}\right)$$

겸영의 경우 성실신고확인대상 여부의 판단 (2024년 귀속기준)

Q 거주자 甲의 A사업장은 도매업(수입금액 5억) 및 제조업(수입금액 4억), B사업장은 음식업(수입금액 3억), C사업장은 부동산임대업(수입금액 2억)인 경우 성실신고확인대상 여부는?

A 다음과 같이 판단한다.

$$5\text{억(도매)} + \{4\text{억(제조)} \times \frac{15\text{억}}{7.5\text{억}} + 3\text{억(음식)} \times \frac{15\text{억}}{7.5\text{억}} + 2\text{억(부동산임대)} \times \frac{15\text{억}}{5\text{억}}\} = 25\text{억(도매)}$$

즉, 수입금액 환산전의 단순합산금액으로는 수입금액이 14억원(5억원+4억원+3억원+2억원)으로서 주업종 도매업의 수입 기준금액인 15억원 미만이지만, 수입금액 환산 후에는 위와 같이 수입금액이 15억원 이상이므로 거주자 甲은 성실신고확인대상자에 해당하며 A, B, C사입장 보누가 성실신고확인대상에 해당한다.

✓ 겸영사업자의 성실신고확인대상 기준 수입금액의 계산

소득세법 시행령 제132조 제2항에서 업종을 겸영하거나 사업장이 2 이상인 겸영사업자의 성실신고확인대상 사업자 여부를 판단할 때 소득세법 시행령 제208조 제7항을 준용하여 계산하는 방법은 아래 산식에 따라 계산하는 것임(소득세과-729, 2019.5.23.)

$$\text{주업종 수입금액} + \text{주업종 외의 수입금액} \times \frac{\text{주업종에 대한 성실신고확인대상자 기준수입금액(15억, 7.5억, 5억)}^{*}}{\text{주업종 외의 업종에 대한 성실신고확인대상자 기준수입금액(15억, 7.5억, 5억)}^{*}}$$

* 소령 133조 ① 각 호의 기준수입금액을 말하는 것임

---

11) 국세청, 2020, 종합소득세신고서작성요령, p. 237 참조

12) 국세청, 2020, 종합소득세신고서작성요령, p. 238 참조

※ 겸영사업자의 성실신고확인 대상 사업자 여부 판정(예시)

과세기간별 수입금액(원)	환산 수입금액(원)	대상 여부 판정
(주업종) 음식점업 : 5.5억 (주업종 외의 업종) 부동산임대업 : 1억	7억=5.5억+1억 $\times \frac{7.5억}{5억}$	음식점업의 성실신고확인대상자 수입금액 기준금액(7.5억) 미만이므로 성실신고확인 대상자에 해당되지 않음
(주업종) 부동산임대업 : 3.5억 (주업종 외의 업종) 음식점업 : 2.4억	5.1억=3.5억+2.4억 $\times \frac{5억}{7.5억}$	부동산임대업의 성실신고확인대상자 수입금액 기준금액(5억) 이상이므로 성실신고확인대상자에 해당함

(1) 성실신고확인대상 판정 사례[11)]

과세기간별 수입금액(원)	환산 수입금액(원)	대상 여부 판정	
• 제조업 : 7.5억(2019.5.1. 신규사업자)	7.5억	○	• 제조업 수입금액(7.5억) 이상임 • 신규사업자 등록과 무관
• 부동산임대업 : 4억 (전년도 제조 50억인 경우)	4억	×	• 부동산임대업 수입금액이 기준금액(5억) 미만임
• 음식점업(6.30. 폐업) : 7억 • 도매업(10.1. 개업) : 5억	9.5억=7억+5억 $\times \frac{7.5억}{15억}$	○	• 음식점업(주업종) 기준금액(7.5억) 이상임
• 제조업 : 7억(7.1. 법인전환 하였으며, 법인전환 할 때까지의 수입금액임)	7억	×	• 제조업 수입금액이 기준금액(7.5억) 미만임(폐업, 법인전환해도 환산하지 않음)
• 도매업 : 13억 • 제조업 : 1억	15억=13억+1억 $\times \frac{15억}{7.5억}$	○	• 도매업(주업종) 기준금액(15억) 이상임
• 음식점업 : 7억 • 부동산임대업 : 1억	8.5억=7억+1억 $\times \frac{7.5억}{5억}$	○	• 음식점업(주업종) 기준금액(7.5억) 이상임
• A사업장(제조업 : 3억, 도매 : 2억) • B사업장(제조업 : 2.5억, 도매 : 2억)	7.5억=5.5억+4억 $\times \frac{7.5억}{15억}$	○	• 제조업(주업종) 기준금액(7.5억) 이상임
• A사업장(도매 : 10억) • B사업장(부동산임대 : 2억)	16억=10억+2억 $\times \frac{15억}{5억}$	○	• 도매업(주업종) 기준금액(15억) 이상임

(2) 공동사업장이 있는 경우 판정 사례[12)]

과세기간별 수입금액(원)	환산 수입금액(원)	대상 여부 판정	
• 공동사업장(서비스업 : 8억) [손익분배비율 5:5]	8억	○	• 공동사업장의 서비스업 수입금액이 기준금액(5억) 이상임 • 손익분배비율과는 무관함
• 공동사업장(부동산임대업 : 4억) [손익분배비율 8:2] • 단독사업장(제조업 : 7억)	• 공동사업장 : 4억 • 단독사업장 : 7억	×	• 공동사업은 공동사업장별로 판단함 [부동산임대업 수입금액이 기준금액(5억) 미만임] • 단독사업장도 기준금액(15억) 미만임

과세기간별 수입금액(원)	환산 수입금액(원)	대상 여부 판정	
• 공동사업장A(부동산임대업 : 8억) [공동사업자 甲, 乙] • 단독사업장B(부동산임대업 : 2억) • 단독사업장C(소매업 : 1.5억)	• 공동사업장A : 8억 • 단독사업장 : 2.5억=2억+1.5억 $\times \frac{5억}{15억}$	공동 사업 장만 ○	• 공동사업은 공동사업장별로 판단함 [부동산임대업 수입금액이 기준금액(5억) 이상임] • 단독사업장은 부동산임대업(주업종) 기준금액(5억) 미만임
• 공동사업장A(제조업 : 8억) [공동사업자 甲, 乙] • 공동사업장B(제조업 : 4억) [공동사업자 甲, 丙]	• 공동사업장A : 8억 • 공동사업장B : 4억	A사업 장만 ○	• 공동사업장 A는 수입금액이 기준금액(7.5억) 이상임 • 공동사업장 B는 수입금액이 기준금액(7.5억) 미만임 • 구성원이 다른 공동사업장은 공동사업장별로 판단함
• 공동사업장A(제조업 : 10억) [공동사업자 甲, 乙] • 공동사업장B(제조업 : 4억) [공동사업자 甲, 乙]	• 공동사업장A+B =14억	A, B 사업장 모두 ○	• 구성원이 일치하는 공동사업장의 수입금액이 기준금액(7.5억) 이상임 • 구성원이 일치하는 공동사업장은 1 공동사업장으로 보아 판단하는 것임

✓ 성실신고확인대상사업자 판단시 수입금액에 지방보조금 포함 여부

개인 사업자의 사업소득 수입금액이 소득세법 시행령 제133조 제1항 각 호의 업종별 수입금액 이상인 경우 성실신고확인서를 제출하여야 하는 것이며, 이 때 사업소득 수입금액에는 지방재정법에 따라 지급받는 지방보조금을 포함하는 것임(사전법령해석소득 2020-476, 2020.6.12.)

✓ 성실신고확인대상사업자 해당여부

소득세법 제19조 제1항 각 호에 따른 사업의 범위에 관하여는 이 법에 특별한 규정이 있는 경우 외에는 통계법 제22조에 따라 통계청장이 고시하는 한국표준산업분류에 따르는 것임(소득-436, 2013.7.17.)

✓ 국외 사업장에서 발생한 수입금액이 성실신고확인대상에 포함되는 지의 여부(조심 2017서2517, 2018.4.20.)

성실신고확인제도는 세무사 등 세무대리인에 의한 장부 및 증빙서류 등의 검증을 의무화하여 자영사업자의 소득세 성실신고 유도 및 세무대리 관행 등을 개선하고자 함에 그 입법취지가 있는바, 국내 세법의 적용을 받지 아니하는 국외 사업장에서 발생하여 현지 세무대리인의 세무조정 및 국외 과세당국의 세무신고 등이 이루어진 국외 수입금액의 경우에까지 국내 세무대리인에게 국내 사업장에서 발생한 수입금액의 경우와 동일한 정도의 검증·확인을 거쳐 성실신고확인서 등의 작성을 요구하는 것은 위 성실신고확인제도의 입법취지에 부합하지 아니하고, 성실신고 확인을 부실하게 할 경우 징계 등의 제재가 예정되어 있음에도 국외 수입금액의 검증에 현실적인 어려움이 많은 국내 세무대리인에게 이를 이행하도록 강제하는 것은 성실신고확인제도를 통하여 달성하고자 하는 입법목적과 이를 실현하기 위한 방법의 적정성 측면에서도 지나치게 가혹한 것으로 보이는 점, 기획재정부장관이 고시한 성실신고확인서 서식에 의하면 국내 세법에 의한 사업자등록번호 및 적격증빙(세금계산서, 현금영수증, 소득 지급명세서 등) 등을 기재하도록 되어 있는 등 당초 동 제도의 설계가 국내 사업장을 전제하고 있는 것으로 보이는 점 등에 비추어 청구인에 대하여 국외 사업장에서 발생한 수입금액을 포함하여 성실신고확인대상사업자에 해당하는 것으로 보아 종합소득세를 과세한 이 건 처분은 잘못이 있다고 판단된다.

✓ 사업자등록 업종에 따라 신청인이 성실신고확인대상 사업자인지 여부

사업의 업종이 소득세법 시행령 제133조 제1항에 따른 환경복원업에 해당하는지 여부는 사업의 실질내용에 따라 판단하여야 하는 것임(사전법령해석소득 2016-87, 2016.3.31.)

✓ 성실신고확인대상자 수입금액 판정시 부동산임대업의 간주임대료 적용방법

성실신고확인대상사업자 해당여부 판단을 위해 부동산 임대업을 영위하는 사업자의 수입금액 합계액을 계산하려는 경우 소득세법 시행령 제53조 제3항에 따라 계산한 간주임대료를 총수입금액에 산입하는 것임(사전법령해석소득 2015-107, 2015.6.30.)

✓ 성실신고확인대상사업자의 업종 판단

신청인의 업종인 축산관련서비스업은 한국표준산업분류표 상 대분류인 농업, 임업 및 어업에 포함되므로 성실신고확인대상사업 업종 판단시 농업으로 보아 확인대상 여부를 결정하여야 함(서면소득 2015-108, 2015.3.24.)

✓ 해외 외주가공시 제조업 해당여부

[사실관계]

민원인 A는 해외에 100% 출자한 현지공장에서 전자부품을 생산하여 국내에서 판매하는 사업을 영위하고 있음

당해 사업이 성실신고 확인대상 사업자 판정 시 도매업에 해당될 경우 기준금액에 미달하고, 제조업에 해당될 경우 기준금액을 초과함

[질의]

해외 자회사의 현지공장에서 생산한 부품을 국내에서 판매하는 사업을 영위하는 자의 성실신고 확인대상 사업자 판정 시 당해 사업이 제조업에 해당하는지 여부

[회신]

귀 질의의 경우, 소득세법 제19조 제1항 각 호에 따른 사업의 범위에 관하여는 이 법에 특별한 규정이 있는 경우 외에는 통계법 제22조에 따라 통계청장이 고시하는 한국표준산업분류에 따르는 것으로, 당해 사업이 제조업에 해당되는지 여부는 소득세법 시행령 제31조를 참조하시기 바람(소득-379, 2014.7.2.)

✓ 택배업(업종코드 : 630901)의 성실신고확인대상사업자 대상여부

택배업(업종코드 : 630901)은 성실신고확인대상사업자 판단시 소득세법 시행령 제133조 제1항 제2호(☞ 기준금액 15억원, 2014년 귀속분부터는 10억원, 2018년 귀속분부터는 7.5억원)를 적용하여야 하나, 신청인의 사업활동이 운수업에 해당하는지는 사실판단하여 결정할 사항임(소득-220, 2012.3.15.)

✓ 성실신고확인대상사업자가 운영하던 사업을 상속으로 승계받아 법인 전환하는 경우 해당 법인이 성실신고확인서 제출대상에 해당하는지 여부

① 개인사업자가 법인으로 전환함에 따라 법인세법 제60조의2 제1항 제2호에 따른 성실신고확인서 제출대상여부 판단 시, 소득세법에 따른 성실신고확인대상사업자가 사업용자산을 현물출자하여 내국법인으로 전환하는 경우에 해당 내국법인은 성실신고확인서 제출대상에 해당하는 것

이나,

② 해당 내국법인의 설립일이 속하는 연도 또는 직전연도에 소득세법에 따른 성실신고확인대상사업자에 해당되지 않는 개인사업자가 법인으로 전환하는 경우에는 성실신고확인서 제출대상에 해당하지 않는 것임(서면법인 2023-2791, 2024.1.16.)

✓ 성실신고확인서 제출 대상 여부

[사실관계]

- 법인사업자('질의법인')와 개인사업자 6인은 사업의 포괄적 양도·양수의 방법으로 법인전환하여 본점 및 지점 6개를 운영하는 세무법인을 설립할 예정임
- 해당 세무법인은 주식회사 등의 외부감사에 관한 법률에 따른 감사인의 감사를 받는 대상 아님
- 개인사업자 중 1인은 소득세법 제70조의2 제1항에 따른 성실신고확인대상사업자이며, 나머지 개인사업자 5인은 성실신고확인대상사업자가 아님
- 해당 개인사업자는 법인전환으로 설립된 세무법인의 지점으로 전환될 예정임

[질의]

성실신고확인서 제출대상인 개인사업자와 제출대상이 아닌 사업자가 사업의 양도·양수의 방법으로 법인전환한 경우로서, 성실신고확인서 제출대상인 개인사업자가 전환법인의 지점이 되는 경우 성실신고확인서 제출 방법

〈1안〉 법인전체가 성실신고확인서 제출 대상임

〈2안〉 해당 지점*만 성실신고확인서 제출 대상임

* 성실신고확인서 제출대상 개인사업자가 법인전환된 지점

[회신]

성실신고확인대상사업자와 그 외의 사업자가 사업의 양도·양수의 방법에 따라 법인(이하 '전환법인')을 설립하는 경우로서 해당 성실신고확인대상사업자가 전환법인의 지점이 되고, 해당 전환법인이 주식회사 등의 외부감사에 관한 법률 제4조에 따라 감사인에 의한 감사를 받지 않는 경우 해당 전환법인은 법인세법 제60조의2 제1항 제2호에 따른 성실신고확인서 제출대상에 해당하는 것임 (사전법규법인 2023-820, 2023.12.11.)

✓ 성실신고확인대상사업자 판정 시 구성원이 동일한 공동사업장이 2 이상인 경우에는 공동사업장의 전체의 수입금액의 합계액을 기준으로 판단하는 것임(소득-182, 2012.3.6.)

✓ 단독사업장과 공동사업장이 있을 경우, 성실신고 확인대상자 여부

거주자 '갑'이 단독사업장과 공동사업장이 있을 경우, 공동사업장의 경우 1거주자로 보아 성실신고확인대상 사업자 해당여부를 판단하고, 거주자 '갑'은 단독사업장 수입금액의 합계액으로 단독사업자의 성실신고확인대상 사업자 해당 여부를 판단하는 것임(서면소득 2024-1229, 2024.5.7.)

✓ 공동사업장 구성원 변경 시 성실신고확인대상 판단방법

사업을 공동으로 운영하고 그 손익을 분배하는 공동사업의 경우 성실신고확인대상사업자의 여부는 공동사업장을 1사업장으로 보고 판단하는 것임(기획재정부소득-447, 2017.9.18.)

✓ 공동사업에서 단독사업으로 변경시 성실신고 확인대상자 판단 기준

[사실관계]

- 2020년 1월~5월까지 사업장 A의 수입금액 6억원 발생(사업자 甲 단독사업)
- 2020년 6월~7월까지 사업장 A를 甲과 질의인이 공동으로 운영하고 수입금액 2억원 발생
- 2020년 7월말 甲이 공동사업을 탈퇴하여 질의인이 사업장 A를 단독사업으로 계속 운영 중이며, 12월까지 3억원의 수입금액 발생(질의인 단독사업, 사업자번호는 동일)

[질의]

공동사업에서 단독사업으로 변경시 성실신고 확인대상자 판단 기준

[회신]

소득세법 제70조의2에 따른 성실신고확인대상사업자를 판단함에 있어, 사업을 공동으로 경영하고 그 손익을 분배하는 공동사업의 경우에는 해당 공동사업장을 1사업자로 보아 성실신고확인대상사업자 여부를 판단하는 것임(사전법령해석소득 2021-542, 2021.12.17.)

✓ 단독사업을 공동사업으로 전환한 경우에 해당 공동사업장의 성실신고확인 적용대상 판단기준

거주자가 임가공 제조업을 단독으로 사업하다가 주택신축판매업을 하기 위하여 공동사업장으로 전환한 경우에는 해당 공동사업장을 1거주자로 보고 공동사업장에서 발생한 수입금액을 기준으로 성실신고 확인대상사업자 해당 여부를 판단하는 것임(서면소득2016-3671, 2016.10.26.)

✓ 성실신고확인대상사업자 판단시 공동사업에서 단독사업으로 전환한 경우 기준수입금액 계산방법

[사실관계]

부동산임대업을 경영하는 거주자 "갑"의 사업장 현황은 다음과 같음

사업장	업종	과세기간	수입금액(백만원)	대표자	비고
A	부동산임대	2011.1.1.~12.31.	147	갑	단독사업자
B	부동산임대	2011.1.1.~12.31.	282	갑	단독사업자
C	부동산임대	2011.1.1.~12.31.	0	갑	단독사업자
D	부동산임대	2011.1.1.~12.31.	0	갑	단독사업자
E	부동산임대	2011.1.1.~1.12.	7	갑	공동사업자(7.5 : 2.5)
			2	을	
		2011.1.13.~12.31.	317	갑	단독사업자 전환

(☞ E 부동산임대의 분배금을 제외하면 7억4천6백만원, 포함하면 7억5천3백만원임)

➲ 부동산임대업의 수입 기준금액이 7억5천만원(2013년 귀속분까지의 적용 기준금액임)인 경우의 예규임

[질의]

사업자가 동일 업종의 단독사업장을 경영하면서 별도로 동일 업종의 공동사업장을 경영하다 단독사업장으로 전환한 경우, 성실신고확인대상사업자 대상 여부 판단시 단독사업장의 해당 과세기간의 기준수입금액 계산방법

[회신]

공동사업장에서 발생한 수입금액은 공동사업장을 1거주자로 보고 성실신고확인대상사업자 해당 여부를 판단하는 것이므로, 거주자 "갑"은 단독사업장 수입금액의 합계액으로 단독사업자의 성실신

고확인대상사업자 해당 여부를 판단하는 것임(소득-364, 2012.4.30.)

✓ **법인과 법인의 공동사업시 공동사업장의 소득세 신고여부**

법인과 법인이 동업계약에 의하여 공동사업을 영위함에 있어 당해 공동사업장을 개인사업자로 사업자등록한 경우 당해 공동사업장에서 발생하는 자산·부채 및 수입·비용 등에 관한 거래금액에 대해서 법인세법을 적용하여 산출된 금액을 동업계약에 의한 지분비율로 안분하여 이를 당해 법인의 익금과 손금으로 하는 것이며, 이 경우 1거주자로 보는 공동사업장은 종합소득 과세표준확정신고 의무는 없는 것임(서면1팀-1218, 2005.10.10.)

※ 참고예규

✓ **공동사업장의 장부비치·기장의무**

개인과 법인이 동업계약에 의하여 공동으로 사업을 경영하는 경우 공동사업장에 대한 소득금액계산은 소득세법 제87조의 규정에 의하여 당해 공동사업장을 1거주자로 보아 계산하는 것이며, 이 경우 공동사업장을 별개의 1사업자로 보아 같은 법 제160조(☞ 장부의 비치·기록) 제1항 및 제168조(☞ 사업자등록 및 고유번호의 부여)의 규정을 적용하는 것임(소득 46011-21022, 2000.7.20.)

✓ **소득세법이 적용된 정비사업조합의 경우 성실신고확인서 제출의무와 사업용계좌의 신고·사용의무 등이 있는 것임**

소득세법이 적용된 정비사업조합의 경우 성실신고확인서 제출의무와 사업용계좌의 신고·사용의무 등이 있는 것이며, 사업용계좌는 정비사업조합의 명의로 개설된 계좌를 신고·사용하여야 하는 것임(소득-74 2012.1.27.)

✓ **전환정비사업조합이"성실신고확인 결과 주요항목 명세서"작성 시 필요경비 작성대상기간**

"성실신고확인서"에 첨부하는 "성실신고확인 결과 주요항목 명세서"는 신고대상 사업연도에 발생한 수입금액과 필요경비를 대상으로 작성하는 것임(소득-348, 2012.4.25.)

✓ **고용노동부가 중소기업컨소시엄 운영기관에게 위탁지급한 참여기업의 훈련비용지원금이 성실신고확인대상사업자 수입금액에 포함됨**

고용보험법 시행령 제12조에 따른 우선지원 대상기업인 중소기업에 해당하는 참여기업이 소속 근로자의 직업능력개발훈련을 고용노동부의 중소기업직업훈련컨소시엄 지원사업을 위탁수행하는 한국산업인력공단이 선정한 운영기관에 위탁하여 실시한 후 고용노동부에서 제정·고시한(2009.12.30.)한 중소기업훈련컨소시엄 실시규정 제14조 제1항에 따라 해당 훈련비용지원금을 관할지방노동청으로부터 직접 받지 아니하고 같은 규정 같은 조 제2항에 따라 위탁훈련비 지원 동의서를 관할지방노동청에 제출하여 공단이 참여기업 명의로 훈련비용지원금을 운영기관에 입금시키는 경우, 해당 훈련비용지원금은 참여기업이 수입금액과 필요경비에 산입하고 성실신고확인대상사업자 수입금액에 포함되는 것임(소득-496, 2012.6.15.)

✓ **동업기업으로부터 배분받은 사업소득이 있는 거주자가 성실신고확인서 제출대상인지 여부**

동업기업으로부터 배분받은 사업소득금액은 성실신고확인대상 사업자 판정 시 수입금액 합계액에 포함하지 아니하는 것임(법규소득 2013-214, 2013.7.1.)

PART 5

수입금액의 판단

① 전연도 수입금액이 아닌 해당연도 수입금액으로 판단한다. 따라서 전연도의 수입금액 기준으로는 금년에 간편장부대상자에 해당하더라도, 금년의 수입금액이 성실신고확인대상에 해당한다면 재무제표를 작성하고, 그에 따른 성실신고확인서를 제출하여야 한다.
② 수입금액 판단 시 기타소득은 제외하고 사업소득(3.3% 원천징수분 포함)만으로 판단한다.
③ 연도 중 개업 또는 폐업시 수입금액을 1년분으로 환산하지 않는다.
④ 성실신고대상을 판정하는 경우의 수입금액은 총수입금액으로 산입되는 간주임대료, 일자리안정자금, 신용카드세액공제액, 판매장려금, 사업양수도시의 재고자산의 시가상당액을 포함한 조정후수입금액으로 하는 것이며, 사업용 유형자산의 양도로 인한 수입금액, 수입금액에서 제외되는 간주임대료(건설비 상당액 차감으로 인한 수입금액 조정금액)는 포함하지 않으며, 농어가부업소득 등 비과세소득의 수입금액도 포함하지 않는다.
⑤ 동업기업으로부터 배분받은 사업소득금액은 성실신고확인대상 사업자 판정 시 수입금액 합계액에 포함하지 않는다.(법규소득 2013-214, 2013.7.1.)

공동사업자의 성실신고확인대상 판단

(1) 하나의 공동사업장만 있는 경우

구성원의 손익분배비율에 따른 수입금액 기준이 아닌 사업장의 수입금액 기준으로 성실신고확인대상 여부를 판단한다.

즉, 부동산임대업(수입금액 8억원)의 공동사업자 A, B의 손익분배비율이 5 : 5인 경우 공동사업자 A와 B의 수입금액을 각각 손익분배비율 50%인 4억원으로 판단하는 것이 아니라, 공동사업장을 하나의 사업장으로 보아 그 수입금액을 8억원으로 판단한다. 따라서 2024년 귀속의 경우 공동사업장의 수입금액이 부동산임대업의 기준금액 5억원을 초과하므로 공동사업장에 속한 A와 B 모두 성실신고확인대상사업자에 해당하는 것이다.

(2) 단독사업장과 공동사업장이 있는 경우

기장의무의 판단방법과 동일하다. 예를 들어 한 사업자가 성실신고확인대상인 단독사업장과 성실신고확인대상이 아닌 공동사업장을 각각 가지고 있는 경우에는 단독사업장에 대해서만 성실신고확인을 하는 것이다. 즉, 공동사업장은 별개의 사업장으로 보아 대상여부를 판단한다.

(3) 2 이상의 공동사업장이 있는 경우

① 구성원이 각각 다른 공동사업장인 경우 : 각 공동사업장별로 성실신고확인대상 여부를 판단한다.
② 구성원이 같은 공동사업장이 있는 경우 : 2 이상 공동사업장의 구성원이 같은 경우(손익분배비율은 달라도 무관함)에는 그 공동사업장의 수입금액을 합산하여 판단한다.

3 종합소득세 확정신고기한의 연장

성실신고확인대상사업자가 성실신고확인서를 제출하는 경우에는 종합소득과세표준 확정신고를 그 과세기간의 다음 연도 5월 1일부터 6월 30일까지 하여야 한다.(소법 70조의2 ②, 2013.1.1. 개정)

✓ **성실신고확인대상자와 공동사업하는 사업자의 종합소득세 신고기한 연장 여부**

[사실관계]

부동산임대업을 경영하는 거주자 갑(성실신고확인대상자)의 사업장 현황이 다음과 같음

사업장	업종	수입금액	대표자	비고
A	부동산임대	10억원	갑	단독사업자
B	부동산임대	5억원	갑, 을	공동사업자(6 : 4)
C	부동산임대	8억원	갑, 병	공동사업자(5 : 5)

[질의]

공동사업장의 구성원이 성실신고확인대상자와 성실신고확인대상에 해당하지 않는 자가 있는 경우 성실신고확인대상에 해당하지 않는 구성원의 종합소득세 신고기한 연장 여부

[회신]

귀 질의의 경우, 성실신고확인대상에 해당하지 않는 공동사업장 B를 갑과 을이 경영함에 있어, 갑이 단독사업(A) 또는 다른 공동사업(C)으로 성실신고확인대상자에 해당하는 경우, 공동사업장 B의 구성원으로 다른 소득이 없어 성실신고확인대상에 해당하지 않는 을은 소득세법 제70조의2 제2항에 따른 종합소득과세표준 확정신고기한의 연장을 적용할 수 없는 것임(소득-335, 2012.4.21.)

✓ **성실신고확인대상이 아닌 사업자가 착오로 6월말까지 제출한 신고서의 효력**

성실신고 확인대상사업자가 아닌 납세자가 착오 등으로 성실신고확인대상자로 오인하여 종합소득세 확정신고기한인 다음연도 5월 31일을 경과한 후 1개월 내에 종합소득과세표준 확정신고를 한 경우 기한 후 신고에 해당됨(징세-1037, 2012.9.27.)

✓ **성실신고확인대상사업자가 종합소득과세표준 확정신고시 신고유형을 '외부조정'으로 한 경우 기한후신고에 해당하는지 여부**(조심 2017중2542, 2017.9.1.)

청구인은 홈택스를 통하여 2014년 귀속 종합소득과세표준 확정신고서와 함께 성실신고확인서 및 관련 세액공제신청서 등을 제출하였음에도 동 홈택스가 오류메시지를 안내하지 않고 접수증까지 발급한 후 1년 3개월이 지나 2015.6.25. '성실신고확인'이 아니라 '외부조정'으로 하여 법정신고기한(2015.5.31.)을 지난 기한후신고에 해당하고 성실신고확인서 등을 제출한 사실이 확인되지 않는다 하여 쟁점세액을 부과처분한 것은 부당하다고 주장하나, 종합소득세는 납세의무자의 신고에 따라 납세의무가 확정되는 신고납세방식의 조세임에도 그 귀책사유가 홈택스의 오류라고 주장만 할 뿐 성실신고확인서 등을 제출한 사실을 인정할 만한 구체적이고 객관적인 증빙을 제시하지 않은 점 등에 비추어 기한후신고로 보아 관련 세액공제 등을 배제하여 종합소득세를 부과한 이 건 처분은 달리 잘못이 없다고 판단된다.

PART 5

4 확인대상 세무사의 자기확인 금지

세무사가 성실신고확인대상사업자에 해당하는 경우에는 자신의 사업소득금액의 적정성에 대하여 해당 세무사가 성실신고확인서를 작성·제출해서는 아니된다.(소령 133조 ④)

5 관할 세무서장의 보정 요구

납세지 관할 세무서장은 제출된 「성실신고확인서」에 미비한 사항 또는 오류가 있을 때에는 그 보정을 요구할 수 있다.(소법 70조의2 ③)

6 성실신고확인에 따른 혜택

(1) 성실신고 확인의 직접비용에 대한 세액공제

1) 세액공제의 범위

성실신고확인대상사업자가 성실신고확인서를 제출(둘 이상의 업종을 영위하는 성실신고확인대상사업자가 일부 업종에 대해서만 성실신고확인서를 제출한 경우를 포함)하는 경우에는 성실신고 확인에 직접 사용한 비용의 60%에 해당하는 금액을 해당 과세연도의 소득세[사업소득(부동산임대업에서 발생하는 소득을 포함)에 대한 소득세만 해당한다]에서 공제한다. 다만, 공제세액의 한도는 120만원으로 한다.(조특법 126조의6 ①, 2017.12.19. 개정, 조특령 126조의6 ① 1, 2018.12.13. 개정)

- 성실신고확인비용의 세액공제에 대해서는 농어촌특별세가 비과세되고(농특령 4조 ⑥ 1), 최저한세 규정이 적용되지 않는다.
- 의료비와 교육비를 세액공제 받는 경우는 농어촌특별세가 과세되고, 최저한세 규정(132조 ② 2)이 적용된다.

✓ **성실신고 확인비용에 대한 세액공제는 공동사업자의 구성원별로 계산하는 것이며, 당해 구성원별로 120만원(2018년 귀속분부터 적용)*을 한도로 하는 것임**(소득-461, 2012.6.1.)

* 2017년 귀속분까지는 100만원이 적용되었음

저자TIP 공동사업장의 세액공제 방법 (2024년 귀속기준)

공동사업장의 경우 사업장별로 세액공제액을 계산한 후(사업장별 120만원* 한도) 구성원에게 분배하는 것이 아니라, 성실신고확인비용을 구성원에게 분배한 후 각 구성원별로 세액공제를 적용(거주자별 한도 120만원*)하는 것임. 따라서 단독사업장과 공동사업장에서 모두 성실신고확인비용이 발생한 경우 공동사업장의 비용(손익분배비율 해당액)과 단독사업장의 비용을 합하여 60%(120만원* 한도)를 세액공제하는 것임

* 2017년 귀속분까지는 100만원이 적용되었음

2) 추징 및 세액공제의 배제

① 세액공제를 적용받은 성실신고확인대상자가 해당 과세연도의 사업소득금액을 과소신고한 경우로서 그 과소 신고한 사업소득금액이 경정(수정신고로 인한 경우를 포함)된 사업소득금액의 10% 이상인 경우에는 세액공제받은 금액에 상당하는 세액을 전액 추징한다.(조특법 126조의6 ②, 2017.12.19. 개정)

② 사업소득금액이 경정된 성실신고확인대상자에 대하여는 경정일이 속하는 과세연도의 다음 과세연도부터 3개 과세연도 동안 성실신고 확인비용에 대한 세액공제를 하지 아니한다.(조특법 126조의6 ③, 2017.12.19. 개정)

3) 세액공제의 이월공제

➲ 이월공제의 기간에 관한 부분은 2021.1.1. 이후 과세표준을 신고하는 경우부터 적용한다.(2020. 12.29. 조특법 부칙 35조)

성실신고 직접비용에 대한 공제할 세액 중 해당 과세연도에 납부할 세액이 없어 공제받지 못한 부분에 상당하는 금액은 해당 과세연도의 다음 과세연도 개시일부터 10년 이내에 끝나는 각 과세연도에 이월하여 그 이월된 각 과세연도의 소득세[사업소득(부동산임대업에서 발생하는 소득을 포함)에 대한 소득세만 해당한다]에서 공제한다.(조특법 144조 ①, 2020.12.29. 개정)

4) 세액공제의 신청

세액공제를 적용받으려는 자는 「성실신고확인서」를 제출할 때 「성실신고 확인비용세액공제신청서」(조특칙 별지 제78호 서식)를 납세지 관할 세무서장에게 제출하여야 한다.(조특법 126조의6 ④, 조특령 121조의6 ②)

(2) 성실신고확인 직접비용에 대한 필요경비산입

성실신고확인과 관련된 직접비용은 사업과 관련된 비용이므로 필요경비로 전액 인정받을 수 있다.

➲ 해당 직접비용의 60%는 2024년 귀속 소득세에서 세액공제받고, 해당 직접비용 전액은 성실신고확인업무가 완료되는 2025년 귀속연도의 필요경비로 인정받을 수 있다.

성실신고확인 직접비용의 부담정도 (2024년 귀속기준)

성실신고대상사업자가 다음과 같은 비용(아래 표에서의 "보수액 ①")을 세무사에게 지불한 경우, 세금감소효과 및 사업자의 순부담액은 다음과 같다.(의료비 및 교육비공제 효과는 미반영한 것이며 "세액공제액"은 지방소득세 공제효과를 포함한 금액으로서 2018년 귀속분부터 세액공제한도는 132만원임)

(1) 기본세율이 15%인 경우

① 보수액 (공급가액)	세액공제액 (①×66%)	필요경비 공제액		② 세금감소 효과액 계	사업자 순부담액 (③=①-②)
		세율(%)	소득세·지방소득세		
500,000	330,000	16.5%	82,500	412,500	87,500
1,000,000	660,000		165,000	825,000	175,000
1,500,000	990,000		247,500	1,237,500	262,500
2,000,000	1,320,000		330,000	1,650,000	350,000
2,500,000			412,500	1,732,500	767,500
3,000,000			495,000	1,815,000	1,185,000
4,000,000			660,000	1,980,000	2,020,000
5,000,000			825,000	2,145,000	2,855,000
6,000,000			990,000	2,310,000	3,690,000
7,000,000			1,155,000	2,475,000	4,525,000
8,000,000			1,320,000	2,640,000	5,360,000
9,000,000			1,485,000	2,805,000	6,195,000
10,000,000			1,650,000	2,970,000	7,030,000

(2) 기본세율이 24%인 경우

① 보수액 (공급가액)	세액공제액 (①×66%)	필요경비 공제액		② 세금감소 효과액 계	사업자 순부담액 (③=①-②)
		세율(%)	소득세·지방소득세		
500,000	330,000	26.4%	132,000	462,000	38,000
1,000,000	660,000		264,000	924,000	76,000
1,500,000	990,000		396,000	1,386,000	114,000
2,000,000	1,320,000		528,000	1,848,000	152,000
2,500,000			660,000	1,980,000	520,000
3,000,000			792,000	2,112,000	888,000
4,000,000			1,056,000	2,376,000	1,624,000
5,000,000			1,320,000	2,640,000	2,360,000
6,000,000			1,584,000	2,904,000	3,096,000
7,000,000			1,848,000	3,168,000	3,832,000
8,000,000			2,112,000	3,432,000	4,568,000
9,000,000			2,376,000	3,696,000	5,304,000
10,000,000			2,640,000	3,960,000	6,040,000

(3) 기본세율이 35%인 경우(납세자의 부담이 0이 되는 보수액은 2,146,341원이다)

① 보수액 (공급가액)	세액공제액 (①×66%)	필요경비 공제액		② 세금감소 효과액 계	사업자 순부담액 (③=①-②)
		세율(%)	소득세·지방소득세		
500,000	330,000	38.5%	192,500	522,500	△22,500
1,000,000	660,000		385,000	1,045,000	△45,000
1,500,000	990,000		577,500	1,567,500	△67,500
2,000,000	1,320,000		770,000	2,090,000	△90,000
2,500,000			962,500	2,282,500	217,500
3,000,000			1,155,000	2,475,000	525,000
4,000,000			1,540,000	2,860,000	1,140,000
5,000,000			1,925,000	3,245,000	1,755,000
6,000,000			2,310,000	3,630,000	2,370,000
7,000,000			2,695,000	4,015,000	2,985,000
8,000,000			3,080,000	4,400,000	3,600,000
9,000,000			3,465,000	4,785,000	4,215,000
10,000,000			3,850,000	5,170,000	4,830,000

(4) 기본세율이 38%인 경우(납세자의 부담이 0이 되는 보수액은 2,268,041원이다)

① 보수액	세액공제액 (①×66%)	필요경비 공제액		② 세금감소 효과액 계	사업자 순부담액 (③=①-②)
		세율(%)	소득세·지방소득세		
1,500,000	990,000	41.8%	627,000	1,617,000	△117,000
2,000,000	1,320,000		836,000	2,156,000	△156,000
2,500,000			1,045,000	2,365,000	135,000
3,000,000			1,254,000	2,574,000	426,000
4,000,000			1,672,000	2,992,000	1,008,000
5,000,000			2,090,000	3,410,000	1,590,000
6,000,000			2,508,000	3,828,000	2,172,000
7,000,000			2,926,000	4,246,000	2,754,000
8,000,000			3,344,000	4,664,000	3,336,000
9,000,000			3,762,000	5,082,000	3,918,000
10,000,000			4,180,000	5,500,000	4,500,000

(5) 기본세율이 40%인 경우(납세자의 부담이 0이 되는 보수액은 2,357,142원이다)

① 보수액	세액공제액 (①×66%)	필요경비 공제액		② 세금감소 효과액 계	사업자 순부담액 (③=①-②)
		세율(%)	소득세·지방소득세		
1,500,000	990,000	44%	660,000	1,650,000	△150,000
2,000,000	1,320,000		880,000	2,200,000	△200,000
2,500,000			1,100,000	2,420,000	80,000
3,000,000			1,320,000	2,640,000	360,000
4,000,000			1,760,000	3,080,000	920,000
5,000,000			2,200,000	3,520,000	1,480,000
6,000,000			2,640,000	3,960,000	2,040,000
7,000,000			3,080,000	4,400,000	2,600,000
8,000,000			3,520,000	4,840,000	3,160,000
9,000,000			3,960,000	5,280,000	3,720,000
10,000,000			4,400,000	5,720,000	4,280,000

(6) 기본세율이 42%인 경우(납세자의 부담이 0이 되는 보수액은 2,453,531원이다)

① 보수액	세액공제액 (①×66%)	필요경비 공제액		② 세금감소 효과액 계	사업자 순부담액 (③=①-②)
		세율(%)	소득세·지방소득세		
1,500,000	990,000	46.2%	693,000	1,683,000	△183,000
2,000,000	1,320,000		924,000	2,244,000	△244,000
2,500,000			1,155,000	2,475,000	25,000
3,000,000			1,386,000	2,706,000	294,000
4,000,000			1,848,000	3,168,000	832,000
5,000,000			2,310,000	3,630,000	1,370,000
6,000,000			2,772,000	4,092,000	1,908,000
7,000,000			3,234,000	4,554,000	2,446,000
8,000,000			3,696,000	5,016,000	2,984,000
9,000,000			4,158,000	5,478,000	3,522,000
10,000,000			4,620,000	5,940,000	4,060,000

(7) 기본세율이 45%인 경우(납세자의 부담이 0이 되는 보수액은 2,631,861원이다)

① 보수액	세액공제액 (①×66%)	필요경비 공제액		② 세금감소 효과액 계	사업자 순부담액 (③=①-②)
		세율(%)	소득세·지방소득세		
1,500,000	990,000	49.5%	742,500	1,732,500	△232,500
2,000,000	1,320,000		990,000	2,310,000	△310,000
2,500,000			1,237,500	2,557,500	△57,500
3,000,000			1,485,000	2,805,000	195,000
4,000,000			1,980,000	3,300,000	700,000
5,000,000			2,475,000	3,795,000	1,205,000
6,000,000			2,970,000	4,290,000	1,710,000
7,000,000			3,465,000	4,785,000	2,215,000
8,000,000			3,960,000	5,280,000	2,720,000
9,000,000			4,455,000	5,775,000	3,225,000
10,000,000			4,950,000	6,270,000	3,730,000

(3) 의료비 및 교육비의 세액공제

① 성실신고확인대상사업자로서 성실신고확인서를 제출한 자가 의료비 및 교육비(직업능력개발훈련비는 제외)를 2026.12.31.이 속하는 과세연도까지 지출한 경우 그 지출한 금액의 15%(미숙아 및 선천성이상아 의료비는 20%, 난임시술비는 30%)에 해당하는 금액(이하 "의료비등 세액공제금액"이라 한다)을 해당 과세연도의 소득세[사업소

PART 5

득(부동산임대업에서 발생하는 소득은 포함)에 대한 소득세만 해당한다]에서 공제한다.(조특법 122조의3 ①, 2023.12.31. 개정)

➲ 2023.1.1. 전에 의료비, 난임시술을 위한 비용을 지출한 경우로서 2023.1.1. 이후 종합소득과세표준을 확정신고하거나 소득세를 결정하는 경우에도 적용한다.(2022.12.31. 조특법 부칙 26조)

이 경우 의료비등 세액공제금액과 월세세액공제금액의 합계액이 해당 과세연도의 소득세를 초과하는 경우 그 초과금액은 없는 것으로 한다.(조특법 122조의3 ④)

② 의료비 공제금액은 특별세액공제의 의료비공제 규정을 준용하여 계산한 금액으로 한다. 이 경우 특별세액공제의 의료비공제 규정에서 "총급여액"은 "사업소득금액"으로 본다.(조특법 122조의3 ②, 2014.1.1. 개정)

➲ 근로소득과 성실신고확인대상인 사업소득이 함께 있는 경우의 의료비 공제는 (근로소득의 총급여액+사업소득금액)의 3%를 초과하는 의료비 금액만 공제가능하다. 따라서 그 적용에 있어서는 추가적인 의료비 공제혜택을 받지 못하는 경우가 많다.

③ 의료비등 세액공제를 적용받은 사업자가 다음 중 하나에 해당하는 경우에는 공제받은 금액에 상당하는 세액을 전액 추징한다.(조특법 122조의3 ⑤)

㉠ 해당 과세기간에 대하여 과소신고한 수입금액이 경정(수정신고로 인한 경우를 포함)된 수입금액의 20% 이상인 경우

㉡ 해당 과세기간에 대한 사업소득금액 계산시 과대계상한 필요경비가 경정(수정신고로 인한 경우를 포함)된 필요경비의 20% 이상인 경우

개정 2024.12.31.

➲ 2025.1.1. 전의 과세기간에 대하여 과소 신고한 수입금액 또는 과대계상한 필요경비가 경정된 경우에는 개정규정에도 불구하고 종전의 규정에 따른다.(2024.12.31. 조특법 부칙 30조)

③ 의료비등 세액공제를 적용받은 사업자가 해당 과세기간에 대하여 과소 신고한 사업소득금액이 경정(수정신고로 인한 경우를 포함)된 사업소득금액의 10%(성실사업자는 20%) 이상인 경우에는 공제받은 금액에 상당하는 세액을 전액 추징한다.(조특법 122조의3 ⑤, 2024.12.31. 개정)

④ 위 '③'에 따라 세액이 추징된 사업자에 대해서는 추징일이 속하는 다음 과세기간부터 3개 과세기간 동안 의료비등 세액공제를 적용하지 아니한다.(조특법 122조의3 ⑥)

⑤ 의료비등 세액공제에 대해서는 농어촌특별세가 과세되고(농특령 4조 ⑦ 1), 최저한세 규정(132조 ② 3)이 적용된다.

⑥ 의료비등 세액공제에 대해서는 이월공제가 배제된다.(조특법 144조 ①)

✓ **성실사업자 사망 이후 신고시 의료비 등 공제 가능 여부**

[사실관계]

- 2014.8.5. 공동사업장의 구성원 A 사망
- 2015.2.28. A의 상속인은 소득세법 제74조 과세표준 확정신고의 특례에 따라 확정신고함

[질의]

성실신고확인대상사업자인 공동사업장의 구성원 A가 사망하여 5.1. 이전 과세표준 확정신고를 한 경우 의료비 등 공제 가능 여부

[회신]

성실신고확인대상사업자인 공동사업장의 구성원이 사망함에 따라 소득세법 제74조 제1항에 의거하여 과세표준 확정신고한 경우, 조세특례제한법 제122조의3 성실사업자에 대한 의료비 등 공제가 불가한 것임(서면소득 2015-176, 2015.5.12.)

저자TIP 성실사업자인 공동사업자의 구성원 사망에 따른 신고시 의료비나 교육비 세액공제가 안 되는 이유

성실신고확인대상에 해당하는 공동사업장(구성원 A, B, C)의 구성원 A가 사망하여 연도 중에 과세표준 확정신고를 하는 경우 사망일까지의 가결산에 따른 배분 금액으로 신고를 할 수 밖에 없는데, 「성실신고확인서」는 공동사업장의 과세기간 종료일 현재의 재무제표를 기준으로 작성하여야 하므로 연도 중 신고자에 대해서는 「성실신고확인서」를 작성하여 제출할 수 없다. 의료비나 교육비세액공제의 요건이 '「성실신고확인서」의 제출'이므로 이러한 세액공제를 못받는 경우가 발생하는 것이다.

✓ **수정신고와 함께 성실신고확인서를 제출하는 경우 교육비 공제 가능여부**

성실신고확인대상 사업자가 성실신고확인서를 해당 과세기간의 다음 연도 5월 1일부터 6월 30일까지 제출하지 아니하고 국세기본법 제45조에 따른 수정신고서와 함께 제출하는 경우 조세특례제한법 제122조의3에 따른 성실사업자에 대한 의료비 등 공제를 받을 수 없는 것임(서면법규-611, 2013.5.30.)

✓ **부양가족이 연도말 사망하여 의료비가 익년 수납된 경우 사망연도에 의료비세액공제 가능여부**

12월 31일 사망한 기본공제대상자였던 부양가족의 의료비를 익년에 지출한 경우 해당 의료비는 지출한 과세연도 귀속 근로소득에 대한 연말정산시 공제대상 의료비에 포함하는 것임(사전법령해석소득 2019-46, 2019.2.15.)

PART 5

(4) 월세액 세액공제

① 종합소득금액이 7천만원 이하인 성실신고확인대상사업자로서 성실신고확인서를 제출한 자가 월세액을 2026.12.31.이 속하는 과세연도까지 지급하는 경우 그 지급한 금액의 15%(종합소득금액이 4,500만원 이하인 경우에는 17%)에 해당하는 금액을 해당 과세연도의 소득세에서 공제한다. 다만, 해당 월세액이 1,000만원을 초과하는 경우 그 초과하는 금액은 없는 것으로 한다.(조특법 122조의3 ③, 2023.12.31. 개정)

➲ 2024.1.1. 이후 월세액을 지급하는 경우부터 적용한다.(2023.12.31. 조특법 부칙 15조)

• 공제세액 = Min(공제대상 월세액, 1,000만원) × 15%(또는 17%*)

* 종합소득금액 4,500만원 이하인 자는 17%를 적용한다.

② 월세세액공제금액과 의료비등 세액공제금액의 합계액이 해당 과세연도의 소득세를 초과하는 경우 그 초과금액은 없는 것으로 한다.(조특법 122조의3 ④)

③ 월세세액공제를 적용받은 사업자가 다음 중 하나에 해당하는 경우에는 공제받은 금액에 상당하는 세액을 전액 추징한다.(조특법 122조의3 ⑤)

㉠ 해당 과세기간에 대하여 과소신고한 수입금액이 경정(수정신고로 인한 경우를 포함)된 수입금액의 20% 이상인 경우

㉡ 해당 과세기간에 대한 사업소득금액 계산시 과대계상한 필요경비가 경정(수정신고로 인한 경우를 포함)된 필요경비의 20% 이상인 경우

개정 2024.12.31.

➲ 2025.1.1. 전의 과세기간에 대하여 과소 신고한 수입금액 또는 과대계상한 필요경비가 경정된 경우에는 개정규정에도 불구하고 종전의 규정에 따른다.(2024.12.31. 조특법 부칙 30조)

③ 월세세액공제를 적용받은 사업자가 해당 과세기간에 대하여 과소 신고한 사업소득금액이 경정(수정신고로 인한 경우를 포함)된 사업소득금액의 10%(성실사업자는 20%) 이상인 경우에는 공제받은 금액에 상당하는 세액을 전액 추징한다.(조특법 122조의3 ⑤, 2024.12.31. 개정)

④ 위 '③'에 따라 세액이 추징된 사업자에 대해서는 추징일이 속하는 다음 과세기간부터 3개 과세기간 동안 월세세액공제를 적용하지 아니한다.(조특법 122조의3 ⑥)

⑤ 월세세액공제액에 대해서는 농어촌특별세가 과세되고(농특령 4조 ⑦ 1), 최저한세 규정(132조 ② 3)이 적용된다.

⑥ 월세세액공제액에 대해서는 이월공제가 배제된다.(조특법 144조 ①)

> **✓ 세대구분형 공동주택의 경우 월세액 세액공제 판단의 국민주택규모 기준**
> 임차인이 세대구분형 공동주택의 세대별로 구분된 공간을 임차한 경우 조세특례제한법 시행령 제95조 제2항 제1호에 따른 국민주택규모의 주택 여부는 임차한 부분에 해당하는 전용면적을 기준으로 판단하는 것임(기획재정부소득-433, 2023.5.19.)

7 성실신고확인서를 미제출한 경우의 불이익

(1) 성실신고확인서 제출 불성실 가산세

① 성실신고확인대상사업자가 그 과세기간의 다음 연도 6월 30일까지 성실신고확인서를 납세지 관할 세무서장에게 제출하지 아니한 경우에는 다음의 금액을 가산세로 해당 과세기간의 종합소득 결정세액에 더하여 납부하여야 한다.(소법 81조의2 ①, 2021.12.8. 개정)

➲ 2022.1.1. 전의 과세기간에 대하여 성실신고확인서 제출 불성실 가산세를 납부하는 경우의 가산세에 관하여는 개정규정에도 불구하고 종전의 규정에 따른다.(2021.12.8. 법 부칙 11조)

• 성실신고확인서 제출 불성실가산세 = Max(㉠, ㉡)

㉠ 종합소득산출세액 × $\dfrac{\text{사업소득금액}^{*}}{\text{종합소득금액}}$ × 5%

㉡ 사업소득의 총수입금액 × 0.02%

* 사업소득금액이 종합소득금액에서 차지하는 비율이 1보다 큰 경우에는 1로, 0보다 작은 경우에는 0으로 한다.(소법 81조의2 ① 1)

② 위 '①'의 가산세는 종합소득산출세액이 없는 경우에도 적용한다.(소법 81조의2 ③, 2021.12.8. 신설)

③ 신고불성실가산세(☞ 무신고가산세와 과소신고·초과환급가산세)를 적용할 때 무기장가산세(장부의 기록·보관 불성실 가산세)와 동시에 적용되는 경우에는 그 중 가산세액이 큰 가산세만 적용하고, 가산세액이 같은 경우에는 신고불성실가산세만 적용한다.(국기법 47조의2 ⑥, 47조의3 ⑥, 2017.12.19. 개정)

저자TIP 성실신고확인서 미제출(추계신고한 경우)에 대한 가산세의 적용

(1) 2018년 ~ 2021년 귀속분까지의 가산세

성실신고확인 대상자
- 복식부기의무자 : Max(무신고가산세, 무기장가산세) + 5%[*1]
- 간편장부대상자
  - 계속사업자 : 무기장가산세[*2] + 5%[*3]
  - 신규사업자 : 5%(무신고가산세와 무기장가산세가 적용되지 않는다)

*1. 2017년 귀속분까지는 Max(무신고가산세, 무기장가산세, 5%)를 적용하였다.
*2. 직전 과세기간의 수입금액이 4,800만원 이상인 경우이다.(소령 132조 ④ 2)
*3. 2017년 귀속분까지는 Max(무기장가산세, 5%)를 적용하였다.

(2) 2022년 귀속분부터의 가산세

성실신고확인 대상자
- 복식부기의무자 : Max(무신고가산세, 무기장가산세) + Max(5%[*4], 총수입금액[*5] × 0.02%)
- 간편장부대상자
  - 계속사업자 : 무기장가산세 + Max(5%[*4], 총수입금액[*5] × 0.02%)
  - 신규사업자[*6] : Max(5%[*4], 총수입금액[*5] × 0.02%)

*4. 종합소득산출세액 × $\frac{\text{사업소득금액}}{\text{종합소득금액}}$ 에 대해 적용
*5. 사업소득의 총수입금액임
*6. 무신고가산세와 무기장가산세가 적용되지 않음

➲ '무기장가산세'(종전 소법 81조 ⑬)는 2019.12.31. 세법개정으로 '장부의 기록·보관 불성실 가산세'(소법 81조의5)로 용어가 변경되었다.

(2) 세무조사 대상으로 선정

세무공무원은 납세자가 세법에서 정하는 성실신고확인서의 제출을 이행하지 아니한 경우에는 세무조사를 할 수 있다.(국기법 81조의6 ③ 1)

성실신고확인자의 책임

(1) 매출누락의 경우

'허위확인금액'은 증거서류가 없거나 허위임을 알면서 계상한 비용 등을 의미하는 것으로 허위확인금액을 판정할 때 확인서 중 '특이사항'은 제외되며, 세금계산서, 계산서 등 적격증명서류가 추후 가공으로 밝혀지거나 매출누락이 발견되는 경우는 '허위확인'으로 보지 않는다.

(2) 책임범위

「성실신고확인결과 사업자확인사항」은 사업자가 확인하도록 하고 있고 「성실신고확인결과 특이사항기술서」는 원천적으로 징계대상인 '허위확인'의 대상에서 제외하고 있으므로 결국 확인세무사는 「성실신고확인결과 주요명세서」에 대하여만 책임을 지게 되는 것이다.

저자TIP 성실신고확인 관련 참고사항(2024년 귀속기준)

(1) 공동사업장의 신고기한

① 다음과 같이 성실신고확인대상이 아닌 공동사업(예 : 부동산임대업) 구성원 A와 함께 공동사업을 영위하는 구성원 B가 다른 사업장(부동산임대업)의 수입금액으로 인해 성실신고확인대상자가 된 경우 A의 신고기한은 5월말이고 B의 신고기한은 성실신고확인서를 제출하는 경우 6월말이다.(소득-335, 2012.4.21.)

구 분	공동사업장	단독사업장
구성원	A+B	B
총수입금액	3억원	6억원
성실신고확인대상 여부	×	○

② 부동산임대업으로서 상황이 다음과 같은 경우(성실신고확인서를 제출하는 경우) 구성원 A와 B의 신고기한은 둘 다 6월말이다.

구 분	공동사업장	단독사업장
구성원	A+B	B
총수입금액	6억원	3억원
성실신고확인대상 여부	○	×

③ 공동사업장(예 : 부동산임대업)의 현황이 다음과 같은 경우(성실신고확인서를 제출하는 경우) A, B, C의 신고기한은 모두 6월말이다.

임대기간	1월~4월	5월~12월
공동사업 구성원	A+B	A+C
총수입금액	4억원	6억원

구성원이 변경된 경우에도 공동사업장을 1사업장으로 보고 성실신고확인대상 여부를 판단하는 것이므로(사전법령해석소득 2017-308, 2017.9.22, 기획재정부소득-447, 2017.9.18.) 공동사업장 전체의 수입금액(1월~12월)을 10억원으로 판단하여 (A+C)뿐만 아니라 (A+B)도 성실신고확인대상이 된다. 따라서 B도 6월말이 신고기한이다.

(2) 2 이상의 사업장이 있는 확인대상자가 일부사업장에 대해 추계신고하거나 확인서를 제출하지 않는 경우

① 주된 사업장에 대한 성실신고확인서는 제출하고, 소규모사업장에 대해서는 추계신고의 사유로 미제출한 경우, 확인서를 미제출한 사업장에 대해 가산세가 부과된다.

② 단독사업장은 성실신고확인대상이고 공동사업장은 확인대상이 아닌 경우, 공동사업장에 대해 추계신고하는 경우에는 세액공제를 적용받을 수 있다.

(3) 2 이상의 사업장이 있는 거주자가 모든 사업장을 통합하여 하나의 확인서로 작성 가능 여부

① 성실신고확인서는 표준재무제표 작성과 일치시켜 작성하는 것으로 사업장별로 구분경리하는 경우에는 각각의 사업장별로 확인서를 작성하여야 한다.

② 구분경리가 필요하지 않은 동일한 사업소득자로 전체 사업장을 통합하여 표준재무

제표를 작성한 경우에는 하나의 확인서를 제출할 수 있다.

(4) 성실신고확인서는 제출하고, 표준손익계산서 항목 등을 작성하지 않은 경우의 세액공제 여부

표준손익계산서 및 표준원가명세서 항목은 성실신고확인서의 가장 중요한 부분이므로 이에 대한 확인 없이 확인서를 제출한 경우 정당한 확인서로 볼 수 없어 세액공제를 적용받을 수 없다.

(5) 5월에 성실신고확인서를 제출하여 종합소득세 신고한 후, 수정하여 6월에 신고한 경우

성실신고확인대상자가 5월말까지 성실신고확인서를 첨부하여 신고한 경우에도 표준재무제표나 세무조정사항의 수정, 성실신고확인비용 세액공제, 의료비·교육비의 추가공제 등 공제적용에 착오가 있어 그 신고를 수정해야하는 경우에는 6월말까지 다시 신고할 수 있으며, 성실신고확인대상자는 6월말까지 신고할 수 있으므로 이를 수정신고로 보지 않는다.

(6) 2024년 중에 폐업한 거주자가 2025년에 성실신고확인을 한 경우 비용의 세액공제와 필요경비산입 문제

① 2024년 귀속분에 대한 종합소득세 신고시 세액공제는 받을 수 있다.
② 세금계산서는 발행할 수 없고 현금영수증을 발급하여야 한다.
③ 2025년 귀속분에 대해 필요경비로는 산입할 수 없다.

(7) 첨부서류의 제출기한

성실신고확인서는 전자신고로 제출(필수전자신고서식은 아님)하되, 나머지 성실신고확인결과 첨부서류(주요항목명세서, 특이사항기술서, 사업자확인사항)는 신고기한으로부터 10일 이내까지 제출할 수 있다.

(8) 사업용계좌의 신고기한

복식부기의무자에 해당된 성실신고확인대상자의 사업용계좌 신고기한은 종합소득세 신고기한인 6월 30일까지이다.

(9) 성실신고확인대상자의 분납가능 여부

납부할 세액이 1천만원을 초과하는 경우 납부기한 후 2개월 이내에 분납할 수 있다.

성실신고확인서

기획재정부고시 제2012-6호

「소득세법」 제70조의2 제1항 및 같은 법 시행령 제133조 제6항에 따라 성실신고확인서를 다음과 같이 개정하여 고시합니다.

2012년 4월 26일
기획재정부장관

◇ 부 칙 ◇

제1조 【시행일】 이 고시는 2012년 4월 26일부터 시행한다.

제2조 【적용례】 이 고시는 이 고시 시행일 이후 최초로 종합소득과세표준 확정신고를 하는 분부터 적용한다.

<table>
<tr><td colspan="8">(　　　년 귀속) 성 실 신 고 확 인 서</td></tr>
<tr><td colspan="8">1. 성실신고확인대상사업자</td></tr>
<tr><td>① 성　　　명</td><td colspan="3"></td><td>② 주민등록번호</td><td colspan="3">　　　　　　－　　　　　　</td></tr>
<tr><td>③ 주　　　소</td><td colspan="7"></td></tr>
<tr><td colspan="8">④ 성실신고확인대상사업장</td></tr>
<tr><td>번호</td><td>사업자등록번호</td><td>상 호</td><td>소득구분</td><td>번호</td><td>사업자등록번호</td><td>상 호</td><td>소득구분</td></tr>
<tr><td>1</td><td></td><td></td><td></td><td>2</td><td></td><td></td><td></td></tr>
<tr><td>3</td><td></td><td></td><td></td><td>4</td><td></td><td></td><td></td></tr>
<tr><td>5</td><td></td><td></td><td></td><td>6</td><td></td><td></td><td></td></tr>
<tr><td>7</td><td></td><td></td><td></td><td>8</td><td></td><td></td><td></td></tr>
<tr><td>9</td><td></td><td></td><td></td><td>10</td><td></td><td></td><td></td></tr>
<tr><td colspan="8">2. 성실신고확인자 (세무사, 공인회계사, 세무법인, 회계법인)</td></tr>
<tr><td>⑤ 상호(법인명)</td><td colspan="3"></td><td>⑥ 사업자등록번호</td><td colspan="3">　　　－　　－　　　　　</td></tr>
<tr><td>⑦ 성명(대표자)</td><td colspan="3"></td><td>⑧ 관 리 번 호</td><td colspan="3">　－　　　　　</td></tr>
<tr><td>⑨ 사업장소재지</td><td colspan="7"></td></tr>
<tr><td colspan="8">3. 확인내용</td></tr>
<tr><td colspan="8">위 성실신고확인대상사업자의 비치·기록된 장부와 증빙서류에 따라 계산한 수입금액 및 필요경비의 계상 등 소득금액에 대하여 「소득세법」 제70조의2 제1항에 따라 성실하게 확인하였습니다.

년　　월　　일

성실신고확인자　　　　　　　　(서명 또는 인)</td></tr>
<tr><td colspan="8">신고인은 「소득세법」 제70조의2 제1항에 따라 위 성실신고확인자로부터 성실신고확인을 받고 그 확인서를 제출합니다.
년　　월　　일

성실신고확인대상사업자　　　　　　　　(서명 또는 인)

세무서장 귀하</td></tr>
<tr><td colspan="8">※ 첨부서류 : 1. 성실신고확인 결과 주요항목 명세서
2. 성실신고확인 결과 특이사항 기술서
3. 성실신고확인 결과 사업자 확인사항</td></tr>
<tr><td colspan="8">※ 작성방법 : 「소득세법」 제160조 및 제161조에 따라 구분하여 작성된 장부별로 작성
① 둘 이상의 사업장을 가진 사업자는 표준재무제표 작성과 일치시켜 사업장별 또는 통합하여 작성 (단, 사업장별로 조세감면을 달리 적용받는 경우에는 사업장별로 작성)
② 소득별(부동산임대의 사업소득, 부동산임대 외의 사업소득)로 첨부서류를 각각 별지로 작성하고 “④ 성실신고확인대상사업장”의 “소득구분”에 “부동산임대” 또는 “사업”으로 구분하여 기재
③ 공동사업자는 공동사업장별로 작성하며, 주된 공동사업자 1명만 납세지 관할 세무서장에게 제출
④ 성실신고확인대상사업장이 10개를 초과하는 경우 별지에 동일한 표양식으로 작성</td></tr>
</table>

〈첨부1〉

성실신고확인 결과 주요항목 명세서

1. 사업장 현황*

* 둘 이상의 사업장을 통합하여 작성하는 경우 가. 사업장 등록사항, 나. 사업장 기본사항의 표양식을 하단에 복사하여 작성

가. 사업장 등록사항

상 호		업 종	
사업장 소재지			
개업일		폐업일	

나. 사업장 기본사항

소유구분	건 물		건물면적		임차 보증금	월 세	종업원수	차 량
	지하층	지상층	바닥면적	연면적				
자가·타가	층	층	㎡	㎡	천원	천원	명	대

* 사업장 기본사항은 과세기간 종료일 현재 기준으로 작성(과세기간 중 폐업자는 폐업일 기준)

2. 주요 사업내역 현황

가. 주요 매출처(전체 매출액 대비 5% 이상 금액의 매출처 중 상위 5개)

(단위 : 천원)

상 호(법인명)	성명(대표자)	사업자등록번호	거래금액	거래품목

1. 매출처가 최종소비자인 경우 최종소비자와의 거래분 전체를 1 거래처로 보아 작성
2. 매출처가 사업자등록을 하지 않은 경우 사업자등록번호란에는 주민등록번호를 기입

나. 주요 매입처(전체 매입액 대비 5% 이상 금액의 매입처 중 상위 5개)

(단위 : 천원)

상 호(법인명)	성명(대표자)	사업자등록번호	거래금액	거래품목

* 매입처가 사업자등록을 하지 않은 경우 사업자등록번호란에는 주민등록번호를 기입

PART 5

다. 주요 유형자산 명세

(단위 : 천원)

계정과목	자산내역(품명)	수 량	취득가액	연간 리스료	취득일

* 작성대상 : 1. 건별 또는 세트당 취득가격이 과세기간 종료일 현재 5천만원 이상인 유형자산 (차량운반구는 제외)
  2. 리스자산인 경우 모두 작성하고, 자산내역란에 금융리스 여부를 구분하여 작성

라. 차입금 및 지급이자 확인

(단위 : 천원)

계정과목	차입처	차입금 용도	차입금액	연간 지급이자	차입일	상환일

1. 차입금 건별로 과세기간 종료일 현재 1천만원 이상의 차입금에 대해서만 작성하되, 사업과 관련 없는 개인적인 차입금은 작성 제외
2. 차입금 용도 작성 예시 : 매입자금용, 시설투자용, 원재료매입용 등으로 작성

3. 수입금액 검토

가. 수입금액 신고 현황

(단위 : 천원)

<table>
<tr><td rowspan="3">총수입금액
(①)</td><td colspan="4">부가가치세 과세표준 신고분</td><td rowspan="3">사업장현황
신고분(③)</td><td rowspan="3">차이금액
[①-(②+③)]</td></tr>
<tr><td rowspan="2">소계(②)</td><td colspan="2">과세분</td><td rowspan="2">면세분</td></tr>
<tr><td></td><td>영세율분</td></tr>
<tr><td></td><td></td><td></td><td></td><td></td><td></td><td></td></tr>
<tr><td>차이원인</td><td colspan="6"></td></tr>
</table>

* 총수입금액(①)은 종합소득세 과세표준 확정신고서의 첨부서류인 "조정 후 총수입금액명세서"의 "총수입금액"과 일치하여 작성(조정 후 총수입금액이 아님)

나. 매출증빙발행 현황

(단위 : 천원)

총수입금액 (①)	매출증빙발행 금액(②)						차이금액 (①-②)
	세금계산서 (㉮)	계산서 (㉯)	신용·선불 직불(체크) 카드(㉰)	현금영수증 (㉱)	지 로 (GIRO) (㉲)	원천징수 대상 사업소득 (㉳)	
차이원인							

1. 총수입금액(①)은 상기 "가. 수입금액 신고 현황"의 총수입금액(①)과 일치하여 작성
2. ㉮와 ㉰,㉱,㉲가 중복될 경우 ㉮에 기재하고, ㉯와 ㉰,㉱,㉲가 중복될 경우 ㉯에 기재하며, ㉳와 ㉮,㉯,㉰,㉱,㉲가 중복될 경우 ㉳에 기재하여 ㉮부터 ㉳항목간의 금액이 중복 기재하지 않도록 작성
3. 지로(GIRO)(㉲)는 학원사업자가 수강료 등을 지로(GIRO)의 방식으로 수납한 금액에 한하여 작성
4. 원천징수대상 사업소득(㉳)은 소득세법 제127조 제1항 제3호에 따라 원천징수되는 사업소득에 대한 사업소득 지급명세서상의 지급총액을 기재
5. 차이금액 및 차이원인에는 매출증빙발행 금액(②)의 증빙서류외의 영수증 등(예시 : 영수증, 간이계산서 등)으로 발행한 매출 및 증빙서류 없는 매출의 금액과 원인을 기재

다. 원천징수대상 봉사료 신고사항 등 검토
(소득세법 제127조 제1항 제8호에 해당하는 봉사료 발생 사업자만 작성)

1) 원천징수대상 봉사료 신고 현황

(단위 : 천원)

공급가액 (공급대가)(①)	봉사료 (②)	공급가액 (공급대가)의 100분의 20 초과 봉사료(③)	원천징수이행상황 신고서의 봉사료 지급액 (④)	차이금액 (④ - ③)
차이원인				

① : 봉사료를 제외한 금액으로 일반과세자는 공급가액, 간이과세자의 경우는 공급대가를 기재
② : 세금계산서, 계산서, 영수증, 신용카드매출전표 등에 구분 기재된 봉사료 총액
③ : ②번 봉사료 내역 중 봉사료 가액이 공급가액(공급대가) (①번 금액)의 100분의 20을 초과하는 경우 봉사료 총액
④ : ③번 봉사료에 대하여 원천징수이행상황신고서의 사업소득 또는 기타소득으로 신고한 총지급액의 합계

2) 원천징수대상 봉사료에 대한 지급명세서 제출 현황

(단위 : 천원)

원천징수이행상황신고서의 봉사료 지급액(①)	지급명세서 금액 (②)	차이금액 (② - ①)
차이원인		

① : "1) 원천징수대상 봉사료 신고 현황"의 "원천징수이행상황신고서의 봉사료 지급액"과 동일한 금액
② : 사업소득지급명세서 또는 기타소득지급명세서 중 봉사료 지급분에 대한 지급명세서의 총지급액 합계

PART 5

3) 연간 부가가치세 및 개별소비세 과세표준 비교(과세유흥장소만 작성)

(단위 : 천원)

부가가치세 신고과표 (①)	개별소비세 신고과표 (②)	환산과표 (③=②×1.13)	차이 (③-①)
차이원인			

4. 필요경비에 대한 적격증빙 수취여부 등 검토

가. 표준손익계산서[1] 항목

(단위 : 천원)

항 목	당기 계상액	적격증빙[2] 수취 의무 제외		적격증빙 수취 의무			
		건당 3만원이하	기타[3]	계	적격증빙	적격증빙 외의 증빙	증빙불비
①당기매입액							
②의약품비							
③복리후생비							
④여비교통비							
⑤임차료							
⑥보험료							
⑦수선비							
⑧접대비							
⑨광고선전비							
⑩운반비							
⑪차량유지비							
⑫지급수수료							
⑬판매수수료							
⑭소모품비							
⑮인적용역비							
⑯기타 판매비 및 관리비							
⑰영업외비용							

1) 광업, 채굴업, 제조업, 건설업 그 밖에 별도의 원가계산이 필요한 업종은 다음 페이지의 나. 표준원가명세서를 먼저 작성한 후 표준원가명세서에 기재된 각 항목 비용 외의 비용만 표준손익계산서에 기재

2) 적격증빙 : (매입자발행) 세금계산서, 계산서, 현금영수증, 사업(기타)소득 지급명세서, 소득세법 시행령 제84조 제5항 각 호에 따른 신용(직불·체크·선불)카드매출전표

3) 소득세법 시행령 제208조의2 제1항 제2호부터 제9호 및 같은 법 시행령 제83조 제6항 각 호·제84조 제4항 각 호에 열거하는 것에 한함

〈표준손익계산서상 급여지급현황〉

(단위 : 천원)

항 목	당기 계상액(①)	비과세·과세대상제외[1] (②)	지급명세서 제출금액			차이금액 [①-(②+③)]
			계(③)	근로소득[2] (연말정산)	근로소득 (일용근로)	
급여와 임금·제수당						
차이원인						

1) 소득세법 제12조 제3호의 근로소득 비과세금액 중 지급명세서 제출이 제외되는 금액과 같은 법 시행령 제38조의 근로소득에서 제외되는 금액을 기재
2) 근로소득(연말정산) 금액은 성실신고확인대상사업장에서 지급받은 금액에 한하여 작성

나. 표준원가명세서[1] 항목

(단위 : 천원)

항 목	당기 계상액	적격증빙[2] 수취 의무 제외		적격증빙 수취 의무			
		건당 3만원이하	기타[3]	계	적격증빙	적격증빙 외의 증빙	증빙불비
①당기재료 매입액							
②운임							
③수선비							
④소모품비							
⑤임차료							
⑥보험료							
⑦복리후생비							
⑧여비교통비							
⑨접대비							
⑩차량유지비							
⑪외주가공비							
⑫기타경비							

1) 작성대상 : 광업, 채굴업, 제조업, 건설업 그 밖에 별도의 원가계산이 필요한 업종
2) 적격증빙 : (매입자발행) 세금계산서, 계산서, 현금영수증, 사업(기타)소득 지급명세서, 소득세법 시행령 제84조 제5항 각 호에 따른 신용(직불·체크·선불)카드매출전표
3) 소득세법 시행령 제208조의2 제1항 제2호부터 제9호 및 같은 법 시행령 제83조 제6항 각 호·제84조 제4항 각 호에 열거하는 것에 한함

PART 5

〈표준원가명세서상 급여지급현황〉

(단위 : 천원)

<table>
<tr><th rowspan="2">항 목</th><th rowspan="2">당기
계상액(①)</th><th rowspan="2">비과세·
과세대상제외[1)]
(②)</th><th colspan="3">지급명세서 제출금액</th><th rowspan="2">차이금액
[①-(②+③)]</th></tr>
<tr><th>계(③)</th><th>근로소득[2)]
(연말정산)</th><th>근로소득
(일용근로)</th></tr>
<tr><td>급료와 임금·
제수당</td><td></td><td></td><td></td><td></td><td></td><td></td></tr>
<tr><td>차이원인</td><td colspan="6"></td></tr>
</table>

1) 소득세법 제12조 제3호의 근로소득 비과세금액 중 지급명세서 제출이 제외되는 금액과 같은 법 시행령 제38조의 근로소득에서 제외되는 금액을 기재
2) 근로소득(연말정산) 금액은 성실신고확인대상사업장에서 지급받은 금액에 한하여 작성

5. 3만원 초과 거래에 대해 적격증빙이 없는 비용의 명세

(단위 : 천원)

<table>
<tr><th rowspan="2">계정
과목</th><th colspan="5">매입처</th><th rowspan="2">증빙불비
원인</th></tr>
<tr><th>거래일자</th><th>상호
(법인명)</th><th>성명
(대표자)</th><th>금액</th><th>거래내용</th></tr>
<tr><td></td><td></td><td></td><td></td><td></td><td></td><td></td></tr>
<tr><td></td><td></td><td></td><td></td><td></td><td></td><td></td></tr>
<tr><td></td><td></td><td></td><td></td><td></td><td></td><td></td></tr>
<tr><td>계</td><td></td><td></td><td></td><td></td><td></td><td></td></tr>
</table>

* 표준손익계산서 및 표준원가명세서의 적격증빙수취의무가 있으나 적격증빙을 수취하지 않은 거래내역 기재(영수증 등 적격증빙외의 증빙서류를 수취하고 소득세법 시행규칙 별지 제40호의5 서식 「영수증수취명세서」에 거래내역을 작성하여 신고한 경우에는 기재하지 않음)

6. 배우자 및 직계존비속 등과의 거래 검토

가. 사업자인 배우자 및 직계존비속과의 거래내역(인건비 제외)

(단위 : 천원)

성명	사업자등록번호	관계	거래금액

* 배우자, 직계존비속이 사업자등록을 하지 않은 경우 사업자등록번호 란에는 주민등록번호를 기입

나. 대표자가 본인, 배우자, 직계존비속인 법인과의 거래내역

(단위 : 천원)

성명	사업자등록번호	관계	거래금액

* 법인이 사업자등록을 하지 않은 경우 사업자등록번호 란에는 대표자의 주민등록번호를 기입

다. 배우자 및 직계존비속에 대한 인건비(일용직, 아르바이트 직원 포함) 지급명세

(단위 : 천원)

성명	주민등록번호	관계	입사일 (퇴사일)	담당 직무	지급액	비과세· 과세대상 제외[1]	지급명세서 제출금액[2]

1) 소득세법 제12조 제3호의 근로소득 비과세금액 중 지급명세서 제출이 제외되는 금액과 같은 법 시행령 제38조의 근로소득에서 제외되는 금액을 기재
2) 지급명세서 제출금액은 성실신고확인대상사업장에서 지급받은 금액에 한하여 작성

7. 차량운영현황(업무용에 한함)

(단위 : 천원)

차종	배기량	차량번호	취득일	보험계약서의 소유자	용도	취득금액

* 보험계약서의 소유자가 사업자 본인인지 여부와는 관계없이 표준손익계산서 및 표준원가명세서상 차량유지비가 발생한 업무용 차량에 대하여 작성

8. 사업용 계좌별 잔액현황

(단위 : 천원)

번호	사업용 계좌		기초 잔액	기말 잔액
	개설은행	계좌번호		
1				
2				
3				
4				
5				
6				
7				
8				
9				
10				

* 사업용 계좌가 10개를 초과하는 경우 별지에 동일한 표양식으로 작성 가능

PART 5

〈첨부2〉

성실신고확인 결과 특이사항 기술서

항 목	특 이 사 항	비 고
사업현황		
수입금액		
적격 증빙 비용	〈3만원 초과 거래에 대한 적격증빙 비치 여부〉	
	〈3만원 초과 거래에 대한 장부상 금액과 적격증빙금액 일치 여부〉	
	〈소득세법 시행규칙 별지 제40호의5 서식 「영수증수취명세서」 작성시 적격증빙 없는 비용에 대한 내역 누락 여부〉	
	〈현금지출 항목 또는 적격증빙없는 항목에 대한 업무무관 여부〉	
인건비	(예시) • 사업자의 배우자 및 직계존비속에게 지급한 인건비 • 사업자의 배우자 및 직계존비속 중 재학, 해외 유학 또는 군복무 중인 자에게 지급한 인건비	
차량유지비	(예시) • 사업용 차량수를 고려할 때 과다계상된 주유비 • 사업규모·근무자 수에 비해 과다한 차량에 대한 주유비 • 사업자의 배우자 및 직계존비속 소유의 차량에 대한 주유비	
통신비	(예시) • 가족·친척 등의 명의로 지급한 통신비 • 업무와 관련 없는 통신기기에서 발생하는 통신비	
복리후생비	(예시) • 접대성 경비를 복리후생비로 계상 • 가족 및 개인용도로 지출한 비용을 복리후생비로 계상	
접대비	(예시) • 국내관광지 및 해외 여행 지출 경비 • 업무와 관련이 없는 유흥주점 지출 경비	
이자비용	(예시) • 채권자가 불분명한 차입금에 대해 계상한 이자비용 • 업무무관자산을 취득하기 위한 차입금에 대해 계상한 이자비용	
감가상각비	(예시) • 업무와 관련이 없는 자산에 대한 감가상각비 계상	
건물관리비	(예시) • 사업자의 배우자 및 직계존비속이 사용하는 건물의 관리비 계상	
지급수수료	(예시) • 종업원의 봉사료와 관련하여 계상된 카드수수료 업무와 관련 없는 부동산 취득에 따른 관련 수수료	
성실신고 확인자 종합의견		

〈첨부3〉

성실신고확인 결과 사업자 확인사항

구 분		확인내용	사업자확인 (서명)	비 고
수입금액확인	공통	매출채권의 장부상 잔액과 거래처 잔액이 일치함을 확인합니다.		
		신고시 수입금액을 누락하거나 이와 관련하여 장부에 계상하지 않은 비용은 없음을 확인합니다.		
		재고자산의 실제 재고와 장부상 재고가 일치함을 확인합니다.(차이가 있는 경우 매출 및 재고누락, 사적사용 등 원인을 기재하시기 바랍니다)		
		사업과 관련하여 재화·용역을 공급받거나 공급하는 거래로서 거래의 대금을 금융회사 등을 통하여 결제하거나 결제받는 경우 사업용계좌를 사용하였음을 확인합니다.		
		사업용계좌외 친·인척, 종업원 등 타인 명의의 계좌에 입금된 수입금액을 장부에 누락한 사실이 없음을 확인합니다.		
	업종별	(현금영수증 의무발급업종) 30만원 이상 현금거래에 대하여 현금영수증 의무발급이 누락된 사실이 없음을 확인합니다.		
		(현금수입업종) 수입금액에서 제외한 종업원의 봉사료는 실질에 맞게 구분기재하고 실제 지급하였음을 확인합니다.		
		(전문인적용역) 협회 등에 신고한 수임건에 대한 수입금액을 신고수입금액에 포함하였음을 확인합니다.		
		(전문인적용역) 종료된 사건에 대한 성공보수금을 장부에 누락한 사실이 없음을 확인합니다.		
		(의료업종) 비보험 수입을 신고수입금액에 포함하였음을 확인합니다.		
		(의료업종) 보관하고 있는 일일수입금액집계표, 현금출납부 및 매출원장 등이 서로 일치함을 확인합니다.		

위 확인내용은 사실과 다름없음을 확인합니다.

성실신고확인대상사업자 (서명 또는 인)

1. 사업자확인은 "예" 또는 "아니오"로 기재하고, "아니오"인 경우에는 비고란에 차이금액 및 사유 등을 기재하시기 바랍니다.
2. 수입금액 확인(업종별)은 신고인에 해당되는 업종에 대해서만 확인합니다.

PART 5

조세특례제한법 시행규칙[별지 제78호 서식](2022.3.18. 개정)

성실신고 확인비용세액공제신청서

※ 아래의 작성방법을 읽고 작성하시기 바랍니다.

접수번호	접수일자	처리기간	즉시

신청인	상호 또는 법인명		사업자등록번호	
	대표자 성명		생 년 월 일	
	업 종			
	사업장 또는 본점 소재지			

1. 당기분 공제대상세액 계산

(단위: 원)

신청내용	과세연도	년 월 일부터 년 월 일까지	
	공제세액 계산	① 성실신고확인비용	
		② 공제가능액(① × 60/100)	
		③ 공제한도액	
		④ 당기분 공제대상 세액(② 또는 ③ 중 적은 금액)	

2. 당기 공제세액(=⑱): 원

(단위: 원)

과세연도	공제 대상세액							⑰ 결손 등 사유로 미공제액	⑱ 공제 세액 (⑯-⑰)	⑲ 소멸	이월액 (⑯-⑱-⑲)
	⑤ 당기분 (=④)	이월분					⑯ 계 (⑤+⑥+⑦+⑧+⑨+⑩+⑪+⑫+⑬+⑭+⑮)				
		⑥1차연도	⑦2차연도	⑧3차연도	⑨4차연도	⑩5차연도					
		⑪6차연도	⑫7차연도	⑬8차연도	⑭9차연도	⑮10차연도					
합 계											

「조세특례제한법 시행령」 제121조의6제2항에 따라 위와 같이 성실신고 확인비용세액공제신청서를 제출합니다.

년 월 일

신청인 (서명 또는 인)

세무서장 귀하

작 성 방 법

1. 이 서식은 거주자별로 작성합니다.
2. "① 성실신고확인비용"란은 세무사 등 성실신고 확인자에게 실제 지급한 성실신고 확인비용을 적습니다.
3. "③ 공제한도액" 란은 다음의 금액을 적용합니다.
   - 「소득세법」 제70조의2제1항에 따른 성실신고확인대상사업자 : 120만원
   - 「법인세법」 제60조의2제1항에 따른 성실신고확인대상 내국법인 : 150만원

• 제 3 절 종합소득세의 납부

1 확정신고납부

거주자는 해당 과세기간의 과세표준에 대한 종합소득 산출세액에서 감면세액과 세액공제액을 공제한 금액에서 다음의 세액을 공제하여 과세표준확정신고기한까지 납세지 관할 세무서장·한국은행 또는 체신관서에 납부하여야 한다.(소법 76조)

① 중간예납세액
② 토지 등 매매차익예정신고 산출세액 또는 그 결정·경정한 세액
③ 수시부과세액
④ 원천징수세액(채권 등의 이자 등 상당액에 대한 원천징수세액은 해당 거주자등의 보유기간의 이자등 상당액에 대한 세액으로 한정한다)
⑤ 납세조합의 징수세액과 그 공제액

✓ 납세자가 코로나19피해지역에 소재한 경우 관할 세무서장이 일괄하여 직권으로 납부기한등의 연장을 할 수 있는지 여부

코로나 19의 대유행과 이에 따른 감염병 확산 방지를 위한 장기간의 영업제한 등의 조치가 있는 경우는 국세징수법 제13조 제1항 제1호 및 제2호, 동법 시행령 제11조 제5호의 납부기한 등의 연장 사유에 해당하며, 관할 세무서장은 직권으로 해당 납세자들에 대해 일괄적으로 납부기한 등의 연장을 실시할 수 있는 것임(기획재정부조세법령-931, 2021.11.1.)

✓ 부동산매매업 과세시 기납부한 양도소득세액의 처리

부동산매매업을 영위하는 거주자에 대한 종합소득과세표준과 세액결정시 소득구분을 잘못하여 양도소득세로 기납부한 세액은 종합소득 총결정세액에서 공제함(소득 46011-1207, 1996.4.19.)

✓ 고지결정 후 결손처분한 원천징수세액에 대한 기납부세액 공제여부(소득 집행기준 76-139-1 ④)

정부가 법인세과세표준과 세액의 경정결정에 따라 대표이사에게 상여처분한 금액에 대하여 해당 법인에게 소득금액변동통지를 하였으나, 원천징수의무자인 법인이 해당 원천징수세액을 납부하지 아니하여 고지결정한 세액을 법인의 재산이 없어 결손처분한 경우에, 소득의 귀속자인 대표이사의 종합소득에 대한 세액을 징수함에 있어서 이를 기납부한 원천징수세액으로 공제할 수 없는 것임

2 분할납부

거주자로서 납부할 세액이 각각 1천만원을 초과하는 자는 다음의 금액을 납부기한 경과 후 2개월 이내에 분할납부할 수 있다.(소법 77조, 소령 140조)

구 분	분할납부할 수 있는 세액
납부할 세액이 2천만원 이하인 때	1천만원을 초과하는 금액
납부할 세액이 2천만원을 초과하는 때	그 세액의 50% 이하의 금액

개인지방소득세의 분납규정 도입

➲ 2023.1.1. 이후 토지 등의 매매차익을 신고(수정신고는 제외)하거나 종합소득·퇴직소득을 확정신고(수정신고는 제외)하는 분부터 적용한다.(2023.3.14. 지법 부칙 7조)

거주자가 소득세법에 따라 종합소득 또는 퇴직소득에 대한 과세표준 확정신고·납부를 할 때에는 해당 과세기간의 종합소득 또는 퇴직소득에 대한 개인지방소득세의 납부할 세액이 100만원을 초과하는 거주자는 그 납부할 세액의 일부를 납부기한이 지난 후 2개월 이내에 분할납부할 수 있으며, 분할납부할 수 있는 세액은 다음의 구분에 따른다.(지법 95조 ①, ③, ④, 2023.3.14. 신설, 지령 92조 ③, 2023.3.14. 신설)

① 납부할 세액이 100만원 초과 200만원 이하인 경우 : 100만원을 초과하는 금액
② 납부할 세액이 200만원을 초과하는 경우 : 해당 세액의 50% 이하의 금액

✓ **납부기한연장의 경우 소득세분납기한**(소통 77－0…1)

국세기본법 제6조 및 동법 시행령 제2조에 규정하는 기한연장 등의 사유로 소득세의 납부기한연장 승인을 받은 경우 그에 따른 소득세의 분납기한은 연장된 소득세의 납부기한 경과일부터 계산한다.

✓ **소득세 분할납부 대상**(소득 집행기준 77-140-1)

① 소득세 분할납부는 중간예납세액, 토지 등 매매차익예정신고 자진납부세액, 확정신고 자진납부세액이 각각 1천만원을 초과하는 경우 적용된다.
② 소득세법 시행령 제134조에 따른 추가신고자진납부세액, 수정신고납부세액, 가산세, 조세특례제한법상 감면세액 추징에 따른 이자상당액은 분할납부대상이 되지 않는다.
③ 분할납부시 신고기한 내에 납부할 세액을 납부하지 아니하거나 일부만을 납부한 경우에도 납부기한이 도래하지 아니한 분할납부 세액에 대해서는 가산세를 적용하지 않는다.

✓ **종합소득신고서상 분납세액을 착오 등으로 기재누락하였으나 분납기간 내 납부시 납부불성실가산세 적용 불가**

종합소득세 확정신고시 분납대상자가 분납할 세액을 착오 등으로 인하여 그 신고서에 기재누락 하였다가 동 세액을 확정신고 납부기한 경과 후 분납기간 내에 분납세액을 납부하였을 경우에는 납부

불성실가산세를 적용하지 아니함(소득 46011－2266, 1997.8.23.)

✓ **소득금액변동통지서에 의한 추가신고자진납부시 세액은 분납의 대상이 되지 아니하는 것임**(서면1팀－1264, 2005.10.21.)

3 납부의 방법(국징법 12조, 2020.12.29. 국세기본법에서 이관)

1) 국세 납부의 방법

① 국세 또는 강제징수비는 다음의 방법으로 납부한다.(국징법 12조 ①, 국징령 9조 ①, ④)

㉠ 현금 : 여기에는 국고금 출납 사무를 취급하는 금융회사등(이하 "금융회사등"이라 한다)에 개설된 계좌에서 다른 계좌로 전자금융거래법 제2조 제8호에 따른 전자적 장치를 이용해 자금을 이체하는 경우(자동이체 하는 경우를 포함)를 포함한다.

㉡ 증권에 의한 세입납부에 관한 법률에 따른 증권

㉢ 국세납부대행기관[정보통신망을 이용하여 신용카드, 직불카드, 통신과금서비스 등(이하 "신용카드등"이라 한다)에 의한 결제를 수행하는 기관으로서 시설, 업무 수행능력 등을 고려하여 국세납부대행기관으로 지정받은 자]을 통해 처리되는 다음 중 하나에 해당하는 결제수단

ⓐ 신용카드 또는 직불카드

ⓑ 통신과금서비스

ⓒ 그 밖에 'ⓐ 또는 ⓑ'와 유사한 것으로서 대통령령으로 정하는 것

② 신용카드, 직불카드 및 통신과금서비스 등으로 국세를 납부하는 경우에는 국세납부대행기관의 승인일을 납부일로 본다.(국징법 12조 ②)

③ 납세자는 전자적 장치를 활용한 납부확인서 등 납부증명서류로 세법에서 정한 수납기관이 발급한 영수증을 갈음하여 사용할 수 있다.(국징령 9조 ②)

④ 지정된 국세납부대행기관의 납부 대행 수수료는 해당 납부세액의 1% 이내에서 국세청장이 국세납부대행기관의 운영경비 등을 종합적으로 고려하여 승인해야 한다.(국징령 9조 ⑤, 2021.2.17. 개정, 국징칙 14조 ②, 2021.3.16. 개정)

⑤ 위에서 규정한 사항 외에 계좌이체 및 신용카드등에 의한 납부절차에 관하여 필요한 세부 사항은 국세청장이 정한다.(국징령 9조 ⑥)

2) 제3자의 납부

① 제3자는 납세자를 위하여 납세자의 명의로 국세 및 강제징수비를 납부할 수 있다.(국징령 10조 ①)

② 제3자는 위 '①'에 따라 국세 및 강제징수비를 납부한 경우 국가에 대하여 그 납부한 금액의 반환을 청구할 수 없다.(국징령 10조 ②)

• 제 4 절 확정신고기한 이후의 신고

1 추가신고

(1) 소득금액변동통지서 수취에 따른 추가신고

종합소득 과세표준확정신고기한이 지난 후에 법인세법에 따라 법인이 법인세과세표준을 신고하거나 세무서장이 법인세과세표준을 결정 또는 경정하여 익금에 산입한 금액이 배당·상여 또는 기타소득으로 처분됨으로써 소득금액에 변동이 발생함에 따라 종합소득 과세표준확정신고의무가 없었던 자, 세법에 의하여 과세표준확정신고를 아니하여도 되는 자 및 과세표준확정신고를 한 자가 소득세를 추가납부하여야 하는 경우 해당 법인(거주자가 통지를 받은 경우에는 해당 거주자)이 소득금액변동통지서를 받은 날(법인세법에 따라 법인이 신고함으로써 소득금액이 변동된 경우에는 그 법인의 법인세 신고기일)이 속하는 달의 다음다음 달 말일까지 추가신고한 때에는 종합소득 과세표준확정신고기한까지 신고한 것으로 본다.(소령 134조 ①, 2021.2.17. 개정)

➲ 2021.2.17. 소득세법 시행령 제134조가 개정됨에 따라 2021년 귀속분부터는 아래의 사례들에서 '추가신고납부'를 '추가신고'로 바꾸어 해석해야 한다.

✓ **상여처분소득에 대한 소득금액변동통지 및 세액의 징수**(소득 집행기준 85－0－2)

① 계속사업을 경영하는 법인이 대표이사 상여처분에 대한 소득금액변동통지를 받고 이에 대한 소득세를 원천징수·납부하지 아니한 경우에는 해당 법인의 관할 세무서장이 해당 상여처분소득에 대하여 원천징수해야 할 세액에 원천징수납부불성실가산세를 가산한 금액을 해당 법인으로부터 징수하거나, 대표이사의 관할 세무서장이 해당 상여처분소득에 대한 소득세를 해당 대표이사로부터 직접 징수할 수 있다.

② 납세의무자가 이미 원천징수대상 소득금액을 신고납부하였거나 납세의무자에게 관할 세무서장이 직접 소득세를 부과 징수한 경우에는 원천징수의무자로부터 원천징수납부 불성실가산세액만을 징수하는 것이나, 납세의무자의 관할 세무서장이 결정(경정)은 하였으나 그 세액이 징수되지 아니한 경우에는 원천징수의무자에게 가산세만을 징수하는 사유가 되지 않는다.

③ 법인에게 소득금액변동통지를 한 경우에는 해당 법인이 상여처분소득에 대한 원천징수액을 원천징수·납부하지 아니하여 해당 법인에게 원천징수세액을 고지한 후 해당 세액이 결손처분 사유에 해당되는 때에도 소득귀속자에게 소득금액변동통지를 다시 하는 것은 아니다.

✓ **근로소득만 있던 자가 상여처분에 따른 소득의 추가신고를 하지 않은 경우 적용되는 신고불성실가산세 종류**

[질의]

당초 해당 연도에 근로소득만 있어 연말정산하고 종합소득세 확정신고를 하지 않았던 자가 대표로 재직한 법인의 법인세 결정에 따른 상여처분에 의한 소득에 대해 추가 신고기한까지 무신고한 경우 적용되는 가산세

〈제1안〉 무신고가산세

〈제2안〉 과소신고가산세

[회신]

해당 질의의 경우 제2안이 타당함(기획재정부조세법령-324, 2022.3.30.)

✓ **소득금액이 없던 자가 상여처분에 따른 추가신고를 하지 않은 경우 적용되는 부과제척기간**

[질의]

당초 해당 연도에 종합소득금액이 없던 자가 소득처분에 의한 소득에 대해 무신고한 경우 부과제척기간

〈제1안〉 7년의 부과제척기간 적용

〈제2안〉 5년의 부과제척기간 적용

[회신]

해당 질의의 경우 제2안이 타당함(기획재정부조세법령-323, 2022.3.30.)

✓ **사기 기타 부정한 행위로 10년의 부과제척기간이 적용되는 경우로서 동 사외유출된 금액의 귀속자가 분명하여 귀속자에게 소득처분되는 상여에 대한 종합소득세에 대하여는 10년의 부과제척기간이 적용되는 것임**(기획재정부조세정책-5, 2011.1.3.)

※ 참고조문

✓ **국세의 부과제척기간**(국기법 26조의2 ② 2)

납세자가 사기나 그 밖의 부정한 행위(이하 "부정행위"라 한다)로 국세를 포탈(逋脫)하거나 환급·공제를 받은 경우 : 그 국세를 부과할 수 있는 날부터 10년(역외거래에서 발생한 부정행위로 국세를 포탈하거나 환급·공제받은 경우에는 15년). 이 경우 <u>부정행위로 포탈하거나 환급·공제받은 국세가 법인세이면 이와 관련하여 법인세법 제67조에 따라 처분된 금액에 대한 소득세 또는 법인세에 대해서도 또한 같다</u>.

✓ **소득금액변동통지서를 수령한 후 추가자진신고납부를 아니한 경우 납부불성실가산세 계산의 기산일**

근로소득만 있는 거주자가 법인세에 의하여 상여로 처분된 소득에 대하여 소득금액변동통지서를 받고 추가신고자진납부를 하지 아니한 경우 가산세는 추가신고자진납부기한의 다음날부터 계산하는 것임(재소득-49, 2007.1.22.)

✓ **소득금액변동통지서에 의한 추가신고자진납부시 세액은 분납의 대상이 되지 아니하는 것임**(서면1팀-1264, 2005.10.21.)

PART 5

추가신고에 대한 가산세의 적용[13)]

1. 추가신고의 절차

(1) 근로소득만 있는 경우

① 법인 : 소득금액변동통지서를 받은 날의 다음달 10일까지 연말정산을 다시하여 신고(납부)하여야 한다.

② 소득자 : 법인이 연말정산을 재정산하여 원천징수하지 않은 경우에 한하여 다음다음 달 말일까지 종합소득세 확정신고를 하여야 한다.

(2) 근로소득 이외의 다른 종합소득이 있는 경우

① 법인 : 소득금액변동통지서를 받은 날의 다음달 10일까지 연말정산을 다시하여 신고(납부)하여야 한다.

② 소득자 : 법인의 연말정산 재정산 여부에 관계없이 다음다음 달 말일까지 종합소득세 확정신고(납부)를 하여야 한다.

2. 추가납부를 이행하지 아니한 경우의 가산세 적용

① 법인 : 다음달 10일까지 연말정산을 다시하여 신고 및 납부를 하지 아니한 경우에는 원천징수 등 납부지연가산세가 적용된다.

② 소득자 : 법인이 연말정산을 재정산하여 원천징수하지 않은 경우 또는 근로소득 이외의 다른 종합소득이 있는 경우에는 다음다음 달 말일까지 종합소득세 확정신고를 하여야 하며, 이를 이행하지 아니한 경우 과소신고가산세와 납부지연가산세가 동시에 적용된다. 이때 납부지연가산세는 추가자진납부기한의 다음날부터 계산한다.

(2) 오류정정의 변동통지에 따른 추가신고

국세청장이 제공한 기타소득지급명세서에 따라 종합소득 과세표준확정신고를 한 자가 그 제공받은 내용에 오류 등이 있어 소득세를 추가신고(오류 등으로 인한 내역의 정정에 따른 변동통지를 받고 그 받은 날이 속하는 달의 다음다음 달 말일까지 추가신고하는 경우를 포함)한 때에는 종합소득 과세표준확정신고기한까지 신고한 것으로 본다.(소령 134조 ③, 2021.2.17. 개정)

(3) 부당해고의 판결에 따른 추가신고

종합소득 과세표준 확정신고를 한 자가 그 신고기한이 지난 후에 법원의 판결·화해 등에 의하여 부당해고기간의 급여를 일시에 지급받음으로써 소득금액에 변동이 발생함에 따라 소득세를 추가로 납부하여야 하는 경우로서 법원의 판결 등에 따른 「근로소득원천징수영

13) 정해욱, 앞의 책, p. 896

수증」을 교부받은 날이 속하는 달의 다음다음 달 말일까지 추가신고한 때에는 종합소득 과세표준확정신고기한까지 신고한 것으로 본다.(소령 134조 ④, 2020.2.17. 개정)

(4) 물품가격의 인상에 따른 추가신고

종합소득 과세표준확정신고를 한 자가 그 신고기한 내에 신고한 사항 중 정부의 허가·인가·승인 등에 의하여 물품가격이 인상됨으로써 신고기한이 지난 뒤에 해당 소득의 총수입금액이 변동되어 추가로 신고한 경우에는 종합소득 과세표준확정신고기한 내에 신고한 것으로 본다.(소령 134조 ②)

✓ **추가신고납부의 기한**(소통 70－134…1)
영 제134조 제2항의 규정에 따라 신고기간경과 후에 추가로 신고하는 경우의 신고납부기한은 영 제134조 제1항의 규정을 적용하여 그 물품가격의 인상에 대한 정부의 승인이 있은 날이 속하는 달의 다음다음 달 말일까지로 한다.

(5) 세액의 감면

추가신고를 할 때 세액감면을 신청한 때에는 종합소득 과세표준확정신고와 함께 세액감면을 신청한 것으로 본다.(소령 134조 ⑤, 2020.2.17. 개정)

(6) 세액의 납부

① 추가신고를 한 자로서 납부해야 할 세액이 있는 자는 추가신고기한까지 그 세액을 납부해야 한다.(소령 134조 ⑥, 2021.2.17. 신설)

② 추가신고기한까지 세액을 납부한 경우에는 과세표준확정신고기한까지 납부한 것으로 본다.(소령 134조 ⑦, 2021.2.17. 신설)

2 수정신고

과세표준신고서를 법정신고기한까지 제출한 자 및 기한후과세표준신고서를 제출한 자로서 과세표준 및 세액을 과소신고한 경우에는 관할 세무서장이 해당 국세의 과세표준과 세액을 결정 또는 경정하여 통지하기 전으로서 국세부과의 제척기간이 끝나기 전까지 수정신고를 할 수 있다.(국기법 45조, 2019.12.31. 개정)

PART 5

(1) 수정신고의 사유

① 과세표준신고서 또는 기한후과세표준신고서에 기재된 과세표준 및 세액이 세법에 따라 신고하여야 할 과세표준 및 세액에 미치지 못할 때

② 과세표준신고서 또는 기한후과세표준신고서에 기재된 결손금액 또는 환급세액이 세법에 따라 신고하여야 할 결손금액이나 환급세액을 초과할 때

③ 원천징수의무자의 정산과정에서의 누락, 세무조정과정에서의 누락 등의 사유로 불완전한 신고를 하였을 때(경정 등의 청구를 할 수 있는 경우는 제외)

(2) 가산세의 감면

① 정부는 과세표준신고서를 법정신고기한까지 제출한 자가 법정신고기한이 지난 후 2년 이내에 수정신고를 한 경우(과세표준과 세액을 경정할 것을 미리 알고 과세표준수정신고서를 제출한 경우는 제외)에는 과소신고가산세 및 초과환급신고가산세 중 다음의 금액을 감면한다.(국기법 48조 ② 1, 2019.12.31.)

구 분	감 면 율
① 법정신고기한이 지난 후 1개월 이내에 수정신고한 경우	90%
② 법정신고기한이 지난 후 1개월 초과 3개월 이내에 수정신고한 경우	75%
③ 법정신고기한이 지난 후 3개월 초과 6개월 이내에 수정신고한 경우	50%
④ 법정신고기한이 지난 후 6개월 초과 1년 이내에 수정신고한 경우	30%
⑤ 법정신고기한이 지난 후 1년 초과 1년 6개월 이내에 수정신고한 경우	20%
⑥ 법정신고기한이 지난 후 1년 6개월 초과 2년 이내에 수정신고한 경우	10%

② 위 '①'에도 불구하고 세법에 따른 예정신고기한 및 중간신고기한까지 예정신고 및 중간신고를 하였으나 과소신고하거나 초과신고한 경우로서 확정신고기한까지 과세표준을 수정하여 신고한 경우 해당 기간에 부과되는 과소신고·초과환급신고가산세의 50%를 감면한다. 다만, 과세표준과 세액을 경정할 것을 미리 알고 과세표준신고를 하는 경우는 감면대상에서 제외한다.(국기법 48조 ② 3 다, 2017.12.19. 신설)

✓ **종합소득신고자의 조정계산서내용에 대한 수정신고 가능 여부**(소득 해석편람 70－2－1)

사업자가 세무조정에 의하여 소득세과세표준확정신고를 하면서 해당연도에 수령한 국고보조금을 누락하였을 경우에는 이를 해당연도의 총수입금액에 산입하는 등 국세기본법 제45조의 규정에 의한 수정신고 또는 같은법 제45조의2의 규정에 의한 경정청구를 할 수 있는 것임(소득 46011－3492, 1997.12.31.)

✓ **고지후 수정신고 관련**

국세기본법 제45조 제1항 본문에서"해당 국세의 과세표준과 세액을 결정 또는 경정하여 통지를 하기 전까지 과세표준수정신고서를 제출할 수 있다"함은 해당 국세의 납세고지서가 납세자에게 도달되기 전까지 과세표준수정신고서를 제출할 수 있다는 것을 말하는 것임(서면1팀－372, 2004.3.12.)

✓ **재무제표를 정정하는 수정신고 가능여부**

국세기본법 제45조(수정신고) 또는 제45조의2(경정 등의 청구)에서 규정하는 요건에 해당하는 경우 수정신고 또는 경정 등의 청구를 할 수 있는 것이나 적법한 절차에 따라 결산을 확정하고 과세표준신고를 한 후에는 당초의 확정된 재무제표를 정정하여 수정신고를 하거나 경정 등의 청구를 할 수 없는 것임(서이 46012－11973, 2003.11.14.)

✓ **소득세를 추계로 신고한 후 장부에 의한 수정신고 가능 여부**

수정신고는 수정된 내용을 함께 기입한 최초 신고서 사본 등을 첨부하여 제출하는 것이므로, 최초 신고서와는 완전히 다른 신고서를 제출하는 경우에는 수정신고에 해당하지 아니함(서삼 46019－10388, 2001.10.4.)

✓ **추계신고한 간편장부대상자의 실지조사방법에 의한 경정청구를 할 수 있는지 여부**(조심 2013서4426, 2014.1.27.)

처분청에서는 당초 추계신고서와 장부에 의해 소득금액을 계산하여, 경정청구시 제출한 신고서는 다른 신고서로서 경정청구의 대상이 될 수 없고, 기획재정부 등에서는 과세관청은 납세자가 비치·기장한 장부 및 기타 증빙서류에 근거하여 실지조사 경정할 수 있으나, 납세자의 요구에 의하여 실지조사 결정하는 것은 아니라고 해석하고 있으므로 경정 거부한 당초 처분은 정당하다는 의견이나, 납세자가 복식부기의무자가 아닌 간편장부대상자에 해당하는 경우, 소득세법 제80조 제2항 제1호 및 제3항에서 납세자의 신고내용에 탈루 또는 오류가 있는 때에는 장부 기타 증빙서류에 근거하여 해당 연도의 과세표준과 세액을 경정하도록 규정하고 있는데 과세관청만 장부 등에 의하여 과세표준과 세액을 경정할 수 있도록 하고, 납세자에게는 이를 허용하지 않는 것은 근거가 없는 것일 뿐만 아니라 납세자가 당초에 장부 등에 의하여 소득금액을 계산하여 신고하였다면 받아들여질 수 있었음에도 이를 변경할 기회를 박탈하는 것으로서 불공평하므로 경정청구가 가능하다고 봄이 타당한 바(조심 2013서3295, 2013.10.21., 조심 2012중3220, 2012.11.14., 조심 2012광684, 2012.10.18. 참조), 청구인은 쟁점공동사업장을 신규로 개시한 2011년도에는 간편장부대상자에 해당하고, 이 점에 대하여는 처분청과 청구인 간에 다툼이 없으며, 청구인이 쟁점공동사업장의 소득금액 계산을 위한 장부 등을 처분청에 제출한 사실이 있는 점으로 볼 때, 처분청에서 경정청구대상에 해당하지 않는다고 본 것은 잘못이라고 판단된다.

PART 5

3 경정 등의 청구

(1) 개　요

과세표준신고서를 법정신고기한까지 제출한 자 및 기한후과세표준신고서를 제출한 자로서 다음 중 하나에 해당할 때에는 최초신고 및 수정신고한 국세의 과세표준 및 세액의 결정 또는 경정을 법정신고기한이 지난 후 5년 이내에 관할 세무서장에게 청구할 수 있다. 다만, 결정 또는 경정으로 인하여 증가된 과세표준 및 세액에 대하여는 해당 처분이 있음을 안 날(처분의 통지를 받은 때에는 그 받은 날)부터 3개월 이내(법정신고기한이 지난 후 5년 이내에 한한다)에 경정을 청구할 수 있다.(국기법 45조의2 ①, 2024.12.31. 개정)

➲ 2025.1.1. 당시 처분이 있음을 안 날부터 3개월이 지나지 아니한 경우에도 적용한다.(2024.12.31. 국기법 부칙 6조 ①)

① 과세표준신고서 또는 기한후과세표준신고서에 기재된 과세표준 및 세액(세법에 따라 결정 또는 경정이 있는 경우에는 해당 결정 또는 경정 후의 과세표준 및 세액을 말함)이 세법에 따라 신고하여야 할 과세표준 및 세액을 초과할 때

② 과세표준신고서 또는 기한후과세표준신고서에 기재된 결손금액, 세액공제액 또는 환급세액(각 세법에 따라 결정 또는 경정이 있는 경우에는 해당 결정 또는 경정 후의 결손금액, 세액공제액 또는 환급세액을 말한다)이 세법에 따라 신고하여야 할 결손금액, 세액공제액 또는 환급세액에 미치지 못할 때(국기법 45조의2 ① 2, 2024.12.31. 개정)

➲ 개정규정은 2025.1.1. 이후 결정 또는 경정을 청구하는 경우부터 적용한다.(2024.12.31. 국기법 부칙 6조 ②)

(2) 후발적사유에 의한 경정청구

과세표준확정신고서를 법정신고기한까지 제출한 자 또는 소득세의 과세표준 및 세액의 결정을 받은 자는 다음의 사유가 발생하였을 때에는 그 사유가 발생한 것을 안 날부터 3개월 이내에 결정 또는 경정을 청구할 수 있다.(국기법 45조의2 ②, 2022.12.31. 개정, 국기령 25조의2)

① 최초의 신고·결정 또는 경정에서 과세표준 및 세액의 계산근거가 된 거래 또는 행위 등이 그에 관한 심사청구, 심판청구, 감사원법에 따른 심사청구에 대한 결정이나 소송에 대한 판결(판결과 같은 효력을 가지는 화해나 그 밖의 행위를 포함)에 의하여 다른 것으로 확정되었을 때(2022.12.31. 개정)

② 소득이나 그 밖의 과세물건의 귀속을 제3자에게로 변경시키는 결정 또는 경정이 있을 때

③ 조세조약에 따른 상호합의가 최초의 신고·결정 또는 경정의 내용과 다르게 이루어졌을 때

④ 결정 또는 경정으로 인하여 그 결정 또는 경정의 대상이 된 과세표준 및 세액과 연동된 다른 세목(같은 과세기간으로 한정한다)이나 연동된 다른 과세기간(같은 세목으로 한정한다)의 과세표준 또는 세액이 세법에 따라 신고하여야 할 과세표준 또는 세액을 초과할 때(2022.12.31. 개정)

⑤ 다음에 해당하는 사유로서 해당 국세의 법정신고기한이 지난 후에 발생하였을 때(국기령 25조의2)

㉠ 최초의 신고·결정 또는 경정을 할 때 과세표준 및 세액의 계산근거가 된 거래 또는 행위 등의 효력과 관계되는 관청의 허가나 그 밖의 처분이 취소된 경우

㉡ 최초의 신고·결정 또는 경정을 할 때 과세표준 및 세액의 계산근거가 된 거래 또는 행위 등의 효력과 관계되는 계약이 해제권의 행사에 의하여 해제되거나 해당 계약의 성립 후 발생한 부득이한 사유로 해제되거나 또는 취소된 경우

㉢ 최초의 신고·결정 또는 경정을 할 때 장부 및 증거서류의 압수, 그 밖의 부득이한 사유로 과세표준 및 세액을 계산할 수 없었으나 그 후 해당 사유가 소멸한 경우

㉣ 위 '㉠부터 ㉢까지'의 규정과 유사한 사유에 해당하는 경우

> **✓ 기준경비율로 경정청구 가능 여부**
>
> 기준경비율 적용대상자가 착오로 단순경비율로 소득금액을 계산하여 과세표준확정신고를 한 경우에는 경정청구 기간내 기준경비율로 소득금액을 계산하여 과세표준과 세액의 경정청구를 할 수 있는 것임(소득-3312, 2004.11.17.)

(3) 통 지

① 결정 또는 경정의 청구를 받은 세무서장은 그 청구를 받은 날부터 2개월 이내에 과세표준 및 세액을 결정 또는 경정하거나 결정 또는 경정하여야 할 이유가 없다는 뜻을 그 청구를 한 자에게 통지하여야 한다. 다만, 청구를 한 자가 2개월 이내에 아무런 통지(아래 '②'에 따른 통지를 제외한다)를 받지 못한 경우에는 통지를 받기 전이라도 그 2개월이 되는 날의 다음 날부터 이의신청, 심사청구, 심판청구 또는 감사원법에 따른 심사청구를 할 수 있다.(국기법 45조의2 ③, 2020.2.22. 개정)

② 경정청구를 받은 세무서장은 그 청구를 받은 날부터 2개월 이내에 과세표준 및 세액의 결정 또는 경정이 곤란한 경우에는 청구를 한 자에게 관련 진행상황 및 위 '①'에 따라 이의신청, 심사청구, 심판청구 또는 감사원법에 따른 심사청구를 할 수 있다는 사실을 통지하여야 한다.(국기법 45조의4 ④, 2020.12.22. 신설)

4 기한 후 신고

(1) 기한 후 과세표준신고서의 제출

법정신고기한까지 과세표준신고서를 제출하지 아니한 자는 관할 세무서장이 세법에 따라 해당 국세의 과세표준과 세액(가산세를 포함)을 결정하여 통지하기 전까지 기한후과세표준신고서를 제출할 수 있다.(국기법 45조의3 ①)

➲ ① 환급받을 세액이 있는 자도 기한후신고를 통해 과다납부된 세액을 환급받을 수 있도록 개정됨 (2007.1.1. 이후 최초로 법정신고 기한이 도래하는 분부터 적용)

② 환급받을 세액이 있는 자도 법정신고기간 내 미신고에 따른 무신고가산세는 납부하면서 기한후신고를 하여야 함

(2) 세액의 납부

기한 후 과세표준신고서를 제출한 자로서 세법에 따라 납부하여야 할 세액이 있는 자는 그 세액을 납부하여야 한다.(국기법 45조의3 ②, 2014.12.23. 개정)

(3) 과세표준과 세액의 결정

기한후과세표준신고서를 제출하거나 기한후과세표준신고서를 제출한 자가 과세표준수정신고서를 제출한 경우 관할 세무서장은 세법에 따라 신고일부터 3개월 이내에 해당 국세의 과세표준과 세액을 결정 또는 경정하여 신고인에게 통지하여야 한다. 다만, 그 과세표준과 세액을 조사할 때 조사 등에 장기간이 걸리는 등 부득이한 사유로 신고일부터 3개월 이내에 결정 또는 경정할 수 없는 경우에는 그 사유를 신고인에게 통지하여야 한다.(국기법 45조의3 ③, 2019.12.31. 개정)

(4) 무신고가산세의 감면

① 과세표준신고서를 법정신고기한까지 제출하지 아니한 자가 법정신고기한이 지난 후 기한 후 신고를 한 경우(과세표준과 세액을 결정할 것을 미리 알고 기한후과세표준신고서를 제출한 경우는 제외)에는 다음의 구분에 따른 무신고가산세액을 감면한다.(국기법 48조 ② 2, 2019.12.31. 개정)

구 분	감 면 율
① 법정신고기한이 지난 후 1개월 이내에 기한 후 신고한 경우	50%
② 법정신고기한이 지난 후 1개월 초과 3개월 이내에 기한 후 신고한 경우	30%
③ 법정신고기한이 지난 후 3개월 초과 6개월 이내에 기한 후 신고한 경우	20%

② 위 '①'에도 불구하고 세법에 따른 예정신고기한까지 예정신고를 하지 아니하였으나 확정신고기한까지 과세표준신고를 한 경우 해당 기간에 부과되는 무신고가산세의 50%를 감면한다. 다만, 과세표준과 세액을 경정할 것을 미리 알고 과세표준신고를 하는 경우는 제외한다.(국기법 48조 ② 3 라, 2017.12.19. 신설)

5 기한 후 자진납부

과세표준신고서를 법정신고기한까지 제출하였으나 과세표준신고액에 상당하는 세액의 전부 또는 일부를 납부하지 아니한 자는 그 세액과 국세기본법 또는 세법에서 정하는 가산세를 세무서장이 고지하기 전에 납부할 수 있다.(국기법 46조 ③)

Chapter

04 과세표준과 세액의 결정·경정 및 징수·환급

• 제 1 절 과세표준과 세액의 결정·경정

소득세는 납세의무자 스스로 자기의 과세표준과 세액을 신고하여야 하는 신고납세제도를 채택하고 있으므로 납세의무자가 신고한 경우에는 과세표준과 세액이 자동으로 확정된다. 그러나 납세의무자가 과세표준과 세액을 신고하지 아니하였거나 신고한 과세표준과 세액에 오류나 탈루가 있는 때에는 과세관청이 확정권을 행사하게 된다. 이처럼 과세표준확정신고를 하지 않은 거주자의 과세표준과 세액을 확정하는 절차를 "결정"이라고 하고, 과세표준확정신고는 하였으나 그 신고내용에 오류나 탈루가 있는 때로서 이를 정정하는 절차를 "경정"이라고 한다.

I 결 정

① 납세지 관할 세무서장 또는 지방국세청장은 과세표준확정신고(성실신고 확인서 제출 및 퇴직소득세과세표준 확정신고 포함)를 하여야 할 자가 그 신고를 하지 아니한 경우에는 해당 거주자의 해당 과세기간의 과세표준과 세액을 결정한다.(소법 80조 ①, 2013.1.1. 개정)

② 결정은 과세표준확정신고기일부터 1년 내에 완료하여야 한다. 다만, 국세청장이 조사기간을 따로 정하거나 부득이한 사유로 인하여 국세청장의 승인을 얻은 경우에는 그러하지 아니하다.(소령 142조 ②)

Ⅱ 경정과 재경정

1 경 정

납세지 관할 세무서장 또는 지방국세청장은 과세표준확정신고(성실신고 확인서 제출 및 퇴직소득세과세표준 확정신고 포함)를 한 자(아래 '②와 ③'의 경우에는 과세표준확정신고를 하지 아니한 자를 포함)가 다음 중 하나에 해당하는 경우에는 해당 과세기간의 과세표준과 세액을 경정한다.(소법 80조 ②, 2013.1.1. 개정)

① 신고내용에 탈루 또는 오류가 있는 경우

② 연말정산 내용에 탈루 또는 오류가 있는 경우로서 원천징수의무자의 폐업·행방불명 등으로 원천징수의무자로부터 징수하기 어렵거나 근로소득자의 퇴사로 원천징수의무자의 원천징수이행이 어렵다고 인정되는 경우

③ 근로소득자 소득·세액 공제신고서를 제출한 자가 다음의 부당한 방법으로 종합소득공제 및 세액공제를 받은 경우로서 원천징수의무자가 부당공제 여부를 확인하기 어렵다고 인정되는 경우(소법 80조 ② 3, 2014.1.1 개정, 소령 142조 ③)

㉠ 허위증거자료 또는 허위문서의 작성 및 제출

㉡ 허위증거자료 또는 허위문서의 수취(허위임을 알고 받는 경우에 한한다) 및 제출

④ 매출·매입처별 계산서합계표 또는 지급명세서의 전부 또는 일부를 제출하지 아니한 경우

⑤ 다음 중 하나에 해당하는 경우로서 시설규모나 업황(業況)으로 보아 신고내용이 불성실하다고 판단되는 경우

㉠ 사업용계좌를 이용하여야 할 사업자가 이를 이행하지 아니한 경우

㉡ 사업용계좌를 신고하여야 할 사업자가 이를 이행하지 아니한 경우

㉢ 신용카드가맹점 가입 요건에 해당하는 사업자가 정당한 사유 없이 신용카드가맹점으로 가입하지 아니한 경우

㉣ 신용카드가맹점 가입요건에 해당하여 가맹한 신용카드가맹점이 정당한 사유 없이 신용카드에 의한 거래를 거부하거나 신용카드매출전표를 사실과 다르게 발급한 경우

㉤ 현금영수증가맹점으로 가입하여야 하는 사업자 및 현금영수증가맹점가입대상자로 지정받은 사업자가 정당한 사유 없이 현금영수증가맹점으로 가입하지 아니한 경우

㉥ 현금영수증가맹점으로 가입한 사업자가 정당한 사유 없이 현금영수증을 발급하지 아니하거나 사실과 다르게 발급한 경우

2 재경정

납세지 관할 세무서장 또는 지방국세청장은 과세표준과 세액을 결정 또는 경정한 후 그 결정 또는 경정에 탈루 또는 오류가 있는 것이 발견된 경우에는 즉시 그 과세표준과 세액을 다시 경정한다.(소법 80조 ④)

✓ **과세표준과 세액의 경정결정**(소통 80-0…1)

① 당초 결정 또는 경정이 실지조사에 의하여 이루어진 경우에는 그 후에 추계방법으로 경정 또는 재경정을 할 수 없다. 다만, 당초 결정 또는 경정 후 수입금액 등의 누락 또는 탈루가 발견되었으나 천재·지변 기타 불가항력의 사유로 당초의 장부와 증빙 등이 멸실되어 실지조사할 수 없는 경우에는 그 부분에 한하여 소득금액을 추계할 수 있다.

② 당초 결정 또는 경정이 추계결정되었을 경우에는 그 후 당초 추계결정 근거에서 누락된 수입금액의 누락 등의 발견시에도 소득금액을 추계하여 계산한다.

✓ **재경정시 국세환급금에 대한 환급가산금 추징여부**

당초 부과처분에 대하여 감액경정을 한 후 당초 부과처분과 같은 내용으로 경정하는 경우 감액경정을 취소함으로써 이를 소생시킬 수 없고, 새로운 부과처분으로서 과세하는 것이므로 감액경정시 기지급한 환급가산금은 추징할 수 없는 것임(기획재정부조세정책-327, 2011.3.16.)

Ⅲ 결정과 경정의 방법

과세표준과 세액의 결정·경정방법은 근거자료 및 증거가 직접적인 것인지 간접적인 것인지에 따라 실액방법과 추계방법으로 나뉜다.

근거과세의 원칙에 의하여 장부와 증명 등의 직접증거를 바탕으로 한 실액방법이 원칙적인 과세표준의 결정방법이다. 그러나 납세의무자가 직접증거를 갖추고 있지 않거나 제시된 자료가 허위임이 명백한 경우에는 부득이 간접증거에 의하여 과세표준을 계산할 수 밖에 없는데 이러한 결정방법을 추계방법이라고 한다.

✓ **무신고한 기장사업자의 감가상각비 필요경비산입 가능 여부**(소득 해석편람 80－1－1)

법정신고기한 내에 종합소득과세표준 확정신고를 하지 아니한 거주자가 해당연도 소득금액을 계산할 수 있는 장부 기타 증빙서류를 비치·기장하고 있는 경우에는 해당 장부 기타 증빙서류에 근거하여 과세표준과 세액을 실지조사결정하는 것이며 이때, 해당연도 사업용고정자산에 대한 감가상각비를 결산조정하여 필요경비로 계상한 경우에는 해당연도의 소득금액계산상 필요경비에 산입할 수 있는 것임(소득 46011－1178, 1998.5.8.)

✓ **기장에 의한 확정신고 후 신고누락된 매출액의 과세방법**(소득 해석편람 80－1－2)

개인사업자가 소득세 과세표준확정신고를 한 후 매출누락사실이 확인된 경우 과세표준과 세액의 경정은 신고서 및 그 부속서류에 의하거나 실지조사에 의함을 원칙으로 하는 것이나, 소득세법 시행령 제143조 제1항의 사유로 장부 및 증빙서류에 의하여 소득금액에 계산할 수 없는 경우에는 소득금액을 추계조사경정하는 것임(소득 46011－1963, 1998.7.16.)

✓ **동일사업장 내 부동산임대소득과 사업소득이 함께 있는 거주자의 소득세결정방법**(소득 해석편람 80－1－3)

동일사업장 내에 부동산 임대소득과 사업소득이 있는 사업자는 그 비치·기장한 장부와 증빙서류에 의하여 소득금액을 계산할 수 있는지 여부에 따라 그 소득별로 소득세법 제80조의 규정에 의한 조사결정·경정방법을 달리하여 과세표준과 세액을 결정 또는 경정할 수 있는 것임(소득 46011－2030, 1998.7.21.)

✓ **동일사업장의 일부내용만을 장부로 신고·결정 할 수 있는지**(소득 해석편람 80－1－4)

동일사업장 내에 발생한 사업소득을 일부는 기장에 의하여 소득금액을 계산하고, 나머지 부분은 추계에 의하여 소득금액을 계산할 수 없는 것임(소득 46011－2706, 1998.9.23.)

✓ **동일한 사업장에 대한 일부기간 추계결정 가능 여부**(소득 해석편람 80－2－4)

비치·기장한 장부 및 증빙서류에 의하여 해당연도 소득금액을 계산할 수 있는 경우에는 비치·기장한 장부 등에 의하여 소득금액을 결정 또는 경정하는 것이나, 해당연도의 동일한 사업장에 대하여 일부기간을 추계결정하고 나머지 기간은 장부 및 증빙서류에 의하여 결정 또는 경정할 수 없는 것임(소득 46011－2668, 1999.7.14.)

✓ **추계조사결정 해당 여부**(소득 해석편람 80－1－5)

사실과 다른 매입세금계산서를 수취하였다 하더라도 장부 등에 의하여 소득금액을 계산할 수 있는 경우에는 장부 등에 의하여 소득금액을 계산하는 것임(소득 46011－52, 1999.9.17.)

1 실액방법에 의한 결정·경정

① 납세지 관할 세무서장 또는 지방국세청장은 해당 과세기간의 과세표준과 세액을 결정 또는 경정하는 경우에는 과세표준확정신고서 및 그 첨부서류에 의하거나 실지조사에 의함을 원칙으로 한다.(소법 80조 ③, 소령 142조 ①)

② 수입금액을 추계결정 또는 경정할 때 거주자가 비치한 장부와 그 밖의 증명서류에 의하여 소득금액을 계산할 수 있는 때에는 해당 과세기간의 과세표준과 세액은 실지조사에 의하여 결정 또는 경정하여야 한다.(소령 144조 ④, 2020.2.11. 개정)

➲ 국세기본법 제16조 제1항에서는 "납세의무자가 세법에 의하여 장부를 비치·기록하고 있는 때에는 해당 국세의 과세표준의 조사와 결정은 그 비치·기록한 장부와 이에 관계되는 증명자료에 의하여야 한다"라고 규정하고 동법 제81조의5 제1항에서 "세무공무원은 납세자는 성실하며 납세자가 제출한 신고서 등이 진실한 것으로 추정하여야 한다"라고 규정하고 있다.

✓ 납세자가 실지조사경정 요구 가능 여부(소득 해석편람 80-1-7)

국세기본법 제45조의2 규정에 의한 경정 등의 청구 또는 소득세법 제80조 제2항 각 호의 1에 해당하는 경우에는 납세지 관할 세무서장 또는 지방국세청장이 납세자가 비치·기장한 장부 및 기타 증빙서류에 근거하여 실지조사 경정할 수 있는 것이나, 납세자의 요구에 의하여 실지조사 경정하는 것은 아닌 것임(재경부소득 46073-170, 2002.12.11.)

✓ 추계로 소득세신고 후 기장에 의한 수정신고 및 경정청구 가능 여부

복식부기의무자 아닌 거주자가 당초 추계로 소득세신고 후 장부·기장에 의한 방법으로 신고내용을 변경하여 신고서를 제출하는 것은 수정신고 및 경정청구 대상에 해당하지 아니하는 것임(소득-1853, 2009.12.1.)

✓ 복식기장의무자가 추계신고 후 장부에 의한 경정청구가 가능한지 여부

복식기장의무자가 추계소득금액 계산서에 의하여 종합소득세 신고를 하고 추후 장부 및 증빙에 의하여 경정청구를 할 수 없는 것임(서면법규-959, 2014.8.29.)

✓ 추계신고한 간편장부대상자의 실지조사방법에 의한 경정청구를 할 수 있는지 여부(조심 2013서4426, 2014.1.27.)

처분청에서는 당초 추계신고서와 장부에 의해 소득금액을 계산하여, 경정청구시 제출한 신고서는 다른 신고서로서 경정청구의 대상이 될 수 없고, 기획재정부 등에서는 과세관청은 납세자가 비치·기장한 장부 및 기타 증빙서류에 근거하여 실지조사 경정할 수 있으나, 납세자의 요구에 의하여 실지조사 결정하는 것은 아니라고 해석하고 있으므로 경정 거부한 당초 처분은 정당하다는 의견이나, 납세자가 복식부기의무자가 아닌 간편장부대상자에 해당하는 경우, 소득세법 제80조 제2항 제1호 및 제3항에서 납세자의 신고내용에 탈루 또는 오류가 있는 때에는 장부 기타 증빙서류에 근거하여 해당 연도의 과세표준과 세액을 경정하도록 규정하고 있는데 과세관청만 장부 등에 의하여 과세표준과 세액을 경정할 수 있도록 하고, 납세자에게는 이를 허용하지 않는 것은 근거가 없는 것일 뿐만 아니라 납세자가 당초에 장부 등에 의하여 소득금액을 계산하여 신고하였다면 받아들여질 수 있었음에도 이를 변경할 기회를 박탈하는 것으로서 불공평하므로 경정청구가 가능하다고 봄이 타당한 바(조심 2013서3295, 2013.10.21, 조심 2012중3220, 2012.11.14, 조심 2012광684, 2012.10.18. 참조), 청구인은 쟁점공동사업장을 신규로 개시한 2011년도에는 간편장부대상자에 해당하고, 이 점에 대하여는 처분청과 청구인 간에 다툼이 없으며, 청구인이 쟁점공동사업장의 소득금액 계산을 위한 장부 등을 처분청에 제출한 사실이 있는 점으로 볼 때, 처분청에서 경정청구대상에 해당하지 않는다고 본 것은 잘못이라고 판단된다.

✓ **소득금액을 추계신고 후 장부에 의한 경정청구가 가능한지 여부**(조심 2014중1161, 2014.6.2.)

처분청은 청구인이 종합소득세를 당초 추계방법으로 신고·납부한 후 증빙자료를 제출하면서 장부에 의한 방법으로 경정을 요구하는 것은 신의성실의 원칙에 반하여 경정청구 대상이 아니라고 하나, 납세자가 소득금액을 추계신고한 후 장부·기장에 의한 경정청구를 허용하지 않는 것은 법령의 근거가 없을 뿐만 아니라 납세자가 당초에 실지조사의 방법으로 신고하였다면 받아들여질 수 있었음에도 이를 변경할 기회를 박탈하는 것으로서 타당하지 아니하다 할 것인 바, 청구인이 제출한 쟁점부동산 임대소득과 관련한 이자지급액과 재산세 납부액 등이 필요경비에 해당하는지 여부는 별론으로 하더라도, 처분청이 청구인의 장부·기장에 의한 종합소득세 경정청구에 대하여 실지조사를 한 사실 없이 경정청구 대상이 아니라는 사유만으로 경정청구를 거부한 이 건 처분은 잘못이 있는 것으로 판단된다.(조심 2012광684, 2012.10.18. 외 다수, 같은 뜻임)

✓ **사업소득금액을 추계하여 신고한 경우 경정대상인지 여부**

추계소득금액계산서를 첨부하여 종합소득 과세표준을 신고한 자가 소득세법 제80조 제2항 각 호에 해당하는 경우에는 해당 과세기간의 과세표준과 세액을 소득세법 제80조 제3항에 따라 경정하는 것임(사전법령해석소득 2020-375, 2020.4.27.)

2 추계방법에 의한 결정·경정

(1) 추계결정·경정사유

납세지 관할 세무서장 또는 지방국세청장이 해당연도의 과세표준과 세액을 결정 또는 경정함에 있어서 원칙적으로 장부나 그 밖의 증명서류를 근거로 하여야 한다. 다만, 장부나 그 밖의 증명서류에 의하여 소득금액을 계산할 수 없는 다음의 사유에 해당하는 경우에는 소득금액을 추계조사경정할 수 있다.(소법 80조 ③, 소령 143조 ①)

① 과세표준을 계산할 때 필요한 장부와 증빙서류가 없거나 한국표준산업분류에 따른 동종업종 사업자의 신고내용 등에 비추어 수입금액 및 주요 경비 등 중요한 부분이 미비 또는 허위인 경우(2019.2.12. 개정)

② 기장의 내용이 시설규모·종업원수·원자재·상품 또는 제품의 시가·각종 요금 등에 비추어 거짓임이 명백한 경우

③ 기장의 내용이 원자재사용량·전력사용량 기타 조업상황에 비추어 허위임이 명백한 경우

PART 5

(2) 추계결정·경정시 수입금액의 계산

1) 추계수입금액의 계산

사업자의 수입금액을 장부 기타 증명서류에 의하여 계산할 수 없는 경우 그 수입금액은 다음 중 하나에 해당하는 방법에 따라 계산한 금액으로 한다.(소령 144조 ①, 2021.1.5. 개정)

① 기장이 정당하다고 인정되어 기장에 의하여 조사결정한 동일업황의 다른 사업자의 수입금액을 참작하여 계산하는 방법

② 국세청장이 사업의 종류, 지역 등을 고려하여 사업과 관련된 인적·물적시설(종업원·객실·사업장·차량·수도·전기 등)의 수량 또는 가액과 매출액의 관계를 정한 영업효율이 있는 때에는 이를 적용하여 계산하는 방법(2021.1.5. 용어개정)

③ 국세청장이 업종별로 투입원재료에 대하여 조사한 생산수율을 적용하여 계산한 생산량에 해당 과세기간중에 매출한 수량의 시가를 적용하여 계산하는 방법

④ 국세청장이 사업의 종류별·지역별로 정한 다음 중 하나에 해당하는 기준에 따라 계산하는 방법

㉠ 생산에 투입되는 원·부재료 중에서 일부 또는 전체의 수량과 생산량과의 관계를 정한 원단위투입량

㉡ 인건비·임차료·재료비·수도광열비 기타 영업비용 중에서 일부 또는 전체의 비용과 매출액의 관계를 정한 비용관계비율

㉢ 일정기간 동안의 평균재고금액과 매출액 또는 매출원가와의 관계를 정한 상품회전율

㉣ 일정기간 동안의 매출액과 매출총이익의 비율을 정한 매매총이익률

㉤ 일정기간 동안의 매출액과 부가가치액의 비율을 정한 부가가치율

⑤ 추계결정·경정대상사업자에 대하여 '②부터 ④까지'의 비율을 산정할 수 있는 경우에는 이를 적용하여 계산하는 방법

⑥ 주로 최종소비자를 대상으로 거래하는 업종에 대하여는 국세청장이 정하는 입회조사기준에 의하여 계산하는 방법

2) 수입금액의 가산

사업자의 추계수입금액은 '1)'에 의하여 계산된 수입금액에 다음의 금액을 가산한 것으로 한다.(소령 144조 ③)

① 해당 사업과 관련하여 국가·지방자치단체로부터 지급받은 보조금 또는 장려금

② 해당 사업과 관련하여 동업자단체 또는 거래처로부터 지급받은 보조금 또는 장려금

③ 신용카드매출전표를 교부함으로써 공제받은 부가가치세액

④ 복식부기의무자의 사업용 유형자산 양도가액(소령 144조 ③ 4, 2018.2.13. 신설)

추계결정 인정 심판례

• 국심 2005중2388, 2006.1.24.

영세한 간편장부 기장자이고 매입원가의 대부분이 가공매입으로 부인된 점 등으로 보아 장부의 중요한 부분이 미비 또는 허위인 것으로 보이므로 추계조사 결정하는 것이 타당함(필요경비 허위기장률 69.2%)

• 국심 2005중4302, 2006.1.20.

간편장부를 기장한 사업자이고 원재료 매입비용의 대부분이 사실과 다르게 된 점에 비추어 볼 때 장부이 중요한 부분이 미비 또는 허위인 경우에 해당하는 것임(필요경비 허위기장률 46%, 원재료 매입비용 허위기장률 51.8%)

• 국심 2005중2911, 2005.11.4.

매출원가 허위기장률이 높아 장부 및 증빙서류의 중요한 부분이 미비이거나 허위인 경우로 보는 것이 합리적이므로 추계조사결정함이 타당함(매출원가 허위기장률 57.9%)

• 국심 2004서3725, 2005.10.25.

해당 매입금액을 가공거래로 부인하는 경우 매출원가의 허위기장률이 높고 매출금액에 비례하여 운송비 등의 매출원가가 소요된다고 보는 것이 합리적이므로 추계조사결정하는 것이 타당함(매출원가 허위기장률 2004년 49.7%, 2001년 59.3%)

• 국심 2005중2874, 2005.9.28.

매출원가의 허위기장률이 51.8%이고 결정소득률이 55.3%에 달하여 청구인이 비치·기장한 중요한 부분이 미미 또는 허위인 경우에 해당하므로 추계조사결정함이 타당함

• 국심 2004부3589, 2005.9.23.

가공매입으로 매출원가의 허위기장률이 62.7%로 나타나고, 결정소득률이 63.6%에 달하여 소득금액을 추계로 조사결정함이 타당함

• 국심 2005서1601, 2005.9.13.

매출원가 허위기장률이 전체 필요경비 계상액의 과반을 초과하는 약 57%에 달해 추계조사방법으로 소득세를 결정하는 것이 타당함

[국심 2004서3560(2005.8.22.) 56.5%, 국심 2004서2893(2005.6.29.) 55.5%, 국심 2005서306(2005.4.15.) 51.1%, 국심 2004부4527(2005.3.3.) 52.1% 외]

부분추계의 문제[14)]

매출누락분 및 신고분의 매출액에 관하여 일부는 추계의 방법으로, 나머지는 실지조사의 방법으로 각 과세표준을 산정하는 것은 허용되지 않는다.(대법원 99두9193, 2001.12.24.)

그러나 소득세법상 총수입금액과 과세표준은 그 산출근거와 단계를 달리하므로 그 조사방법은 법정사유 중 어느 것에 해당하는가에 따라 각별로 결정되어야 하고 그 두 가지가 반드시 같은 방법에 의하여 조사결정되어야 하는 것은 아니다. 따라서 필요경비를 산출할 수 있는 장부 또는 증빙서류가 없어서 기준경비율을 적용하여 과세표준을 추계조사의 방법으로 결정하는 경우에도 총수입금액을 계산할 수 있는 증빙서류가 있다면 총수입금액은 이를 근거로 하여 실지조사결정 하여야 한다.(대법원 97누13897, 1998.7.10.)

✓ **POS 시스템 매출내역은 신빙성이 높으므로 이를 과세자료로 삼아 과세한 처분은 적법함**(서울행법 2010구합26186, 2011.5.20.)

가맹점의 POS 자료는 본사서버에 보관하고 있으면서 이를 바탕으로 지역상권 분석 및 손익분석 등을 실시한 점 등을 종합하면 POS 시스템 매출내역은 신빙성이 높으므로(대법2008두7687, 2010.10.14. 참조) 이를 과세자료로 삼아 매출누락금액을 산정하여 과세한 처분은 적법함

✓ **부동산임대소득금액 또는 사업소득금액 계산상 일부 기간에 대한 부분추계 가능여부**

동일한 사업장에 대한 부동산임대소득금액 또는 사업소득금액을 과세기간 중 일부의 기간에 대하여 추계에 따라 계산하고 나머지 기간에 대하여 장부와 증빙서류에 따라 계산하여 종합소득 과세표준과 세액을 신고하거나 결정 또는 경정할 수 없는 것임(소득-4083, 2008.11.6.)

✓ **동일사업장내 부동산임대소득과 사업소득이 함께 있는 거주자의 소득세 결정방법**(소득세법 해석편람 80-1-3)

동일사업장 내에 부동산 임대소득과 사업소득이 있는 사업자는 그 비치·기장한 장부와 증빙서류에 의하여 소득금액을 계산할 수 있는지 여부에 따라 그 소득별로 소득세법 제80조의 규정에 의한 조사결정·경정방법을 달리하여 과세표준과 세액을 결정 또는 경정할 수 있는 것임(소득 46011-2030, 1998.7.21.)

✓ **동일사업장의 일부내용만을 장부로 신고·결정 할 수 있는지**(소득세법 해석편람 80-1-4)

동일사업장내에 발생한 사업소득을 일부는 기장에 의하여 소득금액을 계산하고, 나머지 부분은 추계에 의하여 소득금액을 계산할 수 없는 것임(소득 46011-2706, 1998.9.23.)

✓ **소득세 신고 및 결정방법**

[질의]

부동산소득과 사업소득인 자유직업소득이 있는 거주자가 부동산소득은 장부에 의하여, 사업소득은 정부가 정하는 추계결정방법에 의하여 각각 구분하여 신고하고 결정받을 수 있는지?

14) 고성춘, 2008, 조세법(하), 청보, p. 185~186

[회신]
소득세법상 각 소득에 대한 소득금액의 신고 및 조사결정방법은 거주자별·소득별·사업장별로 그 신고 및 조사결정방법을 달리할 수 있는 것임(소득 46011 - 1221, 1994.4.27.)

✓ **간편장부 신고후 매출누락으로 인한 추계신고 가능 여부**
과세표준 확정신고 후 매출누락사실이 확인된 경우 당초의 기장에 의한 신고를 변경하여 추계소득금액에 의하여 수정신고 할 수는 없음(서면1팀 - 1203, 2005.10.7.)

3) 기타소득의 추계수입금액계산

기타소득에 대한 수입금액을 장부나 그 밖의 증명서류에 의하여 계산할 수 없는 경우 그 수입금액은 다음의 금액으로 한다.(소령 144조 ②, 2020.2.11. 개정)

① 영업권(점포임차권을 제외)은 상속세 및 증여세법 시행령 제59조 제2항의 규정에 따라 평가한 금액

② 점포임차권은 다음 '㉠'에 의하여 계산한 금액에서 '㉡'에 따라 계산한 금액을 차감한 금액

㉠ 양도시의 임대보증금상당액 + 해당 자산을 양도하는 사업자의 영업권평가액

㉡ 취득시의 임대보증금상당액 + ('㉠'에 의하여 계산한 금액 - 취득시의 임대보증금상당액) × 1/2

③ 광업권·어업권·산업재산권·산업정보, 산업상 비밀, 상표권, 토사석의 채취허가에 따른 권리, 지하수의 개발·이용권 그 밖에 이와 유사한 자산이나 권리(영업권 및 점포임차권 제외)는 상속세 및 증여세법 시행령 제59조 제4항부터 제6항까지의 규정에 따라 평가한 금액

✓ **추계결정·경정시 수입금액계산**(소득 집행기준 80 - 144 - 1)

① 추계결정·경정시의 수입금액은 소득세법상 총수입금액을 말하며 다음의 금액을 포함한다.

㉠ 해당 사업과 관련하여 국가·지방자치단체 및 동업자단체 또는 거래처로부터 지급받은 보조금 또는 장려금

㉡ 신용카드매출전표를 교부함으로써 부가가치세법에 따라 공제받은 부가가치세액

② 직전연도 수입금액은 결정 또는 경정된 수입금액을 포함한다.

③ 직전연도 신규사업자, 사업의 일부를 폐지하거나 사업을 추가한 경우에도 실제 발생한 수입금액 기준으로 판정하며 연환산하지 않는다.

④ 직전연도 수입금액에는 비과세되는 농가부업소득의 수입금액을 포함하지 않는다.

(3) 추계결정·경정시 소득금액의 계산

장부 기타 증명서류를 근거로 소득금액을 계산할 수 없는 경우에는 소득금액을 추계로 결정하여야 하는데, 추계에 의한 소득금액의 계산방법은 단순경비율에 의하는 방법과 기준경비율에 의하는 방법이 있다.

➲ 기준경비율 또는 단순경비율을 적용하는 데 있어서 사업자등록증상의 업종과 실제의 업종이 상이한 경우에는 실제의 업태와 종목에 대한 기준경비율 또는 단순경비율을 적용한다.(소통 80-143…2)

1) 단순경비율과 기준경비율의 적용대상자 판정기준

① 단순경비율 적용대상자 및 기준경비율 적용대상자

단순경비율 적용대상자는 다음 중 하나에 해당하는 사업자를 말하며(소령 143조 ④), 그 이외의 사업자는 기준경비율 적용대상자로 한다.

㉠ 해당 과세기간에 신규로 사업을 개시한 사업자로서 해당 과세기간의 수입금액이 간편장부대상자에 해당하는 사업자(소령 143조 ④ 1, 2010.12.30. 개정)

➲ 해당 과세기간에 신규로 사업을 개시한 사업자라 하더라도 수입금액이 복식부기의무자에 해당하는 사업자의 경우 주요경비의 증명서류 비치 및 기장이 충분히 가능한 점을 고려하여 단순경비율 적용을 통한 소득세의 축소를 방지하고자 개정한 것임

✓ 해당 과세연도에 신규로 사업을 개시한 사업자의 적용기준

[질의]

소득세법 시행령 제143조 제3항 제1호 다목 단서에서 말하는 복식부기의무자를 판단함에 있어서 동법 시행령 제208조 제5항 제1호의 규정에 의한 해당 과세기간에 신규로 사업을 개시한 사업자의 신규 사업 개시일의 기준일과 소득세법 시행령 제143조 제4항 단순경비율 적용대상자를 판단함에 있어서 동항 제1호의 규정에 의한 당해기간에 신규로 사업을 개시한 사업자의 신규 사업개시일 기준일을 판단함에 있어서 거주자가 2010년도를 개업(2010.11.1.)연도로 하여 사업자등록(2010.7.)을 하였으나 2010년에는 수입금액이 발생하지 아니하고 익년도인 2011년에 수입금액이 발생한 경우 사업을 개시한 날이 속하는 연도는 다음 중 어느 것이 타당한지?

〈제1안〉 실질적인 사업개시일이 속하는 연도로 함

〈제2안〉 최초로 '총수입금액이 발생한 날'이 속하는 연도로 함

[회신]

신규로 사업을 개시한 날은 부가가치세법 시행규칙 제3조에 따른 날임을 알려드림.(기획재정부소득-179, 2011.5.4.)

※ 참고조문 : 부가가치세법 시행규칙 제3조 [개업일의 기준]
사업개시일은 다음 각 호의 규정에 의한다. 다만, 해당 사업이 법령의 개정 등으로 면세사업에서 과세사업으로 전환되는 경우에는 그 과세전환일로 한다.(2011.6.23. 단서신설)
1. 제조업에 있어서는 제조장별로 재화의 제조를 개시하는 날
2. 광업에 있어서는 사업장별로 광물의 채취·채광을 개시하는 날
3. 기타의 사업에 있어서는 재화 또는 용역의 공급을 개시하는 날

✓ **비과세 사업소득만 발생하던 사업자가 최초로 과세 사업소득이 발생한 경우 신규사업자인지 여부**
직전 과세기간까지 계속하여 비과세되는 사업소득만 발생한 거주자가 해당 과세기간에 최초로 과세대상 사업소득이 발생한 경우 소득세법 시행령 제143조 제4항 제1호의 신규사업자로 보아 단순경비율 적용여부를 판단하는 것임(서면법령해석소득 2017-735, 2017.6.30.)

✓ **소득세법상 사업개시일의 판단기준**(대법원 2021두57797, 2022.2.24.)
주택신축판매업에 있어 사업을 개시한 시점은 주택의 사용승인이 이루어지고 주택 판매에 관한 준비가 완료되어 주택판매한 때로, 그에 따른 추계소득을 산정함에 있어 적용되어야 할 것은 단순경비율이 아닌 기준경비율임

ⓛ 직전 과세기간의 수입금액(결정 또는 경정으로 증가된 수입금액 포함)의 합계액이 다음의 금액에 미달하는 사업자로서 해당 과세기간의 수입금액이 간편장부대상자 수입금액기준에 미달하는 사업자(소령 143조 ④, 2018.2.13. 개정)

ⓐ 농업·임업 및 어업, 광업, 도매 및 소매업(상품중개업은 제외), 부동산매매업, 그 밖에 아래의 'ⓑ 및 ⓒ'에 해당되지 아니하는 사업 : 6,000만원

ⓑ 제조업, 숙박 및 음식점업, 전기·가스·증기 및 공기조절 공급업, 수도·하수·폐기물처리·원료재생업, 건설업(비주거용 건물 건설업은 제외), 부동산 개발 및 공급업(주거용 건물 개발 및 공급업으로 한정한다), 운수업 및 창고업, 정보통신업, 금융 및 보험업, 상품중개업, 수리 및 기타 개인서비스업(인적용역[*1]만 해당한다) : 3천600만원(2024.02.29 개정)

*1. 부가가치세법 시행령 제42조 제1호에 따른 인적용역을 말한다.

➲ 2024.2.29.부터 시행한다.(2024.2.29. 영 부칙 1조)

ⓒ 부동산임대업, 부동산업(부동산매매업[*2]은 제외), 전문·과학 및 기술서비스업, 사업시설관리·사업지원 및 임대서비스업, 교육서비스업, 보건업 및 사회복지서비스업, 예술·스포츠 및 여가 관련 서비스업, 협회 및 단체, 수리 및 기타 개인서비스업(인적용역[*1]은 제외), 가구내 고용활동 : 2,400만원

*1. 부가가치세법 시행령 제42조 제1호에 따른 인적용역을 말한다.
*2. 소득세법 시행령 제122조 제1항에 따른 부동산매매업을 말한다.

➲ 2023.2.28.이 속하는 과세기간에 발생하는 소득부터 적용한다.(2023.2.28. 영 부칙 7조)

단순경비율 적용대상자의 판정기준 (2024년 귀속기준)

단순경비율 적용대상자는 다음의 금액에 미달하는 사업자를 말한다.

<table>
<tr><th rowspan="3">업 종</th><th colspan="2">기존사업자</th><th rowspan="2">신규
사업자</th></tr>
<tr><th colspan="2">2024년 귀속분 신고</th></tr>
<tr><th>2023년
수입금액</th><th>2024년
수입금액</th><th>2024년
수입금액</th></tr>
<tr><td>㉠ 농업·임업 및 어업, 광업, 도매 및 소매업(상품중개업 제외), 부동산매매업[*1], 그 밖에 아래의 '㉡, ㉢ 및 ㉣'에 해당되지 아니하는 사업</td><td>6,000만원</td><td>3억원</td><td>3억원</td></tr>
<tr><td>㉡ 제조업, 숙박 및 음식점업, 전기·가스·증기 및 공기조절 공급업, 수도·하수·폐기물처리·원료재생업, 건설업(비주거용 건물 건설업은 제외), 부동산 개발 및 공급업(주거용 건물 개발 및 공급업으로 한정한다)[*2], 운수업 및 창고업, 정보통신업, 금융 및 보험업, 상품중개업</td><td>3,600만원</td><td>1억5천만원</td><td>1억5천만원</td></tr>
<tr><td>㉢ 인적용역[*3]</td><td>3,600만원</td><td>7,500만원</td><td>7,500만원</td></tr>
<tr><td>㉣ 부동산임대업[*4], 부동산업(부동산매매업[*1] 제외), 전문·과학 및 기술서비스업, 사업시설관리·사업지원 및 임대서비스업, 교육서비스업, 보건업 및 사회복지서비스업, 예술·스포츠 및 여가 관련 서비스업, 협회 및 단체, 수리 및 기타 개인서비스업(인적용역 제외)[*3], 가구내 고용활동</td><td>2,400만원</td><td>7,500만원</td><td>7,500만원</td></tr>
</table>

*1. 한국표준산업분류에 따른 비주거용 건물건설업(건물을 자영건설하여 판매하는 경우만 해당)과 부동산 개발 및 공급업을 말한다. 다만, 한국표준산업분류에 따른 주거용 건물 개발 및 공급업(구입한 주거용 건물을 재판매하는 경우는 제외)은 제외한다.(소령 122조 ①)

*2. 2024.2.29. "주거용 건물 개발 및 공급업"을 종전의 '건설업'에서 '부동산개발 및 공급업'으로 개정하여 '기장의무'에서의 업종(소령 208조 ⑤ 2 나)과 일치시켰다.(2024.2.29.부터 시행)
다만, 성실신고확인제도(소령 133조 ① 2)와 외부조정대상 사업자(소령 131조의2 ① 1 나)에서는 여전히 '건설업'으로 분류되어 있다.

*3. 2023년 귀속분부터(직전 과세기간인 2022년 귀속 수입금액 판정부터) 적용한다.(소령 143조 ④ 나, 다, 2023.2.28. 개정)

*4. 부동산임대업의 범위는 다음과 같다.(소법 45조 ②, 2017.12.19. 단서삭제)
① 부동산 또는 부동산상의 권리를 대여하는 사업
② 공장재단 또는 광업재단을 대여하는 사업
③ 채굴에 관한 권리를 대여하는 사업 : 광업권자·광권자 또는 덕대(이하 "광업권자 등")가 채굴 시설과 함께 광산을 대여하는 사업을 말한다. 다만, 광업권자 등이 자본적 지출이나 수익적 지출의 일부 또는 전부를 제공하는 것을 조건으로 광업권·조광권 또는 채굴에 관한 권리를 대여하고 덕대 또는 분덕대로부터 분철료를 받는 것은 제외한다.(소령 101조 ②)

저자TIP '인적용역'의 업종구분 시 유의사항

소득세법 시행령 제37조 제3항에서 다음의 규정을 두고 있다.

> 수리 및 기타 개인서비스업은 「부가가치세법 시행령」 제42조 제1호에 따른 인적용역을 포함한다.(2013. 6.28. 개정)

즉, '수리 및 기타 개인서비스업'은 위의 'ⓒ'에 속하는 업종인데 여기에는 아래와 같은 '인적용역'이 포함되므로 결국 '인적용역'도 위의 'ⓒ'의 업종군에 속하는 것이다.
예를 들어 아래 (사)에 해당하는 '보험설계사'의 경우 한국표준산업분류에 따르면 '금융 및 보험업'으로서 'ⓛ'의 업종군에 속하지만 위의 규정에 따라 'ⓒ'의 업종군에 해당하는 것이다.
그런데 2023.2.28. 세법 개정으로 2023년 귀속분부터는 단순경비율 적용대상자의 직전연도 수입금액 판정에서만 ⓛ의 업종군과 같이 3,600만원기준으로 변경되었다.(소령 143조 ④ 나, 다)

부가가치세법 시행령 제42조 제1호에 따른 인적용역

개인이 물적시설[계속적·반복적으로 사업에만 이용되는 건축물·기계장치 등의 사업설비(임차한 것을 포함)] 없이 근로자를 고용(고용 외의 형태로 해당 용역의 주된 업무에 대해 타인으로부터 노무 등을 제공받는 경우를 포함)하지 아니하고 독립된 자격으로 용역을 공급하고 대가를 받는 다음의 인적용역(부령 42조 1, 2024.2.29. 개정, 부칙 29조) ➲ 2024.2.29.부터 시행한다.(2024.2.29. 부령 부칙 1조)

(가) 저술·서화·도안·조각·작곡·음악·무용·만화·삽화·만담·배우·성우·가수와 이와 유사한 용역
(나) 연예에 관한 감독·각색·연출·촬영·녹음·장치·조명과 이와 유사한 용역
(다) 건축감독·학술용역과 이와 유사한 용역
(라) 음악·재단·무용(사교무용을 포함)·요리·바둑의 교수와 이와 유사한 용역
(마) 직업운동가·역사·기수·운동지도가(심판을 포함)와 이와 유사한 용역
(바) 접대부·댄서와 이와 유사한 용역
(사) 보험가입자의 모집·저축의 장려 또는 집금 등을 하고, 실적에 따라 보험회사 또는 금융기관으로부터 모집수당·장려수당·집금수당 또는 이와 유사한 성질의 대가를 받는 용역과 서적·음반 등의 외판원이 판매실적에 따라 대가를 받는 용역
(아) 저작자가 저작권에 의하여 사용료를 받는 용역
(자) 교정·번역·고증·속기·필경·타자·음반취입과 이와 유사한 용역
(차) 고용관계 없는 자가 다수인에게 강연을 하고, 강연료·강사료 등의 대가를 받는 용역
(카) 라디오·텔레비전 방송 등을 통하여 해설·계몽 또는 연기를 하거나 심사를 하고 사례금 또는 이와 유사한 성질의 대가를 받는 용역
(타) 작명·관상·점술 또는 이와 유사한 용역
(파) 개인이 일의 성과에 따라 수당 또는 이와 유사한 성질의 대가를 받는 용역

PART 5

저자TIP 단순경비율 적용대상자의 추계신고시 무기장가산세 적용 여부

단순경비율 적용대상 업종구분 표에서 ㉡～㉣ 업종은 단순경비율 적용대상에 해당하면 무조건 소규모사업자(직전연도 수입금액 4,800만원 이하)에 해당하여 무기장가산세의 적용 여지가 없다.
그런데 ㉠ 업종(도매, 소매, 부동산매매업 등)은 단순경비율 적용대상자에 해당(직전연도 수입금액이 6,000만원 이하)하여 추계신고하는 경우, 직전연도 수입금액이 4,800만원～6,000만원 사이에 있으면 무기장가산세의 대상이 될 수 있음에 유의하여야 한다.

➲ '무기장가산세'(종전 소법 81조 ⑬)는 2019.12.31. 세법개정으로 '장부의 기록·보관 불성실 가산세'(소법 81조의5)로 용어가 변경되었다.

② 단순경비율 적용배제 사업자

다음 중 하나에 해당하는 사업자는 단순경비율 적용대상자에 포함되지 않는다.(소령 143조 ⑦)

㉠ 의료법에 따른 의료업, 수의사법에 따른 수의업 및 약사법에 따라 약국을 개설하여 약사(藥事)에 관한 업(業)을 행하는 사업자(소령 147조의2)

㉡ 변호사업, 심판변론인업, 변리사업, 법무사업, 공인회계사업, 세무사업, 경영지도사업, 기술지도사업, 감정평가사업, 손해사정인업, 통관업, 기술사업, 건축사업, 도선사업, 측량사업, 공인노무사업, 의사업, 한의사업, 약사업, 한약사업, 수의사업을 영위하는 자(부령 109조 ② 7)

㉢ 현금영수증가맹점에 가입하여야 하는 사업자 중 현금영수증가맹점으로 가입하지 아니한 사업자(가입하지 아니한 해당 과세기간에 한한다)

㉣ 해당 과세기간에 신용카드의 결제를 거부하거나 신용카드매출전표를 사실과 다르게 발급한 경우, 현금영수증의 발급을 거부하거나 사실과 다르게 발급한 경우 또는 현금영수증가맹점으로 가입한 전문직 사업자가 건당 거래금액(부가가치세액을 포함) 10만원 이상의 대금을 현금으로 받고 현금영수증을 발급하지 않음에 따라 관할 세무서장으로부터 해당 과세기간에 3회 이상 통보받고 그 금액의 합계액이 100만원 이상이거나 5회 이상 통보받은 사업자(통보받은 내용이 발생한 날이 속하는 해당 과세기간에 한정한다)(2010.2.18. 개정)

ⓐ 관할 세무서장으로부터 해당 과세기간에 다음 중 하나에 해당하는 사실을 3회 이상 통보받은 경우로서 그 금액의 합계액이 100만원 이상인 경우

㉮ 신용카드에 의한 거래를 거부한 경우

㉯ 신용카드매출전표를 사실과 다르게 발급한 경우

㉰ 현금영수증 발급을 거부한 경우

㉱ 현금영수증을 사실과 다르게 발급한 경우

ⓑ 관할 세무서장으로부터 해당 과세기간에 위 'ⓐ' 중 하나에 해당하는 사실을 5회 이상 통보받은 경우

③ 업종을 겸영하는 경우 등

업종을 겸영하거나 사업장이 2 이상인 경우에는 다음의 산식에 의하여 계산한 환산수입금액에 의한다.(소령 143조 ⑥, 208조 ⑦)

$$\text{환산수입금액} = \text{주업종(수입금액이 가장 큰 업종)의 수입금액}^{*} + \left(\text{주업종 외의 업종의 수입금액}^{*} \times \frac{\text{주업종에 대한 기준금액}}{\text{주업종 외의 업종에 대한 기준금액}}\right)$$

* 2004.1.1. 이후 발생하는 소득분부터 연환산 규정을 폐지하고 실제 발생한 수입금액으로 함

저자TIP 업종을 겸영하거나 사업장이 2이상인 경우의 판단사례(소득 집행기준 80-143-4 ② 수정)

① 2024년 이전부터 사업장을 2개 경영하는 거주자로서 2024년 수입금액은 간편장부대상자 수준이며, 2023년 귀속 수입금액은 아래와 같다.
- 의류소매업 : 40,000,000원(주업종)
- 부동산임대업 : 9,000,000원(주업종 외의 업종)

② 환산수입금액 = 62,500,000원

(계산) $62{,}500{,}000\text{원} = 40{,}000{,}000\text{원} + 9{,}000{,}000\text{원} \times \dfrac{60{,}000{,}000\text{원}}{24{,}000{,}000\text{원}}$

(판단) 의류소매업의 기준금액은 6,000만원, 부동산임대업의 기준금액은 2,400만원이다. 따라서 해당 사업자가 장부로 기록하지 않는 경우에는 소매업(주업종)의 2023년 귀속 환산수입금액이 6천만원을 초과하므로 2024년 귀속 종합소득세는 기준경비율 적용대상자에 해당한다.
즉, 기장의무를 판단할 때의 기준수입금액(3억원, 1.5억원, 0.75억원)을 적용하지 않는 것이다.

✓ **실제업종에 대한 기준경비율 또는 단순경비율 적용**(소통 80－143…2)

기준경비율 또는 단순경비율을 적용하는 데 있어서 사업자등록증상의 업종과 실제의 업종이 상이한 경우에는 실제의 업태와 종목에 대한 기준경비율 또는 단순경비율을 적용한다.

✓ **2이상의 사업장을 가진 경우 등의 수입금액 계산방법**(소득 집행기준 80-143-4 ①,③)

① 단순경비율 적용대상자 여부를 판단함에 있어 사업장별로 판단하지 않고 사업자별로 판단한다.

② 단독사업장과 공동사업장을 운영하는 경우에는 단독사업장과 공동사업장을 구분하여 기준(단순)경비율 적용대상자 여부를 판단한다.

✓ **사업소득금액을 추계하여 신고한 경우 경정대상인지 여부**

추계소득금액계산서를 첨부하여 종합소득 과세표준을 신고한 자가 소득세법 제80조 제2항 각 호

PART 5

에 해당하는 경우에는 해당 과세기간의 과세표준과 세액을 소득세법 제80조 제3항에 따라 경정하는 것임(사전법령해석소득 2020-375, 2020.4.27.)

✓ **신규로 사업을 개시한 날은 부가가치세법 시행규칙 제3조에 따른 날임**(기획재정부소득-179, 2011.5.4.)

✓ **개발칩 공급에 따른 매출을 도매업 매출과 기술서비스업 매출로 구분하여 기준경비율을 적용한 처분의 당부**(조심 2020중437, 2021.3.23.)

통계청장이 고시한 분류기준에 의하면 생산단위의 업종은 그 생산단위의 주된 산업활동의 종류에 따라 결정하는 것이며, 산업활동이 복합 형태로 이루어지는 경우 생산된 재화 또는 제공된 서비스 중에서 부가가치(액)가 가장 큰 활동을 주된 산업 활동으로 보는 것인바, 설령 개발칩 공급을 도매업과 서비스업이 복합된 형태의 산업활동으로 보더라도, 단일 계약 및 주문에 의한 하나의 생산단위(개발칩 공급활동)를 두 개의 생산단위로 임의로 구분하여 업종을 각각 적용할 법령상의 근거가 없고, 최종산출물에서 서비스업의 부가율(20%)이 도매업의 부가율(5%) 보다 큰 것으로 확인되므로 한국표준산업분류에 따라 개발칩 공급활동의 업종은 전문·과학 및 기술 서비스업으로 봄이 타당하다고 판단된다.

따라서 처분청에서 청구인의 개발칩 공급 매출에 대하여 IC칩의 공급가격과 소프트웨어 제작물의 공급가격을 구분하여 도매업과 기술서비스업의 기준경비율을 각각 적용하여 종합소득세를 부과한 당초 처분은 잘못이 있는 것으로 판단된다.

✓ **쟁점주택을 판매한 때를 사업개시일로 보아 기준경비율을 적용하여 종합소득세를 부과한 처분의 당부**(조심2020서7954, 2021.4.27.)

청구인은 쟁점주택의 준공시점(2016.12.14.)에 사업을 개시하였고 쟁점주택의 판매시점(2018.12.21.)에 계속사업자이면서 직전 과세기간의 수입금액이 기준수입금액인 OOO원에 미달하므로 청구인은 단순경비율 적용대상자라고 주장하나, 사업개시일은 설립등기일이나 사업자등록일 등을 기준으로 형식적으로 판단할 것이 아니라 사업의 준비가 끝나고 본래의 사업목적을 수행하거나 수행할 수 있는 상태가 된 때를 기준으로 실질적으로 판단하여야 할 것(대법원 1995.12.8. 선고 94누15905 판결, 같은 뜻임)인바, 부가가치세법 시행령 제6조 제3호에서 제조업 및 광업을 제외한 사업의 사업개시일을 재화나 용역의 공급을 시작하는 날로 규정하고 있는 점, 주택신축판매업에 있어서의 주택의 건축은 사업을 영위하기 위한 준비단계에 불과한 것이고, 사업 특성상 일정한 규모 이상으로 장기간 사업을 영위하는 주택신축판매업의 경우에는 사업자의 의사에 따라 그 시기가 좌우될 수 있는 착공일이나 준공일보다는 판매대상 주택의 공급이 객관적이고 현실적으로 가능한 시기로 사업개시일을 파악할 필요가 있어 그 사업개시일을 부가가치세법 시행령 제6조 제3호에서 정하고 있는 재화의 공급을 시작하는 날인 쟁점주택을 판매한 시점으로 보아야 할 것인 점(조심 2020중44, 2020.4.27. 같은 뜻임) 등에 비추어 처분청에서 청구인이 쟁점주택을 판매한 시점에 사업을 신규로 개시한 것으로 보아 기준경비율을 적용하여 청구인에게 이 건 종합소득세를 경정·고지한 처분은 달리 잘못이 없다고 판단된다.

✓ **직전년도 수입금액은 단순경비율 적용대상자로 신규사업이 일정규모 이상인 경우 단순경비율 적용가능 여부**

소득금액 추계 결정시 해당 사업자가 직전년도 수입금액이 있는 경우에는 '해당 과세기간에 신규로 사업을 개시한 사업자'에 해당하지 않는 것이며, 직전년도 수입금액에 의하여 단순경비율 적용대상자 여부를 판단하는 것임(소득-919, 2011.11.8.)

✓ **비과세 사업소득만 발생하던 사업자가 최초로 과세 사업소득이 발생한 경우 신규사업자인지 여부**

직전 과세기간까지 계속하여 비과세되는 사업소득만 발생한 거주자가 해당 과세기간에 최초로 과세대상 사업소득이 발생한 경우 소득세법 시행령 제143조 제4항 제1호의 신규사업자로 보아 단순경비율 적용여부를 판단하는 것임(서면법령해석소득 2017-735, 2017.6.30.)

✓ **단순경비율 적용을 배제하고 기준경비율을 적용하여 종합소득세를 과세한 처분의 당부**(조심2018서3014, 2018.9.28.)

[청구인 주장]

청구인이 다세대주택을 신축하면서 2015년 및 2016년에 수입이 실제 발생하였고, 사업의 개시일도 2015년 및 2016년에 해당한다.

(1) 청구인들은 다세대주택을 신축하기 위하여 기존 건물을 철거하는 과정에서 발생한 고철 등을 ***자원 등에게 판매하면서 세금계산서를 발급하였고, 위 세금계산서상의 금액을 2014년 및 2015년 귀속 수입금액으로 신고하였으며, 이 수입금액은 실제 발생한 것으로서 가공이 아니다.

(2) 철구조물 등 판매수입금액은 건물신축판매업을 영위하면서 발생된 수입금액이므로 소득세법 제21조의 총수입금액에 해당되는 것이며, 같은 법 제26조의 총수입금액에 불산입하는 항목에도 열거되어 있지 아니하므로 2015년 및 2016년 귀속 사업소득에 대한 소득세 추계신고시 직전과세기간인 2014년 및 2015년도에 부산물 수입이 OOO만원 미만인 경우에 해당하여 2015년 및 2016년 소득금액 산출시 단순경비율에 의한 추계적용이 가능하다 할 것이다.

[처분청 의견]

청구인이 고철 핀매업을 영위하기 위해서 다른 사입자로부터 고철 등을 구입한 것이 아니라 나세대주택을 신축하기 위해서 기존 건물이 있는 토지를 취득하고 그 건물을 철거하는 과정에서 발생한 일시적 우발적으로 획득한 폐자원을 매각한 것으로서, 이를 계속적 반복적인 행위로 볼 수 없고, 고철판매수입금액을 사업소득으로 신고한 이유는 건물신축판매 수입금액을 단순경비율에 의하여 신고하기 위한 것이다.

따라서 청구인이 2014년~2015년에 신고한 사업소득 수입금액은 계속적으로 발생하는 사업소득 수입금액으로 볼 수 없으므로 2015년~2016년 귀속 수입금액을 기준경비율을 적용하여 종합소득금액을 산정하여 과세한 처분은 정당하다.

[판단]

청구인은 부산물 매각액이 수입금액에 해당한다는 주장이나, 대부분이 기존 건물을 철거할 때 발생한 것이고, 동 철거는 토지의 가치를 증가시키는 것이므로 토지가액(건설중인 자산)에서 차감하여야 할 대상이지 이를 수입금액에 계상하기는 어려워 보이는 점, 고철 등의 매각액이 수입에 해당한다 하더라도 이를 계속성 있는 사업활동에서 발생한 것으로 보기는 어려워 단순경비율의 적용대상을 판정하는 경우 기준이 되는 수입금액으로 인정되지는 않는 점, 사업 개시일은 설립등기일이나 사업자등록일 등의 형식적인 기준으로 판단할 것이 아니라 사업의 준비가 끝나고 본래의 사업목적을 수행하거나 수행할 수 있는 상태로 되었는지 여부 등의 실질적인 기준으로 판단(대법원 1995.12.8. 선고 94누15905 판결, 같은 뜻임)하여야 할 것이고, 부가가치세법 시행령 제6조에서 사업개시일은 재화나 용역의 공급을 시작하는 날로 한다고 규정하고 있어 청구인들의 사업 개시일은 다세대주택 등을 신축하여 판매한 2015년~2016년으로 보이는 점 등에 비추어 처분청에서 2015년~2016년의 소득금액 산정시 청구인들이 소득세법 시행령 제143조 제4항의 단순경비율 적용대상자에 해당되지 않는 것으로 보아 이 건 종합소득세를 과세한 처분은 달리 잘못이 없는 것으로 판단된다.

✓ **쟁점주택을 판매하여 수입금액이 최초 발생한 20xx년도 수입금액을 기준으로 소득금액을 추계결정 과세한 것이 부당한지 여부**(조심2020전156, 2020.3.12.)

청구인은 이 건 주택신축판매업의 사업개시일을 쟁점주택 중 일부의 임대가 개시된 2015년으로 보아 경비율 적용 여부를 판단하여야 한다고 주장하나,부가가치세법 시행령 제6조 제3호에서 제조업 및 광업을 제외한 사업의 개시일을 '재화나 용역의 공급을 시작하는 날'로 규정하고 있는 점, 청구인이 2015년 말부터 사실상 쟁점주택을 임대하였다고 하더라도 임대개시일부터 매매시점까지의 기간이 2달에 불과할 뿐만 아니라 임대소득도 비과세 규모로 주택의 임대가 사업의 개시로서 이루어졌다기보다는 매매전에 일시적으로 임대를 한 것으로 보이는 점, 청구인이 주택임대업으로 사업자등록을 하지 않았을 뿐만 아니라, 사업활동을 한 것으로 볼 수 있을 정도의 계속성과 반복성을 갖추어 주택임대업을 영위하였다는 사실을 입증하지 못하는 점 등에 비추어 일부 주택임대가 이루어진 2015년을 이 건 주택신축판매업의 사업개시일이 속하는 연도로 보기는 어려우므로, 따라서 처분청이 청구인을 2016년 신규사업자로 보아 해당 과세연도의 수입금액 기준에 따라 기준경비율을 적용하여 사업소득금액을 추계결정한 것은 잘못이 없다고 판단된다.

✓ **단순경비율 적용대상자의 신고방법**(소득 해석편람 80－3－2)

단순경비율 적용대상자의 경우 단순경비율 또는 기준경비율 및 기장에 의한 신고를 할 수 있는 것이나, 기준경비율 적용대상자의 경우 단순경비율에 의한 신고를 할 수 없는 것임(서일 46011－10662, 2003.5.27.)

✓ **기준경비율대상자가 단순경비율로 신고 여부**

복식기장의무자 및 기준경비율대상자에 해당되는 거주자가 추계에 의해 신고할 경우 단순경비율로 신고할 수 없으며, 이 경우 신고불성실가산세의 적용을 받는 것임. 이 경우 무기장가산세와 중복적용을 받는 경우는 무기장가산세와 신고불성실가산세 중 큰 금액을 적용하는 것임(서면1팀－759, 2004.6.4.)

✓ **거주자 공동사업장과 단독사업장을 운영하는 경우**

거주자가 단독사업장과 공동사업장을 운영하는 경우에는 사업장별로 기준(단순)경비율 적용대상자 여부를 판단하는 것임(서일 46011－11930, 2003.12.29.)

✓ **단순경비율 적용대상자 여부**

부동산임대업을 영위하는 사업자가 임대용건물이 노후하여 건물신축을 목적으로 일시적으로 폐업하고 폐업한 연도에 건물을 신축한 후 종전 부동산임대업 외에 다른 업종을 추가하여 신규로 사업자등록을 하는 경우에는 이를 계속사업자로 보아 직전 사업연도 수입금액을 기준으로 "단순경비율 적용대상자" 여부를 판단하는 것임(서일 46011－11475, 2003.10.20.)

✓ **공동사업자 구성원 일부가 변경된 경우의 기장의무 판정**

공동사업자에 대한 소득금액 계산에 있어서 해당 공동사업장을 1거주자로 보는 것이며, 공동사업장의 공동사업자 구성원 중 일부를 변경하고 그 공동사업을 계속하는 경우 "해당연도에 신규로 사업을 개시한 사업자"에 해당하지 아니함(서일 46011－10582, 2003.5.12.)

✓ 연말정산 사업소득이 있는 자가 종합소득세 과세표준확정신고시 신고방법

연말정산사업소득이 있는 보험설계사가 종합소득 과세표준확정신고를 할 때에는 소득세법 시행령 제201조의11 제4항에 따라 해당 과세기간에 지급한 수입금액에 연말정산사업소득의 소득률을 곱하여 계산한 금액을 연말정산사업소득의 소득금액으로 신고할 수 있는 것임(사전법령해석소득 2020-432, 2020.7.29.)

※ 국세청 해석사례집 검토내용

간편장부대상자인 보험모집인이 과세표준확정신고를 하는 경우 연말정산사업소득의 소득률에 따라 계산한 금액을 연말정산사업소득의 소득금액으로 신고할 수 있음

- 연말정산사업소득이 있는 자가 종합소득과세표준 확정신고를 할 때에는 해당 과세 기간의 수입금액에 연말정산사업소득의 소득률을 곱하여 계산한 금액을 연말정산 사업소득의 소득금액으로 신고할 수 있다고 규정하고 있으며(소령 201조의11 ⑩)
- 소득금액을 추계결정·경정하는 경우에도 연말정산 사업소득에 대하여는 수입금액에 연말정산사업소득의 소득률을 곱하여 계산한 금액을 소득금액으로 규정하고 있으므로(소령 143조 ③ 1의3)
- 연말정산 사업소득이 있는 질의인은 기준경비율이 아닌 연말정산사업소득의 소득률에 따라 소득금액을 계산하여 신고할 수 있는 것으로 봄이 타당함

2) 추계에 의한 소득금액의 계산방법

소득금액의 추계결정 또는 경정을 하는 경우에는 다음의 방법에 의한다.(소령 143조 ③)

① 기준경비율에 의한 추계소득금액의 계산

㉠ 기준경비율 제도의 개념 : 기준경비율제도란 장부를 기장하지 않는 사업자 등의 소득금액을 추계로 결정·경정하는 경우 수입금액(매출금액)에서 필요경비를 공제하여 소득금액을 계산함에 있어 주요경비(매입비용, 임차료, 인건비)는 증명서류에 의해 인정하고, 나머지 비용은 정부가 정한 기준경비율에 의해 필요경비를 인정하는 방법이다. 다만, 기장능력이 부족한 소규모 사업자는 단순경비율에 의해 소득금액을 계산할 수 있다.

● 기준경비율의 구조

<table>
<tr><td colspan="5">수입금액</td></tr>
<tr><td colspan="3">주요경비</td><td rowspan="2">기준경비</td><td rowspan="2">소득금액</td></tr>
<tr><td>매입비용</td><td>임차료</td><td>인건비</td></tr>
</table>

PART 5

㉡ 기준소득금액의 계산 : 수입금액에서 다음의 금액의 합계액(수입금액을 초과하는 경우에는 그 초과하는 금액은 제외)을 그 소득금액(기준소득금액)으로 결정 또는 경정한다. 이 경우 공제할 금액이 수입금액을 초과하는 경우에는 그 초과금액은 없는 것으로 본다.(소령 143조 ③ 1 전단, 2020.2.11. 개정)

ⓐ 매입경비(사업용 유형자산 및 무형자산의 매입비용은 제외)과 사업용 유형자산 및 무형자산에 대한 임차료로서 증명서류에 의하여 지출하였거나 지출할 금액

ⓑ 종업원의 급여와 임금 및 퇴직급여로서 증명서류에 의하여 지급하였거나 지급할 금액

ⓒ 수입금액에 기준경비율을 곱하여 계산한 금액. 다만, 복식부기의무자의 경우에는 수입금액에 기준경비율의 2분의 1을 곱하여 계산한 금액(2010.12.30. 단서신설)

➲ 복식부기의무자의 과표 양성화를 위해 기장신고 시에 비해 추계신고시 세부담이 줄어드는 경우가 발생하지 않도록 제도적으로 보완한 것임

소득금액 = 수입금액 − 매입비용과 사업용 유형자산 및 무형자산의 임차료 − 종업원의 급여와 임금 및 퇴직급여 − (수입금액 × 기준경비율)*

* 복식부기의무자인 경우에는 (수입금액×기준경비율) 대신 (수입금액 × 기준경비율 × $\frac{1}{2}$)을 적용한다.

이 경우 매입비용과 사업용 유형자산 및 무형자산에 대한 임차료의 범위와 그 증명서류의 종류는 국세청장이 정하는 바에 따른다.(소령 143조 ⑤)

매입비용·임차료의 범위와 증명서류의 종류 고시
(국세청고시 제2024−31호)

소득세법 제80조 제3항 단서, 같은 법 시행령 제143조 제3항 제1호 및 제143조 제5항의 위임에 따라 소득금액을 추계결정 또는 경정하는 경우에 수입금액에서 공제하는 '매입비용과 사업용 유형자산 및 무형자산에 대한 임차료의 범위', '매입비용 및 사업용 유형자산 및 무형자산에 대한 임차료 관련 증명서류의 종류', '종업원의 급여·임금 및 퇴직급여에 대한 증명서류의 종류'에 관한 사항을 다음과 같이 고시합니다.

2024년 9월 13일
국 세 청 장

부 칙

제1조 【시행일】 이 고시는 2024년 9월 13일부터 시행한다.

제2조 【적용례】 이 고시는 이 고시 시행일 이후 최초로 종합소득과세표준확정신고 기한이 도래하는 소득분부터 적용한다.

제1조 【목적】

이 고시는 소득세법 제80조 제3항 단서, 같은 법 시행령 제143조 제3항 제1호 및 제143조 제5항에서 국세청장에게 위임한 바에 따라 소득금액을 추계결정 또는 경정하는 경우에 수입금액에서 공제하는 '매입비용과 사업용 유형자산 및 무형자산에 대한 임차료의 범위', '매입비용 및 사업용 유형자산 및 무형자산에 대한 임차료 관련 증명서류의 종류', '종업원의 급여·임금 및 퇴직급여에 대한 증명서류의 종류'를 정함을 목적으로 한다.

제2조 【매입비용의 범위】

① 매입비용은 다음 각 호의 재화의 매입(사업용 유형자산 및 무형자산의 매입을 제외함)과 외주가공비 및 운송업의 운반비로 한다.

1. 재화의 매입은 재산적 가치가 있는 유체물(상품·제품·원료·소모품 등 유형적 물건)과 동력·열 등 관리할 수 있는 자연력의 매입으로 한다.
2. 외주가공비는 사업자가 판매용 재화의 생산·건설·건축 또는 가공을 타인에게 위탁하거나 하도급하고 그 대가로 지출하였거나 지출할 금액으로 한다.
3. 운송업의 운반비는 육상·해상·항공 운송업 및 운수관련 서비스업을 영위하는 사업자가 사업과 관련하여 타인의 운송수단을 이용하고 그 대가로 지출하였거나 지출할 금액으로 한다.

② 제1항의 외주가공비와 운송업의 운반비 이외의 용역을 제공받고 지출하였거나 지출할 금액은 매입비용에 포함하지 아니한다. 매입비용에 포함되지 않는 용역을 예시하면 다음과 같다.

1. 음식료 및 숙박료
2. 창고료(보관료), 통신비
3. 보험료, 수수료, 광고선전비(광고선전용 재화의 매입은 매입비용으로 함)
4. 수선비(수선용·수리용 재화의 매입은 매입비용으로 함)
5. 사업서비스, 교육서비스, 개인서비스, 보건서비스 및 기타 서비스(용역)를 제공받고 지급하는 금액 등

제3조 【사업용 유형자산 및 무형자산에 대한 임차료의 범위】

사업용 유형자산 및 무형자산에 대한 임차료는 사업에 직접 사용하는 건축물 및 기계장치 등 유형자산 및 무형자산을 타인에게서 임차하고 그 임차료로 지출하였거나 지출할 금액으로 한다.

제4조 【재고자산에 포함된 주요경비의 계산】

① 해당 과세연도 수입금액에서 공제하는 매입비용과 사업용 유형자산 및 무형자산에 대한 임차료 및 종업원의 급여·임금·퇴직급여(이하 "주요경비"라 한다)는 해당 과세연도에 지출하였거나 지출할 금액에 기초재고자산에 포함된 주요경비를 가산하고 기말재고자산에 포함된 주요경비를 공제하여 계산한 금액으로 한다.

② 해당 과세연도의 기초재고자산 또는 기말재고자산에 포함된 주요경비를 따로 계산할 수 없는 경우에는 기초재고자산 및 기말재고자산을 감안하지 않고 해당 과세연도에 지출하였거나 지출할 주요경비를 수입금액에서 공제할 주요경비로 할 수 있다.

③ 직전 과세연도 종료일 이전의 주요경비 지출에 대한 내역과 증명서류가 없어 해당 과세연도 개시일 현재 기초재고자산에 포함된 주요경비를 따로 계산할 수 없으나 해당 과세연도 종료일 현재 기말재고자산에 포함된 주요경비를 따로 계산할 수 있는 경우에는 다음 방법으로 해당 과세연도 개시일 현재 기초재고자산에 포함된 주요경비 금액을 계산할 수 있다.

PART 5

해당 과세연도개시일 현재 기초재고자산에 포함된 주요경비 금액=기초재고자산의 매출환산금액×(직전과세연도 해당 업종의 단순경비율−직전과세연도 해당 업종의 기준경비율)

제5조【매입비용과 사업용 유형자산 및 무형자산에 대한 임차료 관련 증명서류의 종류】

매입비용과 사업용 유형자산 및 무형자산에 대한 임차료는 다음의 증명서류에 의하여 지출하였거나 지출할 사실이 객관적으로 확인되어야 한다.

1. 세금계산서, 계산서, 신용카드매출전표(현금영수증 포함)
2. 소득세법 제160조의2 제2항 단서와 같은 법 시행령 제208조의2 및 같은 법 시행규칙 제95조의3에 따라 위 제1호의 증명서류를 수령하지 않아도 되는 경우에는 지출 사실이 확인되는 영수증 등
3. 매입비용과 사업용 유형자산 및 무형자산에 대한 임차료에 대하여 제1호의 증명서류를 수령하지 아니한 경우에는 종합소득세 과세표준 확정신고서에 소득세법 시행령 제143조 제9항에 따른 주요경비지출명세서를 첨부하여 제출한 금액

제6조【종업원의 급여·임금 및 퇴직급여에 대한 증명서류의 종류】

종업원의 급여·임금·퇴직급여는 다음의 증명서류에 의하여 지급하였거나 지급할 사실이 객관적으로 확인되어야 한다.

1. 급여·임금의 경우 근로소득원천징수영수증 또는 지급명세서를 관할세무서에 제출한 금액
2. 퇴직급여의 경우 퇴직소득원천징수영수증 또는 지급명세서를 관할세무서에 제출한 금액
3. 급여와 임금 및 퇴직급여에 대한 원천징수영수증 또는 지급명세서를 제출할 수 없는 부득이한 사유가 있는 경우에는 소득을 지급받은 자의 주소, 성명, 주민등록번호 등 인적사항이 확인되고 소득을 지급받은 자가 서명 날인한 증명서류

제7조【추계소득금액계산서 기재사항】

제5조 및 제6조의 증명서류 중 세금계산서·계산서·신용카드매출전표(현금영수증 포함) 수령금액과 원천징수영수증·지급명세서 제출금액은 소득세법 시행령 제130조에 따른 별지 제40호 서식(1)의 "추계소득금액계산서(기준경비율적용대상자용)" 작성 시 정규증명서류 수취금액란에 기재한다.

제8조【재검토 기한】

훈령·예규 등의 발령 및 관리에 관한 규정(대통령 훈령 제431호)에 따라 이 고시 발령 후의 법령이나 현실여건의 변화 등을 검토하여 이 고시의 폐지, 개정 등의 조치를 하여야 하는 기한은 2027년 9월 12일까지로 한다.

✓ **광고서비스업을 영위하는 사업자가 기준경비율 적용시 컴퓨터 서버의 유지보수용역을 제공받고 지출하는 금액은 주요경비에 포함하지 아니하는 것임**(소득－856, 2009.3.4.)

✓ **기준경비율 적용시 재고자산에 포함된 주요경비 계산방법**

기준경비율에 의한 추계소득금액 계산시 해당 과세연도의 기말재고자산이 없는 경우에는 국세청 고시 제2010－16호에 따라 기초 및 기말재고자산을 감안하지 않고 해당 과세연도에 지출하였거나 지출할 주요경비를 수입금액에서 공제할 수 있는 것임(소득－188, 2011.2.25.)

✓ **면세사업자의 매입비용에 부가가치세 포함 여부**(소득 해석편람 80－3－3)

소득세법 시행령 제143조 제3항 제1호 가목의 규정을 적용함에 있어서 부가가치세 면세사업자는 부가가치세가 포함된 금액을 매입비용으로 하는 것임(서일 46011－10328, 2002.3.15.)

✓ **국내사업장이 없는 비거주자 등에게 지급한 외주가공비의 "매입비용" 인정여부**

소득세법 제80조 제3항 단서규정 및 같은법 시행령 제143조 규정에 의하여 기준경비율에 의하여 소득금액을 산정하는 경우, 국내사업장이 없는 비거주자 또는 외국법인에게 판매용 재화의 생산을 의뢰하고 지급한 대가로서 지출사실이 확인되는 영수증 등 증빙서류를 비치·보관하고 있는 금액은 "매입비용"으로 인정되는 것임(서면1팀－116, 2005.1.25.)

✓ **기준경비율로 경정청구 가능 여부**

기준경비율 적용대상자가 착오로 단순경비율로 소득금액을 계산하여 과세표준확정신고를 한 경우에는 경정청구 기간 내에 기준경비율로 소득금액을 계산하여 과세표준과 세액의 경정청구를 할 수 있는 것임(소득－3312, 2004.11.17.)

㉢ 연말정산사업소득에 대한 수입금액에 연말정산사업소득의 소득률(☞ 소득세법 시행령 제201조의11 제4항)을 곱하여 계산한 금액을 그 소득금액으로 결정 또는 경정하는 방법(소법 73조 ① 4, 소령 143조 ③ 1의3, 201조의11 ④, 2010.2.18. 신설)

이 경우 연말정산사업소득의 소득률은 (1 - 단순경비율)을 말하며, 해당 과세기간의 단순경비율이 결정되어 있지 아니한 경우에는 직전 과세기간의 단순경비율을 적용한다.(소칙 94조의2)

㉣ 기준경비율에 의한 소득상한배율 설정 : 기준소득금액이 단순경비율을 적용하여 계산한 추계소득금액에 기획재정부령이 정하는 배율을 곱하여 계산한 금액 이상인 경우 2027.12.31.이 속하는 과세기간의 소득금액을 결정 또는 경정할 때까지는 그 배율을 곱하여 계산한 금액을 소득금액으로 결정할 수 있다.(소령 143조 ③ 1 후단, 2025.2.28. 개정)

기준경비율적용대상자의 추계소득금액 = Min(㉠, ㉡)

㉠ 기준경비율에 의한 기준소득금액
㉡ 단순경비율에 의한 추계소득금액×기획재정부배율

● **기획재정부 배율**(소칙 67조)

귀 속	2008년		2009년		2010년~2015년		2016년~2019년		2020년~	
	간편장부 대상자	복식부기 의무자	간편장부 대상자	복식부기 의무자	간편장부 대상자	복식부기 의무자	간편장부 대상자	복식부기 의무자	간편장부 대상자	복식부기 의무자
배 율	2.1	2.6	2.2	2.8	2.4	3.0	2.6	3.2	2.8	3.4

② 단순경비율에 의한 추계소득금액의 계산

수입금액(고용정책 기본법 시행규칙 제5조 제1항에 따른 일자리안정자금은 제외한다)에서 수입금액에 단순경비율을 곱한 금액을 공제한 금액을 그 소득금액으로 결정 또는 경정하는 방법을 말한다.(소령 143조 ③ 1의2, 2020.2.11. 개정, 소칙 67조의2, 2020.3.13. 신설)

추계소득금액 = 수입금액* −(수입금액 × 단순경비율)

* 일자리안정자금은 제외한다.

사 례 기준경비율 적용대상자인 복식부기의무자의 추계소득금액계산(2024년 귀속기준)

- 업종 : 소매업
- 2023년 귀속 수입금액 : 320,000,000원
- 2024년 귀속 수입금액 : 200,000,000원
- 주요경비(증명서류를 갖춘 매입비용, 임차료, 인건비) : 150,000,000원
- 기준경비율 : 7%, 단순경비율 : 90%(가정치)

해 답 43,000,000원

풀 이 ㉠ 기준경비율에 의해 계산한 소득금액(기준소득금액) : 43,000,000원

$$수입금액 - 주요경비 - (수입금액 \times 기준경비율 \times \frac{1}{2})$$

$$200,000,000 - 150,000,000 - (200,000,000 \times 7\% \times \frac{1}{2}) = 43,000,000$$

㉡ 기획재정부 배율에 의한 소득금액 : 68,000,000원
[수입금액 − (수입금액 × 단순경비율)] × 배율
[200,000,000 − (200,000,000 × 90%)] × 3.4 = 68,000,000

㉢ '㉡'의 금액보다 적은 '㉠'의 금액(43,000,000원)이 소득금액으로 선택된다.

> ✓ **단순경비율적용대상자의 추계소득금액 계산방법**
> 단순경비율 적용대상자에 대해 해당연도 소득금액을 추계로 결정하는 경우 단순경비율에 의하여 계산된 소득금액이 기준경비율에 의하여 계산된 소득금액 이상인 경우에는 기준경비율에 의하여 계산한 금액을 소득금액으로 결정할 수 있는 것임(서면1팀-211, 2006.2.16.)

③ 동업자권형 방법

기준경비율 또는 단순경비율이 결정되지 아니하였거나 천재지변 기타 불가항력으로 장부 기타 증명서류가 멸실된 때에는 기장이 가장 정확하다고 인정되는 동일업종의 다른 사업자의 소득금액을 참작하여 그 소득금액을 결정 또는 경정하는 방법을 말한다. 다만, 동일 업종의 다른 사업자가 없는 경우로서 과세표준확정신고 후에 장부 등이 멸실된 때에는 신고서 및 그 첨부서류에 의하고 과세표준확정신고 전에 장부 등이 멸실된 때에는 직전과세기간의 소득률에 의하여 소득금액을 결정 또는 경정한다.(소령 143조 ③ 2)

> ✓ **천재지변 등의 경우에 있어서 소득금액의 계산**(소통 80-143…1)
> 법 제80조 제3항 단서 및 영 제143조 제3항 제2호의 규정에 의하여 천재지변·기타 불가항력으로 장부·기타 증빙서류가 멸실된 경우에 있어서 해당연도의 소득금액을 추계결정·경정하는 때에는 추계결정·경정 소득금액에서 다음에 해당되는 금액을 차감하여 소득금액을 계상한다.
> ① 사업용고정자산이 천재지변·기타 불가항력인 사유로 파손 또는 멸실된 경우에는 해당 고정자산의 장부가액
> ② 사업용고정자산이 고유목적에 전혀 사용할 수 없거나 다른 용도에도 전용할 수 없는 경우에는 해당 자산의 장부가액과 처분가액(처분하지 아니한 때에는 평가한 가액)과의 차액
> ③ 보수·개수 또는 수리함으로써 재사용이 가능한 해당 사업용고정자산은 보수·개수 또는 수리에 지출한 비용상당액(다만, 자본적지출에 상당하는 금액은 제외)
>
> ✓ **추계경정 대상 여부**(소득 해석편람 80-2-3)
> 사업자가 매입세금계산서합계표의 일부 또는 전부를 제출누락한 경우에는 해당연도의 과세표준과 세액을 경정할 수 있는 것이나, 수입금액을 장부 및 증빙서류에 의하여 계산할 수 없는 경우에만 동업자권형 등의 방법으로 추계경정할 수 있음. 또한, 해당연도 소득금액을 실지조사하는 경우 임대료 등을 필요경비에 산입하지 아니한 사실이 확인되는 때에는 필요경비에 산입할 수 있는 것임(소득 46011-2506, 1999.7.12.)

④ 기 타

기타 국세청장이 합리적이라고 인정하는 방법(소령 143조 ③ 3)

3) 추계결정방법에 의한 결정시의 소득금액 계산특례

① 충당금 등의 가산

총수입금액에 산입할 충당금·준비금 등이 있는 자에 대한 소득금액을 추계결정 또는 경정하는 때에는 추계에 의하여 계산한 소득금액에 해당 과세기간의 총수입금액에 산입할 충당금·준비금 등을 가산한다.(소령 143조 ⑧)

② 이월결손금의 공제 배제

해당 과세기간의 소득금액에 대하여 추계신고(비치·기록한 장부와 증명서류에 의하지 아니한 신고를 말한다)를 하거나 추계조사결정하는 경우에는 이월결손금을 공제하지 아니한다. 다만, 천재지변이나 그 밖의 불가항력으로 장부 그 밖의 증명서류가 멸실되어 추계신고를 하거나 추계조사결정을 하는 경우에는 이월결손금을 공제한다.(소법 45조 ④)

(4) 추계결정·경정시 과세표준의 계산

과세표준을 추계결정 또는 경정하는 경우에는 추계에 의하여 산출한 소득금액에서 인적공제와 특별소득공제를 하여 과세표준을 계산한다.(소령 143조 ②)

• 제 2 절 과세표준과 세액의 통지

납세지 관할 세무서장 또는 지방국세청장은 거주자의 과세표준과 세액을 결정 또는 경정한 때에는 이를 해당 거주자 또는 상속인에게 다음과 같이 서면으로 통지하여야 한다. 다만, 조세조약의 상대국과 그 조세조약의 상호합의결정에 따라 거주자가 국외에 있는 비거주자 또는 외국법인과 거래한 그 금액에 대하여 권한있는 당국간에 합의를 하는 경우에는 그 합의에 따라 납세지 관할 세무서장 또는 지방국세청장이 그 거주자의 각 과세기간의 과세표준과 세액의 결정 또는 경정을 한 때에는 지체없이 통지하여야 한다.(소법 42조 ①, 83조)

① 서면통지

납세지 관할 세무서장 또는 관할지방국세청장이 과세표준과 세액을 통지하고자 하는 때에는 과세표준과 세율·세액 기타 필요한 사항을 서면으로 통지하여야 한다. 이 경우 납부할 세액이 없는 때에도 또한 같다.(소령 149조 ①)

② 상속인별 통지

납세지 관할 세무서장 또는 관할지방국세청장이 피상속인의 소득금액에 대한 소득세를 2인 이상의 상속인에게 과세하는 경우에는 과세표준과 세액을 그 지분에 따라 배분하여 상속인별로 각각 통지하여야 한다.(소령 149조 ②)

• 제 3 절 세액의 징수와 환급

1 징 수

(1) 확정신고세액 등의 징수

납세지 관할 세무서장은 거주자가 다음에 해당하면 그 미납된 부분의 소득세액을 국세징수법에 따라 징수한다.(소법 85조 ①, 2013.1.1. 개정)

① 중간예납추계액에 의하여 중간예납세액을 신고·납부하여야 할 자가 해당 세액의 전부 또는 일부를 납부하지 아니한 경우

② 확정신고자진납부에 의하여 해당 과세기간의 소득세로 납부하여야 할 세액의 전부 또는 일부를 납부하지 아니한 경우

(2) 결정·경정에 따른 추가징수세액의 징수

납세지 관할 세무서장은 확정신고자진납부에 의하여 징수하거나 납부된 거주자의 해당 과세기간의 소득세액이 납세지 관할 세무서장 또는 지방국세청장이 결정 또는 경정한 소득세액에 미달할 때에는 그 미달할 세액을 징수한다. 중간예납세액의 경우에도 또한 같다.(소법 85조 ②)

(3) 원천징수세액의 징수

납세지 관할 세무서장은 원천징수의무자(납세조합 포함)가 징수하였거나 징수하여야 할 세액을 그 기한까지 납부하지 아니하였거나 미달하게 납부한 경우에는 그 징수하여야 할 세액에 원천징수 납부불성실가산세액을 더한 금액을 그 세액으로 하여 그 원천징수의무자로부터 징수하여야 한다. 다만, 원천징수의무자가 원천징수를 하지 아니한 경우로서 다음에 해당하는 경우에는 가산세액만을 징수한다.(소법 85조 ③, ⑤)

① 납세의무자가 신고·납부한 과세표준금액에 원천징수하지 아니한 원천징수대상 소득금액이 이미 산입된 경우

② 원천징수하지 아니한 원천징수대상소득금액에 대해서 납세의무자의 관할 세무서장이 그 납세의무자에게 직접 소득세를 부과·징수하는 경우

2 소액부징수

다음에 해당하는 경우에는 해당 소득세를 징수하지 아니한다.(소법 86조)

① 원천징수세액(이자소득과 원천징수대상 사업소득 중 인적용역을 계속적·반복적으로 공급하고 그 대가로 받은 사업소득은 제외한다)이 1천원 미만인 경우(소법 86조 1, 2023.12.31. 개정, 소령 149조의3, 2024.2.29. 신설)

➲ 2024.7.1. 이후 지급하는 소득에 대하여 원천징수하는 경우부터 적용한다.(2023.12.31. 법 부칙 6조)

② 납세조합의 징수세액이 1천원 미만인 경우

③ 중간예납세액이 50만원 미만인 경우 ➲ 2022.1.1.부터 시행한다.(2021.12.8. 법 부칙 1조)

✓ 일용근로자의 원천징수세액 소액부징수 판정기준

일용근로자의 일급여에 대한 원천징수세액이 1천원 미만인 때에는 소액부징수규정을 적용하여 원천징수하지 않는 것이나, 동 규정은 원천징수시기에 원천징수할 세액의 소득자별 합계액을 기준으로 적용하는 것이므로 일용근로자의 일급여를 일정기간 단위로 일괄 지급하는 때에는 일별 소득세가 1천원 미만인 경우에도 일괄 지급액에 대한 일별 징수세액의 합계액을 기준으로 소액부징수 여부를 판단함(법인 46013-343, 1997.2.1.)

✓ 확정신고 자진납부

종합소득과세표준에 합산되는 이자소득이 있는 거주자가 종합소득산출세액에서 감면세액과 세액공제액을 공제한 금액을 과세표준확정신고기한까지 납부함에 있어 원천징수세액을 공제하여 납부하는 것으로 고지할 국세(인지세를 제외한다)·가산금 또는 체납처분비의 합계액이 3,000원(2003.12.30.부터 1만원) 미만인 때에는 그 금액은 없는 것으로 보는 것임(서일 46011-10802, 2002.6.12.)

✓ 소액부징수 적용시기등

① 국고금단수계산법 제1조 제1항의 규정은 국세를 납부하는 때 적용하는 것이고,

② 소득세법 제86조 제1호의 "소액부징수" 규정은 소득세법 제127조의 소득을 지급하는 때 원천징수할 세액의 소득자별 합계액을 기준으로 적용하는 것임(법인 46012-448, 2001.2.28.)

✓ 소득세 소액부징수 규정의 적용

원천징수세액 소액부징수 규정은 지급시점에서 소득자별로 지급액에 대해 원천징수할 세액의 합계액을 기준으로 판단하는 것이므로 일정기간 단위의 포상금을 일괄지급하는 경우에는 건별 징수세액의 합계액을 기준으로 소액부징수 규정을 적용하는 것이며, 특별제안제도의 발의와 실시 완료시 포상금을 각각 별도로 지급하는 경우에는 지급일자별 징수세액을 기준으로 소액부징수 규정을 적용하는 것임(법인 46013-713, 1999.2.25.)

3 환 급

① 납세지 관할 세무서장은 중간예납·토지 등 매매차익예정신고납부·수시부과 및 원천징수한 세액이 종합소득총결정세액과 퇴직소득총결정세액의 합계액을 각각 초과하는 경우에는 그 초과하는 세액은 환급하거나 다른 국세 및 강제징수비에 충당하여야 한다.(소법 85조 ④, 2020.12.29. 개정)

② 과세의 대상이 되는 소득, 수익, 재산, 행위 또는 거래의 귀속이 명의일 뿐이고 사실상 귀속되는 자(이하 "실질귀속자"라 한다)가 따로 있어 명의대여자에 대한 과세를 취소하고 실질귀속자를 납세의무자로 하여 과세하는 경우 명의대여자 대신 실질귀속자가 납부한 것으로 확인된 금액은 실질귀속자의 기납부세액으로 먼저 공제하고 남은 금액이 있는 경우에는 실질귀속자에게 환급한다.(국기법 51조 ⑪, 2019.12.31. 신설)

➲ 2020.1.1. 이후 국세를 환급하는 분부터 적용한다.(2019.12.31. 국기법 부칙 9조)

✓ **명의대여자 자신의 재산으로 납부한 종합소득세를 명의대여자에게 환급이 가능한지 여부**

명의대여자에 대한 결정취소로 발생한 환급세액은 명의대여자의 재산으로 납부된 것이 확인되는 경우에는 명의대여자에게 환급하여야 함(서면법령해석기본 2016-3206, 2016.4.15.)

✓ **명의위장자에게 환급 여부**(소득 해석편람 85-1-1)

단순한 명의위장임이 확인되어 국세기본법 제14조의 규정에 의하여 실소득자에게 소득세를 과세함에 있어, 당초 명의자의 소득금액을 결정취소함에 따라 발생되는 환급세액은 명의자에게 환급하지 아니하고 실소득자의 기납부세액으로 공제하는 것임(소득 46011-24, 1999.1.14.)

✓ **주된 공동사업자의 합산에 따른 감액세액**(소득 해석편람 85-1-2)

다른 공동사업자의 사업소득이 주된 공동사업자의 사업소득으로 합산됨에 따라 감액되는 세액은 주된 공동사업자의 기납부세액으로 공제하는 것이 아니라, 다른 공동사업자의 납부할 세액에 충당하거나 환급하여야 하는 것임(소득 46011-2620, 1999.7.9.)

Chapter

05 가산세

가산세라 함은 세법에 규정하는 의무의 성실한 이행을 확보하기 위하여 그 세법에 의하여 산출한 세액에 가산하여 징수하는 금액을 말한다.(국기법 2조 4, 2018.12.31. 개정) 이러한 가산세는 납세의무자가 세법상의 각종 의무를 이행하지 않을 경우 그에 대한 행정벌로서 조세의 형태로 가산세를 부과하도록 하고 있는 것이다.

Ⅰ 가산세의 부과

① 정부는 세법에서 규정한 의무를 위반한 자에게 이 법 또는 세법에서 정하는 바에 따라 가산세를 부과할 수 있다.(국기법 47조 ①)

② 가산세는 해당 의무가 규정된 세법의 해당 국세의 세목(稅目)으로 한다. 다만, 해당 국세를 감면하는 경우에는 가산세는 그 감면대상에 포함시키지 아니하는 것으로 한다.(국기법 47조 ②)

③ 가산세는 납부할 세액에 가산하거나 환급받을 세액에서 공제한다.(국기법 47조 ③, 2011.12.31. 신설)

Ⅱ 가산세의 감면

① 정부는 국세기본법 또는 세법에 따라 가산세를 부과하는 경우 그 부과의 원인이 되는 사유가 다음 중 하나에 해당하는 경우에는 해당 가산세를 부과하지 아니한다.(국기법 48조 ①, 2018.12.31. 개정)

㉠ 기한 연장 사유(국세기본법 제6조)에 해당하는 경우(2020.12.22. 개정)

㉡ 납세자가 의무를 이행하지 아니한 데에 정당한 사유가 있는 경우

㉢ 그 밖에 위 '㉠ 및 ㉡'과 유사한 경우로서 다음에 해당하는 경우(국기법 48조 ① 3, 국기령 28조 ①, 2019.2.12. 신설)

ⓐ 세법해석에 관한 질의·회신 등에 따라 신고·납부하였으나 이후 다른 과세처분을 하는 경우

ⓑ 공익사업을 위한 토지 등의 취득 및 보상에 관한 법률에 따른 토지 등의 수용 또는 사용, 국토의 계획 및 이용에 관한 법률에 따른 도시·군계획 또는 그 밖의 법령 등으로 인해 세법상 의무를 이행할 수 없게 된 경우

ⓒ 실손의료보험금을 의료비에서 제외할 때에 실손의료보험금 지급의 원인이 되는 의료비를 지출한 과세기간과 해당 보험금을 지급받은 과세기간이 달라 해당 보험금을 지급받은 후 의료비를 지출한 과세기간에 대한 소득세를 수정신고하는 경우(해당 보험금을 지급받은 과세기간에 대한 종합소득 과세표준 확정신고기한까지 수정신고하는 경우로 한정한다)(국기령 28조 ① 3, 2021.2.17. 신설)

➲ 2021.2.17. 이후 소득세를 수정신고하는 경우부터 적용한다.(2021.2.17. 국기령 부칙 3조)

② 과세전적부심사 결정·통지기간에 그 결과를 통지하지 아니한 경우(결정·통지가 지연됨으로써 해당 기간에 부과되는 납부지연가산세만 해당한다)에는 해당 가산세액의 50%에 상당하는 금액을 감면한다.(국기법 48조 ② 3 가)

③ 세법에 따른 제출·신고·가입·등록·개설의 기한이 지난 후 1개월 이내에 해당 세법에 따른 제출 등의 의무를 이행하는 경우(제출 등의 의무위반에 대하여 세법에 따라 부과되는 가산세만 해당한다)에는 해당 가산세액의 50%에 상당하는 금액을 감면한다.(국기법 48조 ② 3 나)

④ 정부는 과세표준신고서를 법정신고기한까지 제출한 자가 법정신고기한이 지난 후 2년 이내에 수정신고한 경우(과세표준과 세액을 경정할 것을 미리 알고 과세표준수정신고서를 제출한 경우는 제외)에는 과소신고가산세 및 초과환급신고가산세 중 다음의 금액을 감면한다.(국기법 48조 ② 1, 2019.12.31. 개정)

구 분	감 면 율
① 법정신고기한이 지난 후 1개월 이내에 수정신고한 경우	90%
② 법정신고기한이 지난 후 1개월 초과 3개월 이내에 수정신고한 경우	75%
③ 법정신고기한이 지난 후 3개월 초과 6개월 이내에 수정신고한 경우	50%
④ 법정신고기한이 지난 후 6개월 초과 1년 이내에 수정신고한 경우	30%
⑤ 법정신고기한이 지난 후 1년 초과 1년 6개월 이내에 수정신고한 경우	20%
⑥ 법정신고기한이 지난 후 1년 6개월 초과 2년 이내에 수정신고한 경우	10%

⑤ 위 '④'에도 불구하고 세법에 따른 예정신고기한까지 예정신고를 하였으나 과소신고하거나 초과신고한 경우로서 확정신고기한까지 과세표준을 수정하여 신고한 경우 해당 기간에 부과되는 과소신고·초과환급신고가산세의 50%를 감면한다. 다만, 과세표준과 세액을 경정할 것을 미리 알고 과세표준신고를 하는 경우는 감면대상에서 제외한다.(국기법 48조 ② 3 다, 2017.12.19. 신설)

⑥ 과세표준신고서를 법정신고기한까지 제출하지 아니한 자가 법정신고기한이 지난 후 기한 후 신고를 한 경우(과세표준과 세액을 결정할 것을 미리 알고 기한 후 과세표준신고서를 제출한 경우는 제외)에는 다음의 구분에 따른 무신고가산세액을 감면한다. (국기법 48조 ② 2, 2019.12.31. 개정)

구 분	감 면 율
① 법정신고기한이 지난 후 1개월 이내에 기한 후 신고한 경우	50%
② 법정신고기한이 지난 후 1개월 초과 3개월 이내에 기한 후 신고한 경우	30%
③ 법정신고기한이 지난 후 3개월 초과 6개월 이내에 기한 후 신고한 경우	20%

⑦ 위 '⑥'에도 불구하고 세법에 따른 예정신고기한까지 예정신고를 하지 아니하였으나 확정신고기한까지 과세표준신고를 한 경우 해당 기간에 부과되는 무신고가산세의 50%를 감면한다. 다만, 과세표준과 세액을 경정할 것을 미리 알고 과세표준신고를 하는 경우는 제외한다.(국기법 48조 ② 3 라, 2017.12.19. 신설)

✓ **정당한 사유가 있는 경우에는 가산세를 부과할 수 없음**(대법원 2001두7886, 2003.1.10 외 다수)

세법상 가산세는 조세채권의 실현을 용이하게 하기 위하여 납세자가 정당한 이유 없이 법에 규정된 신고·납세 등 각종 의무를 위반한 경우에 부과되는 행정상의 제재로서 납세자의 고의·과실은 고려되지 않는 반면, 납세의무자가 그 의무를 알지 못한 것이 무리가 아니었다고 할 수 있어 그를 정당시 할 수 있는 사정이 있거나 그 의무의 이행을 당사자에게 기대하는 것이 무리라고 하는 사정이 있을 때 등 그 의무해태를 탓할 수 없는 정당한 사유가 있는 경우에는 이를 과할 수 없다.(법령의 부지 및 오해는 정당한 사유에 해당하지 않음)

→ 구체적으로 무엇이 "정당한 사유"에 해당될 것인지는 개별적인 판단을 필요로 한다.

✓ **정당한 사유에 해당여부**(국기 집행기준 48-0-2)

정당한 사유로 본 사례	• 법률의 오해나 부지를 넘어 세법해석상의 의의(疑意)가 있는 경우 • 행위 당시에는 적법한 의무이행이었으나 사정변경으로 인하여 소급적으로 부적법한 것이 되어 외관상 의무이행이 없었던 것처럼 된 경우(대법원 86누460, 1987.10.28.) • 의무이행이 수용, 도시계획이나 법률규정 때문에 불가능한 경우 • 납세의무자가 과세표준확정신고를 하는데 있어 필요한 장부와 증빙서류가 수사기관이나 과세관청에 압수 또는 영치되어 있는 관계로 의무이행을 하지 못한 경우(대법원 85누229, 1987.2.24.) • 당초 관할세무서가 정당하게 경정·고지하여 납세자가 납부한 종합소득세액을 관할지방국세청이 고충민원처리로 시정의결하여 납세자에게 환급하였다가 감사원의 시정요구에 의하여 다시 고지한 경우(조세정책과-945, 2009.9.22.)
정당한 사유로 보지 아니한 사례	• 법령의 부지·착오 • 세무공무원의 잘못된 설명을 믿고 그 신고납부 의무를 이행하지 아니하였다 하더라도 그것이 관계법령에 어긋나는 것임이 명백한 경우 • 과세관청이 기재누락을 시정할 수 있었다 하더라도 납세자측의 과실로 근로소득원천징수영수증에 소득자의 주소나 주민등록번호를 기재할 의무를 제대로 이행하지 못한 경우 • 쟁송중이어서 납세의무의 이행을 기대할 수 없다거나 회사정리절차개시 단계에 있었던 경우 • 징수유예사유가 발생하였다는 사정이 있다거나 납부기간 경과 전에 징수유예 신청을 한 경우라도 과세관청이 납부기한 경과 전에 징수유예결정을 하지 않은 경우 • 납세자가 형사범으로 수감되어 세법상 의무이행을 법정신고기한까지 못한 경우(대법원 90구2705, 1990.10.23.)

✓ **신고의무불이행에 대한 정당한 사유가 인정되어 과소신고가산세가 부과되지 않은 경우 납부불성실가산세도 부과되지 아니하는 것임**(기획재정부조세정책-88, 2011.1.21.)

PART 5

Ⅲ 가산세의 중복적용 배제(소득 집행기준 81-0-2)

① 무신고가산세·과소신고가산세·초과환급신고가산세와 장부의 기록·보관 불성실 가산세(무기장가산세)가 동시 적용되는 경우 큰 금액에 해당하는 가산세를 적용하고, 가산세액이 같은 경우 무신고가산세·과소신고가산세·초과환급신고가산세만 적용한다.

② 예정신고와 관련하여 무신고·과소신고·초과환급신고가산세가 부과되는 부분에 대해서는 확정신고와 관련하여 무신고·과소신고·초과환급신고가산세를 부과하지 아니한다.

③ 중간예납 및 예정신고납부와 관련하여 납부지연가산세가 부과되는 부분에 대해서는 확정신고납부와 관련하여 납부지연가산세를 부과하지 아니한다.

④ 계산서합계표 관련 가산세와 계산서 미교부가산세가 중복될 때에는 계산서 미교부가산세는 적용하지 아니하며, 부가가치세법에 따라 세금계산서 관련 가산세가 적용되는 부분에 대해서는 계산서 관련 가산세를 적용하지 않는다.

⑤ 상속세 및 증여세법에 따라 출연재산보고서 제출의무를 이행하지 아니하거나, 출연받은 재산에 대한 장부의 작성·비치의무를 이행하지 아니하여 가산세가 부과되는 경우에는 기부자별 발급명세서 미작성(미보관)금액에 해당하는 가산세를 적용하지 않는다.

Ⅳ 가산세의 한도

다음의 가산세에 대해서는 그 의무위반의 종류별로 각각 5천만원(중소기업기본법 제2조 제1항에 따른 중소기업이 아닌 기업은 1억원)을 한도로 한다. 다만, 해당 의무를 고의적으로 위반한 경우에는 그러하지 아니하다.(국기법 49조 ① 1, 2019.12.31. 개정)

① 영수증 수취명세서 제출·작성 불성실 가산세(소법 81조)

② 사업장현황신고불성실가산세(소법 81조의3)

③ 증명서류 수취 불성실 가산세(소법 81조의6)

④ 기부금영수증 발급·작성·보관 불성실 가산세(소법 81조의7)

⑤ 계산서 등 제출 불성실 가산세(소법 81조의10)

⑥ 지급명세서 등 제출 불성실 가산세(소법 81조의11, 2021.3.16. 개정)

⑦ 특정외국법인의 유보소득 계산 명세서 제출 불성실 가산세(소법 81조의13)

V 경정 등의 경우 가산세 적용특례

① 사업자가 결정·경정 또는 수정신고로 인하여 수입금액이 증가함에 따라 간편장부대상자에 해당되지 아니하게 되는 경우에는 소득세법 제70조 제4항 후단(☞ 복식부기의무자가 재무제표 등의 서류를 제출하지 아니한 경우의 무신고가산세 적용 규정) 및 제160조의5 제3항(☞ 복식부기의무자의 과세기간 개시일 후 6개월 내 사업용계좌 신고의무 규정)을 적용할 때 그 결정·경정 또는 수정신고 하는 날이 속하는 과세기간까지는 간편장부대상자로 본다. 다만, 결정·경정 또는 수정신고 하는 날이 속하는 과세기간 이전에 복식부기의무자로 전환된 경우에는 복식부기의무자로 전환된 과세기간의 직전과세기간까지는 간편장부대상자로 본다.(소령 147조의5 ①, 2020.2.11. 조번변경)

② 현금영수증가맹점 미가입에 대한 가산세규정(소득세법 제81조 제11항 제1호)은 결정 또는 경정에 의하여 현금영수증가맹점으로 가입하여야 할 사업자에 해당하게 되는 경우에도 적용한다.(소령 147조의5 ②, 2020.2.11. 조번변경)

VI 가산세의 종류

종 류	주 요 내 용
무신고가산세	(1) 일반무신고가산세 • 복식부기의무자 아닌 개인 : 무신고납부세액 × 20% • 복식부기의무자 : Max(㉠, ㉡) ㉠ 무신고납부세액 × 20% ㉡ 수입금액 × 0.07%
	(2) 부정무신고가산세 • 복식부기의무자 아닌 개인 : 무신고납부세액 × 40%* • 복식부기의무자 : Max(무신고납부세액 × 40%*, 수입금액 × 0.14%) * 역외거래에서 발생한 부정행위로 국세의 과세표준 신고를 하지 아니한 경우에는 60% 적용
과소신고·초과환급 신고가산세	(1) 일반과소신고 등 가산세 • 일반과소신고 등 납부세액* × 10% * 가산세와 세법에 따라 가산하여 납부하여야 할 이자상당가산액이 있는 경우 그 금액은 제외한다.
	(2) 부정과소신고 등 가산세 • 복식부기의무자 아닌 개인 = 부정과소신고 등 납부세액 × 40%* + 일반과소신고 등 납부세액 × 10% * 역외거래에서 발생한 부정행위로 과소신고하거나 초과신고한 경우에는 60% 적용

<table>
<tr><th>종 류</th><th colspan="2">주 요 내 용</th></tr>
<tr><td>과소신고·초과환급
신고가산세</td><td colspan="2">• 복식부기의무자 = ① + ②
① Max [① 부정과소신고 등 납부세액 × 40%*
② 부정과소신고 등 수입금액 × 0.14%]
* 역외거래에서 발생한 부정행위로 과소신고하거나 초과신고한 경우에는 60% 적용
② 일반과소신고 등 납부세액 × 10%</td></tr>
<tr><td>납부지연가산세
(미납·과소납부)</td><td colspan="2">• 미납세액·과소납부세액 × 경과일수 × 0.022%*
• 2020년부터는 납부지연가산세로서 ① + ②를 적용한다.
① 미납세액 × 기간 × 0.022%*
② 미납세액 × 3%(납부고지서의 납부기한까지 완납하지 않은 경우)
* 2019.2.11.까지는 0.03%, 2019.2.12.부터 2022.2.14.까지는 0.025%, 2022.2.15.부터는 0.022%를 적용함</td></tr>
<tr><td>납부지연가산세
(초과환급)</td><td colspan="2">• 초과환급받은 세액 × 경과일수 × 0.022%*
• 2020년부터는 납부지연가산세로서 ① + ②를 적용한다.
① 초과환급세액 ×기간 × 0.022%*
② 미납세액 × 3%(납부고지서의 납부기한까지 완납하지 않은 경우)
* 2019.2.11.까지는 0.03%, 2019.2.12.부터 2022.2.14.까지는 0.025%, 2022.2.15.부터는 0.022%를 적용함</td></tr>
<tr><td>장부의 기록·보관
불성실 가산세</td><td colspan="2">• 무기장·미달기장 산출세액 × 20%
➲ 소규모사업자 적용 배제</td></tr>
<tr><td>지급명세서 제출 불성실
가산세</td><td>• 미제출·불분명·사실과 다른 금액 × 1%(3월내 지연제출은 0.5%)
• 일용근로소득 지급명세서 미제출·불분명·사실과 다른 금액× 0.25%(1월내 지연제출은 0.125%)
* 2021.7.1. 이후 지급분에 대한 제출분부터 적용</td><td rowspan="5">종류별로 각각
1억원의 한도 적용
(중소기업은
5천만원 한도 적용)</td></tr>
<tr><td>간이지급
명세서 제출
불성실 가산세
(2021.3.16. 개정)</td><td>㉠ 미제출금액 × 0.25%*1(3월내*2 지연제출은 0.125%*1)
*1. 2021.1.1. 이후 제출분부터 적용
*2. 2021.7.1. 이후 지급분의 제출분부터 원천징수대상 사업소득은 1월내 지연제출시 0.125% 적용
㉡ 불분명·사실과 다른 금액 × 0.25%*
* 2021.1.1. 이후 제출분부터 적용
㉢ 일용근로소득·원천징수대상 사업소득의 불분명·사실과 다른 금액이 5%이하 이면 ㉡의 가산세 배제
㉣ 인적용역 기타소득은 지급명세서 제출시 2024년분 한정 가산세 배제규정 있음</td></tr>
<tr><td rowspan="3">계산서 등
제출 불성실 가산세</td><td>• 발급한 계산서의 불분명분 공급가액 × 1%</td></tr>
<tr><td>• 합계표 미제출(불분명)분 공급가액 × 0.5%*(1월내 지연제출은 0.3%*)
* 2018.1.1. 이후 제출기한이 도래하는 분부터 적용</td></tr>
<tr><td>• 미발급분 공급가액×2%
➲ 2018.1.1. 이후 공급하는 재화 또는 용역에 대하여 계산서를 발급하는 분부터 적용함</td></tr>
</table>

종 류	주 요 내 용	
계산서 등 제출 불성실 가산세	• 전자계산서 발급의무자의 전자계산서 외 발급분 공급가액×1% • 지연발급분 공급가액×1% ➲ 2018.1.1. 이후 공급하는 재화 또는 용역에 대하여 계산서를 발급하는 분부터 적용함 • 가공·위장 계산서 수수분 공급가액×2% • 전자계산서 발급명세 지연전송분 공급가액×0.3%* * 2019.1.1. 이후 재화 또는 용역을 공급하는 분부터 적용 • 전자계산서 발급명세 미전송분 공급가액×0.5%* * 2019.1.1. 이후 재화 또는 용역을 공급하는 분부터 적용 • 비사업자의 재화·용역 공급없는 계산서 수수금액×2%	종류별로 각각 1억원의 한도 적용 (중소기업은 5천만원 한도 적용)
증명서류 수취 불성실 가산세	• 지출증명 미수취금액×2% ➲ 소규모사업자 및 소득금액 추계자* 적용 배제 * 단순경비율 적용대상자 외의 자는 주요경비를 제외한 지출에 한함	
영수증 수취명세서 제출·작성 불성실 가산세	• 미제출(불분명)금액×1% ➲ 소규모사업자 및 소득금액 추계자* 적용 배제 * 단순경비율 적용대상자 외의 자는 주요경비를 제외한 지출에 한함	
사업장현황신고 불성실가산세	• 미신고·미달신고 수입금액×0.5% ➲ 의료업, 수의업, 약사업에만 적용함	
기부금영수증 발급·작성·보관 불성실 가산세(기부금영수증 발급대상 단체에 한함)	• 사실과 다른 금액발급 : 사실과 다른 발급금액×5% • 기부자별 발급명세 불성실 : 미작성(미보관)금액×0.2%	
특정외국법인의 유보소득 계산 명세서 제출 불성실 가산세	• 해당 특정외국법인의 배당가능 유보소득×0.5%	
공동사업장 등록·신고 불성실 가산세	• 미등록·거짓등록 해당 과세기간 총수입금액×0.5% • 미신고·거짓신고 해당 과세기간 총수입금액×0.1%	
사업용계좌 신고·사용 불성실 가산세 (복식부기의무자에 한함)	• 미사용금액×0.2% • 사업용계좌 무신고 : Max(①, ②) ① 미신고기간의 수입금액×0.2% ② 미사용거래금액 합계액×0.2%	
신용카드 발급 불성실가산세	• 거부·거짓발급 금액×5%(건별 최하 5천원)	
현금영수증 발급 불성실가산세	• 미가입기간의 수입금액×1% • 발급거부·거짓발급 금액×5%(건별 최하 5천원) • 의무발급사업자의 미발급금액×20%(10일 이내 발급분은 10%)	
주택임대사업자 미등록 가산세	• 미등록기간의 주택임대수입금액× 0.2% ➲ 2020.1.1. 이후 개시하는 과세기간부터 적용	

종 류	주 요 내 용
성실신고확인서 제출 불성실 가산세	(1) 2021.12.31.까지의 적용규정 • 종합소득산출세액 × $\frac{\text{사업소득금액}}{\text{종합소득금액}}$ × 5% (2) 2022.1.1.부터의 적용 규정 • Max(㉠, ㉡) ㉠ 종합소득산출세액 × $\frac{\text{사업소득금액}}{\text{종합소득금액}}$ × 5% ㉡ 사업소득의 총수입금액 × 0.02%
업무용승용차 관련 비용 명세서 제출 불성실 가산세 (2021.12.8. 신설)	➲ 2022년 필요경비 산입분부터 적용 • 미제출 : 필요경비 산입액 × 1% • 사실과 다른 제출 : 사실과 다른 금액 × 1%
원천징수 등 납부지연가산세	• Min(①, ②) ① 미납세액 × 3% + 미납세액 ×미납기간 × 0.022%* ② 한도 : 미납세액 × 10% 또는 50% * 2019.2.11.까지는 0.03%, 2019.2.12.부터 2022.2.14.까지는 0.025%, 2022.2.15.부터는 0.022%를 적용함
감정가액·환산취득가액 적용 가산세	• 감정가액·환산취득가액× 5%* * 신축·증축 후 5년 내 양도시 취득가액을 감정가액·환산가액으로 하는 경우 적용

2006.12.30. 개정세법에서 세목간 가산세의 형평 및 입법의 효율화를 위하여 신고세목 전체에 공통적으로 적용되는 신고불성실가산세 및 납부불성실가산세를 국세기본법에 통일적으로 규정함에 따라 그동안 소득세법 제81조에서 규정하던 신고불성실가산세 및 납부불성실가산세의 관련내용을 국세기본법에서 규정하게 되었다.

1 무신고가산세

➲ 무신고가산세를 계산할 때 세액공제액과 세액감면액이 무신고세액에 포함되는 불합리한 점을 해소하기 위하여 '산출세액' 기준에서 '납부세액' 기준으로 2014.12.23. 개정하였다.

무신고가산세를 적용함에 있어서 수입금액은 사업소득에 대한 해당 개인의 총수입금액을 말한다.(국기법 47조의2 ② 1 가)

(1) 일반무신고가산세

① 납세의무자가 법정신고기한까지 소득세의 과세표준 신고(예정신고를 포함하며, 농어촌특별세법에 따른 신고는 제외한다)를 하지 아니한 경우에는 그 신고로 납부하여야 할 세액(가산세와 세법에 따라 가산하여 납부하여야 할 이자상당가산액이 있는 경우

그 금액은 제외하며, 이하 "무신고납부세액"이라 한다)의 20%에 상당하는 금액을 가산세로 한다.

다만, 종합소득 과세표준확정신고를 하지 아니한 자가 복식부기의무자인 경우에는 무신고납부세액의 20%에 상당하는 금액과 수입금액(소득세법에 따라 계산한 사업소득에 대한 개인의 총수입금액)에 0.07%를 곱하여 계산한 금액 중 큰 금액을 가산세로 한다.(국기법 47조의2 ①, 2019.12.31. 개정)

- 무신고가산세(복식부기의무자 아닌 개인) = 무신고납부세액[*1] × 20%
- 무신고가산세(복식부기의무자) = Max(㉠, ㉡)

㉠ 무신고납부세액[*1] × 20%
㉡ 수입금액[*2] × 0.07%

*1. 소득세의 과세표준신고로 납부하여야 할 세액(가산세와 이자상당액이 있는 경우 그 금액은 제외)을 말하며(국기법 47조의2 ①), 세액공제·감면, 기납부세액, 당초 신고세액 등을 차감한 후 가산세 가산 전의 금액을 말한다.(기획재정부, 2014 개정세법 주요내용 p. 6)
*2. 소득세법에 따라 계산한 사업소득에 대한 해당 개인의 총수입금액을 말한다.(국기령 27조 ② 1)

복식부기의무자가 재무상태표 등을 첨부하지 아니한 경우

① 복식부기의무자가 기업회계기준을 준용하여 작성한 재무상태표·손익계산서·합계잔액시산표와 조정계산서를 과세표준확정신고서에 첨부하지 아니한 때에는 과세표준확정신고를 하지 아니한 것으로 본다.(소법 70조 ④)

② 사업자가 결정·경정 또는 수정신고로 인하여 수입금액이 증가함에 따라 간편장부대상자에 해당되지 아니하게 되는 경우에는 소득세법 제70조 제4항 후단(☞ 복식부기의무자가 재무제표 등의 서류를 제출하지 아니한 경우 무신고로 보는 규정) 및 제160조의5 제3항(☞ 복식부기의무자의 과세기간 개시일 후 6개월 내 사업용계좌 신고의무 규정)을 적용할 때 그 결정·경정 또는 수정신고하는 날이 속하는 과세기간까지는 간편장부대상자로 본다. 다만, 결정·경정 또는 수정신고하는 날이 속하는 과세기간 이전에 복식부기의무자로 전환된 경우에는 복식부기의무자로 전환된 과세기간의 직전과세기간까지는 간편장부대상자로 본다.(소령 147조의5 ①)

(2) 부정무신고가산세

➲ 무신고가산세를 계산할 때 세액공제액과 세액감면액이 무신고세액에 포함되는 불합리한 점을 해소하기 위한 개정이다.

① 부정행위로 법정신고기한까지 세법에 따른 국세의 과세표준 신고를 하지 아니한 경우에는 그 신고로 납부하여야 할 세액(가산세와 세법에 따라 가산하여 납부하여야 할

이자상당가산액이 있는 경우 그 금액은 제외하며, 이하 "무신고납부세액"이라 한다)의 40%(역외거래에서 발생한 부정행위로 국세의 과세표준 신고를 하지 아니한 경우에는 60%)에 상당하는 금액을 가산세로 한다. 다만, 부정행위로 종합소득 과세표준확정신고를 하지 아니한 자가 복식부기의무자인 경우에는 산출세액의 40%에 상당하는 금액과 수입금액(소득세법에 따라 계산한 사업소득에 대한 개인의 총수입금액)에 0.14%를 곱하여 계산한 금액 중 큰 금액을 가산세로 한다.(국기법 47조의2 ②, 2019.12.31. 용어개정)

- 부정무신고(복식부기의무자 아닌 개인) = 무신고납부세액[*1] × 40%[*2]
- 부정무신고(복식부기의무자) = Max(무신고납부세액[*1] × 40%[*2], 수입금액[*3] × 0.14%)

*1. 소득세의 과세표준신고로 납부하여야 할 세액(가산세와 이자상당액이 있는 경우 그 금액은 제외)을 말하며(국기법 47조의2 ①), 세액공제·감면, 기납부세액, 당초 신고세액 등을 차감한 후 가산세 가산 전의 금액을 말한다.(기획재정부, 2014 개정세법 주요내용 p. 6)

*2. 역외거래에서 발생한 부정행위로 국세의 과세표준 신고를 하지 아니한 경우에는 60%를 적용한다.

역외거래란 국제거래[거래 당사자 중 어느 한쪽이나 거래 당사자 양쪽이 비거주자 또는 외국법인(비거주자 또는 외국법인의 국내사업장은 제외한다)인 거래로서 유형자산 또는 무형자산의 매매·임대차, 용역의 제공, 금전의 대차(貸借), 그 밖에 거래자의 손익(損益) 및 자산과 관련된 모든 거래(국조법 2조 ① 1)] 및 거래 당사자 양쪽이 거주자(내국법인과 외국법인의 국내사업장을 포함)인 거래로서 국외에 있는 자산의 매매·임대차, 국외에서 제공하는 용역과 관련된 거래를 말한다.(국기법 26조의2 ①)

*3. 소득세법에 따라 계산한 사업소득에 대한 해당 개인의 총수입금액을 말한다.(국기법 47조의2 ② 1 가)

② 부정행위의 범위는 다음과 같다.(국기령 12조의2 ①, 조세범처벌법 3조 ⑥)

㉠ 이중장부의 작성 등 장부의 거짓 기장

ⓐ 적용기준 : 이중장부의 작성 등 장부를 거짓기록하여 총수입금액을 누락하거나 필요경비를 과다계상

ⓑ 사례

- 이중장부를 작성(재무제표의 보조장부 중 일부를 이중작성한 것 포함)하여 총수입금액을 누락하거나 필요경비를 과다계상한 경우
- 실질거래 내용을 전산으로 관리하면서 전산출력물 또는 수기장부를 실질거래 내용과 다르게 작성하여 이를 근거로 과세표준을 과소신고한 경우
- 기타 위와 유사한 행위 또는 방법을 통해 장부를 거짓기록하고 이를 근거로 과세표준을 과소신고한 경우

㉡ 거짓 증명서류 또는 거짓 문서의 작성

ⓐ 적용기준 : 거래사실 없이 또는 거래사실과 다르게 계산서(세금계산서 포함), 입금표, 거래명세서, 계약서 등의 문서를 거짓으로 작성

ⓑ 사례

- 거래사실의 기초가 되는 계약서·세금계산서 등 관련 증명서류 및 문서를 거짓으로 작성하거나 사실과 다르게 작성한 경우
- 입금표·거래명세서·인건비(노무비)지급명세서 등의 증명서류 또는 문서를 거짓으로 작성하거나 사실과 다르게 작성한 경우
- 기타 위와 유사하게 증명서류 또는 문서를 거짓으로 작성하여 총수입금액을 누락하거나 필요경비를 과다계상한 경우

ⓒ 거짓 증명서류 또는 거짓 문서의 수취

ⓐ 적용기준 : 거래사실 없이 또는 거래사실과 다르게 계산서(세금계산서 포함), 입금표, 거래명세서, 계약서 등의 문서를 수취

ⓑ 사례

- 실물거래 없이 세금계산서 등을 수취하여 과세표준을 과소신고한 경우
- 거래금액을 초과하여 작성된 세금계산서 등을 수취하여 과세표준을 과소 신고한 경우
- 거짓 또는 사실과 다르게 작성된 입금표·거래명세서·계약서 등의 증명서류 또는 문서를 수취하고 이에 기초하여 과세표준을 과소 신고한 경우
- 기타 위와 유사하세 서짓 증명서류 등을 수취하여 사실과 다르게 신고힌 경우

ⓔ 장부와 기록의 파기

ⓐ 적용기준 : 장부·기록(전산기록 포함)·증명서류 등을 고의로 파기·삭제·소각하여 거래의 사실을 확인할 수 없는 경우

ⓑ 사례

- 매출·매입장부 등 관련 기록의 일부 또는 전부를 파기·삭제·소각하고 과세표준을 무신고하거나 과소신고한 경우(결정소득금액과 신고소득금액과의 차액)
- 매출·매입장부 등과 관련된 전산기록을 파기·삭제·소각하여 과세표준을 과소 신고한 경우
- 장부에 의한 기장신고를 하였으나 정당한 사유없이 장부 기타 증명서류에 의하여 소득금액을 계산할 수 없는 사유로 추계결정한 경우
- 기타 위와 유사하게 거래사실 관계를 확인할 수 없도록 장부와 기록 등을 파기·삭제·소각한 경우

➲ 과소신고 소득금액은 결정소득금액과 신고소득금액과의 차액을 말하며, 기장 신고하였다가 추계결정되는 경우에는 총수입금액을 과소신고 수입금액으로 함

ⓜ 재산의 은닉, 소득·수익·행위·거래의 조작 또는 은폐

ⓐ 적용기준 : 조세탈루 및 증거인멸 등의 목적으로 거래상대방과 통정하거나 작

PART 5

위에 의해 적극적으로 재산을 은폐하거나 소득·수익·행위·거래 등을 조작하거나 은폐

ⓑ 사례

- 사업자가 재화 등을 자신이 매입한 후 매출하였으나 당사자끼리 직접 거래한 것으로 거래행위를 은폐한 경우
- 부당행위계산에 해당하는 거래임을 은폐하기 위하여 적극적으로 장부 및 증명 등의 서류를 조작한 경우
- 손익분배비율을 사실과 다르게 정하여 소득금액을 과소신고한 경우
- 기타 위와 유사하게 재산을 은닉하거나 소득·수익·행위·거래를 은폐하여 사실과 다르게 신고한 경우

㉥ 고의적으로 장부를 작성하지 아니하거나 비치하지 아니하는 행위 또는 계산서, 세금계산서 또는 계산서합계표, 세금계산서합계표의 조작

㉦ 조세특례제한법 제5조의2 제1호에 따른 전사적 기업자원관리설비의 조작 또는 전자세금계산서의 조작

㉧ 그 밖에 위계(僞計)에 의한 행위 또는 부정한 행위

ⓐ 적용기준 : 위 '㉠부터 ㉦까지'와 유사한 사기 기타 부정한 방법으로 소득세를 포탈하거나 환급·공제받은 경우

ⓑ 사례

- 무자료거래를 통해 매입과 매출을 동시에 누락하여 과세표준을 과소신고한 경우
- 세금계산서 등의 증명이 없이 허위의 매입과 지출거래를 장부에 기재하여 과세표준을 과소신고한 경우
- 기타 위와 유사한 사기 기타 부정한 행위로 과세표준을 과소신고한 경우

(3) 중복적용 배제

① 무신고가산세를 적용할 때 장부의 기록·보관 불성실 가산세(무기장가산세)와 동시에 적용되는 경우에는 그 중 가산세액이 큰 가산세만 적용하고, 가산세액이 같은 경우에는 무신고가산세만 적용한다.(국기법 47조의2 ⑥, 2017.12.19. 개정)

저자TIP 성실신고확인서 미제출(추계신고한 경우)에 대한 가산세의 적용

(1) 2018년 ~ 2021년 귀속분까지의 가산세

- 성실신고확인 대상자
  - 복식부기의무자 : Max(무신고가산세, 무기장가산세) + 5%[*1]
  - 간편장부대상자
    - 계속사업자 : 무기장가산세[*2] + 5%[*3]
    - 신규사업자 : 5%(무신고가산세와 무기장가산세가 적용되지 않는다)

*1. 2017년 귀속분까지는 Max(무신고가산세, 무기장가산세, 5%)를 적용하였다.
*2. 직전 과세기간의 수입금액이 4,800만원 이상인 경우이다.(소령 132조 ④ 2)
*3. 2017년 귀속분까지는 Max(무기장가산세, 5%)를 적용하였다.

(2) 2022년 귀속분부터의 가산세

- 성실신고확인 대상자
  - 복식부기의무자 : Max(무신고가산세, 무기장가산세) + Max(5%[*4], 총수입금액[*5] × 0.02%)
  - 간편장부대상자
    - 계속사업자 : 무기장가산세 + Max(5%[*4], 총수입금액[*5] × 0.02%)
    - 신규사업자[*6] : Max(5%[*4], 총수입금액[*5] × 0.02%)

*4. 종합소득산출세액 × $\frac{\text{사업소득금액}}{\text{종합소득금액}}$ 에 대해 적용
*5. 사업소득의 총수입금액임
*6. 무신고가산세와 무기장가산세가 적용되지 않음

➲ '무기장가산세'(종전 소법 81조 ⑬)는 2019.12.31. 세법개정으로 '장부의 기록·보관 불성실 가산세'(소법 81조의5)로 용어가 변경되었다.

② 예정신고와 관련하여 가산세가 부과되는 경우에는 확정신고와 관련한 가산세(예정신고와 관련하여 가산세가 부과되는 부분에 한정한다)를 부과하지 아니한다.(국기법 47조의2 ⑤, 2014.12.23. 개정)

저자TIP 복식부기의무자의 추계신고에 대한 개인지방소득세법상의 무신고가산세 적용 여부

소득세법에서는 복식부기의무자가 추계신고 하는 경우(재무제표 등을 제출하지 아니한 경우) 이를 무신고로 보아(소법 70조 ④) 무신고가산세(국기법 47조의2)와 무기장가산세(소법 81조의5) 중 가산세액이 큰 가산세만 적용하고 가산세액이 같은 경우에는 무신고가산세만 적용한다.(국기법 47조의2 ②)

이때 무신고가산세가 적용되는 경우에는 지방세기본법상의 무신고가산세는 적용되지 않는다는 점에 유의해야 한다. 지방세기본법(지기법 52조, 53조)이나 개인지방소득세법에는 복식부기의무자의 추계신고를 무신고로 본다는 규정이나 소득세법 70조 제4항을 준용한다는 규정이 없기 때문이다.

다만, 소득세법상의 무기장가산세가 적용되는 경우에는 지방세법 99조에 따라 무기장가산세의 10%를 개인지방소득세로 납부하는 것이다.

➲ **아래와 같이 2021.12.28. 지방세법 제99조 제2항을 신설하여 2022.1.1. 이후 납세의무가 성립하는 분부터는 이 해석이 더 이상 적용되지 않게 되었다.**

> 소득세법 제70조 제4항 각 호 외의 부분 후단에 따라 종합소득 과세표준확정신고를 하지 아니한 것으로 보는 경우에 해당하여 가산세 부과대상이 되는 때에는 종합소득에 대한 개인지방소득세 과세표준확정신고를 하지 아니한 것으로 본다.(지법 99조 ②, 2021.12.28. 신설)

(4) 가산세의 감면

① 과세표준신고서를 법정신고기한까지 제출하지 아니한 자가 법정신고기한이 지난 후 기한 후 신고를 한 경우(과세표준과 세액을 결정할 것을 미리 알고 기한 후 과세표준신고서를 제출한 경우는 제외)에는 다음의 구분에 따른 무신고가산세액을 감면한다.(국기법 48조 ② 2, 2019.12.31. 개정)

구 분	감 면 율
① 법정신고기한이 지난 후 1개월 이내에 기한 후 신고한 경우	50%
② 법정신고기한이 지난 후 1개월 초과 3개월 이내에 기한 후 신고한 경우	30%
③ 법정신고기한이 지난 후 3개월 초과 6개월 이내에 기한 후 신고한 경우	20%

② 위 '①'에도 불구하고 세법에 따른 예정신고기한까지 예정신고를 하지 아니하였으나 확정신고기한까지 과세표준신고를 한 경우 해당 기간에 부과되는 무신고가산세의 50%를 감면한다. 다만, 과세표준과 세액을 경정할 것을 미리 알고 과세표준신고를 하는 경우는 제외한다.(국기법 48조 ② 3 라, 2017.12.19. 신설)

✓ **복식부기의무자가 일부 사업장의 사업소득을 추계신고하였을 경우, 무신고가산세의 기준금액인 "무신고납부세액"의 범위**

복식부기의무자가 일부 사업장의 소득금액에 대하여 추계신고한 것에 대해 무신고가산세가 부과될 때, "무신고납부세액"은 해당 복식부기의무자가 종합소득세 과세표준신고 시 신고한 "납부할 총세액"(가산세와 이자상당 가산액 제외) 중에서 추계신고 소득금액과 관련된 세액 상당액을 적용하는 것임(서면법규기본 2023-2595, 2024.11.28.)

✓ **근로소득만 있던 자가 상여처분에 따른 소득의 추가신고를 하지 않은 경우 적용되는 신고불성실가산세 종류**

당초 근로소득만 있어 확정신고 하지 않았던 자가 소득처분에 따른 소득을 추가신고하지 않은 경우 과소신고가산세 대상에 해당함(기획재정부조세법령-324 2022.3.30.)

✓ **외부조정대상자의 세무조정계산서 미첨부시 신고의 효력**(소득 집행기준 70-131-1)

① 복식부기의무자가 자기조정으로 신고한 후 경정 또는 수정신고로 직전연도의 수입금액이 증가해 해당연도에 외부 조정대상자로 전환된 경우에는 신고불성실가산세가 적용된다.

② 세무사가 자기 명의로 작성된 조정계산서를 첨부하여 신고한 경우에는 신고불성실가산세는 적용하지 않는다.

✓ **과소신고가산세 산정시 외국세법에 의하여 원천징수된 소득세를 차감할 수 있는지 여부**

거주자인 납세자가 국내원천소득만 신고하고 국외원천소득을 신고하지 아니하여 과소신고가산세가 부과되는 경우 납세자에게 국외원천소득에 대하여 외국세법에 의하여 원천징수된 소득세가 있다고 하여도 국세기본법 제47조의2 제3항 '신고하지 아니한 소득금액에 대하여 원천징수된 소득세가 있는 경우'에 해당하지 아니함(법규-1275, 2012.11.1.)

✓ **과세사업에 해당하는 것을 면세사업으로 보아 사업장현황 신고를 하였을 경우에 가산세 적용**

부가가치세 과세대상자가 면세사업자로 등록하여 사업장현황 신고를 하였더라도 부가가치세 과세표준신고서를 법정신고기한내 제출하지 아니한 경우에는 무신고가산세를 적용하는 것임(징세-79, 2010.1.22.)

✓ **확정신고를 하지 않아도 된다는 세무서 직원에게 귀책사유가 있는지 여부**(조심 2009서2339, 2009.9.11.)

종합소득세 확정신고에 관하여 문의한 결과, 별도로 확정신고를 하지 않아도 상관없다고 하여 신고를 하지 아니하였다고 주장하나, 그러한 안내가 있었는지 불분명하고, 설사 그런 안내가 있었다고 하더라도 이를 과세관청의 공식적인 견해 표명이 있었던 것으로 보기 어려움

✓ **납세자가 명의를 위장하여 소득을 얻은 경우, 명의위장 사실만으로 위 규정들에서 정한 '사기, 그 밖의 부정한 행위' 또는 '부정행위'에 해당한다고 볼 수 있는지 여부**(대법원 2019두58896, 2020.12.10.)

구 국세기본법(2014. 12. 23. 법률 제12848호로 개정되기 전의 것, 이하 같다) 제47조의2 제2항 및 제47조의3 제2항 제1호 등에 규정된 '사기, 그 밖의 부정한 행위' 또는 '부정행위'란 조세의 부과와 징수를 불가능하게 하거나 현저히 곤란하게 하는 위계 기타 부정한 적극적인 행위를 말하고, 적극적 은닉 의도가 나타나는 사정이 덧붙여지지 않은 채 단순히 세법상의 신고를 하지 않거나 허위의 신고를 함에 그치는 것은 여기에 해당하지 않는다. 또한 납세자가 명의를 위장하여 소득을

얻더라도, 명의위장이 조세포탈의 목적에서 비롯되고 나아가 여기에 허위 계약서의 작성과 대금의 허위지급, 과세관청에 대한 허위의 조세 신고, 허위의 등기·등록, 허위의 회계장부 작성·비치 등과 같은 적극적인 행위까지 부가되는 등의 특별한 사정이 없는 한, 명의위장 사실만으로 구 국세기본법 제47조의2 제2항 및 제47조의3 제2항 제1호 등에서 정한 '사기, 그 밖의 부정한 행위' 또는 '부정행위'에 해당한다고 볼 수 없다.

✓ **실제 소득인 '근로소득'이 아니라 '사업소득'에 대한 종합소득세 신고만을 하였더라도 이를 무신고로 보아 무신고가산세를 부과할 수 있는지 여부 및 이러한 하자가 중대하고 명백하여 무신고가산세 부과처분이 당연무효인지 여부**(대법 2018두34848, 2019.5.16. 선고)

(1) 과세처분의 당연무효에 관한 판단기준

과세처분이 당연무효라고 하기 위하여는 그 처분에 위법사유가 있다는 것만으로는 부족하고 그 하자가 법규의 중요한 부분을 위반한 중대한 것으로서 객관적으로 명백한 것이어야 하며, 하자가 중대하고 명백한지를 판별할 때에는 과세처분의 근거가 되는 법규의 목적·의미·기능 등을 목적론적으로 고찰함과 동시에 구체적 사안 자체의 특수성에 관하여도 합리적으로 고찰하여야 한다. 그리고 어느 법률관계나 사실관계에 대하여 어느 법령의 규정을 적용하여 과세처분을 한 경우에 그 법률관계나 사실관계에 대하여는 그 법령의 규정을 적용할 수 없다는 법리가 명백히 밝혀져서 해석에 다툼의 여지가 없음에도 과세관청이 그 법령의 규정을 적용하여 과세처분을 하였다면 그 하자는 중대하고도 명백하다고 할 것이나, 그 법률관계나 사실관계에 대하여 그 법령의 규정을 적용할 수 없다는 법리가 명백히 밝혀지지 아니하여 해석에 다툼의 여지가 있는 때에는 과세관청이 이를 잘못 해석하여 과세처분을 하였더라도 이는 과세요건사실을 오인한 것에 불과하여 그 하자가 명백하다고 할 수 없다.(대법원 2018.7.19. 선고, 2017다242409 전원합의체 판결 참조)

(2) 원고의 상고이유에 대하여

1) 이와 같은 관련 규정의 체계 및 문언 내용에 비추어 보면, 종합소득금액이 있는 거주자가 법정신고기한 내에 종합소득 과세표준을 관할 세무서장에게 신고한 경우에는 설령 종합소득의 구분과 금액을 잘못 신고하였다고 하더라도 이를 무신고로 볼 수는 없으므로, 그러한 거주자에 대하여 종합소득 과세표준에 대한 신고가 없었음을 전제로 하는 무신고가산세를 부과할 수는 없다고 봄이 타당하다.
2) 앞서 본 사실관계를 위와 같은 법리에 비추어 볼 때, 원고가 이 사건 병원에서 근로자로 근무하면서 근로소득을 얻었음에도 자신이 직접 이 사건 병원을 운영하여 사업소득을 얻은 것처럼 법정신고기한 내에 이 사건 신고서를 제출하였더라도, 이는 자신이 얻은 근로소득을 사업소득에 포함하여 종합소득 과세표준을 신고한 것으로 볼 수 있으므로, 원고가 종합소득 과세표준을 무신고하였음을 전제로 한 이 사건 무신고가산세 부과처분은 위법하다. 또한 이러한 하자는 과세처분의 근거가 되는 법규의 목적·의미·기능 등을 목적론적으로 고찰해 볼 때 중대하고 객관적으로도 명백하다고 할 것이므로, 이 사건 무신고가산세 부과처분은 당연무효라고 봄이 상당하다.
3) 그런데도 원심은 이와 달리 그 판시와 같은 이유만으로 이 사건 신고서의 제출을 원고의 근로소득에 관한 종합소득 과세표준의 적법한 신고로 볼 수 없으므로 이를 무신고로 보아야 한다는 잘못된 전제에서 이 사건 무신고가산세 부과처분이 적법하다고 판단하였다. 이러한 원심판단에는 무신고가산세에 대한 법리 등을 오해하여 판결에 영향을 미친 잘못이 있다. 이를 지적하는 상고이유 주장은 이유 있다.

(3) 피고의 상고이유에 대하여

원심은, 납부불성실가산세는 납세의무자로 하여금 성실하게 세액을 납부하도록 유도하여 그 납부의무의 이행을 확보함과 아울러 신고납부기한까지 미납부한 금액에 대하여 금융혜택을 받은 것으로 보아 그 납부의무 위반에 대하여 가하는 행정상의 제재로서, 실제사업자가 사업명의자 명의로 직접 납부행위를 하였거나 그 납부자금을 부담하였다고 하더라도 납부의 법률효과는 과세처분의 상대방인 사업명의자에게 귀속될 뿐이고, 실제사업자와 과세관청의 법률관계에서 실제사업자가 세액을 납부한 효과가 발생된다고 할 수 없다(대법원 2015.8.27. 선고, 2013다212639 판결)는 법리를 전제한 다음, 원고의 기납부세액 납부의 법률효과는 원고에게 귀속되고 실제사업자인 소외인이 원고 명의로 직접 납부행위를 하였다고 하여 달리 볼 수 없으며, 원고의 기납부세액이 원고의 체납세액을 초과하는 이상, 원고가 납부의무를 해태함으로써 얻은 금융이익이 있다고 볼 수 없다는 등의 사정을 들어, 피고가 원고에게 원고의 체납세액에 대한 납부불성실가산세를 부과한 것은 납부의무 없는 자에 대한 처분으로 그 하자가 중대하고 객관적으로 명백하여 당연무효로 봄이 타당하다고 판단하였다.

원심판결 이유를 관련 법리와 기록에 비추어 살펴보면, 원심의 위와 같은 판단은 정당하고, 거기에 상고이유 주장과 같이 과세처분의 당연무효에 관한 법리를 오해하는 등의 잘못이 없다.

✓ **청구인이 금전대부업의 종합소득과세표준 및 세액을 무신고한 데 대하여 부당한 방법에 의한 무신고로 보아 중가산세율 40%를 적용하여 과세한 처분의 당부**(조심 2009서2628, 2009.12.18.)

○○국세청장의 조사착수보고서와 같이 세무조사당시 금전대부와 관련된 대부약정서나 담보설정계약서 등이 보관되어 있지 아니한 점으로 보아 이 건은 국세기본법 시행령 제27조 제2항 제4호의 '장부 및 기록의 파기'에 해당한다고 보이고, 또한 청구인이 2006년부터 이 건 조사를 할 때까지 3년 이상 계속적으로 금전대부업을 하고도 이에 대한 종합소득과세표준 및 세액을 신고하지 아니한 점에 비추어 국세를 포탈할 목적으로 사업자등록 및 종합소득세 신고·납부의무를 이행하지 아니한 것으로 보이므로, 처분청이 국세기본법 제47조의2 제2항의 '부당한 방법에 의한 무신고'로 보아 일반무신고가산세율 20%가 아니라 부당신고가산세율 40%를 적용하여 과세한 처분은 적법·타당하다고 판단된다.

✓ **근로소득과 기타소득이 있는 자가 종합소득세 확정신고를 하지 않은 경우 7년의 부과제척기간이 적용 됨**(대법원 2017두52993, 2017.10.31.)

근로소득에 대한 연말정산만을 실시하고 종합소득세 확정신고를 하지 아니하였는데 추후 기타소득이 발견된 경우, 해당 과세연도의 소득세를 과소신고한 것이 아니라 무신고한 것에 해당하므로 국세기본법 제26조의2 제1항 제2호에 따라 7년의 부과제척기간이 적용 됨

✓ **소득금액이 없던 자가 상여처분에 따른 추가신고를 하지 않은 경우 적용되는 부과제척기간**

[질의]

당초 해당 연도에 종합소득금액이 없던 자가 소득처분에 의한 소득에 대해 무신고한 경우 부과제척기간

〈제1안〉 7년의 부과제척기간 적용

〈제2안〉 5년의 부과제척기간 적용

[회신]

해당 질의의 경우 제2안이 타당함(기획재정부조세법령-323, 2022.3.30.)

✓ **근로소득자가 국내근무지로부터 받은 근로소득에 대하여는 연말정산을 이행하였으나, 국외모회사로부터 근로대가로 지급받은 주식기준보상이익을 신고누락한 경우, 이를 무신고로 보아 종합소득세를 과세한 처분의 당부**(조심 2018중2933, 2018.9.28.)

소득세법 제73조 제3항에서 국외에 있는 외국법인으로부터 받는 근로소득이 있는 경우에는 여전히 확정신고를 하도록 규정하고 있는 바, 청구인이 국외의 모회사로부터 근로대가로 주식기준보상이익을 지급받았으므로 위 규정에 따라 당연히 연말정산 이외의 과세표준 확정신고 의무가 있다 할 것임에도 이를 이행하지 아니한 점, 동 주식기준보상이익에 관하여 같은 법 제152조 제2항에 다른 납세조합을 통한 원천징수도 이루어지지 아니한 점 등에 비추어 청구인이 주식기준보상이익을 신고누락한 것이 무신고에 해당한 것으로 보아 7년의 부과제척기간 및 무신고가산세를 적용하여 과세한 처분은 잘못이 없음

✓ **과세표준 및 세액의 감액 경정에 따른 가산금 감액 여부**

국세징수법 제9조의 규정에 의한 납세고지가 있은 후 그 과세표준과 세액의 감액경정으로 인하여 당초 고지세액의 일부가 감액된 경우, 그 감액된 세액에 상당하는 가산금 및 중가산금은 함께 감액되는 것이나, 감액되지 않은 잔여세액은 당초 고지의 효력이 계속 유효하게 존속하는 것이므로 당초 납부기한을 기준으로 가산금 및 중가산금을 계산 징수하는 것임(징세 46101-1952, 1993.5.12, 서면1팀-342, 2008.3.17.)

2 과소신고·초과환급신고가산세

➲ 과소신고·초과신고가산세를 계산할 때 세액공제액과 세액감면액이 무신고세액에 포함되는 불합리한 점을 해소하기 위하여 '산출세액' 기준에서 '납부세액' 기준으로 2014.12.23. 개정하였다.

(1) 일반과소신고·초과신고가산세

납세의무자가 법정신고기한까지 소득세의 과세표준 신고(예정신고를 포함하며, 농어촌특별세법에 따른 신고는 제외한다)를 한 경우로서 납부할 세액을 신고하여야 할 세액보다 적게 신고(이하 "과소신고"라 한다)하거나 환급받을 세액을 신고하여야 할 금액보다 많이 신고(이하 "초과신고"라 한다)한 경우에는 과소신고한 납부세액과 초과신고한 환급세액을 합한 금액(가산세와 세법에 따라 가산하여 납부하여야 할 이자상당가산액이 있는 경우 그 금액은 제외하며, 이하 "과소신고납부세액 등"이라 한다)에 '과소신고납부세액 등'에서 '부정행위로 인한 과소신고납부세액 등'을 뺀 금액의 10%에 상당하는 금액을 가산세로 한다.(국기법 47조의3 ①, 2017.12.19. 개정)

일반과소신고·초과신고가산세 = 일반과소신고·초과신고 납부세액* × 10%

* 가산세와 세법에 따라 가산하여 납부하여야 할 이자상당가산액이 있는 경우 그 금액은 제외한다.

(2) 부정과소신고·초과신고가산세

① 부정행위로 과소신고하거나 초과신고한 경우에는 다음의 금액을 합한 금액을 가산세로 한다.(국기법 47조의3 ① 1, 2019.12.31. 용어개정)

㉠ 부정행위로 인한 과소신고납부세액 등의 40%(역외거래에서 발생한 부정행위로 과소신고하거나 초과신고한 경우에는 60%)에 상당하는 금액. 다만, 부정행위로 과소신고한 자가 복식부기의무자인 경우에는 그 금액과 부정행위로 인하여 과소신고된 과세표준 관련 수입금액에 0.14%를 곱하여 계산한 금액 중 큰 금액으로 한다.

㉡ 과소신고납부세액 등에서 부정행위로 인한 과소신고납부세액 등을 뺀 금액의 10%에 상당하는 금액

• 복식부기의무자 아닌 개인 = 부정과소신고 등 납부세액 × 40%*1 + 일반과소신고 등 납부세액*2 × 10%

*1. 역외거래에서 발생한 부정행위로 과소신고하거나 초과신고한 경우에는 60%를 적용한다.
*2. '과소신고납부세액 등'에서 '부정행위로 인한 과소신고납부세액 등'을 뺀 금액을 말한다.

• 복식부기의무자 = ① + ②

① Max [① 부정과소신고 등 납부세액 × 40%* / ② 부정과소신고 등 수입금액 × 0.14%]

* 역외거래에서 발생한 부정행위로 과소신고하거나 초과신고한 경우에는 60%를 적용한다.

② 일반과소신고 등 납부세액 × 10%

역외거래란 국제거래[거래 당사자 중 어느 한쪽이나 거래 당사자 양쪽이 비거주자 또는 외국법인(비거주자 또는 외국법인의 국내사업장은 제외한다)인 거래로서 유형자산 또는 무형자산의 매매·임대차, 용역의 제공, 금전의 대차(貸借), 그 밖에 거래자의 손익(損益) 및 자산과 관련된 모든 거래(국조법 2조 ① 1)] 및 거래 당사자 양쪽이 거주자(내국법인과 외국법인의 국내사업장을 포함)인 거래로서 국외에 있는 자산의 매매·임대차, 국외에서 제공하는 용역과 관련된 거래를 말한다.(국기법 26조의2 ①)

② 부정행위의 범위는 앞의 부정무신고 규정 참조

(3) 중복적용 배제

① 과소신고·초과환급가산세를 적용할 때 장부의 기록·보관 불성실 가산세(무기장가산세)와 동시에 적용되는 경우에는 그 중 가산세액이 큰 가산세만 적용하고, 가산세액이 같은 경우에는 과소신고·초과환급신고가산세만 적용한다.(국기법 47조의3 ⑥, 2017.12.19. 개정)

② 예정신고와 관련하여 가산세가 부과되는 경우에는 확정신고와 관련한 가산세(예정신고와 관련하여 가산세가 부과되는 부분에 한정한다)를 부과하지 아니한다.(국기법 47조의3 ⑥, 47조의2 ⑤)

(4) 과소신고·초과환급신고가산세의 감면

① 정부는 과세표준신고서를 법정신고기한까지 제출한 자가 법정신고기한이 지난 후 2년 이내에 수정신고한 경우(과세표준과 세액을 경정할 것을 미리 알고 과세표준수정신고서를 제출한 경우는 제외한다)에는 과소신고가산세 및 초과환급신고가산세 중 다음의 금액을 감면한다.(국기법 48조 ② 1, 2019.12.31. 개정)

구　　분	감 면 율
① 법정신고기한이 지난 후 1개월 이내에 수정신고한 경우	90%
② 법정신고기한이 지난 후 1개월 초과 3개월 이내에 수정신고한 경우	75%
③ 법정신고기한이 지난 후 3개월 초과 6개월 이내에 수정신고한 경우	50%
④ 법정신고기한이 지난 후 6개월 초과 1년 이내에 수정신고한 경우	30%
⑤ 법정신고기한이 지난 후 1년 초과 1년 6개월 이내에 수정신고한 경우	20%
⑥ 법정신고기한이 지난 후 1년 6개월 초과 2년 이내에 수정신고한 경우	10%

② 위 '①'에도 불구하고 세법에 따른 예정신고기한까지 예정신고를 하였으나 과소신고하거나 초과신고한 경우로서 확정신고기한까지 과세표준을 수정하여 신고한 경우 해당 기간에 부과되는 과소신고·초과환급신고가산세의 50%를 감면한다. 다만, 과세표준과 세액을 경정할 것을 미리 알고 과세표준신고를 하는 경우는 감면대상에서 제외한다.(국기법 48조 ② 3 다, 2017.12.19. 신설)

(5) 가산세적용의 배제

신성장사업화시설 또는 국가전략기술사업화시설의 인정을 받을 것을 조건으로 그 인정을 받기 전에 통합세액공제(조세특례제한법 제24조)를 신청하여 세액공제를 받았으나(조세특례제한법 시행령 제21조 제13항 후단), 그 이후 인정 대상 시설의 일부 또는 전부에 대해 그 인정을 받지 못한 경우에는 과소신고·초과환급신고가산세를 부과하지 않는다.(국기법 47조의3 ④ 4, 2023.12.31. 신설, 국기령 27조의2 ④)

➲ 2024.1.1. 이후 소득세 과세표준을 신고하는 경우부터 적용한다.(2023.12.31. 국기법 부칙 2조 ②)

✓ 공동사업자의 종합소득세 신고시 원천징수세액을 약정된 분배비율에 따라 신고하지 않은 경우 가산세 여부

공동사업장에서 발생한 소득금액에 대한 원천징수세액은 분배비율에 의해 배분해야 하므로 과소신고 가산세 부과대상임(서면징세 2023-1921, 2024.3.6.)

✓ 근로소득만 있던 자가 상여처분에 따른 소득의 추가신고를 하지 않은 경우 적용되는 신고불성실가산세 종류

당초 근로소득만 있어 확정신고 하지 않았던 자가 소득처분에 따른 소득을 추가신고하지 않은 경우 과소신고가산세 대상에 해당함(기획재정부조세법령-324 2022.3.30.)

> ※ 국세청 해석사례집 검토내용
> - 근로소득만 있는 거주자에 대해 과세표준 확정신고의 예외를 둔 취지는 소득내역이 단순한 납세자의 신고편의를 제고하기 위함으로, 원천징수의무자가 소득세법 등 관계 법령에 정한 절차에 따라 원천징수하고 나아가 연말정산까지 마쳐 소득세가 납부되었다면 이는 적어도 절차적으로는 종합소득과세표준 확정신고 절차를 이행한 것과 같은 효과가 있는 점(서울고등법원 2013.2.6. 선고 2012누5727 판결)
> - 신고불성실가산세 규정은 무신고·신고 구분 대상인 신고에 예정·중간신고가 포함된다고 명시하는바(국기법 47조의2·3), 반대해석상 추가신고는 제외된다고 해석 가능한 점
> - 무신고의 경우 과세관청이 소득의 존재를 인지하기 곤란하므로, 조세회피를 방지하기 위하여 신고불성실가산세를 가중 적용할 필요가 있으나, 과세관청이 법인조사 결과 소득처분을 함에 따라 종합소득금액이 변동되는 경우 추가신고 없이도 해당 소득의 존재를 이미 인지하고 있어, 신고불성실가산세 가중 적용을 통한 조세회피 방지 필요성이 크지 않은 점 등을 고려할 때 과소신고가산세를 적용함이 타당함

✓ 원천징수가 일부 누락된 근로소득자의 과소신고가산세 및 납부지연가산세 대상 여부 및 계산 방법

① 납세의무자가 종합소득세 확정신고 의무가 없는 근로소득자인 경우로서, 연말정산 시 누락된 일부 근로소득에 대해 과세관청이 원천징수의무자에게 부과·징수하거나, 원천징수의무자가 원천징수이행상황신고서를 수정하여 제출·납부한 경우에는 해당 근로자에게 국세기본법상 과소신고가산세 및 납부지연가산세가 부과되지 않는 것임

② 납세의무자가 종합소득세 확정신고 의무 있는 근로소득자인 경우로서, 연말정산 시 누락된 일부 근로소득에 대해 원천징수의무자가 원천징수이행상황신고서를 수정하여 제출 및 납부한 경우, 이후 해당 근로자가 종합소득세 수정신고를 하면서 부담하는 국세기본법상 과소신고가산세 및 납부지연가산세는 원천징수의무자가 수정신고를 통해 기납부한 세액(본세에 한함)을 차감한 후의 추가 납부할 세액을 기준으로 하여 계산하는 것임(서면법규기본 2022-2548, 2022.12.14.)

✓ 실사업자가 명목회사의 명의로 납부한 세액이 실사업자의 가산세 계산시 기납부세액에 포함되는지 여부

실사업자에 대한 과소신고가산세 계산시 기납부세액이란 실사업자가 신고·납부한 세액을 의미하므로, 명목회사의 명의로 신고·납부된 세금을 실사업자가 부담하였다 하더라도 실사업자의 적법한 신고·납부가 있었다고 볼 수는 없으므로 실사업자의 기납부세액으로 차감할 수는 없는 것임(기준법령해석기본 2019-592, 2019.11.18.)

PART 5

✓ **원천징수되지 아니한 비영업대금 이자소득에 대해 신고불성실가산세·납부불성실가산세 적용 여부**

거주자가 원천징수되지 아니한 비영업대금에 대한 이자소득에 대하여 종합소득 과세표준확정신고를 하지 아니한 경우, 그 미신고분에 대하여 신고 또는 경정(결정)을 함에 있어서 신고·납부불성실가산세 대상금액 계산시 원천징수의무자에게 고지처분된 원천징수세액은 차감하지 아니하는 것임(제도 46011-10926, 2001.5.2.)

✓ **금융소득 합산누락시 과소신고가산세 적용방법**

금융소득과 타소득이 있는 사업자가 종합소득과세표준 신고시 금융소득을 합산하여 신고하지 아니한 경우 과소신고한 과세표준은 합산누락한 금융소득금액 전액을 의미함(징세-1406, 2012.12.18.)

✓ **재무제표를 제출한 복식부기의무자의 소득금액을 추계결정하는 경우 신고불성실가산세 적용 여부**

당초 재무제표를 첨부하여 종합소득과세표준 확정신고서를 제출한 복식부기의무자가 제출된 재무제표의 내용이 일부 허위로 기재되어 세무서장이 소득금액을 추계결정한 경우 당초 신고한 소득금액에서 미달 신고된 소득금액에 대하여만 신고불성실가산세를 적용함(기획재정부조세정책-330, 2011.3.16.)

✓ **연말정산 수정신고 시 가산세 적용방법**

근로소득 연말정산 시 근로자가 부당한 방법으로 소득공제하여 과세표준을 과소신고한 경우 근로자가 직접 2008.1.1. 이후부터 수정신고 가능하며 부당과소신고가산세 및 납부불성실가산세 대상임 또한 이를 원천징수의무자가 수정신고할 때에는 원천징수납부불성실가산세 및 부당과소신고가산세를 적용하는 것임(원천-499, 2009.6.9.)

✓ **종합소득을 양도소득으로 신고한 경우의 과소신고가산세**

소득분류를 잘못하여 종합소득을 양도소득으로 신고한 경우에는 과소신고가산세를 적용하지 아니하나, 조세부담을 경감할 목적으로 고의로 사실과 다르게 소득분류를 하여 신고한 경우에는 과소신고가산세를 적용함(징세-197, 2009.1.9.)

✓ **기타소득으로 종합소득세 신고·납부하였으나 사업소득으로 보아 과세하는 경우 신고불성실가산세를 부과할 수 있는지 여부(인용)**(조심 2009중3283, 2010.2.17.)

세법상 가산세는 과세권의 행사 및 조세채권의 실현을 용이하게 하기 위하여 납세자가 정당한 이유없이 법에 규정된 신고·납부 등 각종 의무를 위반한 경우에 개별세법이 정하는 바에 따라 부과되는 행정상의 제재이고, 그와 같은 제재는 납세의무자가 그 의무를 알지 못하는 것이 무리가 아니었다고 할 수 있어서 그를 정당시할 수 있는 사정이 있을 때 또는 그 의무의 이행을 그 당사자에게 기대하는 것이 무리라고 하는 사정이 있을 때 등 그 의무해태를 탓할 수 없는 정당한 사유가 있는 경우에는 이를 가할 수 없다 할 것이다.

이 건의 경우, 청구인에게 부과된 가산세는 신고불성실가산세와 납부불성실가산세로서 청구인이 쟁점금액을 사업소득으로 신고하지 아니하고 기타소득으로 신고한 결과, 신고소득금액이 사업소득으로 신고하였을 경우에 비하여 과소신고된 것은 사실이나, 청구인은 쟁점금액을 청구인의 수입금액에 포함하여 신고하였고, 거주자가 다른 거주자에게 용역을 제공하고 받은 소득이 「소득세법」 제19조의 사업소득에 해당되는지 같은 법 제21조의 기타소득에 해당되는지 여부를 구별하는 것은 그리 쉬운 일이 아닌 점, 사업소득세와 기타소득세는 같은 소득세로서 소득의 분류가 다른 것에 불과한 점 등을 감안할 때 이 건 과세처분에 포함된 신고불성실가산세는 과세하지 않는 것이 타당하다고 판단된다.

✓ **부당과소신고가산세 적용 대상 여부**(심사소득 2009-20, 2009.10.27.)

[쟁점]

청구인이 쟁점토지의 매매계약과 관련하여 양도인인 청구외 이○○간에 제기된 소송을 취하하기로 합의하고 수령한 650백만원을 종합소득세 신고 시 누락한 데 대하여 처분청이 이 중 계약금 상당액과 소송관련 경비를 차감한 금액을 기타소득금액 신고누락액으로 보고 부당과소신고가산세를 적용한 것이 정당한지 여부를 가리는 데 있다.

[판단]

청구인은 비록 이○○와의 합의에 의하여 쟁점금액을 수령하였음에도 종합소득세 신고 시 쟁점소득금액을 기타소득금액으로 신고누락(과소신고)한 잘못은 있으나, 청구인의 경우가 국세기본법 제47조의3의 규정에 의하여 부당과소신고가산세의 적용대상이 되는 부당한 방법으로 과소신고한 과세표준이 있는 경우로 보기는 곤란하므로 처분청이 쟁점소득금액에 대하여 부당과소신고가산세를 적용한 이 건 처분은 부당한 것으로 판단된다.

✓ **청구인에게 신고·납부불성실가산세를 면제할 정당한 사유가 있는 것으로 볼 수 있는지 여부**

납세안내는 납세의무자의 편의를 위한 것이며, 신고안내하지 않은 사실만으로 청구인이 소득세를 신고 납부하지 않은 정당한 사유가 되는 것은 아님(조심 2009서1599, 2009.4.24.)

✓ **외국세법에 의하여 원천징수된 세액이 국세기본법 제47조의2 제3항의 원천징수된 소득세에 해당하는지 여부**

거주자인 납세자가 국내원천소득만 신고하고 국외원천소득을 신고하지 아니하여 국세기본법 제47조의3 제1항에 따라 과소신고가산세가 부과되는 경우 납세자에게 국외원천소득에 대하여 외국세법에 의하여 원천징수된 소득세가 있다고 하여도 국세기본법 제47조의2 제3항 '신고하지 아니한 소득금액에 대하여 원천징수된 소득세가 있는 경우'에 해당하지 아니하는 것임(징세-1433, 2013.10.11.)

3 납부지연가산세(2018.12.31. 제목 개정)

➲ 2020.1.1. 이후 납세의무가 성립한 분부터 적용하며, 2020.1.1. 전에 납세의무가 성립된 분에 대해서는 종전의 규정에 따른다.(2018.12.31. 국기법 부칙 1조 단서, 11조)

(1) 납부지연가산세

① 납세의무자(연대납세의무자, 납세자를 갈음하여 납부할 의무가 생긴 제2차 납세의무자 및 보증인을 포함)가 국세기본법 및 세법에 따른 법정납부기한까지 국세의 납부(중간예납·예정신고납부를 포함)를 하지 아니하거나 과소납부(납부하여야 할 세액보다 적게 납부)한 경우에는 다음의 금액을 가산세로 한다.(국기법 47조의4 ①, 2018.12.31. 개정, 국기령 27조의4)

• 납부지연가산세(미납·과소납부) = ㉠ + ㉡

㉠ 납부불성실가산세 : 미납세액 또는 과소납부분 세액*1 × 미납기간*2 × 0.022%*3
㉡ 체납가산세*4 : 미납세액 또는 과소납부분 세액*5 ×3%

*1. 세법에 따라 가산하여 납부하여야 할 이자상당가산액이 있는 경우에는 그 금액을 더한다.
*2. 법정납부기한의 다음 날부터 납부일까지의 기간(납부고지일부터 납부고지서에 따른 납부기한까지의 기간은 제외한다)(2020.12.29. 용어변경)
*3. ⓐ 2019.2.12. 전에 납부기한이 지난 경우로서 2019.2.12. 이후 납부·부과하는 경우 그 납부기한의 다음 날부터 2019.2.12. 전일까지의 기간에 대한 이자율은 0.03%를 적용한다.(2019.2.12. 국기법 부칙 9조)
ⓑ 2022.2.15. 전에 납세의무가 성립한 납부지연가산세를 2022.2.15. 이후 납부하는 경우 2022.2.15. 전의 기간분에 대한 이자율은 0.025%를, 2022.2.15. 이후의 기간분에 대한 이자율은 0.022%를 적용한다.(2022.2.15. 국기법 부칙 6조)
*4. 국세를 납부고지서에 따른 납부기한까지 완납하지 않은 경우에 한정한다.(국기법 47조의4 ① 3)
*5. 법정납부기한까지 납부하여야 할 세액(세법에 따라 가산하여 납부하여야 할 이자상당가산액이 있는 경우에는 그 금액을 더한다) 중 납부고지서에 따른 납부기한까지의 미납세액 또는 과소납부세액을 말한다.(국기법 47조의4 ① 3, 2019.12.31. 개정)

➲ 2020.1.1. 전에 납세의무가 성립된 분에 대해서는 2018.12.31.의 개정규정에도 불구하고 종전의 규정(☞ 납부환급불성실가산세 규정)에 따른다.

② 납세의무자(연대납세의무자, 납세자를 갈음하여 납부할 의무가 생긴 제2차 납세의무자 및 보증인을 포함)가 초과환급(환급받아야 할 세액보다 많이 환급)받은 경우에는 다음의 금액을 가산세로 한다.(국기법 47조의4 ①, 2018.12.31. 개정, 국기령 27조의4)

• 납부지연가산세(초과환급) = ㉠ + ㉡

㉠ 환급불성실가산세 : 초과환급받은 세액*1 × 초과환급일수*2 × 0.022%*3
㉡ 체납가산세*4 : 미납세액 또는 과소납부분 세액*5 ×3%

*1. 세법에 따라 가산하여 납부하여야 할 이자상당가산액이 있는 경우에는 그 금액을 더한다.
*2. 환급받은 날의 다음 날부터 납부일까지의 기간(납부고지일부터 납부고지서에 따른 납부기한까지의 기간은 제외한다)(2020.12.29. 용어변경)
*3. ⓐ 2019.2.12. 전에 납부기한이 지난 경우로서 2019.2.12. 이후 납부·부과하는 경우 그 납부기한의 다음 날부터 2019.2.12. 전일까지의 기간에 대한 이자율은 0.03%를 적용한다.(2019.2.12. 국기법 부칙 9조)
ⓑ 2022.2.15. 전에 납세의무가 성립한 납부지연가산세를 2022.2.15. 이후 납부하는 경우 2022.2.15. 전의 기간분에 대한 이자율은 0.025%를, 2022.2.15. 이후의 기간분에 대한 이자율은 0.022%를 적용한다.(2022.2.15. 국기법 부칙 6조)
*4. 국세를 납부고지서에 따른 납부기한까지 완납하지 않은 경우에 한정한다.(국기법 47조의4 ① 3)
*5. 법정납부기한까지 납부하여야 할 세액(세법에 따라 가산하여 납부하여야 할 이자상당가산액이 있는 경우에는 그 금액을 더한다) 중 납부고지서에 따른 납부기한까지의 미납세액 또는 과소납부세액을 말한다.(국기법 47조의4 ① 3, 2019.12.31. 개정)

➲ 2020.1.1. 전에 납세의무가 성립된 분에 대해서는 2018.12.31.의 개정규정에도 불구하고 종전의 규정(☞ 납부환급불성실가산세 규정)에 따른다.

저자TIP 납부지연가산세율의 기간별 적용

적용대상기간	가산세율
~ 2019.2.11.	0.03%
2019.2.12. ~ 2022.2.14.	0.025%
2022.2.15. ~	0.022%

(2) 적용 제한

① 납부고지서에 따른 납부기한의 다음 날부터 납부일까지의 기간(국세징수법 제13조에 따라 지정납부기한과 독촉장에서 정하는 기한을 연장한 경우에는 그 연장기간은 제외)이 5년을 초과하는 경우에는 그 기간은 5년으로 한다.(국기법 47조의4 ⑦, 2020.12.29. 개정)

② 체납된 국세의 납부고지서별·세목별 세액이 150만원 미만인 경우에는 납부지연가산세[납부고지서상 납부기한 경과 후 납부에 대한 납부지연가산세(국기법 47조의4 ① 3)는 제외]를 적용하지 아니한다.(국기법 47조의4 ⑧, 2021.12.21. 개정)

➲ 2022.1.1. 전에 납부고지서별·세목별 세액이 100만원 이상 150만원 미만인 국세를 체납하여 그 미납기간에 대하여 납세의무가 성립한 납부지연가산세의 부과에 관하여는 개정규정에도 불구하고 종전의 규정에 따른다.(2021.12.21. 국기법 부칙 7조)

(3) 중복적용 배제

① 납부지연가산세를 적용할 때 원천징수납부불성실가산세가 부과되는 부분에 대해서는 국세의 납부와 관련하여 납부지연가산세를 부과하지 아니한다.(국기법 47조의4 ④)

② 납부지연가산세를 적용할 때 중간예납 및 예정신고납부와 관련하여 납부지연가산세가 부과되는 부분에 대해서는 확정신고납부와 관련하여 납부지연가산세를 부과하지 아니한다.(국기법 47조의4 ⑤)

(4) 과세기간을 잘못 적용하여 신고한 경우

소득세의 과세기간을 잘못 적용하여 신고납부한 경우에는 납부지연가산세를 적용할 때 실제 신고납부한 날에 실제 신고납부한 금액의 범위에서 당초 신고납부 하였어야 할 과세기간에 대한 국세를 자진납부한 것으로 보는 경우에는 국세환급금으로 결정하지 않는다.(국기법 51조 ⑩, 47조의4 ⑥ 본문)

4 장부의 기록·보관 불성실 가산세(무기장가산세)

(1) 적용요건 및 가산세율

사업자(소규모사업자는 제외)가 장부를 비치·기록하지 아니하였거나 비치·기록한 장부에 따른 소득금액이 기장하여야 할 금액에 미달한 경우에는 다음 계산식에 따라 계산한 금액을 가산세로 해당 과세기간의 종합소득 결정세액에 더하여 납부하여야 한다. 이 경우 기장하지 아니한 소득금액 또는 기장하여야 할 금액에 미달한 소득금액이 종합소득금액에서 차지하는 비율이 1보다 큰 경우에는 1로, 0보다 작은 경우에는 0으로 한다.*(소법 81조의5 ①, 2019.12.31. 조번변경)

* 이는 결손사업장이 있는 경우 기록하지 아니한 소득금액이 종합소득금액보다 크게 되어 본세(산출세액)보다 가산세가 많아지는 문제점을 보완하기 위하여 2007.12.31.에 개정되었다.

$$\text{가산세} = A \times \frac{B}{C} \times 20\%$$

- A : 종합소득산출세액
- B : 기장하지 아니한 소득금액 또는 기장하여야 할 금액에 미달한 소득금액
- C : 종합소득금액

(2) 소규모사업자의 범위

무기장가산세가 적용되지 않는 소규모사업자라 함은 다음의 사업자를 말한다.(소령 132조 ④)

① 해당 과세기간에 신규로 사업을 개시한 사업자

➲ 신규 전문직사업자는 소규모사업자에 해당된다.

② 직전 과세기간의 사업소득의 수입금액(결정 또는 경정에 의하여 증가된 수입금액 포함)의 합계액이 4,800만원에 미달하는 사업자

③ 연말정산되는 사업소득만 있는 자(보험모집인, 방문판매원, 음료품배달원)

저자TIP 단순경비율 적용대상자의 추계신고시 무기장가산세 적용 여부

단순경비율 적용대상 업종구분 표(☞ 5편 4장 '단순경비율 적용대상자의 판정기준' 참조)에서 다른 업종군과 달리 ㉠의 업종군(도매, 소매, 부동산매매업 등)은 단순경비율 적용대상자에 해당(직전연도 수입금액이 6,000만원 이하)하여 추계신고하는 경우, 직전연도 수입금액이 4,800만원 ~ 6,000만원 사이에 있으면 무기장가산세의 대상이 될 수 있음에 유의하여야 한다.

➲ '무기장가산세'(종전 소법 81조 ⑬)는 2019.12.31. 세법개정으로 '장부의 기록·보관 불성실 가산세'(소법 81조의5)로 용어가 변경되었다.

(3) 무신고·과소신고 및 초과환급신고가산세와의 중복적용 배제

신고불성실가산세(무신고가산세 또는 과소신고·초과환급신고가산세)를 적용할 때 장부의 기록·보관 불성실 가산세(무기장가산세)와 동시에 적용되는 경우에는 그 중 가산세액이 큰 가산세만 적용하고, 가산세액이 같은 경우에는 신고불성실가산세(무신고가산세 또는 과소신고·초과환급신고가산세)만 적용한다.(국기법 47조의2 ⑥, 2017.12.19. 개정)

✓ 연말정산사업소득을 일부 누락하여 종합소득 확정신고시 연말정산사업소득 계산방법

간편장부대상자인 보험모집인이 모집 및 이에 부수되는 용역을 제공하고 그 실적에 따라 지급받은 모집수당 등에 대해 소득세법 제144조의2에 따라 연말정산이 되었으나 이미 지급된 일부 모집수당 등이 누락된 것이 발견된 경우 원천징수의무자는 그 누락된 수당 등을 포함하여 소득세법 제144조의2에 따라 재정산한 후 부족 징수된 세액을 납부하여야 하는 것이며, 그 보험모집인이 종합소득 과세표준확정신고를 하려는 경우에는 누락된 수당을 포함한 모집수당 등에 소득세법 시행령 제201조의11 제4항의 연말정산사업소득의 소득률을 곱하여 계산한 금액을 연말정산사업소득의 소득금액으로 하는 것임(사전법령해석소득 2019-239, 2019.6.5.)

✓ 소규모사업자의 판정 시 수입금액의 환산 여부

간편장부대상자가 직전 과세기간의 업종별 수입금액의 합계액이 4천800만원에 미달하는 경우 무기장가산세를 적용하지 아니하는 것이며, 이 경우 수입금액의 합계액은 환산된 수입금액으로 계산하지 아니하는 것임(소득-1088, 2009.7.14.)

✓ 소득세가 면제되는 특허권 대여소득에 대한 무기장가산세 적용여부

소득세가 전액 면제되는 사업소득 이외에 다른 종합소득이 없는 거주자가 장부를 비치·기장하지 않은 경우 무기장가산세를 적용하지 않음(소득-3139, 2008.9.5.)

✓ 공동사업장의 기장세액공제 및 무기장가산세 계산방법

공동사업장으로부터 분배받은 소득금액에 대하여 기장세액공제를 적용할 때 기장세액공제는 거주자별로 계산하는 것이며, 무기장가산세 적용시 공동사업장의 소득금액을 과세표준으로하여 계산한 후 지분별로 배분하는 것임(소득-1115, 2009.7.17.)

5 지급명세서 등 제출 불성실 가산세(2021.5.4. 제목개정)

지급명세서 또는 간이지급명세서를 제출하여야 할 자가 다음 중 하나에 해당하는 경우에는 다음의 구분에 따른 금액을 가산세로 해당 과세기간의 종합소득 결정세액에 더하여 납부하여야 한다. 다만, 조세특례제한법 제90조의2에 따라 가산세(☞ 세금우대자료 미제출 가산세)가 부과되는 분에 대해서는 그러하지 아니하다.(소법 81조의11 ①, 2022.12.31. 자구수정)

(1) 미제출·지연제출가산세

지급명세서 또는 간이지급명세서(이하 "지급명세서 등" 라 한다)를 기한까지 제출하지 아니한 경우에는 다음의 금액을 가산세로 한다.(소법 81조의11 ① 1, 2019.12.31. 조번변경)

① 지급명세서의 경우 : 제출하지 아니한 분의 지급금액의 1%(3개월 이내 지연제출은 0.5%)

② 간이지급명세서의 경우 : 제출하지 아니한 분의 지급금액의 0.25%[3개월(원천징수대상 사업소득은 1개월) 이내 지연제출은 0.125%](소법 81조의11 ① 1 나, 2021.3.16. 개정)

- 2021.7.1. 이후 지급하는 소득분에 대하여 간이지급명세서를 제출하여야 하거나 제출하는 경우부터 적용한다.(2021.3.16. 법 부칙 2조)
- 2021.7.1. 전에 종전의 규정에 따라 부과하였거나 부과하여야 할 가산세에 대해서는 개정규정에도 불구하고 종전의 규정에 따른다.(2021.3.16. 법 부칙 3조)

개정 2022.12.31, 2023.12.31.

② 간이지급명세서의 경우 : 제출하지 아니한 분의 지급금액의 0.25%(1개월 이내 지연제출은 0.125%)(소법 81조의11 ① 1 나, 2022. 12.31. 개정)

- 2024.1.1. 이후 지급하는 소득(상용근로소득의 간이지급명세서 미제출은 제외)에 대하여 지급명세서등을 제출하여야 하거나 제출하는 경우부터 적용한다.(2022.12.31. 법 부칙 6조 ①, 2023.12.31. 개정)
- 개정규정(상용근로소득의 간이지급명세서 미제출로 한정한다)은 2026.1.1. 이후 지급하는 소득에 대하여 지급명세서등을 제출하여야 하거나 제출하는 경우부터 적용한다.(2022.12.31. 법 부칙 6조 ①, 2023.12.31. 신설)
- 2026.1.1. 전에 지급한 상용근로소득에 대한 간이지급명세서의 지연제출에 따른 가산세에 관하여는 개정규정에도 불구하고 종전의 규정에 따른다.(2022.12.31. 법 부칙 6조 ④, 2023. 12.31. 개정)
- 2026.1.1. 전에 지급한 상용근로소득에 대한 간이지급명세서의 제출 기한에 관하여는 소득세법 제164조의3 제1항 각 호 외의 부분 및 같은 항 제1호의 개정규정(☞ 지급일이 속하는 달의 다음 달 말일까지 제출 규정)에도 불구하고 종전의 규정에 따른다.(2023.12.31. 법 부칙 6조 ⑤)

다만, 다음에 해당하는 경우에는 간이지급명세서 미제출·지연제출가산세는 부과하지 아니한다.(소법 81조의11 ③, 2022.12.31. 신설)

㉠ 2026.1.1.부터 2026.12.31.(원천징수세액을 반기별로 납부하는 원천징수의무자의 경우에는 2027.12.31.)까지 상용근로소득을 지급하는 경우로서 해당 소득에 대한 간이지급명세서를 그 소득 지급일(원천징수시기에 대한 특례를 적용받는 경우는 과세연도 종료일)이 속하는 반기의 마지막 달의 다음 달 말일(휴업, 폐업 또는 해산한 경우에는 휴업일, 폐업일 또는 해산일이 속하는 반기의 마지막 달의 다음

달 말일)까지 제출하는 경우(소법 81조의11 ③ 1)

➲ 2026.1.1. 이후 지급하는 소득에 대하여 지급명세서등을 제출하여야 하거나 제출하는 경우부터 적용한다.(2022.12.31. 법 부칙 6조 ②, 2023.12.31. 신설)

ⓛ 2024.1.1.부터 2024.12.31.까지 인적용역 기타소득(소법 21조 ① 19)을 지급하는 경우로서 해당 소득에 대한 지급명세서를 그 소득 지급일이 속하는 과세연도의 다음 연도의 2월 말일(휴업, 폐업 또는 해산한 경우에는 휴업일, 폐업일 또는 해산일이 속하는 달의 다음다음 달 말일)까지 제출하는 경우(소법 81조의11 ③ 2)

➲ 2024.1.1. 이후 지급하는 소득에 대하여 지급명세서등을 제출하여야 하거나 제출하는 경우부터 적용한다.(2022.12.31. 법 부칙 6조 ①, 2023.12.31. 개정)

③ 일용근로소득 지급명세서의 경우 : 제출하지 아니한 분의 지급금액의 0.25%(1개월 이내 지연제출은 0.125%)(소법 81조의11 ① 1 가, 2021.3.16. 단서신설)

➲ '일용근로소득'의 개정규정은 2021.7.1. 이후 지급하는 소득분에 대하여 지급명세서를 제출하여야 하거나 제출하는 경우부터 적용하며, 2021.7.1. 전에 종전의 규정에 따라 부과하였거나 부과하여야 할 가산세에 대해서는 개정규정에도 불구하고 종전의 규정에 따른다.(2021.3.16. 법 부칙 2조, 3조)

(2) 불분명가산세(사실과 다른 경우 포함)

① 제출된 지급명세서 등이 불분명한 경우에 해당하거나 제출된 지급명세서 등에 기재된 지급금액이 사실과 다른 경우에는 다음의 금액을 가산세로 한다.(소법 81조의11 ① 2, 2021.3.16. 자구수정)

㉠ 지급명세서의 경우 : 불분명하거나 사실과 다른 분의 지급금액의 1%(일용근로소득은 0.25%)(2021.3.16. 단서신설)

➲ '일용근로소득'의 개정규정은 2021.7.1. 이후 지급하는 소득분에 대하여 지급명세서를 제출하여야 하거나 제출하는 경우부터 적용하며, 2021.7.1. 전에 종전의 규정에 따라 부과하였거나 부과하여야 할 가산세에 대해서는 개정규정에도 불구하고 종전의 규정에 따른다.(2021.3.16. 법 부칙 2조, 3조)

ⓛ 간이지급명세서의 경우 : 불분명하거나 사실과 다른 분의 지급금액의 0.25%(2020.12.29. 개정, 2021.3.16. 용어개정)

➲ 2021.1.1. 이후 신고, 결정 또는 경정하는 분부터 적용한다.(2020.12.29. 법 부칙 15조)

② 일용근로소득 또는 간이지급명세서 제출대상 소득(상용근로소득, 원천징수대상 사업소득, 인적용역 기타소득)에 대하여 제출된 지급명세서등이 불분명한 경우에 해당하거나 제출된 지급명세서등에 기재된 지급금액이 사실과 다른 경우로서 아래와 같은 경우에는 위 '①'의 불분명가산세는 부과하지 않는다.(소법 81조의11 ④, 2021.3.16. 신설, 소령 147의7 ④, 2021.5.4. 신설)

PART 5

$$\frac{\text{불분명·사실과 다른 지급금액}}{\text{간이지급명세서에 기재된 총 지급금액}} \leq 5\%$$

➲ 2021.7.1. 이후 지급하는 소득분에 대하여 지급명세서 또는 간이지급명세서를 제출하여야 하거나 제출하는 경우부터 적용한다.(2021.3.16. 법 부칙 2조)

➲ 상용근로소득은 2026.1.1. 이후 지급하는 소득에 대하여 지급명세서등을 제출하여야 하거나 제출하는 경우부터 적용한다.(2022.12.31. 법 부칙 6조 ②, 2023.12.31. 신설)

(3) 가산세 중복적용의 배제

원천징수 대상 사업소득(연말정산 대상 사업소득은 제외) 또는 인적용역 기타소득에 대해 ① '지급명세서' 미제출·지연제출가산세가 부과되는 부분에 대해서는 '간이지급명세서'의 미제출·지연제출가산세를 부과하지 아니하고, ② '지급명세서'의 불분명가산세가 부과되는 부분에 대해서는 '간이지급명세서'의 불분명가산세를 부과하지 않는다.(소법 81조의11 ⑤, 2022.12.31 신설)

➲ ① 2023.1.1. 이후 지급하는 소득에 대하여 지급명세서등을 제출하여야 하거나 제출하는 경우부터 적용한다.(2022.12.31. 법 부칙 6조 ②)

② 인적용역 기타소득은 2024.1.1. 이후 지급하는 소득에 대하여 지급명세서등을 제출하여야 하거나 제출하는 경우부터 적용한다.(2022.12.31. 법 부칙 6조 ③, 항번개정)

(4) 반기별 원천징수의무자의 경우

➲ 2021.7.1. 이후 지급하는 소득분에 대하여 지급명세서 또는 간이지급명세서를 제출하여야 하거나 제출하는 경우부터 적용한다.(2021.3.16. 법 부칙 2조)

원천징수세액을 반기별로 납부하는 원천징수의무자가 2021.7.1.부터 2022.6.30.까지 일용근로소득 또는 원천징수대상 사업소득을 지급하는 경우로서 다음 중 하나에 해당하는 경우에는 미제출·지연제출가산세는 부과하지 아니한다.(소법 81조의11 ②, 2021.3.16. 신설)

① 일용근로소득에 대한 지급명세서를 그 소득 지급일(원천징수시기에 대한 특례를 적용받는 소득에 대해서는 해당 소득에 대한 과세기간 종료일을 말한다)이 속하는 분기의 마지막 달의 다음 달 말일(휴업, 폐업 또는 해산한 경우에는 휴업일, 폐업일 또는 해산일이 속하는 분기의 마지막 달의 다음 달 말일)까지 제출하는 경우(소법 81조의11 ② 1)

② 원천징수대상 사업소득에 대한 간이지급명세서를 그 소득 지급일(원천징수시기에 대한 특례를 적용받는 소득에 대해서는 해당 소득에 대한 과세기간 종료일을 말한다)이 속하는 반기의 마지막 달의 다음 달 말일(휴업, 폐업 또는 해산한 경우에는 휴업일, 폐업일 또는 해산일이 속하는 반기의 마지막 달의 다음 달 말일)까지 제출하는 경우(소법 81조의11 ② 2)

(5) 불분명한 경우의 범위

"불분명한 경우"란 다음의 구분에 따른 경우를 말한다.

① 지급명세서의 경우 : 다음 중 하나에 해당하는 경우(소령 147조의7 ① 1, 2020.2.11. 조번변경)

㉠ 제출된 지급명세서에 지급자 또는 소득자의 주소·성명·납세번호(주민등록번호로 갈음하는 경우에는 주민등록번호), 사업자등록번호, 소득의 종류, 소득의 귀속연도 또는 지급액을 적지 않았거나 잘못 적어 지급사실을 확인할 수 없는 경우

㉡ 제출된 지급명세서 및 이자·배당소득 지급명세서에 유가증권표준코드를 적지 않았거나 잘못 적어 유가증권의 발행자를 확인할 수 없는 경우

㉢ 제출된 지급명세서에 이연퇴직소득세를 적지 않았거나 잘못 적은 경우

② 간이지급명세서의 경우 : 제출된 간이지급명세서에 지급자 또는 소득자의 주소·성명·납세번호(주민등록번호로 갈음하는 경우에는 주민등록번호), 사업자등록번호, 소득의 종류, 소득의 귀속연도 또는 지급액을 적지 않았거나 잘못 적어 지급사실을 확인할 수 없는 경우를 말한다.(소령 147조의7 ① 2, 2021.5.4. 개정)

(6) 불분명한 금액에 포함하지 않는 금액

다음의 지급금액은 불분명한 금액에 포함하지 않는 것으로 한다.(소령 147조의7 ②, 2020.2.11. 조번변경)

① 지급일 현재 납세번호를 부여받은 자 또는 사업자등록증의 교부를 받은 자에게 지급한 금액

② 위 '①' 외의 지급금액으로서 지급 후에 그 지급받은 자의 소재 불명이 확인된 금액

(7) 가산세의 적용

① 지급명세서 등 제출불성실가산세는 종합소득산출세액이 없는 경우에도 적용한다.(소법 81조의11 ⑥)

② 지급명세서 등 제출불성실가산세를 적용할 때 연금소득 및 퇴직소득의 경우에는 2002.1.1. 이후에 불입된 연금기여금 및 사용자부담금을 기초로 하거나 2002.1.1. 이후 근로의 제공을 기초로 하여 지급받는 연금소득 및 일시금을 '지급금액'으로 본다.(소령 147조의7 ③, 소법 20조의3 ②, 22조 ②)

(8) 가산세의 한도

지급명세서 등 제출불성실가산세 및 간이지급명세서 제출불성실가산세는 과세기간 단위로 5천만원(중소기업기본법 제2조 제1항에 따른 중소기업이 아닌 기업은 1억원)을 한도

로 한다. 다만, 해당 의무를 고의적으로 위반한 경우에는 그러하지 아니하다.(국기법 49조 ① 1, 2010.12.27. 개정, 국기령 29조의2 ② 1)

종교인소득의 지급명세서 제출불성실 가산세 적용 유예에 관한 특례

2018.1.1.부터 2019.12.31.까지 발생하여 지급하는 종교인소득의 지급명세서에 대해서는 지급명세서 제출불성실가산세(종전 소법 81조 ①)를 적용하지 아니한다.(2015.12.15. 법 부칙 10.02조, 2018.12.31. 신설)

소득별 지급명세서 제출기한

<table>
<tr><th colspan="2" rowspan="2">소득구분</th><th colspan="2" rowspan="2">종류</th><th rowspan="2">제출 대상기간*1</th><th colspan="2">제출기한</th></tr>
<tr><th>일반</th><th>휴업·폐업·해산</th></tr>
<tr><td rowspan="5">근로소득</td><td rowspan="4">상용</td><td colspan="2">지급명세서</td><td>1월~12월</td><td>다음연도 3월 10일</td><td>휴업 등을 한 달의 다음다음 달 말일</td></tr>
<tr><td rowspan="3">간이 지급 명세서</td><td rowspan="2">~2025년</td><td>1월~6월</td><td>7월 말일</td><td rowspan="2">휴업 등을 한 반기 마지막 달의 다음 달 말일*2</td></tr>
<tr><td>7월~12월</td><td>다음연도 1월 말일</td></tr>
<tr><td>2026년~</td><td>2026년 1월 지급분부터 매월</td><td>지급한 달의 다음 달 말일*3</td><td>휴업 등을 한 달의 다음 달 말일*3</td></tr>
<tr><td>일용</td><td colspan="2">일용근로소득 지급명세서</td><td>2021년 7월 지급분부터 매월</td><td>지급한 달의 다음 달 말일*4</td><td>휴업 등을 한 달의 다음 달 말일</td></tr>
<tr><td colspan="2" rowspan="2">사업소득</td><td colspan="2">지급명세서*5</td><td>1월~12월</td><td>다음연도 3월 10일</td><td>휴업 등을 한 달의 다음다음 달 말일</td></tr>
<tr><td colspan="2">간이지급명세서</td><td>2021년 7월 지급분부터 매월</td><td>지급한 달의 다음 달 말일*4</td><td>휴업 등을 한 달의 다음 달 말일</td></tr>
<tr><td colspan="2" rowspan="2">인적용역 기타소득*6</td><td colspan="2">지급명세서*7</td><td>1월~12월</td><td>다음연도 2월 말일</td><td>휴업 등을 한 달의 다음다음 달 말일</td></tr>
<tr><td colspan="2">간이지급명세서</td><td>2024년 1월 지급분부터 매월</td><td>지급한 달의 다음 달 말일</td><td>휴업 등을 한 달의 다음 달 말일</td></tr>
<tr><td colspan="2">종교인소득 (기타소득)</td><td colspan="2" rowspan="7">지급명세서</td><td rowspan="7">1월~12월</td><td rowspan="3">다음연도 3월 10일</td><td rowspan="7">휴업 등을 한 달의 다음다음 달 말일</td></tr>
<tr><td colspan="2">퇴직소득</td></tr>
<tr><td colspan="2">봉사료 (사업소득)</td></tr>
<tr><td colspan="2">이자소득</td><td rowspan="4">다음연도 2월 말일</td></tr>
<tr><td colspan="2">배당소득</td></tr>
<tr><td colspan="2">기타소득*8</td></tr>
<tr><td colspan="2">연금소득</td></tr>
</table>

*1. 원천징수시기에 대한 특례 규정을 적용받는 소득에 대해서는 해당 소득에 대한 과세기간 종료일을 지급일로 한다.

*2. 2025.12.31.까지 지급한 소득에 대해 적용한다.(2022.12.31. 법 부칙 6조 ②, 2023.12.31. 신설)

*3. 2026.1.1. 이후 지급하는 소득에 대하여 제출해야 하거나 제출하는 경우부터 적용한다.(2022.12.31. 법 부칙 6조 ⑤, 2023.12.31. 개정)

*4. 반기별 원천징수의무자의 경우 2021.7.1.부터 2022.6.30.까지 사업소득은 반기별 제출을, 일용근로소득은 분기별 제출을 허용하는 예외규정(소법 81조의11 ②)이 있다.
*5. 간이지급명세서를 제출한 부분(연말정산 한 사업소득은 제외)에 대해서는 지급명세서를 제출한 것으로 본다.(소법 164조 ⑦)
*6. ① 기타소득 중 소득세법 21조 ① 19호에 따른 다음의 인적용역소득을 말한다.
㉠ 고용관계 없이 다수인에게 강연을 하고 강연료 등 대가를 받는 용역
㉡ 라디오·텔레비전방송 등을 통하여 해설·계몽 또는 연기의 심사 등을 하고 보수 또는 이와 유사한 성질의 대가를 받는 용역
㉢ 변호사, 공인회계사, 세무사, 건축사, 측량사, 변리사, 그 밖에 전문적 지식 또는 특별한 기능을 가진 자가 그 지식 또는 기능을 활용하여 보수 또는 그 밖의 대가를 받고 제공하는 용역
㉣ 그 밖에 고용관계 없이 수당 또는 이와 유사한 성질의 대가를 받고 제공하는 용역
② 2024.1.1.~12.31.에 지급하는 인적용역 기타소득분에 한해 지급명세서를 기한 내 제출한 경우 간이지급명세서 미(지연)제출 가산세는 부과하지 않는다.(소법 81조의11 ③ 2, 2022.12.31. 법 부칙 6조 ①, 2023.12.31. 개정)
*7. 간이지급명세서를 제출한 부분에 대해서는 지급명세서를 제출한 것으로 본다.(소법 164조 ⑦)
*8. 기타소득 중 인적용역소득(소법 21조 ① 19) 외의 소득을 말한다.

✓ **판결에 따라 근로소득 지급명세서 수정신고한 경우 원천징수 방법, 가산세 관련 질의**

과세표준신고서를 법정신고기한까지 제출한 자 또는 국세의 과세표준 및 세액의 결정을 받은 자는 과세표준 및 세액의 계산 근거가 된 거래 또는 행위 등이 그에 관한 소송에 대한 판결에 의하여 다른 것으로 확정되었을 때에는 그 사유가 발생한 것을 안 날부터 3개월 이내에 결정 또는 경정을 청구할 수 있으며, 1심 판결에 따라 과세표준 및 세액의 증액분에 대하여 수정신고·납부하였으나, 2심 판결에서 해당 과세표준 및 세액이 감소함에 따라 환급세액이 발생하는 경우에는 본세뿐만 아니라 가산세도 감액되는 것임(서면원천 2023-1634, 2024.5.22.)

✓ **소득세법 시행규칙 별지 서식 제24호의4(2) 작성방법의 지급시기 의제에 따른 가산세 부과 여부**

소득세법 제164조의3 제1항 제2호에 따라 원천징수대상 사업소득의 지급일이 속하는 달의 다음 달 말일까지 간이지급명세서를 제출한 경우 간이지급명세서 미제출·기한후제출 가산세를 부과할 수 없는 것임(기획재정부소득정보-132, 2022.9.16.)

✓ **지급명세서미제출가산세 적용시 지급명세서 제출 의무**(소득 집행기준 81-147-5)

원천징수의무자가 지급명세서 제출기한까지 의무 불이행하여 지급명세서미제출가산세를 신고·납부 하였더라도 지급명세서 제출의 면제 및 특례에 열거되어 있지 않은 경우는 지급명세서 제출이 면제되는 것은 아니다.

✓ **비거주자에게 사업소득 등을 지급하는 경우, 간이지급명세서 제출의무**

비거주자에게 국내원천 선박 등 임대소득, 국내원천 사업소득, 국내원천 인적용역소득, 국내원천 사용료소득을 지급하는 경우에는 간이지급명세서 제출의무가 없음(서면법규소득 2021-5082, 2022.1.24.)

✓ **지급명세서 가산세 적용 여부**

내국법인이 원천징수대상 사업소득 지급분에 대해 소득세법 제164조의3에 따라 간이지급명세서를 제출기한 내에 제출하였으나, 소득세법 제164조에서 규정한 지급명세서를 제출기한까지 제출하지 아니한 경우에는 법인세법 제75조의7 제1항에 따른 지급명세서 등 제출 불성실가산세가 적용되는 것임(기획재정부법인-1769, 2020.11.30.)

PART 5

✓ **지급명세서 제출 가산세 적용여부**

내국법인이 소득세법 제164조 제1항에 따른 지급명세서 제출의무가 없음에도 착오로 기타소득 지급명세서를 제출한 경우에는 법인세법 제75조의7 제1항 제2호의 지급명세서 등 제출 불성실 가산세를 적용하지 않는 것임(서면법인 2020-2344, 2020.10.21.)

✓ **지급명세서 제출 가산세 대상여부**

내국법인이 2016년 사업연도에 근로자를 고용하지 않고도 장부상 임금을 지급한 것으로 기재하고 근로소득지급명세서를 제출한 경우에는 지급명세서 제출 불성실 가산세가 적용되는 것임(서면법인 2019-4282, 2020.6.8.)

✓ **간이지급명세서 제출 면제 대상 식대, 자가운전보조금을 비과세소득에 포함하여 착오 제출한 경우 수정제출 필요 여부와 가산세 해당 여부**

제출면제 대상을 포함하여 제출한 경우 수정제출이 필요하고 기재된 지급금액이 사실과 다른 경우 가산세를 부과하는 것임. 다만, 제출 면제대상을 비과세소득에 포함하여 착오 제출하였고 그 사유가 국세기본법 제48조 제1항에 따른 가산세 감면의 정당한 사유에 해당할 경우 가산세가 면제되는 것이나 이에 해당되는지 여부는 종합적인 사실관계를 확인하여 판단하는 것임(서면소득지원 2019-2416, 2019.8.22.)

✓ **비거주자에게 사업소득 등을 지급하는 경우, 간이지급명세서 제출의무**

비거주자에게 소득세법 제119조에 규정된 국내원천 선박 등 임대소득, 국내원천 사업소득, 국내원천 인적용역소득, 국내원천 사용료소득을 지급하는 경우에는 소득세법 제164조의3에 따른 간이지급명세서 제출의무가 없는 것임(서면법규소득 2021-5082, 2022.1.24.)

✓ **단순착오로 원천징수의무자와 소득자 명의를 잘못 기재한 경우 가산세 적용**

단순착오로 원천징수의무자와 소득자 명의를 잘못 기재하여 원천징수하고 신고·납부하고, 지급명세서를 제출한 경우 원천납부불성실가산세는 적용하지 않으나, 지급명세서 보고불성실가산세는 적용됨(원천-590, 2012.11.2.)

✓ **지급금액이 과다기재된 일용근로소득 지급명세서 수정제출 시 가산세 해당 여부**

당초 제출한 일용근로소득 지급명세서에 지급금액을 착오로 과다기재하여 수정 제출하는 경우 과다기재분에 대하여는 보고불성실가산세를 적용함(서면법규-393, 2013.4.8.)

✓ **근로소득을 기타소득으로 지급명세서를 제출한 경우 지급명세서 미제출가산세 적용 여부**

소득구분 착오로 근로소득을 기타소득으로 지급명세서를 제출한 경우 근로소득 지급명세서를 제출하지 아니하였으므로 소득세법 제81조 제1항 제1호에 따른 지급명세서 미제출가산세를 적용함(원천-259, 2012.5.11.)

✓ **과세소득을 비과세 소득란에 착오기재한 경우 지급조서미제출가산세 해당여부**

근로소득을 지급한 법인이 근로소득지급조서를 제출하면서 착오로 지급조서의 일부분을 잘못 기재한 경우에는 근로소득의 지급사실을 확인할 수 없는 경우가 아니라면 가산세는 부과하지 아니하는 것임(재법인 46012-19, 1995.2.2.)

✓ **지급조서(원천징수영수증) 미제출가산세 적용여부**

제출된 지급조서에 소득자의 주민등록번호를 잘못 기재한 경우에도 주소, 성명 등에 의하여 그 지급사실을 확인할 수 있는 경우에는 "불분명한 경우"에 해당하지 아니하는 것임(법인 22601-4769, 1989.12.29.)

✓ **지급조서불명가산세**

지급조서상 소득자의 주소 중 아파트의 호수가 전산처리상 서식의 공란부족으로 기재누락되었으나 지급사실을 확인할 수 있는 때에는 지급조서불명가산세를 부과하지 아니하는 것임(법인 22601-2829, 1985.9.18.)

6 계산서 등 제출 불성실 가산세

(1) 사업자에 대한 가산세

1) 적용요건 및 가산세율

사업자(소규모사업자는 제외)가 다음 중 하나에 해당하는 경우에는 다음의 구분에 따른 금액을 가산세로 해당 과세기간의 종합소득 결정세액에 더하여 납부하여야 한다.(소법 81조의10 ①, 2019.12.31. 조번변경)

① 계산서(전자계산서를 포함한다. 이하에서 같다)에 필요적 기재 사항의 전부 또는 일부가 기재되지 아니하거나 사실과 다르게 기재된 경우(아래 '②'이 적용되는 분은 제외한다) : 공급가액의 1%(소법 81조의10 ① 1)

이때 교부한 계산서의 필요적 기재사항 중 일부가 착오로 기재되었으나 해당 계산서의 그 밖의 기재사항으로 보아 거래사실이 확인되는 경우에는 '사실과 다르게 기재된 계산서'로 보지 않는다.(소령 147조의6 ②, 2020.2.11. 조번변경)

➲ 복식부기의무자가 아닌 사업자의 경우 2021.1.1. 이후 재화나 용역을 공급하는 분 및 재화나 용역을 공급하지 아니하고 계산서 등을 발급하거나 재화나 용역을 공급받지 아니하고 계산서 등을 발급받는 분부터 적용한다.(2019.12.31. 법 부칙 7조 ①)

➲ 가산세 적용대상이 종전 '복식부기의무자'에서 '직전 과세기간 사업소득 수입금액이 4,800만원 이상인 간편장부대상자'까지로 확대(소령 147조의6 ①)되었다.

② 매출·매입처별 계산서합계표(이하 "계산서합계표"라 한다)의 제출과 관련하여 다음 중 하나에 해당하는 경우(아래 '④'이 적용되는 분의 매출가액 또는 매입가액은 제외한다) : 다음의 구분에 따른 금액(소법 81조의10 ① 2)

㉠ 계산서합계표를 해당 과세기간의 다음 연도 2월 10일까지 제출하지 아니한 경우: 공급가액의 0.5%(1개월 이내 지연제출은 0.3%)(소법 81조의10 ① 2 가, 163조 ⑤, 소령

PART 5

211조의2 ④)

다만, 다음 중 하나에 해당하는 계산서의 합계표는 제출하지 아니할 수 있다.(소법 163조 ⑤, 2014.12.23. 단서개정)

ⓐ 수입계산서를 발급받은 수입자는 그 계산서의 매입처별 합계표

ⓑ 전자계산서를 발급하거나 발급받고 전자계산서 발급명세를 전자계산서 발급일의 다음 날까지 국세청장에게 전송한 경우에는 매출·매입처별 계산서합계표

➲ 현행 실무상 "발급명세"의 실체는 없으며 "국세청에 전송되는 전자계산서 자체"를 의미한다.

㉡ 제출한 계산서합계표에 거래처별 등록번호 및 공급가액의 전부 또는 일부가 기재되지 아니하거나 사실과 다르게 기재된 경우(계산서합계표의 기재 사항이 착오로 기재된 경우로서 교부했거나 교부받은 계산서에 따라 거래사실이 확인되는 분의 매출가액 또는 매입가액은 제외한다) : 공급가액의 0.5%(소법 81조의10 ① 2 나, 소령 147조의6 ③, 2020.2.11. 조번변경)

③ 매입처별 세금계산서합계표의 제출과 관련하여 다음 중 하나에 해당하는 경우(아래 '④'이 적용되는 분의 매입가액은 제외한다) : 다음의 구분에 따른 금액(소법 81조의10 ① 3)

㉠ 매입처별 세금계산서합계표를 사업자현황신고기한(사업자가 사망 또는 출국함에 따라 과세표준확정신고의 특례가 적용되는 경우에는 해당 과세표준확정신고기한)까지 제출하지 아니한 경우 : 공급가액의 0.5%(1개월 이내 지연제출은 0.3%)(소법 81조의10 ① 3 가, 163조의2 ①)

㉡ 매입처별 세금계산서합계표를 제출한 경우로서 그 매입처별 세금계산서합계표에 기재하여야 할 사항의 전부 또는 일부가 기재되지 아니하거나 사실과 다르게 기재된 경우(매입처별 세금계산서합계표의 기재사항이 착오로 기재된 경우로서 교부받은 세금계산서에 따라 거래사실이 확인되는 분의 매입가액은 제외한다) : 공급가액의 0.5%(소법 81조의10 ① 3 나, 소령 147조의6 ⑤)

④ 다음 중 하나에 해당하는 경우 : 공급가액의 2%(아래 '㉠'을 적용할 때 전자계산서를 발급하여야 하는 자가 전자계산서 외의 계산서를 발급한 경우와 계산서의 발급시기가 지난 후 해당 재화 또는 용역의 공급시기가 속하는 과세기간의 다음 연도 1월 25일까지 계산서를 발급한 경우에는 1%로 한다)(소법 81조의10 ① 4)

㉠ 계산서를 발급시기에 발급하지 아니한 경우(소법 81조의10 ① 4 가)

㉡ 재화 또는 용역을 공급하지 아니하고 계산서, 신용카드매출전표 또는 현금영수증(이하 "계산서 등"이라 한다)을 발급한 경우(소법 81조의10 ① 4 나)

㉢ 재화 또는 용역을 공급받지 아니하고 계산서 등을 발급받은 경우(소법 81조의10 ①

4 다)

㉣ 재화 또는 용역을 공급하고 실제로 재화 또는 용역을 공급하는 자가 아닌 자의 명의로 계산서 등을 발급한 경우(소법 81조의10 ① 4 라)

㉤ 재화 또는 용역을 공급받고 실제로 재화 또는 용역을 공급하는 자가 아닌 자의 명의로 계산서 등을 발급받은 경우(소법 81조의10 ① 4 마)

전자계산서 의무발급 대상 개인사업자의 범위 확대

(1) 전자계산서 의무발급 사업자

➲ ① 개정규정은 2023.7.1. 이후 재화 및 용역을 공급하는 경우부터 적용한다. 이 경우 사업장별 총수입금액은 2022.1.1.이 속하는 과세기간을 기준으로 판단한다.(2023.2.28. 영 부칙 13조 ①)

② 개정규정에도 불구하고 2023.7.1.부터 2024.6.30.까지는 같은 개정규정 중 "8천만원"을 "1억원"으로 보아 같은 개정규정을 적용한다.(2023.2.28. 영 부칙 13조 ②)

➲ 결국 2022.7.1.부터 2023.6.30.까지는 2억원 기준, 2023.7.1.부터 2024.6.30.까지는 1억원 기준, 2024.7.1.부터는 8천만원 기준을 적용한다는 의미이다.

① 전자세금계산서 의무발급 개인사업자 : 직전 과세기간의 사업장별 재화 및 용역의 공급가액(면세공급가액을 포함)의 합계액이 8천만원 이상인 개인사업자(그 이후 직전 과세기간의 사업장별 재화 및 용역의 공급가액이 8천만원 미만이 된 개인사업자를 포함)를 말한다.(소법 163조 ① 1, 부법 32조 ②, 부령 68조 ①, 2023. 2.28. 개정)

② 위 '①' 외의 사업자 : 직전 과세기간의 사업장별 총수입금액이 8천만원 이상인 사업자(그 이후 과세기간의 사업장별 총수입금액이 8천만원 미만이 된 사업자를 포함)를 말한다.(소법 163조 ① 2, 소령 211조의2 ②, 2023.2.28. 개정)

(2) 전자계산서 발급기간

➲ ① 개정규정은 2023.7.1. 이후 재화 및 용역을 공급하는 경우부터 적용한다. 이 경우 사업장별 총수입금액은 2022.1.1.이 속하는 과세기간을 기준으로 판단한다.(2023.2.28. 영 부칙 13조 ①)

② 개정규정에도 불구하고 2023.7.1.부터 2024.6.30.까지는 같은 개정규정 중 "8천만원"을 "1억원"으로 보아 같은 개정규정을 적용한다.(2023.2.28. 영 부칙 13조 ②)

➲ 결국 2022.7.1.부터 2023.6.30.까지는 2억원 기준, 2023.7.1.부터 2024.6.30.까지는 1억원 기준, 2024.7.1.부터는 8천만원 기준을 적용한다는 의미이다.

① 전자계산서 의무발급 개인사업자 : 사업장별 재화 및 용역의 공급가액(면세공급가액을 포함)의 합계액이 8천만원 이상인 과세기간의 다음 과세기간의 7월 1일부터 전자세금계산서를 발급해야 한다. 다만, 사업장별 재화와 용역의 공급가액(면세공급가액을 포함)의 합계액이 수정신고 또는 결정과 경정(이하 "수정신고등"이라 한다)으로 8천만원 이상이 된 경우에는 수정신고등을 한 날이 속하는 과세기간의 다음 과세기간이 시작하는 날부터 전자세금계산서를 발급해야 한다.(소령 211조의2 ③ 1, 부령 68조 ②, 2023.2.28. 개정)

② 위 '(1)의 ②'에 해당하는 사업자 : 사업장별 총수입금액이 8천만원 이상인 과세기간의

다음 과세기간의 7월 1일. 다만, 사업장별 총수입금액이 수정신고 또는 결정과 경정(이하 "수정신고등"이라 한다)으로 8천만원 이상이 된 경우에는 수정신고등을 한 날이 속하는 과세기간의 다음 과세기간의 개시일로 한다.(소령 211조의2 ③ 2, 2023.2.28. 개정)

➲ 개정규정에도 불구하고 2022.1.1.부터 2022.12.31.까지의 기간 동안의 사업장별 총수입금액이 수정신고등으로 변경된 경우에는 같은 개정규정 중 "8천만원"을 "1억원"으로 보아 같은 개정규정을 적용한다.(2023.2.28. 영 부칙 13조 ③)

⑤ 전송기한(☞ 전자계산서 발급일의 다음 날)이 지난 후 재화 또는 용역의 공급시기가 속하는 과세기간 말의 다음 달 25일까지 국세청장에게 전자계산서 발급명세를 전송하는 경우(위 '④'이 적용되는 분은 제외) : 공급가액의 0.3%(소법 81조의10 ① 5)

⑥ 전송기한(☞ 전자계산서 발급일의 다음 날)이 지난 후 재화 또는 용역의 공급시기가 속하는 과세기간 말의 다음 달 25일까지 국세청장에게 전자계산서 발급명세를 전송하지 아니한 경우(위 '④'이 적용되는 분은 제외) : 공급가액의 0.5%(소법 81조의10 ① 6)

2) 계산서 등 제출 불성실 가산세가 배제된 소규모사업자의 범위

다음의 사업자를 말한다.(소령 147조의6 ①, 2020.2.11. 개정)

① 해당 과세기간에 신규로 사업을 개시한 사업자

② 간편장부대상자로서 직전 과세기간의 사업소득의 수입금액이 4,800만원에 미달하는 사업자 ➲ 가산세 적용대상이 종전 '복식부기의무자'에서 '직전 과세기간 사업소득 수입금액이 4,800만원 이상인 간편장부대상자'까지로 확대된 것이다.

③ 연말정산 되는 사업소득만 있는 사업자

(2) 비사업자에 대한 가산세

사업자가 아닌 자가 재화 또는 용역을 공급하지 아니하고 계산서를 발급하거나 재화 또는 용역을 공급받지 아니하고 계산서를 발급받은 경우 그 계산서를 발급하거나 발급받은 자를 사업자로 보고 그 계산서에 적힌 공급가액의 2%를 그 계산서를 발급하거나 발급받은 자에게 사업자등록증을 발급한 세무서장이 가산세로 징수한다. 이 경우 그 계산서를 발급하거나 발급받은 자의 사업소득에 대한 종합소득산출세액은 0으로 본다.(소법 81조의10 ②, 2019.12.31. 신설)

➲ 개정규정을 적용받는 자가 2021.1.1. 이후 재화나 용역을 공급하지 아니하고 계산서를 발급하거나 재화나 용역을 공급받지 아니하고 계산서를 발급받는 분부터 적용한다.(2019.12.31. 법 부칙 7조 ③)

(3) 가산세의 적용

① 계산서 등 제출 불성실 가산세는 종합소득산출세액이 없는 경우에도 적용한다.(소법 81조의10 ③)

② 계산서 등 제출 불성실 가산세는 다음의 구분에 따라 가산세가 부과되는 부분에 대해서는 적용하지 아니한다.(소법 81조의10 ④, 2019.12.31. 조번변경)

㉠ 위 '(1)'의 사업자에 대한 가산세를 적용하지 아니하는 경우 : 다음에 따라 가산세가 부과되는 부분(소법 81조의10 ④ 1)

ⓐ 증명서류 수취 불성실 가산세(소법 81조의6)

ⓑ 부가가치세법상 세금계산서의 지연발급·미발급·지연전송·미전송·불명가산세(부법 60조 ②)

ⓒ 부가가치세법상 세금계산서의 가공발급·허위발급·공급가액 과다기재 가산세(부법 60조 ③)

ⓓ 부가가치세법상 공급받은 사업자에 적용하는 경정시 제출에 따른 가산세(부법 60조 ⑤)

ⓔ 부가가치세법상 매출처별 세금계산서합계표 제출불성실가산세(부법 60조 ⑥)

㉡ 위 '(2)'의 비사업자에 대한 가산세를 적용하지 아니하는 경우 : 부가가치세법상 비사업자에 대한 가산세(부법 60조 ④)가 부과되는 부분(소법 81조의10 ④ 2)

➲ '㉡'의 개정규정은 위 '(2)'의 개정규정을 적용받는 자가 2021.1.1. 이후 재화나 용역을 공급하지 아니하고 계산서를 발급하거나 재화나 용역을 공급받지 아니하고 계산서를 발급받는 분부터 적용한다.(2019.12.31. 법 부칙 7조 ③)

PART 5

(4) 가산세의 한도

계산서 등 제출 불성실 가산세에 대해서는 과세기간 단위로 5천만원(중소기업기본법 제2조 제1항에 따른 중소기업이 아닌 기업은 1억원)을 한도로 한다. 다만, 해당 의무를 고의적으로 위반한 경우에는 그러하지 아니하다.(국기법 49조 ①, 2010.12.27. 개정, 국기령 29조의2 ② 1)

[계산서 교부의무]

✓ **계산서 관련 가산세 적용배제**(소득 집행기준 81－147－4)

① 다음에 해당하는 재화 또는 용역의 공급에 대해서는 계산서를 교부하지 아니하는 경우에도 계산서미교부가산세를 부과하지 않는다.

㉠ 제조장과 별도로 직매장을 설치한 사업자가 자기제조장에서 생산한 제품을 판매하기 위하여 직매장에 반출하는 경우

㉡ 사업을 포괄적으로 양도하는 경우

㉢ 상품권 등 유가증권을 매매하는 경우(상품권매매업자 포함)

② 재화나 용역의 공급자로부터 계산서를 교부받지 못하여 매입처별계산서합계표를 제출하지 못한 경우에는 계산서합계표 미제출가산세를 적용하지 않는다.

✓ **주택임대사업자가 비사업자인 최종소비자에게 주택임대용역을 공급하고 영수증을 교부시 전자계산서를 발급하여야 하는지 여부**

주택임대사업자가 비사업자인 최종소비자에게 주택임대용역을 제공하는 경우에는 소득세법시행령 제211조 제2항 및 같은 법 시행규칙 제96조의 2의 규정에 의하여 영수증을 교부할 수 있음(서면전자세원 2021－4117, 2021.7.29.)

✓ **주택임대용역 제공시 영수증 교부 가능여부**

주택의 임대업을 영위하는 법인이 사업자가 아닌 개인에게 주택임대용역을 제공하는 경우 법인세법 시행령 제164조 및 소득세법 시행령 제211조 규정에 따라 영수증을 교부할 수 있는 것이나, 주택임대용역을 제공받는 자가 법인인 경우에는 계산서를 교부하여야 하는 것임(서면2팀－240, 2004.2.18.)

✓ **사업자가 토지를 공급하는 경우의 계산서 교부**(소득 집행기준 163-0-3)

소득세법 제168조에 따라 사업자등록을 한 사업자가 토지를 공급하는 경우에는 계산서를 교부하지 아니하고 영수증을 교부할 수 있다. 다만, 그 공급받은 자가 사업자등록증을 제시하고 계산서의 교부를 요구하는 때에는 계산서를 교부해야 한다.

※ 참고예규

✓ **계산서 교부대상에서 제외되는 토지 및 건축물의 범위**

계산서 교부대상에서 제외되는 토지 및 건축물의 범위는, 고정자산만을 의미하는 것이 아니라, 재고자산까지도 포함되는 것임(법인 46012-475, 2002.8.29.)

➲ 개인사업자와 마찬가지로 법인이 토지를 구입하고 영수증을 수취한 경우에도 법인세법 시행규칙 제79조 6호 및 8호에 따라 지출증명서류 수취 불성실가산세 대상에서 제외된다.(법법 116조 ② 단서, 법령 158조 ② 5, 법칙 79조 6, 8)

✓ **위탁판매 등의 계산서 작성교부**(소득 집행기준 163-0-2)

부가가치세가 면세되는 재화를 위탁 또는 대리에 의하여 판매를 할 경우에는 위탁자 또는 본인의 명의로 수탁자 또는 대리인이 계산서를 교부해야 하는 것이나, 위탁자 또는 본인을 알 수 없는 경우에는 수탁자 또는 대리인이 거래상대방에게 공급한 것으로 보아 계산서를 교부한다.

✓ **출판사가 교과서를 교육청단위로 공급하는 경우 계산서교부방법**(소통 163－211…3)

제조업자가 교과서용 도서를 출판하여 최종소비자인 학생에게 공급함에 있어 공급과정상 시·이 교육청 단위로 공급하는 경우에는 해당 교육청을 공급받는 자로 하여 계산서를 작성·교부하여야 한다.

✓ **선박대리점의 계산서제출**(소통 163－212…1)

외국선박회사가 부가가치세면세사업자로부터 제공받은 용역의 대가를 국내선박대리점이 대납하여 주고 그 면세사업자로부터 교부받은 계산서에 대한 매출·매입처별계산서합계표는 국내선박대리점이 관할 세무서장에게 제출하여야 한다.

✓ **계산서 발급의무**

소득세법 제163조 제6항에 의해 부가가치세법에 따라 세금계산서 또는 영수증을 작성·발급한 분에 대해서는 소득세법 제163조 제1항에 따라 계산서 등을 작성·발급한 것으로 보는 것임(사전법령해석소득 2020－807, 2021.5.14.)

✓ **전년도 총 수입금액이 3억원(2021년 사업장별 총수입금액으로 판단하여 2022.7.1. 이후 공급분부터 2억원) 이상으로 전자계산서 의무발급대상자에 해당하는 경우 토지 및 건축물의 공급 시 전자계산서를 발행하여야 하는지 여부**

전자계산서 발급의무대상자는 계산서를 발급할 경우에 전자계산서로 발급하여야 하므로 계산서 교부의무가 없는 토지 및 건축물의 공급분에 대하여 전자계산서 발급의무가 발생하는 것은 아님. 다만, 소득세법 시행령 제211조 제2항 단서에 따라 토지 및 건축물을 공급받은 사업자가 사업자등록증을 제시하고 계산서의 발급을 요구하는 때에는 계산서를 발급하여야 하는 것이므로 이때에는 전자계산서를 발급하여야 함(서면전자세원 2019－2543, 2019.8.14.)

✓ **도서상품권의 경비인정 및 계산서 발행 여부**(소법 해석편람 163－1－6)

도서상품권을 판매한 사업자의 총수입금액 산입시기 및 계산서 발행시기는 도서상품권을 판매하는 때가 아니라 상품권과 교환하여 도서를 판매하는 때임 도서상품권을 구매한 사업자의 필요경비 산입시기는 도서상품권을 구매하는 때가 아니라 도서상품권을 도서의 구입, 기타 다른 용도로 사용하는 때에 그 용도에 따라 필요경비에 산입하는 것임(소득 46011－46, 1999.9.17.)

✓ **상품권판매업에 대한 신고방법, 매출, 매입시 확인할 사항, 갖추어야 할 증빙서류 등**

상품권을 판매하는 경우 사업자가 재화 또는 용역을 공급하는 경우에 해당하지 않는 것이므로 계산서를 교부할 수 없는 것이고, 상품권을 구입하는 경우 소득세법 제160조의2(경비 등의 지출증빙수취보관)의 규정 및 같은법 제81조 제8항에 규정하는 경비 등의 지출증빙수취관련가산세가 적용되지 아니하는 것임(서일 46011－10420, 2002.3.28, 제도 46011－10280, 2001.3.26.)

✓ **작물재배업의 계산서 발행**(소법 해석편람 163－1－11)

농업에 종사하는 거주자가 작물재배업에서 생산되는 농산품을 직접 판매하는 경우에는 계산서 발행의무가 없는 것이며, 소득세법 제19조 제1항 제1호에 규정된 농업(작물재배업은 제외)에서 발생하는 사업소득이 있는 거주자는 소득세법 제160조의 규정에 의하여 소득금액을 계산할 수 있도록 증빙서류 등을 비치하고 그 사업에 관한 거래사실을 장부에 기록·관리하여야 하는 것임(제도 46011－12356, 2001.7.24.)

PART 5

✓ **중도매인이 발행한 신용카드매출전표의 계산서 해당 여부**(소법 해석편람 163-1-10)

농수산물유통 및 가격안정에 관한 법률 제2조의 규정에 의한 중도매인이 농수산물을 도매하거나 매매를 중개하는 경우에는 계산서를 교부하는 것이며, 신용카드매출전표는 위 규정에 의한 계산서에 해당하지 않는 것임(소득 46011-10190, 2001.3.5.)

✓ **매입채무미상환 연체료**

부가가치세법 제13조 제2항 제5호 및 같은조 제3항의 규정이 적용되는 연체료 또는 장려금을 재화 또는 용역의 공급대가에 해당되지 아니하므로 계산서를 작성·교부하지 아니하는 것임(소득 46011-454, 2000.4.19.)

✓ **명의위장사업자 발행 계산서가 소득세법 제81조 제3항 제4호 라목에 해당 되는지 여부**

사업자가 타인의 명의로 사업자등록을 하고 자기가 공급한 재화에 대하여 실제로 재화를 공급하지 아니한 타인명의로 계산서를 발급하는 경우에는 소득세법 제81조 제3항 제4호 라목(☞ 재화 또는 용역을 공급하고 실제로 재화 또는 용역을 공급하는 자가 아닌 자의 명의로 계산서등을 발급한 경우)의 가산세가 적용되는 것임(기준법령해석소득 2019-18, 2019.3.28.)

✓ **부동산임대업자가 토지를 공급하는 경우 계산서 교부의무 여부**

소득세법 제168조에 따라 사업자등록을 한 사업자가 토지를 공급하는 경우에는 계산서를 교부하지 아니하고 영수증을 교부할 수 있는 것임. 다만, 그 공급받은 자가 사업자등록증을 제시하고 계산서의 교부를 요구하는 때에는 계산서를 교부하여야 함(소득-1041, 2009.7.7.)

✓ **교부의무가 없는 토지의 공급에 대하여 전자계산서 이외의 계산서를 발급하거나 지연발급한 경우 가산세 적용여부**

법인이 법인세법 제121조 제4항에 따른 토지를 공급하는 경우에는 계산서 교부의무가 없으며 법인세법 제75조의8 제1항에 따른 계산서 등 제출 불성실 가산세 규정이 적용되지 않는 것임(서면전자세원 2020-1823, 2020.6.2.)

✓ **현금영수증을 발급할 경우 계산서 교부·전송의무 및 보고불성실가산세 적용시 계산서의 범위에 현금영수증 포함 여부**

현금영수증 발급은 계산서를 작성·발급한 것으로 보며, 보고불성실가산세 적용 시 계산서의 범위에 현금영수증이 포함됨(서면전자세원 2016-2874, 2016.2.4.)

✓ **보고불성실가산세 적용시 계산서의 범위에 신용카드매출전표 포함여부**

도매업을 영위하는 거주자가 부가가치세가 면제되는 재화를 소매업자에게 공급하는 때에 신용카드매출전표를 교부한 경우에는 계산서를 교부하지 아니하는 것이며, 농수산물유통 및 가격안정에 관한 법률 제2조의 규정에 의한 중도매인에 대하여 소득세법 시행령(1998.12.31. 대통령령 제15969호로 개정된 것) 부칙 제19조(2006.2.9. 대통령령 제19327호로 개정된 것)의 규정을 적용함에 있어서 당해 신용카드매출전표는 계산서에 포함하는 것임(소득-479, 2009.2.4.)

✓ **가공매입세금계산서를 수취한 경우 증빙불비가산세를 과세한 처분의 당부**(국심 2002부347, 2002.9.2.)

증빙불비가산세는 사업자의 경비지출내역의 투명성을 제고하고 거래상대방 사업자의 과세표준을 양성화시키기 위한 제도적인 장치로써 사업자가 거래상대방 사업자(법인)로부터 재화·용역을 공급받으면서 법령에서 정한 계산서, 세금계산서, 신용카드매출전표등 정당한 증빙을 수취하지 않는 경우 증빙불비가산세를 적용한다는 입법취지에 비추어 볼 때, 복식부기의무자인 청구인이 2000.1기~2기 과세기간중 자료상등으로부터 수취한 사실과 다른 매입세금계산서상의 거래금액 ○○○원은 가공거래(가공매입)로서 거래자체가 없어 증빙을 수취할 수 없는 것으로 이는 매출원가 및 필요경비를 부인하여 과세표준을 다시 계산하고 신고불성실가산세등을 과세하면 충분한 것이지 달리 증빙불비가산세를 부과할 수는 없는 것이라 할 것이므로, 청구인이 자료상등으로부터 수취한 매입세금계산서 금액 ○○○원에 대해 처분청이 소득세법 제81조 제8항 규정을 적용하여 증빙불비가산세 ○○○원을 과세한 처분은 잘못인 것으로 판단됨

[영수증 교부의무]

✓ **영수증 또는 계산서 교부여부**

법인이 한국표준사업분류상 금융 및 보험업에 해당하는 재화 또는 용역을 공급하는 때에는 공급받은 자가 소비자뿐만 아니라 사업자인 경우에도 법인세법 제121조 제1항 및 소득세법 시행령 제211조 제2항의 규정에 의한 영수증을 교부할 수 있는 것이나, 재화 또는 용역을 공급받은 사업자가 사업자등록증을 제시하고 계산서의 교부를 요구하는 때에는 계산서를 교부하여야 하는 것임(법인-43, 2011.1.13.)

✓ **금융·보험업자의 계산서 및 영수증 교부**(소법 해석편람 163-1-7)

금융·보험업을 영위하는 자가 금융·보험업과 관련된 재화 또는 용역을 공급하는 경우에는 소득세법 시행령 제211조 제2항의 규정에 의하여 영수증을 교부할 수 있는 것이나, 해당 사업자가 금융·보험업 이외의 사업을 겸영하는 경우 계산서 또는 영수증은 각각의 사업과 관련된 재화 또는 용역의 공급에 따라 작성·교부하는 것임(재경부소득 46073-145, 2001.7.21.)

✓ **1. 개인보험대리점이 보험모집용역제공시 금융 및 보험업의 범위에 해당하는지 여부**
2. 보험보집인이 보험모집용역을 제공시 계산서 혹은 영수증을 교부할 수 있는지 여부

① 보험업법 제150조의2 제1항의 규정에 의하여 금융감독위원회에 등록한 보험중개인이 보험계약의 체결을 중개하는 경우에 해당 용역은 금융·보험용역에 해당하는 것임(부가 46015-1338, 2000.6.8.)

② 보험업법 제91조의 규정에 의한 금융기관 보험대리점을 포함한 보험업법상의 보험대리점이 한국표준산업분류상 금융 및 보험업에 해당하는 경우, 해당 금융보험업을 영위하는 법인이 제공하는 금융보험용역에 대하여는 영수증을 교부할 수 있는 것이나, 해당 보험대리점으로부터 재화 또는 용역을 공급받은 사업자가 사업자등록증을 제시하고 계산서의 교부를 요구하는 때에는 계산서를 교부하여야 하는 것임(서이 46012-12133, 2003.2.16.)

[위탁판매 등의 경우]

✓ **위탁판매 등의 계산서작성교부**(소통 163-211…2)

부가가치세가 면세되는 재화를 위탁 또는 대리에 의하여 판매를 할 경우에는 위탁자 또는 본인의 명의로 수탁자 또는 대리인이 계산서를 교부하여야 하는 것이나, 위탁자 또는 본인을 알 수 없는 경우에는 수탁자 또는 대리인이 거래상대방에게 공급한 것으로 보아 계산서를 교부한다.

✓ **교육서비스업의 계산서 발행 교부**(소법 해석편람 163-1-8)

교육서비스업을 영위하는 법인이 정부와 교육위탁계약 등에 의하여 실직자직업훈련교육 또는 정보통신전문교육을 실시하고 관련기관의 장으로부터 그 대가를 수령하는 경우에는 그 관련기관의 장에게 계산서를 교부하여야 하는 것이나, 교육서비스업을 영위하는 법인이 사업자가 아닌 최종소비자에게 교육용역을 공급하는 경우에는 영수증을 교부할 수 있는 것임(서이 46012-12367, 2002.12.30.)

✓ **도축장경영자가 도축에 따른 계산서 발행**(소법 해석편람 163-1-9)

부가가치세법 제12조 제1항 제1호의 규정에 의하여 부가가치세가 면제되는 농산물·축산물·수산물과 임산물의 위탁판매 또는 대리인에 의한 판매의 경우에는 수탁자 또는 대리인이 재화를 공급한 것으로 보아 계산서 등을 작성하여 해당 재화를 공급받는 자에게 교부하여야 하는 것이나, 도축장경영자가 도축의뢰를 받은 축산물을 도축하는 경우에는 위탁판매 또는 대리인에 의한 판매에 해당하지 않는 것임(서일 46011-11437, 2002.10.29.)

✓ **농산물 등의 수탁판매시 계산서 교부방법**(소법 해석편람 163-2-1)

부가가치세법 제12조 제1항 제1호에 의하여 부가가치세가 면제되는 농·축·수·임산물의 위탁판매 또는 대리인에 의한 판매의 경우에는 수탁자 또는 대리인이 재화를 공급한 것으로 보아 계산서 등을 작성하여 해당 재화를 공급받는 자에게 교부하여야 하는 것이며 다만, 위탁자가 농·어민 등이 아닌 사업자인 경우에는 수탁자(대리인)가 위탁자(본인)의 명의로 계산서 등을 작성·교부할 수 있는 것임(소득 46011-128, 1999.10.4.)

✓ **낙농가의 계산서 교부**(소법 해석편람 163-2-2)

사업자인 낙농가 등이 집유조합 등을 통하여 낙농진흥법 제5조의 규정에 의하여 설립된 낙농진흥회에 원유를 공급할 경우에는 수탁자인 집유조합이 낙농가의 명의로 계산서를 작성·교부하는 것이며 낙농가가 사업자가 아닌 경우에는 수탁자인 집유조합을 공급자로 하여 계산서를 작성·교부하는 것임(소득 46011-434, 1999.12.4.)

✓ **중도매인이 위탁매입시 교부받은 계산서를 그대로 교부하는 것이 적법한지 여부**

농수산물유통 및 가격안정에 관한 법률 규정에 의한 중도매인이 농수산물매입중개를 의뢰받아 농산물도매법인으로부터 해당 재화를 수탁매입하여 주고 공급받는 자인 매입위탁자로부터 수수료를 받는 경우에는 공급자인 해당 도매법인은 매입위탁자를 공급받는 자로 하여 계산서를 교부하고 수탁매입자인 중도매인의 등록번호를 비고란에 부기하여야 하는 것임(제도 46015-11155, 2001.5.17.)

저자TIP 가공[*1]·위장[*2] 세금계산서 및 계산서의 수취 관련 소득세법상의 취급

구 분		증명서류 수취 불성실가산세 적용여부	필요경비 인정여부
세금계산서	가공	×[*3]	×
	위장	○	○
계산서	가공	×[*4]	×
	위장	×[*4]	○

*1. 재화 또는 용역을 공급받은 바 없이(실물거래 없이) 세금계산서나 계산서를 발급받은 경우를 말한다.

*2. 재화 또는 용역은 공급받았으나 사실과 다른 세금계산서나 계산서를 발급받은 경우를 말한다.

*3. 증명서류 수취 불성실가산세 적용의 전제 요건은 ① 재화 또는 용역을 공급받고 ② 적격증명서류를 받지 않거나, 사실과 다른 증명서류를 받는 것이다. 따라서 재화 또는 용역의 공급을 받지 않은 가공매입의 경우는 증명서류 수취 불성실가산세가 적용될 수 없는 것이다.

*4. 소득세법 제81조의10 제4항 제1호(종전 제81조 제3항 단서)에서 계산서 등 제출 불성실가산세와 증명서류 수취 불성실가산세와의 중복적용을 배제하고 있다.

(5) 중도매인에 대한 계산서보고불성실가산세 적용특례

1) 기존의 대통령령 제15969호, 1998.12.31. 소령 부칙 19조의 개정내용

➲ 대통령령 제15969호, 1998.12.31. 소령 부칙 19조를 2017.2.3 및 2020.2.11.에 개정함

보고불싱실가산세를 적용할 때 농수산물유통 및 가격안성에 관한 법률 제2조에 따른 중도매인에 대하여는 2001.12.31.까지 사업자로 보고, 중도매인이 2002.1.1.부터 2020.12.31. 이내에 종료하는 각 과세기간별로 계산서를 발급하고 관할 세무서장에게 매출처별계산서합계표를 제출한 금액이 총매출액에서 차지하는 비율(이하 "계산서 발급비율"이라 한다)이 다음 중 하나에 해당하는 비율 이상인 경우에는 해당 과세기간에는 사업자로 보며, 중도매인이 2002.1.1.부터 2020.12.31. 이내에 종료하는 각 과세기간별로 계산서 발급비율이 다음 중 하나에 해당하는 비율에 미달하는 경우에는 각 과세기간별로 총 매출액에 다음 중 하나에 해당하는 비율을 적용하여 계산한 금액과 매출처별계산서합계표를 제출한 금액과의 차액을 공급가액으로 보아 계산서보고불성실가산세를 부과한다.(2017.2.3, 2020.2.11. 개정)

2) 2020.2.11. 소득세법 시행령 제147조의6 제4항에 신설한 내용

농수산물 유통 및 가격안정에 관한 법률 제2조 제9호에 따른 중도매인(이하 "중도매인"이라 한다)이 2021.1.1.부터 2026.12.31.까지 종료하는 각 과세기간별로 계산서를 발급하고, 관할 세무서장에게 매출처별 계산서합계표를 제출한 금액이 총매출액에서 차지하는 비율(이하 "계산서 발급비율"이라 한다)이 다음 중 하나에 해당하는 비율 이상인 경우에는 2026.12.31. 이내에 종료하는 과세기간에는 해당 중도매인을 소득세법 시행령 제147조의6 제1항 각 호의 사업자로 본다. 이 경우 중도매인의 2026.12.31. 이내에 종료하는 각 과세기

간별 계산서 발급비율이 다음 중 하나에 해당하는 비율에 미달하는 경우에는 각 과세기간별로 총 매출액에 다음 중 하나에 해당하는 비율을 적용하여 계산한 금액과 매출처별 계산서합계표를 제출한 금액과의 차액에 대해서만 계산서를 발급하지 않은 공급가액으로 하여 법 제81조의10 제1항에 따라 가산세(☞ 계산서 등 제출 불성실 가산세)를 부과한다.(소령 147조의6 ④, 2024.2.29. 개정)

과세기간	㉠ 서울특별시 소재 중앙도매시장 중도매인*의 비율	'㉠' 외 중도매인의 비율
2002.1.1. ~ 2002.12.31.	10%	10%
2003.1.1. ~ 2003.12.31.	20%	20%
2004.1.1. ~ 2004.12.31.	40%	40%
2005.1.1. ~ 2005.12.31.	40%	20%
2006.1.1. ~ 2006.12.31.	40%	20%
2007.1.1. ~ 2007.12.31.	45%	25%
2008.1.1. ~ 2008.12.31.	50%	30%
2009.1.1. ~ 2009.12.31.	55%	35%
2010.1.1. ~ 2010.12.31.	60%	40%
2011.1.1. ~ 2011.12.31.	65%	45%
2012.1.1. ~ 2011.12.31.	70%	50%
2013.1.1. ~ 2016.12.31.	75%	55%
2017.1.1. ~ 2018.12.31.	80%	60%
2019.1.1. ~ 2019.12.31.	85%	65%
2020.1.1.~2020.12.31.	90%	70%
2021.1.1~2021.12.31.	90%	70%
2022.1.1.~2022.12.31.	95%	75%
2023.1.1.~2023.12.31.	95%	75%
2024.1.1.~2024.12.31.	95%	80%
2025.1.1.~2025.12.31.	95%	80%
2026.1.1.~2026.12.31.	95%	85%

* 농수산물유통 및 가격안정에 관한 법률 제2조의 규정에 의한 중도매인

➲ 중도매인의 완전한 계산서 교부의 현실적인 어려움을 감안하여 의무교부비율 제도를 연장하여 적용하되, 계산서제도의 정상화를 유도하기 위해 의무교부비율을 상향 조정한 것임

저자TIP 중도매인에 대한 계산서 등 제출불성실 가산세율의 적용

종전 규정에 따르면 계산서 의무발급 비율에 미달하는 금액(미발급 금액)에 대해서는 1%의 가산세율이 적용(종전 소득세법 제81조 ③ 제1호)되었으나, 2010.12.27. 세법개정에서 계산서 미발급가산세 규정이 종전 소득세법 81조 제3항 제4호로 변경되면서 2%로 인상되었고 현행(소득세법 81조의10 ③ 제4호 및 시행령 147조의6 ④)까지 유지되고 있다. 1%의 가산세율이 적용된다는 예규들은 2011년 이전의 규정에 근거한 예규이므로 혼동하지 않도록 유의하여야 한다.

또한 과세기간별 의무발급 비율을 매출처별 계산서합계표 상의 금액과 비교하도록 규정했다고 해서 이를 매출처별 계산서합계표 불성실가산세(☞ 0.5%) 적용 대상으로 오해 하지 않도록 유의하여야 한다.

농수산물유통 및 가격안정에 관한 법률 제2조 제9호의 규정에 의한 중도매인

"중도매인"(仲都賣人)이란 제25조, 제44조, 제46조 또는 제48조에 따라 농수산물도매시장·농수산물공판장 또는 민영농수산물도매시장의 개설자의 허가 또는 지정을 받아 다음의 영업을 하는 자를 말한다.

① 농수산물도매시장·농수산물공판장 또는 민영농수산물도매시장에 상장된 농수산물을 매수하여 도매하거나 매매를 중개하는 영업

② 농수산물도매시장·농수산물공판장 또는 민영농수산물도매시장의 개설자로부터 허가를 받은 비상장(非上場) 농수산물을 매수 또는 위탁받아 도매하거나 매매를 중개하는 영업

✓ **중도매인의 계산서 교부비율 미달시 가산세 대상금액**(소득 집행기준 81－147－2)

농수산물 중도매인의 계산서교부비율에 미달하는 경우 매출액에 일정비율을 적용하여 계산한 금액과 계산서를 교부한 금액과의 차액에 보고불성실가산세를 적용하고, 미등록사업자에게 발행 교부한 주민등록번호 기재분은 교부금액 계산시 포함하지 아니하며 신용카드매출전표는 계산서에 포함한다.

✓ **중도매인이 사업용계좌미사용가산세 적용대상 '사업자'에 해당여부**

중도매인인 거주자가 복식부기의무자에 해당하는 경우에는 사업용계좌미사용가산세 적용대상 사업자에 해당하는 것임(소득－515, 2010.4.28.)

PART 5

7 증명서류 수취 불성실 가산세

여기에서는 증명서류 수취 불성실 가산세에 관한 내용만을 살펴보기로 하며, 증명서류의 수취와 보관에 대한 전반적인 내용은 후술하는 제7편 보칙에서 설명하기로 한다.

(1) 적용요건 및 가산세율

사업자(소규모사업자 및 소득금액이 추계되는 자는 제외)가 사업과 관련하여 다른 사업자(법인을 포함)로부터 재화 또는 용역을 공급받고 적격증명서류를 받지 아니하거나 사실과 다른 증명서류를 받은 경우에는 그 받지 아니하거나 사실과 다르게 받은 금액으로 필요경비에 산입하는 것이 인정되는 금액(건별로 받아야 할 금액과의 차액을 말한다)의 2%를 가산세로 해당 과세기간의 종합소득 결정세액에 더하여 납부하여야 한다.(소법 81조의6 ①, 2019.12.31. 조번변경)

증명서류 수취 불성실가산세 = 적격증명서류 미수취금액·사실과 다른 수취금액(건별 차액) × 2%

저자TIP 가공[*1]·위장[*2] 세금계산서 및 계산서의 수취 관련 소득세법상의 취급

구 분		증명서류 수취 불성실가산세 적용여부	필요경비 인정여부
세금계산서	가공	×[*3]	×
	위장	○	○
계산서	가공	×[*4]	×
	위장	×[*4]	○

*1. 재화 또는 용역을 공급받은 바 없이(실물거래 없이) 세금계산서나 계산서를 발급받은 경우를 말한다.
*2. 재화 또는 용역은 공급받았으나 사실과 다른 세금계산서나 계산서를 발급받은 경우를 말한다.
*3. 증명서류 수취 불성실가산세 적용의 전제 요건은 ① 재화 또는 용역을 공급받고 ② 적격증명서류를 받지 않거나, 사실과 다른 증명서류를 받는 것이다. 따라서 재화 또는 용역의 공급을 받지 않은 가공매입의 경우는 증명서류 수취 불성실가산세가 적용될 수 없는 것이다.
*4. 소득세법 제81조의10 제4항 제1호(종전 제81조 제3항 단서)에서 계산서 등 제출 불성실가산세와 증명서류 수취 불성실가산세와의 중복적용을 배제하고 있다.

✓ **가공매입세금계산서를 수취한 경우 증빙불비가산세를 과세한 처분의 당부**(국심 2002부347, 2002. 9.2.)

증빙불비가산세는 사업자의 경비지출내역의 투명성을 제고하고 거래상대방 사업자의 과세표준을 양성화시키기 위한 제도적인 장치로써 사업자가 거래상대방 사업자(법인)로부터 재화·용역을 공급받으면서 법령에서 정한 계산서, 세금계산서, 신용카드매출전표등 정당한 증빙을 수취하지 않는 경우 증빙불비가산세를 적용한다는 입법취지에 비추어 볼 때, 복식부기의무자인 청구인이 2000.1기~2기 과세기간중 자료상등으로부터 수취한 사실과 다른 매입세금계산서상의 거래금액 ○○○원은 가공거래(가공매입)로서 거래자체가 없어 증빙을 수취할 수 없는 것으로 이는 매출원가 및 필요경비를 부인하여 과세표준을 다시 계산하고 신고불성실가산세등을 과세하면 충분한 것이지 달리 증빙불비가산세를 부과할 수는 없는 것이라 할 것이므로, 청구인이 자료상등으로부터 수취한 매입세금계산서 금액 ○○○원에 대해 처분청이 소득세법 제81조 제8항 규정을 적용하여 증빙불비가산세 ○○○원을 과세한 처분은 잘못인 것으로 판단됨

✓ **회생판결을 받은 거래처로부터 세금계산서를 미수취한 경우 증명서류수취 불성실가산세 대상 여부**

세금계산서 교부의무가 있는 사업자가 용역을 공급하고 세금계산서를 발급하지 아니한 경우 그 용역을 공급받은 자는 매입자발행세금계산서를 교부받을 수 있으며, 용역을 공급받은 자가 매입자발행세금계산서를 교부받은 경우에는 소득세법 제81조의6 제1항의 증명서류 수취 불성실가산세 규정이 적용되지 않는 것임(서면소득 2023-281, 2023.11.21.)

(2) 증명서류 수취 불성실가산세의 적용배제

다음에 대하여는 증명서류 수취 불성실가산세를 적용하지 아니한다.(소법 81조의6 ①)

① 소규모사업자(소령 147조 ①, 132조 ④)

㉠ 해당 과세기간에 신규로 사업을 개시한 사업자

➲ 신규 전문직사업자는 소규모사업자에 해당된다.

㉡ 직전 과세기간의 사업소득의 수입금액(결정 또는 경정에 의하여 증가된 수입금액 포함)의 합계액이 4,800만원에 미달하는 사업자

㉢ 연말정산되는 사업소득만 있는 자(보험모집인, 방문판매원, 음료품배달원)

② 소득금액이 추계되는 자(소령 147조 ②)

㉠ 단순경비율 적용대상자

㉡ 단순경비율 적용대상자 외의 자인 경우에는 다음을 제외한 비용에 해당하는 금액에 대하여 소득금액이 추계되는 분만 해당한다.(소령 147조의2 ③)

ⓐ 매입경비(사업용 유형자산 및 무형자산의 매입비용 제외)와 사업용 유형자산 및 무형자산에 대한 임차료

ⓑ 종업원의 급여와 임금 및 퇴직급여

PART 5

③ 지출증명서류 수취 및 보관의무에 대한 예외사항인 경우(소법 81조의6 ① 단서, 160조의2 ② 단서, 소령 208조의2 ①)

㉠ 공급받은 재화 또는 용역의 거래건당 금액(부가가치세를 포함)이 3만원 이하인 경우(소령 208조의2 ① 1)

㉡ 그 밖에 경비 등의 지출증명서류 수취 및 보관의무에 대한 예외사항인 경우(소령 208조의2 ①)

적격증명서류

사업소득이 있는 자가 사업과 관련하여 사업자(법인 포함)로부터 재화 또는 용역을 공급받고 그 대가를 지출하는 경우에는 다음에 해당하는 증명서류를 받아야 한다. 다만, 경비 등의 지출증명서류 수취 및 보관의무가 배제되는 경우에는 그러하지 아니하다.(소법 160조의2 ②)
① 계산서
② 세금계산서
③ 신용카드매출전표(직불카드, 외국에서 발행된 신용카드 및 기명식선불카드 포함)
④ 현금영수증

(3) 가산세의 적용

산출세액이 없는 경우에도 적용한다.(소법 81조의6 ②)

(4) 가산세의 한도

증명서류 수취 불성실가산세에 대해서는 과세기간 단위로 5천만원(중소기업기본법 제2조 제1항에 따른 중소기업이 아닌 기업은 1억원)을 한도로 한다. 다만, 해당 의무를 고의적으로 위반한 경우에는 그러하지 아니하다.(국기법 49조 ①, 2010.12.27. 개정, 국기령 29조의2 ② 1)

✓ 미등록사업자로부터 재화·용역을 공급받고 간이영수증 수취시 증빙불비가산세 여부

사업자(소규모사업자·소득금액 추계자 제외)가 사업과 관련하여 사업자등록의무가 있는 다른 사업자(법인 포함)로부터 재화·용역을 공급받고 법정 증빙서류를 수취하지 않은 경우 증빙불비가산세를 적용(일정한 경우* 제외)함(소득-3325, 2008.9.19.)

* 소득세법 시행령 제208조의2에서의 가산세 제외 대상(거래 건당 3만원 이하의 금액 등)을 말함

8 영수증 수취명세서 제출·작성 불성실 가산세

(1) 적용요건 및 가산세율

① 사업자(소규모사업자 및 소득금액이 추계되는 자는 제외한다)가 다음 중 하나에 해당하는 경우에는 그 제출하지 아니한 분의 지급금액 또는 불분명한 분의 지급금액의 1%를 가산세로 해당 과세기간의 종합소득 결정세액에 더하여 납부하여야 한다.(소법 81조 ①)

㉠ 영수증 수취명세서를 과세표준 확정신고 기한까지 제출하지 아니한 경우

㉡ 제출한 영수증 수취명세서가 불분명하다고 인정되는 경우로서 제출된 영수증수취명세서에 거래상대방의 상호, 성명, 사업자등록번호(주민등록번호로 갈음하는 경우에는 주민등록번호), 거래일 및 지급금액을 기재하지 않았거나 사실과 다르게 적어 거래사실을 확인할 수 없는 경우(소령 147조 ③)

> 영수증수취명세서 제출·작성 불성실가산세 = 미제출·불분명금액 × 1%

(2) 가산세의 적용배제

다음에 대하여는 영수증수취명세서 미제출가산세를 적용하지 아니한다.(소법 81조 ①)

① **소규모사업자**(소령 147조 ①, 132조 ④)

㉠ 해당 과세기간에 신규로 사업을 개시한 사업자

➲ 신규 전문직사업자는 소규모사업자에 해당된다.

㉡ 직전 과세기간의 사업소득의 수입금액(결정 또는 경정에 의하여 증가된 수입금액 포함)의 합계액이 4,800만원에 미달하는 사업자

㉢ 연말정산되는 사업소득만 있는 자(보험모집인, 방문판매원, 음료품배달원)

② **소득금액이 추계되는 자**(소령 147조 ②)

㉠ 단순경비율 적용대상자

㉡ 단순경비율 적용대상자 외의 자인 경우에는 다음을 제외한 비용에 해당하는 금액에 대하여 소득금액이 추계되는 분만 해당한다.(소령 147조의2 ③)

ⓐ 매입경비(사업용 유형자산 및 무형자산의 매입비용 제외)과 사업용 유형자산 및 무형자산에 대한 임차료

ⓑ 종업원의 급여와 임금 및 퇴직급여

영수증수취명세서 제출의무

종합소득과세표준 확정신고를 할 때에는 사업자(소규모사업자 제외)가 사업과 관련하여 다른 사업자(법인 포함)로부터 재화 또는 용역을 공급받고 적격증명서류 외의 증명을 받은 경우에는 영수증수취명세서를 첨부하여 납세지 관할 세무서장에게 제출하여야 한다.(소법 70조 ④ 5, 2006.12.30. 개정)

(3) 가산세의 적용

산출세액이 없는 경우에도 적용한다.(소법 81조 ②)

(4) 가산세의 한도

영수증 수취명세서 제출·작성 불성실 가산세는 과세기간 단위로 5천만원(중소기업기본법 제2조 제1항에 따른 중소기업이 아닌 기업은 1억원)을 한도로 한다. 다만, 해당 의무를 고의적으로 위반한 경우에는 그러하지 아니하다.(국기법 49조 ①, 2010.12.27. 개정, 국기령 29조의2 ② 1)

✓ **영수증수취명세서 제출시 3만원초과거래분 제출제외대상 내역 기재 누락에 대한 가산세 해당여부**

[사실관계]

- 농원을 운영하는 신청인이 일반 농민으로부터 묘목등을 매입하여 판매함
- 종합소득세 확정신고시 첨부서류인 영수증수취명세서를 제출하면서, 3만원 초과 거래분 중 명세서 제출 제외대상인 농어민과의 거래내역 등을 미기재하여 제출함

[질의]

종합소득세 확정신고시 제출한 영수증수취명세서(1)에 3만원 초과 거래분 명세서 제출 제외대상 내역을 미기재한 경우 소득세법 시행령 제147조의2 제4항의 영수증수취명세서 미제출가산세가 적용되는지 여부

[회신]

사업자가 농어민(법인 제외)으로부터 재화 또는 용역을 직접 공급받고 종합소득세 과세표준확정신고시 소득세법 시행령 제132조 제3항에 따른 영수증수취명세서를 제출하면서 "3만원 초과거래분 명세서제출 제외대상" 내역을 기재하지 아니한 경우 소득세법 제81조 제5항 및 같은법 시행령 제147조의2 제4항에 따른 영수증수취명세서 미제출가산세는 적용하지 아니하는 것임(서면법령해석소득 2014-21870, 2015.5.20.)

✓ **비과세 농가부업소득에 대한 증빙불비 가산세 적용 여부**

축산업을 영위하는 사업자가 다른 사업자로부터 재화 또는 용역을 공급받고 지출한 대가를 사업소득에 대한 필요경비로 계산하려는 경우에는 소득세법 제160조의2 제2항에 따라 해당하는 증명서류를 받아야 하는 것이며, 위와 같은 증명서류를 받지 아니하거나 사실과 다른 증명서류를 받은

경우에 같은 법 제81조 제4항에 따라 증빙불비가산세가 부과되는 것임(서면소득 2016-3289, 2016.12.14.)

✓ **조세범처벌법 위반에 대한 형사재판 진행 중에 허위기부금 영수증발급가산세를 부과할 수 있는지 여부**

납세지관할세무서장 또는 지방국세청장이 허위기부금영수증 발급 혐의자에 대해 조사하고 그 결과에 따라 해당 발급자를 조세범처벌법 위반으로 고발한 경우 해당 형사재판의 결과가 확정되기 이전이라도 납세지관할세무서장 또는 지방국세청장은 조사한 사실에 따라 허위기부금영수증 발급자인 개인에게 가산세를 부과할 수 있는 것임(기획재정부소득-415, 2017.8.31.)

9 사업장 현황신고 불성실가산세

(1) 적용요건 및 가산세율

사업자(의료법에 따른 의료업, 수의사법에 따른 수의업 및 약사법에 따라 약국을 개설하여 약사(藥事)에 관한 업(業)을 행하는 사업자만 해당한다)가 다음 중 하나에 해당하는 경우에는 그 신고하지 아니한 수입금액 또는 미달하게 신고한 수입금액의 0.5%를 가산세로 해당 과세기간의 종합소득 결정세액에 더하여 납부하여야 한다.(소법 81조의3 ①, 2019.12.3.1조번변경, 소령 147조의2)

① 사업장 현황신고를 하지 아니한 경우

② 신고하여야 할 수입금액(사업자가 부가가치세법 상 과세사업과 면세사업 등을 겸영(兼營)하여 면세사업 수입금액 등을 신고하는 경우에 그 면세사업 등에 대하여 사업장 현황신고를 한 것으로 보는 경우에는 면세사업 등 수입금액)보다 미달하게 신고한 경우(소법 81조의3 ① 2, 78조 ① 2 단서)

사업장현황신고 불성실가산세 = 미신고·과소신고 수입금액 × 0.5%

(2) 가산세의 적용

산출세액이 없는 경우에도 적용한다.(소법 81조의3 ②)

(3) 가산세의 한도

사업장 현황신고 불성실가산세는 과세기간 단위로 5천만원(중소기업기본법 제2조 제1항에 따른 중소기업이 아닌 기업은 1억원)을 한도로 한다. 다만, 해당 의무를 고의적으로 위반한 경우에는 그러하지 아니하다.(국기법 49조 ①, 2010.12.27. 개정, 국기령 29조의2 ② 1)

10 공동사업장 등록·신고 불성실 가산세

(1) 적용요건 및 가산세율

공동사업장에 관한 사업자등록 및 신고와 관련하여 다음 중 하나에 해당하는 경우에는 공동사업장 등록·신고 불성실 가산세를 해당 과세기간의 결정세액에 더하여 납부하여야 한다.(소법 81조의4, 2019.12.31. 조번변경)

① 공동사업자가 사업자등록을 하지 아니하거나 공동사업자가 아닌 자가 공동사업자로 거짓으로 등록한 경우 : 등록하지 아니하거나 거짓등록에 해당하는 각 과세기간 총수입금액의 0.5%(소법 81조의4 ① 1)

> 공동사업장 미등록·거짓등록가산세 = 미등록·거짓등록 과세기간의 총수입금액 × 0.5%

② 공동사업자가 사업자등록신청 또는 변동신고하는 경우에 신고하여야 할 내용을 신고하지 아니하거나 거짓으로 신고한 경우로서 다음에 해당하는 경우 : 신고하지 아니하거나 거짓신고에 해당하는 각 과세기간 총수입금액의 0.1%(소법 81조의4 ①, 소령 147조의3)

㉠ 공동사업자가 아닌 자를 공동사업자로 신고하는 경우

㉡ 출자공동사업자에 해당하는 자를 신고하지 아니하거나 출자공동사업자가 아닌 자를 출자공동사업자로 신고하는 경우

㉢ 손익분배비율을 공동사업자 간에 약정된 내용과 다르게 신고하는 경우

㉣ 공동사업자·출자공동사업자 또는 약정한 손익분배비율이 변동된 경우 변동신고를 하지 아니한 경우

> 공동사업장 미신고·거짓신고가산세 = 미신고·거짓신고 과세기간의 총수입금액 × 0.1%

(2) 가산세의 적용

산출세액이 없는 경우에도 적용한다.(소법 81조의4 ②)

11 사업용계좌 신고·사용 불성실가산세

(1) 적용요건 및 가산세율

사업자가 다음 중 하나에 해당하는 경우에는 다음의 구분에 따른 금액을 가산세로 해당 과세기간의 종합소득 결정세액에 더하여 납부하여야 한다.(소법 81조의8, 2019.12.31. 조번변경)

① 다음 중 하나에 해당하는 경우로서 사업용계좌를 사용하지 아니한 경우 : 사업용계좌를 사용하지 아니한 금액의 0.2%

㉠ 거래의 대금을 금융회사 등을 통하여 결제하거나 결제받는 경우

㉡ 인건비 및 임차료를 지급하거나 지급받는 경우. 다만, 인건비를 지급하거나 지급받는 거래 중에서 다음 중 하나에 해당하는 자와 한 거래는 제외한다.

ⓐ 연체자 : 금융거래와 관련하여 채무불이행 등의 사유로 신용정보의 이용 및 보호에 관한 법률 제25조 제2항 제1호에 따른 종합신용정보집중기관에 그 사실이 집중관리 및 활용되는 자

ⓑ 외국인 불법체류자

사업용계좌 미사용가산세 = 사업용계좌 미사용금액 × 0.2%

② 복식부기의무자가 복식부기의무자에 해당하는 과세기간의 개시일(사업개시와 동시에 복식부기의무자에 해당되는 경우에는 다음 과세기간 개시일)부터 6월 이내(소법 160조의5 ③)에 사업용계좌를 신고하지 아니한 경우(사업장별 신고를 하지 아니하고 이미 신고한 다른 사업장의 사업용계좌를 사용한 경우는 제외한다) : 아래의 '㉠과 ㉡' 중 큰 금액

㉠ 다음 계산식에 따라 계산한 금액

$$가산세 = A \times \frac{B}{C} \times 0.2\%$$

- A : 해당 과세기간의 수입금액
- B : 미신고기간(과세기간 중 사업용계좌를 신고하지 아니한 기간으로서 신고기한의 다음 날부터 신고일 전날까지의 일수를 말하며, 미신고기간이 2개 이상의 과세기간에 걸쳐 있으면 각 과세기간별로 미신고기간을 적용한다)
- C : 365(윤년에는 366으로 한다)

PART 5

㉡ 다음에 따른 거래금액의 합계액의 0.2%

ⓐ 거래의 대금을 금융회사 등을 통하여 결제하거나 결제받는 경우

ⓑ 인건비 및 임차료를 지급하거나 지급받는 경우. 다만, 인건비를 지급하거나 지급받는 거래 중에서 다음 중 하나에 해당하는 자와 한 거래는 제외한다.

㉮ 연체자 : 금융거래와 관련하여 채무불이행 등의 사유로 신용정보의 이용 및 보호에 관한 법률 제25조 제2항 제1호에 따른 종합신용정보집중기관에 그 사실이 집중관리 및 활용되는 자

㉯ 외국인 불법체류자

저자TIP 사업용계좌의 신고기한

➲ 2015.1.1. 이후 최초로 사업용계좌를 신고하는 분부터 적용한다.(2014.12.23. 법 부칙 19조)

구 분	최초 신고기한 (소법 160조의5 ③)	변경·추가 신고기한 (소법 160조의5 ④)
(1) 성실신고확인 제출의무자	해당 과세기간 개시일로부터 6월 이내	매년 6월 말(확정신고기한) 이내
(2) '(1)'외의 복식부기의무자	해당 과세기간 개시일로부터 6월 이내*	매년 5월 말(확정신고기한) 이내

* 사업개시와 동시에 복식부기의무자에 해당되는 경우에는 다음 과세기간 개시일부터 6개월 이내

(2) 가산세의 적용

① 산출세액이 없는 경우에도 적용한다.(소법 81조의8 ②)

② 사업자가 결정·경정 또는 수정신고로 인하여 수입금액이 증가함에 따라 간편장부대상자에 해당되지 아니하게 되는 경우에는 위 '(1)의 ②'의 가산세를 적용할 때 그 결정·경정 또는 수정신고하는 날이 속하는 과세기간까지는 간편장부대상자로 본다. 다만, 결정·경정 또는 수정신고하는 날이 속하는 과세기간 이전에 복식부기의무자로 전환된 경우에는 복식부기의무자로 전환된 과세기간의 직전과세기간까지는 간편장부대상자로 본다.(소령 147조의5 ①, 2020.2.11. 개정)

✓ **임차료의 사업용계좌 사용 해당여부**(소득 집행기준 160의5－0－1)

① 임대부동산의 관리업무를 수탁받은 관리업자가 임차료를 수금하여 부동산임대업자의 사업용계좌에 입금하는 경우 부동사임대업자는 사업용계좌를 사용한 것에 해당하며, 이 때 관리업자가 수금한 임차료 중 수수료를 차감하고 부동산임대업자에게 지급한 경우 차감한 수수료 상당액은 사업용계좌 미사용금액에 해당하지 않는다.

② 부동산임대소득의 총수입금액에 포함되지 아니하는 전기요금 등의 공공요금을 지급받아 금융기관에 납부하는 경우 해당 공공요금은 임대인의 사업용계좌 사용대상 임차료에 해당하지 않는다.

③ 임차인의 종업원 또는 가족이 부동산임대업자의 사업용계좌에 임차료를 입금하는 경우 부동산임대업자는 사업용계좌를 사용한 것에 해당한다.

④ 임차료의 미납으로 연체된 임차료 상당액을 임차보증금에서 차감하는 행위는 임차료를 지급받는 행위에 해당하지 아니하여 사업용계좌의 사용의무가 없다.

✓ **사업용계좌미사용가산세의 적용대상에 해당하는지 여부**

복식부기의무자가 재화를 공급받고 그 거래대금의 일부를 상품권으로 지급하는 때에는 사업용계좌 미사용가산세가 적용되지 아니함(법규소득 2010－256, 2010.8.27.)

✓ **특허 관련 수수료 대납 시 사업용계좌의 사용의무 여부**

특허법에 따른 대리인인 복식부기의무자가 특허출원인의 특허 관련 수수료를 대납하는 경우는 사업용계좌의 사용대상에 해당하지 아니하는 것임(소득－1324, 2009.9.1.)

✓ **부동산개발업자가 건설업자를 통하여 분양금을 수령하는 경우 사업용계좌 사용 여부**

부동산개발업자가 분양수입금액을 건설업자의 계좌로 지급받아 당해 거주자의 사업용계좌로 입금받는 경우 사업용계좌를 사용한 것에 해당하는 것임(소득－543, 2009.4.13.)

✓ **부동산을 위탁관리하는 부동산임대업자 등의 사업용계좌 사용 해당 여부 등**

임대부동산의 관리업무를 수탁받은 관리업자가 임차료를 수금하여 부동산임대업자의 사업용계좌에 입금하는 경우 부동산임대업자는 사업용계좌를 사용한 것에 해당함(소득－448, 2009.3.24.)

✓ **임차료를 현금으로 받아 사업용계좌에 입금하는 경우 사업용계좌 미사용 해당 여부**

사업용계좌의 사용의무가 있는 부동산임대업자가 임차료를 현금 및 수표로 지급받아 사업용계좌에 입금하는 경우 사업용계좌의 미사용에 해당함(소득－450, 2009.3.24.)

✓ **프랜차이즈 가맹점의 사업용계좌 사용대상 여부**

프랜차이즈 가맹점이 일일 판매금액을 프랜차이즈 본사에 송금하고 본사로부터 당해 판매금액에서 수수료 등을 공제한 후의 금액을 송금 받는 경우 당해 가맹점이 복식부기의무자에 해당하는 때에는 사업용계좌를 사용하여야 하는 것임(서면1팀－192, 2008.2.5.)

✓ **가맹점의 신용카드 매출분이 본사의 금융계좌로 입금되고 정산 후 차액을 가맹점주가 신고한 사업용계좌로 본사가 지급하는 경우 가맹점인 복식부기의무자는 사업용계좌 사용의무를 위반하지 않은 것임**(법규소득 2011－427, 2011.11.16.)

✓ 사업용계좌미사용가산세 적용 여부

다음 각각의 경우 소득세법 제81조 제9항 제1호의 "사업용계좌미사용가산세" 적용여부

[질의1] 사업자가 매입처의 외상매입금을 결제하기 위하여 제3자로부터 자금을 일시적으로 융통하여 제3자가 바로 본 사업자의 결제금을 대신 거래처에 입금하는 경우

[질의2] 외상매출금을 어음으로 수금하여 바로 다른 매입처에 그 어음으로 결제하는 경우

[질의3] 소매업의 경우 일부 현금매출도 있는데 이를 사업용계좌에 입금 후 사용하지 않고 바로 현금으로 사용, 결제하였을 경우

[회신]

사업자가 매입채무를 결제하기 위하여 제3자로부터 차입하고 당해 제3자가 직접 매입처에게 매입채무를 입금하는 경우, 매출채권을 현금으로 지급받는 경우, 그리고 매출채권을 어음으로 지급받아 당해 어음으로 매입채무를 변제하는 경우에는 사업용계좌미사용가산세를 적용하지 아니하는 것임(소득-849, 2009.6.5.)

✓ 사업용계좌 신고 후 그 계좌사용액을 현금으로 기장한 경우 관련가산세 등

복식부기의무자가 사업용계좌의 신고를 완료하고 사업용계좌를 사용하여 거래를 하였으나 현금거래로 잘못 기장한 경우, 사업용계좌미사용가산세의 적용 요건 및 당해연도 과세표준과 세액의 경정요건에 해당하지 아니하며, 이때에 소득세법 시행령 제113조의2 제1항 제3호(→ 해당 과세기간에 사업용계좌를 사용하여야 할 금액의 3분의 2 이상을 사용할 것)를 적용하는데 영향이 없는 것임(소득-667, 2009.2.18.)

✓ 사업용계좌미사용가산세 적용방법

복수의 사업장을 경영하는 복식부기의무자가 일부사업장에 대하여 사업용계좌를 개설·신고하지 아니하여 사업용계좌 미사용가산세를 적용함에 있어 미개설기간의 수입금액은 사업용계좌를 개설·신고하지 아니한 사업장의 수입금액을 적용하는 것임(소득-825, 2010.7.20.)

✓ 중도매인이 사업용계좌미사용가산세 적용대상 '사업자'에 해당여부

중도매인인 거주자가 복식부기의무자에 해당하는 경우에는 사업용계좌미사용가산세 적용대상 사업자에 해당하는 것임(소득-515, 2010.4.28.)

12 신용카드 발급 불성실가산세

(1) 적용요건 및 가산세율

신용카드가맹점이 신용카드에 의한 거래를 거부하거나 신용카드매출전표를 사실과 다르게 발급하여 관할 세무서장으로부터 통보받은 경우에는 통보받은 건별 거부금액 또는 신용카드매출전표를 사실과 다르게 발급한 금액(건별로 발급하여야 할 금액과의 차액을 말한다)의 5%에 해당하는 금액(건별로 계산한 금액이 5천원에 미달하는 경우에는 5천원을 말한다)을 해당 과세기간의 결정세액에 더하여 납부한다.(소법 81조의9 ①, 2019.12.31. 조번변경)

> 신용카드 발급 불성실가산세* = 건별 거부금액(또는 건별 거짓발급금액) × 5%
>
> * 건별 가산세가 5천원 미만인 때에는 5천원으로 한다.

(2) 가산세의 적용

산출세액이 없는 경우에도 적용한다.(소법 81조의9 ③)

13 현금영수증 발급 불성실가산세

(1) 적용요건 및 가산세액

사업자가 다음 중 하나에 해당하는 경우에는 다음의 구분에 따른 금액을 가산세로 해당 과세기간의 종합소득 결정세액에 더하여 납부하여야 한다.(소법 81조의9 ②, 2019.12.31. 조번변경, 소령 147조의4 ①)

① 현금영수증가맹점으로 가입하지 아니하거나 그 가입기한이 지나서 가입한 경우 : 다음 계산식에 따라 계산한 금액

$$가산세 = A \times \frac{B}{C} \times 1\%$$

- A : 해당 과세기간의 수입금액(현금영수증가맹점 가입대상인 업종의 수입금액만 해당하며, 계산서 및 세금계산서 발급분의 수입금액은 제외한다)
- B : 미가입기간(가입기한의 다음 날부터 가입일 전날까지의 일수를 말하며, 미가입기간이 2개 이상의 과세기간에 걸쳐 있으면 각 과세기간별로 미가입기간을 적용한다)
- C : 365(윤년에는 366으로 한다)

② 현금영수증 발급을 거부하거나 사실과 다르게 발급하여 납세지 관할 세무서장으로부터 신고금액을 통보받은 경우(현금영수증의 발급대상 금액이 건당 5천원 이상인 경우만 해당하며, 아래 '③'에 해당하는 경우는 제외한다) : 통보받은 건별 발급 거부금액 또는 사실과 다르게 발급한 금액(건별로 발급하여야 할 금액과의 차액을 말한다)의 5%(건별로 계산한 금액이 5천원 미만이면 5천원으로 한다)(소법 81조의9 ② 2)

> • 현금영수증 발급거부·허위발급가산세 = Max(①, ②)
>
> ① 통보받은 건별 발급거부·허위발급금액 × 5%
>
> ② 건별 5천원

PART 5

③ 현금영수증을 발급하지 아니한 경우(다음의 경우는 제외한다) : 미발급금액의 20%(착오나 누락으로 인하여 거래대금을 받은 날부터 10일 이내에 관할 세무서에 자진 신고하거나 현금영수증을 자진 발급한 경우에는 10%로 한다). 다만, 다음의 경우는 제외한다.(소법 81조의9 ② 3, 2021.12.8. 개정, 소령 147조의4 ②)

➲ 2022.1.1.부터 시행하며, 2022.1.1. 전에 세무서에 자진 신고하거나 현금영수증을 자진 발급한 경우에 대해서는 개정규정에도 불구하고 종전의 규정에 따른다.(2021.12.8. 법 부칙 1조, 12조)

㉠ 국민건강보험법에 따른 보험급여

㉡ 의료급여법에 따른 의료급여

㉢ 긴급복지지원법에 따른 의료지원비

㉣ 응급의료에 관한 법률에 따른 대지급금

㉤ 자동차손해배상 보장법에 따른 보험금 및 공제금(같은 법 제2조 제6호의 여객자동차 운수사업법 및 화물자동차 운수사업법에 따른 공제사업자의 공제금으로 한정한다)

현금영수증 미발급가산세 = 건별 미발급금액 × 20% (10일 이내 신고·발급분은 10%)

개정 2018.2.13, 2019.2.12, 2020.2.11, 2021.2.17, 2022.2.15, 2023.2.28, 2024.2.29, 2025.2.28.

➲ 2018.2.13. 개정규정은 2019.1.1. 이후 재화나 용역을 공급하는 분부터 적용한다.(2018.2.13. 영 부칙 27조)

➲ 2019.2.12. 개정규정은 2020.1.1. 이후 재화나 용역을 공급하는 분부터 적용한다.(2019.2.12. 영 부칙 9조)

➲ 2020.2.11. 개정규정은 2021.1.1. 이후 재화나 용역을 공급하는 분부터 적용한다.(2020.2.11. 영 부칙 28조)

➲ 2021.2.17. 개정규정은 2022.1.1. 이후 재화 또는 용역을 공급하는 분부터 적용한다.(2021.2.1.7. 영 부칙 16조)

➲ 2022.2.15. 개정규정은 2023.1.1.이 속하는 과세기간에 발생하는 소득부터 적용한다.(2022.2.15. 소령 부칙 1조 3, 2조 ①)

➲ 2023.2.28. 개정규정은 2024.1.1. 이후 재화 또는 용역을 공급하는 경우부터 적용한다.(2023.2.28. 영 부칙 1조 3, 17조)

➲ 2024.2.29. 개정규정은 2025.1.1. 이후 재화 또는 용역을 공급하는 경우부터 적용한다.(2024.2.29. 영 부칙 16조)

➲ 2025.2.28. 개정규정은 2026.1.1. 이후 재화 또는 용역을 공급하는 경우부터 적용한다.(2025.2.28. 영 부칙 20조)

◉ 현금영수증 의무발행업종[별표 3의3](2018.2.13, 2019.2.12, 2020.2.11, 2021.2.17, 2022.2.15, 2023.2.28, 2024.2.29, 2025.2.28. 개정)

구 분	업 종
1. 사업서비스업	가. 변호사업 나. 공인회계사업 다. 세무사업 라. 변리사업 마. 건축사업 바. 법무사업 사. 심판변론인업 아. 경영지도사업 자. 기술지도사업 차. 감정평가사업 카. 손해사정인업 타. 통관업 파. 기술사업 하. 측량사업 ※ (구) 하. 도선사업 ➲ 2014.2.21. 삭제 거. 공인노무사업 너. 행정사업(2022.2.15. 신설)
2. 보건업	가. 종합병원 나. 일반병원 다. 치과병원 라. 한방병원 마. 요양병원(2018.2.13. 신설) 바. 일반의원(일반과, 내과, 소아청소년과, 일반외과, 정형외과, 신경과, 정신건강의학과, 피부과, 비뇨의학과, 안과, 이비인후과, 산부인과, 방사선과 및 성형외과) 사. 기타의원[마취통증의학과, 결핵과, 가정의학과, 재활의학과 등 달리 분류되지 아니한 병과) 아. 치과의원 자. 한의원 차. 수의업 카. 앰뷸런스 서비스업(2024.2.29. 신설)
3. 숙박 및 음식점업	가. 일반유흥 주점업(식품위생법 시행령 제21조 제8호 다목에 따른 단란주점영업을 포함) 나. 무도유흥 주점업 다. 일반 및 생활 숙박시설운영업(2018.2.13. 개정) 라. 출장 음식 서비스업(2017.2.3. 신설) 마. 기숙사 및 고시원 운영업(고시원 운영업에 한정한다)(2020.2.11. 신설) 바. 숙박공유업(2022.2.15. 신설)
4. 교육 서비스업	가. 일반 교습 학원 나. 예술 학원 다. 외국어학원 및 기타 교습학원(2018.2.13. 개정) 라. 운전학원

구 분	업 종
4. 교육 서비스업	마. 태권도 및 무술 교육기관(2018.2.13. 개정) 바. 기타 스포츠 교육기관(2018.2.13. 개정) 사. 기타 교육지원 서비스업(2018.2.13. 개정) 아. 청소년 수련시설 운영업(교육목적용으로 한정한다)(2017.2.3. 신설) 자. 기타 기술 및 직업훈련학원(2019.2.12. 신설) 차. 컴퓨터 학원(2019.2.12. 신설) 카. 그 외 기타 교육기관(2019.2.12. 신설)
5. 그 밖의 업종	가. 골프장 운영업 나. 골프 연습장 운영업(2018.2.13. 개정) 다. 장례식장 및 장의관련 서비스업 라. 예식장업 마. 부동산 중개 및 대리업(2018.2.13. 개정) 바. 부동산 투자 자문업(2018.2.13. 개정) 사. 산후 조리원 아. 시계 및 귀금속 소매업 자. 피부 미용업 차. 손·발톱 관리 미용업 등 기타 미용업(2018.2.13. 개정) 카. 비만 관리 센터 등 기타 신체 관리 서비스업(2018.2.13. 개정) 타. 마사지업(발 마사지업 및 스포츠 마사지업으로 한정한다)(2018.2.13. 개정) 파. 실내건축 및 건축마무리 공사업(도배업만 영위하는 경우는 제외한다) 하. 인물 사진 및 행사용 영상 촬영업(2018.2.13. 개정) 거. 결혼 상담 및 준비 서비스업(2018.2.13. 개정) 너. 의류 임대업 더. 화물자동차 운수사업법 제2조 제4호에 따른 화물자동차 운송주선사업(이사화물을 포장하는 서비스를 제공하는 사업으로 한정한다) 러. 자동차 부품 및 내장품 판매업 머. 자동차 종합 수리업 버. 자동차 전문 수리업 서. 전세버스 운송업 어. 가구 소매업 저. 전기용품 및 조명장치 소매업 처. 의료용 기구 소매업 커. 페인트, 창호 및 기타 건설자재 소매업 터. 주방용품 및 가정용 유리, 요업 제품 소매업[거울 및 액자(내용물 없는 것) 소매업, 주방용 유리제품 소매업, 관상용 어항 소매업으로 한정한다](2018.2.13. 개정) 퍼. 안경 및 렌즈 소매업(2018.2.13. 개정) 허. 운동 및 경기용품 소매업(2017.2.3. 신설) 고. 예술품 및 골동품 소매업(2017.2.3. 신설) 노. 중고자동차 소매업 및 중개업(2017.2.3. 신설) 도. 악기 소매업(2018.2.13. 개정) 로. 자전거 및 기타 운송장비 소매업(2018.2.13. 개정)

구 분	업 종
5. 그 밖의 업종	모. 체력단련시설 운영업(2019.2.12. 신설) 보. 화장터 운영, 묘지 분양 및 관리업(묘지 분양 및 관리업에 한정한다)(2019.2.12. 신설) 소. 특수여객자동차 운송업(2019.2.12. 신설) 오. 가전제품 소매업(2019.2.12. 신설) 조. 의약품 및 의료용품 소매업(2019.2.12. 신설) 초. 독서실 운영업(스터디카페를 포함)(2020.2.11. 신설, 2024.2.29. 개정) ➲ '스터디카페'는 2025.1.1. 이후 재화 또는 용역을 공급하는 경우부터 적용한다. 코. 두발 미용업(2020.2.11. 신설) 토. 철물 및 난방용구 소매업(2020.2.11. 신설) 포. 신발 소매업(2020.2.11. 신설) 호. 애완용 동물 및 관련용품 소매업(2020.02.11. 신설) 구. 의복 소매업(2020.2.11. 신설) 누. 컴퓨터 및 주변장치, 소프트웨어 소매업(2020.2.11. 신설) 두. 통신기기 소매업(2020.2.11. 신설) 루. 건강보조식품 소매업(2021.2.17. 신설) 무. 자동차 세차업(2021.2.17. 신설) 부. 벽지, 마루덮개 및 장판류 소매업(2021.2.17. 신설) 수. 공구 소매업(2021.2.17. 신설) 우. 가방 및 기타 가죽제품 소매업(2021.2.17. 신설) 주. 중고가구 소매업(2021.2.17. 신설) 추. 사진기 및 사진용품 소매업(2021.2.17. 신설) 쿠. 모터사이클 수리업(2021.2.17. 신설) 투. 가전제품 수리업(2022.2.15. 신설) 푸. 가정용 직물제품 소매업(2022.2.15. 신설) 후. 가죽, 가방 및 신발 수리업(2022.2.15. 신설) 그. 게임용구, 인형 및 장난감 소매업(2022.2.15. 신설) 느. 구두류 제조업(2022.2.15. 신설) 드. 남자용 겉옷 제조업(2022.2.15. 신설) 르. 여자용 겉옷 제조업(2022.2.15. 신설) 므. 모터사이클 및 부품 소매업(부품 판매업으로 한정한다)(2022.2.15. 신설) 브. 시계, 귀금속 및 악기 수리업(2022.2.15. 신설) 스. 운송장비용 주유소 운영업(2022.2.15. 신설) 으. 의복 및 기타 가정용 직물제품 수리업(2022.2.15. 신설) 즈. 중고 가전제품 및 통신장비 소매업(2022.2.15. 신설) 츠. 백화점(2023.2.28. 신설) 크. 대형마트(2023.2.28. 신설) 트. 체인화편의점(2023.2.28. 신설) 프. 기타 대형 종합소매업(2023.2.28. 신설) 흐. 서적, 신문 및 잡지류 소매업(2023.2.28. 신설) 기. 곡물, 곡분 및 가축사료 소매업(2023.2.28. 신설) 니. 육류 소매업(2023.2.28. 신설)

PART 5

구 분	업 종
5. 그 밖의 업종	디. 자동차 중개업(2023.2.28. 신설) 리. 주차장 운영업(2023.2.28. 신설) 미. 여객 자동차 터미널 운영업(2023.2.28. 신설) 비. 통신장비 수리업(2023.2.28. 신설) 시. 보일러수리 등 기타 가정용품 수리업(2023.2.28. 신설) 이. 컴퓨터 및 주변 기기 수리업(2024.2.29. 신설) 지. 의복 액세서리 및 모조 장신구 소매업(2024.2.29. 신설) 치. 여행사업(2024.2.29. 신설) 키. 기타 여행보조 및 예약 서비스업(224.02.29. 신설) 티. 실내 경기장 운영업(2024.2.29. 신설) 피. 실외 경기장 운영업(2024.2.29. 신설) 히. 스키장 운영업(2024.2.29. 신설) 갸. 종합 스포츠시설 운영업(2024.2.29. 신설) 냐. 수영장 운영업(2024.2.29. 신설) 댜. 볼링장 운영업(2024.2.29. 신설) 랴. 스쿼시장 등 그 외 기타 스포츠시설 운영업(2024.2.29. 신설) 먀. 애완동물 장묘 및 보호 서비스업(2024.2.29. 신설) 뱌. 기념품, 관광 민예품 및 장식용품 소매업(2025.2.28. 신설) ➲ 2026.1.1. 이후 재화 또는 용역을 공급하는 경우부터 적용한다. 샤. 사진 처리업(2025.2.28. 신설) ➲ 2026.1.1. 이후 재화 또는 용역을 공급하는 경우부터 적용한다. 야. 낚시장 운영업(2025.2.28. 신설) ➲ 2026.1.1. 이후 재화 또는 용역을 공급하는 경우부터 적용한다. 쟈. 기타 수상오락 서비스업(2025.2.28. 신설) ➲ 2026.1.1. 이후 재화 또는 용역을 공급하는 경우부터 적용한다.
6. 통신판매업 (2020.2.11. 신설)	전자상거래 소매업(제1호부터 제5호까지의 규정에 따른 업종에서 사업자가 공급하는 재화 또는 용역을 온라인 통신망을 통하여 소매하는 경우에 한정한다)(2020.2.11. 신설)
6. 통신판매업 (제1호부터 제5호에서 정한 업종에서 사업자가 공급하는 재화 또는 용역을 공급하는 경우로 한정한다) (2022.2.15. 개정)	가. 전자상거래 소매업 나. 전자상거래 소매 중개업(2022.2.15. 신설) 다. 기타 통신 판매업(2022.2.15. 신설)

※ 비고 : 업종의 구분은 위 표에서 특별히 규정하는 업종을 제외하고는 한국표준산업분류를 기준으로 한다.

(2) 가산세의 적용

① 산출세액이 없는 경우에도 적용한다.(소법 81조의9 ③)

② 현금영수증가맹점 미가입가산세는 결정 또는 경정에 의하여 현금영수증가맹점으로 가입하여야 할 사업자에 해당하게 되는 경우에도 적용한다.(소령 147조의5 ②)

✓ **병원의 현금영수증 발급의무 대상금액**(소득 집행기준 162의3-0-2)

① 현금영수증 발급의무 대상 거래금액은 보험급여를 포함한 총진료비를 기준으로 하는 것이며, 현금영수증은 현금으로 받은 금액에 대하여만 발급해야 한다.

② 현금영수증은 거래대금을 분할하여 현금으로 받는 때마다 각각 발급해야 한다.

✓ **해외 온라인쇼핑몰을 통해 재화를 공급하고 판매대금을 외화로 정산받는 경우 현금영수증 의무발급대상에 해당하는지 여부**

현금영수증가맹점인 개인사업자가 건당 거래금액(부가가치세액 포함)이 10만원 이상인 재화를 공급하고 그 대금을 현금으로 받은 경우로서, 부가가치세 신고기한 내에 부가령 제101조 제1항에 규정하는 외화입금증명서를 붙여 사업장 관할 세무서장에게 부가가치세 과세표준 신고(수정신고를 포함)한 경우, 해당 거래는 현금영수증 의무발급대상에 해당되지 아니하는 것임(서면법규소득 2022-11, 2022.12.21.)

✓ **현금영수증 지연 가맹으로 인한 가산세를 부담해야 하는지 여부**

현금영수증 지연 가맹한 경우 소득세법 제81조의9 제2항 1호에 따라 가산세 대상임(서면전자세원 2022-2748, 2022.12.19.)

✓ **요양원(노인 요양 복지시설 운영업)이 현금영수증 의무발행업종에 해당하는지 여부**

요양원(노인 요양 복지시설 운영업)은 현금영수증 의무발행업종에 해당하지 않음(서면전자세원 2022-4917, 2022.12.12.)

✓ **전자상거래 업종으로 해외 매출로서 건당 10만원 이상인 거래에 대하여 현금영수증 의무 발행해야 하는지 여부**

소비자가 대금을 신용카드로 결제한 경우에는 현금영수증 의무발행 대상에 해당하지 않으나, 소비자로부터 대금을 현금으로 지급받는 경우 현금영수증 의무발행하여야 함(서면전자세원 2022-4597, 2022.11.17.)

✓ **소송 등으로 계약서상 거래대금 중 일부 금액만 현금으로 받은 경우 계약금액 전액이 현금영수증 미발급 가산세 대상인지 여부**

소송 등으로 계약서상 거래대금 중 일부 금액만 현금으로 받은 경우 현금영수증 미발급 가산세 대상에 해당함(서면전자세원 2022-4594, 2022.11.17.)

✓ **숙박공유플랫폼을 통해 소비자에게 숙박용역을 제공하고 대가를 송금받는 경우 현금영수증 발행 의무 대상에 해당하는지 여부 등**

숙박공유업을 영위하는 사업자는 숙박공유플랫폼에서 예약자(소비자)가 건당 10만원 이상 거래에 대하여 현금으로 결제한 경우에는 2023년 1월부터 현금영수증 의무 발행해야 하나, 예약자가 신용카드로 결제한 경우에는 현금영수증 발행할 의무가 없음(서면전자세원 2022-4346, 2022.10.27.)

✓ **해외 숙박 플랫폼에서 신용카드로 결제한 게스트에게 숙박 용역을 제공하고, 해외 숙박 플랫폼으로부터 수수료 등을 차감한 대금을 받는 경우에는 현금영수증 발급 대상에 해당하지 않음**(서면전자세원 2021-8052, 2022.1.5.)

✓ **통신판매 거래와 관련하여 위수탁 계약 체결 시 현금영수증 발행 의무가 있는 자는 위탁판매자인지 아니면 수탁판매자인지 여부 등**

통신판매 거래와 관련하여 위수탁 계약 체결 시 현금영수증 발행 의무가 있는 자는 실제 판매자인 위탁판매자에게 현금영수증 발행 의무가 있음(서면전자세원 2022-4160, 2022.10.13.)

✓ **유흥주점에서 발생한 봉사료를 실제 종업원에게 지급한 경우 현금영수증 미발급 가산세 대상금액에 해당하는지 여부**

유흥주점에서 용역을 공급하고 그 대가와 함께 받는 종업원의 봉사료는 용역의 대가와 구분하여 기재하고, 봉사료를 해당 종업원에게 실제로 지급한 경우에는 현금영수증 미발급 가산세 대상에 포함하지 아니함. 다만, 귀 질의의 봉사료가 상기와 같이 현금영수증 미발급 가산세 대상에 포함되는지 여부는 실질 내용에 따라 사실판단할 사항임(서면전자세원 2022-3665, 2022.9.7.)

✓ **거래수수료를 가상자산으로 받는 경우의 현금영수증 발급의무의 존부**

재화나 용역을 구입하고 가상화폐로 결제한 경우 현금영수증 발급대상에 해당하지 아니함(서면법규소득 2022-2967, 2022.8.25.)

✓ **결혼 중개 용역의 제공에 따른 대가에 해당하는 성혼사례금이 현금영수증 발급 대상인지 여부**

성혼사례금이 결혼 중개라는 용역 제공에 따른 대가에 해당한다면 건당 거래금액(부가가치세 포함) 10만원 이상인 경우 소비자의 요청과 관계없이 현금영수증을 발급해야 함(서면전자세원 2022-3367, 2022.8.18.)

✓ **보험회사가 모터사이클 수리비용을 수리업체에 직접 지불하는 경우 소비자에게 현금영수증을 발행해야 할 의무가 있는지 여부**

모터사이클 수리업을 영위하는 사업자는 재화 또는 용역을 공급하고 손해보험을 영위하는 보험회사로부터 받는 보험금에 대하여는 현금영수증을 발급하지 않는 것임(서면전자세원 2022-3189, 2022.7.25.)

✓ **비사업자인 고객의 주민등록번호로 전자세금계산서를 발급된 건에 대해 이를 취소하고 현금영수증을 발행해야 할 의무가 있는지 여부**

비사업자에게 주민등록번호를 기재한 전자세금계산서를 발급하고 동 세금계산서 발급명세를 국세청장에게 전송한 경우는 현금영수증을 발급하지 아니할 수 있으므로 전자세금계산서를 취소하고 현금영수증을 발급해야할 의무는 없는 것임(서면전자세원 2022-1177, 2022.7.25.)

✓ **정기적인 후원금으로 식당 운영에 대한 비용을 충당하고자 할 때 정기적인 후원금에 대하여 현금영수증을 발급할 수 있는지 여부**

현금영수증이란 현금영수증가맹점이 재화 또는 용역을 공급하고 그 대금을 현금으로 받는 경우 당해 재화 또는 용역을 공급받는 자에게 현금영수증 발급장치에 의해 발급하는 것으로서 정기적인 후원금은 현금영수증 발급 대상에 해당하지 않는 것임. 다만, 신청인이 제시한 사실관계가 실제 사실관계와 다른 경우에는 다른 과세관계가 발생할 수 있음(서면전자세원 2022-3005 2022.7.21.)

✓ 장애아동에게 발달재활서비스를 제공하고 지급받는 대가가 현금영수증 발급 대상인지 여부

장애아동에게 발달재활 서비스를 제공하는 사업은 소비자상대업종에 해당하지 않고, 소득세법 제162조의3 제1항 또는 법인세법 제117조의2 제1항에 따라 현금영수증 가맹할 의무가 있는 업종에 해당하지 않는 점을 볼 때 현금영수증을 발급해야 할 의무가 없는 것임(서면전자세원 2022-1166, 2022.3.25.)

✓ 고객이 오픈마켓에서 무통장입금 등 기타 결제를 할 경우 실제 판매자에게 현금영수증 발급의무가 있는지 여부

실제 판매자인 통신판매자에게 현금영수증 발급의무가 있으며, 현금영수증 미발급 시 가산세 적용을 받는 것임(서면전자세원 2022-773, 2022.3.3.)

✓ 현금영수증가맹점 가입대상자가 가입기한 내 가입하지 않은 경우 감면배제

현금영수증가맹점 가입요건에 해당하는 사업자가 당해 사업장 전체에 대하여 현금영수증가맹점 가입의무를 이행하지 아니한 경우 해당 과세기간에 대하여 중소기업특별세액감면을 적용하지 않음(소득-3464, 2008.9.29.)

✓ 현금영수증미발급가산세 적용시 총수입금액의 범위

현금영수증미발급가산세 적용시 총수입금액은 소비자상대업종 외의 다른 업종의 수입금액은 제외되며, 신용카드 등의 사용에 따른 세액공제 금액이 포함되는 것임(소득-4546, 2008.12.4.)

✓ 전자세금계산서를 매월 발행하고 있는데 불구하고, 현금영수증 가맹점으로 가입해야 하는지 여부

소득세법 제162조의3 제1항 및 소득세법 시행령 제210조의3 제1항에 해당하는 사업자는 현금영수증 가맹의무가 있음(서면전자세원 2020-3600, 2020.9.21.)

✓ 법원 공탁금을 수령한 경우 현금영수증 발행 대상인지 여부

현금영수증 의무발행업종을 영위하는 현금영수증가맹점은 건당 거래금액(부가가치세 포함) 10만원 이상인 재화나 용역을 공급하고 그 대금을 현금으로 받은 경우에는 현금영수증을 발급해야 하므로 법원 공탁금 중 재화나 용역의 대가에 해당하는 부분에 대해서는 현금영수증을 발급해야 함(서면전자세원 2022-659, 2022.2.22.)

✓ 중고거래 플랫폼에서 고객이 재화에 대한 대가를 신용카드로 결제하여 입금받는 경우 현금영수증 발급 여부

중고거래 플랫폼에서 고객이 재화에 대한 대금을 신용카드로 결제하여 중고거래 플랫폼으로부터 고객의 결제대금 중 수수료를 제외한 대금을 입금받는 경우 현금영수증 발급대상에 해당하지 않음(서면전자세원 2022-559, 2022.2.22.)

✓ 동문회비에 대하여 현금영수증을 발행해야 하는지 여부

[사실관계]

○○학원에서 시험에 합격한 회원을 중심으로 동문회를 결성하여 동문회비를 받고 있음

PART 5

[질의]
동문회비에 대하여 현금영수증을 발행해야 하는지 여부

[회신]
현금영수증은 현금영수증가맹점이 재화나 용역을 공급하고 그 대금을 현금으로 받는 경우 재화나 용역을 공급받은 자에게 발행하는 것으로서 동문회비는 재화나 용역을 공급하고 그 대가로 받는 수익사업에 해당하지 않으므로 현금영수증 발급 대상에 해당하지 않음. 다만, 귀 질의의 회비가 수익사업에 해당되는지 여부는 재화나 용역의 제공에 따른 대가관계 등 실질 내용에 따라 사실판단할 사항임(서면전자세원 2021-8462, 2022.2.8.)

✓ 현금영수증의무발급사업자가 현금영수증 발급을 취소하고 사업자에게 세금계산서를 발급한 경우 현금영수증 발급 불성실 가산세 대상여부

소득세법 제162조의3 제4항에 따른 현금영수증의무발급사업자가 사업자등록을 한 자에게 건당 거래금액(부가가치세액 포함)이 10만원 이상인 재화를 공급하고 그 대가를 현금으로 지급받은 때에 현금영수증을 발급한 후, 재화를 공급받은 자의 요청으로 현금영수증의 발급을 취소하고 부가가치세법 제32조에 따른 세금계산서를 같은 법 제34조에서 정한 시기에 발급하였다면 소득세법 제81조의9 제2항 제3호에 따른 가산세 납부의무가 없는 것임(서면법규소득 2021-6648, 2022.1.27.)

✓ 해외쇼핑몰을 통해 외국으로 재화를 공급하고 대금을 현금으로 받는 경우 현금영수증 의무발급대상 여부

전자상거래 소매업을 영위하는 사업자(현금영수증가맹점인 개인사업자)가 건당 거래금액(부가가치세액을 포함)이 10만원 이상인 재화를 소포우편을 이용하여 해외로 공급하고 그 대금을 현금으로 지급받는 경우에, 부가가치세 신고서에 부가가치세법 시행령 제101조 제1항에 규정하는 소포수령증 등을 첨부하여 제출하더라도 현금영수증을 발급하여야 하는 것임(서면법령해석소득 2021-7836, 2021.12.29.)

✓ 사내 미용실 사용료 중 회사에서 미용실을 이용하는 직원으로부터 원천징수하는 금액에 대하여 해당 직원에게 현금영수증을 발급해야 하는지 여부

사내 미용실 사용료에 대하여 회사가 직원으로부터 원천징수한 금액을 받더라도 미용업은 현금영수증 의무발행업종이므로 건당 거래금액(부가가치세 포함)이 10만원 이상인 재화 또는 용역을 공급하고, 그 대금을 현금으로 받은 경우 소비자(직원)가 현금영수증 발급을 요청하지 아니하더라도 현금영수증을 발급해야 하며, 건당 거래금액이 10만원 미만인 재화 또는 용역을 공급하고 그 대금을 현금으로 받을 경우 소비자(직원)가 현금영수증 발급을 요청 시 현금영수증을 발급할 의무가 있음(서면전자세원 2021-7501, 2021.12.9.)

✓ 도정업으로 구분된 업종코드(153102, 154801)가 현금영수증가맹점 가입의무 업종에 해당하는지 여부

소득세법 시행령 [별표 3의2] 및 소득세법 시행규칙 제95조의4에 따라 도정업으로 구분된 업종코드(153102, 154801)는 소비자상대업종이므로 상기의 요건에 해당하는 사업자는 현금영수증가맹점 가입 대상임(서면전자세원 2021-7285, 2021.12.9.)

✓ 현금영수증 가맹점 미가입 가산세 계산시 적용할 수입금액의 범위

2이상의 사업장에서 사업을 영위하는 사업자가 소득세법 제162조의3 제1항에 따른 현금영수증가맹점 가입의무를 위반하여 같은 법 제81조의9 제2항 제1호에 따라 가산세가 부과되는 경우, 현금영수증가맹점 가입의무를 위반하지 아니한 사업장의 수입금액은 제외되는 것임(서면법령해석소득 2021-4080, 2021.11.25.)

✓ 전력거래소가 REC판매자 명의로 위수탁 현금영수증을 발행할 수 있는지 여부

현금영수증은 재화 또는 용역을 공급하고 그 대금을 현금으로 받는 경우 해당 재화나 용역을 공급하는 자가 발급해야 하므로 제3자가 공급자를 대신하여 현금영수증을 발급할 수 없는 것이 원칙임. 위수탁 계약을 체결한 경우에는 수탁자는 재화나 용역의 실지 공급자인 위탁자 명의로 발급이 가능하며, 위수탁 판매에 관한 명시적인 내용과 수탁자가 전자적 시스템을 갖추어 위탁자별 매출액에 대한 현금영수증 발급내역을 구분 관리하는 경우에 한하여 수탁자 명의로 발급 가능함(서면전자세원 2021-109, 2021.8.24.)

✓ 비사업자인 고객의 주민등록번호로 전자세금계산서를 발급한 경우 현금영수증 미발급으로 인한 가산세 대상에 해당하는지 여부

의무발행업종인 인테리어 공사업체가 현금영수증 발급시기에 비사업자인 고객의 주민등록번호 전자세금계산서를 발급한 경우라면 현금영수증 발급하지 아니할 수 있으므로 현금영수증 미발급 가산세 대상에 해당하지 않음(서면전자세원 2021-5210, 2021.8.13.)

✓ 재활용컵 보증금에 대한 현금영수증 발급 여부

재활용컵 회수를 위하여 받는 보증금은 현금영수증 발급대상에 해당하지 않는 것임(서면법령해석법인 2021-2850, 2021.6.29.)

✓ 재화를 소포우편을 이용하여 수출하고 대가를 현금으로 받는 경우 현금영수증 의무발급대상 여부

[사실관계]

질의인은 '○○한의원'이라는 상호로 한의원업을 영위하는 현금영수증 의무발급 사업자로, 해외에 있는 고객들에게 다이어트 한약 등을 공급함에 있어서 제품은 외국으로 직접 배송하고, 그 대가는 페이팔[미국의 간편 결재 서비스로, 구매자와 판매자를 중계해주는 일종의 에스크로(escrow) 서비스. 다른 국가, 다른 통화로도 거래/결재가 가능하며 해외계좌로 쉽게 송금할 수 있음]을 통해 송금받을 예정임(이하 '쟁점거래')

다만, 쟁점거래는 내국물품을 외국으로 반출하는 수출에 해당하여 부가법 제21조에 따른 부가가치세 영세율 적용대상임

[질의]

외국으로 다이어트 한약 등을 공급하고, 페이팔 계정을 통하여 대가를 송금받는 경우, 현금영수증 의무발급대상에 해당하는지 여부

[회신]

귀 서면질의의 경우, 소득세법 시행령 [별표 3의3]에 따른 업종 중 한의원업을 영위하는 사업자(현금영수증가맹점인 개인사업자)가 건당 거래금액(부가가치세액을 포함)이 10만원 이상인 재화를 소포우편을 이용하여 수출하고 그 대금을 현금으로 지급받는 경우에, 부가가치세 신고서에 부가가치세법 시행령 제101조 제1항에 규정하는 소포수령증 등을 첨부하여 제출하더라도 현금영수증을 발급하여야 하는 것으로, 소비자의 신분인식수단이 확인되지 않는 경우에는 국세청장 지정번호(010-000-1234)로 현금영수증을 발급할 수 있는 것임(서면법령해석소득 2021-3066, 2021.6.24.)

PART 5

✓ 현금영수증 의무발급대상거래 여부

[사실관계]

보건업을 영위하는 질의인은 외국인인 주한미군 및 가족을 진료하는 경우가 있는데, 이 때 외국보험회사에 의료보험이 가입되어 있는 외국인에 대한 진료비의 경우, 질의인이 외국보험회사에 청구하면 약 1개월 후에 병원계좌로 입금되고, 입금된 금액을 원화로 환산하여 병원 수입금액으로 신고하고 있음

[질의]

외국 보험회사의 의료보험에 가입된 외국인 환자의 진료비를 외국보험회사를 통해 지급받는 경우, 현금영수증 의무발급대상에 해당하는지 여부

[회신]

소득세법 시행령 [별표 3의3]에 따른 업종 중 보건업을 영위하는 사업자(현금영수증가맹점인 개인사업자 및 내국법인)가 건당 거래금액(부가가치세액을 포함)이 10만원 이상인 진료용역을 제공하고 그 대금을 외국보험회사로부터 현금으로 지급받는 경우 현금영수증을 발급하여야 하는 것이고, 소비자의 신분인식수단이 확인되지 않는 경우라면 국세청장 지정번호(010-000-1234)로 현금영수증을 발급할 수 있는 것임(서면법령해석소득 2021-1, 2021.6.2.)

✓ 용역을 공급하고 대금을 현금으로 나누어서 지급받는 경우 현금영수증 미발급 과태료 적용 방법

[사실관계]

원질의인(甲)은 인테리어 공사업(건물 내부 인테리어 공사는 현금영수증 의무발행업종인 '실내건축'에 해당)을 영위하는 개인사업자임

- 甲은 신규 개업 음식점의 인테리어 공사 도급금액 242백만원(부가세 포함)의 계약을 체결하여 공사를 수행함(2018년 2월)
- 甲은 공사를 완료한 후 해당 음식점으로부터 공사대금 중 일부(132백만원)를 지급받고 세금계산서를 발급함(2018년 6월)
- 이후, 甲은 2018년 12월 잔금 110백만원 중 64백만원을 지급받았으나, 세금계산서 또는 현금영수증을 발급하지 아니함

[질의]

- 현금영수증 의무발급 업종을 영위하는 사업자가 용역을 공급하고 대금 중 일부를 두 차례에 걸쳐 현금으로 수령
- 1차 현금 수령 시 세금계산서를 발급하였으나, 2차 현금 수령 시 세금계산서나 현금영수증을 발급하지 않음
  → 2차 현금 수령 시 현금영수증을 발급하지 않은 것이 현금영수증 미발급 과태료 대상인지 여부

〈1안〉 현금영수증 미발급 과태료 부과대상에 해당

〈2안〉 현금영수증 미발급 과태료 부과대상에 미해당

[회신]

귀 질의의 경우 〈1안〉이 타당함(기획재정부소득-307, 2021.5.11.)

✓ 아파트 관리비에 포함되어 부과되는 서비스의 사용료가 현금영수증 발행 대상인지 여부

아파트 관리용역과 별도로 외부 업체가 입주민 등에게 서비스를 제공 시 소비자상대업종을 영위하고, 현금영수증가맹점으로 가입한 경우 그 대가를 현금으로 받고 소비자가 현금영수증 발급을 요청하면 발급하여야 함(서면전자세원 2021-3105, 2021.5.20.)

✓ 가구제조업이 주업종인 업체로서 생산한 제품을 소비자가 주문 시 소매 판매하는 경우 의무발행업종에 해당하는지 여부

가구 제조업체가 오프라인 매장 개설 없이 특정 제품을 생산하는 기술과 제조시설을 갖추고 고객으로부터 주문을 받아 생산하여 주문자에게 제공하는 경우에는 제품의 생산(제조)으로 분류하는 것(소득 46011-330, 2000.3.11.)이나, 제조업을 영위하는 사업자가 자기가 생산한 제품을 판매하기 위하여 별도의 직매장을 개설하는 경우 직매장의 업종은 도·소매업에 해당하는 것(부가 46015-1692, 1997.7.25.)임. 따라서, 현금영수증 의무발행업종 해당여부는 사업자등록상 업종과 관계없이 실제 영위하는 사업종류, 사업활동 등에 따라 달라질 수 있으므로 사실 판단할 사항임(서면전자세원 2021-2760, 2021.5.12.)

✓ 의료용기구 제조업과 소매업을 영위하는 업체로서 생산한 제품을 소비자가 주문 시 소매 판매하는 경우 의무발행업종에 해당하는지 여부와 가산세 대상 범위

의료용기구 제조업체가 오프라인 매장 개설 없이 특정 제품을 생산하는 기술과 제조시설을 갖추고 고객으로부터 주문을 받아 생산하여 주문자에게 제공하는 경우에는 제품의 생산(제조)으로 분류하는 것(소득46011-330, 2000.3.11.)이나, 제조업을 영위하는 사업자가 자기가 생산한 제품을 판매하기 위하여 별도의 직매장을 개설하는 경우 직매장의 업종은 도·소매업에 해당하는 것(부가 46015-1692, 1997.7.25.)임. 따라서, 현금영수증 의무발행업종 해당여부는 사업자등록상 업종과 관계없이 실제 영위하는 사업종류, 사업활동 등에 따라 달라질 수 있으므로 사실 판단할 사항임

또한, 현금영수증 미발급 가산세 대상은 사업자가 영위하는 전체 업종이 아니라 의무발행업종의 미발급 대상금액을 기준으로 계산함(서면전자세원 2021-2846, 2021.5.12.)

✓ 간이과세 사업자가 현금영수증 발행시 부가가치세가 포함된 공급대가로 발행하는 것이 맞는지 여부

현금영수증은 재화 또는 용역을 공급하고 그 대금을 현금으로 받는 경우 발급하는 것으로서 부가가치세가 포함된 공급대가로 발급하고 있으며, 일반과세자이든 간이과세자이든 구분 없이 공급대가로 발급하고 있음. 다만, 사업자가 부가가치세 신고시 공급대가 중 부가가치세 상당액에 대하여 과세표준 매출세액으로서 부가가치세 신고해야 함(서면전자세원 2021-2849, 2021.5.12.)

✓ 전자상거래로 판매한 제품의 배송비에 대하여 당사와 물류업체 중 누구에게 현금영수증 발급 의무와 부가가치세 납세의무 있는지

사업자가 재화를 공급하고 거래상대방으로부터 배송비를 구분하지 아니하고 포함하여 대가를 지급받는 경우 그 대가 전액에 대하여 현금영수증을 발급하고, 부가가치세를 납부할 의무가 있음

다만, 물류회사가 재화의 대가와 구분하여 배송비를 받으면서 배송에 대한 전반적인 책임을 진다면, 배송비에 대한 현금영수증 발행의무 및 부가가치세 납부의무는 물류회사에게 있는 것으로 귀질의 경우 어느 것에 해당하는 지는 사실관계를 종합적으로 판단하여 적용할 사항임(서면전자세원 2021-2401, 2021.4.19.)

PART 5

✓ **재화나 용역을 구입하고 가상화폐로 결제한 경우 현금영수증 발급대상인지**

재화나 용역을 구입하고 가상화폐로 결제한 경우 현금영수증 발급대상에 해당하지 아니함(기획재정부소득-162, 2021.3.12.)

✓ **소비자가 무료로 제공받은 포인트로 결제 받은 부분의 현금영수증 발급 여부**

재화나 용역 공급의 대가 중 소비자가 무료로 제공받은 포인트로 결제 받은 부분에 대해서는 현금영수증을 발급할 수 없는 것임(서면전자세원 2021-810, 2021.2.18.)

✓ **용역 제공이전에 선금으로 현금을 받은 경우 현금영수증 발급 시기**

용역 제공이전에 선금으로 현금을 받은 경우 현금영수증을 발급할 수 있으나, 현금으로 받은 때에 현금영수증을 발급하지 아니하면 추후 용역의 공급대가로 전환되는 때에 현금영수증을 발급하여야 함. 다만, 신청인이 제시한 사실관계가 실제 사실관계와 다른 경우에는 다른 과세관계가 발생할 수 있음

✓ **자동차 세차업이 현금영수증 의무발급 대상인지 여부**

자동차 세차업이 2020년 현재 현금영수증 의무발급 업종에 해당하지 않음. 그러나 2021.1.1.부터는 의무발행업종에 해당함(서면전자세원 2021-750, 2021.2.18.)

✓ **통신판매업자로서 부가통신사업자(오픈마켓)가 현금영수증을 발급해주지 않는 경우 통신판매업자에게 현금영수증 의무발행규정을 적용할 수 있는지 여부**

부가통신사업자가 현금영수증 의무발행업종을 영위하는 통신판매업자를 갈음하여 현금영수증을 발급하지 않는 경우에는 해당 통신판매업자에게 현금영수증 의무발행업종 사업자로서의 발급의무가 있음. 다만, 통신판매업자가 부가통신사업자가 운영하는 사이버몰에서 재화나 용역을 공급하고 그 대가를 부가통신사업자를 통하여 받는 경우 부가통신사업자가 통신판매업자에 갈음하여 현금영수증을 발급 할 수 있으며 이 경우 해당 통신판매업자에 대해서는 소득세법 제162조의3 제4항(☞ 현금영수증 의무발행 규정) 및 법인세법 제117조의2 제4항(☞ 현금영수증 의무발행 규정)이 적용되지 않음(서면전자세원 2020-5881, 2021.1.4.)

✓ **비사업자에게 전자세금계산서를 발행한 경우 현금영수증 의무발급대상에 해당하는지**

현금영수증 의무발행업종을 영위하는 사업자가 현금영수증 발급시기에 주민등록번호가 기재된 전자세금계산서를 발급한 경우에는 현금영수증을 발급하지 아니할 수 있는 것임(서면법령해석소득 2020-3113, 2020.12.23.)

✓ **변호사가 종국 판결 전에 수임료 일부를 현금으로 지급받은 경우 현금영수증 발급하는 것인지 여부**

변호사가 사건을 수임하고 용역의 대가 일부를 현금으로 지급받는 경우 그 지급받는 때 현금영수증을 발급하여야 하는 것임(서면법령해석소득 2019-2204, 2020.4.6.)

✓ **상가건물 관리업자가 관리비를 현금으로 받는 경우 현금영수증 발급 대상인지**

비주거용 부동산 관리업은 소득령 [별표 3의2]의 업종에 해당하지 아니하므로 현금영수증 가맹점에 의무적으로 가입하여야 하는 것은 아님(서면법령해석소득 2019-4381, 2020.3.17.)

✓ **임차인으로부터 건물 관리비를 받는 경우 현금영수증 발급 대상인지 여부**

건물 관리업은 소득세법 시행령 [별표 3의2]에서 열거하는 업종에 해당하지 아니하므로 현금영수

증을 의무 발급할 필요가 없음(서면전자세원 2020-4947, 2020.11.13.)

✓ **지로(giro)의 방식으로 대금을 지급하고 현금영수증발급을 요청하는 경우 현금영수증 발급여부**

지로(giro)의 방식으로 그 대금을 지급하고 현금영수증 발급을 요청하는 경우 현금영수증가맹점은 현금영수증을 발급하여야 하는 것임(기획재정부소득-562, 2020.11.6.)

✓ **재화 또는 용역을 공급받은 자가 아닌 제3자 명의로 현금영수증 발급할 수 없음**

현금영수증이란 가맹점이 재화 또는 용역을 공급하고 거래대금을 현금으로 받을 때 재화 또는 용역을 공급받는 자에게 발급하는 것으로서 재화 또는 용역을 공급받은 자가 아닌 제3자 명의로 현금영수증 발급할 수 없음(서면전자세원 2020-4873, 2020.11.5.)

✓ **위탁자와 계약서를 작성하고, 수탁자 명의로 현금영수증 발급이 가능한지 여부**

사업자가 위탁자로부터 수탁 받아 소비자에게 판매하는 경우 현금영수증 발급은 재화 또는 용역의 실지 공급자인 위탁자 명의로 발급하는 것이 원칙임. 다만, (서면3팀-1702, 2005.10.6.)* 와 같은 경우(☞ 위탁자와의 위·수탁판매에 관한 명시적인 계약내용과 수탁자가 전자적시스템을 갖추어 위탁자별로 매출액에 대한 현금영수증 발급내역을 구분 관리하는 경우)에 한하여 수탁자 명의로 발급 가능함(서면전자세원 2020-2149, 2020.05.21)

✓ **다수인에게 용역을 공급하고 그 대가를 1인으로부터 받는 경우 현금영수증 발급 방법**

내국법인이 다수인에게 용역을 공급하고 그 대가를 1인으로부터 전부 지급받는 경우에도 현금영수증은 용역을 공급받는 각 개인별로 발급하여야 함(서면법령해석법인 2020-1134, 2020.4.23.)

✓ **현금영수증의무발급사입자가 용역을 공급하고 그 대가를 국가로부터 지급받는 경우 현금영수증 발급 여부**

현금영수증의무발급사업자가 10만원 이상의 재화 또는 용역을 공급하고 그 대가를 현금으로 받은 경우 재화 또는 용역을 공급받은 자에게 현금영수증을 발급하여야 하는 것임(서면법령해석소득 2020-114, 2020.12.1.)

✓ **병원에 진료비를 매주 또는 매달 합산하여 입금할 경우 현금영수증을 발급해야 하는지 여부**

병원에 진료비를 매주 또는 매달 합산하여 입금할 경우 재화나 용역을 공급하고 현금으로 지급받는 때에 현금영수증을 발급하는 것임(서면전자세원 2020-429, 2020.11.3.)

✓ **의료비 현금영수증을 수진자·납부자 중 누구에게 발행하는지**

현금영수증은 재화나 용역을 공급하고 그 대금을 현금으로 받는 때에 재화나 용역을 공급받는 자에게 발행하는 것으로, 의료비의 경우 현금지급자가 아닌 수진자에게 발행하는 것임(서면3팀-1746, 2005.10.11.)

✓ **마일리지로 결제한 금액의 현금영수증 발급여부**

현금영수증가맹점이 재화 또는 용역을 공급하고 마일리지로 결제하는 경우 당해 마일리지(적립금, 포인트, 사이버머니, 쿠폰)결제금액은 현금영수증을 교부할 수 없음(서면3팀-1268, 2007.4.30.)

✓ **전자상품권으로 결제시 현금영수증 발급**

○○관광카드는 여신전문금융업법에 의한 선불카드에 해당되지 않는 전자상품권(다기능, 무기명)이나, 사업자가 재화나 용역을 공급하고 동 상품권으로 결제받는 경우 현금영수증을 발급할 수 있

PART 5

는 것임(서면3팀-607, 2005.5.6.)

✓ 교도소에서 지원되는 국비로 진료비 납부시 환자 본인(재소자)에게 현금영수증 발급해야 하는지 여부 등

병원이 재소자에게 진료서비스를 제공하고 그 대가를 교도소가 부담하였으며, 공급받는 자를 교도소 단체 명의로 계산서 발급한 경우에는 재소자에게 현금영수증을 발급하지 아니할 수 있음(서면전자세원 2020-5188, 2020.12.3.)

✓ 휴대폰대리점에서 전자세금계산서 발행 시 현금영수증 발급할 필요가 있는지 여부 및 신용카드매출전표 등 발행금액에 대한 세액공제 대상 여부

휴대폰대리점이 단말기를 소비자에게 장기할부판매한 것과 관련하여 이동통신사와 할부채권 계약을 체결하고 전자세금계산서를 발행하였다면, 소비자에게 현금영수증을 발급할 필요가 없는 것임(서면전자세원 2020-5166, 2020.11.24.)

✓ 아파트 분양 시 시공사에게 지급한 추가옵션비용이 현금영수증 발급대상인지 여부

아파트 분양 시 시공사가 수분양자들에게 추가옵션품목을 제공하고 수령한 현금에 대하여 현금영수증 발급의무는 없으나 현금영수증 가맹점에 가입한 경우에는 현금영수증 발급 가능함(서면법령해석법인 2020-1938, 2020.6.11.)

✓ 반납된 리스차량 판매시 현금영수증 발급 여부

여신전문금융업법에 따른 시설대여업을 영위하는 여신금융회사가 반납된 리스차량을 판매하는 행위는 현금영수증가맹점 가입 대상 업종에 해당하지 아니하는 것임(서면법령해석소득 2019-2386, 2020.7.8.)

✓ 개인과외교습자가 현금영수증 의무발행업종에 해당하는지 여부

개인과외교습은 소득세법 시행령 [별표 3의3]에 따른 일반교습학원으로서 현금영수증 의무발행업종에 해당하는 것임(기획재정부소득-348, 2020.7.2.)

✓ 주한미군에게 주택임대 및 주택관리용역을 함께 제공하는 경우 현금영수증 발급 대상인지 여부

주택임대 및 주택관리용역은 영세율 대상인지 여부를 불문하고, 현금영수증 의무발행업종에 해당하지 않으므로 현금영수증 발급을 요청하지 않으면 현금영수증을 발급해야 할 의무가 없음(서면전자세원 2020-2881, 2020.7.16.)

✓ 사용자가 부담하는 금액에 대하여 현금영수증을 발행해야 하는지 여부

장애인 보장구를 제작·판매 시 건강보험공단이 일부 부담하고, 사용자가 나머지를 부담하는 경우 건강보험공단이 아닌 사용자가 부담하는 금액에 대해서는 사용자에게 현금영수증을 발급해야 함(서면전자세원 2020-1366, 2020.3.18.)

✓ 부동산 중개수수료를 일부만 지급받은 경우 현금영수증 발급 대상인지 여부

현금영수증은 현금을 지급받는 때에 발급하는 것이며, 거래대금을 나누어서 지급받는 때마다 각각 발급하는 것임(서면전자세원 2020-1020, 2020.3.18.)

✓ 요양원은 현금영수증 발급 대상에 해당이 되는지 여부

요양병원에 속하여 운영하는 요양원은 현금영수증 의무발행업종이나, 일반적인 요양원은 현금영수증 의무발행업종에 해당하지 않는 것임. 만약 요양원으로서 현금영수증 가맹점으로 가입한 경우라면 소비자가 현금영수증 발급 요청 시 현금영수증을 발급해야 함(서면전자세원 2020-1011, 2020.3.18.)

✓ **영화예매권(유료 판매) 예매 시 현금영수증 발행 대상이며, 실 사용금액으로 현금영수증 발행 대상에 해당함**

영화예매권(유료 판매) 예매 시 현금영수증 발행 대상이며, 예매권 가액과 실 구매금액(영화 관람요금)에 차이가 발생하는 경우 실 구매금액으로 현금영수증 발급해야 함(서면전자세원 2020-4091, 2020.10.7.)

✓ **기숙사비에 대하여 현금영수증을 발급하여야 하는 것임**

수익사업에 해당하는 기숙사를 운영하는 사립대학교는 거래 상대방이 현금영수증의 발급을 요청하는 경우 기숙사비에 대하여 현금영수증을 발급하여야 하는 것임(서면전자세원 2020-250, 2020. 11.3.)

✓ **대학 입학전형료를 현금으로 납부한 경우 현금영수증을 발급받을 수 있는지 여부**

대학 등 입학전형은 소비자상대업종에 해당하지 않고 학교법인 등 비영리내국법인의 수익사업으로 볼 수 없어 입학전형료는 현금영수증 발급대상에 해당하지 않음(서면법령해석법인 2019-3359, 2020.8.5.)

✓ **현금영수증 발급 대상 여부**

자동차 종합수리업을 영위하는 법인이 재화 또는 용역을 공급하고 손해보험업을 영위하는 보험회사로부터 받는 보험금에 대하여는 현금영수증을 발급하지 않는 것임(기획재정부조세법령-646, 2018. 5.11.)

✓ **세무사의 현금영수증가맹점 가입의무**(서울행법 2010구합6519, 2010.6.3.)

세무사업이 소비자상대업종에 해당하므로 사업자만 거래하는 경우에도 현금영수증가맹점 가입의무가 있는 것으로 보아 현금영수증 미가입 가산세를 적용할 수 있음

✓ **조세범처벌법 위반 이의**(대법원 2015마1864, 2016.3.11.)

현금영수증제도의 도입목적, 구 소득세법상의 현금영수증 관련 조항, 조세특례제한법 및 같은 법 시행령 관련 조항, 구 국세청고시의 관련 조항 등에 비추어 보면, 소비자로부터 인터넷뱅킹·폰뱅킹 및 무통장입금 등을 통하여 은행계좌로 그 대금을 입금 받는 것은 현금을 수수하는 방법에 불과하므로, 구 소득세법 제162조의3 제4항에 규정된 '그 대금을 현금으로 받은 경우'에 포함된다고 봄

14 기부금영수증 발급·작성·보관 불성실 가산세

(1) 적용 요건 및 가산세율

➲ 2020.1.1.이 속하는 과세기간에 기부금영수증을 발급하는 분부터 적용한다.(2019.12.31. 법 부칙 6조)

기부금을 필요경비에 산입하거나, 기부금세액공제를 받기 위하여 필요한 기부금영수증(법인세법 제75조의4 제2항에 따른 전자기부금영수증을 포함한다. 이하 "기부금영수증"이

라 한다)을 발급하는 거주자 또는 비거주자가 다음 중 하나에 해당하는 경우에는 다음의 구분에 따른 금액을 가산세로 해당 과세기간의 종합소득 결정세액에 더하여 납부하여야 한다.(소법 81조의7 ①, 2020.12.29. 개정)

① 기부금영수증을 사실과 다르게 적어 발급(기부금액 또는 기부자의 인적사항 등 주요 사항을 적지 아니하고 발급하는 경우를 포함)한 경우(소법 81조의7 ① 1)

㉠ 기부금액을 사실과 다르게 적어 발급한 경우 : 사실과 다르게 발급한 금액[기부금영수증에 실제 적힌 금액(기부금영수증에 금액이 적혀 있지 아니한 경우에는 기부금영수증을 발급받은 자가 기부금을 필요경비에 산입하거나 기부금세액공제를 받은 해당 금액)과 건별로 발급하여야 할 금액과의 차액을 말한다]의 5%(소법 81조의7 ① 1 가)

㉡ 기부자의 인적사항 등을 사실과 다르게 적어 발급하는 등 위 '㉠' 외의 경우 : 기부금영수증에 적힌 금액의 5%(소법 81조의7 ① 1 나)

② 기부자별 발급명세를 작성·보관하지 아니한 경우 : 그 작성·보관하지 아니한 금액의 0.2%(소법 81조의7 ① 2)

(2) 공익법인 출연재산 보고서제출 불성실가산세와 중복적용 배제

상속세 및 증여세법 제78조 제3항(☞ 공익법인 출연재산 보고서제출 불성실가산세)에 따라 보고서 제출의무를 이행하지 아니하거나 출연받은 재산에 대한 장부의 작성·비치의무(☞ 같은 법 제5항 제2호)를 이행하지 아니하여 가산세가 부과되는 경우에는 위 '②'의 가산세를 적용하지 아니한다.(소법 81조의7 ②)

(3) 가산세의 적용

산출세액이 없는 경우에도 적용한다.(소법 81조의7 ③)

(4) 가산세의 한도

기부금영수증 발급·작성·보관 불성실 가산세는 과세기간 단위로 5천만원(중소기업기본법 제2조 제1항에 따른 중소기업이 아닌 기업은 1억원)을 한도로 한다. 다만, 해당 의무를 고의적으로 위반한 경우에는 그러하지 아니하다.(국기법 49조 ①, 2010.12.27. 개정, 국기령 29조의2 ② 1)

15 성실신고확인서 제출 불성실 가산세

① 성실신고확인대상사업자가 그 과세기간의 다음 연도 6월 30일까지 성실신고확인서를 납세지 관할 세무서장에게 제출하지 아니한 경우에는 다음의 금액을 가산세로 해당 과세기간의 종합소득 결정세액에 더하여 납부하여야 한다.(소법 81조의2 ①, 2021.12.8. 개정)

➲ 2022.1.1. 전의 과세기간에 대하여 성실신고확인서 제출 불성실 가산세를 납부하는 경우의 가산세에 관하여는 개정규정에도 불구하고 종전의 규정에 따른다.(2021.12.8. 법 부칙 11조)

• 성실신고확인서 제출 불성실가산세 = Max(㉠, ㉡)

㉠ 종합소득산출세액 $\times \dfrac{\text{사업소득금액}^{*}}{\text{종합소득금액}} \times 5\%$

㉡ 사업소득의 총수입금액 × 0.02%

* 사업소득금액이 종합소득금액에서 차지하는 비율이 1보다 큰 경우에는 1로, 0보다 작은 경우에는 0으로 한다.(소법 81조의2 ① 1)

② 경정으로 종합소득산출세액이 0보다 크게 된 경우에는 경정된 종합소득산출세액을 기준으로 가산세를 계산한다.(소법 81조의2 ②)

③ 위 '①'의 가산세는 종합소득산출세액이 없는 경우에도 적용한다.(소법 81조의2 ③, 2021.12.8. 신설)

➲ 2022.1.1. 전의 과세기간에 대하여 성실신고확인서 제출 불성실 가산세를 납부하는 경우의 가산세에 관하여는 개정규정에도 불구하고 종전의 규정에 따른다.(2021.12.8. 법 부칙 11조)

④ 신고불성실가산세(무신고가산세 또는 과소신고·초과환급가산세)를 적용할 때 장부의 기록·보관 불성실 가산세(무기장가산세)와 동시에 적용되는 경우에는 그 중 가산세액이 큰 가산세만 적용하고, 가산세액이 같은 경우에는 신고불성실가산세(무신고가산세 또는 과소신고·초과환급신고가산세)만 적용한다.(국기법 47조의2 ⑥, 47조의3 ⑥, 2017.12.19. 개정)

저자TIP 성실신고확인서 미제출(추계신고한 경우)에 대한 가산세의 적용

(1) 2018년 ~ 2021년 귀속분까지의 가산세

구분			가산세
성실신고확인 대상자	복식부기의무자		Max(무신고가산세, 무기장가산세) + 5%*1
	간편장부대상자	계속사업자	무기장가산세*2 + 5%*3
		신규사업자	5%(무신고가산세와 무기장가산세가 적용되지 않는다)

*1. 2017년 귀속분까지는 Max(무신고가산세, 무기장가산세, 5%)를 적용하였다.
*2. 직전 과세기간의 수입금액이 4,800만원 이상인 경우이다.(소령 132조 ④ 2)
*3. 2017년 귀속분까지는 Max(무기장가산세, 5%)를 적용하였다.

(2) 2022년 귀속분부터의 가산세

구분			가산세
성실신고확인 대상자	복식부기의무자		Max(무신고가산세, 무기장가산세) + Max(5%*4, 총수입금액*5 × 0.02%)
	간편장부대상자	계속사업자	무기장가산세 + Max(5%*4, 총수입금액*5 × 0.02%)
		신규사업자*6	Max(5%*4, 총수입금액*5 × 0.02%)

*4. 종합소득산출세액 $\times \dfrac{\text{사업소득금액}}{\text{종합소득금액}}$ 에 대해 적용
*5. 사업소득의 총수입금액임
*6. 무신고가산세와 무기장가산세가 적용되지 않음

➲ '무기장가산세'(종전 소법 81조 ⑬)는 2019.12.31. 세법개정으로 '장부의 기록·보관 불성실 가산세'(소법 81조의5)로 용어가 변경되었다.

16 특정외국법인의 유보소득 계산 명세서 제출 불성실 가산세

① 국제조세조정에 관한 법률 제34조 제3호에 따른 특정외국법인의 유보소득 계산 명세서(이하 "명세서"라 한다)를 같은 조에 따라 제출하여야 하는 거주자가 다음 중 하나에 해당하는 경우에는 해당 특정외국법인의 배당 가능한 유보소득금액의 0.5%를 가산세로 해당 과세기간의 종합소득 결정세액에 더하여 납부하여야 한다.(소법 81조의13 ①, 2020.12.29. 개정)

㉠ 제출기한까지 명세서를 제출하지 아니한 경우

㉡ 배당 가능한 유보소득금액을 산출할 때 적어야 하는 금액의 전부 또는 일부를 적지 않거나 잘못 적어 배당 가능한 유보소득금액을 잘못 계산한 경우(소령 147조의8)

특정외국법인의 유보소득계산명세서 제출불성실가산세
= 해당 특정외국법인의 배당가능 유보소득 × 0.5%

② 종합소득산출세액이 없는 경우에도 적용한다.(소법 81조의13 ②)

③ 특정외국법인의 유보소득 계산 명세서 제출 불성실 가산세에 대해서는 5천만원(중소기업기본법 제2조 제1항에 따른 중소기업이 아닌 기업은 1억원)을 한도로 한다. 다만, 해당 의무를 고의적으로 위반한 경우에는 그러하지 아니하다.(국기법 49조 ①, 2010.12.27. 개정)

17 주택임대사업자 미등록 가산세(2018.12.31. 신설)

① 주택임대소득이 있는 사업자가 사업 개시일부터 20일 이내에 등록을 신청하지 아니한 경우에는 사업 개시일부터 등록을 신청한 날의 직전일까지의 주택임대수입금액의 0.2%를 가산세로 해당 과세기간의 종합소득 결정세액에 더하여 납부하여야 한다.(소법 81조의12 ①, 2019.12.31. 조번변경, 168조 ③, 부법 8조)

> 주택임대사업자 미등록가산세 = 미등록기간의 주택임대수입금액 × 0.2%

➲ 2020.1.1. 이후 주택임대사업을 시작하는 사업자부터 적용한다. 이 경우 2019.12.31. 이전에 주택임대사업을 개시한 경우에는 2020.1.1.을 사업개시일로 보아 가산세 규정을 적용한다.(2018.12.31. 법 부칙 8조 ⑥)

➲ 2019.1.1. 전에 주택임대사업을 개시하였으나 해당 과세기간에 총수입금액의 합계액이 2천만원 이하인 자(종전에 사업자등록을 한 자는 제외)는 2019.12.31.까지 사업자등록을 하여야 한다.(2018.12.31. 법 부칙 20조)

② 종합소득산출세액이 없는 경우에도 적용한다.(소법 81조의12 ②)

18 업무용승용차 관련 비용 명세서 제출 불성실 가산세(2021.12.8. 신설)

➲ 2022.1.1.이 속하는 과세기간에 업무용승용차 관련 비용 등을 필요경비에 산입하는 경우부터 적용한다.(2021.12.8. 법 부칙 5조)

① 업무용승용차 관련 비용 등을 필요경비에 산입한 복식부기의무자가 업무용승용차 관련 비용 등에 관한 명세서(이하 "명세서"라 한다)를 제출하지 아니하거나 사실과 다르게 제출한 경우에는 다음의 구분에 따른 금액을 가산세로 해당 과세기간의 종합소득 결정세액에 더하여 납부하여야 한다.(소법 81조의14 ①)

㉠ 명세서를 제출하지 아니한 경우 : 해당 복식부기의무자가 종합소득 과세표준확정신고 및 성실신고확인서 제출에 따른 신고를 할 때 업무용승용차 관련 비용 등으로 필요경비에 산입한 금액의 1%

㉡ 명세서를 사실과 다르게 제출한 경우 : 해당 복식부기의무자가 종합소득 과세표준확정신고 및 성실신고확인서 제출에 따른 신고를 할 때 업무용승용차 관련 비용 등으로 필요경비에 산입한 금액 중 해당 명세서에 사실과 다르게 적은 금액의 1%

② 종합소득산출세액이 없는 경우에도 적용한다.(소법 81조의14 ②)

19 원천징수 등 납부지연가산세 (2020.12.22. 제목개정)

(1) 적용요건 및 가산세액

원천징수의무자(납세조합 포함)가 징수하였거나 징수하여야 할 세액을 법정납부기한까지 납부하지 아니하였거나 미달하여 납부하였을 때에는 다음의 금액을 징수하여야 할 세액에 더한 것을 그 세액으로 하여 납부하여야 한다.(국기법 47조의5 ①, ②, 2019.12.31. 개정, 국기령 27조의4, 2020.12.29. 개정)

원천징수 등 납부지연가산세[*4] = Min [① ㉠ 미납·미달세액 × 3% + ㉡ 미납·미달세액 × 기간[*1] × 0.022%[*2] / ② 한도 : 미납·미달납부세액 × 50%[*3]]

➲ 2022.1.1.부터 시행(0.022%의 개정사항은 2022.2.15.부터 적용)한다.(2021.12.21. 국기법 부칙 7조, 2022.2.15. 국기령 부칙 6조)

*1. • 법정납부기한의 다음 날부터 납부일까지의 기간(납부고지일부터 납부고지서에 따른 납부기한까지의 기간은 제외)을 말한다.(국기법 47조의5 ① 2, 2020.12.29. 용어개정)
• 납세고지서에 따른 납부기한의 다음 날부터 납부일까지의 기간(국세징수법 제13조에 따라 지정납부기한과 독촉장에서 정하는 기한을 연장한 경우에는 그 연장기간은 제외)이 5년을 초과하는 경우에는 그 기간은 5년으로 한다.(국기법 47조의5 ④, 2020.12.29. 개정)

*2. 2019.2.11.까지는 0.03%, 2019.2.12.부터 2022.2.14.까지는 0.025%, 2022.2.15.부터는 0.022%를 적용한다.(2019.2.12. 국기령 부칙 9조, 2022.2.15. 국기령 부칙 6조)

*3. 위 '①'에서의 '㉠과 ㉡' 중 법정납부기한의 다음 날부터 납세고지일까지의 기간에 해당하는 금액을 합한 금액은 10%를 한도로 한다.

*4. 체납된 국세의 납부고지서별·세목별 세액이 150만원 미만인 경우에는 위 '㉡'의 가산세를 적용하지 아니한다.(국기법 47조의5 ⑤, 2020.12.29. 용어개정)

➲ 2022.1.1. 전에 납부고지서별·세목별 세액이 100만원 이상 150만원 미만인 국세를 체납하여 그 미납기간에 대하여 납세의무가 성립한 납부지연가산세의 부과에 관하여는 개정규정에도 불구하고 종전의 규정에 따른다.(2021.12.21. 국기법 부칙 7조)

지방소득세 특별징수 납부지연가산세 (지법 103조의14, 지기법 56조)

(1) 2023.12.31.까지 적용하는 특별징수 납부지연가산세

① 특별징수의무자가 징수하였거나 징수할 세액을 기한 내에 납입하지 아니하거나 미달하게 납입한 경우에는 그 납입하지 아니한 세액 또는 미달한 세액에 다음의 가산세를 합한 금액을 특별징수의무자로부터 징수한다. 다만, 국가 또는 지방자치단체와 주한미국군이 특별징수의무자인 경우에는 의무불이행을 이유로 하는 가산세는 이를 가산하지 아니한다.(지법 103조의14, 2018.12.31. 개정, 지령 93조, 지기법 56)

특별징수 납부지연가산세 = Min(①, ②)
① 미납세액·과소납부세액 × 10%
② 미납세액·과소납부세액 × 3% + 미납세액·과소납부세액 × 미납기간*1 × 0.022%*2

*1. 납부기한의 다음 날부터 자진납부일 또는 부과결정일까지의 기간

*2. 2018년까지는 0.03%를 적용하고, 2019.1.1.부터 2022.6.6.까지는 0.025%를 적용하며 2022.6.7.부터는 0.022%를 적용한다.(2018.12.31. 지기령 부칙 2조, 2022.6.7. 지기령 부칙 2조)

② 특별징수의무자가 특별징수를 하지 아니한 경우로서 다음 중 하나에 해당하는 경우에는 특별징수의무자에게 그 가산세액만을 부과한다.(지법 103조의14 ①, 2018.12.31. 개정, 지령 100조의6)

㉠ 납세의무자가 신고납부한 과세표준금액에 특별징수하지 아니한 특별징수대상 개인지방소득금액이 이미 산입된 경우(지법 103조의14 ① 1, 2018.12.31. 신설)

㉡ 특별징수하지 아니한 특별징수대상 개인지방소득금액에 대하여 납세의무자의 관할 지방자치단체의 장이 그 납세의무자에게 직접 개인지방소득세를 부과·징수하려는 경우(지법 103조의14 ① 2, 2018.12.31. 신설)

(2) 2024.1.1.부터 적용하는 특별징수 납부지연가산세

➲ 2024.1.1.부터 시행한다.(2020.12.29. 지기법 부칙 1조 단서 3, 2021.12.28. 부칙 1조 5 개정)

➲ 2024.1.1. 전에 납세의무가 성립된 분에 대해서는 개정규정에도 불구하고 종전의 규정에 따른다.(2020.12.29. 지기법 부칙 6조, 2021.12.28. 개정)

① 특별징수의무자가 징수하여야 할 세액을 법정납부기한까지 납부하지 아니하거나 과소납부한 경우에는 납부하지 아니한 세액 또는 과소납부분 세액의 50%(아래 '㉡'에 따른 금액은 10%)를 한도로 하여 다음의 계산식에 따라 산출한 ㉡, ㉢, ㉣의 금액을 합한 금액을 가산세로 부과한다.(지기법 56조 ①, 2020.12.29. 신설, 지기령 34조)

특별징수 납부지연가산세 = Min[㉠, (㉡ + ㉢*3 + ㉣)]
㉠ 한도 : 미납세액·과소납부세액 × 50%(㉡의 금액은 10%)
㉡ 미납세액·과소납부세액 × 3% + 미납세액·과소납부세액 × 미납일수*1 × 0.022%*2
㉢ 납세고지서 납부기한까지의 미납세액·과소납부세액(가산세는 제외) × 0.66%*3 (2024.12.31. 신설)
㉣ 미납세액·과소납부세액(가산세는 제외) × 부과기간*4 × 월 0.66%

*1. 법정납부기한의 다음 날부터 자진납부일 또는 납부고지일까지의 일수
*2. 2018년까지는 0.03%, 2019.1.1.부터 2022.6.6.까지는 0.025%, 2022.6.7.부터는 0.022%를 적용한다.(2018.12.31. 지기령 부칙 2조, 2022.6.7. 지기령 부칙 2조)
*3. 2025.1.1. 이후 특별징수 납부지연가산세를 부과하는 경우부터 적용한다.(2024.12.31. 지기법 부칙 3조) (☞ 舊 가산금)
*4. 납세고지서에 따른 납부기한이 지난 날부터 1개월 단위로 계산하며, 가산세를 부과하는 기간은 60개월(1개월 미만은 없는 것으로 본다)을 초과할 수 없다.(지기법 56조 ① 후단)(☞ 舊 중가산금)

② 위 '①'을 적용할 때 납세고지서별·세목별 세액이 45만원 미만인 경우에는 위 'ⓔ'의 가산세를 적용하지 아니한다.(지기법 55조 ④, 2023.12.29. 개정)

➲ '30만원' → '45만원'의 개정사항은 2024.1.1.부터 시행한다.(2023.12.29. 지기법 부칙 1조)

저자TIP 특별징수 납부지연가산세율의 기간별 적용

적용대상기간	가산세율
~ 2018.12.31.	0.03%
2019.1.1. ~ 2022.6.6.	0.025%
2022.6.7. ~	0.022%

(2) 원천징수 등 납부지연가산세 특례

다음의 자에 대하여는 원천징수 등 납부지연가산세를 적용하지 아니한다.(국기법 47조의5 ③)

① 소득세법에 따라 소득세를 원천징수하여야 할 자가 우리나라에 주둔하는 미군인 경우

② 소득세법에 따라 소득세를 원천징수하여야 할 자가 공적연금소득을 지급하는 경우 (2013.1.1. 개정)

③ 소득세법 또는 법인세법에 따라 소득세 또는 법인세를 원천징수하여야 할 자가 국가, 지방자치단체 또는 지방자치단체조합인 경우. 다만, 국가 등으로부터 근로소득을 받는 사람이 「근로소득자 소득·세액 공제신고서」를 사실과 다르게 기재하여 부당하게 소득공제 또는 세액공제를 받아 국가 등이 원천징수하여야 할 세액을 정해진 기간에 미달하게 납부한 경우에는 국가 등은 원천징수 등 납부지연가산세를 징수하여야 할 세액에 더하여 그 근로소득자로부터 이를 징수하여 납부하여야 한다.(소법 128조의2, 2014.1.1. 개정)

✓ 원천징수가 일부 누락된 근로소득자의 과소신고가산세 및 납부지연가산세 대상 여부 및 계산 방법

① 납세의무자가 종합소득세 확정신고 의무가 없는 근로소득자인 경우로서, 연말정산 시 누락된 일부 근로소득에 대해 과세관청이 원천징수의무자에게 부과·징수하거나, 원천징수의무자가 원천징수이행상황신고서를 수정하여 제출·납부한 경우에는 해당 근로자에게 국세기본법상 과소신고가산세 및 납부지연가산세가 부과되지 않는 것임

② 납세의무자가 종합소득세 확정신고 의무 있는 근로소득자인 경우로서, 연말정산 시 누락된 일부 근로소득에 대해 원천징수의무자가 원천징수이행상황신고서를 수정하여 제출 및 납부한 경우, 이후 해당 근로자가 종합소득세 수정신고를 하면서 부담하는 국세기본법상 과소신고가산세 및 납부지연가산세는 원천징수의무자가 수정신고를 통해 기납부한 세액(본세에 한함)을 차감한 후의 추가 납부할 세액을 기준으로 하여 계산하는 것임(서면법규기본 2022-2548, 2022.12.14.)

✓ 연말정산 수정신고 시 가산세 적용방법

근로소득 연말정산 시 근로자가 부당한 방법으로 소득공제하여 과세표준을 과소신고한 경우 근로자가 직접 2008.1.1. 이후부터 수정신고 가능하며 부당과소신고가산세 및 납부불성실가산세 대상임. 또한 이를 원천징수의무자가 수정신고할 때에는 원천징수납부불성실가산세 및 부당과소신고가산세를 적용하는 것임(원천-499, 2009.6.9.)

✓ 원천징수대상소득을 원천납세의무자가 종합소득세 과세표준에 포함하여 신고하였으나 납부하지 아니한 경우 원천징수의무자의 원천세 납부의무

원천징수의무자가 원천징수이행이 어렵다고 인정되어 원천징수의무자에게 국세기본법 제47조의5 제1항에 따른 가산세액만 징수한 경우로서 그 원천징수대상소득을 납세의무자가 종합소득세 과세표준에 포함하여 신고하였으나 세액을 납부하지 아니한 경우 원천징수의무자에게 다시 원천세를 부과할 수 없는 것임(기획재정부소득-198, 2018.3.20.)

20 감정가액 또는 환산취득가액 적용에 따른 가산세

➲ 부동산매매업자의 토지 등 매매차익예정신고와 납부에 적용되는 가산세이다.(소법 69조 ⑤)

거주자가 건물을 신축 또는 증축(증축의 경우 바닥면적 합계가 85제곱미터를 초과하는 경우에 한정한다)하고 그 건물의 취득일 또는 증축일부터 5년 이내에 해당 건물을 양도하는 경우로서 감정가액 또는 환산취득가액을 그 취득가액으로 하는 경우에는 해당 건물의 감정가액(증축의 경우 증축한 부분에 한정한다) 또는 환산취득가액(증축의 경우 증축한 부분에 한정한다)의 5%에 해당하는 금액을 결정세액에 더하며, 산출세액이 없는 경우에도 적용한다.(소법 69조 ⑤, 114조의2 ①, ②, 2019.12.31. 개정)

MEMO

PART 6

퇴직소득

• 제 1 절 퇴직소득의 의의 및 범위

I 퇴직소득의 의의

퇴직소득은 장기간에 걸쳐 발생하여 집적된 소득이 일시에 실현되는 특징이 있다. 이러한 퇴직소득을 종합소득과 합산하여 누진세율로 과세하게 되면 특정연도에 과도한 세부담을 지게되는 문제점(결집효과)이 있으므로 이를 감안하여 종합소득에서 제외하여 별도로 분류하여 과세(이를 '분류과세'라 한다)하고 있다.

퇴직금의 지급방법

구 분	내 용
법정제	근속연수 1년당 30일분(이상)의 임금을 퇴직시 지급 (예 : 5년 근속시 : 5×30=150일분)
누진제	근속연수에 따라 누진계산한 일수의 임금을 퇴직시 지급 (예 : 1년차 30일+이후 매년 5일 누진추가 : 30+35+40+45+50=200일분)

II 퇴직소득의 범위

퇴직소득은 해당 과세기간에 발생한 다음의 소득으로 한다.(소법 22조 ①, 2013.1.1. 개정, 소령 42조의2, 2013.2.15. 개정)

1 공적연금 관련법에 따라 받는 일시금

① 공적연금 관련법에 따라 받는 일시금은 2002.1.1. 이후에 납입된 연금 기여금 및 사용자 부담금을 기초로 하거나 2002.1.1. 이후 근로의 제공을 기초로 하여 받은 일시금으로 한다.(소법 22조 ②, 2013.1.1. 개정)

② 공적연금 관련법에 따라 받는 일시금은 다음의 금액(이하 "과세기준금액"이라 한다)으로 한다.(소령 42조의2 ①, 2014.2.21. 개정)

㉠ 국민연금법 또는 국민연금과 직역연금의 연계에 관한 법률에 따른 반환일시금은

다음의 금액 중 적은 금액(소령 42조의2 ① 1)

ⓐ 과세기준일 이후 납입한 기여금 또는 개인부담금(사용자부담분을 포함)의 누계액과 이에 대한 이자 및 가산이자

ⓑ 실제 지급받은 일시금에서 과세기준일 이전에 납입한 기여금 또는 개인부담금을 뺀 금액

> 과세기준금액 = Min[ⓐ, ⓑ]
>
> ⓐ 과세기준일 이후 납입한 기여금 또는 개인부담금(사용자부담분을 포함)의 누계액과 이에 대한 이자 및 가산이자
>
> ⓑ 실제 지급받은 일시금 − 과세기준일 이전에 납입한 기여금 또는 개인부담금

㉡ 위 '㉠' 외의 일시금은 다음 계산식에 따라 계산한 금액(소령 42조의2 ① 2)

$$\text{과세기간 일시금 수령액} \times \frac{\text{과세기준일 이후 기여금 납입월수}}{\text{총 기여금 납입월수}}$$

② 재직기간, 복무기간 또는 가입기간을 합산한 경우에는 위 '㉠과 ㉡'을 적용할 때 재임용일 또는 재가입일을 과세기준일로 보아 계산한다.(소령 42조의2 ②, 2014.2.21. 신설)

③ 위 '②'에도 불구하고 과세제외기여금등이 있는 경우에는 과세기준금액에서 과세제외기여금등을 뺀 금액을 공적연금 관련법에 따라 받는 일시금으로 한다.(소령 42조의2 ③, 2014.2.21. 신설)

2 사용자 부담금을 기초로 하여 현실적인 퇴직을 원인으로 지급받는 소득

연금계좌에 대한 세무처리[1)]

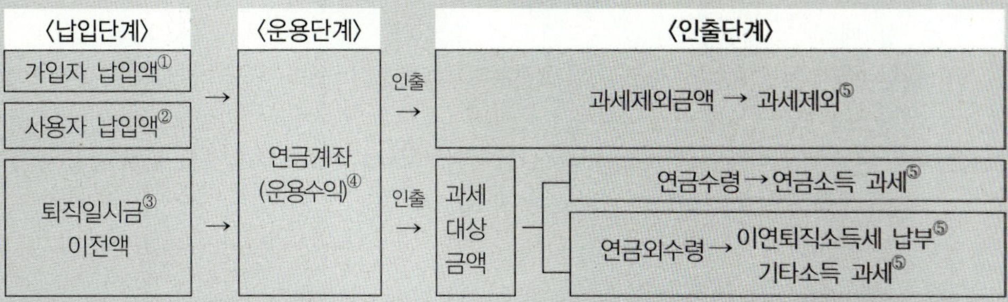

① 연금계좌 가입자가 납입하는 보험료는 연 600만원(또는 900만원)을 한도로 연금계좌세액공제를 한다.
② 연금계좌(퇴직연금계좌)에 사용자가 납입한 부담금은 전액 손금·필요경비로 산입한다.
③ 퇴직일시금이 연금계좌로 지급·입금되는 경우에는 퇴직당시 퇴직소득세를 원천징수하지 않고 인출단계까지 소득세 과세를 이연한다.
④ 연금계좌에서 발생하는 운용수익은 운용단계에서는 과세하지 않고 인출단계까지 소득세 과세를 이연한다.
⑤ 인출금액은 과세제외금액 → 과세대상금액(이연퇴직소득 → 가입자 납입액 중 세액공제를 받은 납입액·운용수익) 순서대로 인출되는 것으로 본다. 이러한 인출금액 가운데 과세대상금액 부분을 연금수령하면 연금소득으로, 연금외수령하면 이연퇴직소득세를 납부하거나 기타소득으로 과세한다.

퇴직소득으로 보는 경우

다음의 경우에도 퇴직소득으로 본다.

(1) 퇴직소득으로 보는 소기업·소상공인 공제금(2016.1.1. 이후 가입분부터 적용)

➲ 2016.1.1. 전에 소기업·소상공인 공제에 가입한 자에 대해서는 개정규정에도 불구하고 종전의 규정에 따른다. 다만, 2016.1.1. 전에 중소기업협동조합법에 따른 중소기업중앙회에 개정규정의 적용을 신청하는 경우에는 2016.1.1.부터 개정규정을 적용한다.(2014.12.23. 조특법 부칙 65조)

① 폐업 등 다음의 사유가 발생하여 소기업·소상공인 공제에서 공제금을 지급받는 경우에는 다음 계산식에 따라 계산한 금액을 퇴직소득으로 보아 소득세를 부과한다. (조특법 86조의3 ③, 2014.12.23. 개정, 조특령 80조의3 ④)

퇴직소득 = 공제금 − 실제 소득공제받은 금액을 초과하여 납입한 금액의 누계액

이 경우 근속연수는 공제부금 납입월수를 12로 나누어 계산한 연수(1년 미만의 기간은 1년으로 본다)로 한다.(조특령 80조의3 ③, 2015.2.3. 신설)

㉠ 소기업·소상공인이 폐업(개인사업자의 지위에서 공제에 가입한 자가 법인을 설

1) 임상엽·정정운, 2015, 세법개론, 상경사, p. 801

립하기 위하여 현물출자를 함으로써 폐업한 경우와 개인사업자의 지위에서 공제에 가입한 자가 그 배우자 또는 자녀에게 사업의 전부를 양도함으로써 폐업한 경우를 포함) 또는 해산(법인에 한한다)한 때

㉡ 공제 가입자가 사망한 때

㉢ 법인의 대표자의 지위에서 공제에 가입한 자가 그 법인의 대표자의 지위를 상실한 때

㉣ 만 60세 이상으로 공제부금 납입월수가 120개월 이상인 공제 가입자가 공제금의 지급을 청구한 때

② 해지 전 6개월 이내에 다음의 사유로 해지된 경우에는 퇴직소득으로 보아 소득세를 부과한다.(조특법 86조의3 ④ 단서, 조특령 80조의3 ⑤)

㉠ 천재·지변의 발생

㉡ 공제가입자의 해외이주

㉢ 공제가입자의 3월 이상의 입원치료 또는 요양을 요하는 상해·질병의 발생

㉣ 중소기업중앙회의 해산

(2) 퇴직급여로 지급되기 위하여 적립되는 급여

퇴직급여로 지급되기 위하여 적립(근로자가 적립금액 등을 선택할 수 없는 것으로서 다음의 요건을 모두 충족하는 적립 방법에 따라 적립되는 경우에 한정한다)되는 급여는 근로소득에 포함하지 아니한다.(소령 38조 ②, 2015.2.3. 개정, 소칙 15조의4, 2020.3.13. 조번개정)

① 퇴직급여제도의 가입 대상이 되는 근로자(임원을 포함한다. 이하 같다) 전원이 적립할 것. 다만, 각 근로자가 다음 중 하나에 해당하는 날에 향후 적립하지 아니할 것을 선택할 수 있는 것이어야 한다.(소칙 15조의4 1, 2015.3.13. 신설)

㉠ 사업장에 아래 '②'에 따른 적립 방식이 최초로 설정되는 날(해당 사업장에 최초로 근무하게 된 날에 아래 '②'의 적립 방식이 이미 설정되어 있는 경우에는 근로자퇴직급여 보장법 제4조 제1항에 따라 최초로 퇴직급여제도의 가입 대상이 되는 날을 말한다)

㉡ 아래 '②'의 적립 방식이 변경되는 날

② 적립할 때 근로자가 적립 금액을 임의로 변경할 수 없는 적립 방식을 설정하고 그에 따라 적립할 것(소칙 15조의4 2, 2015.3.13. 신설)

③ 위 '②'의 적립 방식이 퇴직연금규약, 확정기여형퇴직연금규약 또는 과학기술인공제회법 제16조의2에 따른 퇴직연금급여사업을 운영하기 위하여 과학기술인공제회와 사용자가 체결하는 계약에 명시되어 있을 것(소칙 15조의4 3, 2015.3.13. 신설)

④ 사용자가 다음의 퇴직연금계좌에 적립할 것(소칙 15조의4 4, 2015.3.13. 신설)

㉠ 확정기여형퇴직연금제도에 따라 설정하는 계좌

㉡ 과학기술인공제회법에 따른 퇴직연금급여를 지급받기 위하여 설정하는 계좌

➲ 2015.2.3. 이후 적립하는 분부터 적용한다.(2015.2.3. 영 부칙 6조)

➲ 근로소득을 퇴직연금계좌에 적립하면 상대적으로 세부담이 낮은 퇴직소득으로 전환할 수 있는데, 이러한 전환이 제한 없이 이루어지는 경우에는 조세회피의 우려가 있으

므로 사업장 내의 모든 근로자에게 적용되는 퇴직연금 적립 규칙을 설정하고 그에 따라 적립하는 경우에만 퇴직소득으로 전환할 수 있도록 개정한 것이다.

(3) 국민연금 전환금(퇴직금 전환금)[2)]

퇴직함으로써 받는 소득 중 일시금에는 (구) 국민연금법 제88조에 따라 사용자가 납부한 퇴직금전환금을 포함하며, 퇴직금전환금은 근로자가 현실적으로 퇴직할 때 받는 것으로 본다.

■ 국민연금전환금

국민연금전환금(퇴직금전환금)은 국민연금법에 의하여 1993년 1월부터 1999년 3월까지 시행된 제도로서 당시 부담률 9%(1998년 이전은 6%) 중 노사가 2:1의 비율로 나누어 내야하나 근로자가 납부해야 할 2/3 중 1/3에 해당하는 비율은 사용자가 당해연도에 미리 납부하고 이를 근로자가 퇴직시 퇴직금에서 납부된 금액만큼 공제하고 근로자에게 퇴직금을 지급한다.

※ 퇴직금전환금은 1988년부터 1992년까지는 0으로 하고, 1993년부터 1997년까지는 표준소득월액의 1천분의 20에 해당하는 액으로 한다.[법률 제8541호(2007.7.23.) 부칙 제3조]

2013년 개정세법에도 불구하고 소득세법 부칙 제21조의 퇴직금전환금에 관한 경과조치에 의하여 국민연금전환금(또는 퇴직금전환금)은 종전 규정에 따라 퇴직소득으로 본다.

■ 퇴직금전환금에 관한 경과조치(소득세법 2013.1.1. 부칙 21조)

소득세법 시행 당시 법률 제4971호 국민연금법 중 개정법률 제75조에 따라 사용자가 국민연금기금에 납부한 종업원의 퇴직금전환금은 제22조 제5항의 개정규정에도 불구하고 종전의 규정에 따른다.

[(구) 소득세법 22조 ⑤]

⑤ 국민연금법 제88조에 따라 사용자가 국민연금기금에 납부하는 종업원의 퇴직금전환금은 제1항 제1호의 퇴직급여에 포함되는 것으로 본다. 이 경우 퇴직금전환금은 해당 근로자가 현실적으로 퇴직할 때 받는 것으로 본다.

(4) 출국만기보험[3)]

외국인근로자를 고용하는 법인이 '외국인근로자의 고용 등에 관한 법률' 제13조의 규정에 따라 당해 외국인근로자를 피보험자 또는 수익자로 하고, 동 외국인근로자의 사업장 이탈 및 근로계약 해지 또는 출국 등을 보험금 지급사유로 하여 가입하는 출국만기보험은 법인세법 시행규칙 제23조에서 규정하는 퇴직보험 등에 해당한다.(서면2팀-1397, 2006.7.27.)

PART 6

■ 출국만기보험·신탁(외국인근로자 고용 등에 관한 법률 제13조)

제13조(출국만기보험·신탁)

① 외국인근로자를 고용한 사업 또는 사업장의 사용자(이하 "사용자"라 한다)는 외국인근로자의 출국 등에 따른 퇴직금 지급을 위하여 외국인근로자를 피보험자 또는 수익자(이하 "피보험자 등"이라 한다)로 하는 보험 또는 신탁(이하 "출국만기보험 등"이라 한다)에 가입하여야 한다. 이 경우 보험료 또는 신탁금은 매월 납부하거나 위탁하여야 한다.(2014. 1.28. 개정)

② 사용자가 출국만기보험등에 가입한 경우 근로자퇴직급여 보장법 제8조 제1항에 따른 퇴직금제도를 설정한 것으로 본다.

③ 출국만기보험등의 가입대상 사용자, 가입방법·내용·관리 및 지급 등에 필요한 사항은 대통령령으로 정하되, 지급시기는 피보험자등이 출국한 때부터 14일(체류자격의 변경, 사망 등에 따라 신청하거나 출국일 이후에 신청하는 경우에는 신청일부터 14일) 이내로 한다.(2014. 1.28. 개정)

④ 출국만기보험 등의 지급사유 발생에 따라 피보험자 등이 받을 금액(이하 "보험금 등"이라 한다)에 대한 청구권은 상법 제662조에도 불구하고 지급사유가 발생한 날부터 3년간 이를 행사하지 아니하면 소멸시효가 완성한다. 이 경우 출국만기보험 등을 취급하는 금융기관은 소멸시효가 완성한 보험금 등을 1개월 이내에 한국산업인력공단에 이전하여야 한다.

(5) 해고예고수당

사용자가 30일 전에 예고를 하지 아니하고 근로자를 해고하는 경우 근로자에게 지급하는 근로기준법 제26조의 규정에 의한 해고예고수당은 퇴직소득으로 본다.(소통 22-0…2)

✓ **근로자가 특정한 업무수행에 대한 공로로 근무기간 중 부여받은 주식매수선택권을 근무기간 중 취소함에 따라 지급받는 취소보상금(이하 "쟁점금원")을 퇴직 후에 수령하는 경우, 쟁점금원은 퇴직소득에 해당하지 아니함**(사전법규소득 2024-365, 2024.12.23.)

✓ **퇴직위로금을 연금과 유사한 형태로 분할지급할 경우 소득구분 등**

사용자 부담금을 기초로 하여 현실적인 퇴직을 원인으로 지급받는 소득은 원칙적으로 퇴직소득에 해당하는 것이며, 퇴직소득을 여러 번 분할하여 지급하는 경우에도 퇴직소득세는 소득세법 제147조의 지급시기 의제 규정에 따라 그 퇴직소득을 지급한 것으로 보아 원천징수하는 것임(서면원천 2023-640, 2023.7.27.)

✓ **임원 퇴직 시 확정기여형 퇴직연금계좌에서 지급받는 금액 중 임원퇴직소득 한도 적용 범위**

사용자부담금을 기초로 하여 현실적인 퇴직을 원인으로 지급받는 소득은 소득세법 제22조 제1항

2) 박교원, 2016, 퇴직급여제도의 운영과 실무해설, 씨에프오아카데미, p. 6

3) 박교원, 2016, 퇴직급여제도의 운영과 실무해설, 씨에프오아카데미, p. 7

제2호의 퇴직소득에 해당하는 것이며, 확정기여형 퇴직연금제도의 경우 퇴직소득은 사용자부담금에 사용자부담금의 운영수익을 더하여 결정되는 것임(서면원천 2022-71, 2023.7.19.)

✓ **임원 퇴직시 확정기여형 퇴직연금계좌에서 지급받는 금액 중 운용수익의 과세구분**

임직원의 현실적인 퇴직을 원인으로 확정기여형 퇴직연금제도에서 지급받는 금액은 퇴직소득에 해당하는 것이며, 임원의 퇴직소득금액이 임원퇴직소득 한도를 초과하는 경우 그 초과하는 금액은 근로소득에 해당하는 것임(서면원천 2022-300, 2023.4.11.)

✓ **퇴직소득에 해당하는 보상금 등의 범위**(소득 집행기준 22-42의2-1)

다음의 손실보상액 등은 퇴직소득에 해당한다.

① 퇴직급여지급규정·취업규칙의 개정 등으로 퇴직금지급제도가 변경됨에 따라 근로자퇴직급여보장법 제8조 제2항에 따라 퇴직금정산액을 지급하면서 퇴직금지급제도 변경에 따른 손실보상을 위하여 지급되는 금액

② 국민연금법에 따라 지급받는 반환일시금 또는 사망일시금, 공무원연금법·군인연금법·사립학교교직원연금법·별정우체국법에 따라 지급받는 일시금을 지급하는 자가 퇴직소득의 일부 또는 전부를 늦게 지급하는 경우 함께 지급하는 지연이자

③ 퇴직금 중간정산 실시가 늦어짐에 따라 중간정산의 기준일과 실제지급일(퇴직금을 분할지급하는 경우에는 최초 분할지급일)간의 기간에 대해 정해진 보상액을 추가로 지급하는 경우 해당 보상액

✓ **확정기여형퇴직연금의 사용자 추가부담금에서 발생하는 소득의 구분**(소득 집행기준 22-42의2-3)

근로자퇴직급여보장법에 따른 퇴직연금규약에서 근로자가 퇴직연금계좌에 확정기여형부담금을 추가부담하면 사용자도 일정비율의 확정기여형부담금을 추가부담하는 조건을 명시하여 적법하게 확정기여형퇴직연금제도를 설정한 경우 사용자의 추가부담금에서 발생하는 소득은 근로자퇴직급여보장법에 따른 연금 또는 퇴직일시금에 해당하여 연금소득 또는 퇴직소득에 해당한다.

✓ **퇴직 후 재입사하는 경우 소득구분**(소득 집행기준 22-43-3)

종업원이 퇴직급여지급규정 및 노사합의에 따라 퇴직금을 지급받은 후에 새로운 고용계약을 체결하여 재입사하는 경우로서 현실적으로 퇴직한 것으로 인정되는 때에는 해당 퇴직금은 퇴직소득에 해당한다.

✓ **공무원연금법 제49조에 따라 이혼한 배우자가 지급받는 소득에 대한 납세의무자 및 소득의 구분**

퇴직한 공무원과 이혼한 배우자가 공무원연금법 제49조에 따라 지급받는 퇴직연금일시금 등은 그 이혼한 배우자를 납세의무자로 하는 퇴직소득에 해당하는 것임(사전법령해석소득 2018-259, 2018.12.19.)

✓ **퇴직금 추가지급청구소송 진행 중 법원의 조정결정에 따라 받는 금원의 소득구분**

퇴직한 근로자가 퇴직금 산정이 잘못되었다는 이유로 회사를 상대로 퇴직금 추가지급청구소송 진행 중 법원의 조정결정에 따라 추가로 지급받는 금원은 퇴직소득에 해당하는 것임(서면소득 2018-3126, 2018.10.18.)

✓ **정관에 규정이 없이 지급하는 퇴직위로금이 퇴직소득에 해당되는지 여부**

정관의 퇴직금 지급규정에 따라 지급한 금액은 퇴직급여가 되며 법인세법 시행령 제44조 제4항

제1호를 초과하여 지급한 금액은 근로소득에 해당됨(서면법인 2021-4421, 2021.8.10.)

✓ 해고가 부당해고로 결정되어 복직하는 경우, 반환하지 아니하는 해고예고수당의 소득구분

해고가 부당해고로 결정되어 복직하는 경우에도 반환하지 아니하는 해고예고수당은 근로소득임(기획재정부소득-221, 2021.4.5.)

✓ 법원의 조정결정에 따라 지급받는 위로금의 소득세 과세 여부

근로자인 거주자가 강요에 의한 퇴직시 일정금액을 사용자로부터 지급받는다는 각서를 근거로 사용자에게 약정금을 청구하는 민사소송 진행 중 법원의 조정결정에 따라 위로금 명목으로 지급받는 금액이 근로소득·퇴직소득·기타소득에 해당하는지 여부는 당해 소송기록을 구체적으로 확인하여 사실판단할 사항임(서면소득 2016-6239, 2017.2.13.)

✓ 선박의 폐선으로 선원이 선원법에 따라 지급받는 실업수당의 소득구분

선박의 폐선으로 선원이 선원법 제37조 제3호에 따라 지급받는 실업수당은 퇴직소득에 해당하며 소득세법 제12조에 열거된 비과세 소득에 해당하지 아니함(서면법령해석소득 2016-5052, 2017.5.26.)

✓ 경영성과금을 사용자부담금으로 납부 후 퇴직 시 지급받는 경우 퇴직소득 해당 여부

[사실관계]

회사가 확정기여형 퇴직연금규약에 2013.1.1.부터 경영성과에 따라 결정되는 성과금 재원의 전부 또는 일부를 「근로자퇴직급여보장법」상 확정기여형퇴직연금의 사용자 부담금으로 추가 납입하는 규정을 추가함

이 규정에 따라 회사의 근로자들은 경영성과금의 전부 또는 일정부분을 확정기여형 퇴직연금의 사용자 부담금으로 납입하는데 동의하고, 현실적으로 퇴직하는 시점에 이를 기존에 납입하던 사용자 부담금과 함께 퇴직급여로 수령하게 됨

[질의]

회사가 퇴직연금규약에서 정한 바에 따라 경영성과금을 확정기여형 퇴직연금에 납입하고 추후 퇴직 시에 지급하는 경우 퇴직소득에 해당하는지 여부

[회신]

회사가 경영성과에 따른 경영성과금의 일부 또는 전부를 근로자에게 지급하지 아니하고 근로자와 합의한 퇴직연금규약에 따라 확정기여형퇴직연금의 사용자 부담금으로 추가납입하고, 근로자가 현실적인 퇴직을 원인으로 해당 추가납입금을 포함한 사용자 부담금을 기초로 하여 지급받는 소득은 퇴직소득에 해당하는 것임(서면법규-493, 2013.4.26.)

➲ 2015.2.3. 소득세법 시행령 개정에 따라 2015.2.3. 이후 적립하는 분부터는 소득세법 시행규칙 제15조의3의 요건을 충족하여야 퇴직소득으로 인정된다.

✓ 혼합형 퇴직연금제도의 경영성과급 퇴직소득 여부

경영성과금의 일부 또는 전부를 근로자에게 지급하지 아니하고 근로자와 합의한 퇴직연금규약(DB·DC 혼합형의 경우 포함)에 따라 확정기여형 퇴직연금의 사용자 부담금으로 추가납입하고, 근로자가 현실적인 퇴직을 원인으로 지급받는 소득은 퇴직소득임(원천-260, 2014.7.15.)

➲ 2015.2.3. 소득세법 시행령 개정에 따라 2015.2.3. 이후 적립하는 분부터는 소득세법 시행규칙 제15조의3의 요건을 충족하여야 퇴직소득으로 인정된다.

✓ **자회사 전출시 지급되는 전적격려금의 퇴직소득 해당 여부**

자회사로 전출하는 직원에게 현실적인 퇴직을 원인으로 법인과 자회사와의 연봉·성과급 등의 급여 차액을 산정하여 이를 일시금으로 지급하는 전적격려금은 퇴직소득에 해당함(서면법령해석소득 2015-655, 2015.10.13.)

✓ **퇴직금 지연지급으로 인한 지연이자의 소득구분**

근로계약의 위약으로 인하여 받는 퇴직금 지급 지연손해금은 계약의 위약 또는 해약으로 인하여 받는 위약금과 배상금으로서 기타소득에 해당하는 것임(서면법규-596, 2014.6.16.)

✓ **영업비밀보호계약에 따라 지급하는 대가의 소득구분 등**

임기만료 전 사임하는 임원에게 그 퇴임과 관련하여 체결한 계약(경업금지, 영업비밀유지, 직무소송 포기 등)에 따라 지급하는 금액은 그 지급받는 날이 속하는 과세연도의 기타소득에 해당하는 것임(소득-771, 2010.7.5.)

✓ **법인명의 종신보험을 퇴직하는 임원에게 승계할 경우의 소득세 원천징수 방법**

법인이 계약자 및 수익자를 법인으로, 임원을 피보험자로 하는 종신보험에 가입하고, 임원 퇴직 시 종신보험의 계약자 및 수익자를 법인에서 임원으로 변경하여 해당 임원이 얻는 이익은 소득세법 제22조 제1항 제2호에 따른 퇴직소득에 해당하는 것이며, 그 퇴직소득금액은 종신보험의 평가액으로 하는 것임. 다만, 해당 이익을 포함한 임원의 퇴직소득금액이 소득세법 제22조 제3항 단서에 따른 퇴직소득금액 한도를 초과하는 경우에는 같은 조 제1항에도 불구하고 그 초과하는 금액은 근로소득으로 보는 것임(서면원천 2022-3587, 2023.2.24.)

✓ **임원 퇴직시 종신보험으로 지급하는 이익의 소득구분**

법인이 계약자 및 수익자를 법인으로, 임원을 피보험자로 하는 종신보험에 가입하고, 임원 퇴직 시 종신보험의 계약자 및 수익자를 법인에서 임원으로 변경하여 해당 임원이 얻는 이익은 소득세법 제22조 제1항 제2호에 따른 퇴직소득에 해당하는 것임. 다만, 종신보험의 평가액을 포함한 임원의 퇴직소득금액이 소득세법 제22조 제3항 단서에 따른 퇴직소득금액 한도를 초과하는 경우에는 같은 조 제1항에도 불구하고 그 초과하는 금액은 근로소득으로 보는 것임(서면법령해석소득 2016-3158, 2016.11.15.)

✓ **법인이 퇴직임원에게 보험계약 이전시 소득구분**

법인이 계약자 및 수익자를 법인으로, 임원을 피보험자로 하는 저축성 보험에 가입하고, 임원 퇴직 시 저축성보험의 계약자 및 수익자를 법인에서 퇴직임원으로 변경하는 경우 법인이 부담한 저축성 보험은 퇴직임원의 퇴직소득에 해당함. 다만, 저축성보험 평가액을 임원의 포함한 임원의 퇴직소득이 과다하여 법인세법 제52조에 의한 부당행위 계산의 부인 규정이 적용되는 경우에는 해당 규정이 적용되지 아니한 범위 내에서만 퇴직소득에 해당하며, 이를 초과하는 금액은 근로소득에 해당하는 것임(기획재정부소득-109, 2011.3.29.)

PART 6

3 공적연금 관련법에 따른 일시금을 지급하는 자가 퇴직소득의 일부 또는 전부를 지연하여 지급하면서 지연지급에 대한 이자를 함께 지급하는 경우 해당 이자

(소령 42조의2 ④ 1)

4 과학기술인공제회법 제16조 제1항 제3호에 따라 지급받는 과학기술발전장려금

(소령 42조의2 ④ 2)

5 건설근로자의 고용개선 등에 관한 법률 제14조에 따라 지급받는 퇴직공제금

(소령 42조의2 ④ 3)

✓ 퇴직공제금 추가지급분이 퇴직금 분할지급에 해당하는지 여부

건설근로자공제회가 건설근로자에게 건설근로자의 고용개선 등에 관한 법률 제14조에 따른 퇴직공제금을 지급한 후 사업주의 불입지연으로 추가로 지급하는 퇴직공제금이 발생하는 경우에는 소득세법 시행령 제50조 제2항에서 규정한 분할하여 지급받는 경우에 해당하는 것이며, 이때 퇴직공제금을 추가로 지급하는 건설근로자공제회는 같은 법 제148조에 따른 퇴직소득에 대한 세액정산 등의 예에 의하여 같은 법 제146조의 규정에 따라 원천징수하는 것임(서면법령해석소득 2015-366, 2015.12.15.)

6 종교관련종사자가 현실적인 퇴직을 원인으로 종교단체로부터 지급받는 소득

(소령 42조의2 ④ 4, 2016.2.17. 신설)

퇴직소득 구분의 명확화

종전에는 퇴직소득과 근로소득의 구분이 명확하지 않았으나 2013.1.1.부터는 근로대가의 명칭여하에 관계없이 퇴직을 원인으로 지급받는 소득은 원칙적으로 퇴직소득으로 인정하도록 하였다. 다만, 임원퇴직금 한도초과액은 퇴직시에 지급하더라도 근로소득으로 본다.

임직원 퇴직급여의 세법상 취급

<table>
<tr><th colspan="3">구 분</th><th>손금산입 여부</th><th>소득구분</th></tr>
<tr><td rowspan="5">임원</td><td rowspan="3">퇴직금지급규정 등이 있는 경우</td><td rowspan="2">지급규정상의 금액</td><td rowspan="2">○</td><td>퇴직소득</td></tr>
<tr><td>근로소득*1</td></tr>
<tr><td>그 외의 초과금액</td><td>×</td><td>근로소득</td></tr>
<tr><td rowspan="2">퇴직금지급규정 등이 없는 경우</td><td>퇴직직전 1년간 총급여× $\frac{1}{10}$ ×근속연수*2</td><td>○</td><td>퇴직소득</td></tr>
<tr><td>그 외의 초과금액</td><td>×</td><td>근로소득</td></tr>
<tr><td colspan="2">직원</td><td>퇴직으로 지급받은 금액</td><td>○</td><td>퇴직소득</td></tr>
</table>

*1. 소득세법상 임원퇴직금 한도초과액은 근로소득으로 과세함
*2. 1년 미만의 기간은 월수로 계산하며, 1개월 미만의 기간은 이를 산입하지 않음

Ⅲ 퇴직판정의 특례

(1) 퇴직으로 보지 않는 경우

다음 중 하나에 해당하는 사유가 발생했으나 퇴직급여를 실제로 받지 않은 경우는 퇴직으로 보지 않을 수 있다.(소령 43조 ①, 2020.2.11. 개정)

① 종업원이 임원이 된 경우

② 합병·분할 등 조직변경, 사업양도, 직·간접으로 출자관계에 있는 법인으로의 전출 또는 동일한 사업자가 경영하는 다른 사업장으로의 전출이 이루어진 경우

➲ '동일한 사업자가 경영하는 다른 사업장으로의 전출' 규정은 2015.2.3. 이후 전출하는 경우부터 적용한다.(2015.2.3. 영 부칙 8조 ①)
이는 동일한 사업자가 경영하는 다른 사업장으로의 전출 역시 전출 전후 퇴직금을 통산하여 지급할 수 있도록 함으로써 퇴직금을 최대한 장기간 쌓을 수 있도록 하기 위해 개정한 것이다.

③ 법인의 상근임원이 비상근임원이 된 경우

④ 비정규직 근로자(기간제 및 단시간근로자 보호 등에 관한 법률에 따른 기간제근로자 또는 단시간근로자를 말한다)가 정규직 근로자(근로기준법에 따라 근로계약을 체결한 근로자로서 비정규직 근로자가 아닌 근로자를 말한다)로 전환된 경우(2020.2.11. 신설)

➲ 2020.2.11. 이후 같은 개정규정에 해당하는 사유가 발생하는 경우부터 적용한다.(2020.2.11. 영 부칙 6조)

➲ 2020.2.11. 전에 개정규정에 해당하는 사유가 발생한 경우에는 같은 개정규정에도 불구하고 종전의 규정에 따른다.(2020.2.11. 영 부칙 33조)

✓ **현실적인 퇴직의 범위**(소득 집행기준 22－43－1 ②,③,④)

① 계속근로기간 중에 다음 중 하나에 해당하는 사유로 퇴직급여를 미리 지급받은 경우(임원인 근로소득자를 포함하며, 이하 "퇴직소득중간지급"이라 한다)에는 그 지급받은 날에 퇴직한 것으로 본다.

㉠ 근로자퇴직급여 보장법 시행령 제3조 제1항 각 호의 어느 하나에 해당하는 경우

㉡ 근로자퇴직급여 보장법 제38조에 따라 퇴직연금제도가 폐지되는 경우

② 다음에 해당하는 경우에는 현실적인 퇴직에 포함한다.

㉠ 법인의 직영차량 운전기사가 법인소속 지입차량의 운전기사로 전직하는 경우

㉡ 근로자가 사규 또는 근로계약에 따라 정년퇴직을 한 후 다음날 해당 사용자의 별정직 사원(촉탁)으로 채용된 경우

③ 다음에 해당하는 경우에는 현실적인 퇴직으로 보지 않는다.

㉠ 임원이 연임된 경우

㉡ 법인의 대주주 변동으로 인하여 계산의 편의, 기타 사유로 전근로자에게 퇴직금을 지급한 경우

㉢ 기업의 제도·기타 사정 등을 이유로 퇴직금을 1년 기준으로 매년 지급하는 경우(「근로자퇴직급여 보장법」 제8조 제2항에 따라 퇴직금을 미리 정산하여 받은 경우를 제외한다)

㉣ 비거주자의 국내사업장 또는 외국법인의 국내지점의 근로자가 본점(본국)으로 전출하는 경우

㉤ 정부 또는 산업은행 관리기업체가 민영화됨에 따라 전근로자의 사표를 일단 수리한 후 재채용한 경우

㉥ 2 이상의 사업장이 있는 사용자의 근로자가 한 사업장에서 다른 사업장으로 전출하는 경우

➲ 2015.2.3. 이후 전출하는 경우부터는 퇴직급여를 실제로 받지 않는 경우 퇴직으로 보지 아니할 수 있다.(소령 43조 ① 2, 2015.2.3. 개정)

㉦ 법인이 근로자퇴직급여보장법 제8조 제2항에 따라 사용인의 퇴직금을 사업연도 종료일을 기준으로 중간정산하기로 하였으나 그 지급시기와 방법이 구체적으로 확정되지 아니하여 해당 퇴직금을 실제로 지급하지 않은 경우

✓ **대표이사 사임 후 고문으로 근무 시 현실적인 퇴직 해당 여부**

내국법인의 대표이사가 대표이사를 사임한 후에 임원퇴직급여를 수령하고 사실상 임원이 아닌 고문으로 다시 근무하는 경우에는 법인세법 시행령 제44조 제1항에 따른 현실적인 퇴직에 해당하는 것임(서면법인 2020－1591, 2020.4.29.)

✓ **정관에 규정이 없이 지급하는 임원 퇴직위로금이 퇴직소득에 해당되는지 여부**

정관의 퇴직금 지급규정에 따라 지급한 금액은 퇴직급여가 되며 법인세법 시행령 제44조 제4항 제1호를 초과하여 지급한 금액은 근로소득에 해당됨(서면법인 2021－4421, 2021.8.10.)

✓ **현실적인 퇴직으로 볼 수 있는지 여부**

법인의 등기이사로 재직하던 자가 사임하여 해당 법인으로부터 임원 퇴직급여를 실제 지급받고 다시 직원으로 근무하는 경우에는 법인세법 시행령 제44조 제1항에 따른 현실적인 퇴직으로 보는 것임. 다만, 해당 법인이 그 등기이사에게 퇴직급여를 지급한 것이 자금을 대여하기 위한 목적이라고 인정되는 경우에는 업무무관 가지급금으로 보는 것으로, 귀 질의가 이에 해당되는지 실제 내용에 따라 사실판단할 사항임(사전법령해석법인 2019－562, 2019.11.5.)

✓ 출연기관 전출시 현실적인 퇴직 해당여부

비영리법인인 ㅇㅇ에서 신설되는 비영리법인으로 일부 업무가 이관되면서 ㅇㅇ의 일부직원이 퇴직금을 받지 않고 전출하는 경우 현실적인 퇴직에 해당하는 것임(서면법령해석소득 2015-2406, 2016.1.7.)

✓ 퇴직연금 가입 없는 관계회사로 전출시 퇴직판정 특례 해당여부

확정급여형퇴직연금제도에 가입된 법인에서 1년 이상 근무한 종업원이 퇴직연금제도에 가입되지 않은 계열회사로 전출시 퇴직급여 지급제도가 달라 종업원의 퇴직금이 승계되지 아니한 경우 퇴직으로 보지 않는 경우에 해당하지 않는 것임(서면법규-1239, 2014.11.21.)

✓ 임원급여 연봉제 전환 후 다시 퇴직금제로 전환하되 전환일로부터 기산하여 퇴직금 지급시 기 지급한 중간정산 퇴직금은 업무무관 가지급금이 아님

내국법인이 임원에 대한 급여를 연봉제로 전환함에 따라 퇴직급여를 중간정산하고 이후 새로 발생되는 퇴직급여는 퇴직연금제도에 가입하여 지급하는 경우에는 현실적인 퇴직에 해당되지 않는 것이므로 당초 지급한 중간정산 퇴직금은 "법인의 업무와 관련없이 지급한 가지급금"으로 보는 것임.
또한 임원에 대한 급여를 연봉제로 전환하면서 향후 퇴직금을 지급하지 아니하는 조건으로 그 때까지의 퇴직금을 정산하여 지급하고, 추후 주주총회에서 임원의 급여를 연봉제 이전의 방식으로 전환하되 그 전환일로부터 기산하여 퇴직금을 지급하기로 한 경우, 당초 지급하였던 중간정산 퇴직금에 대하여는 "법인의 업무와 관련없이 지급한 가지급금 등"으로 보지 아니하는 것임
이 경우에도 동 과정이 특정임원에 대한 자금대여의 목적에 의한 것이라고 인정되는 경우에는 그러하지 아니하는 것임(서면법규-170, 2014.2.25.)

✓ 임원에 대한 확정기여형 퇴직연금 소급가입시 손금 여부

내국법인이 임원에 대한 급여를 연봉제로 전환함에 따라 퇴직급여를 중간정산하고 이후 해당 임원에 대해 확정기여형 퇴직연금을 가입하여 지급하는 경우에는 현실적인 퇴직으로 보지 않는 것이며, 임원이 퇴직하기 전에 내국법인이 임원퇴직금과 관련된 정관을 개정한 경우에는 해당 정관의 개정 전까지의 근속기간에 대하여도 개정된 규정을 적용할 수 있는 것임(서면법인 2017-2482, 2019.6.28.)

PART 6

(2) 퇴직소득 중간지급

계속근로기간 중에 다음 중 하나에 해당하는 사유로 퇴직급여를 미리 지급받은 경우(임원인 근로소득자를 포함하며, 이하 "퇴직소득중간지급"이라 한다)에는 그 지급받은 날에 퇴직한 것으로 본다.(소령 43조 ②, 2013.2.15. 개정)

① 다음의 근로자퇴직급여 보장법 시행령 제3조 제1항 중 하나에 해당하는 경우(근퇴령 3조 ①)

㉠ 무주택자인 근로자가 본인 명의로 주택을 구입하는 경우

㉡ 무주택자인 근로자가 주거를 목적으로 민법 제303조에 따른 전세금 또는 주택임대차보호법 제3조의2에 따른 보증금을 부담하는 경우. 이 경우 근로자가 하나의

사업에 근로하는 동안 1회로 한정한다.

➲ 그 외 사유의 경우 횟수 제한은 없다.

㉢ 근로자가 6개월 이상 요양을 필요로 하는 다음 중 하나에 해당하는 사람의 질병이나 부상에 대한 의료비를 해당 근로자가 본인 연간 임금총액의 12.5%를 초과하여 부담하는 경우

ⓐ 근로자 본인

ⓑ 근로자의 배우자

ⓒ 근로자 또는 그 배우자의 부양가족

㉣ 퇴직금 중간정산을 신청하는 날부터 거꾸로 계산하여 5년 이내에 근로자가 채무자 회생 및 파산에 관한 법률에 따라 파산선고를 받은 경우

㉤ 퇴직금 중간정산을 신청하는 날부터 거꾸로 계산하여 5년 이내에 근로자가 채무자 회생 및 파산에 관한 법률에 따라 개인회생절차개시 결정을 받은 경우

㉥ 사용자가 기존의 정년을 연장하거나 보장하는 조건으로 단체협약 및 취업규칙 등을 통하여 일정나이, 근속시점 또는 임금액을 기준으로 임금을 줄이는 제도를 시행하는 경우(☞ 임금피크제)

㉦ 사용자가 근로자와의 합의에 따라 소정근로시간을 1일 1시간 또는 1주 5시간 이상 변경하여 그 변경된 소정근로시간에 따라 근로자가 3개월 이상 계속 근로하기로 한 경우(☞ 시간선택제)(2015.12.15. 신설)

㉧ 법률 제15513호 근로기준법 일부개정 법률의 시행에 따른 근로시간의 단축으로 근로자의 퇴직금이 감소되는 경우(2018.6.19. 개정)

㉨ 재난으로 피해를 입은 경우로서 고용노동부장관이 정하여 고시하는 사유에 해당하는 경우

② 근로자퇴직급여 보장법 제38조에 따라 퇴직연금제도가 폐지되는 경우

법인세법에서 손금산입 허용되는 임원의 중간정산 사유(법령 44조 ② 5, 법칙 22조 ③)

① 중간정산일 현재 1년 이상 주택을 소유하지 아니한 세대의 세대주인 임원이 주택을 구입하려는 경우(중간정산일부터 3개월 내에 해당 주택을 취득하는 경우만 해당한다)
② 임원(임원의 배우자 및 소득세법 제50조 제1항 제3호에 따른 생계를 같이 하는 부양가족을 포함)이 3개월 이상의 질병 치료 또는 요양을 필요로 하는 경우
③ 천재·지변, 그 밖에 이에 준하는 재해를 입은 경우

✓ **법인의 임원이 퇴직소득중간지급을 받은 경우 소득세법 시행령 제43조 제2항(☞ 퇴직소득 중간지급 요건)을 충족하는 경우에 그 지급받은 날에 퇴직한 것으로 보는 것임**(서면법규소득 2023-3123, 2025.2.6.)

✓ **임원이 확정기여형퇴직연금제도에서 중도인출 하는 경우 가지급금에 해당하는지 여부**

임원이 근로자퇴직급여 보장법에 따라 확정기여형퇴직연금제도에서 중도인출 하는 경우 업무무관 가지급금으로 보지 않는 것임(서면법인 2021-3001, 2021.11.16.)

✓ **임원이 그 배우자와 함께 주택을 부부공동명의로 구입하기 위해 퇴직급여를 중간정산할 수 있는지 여부**

내국법인이 부부공동명의로 주택을 취득하는 임원에게 퇴직급여를 중간정산하여 지급하는 경우 해당 퇴직급여에 대해 법인세법 시행령 44조 2항 5호 및 법인세법 시행규칙 22조 3항 1호를 적용하여 손금산입할 수 있음(서면법령해석법인 2021-1320, 2021.5.20.)

퇴직금 중간정산 사유별 증명서류[4)]

(1) 무주택자인 근로자가 본인 명의로 주택을 구입하는 경우

- 무주택자 여부에 관한 판단 : 근로자 본인에 대한 확인만 거치면 되므로 중간정산 신청일을 기준으로 본인 명의로 등기된 주택이 없다면 세대원이 주택을 소유하고 있다 하디라도 무주택사 요건을 충족한 것으로 봄
- 주택구입 여부에 관한 판단 : 근로자 본인 명의로 된 주택을 구입하는 경우를 의미하므로, 배우자 단독명의로 된 주택을 구입하는 경우는 신청 불가(부부 공동명의로 주택을 구입하는 경우는 신청 가능)
- 신청시기 : 주택매매계약 체결일부터 소유권 이전 등기 후 1개월 이내에 신청 가능
- 구비서류

구 분	구비서류
무주택자 여부 확인	• 현거주지 주민등록등본 • 현거주지 건물등기부등본 또는 건축물관리대장등본 • 재산세 (미)과세 증명서 : 지방자치단체에서 서류 발급
주택구입 여부 확인	• 주택 신축 시 : 건축설계서 및 공사계약서, 건축허가서 또는 착공신고필증 • 경매 낙찰 시 : 낙찰(매각) 허가 결정문(부동산의 표시 포함), 대금지급기한 통지서 • 주택 구입 시 : 부동산 매매계약서[분양계약서 (동/호수 포함)] * 등기 후 신청 하는 경우 : 소유권 이전 등기 후 1개월 이내에 신청, 구입주택에 대한 건물등기부등본 또는 건축물관리대장 등으로 주택구입 확인

• 사례 예시

[사례1] 주택을 소유했다가 되팔고 다시 주택을 취득하는 경우에도 무주택자 요건을 충족하는지?
☞ 중간정산신청 전에 주택을 소유한 사례가 있다하더라도 신청일을 기준으로 확인하여 본인 명의의 주택이 없는 경우에는 무주택자로 봄
☞ 보유주택의 매도일과 새로운 주택의 매수일이 동일한 경우에는 해당 일자를 기준으로 주택의 종류를 달리하여 보유하고 있는 것이므로 중간정산(중도인출) 할 수 없음

[사례2] 근로자가 전세로 살고 있던 주택을 구입하는 경우로서 주택매매계약체결, 주택구입 대금지급, 소유권 이전 등기가 동시에 이루어진 경우 퇴직금 중간정산 받을 수 있는지?
☞ 증빙서류를 구비하여 소유권 이전 등기일로부터 1개월 이내에 중간정산 신청하는 경우에는 중간정산 가능함

[사례3] 무주택자가 오피스텔을 구입하는 경우 중간정산(중도인출)이 가능한지?
☞ 오피스텔은 주택법 제2조 제4호에 따른 준주택으로 건축법 시행령 [별표1] 제14호 나목의 업무시설 중 하나로서 '업무를 주로 하며, 분양하거나 임대하는 구획 중 일부 구획에서 숙식을 할 수 있도록 한 건축물'을 의미함. 다른 사정이 없는 한 원칙적으로 오피스텔은 주택이 아니어서 중도인출이 허용되지 않음. 다만, 건축물 용도가 주택(주거용)으로 명시되어 있거나 주택으로 인정되어 과세된 주거용 오피스텔을 구입하는 경우에는 예외적으로 중도인출을 허용할 수 있을 것임(퇴직연금복지과-3104, 2015.9.11.)

[사례4] 주택으로 과세된 오피스텔을 소유하고 있는 경우 주택구입을 사유로 중간정산(중도인출)이 가능한지?
☞ 오피스텔의 용도가 공부상 주택(또는 주거용)으로 명시되어 있거나, 주거용 오피스텔로 판정되어 주거용으로 과세되는 등 특별한 사정이 있는 경우에는 주택의 범위에 포함된다고 보는 것이 타당하므로, 주거용으로 과세된 오피스텔을 소유하고 있는 경우에는 무주택자라고 할 수 없으므로 퇴직급여 중간정산(중도인출) 사유에 해당하지 않음(퇴직연금복지과-458, 2019.1.25.)

(2) 무주택자인 근로자가 주거를 목적으로 전세금(보증금)을 부담하는 경우(1개 사업에서 1회에 한함)

• 무주택자 여부에 관한 판단 : 근로자 본인에 대한 확인만 거치면 되므로 중간정산 신청일을 기준으로 본인 명의로 등기된 주택이 없다면 세대원이 주택을 소유하고 있다고 하더라도 무주택자 요건을 충족한 것으로 봄
• 전세금 또는 보증금의 범위 : 주거목적의 전세금으로서 민법 제303조에 따른 전세금 또는 주택임대차보호법 제3조의2에 따른 임차보증금의 경우임. 임대차계약 상 보증금으로 전세보증금 뿐만 아니라 월세보증금도 해당
• 신청시기 : 주택임대차계약 체결일부터 잔금지급일 이후 1개월 이내에 신청 가능

• 구비서류

구 분	구비서류
무주택자 여부 확인	• 현거주지 주민등록등본 • 현거주지 건물등기부등본 또는 건축물관리대장등본 • 재산세 (미)과세 증명서 : 지방자치단체에서 서류 발급
전세금 또는 임차보증금 필요여부 확인	• 전세 및 임대차계약서 사본 • 잔금 지급 후 신청하는 경우 : 잔금 지급 후 1개월 이내에 신청하여야 하고, 전세금(임차보증금) 지급 영수증(사본) 등을 제출

• 사례 예시

[사례1] 전세계약기간을 연장하는 경우에 중간정산(중도인출)할 수 있는지?
☞ 전세금(임차보증금)을 부담하기 위한 경우를 신규 전세계약을 체결하는 경우로 한정하고 있지 않으므로 현거주지의 임대차계약 기간을 연장하여 연장계약을 체결하는 경우에도 중간정산 할 수 있음

[사례2] DC제도 가입자의 배우자, 직계존·비속, 형제자매의 주택 임대차계약에 대해서 중간정산(중도인출) 할 수 있는지?
☞ 전세금(보증금)의 중간정산(중도인출) 신청은 무주택자인 가입자가 주거를 목적으로 자기 명의 계약을 체결하여 전세금 등을 부담하는 것임. 부득이 동거하는 세대원의 명의로 계약을 체결하는 경우에는 주민등록등본 등을 통해 동일 세대임을 증명하는 경우에 예외적으로 중간정산(중도인출)을 할 수 있으며, 동거하지 않는 세대원의 명의로 세대원의 주거를 목적으로 중간정산(중도인출) 할 수 없음

[사례3] 본인 명의가 아닌 배우자 등 세대주 명의로 주택 임대차계약을 체결하는 경우에도 중간정산 받을 수 있는지?
☞ 전세금(보증금) 부담에 따른 중간정산(중도인출)은 무주택자인 가입자가 주거를 목적으로 본인 명의 또는 주민등록등본 등을 통해 동일 세대임이 증명된 세대원의 명의로 계약을 체결하는 경우에 가능함(퇴직연금복지과-3862, 2017.9.15. 참조)

(3) 6개월 이상요양을 필요로 하는 본인 또는 부양가족(배우자의 부양가족 포함)의 질병이나 부상에 대한 요양비용을 근로자가 본인 연간 임금총액의 12.5%이상을 부담하는 경우

• 부양가족의 범위 : 근로자(또는 그 배우자)의 ① 60세 이상 직계존속, ② 20세 이하의 직계비속 또는 동거 입양자, ③ 20세 이하 또는 60세 이상인 형제자매, ④ 국민기초생활 보장법에 따른 기초생활수급자, ⑤ 아동복지법에 따라 가정위탁을 받아 양육하는 아동이 해당됨

* 상기 ①~⑤ 부양가족이 소득세법 시행령 제107조에 따른 장애인에 해당하는 경우 나이제한 없으며 장애인 증빙을 위한 서류 제출(소득세법 시행규칙 별지 제38호 서식)

* 「소득세법」 제50조 제1항의 부양가족 범위를 판단함에 있어 소득수준은 고려하지 않음

• 6개월 이상의 요양에 해당하는지 여부에 대한 판단기준 : 의사의 진단서 또는 소견서, 건강보험공단의 장기요양확인서 등에서 병명 및 치료기간(6개월 이상)이 명시되어야 함

• 연간 임금총액의 12.5%를 초과하여 의료비를 부담한 경우에만 중도인출을 허용하며, 중도인출을 신청한 가입자의 연간 임금총액은 직전년도 임금의 총액으로 산정

PART 6

* 중도인출 신청일부터 직전 1년간의 임금총액이 직전년도 임금총액보다 낮음을 증빙하는 경우에는 신청일부터 직전 1년간 지급받은 임금의 총액을 연간 임금총액으로 산정

- 개인형퇴직연금제도 가입자로서 중도인출 신청 시점에서근로소득이 없는 경우에는 6개월 이상의 요양을 필요로 하는 질병이나 부상에 대한 의료비 지출을 입증하면 중도인출 가능
- 신청시기 : 중간정산 신청 당시 질병 또는 부상 등으로 요양 중이거나 요양 예정이어야 함. 다만, 요양이 종료된 경우에는 요양 종료일부터 1개월 이내에 신청 가능. 다만, 요양 중인 경우에는 기왕의 의료비 지출액과 지출이 확정된 의료비의 합산액이 연간 임금총액의 12.5%를 초과한 때에 신청할 수 있으며, 요양이 종료된 경우에는 요양 종료일부터 1개월 이내에 신청 가능
- 구비서류

구 분	구비서류
요양 필요 여부 확인	• 의사의 진단서 또는 소견서 또는 건강보험공단의 장기요양인정서 등 6개월 이상 요양의 필요 여부를 확인할 수 있는 서류 * 요양 종료 후 신청하는 경우 : 요양 종료일과 치료비를 부담했음을 확인할 수 있는 서류(요양 종료일부터 1개월 이내 신청)
부양가족 확인	• 가족관계증명서 또는 주민등록등본 등 생계를 같이하는 부양가족 여부를 확인할 수 있는 서류
지출 의료비 확인	• 의료기관 등에서 발급한 영수증, 진료비 청구서, 진료비 납입 확인서, 진료비 세부산정내역서등의료비지출내역을확인할수있는서류 * 의료비 지출 증빙서류는 환자의 인적사항과 질병번호를 확인할 수 있어야 함
연간 임금총액 확인	• 가입자의 원천징수영수증, 산재보험 고용보험 보수총액 신고서, 급여명세서 등에 기입된 임금액을 확인할 수 있는 서류 * 퇴직연금의 경우 퇴직연금사업자가 보유하고 있는 가입자의 임금자료(사용자의 임금 통보자료, 사용자의 부담금 납입액으로 역산한 임금총액)로 확인 가능

- 사례 예시

[사례 1] 근로자의 시모(55세)가 교통사고로 인해 6개월 이상 진단받은 경우 중간정산 할 수 있는지?
☞ 근로자의 시모는 배우자의 직계존속에 해당하나 60세 미만이므로 6개월 이상의 요양을 한다고 하더라도 중간정산 할 수 없음

[사례2] 입원기간만 요양기간으로 인정되는지 혹은 통원치료기간도 요양기간으로 볼 수 있는지?
☞ 요양은 질병 또는 부상 등으로 인하여 일정 치료를 필요로 하는 경우를 말하므로 입원치료 뿐만 아니라 통원치료, 약물치료 기간도 요양기간으로 봄

[사례3] 임플란트 등 치과치료의 경우에도 6개월 이상의 진단서를 제출하면 중간정산 가능한지 여부?
☞ 미용목적의 치료는 중간정산 요건에 해당하지 않지만 치과계질환으로 인해 임플란트가 필요하고 6개월 이상 지속적으로 치료할 필요가 있는 경우에는 가능한 것으로 봄

[사례4] 중도인출 신청 시점의 직전 1년 동안 지출한 의료비만 합산하는지?
☞ 의료비는 중도인출 신청 시점의 직전 1년 동안 지출된 의료비와 중도인출신청 시점에서 지출이 확정된 의료비를 합산. 이때 지출이 확정된의료비란 중도인출 시점에서 아직 의료비를 지출하

지는 않았지만, 의료기관 등에 지급해야 할 것이 예정된 의료비를 말함

[사례5] 중도인출(중간정산) 이후 동일한 질병·부상의 치료를 사유로 재차 중도인출을 할 수 있는지?

☞ 6개월 이상의 요양에 대한 의료비 부담을 사유로 하는 퇴직급여의 중도인출은 별도의 횟수제한이 없으므로 중도인출 이후 다시 중도인출을 하는 것도 가능함. 다만, 최초의 중도인출 이후 발생한 의료비의 총액이 연간 임금총액의 12.5%를 초과하여야 함

(4) 신청일로부터 거꾸로 계산하여 5년 이내에 근로자가 파산선고를 받은 경우

- 「채무자 회생 및 파산에 관한 법률」에 따른 파산선고를 받은 경우를 의미함
- 신청시기 : 파산 선고를 받은 날부터 5년 이내(면책·복권 결정 여부 불문)
- 구비서류 : 법원의 파산선고문

(5) 신청일로부터 거꾸로 계산하여 5년 이내에 근로자가 개인회생절차개시 결정을 받은 경우

- 채무자 회생 및 파산에 관한 법률에 따른 개인회생절차개시 결정을 의미함
- 신청시기 : 신청하는 날부터 거꾸로 계산하여 5년 이내에 파산선고를 받은 경우로서 신청 당시 개인회생절차개시결정의 효력이 진행중이어야 함(개인회생절차 폐지 결정, 면책결정이 된 경우에는 개인회생절차개시 결정의 효력이 종료되었으므로 중간정산 불가함)
- 구비서류 : 개인회생절차개시 결정문 또는 개인회생절차변제인가 확정증명원
- 사례 예시

[사례1] 신용회복위원회의 채무조정제도(개인워크아웃, 프리워크아웃)의 적용을 중간정산(중도인출) 사유로 볼 수 있는지?

☞ 볼 수 없음. 신용회복위원회 채무조정제도는 '서민의 금융생활 지원에 관한 법률'에 근거하여 신용회복지원협약을 체결한 금융회사 채무를 조정하는 사적 채무조정제도임. 채무조정제도의 적용은 채무자 회생및 파산에 관한 법률에 의거한 개인회생절차개시 결정이 아니므로 중간정산(중도인출) 사유에 해당하지 않음

[사례2] 개인회생절차 폐지 결정에 즉시항고하는 경우 중간정산(중도인출)이 가능한지?

☞ 개인회생절차의 폐지 및 면책결정이 없는 경우에 중간정산(중도인출)을 하는 것이 원칙이나, 변제금 미납으로 인한 법원의 개인회생절차 폐지 결정에 대한 불복절차로 즉시 항고할 수 있는 점, 중도인출을 통한 개인채무부담 완화의 취지 등을 고려할 때, 법원의 개인회생절차 폐지 결정에 대해 즉시항고하여 미납변제금을 납입함으로써 개인회생절차개시 결정을 회복시키려는 경우에는 중간정산(중도인출)할 수 있을 것임. 다만, 신청자는 즉시항고 여부와 미납변제금 납입을 위한 중간정산(중도인출)임을 소명하고 납입사실을 사후 증명하여야 할 것임(퇴직연금복지과-3845, 2015.11.8. 참조)

(6) 임금피크제를 실시하여 임금이 줄어드는 경우

- 사용자가 기존의 정년을 연장하거나 보장하는 조건으로 단체협약 및 취업규칙 등을 통하여 일정한 나이·근속연수·임금액에 도달하면 임금을 감액하는 제도 시행에 따라 개별근로자의 임금이 감소되는 경우를 의미함
  * 퇴직금제도의 경우에만 동 사유로 중간정산 가능
- 신청자격 및 신청시기 : 고용보험법 시행령 제28조 제1항 제1호부터 제3호에 따른 임금피크제를 실시함에 따라 임금이 줄어들어드는 근로자로서 원칙적으로 임금피크제가 실시되는 날에 신청(임금피크제로 임금이 줄어드는 날에 중간정산을 신청할 수 있도록 하여 중간정산한 퇴직금에 불이익이 없도록 지도). 다만, 노사가 퇴직금 중간정산 신청시기를 달리 정한 경우에는 임금피크제가 실시되는 날 이후에도 신청 가능
  * 단체협약 및 취업규칙 등에 노사합의로 중간정산을 위한 평균임금 산정시점을 별도로 정하여 중간정산한 퇴직금에 불이익이 없도록 지도
- 사용자의 확인서류

구 분	확인서류	비 고
임금피크제 적용 대상확인	• 취업규칙, 단체협약 등 임금피크제 실시여부를 확인할 수 있는 서류 • 근로계약서(연봉계약서), 급여명세서 등 임금피크제를 적용받는 근로자임을 확인할 수 있는 서류	사업장내 비치된 서류를 통해 확인

* 사용자가 보유한 자료만으로 임금피크제의 시행 여부를 판단할 수 있으므로 중간정산 신청서 이외에 근로자에게 별도의 증빙서류를 받을 필요는 없음

(7) 소정근로시간을 단축하여 3개월 이상 계속 근로하기로 한 경우

- 근로자가 사용자와의 합의에 따라 소정근로시간을 1일 1시간 또는 1주 5시간 이상 단축하여 그 단축된 소정근로시간에 따라 계속 근로하기로 한 경우를 의미함
  * 퇴직금제도의 경우에만 동 사유로 중간정산 가능
- 소정근로시간이 단축된 경우 중간정산이 가능하므로 소정근로시간이 늘어나는 경우에는 중간정산이 불가함
- 신청시기 : 원칙적으로 소정근로시간 단축일에 중간정산 신청. 다만, 근로자의 불가피한 사정으로 근로시간 단축시점에 신청하지 못한 경우 노사가 합의하여 근로시간이 단축된 이후에 신청하는 것도 가능
- 사용자의 확인서류

구 분	확인서류	비고
소정근로시간 단축 확인	• 근로계약서(연봉계약서) 등 소정근로시간 변경을 확인할 수 있는 서류	사업장 내 비치된 서류를 통해 확인*

* 사용자가 보유한 자료만으로 소정근로시간 단축 여부를 판단할 수 있으므로 중간정산 신청서 이외에 근로자에게 별도의 증빙서류를 받을 필요는 없음

(8) 근로시간단축 입법시행으로 퇴직금이 감소되는 경우

- 근로기준법 일부개정법률(법률 제15513호) 시행에 따른 근로시간 단축으로 실제 근로시간이 단축되는 경우를 의미함
- 노사합의*로 근로기준법에서 정한 시기보다 앞당겨 근로시간을 단축하는 사업도 중간정산 가능

* 단체협약·취업규칙 등에서 근로시간 단축시점을 구체적으로 정해야 하고, 단축된 근로시간의 입증이 가능해야 함

- 실제 근로시간이 단축되어 퇴직금이 감소되는 경우에 중간정산 신청 가능
- '근로시간의 단축으로 퇴직금이 감소되는 경우'의 판단기준은 근로시간 단축입법 시행일 전 3개월 동안 주 52시간을 초과하여 근로하였던 주가 있고, 근로시간 단축입법 시행이후의 임금이 근로시간 단축 전 3개월 동안의 임금에비해 감소(근로시간 단축으로 인한 감소를 말함)되는 경우를 말함. 따라서 단축입법 시행일 전 3개월의 기간에 대한 임금과 단축입법 시행일 이후의 임금을 비교하여 근로시간 단축 전후의 퇴직금 감소 여부를 판단하여야 함
- 근로시간이 단축됐으나 사용자의 임금보전 등으로 퇴직금이감소되지 않은 근로자는 퇴직금 중간정산 대상이 아님

* 퇴직금제도의 경우에만 동 사유로 중간정산 가능

- 신청시기 : 중간정산은 근로시간 단축일에 신청하는 것이 바람직함. 근로시간 단축일 이전 1개월이 되는 시점부터 신청이 가능하며, 불가피한 사정으로 근로시간 단축일 이전에 신청하지 못한 경우에는 근로시간 단축 후 신청하는 것도 가능. 아울러, 근로시간 단축일 이후 중간정산을 신청하는 경우에는 퇴직금 감소 예방을 위하여 노사합의로 평균임금산정시점을 근로시간 단축일로 정할 수 있음

* 근로시간 단축일이 아닌 중간정산 신청일을 기준으로 평균임금을 산정하는 경우, 근로시간 단축일부터 3개월 경과 시 근로시간 단축입법 시행을 사유로 한 중간정산은 그 실익이 없어 신청 불가

- 사용자의 확인서류

구 분	확인서류	비고
근로시간 단축입법 시행 확인	• 「근로기준법」(업종, 상시 근로자 수에 따른 시행시기 확인) • 단체협약, 취업규칙 등(노사합의로 근로기준법상 적용시기보다 앞당겨 근로시간단축시기를 정한 경우	사업장 내 비치된 서류를 통해 확인*
퇴직금 감소 여부 확인	• 근로계약서(연봉계약서), 급여명세서, 임금대장 등으로 평균임금 감소 여부 확인(평균임금 감소에 따라 퇴직금 감소)	

* 사용자가 보유한 자료만으로 퇴직금이 감소되는지 여부를 판단할 수 있으므로 중간정산 신청서 이외에 근로자에게 별도의 증빙서류를 받을 필요는 없음

PART 6

(9) 재난으로 피해를 입은 경우(고용노동부고시 제2020-139호)

- 재난*으로 피해를 입은 경우로서 고용노동부 장관이 정하는 고시에해당하는 경우
  * 재난 및 안전관리 기본법 제66조 1항 각호의 재난을 말함

재난 및 안전관리 기본법 제66조 제1항
㉠ 자연재난 ㉡ 사회재난 중 제60조 제2항에 따라 특별재난지역으로 선포된 지역의 재난

- 재난으로 피해를 입은 경우에 포함되는 유형
  ① 재난이 발생한 지역의 주거시설이 유실·전파 또는 반파된 피해 : 소득세법 제50조 제1항 제3호에 따른 근로자(배우자 포함)와 생계를 같이하는 부양가족이 거주하는 시설로 한정
  ② 근로자의 배우자, 소득세법 제50조 제1항 제3호에 따른 근로자(배우자 포함)와 생계를 같이하는 부양가족이 실종된 경우
  ③ 가입자가 15일 이상 입원치료가 필요한 피해를 입은 경우
- 신청시기 : 재난으로 물적·인적 피해를 입은 날부터 3개월 이내. 다만, 재난으로 물적·인적 피해를 입은 날부터 3개월이 경과한 이후에도 해당 사유가 해소되지 아니하였음을 증명하는 경우에는 그 사유가 해소되기 전까지 신청 가능
- 구비 서류

구 분	구비서류	비고
재난으로 인한 물적 피해 여부 확인	• 피해사실확인서* 또는 자연재난 피해신고서**에 따른 관련 행정기관의 피해조사(확인)자료 * 자연재해대책법 시행규칙 제29조 별지 제16호 서식 ** 재난구호 및 재난복구비용 부담기준 등에 관한 규정 제9조 별지 제1호 서식	• 발급처 : 시·군·구청 또는 읍·면장
재난으로 인한 인적 피해 여부 확인	• 자연재난 피해신고서에 따른 관련 행정기관의 피해조사(확인)자료 • 15일 이상 입원사실 확인서 • 실종 증명서 또는 실종이 정리된 가족관계등록에 관한 법률에 따른 증명서	
배우자, 부양가족 확인	• 가족관계증명서 또는 주민등록등본 등 생계를 같이하는부양가족 여부를 확인할 수 있는 서류	

- 재난 및 안전관리 기본법 제 60조 제2항에 따라 특별재난지역으로 선포된 지역의 재난은 재난선포일로부터 6개월 이내에 신청한 담보제공 및 중간정산(중도인출)에 대해 적용

퇴직금 중간정산신청서(예시)

□ 신청인(근로자)

이 름			
입사년도		중간정산 대상기간	
소속부서			

□ 중간정산 사유

① 무주택자의 주택구입, ② 무주택자의 전세금 또는 임차보증금 부담, ③ 본인, 배우자, 부양가족의 6개월 이상 요양, ④ 최근 5년 이내의 파산선고, ⑤ 최근 5년 이내의 회생절차개시 결정, ⑥ 임금피크제 실시, ⑦ 천재지변 등으로 인해 피해를 입은 경우, ⑧ 소정근로시간을 단축하여 3개월 이상 계속 근로하기로 한 경우, ⑨ 근로시간 단축입법 시행으로 퇴직금이 감소하는 경우

상기 본인은 상기 중간정산 사유 중 ________의 사유로 ________부터 　　　　　까지의 퇴직금을 중간정산하여 지급받고자 동 중간정산 신청서와 관련 증빙서류 일체를 제출하오니 지급하여 주시기 바랍니다.

첨부: 중간정산사유 증빙서류 일체 1부

신청일 　　년 　월 　일

신청인 __________(서명)

주식회사 △△△△ 대표이사 0000 귀중

PART 6

※ 중간정산 유의사항

- 중간정산 대상이 되는 근로기간은 중간정산 시점을 기준으로 기왕에 계속근로를 제공한 기간만 포함되므로 1년 미만 근속자는 중간정산 대상이 아님
- 퇴직금 중간정산 지급에 따른 증빙서류 확인과 보존의무 : 사용자는 중간정산 요건을 확인하기 위해 해당 사유별 구비서류를 제출받아야 하고, 제출받은 서류는 근로자가 퇴직한 후 5년이 되는 날까지 보존해야 함
- 중간정산 요건

  ① 퇴직금 중간정산제도는 '근로자의 요구'와 '사용자의 승낙'이 라는 요건을 필요로 함

  ② 근로자의 요구가 없는 경우에 사용자가 일방적으로 실시한 퇴직금 중간정산은 유효한 중간정산으로 인정되지 않음

  ③ 근로자가 퇴직금 중간정산을 요청한다고 하여 사용자가 반드시 그 요청에 응하여야 하는 것은 아니며, 사용자는 경영상의 사유 등이 있으면 근로자의 중간정산 요구를 승낙하지 않을 수 있음
- 중간정산 시 평균임금 산정

  임금인상률이 퇴직금 중간정산일 이전으로 소급하여 적용된다 하더라도 임금인상 결정일 이전에 퇴직금 중간정산을 실시한 경우, 당사간의 별도 특약이 없는 한 그 중간정산은 이미 법률효과가 완성된 것이므로 인상된 임금을 기준으로 평균임금을 재산정하여 중간정산금 차액을 추가로 지급할 의무는 없음
- 법적요건을 갖추지 않은 중간정산의 효력

  ① 중간정산의 사유와 요건을 갖추지 아니하였음에도 중간정산을 실시한 사용자에 대한 법상 벌칙규정은 없음

  ② 사용자가 퇴직금 명목으로 금품을 지급하더라도 중간정산 사유와 요건을 갖추지 아니한 경우 유효한 중간정산으로 볼 수 없음

  ③ 사용자는 유효한 중간정산이 이루어지지 않은 기간을 포함한 전체 계속근로기간에 대하여 근로자에게 퇴직금을 지급할 의무가 있음

  ④ 퇴직금 명목으로 지급한 금품은 착오로 과다 지급한 금품에 불과하므로 부당이득반환청구소송 등 민법상 절차를 통하여 환수하여야 함
- 중도인출 가능 제도

  DC·IRP제도·중소기업퇴직연금기금제도의 가입자는 적립금의 중도인출이 가능하고, DB제도의 가입자는 중도인출 불가함

> - DB제도의 적립금 중도인출을 허용하지 않는 이유 : DB제도는 ① 퇴직시점을 기준으로 퇴직급여를 산정하기 때문에 재직 중에는 수급액을 확정할 수 없을 뿐만 아니라, ② 중도인출 시 적립비율이 낮아져 다른 가입자의 수급권을 저해하게 되며, ③ 적립금 운용과 연금계리가 곤란해지는 점 등을 고려해 근로자퇴직급여 보장법에서 근거 규정을 정하고 있지 않음
> - IRP제도·중소기업퇴직연금기금제도의 가입자부담금계정의 경우에는 요양비용 요건(12.5%)을 적용하지 않음. 단, 법 제25조(10명 미만을 사용하는 사업에 대한 특례)에 따라 설정된 개인형 퇴직연금제도는 요양비용 요건을 적용함

• 제도유형별 중간정산(중도인출) 사유

<table>
<tr><th>사 유</th><th>퇴직금제도
〈중간정산〉</th><th>DC(IRP)제도,
중소기업퇴직
연금기금제도
〈중도인출〉</th></tr>
<tr><td>① 무주택자 근로자(가입자)가 본인 명의로 주택을 구입하는 경우</td><td rowspan="9">가능</td><td rowspan="6">가능</td></tr>
<tr><td>② 무주택자 근로자(가입자)가 주거를 목적으로 전세금 또는 보증금을 부담하는 경우(하나의 사업에 근로하는 동안 1회로 한정)</td></tr>
<tr><td>③ 6개월 이상 요양을 필요로 하는 본인 또는 부양가족(배우자의 부양가족 포함)의 질병이나 부상에 대한 요양 비용을 근로자가 본인 연간 임금총액의 12.5% 이상을 부담하는 경우</td></tr>
<tr><td>④ 중간정산(중도인출)을 신청하는 날부터 역산하여 5년 이내에 근로자(가입자)가 채무자 회생 및 파산에 관한 법률에 따라 파산선고를 받은 경우</td></tr>
<tr><td>⑤ 중간정산(중도인출)을 신청하는 날부터 역산하여 5년 이내에 근로자(가입자)가 채무자 회생 및 파산에 관한 법률에 따라 개인회생절차 개시 결정을 받은 경우</td></tr>
<tr><td>⑥ 재난으로 피해를 입은 경우로서 고용노동부장관이 정하여 고시하는 사유에 해당하는 경우</td></tr>
<tr><td>⑦ 사용자가 기존의 정년을 연장하거나 보장하는 조건으로 단체협약 및 취업규칙 등을 통하여 일정나이, 근속시점 또는 임금액을 기준으로 임금을 줄이는 제도를 시행하는 경우</td><td rowspan="3">불가</td></tr>
<tr><td>⑧ 사용자가 근로자와의 합의에 따라 소정근로시간을 1일 1시간 또는 1주 5시간 이상 단축함으로써 단축된 소정근로시간에 따라 근로자가 3개월 이상 계속 근로하기로 한 경우</td></tr>
<tr><td>⑨ 법률 제15513호 근로기준법 일부개정법률 시행에 따른 근로시간 단축으로 근로자의 퇴직금이 감소되는 경우</td></tr>
<tr><td>⑩ 근로자퇴직급여보장법 제 7조 제2항 후단에 따라 퇴직연금제도의 급여를 받을 권리를 담보로 제공하고 대출을 받은 가입자가 그 대출 원리금을 상환하기 위한 경우(대출 원리금 상환에 필요한 금액 이하로 한정)</td><td>불가</td><td>가능</td></tr>
</table>

* DC제도의 경우 ⑦, ⑧, ⑨의 사유에 따라 평균임금이 감소하더라도 가입자의 퇴직급여에 불이익이 발생하지 않으므로 중도인출이 허용되지 않음

4) 고용노동부홈페이지 > 정책자료 > 정책자료실 > 검색란에 '퇴직급여제도 매뉴얼'(2022.9.20. 등록)

Ⅳ 비과세 퇴직소득

비과세 퇴직소득은 비과세 근로소득 규정(소법 12조 3)을 준용하며 그 내용은 다음과 같다.

① 산업재해보상보험법에 따라 수급권자가 받는 요양급여, 휴업급여, 장해급여, 간병급여, 유족급여, 유족특별급여, 장해특별급여, 장의비 또는 근로의 제공으로 인한 부상·질병·사망과 관련하여 근로자나 그 유족이 받는 배상·보상 또는 위자(慰藉)의 성질이 있는 급여(소법 12조 3 다)

② 근로기준법 또는 선원법에 따라 근로자·선원 및 그 유족이 받는 요양보상금, 휴업보상금, 상병보상금(傷病補償金), 일시보상금, 장해보상금, 유족보상금, 행방불명보상금, 소지품 유실보상금, 장의비 및 장제비(소법 12조 3 라)

③ 고용보험법에 따라 받는 실업급여(소법 12조 3 마)

④ 국민연금법에 따라 받는 반환일시금(사망으로 받는 것만 해당한다) 및 사망일시금(소법 12조 3 바)

⑤ 공무원연금법, 공무원 재해보상법, 군인연금법, 군인 재해보상법, 사립학교교직원 연금법 또는 별정우체국법에 따라 받는 공무상요양비·요양급여·장해일시금·비공무상 장해일시금·비직무상 장해일시금·장애보상금·사망조위금·사망보상금·유족일시금·퇴직유족일시금·유족연금일시금·퇴직유족연금일시금·퇴역유족연금일시금·순직유족연금일시금·유족연금부가금·퇴직유족연금부가금·퇴역유족연금부가금·유족연금특별부가금·퇴직유족연금특별부가금·퇴역유족연금특별부가금·순직유족보상금·직무상유족보상금·위험직무순직유족보상금·재해부조금·재난부조금 또는 신체·정신상의 장해·질병으로 인한 휴직기간에 받는 급여(소법 12조 3 사, 2019.12.10. 개정)

⑥ 국가유공자 등 예우 및 지원에 관한 법률 또는 보훈보상대상자 지원에 관한 법률에 따라 받는 보훈급여금·학습보조비(소법 12조 3 카)

⑦ 전직대통령 예우에 관한 법률에 따라 받는 연금(소법 12조 3 타)

⑧ 국군포로의 송환 및 대우 등에 관한 법률에 따른 국군포로가 받는 퇴직일시금(소법 12조 3 버)

• 제 2 절 퇴직소득의 수입시기

퇴직소득의 수입시기는 퇴직한 날로 한다. 다만, 국민연금법에 따른 일시금과 건설근로자의 고용개선 등에 관한 법률 제14조에 따라 지급받는 퇴직공제금의 경우에는 소득을 지급받는 날(분할하여 지급받는 경우에는 최초로 지급받는 날)로 한다.(소령 50조 ②, 2015.2.3. 개정)

구 분	퇴직소득의 수입시기(소령 50조 ②)
일반적인 퇴직소득	• 퇴직한 날
국민연금법에 따른 일시금	• 소득을 지급받는 날(분할하여 지급받는 경우에는 최초로 지급받는 날)
건설근로자의 고용개선 등에 관한 법률에 따라 받는 퇴직공제금	

✓ 중간정산퇴직금을 분할지급하는 경우의 수입시기 등(소득 집행기준 22-0-5)

① 근로자퇴직급여보장법에 따라 계속 근로한 기간에 대한 퇴직금을 미리 정산하여 받기로 하고 해당 중간정산퇴직금을 분할지급하는 경우 분할지급받는 퇴직소득의 수입시기는 '약정에 의하여 중간정산 퇴직금을 최초로 지급받기로 한 날(지급일에 관한 약정이 없는 경우에는 실제로 중간정산 퇴직금을 최초로 지급 받는 날)'이다.

② 제1항의 경우 원천징수의무자가 퇴직소득을 1차로 지급하는 때에 1차 지급분에 대하여 원천징수하고 2차 이후의 지급분을 1차 지급일과 동일한 연도에 지급하는 경우에는 해당 지급분을 지급하는 때에 원천징수하며, 1차 지급일과 동일한 연도에 미지급한 경우에는 퇴직소득지급시기 의제를 적용하여 원천징수한다.

✓ 추가지급하는 중간정산퇴직금 정산차액의 수입시기(소득 집행기준 22-50-2)

퇴직금제도의 변경에 관한 노사합의에 따라 중간정산 신청일을 기준으로 계산한 중간정산퇴직금과 기지급한 금액과의 정산차액을 추가로 지급한 경우 그 정산차액의 수입시기는 중간정산을 신청한 날로 한다.

• 제3절 퇴직소득의 과세표준 및 세액의 계산

I 임원의 퇴직소득

(1) 임원의 퇴직소득 한도

① 임원의 퇴직소득금액(공적연금 관련법에 따라 받는 일시금은 제외하며, "2011.12.31.에 퇴직하였다고 가정할 때 지급받을 퇴직소득금액"이 있는 경우에는 그 금액을 뺀 금액을 말한다)이 다음 계산식에 따라 계산한 금액을 초과하는 경우에는 그 초과하는 금액은 근로소득으로 본다.(소법 22조 ③ 단서, 2013.1.1. 개정)

② "2011.12.31.에 퇴직하였다고 가정할 때 지급받을 퇴직소득금액"이란 퇴직소득금액에 2011.12.31. 이전 근무기간(개월 수로 계산하며, 1개월 미만의 기간이 있는 경우에는 1개월로 본다)을 전체 근무기간으로 나눈 비율을 곱한 금액(2011.12.31.에 정관 또는 정관의 위임에 따른 임원 퇴직급여지급규정이 있는 법인의 임원이 2011.12.31.에 퇴직한다고 가정할 때 해당 규정에 따라 지급받을 퇴직소득금액을 적용하기로 선택한 경우에는 해당 퇴직소득금액)을 말한다.(소령 42조의2 ⑥, 2015.2.3. 신설)

$$\text{임원 퇴직소득 한도} = \text{2019.12.31.부터 소급하여 3년}^{*1}\text{ 동안 지급받은 총급여}^{*2}\text{의 연평균환산액} \times \frac{1}{10} \times \frac{\text{2012.1.1. 이후부터 2019.12.31.까지의 근무기간}^{*3}}{12} \times 3$$

$$+ \text{퇴직한 날부터 소급하여 3년}^{*4}\text{ 동안 지급받은 총급여}^{*2}\text{의 연평균환산액} \times \frac{1}{10} \times \frac{\text{2020.1.1. 이후의 근무기간}^{*3}}{12} \times 2$$

➲ 2020.1.1. 이후 퇴직하여 지급받는 소득분부터 적용한다.(2019.12.31. 법 부칙 3조)

*1. 2012.1.1.부터 2019.12.31.까지의 근무기간이 3년 미만인 경우에는 해당 근무기간으로 한다.(소법 22조 ③) 이때의 근무기간은 개월 수로 계산하며, 1개월 미만의 기간이 있는 경우에는 이를 1개월로 본다.(소법 22조 ④ 1)

*2. ① 총급여는 해당 과세기간에 발생한 다음의 근로소득(비과세소득은 제외한다)을 합산한다.(소법 22조 ④ 2, 2014.12.23. 신설, 소령 20조 ① 1, 2)

㉠ 근로를 제공함으로써 받는 봉급·급료·보수·세비·임금·상여·수당과 이와 유사한 성질의 급여

㉡ 법인의 주주총회·사원총회 또는 이에 준하는 의결기관의 결의에 따라 상여로 받는 소득

➲ 여기서의 '총급여액'에는 다음의 금액을 합산하지 않는다.(소법 22조 ④ 2, 소령 20조 ①)

ⓐ 법인세법에 따라 상여로 처분된 금액

ⓑ 퇴직함으로써 받는 소득으로서 퇴직소득에 속하지 아니하는 소득

ⓒ 종업원등 또는 대학의 교직원이 지급받는 직무발명보상금

② 총급여에는 근무기간 중 해외현지법인에 파견되어 국외에서 지급받는 급여를 포함한다. 다만, 정

관 또는 정관의 위임에 따른 임원의 급여지급 규정이 있는 법인의 주거보조비, 교육비수당, 특수지수당, 의료보험료, 해외체재비, 자동차임차료 및 실의료비 및 이와 유사한 급여로서 해당 임원이 국내에서 근무할 경우 국내에서 지급받는 금액을 초과해 받는 금액은 제외한다.(소령 42조의2 ⑦, 2020.2.11. 신설)

➲ 2020.2.11. 이후 퇴직하여 지급받는 소득분부터 적용하며(2020.2.11. 영 부칙 5조), 2020. 2.11. 전에 퇴직하여 2020.2.11. 이후 지급받는 소득분의 경우에는 개정규정에도 불구하고 종전의 규정에 따른다.(2020. 2.11. 영 부칙 32조)

*3. 근무기간은 개월 수로 계산하며, 1개월 미만의 기간이 있는 경우에는 이를 1개월로 본다.(소법 22조 ④ 1)

*4. 2020.1.1.부터 퇴직한 날까지의 근무기간이 3년 미만인 경우에는 해당 근무기간으로 한다.(소법 22조 ③) 이때의 근무기간은 개월 수로 계산하며, 1개월 미만의 기간이 있는 경우에는 이를 1개월로 본다.(소법 22조 ④ 1)

따라서 임원의 퇴직소득금액 중 근로소득으로 보는 금액은 다음과 같다.

근로소득으로 보는 금액 = (퇴직소득금액[*1] − 2011.12.31. 이전 근무기간의 퇴직소득금액[*2])
− 임원 퇴직소득 한도액

*1. 공적연금 관련법에 따라 받는 일시금은 제외한다.(소법 22조 ③ 단서)

*2. 다음 둘 중 선택한 금액을 말한다.(소령 42조의2 ⑥, 2015.2.3. 신설)

① 퇴직소득금액 $\times \dfrac{\text{2011.12.31. 이전 근무기간}}{\text{전체 근무기간}}$

② 2011.12.31.에 정관 또는 정관의 위임에 따른 임원 퇴직급여지급규정이 있는 법인의 임원이 2011.12.31.에 퇴직한다고 가정할 때 해당 규정에 따라 지급받을 퇴직소득금액

(2) 임원의 범위

임원이란 다음 중 하나의 직무에 종사하는 사람을 말한다.(소령 42조의2 ⑤, 2019.2.12. 개정, 법령 40조 ①)

① 법인의 회장, 사장, 부사장, 이사장, 대표이사, 전무이사 및 상무이사 등 이사회의 구성원 전원과 청산인

② 합명회사, 합자회사 및 유한회사의 업무집행사원 또는 이사

③ 유한책임회사의 업무집행자

④ 감사

⑤ 그 밖에 위 '①부터 ④까지'의 규정에 준하는 직무에 종사하는 자

PART 6

저자TIP 간주근로소득에 대한 건강보험료 부과 여부

임원의 간주근로소득('근로소득원천징수영수증'의 '임원 퇴직소득 한도초과액'을 뜻함)은 국민건강보험법 시행령 제33조의 '퇴직금'에 포함된다는 이의신청 인용결정(제2106-이의-02327호)에 따라 건강보험료 부과대상에서 제외되었다.(2019 국민건강보험공단 사업장업무편람 p. 63)

임원 간주근로소득의 수입시기

근로소득으로 보는 임원퇴직금 한도초과액의 수입시기는 지급받거나 지급받기로 한 날이다.(소령 49조 ① 4) 따라서 2024.12.31.에 퇴직하고 2025년 1월에 퇴직금을 수령한 임원의 경우, 퇴직금의 수입시기는 실제 퇴직일인 2024년 12월이고 간주근로소득(한도초과액)의 수입시기는 2025년 1월이 된다.

✓ **임원의 퇴직소득 한도액 산정시, 무보수 근무기간도 "총급여의 연평균 환산액" 계산상 포함하는 것임**(서면법규소득 2023-2095, 2024.3.7.)

✓ **임원이 급여를 연봉제로 전환하며 퇴직금 중간정산을 받은 후 퇴직공로금 수령 가능 여부**

舊 소득세법 시행령 제43조 제2항 제2호에 따라 법인의 임원이 향후 퇴직급여를 지급받지 아니하는 조건으로 급여를 연봉제로 전환하며 퇴직금을 중간정산한 이후, 퇴직시점 이전에 신설된 임원의 퇴직공로금 지급 규정에 따라 해당 임원이 퇴직 시 퇴직공로금을 추가로 수령할 경우 소득세 과세방법은 중간정산 당시 연봉제로의 실질적인 전환 여부 및 연봉제 이전으로의 재전환 여부, 쟁점 퇴직공로금의 성격, 법인세 손금산입 대상 여부 등을 종합적으로 고려하여 사실판단할 사안인 것임(서면원천 2021-7211, 2023.4.11.)

✓ **임원 퇴직시 확정기여형 퇴직연금계좌에서 지급받는 금액 중 운용수익의 과세구분**

임직원의 현실적인 퇴직을 원인으로 확정기여형 퇴직연금제도에서 지급받는 금액은 퇴직소득에 해당하는 것이며, 임원의 퇴직소득금액이 임원퇴직소득 한도를 초과하는 경우 그 초과하는 금액은 근로소득에 해당하는 것임(서면원천 2022-300, 2023.4.11.)

✓ **임원 퇴직 시 확정기여형 퇴직연금계좌에서 지급받는 금액 중 임원퇴직소득 한도 적용 범위**

사용자부담금을 기초로 하여 현실적인 퇴직을 원인으로 지급받는 소득은 소득세법 제22조 제1항 제2호의 퇴직소득에 해당하는 것이며, 확정기여형 퇴직연금제도의 경우 퇴직소득은 사용자부담금에 사용자부담금의 운영수익을 더하여 결정되는 것임(서면원천 2022-71, 2023.7.19.)

✓ **비상장 주식회사의 대표자가 퇴직 후 정관에 따른 퇴직금 중 일부의 수령을 포기할 경우 원천징수 방법**

법인의 대주주인 임원이 당초 퇴직 후 법인 정관의 임원퇴직금지급규정에 따라 지급 결정된 퇴직금을 수령 포기할 경우 퇴직금 포기시 퇴직금을 수령한 것으로 보아 퇴직소득세를 원천징수하는 것임

(서면원천 2021-6635, 2023.2.9.)

✓ 정관에 규정이 없이 지급하는 임원 퇴직위로금이 퇴직소득에 해당되는지 여부

정관의 퇴직금 지급규정에 따라 지급한 금액은 퇴직급여가 되며 법인세법 시행령 제44조 제4항 제1호를 초과하여 지급한 금액은 근로소득에 해당됨(서면법인 2021-4421, 2021.8.10.)

✓ 법인세법상 임원에 해당하여 쟁점 퇴직위로금이 임원 퇴직소득 한도 적용 대상인지 여부

임원의 퇴직소득 금액이 소득세법상 임원 퇴직소득 한도를 초과하는 경우 그 초과하는 금액은 근로소득으로 보는 것이며, 임원에 해당하는지 여부는 종사하는 직무의 실질에 따라 사실판단할 사안임(서면원천 2021-5592, 2023.2.6.)

✓ 법인명의 종신보험을 퇴직하는 임원에게 승계할 경우의 소득세 원천징수 방법

법인명의 종신보험을 퇴직하는 임원에게 승계하여 해당 임원이 얻는 이익은 퇴직소득이며, 그 퇴직소득금액은 종신보험의 평가액으로 하는 것임. 다만, 해당 이익을 포함한 임원의 퇴직소득금액이 소득세법의 임원퇴직소득 한도를 초과하는 경우 그 초과하는 금액은 근로소득으로 보는 것임(서면원천 2022-3587, 2023.2.24.)

✓ 임원의 퇴직소득세액 정산 가부 및 퇴직금 중도인출시 근로소득으로 과세된 금액의 소득구분

법인세법 시행령 제40조 제1항 각 호에 해당하는 임원이 수령한 퇴직소득 중 소득세법 제22조 제3항에 따른 계산식에 따라 계산한 금액을 초과하여 그 초과하는 금액을 근로소득으로 보았다면, 위와 같이 근로소득으로 본 금액은 소득세법 제148조에 따른 퇴직소득에 대한 세액정산시 이미 지급받은 퇴직소득의 범위에 포함하지 않는 것임(서면법령해석소득 2020-1919, 2021.8.31.)

✓ 임원퇴직금의 퇴직소득 한도액 계산

임원에 대한 퇴직급여지급규정이 없었던 법인이 2012.1.1. 이후 임원퇴직금 지급규정을 신설한 경우 소득세법 제22조 제3항에 따른 "2011년 12월 31일에 퇴직하였다고 가정할 때 지급받을 퇴직소득금액"은 법인세법 시행령 제44조 제4항 제2호에 따라 계산하는 것임(원천-60, 2014.2.28.)

➲ 법인세법 시행령 제44조 제4항 제2호에 따라 계산한다는 것은 [퇴직직전 1년간 총급여 $\times \frac{1}{10} \times$ 근속연수]로 계산한다는 것임

✓ 임원퇴직소득 한도액 계산시 총급여의 범위

임원에 대한 퇴직소득 한도액 계산시 총급여라 함은 소득세법 제20조 제1항 제1호 및 제2호에 따른 금액(같은 법 제12조에 따른 비과세소득은 제외한다)으로 하되 법인세법 시행령 제43조에 따라 손금에 산입하지 아니하는 금액은 제외하는 것임(서면법규-390, 2014.4.22.)

✓ 임원 퇴직금 한도 계산 시 '지급받은 총급여'에 무보수 기간 동안의 급여 상당액 포함여부

주주총회 의결을 통해 임원에 대한 급여를 지급하지 않기로 함에 따라 실제로 지급되지 아니하였으며, 이에 대한 소득세가 과세되지 아니한 무보수 기간 동안의 급여 상당액은 소득세법 제22조 제3항의 '퇴직한 날부터 소급하여 3년 동안 지급받은 총급여'에 포함되지 않는 것임(서면법령해석소득 2017-3095, 2018.10.29.)

✓ 임원퇴직금 한도액 계산

확정기여형 퇴직연금제도에서 지급받은 금액은 퇴직소득이나 임원의 경우 소득세법 제22조 제3항

PART 6

에 따라 계산된 금액(→ 임원퇴직금의 한도금액)을 초과하는 경우에는 그 초과하는 금액은 근로소득에 해당하는 것임(원천-98, 2014.3.17.)

✓ 특별퇴직금이 있는 근로자에 대한 퇴직소득금액 계산방법

[사실관계]

- 당사는 정관에 위임된 '인건비 지급관련 내부규정'에서 임원을 비롯한 사용인이 계속적인 근로의 제공을 종료하고 현실적으로 퇴직하는 경우 지급해야 할 급부에 대하여 명시하고 있음
- 당해 규정에서 1년 이상 근무한 임원이 퇴직하는 경우 당사가 지급해야 할 급부에 대해 설명하면서 조기퇴직프로그램에 의하여 합의 하에 퇴직하는 경우에는 특별퇴직금을 추가로 지급할 수 있음
- 특별퇴직금은 임원의 퇴직 시 임의로 결정되는 것이 아니라 사전에 정해진 계량적인 항목(근속연수)으로 구성된 지급기준에 의해 지급됨

[질의]

임원퇴직금 한도 규정 적용 시에 2011.12.31.에 퇴직하였다고 가정할 때 지급받을 퇴직금에 특별퇴직금이 포함되는지 여부

[회신]

회사가 1년 이상 근무한 임직원에 대하여 정관에 위임된 인건비지급규정에 따라 근속연수에 따라 계량화된 조기퇴직금을 지급하는 경우 "2011.12.31. 퇴직하였다고 가정할 때 지급받을 퇴직소득금액"은 2011.12.31. 현재 회사의 퇴직금지급규정 등에 따라 해당 임직원이 지급받을 수 있는 퇴직소득금액을 말하는 것임(서면법규-71, 2014.1.27.)

✓ 임원 퇴직 시 근로기간 및 한도적용대상 퇴직금의 계산방법

회사의 종업원이 임원으로 취임하여 퇴직금을 지급받은 후 임원으로 근무하던 중 퇴직하는 경우 총급여의 연평균환산액을 산정함에 있어 임원으로 근무한 기간이 3년 미만인 경우 "근무기간"은 임원으로 실제 근무한 기간으로 계산하는 것이며, "2011.12.31. 퇴직하였다고 가정할 때 지급받을 퇴직소득금액"은 불특정다수에게 적용되는 퇴직금지급규정에 따라 2011.12.31. 퇴직 시 실제 지급받을 수 있는 퇴직소득금액을 말하는 것임(법규소득 2013-246, 2013.7.25.)

✓ 임원 퇴직급여 지급규정

① 법인의 퇴직급여지급규정이 불특정다수를 대상으로 지급배율을 정하지 아니하고 개인별로 지급배율을 정하는 경우에는 법인세법시행령 제44조 제4항에서 규정하는 정관에서 위임된 퇴직급여지급규정으로 볼 수 없는 것이며, 특수관계자인 특정임원에게만 정당한 사유없이 지급배율을 차별적으로 높게 정하는 경우에는 법인세법 제52조의 부당행위계산 부인규정이 적용되는 것이고,

② 임원이 퇴직하기 전에 규정을 개정한 경우에는 당해 규정의 개정 전까지의 근속기간에 대하여도 개정된 규정을 적용할 수 있는 것임(서이 46012-11540, 2003.8.25.)

✓ 청구인이 청구외법인의 임원에 해당하는지 여부(조심 2016중2034, 2016.12.21.)

청구외법인은 청구인에게 지급한 쟁점금액을 스스로 임원퇴직소득 한도초과액으로 보아 근로소득으로 신고하였고, 청구인은 본부장에서 상무보(임원)로 승격시 청구외법인의 인사규정에 의하여 퇴직처리 되었고, 청구외법인은 현실적 퇴직으로 보아 이전 근로기간에 대한 퇴직금을 정산·지급한 점, 청구인이 동일 직급의 등기임원에 적용되는 주유카드, 법인카드를 지급 받고, 등기임원과 동일

하게 업무공간을 별도로 사용한 것으로 확인된 점, 경영전반의 의사결정과 집행에 적극적으로 참여한 것으로 볼 수 있는 점 등에 비추어 임원으로 봄이 타당함

사 례 **임원의 퇴직소득 한도 계산 사례**

2011.1.1.부터 2025.12.31.까지 (주)정평의 대표이사로 근무한 김상준씨에 대하여 다음 자료에 따라 간주 근로소득과 퇴직소득의 금액을 구하시오.

(1) 2025.12.31. 퇴직으로 받은 퇴직금 : 15억원

(2) 대표이사로 근무한 과세기간별 총급여액

과세기간	총급여액	과세기간	총급여액
2011년	150,000,000	2019년	230,000,000
2012년	160,000,000	2020년	240,000,000
2013년	170,000,000	2021년	250,000,000
2014년	180,000,000	2022년	260,000,000
2015년	190,000,000	2023년	270,000,000
2016년	200,000,000	2024년	280,000,000
2017년	210,000,000	2025년	290,000,000
2018년	220,000,000		

(3) 2011.12.31. 퇴직했을 경우 당시의 퇴직금지급 규정에 따라 받았을 퇴직금 : 0.5억원

해 답 (1) 간주근로소득 : 5.36억원

(2) 임원 퇴직소득금액 : 9.64억원

풀 이 (1) 임원 퇴직소득 한도 : ① + ② = 8.64억원

① $2.2억원^{*1} \times 10\% \times \dfrac{(8년 \times 12개월)}{12} \times 3 = 5.28억원$

*1. $(2.3억원 + 2.2억원 + 2.1억원) \times \dfrac{12개월}{36개월}$

② $2.8억원^{*2} \times 10\% \times \dfrac{(6년 \times 12개월)}{12} \times 2 = 3.36억원$

*2. $(2.9억원 + 2.8억원 + 2.7억원) \times \dfrac{12개월}{36개월}$

(2) 간주근로소득

① 전체 근무기간의 퇴직소득금액 : 15억원

② 2011.12.31. 이전 근무기간의 퇴직소득금액 : Max[㉠, ㉡] = 1억원

㉠ $퇴직소득금액 \times \dfrac{2011.12.31.\ 이전\ 근무기간}{전체\ 근무기간} = 15억원 \times \dfrac{1년 \times 12개월}{15년 \times 12개월} = 1억원$

㉡ 2011.12.31.에 퇴직했을 경우 당시의 퇴직금지급 규정에 따라 받았을 퇴직금 : 0.5억원

③ 간주근로소득 : (퇴직소득금액 – 2011.12.31. 이전 근무기간의 퇴직소득금액)
– 임원 퇴직소득 한도 = (15억원 – 1억원) – 8.64억원 = 5.36억원

(3) 퇴직소득금액 : 15억원 – 5.36억원 = 9.64억원(또는 8.64억원 + 1억원)

Ⅱ 퇴직소득 산출세액의 계산

1 계산구조

구 분		비 고
	환산급여	→ (퇴직소득금액－근속연수공제)÷근속연수×12
(－)	환산급여공제	
=	퇴직소득 과세표준	
	퇴직소득 산출세액	→ 퇴직소득 과세표준×기본세율÷12×근속연수
(－)	외국납부세액공제	
=	퇴직소득 결정세액	
(－)	기납부세액	→ 원천납부세액
=	퇴직소득 차감납부세액	

2 환산급여의 계산

(1) 환산급여

"환산급여"는 다음과 같이 계산한 금액을 말한다.(소법 48조 ①, 2014.12.23. 개정)

환산급여 = (퇴직소득금액 － 근속연수공제) ÷ 근속연수 × 12

(2) 근속연수공제(소법 48조 ① 1)

➲ 2023.1.1. 전에 퇴직한 거주자의 퇴직소득에 대한 근속연수에 따른 공제에 관하여는 개정규정에도 불구하고 종전의 규정에 따른다.(2022.12.31. 법 부칙 13조)

1) 근속연수 공제액

근속연수	공 제 액
5년 이하	100만원×근속연수
5년 초과～10년 이하	500만원+200만원×(근속연수−5년)
10년 초과～20년 이하	1,500만원+250만원×(근속연수−10년)
20년 초과	4,000만원+300만원×(근속연수−20년)

위의 근속연수 공제는 근속연수에 따라 누진 구조로 되어 있으며 다음과 같이 나타낼 수 있다.

근속연수	5년 이하	5년 초과 10년 이하	10년 초과 20년 이하	20년 초과
근속연수공제	연 100만원	연 200만원	연 250만원	연 300만원

2) 근속연수의 계산

① 원칙

근속연수는 근로를 제공하기 시작한 날 또는 퇴직소득중간지급일의 다음 날부터 퇴직한 날까지로 한다. 다만, 퇴직급여를 산정할 때 근로기간에 포함되지 아니한 기간은 근속연수에서 제외한다.(소령 105조 ①, 2013.2.15. 신설)

사 례 근속연수의 계산

A회사에서의 근무기간은 2014.7.1.～2025.3.31, B회사에서의 근무기간은 2024.1.1.～2025.12.31.까지일 때 근속연수는?

해답 12년

풀이 ① 총 근속기간 월수 : A회사 129월+B회사 24월=153월
② 중복근무기간(2024.1.1. ～2025.3.31.) 월수 : 15월
③ 근속연수공제기간(2014.7.1. ～2025.12.31.) : ①－②=138월(11년 6월) ⇒ 12년

PART 6

✓ **퇴직소득세액정산 시 근속연수 추가 인정(기산일 변경) 가능 여부**

소득세법 제148조 제1항에 따라 퇴직소득에 대한 세액정산을 하는 경우 근속연수는 동법 시행령 제203조 제2항에 따라 이미 지급된 퇴직소득에 대한 근속연수와 지급할 퇴직소득의 근속연수를 합산한 월수에서 중복되는 기간의 월수를 뺀 월수에 따라 계산하는 것임. 퇴직소득세액 계산 시 근속연수를 변경할 경우 소득세법 제48조에 따른 공제금액과 제55조 제2항에 따른 세액계산 결과가 달라질 수 있는 것으로 이미 지급된 퇴직소득에 대한 국세부과 제척기간이 경과한 경우 그 과세표준이나 세액을 변경하는 어떠한 결정이나 경정도 할 수 없는 것이므로 그 근속연수도 경정할 수 없는 것임(서면원천 2023-239, 2023.9.11.)

✓ **계열사 근무시 퇴직소득세액을 정산하지 않은 경우 합의퇴직금의 근속연수 계산 방법**

직·간접으로 출자관계가 있는 법인으로 전출한 자가 해당 법인에서 퇴직의 대가로 지급받는 합의퇴직금의 퇴직소득세 계산시 근속연수는 합의퇴직금 산정의 기초가 되는 출자관계 있는 법인에서 재직한 기간을 모두 합산하는 것임(기획재정부소득-226, 2020.5.13.)

✓ **퇴직금 중간정산 후 명예퇴직금 지급시 근속연수 계산방법**

퇴직금 중간정산을 한 자의 경우 퇴직금 근속연수는 퇴직소득중간지급일의 다음날부터 퇴직한 날까지이며, 명예퇴직금의 근속연수는 명예퇴직금 산정대상이 되는 재직기간으로 하는 것임(사전법령해석소득 2020-28, 2020.5.29.)

✓ **퇴직소득세액 계산방법**

퇴직금 중간정산 후 퇴직 시 퇴직일시금과 명예퇴직수당을 함께 지급받은 경우로서 명예퇴직수당의 근속연수를 최초 입사일부터 기산하기 위해서는 소득세법 제148조의 퇴직소득 세액정산 특례를 적용해야 하는 것임(기획재정부소득-1100, 2023.12.15.)

✓ **퇴직소득 근속연수 계산시 직·간접적으로 출자관계에 있는 해외 관계사에서의 근무기간 통산 가능 여부**

해외 관계사에서 근무하다가 직·간접적으로 출자관계에 있는 다른 해외 관계사의 국내 지점으로 전출할 때 소득세법 시행령 제43조 제1항 제2호에 따라 현실적인 퇴직에 해당되지 않았고, 최종 퇴직금 산정에 해외 관계사 근무 기간을 반영하였다면 소득세법 시행령 제105조 제1항에 따라 근속연수에도 해당 근무 기간이 포함되는 것임(서면원천 2016-4671, 2016.8.11.)

✓ **퇴직소득세 계산시 근속연수에 휴직기간이 포함되는지 여부**

퇴직소득세 계산 시 근속연수에 휴직기간이 포함되는지 여부는 휴직기간이 취업규칙·퇴직금여지급규정 또는 노사합의에서 정한 바에 의해 퇴직금 산정시 적용하는 계속 근로연수에 포함되는지 여부에 의하는 것임(서면1팀-321, 2005.3.22.)

✓ **무보수로 근무한 기간이 재직기간에 포함된 경우의 근속연수 계산**(소득 집행기준 22-105-3)

임원 등의 거주자가 창업초기 때는 무보수로 수년간 근무하고 그 이후로는 급여를 받다가 실제 퇴직하여 임원퇴직금지급규정에 따라 퇴직소득을 지급받는 경우 근속연수에 의한 퇴직소득공제금액 계산은 해당 법인에 직접 고용되어 실제 근로를 계속 제공한 총기간으로 하는 것이나, 법인세법 제52조에 따른 부당행위계산의 부인 대상이 되는 경우에는 그러하지 않는다.

✓ **공무원연금법 제49조에 따라 이혼한 배우자가 지급받는 소득에 대한 납세의무자 및 소득의 구분 등**

퇴직한 공무원과 이혼한 배우자가 공무원연금법 제49조에 따라 지급받는 퇴직연금일시금 등은 그 이혼한 배우자를 납세의무자로 하는 퇴직소득에 해당하는 것이며 이혼한 배우자가 해당 퇴직소득에 대해 소득세법 제48조 및 제55조를 적용하여 퇴직소득 산출세액을 계산할 때 근속연수는 공무원연금법 제45조 제2항 및 제49조가 적용되는 경우는 이혼한 배우자에게 지급할 퇴직연금일시금 등의 산정에 기초가 되는 혼인기간으로 하되, 공무원연금법 제46조가 적용되는 경우는 이혼한 배우자에게 지급할 퇴직연금일시금 등의 산정에 기초가 되는 기간을 근속연수로 하는 것임(사전법령해석소득 2018-259, 2018.12.19.)

✓ **청구인이 수령한 퇴직위로금의 근속연수 기산일을 입사일로 보아 퇴직소득세를 산출해야 한다는 청구주장의 당부**(조심2015중1068, 2015.7.23.)

청구인은 퇴직소득세 계산시 퇴직금과 퇴직위로금의 근속연수를 구분하여 퇴직위로금의 근속연수를 최초 입사일부터 기산하여 달라고 주장하나, 2013년 소득세법 제22조의 개정으로 퇴직을 원인으로 지급받는 대가는 명칭 여하에 관계없이 퇴직소득으로 보도록 하는 점, 같은 법 시행령 제105조에 따라 퇴직소득에 대하여 중간정산을 한 자는 퇴직소득 중간지급일의 다음날부터 퇴직한 날까지를 근속연수로 계산하는 점, 같은 법 제148조에서 중간정산 등으로 퇴직금을 분할하여 지급받는 경우 퇴직소득세를 정산할 수 있는 제도를 신설하여 법정퇴직금과 명예퇴직금 등을 구분할 실익이 없는 점, 청구인은 조직변경, 출자관계에 있는 법인으로 전출할 당시 퇴직급여를 실제로 지급받아 같은 법 제148조의 정산대상이 아닌 것으로 보이는 점 등에 비추어 처분청이 청구인의 경정청구를 거부한 처분은 잘못이 없는 것으로 판단된다.

저자TIP 중간정산 근속연수 계산시 유의사항

현행 소득세법에서는 퇴직금 중간정산에 따른 중간지급의 경우 그에 대한 퇴직일을 '중간정산 대상기간의 종료일'이 아니라 '중간정산지급일'로 규정(소령 105조 ①, 2013.2.15. 개정)하면서, <u>그 지급일에 퇴직한 것</u>으로 보고 있다.(소령 43조 ②, 2013.2.15. 개정)
이러한 규정은 2013.2.15. 이후 발생하는 퇴직금 중간정산 지급분부터 적용한다.(2013.2.15. 영 부칙 11조)
예를 들어 2011.1.1. 입사한 근로자가 중간정산 요건을 갖추어 2011.1.1. ~ 2015.12.31.까지의 기간에 대한 중간정산을 신청하여 2021.1.10.에 중간정산분을 지급받은 후, 2024.12.31.에 퇴사하면서 퇴직금 최종분을 2025.1.10.에 지급받았다면 근속연수는 다음과 같이 각각 산정되어 퇴직소득세의 계산에 반영될 것이다.

구 분	기산일	퇴사일	지급일	근속연수(1년 미만은 1년)
중간정산분	2011.1.1.	2021.1.10.*1	2021.1.10.*1	11년(2011.1.1. ~ 2021.1.10.)
최종분	2021.1.11.*2	2024.12.31.*3	2025.1.10.	4년(2021.1.11. ~ 2024.12.31.)
정산 근속연수	2011.1.1.	2024.12.31.		14년(2011.1.1. ~ 2024.12.31.)

*1. 중간정산분의 퇴사일은 중간정산지급일과 일치하여야 한다.(소령 43조 ②)
*2. 최종분의 기산일은 중간정산지급일(퇴사일)의 다음날이어야 한다.(소령 105조 ①)
*3. 최종분의 퇴사일은 지급일이 아니라 실제 퇴직일이다.

PART 6

실제 중간정산 대상기간의 근속연수는 5년(2011.1.1. ~ 2015.12.31.)임에도 불구하고, 중간정산 퇴직소득세 계산시의 근속연수는 지급일(퇴사일)까지여서 11년(2011.1.1. ~ 2021.1.10.)이 적용되고, 최종분의 계산시에는 실제 근속연수인 9년(2016.1.1. ~ 2024.12.31.)이 아니라 4년(2021.1.11. ~ 2024.12.31.)이 적용된다. 이와 같이 적용할 경우 중간정산분에 대한 퇴직소득세 산출세액이 종전 규정(2013.2.15. 개정 전 규정)에 비해 경우에 따라 크게 왜곡될 수 있다. 즉, 최종퇴직에 따라 퇴직소득 세액정산[중간지급분 + 최종분 − 기납부(또는 과세이연)세액]을 할 경우 퇴직소득세의 최종금액은 결과적으로 동일하게 되지만 중간정산분에 대한 세액이 최종정산 시점까지는 왜곡이 지속되며, 현행규정을 따르면 이와 같은 방법으로 계산하여야 한다.

국세청은 이러한 왜곡을 해결하기 위해 퇴직소득 원천징수영수증 서식에서의 '㉓제외월수'와 '㉔가산월수'를 이용하는 방법을 제시[5]하고 있다. 즉, 위의 사례에서 중간정산에 대한 근속연수를 아래의 ①과 같이 계산하고(중간정산 시점에는 최종분에 적힌다) 추후 최종 퇴직시에 ②와 ③처럼 계산하는 것이다.

구 분	근속월수	제외월수	가산월수	근속연수
① 중간지급 근속연수	121	61*1	−	5년(60개월)
② 최종 근속연수	48	−	61*2	10년(109개월)
③ 정산 근속연수	168	61	61	14년(168개월)

*1. 중간정산 퇴직급여 산정에 포함되지 않은 기간(2016.1.1. ~ 2021.1.10.)의 월수를 '제외월수'에 입력한다.
*2. 중간정산 근속연수의 '제외월수'를 최종 근속연수 계산시 '가산월수'에 입력한다.

실무적으로는 법규정에 따른 방법과 국세청에서 제시한 방법 중 어느 것을 선택하여도 무방할 것으로 보인다.

② 공적연금소득의 경우 근속연수 계산

공적연금소득의 경우 근속연수 계산은 다음에 따른다. 이 경우 납입연수 또는 재직기간이 1년 미만인 경우에는 1년으로 본다.(소령 105조 ②, 2010.2.18. 개정)

㉠ 국민연금법에 의하여 지급받는 일시금의 경우에는 연금보험료 총납입월수를 12로 나누어 계산한 납입연수

㉡ 공무원연금법·군인연금법·사립학교교직원연금법 또는 별정우체국법에 의하여 지급받는 일시금의 경우에는 각 해당 법률의 퇴직급여산정에 적용되는 재직기간

㉢ 공무원연금법·군인연금법·사립학교교직원연금법 또는 별정우체국법에 따른 일시금 및 현실적인 퇴직으로 지급받는 소득을 함께 지급받는 경우에는 각 해당 법률의 퇴직급여산정에 적용되는 재직기간과 실제 재직기간 중 긴 기간(소령 105조 ② 3, 2013.2.15. 개정)

㉣ 위 '㉡ 및 ㉢'에도 불구하고 일시금을 반납하고 재직기간, 복무기간 또는 가입기간을 합산한 후 지급받는 일시금의 경우에는 재임용일 또는 재가입일 이후의 재

5) 국세청홈택스 > 자료실 1095번 > 2024년 귀속 퇴직소득세액계산 프로그램 > 화면설명 > 3. 세액계산방법 요약 및 유의사항

직기간(소령 105조 ② 4, 2014.2.21. 개정)

③ 건설근로자 퇴직공제금의 근속연수 계산
건설근로자의 고용개선 등에 관한 법률 제14조 제4항에 따라 계산된 공제부금의 납부월수를 12로 나누어 계산한 납입연수로 한다.(소령 105조 ③, 2015.2.3. 개정)

3) 근속연수공제의 한도

해당 과세기간의 퇴직소득금액이 근속연수공제금액에 미달하는 경우에는 그 퇴직소득금액을 공제액으로 한다.(소법 48조 ②, 2014.12.23. 개정)

3 퇴직소득 과세표준의 계산

① 퇴직소득에 대한 과세표준은 퇴직소득금액에 퇴직소득공제를 적용한 금액으로 한다.(소법 14조 ⑥)

② 근속연수공제와 환산급여공제를 퇴직소득공제라 한다.(소법 48조 ③)
결국 퇴직소득 과세표준은 환산급여에서 아래의 환산급여공제(소법 48조 ① 2)를 적용한 금액이 된다.

환산급여	환산급여공제
8백만원 이하	환산급여의 100%
8백만원 초과 7천만원 이하	8백만원+(8백만원 초과분의 60%)
7천만원 초과 1억원 이하	4,520만원+(7천만원 초과분의 55%)
1억원 초과 3억원 이하	6,170만원+(1억원 초과분의 45%)
3억원 초과	1억5천170만원+(3억원 초과분의 35%)

4 퇴직소득 산출세액의 계산

① 퇴직소득 산출세액은 다음에 따라 계산한 금액으로 한다.(소법 55조 ②)

퇴직소득 산출세액 = 퇴직소득 과세표준 × 기본세율 ÷ 12 × 근속연수

PART 6

② 기본세율

㉠ 2023년 귀속분부터 적용되는 기본세율(2022.12.31. 개정)

과세표준	산출세액	
	초과누진방식	누진공제방식
1,400만원 이하	과세표준×6%	과세표준×6%
1,400만원 초과 5,000만원 이하	84만원+(과세표준−1,400만원)×15%	과세표준×15%−126만원
5,000만원 초과 8,800만원 이하	624만원+(과세표준−5,000만원)×24%	과세표준×24%−576만원
8,800만원 초과 1억5천만원 이하	1,536만원+(과세표준−8,800만원)×35%	과세표준×35%−1,544만원
1억5천만원 초과 3억원 이하	3,706만원+(과세표준−1억5천만원)×38%	과세표준×38%−1,994만원
3억원 초과 5억원 이하	9,406만원+(과세표준−3억원)×40%	과세표준×40%−2,594만원
5억원 초과 10억원 이하	1억7,406만원+(과세표준−5억원)×42%	과세표준×42%−3,594만원
10억원 초과	3억8,406만원+(과세표준−10억원)×45%	과세표준×45%−6,594만원

㉡ 2021년, 2022년 귀속소득에 대한 기본세율(2020.12.29. 개정)

과세표준	산출세액	
	초과누진방식	누진공제방식
1,200만원 이하	과세표준×6%	과세표준×6%
1,200만원 초과 4,600만원 이하	72만원+(과세표준−1,200만원)×15%	과세표준×15%−108만원
4,600만원 초과 8,800만원 이하	582만원+(과세표준−4,600만원)×24%	과세표준×24%−522만원
8,800만원 초과 1억5천만원 이하	1,590만원+(과세표준−8,800만원)×35%	과세표준×35%−1,490만원
1억5천만원 초과 3억원 이하	3,760만원+(과세표준−1억5천만원)×38%	과세표준×38%−1,940만원
3억원 초과 5억원 이하	9,460만원+(과세표준−3억원)×40%	과세표준×40%−2,540만원
5억원 초과 10억원 이하	1억7,460만원+(과세표준−5억원)×42%	과세표준×42%−3,540만원
10억원 초과	3억8,460만원+(과세표준−10억원)×45%	과세표준×45%−6,540만원

㉢ 2018년~2020년 귀속소득에 대한 기본세율(2017.12.19. 개정)

과세표준	산출세액	
	초과누진방식	누진공제방식
1,200만원 이하	과세표준×6%	과세표준×6%
1,200만원 초과 4,600만원 이하	72만원+(과세표준−1,200만원)×15%	과세표준×15%−108만원
4,600만원 초과 8,800만원 이하	582만원+(과세표준−4,600만원)×24%	과세표준×24%−522만원
8,800만원 초과 1억5천만원 이하	1,590만원+(과세표준−8,800만원)×35%	과세표준×35%−1,490만원
1억5천만원 초과 3억원 이하	3,760만원+(과세표준−1억5천만원)×38%	과세표준×38%−1,940만원
3억원 초과 5억원 이하	9,460만원+(과세표준−3억원)×40%	과세표준×40%−2,540만원
5억원 초과	1억7,460만원+(과세표준−5억원)×42%	과세표준×42%−3,540만원

퇴직소득 원천징수세액 계산 흐름도(2020.1.1. 이후 퇴직하는 분부터 적용)

퇴직소득금액(퇴직급여액 - 비과세소득)

⬇

근속연수공제

⬇

환산급여
(퇴직소득금액 - 근속연수공제) ÷ 근속연수 × 12

⬇

환산급여공제

⬇

퇴직소득과세표준

⬇

퇴직소득산출세액
(과세표준 × 세율) ÷ 12 × 근속연수

⬇

기납부(또는 과세이연)세액

⬇

차감원천징수세액

사 례 **퇴직소득 산출세액의 계산(2025년 퇴직자)**

2021.1.1.부터 2025.6.30.까지 (주)정평에서 근무하고 퇴직금으로 100,000,000원을 받은 김상준 부장의 퇴직소득 산출세액을 구하시오.

해 답 9,418,750원(개인지방소득세 941,875원 별도)

풀 이 • 근속연수 : 5년

구 분	금 액	계 산 근 거
환 산 급 여	228,000,000	[1억 – 500만원(5년×100만원)] ÷ 5년(근속연수)×12
(–) 환 산 급 여 공 제	(–) 119,300,000	6,170만원+[(228,000,000원 – 1억)×45%]
퇴직소득 과세표준	108,700,000	
퇴직소득 산출세액	9,418,750	(108,700,000원×35% – 1,544만원) ÷ 12×5년

• 제 4 절 퇴직소득의 과세방법

퇴직소득은 원천징수의무자가 그 지급할 퇴직소득과세표준에 원천징수세율을 적용하여 원천징수함으로써 납세의무가 종결된다. 따라서 퇴직소득만 있는 거주자는 별도의 퇴직소득 과세표준확정신고 절차가 요구되지 않는다.

✓ **퇴직연금제도**(소득 집행기준 22-0-2)

① 퇴직연금제도는 근로자 퇴직금의 수급권 보장을 위해 근로자퇴직급여보장법에 따라 2005년 12월 1일부터 시행되는 제도로 회사에서 퇴직금을 지급하는 대신 금융기관에 퇴직금상당액을 예치하도록 하고 근로자 퇴직 시 이를 연금으로 지급받거나 퇴직일시금으로 지급받을 수 있도록 하여 실질적인 노후생활을 보장하기 위한 퇴직급여보장제도이다.

② 퇴직연금제도의 유형 및 운용구조

㉠ 기본 운영구조

확정급여형(DB), 확정기여형(DC) 모두 외부 금융기관에 사용주가 부담한 퇴직연금 적립금을 보관하면서(자산관리기관 역할), 적절한 금융자문을 받아 수익률을 달성하여(운영관리기관 역할) 퇴직 시점에 연금 또는 일시금의 형태로 지급

㉡ 유형별 퇴직연금제도의 퇴직급여의 결정방법 등

구 분	퇴직연금 적립금의 운용방식
확정기여형(DC)	퇴직연금 적립금의 운용방식을 근로자 개개인의 선호를 반영하여 결정하고, 퇴직급여는 사용자가 매년 납부한 퇴직부담금에 운영수익률을 더하여 결정
확정급여형(DB)	퇴직연금 적립금의 운용방식을 사용자가 결정하며 퇴직급여액은 퇴직전 평균임금에 근로년수를 곱하여 결정
개인퇴직계좌(IRA)	근로자가 퇴직시에 받은 퇴직 일시금을 퇴직연금사업자에게 개인퇴직계좌를 설정하여 불입하고 세제혜택을 받으며 DC형과 같이 근로자 책임과 권한 아래 운용하다가 55세 이후에 연금 또는 일시금을 수령함(IRP로 확대 개편)
개인형퇴직연금(IRP)	퇴직일시금 및 근로자와 자영업자 등의 자기부담분에 운용수익률을 더하여 결정하며, 운용방식은 확정기여형퇴직연금을 준용함

➲ 2022.4.14.부터 "중소기업퇴직연금기금제도"가 시행되었다.

"중소기업퇴직연금기금제도"란 중소기업(상시 30명 이하의 근로자를 사용하는 사업에 한정한다) 근로자의 안정적인 노후생활 보장을 지원하기 위하여 둘 이상의 중소기업 사용자 및 근로자가 납입한 부담금 등으로 공동의 기금을 조성·운영하여 근로자에게 급여를 지급하는 제도를 말한다.(근로자퇴직급여보장법 제2조 14)

③ 제도 폐지·중단 시 처리

㉠ 퇴직연금이 폐지 또는 운영이 중단된 경우 폐지된 이후 또는 중단된 기간에 대해서는 법정퇴직금제도를 적용한다.

㉡ 퇴직연금이 폐지·중단된 경우 적립금은 근로자에게 지급되며, 이는 퇴직금의 중간정산으로 본다.

ⓐ 확정급여형(DB) : 사용자는 근로자에게 귀속된 퇴직연금 급여액과 퇴직금과의 차액을 지급

ⓑ 확정기여형(DC) : 납부가 중단된 기간 이후에 대해서는 퇴직금제도 적용

1 퇴직소득의 원천징수

(1) 원천징수의 방법 및 원천징수영수증의 발급

원천징수의무자가 퇴직소득을 지급할 때에는 그 퇴직소득과세표준에 원천징수세율을 적용하여 계산한 소득세를 원천징수한다.(소법 146조 ①) 그리고 퇴직소득을 지급하는 원천징수의무자는 그 지급일이 속하는 달의 다음달 말일까지 퇴직소득의 금액과 그 밖에 필요한 사항을 적은 원천징수영수증을 퇴직소득을 받는 사람에게 발급하여야 한다.(소법 146조 ②)

다만, 이연퇴직소득에 대한 소득세를 원천징수하지 아니한 때에는 그 사유를 함께 적어 퇴직소득을 받는 사람에게 원천징수영수증을 발급하여야 한다.(소법 146조 ③ 단서, 2013.1.1. 개정)

(2) 원천징수하지 않는 이연퇴직소득

➲ 【이연퇴직소득의 수입시기 등에 관한 경과조치】 2013.2.15. 이전에 종전의 소득세법 시행령 제42조의2 제1항 제6호, 같은 조 제5항, 제50조 제2항, 제105조 제3항 및 제115조에 따라 과세이연된 퇴직소득을 2013.2.15. 이후 연금외수령하는 경우에는 개정규정에도 불구하고 종전의 규정에 따른다.(2013.2.15. 영 부칙 37조)

1) 이연퇴직소득 계산 대상

거주자의 퇴직소득이 다음 중 하나에 해당하는 경우에는 해당 퇴직소득에 대한 소득세를 연금외수령하기 전까지 원천징수하지 아니한다. 이 경우 소득세가 이미 원천징수된 경우 해당 거주자는 원천징수세액에 대한 환급을 신청할 수 있다.(소법 146조 ②, 2013.1.1. 개정)

① 퇴직일 현재 연금계좌에 있거나 연금계좌로 지급되는 경우

② 퇴직하여 지급받은 날부터 60일 이내에 연금계좌에 입금되는 경우(2014.1.1. 개정)

✓ 비상장 주식회사의 대표자가 퇴직 후 정관에 따른 퇴직금 중 일부의 수령을 포기할 경우 원천징수 방법

법인의 대주주인 임원이 당초 퇴직 후 법인 정관의 임원퇴직금지급규정에 따라 지급 결정된 퇴직금을 수령 포기할 경우 퇴직금 포기시 퇴직금을 수령한 것으로 보아 퇴직소득세를 원천징수하는 것임 (서면원천 2021-6635, 2023.2.9.)

✓ 퇴직연금제도 도입으로 납부한 부담금의 퇴직소득 해당 여부 등

사용자가 확정기여형퇴직연금의 도입 이전에 해당 근로자가 제공한 근로기간에 대한 퇴직금 상당액(확정기여형퇴직연금 부담금)을 확정기여형퇴직연금 계좌에 납부하는 것은 퇴직소득을 지급한 것에 해당하지 아니하는 것임(원천-956, 2010.12.30.)

➲ 즉, 퇴직금 소급분을 확정기여형에 불입한 경우 그 금액에 대해 소급해서 과세이연을 적용해 주겠다는 의미임(퇴직금 자체는 비용인정됨)

✓ 파산법인의 미지급퇴직금에 대한 원천징수 여부(소득 집행기준 127-0-8)

파산법인이 채무자 회생 및 파산에 관한 법률에 따라 퇴직금을 일부만 지급하는 경우로서 해당 법인에 대한 법원의 파산종결 결정으로 배당가능성이 전혀 없어 그 지급이 불가능함이 객관적으로 명백한 경우 그 미지급 퇴직금에 대해서는 소득세를 원천징수하지 않는다.

✓ 퇴직금을 포기한 경우의 원천징수 여부(소득 집행기준 127-0-9)

법인의 대주주인 상근임원이 비상근임원으로 전환하면서 임원퇴직금지급규정에 따른 퇴직금의 수령을 주주총회에서 전액 포기한 경우에는 해당 대주주가 퇴직금 포기시 퇴직금을 수령한 것으로 보아 동 포기금액에 대해서 퇴직소득세를 원천징수한다.

✓ **확정급여형퇴직연금을 개인IRP계좌로 지급받아 이연퇴직소득을 연금외수령시 경정청구권자가 누구인지**

이연퇴직연금소득에 대한 경정청구는 원천징수의무자인 연금계좌취급자 또는 납세의무자인 퇴직근로자가 할 수 있는 것임(서면징세 2023-3207, 2023.11.8.)

✓ **퇴직연금 지급시 원천징수의무자**(소득 집행기준 127-0-10)

종업원이 근로자퇴직급여 보장법에 따라 확정급여형퇴직연금(DB)제도에서 퇴직연금일시금을 지급받는 경우에는 퇴직연금제도를 설정한 사용자가 소득세를 원천징수하는 것이고, 확정기여형퇴직연금(DC)제도에서 퇴직연금일시금을 지급받는 경우에는 자산관리업무를 수행하는 퇴직연금사업자가 소득세를 원천징수하는 것이며, 거주자가 지급받는 연금은 급여를 지급하는 퇴직연금사업자가 소득세를 원천징수한다.

✓ **퇴직연금일시금 지급 시 폐업한 사용자의 미지급 퇴직금에 상당하는 이연퇴직소득세액의 원천징수의무자 및 범위**

확정급여형퇴직연금제도에 가입한 근로자가 퇴직하여 본인의 개인형퇴직연금계좌로 이전된 이연퇴직소득을 연금외수령하는 경우 퇴직연금사업자는 소득세법 시행령 제202조의2에서 정하는 바에 따라 이연퇴직소득세를 원천징수하여야 하는 것임(서면법령해석소득 2020-3230, 2021.8.18.)

✓ **확정기여형 퇴직연금제도 폐지시 재직중인 임원이 받는 일시금의 처리 방법**

내국법인이 근로자가 모두 퇴직하고 임원인 대표이사만이 재직하게 되어 운영중인 확정기여형 퇴직연금제도를 폐지함에 따라 퇴직연금사업자가 임원에게 지급하는 일시금은 그 내국법인의 업무무관 가지급금에 해당되지 아니하는 것임(서면법규-109, 2013.1.31.)

✓ **노동위원회의 부당해고 화해결정의 경우 퇴직급여 과세이연계좌 이체시 퇴직한 날의 기준일**

근로자가 사용자로부터 해고되어 노동위원회에 부당해고 구제를 신청함에 따라 노동위원회의 화해결정에 의하여 퇴직일 등이 확정되는 경우로서 그 퇴직일이 2012.12.31. 이전인 경우 "퇴직한 날"이란 화해결정에 따른 퇴직일을 말하는 것임(서면법규-101, 2013.1.29.)

✓ **사용자의 부도폐업에 따라 퇴직연금사업자가 확정급여형퇴직연금계정에서 지급하는 일시금의 원천징수의무**

근로자가 확정급여형퇴직연금제도의 계정에서 개인형퇴직연금제도의 계정으로 이체된 퇴직급여에 대하여 일시금 수급을 요구하였으나 사용자의 부도, 폐업 및 행방불명으로 인하여 퇴직소득세에 대한 원천징수 의무를 이행하지 못하는 경우 근로자퇴직급여 보장법 제17조 제2항(2011.7.25. 법률 제10967호로 개정된 것)에 따라 근로자에게 퇴직급여 일시금을 지급할 의무가 있는 퇴직연금사업자가 퇴직소득세를 원천징수하여야 하는 것임(서면법규-145, 2013.2.8.)

2) 이연퇴직소득세의 계산

① 이연퇴직소득세는 다음에 따라 계산한 금액으로 한다.(소령 202조의2 ①, 2013.2.15. 신설)

$$\text{이연퇴직소득세} = \text{퇴직소득 산출세액}^{*1} \times \frac{\text{연금계좌로 이전되는 퇴직소득}}{\text{퇴직소득금액}^{*2}}$$

*1. 서식에서는 '신고대상세액'을 가리킨다.
*2. 환급하는 경우의 퇴직소득금액은 이미 원천징수한 세액(지방소득세 포함)을 뺀 금액으로 한다.

② 이연퇴직소득을 연금외수령하는 경우 원천징수의무자는 다음에 따라 계산한 이연퇴직소득세를 원천징수하여야 한다.(소령 202조의2 ②, ③, 2013.2.15. 신설)

$$\text{원천징수액} = \text{연금외수령 당시 이연퇴직소득세}^{*1} \times \frac{\text{연금외수령한 이연퇴직소득}}{\text{연금외수령 당시 이연퇴직소득}}$$

*1. (해당 연금외수령 전까지의 이연퇴직소득세 누계액 - 인출퇴직소득 누계액에 대한 세액*2)

*2. $\text{이연퇴직소득세 누계액} \times \frac{\text{인출퇴직소득 누계액}}{\text{이연퇴직소득 누계액}}$

③ 위 '②'의 계산식을 적용할 때 해당 연금외수령 전까지 퇴직소득세액을 정산한 경우에는 정산후이연퇴직소득세액을 이연퇴직소득세 누계액으로 하고, 정산 전까지 인출한 이연퇴직소득은 이연퇴직소득 누계액 및 인출퇴직소득 누계액에 산입하지 않는다.(소령 202조의2 ④, 2025.2.28. 신설)

➲ 2026.1.1. 이후 퇴직[제43조 제2항에 따라 퇴직(☞ 퇴직소득 중간정산에 따른 퇴직)한 것으로 보는 경우를 포함]하여 지급받는 소득분부터 적용한다.(2025.2.28. 영 부칙 19조)

퇴직소득 과세이연방식의 변경

종전에는 퇴직급여액의 80% 이상을 퇴직일로부터 60일 이내에 과세이연계좌에 입금하는 경우 해당 퇴직급여액을 지급받을 때까지 퇴직소득으로 보지 않는 '소득이연' 방식이었으나, 퇴직소득이 연금계좌로 지급되거나 퇴직하여 지급받은 날부터 60일 이내에 연금계좌로 입금되는 경우에는 그 이전된 퇴직소득에 대한 퇴직소득세를 계산한 후 원천징수하지 않는 '세액이연' 방식으로 변경하였다.

3) 소득이연퇴직소득의 소득발생과 소득세의 징수이연 특례(2014.12.23. 신설)

① 2012.12.31. 이전에 퇴직하여 지급받은 퇴직소득을 퇴직연금계좌에 이체 또는 입금함에 따라 그 퇴직연금계좌에서 가입자가 실제로 지급받을 때까지 소득이 발생하지 아니한 것으로 보는 금액(운용실적에 따라 추가로 지급받는 금액이 있는 경우 그 금액을 포함하며, 이하 "소득이연퇴직소득"이라 한다)이 2014.12.31.에 퇴직연금계좌에 있는 경우 2014.12.31.에 해당 소득이연퇴직소득 전액을 퇴직소득으로 지급받아 즉시 해당 퇴직연금계좌에 다시 납입한 것으로 본다.(소법 146조의2 ①, 2014.12.23. 신설)

② 위 '①'에 따라 지급받아 다시 납입한 것으로 보는 퇴직소득에 대한 소득세는 원천징수되지 아니한 것으로 본다.(소법 146조의2 ②, 2014.12.23. 신설)

4) 지급명세서 등 제출 불성실 가산세

제출된 지급명세서에 이연퇴직소득세를 적지 아니하였거나 잘못 적은 경우에는 그 금액의 1%를 지급명세서 등 제출 불성실 가산세로 부과한다.(소법 81조의11 ① 2 가, 소령 147조의7 ① 1 다)

5) 원천징수영수증 발급

이연퇴직소득을 지급하는 원천징수의무자는 이연퇴직소득 지급일이 속하는 달의 다음 달 말일까지 원천징수영수증을 연금외수령한 사람에게 발급하여야 한다.(소령 202조의2 ⑤, 2025.2.28. 항번개정)

6) 퇴직소득세의 환급절차

① 이연퇴직소득에 대해 이미 원천징수된 세액에 대해 환급을 신청하려는 사람은 퇴직소득이 연금계좌에 지급 또는 입금될 때 「과세이연계좌신고서」를 연금계좌취급자에게 제출하여야 한다.(소령 202조의3 ①, 2015.2.3. 개정)

② 연금계좌취급자는 제출받은 「과세이연계좌신고서」를 원천징수의무자에게 제출하여야 하고 원천징수의무자는 이연퇴직소득세액을 환급할 세액으로 하되, 환급할 소득세가 환급하는 달에 원천징수하여 납부할 소득세를 초과하는 경우에는 다음 달 이후에 원천징수하여 납부할 소득세에서 조정하여 환급한다. 다만, 원천징수의무자가 「원천징수세액 환급신청서」를 원천징수 관할 세무서장에게 제출하는 경우에는 원천징수관할 세무서장이 그 초과액을 환급한다.(소령 202조의3 ②, 2015.2.3. 개정)

③ 환급되는 세액은 「과세이연계좌신고서」에 있는 연금계좌에 이체 또는 입금하는 방법으로 환급하며, 해당 환급세액은 이연퇴직소득에 포함한다. 다만, 원천징수의무자의 폐업 등으로 연금계좌취급자가 「과세이연계좌신고서」를 원천징수의무자의 원천징수

관할 세무서장에게 제출한 경우에는 원천징수 관할 세무서장이 해당 환급세액을 환급신청자에게 직접 환급할 수 있다.(소령 202조의3 ③, 2015.2.3. 개정)

④ 이연퇴직소득세를 원천징수하지 않거나 환급한 경우 원천징수의무자는 지급명세서를 연금계좌취급자에게 즉시 통보하여야 한다.(소령 202조의3 ④, 2013.2.15. 신설)

✓ 퇴직소득 과세이연 3년 경과 후 퇴직소득세 환급 가능여부

퇴직급여액을 과세이연계좌에 이체 또는 입금한 거주자가 원천징수된 퇴직소득에 대한 소득세를 환급받으려는 경우 동 퇴직급여액을 과세이연계좌에 이체 또는 입금한 때에 과세이연계좌신고서를 제출하는 것임(서면법규-661, 2014.6.26.)

✓ 원천징수의무자 폐업시 퇴직자가 원천징수 관할 세무서장에게 기납부 퇴직소득세의 환급을 신청함

퇴직급여액을 과세이연계좌에 이체 또는 입금한 거주자(이하 "퇴직자"라 함)의 퇴직소득세를 원천징수한 자가 폐업으로 해당 환급세액을 원천징수의무자가 퇴직자에게 환급하는 것이 사실상 불가능한 경우 퇴직자가 원천징수 관할 세무서장에게 과세이연신고서 및 퇴직소득과세이연명세서를 제출하여, 원천징수 관할 세무서장이 해당 환급세액을 퇴직자에게 직접 지급할 수 있음(기획재정부소득-457, 2011.10.24.)

(3) 원천징수의무자

국내에서 거주자나 비거주자에게 퇴직소득금액을 지급하는 자는 그 거주자나 비거주자에 대한 소득세를 원천징수하여야 한다.(소법 127조 ①)

다만, 다음 중 하나에 해당하는 근로소득이 있는 사람이 퇴직함으로써 받는 소득은 원천징수하지 않는다.(소법 127조 ① 7 단서)

① 외국기관 또는 우리나라에 주둔하는 국제연합군(미군은 제외)으로부터 받는 근로소득

② 국외에 있는 비거주자 또는 외국법인(국내지점 또는 국내영업소는 제외)으로부터 받는 근로소득. 다만, 다음 중 하나에 해당하는 소득은 제외한다.

㉠ 비거주자의 국내사업장과 외국법인의 국내사업장의 국내원천소득금액을 계산할 때 필요경비 또는 손금으로 계상되는 소득

㉡ 국외에 있는 외국법인(국내지점 또는 국내영업소는 제외)으로부터 받는 근로소득 중 소득세가 원천징수되는 파견근로자의 소득

(4) 원천징수시기에 대한 특례

원천징수의무자가 퇴직소득을 지급하는 때에는 그 소득금액에 원천징수세율을 적용하여 계산한 소득세를 원천징수한다. 그러나 다음의 시기가 도래하면 아직 퇴직소득을 지급하지 않았다 하더라도 지급한 것으로 보아 원천징수를 하여야 한다.

① 퇴직소득을 지급하여야 할 원천징수의무자가 1월부터 11월까지의 사이에 퇴직한 사람의 퇴직소득을 해당 과세기간의 12월 31일까지 지급하지 아니한 경우에는 그 퇴직소득을 12월 31일에 지급한 것으로 보아 소득세를 원천징수한다.(소법 147조 ①)

② 원천징수의무자가 12월에 퇴직한 사람의 퇴직소득을 다음 연도 2월 말일까지 지급하지 아니한 경우에는 그 퇴직소득을 다음 연도 2월 말일에 지급한 것으로 보아 소득세를 원천징수한다.(소법 147조 ②)

③ 국민연금법에 따라 지급받는 반환일시금 또는 사망일시금, 공무원연금법·군인연금법·사립학교교직원연금법·별정우체국법에 따라 지급받는 일시금의 경우에는 퇴직소득 원천징수시기에 대한 특례규정을 적용하지 않는다.(소법 147조 ④, 2013.1.1. 개정, 소득 집행기준 22-0-4 ③)

퇴직소득 원천징수시기

구 분		원천징수 시기
일반적인 경우		퇴직소득을 현실적으로 지급하는 때
원천징수시기에 대한 특례 적용*	① 2025년 1월 ~ 11월에 퇴직한 근로자의 퇴직금을 12월 말일까지 지급하지 아니한 때	2025.12.31.
	② 2025년 12월에 퇴직한 근로자의 퇴직금을 다음연도 2월 말일까지 지급하지 아니한 때	2026년 2월 말일

* 공적연금 관련법에 따라 받는 일시금에 대해서는 적용하지 않는다.(소법 147조 ④)

(5) 퇴직소득에 대한 세액정산

① 퇴직자가 퇴직소득을 지급받을 때 이미 지급받은 다음의 퇴직소득에 대한 원천징수영수증을 원천징수의무자에게 제출하는 경우 원천징수의무자는 퇴직자에게 이미 지급된 퇴직소득과 자기가 지급할 퇴직소득을 합계한 금액에 대하여 정산한 소득세를 원천징수하여야 한다.(소법 148조 ①, 2013.1.1. 개정)

㉠ 해당 과세기간에 이미 지급받은 퇴직소득

㉡ 근로제공을 위하여 사용자와 체결하는 계약으로서 사용자가 같은 하나의 근로계약(다음 중 하나에 해당하는 사유로 체결하는 계약을 포함)에서 이미 지급받은 퇴직소득(소령 203조 ④, 2025.2.28. 항번개정, 소령 43조 ①)

ⓐ 종업원이 임원이 된 경우

ⓑ 합병·분할 등 조직변경, 사업양도, 직·간접으로 출자관계에 있는 법인으로의 전출 또는 동일한 사업자가 경영하는 다른 사업장으로의 전출이 이루어진 경우

PART 6

ⓒ 법인의 상근임원이 비상근임원이 된 경우

ⓓ 비정규직 근로자(기간제 및 단시간근로자 보호 등에 관한 법률에 따른 기간제 근로자 또는 단시간근로자를 말한다)가 정규직 근로자(근로기준법에 따라 근로계약을 체결한 근로자로서 비정규직 근로자가 아닌 근로자를 말한다)로 전환된 경우(2020.2.11. 신설)

➲ 2020.2.11. 이후 ⓓ 규정에 해당하는 사유가 발생하는 경우부터 적용한다.(2020.2.11. 영 부칙 6조)

② 2012.12.31. 이전에 퇴직하여 지급받은 퇴직소득을 퇴직연금계좌에 이체 또는 입금하여 퇴직일에 퇴직소득이 발생하지 아니한 경우 해당 퇴직일에 해당 퇴직소득이 발생하였다고 보아 해당 퇴직소득을 위 '①의 ㉡'에서의 이미 지급받은 퇴직소득으로 보고 정산규정을 적용할 수 있다.(소법 148조 ②, 2014.12.23. 신설)

➲ 2015.1.1. 이후 세액을 정산하는 분부터 적용한다.(2014.12.23. 법 부칙 17조)

③ 정산하는 퇴직소득세는 이미 지급된 퇴직소득과 자기가 지급할 퇴직소득을 합계한 금액에 대하여 퇴직소득세액을 계산한 후 이미 지급된 퇴직소득에 대한 세액을 뺀 금액으로 한다.(소령 203조 ①, 2013.2.15. 개정)

④ 퇴직소득세를 정산하는 경우의 근속연수는 이미 지급된 퇴직소득에 대한 근속연수와 지급할 퇴직소득의 근속연수를 합산한 월수에서 중복되는 기간의 월수를 뺀 월수에 따라 계산한다.(소령 203조 ②, 2013.2.15. 개정)

개정 2025.2.28.

➲ 2026.1.1. 이후 퇴직[제43조 제2항에 따라 퇴직(☞ 퇴직소득 중간지급에 따른 퇴직)한 것으로 보는 경우를 포함]하여 지급받는 소득분부터 적용한다.(2025.2.28. 영 부칙 19조)

③ 정산하는 퇴직소득세는 이미 지급된 퇴직소득과 자기가 지급할 퇴직소득을 합계한 금액(이하 "퇴직소득누계액"이라 한다)에 대해 퇴직소득세액을 계산한 후 이미 지급된 퇴직소득에 대한 세액을 뺀 금액으로 한다.(소령 203조 ①, 2025.2.28. 개정)

④ 위 '③'에도 불구하고 이미 지급된 퇴직소득 중 이연퇴직소득이 있는 퇴직자가 퇴직소득을 지급받는 경우, 정산하는 퇴직소득세는 다음 계산식에 따라 계산한 금액으로 한다. 이 경우 퇴직자는 퇴직소득에 대한 원천징수영수증을 원천징수의무자에게 제출할 때 연금계좌취급자로부터 발급받은 「연금계좌 이연퇴직소득 현황 명세표」(별지 제24호의5 서식)를 함께 제출하거나 연금계좌취급자로 하여금 해당 「연금계좌 이연퇴직소득 현황 명세표」를 원천징수의무자에게 제출하게 해야 한다.(소령 203조 ②, 2025.2.28. 신설)

• 정산 퇴직소득세 = A - (B + C + D)

A : 퇴직소득누계액에 대한 퇴직소득세액
B : 정산전이연퇴직소득세액*
C : 정산 전까지 지급된 퇴직소득에 대해 원천징수된 세액(환급된 원천징수세액 및 정산 전까지 인출한 이연퇴직소득에 대한 원천징수세액은 제외한다)
D : 정산 전까지 인출한 이연퇴직소득을 전액 연금외수령 하였다고 가정할 때 계산한 원천징수세액
E : 퇴직소득누계액에 대한 퇴직소득세액
F : 정산 전까지의 이연퇴직소득 누계액에서 정산 전까지 인출한 이연퇴직소득 누계액을 뺀 금액
G : 퇴직소득누계액

* 정산전이연퇴직소득세액 = $E \times \frac{F}{G}$

⑤ 퇴직소득세를 정산하는 경우의 근속연수는 이미 지급된 퇴직소득에 대한 근속연수와 지급할 퇴직소득의 근속연수를 합산한 월수에서 중복되는 기간의 월수를 뺀 월수에 따라 계산한다.(소령 203조 ③, 2025.2.28. 개정)

⑥ 원천징수의무자는 퇴직소득세를 정산하는 경우에는 정산전이연퇴직소득세액과 정산 시 자기가 지급할 퇴직소득에 대해 이연퇴직소득세액을 합산한 금액(이하 "정산후이연퇴직소득세액"이라 한다)을 계산하고, 지급명세서에 정산후이연퇴직소득세액을 반영하여 연금계좌취급자에게 즉시 통보해야 한다. 이 경우 둘 이상의 연금계좌에 있거나 입금될 이연퇴직소득에 대한 연금계좌별 정산후이연퇴직소득세액은 전체 정산후이연퇴직소득세액을 연금계좌별 이연퇴직소득(정산 전까지 인출한 이연퇴직소득은 제외한다)의 비율로 안분한 금액으로 한다.(소령 203 ⑤, 2025.2.28. 신설)

⑦ 위 '⑥'에 따른 통보를 받은 연금계좌취급자는 연금계좌별 정산후이연퇴직소득세액을 연금계좌 현황자료 작성 및 원천징수세액 계산 시 반영해야 한다.(소령 203 ⑥, 2025. 2.28. 신설)

✓ 관계사 전출로 퇴직하며 퇴직금 수령한 뒤 관계사간 출자관계가 단절된 상황에서 최종퇴직금 수령 시 퇴직소득 세액정산이 가능한지 여부

직·간접의 출자관계에 있는 법인으로의 전출을 이유로 지급받은 퇴직급여는 이후 그 출자관계가 단절된 경우에도 소득세법 제148조제1항 제2호의 대통령령으로 정하는 근로계약에서 이미 지급받은 퇴직소득에 해당하는 것임(서면법규소득 2023-4505, 2025.2.18.)

✓ 퇴직소득 2회 이상 발생시 원천징수

동일연도에 2회 이상 퇴직소득이 발생한 경우에 퇴직소득세액계산은 현(주) 근무지 원천징수의무자가 전(종)근무지 퇴직소득을 합산하여 퇴직소득세액을 정산할 수 있는 것이며, 퇴직소득이 있는 거주자는 원천징수의무자가 퇴직소득세를 정산하여 납부하지 않은 경우에는 퇴직소득이 있는 다음해 5월1일부터 5월31일까지 퇴직소득 과세표준확정신고를 하여야 하는 것임(원천-1051, 2009.12.23.) ➲ 소득세법 시행규칙[별지 제40호의2서식]으로 신고한다.

PART 6

✓ **한 법인에서 직원으로 근무하던 중 출자관계가 있는 법인의 임원으로 전출한 후 최종퇴사한 경우 퇴직소득 세액정산 가능 여부**

사용자가 같은 하나의 근로계약에서 이미 지급받은 퇴직소득에 대한 원천징수영수증을 원천징수의무자에게 제출하는 경우 퇴직소득에 대한 세액정산을 하는 것이며, 사용자가 같은 하나의 근로계약이란 종업원이 임원이 된 경우, 출자관계에 있는 법인으로의 전출 등 소득세법 시행령 제43조 제1항 각 호의 사유로 체결하는 계약을 포함하는 것임. 다만, 이연퇴직소득을 포함하여 퇴직소득세액정산 시 이연퇴직소득세액은 기납부세액으로 보아 환급하지 아니하는 것임(서면원천 2023-268, 2023.8.16.)

✓ **모회사에서 자회사로 전출하며 퇴직금을 수령한 경우 최종퇴사 시 세액정산 가능 여부**

직·간접으로 출자관계에 있는 법인으로의 전출이 이루어진 경우로서 퇴직자가 퇴직소득을 지급받을 때 전근무지로부터 이미 지급받은 퇴직소득 원천징수영수증을 원천징수의무자에게 제출하는 경우 퇴직소득에 대한 세액정산을 하는 것임(서면원천 2022-5552, 2023.7.19.)

✓ **퇴직소득세액 계산방법**

퇴직금 중간정산 후 퇴직 시 퇴직일시금과 명예퇴직수당을 함께 지급받은 경우로서 명예퇴직수당의 근속연수를 최초 입사일부터 기산하기 위해서는 소득세법 제148조의 퇴직소득 세액정산 특례를 적용해야 하는 것임(기획재정부소득-1100, 2023.12.15.)

✓ **퇴직소득세액정산 시 근속연수 추가 인정(기산일 변경) 가능 여부**

소득세법 제148조 제1항에 따라 퇴직소득에 대한 세액정산을 하는 경우 근속연수는 동법 시행령 제203조 제2항에 따라 이미 지급된 퇴직소득에 대한 근속연수와 지급할 퇴직소득의 근속연수를 합산한 월수에서 중복되는 기간의 월수를 뺀 월수에 따라 계산하는 것임. 퇴직소득세액 계산 시 근속연수를 변경할 경우 소득세법 제48조에 따른 공제금액과 제55조 제2항에 따른 세액계산 결과가 달라질 수 있는 것으로 이미 지급된 퇴직소득에 대한 국세부과 제척기간이 경과한 경우 그 과세표준이나 세액을 변경하는 어떠한 결정이나 경정도 할 수 없는 것이므로 그 근속연수도 경정할 수 없는 것임(서면원천 2023-239, 2023.9.11.)

✓ **계약직에서 정규직 전환시 퇴직금을 수령한 자가 정규직 지위에서 희망퇴직에 따라 특별퇴직금을 지급받는 경우, 퇴직소득세액의 정산이 가능한지 여부**

퇴직자가 퇴직소득을 지급받을 때 이미 지급받은 퇴직소득에 대한 원천징수영수증을 2016.2.17. 이후 원천징수의무자에게 제출하는 경우, 원천징수의무자는 소득세법 제148조 제1항에 따라 퇴직자에게 이미 지급된 퇴직소득과 자기가 지급할 퇴직소득을 합계한 금액에 대하여 정산한 소득세를 원천징수하여야 하는 것이며, 이러한 경우 근속연수는 같은 법 시행령 제203조 제2항에 따라 이미 지급된 퇴직소득에 대한 근속연수와 지급할 퇴직소득의 근속연수를 합산한 월수에서 중복되는 기간의 월수를 뺀 월수에 따라 계산하는 것임(사전법규소득 2021-1818, 2022.3.22.)

✓ **계열사에서 퇴직금 수령 후 채용된 직원의 퇴직소득세 정산가능 여부**

[사실관계]

신청법인은 ○○에서 신청법인으로 파견근무 후 퇴직한 자를 근무당시 직급·호봉·경력을 승계하는 조건으로 채용하였으며, 2019.12.31.자로 퇴직하여 명예퇴직금 지급예정(채용조건은 직급 및 호봉 경력은 인정하는 조건임)

[질의]
계열사에서 퇴직금을 수령한 후 채용된 직원의 퇴직금 산정시 하나의 근로계약으로 보아 퇴직소득세액을 정산할 수 있는지 여부

[회신]
소득세법 시행령 제43조 제1항 각 호의 사유로 체결하는 계약은 사용자가 같은 하나의 계약에 해당하는 것으로서 이미 지급받은 퇴직소득은 소득세법 제148조 및 같은 법 시행령 제203조에 따라 퇴직소득세액을 정산할 수 있는 것임(사전법령해석소득 2019-779, 2020.2.4.)

✓ 자산 출연기관으로 퇴직금을 수령하고 전출한 경우 퇴직소득세액의 정산 가능여부

비영리법인인 A가 비영리법인인 B로 일부 업무를 이관하는 과정에서 위 업무와 관련된 A의 임직원이 퇴직금을 지급받고 B로 전출한 경우에, A로부터 지급받은 퇴직소득은 사용자가 같은 하나의 계약에서 이미 지급받은 퇴직소득에 해당하지 아니하는 것임(서면법령해석소득 2020-2449, 2020.11.20.)

✓ 퇴직소득을 정산하는 경우 이연한 퇴직소득세로서 실제 납부하지 않은 세액도 기납부세액으로 보아 환급하는지 여부

이연퇴직소득을 포함하여 퇴직소득세액 정산시 이연퇴직소득세액은 기납부세액으로 보아 환급하지 아니하며 퇴직소득세액 정산으로 변경된 이연퇴직소득세액을 재통보하는 것임(기획재정부소득-169, 2020.4.3.)

✓ 개정된 퇴직소득세액정산제도의 적용시기

출자 관계사로 전출하면서 퇴직금을 지급받은 경우 2016.2.16. 이전에 실제 퇴직할 때 전출시 받은 퇴직금도 퇴직소득세액 정산 대상임(기획재정부소득-633, 2017.12.22.)

✓ 퇴직공제금 추가지급분이 퇴직금 분할지급에 해당하는지 여부

사업주의 불입지연으로 추가로 지급하는 퇴직공제금이 발생하는 경우에는 퇴직금을 분할하여 지급받는 경우에 해당하는 것이며, 이때 퇴직소득에 대한 세액정산 등의 예에 의하여 원천징수하는 것임(서면법령해석소득 2015-366, 2015.12.15.)

(6) 퇴직소득 원천징수의무의 위임·대리

① 퇴직소득을 지급할 때 다음에 해당하는 금융회사 등과 사용자 간에는 원천징수의무의 대리 또는 위임의 관계가 있는 것으로 보아 원천징수의무 규정을 적용한다.(소령 184조의3 ①, 2013.2.15. 개정)

㉠ 공적연금 관련법에 따라 공적연금을 취급하기 위하여 설립된 연금공단 및 연금관리단

㉡ 연금계좌취급자

PART 6

저자TIP 퇴직연금계좌의 원천징수의무자

연금계좌는 연금저축계좌와 퇴직연금계좌를 의미하는 것이고, 이 중 "퇴직연금계좌"의 범위는 다음과 같다.(소령 40조의2 ① 2)

① 근로자퇴직급여 보장법 제2조 제9호의 확정기여형퇴직연금제도에 따라 설정하는 계좌
② 근로자퇴직급여 보장법 제2조 제10호의 개인형퇴직연금제도에 따라 설정하는 계좌
③ 근로자퇴직급여 보장법에 따른 중소기업퇴직연금기금제도에 따라 설정하는 계좌 (2022.2.15. 신설) ➲ 2022.4.14.부터 시행한다.(2022.2.15. 소령 부칙 1조 1.)
④ 과학기술인공제회법 제16조 제1항에 따른 퇴직연금급여를 지급받기 위하여 설정하는 계좌

따라서 확정기여형퇴직연금(DC)과 개인형퇴직연금(IRP)을 취급하는 금융기관은 원천징수의무의 위임·대리 규정에 따라 지급하는 퇴직금에 대한 원천징수의무자가 된다.
그러나 확정급여형퇴직연금(DB)계좌는 연금계좌에 해당하지 않아서 원천징수의무의 위임·대리 규정을 적용할 수 없으므로 확정급여형퇴직연금 등을 지급하는 금융회사는 원천징수의무자가 될 수 없고 근로자가 퇴사하는 회사가 원천징수의무자가 되는 것이다.

② 원천징수를 대리하거나 그 위임을 받은 금융회사등과 사용자가 각각 퇴직소득을 지급하는 경우 퇴직소득세액의 정산 등에 관하여는 퇴직소득 세액정산 규정(소법 148조)을 준용한다.(소령 184조의3 ②, 2013.2.15. 개정)

(7) 원천징수세액의 신고·납부

원천징수의무자는 원천징수한 퇴직소득세를 다음의 납부기한 내에 국세징수법에 의한 납부서와 함께 원천징수 관할세무서·한국은행 또는 체신관서에 납부하여야 하며, 「원천징수이행상황신고서」를 원천징수 관할 세무서장에게 제출(국세정보통신망에 의한 제출을 포함)하여야 한다. 그리고 「원천징수이행상황신고서」에는 원천징수하여 납부할 세액이 없는 자에 대한 것도 포함하여야 한다.(소령 185조 ①, ②)

① 월별 납부
그 징수일이 속하는 달의 다음달 10일(소법 128조 전단)

② 반기별 납부
직전 연도(신규로 사업을 개시한 사업자의 경우 신청일이 속하는 반기를 말한다)의 상시고용인원이 20인 이하인 원천징수의무자(금융 및 보험업을 영위하는 자 제외) 또는 종교단체로서 원천징수 관할 세무서장으로부터 원천징수세액을 매 반기별로 납부할 수 있도록 승인을 받거나 국세청장이 정하는 바에 따라 지정을 받은 자는 원천징수한 퇴직소득세를 그 징수일이 속하는 반기의 마지막 달의 다음달 10일까지 납부할 수 있다.(소법 128조 ①, 소령 186조 ①, 2021.5.4. 개정)

(8) 지급명세서의 제출

국내에서 퇴직소득을 지급하는 자는 그 지급을 받는 소득자별로 「퇴직소득지급명세서」를 그 지급일이 속하는 연도의 다음 연도 3월 10일(휴업 또는 폐업한 경우에는 휴업일 또는 폐업일이 속하는 달의 다음다음 달 말일)까지 원천징수 관할 세무서장, 지방국세청장 또는 국세청장에게 제출하여야 한다.(소법 164조 ①)

퇴직소득 지급명세서 제출시기

구 분	지급명세서 제출시기
일반적인 경우	지급한 연도의 다음연도 3월 10일까지
원천징수시기에 대한 특례가 적용되는 경우	과세연도 종료일이 속하는 연도의 다음연도 3월 10일까지

사 례 원천징수 및 지급명세서의 제출시기

〈사례 1〉

2024.12.31.에 퇴사한 근로자에게 2025.3.5.에 퇴직금을 지급하는 경우

(1) 세금을 계산할 때 어느 해의 세법을 적용할 것인가?

➜ 현실적으로 퇴직하는 때가 귀속시기이므로 2024.12.31.이 속하는 2024년도의 세법을 적용하며, 2024년도 서식을 이용하여 「퇴직소득원천징수영수증」을 작성한다.

(2) 원천징수시기는 언제인가?

➜ 12월에 퇴직한 근로자의 퇴직급여액을 다음연도 2월말까지 지급하지 아니하였으므로, 원천징수시기에 대한 특례 규정에 따라 2월 말에 지급한 것으로 보아 2025년 2월 말에 원천징수하여 2025.3.10.까지 신고·납부한다.

(3) 지급명세서의 제출기한은?

➜ 원천징수시기에 대한 특례 규정을 적용받으므로 2025.3.10.까지 지급명세서를 제출하여야 한다.

〈사례 2〉

2024.12.31.에 퇴사한 근로자에게 2025.2.10.에 퇴직금을 지급한 경우 지급명세서의 제출기한은?

➜ 2025.3.10.까지 지급명세서를 제출하여야 한다.

➲ 이 사례의 경우는 원천징수시기의 특례를 적용받지 않으므로(12월에 퇴사하고 다음연도 2월 말 전에 퇴직금을 지급했으므로), 소득세법 제164조 제1항을 엄격하게 문리해석하면 지급명세서 제출기한이 2026.3.10.까지인 것으로 해석된다. 그러나 지급명세서의 제출 취지와 행정절차를 고려할 때 2025.3.10.까지 지급명세서의 제출이 마땅하고, 실무적으로도 제출이 가능하므로 2025.3.10.까지 제출하는 것으로 하고 있다.(근로소득의 경우도 동일함) 그러나

PART 6

해석의 혼란을 방지하기 위하여 소득세법 제164조 제1항에 보다 명확히 규정되어야 할 것으로 생각된다.

2 퇴직소득 확정신고

(1) 과세표준확정신고 대상자 및 신고기한

① 해당 과세기간의 퇴직소득금액이 있는 거주자는 그 퇴직소득과세표준을 그 과세기간의 다음 연도 5월 1일부터 5월 31일까지 납세지 관할 세무서장에게 신고하여야 한다.(소법 71조 ①)

② 해당 과세기간의 퇴직소득과세표준이 없을 때에도 신고를 하여야 한다. 다만, 원천징수에 의하여 퇴직소득세를 납부한 자에 대해서는 그러하지 아니하다.(소법 71조 ②)

(2) 과세표준확정신고 예외대상자

① 다음에 해당하는 거주자는 위 '(1)'의 규정에도 불구하고 해당 소득에 대하여 과세표준확정신고를 하지 아니할 수 있다.(소법 73조 ①, ③, 소령 137조 ①)

㉠ 퇴직소득만 있는 자

㉡ 근로소득 및 퇴직소득만 있는 자

㉢ 퇴직소득 및 공적연금소득만 있는 자

㉣ 퇴직소득 및 연말정산이 되는 사업소득만 있는 자

㉤ 퇴직소득 및 원천징수되는 기타소득으로서 종교인소득만 있는 자

㉥ 위 '㉠부터 ㉤까지'에 해당하는 자로서 분리과세이자소득·분리과세배당소득·분리과세연금소득 및 분리과세기타소득이 있는 자

② 2명 이상으로부터 받는 퇴직소득이 있는 자에 대해서는 위 '①'을 적용하지 아니한다. 다만, 퇴직소득의 세액정산 규정(소법 148조 ①)에 따라 퇴직소득세를 납부함으로써 확정신고납부를 할 세액이 없는 자에 대하여는 그러하지 아니하다.(소법 73조 ②)

③ 퇴직소득이 있는 자에 대하여 원천징수의무를 부담하는 자가 소득세를 원천징수하지 아니한 때에는 위 '①'을 적용하지 아니한다.(소법 73조 ④)

④ 다음에 해당하는 퇴직소득이 있는 자에게는 위 '①'을 적용하지 아니한다.(소법 73조 ③, 127조 ① 7 단서)

㉠ 외국기관 또는 우리나라에 주둔하는 국제연합군(미군은 제외)으로부터 받는 근로소득

㉡ 국외에 있는 비거주자 또는 외국법인(국내지점 또는 국내영업소는 제외)으로부터

받는 근로소득. 다만, 다음 중 하나에 해당하는 소득은 제외한다.

ⓐ 비거주자의 국내사업장과 외국법인의 국내사업장의 국내원천소득금액을 계산할 때 필요경비 또는 손금으로 계상되는 소득

ⓑ 국외에 있는 외국법인(국내지점 또는 국내영업소는 제외)으로부터 받는 근로소득 중 소득세가 원천징수되는 파견근로자의 소득

(3) 신고서 제출

퇴직소득과세표준 확정신고를 하려는 자는 다음의 서류를 납세지 관할 세무서장에게 제출하여야 한다.(소령 135조)

① 퇴직소득과세표준 확정신고 및 자진납부계산서

② 퇴직소득원천징수영수증(퇴직소득지급명세서)

✓ 퇴직소득 2회 이상 발생시 원천징수

동일연도에 2회 이상 퇴직소득이 발생한 경우에 퇴직소득세액계산은 현(주) 근무지 원천징수의무자가 전(종)근무지 퇴직소득을 합산하여 퇴직소득세액을 정산할 수 있는 것이며, 퇴직소득이 있는 거주자는 원천징수의무자가 퇴직소득세를 정산하여 납부하지 않은 경우에는 퇴직소득이 있는 다음해 5월1일부터 5월31일까지 퇴직소득 과세표준확정신고를 하여야 하는 것임(원천-1051, 2009. 12.23.) ➲ 소득세법 시행규칙[별지 제40호의2서식]으로 신고한다.

✓ 퇴직소득 원천징수세액의 경정청구기한

퇴직소득 원천징수세액의 납부기한 경과 후 5년 이내 경정청구 가능함(서면징세 2019-2984, 2021. 4.21.)

소득세법 시행규칙[별지 제24호 서식(2)](2025.3.21. 개정)

관리번호	

퇴직소득원천징수영수증/지급명세서
([ ]소득자 보관용 [ ]발행자 보관용 [ ]발행자 보고용)

거주구분	거주자1 / 비거주자2
내·외국인	내국인1 / 외국인9
종교관련종사자 여부	해당 1 / 미해당 2
거주지국	거주지국코드
징수의무자 구분	사업장1/공적연금사업자3

구분			
징수의무자	① 사업자등록번호	② 법인명(상호)	③ 대표자(성명)
	④ 법인(주민)등록번호	⑤ 소재지(주소)	
소득자	⑥ 성명	⑦ 주민등록번호	
	⑧ 주소		⑨ 임원 여부 [ ]해당 [ ]미해당
	⑩ 확정급여형 퇴직연금 제도 가입일		⑪ 2011. 12. 31. 퇴직금
귀 속 연 도	부터 까지	⑫ 퇴직사유	[ ]정년퇴직 [ ]정리해고 [ ]자발적 퇴직 [ ]임원퇴직 [ ]중간정산 [ ]기 타

퇴직급여현황	근 무 처 구 분	중간지급 등	최종	정산
	⑬ 근무처명			
	⑭ 사업자등록번호			
	⑮ 퇴직급여			
	⑯ 비과세 퇴직급여			
	⑰ 과세대상 퇴직급여(⑮-⑯)			
	⑱ 과세이연 여부	[ ]해당 [ ]미해당		

근속연수	구 분	⑲ 입사일	⑳ 기산일	㉑ 퇴사일	㉒ 지급일	㉓ 근속월수	㉔ 제외월수	㉕ 가산월수	㉖ 중복월수	㉗ 근속연수
	중간지급 근속연수									
	최종 근속연수									
	정산 근속연수									

구분	계 산 내 용	금 액
과세표준계산	㉘ 퇴직소득(⑰)	
	㉙ 근속연수공제	
	㉚ 환산급여[(㉘-㉙)× 12배/정산근속연수]	
	㉛ 환산급여별공제	
	㉜ 퇴직소득과세표준(㉚-㉛)	

구분	계 산 내 용	금 액
퇴직소득세액계산	㉝ 환산산출세액(㉜× 세율)	
	㉞ 퇴직소득 산출세액(㉝× 정산근속연수/12배)	
	㉟ 세액공제	
	㊱ 기납부(또는 기과세이연) 세액	
	㊲ 신고대상세액(㉞-㉟-㊱)	

이연퇴직소득세액계산	㊳ 신고대상세액(㊲)	연금계좌 입금명세					㊵ 퇴직급여(⑰)	㊶ 이연 퇴직소득세(㊳×㊴/㊵)
		연금계좌 취급자	사업자등록 번호	계좌번호	입금일	㊴ 계좌입금금액		
		㊷ 합 계						

납부명세	구 분	소득세	지방소득세	농어촌특별세	계	부표 작성 여부
	㊸ 신고대상세액(㊲)					※ ⑱ 과세이연 여부란에 '해당'으로 체크한 경우 "○" 표시를 합니다.
	㊹ 이연퇴직소득세(㊶)					
	㊺ 차감원천징수세액(㊸-㊹)					

위의 원천징수세액(퇴직소득)을 정히 영수(지급)합니다.

년 월 일

징수(보고)의무자 (서명 또는 인)

세 무 서 장 귀하

(뒤쪽)

작 성 방 법

1. 퇴직소득자가 「소득세법」 제12조제5호아목에 따른 "종교관련종사자"에 해당하며, 원천징수의무자가 「소득세법」 제22조 제1항 제3호 및 동법 시행령 제42조의2 제4항 제4호의 퇴직소득을 원천징수하는 경우에만 "종교관련종사자 여부"란에 해당 1을 선택합니다.
2. 거주지국과 거주지국코드는 비거주자에 해당하는 경우에만 적으며, 국가표준화기구(ISO)가 정한 국가별 ISO코드 중 국명약어 및 국가코드를 적습니다.
3. 원천징수의무자가 근로를 제공받은 사업장의 지위로서 원천징수하는 경우에는'사업장1'을, 공적연금 관련법에 따른 연금사업자의 경우에는'공적연금사업자3을 체크합니다. 연금계좌 취급자가 지급하는 퇴직소득은 연금계좌 원천징수영수증을 제출해야 합니다.
4. 원천징수의무자는 퇴직소득 해당 과세기간의 다음 연도 3월 10일까지(휴업 또는 폐업한 경우에는 휴업일 또는 폐업일이 속하는 달의 다음 다음 달 말일을 말합니다)까지 이 서식을 제출합니다.
5. 징수의무자란의 ④ 법인(주민)등록번호는 소득자 보관용에는 적지 않습니다.
6. 소득자란의 ⑨ 임원 여부란에서 임원은 「법인세법 시행령」 제40조제1항 각 호의 어느 하나의 직무에 종사하는 사람을 말하며, ⑨ 임원 여부란에서 해당에 체크하는 경우에는 ⑪ 2011. 12. 31. 퇴직금란에 해당 임원이 "2011년 12월 31일에 퇴직하였다고 가정할 때 지급받을 퇴직소득금액"을 적습니다.
7. ⑩ 확정급여형 퇴직연금제도 가입일란: 해당 퇴직자가 확정급여형 퇴직연금제도의 가입자인 경우만 적습니다.
8. 퇴직급여현황란(⑬란부터 ⑰란까지): 다음과 같이 작성합니다.
   가. ⑬ 근무처명 및 ⑭ 사업자등록번호란: 해당 퇴직자의 근무처를 적습니다. 중간지급 등란에는 현 근무처의 퇴직 전 중간지급, 퇴직금의 분할지급 또는 퇴직으로 해당 연도에 이미 발생한 퇴직금이 있는 경우 그 퇴직금이 발생한 근무처 및 사업자등록번호를 적습니다.
   나. ⑮ 퇴직급여란, ⑯ 비과세퇴직급여란 및 ⑰ 과세대상 퇴직급여란: 사용자에게 퇴직으로 지급받은 퇴직소득(임원의 경우 임원퇴직소득 한도 초과금액은 제외합니다)과 퇴직소득 중 비과세퇴직소득을 적습니다.
   다. ⑱ 과세이연 여부란: ⑰ 과세대상 퇴직급여의 중간지급 등란에 적은 과세대상 퇴직급여의 전부 또는 일부가 연금계좌에 입금된 경우에는 '해당'에 체크하고, 그 외의 경우에는 '미해당'에 체크합니다.
9. 근속연수란(⑲란부터 ㉗란까지): 다음과 같이 작성합니다.
   가. ⑲ 입사일란: 해당 근무처에서 근로를 제공하기 시작한 날을 적습니다.
   나. ⑳ 기산일란: 해당 근무처에서 근로를 제공하기 시작한 날을 적습니다. 다만, 중간지급을 받은 경우 중간지급 받은 날의 다음 날을 적습니다.
   다. ㉑ 퇴사일란: 퇴직한 날(「소득세법 시행령」 제43조제2항에 따라 퇴직한 날로 보는 경우를 포함합니다)을 적습니다.
   라. ㉔ 제외월수란: 퇴직금 산정 시 근속연수에서 제외된 기간의 월수를 적습니다.
   마. ㉕ 가산월수란: 「소득세법 시행령」 제105조제2항에 따른 근속연수가 입사일 · 퇴사일로 계산한 근속연수와 다른 경우 가산해야 하는 월수를 적습니다.
10. 과세표준 계산란(㉘란부터 ㉜란까지) 및 퇴직소득 세액계산란(㉝란부터 ㊲란까지): 다음과 같이 작성합니다.
    가. ㉘ 퇴직소득란: ⑰ 과세대상 퇴직급여를 적습니다.
    나. ㉛ 환산급여별공제란: 환산급여에 따라 아래의 공제액을 적습니다.

환산급여 / 구분	8백만원 이하	8백만원 초과 7천만원 이하	7천만원 초과 1억원 이하	1억원 초과 3억원 이하	3억원 초과
환산급여공제	환산급여의 100%	8백만원+ (8백만원 초과분의 60%)	4천520만원+ (7천만원 초과분의 55%)	6천170만원+ (1억원 초과분의 45%)	1억5천170만원+ (3억원 초과분의 35%)

    다. ㉝ 환산산출세액란: ㉛ 퇴직소득과세표준에 세율을 적용하여 산출한 값을 적습니다.
    라. ㉟ 세액공제란: 「소득세법」 제57조에 따라 거주자의 퇴직소득금액에 국외원천소득이 합산되어 있는 경우로서 그 국외원천소득에 대하여 외국에서 외국소득세액을 납부하였거나 납부할 것이 있을 때에는 해당 금액을 기재합니다.
    마. ㊱ 기납부(또는 기과세이연) 세액란: ⑰ 과세대상 퇴직급여의 중간지급 등란에 적은 퇴직급여에 대한 세액을 적습니다. 다만, 2026.1.1. 이후 퇴직(「소득세법 시행령」 제43조제2항에 따라 퇴직한 것으로 보는 경우를 포함합니다)하여 지급하는 분부터는 이연퇴직소득이 있는 경우 부표의 ⑥, ⑮, ⑳란의 합계를 적습니다.
11. 이연퇴직소득세액 계산란(㊳란부터 ㊷란까지): 「소득세법」 제146조제2항에 따라 퇴직급여액을 연금계좌에 입금(이체)하여 퇴직소득세 징수를 하지 않은 경우에 작성합니다.(거주자인 경우에만 작성합니다)
    가. ㊴ 계좌입금금액란: ⑰ 과세대상 퇴직급여의 최종란의 금액 중 과세이연계좌에 입금(이체)한 금액을 적습니다. 다만, 징수 후 환급하는 경우에는 해당 거주자가 과세이연계좌신고서에 입금금액으로 표기한 금액을 적습니다.
    나. ㊵ 퇴직급여란: ⑰ 과세대상 퇴직급여의 최종란의 금액을 적습니다. 다만, 징수 후 환급하는 경우에는 퇴직급여액에서 처음 원천징수한 소득세 등을 차감한 금액을 적습니다.
    다. ㊶ 이연퇴직소득세란: ㊲ 신고대상세액에 연금계좌 입금비율(㊴ 계좌입금금액 / ㊵ 퇴직급여)을 곱하여 산정합니다. 다만, 그 계산 결과가 음수인 경우에는 "0"을 적습니다.
12. 납부명세란(㊸란부터 ㊺란까지): 다음과 같이 작성합니다.
    가. ㊸ 신고대상세액란: 퇴직소득세액계산에서 산출된 ㊲ 신고대상세액을 적습니다.
    나. ㊹ 이연퇴직소득세란: ㊶ 이연퇴직소득세란의 금액을 적습니다.
    다. ㊺ 차감원천징수세액란: ㊸ 신고대상세액에서 ㊹ 이연퇴직소득세를 차감한 값을 적습니다.
13. ⑰ 과세대상 퇴직급여의 중간지급 등란에 적은 퇴직급여 중 이연퇴직소득이 있는 경우에는 부표 작성 여부에 체크한 후 해당 이연퇴직소득이 납입된 연금계좌에 대한 연금계좌 현황자료를 소득자(또는 연금계좌취급자)로부터 제출받아 부표를 작성합니다.[2026. 1. 1. 이후 퇴직(「소득세법 시행령」 제43조제2항에 따라 퇴직한 것으로 보는 경우를 포함한다)하여 지급하는 분부터 작성 대상]

소득세법 시행규칙[별지 제24호의5 서식](2025.3.21. 신설)

연금계좌 이연퇴직소득 현황 명세서

연금계좌 취급자	① 법인명(상호)		② 대표자(성명)	
	③ 사업자등록번호		④ 소재지(주소)	
연금계좌 가입자	⑤ 성명		⑥ 주민등록번호	
	⑦ 계좌유형		⑧ 계좌번호	

이연퇴직소득 입금 및 인출 내역

작성 기준일	년 월 일

입금·인출 내역

⑨ 입금회차	⑩ 입금일	⑪ 입금금액	⑫ 인출금액	⑬ 잔액	⑭ 원천징수세액
합계					

위와 같이 연금계좌 이연퇴직소득 현황을 확인합니다.

년 월 일

연금계좌취급자 (서명 또는 인)

작 성 방 법

1. 이 명세표에는 「소득세법」 제20조의3제1항제2호가목에 따른 금액의 입금·인출 내역을 작성합니다.(「소득세법 시행령」 제40조의2제2항에 따른 연금보험료 등은 작성 대상이 아닙니다.)
2. ⑦ 계좌유형란: 연금저축계좌와 퇴직연금계좌를 구분하여 적습니다.
3. ⑭ 원천징수세액란: ⑫ 인출금액을 전액 연금외수령하였다고 가정할 때 「소득세법 시행령」 제202조의2제2항 및 제3항에 따라 계산한 세액을 적습니다.
4. 연금계좌가입자는 연금계좌취급자가 이 명세서를 「소득세법」 제148조제1항에 따라 퇴직소득에 대한 원천징수영수증을 원천징수의무자에게 제출할 것을 요청할 수 있으며, 연금계좌취급자가 원천징수의무자에게 이 명세서를 제출한 경우에는 연금계좌 가입자가 원천징수의무자에게 이 명세서를 제출한 것으로 봅니다.

소득세법 시행규칙[별지 제24호 서식(2) 부표](2025.3.21. 신설)

기납부(또는 기과세이연)세액 명세서

1 이미 지급된 퇴직소득 명세[별지 제24호서식(2) 앞쪽 ⑰ 과세대상 퇴직급여의 중간지급 등란의 상세 내역 작성]

① 지급 회차	② 귀속연도	③ 근무처	④ 사업자 등록번호	⑤ 퇴직급여	⑥ 차감징수 세액	⑦ 과세이연 여부
						[ ]해당, [ ]미해당
						[ ]해당, [ ]미해당
						[ ]해당, [ ]미해당
						[ ]해당, [ ]미해당
						[ ]해당, [ ]미해당
합계						

2 이미 지급된 퇴직소득 중 이연퇴직소득 명세(1의 ⑦ 과세이연 여부란에서 '해당'에 체크한 경우 작성)

⑧ 지급 회차	⑨ 연금계좌 취급자	⑩ 사업자 등록번호	⑪ 계좌번호	⑫ 입금금액	⑬ 인출금액	⑭ 잔액	⑮ 원천징수 세액	⑯ 정산 후 이연세액
합계								

3 이연퇴직소득세 재계산 명세

⑰ 전체 퇴직소득 산출세액 (별지 제24호서식(2) 앞쪽 ㉝)	⑱ 전체 퇴직소득 (별지 제24호서식(2) 앞쪽 ⑰의 정산란)	⑲ 정산 전 이연퇴직소득 (이 부표 ⑭의 합계)
⑳ 재계산 이연퇴직소득세액(⑰ × ⑲ / ⑱)		

작 성 방 법

1. 「소득세법 시행규칙」 별지 제24호서식(2)·별지 제24호서식(6)에 따른 원천징수영수증 및 별지 제24호의5서식에 따른 연금계좌 이연퇴직소득 현황 명세서의 내용을 참고하여 작성합니다.
2. ⑤ "퇴직급여"란의 합계는 별지 제24호서식(2) 앞쪽 ⑰ 과세대상 퇴직급여의 중간지급 등란의 금액과 일치해야 합니다.
3. "⑥ 차감징수세액"란: 별지 제24호서식(2) 앞쪽 ㊺ 차감원천징수세액란의 금액을 적습니다. 이 경우 「소득세법」 제146조제2항 후단에 따라 환급된 세액이 있는 경우에는 이를 반영한 세액을 적습니다.)
4. "⑦ 과세이연 여부"란: 이미 지급된 퇴직소득이 「소득세법」 제146조제2항에 해당하는 경우에는 '해당'으로, 그 외의 경우에는 '미해당'으로 적습니다.
5. "⑧ 지급회차"란: "① 지급회차"란에 적힌 해당 회차를 적습니다.
6. "⑫ 입금금액"란: 지급회차별로 「소득세법」 제146조제2항에 각 호에 따라 연금계좌에 입금된 금액을 적습니다.
7. "⑬ 인출금액"란부터 "⑮ 원천징수세액"란까지: 별지 제24호의5서식에 따른 연금계좌 이연퇴직소득 현황 명세서의 내용을 참고하여 작성합니다.
8. "⑮ 원천징수세액"란: "⑬ 인출금액"란의 금액을 전액 연금외수령하였다고 가정할 때 「소득세법 시행령」 제202조의2제2항 및 제3항에 따라 계산한 세액을 적습니다.
9. "⑯ 정산 후 이연세액"란: "⑳재계산 이연퇴직소득세액"란의 금액에 각 연금계좌별 "⑭ 잔액"란의 합계액 대비 비율로 안분한 세액을 적습니다.
10. 원천징수의무자는 「소득세법 시행령」 제203조제5항에 따라 이 부표를 연금계좌취급자에게 즉시 통보해야 합니다.

PART 6

사례 임원퇴직소득 산출세액 계산과 원천징수영수증의 작성

(주)정평의 대표이사인 김상준씨는 2025.12.31.에 퇴직하면서 15억원의 퇴직금을 지급받았다. 관련 자료가 다음과 같을 때 김상준씨의 이연퇴직소득세를 구하고 퇴직소득 원천징수영수증을 작성하시오.

(1) 입사일 : 2011.1.1.

(2) 김상준씨의 과세기간별 총급여액

과 세 기 간	총 급 여 액
2017.1.1. ~ 2017.12.31.	100,000,000
2018.1.1. ~ 2018.12.31.	110,000,000
2019.1.1. ~ 2019.12.31.	120,000,000
2020.1.1. ~ 2020.12.31.	130,000,000
2021.1.1. ~ 2021.12.31.	140,000,000
2022.1.1. ~ 2022.12.31.	150,000,000
2023.1.1. ~ 2023.12.31.	160,000,000
2024.1.1. ~ 2024.12.31.	170,000,000
2025.1.1. ~ 2025.12.31.	180,000,000

(3) 김상준씨가 2011.12.31. 퇴직했을 경우 당시의 퇴직금 지급규정에 따라 받았을 퇴직금은 1,000만원이다.

(4) 김상준씨는 중간정산 받은 바 없으며, 회사는 간주 근로소득을 제외한 퇴직금 전액을 2026.1.10.에 김상준씨의 미래생명 IRP 계좌로 이체하였다.

(5) 소득세율과 근속연수공제 표는 다음과 같다.

소득세율 및 근속연수 퇴직소득공제금액 표

종합소득세율		근속연수 퇴직소득공제금액	
과세표준	세율(누진공제방식)	근속연수	공제액
1,400만원 이하	과세표준×6%	5년 이하	100만원×근속연수
1,400만원 초과 5,000만원 이하	과세표준×15% − 126만원	5년 초과 10년 이하	500만원+200만원×(근속연수 − 5년)
5,000만원 초과 8,800만원 이하	과세표준×24% − 576만원	10년 초과 20년 이하	1,500만원+250만원×(근속연수 − 10년)
8,800만원 초과 1.5억원 이하	과세표준×35% − 1,544만원	20년 초과	4,000만원+300만원×(근속연수 − 20년)

종합소득세율	
과세표준	세율(누진공제방식)
1.5억원 초과 3억원 이하	과세표준×38% - 1,994만원
3억원 초과 5억원 이하	과세표준 ×40% - 2,594만원
5억원초과 10억원 이하	과세표준 ×42% - 3,594만원
10억원 초과	과세표준 ×45% - 6,594만원

환산급여공제

환산급여	환산급여공제
8백만원 이하	환산급여의 100%
8백만원 초과 7천만원 이하	8백만원 + (8백만원 초과분의 60%)
7천만원 초과 1억원 이하	4,520만원 + (7천만원 초과분의 55%)
1억원 초과 3억원 이하	6,170만원 + (1억원 초과분의 45%)
3억원 초과	1억5천170만원 + (3억원 초과분의 35%)

해 답 • 이연퇴직소득세 : 86,396,000원(간주근로소득 932,000,000원)

풀 이 (1) 임원 퇴직소득 한도 계산

① 임원퇴직금 한도 :

$$[110,000,000원^{*1} \times \frac{1}{10} \times \frac{96}{12} \times 3]+[170,000,000^{*2} \times \frac{1}{10} \times \frac{72}{12} \times 2]$$

= 264,000,000원 + 204,000,000원 = 468,000,000원

*1. (100,000,000 + 110,000,000 + 120,000,000) ÷ 3 = 110,000,000원

*2. (180,000,000 + 170,000,000 + 160,000,000)÷3 = 170,000,000원

② 간주근로소득 : (15억원 - 1억원*) - 468,000,000원 = 932,000,000원

* 2011.12.31. 이전 근무기간의 퇴직소득금액 : Max(㉠, ㉡) = 1억원

㉠ 2011.12.31. 퇴직했을 경우 받았을 퇴직금 : 1,000만원

㉡ 퇴직소득금액 × $\frac{\text{2011.12.31. 이전 근무기간}}{\text{전체 근무기간}}$ = 15억원 × $\frac{\text{12개월(1년)}}{\text{180개월(15년)}}$ = 1억원

③ 퇴직소득금액 : 1억원(2011.12.31.까지의 퇴직금) + 468,000,000원(퇴직금 한도)
= 568,000,000원(또는 15억원 - 932,000,000원)

(2) 퇴직소득세액 계산

① 근속연수 : 15년(2011.1.1. ~ 2025.12.31.)

② 퇴직소득세액의 계산(단위 : 원)

구 분	금 액	계 산 근 거
환 산 급 여	432,400,000	[568,000,000 - 2,750만원(근속연수공제)]÷15년×12
(-) 환산급여공제	(-) 198,040,000	1억5천170만원 + [(432,400,000 - 3억원)×35%]
퇴직소득 과세표준	234,360,000	
퇴직소득 산출세액	86,396,000	(234,360,000× 38% - 1,994만원)÷12×15년

③ 이연퇴직소득세의 계산

$$86,396,000원 \times \frac{\text{568,000,000원(이연계좌 입금 퇴직소득금액)}}{\text{568,000,000원(퇴직소득금액)}} = 86,396,000원$$

④ 차감원천징수세액 : 86,396,000원 - 86,396,000원 = 0원

PART 6

• 퇴직소득 원천징수영수증(지급명세서)의 작성

관리번호	퇴직소득원천징수영수증/지급명세서 ([ ]소득자 보관용 [ ]발행자 보관용 [ ]발행자 보고용)	거주구분	거주자1 / 비거주자2
		내·외국인	내국인1 / 외국인9
		종교관련종사자 여부	여 1 / 부 2
		거주지국	거주지국코드
		징수의무자 구분	사업장1/공적연금사업자3

구분			
징수의무자	① 사업자등록번호	② 법인명(상호)	③ 대표자(성명)
	④ 법인(주민)등록번호	⑤ 소재지(주소)	
소득자	⑥ 성 명	⑦ 주민등록번호	
	⑧ 주 소	⑨ 임원 여부	[√]여 [ ]부
	⑩ 확정급여형 퇴직연금 제도 가입일	⑪ 2011.12.31.퇴직금	10,000,000
귀 속 연 도	2025.01.01.부터 2025.12.31. 까지	⑫ 퇴직사유	[ ]정년퇴직 [ ]정리해고 [ ]자발적 퇴직 [√]임원퇴직 [ ]중간정산 [ ]기 타

퇴직급여현황	근 무 처 구 분	중간지급 등	최종	정산
	⑬ 근무처명			
	⑭ 사업자등록번호			
	⑮ 퇴직급여		568,000,000	568,000,000
	⑯ 비과세 퇴직급여			
	⑰ 과세대상 퇴직급여(⑮-⑯)		568,000,000	568,000,000

근속연수	구 분	⑱ 입사일	⑲ 기산일	⑳ 퇴사일	㉑ 지급일	㉒ 근속월수	㉓ 제외월수	㉔ 가산월수	㉕ 중복월수	㉖ 근속연수
	중간지급 근속연수									
	최종 근속연수	2011.01.01.	2011.01.01.	2025.12.31.	2026.01.10.	180				15
	정산 근속연수		2011.01.01.	2025.12.31.		180				15

구분	계 산 내 용	금 액
과세표준 계산	㉗ 퇴직소득(⑰)	568,000,000
	㉘ 근속연수공제	27,500,000
	㉙ 환산급여 [(㉗-㉘)× 12배/정산근속연수]	432,400,000
	㉚ 환산급여별공제	198,040,000
	㉛ 퇴직소득과세표준(㉙-㉚)	234,360,000
퇴직소득 세액계산	㉜ 환산산출세액(㉛× 세율)	69,116,800
	㉝ 퇴직소득 산출세액(㉜× 정산근속연수/12배)	86,396,000
	㉞ 세액공제	0
	㉟ 기납부(또는 기과세이연) 세액	0
	㊱ 신고대상세액(㉝-㉞-㉟)	86,396,000

이연퇴직소득세액계산	㊲ 신고대상세액(㊱)	연금계좌 입금명세: 연금계좌취급자	사업자등록번호	계좌번호	입금일	㊳ 계좌입금금액	㊴ 퇴직급여(⑰)	㊵ 이연 퇴직소득세 (㊲×㊳/㊴)
	86,396,000	미래생명	123-82-45678	10123-11-10101	2026.01.10.	568,000,000	568,000,000	86,396,000
		㊶ 합 계				568,000,000		

납부명세	구 분	소득세	지방소득세	농어촌특별세	계
	㊷ 신고대상세액(㊱)	86,396,000	8,639,600		95,035,600
	㊸ 이연퇴직소득세(㊵)	86,396,000	8,639,600		95,035,600
	㊹ 차감원천징수세액(㊷-㊸)	-	-		-

위의 원천징수세액(퇴직소득)을 정히 영수(지급)합니다.

2026 년 2 월 10 일

징수(보고)의무자 ㈜ 정평 (서명 또는 인)

구로 세 무 서 장 귀하

사 례 퇴직소득의 정산과 이연퇴직소득의 계산

(주)정평은 2010.1.1.에 입사하여 2025.6.30.에 퇴사하는 김대한 부장에게 퇴직금 1억원을 2025.7.10. 미래생명 IRP계좌로 이체하였으며, 김부장은 2015.12.31.까지의 기간에 대해 중간정산 퇴직금 60,000,000원을 2016.1.10.에 수령하고 2,334,000원을 퇴직소득세로 납부한 바 있다.
김대한씨의 2025.6.30. 퇴사로 인한 이연퇴직소득세를 구하고 퇴직소득 원천징수영수증을 작성하시오.(단, 김대한씨는 중간정산분을 합산하여 정산하기로 하였다)

소득세율 및 근속연수 퇴직소득공제금액 표

종합소득세율		근속연수 퇴직소득공제금액	
과세표준	세율(누진공제방식)	근속연수	공제액
1,400만원 이하	과세표준×6%	5년 이하	100만원×근속연수
1,400만원 초과 5,000만원 이하	과세표준×15% − 126만원	5년 초과 10년 이하	500만원+200만원×(근속연수 − 5년)
5,000만원 초과 8,800만원 이하	과세표준×24% − 576만원	10년 초과 20년 이하	1,500만원+250만원×(근속연수 − 10년)
8,800만원 초과 1.5억원 이하	과세표준×35% − 1,544만원	20년 초과	4,000만원+300만원×(근속연수 − 20년)
1.5억원 초과 3억원 이하	과세표준×38% − 1,994만원		
3억원 초과 5억원 이하	과세표준×40% − 2,594만원		
5억원초과 10억원 이하	과세표준×42% − 3,594만원		
10억원 초과	과세표준×45% − 6,594만원		

환산급여공제

환산급여	환산급여공제
8백만원 이하	환산급여의 100%
8백만원 초과 7천만원 이하	8백만원 + (8백만원 초과분의 60%)
7천만원 초과 1억원 이하	4,520만원 + (7천만원 초과분의 55%)
1억원 초과 3억원 이하	6,170만원 + (1억원 초과분의 45%)
3억원 초과	1억5천170만원 + (3억원 초과분의 35%)

해 답 • 이연퇴직소득세 : 3,421,000원

풀 이 (1) 중간정산 있는 경우의 퇴직소득세액 계산시 참고사항

① 중간정산 퇴직금과 최종 퇴직금을 합산하여 퇴직소득 산출세액을 계산한 뒤 중간정산때 납부한 퇴직소득세액을 기납부세액으로 공제하여 신고대상세액을 산출한다.

PART 6

② 2013.2.15. 이후 중간정산 지급분을 받은 경우에는 중간정산 퇴직급여 산정에 포함되지 않은 기간(1개월 : 2016.1.1. ~ 1.10.)을 원천징수영수증상에서 중간지급 근속연수의 '㉓제외월수'와 최종 근속연수의 '㉔가산월수'에 각각 적어서 근속연수를 계산한다.

(2) 퇴직소득세액 계산

① 총 퇴직금 = 60,000,000원(중간정산 퇴직금) + 100,000,000원(최종 퇴직금)
= 160,000,000원

② 근속연수 : 16년(2010.1.1. ~ 2025.6.30. : 1년 미만은 1년으로 함)

③ 퇴직소득 산출세액의 계산(단위 : 원)

구 분	금 액	계 산 근 거
환 산 급 여	97,500,000	[160,000,000원 - 3,000만원(근속연수공제)] ÷ 16년 × 12
(−) 환산급여공제	(−)60,325,000	4,520만원 + [(97,500,000 − 7천만원) × 55%]
퇴직소득 과세표준	37,175,000	
퇴직소득 산출세액	5,755,000	(37,175,000 × 15% − 126만원) ÷ 12 × 16년

④ 신고대상 세액 : 퇴직소득세 산출세액 − 기납부세액
= 5,755,000원 − 2,334,000원 = 3,421,000원

⑤ 이연퇴직소득세의 계산

$$3{,}421{,}000\text{원} \times \frac{100{,}000{,}000\text{원(이연계좌 입금 퇴직소득금액)}}{100{,}000{,}000\text{원(퇴직소득금액)}} = 3{,}421{,}000\text{원}$$

⑥ 차감원천징수세액 : 3,421,000원 − 3,421,000원 = 0원

• 퇴직소득 원천징수영수증(지급명세서)의 작성

관리번호		거주구분	거주자1 / 비거주자2
		내·외국인	내국인1 / 외국인9
		종교관련종사자 여부	여 1 / 부 2
		거주지국	거주지국코드
		징수의무자 구분	사업장1/공적연금사업자3

퇴직소득원천징수영수증/지급명세서

([ ]소득자 보관용 [ ]발행자 보관용 [ ]발행자 보고용)

구분			
징수의무자	① 사업자등록번호	② 법인명(상호)	③ 대표자(성명)
징수의무자	④ 법인(주민)등록번호	⑤ 소재지(주소)	
소득자	⑥ 성 명	⑦ 주민등록번호	
소득자	⑧ 주 소		⑨ 임원 여부 [ ]여 [√]부
소득자	⑩ 확정급여형 퇴직연금 제도 가입일		⑪ 2011.12.31.퇴직금
귀 속 연 도	2025.01.01.부터 2025.06.30. 까지	⑫ 퇴직사유	[ ]정년퇴직 [ ]정리해고 [√]자발적 퇴직 [ ]임원퇴직 [ ]중간정산 [ ]기 타

퇴직급여현황	근 무 처 구 분	중간지급 등	최종	정산
	⑬ 근무처명			
	⑭ 사업자등록번호			
	⑮ 퇴직급여	60,000,000	100,000,000	160,000,000
	⑯ 비과세 퇴직급여			
	⑰ 과세대상 퇴직급여(⑮-⑯)	60,000,000	100,000,000	160,000,000

근속연수	구 분	⑱ 입사일	⑲ 기산일	⑳ 퇴사일	㉑ 지급일	㉒ 근속월수	㉓ 제외월수	㉔ 가산월수	㉕ 중복월수	㉖ 근속연수
	중간지급 근속연수	2010.01.01.	2010.01.01.	2016.01.10.	2016.01.10.	73	1			6
	최종 근속연수	2010.01.01.	2016.01.11.	2025.06.30.	2025.07.10.	114		1		10
	정산 근속연수		2010.01.01.	2025.06.30.		186	1	1		16

구분	계 산 내 용	금 액
과세표준계산	㉗ 퇴직소득(⑰)	160,000,000
	㉘ 근속연수공제	30,000,000
	㉙ 환산급여 [(㉗-㉘)× 12배/정산근속연수]	97,500,000
	㉚ 환산급여별공제	60,325,000
	㉛ 퇴직소득과세표준(㉙-㉚)	37,175,000

구분	계 산 내 용	금 액
퇴직소득세액계산	㉜ 환산산출세액(㉛× 세율)	4,316,250
	㉝ 퇴직소득 산출세액(㉜× 정산근속연수/12배)	5,755,000
	㉞ 세액공제	–
	㉟ 기납부(또는 기과세이연) 세액	2,334,000
	㊱ 신고대상세액(㉝-㉞-㉟)	3,421,000

이연퇴직소득세액계산	㊲ 신고대상세액(㊱)	연금계좌 입금명세					㊴ 퇴직급여(⑰)	㊵ 이연 퇴직소득세(㊲×㊳/㊴)
		연금계좌취급자	사업자등록번호	계좌번호	입금일	㊳ 계좌입금금액		
	3,421,000	미래생명	123-82-45678	10123-11-10101	2025.07.10.	100,000,000	100,000,000	3,421,000
		㊶ 합 계				100,000,000		

납부명세	구 분	소득세	지방소득세	농어촌특별세	계
	㊷ 신고대상세액(㊱)	3,421,000	342,100		3,763,100
	㊸ 이연퇴직소득세(㊵)	3,421,000	342,100		3,763,100
	㊹ 차감원천징수세액(㊷-㊸)	–	–		–

위의 원천징수세액(퇴직소득)을 정히 영수(지급)합니다.

2025 년 8 월 10 일

징수(보고)의무자 **(주)정평** (서명 또는 인)

구로 세 무 서 장 귀하

PART 6

사례 DC에서 퇴직금 지급 후 회사에서 퇴직위로금을 지급하는 경우의 퇴직소득세 정산

(주)정평은 2012.1.1.에 입사하여 2025.6.30.에 퇴사한 김민서 과장에게 미래생명의 확정기여형 퇴직연금계좌(DC)로부터 2025.7.10. IRP로 전액 지급된 퇴직금 1억원 외에 추가로 퇴직위로금 1,000만원을 2025.7.20.에 지급하기로 결정하였으며, 김민서씨는 퇴직위로금의 개인적 사용을 위해 IRP계좌로 송금받지 않고 직접수령하기로 하였다.
퇴직위로금을 지급하는 시점에서는 DC에서 지급되는 퇴직소득에 대해 이미 원천징수(2,469,999원)가 완료된 상황이므로 (주)정평은 미래생명으로부터 연금계좌원천징수영수증을 받아 퇴직위로금에 대한 퇴직소득세의 정산을 수행하기로 하였다.
정산에 따른 퇴직소득 납부세액(차감원천징수세액)을 구하고 퇴직소득 원천징수영수증을 작성하시오.

소득세율 및 근속연수 퇴직소득공제금액 표

종합소득세율		근속연수 퇴직소득공제금액	
과세표준	세율(누진공제방식)	근속연수	공제액
1,400만원 이하	과세표준×6%	5년 이하	100만원×근속연수
1,400만원 초과 5,000만원 이하	과세표준×15% – 126만원	5년 초과 10년 이하	500만원+200만원×(근속연수 – 5년)
5,000만원 초과 8,800만원 이하	과세표준×24% – 576만원	10년 초과 20년 이하	1,500만원+250만원×(근속연수 – 10년)
8,800만원 초과 1.5억원 이하	과세표준×35% – 1,544만원	20년 초과	4,000만원+300만원×(근속연수 – 20년)
1.5억원 초과 3억원 이하	과세표준×38% – 1,994만원		
3억원 초과 5억원 이하	과세표준×40% – 2,594만원		
5억원초과 10억원 이하	과세표준×42% – 3,594만원		
10억원 초과	과세표준×45% – 6,594만원		

환산급여공제

환산급여	환산급여공제
8백만원 이하	환산급여의 100%
8백만원 초과 7천만원 이하	8백만원 + (8백만원 초과분의 60%)
7천만원 초과 1억원 이하	4,520만원 + (7천만원 초과분의 55%)
1억원 초과 3억원 이하	6,170만원 + (1억원 초과분의 45%)
3억원 초과	1억5천170만원 + (3억원 초과분의 35%)

해답 • 납부세액(차감원천징수세액) : 625,000원

풀이 (1) DC에서 지급한 퇴직금에 대한 원천징수가 완료된 이후에 회사가 퇴직위로금 등을 지급하는 경우로서 회사에서 퇴직소득세 정산을 수행하는 경우에는 DC에서 지급한 퇴직금을 중간지급분으로 하고, 회사 지급분을 최종분으로 하여 계산하면 된다.

➲ **이 사례에서의 핵심은 원천징수영수증의 ㊲ ~ ㊵란 및 '연금계좌입금 명세'란에 아무런 기입을 하지 않는 것이다.**

(2) 퇴직소득세액 계산

① 총 퇴직금 = 100,000,000원(중간정산 퇴직금) + 10,000,000원(최종 퇴직금)
= 110,000,000원

② 근속연수 : 14년(2012.1.1. ~ 2025.6.30. : 1년 미만은 1년으로 함)

③ 퇴직소득 산출세액의 계산(단위 : 원)

구 분	금 액	계 산 근 거
환 산 급 여	72,857,142	[110,000,000−2,500만원(근속연수공제)] ÷ 14년 ×12
(−) 환산급여공제	(−) 46,771,428	4,520만원 + (72,857,142 − 7천만원) × 55%
퇴직소득 과세표준	26,085,714	
퇴직소득 산출세액	3,094,999	(26,085,714 × 15% − 126만원) ÷ 12 × 14년

④ 차감원천징수세액(납부세액) : 퇴직소득세 산출세액 − 기납부(과세이연)세액
= 3,094,999원 − 2,469,999원 = 625,000원

• 퇴직소득 원천징수영수증(지급명세서)의 작성

관리번호	

퇴직소득원천징수영수증/지급명세서

([ ]소득자 보관용 [ ]발행자 보관용 [ ]발행자 보고용)

거주구분	거주자1 / 비거주자2
내·외국인	내국인1 / 외국인9
종교관련종사자 여부	여 1 / 부 2
거주지국	거주지국코드
징수의무자 구분	사업장1/공적연금사업자3

구분			
징수의무자	① 사업자등록번호	② 법인명(상호)	③ 대표자(성명)
	④ 법인(주민)등록번호	⑤ 소재지(주소)	
소득자	⑥ 성 명	⑦ 주민등록번호	
	⑧ 주 소		⑨ 임원 여부 [ ]여 [√]부
	⑩ 확정급여형 퇴직연금 제도 가입일		⑪ 2011.12.31. 퇴직금
귀 속 연 도	2025.01.01.부터 2025.06.30.까지	⑫ 퇴직사유	[ ]정년퇴직 [ ]정리해고 [√]자발적 퇴직 [ ]임원퇴직 [ ]중간정산 [ ]기 타

퇴직급여현황	근 무 처 구 분	중간지급 등	최종	정산
	⑬ 근무처명			
	⑭ 사업자등록번호			
	⑮ 퇴직급여	100,000,000	10,000,000	110,000,000
	⑯ 비과세 퇴직급여			
	⑰ 과세대상 퇴직급여(⑮-⑯)	100,000,000	10,000,000	110,000,000

근속연수	구 분	⑱ 입사일	⑲ 기산일	⑳ 퇴사일	㉑ 지급일	㉒ 근속월수	㉓ 제외월수	㉔ 가산월수	㉕ 중복월수	㉖ 근속연수
	중간지급 근속연수	2012.01.01.	2012.01.01.	2025.06.30.	2025.07.10.	162				14
	최종 근속연수	2012.01.01.	2012.01.01.	2025.06.30.	2025.07.20.	162				14
	정산 근속연수		2012.01.01.	2025.06.30.		162			162	14

과세표준계산	계 산 내 용	금 액
	㉗ 퇴직소득(⑰)	110,000,000
	㉘ 근속연수공제	25,000,000
	㉙ 환산급여 [(㉗-㉘)× 12배/정산근속연수]	72,857,142
	㉚ 환산급여별공제	46,771,428
	㉛ 퇴직소득과세표준(㉙-㉚)	26,085,714

퇴직소득세액계산	계 산 내 용	금 액
	㉜ 환산산출세액(㉛× 세율)	2,652,857
	㉝ 퇴직소득 산출세액(㉜× 정산근속연수/12배)	3,094,999
	㉞ 세액공제	-
	㉟ 기납부(또는 기과세이연) 세액	2,469,999
	㊱ 신고대상세액(㉝-㉞-㉟)	625,000

이연퇴직소득세액계산	㊲ 신고대상세액(㊱)	연금계좌 입금명세					㊴ 퇴직급여(⑰)	㊵ 이연 퇴직소득세 (㊲×㊳/㊴)
		연금계좌취급자	사업자등록번호	계좌번호	입금일	㊳계좌입금금액		
		㊶ 합 계						

납부명세	구 분	소득세	지방소득세	농어촌특별세	계
	㊷ 신고대상세액(㊱)	625,000	62,500		687,500
	㊸ 이연퇴직소득세(㊵)	-	-		-
	㊹ 차감원천징수세액(㊷-㊸)	625,000	62,500		687,500

위의 원천징수세액(퇴직소득)을 정히 영수(지급)합니다.

2025 년 8 월 10 일

징수(보고)의무자 (주)정평 (서명 또는 인)

구로 세 무 서 장 귀하

소득세법 시행규칙[별지 제24호의3 서식](2017.3.10. 개정)

과세이연계좌신고서

(앞쪽)

접수번호	접수일자		처리기간 즉시
❶ 퇴직자 인적사항	성 명		주민등록번호
	주 소		

❷ 과세이연계좌 신고사항

(1) 과세이연계좌

과세이연계좌 취급기관명		사업자등록번호	
계좌번호 (예금주)			

(2) 입금내역

일자		금액	
① 퇴사일		④ 세후 퇴직급여액	
② 과세이연계좌 입금일		⑤ 입금액	
③ 퇴직금 수령일로부터 경과일수		⑥ 입금비율(⑤÷④×100)	

상기 본인은 「소득세법 시행령」 제202조의3제1항 및 제3항에 따라 퇴직급여액 과세이연 계좌를 신고합니다.

년 월 일

신고인 (서명 또는 인)

세무서장 귀하

첨부서류	뒤쪽 참조	수수료 없 음

PART 6

(뒤쪽)

첨부서류	1. 과세이연계좌 통장사본 또는 입금증 1부 2. 퇴직소득 원천징수영수증 1부 3. 금융회사가 원천징수의무자에게 과세이연계좌신고서를 제출할 수 있도록 퇴직한 회사의 퇴직소득세 환급 담당자 연락처 등을 기재한 서류	수수료 없 음

작 성 방 법

1. 이 서식은 퇴직자가 퇴직급여액을 과세이연계좌로 이체(입금)함으로써 이미 원천징수된 퇴직소득세를 환급받으려는 경우에 사용합니다.
2. ②과세이연계좌 (이체)입금일란은 퇴직금을 수령한 날부터 60일을 경과하여서는 안 됩니다.

처 리 절 차

이 신고서는 아래와 같이 처리됩니다.

신 고 인	경 유 기 관	처 리 기 관 원천징수 의무자
과세이연계좌 신고서 작성 및 제출 →	금융회사 →	접수 (원천징수의무자)
		↓
		과세이연 요건 확인 (원천징수의무자)
		↓
		과세이연한 퇴직소득세액 조정환급(환급) (원천징수의무자)

PART 7

보 칙

• 제 1 절 장부의 비치·기록

I 장부의 비치·기록

1 복식부기의무자

사업자(국내사업장이 있거나 국내원천 부동산소득이 있는 비거주자를 포함한다. 이하 같다)는 소득금액을 계산할 수 있도록 증명서류 등을 갖춰 놓고 그 사업에 관한 모든 거래사실이 객관적으로 파악될 수 있도록 복식부기에 따라 장부에 기록·관리하여야 한다.(소법 160조 ①, 2013.1.1. 개정)

여기서 복식부기에 의한 장부란 사업의 재산상태와 그 손익거래 내용의 변동을 빠짐없이 이중으로 기록하여 계산하는 부기형식의 장부를 말하며 다음에 해당하는 경우에는 장부를 비치·기록한 것으로 본다.(소령 208조 ①, ②)

① 이중으로 대차평균하게 기표된 전표와 이에 대한 증명서류가 완비되어 사업의 재산상태와 손익거래 내용의 변동을 빠짐없이 기록한 때

② 복식부기에 의한 장부 또는 전표와 이에 대한 증명서류를 전산처리된 테이프 또는 디스크 등으로 보관한 때

✓ **장부의 요건**(소통 160－208…1)

① 장부의 비치·기장은 다음 요건을 갖추어야 장부를 비치·기장한 것으로 본다.

㉠ 장부의 기재사항에 의하여 법에 규정하는 총수입금액·소득금액 및 과세표준의 계산이 가능하여야 한다.

㉡ 총수입금액·소득금액 또는 과세표준의 정당 여부가 장부에 의하여 비교적 용이하게 감사(조사)될 수 있어야 한다.

㉢ 장부가 세금계산서·계산서 또는 신뢰할 수 있는 객관적 자료와 증거에 의하여 기록되어야 한다.

② 매매거래의 기록을 거래별로 기록하지 아니하고 세금계산서·계산서 또는 이에 준하는 영수증·지불증을 주의 깊게 철하여 이에 의하여 일계 또는 주계 또는 월계로서 기록하여도 정당한 기장을 한 것으로 본다.

③ 장부상의 오류가 있어도 기장된 내용에 따라 총수입금액과 소득금액의 계산이 가능하면 기장을 부인하지 못한다.

✓ **전표식 또는 카드식에 의한 장부와 전산조직에 의한 장부의 효력**(소통 160－208…3)

전표식 또는 카드식에 의한 장부와 전산조직에 의한 장부 등 그 명칭이나 형식에 불구하고 대차평균의 원리에 따라 이중기록함으로써 자산과 부채의 증감, 변동 및 손익을 계산할 수 있는 정도의

PART 7

것은 적법한 복식부기에 의한 장부로 본다.

✓ **종합소득세확정신고를 하지 않아 추계로 소득금액을 결정한 처분의 당부**

청구인이 종합소득세확정신고를 하지 않았지만 부가가치세신고를 하였고 추후에 사업과 관련하여 손익계산서, 매입매출장, 계정별원장 등과 기타 증빙서류를 제출하여 이를 근거로 소득금액을 계산할 수 있음에도 불구하고 추계조사결정한 처분청의 처분은 부당함(국심 2003서3769, 2004.5.12.)

✓ **청구인이 제시한 장부에 의하여 실지조사를 할 수 있는지 여부**

납세자가 비치기장한 장부 중 일부가 허위기재 또는 누락된 부분이 있는 경우에도 그 부분을 제외한 나머지 부분을 신뢰할 수 있다면 이를 근거로 과세표준과 세액을 실지조사방법에 의하여 결정하여야 할 것인바, 청구인은 간편장부의무자로서 해당 장부를 비치하고 있고, 그 기재내용의 신빙성 여부를 확인할 수 있으므로 이의 장부 및 증빙자료 등을 근거로 조사하여 과세함이 타당할 것으로 판단됨(국심 2003중381, 2003.4.23.)

2 간편장부대상자

(1) 간편장부대상자의 범위

제5편 제3장 과세표준의 확정신고와 자진납부→3. 재무상태표 등→'(2) 간편장부대상자' 내용 참조

(2) 간편장부의 정의

간편장부란 다음의 사항을 기재할 수 있는 장부로서 국세청장이 정하는 것을 말한다.(소령 208조 ⑨)

① 매출액 등 수입에 관한 사항

② 경비지출에 관한 사항

③ 사업용 유형자산 및 무형자산의 증감에 관한 사항(2020.2.11. 용어개정)

④ 기타 참고사항

중·소규모 개인사업자를 위한 간편장부

간편장부(국세청고시 제2024-19호)

소득세법 제160조 제2항 및 같은 법 시행령 제208조 제9항의 위임에 따라 간편장부에 관한 사항을 다음과 같이 개정하여 고시합니다.

2024년 7월 19일
국 세 청 장

제1조(목적) 이 고시는 「소득세법」 제160조 제2항 및 같은 법 시행령 제208조 제9항에서 위임한 간편장부에 관한 사항을 정하는 것을 목적으로 한다.

제2조(간편장부) 「소득세법」 제160조 제2항 및 같은 법 시행령 제208조 제9항의 규정에 따른 간편장부는 별표와 같다.

제3조(재검토기한) 「훈령·예규 등의 발령 및 관리에 관한 규정」(대통령훈령 제431호)에 따라 이 고시 발령 후의 법령이나 현실여건의 변화 등을 검토하여 이 고시의 폐지, 개정 등의 조치를 하여야 하는 기한은 2027년 7월 18일까지로 한다.

부 칙

제1조(시행일) 이 고시는 고시일로부터 시행한다.

제2조(적용례) 이 고시는 이 고시 시행일이 속하는 과세기간 분부터 적용한다. 다만, 「별표」의 개정규정은 2025년 1월 1일 이후 발생하는 거래분부터 적용한다.

별 표

1. 표지

업종별 일정규모 미만의 개인사업자를 위한

간편장부

2. 간편장부의 서식

①일자	②계정 과목	③거래 내용	④거래처	⑤수입(매출)		⑥비용 (원가관련매입포함)		⑦사업용 유형자산 및 무형자산 증감 (매매)		⑧비고
				금액	부가세	금액	부가세	금액	부가세	
소계										

※ 간편장부대상자는 위 간편장부의 기재사항을 추가하여 사용하거나 별도의 보조부 또는 복식부기에 의한 장부를 작성할 수 있음

3. 작성요령

가. 일반적 기재요령

1) 거래일자 순으로 매출(수입) 및 비용 관련 거래내용(외상거래 포함)을 모두 기재함

2) 매출건수가 1일 평균 50건 이상인 경우에는 1일 동안의 매출금액(또는 수입금액)을 합계하여 기재할 수 있으며, 비용 및 매입거래는 거래 건별로 모두 기재하여야 함

3) 증빙서류 발행분과 수취분에 대하여는 비고란에 그 종류를 표시하되 약칭으로 기재할 수 있음

※ 예) 세금계산서는 '세계', 계산서는 '계', 신용카드매출전표 및 현금영수증은 '카드 등', 그 밖의 영수증은 '영'으로 각각 표시함

4) 상품·제품·원재료의 재고액은 과세기간 개시일 및 종료일에 실지 재고량을 기준으로 평가하여 비고란에 기재함

- 재고액의 기재가 없는 경우에는 과세기간 개시일 및 종료일의 재고액이 동일한 것으로 간주함

5) 기부금, 감가상각비, 대손충당금, 퇴직급여충당금, 국고보조금, 보험차익 및 조세특례제한법상의 각종 준비금을 필요경비에 산입한 때에는 종합소득세신고 시에 해당 계정에 대한 조정명세서를 첨부하여야 함

나. 각 항목 기재요령

① 일자란 : 현금 또는 외상거래에 관계없이 거래가 발생한 일자를 기준으로 수입 및 비용을 모두 기재함

② 계정과목란 : 거래별로 아래 해당하는 계정과목을 기재함

구 분		계정과목
수입금액		매출액, 기타수입금액
비용	매출원가 및 제조비용	상품매입, 재료비매입, 제조노무비, 제조경비
	일반 관리비 등	급료, 제세공과금, 임차료, 지급이자, 기업업무추진비, 기부금, 감가상각비, 차량유지비, 지급수수료, 소모품비, 복리후생비, 운반비, 광고선전비, 여비교통비, 기타비용
사업용 유형자산 및 무형자산		사업용 유형자산 및 무형자산 매입, 사업용 유형자산 및 무형자산 매도

③ 거래내용란 : 매출·매입의 품명, 규격, 수량 등을 요약하여 기재(예 ○○판매, ○○구입)하며, 비고란에 대금결제 유형(현금, 외상, 카드)을 기재함

④ 거래처란 : 거래상대방의 상호, 성명 또는 전화번호 등을 기재함

⑤ 수입(매출)란 : 상품·제품 또는 용역의 공급 등에 관련된 사업상의 영업수입(매출) 및 영업외수입을 기재함. 부가가치세 일반과세자는 공급가액과 부가가치세를 구분하여 기재

※ 신용카드 및 현금영수증 매출의 경우 공급가액과 부가가치세가 구분되지 않은 경우에는 매출액을 1.1로 나누어서 금액란과 부가세란에 각각 기재

- 간이과세자는 부가가치세를 포함한 매출액(공급대가)을, 부가가치세 면세사업자는 매출액을 '금액'란에 각각 기재

⑥ 비용란
- 상품·원재료·부재료의 매입금액, 일반관리비·판매비(영업활동비) 등 사업에 관련된 모든 비용을 기재함
- 일반과세자가 거래상대방인 일반과세자로부터 부가가치세를 별도로 구분할 수 있는 증빙서류(예 : 세금계산서, 신용카드매출전표, 현금영수증)를 받은 때에는 부가가치세를 거래금액과 구분하여 기재함
- 계산서, 영수증 등 부가가치세가 별도로 구분되지 않은 증빙서류를 수취한 매입분은 매입금액을 금액란에 기재함

⑦ 사업용 유형자산 및 무형자산 증감(매매)란
- 건물, 기계장치, 컴퓨터 등 사업용 유형자산 및 무형자산의 매입(설치·제작·건설 등 포함)에 소요된 금액 및 그 부대비용과 자본적 지출액을 기재하고, 사업용 유형자산 및 무형자산을 매각 또는 폐기하는 경우에는 그 금액을 붉은색으로 기재하거나 금액 앞에 '△'표시함
- 사업용 유형자산 및 무형자산의 매입시는 나. ⑥ 비용란의 기재방법을, 사업용 유형자산 및 무형자산 매도시는 나. ⑤ 수입(매출)란 기재방법을 각각 준용함

⑧ 비고란 : 거래증빙 유형 및 재고액을 기재함

다. 기타 작성요령
1) 부동산임대업의 사업소득, 부동산임대업 외의 사업소득 등 2개 이상 소득이 있는 경우에는 간편장부를 각각 작성하여야 함
2) 사업장이 2개 이상인 경우에는 각 사업장별로 간편장부를 작성하여야 함

Ⅱ 구분 경리

1 소득별 구분경리

사업소득에 부동산임대업에서 발생한 소득이 포함되어 있는 사업자는 그 소득별로 구분하여 회계처리하여야 한다. 이 경우에 소득별로 구분할 수 없는 공통수입금액과 그 공통수입금액에 대응하는 공통경비는 각 총수입금액에 비례하여 그 금액을 나누어 장부에 기록한다.(소법 160조 ④)

2 사업장별 구분경리

둘 이상의 사업장을 가진 사업자가 소득세법 또는 조세특례제한법에 따라 사업장별로 감면을 달리 적용받는 경우에는 사업장별 거래 내용이 구분될 수 있도록 장부에 기록하여야 한다.(소법 160조 ⑤, 2010.12.27. 개정)

✓ **수개의 업종과 사업을 겸영하는 경우 공통손익의 안분계산**(소통 161-209…1)

수개의 업종과 수개의 사업(감면사업·기타사업)을 겸영하고 있는 사업자의 공통손익에 대한 안분계산은 먼저 업종별로 안분계산하고 다음에 동일업종 내에서 사업별로 공통손익을 안분계산한다.

✓ **공통손익계산에 있어서의 업종구분**(소통 161-209…2)

공통손익을 계산함에 있어서 규칙 제62조 제1항 제2호 및 제3호에 규정하는 "업종"의 구분은 당해 과세기간개시일 현재의 한국표준산업분류상의 "소분류"를 기준으로 한다. 다만, 소분류에 해당 업종이 없는 경우에는 "중분류"에 의한다.

✓ **2 이상의 사업장을 영위하는 개인사업자의 장부 비치·기장**(소법 해석편람 160-1-2)

부동산임대소득 및 사업소득 중 2 이상의 소득이 있는 사업자는 그 소득별로 구분하여 경리하여야 하며, 이 경우에 소득별로 구분할 수 없는 공통수입금액과 그 공통수입금액에 대응하는 공통경비에 대하여는 각 총수입금액에 비례하여 안분기장하는 것임. 또한, 2 이상의 사업장을 가진 사업자의 경우에는 사업장별 거래내용이 구분될 수 있도록 기장하여야 하며 수개의 업종과 수개의 사업(감면사업·기타사업)을 겸영하고 있는 사업자의 공통손익에 대한 안분계산은 먼저 업종별로 안분계산하고 다음에 동일업종내에서 사업별로 공통손익에 안분계산하는 것임(소득 46011-2607, 1997.10.10.)

3 소비성서비스업 등의 구분경리

소비성서비스업과 그 밖의 사업을 함께하는 내국인은 자산·부채 및 손익을 각각의 사업별로 구분하여 경리하여야 한다.(조특법 143조 ②)

• 제 2 절 경비 등의 지출증명서류 수취 및 보관

I 개 요

거주자 또는 비거주자가 사업소득금액 또는 기타소득금액을 계산함에 있어서 필요경비를 계산하려는 경우에는 그 비용의 지출에 대한 증명서류를 수취하고 이를 확정신고기간 종료일부터 5년간 보관하여야 한다.(소법 160조의2 ①, 2013.1.1. 개정)

다만, 각 과세기간의 개시일 5년 전에 발생한 결손금을 공제받은 자는 해당 결손금이 발생한 과세기간의 증명서류를 공제받은 과세기간의 다음다음 연도 5월 31일까지 보관하여야 한다.(소법 160조의2 ①)

Ⅱ 지출증명서류의 수취

1 지출증명서류의 수취

사업소득이 있는 자가 사업과 관련하여 사업자(법인을 포함)로부터 재화 또는 용역을 공급받고 그 대가를 지출하는 경우에는 다음에 해당하는 증명서류(이하 "적격증명서류"라 한다)를 받아야 한다.(소법 160조의2 ②, 소령 208조의2 ②, ④)

(1) 계산서

사업자가 계산서를 발급받지 못하여 매입자발행계산서를 발행하여 보관한 경우에는 증명서류의 수취·보관의무를 이행한 것으로 본다.(소법 160조의2 ③ 1, 2022.12.31. 신설)

➲ 2023.7.1. 이후 소득이 발생하는 경우부터 적용한다.(2022.12.31. 법 부칙 1조 4, 2조)

(2) 세금계산서

사업자가 세금계산서를 받지 못한 경우 매입자발행세금계산서를 발행하여 보관하였을 때에는 수취·보관의무를 이행한 것으로 본다.(소법 160조의2 ③ 2)

저자TIP 가공[*1]·위장[*2] 세금계산서 및 계산서 수취관련 소득세법상의 취급

구 분		증명서류 수취 불성실가산세 적용여부	필요경비 인정여부
세금계산서	가공	×[*3]	×
	위장	○	○
계산서	가공	×[*4]	×
	위장	×[*4]	○

*1. 재화 또는 용역을 공급받은 바 없이(실물거래 없이) 세금계산서나 계산서를 발급받은 경우를 말한다.

*2. 재화 또는 용역은 공급받았으나 사실과 다른 세금계산서나 계산서를 발급받은 경우를 말한다.

*3. 증명서류 수취 불성실가산세 적용의 전제 요건은 ① 재화 또는 용역을 공급받고 ② 적격증명서류를 받지 않거나, 사실과 다른 증명서류를 받는 것이다. 따라서 재화 또는 용역의 공급을 받지 않은 가공매입의 경우는 증명서류 수취 불성실가산세가 적용될 수 없는 것이다.

*4. 소득세법 제81조의10 제4항 제1호(종전 제81조 제3항 단서)에서 계산서 등 제출 불성실가산세와 증명서류 수취 불성실가산세와의 중복적용을 배제하고 있다.

✓ **가공매입세금계산서를 수취한 경우 증빙불비가산세를 과세한 처분의 당부**(국심 2002부347, 2002. 9.2.)

가공거래(가공매입)로서 거래자체가 없어 증빙을 수취할 수 없는 것으로 이는 매출원가 및 필요경비를 부인하여 과세표준을 다시 계산하고 신고불성실가산세등을 과세하면 충분한 것이지 달리 증빙불비가산세를 부과할 수는 없는 것이라 할 것임

✓ **법인이 교부받은 매입세금계산서가 가공매입세금계산서로 밝혀지고 실제매입처가 확인되는 경우 가산세 부과 여부**

교부받은 매입세금계산서가 가공매입세금계산서로 밝혀지고 실제로 매입처가 확인되는 상황에서 실제거래처로부터 매입세금계산서를 수취하지 않은 사실에 대하여 법인세법 제76조 제5항의 규정에 의한 가산세를 적용하는 경우 가산세부과대상금액은 부가가치세가 포함된 총거래금액으로 하는 것이며, 해당 부가가치세상당의 금액에 대하여 지출증빙서류 미수취가산세가 적용된 경우라도 당초 세금계산서를 수취하지 아니하여 공제받지 못한 매입세액이라면 경정청구를 통하여 손금산입할 수 있는 대상에 해당하지 않는 것임(서면2팀-1818, 2004.8.31.)

✓ **실물거래없는 세금계산서를 교부받은 경우 필요경비불산입 여부 및 관련가산세 적용 여부**

① 사업자가 실제로 매입하지 아니한 원재료상당액을 가공매입세금계산서 등의 자료로 교부받아 장부상 기장처리한 경우 동 가공매입자료금액이 해당 사업장이 소득금액계산상 필요경비로서 원가에 반영된 경우에는 동 금액을 필요경비불산입하여 소득금액에 가산하는 것이나 필요경비로서 원가에 반영되지 아니하고 부외처리된 경우에는 소득금액에 가산하지 아니하는 것으로 이 경우 동 가공매입자료금액이 필요경비로서 장부상 원가에 반영되었는지 아니면 원가에 반영하지 아니하고 제외되었는지의 여부는 해당 사업자가 비치·기장한 장부의 기장내용 및 증빙서류 등에 의하여 소관세무서장이 사실조사 확인하여 판단할 사항인 것임(소득 22601-679, 1990. 3.17.)

② 사업자가 부가가치세가 과세되는 재화 또는 용역을 공급하거나 공급받지 아니하고 세금계산서를 교부하거나 교부받아 매출처별세금계산서합계표 또는 매입처별세금계산서합계표를 작성하여 제출한 경우에는 부가가치세법 제22조 제3항(☞ 매출처별세금계산서합계표 불성실가산세) 및 제4항(☞ 매입처별세금계산서합계표 불성실가산세)의 규정에 의한 가산세가 적용되는 것임(부가 46015-326, 2000.2.7.)

(3) 여신전문금융업법에 따른 신용카드매출전표

① 신용카드와 유사한 것으로서 다음의 것을 사용하여 거래하는 경우 그 증명서류를 포함한다(소법 160조의2 ② 3, 소령 208조의2 ②, 83조 ④)

㉠ 여신전문금융업법에 따른 직불카드

㉡ 외국에서 발행된 신용카드

㉢ 조세특례제한법에 따른 기명식선불카드, 직불전자지급수단, 기명식선불전자지급수단 또는 기명식전자화폐

(4) 현금영수증

"현금영수증"이란 현금영수증가맹점으로 가입한 사업자가 재화나 용역을 공급하고 그 대금을 현금으로 받은 경우 그 재화나 용역을 공급받는 자에게 현금영수증 발급장치에 의하여 발급하는 것으로서 거래일시·금액 등 결제내역이 기재된 영수증을 말한다.(소법 160조의2 ② 4)

2 신용카드매출전표 및 현금영수증의 보관

다음 중 하나에 해당하는 증명자료를 보관하고 있는 경우에는 신용카드매출전표 및 현금영수증을 수취하여 보관하고 있는 것으로 본다.(소령 208조의2 ④)

① 다음 중 하나에 해당하는 사업자(이하 "신용카드업자 등"이라 한다)로부터 교부받은 신용카드 월별이용대금명세서 및 조세특례제한법에 따른 기명식선불카드의 월별이용대금명세서(소령 208조의2 ④ 1)

㉠ 여신전문금융업법에 따른 신용카드업자

㉡ 전자금융거래법에 따른 전자금융업자

㉢ 신용협동조합법에 따른 신용협동조합중앙회

㉣ 상호저축은행법에 따른 상호저축은행중앙회

② 신용카드업자 등으로부터 전송받아 전사적자원관리시스템에 보관하고 있는 신용카드, 현금영수증, 직불카드 및 조세특례제한법에 따른 기명식선불카드, 직불전자지급수단, 기명식선불전자지급수단, 기명식전자화폐의 거래정보(다음의 요건을 충족하는 경우에만 해당한다)(소령 208조의2 ④ 2, 국기령 65조의7 ①)

㉠ 자료를 저장하거나 저장된 자료를 수정·추가 또는 삭제하는 절차·방법 등 정보보존장치의 생산과 이용에 관련된 전자계산조직의 개발과 운영에 관한 기록을 보관할 것

㉡ 정보보존장치에 저장된 자료의 내용을 쉽게 확인할 수 있도록 하거나 이를 문서화 할 수 있는 장치와 절차가 마련되어 있어야 하며, 필요시 다른 정보보존장치에 복제가 가능하도록 되어 있을 것

㉢ 정보보존장치가 거래내용 및 변동사항을 포괄하고 있어야 하며, 과세표준과 세액을 결정할 수 있도록 검색과 이용이 가능한 형태로 보존되어 있을 것

✓ **종업원명의 신용카드의 지출증빙 여부**(소법 해석편람 160의 2-1-1)

종업원이 개인명의로 발급받은 신용카드 등에 의하여 업무와 관련하여 지출한 것이 확인되는 신용카드매출전표는 소득세법 제35조 제2항 제1호 및 같은법 제160조의2 제2항 제3호(☞ 적격증명)에 해당하는 것임(소득 46011-141, 1999.10.4.)

✓ **지출증빙불비가산세는 세법이 정하는 증빙 이외의 지출증빙을 수취하는 경우뿐만 아니라 지출증빙을 전혀 수취하지 아니하는 경우에도 적용되는 것임**(국심 2004서3301, 2005.1.20.)

✓ **건물수리비 지출하고 간이영수증 수취시 가산세여부**

사업자(소규모사업자·소득금액 추계자 제외)가 다른 사업자로부터 재화·용역을 공급받고 법정 증빙서류를 수취하지 않은 경우 증빙불비가산세를 적용함(소득-367, 2011.4.29.)

3 지출증명서류 보관의 예외

다음 중 하나에 해당하는 지출증거자료에 대하여는 이를 보관하지 아니할 수 있다.(소령 208조의2 ⑤)

① 현금영수증

② 국세청 현금영수증홈페이지에 사업용신용카드로 등록한 신용카드 매출전표

③ 화물운전자 복지카드 매출전표

④ 발급명세서가 전송된 전자계산서(2013.2.15. 신설)

➲ 현행 실무상 "발급명세서"의 실체는 없으며 "발급명세서가 전송된 전자계산서"의 의미는 "국세청에 전송된 전자계산서"를 의미함

4 적격증명서류 수취대상거래

사업자가 사업과 관련하여 사업자(법인을 포함)로부터 재화 또는 용역을 공급받고 그 대가를 지출하는 경우가 적격증명서류 수취대상거래에 해당한다.(소법 160조의2 ②) 이러한 적격증명서류 수취의무는 다음의 요건을 모두 충족하는 경우에만 적용된다.

(1) 사업자와의 거래이어야 한다.

적격증명수취의무는 재화나 용역을 공급하는 거래상대방이 사업자인 경우에만 적용된다.

✓ **지출증명서류의 범위**(법통 116－158…1)

다음에 해당하는 경우에는 법인세법 제116조 제2항에 규정하는 증명서류로 보지 아니한다. (2024. 3.15. 개정)

① 실제거래처와 다른 사업자명의로 발급된 세금계산서·계산서 또는 신용카드매출전표

② 부가가치세법상 미등록사업자로부터 재화 또는 용역을 공급받고 발급받은 세금계산서 또는 계산서

③ 부가가치세법상 간이과세자로부터 재화 또는 용역을 공급받고 발급받은 세금계산서

✓ **비과세 농가부업소득에 대한 증빙불비 가산세 적용 여부**

축산업을 영위하는 사업자가 다른 사업자로부터 재화 또는 용역을 공급받고 지출한 대가를 사업소득에 대한 필요경비로 계산하려는 경우에는 소득세법 제160조의2 제2항에 따라 해당하는 증명서류를 받아야 하는 것임(서면소득 2016－3289, 2016.12.14.)

✓ **가내부업적인 용역제공시 지출증빙서류수취대상해당 여부**

소득세법 제14조 제3항 제2호에 의한 일용근로자로부터 가내부업적인 용역을 제공받고 그 대가를 지급하는 경우에는 지출증빙서류수취대상에서 제외되는 것임(소득 46011－10225, 2001.3.16.)

✓ **오피스텔자치관리기구가 발행한 관리비납입영수증의 지출증빙서류 여부**

오피스텔의 분양입주자들로 구성된 운영위원회에서 오피스텔을 자체적으로 관리하기 위하여 조직한 자치관리기구는 사업자에 해당하지 아니하는 것임(소득 46011－304, 2000.3.3.)

✓ **폐업자로부터 공급받은 재화분 영수증의 수취시 증빙불비가산세적용 여부**

복식부기의무자가 사업을 실질적으로 폐업하고 부가가치세법 제5조 제4항의 규정에 의하여 폐업신고를 한 자로부터 같은법 제6조 제4항에 의하여 폐업시 잔존재화로서 과세된 재화를 공급받은 때에는 증빙불비가산세를 적용하지 아니함(소득 46011－36, 2000.1.10.)

✓ **사용인에게 지급하는 경조사비 등은 지출증빙서류 수취대상이 아님**

‘사업자’가 아닌 ‘사용인’에게 지급하는 경조사비, 여비 중 일비, 자가운전보조금 및 일용근로자에 대한 급여, 건물파손보상금 등의 경우는 “지출증빙서류의 수취 및 보관” 규정이 적용 안됨(법인 46012－296, 1999.1.23.)

PART 7

(2) 재화 또는 용역의 공급대가이어야 한다.

적격증빙의 수취의무는 사업자와의 거래로서 재화 또는 용역을 공급받고 그 대가를 지출하는 경우에만 적용된다.

✓ **지급증빙으로 인정하는 경우**(소득 집행기준 160의2-208의2-2)

① 일용노무비 지급과 관련하여 비치, 보존해야 하는 증빙서류는 일용노무자의 인적사항(성명, 주민등록번호, 주소), 근로제공일(시간급인 경우에는 근로시간을 포함), 지급금액 등 근로제공내용 및 지급사실을 확인할 수 있어야 하며, 주소 기재란이 없는 경우에도 기타의 증빙에 의해 지급사실이 확인되면 지급증빙으로 인정할 수 있다.

② 부가가치세 면세사업자가 재화 또는 용역을 공급하고 계산서를 작성·교부함에 있어서 계산서의 필요적 기재사항이 기재된 서식을 국세청장에게 신고 후 사용하는 경우 해당 서식은 계산서 서식을 대신할 수 있으며, 해당 지로영수증은 소득세법에 따른 계산서로 인정된다.

✓ **복식부기의무자가 세금계산서 등 법정증빙 외 증빙수취시 가산세 적용**

복식부기의무자가 사업과 관련하여 사업자로부터 재화 또는 용역을 공급받고 적격증빙 외의 증빙을 수취한 경우 및 영수증수취명세서를 과세표준확정신고기한 내에 제출하지 아니하는 경우에는 증빙불비가산세 및 영수증수취명세서 미제출가산세가 부과되는 것임(서면1팀-771, 2006.6.13.)

✓ **상품권을 판매하는 경우 계산서교부대상 여부 및 개인으로부터 상품권을 매입하는 경우 지출증빙불비관련 가산세대상 여부**

상품권을 판매하는 경우 사업자가 재화 또는 용역을 공급하는 경우에 해당하지 않는 것이므로 소득세법 제163조 제1항의 규정에 의하여 계산서를 교부할 수 없는 것이고, 상품권을 구입하는 경우 소득세법 제160조의2(경비 등의 지출증빙수취보관)의 규정 및 같은법 제81조 제8항에 규정하는 경비 등의 지출증빙수취관련 가산세가 적용되지 아니하는 것임(제도 46011-10280, 2001.3.26.)

✓ **재화 또는 용역의 공급없이 지급받는 금전의 부가가치세 과세 여부**

지출증빙서류 수취에 관한 규정은 사업자로부터 재화 또는 용역을 공급받고 그 대가를 지급하는 경우에 적용하는 것으로 법인이 재화 또는 용역의 공급대가가 아닌 위약금 등을 지급하는 경우에는 동 규정을 적용하지 아니하는 것임(부가 46015-882, 2000.4.20.)

(3) 3만원을 초과하는 거래이어야 한다.

적격증빙의 수취의무는 재화나 용역의 공급대가가 각 거래단위별로 3만원을 초과하는 경우에만 적용된다. 이때 3만원 초과 거래여부의 판단은 거래 1건별 영수증상의 금액을 기준으로 판단한다.

Ⅲ 지출증명서류 수취의 예외

다음의 경우에는 지출증명서류의 수취 규정에도 불구하고 적격증명서류를 수취하지 않은 경우에도 증명서류 수취 불성실 가산세가 적용되지 아니한다. 다만, 사업자는 지출증명서류 수취 예외 규정이 적용되는 거래와 관련된 증명서류를 적격증명서류와 구분하여 보관·관리하여야 한다.(소법 160조의2 ② 단서, 소령 208조의2 ①, ③, 소칙 95조의3)

① 공급받은 재화 또는 용역의 거래건당 금액(부가가치세를 포함)이 3만원 이하인 경우
이때 3만원 이하 거래여부의 판단은 거래 1건별 영수증상의 금액을 기준으로 판단한다.

② 거래상대방이 읍·면지역에 소재하는 사업자(간이과세자에 한함)로서 여신전문금융업법에 의한 신용카드가맹점이 아닌 경우
여기서의 간이과세자는 다음 중하나에 해당하는 자를 말한다.(소령 208조의2 ① 2, 2022.12.31. 개정, 부법 36조 ① 2)

➲ 2023.2.28. 전에 재화 또는 용역을 공급받은 경우의 지출증명 수취 및 보관에 관하여는 개정규정에도 불구하고 종전의 규정에 따른다.(2023.2.28. 영 부칙 24조)

㉠ 직전 연도의 공급대가의 합계액(직전 과세기간에 신규로 사업을 시작한 개인사업자의 경우 부가가치세법 제61조 제2항에 따라 환산한 금액)이 4,800만원 미만인 자

㉡ 신규로 사업을 시삭하는 개인사업자로서 간이과세자로 하는 최초의 과세기간 중에 있는 자

> ✓ **지출증빙미수취가산세가 적용되지 않는 거래의 범위**
>
> ① 읍·면지역에 소재 미등록사업자 및 일반과세자로부터 지출증빙을 수취하지 않을 경우 지출증빙미수취가산세가 적용됨
>
> ② 법인이 업무와 관련하여 지출한 비용에 대하여 정규지출증빙서류를 수취하지 아니한 경우에도 다른 객관적인 자료에 의하여 그 지급사실이 확인되는 경우에는 해당 법인의 각사업연도소득금액계산상 이를 손금에 산입하는 것임(소득 46011-816, 1999.3.4.)

③ 금융·보험용역을 제공받은 경우

④ 국내사업장이 없는 비거주자 또는 외국법인과 거래한 경우

⑤ 농어민(한국표준산업분류상에 따른 농업 중 작물재배업·축산업·작물재배 및 축산 복합농업, 임업 또는 어업에 종사하는 자를 말하며, 법인은 제외)으로부터 재화 또는 용역을 직접 공급받은 경우

> **✓ 영수증수취명세서 제출시 3만원초과거래분 제출제외대상 내역 기재 누락에 대한 가산세 해당여부**
> 사업자가 농어민(법인 제외)으로부터 재화 또는 용역을 직접 공급받고 종합소득세 과세표준확정신고시 영수증수취명세서를 제출하면서 "3만원 초과거래분 명세서제출 제외대상" 내역을 기재하지 아니한 경우 영수증수취명세서 미제출가산세는 적용하지 아니하는 것임(서면법령해석소득 2014-21870, 2015.5.20.)

⑥ 국가·지방자치단체 또는 지방자치단체조합으로부터 재화 또는 용역을 공급받은 경우

⑦ 비영리법인(비영리외국법인을 포함하며, 수익사업과 관련된 부분을 제외)으로부터 재화 또는 용역을 공급받은 경우

> **✓ 음악저작권 관리수수료의 필요경비 산입 및 증명서류 수취불성실 가산세 대상 여부**
> 인적용역 사업자가 수취·보관한 서류나 비치·기장한 장부에 의하여 거래사실이 실제로 확인되는 때에는 필요경비에 산입하는 것이며, 비영리법인으로부터(수익사업과 관련된 부분은 제외) 재화 또는 용역을 공급받은 경우에는 소득세법 제81조의6 [증명서류 수취 불성실 가산세]가 적용되지 않는 것임(사전법령해석소득 2020-332, 2020.6.7.)

⑧ 원천징수대상 사업소득자로부터 용역을 공급받은 경우(원천징수한 경우에 한한다)

⑨ 기타 다음의 경우(소칙 95조의3)

㉠ 부가가치세법 제10조에 따라 재화의 공급으로 보지 아니하는 사업의 양도에 의하여 재화를 공급받은 경우

㉡ 부가가치세법 제26조 제1항 제8호에 따른 방송용역을 공급받은 경우

㉢ 전기통신사업법에 의한 전기통신사업자로부터 전기통신역무를 제공받는 경우. 다만, 전자상거래 등에서의 소비자보호에 관한 법률에 따른 통신판매업자가 전기통신사업법에 따른 부가통신사업자로부터 동법 제4조 제4항에 따른 부가통신역무를 제공받는 경우를 제외한다.(2007.4.17. 단서신설)

㉣ 국외에서 재화 또는 용역을 공급받은 경우(세관장이 세금계산서 또는 계산서를 교부한 경우는 제외)

> **✓ 국외에서 재화 또는 용역을 공급받으면서 수취한 영수증의 지출증빙 해당여부**
> 국외에서 재화를 구입한 경우(세관장이 세금계산서 또는 계산서를 발급한 경우 제외)에는 정규지출증빙을 수취하지 않아도 되고 관련 사실을 입증할 수 있는 서류를 보관하는 것임(법규소득 2013-449, 2013.10.15.)

ⓜ 공매·경매 또는 수용에 의하여 재화를 공급받은 경우

ⓗ 토지 또는 주택을 구입하거나 주택의 임대업을 영위하는 자(법인을 제외)로부터 주택임대용역을 공급받은 경우

ⓢ 택시운송용역을 공급받은 경우

ⓞ 건물(토지를 함께 공급받은 경우에는 해당 토지를 포함하며, 주택을 제외)을 구입하는 경우로서 거래내용이 확인되는 매매계약서사본을 과세표준확정신고서에 첨부하여 납세지 관할 세무서장에게 제출하는 경우

ⓙ 국세청장이 고시한 전산발매통합관리시스템에 가입한 사업자로부터 입장권·승차권·승선권 등을 구입하여 용역을 제공받은 경우

✓ 지출증빙서류에 고속도로통행카드의 포함 여부

사업자가 국세청고시에 의한 전산발매통합관리시스템에 가입한 사업자로부터 입장권·승차권·승선권 등을 구입하고 그 거래금액을 금융기관을 통하여 지급한 경우로서 과세표준확정신고서에 송금사실을 기재한 경비 등의 송금명세서를 첨부하여 납세지 관할 세무서장에게 제출하는 경우에는 증빙불비가산세를 적용하지 아니하는 것임(소득 46011-523, 1999.12.21)

ⓒ 항공기의 항행용역을 제공받은 경우

ⓚ 부동산임대용역을 제공받은 경우로서 부가가치세법 시행령 제65조 제1항의 규정을 적용받는 전세금 또는 임대보증금에 대한 부가가치세액을 임차인이 부담하는 경우

ⓣ 재화공급계약·용역제공계약 등에 의하여 확정된 대가의 지급지연으로 인하여 연체이자를 지급하는 경우

ⓟ 유료도로법 제2조 제2호에 따른 유료도로를 이용하고 통행료를 지급하는 경우

ⓗ 다음에 해당하는 경우로서 공급받은 재화 또는 용역의 거래금액을 금융회사 등을 통하여 지급한 경우로서 과세표준확정신고서에 송금사실을 기재한 경비 등의 송금명세서를 첨부하여 납세지 관할 세무서장에게 제출하는 경우

㉮ 부가가치세법상 간이과세자로부터 부동산임대용역을 공급받는 경우
여기서의 간이과세자는 다음 중 하나에 해당하는 자를 말하며, 아래의 '㉰와 ㉱'에서도 같다.(소칙 95조의3 9 가, 다 라, 2023.3.20. 개정, 부법 36조 ① 2)

➲ 2023.3.20. 전에 재화 또는 용역을 공급받은 경우의 지출증명 수취 및 보관에 관하여는 개정규정에도 불구하고 종전의 규정에 따른다.(2023.3.20. 규칙 부칙 6조)

Ⓐ 직전 연도의 공급대가의 합계액(직전 과세기간에 신규로 사업을 시작한 개인사업자의 경우 부가가치세법 제61조 제2항에 따라 환산한 금액)이 4,800

만원 미만인 자

Ⓑ 신규로 사업을 시작하는 개인사업자로서 간이과세자로 하는 최초의 과세기간 중에 있는 자

✓ 미등록사업자와의 부동산임대용역거래시 지출증빙특례적용 여부

거주자가 미등록사업로부터 부동산임대용역을 공급받는 경우에는 경비 등의 지출증빙특례규정이 적용되지 아니하는 것임(제도 46011-12053, 2001.7.12, 제도 46011-10496, 2001.4.9.) → 따라서 증명서류 수취 불성실가산세가 적용됨

㉯ 임가공용역을 공급받은 경우(법인과의 거래는 제외)

✓ 복식부기의무자가 임가공용역대가를 금융기관을 통해 지급하는 경우 지출증빙특례적용 여부

복식부기의무자가 사업자(미등록자 포함)로부터 임가공용역을 공급받은 경우(법인 및 부가가치세법 제3조의 규정에 의한 일반과세자와의 거래를 제외) 공급받은 재화 또는 용역의 거래금액을 금융기관을 통하여 지급한 경우로서 과세표준확정신고서에 송금사실을 기재한 경비 등의 송금명세서를 첨부하여 납세지 관할 세무서장에게 제출하는 경우에는 증빙불비가산세를 적용하지 아니하는 것임(소득 46011-543, 1999.12.28.)

✓ 지출증빙 특례가 적용되는 임가공용역의 범위 등

지출증빙 특례가 적용되는 임가공용역에는 건설업의 외주(용역)비는 포함되지 아니하며, 소득세법 기본통칙 14-1에 따른 가내부업으로서의 임가공용역대가는 일용근로자의 급여로 보는 것이므로 동 일용노무비 지급에 대해서는 "영수증수취명세서" 또는 "송금명세서"를 제출하지 않아도 되는 것임(서면1팀-873, 2007.6.25.)

㉰ 운수업을 영위하는 자(부가가치세법상 간이과세자에 한한다)가 제공하는 운송용역을 공급받은 경우(택시운송용역을 공급받은 경우 제외)

✓ 미등록운수업자로부터 운송용역을 공급받는 경우

거주자가 해당 과세기간에 간이과세자에 해당하는 미등록운수업자로부터 운송용역(택시운송용역을 공급받은 경우 제외)을 공급받는 경우에도 경비 등의 송금명세서를 과세표준확정신고서에 첨부하여 제출하는 경우에는 경비 등의 지출증빙특례규정이 적용되는 것임(서면1팀-1160, 2004.8.20.)

㉱ 부가가치세법상 간이과세자로부터 조세특례제한법 시행령 제110조 제4항의 규정에 의한 재활용폐자원 등이나 자원의 절약과 재활용촉진에 관한 법률 제2조 제2호에 따른 재활용가능자원(같은 법 시행규칙 [별표 1] 제1호 내지 제9

호에 열거된 것에 한한다)을 공급받은 경우

✓ **간이과세자로부터 재활용자원을 현금으로 매입하는 경우 증빙불비가산세적용 여부**

복식부기의무자가 사업과 관련하여 사업자로부터 재화 또는 용역을 공급받고 소득세법 제160조의 2 제2항에 해당하는 증빙서류 외의 증빙을 수취한 경우에는 그 수취분에 해당하는 금액의 10%(→ 2004년부터는 2%)에 상당하는 금액을 결정세액에 가산하는 것이나, 간이과세자 또는 개인으로부터 재활용가능자원을 공급받고 그 거래금액을 금융기관을 통하여 지급한 경우로서 과세표준확정신고서에 송금사실을 기재한 경비 등의 송금명세서를 첨부하여 납세지 관할 세무서장에게 제출하는 경우에는 그러하지 아니하는 것임(서일 46011-10280, 2003.3.12, 소득 46011-198, 2000.2.9.)

✓ **재활용폐자원수집법인의 지출증빙수취특례적용대상 여부**

법인이 사업자로부터 재활용폐자원을 공급받는 경우로서 해당 사업자가 간이과세자에 해당하는 경우에는 송금명세서를 지출증빙으로 할 수 있는 것이나, 간이과세자에 해당하지 아니하는 경우에는 지출증빙서류를 수취·보관하여야 하는 것이며, 이 경우 사업자라 함은 영리목적 유무에 불구하고 사업상 독립적으로 재화 또는 용역을 공급하는 자로서 부가가치세법 제5조의 사업자등록을 하지 아니한 자를 포함하는 것임(법인 46012-1191, 2000.5.20.)

㉮ 광업권, 어업권, 산업재산권, 산업정보, 산업상비밀, 상표권, 영업권, 토사석의 채취허가에 따른 권리, 지하수의 개발·이용권 그 밖에 이와 유사한 자산이나 권리를 공급받는 경우

㉯ 부가가치세법 시행령 제35조 제2항에 따라 영세율이 적용되는 항공법에 의한 상업서류송달용역을 제공받는 경우

㉰ 공인중개사의 업무 및 부동산 거래신고에 관한 법률에 의한 중개업자에게 수수료를 지급하는 경우

㉱ 전자상거래 등에서의 소비자보호에 관한 법률 제2조 제2호 본문에 따른 통신판매에 따라 재화 또는 용역을 공급받은 경우(2012.2.28. 신설)

㉲ 그 밖에 국세청장이 정하여 고시하는 경우

PART 7

• 제 3 절 사업용계좌의 신고·사용의무 등

1 사업용계좌의 정의

'사업용계좌'란 다음의 요건을 모두 갖춘 것을 말한다.(소령 208조의5 ①)

① 금융기관에 개설한 계좌일 것

② 사업에 관련되지 아니한 용도로 사용되지 아니할 것

2 사업용계좌 사용대상자의 범위

복식부기의무자는 사업과 관련하여 재화 또는 용역을 공급받거나 공급하는 거래의 경우 다음 중 하나에 해당하는 때에는 사업용계좌를 사용하여야 한다.(소법 160조의5 ①, 소령 208조의5 ④)

① 거래의 대금을 금융회사 등을 통하여 결제하거나 결제받는 경우

이러한 거래의 범위에는 금융기관의 중개 또는 금융기관에 위탁 등을 통한 다음 중 하나에 해당하는 방법에 의하여 그 대금의 결제가 이루어지는 경우를 포함한다.

㉠ 송금 및 계좌간 자금이체

㉡ 수표(발행인이 사업자인 것에 한한다)로 이루어진 거래대금의 지급 및 수취

㉢ 어음으로 이루어진 거래대금의 지급 및 수취

㉣ 신용카드, 직불카드, 기명식선불카드, 직불전자지급수단, 기명식선불전자지급수단, 기명식 전자화폐를 통하여 이루어진 거래대금의 지급 및 수취(2010.2.18. 개정)

② 인건비 및 임차료를 지급하거나 지급받는 경우

다만, 인건비를 지급하거나 지급받는 거래 중에서 거래 상대방의 사정으로 사업용계좌를 사용하기 어려운 다음 중 하나에 해당하는 자와 한 거래는 제외한다.(소법 160조의5 ① 2, 소령 208조의5 ⑤)

㉠ 연체자 : 금융거래와 관련하여 채무불이행 등의 사유로 신용정보의 이용 및 보호에 관한 법률 제25조 제2항 제1호에 따른 종합신용정보집중기관에 그 사실이 집중관리 및 활용되는 자

㉡ 외국인 불법체류자

③ 지역주택조합의 경우

주택법 제2조 제11호 가목에 따른 지역주택조합이 같은 법 제5조에 따른 공동사업주체인 등록사업자(☞ 시공사)와 공동명의로 개설한 사업용계좌는 소득세법에 따른 사업용계좌로 본다.(소령 208조의5 ⑥, 2017.2.3. 신설)

➲ 2017.2.3. 이후 사업용계좌를 신고하는 분부터 적용한다.(2017.2.3. 영 부칙 11조)

3 사업용계좌의 신고

① 복식부기의무자는 복식부기의무자에 해당하는 과세기간의 개시일(사업개시와 동시에 복식부기의무자에 해당되는 경우에는 다음 과세기간 개시일)부터 6개월 이내에 사업용계좌를 해당 사업자의 사업장 관할 세무서장 또는 납세지 관할 세무서장에게 신고하여야 한다. 다만, 사업용계좌가 이미 신고되어 있는 경우에는 그러하지 아니하다.(소법 160조의5 ③, 2014.12.23. 개정)

② 사업용계좌는 사업장별로 사업장 관할 세무서장에게 신고하여야 한다. 이 경우 1개의 계좌를 2 이상의 사업장에 대한 사업용계좌로 신고할 수 있다.(소령 208조의5 ②)

③ 사업용계좌는 사업장별로 2 이상 신고할 수 있다.(소령 208조의5 ③)

④ 복식부기의무자는 사업용계좌를 변경하거나 추가하는 경우 종합소득 과세표준확정신고기한(성실신고확인대상사업자는 성실신고에 따른 확정신고기한)까지 이를 신고하여야 한다.(소법 160조의5 ④, 2013.1.1 개정)

⑤ 사업용계좌의 신고·변경 및 추가하는 경우에는 해당 기한 이내에 「사업용계좌신고(변경신고·추가신고)서를 사업장 관할 세무서장에게 제출하여야 한다.(소령 208조의5 ⑨)

저자TIP 사업용계좌의 신고기한

➲ 2015.1.1. 이후 최초로 사업용계좌를 신고하는 분부터 적용한다.(2014.12.23. 법 부칙 19조)

구 분	최초 신고기한 (소법 160조의5 ③)	변경·추가 신고기한 (소법 160조의5 ④)
(1) 성실신고확인 제출의무자	해당 과세기간 개시일로부터 6월 이내	매년 6월 말(확정신고기한) 이내
(2) '(1)' 외의 복식부기의무자	해당 과세기간 개시일로부터 6월 이내*	매년 5월 말(확정신고기한) 이내

* 사업개시와 동시에 복식부기의무자에 해당되는 경우에는 다음 과세기간 개시일부터 6개월 이내

PART 7

4 사업용계좌의 관리

복식부기의무자는 사업장별로 해당 과세기간 중 사업용계좌를 사용하여야 할 거래금액, 실제 사용한 금액 및 미사용 금액을 구분하여 기록·관리하여야 한다.(소령 208조의5 ⑧)

5 사업용계좌 문답사례(국세청 2008.2.)

➲ 아래의 내용은 2008년 국세청 자료를 개정내용에 맞게 작성한 것임

(1) 사업용계좌 신고 관련

Q 사업용계좌 신고방법

A ① 통장사본과 함께 「사업용계좌 신고서」를 작성하여 법정신고기한내에 사업장 관할 세무서장(2015.1.1. 이후부터는 납세지 관할 세무서장에게 신고해도 됨)에게 신고함
② 국세청홈택스 홈페이지에서 간편하게 등록할 수 있음(홈페이지 "신청/제출"→"주요세무서류신청바로가기")

Q 휴업자의 경우 신고대상이 되는지 여부 및 신고기한은?

A 사업용계좌의 신고대상은 복식부기의무자이므로 휴업자도 복식부기의무자에 해당하는 경우에는 사업용계좌를 신고하여야 함. 휴업자가 재개업시 사업용계좌가 신고되어 있지 않으면 그에 따른 가산세 등을 부담할 수 있으므로 신고하여야 함

* 휴업자의 경우에도 사업용계좌 신고기한은 정상사업자와 동일함

Q 공동사업자의 경우 사업용계좌 신고방법은?

A 사업용계좌는 사업장별로 복수의 계좌를 허용하고 있음 따라서 공동사업자의 경우에도 사업자의 필요에 따라 1인 명의에 의한 1개 계좌 또는 공동사업자 각각의 명의에 의한 복수의 계좌로 신고하여도 무방함

Q 사업과 관련하여 일시적으로 거래하는 계좌도 신고대상인지?

A 사업용계좌는 사업과 관련된 금융거래시에는 반드시 사용하여야 가산세 등 불이익 없으므로 일시적으로 거래하는 계좌라 할지라도 사업용계좌로 신고하여야 함

Q 사업의 주요 목적거래 외 직원의 4대보험 등 사업부수 목적으로 사용하는 계좌도 신고대상인지?

A 사업용계좌는 사업상 거래에 대해 사업용계좌를 사용하도록 하고 있는 것이므로 사업의 주·부 목적과는 관계없으며, 4대보험과 같이 사업자의 경비에 해당하는 거래이므로 사업용계좌로 신고하여야 함

Q 거래처별로 다른 계좌를 사용하는 경우, 모두 신고해야 하는지?

A 사업용계좌는 납세자의 거래편의를 위해 사업장별로 복수의 계좌를 허용하고 있음. 따라서 거래처별로 여러개의 계좌를 사용하는 경우에는 모두 사업용계좌로 신고하여야 함

Q 외화계좌도 사업용계좌로 사용가능한지?

A 사업용계좌는 사업과 관련된 금융거래를 하는 것으로 거래대금을 외화로 지급하거나 지급받는 경우에는 '외화계좌'도 사업용계좌로 신고 가능함

Q 사업자번호가 없는 복식부기의무자도 사업용계좌 신고가 가능한지?

A 보험모집인, 학원강사 등 인적용역자도 수입금액이 기준금액을 초과하는 경우에는 복식부기의무자에 해당됨. 따라서 사업자번호가 없는 복식부기의무자도 사업용계좌 신고 가능함

Q 사업용계좌는 1개만 사용하여야 하는지?

A 사업용계좌는 사업장별로 신고하여 사용하는 것이며, 동일 계좌를 여러 사업장에서 신고 사용하는 것도 가능함. 또한 1개의 사업장에서 사업자의 필요에 의해 여러개의 통장을 사용하여야 하는 경우에는 모두 사업용계좌로 신고하고 사용하는 것도 가능함

(2) 세무서신고 관련

Q 사업용계좌를 신고하지 않은 경우, 사업상 거래가 부인되는지?

A 사업용계좌를 신고하지 않은 경우에는 해당 미신고기간 총수입금액의 0.2%와 사용대상 거래금액의 0.2% 중 큰 금액이 가산세로 부과되는 것이며, 사업상 거래가 부인되는 것은 아님.

Q 현재 간편장부대상자이나 수입금액이 증가하여 복식부기의무자로 변경되는 경우, 납세자 본인이 대상여부를 판단하여 신고하여야 하는지?

A 전년도 부가가치세 신고 및 면세사업자 수입금액 신고시 수입금액이 증가하여 간편장부대상자에서 복식부기의무자가 되는 경우에는 사업자 본인이 복식부기의무자임을 확인하여 법정신고기한 이내에 사업용계좌를 신고하여야 함

* 법정신고기한(계속사업자) : 과세기간 개시일부터 6월 이내(2015.1.1. 이후 신고분부터 적용)

(3) 사업용계좌 사용관련

Q 사업용계좌를 개인적인 거래 사용가능 여부 및 신고여부

A 사업용계좌를 통해 개인적인 거래가 이루어지더라도 이에 대한 제한을 두고 있지는 않음. 다만, 개인적인 거래는 별도로 과세당국에 신고할 필요는 없으나, 사업용계좌의 거래내역은 사업상 거래로 인정하므로 향후 과세당국의 확인시 개인거래임을 사업자가 확인하여야 함

Q 사업과 관련한 거래대금을 본인의 타 계좌로 수령한 뒤 신고해 놓은 사업용계좌로 이체했을 때 사업용계좌 사용거래로 인정되는지?

A 사업자가 거래대금을 금융기관을 통하여 지급받는 경우에는 반드시 사업용계좌를 통하여야 하는 것이며, 다른 계좌를 통하여 지급받는 경우에는 가산세 부과대상임

Q 사업용계좌 미신고시 불이익은?

A 사업용계좌를 미신고한 경우에는 가산세 부과는 물론, 과세표준과 세액의 경정사유에 해당하여 조사대상이 될 수 있으며 조세특례제한법상 감면규정이 배제됨

Q 폐업한 경우, 은행에서 다시 개인용계좌로 변경해야 하는지?

A 폐업한 경우에는 세무서에 사업용계좌신고(추가·변경)신고서에 의해 사업용계좌 폐지신고를 해야 함

Q 사업장별 복수 계좌 및 한 계좌의 여러 사업장 사용 가능여부

A 사업용계좌는 사업장별로 복수 계좌신고가 가능하며, 한 개의 사업용계좌를 여러 사업장에 계좌신고 가능함. 다만, 한 개의 사업용계좌를 여러 사업장에서 사용하는 경우에는 사업자가 사업장별로 사용내역 등을 관리할 필요가 있음

Q 인건비를 사업용계좌에서 인출해서 현금으로 지급할 경우 어떤 제재가 따르나?

A 현행 법령에서는 인건비와 임차료를 지급할 경우에는 반드시 사업용계좌에서 상대방의 계좌로 입금하여야 하며, 사업용계좌에서 인출하여 현금으로 지급할 경우에는 가산세 부과대상이 됨. 다만, 인건비를 지급하거나 지급받는 거래 중 거래상대방의 사정으로 사업용계좌를 사용하기 어려운 경우는 제외됨(연체자, 외국인불법체류자)

Q 수표로 거래대금을 지급하거나 지급받는 경우에는 사업용계좌를 통하여야 하는지?

A 수표(발행인이 사업자인 것에 한함)·어음·신용카드 등은 사업용계좌를 통하여 거래하도록 되어 있으므로 발행인이 사업자인 수표로 대금을 지급하거나 대금을 수령하는 경우에는 사업용계좌에서 인출하고 사업용계좌에 입금하여야 사업용계좌를 사용한 것으로 인정됨

Q 개인사업자는 개인카드와 기업카드를 가지고 있으나, 기존에는 개인카드로도 물품을 구입하거나 했는데 개인카드 결제계좌를 통한 거래도 사업용계좌 사용거래로 인정되는지?

A 사업과 관련된 물품대금 지급 등을 위한 신용카드의 결제 계좌는 사업용계좌를 통하여야 하며, 개인 계좌를 통하는 경우에는 가산세 부과대상이 됨. 따라서, 물품대금 지급 등 사업과 관련된 신용카드의 결제계좌는 반드시 사업용계좌와 연결된 카드를 사용하여야 함

Q 사업과 관련된 매출대금을 어음으로 받아 보관하던 중 매입대금을 어음으로 지급하는 경우, 사업용계좌를 통하여야 하는지?

A 거래의 대금을 금융기관을 통하여 결제하거나 결제받는 때에는 사업용계좌를 통하도록 하고 있음. 따라서 매출대금을 어음으로 수취한 후, 이 어음을 다시 매입대금으로 지급하는 경우에는 사업용계좌를 통하지 않아도 가능함

Q 세금계산서를 받고 대금을 현금으로 지급하는 경우 처리는 어떻게 하는지?

A 사업용계좌는 세금계산서에 의한 실물거래시 실물거래와 같이 금융거래도 함께 이루어지도록 하고 있는 제도임. 따라서 세금계산서를 받고 대금을 현금으로 지급하는 경우에는 금융기관을 통한 사업용계좌 거래에 해당되지 아니하며, 사업과 관련된 거래대금을 사업용계좌를 통하지 아니함

• 제4절 신용카드가맹점 및 현금영수증가맹점 가입·발급의무 등

I 신용카드가맹점 가입·발급의무 등

1 개 요

국세청장은 주로 사업자가 아닌 소비자에게 재화 또는 용역을 공급하는 일정한 사업자(신용카드가맹점 가입요건에 해당하는 사업자)에 대해서 납세관리를 위하여 필요하다고 인정되는 경우 신용카드가맹점으로 가입하도록 지도할 수 있다.(소법 162조의2 ①)

2 신용카드가맹점 가입요건에 해당하는 사업자

신용카드가맹점 가입요건에 해당하는 사업자란 소비자에게 재화 또는 용역을 공급하는 [별표 3의2]에 따른 "소비자상대업종"을 영위하는 다음 중 하나에 해당하는 사업자로서 업종과 규모 등을 고려하여 국세청장이 정하는 바에 따라 사업장소재시 관할 세무서장 또는 지방국세청장으로부터 신용카드가맹점 가입대상자로 지정받은 자를 말한다.(소령 210조의2 ①, 2021.1.5. 개정)

① 직전 과세기간의 수입금액(결정·경정에 의하여 증가된 수입금액을 포함)의 합계액이 2,400만원 이상인 사업자

② 의료법에 따른 의료업, 수의사법에 따른 수의업 및 약사법에 따라 약국을 개설하여 약사(藥事)에 관한 업(業)을 행하는 사업자(소령 147조의3)

③ 변호사업, 심판변론인업, 변리사업, 법무사업, 공인회계사업, 세무사업, 경영지도사업, 기술지도사업, 감정평가사업, 손해사정인업, 통관업, 기술사업, 건축사업, 도선사업, 측량사업, 공인노무사업, 의사업, 한의사업, 약사업, 한약사업, 수의사업(부령 109조 ② 7)

3 신용카드매출전표의 발급의무

신용카드가맹점(신용카드가맹점 가입요건에 해당하여 가맹한 사업자)은 사업과 관련하여 재화 또는 용역을 공급하고 그 상대방이 대금을 신용카드로 결제하려는 경우 이를 거부하거나 신용카드매출전표를 사실과 다르게 발급해서는 아니된다. 다만, 유통산업발전법 제2조 제3호에 따른 대규모점포나 체육시설의 설치·이용에 관한 법률 제2조 제1호에 따른

체육시설(이하 "대규모점포 등"이라 한다)을 운영하는 자가 해당 대규모점포 등 내의 다른 사업자의 매출액을 합산하여 신용카드매출전표를 발급하는 경우(대규모점포 등을 운영하는 자가 판매시점정보관리시스템설비를 운용하는 경우로서 사업자 간 사전약정을 맺은 경우만 해당한다)에는 신용카드매출전표를 사실과 다르게 발급한 것으로 보지 아니한다.(소법 162조의2 ②)

4 신용카드매출전표의 발급거부에 대한 신고

① 신용카드가맹점으로부터 신용카드에 의한 거래가 거부당하거나 사실과 다른 신용카드매출전표를 받은 자는 그 거래내용을 국세청장·지방국세청장 또는 세무서장에게 신고할 수 있다.(소법 162조의2 ③)

이때 신고는 다음의 사항이 포함된 신고서에 관련사실을 증명할 수 있는 서류 또는 자료를 첨부하여 그 거래가 거부되거나 사실과 다르게 발급받은 날부터 1개월 이내에 국세청장·지방국세청장 또는 세무서장에게 제출하여야 한다.(소령 210조의2 ②)

㉠ 신고자 성명

㉡ 신용카드가맹점 상호

㉢ 신용카드에 의한 거래가 거부되거나 사실과 다르게 발급받은 일자·거래내용 및 금액

② 위 '①'에 의하여 신고를 받은 국세청장·지방국세청장 또는 세무서장은 신용카드가맹점의 납세지 관할 세무서장에게 이를 통보하여야 한다. 이 경우 납세지 관할 세무서장은 해당 과세기간의 신고금액을 그 과세기간 종료 후 2개월 이내에 해당 신용카드가맹점에 통보하여야 한다.(소법 162조의2 ④, 소령 210조의2 ③)

5 시정명령 및 명령사항 위반에 대한 과태료

➲ 2019.1.1. 이후 발생하는 소득분부터 적용한다.(2018.12.31. 법 부칙 2조 ①)

① 국세청장은 신용카드에 의한 거래를 거부하거나 신용카드매출전표를 사실과 다르게 발급한 신용카드가맹점에 대해서 그 시정에 필요한 사항을 명할 수 있다.(소법 162조의2 ⑤)

② 관할 세무서장은 위 '①' 해당하는 명령사항을 위반한 사업자에게 신용카드에 의한 거래를 거부하거나 신용카드매출전표를 사실과 다르게 발급한 금액의 20%(2천만원을 한도로 한다)의 과태료를 부과·징수한다.(소법 177조, 2018.12.31. 신설, [별표 5의2] 4, [별표5] 1)

③ 납세지 관할 세무서장은 위반행위의 정도, 위반 횟수, 위반행위의 동기와 그 결과 등을 고려해 위 과태료 금액의 2분의 1의 범위에서 그 금액을 줄이거나 늘릴 수 있다. 다만, 과태료 금액을 늘리는 경우에는 2천만원을 넘을 수 없다.(소령 228조 ②, 2021.2.17. 개정)

Ⅱ 현금영수증가맹점 가입·발급의무 등

1 개 요

① 주로 사업자가 아닌 소비자에게 재화 또는 용역을 공급하는 사업자로서 현금영수증가맹점 가입 요건에 해당하는 사업자는 아래의 가입기한 이내에 신용카드단말기 등에 현금영수증 발급장치를 설치함으로써 현금영수증가맹점으로 가입하여야 한다.(소법 162조의3 ①, 2019.12.31. 개정, 소령 210조의3 ⑨, ⑩, 2020.2.11. 신설)

현금영수증가맹점 의무가입 요건	의무가입 기한
① 직전 과세기간의 수입금액(결정 또는 경정에 의하여 증가된 수입금액을 포함)의 합계액이 2,400만원 이상인 사업자	직전 과세기간의 말일로부터 3개월
② 의료업, 수의업, 약사업을 행하는 사업자 ③ 전문직 사업서비스업(부령 109조 ② 7)을 영위하는 사업자(도선사업은 제외) ④ [별표 3의3]에 따른 업종을 영위하는 사업자	해당 업종에 대한 사업을 개시한 날로부터 60일

➲ 2020.1.1. 전에 현금영수증가맹점 가입요건에 해당한 사업자의 경우에는 개정규정에도 불구하고 종전의 규정에 따른다.(2019.12.31. 법 부칙 23조)

② 현금영수증가맹점으로 가입한 사업자는 현금영수증가맹점을 나타내는 표지를 게시하여야 한다.(소법 162조의3 ②)

2 현금영수증가맹점 가입대상 사업자의 범위

"소비자상대업종" [별표 3의2]을 영위하는 사업자로서 다음 중 하나에 해당하는 사업자를 말한다.(소법 162조의3 ①, 소령 210조의3 ②,③,④,⑤)

(1) 직전 과세기간의 수입금액(결정 또는 경정으로 증가된 수입금액을 포함)의 합계액이 2,400만원 이상인 사업자

① 소비자상대업종과 다른 업종을 겸영하는 사업자의 수입금액은 소비자상대업종의 수입금액만으로 하며, 소비자상대업종을 영위하는 사업장이 2 이상인 사업자의 수입금액은 사업장별 수입금액을 합산하여 산정한다.

② 직전 과세기간에 신규로 사업을 개시한 사업자의 수입금액은 직전 과세기간의 수입금액을 해당 사업월수(1월 미만의 단수가 있는 때에는 이를 1월로 한다)로 나눈 금액에 12를 곱하여 산정한다.

③ 직전 과세기간의 수입금액의 합계액이 2,400만원 이상인 사업자에 해당하게 되는 사업자는 해당 연도의 3월 31일까지 현금영수증가맹점으로 가입하여야 한다.

④ 위 '③'에 따라 현금영수증가맹점으로 가입된 사업자는 그 현금영수증가맹점의 수입금액의 합계액이 2,400만원에 미달하게 되는 과세기간이 있는 경우에는 그 다음연도 1월 1일부터 현금영수증가맹점에서 탈퇴할 수 있다. 이 경우 현금영수증가맹점을 나타내는 표지를 게시하여서는 아니 된다.

(2) 의료법에 따른 의료업, 수의사법에 따른 수의업 및 약사법에 따라 약국을 개설하여 약사(藥事)에 관한 업(業)을 행하는 사업자(소령 147조의2)

(3) 다음의 사업서비스업을 영위하는 사업자

변호사업, 심판변론인업, 변리사업, 법무사업, 공인회계사업, 세무사업, 경영지도사업, 기술지도사업, 감정평가사업, 손해사정인업, 통관업, 기술사업, 건축사업, 도선사업, 측량사업, 공인노무사업, 의사업, 한의사업, 약사업, 한약사업, 수의사업(부령 109조 ② 7)

➲ 2020.2.11. 시행령 개정으로써 '도선사업'을 제외하였다.(소령 210조의3 ① 3 단서신설)

➲ 2019.1.1. 이후 재화나 용역을 공급하는 분부터 적용한다.(2017.12.19. 법 부칙 26조)

소비자상대업종[별표 3의2](2024.2.29. 개정)

구 분	업 종
1. 소매업	점상업·행상업, 무인자동판매기를 이용하여 재화 또는 용역을 공급하는 자동판매기운영업, 자동차소매업(중고자동차 소매업은 제외한다)(2017.3.10. 개정), 우표·수입인지소매업 및 복권소매업을 제외한 소매업 전체업종(소칙 95조의4 ②) ➲ 자동차소매업의 개정규정은 2017.2.3. 이후 재화나 용역을 공급하는 분부터 적용한다.(2017.2.3. 영 부칙 14조 ①)
2. 숙박 및 음식점업	숙박 및 음식점업 전체 업종
3. 제조업	과자점업, 도정업 및 제분업(떡방앗간을 포함), 양복점업, 양장점업 및 양화점업
4. 건설업	실내건축 및 건축마무리 공사업
5. 도매업	자동차중개업
6. 부동산업 및 임대업	가. 부동산 중개 및 대리업(2018.2.13. 개정) 나. 부동산 투자 자문업(2018.2.13. 개정) 다. 부동산 감정평가업(감정평가사업을 포함) 라. 의류 임대업
7. 운수업	가. 전세버스 운송업 나. 화물자동차 운수사업법에 따른 화물자동차 운송주선사업(이사화물을 포장하는 서비스를 제공하는 사업으로 한정한다)(2022.2.15. 개정) ➲ 2022.2.15.이 속하는 과세기간에 발생하는 소득부터 적용한다. 다. 특수여객자동차 운송업(장의차량 운영업)(2018.2.13. 개정) 라. 주차장 운영업 마. 여행사업(2018.2.13. 개정) 바. 국내여행사업 ➲ 2018.2.13. 삭제 사. 기타 여행보조 및 예약 서비스업 아. 여객 자동차 터미널 운영업 자. 소화물 전문 운송업 차. 기타 해상 운송업(낚시어선업으로 한정한다)(2023.2.28. 신설) ➲ 2024.1.1. 이후 재화 또는 용역을 공급하는 경우부터 적용한다.
8. 전문·과학 및 기술서비스업	가. 변호사업 나. 변리사업 다. 공증인업 라. 법무사업 마. 행정사업 바. 공인노무사업 사. 공인회계사업(기장대리를 포함) 아. 세무사업(기장대리를 포함) 자. 건축설계 및 관련 서비스업

구 분	업 종
8. 전문·과학 및 기술서비스업	차. 기술사업 카. 심판변론인업 타. 경영지도사업 파. 기술지도사업 하. 손해사정인업 거. 통관업 너. 삭제(2014.02.21) 더. 측량사업 러. 인물 사진 및 행사용 영상 촬영업(2018.2.13. 개정) 머. 사진처리업
9. 교육서비스업	가. 컴퓨터학원 나. 속기학원 등 그 외 기타 분류안된 교육기관 다. 운전학원 라. 자동차정비학원 등 기타 기술 및 직업훈련학원 마. 일반 교과 학원 바. 외국어학원 사. 방문 교육 학원 아. 온라인 교육 학원 자. 기타 교습학원(2018.2.13. 개정) 차. 예술 학원 카. 태권도 및 무술 교육기관(2018.2.13. 개정) 타. 기타 스포츠 교육기관(2018.2.13. 개정) 파. 청소년 수련시설 운영업(교육목적용으로 한정한다)(2018.2.13. 신설) 하. 기타 교육지원 서비스업(2018.2.13. 신설)
10. 보건업 및 사회복지서비스업	가. 종합병원 나. 일반병원 다. 치과병원 라. 한방병원 마. 요양병원(2018.2.13. 신설) 바. 일반의원(일반과, 내과, 소아청소년과, 일반외과, 정형외과, 신경과, 정신건강의학과, 피부과, 비뇨의학과, 안과, 이비인후과, 산부인과, 방사선과 및 성형외과) 사. 기타의원(마취통증의학과, 결핵과, 가정의학과, 재활의학과 등 달리 분류되지 아니한 병과) 아. 치과의원 자. 한의원 차. 수의업 카. 앰뷸런스 서비스업(2023.2.28. 신설) ➲ 2024.1.1. 이후 재화 또는 용역을 공급하는 경우부터 적용한다.

구 분	업 종
10. 보건업 및 사회복지서비스업	타. 유사 의료업(2024.2.29. 신설) ➲ 2025.1.1. 이후 재화 또는 용역을 공급하는 경우부터 적용한다. **한국표준산업분류에 따른 "유사 의료업"의 범위** • 업종코드 : 86902 • 침구, 지압 치료 등의 유사 의료 행위를 수행하는 산업활동을 말한다. **<예시>** • 침술원 • 척추 지압 요법 치료
11. 예술, 스포츠 및 여가 관련 서비스업	가. 영화관 운영업 나. 비디오물 감상실 운영업 다. 독서실 운영업 라. 박물관 운영업 마. 식물원 및 동물원 운영업 바. 실내 경기장 운영업 사. 실외 경기장 운영업 아. 경주장 운영업(경마장 운영업을 포함) 자. 골프장 운영업 차. 스키장 운영업 카. 체력단련시설 운영업 타. 수영장 운영업 파. 볼링장 운영업 하. 당구장 운영업 거. 종합 스포츠시설 운영업 너. 골프연습장 운영업 더. 스쿼시장 등 그외 기타 스포츠시설 운영업 러. 컴퓨터 게임방 운영업 머. 노래연습장 운영업 버. 오락사격장 등 기타 오락장 운영업 서. 해수욕장 운영 등 기타 수상오락 서비스업 어. 낚시장 운영업 저. 무도장 운영업 처. 유원지 및 테마파크 운영업 커. 기원 운영업
12. 협회 및 단체, 수리 및 기타 개인서비스업	가. 컴퓨터 및 주변 기기 수리업(2018.2.13. 개정) 나. 통신장비 수리업 다. 자동차 종합 수리업 라. 자동차 전문 수리업 마. 자동차 세차업 바. 모터사이클 수리업

구 분	업 종
12. 협회 및 단체, 수리 및 기타 개인서비스업	사. 가전제품 수리업 아. 의복 및 기타 가정용 직물제품 수리업(2018.2.13. 개정) 자. 가죽, 가방 및 신발수리업(2018.2.13. 개정) 차. 시계, 귀금속 및 악기 수리업 카. 보일러수리 등 그 외 기타 개인 및 가정용품 수리업 타. 이용업 파. 두발 미용업 하. 피부 미용업 거. 손·발톱 관리 등 기타 미용업 너. 욕탕업 더. 마사지업 러. 비만 관리 센터 등 기타 신체관리 서비스업 머. 가정용 세탁업 버. 세탁물 공급업 서. 장례식장 및 장의관련 서비스업 어. 화장터 운영, 묘지 분양 및 관리업(2018.2.13. 개정) 저. 예식장업 처. 점술 및 유사 서비스업 커. 산후 조리원 터. 결혼 상담 및 준비 서비스업(2018.2.13. 개정) 퍼. 애완동물 장묘 및 보호 서비스업(2024.2.29. 신설) ➲ 2025.1.1. 이후 재화 또는 용역을 공급하는 경우부터 적용한다.
13. 가구내 고용활동	놀이방·어린이집(영유아보육법 제13조에 따라 설치·인가된 경우는 제외)

※ 비고 : 업종의 구분은 한국표준산업분류를 기준으로 한다. 다만, 위 표에서 특별히 규정하는 업종의 경우에는 그러하지 아니하다.

(4) [별표 3의3]에 따른 업종을 영위하는 사업자

제5편 제5장 가산세 → 13. 현금영수증 발급 불성실 가산세 → '(1) 적용요건 및 가산세액' 내용 참고

3 현금영수증가맹점 가입 제외 사업자

다음의 사업자는 현금영수증가맹점 가입대상자에서 제외한다.(소령 210조의3 ① 단서, 소칙 95조의4 ①)

① 택시운송 사업자

② 읍·면지역에 소재하는 소매업자 중 사업규모·시설·업황 등을 고려하여 국세청장이 지정하는 사업자

③ 사실과 다르게 발급한 것으로 보지 아니하는 사업자(법인세법 제117조의2 제3항 단서에 따른 사업자)를 통하여 현금영수증을 발급하는 사업자(소칙 95조의4 ① 3, 2012.2.28. 신설)

4 현금영수증 발급의무

① 현금영수증의 발급대상금액은 건당 1원 이상의 거래금액으로 한다.(소령 210조의3 ⑥)

② 현금영수증가맹점으로 가입한 사업자는 사업과 관련하여 재화 또는 용역을 공급하고 그 상대방이 대금을 현금으로 지급한 후 현금영수증의의 발급을 요청하는 경우에는 그 발급을 거부하거나 사실과 다르게 발급해서는 아니된다.(소법 162조의3 ③)

③ 현금영수증가맹점으로 가입하여야 하는 사업자 중 다음의 현금영수증 의무발행업종(별표 3의3의 업종)을 영위하는 사업자로서 현금영수증가맹점으로 가입한 사업자는 건당 거래금액(부가가치세액을 포함)이 10만원 이상인 재화 또는 용역을 공급하고 그 대금을 현금으로 받은 경우에는 상대방이 현금영수증 발급을 요청하지 아니하더라도 현금영수증을 발급하여야 한다.

다만, 사업자등록을 한 자에게 재화 또는 용역을 공급하고 계산서 또는 세금계산서를 교부한 경우에는 현금영수증을 발급하지 아니할 수 있다.(소법 162조의3 ④, 2014.1.1. 개정, 소령 210조의3 ⑪)

거래기간	2014.6.30. 이전 거래분	2014.7.1. 이후 거래분
기준금액	건당 30만원	건당 10만원

④ 현금영수증을 발급하는 경우에는 재화 또는 용역을 공급하고 그 대금을 현금으로 받은 날부터 5일 이내에 무기명으로 발급할 수 있다.(소령 210조의3 ⑫)

➲ 소비자 인적사항을 모르는 경우 국세청 지정번호(010－000－1234)로 발급하여야 한다.

5 현금영수증의 발급거부에 대한 신고 및 통보 등

① 현금영수증가맹점으로 가입한 사업자 또는 현금영수증을 발급하여야 하는 사업자가 현금영수증을 발급하지 아니하거나 사실과 다른 현금영수증을 발급한 때에는 그 상대방은 그 현금거래 내용을 국세청장·지방국세청장 또는 세무서장에게 신고할 수 있다.(소법 162조의3 ⑤, 2017.12.19. 개정)

② 현금영수증가맹점으로 가입한 사업자 또는 현금영수증을 발급해야 하는 사업자(이하에서 "현금영수증가맹사업자등"이라 한다)로부터 현금영수증을 발급받지 못하거나 사실과 다른 현금영수증을 발급받은 자가 위 '①'에 따라 그 거래내용을 신고하려는 때에는 다음의 사항이 포함된 신고서에 관련 사실을 증명할 수 있는 서류 또는 자료를 첨부하여 현금영수증 발급이 거부되거나 사실과 다르게 발급받은 날부터 5년 이내에 국세청장·지방국세청장 또는 세무서장에게 제출하여야 한다.(소령 210조의3 ⑦, 2025.2.28. 개정)

㉠ 신고자 성명

㉡ 현금영수증가맹사업자등의 상호(2025.2.28. 용어개정)

㉢ 현금영수증 발급이 거부되거나 사실과 다르게 발급받은 일자·거래내용 및 금액

③ 위 '①'에 따라 신고를 받은 국세청장·지방국세청장 또는 세무서장은 해당 사업자의 납세지 관할 세무서장에게 이를 통보하여야 한다. 이 경우 납세지 관할 세무서장은 해당 과세기간의 신고금액을 해당 사업자에게 통보하여야 한다.(소법 162조의3 ⑥)

④ 납세지 관할 세무서장은 위 '③'에 따라 해당 과세기간의 신고금액을 다음의 구분에 따른 기한까지 해당 현금영수증가맹사업자등에게 통보해야 한다.(소령 210조의3 ⑧, 2025.2.28. 용어개정)

㉠ 해당 과세기간 중에 신고를 받은 경우 : 그 과세기간 종료 후 2개월 이내

㉡ 해당 과세기간이 지난 후에 신고를 받은 경우 : 신고일 이후 2개월 이내

⑤ 현금영수증가맹점으로 가입한 사업자는 그로부터 재화 또는 용역을 공급받은 상대방이 현금영수증의 발급을 요청하지 아니하는 경우에도 현금영수증을 발급할 수 있다.(소법 162조의3 ⑦, 2012.1.1. 신설)

⑥ 국세청장은 현금영수증가맹점으로 가입한 사업자에게 현금영수증 발급 요령, 현금영수증가맹점 표지 게시방법 등 현금영수증가맹점으로 가입한 사업자가 준수하여야 할

사항과 관련하여 필요한 명령을 할 수 있다.(소법 162조의3 ⑧, 2012.1.1. 개정)

➲ 현금영수증 의무발행점 스티커를 '계산대나 계산대 근처, 사업장 출입문 입구' 등 소비자가 잘 볼 수 있는 곳에 부착해야 한다(스티커는 관할세무서에서 받을 수 있다).

⑦ 관할 세무서장은 위 '⑥' 해당하는 명령사항을 위반한 사업자에게 다음의 과태료를 부과·징수한다.(소법 177조, 2018.12.31. 신설, [별표 5의2] 4, [별표5] 2)

㉠ 현금영수증을 발급하지 않거나 사실과 다르게 발급한 경우에 대한 명령 : 현금영수증을 발급하지 않거나 사실과 다르게 발급한 금액의 20%(2천만원을 한도로 한다)

㉡ 그 밖의 명령 : 건별 50만원

⑧ 납세지 관할 세무서장은 위반행위의 정도, 위반 횟수, 위반행위의 동기와 그 결과 등을 고려해 위 과태료 금액의 2분의 1의 범위에서 그 금액을 줄이거나 늘릴 수 있다. 다만, 과태료 금액을 늘리는 경우에는 2천만원을 넘을 수 없다.(소령 228조 ②, 2019.2.12. 신설)

⑨ 현금영수증가맹점 가입대상자의 가입, 탈퇴, 발급거부 등에 관한 신고·통보 절차, 소비자가 현금영수증의 발급을 원하지 아니할 경우 무기명으로 발급하는 방법 등에 관하여 필요한 세부적인 사항은 납세관리상 필요한 범위에서 국세청장이 정한다.(소령 210조의3 ⑬)

• 제 5 절 계산서의 작성·발급 등

I 개 요

사업자등록을 한 사업자가 재화 또는 용역을 공급하는 경우에는 계산서 또는 영수증(이하 "계산서 등"이라 한다)을 작성하여 재화 또는 용역을 공급받는 자에게 발급하여야 한다.(소법 163조 ①)

PART 7

Ⅱ 계산서의 작성·발급 등

1 계산서의 발급

① 사업자등록을 한 사업자가 재화 또는 용역을 공급하는 때에는 다음의 사항이 적힌 계산서 2매를 작성하여 그 중 1매를 공급받는 자에게 발급하여야 한다.(소법 163조 ①, 소령 211조 ①, 2013.2.15. 개정)

㉠ 공급하는 사업자의 등록번호와 성명 또는 명칭

㉡ 공급받는 자의 등록번호와 성명 또는 명칭. 다만, 공급받는 자가 사업자가 아니거나 등록한 사업자가 아닌 경우에는 고유번호 또는 공급받는 자의 주민등록번호로 한다.(소령 211조 ① 2, 2015.2.3. 단서신설)

㉢ 공급가액

㉣ 작성연월일

㉤ 기타 참고사항

② 사업자는 위 '㉠부터 ㉣까지'의 규정에 의한 기재사항과 기타 필요하다고 인정되는 사항 및 국세청장에게 신고한 계산서임을 적은 계산서를 국세청장에게 신고한 후 발급할 수 있다. 이 경우 그 계산서는 위의 규정에 따른 계산서로 본다.(소령 211조 ⑥)

2 전자계산서의 발급(2014.12.23. 신설)

➲ ① 개정규정은 2023.7.1. 이후 재화 및 용역을 공급하는 경우부터 적용한다. 이 경우 사업장별 총수입금액은 2022.1.1.이 속하는 과세기간을 기준으로 판단한다.(2023.2.28. 영 부칙 13조 ①)
② 개정규정에도 불구하고 2023.7.1.부터 2024.6.30.까지는 같은 개정규정 중 "8천만원"을 "1억원"으로 보아 같은 개정규정을 적용한다.(2023.2.28. 영 부칙 13조 ②)

➲ 결국 2022.7.1. ~ 2023.6.30.까지는 2억원 기준, 2023.7.1. ~ 2024.6.30.까지는 1억원 기준, 2024.7.1.부터는 8천만원 기준을 적용한다는 의미이다.

(1) 전자계산서 의무발급 사업자

① 전자세금계산서 의무발급 개인사업자 : 직전 과세기간의 사업장별 재화 및 용역의 공급가액(면세공급가액을 포함)의 합계액이 8천만원 이상인 개인사업자(그 이후 직전 과세기간의 사업장별 재화 및 용역의 공급가액이 8천만원 미만이 된 개인사업자를 포함)를 말한다.(소법 163조 ① 1, 부법 32조 ②, 부령 68조 ①, 2023.2.28. 개정)

② 위 '①' 외의 사업자 : 직전 과세기간의 사업장별 총수입금액이 8천만원 이상인 사업

자(그 이후 과세기간의 사업장별 총수입금액이 8천만원 미만이 된 사업자를 포함)를 말한다.(소법 163조 ① 2, 소령 211조의2 ②, 2023.2.28. 개정)

(2) 전자계산서 발급기간

① 전자계산서 의무발급 개인사업자 : 사업장별 재화 및 용역의 공급가액(면세공급가액을 포함)의 합계액이 8천만원 이상인 과세기간의 다음 과세기간의 7월 1일부터 전자세금계산서를 발급해야 한다. 다만, 사업장별 재화와 용역의 공급가액(면세공급가액을 포함)의 합계액이 수정신고 또는 결정과 경정(이하 "수정신고등"이라 한다)으로 8천만원 이상이 된 경우에는 수정신고등을 한 날이 속하는 과세기간의 다음 과세기간이 시작하는 날부터 전자세금계산서를 발급해야 한다.(소령 211조의2 ③ 1, 부령 68조 ②, 2023.2.28. 개정)

② 위 '(1)의 ②'에 해당하는 사업자 : 사업장별 총수입금액이 8천만원 이상인 과세기간의 다음 과세기간의 7월 1일. 다만, 사업장별 총수입금액이 수정신고 또는 결정과 경정(이하 "수정신고등"이라 한다)으로 8천만원 이상이 된 경우에는 수정신고등을 한 날이 속하는 과세기간의 다음 과세기간의 개시일로 한다.(소령 211조의2 ③ 2, 2023. 2.28. 개정)

3 영수증 발급

① 다음에 해당하는 사업을 영위하는 자가 재화 또는 용역을 공급하는 때에는 위 '1.'의 규정에 불구하고 영수증을 발급할 수 있다. 다만, 재화 또는 용역을 공급받은 사업자가 사업자등록증을 제시하고 계산서의 발급을 요구하는 때에는 계산서를 발급하여야 한다.(소법 163조 ①, ④ 소령 211조 ②, 2013.2.15. 개정)

✓ **영수증 등의 범위**(소통 163－211…1)

사업의 관행에 따라 교부하는 영수증, 기타 이에 준하는 계산서로서 공급자의 사업자등록번호·상호·성명·공급가액 및 작성연월일이 기재된 다음의 영수증·청구서 및 계산서 등은 영 제211조 제2항에서 규정하는 영수증에 갈음되는 것으로 본다.

① 금전등록기영수증
② 신문통신대금 구독료영수증
③ 법령이나 조례·규칙 등에서 정한 영수증
④ 금융·보험업자가 교부한 영수증
⑤ 기타 ① 내지 ④에 유사한 영수증

✓ **저자가 직강테이프와 도서를 공급하는 경우 영수증 및 계산서 작성 여부**

저자가 직접 강의한 육성테이프와 직접 제작한 도서 등 관련교재를 하나의 공급단위로 공급하는 것은 제조(출판)업에 해당하는 것으로서 소득세법 시행규칙 제96조의2에서 규정하고 있는 "영수증을 발행할 수 있는 사업자의 범위"에 해당하지 않는 것이며, 소득세법 제163조(계산서의 작성, 교부 등) 및 동법 시행령 제211조(계산서의 작성, 교부)의 규정에 의하여 계산서를 작성, 교부하여야 하는 것임(소득세제과-71, 2004.3.9.)

㉠ 부가가치세법 제36조 제1항 제1호 및 같은 법 시행령 제73조 제1항 및 제2항을 적용받는 사업(☞ 영수증 발급 사업자)

부가가치세법 시행령 제73조

① 일반과세자 중 다음의 사업을 하는 사업자(부령 제73조 ①)
㉠ 소매업
㉡ 음식점업(다과점업 포함)
㉢ 숙박업
㉣ 미용, 욕탕 및 유사서비스업
㉤ 여객운송업
㉥ 입장권을 발행하여 경영하는 사업
㉦ 변호사업, 심판변론인업, 변리사업, 법무사업, 공인회계사업, 세무사업, 경영지도사업, 기술지도사업, 감정평가사업, 손해사정인업, 통관업, 기술사업, 건축사업, 도선사업, 측량사업, 공인노무사업, 의사업, 한의사업, 약사업, 한약사업, 수의사업 및 행정사업(사업자에게 공급하는 것은 제외)
㉧ 우정사업 운영에 관한 특례법에 따른 우정사업조직이 우편법 제15조 제1항에 따른 선택적 우편업무 중 소포우편물을 방문접수하여 배달하는 용역을 공급하는 사업
㉨ 다음의 용역을 공급하는 사업
ⓐ 쌍꺼풀수술, 코성형수술, 유방확대·축소술(유방암 수술에 따른 유방 재건술은 제외), 지방흡인술, 주름살제거술, 안면윤곽술, 치아성형(치아미백, 라미네이트와 잇몸성형술을 말한다) 등 성형수술(성형수술로 인한 후유증 치료, 선천성 기형의 재건수술과 종양 제거에 따른 재건수술은 제외)과 악안면 교정술(치아교정치료가 선행되는 악안면 교정술은 제외)(부령 35조 1 가, 2014.1.1. 개정)
ⓑ 색소모반·주근깨·흑색점·기미 치료술, 여드름 치료술, 제모술, 탈모치료술, 모발이식술, 문신술 및 문신제거술, 피어싱, 지방융해술, 피부재생술, 피부미백술, 항노화치료술 및 모공축소술(부령 35조 1 나, 2014.1.1. 개정)
㉩ 다음에 해당하지 아니하는 것으로서 수의사가 제공하는 동물의 진료용역
ⓐ 가축에 대한 진료용역
ⓑ 수산동물에 대한 진료용역
ⓒ 장애인 보조견표지를 발급받은 장애인 보조견에 대한 진료용역
ⓓ 국민기초생활 보장법에 따른 수급자가 기르는 동물의 진료용역

ⓔ 위 'ⓐ부터 ⓓ까지'의 규정에 따른 진료용역 외에 질병의 예방을 목적으로 하는 동물의 진료용역으로서 농림축산식품부장관 또는 해양수산부장관이 기획재정부장관과 협의하여 고시하는 용역

㉪ 다음의 용역을 공급하는 사업

ⓐ 체육시설의 설치·이용에 관한 법률의 무도학원

ⓑ 도로교통법 제2조 제32호의 자동차운전학원

㉫ 전자서명법에 따른 전자서명인증사업자가 인증서를 발급하는 사업(2020.12.8. 개정)

㉬ 간편사업자등록을 한 사업자가 국내에 전자적 용역을 공급하는 사업(2021.2.17. 개정)

㉭ 주로 사업자가 아닌 소비자에게 재화 또는 용역을 공급하는 사업으로서 다음의 것 (부칙 53조)

- 도정업과 떡류 제조업 중 떡방앗간(2013.6.28. 개정)
- 양복점업·양장점업·양화점업
- 주거용건물공급업(주거용건물을 자영건설하는 경우를 포함)
- 운수업 및 주차장운영업
- 부동산중개업
- 예술, 스포츠 및 여가 관련 서비스업, 수리 및 기타 개인서비스업(2024.3.22. 개정)
- 가구내 고용활동(2024.3.22. 개정)
- 도로 및 관련시설 운영업
- 자동차 제조업 및 자동차 판매업
- 주거용 건물 수리·보수 및 개량업
- 그 밖에 이와 유사한 사업으로서 세금계산서를 발급할 수 없거나 발급하는 것이 현저히 곤란한 사업

② 위 '①'의 규정에 불구하고 다음에 해당하는 경우에는 영수증을 발급할 수 있다.(부령 73조 ②)

㉠ 임시사업장을 개설한 사업자가 그 임시사업장에서 사업자가 아닌 소비자에게 재화 또는 용역을 공급하는 경우

㉡ 전기사업법에 따른 전기사업자가 산업용이 아닌 전력을 공급하는 경우

㉢ 전기통신사업법에 따른 전기통신사업자가 전기통신역무를 제공하는 경우. 다만, 부가통신사업자가 통신판매업자에게 전기통신사업법 제5조 제4항에 따른 부가통신역무를 제공하는 경우를 제외한다.

㉣ 도시가스사업법에 따른 도시가스사업자가 산업용이 아닌 도시가스를 공급하는 경우

㉤ 집단에너지사업법에 따라 집단에너지를 공급하는 사업자가 산업용이 아닌 열 또는 산업용이 아닌 전기를 공급하는 경우

㉥ 방송법 제2조 제3호에 따른 방송사업자가 사업자가 아닌 자에게 방송용역을 제공하는 경우

㉦ 인터넷 멀티미디어 방송사업법 제2조 제5호 가목에 따른 인터넷 멀티미디어 방송제공사업자가 사업자가 아닌 자에게 방송용역을 제공하는 경우

✓ **주택임대사업자가 비사업자인 최종소비자에게 주택임대용역을 공급하고 영수증을 교부시 전자계산서를 발급하여야 하는지 여부**

주택임대사업자가 비사업자인 최종소비자에게 주택임대용역을 제공하는 경우에는 소득세법 시행령 제211조 제2항 및 같은 법 시행규칙 제96조의2의 규정에 의하여 영수증을 교부할 수 있음(서면전자세원 2021-4117, 2021.7.29.)

✓ **임대주택관리용역에 대한 부가가치세과세대상 여부 및 영수증교부**

사업자가 재화 또는 용역을 공급하는 때에는 소득세법 제163조 제1항의 규정에 의하여 계산서 또는 영수증을 작성하여 공급받는 자에게 교부하는 것이며, 주택임대사업자가 비사업자인 최종소비자에게 주택임대용역을 제공하는 경우에는 같은법 시행령 제211조 제2항 및 같은법 시행규칙 제96조의2의 규정에 의하여 영수증을 교부할 수 있음(소득 46011-21399, 2000.12.7.)

✓ **주택임대용역 제공시 영수증 교부 가능여부**

주택의 임대업을 영위하는 법인이 사업자가 아닌 개인에게 주택임대용역을 제공하는 경우 법인세법 시행령 제164조 및 소득세법 시행령 제211조 규정에 따라 영수증을 교부할 수 있는 것이나, 주택임대용역을 제공받는 자가 법인인 경우에는 계산서를 교부하여야 하는 것임(서면2팀-240, 2004.2.18.)

✓ **부동산임대업자가 토지를 공급하는 경우 계산서 교부의무 여부**

소득세법 제168조에 따라 사업자등록을 한 사업자가 토지를 공급하는 경우에는 계산서를 교부하지 아니하고 영수증을 교부할 수 있는 것임. 다만, 그 공급받은 자가 사업자등록증을 제시하고 계산서의 교부를 요구하는 때에는 계산서를 교부하여야 함(소득-1041, 2009.7.7.)

ⓛ 위 '㉠'의 사업으로서 부가가치세가 면제되는 사업

ⓒ 주로 사업자가 아닌 소비자에게 재화 또는 용역을 공급하는 사업으로서 다음의 사업. 다만, 금융 및 보험업을 제외한 사업은 직접 최종소비자에게 재화 또는 용역을 공급하는 경우에 한한다.(소칙 96조의2, 2010.4.30. 개정)

ⓐ 금융 및 보험업

ⓑ 사업시설관리 및 사업지원서비스업

ⓒ 교육서비스업

ⓓ 보건업 및 사회복지서비스업

ⓔ 예술, 스포츠 및 여가 관련 서비스업

ⓕ 협회 및 단체, 수리 및 기타 개인서비스업

ⓖ 가구내 고용활동에서 발생하는 소득

ⓗ 그 밖에 위 'ⓐ부터 ⓖ까지'와 유사한 사업으로서 계산서 발급이 불가능하거나 현저히 곤란한 사업

㉣ 토지 및 건축물을 공급하는 경우

✓ 영수증 또는 계산서 교부여부

법인이 한국표준사업분류상 금융 및 보험업에 해당하는 재화 또는 용역을 공급하는 때에는 공급받은 자가 소비자뿐만 아니라 사업자인 경우에도 법인세법 제121조 제1항 및 소득세법 시행령 제211조 제2항의 규정에 의한 영수증을 교부할 수 있는 것이나, 재화 또는 용역을 공급받은 사업자가 사업자등록증을 제시하고 계산서의 교부를 요구하는 때에는 계산서를 교부하여야 하는 것임(법인-43, 2011.1.13.)

✓ 금융·보험업자의 계산서 및 영수증 교부(소법 해석편람 163-1-7)

금융·보험업을 영위하는 자가 금융·보험업과 관련된 재화 또는 용역을 공급하는 경우에는 소득세법 시행령 제211조 제2항의 규정에 의하여 영수증을 교부할 수 있는 것이나, 해당 사업자가 금융·보험업 이외의 사업을 겸영하는 경우 계산서 또는 영수증은 각각의 사업과 관련된 재화 또는 용역의 공급에 따라 작성·교부하는 것임(재경부소득 46073-145, 2001.7.21.)

✓ 교육서비스업의 계산서 발행 교부(소법 해석편람 163-1-8)

교육서비스업을 영위하는 법인이 정부와 교육위탁계약 등에 의하여 실직자직업훈련교육 또는 정보통신전문교육을 실시하고 관련기관의 장으로부터 그 대가를 수령하는 경우에는 그 관련기관의 장에게 계산서를 교부하여야 하는 것이나, 교육서비스업을 영위하는 법인이 사업자가 아닌 최종소비자에게 교육용역을 공급하는 경우에는 영수증을 교부할 수 있는 것임(서이 46012-12367, 2002.12.30.)

✓ 1. 개인보험대리점이 보험모집용역제공시 금융 및 보험업의 범위에 해당하는지 여부
2. 보험보집인이 보험모집용역을 제공시 계산서 혹은 영수증을 교부할 수 있는지 여부

① 보험업법 제150조의2 제1항의 규정에 의하여 금융감독위원회에 등록한 보험중개인이 보험계약의 체결을 중개하는 경우에 해당 용역은 금융·보험용역에 해당하는 것임(부가 46015-1338, 2000.6.8.)

② 보험업법 제91조의 규정에 의한 금융기관 보험대리점을 포함한 보험업법상의 보험대리점이 한국표준산업분류상 금융 및 보험업에 해당하는 경우, 해당 금융보험업을 영위하는 법인이 제공하는 금융보험용역에 대하여는 영수증을 교부할 수 있는 것이나, 해당 보험대리점으로부터 재화 또는 용역을 공급받은 사업자가 사업자등록증을 제시하고 계산서의 교부를 요구하는 때에는 계산서를 교부하여야 하는 것임(서이 46012-12133, 2003.2.16.)

✓ 시설대여업자가 면세사업관련 골프회원권을 처분하는 경우 영수증교부대상인지 여부

여신전문금융업법에 의한 시설대여업자가 금융 및 보험업과 관련한 업무에 사용하던 골프회원권을 처분하는 경우 영수증을 교부할 수 있는 것이나, 금융 및 보험업 이외의 사업을 겸영하는 경우 계산서 또는 영수증은 각각의 사업과 관련된 재화 또는 용역의 공급에 따라 작성·교부하는 것임(서이 46012-11939, 2003.11.7.)

✓ 금융 및 보험업의 유가증권인수관련 용역제공대가의 영수증교부 여부

종합금융회사가 유가증권발행의 주간사로서 증권거래법 제2조 제8항 제5호에 규정된 유가증권의 인수와 관련하여 유가증권발행사에게 용역을 제공하고 수령하는 대가(관련 제반비용이 반영된 경우 포함)에 대하여는 영수증을 교부할 수 있는 것임(서이 46012-11345, 2002.7.11.)

② 부가가치세법상의 간이과세자가 부가가치세가 과세되는 재화 또는 용역을 공급하는 때에는 계산서를 발급할 수 없으며, 영수증을 발급하여야 한다.(소령 211조 ③, 2022.2.28. 개정)

여기서의 간이과세자는 다음 중하나에 해당하는 자를 말한다.(소령 208조의2 ① 2, 2022.12.31. 개정, 부법 36조 ① 2)

➲ 2023.2.28.부터 시행한다.(2023.2.28. 영 부칙 1조)

㉠ 직전 연도의 공급대가의 합계액(직전 과세기간에 신규로 사업을 시작한 개인사업자의 경우 부가가치세법 제61조 제2항에 따라 환산한 금액)이 4,800만원 미만인 자

㉡ 신규로 사업을 시작하는 개인사업자로서 간이과세자로 하는 최초의 과세기간 중에 있는 자

4 계산서·영수증의 발급 면제

다음의 재화 또는 용역의 공급에 대하여는 계산서 또는 영수증을 발급하지 아니할 수 있다.(소령 211조 ④)

① 노점상인·행상인 또는 무인판매기 등을 이용하여 사업을 하는 자가 공급하는 재화 또는 용역

② 부가가치세법 제26조 제1항 제7호의 용역(여객운송용역) 중 시내버스에 의한 용역

③ 국내사업장이 없는 비거주자 또는 외국법인과 거래되는 재화 또는 용역. 다만, 법인세법 제94조의2 제1항에 따른 외국법인연락사무소와 거래되는 재화 또는 용역은 제외한다.(2023.2.28. 단서신설) ➲ 2023.7.1.부터 시행한다.(2023.2.28. 영 부칙 1조 2)

④ 기타 부가가치세법 제36조 제1항 제1호, 같은 법 시행령 제71조 및 제73조에 따라 세금계산서 또는 영수증의 발급이 면제되는 재화 또는 용역

5 사업소득원천징수영수증을 발급받은 경우

사업자가 소득세법 제144조(사업소득에 대한 원천징수시기와 방법 및 원천징수영수증의 발급)의 규정에 의하여 용역을 공급받는 자로부터 원천징수영수증을 발급받는 것에 대하여는 계산서를 발급한 것으로 본다.(소령 211조 ⑤)

✓ **사업자등록을 한 개인 면세사업자에게 인적용역 사업소득 지급시 원천징수 여부**

사업자등록을 한 개인 면세사업자로부터 원천징수대상 사업소득의 인적용역을 제공받고 대가를 지급하는 사업자(법인, 국가등)는 원천징수 의무가 있는 것이며, 그 대가를 지급하는 때 원천징수영수증을 교부하여야 하는 것임. 이 경우 원천징수의무를 이행하지 아니한 경우에는 소득세법 제158조 제1항 및 제81조 제1항의 가산세가 적용되는 것임(원천-3096, 2008.12.30.)

✓ **산업재해에 의해 회사가 지급하는 의료비에 대한 원천징수 여부**

업무상 재해직원의 산재보험적용기준 제외로 회사가 부담하는 의료비지급액은 의료보건용역에 해당하여 지급방법에 관계없이 의료비 지급시 사업소득으로 원천징수하는 것이며,

① 의료기관이 법인인 경우
법인은 사업소득세 납부의무가 없어 원천징수없이 해당 의료법인으로부터 계산서를 교부받아야 하는 것이며,

② 의료기관이 개인인 경우
의료보건용역에 해당하여 사업소득으로 원천징수하고 해당 의료기관으로부터 계산서를 교부받아야 하는 것이나 소득세법 시행령 제211조 제5항에 따라 원천징수영수증을 교부받은 경우에는 계산서를 교부한 것으로 보는 것임(서이 46013-11831, 2002.10.7.)

6 전자계산서 발급명세의 발송

➲ 현행 실무상 "발급명세"의 실체는 없으며 "국세청에 전송되는 전자계산서 자체"를 의미한다.

① 전자계산서를 발급하였을 때에는 전자계산서 발급일의 다음 날까지 전자계산서 발급명세를 국세청장에게 전송하여야 한다.(소법 163조 ⑧, 소령 211조의2 ④, 2016.2.17. 신설)

② 전자계산서를 발급하여야 하는 사업자가 아닌 사업자도 전자계산서를 발급하고, 전자계산서 발급명세를 국세청장에게 전송할 수 있다.(소법 163조 ⑨)

③ 전자계산서의 발급·전송, 각 설비 및 시스템을 구축·운영하는 사업자의 등록에 관하여는 소득세법 시행령에 특별한 규정이 있는 경우를 제외하고는 부가가치세법 시행령 제68조를 준용한다. 이 경우 "전자세금계산서"는 "전자계산서"로 본다.(소령 211조의2 ⑥, 2016.2.17. 신설)

7 위탁판매 또는 대리인에 의한 판매의 경우

부가가치세법 제26조 제1항 제1호에 따라 부가가치세가 면제되는 농산물·축산물·수산물·임산물의 위탁판매의 경우나 대리인에 의한 판매의 경우에는 수탁자 또는 대리인이 재화를 공급한 것으로 보아 계산서 등을 작성하여 해당 재화를 공급받는 자에게 발급하여야 한다. 다만, 위탁자 또는 본인의 명의로 계산서를 교부하는 경우에는 그러하지 아니하다.(소

법 163조 ②, 소령 212조 ③) 그리고 수탁자 또는 대리인이 재화를 공급한 것으로 보아 계산서를 교부하는 경우에는 계산서에 그 사실을 부기하여야 한다.(소령 212조 ④)

✓ **위탁판매 등의 계산서작성교부**(소통 163－211…2)

부가가치세가 면세되는 재화를 위탁 또는 대리에 의하여 판매를 할 경우에는 위탁자 또는 본인의 명의로 수탁자 또는 대리인이 계산서를 교부하여야 하는 것이나, 위탁자 또는 본인을 알 수 없는 경우에는 수탁자 또는 대리인이 거래상대방에게 공급한 것으로 보아 계산서를 교부한다.

✓ **도축장경영자가 도축에 따른 계산서 발행**(소법 해석편람 163－1－9)

부가가치세법 제12조 제1항 제1호의 규정에 의하여 부가가치세가 면제되는 농산물·축산물·수산물과 임산물의 위탁판매 또는 대리인에 의한 판매의 경우에는 수탁자 또는 대리인이 재화를 공급한 것으로 보아 계산서 등을 작성하여 해당 재화를 공급받는 자에게 교부하여야 하는 것이나, 도축장경영자가 도축의뢰를 받은 축산물을 도축하는 경우에는 위탁판매 또는 대리인에 의한 판매에 해당하지 않는 것임(서일 46011－11437, 2002.10.29.)

✓ **농산물 등의 수탁판매시 계산서 교부방법**(소법 해석편람 163－2－1)

부가가치세법 제12조 제1항 제1호에 의하여 부가가치세가 면제되는 농·축·수·임산물의 위탁판매 또는 대리인에 의한 판매의 경우에는 수탁자 또는 대리인이 재화를 공급한 것으로 보아 계산서 등을 작성하여 해당 재화를 공급받는 자에게 교부하여야 하는 것이며 다만, 위탁자가 농·어민 등이 아닌 사업자인 경우에는 수탁자(대리인)가 위탁자(본인)의 명의로 계산서 등을 작성·교부할 수 있는 것임(소득 46011－128, 1999.10.4.)

✓ **낙농가의 계산서 교부**(소법 해석편람 163－2－2)

사업자인 낙농가 등이 집유조합 등을 통하여 낙농진흥법 제5조의 규정에 의하여 설립된 낙농진흥회에 원유를 공급할 경우에는 수탁자인 집유조합이 낙농가의 명의로 계산서를 작성·교부하는 것이며 낙농가가 사업자가 아닌 경우에는 수탁자인 집유조합을 공급자로 하여 계산서를 작성·교부하는 것임(소득 46011－434, 1999.12.4.)

✓ **중도매인이 위탁매입시 교부받은 계산서를 그대로 교부하는 것이 적법한지 여부**

농수산물유통 및 가격안정에 관한 법률 규정에 의한 중도매인이 농수산물매입중개를 의뢰받아 농산물도매법인으로부터 해당 재화를 수탁매입하여 주고 공급받는 자인 매입위탁자로부터 수수료를 받는 경우에는 공급자인 해당 도매법인은 매입위탁자를 공급받는 자로 하여 계산서를 교부하고 수탁매입자인 중도매인의 등록번호를 비고란에 부기하여야 하는 것임(제도 46015－11155, 2001.5.17.)

8 수입하는 재화

수입하는 재화에 대해서는 세관장이 계산서를 수입자에게 발급하여야 한다.(소법 163조 ③)

9 매입·매출처별계산서합계표의 제출

(1) 제출기한

사업자는 사업장현황신고기한까지 매출·매입처별계산서합계표를 제출하여야 한다.(소령 212조 ①, 2010.12.30. 후단삭제)

> ✓ **국가·지방자치단체 등의 매출·매입처별계산서합계표 제출방법**(소통 163－212…2)
> 국가·지방자치단체·지방자치단체조합 등이 계산서를 교부하거나 교부받은 경우에는 해당 과세기간의 다음 연도 2월 10일까지 매출·매입처별계산서합계표를 사업장 소재지 관할 세무서장에게 제출하여야 한다.

(2) 매입·매출처별계산서합계표의 제출의제

① 부가가치세법에 따라 세금계산서 또는 영수증을 작성·발급하였거나 매출·매입처별세금계산서합계표를 제출한 분에 대해서는 계산서 등을 작성·발급하였거나 매출·매입처별계산서합계표를 제출한 것으로 본다.(소법 163조 ⑥)

② 사업소득 원천징수 규정에 따라 용역을 공급받는 자로부터 원천징수영수증을 발급받고, 원천징수의무자가 지급명세서를 제출한 거래에 대해서는 매출·매입처별계산서합계표를 제출한 것으로 본다.(소령 212조 ⑤, 2020.2.11. 신설, 211조 ⑤, 소법 144조)

➲ 2020.2.11. 이후 종합소득과세표준을 확정신고하는 분부터 적용한다.(2020.2.11. 영 부칙 23조)

(3) 부가가치세법의 준용

계산서의 작성·교부 및 매출·매입처별계산서합계표의 제출에 관하여는 소득세법 시행령에 특별한 규정이 있는 경우를 제외하고는 부가가치세법(제32조부터 제35조까지 및 제54조와 같은 법 시행령 제69조부터 제72조까지 및 제97조부터 제99조까지)의 규정을 준용한다.(소령 212조 ②)

> ✓ **수정계산서 작성연월일란의 기재**(소통 163－211…4)
> 부가가치세법 시행령 제70조를 준용하여 수정계산서를 작성하는 경우에도 작성연월일은 당초 계산서 작성연월일을 기재한다.

• 제 6 절 매입자발행계산서 (2022.12.31. 신설)

➲ 2023.7.1. 이후 재화 또는 용역을 공급받는 경우부터 적용한다.(2022.12.31. 법 부칙 10조)

1 의의

사업자등록을 한 사업자 또는 법인으로부터 재화 또는 용역을 공급받은 거주자가 다음의 사유로 계산서를 발급받지 못한 경우 납세지 관할 세무서장의 확인을 받아 계산서(이하 "매입자발행계산서"라 한다)를 발행할 수 있다.(소법 163조의3 ①, 2023.12.31. 개정)

① 공급 계약의 해제·변경

② 재화 또는 용역을 공급한 사업자 또는 법인(이하 "공급자"라 한다)이 다음에 해당하는 경우

㉠ 부도·폐업

㉡ 소재불명 또는 연락두절 상태인 경우(2024.2.29. 신설)

㉢ 휴업이나 그 밖의 부득이한 사유로 계산서를 발급받는 것이 곤란하다고 국세청장이 인정하는 경우(2024.2.29. 신설)

2 매입자발행계산서의 신청

① 매입자발행계산서를 발급하려는 거주자(이하 "신청인"이라 한다)는 해당 재화 또는 용역의 공급시기가 속하는 과세기간의 종료일부터 6개월 이내에 「거래사실확인신청서」(별지 제29호의16 서식)에 거래사실을 객관적으로 입증할 수 있는 서류를 첨부하여 신청인 관할 세무서장에게 거래사실의 확인을 신청해야 한다.(소령 212조의4 ②, 소칙 96조의4 ①)

② 거래사실의 확인신청 대상이 되는 거래는 거래건당 공급가액이 5만원 이상인 경우로 한다.(소령 212조의4 ②)

3 신청인 관할세무서의 업무

① 신청을 받은 관할 세무서장은 신청서에 공급자의 인적사항이 부정확하거나 신청서 기재방식에 흠이 있는 경우에는 신청일부터 7일 이내에 일정한 기간을 정하여 보정요구를 할 수 있다.(소령 212조의4 ④)

② 신청인이 보정기간 이내에 보정요구에 응하지 않거나 다음 중 하나에 해당하는 경우

에는 신청인 관할 세무서장은 거래사실의 확인을 거부하는 결정을 해야 한다.(소령 212조의4 ⑤)

㉠ 매입자발행계산서의 신청기간을 넘긴 것이 명백한 경우

㉡ 신청서의 내용으로 보아 거래 당시 미등록사업자 또는 휴·폐업자와 거래한 것이 명백한 경우

③ 신청인 관할 세무서장은 위 '②'에 따른 확인을 거부하는 결정을 하지 않은 신청에 대해서는 「거래사실확인신청서」가 제출된 날(보정을 요구했을 때에는 보정이 된 날)부터 7일 이내에 신청서와 제출된 증빙서류를 공급자 관할 세무서장에게 송부해야 한다.(소령 212조의4 ⑥)

4 공급자 관할세무서의 거래사실 확인 및 통지

① 신청인 관할 세무서로부터 신청서 등을 송부받은 공급자 관할 세무서장은 신청인의 신청내용, 제출된 증빙자료를 검토하여 거래사실 여부를 확인해야 한다. 이 경우 거래사실의 존재 및 그 내용에 대한 입증책임은 신청인에게 있다.(소령 212조의4 ⑦)

② 공급자 관할 세무서장은 신청일의 다음 달 말일까지 거래사실 여부를 확인한 후 다음의 구분에 따른 통지를 공급자와 신청인 관할 세무서장에게 해야 한다.(소령 212조의4 ⑧ 전단)

㉠ 거래사실이 확인되는 경우 : 공급자 및 공급받는 자의 사업자등록번호, 작성연월일, 공급가액 등을 포함한 거래사실 확인 통지

㉡ 거래사실이 확인되지 않는 경우 : 거래사실 확인불가 통지

③ 다음 중 하나에 해당하는 불가피한 사유가 있는 경우에는 거래사실 확인기간을 20일 이내의 범위에서 연장할 수 있다.(소령 212조의4 ⑧ 단서, 소칙 96조의4 ②)

㉠ 공급자의 부도, 질병, 장기출장 등으로 거래사실 확인이 곤란하여 공급자가 연기를 요청한 경우(23.03.20 신설)

㉡ 세무공무원이 거래사실의 확인을 위하여 2회 이상 공급자를 방문하였으나 폐문·부재 등으로 인하여 공급자를 만나지 못한 경우

5 후속절차

신청인 관할 세무서장은 공급자 관할 세무서장으로부터 통지를 받은 후 즉시 신청인에게 그 확인결과를 통지해야 한다.(소령 212조의4 ⑨)

6 매입자발행계산서의 발급

① 신청인 관할 세무서장으로부터 거래사실 확인 통지를 받은 신청인은 공급자 관할 세무서장이 확인한 거래일자를 작성일자로 하여 매입자발행계산서(별지 제29호의17 서식)를 발급하여 공급자에게 교부해야 한다.(소령 212조의4 ⑩, 소칙 96조의4 ③)

② 위 '①'에도 불구하고 신청인 및 공급자가 관할 세무서장으로부터 거래사실 확인 통지를 받은 때에는 신청인이 매입자발행계산서를 공급자에게 교부한 것으로 본다.(소령 212조의4 ⑪)

③ 사업자가 부가가치세법 제42조에 따른 의제매입세액 공제를 받기 위하여 제출해야 하는 「매입자발행계산서합계표」의 서식은 (별지 제29호의18 서식)과 같다.(소령 212조의4 ⑫, 소칙 96조의4 ④)

• 제 7 절 지급명세서의 제출

I 의 의

소득세납세의무가 있는 개인에게 일정한 소득금액이나 수입금액을 국내에서 지급하는 자는 지급명세서를 제출하여야 한다. 이러한 지급명세서는 소득을 지급받는 자의 소득금액 또는 수입금액의 종류와 금액, 귀속연도 등이 기재되어 있어 지급받는 자의 소득파악에 중요한 역할을 한다.

II 지급명세서의 제출

1 제출의무자 및 대상소득

소득세납세의무가 있는 개인에게 다음 중 하나에 해당하는 소득을 국내에서 지급하는 자(법인을 포함하며, 소득의 지급을 대리하거나 그 지급권한을 위임 또는 위탁받은 자 및 납세조합, 원천징수세액의 납세지를 본점 또는 주사무소의 소재지로 하는 자와 부가가치세법에 따른 사업자단위 과세사업자를 포함)는 그 지급을 받는 소득자별로 제출기한까지 지급명세서를 제출하여야 한다.(소법 164조 ①) 이때 지급자를 대리하거나 그 위임을 받은 자의 행위는 수권 또는 위임의 범위에서 본인 또는 위임인의 행위로 보고 위의 규정을 적용한다.(소법 164조 ⑨)

① 이자소득
② 배당소득
③ 원천징수대상 사업소득
④ 근로소득 또는 퇴직소득
⑤ 연금소득
⑥ 기타소득
⑦ 원천징수대상 봉사료수입금액
⑧ 장기저축성보험의 보험차익 : 이자소득에 해당하지 아니하는 장기저축성보험(피보험자의 사망·질병·부상, 그 밖의 신체상의 상해 또는 자산의 멸실이나 손괴로 인하여 보험금을 받는 것은 제외)의 보험차익을 말한다.(소령 213조 ⑥)

2 제출기한 등

① 지급명세서를 그 지급일(원천징수시기의 특례 규정을 적용받는 원천징수대상 이자·배당소득 사업소득·근로소득·퇴직소득·기타소득 중 종교인소득에 대해서는 해당 소득에 대한 과세기간 종료일을 말한다)이 속하는 과세기간의 다음 연도 2월 말일(원천징수대상 사업소득과 근로소득 또는 퇴직소득 및 봉사료의 경우에는 다음 연도 3월 10일, 휴업, 폐업 또는 해산한 경우에는 휴업일, 폐업일 또는 해산일이 속하는 달의 다음다음 달 말일)까지 원천징수 관할 세무서장, 지방국세청장 또는 국세청장에게 제출하여야 한다.(소법 164조 ①, 2015.12.15. 개정)

② 일용근로자의 근로소득의 경우에는 그 지급일이 속하는 달의 다음 달 말일(휴업, 폐업 또는 해산한 경우에는 휴업일, 폐업일 또는 해산일이 속하는 달의 다음 달 말일)까지 지급명세서를 제출하여야 한다.(소법 164조 ① 단서, 2021.3.16. 단서개정)

➲ 2021.7.1. 이후 지급하는 소득분부터 적용하며(2021.3.16. 법 부칙 3조), 2021.7.1. 전에 지급한 소득분에 대해서는 개정규정에도 불구하고 종전의 규정에 따른다.(2021.3.16. 법 부칙 5조)

③ 원천징수의무자가 우리사주조합원의 배당소득에 대하여 비과세하거나 원천징수세액을 환급하는 경우에는 「우리사주배당비과세 및 원천징수세액환급명세서」를 비과세한 날 또는 환급일이 속하는 사업연도의 다음연도 2월 말일까지 원천징수 관할 세무서장에게 제출하여야 한다.(조특령 82조의4 ⑮, 2019.2.12. 개정)

3 지급명세서를 제출한 것으로 보는 경우

(1) 근로내용확인서를 제출한 경우

지급명세서를 제출하여야 하는 일용근로자가 고용보험법 시행령 제7조 제1항 후단에 따라 「근로내용 확인신고서」를 고용노동부장관에게 제출한 경우에는 지급명세서를 제출한 것으로 본다.(소령 213조 ④, 2015.2.3. 신설)

(2) 간이지급명세서를 제출한 경우

다음의 소득에 대한 간이지급명세서를 제출한 경우에는 그 제출한 부분에 대하여 지급명세서를 제출한 것으로 본다.(소법 164조 ⑦, 2022.12.31. 신설)

① 원천징수대상 사업소득(연말정산대상 사업소득은 제외)

➲ 2023.1.1. 이후 지급하는 소득에 대하여 지급명세서등을 제출하여야 하거나 제출하는 경우부터 적용한다.(2022.12.31. 법 부칙 6조 ②)

② 다음의 인적용역 기타소득(소법 21조 ① 19)

➲ 2024.1.1. 이후 지급하는 소득에 대하여 지급명세서등을 제출하여야 하거나 제출하는 경우부터 적용한다.(2022.12.31. 법 부칙 6조 ①)

㉠ 고용관계 없이 다수인에게 강연을 하고 강연료 등 대가를 받는 용역

㉡ 라디오·텔레비전방송 등을 통하여 해설·계몽 또는 연기의 심사 등을 하고 보수 또는 이와 유사한 성질의 대가를 받는 용역

㉢ 변호사, 공인회계사, 세무사, 건축사, 측량사, 변리사, 그 밖에 전문적 지식 또는 특별한 기능을 가진 자가 그 지식 또는 기능을 활용하여 보수 또는 그 밖의 대가를 받고 제공하는 용역

㉣ 그 밖에 고용관계 없이 수당 또는 이와 유사한 성질의 대가를 받고 제공하는 용역

(3) 매출·매입처별계산서합계표 등을 제출한 경우

사업장 소재지 관할 세무서장에게 제출한 매출·매입처별 계산서합계표(전자계산서 발급명세를 국세청장에게 전송한 경우를 포함)와 부가가치세법에 따라 사업장 소재지 관할 세무서장에게 제출한 매출·매입처별 세금계산서합계표(부가가치세법 제32조 제3항 또는 제5항에 따라 전자세금계산서 발급명세를 국세청장에게 전송한 경우를 포함) 중 지급명세서에 해당하는 것이 있으면 그 제출한 부분에 대하여 지급명세서를 제출한 것으로 본다.(소법 164조 ⑥, 2017.12.19. 개정)

➲ 현행 실무상 "발급명세"의 실체는 없으며 "국세청에 전송되는 전자계산서 자체"를 의미한다.

(4) 원천징수의무자가 관련서류를 제출한 경우

① 원천징수의무자가 그 원천징수를 하여 제출한 원천징수 관련서류 중 지급명세서에 해당하는 것이 있는 때에는 그 제출한 부분에 대하여 지급명세서를 제출한 것으로 본다.(소법 164조 ⑤)

② 원천징수의무자는 원천징수에 관한 명세서, 그 밖의 관계서류의 제출로써 지급명세서의 제출에 갈음하고자 할 때에는 그 원천징수영수증부본을 지급명세서 제출 기한 내에 원천징수 관할세무서장에게 제출하여야 한다.(소령 215조 ①)

(5) 대리·위임을 받은자가 제출한 경우

소득의 지급자를 대리하거나 그 위임을 받은 자의 행위는 수권 또는 위임의 범위에서 본인 또는 위임인의 행위로 보고 지급명세서를 제출규정을 적용한다.(소법 164조 ⑨)

4 지급명세서 제출의 면제

다음에 해당하는 소득에 대해서는 지급명세서의 제출 규정을 적용하지 않는다.(소령 214조 ①, 2021.2.17. 개정)

① 비과세되는 기타소득. 다만, 종교관련 종사자가 소속 종교단체의 규약 또는 소속 종교단체의 의결기구의 의결·승인 등을 통하여 결정된 지급 기준에 따라 종교 활동을 위하여 통상적으로 사용할 목적으로 지급받은 금액 및 물품은 제출해야 한다(소령 214조 ① 1, 2017.2.29. 단서신설, 19조 ③ 3)

② 복권·경품권 기타 추첨권에 의하여 받는 당첨금품에 해당하는 기타소득(복권 및 복권기금법 제2조에 따른 복권 당첨금은 제외)으로서 1건당 당첨금품의 가액이 10만원 이하인 경우(소칙 97조 1, 2023.3.20. 신설)

③ 승마투표권, 승자투표권, 소싸움경기투표권 및 체육진흥투표권의 구매자가 받는 환급금에 해당하는 기타소득으로서 1건당 환급금이 200만원 미만(체육진흥투표권의 경우 10만원 이하)인 경우(소칙 97조 2, 2023.3.20. 호번개정)

④ 과세최저한 규정에 의하여 소득세가 과세되지 아니하는 기타소득. 다만, 기타소득 중 일시적인 문예창작소득 및 일정한 인적용역소득은 제외한다.(소칙 97조 3, 2023.3.20. 호번개정)

⑤ 안마시술소에서 제공하는 용역에 대한 소득으로서 안마시술소가 소득세를 원천징수하는 소득(소칙 97조 4, 2023.3.20. 호번개정)

⑥ 근로소득과 퇴직소득 중 다음 중 하나에 해당하는 비과세소득(소령 214조 ① 2의2)

➲ "비과세되는 식사 또는 식사대(소법 12조 3 러)"가 2022.2.28.이 속하는 과세기간에 소득을 지급하는 경우부터 '지급명세서 제출대상'으로 개정되었다.(소령 214조 ① 2의2)

㉠ 복무 중인 병이 받는 급여

㉡ 법률에 의하여 동원된 자가 동원직장에서 받는 급여

㉢ 산업재해보상보험법에 따라 수급권자가 지급받는 요양급여·휴업급여·장해급여·간병급여·유족급여 유족특별급여·장해특별급여 및 장의비 또는 근로의 제공으로 인한 부상·질병 또는 사망과 관련하여 근로자나 그 유족이 지급받는 배상·보상 또는 위자의 성질이 있는 급여

㉣ 근로기준법 또는 선원법에 따라 근로자·선원 및 그 유족이 지급받는 요양보상금·휴업보상금·상병보상금·일시보상금·장해보상금·유족보상금·행방불명보상금·소지품유실보상금·장의비 및 장제비

㉤ 고용보험법에 따라 받는 실업급여, 육아휴직 급여, 육아기 근로시간 단축 급여, 출산전후휴가 급여 등, 제대군인 지원에 관한 법률에 따른 전직지원금, 국가공무원법·지방공무원법에 따른 공무원 또는 사립학교교직원 연금법·별정우체국법을 적용받는 사람이 관련 법령에 따라 받는 육아휴직수당(사립학교법 제70조의2에 따라 임명된 사무직원이 학교의 정관 또는 규칙에 따라 지급받는 육아휴직수당으로서 월 150만원 이하의 것을 포함)(2023.12.31. 개정)

㉥ 국민연금법에 따라 받는 반환일시금(사망으로 받는 것만 해당) 및 사망일시금

㉦ 공무원연금법, 공무원 재해보상법, 군인연금법, 군인 재해보상법, 사립학교교직원 연금법 또는 별정우체국법에 따라 받는 공무상요양비·요양급여·장해일시금·비공무상 장해일시금·비직무상 장해일시금·장애보상금·사망조위금·사망보상금·유족일시금·퇴직유족일시금·유족연금일시금·퇴직유족연금일시금·퇴역유족연금일시금·순직유족연금일시금·유족연금부가금·퇴직유족연금부가금·퇴역유족연금부가금·유족연금특별부가금·퇴직유족연금특별부가금·퇴역유족연금특별부가금·순직유족보상금·직무상유족보상금·위험직무순직유족보상금·재해부조금·재난부조금 또는 신체·정신상의 장해·질병으로 인한 휴직기간에 받는 급여(소법 12조 3 사, 2019.12.10. 개정)

㉧ 국가유공자 등 예우 및 지원에 관한 법률 또는 보훈보상대상자 지원에 관한 법률에 의하여 받는 보훈급여금·학자금

㉨ 전직대통령 예우에 관한 법률에 따라 받는 연금

㉩ 종군한 군인·군무원이 전사(전상으로 인한 사망을 포함)한 경우 그 전사한 날이 속하는 연도의 급여

㉪ 국민건강보험법·고용보험법·국민연금법·공무원연금법·사립학교교직원 연금법·

군인연금법·근로자퇴직급여 보장법, 과학기술인공제회법 또는 노인장기요양보험법에 따라 국가·지방자치단체 또는 사용자가 부담하는 부담금

ⓔ 국군포로의 송환 및 대우 등에 관한 법률에 따른 국군포로가 지급받는 보수 및 퇴직일시금

⑦ 복리후생적 성질의 급여(소법 12조 3 저, 소령 17조의4, 2021.2.17. 신설)

➲ 2021.2.17.이 속하는 과세기간에 발생하는 소득분부터 적용한다.(2021.2.17. 영 부칙 2조 ①)

㉠ 다음 중 하나에 해당하는 사람이 사택을 제공받음으로써 얻는 이익

ⓐ 주주 또는 출자자가 아닌 임원

ⓑ 소액주주인 임원. 여기서 소액주주란 사택을 제공하는 법인의 발행주식총수 또는 출자총액의 1%에 미달하는 주식등을 소유한 주주등(해당 법인의 국가, 지방자치단체가 아닌 지배주주등의 특수관계인인 자는 제외)을 말한다.(소칙 92조의2 ③, 법령 50조 ②)

ⓒ 임원이 아닌 종업원(비영리법인 또는 개인의 종업원을 포함)

ⓓ 국가 또는 지방자치단체로부터 근로소득을 지급받는 사람

㉡ 조세특례제한법 시행령 제2조에 따른 중소기업의 종업원이 주택(주택에 부수된 토지를 포함)의 구입·임차에 소요되는 자금을 저리 또는 무상으로 대여 받음으로써 얻는 이익

다만, 해당 종업원이 개인사업자인 중소기업과 국세기본법 시행령 제1조의2 제1항에 따른 친족관계에 있는 경우 그 종업원이 얻는 이익은 제외한다.(2024.2.29. 단서신설) ➲ 2024.2.29. 이후 발생하는 소득부터 적용한다.(2024.2.29. 영 부칙 1조, 4조 ①)

㉢ 영유아보육법 제14조에 따라 직장어린이집을 설치·운영하거나 위탁보육을 하는 사업주가 같은 법 제37조 및 같은 법 시행령 제25조에 따라 그 비용을 부담함으로써 해당 사업장의 종업원이 얻는 이익(2024.2.29. 신설)

➲ 2024.2.29.이 속하는 과세기간에 발생하는 소득부터 적용한다.(2024.2.29. 영 부칙 1조, 4조 ②)

㉣ 종업원이 계약자이거나 종업원 또는 그 배우자 및 그 밖의 가족을 수익자로 하는 보험·신탁 또는 공제와 관련하여 사용자가 부담하는 보험료·신탁부금 또는 공제부금(이하 "보험료등"이라 한다) 중 다음의 보험료등

ⓐ 종업원의 사망·상해 또는 질병을 보험금의 지급사유로 하고 종업원을 피보험자와 수익자로 하는 보험으로서 만기에 납입보험료를 환급하지 않는 보험(이하 "단체순수보장성보험"이라 한다)과 만기에 납입보험료를 초과하지 않는 범위에서 환급하는 보험(이하 "단체환급부보장성보험"이라 한다)의 보험료 중 연 70만원 이하의 금액

ⓑ 임직원의 고의(중과실을 포함) 외의 업무상 행위로 인한 손해의 배상청구를

보험금의 지급사유로 하고 임직원을 피보험자로 하는 보험의 보험료

ⓜ 공무원이 국가 또는 지방자치단체로부터 공무 수행과 관련하여 받는 상금과 부상 중 연 240만원 이내의 금액

⑧ 실비변상적 급여 중 다음의 소득(소령 214조 ① 2의3)

㉠ 선원법에 의하여 받는 식료

㉡ 일직료·숙직료 또는 여비로서 실비변상정도의 금액(종업원의 소유차량을 종업원이 직접 운전하여 사용자의 업무수행에 이용하고 시내출장 등에 소요된 실제여비를 받는 대신에 그 소요경비를 해당 사업체의 규칙 등에 의하여 정하여진 지급기준에 따라 받는 금액 중 월 20만원 이내의 금액을 포함)

㉢ 법령·조례에 의하여 제복을 착용하여야 하는 자가 받는 제복·제모 및 제화

㉣ 병원·시험실·금융회사 등·공장·광산에서 근무하는 사람 또는 특수한 작업이나 역무에 종사하는 사람이 받는 작업복이나 그 직장에서만 착용하는 피복

✓ 지급명세서미제출가산세 신고납부한 경우 지급명세서 제출의무 면제 여부

원천징수의무자가 지급명세서 제출기한까지 의무불이행하여 지급명세서미제출가산세를 신고·납부하였더라도 지급명세서 제출이 면제되는 것은 아님(서면1팀-335, 2008.3.14.)

5 지급명세서의 제출방법

(1) 지급명세서의 전산제출

지급명세서를 제출하여야 하는 자는 지급명세서의 기재사항을 국세기본법 제2조 제18호에 따른 정보통신망에 의하여 제출하거나 디스켓 등 전자적 정보저장매체로 제출하여야 한다.(소법 164조 ③)

(2) 현금영수증 발급장치를 통한 제출

① 대상소득의 범위

다음의 소득을 지급하는 자는 지급명세서의 기재사항을 현금영수증 발급장치를 통하여 제출할 수 있다.(소법 164조 ③ 후단, 소령 213조의2 ①)

㉠ 일용근로자에게 지급하는 근로소득

㉡ 근로소득지급명세서 제출대상 거주자(근로소득의 총수입금액이 근로소득공제액, 본인에 대한 기본공제액 및 표준공제액의 합계액 이하인 거주자)에게 지급하는 근로소득

② 제출내용

현금영수증 발급장치를 통하여 다음의 사항을 모두 제출한 경우 지급명세서를 제출한 것으로 본다.(소법 164조 ③, 소령 213조의2 ②) 현금영수증발급장치를 통하여 제출하는 지급명세서의 작성방법 등에 관하여 필요한 사항은 국세청장이 정하여 고시한다.(소칙 96조의5)

㉠ 급여의 귀속연도

㉡ 일용근로자 또는 거주자의 주민등록번호

㉢ 급여액

㉣ 소득세(결정세액을 말한다)

(3) 지급명세서의 문서제출

국세청장은 직전 과세기간에 제출한 지급명세서의 매수가 50매 미만인 자 또는 상시 근무하는 근로자의 수(매월 말일의 현황에 의한 평균인원수를 말한다)가 10인 이하인 자에 대하여는 지급명세서를 문서로 제출하게 할 수 있다. 다만, 다음에 해당하는 자를 제외한다.(소법 164조 ④, 소령 214조 ③)

① 한국표준산업분류상의 금융보험업자

② 국가·지방자치단체 또는 지방자치단체조합

③ 법인

④ 복식부기의무자

(4) 지급명세서의 제출요구

원천징수 관할 세무서장·지방국세청장 또는 국세청장은 필요하다고 인정할 때에는 지급명세서의 제출을 요구할 수 있다.(소법 164조 ⑧)

(5) 지급명세서의 구분제출

국내에서 지급명세서 제출대상소득을 지급하는 자는 그 소득을 지급을 받는 소득자별로 구분하여 지급명세서를 원천징수 관할 세무서장·관할지방국세청장 또는 국세청장에게 제출하여야 한다.(소령 213조 ①)

(6) 연간 지급된 수입금액 또는 수입금액합계액에 의한 지급명세서의 제출

다음 중 하나에 해당하는 경우에는 각 소득자에게 연간 지급된 금액의 합계액에 대한 지급명세서를 원천징수 관할 세무서장·지방국세청장 또는 국세청장에게 제출하여야 한다.(소령 213조 ③)

① 국민건강보험법에 의한 국민건강보험공단 또는 산업재해보상보험법에 의한 근로복지공단이 의료법에 의한 의료기관 또는 약사법에 의한 약국에게 요양급여비용 등을 지급하는 경우
② 방문판매 등에 관한 법률에 의하여 다단계판매업자가 다단계판매원에게 후원수당을 지급하는 경우
③ 금융회사 등이 연간 계좌별로 거주자에게 지급한 이자소득금액(채권 등에 대한 이자소득금액은 제외한다)이 1백만원 이하인 경우

6 지급명세서 제출의 특례

(1) 원천징수의무자의 지급명세서 제출특례

① 원천징수의무자가 그 원천징수를 하여 제출한 원천징수 관련서류 중 지급명세서에 해당하는 것이 있는 때에는 그 제출한 부분에 대하여 지급명세서를 제출한 것으로 본다.(소법 164조 ⑤)
② 원천징수의무자는 원천징수에 관한 명세서, 그 밖의 관계서류의 제출로써 지급명세서의 제출에 갈음하고자 할 때에는 그 원천징수영수증부본을 지급명세서 제출 기한 내에 원천징수 관할 세무서장에게 제출하여야 한다.(소령 215조 ①)

(2) 근로소득지급명세서의 제출

근로소득의 총급여액이 근로소득공제액 및 본인에 대한 기본공제액의 합계액 이하인 거주자에 대하여는 지급명세서에 갈음하여 국세청장이 정하는 「근로소득지급명세서」(원천징수사무처리규정 별지 제7호 서식)를 제출할 수 있다. 다만, 종된 근무지가 없는 거주자만 해당하며 과세기간 중에 취직 또는 퇴직한 자에 대하여는 연으로 환산한 급여액을 기준으로 적용한다.(소령 215조 ②, 2014.2.21. 개정)

(3) 이자소득 또는 배당소득에 대한 특례

이자소득이나 배당소득에 대하여는 지급명세서(별지 제23호(1) 서식)에 갈음하여 기획재정부령이 정하는 이자·배당소득지급명세서(별지 제30호(1) 서식)를 제출할 수 있다.(소령 215조 ③)

(4) 사업소득에 대한 특례

과세표준확정신고 예외대상인 연말정산되는 사업소득의 소득금액(연으로 환산한 소득금액을 말한다)이 본인에 대한 기본공제의 합계액 이하인 사업자에 대하여는 지급명세서

에 갈음하여 국세청장이 정하는 「사업소득지급명세서」(원천징수사무처리규정 별지 제6호 서식)를 제출할 수 있다.(소령 215조 ⑤, 2014.2.21. 개정)

(5) 국세청장의 통지의무

국세청장은 다음의 기타소득에 대한 지급명세서를 제출받은 경우 거주자가 종합소득과세표준 확정신고를 하는데 사용할 수 있도록 해당 기타소득금액에 대한 명세서를 국세기본법 제2조 제19호에 따른 국세정보통신망을 이용하여 그 명세서를 해당 기타소득의 납세의무자에게 제공하여야 한다. 이 경우 국세청장은 오류 등으로 그 내역에 변동이 발생한 때에는 이를 정정하고 해당 납세의무자에게 통지하여야 한다.(소법 164조 ⑩, 소령 215조 ⑥, ⑦)

① 원고료
② 고용관계 없이 다수인에게 강연을 하고 강연료 등의 대가를 받는 용역
③ 라디오·텔레비전방송 등을 통하여 해설·계몽 또는 연기의 심사 등을 하고 보수 또는 이와 유사한 성질의 대가를 받는 용역

7 지급명세서 제출기한의 연장

(1) 지급명세서 제출의 면제 또는 연장

천재지변 또는 그 밖에 특수한 사유가 발생한 경우에 해당 원천징수 관할 세무서장·관할 지방국세청장 또는 국세청장은 지급명세서의 제출을 다음의 구분에 따라 면제하거나 그 제출기한을 연장할 수 있다.(소령 216조 ①, 2019.2.12. 개정)

1) 천재지변 등 불가항력인 사유

천재지변 등 불가항력인 사유로 장부나 그 밖의 증빙서류가 없어진 경우에는 그 사유가 발생한 달의 전월분부터 해당 사업이 원상으로 회복된 달의 전월분(정보통신망에 의하여 제출하거나 처리된 테이프 또는 디스켓 등으로 제출하여야 하는 경우에는 전산시스템의 유지·관리 및 입력·출력상태 등을 감안하여 국세청장이 정하는 기간분)까지 지급명세서의 제출을 면제할 수 있다.(소령 216조 ① 1, 2019.2.12. 개정, 소칙 99조)

2) 장부 기타 증명서류가 압수 또는 영치된 경우

권한 있는 기관에 장부나 그 밖의 증빙서류가 압수 또는 영치된 경우에는 그 사유가 발생한 당월분과 그 전월분(정보통신망에 의하여 제출하거나 처리된 테이프 또는 디스켓 등으로 제출하여야 하는 경우에는 전산시스템의 유지·관리 및 입력·출력상태 등을 고려하여 국세청장이 정하는 기간분)에 대하여 지급명세서를 제출할 수 있는 상태로 된 날이 속하는

달의 다음달 말일까지 제출기한을 연장할 수 있다.(소령 216조 ① 2, 2019.2.12. 개정, 소칙 99조, 2021.10.28. 개정)

(2) 신 청

지급명세서 제출 면제 또는 연장을 받으려는 자는 제출기한 내에 해당 원천징수 관할 세무서장·관할지방국세청장 또는 국세청장에게 신청해야 한다.(소령 216조 ②, 2021.5.4. 개정)

Ⅲ 간이지급명세서의 제출(2021.3.16. 제목개정)

➲ 2019.1.1. 이후 발생하는 소득분부터 적용한다.(2018.12.31. 법 부칙 2조 ①)

1 간이지급명세서의 제출의무자

➲ 개정규정은 2021.7.1. 이후 지급하는 소득분부터 적용하며(2021.3.16. 법 부칙 3조), 2021.7.1. 전에 지급한 소득분에 대해서는 개정규정에도 불구하고 종전의 규정에 따른다.(2021.3.16. 법 부칙 5조)

① 소득세 납세의무가 있는 개인에게 다음 중 하나에 해당하는 소득을 국내에서 지급하는 자는 간이지급명세서를 제출기한까지 원천징수 관할 세무서장, 지방국세청장 또는 국세청장에게 제출하여야 한다.(소법 164조의3 ①, 2021.3.16. 개정)

㉠ 일용근로자가 아닌 근로자에게 지급하는 근로소득

㉡ 원천징수대상 사업소득

㉢ 다음의 인적용역 기타소득(소법 21조 ① 19)

➲ 2024.1.1. 이후 지급하는 소득에 대하여 간이지급명세서를 제출하여야 하거나 제출하는 경우부터 적용한다.(2022.12.31. 법 부칙 6조 ①)

ⓐ 고용관계 없이 다수인에게 강연을 하고 강연료 등 대가를 받는 용역

ⓑ 라디오·텔레비전방송 등을 통하여 해설·계몽 또는 연기의 심사 등을 하고 보수 또는 이와 유사한 성질의 대가를 받는 용역

ⓒ 변호사, 공인회계사, 세무사, 건축사, 측량사, 변리사, 그 밖에 전문적 지식 또는 특별한 기능을 가진 자가 그 지식 또는 기능을 활용하여 보수 또는 그 밖의 대가를 받고 제공하는 용역

ⓓ 그 밖에 고용관계 없이 수당 또는 이와 유사한 성질의 대가를 받고 제공하는 용역

② 간이지급명세서 제출의무자에는 '일용근로자가 아닌 근로자에게 지급하는 근로소득' 및 '원천징수대상 사업소득'을 국내에서 지급하는 다음의 자를 포함한다.

㉠ 법인

㉡ 외국법인이 발행한 채권 또는 증권에서 발생하는 이자소득 및 배당소득의 지급을 대리하거나 그 지급 권한을 위임 또는 위탁받은 자

㉢ 납세조합

㉣ 원천징수세액의 납세지를 본점 또는 주사무소의 소재지로 하는 자

㉤ 사업자단위 과세사업자

2 간이지급명세서의 제출기한

➲ 개정규정은 2021.7.1. 이후 지급하는 소득분부터 적용하며(2021.3.16. 법 부칙 3조), 2021.7.1. 전에 지급한 소득분에 대해서는 개정규정에도 불구하고 종전의 규정에 따른다.(2021.3.16. 법 부칙 5조)

(1) 상용근로자에게 지급하는 근로소득(소법 164조의3 ① 1)

➲ 2026.1.1 전에 지급한 근로소득에 대한 간이지급명세서의 제출 기한에 관하여는 개정규정에도 불구하고 종전의 규정에 따른다.(2022.12.31. 법 부칙 6조 ⑤, 2023.12.31. 개정)

① 일반적인 경우 : 그 소득 지급일[원천징수시기에 대한 특례(소법 135조)를 적용받는 경우에는 해당 소득에 대한 과세기간 종료일]이 속하는 달의 다음 달 말일

② 휴업, 폐업 또는 해산한 경우 : 휴업일, 폐업일 또는 해산일이 속하는 달의 다음 달 말일

(2) 원천징수대상 사업소득(소법 164조의3 ① 2)

① 일반적인 경우 : 소득 지급일[원천징수시기에 대한 특례(소법 144조의5)를 적용받는 경우에는 해당 소득에 대한 과세기간 종료일]이 속하는 달의 다음 달 말일

② 휴업, 폐업 또는 해산한 경우 : 휴업일, 폐업일 또는 해산일이 속하는 달의 다음 달 말일

(3) 인적용역 기타소득(소법 164조의3 ① 3)

① 일반적인 경우 : 소득 지급일이 속하는 달의 다음 달 말일

② 휴업, 폐업 또는 해산한 경우 : 휴업일, 폐업일 또는 해산일이 속하는 달의 다음 달 말일

3 제출방법

① 간이지급명세서를 제출하여야 하는 자는 간이지급명세서의 기재 사항을 국세기본법 제2조 제18호에 따른 정보통신망을 통하여 제출하거나 디스켓 등 전자적 정보저장매체로 제출하여야 한다. 이 경우 다음의 소득을 지급하는 자는 현금영수증 발급장치를 통하여 제출할 수 있으며, 현금영수증 발급장치를 통해 제출하는 간이지급명세서의 작성방법 등에 관하여 필요한 사항은 국세청장이 정하여 고시한다.(소법 164조의3 ②, 2021.3.16. 용어개정, 소령 213조의2 ①, 소칙 96조의5)

㉠ 일용근로자에게 지급하는 근로소득

㉡ 총급여액이 근로소득공제액 및 본인에 대한 기본공제액의 합계액 이하인 거주자에게 지급하는 근로소득

② 현금영수증 발급장치를 통하여 제출한다는 것은 현금영수증 발급장치를 통하여 다음의 사항을 모두 제출하는 것을 말한다.(소령 213조의2 ③, 2019.2.12. 후단삭제)

㉠ 급여의 귀속연도 및 귀속반기

㉡ 소득자의 주민등록번호

㉢ 급여액

③ 국세청장은 위 '①'에도 불구하고 제출한 직전 과세연도 지급명세서가 20매 미만인 자 또는 상시 근무하는 근로자의 수(매월 말일의 현황에 따른 평균인원수를 말한다)가 5명 이하인 자에게는 간이지급명세서를 문서로 제출하게 할 수 있다. 다만, 다음 중 하나에 해당하는 자는 제외한다.(소법 164조의3 ③, 2021.3.16. 용어개정, 소령 214조 ④, 2019.2.12. 신설)

㉠ 한국표준산업분류상의 금융보험업자

㉡ 국가·지방자치단체 또는 지방자치단체조합

㉢ 법인

㉣ 복식부기의무자

④ 원천징수 관할 세무서장, 지방국세청장 또는 국세청장은 필요하다고 인정할 때에는 간이지급명세서의 제출을 요구할 수 있다.(소법 164조의3 ④, 2021.3.16. 용어개정)

4 제출의 면제 또는 제출기한의 연장

① 천재지변 또는 그 밖에 특수한 사유가 발생한 경우에 해당 원천징수 관할 세무서장·관할지방국세청장 또는 국세청장은 간이지급명세서의 제출을 다음의 구분에 따라 면제하거나 그 제출기한을 연장할 수 있다.(소령 216조 ①, 2021.5.4. 개정)

㉠ 천재지변 등 불가항력인 사유로 장부나 그 밖의 증빙서류가 없어진 경우에는 그 사유가 발생한 달의 전월분부터 해당 사업이 원상으로 회복된 달의 전월분까지 간이지급명세서의 제출을 면제할 수 있다.

㉡ 권한 있는 기관에 장부나 그 밖의 증빙서류가 압수 또는 영치된 경우에는 전산시스템의 유지·관리 및 입력·출력상태 등을 감안하여 국세청장이 정하는 기간분에 대하여 간이지급명세서를 제출할 수 있는 상태로 된 날이 속하는 달의 다음달 말일까지 제출기한을 연장할 수 있다.(소령 216조 ① 2, 소칙 99조)

② 간이지급명세서 제출 면제 또는 연장을 받으려는 자는 제출기한 내에 해당 원천징수 관할 세무서장·관할지방국세청장 또는 국세청장에게 신청하여야 한다.(소령 216조 ②, 2021.5.4. 개정)

소득별 지급명세서 제출기한

<table>
<tr><th colspan="2" rowspan="2">소득구분</th><th colspan="2" rowspan="2">종류</th><th rowspan="2">제출 대상기간[*1]</th><th colspan="2">제출기한</th></tr>
<tr><th>일반</th><th>휴업·폐업·해산</th></tr>
<tr><td rowspan="5">근로소득</td><td rowspan="4">상용</td><td colspan="2">지급명세서</td><td>1월~12월</td><td>다음연도 3월 10일</td><td>휴업 등을 한 달의 다음다음 달 말일</td></tr>
<tr><td rowspan="3">간이 지급 명세서</td><td rowspan="2">~2025년</td><td>1월~6월</td><td>7월 말일</td><td rowspan="2">휴업 등을 한 반기 마지막 달의 다음 달 말일[*2]</td></tr>
<tr><td>7월~12월</td><td>다음연도 1월 말일</td></tr>
<tr><td>2026년~</td><td>2026년 1월 지급분부터 매월</td><td>지급한 달의 다음 달 말일[*3]</td><td>휴업 등을 한 달의 다음 달 말일[*3]</td></tr>
<tr><td>일용</td><td colspan="2">일용근로소득 지급명세서</td><td>2021년 7월 지급분부터 매월</td><td>지급한 달의 다음 달 말일[*4]</td><td>휴업 등을 한 달의 다음 달 말일</td></tr>
<tr><td colspan="2" rowspan="2">사업소득</td><td colspan="2">지급명세서[*5]</td><td>1월~12월</td><td>다음연도 3월 10일</td><td>휴업 등을 한 달의 다음다음 달 말일</td></tr>
<tr><td colspan="2">간이지급명세서</td><td>2021년 7월 지급분부터 매월</td><td>지급한 달의 다음 달 말일[*4]</td><td>휴업 등을 한 달의 다음 달 말일</td></tr>
<tr><td colspan="2" rowspan="2">인적용역 기타소득[*6]</td><td colspan="2">지급명세서[*7]</td><td>1월~12월</td><td>다음연도 2월 말일</td><td>휴업 등을 한 달의 다음다음 달 말일</td></tr>
<tr><td colspan="2">간이지급명세서</td><td>2024년 1월 지급분부터 매월</td><td>지급한 달의 다음 달 말일</td><td>휴업 등을 한 달의 다음 달 말일</td></tr>
<tr><td colspan="2">종교인소득 (기타소득)</td><td colspan="2" rowspan="7">지급명세서</td><td rowspan="7">1월~12월</td><td rowspan="3">다음연도 3월 10일</td><td rowspan="7">휴업 등을 한 달의 다음다음 달 말일</td></tr>
<tr><td colspan="2">퇴직소득</td></tr>
<tr><td colspan="2">봉사료 (사업소득)</td></tr>
<tr><td colspan="2">이자소득</td><td rowspan="4">다음연도 2월 말일</td></tr>
<tr><td colspan="2">배당소득</td></tr>
<tr><td colspan="2">기타소득[*8]</td></tr>
<tr><td colspan="2">연금소득</td></tr>
</table>

*1. 원천징수시기에 대한 특례 규정을 적용받는 소득에 대해서는 해당 소득에 대한 과세기간 종료일을 지급일로 한다.

*2. 2025.12.31.까지 지급한 소득에 대해 적용한다.(2022.12.31. 법 부칙 6조 ②, 2023.12.31. 신설)

PART 7

*3. 2026.1.1. 이후 지급하는 소득에 대하여 제출해야 하거나 제출하는 경우부터 적용한다.(2022.12.31. 법 부칙 6조 ⑤, 2023.12.31. 개정)
*4. 반기별 원천징수의무자의 경우 2021.7.1.부터 2022.6.30.까지 사업소득은 반기별 제출을, 일용근로소득은 분기별 제출을 허용하는 예외규정(소법 81조의11 ②)이 있다.
*5. 간이지급명세서를 제출한 부분(연말정산 한 사업소득은 제외)에 대해서는 지급명세서를 제출한 것으로 본다.(소법 164조 ⑦)
*6. ① 기타소득 중 소득세법 21조 ① 19호에 따른 다음의 인적용역소득을 말한다.
㉠ 고용관계 없이 다수인에게 강연을 하고 강연료 등 대가를 받는 용역
㉡ 라디오·텔레비전방송 등을 통하여 해설·계몽 또는 연기의 심사 등을 하고 보수 또는 이와 유사한 성질의 대가를 받는 용역
㉢ 변호사, 공인회계사, 세무사, 건축사, 측량사, 변리사, 그 밖에 전문적 지식 또는 특별한 기능을 가진 자가 그 지식 또는 기능을 활용하여 보수 또는 그 밖의 대가를 받고 제공하는 용역
㉣ 그 밖에 고용관계 없이 수당 또는 이와 유사한 성질의 대가를 받고 제공하는 용역
② 2024.1.1.~12.31.에 지급하는 인적용역 기타소득분에 한해 지급명세서를 기한 내 제출한 경우 간이지급명세서 미(지연)제출 가산세는 부과하지 않는다.(소법 81조의11 ③ 2, 2022.12.31. 법 부칙 6조 ①, 2023.12.31. 개정)
*7. 간이지급명세서를 제출한 부분에 대해서는 지급명세서를 제출한 것으로 본다.(소법 164조 ⑦)
*8. 기타소득 중 인적용역소득(소법 21조 ① 19) 외의 소득을 말한다.

Ⅳ 가상자산 거래내역 등의 제출

① 가상자산 이용자 보호 등에 관한 법률에 따른 가상자산사업자는 「가상자산거래명세서」 및 「가상자산거래집계표」를 거래가 발생한 날이 속하는 분기 또는 연도의 종료일의 다음다음 달 말일까지 납세지 관할 세무서장, 지방국세청장 또는 국세청장에게 제출하여야 한다.(소법 164조의4 ①, 2024.12.31. 개정, 소령 216조의4, 2025.2.28. 개정)

➲ 2027.1.1.부터 시행한다.(2024.12.31. 법 부칙 1조 2)

② 국세청장은 제가상자산사업자가 가상자산 거래내역 등 소득세 부과에 필요한 자료를 제출하지 아니한 경우에는 그 시정에 필요한 명령을 할 수 있다.(소법 164조의4 ②, 2024.12.3.1 신설)

➲ 2028.1.1. 이후 발생하는 거래에 관하여 자료를 제출하지 아니하는 경우부터 적용한다.(2024.12.31. 법 부칙 12조)

• 제 8 절 해외현지법인 등에 대한 자료제출 의무(2014.1.1. 신설)

➲ 2014.1.1.이 속하는 과세기간분부터 적용한다.(2014.1.1. 법 부칙 18조)

제5편 제3장 Ⅳ. 제출서류→'2. 소득금액계산명세 등' 참조

➲ 2020.12.29. 세법개정으로써 해외현지법인 등에 대한 자료제출 의무 및 과태료 규정(소득세법 165조의2, 165조의4 및 176조)을 국제조세조정에 관한 법률로 이관함

• 제 9 절 국외 주식매수선택권등 거래명세서의 제출 (2023.12.31. 신설)

➲ 2024.1.1. 이후 임원등이 주식매수선택권을 행사하거나 주식기준보상을 지급받는 경우부터 적용한다.(2023.12.31. 법 부칙 11조)

내국법인 또는 외국법인의 국내사업장을 둔 외국법인은 아래 '①'의 자에게 '②'의 사유가 발생하면 그 사유가 발생한 과세기간의 다음 연도 3월 10일(휴업, 폐업 또는 해산한 경우에는 휴업일, 폐업일 또는 해산일이 속하는 달의 다음다음 달 말일)까지 「주식매수선택권등 거래명세서」[소득세법 시행규칙(별지 제30호의5 서식)]를 납세지 관할 세무서장에게 제출하여야 한다.(소법 164조의5 ①, 2023.12.31 신설)

① 해당 내국법인 또는 외국법인의 국내사업장에 종사하는 다음에 해당하는 임원등(임원등이었던 자를 포함하며, 이하에서 같다)(소법 164조의5 ① 1, 2024.12.31. 개정)
   ㉠ 거주자
   ㉡ 비거주자[주식매수선택권 또는 주식기준보상(이하 '주식매수선택권등'이라 한다)으로부터 발생하는 소득의 전부 또는 일부가 국내원천소득에 해당하는 사람으로 한정한다]

② 임원등이 다음 중 하나에 해당하게 된 경우(소법 164조의5 ① 2)
   ㉠ 다음의 외국법인으로부터 부여받은 주식매수선택권(이와 유사한 것으로서 주식을 미리 정한 가액으로 인수 또는 매수할 수 있는 권리를 포함)을 행사한 경우(소법 164조의5 ① 2 가, 소령 216조의5 ①, 국조령 45조 ① 1)
      ⓐ 임원등이 내국법인에 종사하는 경우 : 내국법인의 의결권 있는 주식의 50% 이상을 직접 또는 간접으로 소유하고 있는 외국법인
      ⓑ 임원등이 외국법인의 국내사업장에 종사하는 경우
         ㉮ 국내사업장이 있는 외국법인의 본점·지점
         ㉯ 위 '㉮'에 따른 외국법인의 의결권 있는 주식의 50% 이상을 직접 또는 간

접으로 소유하는 외국법인

㉡ 위 '㉠'의 외국법인으로부터 임원등이 지급받는 상여금으로서 다음의 요건을 모두 갖춘 주식기준보상을 지급받은 경우(소법 164조의5 ① 2 나, 소령 216조의5 ②)

ⓐ 주식 또는 주식가치에 상당하는 금전으로 지급하는 것일 것

ⓑ 사전에 작성된 주식기준보상 운영기준 등에 따라 지급하는 것일 것

③ 납세지 관할 세무서장은 내국법인 또는 국내사업장을 둔 외국법인이 「주식매수선택권등 거래명세서」를 제출하지 아니하거나 거짓으로 제출한 경우 해당 서류의 제출이나 보완을 요구할 수 있다.(소법 164조의5 ②)

④ 주식매수선택권등 거래명세서의 제출 또는 보완을 요구받은 자는 그 요구를 받은 날부터 60일 이내에 해당 서류를 제출하여야 한다.(소법 164조의5 ③)

소득세법 시행규칙[별지 제30호의5 서식](2024.3.22. 신설)

(앞쪽)

주식매수선택권등 거래명세서

1. 제출자 명세

법인명(상호)		사업자등록번호	
소재지			

2. 국외 지배주주 명세

① 법인명		② 소재국		③ 국가코드	
④ 소재지					
⑤ 위탁증권사명 (Employee Equity Plan Agency)		⑥ 화폐단위			

3. 국외 주식매수선택권 · 주식기준보상 명세

⑦ 임원 또는 종업원 인적사항		주식매수선택권 부여 · 행사 내용							주식기준보상 지급 내용						㉑ 이익 내용	
										주식				금전		
성명	주민(외국인) 등록번호	⑧ 부여 연월일	⑨ 종류	⑩ 부여 수량	⑪ 행사 연월일	⑫ 행사 수량	⑬ 주당 행사가격 (현지통화)	⑭ 행사일 주당시가 (현지통화)	⑮ 지급 연월일	⑯ 종류	⑰ 지급 수량	⑱ 주당 지급가격 (현지통화)	⑲ 지급일 주당시가 (현지통화)	⑳ 지급금액 (현지통화)	현지 통화	원화

「소득세법」 제164조의5제1항에 따라 위와 같이 국외 주식매수선택권등 거래명세서를 제출합니다.

년 월 일

신고인 (서명 또는 인)

세무서장 귀하

PART 7

(뒤쪽)

작 성 방 법

※ 이 서식은 「소득세법」 제164조의5 제1항 제1호에 따른 임원 또는 종업원(임원 또는 종업원이었던 자를 포함하여, 이하 "임원등"이라 합니다)이 과세기간에 같은 항 제2호 가목에 따른 국외 지배주주인 외국법인(이하 "국외지배주주"라 합니다)으로부터 부여받은 주식매수선택권을 행사하거나 주식기준보상을 지급받은 경우, 해당 임원등을 고용하고 있거나 고용하였던 내국법인 또는 국내사업장을 둔 외국법인이 작성하여 제출하는 서식으로서, 해당 임원등이 부여일·종류 등이 서로 다른 주식매수선택권 또는 주식기준보상(이하 "주식매수선택권등"이라 합니다)을 행사하거나 지급받은 경우에는 각 주식매수선택권등별로 그 내용을 별도로 작성해야 하며, 작성란이 부족한 경우에는 이 서식과 동일한 형식으로 별지에 작성할 수 있습니다.

1. ①법인명란: 임원등에게 주식매수선택권등을 부여 또는 지급한 국외지배주주의 명칭을 영문으로 적되, 머리글자(Initial)를 적지 않고 정식 명칭 전부를 적습니다.
2. ②소재국란 및 ③국가코드란: 국제표준통화기구(ISO)가 정한 국가별 ISO코드 중 국명약어 및 국가코드를 적되, 이를 확인할 수 없는 경우에는 국가명에 "ZZ"를 적습니다.
3. ④소재지란: 국외지배주주의 본점 또는 주사무소의 소재지를 번지(Number), 거리(Street), 시(City), 도(State), 우편번호(Postal code), 국가(Country) 순으로 적고, 우편사서함 번호는 적지 않습니다.
4. ⑤위탁증권사명란: 국외지배주주로부터 주식매수선택권등의 관리(부여·행사·양도)를 위탁받은 회사가 있는 경우 그 회사명을 영문으로 적되, 머리글자(Initial)를 적지 않고 정식 명칭 전부를 적습니다.
5. ⑥화폐단위란: 서울외국환중개주식회사(www.smbs.biz)나 외국환은행의 환율 조회 사이트를 참고하여 영문 3문자(예: 미국의 경우 USD)로 적습니다.
6. ⑦임원 또는 종업원 인적사항란: 해당 과세기간에 주식매수선택권등을 행사하거나 지급받은 임원등의 인적사항을 적되, 외국인은 여권에 있는 영문성명 전부와 외국인등록번호(외국인등록번호가 없는 경우에는 여권번호)를 적습니다.
7. ⑧부여연월일란, ⑪행사연월일란 및 ⑮지급연월일란: 해당 주식매수선택권등의 부여·행사 또는 지급 날짜를 연, 월, 일(YYYY-MM-DD) 순으로 적습니다.
8. ⑨·⑯종류란: 해당 주식매수선택권등의 종류를 구체적으로 적습니다[예: Stock Option의 경우 "SO", Employee Stock Plan의 경우 "ESPP", Restricted Stock Unit의 경우 "RSU", Stock Appreciation Right의 경우 "SAR", Performance Stock Unit의 경우 "PSU"].
9. ㉑이익 내용란: 해당 주식매수선택권등의 행사 또는 지급에 따라 임원등이 얻는 이익[주식매수선택권의 경우 ⑫×(⑭-⑬), 주식기준보상의 경우 ⑰×(⑲-⑱) 또는 ⑳]을 적되, 원화란에는 주식매수선택권등의 행사일 또는 지급일 현재 「외국환거래법」에 따른 기준환율 또는 재정환율에 의해 환산한 금액을 적습니다.

• 제10절 기타 보칙사항

1 기부금영수증 발급명세의 작성·보관의무 등

(1) 기부금영수증의 발급명세의 작성 및 보관

① 기부금영수증을 발급하는 자는 기부자별 발급명세를 작성하여 발급한 날부터 5년간 보관하여야 한다.(소법 160조의3 ①, 2020.12.29. 개정)

② 기부자별 발급명세에는 다음의 내용이 모두 포함되어야 한다.(소령 208조의3)

㉠ 기부자의 성명, 주민등록번호 및 주소(기부자가 법인인 경우에는 상호, 사업자등록번호와 본점 등의 소재지)(소령 208조의3 ① 1, 2014.2.21. 개정)

㉡ 기부금액

㉢ 기부금 기부일자

㉣ 기부금영수증 발급일자

③ 기부금영수증을 발급하는 자는 해당 과세기간의 직전 과세기간에 받은 기부금에 대하여 발급한 기부금영수증 금액의 총 합계액이 3억원을 초과하는 경우에는 해당 과세기간에 받은 기부금에 대하여 그 기부금을 받은 날이 속하는 연도의 다음 연도 1월 10일까지 전자기부금영수증을 발급하여야 한다.(소법 160조의3 ④, 2024.12.31. 신설, 소령 208조의3 ③, 2025.2.28. 신설)

➲ 2027.1.1. 이후 기부금을 받는 경우부터 적용한다.(2024.12.31. 법 부칙 11조)

(2) 기부자별 발급명세의 제출

① 기부금영수증을 발급하는 자는 위 '(1)'의 규정에 따라 보관하고 있는 기부자별 발급내역을 국세청장·지방국세청장 또는 관할 세무서장이 요청하는 경우 제출하여야 한다. 다만, 전자기부금영수증을 발급한 경우에는 그러하지 아니하다.(소법 160조의3 ②, 2020.12.29. 단서신설)

② 기부금영수증을 발급하는 자는 해당 과세기간의 기부금영수증 총 발급건수 및 금액 등을 기재한 「기부금영수증 발급명세서」를 해당 과세기간의 다음 연도 6월 30일까지 관할 세무서장에게 제출하여야 한다. 다만, 전자기부금영수증을 발급한 경우에는 그러하지 아니하다.(소법 160조의3 ③, 2020.12.29. 단서신설)

2 금융회사 등의 증명서 발급명세의 작성·보관의무 등

(1) 금융회사 등의 증명서 발급명세의 작성·보관

금융회사 등은 소득세법 또는 조세특례제한법에 따른 소득공제에 필요한 증명서를 발급하는 경우 다음의 내용이 포함된 개인별 발급명세서를 작성하여 발급한 날부터 5년간 보관하여야 한다.(소법 160조의4 ①, 소령 208조의4)

① 거주자의 성명, 주민등록번호 및 주소

② 다음 중 하나에 해당하는 금액

㉠ 소득공제대상저축의 납입금액 또는 보험료 납입금액

㉡ 소득공제대상차입금의 원리금 또는 이자 상환액

㉢ 소득공제대상이 되는 조세특례제한법 제126조의2 제1항에 따른 신용카드, 직불카드, 기명식선불카드, 직불전자지급수단, 기명식선불전자지급수단, 기명식전자화폐의 이용금액

(2) 금융회사 등의 증명서 발급명세의 제출

금융회사 등은 위 '(1)'의 규정에 따라 보관하고 있는 개인별 발급명세를 국세청장이 요청하는 경우 제출하여야 한다.(소법 160조의4 ②)

3 금전등록기의 설치·사용

영수증을 작성·교부할 수 있는 사업자가 금전등록기를 설치·사용한 경우에 총수입금액은 해당 과세기간에 수입한 금액의 합계액에 따라 계산할 수 있다.(소법 162조 ①, 소령 210조 ①)

4 매입처별세금계산서합계표의 제출

(1) 사업장현황신고 사업자의 제출의무

사업장현황신고를 하여야 하는 사업자 또는 상속인이나 출국하는 거주자 또는 비거주자가 재화 또는 용역을 공급받고 세금계산서를 발급받은 경우에는 사업장현황신고기한(거주자가 사망한 경우는 그 상속 개시일이 속하는 달의 말일부터 6개월이 되는 날, 출국하는 경우에는 출국일 전날)까지 매입처별세금계산서합계표를 사업장 소재지 관할 세무서장에게 제출하여야 한다. 다만, 매입처별세금계산서합계표를 해당 과세기간이 끝난 후 25일 이내에 사업장 관할세무서상에게 제출한 경우에는 그러하지 아니하다.(소법 163조의2 ①)

(2) 부가가치세법의 준용

매입처별세금계산서합계표의 제출 등에 필요한 사항은 부가가치세법 시행령 제97조(세금계산서합계표의 제출방법) 및 제98조(세금계산서합계표)를 준용한다.(소령 213조의3, 2013.9.9. 개정)

5 소득공제 및 세액공제 증명서류의 제출 및 행정지도

(1) 소득공제 및 세액공제 증명서류의 제출

소득세법 또는 조세특례제한법에 따라 장애인에 대한 추가공제와 다음의 지급액에 대하여 소득공제 및 세액공제를 받기 위한 소득공제 및 세액공제 증명서류를 발급하는 자는 자료집중기관에게 소득공제 및 세액공제 증명서류를 제출하여야 하며(소법 165조 ①, 소령 216조의3 ①, 2022.2.15. 개정), 자료집중기관은 국세청장에게 소득공제 및 세액공제 증명서류를 제출하여야 한다.(소법 165조 ②, ③) 다만, 소득공제 및 세액공제 증명서류를 발급받는 자가 본인의 의료비내역과 관련된 자료의 제출을 자료집중기관이 국세청장에게 소득공제 및 세액공제 증명서류를 제출하기 전까지 거부하는 경우에는 그러하지 아니하다.(소법 165조 ① 단서, 소령 216조의3 ④)

① 연금계좌 납입액(2014.2.21. 개정)

② 주택담보노후연금이자비용

③ 일반보장성보험료 및 장애인전용 보장성보험료

④ 의료비(성실자영업자의 의료비 포함). 다만, 다음의 의료비를 제외한다.

㉠ 장애인이 보장구 및 의사·치과의사·한의사 등의 처방에 따라 의료기기를 직접 구입 또는 임차하기 위하여 지출한 비용

㉡ 시력보정용 안경 또는 콘택트렌즈 구입을 위하여 지출한 비용으로서 기본공제대상자(연령 및 소득금액의 제한을 받지 아니한다) 1인당 연 50만원 이내의 금액

㉢ 보청기 구입을 위하여 지출한 비용

⑤ 교육비로서 다음 중 하나에 해당하는 기관(성실자영업자의 교육비는 아래의 '㉣'을 제외한다)에 지출한 교육비

㉠ 유아교육법에 따른 유치원

㉡ 초·중등교육법·고등교육법 및 특별법에 따른 학교

㉢ 영유아보육법에 따른 어린이집

㉣ 국민 평생 직업능력 개발법에 따른 직업능력개발훈련시설(2022.2.17. 개정)

⑥ 학자금 대출의 원리금 상환에 지출한 교육비(2017.12.19. 신설)

⑦ 주택임차자금 차입금의 원리금 상환액, 장기주택저당차입금 이자상환액
⑧ 다음 중 하나에 해당하는 저축 또는 신탁의 납입액
㉠ 벤처기업투자신탁(2018.2.13. 신설)
㉡ 소기업·소상공인 공제부금
㉢ 청약저축 및 주택청약종합저축
㉣ 장기주식형저축
㉤ 장기집합투자증권저축(2015.2.3. 개정)
⑨ 신용카드 등 사용금액
⑩ 연금보험료 중 국민연금법에 따라 납입한 연금보험료(2016.12.5. 신설)
⑪ 국민건강보험법, 고용보험법 및 노인장기요양보험법에 따라 근로자가 부담하는 보험료(2023.2.28. 개정)
⑫ 조세특례제한법 제95조의2에 따른 월세액 중 공공주택특별법에 따른 공공주택사업자에게 지급하는 월세액(2021.2.17. 신설)

(2) 실손의료보험금 지급자료 제출의무자

보험·공제 계약에 따라 실제 부담한 의료비를 실손의료보험금으로 지급한 경우에는 다음에 해당하는 실손의료보험금을 지급한 자도 자료집중기관에게 소득공제 및 세액공제 증명서류를 제출하여야 한다.(소법 165조 ①, 2020.12.29. 개정, 소령 216조의3 ⑦, 2021.12.17. 신설)

① 보험업법에 따른 보험회사
② 수산업협동조합법, 신용협동조합법 또는 새마을금고법에 따른 공제사업을 하는 자
③ 군인공제회법, 한국교직원공제회법, 대한지방행정공제회법, 경찰공제회법 및 대한소방공제회법에 따른 공제회
④ 우정사업본부

(3) 소득공제 및 세액공제 증명서류를 받은 자의 의무

소득공제 및 세액공제 증명서류를 받은 자는 이를 타인에게 제공하거나, 과세목적 외의 용도로 사용하거나, 그 내용을 누설해서는 아니된다.(소법 165조 ②)

(4) 소득공제 및 세액공제 증명서류를 받은 자의 취급

소득공제 및 세액공제 증명서류를 제공받아 그 내용을 알게 된 자 중 공무원이 아닌 자는 형법 그 밖의 법률에 따른 벌칙을 적용할 때 공무원으로 본다.(소법 165조 ③)

(5) 행정지도

국세청장은 소득공제 및 세액공제와 관련하여 필요한 범위 안에서 소득공제 및 세액공제 증명서류를 발급하는 자에 대하여 제출안내 등 지도에 관하여 필요한 사항을 정할 수 있다.(소법 165조 ④)

(6) 부양가족에 대한 정보제공

국세청장은 기본공제대상자로부터 소득공제 및 세액공제 증명서류의 정보 제공에 대해서 다음의 방법으로 동의를 받은 경우 종합소득이 있는 거주자에게 그 부양가족에 대한 해당 정보를 제공할 수 있다.(소법 165조 ⑥, 소령 216조의3 ⑥)

① 서면에 의한 동의
② 전자서명법 제2조 제2호에 따른 전자서명(서명자의 실지명의를 확인할 수 있는 것으로 한정한다)(2020.12.8. 개정)이 있는 전자문서에 따른 동의
③ 정보제공자에 대한 보안성 및 안정성이 확보될 수 있는 유무선통신으로서 국세청장이 정하는 것에 따른 동의

● **소득공제대상 지출별 자료집중기관**(소득세법 시행령 [별표 4], 2024.11.12. 개정)

소득공제대상 지출		자료집중기관
1. 장애인 증명 관련 서류(2022.2.15. 신설)		국가보훈부, 보건복지부(2023.4.11. 개정)
2. 다음의 항목에 부담금 등 근로자퇴직급여 보장법 또는 과학기술인공제회법에 따라 근로자가 부담하는 부담금, 주택담보노후연금이자비용, 보장성보험료, 장애인전용 보장성보험료, 주택임차차입금 원리금상환액, 장기주택저당차입금 이자상환액, 개인연금저축불입액, 연금저축불입액, 소기업·소상공인 공제부금 불입액, 청약저축 및 주택청약종합저축 불입액, 장기주식형저축 불입액		전국은행연합회, 보험업법 제175조에 따른 생명보험협회, 보험업법 제175조에 따른 손해보험협회, 여신전문금융업법 제62조에 따른 한국여신전문금융업협회, 새마을금고법 제54조에 따른 중앙회, 상호저축은행법 제25조에 따른 상호저축은행중앙회, 신용협동조합법 제61조에 따른 중앙회, 산림조합법 제93조에 따른 중앙회, 자본시장과 금융투자업에 관한 법률 제283조에 따른 한국금융투자협회, 우정사업운영에 관한 특례법 제2조에 따른 우정사업총괄기관
3. 의료비		국민건강보험공단(2024.11.12. 개정)
4. 교육비	① 유아교육법에 따른 유치원(국립유치원은 제외한다) 또는 고등교육법·특별법에 따른 학교에 지급한 교육비	국세청장이 정하여 고시하는 기관
	② 초·중등교육법에 따른 학교, 유아교육법에 따른 국립유치원 및 영유아보육법에 따른 어린이집에 지급한 교육비(2024.6.25. 개정)	교육부

소득공제대상 지출	자료집중기관
5. 직업능력개발훈련시설에 지급한 교육비	고용노동부
6. 소기업·소상공인 공제 납입액	중소기업협동조합법 제3조에 따른 중소기업중앙회
7. 신용카드 등 사용금액	여신전문금융업법 제62조에 따른 한국여신전문금융업협회

6 주민등록전산정보자료 등의 이용

(1) 주민등록전산정보자료의 요청

국세청장은 소득세의 과세 및 징수업무를 위하여 필요한 때에는 주민등록법에 따른 주민등록사무의 지도·감독기관의 장 또는 지도·감독을 위임받은 기관의 장(이하 "주민등록사무감독기관의 장"이라 한다)이나 가족관계의 등록 등에 관한 법률 제11조에 따른 법원행정처장에게 전산매체를 이용하여 주민등록전산정보자료 또는 가족관계 등록사항에 대한 전산정보자료의 제공을 요청하여야 한다.(소법 166조, 소령 218조 ①, 2010.12.30. 개정)

(2) 주민등록전산정보자료의 제공

주민증록전산정보자료의 요청을 받은 주민등록사무감독기관의 장 또는 법원행정처장은 정당한 사유가 없는 한 주민등록전산정보자료를 제공하여야 한다.(소령 218조 ②)

7 주민등록표등본 등의 제출

(1) 거주자의 주민등록표등본 제출

납세지 관할 세무서장은 거주자가 과세표준확정신고를 한 경우에는 주민등록표등본(주민등록표등본에 의하여 가족관계가 확인되지 아니하는 경우에는 가족관계기록사항에 관한 증명서를 말하며, 이하 "주민등록표등본 등"이라 한다)에 의하여 배우자·공제대상부양가족·공제대상장애인 또는 공제대상경로우대자에 해당하는지를 전산으로 확인하여야 한다. 다만, 납세지 관할 세무서장의 전산확인에 동의하지 아니하는 거주자는 과세표준확정신고서에 주민등록표등본 등을 첨부하여 제출하되 이전에 주민등록표등본 등을 제출한 경우로서 공제대상배우자·공제대상부양가족·공제대상장애인 또는 공제대상경로우대자가 변동되지 아니한 경우에는 주민등록표등본 등을 제출하지 아니한다.(소법 167조 ①)

(2) 비거주자의 외국인등록표 등본 등 제출

비거주자가 과세표준확정신고를 할 때에는 외국인등록표 등본 또는 이에 준하는 서류를 납세지 관할 세무서장에게 제출하여야 한다.(소법 167조 ②, 소령 219조)

> ✓ **재외국민의 재외국민등록부 등본 제출**(소통 167-0…1)
> 국내에 주민등록이 되지 아니하는 재외국민이 법의 규정에 의하여 신고 및 신청을 하는 경우에 본인 및 가족상황의 확인이 필요한 때에는 내국인의 "주민등록표등본"에 갈음하여 외교통상부장관이나 등록공관의 장이 「재외국민등록법」 제7조에 의해 교부하는 "재외국민등록부등본"을 제출할 수 있다.

8 사업자등록 및 고유번호의 부여

(1) 사업자등록

➲ 2019.1.1. 전에 주택임대사업을 개시하였으나 해당 과세기간에 총수입금액의 합계액이 2천만원 이하인 자(종전의 규정에 따라 사업자등록을 한 자는 제외한다)는 2019.12.31.까지 개정규정에 따라 사업자등록을 하여야 한다.

① 새로 사업을 시작하는 사업자는 사업장 소재지 관할 세무서장에게 등록하여야 한다.(소법 168조 ①, 2018.12.31. 단서삭제)

② 사업자등록을 하려는 자는 사업장마다 사업 개시일부터 20일 이내에 사업자등록신청서를 사업장 소재지 관할 세무서장에게 제출해야 한다.(소령 220조 ①, 2019.2.12. 신설)

③ 사업자등록을 하려는 자 중 주택임대사업을 하려는 자는 사업자등록신청서를 제출할 때 임대주택명세서를 첨부해야 한다. 이 경우 임대주택명세서에 갈음해 민간임대주택에 관한 특별법 시행령 제4조 제6항에 따른 임대사업자 등록증 사본을 첨부할 수 있다.(소령 220조 ②, 2023.9.26. 개정)

④ 민간임대주택에 관한 특별법 제5조에 따라 특별자치시장·특별자치도지사·시장·군수 또는 구청장(구청장은 자치구의 구청장을 말한다)에게 임대사업자 등록을 신청하면서 사업자등록을 위해 민간임대주택에 관한 특별법 시행령 제4조 제4항에 따른 신청서에 사업자등록신청서를 함께 제출한 경우에는 사업자등록을 신청한 것으로 본다. 이 경우 부가가치세법 시행령 제11조 제5항 본문에 따른 발급기한(☞ 신청일로부터 3일 또는 5일 이내)은 사업자등록신청서가 국세정보통신망에 도달한 때부터 기산한다.(소령 220조 ③, 2023.9.26. 개정)

✓ **합동사무소의 사업자등록**(소통 168－0…1)

변호사·법무사·건축사 등이 관계법령에 의하여 합동사무소로 등록하였으나 업무수임계약을 거래당사자와 개별적으로 체결하고 동 업무에 따른 소득을 개별적으로 처리하는 경우에는 법 제87조의 규정에 의한 공동사업장에 해당하지 아니하므로 각인별로 사업자등록을 하여야 한다.

✓ **공동대표의 경우 사업자등록증 기재방법**(소통 168－0…2)

2인 이상이 공동대표로 구성되어 있는 공동사업자의 경우에도 사업자등록증의 성명란에는 사실상의 대표공동사업자 1인을 기재하여야 한다.

✓ **의료업자의 사업자등록**(소득 집행기준 168-0-2)

① 의료법 제2조에 따른 의료인인 거주자가 의료기관을 개설하여 사업자등록을 신청하는 경우 같은 법 제33조에 따른 의료기관 개설신고를 하고 신고필증 사본을 첨부해야 한다.

② 의료법 제33조 제2항 제1호의 의료인에 해당되지 아니하는 개인은 의료기관을 개설할 수 없는 것으로 의료업에 대해서는 의료인과 의료인이 아닌 자가 공동사업자로 사업자등록을 할 수 없다.

✓ **임대주택법에 의한 임대사업자의 사업자등록 관할세무서 등**(소법 해석편람 168－1－1)

임대주택법에 의한 주택임대사업을 영위하고자 하는 자는 같은법 시행령 제6조 제1항의 규정에 의한 호수 이상을 임대할 목적으로 건설 또는 구매하고 자신의 명의로 소유권이전등기를 완료한 후 먼저 관할 시장(군수·구청장)에게 임대사업자등록을 신청하여 교부된 임대사업자등록을 첨부해서 같은법의 규정에 의하여 등록한 주소지(사무소 소재지)를 해당 주택임대사업의 사업장으로 하여 사업자등록을 할 수 있으며, 또한 조세감면규제법 제67조의 "장기임대주택에 대한 양도소득세 감면" 규정을 적용함에 있어서 임대사업자가 부가가치세법 제5조 제1항의 규정에 의한 사업자등록을 한 경우에는 조세감면규제법 시행령 제64조 제2항의 규정에 의한 주택임대신고서를 별도로 제출하지 아니하여도 감면받을 수 있는 것임(소득 46011－2998, 1997.11.21.)

✓ **대금업의 사업자등록 가능 여부**(소법 해석편람 168－1－4)

개인의 대금업영업행위는 여신전문금융업법상 위법한 행위가 아니며 따라서 금전을 대여하는 사업을 영위하는 개인이 소득세법 제19조 제1항 제10호의 사업을 영위하는 사업자에 해당하는 경우에는 사업자등록증을 교부할 수 있는 것임(재경부소득 46073－81, 1999.5.17.)

✓ **1. 버스에 광고전시물을 부착하여 주고 받는 대가의 부가가치세면제 여부**
2. 면세사업을 영위하는 자가 추가로 과세사업을 영위하고자 하는 경우 사업자등록방법

① 시내버스운영사업자가 여객운송용역을 제공하는 경우에는 부가가치세법 제12조 제1항 제6호의 규정에 의하여 부가가치세가 면제되는 것이나, 시내버스차체에 광고물을 부착하여 주고 그 대가를 받는 경우에는 여객용역의 부수용역으로 보지 아니하는 것으로 같은법 제7조 제1항의 규정에 의하여 과세되는 것임(부가 46015－567, 1994.3.24.)

② 소득세법 제168조의 규정에 의하여 등록한 자로서 면세사업을 영위하는 자가 추가로 과세사업을 영위하고자 하는 경우에 부가가치세법 시행령 제11조 제1항의 규정을 준용하여 사업자등록정정신고서를 제출한 때에는 동법 시행령 제7조 제8항의 규정에 의하여 동법 제5조 및 동법 시행령 제7조 제1항의 규정에 의한 사업자등록을 한 것으로 보는 것임(부가 46015－1110, 2000.5.20.)

(2) 부가가치세법의 준용

① 부가가치세법의 규정에 의하여 사업자등록을 한 사업자는 해당 사업에 관하여 소득세법 규정에 의한 사업자등록을 한 것으로 본다.(소법 168조 ②)

② 소득세법에 따라 사업자등록을 하는 사업자에 대해서는 부가가치세법 제8조(사업자등록)를 준용한다.(소법 168조 ③)

(3) 고유번호의 부여

사업장 소재지나 법인으로 보는 단체 외의 사단·재단 또는 그 밖의 단체의 소재지 관할 세무서장은 다음 중 하나에 해당하는 자에게 고유번호를 매길 수 있다.(소법 168조 ⑤, 소령 220조 ④)

① 종합소득이 있는 자로서 사업자가 아닌 자

② 비영리민간단체 지원법에 따라 등록된 단체 등 과세자료의 효율적 처리 및 소득공제 사후검증 등을 위하여 필요하다고 인정되는 자

✓ 영유아보육법에 의하여 신고된 보육시설을 운영하고 있어 고유번호를 발급받은 자가 소득세법상 사업자에 해당하는지 및 고유번호증을 사업자등록증으로 볼 수 있는지 여부

① 영유아보육법에 의하여 신고된 보육시설의 운영에서 발생하는 소득만 있는 자는 소득세법상 사업자에 해당하지 아니하며, 사업자가 아닌 자에게 소득세법 제168조 제5항 규정에 의하여 부여되는 고유번호증은 사업자등록증에 해당하지 아니하는 것임(서일-1394, 2004.10.11.)

② 영유아보육법 제7조 제2항의 규정에 의하여 설치된 민간보육시설(어린이집 등)을 운영하는 개인이 영유아보육에 소요되는 비용을 수납하는 경우 동 보육비에 대하여는 소득세를 과세하지 아니하는 것임(소득 46011-591, 1999.2.11.)

9 교부금의 지급

(1) 교부금의 지급

① 국세청장은 소득세법 제150조에 따라 납세조합이 매월 징수·납부한 근로소득에 대한 소득세액의 1%부터 10%까지에 해당하는 금액의 범위에서 납세조합이 징수·납부한 세액, 조합원수, 업종의 특수성, 조합운영비 등을 고려하여 해당 납세조합에 교부금을 지급해야 한다. 다만, 납세조합이 매월 징수·납부한 조합원 수에 30만원을 곱한 금액을 초과하여 지급할 수 없다.(소법 169조, 소령 221조 ①, 2025.2.28. 개정, 소칙 99조의4, 2020.3.13. 신설)

➲ 2025.1.1. 전에 발생한 소득에 대하여 소득세를 징수하여 납부한 자에게 지급하는 교부금에 관하여는 개정규정에도 불구하고 종전의 규정에 따른다.(2024.12.31. 법 부칙 14조 ②)

(2) 청 구

위의 규정에 의해 교부금을 받으려는 자는 해당 과세기간 12월 20일까지 납세지 관할 세무서장에게 청구하여야 한다. 다만, 12월분에 대하여는 다음 연도 2월 말일까지 청구할 수 있다.(소령 221조 ②, 2015.2.3. 개정)

10 질문·조사

(1) 질문·조사

① 소득세에 관한 사무에 종사하는 공무원은 그 직무 수행을 위하여 필요한 경우에는 다음 중 하나에 해당하는 자에 대하여 질문을 하거나 해당 장부·서류 또는 그 밖의 물건을 조사하거나 그 제출을 명할 수 있다. 다만, 기타소득으로 보는 종교인소득(근로소득으로 보는 경우를 포함)에 대해서는 종교단체의 장부·서류 또는 그 밖의 물건 중에서 종교인소득과 관련된 부분에 한정하여 조사하거나 그 제출을 명할 수 있다.(소법 170조 ①, 2020.6.9. 개정)

㉠ 납세의무자 또는 납세의무가 있다고 인정되는 자

㉡ 원천징수의무자

㉢ 납세조합

㉣ 지급명세서 제출의무자

㉤ 원천징수의무자

㉥ 국세기본법 제82조에 따른 납세관리인

㉦ 위 '㉠'에서 규정하는 자와 거래가 있다고 인정되는 자

㉧ 납세의무자가 조직한 동업조합과 이에 준하는 단체

㉨ 기부금영수증을 발급하는 자

② 위 '①'을 적용하는 경우 소득세에 관한 사무에 종사하는 공무원은 직무상 필요한 범위 외에 다른 목적 등을 위하여 그 권한을 남용해서는 아니 된다.(소법 170조 ②, 2018.12.31. 신설)

③ 종교단체가 소속 종교관련 종사자에게 지급한 금액 및 물품과 그 밖에 종교 활동과 관련하여 지출한 비용을 정당하게 구분하여 기록·관리하는 경우 세무에 종사하는 공무원은 질문·조사할 때 종교단체가 소속 종교관련 종사자에게 지급한 금액 및 물품 외에 그 밖에 종교 활동과 관련하여 지출한 비용을 구분하여 기록·관리한 장부 또는

서류에 대해서는 조사하거나 그 제출을 명할 수 없다.(소령 222조 ②, 2019.2.12. 개정)

④ 세무에 종사하는 공무원은 종교인소득에 관한 신고내용에 누락 또는 오류가 있어 질문·조사권을 행사하려는 경우에는 미리 국세기본법 제45조에 따른 수정신고를 안내하여야 한다.(소령 222조 ③, 2017.12.29. 신설)

✓ **금전대부자료수집에 대한 질문·조사**(소통 170－0…1)

금융관계의 금전대부에 관한 증서 또는 서류는 금융실명거래 및 비밀보장에 관한 법률 제4조 제1항 제2호의 규정에 의거 법 제170조의 규정에 의한 질문조사권의 대상이 되는 것이므로 세무공무원은 이를 열람하거나 그 제출을 명할 수 있다.

✓ **질문 조사권의 행사주체**(소통 170－0…2)

법 제170조에 규정하는 질문·조사권은 소득세에 관한 사무에 종사하는 공무원만이 이를 행사할 수 있는 것이므로 세무관청은 질문·조사권을 행사할 수 없다. 다만, 세무관서의 장이 세무공무원의 자격으로 이를 행사하는 경우에는 그러하지 아니하다.

(2) 조사원증의 제시

세무에 종사하는 공무원이 소득세에 관한 조사를 하는 경우에 장부·서류 기타 물건의 검사를 할 때에는 조사원증을 관계자에게 제시하여야 한다.(소령 222조 ①, 2022.2.15. 개정)

11 자 문

세무서장·지방국세청장 또는 국세청장은 소득세에 관한 신고·결정·경정 또는 조사를 할 때 필요하면 사업자로 조직된 동업조합과 이에 준하는 단체 또는 해당 사업에 관한 사정에 정통한 자에 대하여 소득세에 관한 사항을 자문할 수 있다.(소법 171조)

12 매각·등기·등록관계 서류 등의 열람 등

관할 세무서장, 관할지방국세청장 또는 그 위임을 받은 세무공무원이 개인의 재산상태와 소득을 파악하기 위하여 다음의 자료에 대한 관계서류의 열람 또는 복사를 요청하는 경우 관계기관은 정당한 사유가 없으면 따라야 한다.(소법 172조)

① 주택·토지·공장재단·광업재단·선박·항공기·건설기계 및 자동차 등의 매각·등기·등록 자료

② 국민기초생활 보장법에 따른 수급자 등의 소득·재산 및 급여자료

③ 국민연금법에 따른 가입자 등의 소득·재산 및 급여자료

④ 국민건강보험법에 따른 가입자 등의 소득·재산 및 요양급여비용자료
⑤ 고용보험법에 따른 피보험자 등의 임금 및 급여자료
⑥ 산업재해보상보험법에 따른 수급권자 등의 임금 및 급여자료
⑦ 위 '①부터 ⑥까지'의 자료와 유사한 것으로서 다음의 자료(소령 223조, 2015.2.3. 개정)
㉠ 직장공제회에서 납입공제료를 기초로 지급하는 반환금자료
㉡ 공무원연금법·군인연금법·사립학교교직원 연금법 또는 별정우체국법에 따라 2001.12.31. 이전에 납입된 연금기여금 및 사용자 부담금을 기초로 하거나 2001.12.31. 이전 근로의 제공을 기초로 하여 지급하는 연금소득자료

13 용역제공자에 관한 과세자료의 제출(2021.8.10. 제목개정)

(1) 개 요

➲ 2021.8.10. 후 3개월이 경과한 날부터 시행하며(2021.8.10. 법 부칙 1조), 시행 전에 수입금액 또는 소득금액이 발생하는 용역에 대해서는 개정규정에도 불구하고 종전의 규정에 따른다.(2021.8.10. 법 부칙 4조)

용역제공자에게 용역 제공과 관련된 사업장을 제공하는 자는 용역제공자에 관한 과세자료를 수입금액 또는 소득금액이 발생하는 달의 다음 달 말일까지 사업장소재지 관할 세무서장·지방국세청장 또는 국세청장에게 제출하여야 한다.(소법 173조 ①, 2021.8.10. 개정)

(2) 용역제공자의 범위

소득세납세의무가 있는 개인으로서 한국표준산업분류에 따른 다음의 용역을 제공하는 자를 말한다.(소령 224조 ①)

① 대리운전용역
② 소포배달용역
③ 간병용역
④ 골프장경기보조용역
⑤ 파출용역
⑥ 위 '①부터 ⑤까지'의 용역과 유사한 용역으로서 한국표준산업분류 또는 한국표준직업분류에 따른 대인 서비스와 관련된 일에 종사하는 자로서 다음의 자가 직접 제공하는 용역(소령 224조 ① 6, 소칙 99조의3)
㉠ 수하물운반원
㉡ 중고자동차판매원
㉢ 욕실종사원

㉣ 스포츠 강사 및 트레이너(2023.3.20. 신설)

➲ '㉣'은 2024.1.1. 이후 수입금액 또는 소득금액이 발생하는 경우부터 적용한다.(2023.3.20. 규칙부칙 1조 단서 3, 2조)

(3) 용역의 제공과 관련된 사업장을 제공하는 자

➲ 2022.1.1. 이후 수입금액 또는 소득금액이 발생하는 용역에 대한 과세자료를 제출하는 경우부터 적용한다.(2021.11.9. 영 부칙 2조 ①)

"용역 제공과 관련된 사업장을 제공하는 자"란 위 '(2)'의 용역(해당 용역의 제공으로 발생하는 소득이 소득세 원천징수대상이 되는 경우는 제외한다)의 제공과 관련하여 다음 중 하나에 해당하는 자를 말한다. 이 경우 아래의 '①'에 해당하는 자와 '②'에 해당하는 자가 모두 있는 경우에는 '②'에 해당하는 자를 말한다.(소령 224조 ②, 2021.11.9. 개정)

① 골프장사업자, 병원사업자 등 위 '(2)'의 용역을 제공하는 자에게 용역 제공과 관련된 사업장을 제공하는 자

② 직업소개업자, 고용보험법 제77조의7 제1항에 따른 노무제공플랫폼사업자(이하 "노무제공플랫폼사업자"라 한다) 등 위 '(2)'의 용역을 알선·중개하는 자. 이 경우 해당 용역을 알선·중개하는 자가 노무제공플랫폼사업자와 노무제공플랫폼이용계약을 체결하고 그 계약에 따라 알선·중개하는 경우에는 노무제공플랫폼사업자를 해당 용역을 알선·중개하는 자로 본다.

➲ '②'은 2022.1.1. 이후 노무제공플랫폼사업자가 용역을 알선·중개하는 경우부터 적용한다.(2021.11.9. 영 부칙 2조 ②)

(4) 과세자료의 제출

① 용역제공자의 수입금액 또는 소득금액에 대한 과세자료를 작성하여 제출해야 하는 자는 「사업장 제공자 등의 과세자료 제출명세서」(별지 제33호의2 서식)에 용역제공자 인적사항, 용역제공기간 및 용역제공대가 등을 기재하여 제출해야 한다. 다만, 용역제공대가의 경우 이를 확인할 수 없을 때에는 제출하지 않을 수 있다.(소령 224조 ③, 2021.11.9. 개정)

② 국세청장은 과세자료를 제출하여야 할 자가 과세자료를 제출하지 아니하거나 사실과 다르게 제출한 경우 그 시정에 필요한 사항을 명할 수 있다.(소법 173조 ②, 2021.8.10. 개정)

➲ 2022.1.1. 이후 수입금액 또는 소득금액이 발생하는 용역에 대한 과세자료를 제출하여야 하거나 제출하는 경우부터 적용한다.(2021.10.8. 법 부칙 1조 단서, 2조 ②)

③ 국가 및 지방자치단체는 과세자료를 제출하여야 할 자가 과세자료를 성실하게 제출하는 경우 필요한 행정적·재정적 지원을 할 수 있다.(소법 173조 ③, 2021.8.10. 개정)

(5) 용역제공자에 관한 과세자료의 제출에 대한 세액공제(2021.8.10. 신설)

➲ 2021.8.10.부터 3개월이 경과한 날 이후 수입금액 또는 소득금액이 발생하는 용역에 대한 과세자료를 제출하는 분부터 적용한다.(2021.8.10. 조특법 부칙 1조, 2조)

1) 개요

소득세법 제173조 제1항에 따른 용역제공자에 관한 과세자료(이하 "과세자료"라 한다)를 제출하여야 할 자가 수입금액 또는 소득금액이 발생하는 달의 다음 달 말일까지 국세정보통신망을 통하여 2026.12.31.까지 수입금액 또는 소득금액이 발생하는 용역에 관한 과세자료를 제출하는 경우 용역제공자의 인원 수 등을 고려하여 일정한 금액을 해당 용역에 대한 수입금액 또는 소득금액이 발생한 달이 속하는 과세연도에 대한 소득세(사업소득에 대한 소득세만 해당하며, 부동산임대업에서 발생하는 소득은 제외한다)에서 공제한다.(조특법 104조의32 ①, 2023.12.31. 개정, 소법 173조 ①)

2) 공제세액

공제세액은 제출하는 각각의 과세자료에 기재된 용역제공자 인원 수(용역제공자 인적사항 및 용역제공기간 등 기재해야 할 사항이 모두 기재된 인원 수로 한정한다)에 300원(2025년에 과세자료 제출분부터는 500원)을 곱하여 계산한 금액의 합계액을 말한다. 이 경우 그 합계액이 200만원을 초과하는 경우에는 그 초과하는 금액은 없는 것으로 한다.(조특령 104조의29 ①, 2021.11.9. 신설)

• 공제세액 = Min(①, ②)

① 과세자료에 기재된 용역제공자 인원 수 × 300원(2025년에 과세자료 제출분부터는 500원)
② 200만원

3) 세액공제의 신청

세액공제를 받으려는 자는 과세표준신고를 할 때 세액공제신청서 및 공제세액계산서를 납세지 관할 세무서장에게 제출해야 한다.(조특령 104조의29 ②, 2021.11.9. 신설)

4) 기타 참고사항

① 다른 세액감면 및 세액공제와 중복적용이 가능하다.(조특법 127조 ④, ⑤)
② 추계신고시에도 적용이 가능하다.(조특법 128조 ①)
③ 최저한세 규정이 적용되지 않는다.(조특법 132조 ② 3)

④ 미공제세액은 10년간 이월공제된다.(조특법 144조 ①)

⑤ 농어촌특별세가 과세된다.(농특령 4조 ⑦ 1)

(6) 명령사항 위반에 대한 과태료

➲ 2022.1.1. 이후 위 '(4)의 ②'에 따른 명령사항을 위반하는 경우부터 적용한다.(2021.10.8. 법 부칙 1조 단서, 3조)

① 관할 세무서장은 위 '(4)의 ②'에 해당하는 명령사항을 위반한 사업자(법인을 포함)에게 2천만원 이하의 과태료를 부과·징수한다.(소법 177조 3, 2021.8.10. 신설)

② 과태료의 부과기준은 소득세법 시행령 [별표 5]와 같다.(소령 228조 ①, 2021.2.17. 개정)

③ 납세지 관할 세무서장은 위반행위의 정도, 위반 횟수, 위반행위의 동기와 그 결과 등을 고려해 [별표 5]에 따른 과태료 금액의 2분의 1의 범위에서 그 금액을 줄이거나 늘릴 수 있다. 다만, 과태료 금액을 늘리는 경우에는 2천만원을 넘을 수 없다.(소령 228조 ②, 2021.2.17. 개정)

● **과태료의 부과기준**(소득세법 시행령 [별표 5], 2025.2.28. 호번개정)

위반행위	근거 법조문	과태료 금액
4. 법 제173조 제2항에 따른 과세자료를 제출해야 할 자에 대한 다음 각 목의 어느 하나에 해당하는 명령사항을 위반한 경우(2021.11.9. 신설)	법 제177조 제3호	
가. 과세자료의 전부를 제출하지 않은 경우[제224조 제3항에 따른 과세자료 제출명세서(이하에서 "제출명세서"라 한다)를 제출하지 않거나 제출명세서에 기재해야 할 용역제공자에 관한 사항의 전부를 누락한 경우를 말한다]에 대한 명령		제출명세서 건별 20만원
나. 과세자료의 일부를 제출하지 않은 경우(제출명세서에 기재해야 할 용역제공자에 관한 사항의 일부를 누락한 경우를 말하며, 그 누락된 용역제공자 인원 수가 전체 용역제공자 인원 수의 5%를 초과하는 경우로 한정한다)에 대한 명령		제출명세서 건별 10만원
다. 과세자료를 사실과 다르게 제출한 경우(제출명세서에 기재해야 할 용역제공자에 관한 사항의 전부 또는 일부를 사실과 다르게 기재하여 제출한 경우를 말하며, 그 다르게 기재된 용역제공자 인원 수가 전체 용역제공자 인원 수의 5%를 초과하는 경우로 한정한다)에 대한 명령		제출명세서 건별 10만원

소득세법 시행규칙[별지 제33호의2 서식](2023.12.29. 개정)

관리번호	

사업장 제공자 등의 과세자료 제출명세서
([ ] 제출자 보관용 [ ] 제출자 보고용)

※ 2쪽의 작성방법을 읽고 작성하시기 바랍니다. (3쪽 중 제1쪽)

1. 제출자 인적사항 및 총 제출 인원

① 법인명(상호)		② 사업자등록번호	
③ 사업장 소재지		④ 총 제출 인원	
⑤ 귀속연도	년	⑥ 귀속월	[ ]1월 [ ]2월 [ ]3월 [ ]4월 [ ]5월 [ ]6월 [ ]7월 [ ]8월 [ ]9월 [ ]10월 [ ]11월 [ ]12월

2. 용역제공자 인적사항 및 용역제공 자료내용

일련번호	⑦ 성명	⑧ 주민등록번호	⑨ 내·외국인 (외국인"○")	⑩ 용역구분	용역제공기간			⑭ 용역제공대가
					⑪ 개시일	⑫ 종료일	⑬ 용역제공 일수(횟수)	
1							( )	
2							( )	
3							( )	
4							( )	
5							( )	
6							( )	
7							( )	
8							( )	
9							( )	
10							( )	

「소득세법」 제173조제1항 및 같은 법 시행령 제224조제3항에 따라 사업장 제공자 등의 과세자료 제출명세서를 제출합니다.

년 월 일 제출자: (서명 또는 인)

(3쪽 중 제2쪽)

작 성 방 법

1. 이 서식은 대리운전, 소포배달(퀵서비스) 등 「소득세법」에서 정하는 용역제공자가 사업장을 제공받거나 용역을 알선·중개받아 최종소비자에게 용역을 제공하고 대가를 직접 수령하는 경우, 사업장 제공자나 용역을 알선·중개하는 자가 작성하여 제출합니다. 다만, 해당 용역의 제공으로 발생하는 소득이 법 제127조에 따른 소득세 원천징수대상이 되는 경우에는 작성하지 않습니다.
   가. 용역제공자란 물적시설 없이 근로자를 고용하지 않은 인적용역 사업자로서 대리운전, 소포배달(퀵서비스), 간병, 골프장경기보조, 파출, 수하물운반, 중고자동차판매, 욕실종사, 스포츠강습 등 9개 업종에 종사하는 자를 말합니다.
   나. 사업장 제공자란 골프장사업자, 병원사업자 등 용역제공자에게 용역 제공과 관련된 사업장을 제공하는 자를 말합니다.
   다. 알선·중개하는 자란 직업소개업자 등 제3자의 위치에서 계약의 성립을 위해 용역제공자와 최종소비자를 연결해주는 자를 말합니다. 다만, 용역을 알선·중개하는 자가 「고용보험법」 제77조의7제1항에 따른 노무제공플랫폼사업자와 노무제공플랫폼이용계약을 체결하고 그 계약에 따라 알선·중개하는 경우에는 노무제공플랫폼사업자를 해당 용역을 알선·중개하는 자로 봅니다.

〈예시: 제출자 유형〉

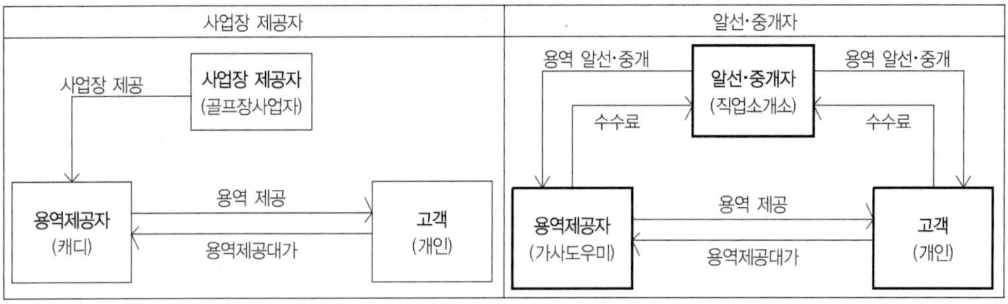

2. ④ 총 제출 인원란은 일련번호가 부여된 총 인원을 적습니다. 이 경우 일련번호란의 마지막 번호와 총 제출 인원의 숫자가 일치해야 합니다.
3. ⑥ 귀속월란은 용역의 제공으로 수입금액 또는 소득금액이 발생하는 날(용역제공자가 용역의 제공을 완료한 날 또는 용역대가를 지급받기로 한 날 중 빠른 날)이 속하는 달에 "√"를 표시합니다.
   ※ 예를 들면, 1) 1월에 용역을 제공하고 2월에 대가를 수령하는 경우 귀속월은 1월입니다.
   2) 1~2월에 용역을 제공하고 3월까지 그 대가를 수령하지 못한 경우에는 1월에 제공한 용역의 귀속월은 1월이고, 2월에 제공한 용역의 귀속월은 2월입니다.
4. ⑨ 내·외국인란에는 해당 용역제공자가 외국인일 경우에는 "○"를 표시하고 내국인일 경우에는 표시하지 않습니다.
5. ⑩ 용역구분란은 아래 용역구분코드에 따라 구분하여 적습니다.

용역구분 코드	골프장 경기보조	간병	대리운전	소포배달 (퀵서비스)	파출용역	수하물 운반	중고자동차 판매	욕실종사	스포츠강습
	11	12	13	14	15	16	17	18	19

* 업무범위는 한국표준산업분류 또는 한국표준직업분류 정의를 따릅니다.
골프장 경기보조(11): 골프장에서 골프 치는 사람들을 위해 골프백이나 골프기구를 정리하고, 거리에 따라 알맞은 골프기구를 선정해주고, 골프 코스나 골프장의 지형지물에 대해 조언하고 골퍼들에게 서비스를 제공하거나 이와 유사한 용역을 제공하는 행위
간병(12): 병원, 요양소, 기타 관련기관 및 가정에서 환자들을 돌보는 업무를 수행하거나 이와 유사한 용역을 제공하는 행위
대리운전(13): 자가용 운전자를 대리하여 목적지까지 운전하거나 이와 유사한 용역을 제공하는 행위
소포배달(퀵서비스)(14): 배달대행업체나 배달중개 프로그램을 통해 배달의뢰가 들어오면 의뢰자로부터 물품을 수령하여 지정된 수령자에게 물품을 배달하거나 이와 유사한 용역을 제공하는 행위
파출용역(15): 고용된 가정을 방문하여 청소, 세탁, 요리 등 가사노동을 수행하거나 이와 유사한 용역을 제공하는 행위
수하물운반(16): 물건을 한 장소에서 다른 장소로 운반하거나 이와 유사한 용역을 제공하는 행위
중고자동차판매(17): 중고차의 매입과 알선 및 판매를 하거나 이와 유사한 용역을 제공하는 행위
욕실종사(18): 손님이 목욕하는 것을 도와주며 피로를 풀 수 있도록 안마, 미용서비스를 하거나 이와 유사한 용역을 제공하는 행위
스포츠강습(19): 체조 및 기타 연습방법으로 피훈련자의 신체적 적성을 개발하고 유지하도록 하거나 특수운동에 대비하여 신체적인 훈련과정을 계획하고 필요한 훈련을 하도록 하거나 이와 유사한 용역을 제공하는 행위

6. 용역제공기간란 중 "⑪ 개시일"은 해당 월 중 처음으로 용역을 제공한 날을, "⑫ 종료일"은 해당 월 중 마지막으로 용역을 제공한 날을, "⑬ 용역제공일수(횟수)"는 ⑪ 개시일과 ⑫ 종료일 기간 중 용역을 제공한 일수를 적고, 괄호 안에 용역을 제공한 월간 총 횟수를 적습니다.
   ※ 예를 들면, 1일부터 3일까지 대리운전 용역을 10회 제공한 경우에는 용역제공일수(횟수)란에 "3(10)"를 기재합니다.
7. ⑭ 용역제공대가란은 용역제공자가 용역을 제공하고 수령하였거나 수령하기로 한 용역제공대가의 월간 합계액을 적습니다. 이때 알선수수료를 기재하거나 용역제공대가에서 알선수수료 등을 차감하여 적지 않습니다. 다만, 제출의무자가 용역제공자와 관련된 전산자료, 증빙자료 등으로도 용역제공대가를 확인할 수 없는 경우에는 용역제공대가를 적지 않습니다.

(3쪽 중 제3쪽)

사업장 제공자 등의 과세자료 제출명세서 부표
([ ] 제출자 보관용 [ ] 제출자 보고용)

② 사업자등록번호	⑤ 귀속연도	⑥ 귀속월					
	년	[ ]1월	[ ]2월	[ ]3월	[ ]4월	[ ]5월	[ ]6월
		[ ]7월	[ ]8월	[ ]9월	[ ]10월	[ ]11월	[ ]12월

일련번호	⑦ 성명	⑧ 주민등록번호	⑨ 내·외국인 (외국인"○")	⑩ 용역구분	용역제공기간			⑭ 용역제공대가
					⑪ 개시일	⑫ 종료일	⑬ 용역제공 일수(횟수)	
11							( )	
12							( )	
13							( )	
14							( )	
15							( )	
16							( )	
17							( )	
18							( )	
19							( )	
20							( )	
21							( )	
22							( )	
23							( )	
24							( )	

※ 용역제공자가 많아 제1쪽의 「2. 용역제공자 인적사항 및 용역제공 자료내용」란이 부족한 경우 이 서식에 이어서 작성합니다.

14 손해보험금지급자료 제출

보험업법에 따른 손해보험회사는 소송 결과에 따라 보험금을 지급한 경우에는 손해배상청구소송결과통보서에 따라 해당 손해보험금지급자료를 지급일이 속하는 과세기간의 다음 연도 2월 말일까지 손해보험회사의 관할 세무서장에게 제출하여야 한다.(소법 174조, 소령 225조)

15 표본조사

① 납세지 관할 세무서장 또는 지방국세청장은 기부금을 필요경비에 산입하거나 기부금세액공제를 받은 거주자 중 기부금세액공제 대상금액 또는 필요경비 산입금액이 100만원 이상인 거주자 또는 종합소득과세표준 확정신고대상 비거주자에 대해서 필요경비산입 또는 세액공제의 적정성을 검증하기 위하여 해당 과세기간 종료일부터 2년 이내에 표본조사를 실시하여야 한다.(소법 175조 ①, 2014.1.1. 개정, 소령 226조 ①)

② 표본조사는 표본조사 대상 기부금공제자 또는 필요경비 산입자의 1%에 해당하는 인원에 대하여 실시한다.(소법 175조 ②, 소령 226조 ②, 2020.2.11. 개정)

➲ 2020.2.11. 이후 기부금을 기부하는 경우부터 적용한다.(2020.2.11. 영 부칙 26조)

16 명령사항 위반에 대한 과태료(2018.12.31. 신설)

① 관할 세무서장은 다음 중 하나에 해당하는 명령사항을 위반한 사업자(아래 'ⓒ, ⓔ'의 경우에는 법인을 포함)에게 2천만원 이하의 과태료를 부과·징수한다.(소법 177조, 2025.2.28. 개정)

㉠ 신용카드에 의한 거래를 거부하거나 신용카드매출전표를 사실과 다르게 발급한 신용카드가맹점에 대한 명령

㉡ 현금영수증 발급 요령, 현금영수증가맹점 표지 게시방법 등 현금영수증가맹점으로 가입한 사업자가 준수하여야 할 사항과 관련하여 필요한 현금영수증가맹점에 대한 명령

㉢ 과세자료를 제출하여야 할 자가 과세자료를 제출하지 아니하거나 사실과 다르게 제출한 경우(☞ 소법 173조 ②) 과세자료를 제출하여야 할 자에 대한 명령(2021. 8.10. 신설)

➲ ㉢은 2022.1.1. 이후 명령사항을 위반하는 경우부터 적용한다.(2021.10.8. 법 부칙 1조 단서, 3조)

㉣ 국세청장의 가상자산사업자에 대한 소득세 부과에 필요한 자료제출 명령(2024.12.31. 신설)

② 과태료의 부과기준은 [별표 5]와 같다.(소령 228조 ①, 2021.2.17. 개정)

③ 납세지 관할 세무서장은 위반행위의 정도, 위반 횟수, 위반행위의 동기와 그 결과 등을 고려해 [별표 5]에 따른 과태료 금액의 2분의 1의 범위에서 그 금액을 줄이거나 늘릴 수 있다. 다만, 과태료 금액을 늘리는 경우에는 2천만원을 넘을 수 없다.(소령 228조 ②, 2021.2.17 개정)

과태료의 부과기준(소령 228조 ① 및 ② 관련)(소득세법 시행령 [별표 5], 2025.2.28. 개정)

위반행위	근거 법조문	과태료 금액
1. 법 제162조의2 제5항에 따른 신용카드가맹점에 대한 명령사항을 위반한 경우	법 제177조 제1호	신용카드에 의한 거래를 거부하거나 신용카드 매출전표를 사실과 다르게 발급한 금액의 20%(2천만원 한도)
2. 법 제162조의3 제8항에 따른 현금영수증가맹점에 대한 다음 각 목의 명령사항을 위반한 경우	법 제177조 제2호	
가. 현금영수증을 발급하지 않거나 사실과 다르게 발급한 경우에 대한 명령		현금영수증을 발급하지 않거나 사실과 다르게 발급한 금액의 20%(2천만원 한도)
나. 그 밖의 명령		건별 50만원
3. 법 제164조의4 제2항에 따른 가상자산사업자에 대한 명령사항을 위반한 경우(2025.2.28. 신설) ➲ 2028.1.1.부터 시행한다.(2025.2.28. 영 부칙 1조 6)	법 제177조 제4호	다음 각 목의 수입금액에 따라 해당 각 목에서 규정한 금액 가. 수입금액이 1,000억원 초과인 경우 : 2,000만원 나. 수입금액이 500억원 초과 1,000억원 이하인 경우 : 1,500만원 다. 수입금액이 100억원 초과 500억원 이하인 경우 : 1,000만원 라. 수입금액이 100억원 이하인 경우 : 500만원

* 비고(2025.2.28. 신설) ➲ 2028.1.1.부터 시행한다.(2025.2.28. 영 부칙 1조 6)

1. 위 표 제3호의 과태료 금액란에서 "수입금액"이란 위반행위를 한 날이 속하는 과세기간 또는 사업연도(이하 "과세연도"라 한다)의 직전 과세연도에 발생한 다음 각 호의 구분에 따른 금액을 말한다. 이 경우 소득세법 제80조 또는 법인세법 제66조에 따라 결정·경정된 금액이 있는 경우에는 그 결정·경정된 금액으로 한다.

   가. 가상자산사업자가 법인인 경우 : 법인세법 제60조 제1항(같은 법 97조 제1항 제2호에 따라 준용되는 경우를 포함)에 따라 신고된 수입금액

   나. 가상자산사업자가 개인인 경우 : 소득세법 제24조에 따른 총수입금액(법 제70조 및 제70조의2에 따라 신고된 금액으로서 사업소득에 관한 금액으로 한정한다)

2. 위반행위를 한 날이 속하는 과세연도의 직전 과세연도에 사업을 시작한 경우에는 다음 계산식에 따라 계산한 금액을 수입금액으로 한다.

$$\frac{\text{직전 과세연도 수입금액}}{\text{직전 과세연도 사업일수}} \times 365$$

3. 수입금액이 확인되지 않는 경우에는 100억원 이하인 것으로 본다.

MEMO

PART 8

비거주자 납세의무

• 제 1 절 비거주자에 대한 과세제도의 개요

I 비거주자의 납세의무의 범위

소득세법은 소득세의 납세의무자를 거주자와 비거주자로 구별하고 있으며, 그 구분에 따라 과세소득의 범위와 과세방법 등에 차이를 두고 있다.

구 분	개 념(소법 1조의2 ① 1, 2)	납세의무의 범위(소법 3조)
거 주 자	국내에 주소를 두거나 183일 이상 거소를 둔 개인	국내원천소득+국외원천소득
비거주자	거주자가 아닌 자	국내원천소득

거주자는 "소득세법에서 규정하는 모든 소득(종합소득·퇴직소득 및 양도소득)에 대하여" 그리고 "소득원천지에 관계없이 전세계소득에 대하여" "무제한 납세의무"를 지게 된다. 이처럼 거주자에 대하여 "무제한 납세의무"를 지우는 것은 "거주지국 과세원칙"에 바탕을 둔 것이다.

반면 비거주자는 소득세법 제119조에 열거되어 있는 국내원천소득에 한하여 "세한적 납세의무"를 진다. 따라서 비거주자의 국내원천소득에 대한 과세는 "원천지국 과세원칙"을 따른 것이다.

II 비거주자의 국내원천소득에 대한 과세근거 법규

비거주자의 국내원천소득에 대한 과세에 대하여 규정하고 있는 국내세법은 다음과 같다.

세 법	내 용
소득세법	비거주자의 정의, 과세대상소득, 과세방법, 과세절차 등에 관한 기본적인 사항을 규정
국제조세조정에 관한 법률	국제거래에 관한 과세의 조정사항인 이전가격 세제, 과소자본세제, 조세피난처 세제, 국외증여에 대한 과세특례, 상호합의절차 및 국가간 조세협력에 관한 사항을 규정
조세특례제한법 및 외국인투자촉진법	비거주자의 국내원천소득에 대한 소득세의 감면에 관한 사항을 규정

Ⅲ 조세조약[1)]

1 조세조약의 개념

조세조약이란 통상 "소득 및 자본에 대한 국제적·법률적 이중과세를 방지하기 위하여 국가간에 문서에 의하여 체결된 명시적 합의"를 의미한다. 그 공식명칭으로서는 일반적으로 「소득 및 자본에 관한 조세의 이중과세회피 및 탈세방지를 위한 협약」이라는 명칭이 많이 사용되고 있으나 실무상으로는 조세조약(tax treaty)·조세협약(tax convention) 등으로 사용되고 있다. 다만, 우리나라는 자본(capital)에 관한 조세를 가지고 있지 않으므로 대부분의 조세조약상 조약명칭 및 내용에 자본을 제외하고 있다.

조세조약은 2개의 국가간에 체결되며, 서면의 형식으로 되어 있다. 조세조약은 일반적으로 조세조약의 명칭(title), 전문(preamble), 본문, 의정서(protocol)로 구성되어 있으며, 의정서는 본문에 대한 보충적인 성격을 지니는 것으로서 본문의 규정 내용을 명확히 하기 위한 세부적이고 보완적인 사항을 포함하는 것이 일반적이며 본문과 동일한 효력을 가진다. 의정서의 내용은 흔히 간과하기 쉬우나 유의하여야 할 내용이 있으므로 반드시 그 내용을 확인할 필요가 있다고 하겠다.

1) 국세청, 2005, 비거주자 국내원천소득과세 해설, p. 2~15

조세조약(본문)의 체계

- 조약의 적용범위
  - 인적범위(제1조)
  - 대상조세(제2조)
- 정의
  - 일반적 정의(제3조)
  - 거주자(제4조)
  - 고정사업장(제5조)
- 소득 및 자본에 대한 과세
  - 부동산소득
  - 사업소득
  - 국제운수소득
  - 특수관계기업
  - 배당소득
  - 이자소득
  - 사용료
  - 양도소득
  - 인적용역소득
    - 독립적 인적용역
    - 종속적 인적용역
    - 이사의 보수
    - 연예인 및 체육인
    - 연금
    - 정부용역
    - 교수
    - 학생
  - 기타소득
- 이중과세방지
  - 이중과세의 방지(제23조)
- 특별규정
  - 무차별(제24조)
  - 상호합의절차(제25조)
  - 정보교환(제26조)
  - 징수협조(제27조)
  - 외교관 및 영사(제28조)
  - 적용지역 확대(제29조)
- 효력규정
  - 발효(제30조)
  - 종료(제31조)

2 조세조약의 적용대상

(1) 인적 범위

조세조약은 양 체약국의 거주자에 대하여 적용된다. 즉, 조세조약은 국적에 관계없이 일방체약국의 거주자 또는 양 체약국의 거주자에게 적용되는 것이다. 여기서 거주자는 개인과 법인을 포함하는 개념으로서 각 체약국의 과세목적상 거주자 또는 내국법인으로 취급되는 자를 말한다. 따라서 조세조약은 양국간 조약이기 때문에 제3국의 거주자에게는 적용되지 아니한다. 예를 들면 영국법인의 일본지점이 한국법인으로부터 받는 배당소득에 대하여는 한·일 조세조약이 적용되지 아니하고 한·영 조세조약이 적용된다. 영국법인의 일본지점은 한·일 조세조약상 제3국(영국)의 거주자이므로 한·일조세조약이 적용되지 아니하는 것이다.

이중거주자인 개인의 거주지국 결정기준

조세조약은 거주자의 개념을 1차적으로 각국의 국내법의 규정에 따르도록 하되, 한 사람이 양 체약국의 거주자에 해당되는 경우에는 아래의 기준을 순차적으로 적용하여 그의 거주지국을 결정하도록 규정하고 있다.
① 항구적 주거(permanent home)
② 중대한 이해관계의 중심지(center of vital interest)
③ 일상적 주소(habitual abode)
④ 국민(national)
⑤ 상호합의(mutual agreement)

(2) 적용대상 조세

조세조약은 「소득에 관한 조세」의 이중과세회피를 위한 것이므로 조세조약의 적용대상 조세는 법인세, 소득세, 지방소득세 등 소득에 대한 조세이며, 부가가치세, 개별소비세 등의 간접세는 그 대상조세가 아니다. 우리나라가 체결한 대부분의 조세조약은 소득세, 법인세, 지방소득세를 그 적용대상 조세로 하고 있으나, 미국, 필리핀, 남아프리카공화국, 베네주엘라, 카타르, 이란, 에스토니아 등과의 조세조약에서는 지방세인 지방소득세를 적용대상 조세에서 제외되어 있으므로 원천징수시 지방소득세를 제한세율과는 별도로 징수하여야 한다.

3 국내세법과 조세조약과의 관계

헌법에 의하여 체결·공포된 조약과 일반적으로 승인된 국제법규는 국내법과 같은 효력을 가지므로 조세조약은 국내세법(법률)과 동일한 효력을 가진다.

그러나 조세조약은 국내세법에 대하여 특별법의 위치에 있으므로 조세조약이 체결된 국가의 거주자에 대하여는, 특별법 우선의 원칙에 의거, 조세조약이 국내세법에 우선 적용된다.

다만, 조세조약은 일반적으로 소득의 종류별로 소득원천지국과 거주지국간에 과세권을 배분하는 것을 주된 내용으로 하고 구체적인 과세방법, 과세절차 등에 관하여는 규정하지 않기 때문에 과세대상소득 해당여부의 결정, 제한세율의 적용 등에 있어서는 조세조약이 우선 적용되는 것이나, 과세방법, 과세절차 등은 일반적으로 국내세법에 의하는 것이다.

4 조세조약에 의한 과세권의 제한

조세조약은 비거주자 등의 국내원천소득에 대하여 소득원천지국인 우리나라에 과세권을 부여하지 않거나 우리나라의 과세권을 일정한도로 제한하고 있는 경우가 있다. 즉, 국내원천소득에 대하여 우리나라에서 과세할 수 없거나 또는 그 일정 한도까지만 과세할 수 있다. 조세조약에 의하여 우리나라의 과세권이 제한되는 경우는 아래와 같다.

(1) 국내원천소득을 국내세법과 다르게 규정하는 경우

국내세법상 국내원천소득에 해당하는 소득이 조세조약에서는 국내원천소득이 아닌 경우가 발생할 수 있다. 예를 들면, 사용료의 경우 국내세법에서는 사용료의 대상인 자산·권리 등을 국내에서 사용하거나 그 대가를 국내에서 지급하는 경우 국내원천소득에 해당하게 되나 대부분의 조세조약상으로는 그 사용료를 국내 거주자가 지급하는 경우에만 국내원천소득에 해당한다. 또한 인적용역소득의 경우 국내세법상으로는 국내에서 인적용역을 제공하거나 그 결과가 국내에서 이용되는 경우에는 국내원천소득이 되나, 조세조약상으로는 국내에서 제공되는 경우에만 국내원천소득이 된다.

(2) 국내원천소득에 대한 과세권을 원천지국에 부여하지 않는 경우

국내세법 및 조세조약상 비거주자 등의 국내원천소득에 해당하는 소득에 대하여도 조세조약이 그 소득에 대한 과세권을 거주지국에만 부여하거나 또는 일정한 요건을 충족하는 경우에만 원천지국에서 과세할 수 있도록 규정하는 경우가 있다.

예를 들면, 대부분의 조세조약은 유가증권양도소득, 기타소득에 대하여는 거주지국에만 과세권을 부여하고 있으며, 사업소득, 인적용역소득 등에 대하여는 일정한 요건을 충족하는 경우에 한하여 원천지국에 과세권을 부여하고 있다.

(3) 국내원천소득에 대한 원천지국의 과세권을 일정한도로 제한하는 경우

조세조약은 일정소득에 대하여 원천지국의 과세권을 일정한도로 제한하는 경우도 있다. 즉, 대부분의 조세조약은 이자소득, 배당소득, 사용료소득에 대하여 원천지국에서 일정세율(보통 10~15%)을 초과하여 과세하지 못하도록 규정하고 있는 바, 그것을 제한세율 또는 경감세율이라고 한다. 국내세법의 세율이 조세조약의 제한세율보다 낮은 때에는 국내법상의 세율을 그대로 적용하면 되지만, 국내세법의 세율이 제한세율보다 높은 때에는 그 제한세율까지만 과세할 수 있다.

✓ 조세조약의 정의 및 목적(국제조세 집행기준 2-0-2, 2024.10.31. 개정)

① "조세조약"이란 소득·자본·재산에 대한 조세 또는 조세행정의 협력에 관하여 우리나라가 다른 나라와 체결한 조약·협약·협정·각서 등 국제법에 따라 규율되는 모든 유형의 국제적 합의를 말한다.

② 조세조약의 목적

㉠ 국가간 과세권의 배분

㉡ 국제적 이중과세 방지

㉢ 조세회피와 탈세, 조약의 부당한 이용에 대한 대처

✓ 국제거래의 정의 및 거래형태(국제조세 집행기준 2-0-1, 2024.10.31. 개정)

구분	내용
정 의	거래 당사자의 어느 한 쪽이나 양 쪽이 비거주자 또는 외국법인(비거주자 또는 외국법인의 국내사업장은 제외한다)인 거래로서 유형자산 또는 무형자산의 매매·임대차, 용역의 제공, 금전의 대출·차용, 그 밖에 거래자의 손익 및 자산과 관련된 모든 거래

거래형태

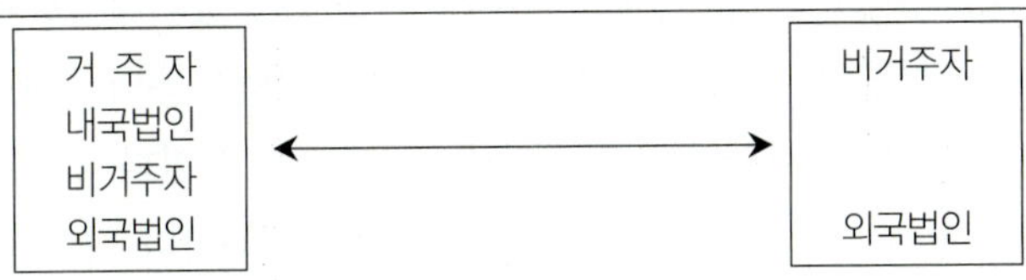

① 유형자산 또는 무형자산의 매매·임대차
② 용역의 세공
③ 금전의 대출·차용
④ 그밖에 거래자의 손익 및 자산과 관련된 모든 거래

※ 국내·외 사업장간 거래(사례)

거래당사자	국제거래 여부
(A) 내국법인 본점과 그 내국법인의 국외지점 간 거래	국제거래(×)
(B) 내국법인과 외국법인의 국내지점간 거래	국제거래(×)
(C) 내국법인과 외국법인 국외사업장간 거래	국제거래(○)
(D) 외국법인 본점과 그 외국법인 국내지점 간 거래	국제거래(○)*

* 법인세법 적용(법인세법 시행령 132조 ② 9, 시행규칙 65조 ①)

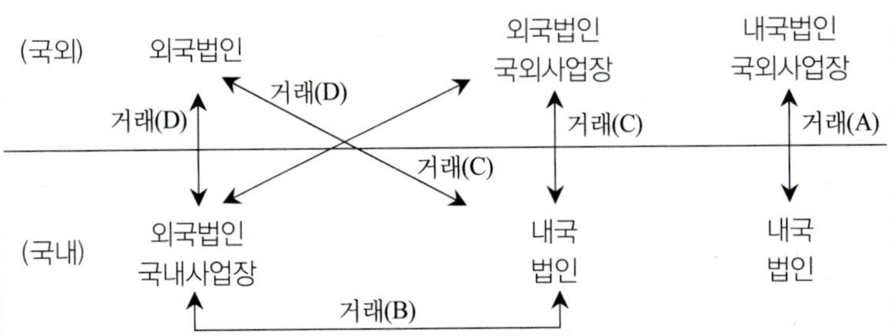

• 제 2 절 비거주자의 국내원천소득

I 국내원천소득의 의의

1 국내원천소득의 개념

비거주자는 국내원천소득에 한하여 소득세의 납세의무를 진다. 국내원천소득이란 소득발생의 원천 또는 결정적 기준이 국내에 소재하는 소득을 가리킨다. 그 소득의 '발생지'가 국내인 이상 그 소득의 실현이 국내에서 이루어졌는지 외국에서 이루어졌는지는 구별하지 아니한다.[2)]

국내원천소득에 해당하는 지의 여부를 판정함에 있어서 그 기준이 되고 있는 소득발생의 원천 또는 결정적 기준에는 자산의 소재지, 사업활동의 수행장소, 용역의 제공장소, 권리의 사용장소, 또는 지급자의 소재지 등이 제시되고 있다. 그러나 국내원천소득의 판정기준은 소득구분(예 : 이자소득·배당소득·사업소득 등)마다 상이하며, 모든 소득에 공통하는 판정기준이란 존재하지 않는다.

뿐만 아니라 국내원천소득의 판정기준은 국가마다 다를 수 있기 때문에 동일한 소득에 대하여 원천지국과세의 경합을 일으키는 중요한 원인이 되고 있다.[3)]

2 국내원천소득의 의의

국내세법은 비거주자 등의 과세대상소득인 국내원천소득에 대하여 소득의 종류를 열거·규정하고 있으며, 세법에 열거·규정된 국내원천소득이 갖는 의의는 다음과 같다.

① 국내세법은 국내원천소득의 범위를 열거주의를 채택하여 규정하고 있기 때문에 법에서 명시적으로 열거하지 않는 소득은 국내에서 발생한 소득이라 하더라도 한국에서 과세되지 아니한다.

② 국내세법상 국내원천소득이 아닌 경우에는, 조세조약상 국내원천소득으로 규정되어 있다 하더라도, 해당 소득에 대하여 과세할 수가 없다.

③ 국내세법이 비거주자의 국내원천소득을 소득종류별로 구분·열거하고 있는 이유는 세율이나 과세방법 등에서 그 취급을 달리하기 때문이다.

---

2) 대법원 1989.8.8. 선고, 88누9987 판결

3) 김완석, 앞의 책, p. 700

3 국외투자기구에 대한 실질귀속자 특례(2018.12.31. 신설)

➲ 2020.1.1. 이후 발생하는 소득분부터 적용한다.(2018.12.24. 조특법 부칙 1조 단서, 2조 ①)

① 비거주자가 국외투자기구를 통하여 국내원천소득을 지급받는 경우에는 그 국외투자기구를 통하여 국내원천소득을 지급받는 비거주자를 국내원천소득의 실질귀속자(그 국내원천소득과 관련하여 법적 또는 경제적 위험을 부담하고 그 소득을 처분할 수 있는 권리를 가지는 등 해당 소득에 대한 소유권을 실질적으로 보유하고 있는 자를 말한다)로 본다. 다만, 국외투자기구가 다음 중 하나에 해당하는 경우(법인으로 보는 단체 외의 법인 아닌 단체인 국외투자기구는 아래 'ⓛ 또는 ⓒ'에 해당하는 경우로 한정한다)에는 그 국외투자기구를 국내원천소득의 실질귀속자로 본다.(소법 119조의2 ①, 2018.12.31. 신설)

㉠ 다음의 요건을 모두 갖추고 있는 경우

ⓐ 조세조약에 따라 그 설립된 국가에서 납세의무를 부담하는 자에 해당할 것(소법 119조의2 ① 1 가, 2021.12.8 개정)

ⓑ 국내원천소득에 대하여 조세조약이 정하는 비과세·면제 또는 제한세율(조세조약에 따라 체약상대국의 거주자 또는 법인에 과세할 수 있는 최고세율을 말한다. 이하 같다)을 적용받을 수 있는 요건을 갖추고 있을 것(소법 119조의2 ① 1 나, 2021.12.8 개정)

㉡ 위 '㉠'에 해당하지 아니하는 국외투자기구가 조세조약에서 국내원천소득의 수익적 소유자로 취급되는 것으로 규정되고 국내원천소득에 대하여 조세조약이 정하는 비과세·면제 또는 제한세율을 적용받을 수 있는 요건을 갖추고 있는 경우(2021.12.8 개정)

㉢ 위 '㉠ 또는 ㉡'에 해당하지 아니하는 국외투자기구가 그 국외투자기구에 투자한 투자자를 입증하지 못하는 경우(투자자가 둘 이상인 경우로서 투자자 중 일부만 입증하는 경우에는 입증하지 못하는 부분으로 한정한다)

② 위 '㉢'에 해당하여 국외투자기구를 국내원천소득의 실질귀속자로 보는 경우에는 그 국외투자기구에 대하여 조세조약에 따른 비과세·면제 및 제한세율의 규정을 적용하지 아니한다.(소법 119조의2 ②, 2021.12.8. 개정) '

Ⅱ 국내원천소득의 범위

비거주자의 국내원천소득은 다음과 같이 구분한다.

1 국내원천 이자소득

다음 중 하나에 해당하는 이자소득으로서 소득세법 제16조 제1항에 규정하는 이자(국외에서 받는 예금의 이자는 제외)를 말한다. 다만, 거주자의 국외사업장을 위하여 그 국외사업장이 직접 차용한 차입금의 이자는 제외한다.(소법 119조 1, 2024.12.31. 개정)

① 국가·지방자치단체(지방자치단체조합을 포함)·거주자·내국법인·외국법인의 국내사업장 또는 비거주자의 국내사업장으로부터 지급받는 소득

② 외국법인 또는 비거주자로부터 받는 소득으로서 그 소득을 지급하는 외국법인 또는 비거주자의 국내사업장과 실질적으로 관련하여 그 국내사업장의 소득금액을 계산할 때 손금 또는 필요경비에 산입되는 것

2 국내원천 배당소득

내국법인 또는 법인으로 보는 단체나 그 밖의 국내로부터 받는 소득세법 제17조 제1항에 규정하는 배당소득(외국법인으로부터 받는 이익이나 잉여금의 배당 또는 분배금은 제외) 및 국제조세조정에 관한 법률에 따라 배당으로 처분된 금액을 말한다.(소법 119조 2)

3 국내원천 부동산소득

국내에 있는 부동산 또는 부동산상의 권리와 국내에서 취득한 광업권, 조광권, 지하수의 개발·이용권, 어업권, 토사석채취에 관한 권리의 양도·임대, 그 밖에 운영으로 인하여 발생하는 소득을 말한다. 다만, 국내원천 부동산 등 양도소득에 해당하는 소득은 제외한다.(소법 119조 3)

4 국내원천 선박 등 임대소득

거주자·내국법인 또는 외국법인의 국내사업장이나 비거주자의 국내사업장에 선박·항공기·등록된 자동차·건설기계 또는 산업상·상업상·과학상의 기계·설비·장치·운반구·공구·

기구 및 비품을 임대함으로써 발생하는 소득을 말한다.(소법 119조 4, 소령 179조 ①)

5 국내원천 사업소득

비거주자가 경영하는 사업에서 발생하는 다음의 소득을 말한다(조세조약에 따라 국내원천사업소득으로 과세할 수 있는 소득 포함). 다만, 국내원천 인적용역소득은 제외한다.(소법 119조 5)

(1) 국내에서 영위하는 사업으로 발생하는 소득

국내에서 영위하는 사업에서 발생하는 다음의 소득을 말한다.(소령 179조 ②)

1) 재고자산의 판매

① 비거주자가 국외에서 양도받은 재고자산을 국외에서 제조·가공·육성 기타 가치를 증대시키기 위한 행위(이하 "제조 등"이라 한다)를 하지 아니하고 이를 국내에서 양도하는 경우(해당 재고자산에 대하여 국내에서 제조 등을 한 후 양도하는 경우 포함)에는 그 국내에서의 양도에 의하여 발생하는 모든 소득

② 비거주자가 국외에서 제조 등을 행한 재고자산을 국내에서 양도하는 경우(해당 재고자산에 대하여 국내에서 제조 등을 한 후 양도하는 경우 포함)에는 그 양도에 의하여 발생하는 소득 중 국외에서 제조 등을 행한 타인으로부터 통상의 거래조건에 따라 해당 자산을 취득하였다고 가정할 때에 이를 양도하는 경우(국내에서 행한 제조 등을 한 후 양도하는 경우 포함) 그 양도에 의하여 발생하여야 할 소득
이때 "통상의 거래조건"이란 해당 비거주자가 재고자산 등을 국제조세조정에 관한 법률 제8조 및 같은 법 시행령 제5조부터 제16조까지의 규정에 따른 방법(☞ 정상가격의 신출방법)을 준용하여 계산한 시가에 의하여 거래하는 것을 말한다.(소칙 86조 ②, 2021.3.16. 개정)
또한 "통상의 거래조건"에 따라 해당 비거주자가 국내원천소득을 계산한 경우에는 「국제거래명세서」(국조법 시행규칙 별지 제16호 서식), 「용역거래에 대한 정상가격 산출방법 신고서」(국조법 시행규칙 별지 제18호 서식), 「무형자산에 대한 정상가격 산출방법 신고서」(국조법 시행규칙 별지 제19호 서식), 「정상가격 산출방법 신고서」(국조법 시행규칙 별지 제20호 서식)를 종합소득 과세표준 확정신고기한까지 납세지 관할 세무서장에게 제출해야 한다.(소칙 86조 ③, 2021.3.16. 개정)

③ 비거주자가 국내에서 제조 등을 행한 재고자산을 국외에서 양도하는 경우(해당 재고자산에 대하여 국외에서 제조 등을 한 후 양도하는 경우 포함)에는 그 양도에 의하여 발생하는 소득 중 국내에서 제조한 해당 재고자산을 국외의 타인에게 통상의 거래조건에 따

라 양도하였다고 가정할 때에 그 국내에서 행한 제조 등에 의하여 발생하여야 할 소득 이때 "통상의 거래조건"이란 해당 비거주자가 재고자산 등을 국제조세조정에 관한 법률 제8조 및 같은 법 시행령 제5조부터 제16조까지의 규정에 따른 방법(☞ 정상가격의 신출방법)을 준용하여 계산한 시가에 의하여 거래하는 것을 말한다.(소칙 86조 ②, 2021.3.16. 개정)

또한 "통상의 거래조건"에 따라 해당 비거주자가 국내원천소득을 계산한 경우에는 「국제거래명세서」(국조법 시행규칙 별지 제16호 서식), 「용역거래에 대한 정상가격 산출방법 신고서」(국조법 시행규칙 별지 제18호 서식), 「무형자산에 대한 정상가격 산출방법 신고서」(국조법 시행규칙 별지 제19호 서식), 「정상가격 산출방법 신고서」(국조법 시행규칙 별지 제20호 서식)를 종합소득 과세표준 확정신고기한까지 납세지 관할 세무서장에게 제출해야 한다.(소칙 86조 ③, 2021.3.16. 개정)

④ 위 '①부터 ③까지'에서 규정하는 재고자산이 다음에 해당하는 경우에는 국내에서 해당 재고자산의 양도가 이루어지는 것으로 본다.(소령 179조 ⑤)

㉠ 해당 재고자산이 양수자에게 인도되기 직전에 국내에 있거나 또는 양도자인 해당 비거주자의 국내사업장에서 행하는 사업을 통하여 관리되고 있는 경우

㉡ 해당 재고자산의 양도에 관한 계약이 국내에서 체결되는 경우

㉢ 해당 재고자산의 양도에 관한 계약을 체결하기 위하여 주문을 받거나, 협의 등을 하는 행위 중 중요한 부분이 국내에서 이루어지는 경우

2) 건설업

비거주자가 국외에서 건설·설치·조립 기타 작업에 관하여 계약을 체결하거나 필요한 인원 또는 자재를 조달하여 국내에서 작업을 시행하는 경우에는 해당 작업에 의하여 발생하는 모든 소득(소령 179조 ② 4)

3) 보험업

비거주자가 국내 및 국외에 걸쳐 손해보험 또는 생명보험사업을 영위하는 경우에는 해당 사업에 의하여 발생하는 소득 중 국내에 있는 해당 사업에 관한 영업소 또는 보험계약의 체결을 대리하는 자를 통하여 체결한 보험계약에 의하여 발생하는 소득(소령 179조 ② 5)

4) 출판·방송사업의 광고수입

출판사업 또는 방송사업을 영위하는 비거주자가 국내 및 국외에 걸쳐 타인을 위하여 광고에 관한 사업을 행하는 경우에는 해당 광고에 관한 사업에 의하여 발생하는 소득 중 국내에서 행하는 광고에 의하여 발생한 소득(소령 179조 ② 6)

5) 선박·항공기에 의한 국제운송소득

① 비거주자가 국내 및 국외에 걸쳐 선박에 의한 국제운송업을 영위하는 경우에는 국내에서 승선한 여객이나 선적한 화물과 관련하여 발생하는 수입금액을 기준으로 하여 판정한 그 비거주자의 국내업무에서 발생하는 소득(소령 179조 ② 7)

② 비거주자가 국내 및 국외에 걸쳐 항공기에 의한 국제운송업을 영위하는 경우에는 국내에서 탑승한 여객이나 적재한 화물과 관련하여 발생하는 수입금액과 경비, 국내업무용 유형자산 및 무형자산의 가액 기타 그 국내업무가 해당 운송업에 대한 소득의 발생에 기여한 정도 등을 고려하여 다음 산식에 따라 계산한 그 비거주자의 국내업무에서 발생하는 소득(소령 179조 ② 8, 소칙 86조 ①)

국내원천소득금액(소칙 86조 ①)

$$
= \text{국제운송소득금액} \times \left[\frac{\text{국내 총수입금액}}{\text{국제노선 총수입금액}} + \frac{\text{국내고정자산의 장부가액} + \left\{ \text{국세노선에 취항하는 항공기의 장부가액} \times \frac{\text{국내에시의 출항횟수}}{\text{국제노선 출항횟수}} \right\}}{\text{국제노선에 관련있는 총고정자산의 장부가액}} + \frac{\text{국내의 급여액} + \left\{ \text{국제노선에 취항하는 항공기승무원의 급여액} \times \frac{\text{국내에서의 출항횟수}}{\text{국제노선 출항횟수}} \right\}}{\text{국제노선에 관련한 총급여액}} \right] \times \frac{1}{3}
$$

6) 기타사업

비거주자가 국내 및 국외에 걸쳐 위 '1)부터 5)까지' 외의 사업을 영위하는 경우에는 해당 사업에서 발생하는 소득 중 해당 사업에 관련된 업무를 국내업무와 국외업무로 구분하여 이들 업무를 각각 다른 독립사업자가 행하고 또한 이들 독립사업자간에 통상의 거래조건에 의한 거래가격에 따라 거래가 이루어졌다고 가정할 경우 그 국내업무와 관련하여 발생하는 소득 또는 그 국내업무에 관한 수입금액과 경비, 소득 등을 측정하는 데 합리적이라고 판단되는 요인을 고려하여 판정한 그 국내업무와 관련하여 발생하는 소득(소령 179조 ② 9)

이때 "통상의 거래조건"이란 해당 비거주자가 재고자산 등을 국제조세조정에 관한 법률 제8조 및 같은 법 시행령 제5조부터 제16조까지의 규정에 따른 방법(☞ 정상가격의 신출방

법)을 준용하여 계산한 시가에 의하여 거래하는 것을 말한다.(소칙 86조 ②, 2021.3.16. 개정)

또한 "통상의 거래조건"에 따라 해당 비거주자가 국내원천소득을 계산한 경우에는 「국제거래명세서」(국조법 시행규칙 별지 제16호 서식), 「용역거래에 대한 정상가격 산출방법 신고서」(국조법 시행규칙 별지 제18호 서식), 「무형자산에 대한 정상가격 산출방법 신고서」(국조법 시행규칙 별지 제19호 서식), 「정상가격 산출방법 신고서」(국조법 시행규칙 별지 제20호 서식)를 종합소득 과세표준 확정신고기한까지 납세지 관할 세무서장에게 제출해야 한다.(소칙 86조 ③, 2021.3.16. 개정)

7) 외국법인이 발행한 주식 등에 투자 등을 함으로써 발생하는 소득

외국법인이 발행한 주식 또는 출자지분으로서 증권시장에 상장된 것에 투자하거나 기타 이와 유사한 행위를 함으로써 발생하는 소득(소령 179조 ② 10)

8) 비거주자가 산업상·상업상 또는 과학상의 기계·설비 등을 양도함으로써 발생하는 소득

비거주자가 산업상·상업상 또는 과학상의 기계·설비·장치·운반구·공구·기구 및 비품을 양도함으로 인하여 발생하는 소득(소령 179조 ② 11)

(2) 국외에서 발생하는 소득으로서 국내사업장에 귀속되는 소득

국외에서 발생하는 소득으로서 국내사업장에 귀속되는 것은 국내원천 사업소득에 포함되는 것으로 한다.(소령 179조 ③, 2020.2.11. 개정)

➲ 2020.2.11.이 속하는 과세기간에 발생하는 소득분부터 적용한다.(2020.2.11. 영 부칙 2조 ①)

(3) 예비적·보조적 행위에 의한 소득

비거주자가 국내에서 영위하는 사업을 위하여 국외에서 광고, 선전, 정보의 수집과 제공, 시장조사 기타 그 사업수행상 예비적 또는 보조적인 성격을 가진 행위를 하는 경우 또는 국외에서 영위하는 사업을 위하여 국내에서 이들 행위를 하는 경우에는 해당 행위에서는 소득이 발생하지 아니하는 것으로 본다.(소령 179조 ④)

사업소득의 과세원칙[4)]

① 국내사업장이 없으면 비과세 : 비거주자 등이 국내에 국내사업장을 가지고 있는 경우에 한하여 사업소득에 대해 과세할 수 있으며, 국내에 국내사업장이 없으면 과세할 수 없음
② 과세범위 : 우리나라가 체결한 조세조약 중 인도네시아 및 멕시코와 체결한 조세조약을 제외하고는 국내사업장에 귀속되는 소득에 대해서만 과세할 수 있도록 규정
③ 독립기업의 원칙 : 국내사업장에 귀속될 이윤을 결정하면서 본점과 지점을 각각 독립된 기업으로 전제하여야 한다는 원칙
④ 관련경비 배부의 원칙 : 국내사업장의 과세소득을 계산함에 있어서는 그 비용의 발생장소, 즉 그 비용이 본점에서 발생되었든 당해 국내사업장의 목적상 발생된 경우에는 비용으로서 공제하여야 한다는 것임
⑤ 단순구입 비과세의 원칙 : 국내사업장이 자기사업을 위해 구입활동만을 하는 경우 동 국내사업장에게는 어떠한 이윤도 배분되지 않는다는 것을 의미함

6 국내원천 인적용역소득

국내에서 다음의 인적용역을 제공함으로 인하여 발생하는 소득을 말한다(과학기술·경영관리 기타 이와 유사한 분야에 관한 전문적 지식 또는 특별한 기능을 가진 자가 당해 지식 또는 기능을 활용하여 제공하는 용역을 국외에서 제공함으로써 발생하는 소득이 조세조약에 따라 국내에서 발생하는 것으로 간주되는 경우 그 소득을 포함).(소법 119조 6, 2016. 12.20. 개정, 소령 179조 ⑥, 2017.2.3. 개정)

이 경우 해당 인적용역을 제공받는 자가 인적용역의 제공과 관련하여 항공회사·숙박업자 또는 음식업자에게 실제로 지급(인적용역을 제공하는 자를 통해 지급하는 경우를 포함)한 사실이 확인되는 항공료·숙박비 또는 식사대를 부담하는 경우에는 그 비용을 제외한 금액을 말한다.(소법 119조 6 후단, 소령 179조 ⑦, 2020.2.11. 개정)

① 변호사·공인회계사·세무사·건축사·측량사·변리사 기타 이와 유사한 전문직업인이 제공하는 용역
② 과학기술·경영관리 기타 이와 유사한 분야에 관한 전문적 지식 또는 특별한 기능을 가진 자가 해당 지식 또는 기능을 활용하여 제공하는 용역
③ 직업운동가가 제공하는 용역
④ 배우·음악가 기타 연예인이 제공하는 용역

4) 국세청, 2010, 국제조세공개강좌(1), 국세공무원교육원, p. 40

비거주 연예인·체육인 용역소득[5)]

(1) 연예인의 범위 : 공중 앞에서 음악, 무용, 연극, 모델, 쇼, 만담 등의 연예 활동에 종사하는 자로서, 개인이 독립적 자격으로 활동하는 경우 뿐만 아니라 보컬그룹, 교향악단, 연극단체 등과 같은 단체나 법인도 포함됨

(2) 체육인의 범위 : 축구, 농구, 골프, 체조 등 각종 운동경기, 체육 등의 활동을 하는 자로서, 개인이 독립적 자격으로 활동하는 경우 뿐만 아니라 축구클럽, 농구팀과 같은 단체나 법인도 포함됨

(3) 과세방법

① 조세조약이 있는 국가의 비거주연예인 등에 대한 과세원칙
조세조약이 체결된 국가의 거주자인 연예인, 체육인의 소득은 공연 또는 경기가 국내에서 수행되는 경우에 한하여 과세되는 것이며, 이들의 용역이 국외에서 제공되고 텔레비전 프로그램 등과 같이 그 결과물을 국내에서 이용되는 것만으로는 과세할 수 없음

※ 미국의 경우

① 우리나라가 미국과 체결한 조세조약에서는 '연예인·체육인과세'에 관한 별도의 규정이 없으므로 이들의 소득에 대해서는 '독립적 인적용역소득' 또는 '사업소득' 조항을 적용함

② 개인의 경우 국내에서 미국 거주자가 독립된 자격으로 수행하는 용역으로서 다음 중 한 가지에 해당되면 국내에서 과세됨
- 과세연도 중에 총 183일 이상 체재
- 인적용역소득이 과세연도 중 US$3,000 초과
- 과세연도 중 총 183일 이상 고정시설 보유

③ 법인의 경우는 국내에 고정사업장이 있는 경우 그 고정사업장의 사업소득으로 신고·납부하여야 함

② 조세조약이 있는 국가의 비거주연예인 등

㉠ 과세원칙 : 우리나라와 조세조약이 체결되지 않은 국가에 거주하는 연예인 등의 용역은 국내 세법에 의하여 과세됨

㉡ 과세요건 : 비거주 연예인·체육인이 제공하는 용역은 국내세법상 '인적용역소득'에 해당되므로 연예인 등이 직접 또는 법인을 통하여 국내에서 용역을 제공하는 경우에는 국내에서 과세됨

5) 국세청, 2010, 국제조세공개강좌(1), 국세공무원교육원, p. 46~47

법인의 독립적 인적용역소득[6]

- 미국과 체결한 조세조약에서는 독립적 인적용역 조항이 개인에게만 적용되고 법인에게는 적용되지 않음
- 이 경우 법인이 제공하는 인적용역에 대한 대가는 사업소득에 해당되고 따라서 이들 국가의 법인이 그 직원을 통해 국내에서 인적용역을 제공하는 경우 그 대가는 우리나라에 고정사업장이 없으면 한국에서 과세되지 아니함

과세원칙(용역수행지국 과세요건)

조세조약상 비거주자 등의 독립적 인적용역소득에 대하여는 조세조약에 따라 다소 상이하나 다음 3가지 요건 중 하나에 해당되면 용역수행지국인 국내에서 과세할 수 있음

- 비거주자 등이 국내에 고정시설을 가지고 있는 경우
- 비거주자 등이 당해 회계연도 중에 183일을 초과하여 국내에 체재하는 경우
- 비거주자 등이 국내에서 제공한 독립적 인적용역에 대한 대가가 국내의 거주자에 의해 지불되거나 국내에 소재하는 국내사업장 또는 고정시설에 의해 부담되고 당해 회계연도 중에 그 대가가 일정한 금액을 초과하는 경우

✓ 외국작가의 미디어 아트 작품 판매대가가 국내원천소득인지

비거주자인 외국작가가 제작한 미술작품을 판매하고 지급받는 대가는 인적용역소득으로 국외에서 제작한 경우 과세되지 아니함(서면국제세원 2024-939, 2024.7.25.)

✓ 비거주자인 다단계판매원에게 지급한 후원수당의 국내원천소득 해당여부

소득세법상 비거주자인 다단계판매원이 상품판매 등에 관련된 하위조직의 관리, 교육훈련 및 마케팅 노하우 전수 등을 국외에서 수행하고 이에 대한 대가를 국내 다단계판매업자가 지급하는 경우, 소득세법 제119조 제6호에 따른 국내원천소득에 해당하지 않는 것임. 본 건 후원수당이 이에 해당하는 지 여부는 사실판단 사항임(서면국제세원 2023-1832, 2023.7.17.)

✓ 국제변호사에게 지급하는 수수료의 원천징수 여부

국내사업장이 없는 비거주자로부터 전적으로 국외에서만 수행되는 인적용역을 제공받고 지급한 대가는 국내원천소득에 해당하지 않음(서면국제세원 2021-4325, 2021.7.20.)

✓ 비거주자가 제공한 독립적 인적용역에 대한 과세여부

[사실관계]

질의법인은 베트남, 캐나다, 필리핀 거주자와 문화·지역 연구 목적으로 용역계약을 체결함

- 인적용역 제공 예정기간은 약 60일~90일임

6) 국세청, 2010, 국제조세공개강좌(1), 국세공무원교육원, p. 44

• 각 연구자들은 별도의 법인에 소속되지 않으며, 개인자격으로 용역을 제공함
• 연구자들은 질의법인에서 제공한 연구실을 사용함

[질의]
비거주자의 독립적 인적용역에 대하여 국내에 고정시설이 존재하는 것으로 보아 국내에서 과세할 수 있는지 여부

[회신]
비거주자가 독립된 자격으로 내국법인과 연구용역계약을 체결하고 계약기간동안 국내에서 예비적·보조적 활동이 아닌 사업의 본질적이고 중요한 업무를 수행하는 경우 동 업무수행 장소는 소득세법 제120조 및 「한·베트남 조세조약」, 「한·캐나다 조세조약」, 「한·필리핀 조세조약」 제5조에 따른 고정사업장에 해당하며 이때 필리핀 거주자가 지급받는 용역대가는「한·베트남 조세조약」, 「한·캐나다 조세조약」, 「한·필리핀 조세조약」 제14조에 따라 국내에서 과세되는 것임(서면국제세원 2022-2673, 2022.11.17.)

✓ **국외에서 제공하는 용역에 대한 대가의 원천징수 여부**

내국법인이 국내사업장이 없는 비거주자로부터 용역을 제공받고 대가를 지급하는 경우 해당 용역이 소득세법 제119조 제6호에 따른 인적용역에 해당하는 것이라면 그 인적용역이 국내에서 제공되어야 국내원천소득으로 과세되며 그 인적용역이 전적으로 국외에서 제공되면 그 대가는 국내에서 과세되지 아니함(국제세원-35, 2011.1.24.)

✓ **소득세법 시행령 제179조 제7항의 숙박업자의 의미**

비거주자가 소득세법 제119조 제6호에 따른 인적용역을 제공하여 발생하는 국내원천소득 중 소득세법 시행령 제179조 제7항에 따라 국내원천소득에서 제외되는 숙박비는 해당 인적용역을 제공받는 자가 숙박업자에게 직접 지급한 경우에 한정되는 것임(기획재정부국제조세-130, 2019.4.8.)

✓ **비거주자에게 지급하는 강연료의 과세여부**

과학기술·경영관리 기타 이와 유사한 분야에 관한 전문적 지식 또는 특별한 기능을 가진 캐나다 거주자 및 독일 거주자가 국내에서 개최되는 국제심포지엄에 초청받아 강의하고 내국법인으로부터 지급받는 대가는 「한·캐나다조세조약」 제14조 및 「한·독일조세조약」 제14조에 따른 인적용역소득에 해당하는 것으로, 당해 용역제공자가 국내에 정기적으로 이용할 수 있는 고정시설을 가지고 있지 않으며 당해 회계연도에 개시하거나 종료하는 12월 중 총 183일을 초과하는 단일 기간 또는 통산한 기간동안 국내에 체류하지 아니하면 그 대가는 국내에서 과세되지 않는 것임(국제세원-377, 2010.8.23.)

✓ **인적용역소득의 과세여부**

대구경북과학기술원이 미국 의과대학 교수를 2년의 기간동안 초청하여 뇌과학부를 신설하기 위한 교수채용, 학생모집, 강의설계, 부서예산 편성, 부서 설비기획 조언, 강의를 수행 및 자문하는 용역을 제공하고 지급받는 대가 중 강의에 대한 인적용역 대가는 「한·미조세조약」 제20조 제1항에 따라 과세되지 않으나, 나머지 용역대가는 독립적 인적용역에 해당되어 미화 3천불을 초과하는 경우 과세되는 것임(법규국조-149, 2010.5.31.)

✓ 인가된 교육기관의 교장으로 초청되어 학교행정 전반을 총괄하는 용역을 제공하고 받는 대가의 소득세 면제여부

미국 거주자가 인가된 교육기관의 교장으로 우리나라에 초청되어 학교행정 전반을 총괄하는 인적용역을 제공하고 지급받는 대가는 「한·미조세조약」 제20조에 따른 소득세 면제대상에 해당되지 않는 것임(서면법규-1247, 2014.11.28.)

✓ 비거주자인 게이머가 내국법인이 개최하는 게임대회에 참가하여 상금을 받는 경우 소득구분 및 원천징수

비거주자인 게이머가 내국법인이 국외에서 개최하는 세계 최대의 사이버 게임대회(World Cyber Games, "WCG")에 참가하고 상금을 지급받는 경우, 동 상금은 국외에서 수행하는 용역대가로서 소득세법 제119조 제6호에 따른 국내원천소득에 해당하지 아니하는 것이며, 비거주자인 게이머가 국내에서 개최되는 세계 최대의 사이버 게임대회에 참가하고 지급받는 상금은 소득세법 제119조 제6호에 따른 국내원천 인적용역소득에 해당하는 것으로 내국법인은 해당 상금 지급시 같은 법 제156조 제1항 제2호에 따라 원천징수하는 것임. 이 경우, 비거주자의 거주지국과 조세조약이 체결되어 있고 연예인·체육인소득 규정이 있는 경우에는 동 규정을 적용하는 것이며 해당 조세조약에 연예인·체육인소득 규정이 없는 경우에는 독립적 인적용역소득 규정을 적용하여 원천징수 여부를 판단하는 것임(서면법규-931, 2013.8.29.)

✓ 노르웨이 거주자인 아마추어 운동선수가 지급받는 후원금의 소득구분

노르웨이 거주자인 아마추어 운동선수가 국내에서 운동가로서 제공하는 인적용역과 관련하여 국내기업 및 비영리단체로부터 지급받는 후원금은 한·노르웨이 조세조약 제17조 및 소득세법 제156조 제1항에 따라 지급금액의 20%(지방소득세 별도)를 원천징수하여야함(서면법령해석국조 2016-4639, 2016.12.22.)

✓ 축구선수 알선수수료에 대한 원천징수 여부

내국법인이 국내사업장이 없는 크로아티아 또는 브라질의 알선업자로부터 자국 축구단의 축구선수를 국내프로축구단으로 이적이 성사될 수 있도록 알선용역을 제공받음에 있어, 당해 알선업자가 자국 축구단의 축구선수 이적을 성사시키는 역할을 전적으로 국외에서 수행하는 경우에는 내국법인이 그 알선업자에게 지급하는 수수료는 소득세법 제119조에 따른 국내원천소득에 해당되지 아니함(국제세원-44, 2011.1.31.)

✓ 골프스윙 진단 전문가가 제공하는 용역의 소득구분

골프스윙 진단 전문가인 캐나다 거주자(개인)가 내국법인과 용역공급에 관한 계약을 체결하여 내국법인의 골프스윙 분석장비를 이용해 골퍼의 스윙에 관한 분석, 컨설팅 및 직원교육 관련 용역을 국내에서 제공하고 내국법인으로부터 받는 대가는 소득세법 제119조 제6호 및 「한·캐나다조세협약」 제14조에서 규정하는 인적용역소득에 해당하는 것으로, 동 캐나다 거주자가 국내에 정기적으로 이용할 수 있는 고정시설을 가지고 있거나, 해당 용역 수행을 위해 당해 회계연도에 개시하거나 종료하는 12월 중 총 183일을 초과하는 단일 기간 또는 통산한 기간동안 국내에서 체류하는 경우 그 대가는 국내에서 과세되는 것임(국제세원-411, 2010.9.10.)

✓ 스위스법인이 보험관련 컨설팅용역을 수행하고 지급받는 대가의 소득구분

국내사업장이 없는 스위스법인이 동종의 용역수행자가 통상적으로 보유하는 전문지식이나 기능을 활용하여 수행하는 보험관련 컨설팅 용역을 제공하고 지급받는 대가는 독립적 인적용역소득에 해당하는 것임(서면2팀-419, 2008.3.10.)

✓ **비거주자에게 지급하는 용역대가에 대한 원천징수 여부**

국내 비영리 연구기관이 해외의 교수, 연구원 등 전문가를 초청하여 세미나, 강연 등의 형태로 기술자문을 제공받고 용역대가 및 체재비, 항공료를 지급하는 경우, 해당 용역은 과학기술 등의 분야에 관한 전문적인 지식 또는 특별한 기능을 가진 자가 그 지식 또는 기능을 활용하여 제공하는 용역으로서 인적용역소득에 해당되므로 총지급대가(체재비, 항공료 포함)의 20%(주민세 별도)를 소득세로 원천징수하여야 함(서이 46017-12331, 2002.12.26.)

7 국내원천 근로소득

국내에서 제공하는 근로와 다음의 근로의 대가로서 받는 소득을 말한다.(소법 119조 7, 2013.1.1. 개정, 소령 179조 ⑧, 2015.2.3 개정)

① 거주자 또는 내국법인이 운용하는 외국항행선박·원양어업선박 및 항공기의 승무원이 받는 급여

② 내국법인의 임원의 자격으로서 받는 급여

③ 법인세법에 따라 상여로 처분된 금액(2015.2.3. 신설)

✓ **비거주자가 국내사업장에서 업무를 수행하고 대가는 국외에서 지급받는 경우 국내원천소득의 범위**(소통 119-0…1)

비거주자가 법 제120조의 규정에 의한 국내사업장 등에 일시 체류하면서 기술지도를 행하고 국내체류기간에 제공한 근로의 대가로 지급받는 급여는 이를 국외에서 지급받는 경우에도 해당 국가와의 조세협약 등에서 별도로 규정한 경우를 제외하고는 법 제119조에서 규정하는 국내원천소득으로 과세된다.

✓ **외국법인의 국내사업장에 근무하는 외국인의 급여의 국내원천소득판정**(소통 119-0…2)

외국인이 외국법인의 국내사업장에 파견되어 근로를 제공하고 수령하는 급여는 이를 본사에서 지급하거나 또는 국내사업장의 손금으로 계산하는가의 여부에 관계없이 해당 국가와의 조세협약 등에서 별도로 규정하는 것을 제외하고는 법 제119조 제7호의 규정에 의하여 국내원천소득으로 본다.

✓ **비거주자가 내국법인의 임원으로서 받는 급여가 국내원천 근로소득에 해당하는지 여부**

비거주자가 임원이며 보수의 지급원인이 되는 직무가 국내에서 행해지는 것인 경우에는 해당 비거주자에게 지급하는 보수는 소득세법 제119조 제7호 및 한·미 조세조약 제19조에서 규정하는 국내원천 근로소득에 해당하는 것임(사전법령해석국조 2019-61, 2019.2.20.)

✓ **미국 거주자가 미국에서 제공한 근로에 대한 대가의 과세 여부**

내국법인이 비거주자(미국 거주자)인 임원에게 미국에서 제공한 근로에 대한 대가를 지급하는 경우

동 대가는 소득세법 제119조 제7호 및 「한·미 조세조약」 제19조에 따라 국내에서 과세되지 않는 것임(사전법규국조 2024-33, 2024.4.30.)

✓ 미국 현지에서 근로를 제공하는 근로자에 대하여 내국법인이 급여를 지급할 경우, 비거주자의 국내원천소득에 해당하는 지 여부

[사실관계]

• 신청법인은 국내 비거주자(국적은 한국, 미국 영주권자)를 고용하여 근로자가 미국 현지에서 근로를 제공할 예정이며, 이에 대한 급여는 내국법인이 근로자의 해외금융기관 계좌로 외화 송금하여 지급예정

• 내국법인에 소속된 근로자이며, 미국 내 지사 또는 해외법인은 따로 없음

[질의]

미국 현지에서 근로를 제공하는 근로자에 대하여 내국법인이 급여를 지급할 경우, 비거주자의 국내원천소득에 해당하는 지 여부

[회신]

내국법인이 비거주자를 채용하여 국외에서만 근로를 제공하게 하고 대가를 지급하는 경우, 동 대가는 소득세법 제3조 및 같은 법 제119조 제7호 규정의 국내원천소득에 해당하지 아니하므로 국내에서 과세되지 않는 것임(서면국제세원 2023-1130, 2023.5.8.)

✓ 비거주자의 근로소득 과세 여부 및 비과세되는 실비변상적 급여의 범위

업무수행을 위하여 비거주자 임원에게 제공된 숙박비, 항공권, 여비 등이 합리적 또는 경제적이라고 인정되는 범위를 초과하는 경우에는 실비변상적 급여에 해당하지 아니함(서면법령해석국조 2016-5505, 2017.2.8.)

✓ 외국인근로자가 국내 근로제공에 따른 성과급을 비거주 상태에서 지급받은 경우 국내 원천소득 해당 여부

국내 근로제공에 대한 성과급을 비거주인 상태에서 수취하는 경우, 동 성과금은 국내원천 근로소득에 해당하는 것임(국제세원-547, 2011.11.18.)

✓ 한국지점에 근무하는 비거주자가 외국모회사로부터 받는 급여는 국내원천소득으로 과세됨

① 어느 개인이 한·미양국의 거주인인 경우에 있어서의 거주자 판정은 한·미조세협약 제3조 제2항의 규정에 따른 것인바, 제일 먼저 항구적 주거를 기준으로 거주자를 판정하며, 항구적 주거가 양구에 모두 있거나 어느 쪽에도 없는 경우는 일상적 거소를 중심으로 판단하게 되며, 이 또한 불확실한 경우에는 그가 시민인 체약국의 거주자로 보는 것임. 이 기준에 의거 한국의 거주자로 판정되었을 경우 소득세법 제3조 규정에 의하여 전세계소득에 대하여 대한민국에 납세의무를 지는 것이며, 미국의 거주자로 판정될 경우는 국내 원천소득에 대하여만 소득세 신고납부의무가 발생함

② 비거주자에 해당하지 않는 미국거주자가 외국모회사와 고용계약을 체결한 후 국내에 파견되어 근로를 제공함에 따라 외국모회사로부터 지급받는 급여는 소득세법 제119조 제7호의 규정에 의하여 국내원천소득으로 과세되는 것임(서면2팀-1389, 2004.7.2.)

✓ 외국 母회사에서 지급받는 국내파견 비거주자 급여의 과세여부

소득세법 제1조에 의한 거주자에 해당하지 않는 미국거주자가 외국모회사와 고용계약을 체결한 후

국내에 파견되어 근로를 제공함에 따라 외국모회사로부터 지급받는 급여는 국내원천소득으로 한·미조세협약 제19조 제2항에서 별도로 규정한 경우를 제외하고는 국내원천소득으로 과세되는 것임(서이 46017-10536, 2003.3.18.)

✓ **비거주자의 근로소득 과세 여부 및 비과세되는 실비변상적 급여의 범위**

영국거주자가 내국법인의 대표이사로서 국·내외에서 제공한 근로대가 및 임원의 자격으로 내국법인으로부터 지급받는 급여는 소득세법 제119조 제7호 및 같은 법 시행령 제179조 제8항과 한·영조세조약 제15조 및 제16조의 규정에 따라 비거주자의 근로소득으로 과세되는 것이며, 국내 근로기간 중 업무수행을 위하여 비거주자 임원에게 제공된 숙박비, 항공권, 택시비, 식비 및 여비 등이 합리적 또는 경제적이라고 인정되는 범위를 초과하는 경우에는 소득세법 제12조 제3호 자목 및 같은 법 시행령 제12조 제3호에 의한 실비변상적 급여에 해당하지 아니하는 것임(서면법령해석국조 2016-5505, 2017.2.8.)

✓ **국내법인에서 근무하면서 부여받은 주식매수선택권을 퇴직 이후 비거주자로서 행사하여 얻은 소득이 과세대상인지 여부**

국내에서 수행되는 근로제공의 대가로 주식매수선택권을 부여받아 퇴직 후 비거주자(미국 거주자)의 상태에서 이를 행사하여 얻은 이익은 소득세법 제119조 제7호, 한·미조세조약 제19조 및 제6조에 따라 국내에서 과세되는 국내원천소득이며, 해당 소득을 얻은 외국인은 조세특례제한법 제18조의2에 따라 외국인 근로자 단일세율을 적용받을 수 있는 것임(사전법령해석소득 2016-513, 2016.11.24.)

8 국내원천 퇴직소득

국내에서 제공하는 근로의 대가로 받는 퇴직소득을 말한다.(소법 119조 8, 2013.1.1. 개정)

✓ **비거주자의 퇴직소득이 연금계좌로 지급되는 경우 소득세법 제146조 제2항을 적용할 수 있는지 여부**

국내법인이 퇴직하는 비거주자에게 퇴직소득을 개인퇴직연금계좌로 지급하는 경우 소득세법 제146조 제2항(☞ 과세이연 규정)을 적용할 수 없는 것임(사전법령해석소득 2018-181, 2018.8.9.)

9 국내원천 연금소득

국내에서 지급받는 소득세법 제20조의3 제1항에 따른 연금소득을 말한다.(소법 119조 8의2, 2013.1.1. 신설)

✓ **국민연금소득의 「한·캐나다 조세조약」 적용방법**

캐나다 거주자인 비거주자가 한국의 국민연금공단(NPS)으로부터 국민연금을 수령하는 경우 이는 「한·캐나다 조세조약」 제18조 제4항에 따른 '사회보장법률에 따라 발생하는 급부'에 해당하는 것임(서면국제세원 2021-2400, 2021.4.22.)

✓ **한국-캐나다 조세조약상 유족급여의 사회보장연금 해당 여부**

캐나다 거주자인 비거주자가 국민연금법 제49조 제3호 및 산업재해보상보험법 제36조 제1항 제5호 상 유족급여를 수령하는 경우 이는 「한국·캐나다 조세조약」 제18조 제4항에 따른 "사회보장법률에 따라 발생하는 급부"에 해당하는 것임(서면국제세원 2020-5299, 2020.12.14.)

10 국내원천 부동산 등 양도소득

다음 중 하나에 해당하는 자산·권리의 양도소득을 말한다. 다만, 그 소득을 발생하게 하는 자산·권리가 국내에 있는 경우만 해당한다.(소법 119조 9)

① 토지(지적법에 의하여 지적공부에 등록하여야 할 지목에 해당하는 것) 또는 건물(건물에 부속된 시설물과 구축물을 포함)

② 부동산을 취득할 수 있는 권리(건물이 완성되는 때에 그 건물과 이에 부수되는 토지를 취득할 수 있는 권리를 포함)

③ 지상권

④ 전세권과 등기된 부동산임차권

⑤ 사업에 사용하는 자산(토지·건물을 말한다)과 함께 양도하는 영업권(영업권을 별도로 평가하지 아니하였으나 사회통념상 영업권이 포함되어 양도된 것으로 인정되는 것과 행정관청으로부터 인가·허가·면허 등을 받음으로써 얻는 경제적 이익을 포함)

⑥ 이용권·회원권 및 그 밖에 그 명칭에 관계없이 시설물을 배타적으로 이용하거나 일반이용자에 비하여 유리한 조건으로 이용할 수 있도록 약정한 단체의 일원이 된 자에게 부여되는 시설물이용권(법인의 주식등을 소유하는 것만으로 시설물을 배타적으로 이용하거나 일반이용자에 비하여 유리한 조건으로 시설물이용권을 부여받게 되는 경우 당해 주식등을 포함)

⑦ 내국법인의 주식 또는 출자지분(주식·출자지분을 기초로 하여 발행한 예탁증서 및 신주인수권을 포함) 중 양도일이 속하는 사업연도 개시일 현재 그 법인의 자산총액(자산총액 및 자산가액의 계산에 관하여는 소득세법 시행령 제158조 제4항 및 5항을 준용한다. 이 경우 "양도일"은 "양도일이 속하는 사업연도 개시일"로 본다) 중 다음의 가액의 합계액이 50% 이상인 법인의 주식 또는 출자지분(이하 "부동산주식 등"이라

한다)으로서 증권시장에 상장되지 아니한 주식 또는 출자지분. 이때 조세조약의 해석·적용과 관련하여 그 조세조약 상대국과 상호합의에 따라 우리나라에 과세권한이 있는 것으로 인정되는 부동산주식 등도 위의 부동산주식 등에 포함한다.(소법 119조 9 나, 2019.12.31. 후단 신설, 소령 179조 ⑭, 2020.2.11. 개정)

㉠ 위 '①~④'의 자산가액(토지, 건물, 부동산을 취득할 수 있는 권리, 지상권, 전세권과 등기된 부동산임차권)

㉡ 내국법인이 보유한 다른 부동산 과다보유 법인의 주식가액에 그 다른 법인의 부동산 보유비율을 곱하여 산출한 가액

이 경우 부동산 과다보유 법인의 판정은 다음의 계산식에 따라 계산한 다른 법인의 부동산 보유비율이 50% 이상에 해당하는지 여부에 따른다.(소령 179조 ⑨, 2016.2.17. 신설)

$$\frac{\text{다른 법인이 보유하고 있는 위 '①~④'의 자산가액}}{\text{다른 법인의 총 자산가액}}$$

✓ 거주자가 비거주자로부터 부동산을 취득하는 경우

비거주자인 개인이 국내에 소재하는 아파트를 거주자인 개인에게 2007.1.1. 이후 최초로 양도하고 대가를 지급받는 경우, 동 대가는 소득세법 제119조 제9호의 소득(☞ 양도소득)에 해당하는 것이므로 동 소득이 있는 비거주자 개인은 거주자와 동일한 방법으로 양도소득과세표준의 예정·확정신고 등을 하여야 하는 것이나, 그 소득을 지급하는 거주자 개인은 소득세법 제156조 제1항의 규정(☞ 비거주자의 국내원천소득에 대한 원천징수의 특례)에 따라 원천징수의무가 없는 것임(부동산거래관리-983, 2010.7.27.)

11 국내원천 사용료소득

다음 중 하나에 해당하는 권리·자산 또는 정보(이하 "권리 등"이라 한다)를 국내에서 사용하거나 그 대가를 국내에서 지급하는 경우의 그 대가 및 권리 등의 양도로 발생하는 소득을 말한다. 이 경우 국내원천 선박 등 임대소득에 따른 산업상·상업상·과학상의 기계·설비·장치 등을 임대함으로써 발생하는 소득을 조세조약에서 사용료소득으로 구분하는 경우 그 사용대가를 포함한다.(소법 119조 10, 2020.12.29. 후단신설)

① 학술 또는 예술과 관련된 저작물(영화필름 포함)의 저작권·특허권·상표권·디자인·모형·도면, 비밀의 공식 또는 공정·라디오·텔레비전방송용 필름·테이프, 그 밖에 이와 유사한 자산이나 권리

② 산업·상업 또는 과학과 관련된 지식·경험에 관한 정보 또는 노하우

③ 사용지(使用地)를 기준으로 국내원천소득 해당 여부를 규정하는 조세조약(이하 "사용지 기준 조세조약"이라 한다)에서 사용료의 정의에 포함되는 그 밖에 이와 유사한 재산 또는 권리[특허권, 실용신안권, 상표권, 디자인권 등 그 행사에 등록이 필요한 권리(이하 "특허권 등"이라 한다)가 국내에서 등록되지 아니하였으나 그에 포함된 제조방법·기술·정보 등이 국내에서의 제조·생산과 관련되는 등 국내에서 사실상 실시되거나 사용되는 것을 말한다]

✓ **노하우와 독립적인 인적용역의 구분**(법인 통칙 93－132…7)

① 정보 또는 노하우란 지적재산권의 목적물이 될 수 있는 지 여부와 관계없이 제품 또는 공정의 산업적 재생산을 위하여 필요한 모든 비공개 기술정보로서 동 정보를 제공하기 전에 이미 존재하는 것을 말한다.

② 기술자(엔지니어)가 정형화된 전문직업적 용역이나 정형화되지는 않았으나 그 용역의 성질이 동종의 용역수행자가 통상적으로 보유하는 전문지식이나 기능을 활용하여 수행하는 용역(이하 "기술지원용역"이라 한다)은 인적용역(→ 과학기술·경영관리 기타 이와 유사한 분야에 관한 전문적 지식 또는 특별한 기능을 가진 자가 해당 지식 또는 기능을 활용하여 제공하는 용역)에 해당된다.

③ '①'에서 말하는 정보 또는 노하우 해당 여부는 특히 다음호의 요소를 고려하여 결정한다.

㉠ 비밀보호규정이 있거나 제3자에게 공개되지 못하게 하는 특별한 상치가 있는지 여부

㉡ 기술용역제공대가가 당해 용역 수행에 투입되는 비용에 통상이윤을 가산한 금액을 상당히 초과하는지 여부

㉢ 사용자가 제공된 정보 또는 노하우를 적용함에 있어서, 제공자가 특별한 역할을 수행하도록 요구되는지 또는 제공자가 그 적용결과를 보증하는지 여부

④ 내국법인이 외국법인과 체결한 기술도입계약상 도입대상이 '①'의 정보 또는 노하우와 '②'의 기술지원용역으로 혼합되어 있는 경우에도 다음에 따라 소득을 계산한다.

㉠ 계약상 제공하는 정보 또는 노하우와 기술지원용역 중 어느 부분은 당해 계약의 주된 부분을 구성하고 있고, 다른 부분은 부수적이며 보조적인 부분으로 구성되어 있는 경우에는 당해 계약상의 전체 지급대가를 그 계약의 주된 부분의 소득으로 한다.

㉡ 상기 '㉠' 이외의 경우에는 전체 지급대가를 계약상 제공하는 정보 또는 노하우의 대가의 크기, 작업시간, 주당임금 등을 기초로 하거나 기타 합리적인 기준에 의하여 정보 또는 노하우의 대가와 기술지원 용역의 대가를 구분하여 계산한다.

✓ **국제스포츠대회 개최비용의 소득구분**

내국법인이 국제스포츠대회의 개최권을 보유하고 있는 국내사업장이 없는 미국법인으로부터 동 대회를 국내에서 개최할 수 있는 권리를 부여받고 지급하는 대가는 법인세법 제93조 제8호 및 「한·미 조세조약」 제14조의 규정에 의한 미국법인의 국내원천 사용료소득에 해당하는 것이고 동 대가가 미국법인에게 지급한 외국선수의 참가비용인 경우에는 비거주자 개인에게 귀속되는 소득으로서 소득세법 제119조 제6호에서 규정하는 인적용역소득에 해당하는 것임(서면법령해석국조 2016-4220, 2016.11.16.)

PART 8

✓ **내국법인이 미국거주자와 기술 및 제품개발에 따른 용역개약을 체결하고 이에 대한 대가를 지급함에 있어, 미국거주자에게 지급하는 연구용역 대가의 소득구분의 여부**

① 내국법인이 연구용역 성과물의 소유권을 갖고 용역성패에 대한 위험을 부담하며 그 대가가 기술·제품개발비에 통상 이윤을 합한 수준인 경우 국외에선 수행한 인적용역에 대한 대가는 미국거주자의 국외원천소득으로부 국내에서는 과세되지 아니하나

② 내국법인이 동 연구용역계약으로 미국거주자의 상업적·학술적 정보나 노하우 등을 이전받음에 따라 매월 정액지급하는 대가는 그 사용료 총액의 15%(주민세 별도, 용역제공자 세부담 조건)를 소득세로 원천징수하여야 함(서면2팀-1093, 2004.5.27.)

✓ **기술도입대가의 원천징수 등**

내국법인이 국내고정사업장이 없는 비거주자인 일본국의 개인으로부터 제품의 개발과 관련된 기술정보 및 노하우 등을 제공받고 지급하는 대가는 소득세법 제119조 제11호 및 한·일조세협약 제12조의 규정에 의한 사용료소득으로 사용료총액(국내 체재비 포함)의 10%(주민세 포함)를 소득세로 원천징수하는 것임

또한 사업자가 국내고정사업장이 없는 비거주자로부터 용역을 제공받고(공급받은 해당 용역을 과세사업에 공하는 경우를 제외한다) 그 대가를 지급하는 때에는 부가가치세법 제34조 제1항의 규정에 의해 부가가치세를 대리납부하여야 하는 것임(서이 46017-10030, 2004.1.6.)

✓ **내국법인이 일본거주자의 저작권을 사용하고 제3자에게 저작권 사용대가 지급시 원천징수**

내국법인이 일본저작자 및 일본저작자로부터 저작권 중개를 위임받은 일본출판사와 일본저작자의 저작권사용에 관한 계약을 체결한 후, 일본저작자의 저작권을 사용하고 그 대가를 일본출판사에 지급하는 경우, 일본출판사에 지급하는 저작권 사용대가 총액을 일본저작자의 사용료소득으로 보아 「한·일 조세조약」 제12조에 따라 원천징수하는 것임(서면법규-1002, 2013.9.12.)

12 국내원천 유가증권 양도소득

내국법인이 발행한 주식 또는 출자지분과 그 밖의 유가증권, 외국법인이 발행한 주식 또는 출자지분(증권시장에 상장된 것만 해당한다) 및 외국법인의 국내사업장이 발행한 그 밖의 유가증권 중 하나에 해당하는 주식·출자지분(증권시장에 상장된 부동산주식 등을 포함) 또는 그 밖의 유가증권(자본시장과 금융투자업에 관한 법률 제4조에 따른 증권을 포함)의 양도로 인하여 발생하는 소득으로서 다음의 소득을 말한다.(소법 119조 11)

① 비거주자가 주식 또는 출자지분을 양도함으로써 발생하는 소득. 다만, 증권시장을 통하여 주식 또는 출자지분을 양도(자본시장과 금융투자업에 관한 법률 제78조에 따른 중개에 따라 주식을 양도하는 경우를 포함)함으로써 발생하는 소득으로서 해당 양도자 및 그와 특수관계인이 해당 주식 또는 출자지분의 양도일이 속하는 연도와 그 직전 5년의 기간 중 계속하여 해당 주식 또는 출자지분을 발행한 법인의 발행주식총액 또는 출자총액(외국법인이 발행한 주식 또는 출자지분의 경우에는 증권시장

에 상장된 주식 또는 출자지분의 총액)의 25% 미만을 소유한 경우를 제외한다.(소령 179조 ⑪ 1)

② 국내사업장을 가지고 있는 비거주자가 주식 및 출자지분 외의 유가증권을 양도함으로써 발생하는 소득. 다만, 해당 유가증권의 양도시에 이자소득으로 과세되는 소득은 제외한다.(소령 179조 ⑪ 2)

③ 국내사업장을 가지고 있지 아니한 비거주자가 내국법인, 거주자 또는 비거주자·외국법인의 국내사업장에 주식 또는 출자지분 외의 유가증권을 양도함으로써 발생하는 소득. 다만, 해당 유가증권의 양도시에 이자소득으로 과세되는 소득은 제외한다.(소령 179조 ⑪ 3)

이때, 비거주자가 투자기구(법인의 거주지국에서 조세목적상 주식 또는 출자지분의 양도로 발생하는 소득에 대하여 법인이 아닌 그 주주 또는 출자자가 직접 납세의무를 부담하는 경우를 말한다)를 통하여 내국법인 또는 외국법인(증권시장에 상장된 외국법인만 해당)의 주식을 취득하거나 출자(이하 "투자"라 한다)한 경우 그 주식 소유비율 또는 출자비율(이하 "투자비율"이라 한다)은 다음에 따라 계산한다.(소령 179조 ⑱, 2010.12.30. 개정)

㉠ 비거주자가 투자기구를 통한 투자(이하 "간접투자"라 한다)만 한 경우 : 투자기구의 투사비율. 이 경우 2 이상의 투자기구를 통하여 투자한 경우 그 투자기구들의 투자비율을 각각 합하여 산출한다.(소령 179조 ⑱ 1, 2010.12.30. 개정)

㉡ 비거주자가 간접투자와 투자기구를 통하지 아니하는 직접 투자(이하 "직접투자"라 한다)를 동시에 한 경우 : 다음에 따라 계산한 비율 중 큰 비율(소령 179조 ⑱ 2, 2010.12.30. 개정)

ⓐ 비거주자의 직접투자와 간접투자에 의한 투자비율을 각각 합한 비율. 이 경우 비거주자가 간접투자한 비율은 해당 비거주자가 투자기구에 투자한 비율과 투자기구의 투자비율을 곱하여 산출한다.

ⓑ 투자기구의 투자비율. 이 경우 2 이상의 투자기구를 통하여 투자한 경우 그 투자기구들의 투자비율을 각각 합하여 산출한다.

✓ **유가증권 양도소득의 계산방법**(소통 119 - 0…3)

① 법 제119조 제11호에서 규정하고 있는 "그 밖의 유가증권"이란 재산적 이익을 얻을 수 있는 모든 종류의 유가증권을 말한다.

② 비거주자가 외화금액을 기준으로 내국법인이 발행한 유가증권을 취득하거나 양도한 경우 유가증권 양도소득은 양도가액 또는 취득가액을 원화로 환산한 금액으로 계산한다.

✓ **간접소유비율 계산** (국제조세 집행기준 2-2-4)

① 국외특수관계인을 판정함에 있어서 일방법인이 타방법인의 의결권 있는 주식의 50% 이상을 직접 또는 간접으로 소유하는지의 여부는 일방법인의 타방법인에 대한 직접 및 간접소유 비율을 합계한 비율에 의하여 판정한다.

② 일방법인이 타방법인의 주주인 법인을 소유함으로써 타방법인을 소유하게 되는 것을 간접소유라고 하며 그 비율의 계산방법은 다음과 같다.

㉠ 일방법인이 타방법인의 주주인 법인의 의결권 있는 주식을 50% 이상 소유하는 경우에는 그 주주인 법인의 타방법인에 대한 의결권 있는 주식소유비율

〈사례 1〉

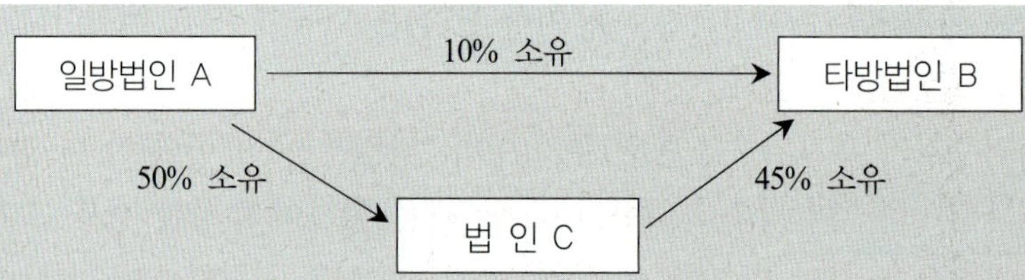

○ 직·간접 소유비율 합계 : 10% + 45% = 55%
- 직접 소유비율 : 10%
- 간접 소유비율 : 45% (= 1 × 45%)

〈사례 2〉

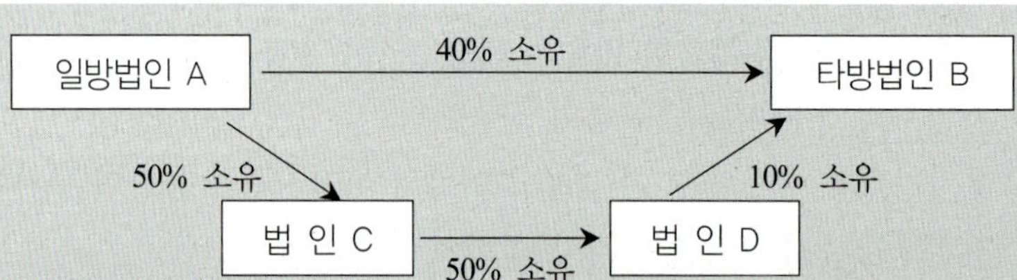

○ 직접 또는 간접소유비율 : 40% + 10% = 50%
- 직접 소유비율 : 40%
- 간접 소유비율 : 10% (= 1 × 1 × 10%)

㉡ 일방법인이 타방법인의 주주인 법인의 의결권 있는 주식을 50% 미만 소유하는 경우에는 당해 소유 비율과 그 주주인 법인의 타방법인에 대한 의결권 있는 주식 소유비율을 곱한 비율

〈사례 1〉

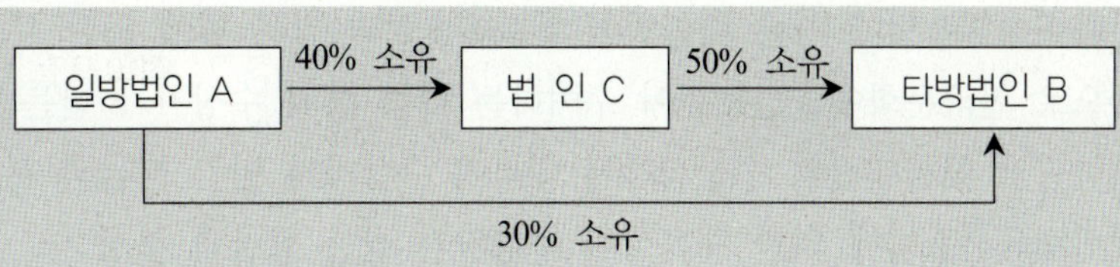

○ 직·간접 소유비율 합계 : 30% + 20% = 50%
- 직접 소유비율 : 30%
- 간접 소유비율 : 20% (= 40% × 50%)

〈사례 2〉

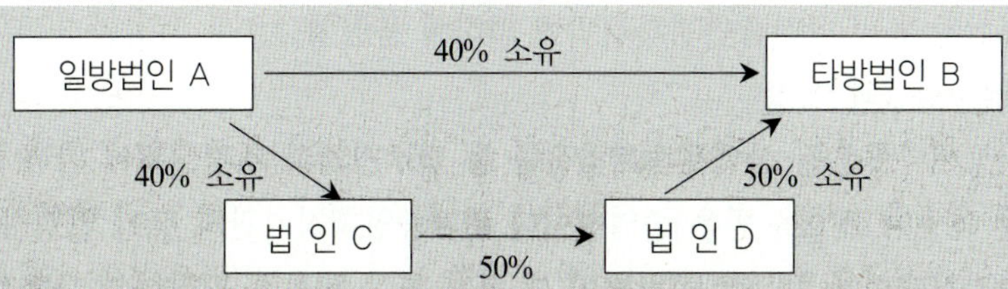

○ 직접 또는 간접소유비율 : 40% + 10% = 50%
- 직접 소유비율 : 40%
- 간접 소유비율 : 10% (= 40% × 50% × 50%)

13 국내원천 기타소득

위에서 규정하는 소득 외의 소득으로서 다음에 해당하는 소득을 말한다.(소법 119조 12)

① 국내에 있는 부동산 및 그 밖의 자산 또는 국내에서 경영하는 사업과 관련하여 받은 보험금·보상금 또는 손해배상금

② 국내에서 지급하는 위약금 또는 배상금으로서 재산권에 관한 계약의 위약 또는 해약으로 인하여 지급받는 손해배상으로서 그 명목 여하에 불구하고 본래의 계약내용이 되는 지급 자체에 대한 손해를 넘어 배상받는 금전 또는 기타 물품의 가액(소령 179조 ⑬)

③ 국내에서 지급하는 상금·현상금·포상금이나 그 밖에 이에 준하는 소득
다만, 다음의 상금·부상은 제외한다.(소법 119조 12 다 단서)

㉠ 상훈법에 따른 훈장과 관련하여 받는 부상

㉡ 대한민국학술원법에 의한 학술원상 또는 대한민국예술원법에 의한 예술원상의 수상자가 받는 상금과 부상

㉢ 노벨상 또는 외국정부·국제기관·국제단체 기타 외국의 단체나 기금으로부터 받

PART 8

는 상의 수상자가 받는 상금과 부상

㉣ 문화예술진흥법에 따른 대한민국 문화예술상과 같은 법에 의한 문화예술진흥기금으로 한국문화예술진흥원이 수여하는 각종 상의 수상자가 받는 상금과 부상

㉤ 대한민국 미술대전의 수상작품에 대하여 수상자가 받는 상금과 부상

㉥ 국민체육진흥법에 의한 체육상의 수상자가 받는 상금과 부상

㉦ 과학기술정보통신부가 개최하는 과학전람회의 수상작품에 대하여 수상자가 받는 상금과 부상

㉧ 특별법에 의하여 설립된 법인이 관계중앙행정기관의 장의 승인을 얻어 수여하는 상의 수상자가 받는 상금과 부상

㉨ 품질경영 및 공산품안전관리법에 의하여 품질명장으로 선정된 자(분임을 포함)가 받는 상금과 부상

㉩ 직장새마을운동·산업재해예방운동 등 정부시책의 추진실적에 따라 중앙행정기관장 이상의 표창을 받은 종업원이나 관계중앙행정기관의 장이 인정하는 국내외 기능경기대회에 입상한 종업원이 그 표창 또는 입상과 관련하여 사용자로부터 받는 상금 중 1인당 15만원 이내의 금액

㉪ 국민 제안 규정 또는 공무원 제안 규정에 따라 채택된 제안의 제안자가 받는 부상 (2021.2.17. 개정)

㉫ 국세기본법 제84조의2에 따른 포상금 등 법규의 준수 및 사회질서의 유지를 위하여 신고 또는 고발한 사람이 관련 법령에서 정하는 바에 따라 국가 또는 지방자치단체로부터 받는 포상금 또는 보상금

㉬ 경찰청장이 정하는 바에 따라 범죄 신고자가 받는 보상금

㉭ 위 '㉡부터 ㉬까지'의 규정에 따른 상금과 부상 외에 국가 또는 지방자치단체로부터 받는 상금과 부상(공무원이 국가 또는 지방자치단체로부터 공무 수행과 관련하여 받는 상금과 부상은 제외)

④ 국내에서 발견된 매장물로 인한 소득

⑤ 국내법에 따른 면허·허가 또는 그 밖에 이와 유사한 처분에 의하여 설정된 권리와 그 밖에 부동산 외의 국내자산을 양도함으로써 생기는 소득

⑥ 국내에서 발행된 복권·경품권 또는 그 밖에 추첨권에 당첨되어 받는 당첨금품과 승마투표권·승자투표권·소싸움경기투표권·체육진흥투표권의 구매자가 받는 환급금

⑦ 슬롯머신 등을 이용하는 행위에 참가하여 받는 당첨금품 등

⑧ 법인세법 제67조에 따라 기타소득으로 처분된 금액

⑨ 특수관계[*1]에 있는 비거주자(이하 "국외특수관계인"이라 한다)가 보유하고 있는 내국법인의 주식 또는 출자지분이 자본거래[*2]로 인하여 그 가치가 증가함으로써 발생하는

소득

*1. 특수관계라 함은 다음 중 하나에 해당하는 관계에 있는 비거주자를 말한다.(소령 179 ⑮, 2021.2.17. 개정)

㉠ 거주자 또는 내국법인과 국제조세조정에 관한 법률 시행령 제2조 제2항의 규정에 따른 특수관계

㉡ 비거주자 또는 외국법인과 제26조의2 제7항 제1호 가목 또는 나목의 규정에 따른 특수관계 (2024.12.31. 개정)

*2. 자본거래라 함은 법인세법 시행령 제88조 제1항 제8호 또는 제8호의2에 해당하는 거래를 말한다.(소령 179조 ⑯)

⑩ 국내의 연금계좌에서 연금외수령하는 금액으로서 소득세법 제21조 제1항 제21호의 기타소득(2013.1.1. 신설)

⑪ 사용지 기준 조세조약 상대국의 거주자가 소유한 특허권 등으로서 국내에서 등록되지 아니하고 국외에서 등록된 특허권 등을 침해하여 발생하는 손해에 대하여 국내에서 지급하는 손해배상금·보상금·화해금·일실이익 또는 그 밖에 이와 유사한 소득. 이 경우 해당 특허권 등에 포함된 제조방법·기술·정보 등이 국내에서의 제조·생산과 관련되는 등 국내에서 사실상 실시되거나 사용되는 것과 관련되어 지급하는 소득으로 한정한다.(소법 119조 12 카, 2019.12.31. 신설)

⑫ 가상자산소득[비거주자가 가상자산 이용자 보호 등에 관한 법률 제2조 제2호에 따른 가상자산사업자 또는 이와 유사한 사업자(이하 "가상자산사업자등"이라 한다)가 보관·관리하는 가상자산을 인출하는 경우 인출시점을 양도시점으로 보아 소득세법 제126조 제1항 제3호에 따라 수입금액에서 필요경비를 공제하여 계산한 가상자산소득금액을 포함](소법 119조 12 타, 2023.7.18. 개정, 소령 179조 ⑲, 2022.3.8. 신설)

➲ 2025.1.1. 이후 발생하는 소득분부터 적용한다.(2020.12.29. 법 부칙 1조 단서 1, 2조 ①, 2022.12.31. 개정)

⑬ 위 '①부터 ⑫까지' 외에 국내에서 하는 사업이나 국내에서 제공하는 인적 용역 또는 국내에 있는 자산과 관련하여 제공받은 경제적 이익으로 인한 소득(국가 또는 특별한 법률에 따라 설립된 금융회사 등 발행한 외화표시채권의 상환에 따라 받은 금액이 그 외화표시채권의 발행가액을 초과하는 경우에는 그 차액을 포함하지 아니한다) 또는 이와 유사한 소득(소법 119조 12 파, 2020.12.29. 개정)

✓ **암호화자산 거래차익은 구 소득세법 제119조 제12호 마목 또는 타목, 구 법인세법 제93조 제10호 바목 또는 카목에서 정한 국내원천소득에 해당하지 아니함**(서울고법 2024누50584, 2025.1.17, 완료)

✓ **가상자산에 대한 비거주자 기타소득세 징수처분은 법적근거가 없어 위법함**(서울고법 2024누37529, 2024.8.20.)

가상자산은 블록체인 네트워크에 연결된 전세계 여러 컴퓨터에 저장 및 보관하고 있고 소득세법은 열거주의 방식을 택하고 있어 구 소득세법 제119조 제12호에서 정한 "국내자산" 또는 "국내에 있는 자산"이라고 단정하기 어려움

✓ **비거주자가 퇴직 후 지급 받는 직무발명보상금의 소득세법상 소득 구분**

소득세법상 비거주자가 퇴직 후에 지급 받는 소득세법 제12조 제3호 어목에 따른 직무발명보상금은 소득세법 제119조 제12호 다목에서 정하는 국내원천 기타소득에 해당함(서면법규국조 2023-122, 2023.10.18.)

✓ **내국법인이 비거주자에게 온라인 회원가입 대가로 지급하는 사은금품은 국내원천 기타소득에 해당하지 아니함**(서면국제세원 2021-4341, 2021.7.7.)

✓ **비거주자가 내국법인이 개최하는 온라인 가상화폐 모의투자대회에 참가하여 받는 상금의 소득구분**

① 비거주자가 내국법인이 개최하는 가상화폐에 대한 온라인모의투자대회에 참가하여 순위에 따라 상금을 받는 경우, 당해 대회참가에 따른 용역제공이 동종의 용역수행자가 보유하고 있는 전문적인 지식 또는 기능을 활용하여 계속적·반복적으로 제공하는 것이라면 소득세법 제119조 제6호에 따른 국내원천 인적용역소득으로, 그 모의투자자가 국외에서 온라인을 통해 참가하는 경우에는 국내원천 인적용역소득에 해당하지 아니함

② 만일, 비거주자가 온라인 등의 방법으로 일시 또는 비정기적으로 국내모의투자대회에 참가하고 순위에 따라 지급받는 상금은 같은 법 제12호 다목에 따른 국내원천 기타소득에 해당함(서면국제세원 2021-747, 2021.3.18.)

✓ **중국거주자에게 지급하는 경품의 국내원천소득 해당 여부 등**

① 내국법인이 경품을 지급함으로써 중국거주자(법인 포함)에게 발생하는 소득은 소득세법 제119조 제12호 및 법인세법 제93조 제10호의 국내원천 기타소득에 해당하는 것이나, 동 소득에 대한 소득세 및 법인세는 한·중국 조세조약 제22조에 의하여 국내에서 과세되지 아니함. 이 경우 소득세법 제156조의2 및 법인세법 제98조의4의 규정에 따라 비과세 또는 면제에 관한 신청을 하여야 하며, 신청을 하지 아니하거나 그 신청 내용이 사실과 다른 경우에는 국내 세법에 따라 과세되는 것임

② 국내에서 과세되는 경우 국내사업장이 없는 중국거주자의 경품 수령으로 인한 국내원천 기타소득은 소득세법 제156조 및 법인세법 제98조에 따라 해당 소득을 지급하는 자가 관련 소득세 및 법인세를 원천징수하여 그 원천징수한 날이 속하는 달의 다음달 10일까지 납세지 관할 세무서장에게 납부하여야 하는 것임(사전법령해석 국조 2015-178, 2015.7.16.)

✓ **다단계판매원인 싱가포르 거주자가 국내 하위 판매원의 거래실적에 따라 지급받는 후원수당의 소득구분 및 원천징수**

국내 다단계 판매업자가 다른 판매원들의 거래실적과 관련하여 싱가포르 거주자에게 지급하는 후

원수당은 소득세법 제119조 제12호에 따른 기타소득에 해당되는 것이며, 같은 법 제156조 제1항 제3호에 따라 지급금액의 20%(지방소득세 별도)를 원천징수함(서면법규-361, 2013.3.28.)

✓ **세미나에 참석한 비거주자들에게 지급한 사례비의 국내원천소득 해당여부**

국내 비영리 연구기관이 국내에서 개최되는 국제세미나에 노르웨이, 벨기에, 스웨덴, 일본, 미국, 중국의 거주자인 교수, 연구원 등 전문가를 초청하여 세미나에서의 발표·토론 및 강연 등의 용역을 제공받고 사례비를 지급하는 경우 동 지급대가는 우리나라와 노르웨이, 벨기에, 스웨덴, 일본, 미국, 중국간에 체결한 조세협약상의 독립적 인적용역소득에 해당하는 것으로 노르웨이 및 스웨덴의 거주자는 국내에 정규적으로 이용할 수 있는 고정시설을 가지고 있지 않는 한 과세되지 않는 것이며, 벨기에의 거주자는 한·벨기에조세협약 제14조 제2항에서 별도로 규정한 경우에만 과세되지 않는 것이며, 일본의 거주자는 한·일조세협약 제14조 제1항에서 별도로 규정한 경우를 제외하고는 과세되지 않는 것이며, 중국의 거주자는 한·중 조세협약 제14조 제1항에서 별도로 규정한 경우를 제외하고는 과세되지 않는 것이며, 미국의 거주자는 한·미조세협약 제18조 제2항에서 별도로 정한 경우를 제외하고는 과세되지 않는 것임(서면2팀-1848, 2006.9.20.)

14 국내원천소득으로 보지 않는 경우

① 국내사업장이 없는 비거주자가 다음 중 하나에 해당하는 파생상품을 통하여 취득한 소득은 국내원천소득으로 보지 아니한다.(소령 179조 ⑫, 2019.2.12. 개정)

㉠ 자본시장과 금융투자업에 관한 법률 제5조 제2항에 따른 장내파생상품

㉡ 자본시장과 금융투자업에 관한 법률 제5조 제3항에 따른 장외파생상품으로서 같은 법 시행령 제186조의2에 따른 위험회피목적의 거래인 것

② 국내사업장이 없는 비거주자가 자본시장과 금융투자업에 관한 법률에 따라 국내사업장이 없는 비거주자·외국법인과 유가증권(원천징수특례규정을 적용받는 채권 등 제외) 대차거래를 하여 유가증권 차입자로부터 지급받는 배당 등의 보상금상당액은 국내원천소득으로 보지 아니한다.(소령 179조 ⑰)

제3절 비거주자의 국내사업장

1 국내사업장의 범위

"국내사업장"이란 비거주자가 국내에 사업의 전부 또는 일부를 수행하는 고정된 장소를 말한다.(소법 120조 ①) 이러한 국내사업장에는 다음에 해당하는 장소를 포함하는 것으로 한다.(소법 120조 ②)

① 지점·사무소 또는 영업소

② 상점이나 그 밖의 고정된 판매장소

③ 작업장·공장 또는 창고

④ 6개월을 초과하여 존속하는 건축장소, 건설·조립·설치공사의 현장 또는 이와 관련된 감독을 하는 장소

⑤ 고용인을 통하여 용역을 제공하는 장소로서 다음에 해당하는 장소

㉠ 용역이 계속 제공되는 12개월 중 합계 6개월을 초과하는 기간 동안 용역이 수행되는 장소

㉡ 용역이 계속 제공되는 12개월 기간 중 합계 6개월을 초과하지 아니하는 경우로서 유사한 종류의 용역이 2년 이상 계속적·반복적으로 수행되는 장소

⑥ 광산·채석장 또는 해저천연자원이나 그 밖에 천연자원의 탐사장소 및 채취장소(국제법에 따라 우리나라가 영해 밖에서 주권을 행사하는 지역으로서 우리나라의 연안에 인접한 해저지역의 해상과 하층토에 있는 것을 포함)

⑦ 특정 활동 장소가 다음 중 하나에 해당하는 경우에는 국내사업장에 포함한다.(소법 120조 ⑤, 2018.12.31. 신설)

㉠ 비거주자 또는 특수관계인이 특정 활동 장소와 같은 장소 또는 국내의 다른 장소에서 사업을 수행하고 다음의 요건을 모두 충족하는 경우

ⓐ 특정 활동 장소와 같은 장소 또는 국내의 다른 장소에 해당 비거주자 또는 특수관계인의 국내사업장이 존재할 것

ⓑ 특정 활동 장소에서 수행하는 활동과 위 'ⓐ'의 국내사업장에서 수행하는 활동이 상호 보완적일 것

㉡ 비거주자 또는 특수관계인이 특정 활동 장소와 같은 장소 또는 국내의 다른 장소에서 상호 보완적인 활동을 수행하고 각각의 활동을 결합한 전체적인 활동이 비거주자 또는 특수관계인의 사업 활동에 비추어 예비적 또는 보조적인 성격을 가진 활동에 해당하지 아니하는 경우(2019.12.31. 개정)

ⓒ 위에서 "특수관계인"이란 다음 중 하나에 해당하는 관계에 있는 자를 말한다.(소령 180조 ②, 2019.2.12. 신설, 소령 183조의2 ②)

ⓐ 비거주자와 그의 배우자·직계혈족 및 형제자매인 관계

ⓑ 비거주자가 외국법인의 의결권 있는 주식의 50% 이상을 직접 또는 간접으로 소유하고 있는 관계

2 간주국내사업장

(1) 간주국내사업장의 범위

비거주자가 고정된 장소를 가지고 있지 아니한 경우에도 다음 중 하나에 해당하는 자 또는 이에 준하는 대리인 등을 두고 사업을 경영하는 경우에는 그 자의 사업장 소재지(사업장이 없는 경우에는 주소지, 주소지가 없는 경우에는 거소지로 한다)에 국내사업장을 둔 것으로 본다.(소법 120조 ③, 2018.12.31. 개정)

① 국내에서 그 비거주자를 위하여 다음 중 하나에 해당하는 계약(이하 "비거주자 명의 계약 등"이라 한다)을 체결할 권한을 가지고 그 권한을 반복적으로 행사하는 자(소법 120조 ③ 1, 2018.12.31. 신설)

㉠ 비거주자 명의의 계약

㉡ 비거주자가 소유하는 자산의 소유권 이전 또는 소유권이나 사용권을 갖는 자산의 사용권 허락을 위한 계약

㉢ 비거주자의 용역제공을 위한 계약

② 국내에서 그 비거주자를 위하여 비거주자 명의 계약 등을 체결할 권한을 가지고 있지 아니하더라도 계약을 체결하는 과정에서 중요한 역할(비거주자가 계약의 중요사항을 변경하지 아니하고 계약을 체결하는 경우로 한정한다)을 반복적으로 수행하는 자(소법 120조 ③ 2, 2018.12.31. 신설)

(2) 비거주자의 대리인의 범위

비거주자의 대리인은 다음 중 하나에 해당하는 자를 말한다.(소령 180조 ①, 2019.2.12. 개정)

① 비거주자의 자산을 상시 보관하고 관례적으로 이를 배달 또는 인도하는 자

② 중개인, 일반위탁매매인 기타 독립적 지위의 대리인으로서 주로 특정 비거주자만을 위하여 계약체결 등 사업에 관한 중요한 부분의 행위를 하는 자(이들이 자기사업의 정상적인 과정에서 활동하는 경우를 포함)

③ 보험사업(재보험사업은 제외한다)을 영위하는 비거주자를 위하여 보험료를 징수하거나 국내소재 피보험물에 대한 보험을 인수하는 자

3 국내사업장으로 보지 않는 장소

다음의 "특정 활동 장소"가 비거주자의 사업 수행상 예비적 또는 보조적인 성격을 가진 활동을 하기 위하여 사용되는 경우에는 국내사업장에 포함되지 아니한다.(소법 120조 ④, 2019.12.31. 개정)

① 비거주자가 단순히 자산의 구입만을 위하여 사용하는 일정한 장소

② 비거주자가 판매를 목적으로 하지 아니하는 자산의 저장 또는 보관만을 위하여 사용하는 일정한 장소

③ 비거주자가 광고·선전·정보의 수집·제공 및 시장조사를 하거나 그 밖에 이와 유사한 활동만을 위하여 사용하는 일정한 장소(2018.12.31. 개정)

④ 비거주자가 자기의 자산을 타인으로 하여금 가공만 하게 하기 위하여 사용하는 일정한 장소

국내사업장 유무에 따른 과세방법[7)]

(1) 국내사업장이 있는 경우

① 국내사업장을 가지고 있거나 부동산소득이 있는 비거주자는 그 국내원천소득금액을 모두 합산하여 신고·납부하여야 한다.

그러나 그 국내사업장에 귀속되지 않는 소득으로서 원천징수된 소득에 대하여는 합산신고하지 않는다.

② 비거주자의 독립적 인적용역소득 등은 그 소득이 비거주자 등의 국내사업장에 귀속되는 경우에도 그 국내사업장이 사업자등록이 되어 있지 않으면 원천징수대상 소득이다.(기납부 원천징수세액은 신고·납부할 세액에서 공제)

(2) 국내사업장이 없는 경우

① 국내사업장이 없는 비거주자의 국내원천소득과 외국법인의 국내사업장에 귀속되지 않는 소득(부동산소득 등은 제외)은 각 소득의 종류별로 원천징수 과세한다.

② 독립적 인적용역소득에 대해서는 순소득으로 신고·납부 가능하다.

③ 양도소득의 경우 신고·납부하되 예납적 원천징수한다.

㉠ 양도소득의 범위에는 토지, 건물, 부동산에 대한 권리, 기타자산(비상장부동산주식 포함)이 포함된다.

㉡ 2007년부터 개인양수자의 경우 비거주자 등의 부동산 양도소득세 원천징수의무가 면제된다.

* 비거주자 등이 양도소득세를 미리 납부하였거나, 관할 세무서장으로부터 비과세 또는 과세미달 확인서를 받아 양수자에게 제출하는 경우에는 예납적 원천징수가 면제된다.

7) 국세청, 2010, 국제조세공개강좌(1), 국세공무원교육원, p. 18

✓ **비거주자가 국내 인터넷 블로그를 통해 상품판매를 하는 경우 국내사업장 해당여부**

비거주자가 국내에 서버를 둔 인터넷 포털사이트(블로그)를 통하여 국내소비자로부터 주문을 받아 국외에서 직배송하는 방식으로 상품을 판매하는 경우, 고객과의 계약체결, 국내계좌를 이용한 대금결제 등 사업의 중요하고도 본질적인 행위가 국내에서 계속적으로 이루어지는 경우 국내 고정사업장에 해당함(서면법규-1105, 2014.10.22.)

✓ **비거주자의 국내부동산 양도시 양도소득세 납세의무**

비거주자에 대한 양도소득세의 납세지는 국내사업장의 소재지로 하는 것이며, 국내사업장이 없는 경우에는 국내원천소득(양도소득)이 발생하는 장소를 납세지로 하는 것임. 종합소득세의 납세지도 동일하게 판정하는 것임(부동산거래관리-750 2011.8.24.)

✓ **독립적 인적용역을 제공하는 비거주자의 고정사업장 해당여부**

내국법인의 사업장에서 계약에 따라 비거주자가 독립적 인적용역을 제공하는 경우 사업활동이 중요하고 본질적이며 계속적·반복적으로 수행하는 고정된 장소는 고정사업장에 해당함(국제세원-500, 2010.11.9.)

✓ **비거주자가 국외에서 투자유치를 하고 국내업체로부터 받는 성공수당의 소득구분 질의에 대한 회신**

국내에 고정사업장이 없는 비거주자가 국외에서 국내업체를 위하여 투자유치업무를 수행하고 지급받는 대가는 국내원천소득에 해당되지 아니하므로 우리나라에서 과세하지 아니하는 것임(서면2팀-1968, 2006.9.29.)

• 제 4 절 비거주자의 국내원천소득에 대한 과세방법

비거주자에 대하여 과세하는 소득세는 해당 국내원천소득을 종합하여 과세하는 경우와 분류하여 과세하는 경우 및 그 국내원천소득을 분리하여 과세하는 경우로 구분하여 계산한다.(소법 121조 ①, 2013.1.1. 개정)

비거주자의 국내원천소득에 대한 과세체계

<table>
<tr><th colspan="2">국내원천소득
소득세법 제119조</th><th>국내사업장이 있는
비거주자</th><th>국내사업장이 없는
비거주자</th><th>분리과세 원천징수세율
(소득세법상)</th></tr>
<tr><td>1호</td><td>이자소득</td><td rowspan="11">종합과세,
신고·납부(특정소득은 국내사업장 미등록시 원천징수)</td><td rowspan="10">분리과세,
완납적원천징수</td><td>20*</td></tr>
<tr><td>2호</td><td>배당소득</td><td>20</td></tr>
<tr><td>3호</td><td>부동산소득</td><td>–</td></tr>
<tr><td>4호</td><td>선박 등
임대소득</td><td>2</td></tr>
<tr><td>5호</td><td>사업소득</td><td>2</td></tr>
<tr><td>7호</td><td>근로소득</td><td>거주자와 동일</td></tr>
<tr><td>8호의2</td><td>연금소득</td><td>거주자와 동일</td></tr>
<tr><td>11호</td><td>사용료 소득</td><td>20</td></tr>
<tr><td>12호</td><td>유가증권
양도소득</td><td>Min(양도가액의 10%,
양도차익의 20*%)</td></tr>
<tr><td>13호</td><td>기타소득</td><td>20</td></tr>
<tr><td>6호</td><td>인적용역소득</td><td>분리과세
(종합과세 선택 가능)</td><td>20</td></tr>
<tr><td>8호</td><td>퇴직소득</td><td colspan="2" rowspan="2">거주자와 동일(분류과세)</td><td>–</td></tr>
<tr><td>9호</td><td>양도소득</td><td>Min(양도가액의 10%,
양도차익의 20*%)</td></tr>
</table>

* 국가·지방자치단체 및 내국법인이 발행하는 채권에서 발생하는 이자소득은 14%

➲ 1. 국내사업장이 있는 비거주자에는 부동산소득이 있는 비거주자 포함
2. 국내사업장 또는 부동산소득이 있는 비거주자의 경우에도 일용근로자 급여, 분리과세이자소득, 분리과세배당소득, 분리과세기타소득 등에 대하여는 거주자의 경우와 동일하게 분리과세 원천징수함
3. 소득세법상의 원천징수세율이 조세조약상의 제한세율보다 높은 경우에는 조세조약상의 제한세율을 적용하여야 함
4. 건축, 건설, 기계장치 등의 설치, 조립 기타의 작업이나 그 작업의 지휘, 감독 등에 관한 용역의 제공 혹은 인적용역의 제공 등으로 국내사업장을 구성하나 사업자등록을 하지 않은 경우에는 원천징수하여야 함

비거주자의 소득세 과세 체계[8)]

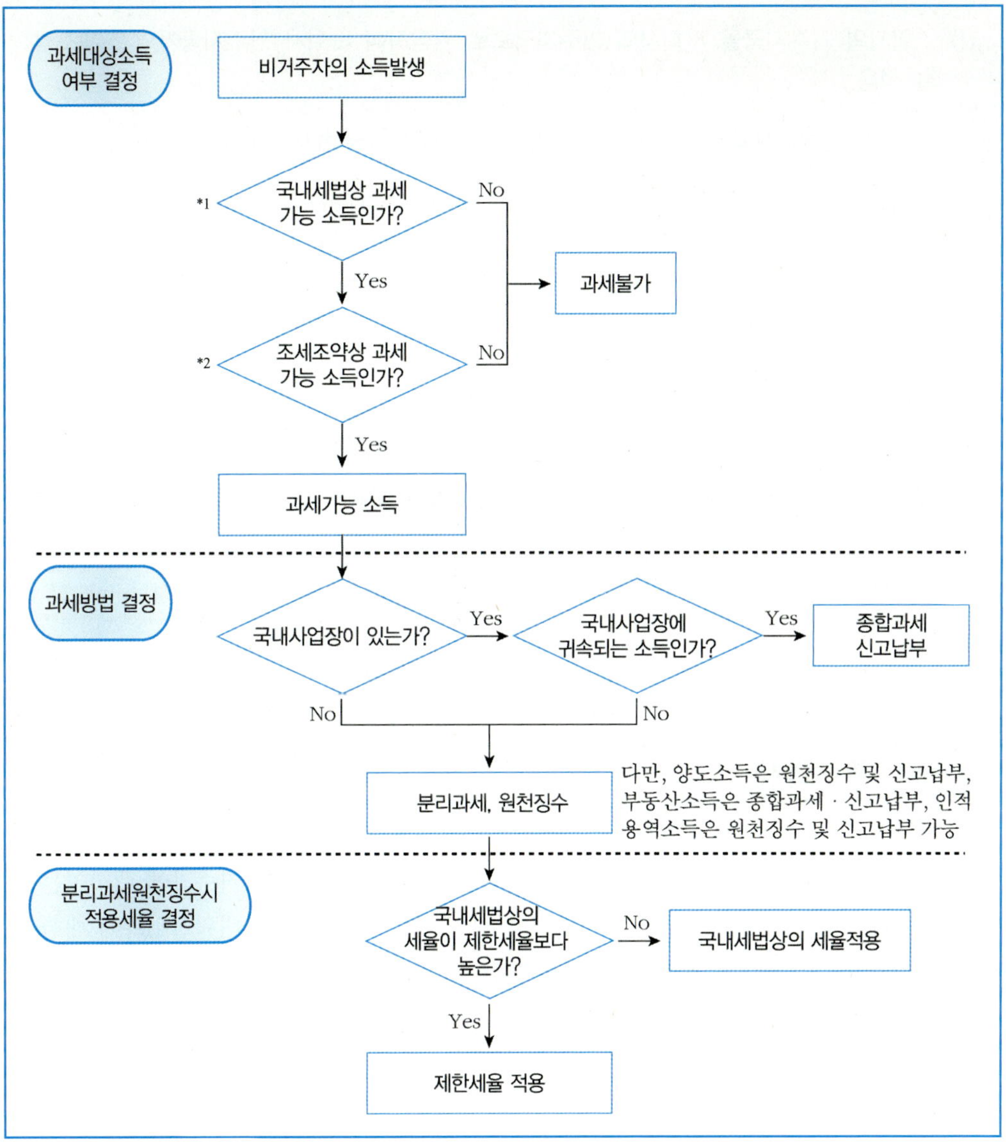

*1. 국내세법상 과세가능소득 : 국내원천소득에 해당하고, 비과세·면제되지 않는 소득

*2. 조세조약상 과세가능소득 : 국내원천소득에 해당하고, 원천지국(우리나라)에 과세권이 있는 소득

PART 8

8) 국세청, 앞의 책, p. 20

조세탈루사례[9]

(1) 子회사의 거주지국을 母회사의 거주지국으로 위장하여 母회사 거주지국가의 조세조약을 적용

- ○○실업은 홍콩법인(일본기업의 홍콩 현지법인)에게 사용료를 지급하면서 일본과의 조세조약을 적용하여 10% 원천징수함
  ☞ 홍콩은 조세조약이 없으므로 법인세법에 따라 20% 세율로 원천징수하여야 함

(2) 홍콩소재 법인과의 거래분에 대해서 한·중조세조약 적용

- ○○내셔날은 홍콩법인에게 프랜차이즈 사용료를 지급하면서 중국과의 조세조약을 적용하여 10% 원천징수함
  ☞ 홍콩은 한·중조세조약이 적용되지 않으므로 법인세법에 따라 20% 세율로 원천징수하여야 함

(3) 북아일랜드 법인에 대하여 아일랜드와의 조세조약 적용

- ○○IT는 북아일랜드 법인에게 SW 사용료를 지급하면서 한·아일랜드조세조약을 적용하여 비과세함
  ☞ 북아일랜드는 영국령으로 한·영조세조약을 적용, 사용료에 대하여 10% 세율로 원천징수하여야 함

I 종합과세

① 국내사업장이 있는 비거주자와 국내원천 부동산소득이 있는 비거주자에 대하여는 퇴직소득 및 양도소득을 제외한 국내원천소득소득[비거주자의 국내원천소득에 대한 특례(소법 156조), 비거주자의 채권 등에 대한 원천징수의 특례(소법 156조의3), 비거주자에 대한 원천징수 절차 특례(소법 156조의4) 및 비거주연예인 등의 용역제공과 관련된 원천징수절차 특례(소법 156조의5), 비거주자에 대한 조세조약상 제한세율 적용을 위한 원천징수 절차 특례(소법 156조의6, 2012.1.1. 신설) 규정에 의하여 원천징수되는 소득을 제외]을 종합하여 과세하고, 국내원천 퇴직소득 및 국내원천 부동산 등 양도소득이 있는 비거주자에 대하여는 거주자와 동일한 방법으로 분류하여 과세한다. 다만, 양도소득이 있는 비거주자로서 비거주자에게 과세할 경우에 1세대 1주택 비과세와 조합원입주권에 대한 비과세 및 장기보유특별공제를 적용하는 경우에 [표 2]는 적용하지 아니한다.(소법 121조 ②, 2019.12.31. 개정)

9) 국세청, 2010, 국제조세공개강좌(1), 국세공무원교육원, p. 27

② 원천징수되는 소득 중 국내원천 인적용역소득이 있는 비거주자가 분리과세규정에 불구하고 종합소득과세표준 확정신고를 하는 경우에는 국내원천소득(퇴직소득과 부동산 등 양도소득은 제외)에 대하여 종합과세할 수 있다.(소법 121조 ⑤, 2013.1.1. 개정)

1 과세표준과 세액의 계산

비거주자의 소득에 대한 소득세의 과세표준과 세액의 계산에 관하여는 거주자에 대한 소득세의 과세표준과 세액의 계산에 관한 규정을 준용한다. 다만, 인적공제 중 비거주자 본인 외의 자에 대한 공제와 특별소득공제, 자녀세액공제 및 특별세액공제는 하지 아니한다.(소법 122조 ①, 2018.12.31. 항번개정)

2 소득금액의 계산

종합과세의 경우의 과세표준과 세액의 계산은 다음에 의한다.(소령 181조) 다만, 국내사업장에서 발생된 판매비 및 일반관리비와 기타의 경비 중 국내원천소득의 발생과 관련되지 아니하는 것으로서 국내사업장이 약정 등에 따른 대가를 받지 아니하고 본점 등을 위하여 재고자산을 구입하거나 보관함으로써 발생한 경비와 기타 국내원천소득의 발생과 합리적으로 관련되지 아니하는 경비는 필요경비에 포함하지 아니한다.(소령 181조 ②, 소칙 86조의3, 2013.2.23. 개정)

① 대손충당금의 필요경비계산에 있어서 그 대손금은 비거주자가 국내에서 영위하는 사업에 관한 것에 한한다.

② 퇴직급여충당금의 필요경비계산에 있어서 종업원은 비거주자의 종업원 중 그 비거주자가 국내에서 영위하는 사업을 위하여 국내에서 상시 근무하는 자에 한한다.

③ 필요경비불산입하는 다음의 경비에는 외국정부 또는 외국지방자치단체에 의하여 부과된 것을 포함한다.

㉠ 소득세와 개인지방소득세

㉡ 벌금·과료(통고처분에 의한 벌금 또는 과료에 상당하는 금액을 포함)와 과태료

㉢ 국세징수법 기타 조세에 관한 법률에 의한 가산금과 체납처분비

㉣ 조세에 관한 법률에 의한 징수의무의 불이행으로 인하여 납부하였거나 납부할 세액(가산세액 포함)

㉤ 법령에 의하여 의무적으로 납부하는 것이 아니거나 법령에 의한 의무의 불이행 또는 금지·제한 등의 위반에 대한 제재로서 부과되는 공과금

④ 기부금 또는 기업업무추진비 등의 필요경비계산에 있어서 그 기부금 또는 기업업무추진비 등은 국내에서 영위하는 사업에 관한 것에 한한다.(2023.2.28. 용어개정)

⑤ 장기할부조건에 의한 상품 등의 판매는 비거주자가 국내에서 영위하는 사업에 관한 것에 한한다.

⑥ 건설·제조 기타 용역(도급공사 및 예약매출을 포함)은 비거주자가 국내에서 영위하는 사업에 관한 것에 한한다.

⑦ 감가상각자산은 비거주자의 감가상각자산 중 국내에 있는 것에 한한다.

⑧ 재고자산 또는 유가증권은 비거주자의 해당 자산 중 국내에 있는 것에 한한다.

⑨ 무형자산은 비거주자의 무형자산 중 비거주자가 국내에서 영위하는 사업에 귀속되는 것 또는 그 비거주자의 국내에 있는 자산에 관한 것에 한정한다.(2020.2.11. 개정)

⑩ 국내원천 이자소득 또는 국내원천 배당소득은 국내에서 받는 것에 한한다.

3 국내사업장과 본점 등의 거래에 대한 국내원천소득금액의 계산

① 비거주자의 국내사업장의 각 과세기간의 소득금액을 결정함에 있어서 국내사업장과 국외의 본점 및 다른 지점(이하 "본점등"이라 한다)간 거래(이하 "내부거래"라 한다)에 따른 국내원천소득금액의 계산은 소득세법 및 소득세법 시행령에서 달리 정하는 것을 제외하고는 정상가격에 의하여 계산한 금액으로 한다.(소령 181조의2 ①, 2013.2.15. 신설)

② "내부거래"에 따른 국내원천소득금액을 계산하는 때 적용하는 정상가격은 비거주자의 국내사업장이 수행하는 기능[비거주자 국내사업장의 종업원 등이 자산의 소유 및 위험의 부담과 관련하여 중요하게 수행하는 기능(이하 "중요한 인적 기능"이라 한다)을 포함한다], 부담하는 위험 및 사용하는 자산 등의 사실을 고려하여 계산한 금액으로 한다.(소칙 86조의4 ②, 2020.3.13. 개정)

③ 위 '②'을 적용할 때 국내사업장의 기능 및 사실의 분석은 다음을 따른다.(소칙 86조의4 ③, 2020.3.13. 신설)

㉠ 국내사업장이 속한 본점과 독립된 기업들 간 거래로부터 발생하는 권리 및 의무를 국내사업장에 적절하게 배분

㉡ 자산의 경제적 소유권의 배분과 관련된 중요한 인적 기능을 확인하여 국내사업장에 자산의 경제적 소유권을 배분

㉢ 위험의 부담과 관련된 중요한 인적 기능을 확인하여 국내사업장에 위험을 배분

㉣ 국내사업장의 자산 및 위험배분에 기초한 자본의 배분

㉤ 국내사업장에 관한 중요한 인적 기능 외의 기능을 확인

㉥ 국내사업장과 본점 및 다른 지점 간 거래의 성격에 대한 인식 및 결정

④ 내부거래에 따른 비용은 정상가격의 범위에서 국내사업장에 귀속되는 소득과 필수적 또는 합리적으로 관련된 비용에 한정하여 필요경비에 산입하고, 자금거래에 따른 다음의 비용은 이를 필요경비에 산입하지 않는다. 다만, 자금거래에 따른 이자에 대해 조세조약에 따라 필요경비에 산입할 수 있는 경우에는 그렇지 않다.(소령 181조의2 ②, 2020.2.11. 개정, 소칙 86조의4 ①, 2013.3.23. 신설)

㉠ 자금거래에서 발생한 이자 비용

㉡ 보증거래에서 발생한 수수료 등 비용

⑤ 비거주자가 내부거래에 따른 국내원천소득금액을 계산할 때에는 다음 중 하나에 해당하는 서류를 과세기간 종료일이 속하는 달의 말일부터 6개월 이내에 납세지 관할 세무서장에게 제출해야 하고, 그 계산에 관한 증명서류를 보관·비치해야 한다.(소령 181조의2 ④, 2022.2.15. 신설, 소칙 86조의4 ④, 2021.3.16. 개정)

㉠ 내부거래에 관한 명세서. 이 경우 내부거래에 관한 명세서는 국제조세조정에 관한 법률 시행규칙 제27조 제1항에 따른 별지 제16호 서식(갑)을 준용한다.

㉡ 국제조세조정에 관한 법률 시행규칙 제27조 제3항 제1호에 따른 별지 제18호 서식의 「용역거래에 대한 정상가격 산출방법 신고서」

㉢ 국제조세조정에 관한 법률 시행규칙 제27조 제3항 제2호에 따른 별지 제19호 서식의 「무형자산에 대한 정상가격 산출방법 신고서」

㉣ 국제조세조정에 관한 법률 시행규칙 제27조 제3항 제3호에 따른 별지 제20호 서식의 「정상가격 산출방법 신고서」

4 본점 등의 경비배분

(1) 본점 등의 경비배분

비거주자의 국내사업장의 각 과세기간의 소득금액을 결정함에 있어서 그 본점 및 그 본점 등의 경비 중 공통경비로서 그 국내사업장의 국내원천소득발생과 합리적으로 관련된 것은 국내사업장에 배분하여 필요경비에 산입한다.(소령 181조의2 ③, 2013.2.15. 개정)

(2) 공통경비의 배분방법

비거주자의 국내사업장에 본점 및 그 국내사업장을 관할하는 관련지점 등의 공통경비를 배분함에 있어서는 그 배분의 대상이 되는 경비를 경비항목별기준에 따라 배분하는 항목별배분방법에 의하거나 배분의 대상이 되는 경비를 국내사업장의 수입금액이 본점 및 그 국내사업장을 관할하는 관련지점 등의 총수입금액에서 차지하는 비율에 따라 배분하는 일괄배분방법에 의할 수 있다.(소칙 86조의4 ⑥)

(3) 국내사업장에 배분하지 않는 경비

다음에 해당하는 본점 등의 경비는 국내사업장에 배분하지 아니한다.(소칙 86조의4 ⑤)

① 본점 등에서 수행하는 업무 중 회계감사, 각종 재무제표의 작성 등 본점만의 고유업무를 수행함으로써 발생하는 경비
② 본점 등의 특정부서나 특정한 지점만을 위하여 지출하는 경비
③ 다른 법인에 대한 투자와 관련되어 발생하는 경비
④ 기타 국내원천소득의 발생과 합리적으로 관련되지 아니하는 경비

(4) 외화의 원화환산 기준

공통경비를 배분하는 경우 외화의 원화환산은 과세기간 중의 외국환거래법에 의한 기준환율 또는 재정환율의 평균을 적용한다.(소칙 86조의4 ⑦)

(5) 기타의 사항

본점 등의 경비배분 규정을 적용함에 있어서 구체적인 배분방법, 첨부서류의 제출 기타 필요한 사항은 국세청장이 정한다.(소칙 86조의4 ⑧)

5 신고와 납부

① 소득세의 과세표준과 세액을 계산하는 비거주자의 신고와 납부(중간예납을 포함)에 관하여는 거주자의 신고와 납부에 관한 규정을 준용한다. 다만, 확정신고자진납부세액을 계산함에 있어서 비거주자의 과세표준에 원천징수된 소득의 금액이 포함되어 있는 경우에는 그 원천징수세액은 공제되는 세액으로 본다.(소법 124조 ①)

② 법인으로 보는 단체 외의 법인 아닌 단체 중 단체의 구성원별로 납세의무를 부담하는 단체의 비거주자인 구성원(이하 "비거주자구성원"이라 한다)이 국내원천소득(비거주자구성원의 국내원천소득이 해당 단체의 구성원으로서 얻은 소득만 있는 경우로 한정한다)에 대하여 종합소득 과세표준확정신고를 하는 경우로서 다음의 요건을 모두 갖춘 경우에는 해당 단체의 거주자인 구성원 1인(이하 "대표신고자"라 한다)이 아래 '㉠'에 따라 동의한 비거주자구성원을 대신하여 비거주자구성원의 종합소득과세표준을 일괄 신고할 수 있다.(소법 124조 ②, 2021.12.8. 신설)

㉠ 비거주자구성원의 전부 또는 일부가 대표신고자가 자신의 종합소득과세표준을 대신 신고하는 것에 동의할 것
㉡ 비거주자구성원이 자신이 거주자인 국가에서 부여한 국제조세조정에 관한 법률

제36조 제7항에 따른 납세자번호를 대표신고자에게 제출할 것

③ 비거주자의 국내원천소득을 종합하여 과세하는 경우 이에 관한 신고와 납부에 관하여는 아래 '④'에서 정하는 사항을 제외하고는 거주자의 신고와 납부에 관한 규정을 준용한다.(소령 182조 ①, 2022.2.15. 개정)

④ 위 '②'에 따라 대표신고자가 비거주자구성원의 종합소득과세표준을 일괄해서 신고할 때에는 자신의 납세지 관할 세무서장에게 신고서류를 제출해야 한다. 다만, 그 대표신고자가 단체의 구성원별로 소득세 납세의무를 지는 구성원이 아닌 경우에는 해당 단체의 납세지 관할 세무서장에게 다음의 서류를 제출해야 한다.(소령 182조 ②, 2022.2.15. 신설, 소칙 87조 ②, 2022.3.18. 신설)

㉠ 비거주자구성원이 자신의 종합소득과세표준을 대신 신고하는 것에 동의한다는 뜻을 표시한 대표신고자 일괄신고 동의서

㉡ 위 '③'에 따라 준용되는 규정에서 종합소득과세표준 신고 시 제출하도록 규정하고 있는 서류

6 과세표준 및 세액의 결정과 징수

비거주자의 국내원천소득을 종합하여 과세하는 경우에 이에 관한 결정 및 경정과 징수 및 환급에 관하여는 거주자에 대한 소득세의 결정 및 경정과 징수 및 환급에 관한 규정을 준용한다. 이 경우 확정신고자진납부세액을 계산함에 있어서 비거주자의 과세표준에 원천징수된 소득의 금액이 포함되어 있는 경우에는 그 원천징수세액은 공제되는 세액으로 본다.(소법 125조)

Ⅱ 분리과세

국내사업장이 없는 비거주자에 대해서는 국내원천소득(퇴직소득 및 부동산 등 양도소득은 제외)의 소득별로 분리하여 과세한다.(소법 121조 ③) 그리고 국내사업장이 있는 비거주자의 국내원천소득으로서 원천징수되는 소득에 대해서는 국내원천소득(퇴직소득과 부동산 등 양도소득)의 소득별로 분리하여 과세한다.(소법 121조 ④, 2013.1.1. 개정) 다만, 원천징수되는 소득 중 국내원천 인적용역소득이 있는 비거주자가 분리과세규정에 불구하고 종합소득과세표준 확정신고를 하는 경우에는 국내원천소득(퇴직소득과 부동산 등 양도소득은 제외)에 대하여 종합과세할 수 있다.(소법 121조 ⑤, 2013.1.1. 개정)

1 분리과세시 과세표준과 세액의 계산

(1) 원 칙

① 비거주자의 국내원천소득(국내원천 근로소득 및 국내원천 연금소득은 제외)에 대한 과세표준은 그 지급받는 해당 국내원천소득별 수입금액에 따라 계산한다.(소법 126조 ①, 2013.1.1. 개정)

② 국내원천소득에 대한 세액은 과세표준에 원천징수특례세율을 곱하여 계산한 금액으로 한다.(소법 126조 ②)

③ 분리과세의 적용을 받는 비거주자가 감면소득이 있는 경우에는 감면의 신청이 없을 때에도 그 소득에 대한 소득세를 감면한다.(소법 126조 ③, 2013.1.1. 개정)

(2) 국내원천 유가증권 양도소득에 대한 특례

1) 수입금액의 계산

① 국내사업장이 없는 비거주자로서 국내원천 유가증권 양도소득이 국내사업장이 없는 비거주자와 다음의 특수관계가 있는 비거주자(외국법인 포함)간의 거래로서 그 거래가격이 정상가격에 미달하여 정상가격과 거래가격의 차액이 3억원 이상이거나 정상가격의 5%에 상당하는 금액 이상인 경우에는 국제조세조정에 관한 법률 제8조 및 같은 법 시행령 제5조부터 제16조까지의 규정에 따른 정상가격을 해당 수입금액으로 한다.(소법 126조 ⑥, 소령 183조의2 ①, ⑤, 2021.2.17. 개정)

㉠ 비거주자와 그의 배우자·직계혈족 및 형제자매인 관계(소령 183조의2 ② 1)

㉡ 비거주자가 외국법인의 의결권 있는 주식의 50% 이상을 직접 또는 간접으로 소유하고 있는 관계(소령 183조의2 ② 2). 이때 주식의 간접소유비율의 계산에 관하여는 국제조세조정에 관한 법률 시행령 제2조 제3항의 규정을 준용한다.(소령 183조의2 ④, 2021.2.17. 개정)

② 국제조세조정에 관한 법률에 따른 정상가격을 산정할 수 없는 경우에는 상속세 및 증여세법 제63조 제3항을 준용하여 평가한 가액을 정상가격으로 한다.(소령 183조의2 ③, 2014.2.21. 개정)

2) 과세표준의 계산

① 과세표준의 계산특례

국내원천 유가증권 양도소득에 대하여는 그 수입금액에서 확인된 해당 유가증권의 취득가액 및 양도비용을 공제하여 계산한 금액을 과세표준으로 할 수 있다.(소법 126조 ① 1)

② 취득가액 및 양도비용

취득가액 및 양도비용이란 유가증권의 양도자 또는 그 대리인이 원천징수의무자에게 원천징수를 하는 날까지 제출하는 출자금 또는 주금납입영수증·양도증서·대금지급영수증 기타 출자 또는 취득 및 양도에 소요된 금액을 증명하는 자료에 의하여 그 유가증권의 취득가액 및 양도비용이 확인된 다음의 금액을 말한다.(소령 183조 ①)

ⓐ 해당 유가증권의 취득 또는 양도에 실지로 직접 소요된 금액(그 취득 및 양도에 따라 직접 소요된 조세·공과금 및 중개수수료를 포함). 다만, 해당 유가증권이 출자지분 또는 주식으로서 그 출자지분 또는 주식에 법인의 잉여금의 전부 또는 일부를 출자 또는 자본의 금액에 전입함으로써 취득한 것이 포함되어 있는 경우에는 다음 산식에 의하여 계산한 금액으로 한다.

$$\text{1주당 장부가액} = \frac{\text{구주식 1주당 장부가액}}{(1+\text{구주식 1주당 신주배정수})}$$

ⓑ 상속인·수증자 기타 이에 준하는 자가 양도한 유가증권의 취득가액은 해당 양도자산의 당초의 피상속인·증여자 기타 이에 준하는 자를 해당 유가증권의 양도자로 보고 계산한 금액. 다만, 해당 유가증권이 상속세 및 증여세법에 의하여 과세된 경우에는 해당 유가증권의 수증당시의 시가

ⓒ 다음에 해당하는 자본거래로 인하여 취득한 유가증권의 취득가액은 위 'ⓐ'에 따라 계산한 금액에 소득세법 시행령 제179조 제16항에 따른 금액을 더한 금액(소령 183조 ① 3, 2012.2.2. 개정)

㉮ 특수관계인인 법인간의 합병(분할합병을 포함)에 있어서 주식 등을 시가보다 높거나 낮게 평가하여 불공정한 비율로 합병한 경우. 다만, 자본시장과 금융투자업에 관한 법률 제165조의4에 따라 합병(분할합병을 포함)하는 경우는 제외한다.(법령 88조 ① 8 가)

㉯ 법인의 자본(출자액을 포함)을 증가시키는 거래에 있어서 신주(전환사채·신주인수권부사채 또는 교환사채 등을 포함)를 배정·인수받을 수 있는 권리의 전부 또는 일부를 포기(그 포기한 신주가 자본시장과 금융투자업에 관한 법률 제9조 제7항에 따른 모집방법으로 배정되는 경우를 제외)하거나 신주를 시가보다 높은 가액으로 인수하는 경우(법령 88조 ① 8 나)

㉰ 법인의 감자에 있어서 주주 등의 소유주식 등의 비율에 의하지 아니하고 일부 주주 등의 주식 등을 소각하는 경우(법령 88조 ① 8 다)

㉱ 위 '㉮~㉰' 외의 경우로서 증자·감자, 합병(분할합병을 포함)·분할, 상속세 및

증여세법 제40조 제1항에 따른 전환사채 등에 의한 주식의 전환·인수·교환 등 자본거래를 통해 법인의 이익을 분여하였다고 인정되는 경우. 다만, 주식매수선택권(해당 법인의 발행주식총수의 10%의 범위에서 부여하거나 지급한 경우만 해당)의 행사에 따라 주식을 발행하는 경우는 제외한다.(법령 88조 ① 8의2, 2019.2.12. 개정)

ⓓ 취득가액이 서로 다른 동일 종목의 유가증권(채권의 경우에는 액면가액, 발행일 및 만기일, 이자율 등 발행조건이 같은 동일종목의 채권을 말한다)을 보유한 비거주자가 해당 유가증권을 양도한 경우에 양도가액에서 공제할 취득가액은 이동평균법에 의하여 계산한다.(소령 183조 ②)

✓ **해외증권관련주식의 취득가액**(소통 126－0…1)

① 국내사업장이 없는 비거주자가 양도한 해외증권 관련 주식의 취득가액은 다음에 의한다.

㉠ 전환사채의 전환권을 행사하여 취득한 주식의 1주당 취득가액은 해당 전환사채의 취득에 실지로 직접 소요된 금액을 전환권을 행사하여 취득한 주식수로 나눈 금액으로 한다.

㉡ 신주인수권부사채의 신주인수권을 행사하여 취득한 주식의 1주당 취득가액은 1주당 신주인수권의 취득가액과 1주당 주금납입금액의 합계액으로 한다. 다만, 신주인수권부사채 구입시 신주인수권을 따로 분리하지 않고 취득한 경우에 1주당 신주인수권의 취득가액은 해당 신주인수권부사채의 취득에 실제로 직접 소요된 금액에서 동 사채만의 가치를 차감한 금액(이하 "신주인수권의 취득가액"이라 한다)을 신주인수권을 행사하여 취득한 주식수로 나눈 금액으로 하되, 이때 신주인수권의 취득가액은 신주인수권부사채의 발행주간사가 동 신주인수권부사채의 발행조건 확정시 고시하는 가격의 범위 안에서 투자자의 장부가액으로 할 수 있다. 한편, 신주인수권만을 분리하여 취득한 경우에 1주당 신주인수권의 취득가액은 신주인수권 구입에 직접 소요된 금액을 동 권리행사로 취득한 주식수로 나눈 금액으로 한다.

② 제1항에서 해외증권 관련 주식이라 함은 증권관리위원회가 정한 규정에 따라 외국에서 발행되는 전환사채 또는 신주인수권부사채의 전환권 또는 신주인수권을 행사하여 취득한 국내주식을 말한다.

(3) 국내원천 기타소득 중 상금·부상에 대한 과세표준의 계산특례

공익법인의 설립·운영에 관한 법률의 적용을 받는 공익법인이 주무관청의 승인을 받아 시상하는 상금 및 부상과 다수가 순위 경쟁하는 대회에서 입상자가 받는 상금 및 부상 등에 대하여는 그 수입금액에서 비거주자가 지급받은 금액의 80%에 상당하는 금액을 말한다. 다만, 실제 소요된 필요경비가 80%에 상당하는 금액을 초과하는 경우에는 그 초과하는 금액도 포함한다.(소법 126조 ① 2, 소령 183조 ③, ④)

(4) 가상자산소득의 과세표준 계산특례

➲ 2027.1.1. 이후 가상자산을 양도·대여·인출하는 분부터 적용한다.(2020.12.29. 법 부칙 20조 ②, 2024.12.31. 개정)

가상자산소득에 대해서는 아래의 수입금액에서 필요경비를 공제하여 계산한 금액으로 할 수 있다.(소법 126조 ① 3, 2020.12.29. 신설)

① 수입금액 : 비거주자가 가상자산사업자등이 보관·관리하는 가상자산을 인출하는 경우에는 인출하는 시점에 그 가상자산을 보관·관리하는 가상자산사업자등이 표시한 그 가상자산 1개의 가액과 인출한 가상자산의 수량을 곱한 금액(소령 183조 ⑤)

② 필요경비 : 가상자산의 필요경비 계산 규정(소득세법 제37조 제1항 제3호, 같은 조 제5항 및 소득세법 시행령 제88조 제2항부터 제4항까지의 규정)을 준용하여 계산하되, 평가방법은 가상자산 이용자 보호 등에 관한 법률 제7조 제1항 제3호에 따른 이용자의 가상자산 주소별로 이동평균법을 적용하여 계산한 금액을 말한다. 다만, 비거주자가 가상자산사업자등에게 가상자산을 직접 입고한 경우 입고한 가상자산의 취득가액은 입고시점에 해당 가상자산사업자등이 표시한 그 가상자산 1개의 가액에 입고한 가상자산의 수량을 곱한 금액으로 한다.(소령 183조 ⑥, 2025.2.28. 개정)

2 원천징수의 세율

1) 원 칙

비거주자에 대한 국내원천소득으로서 국내사업장과 실질적으로 관련되지 아니하거나 그 국내사업장에 귀속되지 아니한 소득의 금액(국내사업장이 없는 비거주자에게 지급하는 금액을 포함)을 비거주자에게 지급하는 자(국내원천 부동산 등 양도소득을 지급하는 거주자 및 비거주자는 제외)는 그 지급할 때에 다음의 금액을 그 비거주자의 국내원천소득에 대한 소득세로서 원천징수하여 그 원천징수한 날이 속하는 달의 다음달 10일까지 원천징수 관할세무서·한국은행 또는 체신관서에 납부하여야 한다. 다만, 사업소득 중 조세조약에 따라 국내원천사업소득으로 과세할 수 있는 소득은 제외한다.(소법 156조 ①, 2018.12.31. 개정)

만일 조세조약에서 원천징수대상소득의 제한세율에 관한 규정을 두고 있다면 그 제한세율에 관한 규정을 우선적으로 적용해야 한다.

① 국내원천 이자소득 : 다음의 구분에 따른 금액

㉠ 국가·지방자치단체 및 내국법인이 발행하는 채권에서 발생하는 이자소득 : 지급금액의 14%

㉡ 위 '㉠' 외의 이자소득 : 지급금액의 20%

② 국내원천 배당소득 : 지급금액의 20%

③ 국내원천 선박 등 임대소득 및 국내원천 사업소득(조세조약에 따라 국내원천 사업소득으로 과세할 수 있는 소득은 제외한다) : 지급금액의 2%

④ 국내원천 인적용역소득 : 지급금액의 20%. 다만, 과학기술·경영관리 기타 이와 유사한 분야에 관한 전문적 지식 또는 특별한 기능을 가진 자가 당해 지식 또는 기능을 활용하여 제공하는 용역을 국외에서 제공함으로써 발생하는 소득이 조세조약에 따라 국내에서 발생하는 것으로 보는 소득에 대해서는 그 지급금액의 3%로 한다.(소령 207조 ②)

⑤ 국내원천 부동산 등 양도소득 : 지급금액의 10%. 다만, 양도한 자산의 취득가액 및 양도비용이 확인되는 경우에는 그 지급금액의 10%에 해당하는 금액과 그 자산의 양도차익의 20%에 해당하는 금액 중 적은 금액으로 한다.

⑥ 국내원천 사용료소득 : 지급금액의 20%

⑦ 국내원천 유가증권 양도소득

㉠ 지급금액의 10%

㉡ 국내원천 유가증권양도소득이 다음의 요건을 모두 갖춘 경우에는 정상가격의 10%(소법 126조 ⑥)

ⓐ 국내사업장이 없는 비거주자와 다음 중 하나에 해당하는 특수관계가 있는 비거주자(외국법인을 포함) 간의 거래일 것(소령 183조의2 ②)

㉮ 비거주자와 그의 배우자·직계혈족 및 형제자매인 관계

㉯ 비거주자가 외국법인의 의결권 있는 주식의 50% 이상을 직접 또는 간접으로 소유하고 있는 관계

ⓑ 위 'ⓐ'의 거래에 의한 거래가격이 정상가격에 미달하는 경우로서 정상가격과 거래가격의 차액이 3억원 이상 이거나 정상가격의 5%에 상당하는 금액 이상인 경우일 것(소령 183조의2 ⑤)

㉢ 해당 유가증권의 취득가액 및 양도비용이 확인되는 경우에는 그 지급금액의 10%에 해당하는 금액과 소득세법 제126조 제1항 제1호에 따라 계산한 금액의 20%에 해당하는 금액 중 적은 금액으로 한다.

⑧ 국내원천 기타소득(소법 156조 ① 8, 소법 126조 ① 2, 소령 183조 ③, ④)

㉠ 원칙 : 지급금액의 20%

㉡ 예외

ⓐ 공익법인의 설립·운영에 관한 법률의 적용을 받는 공익법인이 주무관청의 승인을 받아 시상하는 상금·부상과 다수가 순위 경쟁하는 대회에서 입상자가 받는 상금·부상 등 : [지급금액－Max(㉮ 지급금액의 80%, ㉯ 지급금액의 80%를

초과한 실제 필요경비)]의 20%

ⓑ 특허권의 침해에 따라 지급하는 손해배상금 등 : 15%(소법 156조 ① 8 가, 2020.12.29. 개정)

ⓒ 가상자산소득 : 다음의 구분에 따른 금액

➲ 2027.1.1. 이후 발생하는 가상자산소득분부터 적용한다.(2020.12.29. 법 부칙 22조, 2024.12.31. 개정)

㉮ 가상자산의 필요경비가 확인되는 경우 : Min[Ⓐ, Ⓑ]

Ⓐ 지급금액 × 10%

Ⓑ (수입금액 − 필요경비) × 20%

㉯ 가상자산의 필요경비가 확인되지 아니한 경우 : 지급금액×10%

㉰ 가상자산을 교환하거나 인출하는 경우 : 다음 계산식에 따른 '원천징수액에 상당하는 가상자산'의 금액으로 한다.(소법 156조 ① 8 나 단서, 2020.12.29. 신설, 소령 207조 ④, 2022.3.8. 신설)

$$\text{원천징수액에 상당하는 가상자산} = \frac{\text{위 '㉮ 또는 ㉯'에 따라 계산한 금액}}{\text{가상자산을 교환·인출하는 시점에 그 가상자산을 보관·관리하는 가상자산사업자등이 표시한 가상자산 1개의 가액}}$$

* 비고 : 이 계산식 분모를 적용할 때 가상자산의 가치가 금액으로 표시되지 않는 가상자산을 교환·인출할 때의 가액은 제88조 제3항 및 제4항을 준용하여 산출한다.

2) 이자·배당 및 사용료에 대한 세율의 적용 특례(소법 156조의8, 2020.12.29. 신설)

① 조세조약의 규정상 비거주자의 국내원천소득 중 이자, 배당 또는 사용료소득에 대해서는 제한세율과 다음 중 하나에 규정된 세율 중 낮은 세율을 적용한다.(소법 156조의8 ①, 2020.12.29. 신설)

㉠ 조세조약의 대상 조세에 지방소득세가 포함되지 아니하는 경우에는 국내원천 이자소득, 국내원천 배당소득 및 국내원천 사용료소득에 적용하는 세율(☞ 156조 ① 1,2,6)

㉡ 조세조약의 대상 조세에 지방소득세가 포함되는 경우에는 위 '㉠'의 세율에 지방세법 제103조의18 제1항의 원천징수하는 소득세의 10%를 반영한 세율

② '특정지역 비거주자에 대한 원천징수 절차 특례' 규정(소법 156조의4 ①)에 해당하는 경우에는 그 특례규정에 따라 원천징수한다. 이 경우 '특정지역 비거주자에 대한 원천징수 절차 특례' 규정의 제3항에 따라 과세표준과 세액을 경정하는 경우에는 제한세

율과 위 '①'의 세율 중 낮은 세율을 적용한다.(소법 156조의8 ②, 2020.12.29. 신설)

3 원천징수의무자

① 국내원천소득이 국외에서 지급되는 경우에 그 지급자가 국내에 주소·거소·본점·주사무소 또는 국내사업장을 둔 경우에는 그 지급자가 해당 국내원천소득을 국내에서 지급하는 것으로 보고 원천징수를 하여야 한다.(소법 156조 ③)

② 국내사업장이 없는 비거주자에게 외국차관자금으로 이자소득·사업소득·인적용역소득 및 사용료소득을 지급하는 자는 해당 계약조건에 따라 그 소득을 자기가 직접 지급하지 아니하는 경우에도 그 계약상의 지급조건에 따라 그 소득이 지급될 때마다 원천징수를 하여야 한다.(소법 156조 ④)

③ 외국을 항행하는 선박이나 항공기를 운영하는 비거주자의 국내대리점으로서 간주국내사업장이 있지 아니하는 자가 그 비거주자에게 그 선박이나 항공기가 외국을 항행하여 생기는 소득을 지급할 때에는 그 비거주자의 국내원천소득의 금액에 대하여 원천징수를 하여야 한다.(소법 156조 ⑤)

④ 유가증권을 자본시장과 금융투자업에 관한 법률에 따른 투자매매업자 또는 투자중개업자를 통하여 양도하는 경우에는 해당 투자매매업자 또는 투자중개업자가 원천징수를 하여야 한다. 다만, 자본시장과 금융투자업에 관한 법률에 따라 주식을 상장하는 경우로서 이미 발행된 주식을 양도하는 경우에는 그 주식을 발행한 법인이 원천징수하여야 한다.(소법 156조 ⑥)

> ✓ **주식 등 양도소득금액 계산상 양도차익과 양도차손의 통산배제**(소통 156－0…1)
>
> 국내사업장이 없는 비거주자의 유가증권 양도소득금액은 유가증권의 종목별 및 매매거래건별로 구분하여 계산하며 이때 종목간 및 매매거래건간 양도차익과 양도차손은 상호통산하지 아니한다. 단, 증권회사에 개설된 수개의 계좌를 통하여 한국증권거래소에 상장된 유가증권에 투자하면서 취득한 주식을 각각 다른 증권회사에 보관시키고 있는 경우에는 각 증권회사에 개설한 계좌별로 위의 규정을 적용할 수 있다.

⑤ 건축·건설, 기계장치 등의 설치·조립, 그 밖의 작업이나 그 작업의 지휘·감독 등에 관한 용역의 제공으로 발생하는 국내원천소득 또는 인적용역을 제공함에 따른 국내원천소득(조세조약에서 사업소득으로 구분하는 경우를 포함)을 비거주자에게 지급하는 자는 비거주자가 국내사업장을 가지고 있는 경우에도 원천징수를 하여야 한다. 다만, 그 비거주자가 사업자등록을 한 경우는 제외한다.(소법 156조 ⑦, 2014.1.1. 개정)

⑥ 비거주자가 민사집행법에 따른 경매 또는 국세징수법에 따른 공매로 인하여 제119조에 따른 국내원천소득을 지급받는 경우에는 해당 경매대금을 배당하거나 공매대금을 배분하는 자가 해당 비거주자에게 실제로 지급하는 금액의 범위에서 원천징수를 하여야 한다.(소법 156조 ⑨, 2014.1.1. 개정)

⑦ 원천징수의무자를 대리하거나 그 위임을 받은 자의 행위는 수권(授權) 또는 위임의 범위에서 본인 또는 위임인의 행위로 보아 원천징수 규정을 적용한다.(소법 156조 ⑩, 2010.12.27. 신설)

⑧ 금융회사 등이 내국인이 발행한 어음, 채무증서, 주식 또는 집합투자증권을 인수·매매·중개 또는 대리하는 경우에는 그 금융회사등과 해당 내국인 간에 대리 또는 위임의 관계가 있는 것으로 보아 위 '⑦'을 적용한다.(소법 156조 ⑪, 2010.12.27. 신설)

⑨ 국외특수관계자가 보유하고 있는 내국법인의 주식 또는 출자지분이 자본거래로 인하여 그 가치가 증가함으로써 발생하는 소득은 주식 또는 출자지분을 발행한 내국법인이 그 주식 또는 출자지분을 보유하고 있는 국외특수관계자로부터 다음에 해당하는 시기에 원천징수를 하여야 한다.(소법 156조 ⑬, 소령 207조 ⑤,⑥, 2021.2.17. 개정)

㉠ 법인이 합병으로 인하여 소멸한 경우 : 그 합병등기를 한 날

㉡ 법인이 분할 또는 분할합병으로 인하여 소멸 또는 존속하는 경우 : 그 분할등기 또는 분할합병등기를 한 날

㉢ 증자, 감자를 한 경우 : 증자 또는 감자의 결정을 한 날

⑩ 국내원천 부동산 등 양도소득이 있는 비거주자가 해당 원천징수의무자의 납세지 관할 세무서장에게 「양도소득세 신고납부(비과세 또는 과세미달)확인 신청서」에 해당 부동산에 대한 등기부등본·매매계약서를 첨부하여 신청하고, 그 확인을 받아 이를 원천징수의무자에게 제출하는 경우에는 해당 소득에 대하여 소득세를 원천징수하지 아니한다.(소법 156조 ⑮, 소령, 207조 ⑦)

✓ 외국인저작권자에게 지급하는 저작권 사용료의 원천징수의무자

내국법인이 국내사업장이 없는 외국인저작권자에게 소득세법 제119조 제11호의 사용료소득을 지급함에 있어 이에 따른 원천징수는 같은법 제156조의 규정에 따라 해당 소득금액을 지급하는 내국법인이 그 지급하는 때에 같은법 제1항 제3호의 금액을 해당 외국인저작권자의 국내원천소득에 대한 소득세로 원천징수하는 것으로 동 사용료소득을 수령하는 외국인저작권자의 국내수임인이 이를 대신하여 원천징수할 수는 없는 것임(서면2팀-1792, 2006.9.14.)

4 채권 등의 이자 등에 대한 원천징수특례

(1) 개 요

비거주자에게 채권 등의 이자 및 할인액(이하 "이자 등"이라 한다)을 지급하는 자 또는 채권 등의 이자 등을 지급받기 전에 비거주자로부터 채권 등을 매수하는 자는 해당 비거주자의 보유기간을 감안하여 다음과 같이 원천징수하여야 한다.(소법 156조의3)

(2) 원천징수특례

비거주자에 대하여 채권 등의 이자 등을 지급하는 자 또는 채권 등의 이자 등을 지급받기 전에 비거주자로부터 채권 등을 매수하는 자는 그 이자 등의 지급금액에 대하여 소득세법·조세특례제한법 또는 조세조약에 따른 세율(이하 "적용세율"이라 한다)을 적용하는 경우에 그 지급금액에 다음의 세율을 적용하여 계산한 금액을 원천징수하여야 한다.(소령 207조의3 ①)

① 지급금액 중 해당 비거주자의 보유기간이자등상당액에 대하여는 해당 비거주자에 대한 적용세율

㉠ 적용세율이 거주자의 이자소득에 대한 원천징수세율보다 높은 경우로서 해당 비거주자가 채권 등의 보유기간을 입증하지 못하는 경우에는 지급금액 전액을 해당 비거주자의 보유기간이자등상당액으로 본다.

㉡ 적용세율이 거주자의 이자소득에 대한 원천징수세율보다 낮은 경우로서 해당 비거주자가 채권 등의 보유기간을 입증하지 못하는 경우에는 해당 비거주자의 보유기간이자등상당액은 없는 것으로 본다.

② 지급금액 중 위 '①'의 보유기간이자등상당액을 차감한 금액에 대하여는 거주자의 이자소득에 대한 원천징수세율

(3) 거주자의 규정 준용

이자소득의 지급시기 의제, 채권 등의 보유기간계산, 보유기간이자등상당액의 계산방법 및 보유기간입증방법, 원천징수세액납부 등에 관하여는 거주자의 경우를 준용한다.(소령 207조의3 ②)

5 가상자산소득의 원천징수특례

➲ 2027.1.1. 이후 발생하는 가상자산소득분부터 적용한다.(2020.12.29. 법 부칙 22조, 2024.12.31. 개정)

① 가상자산사업자등을 통하여 발생하는 비거주자의 국내원천 기타소득은 가상자산사업자등이 원천징수하여 가상자산 또는 현금을 인출하는 달의 다음 달 10일(매년 1월 1일부터 12월 31일까지 인출하지 아니한 경우 그 다음 연도 1월 10일)까지 가상자산의 각 인출시점에 다음의 계산식에 따른 인별 납부금액을 월단위로 합산하여 납세지 관할 세무서, 한국은행 또는 체신관서에 납부하여야 한다.(소법 156조 ⑯, 2020.12.29. 신설, 소령 207조 ⑧)

• 인별로 납부해야 할 금액 = $(A - D) \times \frac{B}{C}$

• A : 가상자산소득이 발생할 때마다 가상자산사업자등이 원천징수한 금액의 인별 누적액. 가상자산을 교환하거나 인출하는 경우에는 가상자산 단위로 표시한 '원천징수액에 상당하는 가산자산'금액으로서 교환 또는 인출 즉시 현금으로 매각한 금액의 인별누적액
• B : 가상자산 또는 현금의 인별 인출액. 가상자산을 인출하는 경우에는 가상자산을 인출하는 시점에 그 가상자산을 보관·관리하는 가상자신사업지등이 표시한 그 가상자산 1개의 가액과 인출한 가상자산의 수량을 곱한 금액을 말한다.(소령 183조 ⑤)
• C : 가상자산사업자등이 보관·관리하는 인별 자산총액
• D : 직전 인출시점으로 계산한 인별로 납부해야 할 금액

② 위 '①'의 계산식을 적용할 때 비거주자가 가상자산거래로 손실이 발생한 경우 가상자산사업자등은 다음의 계산식에 따라 손실분을 반영하여 원천징수한 금액의 인별누적액(위 '①'의 계산식 중 "A" 값을 말하며, 이하에서 "원천징수누적액"이라 한다)을 차감 조정한다.(소령 207조 ⑨, 2022.3.8. 신설)

• 손실발생 시 기준 원천징수누적액 = 손실발생 직전 거래 시 기준 원천징수누적액 − (손실금액의 20%에 해당하는 금액과 Z 중 적은 금액)

• Z : 손실발생 직전 거래 시 기준 원천징수누적액 − 손실발생 직전 인출 시점으로 계산한 인별로 납부해야 할 금액의 누적액

③ 가상자산사업자등은 위 '②'에 따라 차감한 금액에 상당하는 금액을 손실이 발생한 비거주자에게 지급해야 한다.(소령 207조 ⑩, 2022.3.8. 신설)

④ 위 '①'을 적용할 때 가상자산을 양도·대여·인출하는 자가 원천징수 대상에 해당하는지 여부에 대하여 가상자산사업자등은 납세자별로 원천징수를 최초로 이행하기 전에

PART 8

가상자산을 양도·대여·인출하는 자로부터 원천징수 대상 여부 확인에 필요한 증명자료를 받아 해당 납세자가 원천징수 대상에 해당하는지를 확인해야 한다.(소법 157조 ⑰, 소령 207조 ⑪, 2025.2.28. 개정)

⑤ 가상자산사업자등은 원천징수대상 여부를 확인한 때부터 3년마다 원천징수대상의 변동 여부를 확인해야 한다.(소령 207조 ⑫)

6 원천징수영수증의 교부

원천징수의무자는 원천징수를 하는 때에 그 소득금액 기타 필요한 사항을 기재한 원천징수영수증을 그 국내원천소득을 받는 자에게 발급하여야 한다.(소법 156조 ⑫)

7 신고 및 납부

(1) 원 칙

① 원천징수세액의 납부에 관하여는 거주자에 관한 규정을 준용한다. 다만, 원천징수의무자가 국내에 주소·거소·본점·주사무소 또는 국내사업장(외국법인의 국내사업장을 포함)이 없는 경우에는 국세기본법 제82조의 규정에 의한 납세관리인을 정하여 관할 세무서장에게 신고하여야 한다.(소령 207조 ①, 2013.2.15. 개정)

② 국내원천 부동산 등 양도소득에 대하여 원천징수하는 금액을 계산할 때 양도자가 종합과세로써 소득세를 신고·납부한 후 양수자가 원천징수하는 경우에는 해당 양도자가 신고·납부한 세액을 뺀 금액으로 한다.(소령 207조 ③)

(2) 국내원천 유가증권 양도소득에 대한 신고·납부 등의 특례

① 국내사업장이 없는 비거주자가 동일한 내국법인의 주식 또는 출자지분을 같은 사업과세기간(해당 주식 또는 출자지분을 발행한 내국법인의 사업 과세기간을 말한다)에 2회 이상 양도함으로써 조세조약에서 정한 과세기준을 충족하게 된 때에는 양도당시 원천징수되지 아니한 소득(이하 "소득"이라 한다)에 대한 원천징수세액상당액을 양도일이 속하는 사업연도의 종료일부터 3개월 이내에 납세지 관할 세무서장에게 신고·납부하여야 한다.(소법 126조의2 ①)

② 국내사업장이 있는 비거주자의 양도 당시 원천징수되지 아니한 소득으로서 그 국내사업장과 실질적으로 관련되지 아니하거나 그 국내사업장에 귀속되지 아니한 소득에 대해서도 마찬가지이다.(소법 126조의2 ②)

③ 국내사업장이 없는 비거주자가 주식·출자지분이나 그 밖의 유가증권(이하 "주식 등"이라 한다)을 국내사업장이 없는 비거주자 또는 외국법인에 양도하는 경우로서 다음에 해당하는 경우에는 그 양도로 발생하는 소득금액에 대하여 국내원천 유가증권 양도소득에 대한 세율을 곱한 금액을 지급받은 날이 속하는 달의 다음 다음 달 10일까지 「비거주자 유가증권양도소득신고서」를 작성하여 해당 주식 등 유가증권을 발행한 내국법인 소재지 관할 세무서장에게 신고·납부하여야 한다. 다만, 주식 등의 양도에 따른 소득을 지급하는 자가 해당 비거주자의 주식 등 국내원천소득에 대한 소득세를 원천징수하여 납부한 경우에는 그러하지 아니하다.(소법 126조의2 ③, 소령 183조의4 ③, ④)

㉠ 다음의 유가증권

ⓐ 국외에서 발행한 유가증권 중 외국통화로 표시된 것 또는 외국에서 지급받을 수 있는 것으로서 외국환거래에 관하여 기획재정부장관이 정하는 기준에 따라 발행된 외화증권. 다만, 주식·출자증권 또는 그 밖의 유가증권(이하 "과세대상 주식 등"이라 한다)을 기초로 발행된 예탁증서를 양도하는 경우로서 예탁증서를 발행하기 전 과세대상 주식 등의 소유자가 예탁증서를 발행한 후에도 계속하여 해당 예탁증서를 양도하기 전까지 소유한 경우는 제외한다.(조특령 18조 ④ 1, 조특칙 11조 ①)

ⓑ 자본시장과 금융투자업에 관한 법률에 따른 유가증권시장 또는 코스닥시장과 기능이 유사한 외국의 유가증권시장에 상장 또는 등록된 내국법인의 주식 또는 출자지분으로서 해당 유가증권시장에서 양도되는 것. 다만, 해당 외국의 유가증권시장에서 취득하지 아니한 과세대상 주식 등으로서 해당 외국의 유가증권시장에서 최초로 양도하는 경우는 제외하되, 외국의 유가증권시장의 상장규정상 주식분산요건을 충족하기 위해 모집·매출되는 과세대상 주식 등을 취득하여 양도하는 경우에는 그러하지 아니하다.(조특령 18조 ④ 2, 2013.2.15. 개정, 조특칙 11조 ②)

㉡ 외국에서 거래되는 원화표시 유가증권(외국유가증권시장 외에서 거래되는 것을 말한다)

④ 납세지 관할 세무서장은 비거주자가 위 '①부터 ③까지'의 규정에 따른 신고·납부를 하지 아니하거나 신고하여야 할 과세표준에 미달하게 신고한 경우 또는 납부하여야 할 세액에 미달하게 납부한 경우에는 소득세법 제80조(결정과 경정)를 준용하여 징수한다.(소법 126조의2 ④)

8 과세최저한

국내원천 기타소득 중 승마투표권·승자투표권·소싸움경기투표권·체육진흥투표권의 환급금 및 슬롯머신 등을 이용하는 행위에 참가하여 받는 당첨금품 등의 소득에 대하여 원천징수를 함에 있어서는 거주자의 과세최저한 규정을 준용한다.(소법 156조 ⑧)

> ✓ **비거주자가 내국법인에 출자하여 배당소득과 근로소득을 지급받는 경우의 과세방법**(소통 121－0…1)
> 외국에서 영주권을 가지고 있는 국내사업장이 없는 재외교포가 국내에 주소 또는 183일 이상의 거소가 없이 국내법인에 출자하여 배당소득이 있고 또한 동 법인의 비상근임원으로서 급여를 받는 경우에는 비거주자의 배당소득과 근로소득에 해당되므로 법 제121조 제3항의 규정에 의하여 해당 소득별로 분리하여 과세한다.

9 비거주자에 대한 조세조약상 비과세 또는 면제 적용 신청(2014.1.1. 제목개정)

국내원천소득(사업소득 및 인적용역소득은 제외)에 대하여 조세조약에 따라 비과세 또는 면제를 적용받으려는 비거주자는 납세지 관할 세무서장에게 그 비과세 또는 면제를 신청하여야 한다.(소법 156조의2)

(1) 비과세·면제신청서의 제출

① 국내원천소득(국내원천 사업소득은 제외)의 실질귀속자인 비거주자가 조세조약에 따라 비과세 또는 면제를 적용받으려는 경우에는 비과세·면제신청서 및 국내원천소득의 실질귀속자임을 증명하는 서류(이하 "신청서등"이라 한다)를 국내원천소득을 지급하는 자(이하 "소득지급자"라 한다)에게 제출하고, 해당 소득지급자는 그 신청서등을 소득을 지급하는 날이 속하는 달의 다음 달 9일까지 소득지급자의 납세지 관할 세무서장에게 제출하여야 한다.(소법 156조의2 ①, 2022.12.31. 용어개정, 소령 207조의2 ①, 2024.12.31. 개정)

➲ 국내원천소득에 '국내원천 인적용역소득'을 포함하는 개정은 2026.1.1.부터 시행한다.(2024.12.31. 법 부칙 1조 3)

이때 다음 중 하나에 해당하는 경우에는 이를 실질귀속자로 본다.(소령 207조의2 ⑪, 2014.2.21. 신설, 207조의8 ⑤, 2019.2.12. 개정)

㉠ 국민연금법, 공무원연금법, 군인연금법, 사립학교교직원 연금법 및 근로자퇴직급여 보장법 등에 준하는 체약상대국의 법률에 따라 외국에서 설립된 연금

㉡ 체약상대국의 법률에 따라 외국에서 설립된 비영리단체로서 수익을 구성원에게

분배하지 아니하는 기금

② 비거주자가 국외투자기구를 통하여 국내원천소득을 지급받는 경우에는 그 국외투자기구를 통하여 국내원천소득을 지급받는 비거주자를 국내원천소득의 실질귀속자(그 국내원천소득과 관련하여 법적 또는 경제적 위험을 부담하고 그 소득을 처분할 수 있는 권리를 가지는 등 해당 소득에 대한 소유권을 실질적으로 보유하고 있는 자를 말한다)로 본다.(소법 156조의2 ①, 119조의2 ①, 2018.12.31. 개정, 소령 207조의2 ①)

③ 위 '①'을 적용할 때 해당 국내원천소득이 국외투자기구를 통하여 지급되는 경우에는 그 국외투자기구가 실질귀속자로부터 신청서등을 제출받아 이를 그 명세가 포함된 「국외투자기구 신고서」와 함께 소득지급자에게 제출하고 해당 소득지급자는 그 신고서와 신청서등을 납세지 관할 세무서장에게 제출하여야 한다.(소법 156조의2 ②, 2022.12.31. 용어개정)

④ 「비과세·면제신청서」에는 해당 비거주자의 거주지국의 권한 있는 당국이 발급하는 「거주자증명서」나 국세청장이 정하여 고시하는 서류를 첨부하여야 한다. 다만, 다음의 국내원천 기타소득에 대해서는 여권 사본과 출입국관리법 제88조에 따른 「출입국에 관한 사실증명서」(입국일부터 최근 1년간의 출입국 사실을 증명하는 것으로 한정한다)로 거주자증명서나 국세청장이 정하여 고시하는 서류를 대신하려는 경우에는 「거주자증명서」나 국세청장이 정하여 고시하는 서류의 제출을 생략할 수 있다.(소령 207조의2 ②, 2019.2.12. 개정)

㉠ 국내에서 발행된 복권, 경품권 또는 그 밖의 추첨권에 당첨되어 받는 당첨금품과 승마투표권, 승자투표권, 소싸움경기투표권, 체육진흥투표권의 구매자가 받는 환급금

㉡ 슬러트머신 등을 이용하는 행위에 참가하여 받는 당첨금품 등

⑤ 비거주자는 그 대리인(국세기본법 제82조의 규정에 의한 납세관리인을 포함) 등으로 하여금 비과세 또는 면제 신청을 하게 할 수 있다.(소령 207조의2 ③)

⑥ 국내원천소득이 국외투자기구를 통하여 지급되는 경우에는 해당 국외투자기구가 실질귀속자로부터 「비과세·면제신청서」를 제출받아 실질귀속자 명세를 포함하여 작성한 「국외투자기구 신고서」와 제출받은 「비과세·면제신청서」를 소득지급자에게 제출하고 해당 소득지급자는 소득을 지급하는 날이 속하는 달의 다음 달 9일까지 소득지급자의 납세지 관할 세무서장에게 제출하여야 한다. 다만, 국외공모집합투자기구(소령 207조의8 ③ 단서)로서 다음의 서류를 제출한 경우에는 그러하지 아니하다.(소령 207조의2 ⑨, 2014.2.21. 신설)

㉠ 다음의 사항을 확인할 수 있는 서류

ⓐ 자본시장과 금융투자업에 관한 법률에 따른 집합투자기구와 유사한 국외투자

PART 8

기구로서 체약상대국의 법률에 따라 등록하거나 승인을 받은 국외투자기구

ⓑ 증권을 사모로 발행하지 아니하고 직전 회계기간 종료일(신규로 설립된 국외투자기구인 경우에는 국외투자기구 신고서 제출일을 말한다) 현재 투자자가 100명(투자자가 다른 국외투자기구인 경우에는 그 국외투자기구를 1명으로 본다) 이상일 것

ⓒ 조세조약에서 조약상 혜택의 적용을 배제하도록 규정된 국외투자기구에 해당하지 아니할 것

㉡ 해당 국외투자기구의 국가별 실질귀속자의 수 및 총투자금액 명세가 포함된 국외투자기구 신고서

㉢ 국외공모집합투자기구의 명의로 작성한 비과세·면제신청서

⑦ 국외투자기구(이하 "1차 국외투자기구"라 한다)에 다른 국외투자기구(이하 "2차 국외투자기구"라 한다)가 투자하고 있는 경우 1차 국외투자기구는 2차 국외투자기구로부터 실질귀속자별 「비과세·면제신청서」를 제출받아 그 명세(해당 2차 국외투자기구가 국외공모집합투자기구인 경우에는 이를 확인할 수 있는 서류와 해당 국외투자기구의 국가별 실질귀속자의 수 및 총투자금액 명세를 말한다)가 포함된 「국외투자기구 신고서」와 제출받은 「비과세·면제신청서」를 제출하여야 한다. 이 경우 다수의 국외투자기구가 연속적으로 투자관계에 있는 경우에는 투자를 받는 직전 국외투자기구를 1차 국외투자기구로, 투자하는 국외투자기구를 2차 국외투자기구로 본다.(소령 207조의2 ⑩, 2014.2.21. 신설)

(2) 대리 또는 위임

① 금융회사 등이 비거주자의 채권등을 인수·매매·중개 또는 대리하는 경우에는 그 금융회사 등과 비거주자 간에 대리 또는 위임의 관계가 있는 것으로 본다.(소령 207조의2 ④, 2010.2.18. 개정)

② 유가증권 양도에 관하여 자본시장과 금융투자업에 관한 법률에 따른 투자매매업자나 투자중개업자 또는 주식발행법인이 원천징수하는 경우에는 그 투자매매업자나 투자중개업자 또는 주식발행법인과 비거주자간에 대리 또는 위임의 관계가 있는 것으로 본다.(소령 207조의2 ⑤, 2012.2.2. 개정)

③ 위 '① 및 ②'가 적용되지 아니하는 경우로서 소득지급자가 국내에 주소·거소·본점·주사무소 또는 국내사업장(외국법인의 국내사업장을 포함)이 없는 경우에는 소득지급자에게 제출하지 아니하고 국내원천소득의 실질귀속자가 납세지 관할 세무서장에게 직접 「비과세·면제신청서」를 제출할 수 있다.(소령 207조의2 ⑥, 2014.2.21. 개정)

(3) 비과세·면제신청서의 추가제출 여부

제출된 「비과세·면제신청서」 또는 「국외투자기구 신고서」는 제출한 날부터 3년 이내에는 다시 제출하지 아니할 수 있다. 다만, 그 내용에 변동이 있는 경우에는 변동사유가 발생한 날 이후 소득을 최초로 지급하는 날이 속하는 달의 다음 달 9일까지 그 변동 내용을 제출하여야 한다.(소령 207조의2 ⑫, 2014.2.21. 신설)

(4) 비과세·면제신청서의 보관의무

소득지급자와 국외투자기구는 「비과세·면제신청서」, 「국외투자기구 신고서」 등 관련 자료를 제출기한의 다음 날부터 5년간 보관하여야 한다. 이 경우 소득지급자의 납세지 관할 세무서장이 제출을 요구하는 경우에는 그 자료를 제출하여야 한다.(소령 207조의2 ⑭, 2014.2.21. 신설)

(5) 비과세 또는 면제의 배제

① 실질귀속자 또는 국외투자기구로부터 신청서등을 제출받은 소득지급자는 제출된 신청서등에 누락된 사항이나 미비한 사항이 있으면 보완을 요구할 수 있으며, 다음 중 하나에 해당하는 사유에 해당하는 경우에는 비과세 또는 면제를 적용하지 아니하고 원천징수하여야 한다.(소법 156조의2 ③, 2022.12.31. 개정)

이 경우 아래 'ⓛ 또는 ⓒ'은 그 사유가 발생한 부분으로 한정하고, 국외공모집합투자기구에 대해서는 아래 'ⓒ'의 사유를 제외한다.(소령 207조의2 ⑬, 2014.2.21. 신설)

㉠ 비과세·면제신청서 또는 국외투자기구 신고서를 제출받지 못한 경우

㉡ 제출된 비과세·면제신청서 또는 국외투자기구 신고서에 적힌 내용의 보완 요구에 따르지 아니하는 경우

㉢ 제출된 비과세·면제신청서 또는 국외투자기구 신고서를 통해서는 실질귀속자를 파악할 수 없는 경우

② 신청서등을 제출받은 납세지 관할 세무서장은 비과세 또는 면제요건 충족 여부를 검토한 결과 비과세·면제 요건이 충족되지 아니하거나 해당 신청서의 내용이 사실과 다르다고 인정되는 경우에는 원천징수 규정(☞ 소법 제85조 ③)에 따른 세액을 소득지급자로부터 징수하여야 한다. 이 경우 신청서등에 기재된 내용만으로는 비과세·면제 요건의 충족 여부를 판단할 수 없는 경우에는 상당한 기한을 정 하여 소득지급자에게 관련 서류의 보완을 요구할 수 있다.(소법 156조의2 ④, 2022.12.31. 신설)

➲ 2023.1.1. 이후 비과세, 면제 적용을 신청하는 경우부터 적용한다.(2022.12.31. 법 부칙 9조)

PART 8

(6) 경정청구

① 위 '(5)'에 따라 비과세 또는 면제를 적용받지 못한 실질귀속자가 비과세 또는 면제를 적용받으려는 경우에는 실질귀속자 또는 소득지급자가 위 '(5)'에 따라 세액이 원천징수된 날이 속하는 달의 다음 달 11일부터 5년 이내에 소득지급자의 납세지 관할 세무서장에게 경정을 청구할 수 있다.(소법 156조의2 ⑤, 2023.12.31. 개정)

➲ "다음 달 11일부터"의 개정규정은 2024.1.1. 당시 개정규정에 따른 경정청구기간이 만료되지 아니한 경우에도 적용한다.(2023.12.31. 법 부칙 9조)

다만, 국세기본법 제45조의2 제2항에 해당하는 사유(☞ 후발적 사유) 중 하나가 발생하였을 때에는 본문에도 불구하고 그 사유가 발생한 것을 안 날부터 3개월 이내에 경정을 청구할 수 있다.(소법 156조의2 ④, 2019.12.31. 단서신설)

② 경정을 청구하려는 자는 소득지급자의 납세지 관할 세무서장에게 「비과세·면제 적용을 위한 경정청구서」에 국내원천소득의 실질귀속자임을 입증할 수 있는 다음의 서류를 첨부하여 경정을 청구하여야 한다. 이 경우 증명서류는 한글번역본과 함께 제출하여야 하되, 국세청장이 인정하는 경우에는 영문으로 작성된 서류만을 제출할 수 있다.(소령 207조의2 ⑮, 2014.2.21. 신설)

㉠ 비과세·면제신청서

㉡ 해당 실질귀속자 거주지국의 권한 있는 당국이 발급하는 거주자증명서

③ 세무서장은 경정청구를 한 이자소득·배당소득·사용료소득 또는 유가증권 양도소득에 따른 소득을 수취한 자가 해당 국내원천소득의 실질귀속자에 해당하는 경우에는 경정하여야 한다.(소령 207조의2 ⑯, 207조의5 ②, 2017.2.3. 개정)

④ 세무서장은 경정청구의 내용에 대하여 보정할 필요가 있다고 인정되는 때에는 30일 이내의 기간을 정하여 보정할 것을 요구할 수 있다. 이 경우 보정기간은 경정결정 통지의무기간(경정청구받은 날로부터 6개월)에 산입하지 아니한다.(소령 207조의2 ⑯, 2014.2.21. 신설, 207조의5 ③)

⑤ 보정요구는 다음의 사항을 모두 기재한 문서로 하여야 한다.(소령 207조의2 ⑯, 2014.2.21. 신설, 207조의5 ④)

㉠ 보정할 사항

㉡ 보정을 요구하는 이유

㉢ 보정할 기간

㉣ 그 밖의 필요한 사항

⑥ 경정을 청구받은 세무서장은 청구를 받은 날부터 6개월 이내에 과세표준과 세액을 경정하거나 경정하여야 할 이유가 없다는 뜻을 청구인에게 알려야 한다.(소법 156조의2 ⑥, 2022.12.31. 항번개정)

(7) 신청서 제출의 면제

국내원천소득으로서 소득세법 및 조세특례제한법에 따라 소득세가 과세되지 아니하거나 면제되는 국내원천소득에 해당하는 소득에 대하여는 「비과세·면제신청서」를 제출하지 아니할 수 있다.(소령 207조의2 ⑦)

10 특정지역 비거주자에 대한 원천징수절차 특례(2018.12.31. 제목개정)

(1) 개 요

비거주자의 국내원천소득에 대한 원천징수의무자는 기획재정부장관이 고시하는 국가 또는 지역에 소재하는 비거주자의 국내원천소득 중 이자소득·배당소득·사용료소득·유가증권양도소득에 대하여 소득세로서 원천징수하는 경우에는 비거주자의 비과세 등의 신청 규정 및 조세조약에서의 비과세·면제 또는 제한세율의 규정에도 불구하고 비거주자의 국내원천소득에 대한 원천징수세율을 우선 적용하여 원천징수하여야 한다. 다만, 조세조약에서의 비과세·면제 또는 제한세율에 관한 규정을 적용받을 수 있음을 국세청장이 사전승인하는 경우에는 그러하지 아니하다.(소법 156조의4 ①)

(2) 사전승인 절차

1) 신청서의 제출

국세청장의 사전승인을 얻고자 하는 자는 국세청장에게 「원천징수특례사전승인신청서」에 다음의 서류를 첨부하여 신청하여야 한다. 다만, 아래 '2)'의 실질귀속자에 대한 사전승인을 받은 후 계약내용 등의 변경으로 당초 신고한 내용과 달라진 경우에는 사전승인 신청을 다시 하여야 한다.(소령 207조의4 ①)

이때 「원천징수특례사전승인신청서」에 첨부하는 서류는 한글번역본과 함께 제출하여야 하며 국세청장이 인정하는 경우에는 영문으로 작성된 서류만을 제출할 수 있다.(소령 207조의4 ⑦)

① 조세조약에서 상대방국가(이하 "체약상대국"이라 한다)에서 발급하는 거주자증명서
② 해당 국내원천소득을 얻기 위한 투자자금 조달방법
③ 해당 국내원천소득 수령 후의 처분명세서 또는 그 계획서
④ 최근 3년(설립 후 3년이 경과하지 아니한 경우에는 설립일부터 신청일까지의 기간) 동안 체약상대국의 세무당국에 제출한 재무제표(부속서류를 포함), 세무신고서 또는 감사보고서(2025.2.28. 개정)

2) 실질귀속자에 대한 사전승인

국세청장은 사전승인의 신청을 받은 때에는 이자소득·배당소득·사용료소득·유가증권양도소득(이하 "국내원천소득"이라 한다)을 직접 또는 간접적으로 수취할 자가 해당 국내원천소득과 관련하여 법적 또는 경제적 위험을 부담하고 소득을 처분할 수 있는 권리를 가지는 등 그 소득에 대한 소유권을 실질적으로 보유하고 있는 자(이하 "실질귀속자"라 한다)에 해당하고 해당 체약상대국의 거주자인 경우에는 사전승인을 할 수 있다.(소령 207조의4 ②)

3) 보정요구

국세청장은 사전승인신청의 내용에 대하여 보정할 필요가 있다고 인정되는 때에는 30일 이내의 기간을 정하여 보정할 것을 요구 할 수 있다. 이때 보정요구는 다음의 사항을 모두 기재한 문서로 하여야 한다. 이 경우 보정기간은 국세청장의 통보기간(신청을 받은 날로부터 3개월)에 산입하지 아니한다.(소령 207조의4 ③, ④)

① 보정할 사항
② 보정을 요구하는 이유
③ 보정할 기간
④ 그 밖의 필요한 사항

4) 사전승인 여부의 통보

국세청장은 사전승인 신청을 받은 날부터 3월 이내에 승인여부를 통보하여야 한다.(소령 207조의4 ⑤)

5) 사전승인의 취소

국세청장은 제출된 서류가 허위로 기재된 것임이 확인되는 경우에는 사전승인을 취소하여야 한다.(소령 207조의4 ⑥)

(3) 조세조약상의 비과세·면제 또는 제한세율 적용을 위한 경정청구의 절차

1) 개　요

① 국내원천소득을 실질적으로 귀속받는 자(그 대리인 또는 납세관리인을 포함)가 그 소득에 대하여 조세조약에 따른 비과세·면제 또는 제한세율에 관한 규정을 적용받으려는 경우에는 세액이 원천징수된 날이 속하는 달의 다음 달 11일부터 5년 이내에 원천징수의무자의 납세지 관할 세무서장에게 경정을 청구할 수 있다.(소법 156조의4 ②, 2023.12.31. 개정)

➲ "다음 달 11일부터"의 개정규정은 2024.1.1. 당시 개정규정에 따른 경정청구기간이 만료되지 아

니한 경우에도 적용한다.(2023.12.31. 법 부칙 9조)

② 국세기본법 제45조의2 제2항에 해당하는 사유(☞ 후발적 사유) 중 하나가 발생하였을 때에는 본문에도 불구하고 그 사유가 발생한 것을 안 날부터 3개월 이내에 경정을 청구할 수 있다.(소법 156조의4 ②, 2019.12.31. 단서신설)

③ 세무서장은 경정청구를 한 국내원천소득을 수취한 자가 해당 국내원천소득의 실질귀속자에 해당하는 경우에는 경정하여야 한다.(소령 207조의5 ②)

2) 경정청구

경정을 청구하고자 하는 자는 원천징수의무자의 납세지 관할 세무서장에게 「원천징수특례적용을 위한 경정청구서」에 다음의 서류를 첨부하여 청구하여야 한다. 이 경우 증빙서류는 한글번역본과 함께 제출하여야 하며, 국세청장이 인정하는 경우에는 영문으로 작성된 서류만을 제출할 수 있다.(소령 207조의5 ①)

① 조세조약에서 상대방국가에서 발급하는 거주자증명서

② 해당 국내원천소득을 얻기 위한 투자자금 조달방법

③ 해당 국내원천소득 수령 후의 처분명세서 또는 그 계획서

④ 최근 3년(설립 후 3년이 경과하지 아니한 경우에는 설립일부터 신청일까지의 기간) 동안 체약상대국의 세무당국에 제출한 재무제표(부속서류를 포함), 세무신고서 또는 감사보고서(2025.2.28. 개정)

3) 보정요구

세무서장은 경정청구의 내용에 대하여 보정할 필요가 있다고 인정되는 때에는 30일 이내의 기간을 정하여 보정할 것을 요구할 수 있다. 이때 보정요구는 다음의 사항을 모두 기재한 문서로 하여야 한다.(소령 207조의5 ③, ④) 이 경우 보정기간은 경정결정 통지의무기간(경정청구받은 날로부터 6개월)에 산입하지 아니한다.

① 보정할 사항

② 보정을 요구하는 이유

③ 보정할 기간

④ 그 밖의 필요한 사항

4) 경정결정 통지의무

경정의 청구를 받은 세무서장은 그 청구를 받은 날부터 6개월 이내에 과세표준과 세액을 경정하거나 경정하여야 할 이유가 없다는 뜻을 그 청구를 한 자에게 알려야 한다.(소법 156조의4 ③)

11 비거주연예인 등의 용역제공과 관련된 원천징수절차 특례

(1) "비거주연예인 등"의 범위

"비거주연예인 등"이란 "비과세외국연예 등 법인"(조세조약에 따라 고정사업장이 없거나 고정사업장에 귀속되지 아니하는 등의 이유로 과세되지 아니하는 외국법인)의 국내 용역을 제공하는 해당 연예인·운동가뿐만 아니라 그 연예인·운동가의 국내 용역 제공을 보조하는 감독, 코치, 조명·촬영·음향 기사 및 이와 비슷한 용역을 제공하는 자를 말한다. (소령 207조의7 ①, 소법 156조의5 ①, 2019.2.12. 개정)

(2) "비거주연예인 등"에게 대가를 지급하는 경우

① 비거주자인 연예인 등이 국내에서 제공한 용역(국내원천 인적용역소득, 국내원천 근로소득, 국내원천 기타소득을 포함)과 관련하여 지급받는 보수 또는 대가에 대해서 조세조약에 따라 국내사업장이 없거나 국내사업장에 귀속되지 아니하는 등의 이유로 과세되지 아니하는 "비과세 외국연예 등 법인에 비거주 연예인 등이 국내에서 제공한 용역과 관련하여 보수 또는 대가를 지급하는 자는, 조세조약에도 불구하고 그 지급하는 금액의 20%의 금액을 원천징수하여 그 원천징수한 날이 속하는 달의 다음 달 10일까지 원천징수 관할 세무서, 한국은행 또는 체신관서에 납부하여야 한다.(소법 156조의5 ①, 2012.1.1. 개정) 이때 원천징수 관할 세무서장에게 다음의 서류를 제출하여야 한다.(소령 207조의7 ②)

㉠ 원천징수이행상황신고서

㉡ 해당 "비과세외국연예 등 법인"에게 보수 또는 대가를 지급하는 자와 해당 "비과세외국연예 등 법인" 사이에 체결된 용역제공 관련 계약서

(3) 비과세외국연예 등 법인이 비거주연예인 등에게 대가를 지급하는 경우

① "비과세외국연예 등 법인"은 "비거주연예인 등"의 용역 제공과 관련하여 보수 또는 대가를 지급할 때 그 지급금액의 20%의 금액을 지급받는 자의 국내원천소득에 대한 소득세로서 원천징수하여 그 원천징수한 날이 속하는 달의 다음 달 10일까지 원천징수 관할세무서, 한국은행 또는 체신관서에 납부하여야 한다.(소법 156조의5 ②) 이때 해당 "비과세외국연예 등 법인"에게 보수 또는 대가를 지급한 자의 원천징수 관할 세무서장에게 다음의 서류를 제출하여야 한다.(소령 207조의7 ③)

㉠ 비거주연예인 등의 용역제공소득 지급명세서

㉡ 원천징수이행상황신고서

② 비거주 연예인 등이 국내에서 제공한 용역과 관련하여 비과세 외국연예 등 법인에 대가를 지급하는 자가 위 '(2)'에 따라 원천징수하여 납부한 경우에는 그 납부한 금액의 범위에서 그 소득세를 납부한 것으로 본다.(소법 156조의5 ② 후단)

(4) 환급신청

위 '(2)'에 따라 원천징수하여 납부한 금액이 위 '(3)'에 따라 원천징수하여 납부한 금액보다 큰 경우 그 차액에 대하여 "비과세외국연예 등 법인"은 관할 세무서장에게 환급을 신청할 수 있다.(소법 156조의5 ③) 이때에는 「비과세외국인연예 등 법인에 대한 원천징수세액환급신청서」(별지 제29호의11 서식)에 다음의 서류를 첨부하여야 한다.(소령 207조의7 ④)

① "비과세외국연예 등 법인"과 "비거주연예인 등" 사이에 체결된 용역제공 관련 계약서

② "비거주연예인 등"에게 지급한 보수 또는 대가에 대한 증거서류

③ 비과세외국인연예 등 법인이 교부받은 원천징수영수증(별지 제29호의11 서식 첨부서류)

(5) 환급결정

환급신청을 받은 세무서장은 환급 여부를 결정하여야 하며 환급세액이 있으면 원천징수하여 납부한 날의 다음 날부터 환급결정을 하는 날까지의 기간과 국세기본법 시행령 제43조의3 제2항에 따른 이율에 따라 계산한 금액을 국세환급금에 가산하여야 한다.(소령 207조의7 ⑤)

(6) 영문서류의 제출

위 '(2)부터 (4)까지'의 서류를 제출하는 경우 영문으로 작성된 서류는 한글번역본과 함께 제출하여야 한다. 다만, 세무서장이 인정하는 경우에는 영문으로 작성된 서류만을 제출할 수 있다.(소령 207조의7 ⑥)

비과세외국인연예 등 법인에 대한 원천징수[10)]

국내기획사 등 소득지급자가 미국연예(체육)법인에게 국내공연(경기) 대가를 지급할 때 그 지급액의 20%(지방소득세 2% 별도)를 일단 원천징수하여 신고납부하고, 추후 미국연예(체육)법인이 소속 개인 연예인(체육)에게 각각 미화 3,000불을 초과하는 대가를 지급할 때 그에 대한 세액(지급액의 20%, 지방소득세 2% 별도)을 원천징수하여 우리나라에 신고하고 정산신청하면 관할 세무서장이 관련내용을 확인하여 과다 납부된 원천징수세액을 환급하여 주는 제도이다.

예를 들어, 국내기획사가 미국연예법인에게 국내공연(30일) 대가로 100만불을 지급하고 동 미국연예법인이 100만불 중 국내에서 공연한 미국거주 연예인에게 60만불을 지급하는 경우 원천징수세액 및 환급신청세액은 다음과 같다.

신고납부 및 환급절차(단위 : 만불)

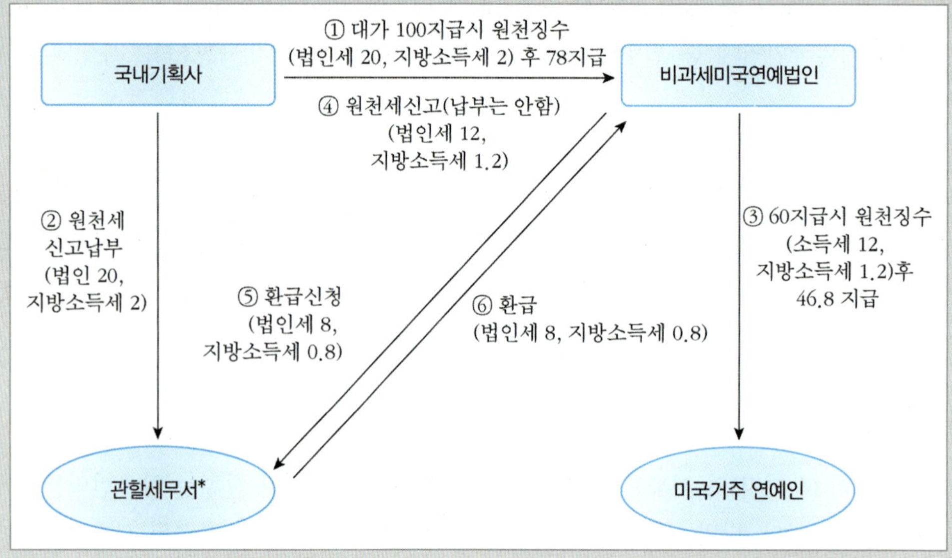

* 주로 국내기획사의 사업장 관할세무서임

① 비과세 미국연예법인*에 대가를 지급하는 자는 지급시 지급금액의 20%를 원천징수한다.

* 비과세 미국연예법인 : 미국거주 연예인이 국내에서 제공한 용역과 관련하여 지급받는 보수 또는 대가에 대해서 조세조약에 따라 국내사업장이 없거나 국내사업장에 귀속되지 아니하는 등의 이유로 과세되지 않는 외국법인

② 비과세 미국연예법인에 대가를 지급하는 자는 원천징수한 금액을 원천징수일의 다음 달 10일까지 관할세무서 등에 신고·납부한다.

③ 국내에서 제공한 용역(인적용역·근로·기타소득 포함)과 관련하여 소속 미국거주 연예인* 에게 보수를 지급하는 비과세 외국법인등은 지급시 지급액의 20%를 원천징수한다.

* 미국거주 연예인 : 비거주자인 연예인 또는 운동가

④ 비과세 미국연예법인은 원천징수한 금액을 원천징수일의 다음달 10일까지 관할세무서

에 신고하여야 한다.

⑤ '①, ②'에 따라 원천징수하여 납부한 금액이 '③, ④'에 따라 원천징수한 금액보다 큰 경우 비과세 미국연예법인은 그 차액에 대하여 관할세무서에 환급을 신청할 수 있다.

⑥ 관할 세무서장은 신청내용을 확인하여 환급할 세액이 있는 경우에는 국세환급가산금을 가산하여 비과세 미국연예법인에 지급한다.

(단위 : 만불)

구 분	관할세무서	국내기획사	미국거주 연예인	미국연예법인
수입	22	22	60	100+8.8(환급)
지출	8.8(환급)	22	13.2	22+46.8
손익	13.2	0	46.8	40

결국 국내에서 미국거주 연예인은 국내공연 대가로 받은 보수 60만불에 대한 소득세 12만불과 지방소득세 1만 2,000불을 우리나라에 납부하게 된다. 이는 미국거주 연예인이 국내 공연대가로 미화 3,000불을 초과하여 대가를 지급받는 경우로서 한·미조세조약 제18조(독립적 인적용역) 및 제19조(근로소득)에 의하여 원천지국인 국내에서 부여된 과세권에 따라 정상적으로 납부하는 세금이다.

10) 이항수, 최치영, 2011, 원천징수실무, 영화조세통람사, p. 356~357

소득세법 시행규칙[별지 제29호의11 서식](2024.3.22. 개정)

비과세외국연예 등 법인에 대한 원천징수세액 환급신청서

원천징수 의무자	① 상호(법인명)		② 사업자등록번호	- -
	③ 사업장소재지			
비과세외국 연예등 법인	④ 상호(법인명)		⑤ 납세관리번호	
	⑥ 사업장소재지		거주지국	(코드:)
납세 관리인	⑦ 상 호(성명)		⑧ 사업자(주민)등록번호	
	⑨ 사업장소재지			

환 급 신 청 내 역 (단위 : 원)

당초 원천징수 내역			⑬비거주연예인등의 보수에 대한 원천징수 세액	환급신청 세액 (⑪-⑬)
⑩대가지급액	⑪원천징수 세 액	⑫납부일자		

국세환급금계좌신고	
⑭ 예 입 처	은행 본·지점
⑮ 예금종류	예금
⑯ 계좌번호	

신청인은 「소득세법 시행령」 제207조의7제4항에 따라 비과세외국연예등법인에 대한 원천징수세액 환급신청서를 제출하며, 위 내용을 충분히 검토하였고 신청인이 알고 있는 사실 그대로를 정확하게 적었음을 확인합니다.

년 월 일

신청인 (서명 또는 인)

귀하

※ 첨부서류 : 1. 비과세외국연예등법인과 비거주연예인 등 사이에 체결된 용역제공 관련 계약서
2. 비거주연예인 등에게 지급한 보수 또는 대가에 대한 증거서류
3. 비과세외국연예등법인이 교부받은 원천징수영수증

※ 작성방법
1. 거주지국과 거주지국코드는 국제표준화기구(ISO)가 정한 국가별 ISO코드 중 국명약어 및 국가코드를 적습니다.
2. ⑤납세관리번호, ⑧사업자(주민)등록번호란 : 아래의 표를 참조하여 적습니다.

	구 분	기 재 번 호
(1)	원 칙	주민등록번호 또는 사업자등록번호
(2)	(1)의 기재번호를 부여받지 않은 경우	[개인] 국내거소신고증상의 국내거소신고번호(외국국적동포인 경우) 또는 외국인등록표상의 외국인등록번호(외국인인 경우)를 적고, 그 번호가 없는 경우 여권상의 여권번호를 적습니다.
(3)	(1),(2)의 기재번호를 부여받지 않은 경우	투자등록증상의 투자등록번호를 적고, 그 번호가 없는 경우 해당 거주지국의 납세번호(Taxpayer Identification Number) 또는 법인식별기호(LEI)를 적습니다.

12 비거주자의 국내원천소득 등에 대한 지급명세서 제출의무 특례

① 국내원천소득을 비거주자에게 지급하는 자(자본시장과 금융투자업에 관한 법률에 따라 주식을 상장하는 경우로서 상장 전 이미 발행된 주식을 양도하는 경우에는 그 주식을 발행한 법인을 말한다)*는 지급명세서를 납세지 관할 세무서장에게 그 지급일이 속하는 과세기간의 다음 연도 2월 말일(근로소득과 퇴직소득의 경우에는 다음 연도 3월 10일, 휴업 또는 폐업한 경우에는 휴업일 또는 폐업일이 속하는 달의 다음다음달 말일)까지 이를 제출하여야 한다. 다만, 다음의 소득을 지급하는 경우에는 그러하지 아니한다.(소법 164조의2 ①, 2020.12.29. 개정, 156조의2, 소령 216조의2 ①)

* 2021.1.1. 이후 양도대가를 지급하는 분부터 적용한다.(2020.12.29. 법 부칙 24조)

㉠ 소득세법 또는 조세특례제한법에 따라 소득세가 과세되지 아니하거나 면제되는 국내원천소득. 다만, 다음 중 하나에 해당하는 국내원천소득은 제외한다.(소령 216조의2 ①, 2014.2.21. 개정)

ⓐ 조세특례제한법 제21조 제1항에 따른 다음의 국내원천소득

㉮ 국가·지방자치단체 또는 내국법인이 국외에서 발행하는 외화표시채권의 이자 및 수수료

㉯ 외국환거래법에 따른 외국환업무취급기관이 외국환업무를 하기 위하여 외국금융기관으로부터 차입하여 외화로 상환하여야 할 외화채무에 대하여 지급하는 이자 및 수수료(2014.12.23. 개정)

㉰ 금융회사 등이 외국환거래법에서 정하는 바에 따라 국외에서 발행하거나 매각하는 외화표시어음과 외화예금증서의 이자 및 수수료

ⓑ 조세특례제한법 제21조의2 제1항에 따른 다음의 국내원천소득
비거주자 또는 외국법인(비거주자 또는 외국법인의 국내사업장은 제외)이 계약기간 1년 이상인 정기외화예금에 2015.12.31.까지 가입하는 경우 해당 예금에서 계약기간 내에 발생하는 이자

ⓒ 조세특례제한법(법률 제12173호 조세특례제한법 일부개정법률로 개정되기 전의 것을 말한다) 제121조의2 제3항에 따른 국내원천소득

㉡ 이자소득·배당소득·선박 등 임대소득·사용료소득·유가증권양도소득 및 기타소득(복권·경품권 등의 당첨금품과 승마투표권·승자투표권의 구매자가 받는 환급금 및 슬롯머신 등의 당첨금품 등은 제외)의 국내원천소득으로서 국내사업장과 실질적으로 관련되거나 그 국내사업장에 귀속되는 소득(채권 등에 대한 소득금액의 계산과 지급명세서의 제출 등에 대한 특례규정에 의하여 원천징수되는 소득을 제외)

㉢ 부동산소득의 국내원천소득

㉣ 사업소득의 국내원천소득(비거주자의 국내원천소득에 대한 원천징수의 특례규정에 의하여 원천징수되는 소득을 제외)(2025.2.28. 개정)

➲ 2026.1.1. 전에 발생한 국내원천 인적용역소득에 대한 지급명세서 제출의무에 관하여는 개정규정에도 불구하고 종전의 규정에 따른다.(2025.2.28. 영 부칙 22조)

㉤ 기타소득 중 복권·경품권 기타 추첨권에 의하여 받는 당첨금품과 승마투표권·승자투표권·소싸움경기투표권·체육진흥투표권의 구매자가 받는 환급금 및 슬롯머신 등의 당첨금품 등

㉥ 비과세 또는 면제신청을 한 국내원천소득

㉦ 원천징수세액이 1천원 미만인 소득(양도소득 및 유가증권양도소득을 제외한다)(2013.2.15. 개정)

㉧ 그 밖에 지급명세서를 제출할 실효성이 없다고 인정되는 다음의 소득(소칙 97조의2)

ⓐ 예금 등의 잔액이 30만원 미만으로서 1년 이상 거래가 없는 계좌에서 발생하는 이자소득 또는 배당소득

ⓑ 계좌별로 1년간 발생한 이자소득 또는 배당소득이 3만원 미만인 경우의 해당 소득

ⓒ 소득세법 제119조 제7호(근로소득)의 국내원천소득으로서 일용근로자의 소득

② 채권 등에 대한 소득금액의 계산과 지급명세서의 제출 등에 대한 특례규정 또는 투자매매업자·투자중개업자가 소득세를 원천징수하는 경우에는 해당 원천징수의무자가 그 지급금액에 대한 지급명세서를 제출해야 한다.(소령 216조의2 ③, 2022.2.15. 개정)

13 외국법인 소속 파견근로자의 소득에 대한 원천징수 특례 (2015.12.15. 신설)

1) 개요

내국법인과 체결한 근로자파견계약에 따라 근로자를 파견하는 국외에 있는 외국법인(국내지점 또는 국내영업소는 제외하며, 이하 "파견외국법인"이라 한다)의 소속 근로자(이하 "파견근로자"라 한다)를 사용하는 내국법인(이하 "사용내국법인"이라 한다)은 파견근로자가 국내에서 제공한 근로의 대가를 파견외국법인에 지급하는 때에 그 지급하는 금액(파견근로자가 파견외국법인으로부터 지급받는 금액을 사용내국법인이 확인한 경우에는 그 확인된 금액을 말한다)의 19%에 해당하는 금액을 소득세로 원천징수하여 그 원천징수하는 날이 속하는 달의 다음 달 10일까지 원천징수 관할 세무서, 한국은행 또는 체신관서에 납부하여야 한다.(소법 156조의7 ①, 2021.12.8. 개정)

2) 사용 내국법인의 범위

사용내국법인은 다음의 요건을 모두 갖춘 내국법인으로 한다.(소령 207조의10 ①)

① 파견외국법인에게 지급하는 근로대가의 합계액이 다음 중 하나에 해당할 것(소령 207조의10 ① 1, 2022.2.15. 개정)

㉠ 파견외국법인과 체결한 근로자 파견계약상 근로대가가 20억원을 초과할 것

㉡ 직전 사업연도에 사용내국법인이 파견외국법인에 실제로 지급한 근로대가의 합계액이 20억원을 초과할 것

➲ 2022.4.1. 전에 개시한 사업연도에 지급하는 근로대가에 대하여 원천징수를 하는 사용내국법인의 범위에 관하여는 개정규정에도 불구하고 종전의 규정에 따른다.(2022.2.15. 소령 부칙 14조)

② 직전 사업연도 매출액이 1,500억원 이상이거나 직전 사업연도 말 현재 자산총액이 5,000억원 이상일 것

③ 한국표준산업분류에 따른 항공운송업, 건설업, 전문·과학 및 기술서비스업, 선박 및 수상 부유구조물 건조업, 금융업을 영위할 것

3) 파견근로자의 범위

파견근로자는 파견외국법인에 소속된 근로자로서 사용내국법인에 파견되어 해당 사용내국법인에 근로를 제공하는 자로 한다.(소령 207조의10 ②)

4) 원천징수

① 파견외국법인은 파견근로자에게 해당 과세기간의 다음 연도 2월분의 근로소득을 지급할 때에 해당 과세기간의 근로소득에 대한 소득세를 원천징수하여야 한다. 이 경우 파견근로자에 대한 해당 과세기간의 과세표준과 세액의 계산, 과세표준 확정신고와 납부, 결정·경정 및 징수·환급에 대해서는 소득세법에 따른 거주자 및 비거주자에 대한 관련 규정을 준용한다.(소법 156조의7 ②)

② 위 '①'을 적용할 때 사용내국법인은 파견외국법인을 대리하여 원천징수할 수 있다.(소법 156조의7 ③)

5) 제출서류

① 사용내국법인이 원천징수한 세액을 납부하는 경우에는 다음의 서류를 원천징수 관할 세무서장에게 제출하여야 한다.(소령 207조의10 ③, ⑤)

㉠ 원천징수이행상황신고서

㉡ 파견근로자 근로계약 명세서

PART 8

㉢ 사용내국법인과 파견외국법인 사이에 체결된 용역제공 관련 계약서(영문으로 작성된 서류는 한글번역본과 함께 제출)

② 파견외국법인(사용내국법인이 파견외국법인을 대리하여 원천징수하는 경우에는 사용내국법인을 말한다)이 파견근로자의 근로소득세액에 대한 원천징수를 하는 경우에는 사용내국법인의 원천징수 관할 세무서장에게 다음의 서류를 제출하여야 한다.(소령 207조의10 ④, ⑤)

㉠ 근로소득 지급명세서

㉡ 원천징수세액 환급신청서

㉢ 파견외국법인과 파견근로자 사이에 체결된 용역제공 관련 계약서(영문으로 작성된 서류는 한글번역본과 함께 제출)

㉣ 파견외국법인이 파견근로자에게 지급한 보수 또는 대가에 관한 증거서류(영문으로 작성된 서류는 한글번역본과 함께 제출)

• 제 5 절 제한세율의 적용과 원천징수세액의 계산사례[11)]

1 적용세율

비거주자 등의 국내원천소득에 대한 세액을 계산하는 경우 일반적으로 국내세법에 규정된 원천징수세율을 적용한다. 그러나 국내세법상의 세율이 조세조약상 규정된 제한세율보다 높은 경우에는 조세조약상의 제한세율을 초과하여 과세할 수 없으므로 조세조약상의 제한세율을 적용하여야 한다.

제한세율을 적용하는 경우 조세조약의 대상이 되는 조세에 지방소득세가 포함되는지 여부에 따라 적용세율이 달라진다. 조세조약 대상조세에 지방소득세가 포함되어 있지 않는 경우에는 과세표준에 제한세율을 곱하여 소득세를 계산하고, 소득세에 지방소득세율을 곱하여 지방소득세를 계산한다.

그러나 조세조약 대상조세에 지방소득세가 포함되어 있는 경우에는 소득세의 세율과 지방소득세의 세율을 합하여 그 제한세율을 초과할 수 없으므로, 그 제한세율을 소득세의 세율과 그에 대한 지방소득세의 세율로 배분하여 소득세의 세율을 산출하여야 한다. 소득세의 세율은 다음 방식에 의하여 산출한다.

11) 국세청, 앞의 책, p. 51 ~ 57

$$\text{소득세의 세율} = \text{제한세율} \times \frac{1}{1+0.1}$$

➲ 지방소득세율이 소득세의 10%인 경우

우리나라가 체결한 대부분의 조세조약의 경우 지방세인 지방소득세가 조세조약 적용대상 조세에 포함되나, 미국, 필리핀, 남아프리카공화국, 베네주엘라, 카타르, 이란, 에스토니아 등과 체결한 조세조약의 경우에는 지방소득세가 조세조약 적용대상이 아니다.

따라서 제한세율을 적용함에 있어 지방소득세는 제한세율에 포함되지 않으므로 본세 등에 대한 제한세율 적용 외에 지방소득세를 별도로 계산하여 원천징수하여야 한다.

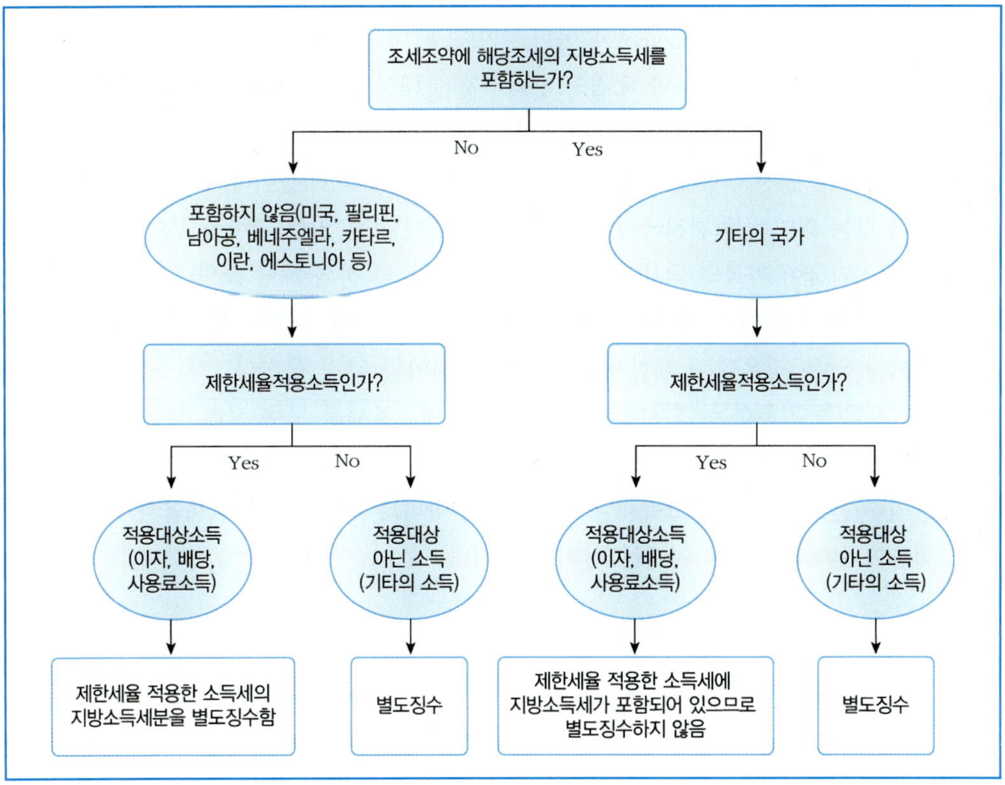

2 제한세율

(1) 제한세율의 의의

조세조약은 비거주자의 이자·배당·사용료 등 투자소득에 대하여, 그 투자소득의 수취인이 수익적 소유자인 경우 그 소득의 원천지국에서 일정한도의 세율을 초과하여 과세할 수 없도록 규정하고 있는 바, 그 일정한도의 세율을 제한세율 또는 경감세율이라고 한다.

(2) 제한세율의 특징

그 제한세율은 다음과 같다.

① 제한세율은 총액(gross amount)에 대하여 적용되는 것이다. 제한세율이 적용되는 과세표준은 순소득(net income)이 아닌 수입금액(지급총액)이다.

② 제한세율은 해당 조세조약 체결국의 거주자에 대하여만 적용되는 것이며 제3국의 거주자에게는 적용되지 않는다.

③ 제한세율은 원천지국에서 과세할 수 있는 최고한도의 세율이다. 조세조약상 제한세율이 갖는 의미는 원천지국에게 제한세율로 과세할 수 있는 권한을 부여한 것이 아니라 원천지국이 자국의 국내세법상의 세율로 과세를 하되 해당 조약에서 규정된 세율을 초과할 수 없다는 의미이다. 따라서 원천지국의 국내세법상 세율이 조약상 제한세율보다 낮은 경우에는 제한세율은 별다른 의미를 갖지 못한다.

④ 제한세율을 적용하는 경우에는 조약의 적용 대상조세를 모두 고려하여야 한다. 예를 들면, 한·일 조세조약의 적용대상 조세에는 지방소득세가 포함되므로 한·일조세조약상의 제한세율 10%는 소득세나 법인세뿐만 아니라 지방소득세의 세율까지를 고려한 세율이 10%를 초과하여서는 안되는 것이다.

(3) 이자·배당 및 사용료에 대한 세율의 적용 특례(소법 156조의8, 2020.12.29. 신설)

① 조세조약의 규정상 비거주자의 국내원천소득 중 이자, 배당 또는 사용료소득에 대해서는 제한세율과 다음 중 하나에 규정된 세율 중 낮은 세율을 적용한다.(소법 156조의8 ①, 2020.12.29. 신설)

㉠ 조세조약의 대상 조세에 지방소득세가 포함되지 아니하는 경우에는 국내원천 이자소득, 국내원천 배당소득 및 국내원천 사용료소득에 적용하는 세율(☞ 156조 ① 1,2,6)

㉡ 조세조약의 대상 조세에 지방소득세가 포함되는 경우에는 위 '㉠'의 세율에 지방세법 제103조의18 제1항의 원천징수하는 소득세의 10%를 반영한 세율

② '특정지역 비거주자에 대한 원천징수 절차 특례' 규정(소법 156조의4 ①)에 해당하는 경우에는 그 특례규정에 따라 원천징수한다. 이 경우 '특정지역 비거주자에 대한 원천징수 절차 특례' 규정의 제3항에 따라 과세표준과 세액을 경정하는 경우에는 제한세율과 위 '①'의 세율 중 낮은 세율을 적용한다.(소법 156조의8 ②, 2020.12.29. 신설)

(4) 제한세율 적용의 배제

다음과 같은 경우에는 제한세율의 적용이 배제된다.

① 수취인이 수익적 소유자가 아닌 경우

제한세율은 이자·배당·사용료인 수취인이 그 이자·배당 사용료의 수익적 소유자인 경우에 한하여 적용되는 것이며, 그 수취인이 그 소득에 대한 수익적 소유자가 아닌 경우에는 제한세율이 적용될 수 없다.

② 국내사업장에 귀속되는 경우

투자소득에 대한 원천지국에서의 제한세율은 그 소득의 취득자인 비거주자 등이 원천지국에 지점 등의 국내사업장을 가지고 있지 않은 경우 또는 가지고 있어도 그 소득이 해당 국내사업장과 실질적으로 관련이 없는 경우에만 적용된다. 따라서 이자소득 등이 상대국 거주자가 국내에 가지고 있는 국내사업장과 실질적으로 관련되는 경우에는 제한세율의 적용을 배제하고 그 국내사업장의 사업소득으로 과세한다.

③ 조세조약상 특별규정이 있는 경우

조세조약상 제한세율의 적용을 배제하는 규정이 있는 경우에는 제한세율이 적용되지 아니한다.

✓ 조세협약상의 제한세율을 적용받기 위한 거주자확인에 대한 질의회신

우리나라가 체결한 조세협약에서 거주자증명제도를 도입하지 않은 경우에도 국세청고시 제1985-18(개정전 81-38호)에 준하여 거주자증명서를 받아 조세협약상의 제한세율을 적용받을 수 있는 것으로, 동 거주자증명서는 당사국의 권한있는 세무당국이 이자·배당 등의 소득자가 자국의 거주자(개인 또는 법인)임을 확인한 서류를 말하는 것임(서면2팀-144, 2007.1.18.)

3 원천징수세액 계산사례

사례 조세조약이 체결되지 않은 국가의 경우

내국인이 대만인으로부터 100,000원에 영화필름을 도입하고 그에 대한 세액을 원천징수 하는 경우 다음의 조건에 따라 각각 원천징수할 세액을 구하시오.
(1) 내국인이 부담하지 않기로 약정한 경우
(2) 내국인이 부담하기로 약정한 경우

풀이 (1) 내국인이 부담하지 않기로 약정한 경우
① 소득세 : 100,000×20%=20,000원
② 지방소득세 : 20,000×10%=2,000원
따라서 22,000원을 원천징수한 후 78,000원을 대만인에게 지급한다.
(2) 내국인이 부담하기로 약정한 경우

① 과세표준 : $100,000 \times \frac{1}{1-\text{원천징수세율*}} = 100,000 \times \frac{1}{(1-0.22)} = \frac{100,000}{0.78}$
= 128,205원
* 원천징수세율 : 소득세율 + 지방소득세율=0.2+(0.2× 10%) = 0.22

② 원천징수세액 :

소득세	128,205 × 0.2 =	25,641원
지방소득세	25,641 × 0.1 =	2,564원
합 계		28,205원

따라서 28,205원은 내국인이 부담하고 100,000원을 대만인에게 지급한다.

사례 조세조약이 체결된 국가의 경우(적용대상 조세에 지방소득세가 포함되지 않은 경우)

내국인이 미국인에게 저작권 사용료 100,000원을 지급하는 경우 다음의 조건에 따라 각각 원천징수할 세액을 구하시오.
(1) 내국인이 부담하지 않기로 약정한 경우
(2) 내국인이 부담하기로 약정한 경우

풀이 (1) 내국인이 부담하지 않기로 약정한 경우
① 소득세 : 100,000×10% = 10,000원
② 지방소득세 : 10,000×10% = 1,000원(조세조약의 10% 제한세율에 지방소득세가 포함되어 있지 않으므로 별도로 징수)
따라서 11,000원을 원천징수한 후 89,000원을 미국인에게 지급한다.
(2) 내국인이 부담하기로 약정한 경우

① 과세표준 : $100,000 \times \frac{1}{1-\text{원천징수세율*}} = 100,000 \times \frac{1}{(1-0.11)} = \frac{100,000}{0.89} = 112,359$원
* 원천징수세율 = 제한세율(0.1) + 지방소득세율(0.1 × 10%) = 0.11

② 원천징수세액 : 소득세 112,359 × 0.1 = 11,235원

지방소득세	11,235 × 0.1 =	1,123원
합 계		12,358원

따라서 12,358원은 내국인이 부담하고 100,000원을 미국인에게 지급한다.

사례 **조세조약이 체결된 국가의 경우(적용대상 조세에 지방소득세가 포함된 경우)**

내국인이 영국인에게 기술사용료 100,000원을 지급하는 경우 다음의 조건에 따라 각각 원천징수할 세액을 구하시오.

(1) 내국인이 부담하지 않기로 약정한 경우

(2) 내국인이 부담하기로 약정한 경우

풀이 (1) 내국인이 부담하지 않기로 약정한 경우

① 소득세 + 지방소득세 : 100,000×10% = 10,000원(조세조약의 10% 제한세율에 지방소득세가 포함되어 있으므로 10,000의 100/110은 소득세로, 10/110은 지방소득세로 구분하여 납부한다)

② 소득세 : 10,000×100/110 = 9,091원

③ 지방소득세 : 10,000×10/110 = 909원

따라서 10,000원을 원천징수한 후 90,000원을 영국인에게 지급한다.

(2) 내국인이 부담하기로 약정한 경우

① 과세표준 : $100{,}000 \times \dfrac{1}{1-\text{원천징수세율}^{*}} = 100{,}000 \times \dfrac{1}{(1-0.1)} = \dfrac{100{,}000}{0.9} = 111{,}111$원

* 원천징수세율 : 제한세율 0.1(지방소득세 포함)

② 소득세 원천징수 세율 $\dfrac{0.1}{1+0.1} ≒ 0.09091$

③ 원천징수세액 : 소득세 111,111 × 0.09091 = 10,101원

지방소득세	10,101 × 0.1 =	1,010원
합 계		11,111원

〈별법〉 제한세율을 적용하여 소득세와 지방소득세 소득분으로 안분계산함

① 제한세율에 의한 원천징수 세액

111,111 × 0.1 = 11,111원

② 원천징수세액 : 소득세 $111{,}111 \times \dfrac{100}{110} = 10{,}101$원

지방소득세 소득분 $10{,}101 \times \dfrac{10}{110} = 1{,}010$원

합 계 11,111원

따라서 11,111원은 내국인이 부담하고 100,000원을 영국인에게 지급한다.

4 비거주자에 대한 조세조약상 제한세율 적용을 위한 원천징수 절차 특례(2012.1.1. 신설)

(1) 개 요

① 국내원천소득의 실질귀속자인 비거주자가 조세조약에 따른 제한세율을 적용받으려는 경우에는 「제한세율 적용신청서」(별지 제29호의12 서식) 및 국내원천소득의 실질귀속자임을 증명하는 서류(이하 "신청서등"이라 한다)를 해당 국내원천소득을 지급받기 전까지 원천징수의무자에게 제출하여야 한다.(소법 156조의6 ①, 2022.12.31. 개정)

➲ 2023.1.1. 이후 제한세율 적용을 신청하는 경우부터 적용한다.(2022.12.31. 법 부칙 9조)

② 외국예탁결제기관이 한국예탁결제원에 개설한 계좌를 통하여 지급받는 국내원천소득의 경우에는 제한세율 적용신청서를 제출하지 아니할 수 있다.(소령 207조의8 ①)

(2) 국내원천소득이 국외투자기구를 통하여 지급되는 경우

1) 원 칙

① 해당 국내원천소득이 국외투자기구를 통하여 지급되는 경우에는 그 국외투자기구가 실질귀속자로부터 신청서등을 제출받아 이를 그 명세가 포함된 「국외투자기구 신고서」와 함께 소득지급자에게 제출하고 해당 소득지급자는 그 신고서와 신청서등을 납세지 관할 세무서장에게 제출하여야 한다.(소법 156조의2 ②, 2022.12.31. 용어개정)

② 국외투자기구(1차 국외투자기구)에 다른 국외투자기구(2차 국외투자기구)가 투자하고 있는 경우 1차 국외투자기구는 2차 국외투자기구로부터 「실질귀속자 명세」(해당 2차 국외투자기구가 국외공모집합투자기구인 경우에는 이를 확인할 수 있는 서류와 해당 국외투자기구의 국가별 실질귀속자의 수 및 총투자금액 명세를 말한다)를 첨부한 「국외투자기구 신고서」를 제출받아 이를 함께 제출하여야 한다. 이 경우 다수의 국외투자기구가 연속적으로 투자관계에 있는 경우에는 투자를 받는 직전 국외투자기구를 1차 국외투자기구로, 투자하는 국외투자기구를 2차 국외투자기구로 본다.(소령 207조의8 ④)

2) 실질귀속자의 범위

다음 중 하나에 해당하는 경우에는 이를 실질귀속자로 본다.(소령 207조의8 ⑤, 2019.2.12 개정)

① 국민연금법, 공무원연금법, 군인연금법, 사립학교교직원 연금법 및 근로자퇴직급여 보장법 등에 준하는 체약상대국의 법률에 따라 외국에서 설립된 연금

② 체약상대국의 법률에 따라 외국에서 설립된 비영리단체로서 수익을 구성원에게 분배하지 아니하는 기금

3) 예 외

다음의 요건을 모두 갖춘 국외투자기구(이하 "국외공모집합투자기구"라 한다)로서 다음의 사항을 확인할 수 있는 서류와 해당 국외투자기구의 국가별 실질귀속자의 수 및 총투자금액 명세를 국외투자기구 신고서에 첨부하여 제출한 경우에는 그러하지 아니하다.(소령 207조의8 ③)

① 집합투자기구와 유사한 국외투자기구로서 체약상대국의 법률에 따라 등록하거나 승인을 받은 국외투자기구

② 증권을 사모로 발행하지 아니하고 직전 회계기간 종료일(신규로 설립된 국외투자기구인 경우에는 국외투자기구 신고서 제출일) 현재 투자자가 100명(투자자가 다른 국외투자기구인 경우에는 그 국외투자기구를 1명으로 본다) 이상일 것

③ 조세조약에서 조약상 혜택의 적용을 배제하도록 규정된 국외투자기구에 해당하지 아니할 것

(3) 제한세율 적용 배제

실질귀속자 또는 국외투자기구로부터 신청서 등을 제출받은 소득지급자는 제출된 신청서등에 누락된 사항이나 미비한 사항이 있으면 보완을 요구할 수 있으며, 다음 중 하나에 해당하는 사유에 해당하는 경우에는 비과세 또는 면제를 적용하지 아니하고 원천징수하여야 한다.(소법 156조의2 ③, 2022.12.31. 개정)

이 경우 아래 '② 또는 ③'은 그 사유가 발생한 부분으로 한정하고, 국외공모집합투자기구에 대해서는 아래 '③'의 사유를 제외한다.(소령 207조의8 ⑦, 2014. 2.21. 개정)

① 「제한세율 적용신청서」 또는 「국외투자기구 신고서」를 제출받지 못한 경우

② 제출된 「제한세율 적용신청서」 또는 「국외투자기구 신고서」에 기재된 내용의 보완요구에 응하지 아니하는 경우

③ 제출된 「제한세율 적용신청서」 또는 「국외투자기구 신고서」를 통해서는 실질귀속자를 파악할 수 없는 경우

(4) 경정청구

① 적용받은 제한세율에 오류가 있거나 제한세율을 적용받지 못한 실질귀속자가 제한세율을 적용받으려는 경우에는 실질귀속자 또는 원천징수의무자가 위 '(3)'에 따라 세액이 원천징수된 날이 속하는 달의 다음 달 11일부터 5년 이내에 원천징수의무자의 납세지 관할 세무서장에게 경정을 청구할 수 있다.(소법 156조의6 ④, 2023.12.31. 개정)

➲ "다음 달 11일부터"의 개정규정은 2024.1.1. 당시 개정규정에 따른 경정청구기간이 만료되지 아

PART 8

니한 경우에도 적용한다.(2023.12.31. 법 부칙 9조)

② 국세기본법 제45조의2 제2항에 해당하는 사유(☞ 후발적 사유) 중 하나가 발생하였을 때에는 본문에도 불구하고 그 사유가 발생한 것을 안 날부터 3개월 이내에 경정을 청구할 수 있다.(소법 156조의6 ④, 2019.12.31. 단서신설)

③ 경정을 청구하려는 자는 원천징수의무자의 납세지 관할 세무서장에게 「제한세율 적용을 위한 경정청구서」(별지 제29호의14 서식)에 국내원천소득의 실질귀속자임을 입증할 수 있는 다음의 서류를 첨부하여 경정을 청구하여야 한다. 이 경우 증명서류는 한글번역본과 함께 제출하여야 하되, 국세청장이 인정하는 경우에는 영문으로 작성된 서류만을 제출할 수 있다.(소령 207조의9 ①)

㉠ 제한세율 적용신청서

㉡ 해당 실질귀속자 거주지국의 권한 있는 당국이 발급하는 거주자증명서

(5) 경정청구에 대한 세무서장의 의무

① 세무서장은 경정청구를 한 국내원천소득을 수취한 자가 당해 국내원천소득의 실질귀속자에 해당하는 경우에는 경정하여야 한다.(소령 207조의9 ②, 207조의5 ②)

② 경정을 청구받은 세무서장은 청구를 받은 날부터 6개월 이내에 과세표준과 세액을 경정하거나 경정하여야 할 이유가 없다는 뜻을 청구인에게 알려야 한다.(소법 156조의6 ⑤)

③ 세무서장은 경정청구의 내용에 대하여 보정할 필요가 있다고 인정되는 때에는 30일 이내의 기간을 정하여 보정할 것을 요구할 수 있다. 이 경우 보정기간은 위 '②'에 따른 기간(경정청구 받은 날로부터 6개월)에 산입하지 아니한다.(소령 207조의9 ②, 207조의5 ③)

④ 보정요구는 다음의 사항을 모두 기재한 문서로 하여야 한다.(소령 207조의9 ②, 207조의5 ④)

㉠ 보정할 사항

㉡ 보정을 요구하는 이유

㉢ 보정할 기간

㉣ 그 밖의 필요한 사항

(6) 적용신청서 또는 국외투자기구 신고서의 유효기간

제출된 제한세율 적용신청서 또는 국외투자기구 신고서는 제출된 날부터 3년 이내에는 다시 제출하지 아니할 수 있다. 다만, 그 내용에 변동이 있는 경우에는 변동사유가 발생한 날 이후 최초로 국내원천소득을 지급받기 전까지 그 변동 내용을 제출하여야 한다.(소령 207조의8 ⑥, 2014.2.21. 개정)

(7) 적용신청서 또는 국외투자기구 신고서 등의 보관

원천징수의무자 및 국외투자기구는 「제한세율 적용신청서」, 「국외투자기구 신고서」 등 관련 자료를 원천징수세액의 납부기한 다음 날부터 5년간 보관하여야 하고, 원천징수의무자의 납세지 관할 세무서장이 그 제출을 요구하는 경우에는 이를 제출하여야 한다.(소령 207조의8 ⑧)

● 소득세법 시행규칙[별지 제29호의12 서식](2018.3.21. 개정)

(앞쪽)

국내원천소득 제한세율 적용신청서 (비거주자용)

※ 해당되는 [ ]에 √표를 합니다. (앞쪽)

접수번호	접수일자

1. 신청인의 인적사항

① 성명 (Last Name)	(First Name)		(Middle Name)
② 주소 (거주지국 주소)		(국내 거소)	
③ 납세자번호	④ 생년월일	⑤ 거주지국	⑥ 거주지국코드
⑦ 전화번호 (거주지 전화)		(국내 전화)	
⑧ 국내체재일 [ ]없음	(최근 1년간) 일		(최근 2년간) 일

2. 신청인이 적용받고자 하는 규정

⑨ 대한민국과　　　간의 조세조약　제　조 제　항 제　호　소득　세율　%
제　조 제　항 제　호　소득　세율　%
제　조 제　항 제　호　소득　세율　%

3. 비거주자 판정기준

항　목	예	아니오
㉮ 국내에 주소를 두고 있습니까?		
㉯ 국내에 계속하여 183일 이상 거주하고 있습니까?		
㉰ 최근 1년 동안 국내에 체재한 날이 183일 이상입니까?		
㉱ 생계를 같이하는 가족(배우자와 자녀 등)이 국내에 계속하여 183일 이상 거주하고 있습니까?		
㉲ 국내에 계속하여 183일 이상 거주할 것을 필요로 하는 직업이 있습니까?		
㉳ 대한민국의 공무원입니까?		
㉴ 대한민국 국민으로서 국내법인의 해외지점, 영업소 또는 해외현지법인에 파견된 직원입니까?		
㉵ 외국의 국적이나 영주권을 가지고 있는 경우 그 국가명을 기입하십시오.		

본인은 「소득세법」 제156조의6제1항 및 같은 법 시행령 제207조의8제1항에 따라 국내원천소득 제한세율 적용신청서를 제출함에 있어 아래 사항을 명확히 인지하고 있을 뿐 아니라 기재내용에 오류가 없으며 이 신청과 관련된 모든 국내원천소득의 실질귀속자(또는 실질귀속자를 대리하여 서명을 하도록 위임을 받은 자)에 해당함을 확인합니다.

1) 신청인은 위 신청서 내용이 사실과 다른 경우에는 원천징수세액이 관련 법률에 따라 원천징수되어야 할 세액에 미달할 수 있음을 인지하고 있습니다.
2) 본인이 비거주자에서 거주자로 변경되는 경우 즉시 그 사실을 귀하에게 통지하겠습니다.

년　　월　　일

신 청 인　　(서명 또는 인)

귀하

첨부서류	출입국에 관한 사실증명(국내체재일이 있는 경우)	수수료 없음

대리인	⑩ 대리인유형 [ ]납세관리인 [ ]그 외 대리인	⑪ 성명 또는 법인명	⑫ 사업자(주민)등록번호
	⑬ 주소 또는 소재지		

※ 귀 금융기관이 본인의 법무부 출입국정보를 조회하는 것에 대하여 동의합니다.

고 객 명　　(서명 또는 인)

(뒤쪽)

작 성 방 법

※ 접수번호 및 접수일자는 원천징수의무자가 실질귀속자로부터 이 신청서를 제출받아 접수한 일자 및 일련번호를 적습니다.

1. 이 신청서는 비거주자가 지급받는 국내원천소득에 대하여 조세조약에 따른 제한세율을 적용받으려는 경우에 제출하며, 조세조약에 따라 국내에서 원천징수가 면제되는 경우에는 이를 제출하지 않습니다.
   이 신청서를 제출하여 해당 국내원천소득에 대하여 조세조약에 따른 제한세율을 적용받은 이후에 다시 국내원천소득을 지급받는 경우로서 신청인의 거주지국, 주소, 국내거소, 전화번호 등에 변동이 있는 경우 또는 이 신청서를 제출한 날부터 3년이 경과한 경우에는 이 신청서를 다시 작성하여 제출합니다.

2. ①성명란에 외국인은 성명을 영문으로 적되, 여권에 있는 영문성명 전부를 적습니다.

3. ②주소란의 (거주지국 주소)는 영문주소를 번지(number), 거리(Street), 시(City), 도(State), 우편번호(Postal code), 국가(Country) 순으로 적습니다. 우편사서함을 적지 않습니다. (국내 거소)는 한글로 적습니다.

4. ③납세자번호란에는 아래의 표를 참조하여 적습니다.

	구 분	기 재 번 호
(1)	원 칙	주민등록번호 또는 사업자등록번호
(2)	(1)의 기재번호를 부여받지 않은 경우	[개인] 국내거소신고증상의 국내거소신고번호(재외국민, 외국국적동포인 경우) 또는 외국인등록표상의 외국인등록번호(외국인인 경우)를 적고, 그 번호가 없는 경우 여권상의 여권번호
(3)	(1), (2)의 기재번호를 부여받지 않은 경우	투자등록증상의 투자등록번호를 적고, 그 번호가 없는 경우 해당 거주지국의 납세번호(Taxpayer Identification Number)

5. ⑤거주지국 및 ⑥거주지국코드란은 국제표준화기구(ISO)가 정한 국가별 ISO코드 중 국명(약어) 및 국가코드를 적습니다.

6. ⑦전화번호란에는 연락가능한 전화번호를 국가번호와 지역번호를 포함하여 적습니다.

7. ⑧국내체재일란에는 국내에 거소를 둔 기간을 적되, 입국하는 날의 다음 날부터 출국하는 날까지의 기간을 합산하여 적습니다. 국내에 거소를 두고 있던 개인이 출국 후 다시 입국한 경우에 생계를 같이하는 가족의 거주지나 자산소재지 등에 비추어 그 출국목적이 명백하게 일시적인 것으로 인정되는 때에는 그 출국한 기간도 국내에 거소를 둔 기간으로 봅니다. 국내에 입국한 사실이 없는 비거주자의 경우에는 '없음' 란에 √로 표기하고 출입국에 관한 사실증명을 제출하지 않습니다.

8. ⑨란에는 적용받으려는 조세조약과 해당 조문, 해당 국내원천소득 및 제한세율을 적습니다. 다만, 해당 조세조약의 대상조세에 지방소득세 소득분이 포함되지 않는 경우에는 「지방세법」 제89조제1항의 세율을 반영한 세율을 적습니다.

9. '3. 비거주자 판정기준'의 작성 결과 ㉮ ~ ㉸번 항목 중 한가지 항목이라도 "예(YES)"로 표시되면 특별한 사정이 없는 한 거주자로 판정됩니다. 거주자・비거주자에 대한 판정은 외국 국적이나, 영주권 등의 보유 여부를 불문합니다. 다만, 주한외교관과 주한외교관의 세대에 속하는 가족(대한민국 국민 제외) 및 한미 행정협정(SOFA) 제1조에서 규정하는 미합중국 군대의 구성원, 군무원과 그들의 가족은 판정표의 작성내용에 불문하고 비거주자로 판정합니다.

10. 국내체류기간 계산에 참고하기 위하여 받는 '출입국에 관한 사실증명'은 제출일부터 소급하여 2년 이상의 기간을 증명하는 자료를 제출합니다.

11. ⑩ ~ ⑬란은 신청서를 본인 외에 대리인에 의하여 제출하는 경우에 적는 것으로서, 「국세기본법」 제82조에 따른 납세관리인 외의 그 밖의 대리인에 의해서 제출하는 경우에는 그 위임관계를 증명하는 위임장을 그 국문번역문과 함께 제출하여야 합니다.

12. 이 신청서(첨부서류가 있는 경우 이를 포함합니다)를 제출받은 원천징수의무자 또는 국외투자기구는 이를 「소득세법」 제156조제1항에 따른 원천징수세액의 납부기한 다음날부터 5년 간 보관하여야 하며, 원천징수의무자의 납세지 관할 세무서장이 그 제출을 요구하는 경우에는 이를 제출하여야 합니다.

체약국별 조세조약 대상조세 및 제한세율

➲ 본 제한세율표는 각국과 체결한 조세조약의 내용을 단순 요약·정리한 것이므로 실제 사례를 적용하는 경우에는 조세조약 원문(의정서 포함) 내용을 반드시 확인한 후 적용하시기 바랍니다.

(가나다 순) (2025년 2월 현재 시행국 94개국)

체약국	발효일자	대상조세		제한세율(원천징수)			적용기간		비고
		한국	대상국	이자소득	배당소득	사용료소득	원천징수	기타(부동산소득, 사업소득)	
가봉	15.12.2.	소득세 법인세 농특세 지방소득세	• 회사세 및 단일세율 최소세 • 자연인의 소득에 대한 조세 • 급료에 대한 보완세 • 임대에 대한 특별 부동산세 • 유동자본으로부터 발생하는 소득에 대한 조세 • 상기 조세 관련 원천세, 선납, 예납세	• 10%	• 25% 이상 법인(동업 기업 제외) : 5% • 기타 : 15%	10%	협약의 발효일로부터 30일 이후	2016. 1. 1. 이후 개시하는 과세연도	
그리스	98.7.10.	소득세 법인세 지방소득세	• 개인소득세 • 법인소득세	8%	• 25% 이상 법인(조합 제외) : 5% • 기타 : 15%	10%	99.1.1. 이후 지급분	99.1.1. 이후 개시하는 과세연도	
남아프리카공화국	96.1.7.	소득세 법인세 농특세	• 보통세 • 비거주자 주주세 • 제2차기업세	10%(신용판매이자 면제)	• 25% 이상 법인 : 5% • 기타 : 15%	10%	97.1.1. 이후 지급분	97.1.1. 이후 개시하는 과세연도	
네덜란드 (개정 99.4.2.)	81.4.17.	소득세 법인세 지방소득세	• 소득세 • 임금세 • 법인세 • 배당세	• 7년 초과 차관 : 10% • 기타 : 15%	• 25% 이상 법인 : 10% • 기타 : 15%	• 기타 : 10% • 저작권 : 15%	81.1.1. 이후 지급분	82.1.1. 이후 개시 사업연도	의정서
네팔	03.5.29.	소득세 법인세 지방소득세 농특세	• 소득세법에 의하여 부과되는 소득세 • 지방자치단체에 의하여 부과되는 기타조세	10%	• 25% 이상 법인 : 5% • 10% 이상 법인 : 10% • 기타 : 10%(10.01.01.부터), 15%(09.12.31.이전)	15%	04.1.1. 이후 지급분	04.1.1. 이후 개시하는 과세연도	의정서
노르웨이	84.3.1.	소득세 법인세 지방소득세	• 소득세(중앙정부, 군, 지방) • 국가기여금 • 중앙정부세(석유관련) • 비거주예술가 소득세 • 선원세	15%	15%	• 기타 : 10% • 저작권 : 15%	82.1.1. 이후 지급분	82.1.1. 이후 개시하는 과세연도	의정서
뉴질랜드	83.4.22.	소득세 법인세 지방소득세	• 소득세 • 초과유보세	10%	15%	10%	• 한국 : 81.1.1.이후 지급분 • 뉴질랜드 : 81.4.1 이후 개시하는 소득연도에 부과되는 조세	• 한국 : 81.1.1. 이후 개시하는 과세연도 • 뉴질랜드 : 81.4.1 이후 개시하는 소득연도에 부과되는 조세	의정서 (개정 97.10.10.)
덴마크	79.1.17.	소득세 법인세 지방소득세	• 중앙행정부 소득세 • 시(군)소득세 • 노년연금기여금 • 선원세·특별소비세 • 배당세 • 질병기금기여금	15%	15%	• 산업적 투자 : 10% • 기타 : 15%	77.1.1. 이후 지급분	77.1.1. 이후	의정서

체약국	발효일자	대상조세		제한세율(원천징수)			적용기간		비고
		한국	대상국	이자소득	배당소득	사용료소득	원천징수	기타(부동산소득, 사업소득)	
독일 (개정 02.10.31.)	02.10.31	소득세 법인세 지방 소득세 농특세	• 소득세 • 법인세 • 자본세 • 영업세	10%	• 25% 이상 법인(조합 제외) : 5% • 기타 : 15%	• 장비사용 : 2% • 기타 : 10%	03.1.1. 이후 지급분	03.1.1. 이후 개시사업연도	의정서
라오스	06.2.9.	소득세 법인세 지방 소득세 농특세	• 개인소득세 • 기업 및 단체의 이윤에 대한 소득세 • 최저세	10%	• 10% 이상 법인(조합 제외) : 5% • 기타 : 10%	5%	07.1.1. 이후 지급분	07.1.1. 이후 개시하는 과세연도	
라트비아	09.12.26	소득세 법인세 지방 소득세 농특세	• 법인소득세 • 개인소득세	10%	• 25% 이상 법인(조합제외) : 5% • 기타 : 10%	• 산업상·상업상·과학적 장비 : 5% • 기타 : 10%	10.1.1. 이후 지급분	10.1.1. 이후 개시되는 과세연도	의정서
러시아	95.8.24.	소득세 법인세 지방 소득세	• 기업 및 유사조직체의 이윤에 대한 조세 • 은행소득에 대한 조세 • 보험활동으로 인한 소득에 대한 조세 • 개인소득에 대한 조세	거주지국 과세	• 직접 30% 이상 소유 회사(조합제외) &10만달러 이상 투자 : 5% • 기타 : 10%	5%	96.1.1. 이후 지급분	96.1.1. 이후 개시하는 과세연도	
루마니아	94.10.6.	소득세 법인세 지방 소득세	• 개인소득세 • 법인 및 단체의 이윤에 대한 조세 • 급여·임금 및 기타 유사 보수에 대한 조세 • 농업활동으로부터 실현되는 소득에 대한 조세 • 배당세	10%(산업적·과학적 장비의 신용판매 이자 면제)	• 25% 이상 법인(조합 제외) : 7% • 기타 : 10%	• 특허권 등 산업적 투자 : 7% • 기타 : 10%	95.1.1. 이후 지급분	95.1.1. 이후 개시 사업연도	
룩셈부르크 (개정 13.9.4)	13.9.4.	소득세 법인세 농특세 지방 소득세	• 개인소득세 • 법인세 • 공동거래세 • 자본세	• 은행 : 5% • 기타 : 10%	• 10% 이상 법인(동업기업 제외) : 10% • 기타 : 15%	• 산업상·상업상·학술상 장비 또는 정보 : 5% • 기타 : 10%	의정서 발효일 이후 부과되는 조세분	의정서 발효일 이후 부과되는 조세분	개정 의정서
르완다	24.12.19.	소득세 법인세 농특세 지방 소득세	• 개인소득세 • 법인소득세 • 원천징수세 • 양도소득세 • 부동산임대세	10%	10%	10%	• 한국 : 25.1.1.이후 지급분 • 르완다 : 25.1.1. 이후 지급분	• 한국 : 25.1.1. 이후 개시하는 과세연도 • 르완다 : 25.1.1. 이후 개시하는 과세연도	의정서
리투아니아	07.7.14.	소득세 법인세 농특세 지방 소득세	• 법인소득세 • 개인소득세	10%	• 25% 이상 법인(조합 제외) : 5% • 기타 : 10%	• 산업상·상업상·과학적 장비 사용 : 5% • 기타 : 10%	08.1.1 이후 지급분	84.1.1.이후 개시 사업연도	의정서
말레이시아	83.1.2.	소득세 법인세 지방 소득세	• 소득세 • 초과이윤세 • 주석이윤세·개발세·산림 이윤세 등의 추가소득세 • 석유소득세	15%	• 25% 이상 법인 : 10% • 기타 : 15%	• 기타 : 10% • 저작권(문학예술) : 15% • 저작권 (학술) : 10%	82.1.1. 이후 지급분	82.1.1. 이후 개시 과세연도 (소득연도)	의정서
멕시코	95.2.11.	소득세 법인세 지방 소득세	• 소득세 • 사업단일세율세(08.1.1부터)자산세(07.12.31 까지)	• 은행 : 5%(효력을 가지는 날로부터 5년 동안은 10%) • 기타 : 15%	• 10% 이상 법인 : 0% • 기타 : 15%	10%	96.1.1. 이후 지급분	96.1.1. 이후 개시하는 과세연도	의정서

체약국	발효일자	대상조세		제한세율(원천징수)			적용기간		비고
		한국	대상국	이자소득	배당소득	사용료소득	원천징수	기타(부동산소득, 사업소득)	
모로코	00.6.16.	소득세 법인세 지방소득세 농특세	• 일반소득세 • 법인세 • 주식 또는 사회적지분 및 유사수익에 대한 소득세 • 부동산소득세 • 국가통합세 • 고정수익투자상품세 • 주식과 사회적지분의 양도소득세	10%	• 25% 이상 직접보유 법인(조합제외) : 5% • 기타 : 10%	• 저작권 등 : 5% • 기타 : 10%	01.1.1. 이후 지급분	01.1.1. 이후 개시 사업년도	
몰타	98.3.21.	소득세 법인세 지방소득세 농특세	• 소득세	10%(신용판매이자면제)	• 25% 이상 법인(조합제외) : 5% • 기타 : 15%	0%	99.1.1. 이후 지급분	99.1.1. 이후 개시 사업연도	의정서
몽골	93.6.6.	소득세 법인세 지방소득세	• 개인소득세 • 회사 및 협동조합세	5%(지연벌과금 제외)	5%	10%	92.1.1. 이후 지급분	92.1.1이후 개시하는 과세연도	
미국	79.10.20	소득세 법인세	• 연방소득세	12%	• 10% 이상 법인&지급법인의 이자 또는 배당소득이 총소득의 25% 이하 : 10% • 기타 : 15%	• 저작권·필름 : 10% • 기타 : 15%	79.12.1. 이후 지급분	80.1.1 이후 개시되는 사업연도	
미얀마	03.8.20.	소득세 법인세 지방소득세(소) 농특세(소)	• 소득세 • 이익세	10%	10%	• 산업적·상업적·과학적 장비대가 : 10% • 기타 : 15%	04.1.1 이후 발생분	04.1.1 이후 개시하는 과세연도	
바레인	13.4.26.	소득세 법인세 농특세 지방소득세	• 1979년 국왕칙령 제22호에 따른 소득세	5%	• 25% 이상 법인(동업기업 제외) : 5% • 기타 : 10%	10%	14.1.1. 이후 지급분	14.1.1. 이후 개시하는 과세연도	
방글라데시	84.8.22.	소득세 법인세 지방소득세	• 소득세	10%(신용판매이자면제)	• 10% 이상 법인 : 10% • 기타 : 15%	10%	83.1.1. 이후 지급분	83.1.1. 이후 개시하는 과세연도	의정서
베네수엘라	07.1.15.	소득세 법인세 농특세	• 소득세	• 은행 : 5% • 일반 : 10% • 정부등면제	• 10% 이상 법인 : 5% • 기타 : 10%	• 산업적·상업적·학술적 장비 : 5% • 기타 : 10%	08.1.1이후 지급분	08.1.1이후 개시하는 과세연도	의정서
베트남	94.9.9.	소득세 법인세 지방소득세	• 개인소득세 • 이윤세 및 이윤송금세	10%	10%	• 특허권 등 산업적 투자 : 5% • 기타 : 15%	95.1.1. 이후 지급분	95.1.1. 이후 개시 사업연도	의정서 (개정 21.1.20.)
벨기에 (개정 15.12.1)	79.9.19.	소득세 법인세 지방소득세	• 개인소득세 • 법인세 • 비영리단체세 • 비거주자소득세 • 개인소득세에 부과되는 특별부과금	10%	15%	10%	97.1.1. 이후 지급분	97.1.1 이후 개시 사업연도	

체약국	발효일자	대상조세		제한세율(원천징수)			적용기간		비고
		한국	대상국	이자소득	배당소득	사용료소득	원천징수	기타(부동산소득, 사업소득)	
벨라루스	03.6.17.	소득세 법인세 지방 소득세 농특세	• 소득 및 이익에 관한 조세 • 개인소득세 • 부동산에 관한 조세	10%	• 25% 이상 법인 : 5% • 기타 : 15%	5%	04.1.1. 이후 발생분	04.1.1 이후 개시하는 과세연도	의정서
불가리아	95.6.22.	소득세 법인세 지방 소득세	• 총소득에 대한 조세 • 이윤에 대한 조세	10%(신용판매이자면제)	• 15% 이상 법인(조합 제외) : 5% • 기타 : 10%	5%	95.1.10이후 지급분	96.1.1. 이후 개시하는 과세연도	의정서
브라질	91.11.21.	소득세 법인세 지방 소득세	• 연방소득세(단, 보충소득세 및 비주요활동에 대한 조세 제외)	• 7년 이상 차관(은행) : 10% • 기타 : 15%	10%(98. 1. 1. 이후) 15%(97. 12. 31. 이전)	• 상표 : 25% • 저작권 : 10%(98.1.1. 이후), 15%(97. 12. 31. 이전) • 기타 : 10%(06.1.1. 이후), 15% (05.12.31 이전)	92.1.1. 이후 지급분	92.1.1.이후 개시 사업연도	의정서
브루나이 다루살람	16.10.14.	소득세 법인세 농특세 지방 소득세	• 소득세 • 석유소득세	10%	• 25% 이상법인 : 5% • 기타 : 10%	10%	17.1.1. 이후 지급분	17.1.1. 이후 개시하는 과세연도	
사우디아라비아	08.12.1.	소득세 법인세 지방 소득세 농특세	• 종교세 • 천연가스투자세를 포함한 소득세	5%	• 25% 이상 법인(동업관계 제외) : 5% • 기타 : 10%	• 산업·상업·학술장비 : 5% • 기타 : 10%	09.1.1 이후 지급분	09.1.1. 이후 개시 과세연도	의정서
세르비아 공화국	16.11.17.	소득세 법인세 농특세 지방 소득세	• 법인소득세 • 개인소득세	10%	• 25% 이상법인 : 5% • 기타 : 10%	• 저작권 : 5% • 특허권, 상표권 등 : 10%	17.1.1. 이후 지급분	17.1.1. 이후 개시하는 과세연도	
스리랑카	86.6.20.	소득세 법인세 지방 소득세	• 소득세	10%	• 25% 이상 법인(조합제외) : 10% • 기타 : 15%	10%	80.1.1 이후 지급분	80.1.1 이후 개시 과세연도	의정서
스웨덴	82.9.9.	소득세 법인세 지방 소득세	• 중앙정부소득세(선원세 및 당첨세 포함) • 법인유보이윤과 감자 또는 청산에 따른 분배금에 대한 조세 • 지방소득세 • 연예인에 대한 조세	• 7년 초과 차관(은행) : 10% • 기타 : 15%	• 25% 이상법인(조합제외) : 10% • 기타 : 15%	• 기타 : 10% • 저작권 : 15%	81.1.1. 이후 지급분	81.1.1. 이후 개시 사업연도	의정서
스위스(개정 12.7.25)	12.7.25	소득세 법인세 지방 소득세 농특세	• 소득에 대한 연방세 • 주세 • 자치단체세	• 수취인(은행) : 5% • 기타 : 10%	• 10% 이상 법인(동업기업 제외) : 5% • 기타 : 15%	5%[문학예술작품(필름포함)의 저작권 포함]	13.1.10이후 지급분	13.1.10이후 개시 사업연도	의정서(개정 20.10.28)

PART 8

체약국	발효일자	대상조세		제한세율(원천징수)			적용기간		비고
		한국	대상국	이자소득	배당소득	사용료소득	원천징수	기타(부동산소득, 사업소득)	
스페인	94.11.21.	소득세 법인세 지방소득세	• 개인소득세• 법인세 • 도시지가상승에 관련된 지방세	10%(신용판매이자제외)	• 25% 이상 법인 : 10% • 기타 : 15%	10%	95.1.1. 이후 지급분	95.1.1. 이후 개시하는 과세연도	의정서
슬로비키아	03.7.8.	소득세 법인세 지방소득세 농특세	• 개인소득세 • 법인소득세 • 부동산세	10%	• 25% 이상 법인 : 5% • 기타 : 10%	• 10% 다만, 학술작품의 저작권은 면세	03.7.8 이후 지급분	03.1.1 이후 개시하는 과세연도	
슬로베니아	06.3.2.	소득세 법인세 농특세 지방소득세	• 법인소득세 • 개인소득세	5%	• 25% 이상 법인 : 5% • 기타 : 15%	5%	07.1.1 이후 지급분	07.1.1 이후 개시하는 과세연도	의정서
싱가포르 (개정 19.12.31)	19.12.31. (개정)	소득세 법인세 지방소득세 농특세	• 소득세	10%	• 25% 이상 법인(파트너십 제외) : 10% • 기타 : 15%	5%	20.1.1. 이후 지급분	20.1.1 이후 개시 사업연도	개정 의정서
아랍에미리트 연합국 (U.A.E.) (개정 20.2.29.)	20.2.29. (개정)	소득세 법인세 지방소득세 농특세	• 소득세 • 법인세	10%	• 10% 이상 법인 : 5% • 기타 : 10%	10%	21.1.1. 이후 지급분	21.1.1. 이후 개시하는 과세연도	의정서
아이슬란드	08.10.23.	소득세 법인세 농특세 지방소득세	• 국가에 대한 소득세 • 국가에 대한 부유세 • 지방정부에 대한 소득세	10%	• 25% 이상 법인(조합 제외) : 5% • 기타 : 15%	10%	09.1.1 이후 납세분	09.1.1 이후 개시 과세연도	의정서
아일랜드	91.12.27.	소득세 법인세 지방소득세	• 소득세, Income Levy • 법인세 • 양도소득세	0%	• 10% 이상 법인 : 10% • 기타 : 15%	0%	92.1.1. 이후 지급분	92.1.1.이후 개시 사업연도	의정서
아제르바이잔	08.11.25.	소득세 법인세 농특세 지방소득세	• 개인소득세 • 법인이윤세 • 재산세 • 토지세	10%	7%	• 특허, 의장, 산업·상업·과학적 경험정보 : 5% • 기타 : 10%	09.1.1 이후 발생분	09.1.1. 이후 개시 과세연도	의정서
알바니아	07.1.13.	소득세 법인세 농특세 지방소득세	• 법인소득세 • 개인소득세 • 중소기업세	10%	• 25% 이상 법인(조합 제외) : 5% • 기타 : 10%	10%	08.1.1.부터의 과세분	08.1.1 부터 개시하는 과세연도	
알제리	06.8.31.	소득세 법인세 지방소득세 농특세	• 종합소득세 • 기업이윤세 • 전문활동세 • 총액세 • 세습상속세 • 기타 알제리의 조세	10%	• 25% 이상 법인(조합 제외) : 5% • 기타 : 15%	• 장비사용대가 : 2% • 기타 : 10%	07.1.1. 이후 지급분	07.1.1. 이후 개시하는 과세연도	

체약국	발효일자	대상조세		제한세율(원천징수)			적용기간		비고
		한국	대상국	이자소득	배당소득	사용료소득	원천징수	기타(부동산소득, 사업소득)	
에스토니아	10.5.25	소득세 법인세	• 소득세	10%	• 25% 이상 법인(조합 제외) : 5% • 기타 : 10%	• 산업적·상업적·과학적 장비 : 5% • 기타 : 10%	11.1.1. 이후 지급분	11.1.1. 이후 개시하는 과세연도	
에콰도르	13.10.16	소득세 법인세 농특세 지방소득세	내국세제도법(Leyde RRgimen Tributario Interno)에 따라 정부가 부과하는 소득세	12%	• 10% 이상 회사(동업기업 제외) : 5% • 기타 : 10%	• 산업적·상업적·과학적 장비 : 5% • 기타 : 12%	14.1.1. 이후 지급분	14.1.1 이후 개시하는 과세연도	
에티오피아	17.11.6.	소득세 법인세 지방소득세 농특세	• 소득세 및 이윤에 대한 조세 • 개별법에 따라 부과되는 광업, 석유 및 농업활동 소득에 대한 조세	7.5%	• 25% 이상 법인 : 5% • 기타 : 8%	5%	18.1.1. 이후 지급분	18.1.1. 이후 개시하는 과세연도	의정서
영국(개정 96.12.29)	78.5.13.	소득세 법인세 지방소득세 농특세	• 소득세 • 법인세 • 양도소득세	10%	• 25%이상 법인(조합제외) : 5% • 기타 : 15%	• 장비사용 : 2% • 기타 : 10%	97.1.1. 이후 지급분	97.1.1 이후 개시사업연도	교환각서
오만	06.2.13.	소득세 법인세 농특세 지방소득세	• 기업소득세 • 이윤세	5%(지세 가산금 제외	• 10%이상 소유 법인(조합 제외) : 5% • 기타 : 10%	8%	07.1.10이후 부터의 과세액	07.1.10이후 부터 개시되는 사업연도	의정서
오스트리아(개정 02.3.30)	02.3.30	소득세 법인세 지방소득세 농특세	• 소득세·법인세 • 토지세 • 농림기업에 대한 조세 • 공한지의 가치에 대한 조세	10%(신용판매 이자면제)	• 25% 이상 법인(조합 제외) : 5% • 기타 : 15%	• 장비사용 : 2% • 기타 : 10%	03.1.1. 이후 지급분	03.1.1. 이후 개시하는 과세연도	의정서(개정 23.3.1.)
요르단	05.3.28.	소득세 법인세 지방소득세 농특세	• 소득세 • 사회서비스세 • 분배세	10%	10%	10%	• 한국 : 06.1.1.이후 납세분 • 요르단 : 06.1.1. 이후 발생분	06.1.1. 이후 개시하는 과세연도	
우루과이	13.01.22	소득세 법인세 농특세 지방소득세	• 사업소득세 • 개인소득세 • 비거주자소득세 • 사회보장지원세 • 자본세	10%	• 20% 이상 법인(동업기업 제외) : 5% • 기타 : 15%	10%	14.1.1. 이후 지급분	14.1.1. 이후 개시하는 과세연도	
우즈베키스탄	98.12.25.	소득세 법인세 지방소득세 농특세	• 기업·조합 및 협회의 소득에 대한 조세 • 개인소득세 • 재산세	5%	• 25% 이상 법인(조합 제외) : 5% • 기타 : 15%	• 장비사용대가 : 2% • 기타 : 5%	99.1.1. 이후 지급분	99.1.1. 이후 개시하는 과세연도	의정서(개정 20.10.18.)
우크라이나	02.3.19.	소득세 법인세 지방소득세 농특세	• 기업이윤세 • 개인소득세	5%	• 20% 이상 법인 : 5% • 기타 : 15%	5%	• 한국 : 03.1.1.이후 지급분 • 우크라이나 : 배당·이자·사용료의 조세 및 개인소득세는 협약의 발효일부터 60일째되는 날 이후 지급분	• 한국 : 03.1.1. 이후 개시 과세연도 • 우크라이나 : 기업소득세 03. 1. 1이후 개시 과세연도	의정서

PART 8

체약국	발효일자	대상조세		제한세율(원천징수)			적용기간		비고
		한국	대상국	이자소득	배당소득	사용료소득	원천징수	기타(부동산소득, 사업소득)	
이란	09.12.8	소득세 법인세	• 소득세 • 재산세	10%	10%	10%	10.1.1 이후부터 과세분	10.1.1.이후 개시되는 과세연도분	
이스라엘	97.12.13.	소득세 법인세 지방소득세 농특세	• 소득세(법인, 양도 포함) • 토지평가세법에 따른 실물자산의 양도소득세 • 재산세법상 실물자산에 부과되는 조세	• 금융기관 수취 : 7.5% • 기타 : 10% • 채권 사채 국공채이자 : 면제	• 10%이상 법인 (조합제외) : 5% • 예외사항에해당 하는 경우 : 10% • 기타 : 15%	• 장비사용 : 2% • 기타 : 5%	98.1.1 이후 지급분	98.1.1.이후 개시하는 사업연도	의정서
이집트	94.2.5.	소득세 법인세 지방소득세	• 부동산소득에 대한 조세 • 동산소득에 대한 조세 • 상업적 및 산업적 이윤에 대한 조세 • 임금·급료·배상금 및 연금에 대한 조세 • 자유직업 기타 모든 비상업적 직업으로부터 생기는 이윤에 대한 조세 • 일반소득세 • 법인이윤세 • 상기 또는 다른 곳에서 언급된 조세의 일정비율로 중앙정부가 부과하는 추가조세	• 3년 초과 차관 : 10% • 기타 : 15%	• 25% 이상 법인(조합제외) : 10% • 기타 : 15%	15%	92.1.1. 이후 지급분	92.1.1. 이후 개시하는 과세연도	의정서
이탈리아	15.1.23	소득세 법인세 지방소득세	• 개인소득세 • 법인소득세 • 생산적활동에 대한 지역세	10%	• 25% 이상 법인 : 10% • 기타 : 15%	10%	93.1.1. 이후 지급분	93.1.1. 이후 개시 사업연도	추가 의정서
인도	16.9.12.	소득세 법인세 농특세	• 소득세(관련 부가세 포함)	10%	15%	10%	• 17.1.1. 이후 지급분	• 17.1.1. 이후 개시하는 과세연도	의정서
인도네시아	89.5.3.	소득세 법인세 지방소득세	• 소득세 • 소득세에 규정된 범위까지의 법인세 • 이자·배당·사용료에 대한 조세	10%	• 25% 이상 법인(조합제외) : 10% • 기타 : 15%	15%	90.1.1. 이후 지급분	90.1.1. 이후 개시 사업연도	의정서
일본 (개정 99.11.22.)	70.10.29	소득세 법인세 지방소득세 농특세	• 소득세 • 법인세 • 지방소득세 • 지방법인세(14.10.01 이후 개시하는 과세연도부터)	10%	• 직전 6개월 25%이상 법인 5% ('03년까지 10%) • 기타 : 15%	10%	00.1.1. 이후 지급분	00.1.1. 이후 개시 사업연도	의정서
조지아	16.11.17.	소득세 법인세 농특세 지방소득세	• 이윤세 • 소득세	10%	• 10% 이상 법인 : 5% • 기타 : 10%	10%	• 17.1.1. 이후 지급분	• 17.1.1. 이후 개시하는 과세연도	
중국 (홍콩 대만, 마카오 적용제외) (개정 06.7.4)	06.7.4	소득세 법인세 지방소득세 농특세	• 개인소득세 • 외국인투자기업 및 외국기업에 대한 소득세 및 지방소득세	10%	• 25% 이상 법인(조합제외) : 5% • 기타 : 10%	10%	07.1.1 개시 지급분	07.1.1 개시 사업연도	제2의정서

체약국	발효일자	대상조세		제한세율(원천징수)			적용기간		비고
		한국	대상국	이자소득	배당소득	사용료소득	원천징수	기타(부동산소득, 사업소득)	
체코	19.12.20. (개정)	소득세 법인세 지방소득세 농특세	• 개인소득세 • 법인소득세	5%	5%	• 모든 특허, 상표, 의장, 신안, 도면, 비밀공식, 비밀공정 또는 산업적, 상업적 또는 과학적 장비, 또는 산업적, 상업적 또는 과학적 경험에 관한 정보 : 10% • 영화필름, 라디오 또는 텔레비전 방송용 필름 또는 테이프를 포함하는, 문학적, 예술적 또는 과학적 작품에 관한 모든 저작권 : 0%	20.1.1.이후 지급분	20.1.1.이후 개시하는 과세연도	
칠레	03.7.25	소득세 법인세 지방소득세 농특세	• 소득세법에 따라 부과되는 조세	• 은행 및 보험회사 : 5% (04.1.1 이후), 10% (03.12.31 이전) • 기타 : 15%	• 25% 이상 법인 : 5% • 기타 : 10%	• 산업적·상업적·과학적 장비 : 5% • 기타 : 10% (04.1.1 이후), 15%(03.12.31 이전)	04.1.1 이후 발생분	04.1.1 이후 개시하는 과세연도	의정서
카자흐스탄	99.4.9.	소득세 법인세 지방소득세 농특세	• 법인 및 개인의 소득에 대한 조세	10%	• 10% 이상 법인(조합제외) : 5% • 기타 : 15%	• 상업적·산업적·학술적 장비 : 2%(03.1.1 이후), 10% 02.12.31 이전) • 기타 : 10%	00.1.1 이후	00.1.1 이후 개시하는 사업연도	의정서
카타르	09.4.15.	소득세 법인세 농특세	• 소득세	10%	10%	5%	10.1.1 이후 원천징수	10.1.1 이후 개시되는 과세연도	의정서
캄보디아	21.1.29.	소득세 법인세 지방소득세 농특세	• 소득세 • 임금소득세	10%	10%	10%	22.1.1 이후 지급분	22.1.1 이후 개시되는 과세연도	의정서
캐나다 (개정 06.12.18)	06.12.18	소득세 법인세 지방소득세 농특세	• 소득세	10%	• 25% 이상 법인(조합제외) : 5% • 기타 : 15%	10%	07.1.1. 이후 지급분	07.1.1. 이후 개시하는 과세연도	의정서
케냐	17.4.3.	소득세 법인세 지방소득세 농특세	• 소득세	12%	• 25% 이상 법인 : 8% • 기타 : 10%	10%	18.1.1.이후 지급분	18.1.1.이후 개시하는 과세연도	

PART 8

체약국	발효일자	대상조세		제한세율(원천징수)			적용기간		비고
		한국	대상국	이자소득	배당소득	사용료소득	원천징수	기타(부동산소득, 사업소득)	
콜롬비아	14. 7. 3	소득세 법인세 농특세	• 소득세 및 그 보완세	10%	• 20% 이상 법인(동업기업 제외) : 5% • 기타 : 10%	10% • 그 사용료의 생산성 사용 또는 처분을조건으로 하는 제3항에 언급된 모든 권리 또는 재산의 양도로부터 발생 소득 포함	15.1.1. 이후 지급분	15.1.1. 이후 개시 과세연도	의정서
쿠웨이트	10.12.27	소득세 법인세 지방소득세 농특세	• 법인소득세 • 과학진흥재단에 납부할 지주회사 순이윤의 5% • 자카트세	5%	5%	15%	11.1.1 이후 지급분	11.1.1 이후 개시 사업연도	의정서
크로아티아	06.9.15.	소득세 법인세 농특세 지방소득세	• 이익세 • 소득세 • 지방소득세 • 관련 과징금	5%	• 25% 이상 법인(조합제외) : 5% • 기타 : 10%	0%	07.1.1. 이후 지급분	07.1.1. 이후 개시하는 과세연도	의정서
키르기즈	13.11.22	소득세 법인세 농특세 지방소득세	• 법인의 이윤과 그 밖의 수입에 대한 조세 • 개인소득세 • 부동산세	10%(신용판매이자면세)	• 25% 이상 법인(동업기업 제외) : 5% • 기타 : 10%	• 산업적•상업적•과학적 장비 : 5% • 기타 : 10%	14.1.1 이후 지급분	14.1.1 이후 개시 사업연도	
타지키스탄	16.9.28.	소득세 법인세 농특세 지방소득세	• 개인소득세 • 법인의 이윤에 대한 조세	8%	• 25% 이상 법인(동업기업 제외) : 5% • 기타 : 10%	10%	17.1.1. 이후 지급분	17.1.1. 이후 개시하는 과세연도	
태국 (개정 07.6.29)	07.6.29	소득세 법인세 지방소득세 농특세	• 소득세 • 석유소득세	• 금융기관(보험회사포함): 10% • 장비, 재화나용역의 신용매매의 결과로 얻는 부채분 이자 : 10% • 기타 : 15%	10%	• 소프트웨어, 방송관련 테이프 등, 과학작품 사용권 등 : 5% • 특허권 및 상표권 등 : 10% • 산업상, 상업상, 과학적 장비의 사용 및 경험에 관한 정보 : 15%	08.1.1 이후 지급분	08.1.1이후 개시하는 사업연도	의정서
터키 (튀르키예)	86.3.27.	소득세 법인세 지방소득세	• 소득세 • 법인세	• 2년 초과 : 10% • 기타 : 15%	• 25% 이상 법인(조합제외) : 15% • 기타 : 20%	10%	87.1.1. 이후 지급분	87.1.1 이후 개시하는 과세연도	의정서 (개정 24.7.21.)
투르크메니스탄	16.11.26.	소득세 법인세 농특세 지방소득세	• 법인 이윤세 • 개인 소득세	10%	10%	10%	17.1.1. 이후 지급분	17.1.1. 이후 개시하는 과세연도	의정서 (개정 20.2.6.)

체약국	발효일자	대상조세		제한세율(원천징수)			적용기간		비고
		한국	대상국	이자소득	배당소득	사용료소득	원천징수	기타(부동산소득, 사업소득)	
튀니지	89.11.25.	소득세 법인세 지방 소득세	• 사업소득세·법인세 • 비상업적 직업소득세 • 급여소득세, 농업세 • 부동산자본평가세 • 신용·저축·보증 및 당좌계정으로부터의 수입에 대한 조세 • 연대특별부과금 • 양도성증권소득세 • 국가개인부과금	12%(7년 이상 은행 채무 면제)	15%	15%	90.1.1이후 지급분	90.1.1이후 개시하는 사업연도	의정서
파나마	12.4.1	소득세 법인세 농특세 지방 소득세	세법 제4권 1장 및 그와 관련된 법령과 규칙에 규정된 소득세	5%	• 법인자본의 25%이상 직접 소유 : 5% • 기타 : 15%	• 산업적, 상업적, 과학적 장비의 사용 또는사용권에 대한 사용료 : 3% • 기타 : 10%	13.1.1이후 지급분	13.1.1이후 개시 사업연도	의정서
파키스탄	87.10.20.	소득세 법인세 지방 소득세	• 소득세 • 초과세 • 부가세	12.5%	• 배당지급 법인이 산업적 기업 &수익자가 20%이상 소유한 법인 (조합제외) : 10% • 기타 : 12.5%	10%	87.1.1이후 지급분	87.1.1이후 개시 사업연도	의정서
파푸아뉴기니	98.3.21	소득세 법인세 지방 소득세 농특세	• 개정된 파푸아뉴기니 소득세법에 의하여 부과되는 조세 • 국민의 이익을 위하여 경제개발을 지원하거나 조장할 목적으로 파푸아뉴기니에 의하여 부과되는 조세 또는 허용되는 조세 유인책	10%	15%	10%	99.1.1. 이후 지급분	99.1.1. 이후 개시하는 과세연도	의정서
페루	14.3.3.	소득세 법인세 농특세 지방 소득세	소득세법(Ley del Impuesto a la Renta)에 따라 정부가 부과하는 소득세	15%(정부 중앙은행 면세)	10%	• 기술적 지원 제공 : 10% • 기타 : 15%	15.1.1. 이후 지급분	15.1.1. 이후 개시하는 과세연도	의정서
포르투갈	97.12.21.	소득세 법인세 지방 소득세 농특세	• 개인소득세 • 법인소득세 • 법인소득세에 부과되는 지방세	15%	• 2년 이상 25% 이상 회사 : 10% • 기타 : 15%	10%	98.1.1. 이후 지급분	98.1.1.이후 개시하는 사업연도	
폴란드	92.2.21.	소득세 법인세 지방 소득세	• 소득세 • 임금 및 급여에 대한 조세 • 균등화세·법인소득세 • 농업세	10%(신용판매 이자 면제)	• 10% 이상 법인(조합제외) : 5% • 기타 : 10%	10%	92.1.1. 이후 지급분	92.1.1. 이후 개시 사업연도	의정서 (개정 16.10.15.)
프랑스 (개정 92.3.1)	81.2.1	소득세 법인세 지방 소득세	• 소득세 • 법인세	10%(신용판매이자면제)	• 10% 이상 법인 : 10% • 기타 : 15%	10%	92.3.1. 이후 지급분	• 개인 : 92.3.1. 이후 발생소득 • 법인 : 92.3.1. 이후 개시 사업연도	의정서
핀란드	81.12.23.	소득세 법인세 지방 소득세	• 국가소득세·공동체세 • 교회세·선원세 • 비거주자의 소득에 대한 원천세	10%	• 25% 이상 법인(조합제외) : 10% • 기타 : 15%	10%	82.1.1. 이후 지급분	82.1.1. 이후 개시 사업연도	의정서

PART 8

체약국	발효일자	대상조세		제한세율(원천징수)			적용기간		비고
		한국	대상국	이자소득	배당소득	사용료소득	원천징수	기타(부동산소득, 사업소득)	
피지	95.2.15.	소득세 법인세 지방 소득세	• 소득세(정상적인 소득세 및 비거주자의 배당·이자·사용료에 대한 원천세, 배당세를 포함) • 토지판매세	10%	• 25% 이상 법인 : 10% • 기타 : 15%	10%	96.1.1. 이후 지급분	96.1.1. 이후 개시하는 과세연도	
필리핀	86.11. 9	소득세 법인세	• 소득세	• 공모공사채이자 : 10% • 기타 : 15% • 필리핀투자촉진법 : 10%	• 25% 이상 법인(조합제외) : 10% • 기타 25%(07.5.18 이후 배당 처분), 15%(07. 5.17 이전 배당처분) • 필리핀투자 촉진법 : 10%	15% • 필리핀투자촉진법 : 10%	87.1.1. 이후 지급분	87.1.1. 이후 개시 과세연도	의정서
헝가리	90. 4. 1	소득세 법인세 지방 소득세	• 소득세 • 이윤세 • 특별법인세	0%	• 25% 이상 법인 : 5% • 기타 : 10%	0%	91.1.1 이후 지급분	91.1.1 이후 개시 사업연도	의정서
호주	84.1.1.	소득세 법인세 지방 소득세	• 소득세(비공개법인의 분배소득의 유보액에 대한 추가조세 포함)	15%	15%	15%	82.1.1 이후 발생소득	82.1.1 이후 개시 사업연도	의정서
홍콩	16.9.27.	소득세 법인세 농특세 지방 소득세	• 이윤세 • 급여세 • 재산세	10%	• 25% 이상 법인 : 10% • 기타 : 15%	10%	2017.4.1. 이후 지급분	2017.1.1. 이후 개시하는 과세연도	의정서

PART 9

개인지방소득세

Chapter

01 통 칙

I 용어의 정의

① 지방소득세에서 사용하는 용어의 뜻은 다음과 같다.(지법 85조 ①)

㉠ "개인지방소득"이란 소득세법 제3조 및 제4조에 따른 거주자 또는 비거주자의 소득을 말한다.

㉡ "거주자"란 소득세법 제1조의2 제1항 제1호에 따른 거주자를 말한다.

㉢ "비거주자"란 거주자가 아닌 개인을 말한다.

㉣ "사업자"란 사업소득이 있는 거주자를 말한다.

㉤ "사업장"이란 인적 설비 또는 물적 설비를 갖추고 사업 또는 사무가 이루어지는 장소를 말한다.

ⓐ '인적설비'란 계약의 형태나 형식에 불구하고 당해 장소에서 그 사업에 종사 또는 근로를 제공하는 자를 말한다.(운영예규 법85-1 1, 2022.10.25.)

ⓑ '물적설비'란 허가와 관계없이 현실적으로 사업이 이루어지고 있는 건축물 기계장치 등이 있고, 이러한 설비들이 지상에 고착되어 현실적으로 사무·사업에 이용되는 것을 말한다.(운영예규 법85-1 2, 2022.10.25.)

② 개인지방소득세법에서 사용하는 용어의 뜻은 위 '①'에서 정하는 것을 제외하고 소득세법에서 정하는 바에 따른다.(지법 85조 ②)

II 납세의무자 등

① 소득세법에 따른 소득세의 납세의무가 있는 자는 지방소득세를 납부할 의무가 있다.(지법 86조 ①)

② 개인지방소득세 납부의무의 범위는 소득세법에서 정하는 바에 따른다.(지법 86조 ②)

Ⅲ 지방소득의 범위 및 구분 등

① 거주자의 개인지방소득은 다음과 같이 구분한다. 이 경우 아래 소득의 범위는 소득세법 제16조부터 제22조까지, 제94조 및 제95조에서 정하는 바에 따르고, 신탁의 이익의 구분에 대해서는 같은 법 제4조 제2항에 따른다.(지법 87조 ①, 2023.3.14. 개정)

㉠ 종합소득 : 지방세법에 따라 과세되는 개인지방소득에서 '㉡ 및 ㉢'에 따른 소득을 제외한 소득으로서 다음의 소득을 합산한 것

ⓐ 이자소득

ⓑ 배당소득

ⓒ 사업소득

ⓓ 근로소득

ⓔ 연금소득

ⓕ 기타소득

㉡ 퇴직소득

㉢ 양도소득

Ⅳ 과세기간과 납세지 및 비과세

1 과세기간

개인지방소득세의 과세기간은 소득세법 제5조에 따른 기간으로 한다.(지법 88조 ①)

2 납세지

① 개인지방소득세 : 지방세기본법 제34조에 따른 납세의무 성립 당시의 소득세법 제6조(☞ 납세지) 및 제7조(☞ 원천징수 등의 경우의 납세지)에 따른 납세지(지법 89조 ① 1, 2019.12.31. 개정)

저자TIP 개인지방소득세의 납세지

개인지방소득세의 경우 2024년 귀속 소득분에 대한 신고(2025년 5월)는 국세와 달리 2024.12.31. 당시[사망한 경우는 사망일, 국외이전(출국)하여 비거주자가 되는 경우는 출국일]의 주소지 관할 지방자치단체에 신고하여야 한다.
예를 들어 2024.12.31. 당시에는 강동구에 거주했으나 2025년 5월 종합소득세 신고당시에는 양천구에 거주하는 경우 종합소득세는 양천세무서에, 개인지방소득세는 강동구청에 각각 신고해야 하는 것이다.
그러나 "거주자가 종합소득 또는 퇴직소득에 대한 개인지방소득세 과세표준과 세액을 납세지 관할 지방자치단체의 장 외의 지방자치단체의 장에게 신고한 경우에도 그 신고의 효력에는 영향이 없다(지법 95조 ① 후단)"는 규정에 따라 개인지방소득세를 양천구청에 신고한 경우에도 가산세 등 불이익은 발생하지 않는다.

② 근무지를 변경하거나 둘 이상의 사용자로부터 근로소득을 받는 근로자에 대한 개인지방소득세를 연말정산하여 개인지방소득세를 환급하거나 추징해야 하는 경우 개인지방소득세의 납세지는 다음의 구분에 따른다.(지령 87조 ②, 2019.12.31. 개정)
   ㉠ 근무지를 변경한 근로자 : 연말정산 대상 과세기간의 종료일 현재 근무지
   ㉡ 둘 이상의 사용자로부터 근로소득을 받는 근로자 : 연말정산 대상 과세기간의 종료일 현재 주된 근무지

③ 거주자나 내국법인의 국외사업장 또는 해외현지법인(내국법인이 발행주식총수 또는 출자지분의 100%를 직접 또는 간접 출자한 경우에 한정한다) 등에 파견된 임원 또는 직원이나 국외에서 근무하는 공무원의 개인지방소득세의 납세지는 지방세기본법 제34조에 따른 납세의무 성립 당시 소속기관의 소재지로 한다.(지령 87조 ③, 2019.12.31. 신설, 소법 5조 ⑥, 소령 3조)

④ 위 '①'에도 불구하고 제103조의13(☞ 개인지방소득의 특별징수의무), 제103조의29(☞ 법인지방소득의 특별징수의무), 제103조의52(☞ 외국법인에 대한 특별징수 또는 징수의 특례)에 따라 특별징수하는 지방소득세 중 다음의 지방소득세는 다음에서 정하는 납세지를 관할하는 지방자치단체의 장이 부과한다.(지법 89조 ③)
   ㉠ 근로소득 및 퇴직소득에 대한 지방소득세 : 납세의무자의 근무지. 다만, 퇴직 후 연금계좌(연금신탁·보험을 포함)에서 연금외수령의 방식으로 인출하는 퇴직소득의 경우에는 그 소득을 지급받는 사람의 주소지로 한다.
   ㉡ 공적연금소득 및 연금계좌에서 연금수령 하는 경우의 연금소득에 대한 지방소득세 : 그 소득을 지급받는 사람의 주소지
   ㉢ 국민건강보험법에 따른 국민건강보험공단이 지급하는 사업소득에 대한 지방소득세 : 그 소득을 지급받는 사람의 사업장 소재지

㉣ 위 '㉠부터 ㉢까지'에서 규정한 소득 외의 소득에 대한 소득세 및 법인세의 원천징수사무를 본점 또는 주사무소에서 일괄처리하는 경우 그 소득에 대한 지방소득세 : 그 소득의 지급지

㉤ 복권 및 복권기금법에 따른 당첨금 중 일정 등위별 당첨금을 본점 또는 주사무소에서 한꺼번에 지급하는 경우 그 당첨금에 대한 지방소득세 : 해당 복권의 판매지 (2023.3.14. 신설)

㉥ 국민체육진흥법 제27조에 따른 체육진흥투표권의 환급금 중 일정 등위별 환급금을 본점 또는 주사무소에서 한꺼번에 지급하는 경우 그 환급금에 대한 지방소득세 : 해당 체육진흥투표권의 판매지(2023.3.14. 신설)

3 비과세

소득세법 및 조세특례제한법에 따라 소득세가 비과세되는 소득에 대하여는 지방소득세를 과세하지 아니한다.(지법 90조)

Chapter 02 거주자의 종합소득·퇴직소득에 대한 지방소득세

I 과세표준 및 세율

1 과세표준

① 거주자의 종합소득에 대한 개인지방소득세 과세표준은 소득세법 제14조 제2항부터 제5항까지에 따라 계산한 소득세의 과세표준(조세특례제한법 및 다른 법률에 따라 과세표준 산정과 관련된 조세감면 또는 중과세 등의 조세특례가 적용되는 경우에는 이에 따라 계산한 소득세의 과세표준)과 동일한 금액으로 한다.(지법 91조 ①, 2019.12.31. 개정)

② 거주자의 퇴직소득에 대한 개인지방소득세 과세표준은 소득세법 제14조 제6항에 따라 계산한 소득세의 과세표준(조세특례제한법 및 다른 법률에 따라 과세표준 산정과 관련된 조세감면 또는 중과세 등의 조세특례가 적용되는 경우에는 이에 따라 계산한 소득세의 과세표준)과 동일한 금액으로 한다.(지법 91조 ②, 2019.12.31. 개정)

2 세 율

① 거주자의 종합소득에 대한 개인지방소득세의 표준세율은 다음 표와 같다.(지법 92조 ①, 2023.3.14. 개정)

➲ 2023.1.1. 이후 이후 납세의무가 성립되는 분부터 적용한다.(2023.3.14. 지법 부칙 2조)

과세표준	세 율
1,400만원 이하	과세표준×0.6%
1,400만원 초과 5,000만원 이하	84,000원+(1,400만원 초과금액×1.5%)
5,000만원 초과 8,800만원 이하	624,000원+(5,000만원 초과금액×2.4%)
8,800만원 초과 1억5천만원 이하	153만 6천원+(8,800만원 초과금액×3.5%)
1억5천만원 초과 3억원 이하	370만 6천원+(1억5천만원 초과금액×3.8%)
3억원 초과 5억원 이하	940만 6천원+(3억원 초과금액×4%)
5억원 초과 10억원 이하	1,740만 6천원+(5억원 초과금액×4.2%)
10억원 초과	3,840만 6천원+(10억원 초과금액×4.5%)

② 지방자치단체의 장은 조례로 정하는 바에 따라 종합소득에 대한 개인지방소득세의 세율을 위 '①'에 따른 표준세율의 50%의 범위에서 가감할 수 있다.(지법 92조 ②)

③ 거주자의 종합소득에 대한 개인지방소득세 산출세액은 해당 연도의 과세표준에 위 '① 및 ②'의 세율을 적용하여 산출한 금액으로 한다.(지법 92조 ③)

④ 거주자의 퇴직소득에 대한 개인지방소득세 산출세액은 다음의 순서에 따라 계산한 금액으로 한다.(지법 92조 ④)

㉠ 소득세법에 따라 계산한 해당 과세기간의 과세표준에 위 '① 및 ②'의 세율을 적용하여 계산한 금액

㉡ 위 '㉠'의 금액을 12로 나눈 금액에 근속연수를 곱한 금액

Ⅱ 세액계산의 순서 및 특례

➲ 소득세법상의 세액계산특례 규정들을 준용하고 있다.

1 결정세액 및 총결정세액의 계산

① 거주자의 종합소득 및 퇴직소득에 대한 개인지방소득세는 지방세법에 특별한 규정이 있는 경우를 제외하고는 다음에 따라 계산한다.(지법 93조 ①)

㉠ 종합소득 및 퇴직소득에 대한 개인지방소득세 산출세액은 각각 구분하여 계산한다.

㉡ 산출세액에 세액공제 및 세액감면을 적용하여 종합소득 및 퇴직소득에 대한 개인지방소득세 결정세액을 각각 계산한다.

㉢ 결정세액에 가산세를 더하여 종합소득 및 퇴직소득에 대한 개인지방소득세 총결정세액을 각각 계산한다.

2 금융소득 종합과세에 대한 세액계산

거주자의 종합소득에 대한 개인지방소득세 과세표준에 포함된 이자소득과 배당소득(이하 "이자소득 등"이라 한다)이 종합과세기준금액(☞ 2,000만원)을 초과하는 경우에는 그 거주자의 종합소득에 대한 개인지방소득세 산출세액은 아래의 '(1)과 (2)'의 금액 중 큰 금액으로 하고, 종합과세기준금액을 초과하지 않는 경우에는 아래 '(2)'의 금액으로 한다. 이 경우 출자공동사업자의 배당소득(소득세법 17조 ① 8)이 있는 경우에는 그 배당소득금액은 이자소득 등으로 보지 아니한다.(지법 93조 ②)

(1) 다음의 세액을 더한 금액

① 이자소득 등의 금액 중 종합과세기준금액을 초과하는 금액과 이자소득 등을 제외한 다른 종합소득금액을 더한 금액에 대한 개인지방소득세 산출세액

② 종합과세기준금액에 1.4%를 적용하여 계산한 세액

(2) 다음의 세액을 더한 금액

① 이자소득 등에 대하여 1.4%(비영업대금이익 또는 출자공동사업자의 배당소득은 2.5%)를 적용하여 계산한 세액. 다만, 소득세법 제127조에 따라 원천징수 되지 아니하는 소득에 대해서는 1.4%(또는 2.5%)를 적용한다.

② 이자소득 등을 제외한 다른 종합소득금액에 대한 개인지방소득세 산출세액
다만, 그 세액이 출자공동사업자의 배당소득(소득세법 17조 ① 8)에 대하여 1.4%를 적용하여 계산한 세액과 이자소득 등 및 출자공동사업자의 배당소득을 제외한 다른 종합소득금액에 대한 개인지방소득세 산출세액을 합산한 금액(이하 "종합소득 비교세액"이라 한다)에 미달하는 경우 종합소득 비교세액으로 한다.

3 직장공제회 초과반환금의 계산

① 직장공제회 초과반환금(소득세법 16조 ① 10)에 대해서는 그 금액에서 아래 '㉠과 ㉡'의 금액을 순서대로 공제한 금액을 납입연수(1년 미만인 경우에는 1년으로 한다. 이하 같다)로 나눈 금액에 개인지방소득세의 세율을 적용하여 계산한 세액에 납입연수를 곱한 금액을 그 산출세액으로 한다.(지법 93조 ③, 소법 63조 ①)

㉠ 직장공제회 초과반환금의 40%에 해당하는 금액

㉡ 납입연수에 따라 정한 다음의 금액

납 입 연 수	공 제 액
5년 이하	30만원×납입연수
5년 초과 10년 이하	150만원+50만원×(납입연수-5년)
10년 초과 20년 이하	400만원+80만원×(납입연수-10년)
20년 초과	1,200만원+120만원×(납입연수-20년)

② 직장공제회 초과반환금을 분할하여 지급하는 경우 그 계산은 다음에 따른다.(지법 93조 ③, 지령 88조의2, 소령 120조)

㉠ 직장공제회 반환금을 분할하여 지급받는 경우 납입금 초과이익에 대한 산출세액은 납입금 초과이익에 대하여 위 '①'에 따라 계산한 금액(이하 "납입금 초과이익 산출세액"이라 한다)으로 한다.(소령 120조 ①)

㉡ 분할하여 지급받을 때마다의 반환금 추가이익에 대한 산출세액은 다음 'ⓐ의 금액'에 'ⓑ의 비율'을 곱한 금액으로 한다.(소령 120조 ②)

ⓐ 분할하여 지급받을 때마다 그 기간 동안 발생하는 반환금 추가이익

ⓑ 납입금 초과이익 산출세액을 납입금 초과이익으로 나눈 비율

4 부동산매매업자에 대한 세액계산

(1) 세액계산의 특례

부동산매매업(소득세법 시행령 122조 ①·③ 및 ④)을 경영하는 거주자(이하 "부동산매매업자"라 한다)로서 소득세법상 "부동산매매업자의 세액계산특례 적용대상 자산"[소득세법 104조 ① 1.의 분양권, 8, 10. 또는 같은 조 ⑦ 각 호의 어느 하나에 해당하는 자산의 매매차익(이하 "주택 등 매매차익"이라 한다)]이 있는 자의 종합소득에 대한 개인지방소득세 산출세액은 다음의 세액 중 많은 것으로 한다.(지법 93조 ④, 2020.8.12. 개정, 지령 89조 ①)

이 경우 부동산매매업자에 대한 주택 등 매매차익의 계산과 그 밖에 종합소득에 대한 개인지방소득세 산출세액의 계산은 소득세법 시행령 제122조 제2항을 따른다.(지법 93조 ④ 단서, 지령 89조 ②)

1) 종합소득에 대한 개인지방소득세 산출세액

2) 다음에 따른 세액의 합계액

① 주택 등 매매차익에 양도소득에 대한 개인지방소득세율(지방세법 103조의3에 따른 세율)을 적용하여 산출한 세액의 합계액

② 종합소득에 대한 개인지방소득세 과세표준에서 주택 등 매매차익의 해당 과세기간 합계액을 공제한 금액을 과세표준으로 하고 이에 종합소득에 대한 개인지방소득세율(지방세법 92조에 따른 세율)을 적용하여 산출한 세액

(2) 토지 등 매매차익예정신고

① 부동산매매업자가 토지 등 매매차익예정신고(소득세법 69조 ①)를 하는 경우에는 토지 또는 건물(이하 "토지 등"이라 한다)의 매매차익과 그 세액을 매매일이 속하는 달의 말일부터 2개월이 되는 날까지「토지 등 매매차익예정신고 및 납부계산서」(지방세법 시행규칙 별지 제39호의5)를 납세지 관할 지방자치단체의 장에게 제출하여야 한다. 토지 등의 매매차익이 없거나 매매차손이 발생하였을 때에도 또한 같다.(지법 93조 ⑤, 지령 90조 ①, 2019.12.31. 개정)

② 부동산매매업자의 토지 등의 매매차익에 대한 산출세액은 그 매매가액에서 소득세법 제97조(☞ 양도소득의 필요경비계산)를 준용하여 계산한 필요경비를 공제한 금액에 양도소득에 대한 개인지방소득세율을 곱하여 계산한 금액으로 한다. 다만, 토지 등의 보유기간이 2년 미만인 경우에는 지방세법 제103조의3 제1항 제2호 및 제3호에도 불구하고 종합소득에 대한 개인지방소득세율(지방세법 92조 ①에 따른 세율)을 곱하여 계산한 금액으로 한다.(지법 93조 ⑥, 2023.3.14. 자구수정)

③ 부동산매매업자는 위 '②'에 따른 산출세액을 위 '①'에 따른 신고기한까지 납세지 관할 지방자치단체에 납부하여야 한다.(지법 93조 ⑦, 지령 90조 ②)

이 경우 납부할 세액이 100만원을 초과하는 자는 다음과 같이 그 납부할 세액의 일부를 납부기한이 지난 후 2개월 이내에 분할납부할 수 있다.(지법 93조 ⑦, 2023.3.14. 후단 신설, 지령 90조 ②, ③, 2023.3.14. 신설)

㉠ 납부할 세액이 100만원 초과 200만원 이하인 경우 : 100만원을 초과하는 금액

㉡ 납부할 세액이 200만원을 초과하는 경우 : 해당 세액의 50% 이하의 금액

➲ 분납규정은 2023.1.1. 이후 토지등의 매매차익을 신고(수정신고는 제외)하거나 종합소득·퇴직소득을 확정신고(수정신고는 제외)하는 분부터 적용한다.(2023.3.14. 지법 부칙 7조)

④ 토지 등의 매매차익에 대한 산출세액의 계산, 결정·경정 및 환산취득가액 적용에 따른 가산세에 관하여는 양도소득에 대한 개인지방소득세의 예정신고 산출세액의 계산(지방세법 103조의6 ②) 및 수정신고·결정·경정·수시부과·징수·환급·환산취득가액 등(지방세법 103조의9)을 준용한다.(지법 93조 ⑧, 2019.12.31. 개정)

⑤ 토지 등의 매매차익과 그 계산 등은 소득세법 시행령 제128조 및 제129조를 따른다.(지법 93조 ⑨, 지령 91조, 2023.3.14. 개정)

⑥ 부동산매매업자가 토지 등의 매매차익(매매차익이 없는 경우와 매매차손을 포함)과

그 세액을 신고하는 경우에 납세지 관할 지방자치단체의 장 외의 지방자치단체의 장에게 신고한 경우에도 그 신고의 효력에는 영향이 없다.(지법 93조 ⑮, 2019.12.31. 신설)

5 주택임대사업자에 대한 세액계산

① 분리과세 주택임대소득(소득세법 제14조 제3항 제7호의 분리과세 주택임대소득을 말하며, 이하 "분리과세 주택임대소득"이라 한다)이 있는 거주자의 종합소득에 대한 개인지방소득세 결정세액은 다음의 세액 중 하나를 선택하여 적용한다.(지법 93조 ⑩)

㉠ 분리과세를 적용하기 전의 종합소득에 대한 개인지방소득세 결정세액

㉡ 다음의 세액을 더한 금액

ⓐ 분리과세 주택임대소득에 대한 사업소득금액에 1.4%를 곱하여 산출한 금액 다만, 감면대상 소형주택 임대사업자(조세특례제한법 제96조 ①)에 해당하는 거주자가 감면대상 임대주택을 임대하는 경우에는 해당 임대사업에서 발생한 분리과세 주택임대소득에 대한 사업소득금액에 1.4%를 곱하여 산출한 금액에서 감면받는 세액의 10%를 차감한 금액으로 한다.(지법 93조 ⑩ 2 가, 2019.12.31. 단서 개정)

ⓑ 위 'ⓐ' 외의 종합소득에 대한 개인지방소득세 결정세액

② 위 'ⓐ'에 따른 분리과세 주택임대소득에 대한 사업소득금액은 총수입금액에서 필요경비(총수입금액의 50%로 한다)를 차감한 금액으로 하되, 분리과세 주택임대소득을 제외한 해당 과세기간의 종합소득금액이 2천만원 이하인 경우에는 추가로 200만원을 차감한 금액으로 한다. 다만, 다음의 요건을 모두 갖춘 임대주택(이하 "등록임대주택"이라 한다)을 임대하는 경우에는 해당 임대사업에서 발생한 사업소득금액은 총수입금액에서 필요경비(총수입금액의 60%로 한다)를 차감한 금액으로 하되, 분리과세 주택임대소득을 제외한 해당 과세기간의 종합소득금액이 2천만원 이하인 경우에는 추가로 400만원을 차감한 금액으로 한다.(지법 93조 ⑪, 지령 91조의2 ①, 2019.5.31. 개정)

㉠ 다음 중 하나에 해당하는 주택일 것(지령 91조의2 ① 1, 2020.12.31. 개정)

ⓐ 민간임대주택에 관한 특별법 제5조에 따른 임대사업자등록을 한 자가 임대 중인 같은 법 제2조 제4호에 따른 공공지원민간임대주택

ⓑ 민간임대주택에 관한 특별법 제5조에 따른 임대사업자등록을 한 자가 임대 중인 같은 법 제2조 제5호에 따른 장기일반민간임대주택[아파트를 임대하는 민간매입임대주택의 경우에는 2020.7.10. 이전에 종전의 민간임대주택에 관한 특별법(법률 제17482호 민간임대주택에 관한 특별법 일부 개정법률에 따라 개정되기 전의 것을 말한다) 제5조에 따라 등록을 신청(임대할 주택을 추가하기

위해 등록사항의 변경 신고를 한 경우를 포함)한 것으로 한정한다]

ⓒ 종전의 민간임대주택에 관한 특별법 제5조에 따른 임대사업자등록을 한 자가 임대 중인 같은 법 제2조 제6호에 따른 단기민간임대주택(2020.7.10. 이전에 등록을 신청한 것으로 한정한다)

㉡ 소득세법 제168조에 따른 사업자의 임대주택일 것

㉢ 임대보증금 또는 임대료(이하 "임대료등"이라 한다)의 증가율이 5%를 초과하지 않을 것. 이 경우 임대료등의 증액 청구는 임대차계약의 체결 또는 약정한 임대료등의 증액이 있은 후 1년 이내에는 하지 못하고, 임대사업자가 임대료등의 증액을 청구하면서 임대보증금과 월임대료를 상호 간에 전환하는 경우에는 민간임대주택에 관한 특별법 제44조 제4항의 전환 규정을 준용한다.(지령 91조의2 ① 3, 2020.4.28. 개정)

➲ 2020.4.28. 이후 주택 임대차계약을 갱신하거나 새로 체결하는 분부터 적용하고, 임대보증금과 월임대료 상호 간 전환은 2020.4.28. 이후 전환하는 분부터 적용한다.(2020.4.28. 지령 부칙 2조)

③ 위 '②'을 적용할 때 종전의 민간임대주택에 관한 특별법 제5조에 따라 등록한 같은 법 제2조 제6호에 따른 단기민간임대주택을 같은 법 제5조 제3항에 따라 2020.7.11. 이후 민간임대주택에 관한 특별법 제2조 제4호 또는 제5호에 따른 공공지원민간임대주택 또는 장기일반민간임대주택으로 변경 신고한 주택은 등록임대주택에서 제외한다.(지령 91조의2 ②, 2020.12.31. 신설)

④ 다음 중 하나에 해당하는 경우에는 그 사유가 발생한 날이 속하는 과세기간의 과세표준신고를 할 때 다음의 구분에 따른 금액을 개인지방소득세로 납부하여야 한다.(지법 93조 ⑫, 2020.12.29. 개정)

㉠ 감면대상 소형주택 임대사업자(조세특례제한법 제96조 ①)로서 감면받은 사업자가 해당 임대주택을 4년(공공지원민간임대주택 또는 장기일반민간임대주택의 경우에는 10년) 이상 임대하지 아니하는 경우 : 감면받은 세액

이때 납부해야 하는 개인지방소득세액은 감면받은 세액에 임대기간에 따른 감면율을 적용한 금액으로 하며, 임대기간은 조세특례제한법 시행령 제96조 제3항에 따라 산정한다.(지령 91조의2 ④, ⑥, 2021.4.27. 신설)

㉡ 위 '②'의 단서를 적용하여 세액을 계산한 사업자가 해당 임대주택을 10년 이상 임대하지 아니하는 경우 : 위 '②'의 단서를 적용하지 아니하고 계산한 세액과 당초 신고한 세액과의 차액

이때 임대기간은 조세특례제한법 시행령 제96조 제3항 제3호부터 제6호까지를 준용하여 산정한다.(지령 91조의2 ⑤, 2021.4.27. 신설)

⑤ 다음의 경우에 해당하면 위 '④'의 규정은 적용하지 않는다.(지법 93조 ⑫ 단서, 2020.12.29. 개정, 지령 91조의2 ③, 2021.4.27. 신설)

㉠ 민간임대주택에 관한 특별법 제6조 제1항 제11호 또는 같은 조 제5항에 따라 임대사업자 등록이 말소된 경우

㉡ 도시 및 주거환경정비법에 따른 재개발사업·재건축사업, 빈집 및 소규모주택 정비에 관한 특례법에 따른 소규모주택정비사업으로 임대 중이던 당초의 임대주택이 멸실되어 새로 취득하거나 주택법에 따른 리모델링으로 새로 취득한 주택이 아파트(당초의 임대주택이 단기민간임대주택인 경우에는 모든 주택을 말한다)인 경우. 다만, 새로 취득한 주택의 준공일부터 6개월이 되는 날이 2020.7.10. 이전인 경우는 제외한다.

⑥ 위 '④'에 따라 개인지방소득세를 납부하는 경우에는 소득세법 제64조의2 제4항 본문에 따라 계산한 이자 상당 가산액의 10%를 추가하여 납부하여야 한다. 다만, 다음 중 하나에 해당하는 부득이한 사유가 있는 경우에는 그러하지 아니하다.(지법 93조 ⑬, 지령 91조의2 ⑦, 2021.4.27. 항번개정)

㉠ 파산 또는 강제집행에 따라 임대주택을 처분하거나 임대할 수 없는 경우

㉡ 법령상 의무를 이행하기 위해 임대주택을 처분하거나 임대할 수 없는 경우

㉢ 채무자 회생 및 파산에 관한 법률에 따른 회생절차에 따라 법원의 허가를 받아 임대주택을 처분한 경우

⑦ 분리과세 주택임대소득에 대한 종합소득 결정세액의 계산 및 임대주택 유형에 따른 사업소득금액의 계산은 다음에 따른다.(지법 93조 ⑭, 지령 91조의2 ⑧, 2021.4.27. 항번개정)

㉠ 과세기간 중 일부 기간 동안 등록임대주택을 임대한 경우 등록임대주택의 임대사업에서 발생하는 수입금액은 월수로 계산한다. 이 경우 해당 임대기간의 개시일 또는 종료일이 속하는 달의 등록임대주택을 임대한 기간이 15일 이상인 경우에는 1개월로 본다.

㉡ 해당 과세기간 중에 임대주택을 등록한 경우 주택임대소득금액은 다음의 계산식에 따라 계산한다.

[등록한 기간에 발생한 수입금액 ×(1−0.6)]+[등록하지 않은 기간에 발생한 수입금액×(1−0.5)]

㉢ 해당 과세기간 동안 등록임대주택과 등록임대주택이 아닌 주택에서 수입금액이 발생한 경우 위 '②'에 따라 해당 과세기간의 종합소득금액이 2천만원 이하인 경우에 추가로 차감하는 금액은 다음의 계산식에 따라 계산한다.

$$\left(\frac{\text{등록임대주택에서 발생한 수입금액}}{\text{총 주택임대수입금액}} \times 400\text{만원}\right) + \left(\frac{\text{등록임대주택이 아닌 주택에서 발생한 수입금액}}{\text{총 주택임대수입금액}} \times 200\text{만원}\right)$$

6 기타소득에 대한 세액계산

1) 위약금·배상금에 대한 세액계산

거주자의 종합소득과세표준을 계산할 때 합산하지 아니하는 위약금·배상금(계약금이 위약금·배상금으로 대체되는 경우만 해당한다)에 대한 개인지방소득세 결정세액은 총수입금액에서 필요경비를 공제한 해당 기타소득금액에 2%를 적용하여 계산한 금액으로 한다.(지법 93조 ⑯, 2020.12.29. 신설)

2) 가상자산소득에 대한 세액계산

가상자산소득에 대한 개인지방소득세 결정세액은 총수입금액에서 필요경비를 공제한 해당 기타소득금액에서 250만원을 뺀 금액에 2%를 적용하여 계산한 금액으로 한다.(지법 93조 ⑱, 2023.3.14. 항번개정)

➲ 2027.1.1.부터 시행한다.(2024.12.31. 지법 부칙 1조 4)

7 연금소득에 대한 세액계산 특례

➲ 2023.1.1. 이후 이후 납세의무가 성립되는 분부터 적용한다.(2023.3.14. 지법 부칙 2조)

사적연금소득 중 분리과세연금소득 외의 연금소득이 있는 거주자의 종합소득에 대한 개인지방소득세 결정세액은 다음의 세액 중 하나를 선택하여 적용한다.(지법 93조 ⑰, 2023.3.14. 신설)

① 종합소득에 대한 개인지방소득세 결정세액

② 다음의 세액을 더한 금액

㉠ 사적연금소득 중 분리과세연금소득 외의 연금소득에 1.5%를 곱하여 산출한 금액

㉡ 위 '㉠' 외의 종합소득에 대한 개인지방소득세 결정세액

Ⅲ 세액공제 및 세액감면

① 종합소득 또는 퇴직소득에 대한 개인지방소득세의 세액공제 및 세액감면에 관한 사항은 지방세특례제한법에서 정한다. 다만, 종합소득 또는 퇴직소득에 대한 개인지방소득세의 공제세액 또는 감면세액이 산출세액을 초과하는 경우에는 그 초과금액은 없는 것으로 한다.(지법 94조)

② 소득세법 또는 조세특례제한법에 따라 소득세가 세액공제·감면이 되는 경우[조세특례제한법 제144조에 따른 세액공제액의 이월공제를 포함하며, 같은 법 제104조의8(☞ 전자신고 등에 대한 세액공제) 제1항에 따른 세액공제(☞ 납세자가 직접 전자신고하는 경우의 세액공제)는 제외한다]에는 지방소득세특례(지특법 93조~176조)에서 규정하는 개인지방소득세 세액공제·감면 내용과 지방세특례제한법 제180조(중복 감면의 배제)에도 불구하고 그 공제·감면되는 금액(조세특례제한법 제127조부터 제129조까지, 제132조 및 제133조가 적용되는 경우에는 이를 적용한 최종 금액을 말한다)의 10%에 해당하는 개인지방소득세를 공제·감면한다.(지특법 167조의2 ①, 2021.12.28. 개정)

③ 조세특례제한법에 따라 소득세가 이월과세를 적용받는 경우에는 지방소득세특례(지특법 93조~176조)에서 규정하는 개인지방소득세의 이월과세 내용에도 불구하고 그에 해당하는 개인지방소득세에 대하여 이월과세를 적용한다.(지특법 167조의2 ②)

④ 소득세법 또는 조세특례제한법에 따라 세액공제·감면받거나 이월과세를 적용받은 소득세의 추징사유가 발생하여 소득세를 납부하는 경우에는 위 '② 및 ③'에 따라 세액공제·감면받거나 이월과세를 적용받은 개인지방소득세도 납부하여야 한다. 이 경우 납부하는 소득세에 소득세법 또는 조세특례제한법에서 이자상당가산액을 가산하는 경우에는 그 가산하는 금액의 10%에 해당하는 금액을 개인지방소득세에 가산한다.(지특법 167조의2 ③)

⑤ 납세자가 직접 지방세기본법 제25조에 따른 전자신고(이하 "전자신고"라 한다)의 방법으로 확정신고하는 종합소득에 대한 개인지방소득세 및 예정신고하는 양도소득에 대한 개인지방소득세를 신고하는 경우에는 해당 납부세액에서 2천원(소득세법 제73조에 따라 과세표준확정신고의 예외에 해당하는 자가 과세표준확정신고를 한 경우에는 추가로 납부하거나 환급받은 결정세액과 1천원 중 적은 금액)을 공제한다. 이 경우 납부할 세액이 음수인 경우에는 이를 없는 것으로 한다.(지특법 167조의3 ①, 2021.12.28. 신설, 지특령 116조의 ①, ②, 2021.12.31. 신설)

⑥ 납세지 관할 지방자치단체의 장이 종합소득에 대한 개인지방소득세 납부서를 발송하여 납세자가 신고기한까지 해당 세액을 납부하는 경우에는 위 '⑤'에 따른 금액을 공제한다.(지특법 167조의3 ②, 2021.12.28. 신설)

Ⅳ 과세표준 및 세액의 확정신고와 납부

① 거주자가 소득세법에 따라 종합소득 또는 퇴직소득에 대한 과세표준확정신고를 하는 경우에는 해당 신고기한까지 종합소득 또는 퇴직소득에 대한 개인지방소득세 과세표준확정신고 및 납부계산서와 첨부서류를 납세지 관할 지방자치단체의 장에게 제출하여야 한다.(지법 95조 ①, 지령 92조 ①)

② 종합소득 또는 퇴직소득에 대한 개인지방소득세 과세표준확정신고 및 납부계산서는 다음의 서식에 따른다.(지칙 41조 ①, 2019.12.31. 개정)

㉠ 종합소득에 대한 개인지방소득세 과세표준확정신고 및 납부계산서 : 「별지 제40호의2 서식」

다만, 다음에 해당하는 사람의 경우에는 다음의 해당 서식으로 「별지 제40호의2 서식」을 갈음할 수 있다.

ⓐ 단순경비율 적용대상자로서 부동산임대업에서 발생한 사업소득 또는 부동산임대업 외의 업종에서 발생한 사업소득만 있는 사업자 : 「별지 제40호의3 서식」

ⓑ 분리과세 주택임대소득만 있는 사람 : 「별지 제40호의4 서식」

ⓒ 종교인소득만 있는 사람 : 「별지 제40호의5 서식」

㉡ 퇴직소득에 대한 개인지방소득세 과세표준확정신고 및 정산계산서 : 「별지 제40호의6 서식」

③ 거주자가 종합소득 또는 퇴직소득에 대한 개인지방소득세 과세표준과 세액을 납세지 관할 지방자치단체의 장 외의 지방자치단체의 장에게 신고한 경우에도 그 신고의 효력에는 영향이 없다.(지법 95조 ①, 2019.12.31. 후단신설)

④ 확정신고는 해당 과세기간 동안 종합소득 또는 퇴직소득에 대한 개인지방소득세 과세표준이 없거나 종합소득에 대한 결손금액이 있는 때에도 적용한다. 다만, 특별징수에 따라 퇴직소득에 대한 개인지방소득세를 납부한 자에 대하여는 그러하지 아니하다.(지법 95조 ②)

⑤ 확정신고·납부를 할 때에는 해당 과세기간의 종합소득 또는 퇴직소득에 대한 개인지방소득세 산출세액에서 해당 과세기간의 다음의 세액을 공제하고 납세지 관할 지방자치단체에 납부한다.(지법 95조 ③)

㉠ 토지 등 매매차익예정신고 산출세액 또는 그 결정·경정한 세액

㉡ 공제·감면세액

㉢ 수시부과세액

㉣ 특별징수세액

㉤ 납세조합의 징수세액

⑥ 종합소득 또는 퇴직소득에 대한 개인지방소득세를 납부하려는 자는 「별지 제14호 서식」 또는 「별지 제40호 서식」의 납부서로 납부하여야 한다.(지령 92조 ②, 지칙 41조 ②)

⑦ 위 '⑥'에 따라 납부할 세액이 100만원을 초과하는 거주자는 다음과 같이 그 납부할 세액의 일부를 납부기한이 지난 후 2개월 이내에 분할납부할 수 있다.(지법 95조 ④, 지령 92조 ③, 2023.3.14. 신설)

㉠ 납부할 세액이 100만원 초과 200만원 이하인 경우 : 100만원을 초과하는 금액

㉡ 납부할 세액이 200만원을 초과하는 경우 : 해당 세액의 50% 이하의 금액

➲ 2023.1.1. 이후 토지등의 매매차익을 신고(수정신고는 제외)하거나 종합소득·퇴직소득을 확정신고(수정신고는 제외)하는 분부터 적용한다.(2023.3.14. 지법 부칙 7조)

⑧ 위 '①'에도 불구하고 납세지 관할 지방자치단체의 장은 소득세법 제70조에 따른 종합소득 과세표준확정신고를 위하여 과세표준, 세액 등이 임시 산정된 과세표준확정신고 및 납부계산서를 국세청장으로부터 송달받은 자에게 과세표준과 세액을 기재한 납부서(별지 제40호의7 서식)를 발송할 수 있다.(지법 95조 ⑤, 2023.3.14. 항번개정, 지령 92조 ③, 2021.12.31. 개정, 지칙 41조 ③, 2019.12.31. 신설)

➲ 2022.1.1. 이후 납세지 관할 지방자치단체의 장이 납부서를 발송하는 경우부터 적용한다.(2021.12.31. 지특령 부칙 4조)

⑨ 위 '⑧'에 따라 납부서를 받은 자가 납부서에 기재된 세액을 신고기한까지 납부한 경우에는 확정신고를 하고 납부한 것으로 본다.(지법 95조 ⑥, 2023.3.14. 항번개정)

V 수정신고 등

① 개인지방소득세 확정신고를 한 거주자가 국세기본법에 따라 소득세법에 따른 신고내용에 대하여 수정신고 또는 경정 등의 청구를 할 때에는 납세지를 관할하는 지방자치단체의 장에게 수정신고 또는 경정 등의 청구를 하여야 한다.(지법 96조 ① 전단)

② 거주자가 납세지를 관할하는 지방자치단체의 장 외의 지방자치단체의 장에게 수정신고 또는 경정 등의 청구를 한 경우에도 그 신고 또는 청구의 효력에는 영향이 없다.(지법 96조 ① 후단, 2019.12.31. 개정)

③ 수정신고를 할 때에는 수정신고와 함께 소득세의 수정신고 내용을 증명하는 서류를 납세지 관할 지방자치단체의 장에게 제출하여야 한다.(지령 93조 ①)

④ 수정신고를 통하여 추가납부세액이 발생하는 경우에는 납부서(별지 제14호 서식 또는 별지 제40호 서식)로 납부하여야 한다.(지법 96조 ③, 2019.12.31. 개정, 지령 93조 ②, 지칙 42조)

Ⅵ 결정과 경정

① 납세지 관할 지방자치단체의 장은 거주자가 확정신고를 하지 아니하거나 신고 내용에 오류 또는 누락이 있는 경우에는 해당 과세기간의 과세표준과 세액을 결정 또는 경정한다.(지법 97조 ①)

② 과세표준과 세액의 결정 또는 경정은 소득세법에 따라 납세지 관할 세무서장 또는 관할 지방국세청장이 결정 또는 경정한 자료, 과세표준확정신고서 및 그 첨부서류에 의하거나 실지조사(實地調査)에 따름을 원칙으로 한다.(지령 94조 ①)

③ 납세지 관할 지방자치단체의 장은 개인지방소득세의 과세표준과 세액을 결정 또는 경정한 후 그 결정 또는 경정에 오류나 누락이 있는 것을 발견한 경우에는 즉시 이를 다시 경정한다.(지법 97조 ②)

④ 납세지 관할 지방자치단체의 장은 개인지방소득세의 과세표준과 세액을 결정 또는 경정하는 경우에는 소득세법에 따라 납세지 관할 세무서장 또는 관할 지방국세청장이 결정 또는 경정한 자료, 장부나 그 밖의 증명서류를 근거로 하여야 한다. 다만, 다음의 사유로 장부나 그 밖의 증명서류에 의하여 소득금액을 계산할 수 없는 경우에는 소득세법 시행령 제143조 제2항·제3항·제9항, 제144조 및 제145조 제2항에서 정한 방법에 따라 추계(推計)할 수 있다.(지법 97조 ③, 지령 94조 ②, ③, 소령 143조 ①)

㉠ 과세표준을 계산할 때 필요한 장부와 증빙서류가 없거나 한국표준산업분류에 따른 동종업종 사업자의 신고내용 등에 비추어 수입금액 및 주요 경비 등 중요한 부분이 미비 또는 허위인 경우

㉡ 기장의 내용이 시설규모·종업원수·원자재·상품 또는 제품의 시가·각종 요금 등에 비추어 허위임이 명백한 경우

㉢ 기장의 내용이 원자재사용량·전력사용량 기타 조업상황에 비추어 허위임이 명백한 경우

⑤ 지방자치단체의 장이 개인지방소득세의 과세표준과 세액을 결정 또는 경정한 때에는 그 내용을 해당 거주자에게 다음과 같이 서면으로 통지하여야 한다.(지법 97조 ④)

㉠ 납세지 관할 지방자치단체의 장이 과세표준과 세액을 통지할 때에는 과세표준과 세율·세액, 그 밖에 필요한 사항을 서면으로 통지하여야 한다. 이 경우 납부할 세액이 없을 때에도 또한 같다.(지령 95조 ①)

㉡ 납세지 관할 지방자치단체의 장은 피상속인의 소득금액에 대한 개인지방소득세를 2명 이상의 상속인에게 과세하는 경우에는 과세표준과 세액을 그 지분에 따라 배분하여 상속인별로 통지하여야 한다.(지령 95조 ②)

VII 수시부과결정

① 납세지 관할 지방자치단체의 장은 거주자가 과세기간 중에 다음 중 하나에 해당하면 수시로 그 거주자에 대한 개인지방소득세를 부과(이하 "수시부과"라 한다)할 수 있다.(지법 98조 ①)

㉠ 사업부진이나 그 밖의 사유로 장기간 휴업 또는 폐업 상태에 있는 때로서 개인지방소득세를 포탈(逋脫)할 우려가 있다고 인정되는 경우

㉡ 그 밖에 조세를 포탈할 우려가 있다고 인정되는 상당한 이유가 있는 경우

② 수시부과에 따른 과세표준 및 세액의 결정은 납세지 관할 지방자치단체의 장이 한다.(지령 96조 ①)

③ 지방자치단체의 장은 사업자가 주한국제연합군 또는 외국기관으로부터 수입금액을 외국환은행을 통하여 외환증서 또는 원화로 영수할 때에는 수시부과에 따라 그 영수할 금액에 대한 과세표준 및 세액을 결정할 수 있다.(지령 96조 ②)

④ 수시부과는 해당 과세기간 개시일부터 수시부과사유가 발생한 날까지를 수시부과기간으로 하여 적용한다. 이 경우 수시부과사유가 확정신고기한 이전에 발생한 경우로서 거주자가 직전 과세기간에 대하여 과세표준확정신고를 하지 아니한 경우에는 직전 과세기간을 수시부과기간에 포함한다.(지법 98조 ②)

⑤ 수시부과의 경우에 수시부과 세액은 소득세법 시행규칙 제69조의 계산식에 따라 계산한 금액으로 한다. 이 경우 기본세율은 지방세법 제92조 제1항의 표준세율을 말한다.(지령 96조 ③, 지칙 43조)

⑥ 개인지방소득세를 수시부과 하는 경우 해당 세액에 대하여는 무신고가산세(지방세기본법 제53조) 및 과소신고가산세·초과환급신고가산세(지방세기본법 제54조)를 적용하지 아니한다.(지법 98조 ③)

VIII 가산세

1 지방세기본법상의 가산세

1) 가산세의 부과

① 지방자치단체의 장은 지방세기본법 또는 지방세관계법에 따른 의무를 위반한 자에게 지방세기본법 또는 지방세관계법에서 정하는 바에 따라 가산세를 부과할 수 있다.(지

기법 52조 ①)

② 가산세는 해당 의무가 규정된 지방세관계법의 해당 지방세의 세목으로 한다.(지기법 52조 ②)

③ 위 '②'에도 불구하고 지방세를 감면하는 경우에 가산세는 감면대상에 포함시키지 아니한다.(지기법 52조 ③)

2) 무신고가산세

① 납세의무자가 법정신고기한까지 과세표준 신고를 하지 아니한 경우에는 그 신고로 납부하여야 할 세액(지방세기본법과 지방세관계법에 따른 가산세와 가산하여 납부하여야 할 이자상당액이 있는 경우 그 금액은 제외하며, 이하 "무신고납부세액"이라 한다)의 20%에 상당하는 금액을 가산세로 부과한다.(지기법 53조 ①, 2020.12.29. 개정)

② 위 '①'에도 불구하고 사기나 그 밖의 부정한 행위로 법정신고기한까지 과세표준 신고를 하지 아니한 경우에는 무신고납부세액의 40%에 상당하는 금액을 가산세로 부과한다.(지기법 53조 ②)

저자TIP 복식부기의무자의 추계신고에 대한 개인지방소득세법상의 무신고가산세 적용 여부

소득세법에서는 복식부기의무자가 추계신고 하는 경우(새무제표 등을 제출하지 아니한 경우) 이를 무신고로 보아(소법 70조 ④) 무신고가산세(국기법 47조의2)와 무기장가산세(소법 81조의5) 중 가산세액이 큰 가산세만 적용하고 가산세액이 같은 경우에는 무신고가산세만 적용한다.(국기법 47조의2 ②)

이때 무신고가산세가 적용되는 경우에는 지방세기본법상의 무신고가산세는 적용되지 않는다는 점에 유의해야 한다. 지방세기본법(지기법 52조, 53조)이나 개인지방소득세법에는 복식부기의무자의 추계신고를 무신고로 본다는 규정이나 소득세법 70조 제4항을 준용한다는 규정이 없기 때문이다.

다만, 소득세법상의 무기장가산세가 적용되는 경우에는 지방세법 99조에 따라 무기장가산세의 10%를 개인지방소득세로 납부하는 것이다.

➲ 2021.12.28. 지방세법 제99조 제2항이 신설되어 이 해석이 2022년 귀속분터는 더 이상 적용되지 않는다.

3) 과소신고가산세·초과환급신고가산세

① 납세의무자가 법정신고기한까지 과세표준 신고를 한 경우로서 신고하여야 할 납부세액보다 납부세액을 적게 신고(이하 "과소신고"라 한다)하거나 지방소득세 과세표준 신고를 하면서 환급받을 세액을 신고하여야 할 금액보다 많이 신고(이하 "초과환급신고"라 한다)한 경우에는 과소신고한 납부세액과 초과환급신고한 환급세액을 합한 금액(지방세기본법과 지방세관계법에 따른 가산세와 가산하여 납부하여야 할 이자상

당액이 있는 경우 그 금액은 제외하며, 이하 "과소신고납부세액 등"이라 한다)의 10%에 상당하는 금액을 가산세로 부과한다.(지기법 54조 ①, 2020.12.29. 개정)

② 위 '①'에도 불구하고 사기나 그 밖의 부정한 행위로 과소신고하거나 초과환급신고한 경우에는 다음의 금액을 합한 금액을 가산세로 부과한다.(지기법 54조 ②)

㉠ 사기나 그 밖의 부정한 행위로 인한 과소신고납부세액 등(이하 "부정과소신고납부세액 등"이라 한다)의 40%에 상당하는 금액

㉡ 과소신고납부세액 등에서 부정과소신고납부세액 등을 뺀 금액의 10%에 상당하는 금액

③ 위 '②'을 적용할 때 부정과소신고납부세액 등과 과소신고납부세액 등에서 부정과소신고납부세액 등을 뺀 금액(이하 "일반과소신고납부세액 등"이라 한다)이 있는 경우로서 부정과소신고납부세액 등과 일반과소신고납부세액 등을 구분하기 곤란한 경우 부정과소신고납부세액 등은 다음의 계산식에 따라 계산한 금액으로 한다.(지기령 33조)

$$\text{과소신고납부세액 등} \times \frac{\text{부정과소신고납부세액 등 과세표준}}{\text{과소신고납부세액 등 과세표준}}$$

④ 위 '①' 및 '②'에도 불구하고 신고 당시 소유권에 대한 소송으로 상속재산으로 확정되지 아니하여 과소신고한 경우에는 가산세를 부과하지 아니한다.(지기법 54조 ③)

4) 2023.12.31.까지 적용하는 납부지연가산세

① 납세의무자가 지방세관계법에 따른 납부기한까지 지방세를 납부하지 아니하거나 납부하여야 할 세액보다 적게 납부(이하 "과소납부"라 한다)한 경우 또는 환급받아야 할 세액보다 많이 환급(이하 "초과환급"이라 한다)받은 경우에는 다음의 계산식에 따라 산출한 금액을 합한 금액을 가산세로 부과한다.(지기법 55조 ①, 지기령 34조)

납부불성실가산세 = Min(①, ②)

① 미납세액·과소납부세액×75%

② 미납세액·과소납세액[*1]×미납기간[*2]×0.022%[*3]

*1. 지방세관계법에 따라 가산하여 납부하여야 할 이자 상당 가산액이 있는 경우 그 금액을 더한다.
*2. 납부기한의 다음 날부터 자진납부일 또는 부과결정일까지의 기간
*3. 2018년까지는 0.03%를 적용하고, 2019.1.1.부터 2022.6.6.까지는 0.025%를 적용하며 2022.6.7.부터는 0.022%를 적용한다.(2018.12.31. 지기령 부칙 2조, 2022.6.7. 지기령 부칙 2조)

환급불성실가산세 = Min(①, ②)

① 초과환급세액×75%
② 초과환급세액[*1]×초과환급기간[*2]×0.022%[*3]

*1. 지방세관계법에 따라 가산하여 납부하여야 할 이자 상당 가산액이 있는 경우 그 금액을 더한다.
*2. 환급받은 날의 다음 날부터 자진납부일 또는 부과결정일까지의 기간
*3. 2018년까지는 0.03%를 적용하고, 2019.1.1.부터 2022.6.6.까지는 0.025%를 적용하며 2022.6.7.부터는 0.022%를 적용한다.(2018.12.31. 지기령 부칙 2조, 2022.6.7. 지기령 부칙 2조)

② 과세기간을 잘못 적용하여 지방소득세를 신고납부한 경우에는 실제 신고납부한 날에 실제 신고납부한 금액의 범위에서 당초 신고납부하였어야 할 과세기간에 대한 지방소득세를 신고납부한 것으로 본다. 다만, 해당 지방소득세의 신고가 부정행위로 무신고한 경우 또는 부정행위로 과소신고·초과환급신고한 경우에는 그러하지 아니하다.(지기법 55조 ③, 2018.12.24. 신설)

5) 2024.1.1.부터 적용하는 납부지연가산세

➲ 아래 ①, ③, ④는 2024.1.1.부터 시행한다.(2020.12.29. 지기법 부칙 1조 단서 3)
➲ 2024.1.1. 전에 납세의무가 성립된 분에 대해서는 개정규정에도 불구하고 종전의 규정에 따른다.(2020.12.29. 지기법 부칙 6조)

① 납세의무자(연대납세의무자, 제2차 납세의무자 및 보증인을 포함)가 납부기한까지 지방세를 납부하지 아니하거나 납부하여야 할 세액보다 적게 납부(이하 "과소납부"라 한다)하거나 환급받아야 할 세액보다 많이 환급(이하 "초과환급"이라 한다)받은 경우에는 다음의 계산식에 따라 산출한 ㉠, ㉡, ㉢의 금액을 합한 금액을 가산세로 부과한다.(지기법 55조 ①, 2020.12.29. 개정, 지기령 34조, 2023.12.29. 개정)

㉠ 과소납부·초과환급가산세 = Min(ⓐ, ⓑ)

ⓐ 미납세액·과소납부세액(또는 초과환급세액) × 75%
ⓑ 미납세액·과소납부세액(또는 초과환급세액)[*1] × 미납일수[*2] × 0.022%[*3]

*1. 지방세관계법에 따라 가산하여 납부하여야 할 이자상당액이 있는 경우 그 금액을 더한다.
*2. 법정납부기한의 다음 날부터 자진납부일 또는 납세고지일까지의 일수(또는 환급받은 날의 다음 날부터 자진납부일 또는 납세고지일까지의 일수)
*3. 2018년까지는 0.03%를 적용하고, 2019.1.1.부터 2022.6.6.까지는 0.025%를 적용하며 2022.6.7.부터는 0.022%를 적용한다.(2018.12.31. 지기령 부칙 2조, 2022.6.7. 지기령 부칙 2조)

ⓛ 납세고지서에 따른 납부기한까지 납부하지 않거나 과소납부한 경우

• 미납세액·과소납부세액* × 3%

* 지방세관계법에 따라 가산하여 납부하여야 할 이자상당액이 있는 경우 그 금액을 더하고, 가산세는 제외한다.

ⓒ 납세고지서에 따른 납부기한이 지난 날부터 1개월이 지날 때마다 납부하지 않은 경우

• 미납세액·과소납부세액*1 × 부과기간*2 × 0.022%*3(월 0.66%)*4

*1. 지방세관계법에 따라 가산하여 납부하여야 할 이자상당액이 있는 경우 그 금액을 더하고, 가산세는 제외한다.

*2. 가산세를 부과하는 기간은 60개월(1개월 미만은 없는 것으로 본다)을 초과할 수 없다.(지기법 55조 ① 후단)

*3. 2018년까지는 0.03%, 2019.1.1.부터 2022.6.6.까지는 0.025%, 2022.6.7.부터 2023.12.31.까지는 0.022%를 적용한다.(2018.12.31. 지기령 부칙 2조, 2022.6.7. 지기령 부칙 2조)

*4. 2024.1.1.부터는 월 0.66%를 적용한다.(지기령 34조 ②, 2023.12.29. 신설)

② 지방소득세를 과세기간을 잘못 적용하여 신고납부한 경우에는 위 '①'을 적용할 때 실제 신고납부한 날에 실제 신고납부한 금액의 범위에서 당초 신고납부하였어야 할 과세기간에 대한 지방소득세를 신고납부한 것으로 본다. 다만, 해당 지방소득세의 신고가 부정행위로 무신고한 경우 또는 부정행위로 과소신고·초과환급신고한 경우에는 그러하지 아니하다.(지기법 55조 ③, 2018.12.24. 신설)

③ 위 '①'을 적용할 때 납세고지서별·세목별 세액이 45만원 미만인 경우에는 위 'ⓒ'의 가산세를 적용하지 아니한다.(지기법 55조 ④, 2023.12.29. 개정)

➲ '30만원' → '45만원'의 개정사항은 2024.1.1.부터 시행한다.(2023.12.29. 지기법 부칙 1조)

④ 위 '①'을 적용할 때 납세의무자가 지방자치단체 또는 지방자치단체조합인 경우에는 위 'ⓛ 및 ⓒ'의 가산세를 적용하지 아니한다.(지기법 55조 ⑤, 2020.12.29. 신설)

6) 가산세의 감면 등

① 지방자치단체의 장은 지방세기본법 또는 지방세관계법에 따라 가산세를 부과하는 경우 그 부과의 원인이 되는 사유가 다음의 기한연장 사유에 해당하거나 납세자가 해당 의무를 이행하지 아니한 정당한 사유가 있을 때에는 가산세를 부과하지 아니한다. (지기법 57조 ①, 26조 ①, 지기령 6조)

ⓐ 천재지변, 사변(事變), 화재(火災),

ⓛ 납세자가 재해 등을 입거나 도난당한 경우

ⓒ 납세자 또는 동거가족이 질병이나 중상해로 6개월 이상의 치료가 필요하거나 사망하여 상중(喪中)인 경우

㉣ 권한 있는 기관에 장부·서류 또는 그 밖의 물건(이하 "장부 등"이라 한다)이 압수되거나 영치된 경우

㉤ 납세자가 사업에 현저한 손실을 입거나 사업이 중대한 위기에 처한 경우(납부의 경우로 한정한다)

㉥ 정전, 프로그램의 오류, 그 밖의 부득이한 사유로 다음 중 하나에 해당하는 정보처리장치나 시스템을 정상적으로 가동시킬 수 없는 경우

ⓐ 지방회계법 제38조에 따른 지방자치단체의 금고(이하 "지방자치단체의 금고"라 한다)가 운영하는 정보처리장치

ⓑ 지방회계법 시행령 제49조 제1항 및 제2항에 따라 지방자치단체 금고업무의 일부를 대행하는 금융회사 등(이하 "지방세수납대행기관"이라 한다)이 운영하는 정보처리장치

ⓒ 지방회계법 시행령 제62조에 따른 세입금통합수납처리시스템

㉦ 지방자치단체의 금고 또는 지방세수납대행기관의 휴무, 그 밖에 부득이한 사유로 정상적인 신고 또는 납부가 곤란하다고 행정안전부장관이 인정하는 경우(2017.7.26. 직제개정)

㉧ 위 '㉡부터 ㉦까지'의 규정에 준하는 사유가 있는 경우

② 지방자치단체의 장은 다음 중 하나에 해당하는 경우에는 지방세기본법 또는 지방세관계법에 따른 해당 가산세액에서 다음의 구분에 따른 금액을 감면한다.(지기법 57조 ②)

➲ 2020.1.1. 전에 법정신고기한이 만료된 경우로서 2020.1.1. 이후 최초로 수정신고하거나 기한 후 신고하는 분에 대해서도 적용한다.(2019.12.31. 지기법 부칙 5조)

➲ 2020.1.1. 전에 수정신고하거나 기한 후 신고한 분에 대해서는 개정규정에도 불구하고 종전의 규정에 따른다. 2020.1.1. 전에 수정신고하거나 기한 후 신고한 분에 대하여 2020.1.1. 이후 다시 수정신고하거나 기한 후 신고하는 분에 대해서도 또한 같다.(2019.12.31. 지기법 부칙 14조)

㉠ 과세표준 신고서를 법정신고기한까지 제출한 자가 법정신고기한이 지난 후 2년 이내에 수정신고한 경우(과소신고가산세·초과환급신고가산세만 해당하며, 지방자치단체의 장이 과세표준과 세액을 경정할 것을 미리 알고 과세표준 수정신고서를 제출한 경우는 제외한다)에는 다음의 구분에 따른 금액(지기법 57조 ② 1, 2019.12.31. 개정)

수정신고한 시점		감면세액
법정신고기한이 지난 후	1개월 이내	해당 가산세액의 90%
	1개월 초과 3개월 이내	해당 가산세액의 75%
	3개월 초과 6개월 이내	해당 가산세액의 50%
	6개월 초과 1년 이내	해당 가산세액의 30%
	1년 초과 1년 6개월 이내	해당 가산세액의 20%
	1년 6개월 초과 2년 이내	해당 가산세액의 10%

㉡ 과세표준 신고서를 법정신고기한까지 제출하지 아니한 자가 법정신고기한이 지난 후 6개월 이내에 기한 후 신고를 한 경우(무신고가산세만 해당하며, 지방자치단체의 장이 과세표준과 세액을 결정할 것을 미리 알고 기한후신고서를 제출한 경우는 제외한다)에는 다음의 구분에 따른 금액(지기법 57조 ② 2)

기한 후 신고한 시점		감면세액
법정신고기한이 지난 후	1개월 이내	해당 가산세액의 50%
	1개월 초과 3개월 이내	해당 가산세액의 30%
	3개월 초과 6개월 이내	해당 가산세액의 20%

㉢ 과세전적부심사 결정·통지기간 이내에 그 결과를 통지하지 아니한 경우(결정·통지가 지연되어 해당 기간에 부과되는 납부불성실·환급불성실가산세만 해당한다)에는 해당 기간에 부과되는 가산세액의 50%에 상당하는 금액(지기법 57조 ② 3)

③ 가산세 감면 등을 받으려는 자는 다음의 사항을 적은 「지방세 가산세 감면 등 신청서」(별지 제16호 서식)를 지방자치단체의 장에게 제출하여야 한다.(지기법 57조 ③, 지기령 35조 ①, 지기칙 14조 ①)

㉠ 감면 등을 받으려는 가산세와 관계되는 세목, 과세연도

㉡ 감면 등을 받으려는 가산세의 종류 및 금액

㉢ 해당 의무를 이행할 수 없었던 사유(위 '①'의 경우만 해당한다). 이때 해당 의무를 이행할 수 없었던 사유를 증명할 수 있는 서류가 있을 때에는 이를 첨부하여야 한다.(지기령 35조 ②)

④ 지방자치단체의 장은 가산세의 감면 등을 하였을 때에는 지체 없이 그 사실을 문서로 해당 납세자에게 통지하여야 한다. 이 경우 가산세의 감면 등의 신청을 받은 경우에는 그 승인 여부를 「지방세 가산세의 감면 등의 결과(승인 여부) 통지」(별지 제17호 서식)로써 신청일부터 5일 이내에 통지하여야 한다.(지기령 35조 ③, 지기칙 14조 ②)

⑤ 위 '②의 ㉠ 및 ㉡'에 따른 경정 또는 결정할 것을 미리 알고 제출하거나 신고한 경우는 해당 지방세에 관하여 세무공무원(지방소득세의 경우 국세기본법 제2조 제17호에 따른 세무공무원을 포함)이 조사를 시작한 것을 알고 과세표준 신고서, 과세표준 수정신고서 또는 기한후신고서를 제출한 경우로 한다.(지기령 36조)

2 지방세법상의 가산세

① 소득세법 제81조, 제81조의2부터 제81조의14까지의 규정에 따라 소득세 결정세액에 가산세를 더하는 경우에는 그 더하는 금액의 10%에 해당하는 금액을 개인지방소득세 결정세액에 더한다.(지법 99조 ① 전단, 2021.12.28. 개정)

② 소득세법 제81조의5[☞ 장부의 기록·보관 불성실 가산세(무기장가산세)]에 따라 더해지는 가산세의 10%에 해당하는 개인지방소득세 가산세와 무신고가산세(지방세기본법 제53조) 또는 과소신고가산세·초과환급신고가산세(지방세기본법 제54조)가 동시에 적용되는 경우에는 그 중 큰 가산세액만 적용하고, 가산세액이 같은 경우에는 무신고가산세 또는 과소신고가산세·초과환급신고가산세만 적용한다.(지법 99조 ① 후단, 2019.12.31. 개정)

➲ 2020.1.1. 이후 종합소득과세표준 확정신고 기간이 도래하는 분부터 적용한다.(2019.12.31. 지법 부칙 8조)

③ 소득세법 제70조 제4항 각 호 외의 부분 후단에 따라 종합소득 과세표준확정신고를 하지 아니한 것으로 보는 경우에 해당하여 가산세 부과대상이 되는 때에는 종합소득에 대한 개인지방소득세 과세표준확정신고를 하지 아니한 것으로 본다.(지법 99조 ②, 2021.12.28. 신설)

➲ 2022.1.1. 이후 납세의무가 성립하는 경우부터 적용한다.(2021.12.28. 지법 부칙 1조·2조)

3 가산세 적용의 특례

① 국제조세조정에 관한 법률 제17조 제1항에 따라 국세기본법 제47조의3에 따른 과소신고가산세를 부과하지 아니할 때에는 지방세기본법 제54조에 따른 과소신고가산세를 부과하지 아니한다.(지법 103조의61 ①, 2020.12.22. 개정)

② 2021년 과세기간 및 2024년까지의 각 과세기간에 발생한 소득에 대하여 소득세법 제70조 제1항에 따른 확정신고기한 내에 과세표준 확정신고를 한 거주자 또는 같은 법 제71조 제1항에 따른 확정신고기한 내에 퇴직소득 과세표준 확정신고를 한 거주자가 개인지방소득세의 확정신고의무를 다하지 아니한 경우로서 해당 신고기한이 지난 후 1개월 이내에 종합소득 또는 퇴직소득에 대한 개인지방소득세를 수정신고하거나 기한 후 신고하는 경우에는 무신고가산세(지방세기본법 제53조) 또는 과소신고가산세·초과환급신고가산세(지방세기본법 제54조)를 부과하지 아니한다.(지법 103조의61 ②, 2023.12.29. 개정)

➲ 2022.1.1. 이후 수정신고하거나 기한 후 신고하는 경우부터 적용한다.(2021.12.28. 지법 부칙 6조)

Ⅸ 징수와 환급

① 납세지를 관할하는 지방자치단체의 장은 거주자가 해당 과세기간의 개인지방소득세로 납부하여야 할 세액의 전부 또는 일부를 납부하지 아니한 경우에는 그 미납된 부분의 개인지방소득세 세액을 지방세기본법 및 지방세징수법에 따라 징수한다.(지법 100조 ①)

② 납세지를 관할하는 지방자치단체의 장은 수시부과하거나 특별징수한 세액이 개인지방소득세 총결정세액을 초과하는 경우에는 이를 환급하거나 지방세에 충당하는 등의 조치를 취하여야 한다.(지법 100조 ②)

Ⅹ 결손금소급공제에 따른 환급

(1) 환급신청

① 거주자가 소득세법에 따라 결손금소급공제에 의한 환급을 신청하는 경우 해당 이월결손금에 대하여 직전 과세기간 사업소득에 부과된 개인지방소득세액을 한도로 결손금 소급공제세액을 환급신청할 수 있다. 다만, 2021.12.31.이 속하는 과세기간에 이월결손금이 발생한 경우로서 조세특례제한법 제8조의4에 따라 환급신청을 하는 경우에는 직전 과세기간과 직전전 과세기간의 사업소득에 부과된 개인지방소득세액을 한도로 결손금 소급공제세액을 환급신청할 수 있다.(지법 101조 ①, 2021.12.28. 개정)

② 결손금 소급공제세액을 환급받으려는 자는 제95조에 따른 과세표준확정신고기한까지 납세지 관할 지방자치단체의 장에게 환급을 신청하여야 한다. 다만, 거주자가 납세지 관할 세무서장 또는 지방국세청장에게 소득세법 제85조의2 및 조세특례제한법 제8조의4에 따른 결손금소급공제 환급을 신청한 경우에는 위 '①'에 따른 환급을 신청한 것으로 본다.(지법 101조 ②, 2021.12.28. 단서개정)

③ 결손금소급공제세액을 환급받으려는 자는 「결손금소급공제세액환급신청서」를 납세지 관할 지방자치단체의 장에게 제출하여야 한다.(지령 98조 ③, 2022.2.28. 항번개정)

④ 납세지 관할 지방자치단체의 장이 개인지방소득세의 환급신청을 받은 경우에는 지체없이 환급세액을 결정하여 환급하거나 충당하여야 한다.(지법 101조 ③)

(2) 결손금소급공제세액의 계산

"결손금소급공제세액"이란 아래 '①'의 금액에서 '②'의 금액을 뺀 것을 말한다.(지령 98조 ①, 2022.2.28. 개정)

① 직전 과세기간의 해당 중소기업의 종합소득에 대한 개인지방소득세 산출세액

② 직전 과세기간의 종합소득에 대한 개인지방소득세 과세표준에서 이월결손금으로서 소급공제를 받은 금액(직전 과세기간의 종합소득에 대한 개인지방소득세 과세표준을 한도로 한다)을 뺀 금액에 직전 과세기간의 세율을 적용하여 계산한 해당 중소기업에 대한 종합소득에 대한 개인지방소득세 산출세액(2021.12.31. 개정)

(3) 환급가산금의 기산일

환급가산금 기산일은 그 결정일부터 30일이 지난 날로 한다.(지령 98조 ④, 2022.2.28. 항번개정)

(4) 적용 요건

위 '(1)부터 (3)까지'의 규정은 해당 거주자가 결손금이 발생한 과세기간에 대한 과세표준 및 세액을 신고한 경우로서 그 직전 과세기간[위 '(1)'의 단서를 적용하는 경우에는 직전전 과세기간을 포함한다]의 소득에 대한 개인지방소득세의 과세표준 및 세액을 각각 신고하였거나 지방자치단체의 장이 부과한 경우에만 적용한다.(지법 101조 ④, 2021.12.28. 개정)

(5) 사후관리

① 납세지 관할 지방자치단체의 장은 개인지방소득세를 환급받은 자가 다음 중 하나에 해당하는 경우에는 그 환급세액(아래 '㉠' 및 '㉡'의 경우에는 과다하게 환급된 세액 상당액을 말한다)을 그 이월결손금이 발생한 과세기간의 개인지방소득세로서 징수한다.(지법 101조 ⑤)

㉠ 결손금이 발생한 과세기간에 대한 개인지방소득세의 과세표준과 세액을 경정함으로써 이월결손금이 감소된 경우

㉡ 결손금이 발생한 과세기간의 직전 과세기간[위 '(1)'의 단서에 따라 환급받은 경우에는 직전전 과세기간을 포함한다]의 종합소득에 대한 개인지방소득세 과세표준과 세액을 경정함으로써 환급세액이 감소된 경우

㉢ 소득세법 제85조의2에 따른 중소기업 요건을 갖추지 아니하고 환급을 받은 경우

② 이월결손금이 감소됨에 따라 징수하는 개인지방소득세 환급세액은 다음의 계산식에 따라 산출한다. 이 경우 이월결손금 중 그 일부 금액만을 소급공제받은 경우에는 소급공제받지 않은 결손금이 먼저 감소된 것으로 본다.(지법 98조 ③, 2022.2.28. 항번개정)

$$\text{당초환급세액} \times \frac{\text{감소된 결손금액으로서 소급공제받지 않은 결손금을 초과하는 금액}}{\text{소급공제 결손금액}}$$

PART 9

③ 환급세액을 징수하는 경우에는 다음의 금액을 환급세액에 가산하여 징수한다.(지령 98조 ⑥, 2022.2.28. 항번개정, 지기법 34조, 43조 ②, 국기령 43조의3 ②, 국기칙 19조의3)

> • 징수환급세액 = 환급세액 × 기간[*1] × 0.022%[*2]
>
> *1. 당초환급세액의 통지일의 다음 날부터 징수하는 개인지방소득세액의 고지일까지의 기간(지령 98조 ⑥ 2)
>
> *2. ① 2018년까지는 0.03%, 2019.1.1.부터 2022.6.6.까지는 0.025%, 2022.6.7.부터는 0.022%를 적용한다.(2018.12.31. 지기령 부칙 2조, 2022.6.7. 지기령 부칙 2조)
>
> ② 납세자가 개인지방소득세액을 과다하게 환급받은 데 정당한 사유가 있는 경우에는 3.5%(2020.3.13.~2021.3.15.는 1.8%, 2021.3.16.~2023.3.19.는 1.2%, 2023.3.20.~2024.3.21.는 2.9%)를 적용한다.(지령 98조 ⑥ 2 단서)

④ 납세지 관할 지방자치단체의 장은 결손금소급공제세액 계산의 기초가 된 직전 과세기간의 종합소득에 대한 개인지방소득세 과세표준이나 개인지방소득세액이 경정 등으로 변경되는 경우에는 즉시 당초환급세액을 재결정하여 결손금소급공제세액으로 환급한 세액과 재결정한 환급세액의 차액을 환급하거나 징수해야 한다.(지령 98조 ⑦, 2022.2.28. 항번개정)

(6) 해석 기준

위 '(1)의 ①'의 단서에 따라 결손금소급공제세액을 환급신청하는 경우 위 '(2) 및 (5)의 ④'을 적용할 때에는 "직전 과세기간"은 각각 "직전 또는 직전전 과세기간"으로, "같은 법 제85조의2"는 "조세특례제한법 제8조의4"로 보며, 직전 과세기간과 직전전 과세기간의 개인지방소득세 산출세액이 모두 있는 경우에는 직전전 과세기간의 과세표준에서 결손금을 먼저 공제한다.(지령 98조 ②, 2022.2.28. 신설)

XI 공동사업장에 대한 과세특례

① 소득세법 제43조에 따른 공동사업장에서 발생한 소득금액에 대하여 특별징수된 세액과 지방세법 제99조(☞ 위 Ⅷ. 2. 지방세법상의 가산세) 및 지방세기본법 제56조(☞ 특별징수 납부지연가산세)에 따른 가산세로서 공동사업장에 관련되는 세액은 각 공동사업자의 손익분배비율에 따라 배분한다.(지법 102조 ①)

② 공동사업장에 대한 소득금액의 신고, 결정, 경정 또는 조사 등 공동사업장에 대한 과세에 필요한 사항은 소득세법 제87조(☞ 공동사업장에 대한 소득금액계산 등의 특례)에서 정하는 바에 따른다.(지법 102조 ②)

③ 공동사업자가 과세표준확정신고를 하는 경우 대표공동사업자는 과세표준확정신고와 함께 해당 공동사업장에서 발생한 소득금액과 가산세액 및 특별징수된 세액을 적은 「공동사업자별 분배명세서」(별지 제40호의9 서식)를 납세지 관할 지방자치단체의 장에게 제출하여야 한다. 다만, 공동사업자가 납세지 관할 세무서장에게 「공동사업자별 분배명세서」를 제출한 경우에는 납세지 관할 지방자치단체의 장에게 제출하지 않을 수 있다.(지령 99조, 2019.12.31. 단서신설)

Chapter

03 비거주자의 소득에 대한 지방소득세

I 비거주자에 대한 과세방법

① 비거주자에 대하여 과세하는 개인지방소득세는 해당 국내원천소득을 종합하여 과세하는 경우와 분류하여 과세하는 경우 및 그 국내원천소득을 분리하여 과세하는 경우로 구분하여 계산한다.(지법 103조의10 ①)

② 비거주자의 국내사업장 및 국내원천소득의 종류에 따른 구체적인 과세방법은 소득세법 제120조(☞ 비거주자의 국내사업장), 제121조(☞ 비거주자에 대한 과세방법) 제2항부터 제6항까지의 규정에서 정하는 바에 따른다.(지법 103조의10 ②)

II 비거주자에 대한 종합과세

① 비거주자(☞ 소득세법 121조 ② 또는 ⑤에서 규정하는 종합과세대상 비거주자)의 국내원천소득에 대한 개인지방소득세의 과세표준과 세액의 계산에 관하여는 거주자에 대한 개인지방소득세의 과세표준과 세액의 계산에 관한 규정을 준용한다. 다만, 과세표준을 계산할 때 소득세법의 인적공제 중 비거주자 본인 외의 자에 대한 공제와 특별소득공제, 자녀세액공제(지방세특례제한법 97조의2) 및 특별세액공제(지방세특례제한법 97조의4)는 하지 아니한다.(지법 103조의11 ①)

② 개인지방소득세의 과세표준과 세액을 계산하는 비거주자의 신고와 납부에 관하여는 거주자의 신고와 납부에 관한 규정을 준용한다. 다만, 과세표준에 특별징수된 소득의 금액이 포함되어 있는 경우에는 그 특별징수세액은 공제되는 세액으로 본다.(지법 103조의11 ②)

③ 위 '②'에도 불구하고 법인으로 보는 단체 외의 법인 아닌 단체 중 단체의 구성원별로 납세의무를 부담하는 단체의 비거주자인 구성원(이하 "비거주자구성원"이라 한다)이

국내원천소득(비거주자구성원의 국내원천소득이 해당 단체의 구성원으로서 얻는 소득만 있는 경우로 한정한다)에 대하여 종합소득 과세표준확정신고를 하는 경우로서 해당 단체의 거주자인 구성원 1명(이하 "대표신고자"라 한다)이 비거주자구성원을 대신하여 비거주자구성원의 종합소득 과세표준을 일괄하여 신고하는 경우 그 대표신고자는 비거주자구성원의 지방소득세 과세표준도 일괄하여 신고할 수 있다.(지법 103조의11 ③, 2021.12.28. 신설)

➲ 2022.1.1. 이후 지방소득세 과세표준을 신고하는 경우부터 적용한다.(2021.12.28. 지법 부칙 4조)

④ 위 '③'에 따라 대표신고자가 비거주자구성원의 지방소득세 과세표준을 일괄하여 신고하는 경우에는 신고서류를 자신의 납세지 관할 지방자치단체의 장에게 제출해야 한다. 다만, 대표신고자가 단체의 구성원별로 소득세 납세의무를 지는 구성원이 아닌 경우에는 그 소속 단체의 납세지 관할 지방자치단체의 장에게 제출해야 한다.(지령 100조의4 ①, 2022.2.28. 신설)

⑤ 비거주자의 국내원천소득을 종합하여 과세하는 경우에 이에 관한 결정 및 경정과 징수 및 환급에 관하여는 거주자에 대한 개인지방소득세의 결정 및 경정과 징수 및 환급에 관한 규정을 준용한다. 다만, 특별징수된 소득의 금액이 포함되어 있는 경우에는 그 특별징수세액은 공제되는 세액으로 본다.(지법 103조의11 ④, 2021.12.28. 항번개정)

⑥ 비거주자에 대한 종합과세와 관련하여 지방세법에서 특별한 규정이 있는 경우를 제외하고는 소득세법에 따른 비거주자에 대한 종합과세에 관한 규정을 준용한다.(지법 103조의11 ⑤, 2021.12.28. 항번개정)

Ⅲ 비거주자에 대한 분리과세

① 비거주자(☞ 소득세법 121조 ③ 및 ④에서 규정하는 분리과세대상 비거주자)의 국내원천소득[소득세법 제119조 제7호(국내원천 근로소득) 및 제8호의2(국내원천 연금소득)는 제외한다]에 대한 개인지방소득세의 과세표준은 소득세법 제126조 제1항에서 정하는 바에 따른다.(지법 103조의12 ①)

② 국내원천소득에 대한 세액은 다음에 따라 계산한 금액으로 한다.(지법 103조의12 ②, 103조의18)

㉠ 소득세법에 따른 원천징수의무자가 비거주자의 국내원천소득에 대하여 소득세를 원천징수하는 경우에는 원천징수할 소득세의 10%를 적용하여 산정한 금액을 개인지방소득세로 특별징수 하여야 한다.(지법 103조의18 ①)

㉡ 비거주자의 국내원천소득에 대한 개인지방소득세 특별징수에 관한 사항은 거주

자의 개인지방소득에 대한 특별징수에 관한 사항을 준용한다.(지법 103조의18 ②)

③ 분리과세대상 비거주자의 국내원천소득 중 국내원천 근로소득 및 국내원천 연금소득의 과세표준과 세액의 계산, 신고와 납부, 결정·경정 및 징수와 환급에 대해서는 지방세법 중 거주자에 대한 개인지방소득세의 과세표준과 세액의 계산 등에 관한 규정을 준용한다. 다만, 소득세법의 인적공제 중 비거주자 본인 외의 자에 대한 공제와 특별소득공제, 자녀세액공제(지방세특례제한법 97조의2) 및 특별세액공제(지방세특례제한법 97조의4)는 하지 아니한다.(지법 103조의12 ③)

④ 비거주자가 소득세법 제126조의2에 따라 유가증권 양도소득에 대한 소득세를 신고·납부하는 경우에는 그 납부하는 소득세의 10분의 1에 해당하는 금액을 신고·납부기한까지 다음의 규정에 따라 납세지 관할 지방자치단체에 지방소득세로 신고·납부하여야 한다.(지법 103조의12 ④)

㉠ 비거주자가 다음 중 하나에 해당되는 때에는 해당 유가증권을 발행한 내국법인의 소재지 관할 지방자치단체의 장에게 「비거주자 유가증권양도소득 정산신고서」(별지 제40호의12 서식)를 제출하여야 한다.(지령 100조의4 ②, 지칙 47조 ①, 2019. 12.31. 개정)

ⓐ 동일한 내국법인의 주식 또는 출자지분을 같은 사업과세기간(해당 주식 또는 출자지분을 발행한 내국법인의 사업과세기간을 말한다)에 2회 이상 양도함으로써 조세조약에서 정한 과세기준을 충족하게 된 경우(소법 126조의2 ①)

ⓑ 양도 당시 원천징수 되지 아니한 소득으로서 그 국내사업장과 실질적으로 관련되지 아니하거나 그 국내사업장에 귀속되지 아니한 경우(소법 126조의2 ②)

㉡ 비거주자가 다음에 해당하는 주식 등을 국내사업장이 없는 비거주자 또는 외국법인에 양도하는 경우에는 해당 유가증권을 발행한 내국법인의 소재지 관할 지방자치단체의 장에게 「비거주자 유가증권양도소득 신고서」(별지 제40호의13 서식)를 제출하여야 한다.(지령 100조의4 ③, 지칙 47조 ②, 2019.12.31. 개정, 소법 126조의2 ③, 소령 183조의4 ③)

ⓐ 조세특례제한법 시행령 제18조 제4항 제1호 및 제2호에 따라 과세되는 주식 등 유가증권

ⓑ 외국에서 거래되는 원화표시 유가증권(외국유가증권시장 외에서 거래되는 것을 말한다)

㉢ 양도소득에 대한 개인지방소득세의 납부서는 「별지 제14호 서식」 또는 「별지 제40호 서식」에 따른다.(지칙 47조 ③)

⑤ 비거주자가 유가증권 양도소득에 대한 개인지방소득세의 세액을 신고하는 경우에 납세지 관할 지방자치단체의 장 외의 지방자치단체의 장에게 신고한 경우에도 그 신고의 효력에는 영향이 없다.(지법 103조의12 ⑤, 2019.12.31. 신설)

⑥ 비거주자에 대한 분리과세와 관련하여 지방세법에서 특별한 규정이 있는 경우를 제외하고는 소득세법에 따른 비거주자에 대한 분리과세에 관한 규정을 준용한다.(지법 103조의12 ⑥, 2019.12.31. 항번개정)

Chapter

04 개인지방소득에 대한 특별징수

I 특별징수의무

① 소득세법 또는 조세특례제한법에 따른 원천징수의무자가 거주자로부터 소득세를 원천징수하는 경우에는 다음에 따라 원천징수하는 소득세(조세특례제한법 및 다른 법률에 따라 조세감면 또는 중과세 등의 조세특례가 적용되는 경우에는 이를 적용한 소득세)의 10%에 해당하는 금액을 소득세 원천징수와 동시에 개인지방소득세로 특별징수하여야 한다. 이 경우 같은 법에 따른 원천징수의무자는 개인지방소득세의 특별징수의무자(이하 "특별징수의무자"라 한다)로 한다.(지법 103조의13 ①)

㉠ 특별징수의무자는 징수한 특별징수세액을 납부하는 경우에는 납부서(별지 제42호 서식)에 계산서와 명세서(별지 제42호의2 서식)를 첨부하여야 한다.(지령 100조의5 ①, 지칙 48조 ①)

㉡ 특별징수의무자는 특별징수하여 납부한 지방소득세액 중 과오납된 세액이 있는 경우에는 그 특별징수의무자가 특별징수하여 납부할 지방소득세에서 조정하여 환급한다.(지칙 48조 ②)

㉢ 조정·환급할 지방소득세가 그 달에 특별징수하여 납부할 지방소득세를 초과하는 경우에는 다음 달 이후에 특별징수하여 납부할 지방소득세에서 조정하여 환급한다. 다만, 다음 중 하나에 해당하는 경우에는 조정·환급하지 아니하고 해당 지방소득세가 과오납된 지방자치단체에서 환급한다.(지령 100조의5 ③)

ⓐ 다음 달 이후에도 특별징수하여 납부할 지방소득세가 없는 경우

ⓑ 납세자가 조정·환급을 원하지 아니하여 납세자가 특별징수의무자를 경유하여 지방자치단체의 장에게 환급을 신청하거나 해당 특별징수의무자가 지방자치단체의 장에게 환급을 신청하는 경우

㉣ 위 '㉠'에도 불구하고 개인지방소득세의 특별징수의무자가 징수한 특별징수세액을 납부할 때에는 근로소득, 이자소득, 소득세법 제20조의3 제1항 제1호 및 제2호

에 따른 연금소득(☞ 공적연금소득 및 연금계좌에서 연금수령 하는 연금소득)과 국민건강보험법에 따른 국민건강보험공단이 지급하는 사업소득에 대해서는 그 명세서를 첨부하지 아니할 수 있다. 다만, 과세권자가 납세증명 발급 등 민원처리를 위하여 개인별 납세실적 파악이 필요하여 명세서 제출을 요구하는 경우에는 첨부하여야 한다.(지령 100조의5 ②)

② 특별징수의무자가 개인지방소득세를 특별징수 하였을 경우에는 그 징수일이 속하는 달의 다음 달 10일까지 납세지를 관할하는 지방자치단체에 납부하여야 한다. 다만, 소득세법 제128조 제2항에 따라 원천징수한 소득세를 반기(半期)별로 납부하는 경우에는 반기의 마지막 달의 다음 달 10일까지 반기의 마지막 달 말일 현재의 납세지 관할 지방자치단체에 납부할 수 있다.(지법 103조의13 ②, 2020.12.29. 단서개정)

➲ 2022.1.1. 이후 납부하는 경우부터 적용한다.(2020.12.29. 지법 부칙 9조)

③ 개인지방소득세의 특별징수의무자가 납부한 지방자치단체별 특별징수세액에 오류가 있음을 발견하였을 때에는 그 과부족분(過不足分)을 오류를 발견한 날의 다음 달 10일까지 관할 지방자치단체에 납부하여야 할 특별징수세액에서 가감하여야 한다. 이 경우 그 남는 부분이 관할 지방자치단체에 납부하여야 할 다음 달의 특별징수세액을 초과하는 경우에는 그 다음 달의 특별징수세액에서 조정할 수 있다.(지법 103조의13 ③ 전단, 지령 100조의5 ③)

이 경우 가감으로 인하여 추가로 납부하는 특별징수세액에 대해서는 특별징수 납부지연가산세(지방세기본법 제56조)를 부과하지 아니하며, 환급하는 세액에 대해 지방세 환급가산금을 지급하지 아니한다.(지법 103조의13 ③ 후단, 2021.12.28. 개정)

④ 개인지방소득세의 특별징수에 관하여 지방세법에 특별한 규정이 있는 경우를 제외하고는 소득세법에 따른 원천징수에 관한 규정을 준용한다.(지법 103조의13 ④)

Ⅱ 특별징수 의무불이행 가산세

1) 2023.12.31.까지 적용하는 특별징수 납부지연가산세

① 특별징수의무자가 징수하였거나 징수할 세액을 기한 내에 납입하지 아니하거나 미달하게 납입한 경우에는 그 납입하지 아니한 세액 또는 미달한 세액에 다음의 가산세를 합한 금액을 특별징수의무자로부터 징수한다. 다만, 국가 또는 지방자치단체와 주한미국군이 특별징수의무자인 경우에는 의무불이행을 이유로 하는 가산세는 이를 가산하지 아니한다.(지법 103조의14, 2018.12.31. 개정, 지령 93조, 지기법 56)

특별징수 납부

① 미납세액·과소납부세액 × 10%
② 미납세액·과소납부세액 × 3% + 미납세액·과소납부세액 × 미납기간*1 × 0.022%*2

*1. 납부기한의 다음 날부터 자진납부일 또는 부과결정일까지의 기간
*2. 2018년까지는 0.03%, 2019.1.1.부터 2022.6.6.까지는 0.025%, 2022.6.7.부터는 0.022%를 적용한다.(2018.12.31. 지기령 부칙 2조, 2022.6.7. 지기령 부칙 2조)

② 특별징수의무자가 특별징수를 하지 아니한 경우로서 다음 중 하나에 해당하는 경우에는 특별징수의무자에게 그 가산세액만을 부과한다.(지법 103조의14 ①, 2018.12.31. 개정, 지령 100조의6)

㉠ 납세의무자가 신고납부한 과세표준금액에 특별징수하지 아니한 특별징수대상 개인지방소득금액이 이미 산입된 경우(지법 103조의14 ① 1, 2018.12.31. 신설)

㉡ 특별징수하지 아니한 특별징수대상 개인지방소득금액에 대하여 납세의무자의 관할 지방자치단체의 장이 그 납세의무자에게 직접 개인지방소득세를 부과·징수하려는 경우(지법 103조의14 ① 2, 2018.12.31. 신설)

2) 2024.1.1.부터 적용하는 특별징수 납부지연가산세

➲ 2024.1.1.부터 시행한다.(2020.12.29. 지기법 부칙 1조 단서 3, 2021.12.28. 부칙 1조 5 개정)
➲ 2024.1.1. 전에 납세의무가 성립된 분에 대해서는 개정규정에도 불구하고 종전의 규정에 따른다.(2020.12.29. 지기법 부칙 6조, 2021.12.28. 개정)

① 특별징수의무자가 징수하여야 할 세액을 법정납부기한까지 납부하지 아니하거나 과소납부한 경우에는 납부하지 아니한 세액 또는 과소납부분 세액의 50%(아래 '㉡'에 따른 금액은 10%)를 한도로 하여 다음의 계산식에 따라 산출한 ㉡, ㉢, ㉣의 금액을 합한 금액을 가산세로 부과한다.(지기법 56조 ①, 2020.12.29. 신설, 지기령 34조)

특별징수 납부지연가산세 = Min[㉠, (㉡ + ㉢*3 + ㉣)]

㉠ 한도 : 미납세액·과소납부세액 × 50%(㉡의 금액은 10%)
㉡ 미납세액·과소납부세액 × 3% + 미납세액·과소납부세액 × 미납일수*1 × 0.022%*2
㉢ 납세고지서 납부기한까지의 미납세액·과소납부세액(가산세는 제외) × 0.66%*3 (2024.12.31. 신설)
㉣ 미납세액·과소납부세액(가산세는 제외) × 부과기간*4 × 월 0.66%

*1. 법정납부기한의 다음 날부터 자진납부일 또는 납부고지일까지의 일수
*2. 2018년까지는 0.03%, 2019.1.1.부터 2022.6.6.까지는 0.025%, 2022.6.7.부터는 0.022%를 적용한다.(2018.12.31. 지기령 부칙 2조, 2022.6.7. 지기령 부칙 2조)
*3. 2025.1.1. 이후 특별징수 납부지연가산세를 부과하는 경우부터 적용한다.(2024.12.31. 지기법 부칙 3조)(☞ 舊 가산금)
*4. 납세고지서에 따른 납부기한이 지난 날부터 1개월 단위로 계산하며, 가산세를 부과하는 기간은 60개월(1개월 미만은 없는 것으로 본다)을 초과할 수 없다.(지기법 56조 ① 후단)(☞ 舊 중가산금)

② 위 '①'을 적용할 때 납세고지서별·세목별 세액이 45만원 미만인 경우에는 위 '㉣'의 가산세를 적용하지 아니한다.(지기법 55조 ④, 2023.12.29. 개정)

➲ '30만원' → '45만원'의 개정사항은 2024.1.1.부터 시행한다.(2023.12.29. 지기법 부칙 1조)

저자TIP 특별징수 납부지연가산세율의 기간별 적용

적용대상기간	가산세율
~ 2018.12.31.	0.03%
2019.1.1. ~ 2022.6.6.	0.025%
2022.6.7. ~	0.022%

Ⅲ 특별징수에 대한 연말정산 환급 등

1 개 요

특별징수의무자가 소득세법에 따라 연말정산을 하는 경우에는 그 결정세액의 10%를 개인지방소득세로 하여 해당 과세기간에 이미 특별징수하여 납부한 지방소득세를 차감하고 그 차액을 특별징수하거나 그 소득자에게 환급하여야 한다(지법 103조의15)

2 연말정산 시의 환급

연말정산 시 개인지방소득세를 소득자에게 환급하는 경우에는 특별징수의무자가 특별징수하여 납부할 지방소득세에서 그 차액을 조정하여 환급한다. 다만, 특별징수의무자가 특별징수하여 납부할 지방소득세가 없을 때에는 다음에 따라 환급한다.(지령 100조의7 ①)

① 특별징수의무자가 환급할 개인지방소득세가 연말정산하는 달에 특별징수하여 납부할 개인지방소득세를 초과하는 경우에는 다음 달 이후에 특별징수하여 납부할 개인지방소득세에서 조정하여 환급한다. 다만, 해당 특별징수의무자의 환급신청이 있는 경우에는 특별징수 관할 지방자치단체의 장이 그 초과액을 환급한다.(지칙 48조의2 ①)

② 위 '①'의 단서에 따라 환급신청을 하려는 특별징수의무자는 「지방소득세(특별징수분, 신고·고지분) 환급청구서」(지방세기본법 시행규칙 별지 제23호 서식)를 특별징수 관할 지방자치단체의 장에게 제출해야 한다.(지칙 48조의2 ②, 2021.12.31. 신설)

③ 위 '②'에도 불구하고 원천징수의무자가 원천징수 관할 세무서장에게 환급신청을 한 후 폐업 등으로 행방불명이 되거나 부도상태인 경우로서 원천징수 관할 세무서장으로부터 환급액을 지급받은 해당 근로소득이 있는 사람은 개인지방소득세 환급액의 지급을 직접 신청할 수 있다. 이 경우 해당 근로소득이 있는 사람은 「폐업·부도기업 특별징수세액환급금 지급 신청서」(별지 제41호의2 서식)를 특별징수 관할 지방자치단체의 장에게 제출해야 한다.(지칙 48조의2 ③, 2021.12.31. 신설)

④ 특별징수의무자가 특별징수하여 납부한 개인지방소득세액 중 잘못 특별징수한 세액이 있는 경우 위 '①부터 ③까지'의 규정을 준용한다.(지칙 48조의2 ④, 2021.12.31. 개정)

⑤ 특별징수의무자가 이미 특별징수하여 납부한 지방소득세에 과오납이 있어 환급하는 경우에도 위 '①'을 준용한다.(지령 100조의7 ②)

Ⅳ 퇴직소득에 대한 지방소득세 특별징수의 환급 등

① 거주자의 퇴직소득이 다음 중 하나에 해당하는 경우에는 해당 퇴직소득에 대한 개인지방소득세를 연금외수령하기 전까지 특별징수하지 아니한다. 이 경우 개인지방소득세가 이미 특별징수된 경우 해당 거주자는 특별징수세액에 대한 환급을 신청할 수 있다.(지법 103조의16 ①, 소법 146조 ②)

㉠ 퇴직일 현재 연금계좌에 있거나 연금계좌로 지급되는 경우

㉡ 퇴직하여 지급받은 날부터 60일 이내에 연금계좌에 입금되는 경우

② 환급신청을 받은 특별징수의무자는 다음의 계산식(소득세법 시행령 제202조의2 ①)에 따라 계산한 세액의 10분의 1을 환급할 세액으로 하되, 환급할 개인지방소득세가 환급하는 달에 특별징수하여 납부할 개인지방소득세를 초과하는 경우에는 다음 달 이후에 특별징수하여 납부할 개인지방소득세에서 조정하여 환급한다. 다만, 해당 특별징수의무자의 환급신청이 있는 경우에는 특별징수 관할 지방자치단체의 장이 그 초과액을 환급한다.(지령 100조의7 ③, 2020.12.31. 항번이전, 소령 202조의2 ①)

$$\text{퇴직소득 산출세액} \times \frac{\text{위 '①'의 ㉠·㉡에 해당하는 금액}}{\text{퇴직소득금액}}$$

V 납세조합의 특별징수

① 소득세법 제149조에 따른 납세조합이 같은 법 제150조 및 제151조에 따라 소득세를 징수·납부하는 경우에는 징수·납부하는 소득세의 10%에 해당하는 금액을 그 조합원으로부터 개인지방소득세로 특별징수하여 그 징수일이 속하는 달의 다음 달 10일까지 납세지를 관할하는 지방자치단체에 납부하여야 한다.(지법 103조의17 ①)

② 납세지 관할 지방자치단체의 장은 해당 납세조합이 징수하였거나 징수하여야 할 세액을 납부기한까지 납부하지 아니하거나 과소납부한 경우에는 특별징수불성실가산세(지방세기본법 제56조)를 부과한다.(지법 103조의17 ②)

③ 납세지 관할 지방자치단체의 장은 개인지방소득세를 특별징수하여 납부한 납세조합에 대하여 다음에 따라 교부금을 교부할 수 있다.(지법 103조의17 ③)

㉠ 납세조합에 교부하는 징수교부금은 그 납세조합이 납부한 세액의 2%로 한다.(지령 100조의8 ①, 2020.12.31. 조번개정)

㉡ 징수교부금을 받으려는 납세조합은 매월 청구서(별지 제42호의3 서식)를 그 다음 달 20일까지 납세지 관할 지방자치단체의 장에게 제출하여야 한다. 다만, 해당 과세기간 동안 발생한 징수교부금을 청구하려는 경우 한꺼번에 다음 연도 2월 말일까지 제출할 수 있다.(지령 100조의8 ②, 2020.12.31. 조번개정, 지칙 48조의3)

㉢ 납세조합에 징수교부금을 교부한 후 그 납세조합이 납부한 세액 중에서 환급금이 발생한 경우에는 환급금을 제외하고 계산된 징수교부금과의 차액을 그 환급금이 발생한 날 이후에 청구하는 징수교부금에서 조정하여 교부한다.(지령 100조의8 ③, 2020.12.31. 조번개정)

VI 비거주자의 국내원천소득에 대한 특별징수의 특례

① 소득세법에 따른 원천징수의무자가 비거주자의 국내원천소득에 대하여 소득세를 원천징수하는 경우에는 원천징수할 소득세의 10%를 적용하여 산정한 금액을 개인지방소득세로 특별징수하여야 한다.(지법 103조의18 ①)

② 비거주자의 국내원천소득에 대한 개인지방소득세 특별징수에 관한 사항은 거주자의 개인지방소득에 대한 특별징수에 관한 사항을 준용한다.(지법 103조의18 ②)

③ 특별징수의무자가 국내에 주소·거소·본점·주사무소 또는 국내사업장(외국법인의 국내사업장을 포함)이 없는 경우에는 지방세기본법 제139조에 따른 납세관리인을 정하

여 관할 지방자치단체의 장에게 신고하여야 한다. 다만, 소득세법 시행령 제207조 제1항 단서에 따라 납세관리인을 관할 세무서장에게 신고한 경우에는 이를 관할 지방자치단체의 장에게 신고한 것으로 본다.(지령 100조의9)

Chapter

05 보 칙

I 지방소득세 관련 세액 등의 통보

세무서장 또는 지방국세청장(이하 "세무서장 등"이라 한다)은 소득세의 부과·징수 등에 관한 자료를 지방세법 시행규칙 제48조의15에서 정하는 서식으로써 다음의 구분에 따른 기한까지 소득세의 납세지를 관할하는 지방자치단체의 장에게 통보하여야 한다.(지법 103조의59 ①, 2021.12.28. 개정, 지령 100조의33 ①)

이때 세무서장 등이 지방자치단체의 장에게 통보하는 자료를 전산처리하였을 때에는 전자문서로 통보할 수 있다.(지령 100조의33 ②)

① 국세기본법 또는 소득세법에 따라 소득세 과세표준과 세액을 신고(기한 후 신고는 제외) 받은 경우 : 신고를 받은 날이 속하는 달의 다음 달 15일. 다만, 다음 중 하나에 해당하는 경우에는 해당 규정에서 정하는 기한 내로 한다.(지법 103조의59 ① 1, 2019. 12.31. 개정)

㉠ 소득세법 제14조 제2항에 따른 종합소득과세표준, 같은 조 제6항에 따른 퇴직소득과세표준, 같은 법 제69조에 따른 토지 등의 매매차익 또는 같은 법 제92조에 따른 양도소득과세표준을 국세기본법 제2조 제19호에 따른 전자신고 방식으로 신고 받은 경우 : 신고를 받은 즉시

㉡ 소득세법 제70조, 제71조, 제74조 및 제110조에 따른 과세표준 확정신고와 같은 법 제69조에 따른 토지 등 매매차익예정신고 및 같은 법 제105조에 따른 양도소득과세표준 예정신고의 경우 : 신고를 받은 날이 속하는 달의 다음 달 1일부터 2개월이 되는 날

㉢ 국세기본법 제45조에 따른 수정신고를 받은 경우 : 신고를 받은 날이 속하는 달의 다음달 1일부터 3개월이 되는 날

② 국세기본법 또는 소득세법에 따라 소득세 과세표준과 세액을 결정 또는 경정한 경우 : 결정 또는 경정한 날이 속하는 달의 다음 달 15일(지법 103조의59 ① 2, 2021.12.28. 개정)

③ 소득세법에 따라 원천징수한 소득세를 납부받은 경우 : 납부한 날이 속하는 달의 다음 달 15일. 다만, 아래 '④'에 따른 납세고지에 따라 납부받은 원천징수세액에 관하여는 그 통보를 생략할 수 있다.(지법 103조의59 ① 3)

④ 소득세법에 따른 원천징수의무자가 원천징수하였거나 원천징수하여야 할 소득세를 그 기한까지 납부하지 아니하였거나 미달하여 납부한 경우로서 세무서장등이 원천징수의무자로부터 그 금액을 징수하기 위하여 납세고지를 한 경우 : 고지한 날이 속하는 달의 다음 달 15일(지법 103조의59 ① 4)

⑤ 국세기본법 또는 소득세법에 따라 소득세를 환급한 경우 : 환급한 날이 속하는 달의 다음 달 15일. 다만 소득세법 제70조, 제71조, 제74조 및 제110조에 따른 과세표준 확정신고에 따라 소득세를 환급하는 경우에는 신고를 받은 날이 속하는 달의 다음 달 1일부터 2개월(지법 103조의59 ① 5)

⑥ 지방자치단체의 장은 위 '⑤'에 따른 통보를 받은 경우 해당 소득세와 동일한 과세표준에 근거하여 산출한 지방소득세를 다시 계산하여 환급세액이 발생하는 경우 이를 환급하여야 한다.(지법 103조의59 ③, 2021.12.28. 개정)

⑦ 지방세기본법 제64조 제1항에도 불구하고 위 '⑥'에 따른 환급의 경우(지방세기본법 제38조 제2항에 따라 경정결정이나 그 밖에 필요한 처분을 하는 경우는 제외한다) 지방세환급금에 관한 소멸시효는 위 '⑤'에 따른 통보를 받은 날부터 기산한다.(지법 103조의59 ④, 2021.12.28. 신설)

➲ 2022.1.1. 이후 세무서장등이 소득세를 환급하여 지방자치단체의 장에게 이를 통보하는 경우부터 적용한다.(2021.12.28. 지법 부칙 5조)

⑧ 지방소득세의 환급금은 납세의무 성립당시의 납세지를 관할하는 지방자치단체에서 환급하거나 충당해야 한다.(지령 100조의34, 2020.4.28. 개정)

Ⅱ 소액 징수면제

지방소득세로 징수할 세액이 고지서 1장당 2천원 미만인 경우에는 그 지방소득세를 징수하지 아니한다.(지법 103조의60)

Ⅲ 가산세 적용의 특례

① 국제조세조정에 관한 법률 제17조 제1항에 따라 국세기본법 제47조의3에 따른 과소신고가산세를 부과하지 아니할 때에는 지방세기본법 제54조에 따른 과소신고가산세를 부과하지 아니한다.(지법 103조의61 ①, 2020.12.22. 개정)

② 2021년 과세기간 및 2024년까지의 각 과세기간에 발생한 소득에 대하여 소득세법 제70조 제1항에 따른 확정신고기한 내에 과세표준 확정신고를 한 거주자 또는 같은 법 제71조 제1항에 따른 확정신고기한 내에 퇴직소득 과세표준 확정신고를 한 거주자가 개인지방소득세의 확정신고의무를 다하지 아니한 경우로서 해당 신고기한이 지난 후 1개월 이내에 종합소득 또는 퇴직소득에 대한 개인지방소득세를 수정신고하거나 기한 후 신고하는 경우에는 무신고가산세(지방세기본법 제53조) 또는 과소신고가산세·초과환급신고가산세(지방세기본법 제54조)를 부과하지 아니한다.(지법 103조의61 ②, 2023.12.29. 개정)

➲ 2022.1.1. 이후 수정신고하거나 기한 후 신고하는 경우부터 적용한다.(2021.12.28. 지법 부칙 6조)

| 저 | 자 | 소 | 개 |

■ 김 두 천 세무사

[약력]

- 경희대학교 정경대학 무역학과 졸업
- 경희대학교 경영대학원 세무관리학 석사
- 김포대학교 경영정보과 겸임교수
- 서울 구로세무서 국세심사위원
- 서울특별시 양천구 결산검사위원
- 한국세무사회 세무연수원 교수 및 운영위원, 예산결산심의위원
- 한국세무사고시회 연수담당 부회장, 회원연수센터장
- 서울지방세무사회 연수교육위원, 조세제도연구위원
- 삼일인포마인 소득세분야 상담위원 및 칼럼위원
- 서울지방국세청 조사요원 강의, 한국지방세연구원 강의, 대구 공무원교육원 강의, 한국씨티은행 강의 外

[현]

- 한국세무사회 세무연수원 교수 및 운영위원
- 한국세무사회 도서출판위원회 위원장
- 한국세무사회 조세제도연구위원회 소득세제위원장
- 서울지방세무사회 연수교육위원
- 공무원연금공단 재직공무원 전문상담사
- CFO아카데미 연말정산 책임교수
- 삼성그룹(삼성SDS) 연말정산 강의(2010년 ~ 현재), 경상남도 인재개발원 강의 外
- 세무법인 정평 대표세무사

2025 소득세법

저 자 김 두 천
발 행 인 구 재 이
발 행 처 한국세무사회
발 행 일 2025년 5월

저자협의 인지생략

서울특별시 서초구 명달로 105(서초동)
전 화 : (02) 597－2941
F A X : 0508-118-1857
I S B N : 979-11-5520-200-5
부가기호 : 93320

♣ 파본은 교환하여 드립니다. 정가 80,000 원